国家出版基金项目
NATIONAL PUBLICATION FOUNDATION

中華博物通考

總主編 張述錚

居處卷

上

本卷主編
王午戌 陳聖安 石磊

上海交通大學出版社

圖書在版編目（CIP）數據

中華博物通考.居處卷 / 張述錚總主編；王午戌，陳聖安，石磊本卷主編.—上海：上海交通大學出版社，2024.1

ISBN 978-7-313-29826-3

Ⅰ.①中… Ⅱ.①張… ②王… ③陳… ④石… Ⅲ.①百科全書—中國—現代②住宅—建築史—中國 Ⅳ.①Z227②TU241

中國國家版本館CIP數據核字(2023)第237834號

特約編審：王興康

責任編輯：許微微　王化文

裝幀設計：姜　明

中華博物通考·居處卷

總　主　編：張述錚

本卷主編：王午戌　陳聖安　石磊

出版發行：上海交通大學出版社　　　　地　　址：上海市番禺路951號

郵政編碼：200030　　　　　　　　　　電　　話：021-64071208

印　　製：蘇州市越洋印刷有限公司　　經　　銷：全國新華書店

開　　本：890mm×1240mm　1 / 16　　印　　張：75.25

字　　數：1634千字

版　　次：2024年1月第1版　　　　　　印　　次：2024年1月第1次印刷

書　　號：ISBN 978-7-313-29826-3

定　　價：958.00元（全三冊）

《中華博物通考》編纂委員會

名譽主任：匡亞明

主　　任（按姓氏筆畫排序）：王春法　　張述錚

副 主 任：和　龑　韓建民　顧　鋒　張　建　丁鵬勃

委　　員（按姓氏筆畫排序）：

丁鵬勃	丁艷玲	王　勇	王元秀	王午戌	王立華	王青梅	王春法
王素芳	王栩寧	王緒周	文啓明	孔令宜	石　磊	石永士	白建新
匡亞明	任長海	李　淳	李西寧	李延年	李紅霞	李峻嶺	吳秉鈞
余志敏	沈江海	宋　毅	武善雲	林　彬	和　龑	周玉山	胡　真
侯仰軍	俞　陽	馬　巖	耿天勤	華文達	徐建林	徐傳武	高毅清
高樹海	郭砥柱	唐桂艷	陳俊強	陳益民	陳萬青	陳聖安	黃笑山
盛岱仁	婁安良	崔淑雯	康戰燕	張　越	張　標	張小平	張太龍
張在德	張述錚	張維軍	張學鋒	董　巍	焦秋生	谢冰冰	楊秀英
賈秀麗	賈貴榮	路廣正	趙卜慧	趙宗來	趙連賞	鄭小寧	劉世敏
劉更生	劉景耀	賴賢宗	韓建民	韓品玉	鍾嘉奎	顧　鋒	

《中華博物通考》總主編
張述錚

《中華博物通考》副總主編
韓品玉　　陳益民　　俞　陽　　賴賢宗

《中華博物通考》編務主任
康戰燕　　盛岱仁

《中華博物通考》學術顧問

（按姓氏筆畫排序）

王　方	王　釗	王子舟	王文章	王志强	仇正偉	孔慶典	石雲里
田藝瓊	白庚勝	朱孟庭	任德山	衣保中	祁德樹	杜澤遜	李　平
李行健	李克讓	李德龍	李樹喜	李曉光	吳海清	佟春燕	余曉艷
邸永君	宋大川	苟天林	郝振省	施克燦	姜　鵬	姜曉敏	祝逸雯
祝壽臣	馬玉梅	馬建勛	桂曉風	夏興有	晁岱雙	晏可佳	徐傳武
高　峰	高莉芬	陳　煜	陳茂仁	孫　機	孫　曉	孫明泉	陶曉華
黃金東	黃群雅	黃壽成	黃燕生	曹宏舉	曹彥生	常光明	常壽德
張志民	張希清	張維慎	張慶捷	張樹相	張聯榮	程方平	鈕衛星
馮　峰	馮維康	楊　凱	楊存昌	楊志明	楊華山	賈秀娟	趙志軍
趙連賞	趙榮光	趙興波	蔡先金	鄭欣淼	寧　强	熊遠明	劉　静
劉文豐	劉建美	劉建國	劉洪海	劉華傑	劉國威	潛　偉	霍宏偉
魏明孔	聶震寧	蘇子敬	嚴　耕	羅　青	羅雨林	釋界空	釋圓持
鐵付德							

導　論

——縱論中華博物學的沉淪與重建

引　言

在中國當代，西方博物學影響至巨，自鴉片戰爭以來，屈指已歷百載。何謂"西方博物學"？"西方博物學"是以研究動植物、礦物等自然物爲主體的學科，但不包含社會領域的社會生活，至 19 世紀後期已完成學術使命，成爲一種保護大自然的公益活動，但國人却一直承襲至今。中華久有自家的博物學，已久被忘却，無人問津，這一狀況實是令人不安。前日偶見《故宮裏的博物學》問世，精裝三册，喜出望外，以爲我中華博物學終得重生，展卷之後始知，該書是依據清乾隆時期皇室的藏書《清宮獸譜》《清宮鳥譜》《清宮海錯圖》（"海錯"多指海中錯雜的魚鱉蝦蟹之類）繪製而成，其中一些并非實有，乃是神話傳說之物。其内容提要稱"是專爲孩子打造的中華文化通識讀本"，而對博物院内琳琅滿目的海量藏品則隻字未提。這就是説，博物院雖有海量藏品，却與故宮裏的博物學毫不相干，或曰并不屬於博物學的研究範圍。此書的編纂者是我國的著名專家，未料我國這些著名專家所認定的博物學仍是西方的博物學。此書得以《故宮裏的博物學》的名義出版，又證我國的出版界對於此一命題的認同，竟然不知我中華久有自家的博物學。此書如若改稱《故宮裏的皇室動物圖譜》，則名正言順，十分精彩，不失爲一部別具情趣的兒童讀物，但原書名却無意間形成一種誤導，孩子們可能會據此認定：唯有鳥獸蟲魚之類才是中華文化中的大學問，故而稱之爲"博物學"，最終會在其幼小心靈裏留下西方博物學的深深印記。

何以出現這般狀況？因爲許多國人對於傳統的中華博物及中華博物學，實在是太過陌生！那麽，何謂"博物"？本文指稱的"博物"，是指隸屬或關涉我中華文化的一切可見或可感知之物體物品。何謂"中華博物學"？"中華博物學"的研究主體是除却自然界諸物之外，更關涉了中國社會的各個方面各個領域，進而關涉了我中華民族的生息繁衍，關涉了作爲文明古國的盛衰起落，足可爲當代或後世提供必要的藉鑒，是我國獨有、無可替代的學術體系。故而重建中華博物學，具有歷史的、現實的多方面實用價值。我中華博物學起源久遠，至遲已有兩千年歷史，祇是初始没有"博物學"之名而已。時至明代，始見"博物之學"一詞。如明楊士奇《東里續集》卷一八評述宋陸佃《埤雅》曰："此書於博物之學蓋有助焉。"此一"博物之學"，可視爲"中華博物學"的最早稱謂。又，《四庫全書總目提要》卷一三六評清陳元龍《格致鏡原》曰："〔此書〕分三十類：曰乾象，曰坤輿，曰身體，曰冠服，曰宮室，曰飲食，曰布帛，曰舟車，曰朝制，曰珍寶，曰文具，曰武備，曰禮器，曰樂器，曰耕織器物，曰日用器物，曰居處器物，曰香奩器物，曰燕賞器物，曰玩戲器物，曰穀，曰蔬，曰木，曰草，曰花，曰果，曰鳥，曰獸，曰水族，曰昆蟲，皆博物之學。"此即古籍述及的"中華博物學"最爲明確、最爲全面的定義。重建的博物學於"身體"之外，另增《函籍》《珍奇》《科技》等，可以更全面地融匯古今。在擴展了傳統博物學天地之外，又致力於探索浩浩博物的淵源、流變，以及同物異名與同名異物的研究，致力於物、名之間的生衍關係的考辨。"博物學"本無須冠以"中華"或"中國"字樣，在當代爲區別於西方的"博物學"，遂定名爲"中華博物學"，或曰"中華古典博物學"。"中華博物學"，國人本當最爲熟悉，事實却是大出所料，近世此學已成了過眼雲烟，少有問津者，西方博物學反而風靡於中國。何以形成如此狀況？何以如此本末倒置？這就不能不從噩夢般的中國近代史談起。

一、喪權辱國尋自保，走投無路求西化

清王朝自鴉片戰争喪權辱國之後，面對列强的進逼，毫無氣節，連連退讓，其後又遭甲午戰爭之慘敗，走投無路，於是由所謂"師夷之長技"，轉而向日本求取西化的捷徑，以便苟延殘喘。日本自 19 世紀始，城鄉不斷發生市民、農民暴動，國內一片混亂。1854 年 3 月，又在美國鐵艦火炮脅迫之下，簽訂《神奈川條約》。四年後再度被迫與美國簽訂通商條約。繼此以往，荷、俄、英、法，相繼入侵，條約不斷，同百年前的中國一樣，徹底淪爲半封建半殖民地社會，當權的幕府聲威喪盡。1868 年 1 月，天皇睦仁（即明治天皇）下達《王政復古大號令》，廢除幕府制度，但值得注意的是仍然堅守"大和精神"，并未全部廢除自家原有傳統。同年 10 月，改元明治，此後的一系列變革措施，即稱之爲"明治維新"。維新之後，否定了"近習華夏"，衝決了"東亞文化圈"，上自天皇，下至黎民，勠力同心，在"富國强兵、置產興業"的前提之下，遠法泰西，大力引入嶄新的科學技術，從而迅速崛起，廢除了與列强的一切不平等條約，成爲令人矚目的世界强國之一。可見"明治維新"之前，日本內憂外患的遭遇，與當時的中國非常相似。在此民族存亡的關鍵時刻，中國維新派代表人物不失時機，遠渡東洋，以日本爲鏡鑒，在引進其先進科技的同時，也引進了日本人按照英文 natural history 的語意翻譯成的漢語"博物學"，雖并不準確，但因出於頂禮膜拜，已無暇顧及。況且，自甲午戰爭至民國前期，日源語詞已成爲漢語外來語詞庫中的魁首，遠超英法俄諸語，且無任何外來語痕迹，最難識別。如"民主""科學""法律""政府""美感""浪漫""藝術界""思想界""無神論""現代化"等，不勝枚舉。國人曾試圖自創新詞，但敗多勝少，祇能望洋興嘆。究其原因，并非民智的高下，也并非語種的優劣，實則是國力强弱的較量，國强則國威，國威則必擁有强勢文化，而强勢文化勢必涌入弱國，面對强勢文化，弱國豈有話語權？西方的"博物學"進入中國，遒勁而又自然。

那麼，西方博物學源於何時何地？又經歷了怎樣的發展變化？答曰：西方博物學發端於古希臘亞里士多德（公元前 384—前 322）《動物志》之類著述，又經古羅馬老普林尼（公元 23—79）的《自然史》，輾轉傳至歐洲各國。其所謂博物除却動植物外，更有天文、地理、人體諸類。這是西方的文化背景與知識譜系，西人習以爲常，喜聞樂見。在歐洲文藝復興和美洲地理大發現之後，見到別樣的動物、植物以及礦物，博物學得到長足發展。至 19 世紀前半期，博物學形成了動物學、植物學和礦物學三大體系，達於鼎盛。至 19 世紀後期，動物學、植物學獨立出來，成爲生物學，礦物學則擴展爲地質學，博物學已被架空。至 20 世紀，博物學已不再屬於什麼科學研究，而完全變成一種生態與環境探索，以供民衆休閑安居的社會活動。其時，除却發端於亞里士多德的“博物學”之外，也有後起的“文化博物學”（Cultural Museology），這是一門非主流的綜合性學科，旨在研究人類一切文化遺產，試圖展示并解釋歷史的傳承與發展，但在題材視野、表達主旨等方面與中華傳統博物學仍甚有差异。面對此類非主流論説，當年的譯者或視而不見，或有意摒弃，其志在振興我中華。

　　在尋求救國的路途中，仁人志士們目睹了西方先進文化，身感心受，嚮往久之。“試航東西洋一游，見彼之物質文明，莊嚴燦爛，而回首宗邦，黯然無色，已足明興衰存亡之由，長此以往，何堪設想？”（吴冰心《博物學雜誌》發刊詞，1914 年 1 月，第 1 ~ 4 頁），此時仁人志士們滿腔熱血，一心救國。但如何救國，却茫茫然，如墮五里霧中。這一救國之路從表象上觀察似乎一切皆以日本爲鏡鑒，實則迥别於“明治維新”之路，未能把握“富國强兵、置産興業”之首要方嚮，而當年的執政者却衹顧個人權勢的得失，亦無此遠大志嚮。仁人志士們雖振臂疾呼，含泪呐喊，衹飄摇於上層精英之間，因一度失去民族自信、文化自信，而不知所措，矛頭直指孔子及千載儒學，進而直指傳統文化。五四運動前夜，北京大學著名教授錢玄同即正告國人“欲驅除一般人之幼稚的野蠻的頑固的思想”，就必須要“廢孔學”，必須要“廢漢文”（錢玄同《中國今後的文字問題》，載 1918 年 4 月 15 日《新青年》第 4 卷第 4 號）。翌年，五四運動爆發，仁人志士們高舉“德謨克拉西”（民主）、“賽因斯”（科學）兩面大旗，掀起反帝反封建的狂濤巨瀾，成爲中國近現代史上的偉大里程碑，中國人民自此視野大開。這兩面大旗指明了國家强弱成敗的方嚮。但與此同時，仁人志士們又毫不猶豫，全力以赴，要堅决“打倒孔家店”。於是，孔子及其儒家學説成了國弱民窮的替罪羊！接踵而至的就是對於漢字及其代表的漢文化的徹底否定。偉大革命思想家魯迅也一直抨擊傳統觀念、傳統體制，1936 年 10 月，在他逝世前夕《病中答救亡情報訪員》一文中，竟然斷言：“漢字不滅，中國必亡！”而新文化運動的主要人物之一胡適更是語出驚人：“我們必須承認我們自己百事不如人，不但物質機械上不如人，不但政治制度不如人，并且道德不如人，知識不如人，文學不如人，音樂不如人，藝術不如人，身體不如人。”中華民族是“又愚又懶的民族”，是“一分像人，九分像鬼的不長進民族”（胡適《介紹我自己的思想》，1930 年 12 月亞東圖書館初版《胡適文選》自序）。這是五四運動前後一代精英們的實見實感，本意在於革故鼎新，但這些通盤否定傳統文化的主張，不啻是在緊要歷史關頭的一次群情失控，是中國文化史中的一次失智！在這樣的歷史背景、這樣的歷史氣勢之下，接受西方"博物學"就成了必然，有誰會顧及古老的傳統博物學？

在引進西方博物學之後，國人紛予效法，試圖建立所謂中華自家的博物學，於是圍繞植物學、動物學兩大方面遍搜古今，窮盡群書，着眼於有關動植物之類典籍的縱橫搜求，但這并非我中華的博物全貌，也并非我中華博物學，況且在中華古典博物學中，也罕見西方礦物學之類著作，可見，試圖以西方的博物學體系，另建中華古典博物學，實在是削足適履、邯鄲學步。自 1902 年始，晚清推行學制改革，先後頒布了"壬寅學制""癸卯學制"。1905 年，根據《奏定學堂章程》，已將西方博物學納入中學的課程設置。其課程分爲植物、動物、礦物、人體生理學四種，分四年講授。1912 年中華民國成立後，江浙等地出現過博物學會和期刊，稍後武昌高等師範學校設立了博物學系，出版過《博物學雜誌》，主要研究動物學、植物學及人體生理學，隨後又將博物學系改稱生物學系，《博物學雜誌》也相應改稱《生物學雜誌》，重走了西方的老路。北京高等師範學校也有類似經歷，甚爲盲目而混亂。至 30 年代，發現西方博物學自 20 世紀始，已轉型爲生態與環境探索，國人因再無興趣，對西方博物學的大規模推廣、學習在中國遂告停止，但因影响至深，其餘風猶存。

二、中華典籍浩如海，博物古學何處覓？

應當指出，中國古代典籍所載之草木、鳥獸、蟲魚之類，亦有別於西方，除却其自身屬性特徵外，又常常被人格化，或表親近，或加贊賞，體現了另一種精神情愫。如動物龜、鶴，寓意長壽（其後，龜又派生了貶義）；豺、狼、烏鴉、貓頭鷹，或表殘忍，或表不祥；其他如十二生肖，亦各有象徵，各有寓意。而那些無血肉、無情感的植物，同樣也被賦予人文色彩。如漢班固《白虎通·崩薨》載："《春秋含文嘉》曰：天子墳高三仞，樹以松；諸侯半之，樹以柏；大夫八尺，樹以欒；士四尺，樹以槐；庶人無墳，樹以楊、柳。"足見在我國古老的典制禮俗中，松、柏、欒、槐、楊、柳，已被賦予了不同的屬性，被分爲五等，楊、柳最爲低賤；就連如何埋葬也分爲五等，嚴於區別，從墳高三仞到無墳，成爲天子到庶人的埋葬標志。實則墳墓分爲等級，早在公元前 3300 年至公元前 2300 年的良渚古城遺址已經發現。這些浩浩博物，廣泛涉及了古老民族和古老國度的典制與禮俗，我國學人也難盡知，西方的博物學又當如何表述？

可見西方博物學絕難取代中華古典博物學，中華古典博物學的研究範圍，遠超西方博物學，或可説中華古典博物學大可包容西方博物學。如今，這一命題漸引起國内一些有識之士、專家學者的關注。那麼，中華古典博物學究竟發端於何時何地？有無相對成型的體系？如何重建？答曰：若就人類辨物創器而言，上古即已有之，環宇盡同。若僅就我中華文獻記載而言，有的學者認爲當發端於《周易》，因爲"易道廣大，無所不包"（《四庫全書總目提要》卷九），或認爲發端於《書・禹貢》，因爲此書廣載九州山河、人民與物産。《周易》《禹貢》當然可以視爲中華博物學的源頭。而作爲中華博物學體系的領銜專著，則普遍認爲始於晋代張華《博物志》。而論者則認爲，中華博物學成爲一門相對獨立的學科體系，當始於秦漢間唐蒙的《博物記》，此書南北朝以來屢見引用，張華《博物志》不過是續作而已。對此，前人久有論述。如《四庫全書總目提要》卷一四二曰："劉昭《續漢志》注《律曆志》引《博物記》一條，《輿服志》引《博物記》一条，《五行志》引《博物記》二條，《郡國志》引《博物記》二十九條……今觀裴松之《三國志》注（《魏志・太祖紀》《文帝紀》《吳志・孫賁傳》等）引《博物志》四條，又於《魏志・涼茂傳》中引《博物記》一條，灼然二書，更無疑義。"再如宋周密《齊東野語・野婆》曰："《後漢・郡國志》引《博物記》曰：'日南出野女，群行不見夫，其狀皛且白，裸袒無衣襦。'得非此乎？《博物記》當是秦漢間古書，張茂先（張華，字茂先）蓋取其名而爲《志》也。"再如明楊慎《丹鉛總録》卷一一："漢有《博物記》，非張華《博物志》也，周公謹云不知誰著。考《後漢書》注，始知《博物記》爲唐蒙作。"如前所述，此書南北朝典籍中多有引用，如僅在南朝梁劉昭《續漢志》注中，《博物記》之名即先後出現了三十三次之多。據有關古籍記載，其内包括了律曆、五行、郡國、山川、人物、輿服、禮俗等，盡皆實有所指，無一虛幻。故在明代有關前代典籍分類中，已將唐蒙《博物記》與三國魏張揖《古今字詁》、晋吕静《韻集》、南朝梁阮孝緒《古今文詁》、唐顏元孫《干禄字書》、宋洪适《隸釋》等字書、韵書并列（見明顧起元《説略》卷一五），足見其學術地位之高，而張華《博物志》則未被録入。

至西晋已還，佛道二教廣泛流傳，神仙方士之説大興，於是張華又衍《博物記》爲《博物志》，其書内容劇增，自卷一至卷六，記載山川地理、歷史人物、草木蟲魚，這些當是紀要考訂之屬，合乎本文指稱的名副其實的博物學系統。此外，又力仿《山海經》的體例，旨在記載异物、妙境、奇人、靈怪，以及殊俗、瑣聞等，諸多素材語式，亦幾與《山海經》盡同，若"羽民國，民有翼，飛不遠……去九嶷四萬三千里"云云，并非"浩博實物"，已近於"志怪"小説。張華自序稱其書旨在"博物之士覽而鑒焉"，張序指稱的"博物之士"，義同前引《左傳》之"博物君子"，其"博物"是指"博通諸種事物"，虚虚實實，紛紛紜紜，無所不包。此類記述，正合世風，因而《博物志》大行其道，《博物記》則漸被冷落，南北朝之後已失傳，其殘章斷簡偶見於他書，可輯佚者甚微。後世輾轉相引，又常與《博物志》混同。《博物志》至宋代亦失傳，今本十卷爲采摭佚文、剽掇他書而成，真僞雜糅，亦非原作。其後又有唐人林登《續博物志》十卷，緊接《博物志》之後，更拓其虚幻内容，以記神异故事爲主，多是叙述性文字，其條目篇幅較長，宋代之後也已亡佚。再後宋人李石又有同名《續博物志》十卷，其自序稱："次第仿華書，一事續一事。"實則并不盡然，華書首設"地理"，李書改增爲"天象"，其他内容，間有與華書重複者，所續多是後世雜籍，宋世逸聞。此書雖有舛亂附會之弊，仍不失爲一部難得的繼補之作。李書之後，又有明人游潛《博物志補》三卷，仍係補張華之《志》，旨趣體例略如李石之《續志》，但頗散漫，時補時闕，猥雜冗濫。李、游一續一補，盡皆因仍張《志》，繼其孑遺。以上諸書之所謂"博物"，一脉相承，注重珍稀之物而外，多以臚列奇事异聞爲主旨，同"浩博實物"的考釋頗有差异。游潛稍後，明董斯張之《廣博物志》五十卷問世，始一改舊例，設有二十二類，下列子目一百六十七種，所載博物始於上古，達於隋末，不再因仍張《志》而爲之續補，已是擴而廣之，另闢山林，重在追溯事物起源，其中包括職官、人倫、高逸、方技、典制，等等。其後，清人陳逢衡著有《續博物志疏證》十卷、《續博物志補遺》一卷，對李石《續志》逐條研究探索，并又加入新增條目，成爲最系統、最深入的《續》説。其後，徐壽基又著有《續廣博物志》十六卷，繼董《志》餘緒，於隋代之後，逐一相繼，直至明清，頗似李石之續張華。但《廣志》《續廣志》之類，仍非以專考釋"浩博實物"爲主旨。我國第一部以"博物"命名而研究實物的專著，當爲明末谷應泰之《博物要覽》。該書十六卷，惜所涉亦不過碑版、書畫、銅器、窑器、瑪瑙、珊瑚、珠玉、奇石等玩賞之器物，皆係作者隨所見聞，摭録成帙；所列未廣，其中碑版書畫，尤爲簡陋，難稱浩博，其影響遠不及前述諸《志》，但所創之寫實體例，則非同尋常。而最具權威者，當是明末黄道周所著《博物典彙》，該書共二十卷，所涉博物，始自遠古，達於當朝，上自天文地理，下至草木蟲魚，盡予囊括，并以其所在時代最新的觀點、視野，對歷代博物著述進行了彙總研究。如卷一關於"天文"之考釋，下設"渾天""七曜"，"七曜"下又設"日""月""五星"，再後又有"經星圖""緯星圖""二十八宿"。又如卷七關於"后妃"，下設"宮闈內外之分""宮闈預政之誡"，緊隨其後的即教育"儲貳"之法，等等，甚爲周嚴。

以上諸書就是以"博物"命名的博物學專著。在晚清之前，代代相繼，發展有序，并時有新的建樹。

與這些博物學專著相并行，相匹配，另有以"事"或"事物"命名，旨在探索事物起源的博物學專著。初始之作爲北魏劉懋《物祖》十五卷，稍後有隋謝昊《物始》十卷，是對《物祖》的一次重大補正。《物始》之後，有唐劉孝孫等《事始》三卷，又有五代馮鑑《續事始》十卷，是對《事始》的全面擴展與開拓。《續事始》之後，另有宋高承《事物紀原》十卷，此書分五十五個類目，上自"天地生植"，中經"樂舞聲歌""輿駕羽衛""冠冕首飾""酒醴飲食"，直至"草木花果""蟲魚禽獸"，較《物祖》《物始》尤爲完備，遂成博物學的百代經典。接踵而來者有明王三聘《古今事物考》八卷，效法《紀原》之體，自古至今，上至天文地理，下至昆蟲草木，中有朝制禮儀、民生器用、宮室舟車，力求完備，較之他書尤得要領，類居目列，條理分明，重在古今考釋，一事一物，莫不求源溯始，考核精審。此書載録服飾資料尤爲豐富，如卷一有上古禮制之種種服式，非常全面，卷六所載後世之巾冠、衣、佩、帶、襪、履舄、僧衣、頭飾、妝飾、軍服等百餘種，考證多引原書原文，確然有據，甚爲難得。就全書而言，略顯單薄。明徐炬又有《古今事物原始》三十卷，此書仿高承《紀原》之體，又參《事物考》之章法，以考釋制度器物爲主，古今上下，盡考其淵源，更有所得，凡日月星辰、山川草木，亦必確究其淵源流變，但此與天地共生之浩浩博物，四百餘年前的一介書生，豈可臆測而妄斷？爲此而輾轉援引，頗顯紛亂。且鳥獸花草之起首，或加偶語一聯，或加律詩二句，而後逐一闡釋，實乃蛇足。其書雖有此瑕疵，却不掩大成。與王、徐同代的還有羅頎《物原》二卷（《四庫》本作一卷），羅氏以《紀原》不能黜妄崇真，故更訂爲十八門，列二百九十三條，條條錘實。如，刻漏、雨傘、鋦子（用於連合破裂器物的兩脚釘）、酒、豆腐之類的由來，多有創見。惜違《紀原》明記出典之體，又背《事物考》之道，凡有考釋，則溷集衆説爲一。如，烏孫公主作琵琶，張華作苔紙，皆茫然不知所本。不過章法雖有差失，未臻完美，但其功業甚巨，《物原》成爲一部研究記述我國先民發明創造的專著。時至清代，陳元龍又撰

《格致鏡原》一百卷。何謂"格致鏡原"？意即格物致知，以求其本原。此書的子目多達一千七百餘種，明代以前天地間萬事萬物盡予羅致，一事一物，必究其原委，詳其名號，廣博而精審，終成中華古典博物學的巔峰之作。

以上兩大系列專著，自秦漢以來，連續兩千載，一脉相承，這并非十三經、二十六史之類的敕編敕修，無人號令，無人支持，完全出自一種無形的力量，出自文化大國、中華文脉自惜自愛的傳承精神，從而構成浩大的博物學體系。在我國學術研究史中，在我國圖書編纂史中，乃至於世界文化史中，當屬大纛獨立，舉世無雙！本當如江河之奔，生生不息，終因清廷喪權辱國、全盤西化而戛然中斷。

三、博物古學歷磨難，科技起落何可悲！

回顧我國漫長的文化史可知，中華博物學是在傳統的"重道輕器"等陳腐觀念桎梏下，以强大的民族自覺精神、民族意志爲推動力，砥礪前行，千載相繼，方成獨立體系，因而愈加難得，愈加可貴。

"重道輕器"觀念是如何出現的？何謂"道器"？兩者究竟是何關係？《周易·繫辭上》曰："形而上者謂之道，形而下者謂之器。"何謂"道"？所謂道乃"先天地生"，無形無象、無聲無色、無始無終、無可名狀，爲"萬物之所然也，萬理之所稽也"（見《韓非子·解老》），是指形成宇宙萬物之本原，是形成一切事理的依據與根由。何謂"器"？器即宇宙間實有的萬物，包括一切科技發明，至巨至大，至細至微，充斥天地間，而盡皆不虛，或有實物可見，或有形體可指。器即博物，博物即器。"道器關係"本是一種有形無形、可見與不可見的生衍關係，并無高下之分，但在傳統文化中却另有解釋。如《周禮·考工記序》曰："坐而論道，謂之王公；作而行之，謂之士大夫；審曲面埶，以飭五材，以辨民器，謂之百工。"又曰："智者創物，巧者述之，守之世，謂之百工。百工之事，皆聖人之作也。"此文突顯了"道"對於"器"的指導與規範地位。"坐而論道"，可以無所不論，民生、朝政、國運、天下事，當然亦在所論之中。"道"實則是指整體人世間的一種法則、一種定律，或說是我古老的中華民族所創造的另一種學說。所謂"論道者"，古代通常理解爲"王公"或"聖人"，實則是代指一代哲人。《考工記序》却將論道與製器兩者截然分開，明確地予以區別，貶低萬衆的創造力，旨在維護專制統治，從而確定人們的身份地位。坐而論道者貴爲王公，親身製器者屬末流之百工（"審曲面執，以飭五材、以辨民器"，謂觀察金、木、皮、玉、土之曲直、性狀，據以製造民人所需之器物）。《考工記序》所記雖名爲"考工"，實則是周代禮制、官制之反映，對芸芸衆生而言，這種等級關係之誘惑力超乎尋常，絶難抵禦，先民樂於遵從，樂於接受，故而崇敬王公，崇敬聖人，百代不休。因而在中國古代，科學技術大受其創。

"重道輕器"的陳腐觀念，在中國古代影響廣遠，"器"必須在"道"的限定之下進行，不得隨意製作，不得超常發揮，"道"漸演化爲統治者實施專政的得力手段。"坐而論道"，似乎奧妙無盡。魏晉時期，藉儒入道，張揚"玄之又玄"，乃至於魏晉人不解魏晉文章，本朝人爲本朝人作注，史稱"玄學"。兩宋由論道轉而談理，一代理學宗師應運而生，闡理思辨，超乎想象，就連虛幻縹緲的天宫，亦可談得妙理聯翩，後世道家竟繪出著名的《天宫圖》來。事越千載，五四運動時期，那些新文化運動主將們聯手痛搗"孔家店"，却不攻玄理，"論道""崇道""樂道""惜道"，滚滚而來，遂成千古"道"統，已經背離《易》《老》的本義。出於這樣的觀念，如何會看重"形而下"的博物與博物學？

那麼，古代先民又是如何看待與博物學密切相關的科學技術？《書·泰誓下》載，殷紂王曾作"奇技淫巧，以悦婦人"，爲百代不齒，萬世唾駡。何謂"奇技淫巧"？唐人孔穎達釋之曰："奇技謂奇異技能，淫巧謂過度工巧……技據人身，巧指器物。"所謂"奇技淫巧"，今大底可釋爲超常的創造發明，或可直釋爲科學技術。論者認爲，"百代不齒，萬世唾駡"者并不在於"奇技淫巧"這一超常的創造發明，而在於紂王奢靡無度，用以取悦婦人的種種罪孽。至於紂王是否奢靡無度，"以悦婦人"，今學界另有考證。紂王當時之所以能稱雄天下，正是由於其科技的先進，軍事的强大，其失敗在於大拓疆土，窮兵黷武，導致内外哀怨，決戰之際又遭際叛亂。所謂"以悦婦人"之妲己，祇是戰敗國的一種"貢品"而已，對於年過半百的老人并無多大"媚力"。關於殷商及妲己的史料，最早見於戰國時期成書的《國語·晋語一》，前後僅有二十七字，并無"酒池肉林""炮烙之刑"之類記載，後世史書所謂紂王對妲己的種種寵愛，實是一種演繹，意在宣揚"紅顔禍水"之説（此説最早亦源於前書。"紅顔禍水"，實當稱之爲"紅顔薄命"）。在中國古代推崇"紅顔禍水"論，進而排斥"奇技淫巧"，從而否定了科技的力量，否定了科技强弱與國家强弱的關係。時至周代，對於這種"奇技淫巧"，已有明確的法律限定："作淫聲、異服、奇技、奇器以疑衆，殺！"（見《禮記·王制》）這也就是説，要杜絶一切新奇的創造發明，連同歌聲、服飾也不得超乎常規，否則即犯殺罪！此文自漢代始，多有注疏，今擇其一二，以見其要。"淫聲"者，如春秋戰國時鄭、衛常有男女私會，謳歌相引，被斥爲淫靡之聲；"奇技"者，如年輕的公輸班曾"請以機窆"，即以起重機落葬棺木，因違反當時人力牽挽的埋葬禮節，被視爲不恭。一言以蔽之，凡有違禮制的新奇科技、新奇藝術，皆被視爲疑惑民衆，必判以重罪。這就是所謂"維護禮制"，其要害就是維護統治者的統治地位，故而衣食住行所需器物的質材及數量，無不在尊卑貴賤的等級制約之中。如規定平民不得衣錦綉，不得鼎食，商人、藝人不得乘車馬，就連權貴們娛樂時選定舞蹈的行列亦不可違制，違制即意味着不軌，意味着僭越。杜絕"奇技淫巧"，始自商周，直至明清而未衰。我國著名的四大發明，千載流傳，未料却如同國寶大熊猫一樣，竟由後世西方科學家代爲發現，實在可悲！四大發明、大熊猫之類，或因史籍隱冷，疏於查閱，或因地處山野，難以發現，姑可不論，但其他很多非常具體的發明創造，雖有群書連續記載，也常被無視，或竟予扼殺。如漢代即有超常的"女布"，因出自未嫁少女之手而得名（見《後漢書·王符傳》），南北朝時已久負盛名，稱"女子布"（見南朝宋盛弘之《荆州記》）。宋代又稱"女兒布"，被贊爲"布帛之品……其尤細者也"（見宋羅濬《寶慶四明志·郡志四》）。其後歷代製作，不斷創新，及至明清終於出現空前的妙品"女兒葛"。"女兒葛"爲細葛布的一種，其物纖細如蟬翼紗，又如傳說中的"蛟女絹"，僅重三四兩，捲其一端，整匹女兒葛便可出入筆管之中，精美絕倫，明代弘治之後曾發現於四川鄰水縣，但却被斷然禁止。明皇甫録《下陴記談》卷上："女兒葛，出鄰水縣，極纖細，必五越月而後成，不減所謂蟬紗、魚子纈之類，蓋十縑之力也。予以爲淫巧，下令禁止，無敢作者。"對此美妙的"女兒葛"，時任順慶府知府的皇甫録，并没給予必要的支持、鼓勵，反而謹遵古訓，以杜絕"奇技淫巧"爲己任，堅決下達禁令，并引以爲榮。皇甫録乃弘治九年（1496）進士，爲官清正，面對"奇技淫巧"也如此"果斷"！此後清代康熙年間，"女兒葛"再現於廣東增城縣一帶，其具體情狀，清屈大均《廣東新語·貨語·葛布》中有翔實描述，但其遭遇同樣可悲，今"女兒葛"終於銷聲匿迹。在中國古代，類似的遭遇，又何止"女兒葛"？杜絕"奇技淫巧"之風，一脉相承，何可悲也。

但縱觀我華夏全部歷史可知，一些所謂的"奇技淫巧"之類，雖屢遭統治者的禁弃，實則是禁而難止，况統治者自身對禁令也時或難以遵從，歷代帝王皇室之衣食住行，幾乎無一不恣意追求舒適美好，爲了貪圖享樂，就不得不重視科技，就不得不啓用科技。如

"被中香爐"（爐內置有炭火、香料，可隨意旋轉以取暖，香氣縷縷不絕。發明於漢代）、
"長信宮燈"（燈內裝有虹管，可防空氣污染。亦發明於漢代）的誕生，即明證。歷代王朝
所禁絕的多是認定可能危及社稷之類的"奇技淫巧"，并未禁止那些有利於民生的重大發
明，也没有壓抑摧殘黎民百姓的靈智（歷史中偶有以愚民爲國策者，祇是偶或所見的特例
而已）。帝王們爲維護其統治地位，以求長治久安，在"重道輕器"的同時，也極重天文、
曆算、農桑、醫藥等領域的研究，凡善於治國的當權者，爲謀求其國勢得以强盛，則必定
大力倡導科技，《後漢書・和熹鄧皇后紀》所載即爲顯例。和熹皇后鄧綏（公元81—121），
深諳治國之道，兼通天文、算數。永元十四年（102），漢和帝死後，東漢面臨種種滅頂之
灾，鄧綏先後擁立漢殤帝和漢安帝，以"女君"之名親政長達十六年，克服了有史以來最
嚴重的十年天灾，剿滅海盜，平定西羌，收服嶺南三十六個民族，將九真郡外的蠻夷夜郎
等納入版圖，恢復東漢對西域的羈縻，征服南匈奴、鮮卑、烏桓等，平息了内憂外患，使
危機四伏的東漢王朝轉危爲安。正是在這期間，鄧綏大力發展科技，勉勵蔡倫改進造紙
術，任用張衡研製渾天儀、地動儀等儀器，并製造了中尚方弩機，這一可以連續發射的弩
機，其射程與命中率令時人驚嘆，成爲當時世界上最具殺傷力的先進武器（此外，鄧綏又
破除男女授受不親的陳腐觀念，創辦了史上最早的男女同校學堂，并通過支持文字校正與
字詞研究，推動了世界第一部字典《説文解字》問世）。這就爲傳統的博物研究提供了巨
大的空間，因而先後出現了今人所謂的"四大發明"之類。實際上何止是"四大發明"？
天文、曆算等領域的發明創造，可略而不論。鄧綏之前，魯班曾"請以機窆"的起重機，
出現於春秋時期，早於西方七百餘年。徐州東洞山西漢墓出土的青銅透光鏡，歐洲和日
本人稱其爲"魔鏡"，當一束光綫照射鏡面而投影在牆壁上時，牆上的光亮圈内就出現了
銅鏡背面的美麗圖案和吉祥銘文。這一"透光鏡"比日本"魔鏡"早出現一千六百餘年，
而歐洲的學者直到19世紀纔開始發現，大爲驚奇，經全力研究，得出自由曲面光學效應
理論，將其廣泛運用於宇宙探索中。今日，國人已能够恢復這一失傳兩千餘載的原始工
藝，千古瑰寶終得重放异彩！鄧綏之後，又創造了"噴水魚洗"，亦甚奇妙，令人大開眼
界。東漢已有"雙魚洗"之名（見明梅鼎祚《東漢文紀》卷三二引《雙魚洗銘》），未知當
時是否可以噴水。"噴水魚洗"形似現今的臉盆。盆内多刻雙魚或四魚，盆的上沿兩側有
一對提耳，提耳的設置，不祇是爲了便於提動，同時又具有另外一個功用，即當手掌撫摩
時，盆内還能噴射出兩尺高的水柱，水面形成一片浪花，同時會發出樂曲般的聲響，十分

神奇。今可確知，"噴水魚洗"興起於唐宋之間（見宋王明清《揮麈前録》卷三、宋何薳《春渚紀聞》卷九），當是皇家或貴族所用盥洗用具。魚洗能够噴水，其道理何在？美國、日本的物理學家曾用各種現代科學儀器反復檢測查看，試圖找出其導熱、傳感及噴射發音的構造原理，雖經全力研究，但仍難得以完整的解釋，也難以再現其效果。面對中國古代科技創造的這一奇迹，現代科學遭遇了空前挑戰，祇能"望盆興嘆"。

中華民族，中華博物學，就是在這樣複雜多變的背景之下跌宕起伏，生存發展，在晚清之前，兩千餘年來，從未停止前進的步伐，這又成爲中華民族的民族性與中華博物學的一大特點。

四、西化流弊何時休，誰解古老博物學？

自晚清以還，中華博物學沉淪百年之久，本當早已復蘇，時至今日，幸逢盛世，正益修典，又何以總是步履維艱？豈料經由西學東漸之後，在我國國内一些學人認定科學決定一切，無與倫比，日積月纍，漸漸形成了一種偏激觀念——"唯科學主義"，即以所謂是否合於科學，來判定萬事萬物的是非曲直，科學擁有了絕對的話語權。"唯科學主義"通常表現爲三種態度：一、否認物質之外的非物質。凡難以認知的物質，則稱之爲"暗物質"。這一"暗"字用得非常巧妙，"暗"，難見也！於是"暗物質"取代了"非物質"；二、否認科學之外的其他發現。凡是遇到無從解釋的難題，面對別家探索的結論，一律斥爲"僞科學"。三、否認科學範圍以外的其他一切生産力，唯有科學可以帶動社會發展，萬事萬物必須以科學爲推手。

何謂"科學"？中國古代本有一種認識論的命題，稱之爲"格致"，意謂"格物致知"，指深究事物原理以求得知識，從而認識各種客觀現象，掌握其變化規律。這種哲學我國先秦諸子久已有之，雖已歷千載百代，但却未得應有的重視，終被西方科學所取代。自16世紀始，歐洲由於文藝復興，挣脱了天主教會的長期禁錮，轉向於對大自然的實用性的探索，其代表作即哥白尼的"日心説"與伽利略天文望遠鏡的發明，同時出現牛頓的力學，這是西方的第一次科技革命。這一時期已有"科學"其實，尚無後世"科學"之名，起始定名爲英語science一詞，源於拉丁文，本意謂人世間的各種學問，隸屬於古希臘的哲學思想，是一種對於宇宙間萬事萬物的生衍關係的一種想象、一種臆解，原本無甚稀奇，此時已反響於歐洲，得以廣泛流傳。至 18 世紀，新興的資産階級取得政權，爲推行資本主義，又大力發展科學，西方科學已處於世界領先地位。時至 19 世紀 60 年代後期及 20 世紀初，歐洲發生了以電力、化學及鋼鐵爲新興産業的第二次科技革命，英語 science 一詞迅速擴展於北美和亞洲。日本明治維新時期，赴歐留學的日本學者將 science 譯成"科學"，學界認爲是藉用了中國科舉制度中"分科之學"的"科學"一詞，如同將英文 natural history 的語意翻譯成漢語"博物學"一樣，也并不準確，中國的變法派訪日時，對之頂禮膜拜，欣然接受，自家固有的"格致"一詞，如同國學中的其他語詞一樣被弃而不用，"科學"一詞因得以廣泛流傳。"科學"當如何定義？今日之"科學"包括了自然科學、社會科學、思維科學以及交叉科學。除却嚴謹的形式邏輯系統之外，本是一種具體的以實踐爲手段的實證之學。實踐與實證的結果，日積月纍，就形成了人類關於自然、社會和思維的認知體系，成爲人類評斷事物是非真僞的依據。但科學不可能將浩渺無盡的宇宙及宇宙間的萬事萬物盡皆予以實踐、實證，能够實踐、實證者甚微，因而科學總是在不斷地探索，不斷地補正，不斷地自我完善之中，其所能研究的領域與功能實在有限。當代科學可以在指甲似的晶片上，一次性地裝載五百億電晶體，可以將重達六噸以上的太空船射向太空，并按照既定指令進行各種探索，但却不能造出一粒原始的細胞來，因爲這原始細胞結構的複雜神秘，所蘊含的奇妙智慧，人類雖竭盡全力，却至今無法破解。細胞來自何處？是如何形成的？科學完全失去了話語權！造不出一粒原始的細胞，造一片樹葉尤無可能，造一棵大樹更是幻想，遑論萬千物種，足證"科學"并非萬能的唯一學問。況且，"暗物質"之外，至少在中國哲學體系中尚有"非物質"。何謂"非物質"？"非物質"是與"物質"相對而言，區別於"暗物質"的另一種存在，正如前文所述，它"無形無象、無聲無色、無始無終、無可名狀"，在中國古代稱之爲"道"。"道"可以不遵循因果關係，可以無中生有，爲"萬物之所然也，萬理之所稽也"，可以解釋萬物的由來，可以解釋宇宙的形成。今以天體學的的視野略加分析，亦可見"唯科學主義"的是非。人類賴以生存的地球，其直徑約爲 12 742 公里，是太陽系中的第三顆小行星。太陽系的直徑約爲 2 光年，太陽是銀河系中數千億恒星之一，銀河系的直徑約爲 10 萬光年，包括 1 千億至 4 千億顆恒星，而宇宙中有一千至兩千億銀河系，宇宙有 930 億光年。一光年約等於 9.46 萬億公里。地球在宇宙中祇是一粒微塵，如此渺小的地球人能創造出破解一切的偉大科學，那是癡人說夢！中華先賢面對諸多奧妙，面對諸多不可思議的現象，提出這一"無可名狀"之"道"，當然并非憑空想象，自有其觀測與推理的依據，這顯然不同於源自西方的科學，或曰是西方科學所包容不了的。先賢提出的“無可名狀”的“道”，已超越物質的範圍，或曰“道”絶非“暗物質”所能替代的。這一“無可名狀”的“道”，在當今的别樣的時空維度中已得到初步驗證（在這非物質的維度中滿富玄機）。論者提出這一古老學説，旨在證明“唯科學主義”排斥其他一切學説，過分張揚，不足稱道，絶無否定或輕忽科學之意。百年前西學東漸，尤其是西方科學的傳入，乃是我中華民族思維與實踐領域的空前創獲，是實踐與思維領域的一座嶄新的燈塔，如今已是家喻户曉，人人稱贊，任誰也不會否認科學的偉大，但却不能與偏激的“唯科學主義”混同。後世“科學”一詞，又常常與“技術”連稱爲“科學技術”，簡稱“科技”。何謂“技術”？“技術”一詞來源於希臘文“techs”，通常指個人的技能或技藝，是人類利用現有實物形成新事物，或改變原有事物屬性、功能的方法，或可簡言之曰發明創造。科學技術不同於科學，也不同於技術，也不是科學與技術的簡單相加。科學技術是科學與技術的有機結合體系，既是人類認識世界和改造世界的成果或産物，又是人類認識世界和改造世界最有力的工具或手段，兩者實難分割。某些技術本身可能衹是一種技法，而高深技術的背後則必定是科學。

出於上述“唯科學主義”偏激觀念，重建中華博物學就遭致了質疑或否定，如有學者認爲，中國古代衹有技術而没有科學，哪有什麽中華博物學？中華博物學被看作“前科學時代的粗糙的知識和技能的雜燴”，是一種“非科學性思考”，没有什麽科學價值，當然也就没有重建的必要，因爲西方博物學久已存在，無可替代。中國古代當真“衹有技術而没有科學”麽？前文已論及“科學”與“技術”很難分割，在中國古代不衹有“技術”，同樣也有“科學”。回眸世界之歷史長河，僅就中西方的興替發展脉絡略作比較，就可以看到以下史實：當我中華處於夏禹已劃定九州、建有天下之際，西方社會多處於尚未開化的蠻荒歲月；當我中華已處於春秋戰國鋼鐵文化興起之際，整個西方尚處於引進古羅馬文明的青銅器時代；當我宋代以百萬册的印數印刷書籍之際，中世紀的西方仍然憑藉修士們成年纍月在羊皮卷上抄寫複製；著名的火藥、指南針等其他重大發明姑且不論，單就中國歷朝歷代任何一件發明創造而言，之於西方社會也毫不遜色，直至清代中葉，中國的科技一直處於世界領先地位。英國科學家李約瑟主編的七卷巨著《中國科學技術史》，即認爲西方古代科學技術 85% 以上皆源於中國。這是西方人自發的没有任何背景、没有任何色彩的論斷，甚爲客觀，迄今未見异議。此外又有學者指出，中華傳統博物學不衹擁有科技，又超越了科技的範疇，它是"關於物象（外部事物）以及人與物的關係的整體認知、研究範式與心智體驗的集合"，"這種傳統根本無法用科學去理解和統攝"，中華古典博物學"給我們提供的'非科學性思考'，恰恰是它的價值所在"（余欣《中國博物學傳統的重建》，載《中國圖書評論》，2013年第10期，第45～53頁）。這無疑是對"唯科學主義"最有力的批駁！是的，本書極重"科技"研究，又不拘泥於"科技"，同樣重視"非科學性思考"。

中華古典博物學的研究主體是"博物"，是"博物史"，通過對"博物""博物史"的探索，而展現的是人，是人的生存、生活的具體狀況，是人的直觀發展史。中華傳統博物學構成了物我同類、天人合一的博大的獨立知識體系，是理解和詮釋世界的另一視野，這種視野中的諸多"非科學性思考"的博物，科學無法全面解讀，但却是真真切切的客觀存在。所謂傳統博物學是"前科學時代的粗糙的知識和技能的雜燴"，是"非科學性思考"的評價，甚是武斷，祇不過是一種不自覺的"唯科學主義"觀念而已。另將"科學"與"技術"分割開來，強調什麼"科學"與否，這一提法本身就不太"科學"。對此，本書前文已論及，無須複述。我國作爲一個古老國度，在其漫長的生衍過程中，理所當然地包容了"粗糙的知識和技能"。這一狀況世界所有古國盡有經歷，并非中國獨有。"粗糙的知識"的表述似乎也并不恰當，"知識"可有高下深淺之分，未聞有粗糙細緻之別。這所謂"粗糙"，大約是指"成熟"與否，實際上中華傳統博物學所涉之"知識和技能"，并非那麼"粗糙"，常常是合於"科學"的，有些則是非常的"科學"。英國科學家李約瑟等認定古代中國涌現了諸多"黑科技"。何謂"黑科技"？這是當前國際間盛行的術語，即意想不到的超越科技之科技，可見學界也是將"科學"與"技術"連體而稱，而并非稱"黑科學"。認定中國古代"祇有技術而沒有科學"，傳統博物學是"前科學時代的粗糙的知識和技能的雜燴"之說，頗有些"粗糙"，準確地説頗有些膚淺！這位學者將傳統博物學統稱爲"前科學時代"的產物，亦是一種妄斷，也頗有些隨心所欲！何謂"前科學時代"？"前科學時代"是指形成科學之前人們僅憑五官而形成的一種感知，這種感知在原始社會時有所見，但也并非全部如此，如鑽木取火、天氣預測、曆法的訂立、灸砭的運用等，皆超越了一般的感知，已經形成了各自相對獨立的科學。看來這位學者并不怎麼瞭解中國古代科技史，并不太瞭解自家的傳統文化，實屬自誤而誤人。

中華博物學的形成及發展歷程，與西方顯然不同。西方博物學萌生於上古哲人的學説，其後則以自然科學爲研究主體，遍及整個歐洲，全面進入國民的生活領域。在這樣的文化背景之下，西方日益强大，直接影響和推動了社會的發展，因而步入世界前列。我中華悠悠數千載，所涉博物，形形色色，浩浩蕩蕩，逐漸形成了中華獨有的博物學體系，但面臨的背景却非常複雜，與西方比較是另一番天地，那就是貫穿數千載的"重道輕器"觀念與排斥"奇技淫巧"之國風，這一觀念、這一國風，其表現形式就是重文輕理，且愈演愈烈。如中國久遠的科舉制度，應試士子們本可"上談禮樂祖姬孔，下議制度輕雞玄"（見明高啓《送貢士會試京師》詩），縱論古今國事，是非得失，而朝廷則可藉此擇取英才，因而國家得以强盛。時至明代後期，舉國推行的科舉制度竟然定型爲千篇一律的八股文，泯滅了朝廷取才之道，一代宗師顧炎武稱八股之禍勝似"焚書坑儒"（見《日知録·擬題》）。清代後期爲維護其獨裁統治，手段尤爲專橫强硬，又向以"天朝"自居，哪裏會重視什麼西方的"科學技術"？"科學技術"的落伍最終導致文明古國一敗塗地，這也就是"李約瑟難題"的答案！"科學"之所以成爲"科學"，是因爲其出自實踐、實證，實踐、實證是科學的生命。實踐、實證又必須以物質爲基礎，這正與我中華博物學以浩浩博物爲研究主體相合！但中華博物學，或曰博物研究，始終被置於正統的國學之外，這一觀念與國風，極大地制約了中華博物學的發展。制約的結果如何？可以毫不誇張地説，直接阻礙了中國古代社會的歷史進程。

五、中華博物知多少，皓首難解千古謎

中華博物如繁星麗天，難以勝計，其中有諸多別樣博物，可稱之爲"黑科技"者，令人百思不得其解。如八十餘年前四川廣漢西北發現的三星堆古蜀文化遺址，距今約四千八百年至三千年左右，所在範圍非常遼闊，遠超典籍記載的成都平原一帶，此後不斷探索，不斷有新的發現，成爲 20 世紀人類最偉大的考古發現之一。該遺址内三種不同面貌而又連續發展的三期考古學文化，以規模壯闊的商代古城和高度發達的青銅文明爲代表的二期文化最具特點。二期文化中青銅器具占據主導地位，極爲神奇。衆多的青銅人頭象、青銅面具，千姿百態。還有舉世罕見的青銅神樹，該樹有八棵，最高者近 4 米，共分三層，樹枝上栖息有九隻神鳥，應是我國古籍所載"九日居下枝"的體現；斷裂的頂部，當有"一日居上枝"的另一神鳥，寓意九隻之外，另一隻正在高空當班。青銅樹三層

九鳥，與《山海經·海外東經》中所載"扶桑""若木""九日居下枝，一日居上枝"正同。上古時代，先民認爲天上的太陽是由飛鳥所背負，可知九隻神鳥即代表了九個太陽。其《南經》又曰："有木，其狀如牛，引之有皮，若纓、黃蛇。其葉如羅，其實如欒，其木若蘆，其名曰建木。"何謂"建木"？先民認爲"建木"具有通天本能，傳說中伏羲、黃帝等盡皆憑藉"建木"來往神界與人間。由《山海經》的記載可知，這神奇物又來源於傳統文化，大量青銅文化明顯地受到夏商文明、長江中游文明及陝南文明的影響。那些金器、玉器等禮器更鮮明地展現出華夏中土固有的民族色彩。如此浩大盛壯，如此神奇，這一古蜀國究竟是怎樣形成的？又是怎樣突然消失的？詩人李白在《蜀道難》中曾有絕代一問："蠶叢及魚鳧，開國何茫然？"意謂蠶叢與魚鳧兩位先帝，是在什麼時代開創了古蜀國？何以如此茫茫然令人難解？今論者續其問曰："開國何茫然，失國又何年？開失兩難知，千古一謎團。"三星堆的發掘并非全貌，僅占遺址總面積的千分之一左右，只是古蜀文化的小小一角而已，更有浩瀚的未知數，國人面臨的將是另一個陌生的驚人世界。中華民族襟懷如海，廣納百川，中外文化相容并包，故而博大精深。這些百思不得其解的神奇之物，向無答案，確屬於所謂"非科學性思考"，當代專家學者亦爲之拍案。"唯科學主義"面臨這些"黑科技"的挑戰，當然也絕難詮釋。以下再就已見出土，或久已傳世之實物爲例。上世紀80年代，臨潼始皇陵西側出土了兩乘銅車馬，其物距今已有兩千二百餘年，造型之豪華精美，被譽爲世界"青銅之冠"，姑且不論。兩輛車的車傘，厚度僅0.1～0.4厘米，一號車古稱"立車"或"戎車"，傘面爲1.12平方米，二號車傘面爲2.23平方米，而且皆用渾鑄法一次性鑄出，整體呈穹隆形，均勻而輕薄，這一鑄法迄今亦是絕技，無法超越。而更絕的是一號立車的大傘，看似遮風擋雨所用，實則充滿玄機，此傘的傘座和手柄皆爲自鎖式封閉結構，既可以鎖死，又可以打開，同時可以靈活旋轉180度，隨太陽的方位變化而變化，亦可取下插入野外，遮烈日，擋風雨，賞心隨意。令人尤爲稱奇的是，打開傘柄處的雙環插銷，傘柄與傘蓋可各獨立，傘柄就成了一把尖銳的矛，傘蓋就成了盾，可攻可守。這一0.1～0.4厘米厚的盾，其抗擊力又遠勝今人的製造技術，令今人望塵莫及，故國際友人贊之爲罕見的"黑科技"。此外分存於西安與鎮江東西兩方的北宋石刻《禹迹圖》，尤爲奇异。此圖參閱了唐賈耽《海內華夷圖》，并非單純地反映宋代行政區劃及華夷之間的關係，而是上溯至《禹貢》中的山川、河流、州郡分布，下至北宋當世，已將經典與現實融爲一體。此圖長方約1平方米，宋朝行政區劃即達三百八十個之多，五個大湖，七十座山峰，更有蜿蜒數千里的長江、黃河等江川八十餘條；不衹是中原的地域，尚有與之接壤的大理、吐蕃、西夏、遼等區域，這些區域的山野江河亦有精準的繪製。作爲北宋時代的製圖人，即使能够遍踏域内、域外，也絶難僅憑一己的目力俯瞰全景。此圖由五千一百一十個小方格組成，每一小方格皆爲一百平方公里，所有城市、山野江河的大小距離，盡包容在這些格子裏，全部可以明確無誤地測算出來，其比例尺與今世幾無差异。如此細密精準，必須具有衛星定位之類的高科技纔能繪製出來，九百年前的宋人是憑藉什麽儀器完成的？此一《禹迹圖》較之秦陵銅車馬，更超乎想象，詭异神奇，故而英國學者李約瑟評之爲“世界上最神秘、最杰出的地圖”，美國國家圖書館將一幅19世紀據西安圖打製的拓本作爲館藏珍品。中國古代“黑科技”，又何止臨潼銅車馬與《禹迹圖》？

除却上述文獻記載與出土及傳世之物外，另一些則是實見於中華大地的奇特自然景觀，這些百思不得其解的神奇之物，散處天南海北，自古迄今，向無答案，亦屬於所謂“非科學性思考”，當代專家學者亦爲之拍案。“唯科學主義”面臨這些“黑科技”的挑戰，當然也絶難詮釋。我中華大地這些神奇之物，在當世尤應引起重視，國人必須迎接“超科技時代”的到來。如“應潮井”，地處南京市東紫金山南麓定林寺前。此井雖遠在深山之間，却與五公里外的長江江潮相應，江水漲則井水升，江水退則井水降，同處其他諸井皆無此現象。唐宋以來，已有典籍記載，如《江南通志·輿地志·江寧府》引唐段成式《酉陽雜俎》：“蔣山有應潮井，在半山之間，俗傳云與江潮相應，嘗有破船朽板自井中出。”《景定建康志·山川志三·井泉》：“應潮井在蔣山頭陁寺山頂第一峰佛殿後。《蔣山塔記》云：‘梁大同元年，後閣舍人石興造山峰佛殿，殿後有一井，其泉與江潮盈縮增減相應。’”何以如此，自發現以來，已歷千載，迄今無解。以上的奇特之物，多有記載，名揚天下，而另一些奇物，却久遭冷落，默默無聞。如“靈通石”，亦稱“神石”“報警石”，俗稱“猪叫石”。該石位於太行大峽谷林縣境内高家臺輝伏巖村。石體方正，紫紅色，裸露於地面約4立方米，高寬各3米，厚2米，象是一頭體積龐大的臥猪，且能發聲如猪叫。傳聞每逢大事（包括自然灾害、重大變革等）來臨之前，常常“鳴叫”不止，大事大叫數十天，小事則小叫數日，聲音忽高忽低，一次可叫百餘聲，百米之内清晰可聞。但其叫聲衹能現場聆聽，不可録音。何以如此怪异？同樣不得而知！中華博物浩浩洋洋，漫漫無涯，可謂無奇不有，作爲博物之學，亦必全力探究，這也正是中華博物學承担的使命。

六、中華博物學的研究範圍與狀況，新建學科的指嚮與體式如何？

中國當代尚未建立博物學會，也没有相應的報刊，人們熟知的則是博物院館，而博物院館的職責在於收藏、研究并展出傳世的博物，面對日月星辰、萬物繁衍以及先民生息起居等數千年的古籍記載（包括失傳之物），豈能勝任？中華博物全方位研究的歷史使命祇能由新興的博物學承擔。古老中華，悠悠五千載，博物浩茫，疑難連篇，實難解讀，而新興的博物學却不容迴避，必須做出回答。

本書指稱的博物，包括那些自然物，但并不限於對其形體、屬性的研究，體現了博物古學固有的格致觀念，且常常懷有濃厚的人文情結，可謂奧妙無窮，這又迥别於西方博物學。

如"天宇"，當做何解釋？在中國傳統文化中是與"宇宙"并存的稱謂，重在强調可見的天體和所有星際空間。前已述及，天體直徑可達930億光年以上，實際上可能遠超想象。這就出現了絶世難題：究竟何謂天體？天體何來？戰國詩人屈原在其《天問》篇中，曾連連問天："上下未形，何由考之？""馮翼惟象，何以識之？""明明闇闇，惟時何爲？"千古之問，何人何時可以作答？天宇研究在古代即甚冷僻，被稱爲"絶學"。中國是天宇觀測探索最爲細密的文明古國之一，天象觀測歷史也最爲悠遠，殷墟甲骨、《書》《易》諸經，盡有記載，而歷代正史又設有天文、曆律之類專志，皇家設有司天監之類專職機構，憑此"觀天象、測天意"，以决國策。於是，天文之學遂成諸學之首。天宇研究的主體是天空中的各種現象，這些現象又以各種星體的位置、明暗、形狀等的變化爲主，稱之爲星象。星象極其繁複，難以辨識。於是，在天空位置相對穩定的恒星就成爲必要的定位標志。在人們目力所及的範圍内，恒星數以千計，簡單命名仍不便查找和定位，我華夏先民又將天空劃分爲若干層級的區域，將漫天看似雜亂無章的恒星位置相近者予以組合并命名，這些組合的星群稱之爲星宿。古人視天上諸星如人間職官，有大小、尊卑之分，故又稱星官，因而就有了三垣二十八宿，成爲古天宇學最重要理論依據，這一理論西方天文學絶難取代。

再如古代類書中指稱的"蟲豸"，當代辭書亦少有確解。何謂"蟲豸"？舉凡當今動物學中的昆蟲綱、蛛形綱、多足綱，以及爬行動物中的綫形動物、扁形動物、環節動物、軟體動物中形體微小者，皆爲蟲豸之屬。蟲豸形雖微小，然其生存之久、種類之繁、分布之廣、形態之多、數量之巨，從生物、生態、應用、文化等角度，其意義和價值都大异於其他各類動物，或説是其他各類動物所不能比擬的。蟲豸之屬，既能飛於空，亦能游於水，既能潛於土，亦能藏於山，形態萬千，且各具靈性，情趣互异，故古代典籍遍見記叙，不僅常載於詩文，且多見筆記、小説中。先民又常憑藉其築穴或搬遷之類活動，以預測氣象變化或靈异別端，同樣展現了一幅具體生動的蟲文化畫卷，既有學術價值，又充滿趣味性。自《詩》始，就出現了咏蟲詩，其後歷代從蝶舞蟬鳴、蟻行蛇爬中得到靈感者代不乏人，或以蟲言志，或以蟲抒懷，或以蟲爲比，或以蟲爲興，甚至直以蟲名入於詞牌、曲牌，如僅蝴蝶就有"蝴蝶兒""玉蝴蝶""粉蝶兒""蝶戀花""撲蝴蝶""撲粉蝶"等名類。唐歐陽詢《藝文類聚》收集有關蟬、蠅、蚊、蝶、螢、叩頭蟲、蛾、蜂、蟋蟀、尺蠖、螳、蝗等蟲類的詩、賦、贊等數量浩繁，後世仿其體例者甚多，如《事物紀原》《五雜俎》《淵鑑類函》《古今圖書集成·禽蟲典》等，洋洋大觀。不僅詩詞歌賦，在成語、俗語中，言及蟲豸者，亦不可勝數，如莊周夢蝶、蟓首蛾眉、金蟬脱殼、螳螂捕蟬、螳臂當車、蚍蜉撼樹、作繭自縛、飛蛾撲火（詞牌名爲"撲燈蛾"）等；不僅見諸歷代詩文，今世辭章以蟲爲喻者，仍沿襲不衰，如以蝸喻居、以蝶喻舞、以蟬翼喻輕薄、以蛇蠍喻狠毒等，比比皆是，不勝枚舉。

本博物學所指稱博物又包括了人類社會生活的各方面、領域，自史前達於清末民初，有的則可直達近現代，至巨至微，錯綜複雜。而對於某一具體實物，必須從其初始形態、初始用途的探討入手，而後追逐其發展演變過程，這樣纔能有縱橫全面的認定，從而作出相應的結論，這正是新興博物學的使命之一。今僅就我中華民族時有關涉者予以考釋。今日，國人對於古代社會生活實在太過陌生，現當代權威工具書所收録的諸多重要的常見詞目，常常不知其由來，遭致誤導。如"祭壇"一詞，《漢語大詞典·示部》釋文曰：

祭壇：供祭禮或宗教祈禱用的臺。劉大傑《中國文學發展史》第一章三："無論藝術哲學都得屈服於宗教意識之下，在祭壇下面得着其發展生命了。"艾青《吹號者》詩："今日的原野呵，已用展向無限去的暗緑的苗草，給我們布置成莊嚴的祭壇了。"亦指上壇祭祀。侯寶林《改行》："趕上皇上齋戒忌辰，或是皇上出來祭壇，你都得歇工（下略）。"

以上引用的三個書證全部是現代漢語，檢索此條的讀者可能會認定"祭壇"乃無淵源的新興詞，與古漢語無關。豈不知《晋書·禮志下》《舊唐書·禮儀志三》《明史·崔亮傳》

諸書皆有"祭壇"一詞,又皆爲正史,并不冷僻。《漢語大詞典》爲證實"祭壇"一詞的存在,廣予網羅,頗費思索,連同侯寶林的相聲也用作重要書證。侯氏雖被贊爲現代語言大師,但此處的"祭壇",并非"供祭禮或宗教祈禱用的臺","祭"與"壇"爲動賓語結構,并非名詞,不足爲據。還應指出,"祭壇"作爲人們祭祀或祈禱所用實體的臺,早在史前即已出現,初始之時不過是壘土爲臺罷了。

此外,直接關涉華夏文化傳播形式的諸多博物更是大異於西方。如"文具"初稱"書具",其稱漢代大儒鄭玄在《禮記·曲禮上》注中已見行用。千載之後,宋人陶穀《清異録·文用》中始用"文具"一詞。文具泛指用於書寫繪畫的案頭用具及與之相應的輔助用具。國人憑藉這些文具,創造了最具特色的筆墨文化、筆墨藝術,憑藉這些文具得以描述華夏五千載的燦爛歷史。中華傳統文具究有多少?國人最爲熟悉的莫過於"文房四寶",實際又何止"文房四寶"?另有十八種文房用具,定名爲"十八學士",宋代林洪曾仿唐韓愈《毛穎傳》作《文房職方圖贊》(簡稱《文房圖贊》,即逐一作圖爲之贊)。實際上遠超十八種,如筆筒、筆插、筆捵、筆洗、墨水匣、墨床、水注、水承、水牌、硯滴、硯屏、印盒、帖架、鎮紙、裁刀、鉛槧、算袋、照袋、書床、筆擱、高閣,等等,已達三十種之多。

"文房四寶""十八學士"之類中華獨具的傳統文化,今國人熟知者已不甚多,西方博物又何從涉及?何可包容?

七、新興博物學的表述特點,其古今考辨的啓迪價值

當代新興博物學所展現的是中華博物本身的生衍變化以及其同物異名、同名異物等,其主旨之一在於探尋我古老的中華民族的真實歷史面貌,溫故知新,從而更加熱爱我們偉大的中華文明。

偉大的中華民族,在歷史上產生過許多杰出的思想觀念,比如,我中華民族風行百代的正統觀念是"君爲輕,民爲本,社稷次之"(見《孟子·盡心下》),這就是强調人民高於君王,高於社稷(猶"國家"),人民高於一切!古老的中華正統對人民如此愛護,如此尊崇,在當今世界也堪稱難得。縱觀朝代更迭的全部歷史可知,每朝每代總有其興起及消亡的過程,有盛必有衰。在這部《通考》中,常有實例可證,如有關商代都城"商邑"的

記載，就頗具代表性。試看，《詩·商頌·殷武》："商邑翼翼，四方之極。"鄭玄箋："極，中也。商邑之禮俗翼翼然……乃四方之中正也。"孔穎達疏："言商王之都邑翼翼然，皆能禮讓恭敬，誠可法則，乃爲四方之中正也。"《詩》文謂商都富饒繁華，禮俗興盛，足可爲全國各地的學習楷模。"禮俗"在上古的地位如何？《周禮·天官·大宰》曰："以八則治都鄙：一曰祭祀，以馭其神……六曰禮俗，以馭其民。"這是說周代統治者以禮俗馭其民，如同以祭祀馭鬼神一樣，未敢輕忽怠慢，禮俗之地位絕不可等閑視之。古訓曰："倉廩實而知禮節，衣食足而知榮辱。"（見《史記·管晏列傳》）此處的"禮節"是禮俗的核心內容，可見禮俗源於"倉廩實"。"倉廩實"展現的是國富民強，而國富民強，必重禮俗，禮俗展現了國家的面貌。早在三千年前的商代，已如此重視禮俗。"商邑翼翼"所反映的是上古時期商都全盛時期的繁華昌明，其後歷代亦多有可以稱道的興盛時期，如"漢武盛世""文景盛世"、唐"貞觀盛世""開元盛世"、宋"嘉祐盛世"、明"永宣盛世"、清"康乾盛世"等，其中更有"夜不閉户，路不拾遺"的佳話。盛世總是多於亂世，或曰溫飽時代總是多於飢寒歲月。唐代興盛時期，君臣上下已萌生了甚爲隨和的禮儀狀態，不喜三拜九叩之制，宋元還出現了"衣食父母"之類敬詞（見宋祝穆《古今事物類聚別集》卷二〇、元關漢卿《竇娥冤》第二折），這正體現了"王者以民爲天，民以食爲天"（見《漢書·酈食其傳》）的傳統觀念。中國歷史上的黎民百姓并非一直生活在水深火熱之中，在漫長的歲月中也常有溫飽寧靜的生活，因而涌現了諸多忠心報國的詩詞。如"但使龍城飛將在，不教胡馬度陰山"（唐王昌齡《出塞二首》之一）；"忘身辭鳳闕，報國取龍庭"（王維《送趙都督赴代州得青字》）；"僵卧孤村不自哀，尚思爲國戍輪臺"（宋陸游《十一月四日風雨大作》）；"奇謀報國，可憐無用，塵昏白羽"（宋朱敦儒《水龍吟·放船千里凌波去》）。

久已沉淪的傳統博物學今得重建，可藉以知曉我中華兒女擁有的是何樣偉大而可愛的祖國！偉大而可愛的祖國，江山壯麗，蘭心大智，光前裕後，莘莘學子尤當珍惜，尤當自豪！回眸古典博物學的沉淪又可確知，鴉片戰争給中華民族帶來的是空前的傷害，不祇是漢唐氣度蕩然無存，國勢極度衰微，最爲可怕的是傷害了民族自信，爲害甚烈。傷害了民族自信，則必會輕視或否定傳統文化，百代信守的忠義觀念、仁義之道，必消失殆盡，代之而來的則是少廉寡恥，爾虞我詐，以崇洋媚外爲榮，這一狀況久有持續，對青少年的影響尤甚，怎不令人痛心！時至當代，正全力弘揚中華優秀傳統文化，全力推行科技創新，踔厲奮發，重振國風，這又怎不令人慶幸！

　　新興博物學在展現中華博物本身的生衍變化進而展現古代真切的社會生活之外，又展現了一種獨具中華風采的文化體系。如常見語詞"揚州瘦馬"，其來歷如何？祇因元馬致遠《天净沙·秋思》中有"西風古道瘦馬"之句。自 2008 年山西吕梁市興縣康寧鎮紅峪村發現元代壁畫墓以來，其中的一首《西江月》小令："瘦藤高樹昏鴉，小橋流水人家，古道西風瘦馬，夕陽西下，已獨不在天涯。"在學界引發了關於《天净沙·秋思》的爭論熱議。由《西江月》小令聯想元代的另一版本："瘦藤老樹昏鴉，遠山流水人家，古道西風瘦馬，夕陽西下，斷腸人去天涯。"於是有學人又認爲此一"瘦馬"當指"揚州藝妓"，意謂形單影隻的青樓女子思念遠赴天涯的情郎——"斷腸人"，但這小令中的"瘦馬"之前，何以要冠以"古道西風"四字？則不得而知。通行本狀寫天涯游子的冷落凄凉情景，堪稱千古絶唱，無可置疑。那麽何以稱藝妓爲"瘦馬"？"瘦馬"一詞，初見於唐白居易《有感》詩三首之二："莫養瘦馬駒，莫教小妓女。後事在目前，不信君看取。馬肥快行走，妓長能歌舞。三年五年間，已聞換一主。"金董解元《西廂記諸宮調》中的《仙吕·賞花時》又載："落日平林噪晚鴉，風袖翩翩吹瘦馬。"此處的"瘦馬"無疑確指藝妓。稱妓女爲人人可騎的馬，後世又稱之爲"馬子"，是一種侮辱性的比擬。何以稱"瘦"？在中國古代常以"瘦"爲美，"瘦"本指腰肢纖細，故漢民歌曰："楚王好細腰，宫中多餓死。""細腰"强調的是苗條美麗。"好細腰"之舉，在南方尤甚，揚州的西湖所以稱之爲"瘦西湖"，不祇是因其狹長緊連京杭大運河，實則是因湖邊楊柳依依，芳草萋萋，又有荷花池、釣魚臺、五亭、二十四橋，美不勝收，較之杭州西湖有一種别樣的美麗。國人何以推崇揚州？《禹貢》劃定九州之中就有揚州，今之揚州已有兩千五百餘年的歷史。其主城區位於長江下游北岸，可追溯至公元前 486 年。春秋時期，吴王夫差在此開鑿了世界最早的運河——邗溝，建立邗城，孕育了唯一與邗溝同齡的運河城；因水網密布，氣候温潤，公元前 319 年，楚懷王熊槐在此建立廣陵城（今揚州仍沿稱"廣陵"），遂成爲中華歷史名城之一。此後歷經魏晋等朝代多次重修，至隋文帝開皇九年（589），廣陵改稱揚州。揚州除却政治地位顯赫之外，又是美女輩出之地，歷史上曾有漢趙飛燕、唐上官婉兒及南唐風流帝王李煜先後兩任皇后周薔、周薇，號稱"四大美女"。隋煬帝楊廣又在此開鑿大運河，貫通至京都洛陽旁連涿郡，藉此運河三下揚州，尋歡作樂。時至唐代，揚州更是江河交匯，四海通達，成爲全國性的交通要衝，故有"故人西辭黄鶴樓，煙花三月下揚州。孤帆遠影碧空盡，唯見長江天際流”的著名詩篇（唐李白《黃鶴樓送孟浩然之廣陵》，今之揚州已遠離長江）。揚州在唐代是除却長安之外的最爲繁華的大都會，商旅雲聚，青樓大興，成爲文壇才士、豪門公子醉生夢死之地。唐王建《夜看揚州市》詩贊曰：“夜市千燈照碧雲，高樓紅袖客紛紛。”詩人杜牧《遣懷》更有名作：“落魄江湖載酒行，楚腰纖細掌中輕。十年一覺揚州夢，贏得青樓薄幸名。”此“楚腰纖細掌中輕”之用典，即直涉楚靈王好細腰與趙飛燕的所謂“掌中舞”兩事。杜牧憑藉豪放而婉約的詩作，贏得百世贊頌，此詩實是一種自嘲、以書懷才不遇之作，却曾遭致史家“放浪薄情”的詬病。大唐之揚州，確是令人嚮往，令人心醉，故而詩人張祜有“人生只合揚州死”（見其所作《縱游淮南》）之感嘆。元代再度大修的京杭大運河弃洛陽直達北京，揚州之地位愈加顯赫。總之，世界這一最古最長的大運河歷代修建，始終離不開揚州。時至明清，揚州經濟依然十分繁盛，仍是達官貴人喜於擇居之地，兩淮鹽商亦集聚於此，富甲一方，由此振興了園林業、餐飲業，娛樂中的色情業也應運而生，養“瘦馬”就是其中的一種，一些投機者低價買進窮苦人家的美麗苗條幼女，令其學習言行禮儀、歌舞繪畫及其他媚人技能技巧，而後以高價賣至青樓或權貴豪門，大發其財。除却“揚州瘦馬”之外，又催生了著名的“揚州八怪”，文化藝術色彩愈加分明。

“揚州瘦馬”本是一種當被摒弃的陋習，不足爲訓，但這一陋習所反映出的却是關聯揚州的一種別樣的文化，反映了揚州古今社會的經濟發展與變化，這當然也是西方博物學替代不了的。

結　語

綜上所述可知，中華博物學是學術研究中的另一方天地，無可替代，必須重建，且勢在必行。如何重建？如何展現我中華博物獨有的神貌？答曰：中華博物絶非僅指博物館的收藏物，必須是全方位的，無論是宮廷裏，無論是山野間，無論是人工物，無論是天然品，無論是社會中，無論是自然界裏，皆應廣予收録考釋。考釋的主旨，乃探索我中華浩浩博物的淵源、流變。此一博物學甚重“物”的形體、屬性及其淵源流變，同時又關注其得名由來，重視兩者間的生衍關係。通常而言（非通常情况當作別論），在人類社會中有其物必當有其名，有其名亦必有其物。此外，更有同物異名，或同名異物之別。探究"物"本體的淵源流變并釐清名物關係，這就是中國古典博物學的使命，這也正是最爲嚴密的格物致知，也正是最爲嚴肅的科學體系。但中國古典博物學，又必須體現《博物記》以還的國學傳統，必須體現博大的天人視野及民胞物與情懷，有助於我中華的再度振起，乃至於世界的安寧和諧。而那些神怪虛無之物，則不得納入新的博物學中，祇能作爲附錄以備考。如何具體裁定，如何通盤布局，并非易事，遠超想象。因我中華民族是喜愛并嚮往神話的古老民族，又常常憑藉豐富的想象對某種博物作出判斷與解讀，判斷與解讀的結果，除卻導致無稽的荒誕之外，又時或引發別樣的思考，常出乎人們的所料，具有別樣的價值。如水族中的"比目魚"，亦稱"王餘魚""兩鮃""拖沙魚""鞋底魚""板魚""箬葉"，俗稱"偏口魚"，爲鰈形目魚類之古稱。成魚身體扁平而闊，兩眼移於頭的另一端，習慣於側臥，朝上的一面有顏色鮮明的眼睛，朝下一面似無眼睛，先民誤以爲祇有一眼，必須相互比并而行。此一判斷與解讀，始自漢代《爾雅·釋地》："東方有比目魚焉，不比不行。"郭璞注："狀似牛脾……一眼，兩片相合乃得行。今水中所在有之，江東又稱爲王餘魚。"事過千載，直至明代李時珍《本草綱目》問世，盡皆認定比目魚僅有一隻眼，出行必須各藉他魚另一眼（見《本草綱目·鱗四·比目魚》）。傳統詩文中用比目魚以比喻形影不離的情侶或好友，先民争相傳頌，百代不休，直至 1917 年徐珂的《清稗類鈔》問世，始知比目魚兩眼皆可用，不必兩兩并游（《清稗類鈔·動物篇》）。古人憑藉想象，又認爲尚有與比目魚相對應的"比翼鳥"，見於《爾雅·釋地》："南方有比翼鳥焉，不比不飛。"這一"比翼鳥"，僅一目一翼，須雌雄并翼飛行，如同比目魚一樣，亦用以比喻形影不離的情侶或好友。"比目魚""比翼鳥"之類虛幻者外，後世又派生了所謂"連理枝"，著名詩作有唐白居易《長恨歌》曰："在天願爲比翼鳥，在地願爲連理枝。"何謂"連理枝"？"連理枝"是指自然界中罕見的偶然形成的枝和幹連爲一體的樹木。"連理枝"之外，又出現了"并蒂蓮"之類。"并蒂蓮"亦稱"并頭蓮""合歡蓮"等，是指一莖生兩花，花各有蒂，蒂在花莖上連在一起的蓮花。這種"連理枝""并蒂蓮"，難以納入下述的世界通行的階元系統，也難依照林奈創立的雙名命名法命名，但卻又是一種不可忽視的實物，是大自然所形成的另一種奇妙的實物。此一"并蒂蓮"如同"比目魚""連理枝"一樣，亦用以喻情侶或好友，同樣廣見於傳統詩文。歲月悠悠，始於遠古，達於近世，先民對於我中華博物的無限想象以及與之并行的細密觀察探索，令人嘆爲觀止，凡天地生靈、袞袞萬物，無所不及，超乎想象，從而構成了一幅文明古國的壯闊燦爛畫卷。

　　這當是歷經百年沉淪、今得復蘇的我國傳統的博物學，這當是重建的嶄新的全方位的中華博物學。

　　中華博物學除却遵循發揚傳統的名物學、訓詁學、考據學及近世的考古學之外，也廣泛汲取了當代天文、地理、生物、礦物、農學、醫學、藥學諸學的既有成就，其中動植物的本名依照世界通行的階元系統，分爲界、門、綱、目、科、屬、種七類。又依照瑞典卡爾·馮·林奈（瑞文Carl von Linné）創立的雙名命名法命名。"連理枝""并蒂蓮""比目魚""比翼鳥"之屬旁及龍、鳳、麒麟、貔貅等傳説之物，則作爲附録，劃歸相應的動物或植物卷中。這樣的研究章法，這樣的分類與標注，避免了傳統分類及形狀描述的訛誤或不確定性，即可與國際接軌。綜合古今中外，論者認爲《中華博物通考》的研究主體，可劃歸三十六大類，依次排列如下：

　　《天宇》《氣象》《地輿》《木果》《穀蔬》《花卉》《獸畜》《禽鳥》《水族》《蟲豸》《國法》《朝制》《武備》《教育》《禮俗》《宗教》《農耕》《漁獵》《紡織》《醫藥》《科技》《冠服》《香奩》《飲食》《居處》《城關》《交通》《日用》《資産》《珍奇》《貨幣》《巧藝》《雕繪》《樂舞》《文具》《函籍》。

　　存史啓智，以文育人，乃我中華千載國風。新時代習近平總書記甚重民族自信、文化自信，極力倡導"舊邦新命"，明確指出要"盛世修文"，怎不令人振奮，令人鼓舞！今日，我輩老少三代前後聯手、辛苦三十餘載、三千餘萬言的皇皇巨著——《中华博物通考》欣幸面世，并得到國家出版基金资助。這就昭示了沉淪百載的中華傳統博物學終得復蘇，這就是重建的全新中華博物學。"舊邦新命""盛世修文"，重建博物學，旨在賡續中華文脉，發揚優秀傳統文化，汲取生生不息的精神力量，再現偉大民族的深邃智慧，展我生平志，圓我强國夢！

張述錚

乙丑夾仲首書於山東師範大學映月亭
甲辰南吕增補於歷下龍泉山莊東籬齋

總　說

——漫議重建中華博物學的歷史意義與現實價值

緣　起

　　《中華博物通考》（下稱《通考》）是一部通代史論性的華夏物態文化專著，係"九五""十五""十四五"國家重點出版物專項規劃項目，并得到 2020 年度國家出版基金資助。全書共三十六卷，另有附錄一卷，其中有許多卷又分上下或上中下，計有五十餘冊，逾三千萬字。《通考》的編纂，擬稿於 1990 年夏，展開於 1992 年春，迄今已歷三十餘載，初始定名爲《中華博物源流大典》，原分三十二門類（即三十二卷）。此後，歷經斟酌修補，終成今日規模。三十餘載矣，清苦繁難，步履維艱，而大江南北，海峽兩岸，衆多學人，三代相繼，千里聯手，任勞任怨，無一退縮，何也？因本書關涉了古老國度學術發展的重大命題，足可爲當今社會所藉鑒，作者們深知自家承擔的是何樣的重任，未敢輕忽，未敢怠慢。

　　何謂中華物態文化？中華物態文化的研究主體就是中華浩博實物。其歷史若何？就文字記載而言，中華物態文化史應上溯於傳說中的三皇五帝時期，隸屬於原始社會。"三皇五帝"究竟爲何人，我國史家多有不同見解，大抵有三說：一曰"人間君主說"，"三皇"分別指天皇、地皇、人皇，"五帝"分別指炎帝烈山氏、黃帝有熊氏、顓頊高陽氏、帝堯陶唐氏和帝舜有虞氏；二曰“開創天下説”，三皇分別指有巢氏、燧人氏、伏羲氏，“五帝”分別指炎帝烈山氏、黄帝有熊氏、顓頊高陽氏、帝堯陶唐氏和帝舜有虞氏；三曰“道治德化説”，認爲“三皇以道治，五帝以德治”，“三皇”是遠古三位有道的君主，分別指太昊伏羲氏、炎帝神農氏及黄帝軒轅氏，五帝則是少昊金天氏、顓頊高陽氏、帝嚳高辛氏、帝堯陶唐氏和帝舜有虞氏。有關三皇五帝的組合方式，典籍記載亦不盡相同，大抵有四種，在此不予臚列。“三皇五帝”所處時間如何劃定，學界通常認爲有巢、燧人、伏羲屬於舊石器時代，有巢、燧人爲早期，伏羲爲晚期，其餘皆屬新石器時代，炎帝、黄帝、少昊、顓頊等大致同時，屬仰韶文化後期和龍山文化早期。“三皇五帝”後期，已萌生并逐步邁進文明史時代。

　　中華文明史，國際上通常認定爲三千七百年（主要以文字的誕生與城邑的出現等爲標志），國人則認定爲逾五千年，今又有九千年乃至萬年之説。後者可以上溯至新石器時代，如隸屬裴李崗文化的河南省舞陽縣賈湖村出土了上千粒碳化稻米，約有九千年歷史，是世界最早的栽培粳稻種子。經鑒定其中百分之八十以上不同於野生稻，近似現代栽培稻種，可證其時已孕育了農耕文化。其中發現的含有稻米、山楂、葡萄、蜂蜜的古啤酒也有九千年以上的歷史，可證其時已掌握了釀造術。賈湖又先後出土了幾十支骨笛，也有七千八百年至九千年的歷史，其中保存最爲完整者，可奏出六聲音階的樂曲，反映了九千年前，中華民族已具有相當高度的生產力與創造力、具有相當高度的文化藝術水準與審美情趣。有美酒品嘗，有音樂欣賞，彼時已知今人所稱道的“享受生活”，當非原始人所能爲。賈湖遺址的發現并非偶然，近來上山文化晚期浙江義烏橋頭遺址，除却出土了古啤酒之外，又發現諸多彩陶，彩陶上還繪有伏羲氏族所創立的八卦圖紋飾，故而國人認爲這一時期中華文明已開始形成，至少連續了九千載。中華文明的久遠，當爲世界四大文明古國之首，徹底否定了中華文明西來之説。九千載之説雖非定論，却已引起舉世關注。此外，江西省上饒市萬年縣大源鄉仙人洞遺址發現的古陶器則產生於一萬九千至兩萬年前，又遠超前述的出土物的製作時間。雖有部分學界人士認爲仙人洞遺址隸屬於舊石器遺址，并未進入文明時代，但其也足可證中華博物史的久遠。

一、何謂“博物”與《中華博物通考》？《通考》的要義與章法何在？

　　何謂“博物”？“博物”一詞，首見於《左傳·昭公元年》：“晉侯聞子產之言，曰：‘博物君子也。’”其他典籍也時有記載，如《漢書·楚元王傳贊》：“自孔子後，綴文之士衆也，唯孟軻、孫況、董仲舒、司馬遷、劉向、揚雄此數公者，皆博物洽聞，通達古今。”《周書·蘇綽傳》：“太祖與公卿往昆明池觀魚，行至城西漢故倉地，顧問左右莫有知者。或曰：‘蘇綽博物多通，請問之。’”以上“博物”指博通諸種事物，一般釋爲“知識淵博”。此外，《三國志·魏書·國淵傳》：“《二京賦》博物之書也，世人忽略，少有其師可求。”唐釋玄奘《大唐西域記·摩臘婆國》：“昔此邑中有婆邏門，生知博物，學冠時彦，内外典籍，究極幽微，曆數玄文，若視諸掌。”明王禕《司馬相如解客難》：“借曰多識博物，賦頌所託，勸百而風一。”這些典籍所載之“博物”，即可釋爲今義之“浩博實物”。這一浩博實物，任一博物館盡皆無法全部收藏。本《通考》指稱的“博物”既可以是天然的，也可以是人工的；既可以是静態的，也可以是動態的；既可以是斷代的，也可以是歷時的，是古今并存，巨細俱備，時空縱橫，浩浩蕩蕩，但必須是我中華獨有，或是中土化的。研究這浩蕩博物的淵源流變以及同物异名或同名异物之著述即《博物通考》，而爲與西方博物學相區別，故稱之爲《中華博物通考》。

　　在中國古代久有《皇覽》《北堂書鈔》等類書、《儒學警語》《四庫全書》等叢書以及《爾雅》《説文》等辭書，所涉甚廣，却皆非傳統博物典籍。本書草創之際，唯有《中國學術百科全書》《中華百科全書》《中國大百科全書》之類風行於世，這類百科全書亦皆非博物學專著。專題博物學著作甚爲罕見，僅有今人印嘉祥《物源百科辭書》，俞松年、毛大倫《生活名物史話》，抒鳴、鋭鏵《世界萬物之由來》等幾種，多者收詞約三千條，少者僅一百八十餘款，或洋洋灑灑，或鳳毛麟角，各有千秋，難能可貴。《物源百科辭書》譽稱“我國第一部物源工具書”（見該書序），此書中外兼蓄，虚實并存，堪稱廣博，惜略顯雜蕪。本《通考》則另闢蹊徑，別有建樹，可稱之爲當代第一部“中華古典博物學”。

　　《通考》甚重對先賢靈智的追踪與考釋。中華民族是滿富慧心的偉大民族，極善觀察探索，即使一些不足挂齒的微末之物也未忽視，且載於典籍，十分翔實生動。如對常見的鳥類飛行方式即有以下描述：鳥學飛曰翎，頻頻試飛曰習，振翅高飛曰翥，向上直飛曰翀，張翼扶摇上飛曰翆，鳥舒緩而飛、不高不疾曰翣、曰翂，快速飛行曰奘，水上飛行曰猓，高飛曰翰，輕飛曰翩，振羽飛行曰翻，等等，不一而足。如此細密的觀察探隱，堪稱世界之最，令人嘆服！而關於禽鳥分類學，在中國古代也有獨到見解。明代李時珍所著《本草綱目》已建立了階梯生態分類系統，將禽鳥劃分爲水禽、原禽、林禽、山禽等生態類別，具有劃時代意義。這一生態分類法較瑞典生物學家林奈的《自然系統》（第十版）中的分類要早一百六十餘年，充分展示了我國古代鳥類分類學的輝煌成就，駁正了中國傳統生物學一貫陳腐落後的舊有觀念。此外，那些目力難及、浩瀚的天體，也盡在先民的觀察探索之中，如關於南天極附近的星象，遠在漢代即有記載。漢武帝元鼎六年（公元前 111），滅南越國，置日南九郡事，《漢書》及顏注、酈道元《水經注》有關 "日南" 的定名中皆有詳述，而西方於 15 世紀始有發現，晚中國一千四百餘年。再如，關於太陽黑子，在我國漢代亦有記載，《漢書·五行志》載："日黑居仄，大如彈丸。" 其後《晉書·天文志中》亦載："日中有黑子、黑氣、黑雲。" 而西方於 17 世紀始有發現，晚於中國一千六百餘年。惜自清朝入關之後，對於中原民族，對於漢民族長期排斥壓抑，致使靈智難展，尤其是中後期以來的專制國策，遭致國弱民窮，導致久有的科技一蹶不振，於是在列強的視野下，中華民族變成了一個愚昧的 "劣等" 民族。受此影響，一些居留國外或留學國外的學人，亦曾自卑自弃，本書《導論》曾引胡適的評語：中華民族是 "又愚又懶的民族"，是 "一分像人，九分像鬼的不長進民族"（見胡適《介紹我自己的思想》，1930年 12 月亞東圖書館初版《胡適文選》自序》）。本《通考》有關民族靈智的追踪考索，巨細無遺，成爲另一大特點。

《通考》遵從以下學術體系：宗法樸學，不尚空論，既重典籍記載，亦重實物（包括傳世與出土文物）考察，除却既有博物類專著自身外，今將博物研究所涉文獻歸納爲十大系統：一曰史志系統，即史書中與紀傳體并列，所設相對獨立的諸志。如《禮樂志》《刑法志》《藝文志》《輿服志》等，頗便檢用。二曰政書類書系統。重在掌握典制的沿革，廣求佚書异文。三曰考證系統。如《古今注》《中華古今注》《敬齋古今黈》等，其書數量無多，見重實物，頗重考辨。四曰博古系統。如《刀劍錄》《過眼雲煙錄》《水雲錄》《墨林快事》等，這些可視爲博物研究散在的子書，各有側重，雖常具玩賞性，却足資藉鑒。五曰本草系統。其書草木蟲魚、水土金石，羅致廣博，雖爲藥用，已似百科全書。六曰注疏系統。爲古代典籍的詮釋與發揮。如《易》王弼注、《詩》毛亨傳、《史記》裴駰集解、《老子》魏源本義、《楚辭》王夫之通釋、《三國志》裴松之注、《水經》酈道元注、《世說新語》

劉孝標注等。七曰雅學系統、許學系統，或直稱之爲訓詁系統，其主體就是名物研究，後世稱爲“名物學”。八曰异名辨析系統。已成爲名物學的獨立體系。如《事物异名》《事物异名録》等，旨在同物异名辨析。九曰説部系統。包括了古代筆記、小説、話本、雜劇之類被正統學者輕視的讀物，這是正統文化之外，隱逸文化、民間文化的淵藪，一些世俗的衣、食、住、行之類日常器物，多藉此得見生動描述。十曰文物考古系統，這是博物研究中至爲重要的最具震撼力的另一方天地，因爲這是以歷代實物遺存爲依據的，足可印證文獻的真僞、糾正其失誤，多有創獲。

二、《通考》内容究如何，今世當作何解讀?

《通考》内容極爲豐富，所涉範圍極廣，古今上下，時空縱横，實難詳盡論説，今略予概括，主要可分兩大方面，一爲自然諸物，二爲社科諸物，兹逐一分述如下:

（一）自然諸物：包括了天地生殖及人力之外的一切實體、實物，浩博無涯，可謂應有盡有。

如“太陽”“月亮”，在我中華凡是太空中的發光體（包括反射光體）皆被稱爲“星”，因此漢語在吸納現代天文學時，承襲了這一習慣，將“太陽”這類自身發光的等離子物體命名爲恒星。《天宇卷》研究的主體就是天空中的各種星象。星象就是指各種星體的位置、明暗、形狀等的變化。星象極其繁複，難以辨識。於是，在天空中位置相對穩定的恒星就成爲必要的定位標志。在人們目力所及的範圍内，恒星數以千計，先民將漫天看似雜亂無章的恒星位置相近者予以組合并命名，這些組合的星群稱之爲星宿，因而就有了三垣二十八宿之説。在远古難以對宇宙進行深入探索的時代，先民未能建立起完整的天體概念，也不知彼此的運動關係，僅憑藉直感認知，將所見的最强發光體——“太陽”本能地給予更多的關注，作出不同於西方的别樣解釋。視太陽爲天神，太陽的出没也被演繹成天神駕車巡游，而夸父追日、后羿射日等典故，則承載了諸多遠古信息。先民依據太陽的陰陽屬性、形體形象、光熱情況、時序變化、神話傳説及俗稱俗語等特點，賦予了諸多别名和异稱，其數量達一百九十餘種，如“陽精”“丙火”“赤輪”“扶桑”“東君”“摩泥珠”等，可見先民對太陽是何等的尊崇。對人們習見的“月亮”，《天宇卷》同樣考釋了其异名别稱及其得名由來。今知月亮异名别稱竟達二百二十餘種，較之“太陽”所收尤爲宏富。如

"太陰""玉鏡""嬋娟""姮娥""顧兔""桂影""玉蟾蜍""清凉宮"，等等。而關於"月亮"的所見所想，所涉傳聞佳話，連綿不絕，超乎所料。掩卷沉思，無盡感慨！中華民族是一個明潔溫婉、追求自由、嚮往和平、極具夢想的偉大民族。愛月、咏月、賞月、拜月，深情綿綿，與月亮别有一番不解之緣！饒有趣味者，爲東君太陽神驅使六龍馭車的羲和，如同爲太陰元君駕車的望舒一樣，竟也是一位女子，可見先民對於女性的信賴與尊崇。何以如此？是母系社會的遺風流韵麽？不得而知！足證《通考》探討"博物"的意義并不衹在"博物"自身，而是關乎"博物"所承載的傳統文化。

再如古代出現的"雪""雹"之類，國人多認定與今世無多大差异，實則不然。《氣象卷》收有"天山雪""陰山雪""燕山雪""嵩山雪""塞北雪""南秦雪""秦淮雪""廬山雪""嶺南雪""犬吠雪"（偏遠的南方之雪。因犬見而驚吠，故稱），等等，這些雪域不衹在長城内外，又達於大江南北，可謂遍及全國各地，令人眼界大開。這些雪域的出現，又并非遠古間事，所見文字記載盡在南北朝之後，而"嶺南雪"竟見於明清時期，致使今人難以置信。若就人們對雪的愛惡而言，有"瑞雪""喜雪""灾雪""惡雪"；若就雪的屬性而言，有"乾雪""濕雪""霧雪""雷雪"；若就降雪時間長短而言，有"連旬雪""連二旬雪""連三旬雪""連四旬雪"；若就雪的危害而言，有"致人凍死雪""致人相食雪"等，不一而足。此外，雪另有色彩之别，本卷收有"紅雪""綠雪""褐雪""黑雪"諸文，何以出現紅、綠、褐、黑等顏色？這是由於大地上各類各色耐寒的藻類植物被捲入高空，與雪片相遇，從而形成不同色彩。對此，先民已有細微觀察，生動描述，但未究其成因。1892年冬，意大利曾有漫天黑雪飄落，經國際氣象學家研究測定，此一現象乃是高空中億萬針尖樣小蟲，在飛翔時與雪片粘連所致。這與藻類植物被捲入高空，導致顏色的變幻同理。或問，今世何以不見彩色之雪？因往昔大地之藻類及針尖樣小蟲，由於生態環境的破壞而消失殆盡。就氣象學而言，古代出現彩雪，是正常中的不正常，現代衹有白雪，則是不正常中的正常。本卷中有關雹的考釋，同樣頗具情趣，十分精彩。依雹的顏色有"白色雹""赤色雹""黑色雹""赤黑色雹"，依形狀有"杵狀雹""馬頭狀雹""車輪狀雹""有柄多角雹"，依長度有"長徑尺雹""長尺八雹"，依重量有"重四五斤雹""重十餘斤雹"，依危害則有"傷禾折木雹""擊殺鳥雀雹""擊殺獐鹿雹""擊死牛馬雹""壞屋殺人雹"等，這些記載并非出自戲曲小説，而是全部源於史書或方志，時間地點十分明確，毋庸置疑。古今氣象何以如此不同？何以如此反常？衹嘆中國古代的科研體系多注重對現象的觀察，而不求其成因，祇是將以上現象置於史志之中，予以記載而已。本《通考》對中華"博物"的考辨，不祇是展現了大自然的原貌、大自然的古今變幻，而且也提供了社會的更迭興替和民生的禍福起落等諸多耐人尋味的思考。

另如，《水族卷》中收有棘皮動物"海參"，其物在當代國人心目中，是難得的美味佳餚和滋補珍品。《水族卷》還原其本真面貌，明確指出海參爲海洋動物中的棘皮動物門，海參綱之統稱，而後依據古代典籍，考證其物及得名由來：三國吳沈瑩《臨海水土異物志》："土肉，正黑，如小兒臂大，中有腹，無口目……炙食。"其時貶稱"土肉"，祇是"炙食"而已。既貶稱爲"土"，又止用於燒烤而食，此即其初始的"身份""地位"，實是無足稱道。直至明代謝肇淛《五雜俎·物部一》中，始見較高評價，并稱其爲"海參"："海參，遼東海濱有之，一名海男子。其狀如男子勢然，淡菜之對也。其性溫補，足敵人參，故名海參。""男子勢"，舊注曰"男根"，因海參形如男性生殖器，俗名"海男子"，正與形如女性生殖器的淡菜（又稱"海牝""東海夫人"，即厚殼貽貝）相對應。此一形似"男根"之物，何以又被重視起來？國人對食療養生素有"以形補形"的觀念，如"芹菜象筋骼，吃了骨頭硬；核桃象大腦，吃了思維靈"之類，而因海參似男根，故認定其有補腎壯陽的功能，這就是"足敵人參"的主要根據之一。謝氏在贊其"足敵人參"的同時，又特別標示了其不雅的綽號"海男子"，則又從另一側面反映了明代對於海參仍非那麼珍視，故而在其當代權威的醫典《本草綱目》中未予記載。"海參"在清朝的國宴"滿漢全席"中始露頭角，漸得青睞。本卷作者在還其本真面貌的過程中，又十分自然地釐清了海參自三國之後的異名別稱。如，"土肉""海男子"之後，又有"虷""沙噀""戚車""龜魚""刺參""光參""海鼠""海瓜""海瓜皮""白參""牛腎""水參""春皮""伏皮"諸稱，"虷"字之外，其他十三個異名別稱，古今辭書無一收録，唯一收録的"虷"字，又含混不清。而"海參"喻稱"海瓜"，則爲英文 sea cucumber 的中文義譯，較中文之喻稱"海男子"似有異曲同工之妙，又可證西人對海參也并不那麼重視。

全書三十六卷，卷卷不同。本書設有《珍奇卷》，別具研究價值。如"孕子石"，發現於江蘇省溧陽市蘇溧地區。此石呈灰黃色，質地堅硬，其外表平凡無奇，但當人們把石頭敲開時，裏面會滾出許多圓形石彈子，直徑21厘米左右，和母石相較，顏色稍淺，但成分一致。因石中另包小石，好似母石生下的子石，故稱"孕子石"。這種"石頭孕子"史志無載，首次發現，地質學家們同樣百思而不得其解，祇能"望石興嘆"。再如"預報天旱井"，位於廣西全州縣内，每年大旱來臨前二十天，水井會流出渾水，長達兩天之久，附近村民見狀，便知大旱將臨，便提前做好抗旱準備。此外，該井每二十四小時漲潮六次，每次約漲五十分鐘，水量約增加兩倍。此井如同"孕子石"一樣，史志無載，首次發現，對此井的奇特現象有關專家同樣百思不得其解，也祇能"望井興嘆"。

（二）社科諸物：自然物外，中華博物中的社科諸物漫布於社會生活之中，其形成發展、古今變化，尤爲多彩，展現了一種別樣的國情特徵和民族靈智。

如《國法卷》，何謂"國法"？國法係指國家之法紀、法規。國法其詞作爲漢語語詞起源甚爲久遠，先秦典籍《周禮・秋官・朝士》中即已出現，"國法"之"法"字作"灋"，其文曰："凡民同貨財者，令以國灋行之，犯令者刑罰之。"同書《地官・泉府》中又有另詞"國服"，其文曰："凡民之貸者，與其有司辨而授之，以國服爲之息。"此"國服"言民間貿易必須服從國法，故稱"國服"。作爲語詞，"國法""國服"互爲匹配。國法爲人而設，國服隨法而施，有其法必有其服，有法無服，則法罔立，有服無法，舉世罔聞。今"國法"一詞存而未改，"國服"則罕見使用。就世界範圍而言，中國的國法自成體系，具有國體特色與民族精神，故西方學者稱之爲"中華法系"或"東方法系"。本《國法卷》即以"中華法系"爲中心論題，全面考釋，以現其固有特色與精神。中華法系如同世界諸文明古國法系一樣，源於宗教，興於禮俗，而最終成爲法律，遂具有指令性、强制性。中華法系一經形成，即迥异於西方，因其從不以"永恒不變的人人平等的行爲準則"自詡，也没有立法依據的總體理論闡釋，而是明確標示法律應維護帝王及權貴的利益。在中國古代，從没出現過如古希臘或古羅馬的所謂絶對公正的"自然法"，毋須在"自然法"指導下制定"實在法"。中國古代的全部法律皆爲正在施行的"實在法"，但却有不可撼動的權威理論——"君權天授"説支撐。"天"，在先民心目中是無可比擬的最神秘、最巨大的力量。"天"，莊重而仁慈，嚴厲而公正，無所不察，無所不能。上自聖賢哲人，下至黎民百姓，少有不"敬天意"、不"畏天命"者，帝王既稱"天子"，且設有皇皇國法，條文森然，何人敢於反叛？天下黔首，非處垂死之地，絶不揭竿而起，妄與"天"鬥！故而在中國古代，帝王擁有最高立法權與司法權，享有無盡的威嚴與尊貴。今知西周時又强化了宗族關係，即血緣關係。血緣關係又分爲近親、遠親、异姓之親等。血緣關係成爲一切社會關係的核心，由血緣關係擴而廣之，又有師生、朋友及當體恤的其他人等關係。由血緣關係又進而强化了尊卑關係，即君臣關係、臣民關係，這些關係較之血緣關係更爲細密，爲此而設有"八辟"之法，規定帝王之親朋、故舊、近臣等八種人，可以享有減免刑罰之特權。漢代改稱"八議"，三國魏正式載入法典。其後，歷代常有沿襲。這一血緣關係在我國可謂根深蒂固，直至今世而未衰。爲維護這尊卑關係，西周之法典又設有《九刑》，以"不忠"爲首罪。另有《八刑》以"不孝"爲首罪。"忠"，指忠君，"孝"指孝敬父母，兩者難以分割。《九刑》《八刑》雖爲時過境遷之古法，但其倡導的"忠孝"，已成爲中華民族的一種處世觀念，一種道德規範。作爲個人若輕忽"忠孝"，則必極端自私，害及民衆；作爲執政者若輕忽"忠孝"，則必妄行無忌，危及國家。今世早已摒弃愚忠愚孝之舉，但仍然繼承并發揚了"忠孝"的傳統。"忠"不再是"忠君"，而是忠於祖國，忠於人民，或是忠於信守的理想；"孝"謂善事父母，直承百代，迄今不衰。"忠孝"是人們發自心底的感恩之情，唯知感恩，始有報恩，人間纔有真情往還，纔有心靈交融。佛家箴言警語曰"上報四重恩，下濟三途苦"（見《大乘本生心地觀經》），"四重恩"指父母恩、師長恩、國土恩、衆生恩（衆生包括動植物等一切生靈）。我國傳統忠孝文化中又融入了佛家的這一經典旨意，可謂相得益彰。"忠孝"乃我文明古國屹立不敗的根基，絕不可視之爲"封建觀念"。縱觀我中華信史可知，舉凡國家昌盛時代，必是忠孝振興歲月，古今如一，堪稱鐵律。國家可敬又可愛，所激起的正是人們的家國情懷！"忠孝"這一處世觀念，這一道德規範，直涉人際關係，直涉國家命運，成爲我中華獨有、舉世無雙的文化傳統。

中國之國法，并非僅靠威懾之力，更有"禮治"之宣導，而關乎禮治的宣導今人常常忽略。前已述及中華法系如同世界諸文明古國法系一樣，源於宗教，興於禮俗，由禮俗演進爲禮治，禮治早於刑法之前已經萌生。自商周始，《湯刑》《吕刑》（按，《湯刑》《吕刑》之"刑"當釋爲"法"）相繼問世，尤重"禮治"，何謂"禮治"？"禮治"指遵守禮儀道德與社會規範，破除"禮不下庶人"的舊制，將仁義禮智信作爲基本的行爲規範，《孟子·公孫丑上》曰："辭讓之心，禮之端也。""辭讓"指謙和之道，尊重他人，由"禮讓"而漸發展爲"禮制"。至西周時，"禮治"已成定制。這一立法思想備受推崇。夏商以來，三千餘載，王朝更替，如同百戲，雖脚色各异，却多高揚禮制之大旗，以期社會和諧，民生安樂。不瞭解中國之禮治，也就難以瞭解中華法制史，就難以瞭解中國文化史。此後"禮治"配以"刑治"，相輔相成，久行不衰。"禮刑相輔"何以行使？答曰：升平之世，統治者無不強調禮制之作用，藉此以示仁政；若逢亂世，則用重典，施酷刑（下將述及），軟硬兩手交替使用。這就組成了一張巨大的不可錯亂、不可逾越的法律之網，這就是中華民族百代信守的國家法制的核心，這就是中華民族有史以來建國治國之道。這一"禮刑相輔"的治國之道，迥別與西方，爲我中華所獨有，在漫長而多樣的世界法制史中居於前沿地位。

在我古老國度中，國家既已形成，於是又具有了不同尋常的歷史意義與價值觀。自先秦以來，"國家"一詞意味着莊嚴與信賴。在國人心目中，"國"與"家"難以分割，直與身家性命連爲一體，故"報效國家"爲中華民族的最高志節，而"國破家亡"則爲全民族的最大不幸。三十年前本人曾是《漢語大詞典》主要執筆者之一，撰寫"國家"條文時，已注意了先民曾把皇帝直稱爲"國家"。如《東觀漢紀·祭遵傳》："國家知將軍不易，亦不遺力。"《晋書·陶侃傳》："國家年小，不出胸懷。"稱皇帝爲"國家"，以皇帝爲國家的代表或國家的象徵，較之稱皇帝爲天子，更具親切感，更具號召力。中國歷史上的一些明君仁主也多以維護國家法制爲最高宗旨，秦皇、漢武皆曾憑藉堅定地立法與執法而國勢强盛，得以稱雄天下，這對始於西周的"八辟"之法，無疑是一大突破。本書《國法卷》第一章概論論及隋唐五代立法思想時，有以下論述：據《隋書·王誼傳》及文帝相關諸子傳載，文帝楊堅少時同王誼爲摯友，長而將第五女嫁王誼之子，相處極歡，後王誼被控"大逆不道，罪當死"，文帝遂下詔"禁暴除惡"，"賜死於家"。《隋書·文四子傳》又載，文帝三子秦王楊俊，少而英武，曾總管四十四州軍事，頗有令名，文帝甚爲愛惜，獎勵有加。後楊俊漸奢侈，違制度，出錢求息，窮治宮室，文帝免其官。左武衞將軍劉升、重臣楊素，先後力諫曰："秦王非有他過，但費官物、營廨舍而已。"文帝答曰："法不可違！"劉、楊又先後諫曰："秦王之過，不應至此，願陛下詳之。"文帝答曰："我是五兒之父，若如公意，何不別制天子兒律？"文帝四子、五子皆因違法，被廢爲庶民，文帝處置毫不猶豫，毫不留情。隋文帝身爲人君，以萬乘之尊，率先力行，實踐了"王子犯法，與民同罪"的古訓。在位期間，創建"開皇之治"，人丁大增，百業昌盛，國人視文帝爲真龍天子，少數民族則尊稱其爲聖人可汗。《國法卷》主編對歷史上身爲人君的這種舉措，有"忍割親朋私情，立法爲公"的簡要評論。這一評論對於中國這種以宗族故交爲關係網的大國而論，正是切中要害。此後，唐太宗李世民、玄宗李隆基、憲宗李純等君王皆有類似之舉，終成輝煌盛世。時至明代，面對一片混亂腐敗的吏治，明太祖朱元璋更設有"炮烙""剥皮"之類酷刑嚴法，懲治的貪官污吏達十五萬之衆，即便自家的親朋故舊，也毫不留情。如進士出身的駙馬，朱元璋的愛婿歐陽倫只因販茶違法，就直接判以死刑，儘管安慶公主及儲君朱允炆苦苦哀求，也絕不饒恕。據《明史·循吏傳序》載："〔官吏〕一時受令畏法，潔己愛民，以當上指……民人安樂、吏治澄清者百餘年。"其時，士子們甘願謀求他職，而不敢輕率爲官，而諸多官員却學會了種田或捕魚，呈現了古今難得一見的別樣的政治生態。明太祖的這類嚴酷法令雖是過當，却勝於放縱，故而明朝一度成爲世界經濟大國、經濟强國。中國歷史上的諸多建國之名君仁主，執法雖未若隋文帝之果决，未若明太祖之嚴酷，但無一不重視國家安危。這些建國名君仁主"上以社稷爲重，下以蒼生在念"（見《舊唐書·桓彥範傳》），故而贏得臣民的擁戴。今之世人多以爲帝王之所以成爲帝王，盡皆爲皇室一己之私利，祇貪圖自家的享榮華富貴而已，實則并非盡皆如此。歷代君王既已建國，亦必全力保國，并垂範後世，以求長治久安。品讀本書《國法卷》，可藉以瞭解我國固有的國情狀況，瞭解我國歷史中的明君仁主如何治理國家，其方策何在，今世仍有藉鑒價值。縱觀我國漫長的歷史進程，有的連續數代，稱爲盛世；有的衰而復起，稱爲中興；有的則二世而亡，如曇花一現。一切取决於先主與後主是否一脉相繼，一切取决於執法是否穩定。要而言之：嚴守國法，則國家興盛，嚴守國法，則社會祥和，此乃舉世不二之又一鐵律。

《國法卷》雖以國法爲研究主體，却力求超越法律研究自身，力求探索法律背後的正反驅動力量，其旨義更加廣遠。因而本卷又區別於常見的法律專著。

另如《巧藝卷》，在《通考》全書中未占多大分量，但在日常社會生活中却有無可替代的獨特地位，藉此大可飽覽先民的生活境遇和精神世界。何謂"巧藝"？古代文獻中無此定義。所謂"巧藝"，專指巧智與技藝性的娛樂及各種健身活動，同時展現了與之相應的家國關係。中華民族的"巧藝"別具特色，所涉內容十分廣泛，除却一般游戲活動外，又包涵了棋類、牌類、養生、武術、四季休閑、宴飲娛樂、動物馴化等等。細閱本卷所載，常爲古人之智巧所折服。如西漢東方朔"射覆"之奇妙，今已成千古佳話。據《漢書·東方朔傳》載，漢武帝嘗覆守宫（即壁虎）於杯盂之下，令衆方士百般揣度，各顯其能，并無一言中的者，而東方朔却可輕易解密，有如神算，令滿座驚呼。何謂"射覆"？"射覆"爲古代猜測覆物的游戲。射，揣度；覆，覆蓋。"射覆"之戲，至明清始衰，其間頗多高手。這些高手似乎出於特異功能，是古人勝於今人麽？當作何解釋？學界認爲這些高手多善《易》學，故而超乎常人，但今世精於《易》學者并非罕見，却未見有如東方朔者，何也？難以作答，且可不論，但古代對動物的馴化，又何以特別精彩，令今人嘆服？

著名的唐代象舞、馬舞，久負盛名，這些大動物似通人性，故可不論，而那些似乎笨拙的小動物，如"烏龜疊塔""蛤蟆説法"之類的馴養，也常常勝過今人，足可展現先民的巧智，"'疊塔''説法'，固教習之功，但其質性蠢蠢，非他禽鳥可比，誠難矣哉！"（見明陶宗儀《輟耕録・禽戲》）古人終將蠢蠢之蟲馴化得如此聰明可愛，藉此可見古人之扎實沉着，心智之專一，少有後世浮躁之風。目前，國人甚喜馴養，寵物遍地，却未見馴出如同上述的"疊塔"之烏龜與"説法"之蛤蟆，今之馬戲或雜技團體，爲現代專業機構，也未見絶技面世。

《巧藝卷》的條目詮釋，大有建樹，絶不因襲他人成説，明確關聯了具體事物形成的歷史淵源與社會背景。如"踏青"，《漢語大詞典》引用了唐代的書證，并稱其爲"清明節前後，郊野游覽的習俗"。本卷則明確指出，"踏青"是由遠古的"春戲"演變而來。西周時曾爲禮制。漢代已有"人日郊外踏青"之俗，同時指出"踏青"還有"游春"的別稱。《漢語大詞典》與本卷的釋文內容差異如此之大，實出常人之所料。何謂"春戲"？所有辭書皆未收録。本卷有翔實考證，茲録如下：

春戲：古代民間春季娛樂活動。以繁衍後代和期盼農作物豐收爲目的的男女歡會活動。始於原始社會末期，西周時仍很流行。《周禮・地官・司徒》："中春之月，令會男女。於是時也，奔者不禁。若無故而不用令者，罰之。司男女之無夫家者而會之。"《墨子・明鬼篇》："燕之有祖，當齊之社稷。宋之有桑林，楚之雲夢也，此男女之所屬而觀也。"《詩・鄭風・溱洧》："溱與洧，瀏其清矣。士與女，殷其盈矣。女曰：'觀乎？'士曰：'既且。''且往觀乎！洧之外，洵訏且樂。'維士與女，伊其將謔，贈之以芍藥。"《楚辭・九歌・少司命》："秋蘭兮蘼蕪，羅生兮堂下。綠葉兮素枝，芳菲菲兮襲予。夫人兮自有美子，蓀何以兮愁苦？"戰國以後逐漸演變爲單純的春游活動"踏青"。

《巧藝卷》精心地援引了以上經典，可證在中國上古時期男女歡會非常自然，而且是具有相當規模的群體性活動。此舉在中國遠古時代已有所見，青海大通縣上孫家寨出土的舞蹈紋彩陶盆，已展現了男女携手共舞的親密生動場景，那是馬家窰文化的代表，距今已有五千年歷史，但必須明確，這并非蒙昧時期的亂性之舉。這是一種男女交往的公開宣示。前述《周禮・地官・司徒》曰："中春之月，令會男女……司男女無夫之家者而會之。"其要點是"男女無夫之家者"。這是明確的法律規定，故而作者的篇首語曰："以繁衍後代和期盼農作物豐收爲目的。”這就撥正了後世對於中國古代奴隸社會或封建社會有關男女關係的一些偏頗見解，可證本卷之“巧藝”非同一般的娛樂，所展現的是中華先民多方位的生活狀態。

三、博物研究遭質疑，古老科技又誰知？

《通考》所涉博物盡有所據，無一虛指，如繁星麗天，構成了浩大的博物學體系，千載一脈，本當生生不息，如瀑布之直下，但却似大河之九曲，時有峽谷，時有險灘，終因清廷喪權辱國、全盤西化而戛然中斷，故而迴异於西方。由於西方科技的巨大影響，致使一些學人缺少文化自信，多認爲中國古老的博物學，無甚價值。豈知我中華民族從不乏才俊、精英，從不乏偉大的發明，很多祇是不知其名而已。如《淮南子·泰族訓》：“欲知遠近而不能，教之以金目則快射。”漢代高誘注曰：“金目，深目。所以望遠近射準也。”何謂“金目”？據高注可知，就是深目。“深目”之“深”，謂深遠也（又說稱“金目”爲黄金之目，用以喻其貴重，恐非是）。“金目”當是現代望遠鏡或眼鏡之類的始祖。“金目”其物，在古代萬千典籍中僅見於《淮南子》一書，別無他載。因屬古代統治者杜絕的“奇技淫巧”，又甚難製作，故此物宫廷不傳，民間絕踪，遂成奇品。上世紀 80 年代，揚州邗江縣東漢廣陵王劉荆墓中出土一枚凸透鏡，此鏡之鏡片直徑 1.3 厘米，鑲嵌在用黄金精製而成的小圓環内，視物可放大四五倍，此鏡至遲亦有兩千餘年的歷史。廣陵墓之外，安徽亳州曹操宗族墓等處，亦有出土。是否就是“金目”已難考證。作爲眼鏡其物，發展到宋代，始有明確的文字記載，其時稱之爲“靉靆”（見明方以智《通雅·器用·雜用諸器》引宋趙希鵠《洞天清録》）。今日學者皆將眼鏡視爲西方舶來品，一説來自阿拉伯，又説來自英國，如猜謎語，不一而足；西方的眼鏡實則是由中國傳入的，如若説是西方自家發明，也晚於中國千年之久。

“金目”其物的出現絕非偶然，《墨子》中的《經下》《經説下》已有關於光的直綫傳播、反射、折射、小孔成象、凹凸透鏡成象等連續的科學論述，這一原理的提出，必當有各式透體器物，如鏡片之類爲實驗依據，這類器物的名稱曰何今已不得而知，但製造出金目一類望遠物，是情理之中的必然結果。據上述《經下》《經説下》記載可知，早在戰國時期，先賢已有光學研究的成就，與後世西方光學原理盡同。在中國漫長的古代日常生活中，隨時可見新奇的創造發明，這類創造發明所展現的正是中國獨有的科學。《導論》中所述"被中香爐""長信宮燈"之外，更有"博山爐"（一種形似傳說中神山"博山"的香爐，當香料在爐內點燃時，烟霧通過鏤空的山體宛然飄出，形成群山蒙蒙、衆獸浮動的奇妙景象，約發明於漢代）、"走馬燈"（一種竹木扎成的傳統佳節所用風車狀燈具，外貼人馬等圖案，藉燈內點燃蠟燭的熱力引發空氣對流，輪軸上的人馬圖案隨之旋轉，投身於燈屏上，形成人馬不斷追逐、物換景移的壯觀情景，約發明於隋唐時期）之類。古老中華何止是"四大發明"？此外，約七千年前，在天災人禍、形勢多變的時代背景之下，先民爲預測未來，指導行爲方嚮，始創有易學，形成於商周之際，今列爲十三經之首，稱爲《周易》，這是今世的科學不能完全解釋的另一門"科學"，其功用不斷地爲當世諸多領域所驗證，在我華夏、乃至歐美，研究者甚衆，本《通考》對此雖有涉及，而未立專論。

那麼，在近現代，國人又是如何對待古代的"奇技奇器"的呢？著名的古代"四大發明"，今已家喻户曉，婦幼皆知，但却如同可愛的國寶大熊猫一樣，乃是西方學者代爲發現。我仁人志士，爲喚醒"東方睡獅"，藉此"四大發明"，竭力張揚，以振奮民族精神。這"四大發明"影響非凡，但在中國傳統文化中亦無重要地位，其中"火藥"見載於唐孫思邈《丹經》，"指南針""印刷術"同見載於宋沈括《夢溪筆談》，皆非要籍鴻篇，唯造紙術見於正史，全文亦僅七十一字，緊要文字祇有可憐的四十三字（見《後漢書・宦者傳・蔡倫》）。而這"四大發明"中有兩大發明，不知爲何人所爲。

在古老中國的歷史長河中，更有另一種科學技術，當今學界稱之爲"黑科技"（意謂超越當今之科技，出於人類的想象之外。按，稱之爲"超科技"，似更易理解，更準確），那就是現代科學技術望塵莫及、無法破解的那些千古之謎。如徐州市龜山西漢楚襄王墓北壁的西邊墻上，非常清晰地顯示一真人大小的影子，酷似一位老者，身着漢服，峨冠博帶，面東而立，作揖手迎客之狀。人們稱其爲"楚王迎賓圖"。最初考古人員發掘清理棺室時，并無壁影。自從設立了旅游區正式開放後，壁影纔逐漸地顯現出來，仿佛是楚王的魂魄顯靈，親自出來歡迎來此參觀的游人一樣。楚襄王名劉注，是西漢第六代楚王，死後葬於此。劉注墓還有五謎，今擇其三：一、工程精度之謎。龜山漢墓南甬道長55.665米，北甬道長爲55.784米，沿中綫開鑿，最大偏差僅爲5毫米，精度達1/10000；兩甬道相距19米，夾角20秒，誤差爲1/16000，其平行度誤差之小，大約需要從徐州一直延伸到西安纔能使兩甬道相交。按當時的技術水準，這樣的墓道是何人如何修建的？二、崖洞墓開鑿之謎。龜山漢墓爲典型的崖洞墓，其墓室和墓道總面積達到 700 多平方米，容積達 2600 多立方米，幾乎掏空了整個山體。勘察發現，劉注墓原棺室的室頂正對着龜山的最高處，劉注府庫中的擎天石柱也正位於南北甬道的中軸綫上。龜山漢墓的工程人員是利用什麽樣的勘探技術掌握龜山的山體石質和結構？三、防盜塞石之謎。南甬道由 26 塊塞石堵塞，分上下兩層，每塊重達六至七噸，兩層塞石接縫非常嚴密，一枚硬幣也難以塞入。漢墓的甬道處於龜山的半山腰，當時生產力低下，人們是用什麽方法把這些龐大的塞石運來并嵌進甬道的？今皆不得而知。

斷言“中國古代衹有技術而沒有科學”者，對中國歷史的瞭解實在是太過膚淺，并不瞭解在中國古代不衹有科技，而且竟然有超越科學技術的“黑科技”。

四、當世灾難甚可懼，人間正道何處覓？

在《通考》的編纂過程中，常遇到的重要命題，那就是以上論及的“科技”。今之“科技”，在中國上古曾被混稱爲“奇技奇器”，直至清廷覆亡，迄未得到應有的重視，導致國勢衰微，外寇侵略，民不聊生。這正是西方視之爲愚昧落後，敢於長驅直入，爲所欲爲的原因。因而一個國家、一個民族，要立於不敗之地，必須擁有自家的科技！世人當如何評定“科技”？如何面對“科技”？本書《導論》已有“道器論”，今《總說》以此“道器論”爲據，就現代人類面臨的種種危機，論釋如下：

何謂“道器”？所謂“道”是指形成宇宙萬物之原本，是形成一切事理的依據與根由。何謂“器”？“器”即宇宙間實有的萬物，包括一切科技，一切發明，至巨至大，至細至微，充斥天地間，而盡皆不虛。科技衍生於器，驗證於器，多以器爲載體，是推進或毀壞人類社會的一種無窮力量，故而又必須在人間正道的制約之下。此即本書道器并重之緣由，或可視爲天下之通理也。英國自 18 世紀第一次工業革命以來，其科學技術得以高速而全方位地發展，引起西方乃至全世界的密切關注與重視，影響廣遠。這一時期，英帝國統治者睥睨全球，居高臨下，自我膨脹，發表了“生存競爭，勝者執政”等一系列宏論；托馬斯·馬爾薩斯的《人口論》亦應時而起，其核心理論是：“貧富强弱，難以避免。承認現實，存在即合理。”甚而提出“必須控制人口的大量增長，而戰爭、饑荒、瘟疫是最後抑制人口增長的必要手段”（這一理論在以儒學爲主體的傳統文化中被視爲離經叛道，滅絶人性，而在清廷走投無路全面西化之後，國人亦有崇信者，直至20年代初猶見其餘緒）。在這樣的時代背景下，查爾斯・達爾文所著《物種起源》得以衝破基督教的束縛，順利出版，暢行無阻。該書除却大量引用我國典籍《齊民要術》《天工開物》與《本草綱目》之外，還鄭重表明受到馬爾薩斯《人口論》的啓示和影響。《物種起源》的問世，形成了著名的進化理論："物競天擇、優勝劣汰，弱肉强食，適者生存。"（近世對其學説已有諸多評論，此略）進化學説在人們的社會生活中留下了深刻的印迹，在世界範圍内引起巨大反響，當時英國及其他列强利用了自然界"生存法則"的進化理論，將其推行於對外擴張的殖民戰爭中，打破了世界原有生態格局，在巨大的聲威之下，暢行無阻，遍及天下。縱觀人類的發展史，尤其是近世以來的發展史可知，科技的高下決定了國家的强弱，以强凌弱，已成定勢，在高科技强國的聲威之下，無盡的搜羅，無盡的采伐，無盡的探測實驗（包括核試驗），自然資源和自然環境漸遭破壞，各種弊端漸次顯露。時至20世紀中後期，以原子能、電子電腦、信息技術、空間技術等發明和應用爲標志、第三次科技革命的到來，學界稱之爲"科技革命的紅燈時刻"，其勢如風馳電掣，所向披靡，人類社會發生了翻天覆地的變化，時至21世紀，又凸顯了另一灾難，即瘟疫肆虐，病毒猖獗，危及整個人類。這一系列禍患緣何而生？天灾之外，罪魁爲人。何也？世間萬種生靈，習性歸一，盡皆順從於大自然，但求自身生息而已，别無他求，而作爲"萬物之靈"的人類，在茹毛飲血，跨越耕獵時代之後，却欲壑難填，毫無節制！爲追求享樂、滿足一己之貪婪，塗炭萬種生靈，任你山中野外，任你江面海底，任你晝藏夜出，任你天飛地走，皆得作我盤中佳餚。閑暇之日，又喜魚竿獵槍，目睹异類掙扎慘死，以爲暢快，以爲樂趣，若爲一己之喜慶，更可"磨刀霍霍向猪羊"，視之爲正常！"萬物之靈"的人類，永無休止，地表搜刮之外，還有地下的搜索挖掘，如世界著名的南非姆波尼格金礦，雖其開采僅起始於百年前，憑藉當代最先進的科技，挖掘深度已超4000米（我國的招遠金礦，北宋真宗年間已進行開采，至今深度不過2000米左右），現有370千米軌道，用以運送巨大的設備與成噸重的礦石，而每次開采都必須用兩千多公斤的炸藥爆破，可謂地動山搖！金礦之外，又有銀礦、鐵礦、銅礦、煤礦、水晶礦（如墨西哥的奈咯水晶洞，俗稱"神仙水晶礦"，其中一根重達50噸，挖出者一夜暴富），種種礦藏數以萬計。此外尚有對石油、純净水，乃至無形的天然氣等的無盡索取，山林破壞，大地沙化，水污染、大氣污染、核污染，地球已是百孔千瘡，而挖掘索取，仍未甘休，愈演愈烈，故今之地球信息科學已經發現地球性能的變异以及由此帶來可怕的全球性灾難。今日世界，各國執政者憑仗高科技，多是從一國、一族或一己之私利出發，或結邦，或聯盟，争强鬥勝，互不相顧，國際關係日趨惡化，人類時刻面臨可怕的威脅，面臨毀滅性的核戰争。凡此種種，怎不令人憂慮，令人悲痛？故而有學者宣稱：“科技確實偉大，也確實可怕。一旦失控，後患無窮。”又稱：“人類擁有了科技，必警惕成爲科技的奴隸。”此語并非危言聳聽，應是當世的警鐘，因爲人類面對强大的科技，常常難以自控，這是科技發展必然的結果。而作爲“萬物之靈”的人類，具有高智慧，能够擁有高科技，確乎超越了萬物，居於萬物主宰的地位，而執政者一旦擁有失控的權力，肆意孤行，其最終結局必將是自戕自毀，必將與萬物同歸於盡。一言以蔽之，毀滅世界的罪魁禍首是人類自己，而并非他類。

面對這多變的現實與可怕的未來，面對這全球性的灾難，中外科學家作了不懈努力，而收效甚微。1988 年 1 月，七十五位諾貝爾獲獎者及世界著名學者齊聚巴黎，探討了 21 世紀科學的發展與人類面臨的種種難題，提出了應對方略。在隆重的新聞發布會上，瑞典物理學家漢內斯·阿爾文發表了鄭重的演説：“如果人類要在 21 世紀生存下去，必須回頭到兩千五百年前去汲取孔子的智慧。”（見 1988 年 1 月 24 日澳大利亞《堪培拉時報》原文——《諾貝爾獎獲得者説要汲取孔子的智慧》）這是何等驚人的預見，又是何等嚴正的警示！這七十五位諾貝爾獲獎者没有一位是我華夏同胞，他們對孔子的認知與崇敬，非常客觀，非常深刻，超乎我們的想象。這種高屋建瓴式的睿智呼籲，振聾發聵，可惜并没有警醒世人，也没有引起足够多的各國領導人的重視。

人類爲了自救，不能不從人類自身發展史中尋求答案。在人類發展史中，不乏偉大的聖人，孔子是少有的没有被神化、起於底層的聖人（今有稱其爲“草根聖人”者），他生於春秋末期，幼年失父，家境貧寒，又正值天下分裂，戰亂不斷，在這樣的不幸世道裏，孔子及其弟子大力宣導“克己復禮”，這是人類歷史上最切實際的空前壯舉。何謂“禮”？《説文·示部》曰：“禮，履也。所以事神致福也。”禮本來是上古祭祀鬼神和先祖的儀式。史稱文、武、成王、周公據禮“以設制度”，此即“周禮”。“周禮”的内容極爲廣泛，舉凡國家的政治、經濟、軍事、行政、法律、宗教、教育、倫理、習俗、行爲規範，以及吉、凶、軍、賓、嘉五類禮儀制度，均被納入禮的範疇。周禮在當時社會中的地位與指導作用，《禮記·曲禮》中有明確記載：“分争辯訟，非禮不决；君臣上下、父子兄弟，非禮不定；宦學事師，非禮不親；班朝治軍、涖官行法，非禮威嚴不行。”當然也維護了"君臣朝廷尊卑貴賤之序，下及黎庶車輿衣服宮室飲食嫁娶喪祭之分"（見《史記·禮書》），這符合於那個時代的階級統治背景。孔子提出"克己復禮"，期望世人克服一己之私欲，以應有的禮儀禮節規範自己的言行，建立一個理想的中庸和諧社會，這已跨越了歷史局限。孔子的核心思想是"敬天愛人"，何謂"敬天"？孔子強調"巍巍乎唯天爲大"（見《論語·泰伯》），又曰："天何言哉？四時行焉，百物生焉，天何言哉！"（見《論語·陽貨》）孔子所言之"天"，并非指主宰人類命運的上蒼或上帝，并非是孔子的迷信，因"子不語怪力亂神"（見《論語·述而》）。孔子認爲四季變化、百物生長，皆有自己的運行規律，人類應謹慎遵從，應當敬畏，不得違背。孔子指稱的"天"，實則指他所認知的宇宙。此即孔子的天人觀、宇宙觀。"巍巍乎唯天爲大"，在此昊天之下，人是何樣的微弱，面臨小小的細菌、病毒，即可淒淒然成片倒下。何謂"愛人"？孔子推行"仁義之道"，何謂"仁"？子曰："仁者，愛人！"（《論語·顏淵》）即人人相親、相愛。又曰："己所不欲，勿施於人。"意即重正義，絕不損人利己。何謂"義"？"義"指公正的道理、正直的行爲。子曰："不義而富且貴，於我如浮雲。"（見《論語·述而》）這就是孔子的道德觀與道德規範，當作爲今世處理人與自然、人與社會的規範與行動指南。其弟子又提出"親親而仁民，仁民而愛物"（見《孟子·盡心上》），漢代大儒又有"天人之際，合而爲一"的主張（董仲舒在《春秋繁露·深察名號》中，爲維護皇權的需要而建立了皇權天授的觀念），這種主張已遠遠超越了維護皇權的需要，成爲了一種可貴的哲理。時至宋代，大儒張載再度發揚孟子"親親而仁民，仁民而愛物"的襟怀，又有"民吾同胞，物吾與也"（見其所著《西銘》）之名言箴語，即將天下所有的人皆當作同胞，世間萬物盡視爲同類，最終形成了著名的另一宏大的儒學系統，其主旨則是"天人合一"論。何謂"天人合一"？"天人合一"有兩層意義：一曰天人一致，天是一大宇宙，人則如同一小宇宙，也就是說人類同天體各有獨立而相似之處；二是天人相應，這是說人與天體在本質上是相通的，是相互相連的。因此，一切人事應順乎自然規律，從而達到人與自然的和諧。達到人與自然的和諧統一，當作爲今世處理人與自然、人與社會的明確規範與行動指南。這是真正的"人間正道"，唯有遵循這一"人間正道"，人際關係纔能融洽，社會纔能和諧，天下纔能太平。

　　古老中國在形成"孔子智慧"之前，早已重視人與自然的關係。約在七千年前，我中華先祖已能够通過對於蟲鳥之類的物候觀察，熟練地確定天氣、季節的變幻，相當完美地適應了生產、生活、繁衍發展的需求，這一遠古的測算應變之舉，處於世界領先地位。約四千年前，夏禹之時，已建有令今人嚮往的廣袤的綠野濕地。如《書·禹貢》即記載了"雷夏""大野""彭蠡""震澤""菏澤""孟豬""豬野""雲夢"諸澤的形成及其利用情況，如其中指出："淮海惟揚州，彭蠡既豬（瀦），陽鳥攸居；三江既入，震澤底定。篠簜既敷，厥草惟夭，厥木惟喬……厥貢惟金三品，瑤琨篠簜，齒革羽毛，惟木。"這是説揚州有彭蠡、震澤兩方綠野濕地，適合於鴻雁類禽鳥居住，適合於篠竹（箭竹）、簜竹（大竹）生長，青草繁茂，樹木高大，向君主進貢物品有金銀銅等三品，又有瑤琨美玉、箭竹、大竹以及象齒皮革與孔雀、翡翠等禽鳥羽毛。所謂"大禹治水"，并非袛是被動的抗災自救，實則是大治山川，廣理田野，調整人與大自然的關係，使之相得益彰。《逸周書·大聚解》又載，夏禹之時"且以并農力，執成男女之功，夫然則有生不失其宜，萬物不失其性，人不失其事，天不失其時……放此爲人，此謂正德"，此即所謂夏禹"劃定九州"之功業所在。其中"放此爲人，此謂正德"的論定，已蘊含了後世儒家初始的"天人合一"的觀念。西周初期，已設定掌管國土資源的官職"虞衡"，掌山澤者謂"虞"，掌川林者稱"衡"（見《周禮·天官·太宰》及賈疏）。後世民衆，繼往開來，對於保護生態環境，保護大自然，采取了各種措施，又設有專司觀察氣象、觀察環境的機構，并有方士之類的"巫祝史與望氣者"，多管道、多方位進行探測研究，從而防患於未然。《墨子·號令篇》（一説此篇非墨子所作，乃是研究墨學者取以益其書）曰："巫祝史與望氣者，必以善言告民，以請（讀爲'情'）上報守（一説即太守），上守獨知其請（情）。無〔巫〕與望氣，妄爲不善言，驚恐民，斷弗赦。"這裏明確地指出，由"巫祝史與望氣者"負責預告各種災情，但不得驚恐民衆，否則即處以重刑，絕不饒恕。愛惜生態，保護自然，這是何樣的遠見卓識，這又是何樣的撫民情懷！

是的，自夏禹以來，先民對於大自然、對於與蒼生，有一種別樣的愛惜、保護之舉措，防範措施非常細密，非常全面而嚴厲。《逸周書·大聚解》有以下記載：夏禹時期設定禁令，大力保護山林、川澤，春季不准帶斧頭上山砍伐初生的林木；夏季不准用漁網撈取幼小的魚鱉，此即世界最早的環境保護法。《韓非子·内儲説上》又載：殷商時期，在街道上揚弃垃圾，必斬斷其手。西周時又有更爲具體規定：如，何時可以狩獵，何時禁止狩獵，何樣的動物可以獵殺，何樣的動物禁止獵殺；何時可以捕魚，何時禁止捕魚，何樣的魚可以捕取，何樣的魚禁止捕取，皆有明文規定，甚而連網眼的大小也依季節不同而嚴予區別。并特別强調：不准搗毀鳥巢，不准殺死剛學飛的幼鳥和剛出生的幼獸。春耕季節不准大興土木。《禮記·月令》又載："毋變天之道,毋絶地之理,毋亂人之紀。"這一"毋變""毋絶""毋亂"之結語,更是展現了後世儒家宣導并嚮往的"天人合一"説。至春秋戰國之際,法律法規的範圍更加全面,特别嚴厲。這一時期已經注意到有關礦山的開發利用,若發現了藏有金銀銅鐵的礦山,立即封禁,"有動封山者,罪死而不赦。有犯令者,左足入,左足斷,右足入,右足斷"(見《管子·地數》)。古人認爲輕罪重罰,最易執行,也最見成效,勝過重罪重罰。這些古老的嚴厲法令,雖是殘酷,實際却是一聲斷喝,讓人止步於犯罪之前,因而犯罪者甚微。這就最大限度地保護了大自然,同時也最大限度地保護了人類自己。而早在西周建立前夕,又曾頒布了令人欽敬的《伐崇令》:"文王欲伐崇,先宣言曰……令毋殺人,毋壞室,毋填井,毋伐樹木,毋動六畜,有不如令者,死無赦!崇人聞之,因請降。"(見漢劉向《説苑·指武》)這是指在殘酷的血火較量中,對於敵方人民、財産及生靈的愛惜與保護。我中華上古時期這一《伐崇令》,是世界戰争史中的奇迹,是人類應永恒遵守的法則!當今世界日趨文明,闊步前進,而戰争却日趨野蠻,屠殺對方不擇手段,實是可怖可悲!我華夏先祖所展現的這些大智慧、大慈悲,爲後世留下了賴以繁衍生息的楚山漢水,留下了令人神往的華夏聖地,我國遂成爲幸存至今、世界唯一的文明古國。

五、筆墨革命難預料? 卅載成書又何易?

《通考》選題因國内罕見,無所藉鑒,期望成爲經典性的學術專著,難度之大,出乎想象,初創伊始,即邀前輩學者南京大學老校長匡亞明先生主其事。這期間微信尚未興起,寧濟千里,諸多不便,盛岱仁、康戰燕伉儷滿腔熱情,聯絡於匡老與筆者之間,得到先生的熱情鼓勵與全力支持,每逢疑難,必親予答復,但表示難做具體工作,在經濟方面也難以爲力。因爲先生於擔任國家古籍整理領導小組組長之外,又全面主持南京大學中國思想家研究中心的工作,正在編纂《中國思想家評傳》,百卷書稿須親自逐一審定,難堪重任。筆者初赴南大之日,老人家親自接待,就餐時當場現金付款,没有讓服務員公款記賬,筆者深受感動,終生難以忘懷。此後在匡老激勵之下,筆者全力以赴,進而邀得數百作者并肩携手,全面合作,并納入國家"九五"重點出版規劃中。1996 年 12 月,匡老驟然病逝,筆者悲痛不已,孤身隻影,砥礪前行,本書再度確定爲國家"十五"重點出版規劃項目，并將初名更爲今名。那時，作者們盡皆恪守傳統著述方式，憑藏書以考釋，藉筆墨以達志。盛暑寒冬，孜孜矻矻，無敢逸豫。爲尋一詞，急切切，一目十行，翻盡千頁而難得；爲求善本，又常千里奔波，因限定手抄，不得複印，纍日難歸！諸君任勞任怨，潛心典籍，閱書，運筆，晝夜伏案，恂恂然若千年古儒。至上世紀末，一些年輕作者已擁有個人電腦，各種信息，數以億計，中文要籍，一覽無餘，天下藏書，“千頃齋”“萬卷樓”之屬，皆可盡納其中，無須跋涉遠求。搜集檢索，祇需“指點”，瞬息可得；形成文章，亦祇需“指點”，頃刻可就。在這世紀之交，面臨書寫載體的轉換，老一輩學人步入了一個陌生的电脑世界，遭遇了空前的挑戰。當代作家余秋雨在其名篇《筆墨祭》中有如下陳述：“五四新文化運動就遇到過一場載體的轉換，即以白話文代替文言文；這場轉換還有一種更本源性的物質基礎，即以‘鋼筆文化’代替‘毛筆文化’。”由“毛筆文化”向“鋼筆文化”的轉換，經歷了漫長的數千載，而今日再由“鋼筆文化”向“電腦文化”轉換，卻僅僅是二十年左右，其所彰顯的是科學技術的力量、“奇技奇器”的力量。作家所謂的“筆墨”，係指毛筆與烟膠之墨，《筆墨祭》祇在祭五四運動之前的“毛筆文化”。今日當將毛筆文化與鋼筆文化并祭，乃最徹底的“筆墨祭”。面對這世紀性的“筆耕文化”向“電腦文化”的轉換，面對這徹底的“筆墨祭”，老一輩學人沒有觀望，沒有退縮，同青年作者一道，毅然決然，全力以赴，終於跟上了時代的步伐！筆者爲我老一輩學人驕傲！回眸曩日，步履維艱，隨同筆墨轉型，書稿也隨之經歷了大修改、大增補，其繁雜艱辛，實難言喻。天地逆旅，百代過客，如夢如幻，三十餘年來，那些老一輩學人全部白了頭，卻無暇“含飴弄孫”，又在指導後代參與其事。那些“知天命”之年的碩博生導師們皆已年過花甲，卻偏喜“舞文弄墨”，又在尋覓指導下一代弟子同步前進。如此前啓後追，無怨無悔，這是何樣的襟懷？憶昔乾嘉學派，人才輩出，時有“高郵王父子，棲霞郝夫婦”投入之佳話，今《通考》團隊，於父子合作、夫婦合作之外，更有舉家投入者，四方學人，全力以赴。但蒼天無情，繼匡老之後，另有幾位同仁亦撒手人寰。上海那位《天宇卷》主編年富力强，卻在貧病交加、孩子的驚呼聲中，英年早逝。筆者的另一位老友爲追求舊稿的完美，於深夜手握鼠標闃然永訣，此前他的夫人曾勸其好好休息，答說“我沒有那麼多時間”！可謂鞠躬盡瘁，死而後已，這又是何樣的壯志，思之怎能不令人心酸！這就是我的同仁，令我驕傲的同仁！

　　自 2012 年之後，因面臨多種意外的形勢變化，筆者連同本書回歸原所在單位山東師範大學，于是增加了第一位副總主編——文學院副院長、古籍整理研究所所長韓品玉，解決了編務與財力方面的諸多困難，改變了多年來的孤苦狀況。時至 2017 年春，爲盡快出版、選定新的出版社，又增加了天津人民出版社總編輯、南開大學客座教授陳益民，中國職工教育研究院常務副院長、全國職工教育首席專家俞陽，臺北大學人文學院東西哲學與詮釋學研究中心主任賴賢宗教授三位爲副總主編，於是形成了現今的編纂委員會。

在全書編纂過程中，編纂委員會和學術顧問，以及分卷正副主編、主要作者所在單位計有：中國國家博物館、中國國家圖書館、中央文史研究館、中國佛教圖書文物館、全國總工會、中聯口述歷史研究中心、河北省文物與古建築保護研究院、河北省文物考古研究院、河北閱讀傳媒有限責任公司、北京大學、浙江大學、南京大學、南京師範大學、東北師範大學、鄭州大學、河北大學、河北師範大學、河北醫科大學、廈門大學、佛山大學、山東大學、中國海洋大學、山東師範大學、曲阜師範大學、山東中醫藥大學、濟南大學、山東財經大學、山東體育學院、山東藝術學院、山東工藝美術學院、山東省社會科學院、山東博物館、山東省圖書館、山東省自然資源廳、山東省林業保護和發展服務中心、濟南市園林和林業綠化局、濟南市神通寺、聊城市護國隆興寺、臺北大學、臺灣成功大學、臺灣大同大學、臺北中國文化大學、臺灣中華倫理教育學會，以及澳大利亞國立伊迪斯科文大學等，在此表示由衷的謝忱！

本書出版方——上海交通大學領導以及上海交通大學出版社領導，高瞻遠矚，認定《通考》的編纂出版，不祇是可推動古籍整理、考古研究的成果轉化，在傳承歷史智慧，弘揚中華文明，增強民族凝聚力和認同感，彰顯民族文化自信等各個方面具有重要意義。出版方在組織京滬兩地專家學者審校文字的同時，又付出時間精力，投入了相當的資金，增補了不少插圖，這些插圖多來自古籍，如《考工記解》《考工記圖解》《考工記圖説》《考古圖》《續考古圖》《西清古鑑》《西清續鑑》《毛詩名物圖説》《河工器具圖説》等等，藉此亦可見出版方打造《通考》這一精品工程的決心。而山東師範大學各級領導同樣十分重視，社科處高景海處長一再告知筆者："需要辦什麼事情，儘管吩咐。"諸多問題常迎刃而解，可謂足智善斷。筆者所屬文學院孫書文院長更親行親爲，給予了全面支持，多方關懷，令筆者備感親切，深受鼓舞，壯心未老，必酬千里之志。此前，著名出版家和龔先生早已對本書作出權威鑒定，并建議由三十二卷改爲三十六卷。本書在學術界漂游了三十餘載終得面世，并引起學界的關注。今有國人贊之曰：《通考》是中華優秀傳統文化創造性轉化、創新性發展的優异成果，是一部具有極高人文價值的通代史論性的華夏物態文化專著，凝聚了中華民族的深層記憶，積澱了民族精神和傳統文化的精髓。又有國際友人贊之曰：《通考》如同古老中國一樣，是世界唯一一部記述連續數千載生機盎然的人類生活史。國內外的評論祇是就本書的總體面貌而言，但細予探究，缺憾甚爲明顯，因本書起步於三十餘年前，三十餘年以來，學術界有諸多新的研究成果未得汲取，田野考古又多有新的發現，國內外的各類典藏空前豐富，且檢索方式空前便捷，而本書作者年齡與身體狀況又各自不同，多已是古稀之年，或已作古，或已難執筆，交稿又有先後之別，故而三十六卷未能統一步伐與時俱進，所涉名物，其語源、釋文難能確切，一些舊有地名或相關數據，亦未及修改，而有些同物異名又未及增補。這就不能不有所抱憾，實難稱完美！以上，就是本書編纂團隊的基本面貌，也是本書學術成就的得失狀況。

　　筆者無盡感慨，卅載一瞬渾似夢，襟懷未展，鬢髮盡斑，萬端心緒何曾了？長卷浩浩，古奧繁難，有幾多知音翻閱？何處求慰藉？人道是紅袖祇搵英雄泪！歲月無情，韶光易逝，幾位分卷主編未見班師，已倏而永別，何人知曉老夫悲苦心情？今藉本書的面世，聊以告慰匡老前輩暨謝世的同仁在天之靈！

張述錚

丙子中呂初稿於山東師範大學映月亭
甲辰南呂增補於歷下龍泉山莊東籬齋

凡　例

　　一、本書係通代史性的中華物態文化學術專著，旨在對構成中華博物的名物進行考釋。全書三十六卷，另有附錄一卷。各卷之基本體例：第一章爲概論，其後據内容設章，章下分節，爲研究考釋文字，其下分列考釋詞目。

　　二、本書所涉博物，分兩種類型：一曰“同物异名”，二曰“同名异物”。前者如“女墙”，隨從而來者有“女垣”“女堞”“女陴”“城堞”“城雉”“陴堞”等，盡皆爲“女墙”的同物异名；後者如“衽”，其右上分别角標有阿拉伯數字，分别作“衽¹”（指衣襟）、“衽²”（指衣服胸前交領部分）、“衽³”（指衣服两旁掩裳際處）、“衽⁴”（指衣袖）、“衽⁵”（指下裳）等，皆爲“衽”的同名异物。

　　三、各卷詞目分主條、次條、附條三種。次條、附條的詞頭字型較主條小，并用【　】括起。主條對其得名由來、産生年代、形制體貌、歷史演進做全面考釋，然後列舉古代文獻或實物爲證，并對疑難加以考辨，或列舉諸家之説；次條往往僅用作簡要交代，補主條不足，申説相佐；附條一般祇用作説明，格式如即“××”、同“××”、通“××”、“××”之單稱、“××”之省稱，等等。

　　四、各卷名物，或見諸文獻記載，或見諸傳世實物，循名責實，依物稽名，於其本稱、别稱、單稱、省稱，務求詳備，代稱、雅稱、謔稱、俗稱、譯稱，旁搜博采。因中華博物的形成、演化有自身規律，實難做人爲的斷代分割。如“朝制”之類名物，隨同帝王的興起而興起，隨同帝王的消亡而消亡，因而其下限達於辛亥革命；"禮俗"之類名物起源於上古，其流緒直達今世；而"冠服"之類名物，有的則起源甚晚，如"中山裝"之類。故各卷收詞時限一般上起史前，下迄清末民初，有的則可達現當代。

五、各卷考釋條目中的文獻書證一般以時代先後爲序；關乎名物之最早的書證，或揭示其淵源成因之書證，尤爲本書所重，必多方鈎索羅致；二十五史除却《史記》《漢書》外，其他諸史皆非同朝人編纂，其書證行用時間則以書名所標時代爲準；引書以古籍爲主，探其語源，逐其流變，間或有近現代書證爲後起之語源者，亦予扼要采用。所引典籍文獻名按學術界的傳統標法。如《詩》不作《詩經》，《書》不作《尚書》，《説文》不作《説文解字》等；若作者自家行文爲了强調或區別於他書，亦可稱《詩經》《尚書》《説文解字》等。文獻卷次用中文小寫數字：不用"千""百""十"，如卷三三一，不作卷三百三十一；"十"作〇，如卷四〇，不作卷四十。

六、本書使用繁體字。根據 1992 年 7 月 7 日新聞出版署、國家語言文字工作委員會發布的《出版物漢字使用規定》第七條第三款、2001 年 1 月 1 日施行的《中華人民共和國通用語言文字法》第二章第十七條第五款之規定，本書作爲大量引徵古籍文獻的考釋性學術專著，既重視博物的源流演變，又重視對同物異名、同名異物的考辨，故所有考釋條目之詞頭及文獻引文，保留典籍原有用字，包括异體字，除明顯錯别字（必要時括注正字訂誤）之外，一仍其舊。其中作者自家釋文，則用正體，不用异體，但關涉次條、附條等异體字詞頭等，仍予保留。繁體字、异體字的確定，以《規範字與繁體字、异體字對照表》（國發〔2013〕23 號附件一）及《通用規範漢字字典》爲依據。

七、行文叙述中的數字一律采用漢字小寫，但標示公元紀年及現代度量衡單位時，用阿拉伯數字。如"三十六計"，不作"36 計"；"36 米"，不作"三十六米"。

八、各卷對所收考釋詞條設音序索引，附於卷末，以便檢索。

目　録

序　言 1

第一章　概　論 1

    第一節　居處名義説 1

    第二節　居處起源論 18

    第三節　居處發展史 21

    第四節　傳統文化與中國建築 59

    第五節　木構架與民族風格 84

第二章　居室説 89

    第一節　泛稱考 89

    第二節　堂　考 98

    第三節　室　考 106

    第四節　房　考 110

    第五節　部位考 112

第三章　宫寢園囿説 118

    第一節　王寢考 118

第二節　後宮考 138

第三節　東宮考 148

第四節　苑囿考 153

第四章　壇廟說 208

第一節　壇壝考 208

第二節　宗祠考 234

第五章　離宮帳幕說 258

第一節　離宮考 258

第二節　帳幕考 280

第六章　閭里牌坊說 294

第一節　閭里考 294

第二節　牌坊考 300

第七章　堂殿樓臺說 311

第一節　堂殿考 311

第二節　樓閣考 366

第三節　臺　考 408

第八章　亭榭廊廡說 440

第一節　亭　考 440

第二節　榭　考 475

第三節　廊廡考 479

第四節　閣道考 492

第九章　庭舍墙藩說 496

第一節　庭院考 496

第二節　宅舍考 507

第三節　墙壁考 518

第四節　藩籬考 541

第十章　民居諸說 548

第一節　民居考 548

第二節　陋室考 597

第三節　閨閣華屋考 623

第十一章　井庖竈湢溷閑説 636

第一節　井　考 636

第二節　庖厨考 644

第三節　爨竈考 649

第四節　浴室考 653

第五節　厠溷考 657

第六節　厩閑考 663

第十二章　屋頂屋檐説 670

第一節　屋頂考 670

第二節　屋檐考 702

第十三章　基階欄杆説 719

第一節　基礎考 719

第二節　臺基考 725

第三節　階級考 732

第四節　欄杆考 746

第五節　地面考 759

第十四章　構架説 768

第一節　斗拱（栱）考 768

第二節　柱　考 807

第三節　柱礎考 822

第四節　梁　考 844

第五節　額枋考 866

第六節　榑檁考 871

第七節　椽　考 874

第八節　裝飾考 882

第九節　匾聯考 894

第十五章　内外檐裝修説 905

　　第一節　隔斷考 905

　　第二節　藻井考 919

　　第三節　門户考 926

　　第四節　窗牖考 959

第十六章　原始居式與歷代故居説 968

　　第一節　原始居式考 968

　　第二節　歷代故居考 983

第十七章　材料工具説 1004

　　第一節　材料考 1004

　　第二節　工具考 1035

索　引 1065

序　言

　　《中華博物通考》（下稱《通考》）是一部通代史論性的華夏物態文化專著，係"十四五"國家重點出版物出版專項規劃項目，并得到 2020 年度國家出版基金資助。全書共三十六卷，另有附錄一卷，達三千萬字，《居處卷》即其中的一卷。

　　何謂"居處"？本書指稱的"居處"謂中華民族居住或活動的處所，包括民居、官宅、皇宮、宗廟、社稷、別墅、苑囿、營帳、兵壘、離宮別館，等等。"居處"始自洪荒時代的穴居巢處，已有超百萬年的文化根系，中經夏商周以還地上建築的興盛，城郭的形成，又有上萬年的演進歷程，後經春秋戰國時亭臺樓閣的誕生，直至唐宋後大都會的涌現。據今人確考，我中華擁有九千年的漫長文化史。本書內容洽博而條貫有序，作者遵從商周以來中國建築的歷史脉絡，以皇宮爲中心（西方建築史則以宗教建築爲主綫），逐次鋪陳，逐一考釋。這無疑是本研究領域內的不二法門。在條目安排方面，亦依古制，既合乎歷史本貌，又一目瞭然。在中國古代，傳統建築總是"前堂後室"。房屋多建於臺基之上，居室前後以墻隔開，前曰"堂"，後曰"室"，室之兩旁曰"房"，即東房、西房。"堂"正當中央而嚮陽，爲主人日常活動及會客、議事、宴飲、行禮之場所，以其建於臺基之上，故有"登堂""升堂"之說；"室"與"房"則爲主人日常休憩處，外人不得徑入。因"前堂後室"，故有"登堂入室"之謂。如本書之第二章《居室說》，其謀篇布局正體現了上述精神。其第一節爲"泛稱考"，論述了作爲"居室"的所有名稱，即何謂"宮室"，何謂

“居”，何謂“屋”，何謂“宇”，何謂“廡”，何謂“典院”，何謂“寢堂”，何謂“軒序”，何謂“闇廬”，等等。第二節爲“堂考”，第三節爲“室考”，第四節爲“房考”，依序逐次展開。第二、三、四節爲本章三重點所在，系統而全面地考釋了“堂”“室”“房”的起源、流變及其相互間的關係。第五節爲“部位考”。“部位”主要指居室之內的布局、位置及其功用，居室外僅指臺階之類，不涉院落及其他。如“中廳”，亦稱“霤”，指廳堂之正中，謂主人之正位；“奧”，指室之西南隅，謂主人祭祀户、霤、門、竈諸神處；“窔”，指室之東南隅；“宦”，亦作“突”，指室之東北隅，謂存儲食物、炊具處；“屋漏”，指室之西北隅，謂施設小帳、安藏神主處。第五節的設置，甚爲深細，却極易被忽略。

以上考釋，鮮明地體現了中國古代建築史與中國古代文化的本體風貌，可謂切中其要。筆者認爲，本書的成就在於其學術上的突破與建樹。友人贊之曰“燦然如晨星麗天、芒明色正”。是的，在筆墨文化凋零的當世，在苦澀無味的古代土建領域，取得如此成就，實屬難能可貴。今僅就下述三端略與評論，以見一斑。

一、揭櫫了諸多名物詞的千古之謎。如，何謂“罘罳”？“罘罳”始見於《漢書·文帝紀》：“未央宮東闕罘罳災。”歷代注家皆無確解，當代權威工具書《漢語大詞典》（以下簡稱《大詞典》）之《网部》釋之曰：

罘罳：古代設在門外或城角上的網狀建築，用于守望和防禦。（下略）

本卷考證如下：

罘罳：古代覆蓋於城闕上方的木質裝飾性物體。常刻畫有雲氣蟲魚，繁複通透，連綴迴環，形似窗櫺，甚壯麗。

此結論除却得之於經書與正史外，又見諸古代雜著或詩文，非常明確具體。“罘罳”因雕木成網狀，後世遂有直織絲網而張之檐窗以防禽鳥者。宋人程大昌的《雍録·罘罳》即爲力證之一（本卷已引證，此略）。另如，何謂“星門”？“星門”始見於唐楊炯《送劉校書從軍》詩：“天將下三宮，星門召五戎。”《大詞典》引此爲據，祇兩字釋文：“軍門。”“星門”何以稱軍門？不得而知，且僅有楊氏此詩爲孤證。本卷考證曰：

即軍門。喻爲天設，不可摧毀。古天文學認爲，北斗七星分主日、月及金、木、水、火、土五星，居於帝位，又運轉如車，故稱“帝車”。北斗斗杓之第七星瑶光又稱部星，主兵事。古代軍營部署稱營部，部星位於營部之首，其勢如門，故稱星門。星門之後，七星之第六曰開陽，即武星。武曲，將星也，爲帝車之守將，部星又緊列守將之前，故稱之曰"軍門"。唐楊炯《送劉校書從軍》詩:"天將下三宮,星門召五戎。"又《少室山少姨廟碑》:"於是乎宜戰,乘斗杓而誓旅,出星門而仗鉞。"

可證星門爲斗杓之首,主兵事的軍門。本卷於以上考證之後,復引宋人李曾伯《代京西漕賀淮東趙安撫平寇轉官陞職》及明人彭大翼《山堂肆考》卷二三三諸文爲佐證,可謂扎實而嚴密。

二、探明了名物的源流關係。必須强調的是,以上現當代權威工具書所收錄的諸多重要詞目,常是溯未及源,造成誤導。如"祭壇"一詞,《大詞典·示部》釋文曰:

祭壇:供祭禮或宗教祈禱用的臺。劉大傑《中國文學發展史》第一章三:"無論藝術哲學都得屈服于宗教意識之下,在祭壇下面得著其發展生命了。"艾青《吹號者》詩:"今日的原野呵,已用展向無限去的暗綠的苗草,給我們布置成莊嚴的祭壇了。"亦指上壇祭祀。侯寶林《改行》:"趕上皇上齋戒忌辰,或是皇上出來祭壇,你都得歇工(下略)"

以上引用的三條書證全部是現代漢語,檢索此條的讀者無疑易認定"祭壇"乃無淵源的新興詞,與古漢語無關。豈不知《晋書·禮志下》《舊唐書·禮儀志三》《明史·崔亮傳》諸書皆有"祭壇"一詞。本編逐一舉證,十分明確,所引又皆爲正史,并不冷僻。《大詞典》爲證實"祭壇"一詞的存在,廣予網羅,頗費思索,連同侯寶林的相聲也用作重要書證。侯氏雖被贊爲現代語言大師,但此處的"皇上出來祭壇",却并不太合乎語法,稱不上規範語詞。還應指出,"祭壇"作爲人們祭祀或祈禱所用實體的臺,早在史前即已出現,故而本卷按全書體例,有意將"祭壇"列於主條"壇"之下,作爲"壇"的附條進行考釋。"壇"的釋文中又特別强調了原爲"土臺","起自上古"。"祭壇"的釋文融入了"壇"統領下的"祀壇""壇""宇""壇坎"的同義詞詞群,舉一而得衆,極大地擴展了檢索者的視野。其他,如常見名物"前廊",今之辭書皆以《金史》爲語源;"走馬廊"則以明王三聘《古今事物考》爲語源。實則前者宋范成大《驂鸞錄》已見行用;後者宋吳自牧《夢粱錄》也已行用。諸如此類,不勝枚舉。

三、糾補了當代辭書的諸多訛誤。如"皇宮"一條,《辭源》《辭海》等盡皆失收,唯《大詞典·白部》錄入,今轉抄如次:

皇宮:皇帝居處之處。元馬致遠《青衫淚》第二折:"侍郎呵!你往常出入在皇宮内院,只合生死在京師帝輦,也落得金水河邊好墓田。"

《大詞典》僅列此一孤證,讀者易誤認"皇宮"僅行用於古代戲曲小説。實則《魏書·景穆十二王傳》《舊五代史·唐宗室傳》等正史中早已出現該詞,本卷亦逐一做出明確舉證,毋庸置疑,可證"皇宮"絕非僅行於戲曲小説,兹錄如下:

皇宮:皇帝居住祝政之宫室。《魏書·景穆十二王傳·任城王雲》:"集桓公之屍,居平叔之側,亂鷄鳴之響,毀皇宮之飾。"《舊五代史·唐宗室傳·許王從益》:"許王從益,明宗之幼子也。宮嬪所生。明宗命王淑妃母之。嘗謂左右曰:'唯此兒生於皇宮。'"元馬致遠《青衫淚》第二折:"侍郎呵!你往常出入在皇宮内院,只合生死在京師帝輦,也落得金水河邊好墓田。"

另"皇室",《大詞典·白部》收録如下:

①皇帝的家族。晋郭璞《贈潘尼》詩:"擢穎蓋漢陽,鴻聲駭皇室。"《南史·宋紀上·武帝》:"所以協輔皇室,永隆藩屏。"(下略)

②指現在的故宫博物院。徐遲《哥德巴赫猜想·祁連山下》:"中國有兩大藝術寶庫,一在佛窟,一在皇室。"

《大詞典》義項①之書證最早者爲晋郭璞《贈潘尼》詩,本卷則指出《漢書·外戚傳》中早已出現了"皇室"一詞,且《大詞典》釋爲"皇帝的家族",并不十分確切。本卷釋爲"猶言皇家。有家族、政權諸意",并以《宋書·范曄傳》爲據:"自景平肇始,皇室多故……比年以來,奸竪亂政、刑罰乖淫。"此處之"皇室多故"應指皇家政權,若釋爲"皇帝的家族"則顯然不當。"皇室多故"一語,史籍中不勝枚舉,無一指其"家族"者。《大詞典》義項②徐遲名著《哥德巴赫猜想》中的"皇室",實爲用詞的失誤,應訂正爲"皇宮"。"皇室"與"皇宮"絕不可互相取代。《大詞典》此一條文的編撰者以徐遲的失誤爲據,列爲"皇室"的第二義項,實乃以訛釋訛也。又稱"指現在的故宫博物院",亦爲失誤。現在的"故宫博物院"之"宫"爲"皇宫",而非"皇室"。"皇室"與"皇宫"絕不可等同。"皇室"一詞,《辭海》未收録,《詞源》雖收録,僅《南史·齊高帝紀》一孤證,尚難與《大詞典》媲美,亦不足稱道,無可參照,可證本卷作者的功力所在。

四、頗善考辨,多有創見。如何謂"獨輪車"?獨輪車其物與其名何時出現?古今有何不同?試看《大詞典》《辭源》的闡釋:

《大詞典·犬部》獨輪車:手推的單輪小車。宋沈括《夢溪筆談·人事一》:"〔柳開〕應舉時,以文章投主司於簾前,凡幾千軸,載以獨輪車。"清金農《懷人絶句》之十五:"移向軒轅臺頂住,鹿牀經載獨輪車。"楊朔《東風第一支·雪浪花》:"老人收起磨刀石,放到

獨輪車上，跟我道了別。"（下略）

《辭源·犬部》獨輪車：一個輪子的小車。前後二人把駕，兩旁兩人扶拐，前有驢拽，謂之"串車"。見宋孟元老《東京夢華録三·般載雜賣》。亦稱獨轅車"。宋陸游《劍南詩稿》三三《山行》："撅耳帽寬新小疾，獨轅車穩正閑遊。"參見"雙輪車"。

《大詞典》没有辨明"獨輪車"古今之差异，且未溯及"獨輪車"之物源與與語源，亦未知其尚有同物異名"獨轅車"；《辭源》則未辨明"獨輪車"爲何物，誤將"前後二人把駕，兩旁兩人扶拐，前有驢拽"的"串車"視爲"獨輪車"。所引《般載雜賣》之下文，已明確指出此車用於"般載竹木瓦石，但無前轅，止一人或兩人推之"。據《山行》詩，又可知宋代之"獨輪車"爲一人或兩人在後推行的"獨轅車"；明清時則爲一人前挽，一人後推，明清之後則發展爲一人在後推行的雙轅車。本卷釋文如下：

獨輪車：運載建材的輕便工具。適用於平原，亦適用於山區，以其爲獨輪，故道路寬窄皆可通行。其載重量雖小，然適應性極强，爲漢以後南北各地常用的輕便運輸工具。

本編主編及主筆爲陳聖安、王午戌與石永士、王素芳兩對伉儷，四位學者。石君早年畢業於北京大學考古學專業，後長年從事燕下都遺址的發掘、整理與研究，未負所學。本編所涉古建形制方面的章節，多爲石君手筆。其餘三位皆爲當年南開中文系同級校友，根基深厚，長於語言文字學，而午戌君又多年出任所在高校圖書館領導，尤諳熟典籍。聖安、午戌二君聯手，即前述之第一對伉儷，第二章及其後卷名物訓詁及群書徵引方面的章節多由其操觚；永士與素芳聯手，即前述之第二對伉儷，其間更得愛子、青年才俊石磊揮戈入陣，被視爲難得的"愛將"。各章完成，諸君又互審互校，最後編定殺青，已是洋洋百萬言。書稿辛苦往返中，充滿了親情、友情，留下諸多佳話。惜出版遲延，束書異地，歲月匆促，轉瞬已近三十載。三十年來出土的大量重要實物實證，及蓬勃而起的電子文獻，亟待參照增補，書稿面臨新的挑戰。千里回望，兩伉儷盡逾花甲，"愛將"亦不復年輕，勢孤力薄，怎忍退改？百般無奈，序者又重整旗鼓，組織山東大學、山東建築大學與本校新一代中青年學者，願其"站在學術前沿陣地，展現最新研究成果"，且要"抓緊一切可以抓緊的時間，以最快的速度定稿"。於是，兩度飛雪，兩度苦雨，終得完璧。此即今日面世的《居處卷》。又越數秋，爲求《通考》全書結構之完美，另將本編中的"城邑""門闕""堡塞"等章抽出，另行編纂，定名爲《城關卷》；其後又由筆者補寫了"馬道""車""獨輪車""筏子"諸文。

　　卅載一瞬渾似夢，百事難料，塵勞無盡，長卷繁重，知有幾人翻閱，幾人問道？寸心千碎，捷報未傳，何處求慰藉？人道是紅袖祗搵英雄泪！憶往昔，三十餘位主編，四海雲聚，是何樣壯懷，何樣氣度？孰料雄文飛至，却如石沉大海，茫茫空望無盡期，這又當是何樣的不安，何樣的焦慮？各主編皆爲序者摯友，或祝願，或等待，却未見抱怨，序者心底的愧疚隱痛又有誰知？

　　有誰知，書齋案頭盡是藥，襟懷未展空自憐。萬端心緒何曾了，半紙牢騷難成篇！謝蒼天，筆者喜逢知音，今上海交通大學出版社領導識得此書，不遠千里，直抵舍下，欣然簽約。在紙質圖書亘遭冷落，市場銷售遇冷的當下，若非超全的學術出版社，豈有如此膽識氣度，豈能如此義無反顧？此實乃數百作者之幸，中華傳統文化之幸也！

張述錚

太歲強圉作鄂荷月上浣初稿於山東師範大學映月亭
太歲昭陽單閼槐月下浣定稿於歷下龍泉山莊東籬齋

第一章　概　論

第一節　居處名義説

居處，顧名思義，指人類居住之處。廣而言之，凡是人類從事生産活動、社會活動及生活起居的場所，均謂居處。

我國第一部詞典《爾雅》首創按事物性質分類的編排體例，并爲後世編纂類書、政書所藉鑒。《爾雅·釋宮》即對人類居處的解説。其後類書，或稱"居處"，或稱"宮室"，或稱"宮室居處"。唐徐堅《初學記》、歐陽詢等《藝文類聚》，宋李昉等《太平御覽》，明董斯張《廣博物志》，清張英等《淵鑑類涵》均將此類列爲"居處"；宋王欽若等《册府元龜》、王應麟《玉海》，清陳元龍《格致鏡原》、魏崧《壹是紀始》等則將其歸諸"宮室"；而宋高承《事物紀原》則合稱爲"宮室居處"。漢代以前，"宮室"泛指一般房屋。自漢以後，"宮"則專指帝王居住的"宮殿"。今人"宮室"之概念，亦多指宮殿之屬。故將本卷命名爲《居處卷》，更通俗易曉，且内涵覆蓋更加全面。

居處、宮室一般指住宅、住所。無論何時何地，住宅均爲古代建築之主體，在所有建築中有最大多數。在古代，住宅與其他用途的房屋并無多大差别，初稱"宮室"，後稱

"居處"。《易·繫辭下》:"上古穴居而野處,後世聖人易之以宮室,上棟下宇,以待風雨。"《後漢書·袁閎傳》:"居處仄陋,以耕學爲業。"《書·盤庚上》:"各長於厥居。勉出乃力。"唐孔穎達疏:"各思長於其居處。"幾乎所有類型的建築物均與居住有關。"皇宮"不過是皇帝的大住宅;"廟宇"亦爲僧侶居住之處;"府署"乃主管官吏的住所;至於"商店",也是"前鋪後居"或"下鋪上居",可謂商人之居處;即使手工業"作坊",亦由居住房屋街區單位的"里坊"演變而來。總之,居處就是人類生活起居乃至於包括一切人類活動的場所。

根據古代建築的性質及功用,可分爲住宅、宮寢、城邑、宗廟、壇壝、苑囿、朝廷、府署、離宮別館、殿堂樓臺、亭榭廊廡、民居、遺址、陋室、綉戶、巢居穴居、井竈、庖厨、厠溷、浴室等類型。這是本卷重點研究的物件。至於寺廟、佛塔、道觀等宗教建築,已歸《宗教卷》;橋梁、道路已歸《交通卷》;陵墓建築已歸《禮俗卷》;店鋪等商業建築已歸《資産卷》;本卷衹對其類型、概況進行簡介,詳情概不贅述。

我國幅員遼闊,民族衆多,各地地質條件、物産氣候、生活習俗複雜,故住宅類型亦豐富多彩。住宅,住房也。其形式可分爲窰洞式、干闌式、宮室式、碉房式、蒙古包式、舟居式、井幹式等多種。

窰洞式住宅:在我國華北、西北一帶黃土地區,因土質乾燥、壁立不倒,故多掘地穴居。早在新石器時代就有袋型窰竪穴,以後則漸多橫穴,如今之窰洞。現在所知窰洞式住宅,或臨土崖掘成一列式,或在地上挖成露天庭院(天井),然後在四面挖穴成四合院式,或三合院式,或"一橫一順"等式。窰洞衹挖洞穴不用木石,墙面墁灰、穴口安裝門窗。此住宅形式立面素雅,毫不刺目,穴內冬暖夏涼,既可防火,又能隔音,且節省地面,特別經濟。

干闌式住宅:在長江以南地區,氣候炎熱,沿河岸、山谷居民,多爲少數民族,常以竹木架立梁柱,做成干闌式住宅,即人住樓上,樓下空敞,以便通風,防水災及猛獸。此式建築,古代多用於中原地帶,後因北方風大過寒,遂逐漸爲宮室式建築代替;明清以後多見於南方地區,尤爲西南少數民族所喜用。我國古代可"席地而坐"的建築多屬干闌式樣,入室即爲樓板,自可席地坐卧。今日本仍有此遺制。考古發現,在大約七千年前的浙江餘姚河姆渡遺址中即有干闌式長屋。

宮室式住宅:此式是將穴居上升、干闌下降至地面而產生的住宅形式,即下爲臺基,中爲房身，上爲屋頂的式樣。這種住宅多爲漢族人所居。在古代社會，貧苦農民終年住牛馬之居，居處不過土房草頂，或泥土平頂，簡陋卑小，多僅一列式二三間。稍微富裕者則多住"一橫一順"或三合院。然而地主與達官貴人居處却豪華舒適，多住三合院、四合院，或幾重四合院拼成大宅。大地主住宅房屋多至數百間乃至上千間，東西有幾路，前後有幾進，構成深宅大院，儼若大内宫殿之盛。官僚貴族多居城内，其住宅雖用地有限，然臺、池、樓、閣、園、林乃宅第之内不可缺少的組成部分。

先秦時期，我國宫室式建築已發展到成熟階段，建築類型逐漸趨向多樣化，平面單元布局亦有標準化的居住制度。周代是講究以"禮"治國的朝代。"禮"就是典章制度。從上到下皆據封建宗法血緣關係組成龐大的統治網絡，將一切活動均納入"禮"的規範，宫室建築亦不例外。無論是住宅、宫殿、宗廟，還是苑囿、城邑、祭壇等，都受"禮制"的約束。至漢代，自董仲舒提出"罷黜百家，獨尊儒術"的主張之後，周"禮"、儒家這些一脉相承的理論學説便成爲統治階級利用的工具，確立了儒家思想的統治地位。故周代以後的宫室建築皆受這一思想的影響與制約。根據文獻記載，周代及其以後的住宅有幾種不同的級別與形式："最高級的住宅稱爲'寢'，皇帝住的叫'燕寢'，諸侯用的是'路寢'；至於大夫以下官員的住宅則稱爲'廟'，一般士庶的居室就叫'正寢'。""作爲'寢'的住宅平面就是這樣：前後分隔爲兩部分，前面稱堂，後部爲室，堂兩側分爲東堂及西堂，東西堂後爲'夾'，'夾'後有房；東房北嚮（外墻部分）無墻，謂之北堂，其實就是一道後門。稱爲'廟'的住宅平面是'前堂夾室'，前面是客廳，後面是卧室；卧室稱曰寢，客廳就叫做廟。此外兩側并附有東西厢，或者説'序'。至於一般的'正寢'就更簡單一些，祇有'東房西室'而已。"（李允鉌《華夏意匠：中國古典建築設計原理分析》，天津大學出版社，2005 年）住宅的私人性質從私有制産生起就已確定，私人生活起居不宜讓他人窺視，所謂"宫墻之高足以别男女之禮"（《墨子·辭過》）是也。爲體現内外有别、尊卑有别、賓主有别、男女有别的"禮"的精神，亦出於防盜保安之需要，故於住宅外繞以圍墻，形成一個封閉的空間，構成庭院。圍墻的高低，取決於主人地位的尊卑。這就是四合院式住宅形式。這種布局方式萌芽於殷商，成熟於周代，至漢代則發展得十分完善。出土的漢代模型及漢墓畫像磚上的圖畫，爲此提供了確實的證明。我國建築學家劉致平先生在《中國建築類型及結構》一書中對四合院式住宅做過詳細闡述，他説："平面布置大約自古及今多左右對稱，以祖堂居中，大家則另建家廟。大家多用幾重四合院拼成前堂後寢的布置，即前半部居中爲廳堂，是對外接應賓客等部分；後半部是内宅，爲家人居住部分。内宅以正房爲上，是主人們住的。此種布置原則，即皇帝宫殿也是如此，不過規模較大而已。平面布置的形式有兩種：分散式布置、一顆印式布置。分散式布置即正房與厢房（南方稱耳房）不相接連，而是彼此有相當的距離，因之院庭廣大，多納陽光，北方常用此式。一顆印式布置是正房與耳房相連，四合頭房外墙方正如印，所以俗名爲‘一顆印’。因爲房屋密接，所以天井（即院庭）較小，可以少受烈日，南方多用此式。雲南或長江中下游的一顆印多爲樓房，其他則多平房。"又曰："一般貧農祇能住一列式三二間房屋，或有牛欄猪圈等物。稍較富裕的農民則多住一横一順或三合院。如地主多住三合院或四合院，或許多院落拼成的大宅，總是以四合院爲單位。院庭爲交通、采光、通風的總樞紐。房間分割又有極大的伸縮性，便於大家庭人口的變動及重新分配房間。院庭又可作爲户外起居室以及婚、喪、嫁、娶集會的場所。所以中國很早就喜歡用這種制度。"直至現在，在北京及北方農村仍可看見這種布局的四合院式或三合院式住宅，而在雲南仍保存一顆印式住宅。在中國宫室建築史上，從漢代至唐宋，由於木構技術的成熟與發展，抬梁式、穿斗式、井幹式等木構架結構建築技術日漸提高與完善；城市中出現過臺觀、樓閣、佛塔等高層建築，然而大多爲紀念性或觀賞性建築形式，且保留至今的實物十分罕見。作爲人們生活起居的住宅形式則多爲三合院式、四合院式。住宅形式的改變亦與人口的增減密切相關。我國古代人口增長緩慢，因戰争或天灾等，人口還會下降。18 世紀後至清代乾隆年間纔達到一億人口。在古代，亦未發生過人口急劇向城市集中的現象。因此我國住宅形式長期以來未發生顯著變化。中國人口急劇增加以後，住宅形式則開始改變。19 世紀以後，各大城市即出現了樓房式住宅。由此表明，任何傳統的制式均抵不住來自人口增長所引起的强大壓力，住宅面積的縮小與住宅的集中就成爲不可避免的發展傾嚮。即使四合院再好，儘管不少人對它情有獨鍾，但其也無法繼續在廣大城鄉普遍存在，逐漸被集體住宅、樓房住宅取而代之。

碉房式住宅。青藏高原海拔 3000～5000 米，氣候高寒，而夏季晨晚如嚴冬，中午如酷暑，終年少雨，人口稀少，故西藏、青海一帶居民常以山石砌築厚墙及多層樓房，式同碉堡，故名"碉房"。爲便於防守，碉房高至數層至十餘層，概爲平頂。此式住宅堅固耐用，保温性能良好。

蒙古包式住宅。即蒙古族等民族使用的活動房子。在蒙古草原地帶以及西北某些少數民族居住區，居民以畜牧業爲生，氣候冬季嚴寒，夏季白天氣温驟高；爲適應氣候變化及遷徙往來無常處的畜牧生活，故多以羊毛等製作圓形氈帳，可隨意拆裝，輕便靈活，極易搬動。每包圓徑 3 ～ 4 米或更大，正中置火爐，上有排烟口，四周爲坐卧處。墻壁用木條編成如籬垣，頂上用木條搭成如傘蓋，可隨意安拆，木骨架裝好後即在外面裹以毛氈，然後用繩捆扎。此種氈帳，俗稱"蒙古包"，即漢代所謂"穹廬"。

舟居式住宅。亦爲活動住宅之一，即以舟爲屋居之。舊時廣東、廣西、福建沿海等處有疍民，因不得登陸，終年舟居，以水上爲家，任情漂泊。清初雖有明令允許疍民登陸居住，但因陸上居民反對，故未能貫徹執行。1949 年後，疍民始獲自由，可憑意願登陸活動并定居。

井幹式住宅。森林地帶常用這種木構架房屋。以原木嵌接呈框狀，層層叠壘，形成墻壁，上面屋頂亦用原木做成。此式房屋結構簡單，建造容易，但過於簡陋，使用空間太小，耗費木材太多，故多見於東北、西南森林地區。據文獻記載，漢代有"井幹樓"。此形制後世未見發展，以其耗材太多而逐漸消失，祇在部分盛産木材的森林地帶保留此形式，然皆爲極其簡陋的小型房屋。

宮寢是帝王及后妃居住活動之宮殿。在我國古代建築中，以帝王宮殿建築資料爲最詳；考古發掘的歷史遺址，也以宮殿宗廟遺址爲最多。如果説，西方古典建築的歷史是以宗教建築爲主綫編織而成的，那麼中國古代建築的歷史就是以皇宮建築爲中心而展開的。20 世紀以前，我國宮室建築在技術與藝術上的巨大成就，基本上集中表現在歷代帝王所居之宮殿、苑囿及都城建設之中。這是我國歷代勞動人民杰出智慧的結晶，也是我國古代宮室建築的最大特色之一。自古以來，中國的皇宮都不是一組孤立的建築群，往往是連同整個宮城、都城的建設而統一規劃布置的。在建築設計上，它所達到的深度與廣度，組織的複雜與嚴謹，至今爲止，世界上没有任何其他國家的建築能相比。至於其他同時代、同類別的建築物，論氣魄與規模，相較之下均大爲遜色。美國學者埃德蒙·N.培根在《城市設計》中曾説過："也許在地球表面上人類最偉大的單項作品就是北京。這座中國的城市是設計作爲皇帝的居處，意圖成爲舉世的中心標志。城市深受禮制和宗教觀念所束縛，這已經不是我們今日所關心的事情。可是在設計上它是如此輝煌出色，對今日的城市來説，它還是提供豐富設計意念的一個源泉。"（［美］埃德蒙·N.培根著，黄富厢、朱琪譯《城市設計》，中國建築工業出版社，2003 年）北京明清故宮是我國現今保留下來的規模最大、保存最完整、歷史較久遠的一個古代皇宮建築群。建築師看過它之後，無不發出贊美與驚嘆。在對故宮的所有評述資料中，幾乎看不到有人對於它的設計做過惡劣的批評。北京故宮在設計上的成功，并不僅限於它是始建於 15 世紀時的杰作，還在於它是中國歷代宮殿建築成果的總結。它的組織方法、構圖意念也絶不衹是一個時代的産物。不論在技術上，還是藝術上，它都繼承了偉大的傳統，在此基礎上，又有更全面的發展與提高。因此在中國宮殿建築史上，它已經是一個完全成熟的典型。溯本求源，從皇宮到皇城，從皇城到都城，這一系列重重向外延伸的整體觀念，來自三千年前的周代或更早的殷商時代。皇宮建築與其他宮室建築一樣，亦由住宅演變而來。雖然皇宮空間包括禮儀與處理朝政部分，然因皇室成員隊伍十分龐大，必須建造巨大的住宅群。從比重而言，皇宮内住宅部分仍占上風，故皇宮的性質仍屬居住建築群。自周代始，宮室組織制度就已確定下來，皇宮設計自然要適應此禮制的要求。"前朝後寢"，即所謂"六宮六寢"與"三朝"之制，既爲周代的宮室制度，亦代表皇宮的内容。《周禮·天官·宗人》云："掌王之六寢之脩。"鄭玄注："六寢者，路寢一，小寢五。《玉藻》曰：朝辨色始入，君日出而視朝，退適路寢聽政，使人視大夫，大夫退，然後適小寢釋服。是路寢以治事，小寢以時燕息焉。""六寢"即"王寢"，爲皇帝日常活動生活之處。《周禮·天官·内宰》云："以陰禮教六宮。"鄭玄注："六宮，謂後也，婦人稱寢曰宮。宮，隱蔽之言，后象王立六宮而居之，亦正寢一，燕寢五。""六宮"即"后宮"，爲皇后掌管與生活起居之處。周代將宮廷分爲兩個社區：王寢區與后寢區，王寢區在南，后寢區在北。王稱"寢"，后曰"宮"。"后宮"之布局形制如同"王寢"，正寢設於宮城中軸綫上，燕寢沿中軸綫東西分布於正寢之北。《周禮》還有"三朝"之制。周代宮城規劃是依照"前朝後寢"的制度布置的。"前朝後寢"之制由住宅形制的"前堂後室"演變而來。朝是王權的象徵，以其特有的尊嚴，按禮制規劃秩序要求，故置於寢宮之南，成爲一區。以路門爲界，路門以南爲朝區，以北爲寢宮區。又因朝區各朝功能不同，位置亦異，故有外朝、内朝之別。外朝居三朝之首，設於皋門内、應門外，爲王舉行三詢、公布法令、處理獄訟之所。治朝、燕朝位於宮城之中，對外朝而言，又統稱内朝，爲王日常朝臣治事之所。周代宮城規劃，前爲三朝，後爲六寢六宮，宮殿主要建築位於南北中軸綫上，次要建築則沿中軸綫東西對稱排列。而秦漢宮殿建築則比較靈活，如秦咸陽宮、漢未央宮，其宮殿布局是"二元構圖的兩觀形式"，即中軸綫爲通道，兩宮分左右而立布局。歷代宮殿建築的設計布置格局，歸納起來有兩種模式：一種是在中軸綫上排列建築物的"周制"；另一種就是兩宮分立的"秦法"或"漢法"。從秦漢開始發展成爲"東西二堂，南北二宮"的一對對的平面布局方式，取代了周代强調中軸綫的"三朝"制。魏晋南北朝時期，既是政治上的大動亂時代，也是文化上的大交流時代，經過歷史經驗的凝結，構成一種綜合式的皇宮布局。以北魏洛陽城的宮城而論，一方面將主要建築布置在中軸綫上，同時亦組成相當重要的東西兩組宮殿，既有"周制"精神，亦有"漢法"思想。隋大興宮城布局是一種"三朝"與"二宮"合體的制式，表現出皇宮平面布置的延伸由"一路""兩路"發展至"三路""多路"。向兩翼橫響發展即爲這時宮城的一大特色。唐代宮城設計更加大膽靈活，在一定程度上反映出唐代文化的本質，處處表現出一種勇往直前、兼收并蓄的氣概。這是國力興旺的反映，是此前其他朝代難以比擬的。盛唐時期，唐代在長安城東北角的原隋代禁苑處另築宮城——大明宮。它并不位於都城長安的中心，不拘泥於"擇中立宮"與"王者必居於中土"的舊制，而是依照龍首山的地形設計建造的一個大型宮殿建築群。在制式上，含元殿即爲大明宮之門，一如明清故宮的午門，因地形關係，大膽地改變爲殿。殿前是一條長長的"龍尾道"，表現出一種歷代宮城所没有的特殊氣勢。在建築造型上所産生的效果是"臺門"所不及的。宋代皇宮創立了"前三朝，後三朝"之制，明清宮殿亦沿用此制。但宋都汴京宮城規模不大，亦未有創新之舉，它由一座唐節度使治所改建而成，整個設計是"命有司畫洛陽宮殿，按圖以修之"。元大都是一座以皇宮爲中心的城市，爲明清皇宮設計奠定了完善的基礎。明清北京皇宮是在元大都的基礎上重建而成的，設計的成功之處，不僅是建築群的布局，而且在於整個城市以宮城爲中心組織起來，使皇宮與整個城市相呼應，二者成爲一種不可分割的有機體。這是歷代都城與皇宮設計都不能與北京比擬之處。

如前所述，歷代宮殿建築都不是孤立的，往往連同宮城、都城建設一并考慮，統籌規劃。都城是國家政治、經濟、文化的中心，軍事的堡壘。其重要地位必然對城邑建設的布局有特殊要求。城市規劃與建設，除經濟發展的要求與地理環境的影響之外，同時受到政治統治及思想意識的制約，并服從軍事防禦與階級鬥爭的需要。周代王城的規劃思想，以《周禮・考工記・匠人》爲代表。它集中反映了統治階級的政治需要與思想意識，即按禮制"擇中立國""擇中立宮"的理念，體現王權至高無上的權威。《考工記・匠人》載："匠人營國，方九里，旁三門。國中九經九緯，經涂九軌，左祖右社，面朝後市，市朝一夫。"又曰："内有九室，九嬪居之；外有九室，九卿朝焉。九分其國以爲九分，九卿治之。

王宮門阿之制五雉，宮隅之制七雉，城隅之制九雉。經涂九軌，環涂七軌，野涂五軌。門阿之制以爲都城之制，宮隅之制以爲諸侯之城制。”由此可知，周王城規劃制度，宮城是全城規劃的核心，位於王城的中心。宮城南北中軸綫便是王城規劃的主軸綫。這條軸綫南起王城正南門，經外朝，穿宮城，直達王城正北門。門、朝、寢、市，皆依次由南而北布置在主軸綫上。宮城前面爲外朝，後面爲市。宗廟、社稷則據主軸綫對稱設於宮城前方左右兩側。這便是宮、朝、市、祖、社五者相對規劃位置及其相互關係。全城采用經、緯途制（即棋盤式）幹道網，由三條南北嚮及三條東西嚮主幹道組成。順城加闢環城幹道——“環涂”，連接經緯幹道。城外有“野涂”溝通內外。王城城垣高七雉（丈），城隅高九雉（丈）。每面開三門，共十二座城門。宮城城垣高五雉，宮隅高七雉，宮門高五雉。在《考工記·匠人》中祇講城而未講郭，然據《逸周書·作雒》所載，周王城既有城亦有郭。《左傳》所載，諸侯各國都城亦均有郭。考古發掘亦證明，周代王城及諸侯之城城郭并存。周代城市（邑）建設體制分爲三級：第一級爲王城，第二級爲諸侯城，第三級爲“都”，即宗室與卿大夫之采邑。按照宗法封建的“宗子維城”的政治要求，以三級城邑爲據點，自上而下組成一個遍布全國的統治網。諸侯城及采邑的營建制度，則以王城制度爲基準，按禮制營建，規模依爵位尊卑而定。如超過規模，屬僭越行爲，即視爲大逆不道。戰國時期，我國開始進入封建社會，代表新興地主階級利益的城建理論亦應運而生。其代表作即爲《管子》。《管子·乘馬》云“凡立國都，非於大山之下，必於廣川之上。高毋近旱而水用足，下毋近水而溝防省。因天材，就地利，故城郭不必中規矩，道路不必中準繩”，强調從實際出發，因地制宜。《考工記》營國制度與《管子》建城理論對後世城市建設産生了十分深遠的影響。

　　按照古代傳統觀念，除將整個宮室建築形制本身看作“禮制”內容之一外，同時又産生了一系列由“禮”的要求而來的“禮制建築”。如爲祭祀而設的丘郊、宗廟、社稷，爲教化而設的明堂、辟雍等。古人認爲：“祀典之大，莫大於天地、祖宗、郊社之與宗廟。”（元馬端臨《文獻通考·群祀考》）因此，在文明的早期就産生了拜祭天地祖先的活動。這是人們對人類的由來與生存所賴因素的一種崇敬與感恩。由祭禮要求而産生的禮制建築，祇求滿足人在其間舉行儀式的需要，以表達天人之間的關係與祭祀者的至誠；而不要求像古埃及、古印度、古希臘、古羅馬的神廟，以象徵神的巨大與尊嚴。《廣雅·釋天》曰：“圓丘、大壇，祭天也；方澤、大坎，祭地也；大昭，祭四時也；坎壇，祭寒暑也；王宮，祭

日也；夜明，祭月也；幽禜，祭星也；雩禜，祭水旱也；四坎壇，祭四方也。”圜丘，即
圓形壇；方澤，即方形壇。設壇祭祀天、地、日、月、星辰、四時、寒暑、水旱、四方，
自周始已形成制度。周制：冬至祭昊天於南郊地上之圜丘，夏至祭地祇於北郊澤中之方
丘，春分祭日，秋分祭月，“四立日”（立春、立夏、立秋、立冬）及季夏土德旺日在城外
近郊五十里内設壇，祭上天五方之帝及五行之神，人間五帝配祭，以迎五時之氣。據《周
禮·地官·大司徒》《禮記·祭法》等文獻記載，周代已有祭天之“泰壇”，祭地之“泰坎”，
祭日之“王宫”，祭月之“夜明”，祭四時之“泰昭”，祭星辰之“幽禜”，祭水旱之“雩
禜”，祭寒暑四方之“坎壇”等祭壇名稱。壇，即露天無屋的高臺。人站於高壇之上，與
上天更爲接近，告祭天地的儀式在此舉行，備覺天人合一。《周禮》有“蒼璧禮天，黄琮
禮地”之説，即面向天祭天，面對地祭地，限定祭天地儀式，不能在室内進行。故皇帝在
都城郊外設立祭祀天地之壇——郊丘，就成爲具有長遠歷史傳統的建築形式。其功能除供
祭祀之用外，很多重大慶典儀式亦在此舉行，如盟誓、誓師、拜將、封禪等。社稷亦爲祭
祀對象。《孝經緯》曰：“社，土地之主也，土地闊不可盡敬，故封土爲社，以報功也。稷，
五穀之長也，穀衆不可遍祭，故立稷神以祭之。”最初社稷均爲壇式建築，至漢代纔爲稷
神設廟，名曰“官稷”。漢代禮制建築的考古發掘工作已獲得很多實際的例證，如在漢長
安南郊、東郊發現當時禮制建築遺址十餘處，或屬秦代舊址上重建的漢初建築，大多屬於
漢末建築。漢以後，歷代均有壇壝之制，雖形制略有變化，然其功能意義及基本形式却一
脉相承。郊丘建築藝術發展到頂峰就是現存的北京天壇。天壇由圜丘、祈年殿、皇穹宇三
組建築構成。天壇其實是指圜丘，并不是那座圓形攢尖頂重檐的祈年殿；祈年殿爲穀神之
廟，相當於漢代之“官稷”；皇穹宇則爲置放昊天上帝神位之處。北京天壇不僅在藝術造
型上取得了出色的成就，而且也是一個極爲巧妙典型象徵主義的藝術作品。祈年殿的圓形
平面及藍色琉璃瓦象徵天，井口四根柱代表四季，十二根金柱代表一年十二個月，十二根
檐柱代表一日十二時辰。圜丘的壇面、臺階、欄杆所用的石塊皆爲九的倍數。古代以一、
三、五、七、九爲“陽數”，亦稱“天數”，而以“九”爲“極陽數”。壇分三層，上層中
心爲一塊圓石，圓外有九環，以後每環的石塊數均爲九的倍數；中層、下層同上層。這種
象徵主義的設計理念與方法并非偶然，而是源於自古以來的傳統設計手法。禮制建築的另
一體系就是宗廟、明堂、辟雍。《釋名·釋宫室》曰：“宗，尊也。廟，貌也，先祖形貌所
在也。”毫無疑問，宗廟是祭祀祖先之所。《禮記·王制》曰：“天子七廟，三昭三穆，與大

祖之廟而七；諸侯五廟，二昭二穆，與大祖之廟而五；大夫三廟，一昭一穆，與大祖之廟而三；士一廟。庶人祭於寢。"所謂"昭穆"：二、四、六世居於左曰"昭"；三、五、七世居於右曰"穆"。至後世，皇帝之宗廟曰"太廟"，而民間宗廟即爲"祠堂"。宗廟除祭祀祖先時舉行儀式之用外，平時亦擔負其他任務。漢蔡邕《月令章句》曰："明堂者，天子太廟，所以祭祀。夏后氏世室，殷人重屋，周人明堂，饗功、養老、教學、選士皆在其中。"明堂是包括太廟在內的一組推廣政策用的宣明政教之堂，故後人將它理解爲皇帝的一個政治中心。這樣性質的一組建築，夏代稱爲"世室"，殷商叫作"重屋"，周朝便謂之"明堂"。《周禮·考工記·匠人》中所謂"左祖右社"，即指宗廟布置在皇宮左側，社稷布置在右側。由此可見，它們是相傳很久的建築禮制，直到明清故宮仍沿用。辟雍同明堂一樣具有"宣明教化"功能，其建築形式頗具特色，建於一個圓形水池中央。漢班固《白虎通·辟雍》曰："天子立辟雍何？所以行禮樂、宣德化也。辟者，璧也，象璧圓，又以法天；於雍水側，象教化流行也。"至清代，將辟雍設於國子監內，這座建築物之外仍然保持了一個環形水池的形制。由於辟雍宣傳教育功能愈來愈顯著，逐漸發展成爲太學、國子監等一系列文教建築。唐代長安曾設立一所很大的太學，國子監總設七學館，學舍一千二百餘間，中外學生八千餘人，是一座規模宏大的文、理、法綜合性大學。可惜當時校舍建築情況今日已一無所知。在古代，不但皇帝及官方將祭祖與教化聯繫起來，即使民間祠堂亦擔負同樣的任務。我國鄉村的祠堂多被利用作爲學校，在性質上同樣發揮相當於明堂的作用。

　　宗教建築亦爲我國古代建築中的一個重要類型。雖然它在中國建築史上也曾有過極盛時代，然而爲期不長，所占比重與分量遠不如西方，從文字上也找不到一個單詞是出於宗教建築的含義。如今日慣見的佛寺、道觀、廟宇、庵堂，以及教堂、清真寺等，均爲後來藉用而創製的名稱。廟之本義爲住宅之廳堂，觀是可觀四方的高臺建築，庵原指簡陋的草房，寺則來自官署名稱。將供奉佛的房屋稱寺，始於漢明帝之時。佛經從印度以白馬馱來，初止於鴻臚寺，於是便以"寺"爲名創立我國第一座佛寺"白馬寺"。此後，凡佛教建築以及伊斯蘭教建築多稱"寺"。應該說，自佛教傳入後，中國纔產生了真正的正式宗教建築。洛陽白馬寺是見於記載的第一座佛寺。對此，《魏書·釋老志》曾有詳細記述。佛教傳入中國後，使中國建築逐漸受到外來文化的影響，顯著的例子就是出現了"塔"這種新的建築類型。然中國式塔與印度的"斯屠巴"在形式與結構上并不相似。中國式塔實爲

"樓閣"形制的進一步發展。在佛寺的平面設計布局上，仍保存中國宮室建築固有的形制，而在構造與裝飾圖案上却發生了很大變革，甚至整個追隨外來影響而發展成新的形式，顯著的變化就是"須彌座"的采用。不過，這是唐代以後的事。佛教真正流行始於三國時代，至南北朝時期達到全盛。以北魏而言，僧尼有二百萬之多，佛寺三萬餘所，僅洛陽城就有一千三百六十座。北魏楊衒之《洛陽伽藍記》一書就是對當時洛陽佛寺情況的詳細記載及真實寫照。其中不乏規模宏大之作，永寧寺即爲突出代表。《洛陽伽藍記·永寧寺》載："中有九層浮圖一所，架木爲之，舉高九十丈。上有金刹，復高十丈，合去地一千尺。去京師百里，已遥見之……浮圖北有佛殿一所，形如太極殿……外國所獻經像，皆在此寺。寺院墻皆施短椽，以瓦覆之，若今宮墻也。"從描述中可知，永寧寺雖爲佛寺，然其布局及制式類近宮殿，不同之處祇是當中有一座又高又大的浮圖。北魏孝静帝時爲高歡所迫，遷都於鄴後，洛陽城寺廟大半毀於兵火，寺塔林立的一個宗教建築高潮就此終結。其後雖無六朝之盛，然興建佛寺之風始終遺存。今日所能保存較古的建築物仍以佛教建築爲主，如五臺山唐代佛光寺大殿，薊州宋代獨樂寺，正定龍興寺，應縣遼代佛宮寺，已成爲名勝古迹。道教之道觀與佛教之佛寺在形制上没有顯著區別，唯一不同之處是有些大道觀正殿與後殿用穿堂相連接，做成一個"工"字形整體平面，而佛寺則較爲少見。這種"工"字形平面在元代住宅中較流行，可能是道教在元代盛行所致。藏傳佛教的寺廟，集中設於信奉此教的蒙古、藏民族居住區，全國各地亦有散布。在建築結構上與佛寺不相同，它們屬於碉房系統，即用石塊或磚砌築成方形帶天井的樓房。在外形上與木框架結構有所不同，是中國建築在結構方式上的另一體系。它們在結構原則上既與西方古典建築接近，又同中國傳統建築布局及裝飾構件相結合，充分表現出中國式的特色與風格。此外，藏傳佛教的寺廟有自己特殊形式的"喇嘛塔"，其式樣與印度"斯屠巴"十分相似。伊斯蘭教建築在中國分布亦不少。元代因有很多回族人在朝中任職，故清真寺流行起來。因清真寺有其特殊功能，且要求保持伊斯蘭教寺院制度，故不能像佛寺那樣翻譯成中國式。廣州懷聖寺和光塔是唐代伊斯蘭教傳入時的遺物。在平面上可以看到兩種不同形式的建築思想的結合：它既保持着伊斯蘭教寺院的基本形式，又適當運用了中國傳統的原則。至於天主教教堂與基督教教堂，則多爲原封不動地移植過來，在外觀上完全是西方式樣。

　　我國古代各類宮室建築多以四合院的形式組織它們的平面，唯一例外就是商業建築。它似乎發展成另外一種體系，成爲今日城市沿街建築——店鋪的設計基礎及前身。店鋪設計并不是從一開始就是外嚮的沿街建築，與其他建築一樣，同樣采取內嚮的四合院式布局。在古代城市中，市是一個集中式的商業街區，從漢代至唐代城市均采取"里坊"作爲街區單位。長安、洛陽城的市占兩個坊的面積，稱"西市""東市"。至宋代，由於商業活動的要求，四合院式房屋不利於門市營業，店鋪必須直接面向街道，吸引顧客，於是便産生了外嚮式沿街建築，并趨向於多層建築形式。下層店鋪，上層住宅的樓房成爲宋以後商業建築的主流形式。宋孟元老《東京夢華録》及宋代名畫家張擇端的《清明上河圖》對北宋汴京城的沿街店鋪曾做過詳細記述與描繪。

在我國宮室建築中還有一種獨具特色的建築類型——苑囿園林。苑囿園林建築與一般宮室建築是基於兩種不同的目的、兩種不同的設計思想而分別發展起來的。正如樂嘉藻在《中國建築史·苑囿園林》中所説："人類建築，有兩種目的：其一爲生活所必需，其一爲娛樂所主動。就我國歷史而言，其因形式而分類者，如平屋，乃生活所必需也；如臺樓閣亭等，乃娛樂之設備也。其因用途而分類者，如城市宮室等，乃生活所必需也；如苑囿園林，乃娛樂之設備也。"苑囿是爲適應奴隸主貴族的娛樂需求而産生的。根據文獻，我國最早的苑囿是商代末年修建的沙丘囿（位於今河北平鄉縣東北）。《史記·殷本紀》載"〔紂〕益廣沙丘苑臺，多取野獸蜚鳥置其中，慢於鬼神，大冣樂戲於沙丘，以酒爲池，縣肉爲林"，極盡享樂之能事。其次就是周代初年興建的靈囿，内有靈臺、靈沼。《詩·大雅·靈臺》云："經始靈臺，經之營之，庶民攻之，不日成之。經始勿亟，庶民子來。王在靈囿，麀鹿攸伏。麀鹿濯濯，白鳥翯翯。王在靈沼，於牣魚躍。"這是一座有山有水有建築物的苑囿，是經過大規模人工改造的自然環境，園中有鹿又有魚，兼具觀賞與生産的雙重目的，既可娛樂，亦可漁獵。基於這一傳統，後世歷代帝王皆有御園之設。春秋戰國時代的章華臺、叢臺，秦漢的上林苑，漢代的樊川園、御宿園，魏晋洛陽的芳林園、瓊圃園、靈芝園、石祠園，鄴都的鳴鶴園、葡萄園、華林園，北宋汴京的艮嶽等均爲我國歷史上著名的皇家苑囿。民間園林，如晋代石崇的金谷園，宋代蘇舜欽的滄浪亭，明代李偉的清華園、米萬鍾的勺園、李漁的半畝園等皆爲私家名園。在園林之内以人工模仿及創造自然景色始於漢代，在園林中加入亭臺樓榭則盛於唐代，至明清兩代形成建設獨立大型皇家園林的高潮，清帝康熙、乾隆則是大型皇家園林建設的主要推動者。著名的"圓明三園"（圓明園、綺春園、長春園）與"熱河行宮"（避暑山莊）皆爲始於康熙、完成於乾隆時期的杰作。乾隆皇帝還在前代的基礎上完成了重建"三山"（香山、玉泉山、萬壽山）、"三海"

（北海及中、南海）的計劃。從古至今，舉世園林建設尚無人能超過康熙、乾隆的大手筆。整個清代，可稱爲園林建築的鼎盛時代，直至清朝末年，慈禧太后還挪用海軍款項修建頤和園。

在皇宮、苑囿園林中，常建有樓閣、殿堂、亭榭、廊廡、臺觀。這些單體（座）建築與大型宮殿建築群構成我國皇宮、苑囿園林的獨特風格建築。

樓閣是一種觀賞性質的高層建築物，均屬於干闌類建築。在整個建築群中，它高聳凌空，常用作大型建築組群之點景，可規避一般建築平板呆滯之弊病。樓與閣既屬同類又有不同之處。古代文獻對閣的記載比樓多且早。《禮記・內則》：“大夫七十而有閣。”鄭玄注：“閣，以板爲之，庋食物也。”《戰國策・齊策六》：“故爲棧道木閣，而迎王與后於城陽山中，王乃得反，子臨百姓。”《史記・高祖本紀》：“去輒燒絕棧道。”司馬貞索隱引崔浩云：“險絕之處，傍鑿山巖，而施版梁爲閣。”《文選・司馬相如〈上林賦〉》：“高廊四注，重坐曲閣。”郭璞注引司馬彪曰：“曲閣，閣道委曲也。”又同書《陸機〈謝平原內史表〉》：“入朝九載，歷官有六，身登三閣，官成兩宮。”李善注引《晉令》曰：“秘書郎掌中外三閣經書。”《北史・牛弘傳》：“魏文代漢，更集經典，皆藏在秘書內外三閣。”從以上文獻記述中可以得知，最早的閣有庋藏食物之用，後用於儲藏圖書與功臣圖像等。如漢代天祿閣、石渠閣藏秘笈，麒麟閣藏書及功臣畫像；晉代秘閣藏書，唐代凌烟閣藏功臣圖像；宋代秘閣、藏書閣、龍圖閣及清代文淵閣等皆作爲藏書之用，可謂皇家圖書館。閣亦指棧道、閣道，無非是將閣拉長。棧道衹有木柱頂着平座，而閣道則在平座之上建屋宇。佛教、道教發達以後，供奉神佛菩薩的大殿亦稱閣，如天津獨樂寺之觀音閣、山西大同善化寺之普賢閣等。在正殿左右廂廊中央亦常建閣，如唐大明宮的翔鸞閣及棲鳳閣，清故宮太和殿左右的體仁閣、弘義閣，以及較大寺廟的層閣等。這些閣皆爲二層建築，頗有飛閣凌空之勢，將大殿襯托得更加莊嚴、美麗。在園林建築中亦常用閣的形體，使之更加生動多姿。樓與閣形制相似，功能亦大同小异。《爾雅・釋宮》：“陝（狹）而修曲曰樓。”《說文・木部》：“樓，重屋也。”《孟子・告子下》：“不揣其本，而齊其末，方寸之木，可使高於岑樓。”孫奭疏：“曰樓者，蓋重屋曰樓，亦取其重高之意也。”這些文獻所記說明，樓與閣形制相似。大約戰國以後，多二層“重屋”的建築，樓上樓下皆可居住，其形制亦不甚狹長，而是趨向於孤立的單座多層建築物。如戰國時狩獵鈁所刻即爲兩層樓房，有臺基、斗拱、屋檐、門、屋頂、欄杆等結構。在漢畫像石及明器上亦可看到二、三、四層高的樓房，樓上有人作宴會狀。根據文獻，人住樓上而不住閣上。閣多作庋藏之用，或作複道、棧道之用，且常爲兩層。早期的閣與樓的區別是閣帶平座，而樓没有平座。但在漢明器上有高達三至五層的樓房，在下層屋檐上置一層平臺欄杆之物，亦稱爲平座，以上各層亦均置平座。這種樓即爲供瞭望用的"望樓"。帶有平座的望樓，在宋遼金、元明清時期則稱爲閣。如北京頤和園之佛香閣，智化寺之萬佛閣，故宮之體仁閣、弘義閣，山東曲阜孔廟之奎文閣，河北正定隆興寺之慈氏閣、大悲閣等皆帶有平座。帶有平座的結構乃閣之特徵。不過在漢代仍將帶平座的孤立的望樓叫作樓而不稱閣。大概到唐代，纔將帶平座的樓房稱爲閣。後世常將樓、閣二字連用，其形制與功能亦無明顯區别，逐漸融合爲一種單座建築物類型。

　　樓閣雖爲多層而華麗的建築物，但在整體建築群中却常處於次要地位而起點綴作用。正中央的重要地位則爲殿堂占據。所謂殿堂，乃高大房屋之通稱，多指一座大廳或正房。秦漢以後始稱皇宮中的重要建築曰殿。《初學記》卷二四引《倉頡篇》曰："殿，大堂也。"《説文·土部》："堂，殿也。"段玉裁注："許〔慎〕以殿釋堂者，以今釋古也。古曰堂，漢以後曰殿。"《漢書·霍光傳》："鴞數鳴殿前樹上。"顏師古注："古者屋室高大，則通呼爲殿耳，非止天子宮也。"秦滅六國統一中國以後，秦始皇營建阿房宮前殿："東西五百步，南北五十丈。上可以坐萬人，下可以建五丈旗。"（《史記·秦始皇本紀》）規模之大，令人不敢置信。以其龐大异常，故稱"前殿"（秦以前無前殿建築），以後亦稱"正殿"或"大殿"，即皇帝於前朝的大辦公室及行大禮之處。一般宗教建築的大殿則是供奉神佛之處，如佛教寺院之"大雄寶殿"。正殿建築早時多爲單檐廡殿頂，如山西省五臺山佛光寺大殿，河南省新鄉開善寺大殿，山西省大同上下華嚴寺大殿等，遼金建築皆如是。宋元大殿多爲重檐歇山頂，如江蘇蘇州玄妙觀大殿，山西太原晋祠聖母殿，河北曲陽北嶽廟德寧殿等。而河北正定隆興寺宋代建築摩尼殿殿座則爲十字抱廈，氣勢更華麗雄壯。明代長陵祾恩殿則爲重檐廡殿頂大殿。清代皇宮、太廟等重要的尊貴建築多用重檐廡殿頂，立於三層高的漢白玉基座上。較次要的神佛廟宇大殿則多爲歇山頂，或用重檐，或用帶石欄杆的二層基座、一層基座，視建築物性質重要與否而定。如浙江杭州靈隱寺爲三重檐大殿，巍峨雄偉，氣勢非凡。在南北朝時，帝王宮殿之前殿有東西堂制度，即正中爲太極殿，左右并列東西二堂。三座殿堂并列制度，在唐代有圖像可考，清代實物較多。如北京雍和宮後殿及其左右殿堂，頤和園之排雲殿等皆爲三殿堂并列的制度。現所見大殿多爲五、七、九間，最多不過十一間。大殿前多爲廣庭，庭之大小視建築性質而定。廣庭周圍建築亦按建築性質而定，重要建築則爲周圍廊廡式，一般式樣則爲左右配殿而已。大殿之後則爲後殿。如清宮即分爲前後兩部，前部爲前朝，分列太和、中和、保和三大殿。後部爲内庭。太和殿即相當於秦漢之前殿，爲皇宮中最高等級的建築。太和殿爲十一間重檐廡殿，黄琉璃瓦頂帶斗拱，上繪和璽彩畫，殿下爲漢白玉基座三重，上安白玉石欄杆，整個大殿氣勢宏偉而莊嚴。這是我國幾千年來文化纍積的成果，可謂歷代宮殿之代表作。

堂，原指正房中央當正嚮陽之屋，即"升堂入室"之堂，爲宅第中接待賓客及辦事之處。《釋名·釋宮室》："堂，猶堂堂高顯貌也。"《論語·先進》："由也，升堂矣，未入於室也。"皇侃疏："窗户之外曰堂。"《玉海·宮室》："堂者，當也，謂當正向陽之屋。"古代宣明政教的"明堂"，亦略同於後世的大殿建築。後世之堂則多就宅第之廳堂或堂屋而言。另如宗祠、官署、園林之主要建築亦常稱爲堂，如孝友堂、仁壽堂、懷仁堂、涵遠堂、大堂、二堂等，然皆不能與皇宮之殿堂相比。一般住宅之廳堂不過是兩面坡人字頂而已，大者不過三五間或七間，多建於宅院中軸綫上，較左右厢房高大。而東西堂之堂，則是殿的一種，間架甚多，并非一般之堂。據傳，明堂在殷代已有，然制度尚不可考。據《周禮·考工記》所載，則略同今之五開間一顆印式四合院建築。考古工作者在西安南部發現的漢代明堂、辟雍的基礎平面遺址，可作爲漢代明堂的實物例證。中式殿堂作爲重要建築多居中央，且爲分散、獨立布置，與次要建築不相混同，這也是與外國建築不同之處。

在苑囿園林中常建造一種小型建築物——亭。其基本形狀爲四柱攢尖式，一般四面敞開，或有墙無門，或建於山峰水邊，或建於空曠隱蔽之處，是一層孤立的單座小型建築物。其功能是供人停留休息、眺望觀賞，後來發展爲園林中的重要建築，可對景觀起到畫龍點睛的作用，且能將園中景物組織在楹柱欄杆形成的畫框之中，別具一番韵味。古人建亭多以竹、木、磚、石爲之。其平面有圓形、方形、扇形以及四角、六角、八角等多種形式。我國的亭有悠久的建築歷史。早在秦代就有"十里一亭，十亭一鄉"的建制。亭實際上是以亭爲標志，并以亭命名的基層行政單位。漢高祖劉邦即當過泗水亭亭長。亭便是亭長處理民事糾紛、主持治安警衛的辦公處，執行防務的指揮所，也是旅人停留的館舍。宋李誡《營造法式·總釋上·亭》："《釋名》：亭，停也，人所停集也。《風俗通義》：謹按《春秋》《國語》有寓望，謂今亭也。漢家因秦，大率十里一亭。亭，留也；今語有亭留、亭待，蓋行旅宿食之所館也。亭，亦平也，民有訟静，吏留辦處，勿失其正也。"明計成《園冶》則曰："亭，停也，所以停憩游行也。"由此可知亭之功用、發展演變的歷史。

榭，原指建於高臺之上的木構敞屋，特點是衹有楹柱而無墙壁。《爾雅·釋宫》："闍謂之臺，有木者謂之榭。"郭璞注："臺上起屋。"郝懿行義疏："榭者，謂臺上架木爲屋，名之爲榭。"《書·泰誓上》："惟宫室臺榭，陂池侈服。"孔傳："土高曰臺，有木曰榭。"《左傳·成公十七年》："三郤將謀于榭。"杜預注："榭，講武堂。"清鄭珍《説文新附考》："榭，在天子諸侯爲講武所居，在六鄉爲州學，講習武事以射爲先……故即名其屋曰射。"王國維《觀堂集林》卷三："且古之宫室，未有有堂無室者。有之，則惟習射之榭爲然。"據此可知，古時榭是高臺上木構亭狀建築物，或用於游觀，或作爲講武堂、檢閱臺，與後世明清時建於園林中的榭大不相同。明計成《園冶》曰："《釋名》云：榭者，藉也。藉景而成者也。或水邊，或花畔，制亦隨態。"後來將園林或風景區中，建於水邊或水上供人游憩、眺望的建築物謂之"水榭"。其平面爲長方形，一般多開敞或設窗扇。如河北省承德避暑山莊中的水榭、北京中山公園之水榭，即分別建於水上及水邊，其實均爲干闌式與宫室式建築的混合物。

廊廡，四合院住宅或大型建築群中的輔助性建築物。古代學者及辭書多釋爲"堂下周屋。"《説文·广部》："廡，堂下周屋。"《楚辭·九歌·湘夫人》："建芳馨兮廡門。"朱熹注："廡，堂下周屋也。"《廣雅·釋宫》："廊，舍也。"《玉篇·广部》："廊，廡下也。"《廣韵·平唐》："廊，廡也。文穎曰：'廊，殿下外屋也。'"《漢書·司馬相如傳上》："高廊四注，重坐曲閣。"顏師古注："廊，堂下四周屋也。"其實，廊與廡既同亦异。混言之，廊廡泛指狹而修曲的有屋頂的過道。析言之，廊是指在屋檐下面、正房兩旁或獨立有覆蓋的通道，如走廊、游廊、畫廊等。而廡是在高臺基址上周邊連續建屋，以圍成一個內嚮空間的院落，其周迴長屋，即所謂"廡"。殷商時代的廡，是一種防禦性設施。後世，宫廷外加築宫墙、宫城，然而廡作爲一種設置，一直保留下來。後世廊、廡混稱，常用於園林、住宅、宫殿、寺廟等建築。建於苑囿園林中的廊，既是聯繫園中建築物的脉絡，亦爲風景之導游綫，且可劃分空間，增加風景深度。其布置往往隨形而彎，依勢而曲，蜿蜒透迤，富於變化。按形式可分爲直廊、曲廊、波形廊、複廊四種；按位置可分爲沿墻走廊、空廊、迴廊、樓廊、爬山廊、水廊等。

臺，在古代建築中也是一種獨立的建築類型，而且是早期建築史上的主角之一。《爾雅·釋宫》曰："四方而高曰臺。"《國語·楚語上》："故先王之爲臺榭也，榭不過講軍實，臺不過望氛祥。故榭度於大卒之居，臺度於臨觀之高。"韋昭注："積土爲臺。"最早之臺是積土而成高而上平的方形建築，供觀察眺望之用。春秋戰國時代，由於防禦上的需要則在臺上築屋，出現了高臺建築。在夯土版築的臺上層層建屋，猶如《淮南子·主術訓》所云："高臺層榭，接屋連閣。"站在臺上眺望城內外可一覽無餘。臺不僅構成建築物的基座，同時又作爲取得建築高度的一種手段，而且本身又發展成一種獨立的建築形式。以臺爲中心，建築宮殿樓閣，形成高大壯麗的建築群，是戰國至秦漢時期宮廷建築的一大特點。秦咸陽宮的考古發現説明這是奴隸社會所習慣采用的一種建築形式。秦漢以後，中國雖然已經進入封建社會，但是奴隸社會的建築方法及形式仍然被繼承了下來，并且由於生產力的提高、技術的進步而使臺有了新的發展。李允鉌《華夏意匠·臺觀的發展和意嚮》云："在建築上，往高空發展的意念仍然還在繼續，并且這種願望表現得非常强烈。陸賈《新語》曰：'楚靈王作乾溪之臺，立百仞之高，欲登浮雲，窺天文。'據説，曹魏的時候，曾有過築一個'中天之臺'的構想。所謂'中天之臺'就是要與天相接，高至無可再高的臺。故事是這樣説的：'魏王將欲爲中天之臺，許綰負鍤而入曰：聞大王將爲中天之臺，願加一力。臣聞天與地相去萬九千里，其址當方一千里，盡王之地，不足爲臺址。王默然，罷築者。'這個故事并不是出於偶然，實在就是反映了當時的往高空發展建築的思想的一個最大的狂想。"

與臺性質相同的另一種向高空發展的建築物叫作觀。觀之名與殿堂一樣，取義於人之主觀意念，來自動詞"觀看""觀望"之"觀"。這是中國古代建築"人本"精神的另一種表現。顧名思義，"觀"是爲觀望景物而修築的一種建築物。《釋名·釋宮室》曰："觀者，於上觀望也。""觀"起源於早期的瞭望臺。它與"闕"曾有過一段密不可分的歷史。宮前兩闕之上的瞭望臺，其後發展爲兩觀。因凡宮必有闕，故"宮"與"觀"亦相連而形成"兩觀之制"。"觀"後來離開"闕"而成爲宮殿正門前的一對角樓，或者獨立的兩座高臺，作爲一種制式就遠遠超過了原來具有瞭望臺的功能的意義。然而"觀"本身後來并未發展成爲一種獨立的建築形式，祇是把可用於觀望的建築物稱爲"觀"而已。於是樓、臺這些高層建築名稱就常與觀相連在一起，因爲祇有通過樓、臺，纔能達到觀的目的。漢武帝聽信公孫卿"仙人好樓居"之言，在京城長安興建了不少樓觀。據《漢宮殿名》記載，就有臨仙、渭橋等二十四觀，其時宮內外樓觀多至無法計算。洛陽亦有所謂"十八觀"。由於建觀之風大盛，漢長安、洛陽樓觀林立，是由高層建築構成的兩個大都市。漢代以後，中國建築向高空發展的意嚮并未消失，祇是堆土築臺以求得建築物高度的方法已不再是主要手段，爲節省人力，代之以加强木結構而達到建築高臺的目的。北魏洛陽城中永寧寺木塔即一個成功的標志。唐宋遼金時期中國建築向高空發展的努力仍在繼續，遼代所建山西應縣佛宮寺大木塔高 67.13 米，比同時期的意大利比薩斜塔還要高。但由於木結構建築易燃、易朽，火灾、風灾、地震等自然灾害對木構建築威脅很大，爲安全計，後世向高空發展建築的興趣就大大降低了。在臺觀、樓觀較少出現的後期，觀却成爲道教建築的一種稱謂。道家崇尚自然，多於山林中高地上建觀而取得觀的效果，結果寺觀、道觀就成爲當今普遍存在的一種觀的概念。其後，在平地上的道教建築亦概稱"觀"，在此"觀"之中，就不一定有可觀的景物了。

以上各種建築形式乃居處之主要類型，作爲本卷研究討論的重點。除此之外，井竈、庖厨、闌厩、浴室、厠溷等附屬建築，以及門闕、表柱、牌坊、屏壁、民居、遺址等，也將作爲研究物件逐一探討。至於房屋部件，諸如基礎、臺基、階級、地面、屋頂；房屋木構架，如梁、柱、檁、椽、斗拱、額枋；内檐裝修，如隔斷、帷幕、天花、藻井；外檐裝修，如門户、窗牖；房屋裝飾，如彩畫、雕飾；建築材料與工具等，均列爲本卷研究討論的内容，將分章節論述。

第二節　居處起源論

中國是世界四大文明古國之一。我們的祖先在長達近萬年的歷史長河中，以勤勞與智慧創造出了獨具風格、優美實用的古代宫室建築，巍然屹立於世界民族之林。

人類的營建築造活動是從解決居住問題開始的。早在原始社會初級階段的舊石器時代，人們已能粗製石器，亦能利用天然火，并依靠集體的力量突破熱帶森林的局限，向溫帶地區開拓自己的生活領域。考古發現，在我國處於這一階段的是距今約二百萬年的巫山猿人與一百多萬年以前的雲南元謀猿人及六十萬年前的藍田猿人，而已發現最早的人類住所是距今約五十萬年的北京周口店龍骨山巖洞。至目前爲止，在我國發現的舊石器時代人類居住的巖洞有十餘處。這些原始人作爲栖身之所的天然岩洞，一般均爲近水、背風、地勢較高、洞内乾燥之處。在森林與沼澤地帶，原始人類則依靠樹木作爲栖居處所。基於住在樹上及岩洞的經驗，他們使用粗製石器采伐樹木枝幹，藉助樹木的支撐構築簡陋窩棚；或模擬自然，在黄土斷崖上用木棍、石器或骨器掏挖人工橫穴。於是開始了人類營造活動，誕生了最原始的居住形式：巢居與穴居。巢與穴是宮室建築萌芽時期的兩種主要形式。其出現的時間，大約在距今四萬年至一萬年前的舊石器時代晚期。古代文獻中，亦多有載述。《韓非子·五蠹》云："上古之世，人民少而禽獸衆，人民不勝禽獸蟲蛇。有聖人作，構木爲巢以避群害，而民悦之，使王天下，號之曰'有巢氏'。"《墨子·辭過》云："子墨子曰：古之民未知爲宮室時，就陵阜而居，穴處，下潤濕，傷民，故聖王作爲宮室。"《孟子·滕文公下》曰："當堯之時，水逆行，泛濫於中國，蛇龍居之，民無所定，下者爲巢，上者爲營窟。"趙岐注："水盛則蛇龍居民之地也，民患水避之，故無定居。埤下者於樹上爲巢，猶鳥之巢也；上者高原之上也，鑿崖而營度之，以爲窟穴而處之。"

我國幅員遼闊，地理情況複雜。在新石器時期，各地發展很不平衡。當時分化出以畜牧爲主的部落與以農業爲主的部落兩大經濟體系。由於生產活動的差異，決定了居住形式的不同：游牧要求可移動的帳幕，而農業則要求定居。於是出現了位於河岸臺地的聚落。作爲中華民族的主要發祥地，長江流域沼澤地帶的巢居與黄河流域黄土地帶的穴居，是我國原始社會宮室建築産生與發展的兩條主要脉絡。長江中下游流域地區，是我國文化發展較早的地區之一。遠在 6000—7000 年前，長江下游濱海一帶即出現了堪與黄河流域仰韶文化媲美的河姆渡文化。因這一帶河流、沼澤密布，地下水位很高，先民們不可能采取挖洞方式解決居住問題，主要是藉助樹木的支撐構成架空居住面的窩棚，即所謂"構木爲巢"的巢居形式。這種居住方式既可防避野獸侵害，亦可脱離潮濕的地面。巢居的發展大體經歷以下幾個主要環節：獨木檣巢（在一棵大樹上構巢）→多木檣巢（在相鄰幾棵樹上架屋）→干闌式建築（居住面架設於椿柱上的房屋）。浙江餘姚河姆渡遺址爲母系氏族繁榮階段的聚落遺址。當時以水稻爲主要農作物的農業生產已相當發達。房屋建築主要使用木材，在木結構技術方面取得了驚人的成就。考古發現，該遺址早期建築爲干闌式長屋，從已發掘的局部來看，一座長屋不完全長度將近 30 米，在没有金屬工具的條件下，已采用榫卯結構技術建築房屋，標志我國木結構發展初期的重大進步。黄河流域中游，其廣闊而豐厚的黄土層，爲穴居的發展提供了有利條件。黄土質地細密，其中含有一定石灰質，土壤結構呈垂直節理，壁立而不易塌陷，適合橫穴及袋型竪穴的製作。當母系氏族公社進入農耕爲主的經濟時期，出現定居需求，穴居這一形式即在黄土地帶得到迅速發展。穴居的發展，大體經歷以下幾個主要環節：橫穴→袋型竪穴→半穴居→原始地面建築→分室建築。穴居的發展過程，經歷了由地下到半地下，再由半地下到地上兩個階段。原始人類先是在陡坡上營造橫穴，進一步發展則在緩坡上營穴。首先垂直下挖，然後橫嚮挖掘，便開始了橫穴向豎穴的轉化。從緩坡營穴進而過渡到平地營穴，便形成完全的袋型豎穴。豎穴口部采用枝幹莖葉作臨時性遮掩或加粗編的活動頂蓋，便是"屋蓋"的胚胎。河南偃師湯泉溝袋型豎穴即爲這一時期穴居的典型實例。新石器時代晚期，由於居住空間急需擴大，於是開始了由穴居向半穴居的演變。半穴居建築，下半部在地下，爲挖掘而成，上半部在地上，爲人工構築而成，即就地掘土形成四壁，采用樹幹莖葉構成屋蓋。根據記載，周代將此頂部結構稱爲"屋"，從外觀上看，也祇能看到建於地面上的屋蓋，故"屋"亦爲這種半穴居居住形式的名稱。《詩・豳風・七月》云："晝爾于茅，宵爾索綯，亟其乘屋，其始播百穀。"屬於仰韶文化時期的西安半坡遺址，是半穴居晚期發展以及向地面建築過渡階段的典型代表。半坡遺址總面積約 50000 平方米，臨滻河擇高地而居，已發現住房基址達五十餘處，且布局頗具條理，發展綫索清楚。早期爲半穴居，中間有木柱，上部是一個由樹木枝幹搭成的方錐形屋頂，屋面塗有黃泥；中期爲地面建築，周圍有很矮的木骨泥牆圍護，門檻甚高，上面爲端正的方錐體屋蓋，牆體與屋蓋尚未分明，兩者交接無檐；晚期有長方形大屋，內部空間以木骨泥牆分隔成幾個空間，形成分室建築，其屋頂是在圓錐體之上再建一個兩面坡小屋頂。半坡遺址的發現，表明新石器時代晚期（公元前 5000—前 3000），我國宮室建築已完成了從穴居過渡到半穴居進而發展到地面建築的發展演變過程。此時聚落規模較大，房屋衆多，有公用的大房子與單居的小房子，總體布局有序，地面建築較少，多爲半穴居。使用了木骨泥牆及梁柱構架，屋頂覆蓋茅草，平面呈圓形、方形或不規則形。至龍山文化時期（公元前 2600—前 2000），爲適應父系社會一夫一妻制家庭生活的需要，大房子變爲小房子，出現了單間小屋與套間房屋等配偶住房。平面有一室圓形、一室方形、"呂"字形雙室及多間式長方形。此時地面建築漸多，土木混合結構技術提高，已知刨槽築基，且發明了土坯，普遍使用了石灰類物質塗抹屋面。另據考古發現，此時人類已注意房屋的裝飾，用於居住建築的牆體已多種多樣，形成了古代以木、土爲主體的結構技術體系。承重木柱與木骨泥牆的出現，標志屋蓋與牆體的分化，也是人類宮室建築由地下到地上發展的關鍵。由建於地面的木骨泥牆承托起屋蓋，從此人類不再主要向地下挖掘去爭取空間，而是由挺立的牆體及承載的屋蓋向地面以上去構造房屋的體量。直立的牆體，傾斜的屋頂，奠定了房屋的基本形體。"下爲臺基，中爲牆身，上爲屋頂”的中國傳統建築的正宗形式可以説在原始社會後期已經形成。在墙體上架屋的體形要比原來建於地面上的圓形草屋要高大許多，故當時稱之爲“宫”。宫的内部空間曰“室”。“宫”指房屋之外部圍護結構，“室”指房屋之内部空間，爲同一事物的兩個側面。故《爾雅·釋宫》云：“宫謂之室，室謂之宫。”此時的宫室建築皆爲土木混合結構，即以樹木枝幹作骨架，以植物莖葉敷泥土作面層，構成圍護結構，故半坡一類半穴居，乃我國土木合構之始。此爲中國建築史上的一大技術進步，使我國宫室建築産生了突破性發展。

第三節　居處發展史

　　中國是一個地大物博、人口衆多的國家，也是一個由多民族組成的具有悠久歷史與文化傳統的文明古國。中華大地各兄弟民族之間，由於長期的經濟與文化交流、融合，互相促進而共同發展壯大。在居處建築方面，漢族建築分布範圍最廣，數量最多；而少數民族的建築也逐漸形成各自獨特的風格，呈現出豐富多彩的局面。由於各族勞動人民長期不懈的努力，積纍了豐富的經驗，創造出很多不朽的杰作，形成了獨具中華民族特色的建築體系，反映了中國古代建築在技術與藝術上的偉大成就，是中國古代文化，也是人類建築寶庫中的珍貴遺産。

　　中國古代建築在發展過程中變化十分緩慢，很難對它分期斷代。爲叙述方便，現參考文化史及美術史，對中國古代建築産生發展的歷史過程做一個大概的分期。

一、上古時期

　　這一時期包括傳説中的三皇五帝至夏、商、西周三代，爲居處建築的創立時期。

　　如本章第二節所述，居處的起源始於巢居、穴處，而房屋的産生時代則爲距今5000—6000年前的新石器時代仰韶文化時期與河姆渡文化時期。考古工作者在黄河流域中游地區的河南偃師湯泉溝、洛陽孫旗屯、陝西西安半坡等遺址中發現了大量由穴居發展而來的半穴居與地面房屋建築基址；在長江下游浙江餘姚河姆渡遺址中發現了由巢居發展而來的干闌式長屋。黄河流域仰韶文化時期的宫室式房屋與長江流域河姆渡文化時期的干闌式房屋，即可作爲居處建築——房屋産生的實物例證。據記載，上古時代先民便開始營建住宅、城郭、溝塹等。殷商以前，多為傳說，可作參稽。相傳，黃帝之時（公元前 27 世紀），"邑於涿鹿之阿，遷徙往來無常處，以師兵為營衛"。當時尚未有固定的城郭、宮室。至堯之時（約公元前 23 世紀），則"土階三尺，茅茨不剪"。後世雖據此以頌堯之儉德，然亦可知當時構屋技術之簡拙。至舜所居，則"一年成聚（落），二年成邑，三年成都"，〔舜〕賓於四門，四門穆穆"，可見初期之都邑已開始形成。（以上見《史記・五帝本紀》）"禹卑宮室，致費於溝減"（《史記・夏本紀》），則因宮室漸侈，故"卑"之。在公元前 21 世紀，我國出現了歷史上第一個王朝——夏。奴隸社會從夏朝開始形成與發展，到商代後期創造了燦爛的青銅器文化，經過西周到春秋時代結束為止，前後約計一千六百年。原始公社解體，奴隸制確定之初，原始社會所留下的建築遺產中，最高水平的"大房子"必然被奴隸主霸占，使之發生質的變化，由公共活動場所變為最大奴隸主——王的私家住宅，從而出現歷史上第一座統治階級的宮殿。《周禮・考工記・匠人》所載"夏后氏世室"寓於一棟建築之中的"前朝後寢"之布局，即脫胎於原始社會之"大房子"。考古工作者發掘的河南偃師二里頭宮殿宗廟遺址，即為因襲夏制而建造的一座宮殿。在考古發現的諸多殷商遺址中，多為土築殿基，上置大石卵柱礎，行列井然。柱礎之上，且有覆以銅鑕者。其中若干房屋遺址之木柱遺炭尚存，蓋毀於兵火。除殿基外，尚有門屋、水溝等遺址存在。其整體布置頗有條理。後世中國建築之若干特點，如臺基上立木柱之構架制，平面上以多數分座建築組合成一個庭院之布置等，皆已初露端倪。公元前 16 世紀建立的商王朝，立國六百餘年，是我國奴隸社會大發展時期。其統治區域，東至海，西到陝西，北達河北、山西、遼寧，南抵湖北、安徽以及江南部分地區，而影響所及則遠遠超過這一區域，當時已成為世界上具有高度文明的奴隸制大國。青銅器工具的使用，夯土、版築技術的改進與提高，促進了宮室建築的發展。商代重要建築遺址，目前已知并發掘的有河南省偃師商城遺址——商初都城西亳，鄭州商城遺址——商代中期敖都，湖北黃陂盤龍城遺址——商代中期城址及宮殿遺址。發掘資料表明，遠在商代，我國建築就已出現自己的獨特風格，開始把城市作為一個整體進行規劃建設；有一定的布局原則，宮殿建築群體組合已有明確的中軸綫；土木建築技術已經推廣，擎檐柱的使用，反映了高大木構建築技術的水平；管道、排水設施、裝飾技術也有很大發展。從文獻記載中亦可見一斑。至殷代末年（約公元前 12 世紀），商紂王窮奢極欲，廣作宮室，開拓苑囿，"南距朝歌，北據邯鄲及沙丘，皆為離宮別館"（《史記・殷本紀》張守節正義），然周武王革命之後，皆被毀。

與殷末約略同時，周文王之祖父太王由原始穴居遷至岐下，相量地畝，召命工官匠役建作家室、宗廟、門庭，咏於《詩》。《詩·大雅·綿》云："古公亶父，陶復陶穴，未有家室。古公亶父，來朝走馬，率西水滸，至于岐下，爰及姜女，聿來胥宇。周原膴膴，菫荼如飴，爰始爰謀，爰契我龜。曰止曰時，築室于茲……乃召司空，乃召司徒，俾立室家。其繩則直，縮版以載，作廟翼翼。捄之陾陾，度之薨薨，築之登登，削屢馮馮。百堵皆興，鼛鼓弗勝。迺立皋門，皋門有伉，迺立應門，應門將將。迺立冢土，戎醜攸行。"詩歌記述了周太王率領部落遷居、定居，以及興建家室、宗廟、門庭、社壇的全部經過，反映了周代立國之前居處建築的概況。周文王都豐，武王都鎬，在今陝西西安之南。據《詩》所咏，當時之居處建築乃以版築爲主，而屋頂之如翼，木柱之采用，庭院之平整，已成定法。豐鎬之建築雖早已蕩然無存，然尚有遺址可考。文王於營國築室之餘，且與民共用臺池鳥獸之樂，作靈囿，內有靈臺、靈沼，爲中國史傳中最早之公園。成王之時，周公"復營洛邑，如武王之意"(《史記·周本紀》)。此爲我國史籍中關於都市設計最早之實錄。公元前 11 世紀建立周王朝。周滅商，占有了商朝全部領土，同時攻滅了許多方國，獲得了大量財富及奴隸，經濟比商代有更大發展。《詩·小雅·北山》云："溥天之下，莫非王土；率土之濱，莫非王臣。"這時，青銅器工具在農業與手工業中得到廣泛應用，使農業發展到一個新階段，手工業種類增多，分工更細，號稱"百工"。工官制度更加完備，朝廷設立專門機構并有專人管理居處建築。農業與手工業技術的提高爲居處建築的發展開闢了廣闊前景。

夏商周三代，我國由氏族社會進入奴隸社會，至西周已發展到鼎盛時期。由於私有制的出現，階級的分化，居處建築亦開始向兩極分化，等級差別愈加明顯，奴隸主高大的宮殿、陵墓與奴隸們栖身的穴居、半穴居或低矮、簡陋的土屋草房形成了鮮明的對照。殷商晚期，創造了青銅器文化。金屬工具的使用，促進了生產力的發展，建築技術較前有很大進步，最突出的是出現了大批大型木構架建築、夯土臺基與版築土墙。夯土、版築技術的應用爲建築提供了高臺之便。大量考古資料表明，商、周住房基址大都有夯土臺基，且均呈矩形，主柱橫豎成行，相互平行，排列有序，而且已有明確的方位與群體組合概念，初具建築群之雛形。目前考古發現我國最早的一座宮殿宗廟遺址，就是河南偃師二里頭夏代中晚期宮殿遺址。其方位坐北朝南，下面有夯土臺基，臺基上面是由一個單體殿堂及廊廡、門庭等組成的建築群。中部偏北爲殿堂，堂前是平坦而寬闊的庭院，南面墙上正中開有敞亮的大門，四周有彼此相連的廊廡，圍繞中心殿堂組成一座十分壯觀的宮殿宗廟建築群。已經發掘的河南鄭州及湖北黃陂盤龍城等商代中期宮殿遺址與安陽小屯殷墟殷商晚期宮殿遺址表明，宮殿建築群的組織又有新的發展。其宮室建築均有統一規劃布局，其址有長方形、凹形及條形多種，方位有正東西嚮與正南北嚮兩種。西周是我國奴隸社會發展的鼎盛時期，其宮殿宗廟建築布局已有定制。《書·顧命》中對其形制曾有描述：前面有正門，門之兩側有"右塾""左塾"，門內有庭院，庭院居中有主體建築——堂，堂前有東階、西階，堂後有側階，堂上有主室及其左右之東西房，庭院東西兩側有東西廂房，以及東堂、西堂。正門前面有應門，應門之前還有皋門。這是一組規模宏大、格局整齊的四合院式群體建築。在陝西岐山鳳雛村發現的西周早期宮殿宗廟建築遺址，其布局與上述文獻記載幾乎完全相同。該遺址是一座由三個庭院及其四周圍繞的房屋組成的大型建築群，形成封閉的空間，與後世在我國北方流行的四合院住宅非常類似。院落南邊正中有一影壁，正對院落大門，進門即爲前院，前院北邊居中爲主體殿堂，再往北是後院，後院中間有過廊，過廊北通後院，前後院周圍有迴廊相連，東西兩側爲廂房。整個建築布局保持南北中軸綫、東西兩邊嚴格對稱，符合"前堂後室"之制。這種四合院式組群建築布局格式一直爲後世宮殿、宗廟、衙署、寺廟建築與貴族、士大夫宅第建築以及農村地主住宅所沿用。而地位低下的奴隸的住宅，北方仍是半穴居民宅或簡陋的地面房屋，南方則繼續發展使用干闌式建築。河北磁縣下潘汪村西周住房遺址，發現五座房屋基址均爲半地穴式，平面爲圓形，室內無門道，屋頂爲四角攢尖或圓錐形。考古專家斷定，此爲地位低下的奴隸住宅。西周以前，平民百姓之宅均建於都邑附近。自周武王伐紂滅殷，周公城洛鎮壓殷商殘餘勢力之後，東築成周以居殷商頑民始，民居與宮殿分而置之，且流傳至明清。另外，考古資料表明，西周初期已有瓦的使用，解決了屋頂防水問題；西周晚期出現了鋪地磚，解決了地面防潮問題；有些建築夯土牆外皮開始使用包面磚，加強了牆體圍護，可延長房屋使用年限。以上技術在陝西扶風周原地區西周建築遺址中均有發現。總之，二里頭、盤龍城、小屯等宮殿宗廟遺址與岐山鳳雛村西周宮殿宗廟遺址，反映出奴隸主貴族的宮室建築已從單幢房屋擴展成爲組群建築。另外，商周時期出現的磚瓦及陶水管，是目前已發現最早的陶質建築材料，從此開始了人工建築材料的歷史。至遲到奴隸社會末期，宮室建築中已綜合使用了土、木、石、陶、銅等建築材料，加工工藝亦達到較高水平。

二、春秋戰國時期

春秋戰國時代是我國由奴隸社會向封建社會過渡的大變革時期。這時宮室建築的突出特點是城邑建築的興起與高臺建築的發展。春秋戰國正是諸侯割據、兼并戰爭劇烈的時代。爲適應政治、軍事的需要，各國築城工程蜂起，“高臺榭，美宮室”亦蔚然成風。鐵工具的使用，版築技術的成熟與提高，金屬構件及磚瓦、陶管的應用，極大地促進了城市建築與宮室建築的發展。春秋時期城市興起的一個顯著特點是大批中小城市——采邑的出現。當時各國城市多達三百八十個，僅見於《春秋》“三傳”者就有七十座（見顧棟高《春秋大事表·都邑》）。還有專家估計：“《春秋》《左傳》《國語》共出現城邑地名一千零一十六個，其中有國名爲城邑之名者百餘。這樣推算，春秋城市（邑）可達千餘之説是有案可稽的。從邏輯上推論，春秋這一百九十餘國，絕不止一千個城邑，也就是説一百九十餘國的大多數，應該不少於十個城邑，而最多者應達百餘以上。這樣推論，國外學者認爲春秋城邑可達二千之數是可信的。”（張鴻雁《春秋戰國城市經濟發展史論》）至戰國時代，春秋時興起的舊城得以發展壯大，其中作爲列國諸侯的都城均已成爲政治的據點、軍事的堡壘、經濟和文化的中心，亦爲封建主義中央集權制新興國家的核心。據記載，當時比較出名的有燕之涿、薊，趙之邯鄲，魏之温、軹，韓之滎陽，齊之臨淄，楚之宛、陳，鄭之陽翟，三川之兩周，富冠海内，皆天下名都；除此之外，關中之咸陽、櫟陽，已成富甲天下的名城；齊魯之陶、莒、即墨，吳越之吳城、會稽，三楚之壽春、江陵皆爲一方之都會。郡縣制的推行，促使大批中小城邑（市）如雨後春笋一般發展起來，呈現出“千丈之城，萬家之邑相望”（《戰國策·趙策》）的景象。春秋戰國時期，建築群的突出成就是高臺建築。所謂高臺建築，就是在夯土版築臺基上逐級建造房屋，簡易的木構與夯土技術相結合，通過大規模的人工勞動構成大體量的建築。高臺建築興起於春秋，盛行於戰國，延續至秦漢。當時各國諸侯動用大量人力、物力，用數年時間爲自己建造高臺，并以高臺爲中心，建築整套離宮別館，成爲宮室建築的普遍做法，且以高臺數量的多少，臺基的大小、高低作爲體現奴隸主權威的標志。根據《左傳》記載，公元前 556 年，宋平公不顧農時，不聽勸諫，徵調農民建造高臺；公元前 534 年，晉國建築虒祁臺，從晉平公開始到昭公建成，前後共用六年時間；公元前 535 年，楚靈王建章華臺，僅隔七年，又於乾溪築高臺。高臺便於瞭望，又便於防守，具有政治、軍事作用。因此，其位置居於宮廷中心，成爲建築群的主體，周圍則配置一些較低矮的宮室建築。這種格局是當時流行的一種宮殿建築形式。山西侯馬晉都故城（平望古城）內的高臺建築遺址是目前發現的春秋時代具有代表性的實例。戰國時期燕下都的老姆臺，秦咸陽宮、阿房宮，西漢長安城未央宮前殿等高臺建築，其形體與格局基本上沿用平望高臺建築。版築技術的創造與發展時期是殷商之時，至春秋戰國時應用規模更大，技術更爲完善，其偉大工程應首推萬里長城，後經歷代修建，一直保留至今，成爲世界人類歷史上最偉大的創造與工程之一。這一時期貴族、士大夫住宅，亦爲廣室高臺，上棟下宇，主房前堂後室。"宅有門、塾、中庭、堂、寢、墻、塘。父兄子弟婦孺等異宮異室，乃至宮室上'丹楹刻桷''山節藻棁''設色施章''美侖美央'，氣象自是高貴軒昂，盡極木構及彩繪之能事，與平民住宅大不相同。"而"一般平民奴隸們除了穴居之外，即是些'白屋之士''環堵之室''蓽門''圭窬''蓬門甕牖'，根本不能與剝削階級相比"（劉致平《中國居住建築簡史·上古至先秦》）。

三、秦漢時期

秦漢是我國古代建築走向成熟的時期。秦始皇滅六國統一天下之後，建立了中國歷史上第一個中央集權的封建大帝國。他以秦孝公時代商鞅所營建的咸陽宮廷冀闕爲核心而擴大增益。"秦每破諸侯，寫放其宮室，作之咸陽北阪上。南臨渭，自雍門以東至涇渭，殿屋復道周閣相屬。""〔三十五年〕始皇以爲咸陽人多，先王之宮廷小，吾聞周文王都豐，武王都鎬，豐鎬之間，帝王之都也。乃營作朝宮渭南上林苑中。先作前殿阿房，東西五百步，南北五十丈，上可以坐萬人，下可以建五丈旗。周馳爲閣道，自殿下直抵南山，表南山之顚以爲闕。爲復道自阿房渡渭屬之咸陽，以象天極。閣道絕漢抵營室也。""咸陽之旁二百里內，宮觀二百七十，復道甬道相連，帷帳鍾鼓美人充之，各案署不移徙。"（以上見《史記·秦始皇本紀》）始皇死後，秦二世繼續營建。然僅至公元前 206 年，項羽引兵西屠咸陽，燒秦宮室，火三月不滅。周秦以來數世紀物資、工藝之精華，毀於楚人一炬，非但秦宮無遺，後世每當更朝換代之際，故意破壞前代宮室之惡習亦由此而萌生。另外，秦始皇陵墓建築之豪奢亦前所未有。《史記·秦始皇本紀》曰："始皇初即位，穿治驪山。及并天下，天下徒送詣七十餘萬人，穿三泉，下銅而致椁。宮觀、百官、奇器珍怪，徙藏滿之……以水銀爲百川，江河大海，機相灌輸。上具天文，下具地理，以人魚膏爲燭……樹草木以象山。"秦始皇築陵墓，以爲可與日月同久，然僅三年，項羽入關，墓中財物即被掘取。秦朝雖然祇有兩代十五年的歷史，然而很多政治措施却給後世以深遠影響。秦廢封藩，置郡縣，全國政令出自中央；統一文字、律令、度量衡及車輛軌轍；修築馳道，通行全國；開鴻溝，鑿靈渠，修建萬里長城。秦始皇因戰國時各國長城之舊，"使蒙恬將二十萬衆……築長城，因地形，用制險塞，起臨洮，至遼東，延袤萬餘里"（《史記·蒙恬列傳》）。秦長城爲夯土版築，現甘肅西尚有秦時原物。今河北一帶磚甃長城乃明中葉以後增築。秦始皇爲滿足窮奢極欲的腐朽生活，徵發大量所謂"罪人"强制勞動，集中全國能工巧匠，用很短的時間在首都咸陽附近營造了很多規模巨大的宮苑建築。由於這些宮苑模仿戰國時代各國宮殿建築，因此在客觀上促進了各種不同建築形式、不同風格及不同技術經驗的初步融合與發展。

經過秦末農民戰爭，繼秦而起統一中國的是漢王朝。公元前 2 世紀後期，西漢疆域比秦朝更加遼闊，開闢了通往西域的貿易往來與文化交流的通道。西漢封建經濟進一步鞏固，工商業不斷發展，促進了城市繁榮，出現了大地主、大商人。漢武帝"罷黜百家，獨尊儒術"，確立禮制，以鞏固皇權，建立了此後兩千餘年封建社會統治階級的主導思想體系。由於宮室建築是"威四海"的精神統治工具，故漢朝的都城規模更加宏偉，宮殿苑囿更加巨大華美。漢高祖劉邦奠都長安，本秦離宮，城狹小。蕭何營建長安，因秦故宮以修長樂宮，據龍首山岡以作未央宮。《史記·高祖本紀》曰："〔八年〕蕭丞相營作未央宮，立東闕、北闕、前殿、武庫、太倉。高祖還，見宮闕壯甚，怒謂蕭何曰：'天下匈匈苦戰數歲，成敗未可知，是何治宮室過度也！'蕭何曰：'天下方未定，故可因遂就宮室。且夫天子以四海爲家，非壯麗無以重威，且無令後世有以加也。'高祖乃説。""重威"乃漢代營建都城、築造宮殿的指導思想。高祖之後，惠、文、景三帝之世，均少增作。至漢武帝時，國庫殷實，生活漸趨繁華，物資供應與工藝發展互相推動，乃大興宮殿，廣闢苑囿。在長安城中，修高祖之北宮，造桂宮，起明光宮，更築建章宮於城西。於是離宮別館遍布京畿。此後王侯貴戚亦大治府第，土木之功乃臻極盛。

漢代之稱"宮"者，多就由若干殿堂與樓閣臺榭，以及廊廡簇擁而成的宮殿建築群而言。全體建築四周繞以宮垣，四面闢門，宮門外有闕。宮垣之內，除皇帝朝會之前殿及綜合政事之寢殿，後宮帝后妃嬪寢處殿舍以外，尚有池沼、樓臺、林苑、游觀等組成部分。諸殿均基臺崇偉，仍承戰國嬴秦之範，因山岡之勢，居高臨下，上起觀宇，互相連屬。其苑囿之中，或作池沼以行舟觀魚，或作樓臺以登臨遠眺，充滿理想，欲近神仙。各宮之間，閣道之設，亦因臺而生，綿亙連屬，若長橋飛虹，互相通達，以便皇帝行幸。秦漢以來的，園林設計，已與宮室并重，互爲表裏。漢宮殿之繁複布置，嵯峨之外觀，實達高度標準。然其結構原則，仍以殿爲單位，不因臺榭樓閣相接而增加繁難。

長安城內外諸宮之中規模尤大、史籍記載較詳者當屬未央、長樂、建章三宮。

未央宮爲漢代所創第一宮。漢高祖八年（公元前199）蕭何治，漢武帝後增飾之。宮周迴二十八里，在長安城內之西南部。計其殿臺、池堂、門闕之名可考者八十有餘。其中未央前殿，東西五十丈，高三十五丈，深十五丈。宮內有西漢諸帝之正寢，號稱“布政教之室”的“宣室殿”；有被之文綉、香桂爲柱、以椒塗壁、冬處之溫暖的“溫室殿”；還有中夏含霜、夏居之則清涼的“清涼殿”。殿閣之有特殊用途者，如“天禄閣”藏秘書，處賢才；“石渠閣”藏入關所得秦之圖籍；“承明殿”爲著述之所；“金馬門”爲宦者署，臣下待詔之處；“麒麟閣”爲圖畫功臣像之處。游觀建築有“柏梁臺”。除朝會、起居、游觀建築以外，宮中還有殿中廬，供臣子止宿之用；又有織造文綉郊廟之服的“織室”，藏冰之“凌室”以及掌宮中輿馬之“路軨厩”等實用部分。未央宮後宮分八區，其中“椒房殿”爲皇后所居，各區殿舍爲妃嬪居處。

長樂宮，故秦之興樂宮，漢修繕增益之。宮周迴二十里，在長安城內之東南部。其前殿東西四十九丈七尺，兩序中三十五丈，深七十二丈。除去兩序，其長寬略如今北京故宮之太和殿。秦阿房宮殿前銅人十二，亦移列此殿前。宮成，適當叔孫通新禮成，諸侯群臣朝會“竟朝置酒，無敢讙嘩失禮者。於是高帝曰：‘吾乃今日知爲皇帝之貴也。’”（《史記・劉敬叔孫通列傳》）長樂宮中各殿見諸記載者有十餘處，又有酒池鴻臺。鴻臺爲秦始皇時所建。今傳世瓦當有“長樂萬歲”“長樂未央”之銘文者，皆爲當時遺物。

建章宮爲漢武帝初年建。宮周迴二十餘里，在長安城外之西。《漢書・郊祀志下》曰：“於是作建章宮，度爲千門萬户，前殿度高未央。其東則鳳闕，高二十餘丈。其西則商中數十里虎圈。其北治大池，漸臺高二十餘丈，名曰泰液，池中有蓬萊、方丈、瀛洲、壺梁，象海中神山龜魚之屬。其南有玉堂、璧門、大鳥之屬。立神明臺、井幹樓，高五十丈，輦道相屬焉。”建章宮與未央宮之間，則“跨城池，作飛閣，構輦道以上下”（《三輔黄圖・漢宮》）相連。宮南面正門曰閶闔，以其樓屋上椽首薄以碧玉，故稱璧門。門內列鳳闕及宮之東闕，均高二十五丈，且以銅鳳凰爲飾。

三輔地區多建苑囿園林、離宮別館，其中以上林苑最爲著名。上林苑原爲秦時舊苑，漢初荒廢，武帝時重開。《三輔黃圖·苑囿》曰："〔上林苑〕周袤三百餘里，離宮七十所，能容千乘萬騎。"《漢書·揚雄傳》曰："武帝廣開上林，南至宜春、鼎胡、御宿、昆吾，旁南山而西至長楊、五柞，北繞黃山瀕渭而東，周袤數百里。"上林苑不僅規模宏大，苑中建築物亦相當繁多。《長安志》引《關中記》云："上林苑門十二，中有苑三十六，宮十二，觀二十五。"還有十餘處池沼。上林苑中"三十六苑"，即三十六處"園中之園"，其見於記載者有甘泉、御宿苑、思賢苑、博望苑、西郊苑、樂游苑、宜春下苑等（見《三輔黃圖·苑囿》）。

王莽篡漢，"壞徹城西苑中建章、承光、包陽、大臺、儲元宮及平樂、當路、陽禄館，凡十餘所，取起材瓦，以起九廟……爲銅薄櫨，飾以金銀琱文，窮極百工之巧。帶高增下，功費數百鉅萬，卒徒死者萬數。"（《漢書·王莽傳中》）王莽之敗，未央宮被焚，其餘宮館無損。至光武帝建武二年（26），赤眉義軍焚西京宮室，長安漢故宮遂毀。東漢光武之世雖屢加修葺，終難以恢復舊觀。

東漢定都洛陽。洛陽城略作長方形，東西七里，南北十餘里。南北二宮跨建洛河兩岸，南宮在河南，北宮在河北。洛陽諸殿中，史籍記載唯以北宮之正殿德陽殿最詳。殿南北七丈，東西三十四丈四尺。《後漢書·禮儀志中》曰："二千石以上上殿稱萬歲。"劉昭注："德陽殿周旋容萬人。陛高二丈，皆文石作壇，激沼水於殿下。畫屋朱梁，玉階金柱，刻鏤作宮掖之好。厠以青翡翠，一柱三帶，韜以赤緹。天子正旦節會朝百僚於此。自到偃師去宮四十三里，望朱雀五闕、德陽，其上鬱律與天連。《雒陽宮閣簿》云：'德陽宮殿南北行七丈，東西行三十七丈四尺。'"終東漢之世，洛陽規模氣魄均難與西漢長安比擬。

兩漢季世，皇室衰微，王侯外戚、宦官佞幸競起宅第私園，尤以東漢末葉爲甚。漢梁孝王武、魯恭王餘，東漢濟南安王康、瑯琊孝王京均好治宮室苑囿，尤以魯恭王之靈光殿，因王延壽之《靈光殿賦》而著名於後世。至於外戚佞幸之宅第，則成帝之世，王氏五侯"大治第室，起土山、漸臺、洞門，高廊閣道，連屬彌望"（《漢書·元后傳》）。宅第之最豪侈者，莫如桓帝時大將軍梁冀私園。《後漢書·梁冀傳》曰："冀乃大起第舍，而壽（冀妻孫壽）亦對街爲宅，殫極土木，互相誇競。堂寢皆有陰陽奧室，連房洞户。柱壁雕鏤，加以銅漆。窗牖皆有綺疎青瑣，圖以雲氣仙靈。臺閣周通，更相臨望。飛梁石蹬，陵跨水道。金玉珠璣、異方珍怪克積臧室，遠致汗血名馬。又廣開苑囿，采土築山，十里九坂，以象二崤；深林絕潤，有若自然；奇禽馴獸，飛走其間……又多拓林苑，禁同王家，西至弘農，東界滎陽，南極魯陽，北達河淇，包含山藪，遠帶丘荒，周旋封域，殆將千里。又起菟苑於河南城西，經亘數十里，發屬縣卒徒繕修樓觀，數年乃成。"東漢私宅建園遂爲後世私家園林之開端。

　　東漢在我國居處建築史上是一個光輝燦爛的發展時期。在建築技術方面，除木結構體系，特別是多層木構技術得到長足發展外，更創造了新的磚拱結構體系及石材做梁柱與拱券結構方法。東漢木構建築雖未留下實物，但却留下了大量表現建築形象的明器陶屋、畫像石、畫像磚，以及仿木構的石闕、石墓、石室。從這些遺物中可以看出，東漢木框架結構技術已發展到相當成熟的水平，在結構方法上已明顯形成兩大系統：一是梁柱式，一是穿斗式。它們皆具"墻倒屋不塌"的構架特點，與現代框架結構頗爲類似；圍護體不起承重作用，因而分間靈活，門窗開設自由，適用性廣泛。由於結構方式的優越性，充分體現了它的生命力，一經形成，便歷代相沿，成爲我國木構建築的兩種基本結構方法。井幹式結構在奴隸社會初期出現，封建社會時期在局部地區仍有采用，如漢代之"井幹樓"，但因耗材過大，故未能得到發展。梁柱式結構後被宮室建築普遍采用，北方民居亦廣泛運用。而"穿斗式"，則爲南方住宅建築結構的普遍形式。木構建築需要較大的挑檐以保護墻身、柱脚及臺基，從奴隸社會始便已探索大挑檐的結構方法，經過擎檐柱、斜撐之類的發展階段，戰國銅器刻圖明顯表現了斗拱的柱頭構件。至東漢，挑檐的方法，或用挑梁，或用斗拱，或有用挑梁加斗拱者。此後，挑梁與斗拱便成爲我國木建築挑檐結構的兩種普遍形式。尤其是斗拱的發展，在後世大型建築的形式及結構上均具有重要地位。在東漢明器及畫像磚、畫像石中出現了四合院式住宅及大量木構多層樓閣，説明我國住宅形式至漢代已趨多樣化并發展到成熟階段。東漢時期，地主豪富勢力强大，封建主塢堡的門樓、望樓、糧倉的修建非常普遍，這在陪葬品中多有反映。明器陶樓少則三層，多則五層，樓的結構僅見梁柱式。隨着多層木構建築技術的發展，早期"積土爲臺"的高臺建築方式便逐漸衰落。多層木構建築技術在東漢獲得重大發展，它成爲後世高塔結構的開端。

四、三國兩晉南北朝時期

　　這一時期是佛教普傳中國、南北民族文化大融合時期，故居處建築亦融會外來文化步入一個新的發展階段。

自魏受漢禪，三國鼎立，晋室南遷，五代迭起，南北分裂，迄隋統一中國，三百六十餘年間，朝代更替，干戈不絕，民不聊生。土木之功，難與兩漢比擬。值喪亂易朝之際，雖民生多艱，然亂臣權貴，先而僭越，繼而篡奪，府第宮室，不時營建，窮極巧麗。

漢末曹操居鄴，營建鄴王城，治府第，築銅雀、金鳳、冰井三臺。清顧炎武《歷代宅京記·鄴下》引《水經注》曰："〔鄴〕城西北有三臺，皆因城爲基，巍巍崇舉，其高若山。建安十五年，魏武所起。其中曰銅雀臺，高十丈，有屋百餘間……南則金鳳臺，高八丈，有屋一百九間。北曰冰井臺，亦高八丈，有屋一百四十間，上有冰室，室有數井，井深十五丈，藏冰及石墨焉。"又引《魏都賦》注曰："銅雀園西有三臺：中央曰銅雀臺，南有金鳳臺，北有冰井臺……銅雀臺有屋一百一間，金鳳臺有屋一百三十五間，冰井臺上有冰室三，與法殿皆以閣道相通。"魏文帝受漢禪，營洛陽宮，初居北宮，以建始殿朝群臣。魏明帝起昭陽太極殿，築總章觀，又治許昌宮，起景福、承光二殿。土木之功爲三國之最。

孫權都建業，節儉不尚土木之功。至孫皓，起昭明宮，"又破壞諸營，大開園囿，起土山樓觀，窮極伎巧，功役之費以億萬計"（《三國志·吳書·孫皓傳》）。

劉備在蜀，營建較少，然起傳舍、築亭障自成都至白水關四百餘區，盡力於軍事攻守之設施。

晋初代魏，宮殿少有損益。武帝即位，便營太廟，"致荆山之木，采華山之石，鑄銅柱十二，塗以黃金，鏤以百物，綴以明珠"。後太廟地陷，"遂更營新廟，遠致名材，雜以銅柱，陳勰爲匠，作者六萬人"（《晋書·武帝紀》）。東晋元帝立宗廟社稷於建康，"即位東府，殊爲儉陋。元、明三帝亦不改制"（《晋書·武帝紀》）。

晋室南遷，五代偏據，交相更迭，各有營建。其中最爲奢侈者，莫如後趙石氏。石勒都襄國（今河北邢臺），擬洛陽之太極起建德殿，立桑梓苑，築明堂、辟雍、靈臺於城西。至石虎遷鄴，於鄴"起臺觀四十餘所，營長安洛陽二宮，作者四十餘萬人"（《晋書·石虎載記》）。石虎重飾銅雀三臺，臺皆以磚甃，上起樓閣，并作閣道使三臺相通。石虎又於鄴城東築華林苑，引漳水入園，苑囿周迴數十里，四周築長墻圍之。石氏統治僅三十餘年，然宮殿之侈，冠於當世。

南朝宋、齊、梁、陳四朝皆定都建康（今江蘇南京）。宋武帝崇尚儉約，因晋之舊，無所改作。文帝新作東宮，又築北堤，立玄武湖，築景陽山。至孝武帝承統，制度奢廣，更造正光、玉燭、紫極諸殿，於玄武湖北造上林苑。齊代宮苑之奢，以東昏侯爲最，爲潘妃起神仙、永壽、玉壽三殿，"皆匝飾以金璧"，窗間盡畫神仙，椽桷之間，悉垂鈴珮，"鑿金爲蓮花以帖地"，塗壁皆以麝香。錦幔珠帘，窮極絢麗。又以閱武堂爲芳樂苑，窮奇極麗，山石皆塗以彩色，跨池水立紫閣諸樓。（見《南史·東昏侯本紀》）梁代宮室營建之可紀者，武帝作東宮，又新作太極殿，改爲十三間；新作太廟，增基九尺。武帝崇信佛教，初創同泰寺，又於故宅立光宅寺，於鍾山立大愛敬寺。苑囿則有王游苑。侯景之亂後，元帝立於江陵，而建業凋殘。陳武帝時盛修宮室，構太極殿，起顯德等五殿，蔚爲壯麗。至陳後主乃於光熙殿前起臨春、結綺、望仙三閣，閣高數丈，并數十間。其窗牖、壁帶、懸楣、欄檻之類，并以檀香爲之。又飾金玉，間以珠翠，外施珠帘，内置寶床、寶帳，每微風暫至，香聞數里。朝日初照，光映後庭。其下積石爲山，引水爲池，植以奇樹，雜以花卉。（見《陳書·皇后傳》）此乃風雅帝王燕居之所。

北朝拓跋魏營建之功極盛。自道武帝至東西魏之分約一百五十年間，政治安定，故得致力於土木之工。魏始都盛樂，至道武帝遷都平城，始營宮室，建太廟，立社稷。孝文帝傾心漢族文化，太和十七年（493）幸洛陽，周巡故宮基址，傷晋德之不修，詔經始洛京。十九年金墉宮成，六宮及文武百官盡遷洛陽。宣武帝景明中，"發畿内夫五萬五千人築京師三百二十三坊"。又起明堂、圓丘、太廟，并營繕國學。其苑囿則有華林園，園有景陽山，有天淵池，遷代京銅龍置焉。"爲山於天淵池西，采掘北邙及南山佳石，徙竹汝、潁，羅蒔其間，經構樓館，列於上下，樹草栽木，頗有野致。"（《魏書·茹皓傳》）魏分東西之後，東魏都鄴城。孝文帝起宮殿於鄴西，孝静帝遷鄴，發衆七萬六千人營建新宮。西魏都長安，少所營繕。

齊篡位以後，起宣光、建始、嘉福、金華諸殿。又發丁三十餘萬改營銅雀三臺，因其舊基而高廣之，大起宮殿及游豫苑。天保九年（558）三臺成，改銅雀曰金鳳，金虎曰聖應，冰井曰崇光。至武成帝則又施治爲佛寺，後主更增益宮苑，造偃武修文臺，其嬪妃諸院中起鏡殿、寶殿、玳瑁殿，丹青雕刻，妙極當時。又於游豫苑穿池，周以列館，中起三山，構臺以象滄海。

三國兩晋南北朝時期，興建了很多城市，其中規模較大、經營時間較長者爲鄴城、洛陽與建康。尤其是鄴城、洛陽城的規劃設計頗具特色，對後世都城建設影響深遠。

鄴城最初不是帝都，而是曹操營建的魏王城。鄴城東西七里，南北五里，規模次於

"九六城"——洛陽。曹操爲適應當時形勢的需要，故鄴城規劃多從軍事着眼。以城北的宮城爲中心，宮門前南北主幹道爲規劃主軸綫，東西主幹道爲輔軸綫，將全城劃分爲城南、城北兩大區。城南爲市里區，城北爲宮禁、官署及官僚貴族府邸之專用區。城北區内又以正殿——文昌殿及社廟爲中心，連同殿東之聽政殿及寢宮，兼司馬門外之官署，構成一個宮禁區。此區東爲府邸區，西爲禁苑區。武器庫及馬厩皆在苑内。苑之西北城垣築有銅雀、金鳳、冰井三臺，平時可供游憩，戰時可作爲城防要塞。宮禁區内三個社區既有分工，又密切結合而構成一個有機整體。此爲鄴城規劃結構之概況。正殿——文昌殿爲全城之核心，置於鄴城南北中軸綫上，殿左爲宗廟，右爲社稷。這座中心建築群按傳統方式布置，依"擇中立宮""左祖右社"之"周制"而規劃。然而，中朝聽政殿及殿後之寢宮，并未置於文昌殿北，而是位於殿東，與周代所謂"前朝後寢"之制不符。就"朝"而言，前朝之文昌殿與中朝之聽政殿亦不在同一中軸綫上，官署亦隨聽政殿偏處司馬門外。這種平面布局是打破傳統常規的做法。尤其值得重視的是宮禁區的設計，其實此區本身即爲堅强的軍事堡壘。宮禁區内有防守的高臺，有充足的武器，有物資倉庫，還有馬厩。同時還有一座專用的城門，直通城外。這套布置乃鄴城規劃設計的一大特色，也是與歷代宮城、都城規劃的不同之處。東漢塢堡的規劃經驗，在鄴城規劃建設上得以充分體現并有所發展。曹魏鄴城營建是推陳出新的産物，繼承傳統却不拘泥於舊制，講求實效，勇於創新，其規劃、營建經驗對後世都城建設具有藉鑒意義。

　　十六國時期的後趙，在 4 世紀初沿襲曹魏舊城之布局，重新建造鄴城。城牆外面以磚砌築，城牆上百步建一樓，城牆轉角處建角樓。宮殿建築亦沿用曹魏洛陽宮殿之布局，在大朝（相當於漢之前殿）左右建處理日常政務的東西堂。又大興苑囿，增建華林園及臺觀四十所，工役死亡者數萬人。然這些宮苑臺觀祇經過十餘年，即毁於戰火。前燕慕容儁亦建都於此，但時間短暫，少有增益。

　　天平元年（534），東魏自洛陽遷都於鄴，在舊城南側增建新城。新舊二城之總平面呈T形。新城東西六里，南北八里六十步，俗稱"鄴南城"。其布局繼承北魏洛陽的形式，并從洛陽遷移大批宮殿於此。宮城位於城之南北中軸綫上，"大朝"爲太極殿，殿左右雖建東西堂，然在這組宮殿兩側又并列含元、凉風二殿，太極殿後面還建有朱華門與"常朝"昭陽殿。由此可知，東魏宮殿之布局，除沿用曹魏洛陽宮殿舊制外，同時又附會《禮記》所載"三朝"布局思想，對後世隋唐兩朝廢止東西堂，完全采用"三朝"制度，具有承前啓後的作用。宮城北面爲苑囿，宮城以南建官署及市民居住的里坊。城外東西郊又建有東市、西市。550年北齊滅東魏，仍定都鄴城，增建宮殿并於城西建造大規模苑囿，又重建銅雀三臺，改稱金鳳、聖應、崇光。舊城東部從東魏起即作爲貴族居住區。577年北周滅北齊，這座宏麗的都城遭受嚴重破壞，後來則成爲廢墟。

洛陽是我國歷史上著名的古都。漢魏洛陽在周代下都（成周）的基礎上興建。周敬王避王子朝之亂，由王城遷居於此。東漢光武帝定都洛陽，并加以擴建。洛陽城南北九里一百步，東西六里十一步，號稱"九六城"。洛陽城共有十二門，南面四門，北面二門，東西各三門。西漢即有南北二宮，東漢沿用南北宮制度，并加以擴展。兩宮居城中部，幾乎占全城面積的三分之一。北宮緊靠城北垣，南宮逼近城南垣，故南垣正南門——平城門便成爲宮廷區出入之正門。城內有二十四街、三市。大市（金市）在城內，位於南宮之北。馬市在城東，城南臨洛水處設南市。洛陽"三市之制"即始於此時。官署置於城之東南，城東北建有永安宮及太倉、武庫。達官貴戚之宅第均在城東上東門一帶。城內道路布局爲縱橫交織的經緯途制幹道網。東漢洛陽城布局以宮爲中心，故二宮基本上位於全城主軸綫上。其餘官署、市里則分布在主軸綫兩側，整體規劃仍保持傳統格局。

三國時曹魏都洛陽，依東漢舊法建南北二宮，并於城北大營苑囿。西晉續有興建，但永嘉之亂後，這座都城次第被毀。494年北魏孝文帝自平城遷都洛陽，曾先派蔣少游調查漢魏洛陽宮殿基址，并赴建康瞭解南齊宮殿建築情況，然後在西晉洛陽的故址上重新營建。孝文帝漢化政策首在改制。他依靠北方一批漢族士大夫階級知識分子，如李安世、李冲等，本復古精神爲之策"立三長""行均田"等一系列改革措施。魏孝文帝最推崇周禮，認爲"《周官》爲不刊之法令"（《魏書·食貨志》）。他們援引《周禮》作爲改制依據。洛都規劃出自李冲，營建洛都又是改制運動的重點之一，故將《周禮·考工記·匠人》中規定的王城規劃制度作爲營建洛都之藍本，也是孝文帝運用漢文化推行漢化政策的積極表現。北魏洛陽城，宮城位置雖微偏西北，但基本上還在城之中部。城之主軸綫因宮偏西北而稍許西移。主軸綫從城北穿宮城，經銅駝街，出宣陽門，南渡洛水，直達外郭南門外的圓丘。在宮城前南北主幹道——銅駝街兩側，左建宗廟，右立大社，官署亦沿街東西排列。這便是一組以宮城爲中心的主體建築群所構成的洛陽都城市中心區。考古工作者探測查明，有條東西幹道穿過宮城，將宮城劃分爲兩部分。正殿——太極殿位於南部，寢宮及西游園在北部，可知當時是按"前朝後寢"之制而布置。城內幹道采用經緯途制，市不在宮城北，分居外郭城的東、西、南三面。城址繼承前代，仍爲"九六城"；宮城、市爲長方形。洛陽城之外廓，南渡洛水，北抵邙山，西至張方橋，東達七里橋東一里處，周迴七十里，規模宏大。市、手工業作坊及工商業者居住區均在郭內。龐大的皇族府邸區——壽丘里（王子坊），在西郭大市之西。南郭有明堂、辟雍等。渡洛水有四夷館、四夷里、四通市及圓丘。按"周制"衡量，除城址、市制因襲前代外，北魏洛都的規劃結構完全符合《匠人》要求。雖然平城、魏晉洛陽乃至南朝建康對李沖的洛都規劃有一定藉鑒意義，然決定性的影響仍是《匠人》王城規劃制度。因此，北魏洛陽是西漢末年以來繼承《匠人》營國制度傳統的範例，洛都規劃爲隋唐兩京建設以及後世歷代都城建設提供了樣板。歷代都城之形制規模雖各有差別，然基本規劃結構卻如出一轍。

建康（今江蘇南京）是中國歷史上著名的六朝故都。三國吳定鼎建業。自317年東晉奠都至589年南朝陳滅亡，二百七十餘年間建康一直是南部各朝的都城，歷經東晉、宋、齊、梁、陳五個朝代。建康位於長江東南岸，北接玄武湖，東北依鍾山，西側丘陵起伏，東側有湖泊、青溪縈其間，而秦淮河環繞城外南、西兩面。東晉經營建康，依三國東吳建業舊址而逐步興建。後南朝宋、齊、梁、陳各朝續有增益。建康城南北長，東西略狹，周迴二十里。城有九門：南面設三門，東、西、北各二門。宮城位於城之正北偏東，平面爲長方形。宮門有五：南面二門，東、西、北各一門。宮殿布局仿魏晉舊制。正中太極殿爲朝會之正殿，正殿兩側建有皇帝聽政與宴會的東西二堂，殿前又建東西二閣。宮城外西南有永安宮，城外東北建苑囿。城南北主軸綫上，有大道向南延伸，跨秦淮河，建浮橋，直連南郊。大道東西散布民居、店鋪、佛寺等。貴族宅邸則多建於青溪附近的風景區。因軍事防禦需要，在城外東南建東府城，西北建石頭城。

總之，這個時期的城市是繼承東漢洛陽與漢末鄴城的規劃而發展起來的。宮殿均建於都城中心偏北處，構成以宮殿爲中心的南北軸綫布局。宮殿布置，則將前殿之東西廂擴展爲東西堂。至東魏，又附會"三朝"之制，在東西橫列三殿之外，又以正殿爲主縱列兩組宮殿。這種縱列方式爲後世隋、唐、宋、元、明、清歷朝沿用，并發展成縱列的三朝制度。此時的洛陽、鄴城市民居住區，沿襲漢長安之閭里制度，然市場卻移至都城外的南部與東西兩側，比漢長安市場更集中。規模巨大、規劃整齊的隋唐長安城即在此基礎上發展而來。

在這一時期，住宅建築也出現了一些明顯變化。從遺存下來的石雕、磚雕中可以看出，北魏、東魏貴族住宅正門多用廡殿式屋頂及鴟尾。鴟尾原僅用於宮殿，對住宅而言，不經特許則不能使用。圍牆上有成排的直櫺窗，牆內建有圍繞庭院的走廊。當時不少原貴族官僚的宅第改作佛寺，以其住宅本由若干大型殿堂與庭院迴廊所組成，故改造極爲方便。另在雕刻中可看到有些房屋在室内地面布席而坐，也有在臺基上施短柱及枋，以此構成布架，再於上面鋪地板及席。牆壁上多裝直櫺窗，懸挂竹簾、帷幕，説明室内裝飾（内檐裝修）已有很大發展。北魏末期，貴族住宅後部多建園林，園中有土山、釣臺、曲沼、飛梁、重閣。叠石造山技術有所提高，如北魏洛陽皇苑華林園，私園張倫宅，或重巖複嶺，石路崎嶇；或深溪洞壑，有若自然。魏晋以來，一些士大夫標榜曠達風流，愛好自然野致，在造園方面，聚石引泉，植林開澗，企圖創造一種樸素自然的意境。這種風尚對園林苑囿建築産生了一定影響。

魏晋南北朝時期，由於南北民族大融合，室内傢具發生了很大變化。一方面，席地而坐的習慣仍未改變，但傳統傢具有了新的發展，如睡眠用床已有所增高，上部加床頂，周圍施以可以拆卸的短屏；起居用的床榻加高、加大，人們既可坐於床上，亦可垂足坐於床沿。另一方面，西北地區少數民族進入中原以後，不僅使東漢末年傳入宮廷的胡床逐漸普及民間，同時還輸入了各種形式的高坐具，如椅子、方凳、圓凳等。這些新式傢具對當時人們的起居習慣及室内空間處理發生了一定影響，成爲唐以後逐步廢止床榻與席地而坐的前奏。

這一時期居處建築的另一特點就是佛教建築的興盛與發展。漢末佛教開始傳入，至晋而普傳中國。魏晋南北朝時佛教建築已於全國盛行，高塔、佛寺遍及全國廣大城鄉。南朝首都建康佛寺達五百餘所，北魏時全國多達三萬餘所，首都洛陽即有一千三百六十七所。當時寺塔與石窟建築多由朝廷主持修建，耗費了無數人力、物力。關於佛教建築的興起與發展情況，文獻多有載述。漢末三國之際，丹陽郡人笮融“大起浮屠寺，上累金盤，下爲重樓，又堂閣周回，可容三千許人。作黄金塗像，衣以錦綵”（《後漢書・陶謙傳》）。至晋世而佛教普傳，高僧輩出，寺塔林立。晋孝武帝“立精舍於殿内，引諸沙門以居之”（《晋書・孝武帝紀》）。晋恭帝則“造丈六金像，親於瓦官寺迎之，步從十許里”（《晋書・恭帝紀》）。在北魏則“京邑帝里，佛法豐盛，神圖妙塔，桀跱相望，法輪東轉，兹爲上矣”（北魏酈道元《水經注》）。至今留存於世者除磚塔、石塔外，還有龍門、雲岡石窟之石像佛雕等，均爲佛教建築及雕刻之珍貴實物資料。對此，本書《宗教卷》另有詳述。

五、隋唐時期

隋唐時期是中國封建社會前期發展的頂峰，亦爲中國古代建築發展的全盛時期，在繼承兩漢以來成就的基礎上，吸收、融合外來建築文化的影響，形成了具有中國特色的完整的居處建築體系。

隋文帝楊堅於 581 年代北周而建隋朝，589 年滅南朝陳，結束了自西晉以來長期的民族混戰與割據對峙局面，重新統一了中國。隋文帝認爲北周長安故宮不足建皇王之邑，故詔左僕射高熲、將作大匠劉龍等，於漢故長安城東南二十一里龍首山川原創造新都，名曰"大興"（見《隋書·文帝紀》）。城東西十八里餘，南北十五里餘。城內北部爲皇城，皇城內北部爲宮城，即文帝之大興宮也。自兩漢南北朝以來，京城宮闕之間，民居雜處，隋文帝以爲不便於民，於是皇城之內唯列府寺，不准雜人居止，區域分明，爲都市規劃之一大改革。爲後世稱頌之唐長安城，實爲隋文帝所開創。文帝又於岐州營仁壽宮，避暑多居之。晚年每歲自春至秋，以在仁壽宮爲最多。文帝性儉約，此外少所營建。604 年隋煬帝楊廣即位，大業二年（605）即"於伊雒營建東京"（《隋書·煬帝紀》）。東都洛陽"大城周迴七十三里一百五十步……宮城東西五里二百步，南北七里"。宮殿以乾陽殿爲正殿，"殿基高九尺，從地至鴟尾高二百七十尺，十三間，二十九架，三陛軒"。煬帝"西苑周二百里，其內造十六院，屈曲繞龍鱗渠……苑內造山爲海，周十餘里，水深數丈，其中有方丈、蓬萊、瀛洲諸山，相去各三百步"。又有甘泉宮，"一名芳潤宮，周十餘里，宮北通西苑。其內多山阜，崇峰曲澗，秀麗標奇"。殿堂、樓閣、亭榭、臺觀甚多，"游賞之美，於斯爲最"（以上見《大業雜記》）。煬帝又發淮南民十餘萬，開邗溝，自山陽（今江蘇淮安）至揚子（今江蘇儀徵），入長江；通濟渠方四十步，沿渠築御道，植以柳樹；自長安至江都（今江蘇揚州），建離宮四十餘所；遣人前往江南造龍舟及雜船數萬艘，以備游幸之用（見《隋書·煬帝紀》）。

唐因隋舊，即大興城爲長安城，并以洛陽爲東京。京都長安，城北有渭水，東依灞、滻二水，交通運輸四通八達。城內地形南高北低，南部岡原起伏。據考古工作者對唐長安故城遺址測量，城東西長 9721 米，南北長 8651.7 米，城牆厚約 12 米。有城門十二個，東、西、南、北每面三門，每門三道，唯正南門、明德門五道。城門上均建有高大的城樓。長安城的規劃，總結了曹魏鄴城、北魏洛陽城與東魏鄴城的建設經驗，在方整對稱的原則下，沿南北中軸綫將宮城、皇城置於全城的主要地位，并以縱橫相交的棋盤形道路網將其餘部分劃分爲一百零八個里坊，區劃分明，街道整齊，充分體現了封建統治者的理想與要求。宮城位於全城最北之中部，宮城以南爲皇城，於皇城左右稍南建東、西二市。其餘里坊則爲住宅、寺觀及少數官署。唐王朝建立不久，又於城外東北興建大明宮與禁苑。後又於城東建興慶宮，城東南就風景區建芙蓉苑，并於城東北部及東側修夾道，以使芙蓉苑與大明宮相連通。皇城是隋唐二朝軍政機構與宗廟所在地，東西長 2820.3 米，南北長 1843.6 米，南北各三門，東西各二門。皇城内主要建築有太廟、太社與六省、九寺、一臺、四監、十八衛等官署。宮城東西長與皇城相等，南北寬 1492.1 米。南面五門，東一門，北、西各二門。宮城前面隔一條寬 220 米的大街與皇城相接，北出玄武門即爲禁苑。宮城中間爲太極宮，西部爲掖庭宮，東部爲太子居住的東宮（亦稱“春宮”）。太極宮爲皇帝聽政與居住的宮殿，位於全城中軸綫之北端，其中心部分之布局依軸綫與左右對稱的規劃原則，并附會周禮“三朝”之制，沿中軸綫建門殿十餘座，以宮城正門承天門爲“大朝”（周之“外朝”），以太極、兩儀二殿分別爲“日朝”（周之“治朝”）及“常朝”（周之“燕朝”）。軸綫兩側又以大吉、百福等若干門殿形成左右對稱的布局。

貞觀八年（634）開始建造的大明宮位於長安城外東北的龍首原上，居高臨下，可俯瞰全城。宮城平面呈不規則長方形。宮内宮殿以軸綫南端之朝區最爲宏麗，有南北縱列的大朝含元殿、日朝宣政殿、常朝紫宸殿。除此三組宮殿外，又於其左右兩側建造對稱的若干座殿閣樓臺。後部宮殿爲皇帝后妃居住及游宴的内廷。宮之北部就低窪地形鑿太液池，池中建蓬萊山，周圍布置迴廊及亭臺樓閣，成爲大明宮内的園林區。含元殿爲大明宮之正殿，利用龍首山作殿基，今殘存遺址尚高出地面 10 餘米。殿寬十一間，殿前有長達 75 米的龍尾道，左右兩側稍前處，又建翔鸞、栖鳳兩閣，以曲尺形廊廡同含元殿相連。這組巨大建築群，以屹立於磚臺上的殿閣與向前延伸而逐步降低的龍尾道相配合，充分表現了中國封建社會鼎盛時期雄渾的建築風格。大明宮另一組華麗雄偉的建築群——麟德殿是唐朝皇帝飲宴群臣、觀賞雜技舞樂及做佛事之處，位於大明宮内西北部高地上。它由前、中、後三座殿閣所組成，面闊十一間，進深十七間，面積約等於明清故宮内太和殿的三倍。殿後側東西各有一樓，樓前有亭，用於襯托中央之大殿。這種組合方法又見於敦煌唐代壁畫中，在一定程度上反映了唐代大型建築的組合情況。根據發掘報告，大明宮宮墻以夯土版築而成，祇有宮門及墻角處在表面上以磚包砌。宮城東、北、南三面有夾城。玄武門爲宮城北面正門，內設三重版門，門道內側立木柱，上承梁架，上築城樓。玄武門以南有面闊三間的內重門，以北是夾城通入禁苑的重玄門，其規模同玄武門。在短短 100 多米長的一條軸綫上設有三四座門，可知防衛森嚴，反映出當時階級矛盾及統治集團內部矛盾之尖銳、激烈。

唐長安城交通十分方便，街道整齊有序。南北并列十四條大街，東西平行十一條大街。通向城門的大街皆很寬闊，如中軸綫上的朱雀大街寬 150 米，安上門大街寬 134 米；而通往春明門與金光門的東西大街則寬 120 米；其他不通城門的街道亦寬 42～68 米不等。沿城牆內側的街道寬 20 米。爲排水方便，路面中間較高，兩側有寬、深 2 米多的水溝。街道兩旁種植成行的槐樹，稱爲"槐街"。隋唐統治者爲控制都城居民，承襲漢朝以來的閭里建制，施行里坊制，并施行夜禁制度。里坊平面或近於方形，或爲長方形，面積均超過漢魏之閭里。里坊四周以高大的夯土牆所包圍。大坊四面開門，中闢十字街；小坊祇開東西二門及一條橫街。坊內街道寬度多爲 15～20 米。坊內還有較窄的巷曲。坊的外側與沿街部分主要是權貴、官吏的府第及寺院，直接向坊外開門，亦不受夜禁限制。一般居民住宅則建在這些宅第、寺院之間或後面，與坊內巷曲相通。長安雖置東西二市，然各里坊內仍有若干商店。

隋唐二朝繼漢以來的東西二京制度，以長安爲京城，以洛陽爲東都。洛陽地理位置比長安適中，在政治、經濟上更便於控制東南地區，尤其是運河開通後，江南物資北運，洛陽供應便利，於是就逐漸繁榮起來。9 世紀末，唐朝首都自長安遷至洛陽。洛陽城的規劃設計由隋宇文愷、封德彝、牛弘等主持制訂。隋唐洛陽城位於漢魏洛陽城之西十公里處，北依邙山，南對龍門，城南北最長處 7312 米，東西最寬處 7290 米，平面近於方形。洛水自西而東穿城而過，將洛陽分爲南北二區。洛水之上建有四道橋梁，連接南區北區。洛水以外，還引導伊水、瀍水入城，并開幾道漕渠，故洛陽水路運輸比長安更方便。然而，爲適應地形，洛陽城不像長安那樣強調南北中軸與完全對稱的布局形式。當時，爲完成洛都的巨大工程，每月役使工丁二百萬人，而督役嚴急，死者竟達十之四五。洛陽與長安城的不同之處是將皇城與宮城置於北區之西部，然整體規劃仍力求方正、整齊，與長安相似。皇城南臨洛水，中有三條縱貫南北的主幹道，建有省、府、寺、衛等官署與社、廟建築。宮城位於皇城之北，在同一軸綫上。宮城內建有含元、貞觀、徽猷等幾十座殿、閣、堂、院。宮城與皇城東側還建造若干官署。後來唐代又在宮城外西南一帶建築上陽宮及西苑。

應天門爲宮城正門，根據發掘，門左右凸出巨大的雙闕，闕身寬 30 米，兩闕東西相距 83 米，凸出在門前約 45 米，闕與宮城城門之間有南北嚮，厚 16.5 米的城牆相接，相接之處加寬到 21 米，整個平面呈棋盤形。此形制與文獻所載"門有二重觀""左右連闕"的情況相一致。後世北宋東京之端門，明清北京故宮之午門，即由此形式演變而來。洛陽共有一百零三個坊，分布在北區東部與整個南區。其中南區里坊及街道最爲整齊。里坊平面爲方形或長方形，面積比長安里坊稍小。坊內闢十字街。坊外街道比長安狹窄。因里坊小，街道窄，故臨街開門的住宅亦隨之增多。這樣就使城內各部分的關係比較緊湊。洛陽因交通便利，物資供應充足，故中唐以後到北宋，很多貴族官僚在南區營建住宅園林。因此，洛陽既是陪都，同時又是以園林著稱的城市。

唐代諸帝爲滿足享樂游觀之需，所造離宮別館頗多。唐高祖造仁智宮於宜君縣，造太和宮於終南山。太宗以隋仁壽宮爲九成宮，命閻立德建襄成宮於汝州西山，於驪山置溫泉宮。玄宗改溫泉宮爲華清宮，治湯井爲池，臺殿環列山谷。華清宮之寢殿曰飛霜殿，其南有御湯九龍殿，亦名蓮花湯，製作宏麗。更置長湯數十間屋，環回甃以文石。此爲華清宮之中心建築，此外宮中還有重明閣、朝元閣，南有老君殿。

佛道建築至隋唐而極盛。隋文帝大崇釋氏，敕建舍利塔於天下諸州，均爲木塔。大興城中，寺塔林立，多者一坊數寺。唐代長安城中，佛寺道觀大都創建於隋。唐代創建，功德最盛而流傳至今者，以大慈恩寺最爲著名。寺爲高宗爲太子時，爲母文德皇后立，故以"慈恩"爲名。後經改造修建，流傳至今。唐代佛寺道觀，功德所注，多在壁畫、塑像，兩京寺觀，無不飾以壁畫。佛塔建築，雖多爲木構，然至唐以後，磚石之用漸多，故今遺物亦豐。全國唐代遺存實物計一百餘處，其中長安（今陝西西安）慈恩寺大雁塔、薦福寺小雁塔、大理之千尋塔、蒲城之崇善寺塔等皆爲現存唐塔中之著名者。隋唐石窟之最富於趣味者爲太原天龍山石窟；窟雖初創於北齊，隋唐兩代添鑿頗多，一直流存至今。唐代木構之保存至今者，唯山西五臺山佛光寺大殿一處而已。

另外，隋代石構建築最著名者是李春創建的今河北趙縣安濟橋，俗稱"趙州橋"；單券淨跨 37 餘米，成爲我國古代石拱結構技術發展的里程碑，達到古代石工技術之頂峰。

隋唐時期住宅建築未有實物遺留至今。當時文獻所載貴族宅第，祇能從敦煌壁畫及其他繪畫中得到旁證。貴族宅第大門多采用烏頭大門形式，宅內在兩座主要房屋之間用裝有直櫺窗的迴廊連接爲四合院。至於農村住宅，見於展子虔《游春圖》，有不用迴廊而以房屋相連，構成狹長的四合院；也有木籬茅屋的簡單三合院，布局比較緊湊，與上述廊院式住宅形成鮮明對比。這些圖畫描繪的住宅多具有明顯的中軸綫與左右對稱的平面布局，説明這是當時住宅建築中普遍通行的布局方式。在文獻記載中亦可瞭解當時住宅建築概況。唐代私宅制度雖有明確規定，"王公之居不施重栱、藻井。三品堂五間九架，門三間五架；五品堂五間七架，門三間兩架；六品、七品堂三間五架，庶人四架，而門皆一間兩架"（《新唐書·車服志》），然實爲徒具公文，并未嚴格施行。當時顯要貴幸營建私宅之風甚盛。天寶中，楊玉環姐妹及楊國忠皆恩傾一時，大治宅第。安禄山之宅"堂皇三重，皆象宫中小殿。房廊窈窱綺疏詰屈，無不窮極精妙"。元載則於"城中開南北二甲第，又於近郊起亭榭，帷帳什器，皆如宿設，城南別墅凡數十所"。馬璘營宅於皇城南長興坊，"重價募天下巧工營繕，屋宇宏麗，冠於當時"。唐中宗女長寧公主之西京宅第，則"右屬都城，左頫大道，作三重樓以憑觀。築山濬池"。（以上見任常泰等《中國園林史》引《長安志》）安樂公主則與之"競起第舍，以侈麗相高，擬於宫掖，而精巧過之……作定昆池，延袤數里，累石象華山，引水象天津"（《資治通鑑·唐中宗景龍二年》）。

平民居舍，或隱居陋室，白居易之廬山草堂可爲其例。唐白居易《廬山草堂記》曰："三間兩柱，二室四牖……洞北户，來陰風，防徂暑也；敞南甍，納陽日，虞祁寒也。木斫而已不加丹，墙圬而已不加白。礩階用石，冪窗用紙。竹簾紵幃，率稱是焉。堂中設木榻四，素屏二，漆琴一張。"作爲原官僚兼詩人的白居易隱居時住宅之簡陋尚且如此，窮苦百姓之居處就可想而知了。

隋唐兩代達到我國封建社會經濟、文化發展的高峰，其居處建築種類齊全，特點鮮明。就城市規劃建設而言，隋唐長安、洛陽爲當時世界名都，均爲城市設計之大作。當時雄偉壯麗之規今雖已不存，但尚有文獻可證、遺址可考。隋大興、唐長安兩代首都營建之最大貢獻有三：其一，將宫殿、官署、民居三者區域分別，以免雜亂而利公私；又分置東西二市，以爲交易中心。其二，將全城以橫直街分爲棋盤形，使市容整齊劃一。其三，將四面街所界劃之地作爲坊，以其四面之街爲主，又一坊作爲小城，四面闢門，街道不僅平直，且規定"百步、六十步、四十七步"等標準寬度。清代學者顧炎武曾言："予見天下州之爲唐舊治者，其城郭必皆寬廣，街道必皆平直。廨舍之爲唐舊創者，其基址必皆弘敞。宋以下所置，時彌近者制彌陋。"（《日知録·館舍》）唐代建置之氣魄可見矣。隋唐城郭建築，從敦煌壁畫中可看到，城多方形，均以磚甃，在兩面或四面正中爲城門樓，四隅則有角樓，均以平座立於城上。城門口作梯形券，爲明以後所未見。城上女墻，或有或無，似無定制。

唐代殿堂，承襲漢魏六朝之傳統，已形成中國古代建築最主要類型之一。我國木構建築使用斗拱的結構方法，在初、盛唐時取得飛躍發展。在這一階段，唐代大式建築皆采用斗拱結構，并由此而創造出一種全新的總體構架形式——殿堂。其階基、殿身、屋頂三部至今仍爲中國建築之足、身、手。其結構以木柱構架，至今一仍其制。殿堂本身內部，劃分爲不同功用之居室，一殿祇作一用。雖有劃分，亦祇依柱間隔，不依功用。二層以上之樓閣，見於唐畫者甚多。通常樓閣，下層出檐，上層立於平座之上，上爲檐瓦屋頂；亦有下層以多數立柱構成平座而不出檐者；或下部以磚石爲高臺，臺上施平座、斗拱以立上層樓閣柱者。然此類實物今無一存焉。

唐代佛塔建築可謂五彩紛呈，既有仿天竺式原始佛塔，而更多的卻是中國化樓閣式佛塔；既有木塔、石塔，亦有仿木構之磚塔，亦有上木下石塔；既有單層墓塔，又有單層多檐塔，還有多層高塔。唐代佛塔建築之特點有二：一是平面概爲正方形，如有內室亦爲正方形；二是各層樓板、扶梯一律木構，故塔身結構實爲上下貫通的方形磚筒。凡有此二特徵之佛塔，多爲唐構。這些佛塔除遺存至今的實物外，多見於敦煌壁畫。

唐代居處，無論宮殿、寺觀或住宅，其平面布置均大致相同：四周圍墻，中立殿堂。圍墻或作迴廊，每面正中或適當位置闢門，四隅建角樓，院中殿堂數目，或一或二、三均可。在較華麗的建築中，正殿左右亦有出複道或迴廊，折而向前，成凵形，而兩翼盡頭更立樓或殿者，如大明宮之含元殿，夾殿兩閣，左曰翔鸞，右曰栖鳳，與含元殿飛廊相接。

六、五代宋遼金時期

中國歷史經過唐朝大一統與五代十國戰亂後，進入北宋與遼，南宋與金、元對峙時期。從北宋起，中國古代建築開始進入一個新的發展階段，并形成一個新的高潮。後世明清之建築均在宋元基礎上不斷豐富、發展而來。

唐室既衰，五代迭興，皆偏霸之主，兵戈撓攘近五十年，中原建築多遭破壞。宋太祖趙匡胤於960年奪取北周政權，仍以開封爲東京，纍朝建設於此，故日增月益，極稱繁華。洛陽爲宋西京，退處屏藩，附帶繁榮而已。北宋集中力量營建東京一百餘年，汴京宮殿坊市繁複增盛之狀，最代表北宋建築發展之趨勢。

東京之前身爲唐朝之汴州，唐建中節度使李勉重築，周二十里許，宋初號曰裏城。新城周迴四十八里，號曰外城，北周顯德年間所築。宋太祖因其制，僅略增廣城東北隅，仿洛陽制度修大内宮殿而已。真宗以"都門之外，居民頗多，復置京新城外八廂"（《宋會要》）。神宗、徽宗再繕外城，則建敵樓甕城，又稍增廣，始周迴五十餘里。清顧炎武《歷代宅京記·開封》引趙德麟《侯鯖錄》曰："舊城周迴二十里一百五十五步，即汴州城，唐建中二年節度使李勉重築。國初號曰闕城，亦曰裏城。新城乃周世宗顯德二年四月，詔別築新城，周迴四十八里二百二十三步，號曰外城，又曰羅城，亦曰新城。元豐中，裕陵命内侍宋周臣重築之。"又引《宋史·地理志》曰："舊城周迴二十里一百五十五步。東二門：北曰望春（初名和政），南曰麗景。南面三門：中曰朱雀，東曰保康，西曰崇明。西二門：南曰宜秋，北曰閶闔。北三門：中曰景龍，東曰安遠，西曰天波。新城周迴五十里百六十五步。南三門：中曰南薰，東曰宣化，西曰安上。東二門：南曰朝陽，北曰含輝。西二門：南曰順天，北曰金輝。北四門：中曰通天，東曰長景，次東曰永泰，西曰安肅……其濠曰護龍河，闊十餘丈，濠之内外，皆植楊柳，粉墻朱户，禁人往來。城門皆甕城三層，屈曲開門。"宮城即宮殿所在地，亦稱"大内"，位於裏城中央偏西。宮城四隅有角樓。南面中央正門，名凡數易：宋初曰明德門，太平興國三年改稱丹鳳門，大中祥符八年改稱正陽門，仁宗明道二年改名宣德門，雍熙元年改名乾元門。南面兩側之門曰左掖、右掖。宮城東西之門稱東華、西華。北門曰拱宸。宣德門又稱宣德樓，有五個門洞，門樓兩側有朵樓，自朵樓向南出行廊連接闕樓，其平面呈褁形。宣德門往南是御街，兩側建御廊。宣德門以内，在宮城南北中軸綫南部排列外朝主要宮殿，最前面爲大慶殿，爲皇帝大朝之處；其次爲常朝紫宸殿。在軸綫西面，又布置與之平行的文德、垂拱兩組殿堂，爲皇帝日朝飲宴之所。外朝諸殿以北爲皇帝之寢宮及内苑。宮城内還設若干官署。内城東北隅有一座大型園林——艮嶽，外城西郊有金明池，皆爲皇帝游樂之御苑。北宋宮殿主要殿堂或爲"工"字殿形式。整座皇宮規模雖不如唐代宏大，然擴建時參照西京洛陽之唐代宮殿，故組群布局既規整又具有靈活、華麗、精巧之特點。

艮嶽乃以人工堆造之大型皇家園林。峰巒巖谷，池沼島嶼，其間點綴樓臺亭榭，窮奢極侈。所用山石取自太湖沿岸，用船運至東京，即有名的"花石綱"，勞民傷財，給人民帶來極大痛苦。北宋末年，金人圍城，被當地百姓拆毀。金明池位於外城西郊新鄭門外，周九里，據宋畫《金明池奪標圖》所繪景物，池岸有臨水殿閣、船塢、碼頭等，池中央有島，上建圓形迴廊及殿閣，以橋與岸相連。因於池中舉行賽船游戲供皇帝觀覽，故其布局同一般自然風景式園林差异甚大。

北宋時，由於手工業與商業的發展，推動了社會的進步，漢唐以來的里坊制已不能適應社會經濟發展的要求。爲便於統治，促進經濟繁榮，於北宋中葉取消了里坊制及夜禁制度，而施行按行業設街的厢坊制。把若干街巷組爲一厢，每厢又分爲若干坊。東京城内有八厢一百二十一坊；城外有九厢十四坊。主要街道爲通向城門的大街，各條大街均很寬闊。次要街道則較狹窄。住宅、店鋪、作坊等多臨街建造。最繁華的商業地區集中在城東北、東南及西部三部分主要街道附近。由於人烟稠密，房屋擁擠，故酒樓多爲二三層樓房建築。熱鬧街市臨街住宅房屋也有二至三層的樓閣建築。大型寺觀中有的還附建園林，或設集市，成爲當時市民活動場所之一。工商業發展繁榮的結果，使城市市民生活、房屋建築、行政組織均發生了很大變化。

宋代另一座著名城市是平江府城（今江蘇蘇州）。平江是春秋末期吳國之都城，爲我國最古老的城市之一。自唐朝以來，它就是一座手工業、商業繁盛的城市。平江城位於物産富饒的江南平原，大運河環繞城外西、南兩面，西北可達東京汴梁（今河南開封），東南則通臨安（今浙江杭州），扼南北交通之要道。陸路交通亦很方便。城的平面南北長而東西窄，城内街道縱橫平直。主要街道爲東西嚮或南北嚮，相交爲"十"字形或"丁"字形，從北宋起，路面多鋪以磚石。平江府城在交通方面的特點是具有水道、陸路兩套系統。除街道外，城牆内外各有河一道，城内河道又有幹綫密布的分渠。分渠多采用東西嚮，與街道相輔相成構成星羅棋布的交通網，使住宅、店鋪、作坊皆爲前街後河。河道出入城牆處建有七座水門及水閘，城内外大小橋梁三百餘座。平江府城是中國南方"小橋、流水、人家"的一個典型的水鄉城市。平江府子城位於城内中央而略偏東南，爲平江府衙署所在地。其平面呈長方形，四周以城牆環繞。子城有一條偏於東側的南北中軸綫，軸綫南部設辦公的廳堂，北部建住宅、園林，其他部分是各種辦公用房、庫房、作坊及檢閱兵士的校場等。這個規模宏大的地方官署，基本上保存唐朝原來的布局而加以若干修改，其中四合院或院落布局方式與後部廳堂采用三堂相重而貫以穿廊（亦稱主廊）成爲"王"字形平面，對於後代王府官署之規劃與營建具有深遠影響及藉鑒意義。而宋元通行的"工"字殿則導源於唐代衙署之廳堂。平江府城提供了許多重要史料，是唐宋兩代官署的重要例證。由於大運河環繞城外西、南兩面，故接待來往官員與外國使臣的館驛皆置於城西南的盤門內。儲藏米糧的倉庫及米市則設在館驛東側。東北則是繁華的商業區——樂橋。這裏建有很多店鋪、酒樓、旅館。城之南北兩端建有南寨、北寨兩所兵營。其餘部分則爲住宅、寺觀、商店、作坊。城內外有著名的風景區虎丘、石湖、桃花塢等。

偏安於臨安（今杭州）的南宋王朝，統治地域銳減，其宮殿規模比北宋還小，甚至使用懸山頂而未用廡殿頂（重要宮殿、廟宇建築屋頂均用此式）。然而，精巧秀麗的建築風格却得到進一步發展。傳統的園林建築，經北宋至南宋，更加密切地與江南自然環境相結合，創造了一些因地制宜的手法，一直影響到明清。

居住在中國東北的契丹族，原爲游牧民族。從遼代許多墓葬采用圓形與八角形來看，契丹族早期居處應爲簡單的“穹廬”。916 年，契丹族建立遼政權，統治了山西、河北北部，吸收漢族文化，進入封建社會，模仿漢族建築，使用漢族工匠建造都城、宮殿與佛寺。由於我國北方從唐末至五代即處於藩鎮割據狀態，其建築技術很少受到此時中原與南方文化的影響。遼代早期建築保持了很多唐代風格，僅有少數宮殿（如祖州）、佛寺（如大同華嚴寺）及某些民居仍采取東嚮，保留着契丹族原有的民族習慣。因爲遼統治者崇尚佛教，所以保存至今的具有歷史價值的遼代建築中有不少是木結構佛寺殿塔，如天津薊州獨樂寺之觀音閣及山門，山西大同華嚴寺薄伽教藏殿與善化寺大雄寶殿、應縣佛宮寺釋伽塔以及其他磚石塔等。

12 世紀初，居住在我國東北長白山一帶的女真族建立金，逐步向南擴展，1125 年滅遼，1127 年又滅北宋，統治了中國北部及中原地區。在居處營建方面，因其建築工匠多爲漢人，故形成宋、遼參雜的情況。現在金代建築遺物與遼無甚差別；而另一些裝修精緻纖巧，造型柔和秀麗者則又與宋朝建築相差無幾。其中有一些木構建築平面大膽采用“減柱法”，出現了前所未有的長跨三四間的複梁，承載屋頂梁架，如山西五臺山佛光寺之文殊殿即爲典型實例。這種結構方法源於宋朝某些地方建築，而在金朝則較流行，并直接影響到元代建築。金代建築之裝修亦具有與南宋不同的繁密而華麗的風格，然其中不少作品却流於煩瑣堆砌。

從宋畫《清明上河圖》中可以看出，宋代農村住宅比較簡陋，或爲墙身矮小的茅屋草舍；或以茅屋與瓦屋相結合，構成一組房屋。而城市小型住宅多使用長方形平面，梁架、欄杆、櫺格、懸魚、惹草等具有樸素而靈活的形體。屋頂多用懸山或歇山頂，除草茸與瓦葺外，山面兩厦與正面庇檐（亦稱引檐）則多用竹篷，或在屋頂上置天窗。而轉角屋頂往往將兩面正脊延長，構成十字相交的兩個氣窗。稍大的住宅，則外建門屋，内部采取四合院式構成庭院式住宅，院内蒔花植樹，環境優美。而宋代王希孟所繪《千里江山圖》中多所住宅均有大門、東西厢房，主要部分是由前廳、穿廊、後寢所構成的"工"字形屋，除後寢用茅屋外，其餘覆以瓦頂。另有少數較大住宅在大門内建照壁，前堂左右附以挾屋。這些畫卷反映了當時大地主住宅概況。另從宋畫《文姬歸漢圖》《中興瑞應圖》與《景定建康志》中可瞭解貴族官僚住宅的建築情況。其宅第外部建烏頭大門或閘屋，而門屋中央一間多用"斷砌造"，以便車馬出入。爲增加居住面積，院落周圍多以廊屋代替迴廊，故四合院之功能與形象發生了變化。此住宅布局仍沿用漢以來"前堂後寢"的傳統形制，但在接待賓客與日常起居的廳堂同後部的卧室之間却用穿廊連成"丁"字形、"工"字形或"王"字形平面，而堂、寢之兩側并有耳房或偏院。除宅第外，宋朝官署内居住部分亦采用此布局形式。北宋時，朝廷雖然規定宫殿寺觀外，不得用斗拱、藻井、門屋及彩繪梁枋，以維護封建等級制度，然事實上大地主及富商巨賈并未完全遵守這種禮法。

據南宋繪畫描寫，當時江南一帶多利用美麗的自然環境建造住宅。這種住宅的布局，或采取規整對稱的庭院；或臨水築臺，水中建亭，或依人構廊，房屋則依山傍水參錯配列。既是住宅，又頗具園林風味，形成園林式住宅。這是此時住宅的一大特點。宋代私家園林式住宅，因地區不同，亦具有不同的風格。據宋李格非《洛陽名園記》所載，洛陽私家園林規模較大，具有別墅性質。如宋中書李清臣的歸仁園，翰林學士司馬光的獨樂園，宰相富弼的富鄭公園，吕蒙正的吕文穆園，宣徽南院使王拱辰的環溪，丞相李迪的松島，還有叢春園，李氏仁豐園，董氏東、西園，劉氏園，等等。園内引水鑿池，盛植花卉竹木，雖纍土爲山却極少疊石，且僅建少許廳堂亭榭，錯落於山池林木之間，極富自然情趣。另外，利用自然環境，采用藉景的手法亦爲洛陽園林之重要特點。如洛陽叢春園中有叢春亭，可北望洛水。環溪有多景樓，可南眺嵩山、龍門；風月臺可北覽宫殿樓闕，皆選地極佳。而江南一帶園林却極重對景，如蘇州南園之布局已是"值景而造"。園中建築較多，且盛植牡丹、芍藥，疊石造山，引水開池，競爲奇峰、峭壁、澗谷、陰洞等，皆爲此時蘇州私家園林之特色。賞石之風在宋朝更爲普遍，往往在庭院中置一二玲瓏透漏的太湖石以供玩賞。南宋臨安、吴興（今湖州）等地大型園林則多利用自然風景營造。寺觀中亦多造園林，供人游玩。此時，已有不少文人、畫家參與園林規劃設計工作，使園林與文學、山水畫的結合更加緊密，充滿詩情畫意，形成中國園林發展史上的一個重要階段。後世明清園林的基本風格以及叠石理水等手法，主要是在南宋園林基礎上繼承發展而來的。

從東漢末年開始，經過兩晋南北朝陸續傳入的垂足而坐的起坐方式，與適應這種方式的桌、椅、床、凳等，至兩宋時期，歷時幾達千年，終於完全改變了商周以來的跪坐習慣。此時桌、椅等日用傢具在民間已十分普遍。傢具的造型與結構亦發生突出變化，以梁柱式框架結構代替了隋唐時期沿用的箱形壺門結構。隨着起坐方式之改變，傢具高度相應增高，同時亦影響住宅房屋高度的增加。傢具在室內布置亦有一定格局：一般廳堂采取對稱方式，在屏風前正中置椅，兩側又各有四椅相對；或僅在屏風前置二圓凳，供賓主對坐。而書房傢具布局則無固定格局，比較靈活。

這一時期道教受統治階級提倡而有所發展，封建禮制中亦參入很多道教因素；佛教除禪宗興盛外沒有更大進展，但因北方遼朝統治者崇尚佛教，故遺存至今的佛教寺塔建築實物較豐。

材料、技術的進步與建築功能及社會意識形態的要求，互爲因果地促使宋代建築風格朝着柔和絢麗的方嚮發展。從留存下來的唐、五代遺物與宋、遼、金的木構建築、塔、幢等相比較，這種發展趨嚮十分明顯。在材料方面，宋代磚的生産比唐代增加，不少城市以磚砌築城墙，城內道路亦鋪設磚石。同時全國各地建造了很多規模高大的磚塔，如宋朝至和二年（1055）建造的河北定州城內開元寺塔，俗稱料敵塔，平面八角形，高84米，爲我國現存最高的古代磚塔。陵墓亦多以磚砌造。宋代琉璃磚瓦，除李誡《營造法式》關於燒製方法有詳細規定外，實物方面留存下一座北宋慶曆四年（1044）灾毀後重建的東京（今開封）祐國寺琉璃塔，塔面以鐵色琉璃砌成，故俗稱"鐵塔"。這座塔不僅顯示了琉璃製品生産水平的提高，而且體現出以構件的標準化及鑲鉗方法所取得的藝術效果。這是宋代在建材、技術與藝術方面繼承發展漢以來預製貼面磚的一項重要成就。北宋在木結構技術上也發展到一個新的階段，以《營造法式》規定的結構方式與唐代遺物比較，可以看出宋代建築已開結構簡化之端。其中最重要的特點就是斗拱機能已開始減弱，原來在結構上起重要作用的下昂，已被斜栿所代替，而且斗拱比例較小，補間鋪作朵數增多，使整體構造發生了若干變化。在樓閣建造方面，亦放弃了在腰檐與平座內做成暗層的做法，如河北正定隆興寺慈氏閣等。這種上下層相通的做法到元朝繼續發展，後來則成爲明清時期唯一結構方式。另外，《營造法式》雖然對殿堂與廳堂之結構規定有嚴格區別，但在實物中却有不少靈活處理的例證，如山西省太原晉祠聖母殿之構造方法便介乎殿堂與廳堂之間，并減去前廊兩根柱子，其他地區許多小型建築也有類似情況。至今尚未發現一座宋代建築是完全按照《營造法式》的規定建造的。然而，從《營造法式》一書中所規定的模數、制度來看，北宋時期建築的標準化、定型化已達到一定程度，便於估工備料，可提高設計施工速度。金朝在建築結構上反映了宋、遼建築相互影響的結果。遼開始的減柱、移柱做法，在金代遺物中屢見不鮮。如山西五臺山佛光寺之文殊殿、大同善化寺之三聖母殿等，皆爲適應承重功能之需要將内部柱子做了一定調整，因而使梁架布置比遼之建築更加靈活，後來在元代某些地方建築中則直接繼承了金代這種靈活處理柱網與結構的傳統。

七、元明清時期

這個時期是中國封建社會由盛轉衰并逐漸走向崩潰的時期。然而其居處建築却仍沿中國建築之傳統道路繼續向前發展并獲得不少成就，形成中國古代建築史上最後一個高峰。

元朝是蒙古族建立的皇朝。蒙古族本爲我國漠北一個游牧部族。1206年成吉思汗即位大汗，1234年窩闊台滅金，1271年忽必烈建立元朝，1279年又滅南宋統一中國。蒙古族統治階級南擾，使社會經濟遭到嚴重破壞。元朝建立之後，又進行殘酷的民族壓迫。統治者窮奢極欲，從各地擄來大批工匠爲奴，驅使他們從事生產勞動，營城郭，造宫室，建苑囿，以供統治階級享樂。另外，統治階級又專占對外貿易。因而元朝社會經濟由初期的停滯、逆轉，進而形成手工業與商業的畸形發展。在意識形態方面，元朝統治者一方面提倡儒學，從而使宋朝時創立的理學得以繼續發展；另一方面，又保持本族原來的風尚，利用宗教作爲加强統治的手段，藏傳佛教成爲元朝的主要宗教，其他如道教、伊斯蘭教、基督教也都得到統治階級的提倡，以麻痹、統治各族人民。但在大一統的元帝國中，由於民族衆多，各民族又有不同的宗教與文化。在如此種種複雜的社會條件下，元朝的居處建設仍有很多發展，經過相互交流，使中國傳統建築的技術與藝術增加了不少新因素。首先是城市建設卓有成效。元大都（今北京）是自唐長安以來又一座規模巨大、規劃完整的都城。梁思成《中國建築史·元明清》曰："元室以蒙古民族入主中土，并迭西征，以展拓疆土，造成跨亞歐之大帝國，華夏有史以來，幅員之廣，無有能逾此者。元初，太祖十年剋燕，初爲燕京路，總管大興府。世祖至元元年（1264）復曰中都。四年於遼金舊城之東北創置新城，始遷都焉。九年（1272）改大都。"《元史·地理志》曰："京城右擁太行，左抱滄海，枕居庸，奠朔方。城方六十里，十一門。"大都乃元朝之京城。自戰國至唐代，此地皆爲北方重鎮。遼曾在此建立南京作爲陪都；金又擴建爲中都作爲京城。蒙古滅金，中都受到極大破壞。忽必烈即大汗位後，自上都（開平）遷都於此。但他廢弃中都而以位於東北部的瓊華島離宮爲中心，於至元元年着手大規模建設。大都位於華北平原北端，西北有崇山峻嶺作屏障，西、南二面永定河流貫其間，地勢衝要，南下可控制全國，北上又接近其原來的根據地，故選此址立都。大都規劃者是漢人劉秉忠與阿拉伯人也黑迭兒。他們按照漢族傳統都城布局進行規劃設計，歷時八年建成。據考古工作者測量，城平面近正方形，南北長 7400 米，東西寬 6650 米。北面二門，東、西、南三面各三門，城外繞以護城河。皇城在大都南部的中央，皇城南部偏東爲宮城。城中主要幹道皆通向城門。主要幹道之間有縱橫交錯的街巷，寺廟、衙署、商店、住宅分布其間。全城劃分爲六十個坊，作爲行政管理單位，然與漢唐長安之封閉式里坊迥然不同。中心臺爲全城中心點，鐘鼓樓西北的日中坊一帶是當時漕運的終點，亦爲繁華的商業區。元大都之水系爲當時杰出科學家郭守敬所規劃。他一方面疏通東面的運河——通惠河，使南方物資通過大運河直輸大都，同時又開鑿一條新渠，從北部山中引水，并匯合兩山泉水，在北城匯成湖泊，然後通入通惠河。這條新渠的選綫可截留大量水源，既解決了大都用水，又開通了運河，而且對調節大都及其周圍的氣候亦具有一定作用。大都排水系統完全以磚石砌築。宮殿是大都城的主要建築。皇城中包括三組宮殿建築群與太液池及御苑。宮城，亦稱大內，位於全城中軸綫之南端。宮城之西爲太液池，池西側之南部爲太后所居之西御院；北部是興聖宮，爲太子所居。宮城之北爲御苑。皇城正門曰承天門，門外有石橋與欞星門，往南御街兩側建長廊，號稱千步廊，直抵都城正門——麗正門，與北宋之東京及金朝之中都宮城前的布局極其相似。皇城東西兩側左太廟，右社稷壇，此爲繼承《考工記》"左祖右社"之布局形式。宮城有前後左右四門，四隅建角樓。宮城內有以大明殿、延春閣爲主的兩組宮殿，主要建築均置於全城南北中軸綫上，其他殿堂則分列軸綫兩側，構成左右對稱之格局。元朝重要宮殿建築多由前後兩組宮殿組成，每組各有獨自的院落。每一座殿又分前後兩部，中間以穿廊連爲"工"字殿，前爲朝會部分，後爲居住部分，而殿後多建香閣。這是沿襲宋、金建築布局形式，亦符合古代"前朝後寢"之制。元朝宮殿建築窮極奢侈，使用了大量稀有貴重材料，如紫檀木、楠木與各種色彩的琉璃等。在裝飾方面，主要宮殿用方柱，塗以紅色并繪以金龍。墙壁上張挂氈毯、毛皮及絲質帷幕；説明仍保持本民族游牧生活習慣；同時亦受到藏傳佛教與伊斯蘭教建築的影響，在壁畫、雕刻中也有很多藏傳佛教的題材及風格。宮城中還建有若干盝頂殿、維吾爾殿及棕毛殿，是以前歷代宮殿所未有的。

由於統治者的支持與提倡，元代各種宗教得以同時并存，共同發展。不僅佛教、道教盛行於世，原來流行於西藏的藏傳佛教亦在内地開始傳播，伊斯蘭教、基督教亦由沿海地區向全國各地發展，故各式宗教建築遍布全國城鄉。元朝統治者爲加强對漢族及其他各族人民的思想統治，除以宗教作爲精神鴉片麻醉人民外，又大批興建宣揚封建迷信的神廟、祠堂，藉以束縛、制約人民的思想。如山西洪洞廣勝下寺旁的水神廟即爲元代的重要作品。水神廟大殿建成於元泰定元年（1324）。大殿爲重檐歇山周圍廊，是元代祠祀建築大殿的一種類型。殿前庭院廣闊，供公共集會、露天看戲之用。元雜劇當時已在中國城鄉廣泛流行，許多公共建築都在大殿正對面建造戲臺，成爲元朝以來祠祀建築的特有形式。

明清兩代，我國封建社會走向衰亡，而古代建築却取得不少成就，從而在中國古代建築史上形成最後一個高峰時期。其主要成就表現在都城之設計建設，宮殿壇廟之營造，大型皇家苑囿之興建，中小城市之規劃，以及不同地區、不同民族、不同階級民居住宅在數量及品質上的空前發展。

明朝建國之初定都南京。1403 年明成祖朱棣奪取帝位後，爲防禦蒙古族統治者南擾，遂將首都遷至北京。梁思成《中國建築史·元明清》曰："明太祖奮起淮右，首定金陵，北上滅元，遂一天下。洪武元年（1368）以應天府爲南京而建都焉。"《明史·地理志》曰："洪武元年八月建都曰南京，十一年曰京師，永樂元年仍曰南京。洪武二年九月始建新城，六年八月成。内爲宮城，亦曰紫禁城，門六。"又："宮城之外門六……皇城之外曰京城，周九十六里，門十三……後塞鍾阜、儀鳳二門，存十一門。其外郭洪武二十三年四月建，周一百八十里，門十有六。"

永樂元年（1403）成祖建北京於順天府，稱爲行在。四年建北京宮殿，修城垣。十五年在元故宮之東改建皇城，十九年告成，即改北京爲京師。宮城周六里十六步，門八。皇城周十八里有奇，門六。京城周四十五里，門九，實就元大都截其北而展其南而成者也。成祖之營建北京，凡廟社、郊祀、壇場、宮闕、殿堂制度，悉如南京，但高敞過之。中朝曰奉天殿，南曰奉天門，常朝所御也。其後之華蓋、謹身諸殿，乾清、坤寧諸宮，規劃布局一如南京之舊。其他宮殿，名號繁多，不能盡列，所謂千門萬户也。宣宗留意文雅，建廣寒、清暑二殿及東西瓊島，游觀所至，悉置經籍。明北京宮寢，常罹火厄。當永樂十八年始成，而翌年前三殿即被焚毀，又次年乾清宮亦灾，至英宗正統五年（1440）始予復建。嘉靖、萬曆間，又兩次灾而重建。（見梁思成《中國建築史·元明清》）明嘉靖三十二年（1553），爲加强京城防衛，又於城南加築外城。北京外城東西長 7950 米，南北長 3100米，南面三門，東西各一門。在北面，除通往內城的三座城門外，東西兩角還有通向城外的兩座城門。外城內主要爲手工業區與商業區，還有規模巨大的天壇與先農壇。內城東西長 6650 米，南北長 5350 米，南面三門，東、北、西各二門。這些城門皆有甕城，并建有城樓及箭樓。內城於東南、西南兩個城角處還建有角樓。皇城位於內城中心偏南，東西長2500 米，南北長 2750 米，呈不規則方形。皇城四嚮開門，南面曰天安門，前面還有一座皇城的前門，曰大明門（清改稱大清門）。皇城內的主要建築爲宮苑、廟社、寺觀、衙署、食庫等。皇城中的宮城，南北長 960 米，東西長 760 米，四面闢有高大的城門。宮城四角建有形制華麗的角樓。宮城內是明清兩代皇帝聽政及居住的宮殿。明清北京城的布局鮮明地體現了中國封建社會都城以皇宮爲主體的規劃思想，即“擇中立宮”的制度。它繼承過去傳統，以一條自南而北長達 7.5 公里的中軸綫爲全城之骨幹，城內所有宮殿及其他重要建築皆沿此軸綫排列。這條軸綫以南端外城永定門爲起點，至內城正門之正陽門爲止，建造一條寬而直的大街，兩旁對稱布置兩個大型建築組群：東爲天壇，西爲先農壇。大街繼而向北延伸，經正陽門、大明門（大清門）至天安門，則是爲全城中心的皇宮作前引。在大明（清）門與天安門之間，有一條寬闊平直的石板御路，兩側配以整齊的廊廡，廊外側隔街建有多所東西嚮的衙署。天安門前的御街則橫嚮展開，在門前配以五座石橋及華表、石獅，以襯托皇城正門之雄偉。進入天安門、端門，御路導入宮城，體量大小不一的宮殿建築集結在中軸綫上。宮城後矗立着高約 50 米的景山，表明中軸綫的部署發展達到最高峰，以突出皇城之制高點。景山之後，經皇城北門地安門，最後以形體高大的鐘樓、鼓樓作爲中軸綫的終點。

北京故宮是明清兩朝皇帝的宮殿。從明永樂五年（1407）起，明成祖朱棣集中全國匠師，征調二三十萬民工及軍工，經過十四年時間，建成了這個規模宏偉壯觀的宮殿組群建築，清朝沿用以後，雖有部分重建或改建，但總體布局未作變動。明清故宮分外朝與內廷兩大部分，四周以宮城（紫禁城）圍繞。宮城正門——午門不僅是宮門，還是一座獻俘及頒布詔令的殿宇。外朝以太和、中和、保和三大殿爲主，前有太和門，兩側有文華殿、武英殿。内廷以乾清宫、交泰殿、坤寧宫爲主，在明朝是帝后的寢宫。這組宫殿兩側有嬪妃居住的東西六宫及寧壽宫、慈寧宫等。最後有一座御花園。宫城内還有禁軍之值房與服務性建築，以及太監、宫女居住的矮小房屋。在宫城正門午門至皇城正門天安門之間的御路兩側建有朝房。朝房外，東爲太廟，西爲社稷壇。宫城北部之景山則爲另一組宫殿建築群。明清故宫主要建築基本上附會《周禮》《禮記》及封建傳統的禮制而布置。如太廟位於宫城前面的東側（左），社稷壇位於宫城前面的西側（右），附會《匠人》"左祖右社"的制度；太和、中和、保和三大殿附會"三朝"之制；大清門至太和門之間五座門附會"五門"制度；而前三殿與後三宫則體現"前朝後寢"制度。然而，明朝在規劃宫殿時，一方面繼承前代宫殿布局方法，同時結合實際需要亦稍有改動。例如，所謂"三朝"制度，唐宋宫殿的三朝皆各自獨立成組，元朝則爲"工"字殿形制，而明朝則三殿同在一個三級的"工"字形臺基上。又如"左祖右社"的位置，金中都置於宫城前千步廊兩側，元大都在皇城以外，而明清則在宫城前兩側。與歷代封建王朝皇宫一樣，明清故宫在設計思想上充分體現了王權至高無上，總體規劃與建築形制用於體現封建宗法禮制與象徵帝王權威的精神感染作用，要比實際使用功能更重要。爲了顯示整齊嚴肅的氣概，全部主要建築嚴格對稱地布置在中軸綫上，在整個宫城中，以前三殿爲重心，其中又以舉行朝會大典的太和殿爲最尊貴、重要的建築。因此，在總體布局上，前三殿即占據了宫城中最主要的空間，而太和殿前的庭院，平面方形，占地 2.5 公頃，是宫城内最大的廣場，有力地襯托出太和殿爲宫城之主腦。至於内廷及其他部分，顯然從屬於朝，故布局比較緊凑。爲更加强調前朝的尊嚴，在太和殿前面又布置了一系列庭院及建築。其中由大明（清）門至天安門爲一段，天安門至午門又爲一段。午門以後，在彎曲的金水河後面矗立着外朝正門太和門，太和殿即在其後。這一系列處理手法强烈渲染出朝的重要地位，使人在進入太和殿之前就感受到一種异常莊嚴的氣氛。

中國封建社會在長期發展過程中，形成了一整套完整的宗法禮制，至明清時期日臻成熟。它集中反映了封建社會中階級、階層的等級關係及宗法家族觀念，其中還參雜諸多迷信思想，是維護封建統治的上層建築之一。在這種思想體系中，最重要的是要人們相信"天"是至高無上的主宰；自然界的日、月、星辰、雷、電、風、雨及重要山、河亦皆各有其神，支配着農作物的豐歉與人間的吉凶福禍。而人間統治者——"天子"的一切作爲都是在執行天的意志，不可抗拒。另外要使人們相信祖先是神聖、正確、無可懷疑的聖賢。爲表示皇帝與祖先以及各種神祇之間的聯繫，於是修建了許多祭祀性的禮制建築，如天壇、地壇、日壇、月壇、風神廟、雷公廟以及宗廟（太廟）等，并制訂了一套與之相適應的壇廟制度。明朝建造、清代修建改建的天壇即爲其中杰出的代表作。天壇位於北京外城南部永定門大街東側，與先農壇夾全城中軸綫而東西對峙。明永樂十八年（1420）明朝選都北京時創建，始曰天地壇，因嘉靖九年（1530）立四郊分祀之制，於嘉靖十三年改稱天壇。清乾隆、光緒時均曾重修、改建。除祈年門、皇乾殿是明朝遺物外，大部分建築皆爲 18 世紀初改建。天壇爲明清兩朝皇帝祭天祈穀之處。有墙垣兩重，形成內外壇，壇墙南方北圓，象徵天圓地方。天壇是圜丘、祈穀兩壇的總稱。主要建築在內壇，圜丘壇在南，祈穀壇在北。二壇同在一條南北軸綫上，中間有墙相隔。外壇墙東、南、北三面原制無門，西墙上有兩座門：北爲祈穀壇門，南爲圜丘壇門，後者爲乾隆十七年（1752）增建。祈穀壇有東西北三座天門，亦稱磚門；圜丘壇有泰元、昭亨、廣利三門。兩壇之間隔墙上有兩門：成貞門及其西邊的琉璃門。圜丘壇內主要建築有圜丘壇、皇穹宇等；祈穀壇內主要建築有祈年殿、皇乾殿、祈年門等。內壇西墙內有齋宮，外壇西墙內有神樂署，原有犧牲所、鐘樓等，今已無存。天壇占地面積 270 萬平方米，是我國現存最大的古代祭祀性建築群，也是世界建築藝術的珍貴遺産。

苑囿是以園林爲主的皇帝離宮。明朝禁苑主要是位於紫禁城西面的西苑，它是利用金元時期離宮舊址興建而成的。至清朝，自 18 世紀起，苑囿建築空前發展，康熙、乾隆二帝把大型皇家苑囿建設推向了頂峰。除繼續擴建西苑外，更於北京西北郊風景優美地帶興建著名的“萬園之園”——圓明園及長青園、萬春園、静明園、清漪園等。京城以外建造最大的離宮——承德避暑山莊。《梁思成文集》之三中對明清苑囿建設曾有詳細載述：“明皇城內花囿凡三：曰南內，曰景山，曰西苑。南內在宮城東南，入清後，析爲睿王府及佛寺民居；景山位於宮城正北，明清之際，變易較微，唯乾隆後始予改築；唯西苑經順治間略事修葺，並劃西北隅爲宏仁寺。後康熙繼之，又營南海瀛臺，二十九年建團城承光殿，雍正中建時應宮，其後乾隆、光緒二朝，復大事興築，遂至蔚成現狀。西苑在西華門之西，內爲太液池，係玉泉從北安門水關導入，匯積而成者，周廣數里，上跨長橋，修數百步，東西樹坊各一：曰金鰲，曰玉蝀。橋之北曰北海，南曰中海，又南曰南海，是以有三海之目。圓明園在挂甲屯北，距暢春園里許，康熙四十八年，賜爲雍邸私園，鏤月開雲等即成於康熙末葉。雍正初，又濬池引泉，增構亭榭，斯園規模略具。乾隆六巡江浙，羅列天下名勝，點綴於園，其中四十景，俱仿各處勝地爲之。其後仿義大利巴羅克建築及水戲綫劃諸法，於長春園北營遠瀛觀、海晏堂，開中國庭園未有之創舉，即俗呼西洋樓者是也。是項建率爲耶穌（穌）會教士所經營，欽天監何國宗、王致成、郎世寧輩實主其事。又於圓明園東南，包萬春園於內，號稱三園，統轄於圓明園總管大臣。同時復擴靜明、靜宜二園，因甕山金海之勝，築清漪園，謂之三山，清世土木之盛，當以此時爲最。圓明園既焚於英法聯軍之役，同治間曾擬興修未果。迨光緒十一年（1885），孝欽后（慈禧）欲興築花囿，以備臨幸，又議重修圓明園，旋罷其工程，而就清漪園修建，改名頤和園。光緒十四年園成，凡動用海軍經費數百萬兩。庚子之變，八國聯軍入都，頤和園並受殘損，迨辛丑回鑾，曾予大修焉。頤和園在京城西北，距城可二十里，依萬壽山圍昆明湖以爲之。入園有仁壽殿，其後爲樂壽堂，即孝欽后寢宮。迤西臨湖之北爲排雲殿，向爲朝賀之所。殿後佛香閣屹立高壁上，閣後有琉璃殿曰衆香界，蓋萬壽山最高處也。其他殿宇尚多，自山頂俯瞰，亭臺樓閣，歷歷如繪。熱河行宮名避暑山莊，皇帝夏日駐蹕之所也。康熙四十二年（1703）建，叠山繚垣，上加雉堞，如紫禁城之制，周十六里三分，南爲三門，東及東北、西北門各一。宮中左湖右山，極池館樓臺之勝。凡敞殿、飛樓、平臺、奧室，各因地形，不崇華飾，故極自然之妙。”

康、乾二帝是大型皇家園林建設的重要推動者。著名的三山（香山、玉泉山、萬壽山）、三海（北海、中海、南海）、三園（圓明園、長春園、綺春園）以及避暑山莊即爲代表作，使清代苑囿建設達到了高峰。圓明三園周迴七十里，避暑山莊面積三倍於頤和園，皆爲大如城市的“園群”或“園城”，是世界上真正存在過的唯一“花園城市”。19世紀英國人曾有過建設“花園城市”的構想，然而結果祇不過是紙上談兵而已（見李允鉌《華夏意匠・園林建築》）。

這一時期官僚貴族、地主富商的私家園林，大多集中在物資豐裕、文化發達的城市及其近郊。明朝除首都北京及陪都南京外，蘇州、杭州、松江、嘉興四府爲當時園林薈萃之地。尤以明中葉以後，私家園林數量逐漸增加，造園藝術亦有所發展。至清朝中葉，揚州爲鹽商集中地，亦修建了大批園林。其他地點則互有興衰，唯蘇州是官僚、地主薈集之地，故代有興建，維持五代以來一貫相承的盛況。私家園林爲住宅的組成部分，規模不大，須在有限空間內創造較多的景點，因而在劃分景區及造景方面產生了很多曲折細膩的手法，但同時也帶來幽曲有餘而開朗不足、建築過於稠密的缺點。在此期間，叠山藝術出現了不同風格，現存遺物如明代張南陽所叠上海豫園假山及清代戈裕良所叠蘇州環秀山莊之假山，皆爲概括性很强、藝術水平很高的杰作。現在江南地區仍保存不少明清時期創建的園林，如蘇州之留園、拙政園、網師園，上海之豫園，揚州之何園（寄嘯山莊）等皆爲當時私家名園。

明代建築的另一巨大成就是萬里長城。自秦以後，歷代重修，然皆爲版築土垣而已。完整保留至今的是明代修建的長城。明長城分屬九鎮，各鎮所屬長城共計長達一萬一千三百里，如計算複綫，更不止此數，故後世稱之爲“萬里長城”。長城之主體是城墻，城墻的位置多選擇蜿蜒曲折的山脉，在其分水綫上建造。其構造按地區特點有條石墻（内包夯土或三合土）、塊石墻、夯土墻、磚墻等數種，依山就勢，近地取材而爲之。特殊地帶則利用山崖建雉堞或劈崖作墻；在遼東鎮則有木板墻及柳條邊墻；在黃河凸口處冬季嚴寒時還築有冰墻。其中以夯土墻與磚石墻居多。城墻之高度，視地形起伏而定。城墻上每隔30～100米建有用於瞭望的敵臺，亦稱哨樓。敵臺有實心、空心兩種，平面或方或圓。實心敵臺祇能在頂部瞭望、射擊，而空心敵臺則下層住人，頂上可瞭望、射擊。城墻上還建有用於報警的墩臺建築——烽堠，均建於山嶺最高處。臺上貯薪，遇有敵情，白天焚烟，夜間舉火爲號。凡長城經過的險要地帶皆設關隘，即所謂“長城關”。關隘爲軍事孔道，防禦設置極爲嚴密。一般多於關口置營堡，更加築墩臺，并加建一道城墻以加强縱深防衛。重要關口則縱深配置塢堡，多建城墻數重。各長城關，如山海關乃控制海陸之咽喉，嘉峪關爲長城之終點，娘子關亦爲出入晋冀之重鎮，居庸關是京師北部之孔道，雁門關是大同通往山西腹地之要塞，故關城建築皆堅固而雄壯。萬里長城大都建於山嶺之巔，沿山脊將蜿蜒無盡的山勢勾畫出清晰的輪廓，并在城上建有無數堅實雄壯的敵臺，與屹立於崇山峻嶺的烽堠墩臺遥相呼應，既打破了城墻的單調感，又使高低起伏的地形更顯得雄奇險峻。不僅如此，萬里長城的構築還顯示了明代磚石建築材料、結構技術及施工方面的巨大成就。同時，雄壯的墩臺及關城的造型以及建築物上細緻的磚石雕刻也是明代藝術創造的優秀作品。因此，萬里長城無論在工程建設上，還是藝術形象上都給人以深刻印象，成爲世界上最偉大的工程之一。

明清時期的城市建設，除京都之外，全國大中小城市數量比前代有更大增長，城市面貌更加繁榮。同時因手工業、商業的發展與交通發達而形成的市鎮亦有進一步發展。明朝用以防禦而建立的衛、所，後來大都發展爲府、州、縣城。明清城市按行政級別分爲省城、府城、州城、縣城四級。各級城市在地理分布上亦有一定制度，城市規劃與布局則依行政級位而定，反映出明清時期政治上高度的中央集權與政令統一。各級城市一般均築城牆，開護城河。因當時製磚手工業的發展，磚已普遍使用，故城牆多以磚砌築。城門有兩道以上城牆構成甕城，有些甕城外加羅城、翼城。城門上建城樓，重要城市在甕城上還築箭樓。平原地區城市，主要街道大體呈“十”字形或“井”字形；而河網、丘陵地區的城市，則依河流與地形走勢而建，多采取不規則布局。主要店鋪、酒樓、茶館等商業性建築多沿大街建造，民居住宅位於大街小巷之内，衙署、寺觀、壇廟等大型建築則多建於城市中心，或其他重要地點。經濟發達的城市還設有書院、會館、戲院等公共建築。在寺院前面往往有市場、戲臺，成爲公共活動場所。而水鄉城鎮的集市、商店及手工業作坊則多集於碼頭、橋梁附近或水運交叉處。有些城市中心建牌樓或鐘、鼓樓，有些城内還建有高塔。這些高層建築與平緩的城牆及一二層住宅、店鋪交相輝映，形成城市豐富多彩的輪廓。水鄉城鎮多沿河構屋，橋梁相望；而丘陵地區的城鎮房屋則依山勢層叠起伏，呈現一派色彩繽紛的藝術面貌。

明朝統治者繼承過去傳統，制訂了嚴格的住宅等級制度：一品、二品廳堂五間、九架；三品至五品廳堂五間、七架；六品至九品廳堂三間、七架，不許在宅前後多占地，構亭館，開池塘；庶民廬舍不過三間、五架，不許用斗拱、飾彩色；等等（見《明史·輿服志四·臣庶室屋制度》）。然而，達官貴人、土豪富商并未嚴格遵守規制，而是多有僭規營建宅第行爲。如文獻記載清朝京師米商祝氏屋宇多至千餘間，園亭瑰麗；江蘇泰興季姓官僚地主宅周匝數里。現存明代住宅，如浙江東陽官僚地主盧氏住宅經數代經營，成爲規模宏闊、雕飾豪華的巨大組群；安徽歙縣住宅之裝修、彩畫亦以精麗見稱。

這一時期的住宅隨民族、地區、階級的不同產生了很大差別，種類更加繁多，地方色彩、民族特點更加突出。漢族住宅除黄河中游少數地區仍采用窰洞式住宅外，其他地區則多爲用木構架結構系統的院落式住宅。這種住宅形式的布局、結構及藝術處理，受所處自然條件與社會因素的不同影響，大體以秦嶺與淮河流域爲界，形成南北兩種不同的建築風格。而南方住宅中，長江下游院落式住宅，又與浙江、四川等山區住宅以及嶺南客家住宅皆具有顯著差別。北方住宅以北京四合院住宅爲代表。此住宅布局在封建宗法禮教支配下，按南北縱軸綫對稱布置房屋及院落。住宅大門多位於院落東南角上。門内迎面建影壁，使外人看不到宅内活動。自此轉西至前院，南側倒座多作客房、書塾、雜用間，或男僕住所。自前院經中軸綫上的二門（有時爲裝飾華麗的垂花門），進入面積較大的後院。後院北部的正房供長輩居住，東西廂房爲晚輩居所，周圍以走廊相連，成爲全宅的核心部分。另在正房左右，附以耳房與小跨院，置廚房、雜屋及廁所；或於正房之後，再建一排罩房。住宅四周，由各座房屋的後牆與圍牆所封閉，一般對外不開窗。庭院内栽植花木或陳設盆景，構成安静舒適的居住環境。大型住宅則在二門内，以兩個或兩個以上的四合院向縱深方嚮排列，或於左右建别院；更大規模的宅第則在左右或後部營造花園。北方四合院單體建築，經過長期的經驗積纍，形成了一套成熟的結構與造型。一般房屋在梁柱式木構架周邊砌磚牆，屋頂式樣以硬山頂居多，次要房屋則用平頂或單庇頂。因氣候寒冷，故牆壁與屋頂均較厚重，并於室内設炕床取暖。内外地面鋪以方磚。室内裝修按生活需要，用各種形式的罩、博古架、橘（隔）扇等劃分空間，上部裝紙糊頂棚，構成豐富多彩的藝術形象。色彩方面，除貴族府邸外，不得使用琉璃瓦、朱紅門牆與金色裝飾。故一般住宅以大面積灰青色牆面與屋頂爲主，而在大門、二門、走廊與主要住房等處施彩色，在大門、影壁、墀頭、屋脊等磚面上施以雕飾，獲得良好的藝術效果。而長江下游江南地區的住宅，以封閉式庭院爲單位，沿縱軸綫布置，但方嚮不限於正南、正北。其中大型住宅在中央縱軸綫上建門廳、轎廳、大廳及住房，再在左右縱軸綫上布置客廳、書房、次要住房及廚房、雜屋等，構成中、左、右三組縱列院落組群。後部住房多爲二層樓房，樓上宛轉相通，并在各組建築之間設置溝通前後左右的“備弄”（夾道），兼具巡邏及防火功能。爲減少太陽輻射，院子采用東西橫長的平面，圍以高牆，同時在院牆上開漏窗，房屋前後開窗，以利通風。客廳或書房前常鑿池叠石，種植花木，構成幽静的庭院。有些住宅還在左右或後部建造花園。現存浙江杭州的吳宅就是這一地區典型住宅之一。江南住宅結構，多用穿斗式木構架，或穿斗式與梁柱式混合結構。周邊砌築較薄的空斗牆，屋頂也比北方的住宅薄。頂棚天花做成各種形式的軒，形制秀美而富於變化。梁架與裝修僅加少量精緻的雕刻，塗以栗、褐、灰等色，不施彩繪。房屋外部的木構露明部位，塗以褐、黑、墨綠等色，與白牆、灰瓦相組合，色調素雅而明净。此爲江南住宅的一個重要特點。

浙江、四川等地的山區住宅，則利用地形靈活而經濟地做成高低錯落的臺狀地基，再於其上構屋，故住宅朝嚮取決於地形。在平面布局上，主要房屋仍具有中軸綫，但左右次要房屋不一定采取對稱方式。庭院大小及形狀亦不拘一格。房屋結構多用穿斗式木構架，高一至三層不等。墻壁材料因材致用，有磚、石、夯土、木板、竹笆等。屋頂多采用懸山式，前坡短而後坡長，便於泄雨水；出檐與懸山挑出很大，以防雨水冲刷山墻；但偶爾抑或用歇山式屋頂。房屋外檐用白色，木構部分多爲木料本色，或柱塗黑色，門窗塗淺褐色或棗紅色，與高低起伏的灰色屋頂相輝映，形成樸素而富有生氣的外觀。

　　客家住宅，沿五嶺南麓，分布於福建西南部及廣東、廣西兩省區的北部。因長期以來客家聚族而居，故産生了體型巨大的群體住宅。其布局形式有二：一是大型院落式住宅，平面前方後圓，内部由中、左、右三部分組成，院落重叠，屋宇參差；二是平面爲方形、矩形或圓形的磚樓、土樓。其中最大的土樓，直徑達70餘米，用三層環形房屋相套，房間多達三百餘間。外環房屋高四層，底層作厨房及雜間用，二層儲藏糧食，三層以上住人。其他兩環房屋僅高一層。中央建堂，供族人議事、婚喪典禮及其他活動之用。在結構上，外墻用厚達1米以上的夯土承重墻，與内部木構架相結合，并加築若干與外墻垂直相交的隔墻。爲安全起見，外墻下部不開窗，故外觀堅實雄偉，猶如一座堡壘。福建永定客家住宅承啓樓即爲現存典型實例。

　　河南、山西、陝西、甘肅等省黃土地區，人們爲適應地質、地形、氣候與經濟條件的需要，建造各種窑洞式住宅與拱券住宅。窑洞式住宅分爲兩種，一種是靠崖窑，即在天然土壁内開鑿橫洞，常常數洞相連，或上下數層，規模較大者則在崖外建房屋，組成院落，稱之爲靠崖窑院。另一種是在平坦的岡地上，鑿掘方形或長方形平面的深坑，再沿坑面開鑿窑洞，稱之爲地坑窑或天井窑。大型地坑院有兩個或兩個以上的地坑相連，可住二三十户。此外，還有在地面上用磚、石、土坯等建造一層或二層的拱券式房屋，稱錮窑，用數座錮窑組合成的院落，稱錮窑窑院。

　　居住於廣西、貴州、雲南、海南、臺灣等處地區的少數民族，因氣候炎熱，潮濕多雨，爲采光、通風、防潮、防盜、防獸的需要，采用下面架空，柱上構屋的干闌式構造的住宅。這種住宅布局與結構富於變化，結構以木架居多，但亦有全部以竹料爲之者。房屋平面多爲橫長形，僅少數爲縱長形。下部作畜圈、碾米場、儲藏室及雜屋，樓梯置於室内或室外，不拘一式。上層前部爲寬廊及曬臺，後部爲堂及卧室。堂内設火籠與佛龕。

　　以木材層層相叠構成壁體的井幹式住宅僅見於雲南與東北少數森林地區，數量極少。雲南井幹式住宅有平房、樓房兩種，在平面上皆二間横列，無疑是原始布局方法之殘餘。

　　藏族住宅由於位於西藏、青海、甘肅及四川西部青藏高原地帶，雨量稀少，而石材豐富，故外部多用石墙，内部以密梁構成樓層與平頂屋。城市住宅以院落作爲全宅的中心，如拉薩的二層住宅環繞着小院，下層布置起居室、接待室、卧室、庫房，上層除接待室、卧室外，加經堂與儲藏室。造型嚴整與裝飾華麗是其顯著特點。鄉村住宅則多依山建造，很少院落，多築樓房，一般高二三層不等，而以三層較多。底層置畜圈及草料房，二層爲卧室、厨房、儲藏室，三層以裝修精緻的經堂爲主，附以曬臺、厠所，二三層每有木構挑樓伸出墙外。在造型上，由於善於結合地形，使房屋組合高低錯落，虚實結合，既樸實優美，又堅固耐用。

新疆維吾爾族的平頂住宅，大體分爲兩種類型。南疆的喀什、和田等地用磚、土坯外墙與木架、密肋相結合的結構，依地形組合爲院落的住宅。在布局上，院子周圍的平房與樓房相穿插，而前廊建列拱，空間開敞，故體型錯落，靈活多變。房屋平面以前室與後室相結合，附以厨房、馬厩等。因氣候炎熱乾燥，一般不開側窗，而自天窗采光。拱廊、墙面、壁龕、火爐與密肋、天花等處雕飾精緻，色彩華美動人。另一種爲吐魯番土拱住宅，以土坯花墙、拱門等劃分空間，院内以葡萄架加强綠化，并聯繫各組房屋。房屋布置也以前後室相連，此布局與喀什一帶住宅相同，但室内外裝飾比較簡單。

蒙古、哈薩克等民族爲適應游牧生活的需要而使用可移動的氈帳，亦稱蒙古包。每二三成組，附近用土墙圍成牲畜圈。氈包直徑 4～6 米，高 2 米餘，以木條編爲骨架，外覆羊毛氈，頂部裝圓形天窗，供通風采光之用。此外，亦有從事半農牧而建造的固定住宅，有圓形、長方形及圓形與長方形相結合的平面布局方式，亦有在固定房屋之外再用氈包的形式。

總之，在明清時期，各種民居住宅已發展到定型、成熟階段。不同民族、不同地區、不同類型的住宅形式花樣繁多，五彩繽紛，在住宅建築方面也發展到一個新階段，出現了封建社會末期的最後一個建築的高峰。

第四節　傳統文化與中國建築

建築是人類文化的結晶。世界上每一個民族都有自己的文化，并産生反映這種文化的建築藝術。中國古代建築是傳統文化的典型組成部分，它一如整個中華文化一樣，始終連續相繼地發展着，顯示了强大的生命力。在幾千年的發展歷史中，逐漸形成了中華民族獨有的建築特色與風格，立於世界民族之林，并爲世人所矚目。

一、思想與建築

中國自古以來即施行一種"工官"制度。幾千年來重大工程基本上控制在朝廷手中，即使寺觀等宗教建築，亦大多屬"官立"。古代建築者，尤其是官方代表人物往往考經據典，從經史群書中尋求建築的指導思想以及制訂政策的理論依據。在文字記載上，中國流傳下來的學術著作之豐富是舉世無匹的，然而有關建築的理論及歷史專著却微乎其微。然而，居處乃人類生活必備條件之一，無論任何著作均必涉及衣食住行。因此，考經據典則是從一些政治、經濟、哲學論文中，查閱一些涉及居處問題的歷史記述，作爲建築方面的論據。封建社會把儒家經典當作行爲處事的指導思想，其中關涉建築的語句及論點即被引用作爲居處設計規劃的思想基礎。

《易經》是儒家的哲學思想基礎。《易・繫辭下》曰："上古穴居而野處，後世聖人易之以宮室，上棟下宇，以待風雨，蓋取諸大壯。"其中談及居處起源的觀點，自古以來皆被視爲中國最早的關於建築概念的基本理論。"棟"指梁木，亦代表整個構架；"宇"即指一個封閉而有規限的空間；"取諸大壯"意即構造堅固。這個基本定義是對早期宮室建築的一個高度概括。墨子對這一觀念做了進一步引申。《墨子・辭過》曰："古之民未知爲宮室時，就陵阜而居，穴而處，下潤濕，傷民，故聖王作爲宮室。爲宮室之法曰：室高足以辟（避）潤濕，邊足以圉風寒，上足以待雪霜雨露，宮墻之高足以別男女之禮。謹此則止，凡費財勞力，不加利者不爲也……是故聖王作爲宮室，便於生，不以爲觀樂也。"墨子的文章，充滿了各種觀點，其主旨爲反對浪費，故强調了房屋的功能意義。然而，他完全否認建築是一種藝術，是絕對功能主義者。而另一哲學思想體系代表人物韓非却從另外一個角度談論房屋的產生與功能。《韓非子・五蠹》曰："上古之世，人民少而禽獸衆，人民不勝禽獸蟲蛇。有聖人作，構木爲巢，以避群害，而民悦之，使王天下，號之曰有巢氏。"他把房屋看作人類生存鬥爭的產物，其是一種"以避群害"的防禦性工具或設施。"構木爲巢"之巢即爲"巢居"，人類早期之居處。這種觀點，從"以避群害"出發，就没有發展的局限性，比墨子的説法就更有進取性。《五蠹》實爲政治論文，講房屋之起源祇不過用來作爲一個開場白，説明事物在變化中發展而已。

春秋戰國至秦漢時期，中國歷史上出現了一個"百家争鳴"的時代，不同學術思想展開了頗爲激烈的鬥争，不同的政治哲學觀點亦引起了對建築不同的態度。一方是提倡積極地進行大規模建設，一方是反對鋪張浪費以節省民力，即所謂"侈靡"與"節儉"之争。"侈靡"就是主張大量消費用以活躍經濟，把大興土木作爲活躍經濟的一種措施。《管子·侈靡》曰："百姓無寶，以利爲首，一上一下唯利所處。利然後能通，通然後成國……故上侈而下靡，而君臣相上下；相親，則君臣之財不私藏。然則貪動枳（肢）而得食矣。"在其他文章中管子亦有"非高其臺榭，美其宮室，則群材不散""不飾宮室，則材木不可勝用"（見漢桓寬《鹽鐵論·通有》引《管子》）的説法。其實，"侈靡"與"節儉"并不衹是停留在口頭上或紙面上的言論，而是出現於當時的政策與行動。戰國時代出現了大興土木的局面，各國諸侯爲炫耀自己的權勢，競相構築宮室、苑囿。高其臺榭，美其宮室，自以爲得意。至秦代，這種政策則發展到了頂峰。郭沫若在《奴隸制時代》一書中寫道："秦始皇帝是在吕不韋的影響之下長大的人，他的政治作風可以説是一位最偉大的侈靡專家。請看他的築阿房宫，築驪山陵，築長城，築直道吧，動輒就動員幾十萬的人役來興建大規模的工事。"到了漢代，這種主張提倡消費的思想仍得以繼續發展，因而出現了漢長安城中的各種偉大工程。單純就建築而言，這種政策的確促進了城市規劃、建築技術與藝術的發展。因此，中國建築在春秋戰國至兩漢期間打下了良好的基礎，實在與當時"高臺榭，美宮室"之風有關。然而，繁重的勞役，却給廣大勞動人民帶來了十分慘痛的灾難。對這種現象，節儉派尤爲不滿，出現了很多批評文章。漢揚雄《將作大匠箴》云："侃侃將作，經構宮室，墙以禦風，宇以蔽日，寒暑攸除，鳥鼠攸去。王有宮殿，民有宅居，昔在帝世，茅茨土階。夏卑宮觀，在彼溝洫。桀作瑶臺，紂爲琁室，人力不堪，而帝業不卒。詩咏宣王，由儉改奢……《春秋》譏刺，書彼泉臺，兩觀雉門，而魯以不恢，或作長府，而閔子不仁。"這篇文章并不是官方政策性文告，而衹是反對宮室建築中浪費之作。因爲漢代自武帝之後，儒家思想即占據正統地位，董仲舒把戰國以來各家學説以及儒家各派在孔丘的名義下、在"春秋公羊"學名義之下統一起來，於是儒家崇尚節儉的言論開始抬頭，在正統的文獻上所看到的有關建築的意見就以《將作大匠箴》一類爲多了。其實，反對浪費、崇尚節儉從來就是中國人民的一種濃厚的思想意識。由於中國古代重大建築工程基本上皆爲官方建設專案，歷代皇朝皆有其建築政策及法典，因而各個時代的建築均爲官方政策控制下的産物。由於以正統的經典作爲理論依據，政策是在滿足統治者最大限度的要求與儘量節省人力、物力的矛盾下制訂出來的。這種矛盾的解决辦法就是放弃永久性、紀念性的磚石結構建築，而專注發展磚石混合構造的木結構建築。就經濟意義而論，木結構要比磚石結構節省更多的人力、物力與時間。這也是中國古代建築木結構建築形成主流的原因之一。在秦漢時期，中國曾有過在建築上利用金屬（主要是銅）作爲構件或構件裝飾，并將很多貴重材料如象牙、玉等寶石用於建築裝飾。此外，在建築上采用大量木雕、石雕或在彩畫上貼金等奢麗的設計裝飾傾嚮在各個朝代均曾時有發生。每當這種風氣盛行之時，很多就會爲"仁儉生知"皇帝的反浪費政策所禁止。唐宋以後各個朝代，一般都執行反對建築上鋪張浪費的政策。除言論宣傳外，還頒布了一些典章法令。唐代以後，對於官員、士、庶之住宅門屋的規模、式樣均有嚴格的限制。這些法規除强化封建等級制度觀念外，也有一定防止鋪張浪費的意義。《唐六典》規定："王公已下舍屋不得施重栱藻井，三品已上堂舍，不得過五間九架，廳厦兩頭，門屋不得過五間五架；五品已上堂舍，不得過五間七架，廳厦兩頭，門屋不得過三間兩架，仍通作烏頭大門，勛官各依本品；六品、七品已下堂舍，不得過三間五架，門屋不得過一間兩架；非常參官不得造軸心舍及施懸魚、對鳳、瓦獸、通栿、乳梁裝飾……士庶公私第宅皆不得造樓閣臨視人家……又庶人所造堂舍，不得過三間四架，門屋一間兩架，仍不得輒施裝飾。"宋代禁止在彩畫上貼金，除皇宮廟宇之外不得用雕鏤的柱礎，不得施用藻井。明代之規定更加詳盡。以上規定中之"不得""不許"之詞，僅對臣庶而言，然皇帝則不在禁令之内。政策由歷代最高封建統治者——皇帝主持制定，所以要首先滿足他的最大要求。聖明者尚注意節制，昏聵者則窮奢極侈，爲所欲爲。而對臣民之限制，真正受到嚴格限制者仍爲廣大勞動人民，而王公貴族、土豪富商之住宅，常有越規營建者。

二、禮制與建築

中國古代居處建築，除了按照歷代統治者的思想意識與建築政策規劃設計外，還有一種極爲特殊的影響因素——禮制。它無時無刻不在支配着建築的計劃、内容以及形式變化。

公元前 11 世紀左右，周朝在建國之初，便將夏商以來各種國家制度、社會秩序、生活方式、行爲標準等予以全面總結，將歷史經驗進行彙總、厘定與增補，在此基礎上，制定了自己的制度與標準，稱之爲"禮"。禮的範圍很廣，有所謂"吉、凶、賓、軍、嘉"五禮，用"以統百官，以諧萬民"。這就是中國歷史上所稱"周公制禮作樂"。其後，儒家根據流傳下來的資料、文獻，編輯成《禮》，作爲當時的基本學問——"六經"之一。流傳至今的有關"禮"的重要典籍爲《周禮》《儀禮》《禮記》，這三部典籍合稱爲"三禮"。"禮"與建築發生關係，是因爲當時的都邑、宮闕之内容與形式，諸侯大夫之宅第標準均作爲國家的基本制度之一而制定并施行。居處制度同時也是一種政治制度，亦爲"禮"的内容，是一種爲實現政治目的服務的工具。《考工記》之所以被列入《周禮》，補替已佚的《冬官》，是因爲"冬官"掌宮室之建築。其次在《儀禮》中，有關禮儀的記載，亦能反映當時建築的形制，由此可間接地瞭解到都城宮室的概貌。宋代聶崇義根據"三禮"，研究周代的建築情況，編著《三禮圖》，成爲中國最早的與建築問題有關的學術著作。假如"禮"中有關建築方面的内容純粹被視爲古代建築制度的一般記錄，或作爲建築史的話，禮制與建築之間的關係就會簡單得多，問題在於儒家學説以禮爲中心，把禮看作一切行爲的最高指導思想，而在漢代以後漫長的封建社會中，幾乎皆以儒家思想爲正統，當作"修身、齊家、治國、平天下"的規矩準繩。正由於"禮"已被歷代統治階級提高成爲非常重要的原則，有關建築的内容就不僅限於祇具有參考意義，而是成爲必須遵守、不可移易的典範。在中國建築史上，禮制不但一直作爲妨礙形式發展的框框，而且對建築規劃思想產生了一種根本性的局限。縱觀歷代建築，雖并不是所有居處建築設計都絶對以儒家學説爲指導思想，亦出現過不少原則性争論，然而至少在官方計劃中，儒家思想與傳統的追求不斷占據上風。由於長期地受到影響，禮的意識就逐步融會到古代大部分建築形式之中。從王城到宅院，無論内容布局，還是外形結構，無不依禮制做出安排，在構圖與形式上以能够充分反映一種禮制精神作爲最高的追求目標。《周禮·考工記·匠人》中"匠人營國"一節就專門記述西周時代城邑建設制度。所謂"國"，意即"城"。營國就是營建城邑。西周是我國奴隸制社會發展到鼎盛時期的一個奴隸制王朝。西周有封國、建侯制度，封國意味着作邑、作邦，建立城邦國家；營國包括建置城池、宮室、宗廟、社稷，并規劃所屬的田地及農奴的居邑，即所謂"治野"。有國、有野是西周城邑建設的特殊禮制。當時建一座城，實際上是建立一個以城爲中心連同周圍田地所構成的城邦國家。建城實爲建國，故亦稱"城"爲"國"。從周王到諸侯，皆有自己的城邦國家。卿大夫之采邑亦爲具禮而微的城邦國家。周人奴隸制王國便是利用宗法血緣關係，以國王爲大宗子，本着"大宗爲翰"、"宗子維城"(《詩·大雅·板》)的原則，聯合一系列大小城邦國家而組成的。《匠人》中將城邑分爲三級。第一級爲王城，即奴隸制王國的首都。第二級爲諸侯城，即諸侯封國的國都。第三級爲"都"，即宗室與卿大夫之采邑。周王是奴隸制王國的元首，"周之宗盟"的盟主，天下的大宗子。王所居之王城便是全國宗法血緣統治的中心，故列爲第一級城邑。諸侯承王命，以政治與宗法的雙重身份，在其封疆内營建國都，構成宗法血緣統治網的一個大據點，建立其城邦國家，以爲王室之屏藩，故諸侯城列爲第二級城邑。宗室及卿大夫受采地，秉承上命，同樣以雙重身份，建置采邑——都，在采邑内建立小型城邦國家，故列爲第三級城邑。三級城邑之建制誠如春秋時楚國范無宇所説："且夫制城邑若體性焉，有首領股肱，至於手拇毛脉。"(《國語·楚語》)它們既是一個統一體，然彼此之間層次等級又極其分明。按照宗法與政治相結合的統治原則，以三級城邑爲據點，自上而下，組成一個遍布全國的統治網。由於城邑建設關係到周代奴隸制王國的政體，故對其控制極嚴，凡城邑規模、規劃形制，乃至城邑數量及其分布情況均受此體制約束，不可任意變更。故《匠人》中亦載有禮制營建制度，以相輔相成。宗法封建、禮制等級是周代奴隸制王國的根本制度，《匠人》營國制度充分體現了這種周人立國制度的精神。《匠人》禮制營建制度，是按照三級城邑建設體制，依爵位尊卑而制定的營建等級制。文中舉城隅及道路爲例，説明三級城邑在營建制度上的等級差別。城隅之制，以王城爲基準，按一定差額依次遞減。《周禮·考工記·匠人》曰："王宮門阿之制五雉，宮隅之制七雉，城隅之制九雉。"又曰："門阿之制，以爲都城之制；宮隅之制，以爲諸侯之城制。""都"的城隅高度祇允許等同於王宮門阿高度，即高五雉；諸侯城的城隅高度僅相當於王城宮城城隅高度，即高七雉；而王城城隅高度則當爲九雉。三級城邑的城隅高度是據"以高爲貴"的禮制要求，以爵位尊卑依次遞降二雉。再以道路寬度爲例，又《匠人》曰："〔王城〕經涂九軌，環涂七軌，野涂五軌。"又："環涂以爲諸侯經涂，野涂以爲都經涂。"也就是説，諸侯城的經緯道寬度祇相當於王城之環道寬度；而卿大夫采邑——都的經緯道寬度再降一等，僅相當於王城"野塗"的寬度。據"以多爲貴"的禮制要求，三級城邑之經緯道寬度分別是：王城九軌、諸侯城七軌、都爲五軌。由此可知，三級城邑禮制營建制度量是用一組以"二"爲公差的等差級數來表達的。王城爲最高等級，用九；諸侯城次之，用七；再次爲都，用五。這組等差級數便是九、七、五。自王至卿大夫，因"王命諸侯，名位不同，禮亦異數"(《左傳·莊公十八年》)。故"自上以下，降殺以兩，禮也"(《漢書·韋賢傳》)。用以"二"

爲公差的等差級數，以量的概念來表達名位不同的禮制營建制度。這種等級制，更重要的意義還在於約束各級城邑的規模大小。如各諸侯國的采邑規模，西周就有嚴格規定："先王之制，大都不過參國之一，中五之一，小九之一。"（《左傳·隱公元年》）諸侯國亦都按受封者爵位尊卑依公、侯、伯、子、男之等級確定城的規模。王城、諸侯城、都，各級等第分明，不容僭越。否則，就被視爲大逆不道。在"三禮"及其他儒家經典著作中，體現等級觀念、禮制精神的記述屢見不鮮。在宮室營建中，有體現"以多爲貴"者。《禮記·禮器》曰："禮有以多爲貴者，天子七廟，諸侯五，大夫三，士一。"又《王制》曰："天子七廟，三昭三穆，與大祖之廟而七；諸侯五廟，二昭二穆，與大祖之廟而五；大夫三廟，一昭一穆，與大祖之廟而三；士一廟；庶人祭於寢。"又："天子之田方千里，公侯田方百里，伯七十里，子男五十里。不能五十里者，不合於天子，附於諸侯，曰附庸。"《孟子·萬章下》："天子之制，地方千里；公侯皆方百里，伯七十里，子男五十里；凡四等。"趙岐注："凡此四等，制地之等差也。天子封畿千里，諸侯方百里。"又《梁惠王下》曰："齊宣王問曰：'文王之囿，方七十里，有諸？'孟子對曰：'於傳有之。'"孫奭疏："《傳》云：天子之囿方百里，大國四十里，次國三十里，小國二十里。"另據《匠人》所載："匠人營國，方九里。"而據《左傳·隱公元年》所載（見上文）及《逸周書·作雒》所云"大縣城方王城三之一"，可推算得知：王城方九里，公之城方七里，侯伯之城方五里，子男之城方三里。又據考古發掘，齊臨淄故城遺址，包括大城與小城兩部分。小城原爲姜太公（尚）之營丘，其形制雖非正方，然規模爲 4×5 里，約合周代禮制營建制度所規定的"侯伯之城方五里"的要求。亦有禮現"以高爲貴"者。《禮記·禮器》曰："〔禮〕有以高爲貴者，天子之堂九尺，諸侯七尺，大夫五尺，士三尺。天子諸侯臺門，此以高爲貴也。"春秋戰國時代，各國諸侯爭相建築高臺，凡高者、大者爲貴爲尊。另外，産生於殷商，成熟於漢代，流行於後世的四合院式住宅，其庭院圍墻之高度即體現住宅主人身份地位之尊卑。"以多爲貴""以高爲貴"的等級觀念及禮制營建制度對後世居處建築影響極爲深遠，此制歷代沿襲不變。

　　周代王城的規劃思想，充分體現了禮制精神。考察《匠人》王城規劃的主體結構，概括地說是以宮爲中心，貫穿"三朝"的南北中軸綫作爲全城規劃主軸綫，連接"左祖右社"而組成的。就構成這組主體結構的各個部分的功能而論，宮爲王居，朝則是王權的象徵，宗廟則爲宗法血緣的標志，社則代表國土。其特徵有三：一是宮城居於王城中心，二是"三朝"屹立於全城規劃主軸綫上，三是宗廟、社稷對稱布置在主軸綫兩翼。事實上，這些特徵便是產生這套主體結構指導思想的形象說明。把宮廷區布置在全城中心，這與周人崇奉"擇中論"密切相關。"擇中論"是我國奴隸社會選擇國都位置的規劃理論。該理論認爲，擇天下之中建王國（即國都），既便於四方貢獻，更有利於控制四方（見《左傳·定公四年》）。《周禮·地官·大司徒》對此曾做過系統論述，以爲擇"地中"（國土之中）建王"國"，乃天時、地利、人和之最佳位置。故周人最重視"擇中"，不僅"擇中立國"，而且擇王城之中建王宮。在觀念上，"中央"方位最尊，被看作最高統治權威的象徵。擇中建都，并不是周人的發明。早在商代，即有"中央"的概念。在甲骨文中即可看到"五方"的記載，且出現了"中商"這個名詞。所謂"中商"，即指位於中央的大邑商。"大邑"，即商人的王城。周人繼承了商人在中央方位建王城的傳統。《書·周書·召誥》曰："王來紹上帝，自服於土中。"《逸周書·作雒》亦云："作大邑成周於土中。""土中"，即天下土地的中央部位。可見周初營洛邑，其規劃位置的選擇，正是根據當時政治形勢的要求，繼承商人"中商"的中央觀念而確定的。這種擇中觀念，一直爲後世所繼承。《荀子·大略》曰："王者必居天下之中，禮也。"呂不韋亦主張："擇天下之中而立國，擇國之中而立宮。"（《呂氏春秋》）甚至連管子亦主張："天子中而處。"（《管子·度地》）以中央這個最顯赫的方位，來表達"王者之尊"的觀念，體現周人"尊尊"的思想。在周王城建設規劃中，將三朝即外朝、治朝、燕朝設於宮城中軸綫上，也就是全城主軸綫上，以中央方位、中心軸綫這樣崇高尊貴的地位來顯示王權的威嚴。朝是天子行使最高權力的場所，亦爲王權的象徵。擇中立宮，以示"尊尊"；擇宮之中軸綫立朝，則爲更深刻地體現"尊尊"的實質所在，表明"尊尊"的真實含義便是尊重王權。"擇中建國""擇中立宮""擇中置朝"的布局，確是最鮮明地體現了王權至高無上的規劃思想。

宗廟是天子奉祀王室祖先之處，它代表王室宗族，是宗法觀念——"親親"的標志。把宗廟置於中軸綫的左前方，與外朝連爲一體，藉以顯示周王的天下大宗子的身份，進一步突出王權，從而體現了"親親"與"尊尊"相結合的宗法血緣政體的特色。

社稷是祀土神與穀神之處。社代表國土，把社設於主軸綫的右前方，與外朝緊密相聯，又與宗廟互相對應，表明國土爲王室所有，周王以大宗子身份，有總攬天下土地、人民的權利。《詩·小雅·北山》云："溥天之下，莫非王土；率土之濱，莫非王臣。"這句話含有宗法與政治的雙重意義。周朝分封諸侯要授土授民。所謂"授土"，是在王的大社社壇取有關方位之土，以茅包好授予受封者，表示將這塊土地授予他。受土者對土地擁有享有權，而無所有權，所有權仍屬王室。這種宗法分封的授土儀式本身實寓有"異居而同財"（《儀禮·喪服》）的宗法觀念。宗廟與社稷并列，是周人"親親"與"尊尊"相結合的政權在城邑規劃上的一種特殊表現形式。周人常說"宗廟社稷"這種提法，實則意指周王朝之政權。

禮，本爲殷人舊制，但在周人手中却有新的發展。周人一方面把禮與儀區別開來，另一方面却把"親親"與"尊尊"結合起來。"周禮"已被提到"上下之紀，天地之經緯"（《左傳·昭公二十五年》）的高度，作爲"經國家，定社稷，序人民"（《左傳·隱公十一年》）的重要統治手段。故周於開國之初，極其重視建立禮治秩序。"禮者別貴賤尊卑也"，便是禮治秩序的實質。營國制度的王城規劃本此精神，從兩個方面强化城邑建設的禮治秩序。第一是分區規劃的布局，第二是禮制營建制度。王城之所以結構嚴謹，主次分明，正是這種秩序的具體表現。其秩序爲：宮廷區居首，次爲宗廟、社稷，次爲官署，再次爲宗室卿大夫府第，然後爲市，最後纔是民居閭里。這個安排程式即爲貴賤尊卑的禮治秩序，十分明確地表現在各自規劃方位上。中央方位最尊，故將宮廷區置於城中心；宗廟、社稷置於宮前正南、近中央的宮廷區，以示一體；祖社以南稍遠宮城設官署；宮之正東、西、南又次之，宗室卿大夫府第即位於此；宮之北端被視爲次要方位，故設市；城之四隅，遠離宮廷地帶列爲次，民居閭里便分布於此。運用方位尊卑，按等級貴賤差別建立嚴格的分區規劃確爲這個規劃的一大特色，亦爲奴隸制社會意識的本質反映。僅按方位布局一端，尚不足以顯示禮治秩序，於是兼以禮制營建制度加以補充。用"以多爲貴""以大爲貴""以高爲貴"等一系列禮制等級制的營建措施，以進一步强化禮治規劃秩序，樹立"王者之尊"的威嚴。整個周王城規劃充分體現出一個大一統的奴隸制王國首都的宏偉氣概。

營國制度王城規劃，既然是西周政治思想指導下的產物，那麼它自必爲儒家所推崇，把《匠人》奉爲城市規劃之經典。在漫長的封建社會發展過程中，隨着儒家思想逐步取得統治地位，營國制度王城規劃傳統的影響亦愈來愈大。後世歷代都城建設，如東漢、北魏之洛陽城，隋大興、唐長安城，北宋東京汴梁城，元大都、明清北京城，這幾座歷史名城的規劃建設，皆爲繼承《匠人》王城規劃傳統的產物，即使是別具一格的曹魏鄴城，亦難擺脫這一傳統的影響。

宮城規劃的基本原則是按照"前朝後寢"之制布置宮廷區的建築。此制源遠流長，係由住宅建築的"前堂後室"演變發展而來。早在殷代，宮廷區規劃就是如此，直到明朝營建北京，宮城內仍繼承這一傳統格局。宮廷區分爲前後兩部分，前爲朝區，後爲寢宮。朝區有三門三朝之制。三門指皋門、應門、路門。三朝即外朝、治朝、燕朝。皋門既是整個宮廷區的正南門，又是宮前區的正門，區內包括外朝及宗廟、社稷。應門是宮城區的正南門，又是內朝區的朝門。路門是寢宮區的正南門，又是燕朝的朝門。路門在規劃上具有朝寢分區的界劃作用，路門外爲內朝，路門內爲寢宮。朝在南，寢宮在北。這兩個分區的關係便是前朝後寢之制。朝是王權的象徵，由於它特有的尊嚴，按禮制要求，故置於寢宮之南，成爲一區。因各朝功能不同，位置亦異，致有外朝、內朝之別。外朝居三朝之首，設於皋門內、應門外，在宮城之前，與宗廟、社稷同處一區——宮前區。外朝亦稱大廷，是舉行大典、三詢，處理獄訟、公布法令之處；以其主要功能大多直接與國人有關，故置於宮城之外，類似宮前廣場，以便國人活動。治朝與燕朝爲王日常之朝，位於宮城中；兩朝對外朝而言，又總稱內朝。治朝爲王日常朝臣治事及舉行賓射之所。燕朝實爲路寢之廷，以其位置與路寢毗連，係路寢的一部分，故設於路門之內，爲王舉行冊命、接見群臣議事以及燕飲、燕射之所。位於宮城內的治朝、燕朝與路寢實爲一個整體，爲王日常行政及禮賓活動的場所。寢宮區又分爲兩個社區，即王寢區與後宮區。王寢區在南，路寢一，燕寢五。路寢即正寢，爲王接見群臣議事、日常治事、齋戒之所；燕寢爲王日常休息之處。後宮區在北，制同王寢，亦路寢一、燕寢五。宮中還有世子、王子之宮，位於王寢區之東，故後世"太子宮"亦稱東宮、青宮、春宮。"前朝後寢"之制確定之後，歷代沿襲不變。

　　"左祖右社"之制亦爲王城禮制營建制度之一。《周禮·考工記·匠人》曰："左祖右社。"又《地官·小宗伯》曰："掌建國之神位，左宗廟，右社稷。"二者說法相同，均以宮爲基準來表明宗廟與社稷的相對位置。據此可知，在宮城前左設宗廟，右置社稷，位於中軸綫東西對稱位置。這一布局完全符合周人禮制營建制度及規劃思想。宗廟是周人宗法制度的表徵，也是宗法血緣政治的標志。宗廟與社稷并列，正是"尊尊親親"思想在王城規劃上的反映。周人重孝，將孝與德相提并論。《詩·大雅·卷阿》云："有馮有翼，有孝有德，以引爲翼。"西周金文《克鼎》稱："顯孝于申。"可知孝在周人觀念中的重要性。孝是維繫宗法制度的思想支柱，因而體現孝思的祀祖，自必成爲周代之重典。不僅宗廟制度極其嚴密，而且對宗廟位置的安排亦十分鄭重。爲了表示不敢褻瀆祖先的敬意，故不將宗廟設於宮中，而是設於宮前，"周人尚左"（《禮記·祭統》注），且認爲"天道尚左"（《逸周書·武順》），故《匠人》規定"左祖"。此規劃位置正體現了周人宗法的尊祖孝思。

周朝以農業立國、興國，周代經濟以農業爲基礎。社是土神，稷是穀神。故周人非常重視祭祀社稷。上自王，下至庶民，皆有祀社之舉。因此，祀社成爲國家大典之一。《禮記·祭法》曰："王爲群姓立社曰大社，王自爲立社曰王社。諸侯爲百姓立社曰國社，諸侯自爲立社曰侯社。大夫以下成群立社曰置社。"社之建置遍及全國。王有三社，除大社、王社外，還有戒社。大社置於宮右前方，王社置於王籍田內，戒社在廟門之外。《匠人》所謂"右社"即指大社。周王城規劃將社稷與宗廟并列於宮城前方左右兩側，充分體現了它的重要地位。《逸周書·武順》曰："地道尚右。"《白虎通》則進一步説明："尊而親之，與先祖同處。"這些解釋完全符合周人"尊尊親親"之義。《周禮》中常將社與稷并提，可見社與稷乃合而祭之。漢蔡邕《獨斷》曰："社稷二神同功，故同堂別壇，俱在未位。"同堂，即同壇。別壇，指同一總壇內又分別爲社壇與稷壇。此説亦見諸《五經異義》："稷在大社西，並壇。""並壇"即"同堂"。也就是説，社稷"同堂別壇"，社壇在東，稷壇在西。由此可知，周人社、稷并重，故合而祀之，進一步表明周代對農業的重視。

除以上禮制營建制度外，在古代居處建築中，對房屋構件的形制及使用範圍亦有明確規定，以顯示"王權""神權"的尊嚴。如"藻井"，祇能施於宮殿中皇帝寶座上方與廟宇中神像之上方。廡殿頂，祇能用於皇宮、廟宇中的重要殿堂，其他建築中一概不得應用。這些體現皇權至上、神權至上的規定，也是禮制觀念在古代建築中的具體反映。

三、玄學與建築

所謂玄學，是指陰陽五行學説應用在建築上并逐漸發展成的一種"風水"之説，即"堪輿學"。戰國之後，"禮制"與"陰陽五行"學説漸趨結合。《大戴禮記》曰："禮象五行也，其義四時也，故以四時舉，有恩，有義，有節，有權。"《禮記》曰："夫禮本於太一，分而爲天地，轉而爲陰陽，變而爲四時，列而爲鬼神。"《白虎通》曰："所以作禮樂者，樂以象天，禮以法地。"有關"禮"的解釋納入陰陽五行之説的内容之後，用以表達其意義的象徵主義就開始以各種方式在居處建築中表現出來。例如五行的意義，象德、四靈、五時、五位、五色等很早便反映到古代建築中來。木、火、土、金、水五行，以木代表太子，以火代表朝，以土代表皇帝，金代表皇后，水代表市。此謂之"象德"或"帝德”。青龍、白虎、朱雀、玄武謂之“四靈”。東方屬木，色青；南方屬火，色赤；中央屬土，色黃；西方屬金，色白；北方屬水，色黑。這就是五行與五方五色的關係。“四靈”之名即由此而來，分別代表東、西、南、北四個方位。而五時，則木主春，火主夏，土主長夏，金主秋，水主冬。長夏，指每季最後十八天；一說指農曆六月。這些意義在建築設計中的運用，不僅在藝術上希望取得與自然相結合的宇宙圖案，而且最根本的目的在於按照五行的“氣運”之說來制定建築形制。秦漢時人們十分相信“氣運圖讖”——觀運候氣的觀點而作出的預言，因而在建築上的形制、方位、色彩、圖案都要與之緊密相配，以求藉此而交上“好運”。在中國建築史上，“風水”與“建築”關係最密切的重要實例就是明代建都北京時，爲了鎮壓元朝的“王氣”，根據風水之說在元代宮殿位置上築了一座“景山”。明十三陵的陵址的選擇與布局也是由“術家”“卜帝陵於此”。這兩座建築物之構圖爲現代中外建築學家交口贊美，也可以用現代建築理論對它們做出很多合理的解釋，然而無可否認，它們首先是風水理論的產物。

自商周直至明清，歷代禮制建築中都可看到陰陽五行學說的深遠影響。如祭天於南郊之圓丘，祭地於北郊之方澤，就順從了陰陽之位。天爲陽，地爲陰；南爲陽，北爲陰。明清之天壇、地壇，就是在古代哲學思想的影響下，繼承歷代傳統，總結歷代經驗，按照陰陽五行之說建築而成的。《明史·禮志一》載“壇壝之制”：明初建圓丘於正陽門外鍾山之陽，方丘於太平門外鍾山之陰。又曰：“夫圓丘既則象於乾，則方壇當效法於坤。今議方壇定爲再成（層）。一成廣三十六丈，再成廣二十四丈，每成崇十有八尺，積三十六尺。其廣與崇皆得六六之數，以坤用六故也。爲四陛，爲級一百四十有四，所謂坤之策百四十有四者也。爲再壝，壝二十有四步，取坤之策二十有四也。成與壝再（二），則兩地之義也。”乾爲天爲陽，坤爲地爲陰。又《禮志二》曰：“郊祀之制。洪武元年，中書省臣李善長等奉敕撰進郊祀議略言，王者事天明事地察，故冬至報天，夏至報地，所以順陰陽之義也；祭天於南郊之圓丘，祭地於北郊之方澤，所以順陰陽之位也。《周禮·大司樂》：冬日至禮天神於地上之圓丘，夏日至禮地祇於澤中之方丘。《禮》曰：享帝於郊，祀社於國。又曰：郊所以明天道，社所以明地道。”《清史稿·禮志一》曰：“世祖奠鼎燕京，建圓丘正陽門外南郊，方澤安定門外北郊，規制始拓。圓丘南嚮，三成，上成廣五丈九尺，高九尺；二成廣九丈，高八尺一寸；三成廣十有二丈，高如二成。甃磚合一、九、七、五陽數。陛四出，各九級……十二年修內外垣，改築圓丘，規制益拓。上成徑九丈，二成十五丈，三成二十一丈，一九、三五、三七皆天（陽）數也。通三成丈四十有五，符九五義；量度準古尺當營造尺八寸一分，又與九九數合。壇面甃甎九重，上成中心圓面外環九重，甎數一九累至九九；二三成以次遞加。上成每面各十有八，二成各二十七，三成各四十五，並積九爲數四乘之，綜三百有六十，以應周天之度。”又曰：“方澤北嚮，周四十九丈四尺四寸，深八尺六寸，寬六尺，祭日中貯水。二成上成方六丈，二成方十丈六尺，合六八陰數……乾隆十四年，以皇祇室用緑瓦乖黄中制，諭北郊壇甎墻瓦改用黄。明年改築方澤，墁石壇面，制視圜丘。上成石循前用六六陰數，縱橫各六爲三十六，其外四正隅均以八八積成，縱橫各二十四。二成倍上成，八方八八之數。半徑各八，爲六八陰數，與地耦義符。”現存北京天壇，是中國建築史上一座占有重要地位的著名建築組群。其中祈年殿圓形的平面及藍色琉璃瓦象徵天，井口四柱代表四季，十二根金柱代表一年十二個月，十二根檐柱代表一日十二個時辰。圜丘部分則不論壇面、臺階、欄杆所用的石塊，皆爲九的倍數。古代以一、三、五、七、九爲“陽數”，亦稱“天數”，而“九”爲“極陽數”。壇分三層，上層中心是一塊圓石，圓外有九環，每環的石塊均爲九的倍數。中層、下層制如上層。這種具有純粹中國性格的象徵主義，在天壇的設計上十分巧妙地表現出來。

另外，在古代有一種禮制建築名曰“辟雍”。它是一種具有宣傳教育功能的建築。《白虎通》曰：“天子立辟雍，行禮樂，宣德化。辟者象璧，圓法天；雍之以水，像教化流行。”漢桓譚《新論》曰：“王者作圜也，如璧形，實水其中，以圜雍之，名曰辟雍，言其上承天地，以班教令，流轉王道，周而復始。”這種建築物也是一個體現象徵主義的典型實例。現存清代辟雍建於北京國子監內，在這座建築物之外還保持了一個環形的水池形制，此乃古制遺風。

在中國古代建築中，色彩與雕飾以其特殊風格而著稱於世。由於中國歷史上“侈靡”與“節儉”兩種思想的激烈鬥爭，建築構件之裝飾很難因藝術目的而進行，往往是藉口象徵平安、吉祥。例如，在屋脊兩端，如獸角般彎起作爲構圖之“正吻”，漢代以後稱“鴟尾”的裝飾就是如此。李允鉌《華夏意匠·裝飾和彩畫》說：“鴟尾是什麼呢？《漢紀》說：‘柏梁殿灾後，越巫言海中有魚，虬尾似鴟，激浪即降雨，遂作其像於屋，以厭火祥。昔人或謂之鴟吻，非也。’據說鴟尾是佛教輸入後而帶來的一種意念，所謂虬尾似鴟的魚就是‘摩詰魚’。所謂‘摩詰魚’，就是今日所稱的鯨魚。鯨魚會噴水，因此將它的尾部的形狀放在屋頂上，象徵性地希望它能産生‘噴水’的防火作用。因爲它是一種象徵性的‘防火設備'，決不能説它是一種浪費而取消。鴟吻也有索性造成一條魚的形狀或者是龍尾的。總而言之，將屋頂象徵作爲一個海，海就不會着火了。"除了魚、龍等水中動物之外，繼而把很多象徵吉祥的瑞獸也搬到屋頂上面，城門樓的正吻就用"脊獸"，或稱"獸吻"，垂脊之前則有"戧獸"，四角之角脊則設一排"套獸"：仙人在前，龍、鳳、獅子、天馬、海馬、狻猊、狎魚、獬豸、斗牛、行什等在後。這些作爲屋頂裝飾的雕刻都有一番象徵吉祥的根據或故事，正如裝上鴟尾以厭火一樣。此外，也有的屋頂將正吻與垂脊發展爲"鰲尖"，高高向上翹起，目的是爲取得更活潑的屋頂輪廓綫；改用"鰲尖"，同樣是基於寓意於防火觀念。根據五行相剋，水能剋火的理論，在彩畫上也經常於屋內頂棚天花板上繪製藻、菱類水草圖案，在屋頂構架的構件上，如梁、枋等的顏色多以青綠色爲基調，其寓意亦爲防火。

　　建築物色彩一方面決定於象徵主義的要求，另一方面則依據官方規定，表示門第等級觀念。五行所代表的顏色，木爲青，火爲赤，土爲黃，金爲白，水爲黑。土代表中央方位，以黃色表示，故黃色象徵權力，明清以後"以黃爲貴"，成爲皇帝的專用顏色。在奴隸社會與封建社會時期，部分建築構件的顏色還用作房屋主人身份的標志。李允鉌《華夏意匠·色彩》説："《禮記》有：'楹，天子丹，諸侯黝，大夫蒼，士黈。'就是説皇帝的房屋柱子用的是紅色，諸侯用黑色，其他的官員祇能用黃色。大概這種規定適用於周代以至春秋戰國時代，此後'青瑣丹楹'就成爲重要建築物的主要設色標準了。以房屋某些部分的顏色來表示使用者的身份這一制度後世一直繼承着，例如明代官方正式規定：公主府第正門用'綠油銅環'，公侯用'金漆錫環'，一二品官用'綠油錫環'，三至五品官用'黑油錫環'，六至九品官用'黑門鐵環'。到了清代，正式規定黃色的琉璃瓦祇限用於宮殿、門、廡、陵、廟，此外的王公府第祇能用綠色的琉璃瓦。於是，黃色琉璃瓦屋頂的建築就表示出一種特有的尊嚴。"

四、漢字與建築

　　文字是記録語言、傳播語言的符號系統。文字與語言不同。語言是伴隨着人類的出現而出現的，從有社會存在之時起，就有語言存在。語言産生的歷史要比文字悠久得多。祇有當人類社會發展到一定水平，人們需要把口語傳到遠方并且需要把它在時間上固定下來的那個階段，文字纔逐漸創造出來。這時，人們可以利用文字把文化成果與勞動成果記錄下來，傳播開來，流存下去。因此，文字是人類社會進入文明時代的標志。漢字是記錄漢語的符號系統，是世界歷史上最悠久的文字之一。其産生的年代，在古代文獻中有不少傳説。《易·繫辭下》曰："上古結繩而治，後世聖人易之以書契。"孔穎達疏引鄭康成云："事大，大結其繩；事小，小結其繩。"在没有文字的時代，先民們確實曾結繩記事，然"結繩"并非文字。據記載，流傳最廣、影響最大者，爲倉頡造字之説。這個傳説，見於《荀子·解蔽》《韓非子·五蠹》《世本》《淮南子·本經訓》《説文解字叙》等文獻記載。關於倉頡的生存年代，一説他是黄帝時的史官，一説他是古之王者。《尚書序》孔穎達疏提供了一段有關倉頡的資料："倉頡，則説者不同。故《世本》云倉頡作書。司馬遷、班固、韋誕、宋忠、傅玄皆云倉頡，黄帝之史官也。崔瑗、曹植、蔡邕、索靖皆直云古之王也。徐整云在神農、黄帝之間；譙周云在炎帝之世；衛氏云當在庖犧蒼帝之世；慎（許慎）則云在庖犧之前；張揖云倉頡爲帝王，生於禪通之紀……倉頡其年代，莫能有定。"這段資料説明，倉頡的生存時代撲朔迷離，文字之創造，亦非成於一時，出自一人。我們現在所能看到的成批古漢字資料甲骨文，從 19 世紀末開始發掘，先後出土十萬餘片，單字總數在三千五百個左右。這些甲骨是從盤庚遷殷至紂王覆滅二百七十三年間的遺物，距今已有三千餘年的歷史。但這并不意味着漢字産生於殷商，而是肯定早於殷商。因爲分析這些甲骨文字的結構，不僅已由獨體字（如象形）向合體字（如會意）發展，而且出現了標志文字趨向成熟并高度發展的形聲字。隨着我國近年來考古學的進展，人們對漢字起源的認識日益深刻。考古工作者在陝西長安靈臺、西安半坡及臨潼、姜寨等地原始社會晚期的仰韶文化遺址中，皆發現刻畫在陶器上的記號。這些記號幾乎皆刻畫在同一類陶器的同一部位。現在雖然尚不知其具體含義，然而從這些符號的形體及刻畫部位分析，無疑已是具有文字性質的記録符號。這些文字記號，經測定距今已有五六千年的歷史。

如果將此看作文字産生的年代的話，非常有趣的是，恰與我國古代房屋建築産生的時代十分驚人地相近。如前所述，人類房屋建築起源於巢居、穴居。當居住面從穴居、半穴居上升到地面出現"屋蓋"的時候，纔具有後世"房屋"的概念，其外形爲傾斜的屋頂，直立的墙壁；其立面由地基、屋身、屋頂三部分組成。從時間上推算，此時正處在原始社會晚期，即距今五六千年的仰韶文化時期。也就是説，雖然人類居處營建活動的起源早於漢字産生的時代，然而作爲房屋的産生年代與漢字的産生年代幾乎同期。所以，李允鉌在

《華夏意匠》中有一段精彩的叙述："有趣的問題在於中國的文字起源於'象形'，也就是說，本來就是一種'圖畫'，將具體的事物形狀表示出來，將'圖畫'減略到不可少的程度就成爲一種'字體'。因爲房屋是具體的物體，在創製文字的時候，文字本身就將'建築'的情況，包括了它的外形和内容'記録'了下來。因此，或者可以這樣說，中國的文字本身就寫出了中國建築發展史的第一章，而且我們深信這是十分忠誠可靠的一種'史實'。"我們現在所能看到的最早的文字，是刻在龜甲、獸骨上，字形如圖畫的甲骨文，與鑄刻在銅器上的金文。在這些原始文字中，有三個代表房屋建築的字體，即今日的"室""宅""宫"。如果我們認真研究這三個甲骨文的字形，就會發現它們就是一組房屋的立面、剖面及平面圖。畐（室）字，是建於臺基之上的一座四面坡屋頂的房屋，這是一幅正式的"立面圖"。㑣（宅）字則把房屋的基本構造表達得十分清楚，它是柱上"平座"、屋身、屋頂的骨架，是一座干闌式建築，可看作房屋的"剖面圖"。㐱（宫）字則爲一組房屋建築的"平面圖"，表示在一個方形院子里，四周布置了四座房屋。此平面圖與現代建築平面圖表示方法不同。然而，中國古代建築傳統皆以此法表示平面。甲骨文的"室"字還有另外一個字形㝊，它所表示的是一個重檐的屋頂或兩層"重屋"。《周禮·考工記·匠人》有"殷人重屋"之說，這個字形亦做了具體的形象上的證明。《說文·木部》曰"樓，重屋也"，指出商代已有樓房的存在。除由字形顯示建築物具體形象之外，字體的構造本身亦常常表現房屋的種類與用途，或者說明建築的内容。有關建築物名稱的用字，其部首（形符）均表示字義的内容，通過這類字的構成可說明房屋構造發展的經過。因房屋是由"穴居"發展而來的，故一系列有關房屋用途的字即用"穴"作形符，再加一個聲符構成形聲字，如窑、窖、穹、窿、窠、窗、空、窗、突、窟，等等。例如"窗"，本指半地穴式房屋頂部的一個開口——天窗，山洞的穴是没有天窗的。半地穴式房屋有圓形袋狀的坑作爲儲藏東西的窖穴，"窖"字即指這些構造。"窑"的形狀與半地穴式房屋相似，故以"穴"爲形符。"穹""空"皆指穹頂下的封閉空間；"空"與"孔"通，本來就是"穴"的意思。此外，從"穴"的穿、突、窟、窩等本就有"洞穴"的含義。

又如"宀"表示屋頂，在甲骨文與篆文中的形狀，它就是一個房屋的外形——亼（甲骨文）、宀（篆文）。"宀"本身也是一個字，音mián。《說文·宀部》解作："交覆深屋也。"在屋頂之下分别容納很多事物，分别代表房屋的各種功能，這一類字除上述室、宅、宫三字外，還有宗、寝、宇、家、安、寒等。室、宅、宫本爲象形字，因畫寫不便，後來就將這類字改爲會意。"家"字表示屋頂之下有一隻豕（豬），或表示每戶人家皆養一隻豕。"宗"字裏面的"示"本爲"祇"，意即"土地之神"，屋頂之下放一個地神，即爲土地廟。"宮"字表示屋裏面有很多房間，表示規模較大的建築物。"寒"字是屋内有一個人，裹在草堆裏，外邊結着冰。

兩面坡"人"字形屋頂一般皆爲主體房屋。主體屋之外，其前後左右常連帶一些單面坡屋頂的次要房屋，這種房屋的形式便以"广"（yǎn）來表示。《説文・广部》曰："广，因厂爲屋也，象對刺高屋之形。"徐灝注箋："因厂屋，猶言傍巖架屋。此上古初有宮室之爲也。"此爲"广"字之本義，指依山崖建造的房屋。因這種房屋常用一面傾斜的一面坡屋頂，故凡屋頂爲一邊斜下者皆稱"广"。凡是用於表示輔助性、從屬性建築物名稱的字，大多以"广"作爲形符（部首）。以"广"爲形符構成的字所表示的建築物，本來就是這種形狀的房屋。如"庪"（guǐ）字，《字彙・广部》："庪，庪閣。板爲之，所以藏食物也。"如"序"（xù）字，《書・顧命》曰："西序東嚮。"孔傳："東西廂謂之序。"又如店、庖、厨、庫、厢、廊、廡、庭、府、厦等均屬輔助性或從屬性建築物，故其屋頂形狀相類。"广"不僅指單斜的屋面，并表示一邊開敞。要適應停車、買賣、屠宰、繳付税糧之用，自然以一邊開敞爲宜。

房屋構件的名稱用字，大部分可從其形符（部首）看出所用材料，有時因材料改變隨之改變其形符（部首），但大多數均未做改變而沿用下來。如梁、柱、楹、棟、檁、椽、拱、枋等皆從"木"；壁、墙、垣、城、堂等皆從"土"；礎、碩、礫、碑、碣皆從石；釭（套在節點上的銅構件）、鋪（門上銅釘）、鋪（鋪首，門上銅環）、鈎（古有鈎欄、鈎楹，即包於楹外之銅件）等皆從"金"。有時同一個字可分別從"石"、從"土"、從"瓦"，如"磚"，有異體字"塼""甎"。以其所用材料爲土坯，故從"土"；以其爲火燒製而成，故從"瓦"；以其堅硬如石，故從"石"。另外，古代房屋構件以"木"作形符（部首）構成的字最多，也進一步説明中國古代建築以木結構爲主這一特點。

建築用字還可以反映古代建築發展的基本情況。有些字今日已很少用，甚至到唐宋以後即出現不多，説明那種構件、建築類型或形式在當時已經消失。另外還有些字古代未見，後來却出現在建築之中，如"須彌座""浮圖（屠）""寶頂"等建築名稱是東漢佛教傳入中國之後纔隨之出現的，佛寺、佛塔、經幢等建築類型亦隨之出現。這就説明，漢字的構成與應用是緊緊追隨建築的發展變化而産生、發展與消亡的。

　　除了文字字體本身發生變化外，建築名詞的含義也會隨時代不同而發生演變。如"堂"，最初指建築物之臺基，即"堯舜堂高三尺""天子之堂九尺"之"堂"，後來指立於高大臺基之上的"殿堂"一類大型建築物。又如"宮室"，漢以前作爲一般房屋的通稱。《釋名·釋宮室》曰："宮，穹也，屋見於垣上崇然也。室，實也，言人物實滿其中也。"漢以後，多指"皇宮"一類帝王專用房屋，即"宮殿"。漢代皇帝把自己居住的房屋稱"宮"，下乃避之，故其後對於不是皇宮的建築物便不再稱"宮"。又如"觀"是由闕發展而來的，稱爲"觀闕"，後又發展宮門前"兩觀"之制。觀與闕分離後，兩漢時期，凡能登高觀望的高層建築亦稱"觀"，或稱"樓觀"。觀在後世并未發展成爲一種獨立的建築類型，凡能登高遠眺的建築物，如樓臺等均泛稱爲"臺觀"或"樓觀"。至後代道教盛行之時，"觀"則作"道觀"這種宗教建築的專門用語。再如，秦代將皇陵稱爲"山"，秦始皇就把自己的墳墓稱爲"驪山"。漢代將"山"改稱"陵"，後世歷朝沿用。這些都表示建築名稱用字含義的變更，即建築名詞含義的演變。

　　總之，漢字與中國古代建築密切相關。一方面，漢字具體記録了古代建築產生與發展變化的真實情況；另一方面，有關建築用字本身的產生與發展變化就是古代建築產生與發展變化的客觀反映，同時也直接影響着文字的存在與發展。

五、藝術與建築

　　中國古代建築素以色彩繽紛、設色大膽、用色鮮明、裝飾瑰麗而著稱於世，并因此而形成一個世界上色彩最爲豐富的極具民族特色的建築體系。

　　人類自有居室時起，就開始以雕塑繪畫之術美化其居處環境。梁思成《中國雕塑史》曰："藝術之始，雕塑爲先。蓋在先民穴居野處之時，必先鑿石爲器，以謀生存，其後既有居室，乃作繪事，故雕塑之事，實始於石器時代，藝術之最古者也。"考古學的發現，進一步説明梁思成先生之論十分正確。早在六千年前的新石器時代晚期仰韶文化時期的西安半坡遺址及姜寨遺址中，就發掘出了先民的浮雕及泥塑殘迹。當時，製陶工藝已有很大發展，使用的彩陶有紅彩、褐彩、黑彩及白衣彩陶。陶器表面繪有各種生動的魚紋、雷紋、鳥紋、人面紋、圓點鈎葉、曲綫，以及由各種幾何圖案組成的帶狀花紋。居室建築塑形雕飾的做法，一如陶器的製作，采用光滑與粗糙的質感對比手法，一般外部堊塗較粗糙，殘塊曾見手指塗抹的痕迹，或有平滑者。半坡稍晚的遺址中，發現多種裝飾塑痕，其中有凸起圓潤的皺褶飾面。在囱緣殘段上，有疏密、形狀不同的幾種坑點塑痕，與陶器之表面處理相同。西安附近的姜寨遺址，發現了更多複雜的幾何圖案與浮雕裝飾，其裝飾部位當在門口。半坡遺址發掘報告中曾發表一列入建築殘件的浮雕殘塊，似爲動物形象，手法簡單，效果顯著，説明此時建築裝飾已發展到一定水平，這是六千多年前勞動先民的杰出創造。

殷商之時，在建築構件上施以雕飾，説明裝飾藝術已應用於古代建築構件之中。考古工作者在河南安陽小屯殷墟宮殿遺址中發現殷墟北區最大的條狀基址石礎上，留有若干盤狀銅鑕，其中隱約可見盤面上具有雲雷紋飾。這些銅鑕墊在柱脚下，起取平、防潮與裝飾三重作用。梁思成《中國雕塑史》載：“李濟之博士在殷墟從事發掘，出土有半身石像一軀，無首無足，全身有雲雷紋，蓋紋身之義歟！李先生以爲此石像應爲柱礎，其言亦當。”另據吳澤《中國歷史大系·古代史》所載，礎刻人像下部，抱膝坐形，背部有槽，側有卯。出土的建築構件，其背部有方形槽的石雕，還有鸋鵝，長 40 厘米，高 20 厘米，也有獸首人身、跽坐像石鴞等建築保護神。首次發現的銅鑕及半身雕像石礎，標志着中國古代建築發生了質的變化，説明中國古代建築穩定性的構件正走向成熟，裝飾藝術已運用於建築構件之中。殷商雕刻的特徵，多用細密的花紋爲底，襯托高浮雕的主要紋飾。最常見的紋飾有雲紋、雷紋、饕餮紋、蟬紋、圓圈紋等。花紋的題材與商人的迷信思想密切相關，既表現出神秘、威嚴、至高無上，也表現出人們熱愛生活、向往自然的心理特色。

西周時出現了板瓦、筒瓦、“人”字形斷面脊瓦，至東周始普遍應用，此時且出現了瓦當，多呈半圓形。瓦當表面有凸起的饕餮紋、渦紋、捲雲紋、鋪首紋等。西周遺物酆宮瓦當，其圖案“内有跳字，外繞以四神之飾”（梁思成《中國雕塑史》引《金石契》）。此時高浮雕的紋飾主題，在構圖上已不是叢密，而是比較疏朗，綫條亦趨於柔和，高低層次相差較大，給人以清新之感，反映當時人們的審美觀念正在不斷改變。

春秋時期在木構架結構建築物構件上，或施以雕刻，或繪畫圖紋。《禮記·禮器》曰：“山節藻梲。”鄭玄注：“梁上楹謂之梲，宮室之飾。”孔穎達疏：“山節謂刻柱頭爲斗拱，形如山也；藻梲者，謂畫梁上短柱爲藻文也。此是天子廟飾，而文仲僭爲之也。鄭注《明堂》云：山節，刻欂盧爲山也；藻梲，畫侏儒柱爲藻文也。”説明雕刻與繪畫均已運用到建築木構件裝飾之中。《穀梁傳·莊公二十三年》：“秋，丹桓宮楹。禮：天子、諸侯黝堊，大夫倉（蒼），士黈。丹楹，非禮也。"范寧集解："黝堊，黑色……黈，黃色。"楊士勛疏："釋曰：徐邈云：黝，黑柱也；堊，白壁也，謂白壁而黑柱。今范同以黝堊爲黑色者，以此傳爲丹楹而發，何得有壁事而在其間，故同爲黑色也。"又《莊公二十四年》："春，王三月刻桓宮桷。禮：天子之桷，斫之礱之，加密石焉；諸侯之桷，斫之礱之；大夫斫之；士斫本刻桷，非正也……刻桓宮桷，丹桓宮楹，斥言桓宮，以惡莊也。"范寧集解："以細石磨之……桷，榱也，方曰桷，圓曰椽。斫，削也；礱之，磨之。"由此可知，春秋時期，天子、諸侯之宮殿及大夫、士之居處，按等級制度，對房屋構件的裝飾，無論從用色到加工雕形皆有一定規制，不可隨意僭越。

　　中國古代建築構件的裝飾往往與其實用功能緊密結合。如瓦飾、屋飾，既爲解決屋頂防雨，亦爲使古代建築物十分講究的屋頂形成美妙的輪廓，給人以美的享受。戰國時期，如燕下都就有二十餘種不同的花紋圖案的半圓形瓦當出土。秦漢時期出土的圓形瓦當，花紋舒朗而富於變化，漢瓦當中以文字作圖案者有"長樂未央""未央長生"等。中國古典建築中，構件的裝飾往往多於藝術性的構件。即使實際上純粹屬於藝術性的構件，通常亦須藉口因功能之需要或象徵吉祥而非裝置不可。上文"玄學與建築"中所列"正吻"與"鴟尾"等即屬此例。將這些形象擺到屋頂上，其另一功能是起到固定筒瓦的作用，故每座獸座下均有瓦釘，使屋脊上的筒瓦不會下滑，但更主要的是起裝飾作用。擺設在屋頂上的這些雕刻（陶、瓷或琉璃製品）均有一番象徵吉祥的根據或故事，正如置鴟尾以厭火一樣。此外，也有些屋頂將正吻及垂脊發展爲"鰲尖"，向上高高翹起，其目的主要是爲取得更爲活潑的屋頂輪廓綫，當然，同樣亦基於寓意於魚的"防火"觀念。另外，在屋山三角形頂角上，大都加上"懸魚"與"惹草"。魚爲水生動物，惹草爲水生植物，懸魚配惹草，則順理成章。這亦爲純粹裝飾性的構件，當然亦爲象徵性的防火觀念而來的裝飾。

　　雕刻技術既廣泛用於古代建築構件裝飾之中，還大量用於宮殿、廟宇、陵墓中獨立的雕塑作品。據《三輔黃圖・漢宮》記載，漢武帝大興土木，擴建未央宮，新建甘泉宮、建章宮。甘泉宮立通天臺，高二十丈，以香柏爲殿梁，香聞十里，故亦稱"柏梁臺"。臺上有銅柱，高三十丈，上塑仙人，掌擎玉杯，受甘露於雲表，謂之承露盤，盤大七圍。去長安二百里之遙即可望見。元封間，柏梁殿灾，椽桷皆伏龍鳳，從風雨飛去，可知臺上之建築乃飾以龍鳳。柏梁灾後，武帝更信方士之言，立築建章宮。前殿之東立鳳闕，高二十五丈，於其上雕立銅鳳凰，以勝灾。漢班固《西都賦》云："設壁門之鳳闕，上觚棱而栖金爵。"然此大型雕飾惜無倖存者，留存至今的實物唯有陵墓之隨葬品及墓前石闕、石碑、石人、石獸與宮殿建築之磚瓦而已。漢代遺物，墓飾、碑闕最多。至於陵墓表飾，帝王陵前有神道，神道兩旁有石麒麟、石辟邪、石象、石馬、石臣。墓前石羊、石虎、石人、石柱。又有享堂之制，建享堂於墓上，以供祭祀。堂用石壁，刻圖爲畫，以表彰死者功業。石闕、石碑，盛施雕飾，以點綴墓門以外各部。遺品豐富，雕工精美，堪稱當時杰出藝術之代表，故直稱兩漢爲"享堂碑闕時代"，亦不爲過。陵墓表飾見於史書記載者極多，如張良墓之石馬，霍去病墓之石人、石馬，張德墓之石闕、石獸、石人、石柱、石碑等皆爲前漢物，然唯有霍去病墓至今猶存。墓前石馬頗宏大，其形極馴，腿部未雕空，故上部爲整雕，下部爲浮雕，後腿之一提，作休息狀；馬下有匈奴仰臥，面目猙獰，鬚長耳大，手執長弓，欲起不能。以此表彰紀念霍去病討伐征服匈奴的赫赫戰功。漢朝貴族陵墓，多於陵墓前神道兩側排列石羊、石虎和附翼的石獅。最外，模仿木構形式建石闕兩座，其臺基及闕身皆浮雕柱、枋、斗拱及各種人物、花紋，上部覆以屋頂。其中以四川雅安高頤石闕的形制與雕刻最爲精美，是漢代現存遺物中典型代表之作。此外，東漢墓前還建有石製墓表，下部石礎上浮雕二虎，其上立柱，柱的平面將正方形的四角雕爲弧形，柱身上刻凹槽紋，上端以二虎承托矩形平板，鐫刻死者官職、姓氏，但亦有僅於柱身表面刻束竹紋圖案者。根據漢代墓葬中出土的畫像石、畫像磚及明器陶屋，可瞭解漢代建築物的形制及各種類型。例如，從廣東廣州漢墓明器可看到干闌式住宅、"日"字形平面住宅、三合式住宅、曲尺形住宅；從四川成都出土的畫像磚，河南鄭州出土的空心磚，山東沂南石墓之石刻中，可看到當時庭院之布局形式；從江蘇徐州多地出土的畫像石中，可看到大型建築組群情況；從江蘇徐州睢寧雙溝出土的畫像石，可瞭解當時的樓房及廊廡；從山東高唐漢墓、河北望都漢墓及河南三門峽漢墓出土的明器中，可看到三層、四層的望樓；從廣東廣州漢墓出土的明器中，可看到塢堡形制；從四川成都漢墓出土的畫像磚中，可看到石闕形狀。這些出土的雕塑或陶、瓷製品實物，充分反映了漢代建築類型已趨向多樣化。從雕刻技術來看，形象逼真，製作精美，説明兩漢時期雕塑藝術、建築藝術以及製陶技術已發展到成熟階段。

　　漢朝末年佛教自天竺傳入中國之後，至魏晋南北朝時而盛行全國，佛教建築遍布城鄉，故雕塑藝術在佛教建築中大放异彩。晋代實爲中國佛教造像之始。最初於晋武帝泰始元年（265），月支國沙門曇摩羅刹至洛陽，雕造佛像，爲佛像自西域傳來之始。繼之，苟勸造佛菩薩金像十二軀於洛陽，其後佛寺益多，造像亦盛。晋建元二年（344），沙門樂尊於甘肅敦煌鑿石爲窟。樂尊至山，見金光千佛之狀，遂就崖造窟一龕，法梁繼之，營窟於樂尊之旁。伽藍之起實濫觴於樂尊、法梁二師。其後刺史建平公、東陽王次第造作。至唐代聖曆間（698—700），已有窟千餘龕，故亦稱"千佛崖"。敦煌莫高窟實爲中國窟龕造像之嚆矢。後世北魏時所開鑿之山西大同雲岡石窟、河南洛陽龍門石窟，北齊時所鑿之山西太原天龍山石窟及其崖刻，皆起於西陲而漸傳内地。石窟佛像及寺廟之佛像，唐代玄宗以前造像以彌勒佛、釋迦牟尼佛最多。武周而後，阿彌陀佛造像之風漸盛，毗盧舍那亦日多，如龍門奉先寺大像即是。諸菩薩中，觀音爲世人最歡迎，然其形制亦變化日多。十一面觀音、千手觀音皆爲此時創作。此時造像產生一種特別傾嚮，即佛教諸神中次要神物如天王、羅漢等逐漸博得社會聲望，故於佛寺別院造天王、羅漢像以供奉之。宋代最受信仰者爲觀音菩薩，其像造型姿態端莊秀麗，意由象徵之偶像變爲和藹可親之人類，且性別亦變爲女，女性美遂成爲觀音特徵之一。河北正定隆興寺本尊觀音銅像，爲北宋開寶間所造。梁思成《中國雕塑史》引《金石萃編》論曰："高七十三尺，四十二臂，寶相穹窿，瞻之彌高，仰之益彰………實高不過五十尺以下，爲我國現存最大銅像。"

佛教自南北朝時盛傳中國以後，在建築上具有最顯著之深遠影響者，莫過於雕飾。各石窟佛寺及寺廟中佛教建築如塔、幢等，其裝飾花紋種類奇多，90%爲外國傳入之母題，其中希臘、波斯紋樣，經犍陀羅輸入者尤多。迴折之捲草，本爲西方花樣，不見於中國周漢各紋飾中。中國後世通用之捲草、西番草、西番蓮等紋樣，均源於希臘。他如蓮珠、花繩、束韋，亦均源於希臘。蓮花爲佛教聖花，其源雖出自印度，然其蓮瓣形之雕飾，則采自希臘之"卵箭紋"。因蓮瓣帶有象徵意義，遂普傳至今。以相背獸頭爲斗柱，無疑爲波斯柱頭之應用。獅子之用於雕飾，亦頗具波斯色彩。鋸齒紋，殆亦來自波斯。而純粹印度本土之紋飾，反不多見。中國固有紋飾仍然保留於佛教建築之中。鳥獸母題有青龍、白虎、朱雀、玄武"四靈"及鳳凰、饕餮等。其他如雷紋、雲紋、夔紋、斜綫紋、斜方格、水波紋、鋸齒、半圓弧等，亦見於各處。

中國古代建築富麗堂皇、色彩繽紛之特點的形成，除施以雕飾外，還施以彩飾。彩飾包括刷飾、彩畫與壁畫。很多人認爲，中華民族的特性，自古以來就一向喜愛熱情、歡樂、富麗的色彩，即使在石器時代就喜歡以紅色作爲主調的熱色來裝飾。一個民族對色彩的感情自然會反映到建築之中，然而最主要的原因則在於建築物所使用的材料、構造方法以及形式體形等。建築物的顏色很大程度上是由材料本身的原色決定的。如木材、磚瓦、石頭、金屬皆各有其原色。在中國古代建築中常用的"五材并舉"的混合形制，便自然形成多種色彩。古代文獻中所謂"土被緹錦""中庭彤來""丹墀夜明"，其中紅色地面就是由本爲紅色的鋪地磚所形成的。臺基與石欄杆多爲白色，則爲漢白玉及其他石材之原色。屋面及墙身的顏色則主要由磚瓦本身所具有的本色而決定。古代建築所用的墙磚幾乎皆爲青磚，常用之瓦則爲青灰色板瓦或筒瓦。這些顏色均爲焙燒過程中而形成的原色。至於版築夯土墙的表面均施白堊或粉刷石灰，以防雨水冲刷，故皆呈白色。建築材料自身形成的本色，皆爲大片調和的中間色調。而豐富多彩的色調主要產生在漆、金屬裝飾以及以後大量出現的琉璃磚瓦等建築材料上。刷油漆是防止木材腐朽，延長其使用年限的最簡單、有效的方法，故添加油漆是木結構必需的表面處理。而油漆可以隨意加入各種顏料，在保護木材這一功能上任何顏色的油漆完全一樣，故以木結構爲主的中國古代建築材料本身就首先提供了可任意設色的條件。反之，假如中國建築從一開始就走向以磚石結構爲主的道路，即使中國先民再喜歡絢麗多彩的色調，色彩豐富的建築形制亦不可能發展起來。由於木材必須油漆，便提供了自由設色的前提，於是中國古代建築在發展過程中形成了自己獨特的色彩風格。典型殿堂之紅墙綠瓦、雕梁畫棟、青瑣丹楹，是與中國繪畫的歷史緊密相聯的。在古代，房屋之油漆與圖畫同屬一個範疇。宋李誠《營造法式·五色偏裝》曰："施之於縑素之類者謂之畫，布彩於梁棟枓栱或素像雜物之類者謂之裝鑾，以粉朱丹三色爲屋宇門窗之飾者謂之刷染。"房屋構件上的裝飾彩畫——"油漆畫"，即由房屋裝飾、保護木材之實用目的發展而來。在秦漢文學作品中，如漢張衡《西京賦》所云"采飾纖縟，裹以藻繡，文以朱綠"與張璠《漢記》所云"綺井蓮華，壁柱彩畫"等，皆説明在其時建築構件上布滿了彩畫。另外，壁畫在中國歷史上曾有過大量存在的時期，愈是早期的建築，壁畫就愈多。考古工作者在陝西咸陽窰店牛羊村北原上，對秦宮遺址進行發掘時發現，在出土遺物中於帶有迴廊的殿堂一側，有一道30米長的走廊，廊道兩側坎墙上繪有彩色壁畫，可看出有馬儀仗、植物紋飾及幾何圖案。這是目前所知最早的壁畫實物。在漢代宮廷殿閣中裏裏外外亦滿布壁畫。如在漢宮中之麒麟閣、唐代之凌烟閣彩繪功臣圖像，以表彰文臣武將之功績，皆爲著名的歷史故事。由此看來，中國古代以油漆在木構房屋構件及墙壁上作油漆畫的歷史，要比在紙上或絹帛上作水墨畫、水彩畫的歷史古遠得多。雖然在今天看來，獨立的繪畫及雕刻藝術與作爲建築裝飾用的繪畫及雕刻在性質上有所不同，然而在中國歷史的早期，二者其實就屬同一範疇，而且很可能是以後者爲主纔逐漸發展起來并成爲獨立的兩種藝術形式。作爲保護木材的形式——油漆彩畫的主題有很多，有完整的壁畫與構件上的裝飾圖案之分。在梁上繪畫或雕刻藻、菱類水生植物圖案以象徵水而防火是中國古代建築裝飾上最早的一種理念。故後世屋頂構件梁、枋、天花等顔色多以青緑色爲基調，亦與傳統的防火意念一脉相承。唐代以前的地表建築物裝飾，雖無實物可考，但以文字記載及出土地下建築爲佐證，可知那時的裝飾圖案爲較抽象化的繪畫。唐宋以後，繪畫技法大有提高，建築裝飾轉變爲現實主義圖畫。有人物、動物、植物、仙人及幾何圖案。這些圖畫在宋李誠《營造法式》插圖中可以看到，如鳳凰、鸞、孔雀、仙鶴、鸚鵡、山鷓、練鵲、山鷄、獅子、麒麟、狻猊、獬豸、化生、真人（女真）、玉女等。到明清時代，又逐漸抽象化，以加強裝飾上的趣味。在宋代，不僅有“雕梁畫棟”，柱子且亦“錦綉花團”。《營造法式・五彩徧裝》曰：“柱頭作細錦或瑣文，柱身自柱櫍上亦作細飾，與柱頭相應。錦之上下作青紅或緑叠暈一道，其身内作海石榴等華（或於華内間以飛鳳之類），或於碾玉華内間以五彩飛鳳之類，或間四入瓣科或四出尖科（科内間以化生或龍鳳之類）。”此爲《營造法式》關於“五彩徧裝”用於柱上的做法。今天，我們雖然已無法找到一千年前這種如花似錦的柱式，然而推論得知，唐宋時代建築物上所出現的五彩繽紛的彩色，肯定要比當今看到的明清建築實物更加豐富。

　　宋代彩畫制式已發展到相當成熟的程度，且已定型。其基本方法，乃以藍、緑、紅之色爲主，其色之深淺則用退暈之法。《營造法式》所載共有九種不同的設色方法。同一圖案可有不同的設色，每一基本方法稱爲“裝”，計有五彩徧裝、碾玉裝、青緑叠暈棱間裝、三暈帶紅棱間裝、解緑裝飾、解緑結華、丹粉刷飾、黄土刷飾等。至於彩畫圖案的内容，《營造法式》共列出六類二十六品，而實際應用當遠不止此數。其圖案雖已高度程式化，但不像清代之近於幾何形。宋之實物如遼寧義縣之奉國寺、山西大同之薄伽教藏殿尚略有原型，但多已湮退變色，或經後世重描，已非當時原像。從《營造法式》及各種宋畫中可以看出，宮殿、廟宇及民居建築風格均已朝秀麗而絢爛的方嚮轉化。

　　我們現在所能見到的古代建築大多皆爲明清遺物。如北京明清故宮，上自房頂，下至基壇，無一不是色彩華麗，鮮明奪目。白色的石壇、紅墻黄瓦均給人們留下深刻印象。然而，這些彩色并非無用之脂粉，而是木構上必須加以保護部分。木料上的油漆，瓦上的琉璃，皆據功能之需要而施，故顔色在中國古代建築中成爲必需而得的自然結果，并不單純是爲美化而裝飾，而是爲保護而裝飾，亦兼具美化之意念。瓦之釉色很多，最普通的爲黃、綠二色。黃琉璃瓦用於帝王宮殿與廟宇；綠色琉璃則用於王府。黑、紫、藍、紅等色多用於離宮別館。墻壁外皮，普通住宅多用建築材料本色，宮殿廟宇却多刷成紅色，與黃、綠琉璃瓦形成相反的色調。木料部分在需要油漆保護的前提下，顏色工料十分講究，形成丹青彩畫，爲中國古代建築上一種重要裝飾。木作的油漆，柱與梁、枋以下全部多用紅色，間或用黑色。梁、枋、斗拱及梁枋以上屋瓦以下部分多以青綠色爲主色調，作爲紅墻與一片純色屋瓦間的一個間斷。青綠彩畫的位置與幽冷的色調同檐下陰影部分略符，以助同表現房檐之伸出。彩畫主要施於梁枋上，按畫題之不同，可分爲"蘇式""殿式"兩大類。"蘇式"彩畫之特徵是寫實的筆法及畫題，自然現象如雲冰紋；花卉如葡萄、蓮花、梅、牡丹、芍藥、桃子、佛手等；動物如仙人、仙鶴、蛤蟆（海墁）、蝙蝠、鹿、蝶等；文字如福、壽等；器皿如鼎、硯、書畫等；此外，還有人物故事及山水等。"殿式"彩畫的特徵爲程式化象徵的畫題，如龍、鳳、錦、西蕃蓮、西蕃草、夔龍、菱花等。"蘇式"彩畫用於一般建築，而"殿式"彩畫則皆用在莊嚴的宮殿、廟宇。

中國古代建築之裝飾，除以上所述雕飾與彩飾外，還有一種裝飾方法，即金飾。古代所謂"金"，即指金屬，或特指銅。根據考古材料及文獻記載可知，在古代，曾經流行過使用金屬（主要是銅片）包覆部分構件的構材。這種做法除起防火及加固作用外，亦有裝飾作用。考古材料證明，東周宮殿建築曾廣泛使用銅構件。如南京博物院收藏有此時期的銅斗拱，燕下都遺址出土一百二十三件銅構件，陝西臨潼曾出土戰國時代的"銅門楣"，陝西鳳翔出土了六十四件先秦宮殿使用的"銅金釭"。銅金釭即套在構件上的銅外殼，起初用於建築物構件節點上以加固，繼而便發展成爲一種裝飾性形制。這些實物表明，從周代至漢代，重大建築物上使用金屬構造的構件已相當廣泛。金屬構件的使用以及金飾、玉飾之記載亦多見諸漢魏南北朝文獻中。《漢書·外戚傳·趙皇后》載："皇后既立，後寵少衰。而弟絶幸，爲昭儀居昭陽舍，其中庭彤朱而殿上髤漆，切皆銅沓黃金塗，白玉階，壁帶往往爲黃金釭，函藍田璧，明珠翠羽飾之。"顏師古注："壁帶，壁之橫木露出如帶者也。於壁帶之中，往往以金爲釭，若車釭之形也。"漢班固《西都賦》云："金釭銜壁，是爲列錢。"《三輔黃圖·漢宮》曰："至孝武以木蘭爲棼橑，文杏爲梁柱，金鋪玉户，華榱璧璫，雕楹玉碣，重軒鏤檻，青瑣丹墀，左碱右平，黃金爲壁帶，間以和氏珍玉，風至其聲玲瓏然也。"可見當時"金釭""壁帶"的裝飾效果是十分顯著的。用銅或鎦金的"釭"與壁玉做裝飾，金玉交相輝映之時，"名都宮觀綺，金壁藻華璫"（南朝陳周弘正《名都》詩）是何等動人的景象！其後，金釭隨着壁帶的消失而消失。由於金屬與寶玉的用途太多，且價值昂貴，後世建築中金屬構件及金飾、玉飾逐漸減少。"金釭"等裝飾轉化爲彩畫形式而出現。北宋初年所建的敦煌莫高窟廊柱，壁帶、門框等部位的彩畫，即明顯采用金釭原來的裝飾理念。其後，成熟之後的彩畫制式，在梁頭部分的所謂"箍頭"或"藻頭"，歷來皆保持金釭齒飾形狀的意味。宋式彩畫雖多采用"象真"的寫實花紋，然如意頭之構圖却是由"釭"而來的裝飾意念。清式彩畫傾向於圖案化，齒飾之形狀就更爲明顯。至於在彩畫上貼金，則是對古代金屬裝飾的一種模仿。不論是否有意如此，受傳統裝飾觀念的影響，總是要在建築構件節點部分圖繪彩飾，以表現金屬的顏色與光澤，這樣纔會使之具有富麗堂皇的美學效果。

由於我國古代勞動人民在古代建築實踐中積纍了豐富的經驗，從實用功能與美化功能雙重的目的出發，綜合運用雕飾、彩飾與金飾的裝飾手法，創造出了獨具中華民族特色的色彩繽紛的中國古代建築，形成了功能與美學高度統一的建築體系。

第五節　木構架與民族風格

中國古代建築從原始社會起，一脉相承，以木構架爲主要結構方式，并創造出與此結構相適應的各種平面與外觀，從而形成了一種獨特的民族風格。木構架是我國傳統木構建築之結構骨架，一般由梁、柱、檁、椽、枋、串等構件組成；主要構造體系有抬梁式、穿斗式、井幹式、干欄式四種，其中抬梁式結構使用範圍較廣，居首要地位。

抬梁式木構架至遲在春秋時代已初步完備，後經不斷改進與提高，至東漢已漸臻成熟，并相繼形成一套完整的比例做法。此構架是沿房屋進深方嚮在石礎上立柱，上施梁枋，牽製成爲一間（前後橫木爲枋，左右爲梁）。梁可數層重叠稱"梁架"。自下而上每層縮短如梯級，逐漸增高稱"舉折"，逐層縮短，逐層加高，屋上層梁上立脊瓜柱，構成一組木構架。在平行的兩組木構架之間，以枋橫嚮聯絡柱之上端，并於各層梁頭及脊瓜柱上安置若干與構架成直角的檁。檁上除排列椽以承載屋面重量外，其本身尚具聯繫構架之功能。由兩組木構架形成的空間稱爲"間"。一座房屋通常由二三間乃至若干間沿面闊方嚮排列爲長方形平面。除此之外，木構架結構亦可建造三角、五角、六角、八角、正方、圓形、扇面、卍字、田字及其他特殊形狀的平面建築與多層樓閣及塔等。在木構架之橫梁與立柱之過渡處，施以橫材方木相互壘叠，前後伸出作“斗拱”。中國古代建築，因等級制度森嚴，衹有宮殿、寺廟與其他高級建築纔允許在柱上及內外檐之枋上安裝斗拱。所謂“斗拱”，是在方形坐斗上用若干方形小斗與若干弓形拱層叠裝配而成的。斗拱最初用以承托梁頭、枋頭，亦用於外檐支承出檐之重量，後乃用於構件其他節點上，出檐深度愈大，則斗拱層數愈多。中國古代匠師早就發現斗拱具有結構與裝飾之雙重作用，故以斗拱層數之多寡來表示建築物的重要性，作爲制定建築物等級標準之一。至於斗拱產生與發展過程，根據文獻記載及考古發現，至遲在周朝初期已有於柱上安坐斗承載橫枋之法，漢代成組斗拱已大量用於重要建築之中，且斗與拱之形式亦不止一種。經過兩晋、南北朝直至唐代，斗拱式樣漸趨統一，并以拱之高度作爲梁枋比例的基本尺度。後來匠師又將此基本尺度逐步發展爲周密的模數制，即宋李誠《營造法式》所稱之“材”。《營造法式·大木作制度一》曰：“材，其名有三：一曰章，二曰材，三曰方桁。凡構屋之制，皆以材爲祖；材有八等，度屋之大小，因而用之……各以其材之廣分爲十五分，以十分爲其厚。凡屋宇之高深，名物之短長，曲直舉折之勢，規矩繩墨之宜，皆以所用材之分，以爲制度焉。”據此可知，材之大小共有八等，又分爲十五分，以十分爲其寬。根據建築類型，先定材之等級，然後以材爲標準決定構件大小、長短及屋頂之舉折。因而，既簡化了設計手續，亦便於估算工料及在場地預製加工，可使多座房屋齊頭并進，提高施工速度，滿足統治者在短時間内建造大量房屋的要求。這種方法自唐宋沿襲至明清，前後千餘年，可見斗拱在中國古代建築中居於重要地位。宋代木構架開間加大，柱身加高，房屋空間隨之擴大，而木構架節點上所用斗拱却逐步減小，不如唐代之多，此趨嚮至明清更爲顯著。明清兩代之柱梁較唐宋增大，而斗拱則比唐宋小且排列叢密，幾乎喪失了原有之結構機能而僅成爲裝飾性構件。抬梁式木構架結構方式及其藝術形象經歷了由簡單到複雜，再由複雜趨於簡約的一個重要發展過程。抬梁式構架亦稱“叠梁式構架”。此種結構方式結構複雜，要求嚴格，加工細緻，然結實牢固，經久耐用，內部使用空間較大，同時可做出美觀的造型、宏偉的氣勢。大木大式（如宮殿、廟宇等高級建築物）均采用這種結構形式。

　　穿斗式木構架至漢代已相當成熟，流傳至今，爲南方諸地建築普遍采用。此結構方式是沿房屋進深方嚮立柱，但柱距較密，柱直接承載檁的重量，不用架空的抬梁，而以數層

"串"（亦稱"穿"）貫通各柱，組成一組組構架。穿斗式構架的特點：柱較細較密，柱與柱之間用木串穿接，連成一個整體，每根柱上皆頂一根檁條。其優點：以較小的木料建造較大的房屋，以其形成網狀，故結構亦較牢固。其缺點：屋内柱、枋較多，不能形成幾間連通的大空間。爲增加室内使用空間，亦有兩頭靠山墻用穿斗式，中間用抬梁式。穿斗式結構，以四川、湖南較爲多見。

井幹式木構架是以天然原木或方形、矩形、六角形斷面木料層層壘叠，構成房屋的壁體，上面屋頂，亦用原木做成。據考古發現，商朝後期陵墓内已使用井幹式木椁。由此可知，此結構法當產生於商代以前。周至漢代陵墓長期使用這種木椁，漢初宫苑中始有井幹樓。《史記·孝武本紀》曰："乃立神明臺、井幹樓，度五十餘丈，輦道相屬焉。"司馬貞索隱："《關中記》：'宫北有井幹臺，高五十丈，積木爲樓。'言築累萬木，轉相交架，如井幹。"漢張衡《西京賦》云："神明崛其特起，井幹叠而百增。"至於井幹式結構房屋，據漢代西南地區少數民族隨葬銅器所示，既可直接建於地上，亦可像穿斗式構架一樣，建於干欄式木架之上。此結構方式構造簡單，建築容易，然過於簡陋，使用空間太小，且耗費木材太多，故現在除部分森林地區外已很少使用。

干欄式構架是先用柱於底層做一高臺，上面置梁、鋪板，做成平臺形式，然後再於平臺上建造房屋。上層作居室，住人；下層儲藏柴草，或作猪圈、牛欄。干欄式建築係由巢居發展而來，此構架形式早在新石器時代就已產生。據考古發掘資料，在浙江餘姚河姆渡有一處居住遺址，除了出土大量陶器、骨器、石器以外，尚發現大量帶有榫卯的木構件以及栽入地下的樁木。根據遺址地勢低濕，居住範圍内未發現堅硬的居住地面，而大量散布着橡殼、菱殼、魚骨、獸骨等食品弃物，以及樁木附近尚遺存梁柱構件情況分析，此建築遺址當爲干欄式。由此可知，此構架形式在六千年前我國長江流域已經出現。現在西南各省農村仍普遍使用干欄式構架建築。

抬梁式構架形式係由穴居發展而來，而穿斗式構架乃從巢居演變而成。基於具體的地理環境，穴居與巢居這兩種原始的居住形式亦成爲我國北方與南方的代表形式，并有其各自的結構方法。由穴居演進而形成的屋架構造多用綁扎方法，并據此發展成爲通行於北方的抬梁式構架形式；而由巢居演變形成的建築，除在個別竹構房屋中使用綁扎方法外，大部分木構則使用簡單榫卯技術，并演進成爲通行於南方各地的穿斗式構架方式。

木構架結構在中國古代建築發展的歷史進程中，逐漸形成了獨具特色的建築體系，并且顯示了强大的生命力。其原因就是木構架結構具有很多其他結構體系不具備的優點。其一，承重與圍護結構分工明確。抬梁式木構架與現代建築的框架結構一樣，在平面布置上可形成方形或長方形柱網。柱網周邊，可在柱與柱之間根據需要砌築墻壁，安裝門窗。因墻壁不承載屋頂及樓面之荷重，故賦予建築物以極大的靈活性，既可做成門窗大小不同的房屋，亦可做成四面通風、有頂無墻的凉亭，又可做成封閉的倉庫。屋内各柱之間，則以格扇、板壁等做成輕便隔斷物，還可根據需要拆裝。因而，在中國歷史上有預先製作結構構件再運至現場安裝的記載，亦有若干拆運成批宫殿再易地重建的記録。不過據漢明器、唐長安遺址發掘及清朝某些地區住宅實物所示，有在房屋内部用梁柱，而周圍用承重墻的做法。由此可見，抬梁式木構架經過長期實踐，已成爲中國古代建築中最普遍的結構方法。至於穿斗式構架柱網處理雖不及抬梁式結構靈活，然於承重及圍護結構之分工方面仍然相同。其二，木構架房屋便於適應不同氣候條件。中國面積廣大，區域遼闊，地形複雜，氣候多變。氣候從南到北包括熱帶、亞熱帶、温帶、亞寒帶。一般説來，東南多雨，夏秋之間常有颱風襲擊；而北方冬、春二季受强烈的西北風控制，比較乾旱。位於同一緯度之各地，又因地形差别而氣候各异。内陸高原往往寒暑相差較大，沿海地區雖温差較小，却富於變化。而木構架房屋，無論是抬梁式或穿斗式，衹要在房屋之高度、墻壁與屋面之材料及厚薄、窗户之位置及大小等方面加以變化，即可廣泛適應各地寒暖不同的氣候條件，這是其他結構的房屋不可比擬的。其三，木構架結構房屋有較强的抗震能力。因木材具有彈性，梁柱框架結構又具較好的整體性；高級建築之基礎又多采用滿堂灰土、以分層夯實之灰土做地基，具有整體性與材料彈性，因而具有較强的抗震性能，可抵禦强烈地震所引起的破壞。如山西應縣木塔、河北薊州獨樂寺觀音閣與北京故宫等古建築，歷史上曾經受多次地震，然至今仍安然無恙。其四，材料供應方便。因地制宜、就地取材、因材致用乃中國古建築之優良歷史傳統。在古代，中國大部分地區地處温帶，林木資源豐富，木料比磚石更易就地取材，且加工方便，可迅速而經濟地滿足材料供應。因此，木結構不僅廣泛應用於房屋建築，大而宫殿、廟宇，小而民居、園林，皆可靈活運用，而且應用於各種梁式、懸臂式及拱式橋梁建築之中。

中國木構架體系之所以應用範圍廣、持續時間長，除具有以上四大優點外，還有一個重要原因就是由於它體現了標準化與多樣化相結合的原則。標準化的努力包括模數概念及標準尺度等，至遲到唐代已發現用拱的高度作爲梁枋比例之基本母度，此爲初期之 "模數"。宋代稱此模數爲"材"，清代則稱之爲"斗口"，計有十一種斗口等級。經匠師研究，宋代建築物之間廣、椽架平長、柱高、生起、椽距、出檐、出際等有關設計資料，皆按"材分制度"加以規定，形成一定的標準尺度。按材分制度建築房屋，既可加快施工進度，亦可保證各類建築物皆可取得和諧的輪廓與均衡的比例。中國古代建築在推行標準化的同時，又非常注重建築形式的多樣化。在建築平面上，簡單的個體單元建築可靈活組合形成"一"字形、"十"字形、冂形、曲尺形、"亞"字形、圓形、六面、八面、扇面等形式，屋頂部分亦可在廡殿、歇山、懸山、硬山四種基本形式基礎上演出重檐、盝頂、抱厦、龜頭殿等，并組合成各種複雜的建築群組合體。至於門窗櫺格、墙面雕飾、屋頂脊飾、壁畫彩繪、雕梁畫棟等細部裝飾更加顯現出各種建築的不同特色。結構方式雖以抬梁式構架爲主導形式，然同時大量采用穿斗式、井幹式、干欄式、懸挑等形式，以及磚瓦、夯土、土坯、塊石、卵石、琉璃等多種建築材料。標準化與多樣化相結合，使各種類型的古代建築不僅具有統一的民族風格，亦同時表現出自身的個性特徵，使中國這套成熟的木構體系能長期適應古代社會的需要，從而形成世界上極具民族特點、應用時間長久的建築結構體系（見梁思成《中國建築史》、劉敦楨《中國古代建築史》）。

　　中國古代建築不僅是傳統中華民族文化的重要組成部分，而且還是全部文化的高度集中，它綜合反映了中國古代科學技術及文化藝術的水平。中國建築一如中國文化一樣，始終保持連續不斷、相繼相承的綿延發展，并形成完整統一的獨立體系。正如梁思成先生在《我國偉大的建築傳統與遺產》一文中所述："歷史上每一個民族的文化都產生了它自己的建築，隨着這文化而興盛衰亡。世界上現存的文化中，除去我們的鄰邦印度的文化可算是約略同時誕生的弟兄外，中華民族的文化是最古老、最長壽的。我們的建築也同樣是最古老、最長壽的體系。在歷史上，其他與中華文化約略同時，或先或後形成的文化，如埃及、巴比倫，稍後一點的古波斯、古希臘，及更晚的古羅馬，都已成爲歷史陳迹。而我們的中華文化則血脉相承，蓬勃地滋長發展，四千餘年，一氣呵成。"

第二章　居室説

第一節　泛稱考

距今大約七千年至五千年前的新石器時代仰韶文化時期，人類已從穴居進入半穴居階段，并繼而向地面建築過渡。目前考古發現的西安半坡、姜寨，洛陽王灣，鄭州大河村等聚落晚期遺址，已有四開間房屋，説明此時以柱承重、以間爲單位的連排房屋已經萌芽，多室房屋建築業已出現。在這些聚落遺址中還發現，用於生活起居的房屋，按其功能及性質可分爲兩類：一是構成聚落的基本單位——圓形或方形小型房屋，二是坐落於聚落中部的公共建築——"大房子"。第一類住房一般空間狹窄，從生活遺迹分析，當屬"對偶家庭"的住所。其特點有四：一是早期爲防水而設的門道雨棚，使内部空間較爲隱蔽而安全。門前這一獨立的緩衝空間可認作"堂"的雛形。它往橫嚮發展，即形成後世的"明間"；隔牆左右爲兩"次間"，於是形成"一明兩暗"的形式。這一空間往縱嚮發展，則分隔室内爲前後兩部分，形成"前堂後室"之格局。二是圓形建築門内兩側隔牆背後，形成兩個隱奥空間，類似後世居住房屋的内室，初步具備了卧室功能。三是居住面東南部多發現炊具、陶器及雜物，可知此部位是存放食物及炊具之處；東北隅面向入口，迎光明亮，在此發現壓碎的陶器，當屬做炊事及進食之所；西南隅未發現貯藏遺迹，而稍晚的遺址西南部居住面高起部分表面處理堅硬光潔，似爲炕之雛形，此處當爲對偶臥寢所在。四是一棟多室住房的出現，反映居住人口結構關係的重大變化。大河村遺址的平面布置爲一大室，一小室；大室又劃分出套間或設獨立出入口的房間。而下王崗已發掘的長屋，遺址長達 100 米以上，由 32 個單元組合而成。這些住宅的形式，如同半坡遺址反映早期“對偶家庭”一樣，亦必定反映另一種典型的家庭組織情況，可能屬於包括老少成員的直系血緣關係家族的住所。第二類住房則是考古發掘報告中“大房子”，位於聚落的中心，是作爲一般對偶住房組群中心的體量最大的公共建築，是最受尊重的“外祖母”，或另外的氏族首領的住所，同時也是社會被撫養人口的集體住所，如老年、兒童及病殘人員在這裏集中居住，便於社會照顧。半坡“大房子”遺址是這一聚落的晚期建築，進門是一個大空間，後部劃分爲三個小空間，已有“前堂後室”的雛形。前部大空間當爲聚會或舉行儀式的場所，後部三個小空間屬臥室性質。前部廳堂，後部臥室的布局，是目前所知最早的一個“前堂後室”的實例。原始社會解體、奴隸制確立之初，原始社會留下的建築遺產中，最高水平的“大房子”必然被奴隸主霸占，使之發生質的轉變，從而出現歷史上第一座統治階級的宮殿。《周禮・考工記》所載“夏后氏世室”寓於一棟建築之中的“前朝後寢”的布局，即脫胎於原始社會的“大房子”，這已由因襲夏代的商初奴隸主宮室遺址得到證明。《周禮・考工記・匠人》云：“夏后氏世室，堂修二七，廣四修一。五室，三四步，四三尺。九階，四旁兩夾窗。”可知夏后氏世室已是一棟內部分隔爲堂、室、旁、夾等空間的大房屋，但它仍然保持原始社會單體建築的基本形式。至商代初年，這種結構就發生了變化。河南偃師二里頭夏代中晚期宮殿宗廟遺址是迄今發現最早的一座。它坐落在二里頭遺址的中部，面積約 1 萬平方米，坐北嚮南，下有臺基，臺基上是由殿堂與廊廡、門庭等單體建築組成的建築群。中部偏北是殿堂，堂前爲平坦而寬闊的庭院，南面有敞亮的大門與殿堂相對，四周有彼此相通的廊廡，圍繞中心殿堂組成了一座十分壯觀的宮殿宗廟建築，附近還發現面積不大的附屬建築基址。整個平面布局，基本具備了我國傳統宮殿宗廟建築的形制及規模。西周時期宮殿建築群的布局，在《書・顧命》中已有詳細記述：前面是正門，門兩側有“右塾”“左塾”。門內有庭，庭內居中爲主要建築——“堂”。堂前有“東階”“西階”，堂後有“側階”。堂上有主室及在其左右的“東房”“西房”。庭的東西側有東西“廂房”，以及“東堂”“西堂”。正門前有應門，應門前有皋門。這是一組規模宏大、格局整齊的四合院式的宮殿建築群。岐山鳳雛村遺址是西周早期宮殿，是一座由三個庭院及四周圍繞的若干房屋組成的四合院式宮殿建築群。整個建築保持沿南北中軸綫，東西兩邊嚴格對稱，符合"前堂後室"的制度，與《書》的記載完全相同。士大夫的住宅，亦比照前堂後室的布局形式建造。宋以來許多學者根據《儀禮》所載禮節，研究春秋時期士大夫的住宅，已大體判明，前面有門，門爲面闊三間的建築，中央明間爲門，左右次間爲塾，門内有院，再次爲堂。堂爲生活起居與接見賓客、舉行典禮的處所。堂前有東西二階，堂後有側階。堂上當中爲中堂。堂上有東西墙，稱爲東序、西序。堂左右有東西夾。東夾前稱東堂，亦稱東箱；西夾前稱西堂，亦稱西箱。堂後中央爲正室，正室兩旁之側室曰房，即東房、西房。正室與東西房均爲卧室。東房前後分爲二，其北部稱爲北堂，多爲婦女盥洗之處，後因以指主婦居處。後世房屋建築基本沿襲舊制，無論宮殿建築、寺廟建築、宗廟建築，還是平民住宅建築，基本上皆循"前堂後室"之制。除貧苦農民住宅多用一橫排二三間外，一般民居亦沿用此制，直至明清。

宮室 [1]

單稱"宮""室"。古代對房屋、居室之通稱。包括了後世的宮殿。人類社會在穴居、半穴居時代，居住面從地下轉爲地上，由穹廬式屋分化爲直立的墻體與傾斜的屋蓋。此墻上架屋之體形比原來建於地面之屋高大許多，在成文歷史初期尤顯突出，故謂之"宮"。宮之内部空間曰"室"。宮爲體形，室爲空間。宮與室乃同一事物之兩個側面。故《爾雅·釋宮》曰："宮謂之室，室謂之宮。"《易·繫辭下》："上古穴居而野處，後世聖人易之以宮室。"唐韓愈《原道》："木處而顛，土處而病也，然後爲之宮室。"先秦之時，"宮"與"室"及"宮室"同義。秦漢以後，宮乃專指帝屋大宅。

【宮】[1]

"宮室[1]"之單稱。《易·困》："入于其宮，不見其妻，凶。"《左傳·僖公二十八年》："〔晋侯〕令無入僖負羈之宮而免其族，報施也。"《史記·五帝本紀》："象乃止舜宮居，鼓其琴。"張守節正義："宮即室也。"宋費袞《梁溪漫志·古者居室皆稱宮》："古者居室貴賤皆通稱宮，初未嘗分別也。"清段玉裁《説文解字注·宀部》："宮言其外之圍繞，室言其内。析言則殊，統言不別也。"

【室】[1]

"宮室[1]"之單稱。《説文·宀部》："室，實也。从宀，至聲。室屋皆从至，所止也。"段玉裁注："室……引伸之，則凡所居皆曰室。"《廣韻·入質》："室，房也。"《詩·小雅·斯干》："築室百堵，西南其户。"《左傳·哀公元年》："昔闔廬食不二味，居不重席，室不崇壇。"《孟子·梁惠王下》："爲巨室，則必使工師求大木。"楊伯峻注：“巨室，古代‘室’和‘宮’有時意義相同，都是房屋的意思。”《後漢書·仲長統傳》：“豪人之室，連棟數百。”唐杜甫《贈李十五丈別》詩：“峽人鳥獸居，其室附層巔。”

室宅

室舍、住宅。《淮南子·齊俗訓》：“趨舍禮俗，猶室宅之居也。”《三國志·魏書·胡昭傳》“動見模楷焉”裴松之注引晉皇甫謐《高士傳》曰：“形之所不可釋者衣裳也，身之所不可離者室宅也。”《南史·任昉傳》：“昉不事生產，至乃居無室宅。”

【室宇】

即室宅。《三國志·吳書·陸凱傳》：“建業宮不利故避之，而西宮室宇摧朽，須謀移都。”《晉書·石崇傳》：“財產豐積，室宇宏麗。”唐封演《封氏聞見記·第宅》：“太子太師魏徵，當朝重臣也。所居室宇卑陋，太宗欲爲營第，輒謙讓不受。”明陳繼儒《珍珠船》卷三：“陸士龍輩以洪筆爲粗末，紙扎爲良田……仁義爲室宇，修道德爲廣宅。”清采蘅子《蟲鳴漫錄》卷二：“次晨來覘，則室宇寂然，門牖洞開，不知其何時去。”

【室舍】

即室宅。《漢書·藝文志》：“形法者，大舉九州之勢以立城郭室舍形，人及六畜骨法之度數、器物之形容以求其聲氣貴賤吉凶。”漢焦贛《易林·屯之解》：“山陵丘墓，魂魄室舍。精誠盡竭，長寢不覺。”

【室堂】

即室宅。古人住房之內，前爲堂，後爲室。《荀子·不苟》：“操彌約而事彌大。五寸之矩，盡天下之方也。故君子不下室堂而海內之情舉

積此者，則操術然也。”《禮記·內則》：“雞初鳴，咸盥漱，衣服，斂枕簟，灑掃室堂及庭。”《史記·秦始皇本紀》：“四月，二世還至咸陽，曰：‘先帝爲咸陽朝廷小，故營阿房宮爲室堂。未就，會上崩，罷其作者，復土酈山。’”

【室第】

即室宅。《後漢書·董卓傳》：“是時洛中貴戚室第相望，金帛財產，家家殷積。”《世說新語·賞譽下》“不使人思”劉孝標注引南朝宋檀道鸞《續晉陽秋》：“〔謝安〕及輔政，而修室第園館，麗車服，雖期功之慘，不廢妓樂。”

【室閭】

即室宅。《梁書·甄恬傳》：“〔甄〕恬既孝行殊異，聲著邦壤……可旌表室閭，加以爵位。”唐薛用弱《集異記·王積薪》：“積薪虔謝而別。行數十步再詣，則已失向之室閭矣。”

【室廡】

即室宅。原指大小房屋，後泛指室宅。《管子·國蓄》：“故萬民無籍，而國利歸於君也。夫以室廡籍，謂之毀成。”尹知章注：“小曰室，大曰廡。”

屋[1]

住房，房間。《說文·尸部》：“屋……一曰尸，象屋形。从至。至，所止也。室、屋皆从至。”段玉裁注：“此从尸之又一說也。上象覆，旁象壁。”《廣雅·釋宮》：“屋，舍也。”《易·豐》：“象曰：‘豐其屋，天際翔也。’”《詩·秦風·小戎》：“在其板屋，亂我心曲。”《淮南子·齊俗訓》：“廣廈闊屋，連閨通房，人之所安也。”唐元稹《大觜烏》詩：“翱翔富人屋，栖息屋前枝。”宋梅堯臣《陶者》詩：“陶盡門前土，屋上無片瓦。”

【屋子】

即屋[1]。《朱子語類》卷七〇："龜山云：'不要拆壞人屋子。'"《兒女英雄傳》第二八回："轎夫前後招呼了一聲落平，好像不曾進屋子，便把轎子放下了。"《二十年目睹之怪現狀》第三五回："到得花多福房裏時，却已經黑壓壓的擠滿一屋子人。"

【屋宇】

即屋[1]。《後漢書·獨行傳·雷義》："金主伺義不在，默投金於承塵上，後葺理屋宇，乃得金。"唐杜甫《茅堂檢校收稻》詩之一："喜無多屋宇，幸不礙雲山。"清俞樾《春在堂隨筆》卷六："曩在京師，許文恪招飲於其養園，花木翳然，屋宇幽雅，頗擅園林勝事。"

【屋室】

即屋[1]。亦稱"房室"。《禮記·月令》："〔仲冬之月〕審門閭，謹房室，必重閉。"《戰國策·趙策一》："願大夫之往也，毋伐樹木，毋發屋室。"《後漢書·翟酺傳》："遂起太學，更開拓房室。"南朝宋劉義慶《世說新語·任誕》："我以天地爲棟宇，屋室爲褌衣。"宋曾鞏《瀛州興造記》："河北地大震，壞城郭屋室，瀛州爲甚。"明何良俊《四友齋叢説·史七》："若燒去房室，彼不能駐足，必往他處。"

【房室】

即屋室。此稱先秦時期已行用。見該文。

【屋宅】

即屋[1]。《周禮·考工記·叙官》"胡之無弓車"。漢鄭玄注："匈奴無屋宅，田獵畜牧，逐水草而居，皆知爲弓車。"《舊唐書·食貨志上》："贊請税京師居人屋宅，據其間架差等計入。"

【屋舍】

即屋[1]。亦稱"房舍"。《詩·小雅·鴻雁》"之子於垣，百堵皆作"漢鄭玄箋："起屋舍，築墻壁。"晋陶潛《桃花源記》："土地平曠，屋舍儼然。"唐元稹《夢井》詩："哽咽夢忽驚，覺來房舍静。"唐陸龜蒙《奉酬襲美先輩吳中苦雨一百韻》詩："先誇屋舍好，又恃頭角凸。"清和邦額《夜譚隨録·譚九》："往歲零雨，屋舍傾圮。"《紅樓夢》第四回："這梨香院……小小巧巧，約有十餘間房舍。"

【房舍】

即屋舍。此稱唐代已行用。見該文。

【舍】

即屋[1]。《玉篇·人部》："舍，處也。"《廣韵·去禡》："舍，屋也。"《周禮·天官·叙官》："掌舍。"鄭玄注："舍，行所解止之處。"《禮記·曲禮上》："將適舍，求毋固。"孔穎達疏："舍，主人家也。"《漢書·高帝紀上》："遂西入咸陽，欲止宫休舍。"顔師古注："舍，謂屋舍也。"《後漢書·孔融傳》："女年七歲，男年九歲，以其幼弱得全，寄它舍。"《華陽國志·劉先主志》："舍東南角籬上有桑樹生，高五丈餘。"南朝宋劉義慶《世説新語·賞譽下》："丞相治揚州廨舍，按行而言曰：'我正爲次道治此爾！'"唐韓愈《感春》詩之二："平明出門暮歸舍，酩酊馬上知爲誰。"宋陸游《居室記》："舍後及旁，皆有隙地，蒔花百餘本。"

【房】[1]

即屋[1]。《廣雅·釋宫》："房，舍也。"《莊子·知北游》："無門無房，四達之皇皇也。"《楚辭·招魂》："姱容修態，絚洞房些。"王逸注："房，室也。"《宋書·樂志三》："妾當守空房，閉門下重關。"唐張籍《病中酬元宗簡》詩："東風漸暖滿城春，獨向深房養病身。"

【房屋】

即屋[1]。亦稱"房子"。《初刻拍案驚奇》卷二〇："問了姓名，便收拾一間房子，安頓蘭孫，撥一箇養娘服事他。"《紅樓夢》第三回："黛玉度其房屋院宇，必是榮府中之花園隔斷過來的。"

【房子】

即房屋。此稱明代已行用。見該文。

【宇】[1]

即屋[1]。亦作"㝢"。《詩·大雅·綿》："爰及姜女，聿來胥宇。"毛傳："宇，居也。"孔穎達疏："宇者，屋宇，所以居人，故爲居也。"《國語·周語中》："其餘以均分公侯伯子男，使各有寧宇。"韋昭注："宇，居也。"《楚辭·招魂》："高堂邃宇。"王逸注："宇，屋也。"又《離騷》："爾何懷乎故宇？"王逸注："宇，居也。"《漢書·高惠高后文功臣表》："高其位，大其㝢。"顏師古注："㝢，謂啓土所居也。"《晉書·江逌傳》："翦茅結宇。"唐韓愈《唐故江南西道觀察使太原王公神道碑銘》："禁浮屠誑誘，壞其舍，以葺公宇。"宋張君房《雲笈七籤》卷五："廬山諸徒共見先生，霓旌靄然，還止舊宇，斯須不知所在，相與驚而異之。"清周亮工《再與鐵崖》詩："念室傳聞意盡衰，滾燈對宇足人悲。"《紅樓夢》第五回："及看了這兩句，縱然室宇精美，鋪陳華麗，亦斷斷不肯在這裏了。"

【㝢】

同"宇[1]"。此體漢代已行用。見該文。

【庭宇】[1]

即屋[1]。《後漢書·陳蕃傳》："〔蕃〕嘗閑處一室，而庭宇蕪穢。"晉潘岳《西征賦》："街衢如一，庭宇相襲。"《宋書·禮志一》："路經闕里，過觀孔廟，庭宇傾頓，軌式頹弛。"清龔自珍《洞仙歌》詞："索歸去，依儂夢兒尋，怕不似兒時，那般庭宇。"

屋架

亦稱"屋間架"。猶言一些房屋。架，間數。《舊唐書·食貨志下》："〔戶部侍郎趙贊〕又以軍須迫蹙，常平利不時集，乃請稅屋間架，算除陌錢。"《新唐書·陳京傳》："初，帝討李希烈，財用屈，京與戶部侍郎趙贊請稅民屋架，籍賈人貲錢，以率貸之。"

【屋間架】

即屋架。此稱唐代已行用。見該文。

居

亦作"凥"。住所。旨在强調居住意。《書·盤庚上》："盤庚遷于殷，民不適有居。"孔傳："適，之也。不欲之殷，有邑居。"又："各長於厥居，勉出乃力。"孔穎達疏："各思長久於其居處。"《後漢書·逸民傳·臺佟》："〔臺佟〕隱於武安山，鑿穴爲居，采藥自給。"唐韓愈《孟生》："豈識天子居，九重鬱沉沉。"宋沈括《潤州金山二使君祠堂記》："其徒度其勢，不能復得所欲，一夕火其凥。"清吳騫《扶風傳信錄》："問其居，曰：'近村。'"

【凥】

同"居"。此體宋代已行用。見該文。

【居室】

即居。《禮記·曲禮下》："君子將營宮室，宗廟爲先，厩庫爲次，居室爲後。"《後漢書·宦者傳·侯覽》："又豫作壽冢，石椁雙闕，高廡百尺，破人居室，發掘墳墓。"宋蘇軾《清風閣記》：

"雖爲居室而以名之，吾又爲汝記之，可也。"

【室居】

即居。《墨子·雜守》："寇近，函收諸雜鄉金器若銅鐵及他可以左守事者。先舉縣官室居、官府不急者，材之大小長短及凡數，即急先發。"《淮南子·時則訓》："土事無作，無發室居。"唐元稹《故金紫光禄大夫贈太保嚴公行狀》："荆俗不理室居，架竹苫茅，卑庳褊逼，風旱摩戞，熇然自火。"宋蘇軾《魚蠻子》詩："江淮水爲田，舟楫爲室居。"

【居處】

即居。《後漢書·袁安傳》："居處仄陋，以耕學爲業。"《太平廣記》卷一六五引宋龐元英《談藪》："〔長孫道主〕雖爲三公，而居處卑陋，出鎮之後，子頗加修葺。"清唐甄《潛書·兩權》："百金之賈，必有居處，以安妻子，固管籥，結鄰里，無盜竊之虞，乃可以轉販於四方。"

軒[1]

居所的雅稱。軒，本指小窗。《後漢書·延篤傳》："夕則消搖内階，咏《詩》南軒。"唐李白《與韓荆州書》："若賜觀芻蕘，請給紙墨，兼之書人，然後退掃閑軒，繕寫呈上。"

【軒子】

即軒。《三俠五義》第五三回："上了臺階，往裏一看，見東面一溜五間平臺軒子，俱是燈燭輝煌。"

【軒房】

即軒。亦稱"軒居"。晋葛洪《抱朴子·勤求》："此何異乎在紗幌之外，不能察軒房之内，而肆其倨慢，謂人之不見己。"唐李紳《奉酬樂天立秋夕有懷見寄》詩："此際昏夢清，斜月滿軒房。"明陳璉《歲寒軒賦》："想夫軒居整飭，松柏蕭森，陽烏轉影，綠雲布陰。"

【軒居】

即軒房。此稱明代已行用。見該文。

軒序[1]

亦稱"軒除"。軒，小窗；序，堂屋之東西墻。均爲房屋構件，代指房屋。唐岑參《行軍雪後月夜宴王卿家》詩："酒香薰枕席，爐氣暖軒除。"宋歐陽修《答吳充秀才書》："故愈力愈勤而愈不至，此足下所謂終日不出於軒序，不能縱横高下皆如意者也，道未足也。"元鄧文原《東古堂記》："植兩槐若偃，蓋在堂南，總軒序寢室爲屋若干，楹而榜其堂曰'樂古'。"

【軒除】

即軒序。此稱唐代已行用。見該文。

家[1]

住房，指在强調家人所居。《易·豐》："豐其屋，蔀其家，闚其户，闃其無人。"《莊子·山木》："夫子出於山，舍於故人之家。"《敦煌變文集·伍子胥變文》："吾家去此往返十里有餘，來去稍遲，子莫疑怪。"明吳寬《匏翁家藏集·醫俗亭記》："而家之東偏，隙地僅半畝，墙角蕭然有竹數十箇。"清王端履《重論文齋筆錄》卷四："不是天涯不到家，彭城風雨願偏賒。"

【家室】

即家。《淮南子·脩務訓》："舜作室，築墙茨屋，辟地樹穀，令民皆知去巖穴，各有家室。"《漢書·淮南厲王劉長傳》："有司奏：'諸處蜀嚴道邛郵，遣其子、子母從居，縣爲築蓋家室，皆日三食，給薪菜鹽炊食器席蓐。'"

【室家】

即家。《書·梓材》："若作室家，既勤垣墉，惟其塗墍茨。"曾運乾正讀："蟒國如作室，既高其垣墉，以防大盜，亦當塞向墐户，以防宵小。"《論語·子張》："譬之宮墻，賜之墻也及肩，闚見室家之好。夫子之墻數仞，不得其門而入，不見宗廟之美。"明唐順之《吳氏墓記》："吳翁乃於生時預爲葬地，其營壙也如營其室家。"

下舍

私宅，對官邸而言。《晉書·華表傳》："〔表〕頻稱疾歸下舍，故免於大難。"南朝宋劉義慶《世說新語·德行》："〔殷覬〕亦即曉其旨，嘗因行散，率爾去下舍，便不復還。"唐李頎《贈張旭》詩："下舍風蕭條，寒草滿户庭。"宋梅堯臣《送謝寺丞知餘姚》詩："高堂有親甘可養，下舍有弟樂可同。"

堂 [1]

專指從事某種活動用的房屋。如靈堂、佛堂、店堂、育嬰堂、禮堂、食堂等。《後漢書·明帝紀》："親御講堂，命皇太子、諸王說經。"宋王禹偁《揚州建隆寺碑》："禮佛有殿，演法有堂，齋庖在東，僧寢在右。"

堂構

此稱出自《書·大誥》："若考作室，既底法，厥子乃弗肯堂，矧肯構。"孔傳："以作室喻治政也。父已致法，子乃不肯爲堂基，況肯構立屋乎？"後常以"堂構"指房舍。晉陸機《嘆逝賦》："悼堂構之頹瘁，慜城闕之丘荒。"明汪廷訥《獅吼記·談禪》："他風流慷慨世間稀，選勝誅茅堂構美。"清吳熾昌《客窗閑話·淮南宴客記》："偕同事數友，詣其宅，堂構爽塏，樓閣壯麗。"

寢堂

居室，多具莊重意。宋尤袤《全唐詩話·段成式》："寺中彌勒殿，齊公寢堂也。"明唐順之《葛母傳》："已而從容菴徙於揚，則又助容菴構新居。其經理視鳳陽時尤勤，不逾時，而寢堂言言，遂如故家。"

廬舍 [1]

亦稱"廬宅"。住宅，多具簡樸意。《史記·項羽本紀》："項羽乃悉引兵渡河，皆沉船，破釜甑，燒廬舍，持三日糧，以示士卒必死，無一還心。"《後漢書·光武帝紀下》："其口賦逋稅而廬宅尤破壞者，勿收責。"《三國志·魏書·文帝紀》："伊洛溢流，殺人民，壞廬宅。"宋蘇洵《田制》："塞溪壑，平澗谷，夷丘陵，破墳墓，壞廬舍，徙城郭，易疆壟。"清唐甄《潛書·太子》："親其婦子，知其生養；入其廬舍，知其居處。"

【廬宅】 [1]

即廬舍 [1]。此稱漢代已行用。見該文。

【廬居】 [1]

即廬舍 [1]。太平天國洪仁玕《軍次實錄·諭民》："廬居暫借作王居，寄諭我民別夏夷。"

【廬室】 [1]

即廬舍 [1]。亦稱"廬宇"。《墨子·迎敵祠》："城之內，薪蒸廬室，矢之所遝，皆爲之塗菌。"《漢書·蓋寬饒傳》："躬案行士卒廬室，視其飲食居處。"《宋書·文帝紀》："頃年岳牧遷回，軍民徙散，廛里廬宇，不逮往日。"唐韓愈《劉統軍碑》："及癸巳歲秋，涌水出，流過其部，破民廬舍。"

【廬宇】 [1]

即廬室。此稱南北朝時期已行用。見該文。

【廬廡】[1]

即廬舍[1]。亦稱"廬第""廬落"。《史記·蘇秦列傳》:"地名雖小,然而田舍廬廡之數,曾無所芻牧。"《後漢書·皇甫規傳》:"省去游娛不急之務,割減廬第無益之飾。"又《循吏傳·仇覽》:"吾近日過舍,廬落整頓,耕耘以時。"李賢注引《廣雅》曰:"落,居也。"

【廬第】[1]

即廬廡。此稱漢代已行用。見該文。

【廬落】[1]

即廬廡。此稱漢代已行用。見該文。

閭廬

房舍,屋宇。《左傳·襄公十七年》:"吾儕小人,皆有閭廬,以辟燥濕寒暑。"楊伯峻注:"此閭廬爲一詞,意即屋宇、房舍。"明宋濂《燕書》之八:"吾儕小人得有閭廬以蔽風雨者,非君贈與!"

廛[1]

本指古代平民一家在城邑中所占房地。後泛指城市平民之居住房。《周禮·地官·遂人》:"上地,夫一廛,田百畮,萊五十畮,餘夫亦如之。"《孟子·滕文公上》:"遠方之人聞君行仁政,願受一廛而爲氓。"又《公孫丑上》:"廛,無夫里之布,則天下之民皆悦,而願爲之氓矣。"清江永《群經補義·孟子》:"此廛謂民居,即《周禮》'上地,夫一廛''許行願受一廛'之'廛'。"漢班固《西都賦》:"闐城溢郭,旁流百廛。"宋王安石《次韻舍弟遇子固憶少游》詩:"歸計何時就一廛,寒城回首意茫然。"清厲鶚《春陰望西溪人家雲山梅竹互爲掩映》詩:"映山春晻曖,下有魚樵廛。"

【廛宅】[1]

即廛[1]。亦稱"廛居""廛舍"。《荀子·王制》:"順州里,定廛宅。"楊倞注:"廛,謂市内百姓之居,宅謂邑内居也。"清王先謙集解引郝懿行曰:"廛宅皆謂邑里之居,在市曰舍,在田曰廬。此以廛宅並言,則廛在市,宅在邑。"明劉基《有感》詩之五:"黍穗高低菊有華,廛居恰似野人家。"《東周列國志》第一一回:"今東郊被宋兵殘破,民居未復,主公明日命司徒修整廛舍。"清和邦額《夜譚隨録·蘇仲芬》:"王患門户偪側,廛居近市,欲别覓數椽以居子弟。"清劉大櫆《乞同里捐輸以待周急引》:"閭巷無恒産之士貿貿而來,傭廛舍以居。"

【廛居】[1]

即廛宅[1]。此稱明代已行用。見該文。

【廛舍】[1]

即廛宅[1]。此稱明代已行用。見該文。

甍[1]

指屋舍,常具宏大意。南朝陳徐陵《洛陽道》詩之二:"聞珂知馬蹀,傍幰見甍開。"《舊唐書·昭宗紀》:"全忠(朱全忠)令長安居人按籍遷居,徹屋木,自渭浮河而下,連甍號哭,月餘不息。"宋蘇舜欽《地動聯句》:"民甍含鼓舞,禁堞强崩離。"

【甍宇】

即甍[1]。《文選·張衡〈西京賦〉》:"廛里端直,甍宇齊平。"吕延濟注:"甍,棟宇也。"《周書·武帝紀下》:"諸堂殿壯麗,並宜除蕩,甍宇雜物,分賜窮民。"唐楊炯《庭菊賦》:"甍宇連接,洞門相向。"《太平御覽》卷一九一引《西京記》:"大業六年,諸夷來朝,請入市交易,煬帝許之,於是修飾諸行,葺理邸店,皆使甍宇齊正，卑高如一。”

閭舍

泛指房屋。宋范仲淹《龍圖閣直學士工部郎中段君墓表》：“定襄地震，壞閭舍，壓人盈萬數。”

門堂

指門與堂。謂家中。漢王粲《大暑賦》：“征夫瘴於原野，處者困於門堂。”

院[1]

泛指房舍，屋室。《字彙・阜部》：“院，宅也，室也。”《舊唐書・李愬傳》：“唯愬六遷大鎮，所處先人舊宅一院而已。”清蒲松齡《聊齋志異・小翠》：“以居里間女，女亦憨然不能言其道路。遂治別院，使夫婦成禮。”

曲室

亦稱“曲房”。猶密室，即偏僻幽深之房舍。漢枚乘《七發》：“往來游燕，縱恣於曲房隱間之中。”三國魏阮籍《達莊論》：“且燭龍之光，不照一堂之上；鐘山之口，不談曲室之內。”唐岑參《敦煌太守後庭歌》：“城頭月出星滿天，曲房置酒張錦筵。”《舊五代史・梁書・敬翔傳》：“劉於曲室讓翔曰：‘卿鄙余曾失身於賊耶？’”明徐弘祖《徐霞客游記・粵西游日記三》：“十丈之內，側堰曲房，中闢明扉。”清劉光第《美酒行》云：“美酒樂高會，廣筵開曲房。”《精衛石》第二回：“並肩曲室行將去，到一處，三字題名栖鳳軒。”

【曲房】

即曲室。此稱漢代已行用。見該文。

第二節 堂 考

古代宮室之制：前堂後室。由此而演變爲宮殿建築之“前朝後寢”，宗廟建築之“前廟後寢”制度。房屋建於臺基之上，居室前後以墻隔開，前面曰堂，後面中央曰室，正室兩旁曰房，即東房、西房。堂有東西墻，謂東序、西序，而南面無墻，故堂爲敞口廳堂，爲當正嚮陽之屋。

堂爲主人日常活動及會客、議事、宴飲、行禮之處。以其建於臺基之上，故文獻有“登堂”“升堂”之説；室與房爲主人內部休憩、活動處，以堂在前，室在後，故亦有“登堂入室”之謂。《論語・先進》：“由也升堂矣，未入於室也。”皇侃疏：“窗、戶之外曰堂；窗、戶之內曰室。”《禮記・問喪》：“入門而弗見也，上堂又弗見也，入室又弗見也。”《説文・戶部》：“房，室在旁也。”桂馥義證：“古者宮室之制：前堂後室。”《玉海・宮室・堂》：“古者爲堂，自半已（以）前虛之，謂堂。半已後實之，爲室。堂者，當也，謂當正向陽之屋。”堂室之間有墻，即堂之北墻。堂東西亦有墻，謂之東序、西序，而南面無墻。《爾雅·釋宫》："東西墻謂之序。"《説文·广部》："序,東西墻也。"《孟子·梁惠王上》："王坐於堂上,有牽牛而過堂下者,王見之曰:'牛何之?'對曰:'將以釁鐘。'"齊宣王坐於堂上,正因南面無墻,方可見牽牛過堂者,并與之對話。《爾雅·釋宫》："東西墻謂之序。"邢昺疏:"此謂室前堂上東厢、西厢之墻也。所以次序分別内外親疏,故謂之序也。"堂南面無墻,堂前僅有兩楹,謂東楹、西楹。兩楹之間爲堂之正中,常於此舉行重大儀式及重要活動。《儀禮·聘禮》："公側襲,受玉于中堂與東楹之間。"《史記·范雎蔡澤列傳》："范雎大供具,盡請諸侯使,與坐堂上,食飲甚設。"諸侯使爲賓客,故與范雎共坐於中堂宴飲。南面無墻,因而敞亮嚮陽,故亦稱"堂皇"。《漢書·胡建傳》："於是當選士馬日,監御史與護軍諸校列坐堂皇上。"因堂一面無墻,故邊沿暴露於外。露於外面堂之側邊曰廉。《儀禮·鄉飲酒禮》："設席於堂廉東上。"鄭玄注:"側邊曰廉。"廉必直,故後世常用以喻人之正直爲"廉正""廉潔"。堂之兩側偏房謂"夾",曰東夾、西夾。亦稱"厢",曰東厢、西厢。亦稱"个",曰左个、右个。東厢、西厢之前堂,謂之東堂、西堂。《書·顧命》："一人冕執劉,立於東堂;一人冕執鉞,立於西堂。"孔穎達疏:"此立於東堂、西堂者,當在東西厢近階而立,以備升階之人也。"堂既然建於高臺之上,故堂前必有階,左右各一,稱"西階""東階"。古人在室外尊"左",故西階爲賓客上下堂所用,主人則走東階。《史記·魏公子列傳》："趙王埽除自迎,執主人之禮,引公子就西階。公子側行辭讓,從東階上。"公子不走西階,而走東階,即不敢以尊者自居。堂後爲室,以户相通。欲入室必先登堂,户乃由堂入室之通道。《論語·雍也》："誰能出不由户,何莫由斯道也。"堂室之間的墻上,除户之外,還有牖,即窗,以便於采光、通風。又:"伯牛有疾,子問之,自牖執其手。"後世亦稱正寢曰堂。《説文·土部》："堂,殿也。"段玉裁注:"許以殿釋堂者,以今釋古也。古曰堂,漢以後曰殿。"《字彙·土部》："堂,殿也,正寢也。"漢以後所謂朝堂亦如之。《周禮·考工記·匠人》"外有九室"漢鄭玄注:"九室如今之朝堂。"漢班固《西都賦》："左右庭中,朝堂百僚之位,蕭、曹、魏、邴,謀謨乎其上,佐命則垂統,輔翼則成化。"《後漢書·袁安傳》："建初八年,遷太僕。元和二年,武威太守孟雲上書:北虜既已和親,而南部復往抄掠,北單于謂漢欺之,謀欲犯邊,宜還其生口,以安慰之。詔百官議朝堂……和帝即位,竇太后臨朝。后兄車騎將軍憲北擊匈奴,安與太尉宋由、司空任隗及九卿詣朝堂上書諫。"《新唐書·百官志二》："垂拱二年,有魚保宗者上書請置匭,以受四方之書。乃鑄銅匭四,塗以方色,列於朝堂。"達官貴人之堂均較高大,帝王之殿堂則更爲壯觀。《韓詩外傳》卷七："曾子曰：'……吾嘗南游于楚，得尊官焉，堂高九仞，轉轂百乘。'"漢代賈誼亦曾喻曰："人之主尊譬如堂，群臣如陛，衆庶如地。故陛九級上，廉遠地，則堂高；陛亡級，廉近地，則堂卑。"（《漢書·賈誼傳》）故可知堂普遍較高。古時官府治事審案之正廳亦曰堂，即官署大堂，亦稱"廳事"或"廳"。漢王充《論衡·物勢》："一堂之上，必有論者；一鄉之中，必有訟者。"《三國志·吳書·諸葛恪傳》："出行之後，所坐廳事屋棟中折。"南朝梁任昉《到大司馬記室箋》："謹詣廳奉白箋謝聞。"

　　私人住宅之正屋、大廳亦曰"堂"，或曰"堂屋"，亦稱"廳事""廳堂。"晋干寶《搜神記》卷三："藻（夏侯藻）還，如其言，母亦扶病而出。家人既集，堂屋五間，拉然而崩。"《魏書·夏侯夬傳》："忽夢見征虜將軍房世寶來至其家，直上廳事，與其父坐，屏人密言。"又《楊播傳》："兄弟旦則聚於廳堂，終日相對。"

堂 [2]

　　前庭正房，爲生活起居與接見賓客、舉行各種典禮之所。後世亦稱正寢爲堂。漢以前謂之堂，漢以後稱殿。《詩·唐風·蟋蟀》："蟋蟀在堂。"《禮記·禮器》："天子之堂九尺。"《論語·先進》："由也升堂矣，未入於室也。"《説文·土部》："堂，殿也。"段玉裁注："許以殿釋堂者，以今釋古也。古曰堂，漢以後曰殿。"《玉臺新咏·隴西行》："請客北堂上，坐客氈氍毹。"唐杜甫《贈衛八處士》詩："焉知二十載，重上君子堂。"《初刻拍案驚奇》卷二："小娘子便到堂中走走，如何悶坐在房裏。"

【堂屋】

　　即堂 [2]。《晋書·藝術傳·淳于智》："家人既集，堂屋五間拉然而崩。"唐顧非熊《下第後寄高山人》詩："我家堂屋前，仰視大茅巓。"明徐應秋《玉芝堂談薈·海市》："親見登萊海市。初堂屋三間，甚軒厰，眔恩掩映中，懸大珠簾，

見一曲几上安鵲尾香爐，篆烟裊裊。"

【堂序】 [1]

　　即堂 [2]。宋葉適《夫人林氏墓誌銘》："林氏恭約苦節。在群，衆和樂；慈子，訓之嚴；操下，接之恕。處家日，未嘗降堂序。"

【上堂】

　　即堂 [2]。《後漢書·趙岐傳》："嵩先入白母曰：'出行，乃得死友。'迎入上堂，饗之，極歡。"《通志·禮略一》："時既沿革，莫或相遵……今以上堂爲嚴配之所，下室爲布政之居。"《水滸傳》第九〇回："那長老慌忙降階而接，邀至上堂，各施禮罷。"

【中宇】

　　即堂 [2]。亦稱"中屋"。漢劉向《九嘆·憂苦》："潛周鼎於江淮兮，爨土鬵於中宇。"王逸注："言乃藏九鼎於江淮之中，反坎土釜於堂宇之上。"《文選·潘岳〈在懷縣作〉》詩："揮汗辭中宇，登城臨清池。"唐呂向注："宇，屋也，

言出中屋。"晋夏侯湛《秋夕哀賦》："結帷兮中宇，屣履兮聞房。"

【中屋】

即中宇。此稱唐代已行用。見該文。

【中堂】

即堂[2]。《儀禮·聘禮》："公側襲，受玉于中堂與東楹之間。"鄭玄注："中堂，南北之中也。入堂深，尊賓事也。"宋吴自牧《夢粱録》卷二〇："其家羅列錦席於中堂，燒香炳燭，頓果兒、飲食……並兒戲物。"

【内廳】

即堂[2]。唐劉餗《隋唐嘉話》卷上："隋吏部侍郎高孝基，銓人至梁公房、蔡公杜，愕然端視良久，降階與之抗禮，延入内廳。"《紅樓夢》第五三回："寧國府從大門、儀門、大廳、暖閣、内廳、内三門……兩邊階下一色朱紅大高燭，點得兩條金龍一般。"

【庭】[1]

即堂[2]。《説文·广部》："庭，宫中也。"段玉裁注："宫者，室也，室之中曰庭。"朱駿聲通訓定聲："庭，今俗謂之廳……按：堂、寢、正室皆曰庭。"《詩·魏風·伐檀》："不狩不獵，胡瞻爾庭有縣貆兮？"《論語·季氏》："嘗獨立，鯉趨而過庭。"邢昺疏："夫子曾獨立於堂，鯉疾趨而過其中庭。"《禮記·檀弓上》："孔子哭子路於中庭。"鄭玄注："寢中庭也。"《荀子·解蔽》："曾子曰：'是其庭可以搏鼠，惡能與我歌矣。'"宋李石《續博物志》卷二："昔洛陽北部，有母既生子，病不能自舉，乳求他婦負哺之……子長不識所育，負哺者盗其愛。二母忿，鬬於庭。"

【廳堂】

即堂[2]。亦稱"廳宇"。《魏書·楊播傳》："兄弟旦則聚於廳堂，終日相對。"又《李崇傳》："府寺初營，頗亦壯美，然一造至今，更不修繕，廳宇凋朽，墻垣頹壞。"《西游記》第七〇回："你看他偏是路熟，轉過角門，穿過廳堂。"

【廳宇】

即廳堂。此稱南北朝時期已行用。見該文。

【廳事】

即堂[2]。亦作"聽事"。《魏書·夏侯夬傳》："忽夢見征虜將軍房世寶來至其家，直上廳事。"《新五代史·一行傳·李自倫》："户部復奏前登州義門王仲昭六世同居，其旌表有聽事，步欄前列屏樹。"清李斗《揚州畫舫録·新城北録中》："中建廳事，周以垣墙。"

【聽事】

同"廳事"。此體五代時期已行用。見該文。

【廳】

即堂[2]。亦稱"廳齋""廳屋"。《廣韻·平青》："廳，廳屋。"北魏賈思勰《齊民要術·種梧桐》："明年三月中，移植於廳齋之前，華净奼雅，極爲可愛。"唐薛能《楊柳枝》："陶家舊日應如此，一院春條綠透廳。"宋李格非《洛陽名園記·環溪》："凉榭錦廳，其下可坐數百人。"《儒林外史》第二回："把席擺在黃老爹家大廳上。"

【廳齋】

即廳。此稱南北朝時期已行用。見該文。

【廳屋】

即廳。此稱宋代已行用。見該文。

【客堂】

即堂[2]。《後漢書·延篤傳》:"吾嘗昧爽櫛梳,坐於客堂。"《通志·後漢傳》:"吾嘗昧爽櫛梳,坐於客堂,朝則誦羲文之《易》、虞夏之《書》、歷公旦之典禮……夕則消遥內階,咏詩南軒。"《三俠五義》第六八回:"和尚道:'請到客堂待茶。'"

【客次】

即堂[2]。《資治通鑑·後漢隱帝乾祐二年》:"守恩猶坐客次。"胡三省注:"客次猶今言客位也。坐於客次以俟接見。"宋張齊賢《洛陽搢紳舊聞記·梁太祖優待文士》:"一旦,梁祖在便廳,謂左右曰:'杜荀鶴何在?'左右以見在客次爲對。"《醒世姻緣傳》第二九回:"狄周出來問,說齋已完備,在那邊吃?狄員外叫擺在客次裏邊。"

【客位】

即堂[2]。《水滸傳》第五六回:"當直的出來問了姓名,入去報導:'有延安府湯知寨兒子湯隆,特來拜望哥哥。'徐寧聽罷,教請湯隆進客位裏相見。"《金瓶梅詞話》第六九回:"這衆人只得回來,到王招宣府宅內,逕入他客位裏坐下。"《儒林外史》第一九回:"匡超人聽見這話,忙請那人進到客位坐下。"

大堂

高大的廳堂。古代帝王宣明政教之所。後亦指官署治事審案之正廳。《淮南子·俶真訓》:"立太平者處大堂。"高誘注:"大堂,明堂,所以告朔行令也。"《隋書·南蠻傳·真臘》:"城中有一大堂,是其王聽政之所。"《紅樓夢》第五七回:"要耽誤了,我打發人去拆太醫院的大堂。"

軒墀[1]

亦稱"軒階"。富貴之家的廳堂。唐杜甫《苦竹》詩:"軒墀曾不重,剪伐欲無辭。"仇兆鰲注:"軒墀乃富貴家廳事。"唐韓愈《上賈滑州書》:"且有負薪之疾,不得稽首軒階。"清許承欽《古寺》詩:"或見虎㺅驅部落,時聞梵妓舞軒墀。"清張元昇《坐友人東軒對月》詩:"故人有好懷,招我坐軒墀。"

【軒階】[1]

即軒墀[1]。墀、階均指堂前臺階,藉指廳堂。此稱唐代已行用。見該文。

穿堂

亦作"川堂"。兩個院子間供穿行的房間,亦常於此設座會客。宋常棠《海鹽澉水志·碑記門》:"東旁有小巷,開而通之,逼於垂滿。僅建正廳穿堂而已。"明劉若愚《酌中志·大內規制紀略》:"〔乾清宮大殿〕再北則穿堂。"明王樵《金陵雜記·皇城》:"正廳或七間,或五間,有夾室以燕息,有川堂以退居。"《儒林外史》第四回:"〔武書〕帶了帖子去回拜蕭守備,蕭雲仙迎入川堂,作揖奉坐。"清諸成琮《桑梓聞見錄·周逆據城始末》:"刺史蔡映斗伏糧勇數十人在川堂,俟賊近,開抬槍擊,賊駭走。"《紅樓夢》第二三回:"剛至穿堂門前,只見襲人倚門而立。"

【川堂】

同"穿堂"。此體明代已行用。見該文。

堂廉[1]

殿堂之側邊。《儀禮·鄉飲酒禮》:"設席于堂廉東上。"鄭玄注:"側邊曰廉。"《禮記·喪大記》:"卿大夫即位于堂廉楹西,北面東上。"孔穎達疏:"堂廉,謂堂基南畔,廉陵之上。"後亦泛指殿堂，廳事。宋王安石《和平甫舟中望九華山》詩之二："毅然如九官，羅立在堂廉。"清金農《近事》詩："曦光烘紙坐堂廉，書字無緣換束縑。"

壇[1]

猶堂。《楚辭·大招》："南房小壇，觀絶霤只。"王逸注："壇，猶堂也。"洪興祖補注："壇，音善。"

堂[3]

廳事，書齋。南朝梁任昉《静思堂秋竹賦》："静思堂，連洞房，臨曲沼，夾修篁。"元馬致遠《夜行船》套曲："裴公緑野堂，陶令白蓮社。"

序[1]

本指堂之東、西墻。亦指東廂、西廂。《爾雅·釋宫》："東西墻謂之序。"邢昺疏："此謂室前堂上東廂、西廂之墻也。"《説文·广部》："序，東西墻也。"《書·顧命》："西序東嚮……東序西嚮。"孔安國傳："東西廂謂之序。"《文選·王延壽〈魯靈光殿賦〉》："西廂踟蹰以閑宴，東序重深而奥秘。"李善注："東序，東廂也。"宋岳珂《桯史·秦檜死報》："頃刻之間，堂序懽聲如雷。"

東序

正堂之東廂。《書·顧命》："東序西嚮。"孔安國傳："東西廂謂之序。"三國魏何晏《景福殿賦》："温房承其東序，涼室處其西偏。"《文選·王延壽〈魯靈光殿賦〉》："西廂踟蹰以閑宴，東序重深而奥秘。"李善注："東序，東廂也。"亦特指收藏圖書、秘笈之東廂房。漢班固《典引》："啓恭館之金縢，御東序之秘寶，以流其占。"南朝梁劉勰《文心雕龍·正緯》："昔康王河圖，陳於東序。"唐杜甫《寄裴施州》詩："金鐘大鏞在東序，冰壺玉衡懸清秋。"

西序

正堂之西廂。《書·顧命》："西序東嚮。"蔡沈集傳："此旦夕聽事之坐也。東西廂謂之序。"《南齊書·東昏侯紀》："食後方出，朝賀裁竟，便還殿西序寢。"《宋史·真宗紀一》："戊戌，始見群臣於崇政殿西序。"清王鳴盛《蛾術編·説制四·顧命宫室制度》："古者宫室之内，以墻爲隔，墻之外即夾室，堂與隔室共此墻，此東嚮西嚮之坐，乃在堂上，以其附近東西序，故以序言之。"

夾

亦稱"夾室"。古代堂兩頭之側房。東頭曰"東夾"，或"東夾室"；西頭曰"西夾"，或"西夾室"。夾前面曰堂。東夾前堂曰"東堂"，西夾前堂曰"西堂"。《釋名·釋宫室》："夾室，在堂兩頭，故曰夾也。"《書·顧命》："西夾南嚮。"孔安國傳："西廂夾室之前。"《儀禮·聘禮》："堂上之饌八，西夾六。"《禮記·雜記下》："成廟則釁之……門、夾室皆用鷄。"孔穎達疏："夾室，東西廂也。"宋蘇轍《汝州龍興寺修吴畫殿記》："觀華嚴小殿，其東西夾皆道子所畫，東爲維摩、文殊，西爲佛成道。"《宋史·禮志九》："〔治平四年〕祧藏僖祖及文懿皇后神主於西夾室。"清汪中《述學·明堂通釋》："中爲大室，東爲東房，西爲西房；又東爲東夾，又西爲西夾。"《清通禮·吉禮》："由昭祧者，藏主於東夾室；由穆祧者，藏主於西夾室。"王國維《觀堂集林·明堂廟寢通考》："或更擴堂之左右而爲箱，爲夾，爲个。"

【夾室】

即夾。此稱漢代已行用。見該文。

【箱】

即夾。亦作"厢"。堂兩頭之側室，有東箱、西箱。《儀禮·公食大夫禮》："賓升，公揖，退於箱。"鄭玄注："箱，東夾之前俟事之處。"《漢書·周昌傳》："呂后側耳於東箱聽。"顏師古注："正寢之東西室皆曰箱，言似箱篋之形。"《後漢書·虞詡傳》："程（孫程）乃叱防（張防）曰：'姦臣張防，何不下殿！'防不得已，趨就東箱。"李賢注："《埤蒼》云：'箱，序也。'字或作'厢'。"清戴震《明堂考》："凡夾室前堂，或謂之箱，或謂之个，兩旁之名也。"自注："劍脊之兩旁謂之兩相，侯之左右謂之左个、右个，亦此義。"一說，謂正堂兩側夾室之前的小堂曰厢，東西厢即東西堂。《爾雅·釋宮》："室有東西厢曰廟，無東西厢有室曰寢。"郭璞注："夾室前堂。"郝懿行義疏："按，廟之制中爲大室，東西序之外爲夾室，夾室之前小堂爲東西厢，亦謂之東西堂。"

【厢】[1]

同"箱"。此體漢代已行用。見該文。

【个】

即夾。亦稱"堂个"。《篇海類編·通用類·丨部》："明堂四面偏室曰个。"《禮記·月令》："〔季夏之月〕天子居明堂右个。"鄭玄注："明堂右个，南堂西偏也。"《左傳·昭公四年》："使實饋于个而退。"晋杜預注："个，東西厢。"《呂氏春秋·孟春》："天子居青陽左个。"高誘注："青陽者，明堂也。中方外圜，通達四出，各有左右房謂之个。"《宋書·禮志三》："諸儒又云明堂在國之陽、丙巳之地，三里之內。至於

室宇堂个，戶牖達向，世代湮緬，難得該詳。"清嚴復《救亡決論》："戴、阮、秦、王，直闖許、鄭；深衣幾幅，明堂兩个。"

【堂个】

即个。此稱南北朝時期已行用。見該文。

東箱

亦作"東厢"。古代堂東側之夾室。後泛指正房東側的房屋。《儀禮·覲禮》："几俟于東箱。"胡培翬正義："東箱即東夾。"《史記·吳王濞列傳》："盎曰：'臣所言，人臣不得知也。'乃屏錯，錯趨避東厢。"《漢書·周昌傳》："呂后側耳於東箱聽。"《後漢書·虞詡傳》："防不得已，趨就東箱。"《文選·張衡〈東京賦〉》："是時稱警蹕已，下雕輦於東厢。"薛綜注："殿東西次爲厢。"晋傅玄《雜詩》："蟬鳴高樹間，野鳥號東箱。"南朝宋劉義慶《世說新語·雅量》："郗太傅在京口，遣門生與王丞相書，求女婿。丞相語郗信：'君往東厢，任意選之。'"

【東厢】

同"東箱"。此體漢代已行用。見該文。

【東夾】

即東箱。正堂東頭之側室。《儀禮·覲禮》："几俟于東箱。"胡培翬正義："東箱即東夾。"清汪中《述學·明堂通釋》："又東爲東夾，又西爲西夾。"《清通禮·吉禮》："由昭祧者，藏主於東夾室。"

【左个】

即東箱。正堂東側之偏室。《儀禮·大射》："適左个，祭如右个，中亦如之。卒祭，左个之西北三步，東面。"《禮記·月令》："〔孟春之月〕天子居青陽左个。"鄭玄注："青陽左个，太寢東堂北偏。"《呂氏春秋·孟夏》："天子居明

堂左个。"高誘注:"明堂,南鄉堂;左个,東頭室。"《北史·李謐傳》:"以爲明堂五室古今通……四面之室,各有夾房,謂之左右个。"明劉基《次韵和石末公用元望韵遣興見寄》:"時維青陽初,天子在左个。"

西箱

亦作"西廂"。亦稱"西清"。堂西頭之側室。《書·顧命》"西序東嚮"漢孔安國傳:"東西廂謂之序。"漢王延壽《魯靈光殿賦》:"西廂踟蹰以閑宴,東序重深而奧秘。"《左傳·昭公四年》"使宣饋于个而退"晋杜預注:"个,東西廂。"《漢書·司馬相如傳》載《上林賦》:"青龍蚴蟉於東箱,象輿婉僤於西清。"顔師古注:"西清者,西箱清静之處也。"清沈自南《藝林彙考·棟宇篇》:"《留青日劄》:西廂即西清。今人家廂房清僻處也。"

【西廂】

同"西箱"。此體漢代已行用。見該文。

【西清】

即西箱。此稱漢代已行用。見該文。

【西夾】

即西箱。正堂西頭之側室。《書·顧命》:"西夾南嚮。"孔安國傳:"西廂夾室之前。"《儀禮·聘禮》:"堂上之饋八,西夾六。"宋蘇轍《汝州龍興寺修吳畫殿記》:"觀華嚴小殿,其東西夾皆道子所畫。"《宋史·禮志九》:"〔治平四年〕祧藏僖祖及文懿皇后神主於西夾室。"

【右个】

即西箱。正堂西側之偏室。《儀禮·大射》:"卒錯獲者適右个,薦俎從之。獲者左執爵,右祭薦俎,二手祭酒。適左个,祭如右个,中亦如之。"《禮記·月令》:"〔季夏之月〕天子居明堂右个。"鄭玄注:"明堂右个,南堂西偏也。"《文選·何晏〈景福殿賦〉》:"右个清宴,西東其宇。"吕延濟注:"右个,西廂也。"

東堂

東夾前之小堂。《書·顧命》:"一人冕執劉,立於東堂。"《儀禮·士喪禮》:"饌於東堂下。"又《公食大夫禮》:"小臣具槃匜,在東堂下。"

西堂

正堂西夾前之小堂。《書·顧命》:"一人冕執鉞,立於西堂。"孔安國傳:"立於東西廂之前堂。"《儀禮·特牲饋食禮》:"几席兩敦在西堂。"鄭玄注:"西堂,西夾室之前。"

北堂 [1]

指室。與正堂相對而言。漢賈誼《新書·胎教》:"〔史鰌〕謂其子曰:'我即死,治喪於北堂……生不能正君者,死不當成禮,死而置屍於北堂,於我足矣。'靈公往吊,問其故,其子以父言聞。靈公戚然易容而寤曰:'吾失矣!'立召蘧伯玉而進之,召彌子瑕而退之,徙喪於堂,成禮而後去。"《南史·袁昂傳》:"儉後爲丹陽尹,於後堂獨引見昂,指北堂謂曰:'卿必居此。'"

第三節　室　考

古代居室，中間以牆相隔，前部曰堂，後部中央曰室，室之兩旁曰房。爲便於室内采光、通風及出入，堂與室之間的牆上，有户有牖，户偏東，牖偏西。《説文·宀部》："室，實也。从宀，至聲。室屋皆从至，所止也。"南唐徐鍇繫傳："室，堂之内，人所安止也。"又《户部》："房，室在旁也。"段玉裁注："凡堂之内，中爲正室，左右爲房。"由此可知，室住人，爲主人日常生活起居之所。唐慧琳等《一切經音義》卷六："户外爲堂，户内爲室。"堂、室之間有户相通。户指内室之門，爲由堂入室之通道。清王筠《説文句讀·户部》："古之房室皆用户，廟門、大門始用門。"《詩·豳風·七月》："穹室熏鼠，塞向墐户。""穹室"爲堵塞室壁之孔隙，"墐户"即爲用泥塗抹室門之漏縫。《論語·陽貨》："孺悲欲見孔子，孔子辭以疾。將命者出户，取瑟而歌，使之聞之。"孔子不願見孺悲，故以裝病推辭，但又有意讓孺悲及將命者（傳話人）知道自己没病，祇是不願見他而已，故將命者纔邁出室門（户），他就唱歌而示之。《木蘭詩》："唧唧復唧唧，木蘭當户織。""當户"，即於室内正對房門處。此處敞亮，便於操作。《玉臺新咏·古詩爲焦仲卿妻所作》："府吏默無聲，再拜還入户。"又："府吏再拜還，長嘆空房中。作計乃爾立，轉頭向户裏。"兩個"户"均指焦仲卿夫婦所居内室之門。堂室之間還有牖，即窗。《列子·湯問》："昌（紀昌）以牦縣蝨於牖，南面而望之。"牖，南嚮，明亮，故藉以練習目力。室之北牆亦有窗，曰"向"。用以通風、采光。《詩·豳風·七月》："塞向墐户。"毛傳："向，北出牖也。""塞向"，謂將北窗之縫隙堵嚴。室之户、牖之間曰扆。《淮南子·氾論訓》："武王崩，成王幼少，周公繼文王之業，履天子之籍，聽天下之政，平夷狄之亂，誅管、蔡之罪，負扆而朝諸侯。""負扆"，即背對户、牖之間嚮南的位置。於户、牖之間置屏風，亦稱"依"或"扆"。《禮記·曲禮下》："天子當依而立。"鄭玄注："依，本又作扆……狀如屏風，畫爲黼文。"孔穎達疏："依，狀如屏風，以絳爲質，高八尺，東西當户牖之間，繡爲斧文也。"扆作爲屏風，亦稱"斧扆""斧依"。《儀禮·覲禮》："天子設斧依於户牖之間。"漢張衡《東京賦》："冠通天，佩玉璽，紆皇組，要干將，負斧扆。"

近人王國維對室之考證曾有一段精闢論述。他在《觀堂集林·明堂廟寢通考》中言："故室者，宫室之始也。後世彌文，而擴其外而爲堂，擴其旁而爲房，或更擴堂之左右而爲箱、爲夾、爲个。然堂後及左右房間之正室，必名之曰室，此名之不可易者也。故通言之，則宮謂之室，室謂之宮。析言之，則所謂室者，必指堂後之正室，而堂也，房也，箱也，均不得蒙此名也。”

室²

房間，內室。即堂後之正室。古人房屋內部，前爲堂，堂後以牆隔開，後部中央謂之室，室之兩側謂之房。南唐徐鍇《說文繫傳·宀部》：“室，堂之內，人所安止也。”唐慧琳等《一切經音義》卷六：“戶外爲堂，戶內爲室。”《論語·先進》：“由也升堂矣，未入於室也。”《禮記·問喪》：“入門而弗見也，上堂又弗見也，入室又弗見也。”王國維《觀堂集林·明堂廟寢通考》：“故室者，宮室之始也。後世彌文，而擴其外而爲堂，擴其旁而爲房，或更擴堂之左右而爲箱、爲夾、爲个。然堂後及左右房間之正室，必名之曰室，此名之不可易者也。故通言之，則宮謂之室，室謂之宮。析言之，則所謂室者，必指堂後之正室，而堂也，房也，箱也，均不得蒙此名也。”

【內室】

即室²。亦稱“內”。《詩·唐風·山有樞》：“子有廷內，弗灑弗埽。”《儀禮·少牢饋食禮》：“宰夫以籩受，嗇黍，主人嘗之，納諸內。”俞樾平議：“納諸內者，納諸房也。古謂房室爲內。”《禮記·檀弓上》：“非致齊也，非疾也，不晝夜居於內。”鄭玄注：“內，正寢之中。”《漢書·晁錯傳》：“先爲築室家，有一堂二內，門戶之閉。”顏師古注引張晏曰：“二內，二房也。”後稱“內室”。《晉書·天文志上》：“第三星傍一星名神宮，解衣之內室也。”《隋書·宇文愷傳》：“《禮圖》云：‘於內室之上起通天之觀。觀八十一尺，得宮之數。’”《明史·孝義傳二·楊通照》：“楊通照，通傑，銅仁人。母周氏有疾，兄弟爭拜禱求以身代，閱三年不入內室。”清黃六鴻《福惠全書·刑名·禁抄搶》：“其不肖子弟，無賴親屬勾率多人，持鎗挾棍，蜂擁凶家，衝入內室。”

【內】¹

即內室。此稱先秦已行用。見該文。

【內冓】¹

即室²。亦稱“中冓”。《詩·鄘風·牆有茨》：“中冓之言，不可道也”。毛傳：“中冓，內冓也。”陳奐傳疏：“中冓當爲宮中之室。《說文解字》：‘冓，交積材也。’‘構，蓋也。’應劭注《漢書》云：‘中冓，材構在堂之中也。’構與冓同，堂當作室。凡室必積材蓋屋，故室內謂之內冓。”

【中冓】¹

即內冓。此稱先秦時期已行用。見該文。

【下室】

即室²。《禮記·喪大記》：“內子未命則死於下室，遷尸於寢。”鄭玄注：“內子，卿之妻也；下室，其燕處也。”唐楊炯《爲梓州官屬祭陸郪縣文》：“哀哀弱嗣，朝暮一溢；皎皎孀妻，饋乎下室。”

室隩

亦作“室奧”。泛指室內。漢傅幹《王命

叙》："世祖之徵符,其詳可聞也。其初育則靈光鑒於室隩,嘉禾滋於邑壤。"《朱子語類》卷一二一:"今人要入室奧,須先入門入庭,見路頭熟,次第入中間來。"

【室奧】

同"室隩"。此體宋代已行用。見該文。

闈[1]

父母居室。《文選·束皙〈補亡詩·南陔〉》："眷戀庭闈,心不遑安。"李善注:"庭闈,親之所居。"宋黄庭堅《送蒲元禮南歸》："此行省親闈,彩服耀春色。"清毛奇齡《程節母事狀》:"既而率其孤饘姑於闈。"

卧房

亦稱"房卧""卧内"。卧室,寝室。《史記·魏公子列傳》:"晉鄙之兵符,常在王卧内。"《後漢書·宦者傳序》:"及高后稱制,乃以張卿爲大謁者,出入卧内,受宣詔命。"李賢注:"宦竪傅近卧房之内,交錯婦人之間。"《三國志·魏書·夏侯惇傳》:"召惇常與同載,特見親重,出入卧内,諸將莫得此也。"唐張鷟《游仙窟》:"娘子安穩,新婦向房卧去也。"《京本通俗小説·西山一窟鬼》:"却有一頭好親在這裏,一千貫錢房卧,帶一個從嫁。"

【房卧】

即卧房。此稱唐代已行用。見該文。

【卧内】

即卧房。此稱漢代已行用。見該文。

家[2]

室内。《詩·大雅·緜》:"古公亶父,陶復陶穴,未有家室。"毛傳:"室内曰家。"孔穎達疏:"《釋宫》云:'宫謂之室,室謂之宫','其内謂之家。'李巡曰:'謂門以内也。'……是室内曰家也。"《爾雅·釋宫》:"牖户之間謂之扆,其内謂之家。"郭璞注:"今人稱家,義出於此。"

後堂[1]

後面的堂屋。《漢書·張禹傳》:"禹性習知音聲,内奢淫,身居大第,後堂理絲竹筦弦。"清王士禛《池北偶談·談異四·劍俠》:"傳呼令入,至後堂。堂中惟設一榻。"《老殘游記》第一七回:"〔剛弼〕早坐不住,退往後堂去了。"

庭闈

亦作"庭幃"。指内室。多指父母所居之處。《文選·束皙〈補亡〉詩》:"眷戀庭闈,心不遑安。"李善注:"庭闈,親之所居。"唐張九齡《酬宋使君見詒》詩:"庭闈際海曲,輶傳荷天慈。"唐孟浩然《送王五昆季省覲》詩:"公子戀庭幃,勞歌涉海沂。"《再生緣》第一七回:"閨閣知音頻賞玩,庭幃尊長盡開顏。"清劉大櫆《少宰尹公行狀》:"公少而卓犖多才,遵太夫人朝夕庭闈之訓,言動皆必以禮。"

【庭幃】[1]

同"庭闈"。此體唐代已行用。見該文。

帷房

内室;閨房。古代王公貴族、達官豪富之家,内室、閨房多設帷幔,以爲遮罩,故稱。晋趙至《與嵇茂齊書》:"翱翔倫黨之間,弄姿帷房之裏。"《宋書·后妃傳贊》:"且愛止帷房,權無外授,戚屬餼賚,歲時不過肴漿,斯爲美矣。"清龔自珍《尊命二》:"夫六經之稱命罕矣,獨《詩》屢稱命,皆言妃匹之際,帷房之故者也。"

閨閣[1]

亦作"閨閣"。本指内室小門,多藉指内

室。《淮南子·主術訓》:"志在直道、正邪、決煩、理挈,而乃責之以閨閤之禮,奧窔之間。"《史記·汲鄭列傳》:"〔汲〕黯多病,臥閨閤内不出。"《漢書·循吏傳·文翁》:"〔文翁〕每出行縣,益從學官諸生明經飭行者與俱,使傳教令,出入閨閤。"南朝梁沈約《謝敕賜絹葛啓》:"變溽暑於閨閤,起涼風於襟袖。"

【閨閤】[1]

同 "閨閤[1]"。此體漢代已行用。見該文。

閤[1]

亦稱閤室。内室,卧室。《六書故·工事一》:"今人皆以小室爲閤也。"唐白居易《重題》詩:"日高睡足猶慵起,小閤重衾不怕寒。"宋蘇籀《陳緯男求厥父挽詩》二首之一:"閤室良規範,萱堂子職修。"清唐甄《潛書·良功》:"賓擯不入,主處不出;賓不見閤室之奧,主不習車馬之利。"

【閤室】

即閤[1]。此稱宋代已行用。見該文。

閤奧

深邃的内室。唐柳宗元《石澗記》:"亘石爲底,達於兩涯。若床若堂,若陳筵席,若限閤奧。"亦指内宮。宋葉適《祭林大卿淑人文》:"蚤與大農,久參内署,遂親閤奧,且接話語。"

寢

亦作 "寑"。寢宫,寢室。亦泛指息居之所。《國語·晉語一》:"獻公田,見翟柤之氛,歸寢不寐。却叔虎朝,公語之。"《警世通言·拗相公飲恨半山堂》:"吳國夫人命丫鬟接入内寢,問其緣故。"清昭槤《嘯亭續録·百菊溪制府》:"温,山右人,故年少美麗,遂潛入鄭寢中解衣酣寢,誘鄭以薦枕焉。"

【寑】

同 "寢"。此體先秦時期已行用。見該文。

【寢齋】

即寢。《南史·梁紀中·武帝下》:"及宣武在郢,此觀還都,乃見六龍俱在帝所寢齋,遂去郢之雍。"舊題宋武勝《吳越備史·補遺》:"二十三日晡時,王於寢齋之西軒命左右讀《唐書》數篇。"

【燕寢】[1]

即寢。亦作 "宴寢"。北齊顔之推《顔氏家訓·勉學》:"夫聖人之書,所以設教,但明練經文,粗通注義,常使言行有得,亦足爲人,何必'仲尼居'即須兩紙疏義,燕寢講堂,亦復何在?"唐韋應物《郡齋雨中與諸文士燕集》詩:"兵衛森畫戟,宴寢凝清香。海上風雨至,逍遥池閣凉。"宋黄庭堅《題落星寺》詩:"宴寢清香與世隔,畫圖妙絶無人知。"清趙翼《平姚海明府卓薦入都》詩:"石壕夜静追符少,燕寢香凝好句成。"參閲《王寢考》之 "燕寢" 文。

【宴寢】

同 "燕寢[1]"。此體唐代已行用。見該文。

閨[1]

泛指内室。明文震亨《長物志·室廬》:"樓閣作房閨者,須回環窈窕。"清朱錫《幽夢續影》:"雷者天之盛怒,宜危坐佛龕;霧者天之肅氣,宜屏居邃閨。"徐珂《清稗類鈔·棍騙類》:"某以後樓爲卧閨。"

【幃室】

即閨[1]。因多張挂帷幔,故稱。唐韋應物《端居感懷》詩:"方如在幃室,復悟永終已。"

第四節　房　考

　　古之宮室，前曰堂，後曰室。堂後正室之兩旁側室則曰房，即東房、西房。爲家人儲藏、活動之處。《説文・户部》："房，室在旁也。"段玉裁注："凡堂之內，中爲正室，左右爲房，所謂東房、西房也。"桂馥義證："古者宮室之制：前堂後室。前堂之兩頭有夾室，後室之兩旁有東、西房。"《書・顧命》："胤之舞衣、大貝、鼖鼓在西房；兌之戈、和之弓、垂之竹矢在東房。"周秉鈞易解："西房，東房，在室之左右旁也。"《儀禮・特牲饋食禮》："設洗于阼階東南，壺、禁在西序，豆、籩、鉶在東房。"鄭玄注："東房，房中之東。"堂東西兩頭之側室曰"東夾""西夾"，亦稱"東箱""西箱"。《釋名・釋宮室》："夾室，在堂兩頭，故曰夾也。"《儀禮・覲禮》："几俟于東箱。"胡培翬正義："東箱即東夾。"《禮記・雜記下》："成廟則釁之……門、夾室皆用雞。"孔穎達疏："夾室，東西箱也。"《漢書・周昌傳》："吕后側耳於東箱聽。"顔師古注："正寢之東西室皆曰箱，言似笿箱之形。"《清通禮・吉禮》："高祖以上親盡則祧，由昭祧者，藏主於東夾室；由穆祧者，藏主於西夾室。"王國維《觀堂集林・明堂廟寢通考》："擴其旁而爲房，或更擴堂之左右而爲箱、爲夾、爲个。"故東箱、西箱，東夾、西夾，亦稱"左个""右个"。《左傳・昭公四年》："竪牛曰：'夫子疾病，不欲見人。'使實饋於个而退。"杜預注："个，東西廂。"《吕氏春秋・孟春》："天子居青陽左个。"高誘注："青陽者，明堂也。中方外圜，通達四出，各有左右房，謂之个。"又《孟夏》："天子居明堂左个。"高誘注："明堂，南鄉堂；左个，東頭室。"《文選・何晏〈景福殿賦〉》："右个清宴，西東其宇。"吕延濟注："右个，西箱也。"東房前後分爲二，其北曰北堂，爲婦女盥洗之處，後因以指主婦居處。《儀禮・士昏禮》："婦洗在北堂。"鄭玄注："北堂，房中半以北。"賈公彦疏："房與室相連爲之，房無北壁，故得北堂之名。"另，東箱、西箱之前堂，稱東堂、西堂，雖名之曰堂，然亦爲側室。參見本卷《居室説》"堂考""室考"諸文。

房 [2]

　　古代指堂後正室兩旁的房間。《説文・户部》："房，室在旁也。"段玉裁注："凡堂之內，中爲正室，左右爲房，所謂東房、西房也。"《書・顧命》："胤之舞衣、大貝、鼖鼓在西房。兌之戈、和之弓、垂之竹矢在東房。"《左傳・定

房

（明王圻等《三才圖會》）

公六年》：“孟孫立于房外。”又《宣公十七年》：“晋侯使卻克徵會于齊，齊頃公帷婦人，使觀之。卻子登，婦人笑于房。”《吕氏春秋·報更》：“晋靈公欲殺宣孟（趙盾），伏士於房中以待之。”《大戴禮記·諸侯遷廟》：“脯醢陳于房中。”

東房

正室東側之房間。上古帝王常以其處藏古矢之類寶器。之後多爲太子后妃行嘉禮之處。《書·顧命》：“兑之戈、和之弓、垂之竹矢在東房。”周秉鈞易解：“西房、東房，在室之左右旁也。”《儀禮·特性饋食禮》：“設洗于阼階東南……豆籩鉶在東房。”鄭玄注：“東房，房中之東。”《新唐書·禮樂志七》：“后洗於東房近北，設饌於東房西牖下。”

西房

正室西側之房間。古帝王常以其處藏旌旗儀仗及禮樂之器。《説文·户部》：“房，室在旁也。”桂馥義證：“後室之兩旁有東、西房。”《書·顧命》：“胤之舞衣、大貝、鼖鼓在西房。”《隋書·禮儀志四》：“隋制，正旦及冬至，文物充庭，皇帝出西房即御座，皇太子鹵簿至顯陽門外入賀。”

南房

正室南側之房間。古時常以此爲讀書著述之所在。《太平廣記》卷三五三引《玉堂閑話》：“最南是書齋……遲明，驗其南房内，則茶牀之上，一白磁器已墜地破矣。”宋文天祥《七月二日大雨歌》：“赭衣無容足，南房并北房。”明葉盛《水東日記》卷二〇：“又是日，東閣讀卷，陳閣老已得三卷，赴南房向西紙窗，圈寫三卷外，尚餘周興等六七卷，未有所歸。”

北房

亦稱“北室”。古指堂北邊的居室。《淮南子·原道訓》：“環堵之室，茨之以生茅，蓬户甕牖，揉桑爲樞。上漏下濕，潤浸北房。”高誘注：“北房，陰堂也。”漢焦贛《易林·隨之離》：“不勝私情，以利自嬰，北室出孤，毀其良家。”南朝宋謝惠連《擣衣》詩：“美人戒裳服，端飾相招携。簪玉出北房，鳴金步南階。”唐王勃《九成宮頌》：“雖南纏統序，北室開榮，凛勁氣於叢楹，起凄風於洞穴。”

【北室】

即北房。此稱漢代已行用。見該文。

北堂 [2]

古代居室東房的後部。東房前後分爲二，其北曰北堂。爲婦女盥洗之處。後因以指主婦所居。《儀禮·士昏禮》：“婦洗在北堂。”鄭玄注：“北堂，房中半以北。”賈公彦疏：“房與室相連爲之，房無北壁，故得北堂之名。”唐韓愈《示兒》詩：“主婦治北堂，膳服適戚疏。”清方苞《工部尚書熊公繼室李淑人墓志銘》：“而淑人留京師，余嘗拜於北堂。既彌留，入視於寢，迫公事，未得與殯殮。”

套間

與正室兩側相通的房間。《兒女英雄傳》第四〇回：“安老爺的拘泥，雖换件衣裳，换雙靴子，都要回避媳婦，進套間去换的。”《紅樓夢》第七二回：“賈璉便躲入内套間去。”

便室

正室之外的別室。《後漢書·彭寵傳》："五年春，寵齋，獨在便室。"李賢注："便坐之室，非正室也。"《漢書·武帝紀》："夏四月壬子，高園便殿火。"唐顏師古注："凡言便殿、便室、便坐者，皆非正大之處，所以就便安也。"

第五節　部位考

部位，主要指居室內外的部局、位置及其功用。所謂"內外"，是就居室自身本體而言，以內爲主，外僅指臺階之類，不涉院落及其他。古代居室之內，廳堂正中曰"庭"，亦稱"中庭"。《説文·广部》："庭，宮中也。"段玉裁注："宮者，室也，室之中曰庭。"朱駿聲通訓定聲："庭，今俗謂之廳……按，堂、寢、正室皆曰庭。"中庭亦稱"霤""中霤"。《釋名·釋宮室》："中央曰中霤。古者複穴，後室之霤，當今之棟下，直室之中，古者霤下之處也。"《説文·广部》："霤，中庭也。"段玉裁注："中庭者，庭之中也。"朱駿聲通訓定聲："按，古者'陶復陶穴'，皆開其上以取明，有雨則霤，後制爲宮室，其正中當古霤處謂之中霤，亦謂之霤，其實即霤字之轉注也。"漢劉向《九嘆·愍命》："刜讒賊於中霤兮，選呂管於榛薄。"王逸注："中霤，堂中央也。"中庭之左右曰"位"。宮殿之中則爲群臣列位站立之處。《説文·人部》："位，列中庭之左右謂之位。"段玉裁注："庭，當作廷，字之誤也……中廷猶言廷中。古者朝不屋，無堂階，故謂之朝廷。"《爾雅·釋宮》："中庭之左右謂之位。"郭璞注："群臣之側位也。"刑昺疏："位，群臣之列位也。"《禮記·燕義》："別其等，正其位。"鄭玄注："位，朝位也。"《孟子·離婁下》："禮，朝廷不歷位而相與言，不逾階而相揖也。"廳堂之西南角曰"西坫"，東南角曰"東坫"。《爾雅·釋宮》："垝謂之坫。"刑昺疏："鄭注云：'坫在堂角。'然則堂之東南角爲東坫，西南角爲西坫。"宮室之內有四隅。《爾雅·釋宮》云："西南隅謂之奥，西北隅謂之屋漏，東北隅謂之宧，東南隅謂之窔。"陽光自戶、牖入室，室內北面明亮，南面昏暗。"奥""窔"均有幽深、黑暗義，故南邊兩角以奥、窔爲名。四隅之中以奥最尊，爲室內總祭諸神之所，亦爲尊長居坐之處。《禮記·曲禮上》："夫爲人子者居不主奥。"鄭玄注："謂與父同宮者也，不敢當其尊處室中。西南隅謂之奥。"《論語·八佾》："與其媚於奥，寧媚於竈。"邢昺疏："奥，內也，謂室內西南隅也。以其隱奥，故尊者居之其處。"窔在東南隅，較幽暗，爲存放炊具雜物處。《釋名·釋宮室》："東南隅曰'窔'。窔，幽。鯉趨而過庭，亦取幽冥也。"室之東北隅曰"宧"，爲炊事進食之處。《説文・宀部》："宧，養也。室之東北隅，食所居。"段玉裁注："東北陽氣始起，育食萬物。"《爾雅・釋宮》："東北隅謂之宧。"郝懿行義疏："云'食所居'者，古人庖厨食閣皆在室之東北隅，以迎養氣。"室之西北隅曰"屋漏"。古代室内西北隅施設小帳，安藏神主，祭祀群神於奧既畢，改設饌於西北隅隱暗處而祭，故亦指神靈所在之所。《詩・大雅・抑》："相在爾室，尚不愧於屋漏。"鄭玄箋："屋，小帳也；漏，隱也。"孔穎達疏："屋漏者，室内處所之名，可以施小帳，而漏隱之處，正謂西北隅也。言不媿屋漏，則屋漏之處有神居之矣。故言祭時於屋漏有事之節，禮祭於奧中既畢，尸去乃改設饌食西北隅扉隱之處，此祭末之時事也。"古代君王居處——宮殿之内，會見諸侯、公卿，舉行祭祀活動，天子居坐升降亦均有一定位置。堂前兩階之間曰"鄉"，爲君王聽政視朝之處。《爾雅・釋宮》："兩階間謂之鄉。"郭璞注："人君南鄉當階間。"郝懿行義疏："兩階者，堂之東西階也。人君嚮明而治，當兩階間而南鄉，因謂之鄉。"門屏之間曰"宁"，爲君王視朝佇立之處。《爾雅・釋宮》："門屏之間謂之宁。"郭璞注："人君視朝所宁立處。"邢昺疏："謂路門之外，屏樹之内，人君視朝宁立之處，因名爲宁。"《禮記・曲禮下》："天子當宁而立，諸公東面，諸侯西面，曰朝。"堂前兩階，西階曰賓階；東階爲主階，曰"阼"，是主人迎接賓客的臺階。

宮殿前的阼階，則爲天子迎接賓客及祭祀時的升降之處。《禮記・曲禮下》："君天下曰天子，朝諸侯，分職授政任功，曰予一人，踐阼，臨祭祀。"孔穎達疏："阼，主人階也。天子祭祀升阼階。"户、牖之間曰"扆"。此處多設屏風，且以扆名，南嚮坐。在宮殿之中爲君王在殿堂之上接受諸侯朝拜之處。《説文・户部》："户牖之間謂之扆。"段玉裁注："凡室，户東牖西，户牖之中間是曰扆。"《淮南子・氾論訓》："武王崩，成王幼少，周公繼文王之業，履天子之籍，聽天下之政……負扆而朝諸侯。"章炳麟《與簡竹居書》："若施易以言居位，其地有四：内朝則兩階間爲'鄉'，祭祀則主階爲'阼'，治朝則門屏之間爲'宁'，《觀禮》不下堂而見諸侯，則牖户之間爲'扆'。四者皆王位也。"

中庭 [1]

廳堂正中，廳堂之中。廳、堂、寢、正室皆曰庭。《禮記・檀弓上》："孔子哭子路於中庭。"鄭玄注："寢，中庭也。與哭師同親之。"孔穎達疏："師吾哭諸寢，今哭子路於中庭，故云與哭師同親之。若其不親，當哭於寢門外，與朋友同。"《漢書·朱買臣傳》："坐中驚駭，白守丞，相推排陳列中庭拜謁。"唐李商隱《齊宮詞》："永壽兵來夜不扃，金蓮無復印中庭。"《宣和遺事》前集："紅袖調箏於屋側，青衣演舞於中庭。"

【庭】[2]

即中庭。《說文·广部》："庭，宮中也。"段玉裁注："宮者，室也，室之中曰庭。"朱駿聲通訓定聲："庭，今俗謂之廳……按，堂、寢、正室皆曰庭。"

【霤】

即中庭。亦作"霤"。《說文·广部》："霤，中庭也。"段玉裁注："中庭者，庭之中也。"朱駿聲通訓定聲："按，古者'陶復陶穴'，皆開其上以取明，有雨則霤，後製爲宮室，其正中當古霤處謂之中霤，亦謂之霤，其實即霤字之

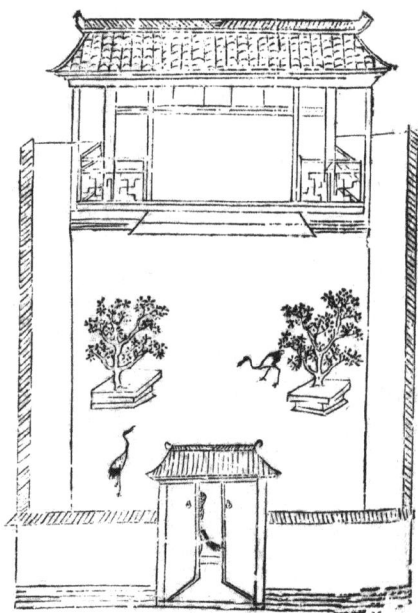

庭
（明王圻等《三才圖會》）

轉注也。"《春秋公羊傳·哀公六年》："於是使力士舉巨囊，而至於中霤。"

【霤】[1]

同"霤"。此體先秦時期已行用。見該文。

【中霤】[1]

即中庭。亦作"中霤"。本指遠古穴居頂部中央開設之洞口，因其位置在室之中部，故亦指中庭。《釋名·釋宮室》："中央曰中霤。古者覆穴，後室之霤，當今之棟下，直室之中，古者霤下之處也。"《禮記·月令》："〔季夏之月〕其祀中霤。"鄭玄注："中霤猶中室也。"孔穎達疏："鄭意言中霤猶中室，乃是開牖象中霤之取明，則其地不當棟，而在室之中央。"《春秋公羊傳·哀公六年》："於是使力士舉巨囊，而至於中霤。"徐彥疏引庾蔚之曰："復地上累土，穴則穿地也。復穴皆開其上取明，故雨霤之，是以因名中室爲中霤也。"漢劉向《九嘆·愍命》："制讒賊於中霤兮，選呂管於榛薄。"王逸注："中霤，室中央也。"

【中霤】

同"中霤[1]"。此體漢代已行用。見該文。

奧

室之西南隅。祭祀設神主之處，亦爲尊長居坐之處。仰韶文化時期，處於母系氏族社會，原始地面圓形住房門內兩側設隔墻，墻後形成兩個隱奧空間，類似現代居住建築的內室。爲爭取隱奧空間，兩隔墻不作平行布置，即門前空間平面呈梯形。在沒有出現門壁墻分隔卧室之前，隔墻背後的隱奧空間實際上初步具備了卧室的功能。西安半坡建築遺址挖掘表明，居室西南部居住面高出室內地面十多厘米，表面處理堅硬平滑，且經過反復燒烤，墐塗後再燒

烤居住面，使之形成低度陶質面層，不僅是防潮措施，而且是炙地而眠的防寒措施，似爲炕的雛形。據此，西南隅習慣上應是對偶寢臥所在。《文選·宋玉〈招魂〉》："經堂入奧，朱塵筵些。"王逸注："言升殿過堂，入房至奧處，上則有朱畫承塵，下則有筵簟好席，可以休息也。"四隅中以奧爲最尊。《禮記·曲禮上》："夫爲人子者居不主奧。"孔穎達疏："奧者，室内西南隅也。室嚮南，户近東南角，則西南隅隱奧無事，故呼其名爲奧。常推尊者於閑樂無事之處，故尊者居必主奧也。既是尊者所居，則人子不宜處之也。"奧爲尊長居坐處。父母尚在的男子與父母同居一室者，居坐不可於室之西南隅。奧亦爲室内主要祭祀之所。古人居室中所要祭的神有户、霤、門、竈等，在奧總祭上述諸神。《論語·八佾》："王孫賈（衛大夫）問曰：'與其媚於奧，寧媚於竈，何謂也？'子曰：'不然。獲罪於天，無所禱也。'"王孫賈所引的大概是當時的俗語，意爲在奧對神集體總祭，可是却没有奧神，祭的對像是抽象的；竈有竈神，在竈前祭則是具體的，可以致人禍福，因此應該祭此捨彼，被拘執於禮義原則的孔子所否定。契丹舊俗，婚宴上，推選女性尊者一人，當奧而坐，主持婚禮。《遼史·公主表》："契丹故俗，凡婚燕之禮，推女子之可尊敬者坐於奧，謂之奧姑。"又《國語解·拜奧禮》："凡納后，即族中選尊者一人當奧而坐，以主其禮，謂之奧姑。送后者拜而致敬，故云拜奧禮。"

窔

亦作"突"。室之東南隅。食物、炊具等雜物存放處。仰韶文化時期，處於母系氏族社會，原始地面圓形住房門内兩側設隔墙，隔墙不作平行布置，門前空間平面呈梯形，墙後形成兩個隱奧空間：西南隅謂之奧，爲寢臥的處所；東南隅謂之窔，爲存放雜物及窖藏的處所。西安半坡建築遺址發掘表明，居室東南部多發現陶器，爲炊具雜物等存放處。與東北隅炊事、進食處鄰近，似與方便操作有關。母系氏族社會貯藏用的窖穴布置在住房之間，窖穴口采用茅草枝條之類扎結的活動頂蓋或陶製蓋板覆蓋。母系氏族社會向父系氏族社會蜕變期間，由對偶婚制轉化爲一夫一妻制的家庭，各家庭之間私有財產的差別，破壞了原有同甘共苦的氏族公有制原則，出現了偷盜一類現象，貯藏已有看守的必要。這一時期的窖藏多在室内，以至於不惜占據使用面積狹窄的空間。《釋名·釋宮室》："東南隅曰窔。窔，幽也，亦取幽冥也。"《儀禮·既夕禮》："比奠，舉席埽室，聚諸窔，布席如初。"鄭玄注："室東南隅謂之窔。"《荀子·非十二子》："奧窔之間，簟席之上，斂然聖王之文章具焉，佛然平世之俗起焉。"《漢書·叙傳上》："守窔奧之熒燭，未卬天庭而睹白日也。"清俞樾《右臺仙館筆記》卷一〇："〔鄉民〕至一飯店，餒其飲焉。探手於橐取錢，覺其中蠕蠕然動，視之，則所拾白金悉化爲蝌蚪矣。大驚，修之窔間。歸與妻孥輩言其異。"

突

同"窔"。此體漢代已行用。見該文。

宧

室之東北隅，炊事及進食處。以仰韶文化時期西安半坡遺址圓屋爲例，居住建築西南嚮開門，門内兩側設梯形隔墙，室之東北隅朝向入口，正迎冬季（以冬至日爲準）下午2時的最强日照，而又恰可避開夏季（以夏至日爲準）

下午2時的最强日照。東北隅迎向光明，爲炊事及進飲食之所。火塘北部二中心柱間有燒煮食物時防止火焰灼烤的攔護坎墙。從遺址發掘情况看，東北隅常有壓碎的陶器，即爲炊具與食具。《説文・宀部》："宧，養也。室之東北隅，食所居。"段玉裁注："東北陽氣始起，育食萬物。"《爾雅・釋宫》："東北隅謂之宧。"郝懿行義疏："云'食所居'者，古人庖厨食閣皆在室之東北隅，以迎養氣。"室之東南隅常發現炊具雜物，并有糧食窖藏，這一位置習慣作爲食物、炊具等存放之處。東北隅炊事及進飲食處與東南隅雜物存放處鄰近，似與方便操作有關。

屋漏 [1]

室之西北隅。施設小帳，安藏神主，祭祀於奥既畢，改設饌於此隱暗處以祭，是以亦指神靈所在。屋，小帳也；漏，隱也，故稱。《詩・大雅・抑》："相在爾室，尚不愧于屋漏。"鄭玄箋云："屋，小帳也；漏，隱也。"孔穎達疏："屋漏者，室内處所之名，可以施小帳，而漏隱之處，正謂西北隅也。言不愧屋漏，則屋漏之處有神居之矣。故言祭時於屋漏有事之節，禮祭於奥中既畢，尸去乃改設饌食西北隅屝之處，此祭末之時事也。"後用以指君子慎獨，不敢爲非。《禮記・中庸》："君子所不可及者，其唯人之所不見乎？《詩》云：'相在爾室，尚不愧於屋漏。'"孔穎達疏："此明君子之閑居獨處，不敢爲非，故云君子所不可及者，其唯人之所不見乎……言無人之處，尚不愧之，况有人之處，不愧之可知也。言君子無問有人無人，恒能畏懼也。"後即用以泛指屋之深暗無人處。宋張世南《游宦紀聞》卷四："發人隱惡，雖虧雅道，亦使暗室屋漏之下有所警。"明李東陽

《土室》詩："古人戒屋漏，所貴無愧色。"清吴熾昌《客窗閑話初集・俞生》："汝爲儒士，暗室屋漏，猶當謹慎，豈可放肆於大道之旁乎！"一説室之西北隅日光漏入，故稱。《爾雅・釋宫》："西北隅謂之屋漏。"郝懿行義疏："孫炎曰：'屋漏者，當屋之白日光所漏入。'金鶚屋漏解云：'屋之西北隅有向。向，北出牖也。日光自牖中漏入，故名屋漏。'"一説復穴上部圍護結構頂部開設通風采光排烟口中霤，遇雨則溜入，因稱屋漏。清平步青《霞外攟屑・釋諺・天窗》："中霤復穴，皆開其上取明，故雨霤之，是以因名中室爲中霤也。今俗謂之開天窗，燒片瓦空其中，俗謂之屋漏，是其遺意也。"

隅

角，室内角落。《管子・弟子職》："昏將舉火，執燭隅坐。"《淮南子・説山訓》："受光於隙照一隅，受光於牖照北壁。"唐柳宗元《同吴武陵送前桂州杜留後詩序》："觀室者觀其隅，隅之巍然，直方以固，則其中必端莊宏達可居者也。"唐賈至《侍宴曲》："雲陛簑珠宸，天墀覆綠楊。"

宁

古代治朝門屏之間爲君王佇立之處，故稱。《爾雅・釋宫》："門屏之間謂之宁。"郭璞注："人君視朝所宁立處。"邢昺疏："謂路門之外，屏樹之内，人君視朝宁立之處，因名爲宁。"《禮記・曲禮下》："天子當宁而立，諸公東面，諸侯西面，曰朝"。鄭玄注："宁，門屏之間。"《隋書・音樂志上》："皇帝出宁及升座，皆奏《皇雅》。"《太平廣記》卷一一四引南朝齊王琰《冥祥記・宋沙門曇遠》："遠時住西厢中，云佛自西來，轉身西嚮，當宁而立，呼其速去。"

《宋史·章惇傳》:"迨聞永樂之敗,神宗當宁慟哭。"清葉廷琯《吹網録·三河縣遼碑》:"塑繪丹腹,龍衮、玄冕,黼黻、珠旒,交映金碧,已至粹容圓備。垂拱嚮明,位以當宁,左右具侍立,前列十哲。"

扆[1]

指朝門與窗之間。天子會見諸侯不下堂,背對户牖之間而立。故户牖之間指王朝諸侯之位。此處多設屏風,故亦特指置於門窗之間的屏風。《爾雅·釋宫》:"牖户之間謂之扆。"郭璞注:"牖東户西也。"邢昺疏:"牖者,户西牖也。此牖東户西爲牖户之間,其處名扆。"《書·顧命》:"狄設黼扆綴衣。"孔安國傳:"扆,屏風,畫爲斧文,置户牖間。"漢王充《論衡·書虚》:"户牖之間曰扆,南面之坐位也。負扆南面嚮坐,扆在後也。"《南史·賊臣傳·侯景》:"方饗群臣,中會而起,觸扆墜地。"章炳麟《秦政記》:"秦皇負扆以斷天下,而子弟爲庶人。"

阼[1]

大堂前東面的臺階。古代天子、諸侯、大夫、士皆以此爲主人之位。臨朝覲、揖賓客、承祭祀,升降皆由阼階。《説文·自部》:"阼,主階也。"《集韵·去鐸》:"阼,東階。"《禮記·冠義》:"故冠於阼,以著代也。"鄭玄注:"阼,謂主人之北也。"孔穎達疏:"阼,是主人接賓之處。"又《曲禮下》:"君天下曰天子,朝諸侯,分職授政任功,曰予一人,踐阼,臨祭祀。"孔穎達疏:"阼,主人階也,天子祭祀升阼階。"《史記·孝文本紀》:"辛亥,皇帝即阼,謁高廟。"張守節正義:"主人階也。"《文選·潘岳〈籍田賦〉》:"結崇基之靈址兮,啓四途之廣阼。"李善注引《説文》曰:"阼,主階也。"唐杜甫《朝享太廟賦》:"階有賓阼,帳有甲乙。"

位

古代宫廷中庭左右兩側,爲群臣列位站立之處。《説文·人部》:"位,列中庭之左右謂之位。"段玉裁注:"庭當作廷……中廷猶言廷中。古者朝不屋,無堂階,故謂之朝廷。"《爾雅·釋宫》:"中庭之左右謂之位。"郭璞注:"群臣之側位也。"邢昺疏:"位,群臣之列位也。"《國語·周語上》:"大夫、士日恪位著以儆其官。"韋昭注:"中庭之左右曰位,門庭之間曰著也。"《孟子·離婁下》:"禮,朝廷不歷位而相與言,不逾階而相揖也。"《禮記·燕義》:"別其等,正其位。"鄭玄注:"位,朝位也。"

坫

亦稱"垝"。指堂之東南角及西南角。爲士舉行冠禮、喪禮儀式之處。《爾雅·釋宫》:"垝謂之坫。"邢昺疏:"鄭注云:'坫在堂角。'然則堂之東南角爲東坫,西南角爲西坫。"《儀禮·士冠禮》:"爵弁、皮弁、緇布冠各一匴,執以待于西坫南。"鄭玄注:"坫,在堂角。"又《士喪禮》:"牀第、夷衾,饌于西坫南。"

【垝】

即坫。此稱漢代已行用。見該文。

第三章　宮寢園囿説

第一節　王寢考

中國新石器時期龍山文化晚期的陶寺文化已發現城邑遺址，經過夏、商之發展，到西周初期，已逐漸形成初具規模的城市規劃體系，而王城及宮城建築是城市規劃的重要組成部分。據記載，古時黃帝有合宮，五帝有法宮，唐堯有成陽宮、攝宮、貳宮，虞舜有有虞氏宮，夏禹則卑宮室，殷商有鑣宮、王宮。周代有王宮、東宮、西宮、北宮、蒿宮，此王宮即爲王之路寢及燕寢；北宮爲后之六宮；東宮爲太子所居；西宮爲公宮，或指小寢，爲夫人所居。夏末殷初以前，王之寢宮僅見路寢之制，即王之正殿，爲王接見群臣議事，日常治事、齋戒及休息之所，然尚未見燕寢之制，且宮殿建築亦較簡陋。《文選·張衡〈東京賦〉》："必以肆奢爲賢，則是黃帝合宮、有虞總期，固不如夏癸之瑶臺、殷辛之瓊室也。"薛綜注："肆，放也。賢，善也。謂黃帝明堂以草蓋之，名曰合宮。舜之明堂以草蓋之，名曰總章。言難公子黃帝等造此，是守儉也。"李善注："《尸子》曰：'欲觀黃帝之行於合宮，觀堯舜之行於總章。章、期，一也。'《汲冢古文》曰：'夏桀作傾宮瑶臺，殫百姓之財。殷紂作瓊室，立玉門也。'"周吕望《六韜·盈虚》："太公曰：'帝堯王天下之時……宮垣屋室不垩，薨桷椽楹不斫，茅茨遍庭不剪。'"《漢書·晁錯傳》："五帝神聖，其臣莫能及，故自親事，處於法宫之中，明堂之上；動静上配天，下順地，中得人，故衆生之類亡不覆也。"顔師古注："如淳曰：'法宫，路寝正殿也。'"又《地理志下》："昔堯作游成陽，舜漁雷澤，湯止於亳，故其民猶有先王遺風。"顔師古注："如淳曰：'作，起也。成陽在定陶，今有堯冢靈臺。'師古曰：'作游者，言爲宫室游止之處也。'"《玉海·宫室·宫一》引揚雄曰："非木摩而不彫，墙塗而不畫，周宣所考，殷庚所遷，夏卑宫室，唐虞采椽，三等之制。"殷，一作"盤"。

　　殷商之時，始建王宫，按前朝後寝之制規劃宫城：朝在南，寝在北。此制始於殷商，蓋由民用住宅前堂後室制度發展而來，至周代已發展成爲十分成熟的規劃體系。《周禮·考工記·匠人》曰："殷人重屋，堂修七尋，堂崇三尺，四阿，重屋。"鄭玄注："重屋者，王宫正堂，若大寝也。"商代中期，不僅有路寝之制，且始創燕寝之制。安陽西北岡出土的一組銅盥洗用具，其中盂蓋銘文云："篾小室盂。"（《考古學報》1954年第7期）此"小室"爲"大室"相對之稱。大室位於路寝，則小室應就燕寝而言。盥洗用具正爲適合燕寝性質的生活用品。王寝之制，周代沿襲殷制并發展到更爲成熟的階段。匠人營國將宫城區劃爲前後兩區，前爲朝，後爲寝。寝宫區又分爲兩個社區，即王寝區與后寝區。王寝區在南，與朝區緊相連接，此區路寝在路門之内，路寝廷即爲三朝中的燕朝。寝又有路寝（亦稱大寝、正寝）、燕寝（亦稱小寝）之别。路寝爲王接見群臣議政、日常治事齋戒及疾病休息之處。燕寝則爲王日常起居處。王共設六寝：一路寝、五燕寝。《周禮·天官·宫人》："掌王之六寝之脩。"鄭玄注："路寝一，小寝五……是路寝以治事，小寝以時燕息焉。"《禮記·玉藻》："朝，辨色始入。君日出而視之，退適路寝聽政，使人視大夫，大夫退，然後適小寝，釋服。"鄭玄注："小寝，燕寝也。"《書·顧命》載成王臨終授命亦在路寝。又《周禮·天官·女御》："掌御叙于王之燕寝。"鄭玄注："言掌御叙防上之專妒者，于王之燕寝，則王不就后宫息。"賈公彦疏："鄭云掌御叙防上之專妒者，鄭解不使九嬪、世婦掌房之意，若使在上掌之，則有妒疾自專之事。今使女御掌之，官卑不敢專妒故也。云于王之燕寝則王不就后宫息者，破舊説云王就后宫者，故鄭云此也。"可見路寝爲王聽政議事之處，而燕寝則爲王日常起居休息之處。周代"六寝"之制，祇見於《周禮·天官·宫人》，其他先秦文獻尚無記載，亦未得到考古工作之證實。後世學者多據《周禮》解釋周代寝宫制度，宋聶崇義《三禮圖》中的"宫寝圖"即按此繪製；或進一步參照《禮記·月令》，按時令説明燕寢的方位及布局方式，唐代孔穎達之《曲禮·疏》便爲典型例證。王共設幾寢，尚無定論，祇好留待日後考古證實。然卜辭有"東寢""西寢"。西周銅器銘文亦有"東宮""西宮"。《效尊》："佳四月初吉甲午，王蔉於賞，公東宮納饗於王。"楊樹達釋："謂公在東宮納饗於王也。此銘文記東宮者也。"《臣卣》載："王飲西宮。"（以上見楊樹達《積微金文説》）《逸周書·本典》亦云："王在東宮。"由此可知，王寢當有東宮、西宮之制。《左傳》記諸侯燕寢也有東宮、西宮。就《匠人》禮制營建制度而言，王之燕寢應比諸侯多。諸侯東西宮各置一燕寢，王之東西宮各置二燕寢。王寢之布局形式，據《匠人》規定的朝寢規劃關係與《書·顧命》《禮記·玉藻》等文獻記述，路門內當首爲路寢，路寢居前，位於宮城中軸綫上。燕寢則沿此中軸綫左右對稱置於路寢之後，形成一個以路寢爲主體的王寢宮區。秦漢時都城建設與《考工記·匠人》營國制度不合，秦都咸陽與漢都長安的宮城規劃缺乏全面、整體布局，且不免失之鬆散，與《匠人》三朝制度及王寢布局有所不同。原因有二：第一，秦滅六國之後，建立了統一的中央集權制國家，實行"焚書坑儒"的政策，對"周法"與儒家學説持否定態度，故不可能按《匠人》營國制度及王寢之制建造宮殿。第二，《考工記》是西漢武帝時河間獻王劉德用來補《周禮·冬官》之缺文纔再次問世的。當時劉德呈進的《周禮》，祇藏於皇家秘府，并未公之於世，甚至治禮的儒生亦未見過此書，直到王莽設《周官》博士，《考工記》方爲人重視。故從時間上，我們不可能從秦都咸陽與漢初建的長安城的宮殿建築中看到後來方公之於世的《考工記》的踪迹。雖"漢家自有制度"（《漢書·平帝紀》），但受秦影響頗深。漢初長安城之營建，蕭何"覽秦制，跨周法"（漢張衡《西京賦》）而行之。因當時"天下洶洶"，百廢待興，故無力大興土木，更無宏偉規劃，祇是在秦離宮基礎上稍事修繕，因陋就簡而已。蕭何營建未央宮時，劉邦曾批評他："是何治宮室過度也。"（《漢書·高帝紀下》）直到惠帝方始築城，武帝乃大興土木、營建宮殿，然均在原有基礎上進行擴建，并未進行全面規劃和徹底改造。王莽上臺後，曾藉托古改制之法緩和階級矛盾及統治者内部的爭鬥，故《周禮》成爲他改制的重要依據，《匠人》營國制度成爲他改造長安的藍本，欲改未央宮前殿爲"王路堂"（路寢）。但執政不久，新朝即被農民起義推翻，改造計劃并未實施。秦漢時期所建宮殿雖與《匠人》之王寢之制有所不同，但其功能亦有相似之處。如秦之信宮即爲大朝，咸陽宮即爲路寢及後宮，其他宮室爲妃嬪所居之離宮，而甘泉宮則爲太后所居。西漢初修建的未央宮即大朝所在地，其前殿即爲路寢。殿内兩側有皇帝處理政務的東西廂。這種在一個殿内劃分三個部分，兼大朝、日朝的方法，與周代前後排列三朝之制及王寢布局完全不同。

由於漢武帝時，董仲舒提出"獨尊儒術"的主張，自漢代至清代，前後近一千九百年，儒家思想占據統治地位，故歷代都城建設、宮城規劃及王寢之制，雖有變化，但基本上均爲繼承《考工記·匠人》規劃傳統之產物。如漢魏時的洛陽、隋都大興、唐都長安、北宋東京、金中都、元大都、明清北京等。即使別具一格的曹魏鄴城，亦難以擺脱受這個傳統的影響。李冲規劃的北魏洛陽，更爲後世繼承《匠人》規劃傳統樹立了楷模。現存明清兩代皇帝所居之故宮，其王寢之制與《匠人》之格局幾乎如出一轍。故宮宮殿建築布局有外朝、内廷（内朝）之分。外朝以太和、中和、保和三大殿爲中心，文華、武英兩殿爲兩翼，爲皇帝舉行大典、召見群臣、行使權力的主要場所。内廷有乾清宮（路寢）、交泰殿、坤寧宮等主要建築，且均在中軸綫上。乾清宮東西各有六組自成體系的院落，即東六宮與西六宮，每組院落均以前後殿、東西廡的標準格局組成。東六宮前面有奉先殿、齋宮及毓慶宮，西六宮前爲養心殿。故宮之内廷，即與周代路寢、燕寢、後宮之制相合，爲皇帝處理日常政務與后妃、皇子居住、游玩及奉神之處。參閲賀業鉅《考工記營國制度研究》。

六寢

古代天子一路寢、五燕寢之總稱。路寢亦稱大寢，爲天子聽政治事之所；燕寢亦稱小寢，爲天子休息居住之處。周天子六寢之制的記載，始見於《周禮》。《周禮·天官·宮人》："掌王之六寢之修。"鄭玄注："六寢者，路寢一，小寢五。《玉藻》曰：'朝辨色始入，君日出而視朝，退適路寢聽政，使人視大夫，大夫退，然後適小寢釋服。'是路寢以治事，小寢以時燕息焉。"《魏書·高祖孝文帝紀下》："十有一月乙卯，依古六寢，權制三室，以安昌殿爲内寢，皇信堂爲中寢，四下爲外寢。"宋王安石《英德殿上梁文》："松茂獻兩宮之壽，椒繁占六寢之祥。"

路寢

亦稱"正寢""大寢""正殿""路殿""正廳"。古代天子、諸侯接見群臣、議政治事之正廳。《詩·魯頌·閟宮》："松桷有舄，路寢孔碩。"毛傳："路寢，正寢也。"《周禮·夏官·太僕》："建路鼓於大寢之門外，而掌其政。"鄭玄注："大寢，路寢也。"《左傳·襄公二十八年》："齊人遷莊公，殯于大寢。"《公羊傳·莊公三十二年》："公薨于路寢。路寢者何？正寢也。"《史記·吳王濞列傳》："朕素服避正殿。"漢班固《西都賦》："正殿崔巍，層構厥高，臨乎未央。"《文選·張衡〈西京賦〉》："正殿路寢，用朝群辟。"薛綜注："周曰路寢，漢曰正殿。"漢劉楨《魯都賦》："路殿歸其隆崇，文陛巇其高驤。"

宋陸游《老學庵筆記》卷一〇："古所謂路寢，猶今言正廳也。"

【正寢】

即路寢。此稱先秦時期已行用。見該文。

【大寢】

即路寢。此稱先秦時期已行用。見該文。

【正殿】

即路寢。此稱漢代已行用。見該文。

【路殿】

即路寢。此稱漢代已行用。見該文。

【正廳】

即路寢。此稱宋代已行用。見該文。

【公寢】

即路寢。《左傳·襄公三十一年》："僑（子產）聞文公之爲盟主也，宮室卑庳，無觀臺榭，以崇大諸侯之館，館如公寢。"孔穎達疏："館如公寢，言往前文公之客館如今日晉君之路寢也。"

【外寢】

即路寢。古代王宮有正寢、內寢之別，路寢、燕寢之分，大寢、小寢之异。正寢、路寢、大寢亦稱"外寢"，以其位於寢宮外部（南部），故稱。爲君王朝會治事之所。《禮記·內則》："適子庶子見於外寢。"《魏書·高祖孝文帝紀下》："依古六寢，權制三室，以安昌殿爲內寢，皇信堂爲中寢，四下爲外寢（疑指四合殿）。"

【正衙】[1]

即路寢。唐宋時帝王聽政朝會之處。唐白居易《紫毫筆》詩："臣有奸邪正衙奏，君有動言直筆書。"《舊唐書·地理志一》："明堂之西有武成殿，即正衙聽政之所也。"宋司馬光《涑水紀聞》卷八："丹鳳之內曰含光殿，每至大朝

會，則御之。次曰宣政殿，謂之正衙，朔望大冊拜，則御之。"《資治通鑑·後唐明宗天成元年》："丁巳，初令百官正衙常朝外，五日一赴內殿起居。"

承明 [1]

古代天子之左右路寢。以其承接明堂之後，故稱。漢劉向《說苑·修文》曰："守文之君之寢曰左右之路寢，謂之承明何？曰：承乎明堂之後者也。"

法宮

路寢之正殿。爲古代帝王處理政事之處。《漢書·晁錯傳》："臣聞五帝神聖，其臣莫能及，故自親事，處於法宮之中，明堂之上。"顏師古注引如淳曰："法宮，路寢正殿也。"又《梅福傳》"當戶牖之法坐"顏師古注："法坐，正坐也。聽朝之處，猶言法宮、法駕也。"唐李商隱《韓碑》詩："誓將上雪列聖耻，坐法宮中朝四夷。"清錢謙益《四川雅州名山縣知縣劉爾宗授文林郎制》："朕雖在明堂法宮之中，黎風雅雨夷獠雜處之民，未嘗不食坐見之地。"

翼室

路寢兩側之室。分列左右如鳥翼，故稱。《書·顧命》："延入翼室，恤宅宗。"曾運乾正讀："江聲云：路寢旁室也。翼是左右兩旁之名。"《後漢書·袁紹傳》："臣獨將家兵百餘人，抽戈承明，竦劍翼室，虎叱群司，奮擊凶醜，曾不浹辰，罪人斯殄。"《晉書·惠帝紀》："惟社稷之重，率遵翼室之典。"清錢謙益《祭南昌劉宮保文》："昔我光廟，明目達聰，朝入翼室，夕而相公。"

燕寢 [2]

亦稱"小寢"。古代天子、諸侯日常居息之

寝宫。《周禮·天官·女御》：“女御掌御叙于王之燕寝。”《左傳·僖公三十三年》：“公如齊……反薨于小寝。”楊伯峻注：“小寝，爲諸侯之燕寝。”《禮記·玉藻》：“大夫退，然後適小寝，釋服。”鄭玄注：“小寝，燕寝也。”又《曲禮下》“天子有后，有夫人。”孔穎達疏：“《周禮》王有六寝，一是正寝，餘五寝在後，通名燕寝。”唐杜甫《唐故德儀贈淑妃皇甫氏神道碑》：“蓋所以教本古訓，發皇婦道，居具燕寝之儀，動有環珮之節。”清昭槤《嘯亭續録·常朝》：“本朝列聖憂勤政事，凡離宫燕寝，無不披覽奏章，召對大臣。”王國維《觀堂集林·明堂廟寝通考》：“古之燕寝有東宫，有西宫，有南宫，有北宫。其南宫之室謂之適室，北宫之室謂之下室，東西宫之室則謂之側室。四宫相背於外，四室相對於内，與明堂、宗廟同制。其所異者，唯無太室耳。”

【小寝】

即燕寝[2]。此稱先秦時期已行用。見該文。

【燕殿】

即燕寝[2]。亦作“宴殿”。宋朱彧《萍洲可談》卷一：“宣和殿，燕殿也，中貴人官高者皆直宣和殿。”《宋史·地理志一》：“北有紫宸殿，視朝之前殿也；西有垂拱殿，常日視朝之所也；次西有皇儀殿，又次西有集英殿，宴殿也。”太平天國洪仁玕《英傑歸真》：“〔吾主〕離御榻而出燕殿，遂覺昨晚卧不能起之病不知消歸於何處矣。”

【宴殿】

同“燕殿”。此體宋代已行用。見該文。

【王所】[1]

即燕寝[2]。古代帝王休息安寝之所。《周禮·天官·九嬪》：“九嬪掌婦學之灋……而以時御叙于王所。”鄭玄注：“王所息之燕寝。”《史記·周本紀》：“武王至於周，自夜不寐，周公旦即王所，曰：‘曷爲不寐？’”

高寝

古代天子、諸侯三正室之一，爲高祖、始封之君或君王之父所居。《左傳·定公十五年》：“壬申，公薨于高寝。”《公羊傳·莊公三十二年》：“路寝者何？正寝也”漢何休注：“天子諸侯皆有三寝：一曰高寝，二曰路寝，三曰小寝。父居高寝，子居路寝，孫從王父母，妻從夫寝，夫人居小寝。”徐彦疏：“父居高寝者，蓋以寝中最尊。”《史記·秦始皇本紀》：“康公享國十二年，居雍高寝。”漢劉向《説苑·修文》：“諸侯正寝三：一曰高寝，二曰左路寝，三曰右路寝。高寝者，始封君之寝也……其立奈何？高寝立中，路寝左右……天子之寝奈何？曰：亦三。”

寝宫[1]

亦作“寢宫”。亦稱“宫寝”。帝王的宫殿。《吕氏春秋·用民》：“句踐試其民於寝宫，民争入水火。”漢王充《論衡·率性》：“句踐亦試其士於寝宫之庭，赴火死者，不可勝數。”《魏書·崔光傳》：“自比鴟鵲巢於廟殿，梟鵬鳴於宫寝，菌生賓階軒坐之正，準諸往記，信可爲誠。”宋劉放《鴻慶宫三聖殿賦》：“閎偉奇麗，所以使宫寝之勿逾也；清閑窅密，鬼神之所都也。”

【寢宫】[1]

同“寝宫[1]”。此體先秦時期已行用。見該文。

【宫寝】[1]

即寝宫[1]。此稱南北朝時期已行用。見該文。

内²

帝王所居之宮禁，皇宮。《古今韻會舉要·隊韻》：“天子宮禁謂之内。”《逸周書·克殷》：“帝辛奔内，登于鹿臺之上，屏遮而自燔於火。”《周禮·天官·序官》“内宰”鄭玄注：“内宰，宮中官之長。”前蜀韋莊《延興門外作》詩：“綠奔穿内水，紅落過墻花。”唐白居易《長恨歌》：“西宮南内多秋草，落葉滿階紅不掃。”亦指朝廷。《史記·汲鄭列傳》：“〔汲黯〕以數切諫，不得久留内，遷爲東海太守。”《後漢書·陳忠傳》：“延光三年，拜司隸校尉。糾正中官外戚賓客，近倖憚之，不欲忠在内。明年，出爲江夏太守。”

【大内】

即内。唐韓愈《論佛骨表》：“今聞陛下令群臣迎佛骨於鳳翔，御樓以觀，舁入大内。”《明史·輿服志四》：“洪武八年改建大内宮殿，十年告成。”匈奴單于之内室亦稱大内。《漢書·陳湯傳》：“單于下騎，傳戰大内。”顏師古注：“大内，單于之内室也。”

【内家】

即内。唐王建《宮詞》之五〇：“盡送春球出内家，記巡傳把一枝花。”清李漁《慎鸞交·却媒》：“看花醉殺瓊林酒。身到處，盡温柔，銷魂更是内家樓。”

内殿¹

皇帝召見大臣，處理國事之處。以其位於皇宮内進，故稱。《後漢書·靈帝紀》：“〔中平四年二月〕己亥，南宮内殿罘罳壞。”唐韋渠牟《覽外生盧綸詩因以示此》詩：“終期内殿聯詩句，共汝朝天會柏梁。”宋周密《齊東野語·紹興御府書畫式》：“引首前後用内府圖書、内殿

書記印，或有題跋。”

王宮¹

亦稱“王居”。即帝王所居之宮。《易·渙》：“渙王居，無咎。”高亨注：“渙王居者，水流盪滌王之居處也。”《書·大誥》：“民不静，亦惟在王宮邦君室。”《史記·晉世家》：“晉師還至衡雍，作王宮於踐土。”南朝梁陸倕《石闕銘》：“或以表正王居，或以光崇帝里。”宋洪邁《夷堅丁志·張敦夢醫》：“〔張敦〕嘗僑寓潮州，夢人邀去，大屋沉沉如王居，立俟門左。”宋朱熹《〈大學章句〉序》：“王宮、國都及閭巷，莫不有學。”清龔煒《巢林筆談·海神廟》：“廟貌顯赫……儼然帝室王居也。”

【王居】

即王宮。此稱先秦時期已行用。見該文。

【王屋】

即王宮。亦稱“王宇”。《史記·周本紀》：“〔武王〕既渡，有火自上復於下，至於王屋，流爲烏，其色赤，其聲魄云。”裴駰集解引馬融云：“王屋，王所居屋。”南朝梁蕭統《七契》：“將與逸士，陟彼華堂，憩諸閟館。王宇明華，文階燦爛。”南朝梁元帝《馳檄告四方》：“賊猶不悛，遂復矢流王屋，兵躔象魏。”《宋史·樂志十三》：“瑞日含王宇，卿雲藹帝鄉。”

【王宇】

即王屋。此稱南北朝時期已行用。見該文。

【王門】¹

即王宮。本指王宮之皋門、庫門，後亦藉指王宮。《周禮·地官·大司徒》：“若國有大故，則致萬民於王門。”孫詒讓正義：“王門即王宮之皋門、庫門。”《竹書紀年》卷上：“元年乙酉帝（帝發）即位，諸夷賓于王門。”《後漢書·東

夷傳序》：“自少康以後，世服王化，遂賓於王門，獻其樂舞。”唐楊炯《原州百泉縣令李君神道碑》：“九千里之丹鳳，始踐王門；七十日之黄龍，初階郡職。”

天門

喻指皇宮之門，亦喻稱帝宮舍。漢王褒《九懷·通路》：“天門兮地户，孰由兮賢者？”王逸注：“金闥玉闈，君之舍也。”唐杜甫《宣政殿退朝晚出左掖》詩：“天門日射黄金榜，春殿晴曛赤羽旗。”清曹寅《寄題顧書宣編修踞酒石》：“玉堂宵宵天門深，他日者，思踞屠顔不可得。”

【天闈】

即天門。《舊唐書·劉洎傳》：“今太子一侍天闈，動移旬朔，師傅以下，無由接見。”明劉基《春興》詩：“近聞丹詔出天闈，聖主鳴謙下土知。”

【天關】

即天門。《宋書·桂陽王休範傳》：“便當投命有司，謝罪天關。”北魏楊衒之《洛陽伽藍記·聞義里》：“惠生在烏場國二年，西胡風俗，大同小異，不能具録。至正光二年二月，始還天關。”唐韓愈《贈刑部馬侍郎》詩：“暫從相公平小寇，便歸天關致時康。”清吳偉業《題崔青蚓洗象圖》詩：“十丈黄塵向天關，霜天夜踏宮前月。”

【天闕】

即天門。唐皎然《覽史》詩：“嘉謀匡帝道，高步游天闕。”宋陳鵠《耆舊續聞》卷九：“天闕啓鑰趨朝後，侍史焚香起草初。”清唐孫華《舟雨遣悶》詩之二：“却笑儒生思獻賦，欲持片紙撼天闕。”

九重城

帝王宮禁。古制，王城之門有九重，故稱。《楚辭·九辯》：“豈不鬱陶而思君兮，君之門以九重。”南唐徐鉉《納后夕侍宴又三絶》詩之一：“四海未知春色至，今宵先入九重城。”宋朱熹《水調歌頭·次袁仲機韵》：“長記與君别，丹鳳九重城。”元馬致遠《薦福碑》第一折：“龍樓鳳閣九重城，新築沙堤宰相行。”

【九門】

即九重城。以其門有九，故稱。唐錢起《長安落第》詩：“花繁柳暗九門深，對飲悲歌淚滿襟。”宋張孝祥《浣溪沙》詞：“宮柳垂垂碧照室，九門深處五雲紅。”

衙

唐代天子所居之處。《新唐書·儀衛志上》：“唐制：天子居曰‘衙’，行曰‘駕’，皆有衛有嚴。”唐元稹《連昌宮詞》：“蛇出燕巢盤斗栱，菌生香案正當衙。”

玉宇

亦稱“玉庭”。宮殿之美稱。南朝宋劉鑠《擬古·擬〈明月何皎皎〉》詩：“玉宇來清風，羅帳延秋月。”《南齊書·樂志》：“設業設簴，展容玉庭。”唐高宗《太子納妃太平公主出降》詩：“玉庭浮瑞色，銀榜藻祥徽。”唐李華《含元殿賦》：“玉宇璇階，雲門露闕。”宋梅堯臣《依韻和宋學士紫宸早謁》：“耽耽玉宇龍纏棟，藹藹金鋪獸齧環。”

【玉庭】[1]

即玉宇。此稱南北朝時期已行用。見該文。

玉門[1]

亦稱“玉闕”“玉闈”。宮殿門闕之美稱，藉指皇宮帝王之居。漢劉向《九嘆·怨思》：“背玉門以犇鶩兮，蹇離尤而干詬。"王逸注："玉門，君門。"南朝宋鮑照《侍宴覆舟山》詩之二："繁霜飛玉闥，愛景麗皇川。"唐太宗《賦簾》詩："參差垂玉闕，舒卷映蘭宮。"宋趙抃《累乞致政詔答未允述懷》詩："玉闕累章煩賜詔，瀫江兩槳蹉歸期。"明夏完淳《青樓篇與漱廣同賦》詩："有時玉闕朝諸侯，有時金門徵君流。"

【玉闕】

即玉門[1]。此稱唐代已行用。見該文。

【玉闥】

即玉門[1]。此稱南北朝時期已行用。見該文。

玉堂[1]

漢宮殿名。後泛指宮殿。《史記·孝武本紀》："於是作建章宮……其南有玉堂、璧門、大鳥之屬。"司馬貞索隱引《漢武故事》："玉堂基與未央前殿等，去地十二丈。"唐杜甫《進雕賦表》："今賈馬之徒，得排金門、上玉堂者甚眾矣。"

玉禁

亦稱"玉宸"。帝王宮禁，皇宮之美稱。唐王勃《七夕賦》："庭分玉禁，邸瞰金樓。"宋黃庭堅《吳君送水仙花并二大本》詩："何時持上玉宸殿，乞與宮梅定等差。"元貢奎《送師道佺赴太常》詩："容臺書靜花明珮，玉禁春深柳染衣。"明李東陽《弘治庚戌三月十五日殿試讀卷東閣次都憲屠公韻》："狀元忠孝何人是，遙見爐香上玉宸。"

【玉宸】

即玉禁。此稱宋代已行用。見該文。

【玉觀】

即玉禁。亦稱"玉館"。隋李德林《相逢狹路間》詩："金臺遠猶出，玉觀夜恒明。"唐中宗《登驪山高頂寓目》詩："金門披玉館，因此識皇圖。"唐馮贄《雲仙雜記》卷一〇："帝觀書處，窗戶玲瓏相望，金鋪玉觀，輝映溢目，號爲閃電窗。"

【玉館】

即玉觀。此稱唐代已行用。見該文。

彤庭

亦作"彤廷"。漢代宮廷多以朱漆塗飾，故稱。後泛指皇宮。漢班固《西都賦》："於是玄墀扣砌，玉階彤庭。"唐杜甫《自京赴奉先縣詠懷五百字》詩："彤庭所分帛，本自寒女出。"宋蘇軾《次韻答滿思復》："自甘茅屋老三間，豈意彤廷綴兩班。"清趙翼《木蘭較獵恭紀》詩："行闕嵯峨倚翠屏，名王俱入宴彤廷。"

【彤廷】

同"彤庭"。此體宋代已行用。見該文。

【朱城】

即彤庭。南朝梁庾肩吾《春日》詩："影出朱城外，香歸青殿中。"唐駱賓王《上吏部侍郎帝京篇》："丹鳳朱城白日暮，青牛紺幰紅塵度。"唐李賀《春畫》詩："朱城報春更漏轉，光風催蘭吹小殿。"王琦注："朱城，紫禁也。"

【朱堂】[1]

即彤庭。亦稱"朱極"。漢班固《西都賦》："樹中天之華闕，豐冠山之朱堂。"三國魏曹植《酒賦》："將承芬以接意，會陵雲於朱堂。"三國魏阮籍《詠懷詩》之二十一："琅玕生高山，芝英耀朱堂。"唐王勃《九成宮頌》："朱極重光，黃離繼旭。"

【朱極】

即朱堂。此稱唐代已行用。見該文。

門館

指宮掖或内寢。《後漢書·文苑傳下·邊讓》："旦垂精於萬機兮，夕回輦於門館。"

門庭 [1]

猶宮廷。《墨子·尚賢上》："逮至遠鄙郊外之臣、門庭庶子、國中之衆、四鄙之萌人聞之，皆競爲義。"孫詒讓閒詁："蓋凡宿衞（庶子）位置，皆在路寢内外朝門庭之間，故此書謂之門庭庶子。"《三國志·蜀書·費詩傳》："況今殿下未出門庭，便欲自立邪！"

青禁

指宮殿。漢時宮門鏤刻青色圖紋，故稱。唐王勃《九成宮東臺山池賦》："酌丹墀之曉暇，候青禁之宵餘。"蔣清翊注："李尤《德陽殿賦》：'青瑣禁門。'"《樂府詩集·唐享太廟樂章·承光舞》："養德青禁，承光紫微。"

【青瑣】 [1]

即青禁。以皇宮門窗多以青色連環花紋裝飾，故稱。《晋書·夏侯湛傳》："出草苗，起林藪，御青瑣，入金墉者，無日不有。"唐陳子昂《爲陳舍人讓官表》："臣聞紫機務重，青瑣任隆。"元鄭光祖《王粲登樓》第一折："則爲我五行差，没亂的難迭辦，幾能勾青瑣點朝班。"清姚鼐《鄭前邨以辰州守被議授員外郎》詩："青瑣幾人憐故侣，白頭相遇數銜栖。"

【青瑣闈】

即青禁。省稱"青闈"。南朝梁范雲《古意贈王中書》詩："攝官青瑣闈，遥望鳳凰池。"唐李頎《送綦毋三謁房給事》詩："徒言青瑣闈，不愛承明廬。"明無名氏《鳴鳳記·三臣謫

戍》："望天涯魂銷魄冷，空留着青瑣闈諫諍虛名。"清王闓運《常公神道碑》："爰初揚華，承明出入；秉正青闈，端言文笏。"

【青闈】

"青瑣闈"之省稱。此稱清代已行用。見該文。

【青瑣闥】

亦作"青鎖闥"。即青禁。唐徐彦伯《贈劉舍人古意》詩："巢君碧梧樹，舞君青瑣闥。"唐韋應物《送褚校書歸山歌》："朝朝待詔青鎖闥，中有萬年之樹蓬萊池。"唐李頎《東京寄萬楚》詩："優游白虎殿，偃息青瑣闥。"

【青鎖闥】

同"青瑣闥。"此體唐代已行用。見該文。

【青墀】

即青禁。藉指宮廷。南朝梁陶弘景《授陸敬游十賚文》："於是褫帶青墀，挂冠朱闕。"南朝梁江淹《齊太祖高皇帝誄》："嗣皇帝永訣丹掖，叫號青墀。"

【青闕】

即青禁。南朝宋顔延之《直東宮答鄭尚書道子》詩："流雲藹青闕，皓月鑒丹宮。"唐儲光羲《奉和中書徐侍郎中書省玩白雲寄潁陽趙大》："青闕朝初退，白雲遥在天。"

宮 [2]

秦漢以來，泛指帝王之宮禁。《周禮·天官·閽人》："閽人掌守王宮之中門之禁，喪服凶器不入宮，潛服賊器不入宮，奇服怪民不入宮。"《吕氏春秋·慎勢》："古之王者，擇天下之中而立國，擇國之中而立宮，擇宮之中而立廟。"《史記·秦始皇本紀》："作宮阿房，故天下謂之阿房宮。"晋潘岳《悼亡詩》之三："誰

謂帝宮遠，路極悲有餘。"唐陸德明《經典釋文·爾雅音義》："宮，古者貴賤同稱宮，秦漢以來惟王者所居稱宮焉。"清孔尚任《桃花扇·題畫》："小生接得此扇，跋涉來訪，不想香君又入宮去了。"

【宮廷】

即宮²。亦作"宮庭"。《史記·秦始皇本紀》："始皇以爲咸陽人多，先王之宮廷小……乃營作朝宮渭南上林苑中。"又《商君列傳》："居三年，作爲築冀闕宮庭於咸陽，秦自雍徙都之。"《樂府詩集·郊廟歌辭八·漢安世房中歌》："高張四縣，樂充宮廷。"漢班固《漢武帝内傳》："忽天西南如白雲起，鬱然直來，遥趣宮庭間。"唐溫庭筠《再生檜賦》："殘陽未落，宮廷之林藪忽生；明月初懸，玉砌之桂華復盛。"唐司空曙《金陵懷古》詩："輦路江楓暗，宮庭野草春。"《宋史·畢士安傳》："太宗召謂曰：'諸子生長宮廷，未閑外事，年漸成人，必資良士贊導，使日聞忠孝之道，卿等勉之。'"《七國春秋平話》卷上："宮庭化爲荒草地，六市三街今野營。"

【宮庭】

同"宮廷"。此體漢代已行用。見該文。

【宮居】

即宮²。亦稱"宮所"。《魏書·公孫表傳》："伏惟陛下，躬唐虞之德，存道頤神，逍遥物外，宮居之名，當協叡旨。臣愚以爲宜曰'崇光'。"《舊唐書·巢王元吉傳》："高祖將避暑太和宮，二王當從，元吉謂建成曰：'待至宮所，當興精兵襲取之。'"《宋史·樂志十四》："寶章奕奕，祲宮俁俁。帝用將之，于彼宮所。"

【宮所】

即宮居。此稱唐代已行用。見該文。

宮室²

亦稱"宮房""宮屋"。指帝王之居室。《管子·牧民》："夫明王不美宮室，非喜小也。"《史記·項羽本紀》："項羽引兵西屠咸陽，殺秦降王子嬰，燒秦宮室，火三月不滅。"漢應瑒《文質論》："若乃和氏之明璧，輕縠之袿裳，必將游玩於左右，振飾於宮房，豈爭牢儶之勢，金布之剛乎？"《後漢書·章帝紀》："有黄鵠三十從西南來，經祠壇上，東北過於宮屋，翱翔升降。"晋葛洪《抱朴子·省煩》："宮室尊卑之品，朝饗賓主之儀……皆可減省，務令約儉。"《南齊書·河南氐羌傳》："多畜，逐水草，無城郭。後稍爲宮屋，而人民猶以氈廬百子帳爲行屋。"唐杜牧《上知己文章啓》："寶曆大起宮室，廣聲色，故作《阿房宮賦》。"唐李朝威《柳毅傳》："錢塘乃逡巡致謝曰：'寡人生長宮房，不聞正論。向者詞述疏狂，妄突高明。退自循顧，戻不容責。幸君子不爲此乖間可也。'"宋無名氏《李師師外傳》："童貫、朱勔復導以聲色狗馬宮室苑囿之樂。"

【宮房】

即宮室²。此稱漢代已行用。見該文。

【宮屋】

即宮室²。此稱漢代已行用。見該文。

宮陛

本爲宮殿之臺階，常藉指宮殿或朝廷。《後漢書·董卓傳》："〔吕布〕馳齎赦書，以令宮陛内外。"南朝宋顔延之《北使洛》詩："宮陛多巢穴，城闕生雲烟。"《南齊書·褚淵傳贊》："稱述霸王，綱維典禮。期寄兩朝，綢繆宮陛。"

宮殿

亦稱"宮堂"。指帝王所居高大華麗的房屋。漢以後多用此稱。《漢書·百官公卿表上》："郎中令，秦官，掌宮殿掖門户，有丞。"漢袁康《越絶書·外傳記吴王占夢》："寡人晝卧姑胥之臺，夢入章明之宫。入門……見兩鏵倚吾宫堂；見流水湯湯，越吾宫墻。"南朝梁江淹《遂古篇》："宮殿樓觀，並七珍兮。"唐杜甫《哀江頭》詩："江頭宮殿鎖千門，細柳新蒲爲誰緑？"元王實甫《西厢記》第一本第四折："梵王宮殿月輪高，碧琉璃瑞烟籠罩。"

【宮堂】

即宮殿。此稱漢代已行用。見該文。

【宮宇】

即宮殿。指帝王所居之高大華麗的房屋。《後漢書·明帝紀》："群僚所言，皆朕之過。人冤不能理，吏黠不能禁；而輕用人力，繕修宮宇，出入無節，喜怒過差。"三國魏曹植《節游賦》："覽宫宇之顯麗，實大人之攸居。"《晉書·石勒載記下》："去年水出巨材，所在山積，將皇天欲孤繕修宮宇也！其擬洛陽之太極起建德殿。"明沈榜《宛署雜記·御製》："北京肇創之初，蓋制其備，比命有司，祇循令典，得吉卜於都城之内西北隅，遂仿南京之規，創建宮宇。"

宮禁

亦稱"禁宮"。漢以後指皇帝居住視政之宮室。因宮中禁衛森嚴，臣下不得任意出入，故稱。《周禮·秋官·士師》："士師之職，掌國之五禁之灋，以左右刑罰：一曰宮禁。"鄭玄注："宮，王宮也。"陸德明釋文："'宮，王宮也'者，謂皋門也。"《後漢書·和熹鄧皇后紀》：

"宮禁至重，而使外舍久在内省……誠不願也。"《宋書·殷景仁傳》："密邇宮禁，故其計不行。"宋樂史《楊太真外傳》卷上："〔太華公主〕是武惠妃生，以母，見遇過於諸女，賜第連於宮禁。"宋張君房《雲笈七籤》卷八："四司者，天帝之禁宮也。"中國近代史資料叢刊《辛亥革命·南北議和史料》："優待皇室條件：一、清帝退位之後，其名號仍存不廢，以待外國君主之禮待之；二、暫居宮禁，日後退居頤和園。"

【禁宮】

即宮禁。此稱宋代已行用。見該文。

宮閤

亦作"宮閣"。皇家所居之宮室。北魏酈道元《水經注·穀水》："起層樓于東北隅，晋宮閤名曰金墉有崇天堂，即此地。"《南齊書·張敬兒傳》："布置私黨，被甲入殿，内外宮閤管籥，悉關家人。"南朝梁江淹《齊太祖高皇帝誄》："職褒宮閤，任卷文武。"隋盧思道《盧紀室誄》："余慕大隱，子惟陸沉；等趨宮閤，並綴衣簪。"《敦煌變文集·葉净能詩》："皇帝心看樓殿，及入重門，又見樓處宮閤，直到大殿，皆用水晶瑠璃瑪瑙，莫惻涯際。"唐儲光羲《群鴉咏》："河低宮閤深，燈影鼓鐘曙。"唐張説《〈上官昭容集〉序》："古者有女史，記功書過；復有女尚書，决事宮閤。"《宋史·賈黄中傳》："得金寶數十匱，計直數百萬，乃李氏宮閤中遺物也。"

【宮閣】

同"宮閤"。此體南北朝時期已行用。見該文。

【宮極】

即宮閤。亦稱"宮禁"。《魏書·世宗紀》：

"今廟社乃建，宮極斯崇，便當以來月中旬臨吉徙御。"又《高道悅傳》："時宮極初基，廟庫未構，車駕將水路幸鄴，已詔都水回營構之材，以造舟檝。"北魏酈道元《水經注·穀水》："魏太和中，皇都遷洛陽，經構宮極，修理街渠。"唐彭殷賢《大夏賦》："資奧區而寫城闕，憑《大壯》而列宮棼。"

【宮棼】

即宮極。此稱唐代已行用。見該文。

【宮闕】

即宮闈。因皇宮門前有雙闕，故稱。《史記·高祖本紀》："蕭丞相營作未央宮，立東闕、北闕、前殿、武庫、太倉。高祖還，見宮闕壯甚。"南朝齊謝朓《始出尚書省》詩："趨事辭宮闕，載筆陪旄棧。"宋蘇軾《水調歌頭》詞："明月幾時有，把酒問青天。不知天上宮闕，今夕是何年。"康有為《泛舟至天津入京復還上海》詩："萬里烟波迴紫潮，五雲宮闕聳丹霄。"

【宮帷】

即宮闈。宮殿中之帷幕。多藉指宮闈。北周庾信《周太子太保步陸逞神道碑》："宮帷定策，殿柱書名。"《宋史·樂志十四》："宮帷既敞，協氣感通。皇儀親展，壽祉無窮。"明劉毅庵《阿蓋妃》詩："嘹嘹孤雁繞宮帷，梁國奇傳阿蓋妃。"

皇宮

皇帝居住、主政之宮室。《魏書·景穆十二王傳·任城王雲》："集桓公之屍，居平叔之側，亂雞鳴之響，毀皇宮之飾。"《舊五代史·唐宗室傳·許王從益》："許王從益，明宗之幼子也。宮嬪所生。明宗命王淑妃母之。嘗謂左右曰：'唯此兒生於皇宮。'"元馬致遠《青衫淚》第二折："侍郎呵！你往常出入在皇宮内院，只合生死在京師帝輦，也落得金水河邊好墓田。"

【皇居】

即皇宮。亦稱"皇屋"。漢孔融《薦禰衡表》："鈞天廣樂，必有奇麗之觀；帝室皇居，必蓄非常之寶。"《晉書·恭帝紀》："去皇屋而歸來，灑丹書而不恨。"南朝宋顏延之《直東宮答鄭尚書》詩："皇居體環極，設險祇天工。"《舊唐書·牛徽傳》："國步方艱，皇居初復。"元耶律楚材《和張善長韻》："今日白衣聊養素，他年皇屋好推忠。"清曹寅《聞恢復長沙志喜》詩之一："日高開彩仗，春色滿皇居。"

【皇屋】

即皇居。此稱晉代已行用。見該文。

【皇閨】

即皇宮。亦稱"皇闥"。閨、闥均為皇宮之門，因藉以指皇宮。三國魏阮籍《與晉王薦盧播書》："英俊之士，願排皇閨。"晉傅咸《贈何劭王濟》詩："赫赫大晉朝，明明闢皇閨。"晉陸雲《晉故散騎常侍陸府君誄》："超踐皇閨，紆組垂纓。"《宋書·樂志二》："鼓鐘震天區，禮容塞皇閨。"唐李商隱《送千牛李將軍赴闕》詩："丹陛祥烟滅，皇闈殺氣橫。"

【皇闥】

即皇閨。此稱晉代已行用。見該文。

皇室

猶言皇家。有家族、政權諸意。《漢書·外戚傳·孝平王皇后》："太后時年十八矣……自劉氏廢，常稱疾不朝。會〔王〕莽敬憚傷哀，欲嫁之，乃更號為黃皇室主。"顏師古注："莽自謂土德，故云'黃皇室'。"《宋書·范曄傳》："自景平肇始，皇室多故……比年以來，奸豎亂政，刑罰乖淫。”

宣室[1]

泛指帝王所居之正室。漢焦贛《易林·師之恒》：“乘龍從蜿，徵詣北闕，乃見宣室，拜守東城。”《陳書·宗元饒傳》：“元饒劾奏曰：‘……爰降曲恩，祖行宣室，親承規誨，事等言提。雖廉潔之懷，誠無素蓄，而稟兹嚴訓，可以厲精。’”唐駱賓王《代李敬業以武后臨朝移諸郡縣檄》：“公等或居漢地，或叶周親，或膺重寄於話言，或受顧命於宣室。言猶在耳，忠豈忘心。”宋蘇軾《用舊韻送魯元翰知洺州》：“新年對宣室，白首代堯言。”清龔自珍《咏史》詩：“宣室今年起故侯，衔兼中外轄黄流。”

帝宇

亦稱“帝宸”。帝王所居之殿宇，亦藉指朝廷。《後漢書·文苑傳·杜篤》：“南禽（同“擒”）公孫，北背强胡，西平隆冀，東據洛都，廓平帝宇，濟蒸人於塗炭。”《文選·左思〈魏都賦〉》：“翼翼京室，耽耽帝宇。”張載注引三國吳謝承《後漢書》：“陽球爲司隸校尉，虎視帝宇。”南朝梁江淹《效顔延之〈侍宴〉》詩：“太微凝帝宇，瑤光正神縣。”唐李商隱《贈華陽宋真人兼寄清都劉先生》詩：“淪謫千年别帝宸，至今猶識蕊珠人。”

【帝宸】

即帝宇。此稱唐代已行用。見該文。

【帝居】

即帝宇。亦稱“帝宅”。《晉書·涼武昭王傳》：“况今帝居未復，諸夏昏墊，大禹所經，奄爲戎墟，五嶽神山，狄居其三。”南朝陳後主《入隋侍宴應詔》詩：“日月光天德，山河壯帝居。”唐駱賓王《艷情代郭氏答盧照鄰》詩：

“洛水傍連帝城側，帝宅層甍垂鳳翼。”南唐陳陶《朝元引》：“萬寓靈祥擁帝居，東華元老薦屠蘇。”

【帝宅】

即帝居。此稱唐代已行用。見該文。

【帝所】

即帝宇。南朝梁沈約《三朝雅樂歌·寅雅》：“禮莫違，樂具舉；延蕃辟，朝帝所。”《新唐書·裴矩傳》：“蠻夷嗟咨，謂中國爲‘仙宸帝所’。”宋蘇轍《司馬公挽詞》：“封章留帝所，德澤在人心。”宋李清照《漁家傲》詞：“彷彿夢魂歸帝所，聞天語，殷勤問我歸何處。”

【宸】[1]

即帝宇。本爲北極星所居，即紫微垣，藉指帝宇。《廣韻·平真》：“宸，天子所居。”《字彙·宀部》：“宸，後人指帝居曰宸。《增韻》：‘帝居北宸之宫，故從宀從辰。’”南朝齊謝超宗《休成樂》：“回鑾轉翠，拂景翔宸。”唐陳子昂《爲赤縣父老勸封禪表》：“垂顯號以居宸，建明堂而治物。”《水滸傳》第七一回：“青龍隱隱來黄道，白鶴翩翩下紫宸。”

【宸居】

即帝宇。《文選·任昉〈王文憲集序〉》：“是以宸居膺列宿之表，圖緯著王佐之符。”劉良注：“宸居，天子宫也。”唐李遠《贈弘文杜校書》詩：“高倚霞梯萬丈餘，共看移步入宸居。”清龔自珍《暮春以事詣圓明園和内直友人春晚退直》詩之一：“何必東南美？宸居静紫微。”

【宸宇】[1]

即帝宇。《魏書·世宗紀》：“十有一月丙申詔曰：‘朕運承天休，統御宸宇。’”宋王安石《送許覺之奉使東川》詩：“一代官儀新藻拂，得瞻宸宇想留連。"

【宸軒】

即帝宇。《文選·謝莊〈宋孝武宣貴妃誄〉》："毓德素里，棲景宸軒。"張銑注："宸軒，天子所居之宮也。"《冊府元龜》卷七五："每有四夷入貢，伏乞御於正殿，列彼群臣，立天杖於廣廷，臨宸軒而端拱。"

帝廷

亦作"帝庭"。宮廷。《史記·孝武本紀》："鼎宜見於祖禰，藏於帝廷，以合明應。"漢班昭《大雀賦》："翔萬里而來游，集帝庭而止息。"南朝梁劉勰《文心雕龍·章表》："俞往欽哉之授，並陳辭帝庭，匪假書翰。"宋蘇轍《賀張宣徽知青州啓》："伏審入覲帝廷，榮加使秩，遂解南籥，作鎮東藩。"

【帝庭】

同"帝廷"。此體漢代已行用。見該文。

【軒掖】[1]

即帝廷。亦稱"軒宮""軒室"。軒，高大寬敞；掖，宮中旁舍，嬪妃居所。南朝梁江淹《空青賦》："至乃翠燦軒室，葱鬱臺殿，雜蛟龍之文章，發麟鹿之炳絢，聘神形於鐘簴，舒怪物與雷電。"南朝梁劉孝威《謝東宮賜聖僧餘饌啓》："齊桓柏寢之器，周穆軒宮之寶。"《史記·呂太后本紀》唐司馬貞索隱述贊："高祖猶微，呂氏作妃。及正軒掖，潛用福威。"唐玄宗《鶺鴒頌》詩："伊我軒宮，奇樹青葱。"唐張九齡《酬通事舍人寓直見示篇中兼起居陸舍人景獻》詩："軒掖殊清秘，才華固在斯。"

【軒宮】[1]

即軒掖。此稱南北朝時期已行用。見該文。

【軒室】[1]

即軒掖。此稱南北朝時期已行用。見該文。

【軒庭】[1]

即軒掖。《周書·皇后傳·宣帝朱皇后》："軒庭列序，堯門表慶，嘉稱既降，盛典宜膺。"清顧炎武《元旦陵下作》詩之二："甲子軒庭曆，《春秋》孔壁書。"

【軒闈】

即軒掖。宮門，遂藉指帝廷。《陳書·後主紀》："對軒闈而哽心，顧宸筵而慓氣。"宋蘇轍《免太中大夫門下侍郎表》之一："及夫進貳文昌，日侍軒闈。隨衆出入，得失何補於萬幾。"

【黃門】

即帝廷。《漢書·西域傳贊》："蒲梢、龍文、魚目、汗血之馬充於黃門。"《通典·職官三》："凡禁門黃闥，故號黃門。"

【黃屋】

即帝廷。《太平御覽》卷四三一引漢應劭《風俗通》："殷湯寐寢黃屋，駕而乘露輿。"《魏書·李彪傳》："故夏禹卑宮室而惡衣服，殷湯寢黃屋而乘輅輿，此示儉於後王。"南朝陳徐陵《爲貞陽侯重與王太尉書》："豈望身居黃屋，手御青綸。"宋王觀國《學林·路》："車者貴賤之所通乘，惟天子所乘獨謂之路；亦猶屋者貴賤之所通居，惟天子所居獨謂之黃屋。"

【黃闥】

即帝廷。亦稱"黃闈"。禁中之門，遂藉指帝廷。《後漢書·百官志三》"黃門令一人"劉昭注引董巴曰："禁門曰黃闥，以中人主之，故號曰黃門令。"唐李商隱《爲崔從事寄尚書彭城公啓》："曉趨清禁，則瓊樹一枝，夜直黃闥，則金釭二等。"清厲荃《事物異名錄·宮室部·皇宫》:"《漢書》:'禁中門曰黄闥。'又曰黄闥。"

【黄闥】

即黄闥。此稱唐代已行用。見該文。

【帷幄】[1]

即帝廷。亦作"幃幄"。天子居處必設帳幔,故稱。《韓非子·喻老》:"甲胄生蟣蝨,燕雀處帷幄,而兵不歸。"《漢書·徐樂傳》:"金石絲竹之聲,不絶於耳;帷幄之私,俳優朱儒之笑,不乏於前,而天下無宿憂。"三國魏曹植《冬至獻履襪頌表》:"亞歲迎祥,履長納慶。不勝感節,情繫幃幄。"晋葛洪《抱朴子·廣譬》:"故秦始築城遏胡,而禍發帷幄;漢武懸旌萬里,而變起蕭墻。"唐劉知幾《儀坤廟樂章》詩:"妙算申帷幄,神謀出廟廷。"宋陸游《夜讀范至能〈攬轡録〉言中原父老見使者多揮涕感其事作絶句》:"公卿有黨排宗澤,帷幄無人用岳飛。"明張居正《答王子壽比部書》:"彼朝夕謀謨於幃幄之中者,恩寵非不隆也。"

【幃幄】[1]

同"帷幄[1]"。此體三國時期已行用。見該文。

【楓宸】

即帝廷。漢代宫廷多植楓樹,故稱。三國魏何晏《景福殿賦》:"芸若充庭,槐楓被宸。"宋王安石《賀正表》:"臣尚依枌社,獨隔楓宸,緬瞻朝著之班,竊慕封人之祝。"明顧大典《青衫記·蠻素至江》:"想楓宸昔年立仗,效葵忠敢上封章。"清錢謙益《獄中雜詩》之六:"豈有孤臣淹棘木,漫勞温旨下楓宸。"

【絳闕】

即帝廷。亦稱"朱闕"。本指宫殿前深紅色門闕,亦藉指帝廷。晋陸機《五等論》:"鉦鼙震於闉宇,鋒鏑流乎絳闕。"《十洲記》:"臣故韜隱逸而赴王庭,藏養生而侍朱闕。"南朝齊王融《拜秘書丞謝表》:"欽至道而出青皋,舍布衣而望朱闕。"唐獨孤及《送陳兼應辟》詩:"相逢絳闕下,應道軒車遲。"唐陳子昂《宿空舲峽青樹邨浦》詩:"虚聞事朱闕,結綬驚華軒。"宋林逋《送長吉上人》詩:"青山買未暇,朱闕去隨緣。"

【朱闕】

即絳闕。此稱南北朝時期已行用。見該文。

【紫禁】

即帝廷。亦稱"紫微""紫極"。古代以"紫極""紫微垣"之星象喻皇帝之位,故稱皇宫、朝廷爲"紫禁"。《文選·潘岳〈西征賦〉》:"厭紫極之閑敞,甘微行以游盤。"李善注:"紫極,星名,王者爲宫以象之。曹植上表曰:'情注于皇居,心在乎紫極。'"《文選·謝莊〈宋孝武宣貴妃誄〉》:"掩綵瑤光,收華紫禁。"李善注:"王者之宫,以象紫微,故謂宫中爲紫禁。"《文選·王延壽〈魯靈光殿賦〉》:"乃立靈光之秘殿,配紫微而爲輔。"張載注:"紫微,至尊宫,斥京師也。"唐戴叔倫《宫詞》:"紫禁迢迢宫漏鳴,夜深無語獨含情。"唐李白《宫中行樂詞》之一:"小小生金屋,盈盈在紫微。"唐吴兢《貞觀政要·論納諫》:"陛下高居紫極,寧濟蒼生。"明陳汝元《金蓮記·射策》:"和鳴雙鳳喜來儀,三殿花香入紫微。"《秦併六國平話》卷上:"疏鐘傳紫禁之聲,遼水泛紅霞之影。"清唐孫華《進呈御覽詩一百韵》:"紫極三辰正,黄圖九域清。"

【紫微】

即紫禁。此稱漢代已行用。見該文。

【紫極】

即紫禁。此稱晉代已行用。見該文。

【紫宫】[1]

即紫禁。《文選·左思〈咏史〉之五》:"列宅紫宫裹,飛宇若雲浮。"李周翰注:"紫宫,天子所居處。"唐李白《感遇》詩之三:"紫宫誇蛾眉,隨手會凋歇。"明何景明《昔游篇》:"三千艷女羅紫宫,傾城一笑揚雙蛾。"

【紫殿】

即紫禁。《三輔黄圖·漢宫》:"武帝又起紫殿,雕文刻鏤黼黻,以玉飾之。"南朝齊謝朓《直中書省》詩:"紫殿肅陰陰,彤庭赫弘敞。"唐杜甫《贈蜀僧閭邱師兄》詩:"當時上紫殿,不獨卿相尊。"明梁辰魚《浣沙記·謀吴》:"捧霞觴願期萬年歡聚,筵開紫殿千秋樹。"

【紫庭】[1]

即紫禁。《後漢書·皇甫規傳》:"臣生長邊遠,希涉紫庭,怖懾失守,言不盡心。"晉左思《悼離贈妹》詩之二:"以蘭之芳,以膏之明,永去骨肉,内充紫庭。"唐白居易《驃國樂》詩:"德宗立仗御紫庭,黈纊不塞爲爾聽。"《續資治通鑑·宋仁宗嘉祐八年》:"今陛下已御正殿,臣謂何惜紫庭數步之地,使之稽首拜伏,瞻仰清光。"

【紫垣】

即紫禁。唐令狐楚《發潭州日寄李寧常侍》詩:"君今侍紫垣,我已墮青天。"宋楊億《梁舍人奉使巴中》詩:"紫垣遣使非常例,應有星文動九霄。"

【紫閤】[1]

即紫禁。漢崔琦《七蠲》:"紫閤青臺,綺錯相連。"南朝梁江淹《宋故銀青光禄大夫孫夐墓銘》:"紫閤咸趨,朱軒既履。"明高啓《送王哲判官之上党》詩:"朝辭紫閤下,暮宿黄河壖。"

【紫臺】

即紫禁。《文選·江淹〈恨賦〉》:"若夫明妃去時,仰天太息。紫臺稍遠,關山無極。"李善注:"紫臺,猶紫宫也。"唐李商隱《淚》詩:"人去紫臺秋入塞,兵殘楚帳夜聞歌。"清屈大均《寄潘陽剩人和尚》詩之四:"斯道只今寥落甚,毳衣珍重紫臺秋。"

【紫闥】

即紫禁。亦稱"紫闥"。闥、闈,宫中小門。藉指紫禁。《後漢書·崔駰傳》:"不以此時攀臺階,闚紫闥,據高軒,望朱闕。"南朝宋顔延之《宋文皇帝元皇后哀策文》:"釋位公宫,登曜紫闥。"《文選·陸機〈辨亡論上〉》:"旋皇輿於夷庚,反帝座乎紫闥。"吕延濟注:"紫闥,帝宫也。"前蜀韋莊《和鄭拾遺秋日感事》:"紫闥重開序,青衿再設庠。"

【紫闈】

即紫闥。此稱漢代已行用。見該文。

【紫闕】

即紫禁。漢焦贛《易林·訟之賁》:"紫闕九重,尊嚴在中。"唐陳子昂《送麴郎將使默啜序》:"不逾青春,覆命紫闕。"明佚名《鳴鳳記·林遇夏舟》:"恩洽九重瞻紫闕,時來六翮起青霄。"

禁中

亦稱"禁内""中禁"。宫廷、内廷。以禁

衛森嚴，非侍御者不得任意出入，故稱。《史記·秦始皇本紀》："於是二世常居禁中，與高決諸事。"《漢書·孔光傳》："上於是召丞相翟方進、御史大夫光……皆引入禁中，議中山、定陶王誰可爲嗣者。"漢蔡邕《獨斷》卷上："漢天子正號曰皇帝……所居曰禁中。"又："禁中者，門户有禁，非侍御者不得入，故曰禁中。"《後漢書·張禹傳》："鄧太后以殤帝初育，欲令重臣居禁内，乃詔禹舍宮中，給帷帳床褥，太官朝夕進食，五日一歸府。"唐宗楚客《奉和人日應制》："九重中禁啓，七日早春還。"《新唐書·柳芳傳》："芳始謫時，高力士亦貶巫州，因從力士質開元、天寶及禁中事，具識本末。"又《薛頤傳》："歷高、中二朝五十年，往來山中，時時召入禁内。"宋佚名《宣和遺事》後集："〔宣和七年〕九月，有狐自艮嶽山直入中禁，據御榻而坐。"清昭槤《嘯亭雜錄·癸酉之變》："大内太監多河間諸縣人，有劉金、劉得才等，其家即素習邪教者，選入禁中，遂與茶房太監楊進忠等傳教。"清趙翼《錢竹汀宮詹挽詩》："縹緗麗製傳中禁，碑版雄詞到百蠻。"蘇曼殊《焚劍記》："乃慕彩雲之風流，詔入禁内，常策駿馬，出入宮門。"

【禁内】

即禁中。此稱漢代已行用。見該文。

【中禁】

即禁中。此稱唐代已行用。見該文。

【禁省】

即禁中。《後漢書·桓榮傳》："父子給事禁省，更歷四世。"晋潘岳《西征賦》："禁省鞠爲茂草，金狄遷於灞川。"唐皇甫曾《和謝舍人雪夜寓直》："禁省夜沈沈，春風雪滿林。"宋李格非《洛陽名園記·趙韓王園》："趙韓王宅園，國初詔將作營治，故其經畫制作，殆侔禁省。"清嚴有禧《漱華隨筆·李太青》："李官禮曹，當入直，輒私携妾扮童入宿禁省。"

【禁庭】

即禁中。亦作"禁廷"。晋干寶《搜神記》卷七："禁庭尊秘之處，今賤人竟入，而門衛不覺者，宮室將虚，下人逾上之妖也。"《舊唐書·韋温傳》："尋知制誥，召入翰林爲學士，以父職禁廷，憂畏成病，遺誡不令居禁職，懇辭不拜。"明吴承恩《元壽頌》："石麓李公，擢自翰苑，首居春卿，内直禁廷，光晋宮保，睿眷時篤，宸恩日深。"《三國演義》第三回："植素知董卓爲人，面善心狠，一入禁庭，必生禍患。"

【禁廷】

同"禁庭"。此體唐代已行用。見該文。

【禁掖】

即禁中。唐杜甫《奉留贈集賢院崔于二學士》詩："欲整還鄉斾，長懷禁掖垣。"唐白居易《中書舍人韋貫之授禮部侍郎制》："頃以詞藻選登禁掖，秉筆書命，時稱得人。"宋張實《流紅記》："因念御溝水出禁掖，此必宮中美人所作也。"元辛文房《唐才子傳·王建》："建初與樞密使王守澄有宗人之分，守澄以弟呼之，談間故多知禁掖事，作宮詞百篇。"明徐復祚《紅梨記·請成》："不見門生荆棘，突少炊烟，驢游禁掖，狐登寶殿。"《明史·王治傳》："人主深居禁掖，左右便佞窺伺百出。"清吴偉業《送何省齋》詩："禁掖無立談，獨行心且悸。"

【禁闈】

即禁中。亦稱"禁闥"。闈、闥皆爲宮廷門

户。故以禁闥、禁闈藉指禁中。《史記·汲鄭列傳》："臣常有狗馬病，力不能任郡事，臣願爲中郎，出入禁闥，補過拾遺，臣之願也。"《後漢書·周舉傳》："及還納言，出入京輦，有欽哉之績；在禁闥，有密靜之風。"南朝梁何遜《石頭答庚郎丹》詩："相如阻禁闥，何由從簡易。"《北史·宇文貴侯莫陳崇王雄傳》："魏廣陵王欣，元氏懿戚，從容禁闥而已。"唐杜甫《送盧侍御二十韻》："戎狄乘妖氣，塵沙落禁闥。"唐王翰《相和歌辭·蛾眉怨》："琳琅禁闥遥相憶，紫翠巖房晝不開。"《舊唐書·裴度傳》："河朔逆賊，祇亂山東；禁闥奸臣，必亂天下。"宋蘇轍《臣事》："京師，宗廟禁闥之所在，而使不義之徒環布列於左右，而尚何以爲安？"明陸采《明珠記·偽敕》："此身雖在外，心長在禁闥。"《明史·后妃傳二·神宗孝靖王太后》："朕昔在青宫，莫親温清；今居禁闥，徒痛栖捲。"清平步青《霞外攟屑·斠書·啓禎野乘》："況爾久歷邊陲，即當召還禁闥。"

【禁闥】

即禁闈。此稱漢代已行用。見該文。

【禁籞】[1]

即禁中。宋曾鞏《橙子》詩："江湖苦遭俗眼慢，禁籞尚覺凡木多。"宋岳珂《桯史·乾坤鑑法》："徽祖嘗召之入禁籞。"明宋濂《忠孝堂銘》："凡於國事，近則服勞禁籞，遠則捍禦邊陲，無一絲不盡於忠。"明謝肇淛《五雜俎·物部一》："然麟鳳爲王者之祥，獅鸐僅禁籞之玩，君子宜何居焉？"清黃宗羲《陸文虎先生墓誌銘》："九重禁籞之地，九列大臣之重，一落魄妄男子得以隻手障天，狂言作鼉。"

【軒禁】

即禁中。唐陳子昂《爲人請子弟出家表》："始自解巾，即陪軒禁。"唐王叡《炙轂子録·墓前羊虎》："唐朝以爲山陵，太宗葬九山關前，立石馬。陵後門内，又有番前勇衛軒禁者一十四人。石象皆刻其官氏。"

【省中】

即禁中。亦稱"省内"。漢代爲避孝元皇后之父名諱，改稱"禁中"爲"省中"。漢蔡邕《獨斷》："禁中者，門户有禁，非侍御者不得入，故曰禁中。孝元皇后父大司馬陽平侯名禁，當時避之，故曰省中。"《漢書·昭帝紀》："帝姊鄂邑公主益陽沐邑，爲長公主，共養省中。"顏師古注："省，察也。言入此中皆當察視，不可妄也。"《後漢書·胡廣傳》："熹平六年，靈帝思感舊德，乃圖畫廣及太尉黃瓊於省内，詔議郎蔡邕爲其頌云。"晋左思《魏都賦》："禁臺省中，連闥對廊。"唐王維《酬郭給事》詩："禁裏疏鐘官舍晚，省中啼鳥吏人稀。"宋陸游《題閻郎中溧水東皋園亭》詩："省中地禁清晝長，侍史深注薰籠香。"《三國演義》第一回："一面使弟子唐周，馳書報封諝。唐周乃徑赴省中告變。"

【省内】

即省中。此稱漢代已行用。見該文。

【省】

即省中。《後漢書·清河孝王慶傳》："帝移幸北宫章德殿，講於白虎觀，慶得入省宿止。"南朝宋劉義慶《世説新語·德行》："顧榮在洛陽。"劉孝標注引晋張隱《文士傳》："〔顧榮〕曾在省與同僚共飲，見行炙者有異於常僕，乃割炙以啖之。"《北齊書·神武帝紀下》："孫騰帶仗入省，擅殺御史。"

寢庭

指路寢外之庭院。《左傳·成公六年》："韓獻子將新中軍，且爲僕大夫。公揖而入，獻子從公立於寢庭。"楊伯峻注："寢庭，路寢外庭院。"亦指皇帝息居室外的庭院。《資治通鑑·唐太宗貞觀十五年》："衛士崔卿、刁文懿憚於行役，冀上驚而止，乃夜射行宮，矢及寢庭者五，皆以大逆論。"

闈[1]

宮中小門，藉指宮廷。《晏子春秋·雜下二十三》："景公謂晏子曰：'寡人欲朝夕見，爲夫子築室于闈內可乎？'"漢枚乘《七發》："今夫貴人之子，必宮居而闈處。"南朝梁江淹《建平王太妃周氏行狀》："故譽滿闈閾，聲聞軒殿。"

【闈中】[1]

即闈[1]。宮殿之中，後亦指宮廷。《楚辭·離

闈
（明王圻等《三才圖會》）

騷》："闈中既以邃遠兮，哲王又不寤。"王逸注："言君處宮殿之中，其闈深遠，忠言難通。"漢劉楨《贈五官中郎將》詩之三："明鐙曜闈中，清風淒已寒。"

【闈閾】

即闈[1]。此稱南北朝時期已行用。見該文。

【闈閣】[2]

即闈[1]。亦稱"闈閾"。漢司馬遷《報任少卿書》："身直爲闈閣之臣，寧得自引深藏於巖穴邪！"《資治通鑑·齊明帝建武元年》："帝王之子，生長富厚；朝出闈閣，暮司方岳，防驕豢逸，積代常典。"

【閨閣】[1]

即闈閣[2]。此稱宋代已行用。見該文。

瓊宇

亦稱"瓊殿"。宮廷中瑰麗之殿宇。晋陸雲《登臺賦》："玩瓊宇而情廞兮，覽八方而思鋭。"晋王嘉《拾遺記·洞庭山》："其山又有靈洞……丹樓瓊宇，宮觀異常。"唐鄭澔《人日侍宴大明宮》詩："瓊殿含光映早輪，玉鑾嚴蹕望初晨。"宋史浩《宿玉堂直廬》詩："冰簾映綺疏，瓊殿中央峙。"元黄庚《修竹宴客廣寒游亭分韵得香字》詩："影浸山河瓊殿冷，舞分風露羽衣香。"

【瓊殿】

即瓊宇。此稱唐代已行用。見該文。

【瓊室】[1]

即瓊宇。亦稱"瓊宮"。本指商紂王建造的玉室，後泛指瓊宇。《竹書紀年》卷上："〔殷帝辛〕九年，王師伐有蘇，獲妲己以歸。作瓊室，立玉門。"漢張衡《東京賦》："必以肆奢爲賢，則是黄帝合宮，有虞總期，固不如夏癸之瑶臺，殷辛之瓊室也。"《晋書·江統傳》："及到末世，

以奢失之者，帝王則有瑤臺瓊室、玉杯象箸，肴膳之珍，則熊蹯豹胎，酒池肉林。"明何景明《七述》："吾聞瓊宮瑤臺，夏以焚；臨春結綺，陳以亡。"明屠隆《曇花記・本傳開宗》："請細看瓊宮綉户，盡屬衰草寒烟荒地。"

【瓊宮】

即瓊室。此稱明代已行用。見該文。

後閣

亦作"後閤"。宮後便殿。《漢書・王莽傳下》："壬午，烈風毁王路西厢及後閣更衣中室。"《新唐書・蘇頲傳》："玄宗平内難，書詔填委，獨頲在太極後閣，口所占授，功狀百緒，輕重無所差。"

【後閤】[1]

同"後閣"。此體唐代已行用。見該文。

第二節　後宮考

君王之正妻謂之后。后者，君也。天子之配至尊，故謂后也。夏殷以前，后妃之制，其文略矣，大率皆稱妃，故黄帝有四妃，帝嚳四妃。正嫡曰元妃，以下稱次妃。又有禹妃、湯妃等。周代天子立后，正嫡曰王后。秦稱皇帝，正嫡曰皇后。漢因之，帝祖母稱太皇太后，母稱皇太后。魏晋之後，母后之號，并遵秦漢，其餘嬪御，代有沿革。（見《初學記・中宮部・皇后一》）周代已有寢宮規劃制度，將寢宮分爲兩個社區：王寢區與后寢區。王寢區在南，后寢區在北。王曰寢，后曰宮。后寢區相對於王寢區，在北在後，故又稱後宮，以其位於王寢之北，故亦稱北宮。王有六寢，后亦有六宮，后正寢亦有朝。後宮之布局形制如同王寢：正寢設於宮城中軸綫上，燕寢沿中軸綫東西分布於正寢之北。《周禮・天官・内宰》曰："憲禁令于王之北宮而糾其守。"鄭玄注："北宮，后之六宮，謂之北宮者，繫于王言之，明用王之禁令令之。"賈公彦疏："謂之北宮者，繫於王言之，明用王之禁令令之者，欲見王有六寢，后有六宮，各自不同，必繫王而言者，婦人有三從之義，后雖自有六宮，必資王之禁令，故繫王而言也。"又曰："内宰掌書版圖之灋，以治王内之政令……以陰禮教六宮，以陰禮教九嬪，以婦職之灋教九御，使各有屬。"鄭玄注："鄭司農云：'陰禮，婦人之禮。六宮，後五前一。王之妃百二十人，后一人，夫人三人，嬪九人，世婦二十七人，女御八十一人。'玄謂：'六宮，謂后也。婦人稱寢曰宮。宮隱蔽之言后，象王立六官而居之，亦正寢一，燕寢五。教者不敢斥言之，謂之六宮，若今稱皇后爲中宮矣。'"《禮記・昏義》曰："古者天子后立六宮，三夫人、九嬪、二十七世婦、八十一御妻，以聽天下之內治，以明章婦順，故天下內和而家理。天子立六官，三公、九卿、二十七大夫、八十一元士，以聽天下之外治，以明章天下之男教，故外和而國治。故曰：天子聽男教，后聽女順；天子理陽道，后治陰德；天子聽外治，后聽內職。教順成俗，外內和順，國家理治。此之謂盛德。”鄭玄注：“天子六寢，而六宮在後。六官在前，所以承嗣施外內之政也。三夫人以下百二十人，周制也；三公以下百二十人，似夏時也。合而言之，取其相應有象大數也。內治，婦學之法也；陰德，謂主陰事陰令也。”孔穎達疏：“后之六宮在王之六寢之後，亦大寢一，小寢五。其九嬪以下亦分居之，其三夫人雖不分居六宮，亦分主六宮之事，或二宮則一人也。”《初學記·中宮部》引鄭玄注《周禮》云：“六宮者，前一宮，後五宮也。五者，后一宮，三夫人一宮，九嬪一宮，二十七世婦一宮，八十一御妻一宮，凡百三十人。后正位宮闈，體同天王。夫人坐論婦禮，九嬪掌教四德，世婦主知喪祭賓客，女御序于王之燕寢。”九嬪、世婦、女御均爲輔佐王后治理宮中事務的宮官。據《考工記·匠人》載，有九嬪九室之制：“內有九室，九嬪居之。”九嬪之寺舍，猶如九卿九室置於治朝兩側一樣，當在王后正寢之朝左右兩側。王有路寢、燕寢，諸侯亦有之；王后有路寢、燕寢，諸侯夫人之宮亦有之。《左傳·成公十八年》：“齊侯使士華免以戈殺國佐于內宮之朝。”此“內宮”係指諸侯夫人之宮，“朝”乃指夫人正寢之朝。諸侯夫人之宮在北，諸侯之寢在南。王寢六：大寢一，小寢五；諸侯寢三：大寢一，小寢二。后宮寢制如王，夫人寢制如諸侯。這是根據周代禮制要求布置的格局。秦違周法，漢因秦制，故秦漢後宮之制與周代《匠人》之規劃格局不相吻合（參閱本說《王寢考》）。如秦帝與皇后居於咸陽舊宮，其他妃嬪則居住在其他宮殿（離宮），沒有統一規劃，布局亦不免失之散亂。漢代初年僅修建未央宮、長樂宮及北宮，亦不過是在秦離宮基礎上修繕、擴建而已。武帝時方大興土木，營建宮殿，如桂宮、明光宮、建章宮等均爲新建宮室建築，而多數宮殿是在原有基礎上擴建之。從長樂、未央及建章等宮的文獻記載與遺迹，可知漢宮之布局是大宮中套有若干小宮，而大宮之中各成一區，自立門户。如未央宮中之昭陽殿，即爲漢成帝皇后趙飛燕所居之處；增成殿即爲班婕妤所居之宮。漢武帝時後宮分八區，有昭陽、飛翔、增成、合歡、蘭林、披香、鳳凰、鴛鴦諸殿，每一宮殿均爲一獨立的小宮，自成一區。此八區則爲妃嬪所居之處。漢代將妃嬪分爲若干等級，并各有爵位。《漢書·外戚傳上》曰：“漢興，因秦之稱號，帝母稱皇太后，祖母稱太皇太后，嫡稱皇后，妾皆稱夫人，又有美人、良人、八子、七子、長使、少使之號焉。至武帝制倢仔、娙娥、傛華、充依，各有爵位。

而元帝加昭儀之號，凡十四等云。昭儀位視丞相，爵比諸侯王；倢伃視上卿，比列侯；娙娥視中二千石，比關內侯；傛華視真二千石，比大上造；美人視二千石，比少上造；八子視千石，比中更；充依視千石，比左更；七子視八百石，比右庶長；良人視八百石，比左庶長；長使視六百石，比五大夫；少使視四百石，比公乘；五官視三百石，順常視二百石；無涓、共和、娛靈、保林、良使、夜者皆視百石，上家人子、中家人子視有秩斗食云。"按職級高低分宮區居之。至東漢時，妃嬪祇分等級，却未有爵位。《後漢書·皇后紀序》曰："秦并天下，多自驕大，宮備七國，爵列八品。漢興，因循其號，而婦制莫釐。高祖帷薄不修，孝文衽席無辯，然而選納尚簡，飾玩少華。自武元之後，世增淫費，至乃掖庭三千，增級十四。妖倖毀政之符，外姻亂邦之迹，前史載之詳矣。及光武中興，斵雕爲朴，六宮稱號，唯皇后、貴人。貴人金印紫綬，奉不過粟數十斛。又置美人、宮人、采女三等，並無爵秩，歲時賞賜，充給而已。""魏武帝因西漢，置夫人、昭儀、婕妤、容華、美人，文帝增貴嬪、淑媛、修容、順成、良人，明帝增淑妃、昭華、修儀。晋武采漢魏之號，以擬周之六宮。置貴嬪、夫人、貴人，是爲三夫人；淑妃、淑媛、淑儀、修容、修華、修儀、婕妤、容華、充華，是爲九嬪；又置美人、才人、中才人，以爲散職。宋齊之後，大抵多依晋制，其間增損因革，或小異焉。"（《初學記·中宮部·妃嬪》）隋唐以後直至明清，妃嬪設置基本上因襲前制，大同小异。皇后及妃嬪居住之處在后六宮中，依職爵高低分居各宮殿。明代皇后所居，在宮城中一路之坤寧宮；位於東一路的承乾宮爲東宮貴妃所居；位於西一路的翊坤宮爲西宮貴妃所居。其他妃嬪則分居於東六宮與西六宮。《古今圖書集成·經濟彙編·考工典·宮殿彙考》引《春明夢餘錄》："萬曆中，更壽安居，乾清宮後披檐，東曰思政軒，西曰養德齋，中圓頂則交泰殿。上則曰坤寧宮，皇后所居……咸和左門之北向西與景和門相對者曰廣和左門，向南者曰承乾宮，東宮貴妃所居……咸和右門之北向東與興福門相對者曰廣和門，南向者曰翊坤宮，西宮貴妃所居。"明清故宮後宮之制與王寢之制一樣，均爲附會《周禮·考工記》及《禮記》等封建傳統的禮制而規劃布置。王寢在前（南），後宮在後（北）。王寢、後宮之路寢等主要建築皆在中軸綫上，而燕寢及其他妃嬪所居之宮，皆沿宮城中軸綫分別置於兩側，即明清故宮之東西六宮。參閱劉敦楨《中國古代建築史》、賀業鉅《考工記營國制度研究》。

六宮

即天子后之六宮。古代皇后之寢宮，正寢一，燕寢五，合爲六宮。《禮記·昏義》："古者天子后立六宮，三夫人、九嬪、二十七世婦、八十一御妻，以聽天下之内治，以明章婦順，故天下内和而家理。"鄭玄注："天子六寢，而六宮在後，六官在前，所以承嗣施外内之政也。"《初學記·中宮部》引鄭玄注《周禮》云："六宮者，前一宮，後五宮也。五者，后一宮，三夫人一宮，九嬪一宮，二十七世婦一宮，八十一御妻一宮，凡百三十人。"晋干寶《晋紀總論》："故賈后肆虐於六宮，韓午助亂於外内，其所由來者漸矣，豈特繫一婦人之惡乎？"唐白居易《長恨歌》："回眸一笑百媚生，六宮粉黛無顔色。"清黄遵憲《烏之珠歌》："御床不掃空垂簾，六宮共抱蒼梧痛。"

三宮[1]

古代諸侯夫人之宮。古制：天子六寢，路寢一，燕寢五；諸侯三寢，路寢一，燕寢二。后比天子，夫人比諸侯；后六宮，夫人三宮。後亦泛指后妃之宮。《禮記·祭義》："及大昕之朝，君皮弁素積，卜三宮之夫人、世婦之吉者，使入蠶于蠶室。"鄭玄注："諸侯夫人三宮，半王后也。"《穀梁傳·桓公十四年》："甸粟而納之三宮。"范寧注："三宮，三夫人也。"楊士勛疏："禮，王后六宮，諸侯夫人三宮也。故知三宮是三夫人宮也。"唐李憕《奉和聖製從蓬萊向興慶閣道中留春雨中春望之作應制》詩："別館春還淑氣催，三宮路轉鳳凰臺。"

六院

猶六宮。后妃所居之宮院。明清時，皇宮之内廷，在三宮兩側，有東西六宮。東六宮是齋宮、景仁宮、承乾宮、鍾粹宮、景陽宮、永和宮；西六宮是儲秀宮、翊坤宮、永壽宮、長春宮、咸福宮、重華宮。此即舊時所謂"六院"。

寢宮[2]

亦作"寑宮"。帝王后妃所居之宮殿。寢宮分爲王寢與后寢兩個區。王寢區在南，后寢區在北。寢宮又有路寢（大寢）、燕寢（小寢）之別。路寢爲正寢，是帝王接見群臣議事、日常治事、齋戒與疾病休息之處。《禮記·玉藻》載："退適路寢聽政。"周成王將崩，臨終授命，亦在路寢（見《書·顧命》）。燕寢爲小寢，是帝王日常休息處。《禮記·玉藻》所載"適小寢釋服"，《周禮·天官·女御》所謂"掌御叙于王之燕寢"，均可説明燕寢的性質與功能。《周禮·天官·宮人》云："掌王六寢之修。"可知王有六寢，即一路寢與五燕寢。路門内首爲路寢，燕寢置於路寢後方東西兩側。路寢居前，置於宮城中軸綫上，燕寢則沿此中軸綫左右對稱布置在路寢之後，形成一個以路寢爲主體的王寢宮區。王寢之北爲后寢，寢宮制度相同。王路寢有燕朝，后正寢亦有朝。《左傳·成公十八年》載："齊侯使士華免以戈殺國佐于内宮之朝。"可見諸侯夫人正寢亦有朝。《周禮·考工記·匠人》有"九嬪九室"之制。又《天官·九嬪》"掌婦學之灋"，爲佐后治宮中事務之宮官，她們的寺舍猶如"九卿九室"，置於治朝兩側一樣，設在后正寢之朝左右兩側。后寢布局形制亦如王寢。正寢設在宮城中軸綫上，燕寢沿中軸綫東西分布於正寢之北。《吕氏春秋·用民》："句踐試其民於寢宮，民争入水火。"漢王充《論衡·率性》："句踐亦試其士於寢宮之庭，赴火死者，不可勝數。”

【寝宫】[2]

　　同“寢宮[2]”。此體先秦時期已行用。見該文。

【宮寢】[2]

　　即寢宮[2]。帝王后妃之所居。《魏書·崔光傳》：“自比鴟鵲巢於廟殿，梟鵬鳴於宮寢。”宋劉攽《鴻慶宮三聖殿賦》：“閎偉奇麗，所以使宮寢之勿逾也。”

北宮

　　古代王后所居之宮。王寢在南，後宮以其位於王寢之北，故稱。《周禮·天官·內宰》：“憲禁令于王之北宮而糾其守。”鄭玄注：“北宮，后之六宮。”賈公彥疏：“謂之北宮者繫于王言之，明用王之禁令令之者，欲見王有六寢，后有六宮，各自不同。”孫詒讓正義：“古者宮必南鄉，王路寢在前，謂之南宮……后六宮在王六寢之後，對南宮言之，謂之北宮。”《左傳·襄公十年》：“子西聞盜，不儆而出，尸而追盜。盜入於北宮，乃歸授甲，臣妾多逃，器用多喪。”

【中宮】

　　即北宮。《漢書·外戚傳下·孝成趙皇后》：“常給我言從中宮來，即從中宮來，許美人兒何從生中？”顏師古注：“中宮，皇后所居。”《周禮·天官·內宰》“以陰禮教六宮”漢鄭玄注：“六宮謂后也。若今稱皇后爲中宮矣。”

【中壼】

　　亦作“中閫”。即北宮。《新唐書·憲宗十八女傳》：“禮始中壼，行天下，王化之美也。”宋張師正《括異志·孫翰林》：“遽呼左右逐之，出中閫，即不見。”《元史·后妃傳一·順帝后伯顏忽都》：“屬選賢於中壼，躬受命於慈闈。”明張居正《恭頌母德》詩：“聖化基中闈，坤儀貞萬方。”清王士禎《池北偶談·談故二·朝鮮疏》：“〔穆莊王妃〕進主中壼，與王同受天子誥命冠服。”

【中閫】

　　同“中壼”。此體宋代已行用。見該文。

【中闈】

　　即北宮。《晉書·后妃傳上·左貴嬪》：“昔有莘適殷，姜姒歸周，宣德中闈，徽音永流。”《舊唐書·后妃傳下·肅宗章敬皇后吳氏》：“顧史求箴，道先於壼則；撝謙率禮，教備於中闈。”《鏡花緣》第四一回：“興自后妃，厲節中闈。”

【天閫】

　　即北宮。《宋書·后妃傳論》：“倪天作儷，必四岳之後。雖正位天閫，禮亦尊極。”宋蔡襄《册皇后稱賀表》：“十一月十六日，皇后受册者，儷尊皇極，宅正位於天閫，配德紫宸，膺鴻名於寶册。”

後宮

　　后妃所居的宮殿。王寢在南，在前；後宮對王寢而言，在北在後，故稱。戰國楚宋玉《登徒子好色賦》：“玉爲人體貌閑麗，口多微辭，又性好色，願王勿與出入後宮。”唐白居易《長恨歌》：“後宮佳麗三千人，三千寵愛在一身。”《前漢書平話》卷上：“駕入後宮，呂后接駕入明陽宮。”

【後庭】[1]

　　即後宮。亦作“後廷”。《戰國策·秦策五》：“君之府藏珍珠寶玉，君之駿馬盈外廄，美女充後庭。”晉潘岳《西征賦》：“較面朝之煥炳，次後庭之猗靡。”唐韓愈《順宗實錄》卷五：“良媛董氏，備位後庭，素稱淑慎，進升號位，禮亦宜之。"《新唐書·王世充傳》："江淮良家女願備後廷，無繇進。"

【後廷】

同"後庭"。此體唐代已行用。見該文。

【後堂】[2]

即後宮。漢劉向《九嘆·愍命》："逐下袟於後堂兮，迎宓妃於伊雒。"《後漢書·皇后紀上·明德馬皇后》："遂見寵異，常居後堂。"

【後房】[1]

即後宮。亦稱"後室"。以其位於王寢之後（北），故稱。《史記·魏其武安侯列傳》："前堂羅鐘鼓，立曲旃；後房婦女以百數。諸侯奉金玉狗馬玩好，不可勝數。"漢荀悦《漢紀·武帝紀二》："前堂羅鐘鼓，立曲旃；後室婦女以百數。珍物玩好狗馬，不可勝數。"

【後室】[1]

即後房。此稱漢代已行用。見該文。

【後殿】

即後宮。《後漢書·皇后紀上·明德馬皇后》："時新平主家御者失火，延及北閣後殿。"宋趙昇《朝野類要·班朝》："常朝值雨，則改御後殿。"

【宮掖】

即後宮。亦稱"帝掖"。掖，掖庭，宮中旁舍。《後漢書·竇憲傳》："憲恃宮掖聲執，遂以賤直請奪沁水公主園田。"《宋書·后妃傳·明帝陳貴妃》："聲華帝掖，軌秀天嬪。"南朝梁劉潛《爲武陵王謝賜第啓》："臣幼自宮掖，長游城府，雖俞兒之美多門，而館第之私未暇。"唐柳宗元《龜背戲》詩："長安新技出宮掖，喧喧初遍王侯宅。"宋王讜《唐語林·補遺一》："時有

道士郭行真，出入宮掖，爲則天行厭勝之術。"明湯顯祖《紫釵記·節鎮宣恩》："那黃衫豪士雖係隱姓埋名，他力量又能暗通宮掖。"清王士禛《池北偶談·談異六·恪妃》："申生恪妃，竟入宮掖。"

【帝掖】

即宮掖。此稱南北朝時清已行用。見該文。

【軒掖】[2]

即宮掖。《史記·呂太后本紀》唐司馬貞述贊："高祖猶微，呂氏作妃。及正軒掖，潛用福威。"唐張九齡《酬通事舍人寓直見示篇中兼起居陸舍人景獻》詩："軒掖殊清秘，才華固在斯。"

【宮閨】

即後宮。《宋書·周朗傳》："宮中朝制一衣，庶家晚已裁學。侈麗之原，實先宮閨。"南朝梁元帝《答晋安王叙南康簡王薨書》："綢繆宮閨，不過紈綺之事；離群作鎮，動迴星紀之賒。"宋蘇軾《高密郡王宗晟建安郡王宗綽所生母孫氏封康國太夫人制》："豈惟擢秀於閨門，固已流芳於宮閨。"明顧起綸《國雅品·閨品》："古之宮閨里巷之語，頗關政化。"

【宮闈】

即後宮。《後漢書·皇后妃上·明德馬皇后》："既正位宮闈，愈自謙肅。"晋潘岳《景獻皇后哀策文》："口嗚咽以失聲，目橫迸以灑淚；邈雨絶于宮闈，長無覿於彷彿。"《舊唐書·魏少游傳》："肅宗至靈武，殿宇御幄，皆象宮闈。"清薛福成《書〈漢書·外戚傳〉後九》："漢自高祖，帷薄不修，文帝衽席無辨，而宮闈之政不肅。"

【掖庭】

即後宮。亦作"掖廷""液廷"。亦稱"掖殿"。《漢書·東方朔傳》:"先狗馬,填溝壑,竊有所恨,不勝大願。願陛下時忘萬事,養精游神,從中掖庭回輿,枉路臨妾山林。"又《李延年傳》:"時宣帝養於掖庭,號皇曾孫。"又《王莽傳上》:"皇帝即位三年,長秋宮未建,液廷媵未充。"顏師古注:"液與掖同音通用。"《後漢書·班固傳上》:"後宮則有掖庭、椒房,后妃之室。"李賢注引《漢宮儀》:"婕妤以下皆居掖庭。"又《桓帝紀》:"〔建和二年〕五月癸丑,北宮掖廷中德陽殿及左掖門火,車駕移幸南宮。"《文選·謝莊〈宋孝武宣貴妃誄〉》:"皇帝痛掖殿之既闋,悼泉途之已宮。"呂向注:"掖殿,掖庭之殿,貴妃之居者也。"唐李肇《唐國史補》卷上:"元載之敗,其女資敬寺尼真一納於掖庭。"清錢謙益《繼妻姚氏贈宜人制》:"追慕原陵,永懷長樂,訪問掖庭椒房之故事,感嘆曾參、王駿之墜言。"

【掖廷】

同"掖庭"。此體漢代已行用。見該文。

【液廷】

同"掖庭"。此體漢代已行用。見該文。

【掖殿】

即掖庭。此稱南北朝時期已行用。見該文。

【宸掖】

即後宮。《宋書·后妃傳·文帝沈婕妤》:"先太妃德履端華,徽景明峻,風光宸掖,訓流國闈,鞠聖誕靈,奄捐鴻祚。"唐馬懷素《奉和送金城公主適西蕃應制》詩:"帝子今何去?重姻適異方。離情愴宸掖,別路遠關梁。"

【房掖】

即後宮。亦稱"房幄""房帷"。《後漢書·竇憲傳》:"夫二三子得之不過房幄之間,非復搜揚仄陋,選舉而登也。"李賢注:"二三子謂衛、霍及憲也,皆緣椒房幃幄之恩耳。"又《陳蕃傳》:"宮女積於房掖,國用盡於羅紈。"《新唐書·后妃傳上·高宗則天武皇后》:"初,元舅大臣怫旨,不閱歲屠覆,道路目語,及儀見誅,則政歸房帷,天子拱手矣。"清吳偉業《永和宮詞》:"本朝家法修清謹,房帷久絕珍奇薦。"《孽海花》第二六回:"連房帷之事,朕都沒有主權嗎?"

【房幄】

即房掖。此稱漢代已行用。見該文。

【房帷】

即房掖。此稱唐代已行用。見該文。

【蘭掖】

即後宮。亦稱"蘭闈"。《後漢書·皇后紀》:"班政蘭闈,宣禮椒屋。"李賢注:"班固《西都賦》曰:'後宮則掖庭椒房,后妃之室,蘭林、蕙草、披香、發越。'蘭林,殿名,故言蘭闈。"唐謝偃《踏歌詞》之二:"逶迤度香閣,顧步出蘭闈。"後宮之美稱亦曰蘭掖。《舊唐書·禮儀志三》:"妾謬處椒闈,叨居蘭掖……罔極之思,載結於因心;祗肅之懷,實深於明祀。"唐郭正一《奉和太子納妃太平公主出降》:"桂宮初服冕,蘭掖早升笄。"宋程大昌《考古編·立武后》:"武氏往以才行選入後庭,譽重椒闈〔闈〕,德光蘭掖。"

【蘭闈】[1]

即蘭掖。此稱漢代已行用。見該文。

【壼闈】[1]

即後宮。亦作"壼闈"。初指闈門之內,後

爲後宫的别稱。《漢書·叙傳下》:"壺閫恣趙,朝政在王。"《文選·班固〈述成紀〉》:"孝成煌煌,臨朝有光,威儀之盛,如圭如璋。閨閫恣趙,朝政在王。"李善注:"閨閫,閨門之内也。"《北齊書·神武妻后傳》:"神武既有澄清之志,傾產以結英豪,密謀秘策,后恒参預。及拜渤海王妃,閨閫之事悉決焉。"《南史·后妃傳論》:"若夫義篤閨閫,政刑邦國,古先哲王有以之致化矣。"南朝梁沈約《立内職詔》:"刑於垂訓,周文所表德;壺閫失序,漢氏所以喪邦。"唐劉禹錫《代慰義陽公主薨表》:"方期作範壺閫,長榮邸第;豈意遘兹短曆,奄謝昌辰。"

【壺閫】

同"閨閫"。此體漢代已行用。見該文。

【閫】 [2]

即閨閫。《後漢書·皇后紀上》:"后正位宫閫,同體天王。"晋潘岳《夏侯常侍誄》:"入侍帝閫,出光厥家。"《宋書·孝武文穆王皇后傳》:"庶儀發椒閫,化動中縣。"唐韓愈《賀册皇太后表》:"皇太后光膺令典,受册宫閫。"

【閨禁】

即後宫。亦稱"閨閫"。因警衛森嚴,不得任意出入,故稱。《宋書·后妃傳·文帝路淑媛》:"今泰運初啓,情典獲申,方欲親奉晨昏,盡歡閨禁。"《資治通鑑·齊明帝建武元年》:"帝王之子,生長富厚;朝出閨閫,暮司方岳,防驕翦逸,積代常典。"

【閨閫】 [2]

即閨禁。此稱宋代已行用。見該文。

【閨壺】 [1]

即閨禁。唐李德裕《上尊號玉册文》:"自閨壺以施王教,由家道而刑國風。"明劉若愚《酌中志·先監遺事紀略》:"此閨壺小事,不宜上動聖心。"

【閨閫】

即閨禁。晋潘岳《南陽長公主誄》:"内諧閨閫,外和族姻。"《晋書·后妃傳上·左貴嬪》:"及元楊皇后崩,芬獻誄曰……正位閨閫,惟德是將。"

内宫

泛指天子之六宫。亦指諸侯夫人之三宫。以其位於天子六寢、諸侯三寢之後(内),故稱。《周禮·天官·内宰》:"會内宫之財用。"鄭玄注:"計夫人以下所用財。"賈公彦疏:"以其云内宫,是總六宫之内所有財用皆會計之。"《左傳·襄公二十八年》:"陳須無以公歸,稅服而如内宫。"

【内院】 [1]

即内宫。唐張籍《贈道士宜師》詩:"舊住紅樓通内院,新承墨詔賜齋錢。"黄協塤《鋤經書舍零墨·綉花坡》:"《墨餘録》云:顧綉出自上海露香園,明尚寶司丞顧應夫後人所爲。其法得自内院,故選色配絲,獨臻精妙。"

内朝

猶内宫。《後漢書·皇后紀上·和熹鄧皇后》:"伏維皇太后膺大聖之姿,體乾坤之德……正位内朝,流化四海。"李賢注:"《易·家人》卦曰:'女正位乎内,正家而天下定矣。'"宋岳珂《愧郯録·孝明后制》:"貽謀百世,正位六宫,可立爲皇后。爾其佐佑興運,恢張内朝。"

玉堂 [2]

嬪妃之居所。《漢書·谷永傳》:"抑損椒房玉堂之盛寵。"顔師古注:"玉堂,嬖幸之舍也。”《後漢書·翟酺傳》：“願陛下親自勞恤，研精致思，勉求忠貞之臣，誅遠佞諂之黨，損玉堂之盛。”

【妝殿】

即玉堂。唐王建《宮詞》之七十九：“更築歌臺起妝殿，明朝先進畫圖來。”宋王讜《唐語林·賢媛》：“上都崇勝寺，有徐賢妃妝殿。”

東宮[1]

亦稱“東朝”。特指漢代太后所居之宮。因漢長樂宮在未央宮之東，故稱。《史記·魏其武安侯列傳》：“及建元二年，御史大夫趙綰請無奏事東宮。竇太后大怒，乃罷逐趙綰、王臧等。”又《劉敬叔孫通列傳》：“孝惠帝爲東朝長樂宮，及間往，數蹕煩人，乃作複道。”裴駰集解引《關中記》：“長樂宮本秦之興樂宮也。漢太后常居之。”《漢書·灌夫傳》：“東朝廷辯之。”顏師古注引如淳曰：“東朝，太后朝也。”又《劉向傳》：“依東宮之尊，假甥舅之親，以爲威重。”顏師古注：“東宮，太后所居也。”

【東朝】[1]

即東宮[1]。此稱漢代已行用。見該文。

東宮[2]

諸侯妾媵所居之宮。《公羊傳·僖公二十年》：“西宮者何？小寢也。小寢則曷爲謂之西宮？有西宮則有東宮矣。”何休注：“禮，諸侯取三國女……夫人居中宮，少在前；右媵居西宮，左媵居東宮，少在後。”

桂殿

漢都長安昆明池中有靈波殿，以桂樹爲殿柱，甚香而美，後世即以桂殿喻後宮，或直喻帝宮。北周庾信《奉和同泰寺浮圖》：“天香下桂殿，仙梵入伊笙。”倪璠注：“《三輔黃圖》

曰：‘昆明池中有靈波殿，皆以桂爲殿柱，風來自香。’”唐駱賓王《上吏部侍郎帝京篇》：“桂殿陰岑封玉樓，椒房窈窕連金屋。”唐李白《長門怨》詩之二：“桂殿長愁不記春，黃金四屋起秋塵。”宋周麟之《回狀元啓》：“鱣堂糾教，素知國士之無雙；桂殿呈書，復見仙踪之第一。”

紫房

皇太后所居之宮室。亦泛指妃嬪所居。《後漢書·竇武何近傳》：“惟女惟弟，來儀紫房。”《宋書·樂志二》：“宣皇太后朝歌：母臨萬宇，訓藹紫房。”唐王翰《飛燕篇》：“君心見賞不見忘，姊妹雙飛入紫房。”

椒房殿

省稱“椒房”。本漢皇后所居之宮殿。殿內以花椒子和泥塗壁，取溫暖、芬芳、多子之義，故稱。後藉指后妃之宮室。《三輔黃圖·未央宮》：“椒房殿在未央宮，以椒和泥塗，取其溫而芬芳也。”《漢書·車千秋傳》：“江充先治甘泉宮人，轉至未央椒房。”顏師古注：“椒房，殿名，皇后所居也。”《文選·班固〈西都賦〉》：“後宮則有掖庭椒房，后妃之室。”李善注引《三輔黃圖》：“長樂宮有椒房殿。”《北史·周紀下·高祖武帝》：“椒房丹地，有衆如雲，本由嗜欲之情，非關風化之義。”明謝讜《四喜記·瓊英入宮》：“定知你龍幃賜寢，定知你椒房得寵。”清洪昇《長生殿·定情》：“怕庸姿下體，不堪陪從椒房。受寵承恩，一霎裏身判人間天上。”

【椒房】

“椒房殿”之省稱。此稱漢代已行用。見該文。

【椒屋】

即椒房殿。《後漢書·皇后紀贊》:"班政蘭闈,宣禮椒屋。"李賢注:"椒屋,即椒房也。"南朝梁元帝《車名》詩:"佳人坐椒屋,接膝對蘭薰。"明張居正《坣山翼夏》詩:"實有坣山,内襄椒屋。遂登夏道,永承天禄。"

【椒宮】

即椒房殿。亦稱"椒殿"。《樂府詩集·郊廟歌辭十·唐享太廟樂章》:"顧惟菲質,忝位椒宮,虔奉蘋藻,肅事神宗。"唐王維《恭懿太子挽歌》之二:"蘭殿新恩切,椒宮夕臨幽。"《舊唐書·昭宗紀》:"壬寅夜,朱全忠令左龍武統軍朱友恭、右龍武統軍氏叔琮、樞密使蔣玄暉弑昭宗於椒殿。"

【椒殿】

即椒宮。此稱唐代已行用。見該文。

【椒庭】

即椒房殿。《宋書·后妃傳論》:"自元嘉以降,内職稍繁,椒庭綺觀,千門萬户,而淫妝怪飾,變炫無窮。"《周書·皇后傳序》:"恩之所加,莫限厮皂;榮之所及,無隔險詖。於是升蘭殿而正位,踐椒庭而齊體者,非一人焉。"隋薛道衡《昭君辭》:"我本良家子,充選入椒庭。"

【椒掖】

即椒房殿。《晋書·庾亮等傳論》:"外戚之家,連輝椒掖;舅氏之族,同氣蘭閨。靡不憑藉寵私,階緣險謁。"《北齊書·神武帝紀下》:"椒掖之内,進御以序。"《舊唐書·后妃傳下·穆宗貞獻皇后蕭氏》:"恭以皇太后族望,承齊梁之後,僑寓流滯,久在閩中。慶靈鍾集,早歸椒掖。"宋陸游《賀皇太后箋》:"聖子問安,方報蘭陔之養;神孫正内,肇新椒掖之華。"

【椒閣】

即椒房殿。亦作"椒閣"。常用作閨房之美稱。南朝宋鮑照《擬行路難》詩之三:"璿閨玉墀上椒閣,文窗綉户垂綺幕。"南朝梁元帝《烏栖曲》之四:"蘭房椒閣夜方開,那知步步香風逐。"唐王琚《美女篇》:"東鄰美女實名倡,絶代容華無比方……桂樓椒閣木蘭堂,綉户雕軒文杏梁。"

【椒閣】

同"椒閣"。此體南北朝時期已行用。見該文。

【椒閣】

即椒房殿。亦作"椒圍"。亦稱"椒閣""椒闡"。《梁書·皇后傳序》:"太宗、世祖出自儲藩,而妃並先殂,又不建椒閣。"《周書·獨孤信傳》:"今景運初開,椒閣肅建。"唐盧照鄰《中和樂·歌中宫》:"儀刑赤縣,演教椒閣。"《資治通鑑·唐高宗永徽六年》:"武氏門著勳庸,地華纓黻,往以才行選入後庭,譽重椒閣,德光蘭掖。"宋程大昌《考古編·立武后》作"椒圍"。宋佚名《儒林公議》卷上:"未幾,丁謂奏章稱揚后德,當正椒閣,未半歲,及參大政。"元王逢《無題》詩之四:"椒閣珮琚遺白草,木天圖籍冷青藜。"

【椒圍】

同"椒閣"。此體宋代已行用。見該文。

【椒閣】

即椒閣。此稱南北朝時期已行用。見該文。

【椒闡】

即椒閣。此稱元代已行用。見該文。

【椒蘭院】

即椒房殿。亦稱"椒殿院"。《新唐書·奸臣傳·蔣玄暉》："玄暉與龍武統軍朱友忠、氏叔琮夜選勇士百人叩行在,言有急奏,請見帝。宮門開,門留十士以守。至椒蘭院中,夫人裴貞一啓關,殺之,乃趨殿下。"按,《舊唐書·昭宗紀》作"椒殿院"。

【椒殿院】

即椒蘭院。此稱唐代已行用。見該文。

椒風

漢宮閣名。本爲昭儀所居之宮室。《漢書·佞幸傳·董賢》："又召賢女弟以爲昭儀,位次皇后,更名其舍爲椒風,以配椒房云。"顏師古注："皇后殿稱椒房。欲配其名,故云椒風。"唐崔國輔《白璃辭》之二:"董賢女弟在椒風,窈窕繁華貴後宮。"後泛指后妃居處。南朝宋謝莊《宋孝武宣貴妃誄》:"巡步檐而臨蕙路,集重陽而望椒風。"《梁書·皇后傳·高祖丁貴嬪》:"椒風暖兮猶昔,蘭殿幽而不陽。"

宴室

側室。在燕寢之側。后妃待產時處其中。《大戴禮記·保傅》:"古者胎教,王后腹之七月而就宴室。"盧辯注:"宴室,郊室,次于寢也,亦曰側室。自王后已下有子月辰……王后以七月就宴室,夫人嬪婦則以三月就其側室,皆閉房而處也。"

第三節　東宮考

周時天子及諸侯之嫡長子,或稱太子,或稱世子,其制不定。秦因之。漢天子號皇帝,其嫡子稱皇太子,諸侯王之嫡稱世子,後世因之。金元時,皇帝之嫡子、庶子皆稱太子,如金有四太子兀朮。明以後,皇帝之嫡子稱皇太子,親王之嫡稱世子。《初學記》卷一○:"《韓詩外傳》曰:'五帝官天下,三王家天下。家以傳子,官以傳賢。故自唐虞以上,經傳無太子稱號。夏殷之王,雖則傳嗣,其文略矣。至周始見文王世子之制。'《白虎通》曰:'何以知天子之子稱世子?'《春秋傳》曰'王世子會於首止'是也;何以知天子之子稱太子?《尚書》曰'太子發升于舟'是也。或云諸侯之子稱世子,則《春秋傳》云:'晋有太子申生,鄭有太子華,齊有太子光。'由是觀之,周制:太子世子,亦不定也。漢制:天子稱皇帝,其嫡嗣稱皇太子,諸侯王之嫡稱世子,後代咸因之。"周代宮城規劃中即有世子(太子)之寢宮區。《周禮·天官·內宰》:"內宰掌書版圖之灋。"鄭玄注:"圖,王及后、世子之宮中吏官府之形象也。"由此可知,宮中當有世子之宮室。《禮記·內則》:"由命士以上,父子皆異宮,昧爽而朝,慈以旨甘。日出而退,各從其事;日入而夕,慈以旨甘。"《公羊傳·莊公元年》:"群公子之舍則以卑矣。"這些文獻記載表明,除世子之外,其他王子亦各有其宮室。按《考工記·匠人》規劃制度，宮城區地總面積爲九井，或九平方里（周制），王寢區、後宮區共占地三井。在王寢區以東，劃二井之地爲世子、王子宮室區。世子宮寢區位於宮城正東方，直對宮城東門。王子宮寢區位於宮城東南隅。因太子（世子）所居之宮位在各宮之東，故稱“東宮”，亦稱“東闈”。《詩·衛風·碩人》：“東宮之妹，邢侯之姨。”毛傳：“東宮，齊太子也。”孔穎達疏：“太子居東宮，因以東宮表太子。”東方屬木，於色爲青，故亦稱太子宮曰“青宮”“青闈”“青殿”。漢東方朔《神異經·中荒經》：“東方有宮，青石爲墙，高三仞，左右闕高百丈，畫以五色，門有銀榜，以青石碧鏤，題曰‘天地長男之宮’……東南有宮，黃石爲墙，黃榜碧鏤，題曰‘天地少男之宮’”。此太子宮與王子之宮布局格式與周代禮制一脉相承，太子宮在正東，而王子宮在東南隅。以太子爲皇儲，故亦稱太子宮爲“儲宮”“儲位”“儲闈”。《後漢書·郎顗傳》：“臣竊見皇子未立，儲宮無主。”南朝梁沈約《奏彈王源》：“父璿，升采儲闈，亦居清顯。”《南史·梁愍懷太子方矩傳》：“承聖元年十一月丙子，立爲皇太子，及升儲位，昵狎群下，好著微服。”四時東爲春，東方主春，故魏晋以後又稱太子宮爲“春宮”，亦稱“春坊”“春闈”“春禁”。《晋書·愍懷太子傳》：“及於繼明宸極，守器春坊。”南朝梁簡文帝《上皇太子玄圃園講頌啓》：“伏惟殿下，體高玄賾，養道春禁。”北周王褒《皇太子箴》：“秋坊通夢，春宮養德。”《舊唐書·姚璹傳》：“臣以庸謏，叨侍春闈，職居獻替，豈敢緘默。”《資治通鑑·陳宣帝太建八年》：“皇太子養德春宮，未聞有過。”胡三省注：“太子居東宮，東方主春，故亦曰春宮。”《易·説卦》：“萬物出乎震。震，東方也。”太子宮在東方，故隋唐以來亦稱之爲“震位”“震宮”。隋于仲文《侍宴東宮應令》詩：“銅樓充震位，銀榜集嘉賓。”唐盧僎《上幸皇太子新院應制》詩：“佳氣曉葱葱，乾行入震宮。”元白珽《西湖賦》：“致坤宮之孝養，據震位以生蕃。”明清兩代皇帝所居北京之故宮，其太子宮之格局與《匠人》之制極爲相似。明代皇太子所居之處即位於乾清宮（王之路寢）之東，右曰鍾祥宮。《古今圖書集成·考工典·宮殿彙考》引《春明夢餘録》：“東二長街之東曰永和宮，廣和左門之北向西與端則門相對者，曰大成左門，向南曰鍾祥宮，皇太子所居，前殿曰興龍宮，後殿曰聖哲殿，其後小院曰龍德齋……皆在乾清宮之東，此東一路之大略也。”參閱賀業鉅《考工記營國制度研究》。

東宮 [3]

太子所居之宮。太子宮寢區位於宮城正東方，與宮城東門相對，故稱。《詩・衛風・碩人》："東宮之妹，邢侯之姨。"毛傳："東宮，齊太子也。"孔穎達疏："太子居東宮，因以東宮表太子。"《左傳・隱公三年》："衛莊公娶于齊東宮得臣之妹，曰莊姜。"杜預注："得臣，齊太子也。太子不敢居上位，故常處東宮。"孔穎達疏："得臣爲太子。云常處東宮者，四時東爲春，萬物生長在東，西爲秋，萬物成就在西，以此君在西宮，太子常處東宮也。"唐賈島《送董正字常州覲省》詩："春來懽侍阻，正字在東宮。"

【東朝】 [2]

即東宮 [3]。太子所居。《文選・顏延之〈應詔宴曲水作詩〉》："帝體麗明，儀辰作貳；君被東朝，金昭玉粹。"李善注："東朝，東宮也。潘岳《贈陸機》詩曰：'繾綣東朝。'高誘《呂氏春秋》注曰：'東宮，太子所居。'"唐韓愈《順宗實錄四》："皇太子見百寮於東朝，百寮拜賀。"宋梅堯臣《贈太子太傅王尚書挽詞》之一："北極履聲絕，東朝車迹湮。"

【東闈】

即東宮 [3]。亦稱"東掖"。唐白居易《和答詩・答〈四皓廟〉》："從容下南山，顧盼入東闈。前瞻惠太子，左右生羽儀。"宋劉筠《賀冊皇太子表》："前曜開祥，東闈播憲。漢儀丕赫，天下之本。"明高啓《送賈文學以郡薦赴禮部試畢歸吳》詩："慚予東掖叨陪講，難把長干送別盃。"

【東掖】

即東闈。此稱明代已行用。見該文。

【青宮】

即東宮 [3]。太子居東宮，東方屬木，於色爲青，故稱。漢東方朔《神異經・中荒經》："東方有宮，青石爲墙，高三仞，左右闕高百丈，畫以五色，門有銀榜，以青石碧鏤，題曰'天地長男之宮'。"隋于仲文《侍宴東宮應令》詩："青宮列紺幰，紫陌結朱輪。"唐白居易《寄楊六》詩："青宮官冷静，赤縣事繁劇。"宋楊萬里《冬至後賀皇太子及平陽郡王》詩："青宮朱邸環天極，五色祥雲覆帝城。"清感惺《斷頭臺・受讖》："朕法蘭西廢王路易十六是也，少養青宮，長承大寶。"

【青殿】

即青宮。《藝文類聚》卷四九引南朝齊孔稚珪《讓詹事表》："皇太子霞騫青殿，日光春宮，駕紫谷之英，振洛笙之響。"宋葉廷珪《海錄碎事・儲嗣門》"青殿、春宮，皇太子束脩束帛一篚五匹，酒一壺二升，脩一束脡。"明何景明《答霄長史》詩之四："朱門鼓瑟官仍達，青殿揮毫出每遲。"

【青闈】

即青宮。亦泛指皇子所居。《陳書・鄱陽王伯山傳》："第三皇子伯山，發睿德於齠年，表歧姿於卝日，光昭丹掖，暉映青闈。"《玉堂遺範》："翊絃誦於青闈。"

【青陛】

即青宮。太子所居。唐劉禕之《奉和太子納妃太平公主出降》："夢梓光青陛，穠桃藹紫宮。"

【春宮】

即東宮 [3]。以四時春爲東，故稱。北周王襃《皇太子箴》："秋坊通夢，春宮養德。"《藝文類聚》卷二引南朝梁劉孝威《和皇太子春林晚雨》："明離信養德，能事畢春宮。"《資治通鑑·陳宣帝太建八年》："皇太子養德春宮，未聞有過。"胡三省注："太子居東宮，東方主春，故亦曰春宮。"明余繼登《典故紀聞》卷八："卿等皆國家舊臣，又事朕於春宮，練達老成。"

【春坊】

即春宮。太子居東宮，以東主春，故稱。《晋書·愍懷太子傳》："及於繼明宸極，守器春坊。"《北史·隋房陵王勇傳》："初平陳後，宮人好者悉配春坊。"前蜀韋莊《和鄭拾遺秋日感事》："曉烟生帝里，夜火入春坊。"

【春闈】[1]

即春宮。亦稱"春禁"。南朝梁簡文帝《上皇太子玄圃園講頌啓》："伏惟殿下，體高玄黃，養道春禁。"唐王勃《釋迦佛賦》："寶殿之龍顏大悦，春闈之風德何虞。"唐白居易《除趙昌檢校吏部尚書兼太子賓客制》："夫望優四皓，然後能調護春闈；才冠六卿，然後能紀綱會府。"《舊唐書·姚珽傳》："臣以庸謬，叨侍春闈，職居獻替，豈敢緘默。"

【春禁】

即春闈。此稱南北朝時期已行用。見該文。

【震宮】

即東宮[3]。亦稱"震位"。震指東方，故稱。北周庾信《周祀五帝歌》："候雁遠，東風起，歌木德，舞震宮。"隋于仲文《侍宴東宮應令》詩："銅樓充震位，銀榜集佳賓。"唐盧僎《上幸皇太子新院應制》詩："佳氣曉葱葱，乾行入震宮。"

【震位】

即震宮。此稱隋代已行用。見該文。

【儲宮】

即東宮[3]。亦稱"儲闈"。以太子爲皇儲、儲君，故稱。《後漢書·郎顗傳》："臣竊見皇子未立，儲宮無主。"晋潘尼《贈陸機出爲吴王郎中令》詩："乃漸上京，乃儀儲宮。"《文選·沈約〈奏彈王源〉》："父璿（王璿），升采儲闈，亦居清顯。"劉良注："儲闈，東宮也。"唐劉禹錫《賀皇太子受册箋》："祇膺詔册，光啓儲闈。"唐顏真卿《金紫光禄大夫李公神道碑》："漢室以二傅羽翼儲宮。"清趙翼《昭明讀書臺》詩："儲宮愛讀書，梁唐兩太子。"

【儲闈】

即儲宮。此稱南北朝時期已行用。見該文。

【承華】[1]

即東宮[3]。本爲太子宮門名，後藉指東宮。《南史·王瑒傳》："文帝顧沖曰：'所以久留瑒於承華，正欲使太子微有瑒風法耳。'"《金史·地理志》："明昌五年，復以隆慶宮爲東宮，慈訓殿爲承華殿。承華殿者，爲皇子所居之東宮也。"

【鳳掖】

即東宮[3]。唐元萬頃《奉和太子納妃太平公主出降》："和聲躋鳳掖，交影步鸞墀。"唐錢起《送王諫議任東都居守》詩："車徒鳳掖東，去去洛陽宮。"明李東陽《太皇太后挽歌詞》之四："鳳掖承歡地，龍樓問寢辰。"

【甲觀】

即東宮[3]。亦稱"甲館"。漢宮觀名，爲皇太子所居，後藉指東宮。《漢書·元后傳》："甘露三年，生成帝於甲館畫堂，爲世適皇孫。"又《成帝紀》："元帝在太子宮生甲觀畫堂，爲世適皇孫。"顏師古注："如淳曰：'甲觀，觀名……

《三輔黃圖》云太子宮有甲觀。'甲者，甲乙丙丁之次也。"北周庾信《哀江南賦》："文詞高於甲觀，楷模盛於漳濱。"瞿蛻園注："甲觀，漢元帝太子（成帝）住的地方，故作太子宮的代稱。"唐盧照鄰《中和樂·歌儲宮》："高禖誕聖，甲觀昇靈。"宋蘇軾《春帖子詞·皇太妃閣之二》："甲觀開千柱，飛樓擢九層。"

【甲館】

即甲觀。此稱漢代已行用。見該文。

內坊

皇太子東宮所屬官署，主宮內事務。《宋書·五行志三》："〔太康〕十年四月癸丑，崇賢殿災。十月庚辰含章鞠室修成，堂前廡、內坊東屋、輝章殿南閣火。"《隋書·禮儀志六》："太子率更寺、宮門督、太子內坊察非吏、諸門吏等，皆著却非冠。"《新唐書·百官志二》："初，內坊隸東宮。開元二十七年，隸內侍省，爲局，改典內曰令，置丞。"

外坊

太子宮官署之一，主宮外事務。《舊唐書·涼王璿傳》："天寶中，慶、棣又殁，唯榮、儀等十四王居院，而府幕列於外坊，時通名起居而已。"《新唐書·汴哀王璥傳》："府幕列於外坊，歲時通名起居，既又諸孫多，則於宅外更置百孫院。"

六王宅

唐玄宗皇子所居之宅。在長安夾城中。六王，實爲七王，取其概數而已。《新唐書·宦者傳下》："僖宗即位……冲駮喜鬥鵝，走馬數幸六王宅，興慶池與諸王鬥鵝，一鵝至五十萬。"

十王宅

唐玄宗皇子所居之宅。在長安夾城中。十

王，實則爲十一王，取整數概稱而已。清顧炎武《歷代宅京記·關中四》載曰："德宗貞元十二年秋八月庚午，增修望仙樓。廣夾城十王宅。《玄宗諸子傳》：先天之後，皇子幼則居內東，封年以漸成長，乃於安國寺東，附苑城同爲大宅，分院居，爲十王宅。令中官押之，於夾城中起居，每日家令進膳。又引詞學工書之人入教，謂之侍讀。十王謂慶、忠、棣、鄂、榮、光、儀、穎、永、延、濟，蓋舉全數。其後，盛、義、壽、陳、豐、恒、涼六王，又就封入內宅。二十五年，鄂、光得罪，忠繼大統。天寶中，慶、棣又殁，唯榮、儀等十四王居院，而府幕列於外坊，特通名起居而已。外諸孫成長，又於十宅外置百孫院。每歲幸華清宮，宮側亦有十王院、百孫院。宮人每院四百餘人，百孫院三四十人。又於宮中置維成庫，諸王月俸物，約之而給用。諸孫納妃嫁女，亦就十宅中。太子不居於東宮，但居於乘輿所幸之別院。太子亦分院而居，婚嫁則同親王、公主，在於崇仁之禮院。"參閱《舊唐書·涼王璿傳》《舊唐書·德宗紀下》。

十六王宅

唐玄宗皇子所居之宅。在長安夾城中。實則當爲十八王宅。乃前述十五宅與六王宅之合稱，十五六王概言之而已。實當各加其一。《唐會要·嫁娶》："又再拜，降詣東西階，拜婿之伯叔兄弟姊妹訖，便赴光順門謝恩婿之親族，次第奉謝訖，舊赴十六王宅觀花燭。"

百孫院

唐玄宗皇孫所居之處。在十王宅外。清顧炎武《歷代宅京記·關中四》曰："外諸孫成長，又於十宅外置百孫院。每歲幸華清宮，宮側亦有十王院、百孫院。”

三天。”

三天

指清代皇子及諸王公讀書的前、中、後三殿。因賜三區上皆有“天”字，故稱。清陳康祺《郎潛紀聞》卷一：“世稱上齋曰三天，蓋由從前列聖每歲駐蹕澄清園，諸王公即讀書園廬，其地爲殿三層，皆有世宗皇帝御書匾額，前曰‘前垂天貺’，謂之前天；中曰‘中天景物’，謂之中天；後曰‘後天不老’，謂之後天，統謂之三天。”

上書房

清皇子讀書處。位於乾清宮左側。清昭槤《嘯亭續録·上書房》：“皇子六齡，即入上書房讀書。書房在乾清宮左，五楹，面北向，近在禁籞，以便上稽察也。”清陳康祺《燕下鄉脞録》卷一三：“李學士中簡，值上書房最久，諸皇子皆服其品學。”參閲清乾隆敕修《國朝宮史·宮殿二》。

第四節　苑囿考

古代之苑囿，是就一定地域加以範圍，使草木叢生，鳥獸繁殖，築臺穿池，以供帝王貴族狩獵游樂之所。《周禮·地官·囿人》：“囿人，掌囿游之獸禁，牧百獸。”《説文·口部》：“一曰禽獸曰囿。”古時稱囿，秦漢稱苑，亦合稱苑囿。苑與囿之稱，或因時代不同而稱謂各異。宋王應麟《漢制考·苑囿釋》：“古之謂囿，漢家謂之苑。”或因規模不同而名稱有別。《吕氏春秋·重己》：“昔先聖王之爲苑囿園池也，足以觀望勞形而已矣。”高誘注：“畜禽獸所，大曰苑，小曰囿。”或因形制不同而名亦异。《説文·口部》：“囿，苑有垣也。”段玉裁注：“高注《淮南》曰‘有墙曰苑，無墙曰囿’，與許〔慎〕互異，蓋有無互訛耳。”將苑囿合提并稱始見於《吕氏春秋》。其後，《史記》則把苑囿作爲一個專用名詞使用。《史記·滑稽列傳》云：“始皇嘗議欲大苑囿，東至函谷關，西至雍、陳倉。”自此之後，苑囿一詞則專指皇家大型園林，歷代沿用，直至明清。

最初，在帝王不游樂狩獵時，皇家苑囿允許百姓進入砍柴采擇，與民共享，後築墙結籬，禁人往來，成帝王獨享專用之所。據記載，我國最早的一座帝王苑囿爲商代末年建成的沙丘囿（在今河北平鄉東北）。商紂王將都城從今河南安陽遷至朝歌（今河南淇縣），向北將行宮擴展至邯鄲、沙丘。《史記·殷本紀》：“〔紂〕益廣沙丘苑臺，多取野獸蜚鳥置其中。慢於鬼神。大冣樂戲於沙丘，以酒爲池，縣肉爲林”。周文王於長安西四十二里處營建靈囿，方七十里，内有靈臺、靈沼。《詩·大雅·靈臺》：“王在靈囿。”毛傳：“囿，所以域養禽獸也。天子百里，諸侯四十里。"商周於囿中築臺鑿池，開了在苑囿中積土爲山、鑿地爲池之先河。到春秋戰國時期，人口增多，生産力發展，社會繁榮，都城與自然更爲隔絕，統治者對苑囿之需求更爲迫切。各諸侯國王常以深池、廣苑、高臺相誇耀。《春秋》中三見築囿之記載：成公十八年（公元前 573）築鹿囿，昭公九年（公元前 533）築郎囿，定公十三年（公元前 497）築蛇淵囿。齊國有囿，其間有巨池，可行舟漫游（見《左傳·僖公三年》）。楚莊王築層臺，"延石千重，延壤百里"（漢劉向《説苑·正諫》）楚靈王不聽勸諫，"築臺于章華之上"（《國語·楚語》）。吳王夫差"築姑蘇之臺，三年乃成……作天池，池中作青龍舟"；吳王還築有梧桐園，又稱鳴琴川，園中宮殿聳立（見南朝梁任昉《述異記》卷上）。戰國之時，秦有具囿，鄭有原囿（見《左傳·僖公三十三年》），"魏有梁囿、温囿"（《戰國策·魏策》），韓有"桑林之苑"（《戰國策·韓策》）。梁惠王在囿中挖有池沼，養有鴻雁、麋鹿（見《孟子·梁惠王上》）。齊宣王"郊關之内有囿，方四十里"（《孟子·梁惠王下》）。楚國宮苑中層臺纍榭、山川曲池，芙蓉花木滿園，初露南方園林之情趣。秦在統一過程中，"每破諸侯，寫放其宮室，作之咸陽北阪上，南臨渭，自雍門以東至涇、渭，殿屋復道周閣相屬，所得諸侯美人鐘鼓以充入之"（《史記·秦始皇本紀》）。秦滅六國之後，在咸陽及其附近大興土木。"咸陽北至九嵕、甘泉，南至鄠、杜，東至河，西至汧渭之交，東西八百里，南北四百里，離宮別館，相望聯屬，木衣綈繡，土被朱紫，宮人不移，樂不改懸，窮年忘歸，猶不能遍。"（《三輔黃圖·咸陽故城》）秦代諸苑中，最著名者當屬上林苑，阿房宮即建其中。其次爲長池宮，亦稱蘭池。"秦始皇作長池，引渭水，東西二百里，南北二十里，築土爲蓬萊山，刻石爲鯨，長二百丈。"（《元和郡縣圖志》卷一）按照傳説中的蓬萊仙境建造帝王宮苑，蘭池首開其端，以後一直影響漢、唐、明、清各代，成爲皇家苑囿造園設景的一個重要内容。西漢初年十分窮困，七八十年後國力方始强盛。至漢武帝時，"國家無事，非遇水旱之灾，民則人給家足，都鄙廩庾皆滿，而府庫餘貨財"（《漢書·食貨志》）。社會經濟呈現繁榮局面，苑囿建造進入全盛時期。西漢時皇家宮苑遍布長安内外，及至遠郊、關隴各地。漢班固《西都賦》云："前乘秦嶺，後越九嵕，東薄河華，西涉岐雍。宮館所歷，百有餘區。"其中最有代表性的有未央宮、上林苑、建章宮與甘泉宮。上林苑本爲秦之舊苑。漢初荒廢，武帝重開。其規模之宏偉前所未有，"南至宜春、鼎胡、御宿、昆吾，旁南山而西，至長楊、五柞，北繞黃山，瀕渭而東，周袤數百里"（《漢書·揚雄傳》），爲我國歷史上規模最大的一處皇家苑囿。苑中建築林立，上林苑三十六苑即三十六處"園中之園"，見於記載者有甘泉苑、御宿苑、思賢苑、博望苑、西郊苑、樂游苑、宜春下苑等（見《三輔黄圖·苑囿》）。苑中穿鑿池沼十餘處，其中昆明池規模最大，亦最著名。原爲演習水戰而開鑿，後變爲宫廷泛舟游弋之所。東漢都洛陽，比較著名的苑囿有上林苑、芳林苑、西苑、鴻德苑、顯陽苑、長利苑、罼圭靈琨苑、菟苑、靈囿及濯龍池、靈芝池、御龍池等。漢代張衡對洛陽之苑囿有一段精彩的描繪："濯龍芳林，九谷八谿。芙蓉覆水，秋蘭被涯。渚戲躍魚，淵游龜蠵。永安離宫，修竹冬青。陰池幽流，玄泉冽清。鶒鸔秋栖，鶻鵃春鳴。鵙（睢）鳩麗黄，關關嚶嚶。"（漢張衡《東京賦》）

漢代以前，苑囿是我國園林的唯一類型，爲帝王所獨有。從西漢始，顯貴富豪仿效帝王苑囿營建私家園林。漢桓寬《鹽鐵論·散不足》載："富者積土成山，列樹成林，臺榭連閣，集觀增樓。"漢代私家園林中，具有代表性的有西漢梁孝王之兔園，富民袁廣漢園及東漢大將軍梁冀園。兔園與袁廣漢私園"構石爲山"，"積沙爲洲嶼，激水爲波潮"（《西京雜記》卷一），爲後世苑囿建築中人工山水之前驅。梁冀園的"有若自然"（《後漢書·梁冀傳》）則成爲以後中國造園藝術所追求的最佳意境與基本原則。從魏晋至南北朝三百六十餘年大動亂中，社會經濟遭到極大破壞，但各朝不顧人民生死，奢侈腐化，大營宫室苑囿，建築上力求豪華，窮極技巧，功役之費動輒以億萬計。東晋時期，隨着經濟重心南移，造園之風盛行。以建康（今江蘇南京）爲中心，逐漸形成不同於北方的江南園林風格。因這一時期的分裂局面，各地方政權自築都城，故苑囿之分布亦突破了漢長安、洛陽兩京的範圍。在新建都城，如鄴城、平城、江陵、建康等地，均建有不少皇家御苑。自曹魏至北齊，鄴城（今河北臨漳一帶）長期爲中原地區最繁盛富庶的大都市之一。鄴都之苑囿，雖不能與關中、洛陽的相提並論，但仍具有相當數量與規模。見於文獻記載者，有銅雀園及銅雀三臺（銅雀、金虎、冰井）、玄武苑、芳林苑、靈芝苑、華林苑、桑梓苑、豫游苑、清風園等。自東漢以後，曹魏、西晋、北魏皆都洛陽，先後興建芳林園（齊王曹芳爲避名諱，改稱華林園）、西游園等御苑。平城（今山西大同東北）爲北魏前期都城，曾建鹿苑、北苑、西苑、永興園等。其中鹿苑規模最大，苑中築宫觀、鑿渠池，爲少數民族政權在北方構築的爲數不多的御苑之一。十六國時期，後燕慕容熙時於龍城（今遼寧朝陽）建有龍騰苑。該苑規模宏大，園中起山穿池，工役浩繁。在北方，鮮卑人此時能營築如此宏偉壯麗的皇家苑囿，實爲罕見之舉。自三國時的孫吳始定都於建康，之後東晋及南朝宋、齊、梁、陳四朝，亦相繼以建康爲都，前後歷時三百二十餘年。孫權曾建太初宫，孫皓又建昭明宫。《三國志·吳書·孫皓傳》曰："〔孫皓〕大開園圃，起土山、樓觀，窮極技巧，功役之費以萬億計。"東晋時築建平園、流杯曲水、華林園等。劉宋時在建康又築樂游苑，"築北堤，立玄武湖於樂游苑北，築景陽山於華林園"（《宋書·禮志一》）。大明三年（459）九月，"於玄武湖北立上林苑"（《宋書·孝武帝紀》）。南齊時，見於記載者建有新林苑、婁湖苑、芳樂苑、芳林苑、玄圃苑、東四苑等（見《南史·東昏侯紀》《南齊書·東昏侯紀》）。蕭梁時御苑有建興苑、王游苑及玄圃、芳林苑等。南朝四代中，陳國勢最弱，其苑圃在史籍中記載最少。華林苑經過東晋以來的經營，成爲南朝一座主要的皇家御苑，至梁時猶在增建。侯景叛亂，盡毁華林苑，陳後主重建，在光昭殿前修建三閣，"其下積石爲山，引水爲池，植以奇樹，雜以花藥"（《陳書·皇后傳》）。此外，陳宣帝第二十子湘東王在湖北江陵子城中建有湘東苑。上述諸苑，不僅構石築山，且能表現出重巖複嶺、深溪洞壑之山景，達到有若自然之境界，表明當時對自然山水的藝術認識有所提高，土木石作技術亦具相當高的水平。由此亦可見南方園林更加巧致的特點。隋唐統一後，造苑之風風靡一時，御苑常圍數百里。隋煬帝楊廣遷都洛陽時，每月役丁二百萬人營造東京，窮奢極侈，大造宫殿、苑圃。苑中以西苑最爲宏麗。西苑又稱會通苑，"周二百里；其内爲海，周十餘里，爲蓬萊、方丈、瀛洲諸山，高出水百餘尺。臺觀殿閣，羅絡山上，向背如神"（《資治通鑑·隋煬帝大業元年》）。隋西苑之理水、築山、配置竹木與營造宫殿，工程極其浩大。苑中十六院即十六座園中之園。北海爲全苑中心，仍沿襲秦漢以來"一池三山"之模式。苑中剪彩與飛橋等，均爲從南方造園技巧中移入。南北造園藝術之交融，在隋洛陽西苑已達渾然一體。西苑以山水爲主，是由以建築爲主的秦漢宫苑演變爲宋代山水宫苑的重要轉折，對後世皇家園林建造具有深遠影響。隋煬帝鑿通連接南北的大運河之後，曾"三下江都（今江蘇揚州）"，沿途修造離宫別館四十餘所。在江都大興土木，建造上林苑（隋苑）、螢苑。唐代皇家苑圃分布於長安與洛陽兩京地區。首都長安有著名的大内三苑，即西内苑、東内苑、禁苑；還有南内苑、華清宫、九成宫、曲江池。東都洛陽有上陽宫與東都苑。隋唐時期的園林，除帝王御苑外，還有很多著名的私人園林，多集中於長安、洛陽，盛況空前。在長安，"公卿近郭皆有園池，以至樊杜數十里間，泉石占勝，布滿川陸"；"省寺皆有山池，曲江各置船舫，以擬歲時游賞"（《古今圖書集成·考工典·園林部》）。在洛陽，"唐貞觀開元之間，公卿貴戚開館列第於東都者，號千餘邸，且多有園林"（宋李格非《洛陽名園記》）。唐代私人園林中，公卿貴戚園與文人園在格調上差異很大，前者偏於豪華綺麗，後者則重在幽雅。文人園林在繼承南北朝於宅旁、宅後造園傳統的同時，有的則在風景幽美的郊外營建別墅，如王維的藍田輞川別業。詩人、畫家所築造的詩、畫、園相結合的園林，尤具特色。五代時，吳越安居杭州，不習兵戈，富盛之餘將杭州西湖修飾佳妙，風物日麗，形成人間仙境般的自然園林。北宋經濟繁榮，社會安定，人多趨享樂，在東京汴梁建造瓊林苑、金明池、迎祥池、玉津園及東御園等。至宋徽宗趙佶時築苑遂登峰造極，先後修建宏偉宮苑，如玉清和陽宮、延福宮、上清寶籙宮、葆真宮，宮內皆附內苑。政和七年（1117）始築萬歲山，役民夫百千萬，掇山置石，引水鑿池，建造亭閣樓觀，布置奇樹異石，費六年之功，初步落成。此後十餘年中，仍不斷搜集四方奇花異石充實其中。萬歲山名"艮嶽"，山成更名"壽山"，後人連稱爲"壽山艮嶽"。艮嶽完全是爲"放懷適情，游心玩思"而創造的山林勝景，是以體現山水爲主題的一座皇家御苑。南宋偏安江南，苑囿與私園興作十分頻繁。臨安（今杭州）御苑有玉津園、富景園、聚景園等。沿西湖還建有許多官僚、貴族的私園。南宋名園皆喜用山石，中國式自然園林遂普遍有山石水池建築。明代復興，後半葉園林盛事開始發達。在園林建築史上，雖然造園活動大盛於清，但其形式有賴明代打下的思想、理論、技術與藝術上的基礎。"江南園林"是造園之風興起的立足點。明御史王敬止致仕後所經營的"拙政園"，元菩提正宗寺演變而來的"獅子林"，五代"金谷園"故址改建而成的"頤園"（環秀山莊），宋"網師園"舊地興建起來的"瞿園"等，均爲人所稱頌的人工風景。在我國苑囿建築史上，最突出、發達的時期則爲清代。康乾盛世，疆域廣大，社會繁榮。江南一帶鹽商、官僚積資甚豐，故康熙、乾隆下江南時，每次均對蘇杭一帶佳勝園林修飾增添，如揚州西湖均極一時之盛。清帝又將南方著名風景移寫於圓明園等處，豐富了北方園林。康熙帝與乾隆帝是清代大型園囿建設的主要推動者。著名的圓明三園（圓明園、長春園、綺春園）、熱河行宮（避暑山莊）均爲始於康熙計劃、完成於乾隆之手的大型御苑。圓明三園周圍七十里，熱河行宮面積三倍於頤和園，其建築頗具江南風味。這些御苑皆爲大如一個城市的"園群"或"園城"。此外，乾隆在前代基礎上，完成了重建"三山""三海"的計劃。三山者，香山、玉泉山、萬壽山。香山稱靜宜園，玉泉山謂靜明園，萬壽山則名清漪園（頤和園前身）。三海者，即北京市中心的北海與中海、南海。圓明園被外國人稱爲"萬園之園"。

　　自古至今，舉世苑囿建築史上尚無超過康熙與乾隆之大手筆。中國苑囿園林，在全世界可謂獨特而美妙之建築。其產生與發展的主要原因，樂嘉藻《中國建築史·苑囿園林》云：“中國文化，至周代八百年間而極盛，人爲之勢力，向各方面發展，大之如政治學問，小之至衣服器具，莫不由含混而分明，由雜亂而整齊。而生存於此世界者，長久束縛於規矩準繩之内，積久亦遂生厭，故春秋戰國之際，老莊之學說，已有菲薄人爲返求自然之勢。人之居處，由宮室而變化至於園林，亦即人爲之極轉而求安慰於自然也。”歷代苑囿或私園，或以水勝，一片烟波浩渺，令人如置江湖之上；或以山石勝，令人如臨幽谷與世隔絶；或以林木勝，如置身花海草原，無不求得“有若自然”之效果。苑囿之構成元素，有人歸結爲一曰花木，二曰水泉，三曰山石，四曰點綴，五曰建築，六曰路徑（見樂嘉藻《中國建築史·苑囿園林》）。山水爲苑囿建築中最主要的自然元素。有山必有水，有水必有山，掇山必同時理水。一切設計均環繞水而展開：三千多年前周文王之靈囿，内有靈沼；漢武帝在上林苑穿昆明池；隋煬帝於西苑中鑿北海；元、明、清建都北京，北海與昆明湖爲兩大水域。苑囿之水體，除觀賞與灌溉苑内竹木花草外，亦有其他實用功能。大面積水域，如杭州西湖、南京玄武湖、北京昆明湖與北海等，均爲城市水系之有機組成部分，可蓄洪排澇，調節城市用水，或灌溉農田，養魚植荷，亦可改善小氣候。古時建造苑囿，壘山築臺之時，動用平地土方必然挖出一個人工池沼；開掘人工湖池之時，亦必會堆積泥土成山。爲求得土方平衡與運輸距離縮短，即出現了“有山必有水，有水必有山”的設計。北京之景山、頤和園之萬壽山，即爲疏挖三海與昆明湖時土方平衡之產物。苑囿建築規劃曾有“三分水，二分竹，一分屋”之説。北京圓明園面積近五千畝，水面占一半；頤和園水面占四分之三；北海則占三分之二。花木與竹的含義即指所有植物。花木分爲花、樹、藤、草四類。種植之法有成林、成叢、成行、攀附四式。小園以花爲主，中園花樹并重，大園則以茂林而見勝。花木在園景中亦爲主要角色，最佳布置手法就是使之以天然的意態、翳然的效果而出現。苑囿園林建築與我國傳統的山水畫及文學之間關係十分密切。它們有共同的美學觀點與藝術思想基礎，在歷史的長河中相互影響而發展。因此，我國苑囿園林，凝聚着歷代人的美學觀念與思想感情，它根據繪畫及文學的藝術理念來追求與創造美的世界。苑囿園林建築與中國的繪畫、文學一樣，被世人稱爲光輝燦爛的瑰寶與人類智慧的結晶而被載入史册。全國現存之大型御苑及私家園林，多已廣爲旅游勝景，供世人觀賞游樂，成爲人類共有之財富。

泛 稱

苑囿

古代畜養禽獸、種植草木供帝王觀賞游獵的園林。苑與囿之稱，或因時代不同而稱謂各異，古謂之囿，漢謂之苑。或因規模不同而名稱有別，大曰苑，小曰囿。或因形制不同而名亦異，有墙曰囿，無墙曰苑。《吕氏春秋·重己》："昔先聖王之爲苑囿園池也，足以觀望勞形而已矣。"漢董仲舒《春秋繁露·王道》："桀、紂皆聖王之後，驕溢妄行。侈宫室，廣苑囿，窮五采之變，極飾材之工。"《史記·高祖本紀》："諸故秦苑囿園池，皆令人得田之。"唐杜甫《八哀詩·贈太子太師汝陽郡王璡》："忽思格猛獸，苑囿騰清塵。"清唐甄《潛書·善游》："臺榭太高，則不安；苑囿太曠，則不周。"

苑

古代指豢養禽獸、種植林木花草之處。多指帝王或貴族觀賞的皇家園林。後亦泛指一般園林。《周禮·秋官·雍氏》："禁山之爲苑、澤之沈者。"《漢書·元帝紀》："以三輔、太常、郡國公田及苑可省者振業貧民，貲不滿千錢者賦貸種食。"南朝梁沈約《齊故安陸昭王碑文》："博望之苑載暉，龍樓之門以峻。"唐韓愈《順宗實錄四》："春旱，順宗數獵苑中。"清戴名世《陳某詩序》："而姑蘇、天台、震澤之濱，長洲之苑，尤爲秀絶。"

囿

古代帝王畜養禽獸以供觀賞的園林。漢以後多謂之苑。囿築有圍墙，禽獸生活其中，用以游獵。依據禮制，天子之囿方圓百里，諸侯之囿方圓四十里。《説文·艸部》："苑，所以養禽獸。"段玉裁注："《周禮·地官·囿人》注：囿，今之苑。是古謂之囿，漢謂之苑也。"《詩·大雅·靈臺》："王在靈囿，麀鹿攸伏。"毛傳："囿，所以養禽獸也。"孔穎達疏："則囿者築墻爲界域，而禽獸在其中，故云囿所以養禽獸也。天子百里，諸侯四十里。"漢班固《東都賦》："太液昆明，鳥獸之囿。"《初學記》卷二四："《説文》曰：苑有垣曰囿。囿猶有也。《吕氏春秋》曰：昔先王之爲苑囿園池也，足以觀望勞形而已矣，非好儉而惡費也，節乎性也。故周有靈囿、囿游，漢有上林、樂游、博望、黄山，後漢有鴻德、畢圭靈昆、廣成諸苑，晋有平樂、鹿子、桑梓諸苑。或曰：囿有林池，所以禦灾也，其餘莫非穀土。及其衰也，馳騁游獵，以奪人之時，勞人之力。故《漢書》東方朔曰：務苑囿之大，不恤農時，非所以強國富人者，蓋此謂也。其名苑，有天苑、禁苑、上苑；囿有君囿、靈囿、上囿。"

籞

亦作"篽"。古代帝王的禁苑。四周圍以墙垣、籬落，禁人往來。《三輔黄圖·上林苑》："上林中，池上籞五所。"《漢書·宣帝紀》："〔宣帝〕又詔池籞未御幸者，假與貧民。"唐顏師古注："蘇林曰：'折竹以繩綿連禁御，使人不得往來，律名爲籞。'……應劭曰：'池者，陂池也；籞者，禁苑也。'"清納蘭性德《蕉園》詩："宫籞人稀到，詞臣例許窺。"

【篽】

同"籞"。此體漢代已行用。見該文。

【籞囿】

即籞。亦稱“籞闌”。宋高文虎《放生池德生堂記》：“謀以誕聖之期，同致華封之祝，在嚴戒令，謹隄防，籞囿宮林，禁當並飭。”明謝肇淛《五雜俎・物部三》：“此外有夫人李、佛手柑、菩提果，皆籞囿中佳植也。”清曹寅《暢春苑張燈賜宴歸舍》詩之三：“輦路餘麋敷細草，籞闌分餉及中尊。”

【籞闌】

即籞囿。此稱清代已行用。見該文。

【禁籞】[2]

即籞。亦作“禁御”。亦稱“内籞”。《漢書・宣帝紀》：“又詔池籞未御幸者，假與貧民。”唐顏師古注：“蘇林曰：‘折竹以繩綿連禁御，使人不得往來，律名爲籞。’……應劭曰：‘池者，陂池也；籞者，禁苑也。’”漢揚雄《羽獵賦》：“器械儲待，禁籞所營，尚泰奢，麗誇詡。”宋岳珂《桯史・殿中鵬》：“徽祖居端邸時，藝文之暇，頗好馴養禽獸……江公望在諫省聞之，亟諫。上大悦，即日詔内籞，盡縱勿復留。”

【禁御】

同“禁籞”。此體唐代已行用。見該文。

【内籞】

即禁籞。此稱宋代已行用。見該文。

囿游

帝王之離宮別苑。周代於大苑之中築小苑，又於小苑之中築離宮，作爲游觀之所，故稱。《周禮・天官・序》：“王宮每門四人，囿游亦如之。”鄭玄注：“囿，御苑也。游，離宮也。”孫詒讓正義：“蓋鄭意囿本爲大苑，於大苑之中別築藩界爲小苑，又於小苑之中爲宮室，是爲離宮。以其是囿中游觀之處，故曰囿游也。”

囿臺 [1]

天子、諸侯觀賞鳥獸魚鱉之臺。古之天子有三臺：靈臺、時臺、囿臺。諸侯有時臺、囿臺。三臺位於國都東南二十五里處，可朝行暮返。《初學記》卷二四：《五經異義》曰：天子有三臺，靈臺以觀天文，時臺以觀四時、施化，囿臺以觀鳥獸魚鱉。諸侯卑，不得觀天文，無靈臺，但有時臺、囿臺也。”《詩・大雅・靈臺》序：“文王受命，而民樂其有靈德，以及鳥獸昆蟲焉。”孔穎達疏：“公羊説天子三，諸侯二。天子有靈臺以觀天文，有時臺以觀四時施化，有囿臺觀鳥獸魚鱉。諸侯當有時臺、囿臺。諸侯卑，不得觀天文，無靈臺。皆在國之東南二十五里。東南少陽，用事萬物著見，用二十五里者，吉行五十里，朝行暮反也。”

内苑

皇宮内的庭園。亦指皇宮之内。《晉書・吕光載記》：“立妻石氏爲王妃，子紹爲世子。讌其群臣于内苑新堂。”唐李商隱《茂陵》詩：“内苑只知含鳳觜，屬車無復插鷄翹。玉桃偷得憐方朔，金屋修成貯阿嬌。”《宋史・禮志十六》：“四年七月十一日，詔近臣及寇準、馮拯觀内苑穀，遂宴於玉宸殿。”《天雨花》第二一回：“此是宮娥内苑人，分明不是黄花女。”

【内園】

即内苑。唐白居易《與沈楊二舍人閣老同食敕賜櫻桃玩物感恩因成十四韻》：“内園題兩宇，西掖賜三臣。”唐王建《宮前早春》詩：“内園分得温湯水，三月中旬已進瓜。”《宋史・郭從義傳》：“武皇情好款狎，即位，以從義補内職，累遷内園使。”

御苑

亦稱"御園"。帝王專有的花園。唐沈佺期《奉和洛陽玩雪應制》詩："灑瑞天庭裏，驚春御苑中。"唐李紳《憶春日曲江宴後許至芙蓉園》詩："春風上苑開桃李，詔許看花入御園。"宋張孝祥《鷓鴣天》詞："琅函奏號銀臺省，酨筆書名御苑牆。"明張居正《賀瑞雪表》："月映彤墀，御苑春回。"清厲鶚《東城雜記·富景園》："武林城東曰東園者，宋御園也。"

【御園】

即御苑。此稱唐代已行用。見該文。

【御花園】

即御苑。《警世通言·趙太祖千里送京娘》："在汴京城打了御勾欄，鬧了御花園。"清洪昇《長生殿·驚變》："萬歲爺在那裏？在御花園內。"清儲大文《天鎮縣東至龍門關長城形制》："前至得勝口，宣平縣境，有御花園，雜植諸果，其高峻約略可見。"

【玉苑】

"御苑"之美稱。南朝梁江淹《靈丘竹賦》：

北京故宫御花園之一隅

"遠亘紫林秘野，近匝玉苑禁坰。"唐錢起《奉和聖製登朝元閣》："山通玉苑迥，河抱紫關明。"

園池

多指帝王權貴的園林。《呂氏春秋·重己》："昔先聖王之爲苑囿園池也，足以觀望勞形而已矣。"高誘注："樹果曰園，《詩》曰：'園有樹桃。'有水曰池。可以游觀娛志。"《史記·白起王翦列傳》："王翦行，請美田宅園池甚衆。"《宋書·竟陵王誕傳》："誕造立第舍，窮極工巧，園池之美，冠於一時。"

園囿

周以圍牆，布置亭榭石木，間或畜有鳥獸的皇家花園。《孟子·滕文公下》："棄田以爲園囿，使民不得衣食。"《荀子·成相》："大其園囿，高其臺。"後多泛指庭園，花園。宋孟元老《東京夢華錄·清明節》："四野如市，往往就芳樹之下，或園囿之間，羅列杯盤，互相勸酬。"

園苑

猶園囿。《晉書·職官志》："民曹主繕修功作鹽池園苑事。"《北史·隋紀下·煬帝》："采海內奇禽異獸草木之類，以實園苑。"

宮池

宮苑中的池沼。《淮南子·説林訓》："宮池涔則溢，旱則涸。"唐無可《和賓客相國咏雪詩》："暗漲宮池水，平封輦路埃。"宋錢惟演《家王故事·隆遇》："太平興國三年入朝，太宗詔赴苑中宴先臣。時獨臣兄惟濬侍焉。因泛舟於宮池。"

壇[2]

於園林、庭院中築造的臺子，用以點綴環境，登臨觀景，增加美感。唐盧綸《虢州逢侯釗同尋南觀因贈別》詩："放鶴登雲壁，澆花繞石壇。"南唐李建勛《和判官喜雨》詩："高檻氣濃藏柳郭，小庭流擁没花壇。"

御 苑

沙丘囿

商代末年建造的一座苑囿。據文獻記載，爲我國最早的帝王御苑。以其位於沙丘（今河北廣宗西北大平臺）故稱。相傳殷紂廣築苑臺，作酒池肉林，淫樂通宵。《史記·殷本紀》云："益收狗馬奇物充仞宫室，益廣沙丘苑臺，多取野獸蜚鳥置其中，慢於鬼神，大冣樂戲於沙丘，以酒爲池，縣肉爲林，使男女倮，相逐其間，爲長夜之飲。"張守節正義："《括地志》云：'沙丘臺在邢州平鄉東北二十里。'《竹書紀年》：'自盤庚徙殷至紂之滅，二百七十三年，更不徙都。紂時稍大其邑，南距朝歌，北據邯鄲及沙丘，皆爲離宫别館。'"從上述記載中可知，商紂王時，曾於沙丘建造規模較大的囿。囿中既有供觀賞、射獵的珍禽異獸，又有供嬉戲娱樂的樂戲場，以及供通神與觀賞自然景物的臺，已初具苑囿之基本功能，爲我國古代帝王御苑的最初形式。

靈囿

周文王時營建的大型苑囿。大致位於今陝西西安長安區西四十二里處。囿方七十里，其中築有靈臺，挖有靈沼。囿内飼養禽獸。《詩·大雅·靈臺》："王在靈囿，麀鹿攸伏。"毛傳："囿，所以域養禽獸也。天子百里，諸侯四十里。靈囿言靈道行於囿也。"天子囿百里，諸侯囿四十里。王不射獵時，庶民可入囿砍柴狩獵，王與民共享其利。《孟子·梁惠王下》："文王之囿方七十里，芻蕘者往焉，雉兔者往焉，與民同之。"《三輔黄圖·苑囿》云："周靈囿，文王囿也。《詩》曰：'王在靈囿，麀鹿攸伏，麀鹿濯濯，白鳥翯翯。'毛萇注云：'囿，所以域養禽獸也。天子百里，諸侯四十里。靈者，言文王之有靈德也；靈囿，言道行於苑囿也。'……靈囿在長安縣西四十二里。"周初之靈囿，王與民同享其利。在周王不去射獵游弋時，允許庶民入囿内割草、拾柴與狩獵。

靈沼

周池名。周文王時所鑿。位於陝西西安舊城區。《詩·大雅·靈臺》："王在靈沼，於牣魚躍。"毛注："沼，池也。靈沼，言靈道行於沼也。牣，滿也。"鄭玄箋："靈沼之水，魚盈滿其中，皆跳躍。亦言得其所。"《三輔黄圖·池沼》："周文王靈沼在長安西三十里。"

上林苑[1]

秦代規模最大的一座御苑。著名的阿房宫即建於苑中。《史記·秦始皇本紀》："〔三十五年〕始皇以爲咸陽人多，先王之宫廷小，吾聞周文王都豐，武王都鎬，豐、鎬之間，帝王之都也。乃營作朝宫渭南上林苑中。先作前殿阿房，東西五百步，南北五十丈，上可以坐萬人，下可以建五丈旗。"《三輔黄圖·秦宫》云："阿房宫亦曰阿城。惠文王造宫未成而亡。始皇廣其宫，規恢三百餘里。離宫别館，彌山跨谷，輦道相屬，閣道通驪山八十餘里。表南山之巔以爲闕，絡樊川以爲池。作阿房前殿……以木蘭爲梁，以磁石爲門。周馳爲複道，度渭屬之咸陽，以象太極，閣道抵營室也。阿房宮未成，欲更擇令名名之，作宮阿基旁，故天下謂之阿房宮。隱宮徒刑者七十餘萬人。"阿房宮爲多種建築形式組合而成的龐大建築群，殿堂廊廡，園林池囿相隔其間，爲當時宮苑之冠。唐杜牧《阿房宮賦》云："六王畢，四海一。蜀山兀，阿房出。覆壓三百餘里，隔離天日。驪山北構而西折，直走咸陽。二川溶溶，流入宮墻。五步一樓，十步一閣。廊腰縵回，檐牙高啄。各抱地勢，鈎心鬥角。盤盤焉，囷囷焉，蜂房水渦，矗不知其幾千萬落。"今考古發掘表明，阿房宮當時并未完全建成，但勘察遺址，亦可想見秦上林苑規模之恢宏。

蘭池宮

亦稱"長池宮"。秦之御苑，在咸陽東二十五里處。《史記·秦始皇本紀》曰："〔始皇〕三十一年……始皇爲微行咸陽，與武士四人俱夜出，逢盜蘭池，見窘，武士擊殺盜，關中大索二十日。"裴駰集解："《地理志》：'渭城縣有蘭池宮。'"張守節正義："《括地志》云：'蘭池陂即古之蘭池，在咸陽縣界。'《秦記》云：'始皇都長安，引渭水爲池，築爲蓬、瀛，刻石爲鯨，長二百丈。'逢盜之處也。"《漢書·地理志上》："渭城有蘭池宮。"唐李吉甫《元和郡縣圖志》卷一："蘭池陂，即秦之蘭池也，在縣東二十五里。初，始皇引渭水爲池，東西二百里，南北二十里。"漢辛氏《三秦記》亦云："秦始皇作長池，引渭水，東西二百里，南北二十里，築土爲蓬萊山，刻石爲鯨，長二百丈。"根據考古勘察資料，其位置在今柏家嘴東至九張村，

北自楊家灣南至蕭家村一帶。

【長池宮】

即蘭池宮。此稱唐代已行用。見該文。

上林苑 [2]

西漢苑囿名。原爲秦舊苑，漢初荒廢，武帝時重開。其規模恢宏，南達終南山，北沿九嵕山與渭河南岸，包括今陝西西安轄境周袤三百餘里之地，爲中國歷史上規模最大的一處皇家御苑。《漢書·揚雄傳上》云："武帝廣開上林，南至宜春、鼎胡、御宿、昆吾，旁南山而西，至長楊、五柞，北繞黃山，瀕渭而東，周袤數百里。"關於上林苑的範圍，文獻記載不一。《三輔黃圖·苑囿》載曰："漢上林苑，即秦之舊苑也。《漢書》云：'武帝建元三年開上林苑……周袤三百里，離宮七十所，皆容千乘萬騎。'《漢宮殿疏》云：'方三百四十里。'《漢舊儀》云：'上林苑方三百里。'"上林苑中樓觀聳立，宮苑成群。宋宋敏求《長安志》引《關中記》云："上林苑門十二，中有苑三十六，宮十二，觀二十五。"三十六苑，即三十六處"園中之園"。其見於記載者有甘泉苑、御宿苑、思賢苑、博望苑、西郊苑、樂游苑、宜春下苑等。上林苑十二宮，見於記載者有建章宮、承光宮、儲元宮、包陽宮、尸陽宮、望遠宮、犬臺宮、宣曲宮、昭臺宮、葡萄宮、扶荔宮等。其中以建章宮規模最大，類似秦之朝宮。其餘各宮，大多均爲具有特殊功能的建築群。如犬臺宮當爲飼養犬與觀賞犬跑之處；葡萄宮爲種植葡萄之所；扶荔宮則爲一座溫室植物園；宣曲宮則因孝宣帝曉音律，常於此度曲，因以名。上林苑二十五觀，《三輔黃圖·苑囿》載："上林苑有昆明觀，武帝置。又有繭觀、平樂觀、遠望

觀、燕昇觀、觀象觀、便門觀、白鹿觀、三爵觀、陽禄觀、陰德觀、鼎郊觀、檬木觀、椒唐觀、魚鳥觀、元華觀、走馬觀、柘觀、上蘭觀、郎池觀、當路觀，皆在上林苑。"《漢書・武帝紀》載："〔元封六年〕夏，京師民觀角抵于上林平樂館。"《漢書・元后傳》："春幸繭館。"顏師古注："《漢宮閣疏》云：'上林苑有鼉觀。'蓋鼉繭之所也。"據此可知，上林苑二十五觀觀名之由來，皆與其功能與用途有關。如魚鳥觀爲飼養珍禽魚類之所，走馬觀爲飼養與觀賞賽馬的場所，觀象觀、白鹿觀則爲飼養及觀察大象、白鹿之處。上林苑中穿鑿池沼十餘處，如昆明池、影娥池、琳池，以及初池、麋池、牛首池、蒯池、積草池、東陂池、西陂池、當路池、大臺池、郎池等。昆明池爲上林苑諸池之冠，規模最大，亦最著名。位於長安西南，周迴四十里。開鑿於漢武帝元狩三年（120），原爲練習水戰而置，後變爲宮廷泛舟游弋之所。《漢書・武帝紀》曰："元狩三年春……減隴西、北地、上郡戍卒之半，發謫吏穿昆明池。"《三輔黃圖・池沼》："《西南夷傳》曰：'天子遣使求身毒國市竹，而爲昆明所閉，天子欲伐之。'越巂昆明國有滇池，方三百里，故作昆明池以象之，以習水戰，因名曰昆明池。《食貨志》曰：'時越欲與漢用船戰逐，乃大修昆明池也。'《三輔舊事》曰：'昆明池地三百三十二頃，中有戈船各數十，樓船百艘，上建戈矛，四角悉垂幡旄旍葆麾蓋，照燭涯涘。'《圖》曰：'上林苑有昆明池，周匝四十里。'《廟記》曰：'池中後作豫章大船，可載萬人，上起宮室，因欲游戲，養魚以給諸陵祭祀，餘付長安厨。'《三輔故事》又曰：'池中有豫章臺及石鯨，刻石爲鯨魚，長

三丈，每至雷雨，常鳴吼，鬐尾皆動。一說甘泉宮南有昆明池，池中有靈波殿，皆以桂爲殿柱，風來自香。'又曰：'池中有龍首船，常令宮女泛舟池中，張鳳蓋，建華旗，作櫂歌，雜以鼓吹，帝御豫章觀臨觀焉。'"上林苑中有極爲豐富的天然植被，同時還有大量人工栽植的樹木花草以供觀賞。《三輔黃圖・苑囿》云："帝初修上林苑，群臣遠方各獻名果異卉三千餘種植其中。亦有製爲美名，以標奇異。茂陵富民袁廣漢藏鏹鉅萬，家僮八九百人，於北山下築園……廣漢後有罪誅，沒入爲官園，鳥獸草木皆移入上林苑中。"漢代上林苑堪稱特大型動、植物園。《初學記》卷二四引漢衞宏《漢舊儀》曰："上林苑中廣長三百里，置令丞左右中都尉，百五十亭苑，苑中養百獸，當祠祀供客用鹿麛，天子秋冬射獵苑中，取禽獸無數。"

三十六苑

漢代三十六所宮苑之總稱。均在上林苑中。《三輔黃圖・苑囿》："三十六苑。《漢儀注》：'太僕、牧師諸苑三十六所，分布北邊、西邊、以郎爲苑監，宦官奴婢三萬人，養馬三十萬匹。養鳥獸者，通名爲苑，故謂牧馬處爲苑。'"參閱清顧炎武《歷代宅京記・關中三》。

甘泉苑

漢上林苑之屬苑。因上林苑包括至甘泉地區，其在甘泉山部分，則稱甘泉上林苑，亦稱甘泉上林宮。《三輔黃圖校證》卷四陳直按，《薛氏鍾鼎款識》有"甘泉上林宮行鐙，五鳳二年造"可證。《金石索・石索》有"甘泉上林"瓦。《秦漢瓦當文字》有"甘林"瓦，"甘林"亦爲甘泉上林之簡稱。《三輔黃圖・苑囿》云："甘泉苑，武帝置。緣上谷行，至雲陽三百八十一

里，西入扶風，凡周回五百四十里。苑中起宮殿臺閣百餘所，有仙人觀、石闕觀、封巒觀、鳷鵲觀。”

御宿苑

漢上林苑之屬苑。《三輔黄圖·苑囿》載云：“御宿苑在長安城南御宿川中。漢武帝爲離宮別館，禁禦人不得入。往來游觀，止宿其中，故曰御宿。《三秦記》云：‘御宿園出栗，十五枚一勝。大梨如五勝，落地則破。其取梨先以布囊承之，號曰含消，此園梨也。’”

思賢苑

漢上林苑之屬苑。爲漢文帝所立。《三輔黄圖·苑囿》云：“孝文帝爲太子立思賢苑，以招賓客。苑中有堂隍六所。客館皆廣廡高軒，屏風幃褥甚麗。”

博望苑

漢上林苑之屬苑。爲漢武帝所立。《三輔黄圖·苑囿》載：“武帝立子據爲太子，爲太子開博望苑以通賓客。《漢書》曰：‘武帝年二十九乃得太子，甚喜。太子冠，爲立博望苑，使之通賓客，從其所好。’又云：‘博望苑在長安城南杜門外五里有遺址。’”唐李吉甫《元和郡縣圖志》卷一云：“漢博望苑在縣北五里，武帝爲太子據所立，使通賓客。”宋樂史《太平寰宇記》卷二五載：“漢博望苑在金城坊戾園東南。”

樂游苑 [1]

亦稱“樂游原”。漢上林苑之屬苑。建於漢宣帝神爵三年（公元前 59）春，位於杜陵西北樂游原。《西京雜記》卷一：“樂游苑自生玫瑰樹，樹下多苜蓿。苜蓿一名懷風，時人或謂之光風，風在其間常蕭蕭然。日照其花有光采，故名苜蓿爲懷風。”《三輔黄圖·苑囿》曰：“樂游苑在杜陵西北，宣帝神爵三年春起。”唐李白《憶秦娥》詞：“樂游原上清秋節，咸陽古道音塵絶。音塵絶，西風殘照，漢家陵闕。”唐李商隱《登樂游原》詩：“向晚意不適，驅車登古原。夕陽無限好，只是近黄昏。”

【樂游原】

即樂游苑 [1]。此稱唐代已行用。見該文。

宜春下苑

漢上林苑之屬苑。漢武帝時建，位於京城東南隅，内有曲江池。《三輔黄圖·苑囿》云：“宜春下苑在京城東南隅。”《漢書·元帝紀》：“水衡禁囿宜春下苑。”顏師古注：“宜春下苑，即今京城東南隅曲江池。”宋樂史《太平寰宇記》卷二五：“曲江池，漢武帝所造，名爲宜春苑。其水曲折有似廣陵之江，故名之。”

【下苑】

“宜春下苑”之省稱。亦稱“曲江池”。《漢書·元帝紀》：“詔罷黄門乘輿狗馬，水衡禁囿、宜春下苑、少府佽飛外池、嚴籞池田假與貧民。”顏師古注：“宜春下苑，即今京城東南隅曲江池是。”唐韋應物《嘆楊花》詩：“纔縈下苑曲，稍滿東城路。”

【曲江池】 [1]

即宜春下苑。此稱唐代已行用。見該文。

西郊苑

漢都長安城西郊苑囿之總名。在今陝西西安舊城區。漢班固《西都賦》：“西郊則有上囿禁苑，林麓藪澤，陂池連乎蜀漢，繚以圍墙，四百餘里。”《三輔黄圖·苑囿》云：“漢西郊有苑囿，林麓藪澤連亘，繚以周垣四百餘里，離宮別館三百餘所。”清顧炎武《歷代宅京記·關中三》：“漢西郊有苑囿，林麓藪澤連亘，繚以周垣四百餘里，離宮別館三百餘所。按，此疑是苑囿之總名，非別有一西郊苑也。"

昆明池

漢池名。漢武帝元狩四年（119）鑿建。在長安西南，池周圍四十里，廣三百三十頃。宋以後湮没。《三輔黃圖·池沼》："《西南夷傳》曰：'天子遣使求身毒國市竹，而爲昆明所閉，天子欲伐之。'越嶲昆明國有滇池，方三百里，故作昆明池以象之，以習水戰，因名曰昆明池。《食貨志》曰：'時越欲與漢用船戰逐，乃大修昆明池也。'《三輔舊事》曰：'昆明池地三百三十二頃，中有戈船各數十，樓船百艘，上建戈矛，四角悉垂幡旄葆麾蓋，照燭涯涘。'《圖》曰：'上林苑有昆明池，周匝四十里。'《廟記》曰：'池中後作豫章大船，可載萬人，上起宮室，因欲游戲，養魚以給諸陵祭祀，餘付長安厨。'《三輔故事》又曰：'池中有豫章臺及石鯨，刻石爲鯨魚，長三丈，每至雷雨，常鳴吼，鬐尾皆動。一説甘泉宮南有昆明池，池中有靈波殿，皆以桂爲殿柱，風來自香。'又曰：'池中有龍首船，常令宮女泛舟池中，張鳳蓋，建華旗，作櫂歌，雜以鼓吹，帝御豫章觀臨觀焉。'《關輔古語》曰：'昆明池中有二石人，立牽牛織女於池之東西，以象天河。'張衡《西京賦》曰：'昆明靈沼，黑水玄址，牽牛立其左，織女居其右。'……《三秦記》曰：'昆明池中有靈沼，名神池，云堯時治水嘗停船於此。池通白鹿原，原人釣魚，綸絕而去。夢於武帝，求去其鈎。三日，戲於池上，見大魚衘索。帝曰：豈不穀昨所夢耶？乃取鈎放之。間三日，帝復游池，池濱得明珠一雙。帝曰：豈昔魚之報耶！'"

鎬池

古池名。在長安故城西，昆明池北，即西周故都，今陝西西安豐鎬西北窪地一帶。池水經由滈水，北注入渭。漢武帝在池南鑿昆明池。唐貞觀中，豐滈二水入昆明池。唐以後湮廢。《三輔黃圖·池沼》："鎬池在昆明池之北，即周之故都也。《廟記》曰：'長安城西有鎬池，在昆明池北，周匝二十三里，溉地三十三頃。'"

滄池

漢未央宮西池名。故址在今陝西西安長安城故城內。因池水呈蒼色，故稱。《三輔黃圖·池沼》："滄池在長安城中，《舊圖》云：'未央宮有滄池，言池水蒼色，故曰滄池。'"漢張衡《西京賦》："滄池漭沆，漸臺立於中央。"北魏酈道元《水經注·渭水下》："渠上承沈水於章門西。飛渠引水入城東，爲滄池。池在未央宮西。池中有漸臺，漢兵起，王莽死於此臺。"

太液池[1]

漢池名。故址在今陝西長安西。漢武帝時於建章宮北興建。言其所及甚廣，故稱。周迴十頃，中起三山，以象瀛洲、蓬萊、方丈三神山，并用金石刻成魚龍奇禽异獸之類。《三輔黃圖·池沼》："太液池在長安故城西，建章宮北，未央宮西南。太液者，言其津潤所及廣也。《關輔記》云：'建章宮北有池，以象北海，刻石爲鯨魚，長三丈。'《漢書》曰：'建章宮北治大池，名曰太液池，中起三山，以象瀛洲、蓬萊、方丈，刻金石爲魚龍奇禽異獸之屬。'《廟記》曰：'建章宮北，池名太液，周迴十頃，有采蓮女、鳴鶴之舟。'又按《三輔舊事》云：'日出暘谷，浴於咸池，至虞淵即暮，此池象之也。昭帝始元元年春，黃鵠下建章宮太液池。'成帝常以秋日與趙飛燕戲於太液池，以沙棠木爲舟，以雲母飾於鷁首，一名雲舟。又刻大桐木爲虬龍，雕飾如真。夾雲舟而行，以紫桂爲柁枻，及飛雲棹之玩擷菱蕖。帝每憂輕蕩以驚飛燕，命伬飛之士，以金鎖纜雲舟於波上，每輕風時至，飛燕殆欲隨風入水，帝以翠纓結飛燕之裾……今太液池尚有避風臺，即飛燕結裾之處。"

上林苑 [3]

東漢宮苑名。光武帝時建造。故址在今河南洛陽東，漢魏洛陽故城西。東漢永平十五年（72）冬，車騎校獵上林苑，即此。

西苑 [1]

亦稱"西園"。在漢洛陽城西承明門内御道北，建於漢順帝陽嘉元年（132）。位於河南洛陽舊城區。《後漢書·順帝紀》云："陽嘉元年…… 是歲起西苑，修飾宮殿。"又《靈帝紀》曰："中平二年……是歲造萬金堂於西園。"《説郛》卷三〇引《拾遺記》云："靈帝中平三年游於西園。起裸游館千間，采緑苔而被堦，引渠水以繞砌，周流澄澈，乘舩以游漾，使宮女乘之，選玉色輕體以執篙檝摇漾于渠中。其水清澄，以盛暑之時，使舟覆没，視宮人玉色者。帝盛夏避暑於裸游館，長夜宴飲。"這是一座專

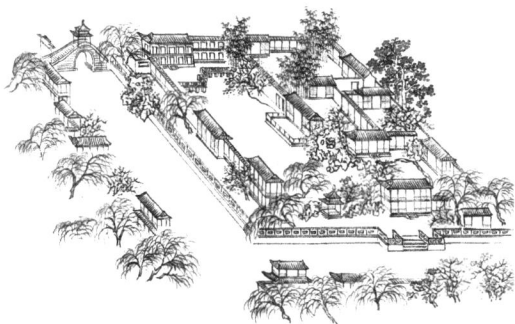

西 園
（清高晉等《江南省行宮座落并各名勝圖》）

供皇帝嬉戲游玩、尋歡作樂的皇家御苑。

【西園】

即西苑 [1]。此稱漢代已行用。見該文。

罼圭靈琨苑

省稱"罼圭苑"。東漢都城洛陽之御苑，建於漢靈帝光和三年（180），省稱"罼圭苑"，分東、西兩處。位於河南洛陽舊城區。《後漢書·靈帝紀》："〔光和三年〕是歲作罼圭靈琨苑。"唐李賢注："罼圭苑有二：東罼圭苑周一千五百步，中有魚梁臺；西罼圭苑周三千三百步，並在洛陽宣平門外。"

【罼圭苑】

"罼圭靈琨苑"之省稱。此稱唐代已行用。見該文。

芳林園

亦稱"華林園""仙都苑"。洛陽御苑。位於河南洛陽城東北隅。原爲東漢舊苑，魏明帝時擴建之。齊王曹芳爲避名諱，改芳林園爲華林園。晉武帝司馬炎對華林園亦進行重修、改建。《三國志·魏書·魏明帝紀》："〔青龍三年〕是時大治洛陽宮，起昭陽、太極殿，築總章觀。百姓失農時，直臣楊阜、高堂隆等各數切諫，雖不能聽，帝優容之。"裴松之注引《魏略》曰："是年……又於芳林園中起陂池，楫櫂越歌。又於列殿之北立八坊，諸才人以次序處其中……通引穀水過九龍殿前，爲玉井綺欄，蟾蜍含受，神龍吐出。使博士馬均作司南車，水轉百戲。歲首建巨獸，魚龍蔓延，弄馬倒騎，備如漢西京之制，築閶闔諸門闕外罘罳。"又《高堂隆傳》云："〔景初元年〕帝（魏明帝）愈增崇宮殿，彫飾觀閣。鑿太行之石英，采穀城之文石，起景陽山於芳林之園，建昭陽殿於太

極之北，鑄作黃龍鳳皇奇偉之獸。飾金墉、陵雲臺、陵霄闕。百役繁興，作者萬數，公卿以下至於學生，莫不展力，帝乃躬自掘土以率之。"北魏楊衒之《洛陽伽藍記·景林寺》云："〔翟〕泉西有華林園。高祖以泉在園東，因名蒼龍海。華林園中有大海，即漢天淵池，池中猶有文帝九華臺。高祖於臺上造清凉殿。世宗在海內作蓬萊山，山上有仙人館。上有釣臺殿，並作虹蜺閣，乘虛來往。至於三月禊日，季秋已辰，皇帝駕龍舟鷁首，游於其上。海西有藏冰室，六月出冰，以給百官。海西南有景山殿。山東有羲和嶺，嶺上有温風室。山西有姮娥峰，峰上有露寒館，並飛閣相通，凌山跨谷。山北有玄武池，山南有清暑殿。殿東有臨澗亭，殿西有臨危臺。景陽山南有百果園，果列作林，林各有堂……奈林南有石碑一所，魏明帝所立也，題云'苗茨之碑'。高祖於碑北作苗茨堂。永安中，莊帝馬射於華林園……奈林西有都堂，有流觴池，堂東有扶桑海。凡此諸海，皆有石竇流於地下，西通穀水，東連陽渠，亦與翟泉相連。""曲水流觴"在後世園林建築中常可見到，而最早見諸文字記載者則始於此。據記載，北魏著名巧匠茹皓爲華林園設計師。此園以蒼龍海（翟泉）、景陽山爲主幹，建有亭臺殿閣，開鑿多處池海，規模相當宏大。《魏書·茹皓傳》云："遷驃騎將軍，領華林諸作。皓性微工巧，多所興立。爲山於天淵池西，采掘北邙及南山佳石。徙竹汝、潁，羅蒔其間，經構樓館，列於上下。樹草栽木，頗有野致，世宗心悦之。"北齊武成帝增飾華林園，若神仙所居，遂改稱"仙都苑"，後趙石季龍又擴建之。《晉書·石季龍載記下》："沙門吴進言于季龍曰：'胡運將衰，

晉當復興，宜苦役晉人，以厭其氣。'季龍於是使尚書張群發近郡男女十六萬，車十萬乘，運土築華林苑及長墻於鄴北，廣長數十里。趙攬、申鍾、石璞等上疏陳天文錯亂，蒼生凋弊，及因引見，又面諫，辭旨甚切。季龍大怒曰：'墻朝成夕没，吾無恨矣。'乃促張群以燭夜作，起三觀四門，三門通漳水，皆爲鐵扉。暴風大雨，死者數萬人……鑿北城引水于華林園，城崩，壓死者百餘人。"清顧炎武《歷代宅京記·鄴下》："《鄴中記》云：'齊武成增飾華林園，若神仙所居，遂改爲仙都苑。'《北史·魏收傳》言'武成于華林園中作玄洲苑，備山水臺觀之美'，疑即仙都也。其苑中樓觀山池，自周平齊之後，並毁廢……苑中封土爲五嶽，五嶽之間，分流四瀆爲四海，匯爲大池，又曰大海。海池之中爲水殿。其中嶽嵩山北，有平頭山，東西有輕雲樓，架雲廊十六間。南有峨嵋山。山之東頭有鸚鵡樓，其西有鴛鴦樓。北嶽南有玄武樓，樓北有九曲山，山下有金花池，池西有三松嶺。次南有凌雲城，西有陛道，外曰通天壇。大海之北有飛鸞殿。其南有御宿堂。其中有紫微殿，宣風觀、千秋樓，在七盤山上。又有游龍觀、大海觀、萬福堂、流霞殿、修竹浦、連壁洲、杜若洲、靡燕島、三休山。西海有望秋觀、臨春觀，隔水相望。海池中又有萬歲樓。北海中有密作堂、貧兒村、高陽王思宗城。已上並在仙都苑中。"

【華林園】[1]

即芳林園。爲避齊王曹芳諱改稱此名。見該文。

【仙都苑】

即華林園。北齊武成帝改稱此名。見該文。

西游園

洛陽御苑。位於千秋門内道北，利用曹魏時華林園部分基址改建而成。今河南洛陽舊城區。北魏楊衒之《洛陽伽藍記·瑤光寺》載："千秋門内道北有西游園，園中有凌雲臺，即是魏文帝所築者。臺上有八角井，高祖於井北造凉風觀，登之遠望，目極洛川。臺下有碧水曲池。臺東有宣慈觀，去地十丈。觀東有靈芝釣臺，累木爲之，出於海中，去地二十丈。風生户牖，雲起梁棟，丹楹刻桷，圖寫列仙。刻石爲鯨魚，背負釣臺，既如從地踊出，又似空中飛下。釣臺南有宣光殿，北有嘉福殿，西有九龍殿，殿前九龍吐水成一海。凡四殿，皆有飛閣向靈芝往來。三伏之月，皇帝在靈芝臺以避暑。"清顧炎武《歷代宅京記·雒陽上》載："《魏志·文帝本紀》曰：'黄初元年冬十二月，初營洛陽宮。二年，築陵雲臺。'《世説》曰：'陵雲臺，樓觀精巧，先稱平衆木輕重，然後造構，乃無錙銖相負揭，臺雖高峻，常隨風摇動，而終無傾倒之理。魏明帝登臺，懼其勢危，别以大材扶持之，樓即頹壞。論者謂輕重力偏故也。'《洛陽宮殿簿》曰：'陵雲臺，上壁方十三丈，高九尺。樓方四丈，高五丈。棟去地十三丈五尺七寸五分也。'"

銅雀園

鄴都之御苑。建於曹魏時期，後趙、北齊時多次修繕與增建。銅雀園在文昌殿西，園中有魚池、堂隍、蘭渚、石瀨，左右修有馳道。銅雀三臺（詳本卷《堂殿樓臺説·臺考》"鄴城三臺""銅雀臺""金鳳臺""冰井臺"文）在銅雀園西，巍然聳立，與園内景色相映襯。《文選·左思〈魏都賦〉》云："右則疏圃曲池，下畹高堂。蘭渚莓莓，石瀨湯湯。弱葼繫實，輕葉振芳。奔龜躍魚，有睒呂梁。馳道周屈於果下，延閣胤宇以經營。飛陛方輦而徑西，三臺列峙以峥嶸。兀陽臺於陰基，擬華山之削成。上累棟而重霤，下冰室而沍冥。"李善注："文昌殿西有銅雀園，園中有魚池、堂皇……銅雀園西有三臺，中央有銅雀臺，南則金虎臺，北則冰井臺。"

玄武苑

鄴都之御苑，爲曹操所建。位於今河北臨漳西南。苑中鑿玄武池，引新河水注入苑中。苑中有魚梁、釣臺、竹園、葡萄諸景。《三國志·魏書·武帝紀》："〔建安〕十三年春正月，公還鄴，作玄武池以肄舟師。"《文選·左思〈魏都賦〉》："苑以玄武，陪以幽林。繚垣開囿，觀宇相臨。碩果灌叢，圍木竦尋。篁篠懷風，蒲陶結陰。回淵漼，積水深……丹藕凌波而的皪，綠芰泛濤而浸潭。羽翮頡頏，鱗介浮沉。栖者擇木，雛者擇音。若咆勃潏與姑餘，常鳴鶴而在陰。表清籞，勒《虞箴》。思國恤，忘從禽。樵蘇往而無忌，即鹿縱而匪禁。"李善注："玄武苑在鄴城西，苑中有魚梁、釣臺、竹園、蒲陶諸果。"北魏酈道元《水經注·洹水》："其水際其西，逕魏武玄武故苑。苑舊有玄武池，以肄舟楫。有魚梁釣臺，竹木灌叢。今池林絶滅，略無遺迹矣。"熊會貞疏引《一統志》："玄武苑在臨漳縣西。"

靈芝園

鄴都御苑，爲曹操所建。清顧炎武《歷代宅京記·鄴下》："《圖經》載《魏志》云：太祖受封於鄴，東置芳林園，西置靈芝園。黄初二年，甘露降於園中。"

清風園

鄴都御苑。在鄴城南。清顧炎武《歷代宅京記·鄴下》:“清風園，在鄴南。《鄴都故事》云:‘後主緯以此園賜穆提婆。於是官無蔬菜，賒買於民，負錢三百萬。蓋此園乃蔬圃也。’”

游豫園

鄴都御苑，爲北齊文宣帝所建，在銅雀臺西，漳水之南。清顧炎武《歷代宅京記·鄴下》:“游豫園，周迴十二里，内包葛屨山，作臺於上。”又引《鄴都故事》云:“齊文宣天保七年，於銅雀臺西、漳水之南，築此圍（園）以爲射馬之所。”

桑梓苑

鄴都御苑，在鄴城南三里處，爲後趙所建。位於今河北臨漳西南。苑内有臨漳宫。以其多植桑木，故稱。《晉書·石季龍載記下》:“永和三年，季龍親耕籍田于其桑梓苑。”北魏酈道元《水經注·濁漳水》:“漳水又對趙氏臨漳宫，宫在桑梓苑，多桑木，故苑有其名。三月三日及始蠶之月，虎帥皇后及夫人采桑於此。今地有遺桑，墉無尺雉矣。”清顧炎武《歷代宅京記·鄴下》:“《鄴中記》云:‘鄴南城三里有桑梓苑，苑内有臨漳宫。’”

龍騰苑

龍城御苑。舊址位於今遼寧朝陽。爲後燕慕容熙所造。《晉書·慕容熙載記》:“〔慕容熙〕大築龍騰苑，廣袤十餘里，役徒二萬人。起景雲山於苑内，基廣五百步，峰高十七丈。又起逍遥宫、甘露殿。連房數百，觀閣相交。鑿天河渠，引水入宫。又爲其昭儀苻氏鑿曲光海、清凉池。季夏盛暑，士卒不得休息，暍死者大半。”又云:“〔熙〕夜至龍城，攻北門不克，遂敗走入龍騰苑，微服隱于林中，爲人所執，雲得而弒之。”按，日本學者岡大路《中國宫苑園林史考》一書中，最早將此苑列入“鄴都的苑囿”之内，後多沿用此説。汪菊淵《中國山水園的歷史發展》一文中，又提出“後燕慕容熙在平城築龍騰苑”的新説。根據《晉書·慕容熙載記》可知，以上二説均誤，龍騰苑實際位於龍城北門附近。其次，慕容熙乃後燕末代君王。自慕容垂時，北魏興起，向南擴展，後燕已失去中原之地，退居遼河流域一隅，復還都龍城，直至後燕滅亡。對此，史家早有確論。復都龍城的慕容熙，不可能到北魏之轄地鄴城或平城建築自己的御苑。故龍騰苑衹能在舊都龍城。參閲《東北通史·慕容氏前後燕》。

上林苑[4]

南朝宋之苑名。大明三年（459）建造，故址在今江蘇南京玄武湖北。《宋書·孝武帝紀》:“〔大明三年秋九月〕壬辰於玄武湖北立上林苑。”參閲清顧炎武《歷代宅京記·建康》。

華林園[2]

建康御苑。故址在今江蘇南京鷄鳴山南古臺城内。東晉始建，南朝宋元嘉時擴建，築有華光殿、景陽山、竹林堂諸勝。其後齊、梁諸帝，常宴集於此。侯景叛亂，盡毁華林園，陳後主重建之。《晉書·王雅傳》:“帝起清暑殿於後宫，開北上閣，出華林園，與美人張氏同游止，惟雅與焉。”《宋書·禮志》:“〔元嘉二十年〕築北堤，立玄武湖於樂游苑北，築景陽山於華林園。”南朝宋劉義慶《世説新語·言語》:“簡文入華林園，顧謂左右曰:‘會心處不必在遠，翳然林水，便自有濠濮間想也，覺鳥獸禽魚，自來親人。’”《陳書·張貴妃傳》曰:“至德二年，〔陳後主〕乃於光照殿前起臨春、結綺、望仙三閣。閣高數丈，並數十間。其窗牖、壁帶、懸楣、欄檻之類，並以沉檀香木爲之，又飾以金玉，間以珠翠。外施珠簾，内有寶床、寶帳，其服玩之屬，瑰奇珍麗，近古所未有。每微風暫至，香聞數里。朝日初照，光映後庭。其下積石爲山，引水爲池，植以奇樹，雜以花藥。後主自居臨春閣，張貴妃居結綺閣，龔、孔二貴嬪居望仙閣，並複道交相往來。”

樂游苑 [2]

建康御苑。始建於劉宋。位於今江蘇南京玄武湖南。此苑北臨玄武湖，苑東北有覆舟山（九華山），登山可賞玄武湖佳景。劉宋於覆舟山上建正陽殿、林光殿，置凌室於覆舟山。《宋書·禮志一》曰：“北郊，晋成帝世始立，本在覆舟山南。宋太祖以其地爲樂游苑，移於山西北。”《南史·陳本紀下》：“〔陳宣帝太建七年閏九月〕甘露頻降樂游苑。丁未，輿駕幸苑采甘露，宴群臣，詔於苑龍舟山立甘露亭。”《太平御覽》卷一九六引《南朝宮苑記》曰：“樂游苑在覆舟山南，北連山築臺觀。苑内起正陽、林光等殿。”

湘東苑

南朝梁元帝蕭繹受封湘東王時所造之私園。位於湖北荆州子城中。《太平御覽》卷一九六引《渚宮舊事》：“湘東王於子城中造湘東苑，穿池構山，長數百丈，植蓮蒲，緣岸雜以奇木。其上有通波閣，跨水爲之。南有芙蓉堂，東有禊飲堂，堂後有隱士亭。北有正武堂，堂前有射坿馬埒。其西有鄉射堂，堂安行坿，可得移動。東南有連理堂，堂棟生連理，太清初生比連理。當時以爲湘東踐阼之瑞。北有映月亭、修竹堂、

臨水齋，前有高山，山有石洞，潛行宛委二百餘步。山上有陽雲樓，樓極高峻，遠近皆見。北有臨風亭、明月樓。”頗具南方園林精巧、雅致之特色。

西苑 [2]

隋煬帝所建御苑。位於今河南洛陽舊城區。其規模僅次於西漢上林苑。該苑沿襲秦漢以來“一池三山”的宮苑模式，苑中心爲北海，造蓬萊、方丈、瀛洲諸山，山上建臺觀殿閣，宏偉壯麗。苑内北有龍鱗渠，緣渠作十六院，即爲十六座園中之園。苑中剪彩與飛橋，皆從南方造園技術中移入，南北造園藝術之交融，於西苑已達到渾然一體之境界。西苑以山水爲主，是由以建築爲主的秦漢宮苑演變爲宋代山水宮苑的一個重要轉折，對後世皇家苑囿建造有深遠影響。《資治通鑑·隋煬帝大業元年》載：“五月，築西苑，周二百里；其内爲海，周十餘里；爲方丈、蓬萊、瀛洲諸山，高出水百餘尺。臺觀殿閣，羅絡山上，向背如神。北有龍鱗渠，縈紆注海内。緣渠作十六院，門皆臨渠，每院以四品夫人主之，堂殿樓觀，窮極華麗。宮樹秋冬彫落，則翦彩爲華葉，綴於枝條，色渝則易以新者，常如陽春。沼内亦翦彩爲荷菱芡，乘輿游幸，則去冰而布之。十六院競以殽羞精麗相高，求市恩寵。上好以月夜從宮女數千騎游西苑，作《清夜游曲》，於以上奏之。”《説郛》卷五七引隋杜寶《大鄴雜記》：“〔大鄴〕元年夏五月，築西苑，周二百里。其内造十六院，屈曲周繞龍鱗渠。其第一延光院，第二明彩院，第三合香院，第四承華院，第五凝暉院，第六麗景院，第七飛英院，第八流芳院，第九曜儀院，第十結綺院，第十一百福院，第十二千善

院，第十三長春院，第十四永樂院，第十五清暑院，第十六明德院。置四品夫人十六人，各主一院。庭植名花，秋冬即剪雜彩爲之，色渝則改著新者。其池沼之内，冬月亦剪彩爲芰荷。每院開西、東、南三門，門並臨龍鱗渠。渠面闊二十步，上跨飛橋。過橋百步，即楊柳修竹，四面鬱茂，名花美草，隱映軒陛，其中有逍遙亭，四面合成，結構之麗，冠絕今古。其十六院例相仿效。每院各置一屯，屯即用院名名之，屯別置正一人、副二人，並用宫人爲之。其屯内備養䴥豢，穿池養魚，爲園種蔬植瓜果，餚膳水陸之産，靡所不有。其外游觀之處，復有數十。或泛輕舟畫舸，習采菱之歌；或升飛橋閣道，奏春游之曲。苑内造山爲海，周十餘里，水深數丈。其中有方丈、蓬萊、瀛洲諸山，相去各三百步。山高出水百餘尺，上有通真觀、集美臺、總仙宫，分在諸山。風亭、月觀，皆以機成，或起或滅，若有神變。海北有龍鱗渠，屈曲周繞十六院入海。海東有曲水池，其間有曲水殿，上巳禊飲之所。每秋八月月明之夜，帝引宫人三五十騎，人定之後，開閶闔門入西苑，歌管達曙諸府寺，乃置清夜游之曲數十首。"又卷三二引唐佚名《海山記》："〔煬〕帝自素死，益無憚，乃闢地周二百里爲西苑，役民力常萬數。内爲十六苑，聚土石爲山，鑿池爲五湖四海。詔天下，境内所有鳥獸草木驛至京師。天下共進花木草卉鳥獸魚蟲莫知其數，此不具載。詔起西苑十六院名：景名一，迎暉二，栖鸞三，晨光四，明霞五，翠華六，文安七，積珍八，影紋九，儀鳳十，仁智十一，清修十二，寶林十三，和明十四，綺陰十五，降陽十六，皆帝自製名……又鑿五湖，每湖四方

十里，東曰翠光湖，南曰迎陽湖，西曰金光湖，北曰潔水湖，中曰廣明湖。湖中積土石爲山，上構亭殿，屈曲環繞澄碧皆窮極人間華麗。又鑿北海，周環四十里，中有三山，效蓬萊、方丈、瀛洲，上皆臺樹回廊，水深數丈，開溝通五湖北海，溝盡通行龍鳳舸，帝多泛東湖……大業六年，後苑草木鳥獸繁息茂盛，桃蹊李徑，翠陰交合，金猿青鹿，動輒成群，自大内開爲御道，直通西苑，夾道植長松高柳。帝多幸苑中，去來無時，侍御多夾道而宿，帝往往中夜即幸焉。"《資治通鑑·唐太宗貞觀十年》："三月，庚子，上宴洛陽宫西苑，泛積翠池。"胡三省注："洛陽西苑，北距北邙，西至孝水，南帶洛水支渠，穀、洛二水會於其間，慮其泛溢，爲三陂以御之：一曰積翠，二曰月陂，三曰上陽。苑墻周迴一百二十六里。"參閱《隋書·地理志》。

禁苑

唐皇城長安之北御苑。四周圍以苑墻，苑内有離宫亭園二十四所。在今陝西西安舊城區。《舊唐書·地理志一》："禁苑在皇城之北，苑城東西二十七里，南北三十里，東至灞水，西連故長安城，南連京城，北枕渭水。苑内離宫亭觀二十四所，漢長安故城東西十三里，亦隸入苑中，苑置西南監及總監以掌種植。"清顧炎武《歷代宅京記·關中四》引《唐六典》："禁苑在大内宫城之北，北臨渭水，東距滻川，西盡故都城，其周一百二十里。禽獸及蔬果莫不毓焉，若祠禴蒸嘗，四時之薦，蠻夷戎狄，九賓之享，則蒐狩以爲儲供焉。"清徐松《唐兩京城坊考》卷六："苑中宫亭二十四所，可考者曰南望春亭，曰北望春亭，曰坡頭亭，曰柳園

亭，曰月坡，曰球場亭子，曰青城橋，曰龍鱗橋，曰栖雲橋，曰凝碧橋，曰上陽橋，曰廣運潭，曰九曲宮，曰魚藻宮，曰鼉壇亭，曰禎興亭，曰元沼宮，曰神皋亭，曰七架亭，曰青門亭，曰桃園亭，曰臨渭亭。其隸舊宅監者七所，曰咸宜宮，曰未央宮，曰西北角亭，曰南昌園亭，曰北昌園亭，曰流杯亭，曰明水園，皆漢故迹也。"苑中種植蔬果，馴養禽獸，凡祭祀所用供物及舉行宴會所用食物，蓋由苑中采獵供應。禁苑亦爲皇帝狩獵之所。

西内苑

亦稱"北苑"。唐長安著名御苑之一。在今陝西西安舊城區。因其位於西内之北，故亦稱"北苑"。南北一里，東西與宮城齊。苑内建樓殿亭閣，西北隅置山林海池，沿岸邊建有球場。清徐松《唐兩京城坊考》卷一："〔西内苑〕外垣門東爲日營門，西爲月營門，北爲重玄門，其南門即宮城之定武門也。定武門北迤東爲觀德殿、口光殿，迤西爲廣達樓。又西爲永慶殿，其北東爲冰井臺，西爲通達樓。又西出西雲龍門而北，則爲大安宮。又西出苑，入夾城，冰井臺之北曰櫻桃園，内有拾翠殿、看花殿。園之西爲祥雲樓，北至重玄門，在東者歌武殿，在西者翠華殿。又有永安殿、寶慶殿。"又云："延嘉之北曰承香殿，則達玄武門焉。甘露之左曰神龍殿，右曰安仁殿。安仁殿之北曰歸真觀，觀北曰彩絲院。院西曰淑景殿，又西則三落、四落、五落，爲東西千步廊。城之西北隅有山池院，其南有薰風殿、就日殿。其東海池三，凝陰閣、望雲亭、鶴羽殿、咸池殿環之。又東曰景福臺。神龍之北曰功臣閣、凌烟閣。其北有海池，凝雲閣、球場、亭子環之。城之東北

隅有紫雲閣，其南有山水池閣，西爲南北千步廊。"殿閣之外尚有孔子廟、食尚内院、公主院及庫、倉等建築。關於西内苑中海池，根據文獻記載有三海、四海之説。1956年考古工作者在西内苑遺址發掘出土一塊奠基石，上刻"含光殿及毬場等，大唐大和辛亥歲乙未月建"等字樣。此石刻文進一步證實於唐文宗大和五年（831）在西内苑建有宮殿、球場等。

【北苑】

即西内苑。見該文。

東内苑

唐長安著名宮苑。大明宮即在東内。大明宮在禁苑東南，南接京城之北面，西接宮城之東北隅，南北五里，東西三里。貞觀八年（634）置爲永安宮，明年改曰大明宮，以備太上皇清暑。龍朔三年（663）大加興造，號曰蓬萊宮。咸亨元年（670）改曰含元宮，尋復大明宮。其南半部爲宮廷區，北半部爲苑林區。宮牆設宮門十一座。門内正殿名含元殿，其後爲宣政殿、紫宸殿、蓬萊殿，構成大明宮的南北軸綫，軸綫兩側建有各式宮殿、院館、樓臺等建築三十餘處。其中以位於西路上之麟德殿最爲壯觀，整個建築窮極華麗，爲唐代三大内中最壯麗輝煌的一座。其遺址，在南北長130米、東西寬80餘米的臺基上，有毗連的前、中、後三殿，中殿左右各建一亭，後殿左右各建一樓。周圍繞以迴廊，建築面積達12300多平方米，規模十分宏偉。含元殿遺址至今尚存，仍高出周圍地面十餘米。經考古勘測，現存殿址臺基東西長75.9米，南北長41.3米。含元殿面闊十一間，進深四間，各間廣5.3米。殿外四周有寬3米的副階。臺基下周砌散水磚。殿前方

兩側相距 150 米處，東南與西南對稱建有翔鸞閣與栖鳳閣，兩閣北側均設有廊道，與含元殿相接。含元殿前向南伸出三條階梯和斜坡相間的磚石階道，長 78 米，自地面直升大殿。中間一條龍尾道，寬 25.5 米，兩側各寬 4.5 米。整座宮殿雄偉壯闊，自殿下仰視宛若宮殿處於天上人間。北半部爲苑林區，中央爲蓬萊池，亦稱太液池。池中築蓬萊山及太液亭。池岸邊建迴廊四百餘間。太液池地處龍首原北沿之下，池近橢圓形。據勘測，其東西長 500 米，南北寬 220 米。池中偏東有一土丘，高 5 米有餘，當爲蓬萊山遺址，沿太液池南岸有 5 米多寬的夯土建築遺址，并有大量磚瓦堆積，蓋爲池周四百間迴廊遺迹。太液池北有殿址數處，即含凉殿、紫宸殿、長閣及玄武殿等遺址。參閱宋宋敏求《長安志》卷六、任常泰等《中國園林史》。

南內苑

唐長安興慶宮之苑池。位於皇城之東外郭城之興慶坊。在今陝西西安舊城區。《舊唐書・地理志一》曰："南內曰興慶宮，在東內之南興慶坊，本玄宗在藩時宅也。自東內達南內有夾城復道。經通化門達南內，人主往來，兩宮人莫知之。宮之西南隅有花萼相輝、勤政務本之樓。"《資治通鑑・唐玄宗開元二年》云："宋王成器等請獻興慶坊宅爲離宮；甲寅，制許之，始作興慶宮，仍各賜成器等宅，環於宮側。又於宮西南置樓，題其西曰'花萼相輝之樓'，南曰'勤政務本之樓'。上或登樓，聞王奏樂，則召升樓同宴，或幸其所居盡歡，賞賚優渥。"胡三省注："興慶宮，後謂之南內，在皇城東南，距京城之東，直東內之南。自東內達南內，有夾城復道，經通化門達南內，人主往來兩宮，外人莫知之。寧王、岐王宅在安興坊，薛王宅在勝業坊，二坊相連，皆在興慶宮西。寧王即宋王也。"清顧炎武《歷代宅京記・關中四》："玄宗開元二年秋七月甲寅，作興慶宮。初，則天之世，長安城東隅，民王純家井溢，浸成大池數十頃，號隆慶池。"自注曰："池在隆慶坊南。程大昌曰帝王之興若符瑞，理固有之，然而傅會者多。《六典》所記隆慶坊有井，忽涌爲小池，周袤十數丈，常有雲氣或黃龍出其中。至景雲間潛復出水，其沼浸廣，里人悉移居，遂鴻洞爲龍池。然予詳而考之《長安志》曰：'龍池在躍龍門南，本是平地，自垂拱初載後因雨水流潦爲小流，後又引龍首渠水分溉之，日以滋廣。至景龍中，彌亘數頃，深至數丈，常有雲龍之祥，後因謂之龍池。'《志》又曰：'隋城外東南角有龍首堰，自此堰分滻水北流，至長樂坡分爲二渠，其西渠自永嘉坊西南流經興慶宮，則是興慶之能變平地爲龍池者，實引滻之力也。'至《六典》所記，則全没導滻之實，乃言初時井溢已乃泉生，合二水以成此池，專以歸諸變化也。"又曰："興慶宮在皇城東南，距京城之東，開元初置，至十四年又增廣之，謂之南內。二十年，築夾城入芙蓉園。"興慶宮總面積約占一坊半之地，其北半部爲宮廷區，南半部爲苑林區。興慶宮正門西嚮，曰興慶門；興慶門之南，曰金明門。南面二門：西曰通陽門，東曰明義門。北面三門：中曰躍龍門，左曰麗苑門，右曰芳苑門。東面二門，曰金花門、初南門。宮內有多組院落，興慶門內有興慶殿，通陽門內有龍堂、金花落、五龍壇，明義門內有長慶殿，躍龍門內有南薰殿，芳苑門內有新射殿。南内苑以龍池爲中心，龍池原名隆慶池，後避唐玄宗李隆基諱改名興慶池。池方圓五七餘里，荷菱藻茨彌望，岸傍右垂楊甚多。池南岸有草數叢，葉紫而心殷，醉者摘草嗅之立醒，名醒醉草。池西南有花萼相輝樓與勤政務本樓，爲苑區内兩座主要建築，唐玄宗時接見外使、策試舉人以及各種儀典、娛樂活動等，均在此舉行。池西有文泰殿，殿西北有沉香亭。開元中，宮中初種牡丹，得四本。牡丹本爲藥用植物，唐初培育爲觀賞花卉，十分名貴。唐玄宗寵妃楊玉環尤喜牡丹花，故興慶宮以牡丹花盛名重京華。官僚豪紳爲迎合皇帝，不惜重金搜求進獻。考古資料表明：興慶宮平面呈長方形，南北長 1250 米，東西寬 1075 米，周長 4.6 公里有餘。宮内南部有東西長 915 米，南北寬 214 米的水池，即龍池。龍池以北爲宮殿區，以南爲園林區。勤政務本樓東西長 26.5 米，南北寬 19 米，面闊五間，進深三間。唐玄宗時興建的自興慶宮東側附外郭東墻，北至大明宮、南至芙蓉園曲江池的夾城複道，其遺迹亦經過勘查與發掘。參閱《舊唐書·玄宗紀》、清徐松《唐兩京城坊考》卷一、馬得志《唐長安與洛陽》。

曲江池 [2]

唐代皇家御苑。位於今陝西西安城東南隅。本爲秦漢舊苑。秦時爲愷洲，漢屬上林苑。隋時於此地栽植蓮花，稱芙蓉園。唐開元年間開鑿黄渠，引南山大峪水入園中，匯成長安最大的湖泊，名爲曲江池。其面積約 70 萬平方米。唐代皇族顯官多於此構建離宮別館與樓臺亭榭。皇帝常率嬪妃臨幸。進士登科賜宴杏園、游於曲江池、題名慈恩寺大雁塔下，以爲盛事。每

逢中和（二月一日）、上巳（三月三日）、重陽（九月九日）三個節日，皇帝均於此宴群臣，并從曲江南的芙蓉苑登紫雲樓，垂帘觀賞園中盛景。曲江池平日爲皇家獨占，但每月晦日（月末日）及一些節日，對全城百姓開放。人們傾城而出，游人如織，買賣行市羅列江邊，車馬填塞，熱鬧异常。皇家御苑定期對百姓開放，爲以前歷代所罕見。後因黄渠斷流，泉眼淤塞，又經安史之亂戰爭的破壞，至唐後期曲江池日漸衰敗。《舊唐書·文宗紀下》：“〔太和九年二月〕丁亥，發神策軍一千五百人修淘曲江。如諸司有力，要於曲江置亭館者，宜給與閑地。”又：“〔七月〕曲江修紫雲樓……〔十月乙亥〕内出曲江新造紫雲樓彩霞亭額，左軍中尉仇士良以百戲於銀臺門迎之。時鄭注言秦中有灾，宜興土功厭之，乃濬昆明、曲江二池。上好爲詩，每誦杜甫《曲江行》云：‘江頭宮殿鎖千門，細柳新蒲爲誰研？’乃知天寶已前，曲江四岸皆有行宮臺殿、百司廨署，思復昇平故事，故爲樓殿以壯之。”《資治通鑑·唐太宗貞觀七年》：“十二月，甲寅，上幸芙蓉園。”胡三省注引《景龍文館記》：“芙蓉園在京師羅城東南隅，本隋世之離宮也；青林重複，綠水彌漫，帝城勝景也。”清徐松《唐兩京城坊考》卷三引《劇談錄》：“曲江池，本秦時愷洲，唐開元中疏鑿爲勝障。南即紫雲樓、芙蓉苑，西即杏園、慈恩寺。花卉周環，烟水明媚，都人游賞，盛于中和、上巳節。即賜臣僚會于山亭，賜太常教坊樂，池備彩舟，惟宰相、三使、北省官、翰林學士登焉。傾動皇州，以爲盛觀。”

東都苑

唐東都洛陽御苑。位於今河南洛陽市皇城

之西。即隋之西苑，亦稱會通苑。唐代更名爲禁苑，亦稱東都苑。武則天執政後改稱神都苑。唐初，此苑多隋時舊物，高宗、玄宗時多有增建。東都苑規模宏大，東抵宮城，西至孝水，北背邙阜，南拒非山，穀、洛二水會於其間。周一百二十六里，東面十七里，南面三十九里，西面五十里，北面二十四里。周以苑墙，垣高一丈九尺。苑垣四面開門，東面四門，南面三門，西面五門，北面五門。苑內廣建宮殿亭堂，最西者爲合璧宮，建於顯慶五年（660），初名八關涼宮，後改名合璧宮，當中有連璧殿，又有齊聖殿，北據山阜，甚爲宏壯。苑內最東者爲凝碧池，東西五里，南北三里，有凝碧亭。苑中央有龍鱗宮。合璧宮東南，隔水爲明德宮。合璧宮之東爲黃女宮，三面臨洛水，水深潭處，號黃女灣，因以爲名。合璧宮正南隔水爲榭亭。苑之西北隅爲高山宮。東北隅爲宿羽宮，南臨大池，池流水盤屈，宮中有宿羽臺。東南隅爲望春宮。又有涼泉宮、積翠宮、青城宮、金谷亭、凌波宮，均爲隋時舊物。《舊唐書·竇璡傳》：“貞觀初授太子詹事，後爲將作大匠，修葺洛陽宮。璡於宮中鑿池起山，崇飾雕麗，虛發功力，太宗怒，遽令毀之。”可見唐太宗初時尚能崇儉。唐朝對東都苑之增建，主要是於高宗時所爲。《新唐書·韋弘機傳》：“高宗善之，擢司農少卿，主東都營田苑……遷司農卿……帝嘗言：‘兩都，我東西宅，然因隋宮室日仆不完，朕將更作，奈財用何？’弘機即言：‘臣任司農十年，省惜常費，積二十萬緡，以治宮室，可不勞而成。’帝大悅，詔兼將作、少府二官，督營繕。初作宿羽、高山等宮，徙洛中橋於長夏門，廢利涉橋，人便之。天子乃登洛北絕岸，

延眺良久，嘆其美。詔即其地營宮，所謂上陽者。”清徐松《唐兩京城坊考》卷五：“隋及唐初，苑內又有朝陽宮、栖雲宮、景華宮、成務殿、大順殿、文華殿、春林殿、和春殿、華渚殿、翠阜堂、流芳堂、清風堂、崇蘭堂、麗景堂、鮮雲堂、迴流亭、流風亭、露華亭、飛香亭、芝田亭、長塘亭、芳洲亭、翠阜亭、芳林亭、飛華亭、留春亭、徵秋亭、洛浦亭，皆隋煬帝所造。武德、貞觀之後多漸移毀，顯慶後，田仁汪、韋弘機等改拆營造，或取舊名，或因餘所，規制與此異矣。”清顧炎武《歷代宅京記·雒陽下》：“〔顯慶〕二年冬十二月丁卯，以洛陽宮爲東都，洛州官吏員品如雍州。羅洛陽宮總監。改青城宮爲東都苑北面監，明德宮爲東都苑南面監，洛陽宮農圃監爲東都苑東面監，食貨監爲東都苑西面監。洛州北市置官員，准東西市隸太府寺。五年夏四月，作八關宮於東都苑內。五月壬戌，幸八關宮，改爲合璧宮……調露元年春正月己酉，上幸東都。司農卿韋弘機作宿羽、高山、上陽等宮，制度壯麗。上陽宮臨洛水爲長廊，亘一里。宮成，上徙御之。”又曰：“禁苑在皇都之西，北距北邙，西至孝水，南帶洛水支渠，穀、洛二水會於其門，東西十七里，南面二十九里，西面五十里，北面二十里，周迴一百二十六里。中有合璧、冷泉、高山、龍校、翠微、宿羽、明德、望春、青城、黃女、凌波十有一宮，芳樹、金谷二亭，凝璧之池。開元二十四年，上以爲穀、洛二水或泛溢，疲費人功，遂敕河南尹李適之出內庫和雇，修三陂以禦之，一曰積翠，二曰月陂，三曰上陽。”

太液池 [2]

唐池名。在唐長安大明宫内含涼殿後，其遺址在今陝西西安長安區北。《大清一統志·西安府·大明宫》："蓬萊〔殿〕後有含涼殿，殿後有太液池，池内有太液亭子、清暉閣。"

閬苑

唐宫苑名。故址在今四川閬中城西。唐時魯王靈夔、滕王元嬰修建，初謂之隆苑，後因唐玄宗諱隆基而改稱閬苑，以地處閬州而得名。宋王象之《輿地紀勝·利東路閬州》："閬苑，唐時魯王靈夔、滕王元嬰以衙宇卑陋，遂修飾宏大之，擬於宫苑，由是謂之隆苑。其後以明皇諱隆基改謂之。"

北宋四園苑

指北宋時東京瓊林苑、金明池、宜春苑與玉津園四大御苑。四園皆在今河南開封舊城區。瓊林苑位於汴京城西順天門（新鄭門）道南，俗稱西青城，爲北宋京城最大最盛的御苑之一，是北宋宴飲進士之所。唐代新進士賜宴於曲江，稱"聞喜宴"。宋代仿唐代故事，先賜進士於宜春苑，後改在瓊林苑，聞喜宴亦改名爲"瓊林宴"，以後明清各代，均沿稱此名。金明池始鑿於太平興國元年（976）。宋廷命三萬五千士兵鑿池於瓊林苑之北，引金水河注入其中，名金明池。池周圍九里三十步，其北門外即汴河西水門。金明池於宋太宗時爲存武備、習水軍之處。宋太宗曾於太平興國七年，到金明池觀看水戰演習。宋徽宗政和年間，在池中修造殿宇。池門内沿南岸向東百餘步，有臨水殿，向北百步有仙橋。仙橋朱漆欄楯，下排雁柱，橋中部隆起，呈飛虹狀。橋之盡頭，於池中建有正殿。池西岸有石檻，南有高臺，臺上建寬百丈之橫

觀，名寶津樓，樓南有宴殿，殿西爲射殿。池中設有大型龍舟及各種小船。金明池水戰演習後來變爲水上表演，故宋人稱之爲"水嬉"。每年三月一日開池，四月八日閉池。開池之時，熱鬧非凡，風雨之日游人亦不稍衰。宋帝亦駕幸至臨水殿賜宴群臣，呈水戲。瓊林苑與金明池在每年春季開放之時，園内表演百戲，准許買賣，盛况空前。水戲結束後，游人可在此玩賞一月。在此期間，人流如梭。宜春苑有二，一在固子門外，宋人號西御苑。一在麗景門外，號東御苑。東御苑舊名迎春苑，此處後改爲富國倉，園址遷至朝陽門（新宋門）外。西御苑，後又稱庶人園。宜春苑原爲宋太祖三弟秦王廷美之園第，秦王被貶後改爲官園。宜春苑以花木聞名。因花木繁茂，名品衆多，宋人在此有春來早之感。宋朝初年，曾在此舉行新進士聞喜宴，後改在瓊林苑。玉津園在南薰門外，又名南御苑、南青城。始建於周世宗顯德年間，宋時加以擴建，爲皇帝舉行南郊大祀之所。玉津園夾道爲東西兩園，引閔河貫注其中。其範圍很大，園内空曠如野，半以種麥，歲時節物，進貢入内。每年夏季，皇帝要到苑中觀看刈麥。園内除一般建築及花草樹木外，其東北隅有一規模巨大的動物飼養園，養象四十餘頭，故名養象所。僅喂象用的茭草，即種植十五頃之多。國外進貢的珍禽异獸，亦多聚養於此。《石林燕語》卷之一："瓊林苑、金明池、宜春苑、玉津園，謂之四園。瓊林苑，乾德中置。太平興國中，復鑿金明池於苑北，導金水河水注之，以教神衛虎翼水軍習舟楫，因爲水嬉。宜春苑，本秦悼王園，因以皇城宜春舊苑爲富國倉，遂遷於此。玉津園，則五代之舊也。今惟瓊林、

金明最盛。以二月開，命士庶縱觀，謂之開池。至上巳，車駕臨幸畢，即閉。歲賜二府從官宴，及進士聞喜宴，皆在其間。金明水戰不復習，而諸軍猶爲鬼神戲，謂之旱教。玉津半以種麥，每仲夏，駕幸觀刈麥，自仁宗後，亦不復講矣。惟契丹賜射爲故事。宜春俗但稱庶人園，以秦王故也，荒廢殆不復治。"參閱宋王應麟《玉海·宮室·苑囿》。

壽山艮嶽

亦稱"萬歲山""艮嶽""壽嶽""壽山"。爲北宋開封最爲宏麗的一所御苑。始建於宋徽宗政和七年（1117）。營造總領爲户部侍郎孟揆，宦者梁師成專董其事。位於北宋京城之東北隅，即今河南開封舊城區。始稱萬歲山，因其地處京城東北隅，按八卦屬艮位，故名艮嶽。宣和六年（1124），有金芝産於艮嶽峰，宋徽宗以爲天降吉兆，故又將艮嶽改名爲壽嶽，俗稱"壽山"。艮嶽正門曰華陽，故亦稱華陽宮。後人在記述中，往往將壽山、艮嶽連稱，作爲這座御苑的名稱。壽山艮嶽周圍凡十餘里，花竹奇石，悉聚於此；珍禽异獸，莫不畢集；叠石造山，奇峰林立，巖峽洞穴，深谷迴溪；池中有洲，洲上有亭；飛樓杰觀，雄偉瑰麗；神謨鬼化，巧奪天工。其結構之精妙，一時稱爲勝絕，爲宋以後各朝營建宮苑之範例。此苑與漢唐御苑有所不同，苑中雖亦有樓堂軒館，但整個宮苑布局則着眼於景。全苑以艮嶽爲中心，闢有多個景區：艮嶽爲山景區。艮嶽東麓，植梅萬計，又構堂軒，爲以梅花取勝之景區。艮嶽之西有藥寮，爲藥用植物區。西莊爲農田村舍區。歷代帝王爲籠絡民心，鞏固封建統治，往往於游心玩思的別苑中闢農田村舍，以示重

農。白龍沜、濯龍峽爲溪谷景區。雁池、方沼、鳳池連成湖沼平原區。萬松嶺南爲河景區。在不同景區，隨其不同地勢與功能要求布列建築，有景可眺或可歇之處必有亭，池中有洲、洲上建亭堂；或依山巖之勢作樓，如絳霄樓；或結構山根如綠蕚花堂；或半山起樓如倚翠樓。萬松嶺爲夷平之勢，下爲平原，上下設關隘以增險勢。縱觀艮嶽之樓閣亭觀建置，無一不從造景出發，隨形而設，布列上下。《宋史·地理志一》："萬歲山、艮嶽。"注云："政和七年，始於上清寶籙宮之東作萬歲山。山周十餘里，其最高一峰九十步，上有介亭，分東西二嶺，直接南山。山之東有蕚綠華堂，有書館、八仙館、紫石巖、栖真嶝、覽秀軒、龍吟堂。山之南則壽山，兩峰並峙，有雁池、噰噰亭，北直絳霄樓。山之西有藥寮，有西莊，有巢雲亭，有白龍沜、濯龍峽、蟠秀、練光、跨雲亭、羅漢巖。又西有萬松嶺，嶺畔有倚翠樓，上下設兩閣，閣下有平地，鑿大方沼，沼中作兩洲，東爲蘆渚，亭曰浮陽，西爲梅渚，亭曰雪浪。西流爲鳳池，東出爲雁池，中分二館，東曰流碧，西曰環山，有閣曰巢鳳，堂曰三秀，東池後有揮雪亭。復由嶝道上至介亭，亭左復有亭曰極目，曰蕭森，右復有亭曰麗雲、半山。北俯景龍江，引江之上流注山澗。西行爲漱瓊軒，又行石間爲煉丹、凝真觀、圜山亭，下視江際，見高陽酒肆及清澌閣。北岸有勝筠庵、躡雲臺、蕭間館、飛岑亭。支流別爲山莊，爲回溪。又於南山之外爲小山，橫亘二里，曰芙蓉城，窮極巧妙。而景龍江外，則諸館舍龍精。其北又因瑶華宮火，取其地作大池，名曰曲江，池中有堂曰蓬壺，東盡封丘門而止。其西則自天波門橋

引水直西殆半里，江乃折南又折北。折南者過閶闔門，爲複道通茂德帝姬宅。折北者四五里，屬之龍德宮。宣和四年，徽宗自爲《艮嶽記》，以爲山在國之艮，故名艮嶽。蔡絛謂初名鳳凰山，後神降，其詩有‘艮嶽排空霄’，因改名艮嶽。宣和六年，詔以金芝產於艮嶽之萬壽峰，又改名壽嶽。蔡絛謂南山成，又改名壽嶽。嶽之正門名曰陽華，故亦號陽華宮。自政和訖靖康，積累十餘年，四方花竹奇石，悉聚於斯，樓臺亭館，雖略如前所計，而月增日益，殆不可以數計。宣和五年，朱勔於太湖取石，高廣數丈，載以大舟，挽以千夫，鑿河斷橋，毀堰拆閘，數月乃至，賜號‘昭功敷慶神運石’。是年，初得燕地故也。勔緣此授節度使。大抵群閹興築不肯已，徽宗晚歲，患苑囿之衆，國力不能支，數有厭惡語，由是得稍止。及金人再至，圍城日久，欽宗命取山禽水鳥十餘萬，盡投之汴河，聽其所之，折屋爲薪，鑿石爲砲，伐竹爲笓籬，又取大鹿數百千頭殺之以啗衛士云。”宋祖秀《華陽宮記》：“政和初，天子命作壽山艮嶽於禁城之東陬，詔閹人董其役。舟以載石，輿以輦土，驅散軍萬人，築岡阜高十餘仞。增乙太湖、靈壁之石，雄拔峭峙，功奪天造。石皆激怒觝觸，若踶若齧，牙角口鼻，首尾爪距，千態萬狀，殫奇盡怪。”又云：“然華陽大抵衆山環列，就中得平蕪數十頃，以治園囿。而闢宮門於西，入徑廣於馳道，左右皆大石林立，百餘株，名曰‘神運昭功敷慶萬壽峰’。獨神運峰廣百圍，高六仞，錫爵磐固侯。居道之中，束石爲亭以庇之，高五十尺，御製記文，親灑宸翰，碑高三丈，附于石之東南陬。其餘饅石，或若群臣入侍帷幄，正容凜然不可

犯，或戰慄若敬天威，或儼然而立，或奮然而起，或翼然超群，或竦然危峙，或若傴僂趨近，布危言以示庭靜之姿。其怪狀餘態，娛人者多矣。”記中列出賜名之湖石即有數十塊。金人攻占汴京開封後，壽山艮嶽遭到破壞。現北京北海瓊華島上的一些太湖石，即爲金代從汴京運來的艮嶽遺石。元代曾重修壽山艮嶽，但未能恢復原貌，後則全部荒廢。但其叠石構洞技巧與以景布園之設計意念，均爲後世所繼承、藉鑒。

【萬歲山】

即壽山艮嶽。此稱宋代已行用。見該文。

【艮嶽】

即壽山艮嶽。此稱宋代已行用。見該文。

【壽嶽】

即壽山艮嶽。此稱宋代已行用。見該文。

【壽山】

即壽山艮嶽。此稱宋代已行用。見該文。

元大都苑囿

元代的宮城以金代的大明宮爲中心，大寧宮的風景宮苑被圈入元大都皇城之內，成爲皇家內苑，而元大都苑囿的開發，即主要集中於萬歲山與太液池。萬歲山與太液池也是元大都唯一的禁苑，其規制爲仿秦漢神山仙臺樓閣之傳統，即一池三山，山頂建殿閣。萬歲山爲太液池中的最大島嶼，山之主峰頂建廣寒殿，爲元世祖忽必烈時的主要宮殿，東山頂有荷葉殿，西山頂爲溫石浴室。太液池中另有圓坻、犀山二島，圓坻居中，上有圓形高臺，臺上建儀天殿，殿北有漢白玉石橋與萬歲山相接。萬歲山位於大內西北，金代時稱瓊華島。據明人王直記載，萬歲山之石相傳爲金人取宋室艮嶽之石

爲之。萬歲山修繕於元代中統三年（1262），元代至元八年（1721）增飾加結構，并改名爲萬歲山。根據元末明初文學家陶宗儀《輟耕録》書中記載，萬歲山上玲瓏之石堆叠致巧，草木葱蘢，山形掩映，十分秀麗。另引金水河水至山後，用轉機將水汲至山頂，水從石龍口出，注入方池，伏流至仁智殿後的石刻蟠龍處噴出，由東西流入太液池。萬歲山前爲漢白玉石橋，橋北有玲瓏石。山之西側有石棋枰、石坐床，左右有上山之路，路徑縈迴，出入石洞。山之東側有石橋，橋下爲金水河之水，此水流於山後，通過轉機汲至山頂。山頂有廣寒殿，山腰有仁智殿，另有重阿藻井、金露亭、玉虹亭、方壺亭、荷葉殿、綫珠亭、瀛洲亭、圜亭等諸多亭榭宮殿錯落有致地分布於萬歲山上。據《養吉齋叢録》卷一七記載，太液池位於大内之西，周圍若干里，種有荷花，爲皇帝泛舟游玩之處，池中圓坻島上建有儀天殿，儀天殿前水中有犀山臺，即犀山島，上植牡丹。除《輟耕録》外，明代蕭洵《故宮遺録》等書中對萬歲山、太液池亦有記載。

中南海

亦稱"上苑""西苑"。我國現存歷史悠久、規模宏偉的帝王宮苑之一。位於北京西城區西長安街北側，故宮和景山西側，是中海和南海的統稱，與北海合稱爲三海。始建於遼代，明清時成爲皇家御苑。今爲中共中央、國務院等中央黨政領導機關辦公之地。爲全國重點文物保護單位。

【上苑】

即中南海。此稱元代已行用。見該文。

【西苑】[3]

即中南海。此稱明代已行用。見該文。

中海

我國現存歷史悠久、規模宏偉的帝王宮苑之一。位於北京西城區一帶。就水域而言，在中南海北端，北連北海，南連南海，與南海并稱中南海，又與北海和南海并稱三海。

南海

位於北京故宮與景山西北。我國現存歷史悠久、規模宏偉的帝王宮苑之一。其水域中島嶼金時稱瓊華島，水面元代稱"西華壇"，金代稱"太液池"。池上跨長橋，橋兩端立石坊，東西對稱，橋北端稱"北海"，橋以南稱"中海"。

北海

位於北京西城區一帶。我國現存歷史悠久、規模宏偉的帝王宮苑之一。建於金代。其水稱"太液池"。池上跨長橋，橋兩端立石坊，東西對稱，橋北端即稱北海。參見上述"中海"文。

避暑山莊

亦稱"熱河行宮""承德離宮"。清代皇帝避暑、行獵和處理政務的一座大型行宮，與圓明園共爲雙璧。山莊位於今河北承德市區北部的獅子溝以南，武烈河以西，總面積爲564萬平方米，是我國現存占地面積最大的古代皇家宮苑，相當於紫禁城的八倍，頤和園的兩倍。其中武烈河途經承德諸多温泉，寒冬不冰，故稱熱河，承德亦稱熱河。由於此地附近風光秀美，夏季涼爽宜人，且又連接東北、蒙古等地，故頗得清代皇帝之青睐。避暑山莊原址爲遼代的一所離宮，清康熙二十年（1681）南方三藩之亂平定後，清廷將注意力轉向北方，康熙帝出於聯繫蒙古各部、鞏固北部邊防及避暑、行獵之需要，遂於承德修建熱河避暑山莊。避暑山莊始建於康熙四十二年（1703），至康熙四十七年已初具規模。康熙五十年（1771），以四字題名三十六景。乾隆年間，又增題三十六景。至乾隆五十五年（1790），歷經康、雍、乾三朝共八十七年的修建，避暑山莊的內外建設全部竣工。整個山莊內的布局，左臨湖，右臨山，周邊依山就勢，築有長達十公里的圍牆，一如紫禁城內建制，園內山勢從北向西，四面環抱，湖水自東北向南，流至萬樹園之南。山莊內有宮殿、庭院、寺廟等建築約一百二十處，可分爲宮殿區和苑景區兩大部分。其中宮殿區在山莊內東南部平地上，自西向東排列有正宮、松鶴齋、萬壑松風和東宮等四組建築。正宮位於宮殿區的最西部，爲皇帝寢居、處理政務之所，宮前有宮門三重，當中爲麗正門，東側爲德匯門，西側爲碧峰門，三重門內有正殿澹泊敬誠及依清曠諸殿，北面有後寢烟波致爽樓、雲山勝地樓等建築。松鶴齋位於澹泊敬誠的東面，與正宮平行。萬壑松風在山莊宮殿區北部，爲皇帝賞景、讀書、批閱奏章和接見官員之處。東宮在宮殿區的東部，爲清帝舉行慶賀燕饗大典之處。苑景區可分爲湖區、平原區和山岳區三部分。湖區在宮殿區以北，湖島交錯，亭樹掩映於葱蘢草木之間，是爲山莊風景的中心。湖區內以熱河泉爲主流，山莊內松雲峽、梨樹峪、松林峪、榛子峪、西峪等峽谷山水在此匯成塞湖。另有仿西湖蘇堤的長堤，建於康熙四十二年（1703），爲開闢山莊時修的最早景點之一。平原區在湖區以北，占地約八十公頃，沿湖岸自西向東有甫田叢樾、鶯囀喬木、濠濮間想、水流雲在四亭，可在此一覽園中山

水。平原區整體可分爲萬樹園、試馬棣兩部分。萬樹園建於康熙四十二年（1703），此處樹木叢生，爲野外活動、娛樂之所。試馬棣爲賽馬場。山岳區位於山莊西北部，占全園面積百分之八十以上，山嶺爲西北東南走嚮，山內峰迴路轉，因勢建有許多建築，另有諸多寺廟、道觀。此外，山莊東面及西面，還有自康熙五十二年（1713）至乾隆四十五年（1780）建成的十一座寺廟，皆宏大壯麗，漢藏風格咸集於一體。其中的八座寺廟由朝廷派駐喇嘛、發放銀餉，又因這些廟宇位於京外，故習稱外八廟。亦體現了乾隆的民族交融政策。

【熱河行宮】

　　即避暑山莊。此稱清代已行用。見該文。

【承德離宮】

　　即避暑山莊。此稱清代已行用。見該文。

外八廟

　　位於承德避暑山莊東面及西面，自東向北分布。爲康熙五十二年（1713）至乾隆四十五年（1780）建成的十一座寺廟中的八座，因這八座寺廟有朝廷派駐喇嘛，由理藩院發放餉銀，且又位於京城之外，故稱外八廟。外八廟包括永佑寺、水月庵、碧峰寺、梅檀林、彙萬總春之廟、鷺雲寺、珠源寺、斗姥閣、靈澤龍王廟、廣元宮。這些寺廟皆宏大壯麗，坐落有致，集中了漢藏等各種佛寺風格，是避暑山莊周邊的重要景觀，爲山莊增色尤多。

圓明園

　　爲清朝皇帝的離宮，是繼北京暢春園、熱河避暑山莊之後清代皇室所營建的第三處大型皇家園林。是皇帝及其后妃避暑、游憩和較長時間居住之處，也是皇帝在園居時處理政務

之所。位於北京西郊"挂甲屯北，距暢春園里許"。由圓明園、長春園和綺春園三部分組成，三園同屬圓明園總管大臣管轄，故通稱"圓明三園"。圓明園之址原爲明代一處私家園林，康熙四十八年（1709）賜予四子胤禛。清于敏中《日下舊聞考》卷八〇記載胤禛依其"林皋清淑，波澱渟泓"之條件，因勢就法，布置成一座取法自然、以水面爲主體的園林，康熙御題園額爲"圓明園"。康熙六十一年（1722），康熙病逝，胤禛即位，是爲雍正帝。雍正即位後，即將圓明園加以擴建并作爲離宮。雍正三年（1725），圓明園的擴建工程全面展開，擴建後的圓明園面積達三千餘畝，其大體規模已初步形成。乾隆繼位後，憑藉富強之國力，對圓明園進行第二次擴建。乾隆九年（1744）第二次擴建工程告一段落，乾隆開始在圓明園東面營造長春園。長春園舊名"水磨邨"，《清史稿·職官志五》曰"乾隆十六年（1751）建成長春園"，占地約一千畝。後乾隆帝六次南巡，因流連鍾意各地名勝，故在園內營造了諸多仿建江南園林之所，乾隆帝還爲仿建的四十處各地名勝御作題咏，刊行後賜諸王公大臣。另有一處歐式宮苑區坐落於長春園北面，占地百餘畝，稱西洋樓，著名的海晏堂十二生肖銅獸首原來即在此區之內。長春園西洋樓的建造，是在中國皇家御苑中引入歐式建築的首例。據《養吉齋叢錄》卷一八之文，嘉慶年間，除却仍在不斷進行的圓明園修建工程，嘉慶帝又將圓明園東南部的西爽村、含暉園并入園中，爲綺春園。至此，歷數朝、經百年而修建的圓明園規模已是空前，三園總面積達五千二百餘畝，共有十八座門、三座水閘，園中人工開鑿的水

域面積占全園面積一半以上。總體布局采取風景、建築、小園、景區相結合之法，"因高就深，傍山依水，相度地宜，構結亭榭"，取法天然，園內大小水面相互連接，河道縈迴，假山錯落，堤丘散布。園內布局大體可依水系分爲五區，一區爲處理朝政和皇室居住的寢殿區，區內輦道左右兩側，分別設立文武官署衙門，以便皇帝日常處理朝政；二區爲供燕游賞樂的園林建築；三區爲寺廟觀宇、藏書之處以及市貨娛樂場所；四區內多爲仿建江南名勝，以供賞心游樂；五區爲農家式景區。園內爲適應皇室宮廷和園居生活的需要而修建的建築數量衆多、類型複雜，共計一百五十六處，面積約十五萬平方米。整個圓明園內宮殿、園林相互結合，廟觀、戲樓應有盡有，市街、田舍、水鄉、船塢，無所不具，既富詩情畫意，又蘊江南風光。殿宇內部裝飾堂皇，陳設考究，珍寶無數，實是集我國古代園林建築之大成者，爲一座綜合性的藝術寶庫和博物館，故號稱"萬園之園"。然而，至咸豐十年（1860），英法聯軍攻入北京，將圓明園內的珍寶奇物洗劫一空，將珍貴而不可携帶之物擊毀破壞，并放火焚園，將清皇室經營一百五十餘年的建築杰作付之一炬，成爲文化史上一大恨事。同治十二年（1873），慈禧下令對圓明園進行修復，然因經濟窘困，僅對綺春園進行了重修，并改名爲萬春園。同治十三年（1874）九月，圓明園的修復工程被迫停止。光緒二十六年（1900），八國聯軍侵犯北京，京城內外大亂，駐京的八旗兵丁勾結地痞流氓乘機洗劫西郊各園，圓明園內的亭榭、銅飾、磚瓦、石料等均未能幸免。至宣統末年，園內已是麥壟相望。辛亥革

命後，園內殘存的笨重石物亦被陸續移往他處，充公充私。現圓明園遺址已進行保護與修整，其中斷壁殘垣依舊，頗具教育意義。

【長春園】

圓明園三園之一。此稱清代已行用。見該文。

【綺春園】

圓明園三園之一。此稱清代已行用。見該文。

頤和園

清代皇帝的行宮之一。前身爲清代皇家的清漪園，爲清代北京西郊著名的“三山五園”之一，是清代晚期營建的皇家宮苑，爲我國宮苑園林史上的最後一幕。位於北京西北郊，距城二十里之處。早在 1151 年，金代海陵王完顔亮曾在此地建金山行宮。金山即今萬壽山，山下湖泊稱金海，金海即今昆明湖。清于敏中《日下舊聞考》卷八四引《薊丘集》文記載，元代時因於金山發現石甕，故改稱“甕山”和“甕山泊”。其中“甕山泊”別稱“大泊湖”“西湖”或“西海”。明武宗時，又於湖濱築山園別苑，將甕山與甕山泊更名爲“金山”“金海”。據《大清高宗純皇帝實錄》卷三六〇之文，清乾隆十五年（1750），乾隆帝改甕山爲“萬壽山”，改甕山泊爲“昆明湖”。同時并疏浚水系，改造山形，將東岸改爲南湖島，後續又拓養水湖、高水湖、後湖等；與此同時，乾隆帝爲慶其母后壽辰，於甕山圓静寺舊址興建大報恩延壽寺，并拓建萬壽山南麓沿湖的一系列建築。據《大清會典事例》卷一六七，乾隆十六年（1751）賜名爲清漪園，并設立清漪園管理機構。嘉慶、道光兩朝，清漪園基本保持乾隆時期的原貌，衹有個別建築的增減、更名。咸豐十年（1860）英法聯軍入侵北京，清漪園

與圓明園等同遭劫掠、毀壞。光緒間，慈禧以籌建海軍之名義籌資重建清漪園。光緒十四年（1888）光緒帝下諭將清漪園更名爲頤和園，自此成爲慈禧日常居住的離宮。光緒二十六年（1900），八國聯軍侵犯北京，頤和園再遭摧殘。光緒二十九年（1903）又撥款修繕了前山部分，修繕後園內的景致、格局、建築已與現今的頤和園基本一致。頤和園總面積爲二百九十公頃，全園以萬壽山、昆明湖爲主，北依山，南面水，湖光山色，相映生輝。園內以東宮門內仁壽殿爲中心，是爲皇帝、太后處理朝政的宮廷區。以樂壽堂爲主體，包括德和園等，是爲慈禧、光緒等人的生活區和娛樂區。以萬壽山佛香閣爲主體的風景區，是園內精華所在，分前山、後山兩部分。前山沿昆明湖岸，爲七百餘米的彩畫長廊，自湖邊的雲輝玉宇牌樓，經佛香閣等建築，直至山頂的智慧海，形成一條中軸綫，中軸綫東西兩側，分別有景福閣、寶雲閣等建築景致。後山以北宮門內山上的四大部洲爲中心，東西兩側分布寺、塔，後山脚下爲後湖，俗稱“蘇州河”，兩岸爲蘇州街，後湖東端爲諧趣園。頤和園內的昆明湖面積爲二百二十公頃，占全園面積的四分之三，沿湖及湖中有仿杭州西湖的西堤、西湖六橋、東堤、十七孔橋、南湖島，及仿無錫惠山黃埠墩而建的鳳凰墩等諸多建築景致。整個頤和園規模宏偉，景色秀麗，另珍藏大量珍貴文物、工藝品，爲我國國內現存較爲完整的大型園林。

【清漪園】

頤和園前身之名。此稱清代已行用。見該文。

暢春園

清代在北京西郊興建的一座皇家御苑。位於南海淀，距西直門十二里，圓明園南方，即今北京大學西門對面。暢春園原址爲明代武清侯李偉的清華園。清朝入關後，由於來自關外的皇室貴族不慣於北京夏季的炎熱氣候，遂一直有築城避暑之願，而北京西郊的海淀一帶，山連泉匯，池沼縱橫，一直是京師近郊的風景勝地，明代時便已成爲私家園林薈萃之地，但清初國家尚未安定，百廢待興，故未能成行。直至康熙年間，國家統一，政治安定，經濟發展。康熙二十三年（1684）和二十八年（1689）時，康熙皇帝兩次南巡，愛慕至深於江南靈動秀麗山水，回京後即命畫家葉洮於清華園舊址設計建造暢春園。康熙二十九年（1690）建成。康熙每年大部分時間均居於此，以聽政避喧。自此，清代帝王園居遂成慣例，一年之中除夏天去熱河行宮避暑外，園居生活超過三分之二。城內皇宮僅成爲舉行大典之處。康熙帝常奉孝莊文皇后和孝惠章皇后在此園宴憩，并在園內處理諸多政務。《養吉齋叢錄》卷一八記載，乾隆年間奉太后於暢春園，又因此園在圓明園南，故亦稱前園。暢春園面積近十六公頃，園垣一千零六十丈有餘。據《清稗類鈔·宮苑類》中記載，此園中景致均由葉洮布置，其中建築布局，可分爲中、東、西三路。中路有宮門五楹，門外有東西朝房各五楹，小河環繞。入宮門，中爲九經三事殿，殿后爲內朝房。二宮門內爲春暉堂，後有垂花門。垂花門內的內殿稱壽萱春永，其後又有照殿，照殿后的倒座殿爲嘉蔭殿。兩角門中爲積芳亭，正宇爲雲涯館，館後渡橋，循山向北有河池，有玉澗、金流南北二坊，門內爲瑞景軒，後爲林香山翠、延爽樓。園內另築東、西二堤，東爲丁香堤，西曰蘭芝堤。西堤外另築有桃花堤，東西兩堤外大小河道環流園中，自西北門五孔閘而出，經水磨邨、清河西流，由馬廠北入圓明園。東路由雲涯館東角門外轉北過板橋，爲劍山，山上有蒼然亭，下爲清遠亭，沿堤南行，河上築南北垣，當中爲廣梁門。門內淡寧居前殿爲康熙御門聽政、選館、引見之處，後殿爲乾隆舊時讀書之處。此外還建有各類齋、閣、亭、堂、廟、樓、軒、書屋等。西路從春暉堂西，過如意門至玩芳齋，乾隆帝幼時曾讀書於此。山後爲韵松軒。乾隆四年韵松軒曾遭火焚，後重建。二宮門外西出穿堂門，爲買賣街，南垣外爲船塢，再經西部諸多景致、建築，便至紫雲堂。據清于敏中《日下舊聞考》卷七六記載，紫雲堂西過穿堂向北爲西北門，再向西即西花園。

私　　園

袁廣漢園

西漢茂陵富民袁廣漢所築私園。在今河南洛陽東北。其氣魄之大，構製之精，花木禽獸之衆，比若王侯。後袁廣漢獲罪被誅，園被沒入官，園中所有動植物皆移入上林苑。《三輔黃圖·苑圃》：「茂陵富民袁廣漢，藏鏹鉅萬，家僮八九百人。於北〔邙〕山下築園，東西四里，南北五里，激流水注其中，構石爲山，高十餘丈，連延數里，養白鸚鵡、紫鴛鴦、牦牛、青兕，奇獸珍禽，委積其間。積沙爲洲嶼，激水爲波濤，致江鷗海鶴孕雛產鷇，延漫林池。奇樹異草，靡不培植。屋皆徘徊連屬，重閣修廊。行之，移晷不能遍也。廣漢後有罪誅，沒入爲官園，鳥獸草木，皆移入上林苑中。"

兔園

亦稱"東苑"。漢梁孝王之私園。在今河南商丘東。其規模之宏偉，修飾之豪華，與御苑不相上下。《漢書·梁孝王傳》："孝王，太后少子，愛之。賞賜不可勝道。於是孝王築東苑，方三百餘里，廣睢陽城七十里。大治宮室，爲複道，自宮連屬於平臺三十餘里。得賜天子旌旗，從千乘萬騎，出稱警，入言蹕，儗於天子。"《西京雜記》卷二："梁孝王好營宮室苑囿之樂，作曜華之宮，築兔園。園中有百靈山，山有膚寸石、落猿巖、棲龍岫。又有雁池，池間有鶴洲鳧渚。其諸宮觀相連，延亘數十里，奇果異樹，瑰禽怪獸畢備。王日與宮人賓客弋釣其中。"北魏酈道元《水經注·睢水》云："文帝十二年，封少子武爲梁王，太后之愛子，景帝寵弟也，是以警衛貂侍，飾同天子，藏珍積寶，多擬京師……廣睢陽城七十里，大治宮觀，臺苑屏榭勢並皇居，其所經構也。"從兔園的構築可知，在當時的苑囿園林建築中，堆築假山與池旁洲渚已占有相當重要地位。不僅壅土爲山，且以石叠巖，此土石結合之假山，在我國園林建築史上見諸文字記載者中，當屬首例。

【東苑】

即兔園。此稱漢代行用。見該文。

梁冀園

東漢大將軍梁冀之私園。今河南洛陽東西皆有其園，其巨者綿延千里。梁冀兩妹分別爲漢順帝、漢桓帝皇后。其身爲貴戚，官拜大將軍，專斷朝政近二十年，驕奢橫暴，廣開園囿，大起第舍，與其妻孫壽競相誇耀。《後漢書·梁冀傳》："冀乃大起第舍，而壽（孫壽）亦對街爲宅，殫極土木，互相誇競。堂寢皆有陰陽奧室，連房洞户。柱壁雕鏤，加以銅漆；窗牖皆有綺疏青瑣，圖以雲氣仙靈。臺閣周通，更相臨望；飛梁石蹬，陵跨水道。金玉珠璣，異方珍怪，充積藏室，遠致汗血名馬。又廣開園囿，采土築山，十里九坂，以象二崤。深林絕澗，有若自然。奇禽馴獸，飛走其間……又多拓林苑，禁同王家，西至弘農，東界滎陽，南極魯陽，北達河淇，包含山藪，遠帶丘荒，周旋封域，殆將千里。又起菟苑於河南城西，經亘數十里。發屬縣卒徒，繕修樓觀，數年乃成。移檄所在，調發生菟，刻其毛以爲識，人有犯者，罪至刑死。"梁冀建私園多處，其規模之恢宏，建築之豪華比若皇家苑囿。

金谷園

西晉豪富石崇（字季倫）之私園。在今河南洛陽城西。依邙山，臨金谷水，故名。《晉書·石崇傳》："〔崇〕出爲南中郎將、荊州刺史，領南蠻校尉加鷹揚將軍……崇穎悟有才氣，而任俠無行檢，在荊州劫遠使商客致富不貲。徵爲大司農，以徵書未至，擅去官免，頃拜太僕。出爲征虜將軍，假節監徐州諸軍事，鎮下邳。崇有別館在河陽之金谷，一名梓澤……財產豐積，室宇宏麗，後房百數，皆曳紈綉，珥金翠。絲竹盡當時之選，庖膳窮水陸之珍。與貴戚王愷、羊琇之徒以奢靡相尚。"石崇晚年辭官，耗資巨萬，在金谷水旁修建規模宏大的園林別墅，號曰金谷園。《文選・石崇〈思歸引序〉》："余少年有大志，夸邁流俗，弱冠登朝，歷位二十五年，五十以事去官。晚節更樂放逸，篤好林藪；遂肥遁於河陽別業。其制宅也，却阻長堤，前臨清渠，百木幾於萬株，流水周於舍下。有觀閣池沼，多養鳥魚。"劉良注："肥，猶美也。言美其隱遁之事，而居於河陽也。"石崇《金谷詩序》亦云："余以元康六年，從太僕卿爲使，持節監青、徐諸軍事、征虜將軍。有別廬在河南縣界金谷澗中，去城十里，或高或下，有清泉茂林，衆果、竹柏、藥草之屬。金田十頃，羊二百口，鷄、猪、鵝、鴨之類，莫不畢備。又有水碓、魚池、土窟，其爲娱目歡心之物備矣。"金谷園有前庭後園之分。園內樓閣亭臺備極華麗，室宇廳堂金碧輝煌。金谷水與人工湖池穿錯縈流於朱閣畫樓之間。園中花木繁茂，碩果纍纍。龍鱗泉水，清澈甘甜。臨水亭樹，可飲酒品茗。湖中小島可供小坐觀景。沿險峻山路，可登北邙山巔。據説，如飽覽園中景點，需三天纔能盡興。晋潘岳《金谷集作詩》云："朝發晋京陽，夕次金谷湄。迴溪縈曲阻，峻坂路威夷。綠池泛淡淡，青柳何依依。濫泉龍鱗瀾，激波連珠揮。前庭樹沙棠，後園植烏椑。靈囿繁若榴，茂林列芳梨。飲至臨華沼，遷坐登隆坻。玄醴染朱顔，但愬杯行遲。"石崇結交文人潘岳、左思、陸機、陸雲、劉琨、郭彰、歐陽建等，號爲"金谷二十四友"，常以詩文相唱和，又有絶世佳姬綠珠伴奏歌舞。後因朋黨之爭，石崇、潘岳、歐陽建等被孫秀所殺，綠珠墜樓，園亦被占。唐杜牧《金谷園》詩云："繁華事散逐香塵，流水無情草自春。日暮東風怨啼鳥，落花猶似墜樓人。"此"墜樓人"，即指石崇愛姬綠珠。金谷園既是一座風景秀麗的莊園別墅，亦爲一座巧妙利用自然地形、水系的山水園林。園中造景細緻，較前代私園又前進了一步。

輞川別業

唐代王維私園。以其位於輞川山谷而得名，在今陝西藍田西南二十里。因園主爲唐代大畫家、詩人而聞名於世。王維自幼以文章而得名，知音律，善繪畫，以詩與山水畫成就最大。官至尚書右丞，後因仕途受挫，辭官至輞川終老。別業利用當地岡嶺起伏、縱橫交錯、有泉有瀑、有溪有湖、天然植被豐富之自然條件，湖光山色之勝，點綴以亭、館、橋、塢等園林建築，養殖鹿鶴，栽種玉蘭，既有自然之美，又富詩情畫意。園中景點多以地貌或植物命名，如辛夷塢、茱萸沜、斤竹嶺、文杏館等，開創了以景爲單位經營園林布局手法，爲後世園林建築所藉鑒。《新唐書・王維傳》曰："別墅在輞川，地奇勝，有華子岡、欹湖、竹里館、柳浪、茱萸沜、辛夷塢，與裴迪游其中，賦詩相酬爲樂，喪妻不娶，孤居三十年。母亡，表輞川第爲寺。終，葬其西。"唐王維《〈輞川集〉序》："余別業在輞川山谷，其游止有孟城坳、華子岡、文杏館、斤竹嶺、鹿柴、木蘭柴、茱萸沜、宮槐陌、臨湖亭、南垞、欹湖、柳浪、欒家瀬、金屑泉、白石灘、北垞、竹里館、辛夷塢、漆園、椒園等。與裴迪閑暇各賦絶句云。"從中可知園中景物之概貌。孟城坳爲一座谷地上的古城址；華子岡爲一處披滿松樹的山岡；文杏館爲以文杏木爲梁、香茅草爲頂的堂屋，其南爲山，其北臨湖；斤竹嶺遍山皆竹，一彎溪水流繞，一條山路相通，滿目青翠掩映着溪水漣漪；鹿柴爲以木欄圈圍一片森林，畜養麋鹿之處；木蘭柴爲以木欄圈圍一片木蘭樹林，有溪水穿流其間，十分幽邃；茱萸沜爲一片生長有繁茂山茱萸花的沼澤地；宮槐陌爲一條兩旁種植槐樹的林蔭道，通往欹湖；臨湖亭建於欹湖岸邊，可觀賞湖面水景；南垞爲欹湖停泊游船的碼頭，在欹湖南岸；欹湖爲園中的一處大湖，可泛舟游覽；柳浪爲欹湖岸邊成行的柳樹，倒影入水，婉約多姿；欒家瀨爲一處因水流湍急而形成的平瀨水景河道；金屑泉爲泉水，涌流呈金碧之色；白石灘爲湖邊遍布白石的石灘；北垞爲欹湖北岸碼頭；竹里館周圍盡爲竹林；辛夷塢種植大片辛夷；漆園種漆樹，椒園植花椒樹，以景布園林，獨據一格；園景似詩畫，引人入勝。唐王維《輞川集》記有別業二十景及景點之景題命名。每個景區或景點均有王維與裴迪相唱和兩首詩，共計四十首。

湖園

原爲唐朝宰相裴度的宅園。在今河南洛陽舊城區。文獻記載裴度"治第東都集賢里，沼石林叢，岑繚幽勝"，即指此園。宋李格非《洛陽名園記》："洛人云，園之勝不能相兼者六：務宏大者，少幽邃；人力勝者，少蒼古；多水泉者，艱眺望。兼此六者，惟湖園而已。予嘗游之，信然。在唐爲裴晉公宅園。園中有湖，湖中有堂，曰百花洲，名蓋舊，堂蓋新也。湖北之大堂曰四並堂，名蓋不足，勝蓋有餘也。其四達而當東西之溪者，桂堂也。截然出湖之右者，迎暉亭也。過橫池、披林莽、循曲徑而後得者，梅臺、知止庵也。自竹徑望之超然，登之翛然者，環翠亭也。渺渺重邃，猶擅花卉之盛，而前據池亭之勝者，翠樾軒也。其大略

如此。若夫百花酣而白晝眩，青蘋動而林陰合，水静而跳魚鳴，水落而群峰出，雖四時不同，而景物皆好，則又其不可殫記者也。"

白居易廬山草堂

白居易任江州司馬時所築寓園。在今江西九江舊城區。白居易，字樂天，晚年自號香山居士，下邽（今陝西渭南）人，爲中唐杰出的現實主義詩人，新樂府運動的宣導者與主要代表。唐憲宗元和十年（815）白居易時任左贊善大夫，因與宰相裴度政見不合，被貶爲江州司馬，其間於廬山構築了一所寓園。白居易在與元積書中云："僕去年秋，始游廬山，到東西二林間，香爐峰下，見雲水泉石勝絕第一，愛不能舍，因置草堂。前有喬松數十株，修竹千餘竿，青蘿爲墻垣，白石爲橋道，流水周於舍下，飛泉落於檐間，綠柳白蓮，羅生池砌，大抵若是。"選擇天然勝區，劈石築臺，引泉懸瀑，就山竹野卉稍加修飾，藉四方景色，建置草堂。草堂之具體規制，白居易在自撰《草堂記》中，有較詳盡的記述。其略云："匡廬奇秀甲天下山，山北峰曰香爐，峰北寺曰遺愛。介峰寺間，其境勝絕，又甲廬山。元和十一年秋，太原人白樂天見而愛之，若遠行客過故鄉，戀戀不能去，因面峰腋寺，作爲草堂。明年春，草堂成。"即一間堂屋，兩間側室，兩間耳房，前後有四扇窗户。房屋門窗縱深寬狹，既是按照自己的心願，也是斟酌物力條件後所定的。"洞北户，來陰風，防徂暑也；敞南甍，納陽日，虞其寒也。"北窗有冷風，可抵御長夏之炎熱；南面屋檐高敞，便於陽光照射，不必擔心冬日嚴寒。"木，斫而已，不加丹；墙，圬而已，不加白。""砌階用石，冪窗用紙，竹簾紵幃。"質樸

不講究華美。"堂中設木榻四，素屏二，漆琴一張，儒道佛各書三兩卷。"草堂"前有平地，輪廣十丈，中有平臺，半平地；臺南有方池，倍平臺。環池多山竹野卉，池中生白蓮、白魚。又南，抵石澗，夾澗有古松、老杉，大僅十人圍，高不知其幾百尺，修柯戛雲，低枝拂潭，如幢豎，如蓋張，如龍蛇走。松下多灌叢，蘿蔦，葉蔓聯織，承翳日光，光不到地。盛夏風氣如八九月時。下鋪白石爲出入道。堂北五步，據層崖，積石嵌空垤塊，雜木異草蓋覆其上，綠蔭濛濛，朱實離離，不知其名，四時一色。又有飛泉，植茗就以烹輝。"堂東有瀑布，水懸三尺，瀉階隅，落石渠，昏曉如練色，夜中如環珮琴筑之聲。堂西面，從北崖的右山腳，架設剖竹，引崖上泉水，經屋檐細細地注入石階。從剖竹中滲出的水，如同貫珠般晶瑩。隨風飄灑的水沫，像露珠一樣輕盈，飄向很遠的地方。白居易的《草堂記》甚爲著名，流傳很廣，廬山草堂亦因此知名於世。

拙政園

　　蘇州四大古名園之一。位於今江蘇蘇州婁門內。初爲唐代文學家陸龜蒙之私宅，元時爲大宏寺。明正德年間御史王獻臣辭職還鄉，買下寺產，營建私園。因仕途不得志，遂自比西晋潘岳，并藉潘岳《閑居賦》所云"庶浮雲之志，築室種樹，逍遥自得；池沼足以漁釣；春稅足以代耕；灌園鬻蔬，以供朝夕之膳；牧羊酤酪，以俟伏臘之費；孝乎惟孝，友于兄弟，此亦拙者之爲政也"以爲園名。嘉靖十八年（1539），王獻臣自撰《拙政園圖咏跋》云"余自筮仕抵今，餘四十年，同時之人或起家至八座，登三事，而吾僅以一郡倅老退林下，其爲

政殆有拙于岳者，園所以識也"，清楚地表明園名寓意。明嘉靖十二年（1533）文徵明爲王獻臣拙政園繪圖并作記。王獻臣死後，其子因賭博將園輸與徐氏。清錢泳有《拙政園圖咏題跋》。光緒十六年（1890）戴熙又將文圖各景收歸一幅，留傳至今。文徵明《王氏拙政園記》有石刻，至今猶存。文徵明《園記》云："王獻臣居於郡城東北，界齊、婁門之間。居多隙地，有積水亘其中，稍加浚治，爲滄浪池，環以林木，爲重屋於池水之北，曰夢隱樓；於池之南築堂，曰若墅堂。夢隱樓與若墅堂南北相對。夢隱樓之高，可望城郭以外諸山。若墅堂前爲繁香塢，雜植牡丹、芍藥、丹桂、海棠、紫璃諸花。若墅堂後爲倚玉軒，旁多美竹，其前有昆山石。在夢隱樓與若墅堂之間，有小飛虹，橫絶滄浪池中。小飛虹而北，循水而西，岸多木芙蓉，曰芙蓉隈。又西，中流爲榭，曰小滄浪亭。滄浪亭南稍西，背負修竹，有石磴，下瞰平池，淵深泓渟，儼如湖滋，曰志清處。"至明朝末年，拙政園已荒廢。崇禎八年（1635），園東部爲王心一的歸田園居。清初，中西兩部爲營將寓居，後歸大學士陳之遴，不久又改爲

蘇州拙政園

駐防將軍府及兵備道館。既而又爲吳三桂之婿
王永寧所有，吳三桂事敗，園被没入官。清康
熙十八年（1679）改爲蘇松常道新署，後又散
爲民居。至乾隆初年，中部爲蔣棨復園，西部
爲葉士寬園。其後，中部先後歸潘師益、查世
倓及吳璥，稱吳園；西部書園歸沈振元所有。
太平天國時兩部均屬李秀成忠王府。太平天國
失敗後，中部入官，旋爲八旗奉直會館；西部
歸汪姓，至光緒三年（1877）爲張履謙補園。
拙政園至今尚存，仍可依稀窺見當年此園以植
物爲主，以水石取勝的天然野趣。現園占地面
積約二十八畝，水面占五分之三，建築群多臨
水而建。全園分中、東、西三部分。東部入園
處是中華人民共和國成立後在明歸田園居廢址
上擴建的。重建的有蘭雪堂、芙蓉樹、天泉亭、
放眼亭、秫香館等，景物空闊。中部正中爲水
池，山石、樹木、建築疏朗自然，錯落有致。
其中遠香堂爲一座四面廳，四周景色飽覽無餘。
前面爲假山，略有起伏，北臨水築月臺，池水
以土石分隔，形似兩座小島，山上林木葱翠，
有雪香雲蔚亭與待霜亭。沿池植垂柳，長廊北
面有見山樓，樓二層，三面環水，西側假山一
叠，登樓可至道盤山架閣，南軒與香洲隔水相
望，此外還有小飛虹、小滄浪、聽松風處、得
真亭等，重廊複閣，小巧精緻。遠香堂東枇杷
園，入洞門爲一院落，内爲玲瓏館。西部布局
緊湊，主要建築爲鴛鴦廳，由三十六鴛鴦館與
十八曼陀花館合成，四角有耳室，廳右宜雨亭；
廳左留聽閣，内鏤雕松、竹、梅挂落，楠扇上
浮雕夔龍圖案，據説爲太平天國遺物。此園水
面很大，但有聚有分，山徑水廊起伏曲折，古
木蔽日，山光水影，富有自然景色。布局采用

分隔空間、利用自然、對比藉景之手法，吸收
傳統繪畫藝術，因地造景，景隨步移，成爲具
有江南特色的典型園林。參閲任常泰等《中國
園林史》。

滄浪亭 [1]

古園林名。爲江南現存歷史最久的古園林
之一。位於今江蘇蘇州南，三元坊附近。原爲
五代吳越廣陵王錢元璙花園。五代末年此處爲
吳越中吳軍節度使孫承祐之别墅。北宋慶曆
年間，詩人蘇舜欽買下此園，臨水築亭。園主
因有感於漁父《滄浪之水》歌，命名爲“滄浪
亭”，并作《滄浪亭記》。後屢易其主，且多有
興廢。南宋初年韓世忠闢爲住宅，大加擴建，
俗名“韓王園”。元代園廢，改爲僧庵。明代復
建滄浪亭，歸有光爲之作記。清康熙年間大修，
布局爲現亭主要基礎。其特色是未入園林先成
景，一泓清水繞園而過，隔河相望，廊閣起伏，
波光倒影。漫步渡橋，始能入園。今已闢爲公
園，占地約十六畝。全園以山爲主，建築環山
布置。山上小徑曲折盤迴，林木蓊鬱，道旁箬
竹叢生，滄浪亭翼然山頂，景色自然。山南有
明道堂、五百名賢祠、看山樓等。園内另有藕
香水榭、聞妙香室、瑶華境界等景致，自成院

滄浪亭
（清高晋等《江南省行宫座落并各名勝圖》）

落。嘉慶《重修一統志·蘇州府·古迹》："滄浪亭在郡學之南。葉夢得《石林詩話》：錢氏廣陵王元璙別圃。宋蘇舜欽得之，築亭曰滄浪，因作《滄浪亭記》。《吳郡志》：積水彌數十畝，旁有小山，高下曲折，與水相縈帶。《府志》：子美死，屢易主。後亭爲章申公家所有。紹興後，歸韓世忠家，俗名韓王園。本朝乾隆二十二年、四十九年，有御製《滄浪亭詩》。"參閱宋蘇舜欽《滄浪亭記》。

獨樂園

　　北宋神宗時翰林學士司馬光之私園。司馬光，字君實，北宋著名史學家。神宗用王安石行新政，司馬光竭力反對，於熙寧三年（1070）出任永興軍（今陝西西安）宣撫使。次年退居洛陽，在洛陽自號迂叟。六年買田二十畝於尊賢坊北關，以爲園，謂其園曰獨樂園，并自撰《獨樂園記》，詳細記述了該園之建制："其中爲堂，聚書五千卷，命之曰讀書堂。堂南有屋一區，引水北流，貫宇下，中央爲沼，方深各三尺，疏水爲五派，注沼中，狀若虎爪。自北伏流出北階，懸注庭下，狀若象鼻。自是分而爲二渠，繞庭四隅，會於西北而出，命之曰弄水軒。堂北爲沼，中央有島，島上植竹，圍周三丈，狀若玉玦，攬結其杪，如漁人之廬，命之曰釣魚庵。沼北橫屋六楹，厚其墉茨，以禦烈日。開户東出，南北列軒牖，以延凉颸，前後多植美竹，爲清暑之所，命之曰種竹齋。沼東治地爲百有二十畦，雜蒔草藥，辨其名物而揭之。畦北植竹，方徑丈，狀若棋局，屈其杪，交相掩以爲屋，植竹於其前，夾道如步廊，皆以蔓藥覆之，四周植木藥爲藩援，命之曰采藥圃。圃南爲六欄，芍藥、牡丹、雜花各居其二，

每種止植兩本，識其名狀而已，不求多也。欄北爲亭，命之曰澆花亭。洛城距山不遠，而林薄茂密，常若不得見，乃於園中築臺，作屋其上，以望萬安、轘轅，至於太室，命之曰見山臺。"之所以命名獨樂園，則在於司馬公朝夕燕息其間，讀書、垂釣、澆花、弄竹，逍遙自得。故《獨樂園記》又曰："迂叟平日多處堂中讀書，上師聖人，下友群賢，窺仁義之原，探禮樂之緒，自未始有形之前，暨四達無窮之外，事物之理舉集目前，所病者學之未至，夫又何求於人，何待於外哉！志倦體疲，則投竿取魚，執衽采藥，決渠灌花，操斧剖竹，濯熱盥手，臨高縱目，逍遙徜徉，唯意所適。明月時至，清風自來，行無所牽，目止無所梏。耳目肺腸悉爲己有，踽踽焉，洋洋焉，不知天壤之間復有何樂可以代此也。因合而命之曰獨樂園。"獨樂園在洛陽諸園最爲簡素，青山在屋上，流水在屋下，中有五畝園，花竹秀而野。《古今圖書集成·經濟彙編·考工典·洛陽名園記》亦云："園卑小，不可與他園班。其曰讀書堂者，數十椽屋；澆花亭者，益小；弄水、種竹軒者，尤小；曰見山臺者，高不過尋丈；曰釣魚庵、曰采藥圃者，又特結竹杪落蕃蔓草爲之爾。"

夢溪園

　　宋代沈括於元祐元年（1086）以後，在潤州（今江蘇鎮江）所營之私園。園居位於江蘇鎮江"朱方門外子城下"，即鎮江城內東南隅。沈括爲北宋政治家，杰出的科學家。神宗時纍官太子中允，參與王安石變法，做過樞密使的三司使，地位僅次於宰相。沈括博學務實，提舉司天監，置渾儀景表，招衛朴造新曆。王安石罷相後，沈括亦一再遭到貶謫，并限制其居

住自由。沈括少時曾隨父出行，到過鎮江，且印象良好，熙寧十年至十一年（1077—1078），托人在鎮江購置了一方廢圃，元祐元年始興建家宅園林。元祐三年，宋廷允許他"任便居住"，纔舉家遷至鎮江。爲避免他人的猜疑，沈括假托此地是他往昔夢中所游之地，因將宅前小溪命名爲夢溪，宅園命名爲夢溪園。沈括爲其宅園自撰《夢溪自記》，其文曰："翁年三十許時，曾夢至一處，登小山上，花木如覆錦，山之下有水，澄澈極目，而喬木翳其上，夢中樂之，將卜居焉。"自此之後，每年都要有一二次或三四次"夢至其處"。傳説十餘年後，沈括出知宣城，有道人告訴他，鎮江是個山川勝地；當地有人出售園圃，沈括便委托道人用三十萬錢將其買下。六年之後，沈括被以邊防"措置乖方"罪名，貶爲筠州團練副使，限定住在隨州（今湖北隨縣），後限定於秀州（今浙江嘉興）。在去秀州途中，於元祐元年經過鎮江，來到道人爲其代購的園圃，沈括一見，"恍然乃夢中所游之地"。沈括獲准可於外州居住後，放弃秀州之居，遷居鎮江。園中有巨樹，有從峽中流出的溪水環繞，因以稱。園内積土爲丘，上植千本花卉，稱百花堆。山腰建廬舍，爲沈括自居之所。其西在花竹之間建有"殼軒"，爲休憩之地。從殼軒向外看，田野之間有花堆閣，上有大樹籠罩。百花堆之頂部蓋有茅舍，名岸老之堂。背堂有蒼峽亭，登亭可俯視夢溪園之全景。百花堆有竹萬竿，環以溪水，名竹塢。穿林南行，夾路沿河之地呈尖狀，而外有垣墻，名杏嘴。竹林之中有蕭蕭堂。竹南水邊有深齋，亦有以土石堆積而成的山丘，其上建有可供遠眺的遠亭。夢溪園中建築不多，且簡單樸素，

不過茅草蓋頂而已。然園主爲文藝大家，園的設計布局因此十分幽雅。沈括在園中住有八年，在此至少寫成四部著作，即《夢溪筆談》《夢溪忘懷録》《良方》《論茶》以及一些詩歌、散文。紹聖二年（1095），沈括因病卒於夢溪園中，終年六十五歲。夢溪園自此逐漸荒廢。南宋嘉定年間，郡守趙善湘支持沈家後代重新修復夢溪園。據《至順鎮江志》載："郡爲開浚荷池，展拓基址，立内翰祠于池之中……兩岸栽植花木，結亭爲游憩之所，與民同樂。"

研山園

原爲宋代四大書家之一米芾之故園，南宋岳珂就其址建研山園。位於今江蘇鎮江甘露寺附近。據載，米芾有一研山石，直徑尺餘，前後合計有五十五個手指大小的峰巒，有二寸許見方的平淺處，鑿成硯臺。傳説研山石原爲南唐後主御府的寶物，後流傳到米芾手裏。米氏爲此寫下《研山銘》，是頗負盛名的傳世墨寶，現由故宮博物院購藏。米芾以研山石換取蘇仲恭家位於鎮江甘露寺下沿江一處宅基，築海嶽庵。《南村輟耕録》載有研山圖，并載米芾自題，則稱研山爲薛道主易玄。米芾爲北宋大書法家，海嶽庵因此名聞天下。後經"靖康之難"，海嶽庵橫遭圮毁。一百年後，岳飛三子岳霖之子岳珂於嘉定十四年（1221）代理鎮江知府，寶慶三年（1227）至紹定二年（1229）又兼任經管軍餉的淮東總領，得海嶽庵遺址，築研山園，取研山之義以爲名。岳珂收集米芾遺文，編成《寶晋英光集》，其序云："予仕居潤，餘十年……考海嶽一遺址，塹槿爲園……境無凡勝，以會心爲悦，人無今古，以遺迹爲奇。若杖履無日涉之勞，江山有天境之助，風帆沙鳥，

晨雨夜虹，凡是園之所包羅，衆目之所睹記者，莫不挾英秀、露光彩。"所言即研山園。岳珂之後任，鎮江知府馮多福，曾撰有《研山園集》，對研山園的變遷及景物建築均有所記述。宋周密《吳興園林記》云："蔡氏《叢談》（《鐵圍山叢談》）載米南宮（米芾）以研山于蘇學士（蘇仲恭）家易甘露寺地以爲宅，好事者多傳道之。余思欲一至其處，且觀所謂海嶽庵者。米氏已不復存，總領岳公（岳珂）得之，爲崇臺別墅。公好古博雅，晋宋而下書法名迹，寶珍所藏，而於南宮翰墨尤爲愛玩。悉摘南宮詩中語，名其勝概之處。前直門街，堂曰宜之，便坐曰抱雲，以爲賓至稅駕之地。右登重岡，亭曰陟巘。祠象南宮，匾曰英光。西曰小萬，有覆出塵表；東曰彤霞谷，亭曰春漪。冠山爲堂，逸思杳然，大書其匾曰鵬雲萬里之樓，盡模其所藏真迹。憑高賦咏，樓曰清吟，堂曰二妙。亭以植叢桂，曰灑碧，又以會衆芳，曰静香，得南宮之故石一品。迁步山房，室曰映嵐。灑墨臨池，池曰滌研。盡得登覽之勝，總園其名曰研山。"又云："夫舉世所寶，不必私爲己有，寓意於物，固以適意爲悦，且南宮研山所藏，而歸之蘇氏，奇寶在天地間，固非我之所得私，以一拳石之多而易數畝之園，其細大若不侔，然已大而物小……此地從晋、唐而宋，皆名流所居，南宮營之，以海嶽名庵，復百餘年，公始大復其舊。"

樂圃

北宋進士朱長文之私園。位於今江蘇蘇州。朱長文，字伯原，十九歲登乙科，但病足不肯從吏趣，築室居樂圃坊，有山林趣，著書閱古。《吳郡志》卷一四載："樂圃，朱長文伯原所居，在雍熙寺之西，號樂圃坊。圃中有高岡清池，喬松壽檜。此地錢氏時號金谷，朱父光禄始得之，伯原營以爲圃。名德所寓，邦人珍之，因號其巷曰樂圃坊，朱自有記。"此圃係五代十國時期吳越國廣陵王錢元璙時所選園林之一。朱長文在自撰《樂圃記》中記載："錢氏時廣陵王元璙者，實守姑蘇，好治林圃。其諸子狗其所好，各因隙地而營之，爲臺、爲沼。今城中遺址，頗有存者，吾圃亦其一也。錢氏去國，圃爲民居，更數姓矣。慶曆中，余家祖母吳夫人，始購得之。先大夫與叔父或游焉，或學焉，每良辰美景，則奉板輿以觀於此。"樂圃之規格建制，《樂圃記》亦有記述："圃中有堂三楹，堂旁有廡，所以宅親黨也。堂之南，又爲堂三楹，命之曰邃經，所以講論六藝也。邃經之東，又有米廩，所以容歲儲也。有鶴室，所以蓄鶴也。有蒙齋，所以教蒙童也。邃經之西北隅，有高岡，命之曰見山。岡上有琴臺，臺之西隅，有咏齋，此余嘗拊琴賦詩於此，所以名云見山。岡下有池，水入于坤，維跨流爲門，水由門縈紆曲引至于岡側。東爲溪，薄于巽隅，池中有亭，曰墨池。余嘗集百氏妙迹于此而展玩也。池岸有亭，曰筆溪，其清可以濯筆。溪旁有釣渚，其静可以垂綸也。釣渚與邃經堂相直焉有三橋：度溪而南出者，謂之招隱；絶池至于墨池亭者，謂之幽興；循岡北走，度水至于西圃者，謂之西磵。西圃有草堂，草堂之後有華嚴庵。草堂西南有土而高者，謂之西丘，其木則松、檜、梧、柏、黄楊、冬青、椅桐、檉柳之類，柯葉相蟠，與風飄颺，高或參雲，大或合抱。或直如繩，或曲如鈎，或蔓如附，或偃如傲，或參如鼎足，或并如釵股，或圓如蓋，或深如幄，或如蜕虬卧，或如驚蛇走，名不可盡記，狀不可以殫書也。”圖中還植有多種花卉、藥草、桑麻和果蔬。《記》中云：“其花卉則春繁秋孤，冬曄夏舊，珍藤幽花，高下相映，蘭菊猗猗，兼葭蒼蒼。碧蘚覆岸，慈筠列砌。藥録所收，雅記所名，得之不爲不多。桑柘可置，麻紵可緝。時果分溪，嘉蔬滿畦。摽梅沉李，剥瓜斷瓠，以娱賓友，以約親屬，此其所有也。”朱長文在圃中讀書交友、耕作，逍遥自在。《記》又云：“予于此圃，朝則誦羲文之《易》，孔氏之《春秋》，索詩書之精微，明禮樂之度數；夕則泛覽群史，歷觀百氏，考古人之是非，正前史之得失。當其暇也，曳林逍遥，陟高臨深，飛翰不驚，皓鶴前引，揭厲于淺流，躊躇于平皋，種木灌園，寒耕暑耘，雖三事之位，萬鍾之禄，不足以易吾樂也。”故從樂名圃。參閲《古今圖書集成·經濟彙編·考工典·園林部》。

網師園

亦稱“瞿園”，位於蘇州帶城橋南闊家頭巷，原爲宋代史志正萬卷堂故址，後荒廢。清代乾隆年間，宋宗元購得後重建，改名爲網師園。宋宗元死後由瞿遠村購得，并修葺增建，成蘇州名園，故又稱“瞿園”。瞿遠村死後，此園歸李香嚴所有，改名爲蘧園，又因此園在蘇舜欽滄浪亭之東，故亦稱蘇鄰小築。光緒年間，達桂得此園，1917年又轉爲張金波所有，改名逸園。此園負廓臨流，樹木蔥蘢，全園面積約八畝。園内東部爲宅院，西北部爲園林，東北部爲閲覽書畫之處。園骨水池亭樹、假山樓閣錯落有致，住宅與花園相結合貫穿，其中園林部分的南面以小山叢桂軒、蹈和館、琴室爲主的

一組建築爲宴聚所在；北面以五峰書屋、集虚齋、看松讀畫軒等爲主的一組建築爲讀書作畫之處；中部則以水池爲中心，水上有月到來風亭，周邊配以花木竹石，景致曲折幽雅，分外怡人。

【瞿園】

即網師園。此稱清代已行用。見該文。

【蘧園】

即網師園。此稱清代已行用。見該文。

【蘇鄰小築】

即網師園。此稱清代已行用。見該文。

【逸園】

即網師園。此稱清代已行用。見該文。

寄暢園

位於江蘇無錫西郊惠山東麓，元代時本爲惠山寺的僧寮，明代正德年間被兵部尚書占用并擴建成園，名曰鳳谷行窩别業。萬曆十九年（1591），湖廣巡撫秦燿致仕後又對此園大加修葺，成二十景，改名爲寄暢園。萬曆二十七年（1599），明代著名詩人、書法家王稚登曾爲此園作《寄暢園記》，其手書刻石流傳至今。清代康熙皇帝、乾隆皇帝南巡之時，均曾駐蹕此園。咸豐、同治年間毀於兵火，後又經修復，但已難窺原貌。此園背山面水，爲得泉多且工於泉的一處園林，其中園内東部以水廊爲主，西部以假山樹木爲主，亭堂樓榭、池水竹樹錯落其中，全園布局精巧、風景清幽、古樸雅致，爲錫惠公園内别具風格的古典園林，今北京頤和園内的諧趣園，即仿寄暢園而建。

【鳳谷行窩别業】

即寄暢園。此稱明代已行用。見該文。

獅子林

蘇州四大古名園之一。位於今江蘇蘇州園

林路。元末至正二年（1342）天如禪師爲紀念其師中峰禪師建普提正宗寺於此，初名獅林寺，亦稱獅子林。明嘉靖間，被占爲私園，萬曆間復爲聖恩寺。清乾隆間曾加修葺，并築墻與佛寺分開。乾隆十二年（1747）改名爲畫禪寺。獅子林即寺後花園，園在寺北，其地原爲宋代廢園，多竹林怪石。以石峰奇巧、竹樹陰森見稱。因園中有怪石如獅，又因中峰禪師曾結茅天目山獅子巖，并取佛經中"獅子座"之義，故稱。元歐陽玄《獅子林普提正宗寺記》云："姑蘇城中有林曰獅子……林有竹萬個，竹下多怪石，有狀如猰㺄者，故名獅子林。且獅得法于普應國師中峰本公，中峰宣導天目山之獅子巖，又以識其授受之源也。"元危素《獅子林記》云："獅子林者，天如禪師之隱所也，獅既得法於天目山中峰本禪師……林中坡陀而高，山峰離立，峰之奇怪而居中最高，狀類獅子……其餘亂石磊塊，或起或伏，亦若猰㺄然，故名之曰獅子林。且謂天目有巖號獅子，是以識其本云。"清錢泳《履園叢話》卷二〇記云："元至正間，僧天如、惟則延、朱潤德、趙善長、倪元鎮、徐幼文共商叠成，而元鎮爲之圖，取佛書獅子座而名之，近人誤以爲倪雲林

獅子林
（清高晋等《江南省行宮座落并各名勝圖》）

所築，非也。明時尚屬寺中，國初鞠爲民居，荒廢已久。乾隆二十七年純皇帝南巡，始開闢薙草，築衛墙垣。其中有獅子峰、含暉峰、吐月峰、立雪堂、卧雲室、問梅閣、指柏軒、玉鑒池、冰壺井、修竹谷、小飛虹、大石屋諸勝，湖石玲瓏，洞壑宛轉，上有合抱大松五株，又名五松園。"明清以來，屢經興廢，後變爲貝氏私園，1925年前後，經重修，始成現狀。該園以假山著稱。洞壑曲折盤旋，如入迷陣，有"桃源十八景"之稱。洞頂奇峰林立，狀如獅獸。獅子峰爲諸峰之首。全園布局，東南多山，西北多水；長廊縈繞，樓臺隱現，別具一格。建築依山傍水，參差錯落。四周廊壁嵌有《聽雨樓帖》等書條石刻六十餘塊，鐫有宋代四大名家蘇軾、黃庭堅、米芾、蔡襄的書法；文天祥的《梅花詩》尤引人注目。參閱中國科學院自然科學史研究所《中國古代建築技術史》。

豫園

江南名園之一。位於上海市南舊城廂東北，明嘉靖三十八年（1559）興建，萬曆五年（1577）後陸續擴充至七十餘畝。園主潘允端爲明左都御史潘恩之次子，萬曆五年自四川右布政使任上解官回歸故里，築豫園。取"豫（愉）悅老親"之意，故名。清錢泳《履園叢話》："豫園在上海城內，明藩恭定公恩之子方伯允端所築，方伯自有記。其地甚廣，園中有樂壽堂，董思翁爲作東壽堂歌，書於屏幛，字徑三四寸許，其墨迹至今存焉，余于張芥航先生案頭見之。堂前爲千人坐，有池臺之勝，池邊有湖石甚奇峭，名五老峰，有玉玲瓏、飛駿、玉華之名，相傳爲宣和遺物也。今造城隍廟於其中，爲市估所占，所會集公所，游人雜遝，

婦女如雲，醫卜星相之流，亦無不畢集，雖東京大相國寺不能過之。"嘉慶《上海縣志》云："豫園在恩第西，潘允端構以娱親，今爲城隍廟西園。"潘允端自撰《豫園記》云："余舍之西偏，舊有蔬圃數畦，嘉靖己未（當嘉靖三十八年，1559），下第春官，稍稍聚石、鑿池、構亭、藝竹，垂二十年，屢作屢止，未有成績。萬曆丁丑（當萬曆五年，1577）解蜀藩綬歸，一意充拓，地加闢者十五，池加鑿者十七，每歲耕穫，盡爲營治之資，時奉老親觴咏其間，而園漸稱勝區矣。"園東面，架樓數椽，以隔塵世之囂。中三楹爲門，匾曰豫園，取悦老親意也。入門西行數步，又有一門，名漸佳。又西二十步左右，折而北，豎一小坊，曰人境壺天。過坊，有穹窿石橋跨于水上。石橋盡頭，迎面爲高墻，中嵌"寰中大快"四個石刻篆字。循高墻東西有玉華堂，前臨奇石，曰玲瓏玉，相傳

上海豫園

爲北宋宣和漏網之物。堂後有軒一楹，朱檻臨流，時常在此投放魚餌，曰魚樂。由軒而西，有廊，長十餘步。折而北，水中有亭，曰涵碧，有閣道與陸地相連。自亭折而西，廊可三十步，又有門，曰履祥，兩旁有巨石夾峙，有若關隘。中藏廣庭，縱數仞，衡倍之，甃以石，甚爲堅固。左右纍奇石，作巖巒坡谷之狀，名花珍木，參差在列。有堂五楹名樂壽堂，規制極爲宏敞。堂前有廣場數畝，石砌圍欄，欄外碧水一池。堂之左室，名充四齋；其右室，曰五可齋。池心有島橫峙，有亭曰鳧佚。島之陽，峰巒錯叠，竹樹蔽虧，是爲南山。由五可齋而西，南面爲介閣，東西爲醉月樓，其下修廊曲折，可百餘步。自南西轉而北，有樓三楹，曰徵陽，下爲書室，前壘武康石爲山，峻嶒秀潤，頗愜可觀。登樓西行爲閣道，連接純陽閣，最上奉吕仙，中層則祈陽土神之祠。由閣而下，爲留春窩，其南爲葡萄架。循架而西，度短橋，經竹阜，有梅百株，俯以蔽閣，曰玉茵。玉茵而東，爲關侯祠。出祠而東，高下紆迴，爲岡、爲嶺、爲澗、爲洞、爲壑、爲梁、爲灘，不可悉記，各極其趣。山半爲山神祠，祠東有亭，北嚮，曰挹秀。亭據群山之坳，下臨大池，與樂壽堂相望。由亭而東，有大石洞，窅窕深靚。由洞仰出，爲大士庵。出庵門，山峰矗立，狀若登虬、戲馬，高則停雲遮月，此爲南山之最高處。自山徑東北而下，過留影亭，盤旋於亂石之間，轉而北，有堂三楹，曰會景堂，左通雪窩，右綴水軒。出會景堂，度長可四十步之曲橋，橋盡，即所謂廣庭。樂壽堂以西，構祠三楹。堂後築方塘，栽菡萏，周以垣墻，垣後修竹萬挺。竹外有長渠，東西達於前池，繞渠可以行舟。

樂壽堂之東，別築室三楹，曰容與，琴書鼎彝，雜陳其間。內有樓有楹，曰頤晚樓。容與堂東，爲室一區，是潘允端爲其幼子所造，曰愛日。明末園景荒廢，清乾隆二十五年（1760）重建，一度改名西園。鴉片戰爭後，屢遭破壞，一部分園址演變爲商場，剩下東北部分建築爲學校等單位使用。1956年起整修，三年中恢復園景三十餘畝。園中東北角點春堂，爲1853年上海小刀會起義時的指揮所。點春堂爲五間廳堂建築，宏麗軒昂，與周圍快樓、假山、歌舞臺、和煦堂等，構成一個景區。

留園

蘇州四大古名園之一。位於今江蘇蘇州閶門外，面積約五十畝，爲蘇州園林建築之代表作之一。始建於明代中葉，爲明嘉靖年間太僕寺徐泰所建，名東園。清代周秉忠在園內堆築假山，高三丈，闊約二十丈。清嘉慶年間，東園舊址爲劉蓉峰所有，經修葺，改稱寒碧山莊，亦稱寒碧莊。因園主姓劉，又稱劉園。劉蓉峰性愛石，於園內集太湖石十二峰。清光緒初年，劉園園址歸盛旭人所有，重加修建，後取劉、留同音，改名留園。全園分爲東、西、中、北四部。中部以水爲勝，池居中央，四周環以假

蘇州留園

山與亭臺樓閣，長廊旋曲其中，廊壁上嵌歷代書法篆刻三百餘方，爲“留園法帖”。東部以建築爲主，樓閣廊屋富麗堂皇，且以曲院迴廊見勝，西面爲以五峰仙館爲主的庭院數區，東面爲以林泉耆碩之館爲主的一組建築群。五峰仙館爲園中最大的一座建築，其梁柱皆爲楠木，故亦稱楠木廳。前院疊湖石假山，後院亦有假山，山下爲金魚池。五峰仙館四周有書館還我讀書處及揖峰軒、汲古得綆處、西樓、鶴所等輔助用房。汲古得綆西南遙相對應有清風池館，與中部的小蓬萊島隔水相望。自揖峰軒而東，有著名的“留園三峰”，其中冠雲峰爲北宋花石綱遺物，高約9米，爲江南最大的湖石，旁立瑞雲、岫雲二峰。冠雲峰右側爲冠雲樓。留園北部以田園風味見稱。進門爲“又一村”，北面有草堂。園中遍植桃杏，建葡萄與紫藤架，具有濃厚的鄉村田野風味。西部以自然風景見勝。北面爲土阜，土石相間，堆砌自然，爲全園最高處。山上楓樹成林，林中有三亭。山左築龍墙，隨地勢起伏。北面桃園，稱“小桃塢”。山前小溪，兩岸遍植桃花楊柳，稱“綠溪行”。山東麓有小榭，稱“活潑潑地”。榭前爲長廊，直達綠溪行。此園建築結構與裝飾別致多彩，連綿不斷的建築群把景物分開，又使建築物本身之窗楹溝通兩面，將景物連成一體，爲清代具有代表性的園林之一。參閱任常泰等《中國園林史》。

李長沙別業

明李東陽幼時故居。位於北京北安門北。李長沙（李東陽），字賓之，號西涯，茶陵人。明孝宗朝官至文淵閣大學士，預機務，多所匡正。立朝五十年，清節不渝。清納蘭成德《淥水亭雜識》云：“李長沙別業在北安門北，集中

西涯十二咏，程篁墩學士和之，有桔槔亭、楊柳灣、稻田、菜園、蓮池，而響瓺、鐘鼓樓、慈恩寺、廣福觀皆在十二咏中。今其遺址不可問，當在越橋相近，蓋響瓺即越橋，下瓺而鐘鼓樓則園中可遥望爾。"清于敏中《日下舊聞考》卷五四："西涯爲李東陽（李長沙）幼時故居，成德《渌水亭雜識》云：'遺址不可問。'今考《東海集·誥命碑陰記》云：'曾祖洪武初以兵籍隸燕山右護衛，挈先祖少傅始居白石橋之旁。後廓禁城，其地已入北安門之内，則移於慈恩寺之東海子之北。'又云：'吾祖代父役靖難之師，實在行伍，以功得小旗，遷居海子之西涯，坐賈爲養。然則西涯者即海子之北、慈恩寺之東也。集中重經西涯詩甚多。'其二首之次首有注云：東陽六歲時，先君以詩命題，手改結句云，明月滿天霜滿地，清風時復送虛寒。謹識於此。然則本傳東陽四歲能徑尺書，景帝召試之甚嘉，抱置膝上賜果鈔還家時，正在西涯。是其幼時所居之地也。其與程敏政唱和西涯十二咏所咏，不盡在別業中。大約舉其左右之相近者而悉咏中。"李東陽《西涯雜咏》十二首：（一）《海子》："海子西入城，中與龍池連。高樓河口望，正見打魚船。"（二）《西山》："磐石傍幽溪，群峰坐回首。静愛白雲來，蒼苔濕衣久。"（三）《響瓺》："春濤夜忽至，汩汩溪流滿。津史沙上來，坐看青草短。"（四）《慈恩寺》："水繞湖邊樹，花垂石上藤。常來寺前坐，不識寺前僧。"（五）《飲馬池》："立馬春池上，沙水清可憐。溪翁熟予馬，汲罷不須錢。"（六）《楊柳灣》："沙崩樹根出，細路縈如綫。垂柳隔疏帘，人家住西岸。"（七）《鐘鼓樓》："月黑行人斷，高樓鐘漏稀。城中聞夜警，邏吏不曾

歸。"（八）《桔槔亭》："野樹桔槔懸，孤亭夕照邊。閒行看流水，隨意滿平田。"（九）《稻田》："水田雜花晚，畦雨過溪足。老僧不坐禪，秋風看禾熟。"（十）《蓮池》："秋風吹芰荷，西塘涼意早。獨負尋芳期，若被詩人惱。"（十一）《菜園》："西園芳意濕，不聞春雨聲。野人閉門睡，園中青菜生。"（十二）《廣福觀》："飛樓凌倒景，下照清澈底。時有步虛聲，隨風渡湖水。"

弇山園

俗稱"王家山"，位於太倉隆福寺之西，爲明代著名文學家王世貞所築。因王世貞晚年偏好釋道，而《山海經》中云弇州山爲神仙栖處，故自號弇州山人，所築之園亦名弇山園。此園占地七十餘畝，園内有三峰叠立，爲上弇、中弇、下弇。園中土石於十分中占四分、水占三分、室廬占二分、竹樹占一分。園林前臨清溪，入門後過知津橋則至弇山堂，溪水曲折環流，隔岸爲西弇山，有萃勝橋位於諸山之口，度橋即至西弇山，至山上，有縹渺樓，爲三弇山之最高處，可一覽園骨園外廣闊景色。中弇山與西弇山相隔較遠，兩山之間夾水，有月波橋可度。自中弇山下至東冷橋，則入東弇山，三山之勝最終至環玉亭而止，以上三山之上皆有津橋廊樹相連，亭臺樓閣彼此錯落，溪水環流而曲折，山上奇石隨勢而就，草木葱蘢、竹石掩映，堂樓軒墅坐落其中，景致十分怡人，建築極爲華美，有東南第一園之美譽。

【王家山】

即弇山園之俗稱。此稱明代已用。見該文。

清華園

明代武清侯李偉之別業。位於今北京海淀北京大學西校門對面。地處永定河洪扇的下緣，

有豐富的泉流，低窪之處往往平地出泉，潴水為湖。尤其是西直門西北，今海淀西南萬泉莊一帶，平地有泉，潝灑四出，泉水匯成一片天然湖泊，稱為海淀。李偉於海淀低窪地上半跨北海淀湖，構築了一座花園，名為清華園。海淀一帶園林構築始於明代，李偉是為首者之一。清華園規模宏偉，風景佳麗，被譽為京國第一名園。《古今圖書集成·經濟彙編·考工典·園林部》引《燕都游覽志·園》云：“武清侯別業曰清華園，廣十里，園中牡丹多異種，以綠蝴蝶為最，開時足稱花海。西北水中起高樓五楹，樓上復起一臺，俯瞰玉泉諸山。”又引《譽嚀》云：“海淀清華園，戚畹李侯之別業也，去都門西北十里。湖水自西山流入御溝，人無得而游焉。淀之水，濫觴一勺，都人米仲詔潴之，築為勺園。李乃構園於上流，而二制有加。米顏之曰清華。初至見茅屋數間，入重門，境始大。池中金鱗，長至五尺。別院二，邃麗各極其致。為樓百尺，對山瞰湖，堤長二十里，亭曰花聚，芙蓉繞亭，五六月見花不見葉也。池東百步，置斷石，石紋五色，狹者尺許，修者百丈。西折為閣，為飛橋，為山洞，西北為水閣，壘石以激水，其形如簾，其聲如瀑。禽魚花木之盛，南中無以過也。雪後聯木為冰船，上施軒幕，圍爐其中，引觴割炙，以一二十人挽船走冰上若飛，視雪如銀浪，放乎中流，令人襟袂凌越，未知瑤池玉宇又何如爾。”又引《春明夢餘錄》：“海淀李戚畹園，方廣十餘里，中建抱海堂，堂北有亭，亭懸清雅二字，明蕭太后手書也。亭一望盡牡丹，石間之，芍藥間之，瀕於水則已。飛橋而汀，橋下金鯽長者五尺，汀而北一望皆荷，望盡而山宛轉起伏，殆如真山。山畔有樓，

樓上有臺，西山秀色，出手可挹。園中水程十數里，嶼石百座，靈壁、太湖、錦川百計，喬木千計，竹萬計，花億萬計。閩中葉公向高曰：‘李園不酸，米園不俗。’”

勺園

明末進士米萬鍾之私園。勺園位於今北京海淀，在清華園之旁。《天府廣記》卷三四載：“李戚畹（李偉）為園於城西海淀，極其宏侈。公作園其旁。林屋橋梁略加點綴，遂與爭勝。”勺園的園景布局，明孫國光《游勺園記》有詳盡記載：“園入路有棹契曰風烟里。里之內，亂石磊砢齒齒，夾堤高柳蔭之。折而南，有堤焉。堤上危橋雲聳，令人窺園以內之勝，若稍以游人之饞想者，曰纓雲橋，蓋佛典所謂纓絡雲色，蘇子瞻書額。直橋為屏墻，墻上石曰雀濱，黃山谷書額。從橋折而北，額其門曰文水陂，呂純陽乩筆書額。門以內，無之非水也。而跨水之第一屋，曰定舫。舫以西，有阜隆起，松檜環立離離，寒翠倒池中，有額曰松風水月。阜陡斷，為橋九曲，曰逶迤梁，即園主人米仲詔先生書額。逾梁而北，為勺海堂，堂額吳文仲篆。堂前古石蹲焉，梧子松椅之。折而右，為曲廊，廊表裏複室皆跨水，未入園先聞響屧聲。南有屋，形亦如舫，曰太乙葉，蓋周遭皆白蓮花也。從太乙葉東南走竹間，有碑焉，曰林於滋（林於，竹名也）。燕京園墅得水難，得竹彌難。竹間有高樓，從萬玉中涌出，曰翠葆樓，樓額鄒顏吉書。登斯樓也，如寫一園之照，俯看池中田田，令人作九品蓮臺想。更從樹隙望西山爽氣，盡足供柱笏云。從樓中折而北，抵水，無梁也。但古樹根絡繹水湄，仍以達于太乙葉，曰槎枒渡，亦園主人自書額。從樓而東，

一徑如魚脊，拾級而上爲松岡，有石笋離立，一石几峙其上。又蛇行下，折而北，爲水榭，榭蓋頭以茅，正與定舫直，而不相通。榭下水僅碧藻沈泓，禁蓮葉不得蹦入，蓋魚龍潋澮所都處也。自是返自曲廊，別有耳室，其上一綫漏明，如天井巖，梯而上，曠然平臺，不知其下有屋。屋下復有蓮花承之也。從臺而下，皆曲廊，如螺行水面，以達於最後一堂，堂前與勺海堂直，仍是蓮花水隔之，相望咫尺不得通。啓堂後北窗，則稻畦千頃，不復有繚垣焉。此中聽布穀鳥聲與農歌互答，顧安得先生遂歸而老其農於斯乎？自是返至勺海堂，左个爲水榭，榭東小堤，度一亭，亭内爲泉一泓，昔西嶽十丈蓮生玉并，此則并乃藏蓮花中，亦奇矣哉！從亭折而南，馬濯月池，池在屋中，池形與窗楞形，比如偃月然。池南爲浴室，額其氣樓曰蒸雲，仍與定舫直，而不相通，然種種不相通處，又皆蓮花水百脉灌注而莫不通也。蓮花水上皆蔭以柳綫，黄鸝聲未曙來枕上，迄夕不停歌，何嘗改江南韵語也？大抵園之堂，若樓、若亭、若榭、若齋舫，慮無不若島嶼之大海水者，無廊不響屧，無室不浮玉，無徑不泛槎，將海淀中固宜有勺園耶？園以内，水無非蓮，園以外，西山亦復嶽蓮，亶其勝！"關於勺園的景物特點，明劉侗、于奕正《帝京景物略》卷五云："米太僕勺園，百畝耳，望之等深，步焉則等遠。入路，柳數行，亂石數垛。路而南，陂焉。陂上，橋高於屋，橋上，望園一方，皆水也。水皆蓮，蓮皆以白。堂樓亭樹，數可八九，近可得四，覆者皆柳也。肅者皆松，列者皆槐，笋者皆石及竹。水之，使不得徑也。棧而閣道之，使不得舟也。堂室無通户，左右無兼徑，

階必以渠，取道必渠之外廊。其取道也，板而檻，七之。樹根槎枒，二之。砌上下折，一之。客從橋上指，了了也。下橋而北，園始門焉。入門，客懵然矣。意所暢，窮目。目所暢，窮趾。朝光在樹，疑中疑夕，東西迷也。最後一堂，忽啓北窗，稻畦千頃，忽視，幸日乃未曛。"清孫承澤《天府廣記》卷三七云："海淀米太僕勺園，園僅百畝，一望盡水，長堤大橋，幽亭曲樹，路窮則舟，舟窮則廊，高柳掩之，一望彌際。旁爲李戚畹園，鉅麗之甚，然游者必稱米園焉。"明王思任《題勺園》概括最爲恰當："纔辭帝里入風烟，處處亭臺鏡裏天。夢到江南深樹底，吴兒歌板放秋船。"

冶春園

位於揚州市邗江區大虹橋路，原爲清代詩人王漁洋結社吟詩之地，原址在虹橋西，今園始建於清末民初。"冶春"即"冶游"，男女在春日外出游玩稱"冶春"。冶春園南臨清流，北枕低埠，狹長的瘦西湖從冶春園南面而過，臨湖築有水繪閣、天寧橋、問月山房、香影廊等草廬水樹，古樸清雅，湖水漣漪。園内有數萬盆的揚派盆景，數千尾各色金魚以及名貴鳥雀、花木。園林布局與茶肆相融合，有著名的冶春茶社、慶升茶社、香影廊茶社等。其中冶春茶社相傳爲清代乾隆皇帝南巡沿途供應茶水而設。園林周邊還有小苧蘿村、天寧寺行宫、豐市層樓、乾隆碼頭等景觀。

寄嘯山莊

亦稱"何園"，位於揚州市縣城東南角，係清代乾隆年間雙槐園舊址。光緒年間爲官僚何芷舠購得，經十三年擴建而成，故名何園。此園爲揚州私園之最大而遺存至今者。該園分東

西兩部分,有游廊相連接。東部以四面船廳爲主景,院內有古槐二株,相傳爲雙槐園遺存;西部則以水池爲中心。樓廳廊道相與貫屬,假山松木錯落成趣,風景清雅幽闃,爲揚州古園林中最晚但又較完整的一處園林。

【何園】

即寄嘯山莊。此稱清代已行用。見該文。

个園

位於江蘇省揚州市廣陵區鹽阜東路十號,清嘉慶二十三年(1818)兩淮鹽業商總黃至筠在明代壽芝園的舊址上創建而成。清同治年間,个園被賣給鎮江丹徒鹽商李文安,後李家負官債,軍閥徐寶山逼李家以个園抵債。清咸豐年間,个園曾遭兵焚,雖無太大損壞,但已逐步走向蕭條,後幾經修復,重見盛景。个園爲典型的私家住宅園林,全園分爲南部住宅區、中部花園區、北部品種竹觀賞區三部分。從南部住宅區進入園林,有一月洞形園門,門上石額書寫"个園"二字。進入園內,在西南、西北、東北、東南四個方嚮,分別爲春景、夏景、秋景、冬景四季假山景觀,笋石、湖石、黃石、宣石等錯落有致,造型清奇雅致。四季景觀銜接之處,坐落有抱山樓、清漪亭、住秋閣、宜雨軒、覓句廊、桂花廳等建築。園內布局融造園法則與山水畫理於一體,被園林泰斗陳從周先生譽爲"國內孤例",爲首批國家重點花文化基地之一。

春景,在桂花廳南側近入口處。个園南門兩邊植有修長的翠竹,竹枝高出牆垣,竹叢中插植石笋,以"寸石生情"之態,狀出"雨後春笋"之意,竹石相融,展現早春光景,凸顯"春山"主題,表達傳統文化中的"惜春"理念。進入園門後,仍爲春山、竹石景觀,并用象形石點綴出十二生肖形象,花壇內植有牡丹、芍藥,展現深春之景。

夏景,在園內西北方嚮。夏景以青灰色太湖石搭建的叠石景觀爲主,造園者利用太湖石的凹凸不平和瘦、透、漏、皺的特性,使叠石多而不亂。遠觀舒捲流暢,似雲翻霧捲之態,如奇峰嶙峋之姿;近視玲瓏剔透,似峰巒怪石,如洞穴深窟。洞室亦可穿行,拾級登山,數轉而達山頂,山頂建有一亭,傍依老松,山上磴道,東接長樓,與黃石山相連。

秋景,在園內東北方嚮,以黃石假山景觀爲主,假山以粗獷的黃石叠成。山頂建四方亭,山隙古柏斜伸,倚伴嶙峋山石,山上有三條磴道,一條兩折之後仍回原地,一條可行兩轉,逢絕壁而返。唯有中間一路,可以深入群峰之間或下至山腹的幽室。在山洞中左登右攀,境界各殊,有石室、石凳、石桌、山頂洞、一綫天,還有石橋飛梁、深谷絕澗。有平面的迂迴,有立體的盤曲,山上山下,又與樓閣相通,秋山山頂置亭,爲全園最高景點。

冬景,在園內東南方嚮,以宣石假山景觀爲主。假山以色澤潔白、體態圓渾的宣石(雪石)堆叠而成,宣石假山內含石英,迎光則閃閃發亮,背光則耀耀放白。造園者又在南牆上開四行圓孔,藉用狹巷高牆的氣流變化而產生北風呼嘯的效果,營造出冬季北風飄雪的氛圍。冬山之下,還有以宣石堆塑出的一群大小不一的雪獅子,姿態或跳或臥,或坐或立,別致有趣。

抱山樓,橫跨夏秋兩山之間,爲一座七楹長樓。夏山、秋山分別在樓的東西兩側依樓而起，假山上還有多條山徑直通樓上，形成樓連兩座山、山在長廊内的"抱山"之態，故名抱山樓。立於抱山樓長廊上，可共賞夏、秋兩景，因而今人又稱之爲"時空隧道"。樓下走廊南墙上，還鑲嵌有清人劉鳳浩撰寫的《竹石記》刻石。

清漪亭，位於個園中央部位，爲一六角小亭，挺拔端莊，立於亭上，可覽全園風光。亭子周圍，布置有許多太湖石，太湖石外側又有一灣緑水環抱。清漪亭在太湖石與緑水的拱衛下，備顯嬌美，張説、秦系曾句題清漪亭"天氣涵竹氣，山光滿湖光"。

住秋閣，位於秋山南峰之上，坐東朝西，依墙而建，三面爲窗，爲全園假山上最大的建築。庭院最東有石階可上秋山南峰。閣前有清人鄭板橋的親題楹聯"秋從夏雨聲中入，春在梅花蕊上尋"。

宜雨軒，位於四季園正中間，東闊三楹，四面虛窗，於軒中可一覽園中全景。軒頂覆揚州常見的黛瓦，四角微微上揚，東西兩面墙上保留有幾塊自法國進口的花玻璃。宜雨軒爲園主接待賓客的場所，軒前有對聯曰"朝宜調琴暮宜鼓瑟，舊雨適至今雨初來"。

覓句廊，位於園内西南角，有曲廊和小閣數間，爲園主尋覓詩句之處。懸有一聯曰"月映竹成千個字，霜高梅孕一身花"。覓句廊與園内西路建築相連，向西北可通夏山，向北可通園内中心建築宜雨軒，向東可通春山、冬山。

小玲瓏山館舊址，位於個園對面，東關街南，爲揚州大鹽商馬曰琯、馬曰璐兄弟所建。山館内的叢書樓，其藏書有"甲大江南北"之譽。其後馬氏家族伴隨着揚州鹽運的衰頽而日趨蕭條，小玲瓏山館幾經轉手，最後被黄至筠買下來作爲別院。山館於清末太平天國運動時毁於兵火。

雁山園

位於廣西桂林雁山鎮，始建於清同治八年（1869），占地約三百畝，爲清代廣西桂林士紳唐岳的私人園林，名爲"雁山園别墅"。清宣統三年（1911）清兩廣總督岑春煊以紋銀四萬兩買下此園，改名爲"雁山公園"。園内集風水寶地、神奇景觀、名流雅居爲一體，被譽爲園林建設與風水結合的成功典範，有相思河、桃源意境、桂花奇境、千年奇樟、龍脊古徑、花神祠、不掃徑、紅豆小館、碧雲湖、涵通樓等景觀，融合桂林山之秀、水之麗、洞之奇、樹之異，被稱爲桂林的縮影。有"嶺南第一園"的美譽，也是廣西近代文化的發源地之一。

桃源意境。園内方竹山上有一天然石洞，洞口外有桃樹，洞口既淺且窄，進洞後扶壁而下，繞一巨石，則豁然開朗，故有"世外桃源"之意境。洞内"高崖數十丈，容設數十筵"，從洞内向外望，有緑竹三兩叢，桃花數百株。中有一茅亭，凉風颯然，清曠静謐，與進洞時的亭臺樓閣繁華印象迥然不同，似入"世外桃源"一般。20世紀30年代，學者胡適到此，因感洞前紅豆成林，故命名此洞爲"相思洞"。近代曾有學者於洞中發現恐龍化石。

相思河。園内方竹山脚下有一河流，名爲相思河。河流由方竹山脚下向北而去，河流曲折有致，緑蔭夾岸。水中怪石衆多、清澈澄碧、游魚可數，上有石虹跨水，倒影如環。此河奇特之處在於河流由方竹山脚下出現，至乳鐘山西麓則突然消失。四周墙無缺口，路無涵洞，河流不知去嚮，僅有此二百餘米的河段鑲嵌在園內，可謂"來無源、去無蹤"，故又名"飛來河"。當地民謠曰："一段仙河落園中，路繞圍牆無處通。終年四季常流水，來無源頭去無蹤。"

桂花奇境。園內有上千株奇形怪狀的桂花樹，金秋時節，芳香滿園，花落則覆地如雪。其中相思河兩岸的桂花樹樹齡最久遠，古樸自然，與園中景觀渾然一體。

千年奇樟。園內有七棵古樟樹，均有千年樹齡，古樟樹枝杈分布，形如北斗，與桂林大榕樹并列爲當地的神樹。當地傳說陽朔大榕樹爲女性神樹，雁山園古樟樹爲男性神樹。當地民謠曰"先有七頭樟，後有雁山園"。當年園主正是看中此樹可佑其高升，因而起造園之念。

龍脊古徑。園內保留有中國傳統園林僅存的龍脊路。古人造園，以龍脊路喻平步青雲、科舉，故得名。

花神祠。園內有嶺南唯一的花神祠，祠內有十二花神像，并有著名學者陳綬祥親爲撰聯："一百零八記鐘聲，喚醒萬家春夢；二十四番信風，吹響四處山塘。"游人到此可供拜鮮花，祈佑青春美麗、眷侶如花。

不掃徑。園內有一山邊小徑，至深秋時節，落葉覆蓋，意境深遠，園主不忍掃拂落葉，故名不掃徑。小徑入口有對聯曰："花聚散、葉聚散，人情也聚散；山浮沉、水浮沉，光陰不浮沉。"

紅豆小館。園內有奇樹紅豆一株，樹邊建有紅豆小館。近代學者陳寅恪曾居此一年，并留有許多詩文；學者胡適也曾來此，并留詩云："相思江上相思巖，相思巖下相思洞。三年結子不嫌遲，一夜相思叫人瘦。"

碧雲湖。園內有碧雲湖，又名"鴛鴦湖"，湖水以山石爲岸，自然樸實，湖畔植柳，湖內種蓮。湖中建有主體二層、局部三層的大型水閣，因形態若舟，故名"碧雲湖舫"。水閣有跨水曲廊與涵通樓相連，登碧雲湖舫觀望，美不勝收。湖舫後被岑春煊改爲水榭，現爲中國灘江畫派作家原作展示及工作室集中地。

涵通樓。爲園內主樓，樓高二層，清人稱之爲"層樓巍聳，高甍華宇，氣象距細"。此樓曾爲園主藏書樓，曾有藏書十萬，是清末廣西第一藏書樓，現爲灘江畫派文獻館。

恭王府花園

位於北京西城前海西街，乃清代道光皇帝第六子恭親王奕訢之府邸，恭王府花園爲恭王府之一部分。此府前身爲乾隆時期大學士和珅之宅第。乾隆死後，嘉慶帝將和珅治罪，宅第後由沒內務府沒收，除却和孝公主與駙馬住所部分，其餘均賜予慶王永璘。道光三年（1822）和孝公主死，全部宅第歸於慶王。咸豐初年，奕訢被受封爲親王，永璘之孫從此處遷出，奕訢遷入，自此慶王府改爲恭王府。府內由府邸、花園兩部分組成，恭王府花園名萃錦園，園內建築分東、中、西三路，中路與中軸綫貫通，正門爲西洋式雕花拱券門，俗稱洋門。正面迎門爲一柱形太湖石，頂刻獨樂峰三字。石後水池名福河，再後爲正廳安善堂。堂後有一方形水池，水池後爲全園最高之假山。山頂有邀月廳。中路最後的主體建築爲五楹福殿，呈蝙蝠形，俗稱蝠房子。花園東路入垂花門後有沁秋亭等建築，院內正北爲王府大戲樓。花園西路有一城墻式圍墻，上有券洞，書"榆關"二字。榆關內有秋水山房，再北有一較大水池。池心有水座，爲和珅時之觀魚臺。奕訢時改名詩畫舫，池北尚有王府花房等建築。園之西側有一南北嚮土山，自榆關以西延伸至澄懷擷秀西側。整個園林以城磚砌築，至今保存完好。

薛家花園

　　位於江蘇省無錫市梁溪區學前街，爲我國清末無錫籍著名思想家、外交家、政論家、文學家、早期資產階級維新派代表人物薛福成的大型官僚宅第。建築由薛福成在出洋之前親自籌劃，由其長子薛翼運（字南溟）具體負責，歷時四年（1890—1894）建造而成。薛家花園由中、東、西三條軸綫組成，規模宏大，布局嚴謹，中西合璧，特色明顯。正門門額上有光緒皇帝御筆“欽使第”豎匾一塊。中軸綫前後共七進，自南向北分別爲照壁、門廳、轎廳西輜堂、正廳務本堂、房廳、轉盤樓以及後花園，其中門廳、轎廳、正廳及後堂均爲九開間。爲避免建築超過彼時朝廷規定的“官宅不過五開間”的標準，在最引人注目的轎廳、正廳均采用了獨特的對剖雙排柱建造法，把九開間變成相對獨立的三個三開間。正廳用考究的正六邊形蜂窩式磚細墻和有西方居室裝飾風格的移門來分隔，這種做法在國內十分少見。正廳正中還懸挂有薛福成恩師曾國藩手書“務本堂”巨

匾一塊，爲以農爲本之意。正廳之後，爲惠然堂，是薛家女主人會見親友、處理家事的地方，也是薛家老小聚會之處。惠然堂後，有一東西走嚮的内圍墻，將整個宅第分爲前院、後宅兩部分。後宅轉盤樓爲薛家花園中軸綫上的最後兩進建築。轉盤樓樓高兩層，純木結構，面闊十一開間，硬山頂，山墻上有五垛式封火墻，樓兩端各有厢樓連接，中間爲一個長方形天井，地面以小石塊鋪成吉祥圖案，是整個宅第中最大的天井；東軸綫自北向南分別爲東花園、攬秀房、彈子房、薛倉廳、對照廳、枇杷園、吟風軒、花廳、戲臺；西軸綫則分布有偏廳、傳經樓、西花園、藏書樓、佛堂、雜房等建築。薛家花園的每兩進之間均有天井，天井兩側點綴着對稱的庭院景致。杉樹林、金魚池、枇杷林、小橋流水等隨處點綴，園林小景與宅第建築完美結合，整體布局既規模宏大，又内涵豐富精緻，具有在傳統基礎上吸收西方文化的建築風格和適於社會交往的園林式開放格局。是中國近代社會轉型時期的江南大型宅第，填補了我國近代建築史上的空白，有着重要的歷史價值、研究價值和旅游價值。

其　他

西湖

　　古稱“明聖湖”，舊稱“武林水”“錢塘湖”“西子湖”。位於浙江杭州市之西，原爲與錢塘江相通的淺海灣，後因泥沙淤塞，海水隔斷而成潟湖，經歷代疏浚治理而成今貌。西湖南、西、北三面環山，東南瀕市。湖體近橢圓

形，面積 6.03 平方公里，有金沙港、龍泓澗、長橋溪等溪流匯入。湖面上有白、蘇二堤，將湖面分爲外湖、裏湖、嶽湖、西裏湖、小南湖五部分。湖中有孤山、小瀛洲、湖心亭、阮公墩四島。湖水主要自聖塘閘出，經聖塘河而入運河。自涌金閘出，經浣紗河而入城河。今以

西湖爲中心的 49 平方公里内的園林風景區，分布有風景名勝四十餘處，重點文物三十餘處。有孤山路、南山路、北山街、吳山路、西溪路五條路可進入景區内。環湖山巒叠翠、草盛花蕃，峰岩洞壑、泉池溪澗之間，亭臺樓榭錯落點綴，風景秀麗，爲歷代文人名士所贊誦題咏。《西湖志》中贊曰"風景天成，形勝地設"，《杭州府志》《夢粱錄》《臨安志》《武林舊事》等書中均有記載。最著名者爲"西湖十景"。西湖十景最早出自宋寧宗時的山水畫題名，今之十景爲蘇堤春曉、平湖秋月、花港觀魚、柳浪聞鶯、雙峰插雲、三潭印月、雷峰夕照、南屏晚鐘、曲院風荷、斷橋殘雪，與宋時舊況已有差別。

蘇堤春曉。蘇堤俗稱蘇公堤，南起南屏路，北接曲院風荷，爲宋代蘇軾於杭州知州任上開浚西湖時所築。長堤橫貫湖之南北，長 2.8 公里。堤上有映波、鎖瀾、望山、壓堤、東浦、跨虹六橋。堤旁花木蕃盛，春日尤佳。春曉之時，湖上薄霧初開，新柳如烟，桃紅鶯囀，爲西湖十景之首。

平湖秋月。位於西湖白堤西端，前臨外湖，水面開闊，尤以秋夜皓月當空之時，湖平如鏡，清輝如瀉，水月相映，景色清朗之極。唐代時此地便建有望湖亭，前人有詩贊曰"萬頃平湖長似鏡，四時月好最宜秋"。清代康熙年間又重新修葺，今園地面積已擴至 6000 平方米，修葺了亭、臺、樓、閣等園林小品建築，與自然美景相映成趣。

花港觀魚。位於蘇堤映波橋、鎖瀾橋之間的綠洲之上。因蘇堤第三橋名望山橋，其橋西岸第四橋通至花家山，故稱花港。山下盧園爲宋代盧允昇之别墅。園内鑿池蓄養异魚數十種，故稱花港觀魚。今花港已大範圍擴建，并植四季花草以飾景色。

柳浪聞鶯。位於西湖東南岸，涌金門至清波門之間的濱湖地帶。此地南宋時爲御花園，園内有柳浪橋，園内沿湖植柳，春日綠柳隨風，黃鶯啼囀，故名。今已擴建爲公園，面積 17 公頃。内有諸多聚景園、聞鶯館、日中不再戰紀念碑、句山樵舍等諸多建築，另有櫻花、海棠等諸多花木。春日景色尤爲宜人。

雙峰插雲。"雙峰"指北高峰、南高峰。兩峰遥相對峙，峰頂時隱時現於薄霧之中，入插雲天，故名。宋、元時稱"兩峰插雲"，清康熙帝南巡改爲"雙峰插雲"。今有"雙峰插雲"碑亭，建於杭州靈隱路洪春橋畔。

三潭印月。三潭印月石塔位於小瀛洲我心相印亭前，爲宋代蘇軾任官杭州時所建，以禁止在此湖區内種植菱芡，以防湖泥淤積。原塔已毀，現有明塔爲明代天啟年間補立。三塔之身爲球形中空，球面有五個圓孔，朗月之夜，塔中點燭，洞口蒙紙，燭光、月光映水相成，微薄蕩漾，月影粼粼，景色幽美。又有舊傳稱湖中有三深潭，故稱"三潭印月"。

雷峰夕照。净慈寺北有山，據説曾有郡人雷氏居於此，故名雷峰。吳越王錢俶爲其王妃黃氏建塔於峰頂，故雷峰塔一名黃妃塔。因其磚木結構，故一名西關磚塔。每至黃昏夕陽西照，寶塔、山光、水色相映，景致優美。民間傳説《白蛇傳》中白娘子便被法海和尚鎮壓於此塔之下。舊雷峰塔於 1924 年倒塌，2001 年考古挖掘後對雷峰塔進行重建，2002 年建成。

南屏晚鐘。位於净慈寺、興教寺附近，正對蘇堤。唐宋時净慈寺内有銅鐘，每至暮色蒼茫，鐘鳴寺内，空谷傳聲。後明代重鑄大鐘，傳聲更遠。

曲院風荷。位於蘇堤跨虹橋西北。南宋時在洪春橋南有一釀酒之麯院，院内植荷，花開香風四起，故名"麯院荷風"。清代康熙帝南巡，改名爲"曲院風荷"。歷有文人贊咏。

斷橋殘雪。斷橋一名段橋、寶祐橋。據説因白堤之路到此而斷，故名。橋東北角有"雲水光中"水榭和"斷橋殘雪"碑亭。民間傳説《白蛇傳》中白娘子和許仙即在此相會。

【明聖湖】

即西湖。此稱漢代已行用。見該文。

【武林水】

即西湖。此稱漢代已行用。見該文。

【錢塘湖】

即西湖。原爲與錢塘江相通的淺海灣故名。此稱唐代已行用。見該文。

【西子湖】

即西湖。典出宋蘇軾詩句。蘇軾誤以爲春秋時吳國滅亡後，越國功臣范蠡曾携美女西施泛舟西湖而終，但史實并非如此，且西湖并非五湖。五湖多指太湖，或太湖一帶。宋蘇軾《飲湖上初晴後雨》二首之二："欲把西湖比西子，淡妝濃抹總相宜。"宋高觀國《蘇公堤南屏寺修造疏》："臻公祠老門掩斜陽，西子湖春堤橫緑水。"

瘦西湖

原名"砲山河""保障河"，因繞長春嶺而北，又名"長春湖"，位於揚州市西郊。本爲縱橫交錯的河流，經歷次經營溝通而成。自六朝以來，此處即爲風景勝地，因與杭州西湖相比另有一種清瘦秀麗之特色，故稱瘦西湖。因

清代詩人汪沆《咏保障河》詩"垂楊不斷接殘蕪，雁齒虹橋儼畫圖。也是銷金一鍋子，故應唤作瘦西湖"而聞名。瘦西湖舊有範圍自南門古渡橋起，繞小金山至平山堂蜀岡下爲止，東南與市河、城河相接，通向運河。近代逐年對瘦西湖附近修茸、擴建。自史公祠向西，乾隆御碼頭開始，西北沿湖過冶春園、緑楊村、紅園、西園曲水，經大虹橋、長堤春柳，至徐園、小金山、釣魚臺、蓮性寺、白塔、凫莊、五亭橋等，再向北至平山堂、觀音山、蜀岡止，湖長十餘里，天然景色與園林景致相映成趣，爲國内著名風景區之一。《古今圖書集成·方輿彙編·職方典》："砲山河，在城西一里，又曰'保障河'音訛也。"

大虹橋，橫跨於瘦西湖上，爲西園曲水通向長堤春柳的大橋，建於明末。本爲木製，因橋上紅色欄杆而得名"紅橋"；乾隆年間改爲石拱橋，似一道彩虹飛跨兩岸，故稱"大虹橋"。

小金山，原名長春嶺，爲小土山，四面環水，爲依山臨水的園林建築群。相傳自六朝時便已在此營造園林，現存建築多爲清代遺物。山頂築風亭，可於内俯瞰湖景，爲瘦西湖主要風景點之一。

釣魚臺，原名吹臺。因清代乾隆帝南巡時曾在此臺釣魚，故改名釣魚臺。位於瘦西湖小金山之西，有一東西嚮的短堤伸入湖中，臺築於堤的西端，三面臨水。臺前湖面寬闊，可一覽對岸蓮性寺白塔、五亭橋等諸多景致，爲瘦西湖中心地帶。其南有徐園，西有凫莊，西北有方廳、桂花廳，爲瘦西湖風景最集中之所在。

五亭橋，位於瘦西湖畔蓮性寺旁。因橋於蓮花埂上，故又名蓮花橋。始建於清代乾隆

二十二年（1757），爲揚州鹽商爲迎乾隆帝南巡揚州所建。橋上置五亭，橋身爲拱券形，共十五孔。橋身、橋基、橋亭比例恰當，造型纖巧，融穩重大方、玲瓏剔透於一體，與自然景色相融相洽。

平山堂，位於瘦西湖畔蜀岡中峰上，大明寺西側。爲宋代文學家歐陽修任官揚州時所建，其常於此處飲酒、賞景、作詩，因南望江南遠山時正與堂欄相平，故名平山堂。今之堂屋爲清代同治年間重建，今唐代大明寺遺址、西園、天下第五泉、谷林堂、歐陽修祠等均已被納入平山堂公園內。

【砲山河】

瘦西湖之原名。此稱至遲明清時已行用。見該文。

【保障河】

瘦西湖。此稱至遲明清時已行用。見該文。

黿頭渚

位於江蘇省無錫市濱湖區黿渚路一號，爲橫臥於太湖西北岸的一個半島，占地面積約5.39平方公里。因巨石突入湖中，形狀酷似神黿昂首而得名。景區始建於民國五年（1916），現爲江南地區規模最大的山水園林勝境之一。黿頭渚三面環水，由寶界山、鹿頂山、南犢山及其附近的中犢山和三山島等組成，形狀似浮黿翹首，與中犢山、小箕山、大箕山、湖中三山、馬山、拖山等互爲對景。東有十二渚，西有十八灣，景區內有充山隱秀、鹿頂迎暉、黿渚春濤、橫雲山莊、萬浪捲雪、湖山真意、十里芳徑、太湖仙島、江南蘭苑、櫻花谷、無錫人杰苑、中犢晨霧、廣福古寺、黿門樓、"太湖佳絕處"牌坊、黿頭渚牌樓等著名景觀，特色

各异，有自然山水畫卷，有山鄉田園風光，亦有江南園林景致。且多處景觀爲江蘇省文物保護單位。黿頭渚爲太湖風景名勝區的主要景點之一，著名學者郭沫若曾有"太湖佳絕處，畢竟在黿頭"的詩句。是一處以天然山水爲主、人工點綴爲輔的綜合性、多功能風景旅游勝地。

黿渚春濤，爲黿頭渚的精華景區，有燈塔、"黿頭渚"石碑、"橫雲"摩崖石刻、"震澤神黿"銅像、澄瀾堂、飛雲閣等主要景觀。此處山林亭臺隱現，湖畔燈塔高聳，遠望島嶼沉浮，近聞浪濤拍岸，衆多景點羅列湖岸，美不勝收。

櫻花谷，位於景區鹿頂山北麓，毗鄰中日櫻花友誼林。占地約20萬平方米，種植有68個品種的櫻花共計3萬餘株，是我國最大的櫻花專類園。櫻花谷內建有賞櫻樓、驪雲閣、繁英軒、簇春橋等建築。

萬浪捲雪，位於景區西部，爲一天然水灣，建有萬浪橋、曲堤、王昆侖紀念館、萬方樓、廣福寺、陶朱閣等名勝古迹。水灣內長浪拍岸，每當湖風吹起，水濺珠飛，恰似雪花紛飛，故名萬浪捲雪。

太湖仙島，原名"三山島"，位於景區西南約2.6公里的湖中，有"三山映碧"之稱。島上建有三山道院，有會仙橋、天街、靈霄宮、天都仙府、月老祠、大覺灣等建築，玉宇瓊樓，古樂陣陣。宮觀內布置瑰麗雄奇，神像生動，其中玉帝塑像高達18米。

鹿頂迎暉，爲風景區最高點，高約96米，山頂及山腰建有舒天閣、環碧樓、群鹿雕塑、碑刻影壁、范蠡堂、踏花亭等建築，登高遠眺，可飽覽湖光山色及城市風貌。

湖山真意，位於景區內倚山臨湖的中心地

帶，經曲徑石級，松林深處，穿過半亭隧道，登上天遠樓，爲觀賞太湖山水真趣絕妙之處。近處有蒼鷹渚、捲雪亭等建築景觀。

充山隱秀，爲太湖觀賞植物園的主要場所，以自然野景取勝，古樹名木衆多。山丘附近有醉芳樓、杏花樓、挹秀橋、花菖蒲園、聶耳紀念館等建築景觀。

王昆侖故居，位於景區内一座太湖碧波擁抱的山頭上，爲近代建築。原名“七十二峰山館”，1987 年被闢爲“王昆侖故居”。鄧穎超曾爲親題故居横匾。

第四章　壇廟説

第一節　壇壝考

古人云："祀典之大，莫大於天地、祖宗，郊社之與宗廟。"（元馬端臨《文獻通考·郊社考》）故設壇祭祀天地及日月、星辰、山嶽、海瀆，置廟祭祀祖宗。《禮記·郊特牲》云："地載萬物，天垂象，取財於地，取法於天，是以尊天而親地也。故教民美報焉。"上古時代，人類在與自然界作鬥争的實踐中，當意識到大自然的威力時，便產生了"天"的觀念，同時亦產生了對天的敬畏、祈求及報恩的意念。在生產生活實踐中亦認識到土地乃是人類賴以生存的基礎，有了土地，纔有農業，有衣食，纔有國有家，故亦產生了對土地的崇敬。把天神——上帝與土地神——后土看作萬物的主宰，并認爲它們能呼風唤雨，降福禍於人。祭祀以時，則降人以福；祭祀不周，則降人以灾。因此，歷代帝王均將祭天祀地大典看作國家重大活動。相傳祭天祀地活動始於黄帝，堯、舜、禹、湯亦沿襲而形成制度。設祭場、築壇壝進行大規模祭天祀地活動則始於周代。《書·金縢》曰："公乃自以爲功，爲三壇同墠。爲壇于南方北面，周公立焉。"孔傳："壇，築土。墠，除地。"《周禮·地官·大司徒》："設其社稷之壝而樹之田主。"鄭玄注："壝，壇與堳埒也。"孫詒讓正義："蓋壇者，委土之名。凡委土而平築之謂之墠，於墠上積土而高若堂謂之壇。外爲庫垣，謂之埓垺。通言之，墠、壇皆得稱墠。"《禮記·祭法》云："是故王立七廟，一壇一墠。"鄭玄注："封土曰壇，除地曰墠。"又云："燔柴於泰壇，祭天也；瘞埋於泰折，祭地也；用騂犢，埋少牢於泰昭，祭時也；相近於坎壇，祭寒暑也；王宮，祭日也；夜明，祭月也；幽宗，祭星也；雩宗，祭水旱也；四坎壇，祭四方也。山林、川谷、丘陵，能出雲，爲風雨，見怪物，皆曰神。有天下者祭百神。"鄭玄注："昭，明也，亦謂壇也。明，四時也，亦謂陰陽之神也。埋之者，陰陽出入於地中也。凡此以下皆祭，用少牢。相近，當爲禳祈，聲之誤也。禳猶却也；祈，求也。寒暑不時，則或禳之，或祈之，寒於坎，暑於壇。王宮，日壇。王，君也，日稱君。宮，壇營域也。夜明，亦謂月壇也。宗皆當爲禜字之誤也，幽禜亦謂星壇也，星以昏始見。禜之言營也。雩禜亦謂水旱壇也。雩之言吁嗟也。《春秋》傳曰：日月星辰之神，則雪霜風雨之不時，於是乎禜之；山川之神，則水旱癘疫之不時，於是乎禜之。四方，即謂山林、川谷、丘陵之神也。祭山林、丘陵於壇，川谷於坎。每方各爲坎，爲壇。"據此可知，壇墠乃古代祭祀天地、日月、星辰、嶽鎮、海瀆及四時、四方之所。初委土而平築爲墠，再於墠上積土而爲高臺，即曰壇。四周圍以矮墻，亦以土爲之，謂之墠，亦曰埓垺。且知周代已有祭天之泰壇，祭地之泰折，祭四時之泰昭，祭寒暑、祭四方之坎壇，祭日之王宮，祭月之夜明，祭星之幽宗，祭水旱之雩宗諸壇。《禮記·月令》"其帝大皞"孔穎達疏引蔡邕云："法象莫大乎天地，變通莫大乎四時，縣象著明莫大乎日月。"故庖犧氏仰而觀象，俯而觀法，以類萬物之情。黃帝封禪天地，少昊載時以象天。顓頊乃命南正重司天以屬神，命北正黎司地以屬人。高辛順天之義，帝堯命羲和敬順昊天。有虞氏冬至大祭天於圜丘，夏正之月祭感生帝於南郊，夏后氏禘黃帝而郊鯀，殷人禘嚳而郊冥。（見唐杜佑《通典·禮一》）周制：冬至日祭昊天於南郊地上之圜丘（泰壇），夏至日祀地祇於北郊澤中之方丘（泰折）。祭天於南以就陽位，祀地於北以主陰義。圜丘象天，方澤則地，圓方因體，南北從位。

爲示人奉承天道、從時訓人之義，王者必於五時迎五氣之神。在"四立日"及季夏土德王日，天子於王城外近郊五十里內設兆位祭上天五方之帝及五行之神，人間五帝配祭，以迎五時之氣。立春之日，天子親率諸侯大夫迎春於東郊，設方壇祭東方青帝靈威仰與神木正句芒，太昊（伏羲氏）配坐。立夏之日，迎夏於南郊，設方壇祭南方赤帝赤熛怒與神火正祝融，炎帝（神農氏）配坐。立秋前十八日（季夏土德王日）迎黃靈於中兆，祭中央黃帝含樞紐與神土正后土，黃帝（軒轅氏）配坐。立秋之日，迎秋於西郊，設方壇祭西方白帝白招拒與神金正蓐收，少昊（金天氏）配坐。立冬之日，迎冬於北郊，設方壇祭北方黑帝葉光紀與神水正玄冥，顓頊（高陽氏）配坐。（見《禮記·月令》）《通典·禮一·郊天上》云："其壇位各於當方之郊去國五十里內曰近郊，爲兆位，於中築方壇，亦名曰太壇而祭之。禮神之玉，按《大宗伯》云：青珪禮東方，赤璋禮南方，黃琮禮地則中央也，白琥禮西方，玄璜禮北方。"注："如其方壇者，以其取象當方各有方所之義。按，昊天上帝，天之總名，所覆廣大，無不圓匝，故奠蒼璧，其神位曰圓丘，皆象天之圓匝也。餘五帝，則各象其方氣之德，爲珪璋琥璜之形。《祭法》謂其神位以其太壇是人力所爲，非自然。以其各有方位，故名方壇。禮神者必象其類：珪銳，象春物生也；半珪曰璋，象物半死也；琮八方，象地也；琥猛，象秋嚴也；半璧曰璜，象冬閉藏，地上無物，唯天半見耳。"

古人重社稷，以其爲國家之象徵，故歷代設壇祭之。社乃土地之神，稷乃能生五穀之神。非土不立，非穀不生，二者不可偏敬，故立社稷而祭焉。王者與諸侯所以立社稷者，爲萬人求福報功也。顓頊之時，共工氏之子勾龍能平水土，故祀以爲社；烈山氏之子柱能"殖百穀"，故祀以爲稷。高辛氏、唐堯、虞舜、夏禹皆因襲不變。殷湯時大旱，遷柱而以周弃代之，欲遷勾龍，無可繼者，故止。（見《通典·禮五》）周人將祀社列爲國家大典之一。上自王，下至庶民，均有祀社之舉。王祀社用太牢，民間亦"唯爲社事單出里"。單者，盡也。凡舉行祀社活動，全家出動，空無一人。祀典之隆重，於此可見。《周禮·地官·大司徒》強調建立社稷，《考工記·匠人》王城規劃亦將社稷與宗廟并列於宮城前方左右兩側，即"左祖右社"。從此既可說明其位置之重要，亦反映周代經濟乃以農業爲基礎。周代社稷建置遍及全國上下。《禮記·祭法》云："王爲群姓立社，曰大社；王自爲立社，曰王社。諸侯爲百姓立社，曰國社；諸侯自爲立社，曰侯社。大夫以下成群立社，曰置社。"按，周制王有三社，除大社、王社外，還有"薄社"，亦作"亳社"，亦稱"殷社"或"戒社"。取以殷商之亡爲戒義。大社置於宮右，王社置於籍田內，戒社則布於宗廟廟門之外。《匠人》所謂"右社"之社，乃指"大社"。周人認爲"地道尚右"（《逸周書·武順》），故尊而親之，與先祖相處。將社稷建於皋門內、應門外，以示"尊尊"之義，與宗廟分列於宮城前主軸綫上外朝的左右兩側，東西相對，左右相應，形成"左祖右社"之格局，表現周人"尊尊親親"的思想意念。社稷是設壇而祀，壇之周圍有矮墻，形成一個祭壇，謂之社稷壇。以"社稷二神功同，故同堂別壇，俱在未位"（漢蔡邕《獨斷》）。"同堂"

即“同壇”。別壇謂於同一總壇内又分置社壇與稷壇。社壇在東，稷壇在西，其規模爲方五丈，且露天無屋。《禮記·郊特牲》云：“天子大社，必受霜露風雨，以達天地之氣也。”壇上按方位鋪五色土，以象徵五方土地。《逸周書·作雒》云：“封人社壝……其壝東青土，南赤土，西白土，北驪土，中央釁以黄土。”社稷壇規模雖小，然祀典隆重，故社稷區所需面積較大，於宗廟區對面劃出南北三百步、東西二百步之地盤作爲社稷區之用地。諸侯之國社，其形制與大社同，但規模爲大社之半，方二丈五尺或方三丈。

又，周制《月令》建巳月大雩五方上帝，以五人帝配享。命有司爲民祈祀山川百源、百辟卿士有益於民者，以祈穀實。其壇名雩禜，俗稱水旱壇。雩祭天地，故從陽位，以總五天，不可偏在四方，故壇位設於南郊圜丘之旁。（見《通典·禮三》）王者父天母地，兄日姊月，故常以春分朝日，秋分夕月。日壇曰王宫，月壇曰夜明。周制以柴祀日月星辰。祭禮先以牲幣於柴上而燔之，升烟於天，以同祀五天帝之儀。凡祭日月每年四次：“迎氣之時祭日於東郊，祭月於西郊，一也；二分（春分、秋分）祭日月，二也；《祭義》云郊之祭大報天而主日，配以月，三也；《月令》十月祭天宗，合祭日月，四也。”（《通典·禮四》）古時設壇而祭者還有風師、雨師之祭，先蠶之祭，山川之祭等。周制《月令》：立春後丑日祭風師於國城東北，立夏後申日祀雨師於國城西南，秋分日享壽星（南極老人星）於南郊，立冬後亥日祀司中、司命、司人、司禄於國城西北。（《通典·禮四》）周制：仲春天官内宰詔后帥命婦始蠶於北郊以爲祭服。天子諸侯必有公桑蠶室，近川而爲之，築宫仞有三尺，棘墻而外閉之。后妃齋戒，享先蠶而躬桑以勸蠶事。漢皇后蠶於東郊。魏文帝黄初七年（226）皇后蠶於北郊，依周典。晋武帝太康六年（285）蠶於西郊，始置壇而祀，先蠶壇高一丈，方二丈，四出陛，陛廣五尺。山川之祭始於黄帝。《通典·禮六》曰：“黄帝祭於山川與爲多焉，虞氏秩於山川遍於群神。”注：“與，比也。比吉祭祀山川黄帝最多。秩，序也。以次序而祭之，五嶽視三公，四瀆視諸侯。”又曰：“周制四坎壇祭四方，以血祭祭五嶽，以埋沈祭山林、川澤。一歲凡四祭：一者謂迎氣時，二者郊天時，三者大雩時，四者大蜡時，皆因以祭之。”注：“四方，即謂山林、川谷、丘陵之神。祭山林、丘陵於壇，川谷於坎，則每方各爲壇，爲坎。祭山林曰埋，川澤曰沈，各順其性之含藏。”綜上所述，周代即有天壇、地壇、社壇、稷壇、日壇、月壇、水旱壇、方壇、星壇等，晋代始建先蠶壇。秦及漢初，禮無定儀。自漢“武帝定郊祀之事，祠太乙於甘泉圜丘，取象天形，就陽位也；祠后土於汾陰澤中方丘，取象地形，就陰位也。至成帝徙泰畤、后土于京師，始祀上帝于長安南郊，祀后土于長安北郊。"（《三輔黃圖·南北郊》）《三輔黃圖·社稷》載云："漢初除秦社稷，立漢社稷，其後又立官社，配以夏禹而不立官稷。至平帝元始三年始立官稷於官社之後。"《後漢書·祭祀志上》："建武元年，光武即位于鄗，爲壇營于鄗之陽，祭告天地采用元始中郊祭故事，六宗群神皆從未，以祖配天地，共犢餘牲尚約。"劉昭注："《黃圖》載元始儀最悉曰：元始四年，宰衡（匡衡）、莽（王莽）奏曰：帝王之義莫大承天，承天之序莫重於郊祀，祭天於南就陽位，祀地於北主陰義。圜丘象天，方澤則地，圜方因體，南北從位，燔燎升氣，瘞埋就類，牲欲繭栗，味尚清玄，哭成匏勺，貴誠因質，天地神所統，故類乎上帝，禋于六宗，望秩山川，班于群神，皇天后土，隨王所在而事祐焉。甘泉太陰，河東少陽，咸失厥位，不舍禮制。聖王之制，必上當天心，下合地意，中考人事，故曰愷悌君子求福不回，回而求福，厥路不通。"正月在《易·泰卦》，乾坤合體，天地交通，萬物聚出，其律太簇。天子親郊天地，先祖配天，先妣配地，陰陽之別。以日冬至祀天，夏至祀后土，君不省方而使有司。六宗：日、月、星、山、川、海。星則北辰，川即河，山岱宗，三光衆明，山阜百川，衆流淳污皋澤，以類相屬各數，秩望相序。於是定郊祀，祀長安南北郊，罷甘泉、河東祀。由此可知，在漢平帝元始年間乃定祭祀天地於南北郊之制，東漢沿襲不變，後世俱尊舊儀，天壇、地壇，逐漸發展成爲以壇爲主體的大型建築群。其設計規劃既要符合祭祀禮儀的需要，又要嚴格遵守禮制要求。主體建築——壇的形式多據陰陽五行說，或圓或方。壇四周築有圍墙，四面開門。墙外建有收藏神位、祭器及供品的殿宇，宰牲亭、水井、燎爐等建築。

唐、宋、元、明、清，歷代均定壇壝之制，各朝制度大同小异。《舊唐書·禮儀一》載："大祀之禮，武德初定，令每歲冬至祀昊天上帝於圜丘，以景帝配其壇，在京城明德門外道東二里。壇制四成（層），各高八尺一寸。下成廣二十丈，再成廣十五丈，三成廣十丈，四成廣五丈。每祀則昊天上帝及配帝設位於平座，藉用槁秸，器用陶匏。五方上帝日月内官中官外官及衆星並皆從祀。其五方上帝及日月七座在壇之第二等内，五星已下官五十五座在壇之第三等，二十八宿已下中官一百三十五座在壇之第四等，外官百十二座在壇下外壝之内。衆星三百六十座在外壝之外。……夏至祭皇地祇於方丘，亦以景帝配。其壇在宫城之北十四里。壇制再成，下成方十丈，上成五丈。每祀則地祇及配帝設位於壇上，神州及五嶽、四鎮、四瀆、四海、五方、山林、川澤、丘陵、墳衍、原隰，並皆從祀。神州在壇之第二等，五嶽已下三十七座在壇下外壝之内。丘陵等三十座在壝外。"此爲唐代壇壇之制。宋代壇壝之制，南郊壇制：宋初做壇於東都（汴京）南薰門外，四層十二陛，三壝，設燎壇於內壇之外，高一丈二尺。宋徽宗政和三年經禮制局議定，南郊之壇（天壇）當用陽數，改爲壇三層，一層用九九之數，廣八十一丈；二層用六九之數，廣五十四丈；三層用三九之數，廣二十七丈。每層高二丈七尺。三層總二百七十有六，本乾之策。爲三壝，壝三十六步，亦乾之策。層與壝俱三，參天地之數。北郊壇（地壇）制：宋初方丘在宮城之北十四里，以夏至祭皇地祇。另置壇於北郊，以孟冬祭神州地祇。舊壇制爲方壇三層，第一層高三尺，第二、三層皆高二尺五寸，上廣八丈，下廣十六丈。徽宗政和三年經禮制局議定改制，方壇定爲二層，一層廣三十六丈，二層廣二十四丈，每層高一丈八尺，積高三丈六尺。其廣與高皆得六六之數，本坤之策。爲四陛，陛階一百四十四，亦坤之策。爲兩壝，壝二十四步，亦取坤之策。層與壝俱二，則兩地之義。五方帝、日月五星以下諸從祀。（見《宋史·禮志二、三》）

明代壇壝之制：明初建圜丘於南京正陽門外鍾山之陽，建方丘於太平門外鍾山之陰。圜丘二層，上層廣七丈，高八尺一寸，四出陛，各九級。下層周圍壇面縱橫皆廣五丈，甃磚欄楯，皆以琉璃爲之。壝距壇十五丈，高八尺一寸，四面欞星門。外垣離壝十五丈。另有神庫、厨房、庫房、宰牲亭、天池、執事齋、燎壇等輔助建築。方丘壇二層，上層廣六丈，高六尺，四出陛，皆八級。壝距壇十五丈，高六尺，外垣四面各六十四丈餘。洪武四年（1371）改築圜丘，上層廣四丈五尺，高二尺五寸；下層每面廣一丈六尺五寸，高四尺九寸，二成通徑七丈八尺。壇至內壝牆四面各九丈八尺五寸，內壝牆至外壝牆四面各八丈二尺。洪武十年改定合祀之典，即圜丘舊制而以屋覆之，名曰大祀殿，凡十二楹。明成祖遷都北京，沿襲其制。嘉靖九年（1530）後改分祀，建圜丘壇於正陽門外五里許大祀殿之南，建方澤壇於安定門外之東。圜丘二層，壇面及欄俱覆青琉璃，邊角用白玉石，高、廣尺寸皆遵祖制。方澤壇亦二層，壇面覆黃琉璃，陛增爲九級，用白石圍以方坎。圜丘、方澤二壇建內壝、外壝兩重，壝內外建有輔助設施。明洪武、嘉靖年間還建有社稷壇、朝日壇、夕月壇、先農壇、山川壇、太歲壇、嶽瀆壇等，皆有定制。永樂中建壇於北京如其制。（見《明史·禮志一》）

清代壇壝之制：天聰十年（1636）度地盛京，建圜丘、方澤壇，祭告天地。改元崇德始定天壇制：形圓，三層。上層九九重，周一丈八尺；二層七重，周三丈六尺；三層五重，周五丈四尺，俱高三尺，垣周長一百一十三丈。地壇制：方形，二層。上層方六丈，高二尺；下層方八丈，高二尺四寸，垣周一百三十三丈。壇制甚簡。清世祖奠鼎燕京，建圜丘於正陽門外南郊，建方澤於安定門外北郊，規制始拓。圜丘南嚮，三層，上層廣五丈九尺，高九尺；二層廣九丈，高八尺一寸；三層廣十二丈，高八尺。墁磚合一九七五陽數。陛四出，各九級。欄楯柱覆青琉璃。內壝圓周九十七丈七尺五寸，高八尺一寸，四面門各三，門柱各二。外壝方周二百四丈八尺五寸，高九尺一寸，四門如內壝。北門後爲皇穹宇，南嚮，制圓，八柱，環轉重檐，金頂，基周十三丈七寸，高九尺，陛三出，級十四。左右廡各五楹，陛一出七級，殿廡覆瓦，俱青琉璃，圍垣周五十六丈六尺八寸，高一丈八寸。壇之內垣北圓，餘皆方，門四：東泰元，南昭亨，西廣利，北成貞。成貞門北爲大享殿壇，圓，南嚮，內外柱各有十二，金頂，三重檐，覆青黃綠三色琉璃，基三層，南北陛三出，東西陛一出，一二層各九級，三層十級。乾隆十六年（1751）更名大享殿曰祈年殿，并重加修飾。五十年重建祈穀壇配殿。光緒十五年（1889），祈年殿灾，營修仍循舊制。方澤，北嚮，周四十九丈四尺四寸，深八尺六寸，寬六尺，祭日中貯水。壇方形，二層。上層方六丈，下層方十丈六尺，合六八陰數。壇面墁黃琉璃，每層陛四出，俱八級。二層南列嶽鎮五陵山石座，鏤山形；北列海瀆石座，鏤水形，俱東西嚮。內壝方二十七丈二尺，高六尺；外壝方四十二丈，高八尺。除圜丘、方澤、祈穀壇外，於順治八年（1651）在朝陽門外東郊建朝日壇，在阜成門外西郊建夕月壇。其壇制爲：方，一層，陛四出，日壇各九級，方五丈，高五尺九寸，壝周七十六丈五尺高八尺一寸，壇垣前方後圓，周二百九十丈五尺；月壇各六級，方四丈，高四尺六寸，方壝，周九十四丈七尺，高八尺，壇垣周二百三十五丈九尺五寸，兩壇具服殿，制同。燎爐、瘞坎、井亭、宰牲亭、神庫、神厨、祭器樂器諸庫咸備。其牌坊曰"禮神街"。雍正初，更名日壇街曰"景升"，月壇街曰"光恒"。乾隆二十年重修，工依天壇式。光緒中改日壇面紅琉璃，月壇面白琉璃，并覆金磚。在正陽門外還建天神、地祇、先農三壇。壇制爲：方，一層，陛皆四出。先農壇位西南，周四丈七尺，高四尺五寸；天神壇位東，方五丈，高四尺五寸五分；地祇壇位西，廣十丈，縱六丈，高四尺。乾隆九年，於西苑東北隅建先蠶壇，制視先農，徑四丈，高四尺，陛四出，殿三楹，西嚮。在宮闕之右建社稷壇，本"左祖右社"之制。壇制爲：方，北嚮，二層，高四尺，上層方五丈，下層方五丈三尺，陛四出，各四級。上層土五色，隨其方覆之。內壝方七十六丈四尺，高四尺，飾色如其方，門四。壇垣周百五十三丈四尺，覆黃琉璃，北三門，東西南各一門。各省社稷壇高二尺一寸，方廣二丈五尺，制殺京師之半。

我國歷代修建的供祭祀用的各種壇時，今大部均已坍毀、埋没，然遺址或猶存。考古工作者繼 20 世紀五六十年代發掘漢長安城南郊禮制建築遺址後，於 1999 年又有兩項重要發現：一是南京大型壇類建築址，即六朝劉宋孝武帝在鍾山築造的北郊壇（地壇）遺址；二是西安唐長安城南郊圜丘遺址，即唐代十七朝皇帝舉行祀天活動之所。該遺址爲目前已知全國保留下來的最早的圜丘遺址。然而畢竟祇是遺址，實物早已不復存在，唯明清兩代在京都北京所建之天壇、地壇、社稷壇、日壇、月壇、先農壇尚存。天壇占地面積約 270 萬平方米，爲我國現存最大的古代祭祀建築群。清咸豐十年（1860）英法聯軍入侵與光緒二十六年（1900）八國聯軍入侵，天壇古建築群破壞嚴重。1918 年闢爲游樂場所，正式開放，現爲“天壇公園”。地壇於 1925 年闢爲“京兆公園”，1929 年改爲“市民公園”，現名“地壇公園”。社稷壇爲現北京市“中山公園”，園内主體建築位於全園軸綫之中心。朝日壇現爲“日壇公園”，夕月壇現爲“月壇公園”。先農壇於民國初年改爲“城南公園”，20 世紀 30 年代初，東南角闢爲體育場，北部則成爲市場及街道，現存主要建築有先農壇、觀耕臺、神倉、太歲殿、慶成宮等。天神、地祇二壇已不復存留。

泛　稱

壇壝

古代設壇舉行大典的場所。諸如祭祀、盟會、拜將、繼位等儀式均在此舉行。《周書·武帝紀上》：“丁亥，初立郊丘壇壝制度。”宋曾鞏《題禱雨文後》：“庚寅，蔬食如己丑，夜三更，就壇壝，刲鵝祭龍；辛卯，夜五鼓，就視牲血，以法推之，當得雨。”清孔尚任《桃花扇·拜壇》：“今值賓天忌辰，敬設壇壝，遣官代祭。”

【壇場】

即壇壝。《國語·楚語下》：“使名姓之後，能知四時之生，犧牲之物，玉帛之類，采服之儀，彝器之量，次主之度，屏攝之位，壇場之所，上下之神祇，氏姓之所出，而心率舊典者爲之宗。”《韓非子·内儲説上》：“乃爲壇場大水之上。”《史記·封禪書》：“及諸祠各增廣壇場，珪幣俎豆，以差加之。”《漢書·高帝紀上》：“於是漢王齋戒設壇場，拜〔韓〕信爲大將軍。”《後漢書·劉玄傳》：“衆雖多而無所統一，諸將遂共議立更始爲天子。二月辛巳，設壇場於淯水上沙中，陳兵大會，更始即帝位，南面立，朝群臣。”《南齊書·禮志上》：“息殿去壇場既遠，郊奉禮畢，旋幸於此。”宋歐陽修《太清宮燒香》詩：“壇場夜雨蒼苔古，樓殿春風碧瓦寒。”王闓運《〈衡陽縣志〉序》：“乾隆分治，秔立壇場。”

壇[3]

古代爲祭祀而築的土臺，用於祭祀、朝會、盟誓、封拜等大事，以示隆重。起自上古，後世逐漸發展爲壇上增設階陛、殿堂，成爲華麗雄偉的建築群。《説文・土部》："壇，祭壇場也，从土，亶聲。"段玉裁注："場有不壇者，壇則無不場也。"《玉篇・土部》："壇，封土祭處。"《禮記・祭法》："燔柴於泰壇，祭天也。"《爾雅・釋天》："祭天曰燔柴，祭地曰瘞埋。"中國封土築壇始於周代初期，歷代相沿。《書・金縢》："公乃自以爲功，爲三壇同墠，爲壇于南方北面，周公立焉。"《周禮・秋官・司儀》："將合諸侯，則令爲壇三成……及其擯之，各以其禮。公於上等，侯伯於中等，子男於下等。"其意是根據周禮，天子會諸侯，在郊外築壇發布政令。壇有三層，分爲上、中、下三等，由地而上，第一層爲下等，分別爲子男、侯伯、公分立於上。《史記・陳涉世家》："爲壇而盟，祭以尉首。"《東觀漢記・吳良傳》："蕭何舉韓信，設壇即拜。"壇，最初祇爲土築高臺或建爲土堂。陸德明釋文引馬融曰："壇，土堂。"堂亦爲四方而高的土臺。《公羊傳・莊公十三年》："莊公升壇。"從唐代開始在園林中建壇以點綴環境。唐盧綸《虢州逢侯劍同尋南觀因贈別》："放鶴登雲壁，澆花繞石壇。"五代李建勛《和判官喜雨》詩："高檻氣濃藏柳郭，小庭流擁設花壇。"後世逐漸發展成以壇爲主體的建築群，整個建築群的布置既要符合祭祀禮儀的需要，又要嚴格遵守禮制。其主體建築的形式多依陰陽五行學説，分別采用圓形或方形。在壇四周築有圍牆，四面開門，牆外置用以收藏神位、祭器及供品的殿宇，宰牲亭，水井、燎爐等建築。梁思成在《營造法式注釋》卷上中曰："造壇之制：共三層，高廣以石段層數，自土襯上至平面爲高。每頭子（叠澀各層挑出或收入的部分）各露明五寸。束腰露一尺，格身版柱造，作平面或起突作壼門造。"這大體上是宋代以前的壇的形制。到明清兩代，皇家的各種祭壇建築達到了壇類建築的極致。《三國演義》第四九回："〔孔明曰〕：'都督若要東南風時，可於南屏山建一臺，名曰七星壇，高九尺，作三層，用一百二十人，手執旗旛圍繞。'"又載："令軍士取東南方赤土築壇，方圓二十四丈，每一層高三尺，共九尺。"這是元末明初小説家羅貫中筆下的大型祭壇。明清兩代帝王用以祭天祈禱豐年的天壇、地壇等，都是我國現存精美而宏偉的古代建築群。同時人們還將一些類壇之物，稱之爲壇。《山海經・南山經》："又東五百里，曰成山，四方而三壇。"郭璞注："形如人築壇，相累也。成亦重耳。"又《大荒南經》："〔緡淵〕有水四方，名曰俊壇。"郭璞注："水狀似土壇，因名舜壇也。"壇的傳統做法。唐李賀《白虎行》："玉壇設醮思衝天，一世二世當萬年。"《三國演義》第四九回："七星壇諸葛祭風，三江口周郎縱火。"又云："孔明緩步登壇，觀瞻方位已定，焚香於爐，注水於盂，仰天暗祝。下壇入帳中少歇，令軍士更替吃飯。孔明一日上壇三次，下壇三次。"清洪昇《長生殿・覓魂》："太上皇十分歡喜，詔於東華門內，依科行法。已結就法壇，今晚登壇宣召。"到近現代，壇的大型建築雖已不見，但人們一直沿用着在園林中叠土爲壇，因景設壇，點綴環境及在庭院中壘土爲壇，種花植草建花壇。

【壇宇】

即壇[3]。《漢書·禮樂志》:"《郊祀歌》:"神之揄,臨壇宇。"北魏酈道元《水經注·溱水》:"下有神廟,背阿西流,壇宇虛肅。"

【壇坎】

即壇[3]。古代祭山林、丘陵於壇,祭川谷於坎,故稱。漢蔡邕《述行賦》:"忿子帶之淫逸兮,唁襄王於壇坎。"宋王安石《議郊祀壇制》:"先王所以交於神明,壇坎、牲幣、器服、時日、形色、度數莫不依其象類。"

【壇墠】

即壇[3]。封土爲壇,除地爲墠,故稱。《禮記·祭法》:"天下有王,分地建國,置都立邑,設廟祧壇墠而祭之。"漢王充《論衡·知實》:"武王不豫,周公請命,壇墠既設,筴祝已畢,不知天之許已與不,乃卜三龜。"前蜀杜光庭《飛龍唐裔僕射受正一籙詞》:"今則嚴備信儀,恭開壇墠,通宵懺滌,稽首歸依。"清龔自珍《禮典雜議》之五:"隋以前,祭法皆不改三代之舊,諸帝有諡而無廟號,六世即壇墠者也。"

【墠壇】

即壇[3]。《儀禮·聘禮》:"爲墠壇畫階。"鄭玄注:"墠土象壇也。"賈公彦疏:"其壇,墠土爲之,無成,又無尺數,象之而已。"唐李華《咏史》詩之二:"至今墠壇下,如有簫韶聲。"

【祠壇】

即壇[3]。《史記·孝武本紀》:"〔孝武帝〕西登空桐,幸甘泉,令祠官寬舒等具泰一祠壇。壇放薄忌,泰一壇,壇三垓。"裴駰集解:"按,李奇曰:'垓,重也。三重壇也。'"又《史記·樂書》:"常有流星經於祠壇上。"《漢書·禮樂志》曰:"夜常有神光如流星,止集於祠壇。"

《北齊書·後主紀》:"癸丑,祈皇祠壇,壝蘺之内忽有車軌之轍。"

【祀壇】

即壇[3]。亦稱"封祀壇"。《東觀漢記·章帝紀》曰:"白鶴三十,從西南來,經祀壇上。"《舊唐書·高宗紀下》:"麟德三年春正月戊辰朔,東駕至泰山頓,是日親祀昊天上帝於封祀壇。"

【封祀壇】

即祀壇。此稱唐代已行用。見該文。

【祭壇】

即壇[3]。《晉書·禮志下》:"元帝爲琅琊王,將即極位告廟,王導書問賀循云:'或謂宜祭壇拜受天命者,或謂直當稱億兆群情,告四祖之廟而行者。'"《舊唐書·禮儀志三》:"祭壇上飾以金,四面依方色爲八角方壇。"《明史·崔亮傳》:"帝慮郊社諸祭壇而不屋,或驟雨沾服……因亮言建壇屋焉。"

【祭臺】

即壇[3]。元武漢臣《老生兒》第三折:"你看祭臺和這墳臺磚牆也那土牆,長些箇棘科和這荆科,那裏有白楊也那綠楊。"明董説《七國考·田齊宮室》:"《山東志》:'祭臺在平隆縣西南,相傳齊康公葬此,後人築祭臺祭之。或曰田齊之王祭也。'"

神壇

祀神之高臺。多建於室外平地之上,後亦設在廟堂之内。南朝齊祖沖之《述異記》曰:"豫章郡有盧松村,郡人羅根生於此村旁墾荒種瓜,又於旁立一神壇。"《舊唐書·禮儀志三》:"郊祀既畢,收取玉帛牲體,置於柴上,然後燔於燎壇之上,其壇於神壇之左。"

壝 [1]

壇、墠之通稱。亦特指四周圍以矮垣之壇。《周禮・地官・大司徒》："設其社稷之壝。"鄭玄注："壝，壇與埒坿也。"孫詒讓正義："蓋壝者，委土之名。凡委土而平築之，謂之墠；於墠上積土而高若堂，謂之壇；外爲庫垣，謂之埒坿，通言之，墠、壇、坿，皆得稱壝。"又《封人》："封人掌詔王之社壝。"鄭玄注："壝，謂壇及埒坿也。"孫詒讓正義："凡委土爲壇及卑垣之埒坿，通謂之壝。"《逸周書・作雒》："諸侯受命於周，乃建大社於國中。其壝東青土，南赤土，西白土，北驪土，中央疊以黃土。"宋蘇轍《擬合祭天地手詔一首》："見上帝於南郊，禮皇地於北壝，二祀特舉，議與周合。"

壝 [2]

亦稱"外壝""壝墻"。特指祭壇之外的矮土圍墻。《後漢書・祭祀志上》："其外壝上爲五帝位……其外爲壝，重營皆紫，以像紫宮；有四通道以爲門。"《魏書・禮志一》："日、月、五星、二十八宿、天一、太一、北斗、司中、司命、司禄、司民在中壝内，各因其方。其餘從食者合一千餘神，餟在外壝内。"《新唐書・吐蕃傳下》："將盟，乃除地爲壇，約二國各以二千士列壝外，冗從立壇下。"《金史・禮志一》："圓壇三成，成十二陛，各按辰位。壝墻三匝，四面各三門。"《明史・禮志一》："壇至内壝墻，四面各八丈九尺五寸。"清薛福成《庸盦筆記・己丑八月祈年殿災》："京師天壇……内壝形亦圓，外壝形方。"

【外壝】

即壝 [2]。此稱南北朝時期已行用。見該文。

【壝墻】

即壝 [2]。此稱元代已行用。見該文。

【壝坿】

即壝 [2]。亦稱"埒坿"《周禮・天官・掌舍》："爲壇壝宮、棘門。"漢鄭玄注："謂王行止宿平地，築壇，又委壝土，起埒坿以爲宮。"孫詒讓正義："《廣雅・釋丘》云：'墠、坿，厓也。'《說文解字・土部》云：'坿，庫垣也。'鄭意築土高起爲壇，又於壇外四面委土爲庫垣，令高出於壝，使有厓坿，即所謂宮也。"《魏書・禮志一》："帝親祀上帝於南郊，以始祖神元皇帝配。爲壇通四陛，爲壝坿三重。"

【埒坿】

即壝坿。此稱漢代已行用。見該文。

石壇

用石料所建之祭壇。《漢書・郊祀志》："辟駒龍馬石壇之屬，宜皆勿修。"北周庾信《周隴右總管長史贈少保豆盧公神道碑銘》："石壇承祀，豐碑頌靈。"唐許渾《重游飛泉觀題故梁道士宿龍池》詩："雲開星月浮山殿，雨過風雷遶石壇。"

專　名

社稷壇

古代帝王、諸侯祭祀社、稷二神之祭壇。社，土地之神也，其本意爲"示土"，古代帝王、諸侯祭祀的土神也。稷，五穀之長也，祀爲五穀之神。自上古始，后土即被尊爲土地之神。夏以前尊共工氏之子句龍爲土神，稱爲后土。炎帝之子柱爲百穀之神，稱爲稷或后稷。商周以來，稱周之始祖棄爲后稷，顓頊之子犁爲土神。到北宋政和六年（1116），宋徽宗封后土爲“承天效法厚德光大后土皇地祇”，簡稱“后土皇地祇”。《國語·魯語》：“昔烈山氏之有天下也，其子曰柱，能殖百穀百蔬。夏之興也，周棄繼之，故祀以爲稷。共工氏之伯九有也，其子曰后土，能平九土，故祀以爲社。”韋昭注曰：“柱爲后稷，自夏以上祀之。”“夏之興，謂禹也。棄能繼柱之功，自商已來祀之。”“其子，共工之裔子句龍也，佐黄帝爲土官。九土，九州之土也。后，君也，使君土官，故曰后土。”“社，后土之神也。”《禮記·郊特牲》：“社，祭土而主陰氣也……社所以神地之道也。地載萬物，天垂象，取財於地，取法於天，是以尊天而親地也。”王肅注：“〔土〕五行之主也，能吐生百穀者也。”《左傳·昭公二十九年》：“夫物，物有其官，官修其方，朝夕思之……社稷五祀，是尊是奉。木正曰句芒，火正曰祝融，金正曰蓐收，水正曰玄冥，土正曰后土……顓頊氏有子曰犁，爲祝融，共工氏有子曰句龍，

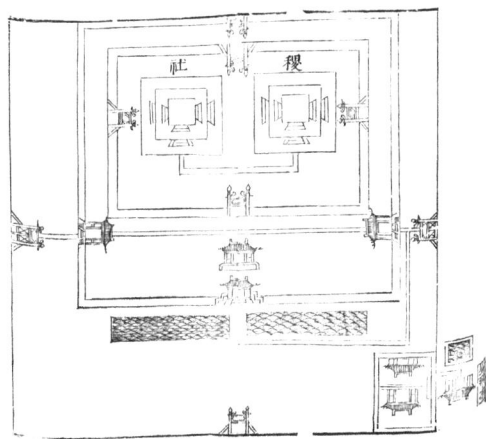

社稷壇
（明王圻等《三才圖會》）

爲后土，此其二祀也。后土爲社，稷，田正也。有烈山氏之子曰柱，爲稷，自夏以上祀之。周棄爲稷，自商以來祀之。”杜預注曰：“土爲群物主，故稱后土也，其祀句龍焉。”“共工在大皥後，神農前，以水名官。其子句龍，能平水土，故死而見祀。”“棄，周之始祖，能播百穀。湯既勝夏，廢柱而以棄代之。”《後漢書·祭祀下》：《孝經援神契》曰：‘社者，土地之主也。稷者，五穀之長也。’《禮記》及《國語》皆謂共工氏之子曰句龍，爲后土官，能平九土，故祀以爲社。烈山氏之子曰柱，能殖百穀百蔬，自夏以上祀以爲稷，至殷以柱久遠，而堯時棄爲后稷，亦植百穀，故廢柱祀棄爲稷。大司農鄭玄説，古者官有大功，則配食其神。故句龍配食於社，棄配食於稷。郡縣置社稷，太守、令長侍祠，牲用羊豕。唯州所治有社無稷，以其使官。”歷代帝王均以社稷之祀爲國之大事，他們隆重地祭祀社稷之神，是爲了祈求年豐歲稔。《詩·周頌·載芟序》：“春籍田而祈社稷也。”孔穎達疏：“王者於春時親耕籍田，以勸農，又祈求社稷，使穫其年豐歲稔。”《白虎通·社稷》：“王者所以有社稷何？社稷之祀，爲天下求福報功。人非土不立，非穀不食。土地廣博，不可遍敬；五穀衆多，不可一一而祭。故封土立社，示有土也。稷，五穀之長，故立稷而祭之也。稷者，得陰陽中和之氣，而用又多，故稷爲長也。歲再祭之何？春求秋報也。祭社稷以二牲，重功也。”年豐歲稔，是萬民所依。故社稷之祀，是國之大事。故舊時又以“社稷”爲國家的代稱。《商君書·更法》：“伐立不忘社稷，君之道也。”《禮記·曲禮下》：“國君死社稷。”又《檀弓下》：“能執干戈以衛社稷。”

【社稷】

"社稷壇"之省稱。《周禮·地官·大司徒》強調建立"社稷",文中載云:"設其社稷之壝而樹之田主。"賈公彥疏:"設其社稷之壝者謂於中門之外右邊設大社大稷,王社王稷,又於廟門之屏設勝國之社稷,其社稷外皆有壝埒於四面也。"《周禮·考工記·匠人》王城規劃把社稷與宗廟并列於宮城前方左右兩側,充分説明它的重要性,體現了"民以食爲天"的思想,也反映了周代經濟是以農業爲基礎的。周人非常重視祀社,祀典十分隆重。上自王下至庶民,都有祀社之舉。故祀社爲國家大典之一。《禮記·祭法》云:"王爲群姓立社曰大社,王自爲立社曰王社。諸侯爲百姓立社曰國社,諸侯自爲立社曰侯社。大夫以下成群立社曰置社。"社稷的建置遍及全國。周制,王有三社:大社、王社與戒社。大社置於宮右,王社設在王之籍田内,戒社則在廟門之外。《匠人》中的"社",所指爲大社。社稷與宗廟一樣,是宮前區的一個社區,兩者分列於宮城前主軸綫上外朝的左右兩側,形成"左祖右社"的格局。社稷區的位置在皋門内應門外,與宗廟區(京宮)并列,體現"尊尊親親"之義。社稷區内設壇而祀,壇之四周築有矮墻,形成祭壇。關於壇的形制,據漢人蔡邕解釋,"社稷二神同功,故同堂別壇,俱在未位"(《獨斷》)。"同堂",意即"同壇"。"別壇",是指同一總壇内又分別爲社壇與稷壇。《五經異義》載:"稷在大社西,並壇。""並壇"意即"同堂"。這就是説,社稷爲"同堂別壇",社壇在東,稷壇在西。據《禮記·郊特牲》載:"天子大社必受霜露風雨,以達天地之氣也。"可知,社稷壇露天無屋。《逸周書·作雒》云:"其壝東青土,南赤土,西白土,北驪土,中央釁以黄土。"故知壇上按方位鋪五色土,以象徵五方土地。雖然社稷壇的規模僅方五丈(見《白虎通》),但祀典隆重,故社稷區所需面積頗爲可觀。按照《匠人》王城規劃制度及井田方格網系統要求,在應門外皋門内宮城前方外朝的右側,宗廟區的對面,劃出六個基本網格,即南北三百步、東西二百步的地盤,此乃社稷區的用地規模。諸侯的國社,形制與大社同,但規模小於大社。《白虎通》云:"天子之社稷廣五丈,諸侯半之。"即國社社壇爲方二丈五尺。

帝社

亦稱"王社""藉田壇""先農壇"。古代帝王祭祀土地神與穀神之所。此稱始於周。《禮記·祭法》:"王爲群姓立社曰大社。王自爲立社曰王社。"孔穎達疏:"王社所在《書》《傳》無文,或云與大社同處,王社在大社之西。崔氏並云:'王社在藉田。'"漢蔡邕《獨斷》:"天子之宗社曰泰社,天子所爲群姓立社也。天子之社曰王社,一曰帝社。古者有命將行師,必於此社授以政。"《新唐書·禮樂志四》:"藉田祭先農,唐初爲帝社,亦曰藉田壇……垂拱中,武后藉田壇曰先農壇。"

【王社】

即帝社。此稱先秦時期已行用。見該文。

【藉田壇】

即帝社。此稱唐代已行用。見該文。

【先農壇】[1]

即帝社。此稱唐代已行用。見該文。

先農壇[2]

古代帝王及官吏祭祀先農之祭壇。先農,

即農神，古代傳説中最先教民耕種之人，祀之以爲神。或謂即神農氏，或謂指后稷，或謂即炎帝。祭祀先農之禮始於周代。周制，天子孟春之月擇元辰親載耒耜，率公卿諸侯大夫躬耕藉田，并祀先農，以示勸勉農事。歷代帝王沿襲此制。至南朝宋文帝元嘉年間（424—453），始建壇而祭，稱先農壇。清代中葉以後，各地亦曾奉旨設先農壇，由地方官吏奉祀。我國的農業，當起源於一萬年前後。在舊石器時代早期，人數尚少，遍野均有野獸果實可供采食，"古者丈夫不耕，草木之實足食也。婦人不織，禽獸之皮足衣也"（《韓非子·五蠹》）。現代考古學資料亦證明，在舊石器時代基本上是不耕而食，不織而衣的時代。到新石器時代早期，發明了以種植穀物與蔬菜爲主的農業，其發明者即先農，即神農。神農氏是一個具體的人還是一個氏族的稱謂，雖然至今尚難論定，但農業的發展確係確實。《白虎通·號》載："古之人皆食禽肉，至神農，人民衆多，禽獸不足，於是神農因天之時，分地之利，製耒耜，教民農作，神而化之，使民宜之，故謂之神農也。"《易·繫辭下》曰："包犧氏没，神農氏作，斫木

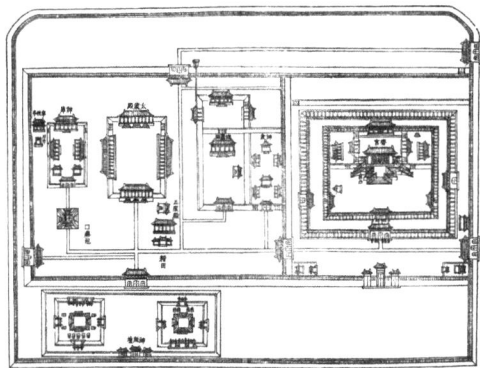

先農壇
（清蔣廷錫等《古今圖書集成》）

爲耜，揉木爲耒，耒耨之利，以教天下。"《新語·道基》曰："至於神農，以爲行蟲走獸，雖以養民，乃求可食之物。嘗百草之實，察酸苦之味，教民食五穀。"《淮南子·脩務訓》："古者民茹草飲水，采樹木之實，食蠃蚌之肉，時多疾病毒傷之害。於是神農乃始教民播種五穀。相土地，宜燥濕肥墝高下。嘗百草之滋味，水泉之甘苦，令民知所避就。"神農氏製作的耒耜木質農具雖無法保留下來，但是近代考古工作者却從河南廟底溝和陝西姜寨的遺址灰坑中發現了雙齒木耜的痕迹，確證了這類農具的存在和運用。《禮記·月令》："〔孟春之月〕是月也，天子乃以元日祈穀於上帝。乃擇元辰，天子親載耒耜，措之於參保介之御間。帥三公九卿諸侯大夫，躬耕帝藉。"《後漢書·禮儀志上》："正月始耕，晝漏上水初納，執事告祠先農，已享……力田種各耰訖，有司告事畢。"劉昭注："應劭曰：古者天子耕藉田千畝，爲天下先。藉者，帝王典籍之常也……韋昭曰：借民力以治之，以奉宗廟；且以勸率天下，使務農也。"劉昭注引《漢舊儀》曰："春始東耕於藉田，官祠先農。先農即神農炎帝也。"故此後亦有稱炎帝爲神農，稱他嘗百草，定五穀，教民農桑，他的兒子柱，又教民植菜蔬。《國語·魯語》曰："昔烈山氏之有天下也，共子曰柱，能殖百穀百蔬；夏之興也，周棄繼之，故祀以爲稷。"韋昭注曰："烈山氏，炎帝之號也，起於烈山。"清孫承澤《天府廣記·先農壇》："先農壇，在山川壇内西南隅，永樂中建。按洪武元年，御史尋適請耕藉田，享先農，以勸天下，上從之。二年建壇。"祀先農的時間，禮無明文，周代於孟春擇元辰祀先農，漢以藉田之日祀先農，而歷

代藉田之日不同，故祀先農之日亦不同。又：
《月令》：孟春擇元辰。說者曰：元辰祈穀，郊
後吉辰也。十二支謂之辰，郊天是陽，故用辛
日；耕籍是陰，故用亥辰。知用亥者，正用亥
爲天倉，以其耕事故用天倉也。《周語》：立春
之日，農祥晨正，至二月初吉，王裸鬯而行籍
禮。漢文用亥日耕籍，祠先農。明帝耕以二月，
章帝耕以正月乙日，晋武帝以正月丁亥，宋文
帝以正月上辛後吉亥，今若不得丁則用己亥、
辛亥，苟有亥焉可也⋯⋯唐用孟春吉亥，宋用
正月上辛後亥日。政和中，議禮局言孟春親耕，
下太史局擇日，不必專用吉亥。元用孟春吉亥。
國朝（清）以仲春擇吉日行事。”

青壇

　　古代帝王春日祭祀之壇場，設於藉田之中。
藉，借也。藉田，言天子借人力以耕之田。周
制，天子孟春之月，擇元辰親載耒耜，率公卿
諸侯大夫躬耕藉田，并祀先農，以亦勸勉農事。
歷代帝王沿襲此制。《禮記·月令》：“〔孟春之月〕
是月也，天子乃以元日祈穀於上帝。乃擇元辰，
天子親載耒耜，措之於參保介之御間。帥三公
九卿諸侯大夫，躬耕帝藉。”《後漢書·禮儀志
上》劉昭注引應劭曰：“古者天子耕藉田千畝，
爲天下先。藉者，帝王典籍之常也。”《文選·潘
岳〈藉田賦〉》：“伊晋之四年正月丁未，皇帝親
率群后藉於千畝之甸，禮也⋯⋯青壇蔚其嶽立
兮，翠幕黕以雲布。”李善注曰：“除壇於藉。”
呂延濟注曰：“春尚青，故用青壇翠幕也。”

泰社

　　亦作“太社”。古代天子爲群姓祈福、報
功而設的祭祀土神、穀神之所。《史記·三王世
家》：“《春秋大傳》曰：‘天子之國有泰社。’”漢

太　社
（元王禎《農書》）

蔡邕《獨斷》：“天子之宗社曰泰社。”漢班固
《白虎通·社稷》曰：“太社爲天下報功，王社爲
京師報功。”《詩·周頌·載芟》序：“春籍田而
祈社稷也。”宋范處義補傳：“或曰：‘王爲群姓
立社曰泰社，自爲立社爲王社。’”

【太社】

　　同“泰社”。此體漢代已行用。見該文。

社

　　古代帝王封土爲社，各栽種其土所宜之樹，
以爲祭祀土地神之所。《左傳·昭公十七年》：“伐
鼓于社。”《公羊傳·哀公四年》：“社者，封也。”
何休注：“封土爲社。”《漢書·齊懷王劉閎傳》：
“嗚呼！小子閎。”顏師古注引三國魏張晏曰：
“王者以五色土爲太社，封四方諸侯，各以其方
色土與之，苴以白茅，歸以立社。”

社壇

　　古代帝王祭祀土地神之壇。《南齊書·禮志

上》："稷是百穀之神，非陰氣之主，宜依先東向齋宮立社壇。"《新唐書·禮樂志六》曰："郊社令立䵯於社壇四隅，以朱絲繩縈之，太史一人，赤幘赤衣立於社壇北。"宋洪邁《夷堅支志丁·鄭道人》："〔鄱陽有鄭道人〕不肯入道堂，日行丐於市，放則出宿於城北縣社壇内，距郭門七里，四無人居。"清俞正燮《癸巳存稿·釋社》曰："俗之敝士通文曰詞壇，曰吟壇，亦社壇也。"

社宫

古代帝王祭祀土地神之宫室。《左傳·哀公七年》："初，曹人或夢衆君子立于社宫，而謀亡曹。"杜預注："社宫，社也。"《史記·管蔡世家》："伯陽三年，國人有夢衆君子立于社宫，謀欲亡曹。"裴駰集解引鄭衆曰："社宫，中有室屋者。"三國魏李康《運命論》曰："曹伯陽之獲公孫彊也，微發於社宫。"

社廟

舊時帝王祭祀土地神之廟堂。《晋書·郭璞傳》："璞曰：'得健夫二三十人，皆持長竿，東行三十里，有丘林社廟者，便以竿打拍，當得一物，宜急持歸。'"

祀場

古代帝王祭祀土地神之場屋。多於立春或立秋後第五日設屋祭祀。《新唐書·張文琮傳》："州尚淫祀，不立社稷，立琮下教曰：'……神在於敬，可以致福。'於是始建祀場，民悦從之。"參閱南朝梁宗懍《荆楚歲時記》、五代丘光庭《兼明書·社日》。

官社

古代帝王祭祀土地神之社宫。《漢書·郊祀志下》曰："'聖漢興，禮儀稍定，已有官社，未立官稷。'遂於官社後立官稷，以夏禹配食官社，后稷配食官稷。"王先謙補注引《通典》："社者，五土之神。"

官稷

古代帝王祭祀五穀之神的處所。《漢書·郊祀志下》曰："'聖漢興，禮儀稍定，已有官社，未立官稷。'遂於官社後立官稷，以夏禹配食官社，后稷配食官稷。"顏師古注引臣瓚曰："高帝除秦社稷，立漢社稷。《禮》所謂太社也。時又立官社，配以夏禹，所謂王社也。見《漢祀令》。而未立官稷，至此始立之，世祖中興，不立官稷，相承至今也。"

天壇

亦稱"圜丘""圓丘"。古代帝王冬至日祭天祈禱豐年的祭壇。從傳説中的盤古開天闢地，人類意識到大自然的威力時，就產生了"天"的觀念，產生了對天的敬畏、祈求、報答之想，產生了祭天之意念。據《稗史彙編》卷引《黄帝内傳》云："黄帝始祠天、祭地。"堯、舜、禹、湯各代亦有祭天之傳説。到有文字記載時，先民們的祭祀活動，已達到相當成熟的階段。甲骨文係我國最早的文字，其内容多爲卜辭。殷代甲骨文中的"祭"字，就是以手持肉與酒奉獻之意，代表神祇的"示"字係後世所加。從山東莒縣陵陽河出土的灰陶容器上所刻劃的近似文字的圖案可知，太陽代表天，大山代表地，其間的仰月形波紋代表雲。這一發現使新石器時代的先民們對天、地的崇拜得到了確證。在原始社會末期，占卜開始普遍盛行，當時卜問的對象主要是山嶽、河流等自然神和祖先。到商代卜問的對象則是凌駕於一切之上的天宇間的神——上帝和被神化了的先王。天就成了上帝的代稱，他主宰世間萬物，左右人間一切生活，能呼風喚雨，能降禍賜福。祭祀以時，降人以福；祭祀不周，則降人以災，甚至認爲人間的統治者帝王將相，均係上天派到人間來的使者，故帝王稱"天子"。天子代表天意，故歷代帝王均將祭祀天、地的大典看作國家重大活動。《詩·周頌·維清》："肇禋，迄用有成，維周之禎。"鄭玄箋曰："文王受命，始祭天而枝伐也。周禮以禋祀祀昊天上帝。"《左傳·成公十三年》："國之大事，在祀與戎。祀有執膰，戎有受脤，神之大節也。"《左傳·昭公二十六年》："先王所稟于天地，以爲其民也，是以先王上之。"他們認爲"大矣，如天之無不幬也"（《左傳·襄公二十九年》），且"天奉我也……違天不祥"（《左傳·僖公三十三年》），故國家的興亡皆應順應天意。《左傳·隱公十一年》："天禍許國，鬼神實不逞于許君，而假手于我寡人……若寡人得没于地，天其以禮悔禍于許。"爲了表示對天的恭敬，也爲了向天報告自己的成功，歷代帝王不斷地進行封禪活動。《管子》以爲自遠古以來，封禪的帝王已有二十二代，禹、湯、周成王祇是末幾代。封禪，是古代帝王祭祀天地的一種禮儀活動。封，祭天也；禪，祭地也。《書·舜典》云，舜按一年四季輪流巡狩四嶽，是由他將天下禪讓於我國第一個王朝夏的。在殷墟卜辭中，也記錄了殷人祭祀"五山"的事迹。到戰國初期，齊國的鄒衍、鄒奭結合齊地原始宗教的五行相生相剋的觀點，推論到歷史、政治的領域，創立了五行相代之說。五行論者從而認爲王朝既然是按五行之德來禪代的，凡是新王朝建立，統一九州之後，并取得天下太平功業的，必須向上天報告成功，取

得上天的認可，那就要進行封禪大典。《白虎通·封禪》："王者易姓而起，必升封泰山何？報告之義也。始受命之日，改制應天，天下太平，功成封禪。"作爲千古一帝，秦始皇首先將封禪變成了現實。秦始皇二十八年（公元前219），秦始皇率領千乘萬騎，正式登泰山"封"土建"禪"（壇），舉行了隆重的封禪大典。此後正式封禪的有漢武帝、漢光武帝、唐高宗與武則天、唐玄宗、宋真宗等。西漢大儒學家董仲舒在《舉賢良對策》中提出"道之大，原出於天。天不變，道亦不變"的天命觀。宣揚"王者承天意以從事"。他認爲天是有意志的，天創造了萬物，主宰着萬物，皇帝是天的代表，應該承天意而從事。他用陰陽家天人感應的學說，以《春秋》"天人之徵、古今之道"爲依據，明確指出："天者，群物之祖也"，"聖人法天而立道"，"王者欲有所爲，宜求其端於天"，宣揚天人相與，君權神授的天人感應論，提醒帝王注意天意的啓示和人事的鏡鑒。漢武帝采納了他的主張，罷黜百家，獨尊儒術，祭祀天地神祇，完成《郊祀》樂舞，愛好祥瑞福應，大權獨攬，專制集中，完成了他天經地義的神權統治，也奠定了此後二千餘年的以儒學爲正統的封建統治思想的基礎和地位。此後，爲了宣揚自己"受命於天""功德卓著"，歷代帝王不僅將封禪活動變爲一種曠代大典，而且將祭天列爲大祀，且居大祀之首。每年的冬至日祭天，夏至日祭地。《周禮·春官·大司樂》："冬日至於地上之圜丘奏之，若樂六變，則天神皆降，可得而禮矣。"賈公彥疏："土之高者曰丘，取自然之丘。圜者，象天圜。"《史記·封禪書》："周官曰，冬日至，祀天於南郊，迎長日之至；

夏日至，祭地祇。"《舊唐書·禮儀志一》："每歲
冬至，祀昊天上帝於圓丘，以景帝配。"唐韓愈
《元和聖德》詩："獸盾騰騰，圓壇貼妥。"《宋
書·禮志三》："光武建武中，不立北郊，故后地
之祇，常配食天壇。"爲了表示對天的恭敬，歷
代帝王們在祭祀天帝時，都封土築壇，謂之曰
天壇。因古代有"天圓地方"之説，故天壇的
主要建築物平面均爲圓形，以象徵天。據《呂
氏春秋》記載，自先秦時代始，帝王祭天時均
有樂舞相伴，以示隆重。《周禮·春官·大司樂》：
"乃奏黄鍾，歌大吕，舞雲門，以祀天神。"又
載："凡樂，圜鍾爲宫，黄鍾爲角，大蔟爲徵，
姑洗爲羽，靁鼓靁鼗，孤竹之管。雲和之琴瑟，
雲門之舞。冬日至，於地上之圜丘奏之。若樂
六變，則天神皆降，可得而禮矣。"這大體上反
映了先秦時代祭天樂舞的簡況。漢武帝時，諸
文臣作《郊祀歌》十九章，這是現存較早的祭
天樂章。其主要内容是叙述祭天的準備、祭天
的期望及神靈到來時的景象及盛況。向上天報
告國家春發、夏盛、秋收、冬藏的富裕景象以
及萬民歸順、各得其所的太平盛世。表達帝王
"托玄德，長無衰"的願望，開郊祀歌之先河。
清代由於對中華傳統文化的熱衷，祭天活動幾
乎全部沿用明制。明清兩代的圜丘樂章主旨是
對天的祈禱、報告及歌頌。到清代，皇帝親自
到南郊祭天的次數空前增多，表現了對天的誠
敬，其中最突出的乾隆皇帝，臨政六十年中，
親祀一百零八次，而且在諸多的禮儀、繁多的
供品及樂舞方面，均較前代嚴格。中國的祭天，
是一種獨特的歷史文化，其傳承有序，源遠流
長，在不同的時期，又有各自的特色。祭天活
動，包括祭天樂舞在内的祭祀文化，是傳統文

化的一部分。天壇，作爲歷史的載體，古代建
築群及古代建築藝術的遺存，是一份珍貴的文
化遺産。

【圜丘】

即天壇。圜，同圓。指天體。《易·説
卦》："乾爲天，爲圜。"此稱先秦時期已行用。
見該文。

【圓丘】

即天壇。圓，古代認爲天圓地方，故以圓
爲天的代稱。《淮南子·本經訓》："戴圓履方。"
此稱唐代已行用。見該文。

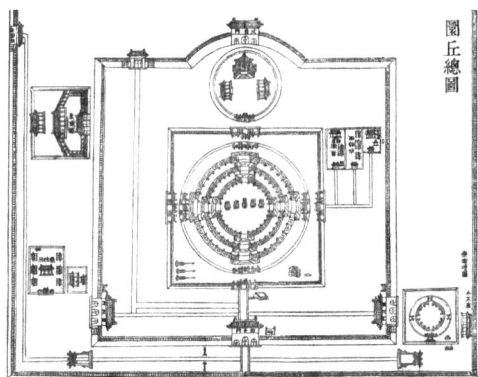

圓　丘
（清蔣廷錫等《古今圖書集成》）

北京天壇

明清兩代帝王祭天祈穀處。自漢代起，
天子即於歲首赴京都南郊祀天，後世歷代沿
襲，直至明清。北京天壇始建於明永樂十八年
（1420），名天地壇，因嘉靖九年（1530）立四
郊分祀之制，遂於嘉靖十三年改稱天壇。清乾
隆、光緒年間都曾重修改建。有垣墻兩重，形
成内外壇，壇墻南方北圓，象徵天圓地方。天
壇是圜丘、祈穀兩壇的總稱。主要建築在内壇，
圜丘壇在南，祈穀壇在北，二壇均在一條南北
軸綫上。祈穀壇有東、西、北三座天門（亦稱

磚門），圜丘壇有泰元、昭亨、廣利三門。兩壇之間隔墻上有兩門：成貞門與西邊的琉璃門。圜丘壇內主要建築有圜丘壇、皇穹宇等，祈穀壇內有祈年殿、皇乾殿、祈年門等。內壇西墻內有齋宮，外壇西墻內有神樂署（原有犧牲所、鐘樓等，已無存）。天壇占地約 270 萬平方米，是我國現存最大的古代祭祀性建築群，爲我國古代建築之國寶，也是世界建築藝術的珍貴遺產。現已闢爲天壇公園，供人們游覽。

泰壇

古代帝王設於都城南郊的祭天之壇。《禮記·祭法》："燔柴於泰壇，祭天也。"孔穎達疏："謂積薪於壇上，而取玉及牲，置柴上燔之，使氣達於天也。"《孔子家語·郊問》："既至泰壇，王脫裘矣。"明李東陽《郊祀前一日齋居候駕》詩："石橋瓊砌倚雕闌，樹裏行宮接泰壇。"

【太壇】

同"泰壇"。《漢書·郊祀志下》："《禮記》曰：'燔柴於太壇，祭天也。'"太，《禮記》此文又作"泰"。《陳書·高祖紀下》曰："今月乙亥，升禮太壇，言念遷桐，但有慚德。"唐褚亮《祈穀樂章·雍和》："殷薦乘春，太壇臨曙。"《續通典·禮一》曰："燔柴太壇，國之大事。"

地壇

古代帝王祭祀地祇之祭壇。自人類產生了天的觀念，地的觀念亦同時產生。在祭天的同時亦始祭地。據宋高承《事物紀原》引《黃帝內傳》云："黃帝始祠天、祭地。"土地神源於遠古人們對土地的崇拜。結束了茹毛飲血的原始生活，先民們步入文明時代，開始農耕播種。《易·繫辭下》："神農氏作，斫木爲耜，揉木爲耒，耒耨之利，以教天下。"《淮南子·脩務訓》：

"古者民茹草飲水，采樹木之實，食嬴蚘之肉，時多疾病毒傷之害，於是神農乃始教民播種五穀，相土地，宜燥濕肥墝高下，嘗百草之滋味，水泉之甘苦，令民知所避就。"於是先民們認識到有了土地，纔有農業，纔有衣食，纔有國有家，故而產生了對地神的深厚敬仰。最初的土地神是社神。"社"之本意爲"示土"，即祭祀土地之意。《禮記·郊特牲》："社所以神地之道也。地載萬物，天垂象，取財於地，取法於天，是以尊天而親地也。故教民美報焉。家主中霤，而國主社，示本也。唯爲社事，單出里；唯爲社田，國人畢作；唯社，丘乘共粢盛，所以報本反始也。"無論是"親地"還是"美報"，均係獻祭而敬奉地神。自上古始，后土即被尊爲大地之神，是主宰山川萬物之神。但是，對於后土的來歷，却較含混，或曰后土係人名，或曰后土係官名，或曰后王係炎帝後代，或曰后土爲神農氏後代。《左傳·昭公二十九年》："夫物，物有其官，官修其方，朝夕思之……社稷五祀，是尊是奉。木正曰句芒，火正曰祝融，金正曰蓐收，水正曰玄冥，土正曰后土。"杜預注云："土爲群物主，故稱后也，其祀句龍焉。在家則祀中霤，在野則爲社。"又載："顓頊氏有子曰犁，爲祝融；共工氏有子曰句龍，爲后土，此其二祀也。后土爲社，稷，田正也。有烈山氏之子曰柱，爲稷，自夏以上祀之。周棄亦爲稷，自商以來祀之。"《國語·魯語》："共工氏之伯九有也，其子曰后土，能平九土，故祀以爲社。"《禮記·月令》鄭玄注云："后土亦顓頊之子，曰犁，兼爲土官。"儘管如此，后土爲大地之神却是無疑的。秦漢以來，土地之神更加抽象化，到北宋政和六年（1116）九月朔，宋徽宗親臨玉清和陽宮，封后土爲“承天效法厚德光大后土皇地祇”，簡稱“后土皇地祇”，并規定禮儀規格與玉帝同，後世謂之“皇天后土”。這時的后土是總司土地的國家級大神，由國家祭祀，歷代帝王祭地之禮相沿不絕。清孫承澤《天府廣記·地壇》載：“明太祖未即大位之先，已建圜丘於正陽門外鍾山之陽，建方丘於太平門外鍾山之陰，分祀天地……按三代祭地之禮，見於經傳者，夏以五月，商以六月，周代夏至日祀之於澤中之方丘。蓋王者事天明，事地察，故冬至報天，夏至報地，所以順陰陽之義也。祭天於南郊之圜丘，祭地於北郊之方澤，所以順陰陽之位也。”又載：“則古者亦命地祇爲后矣。曰地祇，曰后土，曰社，皆祭地也。此三代之正體而釋經之正說。自鄭玄惑於緯書，而謂夏至於方丘之上祭崑崙之祇，七月於泰折之壇祭神州之祇，折而二之。後世宗焉，歲一祭。自漢武用祠官寬舒議，立后土祠於汾陰脽上，禮如祇祀，而後世宗之，於北郊之外仍祠后土。元始間，王莽奏罷甘泉泰畤，復長安南北郊，以正月上辛若丁天子親合祀天地於南郊，而後世又因之，多合祭焉。由漢歷唐，千餘年間，親祀北郊者惟魏文帝之太和、周武帝之建德、隋高祖之開皇、唐玄宗之開元，四祭而已……元皇慶間，議夏至專祭地，未及施行……四年三月，復改築圜丘、方丘二壇……永樂建天地壇於南郊，一如太祖更定之制。至嘉靖九年……於是建方澤壇於安定門外。”清因明制，設天壇、地壇分祀天地。根據古人天圓地方之說，地壇的主體建築多爲方形。

方澤

古代帝王祭祀地祇之處。因掘地爲池，池呈方形，貯水而祭，故稱方澤。澤中方丘奏樂祭地禮，始於周代，歷代史書，多有記載。《周禮·春官·大司樂》：“夏日至，於澤中之方丘奏之，若樂八變，則地示（祇）皆出，可得而禮矣。”《廣雅·釋天》：“圓丘大壇祭天也，方澤大折祭地也。”清孫承澤《天府廣記·地壇》：“嘉靖九年，建方澤壇，爲制二成。夏至祭皇地祇，北向，太祖西向，俱一成上。”又云：“按三代祭地之禮，見於經傳者，夏以五月，商以六月，周以夏至日祀之於澤中之方丘。蓋王者事天明，事地察，故冬至報天，夏至報地，所以順陰陽之義也。祭天於南郊之圜丘，祭地於北郊之方澤，所以順陰陽之位也。”

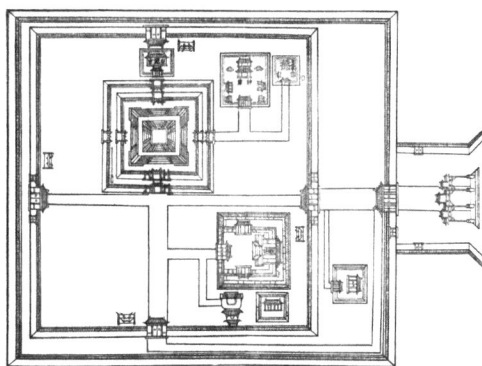

方　澤
（清蔣廷錫等《古今圖書集成》）

泰折

古代帝王設於都城北郊的祭地神之所。《禮記·祭法》：“燔柴於泰壇，祭天也；瘞埋於泰折，祭地也。”鄭玄注：“壇、折，封土爲祭處也。”孔穎達疏：“‘瘞埋於泰折祭地也’者，謂瘞繒埋牲，祭神州地祇於北郊也。”《樂府詩集·郊廟歌辭七·唐祭神州樂章》：“泰折嚴享，陰郊展敬。”明張煌言《鄉薦經義·天地之大德曰生》：“故圜邱之祀告以讖，泰折之享降以譬。”

北郊

古代帝王郊祀的處所之一。周制在北門外六里處，漢制在北門外四里處。夏至日於此以祭地，冬至日於此以迎冬。祭天於南郊，祭地於北郊。其建築形制，《後漢書・祭祀志中》云："爲方壇，四陛。"《吕氏春秋・孟冬》："立冬之日，天子親率三公、九卿、大夫，以迎冬於北郊。"高誘注："六里之郊。"《漢書・郊祀志下》："帝王之事莫大乎承天之序，承天之序莫重於郊祀……祭天於南郊，就陽之義也；瘞地於北郊，即陰之象也。"《後漢書・祭祀志中》："北郊在雒陽城北四里，爲方壇，四陛。"北魏劉芳《郊壇疏》："《孟冬令》云'其數六'，又云'迎冬於北郊'。盧植云：'北郊，六里郊也。'賈逵云：'北郊，水帝顓頊，六里。'……此又北郊六里之審據也。"

公社

古代帝王諸侯祭祀天地鬼神之所。《禮記・月令》："〔孟冬之月〕大飲烝，天子乃祈來年於天宗，大割祠於公社及門閭。"孔穎達疏："以上公配祭，故云公社。"《漢書・郊祀志》："因令縣爲公社。"顏師古注引李奇曰："猶官社。"

日壇

亦稱"王宫""朝日壇"。古代帝王爲祭祀大明之神即日神所建之祭壇。我國古代帝王多於春分日祭日於東門外，以教民尊君事王事。祭日之禮始於先秦，但先民們對日、月的認識與崇拜，則可追溯到更早。在遠古時代，原始人就已掌握了太陽的東升西没、氣候的寒暑交替、月圓及月缺。《易・繫辭上》："日月運行，一寒一暑。"進入農耕時代，人類對於太陽運行更加關切，適時播種和收穫，成爲生存

的必要，開始了"仰以觀於天文，俯以觀於地理"（《易・繫辭上》）的天文曆法活動。同時對於日的依賴和崇敬也日益加深，諸如"夸父與日逐走"（《山海經》）、盤古將雙眼變日月的神話傳說，都表達了古代人們對太陽的探索與研究。在鄭州大河村出土的陶器上，發現了太陽紋、月亮紋、日暈紋和星座圖。太陽紋由圓圈，或圓圈中有一個點和四周的長短射綫組成，這些發現確證了新石器時代人們對太陽的認識和崇拜。到周代，祭日已成定制，歷代相沿不輟。《周禮・天官・掌次》："朝日，祀五帝，則張大次小次，設重帟重案。合諸侯，亦如之。"鄭玄注云："朝日，春分拜日於東門之外，祀五帝於四郊。次，謂幄也。"《周禮・春官・典瑞》："繅藉五采五就以朝日。"鄭玄注："王朝日者，示有所尊，訓民事君。天子常春分朝日，秋分夕月，觀禮曰拜日於東門之外。"賈公彦疏："朝日者，謂以春分朝日於東郊也……云王朝日者，示有所尊，訓民事君也者。王者，父天，母地，兄日姊月。故春分朝日，秋分夕月。以王者至尊，猶朝日夕月，況民得不事君乎？是訓民事君也。云天子常春分朝日，秋分夕月，知者案《祭義》云，祭日於東，祭月於西。"《禮記・祭法》："王宫，祭日也。夜明，祭月也。幽宗，祭星也。"鄭玄注曰："王宫，日壇。王，君也，日稱君。宫，壇營域也。"孔穎達疏："王宫，祭日也者。王，君也；宫，亦壇也，營域如宫也。日神尊，故其壇曰君宫也。"《漢書・賈誼傳》："三代之禮，春朝朝日，秋暮夕月，所以明有敬也。"明王圻等《三才圖會・宫室三》："國朝築朝日壇於城東門外，高八尺，方廣四丈，兩壝，二十五步。"古代祭日，

多於春分日。明清兩代均於每年春分日遣官致祭。清制遇甲、丙、戊、庚、壬年，則由皇帝親祭。清孫承澤《天府廣記·朝日壇》："朝日壇，在朝陽門外，繚以垣牆。嘉靖九年建，西向，爲制一成。春分之日，祭大明之神，神西向。"

【王宮】[2]

即日壇。此稱先秦時期已行用。見該文。

【朝日壇】

即日壇。此稱明代已行用。見該文。

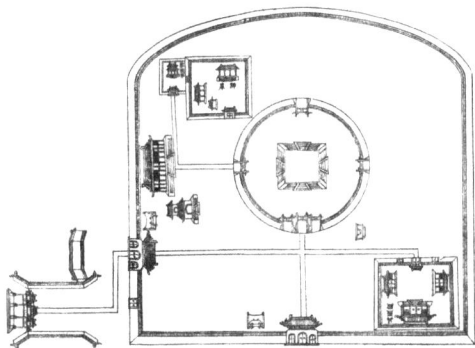

朝日壇
（清蔣廷錫等《古今圖書集成》）

夕月壇

亦稱"夜明"。省稱"月壇"。古代帝王爲祭祀夜明之神即"月神"所建之祭壇。祭月之禮始於周代，歷代相沿不輟。《周禮·春官·典瑞》："繅藉五采五就以朝日。"鄭玄注云："王朝日者，示有所尊，訓民事君也。天子常春分日朝日，秋分夕月。"賈公彦疏曰："故春分朝日，秋分夕月。以王者至尊，猶朝日夕月，況民得不事君乎？是訓民事君也。云天子常春分朝日，秋分夕月，知者案《祭義》云，祭日於東，祭月於西。"夕月，古代帝王祭月稱夕月。《禮記·祭法》："王宮，祭日也。夜明，祭月也。"

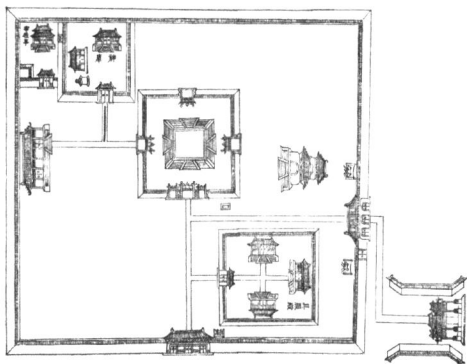

夕月壇
（清蔣廷錫等《古今圖書集成》）

漢鄭玄注："夜明，亦謂月壇也。"孔穎達疏："夜明者，祭月壇名也。月明於夜，故謂其壇爲夜明也。"《國語·周語上》："古者先王既有天下，又崇立上帝明神而敬事之，於是乎有朝日、夕月，以教民事君。"《漢書·賈誼傳》："三代之禮，春朝朝日，秋暮夕月，所以明有敬也。"古代帝王於秋分日祭月。宋蘇軾《次韻蔣潁叔扈從景靈宮》："道人幽夢曉初還，已覺笙簫下月壇。"明清兩代均於每年秋分日遣官致祭，清制每逢丑、辰、未、戌年皇帝皮弁服親祀，餘年遣武臣攝祭。清孫承澤《天府廣記·夕月壇》："夕月壇在阜成門外，繚以垣牆。嘉靖九年建，東向，爲制一成。秋分之日，祭夜明之神，神東向……壇方廣四丈，高四尺六寸，面白琉璃，階六級，俱白石。"

【夜明】

即夕月壇。此稱先秦時期已行用。見該文。

【月壇】

"夕月壇"之省稱。此稱宋代已行用。見該文。

坎壇

古代帝王祭祀"月神""日神"之所。古代挖土爲坎，壘土爲壇。坎以祭寒、月等神，壇以祭暑、日等神。《禮記·祭義》:"祭日於壇,祭月於坎,以別幽明,以制上下。"《孔叢子·論書》:"祖迎於坎壇,所以祭寒暑也。"《隋書·禮儀志一》:"又《禮》云:'祭日於壇,祭月於坎。'並是別祭,不關在郊。"

幽禜

亦稱"幽宗""星壇"。古代帝王祭星之壇。《禮記·祭法》:"王宮,祭日也;夜明,祭月也;幽宗,祭星也;雩宗,祭水旱也;四坎壇,祭四方也。"漢鄭玄注:"宗皆當爲禜字之誤也。幽禜,亦謂星壇也。星以昏始見。禜之言營也。"孔穎達疏:"幽,暗也。宗當爲禜。禜,壇域也。星至夜而出,故曰幽也。爲營域而祭之,故曰幽禜也。"《孔叢子·論書》:"幽禜所以祭星也,雩禜所以祭水旱也。"明李東陽《郊壇分獻再得星辰》詩:"制傳幽禜從《周禮》,歌罷重輝協漢祥。"

【幽宗】

即幽禜。此稱先秦時期已行用。見該文。

【星壇】

即幽禜。此稱漢代已行用。見該文。

泰昭

祭壇名。古代帝王祭祀四時陰陽之神處。《禮記·祭法》:"埋少牢於泰昭,祭時也。"鄭玄注:"昭,明也,亦謂壇也。"孔穎達疏:"泰昭,壇名也,昭亦取明也。"

雩禜

亦作"雩宗"。亦稱"水旱壇""雩壇""雩臺"。古代帝王祭祀水旱之神、祈雨所設的高臺。《禮記·祭法》:"幽宗,祭星也;雩宗,祭水旱也。"鄭玄注:宗皆當爲禜字之誤也……雩禜,亦謂水旱壇也。"孔穎達疏:"祭水旱者,水甚祭水,旱甚祭旱,謂祭此水旱之神。"北魏酈道元《水經注·泗水》:"門南隔水,有雩壇,壇高三丈,曾點所欲風舞處也。"金元好問《戊戌十月山陽雨夜》詩之一:"忍死待一麥,秋種且未投。乾溢誰所司,雩壇遍九州。"又《曲阜紀行》詩之二:"雩臺滿荒榛,逯宮餘曲沼。"

【雩宗】

同"雩禜"。此體漢代已行用。見該文。

【水旱壇】

即雩禜。此稱漢代已行用。見該文。

【雩壇】

即雩禜。此稱南北朝時期已行用。見該文。

【雩臺】

即雩禜。此稱金代已行用。見該文。

風壇

古代帝王祭風用的壇。《宋史·禮志六》:"政和之制,風壇廣二十三步,雨、雷壇廣十五步,皆高三尺,四陛,並一壝,二十五步。"

先蠶壇

古代帝王爲祭祀蠶神即"先蠶"所建之壇。"先蠶",傳說中最先教民育蠶的人,祀之以爲神。周制,后妃親桑,勸勉蠶事。各代大都沿其制,設壇而祭,謂之"先蠶壇"。《周禮·天官·內宰》:"中春,詔后帥外內命婦,始蠶於北郊,以爲祭服。"《禮記·月令》:"〔季春之月〕后妃齊〔齋〕戒,親東鄉躬桑,禁婦女〔人〕母〔無〕觀,省婦使以觀蠶事。"鄭玄注:"后妃親采桑示帥先天下也。東鄉者,鄉時氣也,是明其不常留養蠶也。留養者,所卜夫人與世婦,婦謂世婦及諸臣之妻也。內宰職曰,仲春詔后帥外內命婦始蠶於北郊。"《後漢書·禮儀志上》:"是月,皇后帥公卿諸侯夫人蠶。祠先蠶，禮以少牢。”劉昭注：“《漢舊儀》曰：‘春桑生而皇后視〔親〕桑於苑中。蠶室養蠶千薄以上。祠以中牢羊豕，〔祭〕蠶神曰菀窳婦人，寓氏公主，凡二神。群臣妾從桑還，獻於繭觀，皆賜從桑者絲。皇后自行。凡蠶絲絮，織室以作祭服……’晋后祠先蠶，先蠶壇高一丈，方二丈，爲四出陛，陛廣五尺，在采桑壇之東南。”北周以後，又有稱傳説中的黄帝之妃嫘祖爲先蠶。《史記·五帝本紀》：“黄帝居軒轅之丘，而娶於西陵之女，是爲嫘祖。嫘祖爲黄帝正妃。”《路史·后妃五》：“黄帝元妃西陵氏曰傫祖，以其始蠶，故又祀先蠶。”據蠶桑史家蔣猷龍研究，中國的蠶神可大致分爲兩大系統：一是馬頭娘娘，一是嫘祖。嫘祖，亦作傫祖、累祖、儽祖，或稱其爲西陵氏之女。清孫承澤《天府廣記·先蠶壇》：“先蠶壇，嘉靖中始

先蠶壇
（元王禎《農書》）

建，在安定門外，後改於西苑。”

堂子 [1]

清代皇帝祭天祀神之所。位於北京長安左門外金水橋東。每年元旦，皇帝親祭。凡有征討大事，皇帝亦必親臨祭告。《清史稿·禮志四》曰：“堂子祭天，清初起自遼瀋，有設杆祭天禮。又於静室總祀社稷諸神祇，名曰堂子，建築城東内治門外，即古明堂會祀群神之義。世祖既定鼎燕京，沿國俗度地長安左門外仍建堂子。正中爲饗殿，五楹，南嚮，彙祀群神，上覆黄琉璃。前爲拜天圜殿，北嚮，中設神杆、石座，稍後兩翼分設，各六行，行各六重，皇子列第一重，次親王、郡王、貝勒、貝子、公，各按行序，均北嚮。東南爲上神殿，三楹，南嚮，祭禮不一，而以元旦拜天、出征凱旋爲重，皆帝所躬祭。其餘月祭、杆祭、浴佛祭、馬祭則率遣所司。”清魏源《聖武記》卷一二：“皇帝拜天則於堂子，出征拜天亦如之……則堂子自是滿洲舊俗，祭天、祭神、祭佛之公所。”清昭槤《嘯亭雜録·堂子》：“國家起自遼瀋，有設杆祭天之禮。又總祀社稷諸神祇於静室，名曰堂子，實與古明堂會祀群神之制相符，猶言古禮也。既定鼎中原，建堂子於長安左門外，建祭神殿於正中，既彙祀諸神祇者。”

侯社

諸侯爲己所立祭祀社神之所。《禮記·祭法》：“諸侯爲百姓立社曰國社，諸侯自爲立社曰侯社。”孔穎達疏：“其諸侯國社亦在公宫之右，侯社在藉田。”

國社

諸侯在封地内爲百姓所設祭土地神之所。《禮記·祭法》：“王爲群姓立社曰大社，王自

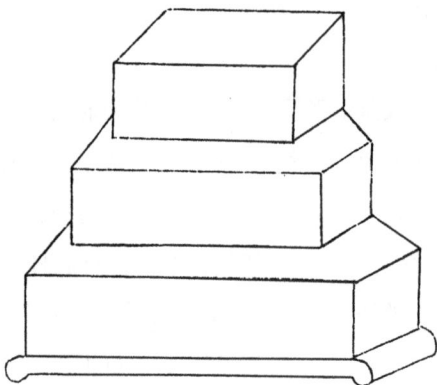

國 社
（元王禎《農書》）

爲立社曰王社，諸侯爲百姓立社曰國社，諸侯自爲立社曰侯社，大夫以下成群立社曰置社。"《史記·三王世家》："所謂'受此土'者，諸侯王始封者，必受土於天子之社，歸立之以爲國社，以歲時祠之。"

置社

亦稱"里社"。古時大夫以下人等共同設置的祀社神之所。《禮記·祭法》："大夫以下成群立社曰置社。"鄭玄注："大夫不得特立社，與民族居，百家以上，則共立一社，今時里社是也。"孔穎達疏："大夫以下，謂包士庶，成群聚而居，其群衆滿百家以上得立社。爲衆特置，故曰置社。"

【里社】

即置社。此稱漢代已行用。見該文。

馬社

養馬、牧馬之地所設祭祀后土之社，以發明用馬駕車者配食。《周禮·夏官·校人》："秋祭馬社、臧僕。"鄭玄注："馬社，始乘馬者。"孫詒讓正義："牧地及十二閑之中，蓋皆爲置社，以祭后土，而以始制乘馬之人配食焉，謂之馬社也。"宋吳自牧《夢粱録·八日祠山聖誕》："其日都城内外，詣廟獻送繁盛，最是府第及内官迎獻馬社，儀仗整肅，裝束華麗。"

北壇

建於城北的祭壇。爲戰時祈勝祭壇之一。《墨子·迎敵祠》："敵以北方來，迎之北壇，壇高六尺。"孫詒讓閒詁引《孔叢子·儒服》："孔子高對信陵君問祈勝之禮，云：'先使之迎於適所從來之方爲壇，祈克於五帝，衣服隨其方色，執事人數從其方之數，牲則用其方之牲。'"亦爲祭祀地神之所。《宋書·禮志三》："江左初未立北壇，地祇衆神，共在天郊也。"

杏壇

中國古代文廟（孔廟）中的建築設施之一。多置於大成殿前，積土或甃磚爲臺，周圍環植杏樹。相傳春秋時期孔子曾杏壇設教，傳授六藝，士林引爲美談。杏壇之稱，最早見於《莊子·漁父》："孔子游乎緇帷之林，休坐乎杏壇之上，弟子讀書，孔子絃歌鼓琴。"司馬彪云："〔緇帷〕黑林名也。〔杏壇〕澤中高處也。"孔廟之杏壇，最早見於南宋紹興四年（1134）孔子四十七代孫孔傳著《東家雜記》："昔周靈王之世，魯哀公時，夫子車從出國東門，因睹杏壇，逐巡而至，歷級而上。弟子侍列，顧謂之曰：茲魯將臧文仲誓盟之壇也。"《東家雜記》卷下《杏壇》又載："本朝乾興間，傳大夫中憲監修祖廟，因增廣殿庭，移大殿於後，講堂舊基不欲毀拆，即以甃甓爲壇，環植以杏，魯人因名曰'杏壇'。"彭林在《杏壇考》中考證云："北宋乾興僅一年，即1022年。此處説監修祖廟者爲'傳大夫中憲'。'傳'，指《東家雜記》的作者孔傳。'中憲'，指道輔的官職……傳爲道輔之子舜亮所生，故得稱道輔爲'大夫'。此文以爲杏壇初建在乾興年間（1022）。"據《曲阜縣志》，則又稱道輔於宋真宗天禧二年（1018）建杏壇，壇後爲正殿。清孔繼汾《闕里文獻考》亦載："杏壇在宋以前，本爲廟殿舊址。宋天禧間，四十五代孫道輔監修祖廟，移殿於北，不欲毀其古迹。因《莊子》有'孔子游乎緇帷之林，休坐乎杏壇之上'語，乃除地爲壇，環植以杏，名曰'杏壇'。"據此，杏壇係宋天禧二年所建。據孔子五十一代孫金代孔元措《孔氏祖庭廣記》載，杏壇之初建年代有兩說：一是建於宋真宗天禧五年，二是建於宋真宗天聖二年（1024）。清顧炎武《日知録·杏壇》載："今夫子廟庭中有壇，石刻曰杏壇。《闕里志》：杏壇在殿前，夫子舊居。非也。杏壇之名出自《莊子》，《莊子》曰：孔子游乎緇帷之林，休坐乎杏壇之上。弟子讀書，孔子弦歌鼓琴奏曲……司馬彪云：緇帷，黑林名也。杏壇，澤中高處也。《莊子》書凡述孔子皆是寓言，漁父不必有其人，杏壇不必有其地，即有之亦在水上葦間依陂旁渚之地，不在魯國之中也，明矣。今之杏壇，乃宋乾興間四十五代孫道輔增修祖廟移大殿於後，因以講堂舊基甃石爲壇，環植以杏，取杏壇之名名之耳。"今人彭林《杏壇考》認爲杏壇始建之年應在宋真宗天禧二年，其文曰："上述諸文獻，以《東家廣記》爲最古。其次爲《孔氏祖庭廣記》，此書是孔子第五十一代孫金孔元措所纂，乃合《孔氏祖庭廣記》及《孔氏家譜》，正誤補闕，增益潤飾而成……《闕里志》爲明代所修，年代又在其後。但此書可貴之處是，全錄道輔墓表……按墓表所記，道輔擢太常博士在乾興元年，足見《闕里志》祥符遷太常博士及《東家雜記》

天聖二年以太常博士監修祖廟之説皆誤。又墓表雖未記道輔監修祖廟之年，然其叙事順序爲：'祥符九年宰曲阜、主祠事；繼而入朝上章，請修祖廟；乾興元年遷太常博士，天聖元年爲左正言。'可知修祖廟在祥符與乾興之間。祥符共九年，祥符與乾興間之年號爲天禧。蓋道輔既於祥符九年主祠事，必旋即上章言修宗廟事，帝許其請，撥款銀、木料，及其修成，當在天禧二年。凡言天聖二年者，皆是天禧二年之訛。也有人試圖調停異説，提出'天禧二年始修，天禧五年或乾興元年事成'之説。但是墓表明言'不日而成'，決無數年之理。鄙意，杏壇始建之年在北宋真宗天禧二年。"據上所載，杏壇之外，最早見於《莊子》，但并非孔廟的建築之一，而是指水中高地。作爲孔廟建築之一的杏壇，最早的是山東曲阜孔廟大成殿前的杏壇。它始建於宋真宗天禧二年，係孔子第四十五代孫孔道輔所建。當時是在大殿北移後，在原殿的基礎上，甃石爲臺，環植杏樹。此後歷代多有修葺。金代翰林學士黨懷英親筆篆題"杏壇"石碑。清乾隆帝於其中立《杏壇贊》御碑。唐杜甫《八哀詩·故著作郎貶台户榮陽鄭公虔》："空聞《紫芝歌》，不見杏壇丈。"宋王禹偁《贈浚儀朱學士》詩："潘岳花陰覆杏壇，門生參謁絳紗寬。"明梁辰魚《浣紗記·遺求》："天下英才盡孔門，杏壇設教簇如雲。"清方以智《東西均·道藝》："此白椎所以日轟轟，而杏壇所以日灰冷也。"元明清各代，由於孔廟在各州縣普遍建立，杏壇作爲孔子興教象徵也列入了孔廟的建築體系，且影響到儒學所及的東亞諸國。

第二節 宗祠考

宗祠泛指皇家宗廟、家廟性質的祠堂及社會上的祠廟。《詩·大雅·思齊》云："雝雝在宮，肅肅在廟。"又《周頌·清廟序》："清廟，祀文王也。"鄭玄箋："廟之言貌也。死者精神不可得而見，但以生時之居立宮室，象貌爲之耳。"故古人建築宮室，用以供奉祖先神主，并定時致祭，以示孝道，不忘根本，是謂之廟。天子、諸侯、大夫、士之先祖廟謂之宗廟，庶人無廟，祭於寢。唐杜佑《通典·禮七》曰："昔者先王感時代謝思親立廟曰宗廟。因新物而薦享，以申孝敬，遠祖非一，不可遍追，故親盡而止。唐虞立五廟……夏氏因之，殷制七廟，周制小宗伯掌建國之神位，左宗廟。王立七廟，一壇一墠，曰考廟，曰王考廟，曰皇考廟，曰顯考廟，曰祖考廟，皆月祭之。遠廟爲祧，有二祧，享嘗乃止。去祧爲壇，去壇爲墠有禱焉祭之；無禱乃止，去墠曰鬼。"宗廟是宗法血緣的標志，社稷乃國家之象徵，故周人將宗廟與社稷壇并列，均設於宮前，"左宗廟，右社稷"，亦稱"左祖右社"（《周禮·考工記·匠人》及《小宗伯》）。此乃周人"尊尊親親"思想的具體反映。周人重孝道，將德與孝相提并論，《詩·大雅·卷阿》所謂"有孝有德"乃維繫宗法制度的思想支柱。故體現孝思之祀祖，自必成爲周代之重典。故將宗廟置於宮前而不設於宮中，以示不敢褻瀆祖先之孝心與敬意；且認爲"天道尚左"（《逸周書·武順》），故《匠人》規劃"左祖"，位於皋門內、應門外宮城的左前方，體現了周人宗法的尊祖孝思。周室宗廟自成一區，謂之"京宮"。內建七廟：有大廟，爲周王室始祖之廟；有四小廟，亦稱"四親廟"，即高祖、曾祖、祖、父四廟；又有二祧廟，爲先公之廟。四小廟及祧廟又序昭穆。"京宮"有垣有門，門前置"戒社"，亦稱"勝國之社"，以爲"廟屏"（見《周禮·地官·媒氏》）。京宮內七廟布局：大廟在北居中，四小廟及二祧廟則按世系分爲三昭三穆，依次而南，沿中軸綫對稱布列於大廟左右兩側，昭廟在左，穆廟在右。各廟一律南嚮，各有廟門（見《儀禮·聘禮》）。各廟均爲獨立建築，廟內爲前廟後寢之制，大廟及四小廟有寢，但二祧廟有廟而無寢。廟藏主，寢則陳列衣冠、几杖、象生之具。漢蔡邕《獨斷下》云："宗廟之制：古學以爲人君之居，前有朝，後有寢；終則前制廟以象朝，後制寢以象寢。廟以藏主，列昭穆；寢有衣冠、几杖、象生之具，總謂之宮。"廟有廷，寢亦有廷，此廷即中廷。太室面對中廷。此外，宗廟內尚有"守祧""隸僕"之屬處所及宣榭、射廬、圖室等建築。周代宗廟制度，"天子七廟，三昭三穆與大祖之廟而七；諸侯五廟，二昭二穆與大祖之廟而五；大夫三廟，一昭一穆與大祖之廟而三；士一廟。庶人祭於寢”（《禮記·王制》）。古代王者祭祀宗廟有時享，即四時之祭；亦有祫禘，即合祭先祖之大禮。唐杜佑《通典·禮九》曰：“先王制禮依四時而祭者，時移節變，孝子感而思親，故奉薦味以申孝敬之心，慎終追遠之意。故《禮記》云霜露既降，君子履之必有悽愴之心；雨露既濡，君子履之必有怵惕之感。皆以孟月無常日，擇月中柔日卜得吉，則祭之敬之至也。有虞氏四時之祭名：春曰礿，夏曰禘，秋曰嘗，冬曰烝。其祭尚氣，《郊特牲》云血腥爓祭用氣也。法先迎牲殺之取血，告於室，以降其神，然後用樂而行祭事，其祭貴首。夏氏時祭之名因有虞，而祭貴心。殷，礿禘嘗烝，亦因虞夏之制。《王制》云春礿夏禘秋嘗冬烝，其祭尚聲。《郊特牲》云：臭味未成，滌蕩其聲，樂三闋然後出迎牲，聲音之號所以昭告於天地之間也，其祭貴肝。周祭春曰祠，夏曰礿，秋曰嘗，冬曰烝，以禘爲殷祭之名，其祭尚臭……其祭貴肺，行九獻之禮。”又曰：“古者天子諸侯三年喪畢，皆合先祖之神而享之，以生有慶集之懽，死亦應備合食之禮，緣生以事死因天道之成而設禘祫之享，皆合先祖之神而享之。虞夏先王崩，新王元年、二年喪畢而祫；三年，春特礿，夏特禘，秋特嘗，冬特烝；四年，春特禘，夏祫礿，秋祫嘗，冬祫烝。每間歲皆然，以終其代。殷先王崩，新王二年喪畢而祫；三年，春特礿，夏特禘，秋特嘗，冬特烝；四年，春特礿，夏祫禘，秋祫嘗，冬祫烝。周制：天子諸侯三年喪畢禪祭之後，乃祫於太祖，來年春禘於群廟，爾後五年再殷祭，一禘一祫，禘以夏，祫以秋。”

宗廟四時之祭，歷代沿襲不變；祫禘之禮，西漢并未沿用古制，而以殷祭之禮代之。所謂殷祭，即大祭也。漢蔡邕《獨斷》曰：“漢家不言禘祫，五年而再殷祭。”東漢光武帝恢復祫禘之禮，後世歷代沿用。《後漢書·祭祀志下》：“〔光武帝建武〕二十六年，有詔問張純禘祫之禮不施行幾年。純奏：‘禮，三年一祫，五年一禘。毀廟之主陳於太祖，未毀廟之主皆升合食太祖，五年再殷祭。舊制三年一祫，毀廟主合食高廟，存廟主未嘗合。元始五年始行禘禮，父爲昭，南嚮；子爲穆，北嚮，父子不並坐而孫從王父。禘之爲言諦，諦諟昭穆尊卑之義，以夏四月陽氣在上，陰氣在下，故正尊卑之義。祫以冬十月，五穀成熟，故骨肉合飲食。祖宗廟未定，且合祭，今宜以時定。’語在《〔張〕純傳上》。難復立廟，遂以合祭高廟爲常。後以三年冬祫，五年夏禘之時，但就陳祭毀廟主而已，謂之殷。太祖東面，惠文、武、元帝爲昭，景、宣帝爲穆。惠、景、昭三帝非殷祭時不祭。”

宗廟祫禘之祭，歷代經傳說解不一，或禘祫分稱而別義，或禘祫合稱而義同，故歷代祫禘之禮亦不盡相同。至清代則衹有祫禮而無禘禮。《清史稿・禮志五》云："祫祭。歷代禘祫分祭禮説，繽繽罔衷古訓。清制有祫無禘。除夕饗廟實始太宗，世祖本之著爲祭典。順治十六年，左副都御史袁懋功請舉祫祭，以彰孝治。乃定歲除前一日大祫，移後殿中殿神主奉前殿四祖，太祖南嚮，太宗東位西嚮。先一日遣官告後殿中殿至齋視牲，屆日世祖親詣禮如時饗。自是，歲以爲常，尋定祫祭，樂舞陳殿外。康熙時，御史李時謙請行禘祭，禮臣張玉書上言：'考禮制，言禘不一：有謂虞夏禘黃帝，殷周禘嚳，皆配祭圜丘者；有謂祖所自出爲感生帝而祭之南郊者；有謂圜丘、方澤、宗廟爲三禘者。先儒皆辯其非，而宗廟之禘説尤不一：或謂禘止及毀廟，或謂長髮時爲殷禘，《雍》詩爲周禘，而親廟毀廟兼祭者。唯唐趙匡、陸淳以爲禘異於祫，不兼群廟。王者立始祖廟，推祖所自出之帝，以始祖配之，故名禘。至三年一祫，五年一禘説，始漢儒，後人宗之。漢唐宋，禘禮並未考，始祖所自出，止五歲中合群廟之祖行祫禘於宗廟而已。大抵夏商以前有禘祭，而厥制莫詳。漢唐以後有禘名而與祫無別。周以后稷爲始祖，以帝嚳爲所自出，而太廟中無嚳位，故祫祭不及，至禘祭乃設嚳位，以稷配焉。行於後代不能盡合，故宋神宗罷禘禮。明洪武初或請舉行，衆議不果。嘉靖中乃立虛位祀皇太祖，帝以太祖配事涉不經禮，亦旋罷。國家初定鼎，追上四祖尊稱，立廟崇祀。自肇祖、始太祖，功德隆盛，當爲萬世廟。祖而推所自出，則締造大業，肇祖最著。今太廟祭禮，四孟分祭前後殿，以各申其尊。歲暮祫饗前殿以同將其敬，一歲屢申祼獻，仁孝誠敬，已無不極，五年一禘可不必行。'遂寢其議。乾隆三十七年大祫，帝親詣肇祖位前上香，餘遣皇子親王分詣復位，行禮如常儀，詣廟節文減之，如時饗。六十年將屆歸政，九廟俱親上香。嘉慶四年定歲暮祫祭，前殿座位視時饗。咸豐八年，文宗疾，甫平親王代行祫祭，然先祭時猶親詣拜跪焉。其因時祫祭者，古禮天子三年喪畢，合先祖神饗之，謂之吉祭。雍正二年，吏部尚書朱軾言：皇上至仁大孝，喪三年如一日，今服制竟請祫祭太廟，即吉釋哀制可。明年二月，帝詣廟行祫祭，如歲暮大祫儀。自後，服竟行祫祭仿此。"

古時還設五祀或七祀之祭於宗廟。殷制五祀：曰户，曰竈，曰中霤，曰門，曰行。凡五祀皆於廟門，天子與諸侯大夫同（見唐杜佑《通典・禮十一》）。周制天子七祀。諸侯五祀，大夫三祀，適士二祀，庶人一祀。《禮記・祭法》云："王爲群姓立七祀：曰司命，曰中霤，曰國門，曰國行，曰泰厲，曰户，曰竈。王自爲立七祀。諸侯爲國立五祀：曰司命，曰中霤，曰國門，曰國行，曰公厲。諸侯自爲立五祀。大夫立三祀：曰族厲，曰門，曰行。適士立二祀：曰門，曰行。庶士、庶人立一祀：或立户，或立竈。”鄭玄注：“此非大神所祈報大事者也。小神居人之間，司察小過，作譴告者爾。《樂記》曰：‘明則有禮樂，幽則有鬼神。’鬼神謂此，與司命主督察三命；中霤主堂室、居處；門、户主出入；行主道路、行作；厲主殺罰；竈主飲食之事。”周代天子七祀、諸侯五祀均於宗廟分時祭祀。春，萬物觸户而出，亦爲陽氣之生，欲由之，故祭户。夏主長養萬物；竈者，火主之，人所以自養也，故夏日祭竈。秋，萬物成熟，將納之從外而入内自守；門者所以閉藏，故於秋日祭國門。冬主萬物歸藏；農閑，人忙於道路之上，故冬日祭國行。六月土王而祭中霤，象土位在中央也。春祀司命，秋祀泰厲。兩漢、魏、晋及隋之制均爲五祀。唐開元中制祭禮，襲用周制七祀，各因時享祭於廟庭。宋、金、元沿用唐制，四時分祭於太廟：立春於廟室祭户，在廟門之西祭司命。立夏於廟門之東祭竈。立秋於廟門外之西祭門、厲。立冬在廟門外之西祭行。季夏土王日於廟庭之中祭中霤。明洪武八年（1375）定五祀之禮：孟春祀户，設壇於皇宫門，左司門主之；孟夏祀竈，設壇於御厨，光禄寺官主之；孟秋祀門，設壇於午門，左司門主之；孟冬祀井，設壇於乾清宫丹墀，内官主之。四孟以有事，太廟日季夏以土王日，牲用少牢，制可後定，中霤於奉天殿外文樓前。又歲暮合祭五祀於太廟西廡下，太常寺官行禮。成祖永樂年間改定“四孟”祭户、竈、門、井於“四立”日，即立春祀户，立夏祀竈，立秋祀門，立冬祀井，季夏土壬後戊日祀中霤。皆遣内臣祭。歲暮，太常寺少卿合祀於太廟丹墀西，東嚮。（見《續通典·第九吉禮·天子七祀》）清制五祀，《清史稿·禮志一》曰：“初循舊制，每歲暮合祭太廟西廡下。順治八年定制，歲孟春宫門外祭司户神，孟夏大庖前祭司竈神，季夏太和殿階祭中霤神，孟秋午門西祭司門神，孟冬大庖井前祭司井神。中霤、門午門二祀，太常寺掌之；户、竈、井三祀，内務府掌之。於是始分祭，旋復故。逮聖祖釐祀典再罷之，並停專祀，惟十二月二十三日宫中祀竈以爲常。”現存天子宗廟僅有位於北京天安門東側的“太廟”，此爲明清兩代皇家祖廟。始建於明永樂十八年（1420），嘉靖、萬曆與清順治年間曾多次重修。乾隆元年（1736）大加修繕，歷時四年之久。乾隆退位前又將主要建築全部擴建。太廟占地總面積爲 139650 平方米，平面呈南北嚮長方形，正門在南，四周有圍墻三重。其主建築爲三進大殿及配殿，殿宇均爲黄琉璃瓦頂，建築雄偉壯麗。前面有琉璃磚門與戟門各一座，兩門之間有七座石橋。前殿面闊十一間，進深四間，重檐廡殿頂，周有三重漢白玉須彌座式臺基，臺基四周圍以石護欄。其主要梁柱外包沉香木，其餘木構件均爲金絲楠木，天花板及柱皆貼赤金花，工藝製作精細。太廟雖經清代改建，然其規制及木石部分仍保持原構，是北京最完整的明清建築群之一。太廟以古柏著名，樹齡高達數百年。

古代天子、諸侯祭祀祖先之處曰"宗廟"，漢以後皇帝宗廟亦稱"太廟"。而民間祭祖之廟則稱"祠堂"或"家廟"，亦定時拜祭，以盡孝道。至於文廟與武廟以及一切杰出人物的廟宇，其實也是一種由宗廟性質演變而來的禮制建築。然而，那些供奉在廟宇中的歷史上杰出人物的偶像，已被人們當作神祇膜拜，早已超越了宗廟性質的界限，與神廟等宗教建築相差無幾。

宗　廟

宗廟

古代天子諸侯祭祀祖宗的宮舍。文獻記載，周代宗廟有五廟制與七廟制。《禮記・喪服小記》："王者禘其祖之所出，以其祖配之而立四廟。""祖"指始祖，"四廟"指高祖、曾祖、祖、父四廟，計爲五廟，這便是五廟制。《周禮・春官・小宗伯》："辨廟祧之昭穆。"又《天府》載："掌祖廟之守藏。"又《夏官・祭僕》載："大喪，復於小廟。"從《周禮》所載這三條職文，可知有"祖廟""小廟"與"祧"。"祖廟"即"大廟"，爲周王室始祖之廟。"小廟"亦稱"四親廟"，即高祖以下之廟。"祧"爲先公之廟。《周禮・春官・小宗伯》"辨廟祧之昭穆"漢鄭玄注："祧，遷主所藏之廟。自始祖之後，父曰昭，子曰穆。""祧"與"廟"一樣，亦序昭穆，故有二祧。合計共爲七廟。《禮記》之《王制》《祭法》《禮器》等記載與《周禮》相同，亦爲七廟制。周制，天子七廟，諸侯五廟。《禮記・王制》載："天子七廟，三昭三穆，與大祖之廟而七。諸侯五廟，二昭二穆，與大祖之廟而五。"西周金文中之"京宗""京宮"，即指宗廟（見西周

銘文《甲戌鼎》）。因太王原住在"京"，其地建有宗廟，故稱。宗廟是宮廷區的一個組成部分，王城七廟均集中在京宮之內，屬宮廷區的一個社區。宗廟是周人宗法制度的表徵，亦爲宗法血緣政治的標志。宗廟與社稷并列。《周禮・考工記・匠人》有"左祖右社"的記載，這正是"尊尊親親"思想在王城規劃上的反映。周人重孝，把孝與德并提。因此，體現孝思的祀祖，自必成爲周代之重典。不僅宗廟制度極爲嚴格，對宗廟位置的安排亦十分鄭重。爲表示不敢褻瀆祖先之敬意，故宗廟不設於宮中，而置於宮前區，且認爲"天道尚左"（《逸周書・武順》），故《周禮・考工記・匠人》規定"左祖"。這個位置體現周人宗法的尊祖孝思，故將宗廟設於皋門內應門外宮城之左前方。王城七廟設在京宮內，自成一區，即宮前區三個社區之一。此區有垣有門。京宮內七廟布局爲大廟在北居中，小廟（四親廟）及兩祧廟則按世系分三昭三穆，依次而南，沿中軸綫對稱布列在大廟左右兩側。昭廟在左，穆廟在右。各廟一律南嚮，各有廟門。各廟均爲獨立建築，七廟組成自成一個社

區的建築群（京宮）。廟内爲前廟後寝之制。大廟與四親廟（小廟）有寝，但兩祧廟祇有廟而無寝。廟藏主，寝則陳列衣冠、几杖、象生具。廟有廷，寝亦有廷，即金文之中廷，太室面對中廷。西周銅器《大克鼎銘》云：“王才宗周。且，王各穆廟，即立。緟季右善夫克入門，立中廷，北嚮。”《匠人》記載的王城是按井田方格網系統規劃的，“夫”是這個系統規劃用地單位，也是它的基本網格。按照宗廟區（京宮）規劃要求，在皋門内應門外宮城前的外朝左側，劃出六個基本網格，即六“夫”之地，作爲“京宮”的用地。也就是説，京宮的占地規模爲南北三百步，東西二百步。宗廟是王城的重要建築，除祭祀外，有些大典亦於宗廟舉行，王常在宗廟活動，故用地較多。宗廟之制，始於周，歷代沿襲，直達明清。今北京市勞動人民文化宮即明清兩朝宮廷區的宗廟。

【宗】

即宗廟。《説文·宀部》：“宗，尊祖廟也。”《書·大禹謨》：“正月朔旦，受命于神宗。”孔傳：“神宗，文祖之宗廟。言神，尊之。”《詩·大雅·鳬鷖》：“既燕于宗，福禄攸降。”孔穎達疏：“既來與王燕於宗廟。”《左傳·成公三年》：“若從君之惠而免之，以賜君之外臣首，首其請于寡君而以戮于宗，亦死且不朽。”《孔子家語·哀公問政》：“故築爲宮室，設爲宗祧，春秋祭祀，以別親疏。”王肅注：“宗，宗廟也。”

【廟】[1]

即宗廟。《説文·广部》：“廟，尊先祖貌也。”段玉裁注：“古者廟以祀先祖，凡神不爲廟也。爲神立廟者，始三代以後。”朱駿聲通訓定聲：

“周制天子七廟，太祖四親之外，有文武世室二祧也。諸侯五廟，大夫三廟，士一廟。其制太祖廟在中，昭東穆西，皆别爲宮院。凡親過高祖，則毀其廟，以次而遷。”《詩·大雅·思齊》：“雝雝在宮，肅肅在廟。”又《周頌·清廟序》：“清廟，祀文王也。”鄭玄箋：“廟之言貌也。死者精神不可得而見，但以生時之居立宮室，象貌爲之耳。”《遼史·禮志一》：“詣太祖廟。”清田雯《碧嶢書院歌吊楊升庵》：“當時世廟議大禮。”亦特指西漢帝王自立之生祠。清趙翼《廿二史劄記·漢帝多自立廟》：“西漢諸帝多生前自立廟。《漢書·本紀·文帝》：‘四年，作顧成廟。’注：‘帝自爲廟，制度狹小，若可顧望而成者。’賈誼策有云：‘使顧成之廟爲天下太宗。’即指此也。”

【宮】[3]

即宗廟。《詩·召南·采蘩》：“于以用之？公侯之宮。”毛傳：“宮，廟也。”《公羊傳·文公十三年》：“周公稱太廟，魯公稱世室，群公稱宮。”

【宗祧】

即宗廟。《左傳·襄公二十三年》：“紇不佞，失守宗祧，敢告不吊。紇之罪，不及不祀。”杜預注：“遠祖廟爲祧。”唐陸贄《奉天改元大赦制》：“朕嗣守丕構，君臨萬方，失守宗祧，越在草莽。”清趙翼《兒觥歸趙歌》：“是宜什襲逾瓊瑶，長與腊毺藏宗祧。”

【宮廟】

即宗廟。《史記·天官書》：“宮廟邸第，人民所次。”晋摯虞《太康頌》：“洋洋四海，率禮和樂；穆穆宮廟，歌雍咏鑠。”南朝梁江淹《擬袁太尉從駕淑》詩：“宮廟禮哀敬，粉邑道嚴玄。"《宋史·樂志七》："紹興十三年，初舉郊祀，命學士院製宮廟朝獻及環壇行禮、登門肆赦樂章，凡五十有八。"

【高廟】

即宗廟。《後漢書·光武帝紀上》："〔光武建武二年正月〕壬子，起高廟，建社稷於洛陽，立郊兆於城南。"李賢注："光武都洛陽，乃合高祖以下至平帝爲一廟，藏十一帝主於其中。"

昭

古代宗廟排列次序，始祖居中，父子依次爲昭穆。左爲昭，右爲穆。排列在始祖廟左側的二、四、六世祖廟曰"昭"，排列在始祖廟右側的三、五、七世祖廟曰"穆"。始祖廟居中，以下父子（祖、父）遞爲昭穆，父爲昭，子爲穆；左爲昭，右爲穆。周制：天子有七廟，諸侯五廟，大夫三廟。《禮記·王制》曰："天子七廟，三昭三穆與大祖之廟而七；諸侯五廟，二昭二穆與大祖之廟而五；大夫三廟，一昭一穆與大祖之廟而三。"《左傳·定公四年》："曹，文之昭也；晉，武之穆也。"《資治通鑑·唐順宗永貞元年》："高宗在三昭三穆之外，請遷主於西夾室。"

穆

古代宗廟制度排列次序中在右側的祖先。《周禮·春官·小宗伯》："辨廟祧之昭穆。"鄭玄注："父曰昭，子曰穆。"《禮記·中庸》："宗廟之禮所以序昭穆也。"清毛奇齡《廟制折衷·昭穆》："南面爲昭，以其向陽；北面爲穆，以其向幽，此昭穆之名所由始也。"

上宮[1]

陵園中天子之祖廟。北魏酈道元《水經注·河水三》："上宮神廟近東北隅，其中塞實雜

物。"《舊唐書·五行志》："〔貞元〕八年三月丙子，大風拔崇陵上宮衙殿西鴟尾。"《宋史·禮志二十六》："凡上宮用牲牢、祝冊，有司奉事；下宮備膳羞，内臣執事，百官陪位。"

下宮

陵園中天子之女性祖廟。《禮記·文王世子》："諸子諸孫，守下宮下室。"鄭玄注："下宮，親廟也。"《新五代史·溫韜傳》："周太祖能鑒韜之禍，其將終也，爲書以遺世宗……既葬，刻石以告後世，毋作下宮，毋置守陵妾，其意丁寧至切。"按，三昭三穆之内爲親廟。

太廟

亦稱"太宮""太寢"。帝王的祖廟。《論語·八佾》云："子入太廟，每事問。"《吕氏春秋·孟春》云："執爵於太寢。"高誘注："太寢，祖廟也。"《晏子春秋·雜上三》曰："崔杼既弒莊公而景公，杼與慶封相之，劫諸將軍大夫及顯士庶人于太宮之坎上，令無得不盟者。"唐韓愈《請遷玄宗廟議》曰："新主入廟，禮合祧藏太廟中第一夾室。"宋梅堯臣《祫禮頌聖德》詩云："宿於太宮，月星皓皓。"宋岳珂《桯史·張紫微原芝》曰："會連歲芝生太宮，百執事多進

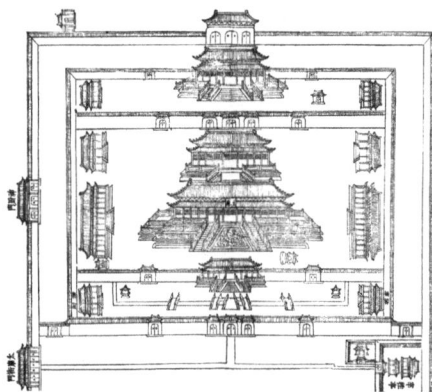

太廟
（清蔣廷錫等《古今圖書集成》）

頌詩。"清昭槤《嘯亭雜録・内務府定制》曰："其祭儀祭器，一如太廟之制。"

【太宫】

即太廟。此稱先秦時期已行用。見該文。

【太寢】

即太廟。此稱先秦時期已行用。見該文。

【清廟】

即太廟。《詩・周頌・清廟》："於穆清廟，肅雝顯相。"《左傳・桓公二年》："是以清廟茅屋……昭其儉也。"《文選・司馬相如〈上林賦〉》："登明堂，坐清廟。"李善注引郭璞曰："清廟，太廟也。"清孫致彌《咏史次王玠右先生韻》："但聽臨春歌玉樹，不聞清廟奏朱弦。"章炳麟《訄書・訂文》："清廟之所奏，同律之所被，著於賦頌者，四千名而足。"

宗祊

宗廟、家廟。祊，宗廟門内設祭之處。《左傳・襄公二十四年》："若夫保姓受氏，以守宗祊，世不絶祀，無國無之。"《國語・周語中》："今將大泯其宗祊，而蔑殺其民人，宜吾不敢服也。"韋昭注："廟門謂之祊。宗祊，猶宗廟也。"晋陸機《辯亡論》上："〔武烈皇帝〕遂掃清宗祊，蒸裡皇祖。"明何景明《壽母賦》："仰令則于家人兮，夙孝著于宗祊，固聖善之慈惠兮，爰日臻於嘉祥。"清孫枝蔚《覽古》詩之一："誚君須作吊，禍將及宗祊。"

宫觀[1]

亦稱"宫館"。祠廟。《史記・封禪書》："卿曰：'仙者，非有求人主，人主者求之。其道非少寬假，神不來。言神事，事如迂誕，積以歲乃可致也。'於是郡國各除道，繕治宫觀、名山、神祠，所以望幸也。"《漢書・郊祀志上》：

"於是郡國各除道，繕治宫館、名山、神祠，所以望幸矣。"

【宫館】[1]

即宫觀[1]。此稱漢代已行用。見該文。

神廟

帝王之宗廟。唐李商隱《南朝》詩："敵國軍營漂木柹，前朝神廟鎖烟煤。"清余蕭客《古經鈎沉》卷一一："人君既葬之後，日中虞祭，即作木主，以存神廟。"

廟祧

泛指祖廟。《周禮・春官・小宗伯》："辨廟祧之昭穆。"漢張衡《東京賦》："躬追養於廟祧，奉蒸嘗與禴祠。"宋王安石《覃恩昭憲杜皇后孝惠賀皇后淑德君皇后孫伛等轉官制》："予大祭於廟祧，而哀夫先後之家寢替而不章，乃詔有司博求其世。"

【祧廟】[1]

即廟祧。《漢書・王莽傳中》："莽又曰：'予前在攝時建郊宫，定祧廟，立社稷。'"顔師古注："遠祖曰祧。"《舊五代史・禮志下》："今太廟見饗，高祖、太宗、懿宗、昭宗、獻祖、太祖、莊宗七廟，太祖景皇帝在祧廟之數，不列廟饗。"

祧[1]

始祖廟。《儀禮・聘禮》："不腆先君之祧。"《左傳・襄公九年》："君冠，必以祼享之禮行之，以金石之樂節之，以先君之祧處之。"杜預注："諸侯以始祖之廟爲祧。"

祧[2]

亦稱"祧廟"。遠祖廟。《禮記・祭法》："遠廟爲祧。"孫希旦集解："蓋謂高祖之父、高祖之祖之廟也。謂之遠廟者，言其數遠而將遷也。"《漢書・王莽傳中》："建郊宫，定祧廟。"

唐韓愈《禘祫議》曰："其毀廟之主，皆藏於祧廟。"清昭槤《嘯亭雜錄·太廟後殿》："是日，已於奉先殿告祭，故太廟惟祭祧廟云。"

【祧廟】[2]

即祧[2]。此稱漢代已行用。見該文。

七廟

古代天子祭祀先祖之七廟，即四親廟父廟、祖廟、曾祖廟、高祖廟，以及二祧（遠祖）與始祖廟。後以七廟泛指帝王供奉祭祀祖先的宗廟。《禮記·王制》："天子七廟，三昭三穆與太祖之廟而七。"唐楊炯《盂蘭盆賦》："上可以薦元符於七廟，下可以納群動於三車。"

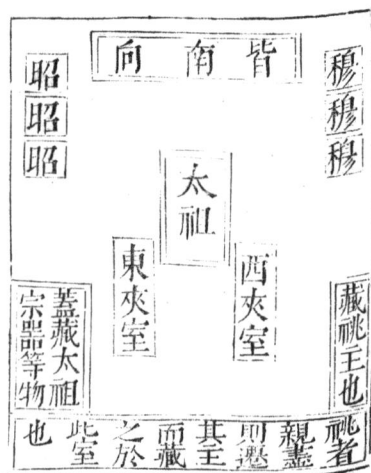

七　廟
（明王圻等《三才圖會》）

【極廟】[1]

即七廟。規格最高的寢廟。《史記·秦始皇本紀》："二世下詔，增始皇寢廟犧牲及山川百祀之禮。令群臣議尊始皇廟。群臣皆頓首言曰：'古者天子七廟，諸侯五，大夫三，雖萬世世不軼毀。今始皇爲極廟，四海之內皆獻貢職，增犧牲，禮咸備，毋以加。"

五廟

古代諸侯祭祀先祖之五廟，即父廟、祖廟、曾祖廟、高祖廟、始祖廟。《禮記·祭法》曰："諸侯立五廟，一壇一墠。曰考廟，曰王考廟，曰皇考廟，皆月祭之。顯考廟、祖考廟享嘗乃止。"《公羊傳·莊公三年》載曰："諸後五廟，以存姑姊妹。"清姚鼐《與許孝廉慶宗書》曰："當七廟、五廟無虛主。"

四廟

高祖、曾祖、祖父、父四代祖廟。《禮記·喪服小記》："王者禘其祖之所自出，以其祖配之，而立四廟。"鄭玄注："高祖以下與始祖而五。"孔穎達疏："而立四廟者，既有配天始祖之廟，而更立高祖以下四廟，與始祖而五也。"清方苞《教忠祠規序》："古者建國始得立五廟，北宋以前猶有四廟、三廟、二廟之制。"

行廟

天子巡幸或大軍出征臨時所立之廟，用以祭祖。《晉書·溫嶠傳》："嶠於是創建行廟，廣設壇場，告皇天、后土、祖宗之靈，親讀祝文，聲氣激揚，流涕覆面，三軍莫能仰視。"《魏書·高祖紀下》："乙未，解嚴，設壇於滑臺城東，告行廟以遷都之意。"

太室[1]

亦作"大室"。太廟中央之室。《書·洛誥》："王入太室裸。"孔穎達疏引王肅："太室，清廟中央世室。"《周禮·考工記·匠人》曰："夏后氏世室，堂修二七，廣四修一。五室三四步。四三尺。"鄭玄注："世室者，宗廟也。"賈公彥疏："中央之室大一尺者，以其在中，號爲大室，故多一尺也。"《左傳·文公十三年》載曰："大室屋壞。"杜預注："大廟之室。"宋歐陽修《明堂慶成》詩云：“九筵嚴太室，六變導和聲。”

【大室】[1]

同“太室”。此體先秦時期已行用。見該文。

廟[2]

指宗廟的前殿。周制，宗廟有廟有寢，前曰廟，後曰寢。《禮記·月令》：“〔仲春之月〕是月也，耕者少舍，乃修闔扇，寢廟畢備。”鄭玄注：“凡廟，前曰廟，後曰寢。”孔穎達疏：“前曰廟後曰寢者，廟是接神之處，其處尊，故在前；寢，衣冠所藏之處，對廟爲卑，故在後。”《宋史·禮志九》：“宋祁言：‘周制有廟有寢，以象人君前有朝，後有寢也。廟藏木主，寢藏衣冠。’”

【廟廷】[1]

即廟[2]。亦作“廟庭”。《三國志·魏書·齊王芳傳》：“〔正始五年〕冬十一月癸卯，詔祀故尚書令荀攸於太祖廟廷。”《宋史·真宗紀一》：“以太師贈濟陽郡王曹彬，配饗太祖廟庭。”明田藝蘅《留青日札·姚廣孝》：“廣孝贈榮國公，

謚恭靖，配享成祖廟廷。”

【廟庭】[1]

同“廟廷[1]”。此體宋代已行用。見該文。

廟堂[1]

太廟之殿堂。《禮記·禮器》：“廟堂之上，罍尊在阼，犧尊在西；廟堂之下，縣鼓在西，應鼓在東。”晉葛洪《抱朴子·名實》：“故廟堂有枯楊之瑚簋，窮谷多不伐之梓豫也。”

寢殿[1]

宗廟中收藏祖先衣冠的殿堂。位於宗廟之後殿，前爲廟，後爲寢。《清史稿·禮志五》：“古者廟前寢後，廟以祭饗，今前殿是；寢以藏衣冠，今中殿後殿是。茲所當議者，藏衣冠寢殿耳。應就中殿左建寢殿，祭饗仍在前殿。”

閟

宗廟之門。《爾雅·釋宮》：“閟謂之門。”郝懿行義疏：“門，廟門也。”《詩·周頌·絲衣》：“自堂徂基。”清馬瑞辰通釋：“祊通作閟。《爾雅·釋宮》：‘閟謂之門。’”

祠　堂

祠堂[1]

古代祭祀祖宗之廳堂。《漢書·兩龔傳》：“〔龔〕勝因敕以棺斂喪事，衣周於身，棺周於衣，勿隨俗動吾冢、種柏作祠堂。”顏師古注：“若葬，多設器臿，則恐被掘。故云‘動五冢’也，亦不得種柏及作祠堂，皆不隨俗。”《三國志·魏書·郭皇后傳》：“及孟武母卒，欲厚葬，起祠堂，太后止之。”宋司馬光《文潞公家廟碑》：“先王之制，自天子至於官師皆有廟……

〔秦〕尊君卑臣，於是天子之外，無敢營宗廟者。漢世公卿貴人多建祠堂於墓所。”《儒林外史》第三二回：“像臧三爺的廩，是少爺替他補，公中看祠堂的房子，是少爺蓋，眼見得學院不日來考，又要尋少爺修理考棚。”

【宗祠】

即祠堂[1]。《晉書·禮志上》：“《尚書》‘禋于六宗’，諸儒互説，往往不同。王莽以《易》六子，遂立六宗祠。”《宋書·禮志一》：“漢安帝

祠堂
（明王圻等《三才圖會》）

元初六年，立宗祠於國西北城亥地，祠儀比泰社。”清劉大櫆《方氏支祠碑記》：“然吾以爲後世之宗祠，猶有先王宗法之遺意，彼其所謂統宗之祠，族人莫不宗焉。”《紅樓夢》第一〇四回：“次日一早，至宗祠行禮，衆子侄都隨往。”

【祠室】

即祠堂[1]。《漢書·張禹傳》曰：“禹年老自治冢塋，起祠室。”《後漢書·清河孝王慶傳》曰：“朝廷大恩，猶當應有祠室，庶母子並食，魂靈有所依庇。”

家廟

宗祠，祖廟。古時有官爵者方可建家廟，作爲祭祀祖先的場所。上古謂之宗廟，唐始創私廟，宋改稱“家廟”，歷代沿用。宋趙彥衛《雲麓漫鈔》卷二：“文潞公作家廟，求得唐杜岐公舊址。”《宋史·禮志十二》：“慶曆元年，南郊赦書，應中外文武官並許依舊式立家廟。”清袁枚《隨園隨筆·風水客》：“先生發憤集房族百餘人，祭家廟畢，持香禱於天。”

【家祠】

即家廟。清俞樾《春在堂隨筆》卷三：“今家祠有屋宇十八區。清明大祭，十八派皆有至者。”

祠　廟

祠廟

亦稱“祠”“祠堂”。古代祭祀神祇及先賢的廟堂。漢袁康《越絶書·德序外傳記》：“越王句踐既得平吳，春祭三江，秋祭五湖，因以其時爲之立祠，垂之來世，傳之萬載。”《漢書·宣帝紀》：“修興泰一、五帝、后土之祠，祈爲百姓蒙祉福。”又《循吏傳·文翁》：“文翁終於蜀，吏民爲立祠堂，歲時祭祀不絕。”北魏酈道元《水經注·泗水》：“吏民親事，皆祭亞父於居巢廳上，後更造祠於郭東，至今祀之。”唐杜甫《謁先主廟》詩：“舊俗存祠廟，空山泣鬼神。”又《蜀相》詩：“丞相祠堂何處尋，錦官城外柏森森。”宋岳珂《桯史·尊堯集表》曰：“余後因讀《夷堅支乙》，見其記優人嘗因對御，戲設孔子正坐。顏、孟與安石侍側，孔子命之坐，安石揖孟子居上，孟辭……往復未決。子路在外，憤憤不能堪，徑趨從祀堂，挽公冶長臂而出。”明常倫《過韓信嶺》詩：“帶礪山河在，丹青祠廟新。”劉師培《論說部與文學之關係》：“巷議街談，輾轉相傳……甚至記壇宇而陳儀迹，因祠廟而述鬼神。”

【祠】

即祠廟。此稱漢代已行用。見該文。

【祠堂】[2]

即祠廟。此稱漢代已行用。見該文。

【祠宇】

即祠廟。亦稱"祠屋"。《文選·夏侯湛〈東方朔畫贊〉》："徘徊路寢，見先生之遺像；逍遥城郭，觀先生之祠宇。"張銑注："祠宇，亦廟也。"北魏酈道元《水經注·淄水》："《列仙傳》曰，鹿皮公者，淄川人也。少爲府小吏，才巧，舉手成器。山岑上有神泉，人不能到……數十日梯道成，上其巔作祠屋。"唐杜甫《咏懷古迹》之四："武侯祠屋常鄰近，一體君臣祭祀同。"《新唐書·王仲舒傳》："除江西觀察使……有爲佛老法，興浮屠祠屋者，皆驅出境。"清顧炎武《勞山歌》："八神祠宇在其内，往往棋置生金銅。"黄鈞《錦城紀游》詩："杜公祠宇春容老，堂上槐陰一尺深。"

【祠屋】

即祠宇。此稱南北朝時期已行用。見該文。

【神廬】

即祠廟。《管子·五行》："貨暉神廬，合於精氣。"尹知章注："神廬，謂廟祠也。"

【神祠】

即祠廟。《史記·萬石張叔列傳》："天子巡狩海内，修上古神祠，封禪，興禮樂。"《北齊書·慕容儼傳》："〔慕容〕儼導以忠義，又悦以安之，城中先有神祠一所，俗號城隍神，公私每有祈禱，於是順卒之心。"明劉若愚《酌中志·大内規制紀略》："〔文華〕殿之東曰神祠，内有一井，每年祭司井之神於此。"

神宮

亦稱"神庭"。祭奠神靈的神廟、神殿。三國魏阮籍《大人先生傳》："先生過神宮而息，漱吾泉而行，迴乎逌而游覽焉。"南朝梁沈約《梁宗廟登歌》之七："神宮肅肅，靈寢微微。"《隋書·禮儀志三》："古者天子征伐，則宜於社，造于祖，類于上帝……戰勝，則各報以太牢，又以太牢賞用命戰士于祖，引功臣入旌門，即神庭而授版焉。又罰不用命於社，即神庭行戮訖，振旅而還。"宋沈遘《奉祠西太乙宮賦》："戒前期之三日兮，祇祓而造乎神庭。"

【神庭】

即神宮。此稱隋代已行用。見該文。

【神屋】

即神宮。北魏酈道元《水經注》引《魏土地記》："趙襄子既害代王，迎姊，姊代夫人。夫人曰：'以弟慢夫，非仁也，以夫怨弟，非義也。'磨笄自刺而死，使者自殺。民憐之，爲立神屋於山側。"元戴表元《陪阮使君游玉几》詩云："神屋晝飛青礒磹，靈潭陰罩赤蜿蜒。"

【神堂】

即神宮。《後漢書》卷七七上考證"珊瑚碧樹周阿而生"注：《漢武故事》曰：'武帝起神堂，植玉樹，葺珊瑚爲枝。'"唐白居易《草茫茫》詩："一朝盜掘墳陵破，龍槨神堂三月火。"明沈常《再生紀異録》云："元宵夜，月夜澄湛，皎如白日。邑前神堂火起，嚴大尹拜滅之。戒市人勿張燈。"

【壽宮】

即神宮。《楚辭·九歌·雲中君》："蹇將憺兮壽宮，與日月兮齊光。"王逸注："壽宮，供神之處也。祠祀皆欲得壽，故名爲壽宮也。"《史記·封禪書》："大赦，置壽宮神君。"《漢書·郊祀志下》："於是上病癒，遂起，幸甘泉，病良已。大赦，置壽宮神君。神君最貴者曰太一。"顏師古注引臣瓚曰:"壽宮,奉神之宮也。"

【祠舍】

即神宫。漢應劭《風俗通·怪神·鮑君神》曰:"治病求福,多有效驗。因爲起祠舍,衆巫數十,帷帳鐘鼓,方數百里皆來禱祀,號鮑君神。"

堂子 [2]

指佛堂、神龕。元關漢卿《救風塵》第三折:"你(周舍)若休了媳婦,我不嫁你,我著堂子裏馬踏殺,燈草打折臁兒骨。"《初刻拍案驚奇》卷二〇:"主家間壁是一座酒肆……店前一個小小堂子,供著五顯靈官。"

黄帝陵

在陝西黄陵城北橋山上。相傳漢武帝征朔方經由此地,始建祭臺。後歷代皆有修葺。黄帝,號軒轅,遠古氏族部落的首領,被尊奉爲華夏各族的共同祖先之一。陵今高3.6米,周圍48米。墓前立碑亭,内置石碑,上鐫"橋陵龍馭"四字。再前置"古軒轅黄帝橋陵"碑,係清乾隆四十二年(1777)陝西巡撫畢沅立石。陵南側有高大土臺,臺側立"漢武仙臺"碑,蓋記漢武帝征朔方來歸,築臺祈仙事。山麓有黄帝廟,内有山門、殿廡等建築。中間有過亭,内立石碑,鐫歷代皇帝祭祀文,爲明清時所立。最後爲"人文初祖"殿,供奉"軒轅黄帝之位"牌位。廟内古柏林立,鬱鬱蒼蒼,隔離天日。其中一株高19米,下圍10米,爲諸柏之冠,傳爲黄帝手植,距今四千餘年矣。黄帝陵在甘肅、河北、河南等地亦有,然據《史記·五帝本紀》及《黄帝本行記》,皆説"黄帝崩,葬橋山",故歷代皆在此地祭祀黄帝。

倉頡廟

傳爲黄帝時創造文字的倉頡之葬地,後人建祠廟紀念。位於今陝西白水城東。據廟碑記載,東漢延熹五年(162)已具相當規模,宋、明兩代各有增修。現存後殿與正殿,爲明代建築,而前殿、獻殿、戲樓、鐘樓、鼓樓等則爲清代至民國時重修。後殿、正殿兩旁陳列歷代碑刻,其中以《倉聖鳥迹書碑》《孔子弟子題名碑》與《倉頡廟碑》至爲珍貴,後者已遷西安碑林。廟内尚有一百多株高大的古檜、柏樹,多有名稱,如鳳凰柏、龍爪柏、柏抱槐、奎星點元、二龍戲珠等。

皋陶祠

在安徽六安城東。皋陶(咎繇)傳爲顓頊之子,舜之臣。六(今六安)爲其封地,故又稱皋城。他輔舜政,明五刑,弼五教,功不在禹下。卒後,民念其德,立祠祀之。祠原在六安城北,清乾隆三十七年(1772)移此,咸豐年間毁於兵火,光緒二十三年(1897)重建。祠爲前後兩進各三間,兩廂各二間之四合院。後進正殿立有"敕封虞士師皋陶公之神主位"木主,壁内嵌有重修祠宇碑記。參閲《大清一統志·六安直隸州》。

晉祠

亦稱"唐叔虞祠""晉王祠"。在山西太原晉源區晉祠鎮。爲紀念周武王次子叔虞而建。始建於北魏。叔虞封唐,子燮因晉水更國號,後人因以名祠。北魏酈道元《水經注·晉水》云:"昔智伯遏晉水以灌晉陽,其川上溯,後人蹺其遺迹,蓄以爲沼,沼西際山枕水,有唐叔虞祠。"《魏書·地形志》:"晉水所出,東入汾。有晉王祠、梗陽城。"清楊守敬疏:《地形志》:

晋陽有晋王祠。《一統志》：在太原縣西南十里，懸甕山麓，晋水發源處。趙云：《方輿紀要》云《水經注》，晋祠南有難老、善利二泉，大旱不涸，隆冬不凍，溉田百餘頃。又有泉出祠下，曰滴瀝泉，其泉導流爲晋水，潴爲晋澤。”唐叔虞祠，即今之晋祠，屢經修葺變遷。北宋天聖年間追封唐叔虞爲汾東王，并爲其母邑姜修建了宏大的聖母殿，殿内有四十三尊宋代彩塑，殿前魚沼飛梁爲國内所僅見。殿兩側爲難老、善利二泉。難老亭爲北齊天寶時創建，明代重修，爲八角攢尖頂。晋水主要源頭由此流出，常年不息，泉水恒温，清澈見底。祠内有唐貞觀年間修建的寶翰亭，唐太宗李世民親撰御碑《晋祠之銘并序》藏其中。聖母殿左側之周柏與關帝廟内之隋槐，老枝縱横，至今生機勃勃，與難老泉及宋塑侍女像被譽爲“晋祠三絶”。

【唐叔虞祠】

即晋祠。此稱南北朝時期已行用。見該文。

【晋王祠】

即晋祠。此稱南北朝時期已行用。見該文。

孔廟

歷代祭祀孔子之處。此特指山東曲阜城南門内之闕里故宅。東與孔府毗鄰。孔子名丘，字仲尼，春秋末期偉大思想家、政治家、教育家、儒家學派創始人。殁後一年，魯哀公將其故宅三間改建爲廟，“歲時奉祀”。自西漢以來，歷代帝王不斷頒詔對其重修、擴建，成爲一處規模宏大的建築群。北魏酈道元《水經注·泗水》：“〔周公〕臺南四里許則孔廟，即夫子之故宅也。宅大一頃，所居之堂，後世以爲廟。漢高祖十三年，過魯，以太牢祀孔子……廟屋三間，夫子在西間東向，顔母在中間南面，夫人隔東一間東向。夫子床前有石硯一枚，作甚朴，云平生時物也。魯人藏孔子所乘車于廟中，是顔、路所請者也。獻帝時，廟遇火，燒之。永平中，鍾離意爲魯相，到官，出私錢萬三千文，付户曹孔訢治夫子車、身入廟，拭几席、劍履。男子張伯除堂下草，土中得玉璧七枚。伯懷其一，以六枚白意。意令主簿安置几前。孔子寢堂床首有懸甕。意召孔訢問：何等甕也？對曰：夫子甕也，背有丹書，人勿敢發也。意曰：夫子聖人，所以遺甕，欲以懸示後賢耳。發之，中得素書，文曰：後世脩吾書，董仲舒。護吾車，拭吾履，發吾笥，會稽鍾離意。璧有七，張伯藏其一。意即召問伯，果服焉。魏黄初元年，文帝令郡國脩起孔子舊廟，置百石吏卒。廟有夫子像，列二弟子執卷立侍，穆穆有詢仰之容。漢魏以來，廟列七碑，二碑無字。栝柏猶茂。廟之西北二里有顔母廟，廟像猶嚴，有脩栝五株。”現存曲阜孔廟前後共九進院落，前有櫺星門、聖時門、弘道門、大中門、同文門、奎文閣、十三御碑亭。從大成門起，始分

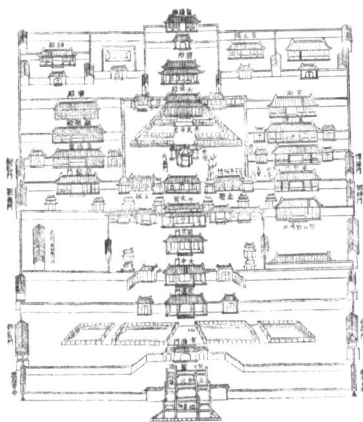

孔　廟
（清高晋等《南巡盛典》）

中、東、西三路。中路有杏壇、大成殿、東西廡、寢殿、聖迹殿等。東路爲孔子故宅，有詩禮堂、禮器庫、魯壁、故宅井、崇聖祠、家廟等。西路爲祭祀孔子父母的啓聖王殿、啓聖王寢殿及用於習樂之金絲堂與樂器庫。此廟共有殿堂閣廡四百六十六間，南北長二里有餘，占地三百二十七畝五分。周匝垣墻，配以角樓，蒼松古柏，森然羅列；殿宇雕梁畫棟，金碧輝煌。廟內碑刻上起兩漢，下迄民國，真草隸篆，各家書體俱備。巨者逾丈，小者不盈尺，共兩千餘塊，爲我國罕見大型碑林之一。中華人民共和國成立後，對主要殿宇曾多次大修，且闢有漢魏六朝碑刻、漢代畫像石刻、玉虹樓法帖石刻三個陳列室。

顏廟

亦稱"復聖廟"。祀孔子弟子顏回之處。位於山東曲阜城北部陋巷街。漢高祖劉邦過魯祭孔時始建，元泰定三年（1326）重修。元至順元年（1330）追封顏回爲"兗國復聖公"，始有復聖廟之稱。明清兩代多次重修增廣，占地八十五畝，殿亭門坊一百五十九間，歷代碑刻五十五塊，松、柏、檜、槐五百餘株。廟門前護以青石雕欄，建有石坊三座，中題"復聖廟"，東題"卓冠賢科"，西書"優入聖域"。《論語·雍也》載："賢哉回也！一簞食，一瓢飲，在陋巷，人不堪其憂，回也不改其樂。"復聖門內，傳即陋巷故址，有水井名"陋巷井"。明嘉靖三十年（1551）立"陋巷井"石碑一座，以表彰顏回"一簞食，一瓢飲，居陋巷……不改其樂"之勤奮好學精神。陋巷故址北有門三座，取"克己復禮，天下歸仁"語意，東爲克己門，西爲復禮門，中爲歸仁門。門內東西各有明代

御碑亭夾道而立，亭內藻井彩繪仙鶴圖案，內外立明清碑刻。復聖殿在仰聖門內，爲廟內主體建築，殿七間，綠瓦飛檐，彩繪斗拱。前檐下石柱四根浮雕盤龍，餘皆八棱水磨柱，平雕龍鳳、花鳥。殿內舊有顏回冕旒執圭塑像。廟內還有復聖寢殿、杞國公殿（祀顏回之父）、杞國公寢殿、退省堂等建築。其中杞國公殿爲元代建築，彌足珍貴。參閱《大清一統志·兗州府二》。

【復聖廟】

即顏廟。此稱元代已行用。見該文。

管子祠

亦稱"管鮑祠"，爲紀念春秋管仲專祠。宋范公偁《過庭錄》卷十四已有"管子祠"之名。明萬曆六年（1578）潁上縣令屠隆重建，增祀鮑叔牙，易名"管鮑祠"。位於今安徽潁上城北。管仲、鮑叔牙均爲潁上人，齊國政治家。鮑先仕齊，後主動讓賢，薦管仲於齊桓公。管仲相桓公，霸諸侯，一匡天下。管鮑故事被譽爲美談。祠旁有管仲衣冠冢，冢前立二碑：一曰"管仲父墓"，一曰"嗚呼大政治家潁上管子之墓"。該祠在清道光年間重修，咸豐間毀於兵火，1933年重建，現存殿堂五間，堂內供管、鮑牌位。

【管鮑祠】

即管子祠。此稱明代已行用。見該文。

孫叔敖祠

亦稱"孫公祠"。爲紀念春秋時楚相孫叔敖興修安豐塘（芍陂）水利而建之祀祠。在安徽壽縣城南安豐塘北端。建於北宋或北宋以前，明清兩朝多有修葺。北宋王安石曾有"楚相祠堂仍好在"的詩句。現存大殿三間，碑庫三間

半，碑碣十三方，其中有明萬曆時造孫叔敖像、清書法家梁巘書《重修安豐塘記》。

【孫公祠】

即孫叔敖祠。此稱宋代已行用。見該文。

孟廟

亦稱"亞聖廟"。爲歷代祭祀孟子之所。位於今山東鄒城南關。孟子名軻，字子輿，戰國時著名思想家。北宋景祐四年（1037），孔子四十五代孫孔道輔知兗州時，始於四基山訪得孟子墳墓，建廟墓旁。因距城較遠，瞻拜祭祀不便，乃於宣和三年（1121）遷建今址。北宋元豐年間追封孟子爲鄒國公，元代加封鄒國亞聖公，其後不斷增修拓廣，至明代已具今之規模。廟呈長方形，院落五進，殿宇六十四間，占地六十餘畝。亞聖殿位於中軸綫上，爲廟內主體建築。據記載，歷代重修達三十八次之多。現存建築爲清康熙年間地震傾圮後重建。殿宇七間，雙層飛檐，歇山式，綠琉璃瓦覆頂。檐下八角石柱二十六根，通體淺雕龍鳳花卉。中軸綫兩側，對稱排列着寢殿、啓聖殿、孟母殿、致嚴堂、桃主祠、東西廡、祭器庫、省牲所、康熙及乾隆御碑亭等。廟內共有碑碣石刻三百五十餘塊。著名石刻有元代重製秦李斯小

孟廟大殿

篆嶧山刻石、唐歐陽詢《蘇玉華墓志銘》、清代所立"孟母斷機處"碑。廟內古樹蒼鬱，翳天蔽日，檜樹居多，間以古槐、銀杏、藤蘿。明董其昌《題孟廟古檜》詩云："愛此孟祠樹，森然見典型。沃根洙水潤，含氣嶧山靈。閱世磨秦籀，參天結魯青。"知言門外，有一巨槐生古柏之中，糾纏連理抱成一體，人稱"柏抱槐"，雖歷幾百寒暑，仍葱蘢茂密，堪稱奇觀。參閱《大清一統志·兗州府二》。

【亞聖廟】

即孟廟。此稱元代已行用。見該文。

屈子祠

爲紀念戰國時期愛國詩人屈原而建的祠廟。位於今湖南汨羅玉笥山上。始建於漢代，清乾隆二十一年（1756）移建於此。屈原，名平，字靈均，又名正則，貴族出身。他博聞强識，"明於治亂，嫺於辭令"，楚懷王時任左徒、三閭大夫。他主張修明法度，選賢任能，實現富

孟廟正門

屈子祠

國强兵；對外主張聯齊抗秦，遭到上層保守貴族反對，對他橫加讒毀，被多次放逐，發憤而作《離騷》。後楚、秦交兵，楚喪師失地，懷王入秦不返，郢都亦遭殘破。他悲憤萬分，遂自投汨羅江而死。現存屈子祠爲清代建築，中華人民共和國成立後屢有修葺，有正屋三進，中、後兩進之間有過亭，前後左右兩側有天井。單層單檐，磚木結構。祠附近有騷臺、濯纓橋、桃花洞、獨醒亭、望爺墩、綉花墩、壽星臺、剪刀池等名勝古迹，反映歷代人民對屈原之深切懷念。

霸王祠

亦稱“項王祠”“西楚霸王祠”“西楚霸王靈祠”“項羽廟”。位於今安徽和縣烏江鎮東南鳳凰山上。傳公元前 202 年，項羽兵敗，自刎於此，後人立祠祀之。據唐少監李陽冰篆額“西楚霸王靈祠”可知，祠始建於唐或唐之前。唐以後屢經修葺、擴建。原有正殿、青龍宮、行宮等，共九十九間半。傳説帝王方可建祠百間，項羽雖功業蓋世，但終未成帝業，故少建半間。內有項羽、虞姬、范增等人塑像及鐘、鼎、匾、碑等文物。唐宋詩人孟郊、杜牧、蘇舜欽、王安石、陸游等均有題詩。1986 年重新修葺，甍宇峭拔，巍峨壯觀。

【項王祠】

即霸王祠。此稱宋元時期已行用。見該文。

【西楚霸王祠】

即霸王祠。此稱宋元時期已行用。見該文。

【西楚霸王靈祠】

即霸王祠。此稱唐代已行用。見該文。

【項羽廟】

即霸王祠。此稱宋元時期已行用。見該文。

司馬遷祠

爲紀念西漢史學家、文學家司馬遷之祀祠。在今陝西韓城芝川鎮南原上，北距龍門八十里。始建於晋永嘉三年（309），歷代均有修葺。北魏酈道元《水經注·河水四》曰：“又東逕司馬子長墓北，墓前有廟，廟前有碑。永嘉四年，漢陽太守殷濟瞻仰遺文，大其功德，遂建石室，立碑樹桓。《太史公自叙》曰：遷生於龍門，是其墳墟所在矣。”現祠爲四層高臺，石級相連，東依梁山，西臨芝水，形勢壯麗。前三臺爲建築物（前殿爲宋代建築），後一臺爲宋元時磚砌司馬遷衣冠冢。祠內存有歷代游人、學士憑吊題咏之碑石。

淮瀆廟

祭祀淮河瀆神之廟。位於今河南桐柏城東關。桐柏爲古四瀆之一淮河之源。此廟建於東漢延熹六年（163），原址在縣城西南十五公里處。北宋大中祥符七年（1014）遷此重建。明清兩代皆有增補修葺。廟內原有前殿、大殿、後殿、東西配殿，環境優雅，風景秀麗。廟內保存歷代祭祀瀆神、增補廟宇的碑記與宋元時期的文物。北宋慶曆三年（1043）鑄造的一對鐵華表，上部與基座皆飾蓮花。元天曆二年（1329）鑄造的一對鐵獅子，製作精美，造型奇特，栩栩如生，爲元代冶鑄精品之一。宋代雕製的三個鎮水石獸，生動活潑，形象逼真。《大清一統志·南陽府三》：“淮瀆廟在桐柏縣東。《唐書·地理志》：桐柏有淮瀆廟。《府志》：廟初建於桐柏鎮西，漢延熹六年移建桐柏鎮東。歷代皆有封號，明洪武初，改稱‘東瀆大淮之神’。本朝康熙二十九年，重修大殿。三十三年，聖祖仁皇帝御書‘靈瀆安瀾’額。”

醫聖祠

爲紀念東漢名醫張仲景而建的祠廟。位於今河南南陽東關温涼河畔。仲景名機，南陽郡（今河南南陽）人。他醫術精湛，著述甚豐，尤以《傷寒雜病論》著稱於世。被後人譽爲醫聖，并建祠以祀。祠分正偏兩院，正院有山門、中殿、兩廡，偏院有醫聖井、醫聖橋、素問亭、内經樓等。大門左側立有“醫聖張仲景故里”碑，大門内爲張仲景墓，墓前立“東漢長沙太守醫聖張仲景墓”碑。墓後有中殿、大殿，兩側有廊廡各三間。中華人民共和國成立後，大加修葺，并設立張仲景紀念館，陳列其生平及醫學成就。參閱《大清一統志·南陽府三》。

武侯祠

爲紀念三國時蜀漢丞相武鄉侯諸葛亮所建之祠廟。在今河南南陽西卧龍崗。據傳諸葛亮曾躬耕於此，唐宋時建祠紀念。元初毁於兵火，大德年間重修。清康熙時，南陽知府羅景於祠内發現前人題咏“卧龍崗十景”石刻，并依此在祠外重建半月臺、老龍洞、野雲庵、草廬、小虹橋、抱膝石、躬耕亭、古柏亭、梁父巖、諸葛井，與武侯祠山門、大殿、清風樓、三顧堂、關張殿、石牌坊相映襯，構成雄偉壯觀的古建築群。祠東南隅有臺，傳爲諸葛亮讀書處，西南隅有龍角塔。中華人民共和國成立後將西院闢爲博物館，并於東部新建漢畫館與漢碑亭。參閱《大清一統志·南陽府三》。

龐統祠

亦稱“龍鳳祠”。在四川德陽羅江鎮白馬關外。龐統字士元，號鳳雛，襄陽人，東漢末年劉備謀士。建安十九年（214）殁於落鳳坡軍前，蜀漢建墓、祠於白馬關。王屏藩亂蜀，墓、祠均毁。清康熙三十年（1691）修復。該祠現存大門、正殿、兩側亭、栖鳳殿，祠外爲龐統墓。祠、墓周圍松柏千株，鬱鬱葱葱，風景如畫。祠内天井有大柏兩株，相傳爲張飛所栽。正門、側門皆刻有楹聯匾對，其一云：“明知落鳳存先帝，甘讓卧龍作老臣。”正殿背後石壁上，刻有晋代陳壽所撰《龐靖侯傳》。二馬亭分建兩側，一曰白馬亭，一曰胭脂（馬）亭，二亭象徵劉備、龐統換馬之事。

【龍鳳祠】

即龐統祠。此稱南北朝時期已行用。見該文。

陶淵明祠

亦稱“陶靖節祠”。隋唐時建於江西九江馬回嶺面陽山。1982 年遷建於縣城沙河街東北隅之蔡家窪。坐西北朝東南，爲一進兩幢磚木結構古祠建築，明嘉靖年間重修。祠内上堂檐首及中堂原有匾額兩塊，各書“羲皇上人”“望古遥集”，大門首直書匾“陶靖節祠”，耳門首橫刻匾“菊圃”“柳巷”。祠外柳樹成行，風景優美。

【陶靖節祠】

即陶淵明祠。此稱唐宋時期已行用。見該文。

庾公樓 [1]

亦稱“庾樓”。故址坐落於江西九江。相傳晋庾亮曾任江州刺史，與幕僚殷浩、王胡之等登武昌南樓賞月，談論竟夕，成爲美談。後江州州治移潯陽（今江西九江），時人在此建樓，名庾公樓。宋陸游《入蜀記》卷四曾做過考證：“樓正對廬山之雙劍峰，北臨大江，氣象雄麗……庾亮嘗爲江、荆、豫州刺史，其實則治武昌。若武昌南樓名庾樓，猶有理，今江州治所，在晋特柴桑縣之湓口關耳，此樓附會甚明。"唐杜甫《秋日寄題鄭監湖上亭》詩："池要山簡馬，月净庾公樓。"唐白居易《庾樓曉望》詩："三百年來庾樓上，曾經多少望鄉人。"宋辛棄疾《滿江紅》詞："但從今，記取楚臺風，庾樓月。"清趙翼《庾樓》詩："危欄瞰天地，千載庾公樓。"參閱《九江府志·地理志·古迹》。

【庾樓】

即庾公樓。此稱宋代已行用。見該文。

謝朓樓

亦稱"謝公樓""謝樓""北樓""叠嶂樓"。坐落於安徽宣城。南朝齊詩人謝朓出任宣城太守時建。宣城城北五公里敬亭山及其古迹，形成勝境，歷代詩人來此游歷賦詩。唐咸通年間，刺史獨孤霖改建後，稱"叠嶂樓"，爲宣城游覽勝地。唐李白《宣州謝朓樓餞別校書叔雲》詩："長風萬里送秋雁，對此可以酣高樓。"又《秋登宣城謝朓北樓》詩："誰念北樓上，臨風懷謝公。"唐張九齡《謝公樓》詩："謝公樓上好醇酒，二百青蚨買一斗。"唐杜牧《賀崔大夫崔正字》詩："謝公樓下潺湲響，離恨詩情添幾般。"唐杜牧《張好好》詩："霜凋謝樓樹，沙暖句溪蒲。"馮集梧注："《方輿勝覽》：寧國府北樓，謝朓建。"清褚人穫《堅瓠補集·欽天監對》："萬曆辛丑九日，焦弱侯先生邀登謝公樓。"清陳維崧《山花子·送姜學在由吳門之宛陵清明掃墓》詞："謝朓樓邊欒布社，琴高潭上石尤風。"

【謝公樓】

即謝朓樓。此稱唐代已行用。見該文。

【北樓】

即謝朓樓。此稱唐代已行用。見該文。

【叠嶂樓】

即謝朓樓。此稱唐代已行用。見該文。

【謝樓】

即謝朓樓。此稱唐代已行用。見該文。

濟瀆廟

爲祭祀濟水瀆神之祠廟。在今河南濟源城西北之廟街。濟瀆爲濟水之源，乃我國江（長江）、河（黃河）、淮、濟古四瀆之一。此廟始建於隋開皇二年（582），歷代均有修建。現存四組建築群，有殿宇六十餘間，占地一百餘畝，爲河南現存規模最大之古建築群之一。其中宋初歇山式建築寢宮，明代建築清源洞府門、龍亭及元代構造的臨淵門，均爲研究古代建築的實物資料。廟後有池名小北海，爲濟水東源。池周有亭閣多座，風景甚佳。廟内古柏參天，尤以將軍柏最高大。濟水下游早被黃河侵奪，已不能獨流入海，然濟水尚存。

柳侯祠

亦稱"羅池廟"。爲紀念唐代文學家柳宗元之祠廟。在今廣西柳州柳侯公園内。唐長慶元年（821）建於羅池邊，故名羅池廟。宋徽宗追封柳宗元爲文惠侯後，改稱今名。現存建築爲清雍正七年（1729）重建。祠内有《龍城石刻》，相傳爲柳宗元手書；韓愈著文、蘇軾手書之《荔子碑》及元刻柳宗元畫像等碑石。祠附近有清代重建之柳侯衣冠墓、柑香亭、羅池等建築。柳宗元字子厚，唐貞元進士，授校書郎，調藍田尉，後升監察御史。參與王叔文政治革新運動，任禮部員外郎。失敗後貶爲永州司馬，後遷柳州刺史，在任期間，革除弊政，免民間債務，解放奴婢，興辦文教，破除迷信陋習等，深得民心。故後人在永州建"柳子廟"，在柳州建"柳侯祠"以祀之。

【羅池廟】

即柳侯祠。此稱唐代已行用。見該文。

【柳子廟】

指建於永州之柳宗元祠廟。見"柳侯祠"文。

青蓮祠

亦稱"謫仙樓""太白祠""太白樓"。在今安徽馬鞍山采石磯。係爲紀念唐代詩人李白而建造的宏大樓閣。李白自稱祖籍隴西成紀（今甘肅天水附近），先世於隋末流徙中亞，生於安西都護府所屬碎葉城（今吉爾吉斯斯坦之托克馬克市，據郭沫若《李白與杜甫》一説）。五歲隨父遷居綿州彰明（今四川江油）青蓮鄉，故號青蓮居士。李白晚年寄寓當塗，曾多次漫游采石磯并在此寫詩填詞。樓始建於唐元和年間，宋、元、明、清歷代多有修建，幾次毀於兵火。現存祠閣爲清光緒年間重建。此樓依山而建，前後三進，左右迴廊，青石臺階，可拾級而上。主樓三層，飛檐翹角，黃綠硫璃瓦頂，雕梁畫柱，金碧輝煌。大門兩旁各置一尊石獅，形態活潑，門上有"唐李公青蓮祠"金書橫額，檐下兩壁嵌有《重修太白樓碑記》與太白生平碑文。進入一樓，迎面置一巨大屏風，上繪太白漫游采石畫，壁挂太白游踪圖。樓上設兩尊黃楊木雕太白像，神態瀟灑，栩栩如生；有太白手書拓本及各種版本詩集陳列；有名士文人流傳的詩篇、楹聯、匾額及繪畫。登樓遠眺，千里江流，萬里田野，盡收眼底，素有"風月江天貯一樓"之稱。

【謫仙樓】

即青蓮祠。謫仙，謫居世間的仙人，常用以稱譽才學優异的人，亦專指李白，因稱。此稱唐宋時期已行用。見該文。

【太白祠】

即青蓮祠。太白爲李白的字。見該文。

【太白樓】[1]

即青蓮祠。此稱唐宋時期已行用。見該文。

太白樓[2]

位於安徽歙縣練江南岸，相傳李白訪歙州名士許宣平，在此飲酒賦詩得名。許宣平於唐景雲年間隱居歙縣紫陽山南塢，後有題壁詩："隱居三十載，築室南山巔。静夜玩明月，閑朝飲碧泉。樵夫歌壟上，谷鳥戲巖前。樂矣不知老，都忘甲子年。"天寶年間李白自翰林出，在洛陽傳舍見這首傳抄的詩篇，贊曰："此仙人詩也。"於是前來訪許，未遇。留下《題許宣平庵詩》："我吟傳舍詩，來訪真人居。烟嶺迷高迹，雲林隔太虚。窺庭但蕭索，倚柱空躊躇。應化遼天鶴，歸當千歲餘。"樓始建於唐，屢圮屢興，現有前後兩進，依山傍水，古雅飄逸。

太白樓[3]

位於湖北武漢。相傳李白流放夜郎遇赦後曾飲酒於此。唐李群玉《漢陽太白樓》詩："江

太白樓
（清高晋等《南巡盛典》）

上晴樓翠靄間，滿簾春水滿窗山。春楓綠草將愁去，遠入吳雲暝不還。"參閱明王圻等《三才圖會·地理》。

杜公祠

為紀念唐代詩人杜甫而建的祠廟。在今陝西長安少陵原西。明嘉靖五年（1526）建，萬曆五年（1577）、清康熙四十一年（1702）兩度修葺。明清文人學士到此憑吊題咏，從其詩文中可看出杜祠的變化情況。明屈大均《杜曲謁子美先生祠》詩云："城南韋杜澮川濱，工部千秋廟貌新。一代悲歌成國史，二南風化在騷人。少陵原上花含日，皇子陂前鳥弄音。稷契平生空自詡，誰知詞客有經綸。"至乾隆年間，杜祠已破敗不堪，清祁琳《游杜工部祠》詩曰："城南工部祠，唯有野花存。冷落烟迷徑，蕭條鳥旁門。"清嘉慶九年（1804）修建，嗣後又兩度重修，略具規模。中華人民共和國成立後全面整修，於1978年闢為紀念館。參閱《大清一統志·西安府四》。

楊家祠堂

為紀念宋代名將楊業父子之祀祠。在山西代縣城東鹿蹄澗村。古代州為楊業故里，北宋太平興國二年（977），業率數百騎破遼兵，威震中原，鄉人於此祀之。至元代，楊家十七世孫奉旨建祠，明清重修。現存祠內建築及塑像大都為明清遺物。祠分前後兩院，前院四嚮，各建堂屋三楹，奉祀楊業後裔；後院東西厢舍三間，正殿五楹，懸山式，前檐插廊，內塑楊業與佘太君坐像，八子彩塑分列兩側。祠宇規模嚴整，塑像完好。祠內有"宗族圖"碑一通，銘刻楊業後裔世系。大殿前豎鹿蹄石一塊，形狀奇特，雕刻秀美。

歐陽修祠

為紀念宋代著名文學家歐陽修所建之祠堂。在今江蘇揚州瘦西湖畔蜀岡中峰上。歐陽修字永叔，號醉翁，晚年又號六一居士。廬陵（今江西吉安）人。天聖進士，歷知滁、揚、潁等州，官至樞密副使，參知政事。卒謚文忠。早期支持范仲淹政治改革，為北宋中葉重要政治人物。詩、詞、散文皆有較高成就，為"唐宋八大家"之一。任揚州太守時，常在平山堂宴客、賞景、作詩。後人於谷林堂後建有祠堂，以資崇仰。祠內有歐陽修石刻畫像。祠周飾花墻，祠前築假山花臺。祠東與鑒真紀念堂連通，西與西園僅一墻之隔，為著名游覽勝地。

三蘇祠

紀念北宋著名文學家蘇洵、蘇軾、蘇轍父子三人的祀祠。在今四川眉山西南紗縠行內。原為蘇氏故宅，明洪武年間，時人為紀念三蘇，就地改宅為祠，供三蘇塑像，并立故里石坊。後毀於兵火。清康熙四年（1665）重建，同治、光緒間續有增修。1928年闢為三蘇公園，但長期作為兵營馬厩，殘垣破壁，舉目淒凉。中華人民共和國成立後多次修葺，園林祠宇亭樹恢復舊觀。今存主要建築有大殿、啓賢堂、瑞蓮亭、木假山堂、雲嶼樓、濟美堂、抱月亭、披風榭、碑亭等，多為木結構中式平房。祠內洗墨池及古井傳為蘇氏遺物。整個園林占地52000平方米，林木葱蘢，幽篁蒼翠，小溪環流，布局別具匠心，富有濃郁的南方園林特色。

包公祠

為紀念宋代包拯之祠廟。在今安徽合肥包河公園香花墩。始建於明弘治年間，現存建築爲清光緒八年（1882）與 1946 年重修。香花墩爲包拯讀書處。明弘治年間，廬州太守宋克明見其風景幽雅，遂將一座古廟改建爲包公書院。祠內有包拯塑像及石刻像，陳列包拯墓出土文物。包拯字希仁，廬州人。宋仁宗時任天章閣待制、龍圖閣直學士，開封府尹，官至樞密副使。史稱他爲官清正，俗呼"包青天"。祠周包河，生紅花藕，傳言藕內無絲。無絲即包拯鐵面"無私"之諧音。祠旁有亭，亭內有井，名曰"廉泉"，相傳爲官不廉者不敢飲此泉水。香花墩四面環水，一橋徑渡，楊柳盈岸，菱荷滿池，實爲游憩佳境。參閱《大清一統志·廬州府二》。

米公祠

亦稱"寶晋齋"。在今安徽無爲城內。宋崇寧年間，知無爲軍之著名書畫家米芾（字元章）爲收藏晋人古籍畫卷而建。米芾爲官清廉公正，後人爲紀念他而易今名。祠邊有墨池、投硯亭；傳米芾政暇時在此吟詩作畫，厭蛙聲不輟，即書"止"字，裹硯投之，蛙聲遂禁，而池水墨，因得名。池畔有拜石亭，因芾見此處石狀峥嵘，甚喜，則緣石築亭，呼爲石丈，着朝服而拜石。今祠內有米芾碑刻、拓片及歷代名家碑刻。

【寶晋齋】

即米公祠。係原名。見該文。

邵雍祠

亦稱"邵夫子祠"。爲紀念北宋哲學家邵雍之祠廟。在今河南輝縣市蘇門山下百泉村。建於明成化六年（1470），爲一座由門樓、擊壤亭、拜殿、大殿、廂房等組成的四合院。依山面水而建，環境十分幽雅。邵雍字堯夫，范陽人，幼隨父遷共城（今輝縣市），屢授官不赴，曾在蘇門山長期講學，著書立説，建有太極書院（百泉書院）。晚年遷居洛陽，死後葬於嵩縣新店（今洛陽伊川）紫荆山。後宋哲宗追贈謚號康節，人稱"康節先生"。著有《皇極經世》《伊川擊壤集》等。

【邵夫子祠】

即邵雍祠。此稱明代已行用。見該文。

李綱祠

亦稱"李忠定公祠"。奉祀宋丞相李綱之祠廟。在今福建邵武内九曲之五曲。建於南宋淳熙十三年（1186），朱熹曾爲之撰建祠碑記。歷代均有維修，現存建築爲清末民國初年重建。中華人民共和國成立後，於 1983 年按明代建築布局全面修葺，除原有祠廳、廂房、天井外，新建大門、長廊、碑亭等。大門橫額鐫刻"李忠定公祠"。於 1984 年闢爲李綱紀念館。

【李忠定公祠】

即李綱祠。此稱宋元時期已行用。見該文。

文天祥祠

爲紀念南宋民族英雄文天祥之祀祠。建於明成化年間，今祠爲清代重建。在今浙江温州江心嶼之江心寺東。文天祥字宋瑞，又字履善，號文山，廬陵（今江西吉安）人。寶祐進士。南宋德祐二年（1276）一月，奉詔起兵勤王，爲右丞相，出使元軍被俘。後脱險回南宋，至福州募集將士抗元，英勇奮戰，終爲元兵所敗。祥興元年（1278）在廣東戰敗被俘。他拒絕元將張弘範誘降，作《過零丁洋》詩以明志。後被囚大都（今北京），至元十九年（1282）不屈就義。明成化十八年（1482）後人立祠紀念。祠中有明萬曆九年（1581）所立文天祥《北歸宿江心寺》詩碑。又，明洪武九年（1376）按察副使劉崧在北京府學之左亦建有文天祥祠，由大門、前廳、正殿三部分組成。正殿牆上嵌有明萬曆年間從良鄉移來的唐代李邕書《雲麾將軍斷碑碑》與歌頌文天祥的匾額、石碑等。

陸秀夫祠

爲紀念南宋抗元大臣陸秀夫所建祠廟。明嘉靖年間始建，清康熙、乾隆時曾修茸，今祠爲清末重建。在今江蘇鹽城市内。祠前有門廳，正中爲享堂，兩側有廊屋，皆爲磚木混合結構。陸秀夫字君實，鹽城（今江蘇鹽城）人。宋景炎元年（1276）任禮部侍郎。元兵攻入臨安（杭州），他在福州擁立趙昰，繼續抗元。宋祥興元年（1278），任趙昺的丞相，翌年奉命至厓山，在海上堅持抵抗，失敗後投海而死。鹽城人爲紀念他，特於明嘉靖年間建祠祀之。參閱《大清一統志·淮安府二》。

岳王廟

爲紀念岳飛所建之祠廟。在今浙江杭州西湖畔栖霞嶺下。南宋紹興三十二年（1162），孝宗即位，岳飛之冤昭雪，改葬遺骸於此。嘉定十四年（1221），改北山智果院爲岳王廟，歷代屢毀屢建，現存建築爲清代以後陸續重建。1979年曾全面整修。門樓重檐歇山頂，巍峨莊嚴。門内有忠烈祠、啓忠祠。忠烈祠殿内有岳飛像，像高4.54米，身着盔甲、披紫蟒袍，按劍而坐。像上方懸仿岳飛手書"還我河山"匾一塊。殿内壁上嵌明人洪珠手書"盡忠報國"四個大字，殿頂天花板上繪百鶴圖。啓忠祠在忠烈祠西，原祀岳飛父母，旁有南枝巢、正氣軒等建築。

況公祠

爲奉祀明代蘇州知府況鍾之專祠。在今江蘇蘇州西美巷。建於明正統年間，況鍾知蘇州十三年，興利除弊，執法如山，勤於吏治，廉潔奉公。正統七年（1442）冬，卒於蘇州知府任上。蘇州紳民爲他立衣冠冢，并於府學内建專祠，以示崇敬。清道光六年（1826），蘇州知府額騰伊另建祠於西美巷原大覺庵基址上。咸豐十年（1860）毀，同治十一年（1872）吳縣知縣高心夔重建。1933年重修。

陳白沙祠

爲紀念明代學者陳白沙之專祠。在今廣東江門市郊白沙村。在其故居碧玉樓基礎上擴建。始建於明萬曆十二年（1584），後經重修。祠内正中爲白沙塑像，旁有以白沙手迹刻的匾聯及碑刻。祠門前爲木石結構牌樓，立面三間，四柱三樓。樓上有檐，檐下有玲瓏緻密的斗拱、枋橡及精美的瓦面雕飾，爲廣東現存精巧之明代牌樓。祠内有前門、貞節堂、崇正堂、碧玉樓等，均爲一進四座挂兩廊之建築。

史可法墓祠

亦稱"史公祠"。爲紀念明末抗清名將史可法所建之祀祠。在江蘇揚州廣儲門外梅花嶺畔。建於清乾隆三十七年（1772）。史可法字憲之，號道鄰，河南祥符（今河南開封）人，明末抗清名將，官至督師兵部尚書兼東閣大學士，守衛揚州時殉難。與其一道抗清之養子史德威因未找到史可法遺體，便將其父生前穿戴過的衣冠葬此。後揚州人士於乾隆年間建祠紀念。祠與墓相連，通稱史公祠。均爲坐北朝南。東首大門内爲饗堂，堂前有銀杏兩株，堂後是墓，墓前有磚牌坊一座，牌坊兩旁圍以短牆。周植梅花、松柏。北壁嵌梅花石刻四塊，左右各闢一門，門上嵌"梅花嶺"石額。門外爲梅花嶺土阜。嶺後爲晴雪軒，現稱遺墨廳，廳内壁上嵌史可法遺書石刻。西首門内爲祠堂。祠内有桂花廳、牡丹閣、芍藥亭等。圍墻北面有一大土阜，即爲梅花嶺，傳爲史可法抗清泣血誓師處。1979 年 8 月修復時墓坑内未發現人骨殘迹，僅有玉帶二十片，確證爲衣冠墓。

【史公祠】

即史可法祠。此稱清代已行用。見該文。

林則徐祠堂

亦稱"林文忠公祠堂"。爲紀念林則徐之祀祠。建於清光緒年間。在今福建福州澳門路。祠門東向，第一道爲屏墻，左右設邊門，額題"中興宗衮""左海偉人"。第二道爲牌樓形墻垣，設一大門，額橫書"林文忠公祠堂"，進門爲一條石鋪通道，左右分列青石文武翁仲及馬、羊、虎等。道半跨有三楹儀廳，廳後通道直達碑亭。碑亭爲正方形，内立三座青石碑，呈"品"字形。一爲聖旨，一爲御賜祭文，一爲御賜碑文，均爲林則徐卒時所賜，光緒三十一年（1905）建祠時補鐫。祠廳位於碑亭北側，外有圍墻，廳正中祀林則徐遺像，楣上挂道光帝御書"福壽"匾額。亭後有兩座三間排平屋，東西相對，中隔一堵花墻，均作客廳。再後爲一列曲尺形雙層樓房，北樓九間排，西樓三間排，原爲家族子弟讀書之所，内有"豐井"古迹。1982 年闢爲林則徐紀念館。

【林文忠公祠堂】

即林則徐祠堂。此稱清代已行用。見該文。

第五章　離宮帳幕説

第一節　離宮考

離，別也；宫，館（觀）也。離宫，亦稱"别館（觀）""離宫别館（觀）"。本指區别於正宫之外、專供帝王出巡時臨時居住的宫室。後凡是供帝王出巡游幸所居之宫觀，狩獵、玩樂時所居苑囿之中的宫殿，皆稱離宫别館。歷代帝王於都城内外，或京畿之地，或風景秀麗的游覽勝地，多有興建。

築造離宫别館之風，始於春秋戰國之際。各諸侯國爲炫耀自己國力之强盛，地位之尊崇，權勢之顯赫，争相"高臺榭，美宫室，以鳴得意"。從當時的思想文化背景分析，此風之興亦非偶然。"中國文化，至周代八百年間而極盛，人爲之勢力，向各方面發展，大之如政治學問，小之至衣服器具，莫不由含混而分明，由雜亂而整齊。而生息於此世界者，長久束縛於規矩準繩之内，積久亦遂生厭，故春秋戰國之際，老莊之學説，已有菲薄人爲返求自然之勢。人之居處，由宫室而變化至於園林，亦即人爲之極轉而求安慰於自然也。"（樂嘉藻《中國建築史·苑囿園林》）此風至秦滅六國統一天下之時，被秦始皇推向高潮。據記載，秦除在國都咸陽營造宫殿外，秦文王曾在鄠邑西南建萯陽宫；秦昭王於岐州扶風縣東北建棫陽宮；秦穆公在雍造蘄年宮；宣太后在岐州縣界造虢宮。還有西垂宮、平陽封宮、橐泉宮、步高宮、步壽宮、長楊宮、梁山宮等皆爲秦國離宮。秦武公元年，伐彭戲氏至於華山下，即居於平陽封宮。（以上見《三輔黃圖》卷一）秦始皇作爲中國歷史上封建大一統的第一個皇帝，更是窮極奢侈，大興土木，先後營建了信宮、甘泉宮、朝宮前殿阿房宮，又於北陵高爽之處修築北宮。據文獻記載，秦時宮館共有一百四十五所。《文選·張衡〈西京賦〉》：“郡國宮館，百四十五。”李善注：“離宮別館在諸郡國者。《三輔故事》曰：秦時殿觀百四十五所。”在統一六國過程中，秦始皇“徙天下豪富於咸陽十二萬戶，諸廟及章臺、上林皆在渭南。秦每破諸侯，寫放其宮室，作之咸陽北阪上，南臨渭。自雍門以東至涇渭，殿屋復道周閣相屬”（《史記·秦始皇本紀》）。“〔始皇〕二十七年作信宮，渭南。已而更命信宮爲極廟，象天極。自極廟道通驪山，作甘泉前殿，築甬道自咸陽屬之。始皇窮極奢侈，築咸陽宮，因北陵營殿，端門四達以制紫宮，象帝居。引渭水灌都以象天漢，橫橋南渡以法牽牛……咸陽北至九嵕、甘泉，南至鄠、杜，東至河，西至汧渭之交，東西八百里，南北四百里，離宮別館相望聯屬，木衣綈繡，土被朱紫，宮人不移，樂不改懸，窮年忘歸，猶不能遍。”（《三輔黃圖》卷一）秦始皇二十七年（公元前220）營造甘泉宮，位於咸陽北、池陽西之甘泉山上，故稱。《三輔黃圖》卷二曰：“甘泉宮，一曰雲陽宮。《史記》：秦始皇二十七年作甘泉宮及前殿，築甬道自咸陽屬之。《關輔記》曰：林光宮，一曰甘泉宮，秦所造，在今池陽縣西故甘泉山，宮以山爲名。宮周匝十餘里。”始皇三十五年，在上林苑中營造朝宮，先作前殿——阿房宮。并以阿房宮爲中心，修建離宮別館無數。《史記·秦始皇本紀》曰：“〔始皇〕三十五年，除道，道九原，抵雲陽，塹山堙谷，直通之。於是始皇以爲咸陽人多，先王之宮廷小，吾聞周文王都豐，武王都鎬，豐、鎬之間，帝王之都也。乃營作朝宮，渭南上林苑中。先作前殿阿房，東西五百步，南北五十丈，上可以坐萬人，下可以建五丈旗。周馳爲閣道，自殿下直抵南山，表南山之顚以爲闕；爲複道自阿房渡渭屬之咸陽，以象天極。閣道絶漢抵營室也。阿房宮未成，成欲更擇令名名之，作宮阿房，故天下謂之阿房宮。隱宮徒刑者七十餘萬人，乃分作阿房宮，或作麗山（陵）。”《三輔黃圖》卷一亦載：“阿房宮，亦曰阿城，惠文王造，宮未成而亡。始皇廣其宮，規恢三百餘里。離宮別館彌山跨谷，輦道相屬，閣道通驪山八十餘里，表南山之顚以爲闕，絡樊川以爲池。”按，2002年以來，考古專家對阿房宮“前殿”遺址進行了大規模勘探發掘，發現阿房宮尚未完工。見“阿房宮”文。

　　西漢之初，百廢待興，國家貧困，無力大規模營建宮室。秦之咸陽宮又被項羽火焚無存，故在咸陽之南草創漢都長安，并以秦舊離宮興樂宮爲核心修建了未央宮、長樂宮及北宮。未央宮在長安城之西南隅，爲大朝所在地；長樂宮即秦之興樂宮，在長安城東南隅，爲太后所居；北宮在未央宮北，爲太子所居。經過近八十年的恢復與發展，至漢武帝時，經濟繁榮，國力强盛，於是大規模改造舊長安城，擴建舊宮，并在長安城內外以及遠郊、關隴各地，大造苑囿，興建離宮別館，使宮苑建築達到全盛時期。漢班固《西都賦》云："前乘秦嶺，後越九嵕，東薄河華，西涉岐雍。宮館所歷，百有餘區，行所朝夕，儲不改供。"漢張衡《西京賦》亦云："封畿千里，統以京尹。郡國宮館，百四十五。右極盩厔，並卷酆鄠。左暨河華，遂至虢土。"由此可知，當時漢武帝大興土木、營建宮苑規模之大，範圍之廣，數量之多，實爲前史罕見。其中，著名的上林苑、甘泉宮、建章宮、桂宮均爲漢武帝時興建的大型皇家苑囿及離宮別館。建章宮，於武帝太初元年（公元前 104）造，位於未央宮西、長安城外，以飛閣跨城池連接未央、建章兩宮，構輦道而上下。其前殿高於未央前殿。其正門曰閶闔，左鳳闕，脊飾銅鳳；右神明臺，上置仙人承露盤，與井幹樓相對峙。內有駘蕩、馺娑、枍詣、天梁、奇寶、鼓簧等宮，又有玉堂、神明堂、疏圃、鳴鑾、奇華、銅柱、函德二十六殿。宮內還闢有河流、山岡及太液池，池中起蓬萊、方丈、瀛洲三島。桂宮在未央宮北，周長十餘里。此宮有紫房，複道直通未央宮。宮中有土山，複道從宮中西上城至建章宮之神明臺、蓬萊山。宮內有明光殿，皆以金玉珠璣爲簾箔，處處明月珠，金陛玉階，晝夜光明，故稱明光殿。長安城內外之宮觀，均以閣道相通連。《文選・班固〈西都賦〉》曰："輦路經營，修除飛閣。自未央而連桂宮，北彌明光而亙長樂。凌隥道而超西墉，掍建章而連外屬。"李善注："如淳曰：輦道，閣道也。《漢書》曰：高祖至長安，蕭何作未央宮。《三輔舊事》曰：桂宮內有明光殿。《漢書》曰：高祖修長樂宮。"甘泉宮，本爲秦之離宮，武帝建元中擴建。宮周長十九里，距長安三百里仍可望見都城。宮內更置前殿，還有甘泉殿、紫殿、芝房，有高光宮、桂光宮、長定宮、竹宮、通天臺、通靈臺、迎風館、露寒館、儲胥館、彷徨觀、石闕觀、封巒觀、鳷鵲觀等（見《三輔黃圖》卷二）。上林苑爲秦漢兩代經營開發的大型苑囿。《三輔黃圖》卷四云："漢上林苑，即秦之舊苑也。《漢書》云：武帝建元三年開上林苑，東南至藍田、宜春、鼎湖、御宿、昆吾，旁南山而西至長楊、五柞，北繞黃山，瀕渭水而東，周袤三百里，離宮七十所，皆容千乘萬騎。"上林苑中有昆明觀、繭觀、平樂觀、觀象觀、白鹿觀、魚鳥觀等二十所宮館，專供帝王游覽玩樂。苑中養百獸，植名果异卉三千餘種，專供皇帝射獵觀賞。另據文獻記載，"漢西郊有苑囿，林麓藪澤連亘，繚以周垣四百餘里，離宮別館三百餘所。"（《三輔黄圖》卷四）漢代宮觀建築，均爲大宮套小宮，而小宮在大宮之中自成一區，各立門户，并充分結合自然景物巧妙布置。其規模之恢宏及面積之廣大，可知漢代統治者奢侈之極；其格局之莊嚴及氣魄之宏偉，可知皇權專制之威重。

東漢建都洛陽，後世魏、晋、北魏亦均以此爲都城。經過幾個朝代的營建，在洛都及其遠郊出現了上林苑、西苑、芳林苑（華林園）、菟苑、濯龍池等大型皇家苑囿。特别是華林園，歷經三代而不衰，園中離宮連屬，館舍林立。

三國時，東吳定都建康。之後，東晋及南朝宋、齊、梁、陳相繼以建康爲都。無論國力强弱，六朝歷代統治者爲滿足其奢侈享樂的生活，皆不惜耗費巨資修建宮苑。《三國志·吳書·孫皓傳》裴松之注引《江表傳》曰："〔孫皓〕大開園囿，起土山、樓觀，窮極伎巧，功役之費以億萬計。"東晋之華林，南朝宋之樂游、上林，齊之芳林、玄囿，梁之建興、王游諸苑，皆積石爲山，引水爲池，植奇花异樹，將宮觀亭榭與山水融爲一體，顯示出江南宮苑建築的獨特風格。

隋唐統一之後，修造離宮別館、興建園林之風大盛。在西京長安、東都洛陽周圍，御苑常圍數百里，離宮別館連綿不絶。隋煬帝鑿通南北大運河後，曾三下江都（今江蘇揚州），沿途建築離宮別館四十餘所。唐都長安之南内苑、華清宮、九成宮、曲江池及東都洛陽之上陽宮、東都苑等，均爲歷史上著名的皇家苑囿及離宮，爲帝王及后妃游玩享樂之所。

北宋經濟繁榮，社會安定，統治者居安忘憂，盡情肆意享樂。至宋徽宗時，達到登峰造極的程度。他先後修建玉清和麗宮、延福宮、上清寶籙宮、葆真宮。政和七年又役民夫百千萬，修築艮嶽，後世稱"壽山艮嶽"。掇山置石，引水鑿池，修建宮觀殿閣，搜集奇花异石，無所不用其極。南宋偏安江南，建都臨安（今杭州），雖臨亡國之危，然仍樂而忘險。沿西湖興建了玉津園、聚景園等，專供皇帝后妃與官僚貴族游玩享樂。

在中國建築史上，興建離宮別館，營造皇家園林最突出、最發達的時期，則爲清代。清朝原封不動地將北京城繼承下來，立爲國都。清朝統治者於建國之初，對明代改造建設的北京城十分滿意，故在城市建設上稍有興革，亦僅爲局部。其主要精力及財力均用於離宮別館及皇家園林規劃營建之中。康乾盛世，疆域擴大，社會繁榮。康熙、乾隆二帝曾數下江南，每次都將南方著名風景移寫於北方園林之中。如北京圓明三園，即圓明園、長春園、綺春園與熱河離宮，即承德避暑山莊，均爲康乾二帝的聯手杰作。頤和園所在地早在金元時已爲郊野勝區。金海陵王曾在此建造行宮。當時山名金山，後改稱"甕山"。明武宗朱厚照在湖濱作別苑——"好山園"。清乾隆時將甕山改名爲"萬壽山"。清光緒年間，慈禧太后挪用海軍經費大規模修復營造頤和園。頤和園地形自有高低起伏，萬壽山巍然矗立，昆明湖千頃汪洋，湖光山色，相映成趣。山區依勢建築樓臺亭閣，長廊軒榭，構成園中之園數十處。以上離宮別館、宮觀苑囿，均爲古代封建統治者游樂享受之處，隨年移代革，歷盡滄桑，或湮没，或倒塌，或毁於兵火，其幸存於世者，幾經維修重建，多已成爲游覽之地。

泛　稱

離宮

區別於正宮之外，供帝王出巡或游樂時居住的宮觀。《史記·劉敬叔孫通列傳》："孝惠帝曾春出游離宮。"《漢書·賈山傳》："秦非徒如此也，起咸陽而西至雍，離宮三百，鐘鼓帷帳，不移而具。"顏師古注："凡言離宮者，皆謂於別處置之，非常所居也。"唐温庭筠《華清宮和杜舍人》："五十年天子，離宮舊粉墻。"明孫柚《琴心記·賣金買賦》："何地承君愁，望離宮只自顧。"

【離觀】

即離宮。《後漢書·杜篤傳》："往往繕離觀，東臨灞滻，西望昆明，北登長平。"

【離宮別館】

即離宮。亦稱"離宮別觀""離宮別窟"。《史記·李斯列傳》："〔始皇〕治離宮別館，周遍天下。"漢司馬相如《上林賦》："於是乎離宮別館，彌山跨谷。"《史記·大宛列傳》："及天馬多，外國使來衆，則離宮別觀旁盡種蒲萄、苜蓿極望。"唐温大雅《大唐創業起居注》卷二："離宮別館之所在，東轍馬迹之所向，咸塹山而陻谷。"宋岳柯《桯史·館娃浯溪》："子胥不見戮，則吳之離宮別館至於今可存。"宋姚寬《西溪叢語》卷下："以崑崙爲宮，亦有離宮別窟。"

【離宮別觀】

即離宮別館。此稱漢代已行用。見該文。

【離宮別窟】

即離宮別館。此稱宋代已行用。見該文。

【別館】

即離宮。《南齊書·海陵王紀》："帝可降封海陵王，吾當歸老別館。"《舊唐書·太宗紀上》："〔太宗〕隋開皇十八年十二月戊午，生於武功之別館。"《明史·諸王傳·楚王楨》："顯榕妃吳氏生世子英燿，性淫惡，嘗烝顯榕宮人……又使卒劉金納妓宋幺兒於別館。"烝，指與母輩通奸。

【別殿】

即離宮。南朝宋顏延之《三月三日曲水詩序》："離宮設衛，別殿周徽。"唐王勃《春思賦》："洛陽宮城紛合沓，離房別殿花周匝。"明王世貞《初入謁晉邸陳常侍要飲別墅作》詩："別殿沾恩罷，逢迎有大璠。"

【行殿】

即離宮。唐李商隱《舊頓》詩："猶鎖平時舊行殿，盡無宮戶有宮鴉。"唐李昂《戚夫人楚舞歌》："風花菡萏落轅門，雲雨徘徊入行殿。"元馮子振《鸚鵡曲·松林》："山圍行殿周遭住，萬里客看牧羊父。"

外觀

京外之宮觀。宋代宰相、大臣致仕或免官後，多予管理宮觀之職，衹有官俸而無職事。宋王安石《辭免使相表》："倘憐積歲參大議於廣朝，或賜誤恩，食舊勞於外觀。"參閱《宋史·職官志十》。

行宮

亦稱"行過宮"。古代指京城以外供帝王出巡時所居之宮館。《東觀漢記·光武帝紀》："皇考初爲濟陽令，有武帝行過宮，常封閉。"《文

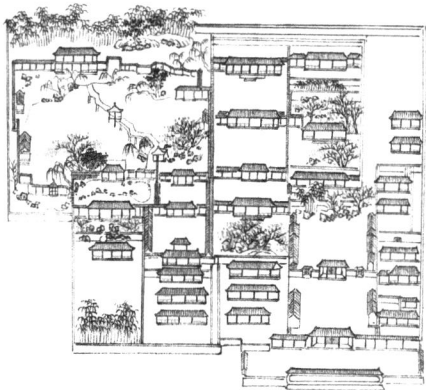

行宮（江寧行宮）
（清高晉等《江南省行宮座落并各名勝圖》）

選·左思〈吳都賦〉》："烏聞梁岷有陟方之館、行宮之基歟？"劉逵注："天子行所立，名曰行宮。"南朝梁沈約《光宅寺刹下銘》："光宅寺蓋上帝之故居，行宮之舊兆。"唐盧象《駕幸溫泉》詩："細草終朝隨步輦，垂楊幾處繞行宮。"宋陸游《老學庵筆記》卷四："已而大駕幸建康，六宮留臨安，則建康爲行在，臨安爲行宮。"清孔尚任《桃花扇·劫寶》："田雄，我與你是宿衛之官，就在這行宮門外，同臥支更罷。"

【行過宮】

即行宮。此稱漢代已行用。見該文。

【王舍】

即行宮。《周禮·夏官·土方氏》："王巡守，則樹王舍。"《左傳·哀公八年》："微虎欲宵攻王舍，私屬徒七百人，三踊于幕庭。"唐趙彥昭《奉和幸大薦福寺（原題注：寺即中宗舊宅）》："天衣拂舊石，王舍起新祠。"

【王所】[2]

即行宮。《穀梁傳·僖公二十八年》："公朝于王所。朝不言所，言所者，非其所也。"清惠棟《九經古義·穀梁傳》："王所者，猶漢時所謂行在所也。"唐劉禹錫《山南西道新修驛路記》："華陽黑水，昔稱醜地，近者嘗爲王所，百態丕變。"

【玉邸】[1]

即行宮。唐宋之問《太平公主山池賦》："奕奕濟濟，夜旋玉邸，隱隱崇崇，朝趨帝宮。"宋王邁《通徐提舉》："久於補外，晚乃立朝，繙峽仙蓬，夜對青藜之杖，橫經玉邸。"明彭大翼《山堂肆考補遺·宮室·玉邸》："天子行宮曰玉邸。"

【外宮】

即行宮。《史記·淮南衡山列傳》:"趙王敖弗敢內宮,爲築外宮而舍之。"《宋書·百官志上》:"唯外宮朝會,則以名到焉。"

行在

亦稱"行在所""行所"。指天子所在之地。或在京師宮廷之內,或在京外巡狩之地。後專指天子巡行所到之處。《史記·衛將軍驃騎列傳》:"右將軍蘇建盡亡其軍,獨以身得亡去,自歸大將軍……遂囚建詣行在所。"裴駰集解引蔡邕曰:"天子自謂所居曰'行在所',言今雖在京師,行所至耳。"漢班固《西都賦》:"行所朝夕,儲不改供。"《漢書·武帝紀》:"諭三老孝弟以爲民師,舉獨行之君子,徵詣行在所。"顏師古注:"天子或在京師,或出巡狩,不可豫定,故言行在所耳,不得亦謂京師爲行在也。"《晉書·忠義傳·嵇紹》:"紹以天子蒙塵,承詔馳詣行在所。"《魏書·術藝傳·徐謇》:"高祖幸懸瓠,其疾大漸,乃馳驛召謇,令水路赴行所,一日一夜行數百里。"《南史·宋紀上·武帝》:"師旋,晉帝遣侍中黃門,勞師於行所。"唐杜甫《北征》詩:"揮涕戀行在,道途猶恍惚。"宋李綱《建炎制詔奏議表劄集序》:"某建炎初,自領開封府事,蒙恩除尚書右僕射兼中書侍郎,以六月一日至南京行在所供職。"《明史·徐達傳》:"捷聞,太祖幸汴梁,召達詣行在所,置酒勞之。"《清史稿·禮志八》:"順治八年,定制,駕出巡幸,別造香寶攜行,並鑄扈從各印,加'行在'字。部院章奏,內閣彙齊,三日一送行在。"

【行在所】

即行在。此稱漢代已行用。見該文。

【行所】

即行在。此稱漢代已行用。見該文。

野舍

亦稱"墅舍"。古代帝王出巡、出游時的臨時住所。《周禮·秋官·司寇》:"執其邦之兵,守王宮與野舍之屬禁。"鄭玄注:"野舍,王行所止舍也。"《後漢書·鄧晨傳》:"及光武與家屬避吏新野舍,晨廬甚相親愛。"《南齊書·周山圖傳》:"於新林立墅舍,晨夜往還。上謂之曰:'卿罷萬人都督,而輕行郊外,自今往墅,可以仗身自隨。'"《北齊書·酷吏傳·畢義雲》:"善昭聞難奔哭,家人得佩刀,善昭怖便走出,投平恩墅舍。旦日,世祖令舍人蘭子暢就宅推之爾前。"

【墅舍】[1]

即野舍。此稱南北朝時期已行用。見該文。

閒館

亦作"間館"。猶離宮,或言臨時性者。漢司馬相如《封禪文》:"鬼神接靈圉,賓於閒館。"漢班固《西都賦》:"循以雜宮別寢,承以崇臺閒館。"《宋史·樂志十六》:"珍臺閒館栖神地,獻饗永無窮。"

【間館】

同"閒館"。此稱宋代已行用。見該文。

游館

猶離宮,或言臨時性者。《漢書·劉向傳》:"秦始皇帝葬於驪山之阿……石椁爲游館,人膏爲燈燭,水銀爲江海,黃金爲鳧雁。"顏師古注:"多累石作椁於壙中,以爲離宮別館也。"

宮觀 [2]

亦稱"宮館"。猶離宮,特指建於郡國中的離宮,或直稱京都之宮殿。《史記·秦始皇本紀》：「〔始皇〕乃令咸陽之旁二百里内宮觀二百七十，複道、甬道相連，帷帳、鐘鼓、美人充之，各案署不移徙。」《漢書・元帝紀》：「罷角抵、上林宮館希御幸者。」《後漢書・耿秉傳》：「帝每巡郡國及幸宮觀，秉常領禁兵宿衛左右。」《文選・張衡〈西京賦〉》：「郡國宮館，百四十五。」李善注：「離宮別館在諸郡國者。」北魏酈道元《水經注・瀍水》：「苑有洛陽殿，殿北有宮館。」唐高適《古大梁行》：「魏王宮觀盡禾黍，信陵賓客隨灰塵。」唐元稹《楚歌》之四：「萬事捐宮館，空山雲雨期。」宋孟元老《東京夢華 錄・駕還擇日詣諸宮行謝》：「第三日畢，即游幸別宮觀或大臣私第。」明何景明《昔游篇》詩：「帝京宮觀一如昔，盤龍曲鳳青雲間。」

【宮館】 [2]

　　即宮觀 [2]。此稱漢代已行用。見該文。

宮壇

　　古代天子在都城之郊或名山之下朝會諸侯時，臨時建築的處所。此稱始見於周，歷代沿用。後亦指帝王在京都之郊與群臣聚會時的臨時建築物。《儀禮・觀禮》：「諸侯覲于天子，爲宮方三百步，四門，壇十有二尋，深四尺，加方明於其上。」鄭玄注：「宮謂壝土爲埒以象牆壁也。爲宮者於國外……王巡守至於方嶽之下，諸侯會之，亦爲此宮以見之。」《魏書・高宗紀》：「〔和平四年〕秋七月壬午，詔曰：'朕每歲以秋日閑月，命群官講武平壤。所幸之處，必立宮壇，靡費之功，勞損非一。宜仍舊貫，何必改作也。'」宋歐陽修《春日詞》之一：「宮壇青陌賽牛回，玉琯東風逗曉來。」

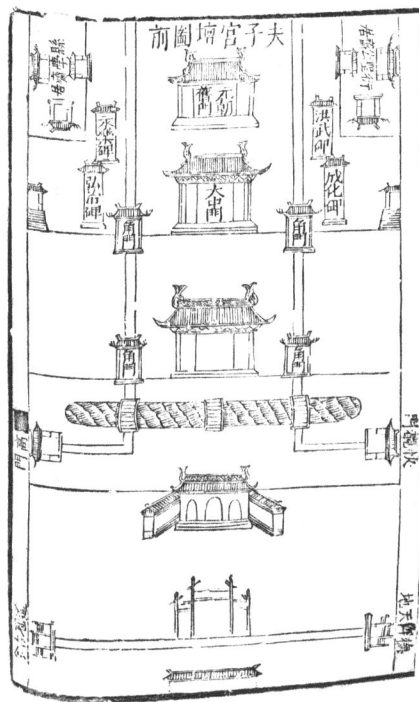

宮壇（夫子宮壇圖前）
（明王圻等《三才圖會》）

壝宮

　　古代天子外出，在平地休息住宿時設置的一種臨時宮室。掘地爲宮，周以矮土牆繞之。相傳周制，天子外出，常日餐飲休息，設帷宮；在平地住宿設壝宮；宿險地設車宮；因時因地而宜。《周禮・天官・掌舍》：「爲壇、壝宮、棘門。」鄭玄注：「謂王行，止宿平地，築壇，又委壝土起墏埒以爲宮。」賈公彥疏：「止宿之間，不可築作牆壁，宜掘地爲宮，土在坑畔而高則墏埒也。」《宋書・禮志二》：「魏氏無巡狩故事，新禮則巡狩方嶽，柴望告至，設壝宮，如禮諸侯之覲者。」宋王禹偁《籍田賦》：「甸師、掌舍，警御陌以惟嚴；封人、野廬，設壝宮而靡失。」

帳殿 [1]

　　帝王出行時臨時休息的行宮。多以帳幕爲

之，故稱。北周庾信《三月三日華林園馬射賦序》："止立行宮，裁舒帳殿。"唐宋之問《奉和晦日幸昆明池應制》詩："春豫靈池會，滄波帳殿開。"

專　名

章華宮

戰國時楚離宮名。故址在今湖北監利西北離湖上。《左傳·昭公七年》："〔楚靈王〕及即位，爲章華之宮，納亡人以實之。"一說，其址在湖北荆州東。唐劉長卿《南楚懷古》詩："南國久蕪没，我來空鬱陶。君看章華宮，處處生蓬蒿。"一說此詩爲唐陶翰所作。

高唐觀

省稱"高唐"。戰國時楚國行宮名。在雲夢澤中，即今湖北安陸南。傳說楚襄王游高唐，夢見巫山神女，幸之而去。戰國楚宋玉《高唐賦序》："昔者楚襄王與宋玉游於雲夢之臺，望高唐之觀，其上獨有雲氣。"北周庾信《望美人山銘》："高唐礙石，洛浦無舟。何處相望，山邊一樓。"唐陳子昂《感遇》詩之二八："揭來高唐觀，悵望雲陽岑。"前蜀韋莊（一作唐薛濤）《謁巫山廟》詩："亂猿啼處訪高唐，路入烟霞草木香。山色未能忘宋玉，水聲猶似哭襄王。"明許自昌《水滸記·邂逅》："束素腰，橫波目，可使高唐賦夢。"

【高唐】

"高唐觀"之省稱。此稱先秦時期已行用。見該文。

館娃宮

省稱"館娃""娃宮"。戰國時吳離宮名。乃吳王夫差爲西施所建。故址即今江蘇蘇州西南靈巖山上之靈巖寺。吳人呼美女爲娃。《方言》第二："娃、嫷、窕、豔，美也。吳、楚、衡、淮之間曰'娃'，南楚之外曰'嫷'，宋、衛、晋、鄭之間曰'豔'……故吳有館娃之宮。"《文選·左思〈吳都賦〉》："幸乎館娃之宮，張女樂而娱群臣，羅金石與絲竹，若鈞天之下陳。"劉良注："吳俗謂好女爲娃。"北齊謝朓《和王著作融八公山》："再遠館娃宮，兩去河陽谷。"唐李白《白紵辭三首》之二："館娃日落歌吹深，月寒江清夜沉沉。"唐皮日休《館娃宮懷古五絶》之三："半夜娃宮作戰場，血腥猶雜宴時香。西施不及燒殘蠟，猶爲君王泣數行。"宋李洪《送錢進思粹吳郡》詩："却尋館娃歌舞地，麋鹿臺荒盡禾黍。"

【館娃】

"館娃宮"之省稱。此稱唐代已行用。見該文。

【娃宮】

"館娃宮"之省稱。此稱唐代已行用。見該文。

響屧廊

省稱"屧廊"。亦稱"鳴屧廊"。館娃宮中的長廊。廊面以梓板鋪成，板下中空。吳王令西施等美女步行其上，廊即應聲而響，其聲悦耳。唐皮日休《館娃宮懷古五絶》之五："響屧廊中金玉步，采蘋山上綺羅身。"又《館娃宮懷古》詩："硯沼只留溪鳥浴，屧廊空信野花埋。"宋范成大《吳郡志·古迹》："響屧廊在靈巖山寺，相傳吳王令西施輩步屧，廊虛而響，故名。今寺中以圓照塔前小斜廊爲之。白樂天亦名'鳴屧廊'。"明李昌祺《過吳門次薩天錫韻》："西施去後屧廊傾，歲歲春深燒痕綠。"

【屧廊】

"響屧廊"之省稱。此稱唐代已行用。見該文。

【鳴屧廊】

即響屧廊。此稱宋代已行用。見該文。

極廟 [2]

亦稱"信宫"。秦朝離宫名。在京城咸陽附近，今陝西咸陽東郊。《史記·秦始皇本紀》："二十七年，始皇巡隴西、北地，出雞頭山，過回中。爲作信宫渭南，已更命信宫爲極廟，象天極。"司馬貞索隱："爲宫廟象天極，故曰極廟。"宋程大昌《雍錄》卷二："《史記》秦作宫室，自雍門至涇渭，殿屋複道，周閣相屬。又作極廟，道通驪山。"清萬斯同《廟制圖考》："天子七廟，萬世不軼毀，今始皇爲極廟，天子儀當獨奉酌。"

【信宫】

即極廟 [2]。係初名。此稱秦代已行用。見該文。

林光

秦朝離宫名。故址在今陝西淳化西北。縱橫各五里，爲秦二世胡亥所建。《文選·張衡〈西京賦〉》："覛往昔之遺館，獲林光於秦餘。"李善注："林光，秦離宫名也。"《漢書·郊祀志下》："三月甲子，震電災林光宫門。"顏師古注："林光，秦離宫名也。漢又於其旁起甘泉宫。"《駢雅》："林光、甘泉，交門明光。"按，甘泉宫秦時已建成，顏注非是。

阿房宫 [1]

亦稱"阿房殿"。秦之朝宫兼離宫。惠文王始建，未成而亡。始皇大廣其制，綿延三百餘里，離宫別館，彌山跨谷，閣道直達驪山八百餘里。秦亡，工程未就，項羽焚毁。此宫未正式命名，時人以前殿阿房宫代稱。前殿建於始皇三十五年（公元前 212）。今陝西西安阿旁村即其遺址。晋張華《博物志》卷六："秦爲阿房殿，在長安西南二十里……上可以坐萬人，庭中受十萬人。"宋程大昌《雍錄》卷一二："《三輔舊事》曰：'鑄金狄，立阿房宫前。'師古曰：'即翁仲也。'"《黃圖》曰："收天下兵，聚之咸陽，銷鋒鏑以爲金人十二，以弱天下之人，立於宫門，坐高三丈。"參見本卷《堂殿樓臺説·堂殿考》"阿房宫 [2]"文。參閱《史記·秦始皇本紀》《三輔黃圖·阿房宫》。按，2002 年以來，國家組織考古人員對阿房宫"前殿"遺址進行了大規模勘探發掘，發現阿房宫并未完工，而且沒有被焚的痕迹，説明"項羽焚毁"，衹是後世傳聞而已。

【阿房殿】

即阿房宫 [1]。此稱晋代已行用。見該文。

射熊館

亦稱"射熊觀"。秦昭王始建，漢因之。成爲兩代帝王游獵之所。在長楊宫內。位於今陝西西安舊城區。《漢書·元帝紀》："永光五年冬，上幸長楊射熊館，布車騎大獵。"又《揚雄傳下》："張羅網罝罘捕熊羆、豪猪、虎豹、狖玃、狐菟、麋鹿，載以檻車，輸長楊射熊館，以罔爲周阹，縱禽獸其中，令胡人手搏之，自取其獲。上親臨觀焉，是時農民不得收斂，雄從至射熊館。還，上《長楊賦》，聊因筆墨之成文章。"顏師古注："長楊，宮名也，在盩厔縣。其中有射熊館。"《三輔黃圖》卷一載曰："〔長楊宮〕門曰射熊觀，秦漢游獵之所。"清顧炎武《歷代宅京記·關中一》云："《漢書·地理志》曰：'盩厔，有長楊宮，有射熊館，秦昭王起。'"

【射熊觀】

即射熊館。此稱漢代已行用。見該文。

甘泉宮

亦稱"雲陽宮""林光宮"。漢代離宮名。漢武帝元狩三年（公元前120），擴建秦林光宮，并依其地處甘泉山上，故定名爲甘泉宮。故址在今陝西淳化西北。《漢書·揚雄傳上》："甘泉本因秦離宮，既奢泰，而武帝復增通天、高光、迎風。宮外近則洪厓、旁皇、儲胥、弩陆，遠則石關、封巒、枝鵲、露寒、棠梨、師得，游觀屈奇瑰偉。"《三輔黃圖》卷二曰："甘泉宮一曰雲陽宮。《史記》：'秦始皇二十七年作甘泉宮及前殿，築甬道，自咸陽屬之。'《關輔記》曰：'林光宮一曰甘泉宮，秦所造，在今池陽縣西故甘泉山，宮以山爲名。宮周匝十餘里，漢武帝建元中增廣之，周十九里。去長安三百里，望見長安城。'……甘泉有高光宮，又有林光宮，有長定宮、竹宮、通天臺、通靈臺。武帝作迎風館於甘泉山，後加露寒、儲胥二館，皆在雲陽甘泉中。西厢起彷徨觀，築甘泉苑。建元中作石關、封巒、鳷鵲觀於苑垣內。宮南有昆明池，苑南有棠梨宮。"宋宋敏求《長安志》引《關中記》云："林光宮，一曰甘泉宮，秦所造，在今池陽縣西北故甘泉縣甘泉山上，周迴十餘里。漢武帝建元中增廣之，周迴十九里一百二十步，有宮十二，臺十一。武帝常以五

月避暑於此，八月乃還。"宋唐仲友《漢甘泉宮記》云："漢有區夏，作都長安。封畿之內，宮館環列蓋數十百所……而文物之盛莫如甘泉。蓋自孝文迄于元、成，嘗於此整軍經武，祀神考政，行慶賞朝會之禮，非止爲清暑也。"西漢皇帝於此避暑，亦同時處理政務、接見臣僚及外國使節。甘泉宮爲我國歷史上最早的一座宮、苑結合的離宮御苑。按，《漢書·郊祀志下》"震電灾林光宮門"顏師古注："林光，秦離宮名也。漢又於其旁起甘泉宮。"未悉何據。

【雲陽宮】

即甘泉宮。此稱秦代已行用。見該文。

【林光宮】

即甘泉宮。此稱漢代已行用。見該文。

儲胥 [1]

漢代離宮名。在甘泉苑中，漢武帝時建造。漢張衡《西京賦》："既新作於迎風，增露寒與儲胥。"《漢書·揚雄傳上》："宮外近則洪厓、旁皇、儲胥、弩陆，遠則石關、封巒、枝鵲、露寒、棠梨、師得，游觀屈奇瑰偉。"《三輔黃圖》卷二："武帝作迎風館於甘泉山，後加露寒、儲胥二館，皆在雲陽。"南朝梁沈約《江蘺生幽渚》詩："葉飄儲胥右，芳歇露寒東。"後亦泛指帝王宮殿。唐沈佺期《晦日滻水應制》詩："星移天上入，歌舞向儲胥。"宋歐陽修《景靈朝謁從駕還宮》詩："自慚白首追時彥，行近儲胥忝侍臣。"清顧炎武《歷代宅京記·關中二》："武帝作迎風館於甘泉山，後加露寒、儲胥二館，皆在雲陽甘泉中。"

漢甘泉四觀

漢代離宮名。指甘泉苑之石關觀、封巒觀、鳷鵲觀、露寒觀。此四觀建於武帝建元中。故

址在今陝西淳化西北。《文選·司馬相如〈上林賦〉》："蹶石闕，歷封巒，過鳷鵲，望露寒。"李善注引張揖曰："此四觀，武帝建元中作，在雲陽甘泉宫外。"《漢書·揚雄傳上》："近則洪厓、旁皇、儲胥、弩阹，遠則石關、封巒、枝鵲、露寒。"宋王應麟《玉海·宫室·觀》："《史記》：甘泉更置前殿，始廣諸宫室。正義：揚雄云：甘泉本秦離宫，既奢泰，武帝增通天臺、迎風宫，近則有洪涯、儲胥，遠則有石闕、封巒、鳷鵲、露寒、棠梨等觀。《黄圖》：武帝先作迎風館於甘泉山，後加露寒、儲胥二館，建元中作石闕、封巒、鳷鵲觀。"

枝鵲觀

亦作"鳷鵲觀"。省稱"枝鵲""鳷鵲"。漢武帝時造。在甘泉苑中。漢司馬相如《上林賦》："蹶石闕，歷封巒，過鳷鵲，望露寒。"《漢書·揚雄傳上》："近則洪厓、旁皇、儲胥、弩阹，遠則石關、封巒、枝鵲、露寒。"《三輔黄圖》卷二："西厢起彷徨觀，築甘泉苑。建元中作石闕、封巒、鳷鵲觀於苑垣内。"南朝齊謝朓《暫使下都夜發新林至京邑贈西府同僚》詩："金波麗鳷鵲，玉繩低建章。"

【鳷鵲觀】

同"枝鵲觀"。此體漢代已行用。見該文。

【枝鵲】

"枝鵲觀"之省稱。此稱漢代已行用。見該文。

【鳷鵲】

"枝鵲觀"之省稱。此稱漢代已行用。見該文。

露寒

漢代離宫名。武帝時造。在甘泉苑中。《史記·司馬相如列傳》："蹶石闕，歷封巒，過鳷鵲，望露寒。"裴駰集解："《漢書音義》曰：'皆甘泉宫左右觀名也。'"《漢書·揚雄傳上》："近則洪厓、旁皇、儲胥、弩阹，遠則石關、封巒，枝鵲、露寒。"南朝梁江淹《靈丘竹賦》："或産鳷鵲之右，或居露寒之東。"

迎風觀

亦稱"迎風館""迎風宫"。省稱"迎風"。漢離宫名。在甘泉苑中。漢武帝時造。《漢書·揚雄傳上》："而武帝復增通天、高光、迎風。"顔師古注："皆甘泉苑垣内之宫觀也。"漢張衡《西京賦》："既新作於迎風，增露寒與儲胥。"宋王應麟《玉海·宫室·觀》："《史記》：甘泉更置前殿，始廣諸宫室。正義：揚雄云：甘泉本奏離宫，既奢泰，武帝增通天臺、迎風宫。"清顧炎武《歷代宅京記·關中二》："甘泉有高光宫，又有林光宫，有長定宫、竹宫、通天臺、通靈臺。武帝作迎風館於甘泉山，後加露寒、儲胥二館，皆在雲陽甘泉中。"

【迎風館】

即迎風觀。此稱漢代已行用。見該文。

【迎風宫】

即迎風觀。此稱漢代已行用。見該文。

【迎風】

"迎風觀"之省稱。此稱漢代已行用。見該文。

建章宫

西漢上林苑中規模最大的一處離宫，爲宫殿與苑囿相結合的一組建築群。位於陝西西安西北郊，漢長安城西城外，未央宫西。始建於漢武帝太初元年（公元前104），周迴三十里。《三輔黄圖》卷二："武帝太初元年，柏梁殿灾。

建章宮
（元人《建章宮圖》）

粵巫勇之曰：‘粵俗有火災，即復起大屋以厭勝之。’帝於是作建章宮，度爲千門萬戶。宮在未央宮西，長安城外。帝於未央宮營造日廣，以城中爲小，乃於宮西跨城池作飛閣，通建章宮，構輦道以上下。輦道爲閣道，可乘輦而行。”建章宮門闕高聳，宮殿成群，築臺穿池，實爲壯觀。正門在南，稱“閶闔門”，門內有別鳳闕，北門和東門外有北闕和鳳闕。主要有前殿、承光殿、枍詣宮、神明臺、函德殿等。又曰：“宮之正門曰閶闔，高二十五丈，亦曰璧門。左鳳闕，高二十五丈；右神明臺。門內北起別風闕，高五十丈；對峙井幹樓，高五十丈。輦道相屬焉，連閣皆有罘罳。前殿下視未央，其西則廣中殿，受萬人。《三輔舊事》云：‘建章周回三十里，東起別風闕，高二十五丈，乘高以望遠，又於宮門北起圓闕，高二十五丈，上有銅鳳凰……’《西都賦》云‘圓闕聳以造天，若雙碣之相望’是也。《廟記》云：‘建章宮北門高二十五丈，建章北闕門也。又有鳳凰闕，漢武帝造，高七十丈五尺。鳳凰闕一名別風闕，又云嶕嶢闕，在圓闕門內二百步。’繁欽《建章序》云：‘秦漢規模，廓然泯毀，惟建章、鳳闕，聳然獨存，雖非象魏之制，亦一代之巨觀。’《古歌》云：‘長安城西有雙闕，上有雙銅雀，一鳴五穀生，再鳴五穀熟。’按，銅雀即銅鳳凰也。楊震《關輔古語》云：‘長安民俗謂鳳凰闕爲貞女樓。’《漢書》曰：‘建章宮南有玉堂、璧門三層，臺高三十丈。玉堂內殿十二門，階陛皆玉爲之。鑄銅鳳高五尺，飾黃金，棲屋上下有轉樞，向風若翔。橡首，薄以璧玉，因曰璧門。’建章有駘蕩、馺娑、枍詣、天梁、奇寶、鼓簧等宮。又有玉堂、神明堂、疏圃、鳴鑾、奇華、銅柱、函德二十六殿，太液池、唐中池。”又《池沼》云：“太液池在長安故城西，建章宮北，未央宮西南。太液者，言其津潤所及廣也。《關輔記》云：‘建章宮北有池，以象北海。刻石爲鯨魚，長三丈。’《漢書》云：‘建章宮北治大池，名曰太液池，中起三山，以象瀛洲、蓬萊、方丈。刻金石爲魚龍、奇禽、異獸之屬。’《廟記》曰：‘建章宮北池，名太液，周迴十頃。’”又曰：“唐中池周迴十二里，在建章宮、太液池之南。”《文選·班固〈西都賦〉》：“前唐中而後太液，覽滄海之湯湯。揚波濤於碣石，激神嶽之嶈嶈。濫瀛洲與方壺，蓬萊起乎中央。”現保存於地面的建築有鳳闕、前殿、太液池等遺迹。近年，於建章宮遺址附近出土一石鯨，長一丈四尺，方嘴銳尾，形象古樸生動，當爲太液池遺物。經勘察，太液池遺址中，尚有池渚與假山之遺迹。

扶荔宮

漢代離宮名。漢武帝元鼎六年（公元前111）建。在上林苑中，宮以廣植荔枝得名。《三輔黃圖》卷三：“扶荔宮在上林苑中。漢武帝元鼎六年，破南越，起扶荔宮，以植所得奇草異木，菖蒲百本，山薑十本，甘蕉十二本，留求子十本，桂百本，蜜香指甲花百本，龍眼、荔枝、檳榔、橄欖、千歲子、甘橘皆百餘本。土木南北異宜，歲時多枯瘁，荔枝自交趾移植百株於庭，無一生者，連年猶移植不息。後數歲，偶一株稍茂，終無華實，帝亦珍惜之，一旦萎死，守吏坐誅者數十人，遂不復蒔矣。其實則歲貢焉，郵傳者疲斃於道，極爲生民之患。至後漢安帝時交趾郡守極陳其弊，遂罷其貢。”

飛廉觀

亦稱“飛廉館”。省稱“飛廉”。漢離宮名。漢武帝元封二年（公元前 109）建於上林苑中。觀高四十丈，上置銅鑄神禽飛廉，因以爲名。《漢書·武帝紀》：“〔元封二年，武帝〕春幸緱氏，遂至東萊……還作甘泉通天臺、長安飛廉館。”顏師古注：“應劭曰：‘飛廉，神禽，能致風氣者也。明帝永平五年至長安迎取飛廉並銅馬置上西門外，名平樂館，董卓悉銷以爲錢。’晉灼曰：‘身似鹿，頭如爵，有角而蛇尾，文如豹文。’”《後漢書·馮衍傳》載《顯志賦》：“陵飛廉而太息兮，登平陽而懷傷。”李賢注：“飛廉，觀名。武帝元封二年立於長安，上有銅飛廉，因以爲名。”《三輔黃圖》卷五：“飛廉觀在上林，武帝元封二年作。飛廉，神禽，能致風氣者，身似鹿，頭如雀，有角而蛇尾，文如豹，武帝命以銅鑄，置觀上，因以爲名。班固《漢武故事》曰：‘公孫卿言神人見於東萊山，欲見天子。上於是幸緱氏，登東萊，留數日，無所見，惟見大人迹。上怒公孫卿之無應，卿懼誅，乃因衛青白上云：仙人可見，而上往遽，以故不相值。今陛下可爲觀於緱氏，則神人可致。且仙人好樓居，不極高顯，神終不降也。於是上於長安作飛廉觀，高四十丈。於甘泉作延壽觀，亦如之。’”

【飛廉館】

即飛廉觀。此稱漢代已行用。見該文。

【飛廉】

“飛廉觀”之省稱。此稱漢代已行用。見該文。

繭館

亦稱“繭觀”。漢代上林苑中觀名。爲飼養蠶繭之所屬離宮之一種。《漢書·元后傳》：“〔王〕莽又知太后婦人厭居深宮中，莽欲虞樂以市其權，乃令太后四時車駕巡守四郊，存見孤寡貞婦，春幸繭館，率皇后列侯夫人桑遵霸水而祓除。”顏師古注曰：“《漢宮閣疏》云：上林苑有繭觀，蓋蠶繭之所也。”

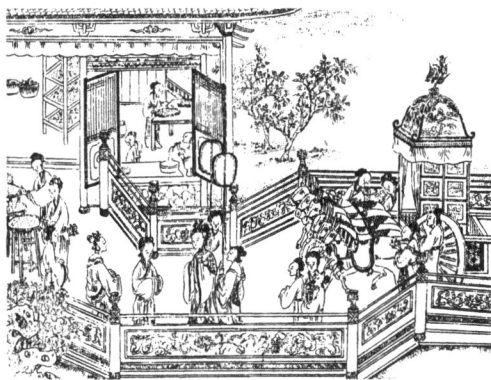

繭　館
（元王禎《農書》）

【繭觀】

即繭館。此稱漢代已行用。見該文。

平樂觀

亦稱“平樂館”。漢代離宮名。武帝元封六年（公元前 105）建於上林苑中。《漢書·武帝紀》：“〔元封六年〕夏，京師民觀角抵于上林平樂館。”《三輔黃圖》卷四：“〔上林苑〕又有繭觀、平樂觀。”漢張衡《西京賦》：“大駕幸乎平樂，張甲乙而襲翠被。”薛綜注：“平樂館，大作樂處也。”宋王應麟《玉海·宮室·觀》:“《西域傳》:元康二年,烏孫元貴靡願復尚漢公主,天子自臨平樂觀,會匈奴使者、外國君長大角抵,設樂而遣之。《東方朔傳》有《平樂觀賦》。”亦指東都洛陽之平樂觀,在城西上西門。後漢明帝永平五年(62)置。漢張衡《東京賦》云:“其西則有平樂都場,示遠之觀。龍雀蟠蜿,天馬半漢。”薛綜注:“平樂,觀名也。都,謂聚會也。爲大場於上以作樂,使遠觀之,謂之平樂。在城西也。龍雀,飛廉也。天馬,銅馬也……善曰:華嶠《後漢書》曰:明帝至長安,迎取飛廉並銅馬,置上西門平樂觀也。”《漢書·武帝紀》:“還作甘泉通天臺、長安飛廉館。”顏師古注:“應劭曰:‘飛廉,神禽,能致風氣者也。明帝永平五年至長安迎取飛廉並銅馬置上西門外,名平樂館。”

【平樂館】

即平樂觀。此稱漢代已行用。見該文。

豫章觀

亦稱“昆明觀”。省稱“豫章”。漢代離宮名。以其皆用豫章木爲臺館,故名。漢武帝造,在上林苑昆明池中,故亦稱“昆明觀”。《三輔黃圖》卷四:“上林苑有昆明觀,武帝置。”又卷五:“豫章觀,武帝造,在昆明池中,亦曰昆明觀。”《文選·班固〈西都賦〉》:“集乎豫章之宇,臨乎昆明之池。”李善注:“《三輔黃圖》曰:上林有豫章觀。”又《張衡〈西京賦〉》:“乃有昆明靈沼,黑水玄阯。周以金堤,樹以柳杞。豫章珍館,揭焉中峙。牽牛立其左,織女處其右。”薛綜注:“皆豫章木爲臺館也。”又:“相羊乎五柞之館,旋憩乎昆明之池。登豫章,簡矰紅。”薛綜注:“豫章,池中臺也。”

【昆明觀】

即豫章觀。此稱漢代已行用。見該文。

【豫章】

“豫章觀”之省稱。此稱漢代已行用。見該文。

上蘭觀

省稱“上蘭”。漢代離宮名。在上林苑中。爲帝王校獵之地。《漢書·元后傳》:“冬饗飲飛羽,校獵上蘭,登長平館,臨涇水而覽焉。”顏師古注:“上蘭,觀名也。在上林中。”《文選·班固〈西都賦〉》:“披飛廉,入苑門。遂繞酆鎬,歷上蘭。”李善注:“《三輔黃圖》曰:上林有上蘭觀。”漢張衡《西京賦》:“陳虎旅於飛廉,正壘壁乎上蘭。”

【上蘭】

“上蘭觀”之省稱。此稱漢代已行用。見該文。

柘館

亦稱“柘觀”。漢代上林苑中嬪妃所居之處。漢班婕妤《自悼賦》:“痛陽祿與柘館兮,仍繾綣而離災。”《三輔黃圖》卷四:“上林苑有昆明觀,武帝置,又有繭觀、平樂觀、遠望觀、燕昇觀、觀象觀、便門觀、白鹿觀、三爵觀、陽祿觀、陰德觀、鼎郊觀、椒木觀、椒唐觀、魚鳥觀、元華觀、走馬觀、柘觀、上蘭觀、郎池觀、當路觀,皆在上林苑。”北周庾信《傷心賦》:“或有擁樹罹災,藏衣遭難,未設桑弧,先空柘館。”

【柘觀】

即柘館。此稱漢代已行用。見該文。

細柳觀

省稱“細柳”。漢代離宮名。漢時於上林

苑建細柳觀，在長安西北。《文選·張衡〈西京賦〉》：“上林禁苑，跨谷彌阜。東至鼎湖，斜界細柳。”薛綜注：“細柳在長安西北。”《三輔黃圖》卷五：“細柳觀在長安西北。《三輔舊事》曰：漢文帝大將軍周亞夫軍於細柳，今呼古徽是也。”

【細柳】

“細柳觀”之省稱。此稱漢代已行用。見該文。

龍臺觀

省稱“龍臺”。漢代離宮名。今陝西西安鄠邑北。《史記·司馬相如列傳》：“西馳宣曲，濯鷁牛首，登龍臺，掩細柳。”裴駰集解：“《漢書音義》曰：‘觀名，在豐水西北，近渭。’”宋王應麟《玉海·宮室·觀》：“《司馬相如傳·上林賦》：登龍臺，掩細柳。注，張揖曰：龍臺觀在豐水西北，近渭。《三輔故事》曰：龍臺，高六丈，漢時龍見陂中，故作此臺。《括地志》曰：龍臺觀，在雍州鄠縣東北三十五里。”

【龍臺】

“龍臺觀”之省稱。此稱漢代已行用。見該文。

五柞宮

漢代離宮名。故址在今陝西周至縣。武帝時興建。宮中有五柞樹，故稱。《三輔黃圖》卷三：“五柞宮，漢之離宮也。在扶風盩厔，宮中有五柞樹，因以爲名。五柞皆連抱，上枝覆蔭數畝。”《漢書·武帝紀》：“〔後元二年〕二月，行幸盩厔五柞宮。”

青梧觀

漢代離宮名，在五柞宮之西。觀前有梧桐樹三株，故稱。《三輔黃圖》卷五：“青梧觀在

五柞宮之西。觀亦有三梧桐樹，下有石麒麟二枚，刊其脅爲文字，是秦始皇驪山墓上物也。頭高一丈三尺，東邊者，前左脚折處有赤如血，父老謂其有神，皆含血屬筋焉。”參閱清顧炎武《歷代宅京記·關中三》。

宣曲宮

省稱“宣曲”。漢代離宮名。在今陝西西安西南。武帝曉音律，常於此度曲，故稱。《文選·司馬相如〈上林賦〉》：“下堂梨，息宜春；西馳宣曲，濯鷁牛首。”郭璞注引張揖：“宣曲，宮名也。在昆明池西。”《三輔黃圖》卷三：“宣曲宮，在昆明池西。孝宣武帝曉音律，常於此度曲，因以爲名。”

【宣曲】

“宣曲宮”之省稱。此稱漢代已行用。見該文。

屬玉觀

漢離宮名。在今陝西咸陽東。觀以水鳥命名。《三輔黃圖》卷五：“屬玉觀在扶風。屬玉，水鳥，似鵁鶄，以名觀也。又曰屬玉似鴨而大，長頸赤目，紫紺色。宣帝甘露二年十二月，行幸萯陽宮、屬玉觀。”參閱清顧炎武《歷代宅京記·關中三》。

長平觀

亦稱“長平館”。漢代離宮名。在漢池陽宮南，臨涇水，距長安五十里。在今陝西西安南。《漢書·元后傳》云：“冬饗飲飛羽，校獵上蘭，登長平館，臨涇水而覽焉。”《後漢書·獻帝紀》曰：“〔興平元年〕三月，韓遂、馬騰與郭汜、樊稠戰於長平觀，遂、騰敗績。”李賢注：“《漢書音義》曰：長平，阪名也。上有觀，在池陽宮南，去長安五十里。”

【長平館】

即長平觀。此稱漢代已行用。見該文。

裸游館

漢代離宮名。漢靈帝初平三年（192）建。在洛陽西園內，專供淫樂之用。晋王嘉《拾遺記·後漢》："靈帝初平三年，游於西園，起裸游館千間。采綠苔而被階，引渠水以繞砌，周流澄澈，乘舼以游漾，使宮人乘之，選玉色輕體者以執篙檝搖漾于渠中。其水清澄，以盛暑之時，使舟覆没，視宮人玉色者……帝盛夏避暑於裸游館，長夜飲宴。帝嗟曰：'使萬歲如此，則上仙也。'宮人年二七已上，三六已下，皆靚妝解其上衣，惟著內服，或共裸浴。西域所獻茵墀香草以爲湯，宮人以之浴浣畢，使以餘汁入渠，名曰流香渠。"

商飆館

亦稱"商飆觀""九日臺"。南朝離宮名。齊武帝時建於建康孫陵崗，位於今江蘇南京。《南齊書·武帝紀》曰："〔永明五年〕九月己丑詔曰：'九日出商飆館，登高宴群臣。'辛卯，車駕幸商飆館。館，上所立，在孫陵崗，世呼爲'九日臺'者也。"唐袁朗《秋日應詔》詩："葉落商飆觀，鴻歸明月池。"

【九日臺】

即商飆館。此稱南北朝時期已行用。見該文。

【商飆觀】

即商飆館。此稱唐代已行用。見該文。

桂宮

亦稱"月宮"。南朝離宮名。故址在今江蘇南京。南朝陳後主爲其寵妃張麗華所建。因宮中植桂樹，故稱。《廣群芳譜》卷四〇引唐馮贄《南部烟花記》曰："陳主爲張麗華造桂宮於光昭殿後，作圓門如月，障以水晶，後庭設素粉罘罳，庭中空洞無他物，惟植一株桂樹，樹下置藥杵臼，使麗華恒馴一白兔，時猶步於中，謂之月宮。"

【月宮】

即桂宮。此稱唐代已行用。見該文。

長春宮

省稱"長春"。北周宇文護行宮之名。故址在今陝西大荔東北大寨子村。隋開皇年間曾續增殿宇，唐時同州刺史多帶長春宮使。五代初廢。唐杜甫《題鄭縣亭子》詩："鄭縣亭子澗之濱，户牖憑高發興新。雲斷嶽蓮臨大路，天晴宮柳暗長春。"清錢謙益注引《太平寰宇記》："長春宮在强梁原上，周宇文護所築。唐高祖起義，大軍濟河，舍此宮休甲養士，西定京邑。《雍録》：在同州朝邑縣界。"

【長春】

"長春宮"之省稱。此稱唐代已行用。見該文。

高歡宮

北齊離宮名。神武帝高歡於黃華山插天峰下築避暑宮，故稱。故址在今河南林州市境內。金元好問《游黃華山》詩："丹霞翠壁高歡宮，銀河下濯青芙蓉。"

仁壽宮

隋代離宮名。隋高祖開皇十三年（593）在扶風郡普潤縣境（今陝西省内）置。《隋書·高祖紀》："開皇十三年春二月丙子，詔營仁壽宮……十八年冬十二月，自京師至仁壽宮，置行宮十有二所。"又《地理志上》："〔扶風郡〕普潤縣有仁壽宮。"《舊唐書·封倫傳》曰：

"〔楊〕素將營仁壽宮，引〔倫〕爲土木監。隋文帝至宮所，見制度奢侈，大怒曰：'楊素爲不誠矣！殫百姓之力，雕飾離宮，爲吾結怨於天下。'素惶恐，慮將獲譴。倫曰：'公當弗憂，待皇后至，必有恩詔。明日，果召素入對。獨孤后勞之曰：'公知吾夫妻年老，無以娛心，盛飾此宮，豈非孝順。'素退問倫曰：'卿何以知之？'對曰：'至尊性儉，故初見而怒，然雅聽后言。后婦人也，惟麗是好，后心即悅，帝慮必移，所以知耳。'素嘆伏曰：'揣摩之才，非吾所及。'"

仁智宮

唐代離宮名。唐高祖武德七年（624）置。在坊州宜君縣境，在今陝西省內。爲皇帝避暑之地。《舊唐書·高祖紀》曰："武德七年五月，造仁智宮於宜州之宜君縣……六月辛丑幸仁智宮。"《新唐書·地理志一》云："〔坊州〕宜君縣本隸宜州，有仁智宮，武德七年置。"又《韋挺傳》曰："武德七年，帝避暑仁智宮。"

九成宮

亦稱"萬年宮"。唐代離宮名。爲避暑勝地。故址在今陝西麟游西。本爲隋之仁壽宮，唐太宗貞觀五年（631）重修，以其所在之山有九重，改名九成宮。永徽二年（651）改稱"萬年宮"。乾封二年（667）復名九成宮。太宗、高宗均曾在此避暑。《新唐書·地理志》："麟游西五里有九成宮。本隋仁壽宮，義寧元年廢。貞觀五年復置，更名。永徽二年曰萬年宮，乾封二年復曰九成宮。周垣千八百步，並置禁苑及府庫官寺等。"唐魏徵《九成宮醴泉碑銘》："貞觀六年孟夏之月，皇帝避暑於九成之宮。此則隋之仁壽宮也。冠山抗殿，絕壑爲池；跨水架楹，分巖竦闕。高閣周建，長廊四起；棟宇膠葛，臺樹參差。仰視則迢遞百尋，下臨則崢嶸千仞。珠璧交映，金碧相輝，照灼雲霞，蔽虧日月。觀其移山迴澗，窮泰極侈，以人從欲，良足深尤。至於炎景流金，無鬱蒸之氣；微風徐動，有淒清之凉。信安體之佳所，誠養神之勝地。漢之甘泉不能尚也。"宋王應麟《玉海·宮室·宮三》曰："《紀》：太宗貞觀六年三月戊辰，五月癸未，八年三月庚辰，十三年四月戊寅，十八年四月辛亥，皆如九成宮。貞觀六年四月己亥，太宗避暑於宮，以杖刺地，有泉涌出，飲之可以愈疾。秘書監檢校侍中魏徵作《醴泉銘》，碑在鳳翔。高宗永徽五年三月戊午，麟德元年二月癸卯如萬年宮；總章元年二月戊寅，二年四月己酉，咸亨元年四月庚午如九成宮。《會要》：永徽二年九月八日改九成宮爲萬年宮。乾封二年二月十日復爲九成宮。三年四月，將作大匠閻立德造新殿成，移仗御之，謂侍臣曰：'朕性不宜熱，所司頻奏請造此殿。既作之後，深懼人勞。今暑熱，朕在屋下尚有流汗，匠人暴露事亦可憫，所以不令精妙意者祇避炎暑耳。'長孫無忌曰：'聖心每以恤民爲念，天德如此，臣等不勝幸甚！'五年三月幸萬年宮。上謂太尉無忌曰：'此宮非直凉冷，且去京不遠。朕離此十年，屋宇無多損壞，昨者不易一椽一瓦，便已可安。'乃親製《萬年宮銘》並序七百餘字，群臣請刻石於永光門，詔從之。《集古錄》：萬年宮碑以永徽五年立。"現存《九成宮醴泉碑銘》，貞觀六年（632）秘書監魏徵撰，書法家歐陽詢書，爲後世學書者之楷模。

【萬年宮】

"九成宮"之別稱。此稱唐代已行用。見該文。

望春宮

唐都長安離宮名。在今陝西臨潼東北。《新唐書·地理志一》:"〔京兆府萬年縣〕有南望春宮,臨滻水,西岸有北望春宮,宮東有廣運潭。"又《姚南仲傳》曰:"大曆十年,獨孤皇后崩,代宗悼痛,詔近城爲陵,以朝夕臨望。南仲上疏曰:'臣聞人臣宅於家,帝王宅於國。長安乃祖宗所宅,其可興鑿建陵其側乎……且王者,必據高明燭幽隱,先皇所以因龍首而建望春也。'"宋王應麟《玉海·宮室·宮四》:"《李景讓賦》:'青門之左,層谷嶙峋。標上苑而獨出,儼復道而明望。南山之翠色盈前,渭水之素光在下。'《西京記》:'西京禁苑內有望春宮,在高原之上,東臨灞、滻。'今上曾登北亭賦《春臺咏》,朝士奉和,凡數百。"

玉華宮

唐代行宮名。故址在今陝西宜君縣西南之鳳凰谷。唐武德七年(624)建仁智宮,貞觀二十一年(647)擴建,改稱玉華。有宮門、宮殿各五座,其清凉勝過九成宮。永徽二年(651)廢宮爲寺。顯慶四年(659),敕玄奘於此翻譯佛經。安史之亂後廢毀。《新唐書·太宗紀》:"貞觀二十一年七月丙申,作玉華宮……二十二年二月乙亥幸玉華宮。"又《地理志一》:"〔坊州〕宜君縣,本隸宜州……二十年置玉華宮,復置縣隸雍州,宮在〔縣〕北四里鳳凰谷。永徽二年廢宮爲玉華寺。"《舊唐書·閻立德傳》:"〔太宗〕詔造翠微宮及玉華宮,咸稱旨,賞賜甚厚,俄遷工部尚書。"唐杜甫《玉華宮》詩:"溪回松風長,蒼鼠竄古瓦。不知何王殿,遺構絕壁下。"宋王應麟《玉海·宮室·宮三》:"《會要》曰:正門曰南風門,殿曰玉華,皇太子所居。南風門東正門曰嘉禮門,殿名暉和殿。正殿瓦覆,餘皆茸之以茅,意在清潔,務從儉約。二十二年四月二十四日,太宗以頻造離宮,終費人力,謂侍從曰:'唐堯茅茨不剪以爲盛德,不知堯時無瓦,瓦蓋桀紂爲之。今朕構采椽於椒風之日,立茅茨於有瓦之時,將爲節儉,自當不謝古者。昔宮室之廣,大役人工,以此再思,不能無愧其月。'徐充容(賢妃)上疏諫。二十三年,御製《玉華宮銘》,詔令皇太子以下皆和。貞觀二十一年正月,玉華宮李樹連理,隔澗合校。"

奉天宮

亦稱"嵩陽觀"。唐代行宮名。在今河南登封嵩山之南。永淳元年(682)置,弘道元年(683)廢,文明元年(684)改爲嵩陽觀。《舊唐書·高宗紀下》:"〔永淳元年〕秋七月己亥,造奉天宮於嵩山之陽,仍置嵩陽縣……二年春正月甲午朔幸奉天宮,遣使祭嵩嶽、少室、箕山、具茨等山。"《新唐書·禮樂志四》曰:"永淳元年又作奉天宮於嵩山南,遂幸焉。將以明年十一月封禪,詔諸儒、國子司業李行偉、考功員外郎賈大隱等草具其儀。已而遇疾,不克封,至武后遂登封焉。"又《韓瑗傳》云:"自瑗與〔褚〕遂良相繼死,內外以言爲諱將二十年。帝造奉天宮,御史李善感始上疏極言,時人喜之,謂爲鳳鳴朝陽。"宋王應麟《玉海·宮室·宮三》:"《會要》:永淳元年七月造奉天宮於嵩山之陽,弘道元年十二月廢,文明元年二月改爲嵩陽觀。《舊紀》:調露二年二月己未幸嵩陽觀,又幸逍遙谷,道士潘師正所居……潘師正居逍遙谷,高宗營奉天宮敕直逍遙谷,作門曰仙游,北曰尋真。時太常獻新樂,帝更名祈仙、望仙、翹仙曲。《王方翼傳》：高宗召議西域事，見奉天宮，賜食，具對熱海苦戰狀。"

【嵩陽觀】

即奉天宮。此稱唐代已行用。見該文。

三陽宮

唐代離宮名。在今河南登封嵩山。聖曆三年（700）置。長安四年（704）毀。《新唐書·地理志二》："〔河南府〕登封有三陽宮，聖曆三年置。"又《則天紀》曰："〔久視元年正月〕戊寅，復於神都作三陽宮……四月戊申如三陽宮。"宋王應麟《玉海·宮室·宮三》："《會要》：聖曆三年十一月二十八日造三陽宮於嵩陽縣。久視元年，張説以車駕在三陽宮不時還都，上疏諫。長安四年正月二十二日毀三陽宮，取其材木造興泰宮於壽安縣之萬安山。"

興泰宮

唐代離宮名，在今河南萬安山中。長安四年（704）置。《新唐書·外戚傳·武三思》："〔武〕后春秋高，厭居宮中。三思欲因此市權，誘脅群不肖，即建營三陽宮於嵩山，興泰宮於萬壽（安）山，請太后歲臨幸。"又《地理志二》："壽安西南四十里萬安山有興泰宮，長安四年置。"宋王應麟《玉海·宮室·宮三》："《會要》：長安四年正月二十二日毀三陽宮，取其材木造興泰宮於壽安縣之萬安山。左拾遺盧藏用諫，不從。《韋安石傳》：武后幸興泰宮，議趨疾道。安石曰：'此道版築所成，非自然之固。'后爲回輦。《玄宗紀》：開元十年十月甲寅如興泰宮，獵於上宜川。"

華清宮

省稱"華清"。亦稱"溫泉宮""湯泉宮"。唐著名離宮。故址在今陝西臨潼城南驪山西北麓。以其山上有一硫黃溫泉，泉水沸涌，"華清蕩邪"，故稱。周幽王曾在此興建驪宮。秦始皇以石築屋砌池，名爲驪山湯。北周宇文護曾於此建造石井，隋文帝亦修築宮殿樓閣。唐貞觀十八年（644）置湯泉宮，咸亨二年（671）改名溫泉宮，天寶六載（747）擴建，改稱華清宮，取《魏都賦》"溫泉毖涌而自浪，華清蕩邪而難老"之意。唐玄宗在此設百官公卿官邸，每年出巡，均携楊貴妃至此。安史之亂後，始漸圮廢，至五代晋時改爲道觀，今遺址及溫泉尚存。《新唐書·地理志一》："〔京兆府京兆郡昭應縣〕有宮在驪山下，貞觀十八年置，咸亨二年始名溫泉宮。天寶元年更驪山曰會昌山……六載，更溫泉曰華清宮。治湯井爲池，環山列宮室，又築羅城，置百司及十宅。"又《后妃傳上·楊貴妃》："每十月帝幸華清宮，五宅車騎皆從。家別爲隊，隊一色。俄，五家隊合，爛若萬花，川谷成錦綉，國忠導以劍南旗節，遺鈿墮舄，瑟瑟璣琲，狼藉于道，香聞數十里。"唐崔魯《華清宮》其一詩："草遮回磴絶鳴鑾，雲樹深深碧殿寒。明月自來還自去，更無人倚玉欄干。"唐樊珣《憶長安·十月》詩："憶長安，十月時。華清士馬相馳。"宋王應麟《玉海·宮室·宮四》："李程有《華清宮望幸賦》云：閣有朝元，殿有長生。《十道志》曰：貞觀十八年詔閻立德建溫泉宮，太宗臨幸，製碑。咸亨三年名溫泉宮。"清顧炎武《歷代宅京記·關中四》："〔開元〕十一年冬十月丁酉，作溫泉宮於驪山。《雍録》曰：驪山溫湯，在臨潼縣南一百五十步，直驪山之西北。《十道志》曰：泉有三所，其一處即堂皇石井，後周宇文護所造。隋文帝又修屋宇，並植松柏千餘株。貞觀十八年，詔閻立本營建宮殿，賜名湯泉宮。是年，更名溫泉宮而改作之。"又："昭應縣有宮在驪山下，貞觀十八年置，咸亨二年始名溫泉宮，天寶六載更名華清宮。"近年，考古工作者經過發掘，已發現九龍殿遺址，爲唐玄宗洗浴處。湯池設計奇巧，規模宏大，爲上下兩層臺式，平面呈對稱的蓮花形，與文獻記載基本符合。華清宮之風景區，有芙蓉園、粉梅潭、看花臺、石榴園、西瓜園、椒園、東瓜園等以花卉、果木爲主的小園。還有馬毬場、賽馬場各一處。苑林區主要建築有朝元閣、長生殿。

【湯泉宮】

即華清宮。此稱唐代已行用。見該文。

【華清】

"華清宮"之省稱。此稱唐代已行用。見該文。

【溫泉宮】

"華清宮"之舊稱。此稱唐代已行用。見該文。

萬全宮

亦稱"萬泉宮"。唐代離宮名。唐高宗時建造，在今陝西藍田境內。《舊唐書・高宗紀》："〔永淳元年〕七月己亥造奉天宮於嵩山之陽，仍置嵩陽縣，又於藍田造萬全宮。"按，《新唐書・高宗本紀》作"萬泉宮"。《新唐書・地理志一》："永淳元年作萬全宮，弘道元年廢。"宋王應麟《玉海・宮室・宮三》："《會要》：儀鳳三年正月七日於藍田作凉宮，名萬全（《通鑑》作泉）宮。弘道元年十二月七日廢。"

【萬泉宮】

即萬全宮。此稱唐代已行用。見該文。

紫桂宮

亦稱"避暑宮""芳桂宮"。唐代離宮名。在今河南澠池西。唐高宗儀鳳四年（679）置。調露二年（680）改稱避暑宮。永淳元年（682）改曰芳桂宮。弘道元年（683）廢。《舊唐書・高宗紀》："〔儀鳳四年五月〕戊戌，造紫桂宮於澠池之西。"《新唐書・地理志一》："〔澠池縣〕西五里有紫桂宮，儀鳳二年置，調露二年曰避暑宮，永淳元年曰芳桂宮，弘道元年廢。"宋王應麟《玉海・宮室・宮三》："《地理志》：河南府澠池縣西五里有紫桂宮。儀鳳二年置，《會要》作四年五月十九日……《舊紀》：永淳元年四月戊寅次紫桂宮，二年五月庚寅幸芳桂宮至合璧宮。《韋弘機傳》：永淳中，帝幸東都至芳桂宮，召弘機檢校園苑。"

【避暑宮】

即紫桂宮。此稱唐代已行用。見該文。

【芳桂宮】

即紫桂宮。此稱唐代已行用。見該文。

延福宮

北宋末年興建的大型皇家離宮。位於東京開封皇城北拱辰門外，即今河南開封舊城區內。建於宋徽宗政和三年（1113）。從皇城北城至舊城（裏城）北城，均屬延福宮範圍之內。《宋史・地理志一》："延福宮：政和三年春，新作於大內北拱辰門外。舊宮在後苑之西南，今其地乃百司供應之所，凡內酒坊、裁造院、油醋、柴炭、鞍轡等庫，悉移他處，又遷兩僧寺、兩軍營，而作新宮焉。始南向，殿因宮名曰延福，次曰蕊珠，有亭曰碧琅玕。其東門曰晨暉，其西門曰麗澤。宮左復列三位。其殿則有穆清、成平、會寧、睿謨、凝和、崑玉、群玉，其東閣則有蕙馥、報瓊、蟠桃、春錦、叠瓊、芬芳、麗玉、寒香、拂雲、偃蓋、翠葆、鉛英、雲錦、蘭熏、摘金，其西閣有繁英、雪香、披芳、鉛華、瓊華、文綺、絳萼、穠華、綠綺、瑤碧、清陰、秋香、叢玉、扶玉、絳雲。會寧之北，叠石爲山，山上有殿曰翠微，旁爲二亭，曰雲歸，曰層巘。凝和之次閣曰明春，其高逾三百一十尺。閣之側爲殿二：曰玉英，曰玉澗。其背附城，築土植杏，名曰杏岡。覆茅爲亭，修竹萬竿，引流其下。宫之右爲佐二閣，曰宴春，廣十有二丈，舞臺四列，山亭三峙。鑿圓池爲海，跨海爲二亭，架石梁以升山，亭曰飛華，橫度之四百丈有奇，縱數之二百六十有七尺。又疏泉爲湖，湖中作隄以接亭，隄中作梁以通湖，梁之上又爲茅亭、鶴莊、鹿砦、孔翠諸柵，蹄尾動數千，嘉花名木，類聚區别，幽勝宛若生成，西抵麗澤，不類塵境。初，蔡京命童貫、楊戩、賈詳、藍從熙、何訢等分任宫役。五人者因各爲制度，不務沿襲，故號‘延福五位’。東西配大内，南北稍劣。其東直景龍門，西抵天波門，宫東西二橫門，皆視禁門法，所謂晨暉、麗澤者也，而晨暉門出入最多。其後又跨舊城修築，號‘延福第六位’。跨城之外浚濠，深者水三尺，東景龍門橋，西天波門橋，二橋之下，叠石爲固，引舟相通，而橋上人物外自通行不覺也。名曰景龍江。其後又闕之，東過景龍門至封丘門。景龍江北有龍德宫。初，元符三年，以懿親宅潛邸爲之，及作景龍江，江夾岸皆奇花珍木，殿宇比比對峙，中塗曰壺春堂，絶岸至龍德宫。其地歲時次第展拓，後盡都城一隅焉，名曰擷芳園，山水美秀，林麓暢茂，樓觀參差，猶艮嶽、延福也。”

凉亭 [1]

元代行宫名。故址在今内蒙古多倫境内。爲元代帝王出巡游獵時駐蹕之處。有東西二亭。《元史·百官志六》：“尚供總管府秩正三品，掌守護東凉亭行宫及游獵供需之事。”元周伯琦《立秋日書事》詩之三：“凉亭千里内，相望列東西。”

承德圍場

爲清代皇帝每年進行秋獮之地，位於今承德圍場滿族蒙古族自治縣。清時處於蒙古諸部落之中，周圍一千三百餘里，南北二百餘里，東西三百餘里。東北以翁牛特爲界，東部、東南部以喀喇沁爲界，北以克西克騰爲界，西北以察哈爾正藍旗爲界，西部、西北部以察哈爾正藍、鑲白二旗爲界，南以熱河廳爲界。在圍場之外，北爲巴林，東爲土默特，西爲西四旗察哈爾，南爲進入圍場之路，整個圍場四周立界，稱柳條邊。圍場有兩條進入之路，東路爲石片子，由岩口而入，西路由濟爾哈朗圖而入。圍場爲清代各藩部恭獻的牧場之地，用以建靈囿，每年舉行秋獮。康熙六十一年（1722），康熙皇帝下諭旨，言國家雖承平日久，但不可忘武備訓練，當每年進行秋狩。故圍場爲清代皇帝不忘武備、訓練兵勇之所，也是聯繫蒙古諸藩部之地。整個圍場四面樹立柵界以别内外，場内草木豐茂，禽獸栖息，林木高大，乃賴百年之力而成蕃盛之狀。

瀛臺 [1]

亦稱“趯臺”。清離宫名。在北京南海中。以其三面臨水，襯以亭臺樓閣，猶如海中仙島，故名瀛臺。清順治、康熙、乾隆年間曾多次修建，爲帝王、后妃避暑游覽之地，亦爲皇帝夏日聽政之所。正門爲翔鸞閣，南是涵元門，門內西爲慶雲殿，東爲景星殿，南爲涵元殿。涵元殿右爲綺思樓，左爲藻韵樓。《大清一統志・京師四》曰："瀛臺，舊有南臺，一名趯臺，在太液池中。由西苑門入，度板橋，有門曰德昌，中建殿五楹，聖祖仁皇帝御書額曰勤政。殿之南石隄數十步，過隄歷級而登，爲翔鸞閣、涵元殿、香扆殿、迎薰亭而統名之曰瀛臺。臺三面臨水，奇石森列，花樹芬鬱，有天然林壑之致。聖祖仁皇帝時常爲夏月聽政之所，賜宴賦詩，聿垂盛典。乾隆年間，重加修葺，珠榜璿題，親揮宸翰。每於此裁决幾務，引見庶官。十一年秋，召宗室王公及公卿庶僚，載賜曲宴，御製詩以紀其事。並有仿柏梁體聯句，用唐臣李嶠侍宴甘露殿詩分韻賦詩。臺之南對岸爲寶月樓，乾隆二十三年建。御製文記之。樓南臨皇城，俯視可見長安西街朝騎。臺東南爲同豫軒，西南爲茂對齋，並下臨太液池。"瀛臺南面有蓬萊閣，閣前有一木化石，外形似木，質地爲石，高 2.6 米。木化石南面臨池有迎薰亭，亭內有柏梁體詩石刻十方。蓬萊閣兩側有小亭，曲廊迂迴，雕梁畫棟。登閣四眺，南海景色，盡收眼底。戊戌變法失敗後，光緒帝被慈禧太后幽禁於瀛臺，光緒三十四年（1908）死於此地。

【趯臺】

即瀛臺。此稱明代已行用。見該文。

第二節　帳幕考

《周禮・天官・幕人》："幕人掌帷、幕、幄、帟、綬之事。"鄭玄注："王出宮則有是事。在旁曰帷，在上曰幕……帷幕皆以布爲之。四合象宮室曰幄，王所居之帳也。"賈公彥疏："云掌王帷在傍施之，像土壁也；幕則帷上張之，像舍屋也；幄，帷幕內之設之；帟者，在幄幕之內承塵；綬者，絛也；以此絛繫連帷幕……言在旁曰帷，在上曰幕，則帷在下，幕在上，共爲室。"《釋名・釋床帳》："帷，圍也，所以自障圍也。"又："幄，屋也，以帛衣板施之，形如屋也。"《説文・巾部》："帷，在旁曰帷。"桂馥義證："《三禮圖》：'在上曰帟，四旁及上曰帷，上下四旁悉周曰幄。'幄，大帷也。"由此可知，帷幕是一種張挂或支架起來作爲遮蔽用的臨時居室。多以竹木爲骨架，用布帛氊革製作而成。以其用途不同，質料有別，其名亦異。周代帝王祭祀、諸侯朝覲時臨時休息或臨時居住的大帷帳曰"大次"，小帳篷曰"小次"。《周禮・天官・掌次》："朝日祀五帝則張大次、小次，設重帟重案……諸侯朝覲會同則張大次、小次。"鄭玄注："次，謂幄也。大幄，初往所止居也。"古代帝王出行，休息時以帳幕爲行宮，則謂之"帳殿"。北周庾信《三月三日華林園馬射賦序》："止立行宮，裁舒帳殿。"倪璠注："帳殿，天子行幸所在以帳爲殿也。"古時行軍打仗在駐地所設幕帳謂之"軍幕""帳房"或"戎帳"。《三略·上略》："軍幕未辦，將不言倦。"宋陸游《蘇武慢·唐安西湖》詞："嘆連年戎帳，經春邊壘，暗凋顏鬢。"元鄭光祖《三戰呂布》第一折："上的馬去，常川不濟。聽的廝殺，帳房裏推睡。"將帥所居帷幕則稱"幕府""戎幕"。《史記·李將軍列傳》："大將軍使長史急責廣之幕府對簿。"《北齊書·暴顯皮景和等傳》："史臣曰：皮景和等爰自霸基，策名戎幕，間關險夷，迄於末運。"我國北方少數民族居住的帳篷，多以氈或皮革爲之，故謂之"氈帳""氈幕""氈屋""氈幄"，亦稱"毳帳""毳幙（幕）"，俗稱"氈包"。北齊顏之推《顏氏家訓·歸心》："昔在江南，不信有千人氈帳；及來河北，不信有二萬斛船。皆實驗也。"《宋書·後廢帝紀》："晚至新安寺就曇度道人飲酒。醉，夕扶還於仁壽殿東阿氈幄中臥。"南朝陳徐陵《陳公九錫文》："穹廬氈幕，抵北闕而爲營；烏孫天馬，指東都而成陣。"《南史·夷貊傳下·滑國》："〔滑國〕無城郭，氈屋爲居。"《文選·李少卿〈答蘇武書〉》："韋韝毳幙，以禦風雨。"李善注："毳幙，氈帳也。"《新唐書·吐蕃傳上》："有城郭廬舍不肯處，聯毳帳以居，號大拂廬，容數百人。其衛候嚴而牙甚隘，部人處小拂廬，多老壽，至百餘歲者，衣率氈韋，以赭塗面爲好，婦人辮髮而縈之。""氈包"，現亦俗稱"蒙古包"，爲我國蒙古族、哈薩克族、塔吉克族等族牧民在游牧時居住的傘頂圓柱形帳篷。一般民居圓徑約爲5米，可容納四五人，門南嚮，低小，是一種可移動的房屋。正中置火爐，上有烟囱，四周爲坐臥處。墻壁以木條做成籬笆墻，可收攏爲一捆。頂上木條如傘蓋，可隨意安拆。木骨架安好即可在上面覆蓋毛毡，然後用繩索捆緊，安上木門，即成蒙古包。包內地面厚鋪毛氈，氈上繡有各式花紋圖案。天窗上覆毛氈一塊，專司啓閉。天冷時將毛氈蓋好，天熱時將毛氈拉開。此包裝卸遷運方便，極適於"逐水草而居"的游牧生活方式，故自古沿用至今。古代北方少數民族統治者所居大氈帳謂之"氈厦""氈堂"，亦稱"毳殿"。宋梅堯臣《送呂冲之司諫使北》詩："羊酪調羹尊漢使，氈堂舉酒見閼氏。"宋劉克莊《賀新郎·送黃成父還朝》詞："又送他，江南太史，去游氈厦。"明張煌言《建夷宮詞》之二："毳殿春寒乳酪香，近臣偏得賜新嘗。"以其頂爲圓形，中間隆起，四周下垂，形像天空，故古亦稱"穹"或"穹廬"。《漢書·匈奴傳下》："匈奴父子同穹廬臥。"顏師古注："穹廬，旃帳也。其形穹隆，故曰穹廬。"《晋書·劉曜傳》："惟皇不範，邇甸居穹。"至於臨時搭建用以遮蔽風雨的簡易棚子，則謂之"窩鋪"，亦稱"窩棚"。《三國演義》第九九回："且宜在城中搭起窩鋪住扎，以防陰雨。"郭澄清《大刀記》："瓜地中間，搭了個窩棚。"此簡易帳篷在現代農村仍可見到。

泛　稱

帳幕

一種張挂或支架起來遮蔽用的臨時居室。以其用途不同，質料有別，其名亦异。其物周代帝王祭祀、諸侯朝覲時已見行用。此稱始見於魏晋南北朝，後世用之甚廣。北周庾信《奉和永豐殿下言志》詩之二：“帳幕參三顧，風流盛七輿。”唐李宣遠《塞下曲》：“帳幕遥臨水，牛羊自下山。”《水滸傳》第三二回：“先去大寨兩邊帳幕裏，預先埋伏了軍士，廳上虛設着酒食筵宴……只聽得後堂一聲喊起，兩邊帳幕裏走出三五十個壯健軍漢，一發上，把花榮拿到廳前。”

帷 [1]

以布帛製作的環繞四周的遮蔽物，四合以象宮室。《周禮・天官・幕人》：“掌帷、幕、幄、帟、綬之事。”鄭玄注：“在旁曰帷，在上曰幕；幕或在地，展陳於上。帷、幕皆以布爲之。四合象宮室曰幄，王所居之帳也。”

幄

篷帳。初指帝王所居，後用以泛稱。《周禮・天官・幕人》：“掌帷、幕、幄、帟、綬之事。”鄭玄注：“四合象宮室曰幄，王所居之帳也。”《漢書・禮樂志》：“照紫幄，珠煇黃。”顔師古注：“紫幄，饗神之帳也。帳上四下而覆曰幄。”《新唐書・李光弼傳》：“初，賊至，光弼設公幄城隅以止息，經府門不顧。”

幕 [1]

帳幕、篷帳。《左傳・莊公二十八年》：“楚幕有烏。”杜預注：“幕，帳也。”南朝陳徐陵《陳公九錫文》：“穿盧甎幕，抵北闕而爲營。”

唐杜甫《後出塞》詩之二：“平沙列萬幕，部伍各見招。”

幔 [1]

帳篷。《後漢書・皇甫嵩傳》：“〔嵩〕每軍行頓止，須營幔修立，然後就舍帳。”《新唐書・回鶻傳下》：“於是可汗升樓坐，東向，下設氍幔以居。”唐皎然《隴頭水》詩之一：“碎影搖槍壘，寒聲咽幔軍。”

帟 [1]

張蓋在上方用以遮蔽塵土的平帳。古代皆以繒爲之。《周禮・天官・幕人》：“掌帷、幕、幄、帟、綬之事。”鄭玄注：“鄭司農云：‘帟，平帳也……’玄謂：帟，王在幕，若幄中坐上承塵。”孫詒讓正義：“案承塵皆平帳；以其承塵土，則謂之承塵。”《禮記・檀弓上》：“君於士有賜帟。”鄭玄注：“賜之則張於殯上。”唐劉禹錫《游桃源一百韵》：“樓居彌清霄，蘿蔦成翠帟。”清趙翼《游網師園》詩：“買園貴舊不貴新，爲要濃蔭綠如帟。”

帟 [2]

泛指帳幕。《逸周書・王會》：“成周之會，墠上張赤帟，陰羽。”唐崔知賢《三月三日宴王明府山亭》詩：“雲開翠帟，水鶿鮮居。”宋岳珂《桯史・隆興按鞠》：“時召諸將擊鞠殿中，雖風雨亦張油帟。”《遼史・耶律良傳》：“〔涅魯古〕羈於帳下，使者以佩刀斷帟而出。”

幬

帷帳。《史記・秦始皇本紀》：“郎中令與樂俱入，射上幄坐幬。”《資治通鑑・秦二世皇帝三年》引此文，胡三省注云：“幬，單帳也。”

《古詩十九首·明月何皎皎》：“明月何皎皎，照我羅床幃。”清湯春生《夏閨晚景瑣說》卷二：“迎眸一笑，先入香幃。金鈎戛聲，細若碎玉。”

篷帳

今稱帳篷。以竹席或氈席搭起的臨時住所。清毛祥麟《三略彙編》：“蘇州營守翁廷魁、勇目黃載清、夏寶慶等布梯上城，燒城上篷帳。”

幕次

臨時搭起的帳篷。宋龐元英《文昌雜錄》卷一：“兩省給舍以上、御使中丞、學士皆御賜寓，百官就食幕次。”宋孟元老《東京夢華錄·十六日》：“兩朵樓相對：左樓相對，鄆王以次彩棚幕次；右樓相對，蔡太師以次執政、戚里幕次。”《水滸傳》第八二回：“當日盡皆大醉，各扶歸幕次安歇。”

幕梁

西夏時一種以木爲架、織毛爲幕的小帳篷。《宋史·外國傳二·夏國下》：“刺史以下，無帳無旗鼓，人各橐駝一、箭三百、幕梁一。兵三人同一幕梁。幕梁，織毛爲幕，而以木架。”

幄帟

初幄和帟分。指以繒搭成的高大帳篷，爲帝王專用。《周禮·天官·幕人》：“掌帷、幕、幄、帟、綬之事。”鄭玄注：“鄭司農云：‘帟，平帳也……’玄謂：帟，王在幕，若幄中坐上承塵。幄、帟皆以繒爲之。”後以“幄帟”泛指帳篷。《新唐書·魏少游傳》：“少游大爲殿宇幄帟，皆象宮闕，諸王、公主悉有次舍，供儗窮水陸。”宋歐陽修《洛陽牡丹記》：“花開時，士庶競爲游遨，往往於古寺廢宅有池臺處爲市井，張幄帟，笙歌之聲相聞。”

幔室

以帷幕圍成的房間。《晋書·律曆志上》：“占侯之法，爲室三重，戶閉塗釁，周室布緹，幔室中以木爲案，每律各一。”《宋史·禮志四》：“舊禮，明堂五帝位皆爲幔室。今旁帷上幕，宜用青繒朱裏；四戶八牖，赤綴戶，白綴牖，宜飾以朱白繒。”

幔屋

較鄭重、高大的帳篷。《通典·禮四十六》引晋賀循《葬禮》：“至墓之位，男子西向，婦人東向，先施幔屋於埏道北，南向，柩車既至，當坐而住。”《宋書·沈慶之傳》：“營內多幔屋及草菴。”

幔城

張帷幔圍繞如城，故稱。南朝梁庾肩吾《餞張孝總應令》詩：“別筵開帳殿，離舟卷幔城。”唐顧況《雜曲歌辭·樂府》：“細草承雕輦，繁花入幔城。”《宋史·王吉甫傳》：“南郊起幔城，役卒急於畢事。”

帳帟

多指官用帳幕。《新唐書·百官志三》：“〔守宮署〕掌供帳帟。”宋梅堯臣《送宋中道朝陵仍於西都省親》詩：“漢殿拜衣冠，魏臺嚴帳帟。”

幃帟

華美的帳幕。《魏書·李孝伯傳》：“況先臣在蒙委任，運籌幃帟，勛著於中，聲傳於外。”清王士禛《居易錄》：“母悦其美艷柔順，許之。奩具幃帟之屬，咄嗟備陳於室。”

帟幕

高大、莊重的帳幕。晋左思《蜀都賦》：“將饗獠者，張帟幕，會平原，酌清酤，割芳鮮。”前蜀貫休《上孫使君》詩：“芙蓉開帟幕，錦帳無纖塵。”宋朱弁《曲洧舊聞》卷六：“宋子京修《唐書》，嘗一日逢大雪，添帟幕，燃椽燭一、秉燭二，左右熾炭兩巨鑪。”元王惲《玉堂嘉話》卷四：“金主幞頭，紅袍玉帶，坐七寶榻，皆有龍水大屏風，四壁帟幕皆紅綉龍。”

青廬

亦稱“廬”。古代北方舉行婚禮時以青布搭成的帳篷。《玉臺新咏·古詩爲焦仲卿妻作》：“其日牛馬嘶，新婦入青廬。”唐段成式《酉陽雜俎·禮異》：“北朝婚禮，青布幔爲屋，在門内外，謂之青廬，於此交拜。”《太平廣記》卷一九〇引《小說·魏太祖》：“魏武少時，嘗與袁紹好爲游俠，觀人新婚，因潜入主人園中，夜叫呼云：‘有偷兒至！’廬中人皆出觀，帝乃抽刃劫新婦。”清蒲松齡《聊齋志異·神女》：“公子辭而出，曰：‘明夜七月初九，新月鈎辰，天孫有少女下嫁，吉期也，可備青廬。’”

【廬】[1]

即青廬。此稱宋代已行用。見該文。

彩幄

用彩綢製作的帳篷。宋孟元老《東京夢華錄·三月一日開金明池瓊林苑》：“池西直徑七里許……有面北臨水殿，車駕臨幸，觀争標錫宴此。往日旋以彩幄，政和間用土木工造成矣。”《宋史·禮志十六》：“徙坊市邸肆，對列御道，百貨駢布，競以彩幄鏤版爲飾。”

帷門

亦稱“帷户”。帷帳之門，供出入。《儀禮·覲禮》：“至於郊，王使人皮弁用璧勞，侯氏亦皮弁迎於帷門之外，再拜。”賈公彦疏：“爲帷宫則設旌旗以表四門。”南朝宋鮑照《玩月城西門廨中》詩：“夜移衡漢落，徘徊帷户中。”《通典·禮三十四》：“侯氏亦皮弁，迎於帷門外再拜，使者不答拜，三揖至於階前。”

【帷户】

即帷門。此稱南北朝時期已行用。見該文。

帳 殿

帳殿[2]

亦稱“幄殿”。古代帝王出行，休息時以帳幕爲行宫，謂之“帳殿”或“幄殿”。北周庾信《三月三日華林園馬射賦序》：“止立行宫，裁舒帳殿。”倪璠注：“帳殿，天子行幸所在以帳爲殿也。”唐杜甫《得家書》詩：“二毛趨帳殿，一命侍鑾輿。”仇兆鰲注引《唐六典》：“尚舍奉御，凡大駕行幸，預設三部帳幕，皆烏氈爲表，朱綾爲覆，下有紫帷方坐、金銅行床，覆以簾，其外置排城以爲蔽捍。”《宋史·太宗紀一》：“〔太平興國五年〕十二月甲戌，大閱，遂宴幄殿。”元張昱《輦下曲》：“當年大駕幸灤京，象背前馱幄殿行。”《明史·胡廣傳》：“帝北征，與楊榮、金幼孜從，數召對帳殿，或至夜分。”清昭槤《嘯亭續録·大蒙古包宴》：“上宴於山高水長殿前及避暑山莊之萬樹園中，設大黄幄殿，可容千餘人。”

【幄殿】

即帳殿[2]。此稱宋代已行用。見該文。

【帷殿】

即帳殿[2]。南朝齊王儉《褚淵碑文》："出陪鑾蹕，入奉帷殿。"南朝齊謝朓《游後園賦》："惠氣湛兮帷殿肅，清陰起兮池館涼。"隋虞世基《元德太子哀册文》："夜漏盡兮空階曙，曉月懸兮帷殿虛。"宋田錫《太平頌》："集書囊於帷殿，列諫疏於御屏，觀明堂以去笞刑，畫衣冠而別有罪。"

大次

帝王祭祀、諸侯朝覲所設置的大帳篷。供臨時休息之用。《周禮·天官·掌次》："朝日祀五帝，則張大次、小次，設重帟重案……諸侯朝覲會同則張大次、小次。"鄭玄注："次，謂幄也。大幄，初往所止居也。"宋孟元老《東京夢華録·駕詣郊壇行禮》："三更，駕詣郊壇行禮，有三重壝墻……入外壝東門，至第二壝裏，面南設一大幕次，謂之大次。"《清史稿·禮志八》："令甲，車駕幸魯，展禮先師，講學闕里……前一日，張大次奎文閣，設御座詩禮堂。"

小次

帝王郊祀或諸侯朝覲臨時休息的小帳篷。《周禮·天官·掌次》："朝日祀五帝，則張大次、小次……諸侯朝覲會同則張大次、小次。"鄭玄注："小次，即宮待事之處。"宋孟元老《東京夢華録·駕詣郊壇行禮》："二中貴扶侍行至壇前，壇下又有一小幕殿，謂之'小次'，內有御座。"《金史·禮志三》："皇帝入小次，簾降，樂止。"

甲帳

漢武帝時在苑囿及離宮別館中所用的帳幕。以其數非一，故以甲、乙次第名之。飾以琉璃珠、夜光珠者爲甲帳，以居神；其次爲乙帳，以自居。《北堂書鈔》卷一三二引《漢武故事》："上以琉璃珠玉、明月夜光雜錯天下珍寶爲甲帳，其次爲乙帳。甲以居神，乙以自居。"南朝齊謝朓《三日侍華光殿曲水宴代人應詔》詩之八："高懸甲帳，周襄蘺帷。"元薩都剌《蕊珠曲》："錦屏甲帳蕊珠新，雲房火鼎丹芽嫩。"清吳偉業《讀史有感》詩之三："昭陽甲帳影嬋娟，慚愧恩深未敢前。"

乙帳

漢武帝時行宮及離宮別館中所用之帳幕。《漢書·西域傳贊》："於是廣開上林，穿昆明池，營千門萬戶之宮，立神明通天之臺，興造甲乙之帳，落以隨珠、和璧。"顏師古注："其數非一，以甲乙次第名之也。"《漢武故事》："帷幕垂流蘇，以琉璃珠玉、明月夜光，雜錯天下珍寶爲甲帳，其次爲乙帳。甲以居神，乙以自居。"後因以指天子燕息之所。清洪亮吉《萬壽無疆頌》之二："甲觀辰啓，乙帳夜陳。"

幕殿

南朝宋帝王舉行郊祀時架設的房屋，上下四周圍以帷幕，以象宮室，故稱。與周代之大次、小次相類似。《宋史·輿服志六》："幕殿，即《周官》大、小次也……中興後，以事天尚質，屢詔郊壇不得建齋宮，惟設幕屋而已。其制架木而以葦爲障，上下四旁以幄帟，以象宮室，謂之幕殿。"

帷宮

古代帝王出行時以帷幕布置而成的行宮。《周禮·天官·掌舍》："爲帷宮，設旌門。"鄭玄注："謂王行，晝止有所展肆。若食息，張帷爲宮，則樹旌以表門。"晉王嘉《拾遺記·後漢》：

"安帝好微行,於郊垌或露宿,起帷宫,皆用錦罽之綉。"北周庾信《三月三日華林園馬射賦》:"帷宫宿舍,帳殿開筵,旁臨細柳,斜界宜年。"唐許敬宗《奉和行經破薛舉戰地應制》:"帷宫面丹浦,帳殿矚宛城。"宋蘇轍《龍川别志》卷上:"〔曹利用使契丹〕及還,上在帷宫,方進食,未之見,使内侍問所遣。"

幄次

亦稱"幰次"。古代帝王祭祀時臨時休息的帳篷。《魏書·禮志一》:"白登之高,未若九室之美;幰次之華,未如清廟之盛。"《宋史·禮志二》:"侍中請降輅赴幄次,有司奏解嚴。"宋周密《武林舊事·天申聖節》:"樂作,衛士山呼,駕興,入幄次小歇。"明李夢陽《西壇候駕即事》詩:"别殿爐烟清幄次,虚壇草色净琴張。"《清史稿·禮志二》:"〔乾隆〕十四年,展拓西郊壇宇,更新幄次。"

【幰次】

即幄次。此稱南北朝時期已行用。見該文。

行幄

古代帝王外出時臨時搭設的營帳。宋范鎮《大報天賦》:"行幄默而下垂,樂宫屼其高張。"明李東陽《詩禮堂銘》:"嘗聞故衍聖公宏泰言,金章宗謁廟時爲行幄以駐蹕。"《清史稿·聖祖紀二》:"丁亥,上御行幄,土謝圖汗、哲卜尊丹巴入覲,俯伏請罪。"

行幕

古代帝王或王室出行時使用的帳幕。宋孟元老《東京夢華録·公主出降》:"公主出降,

亦設儀仗、行幕、步障、水路。"《宋史·禮志二十七》:"凡凶儀,皆有買道、方相……儀棺、行幕各一。"元陳樵《投憲幕上下》詩六首之一:"霜雪歸行幕,星辰近輔車。"

御營

亦稱"御帳"。古代帝王親征或出巡時駐蹕的營帳。唐宋之問《扈從登封告成頌》詩:"後騎迴天苑,前山入御營。"《遼史·兵衛志上》:"及暮,以吹角爲號,衆即頓舍,環繞御帳。"元耶律楚材《用李德恒韵寄景賢》詩:"牢落十年扈御營,瑶琴忘盡水仙聲。酷思詩酒閑中樂,見説干戈夢裏驚。"清昭槤《嘯亭雜録·御營制度》:"凡列聖每歲秋獮木蘭,巡幸直省,除近畿數處建行宫外,其他皆駐蹕牙帳,名曰御營。亦崇尚儉樸,兼不忘本之意也。"

【御帳】

即御營。此稱遼代已行用。見該文。

便幕

用帳幕圍成的簡便的宫室,以供帝王、大臣歇息之用。《魏書·孝莊紀》:"列騎衛帝,遷於便幕。既而榮悔,稽顙謝罪。"《隋書·禮儀志四》:"〔皇帝〕升御坐,乘版輿,以與王公登舟,置酒。非預泛者,坐於便幕。"

爻閭

周天子朝會諸侯時設於外臺四角的帳幕,以供諸侯歇息之用。其形如卦爻,故稱。《逸周書·王會》:"外臺之四隅張赤帟,爲諸侯欲息者皆息焉,命之曰爻閭。"朱右曾校釋:"閭者聚也。設於臺之四隅如卦爻,故曰爻閭。"

營　帳

帷幄 [2]

亦稱"帷帳"。指天子決策之處或將帥之幕府、軍帳。《史記·太史公自序》："運籌帷幄之中，制勝於無形。"又《高祖本紀》："夫運籌策帷帳之中，決勝於千里之外，吾不如子房。"三國魏曹操《請增封荀彧表》："古人尚帷幄之規，下攻拔之力。"宋蘇軾《東坡志林·趙高李斯》："而蒙毅侍帷帳爲謀臣。"按，帳，一本作"幄"。元戴良《送人從戎》詩："願言帷幄士，勉贊戎馬功。"唐杜甫《寄韓諫議注》詩："似聞昨者赤松子，恐是漢代韓張良。昔隨劉氏定長安，帷幄未改神慘傷。"

【帷帳】 [1]

即帷幄。此稱漢代已行用。見該文。

【幄帳】

即帷幄。指謀劃決策之處。《南史·孔邀傳》："〔王〕儉爲宰相，邀常謀議幄帳。"

【帷幕】 [1]

即帷幄。亦作"帷幔"。晉張協《雜詩》之七："疇昔懷微志，帷幕竊所經。"南朝宋傅亮《爲宋公求贈劉前軍表》："若乃忠規密謨，潛慮帷幕，造膝詭辭，莫見其際。"《南齊書·孔邀傳》："〔王〕儉爲宰相，〔孔〕邀嘗謀議帷幔……時人呼孔邀、何憲爲王儉三公。"

【帷幔】 [1]

同"帷幕[1]"。此體南北朝時期已行用。見該文。

【帷帟】 [1]

即帷幄。南朝齊謝朓《和伏武昌登孫權故城》："衿帶窮巖險，帷帟盡謀選。"唐李益《從軍有苦樂行》："秉筆參帷帟，從軍至朔方。"

武帳

置有兵器的帷帳。爲帝王或大臣所用。《漢書·汲黯傳》："上嘗坐武帳，黯前奏事，上不冠，望見黯，避帷中，使人可其奏。"顏師古注引孟康曰："今御武帳，置兵蘭五兵於帳中也。"王先謙補注引沈欽韓曰："帳置五兵，蓋以蘭錡圍四垂，天子御殿之制如此。有災變，避正殿寢兵，則不坐武帳也。"又《霍光傳》："太后被珠襦，盛服坐武帳中，侍御數百人皆持兵，期門武士陛戟陳列殿下。"宋文瑩《玉壺清話》卷一："〔曹彬〕性仁恕，清慎無撓，強記善談論，清白如寒儒，宅帑無十日之畜；至坐武帳，止衣弋綈紵袍，素胡床而已。"王闓運《哀江南賦》："天子宵衣罷食，將軍武帳開筵。"

【武帷】

即武帳。《初學記》卷二五引晉孫盛《晉陽秋》："晉武帝令曰：'殿前及武帷織成，不須施也。'"《魏書·崔光傳》："漢上官皇后將廢昌邑，霍光外祖也，親爲宰輔，后猶御武帷以接群臣，示男女之別，國之大節。"

幕府

本指將帥在外之營帳。後亦泛指軍政大吏之府署。《史記·李將軍列傳》："大將軍使長史急責廣之幕府對簿。"《魏書·崔休傳》："幕府多事，辭訟盈几。"宋王安石《和蔡副樞賀平戎慶捷》詩："幕府上功聯舊伐，朝廷稱慶具新儀。"《老殘游記》第三回："幕府人才濟濟，凡有所聞的，無不羅致於此了。"

【幕】[2]

"幕府"之省稱。《晉書・劉琨祖逖傳論》："劉琨弱齡，本無異操，飛纓賈謐之館，借箸馬倫（司馬倫）之幕。"唐白居易《寄王質夫》詩："我守巴南城，君佐征西幕。"《花月痕》第四六回："一日提督府兵丁，搶人家婦女，土團不依，鬧起事來，幕中朋友説，須地方官彈壓。"後亦泛指衙署。清紀昀《閲微草堂筆記・如是我聞一》："南皮令居公鉉，在州縣幕二十年，練習案牘，聘幣無虛歲。"

行營

軍隊出征時將士居住的營房。亦指軍事將領的駐地辦事處。北周庾信《詠畫屏風詩》之十五："淺草開長埒，行營繞細廚。"唐劉長卿《寄李侍郎中丞行營五十韵》："吳山依重鎮，江月帶行營。"清昭槤《嘯亭續録・御營制度》："定制，護軍統領一人，率其屬預往相度地勢廣狹，同武備院卿，司幄及工部官設立行營。"

行帳

行軍或出游時所搭的帳篷，用以臨時居息。唐杜甫《軍中醉歌寄沈八劉叟》："野膳隨行帳，華音發從伶。"金元好問《再到新衛》詩："行帳馬嘶塵溷洞，空村人去雨淋浪。"清黄景仁《雪後集陶然亭》詩："尺五韋杜天，幕我作行帳。"

幄幕

軍帳、營帳。《左傳・昭公十三年》："子産以幄幕九張行。"杜預注："幄幕，軍旅之帳。"唐韓愈《馬府君行狀》："朝行在，扞衛，獻御服用物、弓甲、煮器、幄幕，奔走危難。"宋沈括《夢溪筆談・雜志一》："〔石油〕燃之如麻，但烟甚濃，所霑幄幕皆黑。"清方苞《左忠毅公遺事》："〔史可法〕每有警，輒數月不就寢，使將士更休，而自坐幄幕外。"

【帳】[1]

即幄幕。《史記・袁盎晁錯列傳》："乃以刀決張。"裴駰集解："張，音帳。"司馬貞索隱："帳，軍幕也。"唐馬戴《出塞詞》："捲旗夜劫單于帳。"

【帳房】[1]

即幄幕。宋汪元量《蘇武洲氈房夜坐》詩："明發啓帳房，冷氣迸將入……禦寒挾貂裘，蒙頭帽氈笠。"元鄭光祖《三戰吕布》第一折："上的馬去，常川不濟。聽的廝殺，帳房裏推睡。"《説岳全傳》第一二回："且説那梁王與岳飛立了生命文書，心裏就有些慌了，即忙回到帳房之中。"清昭槤《嘯亭續録・御營制度》："網城門八旗護軍統領率官兵宿衛，又外八旗各設帳房，專委官兵禁止喧嘩。"

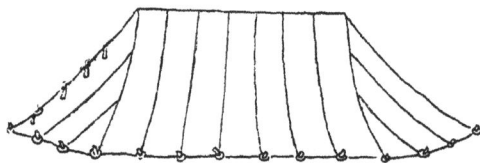

帳房（兵丁帳房）
（清乾隆《皇朝禮器圖》）

玉帳

主帥所居之帳幕，取如玉之堅美。北齊顔之推《觀我生賦》："守金城之湯池，轉絳宫之玉帳。"唐李商隱《重有感》詩："玉帳牙旗得上游，安危須共主君憂。"明焦竑《焦氏筆乘續集・玉帳》："玉帳乃兵家厭勝之方位，主將於其方置軍帳，則堅不可犯，如玉帳然。其法出於《黄帝遁甲》，以月建前三位取之，如正月建寅，則巳爲玉帳。"清查慎行《擬玉泉山大閲》詩：

"野曠金鉦轉，沙平玉帳鋪。"

【闐幄】

即玉帳。明李東陽《定興王墓瑞芝詩序》："今公遭世重熙，坐鎮闐幄，戢武不用。"又《春興》詩之四："關山遠帶風塵色，闐幄誰當節制才。胡馬不肥春草細，過河消息幾時來。"清王安國《聖駕南苑大閱恭紀》詩："元首先群策，聲靈震四方。一人親闐幄，萬載固金湯。"

公幄

帝王或將帥處理軍務的營帳。《新唐書·李光弼傳》："初，賊至，光弼設公幄城隅以止息，經府門不顧。"宋李綱《行狀上》："即令齎御書達道君行宮……遇道君太上皇后船，公幄前奉事。"

碧油幢

省稱"碧油"。青綠色的軍帳。唐張仲素《塞下曲》："獵馬千行雁幾雙，燕然山下碧油幢。"亦稱"碧油"。唐楊巨源《和汴州令狐相公白菊》："今來碧油下，知自白雲鄉。"宋曾鞏《送叔延判官》詩："君子從戎碧油下，綠髮清瞳笏袍整。"

【碧油】

"碧油幢"之省稱。此稱唐代已行用。見該文。

營帳

行軍宿營所用之帳篷。《舊唐書·張守珪傳》："賊徒初無降意，乃移其營帳，漸向西北。"《宋史·田敏傳》："敏夜率銳兵，襲破其營帳。"金元好問《贈鎮南軍節度使良佐碑》："是日，以四百騎破勝兵八千，乘勝逐北，營帳悉遷。"清昭槤《嘯亭續錄·超勇親王》："哈柳誚王曰：'聞王漠北有營帳，奚必居於京邸？'"

【營幕】

即營帳。《孫子·行軍》："鳥集者，虛也。"唐陳皞注："此言敵人要去，營幕必空，禽鳥既無畏，乃鳴集其上。"《資治通鑑·梁武帝大同四年》："柔然營幕，户席皆東向，扶風王孚請正南面，后曰：'我未見魏主，固柔然女也。'"明陳子龍《傷春》詩："星隕牙旗動，沙飛營幕空。"鄒韜奮《萍踪憶語》九："原有一千四百六十八個這樣的營幕，現在加到二千九百十六個。"

營部

行軍休息時按部安扎的營帳。《後漢書·耿秉傳》："〔耿〕秉性勇壯而簡易於事，軍行常自被甲在前，休止不結營部，然遠斥候，明要誓，有警軍陳立成。"《宋書·沈林子傳》："高祖每征討，林子輒摧鋒居前，雖有營部，至於宵夕，輒敕還內侍。"唐權德輿《岐國公杜公淮南遺愛碑銘》："營部未葺，困倉未完。"

旌門

古代帝王出行，張帷幕為行宮，宮前樹旌旗為門謂之旌門。《周禮·天官·掌舍》："為帷宮，設旌門。"賈公彥疏："食息之時，則張帷為宮，樹立旌旗以表門。"南朝宋顏延之《三月三日曲水詩序》："旌門洞立，延帷接枑。"清昭槤《嘯亭續錄·御營制度》："行營，中建帳殿御幄，繚以黃漆木城，建旌門，覆以黃幕。"

轅門

古代帝王巡狩田獵止宿處或將帥的營門。以車作屏障，於出入處仰起兩車，使車轅相嚮交接以為門，故稱。後亦指領兵將帥之營門及地方高級官署之外門。《周禮·天官·掌舍》："設車宮、轅門。"鄭玄注："謂王行止宿阻險之處，備非常。次車以爲藩，則仰車以其轅表門。"
《六韜·分合》："大將設營而陳，立表轅門。"
《史記·項羽本紀》："於是已破秦軍，項羽召見
諸侯將入轅門，無不膝行而前，莫敢仰視。"裴
駰集解引張晏曰："軍行以車爲陳，軒相向爲
門，故曰轅門。"唐王昌齡《從軍行》："大漠風
塵日色昏，紅旗半卷出轅門。"《古今小説·沈
小霞相會出師表》："〔楊順〕次早坐堂，只見
中軍官報導：'今有蔚州衞拿獲妖賊二名，解到
轅門外，伏聽鈞旨。'"清孔尚任《桃花扇·撫
兵》："轅門之外，何人喧嘩？"清昭槤《嘯亭
雜録·馬彪》："少無賴，嘗衝突固原提督儀仗，
提督命杖於轅門。"昆曲《十五貫》第四場：
"取我素服印信，掌起明燈，隨我前往轅門，面
見都堂。"

軍門

　　亦稱"營門"。軍營之門。《左傳·文公
十二年》："胥甲、趙穿當軍門呼曰：'死傷未收
而棄之，不惠也。'"《管子·小匡》："介冑執枹，
立於軍門，使百姓皆加勇，臣不如也。"《漢
書·周勃傳》："天子先驅至，不得入。先驅曰：
'天子且至軍門。'都尉曰：'軍中聞將軍之令，
不聞天子之詔。'"《後漢書·吕布傳》："乃令軍
候植戟於營門。"《晉書·宣帝紀》："帝將出兵以
應之，〔辛〕毗杖節立軍門，帝乃止。"唐李賀
《送秦光禄北征》詩："灞水樓船渡，營門細柳
開。"《説岳全傳》第二六回："營門外有一吉青
將軍要見。"

【營門】

　　即軍門。此稱漢代已行用。見該文。

【星門】

　　即軍門。喻爲天設，不可摧毁。古天文學

認爲，北斗七星分主日、月及金、木、水、火、
土五星，居於帝位，又運轉如車，故稱帝車。
北斗斗杓之第七星瑶光又稱部星，主兵事。古
代軍營部署稱營部，部星位於營部之首，其勢
如門，故稱星門。星門之後，七星之第六星曰
開陽，即武曲星。武曲，將星也，爲帝車之守
將，部星又緊列守將之前，故稱之"軍門"。唐
楊炯《送劉校書從軍》詩："天將下三宮，星門
召五戎。"又《少室山少姨廟碑》："將軍於是乎
宜戰，乘斗杓而誓旅，出星門而仗鉞。"宋李
曾伯《代京西漕賀淮東趙安撫平寇轉官陞職》：
"踞鞍上馬，期慰河南老父之思，擊楫中流，勉
徇江東人士之望，出星門而仗鉞，指蒲澤以揮
戈。"宋王逢《題宋丞相董公致仕誥後》："軍往
往俟火烈，覬徼厚賞。一夕火，公至立皂纛下，
令曰：'火到聚，星門先斬蘇統制。'軍遂力救
以息。"明彭大翼《山堂肆考》卷二三三："軍
行以車爲陳，轅相向如門，故曰'轅門'。又軍
門曰'星門'。唐詩'星門列五戎'。"

【壁門】[1]

　　即軍門。《史記·絳侯周勃世家》："壁門士
吏謂從屬車騎曰：'將軍約，軍中不得驅馳。'
於是天子乃按轡徐行。"《續資治通鑑·宋太祖
開寶二年》："夜半，忽傳呼壁外云：'北漢主
降。'帝令衞士環甲，將開壁門，八作使趙璲
曰：'受降如受敵，詎可夜半輕諾乎！'"

衙門

　　本作"牙門"。古代軍營之門。因帝王、將
帥出征時，樹旌旗爲門狀於帳幕前，其旗兩邊
刻繪如牙，故稱。後亦謂官署及官署之門。《後
漢書·袁紹傳》："遂到瓚營，拔其牙門，餘衆皆
走。"《北齊書·宋世良傳》："每日衙門虛寂，無

復訴訟者。"唐封演《封氏聞見記·公牙》:"近代通稱府廷爲公衙,'公衙'即古之公朝也。字本作'牙'……近俗尚武,是以通呼公府爲公牙,府門爲牙門。"清陳元龍《格致鏡原》卷二〇引《名義考》曰:"後通謂官府爲衙門,乃'牙門'之訛。"清汪汲《事物原會》卷二二:"《周禮》謂之'旌門',鄭氏司常注:巡狩兵車之會皆建太常,其旗兩邊刻繪如牙,故曰'牙旗',因謂營門爲'牙門'。"《後漢書》袁紹'拔其牙門','牙門'之名始此。初稱於軍旅,後移於朝署,然無所謂衙者,蓋衙者牙也。魏如淳注《漢書》'衙',縣音衙爲牙,是訛'牙門'

爲'衙門',始于魏晋耳。"

【牙門】

同"衙門"。此體漢代已行用。見該文。

旗門

古代軍隊駐地樹立旗幟表示的營門。《孫子·軍争》"交和而舍"漢曹操注:"軍門爲和門,左右門爲旗門。"唐李華《咏史》之四:"魏闕心猶在,旗門首已懸。如何得良吏,一爲制方圓。"元鄭廷玉《楚昭公》第二折:"只見他旗門開處,躍驊騮,高叫道:'誰敢來和咱鬥?'"

氈　帳

氈帳[1]

亦作"旃帳"。用毛氈製作的帳篷。古代北方游牧民族以爲居室。《宋書·索虜傳》:"東道諸國並役屬之,無城郭,逐水草畜牧,以氈帳爲居,隨所遷徙。"北齊顔之推《顔氏家訓·歸心》:"昔在江南,不信有千人氈帳。"唐封演《封氏聞見記·花燭》:"氈帳起自北朝穹廬之制,請皆不設,惟於堂室中置帳,以紫綾幔爲之。"

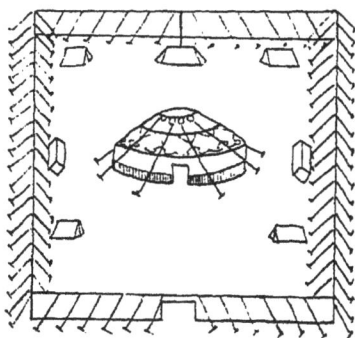

氈帳（親王氈帳）
（清乾隆《皇朝禮器圖》）

元馬致遠《漢宮秋》楔子:"氈帳秋風迷宿草,穹廬夜月聽悲笳。"清納蘭性德《梭龍與經嵓叔夜話》詩:"誰持《花間集》,一燈氈帳裏。"

【旃帳】

即氈帳[1]。旃,通"氈"。《漢書·匈奴傳上》:"匈奴父子同穹廬臥。"唐顔師古注曰:"穹廬,旃帳也。其形穹隆,故曰穹廬。"

【氈幕】

即氈帳[1]。南朝陳徐陵《陳公九錫文》:"穹廬氈幕,抵北闕而爲營;烏孫天馬,指東都而成陣。"宋姜夔《翠樓吟》詞:"新翻胡部曲,聽氈幕元戎歌吹。"曹禺《王昭君》第三幕:"近處是呼韓邪單于在夏天游憩的地方,一面矮牆似的繡花氈幕。氈幕是爲單于巡行時,圍成一塊露天的行殿。"

【氈房】

即氈帳[1]。南朝梁徐摛《胡無人行》:"猶將漢閨曲，誰忍奏氈房。”元袁桷《雲州》詩：“氈房聯澗曲，土屋覆山椒。”元施惠《幽閨記·虎狼擾亂》：“白草黃沙，氈房爲住家，胡兒胡女慣能騎戰馬。”

【氈廬】

即氈帳[1]。《晋書·赫連勃勃載記論》：“爰創宮宇，易彼氈廬，雖弄神器，猶曰凶渠。”《新唐書·北狄傳·奚》：“逐水草畜牧，居氈廬，環車爲營。”宋梅堯臣《送祖擇之學士北使》詩：“宿造氈廬開，行逢獵騎合。”清趙翼《潞江》詩：“經年馬背安居地，每夕氈廬托宿家。”

【氈屋】

即氈帳[1]。《南史·夷貊傳下》：“〔滑國〕無城郭，氈屋爲居，東向開户。”宋劉克莊《大梁老人行》：“大梁宮中設氈屋，大梁少年胡結束。”宋文天祥《保州道中》詩：“牛車過不住，氈屋行相望。”清曹寅《田梅岑自南城來却贈》詩之一：“易眠氈屋煖，相待草橋間。”

【帳房】[2]

即氈帳[1]。宋汪元量《蘇武洲氈房夜坐》詩：“明發啓帳房，冷氣迸將入……禦寒挾貂裘，蒙頭帽氈笠。”《元史·百官志四》：“尚舍寺，秩正四品。掌行在帷幕帳房陳設之事。”清王士禛《池北偶談·談異四·風磨風扇》：“於帳房中，高懸布幔。”

【氌帳】

即氈帳[1]。亦稱“氌幔”。《新唐舊·吐蕃傳上》：“有城郭廬舍不肯處，聯氌帳以居，號大拂廬，容數百人。”又《回鶻傳下》：“可汗升樓坐，東向，下設氌幔以居公主。”明沈德符《野獲編·蔡見庵憲使》：“數日後，仍送蔡入城，則虜婦已薦寢於氌帳數夕矣。”清周亮工《初聞徒

信寄白門羅星子》詩：“柴車氌帳擁風霾，區脱天高孰與偕？”

【氌幔】

即氌帳。此稱唐代已行用。見該文。

【氌幙】

即氌帳。亦作“氌幕”。《文選·李陵〈答蘇武書〉》：“韋韝氌幙，以禦風雨。”李善注：“氌幙，氈帳也。”唐王維《兵部起請露布文》：“氈裘之長，思嚮風以無階；氌幙之人，惟塗地而可獲。”《資治通鑑·唐高宗麟德二年》：“東自高麗，西至波斯、烏長諸國，朝會者各帥其屬扈從，穹廬氌幕，牛羊駝馬，填咽道路。”清顧炎武《感事》詩之六：“氌幕諸陵下，狼烟六郡間。”

【氌幕】

同“氌幙”。此體宋代已行用。見該文。

【穹廬】

即氈帳[1]。亦作“窮廬”。亦稱“窮閭”。乃中國古代的傳統稱謂。因中間隆起，四周下垂，其形穹隆，故稱。《淮南子·齊俗訓》：“譬若舟車、楯肆、窮廬，故有所宜也。”高誘注：“草野宜窮廬。”《史記·天官書》：“北夷之氣如群畜窮閭。”司馬貞索隱：“《天文志》作‘弓’字，音穹。蓋謂以氈爲閭，崇穹然。”《漢書·匈奴傳上》：“匈奴父子同穹廬臥。”顔師古注：“穹廬，旃帳也。其形穹隆，故曰穹廬。”《周書·異域傳下·吐谷渾》：“雖有城郭，而不居之，恒處穹廬，隨水草畜牧。”元馬致遠《漢宮秋》楔子：“氈帳秋風迷宿草，穹廬夜月聽悲笳。”明佚名《精忠記·驕虜》：“日落窮廬暗，打辣酥滿斝，醉酣。”《隋唐演義》第三五回：“到家鄉只夢中，見君王只夢中，明日裏捱到窮廬。料道

今生怎得歸往，情黯黯撥亂宮商……但願和親保太平，永享！"

【穹廬】[1]

同"穹廬"。此體漢代已行用。見該文。

【窮閭】

即穹廬。此稱漢代已行用。見該文。

【廬帳】

即穹廬。《後漢書·段熲傳》："斬其渠帥以下萬九千級，獲牛馬驢騾、氈裘廬帳什物，不可勝數。"《資治通鑑·晉孝武帝太元元年》："王將立慕容妃之子，欲先殺汝，故頃來諸子每夜戎服，以兵遶廬帳，伺便將發耳。"胡三省注："北狄之長，居大氈帳，環設兵衛。氈帳，漢人謂之穹廬，因曰廬帳。"

氈幄

帝王及權貴所用氈帳。《後漢書·張霸傳論》中已有"氈幄"一詞，用以代指匈奴。《宋書·後廢帝紀》："晚至新安寺就曇度道人飲酒。醉，夕扶還於仁壽殿東阿氈幄中臥。"宋史浩《臨江仙》詞之三："繡幕羅裙風苒苒，象床氈幄低垂。"《明史·陳壽傳》："〔廖〕堂初奉詔製氈幄百六十間，贏金數萬，將遺權倖。"

氈堂

古代北方游牧民族君主所居的大氈帳。宋梅堯臣《送呂冲之司諫使北》詩："羊酪調羹尊漢使，氈堂舉酒見閼氏。"清乾隆帝《習字》詩："細細和風拂幔城，氈堂研席灑然清。"

毳殿

游牧民族酋長所居之氈帳。藉指北方少數民族帝王之宮殿。元姚燧《延釐寺碑》："明年至長安，嘗於素漣之西毳殿。"明張煌言《建夷宮詞》之二："毳殿春寒乳酪香，近臣偏得賜新嘗。"

氈城

古代北方游牧民族所居氈帳集中地。多指王庭所在之處，即王都。唐張籍《送和蕃公主》詩："氈城南望無迴日，空見沙蓬水柳春。"宋王安石《明妃曲》之一："家人萬里傳消息，好在氈城莫相憶。"元宋無《昭君曲》："氈城萬里風雪寒，妾行雖危漢室安。"元王冕《偶成七首》詩之一："武帳駐兵談亞父，氈城無語及昭君。"

第六章 閭里牌坊説

第一節 閭里考

　　閭里爲古代城市居民聚居地，即居民區。西周稱"閭"或"里"。春秋至漢稱"閭里"。三國以後稱"坊"或"坊里"。唐宋稱"坊"。此稱沿用至今，但已名存實亡。今指街巷、里弄。里、坊是隨着城市的産生與發展而出現的。《周禮·地官·鄉大夫》載："國有大故，則令民各守其閭，以待政令。"閭即里門，里四周築有圍墻，四面臨幹道開設里門。里内住户不得直接對大道開門，出入必經由里門。一旦"國有大故"，則令民嚴守里門，加强防範。這樣的"里"，猶如一座小城堡，即城中之城，編户居民便聚居於小城堡之内。里内闢有巷道，通向各里門。《周禮·夏官·量人》："量市朝道巷門渠。"此"巷"即里中道路。《左傳·宣公十二年》："且巷出車，吉。"杜預注："出車於巷，示將見遷，不得安居。"表明巷可通行車馬。據此可推算周代巷寬二至三軌（周尺 1.6~2.4 丈）。此巷道爲里的主幹道。爲便利宅間交通，除巷外還設有支巷，即後世所謂"曲"，寬度約爲一至二軌（周尺 0.8~1.6 丈）。各里均設四門，東、西、南、北各開一門。里内置社，社壇設於里的中心地帶，作爲里社。里垣高度據周代禮制營建制度，比王宮門阿降低二雉，即高三雉（周尺三丈）。里門有堂有塾，塾作爲里胥、比長的辦事場所。里之居住分區既有階級之分，又有職業之別。《周禮·地官·載師》云："以廛里任國中之地。"其中"廛"，指一般居民之閭里，"里"則爲貴族官僚聚居之處。《逸周書·程典》："士大夫不雜于工商"，説明居住區的階級差別。又《作雒》云"凡工賈胥市臣僕州里俾無交爲"，明確規定各業居民居里不可混雜，應各就其所從事的職業聚居。譬如，達官貴族的居里——"國宅區"，毗鄰宮廷區，設在宮廷區正南、正東、正西三個方位上。至於一般仕者，雖屬統治階級，却處於下層，故其里不得與國宅雜處，而置於距宮廷區較遠的東西城門一帶。城北近市以及城之四隅，則劃爲工商庶人的居住區——"廛"，使之遠離宮禁與主軸綫重要方位，以次要之方位表明他們的身份。城市居民中除達官貴族及仕者外，還有自由民與奴隸。自由民中以工商業者爲多。西周工商雖主要爲"食官"的百工及官賈，然亦有民間工商業者。《周禮·地官·閭師》："任工以飭材事，貢器物。任商以市事，貢貨賄。"這種"商"，即《書·酒誥》所云"肇牽車牛遠服賈"及《詩·大雅·瞻卬》中"如賈三倍"的民間商人。"工"便是自産自銷的小手工業者——"工肆之人"。《管子·小匡》云："處商必就市井。"這類民間工商業者聚居在"市"附近，以適應其職業的要求。至於服官役的庶人之"廛"，則置於城之四隅，不與民間工商業者混雜。周代市里規劃制度對後世影響至爲深遠，一直沿襲到唐宋之際。

三國以來施行一種嚴格管理居民的城市規劃制度——里坊制。城内以整齊的道路網劃分爲若干棋盤狀網格，此網格即謂"坊"。坊四周繞以坊墻，四面開門。除達官貴族的府第以外，居民一律不准沿街開設門户。夜間關閉坊門實行夜禁制度，日出開坊門，日落時敲街鼓六十下後即關坊門，居民不得再上街通行。每個坊均有獨立的管理機構。坊内主要是住宅區，其中遍布王侯勛貴與大小官吏的宅第，亦有衙署、寺院及道觀。漢末曹操經營鄴城，把城北半部劃爲宮殿、苑囿、衙署及貴族居住區，城南半部爲平民居住區，劃分嚴整的坊里，區分統治者與平民的居住地段。北魏洛陽城是在漢晋洛陽城基礎上重建的，北倚邙山，南臨洛水，地勢平坦，由外廓、内城、宮城三重城組成。宮城居中偏北，城内劃分爲三百二十個里坊，居民有十餘萬户。有的里坊居民多達二三千户。一般里坊規模爲一里見方，四面各開一門。坊内設里正等官吏管理居民。里坊居民按從業性質集中居住。靠近西廓墻的壽丘里爲皇子居住區，號稱"王子坊"；近洛陽大市一帶有通商里、達貨里等手工業或商人居住區；城南四通市附近有白象坊、獅子坊、四夷里等夷商居住區（見北魏楊衒之《洛陽伽藍記》）。唐代長安城是於隋大興城基礎上擴建的。這是一座按里坊制規劃得最典型的城市。城區內有南北大街十一條，東西大街十四條，直角相交，形如棋盤。居住區共劃分爲一百零八個坊。沿長安城中軸綫的朱雀大街兩側坊的面積最小，爲三四十公頃；皇城兩側坊的面積最大，爲八九十公頃；其他里坊爲五六十公頃。唐長安之坊自成一體。居住區房屋內嚮，坊有坊牆、坊門。唐韋述《兩京新記》："每坊東南西北各廣三百步，開十字街，四出趨門。"十字街即爲居住區的支幹道，説明坊內有街巷。氣勢雄偉、規模嚴整的長安城對當時的東方城市建設影響很大。地處中國東北地區的渤海國上京龍泉府、日本的平城京與平安京的規劃布局，基本上仿照長安的里坊制規劃而建。晚唐以後，因城市經濟迅速發展，市里制度已很難適應新形勢的要求，矛盾日益突出。北宋末年，手工業繼續發展，商品經濟更加繁榮，擴大市場要求已成爲一股不可阻擋的歷史潮流。集中的市制不得不讓位於新的市制，里坊制亦隨着集中市制的消亡而退出歷史舞臺。里坊制逐漸廢除，而代之以街巷制，取消坊牆，沿街設店。新興的遍及全城的商業網點代替了舊的集中市場，繁華的夜市打破了千年來日中爲市的傳統。按街巷分地段組織城市居民聚居生活的新型坊巷制，代替了里坊制。城市的經濟意義更加突出，城市面貌亦焕然一新。宋以後直至明清，城市中雖然仍保留坊名，但祇作爲保甲管理的範圍標志，各坊之間已没有坊牆爲限，里坊制已廢而不存。參閱中國科學院自然科學史研究所《中國古代建築技術史》、李允鉌《華夏意匠》。

閭里

里巷。指城市平民聚居之處。《周禮·天官·小宰》："聽閭里以版圖。"賈公彦疏："在六鄉則二十五家爲閭，在六遂則二十五家爲里。閭里之中有爭訟，則以户籍之版、土地之圖聽決之。"唐韓愈《寄盧仝》："水北山人得名聲，去年去作幕下士。水南山人又繼往，鞍馬僕從寒閭里。"清顧炎武《歷代宅京記·關中三》："長安城中閭里。長安閭里一百六十，室居櫛比，門巷修直。潘岳《西征賦》：'尚冠、修成、黃棘、宣明、建陽、昌陰、北焕、南平。'"李善注："皆里名。"

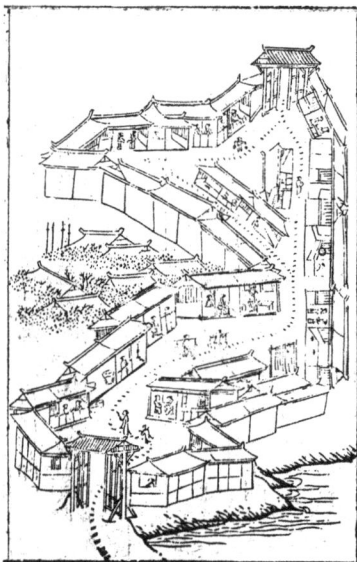

閭里圖
（明王圻等《三才圖會》）

【閭巷】

即閭里。亦稱"閭陌"。《戰國策·秦策一》："賣僕售乎閭巷者，良僕妾也；出婦嫁鄉曲者，良婦也。"晉葛洪《抱朴子·尚博》："是以閭陌之拙詩，軍旅之鞠誓，或詞鄙喻陋，簡不盈十，猶見撰録。"唐白居易《挽歌詞》："晨光照閭巷，輀車儼欲行。"《新唐書·胡証傳》："証厚殖財自奉，養奴數百人，營第修行里，彌亘閭陌。"

【閭陌】

即閭巷。此稱晉代已行用。見該文。

【里閭】

即閭里。亦稱"里闉"。清紀昀《閱微草堂筆記·姑妄聽之二》："伊我欽賢淑，多年共里闉。"清吳偉業、林雲鳳《梅花庵話雨同林若撫聯句》："絶迹違朝市，全身混里閭。"清錢泳《履園叢話·雜記下·治賊》："盜賊横行，捕役庇縱，最爲里閭之害。"

【里闉】

即里閭。此稱清代已行用。見該文。

【閭】[1]

即閭里。《周禮·地官·閭胥》："閭胥各掌其閭之徵令。"鄭玄注引鄭司農曰："二十五家爲閭。"《尚書大傳》卷四："八家爲鄰，三鄰爲閭。"《魏書·元孝友傳》："二十家爲閭。"宋葉適《役法》："其勢宜什、伍、比、閭、里、黨而後達於縣令，則擇其人而爲保正副者，正所以親切於民，服習其小争而無使至於大鬥，教民使不犯，省刑罰之先務也。"

【里閭】

即閭里。《古詩十九首·去者日以疏》："思還故里閭，欲歸道無因。"南朝梁武帝《東飛伯勞歌》："誰家女兒對門居，開顏發艷照里閭。"

【里】[1]

即閭里。城邑裏的居民聚居處。古稱市廛、里坊。今稱街道、里弄。《國語·魯語下》："先王制土，籍田以力，而砥其遠邇；賦里以入，而量其有無；任力以夫，而議其老幼。"韋昭注："里，廛也。謂商賈所居之區域也。"《後漢書·楊震傳》："伏見詔書爲阿母興起津城門內第舍，合兩爲一，連里竟街，雕修繕飾，窮極巧伎。"李賢注："里，即坊也。"

【里鄽】

即閭里。古代城市居民區的通稱。唐李邕《鬥鴨賦》："空里鄽，旬屬天。"唐韋應物《春月觀省屬城始憩東西林精舍》詩："今我蒙朝寄，教化敷里鄽。"

里巷

街巷。《墨子·號令》："吏卒民無符節而擅入里巷，官府吏三老守閭者失苟心，皆斷。"《漢書·五行志下之上》："京師郡國民聚會里巷仟佰，設張博具，歌舞祠西王母。"宋蘇洵《蘇氏族譜亭記》："其輿馬赫奕，婢妾靚麗，足以蕩惑里巷之小人。"清周亮工《書影》卷三："其人在當時，已不免姍笑於里巷，而見侮於褒衣博帶之儔，何況後世。"

【里閌】

即里巷。亦稱"里衖"。《舊五代史·周書·世宗紀一》："先是，澶之里衖湫隘，公署毁圮。帝即廣其街肆，增其廨宇。吏民賴之。"清顧炎武《贈路光禄太平》詩："變故興奴隸，并蜂出里閌。"

【里衖】

即里閌。此稱五代時期已行用。見該文。

里門

閭里之門。古代同里人家聚居一處，圍以里牆，東、西、南、北四方設有里門。《墨子·號令》："里正與皆守，宿里門。吏行其部，至里門，正與開門內吏。"《史記·萬石張叔列傳》："慶及諸子弟入里門，趨至家。"宋歐陽修《紀德陳情上致政太傅杜相公》詩之二："里門每入從千騎，賓主俱榮道路光。"

【里閈】

即里門。《後漢書·成武孝侯順傳》："順與光武同里閈，少相厚。"李賢注："閈，里門也"。《文選·左思〈蜀都賦〉》："外則軌躅八達，里閈對出，比屋連甍，千廡萬室。"劉逵注："閈，里門。"

里端

指里閭，亦指里門。《樂府詩集·相和歌辭十四·雁門太守行七》："移惡子姓，篇著里端。"《文選·沈約〈齊故安陸昭王碑文〉》："無假里端之藉，而惡子咸誅。"張銑注："里端，謂以法令著於里閭也。"

閭伍

本指古代民户編次單位，後泛指平民所居。《周禮·地官·族師》："五家爲比，十家爲聯；五人爲伍，十人爲聯；四閭爲族，八閭爲聯；使之相保相受；刑罰慶賞相及相共。以受邦職，以役國事，以相葬埋。"《史記·司馬穰苴列傳》："臣素卑賤，君擢之閭伍之中，加之大夫之上。"《三國志·魏書·鍾會傳》："臣輒奉宣詔命，導揚恩化，復其社稷，安其閭伍，舍其賦調，弛其徵役。"《宋書·武帝紀中》："雜居流寓，閭伍弗修，王化所以未純，民瘼所以猶在。"

閭閈[1]

古代里巷之門。亦藉指里巷、街坊。《管子·八觀》："大城不可以不完，郭周不可以外通，里域不可以橫通，閭閈不可以毋闔。"南朝宋鮑照《河清頌》："閭閈有盈，歌吹無絕。"唐薛用弱《集異記·李清》："因指前後閭閈：'此皆我祖先之故業。'"清劉獻廷《廣陽雜記》卷四："世廟時有呂四官，以力聞，爲暴於鄉，不容於閭閈，走海上。"

閭閻

亦作"閭閻"。本爲里巷內外之門，後多藉指里巷。《史記·平準書》："守閭閻者食粱肉，爲吏者長子孫，居官者以爲姓號。"唐白居易《湖亭望水》詩："岸沒閭閻少，灘平船舫多。"唐白居易《重到江州感舊游題郡樓十一韻》："雲水新秋思，閭閻舊日情。"清薛福成《應詔陳言疏》："以臣所見，閭閻十室九空，而百物昂貴，小民奔走拮据，艱於生計。"清張英《贈螺浮黃門次龔合肥韻》："親見閭閻凋敝甚，鄭圖還與繪千村。"

【閭閻】

即閭閻。里巷內外之門，多藉指里巷。《晉書·劉頌傳》："今閭閻少名士，官司無高能，其故何也？"唐孟郊《立德新居》詩之七："伊雒遠街巷，駕鴦飛閭閻。"宋蘇轍《青詞·高安》之三："乃者火焚閭閻，勢極熾猛。"

【閭閻】

同"閭閻"。此體唐代已行用。見該文。

【閻】[1]

亦作"閻"。里巷。《荀子·儒效》："雖隱於窮閻漏屋，人莫不貴之。"又《富國》："布衣紃屨之士誠是，則雖在窮閻漏屋，而王公不能與之争名。"南朝宋顔延之《陶徵士誄》:"自爾介居,及我多暇。伊好之洽,接閭鄰舍。"宋洪邁《夷堅甲志·天津丐者》:"〔丐者〕拉王訪其家。家乃委巷窮閭,敗席障門,亦具酒果爲禮。"

【閭】

同"閭"。此稱宋代已行用。見該文。

【閭術】

即閭閻。《墨子·雜守》:"諸距阜、山林、溝瀆、丘陵、阡陌、郭門若閭術,可要塞及爲徵職,可以迹知往來者少多,即所伏藏之處。"

坊[1]

古代城市居民聚居地。與今街市里巷相類。北魏楊衒之《洛陽伽藍記·開善寺》:"壽丘里,皇宗所居也,民間號爲王子坊。"《舊唐書·食貨志上》:"在邑居者爲坊,在田野者爲村。"宋蘇轍《東坡先生墓志銘》:"公又多作饘粥藥劑,遣吏挾醫分坊治病。"清惲敬《新喻東門漕倉記》:"新喻附城爲五坊,坊有坊長。"

坊市

街市。唐蘇鶚《杜陽雜編》卷下:"又坊市豪家相爲無遮齋大會,通衢間結彩爲樓閣臺殿。"《資治通鑑·唐文宗太和九年》:"坊市惡少年因之報私仇,殺人,剽掠百貨,互相攻劫,塵埃蔽天。"清袁枚《隨園詩話補遺》卷一引清梁同書詩:"想見酤賣時,狼籍坊市遍。"

坊曲

泛指街巷。唐白居易《昭國閑居》詩:"勿嫌坊曲遠,近即多牽役。"唐康駢《劇談録·田膨郎偷玉枕》:"聖旨嚴切,收繫者漸多,坊曲閭巷,靡不搜捕。"南唐尉遲偓《中朝故事》:"大中皇帝多微行坊曲間,跨驢重載,縱目四顧,往往及暮方歸大内。"

【坊巷】

即坊曲。宋吳自牧《夢粱録·防隅巡警》:"官府坊巷近二百餘步,置一軍巡鋪,以兵卒三五人爲一鋪。"宋史達祖《陽春曲》詞:"坊巷曉愔愔,東風斷,舊火銷處近寒食。"

【坊厢】

即坊曲。古代城市,城市曰坊,近城曰厢。因以"坊厢"泛指街市。《水滸傳》第三回:"一面教拘集鄭屠家鄰佑人等,點了仵作行人,著仰本地坊官人,並坊厢里正,再三檢驗已了。"明徐渭《雌木蘭》第一齣:"俺們也是從征的。聽説這坊厢里有箇花弧,教俺們來催發他一同走路。"

【市坊】

即坊曲。《新唐書·百官志一》:"突厥使置市坊,有貿易,録奏,爲質其輕重,太府丞一人蒞之。"清錢謙益《大觀太清樓二王法帖歌》:"魯公《孝經》《麻姑》字,兒童插標叫市坊。"

闤闠

街市。清趙翼《仙霞嶺》詩:"我來值承平,途已列闤闠。"

【闤闠】

即闤闠。《文選·左思〈魏都賦〉》:"班列肆以兼羅,設闤闠以襟帶。"吕向注:"闤闠,市中巷繞市,如衣之襟帶然。"《宋書·後廢帝紀》:"趨步闤闠,酣歌壚肆。"清王韜《旺貿易不在增埠》:"今所開十餘埠中,究以上海最爲富饒。商舶賈艖,遠近畢集;闤闠之盛,天下所未有。"

闉闍

城市街里。《詩·鄭風·出其東門》:"出其闉闍,有女如荼。"鄭玄箋:"闉讀當如彼都人士之都，謂國外曲城之中市里也。"唐張九齡《南陽道中作》詩："驅馬歷闤闠，荆榛翳阡陌。"宋葉適《齊雲樓》詩："虚景混空蒼，囂聲收遠肆；闤闠雖散闊，欄檻皆堪記。"清方文《宋遺民咏·趙子固孟堅》："厥兄隱水國，從不履闤闠。"

塗巷

街巷、里坊。《禮記·王制》："方百里者，爲田九十億畝。山陵、林麓、川澤、溝瀆、城郭、宮室、塗巷，三分去一。其餘六十億畝。"晋陸機《辯亡論上》："束帛旅於丘園，旌命交於塗巷。"宋蘇軾《東坡志林·塗巷小兒聽説三國語》："王彭嘗云：'塗巷中小兒薄劣，其家所厭苦，輒與錢，令聚坐聽説古話。'"

閭[2]

里巷大門。《書·武成》："式商容閭。"孔穎達疏引《説文·門部》："閭，族居里門也。"《淮南子·時則訓》："門閭無閉，關市無索。"宋蘇軾《遺直坊》詩叙："故太守李公諱師中，榜其閭曰'遺直'。"

坊門[1]

古時里坊之門。唐白居易《失婢》詩："宅院小墻庫，坊門帖榜遲。"《舊唐書·五行志》："今暫逢霖雨，即閉坊門。"

碧鷄坊

街巷名。在今四川成都。唐代詩妓薛濤曾住此。其地以"海棠富艷"著稱於世。唐杜甫《西郊》詩："時出碧鷄坊，西郊向草堂。"仇兆鰲注引《梁益記》："成都之坊，百有二十，第四曰碧鷄坊。"宋陸游《病中久止酒有懷成都海棠之盛》詩："碧鷄坊裏海棠時，彌月兼旬醉不知。"宋周煇《清波别志》卷上："〔巴蜀〕海棠富艷，江浙則無之。成都燕王宫、碧鷄坊尤名奇特。"吳梅《讀朱素臣〈秦樓月樂府〉》詩："記取玉簫來世約，虎山山下碧鷄坊。"

第二節　牌坊考

"牌坊"是從"華表"演變而來的一種門式紀念性建築物。華表的歷史悠久，古稱"桓表"，或是氏族社會時部落的一種圖騰標志，以"望柱"的形式出現。後亦有人認爲華表是古代的"誹謗之木"或"交午柱頭"，然對此持异議者頗多，力證其爲標志性的望柱（見李允鉌《華夏意匠》）。晋崔豹《古今注·問答釋義》："程雅問曰：'堯設誹謗之木，何也？'答曰：'今之華表木也。以横木交柱頭，狀若花也，形似桔橰，大路交衢悉施焉。或謂之表木，以表王者納諫也，亦以表識衢路也。秦乃除之，漢始復修焉。今西京謂之交午也。'"此説尚無他據及實物可考，後世多沿襲而已。然作爲標志或紀念性建築物的記載却屢見於古代文獻。周代在營建成周城後，爲教化殷之"頑民"，使之弃惡從善，即對爲善之人於其宅里樹表贊其善行，立其善風，揚其善聲。《書·畢命》："旌別淑慝，表厥宅里，彰善癉惡，樹之風聲。"孔安國傳："言當識別頑民之善惡，表異其居里，明其爲善，病其爲惡，立其善風，揚其善聲。"孔穎達疏："旌旗所以表識貴賤，故傳以旌爲識；淑，善也；慝，惡也。言當識別頑民之善惡，知其善者，表異其所居之里，若今孝子順孫、義夫節婦，表其門閭者也。表其善者，則惡者自見。明其爲善，當襃賞之；病其爲惡，當罪罰之。其有善人，立其善風，令邑里使放效之；揚其善聲，告之疏遠，使聞知之。"古時之"表"，指"標木"，即以木柱爲標，有所告示。《周禮·夏官·大司馬》："虞人萊所田之野爲表，百步則一，爲三表。又，五十步爲一表。"孫詒讓正義："樹木爲表，標識步數，以正進退之行列也。"《管子·君臣上》："猶揭表而令之止也。"房玄齡注："揭，舉也。表，謂以木爲標，有所告示也。"《漢書·淮南厲王劉長傳》："又陽聚土，樹表其上曰：'開章死，葬此下。'"顏師古注："表者，豎木爲之，若柱形也。"古代祭祀山川時所立之木柱標志曰"望表"，設於陵墓前者曰"墓表"，置於神道旁或橋梁欄杆中的木柱或石柱曰"望柱"。這些木柱或石柱均爲標志性設施。以木柱作標志者稱"桓"，亦稱"桓表""華表"。後來，由一根圓柱發展爲對稱的兩根，材料亦以石代木，以牢固持久；且於石柱之上，雕蟠龍，刻雲紋，上部橫貫一雲板，呈"十"字形；或置於宮殿、廟宇、府署、城門、橋梁、陵墓之前，或立於街衢大道兩邊，或建於建築物四隅，具有標識、裝飾、觀瞻之功能。《禮記·檀弓下》："三家視桓楹。"孔穎達疏："案《說文》：'桓，亭郵表也。'謂亭郵之所而立表木謂之桓。即今之橋旁表柱也。"《漢書·酷吏傳·尹賞》："瘞寺門桓東。"顏師古注："如淳曰：'舊亭傳於四角面百步築土四方，上有屋，屋上有柱出，高丈餘，有大板貫柱四出，名曰桓表，縣所治夾兩邊各一桓。陳宋之俗言，桓聲如和，今猶謂之和表。'師古曰：'即華表也。'"北魏楊衒之《洛陽伽藍記·龍華寺》："〔洛水〕南北兩岸有華表，舉高二十丈，華表上作鳳凰，似欲衝天勢。"周祖謨注："華表，所以表識道路者也……古代建築前路邊每有石華表。"宋高承《事物紀原·華表》："應劭曰：'今宮外、橋梁頭四柱木是也……'韋昭曰：'……凡交衢道路悉施焉。後世以石易之，第取其觀瞻而已。後人立於冢墓之前，以紀其識也。'"明方以智《通雅·宮室》："植立表坊曰桓門。柱上植立曰桓，雙桓曰桓門……桓門亦謂和門，亦謂華表。桓譚《新論》、晋《中經簿》作'華譚'，'桓'和'華'一聲也，古通而今分。"今北京天安門城樓前後兩對華表，以漢白玉爲柱，柱身雕有穿雲嬉戲的蟠龍，似欲離柱飛翔而去；橫交的雲板，猶如一朵吉祥的彩雲；頂端之蹲獸，昂首雲天，氣吞山河，亦爲我國歷代華表之杰作明清石雕之精品。

　　因華表以對的形式出現，於華表之間在其上加一道額枋，就成爲一道門；額枋上書寫名稱，即爲最早的"牌坊門"，亦稱"衡門"。衡者，橫也，即橫木爲門，是一種原始門制。早期宮廷大門，即在兩廡交接處做成牌坊門。後在環繞主體建築的廡前或正中開一交通孔道，形成穿堂或過廳式大門。其特點是門上起屋，即有屋蓋。在牌坊柱間安裝門扇，就成爲"烏頭門"，其後用作墙門，爲官員住宅入口的一種制式。古代建於仕宦名門之家的左右柱曰"閥閱"，亦稱"烏頭閥閱"，用以旌表官宦者的功勛或資歷。在閥閱間安裝門扇，即成爲烏頭門。以其門形如窗櫺，故亦稱"櫺星門"。此門制等級森嚴，非六品以上者不得施用。《史記·高祖功臣侯者年表》："古者人臣功有五品：以德立宗廟定社稷曰勛，以言曰勞，用力曰功，明其等曰伐，積日曰閱。"宋李誡《營造法式·總釋下》："《唐六典》：'六品以上，仍通用烏頭大門。'唐上官儀《投壺經》：'第一箭入謂之初箭，再入謂之烏頭，取門雙表之義。'《義訓》：'表楬，閥閱也。'"又《諸作異名》："烏頭門，其名有三：一曰烏頭大門，二曰表揭，三曰閥閱；今呼爲櫺星門。"牌坊進一步發展，用作古代里巷入口之門——坊門，故稱"牌坊"。古代城市居民聚居地曰坊，四周築圍墙，中央闢門，坊門多有用華表柱加雙扇門成烏頭門式。後世牌坊與之略同，但不安門而已。

　　牌坊有木牌坊、石牌坊之分。其形制是在兩柱之間上方加橫嚮區額，上不起樓，下可通行。對其標志性功能再做進一步强調而隨之爲"牌樓"。其形制與牌坊類似，區別爲牌樓上起樓，樓頂數量少則一樓，多則三、五、七樓，最高者達十一樓之多。從結構看，有兩柱一間、四柱三間、六柱五間之別，以三間居多。所謂間，即爲柱間門洞，一般是位於中間之門洞最爲寬闊，以便車馬通行。牌樓在額枋之上加上斗拱、屋檐、龍門、雀替等，就形成一種富麗堂皇的建築形式。於是，牌樓就具備紀念碑性質之功能，主要用以表彰贊頌當時官方認爲值得表揚的事迹，如忠孝坊、功德坊、貞節坊等。至明清時，坊上起樓者亦或稱"牌坊"，或稱"牌樓"，雖稱謂有別，而皆泛指一物。就其功能而言，除部分轉變爲紀念性質外，仍然是作爲一道門而存在。它普遍橫跨於古代城市大街上，成爲街景中之對景，同時也常常作爲通往重要建築物道路的標志性起點。如北京市内就有一座牌樓作爲通往頤和園道路的開始；明十三陵在山口外一公里處就有一座五間石牌坊作爲整個陵墓建築群的入口及神道之起點。有時其標志、裝飾、觀瞻三種功能同時并存。明清兩代，建築牌坊、牌樓之風特別盛行，常常一連十幾座牌坊（樓）跨街而立。當時牌坊、牌樓遍布城鄉各地，數不勝數。外國人大多稱牌坊爲"中國的凱旋門"。在街道景觀上，大概我國古代城市的牌坊與歐洲城市中的凱旋門相類。李允鉌在《華夏意匠》中寫道："十七世紀法國人寫的《中華帝國旅行回憶録》中就有這樣的話：寧波市仍然滿布中國人稱爲牌坊或者牌樓的紀念性建築物，而我們則稱爲凱旋門，這在中國是普遍存在的。"明清兩代的牌坊至今保存完好的尚有北京昌平的"明十三陵石牌坊"，安徽歙縣的"許國石坊"，福建仙游的"東門石坊"，山西原平的"朱氏牌樓"（俗稱"陽武石坊"），遼寧北鎮的"李成梁石坊"與興城的"祖氏石坊"，江西臨川的"鄧坊牌坊"，山東桓臺的"四世宮保坊"，泰山東路的"岱宗坊"、南天門下的"昇仙坊"，曲阜城北通向孔林的"萬古長春坊"，還有甘肅正寧羅川古城内的"趙氏石坊"。其中佼佼者，當推明"十三陵石牌坊""許國石坊"及"東門石坊"。

泛　稱

華表

亦稱"表木""華表木""桓楹"。古代用以表示王者納諫或指示道路的木柱。傳説堯舜時在交通要道設誹謗之木，供百姓書寫政治缺失，故亦稱"誹謗木""表木"。後世在橋梁、宮殿、城垣或陵墓前均設巨柱，墓前者又稱"墓表"。原爲木構，後用石雕，呈圓形。柱身渾圓挺健，雕有蟠龍、雲紋等圖案裝飾，於上部橫貫一雲板，組成"十"字形。或左右對稱排列，或立於建築物四隅，有標志、裝飾、供言事者書寫諫言及觀瞻之功能。晋崔豹《古今注·問答釋義》："程雅問曰：'堯設誹謗之木，何也？'答曰：'今之華表木也'以横木交柱頭，狀若花也，形似桔槔，大路交衢悉施焉。或謂之表木，以表王者納諫也。亦以表識衢路也。"北魏楊衒之《洛陽伽藍記·龍華寺》："〔洛水〕南北兩岸有華表，舉高二十丈，華表上作鳳凰，似欲衝天勢。"周祖謨注："華表，所以表識道路者也……古代建築前路邊每有石華表。"《晋書·五行志下》："吳孫權赤烏八年夏，震宮門柱，又擊南津大橋桓楹。"宋王讜《唐語林·文學》："桓楹者，即今之華表也。桓、華聲訛，因呼爲桓。"如今立於北京天安門前後的兩對漢白玉華表，雕刻精美，造型俊秀，實屬華表之精品。

【表木】

即華表。此稱晋代已行用。見該文。

【華表木】

即華表。此稱晋代已行用。見該文。

【桓楹】

即華表。此稱晋代已行用。見該文。

【交午】

即華表。亦稱"交午柱"。晋崔豹《古今注·問答釋義》："程雅問曰：'堯設誹謗之木，何也？'答曰：'今之華表木也……秦乃除之，漢始復修焉。今西京謂之交午也。'"按，五代馬縞《中華古今注·堯誹謗木》作"交午柱"。

【交午柱】

即交午。此稱五代時期已行用。見該文。

【桓表】

即華表。亦稱"和表"。《漢書·酷吏傳·尹賞》："瘞寺門桓東。"顏師古注引如淳曰："舊亭傳於四角面百步築土四方，上有屋，屋上有柱出，高丈餘，有大板貫柱四出，名曰桓表，縣所治夾兩邊各一桓謂之和表。"顏師古注："桓表即華表也。"謂之和表，即華表也。"清沈自南《藝林彙考》："《丹鉛錄》《漢書注》作和表，《禮記》《字林》俱作桓表。"一說"桓"乃"華"之聲訛。

【和表】

即桓表。此稱漢代已行用。見該文。

【誹謗之木】

即華表。《呂氏春秋·自知》："堯有欲諫之鼓，舜有誹謗之木，湯有司過之士，武王有戒慎之韜，猶恐不能自知。"高誘注："欲諫者擊其鼓 也……書其過失以表木也。"晉葛洪《抱朴子·博喻》："誹謗之木設，則有過必知；敢諫之鼓懸，則直言必獻。"

牌坊

舊時用以旌表的紀念性建築物。封建統治者爲自己或爲忠臣、孝子、節婦、烈女修建牌坊，并於橫額匾額或立柱上題字書聯，宣揚封建禮教，標榜功德，以警世人。《古今小說·閑雲庵阮三償冤債》："〔陳宗阮〕將他母親十九歲上守寡，一生不嫁，教子成名等事，表奏朝廷，啓建貞節牌坊。"

坊
（明王圻等《三才圖會》）

【坊】[2]

即牌坊。以木料或石材構建而成。如貞女坊、勝境坊、三元坊、百歲坊、烈婦坊。明徐弘祖《徐霞客游記·滇游日記》："山門內有古坊曰雲隱寺。"清黄肇敏《黄山紀游》："又五里，如下嶺狀，至黄山勝境坊，乃乾隆三十二年秋七月江督高晋立。"明中葉前，牌坊以木製爲主，後以石構，不僅間數增多，且在雕刻上更踵事增華。

牌樓

一種裝飾性建築物，其形制與牌坊類似。多建於街市要衝與名勝處。它與牌坊的區別爲牌樓上起樓并裝有斗拱及檐額。形式有二：其一爲衝天牌樓，即用華表柱出頭至屋頂以上，上用雲冠與毗盧帽；其二爲不用華表柱，僅爲屋頂及斗拱蓋於上。牌樓又有一、三、五間之別，以三門爲多。按建築材料分類有木牌樓、石牌樓、磚牌樓、琉璃牌樓等多種。《西游記》第六〇回："忽見一座玲瓏剔透的牌樓，樓下拴着那個鬮水金睛獸。"《孽海花》第二〇回："言猶未了，已到了一座金碧輝煌的牌樓之下，樓額上寫着'五雲深處'四個辟窠大字。"一説亦指爲慶賀而用竹木花草等搭建的類似牌樓樣式的臨時建築物。

綽楔

亦稱"綽削""綽屑"。古時樹於正門兩旁，用以表彰孝義的木柱。明清時指官署牌坊。《新五代史·一行傳·李自倫》："其量地之宜，高其外門，門安綽楔，左右建臺，高一丈二尺，廣狹方正稱焉，污以白而赤其四角，使不孝不義者見之可以悛心而易行焉。"宋、金時期《劉知遠諸宮調·知遠走慕家莊沙佗村入舍》："門安綽削免差徭，足下皮幫鞋使靴換了。"《元典章新集·户部·義倉》："門首竪立綽屑，大書雕刊'義倉'二字以表眉目。"明陸粲《庚巳編》卷七："既而解至都司，司門有綽楔，其扁曰：'萬里鵬程。'"清梁紹壬《兩般秋雨盦隨筆·莫如用猛》："獨廣東東莞縣署二門以内，高營綽楔，大書四字：'莫如用猛。'"

【綽削】

即綽楔。此稱宋金時期已行用。見該文。

【綽屑】

即綽楔。此稱元代已行用。見該文。

【棹楔】

即綽楔。立於門旁表宅樹坊的木柱。明黄宗羲《明儒學案》卷三五："京兆欲爲樹棹楔，謝以賑饑。"清周亮工《書影》卷九："〔吴南溪〕嫉貪如讎。嘗謁一令，此令稍黷。既出門，見門外棹楔，顔曰'牧愛'。吴眇一目，故仰視久之，曰：'不佞眇，能視者"收受"，之義何謂也？'此令大慚，碎額。"

閥閲

亦作"伐閲"。亦稱"烏頭閥閲"。古代仕宦名門之家爲自序功狀而樹在大門外的左右柱。《史記·高祖功侯者年表》："古者人臣功有五品：以德立宗廟定社稷曰勛，以言曰勞，用力曰功，明其等曰伐，積日曰閲。"《後漢書·章帝紀》："每尋前世舉人貢士，或起甽畝，不繫閥閲。"《玉篇·門部》："在左曰閥，在右曰閲。"明唐順之《與郭似庵巡按書》："僕聞之，仕隱二道，仕者則蜚聲竹帛，或立旌纛，表閥閲，且不爲侈。"清汪汲《事物原會》引《事物紺珠》："明其等曰閥，在門左；明其功曰閲，在門右。"清徐灝《説文解字注箋》："閥字從門者，蓋因閲而增之。唐宋以後遂於門外作二柱，謂之烏頭閥閲，後因以稱仕宦豪門之家爲伐閲，亦作'閥閲'。"清和邦額《夜譚隨録·趙媒婆》："奄至一巨宅，閈閎高峻，閥閲焕然。"

【伐閲】

同"閥閲"。此體漢代已行用。見該文。

【烏頭閥閲】

即閥閲。此稱唐宋時期已行用。見該文。

石牌坊

亦稱"石樓""牌樓"。以石料構建的門洞式紀念性建築。北魏酈道元《水經注·淯水》："水南道側有二石樓，相去六七丈，雙跱齊竦，高可丈七八，柱圓圍二丈有餘，石質青緑，光可以鑒。其上欒櫨承栱，雕檐四柱，窮巧綺刻，妙絶人工。"清黄生《義府》卷下："墓上石樓，蓋即今石牌坊，又謂之牌樓。"《紅樓夢》第一八回："石牌坊上寫着'天仙寶境'四大字，賈妃命換了'省親别墅'四字。"

【石樓】[1]

即石牌坊。此稱南北朝時期已行用。見該文。

【石牌樓】

即石牌坊。此稱清代已行用。見該文。

琉璃牌坊

覆以琉璃瓦的牌坊。此坊金碧輝煌，絢麗華貴，祗可用於皇家禁苑。明清律例規定，除御賜建築外，任何人不准用琉璃瓦造牌坊。現存河北承德普陀宗乘之廟琉璃牌坊乃清代琉璃建築中之精品，至今保留完好無損。清張廷玉等《國朝宮史》卷一六：“沿堤西南爲西天梵境，有琉璃牌坊，南鄰太液池。”參閱中國科學院自然科學史研究所《中國古代建築技術史》。

下馬牌

亦稱“下馬碑”“下馬坊”。宮殿、皇陵、孔廟前，東西各立一碑，碑上刻寫“文武官員軍民人等至此駐轎下馬”字樣，故稱。《清會典·工部·昭西陵》注：“東西下馬石牌各一。”清袁枚《隨園隨筆·孔廟》：“金章宗明昌二年詔，孔廟前置下馬牌。”《清實錄·天聰三年》：“陵東西兩旁，立下馬坊，禁乘車馬行走，過必下。”清俞樾《茶香室四鈔》錄有《孔廟下馬碑》。今山東曲阜孔廟前尚存金代所立之下馬坊，上書“官員人等至此下馬”云云。河北遵化清東陵前亦立有下馬坊。

【下馬碑】

即下馬牌。此稱清代已行用。見該文。

【下馬坊】

即下馬牌。此稱清代已行用。見該文。

碑

亦稱“刻石”“立石”。係豎石。古碑有三用：立於宮、廟門前之碑，識日影；豎於宗廟門内之碑，繫牲口；建於墓地之碑，用以引棺入墓穴。自秦始，用作銘石。碑上書刻圖案、文字，記載死者生平功德，以爲紀念或標記。秦稱刻石，漢以後稱碑。《儀禮·聘禮》：“陪鼎當内廉東西北上，上當碑南陳。”鄭玄注：“宮必有碑，所以識日景，引陰陽也。”《禮記·祭義》：“祭之日，君牽牲……既入廟門，麗於碑。”鄭玄注：“麗猶繫也。”《禮記·檀弓下》：“公室視豐碑。”鄭玄注：“豐碑，斲大木爲之，形如石碑。於椁前後四角樹之，穿中於間爲鹿盧，下棺以繂繞。天子六繂四碑，前後各重鹿盧也。”《說文·石部》：“碑，豎石也。”王筠句讀：“古碑有三用：宮中之碑，識日景也；廟中之碑，以麗牲也；墓所之碑，以下棺也。秦之紀功德也，曰立石，曰刻石，其言碑者，漢以後之語也。”漢蔡邕《郭有道碑》：“於是樹碑表墓，昭銘景行。”《新唐書·姚崇傳》：“政條簡肅，人爲紀德於碑。”宋宋祁《宋景文筆記·釋俗》：“碑者……施於廟則繫牲。”清錢大昕《十駕齋養新錄·碑碣石獸》：“《開元禮》：‘五品以上立碑。’”

【刻石】

即碑。係初稱。此稱秦代已行用。見該文。

【立石】

即碑。係初稱。此稱秦代已行用。見該文。

專　名

十三陵石牌坊

位於北京市明十三陵神路最南端。建於明嘉靖十九年（1540）。爲漢白玉砌成，面闊五間，六柱十一樓，寬28.86米，坊高14米。夾柱石上雕刻麒麟、獅子、龍及怪獸，雲騰浪涌，神態逼真。門上端額枋上雕刻的雲紋，給人以柔美飄逸之感，是明代石雕藝術的精品。

許國石坊

俗稱"八脚牌樓"。在安徽歙縣境内，建於明萬曆十二年（1584）。石坊呈"口"字形，四面八柱，所以俗稱"八脚牌樓"。南北長11.54米，東西寬6.77米，高11.4米，占地面積78.13平方米。仿木構，有脊、吻、斗拱，通體爲質地堅硬的青石，用料宏大、厚實。柱、枋等部位均雕有造型古樸優美的圖案，神態逼真，栩栩如生，尤以六對雄獅，威猛傳神。此坊爲紀念明代三朝功臣許國而建，爲全國罕見的明代石坊建築。

【八脚牌樓】

"許國石坊"之俗稱。此稱明代已行用。見該文。

束門石坊

在福建仙游境内。始建於清道光五年（1831），歷三十年而成。爲八閩雕刻藝術最精美的石坊，堪稱清代石雕藝術之一絶。清學政烏利布稱譽該石坊爲"天下第一"。

萬古長春坊

亦稱"五門牌坊"。在山東曲阜城北通向孔林的神道中。始建於明萬曆二十三年（1595）。爲六柱五門石坊，飛檐起脊。中間兩柱浮雕盤龍，刻工精美。坊額鐫"萬古長春"四個楷書大字。坊兩側各有明嘉靖時御碑亭一座，東亭碑題"大成至聖先師神道"，西亭碑題"重修闕里林廟"。清敕修《山東通志·闕里志》："南爲神道碑，次爲萬古長春坊。"

【五門牌坊】

即萬古長春坊。此稱明代已行用。見該文。

至聖林坊

亦稱"大林門"。即孔林大門。木構，四柱三間式，飛檐雙重，彩繪斗拱，綠瓦朱甍，坊額楷書"至聖林"三個金字，宏偉壯麗。過坊，有紅墻夾道直通二林門。清敕修《山東通志·闕里志》："次爲至聖林坊，坊之内東西列垣如翼，其北爲至聖林樓門。"

【大林門】

即至聖林坊。見該文。

戚家牌坊

亦稱"戚繼光父子總督坊"。位於山東蓬萊城内戚家祠堂南側。明嘉靖四十四年（1565）朝廷爲褒揚戚繼光父子平倭功勛而建。爲四柱三間式石雕坊，出檐多脊，高9.3米，寬8.3米，進深2.7米，飾魚龍鳥獸紋，構圖豐滿，雕鏤精細，富於立體感。額書戚氏父子職銜："誥贈驃騎將軍護國都指揮使前總督山東備倭戚景通，鎮守浙福江廣郴桂總兵都督同知前總督備倭戚繼光。"戚繼光，山東蓬萊人，出身將門，世襲登州衛指揮僉事。其父戚景通，爲人剛直，暢曉邊事，治軍嚴明，歷任備倭、戍邊要職。戚氏父子是受人尊敬的民族英雄。

【戚繼光父子總督坊】

即戚家牌坊。此稱明代已行用。見該文。

朱氏牌樓

亦稱"陽武石坊"。在山西原平城西陽武村。清咸豐五年（1855）中議大夫、陝西延榆綏道加鹽運使銜武芳疇爲其母朱氏而建。共建石坊兩座：村外道旁爲陪坊，雕工略簡；宅前西嚮爲主坊，即朱氏牌樓。高10米，寬9.6米，正面近方形，形制壯觀，雕飾宏麗。該坊爲重檐樓閣式，基座上雕力士四軀，四周雕勾欄望柱，柱楚爲石獅，柱身盤龍纏繞，額枋上滿布人物、花卉、流雲、行龍等圖案，檐下雕斗拱椽飛，檐上雕瓦壟脊獸，坊前有旗杆、石獅各一對，坊後有巨石屏風，雕福祿壽三星。圖案精緻，刀法洗練、工藝頗佳，爲我國清代石雕之珍品。

【陽武石坊】

即朱氏牌樓。此稱清代已行用。見該文。

義慈惠石柱

亦稱"北齊石柱"。在河北定興城西石柱村。北魏末年原爲木柱，北齊時改爲石柱。柱首有"大齊大寧二年"題記，柱身有"標異鄉義慈惠石柱"刻銘。柱高7米，分柱身與石屋兩部分，柱身與石屋之間墊一石盤。柱身上端置一長方形石蓋板，蓋板底面雕刻蓮瓣、圓環、古錢及花果等紋飾。蓋板上置面闊三間進深二間的石雕小屋，石屋爲單檐廡殿頂，刻有屋頂、檐椽、角梁、斗拱、闌額、柱子等，前後當心間雕有佛像，兩次間刻窗櫺。柱身上部爲方形，下部爲四方略切四棱，呈八角形，由四塊淺棕色石灰石壘砌而成，下爲覆蓮柱礎。柱身刻《石柱頌》，約三千言，記叙"杜葛之亂"及義葬、義食及興建石柱經過。據《魏書》記載，北魏孝昌元年（525）至永安元年（528）間，杜洛周、葛榮率起義軍轉戰於幽州、燕州、殷州、冀州、相州之間，所向披靡。定興一帶是起義軍與封建統治者的軍隊作戰之地。石柱實爲起義失敗後，人民收拾義軍殘骸合葬一處而建立的紀念碑。初爲木質，後官府易木爲石，并於柱上刻《石柱頌》爲朝廷歌功頌德，但在客觀上卻反映了波瀾壯闊的農民起義運動的史實，對研究南北朝史具有參考價值，同時亦爲研究唐代以前房屋建築形制的實物資料。

【北齊石柱】

即義慈惠石柱。此稱行用於北齊之後。見該文。

天樞

特指武則天所立自紀功德之柱。唐延載元年（694）立，開元初詔令毀之。《舊唐書・則天皇后紀》："梁王武三思勸率諸蕃酋長奏請大徵斂東都銅鐵，造天樞於端門之外，立頌以紀上之功業。"唐李休烈《咏毀天樞》詩："天門街上倒天樞，火急先須卸火珠。"

宋璟碑

唐代書法家顏真卿爲唐代名相宋璟撰寫的神道碑。在今河北沙河市東户村宋璟墓地。碑高4.2米，寬1.5米。宋璟，唐代政治家，邢州南和（今屬河北）人，曾任尚書、右丞相、太尉，封廣平公，諡文貞。開元二十五年（737）卒於洛陽，次年歸葬沙河祖塋。唐大曆五年（770）顏真卿據吏部員外郎盧璟行狀撰寫碑文，於大曆七年刻成，立於宋璟墓地。碑文字體端重，氣勢豪宕，爲顏真卿晚年書法藝術日臻成熟期的代表作。《通志・金石略一》："顏惟正并商夫人贈告、富平尉顔喬卿墓謁、大斌令商攝碑、宋璟碑、台州刺史康希銑碑。"宋趙明誠《金石録》卷二八："右唐宋璟碑，顔真卿撰。"

貞節賈母碑

在河北柏鄉駐架鋪。寬 3.6 米，高 1.04 米。額作弧形，浮雕雙龍，中間篆書"貞節賈母之碑"六字，立於元延祐二年（1315）。碑面周邊雕牡丹圖案花紋，碑文係元代楊載撰，趙孟頫書。楊載長於古文，趙孟頫擅長書法，時稱"雙絶"。

国家出版基金项目
NATIONAL PUBLICATION FOUNDATION

中華博物通考

總主編 張述錚

居處卷

中

本卷主編
王午戌 陳聖安 石磊

上海交通大學出版社

第七章　堂殿樓臺説

第一節　堂殿考

　　上古穴居而野處。據傳黃帝始作宮室，以蔽風雨，以防群害；唐堯、虞舜"茅茨不翦，采椽不斫"；夏禹則"卑宮室"，以求居而安身。我國最早的象形文字甲骨文祇有宮、室、宅之稱，并無堂、殿之名。自商周出現高大建築之後，方有此稱。由此看來，堂殿二字，并非摹於圖像，而是由語詞表述。《釋名·釋宮室》："堂，謂堂堂高顯貌也。"堂之本義爲臺基，即由人工夯土而成高出地面的四方形土臺，亦稱屋基。《書·大誥》："厥子乃弗肯堂，矧肯構？"清俞樾《群經評議·尚書三》："古人封土而高之，其形四方，即謂之堂。"《禮記·檀弓上》："昔者，夫子言之：'吾見封之若堂者矣。'"鄭玄注："封，築土爲壟堂，形四方而高。"古人將整幢房屋建於臺基之上，前面爲堂，後面爲室。前堂，不住人，多行吉凶大禮或接見賓客；後室，住人，爲起居休息之所。堂室間由一面墻隔開，墻上開户牖。《論語·先進》："由也，升堂矣，未入於室也。"皇侃疏："窗、户之外曰堂，窗、户之内曰室。"《玉海·宮室·堂》："古者爲堂，自半已前虚之謂堂，半已後實之爲室。堂者，當也，謂當正向陽之屋。"

　　夏、商、周三代對堂的形制有明確規定。周代等級森嚴，制度更加完備。《周禮·考工記·匠人》："夏后氏世室，堂修二七，廣四修一，五室三四步，四三尺，九階，四旁兩夾窗，白盛，門堂三之二，室三之一。殷人重屋，堂修七尋，堂崇三尺，四阿重屋。周人明堂，度九尺之筵，東西九筵，南北七筵，堂崇一筵，五室，凡室二筵。"鄭玄注："周堂高九尺，殷三尺，則夏一尺矣，相參之數。禹卑宮室，謂此一尺之堂與此三者，或舉宗廟，或舉王寢，或舉明堂，互言之，以明其同制。"按，夏度之以步（六尺），殷度之以尋（八尺），周度之以筵（九尺）。《禮記·禮器》云："有以高爲貴者，天子之堂九尺，諸侯七尺，大夫五尺，士三尺。"故宮室之正寢、古之明堂皆曰堂。世室、重屋、明堂之屋頂皆爲"四阿重屋"，即四坡頂、兩重檐。其重疊巍峨之造型，可産生一種崇高莊嚴的視覺效果，後世奉爲古制，成爲永世不變的至尊式樣，一直爲主體殿堂的定制。《説文·土部》："堂，殿也。"段玉裁注："許以殿釋堂者，以今釋古也。古曰堂，漢以後曰殿。古上下皆稱堂，漢上下皆稱殿。至唐以後人臣無有稱殿者矣。"《字彙·土部》："堂，殿也，正寢也。"由此可見，在秦漢之際，堂、殿并非專指帝居，亦泛指高大之房屋。南北朝之後，堂亦用以作廳事、書齋之名，如静思堂、九老堂、綠野堂、三槐堂、百忍堂、閲微草堂、春在堂等。明清以後，商店藥鋪之名亦稱堂，如同仁堂、鶴年堂、達仁堂、樂仁堂、胡慶餘堂等。至近現代，爲從事某種活動的專用房屋亦曰堂，如禮堂、會堂、佛堂、靈堂、育嬰堂等。

　　殿之稱晚於堂。據文獻記載，當始於秦。但其初爲高大房屋之通稱，即"堂之高大者也"，并非專指天子宮殿。秦漢之後，宮成爲帝居之專用名詞，宮殿二字連用，則特指皇帝宸居之建築群。《初學記》卷二四："《倉頡篇》：'殿，大堂也。'商周以前，其名不載。按《史記·秦始皇本紀》始曰前殿。"《玉海·宮室·殿》："《説文》：'堂之高大者。'周益公：'宮室取諸《大壯》，貴賤可以通稱，特崇庳廣狹有別耳。秦孝公强盛時，大築冀闕，由是天子殿初見。'《商子·定分》篇：'臣侍殿上，兵陳殿下。'後載《史記·荆軻傳》。又《莊子·説劍》云：'入殿門不趨。'大抵秦制也。至始皇併天下，殿屋相屬，又作甘泉前殿，然後殿之名始立。漢黃霸丞相府計吏上殿，東漢司徒府有大會殿，蓋車駕或臨幸會議於此而有殿名，非專指屋之高嚴也。"《正字通·殳部》："殿，今惟天子宸居稱殿。"如漢之甘泉、明光、麒麟、白虎、長秋、昭陽、華光諸殿；魏之太極、文昌、九龍、九華、景福、聽政諸殿；晋之靈圃、百子、延恩、虞泉、清暑諸殿；唐之武德、太極、仁壽、含章、宣政、麟德、蓬萊、乾元、中華、延英諸殿；宋之垂拱、崇政、文德、紫宸、金華、延和諸殿；

元代之大明、文思、寶雲、慈福、玉德、宸慶、興聖、嘉德、儀天諸殿；明代之奉天、華蓋、文華、武英、謹身、龍德、崇仁、皇極、中極、建極諸殿；清代之太和、中和、保和、交泰、養心、承光、悦心、仁壽、排雲、壽皇諸殿。"歷代殿名，或沿或革，唯魏之太極，自晋以降，正殿皆名之。"（《初學記》卷二四）禁中正殿以太極爲名始於曹魏，此制沿用至唐。現存北京清故宫之太和、中和、保和三大殿及交泰殿、養心殿，北海之悦心殿，團城之承光殿，頤和園之仁壽殿、排雲殿，爲我國保存較完好的帝王宸居之殿。其建築莊嚴宏偉，金碧輝煌，可謂集古代宫殿建築藝術之大成；現均已對外開放，爲世人游覽、觀瞻。除"帝殿"之外，神廟之主體建築亦稱殿，如天王殿、大雄寶殿、摩尼殿、彌陀殿、大覺六師殿、三聖殿等。

殿既爲規模巨大的建築物，更具高貴、莊嚴、神聖的性質。殿與堂雖均爲高大建築物，但亦有別。凡殿皆有陛，堂則有階無陛。所謂陛，是指登上大殿的御路。《釋名·釋宫室》："陛，卑也，有高卑也。天子殿謂之納陛，言所以納人言之階陛也。"《初學記》卷二四引摯虞《決疑要注》："其〔殿〕制有陛，左城右平者，以文塼相亞次。城者爲階級也。九錫之禮，納陛以登，謂受此陛以上殿。"

泛　稱

堂[4]

建於高臺基之上的高大房屋。古曰堂，漢以後曰殿。古上下皆曰堂，漢上下皆曰殿，至唐以後人臣曰堂不曰殿，殿則專指帝王之宫殿。《説文·土部》："堂，殿也。"段玉裁注："堂之所以稱殿者，正謂前有陛，四緣皆高起……古曰堂，漢以後曰殿。古上下皆稱堂，漢上下皆稱殿。至唐以後，人臣無有稱殿者矣。"《詩·唐風·蟋蟀》："蟋蟀在堂。"《禮記·禮器》："天子之堂九尺。"《論語·先進》："由也，升堂矣，未入於室也。"

堂宇

殿堂之屋頂。亦藉指殿堂。北魏酈道元《水經注·河水三》："其殿四注兩夏，堂宇綺井，圖畫奇禽異獸之象。"宋張君房《雲笈七籤》卷五："每有神光靈氣，見於堂宇。"明李東陽《重建成都府學記》："且今之爲政者，必有堂宇以爲發號出令之地。"

堂皇

亦作"堂隍"。寬廣高大的殿堂。漢劉歆《西京雜記》卷三："文帝爲太子立思賢苑，以招賓客。苑中有堂隍六所。"唐徐彦伯《奉和幸新豐温泉宫應制》詩："桂枝籠騣襄，松葉覆堂皇。"清錢謙益《曹汝蘭父馳周贈文林郎制》："有子克家，聿著堂皇之美；厥考作室，尚思塗墍之勤。"

【堂隍】

同“堂皇”。此體漢代已行用。見該文。

堂壇

指殿堂。《楚辭·九章·涉江》：“鸞鳥鳳皇，日以遠兮；燕雀烏鵲，巢堂壇兮。”南朝梁陶弘景《授陸敬游十賚文》：“營劃援域，堂壇宏敞。”

廟堂 [2]

朝堂。《莊子·在宥》：“故賢者伏處大山嵁巖之下，而萬乘之君憂慄乎廟堂之上。”《淮南子·主術訓》：“君人者，不下廟堂之上而知四海之外者，因物以識物，因人以知人也。”宋范仲淹《岳陽樓記》：“居廟堂之高，則憂其民；處江湖之遠，則憂其君。”明陳汝元《金蓮記·構釁》：“百姓嗷嗷苦橫征，廟堂誰復問蒼生。”

廟 [3]

指王宮之前殿、貴族住房之前廳。《六書故·工事一》：“宮前曰廟，後曰寢。今王宮之前殿，士大夫之聽事是也。”《三國志·吳書·步騭傳》：“〔舜〕不下堂廟而天下治也。”

廟廷 [2]

亦作“廟庭”。古時君王接受朝見、議政治事之所，即朝堂。《吳子·勵士》：“於是武侯設坐廟廷，爲三行饗士大夫。”《周書·晉蕩公護傳》：“十月，帝於廟庭授護斧鉞。”

【廟庭】 [2]

同“廟廷 [2]”。此體先秦時期已行用。見該文。

議堂

議論國家政事之堂。漢桓寬《鹽鐵論·救匱》：“毀其客館、議堂，以爲馬厩、婦舍，無養士之禮，而尚驕矜之色。”唐杜甫《夔府書懷四十韵》：“議堂猶集鳳，貞觀是元龜。”

玉堂 [3]

玉飾的殿堂。亦爲宮殿之美稱。戰國楚宋玉《風賦》：“然後倘佯中庭，北上玉堂，躋於羅帷，經於洞房，乃得爲大王之風也。”《韓非子·守道》：“人主甘服於玉堂之中。”漢劉向《九嘆·逢紛》：“芙蓉蓋而菱華車兮，紫貝闕而玉堂。”晉孫綽《游天台山賦》：“朱閣玲瓏於林間，玉堂陰映於高隅。”

朱堂 [2]

朱紅色的殿堂。漢班固《西都賦》：“樹中天之華闕，豐冠山之朱堂。”三國魏曹植《酒賦》：“將承芬以接意，會陵雲之朱堂。”三國魏阮籍《咏懷詩》之二十一：“琅玕生高山，芝英耀朱堂。”

軒堂

亦稱“軒殿”。帝王所居之殿堂。《樂府詩集·相和歌辭三·鷄鳴》：“黃金爲君門，璧玉爲軒堂。”《宋書·後廢帝紀》：“棄冠毀冕，長襲戎衣，犬馬是狎，鷹隼是愛，皂歷軒殿之中，轉蝶宸扆之側。”南朝梁江淹《讓太傅揚州牧表》：“上公秘鉞，聲震都鄙；文劍彫舄，禮殊軒殿。”

【軒殿】

即軒堂。此稱南北朝時期已行用。見該文。

軒陛 [1]

殿堂、居室。南朝梁王僧孺《〈詹事徐府君集〉序》：“自綢繆軒陛，十有餘載，温樹靡答，露事不訕。”唐張九齡《酬王履震游園見貽》詩：“逶迤戀軒陛，蕭散反丘樊。”唐許敬宗《尉遲恭碑》：“著恭肅於軒陛，馳聲猷於藩嶽。”明張居正《得道長生頌》：“然皇上身不出乎軒陛，而化已行於域中；機獨運於玄冥，而應已響於寰宇。"

堂序 [2]

正廳。堂東西兩壁曰序。宋葉適《夫人林氏墓志銘》："林氏恭約苦節。在群，衆和樂；慈子，訓之嚴；操下，接之恕。處家日，未嘗降堂序。"宋易祓《周易總義》卷九："至於納約信以牖前爲禮，亦不必堂序行禮之地。"

軒 [2]

殿堂前檐下方。《舊五代史·唐書·明宗紀五》："戊申，帝臨軒，命禮部尚書韓彥惲、工部侍郎任贊往應州奉册四廟。"宋王禹偁《詔臣僚和御製賞花詩序》："懼呼方到於軒墀，侍從共登於欄檻。"《續資治通鑑·宋徽宗政和二年》："酒半酣，遼主臨軒，命諸部長次第起舞。"

殿

高大房屋之通稱。古稱堂，漢以後曰殿，唐以後人臣稱堂而不稱殿，殿專指帝王視朝、議政、理事、居住之宮殿。《説文·土部》："堂，殿也。"段玉裁注："古曰堂，漢以後曰殿。古上下皆稱堂，漢上下皆稱殿。至唐以後，人臣無有稱殿者矣。"《莊子·説劍》："莊子入殿門不趨，見王不拜。"《戰國策·魏策四》："要離之刺慶忌也，倉鷹擊於殿上。"《史記·秦始皇本紀》："乃營作朝宮渭南上林苑中，先作前殿阿房，東西五百步，南北五十丈，上可以坐萬人，下可以建五丈旗。"《漢書·霍光傳》："鴞數鳴殿前樹上。"顏師古注："古者屋室高大，則通呼爲殿耳，非止天子宮中。"《後漢書·蔡茂傳》："茂初在廣漢，夢坐大殿。"李賢注："屋之大者，古通呼爲殿也。"三國魏何晏《景福殿賦》："立景福之秘殿，備皇居之制度。"晋左思《魏都賦》："都護之堂，殿居綺窗。"宋高承《事物紀原》卷八："《商君書》有言天子之殿，則是秦自孝公而來已云然矣。蓋秦始曰殿也，漢因之，有函德、明光諸名也。"元王惲《宮井》詩："清時瑶殿引瓶金，百尺還聞墜水音。"

殿堂

亦稱"殿庭""殿廷"。帝王的宮殿。戰國楚宋玉《神女賦》："步裔裔兮曜殿堂。"《三國志·魏書·鍾毓傳》："夫策貴廟勝，功尚帷幄，不下殿堂之上，而決勝千里之外。"《南齊書·文惠太子傳》："宮内殿堂，皆雕飾精綺，過於上宮。"唐劉餗《隋唐嘉話》卷上："迄今國家每大陳設，必列於殿庭。以旌異之。"宋李覯《袁州學記》："殿堂室房廊門，各得其度。"元張養浩《贈李秘監》詩："封章曾拜殿廷間，凛凛豐儀肅九關。"《水滸傳》第八八回："宋江再拜，懇謝娘娘，出離殿庭。"《明史·樂志一》："殿庭燕享，郊壇祭祀，教坊羽流，慢瀆苟簡，劉翔、胡瑞之倫爲之深慨。"清張惠言《祭金先生文》："對策鑾坡，聲震殿廷。"

【殿庭】

即殿堂。此稱唐代已行用。見該文。

【殿廷】

即殿堂。此稱元代已行用。見該文。

【殿寢】

即殿堂。古代王宮之制，前殿後寢。《南齊書·王敬則傳》："糾糾敬則，臨難不惑，功成殿寢，誅我螯賊。"《新唐書·王徽傳》："徽外調兵食，内撫綏流亡，逾年，稍稍完聚，興復殿寢，裁制有宜，即奉表請帝東還。"

【殿闕】

即殿堂。古代宮殿之前常有雙闕，故稱。宋徐夢莘《三朝北盟會編》卷二四五："却轉南綵露臺北行入殿闕。”清姚鼐《復張君書》：“士或欲匿山林而羈紲冕，或心趨殿闕而不能自脫於田舍，自古有其志而達其事者多矣。”

【殿宇】

即殿堂。亦稱“殿舍”。《三國志·魏書·衛臻傳》：“帝方隆意於殿舍，臻數切諫。”《舊唐書·魏少游傳》：“肅宗至靈武，殿宇御幄，皆象宮闈；諸王、公主各設本院，飲食進御，窮其水陸。”

【殿舍】

即殿宇。此稱三國時期已行用。見該文。

内殿 [2]

帝王議政治事之處。以其在宮禁之内，故稱。《建炎以來繫年要錄·紹興七年》：“張浚等入見於内殿之後廡，上號慟擗踊，終日不食。”元楊維楨《設唐太宗責長孫無忌》：“内殿集議，遂良以死諫，韓瑗以泣諫，汝不敢出一言。”

議殿

皇帝與群臣議政之殿。晋左思《蜀都賦》：“内則議殿爵堂，武義虎威。”張雲璈注曰：“議殿者，即所謂會議之殿耳。”

禁殿

亦稱“禁”。宮殿、内廷。《新唐書·后妃傳上·則天武皇后》：“后乃更爲太平文治事，大集諸儒内禁殿，譔定《列女傳》《臣軌》《百僚新誡》《樂書》等，大抵千餘篇。”清褚人穫《堅瓠補集·謝禁纏足表》：“將見禁殿嬌娥，粗服亂頭都好。”

【禁】

即禁殿。古代於王宮之門設衛嚴加防禦，臣下不得任意出入，故稱。漢陳琳《爲袁紹檄豫州》：“及臻呂后季年，産禄專政……决事省禁，下陵上替，海内寒心。”《文選·謝莊〈宋武宣貴妃誄〉》：“掩彩瑶光，收華紫禁。”李善注：“王者之宮，以象紫微，故謂宮中爲紫禁。”《宋書·百官志上》：“漢世，與中官俱止禁中，武帝時侍中莽何羅挾刀謀逆，由是侍中出禁外。”唐常衮《早秋望華清宮樹因以成咏》：“可憐雲木叢，滿禁碧濛濛。”宋張實《流紅記》：“帝禁深宮，子雖有羽翼，莫敢往也。”金元好問《探花詞》：“禁裏蒼龍啓九關，殿前鸚鵡唤新班。”

金鑾殿 [1]

亦作“金鸞殿”。亦稱“金鑾寶殿”“金鑾宮”。省稱“金鑾”“金鸞”。本爲唐代宮殿名，後泛指皇宮正殿。唐李白《贈從弟南平太守之遥》詩之一：“承恩初入銀臺門，著書獨在金鑾殿。”唐李商隱《巴江柳》詩：“好向金鑾殿，移陰入綺窗。”唐白居易《賀雨》詩：“小臣誠愚陋，職忝金鑾宮。”宋蘇軾《武昌西山》詩：“當時相望不可見，玉堂正對金鸞開。”宋梅堯臣《七夕》詩：“獨對金鸞月，宮詞付小臣。”宋沈括《夢溪筆談·故事一》：“唐翰林院在禁中，乃人主燕居之所，玉堂、承明、金鑾殿皆在其間。”元白樸《東墙記》第四折：“聖主恩波遍九天，坐金鑾寶殿，四海内都朝見。”又：“脱却了舊布衣，直走上金鑾殿。”明謝讜《四喜記·紫禁明揚》：“戰捷南宮羡二難，明朝挾藝上金鑾。”《西游記》第九回：“次日五更三點，太宗駕坐金鑾寶殿，文武衆臣趨朝。”《痛史》第二回：“〔賈似道〕到了朝門，不免下轎步行，上到金鑾殿。”清鄭燮《荆州亭·江上》詞之二：“多少六朝閑賑，近日漁樵都忘；只是怨弘光，白晝金鑾選唱。”

【金鑾宮】

即金鑾殿。此稱唐代已行用。見該文。

【金鸞殿】

同"金鑾殿"。此體宋代已行用。見該文。

【金鸞】

即金鑾殿。"金鸞殿"之省稱。此稱宋代已行用。見該文。

【金鑾寶殿】

即金鑾殿。此稱元代已行用。見該文。

【金鑾】

"金鑾殿"之省稱。此稱清代已行用。見該文。

【寶殿】

即金鑾殿。元趙孟頫《宮中口號》："日照黃金寶殿開，雕闌玉砌擁層臺。"《三俠五義》第一回："真宗玩賞，進了寶殿，歸了御座，李劉二妃陪侍。"

金殿

亦稱"金闕"。天子所居之宮闕。以其多用黃金裝飾，極其富麗堂皇，故稱。南朝齊謝朓《奉和隨王殿下》詩之一三："端儀穆金殿，敷教潄瓊筵。"北齊顏之推《觀我生賦》："指金闕以長鎩，向王路而蹶張。"金董解元《西廂記諸宮調》卷七："金殿拜皇恩，面對丹墀下。"明沈鯨《雙珠記·廷對及第》："青雲隨步朝金闕，各要把此衷竭。"清趙執信《出宮詞》："舊家送我時，願妾承天眷；歸去姊妹行，含羞説金殿。"清趙翼《己卯元日早朝》詩："紃縵五雲金闕朗，太平中外一家春。"

【金闕】[1]

即金殿。此稱南北朝時期已行用。見該文。

玉殿

宮殿之美稱。三國魏曹植《當車以駕行》詩："歡坐玉殿，會諸貴客。"南朝梁簡文帝《有所思》詩："寂寞錦筵静，玲瓏玉殿虛。"宋楊萬里《擬歸院柳邊迷》詩："玉殿朝初退，金門馬不嘶。"明貝瓊《經故内》詩："山中玉殿盡蒼苔，天子蒙塵豈復回。"

桂序

猶玉殿。南朝梁江淹《到功曹參軍詣竟陵公子良箋》："復獲執羈蘭陳，迎笏桂序。"唐王勃《乾元殿頌》序："《九韶》分唱，後夔清桂序之音；六變同和，飛鳳掌梧軒之律。"

碧殿

金碧輝煌的殿堂。唐沈佺期《游少林寺》詩："紺園澄夕霽，碧殿下秋陰。"唐楊巨源《早朝》詩："朝時但向丹墀拜，仗下方從碧殿回。"唐崔櫓《華清宮》詩之一："草遮回磴絶鳴鑾，雲樹深深碧殿寒。"

朱宮

以朱紅色塗飾之宮殿，爲帝王所居。《楚辭·九歌·河伯》："魚鱗屋兮龍堂，紫貝闕兮朱宮。"王逸注："朱丹其宮。"晋傅玄《正都賦》："彤彤朱宮，巍巍絳闕。"明陳汝元《金蓮記·詬奸》："朱宮梵殿，五色晴雲畫棟鮮。"

【朱殿】

即朱宮。南朝梁江淹《娼婦自悲賦》："去柏梁以掩袂，出桂苑而斂眉。視朱殿以再暮，撫嬪華而一疑。"宋梅堯臣《依韵和達觀禪師山中見寄》："門前重嶺後群峰，石樓朱殿藏林中。"

【丹殿】

即朱宮。南朝梁江淹《拜正員外郎表》：

"猶蒙供事紫楹，春役丹殿。"唐高宗《太子納妃太平公主出降》詩："雕軒回翠陌，寶駕歸丹殿。"

【丹宸】

即朱宮。明陳汝元《金蓮記·射策》："披褐陳王道，須委任元僚絕紛擾，惟丹宸静攝，洪恩駘浩。"清查慎行《王文成紀功碑》詩："首從伐叛叙始末，繼舉神武歸丹宸。"

【丹掖】

即朱宮。南朝宋顔延之《宋文皇帝元皇后哀策文》："灑零玉墀，雨泗丹掖。"《陳書·鄱陽王伯山傳》："光昭丹掖，暉暎青闈。"唐沈佺期《送金城公主適西藩應制》詩："金榜扶丹掖，銀河屬紫閣。"

【丹闕】

即朱宮。指皇帝所居之處。唐太宗《秋月即目》詩："爽氣浮丹闕，秋光澹紫宮。"《敦煌曲子詞·獻忠心》："朝聖明主，望丹闕，步步淚，滿衣襟。"明吕大器《晚至閬州》詩："一葉嘉陵下，冰心對綠漪。豈無丹闕戀，終抱白雲思。"

【丹禁】

即朱宮。亦稱"丹宮"。南朝宋顔延之《直東宮答鄭尚書》詩："流雲藹青闕，皓月鑒丹宮。"《隋書·百官志上》："殿中將軍、武騎之職，皆以分司丹禁，侍衛左右。"唐李白《江夏使君叔席上贈史郎中》詩："鳳凰丹禁裏，銜出紫泥書。"王琦注引《潛確居類書》："天子所居曰禁，以丹塗壁，故曰丹禁。亦曰紫禁。"唐杜甫《解悶》詩之一二："側生野岸及江蒲，不熟丹宮滿玉壺。"宋歐陽修《夜宿中書東閣》詩："今夜静聽丹禁漏，尚疑身在玉堂中。"宋黄庭

堅《下水船》詞："總領神仙侣，齊到青雲歧路。丹禁風微，咫尺諦聞天語。"

【丹宮】

即丹禁。此稱南北朝時期已行用。見該文。

【丹居】

即朱宮。亦稱"丹極"。南朝宋鮑照《侍宴覆舟山》詩："游軒越丹居，暉燭集凉殿。"唐杜甫《别蔡十四著作》詩："流涕灑丹極，萬乘爲酸辛。"宋朱熹《孝宗皇帝挽歌詞》："遽移丹極仗，便上白雲鄉。"

【丹極】[1]

即丹居。此稱唐代已行用。見該文。

軒宮[2]

亦稱"軒室"。帝王所居之宮殿。南朝梁江淹《空青賦》："至乃翠爍軒室，葱鬱臺殿。雜蛟龍之文章，發鱗鹿之炳絢。"南朝梁劉孝威《謝東宮賜聖僧餘饌啓》："齊桓伯寢之器，周穆軒宮之寶。"唐玄宗《鶺鴒頌》詩："伊我軒宮，奇樹青葱。"

【軒室】[2]

即軒宮。此稱南北朝時期已行用。見該文。

寢殿[2]

帝王之寢宮。唐顔師古《隋遺録》卷下："帝披單衣亟行擒之，乃宮婢雅娘也，迴入寢殿，蕭妃誚笑不知止。"宋佚名《劍俠傳·田膨郎》："唐文宗皇帝嘗寶白玉枕，德宗朝于闐國所貢，雕琢奇巧，蓋希代之寶，置寢殿帳中。"《初刻拍案驚奇》卷七："法善道：'玉笛何在？'玄宗道：'在寢殿中。'"

朵殿

大殿之東西側堂。宋范鎮《東齋記事》卷一："〔仁宗〕冬不御爐。每御殿，則於朵殿設

爐以禦寒氣。”宋錢愐《錢氏私志》:“米（米元章）乃顧朵殿云:‘皇帝叫内侍要唾盂。’”清馮桂芬《五十初度自題小影》詩:“朵殿臚名叩上第，綉衣持節歷南天。”

便殿

正殿之外的別殿，爲帝王休息消閑之所。《漢書·武帝紀》:“夏四月壬子，高園便殿火。”顏師古注:“凡言便殿、便室、便坐者，皆非正大之處，所以就便安也。園者，於陵上作之，既有正寢以象平生正殿，又立便殿爲休息閑宴之處耳。”《後漢書·章帝紀》:“臣愚以爲更衣在中門之外，處所殊別。”唐李賢注:“更衣者，非正處也。園中有寢，有便殿……便殿，寢側之別殿，即更衣也。”宋陸游《監丞周公墓志銘》:“孝宗皇帝召對便殿，論奏合上指。”《續資治通鑑·宋太宗太平興國四年》:“會契丹遣使修貢，賜宴便殿，因出劍示之。”

別寢

亦稱“別宮”。古代君王正式寢宮以外之宮室。漢班固《西都賦》:“徇以離宮別寢，承以崇臺閑館。”北齊顏之推《顏氏家訓·教子》:“古者，聖王有胎教之法:懷子三月，出居別宮。”《東周列國志》第三七回:“太叔大怒，拔劍趨逐，欲尋小東殺之。小東竟奔襄王別寢。”

【別宮

即別寢。此稱南北朝時期已行用。見該文。

閣[1]

宮殿。《史記·扁鵲倉公列傳》:“時醫秦信在旁，臣意去，信謂左右閣都尉:‘意以淳于司馬病爲何？’”司馬貞索隱:“一云閣即宮閣。”宋蘇軾《書柳公權聯句》:“薰風自南來，殿閣生微凉。”

【闥閣】[1]

即閣[1]。南朝梁費昶《華觀省中夜聞城外擣衣》詩:“闥閣下重關，丹墀吐明月。”唐杜甫《八哀詩·故秘書少監武功蘇公源明》:“晨趨闥閣内，足踏宿昔跡。”仇兆鰲注:“天上有闥閣殿，故人間帝殿，亦名闥閣。”宋王安石《韓持國從富并州辟》詩:“會當薦還朝，立子在闥閣。”

閣[2]

宮中便殿。《後漢書·馮豹傳》:“〔豹〕每奏事未報，常俯伏省閣，或從昏至明。”《北史·周宣皇后楊氏傳》:“帝大怒，遂賜后死，逼令自引決。后母獨孤氏聞之，詣閣陳謝，叩頭流血，然後得免。”宋趙彥衛《雲麓漫鈔》卷三:“參諸衆説，則閣者，殿後之便室無疑矣。”

外羅院

皇宮中的囚所。《宣和遺事》後集:“郎主屬聲:‘休道我敢殺趙妃，也敢殺趙后！’后泣下而起，衣冠待罪。金主怒不已，送入外羅院，即宮掖門所囚也。”

堂 名

三雍

亦稱“三雍宮”“三宮”。漢時對明堂、辟雍、靈臺的總稱。爲天子朝會、祭祀之所。《漢書·河間獻王傳》:“武帝時，獻王來朝獻雅樂，對三雍宮及詔策所問三十餘事。”顏師古注引應劭:“辟雍、明堂、靈臺也。雍，和也。言天地、君臣、人民皆和也。"《後漢書·儒林傳序》："中元元年，初建三雍，明帝即位，親行其禮。"《文選·張衡〈東京賦〉》："乃營三宮，布教頒常。"薛綜注："三宮，明堂、辟雍、靈臺。"唐武則天《明堂樂章·迎送王公》云："載延百辟，爰集三宮。"宋蘇軾《范景仁和賜酒燭詩復次韵答之》："此生會見三雍就，無復遼遼嘆未央。"清唐孫華《國學進士題名碑》詩："肇建三雍陳禮樂，宮懸考擊聞鳴鼉。"按，三雍之一的"靈臺"劃歸本章第三節"臺考"，本節省略。

【三雍宮】

即三雍。此稱漢代已行用。見該文。

【三宮】 [2]

即三雍。此稱漢代已行用。見該文。

明堂 [1]

古代帝王宣明政教之堂。凡朝會、饗功、祭祀、教學、養老、選士等大典，均在此舉行。此稱始見於闡明周代禮制的《禮記》《大戴禮》，與叙述周代工程技術制度的《周禮·考工記》。《禮記·明堂位》："昔者周公朝諸侯于明堂之位……明堂也者，明諸侯之尊卑也。"由此推斷，明堂是朝諸侯之所。又："大廟天子明堂。"孔穎達疏："大廟天子明堂者，言周公大廟制似天子明堂。"《周禮·考工記·匠人》："夏后氏世室，堂修二七，廣四修一……殷人重屋，堂修七尋，堂崇三尺，四阿重屋。周人明堂，度九尺之筵，東西九筵，南北七筵，堂崇一筵，五室。"明堂的名稱始於周代，而這種性質的建築起源於夏代，猶夏之"世室"，殷之"重屋"。其性質從考古發掘的材料中可以得到啓示。原始社會部落居住的中心往往有一個面積很大，接近方形的"大房子"。這種大房子是部落酋長

的住所與氏族集合、宗教活動的場所，也是發號施令、決定重大決策的地方。它是權力的象徵，且含有濃厚的宗教意義。夏代距原始社會不遠，夏之"世室"是從"大房子"發展而來的，周之"明堂"則源於"世室"，明堂即爲類似"大房子""世室"的建築。漢代儒生從禮制角度對周代明堂的性質做過種種推斷，也不外乎明堂是象徵王權的建築與用於祭祀的神廟，或兼而有之，是象徵王權的神廟。漢文帝時韓嬰説辟雍是一個外面環繞一條圓形水溝的所在，明堂在辟雍的中心；又説辟雍是天子的太學，即明堂也是太學（見漢韓嬰《詩傳》）。後來又有人説"周人明堂，饗功、養老、教學、選士皆在其中"（漢蔡邕《月令章句》）。總之，明堂是"明政教之堂"，是周天子舉行重大典禮的地方。另一方面，他們又認爲明堂是天子的太廟。漢武帝更認爲古代天子祭天於明堂，故在封禪泰山時，特地造一座明堂祭祀天地。當時，衆朝臣對明堂的形制不甚了了，有一位名叫公玉帶的儒生，畫了一幅明堂建築圖

明堂（軒轅明堂圖）
（明王圻等《三才圖會》）

樣，説是黄帝的明堂。其形制是中心有一間四面開敞的殿，殿有一樓，屋頂蓋茅草，殿中祭地，樓上祭天。殿四周有圍墻，墻外有一條水渠環繞。黄帝時不可能有樓閣，説這是黄帝的明堂顯然不可信，但這種建築四周環水，與韓嬰《詩傳》中所説明堂外環繞着圓形水溝基本一樣。不過這幅明堂圖樣不符合《周禮·考工記·匠人》明堂王室的結構。後來又有人根據《禮記·月令》中提到的太室與青陽、明堂、總章、玄堂四室進行研究，認爲整個明堂包括這五個室，而它的布局是在一個高大的正方形土臺上，按照十字垂直的中軸綫，對稱地布置這五個室，即中建太室，東南西北分别建青陽、明堂、總章、玄堂各一室，每個室又分三個堂，中間爲太廟，兩側謂之左右个，太室四角又有四個分廳。從漢代起建造的明堂大致都采用上述形制，即用十字對稱、井字分隔與上下兩層的格局。建築外形多數是上圓下方，以示天圓地方。從漢至宋歷代均建有明堂。但實際上舉行重大典禮都有專用建築。另建明堂，祇不過是帝王爲標榜自己推崇禮制，宣揚"天人感應"而已。祇有在個别情況下纔在明堂舉行典禮。像漢樂府詩《木蘭辭》中"歸來見天子，天子坐明堂，策勛十二轉，賞賜百千强"的詩句所述，天子坐明堂賞賜花木蘭。故明堂實際功用極小，而象徵性極大。西漢末年，王莽掌權。他爲取代漢室製造輿論，把自己裝扮成一個正統的周禮維護者，大搞"復古改制"。其中一項重要活動就是在漢平帝元始四年（4），令儒家大師劉歆等人通過考證，設計出一座明堂，建造於首都長安城的南郊。《漢書·平帝紀》："〔元始四年春〕安漢公（王莽）奏立明堂

辟雝。"顏師古注："應劭：'明堂所以正四時，出教化。明堂上圜下方，八窗四達，布政之宫在國之陽，上八窗法八風，四達法四時，九室法九州，十二堂法十二月，三十六户法三十六旬，七十二牖法七十二候。'《孝經》：'宗祀文王於明堂以配上帝，上帝謂五時，帝太昊之屬。黄帝曰合宫，有虞曰總章，殷曰陽館，周曰明堂。'"王莽時建造的這座明堂毁於西漢末年農民起義的戰火，其基址於 1957 年被發掘出來。據考古學家研究推測，漢長安的明堂位於長安城南安門以外大道東側，最周邊是一周略似圓形的水溝，南北直徑 349 米，東西直徑 368 米，溝寬 1.82 米。環狀水溝四面又各有一個長方形水池，最北面的水池與長安水運漕渠相通。環狀水溝内是一個正方形院落，每邊長 235 米。院落四周是被夯實的土圍墻，墻内外都有磚砌的滴水明溝，墻端覆有瓦頂。院内四角各有一座曲尺形建築，爲祭祀時樂隊演奏之處。圍墻每面正中開設大門。從圍墻四個大門正中引垂直綫，正交於一點，就是明堂的中心建築。它坐落在一個直徑 62 米的圓形夯土臺基上。主體建築由中央的方形大土臺與四角各兩個方形小土臺組成，每面長 42 米，土臺外四面還各有一個方磚鋪地的敞廳。整個平面呈"亞"字形。這座明堂中心建築爲三層樓閣，外形嚴謹規整，屋頂與平臺參差錯落，很有氣派。下層是四個敞廳與走廊、樓梯等。敞廳上部有四個平臺，平臺上是祭祀典禮時的活動場所。平臺以内的廳是供奉太廟神位的殿堂，分别爲明堂太廟（南）、玄堂太廟（北）、總章太廟（西）、青陽太廟（東）。三層部分在土臺頂部，中心大土臺上是太廟之主室，謂之"太室"。大土臺四

角有八個小土臺，最外面的四個起分隔空間與加固中央土臺的作用；而裏層的四個小土臺上面建有小廳堂，與中央大廳共同構成金、木、水、火、土五室，以祭祀五帝。西漢長安明堂的屋頂，據已發現的晚於長安明堂的許多東漢陶屋模型推斷，是一個短脊四坡頂。王莽覆滅，劉秀建立東漢後，在首都洛陽建造明堂。從洛陽靈臺遺址來看，此明堂猶如長安明堂的翻版。東漢以後，社會動亂，明堂很少再建。唐朝皇帝曾招集儒生考據經典，擬在長安建一座明堂。但因議論紛紜，制度繁瑣，終難建成。直到武則天時，在洛陽建成了一座有史以來最大的明堂。據文獻記載，洛陽明堂是座方形建築，每面三百步（約 90 米），總高度二百九十四尺（約 88.2 米），中心有一個"十圍"粗的巨木柱子直貫上下，各部構件均靠這根柱子結合。此明堂是一座十字軸綫對稱的建築，與漢代明堂類似。宋代仁宗時建了一座明堂，宋徽宗政和七年又建了新的明堂。新明堂非常華麗，上圓下方，十二堂，屋頂以琉璃瓦鑲邊，且裝飾銅鑄雲龍，各面欄杆都選用代表不同方位的彩色（黃、白、藍、黑、紅）石料雕刻。此明堂建造了兩年，每天役使工匠多達萬人。建成十年，北宋滅亡，豪華的明堂亦隨之被毀。元朝也祭祀天地與祖先，但没有修建明堂的記載。明朝建都南京，在南門外建天地壇，即明堂。明成祖遷都北京，在永樂十八年（1420），按南京形制營建北京宮殿壇廟。明嘉靖皇帝大搞古體考證，將原來天地壇改爲天壇，另立地壇。原來天地壇的大祀殿改名大享殿，代表新的明堂。清乾隆八年（1743）至十四年，在原址上重加改建，大享殿改名祈年殿，下面圓壇謂之祈

穀壇，不再有明堂之稱。這組建築即今之北京天壇。

【堂】[5]

即明堂[1]。古代帝王行禮、視政、祀神之處所。《淮南子·本經訓》："堂大足以周旋理文，靜潔足以享上帝、禮鬼神，以示民知節儉。"高誘注："堂，明堂。所以升降揖讓修禮容，故曰周旋；理文，理政事文書也。"《文選·張衡〈東京賦〉》："度堂以筵，度室以几。"薛綜注："堂，明堂也。"清朱駿聲《説文通訓定聲·壯部》："堂之高明者曰明堂，宗廟、國學及祀文王、朝諸侯之處皆有之，則皆得稱之。"

合宮

黄帝之明堂。《尸子·君治》："欲觀黄帝之行於合宮，觀堯舜之行於總章。"《文選·張衡〈東京賦〉》："則是黄帝合宮，有虞總期，固不如夏癸之瑶臺，殷辛之瓊室也。"李善注："謂黄帝明堂以草蓋之，名曰合宮；舜之明堂以草蓋之，名曰總章。"宋秦觀《代賀明堂禮畢表》："始告虔於原廟，遂嚴配于合宮。"王國維《觀

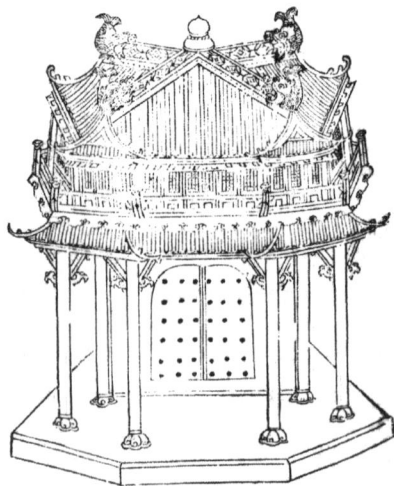

合宮（黄帝合宮圖）
（明王圻等《三才圖會》）

堂集林·明堂廟寢通考》："明堂合四堂而爲一，故又有合宫之稱。"參閲清阮元《揅經室集·明堂論》。

總章

舜之明堂。《尸子·君治》："夫黄帝曰合宫，有虞氏曰總章，殷人曰陽館，周人曰明堂，皆所以名休其善也。"南朝陳徐陵《與楊僕射書》："六代之舞，陳於總章；九州之歌，登於司樂。"唐武則天《唐明堂樂章·外辦將出》："總章陳昔典，衢室禮惟神。"清錢謙益《竹溪草堂歌》："九琮五玉森珪璋，佇候上帝開總章。"

世室

夏后氏之明堂。《禮記·明堂位》唐孔穎達注疏："蔡邕《明堂月令章句》：'明堂者，天子大廟，所以祭祀。夏后氏世室，殷人重屋，周人明堂。'饗功養老，教學選士，皆在其中。"亦指宗廟。《周禮·考工記·匠人》："夏后氏世室，堂修二七，廣四修一。"鄭玄注："世室者，宗廟也。"《公羊傳·文公十三年》："世室者何？魯公之廟也。周公稱太廟，魯公稱世室，群公稱宫。此魯公之廟也，曷爲謂之世室？世室，猶世室也，世世不毁也。"

陽館

殷商之明堂。殷商時天子聽政之所。因設於近郊南門外，即在國之陽，故稱。後亦泛指帝王聽政視朝之正殿。《尸子·君治》："黄帝曰合宫，有虞氏曰總章，殷人曰陽館，周人曰明堂，此皆所以名休其善也。"唐陳子昂《申宗人冤獄書》："今陛下方御寶圖，以臨陽館。"明董斯張《廣博物志·居處》卷三六："神農氏祀明堂，黄帝謂之合宫，堯謂之五府，殷人謂明堂曰陽館。"

【重屋】[1]

即陽館。亦稱"四阿重屋"。殷商明堂之别稱。殷商時天子宣明政教的大廳堂。其形制爲四坡頂、兩重檐——在四坡屋蓋的檐下再設一周保護土臺基的防雨披檐，故亦稱"四阿重屋"。其重叠巍峨的造型，産生出一種崇高、莊重的視覺效果，尤其在廣大半穴居、窩棚的襯托之下，備顯壯觀。從建築形式看，猶如兩重屋蓋，故謂之"重屋"。《周禮·考工記·匠人》："殷人重屋，堂修七尋，堂崇三尺，四阿重屋。"鄭玄注："重屋者，王宫正堂，若大寢也。"戴震《〈考工記圖〉補注》："世室、重屋，制皆如明堂……姚姬傳：重屋，複屋也。别設棟以列椽，其棟謂之棼，椽棟既重，軒版垂檐皆重矣。"孫詒讓正義："殷人重屋者，亦殷人明堂也。"《文選·張衡〈東京賦〉》："復廟重屋，八達九房。"薛綜注："重屋，重棟七。謂明堂廟屋，前後異制。"唐李白《明堂賦》："采殷制，酌夏步。雜以代室重屋之名，括以辰次火木之數。"《宋史·禮志四》："三代之制不相襲，夏曰世室，商曰重屋，周曰明堂，則知皆室也。"奴隸們在世代營造實踐中創建的重屋，被後世封建統治者標榜爲正統，以"四阿重屋"爲"古制"，而奉爲永世不移的至尊式樣，三千餘年來一直作爲主體殿堂的定制；直到明清，北京宫廷的太和殿仍保持此形制。

【四阿重屋】

即重屋[1]。此稱先秦時期已行用。見該文。

周明堂

周天子宣明政教之堂。爲朝會、祭祀、慶賞、養老、教學之所。《周禮·考工記·匠人》："周人明堂，度九尺之筵，東西九筵，南北七筵，堂崇一筵。五室，凡室二筵。”鄭玄注：“明堂者，明政教之堂。周度以筵，亦王者相改，周堂高九尺，殷三尺，則夏一尺矣，相參之數。禹卑宮室，謂此一尺之堂，與此三者，或舉宗廟，或舉王寢，或舉明堂，互言之，以明其同制。”《禮記·明堂位》：“昔者周公朝諸侯于明堂之位，天子負斧依南鄉而立，三公中階之前，北面東上。諸侯之位，阼階之東，西面北上。諸伯之國，西階之西，東面北上。諸子之國，門東，北面東上。諸男之國，門西，北面東上。九夷之國，東門之外，西面北上。八蠻之國，南門之外，北面東上。六戎之國，西門之外，東面南上。五狄之國，北門之外，南面東上。九采之國，應門之外，北面東上。四塞世告至此。此周公明堂之位也。明堂也者，明諸侯之尊卑也。”清顧炎武《歷代宅京記·關中一》：“《淮南子》：‘文王周觀得失，遍覽是非，堯、舜所以昌，桀、紂所以亡者，皆著於明堂。’《樂記》：‘武王克殷，祀於明堂，而民知孝。’《詩序》：‘我將祀文王於明堂也。’《孝經》：‘宗祀文王於明堂，以配上帝。’《周書·明堂解》：‘明堂方百一十二尺，高四尺，階廣六尺三寸。室居中，方百尺。室中方六十尺，戶高八尺，廣四尺。東應門，南庫門，西皋門，北雉門。東方曰青陽，南方曰明堂，西方曰總章，北方曰玄堂，中央曰太廟。左為左個，右為右個。’《大戴禮》：‘明堂以茅蓋屋，上圓下方。外水曰辟雍，赤綴戶也，白綴牖也。堂高三尺，東西九筵，南北七筵。九室十二堂。室四戶，戶二牖。其宮方三百步，在近郊三十里。或以為明堂者，文王之廟也。’《白虎通》：‘明堂上圓下方，八窗四闥。布政之宮，在國之陽。

上圓法天，下方法地，八窗象八風，四闥法四時，九室法九州，十二堂法十二月，三十六戶法三十六雨，七十二牖法七十二風。《漢書》應劭注作三十六旬，七十二候。’”

漢明堂

漢代布政之宮、明政教之堂。多用於祭祀、朝會。西漢武帝於京城長安及泰山，東漢光武帝於洛陽均建有明堂。《漢書·武帝紀》：“〔建元元年秋七月〕議立明堂。”又：“〔元封五年〕冬行南巡狩至盛唐……作盛唐樅陽之歌，遂北至琅邪，並海。所過禮祠其名山大川。〔元封六年〕春三月還至太山，增封。甲子，祠高祖于明堂，以配上帝，因朝諸侯王、列侯，受郡國計。……太初元年冬十月行幸泰山，十一月甲子朔旦冬至祀上帝於明堂。”《漢書·郊祀志下》：“〔武帝〕四月至奉高修封焉。初，天子封泰山，泰山東北阯古時有明堂，處處險不敞。上欲治明堂，奉高旁未曉其制度，濟南人公玉帶上黃帝時明堂圖。明堂中有一殿，四面無壁，以茅蓋，通水，水圜宮垣，為複道，上有樓，從西南入，名曰昆侖。天子從之，入以拜祀上帝焉。於是上令奉高作明堂汶上，如帶圖。”又《禮樂志》：“至成帝時，犍為郡於水濱得古磬十六枚，議者以為善祥。劉向因是說上宜興辟雍，設庠序，陳禮樂，隆雅頌之聲，盛揖攘之容，以風化天下……成帝以向言下公卿議。會向病卒，丞相大司空奏請立辟雍。案行長安城南，營表未作，遭成帝崩，群臣引以定諡。及王莽為宰衡，欲耀眾庶，遂興辟雍，因以篡位，海內畔之。世祖受命中興，撥亂反正，改定京師於土中。即位三十年，四夷賓服，百姓家給，政教清明，乃營立明堂、辟雍。顯宗即位，躬行其禮，宗祀光武皇帝於明堂，養三老五更於辟雍。"《後漢書·光武帝紀下》："是歲（中元元）初起明堂、靈臺、辟雍及北郊兆域。"李賢注："《大戴禮》云：'明堂者，凡九室，一室有四户八牖，三十六户，七十二牖。以茅蓋上，上圓下方，赤綴户也，白綴牖也。'《禮圖》又：'建武三十一年作明堂，上圓下方，十二堂法日辰，九室法九州，室八窗，八九七十二法一時之王，室有十二户法陰陽之數。'胡伯始云：'古清廟蓋以茅，今蓋以瓦，下藉茅存古制也。'《漢官儀》：'明堂四面起土作塹，上作橋，塹中無水。明堂去平城門二里所，天子出從平城門，先歷明堂，乃至郊祀。'又：'辟雍去明堂三百步。'"清顧炎武《歷代宅京記·關中三》："〔漢〕明堂，在長安西南七里。《漢書》：'武帝初即位，饗儒術，以文學爲本，議立明堂於城南，以朝諸侯。'應劭注：'漢武帝造明堂，王莽修飾令大。'"又："《水經注》：'渭水又東合漕渠。又東逕長安縣南，東逕明堂南，舊引水爲辟雍處，在鼎路門東南七里。其制上圓下方，九宮十二室，四嚮五色。堂北三百步有靈臺，是漢平帝元始四年立。渠南有漢故圓丘。成帝建始二年，罷雍五時，始祀皇天上帝於長安南郊。'"

萬象神宮

唐東都洛陽之明堂。爲武則天所置。《新唐書·則天紀》："〔垂拱〕四年正月甲子增七廟，立高祖、太宗、高宗廟於神都。庚午，毀乾元殿，作明堂。"又："十二月……辛亥，改明堂爲萬象神宮，大赦。永昌元年正月乙卯享于萬象神宮，大赦，改元，賜酺七日……戊午布政于萬象神宮。"清顧炎武《歷代宅京記·雒陽中》："垂拱四年春二月庚午，毀乾元殿，於其地作明堂。以僧懷義爲使，凡役數萬人。冬十二月辛亥，明堂成，高二百九十四尺，方三百尺。凡三層，下層法四時，各隨方色；中層法十二辰，上爲圓蓋，九龍捧之；上層法二十四氣，亦爲圓蓋。上施鐵鳳，高一丈，飾以黃金，中有巨木十圍，上下通貫，栭、櫨、橑、槐，籍以爲本，下施鐵渠，爲辟雍之象，號曰萬象神宮。"

天堂

唐東都洛陽明堂之附設宮殿名。武則天垂拱四年（688）建，天冊萬歲元年（695）毀於火災。《資治通鑑·則天后垂拱四年》："又於明堂北起天堂五級以貯大像，至三級，則俯視明堂矣。僧懷義以功拜左威衛大將軍、梁國公。侍御史王求禮上書：古之明堂，茅茨不翦，采椽不斲。今者飾以珠玉，塗以丹青，鐵鷟入雲，金龍隱霧，昔殷辛瓊臺，夏癸瑤室，無以加也。太后不報。"又《則天后天冊萬歲元年》："明堂既成，太后命僧懷義作夾紵大像，其小指中猶容數十人，於明堂北構天堂以貯之。堂始構，爲風所摧，更構之，日役萬人，采木江嶺，數年之間，所費以萬億計，府藏爲之耗竭。懷義用財如糞土，太后一聽之，無所問。"清顧炎武《歷代宅京記·雒陽下》："天冊萬歲元年正月丙申夜，天堂火延及明堂，比明皆盡，命更造明堂、天堂。《舊唐書·薛懷義傳》：有御醫沈南璆得幸，懷義恩漸衰，恨怒頗甚，乃焚天堂、明堂，並爲灰燼。則天愧而隱之，又令懷義充使督作。"

通天宮

唐東都洛陽之新明堂。天堂、明堂焚毀之後，令僧薛懷義充使督作，重建之。武則天萬歲通天元年（696）建成，其規模小於萬象神宮。《資治通鑑·則天后萬歲通天元年》："萬歲通天元年春三月丁巳，新明堂成，高二百九十四尺，方三百尺，規模率小於舊。上施金塗鐵鳳，高二丈，後爲大風所損，更爲銅火珠，群龍捧之，號曰通天宮。赦天下，改元萬歲通天。"又《則天后神功元年》："正月，乙亥朔，太后享通天宮……夏四月，鑄九鼎成，徙置通天宮。豫州鼎高丈八尺，受千八百石；餘州高丈四尺，受千二百石；各圖山川物產於其上，共用銅五十六萬七百餘斤。"胡三省注："豫州鼎獨高大，神都畿也。"

碧室

遼國君主宣明政教的宮室，即明堂。《續資治通鑑·宋徽宗崇寧四年》："遼國中新爲碧室，如中國之明堂。"清厲鶚《遼史拾遺》卷一一："'白玉石，天子坐碧室。'林對曰：'口耳王，聖人坐明堂。'"

土室 [1]

亦稱"太室""大室"。古代天子明堂中央之室。因土爲五行之主，尊之爲大，故稱。《書·洛誥》："王入太室裸。"孔傳："太室，清廟。"孔穎達疏："太室，室之大者，故爲清廟。廟有五室，中央曰太室。"《春秋·文公十三年》："大室屋壞。"杜預注："大廟之室。"《禮記·月令》〔季夏之月〕天子居大廟大室"唐孔穎達疏："今中央室稱大室者，以中央是土室。土爲五行之主，尊之故稱大……周之明堂亦應土室在中央，大於四角之室也。"按，土室有時代指清廟或太廟。

【太室】 [2]

即土室。此稱先秦時期已行用。見該文。

【大室】 [2]

即土室。此稱先秦時期已行用。見該文。

四門

指明堂四方之門。《書·舜典》："賓於四門，四門穆穆。"《後漢書·列女傳·曹世叔妻》："闢四門而開四聰。"

辟雍

亦作"辟廱"。"辟"通"璧"。像璧圓雍之以水，故稱。古代帝王宣明教化之所。本爲周天子所設太學，校址呈圓形，周設圍牆，外以水環之，中立明堂。"明堂環水曰辟雍。"始於周代，自漢以後，歷代皆有辟雍。《詩·大雅·靈臺》："于論鼓鍾，于樂辟廱。"《禮記·王制》："大學在郊，天子曰辟廱，諸侯曰頖宮。"漢班固《白虎通·辟雍》："天子立辟雍何？所以行禮樂宣德化也。辟者，璧也，象璧圓，又以法天，於雍水側，象教化流行也。"《漢書·平帝紀》："安漢公（王莽）奏立明堂辟廱。"顏師古注："辟廱者，象璧圓雍之以水，象教化流行。"漢桓譚《新論》："王者做圓也，如璧形，實水其中，以圜雍之，名曰辟雍，言其上承天地，

辟雍（天子辟雍圖）
（明王圻等《三才圖會》）

以班教令，流轉王道，周而復始。"《文選·潘岳〈閑居賦〉》："其東則有明堂辟廱，清穆敞閑，環林縈映，圓海迴淵。"李善注引《三輔黄圖》："明堂辟雍，水四周於外，象四海也。"北魏酈道元《水經注·穀水》："又逕明堂北，漢光武中元元年立，尋其基構，上圓下方，九室重隅十二堂，蔡邕《月令章句》同之，故引水於其下，爲辟離也。"可見辟雍與明堂是既有差異又不可分割的一組整體建築群。自漢代以後，歷代均建造明堂、辟雍，作爲行鄉飲、大射或祭祀之禮的場所。清代辟雍建在國子監（太學）內。乾隆素以尊崇儒學、精通古禮自命，在國子監西側重新修建了一座四周環水的辟雍，作爲他視察國子監，講解儒經之處。辟雍爲正方形重檐攢尖大殿，坐落在圓形水池中央，四面有橋相通，力圖體現古制明堂辟雍式樣。由於宣傳教育功能愈來愈顯著，辟雍就逐步發展爲太學、國子監等一系列文教建築。參閲李允鉌《華夏意匠》、喻維國《建築史話》。

【辟廱】

同"辟雍"。此體先秦時期已行用。見該文。

【壁縌】

同"辟雍"。原爲周王朝爲貴族子弟所設的太學。東漢以後多爲祭祀之所。《隸釋·漢魯相史晨祀孔廟奏銘》："臣伏見臨壁雍日，祠孔子以太牢。"

泮宫

亦作"頖宫"。亦稱"垣宫"。諸侯之學宫。《禮記·王制》："大學在郊，天子曰辟廱，諸侯曰頖宫。"漢班固《白虎通·辟雍》："諸侯曰泮宫者，半於天子宫也，明尊卑有差，所化少也；半者象璜也，獨南面禮儀之方有水耳，其

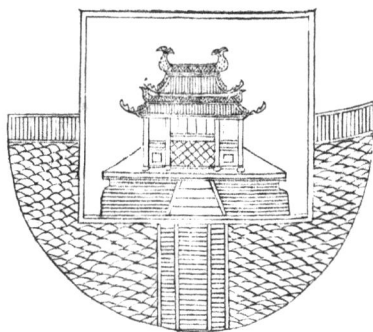

泮宫（諸侯泮宫圖）
（明王圻等《三才圖會》）

餘壅之。言垣宫，名之別尊卑也，明不得化四方也。"

【頖宫】

同"泮宫"。此體漢代已行用。見該文。

【垣宫】

即泮宫。此稱漢代已行用。見該文。

畫堂

漢代堂名。在未央宫中，故址在今陝西長安西北。因宫中有畫飾，故稱。《漢書·成帝紀》："孝成皇帝，元帝太子也。母曰王皇后，元帝在太子宫生甲觀、畫堂，爲世嫡皇孫。"顔師古注引如淳："甲觀，觀名。畫堂，堂名。"宋王應麟《玉海·宫室·堂》："《成帝紀》：元帝太子宫甘露三年生甲觀、畫堂。"自注："《黄圖》：宫殿中采畫之堂，在北宫。應劭：在太子宫，《黄圖》同。"

王路堂

漢王莽改未央宫前殿爲王路堂。《漢書·王莽傳中》："未央宫曰壽成室，前殿曰王路堂。"又《王莽傳下》："七月，大風毁王路堂。"

茅茨堂

特指魏文帝所建殿堂。因堂前有茅茨碑，故稱。其名出自《墨子·三辯》："昔者堯舜有茅

茨者，且以爲禮，且以爲樂。”北魏酈道元《水經注·穀水》：“其水東注天淵池……池南直魏文帝茅茨堂，前有茅茨碑，是黃初中所立也。”楊守敬疏：“《厄林》曰，《魏書·任城王澄傳》：孝文遷洛，作茅茨堂，東曰步元廡，西曰游凱廡，命群臣賦詩。是碑立於堂塗，而堂乃魏孝文所作。”

聖壽堂

鄴都南城宮中殿名。在修文、偃武殿之後。爲北齊武成帝高湛所建。《北史·齊紀下》：“是月敕撰《玄洲苑御覽》，後改名《聖壽堂御覽》。”《通志·列傳六十七》：“出萬春門向聖壽堂，每同御榻論決政事，委任之重，群臣莫比。”清顧炎武《歷代宅京記·鄴下》：“《鄴中記》：〔聖壽堂〕在修文、偃武殿後，其堂亦用玉珂八百具，大小鏡二萬枚，又爲曲鏡抱柱，丁香末以塗辟，胡桃油以塗瓦，四面垂金鈴萬餘枚，每微風至，則方圓十里間響聲皆徹。兩厢廊下悉有洞户寢臺，畫古賢烈女，蓋此堂裝飾與二殿大同小異耳。”

凝閑堂

北魏孝文帝所作之堂。《魏書·景穆公十二王傳·任城王雲》：“高祖：‘射以觀德，故遂命之次之凝閑堂。’”《北史·景穆十二王傳下·任城王雲》：“車駕還洛……次之凝閑堂。帝：‘此堂取夫子閑居之義，不可縱奢以忘儉，自安以忘危，故此堂後作茅茨堂。’謂李冲：‘此東曰步元廡，西曰游凱廡，此座雖無唐堯之君，卿等當無愧於元凱。’冲對：‘臣既遭唐堯之君，敢辭元凱之譽！’”

政事堂

亦稱“政府”“都堂”。唐宋時宰相治理政務之所。唐初始有此稱，設於門下省，後遷中書省。開元十一年（723），因宰相即爲中書門下省之長，故改稱中書門下，下設吏、兵、户、刑、樞機五房。北宋就中書内省設政事堂，簡稱中書，與樞密院分掌政、軍，號稱“二府”。政事堂亦稱“政府”。元豐改制後，遂以尚書省之都堂爲宰相辦公治事之處，因以稱“都堂”爲政事堂。宋蘇轍《龍川別志》卷上：“太祖登正陽門，望城中諸軍未有歸者，乃脱甲詣政事堂。”《資治通鑑·唐宣宗大中二年》：“前鳳翔節度使石雄詣政府自陳黑山、烏嶺之功，求一鎮以終老。”胡三省注：“政府，謂政事堂。”

【政府】

即政事堂。此稱宋代已行用。見該文。

【都堂】

即政事堂。此稱元代已行用。見該文。

杜甫草堂

唐代著名詩人杜甫流寓成都時的居所。位於四川成都浣花溪畔。原宅中唐之後已不復存，五代時詩人韋莊於舊址尋得柱礎，命人重修茅屋一座。北宋元豐年間，始重建茅屋，立祠宇。其後屢毁屢建，元、明、清歷代曾多次改建修葺。明弘治十三年（1500）及清嘉慶十六年（1811）兩次修建，奠定今日草堂之規模。主要建築有大廨、詩史堂、柴門、工部祠、水竹居、恰受航軒等。整個草堂占地面積約三百畝。大廨建築采用四川民間傳統之穿斗式結構，梁柱窄而高，出檐部分多采用懸挑梁枋下加斜撑之法，不施斗拱，頂覆小青瓦，木構皆塗褐色。詩史堂基座、屋檐較低矮，係平常瓦屋。工部祠建築三幢，皆南嚮，中爲享堂，建築高敞，出檐深遠。工部祠東荷花池畔，有草頂碑亭一座，清皇室果親王書"少陵草堂"四字於碑上。詩史堂兩側環以迴廊與大廳相連，布局緊湊，相互呼應，別具一格。園內遍栽竹木，梅園楠林，翠竹千竿；溪流小橋，交錯庭中。每當農曆正月初七，俗謂人日，游人前來賞梅憑吊者絡繹不絶。杜甫在安史之亂後流寓成都，瀕浣花溪築茅屋而居，歷時近四年。名篇《茅屋爲秋風所破歌》即居草堂之作。1954年建杜甫草堂紀念館，爲全國重點文物保護單位。《文獻通考·經籍七十》："韋莊，字端己，仕王建至吏部侍郎，《平章事集》乃其弟藹所編，以所居即杜甫草堂舊址，故名。僞史稱莊有集二十卷，今止存此。"

九老堂

唐代詩人白居易故宅，在唐東都洛陽履道坊。白居易"集同時九老"，常於此詩酒相歡，故稱。《大清一統志·河南府二》："九老堂在洛陽縣舊東都履道坊。唐白居易故宅，集同時九老爲尚齒之會。九老：胡杲、吉皎、劉真、鄭據、盧真、張渾、李元爽、僧如滿也。居易有詩並序。"清田雯《古歡堂集·琅琊山》："半里前山路，言尋九老堂。"

古佛堂

坐落於山西長治城北東呈村北側的一座古建築群。創建年代無考。相傳古時此地土崖崩陷，凸出一丘，形如佛像，人稱古佛，建廟堂祀之，故稱。元、明、清三代均重修。現存中軸綫上之南軒與前後二殿爲元代遺構，其餘皆爲明清建築。三座殿宇均爲五開間，懸山頂，檐下除柱頭鋪作外，各施鋪間斗拱一朵。前殿五鋪作雙下昂，後殿六鋪作單抄雙下昂，南軒五鋪作雙抄，用材規整，製作精細，交構嚴實。

殿內梁架均爲徹上露明造，梁枋斷面多爲原材料砍製後使用，規格不一，手法簡樸，具有元代特徵。殿頂琉璃吻、獸、龍、鳳、獅、象、仙人、武士、天馬等構件，爲明代成化年間燒製，圖案精細，神態生動，色彩富麗。

上禪堂

亦稱"景德堂"。在安徽省九華山禪光嶺肉身殿下。清康熙年間，玉琳國師弟子宗衍擴建，始易今名。境極清幽。旁有金沙泉，深不盈甌，四時不竭。泉巖上"金沙泉"石刻傳爲李白所書。泉邊有金錢樹，爲九華山三寶之一。傳説此樹爲李白沽酒錢所化而成。在九華諸寺中，香火唯上禪堂最盛，風景唯上禪堂最佳，院宇唯上禪堂最麗。

【景德堂】

即上禪堂。見該文。

綠野堂

唐代裴度之別墅。故址在河南洛陽。裴度以東都留守加中書令，不復有經世之意，乃治第東都集賢里，名綠野堂，竹木清淺，野服蕭散，日與白居易、劉禹錫酣宴其中。宋范成大《鎮東行送湯丞相帥紹興》詩："人言公如裴相國，綠野堂高貯風月。"宋辛棄疾《水龍吟·甲長歲壽韓南澗尚書》："綠野風烟，平泉草木，東西歌酒。"《大清一統志·河南府二》："綠野堂在洛陽縣城內集賢里。唐裴晉公徙東都留守，治第集賢里，於午橋作別墅，號綠野堂。激波其下，野服蕭散，與白居易、劉禹錫爲文章，把酒相歡。"

耆英堂

宋文彦博留守西都洛陽時所建。《大清一統志·河南府二》："耆英堂在洛陽縣東舊資聖院。

宋文彥博留守西都，慕唐九老，集洛中公卿大夫年德相若者爲耆英會。繪像堂中，凡十三人：文彥博、富弼、席汝言、王尚恭、趙丙、劉几、馮行己、楚建中、王慎言、張問、張燾、王君貺、司馬光也。”

平山堂

北宋歐陽修所建之堂。位於江蘇揚州瘦西湖北。負堂而望，江南諸山，拱列檐下，與堂欄相平，故稱。北宋慶曆八年（1048），揚州太守歐陽修初建，清康熙、同治年間重修。宋蘇軾《西江月·平山堂》：“三過平山堂下，半生彈指聲中。十年不見老仙翁，壁上龍蛇飛動。”現存堂屋爲清同治年間重建。平山堂名揚後，後人將唐大明寺遺址、西園、天下第五泉、谷林堂、歐陽修祠等名勝古迹通稱平山堂。《大清一統志·揚州府二》：“在甘泉縣西北五里蜀岡上。宋慶曆八年，郡守歐陽修建。《輿地紀勝》：在州城西北大明寺側，負堂而望，江南諸山，拱列檐下，故名。《通志》：咸淳五年，李庭芝鎮揚州，築城包之，城廢，堂爲栖靈寺僧所據。本朝康熙二十年重建。二十三年、四十四年，聖祖仁皇帝南巡，再幸其地，御書‘平山堂’及‘賢守清風’‘怡情’額。乾隆十六年、

平山堂
（清高晉等《江南省行宮座落并各名勝圖》）

二十二年、二十七年、三十年、四十五年，高宗純皇帝南巡，俱有御製詩，並賜墨寶，恭藏於內。四十九年，仁宗睿皇帝隨扈，御製《再游平山堂叠韵》詩。”

醉白堂

北宋時韓琦私第之堂名。故址在河南安陽。宋蘇軾《醉白堂記》：“故魏國忠獻韓公作堂於私第之池上，名之曰醉白，取樂天池上之詩以爲醉白堂之歌。”宋潘自牧《記纂淵海》卷二一：“晝錦堂在郡治北，韓琦以宰相判鄉郡建於後地，歐陽修記蔡襄碑尚存，忘機堂、醉白堂，俱在府治。”

谷林堂

北宋文學家蘇軾在揚州任上爲紀念其師歐陽修所建之堂。在瘦西湖平山堂北。蘇軾常在此讀書、作詩，留下不少描寫平山堂一帶景色的詩文。現存谷林堂爲清同治年間重建，堂內有紀念蘇軾的對聯及書畫，環境清幽怡人。宋黃徹《䂬溪詩話》卷二：“……俗士拘泥，則前後不相應也。東坡《谷林堂》云：古今正自同歲月，何必書游香積山。”《江南通志·輿地志》：“谷林堂在甘泉縣，宋元祐中建。蘇軾詩：‘深谷下窈窕，高林合扶疏。’”

雪堂

宋代文學家蘇軾謫居黃州時所築之堂。位於湖北黃岡東。蘇軾被貶官，居黃州臨皋亭，就東坡築堂。因其堂四壁皆繪雪，故名。後毀，邦人重修。宋蘇軾《哨遍》詞序：“余治東坡，築雪堂於上。人俱笑其陋，獨鄱陽董毅夫過而悅之，有卜鄰之意。”明王圻等《三才圖會·地理》：“雪堂，蘇子瞻謫官黃州時所建也，與竹樓相並，公賦所謂‘步自雪堂、將歸林皋者’

是也。景不甚勝，因公而著，亦若竹樓之以王公傳云。"

載酒堂

亦稱"東坡書院"。宋代文學家蘇軾（號東坡居士）從惠州再貶海南時居住三年的遺迹。在今海南儋州城東中和鎮東坡書院内。蘇東坡被貶抵儋縣的第二年，即元符元年（1098），儋縣守官張中因與東坡有詩酒往來，遂於當地士人黎子雲兄弟園内營建此堂，成爲海南各地人士與東坡雅集之所。堂名出自《漢書·揚雄傳》"載酒問字"之典故。清代改稱爲"東坡書院"。入院内，載酒亭翼然矗立，亭後爲載酒堂，其後爲正堂，曾陳設東坡與其子蘇過及黎子雲三人塑像（已毁）。東坡在此堂居住三年，與當地人士結下深厚感情，曾有"他年誰作輿地志，海南萬古真吾鄉"之句。宋蘇軾《和癸卯歲始春懷古田舍》序文："儋人黎子雲兄弟，居城東南，躬農圃之勞。偶與軍使張中同訪之，居臨大池，水木幽茂，坐客欲爲釀錢作屋，余亦欣然許之。名其屋曰載酒堂，用淵明《始春懷古田舍》韵作二首。"

【東坡書院】

即載酒堂。此稱清代已行用。見該文。

閲古堂

宋代堂名。故址在今河北定州。建於北宋慶曆年間，爲定州守將韓琦所建。因將歷代著名守將可以效法之事繪圖於壁上，故稱。宋王應麟《玉海·宮室·堂》引《定州閲古堂記》曰："〔慶曆〕八年夏五月，天子以河朔地大兵雄，而節制不專，詔魏、瀛、鎮、定四路悉用儒帥兼安撫使，而以韓琦帥定州郡。圃有亭，琦廣之爲堂。既成，乃摭前代良守將之事可載諸圖而爲法者凡六十條，繪于堂之左右壁，名爲閲古堂，富弼爲之作詩。"《畿輔通志·祠祀·正定府》："萬曆四十四年知州宋子質建續閲古堂，設公木主事之。"

三槐堂

宋兵部侍郎王祐子孫所建之堂。故址在今河南開封。王祐創居第之時，手植三槐於庭，望其子孫有爲三公者，後子王旦果爲相，人遂號三槐王氏。子孫因建此堂。宋蘇軾《三槐堂銘》："故兵部侍郎晋國王公，顯於漢、周之際，歷事太祖、太宗，文武忠孝，天下望以爲相，而公卒以直道不容於時。蓋嘗手植三槐於庭：'吾子必有爲三公者。'已有其子魏國文正公相真宗皇帝於景德、祥符之間，朝廷清明、天下無事之時，享其福禄榮名者十有八年。"《浙江通志·雜記上》："又扁三槐堂贈之，至今墨迹宛然壁間。"

夾漈草堂

宋代著名學者鄭樵讀書著述之所。以其建於夾漈山，故稱。位於今福建莆田夾漈山上。鄭樵，字漁仲，好著書，不爲文章，自負不下劉向、揚雄。十六歲起結廬夾漈山，謝絶人事，刻苦攻讀，著作八十餘部，其中《通志》二百卷，被譽爲我國古代文獻"三通"之一，人稱夾漈先生。現存草堂大門上鎸"草堂古迹"四字，階前石刻楹聯："千年不磨修史筆，四山長護著書堂。"堂之四周林木葱鬱，巨石屹屹，巖泉潺潺，有洗硯臺、觀星臺、曬書石等遺迹。

金絲堂

在山東曲阜孔廟西路啓聖門内。始建於金代，明時傾毁，宣德九年（1434）重建於東路魯壁旁，弘治年間移於現址。傳説漢魯恭王劉餘拆毀孔子故宅時，聞天上有金石絲竹之聲，因以命名。後世即以此作爲演習《大成樂》之處。該堂正殿五間，爲演樂場。院内西厢房九間，爲存放樂器的庫房。金絲堂後有啓聖殿，祀孔父叔梁紇，寢殿祀孔母顔氏。北魏酈道元《水經注·泗水》云："漢武帝時，魯恭王壞孔子舊宅，得《尚書》《春秋》《論語》《孝經》。時人已不復知有古文，謂之科斗書，漢世秘之，稀有見者。于時聞堂上有金石絲竹之音，乃不壞。"

絳州大堂

亦稱"帥正堂"。元代絳州州府衙内之正堂。位於今山西新絳城内。相傳此堂創建於唐代，張士貴挂帥寓此，故亦稱帥正堂。面寬七間，進深八椽，單檐歇山頂。堂前原有捲棚式抱厦三間，屋宇已毀。覆盆式蓮瓣柱礎，尚存唐代遺風。大堂形制壯觀，結構樸實。檐頭用五鋪作斗楔拱，内柱縱嚮施大内額與由額，與横嚮大梁叠架承重，牢固有力。梁栿多爲原材料稍加砍製而成。此州府大堂，爲具代表性之古代署衙建築遺構。

【帥正堂】

即絳州大堂。此稱唐代已行用。見該文。

玉茗堂

明代著名劇作家湯顯祖晚年寫作、會客、排戲之所。明萬曆二十年（1592）始建，二十九年落成。位於今江西撫州沙井巷後。湯顯祖以城東所産之高潔玉茗花（白山茶花）而命名。此堂由六座建築組成，書齋居中，前爲芙蓉館，後爲清遠樓，左有寒光堂，右有蘭省堂，占地面積960平方米。環境風景優美，綠樹成蔭，頗具詩情畫意。湯顯祖興建的沙井新宅由玉茗堂與金柅閣（起居之處）兩部分組成。其傳奇集有《玉茗堂四夢》，後即以"玉茗"稱湯顯祖。清順治三十二年（1675），陸輅任撫州通判時，在遺址上建玉茗堂祠，規模如舊。1981年在遺址上興建了玉茗堂影劇院。清趙執信《因園集》卷一三："玉茗堂中詞客在，始應替得謝臨川。"

松堂

北京香山實勝寺旁之廳堂。以其四周遍植白皮松，故稱。堂爲三間朝東之白石敞軒，後有古樸的假山叠石。建於清乾隆十四年（1749）。乾隆帝因征大小金川功成，曾於此宴請將士。

玉瀾堂

在頤和園昆明湖畔。爲清光緒皇帝的寢宫。始建於清乾隆十五年（1750），咸豐十年（1860）被英法聯軍焚毀，光緒十四年（1888）重建。爲一組四通八達的穿堂殿。正殿即玉瀾堂，有東西兩配殿，東名霞飛室，西稱藕香榭。光緒二十四年（1898）"戊戌變法"失敗後，慈禧曾幽禁光緒於此。後檐及兩配殿均砌磚牆與外界隔絶，與皇后所住的宜芸館通道亦被切斷。現東西殿殿内高至屋頂的磚牆尚存。清于敏中《日下舊聞考·國朝園囿》："勤政殿後北達怡春堂，西爲玉瀾堂，北爲宜雲館，館之西爲樂壽堂。"清《御製詩集·三集目録一》："中秋後兩日，萬壽山昆明湖泛舟即景，玉瀾堂對雨。"

漪瀾堂

清代堂名。清乾隆三十六年（1771）建。其建築風格及布局仿江南鎮江金山寺。此建築群位於今北京北海白塔山之陰，與北岸五龍亭、西天梵境隔水相望。主建築爲漪瀾堂，堂前爲碧照樓，左爲道寧齋，齋前有遠帆閣，四座建築及其連接的六十間延樓，依白塔山陰作半圓形。延樓迴廊外繞長達 300 米的漢白玉護欄，盡頭各有古堡式小樓一座，東南爲倚晴樓，西南爲分涼閣，分別爲漪瀾堂之入口。南眺白塔，北望碧波，有金山江天一覽之勝。漪瀾堂古建築群是北海造園史的重要見證，是我國古典造園藝術的杰出代表，也是北海乃至北京城的重要景觀資源。《清通志·都邑略》："西爲閱古閣，北爲漪瀾堂。"

點春堂

在上海豫園東北角。清道光初年糖業公所設施。時稱"花糖公墅"。咸豐三年（1853）上海小刀會武裝起義，曾於此設立公署，策議大事。咸豐五年，小刀會彈盡糧絕，突圍出城，點春堂遭清兵破壞。同治年間重修，後在此設立小學。1956 年修復，并在堂内陳列小刀會起義軍使用過的武器、自鑄的日月錢、頒發的文告等。此堂爲五間廳堂建築，宏麗軒昂，周圍有快樓、假山、歌舞臺、和煦堂等，構成一個景區。

【花糖公墅】

即點春堂。此稱清代已行用。見該文。

樂壽堂

北京頤和園内臨昆明湖的大殿。爲慈禧太后居住之處，是頤和園生活區的主體建築。此殿堂始建於清乾隆十五年（1750），原爲二層，咸豐十年（1860）被英法聯軍焚毀，光緒十三年（1887）重建。"樂壽堂"橫匾三個黑地金字爲光緒帝手書。臨湖有門廳，名"水木自親"，五楹，前後有廊。門廳外有一座石雕欄碼頭，爲慈禧經水路到頤和園下船之處。正殿樂壽堂

七楹，前面出軒五楹，後面出厦三楹，平面呈"亞"字形。堂内西套間爲慈禧寢宮，東套間爲更衣室，中間設有寶座、御案、掌扇、屏風等。寶座前置有名貴的青花瓷盤及四隻鍍金九桃大銅爐，均爲慈禧生前原物。堂陛兩側對稱排列銅鑄梅花鹿、仙鶴及大瓶，取諧音"六合太平"之意。庭院中栽種玉蘭、西府海棠、牡丹等名貴花木，取"玉堂富貴"之意。正殿東西各有配殿五楹，後院有罩房九間。庭院内有一巨大山石，名青芝岫，色澤清潤，石上刻有乾隆及大臣題咏。樂壽堂西跨院名"揚仁風"，院内有滿月形洞門、凹形荷池、依山宛轉的粉墙，庭院北面正中有一組扇形建築。後院九間罩房以東有一處套院，稱"永壽齋"，是太監李蓮英住所，人稱"總管院"。清于敏中《日下舊聞考·國朝苑面》："北爲宜芸館，館之西爲樂壽堂。"清《御製詩集·四集目録五》："新正萬壽山清漪園，宜芸館自警，含新亭口號、玉瀾堂、樂壽堂、無盡意軒作歌。"

澂觀堂

在北京北海太液池北岸，九龍壁西北。爲一處三重大殿。原爲明代太素殿東西值房。清乾隆七年（1742）把太素殿北面的行宮改爲先蠶繭館，乾隆十一年改繭館爲闡福寺。乾隆四十四年乾隆帝在此賞閲《快雪時晴帖》，又於澂觀堂後院增建快雪堂，并把石刻嵌在東西廊墙壁上。三重大殿依次爲澂觀堂、浴蘭軒、快雪堂。

涵虛堂

在頤和園内昆明湖中南湖島上。建於假山基座上，與萬壽山佛香閣隔水遙相對應。乾隆時原爲三層望蟾閣，是觀看昆明湖水操之處。

光緒時改建爲單層，慈禧曾在此觀看海軍學堂演習。

中山堂

亦稱"拜殿"。在今北京中山公園社稷壇北面。原爲社稷壇拜殿（亦稱"享殿""祭殿"），始建於明永樂十九年（1421），原稱"拜殿"。是皇帝祭祀時休息或遇雨時行祭之處。正殿爲黃琉璃筒瓦單檐歇山頂，面闊五間。建於明洪熙元年（1425）。1925 年孫中山逝世後，曾在此停柩，1928 年改爲今名。1978 年重修。殿北有三間戟門，門內原列戟七十二把，1900 年被八國聯軍掠走。

【拜殿】

"中山堂"的前稱。此稱明代已行用。見該文。

抱冰堂

清光緒三十三年（1907），湖廣總督張之洞調任軍機大臣離鄂，其僚屬建此堂以紀念。命以"抱冰"之名，喻廉潔奉公之義。位於湖北武漢武昌城內的蛇山（黃鶴山）南腰。中華人民共和國成立後，於 1953 年重加修葺。此堂爲磚木結構，臺基石砌，面寬三間，九脊四坡頂，四周檐下環以外廊，造型精美，結構工巧。梁檁門窗，雕以禽獸花卉圖案，浮雕、透雕，互爲映襯，疏密相間。堂內陳列光緒年間製作的黃鶴樓模型。四周花木扶疏，綴以假山湖石，逸趣盎然，景色宜人。

殿　名

長夜宮

夏桀之宮。晋張華《博物志・異聞》："夏桀之時，爲長夜宮於深谷之中，男女雜處，三旬不出聽政，天乃大風揚沙，一夕填此宮谷。"清李鍇《尚史》卷三亦記此事。

牧宮

夏桀之宮。《孟子・萬章上》："《伊訓》曰：'天誅造攻，自牧宮，朕載自亳。'"趙岐注："牧宮，桀宮。"宋林之奇《尚書全解》卷一五："於是始攻桀，伐無道，由我始，修德於亳，此說未通，據孟子論伊尹，就湯而說之，以伐夏，救民而卒，舉其言曰：'天誅造攻自牧宮朕哉。'"

瓊室 2

玉飾之宮。商紂王建。《竹書紀年》卷上：

"〔殷帝辛〕九年，王師伐有蘇，獲妲己以歸。作瓊室，立玉門。"漢張衡《東京賦》："固不如夏癸之瑤臺，殷辛之瓊室也。"

宣室 2

殷宮殿名。周武王殺商紂王即於此。《淮南子・本經訓》："武王甲卒三千，破紂牧野，殺之于宣室。"高誘注："宣室，殷宮名。"

九龍

周代殿名。《文選・張衡〈東京賦〉》："九龍之內，實曰嘉德。"李善注："九龍，本周時殿名也，門上有三銅柱，柱有三龍相糺繞，故曰九龍。"

祇宮

亦稱"支宮"。周宮殿名。故址在今陝西渭南境內。《竹書紀年》卷下："冬十月築祇宮於南鄭。"《左傳·昭公十二年》:"昔〔周〕穆王欲肆其心,周行天下,將皆必有車轍馬迹焉。祭公謀父作《祈招》之詩,以止王心,王是以獲没于祇宫。"按,《孔子家語》"祇"作"支"。

【支宫】

即祇宫。此稱先秦時期已行用。見該文。

蒿宫[1]

周宫殿名。因其以蒿爲柱,故稱。《大戴禮記·明堂》:"周時德澤洽和,蒿茂大,以爲宫柱,名蒿宫也。此天子之路寢也。"晋張華《博物志·地理考》:"周時德澤盛,蒿大以爲宫柱,名曰蒿宫。"《宋書·符瑞志上》:"周德既隆,草木茂盛,蒿堪爲宫室,因名蒿宫。"又《樂志二》引謝莊《明堂歌》:"蒿宫仰蓋,日館希旌。"一説,"蒿"爲"高"之藉字,應爲"高宫"。以周人尊崇文王之廟,故稱。參閲清俞樾《俞樾雜纂七·禮記異文箋》。

酆宫

周文王之宫。故址在陝西鄠邑。《左傳·昭公四年》:"成有岐陽之蒐,康有酆宫之朝。"杜預注:"酆在始平鄠縣,東有靈臺,康王於是朝諸侯。"南朝宋顔延之《三月三日曲水詩序》:"悵釣臺之未臨,慨酆宫之不縣。"參閲宋宋敏求《長安志·宫室》、宋樂史《太平寰宇記·雍州》。

虒祁宫

亦稱"虒臺"。春秋時晋國宫名。虒,傳説中獸名,似虎而有角,可行水上;祁,盛大也。意爲如虒之大宫。故址在山西曲沃西。爲晋平公所建,隋末依宫餘地築堡,今名修義堡。《左傳昭公八年》:"於是晋侯方築虒祁之宫。"北魏酈道元《水經注·汾水》:"汾水西逕虒祁宫北,

橫水有故梁,截汾水中,凡有三十柱,柱徑五尺,裁與水平,蓋晋平公之故梁也。"南朝梁劉勰《文心雕龍·哀吊》:"及晋築虒臺,齊襲燕城,史趙、蘇秦、翻賀爲吊。"

【虒臺】

即虒祁宫。此稱南北朝時期已行用。見該文。

蕲年宫

亦作"祈年宫"。亦稱"橐泉宫"。秦宫名。秦惠公建,孝公時稱"橐泉宫"。故址在陝西鳳縣南。《史記·秦始皇本紀》:"將欲攻蕲年宫爲亂。"裴駰集解引《漢書·地理志》:"蕲年宫在雍。"張守節正義:"《括地志》:'蕲年宫在岐州城西故城内。'"《漢書·地理志上》:"祈年宫,惠公起。"參閲北魏酈道元《水經注·渭水》。

【橐泉宫】

即蕲年宫。此稱先秦時期已行用。見該文。

【祈年宫】

同"蕲年宫"。此體漢代已行用。見該文。

棫陽宫

秦宫名。昭王時建。故址在陝西扶風東北。始皇夷嫪毐三族,殺后所生兩子,遷太后於雍棫陽宫,即此。《三輔黄圖》卷一:"棫陽宫,秦昭王所作。在今岐州扶風縣北。"《漢書·地理志上》"右扶風……雍"唐顔師古注:"秦惠公都之……祈年宫,惠公起;棫陽宫,昭王起。"

曲臺[1]

秦始皇視朝治事之宫。漢時爲天子射宫,又立爲署。《文選·鄒陽〈上吴王書〉》:"臣聞秦倚曲臺之宫,懸衡天下,畫地而人不犯,兵加胡越。"李善注引應劭:"始皇帝所治處也,若漢家未央宫也。"

阿房宮 [2]

亦稱"阿城"。省稱"阿房"。秦宮名。遺址在今陝西長安西阿房宮村。前殿名阿房,故稱。始皇三十五年(公元前212)以咸陽宮城狹小,驅使七十餘萬囚徒於渭南上林苑營建朝宮。始皇成其前殿,秦二世繼續修建,至秦亡尚未完工。項羽入關,將其付之一炬。現僅存大土夯臺基與長方形臺地。臺基東西長1200米,南北長450米,最高處約7～8米。《史記·秦始皇本紀》:"三十五年……於是始皇以爲咸陽人多,先王之宮廷小,吾聞周文王都豐,武王都鎬,豐鎬之間,帝王之都也。乃營作朝宮渭南上林苑中。先作前殿阿房,東西五百步,南北五十丈,上可以坐萬人,下可以建五丈旗。周馳爲閣道,自殿下直抵南山。表南山之顛以爲闕。爲複道,自阿房渡渭,屬之咸陽,以象天極,閣道絕漢,抵營室也。阿房宮未成;成,欲更擇令名名之。作宮阿房,故天下謂之阿房宮。"司馬貞索隱:"此以其形名宮也,言其宮四阿。旁,廣也,故云下可建五丈之旗也。阿房,後爲宮名。"《三輔黃圖》卷一:"阿房宮,亦曰阿城。惠文王造,宮未成而亡。始皇廣其宮,規恢三百餘里,離宮別館,彌山跨谷,輦道相屬,閣道通驪山八十餘里。表南山之顛以爲闕,絡樊川以爲池。"唐杜牧《阿房宮賦》:"六王畢,四海一。蜀山兀,阿房出。覆壓三百餘里,隔離天日。"《紅樓夢》第四回:"阿房宮,三百里,住不下金陵一個史。"按,2002—2004年,中國社會科學院考古研究所聯合西安文物保護考古所組成阿房宮考古工作隊,對秦阿房宮前殿進行了全面的考古勘察發掘。發現前殿沒有規模燒土層,也沒有草木灰燼,而且前殿也沒有建成,從而否定了阿房宮規模宏大,且被項羽焚毀的記載與傳說。

【阿房】

"阿房宮"之省稱。此稱漢代已行用。見該文。

【阿城】

即阿房宮。此稱漢代已行用。見該文。

望夷宮

省稱"望夷"。秦宮名。故址在今陝西咸陽。秦作之以望北夷,故名。趙高弒二世胡亥即於此。漢劉向《説苑·尊賢》:"二世以劫於望夷。"《史記·秦始皇本紀》:"丞相高殺二世望夷宮。"宋王安石《桃源行》詩:"望夷宮中鹿爲馬,秦人半死長城下。"

【望夷】

"望夷宮"之省稱。此稱漢代已行用。見該文。

步壽宮

秦漢宮名。《三輔黃圖》卷一:"〔秦〕步壽宮在新豐縣步高宮西。"又卷三:"漢亦有步壽宮。今按其地與秦異,則秦漢各有步壽宮耳。漢祋祤宮,宣帝神爵二年,鳳凰集祋祤縣,鳳凰集處得玉寶,乃起步壽宮。"

長樂宮

亦稱"東宮"。西漢宮殿。位於陝西西安西北,漢長安城內東南部。當時又稱"東宮"。爲漢高祖五年(公元前202)在秦興樂宮基礎上修建。漢初皇帝在此視朝,惠帝以後改爲太后住處。1961—1962年進行了勘探。平面形狀不規整,四周建有圍牆,全長約10公里,面積約6平方公里。據記載,長樂宮四面均設置一座司馬門,東、西兩門外各立東闕和西闕,宮内主要宮殿建築有前殿、長信宮、永壽殿、永昌殿及鐘室等。晋陸機《陸氏詩疏廣要》卷上之下："故長樂宮有椒房殿，其後董賢娣爲昭儀居舍。"清徐乾學《讀禮通考》卷一八：《漢書・高帝紀》：夏，四月，甲辰，帝崩于長樂宮五月丙寅，葬長陵。"

【東宫】[4]

即長樂宮。此稱漢代已行用。見該文。

未央宫

省稱"未央"。亦稱"壽成室"。漢都長安宮殿名。故址在今陝西長安城内西南，爲皇帝朝會之處。漢高祖七年（公元前200），丞相蕭何於龍首山主持營造。平面近方形，四周築圍墻，東西兩墻均長2150米，南北兩墻均長2250米，全宮面積約5平方公里。據記載，四面各有一司馬門，東、西兩門外有東闕和西闕史稱蒼龍闕、白虎闕。諸侯來朝，自東闕入，市民上書，則詣北闕。宮内主要建築有前殿、宣室、温室、清凉、麒麟、金華、承明、椒房、高門等宮殿臺閣四十餘處。前殿居全宮正中，基址南北長約350米，東西寬約200米，北端最高處約高15米。未央宫爲西漢、新莽、西晋、前趙、前秦、後秦、西魏、北周、隋初等八代之行政中樞。王莽改名壽成室，旋毁於戰火。東漢、隋、唐屢加修葺，至唐末又毁，今僅存遺迹。《史記・高祖本紀》："蕭丞相營作未央宫，立東闕、北闕、前殿、武庫、太倉。高祖還，見宫闕壯甚，怒，謂蕭何曰：'天下匈匈，苦戰數歲，成敗未可知，是何治宮室過度也？'蕭何曰：'天下方未定，故可因遂就宮室。且夫天子以四海爲家，非壯麗無以重威，且無令後世有以加也。'高祖乃説（悦）。"《漢書・高帝紀》："〔七年〕二月至長安，蕭何治未央宫。"漢班固《西都賦》："自未央而連桂宫，北彌明光而亘長樂。"《三輔黄圖》卷二："未央宫周迴二十八里，前殿東西五十丈，深十五丈，高三十五丈。前殿曰路寢，見諸侯群臣處也。營未央宫，因龍首山以制前殿。至孝武，以木蘭爲棼橑，文杏爲梁柱，金鋪玉户，華榱璧璫，雕楹玉碣，重軒鏤檻，青瑣丹墀，左城右平，黄金爲壁帶，間以和氏珍玉。風至，其聲玲瓏然也。未央宫有宣室、麒麟、金華、承明、武臺、鈎弋等殿，又有殿閣三十有二。"又引《漢武故事》云："王莽改未央宫曰壽成室，前殿曰王路堂，如路寢也。"唐李頻《樂游苑春望》詩："秦地山河連楚塞，漢家宮殿入青雲。未央樹色春中見，長樂鐘聲月下聞。"宋周邦彦《西河》詞："未央宫闕已成灰，終南依舊濃翠。"

【未央】

"未央宫"之省稱。此稱漢代已行用。見該文。

【壽成室】

即未央宫。此稱漢代已行用，漢末王莽改此名。見該文。

【紫微宫】

即未央宫。亦稱"紫宫""紫庭"。古人以天上紫微垣喻帝居，故稱。漢揚雄《甘泉賦》："閌閬閬其寥廓兮，似紫宫之峥嶸。"《後漢書・霍諝傳》："呼嗟紫宫之門。"李賢注："天有紫微宫，是上帝之所居也。王者立宫，象而爲之。"又《皇甫規傳》："臣生長邊遠，希涉紫庭，怖懾失守，言不盡心。"《文選・張衡〈西京賦〉》："正紫宫於未央，表嶢闕於閶闔。"李善注："《辛氏三秦記》：'未央宫，一名紫微宫。'

然未央爲總稱，紫宮其中別名。"唐李白《陽春歌》："飛燕皇后輕身舞，紫宮夫人絕世歌。"

【紫宮】[2]

即紫微宮。此稱漢代已行用。見該文。

【紫庭】[2]

即紫微宮。此稱漢代已行用。見該文。

宣室[3]

指漢代長安未央宮中之宣室殿。《史記·屈原賈生列傳》："孝文帝方受釐，坐宣室。上因感鬼神事，而問鬼神之本。賈生因具道所以然之狀。"裴駰集解引蘇林："未央前正室。"司馬貞索隱引《三輔故事》云："宣室在未央殿北。"南朝宋劉孝標《重答劉秣陵沼書》："若使墨翟之言無爽，宣室之談有徵，冀東平之樹，望咸陽而西靡。"明楊慎《春興》詩："宣室鬼神思賈誼，中原將帥用廉頗。"清顧炎武《歷代宅京記·關中二》："宣室，未央前殿正室也。《淮南子》：武王殺紂於宣室。漢取舊名也。《漢書》：文帝受釐宣室，夜半，前席賈生問鬼神之事。武帝爲竇太后置酒宣室，東方朔：宣室者，先帝之正處也，非法度之政不得入焉。《刑法志》：宣帝常幸宣室，齋居而決事。《王莽傳》：城中少年朱弟、張魚等燒宮，莽避火宣室前殿，火輒隨之。"

宣明

漢宮殿名。西漢時宣明殿在長安未央宮東。清顧炎武《歷代宅京記·關中二》："《漢宮閣記》云：'未央宮有宣明、長年、温室、昆德四殿，又有玉堂、增盤閣、宣室閣。'"注："宣明、廣明皆在未央殿東。昆德、玉堂皆在未央殿西。"東漢時洛陽亦建有宣明殿。《後漢書·桓郁傳》："帝自製《五家要説章句》，令郁校定於

宣明殿。"李賢注："宣明殿在德陽殿後。"

宣房

亦作"宣防"。漢宮名。西漢元光中，黃河決口於瓠子，二十餘年未能堵塞。漢武帝親臨決口處，發卒數萬，并命群臣負薪以填，功成之後，築宮其上，名爲宣房。見《史記·河渠書》《漢書·溝洫志》，後者作"宣防"。故址在今河南濮陽境。漢桓寬《鹽鐵論·力耕》："洪水滔天，而有禹之績；河水泛濫，而有宣房之功。"唐高適《自淇涉黃河途中作》詩之十："宣房今安在，高岸空嶙峋。"

【宣防】

同"宣房"。此稱漢代已行用。見該文。

玉堂[4]

漢宮殿名。《史記·孝武本紀》："於是作建章宮……其南有玉堂、璧門、大鳥之屬。"司馬貞索隱引《漢武故事》："玉堂基與未央前殿等，去地十二丈。"《東觀漢記·孝冲皇帝紀》："永嘉元年春正月，帝崩於玉堂前殿。"後泛指宮殿。唐杜甫《進雕賦表》："今賈馬之徒，得排金門、上玉堂者甚衆矣。"

高光

漢宮殿名。漢武帝時建於甘泉宮內。《文選·揚雄〈甘泉賦〉》："覽樛流於高光兮，溶方皇於西清。"李善注："服虔曰：'高光，宮名也。'"《漢書·揚雄傳上》："甘泉本因秦離宮，既奢泰，而武帝復增通天、高光、迎風。"《三輔黃圖·漢宮》："甘泉有高光宮，又有林光宮，有長定宮、竹宮、通天臺、通靈臺。武帝作迎風館於甘泉山，後加露寒、儲胥二館，皆在雲陽甘泉中。"

朱鳥殿

省稱“朱鳥”。亦稱“朱鳥堂”。漢宮殿名。《漢書·王莽傳中》:“使侍中講理大夫孔秉等與州部衆郡曉知地理圖籍者，共校治於壽成、朱鳥堂。”《文選·張衡〈西京賦〉》:“麒麟、朱鳥、龍興、含章。”李善注:“漢宮闕名，有麒麟殿、朱鳥殿。”

【朱鳥】

即朱鳥殿。此稱漢代已行用。見該文。

【朱鳥堂】

“朱鳥殿”“朱鳥堂”之省稱。此稱漢代已行用。見該文。

丙舍

漢代宮中正室兩邊之房屋，以甲、乙、丙、丁爲次第，其第三等房舍稱丙舍。後亦泛指側室，旁屋。《後漢書·清河孝王慶傳》:“遂出貴人姊妹置丙舍。”又:“後慶以長别居丙舍。”王先謙集解引胡三省:“丙舍，宮中之室，以甲乙丙丁爲次也。”唐温庭筠《走馬樓三更曲》:“簾間清唱報寒點，丙舍無人遺燼香。”清袁枚《上尹制府乞病啓》:“伏念枚東浙之鄙人也，世守一經，家徒四壁，對此日琴堂之官燭，憶當年丙舍之書燈。”

承明廬

省稱“承明”。漢代承明殿之旁屋，爲侍臣值宿所居。又三國魏文帝以建始殿朝群臣，門曰承明，其朝臣止息之所亦稱承明廬。《漢書·嚴助傳》:“君厭承明之廬，勞侍從之事，懷故土，出爲郡吏。”顔師古注引張晏:“承明廬在石渠閣外，直宿所止曰廬。”又《翼奉傳》:“未央宮又無高門、武臺、麒麟、鳳皇、白虎、玉堂、金華之殿，獨有前殿、曲臺、漸臺、宣室、温室、承明耳。”《文選·應璩〈百一詩〉》:“問我何功德？三入承明廬。”張銑注:“承明，謁天子待制處也。”南朝梁元帝《去丹陽尹荆州》詩云:“驂駕乘駟馬，謁帝朝承明。”

【承明】[2]

“承明廬”之省稱。此稱漢代已行用。見該文。

東觀

漢東京洛陽南宮藏書之處，亦爲名學碩儒著作、校書之所。《後漢書·和帝記》:“〔永元〕十三年春正月丁丑，帝幸東觀，覽書林，閲篇籍，博選術藝之士以充其官。”又《安帝紀》:“〔永初四年二月〕詔謁者劉珍及五經博士校定東觀五經、諸子傳記、百家藝術，整齊脱誤，是正文字。”李賢注:“《洛陽宮殿名》:南宮有東觀。”宋王應麟《玉海·宮室·觀》:“洛陽宮殿名，南宮有東觀，漢氏圖籍所在。有石渠、石室、延閣、廣内，蓄之於外府；又有御史掌蘭臺秘書及麒麟、天禄二閣，藏之於内禁……《吴·華覈傳》:東觀，儒林之府，當講校文藝，處定疑難。漢時皆名學碩儒乃任其職。《晋·職官志》:漢東京圖籍在東觀，故使名儒著作，有其名，尚未有官。《唐·百官志》:後漢東觀，藏書之室，亦著作之所。當時文學之士使校讎其中，故有校書之職。”

白虎觀

漢宮觀名。在洛陽北宮白虎門内，觀以門名。後漢章帝建初四年（79），群儒於此會集，講論五經异同，後以皇帝制爲定論，名“白虎議奏”。後又集爲《白虎通德論》，即今之《白虎通》。《後漢書·章帝紀》:“於是下太常，將、大夫、博士、議郎、郎官及諸生、諸儒會白虎觀，講議五經同異，使五官中郎將魏應承制問，侍中淳于恭奏，帝親稱制臨決，如孝宣甘露石渠故事，作‘白虎議奏’。”又《丁鴻傳》：“〔丁鴻〕兼射聲校尉。建初四年，徙封魯陽鄉侯。肅宗詔鴻與廣平王羨及諸儒樓望、成封、桓郁、賈逵等，論定五經同異於北宮白虎觀。使五官中郎將魏應主承制問難，侍中淳于恭奏上，帝親稱制臨決。鴻以才高論難最明。諸儒稱之，帝數嗟：‘美焉！’時人嘆曰：‘殿中無雙丁孝公。’”李賢注：“廣平王羨，明帝子也。《東觀記》：與太常樓望、少府成封、屯騎校尉桓郁、衛士令賈逵等集議也。白虎，門名。於門立觀，因以名之焉。”

鼎中觀

漢代洛陽宮觀名。以其在洛陽西南成王定鼎處，故稱。宋王應麟《玉海·宮室·觀》：“陸機《洛陽地記》：洛陽南宮有承風觀，北宮有增喜觀，城外有宣陽觀、千秋、鴻地、泉城、揚威、石樓等觀，城外有鼎中觀。《輿地志》：洛陽西南洛水上有鼎中觀，是成王定鼎處。”

總章觀

三國魏宮觀名。建於魏明帝青龍三年（235）。在洛陽宮中。《三國志·魏書·明帝紀》：“〔青龍三年三月〕是時大治洛陽宮，起昭陽、太極殿，築總章觀。百姓失農時，直臣楊阜、高堂隆等各數切諫，雖不能聽，常優容之。”裴松之注引《魏略》：“是年起太極諸殿，築總章觀，高十餘丈，建翔鳳於其上。”宋王應麟《玉海》卷一六六引《洛陽宮殿簿》云：“總章觀閣十三間。”

文昌殿

三國魏鄴都北城外朝之正殿。爲朝會賓客，享群臣、正大禮之所。清顧炎武《歷代宅京記·鄴下》：“鄴都北城，自曹操基構，群臣梁習等，止用冀州民力，取上党山林之材，制度壯麗見於文昌、聽政等殿，金虎、銅雀之臺，鳴鶴、楸梓之宮，奢淫未終，旋遭奪。”又：“外朝文昌殿，曹魏建。南直端門，天子朝會賓客，享群臣、正大禮之殿也。銘：惟魏四年，歲在丙申，龍次大火。五月丙寅，作蕤賓鍾，又作射鍾。左太冲《賦文昌殿》：長庭砥平，鍾簴夾陳。風無纖埃，雨無微津。魏文帝《槐賦》序：文昌殿中槐樹，盛暑之時，余數游其上下。”北魏酈道元《水經注·濁漳水》：“魏武封於鄴，爲北宮，宮有文昌殿。”楊守敬疏：“《魏都賦·注》：文昌殿，前值端門。又：文昌殿前有鍾簴。”宋王應麟《玉海·宮室·殿上》：“《南齊·禮志》：魏武都鄴，正會文昌殿用漢儀，又設百華燈。《魏都賦》：造文昌之廣殿，極棟宇之宏規。注：正殿名。”

聽政殿

三國魏鄴都北城內朝之正殿。爲視朝聽政之所。清顧炎武《歷代宅京記·鄴下》：“內朝聽政殿，曹魏建，在文昌殿東。《魏都賦》：左則中朝有桅，聽政作寢，匪僕匪矸，去泰去甚，木無雕鏤，土無綈錦，玄化所甄，國風所禀。”

景福殿

三國魏許昌宮之殿名。魏明帝太和六年（232）建。《三國志·魏書·明帝紀》：“〔太和六年秋九月〕起景福、承光殿。”北魏酈道元《水經注·洧水》：“〔許昌〕城內有景福殿基，魏明帝太和中造，準價八百餘萬。”楊守敬疏：“《元和志》：景福殿基址在許昌故城內西南隅。《西溪叢語》：許昌節度使小廳，是故魏景福殿。《文選·景福殿賦》注引《洛陽宮殿簿》：殿七間。《寰宇記》：貲費直八百餘萬，既成，命朝士爲賦。”按，何晏、韋誕、夏侯惠有《景福殿賦》，尤以何晏賦爲最，後世交口稱頌，代代流傳。

太極殿 [1]

三國魏都洛陽宮之正殿。魏明帝時於漢之崇德殿故址建造。《三國志·魏書·明帝紀》：“〔青龍三年春〕三月庚寅，葬文德郭后，營陵于首陽陵澗西，如終制。是時，大治洛陽宮，起昭陽、太極殿，築總章觀，百姓失農時。直臣楊阜、高堂隆等各數切諫。雖不能聽，帝優容之。”裴松之注引《魏略》：“是年起太極諸殿，築總章觀，高十餘丈，建翔鳳於其上。”北魏酈道元《水經注·穀水》：“魏明帝上法太極，于洛陽南宮起太極殿于漢崇德殿之故處。”楊守敬疏：“《類聚》六十二引戴延之《西征記》：太極殿上有金井欄、金博山、金轆轤，蛟龍負山於井上，又有金獅子在龍下。”宋王應麟《玉海·宮室·殿上》：“華延儁《洛陽記》：太極殿有四金銅柱。”

九龍殿

亦稱“崇華殿”。三國魏洛陽宮中殿名。《三國志·魏書·明帝紀》：“〔青龍三年〕秋七月，洛陽崇華殿灾。八月庚午，立皇子芳爲齊王，詢爲秦王。丁巳，行還洛陽宮，命有司復崇華，改名九龍殿。”清顧炎武《歷代宅京記·雒陽上》：“時郡國有九龍見，故名。”又引陸機《洛陽記》：“〔天淵池〕中有魏文帝九龍殿，殿基悉是洛陽故碑累之，今造釣臺於其上。”

【崇華殿】

即九龍殿。此稱三國時期已行用。見該文。

昭陽殿 [1]

三國魏都洛陽宮内殿名。魏明帝時所建。《三國志·魏書·明帝紀》：“〔青龍三年〕是時，大治洛陽宮，起昭陽、太極殿，築總章觀。”又《高堂隆傳》：“青龍中，大治殿舍，西取長安大鐘……帝愈增崇宮殿，彫飾觀閣，鑿太行之石英，采穀城之文石，起景陽山於芳林之園，建昭陽殿於太極之北，鑄作黄龍、鳳皇奇偉之獸，飾金墉、陵雲闕、陵霄臺。百役繁興，作者萬數，公卿以下至於學生，莫不展力，帝乃躬自掘土以率之。”

太初宮

三國時吴都建業（今江蘇南京）之皇宮。赤烏十年（247）孫權所置。《三國志·吴書·孫權傳》：“〔赤烏十年春〕二月，權適南宮。三月，改作太初宮，諸將及州郡皆義作。”裴松之注：“《江表傳》載權詔曰：‘建業宮乃朕從京來所作將軍府寺耳，材柱率細，皆已腐朽，常恐損壞。今未復西，可徙武昌宮材瓦，更繕治之。’有司奏言：‘武昌宮已二十八歲，恐不堪用，宜下所在通更伐取。’權曰：‘大禹以卑宮爲美，今軍事未已，所在多賦，若更通伐，妨損農桑。徙武昌材瓦，自可用也。’”清顧炎武《歷代宅京記·建康》：“《太康地記》：吴有太初宮，方三百丈，權所起也。”又：“《建康宮殿簿》：太初宮中有神龍殿，去縣三里。”

昭明宮

亦稱“顯明宮”。三國時吴都建業（今江蘇南京）之宮名。後避晋諱，改稱顯明宮。在太初宮之東。寶鼎二年（267）孫皓置。《三國志·吴書·孫皓傳》：“〔寶鼎二年〕夏六月，起顯明宮。”裴松之注：“《太康三年地記》：吴有太初宮，方三百丈，權所起也。昭明宮，方五百丈，皓所作也。避晉諱，故曰顯明。《吳歷》云：顯明在太初之東。《江表傳》曰：皓營新宮，二千石以下皆自入山督攝伐木。又破壞諸營，大開園囿，起土山樓觀，窮極伎巧，功役之費以億萬計。陸凱固諫，不從。"

【顯明宮】

即昭明宮。此稱晉代已行用。見該文。

太極殿 [2]

西晉洛陽宮之正殿。《晉書·武帝紀》："〔炎〕升壇受禪，告類上帝永答衆望。禮畢，即洛陽宮，幸太極前殿。"又《孝懷帝紀》："及即位始遵舊制，臨太極殿，使尚書郎讀時令，又於東堂聽政，至於宴會輒與群官論衆務、考經籍。黃門侍郎傅宣嘆：'今日復見武帝之世矣！'"宋王應麟《玉海·宮室·殿上》："《帝紀》：武帝受禪即洛陽宮，幸太極前殿。太康元年五月，臨軒大會於太極殿。摯虞《決疑要注》：太極殿乃有陛。山謙之《丹陽記》：太極殿，周制路寢也；秦漢曰前殿；魏號正殿爲太極。"

太元新宮

東晉都建康（今江蘇南京）之皇宮。孝武帝太元三年（378）造，故稱。《晉書·孝武帝紀》："太元三年春二月乙巳，作新宮，帝移居會稽王邸……秋七月辛巳，帝入新宮。"又《謝安傳》："是時宮室毀壞，安欲繕之，尚書令王彪之等以外寇爲諫，安不從，竟獨決之。宮室用成，皆仰模玄象，合體辰極，而役無勞怨。"又《王彪之傳》："〔彪之〕與〔謝〕安共掌朝政……安欲更營宮室，彪之曰：'中興初，即位東府，殊爲儉陋，元、明二帝亦不改制。蘇峻之亂，成帝止蘭臺都坐，殆不蔽寒暑，是以更營修築。方之漢魏，誠爲儉狹，復不至陋，殆合豐約之中，今自可隨宜增益修補而已。強寇未殄，正是休兵養士之時，何可大興功力，勞擾百姓邪！'安曰：'宮室不壯，後世謂之無能。'彪之曰：'任天下事，當保國寧家，朝政爲允，豈以修屋宇爲能邪！'安無以奪之。故終彪之之世，不改營焉。"宋王應麟《玉海·宮室·宮二》："《孝武紀》：太元三年春二月乙巳，作新宮。七月辛巳，帝入新宮。新宮內外殿宇大小三千五百間。"

咸和新宮

東晉都建康（今江蘇南京）之皇宮。建於咸和年間，故稱。《晉書·成帝紀》："〔咸和四年春正月〕〔蘇〕碩攻臺城，又焚太極東堂、秘閣，皆盡……兵火之後，宮闕灰燼，以建平園爲宮……〔五年〕九月，造新宮，始繕苑城。"又："〔咸和七年冬〕十二月庚戌，帝遷於新宮。八年春正月辛亥，朔，詔曰：昔大賊縱暴，宮室焚蕩，元惡雖翦，未暇營築。有司屢陳朝會逼狹，遂作斯宮，子來之勞，不日而成。既獲臨御，大饗群后，九賓充庭，百官象物，知君子勤禮，小人盡力矣。思闡密網，咸同斯會，其赦五歲刑以下。"宋王應麟《玉海·宮室·宮二》："《成帝紀》兼《王導傳》：咸和四年二月，蘇峻平，宮闕灰燼，以建平園爲宮。溫嶠議遷都豫章，三吳之豪請都會稽。二論紛紜，未有所適。王導曰：金陵，舊爲帝里，又孫仲謀、劉玄德俱言王者之宅。古之帝王未必以豐儉移都。苟弘衛文大帛之冠，則無往不可。且北寇魂游伺我之隙，一旦示弱，竄於蠻越，求之望實，俱非良計。以咸和五年九月造新宮，王彬爲大匠。繕苑城，修六門。七年十二月庚戌，帝遷於新宮。"

太極殿 [3]

東晉都城建康（今江蘇南京）新宮之正殿。建於太元三年（378）。高八丈，長二十七丈，寬十丈。《晉書·王獻之傳》："太元中，新起太極殿，〔謝〕安欲使獻之題榜以爲萬代寶而難言之，試謂曰：'魏時陵雲殿榜未題，而匠者誤釘之，不可下，乃使韋仲將懸橙書之。比訖鬚鬢盡白，裁餘氣息，還語子弟，宜絕此法。'獻之揣知其旨，正色曰：'仲將魏之大臣，寧有此事！使其若此，有以知魏德之不長。'安遂不之逼。"宋王應麟《玉海·宮室·殿上》引《帝紀》曰："元帝時，有司嘗奏太極殿廣室施絳帳。帝曰：'《漢文集》上書：皂囊爲帷。'遂令冬施青布，夏施青練帷帳。穆帝永和元年正月甲戌，朔，皇太后設白紗帷於太極殿抱帝臨軒。《禮志》咸康二年拜皇后，帝御太極殿，群臣畢賀。建元元年詔：所以正法服升太極者，敬其始，故備其禮。"清顧炎武《歷代宅京記·建康》："徐廣《晉紀》：孝武寧康二年，尚書令王彪之等啓改作新宮。太元三年二月，內外軍六千人始營築，至七月而成。太極殿，高八丈，長二十七丈，廣十丈。尚書謝萬監視，賜爵關內侯，大匠毛安之關中侯。"

【梅梁殿】

即太極殿 [3]。因以梅木爲梁，故稱。宋王應麟《玉海·宮室·宮二》："《王獻之傳》：太元中新起太極殿。時建太極殿，有梅木流至以爲梁，因畫花於梁以表瑞。"《廣群芳譜》卷二四引《花史》："晉孝武太元三年，僕射謝安作新宮太極殿，欠一梁。有梅木流至石頭城下，取用之，畫梅花於梁上，表瑞，因名梅梁殿。"

太極殿 [4]

鄴都（今河北臨漳）南城新宮之正殿。北齊神武帝高歡時建。清顧炎武《歷代宅京記·鄴下》："《鄴中記》：閶闔門之內有太極殿。《故事》云：其殿周迴一百一十柱，基高九尺，以珉石砌之。門窗並以金銀爲飾，外畫古忠諫直臣，內畫古賢酣興之士。椽栿斗拱，盡以沉香木，椽端復飾以金獸頭，每間綴以五色朱絲網，上屬飛檐以礙燕雀。堦間石面隱起千秋萬歲字，諸奇禽異獸之形。瓦用胡桃油，光輝奪目。有外客國使諸番入朝，則殿幕垂流蘇以覆之。殿上金葱臺十三枚，各受一石。"

昭陽殿 [2]

鄴都（今河北臨漳）南城新宮中殿名。在太極殿之後。北齊神武帝高歡時建。爲皇帝視朝聽政、燕享群臣之所。清顧炎武《歷代宅京記·鄴下》："昭陽殿，在太極殿後，朱華門內。《鄴中記》曰：殿東西各有長廊，廊上置樓，並安長窗，垂珠簾，通於內閣。每至朝集大會，皇帝臨軒，則宮人盡登樓奏樂，百官列位，詔命仰聽弦管，頒賚，侍從群臣皆稱萬歲。太史長史唱訖，絲竹競發，金石和鳴。齋午之際，有司進奏訖，群臣班退。自高緯天統之末，耽淫無度，或一入內，經旬不朝，文武簪裾，虛位而散矣。《鄴都故事》云：此殿周迴七十二柱，基高九尺，以文石砌之。門窗盡飾以鏤金，欄楯盡以沉香木爲之。外畫東漢二十八將，內畫孝子順孫。梁拱間刻出奇禽異獸，或蹲或踞，或騰逐往來。椽首叩以金獸，乃懸五色珠簾，冬施蜀錦帳，夏施碧油帳。殿上有金葱臺十三枚，各受七斗云。"又："昭陽殿東有長廊，通東閣，閣內有含光殿，西有長廊，通西閣，閣內有涼風殿。內外通廊往還，流水珍木，香草布護墀庭。"

修文殿

鄴都（今河北臨漳）南城宮中殿名。爲北齊武成帝高湛所建。清顧炎武《歷代宅京記·鄴下》："《鄴中故事》云：齊武成帝高湛，河清中，以後宮嬪妃稍多，椒房既少，遂拓破東宮，更造修文、偃武二殿及聖壽宮，裝飾用玉珂八百，大小鏡萬枚，又以曲鏡抱柱，門窗並用七寶裝飾，每至玄雲夜興，晦魄藏耀，光明猶分數十步。"

偃武殿

鄴都（今河北臨漳）南城宮中殿名。同爲北齊武成帝高湛所建。見"修文殿"文。

弘義宮

亦稱"大安宮"。唐都長安宮名。建於唐高祖武德五年（622）。帝以秦王李世民定天下有功，特建此宮以居之。唐太宗貞觀三年（629），太上皇李淵徙居此宮，更名爲大安宮。《新唐書·高祖紀》："〔武德五年〕七月甲申，作弘義宮。"又《太宗紀》："〔貞觀三年〕四月乙亥，太上皇徙居於大安宮。甲午，始御太極殿。"《舊唐書·馬周傳》："是歲周上疏：'……臣伏見大安宮在宮城之西，其墻宇宮闕之制，方之紫極，尚爲卑小。臣伏以東宮皇太子之宅，猶處城中，大安乃至尊所居，更在城外。雖太上皇游心道素，志存清儉，陛下重違慈旨，愛惜人力，而蕃夷朝見及四方觀聽，有不足焉，臣願營築雉堞，修起門樓，務從高顯，以稱萬方之望，則大孝昭乎天下矣。"宋王應麟《玉海·宮室·宮三》："《紀高祖》：武德五年七月甲申，作弘義宮。貞觀三年四月乙亥太上皇徙居大安居，甲午始御太極殿。四年十月甲辰，獵於魚龍川，獻獲於大安宮。貞觀六年十月，侍上皇宴於大安宮，帝與皇后更獻飲膳及服御之物。《會要》：武德五年七月五日，營弘義宮。初，秦王居宮中承乾殿，高祖以秦王有克定天下之功，建弘義宮以居之。至九年七月，高祖以弘義宮有山林勝景，雅好之，貞觀三年四月乃徙居之，改爲大安宮。二十三日，太宗正位於太極殿。"

【大安宮】

即弘義宮。此稱唐代已行用。見該文。

通義宮

唐代宮名。本爲高祖舊宅，武德六年（623）改爲通義宮。《新唐書·高祖紀》："〔武德六年四月〕己未，以故第爲通義宮，祭元皇帝元貞皇后於舊寢，赦京城，賜從官帛。"宋王應麟《玉海·宮室·宮三》："《會要》：武德六年四月十四日幸龍潛舊宅，改爲通義宮，置酒高會，詔曰：'爰擇良辰，言遵邑里，禮同過沛，事等歸譙，故老咸臻，族姻斯會，肅恭薦享，感慶兼集。'"

龍躍宮

唐代宮名。本爲唐高祖舊居，武德六年（623）置爲龍躍宮。《新唐書·高祖紀》："〔武德六年十二月〕庚戌，以奉義監爲龍躍宮。"又《地理志》："〔京兆府高陵縣〕西四十里有龍躍宮，武德六年高祖以舊第置，德宗以爲修真觀。"宋王應麟《玉海·宮室·宮三》："《紀高祖》：武德七年十二月丁卯、八年十月壬午如龍躍宮。"

慶善宮

亦名"武功宮"。唐代宮名。在今陝西武

功南、渭水之濱。本爲高祖舊宅。武德元年（628）於武功舊宅置武功宮，六年（623）改稱慶善宮。宋王應麟《玉海·宮室·宮三》："〔京兆府武功縣〕南十八里臨渭水有慶善宮。武德元年，高祖以舊第置宮，後廢爲慈德寺。"又："《會要》：武德元年十月十八日以武功舊宅爲武功宮。四年閏十月己未次武功舊第。六年十二月九日改爲慶善宮。貞觀六年九月二十九日，太宗幸慶善宮，宴從臣於渭濱。上賦詩：'指麾八荒定，懷柔萬國夷。單于陪武帳，日逐衛文罷。端扆朝四嶽，無爲任百司。共樂還譙宴，歡此大風詩。'賞賜閭里，有同漢之宛沛焉。起居郎呂才播於樂府，被之管弦，名曰《功成慶善樂》。《慶善宮記》：唐高祖神堯皇帝，膺上天之正命，仗旗建號，是承隋作民主，天下既定，作都長安。屬邑武功之南故第存焉，乃即位之元年詔以爲武功宮。六年十二月庚戌錫名慶善，明年十月親臨幸焉。惟武功宅關中之奧，直太華而臨涇水，廣川名阜，左右迴環，天府神皋，環偉絕特。蓋神設鬼造以遺我神堯也。踐祚之後，九重邃宇，仰模帝居，其高明顯敞，瑰麗靚深。雖千百神功之舊，而帝心拳拳，未嘗一日不在武功也。宅基業之宏大，念開創之本初，思有以顯飾而章異之，以貽子孫萬世之傳。矧惟密邇畿甸，去邑不百里而近，詎可以朝夕弗臨爲戒。爰詔有司閱其地而斥大焉。推原帝意，夫豈爲宮室之奉、游觀之娛而已哉！昭上帝之既施，聳率土之觀瞻，不忘其初，期於久遠，使子孫知創業之艱難，持守盈成弗易也。處心積慮，其深遠哉！"

【武功宮】

即慶善宮。此稱唐代已行用。見該文。

太和宮

亦稱"翠微宮"。唐代宮名。唐高祖武德八年（625）置。位於陝西長安南五十里太和谷。貞觀十年（636）廢，二十一年修復，改稱翠微宮。爲皇帝夏日避暑與視朝之所。其內視朝之殿名翠微殿，寢殿爲含風殿。清顧炎武《歷代宅京記·關中五》："〔京兆府長安縣〕南五十里太和谷有太和宮，武德八年置。貞觀十年廢，二十一年復置，曰翠微宮。籠山爲苑，元和中以爲翠微寺。天寶二年，尹韓朝宗引渭水入金光門，置潭於西市，以貯材木。大曆元年，尹黎幹自南山開漕渠抵景風、延喜門入苑，以漕炭薪。"《新唐書·高祖紀》："〔武德八年四月〕甲申，如鄠獵於甘谷，作太和宮，丙戌至自鄠。六月甲子，如太和宮，七月丙午至自太和宮。"又《太宗紀》："〔貞觀二十一年〕四月乙丑作翠微宮，五月戊子幸翠微宮。"宋王應麟《玉海·宮室·宮三》："《會要》：武德八年四月二十一日造太和宮於終南山。貞觀十年廢。二十一年四月九日，公卿上言，請修廢太和宮，厥地清涼，可以清暑。詔從之。遣將作大匠閻立德，於壞順陽王第取材瓦以建之。包山爲苑，自栽木至設幄九日畢工，因改爲翠微宮。正門北開曰雲霞門，視朝殿名翠微殿，寢殿名含風殿，並爲皇太子建別宮去臺，連延里餘。正門西開名金華，內殿名喜安殿。"

【翠微宮】

即太和宮。此稱唐代已行用。見該文。

翠微殿

唐代翠微宮之正殿。在長安南終南山太和谷。爲皇帝夏日避暑時視朝聽政之所。宋王應麟《玉海·宮室·宮三》引《地理志》："〔翠微宮〕正門北開曰雲霞門，視朝殿名翠微殿。"宋王傅《唐會要·大內·太和宮》："視朝殿名翠微殿，寢名含風殿。"

唐三內

唐都長安西內（太極宮）、東內（大明宮）、南內（興慶宮）之合稱。清顧炎武《歷代宅京記·關中五》："龍朔後，皇帝常居大明宮，乃謂之西內，神龍元年曰太極宮。大明宮在禁苑東南，西接宮城之東北隅，長千八百步，廣千八十步，曰東內。本永安宮，貞觀八年置，九年曰大明宮，以備太上皇清暑，百官獻貲以助役。高宗以風痺，厭西內湫濕，龍朔三年始大興葺，曰蓬萊宮，咸亨元年曰含元宮，長安元年復曰大明宮。興慶宮在皇城東南，距京城之東，開元初置，至十四年又增廣之，謂之南內。二十年，築夾城入芙蓉園。京城前直子午谷，後枕龍首山，左臨灞岸，右抵灃水，其長六千六百六十五步，廣五千五百七十五步，周二萬四千一百二十步，其崇丈有八尺。"宋王應麟《玉海·宮室·宮三》："《雍錄》：諸帝多居大明，或遇大禮、大事，復在太極，如高宗、玄宗五日一御太極。亦有初即位不於大明而於太極者，知太極尊於大明也。興慶雖夾城可潛達大明，當為離宮而已。"

太極宮

亦稱"西內"。唐都長安之皇宮。唐高宗龍朔後，常居大明宮，更名故宮曰西內。中宗神龍元年（705）改稱太極宮，正殿曰太極殿，宮以殿名。宮內還有武德殿、延恩殿、兩儀殿。另有別殿、亭觀三十五所。《舊唐書·地理志一》云："皇城在西北隅，謂之西內。正門曰承天，正殿曰太極。太極之後殿曰兩儀。內

別殿、亭觀三十五所。京師西有大明、興慶，三宮謂之'三內'。"《新唐書·地理志》："上都皇城長千九百一十五步，廣千二百步。宮城在北，長千四百四十步，廣九百六十步，周四千八百六十步，其崇三丈有半。龍朔後，皇帝常居大明宮，乃謂之西內。神龍元年曰太極宮。"《唐六典》卷七："宮城在皇城之北，南面三門：中曰承天，東曰長樂，西曰永安。若元正冬至，大陳設宴會，赦過宥罪，除舊布新，受萬國之朝貢，四夷之賓客，則御承天門以聽政，蓋古之外朝也。其北曰太極門，其內曰太極殿，朔望則坐而視朝焉，蓋古之中朝也。次北曰朱明門，左曰虔化門，右曰肅章門。肅章之西曰暉政門，虔化之東曰武德西門。又北曰兩儀門，其內曰兩儀殿，常日聽朝而視事焉，蓋古之內朝也。兩儀殿之東曰萬春殿，西曰千秋殿。兩儀之左曰獻春門，右曰宜秋門。宜秋之右曰百福門，其內曰百福殿。百福之西曰承慶門，內曰承慶殿。獻春之左曰立政門，其內曰立政殿。立政之東曰大吉門，其內曰大吉殿。兩儀之北曰甘露門，其內曰甘露殿。左曰神龍門，其內曰神龍殿，右曰安仁門，其內曰安仁殿。又有興仁、宣猷、崇道、惠訓、昭德、安禮、正禮、宣光、通福、光昭、嘉猷、華光、暉儀、壽安、綏福等門，薰風、就日、翔鳳、咸池、臨沼、望仙、鶴羽、乘龍等殿，凌烟、翔鳳等閣。"

【西內】

即太極宮。此稱唐代已行用。見該文。

兩儀殿

唐太極宮中之內朝正殿。在太極殿後。為皇帝日常視朝聽政之所。《舊唐書·高祖紀》："貞

觀八年三月甲戌，高祖讌西突厥使者於兩儀殿，顧謂長孫無忌曰：‘當今蠻夷率服，古未嘗有。’無忌上千萬歲壽，高祖大悦，以酒賜太宗。太宗又奉觴上壽，流涕而言曰：‘百姓獲安，四夷咸附，皆奉遵聖旨，豈臣之力？’於是太宗與文德皇后互進御膳，並上服御衣物，一同家人常禮。”又《長孫無忌傳》：“太宗欲立晋王，而限以非次，迴惑不决。御兩儀殿，群官盡出，獨留無忌及司空房玄齡、兵部尚書李勣，謂曰：‘我三子一弟，所爲如此，我心無憀。’因自投於床，抽佩刀欲自刺。無忌等驚懼，爭前扶抱，取佩刀以授晋王。無忌等請太宗所欲，報：‘我欲立晋王。’無忌：‘謹奉詔，有異議者臣請斬之。’”宋王應麟《玉海·宫室·殿上》：“《兩京記》：貞觀五年太宗破突厥，於兩儀殿宴突利可汗。賦七言詩柏梁體，御製：絶域降附天下平；神通曰：八表無事悦聖情；無忌曰：雲披霧斂天地明；元齡曰：登封日觀禪雲亭；蕭瑀曰：太常具禮方告成。《六典》：兩儀殿在太極殿後，當日聽朝視事，監古之内朝。隋曰中華殿，貞觀五年改。”

【中華殿】

即兩儀殿。隋稱中華，唐初襲之。貞觀五年（631）改稱兩儀殿。後兩名并用。《舊唐書·令狐德棻傳》：“高宗初嗣位，留心政道，常召宰臣及弘文館學士於中華殿而問曰：‘何者爲王道、霸道？又孰爲先後？’德棻對曰：‘王道任德，霸道任刑。自三王已上，皆行王道，唯秦任霸術。漢則雜而行之。魏晋已下，王霸俱失。如欲用之，王道爲最，而行之爲難。’”宋王應麟《玉海·宫室·殿上》：“《會要》：武德九年四月二十三日，甘露降于中華殿之桐木，泫

如冰雪，以示群臣。《實録》：貞觀二年十二月乙未，宴突利可汗及三品以上於中華殿，帝賦七言詩。四年二月己酉，宴三品以上於中華殿。”

太極殿 [5]

亦稱“大興殿”。唐都長安殿名。在太極宫内。爲唐朝皇帝視朝聽政之所。本爲隋大興殿，武德元年（618）改稱此名。《舊唐書·高祖紀》：“〔隋帝〕遣使持節兼太保刑部尚書、光禄大夫、梁郡公蕭造，兼太尉司農少卿裴之隱奉皇帝璽綬於高祖。高祖辭讓。百寮上表勸進，至於再三，乃從之。隋帝遜於舊邸，改大興殿爲太極殿。甲子，高祖即皇帝位於太極殿……丁卯，宴百官於太極殿。”宋王應麟《玉海·宫室·殿上》：“《會要》：武德元年五月二十一日，改隋大興殿爲太極殿，昭陽門爲順天門。《紀》：高祖武德元年五月甲子，即位太極殿。太宗貞觀三年四月甲午，始御太極殿。玄宗開元五年正月癸卯，遷太廟神主於太極殿，己酉享於太極殿。順、憲、穆、敬並即位於是殿。《舊紀》：武德元年五月丁卯，宴百官於太極殿，賜帛有差。開元八年，皇太子加元服，正月丙寅會百官於太極殿。《會要》：太宗御太極殿，召文武六品以上告立晋王爲太子，群臣稱慶。永徽二年八月二十九日，詔五日一度太極殿視事。《禮樂志》：皇帝致齋，設御幄於太極殿西序及室内。四夷來朝，設御幄於太極殿，南向。親征纂嚴，設御幄於太極殿。皇帝加元服，尚舍設席於太極殿中楹之間。太子加元服設御幄於太極殿。納皇后，有司展垂設按陳車輿於太極殿廷。如元日，太子納妃，臨軒醮戒，設御座於太極殿阼階之西向。元正冬至，受朝賀，設御

幄於太極殿。冊太子，設御幄於太極殿。《通典》：太極殿讀五時令，冊命諸王大臣，設御幄於太極殿。《五行志》：貞觀十七年四月丙戌，立太子，雌雉集太極殿前。太極，三朝所會也。"

【大興殿】

即太極殿[5]。此稱隋代已行用。見該文。

武德殿

唐太極宮（西內）中殿名。在乾（虔）化門東北。《唐六典》卷七："太極殿左曰虔化門，虔化之東曰武德西門，其內有武德殿，有延恩殿。"宋王應麟《玉海·宮室·殿上》："《會要》：武德四年八月，賜五品以上射於武德殿。貞觀五年三月三日，賜文武五品以上射於武德殿。《魏王泰傳》：太宗命泰入居武德殿，侍中魏徵言：'王爲愛子，不可使居嫌疑之地。'帝悟乃止。《許敬宗傳》：待詔太極殿西闈。顯慶元年奉詔於武德內殿，撰《東殿新書》。《百官志》：永徽中命弘文館學士一人曰待制於武德西門。《玄宗紀》：延和元年（即先天元）七月壬辰，睿宗制皇太子宜即皇帝位。皇太子乃御武德殿，八月庚子即位。己酉，吐番遣使朝賀，宴武德殿，設太常四部樂於庭。《兩京記》：武德殿在西內乾化門東北。《長安志》：西內乾化之東曰武德西門，其內則武德殿，在甘露殿之東。"

百福殿

唐代太極宮內殿名。《新唐書·趙弘智傳》："永徽初入爲陳王師，講《孝經》百福殿，於是宰相、弘文館學士、太學生皆在，弘智舉五孝，諸儒更詰辨，隨問酬悉，舌無留語。高宗喜曰：'試爲我陳經之要，以輔不逮。'對曰：'天子有爭臣七人，雖無道不失天下，願以此獻。'帝悅，賜絹二百，名馬一。"宋王應麟《玉海·宮室·殿上》："《實錄》：武德九年三月丙申，宴朝集使於百福殿，奏九部樂。貞觀六年正月甲戌，宴蠻夷及三品已上於百福殿。永徽二年二月甲辰，宴三品於百福殿。龍朔三年二月庚戌，令皇子於百福殿慮囚。《會要》：大中元年二月敕修百福殿院八十間。"清顧炎武《歷代宅京記·關中四》："〔兩儀殿〕之左曰獻春門，右曰宜秋門。宜秋之右曰百福門，其內曰百福殿。"

觀德殿

唐代太極宮內之射殿，在玄武門外。宋王應麟《玉海·宮室·殿上》："《會要》：貞觀十六年三月三日，賜百寮大射於觀德殿。太極宮曰西內，其元武門之外有殿曰觀德。永徽三年三月三日幸觀德殿，賜群臣大射。永徽三年六月二十八日議明堂制度，上令於觀德殿前依五室、九室兩議張設，上觀之。《舊紀》：貞觀十四年十二月丁酉，侯君集執高昌王麴智盛，獻捷於觀德殿，行飲至之禮，賜酺二日……《實錄》：總章元年十月癸丑，文武官獻食賀破高麗。帝御元武門之觀德殿，宴百官，設九部樂，賜帛。"

大明宮

亦稱"東內""永安宮""蓬萊宮""含元宮"。唐長安宮名。故址在今陝西西安龍首原上，亦即在唐代長安城的禁苑中。本稱永安宮，建於唐太宗貞觀八年（634），乃唐高祖李淵所建之夏宮。九年，改稱大明宮。龍朔二年（662）增建，改名蓬萊宮。咸亨元年（670），改曰含元宮。長安元年（701），復稱大明宮。正殿爲含元殿，其北爲宣政殿，左右爲中書、門下兩省及弘文、史兩館。另有別殿、亭、觀三十餘所。原爲太上皇李淵清夏避暑之處，自高宗以後，皇帝常居於此。國家大典、皇帝朝見百官亦多在此舉行。唐末爲朱温所壞，又經韓建縮小長安城時拆毁，已成廢墟，今僅存其遺迹。宋王應麟《玉海·宮室·宮三》：“《地理志》：上都大明宮在禁苑東南，南接京城之北面，西接京城之東北隅。長千八百步，廣千八十步，曰東内，本永安宮，貞觀八年置。九年正月，改曰大明宮，以備太上皇清暑，百官獻貲以助役。高宗厭西内湫濕，龍朔二年始大興葺，六月改曰蓬萊宮。咸亨元年改曰含元宮。長安元年改爲大明宮。《六典》：大明宮在禁苑之東南，西接宮城之東北隅。南面五門：正南曰丹鳳門，東曰望仙門，次曰延政門，西曰建福門，次曰興安門。丹鳳門内正殿曰含元殿，夾殿兩閣，左曰翔鸞閣，右曰栖鳳閣。其北曰宣政門，門外東廊曰齊德門，西廊曰興禮門，内曰宣政殿。殿前東廊曰日華門，門東門下省，省東南北街南直含耀門，出昭訓門，宣政殿前西廊曰月華門，門西中書省。省西南北街南直昭慶門，出光範門，宣政之左曰東上閣，右曰西上閣。次西曰延英門，其内之左曰延英殿，右曰含象殿。宣政北曰紫宸門，其内曰紫宸殿，即内朝正殿也。殿之南面紫宸門，左曰崇明門，右曰光順門。殿之東曰左銀臺門，西曰右銀臺門，次北曰九仙門。殿之北面曰玄武門，左曰銀漢門，右曰青霄門。其内又有麟德、凝霜、承歡、長安、仙居、拾翠、碧羽、金鑾、蓬萊、含凉、珠境、三清、含冰、水香、紫蘭等殿，玄武、明儀、大角等觀，鬱儀、結鄰、承雲、修文等閣也。”《宋史·宋庠傳》：“唐有大内，又有大明宮，宮在大内之東北，世謂之東内。高宗以後，天子多在大明宮。宮之正南門

曰丹鳳門，門内第一殿曰含元殿，大朝會則御之；第二殿曰宣政殿，謂之正衙，朔望大册拜則御之；第三殿曰紫宸殿，謂之上閤，亦曰内衙，隻曰常朝則御之。天子坐朝，須立仗於正衙殿，或乘輿止御紫宸，即唤仗自宣政殿兩門入，是謂東西上閤門也。”清顧炎武《歷代宅京記·關中四》：“蓬萊宮即大明宮，亦曰東内。程大昌曰：大明宮地本太極宮之後苑，東北面射殿之地，在龍首山上。太宗初，於其地營永安宮，以備太上皇清暑，雖嘗改名大明宮，而太上皇仍居大安宮，不曾徙入。龍朔二年，高宗苦風痺，惡太極宮制卑從，故就修大明宮，改名蓬萊宮，取殿後蓬萊池以爲名。”

1957—1962 年，中國科學院考古研究所對大明宮進行了勘察和發掘；1980—1984 年，中國社會科學院考古研究所又進行了重點發掘。基本弄清了大明宮的形制、布局和建築基址的結構。大明宮平面形態，北部呈梯形，南部呈長方形，周長 7.6 公里有餘，面積約 3.2 平方公里。宮垣爲版築夯土墻，城門附近和拐角處裏外均用磚包砌，東、西、北三面，都有與宮垣平行的夾城。宮城有城門十一座。南面有城門五座，正中以丹鳳門爲正門，其南爲丹鳳門大街，寬約 175 米。除丹鳳門設三個門道外，其餘各門均設一個門道。北面有城門三座，中間的玄武門與北面夾城的重玄門相對。東面城門一座，稱左銀臺門，門外駐守左三軍（左羽林軍、左龍武軍、左神策軍），西面城門二座，南爲右銀臺門，北爲九仙門，門外駐守右三軍（右羽林軍、右龍武軍、右神策軍），即警衛宮廷的所謂“六軍”。在北面夾城内有統領禁軍的“北衙”。大明宮南部有三道平行的東西嚮宮垣，

北部有太液池。宮內殿亭建築基址已發現四十餘處，絕大部分在宮城北部，已發掘的有大明宮正衙含元殿基址（詳本考"含元殿"文）、宴會群臣的麟德殿基址（詳本考"麟德殿"文）及與道教有關的三清殿基址等。

三清殿基址，位於大明宮西北隅，青霄門內偏東處，是一高臺建築。臺基北高南低，北部殘高 15 米，南部殘高 12.6 米。平面呈"凸"字形，北寬南窄，南北長 78.6 米，東西寬北部爲 53.1 米，南部爲 47.6 米。高臺全部用土夯築，周圍砌厚 1.26 米的磚壁，表面順砌磨磚對縫的清水磚面。其底部鋪墊磨製工整的基石兩層，基石及磚壁均爲內收 11 度角的斜面，臺基四周鋪寬 1.5 米的方磚散水。臺基南面正中有長 15 米、寬 3.2 米的踏步階梯，臺基北面兩側有一斜坡慢道，長 43.25 米，平面呈梯形。臺基周圍安有石欄和排水石槽。

宮中還有宣政殿、紫宸殿、清恩殿、大角觀、玄元皇帝廟等建築基址。大明宮至晚唐僖宗中和三年（883）遭兵火燒毀，以王徽爲大明宮留守修復宮室。昭宗乾寧三年（896），再次毀於兵火，遂成廢墟。它是研究我國古代建築的重要實物資料。1961 年中華人民共和國國務院公布爲全國重點文物保護單位。按，北齊天保三年（556）於晉陽（今山西太原）亦建有大明宮，不甚壯麗，爲太子所居。

【東內】

即大明宮。以其位於長安故宮（西內）之東，故稱。唐貞觀八年（634）已有此稱。見該文。

【永安宮】

即大明宮。此稱唐代已行用。見該文。

【蓬萊宮】

即大明宮。此稱唐代已行用。見該文。

【含元宮】

即大明宮。此稱唐代已行用。見該文。

含元殿

亦稱"大明殿"。唐都長安殿名。大明宮之正殿，建於龍朔二年（662）。長安元年（701）改稱大明殿。神龍元年（705）復稱含元殿。故址在今陝西西安龍首原南沿。爲皇帝大朝會之所。宋王應麟《玉海・宮室・宮三》云："《唐六典》大明宮南面五門，正南曰丹鳳門……丹鳳門內正殿曰含元殿，殿即龍首山之東趾也。階上高於平地四十餘尺。南去丹鳳門四百餘步，東西廣五百步。元正冬至於此聽朝也。"又《殿上》："《舊紀》：開元九年四月甲戌，上親策試應制舉人於含元殿。天寶八年閏六月丁卯，上御含元殿受冊大赦。乾元元年正月庚寅，大閱諸軍於含元殿庭，上御栖鸞閣觀之。"清顧炎武《歷代宅京記・關中四》："龍朔二年夏四月辛巳，作蓬萊宮。正門曰丹鳳，正殿曰含元。含元殿之後曰宣政。宣政左右有中書、門下二省，弘文館、史館……夏四月丙午，蓬萊宮含元殿成。上始移仗居之。"又："武后長安元年冬十一月戊寅，改含元宮爲大明宮。十二月，改含元殿爲大明殿。中宗神龍元年春二月，復改大明殿爲含元殿。"又引《劇談錄》："含元殿國初建造，鑿龍首岡以爲基址，彤墀扣砌，高五十餘尺，左右立栖鳳、翔鸞二闕，龍尾道出於闕前，倚欄下瞰前山，如在諸掌。殿去五門二里，每元朔朝會，禁軍與御仗宿於殿庭，金甲葆戈，雜以綺綉，羅列文武，纓珮序立，蕃夷酋長仰觀玉座，若在霄漢。"1957—1962 年、

1980—1984 年，中國科學院考古研究所和中國社會科學院考古研究所先後對含元殿進行了勘察和發掘。含元殿基址高出平地 15 米餘，在此可俯視長安城。殿基臺基東西長 75.9 米，南北寬 41.3 米。殿面闊十一間，進深四間，各間面寬 5.3 米。東西山牆和北牆均爲版築夯土牆，牆內外均塗白灰。內側底部繪有朱紅色邊綫。殿外四周有寬 5 米的副階，臺基下四周砌散水磚。殿前東西兩側有翔鸞閣和栖鳳閣基址，亦高出平地 15 米多。兩閣北側均有廊道基址與含元殿基址相連接。殿前向南伸出 78 米長的三條階梯和坡度相同的磚石階道，時稱"龍尾道"。中間寬 25.5 米，兩側各寬 4.5 米。殿址中出土大量陶瓦及少量綠琉璃瓦碎片。臺基四周出土有殘石柱、石螭首等。

【大明殿】[1]

即含元殿。此稱唐代已行用。見該文。

紫宸殿 [1]

亦稱"上閣""上閣""內衙"。唐大明宮中之內衙正殿。爲皇帝接見百官、外使朝見慶賀之所。《唐六典》卷七："宣政北曰紫宸門，其內曰紫宸殿，即內朝正殿也。"宋王應麟《玉海·宮室·殿上》云："《會要》：龍朔三年四月二十二日，移仗就蓬萊宮，二十五日始御紫宸殿聽政，百僚奉賀。開元十六年五月六日，唐昌公主出降，有司進儀注，紫宸殿行五禮。右補闕施敬本、拾遺張烜、右拾遺李鋭等連名上疏曰：'紫宸殿者，漢之前殿，周之路寢，陛下所以負黼扆，正黃屋，饗萬國，朝諸侯，人臣至敬之所，猶元極可見不可得而升也。'上納其言，移於光順門外設次行禮。《實錄》：開元十二年三月庚午，宴朝集使於紫宸殿……《兩

京記》：大明宮有紫宸殿，在宣政殿北，即內衙正殿。"《宋史·宋庠傳》："唐有大內，又有大明宮……宮之正南門曰丹鳳門，門內第一殿曰含元殿，大朝會則御之；第二殿曰宣政殿，謂之正衙，朔望大册拜則御之；第三殿曰紫宸殿，謂之上閣，亦曰內衙，隻日常朝則御之。"清顧炎武《歷代宅京記·關中四》："第三殿曰紫宸殿，謂之上閣，亦曰內衙，隻日常朝則御之。"

【上閣】

即紫宸殿[1]。此稱唐代已行用。見該文。

【上閣】

即紫宸殿[1]。此稱唐代已行用。見該文。

【內衙】

即紫宸殿[1]。此稱唐代已行用。見該文。

延英殿

唐大明宮內殿名。在紫宸殿之西。爲皇帝雙日或非時召見群臣議論政事之所。亦爲宴百官、會諸將、承恩獎之處。唐上元年間置。《唐六典》卷七："大明宮宣政殿之左曰東上閣，右曰西上閣，次西曰延英門，其內之左曰延英殿，右曰含象殿。"宋王應麟《玉海·宮室·殿下》："《會要》：初有大明，即有是殿，召對大臣則始於代宗。《苗晉卿傳》：代宗立，年老乞閑；日入政事堂，帝優之爲御小延英召對。宰相對小延英自晉卿始。宰相晉卿對延英，群臣初無許預之例。韓皋爲中丞，有所陳必於紫宸。上謂曰：'與卿言，不盡，可來延英與卿從容。'則是特許其對也。貞元元年十二月詔延英視事日，令常參官七人對政得失。七年詔每御延英，諸司官長奏本司事，則百官許對延英矣。憲宗時，元稹爲拾遺，乞於延英訪問。"又："承恩獎：李晟、馬燧，貞元五年九月見延英殿。德

宗嘉其勛，下詔圖凌烟閣。九年十月燧對延英殿……對宰臣：自中葉以後，雙日及非時，大臣奏事，別開延英。李絳爲相，嘗盛夏對延英，帝汗浹衣，絳欲趨出。帝：‘宮中所對，唯宦官、女子。欲與卿講天下事，乃甚樂也。’穆宗數游畋，絳扣延英切諫……宴群臣：代宗寶應元年八月丁巳，宴宰臣已下。九月戊寅，宴郭子儀等，丙申，宴回紇使。永泰元年正月辛亥，宴宰臣。大曆八年十一月戊午，宴宰臣子儀等。開成元年十月慶成節宴。會諸將：代宗寶應元年十月，雍王東討，帝御延英殿大會南北軍諸將，問以東征之事。”《宋史·宋庠傳》云：“唐自中葉以還，雙日及非時，大臣奏事別開延英殿，若今假日御崇政、延和是也。乃知唐制每遇坐朝日即爲入閣，其後正衙立仗，因而遂廢，甚非禮也。”

金鑾殿 [2]

唐大明宮内殿名。在蓬萊殿西，與翰林院相接，故爲文學待詔之所。後多泛指皇宮正殿。《新唐書·李白傳》：“天寶初，南入會稽，與吳筠善。筠被召，故白亦至長安，往見賀知章。知章見其文，嘆曰：‘子謫仙人也。’言於玄宗，召見金鑾殿，論當世事，奏頌一篇，帝賜食，親爲調羹。有詔供奉翰林，白猶與飲徒醉於市。”宋王應麟《玉海·宮室·殿上》：“《兩京記》：大明宮紫宸殿北曰蓬萊殿，其西曰還周殿，還周西北曰金鑾殿。長安殿在金鑾殿西南。蓬萊殿西，龍首山支隴起平地上有殿名金鑾殿，殿旁坡名金鑾坡。《續翰林志》：唐制駕在大內，則明福門內置學士院；駕在興慶宮，則金明門內置院。德宗移院於金鑾坡上。《會要》：學士院在銀臺門内，又置東翰林院於金鑾殿西。《五

代會要》：殿因金鑾坡以爲名，與翰林院相接。”元白樸《東墻記》：“脱却舊布衣，直走上金鑾殿。”

麟德殿

亦稱“三殿”。唐大明宮内殿名。位於大明宮西部。以其一殿而有三面，故亦稱“三殿”。爲皇帝召見群臣、宴百官及外使之所。宋王應麟《玉海·宮室·殿下》：“《兩京記》：金鑾西南曰長安殿，長安殿北曰仙居殿，仙居西北曰麟德殿。此殿三面，故以三殿名。東南、西南有閣，東西有樓，内宴多於此……三殿者，麟德殿也。一殿而有三面，故名。亦曰三院結鄰。郁儀樓即三殿之東西廊也。《兩京新記》：西京大明宮中有麟德殿，三面。玄宗與諸王、近内臣宴，多於此殿。”又：“《舊記》：高宗上元元年九月辛亥，百僚具新服，上宴於麟德殿，殿在大明宮拾翠殿西。德宗貞元四年三月甲寅，宴群臣於麟德殿，設九部樂，内出舞馬，上賦詩一章，群臣屬和。《寧王憲傳》：明皇天性順睦，雖讒説亂其間，而卒無以搖時。有鶺鴒千數集麟德殿廷木翔栖。浹日左清道、率府長史魏光乘作頌，以爲天子友悌之祥。帝喜，亦爲作頌……《會要》：貞元三年三月造會慶亭於麟德殿前。十年九月，南詔使朝見於麟德殿，上所錫賚甚厚。《實錄》：永貞元年六月景申皇太子見四方使於麟德殿西亭。元和二年二月丁丑，以寒食節御麟德殿，宴宰臣杜佑等。七年正月癸酉，御麟德殿，宴南詔、渤海、牂柯等使，乙酉宴涇原節度使朱忠亮。”又引唐李庚《西都賦》：“啓九重開三殿，齒群官於次坐，召公族於内宴。”清顧炎武《歷代宅京記·關中四》：“憲宗元和十三年春二月，詔六軍使修麟德殿，

浚龍首池,起承暉殿。雕飾綺煥,徒佛寺之花木以充焉。"1957—1962年、1980—1984年,中國科學院考古研究所和中國社會科學院考古研究所先後對麟德殿進行了勘察和發掘。麟德殿臺基南北長130米,東西寬80多米。臺基上建有前、中、後毗連的三殿,中殿左右分別建有東亭和西亭,後殿左建郁義樓,右建結麟樓。周圍繞以迴廊,建築面積達12300平方米。階道鋪蓮花方磚,散水用黑色方磚。臺基上安有望柱、構欄和螭首等裝飾。螭首繪有紅、藍、綠色。基址中出土大量黑色筒瓦、板瓦及少量琉璃瓦片。

【三殿】

即麟德殿。此稱唐代已行用。見該文。

宣政殿

亦稱"正衙"。唐都長安大明宮內殿名。即正衙殿。爲舉行朝中儀式之處。《舊唐書·地理志一》:"明堂之西有武成殿,即正衙聽政之所也。"宋王應麟《玉海·宮室·殿上》:"《會要》:高宗永隆二年正月十日,以太子初立欲大會群臣命婦合宴宣政殿,太常博士袁利正上疏曰:'前殿、正寢、象闕、路門,非命婦宴會、倡優近御之所。'帝從之,改向麟德殿。《肅宗紀》:乾元元年正月戊寅,上皇天帝御宣政殿,授皇帝傳國受命寶符册。二年九月丙寅誕日,宴百官於宣政殿。《舊紀》:至德二載十二月甲子,上皇御宣政殿,册皇帝尊號。乾元二年九月丁亥,上御宣政殿,試文、經、邦、國等四科舉人。建中元年十一月辛酉朔朝,集使及貢士見於宣政殿。元和三年正月癸巳,御宣政殿受徽號,移仗御丹鳳樓大赦。三月乙巳,御宣政殿試制科舉人。元和十四年七月己丑,

御宣政殿册尊號、丹鳳樓大赦。寶曆三年十二月乙巳,文宗即位於宣政殿。開成元年正月辛丑朔,御宣政殿大赦改元。《兩京記》:大明宮含元殿後有宣政殿,即正衙殿也。朔望大册拜則御之。李華《賦》:布大政於宣政,澹宸心於紫宸。"唐白居易《紫毫筆》詩:"臣有奸邪正衙奏,君有動言直筆書。"宋司馬光《涑水記聞》卷八:"丹鳳之內曰含光〔元〕殿,每至大朝會,則御之。次曰宣政殿,謂之正衙,朔望大册拜,則御之。"《新唐書·選舉志下》云:"玄宗即位,屬精爲治,左拾遺內供奉張九齡上疏言:'縣令、刺史,陛下所與共理,尤親於民者也。今京官出外,乃反以爲斥逐,非少重其選不可……'於是下詔,擇京官有善政者補刺史……凡官不歷州縣,不擬臺省,已而悉集新除縣令宣政殿,親臨問以治人之策,而擢其高第者。"《資治通鑑·後唐明宗天成元年》:"丁巳,初令百官正衙常朝外,五日一赴內殿起居。"《續資治通鑑·宋太宗淳化二年》:"今之文德殿,即唐之宣政殿也,在周爲中朝,在漢爲前朝,在唐爲正衙。"

【正衙】[2]

即宣政殿。此稱唐代已行用。見該文。

興慶宮

亦稱"南內"。唐玄宗所居之宮殿。位於陝西西安唐長安城遺址外郭城春明門內衛北。皇帝居住之宮殿稱大內,又稱南內。南宋皇帝居住大內,明英宗居皇城中之小南內。唐代長安之興慶宮,原係玄宗爲藩王時故宅,開元二年(714)置爲離宮,十四年擴建置朝堂,十六年竣工。以其位於大明宮(東內)之南,故稱。唐玄宗與楊貴妃的愛情故事見唐白居易《長恨

歌》："西宮南内多秋草，落葉滿階紅不掃。"又見清洪昇《長生殿·雨夢》："朕自蜀還京，退居南内，每日只是思想妃子。"《宋史·輿服志六》："皇帝之居曰殿，總曰大内，又曰南内。"宋周密《武林舊事·乾淳奉親》："官家恭請太上、太后來日就南内排當。"清吳長元《宸垣識略·皇城一》："緞匹庫庫神廟，在内東華門外小南城，名里新庫，即明英宗所居之南内。永樂中所謂東苑也。"清孔尚任《桃花扇·餘韻》："南内湯池仍蔓草，東陵輦路又斜陽。"天寶十三載（754，《舊唐書》作"十二"）又築興慶宮城，并起城樓，平面呈長方形，南北長 1250 米，東西寬 1075 米。宮墻四面設門，正門興慶門在西墻偏北處，東側有夾城復道與大明宮、芙蓉園相通。宮内南部有龍池，東西長 915 米，南北最寬 214 米。池北為宮殿區，南為園林區，勤政務本樓與花萼相輝樓（詳本説《樓閣考》"勤政樓""花萼樓"文）在宮城西南隅。發掘中出土琉璃瓦及大量蓮花紋方磚等，表明建築物豪華壯麗。1958 年在遺址範圍内闢興慶公園。

【南内】

即興慶宮。此稱唐代已行用。見該文。

紫微殿

唐代殿名。建於貞觀十二年（638）。位於顯道門内。宋王應麟《玉海·宮室·殿上》："〔貞觀〕十二年七月，帝游幸敕奉御王孝積於顯道門内起紫微殿十三間，文甍重基，高敞宏壯，帝見之甚悦。"又引《實錄》："貞觀二十二年十月己巳，破龜茲，帝聞之大悦，宴五品以上於紫微殿，謂群臣：'四海寧一，六合無塵，帝王之樂也。'二十三年正月壬子，受俘紫微殿。"

顯德殿

亦稱"明德殿"。唐太子所居東宮之殿名。唐中宗李顯為太子時避諱，改稱明德殿。《新唐書·太宗紀》："〔武德〕九年六月，太宗以兵入玄武門，殺太子建成及齊王元吉。高祖大驚，乃以太宗為皇太子。八月甲子，即皇帝位於東宮顯德殿。"又《五行志》："貞觀十七年四月丙戌，立晉王為皇太子，雄雉集東宮顯德殿前。"宋王應麟《玉海·宮室·殿上》："《會要》：武德九年八月九日太宗即位於東宮明德殿，即顯德殿。中宗諱顯，為太子時改曰明德。"

【明德殿】

即顯德殿。此稱唐代已行用。見該文。

飛霜殿

唐寢殿名。位於華清宮内玄武門之北，瑤光樓之南。故址在今陝西臨潼驪山。為皇帝消夏避暑之處。唐鄭嵎《津陽門》詩："飛霜殿前月悄悄，迎風亭下風颼颼。"清顧炎武《歷代宅京記·關中四》云："〔貞觀〕二十年秋七月辛亥，宴五品以上於飛霜殿。殿在玄武門北，因地形高敞，層閣三城，軒欄相注，又引水為潔渌池，樹白楊槐柳，與陰相接，以滌炎暑焉。"

洛陽宮

亦稱"東都""神都""東京"。唐代東都洛陽之皇宮，在皇城之北。《舊唐書·地理志一》："宮城在都城之西北隅。城東西四里一百八十步，南北二里一十五步。宮城有隔城四重，正門曰應天，正殿曰明堂，明堂之西有武成殿，即正衙，聽政之所也。宮内別殿臺館三十五所。"《新唐書·地理志》曰："東都，隋置。武德四年廢。貞觀六年號洛陽宮，顯慶二年曰東都，光宅元年曰神都，神龍元年復曰東都，天寶元年曰東京，上元二年罷京，肅宗元年復爲東都。皇城長千八百一十七步，廣千三百七十八步，周四千九百三十步，其崇三丈七尺，曲折以象南宮垣，名曰太微城。宮城在皇城北，長千六百二十步，廣八百有五步，周四千九百二十一步，其崇四丈八尺，以象北辰藩衛，曰紫微城，武后號太初宮。”宋王應麟《玉海·宮室·宮三》：“《六典》：皇宮在皇城之北，東西四里，南北二里，周回十三里。南面三門：中曰應天，左曰興教，右曰光政，其內曰乾元門。興教之內曰會昌、章善，光政之內曰廣運、明福，乾元之左曰萬春，右曰千秋，其內曰乾元殿，即明堂也，證聖元年造，上圓下方，八窗四闥，高三百尺。殿之左曰春暉門，右曰秋景門，北曰燭龍門。明福之東曰武成門，其內曰武成殿。明福之西曰崇賢門，其內曰集賢殿。武成之北曰長壽殿。集賢之北曰仙居殿，東曰億歲殿，又東周明殿，西北出曰洛城西門，其內曰德昌殿，北曰儀鸞殿，南出曰延慶門，又南曰韶暉門，西南曰洛城南門，其內曰洛城殿，又北曰飲羽殿。”

【東都】

即洛陽宮。唐顯慶二年（657）改此稱。見該文。

【神都】

即洛陽宮。唐光宅元年（684）改此稱。見該文。

【東京】

即洛陽宮。唐天寶元年（742）改此稱。見該文。

乾元殿 [1]

亦稱“乾陽殿”“明堂”。唐東都洛陽宮之正殿。唐高宗顯慶元年（656）始建，麟德二年（665）成。武后垂拱四年（688）以此殿爲明堂。開元五年（717）改明堂爲乾元殿。二十七年毀明堂上層，改下層爲乾元殿。宋王應麟《玉海·宮室·殿上》：“《會要》：洛陽宮。顯慶元年敕司農少卿田仁汪修乾元殿，洛陽正殿也。高一百二十尺，東西三百四十五尺，南北一百七十六尺。麟德二年三月十二日殿成。垂拱四年二月十日以殿爲明堂。開元二十七年九月十日於明堂舊址造乾元殿，十月毀明堂上層，改下層爲乾元殿。《舊紀》：開元五年七月甲子，詔改明堂爲乾元殿，通天門爲乾元門。十年十月癸丑，乾元殿復題爲明堂。《褚無量傳》：開元中詔無量等於乾元殿整比四部書。《蘇定方傳》：降都曼俘獻於乾陽殿。王勃上《乾元殿頌》：‘《大壯》摛爻，《斯干》韻雅。道凝茅屋，業盛蒿宮。’隋曰乾陽，唐曰乾元、明堂，後改含元。”

【乾陽殿】

即乾元殿。此稱隋代已行用，爲舊稱。見該文。

【明堂】 [2]

即乾元殿。此稱唐代已行用。見該文。

上陽宮

唐東都洛陽宮名。建於高宗上元中。位於禁苑之東。爲皇帝居住與聽政之所。《新唐書·地理志》：“上陽宮在禁苑之東，東接皇城之西南隅，上元中置，高宗之季，常居以聽政。”又《韋弘機傳》云：“帝嘗言：‘兩都，我東西宅。然因隋宮室日仆不完，朕將更作，奈財用何？’弘機即言：‘臣作司農十年，省惜常費，積二十萬緡，以治宮室，可不勞而成。’帝大悦，詔兼將作、少府二官，督營繕。初作宿羽、高山等宮，徙洛中橋於長夏門，廢利涉橋，人便之。天子乃登洛北絕岸延眺，良久、嘆其美，詔即其地營宮，所謂上陽者。"宋王應麟《玉海・宮室・宮三》："《六典》：上陽宮在皇城之西南。東面二門：南曰提象門，北曰星躔門。提象門內曰觀風門，南曰浴日樓，北曰七寶閣，其內曰觀風殿，其西則有西上陽宮。北曰化成院，西南曰甘露殿，殿東雙曜亭，又西曰麟趾殿，東曰神和亭，西曰洞元堂。觀風之西曰本枝院，又西曰麗春殿，殿東曰含蓮亭，西曰芙蓉亭，又西曰宜男亭，北曰芬芳亭，其內曰芬芳殿。宮之南面曰仙洛門，又西曰通仙門，其內曰甘湯院。次北東上曰玉京門，門內北曰金闕門，南曰太初門。玉京之西曰客省院、蔭殿、翰林院，又西曰上陽宮，宮西曰含露門，玉京西北出曰仙桃門，又西曰壽昌門，門北出曰玄武門，門內之東曰飛龍殿。《會要》：儀鳳四年，車駕入洛，乃移御之上陽宮。神龍元年二月，朝則天皇帝於上陽宮，敕十日一朝，侍御史盧懷慎謹諫。"又引唐李庾《東都賦》云："上陽別宮，丹粉多狀，鴛瓦麟翠，虹梁疊壯……出地標圖，臨池寫障。霄倚霞連，屹屹言言。翼太和而聳觀，側賓曜而疏軒。若蓬萊之真侶、瀛洲之列仙，鸞駕鶴車往來中天。"

集仙殿

亦稱"集賢殿"。唐東都洛陽宮中殿名。唐玄宗開元十三年（725）改稱集賢殿。《新唐書・張說傳》："帝召說與禮官學士置酒集仙殿曰：朕今與賢者樂於此，當遂爲集賢殿。乃下制改麗正書院爲集賢殿書院，而授說院學士、知院事。"又《桓彥範傳》："彥範等斬關入，士皆鼓譟。時武后處迎仙宮之集仙殿。斬易之等廡下，后聞變而起。"《資治通鑑・唐玄宗開元十三年》："張說草封禪儀獻之。夏，四月，丙辰，上與中書門下及禮官學士宴於集仙殿。上曰：仙者憑虛之論，朕所不取。賢者濟理之具，朕今與卿曹合宴，宜更名曰集賢殿。"胡三省注引《唐六典》："洛陽宮南面三門，中曰應天，左曰興教，右曰光政；光政之內曰廣運，其北曰明福；明福之西曰崇賢門，其內曰集賢殿。"

【集賢殿】

即集仙殿。此稱唐代已行用。見該文。

長生殿 [1]

亦稱"長生院"。唐代皇宮之寢殿。《舊唐書・陳夷行傳》："寶曆末，由侍御史改虞部員外郎，皆分務東都。太和三年入爲起居郎、史館修撰，預修《憲宗實錄》，四年獻上。轉司封員外郎。五年遷史部郎中，四月召充翰林學士。八年兼充皇太子侍讀，詔五日一度入長生院，侍太子講經。"《資治通鑑・則天后長安四年》云："太后寢疾，居長生院，宰相不得見者累月，惟張易之，昌宗侍側。"胡三省注："長生院，即長生殿；明年五王誅二張，進至太后所寢長生殿，同此處也。蓋唐寢殿皆謂之長生殿。此武后寢疾之長生殿，洛陽宮寢殿也。肅宗大漸，越王係授甲長生殿，長安大明宮之寢殿也。"

【長生院】

即長生殿 [1]。此稱五代時期已行用。見該文。

長生殿 [2]

亦稱"集靈臺"。唐代殿名。在今陝西臨潼驪山故華清宮中。唐玄宗天寶元年（742）置。《舊唐書・玄宗紀下》："〔天寶元年〕冬十月丁酉，幸温泉宫。辛丑，改驪山爲會昌山，仍於秦坑儒之所立祠宇，以祀遭難諸儒。新成長生殿，名曰集靈臺，以祠天神。"《新唐書·禮樂志十二》："帝幸驪山，楊貴妃生日，命小部張樂長生殿，因奏新曲，未有名，會南方進荔枝，因名曰《荔枝香》。"唐白居易《長恨歌》："七月七日長生殿，夜半無人私語時。"唐李商隱《漢宫詞》："青雀西飛竟未迴，君王長在集靈臺。"

【集靈臺】

即長生殿[2]。此稱唐代已行用。見該文。

晋陽宫

唐代宫名。在北都（今山西太原）西北。《通志·北齊紀十六》："神武請於并州置晋陽宫，以處配口，三月乙未，神武朝鄴，丙午還晋陽。"《新唐書·地理志》："北都，天授元年置。神龍元年罷。開元十一年復置。天寶元年曰北京，上元二年罷。肅宗元年復爲北都。晋陽宫在都之西北，宫城周二千五百二十步，崇四丈八尺。都城左汾右晋，潛丘在中，長四千三百二十一步，廣三千一百二十二步，周萬五千一百五十三步，其崇四丈。汾東曰東城，貞觀十一年長史李勣築。兩城之間有中城，武后時築，以合東城。宫南有大明城，故宫城也。宫城東有起義堂。倉城中有受瑞壇。唐初高祖使子元吉留守，獲瑞石，有文曰'李淵萬吉'，築壇，祠以少牢。"

太武殿

後趙鄴都（今河北臨漳）之朝會正殿。爲石季龍所建。北魏酈道元《水經注·濁漳水》："石氏于文昌故殿處，造東西太武二殿，於濟北穀城之山，采文石爲基。一基下五百武直宿衛。"

屈柱跌瓦，悉鑄銅爲之，金漆圖飾焉。又徙長安、洛陽銅人，置諸宫前，以華國也。"楊守敬疏："《鄴中記》：石虎於魏武故殿立太武殿……濟北穀城縣穀城山有文石，石文鮮明。虎使采取以治宫殿。《晋書·載記》：咸康二年，起太武殿。"清顧炎武《歷代宅京記·鄴上》："太武殿高二丈八尺，以文石絆之，下穿伏室，置衛士五百人於其中。東西七十五步，南北六十五步。皆漆瓦、金鐺、銀楹、金柱、珠簾、玉壁，窮極伎巧。"又《鄴下》："今考《晋書·載記》：〔石〕虎燕享群臣，遵僭即僞位皆在太武，蓋朝會正殿也。魏宫室焚毀於汲桑，故石虎於文昌故殿作太武殿。復於其後作東西二殿，故有東堂、西堂、東閣、西閣，其皆宫寢便殿之名歟。虎作太武殿，基高二丈八尺，東西七十步，南北六十五步，以濟北穀城山文石砌之，下穿伏室，置衛士五百人。屋皆漆瓦金鐺，銀楹金柱，柱砆亦鑄銅爲之。珠簾玉壁，窗户宛轉，盡作雲氣。復施流蘇之帳，白玉之床，黄金蓮花見於帳頂，以五色錦編蒲心而爲薦蓆。又作金龍頭，吐酒於殿東廂，口下安金樽，可容五十斛，于大宫置地道百餘步，酒入龍脚出口中，正供正會。又以郡國所送蒼麟十六，白鹿七，命司農張昌柱調之，以駕芝蓋，列於充庭之乘。造庭燎於崇杠之末，高十餘尺，上盤置燎，下盤置火，縆繳上下。"

九華宫

後趙鄴都（今河北臨漳）北城之宫名。爲石虎所建。以三三爲位，故稱九華。《十六國春秋後趙五·石虎上》："城之西北有三臺，皆因城爲基，巍然崇舉……又建九華宫，以三三爲位，謂之九華。"又《晋書·石季龍載記》："又起靈風臺九殿於顯陽殿後，"選士庶之女以充之後庭。服綺縠、玩珍奇者萬餘人，置女官十有八等，教宮人星占及馬步射。置女太史於靈臺，仰觀灾祥，以考外太史之虛實。又置女鼓吹、羽儀、雜伎、工巧，皆與外侔。"清顧炎武《歷代宅京記·鄴下》："《鄴都故事》曰：〔九華〕宮在銅雀臺東北，石虎以建武元年秋建，以三三爲位，謂之九華。沈約詩曰：'照耀三爵臺，徘徊九華殿。'"又："顯陽殿後有九殿，居宮嬪於其中，故總名其宮爲九華宮也。"

顯陽殿

後趙鄴都（今河北臨漳）九華宮之正殿。《晉書·惠帝紀》："十一月庚午，帝崩於咸陽殿，時年四十八，葬太陽陵。"

東京大內

北宋都城開封之皇宮。其宮殿建築，均按洛陽宮殿布局而建。宋王應麟《玉海》卷一五八："東京大內據闕城之西北，宮城周迴五里。"《宋史·地理志一》："東京，汴之開封也。梁爲東都，後唐罷。晋復爲東京。宋因周之舊爲都。建隆三年，廣皇城東北隅，命有司畫洛陽宮殿，按圖修之，皇居始壯麗矣……宮城周迴五里。南三門：中曰乾元，東曰左掖，西曰右掖。東西面門曰東華、西華。北一門曰拱宸。乾元門內，正南門曰大慶，東西橫門曰左右升龍。左右北門內各二門曰左右長慶，左右銀臺。東華門內一門曰左承天祥符，西華門內一門曰右承天。左承天門內道北門曰宣祐。正南門內正殿曰大慶，東西門曰左右太和。正衙殿曰文德，兩掖門曰東西上閣，東西門曰左右嘉福。大慶北有紫宸殿，視朝之前殿也。西有垂拱殿，常日視朝之所也。次西有皇儀殿，又次西有集

英殿，宴殿也。殿後有需雲殿，東有昇平樓，宮中觀宴之所也。宮後有崇政殿，閱事之所也。殿後有景福殿，西有殿北向，曰延和，便坐殿也。凡殿有門者，皆隨殿名。宮中又有延慶、安福、觀文、清景、慶雲、玉京等殿，壽寧堂，延春閣，福寧殿。東西有門曰左右昭慶。觀文殿西門曰延真，其東真君殿，曰積慶。前建感真閣，又有龍圖閣，下有資政、崇和、宣德、述古四殿。天章閣下有群玉、蕊珠二殿，後有寶文閣，閣東西有嘉德、延康二殿，前有景輝門。後苑東門曰寧陽，苑內有崇聖殿、太清樓，其西又有宣聖、化成、金華、西涼、清心等殿，翔鸞、儀鳳二閣，華景、翠芳、瑶津三亭。延福宮有穆清殿，延慶殿北有柔儀殿，崇徽殿北有欽明殿。延福殿北有廣聖宮，內有太清、玉清、冲和、集福、會祥五殿，建流盃殿於後苑。又有慈德殿，觀稼殿，延曦閣，邇英閣，隆儒殿，慈壽殿，慶壽宮，保慈宮，玉華殿，基春殿，睿思殿，承極殿，崇慶、隆祐二宮，睿成宮，宣和殿，聖瑞宮，顯謨閣，玉虛殿，玉華閣，親蠶宮，燕寧宮，延福宮，保和殿，玉清神霄宮，上清寶籙宮，萬歲山、艮嶽。"

大慶殿

亦稱"崇元殿""乾元殿""朝元殿""天安殿"。北宋京城大內之正殿。爲大朝會、策尊號、行明堂大禮之所。《宋史·地理志一》："正南門內正殿曰大慶……大慶殿舊名崇元，乾德四年重修，改曰乾元，太平興國九年改朝元，大中祥符八年改天安，明道三年改今名。〔大慶殿〕北有紫宸殿，視朝之前殿也。西有垂拱殿，常日視朝之所也。次西有皇儀殿，又次西有集英殿，宴殿也。殿後有需雲殿，東有昇平

樓，宫中觀宴之所也。宫後有崇政殿，閲事之所也。殿後有景福殿，西有殿北向，曰延和，便坐殿也。凡殿有門者，皆隨殿名。"宋葉夢得《石林燕語》卷六："大慶殿，初名乾元，太平興國、祥符中，皆因火改爲朝元、天安，景祐中，方改今名。有龍墀、沙墀。凡正旦至大朝會、策尊號，則御焉。郊祀大禮，則駕宿於殿之後閣，百官爲次，宿於前之兩廊。皇祐初，始行明堂之禮，又以爲明堂。仁宗御篆明堂二字，每行禮則旋揭之，事已復去。文德殿在大慶殿之西少次，舊曰端明，後改文明，祥符中因火再建，易今名。紫宸殿在大慶殿之後少西。其次又爲垂拱殿，自大慶殿後紫宸、垂拱之兩間，有柱廊相通，每月視朝，則御文德，所謂過殿也。東西閣門，皆在殿後之兩旁，月朔不御過殿，則御紫宸，所謂入閣也。月朔與誕節，郊廟禮成，受賀，契丹辭見，亦皆御紫宸。文德遇受册、發册，明堂宣赦亦御，而不常用。宣麻不御殿，而百官即庭下聽之。紫宸不受賀，而拜表稱賀，則於東上閣門。國忌未赴景靈宫，先進名奉慰，則於西上閣門，亦即庭下拜而授閣門使，蓋以閣不以殿也。惟垂拱爲日御朝之所。"清顧炎武《歷代宅京記·開封》："《大金國志》……'汴京制度，宣宗所遷，大概依宋之舊。故宫宫墻四角皆有樓，高五丈，每樓一所，兩旁各有屋，以裹墻角。自左掖門向西三十步横入一門，號左昇龍門。入此門即大慶門外，游峻廊上俯瞰城中，正望丹鳳樓後，下樓即右昇龍門，此兩門通左右掖門，横通大慶門外。其門有三：中曰大慶，東曰日精，西曰月華。門旁皆列戟，入此門望見大慶殿，殿前有兩樓對峙，東曰嘉福，西曰嘉瑞。大慶殿屋十一間，

龍墀三級，旁朶殿各三門，峻廊後與兩廡相接。樓壁畫四龍，各長數丈，乃宣宗渡河後畫。中有御畫小龍，用拱斗斗成一方井，如佛正殿，蓋中有一金龍，以絲網罩之，此正衙也。"

【崇元殿】

即大慶殿。此稱宋代已行用，爲舊稱。見該文。

【乾元殿】[2]

即大慶殿。宋乾德四年（966）改稱。見該文。

【朝元殿】

即大慶殿。宋太平興國九年（984）改稱。見該文。

【天安殿】

即大慶殿。宋大中祥符八年（1008）改稱。見該文。

崇政殿

亦稱"簡賢講武"。北宋汴京大内之宫殿，爲皇帝閲事之所。《宋史·地理志一》："宫後有崇政殿，舊名簡賢講武。太平興國二年改今名。"宋王應麟《玉海·宫室·殿下》云："内東門之北，崇政殿，舊曰簡賢講武，興國八年四月乙卯改。殿東西邇英、延義二閣，閣後隆儒殿。崇政殿有柱廊，次北景福殿，試貢舉人考官，設次於兩廡。雍熙二年後試進士。咸平四年後試制科皆於崇政殿。大中祥符七年始建額，即閲事之所也。"

【簡賢講武】

即崇政殿。此稱宋代已行用，爲舊稱。見該文。

垂拱殿

亦稱"長春殿""勤政殿"。爲北宋皇帝常

日視朝之所。舊稱長春殿，明道初改稱勤政殿，繼改稱今名。宋王慶麟《玉海·宮室·殿下》云：“紫宸殿西，垂拱殿門。其東北角門通紫宸殿。每日樞密使以下立班殿庭，候傳宣不坐，即赴垂拱殿起居。垂拱殿舊曰長春，明道元年十月改勤政，十一月改垂拱，即常日視朝之所。節度使、契丹使辭見亦宴此殿。”《宋史·神宗紀》：“員外郎蔡京編手詔，庚子以蔡京爲起居郎，仍同。詳定官制，丁未垂拱殿宴修史官。”

【長春殿】

即垂拱殿。此稱宋代已行用，爲舊稱。見該文。

【勤政殿】

即垂拱殿。此稱宋代已行用，爲舊稱。見該文。

紫宸殿 [2]

亦稱“崇德殿”。北宋汴京大內視朝之前殿。原名崇德殿，明道初改今名。宋王應麟《玉海·宮室·殿下》：“舊名崇德殿，在宣祐門西。明道元年十月甲辰改紫宸。即視朝之前殿。每誕節稱觴及朔望御此殿。開寶八年三月，契丹遣使來聘，召見崇德殿。晋王及百官以契丹通好詣崇德殿賀。太平興國二年，對契丹使於崇德殿。景德二年十一月，契丹使來賀，對於崇德殿。大中祥符二年十二月，宴契丹使於崇德殿……明道二年十一月，宴近臣於紫宸殿。慶曆五年十一月丁亥，宴宗室於紫宸殿。皇祐五年六月七日，御紫宸殿，奏大安樂。熙寧二年五月六日，宴宰臣百官宗室於紫宸殿。雍熙二年十月，御崇德殿，引問御史臺開封禁囚疏決之謂。”《宋史·太祖紀》：“己亥，群臣請聽政，從之。庚子，以太后喪，權停時享。辛丑，

見百官於紫宸殿門。壬子，祈雨。庚申，釋服。秋七月壬戌，以皇太后殯，不受朝。”

【崇德殿】

即紫宸殿 [2]。此稱宋代已行用，爲舊稱。見該文。

文德殿

亦稱“端明殿”“文明殿”。北宋汴京大內之正衙殿。爲皇帝視朝之所。宋王應麟《玉海·宮室·殿下》：“後唐曰端明，國初改文明，太平興國九年五月丁丑，殿災，七月壬子，改今名，即正衙殿。太祖時元朔亦御此殿，其後常陳入閣，儀如大慶殿，饗明堂，恭謝天地，即齋於殿之後閣。熙寧以後月朔視朝御此殿。殿庭東南隅有鼓樓，其下漏室，西南隅鐘鼓。殿兩挾有東上、西上閣門，東西兩廊門曰左右嘉福。南門曰長慶，北門曰嘉肅。東西門曰左右勤政。淳化中張洎奏，今文德殿即唐之宣政，在周爲中朝，在漢爲前殿，在唐爲正衙。凡朔望起居、大冊拜、對四夷君長、試制舉人，皆在此。乾德三年冬至四年正旦，皆受朝賀於文德殿。天聖二年十一月，文德殿上皇太后尊號。治平二年、熙寧二年、元祐二年、崇寧二年，發皇太后冊寶於文德殿。發中宮冊寶亦於文德殿。熙寧三年，宋敏求言本朝惟入閣乃御文德殿視朝。今既不用入閣儀，欲約唐制宣政殿定朔望御文德殿儀，以備正衙。視朝之制，詔定儀注。元豐四年五月十九日，御文德殿視朝。”《宋史·真宗紀》：“八月辛亥，御文德殿，文武百官入閣。”

【端明殿】

即文德殿。此稱五代時期已行用，爲舊稱。見該文。

【文明殿】

即文德殿。此稱宋代已行用，爲舊稱。見該文。

集英殿

亦稱“大明殿”。北宋京城大内之宴殿，後爲進士殿試之所。宋葉夢得《石林燕語》卷六：“集英殿，舊大明殿也。明道中改今名。每春秋大燕皆在此。太祖嘗御策制科舉人，故後爲進士殿試之所。其東廊後，有樓曰昇平，舊紫雲樓也。每大燕，則宮中登而觀焉。”《宋史·神宗紀》：“甲申，西南藩來貢。丁亥，大宴集英殿。”

【大明殿】 2

即集英殿。此稱宋代已行用，爲舊稱。見該文。

西京大内

宋代洛陽之皇宮。位於京城之西北。宋王應麟《玉海》卷一五八：“《會要》西京大内，據京城之西北，宮城周迴九里三百步，南向三門。”《宋史·地理志一》：“西京，唐顯慶間爲東都，開元改河南府，宋爲西京，山陵在焉。宮城周迴九里三百步，城南三門：中曰五鳳樓，東曰興教，西曰光政。東一門曰蒼龍，西一門曰金虎，北一門曰拱宸。五鳳樓内，東西門曰左右永泰門，外道北有鸞和門，右永泰門西有永福門。興教、光政門内各三門，曰左、右安禮，左、右興善，左、右銀臺。蒼龍、金虎門内第二隔門曰膺福、千秋。膺福門内道北門曰建禮。正殿曰太極，殿前有日、月樓，日華、月華門，又有三門，曰太極殿門。後有殿曰天興，次北殿曰武德，西有門三重，曰應天、乾元、敷教。内有文明殿，旁有東上閣門、西上

閣門，前有左、右延福門。後又有殿曰垂拱，殿北有通天門，柱廊北有明福門，門内有天福殿，殿北有寢殿曰太清，第二殿曰思政，第三殿曰延春。東又有廣壽殿，視朝之所也。北第二殿曰明德，第三殿曰天和，第四殿曰崇徽。天福殿西有金鸞殿，對殿南廊有彰善門。殿北第二殿曰壽昌，第三殿曰玉華，第四殿曰長壽，第五殿曰甘露，第六殿曰乾陽，第七殿曰善興。西有射弓殿。千秋門内有含光殿。拱宸門内西偏有保寧門，門内有講武殿，北又有殿相對。内園有長春殿、淑景亭、十字亭、九江池、砌臺、娑羅亭。宮城東西有夾城，各三里餘。東二門：南曰賓曜，北曰啓明。西二門：南曰金曜，北曰乾通。宮室合九千九百九十餘區。皇城周迴十八里二百五十八步。南面三門：中曰端門，東西曰左、右掖門。東一門曰宣仁。西三門：南曰麗景，與金曜相直；中曰開化，與乾通相直；北曰應福。内皆諸司處之……政和元年十一月，重修大内，至六年九月畢工。朱勝非言：政和間，議朝謁諸陵，敕有司預爲西幸之備，以蔡攸妻兄宋昇爲京西都漕，修治西京大内，合屋殿千間，盡以眞漆爲飾，工役甚大，爲費不貲。而漆飾之法，須骨灰爲地，科買督迫，灰價日增，一斤至數千。於是四郊冢墓，悉被發掘，取人骨爲灰矣。”又《宋昇傳》云：“〔宋〕喬年貶，昇亦謫少府少監，分司南京。未幾，知應天府。喬年卒，起復爲京西都轉運史，苫茸西宮及修三山、新河，擢至顯謨閣學士。方是時，徽宗議謁諸陵，有司預爲西幸之備。昇治宮城，廣袤十六里，創廊屋四百四十間，費不可勝。會髹漆至灰，人骨爲胎，斤直錢數千。盡發洛城外二十里古冢，凡

衣冠叢兆,大抵遭暴掘用是。"

宣和殿

宋宮殿名。在睿思殿後,紹聖四年(1097)建成,元符三年(1100)廢,崇寧初復建。《宋史·地理志一》:"延福殿北有廣聖宮……又有慈德殿,觀稼殿,延曦閣,邇英閣,隆儒殿,慈壽殿,慶壽宮,保慈宮,玉華殿,基春殿,睿思殿,承極殿,崇慶、隆祐二宮,睿成宮,宣和殿。"注:"〔宣和殿〕在睿思殿後,紹聖二年四月殿成,其東側別有小殿曰凝芳,其西曰瓊芳,前曰重熙,後曰環碧。元符三年廢,崇寧初復作。大觀三年,徽宗製記刻石,實蔡京爲之。"宋王庭珪《題宣和御畫》詩:"宣和殿後新雨晴,兩鵲飛來向東鳴。"《宣和遺事》前集:"八月宣和殿有玉芝生於檜樹上,又有鶴三萬餘隻盤旋雲霄之間。"

大明殿[3]

宋元皇宮之正衙殿。爲皇帝登極、正旦、壽節、會朝之所。宋陳暘《樂書》卷一七二:"太祖皇帝乾元殿朝群臣,更詣大明殿上壽詔。"明孫瑴《古微書》:"至元太史郭守敬乃創爲簡義、仰義,及圭表、景符、正方案、大明殿燈漏,皆古人之所未及者,又勝國四海測景之所。"清顧炎武《歷代宅京記·幽州》引《輟耕錄》曰:"大明殿乃登極、正旦、壽節、會朝之正衙也。十一間,東西二百尺,深一百二十尺,高九十尺。柱廊七間,深二百四十尺,廣四十四尺,高五十尺。寢室五間,東西夾六間,後連香閣三間,東西一百四十尺,深五十尺,高七十尺。青石花礎,白玉石圓碣,文石甃地,上籍重茵,丹楹金飾,龍繞其上。四面朱瑣窗,藻井間金繪,飾燕石,重陛朱欄,塗金銅飛雕

冒,中設七寶雲龍御榻,白蓋金縷褥,並設后位,諸王、百僚、怯薛官侍宴坐床,重列左右。前置燈漏,貯水運機,小偶人當時刻捧牌而出。木質銀裏漆甕一,金雲龍蜿繞之,高一丈七尺,貯酒可五十餘石。雕象酒卓一,長八尺,闊七尺二寸。玉甕一,玉編磬一,巨笙一。玉笙、玉箜篌,咸備於前。前懸繡緣珠簾,至冬月,大殿則黃貓皮壁幛,黑貂褥;香閣則銀鼠皮壁幛,黑貂煖帳。凡諸宮殿乘輿所臨御者,皆丹楹、朱瑣窗,間金藻繪,設御榻,褥褥咸備。屋之簷脊皆飾琉璃瓦。"

紫檀殿

元大都皇宮內殿名。在大明殿之西。以紫檀木爲之,故稱。《元史·世宗紀》:"癸酉帝崩於紫檀殿,在位三十五年,壽八十,親王諸大臣發使告哀於皇孫。"清顧炎武《歷代宅京記·幽州》引《輟耕錄》:"文思殿在大明寢殿東,三間,前後軒,東西三十五尺,深七十三尺。紫檀殿在大明寢殿西,制度如文思。皆以紫檀香木爲之,鏤花龍涎香,間白玉飾壁,草色髹綠,其皮爲地衣。"

太和殿

亦稱"奉天殿""皇極殿"。俗稱"金鑾殿[3]"。北京故宮"三大殿"之一。位於故宮中心,乃大朝正殿。爲明清兩代帝王舉行重大典禮之處。凡皇帝即位、誕辰及春節、冬至等重要節日與出兵征討等活動均在此進行。始建於明永樂十八年(1420),十九年毀於雷火。正統六年(1441)重建。初名奉天殿,嘉靖時爲雷火所焚,四十一年(1562)重建,改稱皇極殿。清順治二年(1645)始稱今名。現存建築爲清康熙三十四年(1695)重建。大殿建於高約2

米的漢白玉臺基上。臺基四周矗立成挑雲龍之風望柱，前後各有三座石階，中間石階以巨大石料雕刻有蟠龍、海浪與流雲的御路。殿面闊十一間，進深五間，重檐廡殿頂，高 35.05 米，寬約 63 米，面積 2377 平方米。殿内有瀝粉金漆木柱與精緻的蟠龍藻井。殿中金漆雕龍寶座是封建皇權的象徵。太和殿紅墻黄瓦，富麗堂皇，是故宫最壯觀之建築，亦爲全國最大的木構殿宇。明劉若愚《酌中志·大内規制紀略》："皇極殿，即奉天殿也，金磚玉瓦。"清黄宗羲《明司馬澹若張公傳》："皇極殿工已抵八九，止用銀壹百伍拾萬兩。"清于敏中《日下舊聞考·宫室·明一》："上曰皇極殿，中曰中極殿，後曰建極殿，所謂三大殿也。"《大清一統志·京師一》："太和門内爲太和殿，大朝正殿也。太和殿前東爲體仁閣，西爲宏義閣。"《清會典·工部·宫殿》："紫禁城，正中爲太和殿，殿基高二丈，殿高十一丈，廣十間，縱五間，上爲重檐垂脊，正吻二，旁吻四，前後金扉四十，金鎖窗十六，中間設御座。"《清史稿·地理志一》云："左昭德門體仁閣，右貞度門宏義閣，其内則太和、中和、保和三殿，至乾清門止。"

【奉天殿】

即太和殿。此稱明代已行用，爲舊稱。見該文。

【皇極殿】

即太和殿。此稱明代已行用，爲舊稱。見該文。

【金鑾殿】[3]

"太和殿"之俗稱。此稱明代已行用。見該文。

中和殿

亦稱"華蓋殿""中極殿"。北京故宫"三大殿"之一。在太和殿後。建於明永樂十八年（1420），初名華蓋殿。嘉靖四十一年（1562）改名中極殿。清順治二年（1645）始稱今名。殿之平面呈方形，黄琉璃瓦四角攢尖頂，正中有鎏金寶頂。皇帝去太和殿舉行大典，必行於此小憩，接受内閣、禮部及侍衛執事人員朝拜。每逢加皇太后徽號與各種大禮前一天，皇帝亦在此閲覽奏章與祝辭。《大清一統志·京師一》："由太和殿入爲中和殿、保和殿。左有中左門、後左門，右有中右門、後右門。"清查慎行《人海記》："明朝故事，御批一甲三人卷，用玉管筆，拆卷在中極殿左。"

【華蓋殿】

即中和殿。此稱明代已行用，爲舊稱。見該文。

【中極殿】

即中和殿。此稱明代已行用，爲舊稱。見該文。

保和殿

亦稱"謹身殿""建極殿"。在北京故宫中和殿後，爲故宫"三大殿"之一。明永樂十八年（1420）建，十九年毁於雷火，正統六年（1441）重建。原名謹身殿，嘉靖四十一年（1562）改稱建極殿。清順治二年（1645）始稱今名。乾隆時重修。大殿面闊九間，平面呈方形，黄琉璃瓦四角攢尖頂，殿内陳設華貴。明代册立皇后與皇太子，皇帝須先到此殿穿袞服，後至奉天殿受賀或頒詔。清時每年除夕及元宵，皇帝於此宴請王公貴族及文武大臣。乾隆後期，成爲殿試場所。《清會典事例·工部·宫殿》：“〔中和殿〕其後爲保和殿，深廣九楹，前陛三出南嚮，後陛三出北嚮，自太和殿至保和殿，南廡丹楹相接，四隅各有崇樓，中路甬道相屬。”

【謹身殿】

即保和殿。此稱明代已行用，爲舊稱。見該文。

【建極殿】

即保和殿。此稱明代已行用，爲舊稱。見該文。

交泰殿

在北京故宮內。以其位於乾清宮與坤寧宮之間，取天地交泰之義，故稱。始建於明永樂十八年（1420），清嘉慶三年（1798）重建。殿平面呈方形，面闊、進深均爲三間，黃琉璃瓦四角攢尖鎏金寶頂。殿中設寶座，座後有屏風四扇，上有乾隆御筆《交泰殿銘》。清代封皇后，授皇后冊寶儀式皆在此舉行。元旦、冬至、千秋（皇后生日）三大節日，皇后皆於此殿接受朝賀。乾隆十三年（1748），皇帝取《周易》“天數二十有五”之意，將代表皇權之二十五顆寶璽收藏於此。明劉若愚《酌中志・大内規制紀略》：“〔乾清宮大殿〕再北則穿堂，居中圓殿曰交泰殿，其滲金圓頂，亦猶中極殿之制也。”《明史・輿服志四》：“乾清宮是曰正寢，後曰交泰殿，又後曰坤寧宮。”

乾清宮

在北京故宮内庭最前面。建於明永樂十八年（1420），清嘉慶三年（1798）重修。明崇禎十七年（1644）皇帝朱由檢因李自成率義軍攻打北京，自此倉皇出逃，自縊於景山。清康熙前向爲皇帝居處及處理政務之處。清雍正後皇

帝移居養心殿，但仍在此批閱奏章、選派官吏與召見臣僕。咸豐三年（1853）清文宗在此派兵鎮壓太平軍。光緒二十七年（1901）後慈禧在此與外國使節多次勾結，出賣民族利益。《明史・武宗紀》：“十二月甲寅建乾清宮，加天下賦一百萬，是年，安南、哈密、烏斯藏入貢。”清吳振棫《養吉齋餘錄》卷三：“康熙四十一年十一月初八日，聖祖御乾清宮。”

坤寧宮

在北京故宮内庭最後面，位於交泰殿之北。明永樂十八年（1420）建，爲皇后寢宮。崇禎十七年（1644），李自成率起義軍攻打北京，崇禎帝逃至景山自縊，其皇后吊死於此。清順治十二年（1655）按滿族習俗重建，東閣成爲祭祀場所，西閣改爲皇帝大婚洞房。康熙、同治、光緒三帝，均在此舉行婚禮。清吳振棫《養吉齋叢錄》卷七：“坤寧宮廣九楹，每歲正月十月，祀神於此，賜王公大臣吃肉。至朝祭、夕祭，則每日皆然。”《清史稿・禮志四》云：“坤寧宮祀神，昉自盛京，既建堂子祀天，復設神位清寧宮正寢。世祖定燕京，率循舊制，定坤寧宮祀神禮。宮廣九楹，東暖閣懸高宗御製銘，略言：‘首在盛京，清寧正寢，建極熙鴻，貞符義審，思媚嗣徽，松茂竹苞，神罔時恫，執豕酌匏。’其眷眷祀神如此。宮西供朝祭神位，北夕祭神位，廷樹杆以祀天。朝祭神爲佛、爲關聖；夕祭神爲穆哩罕諸神。祝辭所稱納丹岱琿爲七星之祀，喀屯諾延爲蒙古神，並以先世有功而祀者。餘如年錫、安春阿雅喇諸號，納爾琿、安哲、鄂囉羅諸字，雖訓義未詳，而流傳有自。綜其所祀，曰元旦行禮，曰日祭，曰月祭及翼日祭，曰報祭，曰大祭，曰背鐙祭及翼

日祭，曰四季獻神。其儀節大率類堂子。"

奉先殿

在北京舊清宫景運門東。順治十三年
（1656）建。世祖以太廟時享，逾時稍遠，故
建此殿以便奠獻。南嚮，其制如太廟。《大清一
統志·京師一》云："奉先殿在景運門東，前後
殿各七楹，中設暖閣、寶床，内安神龕。順治
十三年，世神章皇帝以太廟時享，逾時稍遠，
思得朝夕奠獻，以展孝思，因建此殿。自後每
逢萬壽聖誕及國家大典禮，若乘輿出入則有告，
歲時節序每月朔望則有薦，忌辰則有祭，供獻
禮儀。"《清史稿·禮志四》："奉先殿，順治十三
年詔建景運門東北，前後各九楹，如太廟寝制，
中爲堂，左神庫，右神厨，明年殿成。"《清會
典事例·工部·宫殿》："順治十四年，敕建奉先
殿前後殿，各七楹。"

武英殿

在北京故宫西華門内。建於明永樂十八
年（1420）。明時爲命婦朝皇后之處。明末李
自成曾於此登極稱帝。清乾隆時校刻《十三經》
《二十四史》於此，名武英殿本，簡稱殿本。明
劉若愚《酌中志·大内規則紀略》："〔仁智殿〕
東南曰思善門，門外橋西曰武英殿，命婦朝皇
后於此。"《大清一統志·京師一》云："武英殿
在西華門内，南薰殿在武英殿南。"

重華宫

坐落於北京紫禁城月華門西、百子門之北。
明代已見。清高宗爲王子時所居。高宗即位後，
每歲新正，賜内廷詞臣茶宴於此。《明宫史·宫
殿規制》："東曰永泰門，門之内，街北則重華
宫之前門也。"《清會典·工部·宫殿》："重華宫，
宫在百子門之北，即乾西五所之西二所，高宗

純皇帝龍潛舊邸也。"按，宋代另有同名重華
宫。參閲《宋史·孝宗紀三》。

文華殿

在北京故宫東華門内。建成於明永樂十八
年（1420），明朝曾爲皇太子東宫，清代皇帝
與大臣定期在此講學，然後賜茶、賜宴。《明
史·仁宗紀》："三月壬申，前光禄署丞權謹以孝
行，擢文華殿大學士。"《大清一統志·京師一》：
"文華殿在東華門内，箭亭之南。殿後爲文淵
閣，以庋《四庫全書》。"參閲《明史·職官志
一》《清通典·職官一》。

壽皇殿

清殿名。在北京北上門内、景山東北。爲
清代供奉列聖列后御容之所。《大清一統志·京
師一》："壽皇殿在北上門内，景山後。中峰正
午，甄城戟門，明堂九室，一仿太廟之制而約
之。康熙中，聖祖仁皇帝視射校士於此。乾隆
十四年重建，敬奉列聖列后御容。後遇聖誕忌
辰，皇上親詣行禮。有高宗純皇帝御製碑文。"
《清史稿·禮志四》云："壽皇殿，舊制三室，在
景山東北。太祖、太宗、世祖及列后聖容，向
奉體仁閣。雍正元年，命御史莽鵠立繪聖祖御
容供奉壽皇殿中殿。遇聖誕忌辰、元旦令節，
率皇子、近支王公展謁奠獻。凡奉安山陵、升
祔太廟，禮成皆親詣致祭。蓋月必瞻禮，或至
三詣焉。乾隆元年，奉世宗聖容東一室。嗣後，
列朝聖容依次奉東西室爲恒例。三年，定謁陵
省，方啓蹕回鑾，均詣壽皇殿行禮，尋定萬壽
節行禮，如諸令節儀。十三年，徙建景山正中，
如安佑宫制：大殿九室，左右殿各三楹，東西
配殿各五楹。其冬成，高宗親製碑記。"

雍和宮

清宮名。在安定門內，國子監東，現北京東城區雍和宮大街東側。建於清康熙三十三年（1694），原爲雍正皇帝即位前之府第，雍正三年（1725）改稱今名。雍正十三年因停放雍正帝靈柩，將宮內永佑殿、法輪殿等改易黃瓦。後奉雍正帝影像於永佑殿，并改稱神御殿，雍和宮即成爲清帝供奉祖先的影堂，大部殿宇爲喇嘛誦經之所。乾隆九年（1744）改爲喇嘛廟，十年重修。此宮占地廣大，規模宏麗，院落五進，主要建築有影壁、牌坊、碑亭、天王殿、正殿、永佑殿、法輪殿、萬福閣等。其中法輪殿最爲雄偉，平面呈"十"字形，殿內供銅質宗喀巴大師像，像後有五百羅漢山；黃色琉璃瓦頂上設五個小閣，閣上各有小型喇嘛塔一座，具有典型的藏傳佛教寺廟建築風格。萬福閣爲宮內最大建築，黃瓦歇山頂三層樓閣，閣內有著名的檀香木彌勒站像，高 26 米，比例勻稱，體態雄偉。閣左右并列永康、延綏二閣，以懸空閣道相通，將三閣連爲一體，成爲一組宏麗軒昂的建築群。清陳廷敬《皇清文穎》總目錄二："十月三十日，皇考聖誕辰也，歲歲稱觴獻壽，今忽于雍和宮縞素將事，痛何如之！敬成長律，用記哀忱，攬舊作志懷。"《大清一統志·京師一》："雍和宮在安定門內，國子監東，世宗憲皇帝潛邸也。雍正三年命今名。十三年九月爲暫安奉殿。乾隆十年重修。繚垣四周，南北袤一百二十一丈，東西廣四十九丈，南嚮，前有石坊，門曰昭泰。中曰雍和門，門內爲天王殿，正中爲雍和宮，宮後爲永佑殿，殿後爲法輪殿，東爲藥師壇，西爲戒壇。法輪殿後爲萬福閣，東爲永康閣，後爲綏成殿，有高宗純皇帝御製碑文。"雍和宮建築布局，前半部疏朗開闊，後半部密集而有起伏，殿閣錯落，飛檐宇脊縱橫，爲北京地區現存最大的喇嘛廟。

豐澤園

在北京南海西北。清代爲皇帝行演耕禮之地。園內有頤年堂，原名崇雅殿，乾隆帝常在此設宴賞賜王公宗室。清陳廷敬《皇清文穎》卷首二："聽政時，恒與諸臣工言之于豐澤園之側，治田數畦，環似溪水，阡陌井然。"《大清一統志·京師一》："豐澤園在瀛臺西北，門外一水橫帶，前有稻畦數畝。聖祖仁皇帝、世宗憲皇帝、高宗純皇帝、仁宗睿皇帝勤課農桑，親御未耜之地。有高宗純皇帝御製《豐澤園記》。每歲耕耤，皆先期演耕於此。園內殿舊名崇雅，乾隆十一年（1746），宴王公宗室百有三人於此殿，聯句賦詩，因易名惇叙殿，後曰澄懷堂，榜爲聖祖御筆。康熙初年，詞臣常於此進講。其西爲春耦齋，取重農寶穡之意，有高宗純皇帝御製《春耦齋記》。"

第二節　樓閣考

樓閣是我國古代高層建築的一種類型。舉在宅第宮苑中富有觀賞性的建築，當首推樓閣。與主體建築宮殿相比，雖位居其次，但在整個建築群中，它凌空高聳，形成高低錯落的景象，可産生無限的詩情畫意，使建築群布局更趨合理、更富於變化，所以在我國古代建築群中常以樓閣作點景。樓與閣，既有區别，又有類似之處，二者不易嚴格區分開來。古代文獻中關於閣的記載比樓多而且早。《廣雅·釋詁三》："閣，庋也。"王念孫疏證："皆謂庋閣也。"段玉裁《説文解字注·門部》："閣，本訓直櫺，所以扞格者。引申之，横者可以庋物亦曰閣。"《禮記·内則》："大夫七十而有閣。"鄭玄注："閣，以板爲之，庋食物也。"可見，閣最早爲庋藏食物之用的木架子。後來，其儲藏功能發展爲藏書、藏畫及圖繪功臣畫像等。漢代的麒麟閣、天禄閣、石渠閣，晋代秘閣，唐之凌烟閣，宋代秘閣及龍圖閣，明清文淵閣等，皆爲宫廷藏書閣，亦可稱爲"皇家圖書館"。《古今圖書集成·經濟彙編·考工典·閣部彙考》："麒麟閣在未央宫内，武帝時獲麒麟，做閣在殿傍。甘露二年，宣帝思股肱之美，乃圖畫其形於麒麟閣。""石渠閣在未央殿北，礱石爲渠，中藏蕭何所得秦世圖籍。甘露中，五經諸儒雜論於此。""天禄閣在未央殿北。天禄，異獸也。劉向嘗校書於上，太乙燃藜以照之。""凌烟閣在西内三清殿側，貞觀十七年於閣上圖畫功臣，皆北向。太宗爲贊，褚遂良書，閣立本畫。"《宋史·藝文志一》："宋初，有書萬餘卷。其後削平諸國，收其圖籍及下詔遣使購求散亡三館之書，稍復增益。太宗始於左昇龍門北建崇文院而徙三館之書以實之，又分三館書萬餘卷，别爲書庫，目曰秘閣。閣成，親臨幸觀書，賜從臣及直館宴。又命近習侍衛之臣縱觀群書。真宗時命三館寫四部書，二本置禁中之龍圖閣及後苑之太清樓，而玉宸殿、四門殿亦各有書萬餘卷，又以秘閣地隘分内藏西庫以廣之，其右文之意亦云至矣……神宗改官制，遂廢館職，以崇文院爲秘書省，秘閣經籍圖書，以秘書郎主之。"《明史·藝文志一》："永樂一年，帝御便殿閱書史，問文淵閣藏書。"清乾隆年間編纂的大型叢書《四庫全書》即存於北京紫禁城的"文淵閣"、圓明園之"文源閣"、承德避暑山莊之"文津閣"與瀋陽故宫之"文溯閣"，所謂"北四閣"是也。

佛、道二教鼎盛時期，供奉神佛菩薩的大殿亦稱閣。如河北薊州獨樂寺之觀音閣、正定隆興寺之大悲閣等。此閣的主要功能仍是儲藏，祇不過爲表示信徒之虔誠、佛殿之莊重，將"儲藏"改爲"供奉"而已。另外，在宫殿左右厢廊中央亦常以閣作爲正殿之幫襯與點綴。如唐大明宫之翔鸞閣及栖鳳閣，清故宫太和殿左右之體仁閣、弘義閣，均爲二層建築，頗有飛閣凌空之姿，將大殿托襯得更加雄偉、壯麗。此外，園林建築中亦常利用閣的形體，使園林更加生動多姿。如北京頤和園之佛香閣，四周圍廊，琉璃覆頂，漢白玉欄杆，高聳在巨大石座上，背靠萬壽山，面臨昆明湖，山湖相映，樓閣相襯，湖光山色，映襯生輝。身在其中，如入神仙幻境。此種閣，其主要功能是起映襯及觀賞作用。閣按結構，實爲干闌建築。求本溯源，如段玉裁所言，橫的木支架用來貯物即謂閣。閣作爲一種建築形式，即以椿柱取得一個架空的平面，其上建造屋宇以貯物。閣始於干闌，而干闌則起源於巢居。上古之時，生活在沼澤多水地區的人們，爲避潮濕炎熱、防蟲蛇猛獸，多在樹上築巢而居，即所謂"巢居"。巢居進一步發展，則成爲干闌建築。即於地上立柱，支撐起一個平面，然後在它上部蓋造屋宇，底部架空。閣其實即干闌式房屋的一種發展。將房屋建築在一個木構平臺，亦即"平坐"上。平坐，是用人工在不平坦的地形上取得一個平坦活動層面的建築方法，較之堆土築臺既經濟又快捷。平坐是閣與樓主要差別所在。閣雖然也是一層以上的建築物，與"樓"字常相連或相關，然不能相通，因閣不是重屋。閣的底層平面與上層平面在使用功能上不同，且僅爲一層"支柱層"。支柱層所形成的是一個沒有封閉的空間，雖然形成了"層"，但不可謂"室"。這種懸空或架空的建築很早就開始使用，其名稱正式見於史書則曰"干蘭"，亦作"干闌""干欄"，亦稱"閣欄"。就形制而言，干闌、閣欄之於閣，實爲一物，故最早的閣即爲干闌建築。《魏書·獠傳》："依樹積木，以居其上，名曰干蘭。干蘭大小，隨其家口之數。"《北史·獠傳》作"干闌"。《舊唐書·西南蠻傳·南平獠》："人並樓居，登梯而上，號爲干欄。"《新唐書·南蠻傳下·南平獠》："山有毒草、沙虱、蝮蛇，人樓居，梯而上，名爲干欄。"唐元稹《酬樂天得微之詩知通州事因成》詩之二："平地才應一頃餘，閣欄都大似巢居。"自注："巴人多在山坡架木爲居，自號閣欄頭也。"此干闌建築是我國古代長江流域及其以南地區一種原始形式的住宅。今西南某些地區之民居仍繼續使用。連接宮殿樓觀的架空通道，或者説棧道上蓋有屋宇的稱作"閣道"或者"複道"。秦漢時期，大規模建築閣道達到了登峰造極的地步。《史記·秦始皇本紀》："始皇以爲咸陽人多，先王之宮廷小……乃營作朝宮渭南上林苑中。先作前殿阿房，東西五百步，南北五十丈，上可以坐萬人，下可以建五丈旗。周馳爲閣道，自殿下直抵南山，表南山之顛以爲闕。爲複道，自阿房渡渭，屬之咸陽，以象天極。閣道絕漢抵營室也。"《三輔黃圖·漢宮》："〔漢武帝〕於是作建章宮，度爲千門萬户。宮在未央宮西，長安城外。帝於未央宮營造日廣，以城中爲小，乃於宮西跨城池，作飛閣，通建章宮，構輦道以上下。"自注："輦道爲閣道，可以乘輦而行。"又："桂宮，漢武帝造，周迴十餘里。《漢書》：桂宮有紫房，復道通未央宮。《關輔記》云：桂宮在未央北，中有明光殿、土山，復道從宮中西上城，至建章（宮）、神明臺、蓬萊山。"宮苑建築中閣道連屬，貴族官僚宅第内建造閣道，亦成爲逞豪鬥富的時尚。《漢書·外戚傳》：“王侯群弟争爲奢侈，賂遺珍寶，四面而至，後庭姬妾各數十人，僮奴以千百數，羅鐘磬，舞鄭女，作娼優，狗馬馳逐。大治第室，起土山、漸臺、洞門、高廊，閣道連屬彌望。”漢桓寬《鹽鐵論》：“貴人之家……輿服潜於王公，宮室溢於制度，並兼列宅，隔絶閭巷。閣道錯連，足以游觀；鑿池曲道，足以騁騖。”閣道，無非是閣的延伸與拉長而已，其結構仍爲干闌式。

樓與閣本無多大差别，最早可能即爲一物。它們均爲干闌建築的同類，如“干闌”亦稱“閣闌”。“闌”與“樓”二字古音亦很相近。古代文獻對樓的形制多有描述。《孟子·告子下》：“不揣其本，而齊其末，方寸之木，可使高於岑樓。”孫奭疏：“曰樓者，蓋重屋曰樓，亦取其重高之意也。”《爾雅·釋宫》：“四方而高曰臺，狹而修曲曰樓。”郭璞注：“修，長也。”邢昺疏：“凡臺上有屋，狹長而屈曲者曰樓。”《史記·封禪書》：“乃立神明臺、井幹樓，度五十餘丈，輦道相屬焉。”《説文·木部》：“樓，重屋也。”《釋名·釋宫室》：“樓，謂牖户之間有射孔慺慺然也。”《初學記》卷二四：“案《漢書》，武帝時，方士言黄帝爲五城十二樓，以候神人。又濟南人公玉帶上黄帝明堂圖，圖中有一殿，四面無壁，以茅蓋，通水，圜宫垣爲複道，上有樓，從西南入，蓋樓之始也。其後魏有麗譙，越有飛翼，漢有井幹、羽林亭樓、馬伯騫樓、貞女樓，魏有白門樓，吴有白雀樓，晋有伺星樓、儀鳳樓、翔鳳樓，且樓之所居也。《史記》云：‘仙人好樓居，設具而候神人。’《墨子》云：‘城備三十步置坐候樓，出堞四尺；百步一木樓，樓前面九尺；二百步一立樓，去城中二丈五尺。’又《淮南子》云：‘亂之所由生者，皆在流遁。大構架，興宫室，延樓棧道，鷄栖井幹，欑木構櫨，以相支持，木巧之飾，此遁於木也。歷代營建，所不同也。’”根據文獻記載及考古發現可知，樓指二層以上的房屋，亦指建築物（城墙、土臺等）的上層部分或上層結構。戰國狩獵鈁上所刻的即爲二層樓房，有臺基、斗拱、屋檐、門、屋頂、欄干等結構。在漢畫像石及明器上可看到二、三、四層的高大樓房，樓上有人作宴會狀。在記載上也是人居樓却不住閣，閣多作庋藏或作複道之用，且常爲二層。漢明器上有一種望樓，高至三、四、五層，有的在下層屋檐上置一層平臺、欄杆之物，即平坐，以上各層亦均有平坐，以供瞭望、眺望之用。漢代這種帶有平坐的望樓，在宋、元、明、清等建築中均謂“閣”（城樓除外）。如北京頤和園之佛香閣，故宫之體仁閣、弘義閣，大同善化寺之普賢閣，曲阜孔廟之奎文閣，薊州獨樂寺之觀音閣，正定隆興寺之慈氏閣、大悲閣等皆帶平坐。平坐爲閣之特徵。據此，漢代望樓應稱“閣”纔更爲確切。然漢代仍將帶平坐的孤立的望樓稱樓而不稱閣。大概到唐代，纔將帶平坐的樓房確定爲閣。有時樓閣二字連用，二物混稱，如"仙人樓閣""寶樓閣"等。唐宋時期的石窟或摩崖像上常用五、七、九層的寶樓閣覆裹大石佛像，氣勢雄偉壯觀。有時樓閣二字連用，泛指樓房。《後漢書·呂强傳》："造起館舍，凡有萬數，樓閣相接，丹青素堊，雕刻之飾，不可單言。"唐白居易《長恨歌》："樓閣玲瓏五雲起，其中綽約多仙子。"後來又常將幾種觀賞性建築物名稱連在一起用，泛指高大富麗的建築群。如"樓閣臺榭""樓閣亭榭""樓臺殿閣"等。《西京雜記》卷四："哀帝爲董賢起大第於北闕下……樓閣臺榭，轉相連注，山池玩好，窮盡雕麗。"宋宋煇《清波雜志》卷中："煇幼年亦得一詩云：'翠微寺本翠微宮，樓閣亭榭數十重。'"《西游記》第六九回："那國王並行者相攙，穿過皇宮到了御花園後，更不見樓臺殿閣。"根據文獻記載，漢代京都長安、東都洛陽，殿堂林立、樓觀高聳，是由高層建築構成的兩座大都市。至漢武帝時，政治穩定，經濟繁榮，綜合國力强盛。他聽信公孫卿"仙人好樓居"之言，在兩都大興土木，建造了不少樓閣臺觀。據《漢宮殿名》記載，長安就有臨仙、渭橋等二十四座樓觀，洛陽亦建有十八座樓觀。其實當時長安、洛陽宮內外樓觀多至無法計算。據説有一座高達五十丈的井幹樓，是用井幹式結構建造而成，故以其結構方式而得名。此結構是以木材在水平方嚮作"井"字形架叠，其於力學方面可發揮很大效能，故可堆叠很高。漢張衡《西京賦》中就有"井幹叠而百層，上飛閣而仰眺"之句。宋宋敏求《長安志》："井幹樓，積木高而爲樓，若井幹之形也。"井幹式結構在當時曾經作爲樓臺等高層建築的一種重要構成方式。有人認爲漢代文獻中柏梁臺應爲"百梁臺"，就是用數以百計的梁作樓臺。古代把巨枋亦謂之梁，可見這座柏梁臺也是一種井幹式結構的建築物。然此結構因耗費木材量極大，後來便不再大量使用。不過，這種結構方式仍然還是斷斷續續流傳下來，直至今日，在我國西北某些地方還可見到古代遺留下來的井幹式樓閣建築（見李允鉌《華夏意匠》）。

根據歷代樓的形象，大概可分爲以下幾種類型：戰國時狩獵鈁上所刻的兩層樓；漢畫像石及明器上各種樓式建築，尤以望樓種類最多；元畫《金明池圖》上的層樓；廣州五層樓；山西平遥層樓；城樓（與閣構造相同）；民居樓房等。民居樓房的結構又有挑樓、竪樓、帶厦子樓及帶廊子樓之分；有二、三、四、五層，高低不等。樓房屋頂常用歇山頂，或硬山頂，或懸山（挑山）頂。爲居住方便，樓房有時可多至數十間，這與寺廟内的閣迥然不同。漢代中原一帶居民常住樓房，唐宋小説中亦有樓房的記載。但今天所見者，祇是長江流域及雲南民居纔常用樓房，中原一帶極少見，東北地區民居用樓則更少。其原因是北方風沙大，人們習慣於居住平房；而南方氣候炎熱，地面潮濕且多蟲蛇，樓居可防蟲蛇，避潮濕炎熱；另外，南方風沙小，房架輕，樓房容易建造亦爲原因之一。明清以來，又出現一種攢尖頂或十字脊攢尖頂層樓，多爲四方形、八方形。很難分清何者爲樓，何者爲閣，如唐宋時將樓閣二字連用，反倒恰如其分。清代各縣常於縣城之東北隅或東南隅建造奎星閣，亦稱奎星樓。奎宿，主文運。風水先生謂造此閣，本縣可多出文人學士，顯然是過分强調環境影響而忽略政治、經濟、文化基礎的迷信説法。這是因爲明清以來，西方科學不斷輸入，佛道二教漸衰，一般社會人士注重提倡文教，故奎星閣（樓）便代替佛塔而興。雖然建造高大精美的奎星閣不一定必然出現更多的文人學士，然而當一個縣城在它的城角上高高聳立起一座樓閣建築物，定會打破整個縣城呆板的氣氛，增加了高低起伏樓閣玲瓏的美觀；至如天朗氣清登樓遠眺，遠近山川風物歷歷在目，胸襟開闊，神思爲之一暢，自然會引人文思泉涌，也給縣城增加了詩情畫意，故建造奎星閣一時風靡全國。而四川一帶此閣之構造華麗精美可謂全國之最。一般構造爲四方、八方式，或四方、八方混合式。高有二、三、四至五層不等，皆以木構。這種高層木構樓閣與木塔相同。山西應縣佛宫寺的遼代五層木塔乃爲世界之最，而四川樂山的清代五層奎星閣（樓）也不比應縣木塔遜色。樓閣與木塔同爲層樓式建築，祇是木塔塔頂不用寶瓶而以相輪、刹柱而已。

　　從漢代到唐宋，我國古代建築向高空發展的意嚮一直没有消失。根據歷史記載，我國有過很多相當高大建築物，在 11、12 世紀之前，建築在占據空間方面的成就絶不落後於西方。如歐洲著名的意大利比薩斜塔是 1174 年産物，高度爲 151 尺 3 寸，而 1065 年我國遼代建造的應縣木塔高度爲 210 尺，比之高出 65 尺左右。二者均爲宗教建築，皆可供人登臨眺望。除外形與構造不同之外，其規模及性質大致相同。由此可知，在建築上占據空間并非從來都是西方居領先地位。祇是從漢代以後，用堆土築臺之法而求得建築物的高度已不再是主要手段，爲節省人力、縮短工期，進而以加强木結構技術來達到建造高層樓臺的目的。北魏洛陽城中永寧寺九層木塔就是一個成功的標志。木塔是樓閣的變體，或可稱爲宗教化的樓閣。11 世紀以後，我國建築繼續向高空發展的意念逐漸减弱，而代之以追求雄偉壯麗或精美玲瓏的建築風格。其主要原因是木結構有一個致命弱點，這就是不利於防火。例如高達四十九丈的永寧寺塔失火就構成了一個很大的悲劇。北魏楊衒之《洛陽伽藍記·永寧寺》中對此曾有詳細記述："永熙三年二月，浮圖爲火所燒，帝登凌雲臺望火，遣南陽王寶炬、録尚書事長孫稚，將羽林一千救赴火所，莫不悲惜，垂淚而去。火初從第八級中平旦大發，當時雷雨晦冥，雜下霰雪，百姓道俗，咸來觀火，悲哀之聲，振動京邑。時有三比丘，赴火而死。火經三月不滅，有火入地尋柱，周年猶有烟氣。"宋代開封開寶寺十一級高大木塔，時爲京城諸塔中最高、最精美的一座，結果亦很快毀於大火。歷代還有不少高層木建築遭遇火災的記載。此即諸多樓閣臺觀等高層建築祇見於文獻記載，而不能見到實物的主要原因之一。除火災之外，地震、風災對木構高層建築也是極大威脅。爲安全計，先人向高空發展建築的興趣漸次降低。直到近現代，由於新型建築材料的出現與應用，建築技術的進步與發展，我國高層樓房建築纔日新月异地發展起來。現在，高樓大廈已成爲現代化城市的標志之一。"樓"，以其"人居"功能，與人類的生活及各種活動密切相關，故愈來愈顯示出强大的生命力；而"閣"，除觀賞功能外，其庋藏功能逐漸爲樓或其他建築物所代替，故在現代人類生活中，其實用價值正在逐漸消失。參閱劉致平等《中國建築類型及結構》、李允鉌《華夏意匠》。

泛　稱

樓

兩層及兩層以上的房屋。《孟子·告子下》："不揣其本，而齊其末，方寸之木，可使高於岑樓。"孫奭疏："曰樓者，蓋重屋曰樓，亦取其

重高之意也。"《史記·孝武本紀》："方士有言：'黄帝時爲五城十二樓，以候神人於執期，命曰迎年。'"《説文·木部》："樓，重屋也。"唐王之煥《登鸛雀樓》詩："欲窮千里目，更上一層樓。"南唐李煜《相見歡》詞："無言獨上西樓，月如鈎。"《醒世恒言·陸五漢硬留合色鞋》："須尋個人兒通信與他，怎生設法上得樓去方好。"

【樓子】

即樓。明德祥《橫塘寺》詩："白髮老人知舊寺，繞塘樓子十三房。"《平山冷燕》第三回："我欲將大廳東房幾間小屋拆去，蓋一座樓子。"

【樓舍】

即樓。亦稱"樓居"。唐鄭愔《奉和幸上官昭容院獻詩》之一："地軸樓居遠，天臺闕路賒。"元熊鉌《客里書事》詩："搔首寒燈樓舍

樓
（明王圻等《三才圖會》）

悄，行藏自曉不須占。”明唐順之《咨總督都御史胡》：“廟灣之巢，墻厚如堅城。樓居平屋，延袤三里；深房曲巷，險如設阱。”清蒲松齡《聊齋志異·竹青》：“回翔下視，見孤嶼中有樓舍一簇，遂飛墮。

【樓居】

即樓舍。此稱唐代已行用。見該文。

【樓房】[1]

即樓。亦稱“樓屋”。《宋史·兵志十一》：“周庇樓屋，沃以泥漿，火箭、火砲不能侵，砲石雖百鈞無所施矣。”《金瓶梅詞話》第一三回：“惟有第五個小妾潘氏，在這前邊花園內，獨自一所樓房居住。”

【樓屋】

即樓房。此稱宋代已行用。見該文。

樓閣

亦稱“樓臺”“樓榭”。高層建築物之泛稱。《左傳·哀公八年》：“邾子又無道，吳子使大宰子餘討之，囚諸樓臺。”《後漢書·吕强傳》：“造起館舍，凡有萬數，樓閣連接，丹青素堊，雕刻之飾，不可單言。”北魏酈道元《水經注·濟水二》：“韓王聽訟觀臺，高十五仞，雖樓榭泯滅，然廣基似於山岳。”唐陳子昂《春日登金華觀》詩：“山川亂雲日，樓榭入烟霄。”唐杜甫《院中晚晴懷西郭茅舍》詩：“復有樓臺銜暮景，不勞鐘鼓報新晴。”唐白居易《長恨歌》：“樓閣玲瓏五雲起，其中綽約多仙子。”明陳所聞《畫眉序·初春同吳蕭卿吳季常集歐陽惟禮昆仲雲住閣看晴雪》曲：“貝闕鬱岧嶢，化日浮空雪逾皎。況君家樓榭，直上烟霄。”《西游記》第三六回：“幸得那壁廂有樓閣不遠，想必是庵觀寺院，我們都到那裏借宿一宵。”又六九回：

“那國王並行者相攙，穿過皇宮到了御花園後，更不見樓臺殿閣。”

【樓臺】[1]

即樓閣。此稱先秦時期已行用。見該文。

【樓榭】

即樓閣。此稱南北朝時期已行用。見該文。

樓觀

泛指樓閣臺觀等高大建築物。《禮記·月令》“〔仲夏之月〕可以居高明”漢鄭玄注：“高明，謂樓觀也。”《後漢書·宦者傳·單超》：“其後四侯轉橫……皆競起第宅，樓觀壯麗，窮極伎巧。”宋辛棄疾《滿江紅·江行和楊濟翁韻》詞：“樓觀纔成人已去，旌旗未卷頭先白。”元劉祁《歸潛志》卷一三：“城邑如棋局，東則岳神山如屏，青松翠柏間隱隱有樓觀。”

樓闕

泛指樓閣宮闕等高大建築物。《史記·蘇秦列傳》：“前有樓闕軒轅，後有長姣美人。”唐陳鴻《長恨歌傳》：“〔方士〕見最高仙山，上多樓闕，西廂下有洞户，東嚮，闔其門，署曰‘玉妃太真院’。”宋道潛《次韻姜伯輝朝奉九曲池》：“當時樓闕已桑麻，陳迹何須置齒牙。”

上宮[2]

樓館。《詩·國風·桑中》：“期我乎桑中，要我乎上宮。”《孟子·盡心下》：“孟子之滕，館於上宮。”趙岐注：“上宮，樓也。孟子舍止賓客所館之樓上也。”

内閣[1]

亦作“内閤”。皇宮内的樓閣。《新唐書·百官志二》：“其後，復置起居舍人，分侍左右……若仗在紫宸内閣，則夾香案分立殿下。”明楊士奇《歷代名臣奏議》亦作“内閤”。明楊士奇《歷代名臣奏議》："大觀兩年，起居郎石公弼上奏曰……史官隨之，及仗在紫宸内閣，則夾香案對立殿下。"

【内閣】[1]

同"内閣"。此體明代已行用。見該文。

井幹[1]

本爲漢武帝建於建章宮北之井幹臺，積木爲樓，高五十丈；後泛指樓臺。《文選·謝朓〈同謝諮議咏銅雀臺〉詩》："總帷飄井幹，罇酒若平生。"唐劉方平《銅雀妓》詩："淚痕霑井幹，舞袖爲誰長？"宋王禹偁《黄岡竹樓記》："彼齊雲、落星，高則高矣；井幹、麗譙，華則華矣，止於貯妓女，藏歌舞，非騷人之事，吾所不取。"明何景明《銅雀妓》詩："井幹日已摧，總帷寧復施。"

枌橑[1]

樓閣之棟與橑。亦藉指樓閣。《文選·左思〈魏都賦〉》："枌橑復結，欒櫨叠施。"吕延濟注："枌，棟；橑，椽也。"唐蘇頲《敬和崔尚書大明朝堂雨後望終南山見示之作》："五丈旌旗色，百層枌橑光。"

棼[1]

樓閣之棟。藉指樓閣。《説文·林部》："棼，復屋棟也。"《廣雅·釋宮》："棼，閣也。"《晋書·文苑傳·伏滔》："於是築長圍，起棼櫓，高壁連塹，負戈擊柝以守之。"

起樓

高樓。隋江總《和衡陽殿下高樓看妓》："起樓侵碧漢，初日照紅妝。"清蔣士銓《戲園》詩："三面起樓下覆廊，廣庭十丈臺中央。"

岑樓

高樓。以其高鋭似山，故稱。《孟子·告子下》："不揣其本，而齊其末，方寸之木，可使高於岑樓。"朱熹集注："岑樓，樓之高鋭似山者。"晋孫楚《韓王臺賦》："遶迢遥以亢極，豈岑樓之能加。"宋王安石《哭梅聖俞》詩："貴人憐公青兩眸，吹噓可使高岑樓。"清方文《雨夜宿徐子九明府署中》詩："夜夜岑樓立，方知爲令艱。"

百尺樓

泛指高樓。《三國志·魏書·陳登傳》："〔許〕汜曰：'昔遭亂過下邳，見元龍（陳登）。元龍無客主之意，久不相與語，自上大床卧，使客卧下床。'備〔劉備〕：'……君求田問舍，言無可采，是元龍所諱也。何緣當與君語？如小人，欲卧百尺樓上，卧君於地，何但上下床之間邪？'"唐王昌齡《從軍行》之一："烽火城西百尺樓，黄昏獨坐海風秋。更吹羌笛關山月，無那金閨萬里愁。"宋蘇軾《次韻答邦直子由》之四："恨無揚子一區宅，懶卧元龍百尺樓。"明陳汝元《金蓮記·量移》："身憑百尺樓，目斷千山秀。"吕志伊《鎮山樓遠眺》詩："登臨行遠幾悲秋，大好湖山百尺樓。"

重軒

層層欄杆。亦泛指高層樓閣。漢班固《西都賦》："左城右平，重軒三階。"漢張衡《西京賦》："三階重軒，鏤檻文㮰。"南朝梁陸倕《石闕銘》："鬱嶒重軒，穹窿反宇。"唐錢起《奉和聖製登朝元閣》："六合紆玄覽，重軒啓上清。"

層軒

帶有平坐欄杆的多層樓閣。猶重軒。《楚辭·招魂》："高堂邃宇，檻層軒些。"唐張九齡《歲初巡屬縣登安南樓言懷》詩："山城本孤峻，憑高結層軒。"明何景明《七述》："周櫩連樓，曲屋層軒。"

重檐[1]

亦作"重簷""重欄"。兩層屋檐。亦藉指層樓。《禮記·明堂位》:"復廟重檐。"唐駱賓王《四月八日題七級》詩:"複棟侵黄道,重簷架紫烟。"清厲鶚《金壽門有犬名曰小鵲要予賦長歌》:"何人盜取歸重欄,先生得之笑携妗。"

【重簷】[1]

同"重檐"。此稱唐代已行用。見該文。

【重欄】[1]

同"重檐"。此稱清代已行用。見該文。

重屋[2]

亦稱"重樓""重宇"。多層高聳樓房。《荀子·賦》:"志愛公利,重樓疏堂。"《説文·木部》:"樓,重屋也。"《後漢書·陶謙傳》:"大起浮屠寺,上累金盤,下爲重樓。"晋衛恒《四體書勢·序隸書》:"似崇臺重宇,增雲冠山,遠而望之,若飛龍在天;近而察之,心亂目眩。"北魏楊衒之《洛陽伽藍記·瑶光寺》:"又作重樓飛閣,遍城上下,從地望之,有如雲也。"《新唐書·西域傳上·東女》:"所居皆重屋,王九層,國人六層。"宋蘇軾《教戰守策》:"今王公貴人處於重屋之下,出則乘輿,風則襲裘,雨則御蓋,凡所以慮患之具,莫不備至。"又《登州海市》詩:"重樓翠阜出霜曉,異事驚倒百歲翁。"明唐寅《世壽堂》詩:"大枝爲天立四極,小枝爲君作重屋。"清王士禎《池北偶談·談異五·河套喇嘛》:"而室則十二,開窗牖於上,若重屋然。"

【重樓】

即重屋[2]。此稱先秦時期已行用。見該文。

【重宇】

即重屋[2]。此稱晋代已行用。見該文。

重橑

亦作"重轑"。猶複屋。上下施橡之樓。《漢書·張敞傳》:"敞自將郡國吏,車數百兩〔輛〕,圍守王宮,搜索調〔劉調〕等,果得之殿屋重轑中。"顏師古注:"蘇林曰:'轑,椽也。重轑,重棼中。'師古曰:重棼即今廊舍也,一邊虛爲兩夏者也。"《資治通鑑·唐憲宗元和十年》:"於是京城大索,公卿家有複壁、重橑者皆索之。"胡三省注:"重橑,大屋覆小屋,上下施椽,其間皆可容物。"

【重轑】

同"重橑"。此體漢代已行用。見該文。

層構

高聳的多層樓閣。漢枚乘《七發》:"連廊四注,臺城層構。"《藝文類聚》卷六二引三國魏韋誕《景福殿賦》:"瞻大廈之穹崇,結層構而高驤。"唐黃滔《館娃宮賦》:"往日層構,兹辰古壞。"

層楹

亦稱"層棟"。指高樓。南朝宋鮑照《咏雙燕》:"意欲巢君幕,層楹不可窺。"唐王勃《臨高臺》詩:"朱輪翠蓋不勝春,叠榭層楹相對起。"宋朱熹《次圭父游將軍巖韵》:"極目危岑杳靄間,誰將層棟壓巉岏。"

【層棟】

即層楹。此稱宋代已行用。見該文。

層樓

亦稱"層閣""層臺""層觀"。指高聳的多層建築物。《楚辭·招魂》:"層臺累榭,臨高山些。"王逸注:"層、累,皆重也。"漢繁欽《建章鳳闕賦》："象玄圃之層樓，肖華蓋之麗天。"《後漢書·梁冀傳》："繕修層觀，數年乃成。"南朝宋鮑照《代陸平原君子有所思行》詩："層閣肅天居，馳道直如髮。"北魏酈道元《水經注·河水五》："東門側有層臺，秀出雲表。"又《濁漳水》："鳳陽門三臺洞開，高三十五丈，石氏作層觀架其上。"《新唐書·魏徵傳》："文德皇后既葬，帝即苑中作層觀，以望昭陵。"宋曾鞏《游金山寺作》詩："屐履上層閣，披襟當九秋。"宋張先《卜算子慢》詞："縱西北層樓萬尺，望重城那見。"元薩都剌《層樓即事》詩："半空雲氣層樓暗，四月江南欲雨天。"明王世貞《庚戌秋有約吳峻伯不就賦比》詩："九關虛虎豹，層閣望麒麟。"清劉大櫆《縹碧軒記》："則雖高堂邃輈，層臺曲沼，其亦何裨。"

【層閣】

即層樓。此稱南北朝時期已行用。見該文。

【層臺】[1]

即層樓。此稱先秦時期已行用。見該文。

【層觀】

即層樓。此稱漢代已行用。見該文。

複閣

猶重閣、層樓。多層之樓閣。三國魏何晏《景福殿賦》："鎮以重臺，實曰永始，複閣重闈，倡狂是俟。"唐王勃《寒夜懷友》詩之二："複閣重樓向浦開，秋風明月度江來。"清劉大櫆《游黃山記》："自下視巔，塊然一石也。及入其中，則重垣複閣，宛轉交通。"

複屋

亦稱"複棟""複室"。古代的一種閣樓。其建築形式即"於棟之下復爲一棟以列椽"。凡具有雙重椽、棟、軒版、重檐等建築結構之屋宇，皆稱複屋。《説文·林部》："梦，複屋棟也。"桂馥義證引徐鍇："複屋，皆重梁也。"唐駱賓王《四月八日題七級》詩："複棟侵黃道，重檐架紫烟。"宋葉適《朝議大夫秘書少監王公墓志銘》："民事瘟神謹，巫故爲陰廡複屋，塑刻詭異，使祭者凛慄，疾愈衆。"《周禮·考工記·匠人》"殷人重屋"孫詒讓正義引俞樾云："古有重屋，有複屋……複屋者，於棟之下復爲一棟以列椽，亦稱重橑。徐鍇《説文繫傳》於'橑椽'下引《東方朔傳》'後閣重橑'而釋之：'大屋廡下椽，自上峻下，則自其中棟假裝其一旁爲椽，使若合掌然，故曰重橑。'此説複屋之制，至詳盡矣。"孫詒讓正義又云："重屋通天，得納日光。複屋複笮，止取重纍爲飾，不通天納光也。凡複屋棟笮等皆於一層屋之上重纍合併爲之，重屋則上下兩層屋各自爲棟笮等，不相合併，二制迥異。"清蒲松齡《聊齋志異·吕無病》："晝卧，室無人。忽見複室簾下，露婦人足，疑而問之。"

【複棟】

即複屋。此稱唐代已行用。見該文。

【複室】

即複屋。此稱清代已行用。見該文。

阿閣

四面有檐霤的樓閣。《尸子》卷下："泰山之中有神房、阿閣、帝王錄。"晋皇甫謐《帝王世紀》："〔黃帝時有大鳥〕或上帝之東園，或巢阿閣。"《文選·古詩〈西北有高樓〉》："交棟結綺窗，阿閣三重階。"李善注："《尚書中候》：'黃帝軒轅，鳳皇巢阿閣。'《周書》：'明堂皆有四阿。'然則閣有四阿，謂之阿閣。鄭玄《周禮》注：'四阿，若今四注者也。'"唐楊炯《少

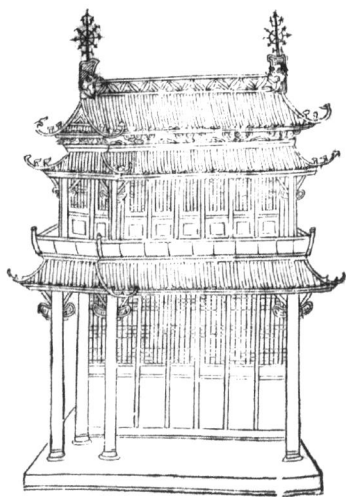

阿 閣

（明王圻等《三才圖會》）

室山少姨廟碑》："豈直鳳巢阿閣，入軒後之圖書；魚躍中舟，稱武王之事業。"清方文《贈吳孟虎鴻臚》詩："藏書萬卷盈阿閣，進酒千鍾對綺筵。"

曲屋

周旋曲折的樓閣。《楚辭·大招》云："曲屋步壖，宜擾畜只。"王逸注："曲屋，周閣也。"明何景明《七述》："周櫚連樓，曲屋層軒。"

走馬樓[1]

亦稱"走樓"。四周有走廊可通行的樓屋。清陸筠《海角續編》："城上周圍砌走馬樓，拆沿城脚民房爲之。"

【走樓】

即走馬樓[2]。此稱多行用於近代。見該文。

山閣

亦稱"山樓"。依山而築的樓閣。北周庾信《秦州天水郡麥積崖佛龕銘》："水谷銀沙，山樓石柱。"唐杜甫《縛鷄行》："鷄蟲得失無了時，注目寒江倚山閣。"唐孔德紹《南隱游泉山》詩："野花開石鏡，雲葉掩山樓。"金元好問《溪橋獨步》詩："納納溪橋逗晚風，水村山閣往來通。"明陳藎卿《南吕·懶畫眉·嘉善寺蒼雲崖》曲："摩空片石綉苔斑，石上雲流夏亦寒，憑來山閣秀堪餐。"

【山樓】[1]

即山閣。此稱南北朝時期已行用。見該文。

板閣[1]

木板樓閣。宋蘇軾《二十七日自陽平至斜谷宿于南山中蟠龍寺》詩："板閣獨眠驚旅枕，木魚曉動隨僧粥。"清顧炎武《日知録·閣下》："即今房中之板閣，而後乃廣爲樓觀之通名。"

竹樓[1]

用竹子建造的樓房。南方産竹區多就地取材，以竹子作爲建築材料建造房屋。竹樓造價低廉省工。樓上多爲居室，樓下爲棚圈、貯藏間。亦可避免潮濕及毒蟲猛獸的傷害。唐劉禹錫《淮陰行》之二："簇簇淮陰市，竹樓緣岸上。"

石樓[2]

石築的樓閣。北魏酈道元《水經注·清水》："水南道側有二石樓，相去六七丈……高可丈七八，柱圓圍二丈有餘，石質青緑，光可以鑒。"唐韋應物《至西峰蘭若受田婦饋》詩："聊登石樓憩，下觀潭中魚。"唐白居易《舒員外游香山寺》詩："香山石樓倚天開，翠屏壁立波環迴。"宋梅堯臣《石樓》詩："山腰古石樓，杳藹石梯上。"

山樓[2]

亦稱"山棚"。爲慶祝節日而臨時搭建的彩飾樓棚。其狀如山高聳，故稱。唐蘇頲《春日芙蓉園侍宴應制》詩："繞花開水殿，架竹起山樓。"宋司馬光《涑水記聞》卷五："萊公在藩鎮，嘗因生日構山棚大宴，又財用僭侈，爲人所奏。"宋王珪《宮詞》："山樓彩鳳栖寒月，宴殿金麟吐御香。"宋孟元老《東京夢華録·元宵》："正月十五日元宵，大内前自歲前冬至後，開封府絞縛山棚，立木正對宣德樓。"

【山棚】

即山樓。此稱宋代已行用。見該文。

朵樓

正樓兩旁之樓。宋孟元老《東京夢華録·元宵》："宣德樓上，皆垂黄緑簾……兩朵樓各挂燈球一枚。"又《大内》："曲尺朵樓，朱欄彩檻。下列兩闕亭相對，悉用朱紅杈子。"

丹樓

紅樓。多指宮觀。晋王嘉《拾遺記·洞庭山》："丹樓瓊宇，宮觀異常。"南朝宋劉義慶《世説新語·言語》："顧長康時爲客在坐，目曰：'遥望層城，丹樓如霞。'"唐王勃《臨高臺》詩："紫閣丹樓紛照耀，碧房錦殿相玲瓏。"清吳偉業《横雲》詩："青嶂千金鑿，丹樓百尺高。"

朱閣

紅色的樓閣。指金碧輝煌的建築。晋陸機《贈尚書郎顧彦先》詩之二："玄雲拖朱閣，振風薄綺疏。"唐許渾《宴餞李員外》詩："雲葉漸低朱閣掩，浪花初起畫檣回。"宋蘇軾《水調歌頭·明月幾時有》詞："轉朱閣，低綺户，照無眠。"清孫枝蔚《對酒》詩："香氣來朱閣，風光在畫船。"

朱樓

富麗華美的樓閣。《後漢書·馮衍傳下》："伏朱樓而四望兮，採三秀之華英。"唐白居易《驪宮高》詩："高高驪山上有宮，朱樓紫殿三四重。"宋王安石《寄題郢州白雲樓》詩："朱樓碧瓦何年有，槏桷連空欲驚嬌。"明張居正《贈國子馬生行》："不見當年許史家，朱樓綺户青雲逼。一朝寵失門祚衰，堂前一一生荆棘。"清龔自珍《洞仙歌》："此花開近處，不是朱樓，傑閣三層絶依倚。"

金閣 [1]

飾金之閣、華美的閣。《文選·鮑照〈舞鶴賦〉》："臨驚風之蕭條，對流光之照灼。唳清響於丹墀，舞飛容於金閣。"吕向注："金閣，以金飾閣也。"唐盧照鄰《樂府雜詩序》："紫樓金閣，雕石壁而鏤群峰。"明何景明《畫鶴賦》："疑照景于金閣，訝栖霞于玉房。"

青樓

亦稱"青閣"。塗飾青漆的豪華精緻的樓閣。三國魏曹植《美女篇》："借問女安居？乃居城南端。青樓臨大路，高門結重關。"南朝梁江淹《雜體詩·效曹植〈贈友〉》："朝與佳人期，日夕望青閣。"唐張籍《妾薄命》詩："君愛龍城征戰功，妾願青樓歡樂同。"唐李嶠《春日侍宴幸芙蓉園應制》詩："烟氣籠青閣，流文蕩畫橋。"明袁宏道《古荆篇》："丹樓繡幌巢飛燕，青閣文窗起睡鴉。"清陳夢雷《擬古詩十九首·西北有高樓》："青樓當大道，高入浮雲端。"

【青閣】

即青樓。此稱南北朝時期已行用。見該文。

綺閣

亦稱"綺樓"。裝飾華麗的樓閣。晋葛洪《抱朴子·知止》："仰登綺閣，俯映清淵。"《北史·常景傳》："夫如是，綺閣金門，可安其宅；錦衣玉食，可頤其形。"唐韋應物《擬古詩》之四："綺樓何氛氳，朝日正杲杲。"明陳子龍《月夜游劍池作》詩："群偷澒洞作風塵，綺閣雕欄愁殺人。"明沈德符《野獲編補遺·畿輔·禁歌妓》："國初臨川人揭軌以舉明經至京，宴南市樓。有詩云：'詔出金錢送酒鑪，綺樓勝會集文儒。'"《花月痕》第四五回："沉沉綺閣幌雙重，頻卜歸期未有期。"

【綺樓】

即綺閣。此稱唐代已行用。見該文。

紫閣 [2]

華美綺麗之樓閣。多指帝居。漢崔琦《七蠲》詩："紫閣青臺，綺錯相連。"《晋書·后妃傳·元楊皇后誄》："比翼白屋，雙飛紫閣。"南朝梁江淹《宋故銀青光禄大夫孫夐墓銘》："紫閣咸趨，朱軒既履。"唐王勃《臨高臺》詩："紫閣丹樓紛照耀，碧房錦殿相玲瓏。"明高啓《送王哲判官之上党》詩："朝辭紫閣下，暮宿黄河壖。"

畫閣

亦稱"畫樓"。彩繪華麗的樓閣。南朝梁庾肩吾《咏舞曲應令》："歌聲臨畫閣，舞袖出芳林。"唐盧照鄰《長安古意》詩："梁家畫閣天中起，漢帝金莖雲外直。"唐儲光義《泊江潭貽馬校書》詩："故人游畫閣，却望似雲邊。"唐王建《宮詞》之九："少年天子重邊功，親到凌烟畫閣中。"唐李嶠《晚秋喜雨》詩："聚靄籠仙閣，連霏繞畫樓。"宋李清照《浪淘沙·閨情》詞："簾外五更風，吹夢無踪。畫樓重上與誰同？"元王實甫《西廂記》第四本楔子："出畫閣，向書房，離楚岫，赴高唐。"《紅樓夢》第二八回："滴不盡相思血淚抛紅豆，開不完春柳春花滿畫樓。"

【畫樓】

即畫閣。此稱唐代已行用。見該文。

玉樓

華麗的樓房。唐宗楚客《奉和幸安樂公主山莊應制》："玉樓銀榜枕嚴城，翠蓋紅旗列禁營。"宋辛棄疾《蘇武慢·雪》詞："歌竹傳觴，探梅得句，人在玉樓。"明葉憲祖《素梅玉蟾》第二折："玉樓深鎖薄情種，清夜悠悠誰共。"清納蘭性德《菩薩蠻》詞："春雲吹散湘簾雨，絮粘蝴蝶飛還住。人在玉樓中，樓高四面風。"

麗譙

亦作"麗嶕""麗樵"。華麗高大的樓房。《莊子·徐無鬼》："君亦必無盛鶴列於麗譙之間，無徒驥於錙壇之宫。"郭象注："麗譙，高樓也。"成玄英疏："言其華麗嶕嶢也。"郭慶藩集釋："譙，本亦作嶕……案：謂華麗而嶕嶢也。"《漢書·陳勝傳》"獨守丞與戰譙門中"唐顔師古注："樓，一名譙，故謂美麗之樓爲麗譙。"宋林通《錢塘仙尉謝君咏物樓成》詩："仙人多在麗樵居，況對西山爽氣餘。"宋秦觀《阮郎歸》詞："麗譙吹罷小單于，迢迢清夜徂。"明吴嶔《山坡羊·寒夜》曲："清清細數三更到，第一關心是麗樵。"清曹寅《三月六日登鼓樓看花》詩："煌煌麗譙藏聖諭，草木暢茂當皇天。"

【麗嶕】

同"麗譙"。此體先秦時期已行用。見該文。

【麗樵】

同"麗譙"。此體宋代已行用。見該文。

翠樓 [1]

塗飾綠漆之華美高樓。漢李尤《平樂觀賦》："大厦累而鱗次，承岧嶤之翠樓。"南朝梁江淹《山中楚辭》之二："日華粲於芳閣，月金披於翠樓。"元虞集《贈楚石藏主》詩:"不識南塘第幾橋,翠樓華屋上岧嶤。"

鳳閣

華麗的樓閣。多指皇宮內的樓閣。南朝宋謝靈運《擬魏太子鄴中集》詩:"朝游登鳳閣,日暮集華沼。"南朝宋鮑照《凌烟樓銘》:"冰臺築乎魏邑,鳳閣起於漢京。"《水滸傳》第一回:"祥雲迷鳳閣,瑞氣罩龍樓。"

飛閣[1]

亦稱"飛樓"。凌空高聳的樓閣。漢焦贛《易林·坤之歸妹》:"飛樓屬道,趾多攬垣,居之不安,覆壓爲患。"三國魏曹植《贈丁儀》詩:"凝霜依玉除,清風飄飛閣。"北魏楊衒之《洛陽伽藍記·瑤光寺》:"高祖在城內作光極殿,因名金墉城門爲光極門,又作重樓飛閣,遍城上下,從地望之,有如雲也。"唐趙彥昭《人日侍宴大明宮應制》詩:"平樓半入南山霧,飛閣旁臨東墅村。"宋蘇軾《次韻曾子開從駕再和》之二:"桂觀飛樓凌霧起,仙幢寶蓋拂天來。"清張興鏞《買陂塘》詞:"灣環翠柳蒙茸處,中有飛樓紅小。"

【飛樓】

即飛閣[1]。此稱漢代已行用。見該文。

飛甍[1]

飛檐。藉指高樓。《文選·左思〈吳都賦〉》:"長干延屬,飛甍舛互。"呂向注:"飛甍舛互,言棟宇相交互也。"唐羊士諤《息舟荆溪入陽羨南山游善權寺呈李功曹臣》詩:"層閣表精廬,飛甍切雲翔。"明夏完淳《咏懷》詩:"飛甍十二衢,徘徊明月皎。"

傑觀

亦稱"傑閣"。高聳的樓臺觀閣。唐韓愈《記夢》詩:"隆樓傑閣磊嵬高,天風飄飄吹我過。"宋陳師道《和寇十一晚登白門》詩:"重門傑觀屹相望,表裏山河自一方。"宋張孝祥《水調歌頭·桂林集句》詞:"繁會九衢三市,縹緲層樓傑觀,雪片一冬深。"宋葉紹翁《四朝聞見錄·閱古南園》:"於是飛觀傑閣,虛堂廣厦,上足以陳俎豆,下足以奏金石者,莫不畢備。"明文徵明《鷄鳴山憑虛閣》詩:"金陵佳勝石頭城,傑閣登臨正雨晴。"

【傑閣】

即傑觀。此稱唐代已行用。見該文。

雲屋[1]

亦稱"雲樓"。高聳入雲的樓閣。漢徐幹《情詩》:"時嶇雲屋下,嘯歌倚華楹。"晋郭璞《山海經圖贊·琅邪臺》:"琅邪嶕嶢,屹若雲樓。"北周庾信《終南山義谷銘序》:"青牛文梓,白鶴貞松,運以置宮,崇斯雲屋。"隋辛德源《短歌行》:"馳射罷金溝,戲笑上雲樓。"唐杜甫《千秋節有感》詩之二:"御氣雲樓敞,含風彩仗高。"唐李賀《夢天》詩:"老兔寒蟾泣天色,雲樓半開壁斜白。"宋周邦彥《迎春樂》詞:"清池小圃開雲屋。結春伴、往來熟。"

【雲樓】

即雲屋[1]。此稱晋代已行用。見該文。

雲閣[1]

亦稱"雲臺"。聳入雲霄的臺閣。《淮南子·俶真訓》:"雲臺之高,墮者折脊碎腦,而蚊蝱適足以翱翔。"三國魏曹植《節游賦》:"連雲閣以遠徑,營觀榭於城隅。"晋郭璞《客傲》:"夫欣黎黃之音者,不顰蟪蛄之吟;豁雲臺之觀者,必閟帶索之歡。"《文選·揚雄〈甘泉賦〉》:"乘雲閣而上下兮,紛蒙籠以混成。"李善注:

"雲閣,言高連雲也。"南朝陳張正見《賦得日中市朝滿》:"雲閣綺霞生,旗亭麗日明。"唐王勃《七夕賦》:"君王乃取風殿而長懷,俯雲臺而自矯。"宋張輯《洞仙歌·代壽張辰川》詞:"問因何五馬,踏月雲臺。秋色裏,却賞烟霞袖手。"

【雲臺】[1]

即雲閣[1]。此稱漢代已行用。見該文。

雲構

指聳入雲霄的高樓大廈。《文選·陸機〈招隱詩〉》:"輕條象雲構,密葉成翠幄。"張詵注:"雲構,大廈也。"《藝文類聚》卷六二引南朝陳沈炯《太極殿銘》:"億兆填填而樂成也,曾未數旬,焕然雲構。"元陳賡《寒食祀墳回登臨晋西原廢寺》詩:"當年雲構倚天開,一夕烟塵化劫灰。"清唐孫華《哭座主玉峰尚書徐公》詩之二:"栽培杞梓扶雲構,回挽文章壯漢京。"

雲甍

高聳入雲的屋脊。藉指高大的樓臺。南朝齊謝脁《三日侍華光殿曲水宴代人應詔》詩之七:"雕梁虹拖,雲甍鳥跂。"元戴良《游吳山承天觀》詩:"石逕趨巍宫,雲甍倚層壁。"明王世貞《謝生歌七夕送脱屣老人謝榛》:"帝都雲甍接九衢,委巷獨滿群公車。"

雲觀

宫殿門前兩側所建高臺上的樓觀。以其高聳入雲,故稱。亦泛指高大的樓閣。晋葛洪《抱朴子·漢過》:"雲觀變爲狐兔之藪,象魏化爲虎豹之溪。"宋賀鑄《水調歌頭·臺城游》詞:"雲觀登臨清夏,璧月留連長夜,吟醉送年華。"

雲榭

高聳入雲的樓臺。唐許敬宗《奉和聖製登三臺言志應制》:"中天表雲榭,載極聳崑樓。"唐陸龜蒙《和襲美館娃宫懷古》之三:"幾多雲榭倚青冥,越焰燒來一片平。"宋林光朝《送別陳侍郎應求和泉州》詩:"十年杯酒開雲榭,一樣官銜過洛陽。"

閣[2]

亦作"閤"。供游覽眺望之樓閣。《淮南子·主術訓》:"高臺層榭,接屋連閣,非不麗也。"唐慧琳等《一切經音義》卷三八引《倉頡篇》云:"閣,樓也。"唐劉禹錫《浙東元相公書嘆梅雨鬱蒸之候因寄七言》:"平湖晚泛窺清鏡,高閣晨開掃翠微。"清蒲松齡《聊齋志異·蓮花公主》:"轉過墙屋,導至一處,叠閣重樓,萬椽相接,曲折而行。"

【閤】[3]

同"閣[2]"。此體唐代已行用。見該文。

官閣

供人游憩的樓閣。唐儲光羲《洛陽道五首獻吕四郎中》詩之四:"春風二月時,道傍柳堪把,上枝覆官閣,下枝覆車馬。"唐杜甫《涪城縣香積寺官閣》詩:"寺下春江深不流,山腰官閣迥添愁。"

看樓

供觀樂瞭望之樓。唐鄭處誨《明皇雜録》卷下:"每正月望夜,又御勤政樓觀作樂,貴臣戚里,官置看樓。夜闌,即遣宫女於樓前歌舞以娱之。"《遼史·食貨志下》:"東平郡城中置看樓,分南、北市,禺中交易市北,午漏下交易市南。"

看街樓

臨街而建供觀賞街景之樓。南唐劉崇遠《金華子雜編》上：〔李〕景讓最剛正，奏彈無所避，爲御史大夫。宰相宅有看街樓子，皆封泥之，懼其糾劾也。"元張國賓《合汗衫》第一折："你看這雪景甚是可觀，孩兒在看街樓上，整備一杯，請父母親賞雪咱。"

閣 ³

古代皇家藏書樓。《文選·王儉〈褚淵碑文〉》："贊道槐庭，司文天閣。"李善注引《三輔故事》："天禄閣在大殿北，以藏秘書。"張銑注："任於天禄之閣也。天禄，書閣名。"又陸機《謝平原内史表》："入朝九載，歷官有六。身登三閣，官成兩宮。"李善注引《晋令》："秘書郎掌中外三閣經書。"《北史·牛弘傳》："魏文代漢，更集經典，皆藏在秘書，内外三閣。"

閣齋

書樓。《梁書·文學傳下·劉杳》："約郊居宅時新構閣齋，杳爲贊二首，並以所撰文章呈約，約即命工書人題其贊於壁。"宋談鑰《嘉泰吳興志》卷一四："上廳事，又於廳上入閣齋。"

樓　名

十二樓

亦稱"十二層"。相傳黄帝時於崑崙山上所築，以供仙人居住。《史記·封禪書》："黄帝時爲五城十二樓。"又《孝武本紀》："方士有言黄帝時爲五城十二樓，以候神人於執期，命曰迎年。"裴駰集解注引應劭："崑崙玄圃五城十二樓，此仙人之所常居。"晋葛洪《抱朴子·祛惑》："又見崑崙山上一面輒有四百四十門，門廣四里，内有五城十二樓。"晋王嘉《拾遺記·崑崙山》："〔崑崙山〕傍有瑶臺十二，各廣千步，皆五色玉爲臺基。"後因以"十二層"形容仙境中重叠的樓臺。唐白居易《酬微之開拆新樓初畢相報末聯見戲之作》："南臨瞻部三千界，東對蓬宮十二層。"唐李商隱《無題》詩："如何雪月交光夜，更在瑶臺十二層。"唐温庭筠《瑶瑟怨》詩："雁聲遠過瀟湘去，十二樓中月自明。"明顧咸正《登華山》詩："金神法象三千界，玉女明妝十二樓。"

【十二層】

即十二樓。此稱唐代已行用。見該文。

秦樓

亦稱"鳳樓"。秦穆公爲其女弄玉所建之樓。相傳秦穆公女弄玉好樂，蕭史善吹簫作鳳鳴，秦穆公以弄玉妻之，爲之作鳳樓。二人吹簫，鳳凰來集，遂乘鳳凰飛升而去。事見漢劉向《列仙傳》。南朝梁沈約《修竹彈甘蕉文》："巫岫斂雲，秦樓開照。"南唐李煜《謝新恩》詞："秦樓不見吹簫女，空餘上苑風光。"《二刻拍案驚奇》卷九："鳳生以爲可動，朗吟一詩道：'幾回空度可憐宵，誰道秦樓有玉簫？'"清孔尚任《桃花扇·逮社》："當年烟月滿秦樓，夢悠悠，簫聲非舊。"

【鳳樓】

即秦樓。此稱先秦時期已行用。見該文。

雲閣 [2]

秦二世胡亥所建。高聳入雲，欲與南山齊，故稱。《三輔黃圖·宮·雲閣》："雲閣，二世所造，起雲閣，欲與南山齊。"《文選·張衡〈東京賦〉》："〔奉〕乃構阿房，起甘泉，結雲閣，冠南山。"薛綜注引《三輔故事》："秦二世胡亥起雲閣，欲與山齊。"

北闕

漢代宮殿北面的樓觀。是臣子等候朝見或上書奏事之處。《漢書·高帝紀下》："蕭何治未央宮，立東闕、北闕、前殿、武庫、太倉。"顏師古注："未央殿雖南嚮，而上書、奏事、謁見之徒皆詣北闕。"

井幹樓

亦稱"井幹臺""井翰""井韓"。省稱"井幹"。樓臺名，漢武帝時建於建章宮北，故址在陝西長安西。以其結構爲木料層層壘叠，轉角相交作絞井口而成，故稱。臺初爲土築，高度受到一定限制，漢時以木築井幹臺，其上加築井幹樓，高五十丈。增加高度，使建築物向高層發展，是當時統治者大量應用的一種方式。《史記·孝武本紀》："乃立神明臺、井幹樓，度五十餘丈，輦道相屬焉。"司馬貞索隱："《關中記》：'宮北有井幹臺，高五十丈，積木爲樓。'言築累萬木，轉相交架，如井幹。"《漢書·郊祀志下》："立神明臺、井幹樓，高五十丈，輦道相屬焉。"顏師古注："《漢宮閣疏》云：'神明臺高五十丈，上有九室，恒置九天道士百人。'然則神明、井幹俱高五十丈也。井幹樓積木而高，爲樓若井幹之形也。井幹者，井上木欄也，其形或四角，或八角。張衡《西都賦》云'井幹叠而百層'，即謂此樓也。幹或作翰，其義並同。宋祁：'邵木翰作韓。'"

【井幹臺】

即井幹樓。此稱漢代已行用。見該文。

【井翰】

即井幹樓。此稱漢代已行用。見該文。

【井韓】

即井幹樓。此稱漢代已行用。見該文。

【井幹】 [2]

"井幹樓"之省稱。此稱漢代已行用。見該文。

雲閣 [3]

亦稱"雲臺"。漢明帝時因追念前世功臣，圖畫鄧禹等二十八將於南宮雲臺。後用以泛指圖畫功臣名將之像以示紀功的樓閣。北周庾信《周柱國大將軍大都督同州刺史爾綿永神道碑》："詎知雲閣，名在功臣。"倪璠注："雲閣，《漢書》所謂'雲臺'是也。臺、閣通稱矣。"唐李白《游敬亭寄崔侍御》詩："壯士不可輕，相期在雲閣。"王琦注："雲閣，猶雲臺也。"唐杜牧《少年行》："捷報雲臺賀，公卿拜壽卮。"清洪昇《長生殿·剿寇》："擁大將，氣雄哉，合圖畫，上雲臺。"清錢泳《履園叢話·雜記下·阿文成公》："高宗純皇帝賜其七十壽聯云：'耆筵錫慶高千叟，雲閣銘勛贊上臺。'"

【雲臺】 [2]

即雲閣 [3]。此稱漢代行用。見該文。

仲宣樓

指漢末荊州當陽縣（今湖北荊門）城樓。漢王粲（字仲宣）爲"建安七子"之一，博學多識，文思敏捷，善詩賦。其避董卓之亂，依荊州劉表，因懷歸，曾登當陽城樓作賦，即著名的《登樓賦》，後人因稱。唐杜甫《短歌行贈王郎司直》："仲宣樓頭春色深，青眼高歌望吾子。"仇兆鰲注："朱鶴齡注引《荆州記》：'當陽縣城樓，王仲宣登之而作賦。'《一統志》：'仲宣樓，在荆州，即當陽縣城樓。'"宋陳策《摸魚兒·仲宣樓賦》："問舊日王郎，依劉有地，何有賦幽憤？"後遂用爲典故，藉指詩人登臨抒懷之處。宋陸游《秋思》詩："霜露初侵季子裘，山川空賦仲宣樓。"康有爲《京破後獄囚皆放聞徐子静侍郎即奉赦免喜倒淚下》詩："苦憶哀歌宋玉宅，何時把酒仲宣樓。"參閱嘉慶《重修一統志·荆門直隸州·古迹》。

開襟樓

亦稱"開襟閣"。漢掖庭樓閣名。登樓遠望，開擴心胸，敞開胸懷之意。《西京雜記》卷一："漢掖庭有月影臺、雲光殿、九華殿、鳴鸞殿、開襟閣，不在簿籍，皆繁華窈窕之所栖宿焉。"又："漢彩女常以七月七日穿七孔鍼於開襟樓。"《陝西通志·風俗》："彩女常以七月七日穿七孔針于開襟樓。"

【開襟閣】

即開襟樓。此稱漢代已行用。見該文。

落星樓

故址在今江蘇南京東北，三國吳孫權所建。因位居臨江的落星山上，故名。樓高三層。《文選·左思〈吳都賦〉》："數軍實乎桂林之苑，饗戎旅乎落星之樓。"劉逵注："吳有桂林苑、落星樓，樓在建業東北十里。"前蜀韋莊《春日》詩："落星樓上吹殘角，偃月營中挂夕暉。"《太平御覽》卷一七六引《金陵地記》："吳嘉禾元年，於桂林苑落星山起三層樓，名曰落星樓。"

黃鶴樓

故址在今湖北武漢蛇山黃鵠磯頭，始建於

黃鶴樓

三國吳黃武二年（223），歷代屢毀屢建。清光緒十年（1884）遇火，樓化爲廢墟。原有建築在修建長江大橋時已拆除，1985年在今址（即蛇山西端高觀山西坡）重建落成。樓初始之形制已不可考，據六朝及唐代的文字記載，宋、元、明各代繪畫及清代絲織品圖案與清末所攝照片推知，宋代黃鶴樓是一建築群，主體建築爲十字脊兩層樓閣，下有抱廈與迴廊環繞，地面之上有木構平座，平座下臨水建有高臺。元明兩代，樓體形變簡，層數則變爲三，地面上之平座消失，高臺仍存。清雍正與同治年間兩次重建，均爲三層樓閣。新建黃鶴樓，仿木結構，屋面覆以黃色琉璃，崇樓五層，飛檐五舒，內外遍施彩畫，裝修典雅富麗。主樓之外尚配有亭軒、廊、坊，樓前陳列"黃鶴歸來"銅雕一尊。昔日黃鶴樓，軒昂宏偉，輝煌瑰麗，峥嶸縹緲，幾疑仙宮。甚至附會許多神話，如王子安乘鶴由此經過；又費文褘駕鶴返憩於此。又傳說辛氏在此賣酒，一道士常來酌飲，辛氏不收酒資，道士走時用橘皮在壁上畫一黃鶴說："酒客至拍手，鶴即下飛舞。"辛氏因此致富。越十年，道士復來，取笛鳴奏，黃鶴下壁，道士跨鶴直上雲天，辛氏即建此樓。《元和郡縣圖志·江南道三·鄂州》:"城西臨大江,西南角因磯爲樓,名黃鶴樓。"歷代不少名人到此摹景抒懷,尤以唐人崔顥題黃鶴樓一詩名聞千古:"昔人已乘黃鶴去,此地空餘黃鶴樓。"唐李白《黃鶴樓送孟浩然之廣陵》詩:"故人西辭黃鶴樓,烟花三月下揚州。"宋陸游《入蜀記》卷五:"黃鶴樓,舊傳費文禕飛升於此,後忽乘黃鶴來歸,故以名樓,號爲天下絕景。"參閱《南齊書·州郡志下》、嘉慶《重修一統志·武昌府·山川》。

綠珠樓

古樓名。在今河南洛陽。相傳洛陽昭儀寺有池名狄泉,原爲晋石崇家池,池南有綠珠樓,爲石崇寵妾綠珠所居,故稱。北魏楊衒之《洛陽伽藍記·昭儀尼寺》:"昭儀寺有池,京師學徒謂之翟泉也……後隱士趙逸云:此地是晋侍中石崇家池,池南有綠珠樓。"唐李白《魯郡堯祠送竇明府薄華還西京》詩:"綠珠樓下花滿園,今日曾無一枝在。"《太平寰宇記·河南道三·西京一》:"洛陽縣,石崇宅有綠珠樓,今謂之狄泉是也。"

庾公樓 [2]

亦稱"南樓""玩月樓"。坐落於今湖北鄂城南。晋庾亮曾任江州刺史,與幕僚殷浩、王胡之等登武昌南樓賞月,咏談竟夕,一時傳爲佳話,故亦有玩月樓之稱。南朝宋劉義慶《世説新語·容止》:"庾太尉(亮)在武昌,秋夜氣佳景清,使吏殷浩、王胡之之徒登南樓理咏。"唐李白《陪宋中丞武昌夜飲懷古》詩:"清景南樓夜,風流在武昌。"按,晋武昌縣,爲武昌郡治,即今湖北鄂州鄂城。唐武昌縣屬鄂州江夏郡,即今武漢武昌。李白所咏南樓,實際上不是庾亮等所登的南樓。宋蘇軾《九日次韵王鞏》:"聞道郎君閉東閣,且容老子上南樓。"《太平御覽》卷一七六引《九江録》:"庾亮在武昌,諸佐吏殷浩等乘秋夜佳景,共登南樓,俄而不覺亮至。衆將避之,公曰:'老子於此興復不淺。'便坐談咏。至今名'庾公樓'。"宋温以觀《葡萄》詩:"明月秋風宗炳社,夕陽秋日庾公樓。"明楊慎《次郭雲屏登西樓韵二首》之二:"零雨多情孫楚墌,月明同夢庾公樓。"明史謹《至武昌》詩:"乍到燃犀渚,思登玩月樓。"

【南樓】 [1]

即庾公樓。此稱南北朝時期已行用。見該文。

【玩月樓】

即庾公樓。此稱明代已行用。見該文。

筆飛樓

故址在今浙江紹興。書聖王羲之曾於此寫《黃庭經》,筆勢飛舉,揮灑自如,故稱。明張岱《夜航船·筆飛樓》:"在戢山之麓。王右軍於此寫《黃庭經》,筆從空飛去。今其地有筆飛樓址。"

芙蓉樓 [1]

亦作"芙容樓"。位於潤州(今江蘇鎮江)城西北角臨江處,爲晋刺史王恭創建。唐李吉甫《元和郡縣圖志·潤州》:"晋王恭爲刺史,改創西南樓名萬歲樓,西北樓爲芙蓉樓。"唐丁仙芝《相和歌辭·江南曲》:"始下芙蓉樓,言發琅邪岸。"南唐陳陶《臨風嘆》詩:"芙蓉樓中飲君酒,驪駒結言春楊柳。"參閱嘉慶《重修一統志·鎮江府·古迹》。

【芙容樓】 [2]

同"芙蓉樓"。此體唐代已行用。見該文。

萬歲樓

故址在今江蘇鎮江。晉刺史王恭創建。《宋書·文九王·宣簡王宏》:"〔左暄〕欲爲景素盡節,而所配兵力甚弱,猶力戰不退,於萬歲樓下橫射臺軍。"唐皇甫冉有《同溫丹徒登萬歲樓》詩。唐李吉甫《元和郡縣圖志·潤州》:"晉王恭爲刺史,改創西南樓名萬歲樓,西北樓爲芙蓉樓。"參閱嘉慶《重修一統志·鎮江府·古迹》。

凌烟樓

南朝宋臨川王劉義慶所建之樓。南朝宋鮑照《凌烟樓銘》序:"伏見所製凌烟樓,栖置崇迥,延瞰平寂,即秀神皋,因基地勢。"唐李白《流夜郎永華寺寄潯陽群官》詩:"朝別凌烟樓,暝投永華寺。"

芙蓉樓 [3]

相傳南朝梁簡文帝時所建。《南史·賊臣傳·侯景》:"景土山成……山起芙蓉層樓,高四丈,飾以錦罽,捍以烏笙,山峰相近。"

元暢樓

亦稱"八咏樓"。南朝齊隆昌元年(494)沈約爲東陽太守時建成,位於今浙江金華南隅婺江之北岸。沈約《登元暢樓》詩:"危峰帶北阜,高頂出南岑。中有凌風榭,回望川之陰。"又咏長詩八首,即《登臺望秋月》《會圃臨東風》《歲暮愍衰草》《霜來悲落桐》《夕行聞夜鶴》《晨徵聽曉鴻》《解珮去朝市》《被褐守山東》,稱《八咏詩》,寓己外補不得已之詞,一時廣爲傳誦。宋至道中,郡守馮伉因此將樓名更爲"八咏樓"。唐李白、崔顥,宋李清照,清吳偉業等,都曾登樓覽勝,賦留名篇。清趙翼《稺存見題賤照有十萬黃金之嘲走筆戲答》詩:"築室已規元暢樓,爲圓更運到公石。"歷代迭經毀建,現存建築係清代重建。

【八咏樓】

即元暢樓。此稱宋代已行用。見該文。

校經樓

原名"毗盧閣"。位於山東莒縣城西浮來山定林寺內,該寺相傳始建於南北朝,現存建築係清同治十三年(1874)重修。分前中後三院,主要建築有大佛殿、校經樓、三教堂等。校經樓原名毗盧閣,相傳劉勰曾於閣上校閱藏經。清同治十三年,臨沂知縣長庚爲紀念劉勰校經而易現名。劉勰(約464—約532),字彥和,原籍東莞莒(今屬山東)人,世居京口(今江蘇鎮江)。早孤,篤志好學,家貧不娶,依沙門僧佑生活十餘年,博通佛理。梁武帝天監中,曾爲東宮通事舍人,爲昭明太子蕭統所器重,世稱"劉舍人"。晚年出家,法號慧地,栖息定林寺以終。寺前巨石上鐫刻"象山樹"三篆字,落款"隱士慧地題",傳爲劉勰書,中華人民共和國成立後建六角飛檐碑亭保護。主要著作《文心雕龍》五十篇,體大思精,見解精闢,爲我國古代文學批評巨著,影響極大。1962年爲紀念《文心雕龍》成書1460周年,郭沫若題名"文心亭""校經樓",并署額勒石以志。

【毗盧閣】

即校經樓。此稱南北朝時期已行用,爲舊稱。見該文。

迷樓

隋煬帝據浙人項氏所進宮圖建造,故址在江蘇揚州西北郊,其結構複雜,易使人迷失,故稱。迷樓迴環四合,上下金碧,工巧弘麗,自古無有。唐馮贄《南部烟花記·迷樓》:"迷樓凡役夫數萬,經歲而成。樓閣高下,軒窗掩映，幽房曲室，玉欄珠楯，互相連屬。帝大喜，顧左右曰：'使真仙游其中，亦當自迷也。'故云。"唐許渾《汴河亭》詩："四海義師歸有道，迷樓還以景陽樓。"宋賀鑄《思越人》詞："紅塵十里揚州過，更上迷樓一借山。"明張岱《夜航船·迷樓》："隋煬帝無日不治宮室，浙人項陸進新宮圖，大悅，即日召有司庀材鳩工，經歲而就，帑藏爲之一空。帝幸之，大喜曰：'使真仙游其中，亦當自迷也。'因署之曰'迷樓'。"清徐昂發《揚州》詩："裙纙禹穴千年繭，鏡擁迷樓萬朵花。"參閱嘉慶《重修一統志·揚州府·古迹》。

飛雲樓

亦稱"解店樓"。位於山西萬榮解店鎮東嶽廟山門内，因廟居解店鎮，俗稱"解店樓"。當地傳有"萬榮有個解店樓，半截插在天裏頭"的說法，用以形容它的高大宏偉，實際高22米。晴朗天氣，十幾里外可遠望其秀麗壯觀的樓影；雲霧穿流，纏繞樓頂，確有高聳入雲之感。創始年代不詳，按其平面規制，唐貞觀

山西萬榮飛雲樓

時已有樓。元明兩代重修，現存建築爲清乾隆十一年（1746）重建。樓平面方形，三層四滴水，十字歇山式樓頂，露明三級，隱於平座之内的暗層兩級，實爲五級，底層左右築壁，前後穿通，四根通柱直達樓頂。上兩層皆有勾欄，每面各出抱廈一間，又以二平柱分爲三小間，上築屋頂，山花向外，下面用穿插枋及斜材挑承，結構巧妙，外觀玲瓏。各層檐下斗拱緻密，結構位置不同，形狀亦異，與檐頭三十二個翼角相交織，秀麗壯觀，爲我國樓閣式建築的代表作。

【解店樓】

即飛雲樓。此稱多行用於近現代。見該文。

岳陽樓

坐落於今湖南岳陽西門城樓上，洞庭湖畔。爲我國江南三大樓閣之一。歷來有"洞庭天下水，岳陽天下樓"之盛譽。登樓遠眺，八百里洞庭盡收眼底，爲古今著名風景名勝。相傳漢末吳將魯肅在此建訓練水師的閱兵臺。唐開元四年（716）中書令張說謫守巴陵（今湖南岳陽）時在閱兵臺的舊址上興建此樓，常與詩友登樓吟誦，其名漸著。唐代著名詩人李白、杜甫、白居易、李商隱等都有咏岳陽樓詩。宋慶曆五年（1045）滕子京守巴陵郡時重修，并請范仲淹撰《岳陽樓記》，名聲益重。後幾經興廢，清光緒六年（1880）重建。主樓平面呈長方形，三層通高19.72米，寬17.24米，深14.54米，重檐盔頂，純木結構，四面環以明廊，腰檐設有平座，建築精湛，氣勢雄偉。主樓右有"三醉亭"，因傳吕洞賓三醉岳陽樓而得名；左爲"仙梅亭"，明崇禎年間維修中挖出一石板，上有似枯梅之花紋，時人視爲仙迹，故

名。今枯梅仿雕石板仍嵌立在亭中。樓內有清乾隆時名書法家張照寫的《岳陽樓記》木雕屏，近處有宋代鐵梢、鐵枷及歷代石刻多處。中華人民共和國成立後，經幾次較大的維修，連同附近地區闢爲公園。唐杜甫《登岳陽樓》詩："昔聞洞庭水，今上岳陽樓。吳楚東南坼，乾坤日夜浮。"宋黃庭堅《雨中登岳陽樓望君山》之一："未到江南先一笑，岳陽樓上對君山。"明楊基《岳陽樓》詩："春色醉巴陵，闌干落洞庭。"參閱嘉慶《重修一統志·岳州府·古迹》。

鸛雀樓

位於山西蒲州府西南（今山西永濟），前瞻中條山，下瞰大河。因常有鸛雀栖息其上，故名。樓有三層。爲唐代登覽勝地，文人墨客留下許多詩篇。後被河水冲没。唐王之渙《登鸛雀樓》詩："白日依山盡，黃河入海流。欲窮千里目，更上一層樓。"更成爲千古絕唱。唐李益《同崔邠登鸛雀樓》詩："鸛雀樓西百尺檣，汀洲雲樹共茫茫。"宋沈括《夢溪筆談·藝文二》："河中府鸛雀樓，三層，前瞻中條，下瞰大河。唐人留詩者甚多，唯李益、王之渙、暢諸三篇能狀其景。"清王士禛《河中感懷寄諸兄》詩："京華故國俱千里，心折西風鸛雀樓。"參閱嘉慶《重修一統志·蒲州府·古迹》。

走馬樓[2]

唐代樓名。在驪山華清宮。唐溫庭筠《走馬樓三更曲》曾益注引《西京記》："大福殿重樓連閣綿亘，西殿有走馬樓，南北長百餘步。"宋錢易《南部新書》己集："驪山華清宮毀廢已久，今所存唯繚垣耳……明皇吹笛樓、宮人走馬樓故基猶存。"

南樓[2]

坐落於湖南潭州（今湖南長沙）。唐大詩人杜甫舟行中曾有"暗度南樓月"的詩句。柳宗元曾兩度至此，并賦感舊詩一首，因而名傳遐邇。唐杜甫《舟中夜雪有懷盧十四侍御弟》詩："暗度南樓月，寒深北渚雲。"仇兆鰲注："邵注謂南樓在武昌。顧注謂南樓在岳陽。盧注據柳子厚《長沙驛前南樓感舊》詩爲證，是南樓即在潭州。"

南樓[3]

亦稱"曲江樓"。位於今湖北荊州東南。唐張九齡嘗登樓賦詩，因而聲名鵲起。宋張拭重修，改名"曲江樓"。宋朱熹《江陵府曲江樓記》："敬夫一日與客往而登焉……於是顧而嘆曰：'此亦曲江公所謂江陵郡城南樓者邪！'"宋王應麟《玉海》卷一六四："《會要》：左右軍奏修曲江樓，畢，進圖一軸。

【曲江樓】

即南樓[3]。此稱宋代已行用。見該文。

望海樓

坐落於今浙江杭州鳳凰山上，蔡襄題曰"望海"。爲城中最高處，旁視甘露、金山，如屏障入畫。唐白居易《杭州春望》詩："望海樓明照曙霞，護江堤白踏晴沙。"宋蘇軾《望海樓晚景》詩："橫風吹雨入樓斜，壯觀應須好句誇。"

望雲樓

故址在今陝西洋縣北。樓極高峻，巴山秦嶺，南北在目，故稱。唐德宗嘗登此樓，御題一字於梁上，及還京，鑿取以歸。宋文同《望雲樓》詩："巴山樓之東，秦嶺樓之北。樓上捲簾時，滿樓雲一色。"宋蘇軾《和文與可洋川園池三十首·望雲樓》："陰晴朝暮幾回新，已向虛空付此生。"參閱嘉慶《重修一統志·漢中府·古迹》。

夕陽樓

坐落於今河南鄭州滎陽市，唐刑部侍郎蕭澣任鄭州刺史時建。唐李商隱《夕陽樓》詩："花明柳暗繞天悠，上盡重城更上樓。"清王士禎《夕陽樓》詩："僕射陂頭疏雨歇，夕陽山映夕陽樓。"參閱嘉慶《重修一統志·開封府·古迹》。

五鳳樓[1]

唐朝創建，後梁重建於洛陽。高百丈，上有五鳳翹翼。唐玄宗曾於樓下聚飲，命三百里内縣令、刺史帶聲樂參加。梁太祖朱温繼位，重建五鳳樓，去地百丈，高入半空，上有五鳳翹翼。《新唐書·元德秀傳》："玄宗在東都酺五鳳樓下，命三百里縣令、刺史各以聲樂集。是時頗言帝且第勝負加賞黜，河内太守輦優伎數百，被錦綉，或作犀象，瑰譎光麗。"宋周翰有《五鳳樓賦》。參閱《舊五代史·羅紹威傳》。

白雪樓

坐落於今湖北鍾祥西。取宋玉對楚襄王陽春白雪之義，故名。此樓下臨漢江，高聳入雲。唐劉賓客逸句"江上樓高十二梯，梯梯登遍與雲齊"即指此樓。唐白居易《登郢州白雪樓》詩："白雪樓中一望鄉，青山簇簇水茫茫。"宋王象之《輿地紀勝·京西南路·郢州》："子城三面墉基皆天造，正西絶壁下臨漢江，白雪樓冠其上。"宋沈括《夢溪筆談·樂律一》："世稱善歌者皆曰郢人，郢州至今有白雪樓。"《太平寰宇記·郢州·長壽縣》："白雪樓，在州子城西。"參閱嘉慶《重修一統志·安陸府·古迹》。

花蕚樓

省稱"花蕚"。故址在今陝西長安東南。唐玄宗開元二年（714），於興慶宫西南建樓，其西題爲"花蕚相輝之樓"，南爲"勤政務本之樓"。"花蕚"二字取《詩·小雅·常棣》"常棣之華，鄂不韡韡。凡今之人，莫如兄弟"之義，亦即友悌二義也。登樓可以望見憲、薛、申、岐諸王諸弟府邸，玄宗常與諸兄弟在此設宴奏樂。《舊唐書·讓皇帝憲傳》："玄宗於興慶宫西南置樓，西面題曰花蕚相輝之樓……玄宗時登樓，聞諸王音樂之聲，咸召登樓，同榻宴謔，或便幸其第，賜金分帛，厚其歡賞。"唐高蓋《花蕚樓賦》："攢畫栱以交映，列綺窗以相薄，金鋪摇吹以玲瓏，珠綴含烟而錯落。飾以粉繪，塗之丹臒，飛梁迴遶於虹光，藻井倒垂乎蓮蕚，信神明之保護，亦列仙之憑記。"唐張説《踏歌詞》："花蕚樓南雨露新，長安城裏太平人。"唐杜甫《驪山》詩："驪山絶望幸，花蕚罷登臨。"《醒世恒言·三孝廉讓産立高名》："紫荆枝下還家日，花蕚樓中合被時。"參閱《新唐書·讓皇帝憲傳》。

【花蕚】

"花蕚樓"之省稱。此稱唐代已行用。見該文。

勤政樓

故址在今陝西長安東南。唐玄宗開元二年（714）於興慶宫西南建樓，其西題"花蕚相輝之樓"，南題"勤政務本之樓"。樓名取勤勞於政事之意，與花蕚樓相對峙。東西長26.5米，南北寬19米，面闊五間，進深三間。玄宗賜宴設酺，皆會於此。每年千秋節亦舞龍於樓下。唐杜牧《過勤政樓》詩："千秋佳節名空存，承露絲囊世已無。"《新唐書·玄宗紀》:"〔天寶十三載〕五月壬戌,觀酺于勤政樓。"宋李清照《浯溪中興頌碑和張文潛韵二首》之一:"勤政樓前走胡馬,珠翠踏盡香塵埃。"

齊雲樓 [1]

亦稱"月華樓""飛雲閣"。坐落於今江蘇蘇州舊子城上,唐曹恭王所建。言其高與雲齊,故名。古名月華樓,後亦名飛雲閣。元末朱元璋剋平江,執張士誠,其群妾焚死於此。唐白居易《齊雲樓晚望》詩:"齊雲樓北面,半日憑欄干。"宋朱長文《吳郡圖經續記》:"白樂天於西樓命宴,齊雲樓晚望,皆有篇什,所謂池閣者,蓋今之後池是也;西樓者,蓋今之觀風樓也;齊雲樓者,蓋今之飛雲閣也。"明高啓《齊雲樓》詩:"境臨烟樹萬家迷,勢壓樓臺衆寺低。斗柄正垂高棟北,山形都聚曲欄西。半空曾落佳人唱,千載犹傳醉守題。劫火重經化平地,野烏飛上女垣啼。"

【月華樓】

即齊雲樓。此稱唐代已行用,爲舊稱。見該文。

【飛雲閣】

即齊雲樓。此稱宋代已行用,爲舊稱。見該文。

齊雲樓 [2]

坐落於今陝西華州城內。言其高與雲齊,故稱。《舊唐書·昭宗紀》:"〔乾寧四年〕七月甲戌,帝與學士、親王登齊雲樓,西望長安,令樂工唱御製《菩薩蠻》詞。"《新五代史·雜傳二·韓建》:"昭宗登齊雲樓,西北顧望京師,作《菩薩蠻》詞三章以思歸。"清王士禎《華州齊雲樓》詩:"齊雲樓上望京師,渭水東流無盡

時。父老尚傳行幸日,教坊曾譜斷腸詞。"

燈樓

唐玄宗時,都匠毛順以繒製燈裝扮的彩樓。樓一百五十尺,懸珠玉金銀,風至鏘然。火樹銀花,燈飾彩樓,將上元日燈節之夜裝扮得絢麗多彩。是夜傾城而出,君民同樂,表演歌舞雜技,盡情狂歡娛樂。唐韓鄂《歲華紀麗·上元燈樓》:"唐玄宗於上陽宮建燈樓,高一百五十尺,懸以珠玉,微風將至,鏘然成韵。"清錢熙祚《明皇雜錄校勘記逸文》:"上在東都,遇正月望夜……有匠毛順,巧思結創繒彩爲燈樓三十間,高一百五十尺,懸珠玉金銀,微風一至,鏘然成韵。"參閱唐鄭處誨《明皇雜錄》。

燕子樓

故址在今江蘇徐州。傳唐貞元中,張姓尚書鎮徐州,築樓以厚愛妾關盼盼。張死後,盼盼念舊不嫁,獨居此樓十五年。舊說張尚書爲張建封,清汪立名考爲張建封子張愔,較爲可信。唐白居易《燕子樓》詩序:"繪之從事武寧軍累年,頗知盼盼始末,云:'張尚書既殁,歸葬東洛,而彭城有張氏舊第,第中有小樓名燕子。盼盼念舊愛而不嫁,居是樓十餘年,幽獨塊然,於今尚在。'"宋蘇軾《永遇樂·夜宿燕子樓夢盼盼固作此詞》:"燕子樓空,佳人何在?空鎖樓中燕。"宋文天祥《燕子樓》詩:"蛾眉代不乏,埋没安足論。因何張家妾,名與山川存。自古皆有死,忠義長不没。但傳美人心,不説美人色。"後以"燕子樓"泛指女子居所。《紅樓夢》第七〇回:"粉墮百花洲,香殘燕子樓。"清洪亮吉《伊犁紀事詩》之二十:"南中老守疏狂甚,尚憶東風燕子樓。"原注:"太守有一妾,留河南親串署內,時憶及之。"

參閱嘉慶《重修一統志·徐州府·古迹》、清汪立名《白香山年譜》。

籌邊樓

故址在今四川成都西郊。唐太和四年（830），劍南西川節度使李德裕建。樓四壁畫邊地險要之地形，因於其上籌畫邊事，故稱。宋淳熙中四川制置史范成大重建於子城西南，明又改建於都院之中。已毀。《新唐書·李德裕傳》："乃建籌邊樓，按南道山川險要與蠻相入者，圖之左。"唐薛濤《籌邊樓》詩："平臨雲鳥八窗秋，壯壓西川四十州。諸將莫貪羌族馬，最高層處見邊頭。"參閱宋陸游《籌邊樓記》。

望江樓

位於今四川成都東二公里，瀕錦江南岸。因有唐女詩人薛濤遺址而聞名。薛濤，字洪度，唐長安人。幼隨父宦居蜀中，後遭父喪，家貧淪爲樂妓。能詩，時稱女校書。相傳薛濤曾在此建吟詩樓，早已圮廢。今留存古井一口，傳濤汲井水製作詩箋，色澤鮮麗，世稱"薛濤箋"，後人稱此井爲薛濤井。舊時園内題咏甚

望江樓

多。望江樓共四層，高 30 米。上兩層爲八角形，下兩層爲四角形，樓尖爲鎏金寶頂。2006年，望江樓建築群被中華人民共和國國務院公布爲第六批全國重點文物保護單位。

烟雨樓 [1]

坐落於今浙江嘉興南湖（亦稱鴛鴦湖）湖心島上。初爲五代吳越國錢元璙於湖濱作爲登眺之所而築。取唐詩人杜牧"南朝四百八十寺，多少樓臺烟雨中"詩意名樓。宋建炎年中，樓廢。嘉定年間，吏部尚書王希呂在舊址建樓。元末，毀於戰火。明嘉靖二十八年（1549），嘉興知縣趙瀛又仿烟雨樓舊制，建樓於湖心。四面臨水，晨烟暮雨，景色迷濛，堪稱勝景。萬曆十年（1582）知府龔勉又在此增築亭榭，南面築臺爲釣鰲磯，北面拓放生池，稱"魚樂園"。明王圻等《三才圖會·地理》："按郡志，烟雨樓在嘉興之馬場湖，去治東南里許。五代時吳節度使景陵王錢元璙築臺，爲登眺之所。建炎中廢。嘉定間吏部尚書王希呂致政還家，因以址建樓。有縉紳遨游，有司相繼拓治繢飾，爲一方之勝。元季楊苗之亂乃始毀之。嘉靖戊申知府趙修浚内隍，令民出土崇其故址，嗣後士民漸加葺治，稍復舊觀。"參閱嘉慶《重修一統志·嘉興府·古迹》。清《御製詩集·塞湖泛月》："瀤湖夜景何多讓，妥帖橫陳烟雨樓。"

絳州三樓

位於山西新絳城内之鐘樓、樂樓、鼓樓。明清時州府縣城多有市樓，俗稱鼓樓，唯絳州三樓并峙，南北排列，都在州府衙門東南。鐘樓在前，樂樓居中，鼓樓偏後。鐘樓建於北宋乾德元年（963），元明兩代均有重修，現存爲萬曆年間遺留的建築。樓内懸挂萬斤巨鐘，爲

明正德三年（1508）鑄造，擊聲數十里可聞。樂樓創建年代不詳。現存爲明代建築，北嚮數十米有城隍廟，既爲酬神戲臺，又爲城內戲曲活動的主要場所。鼓樓臨近州府圍城，元至正時建，明重修，現存即明代遺物。

十三樓

亦稱“十三間樓”。故址在今浙江杭州西湖北岸，宋代名勝。宋蘇軾《南歌子·游賞》詞：“山與歌眉斂，波同醉眼流。游人都上十三樓，不羨竹西歌吹古揚州。”宋周淙《乾道臨安志·樓》：“十三間樓去錢塘門二里許，蘇軾治杭日，多治事於此。”後泛指供游樂的名樓。清曹寅《諸敏菴彈平調琵琶手法特妙無和之者感賦長句》：“葉兒惝惡笑揚州，官簴粉墨雜啁啾。套數空翻村衙鼓，晚風不唱十三樓。”參閱清沈自南《藝林彙考·棟宇篇》。

【十三間樓】

即十三樓。此稱宋代已行用。見該文。

月波樓[1]

坐落於嘉興府（今浙江嘉興）西北城上。宋代元祐中知州令狐挺建，政和中毛滂重修，并爲之記。宋朱敦儒《好事近》詞：“吹笛月波樓下，有何人相識？”《明一統志·嘉興府》：“月波樓在府西北城上，下瞰金魚池。宋元祐中知州令狐挺建，政和中毛滂重修，自作記云：望而見月，其大不過如盤盂，然無有遠近，容光必照，而秀澤國也。水濱之人，起居飲食，與水波接。令狐君乃爲此樓，以名月波，意將攬取二者於一樓之上也。”參閱嘉慶《重修一統志·嘉興府·古迹》。

月波樓[2]

故址在今湖北東部長江北岸之黃岡市西。宋王禹偁《月波樓咏懷》：“日日江樓上，風物得冥搜。何人名月波，此義頗爲優。”宋薛季宣《冒雨渡江吊喪彭氏造雪堂夜歸》：“月波樓下草芊芊，浪拍三江起暝烟。”

竹樓[2]

故址在黃州（今湖北黃岡）府治西北城上，宋王禹偁貶官黃州所建。宋王禹偁《黃州新建小竹樓記》：“黃岡之地多竹，大者如椽。竹工破之，刳去其節，用代陶瓦，比屋皆是，以其價廉而工省也。子城西北隅，雉堞圮毀，蓁莽荒穢，因作小竹樓二間，與月波樓通……夏宜急雨，有瀑布聲；冬宜密雪，有碎玉聲；宜鼓琴，琴調和暢；宜咏詩，詩韵清絕；宜圍棋，子聲丁丁然；宜投壺，矢聲錚錚然，皆竹樓之所助也。公退之暇，披鶴氅衣，戴華陽巾，手執《周易》一卷，焚香默坐，銷遣世慮。江山之外，第見風帆沙鳥，烟雲竹樹而已。待其酒力醒，茶烟歇，送夕陽，迎素月，亦謫居之勝概也。彼齊雲、落星，高則高矣；井幹、麗譙，華則華矣，止於貯妓女，藏歌舞，非騷人之事，吾所不取。吾聞竹工云，竹之爲瓦，僅十稔，若重覆之，得十二稔……己亥閏三月到郡，四年之間奔走不暇，未知明年又在何處，豈懼竹樓之易朽乎？幸後之人與我同志，嗣而葺之，庶斯樓之不朽也。”明王圻等《三才圖會·地理》：“竹樓在黃州府治之東，制度絕小，南面江流，風帆魚鳥之適，亦自幽勝。宋王元之（王禹偁字元之）建。”參閱嘉慶《重修一統志·黃州府·古迹》。

黃樓

故址在彭城（今江蘇徐州）東門之上。爲紀念蘇軾率彭城民衆與洪水做鬥争而修築，塗以黄色，黄爲土色，取"土實勝水"之義，故稱。據宋蘇轍《黄樓賦》序：熙寧十年秋七月乙丑，黄河決口，水及彭城下。蘇軾適爲彭城守。水未至，使民備畚鍤，蓄土石，積芻茭，窒隙穴，以爲水備，故水至而民不恐。及水至城下，蘇衣蓑履屨，廬於城上，以身帥之，與城存亡，故水大至而民不潰。水退又請增築徐城，故水既去而民益親，於是即城之東門爲大樓焉。塈以黄土，曰"土實勝水"。後蘇轍、秦觀等都曾登黄樓，覽觀山川，吊水之遺迹，作黄樓之賦。《宋史·文苑傳·秦觀》："見蘇軾於徐，爲賦黄樓，軾以爲有屈、宋才。"後以"黄樓"爲登覽山水，賦詩作文，以頌功德的典實。宋晁冲之《再至徐州示諸弟》詩："南尋白門傍山麓，西望黄樓行水濱。還家作詩示群從，早晚一游携二陳。"明李東陽《長至祀陵紀行》詩："黄樓作賦思携客，紫塞論兵念守夷。"清錢謙益《徐州雜題》詩之一："何復詩成無一事，羽衣吹笛坐黄樓。"

栖霞樓

故址在今湖北黄岡西南，宋代李顯建。宋蘇軾《水龍吟》詞序："閭丘大夫孝直公顯，嘗守黄州，作栖霞樓，爲郡中勝絶。元豐五年，予謫居於黄。正月十七日，夢扁舟渡江，中流回望，樓中歌樂雜作。舟中人言，公顯方會客也。覺而異之，乃作此詞。公顯時已致仕，在蘇州。"參閲明王鏊《姑蘇志》卷四九、嘉慶《重修一統志·黄州府·古迹》。

詩話樓

亦稱"籌兵樓"。故址在今福建邵武，因宋嚴羽著《滄浪詩話》於此，故名。清康熙年間周櫟園先生備兵於此，更名"籌兵樓"，但未能沿用。《福建通志·古迹·漳州府》："將屯寨古戰營，泰寧縣梅口寨宮室，邵武縣詩話樓。"清施鴻保《閩雜記》："詩話樓，在邵武城東北隅，以宋嚴羽著《滄浪詩話》於此也。國朝康熙時，江西金聲桓叛，周櫟園先生備兵於此，改名籌兵樓。然今人猶仍舊稱。"參閲嘉慶《重修一統志·邵武府·古迹》。

【籌兵樓】

即詩話樓。此稱清代已行用。見該文。

南樓 [4]

亦稱"白雲樓"。坐落於今湖北武漢黄鶴山（即蛇山）頂。黄鶴山是武漢名勝古迹較多的三山之一，馳名的樓閣亭臺達二十多處，飛檐崇脊，危聳半空，素有"鄂之神皋奧區"之美稱。清乾隆中毀，畢沅重修。宋戴復古《水調歌頭·題李季允侍郎鄂州雲樓》詞："輪奐半天上，勝概壓南樓。"宋陸游《入蜀記》："二十七日，郡集於南樓，在儀門之南石城上，一曰黄鶴山。制度閎偉，登望尤勝。鄂州樓觀爲多，而此獨得江山之要會，山谷所謂'江東湖北行畫圖，鄂州南樓天下無'是也。"

【白雲樓】

即南樓 [3]。此稱宋代已行用。見該文。

聲遠樓

位於今山東濟寧鐵塔寺街。始建於宋，元至正十三年（1353）重建，明天順四年（1460）重修。樓下磚砌臺基，高 3.5 米。兩層飛檐，十字結脊，通高 17 米，拾級可上。樓上"聲遠樓"匾額，爲明萬曆年間濟寧道龔勉題署。樓上有巨型鐵鐘一口，高 2.2 米，下唇周長 4.5 米，重約 7 噸，爲宋代原物，聲音渾厚悠遠，聲聞數里之外，故名。

勝棋樓

位於今江蘇南京莫愁湖公園內，樓二層五開間，始建於明洪武初年，重建於清同治十年（1871）。有清代狀元梅啓照書"勝棋樓"匾額。樓上正中壁上挂有明中山王徐達畫像，正門與中堂之間有一張棋桌，四周置方凳。相傳明太祖朱元璋與徐達曾在此下棋，朱元璋輸後便把莫愁湖送給徐達，因稱勝棋樓。清黃宗羲《明文海》卷三六一："更新之前爲四美堂，是徐髯仙篆，後爲勝棋樓。"

嶺南第一樓

位於廣東廣州惠福西路坡山頂，始建於明洪武七年（1374）。樓高 17.45 米。樓基以紅砂巖石砌築，高大方正，中開楑形門洞，前後貫通。上爲重檐歇山瓦頂，中懸青銅大鐘，鐘下有方形大井口，下通門洞，形成一個巨大的"共鳴器"。此種匠心獨運的鐘樓設計，不但可使鐘聲洪亮悠遠，亦利於聲浪傳播，體現了明代匠師的聲學水平。鐘高 3.04 米，口徑 2.1 米，重約 5 噸，鑄於明洪武十一年，其銘"大明國洪武十一年歲次戊午孟春十八日辛卯廣東等處承宣布政使司鑄造"三十一個篆體大字，爲廣東現存最大的銅鐘。

光嶽樓

亦稱"東昌"。位於山東聊城舊城中心，明洪武七年（1374）爲"遠眺料敵與嚴更漏"，以修城餘料建造，名餘木樓或鼓樓。東昌府在聊城設治所後，亦稱東昌樓。弘治九年（1496）取其近魯有光於岱嶽之意，遂易今名。樓臺基爲磚石結構，高 9 米，占地 1238 平方米。上部爲木構，樓四層五間，歇山十字脊頂，四面斗拱飛檐，并有迴廊相通，表現了宋元向明清建築過渡的風格。通高 33 米，高聳巍峨，衝漢凌霄，爲聊城的象徵。樓存清康熙帝御筆"神光鍾瑛"碑、乾隆帝詩刻、歷次重修碑記及嵌壁石刻二十塊。中華人民共和國成立後，多次進行維修。1974 年爲紀念建樓六百年，郭沫若新書"光嶽樓"匾額懸於樓上，豐子愷撰寫楹聯："光前垂後勞動人民智慧無極，嶽峻樓高強大祖國文物永昌。"

【東昌樓】

即光嶽樓。此稱明代已行用。明東昌府在聊城設治所期間，該樓曾用此稱呼。見該文。

邊靖樓

位於山西代縣城內，創建於明洪武七年（1374），成化七年（1471）火焚後增臺重建。樓基高聳，南北城券洞穿通，基高 13 米，長43 米，寬 33 米。樓身高 26 米，寬七間，深五間，四周圍廊，三層四滴水，歇山式樓頂。二層設勾欄，三層於勾欄之下加設平座，斗拱規整，梁架精巧，建造雄偉，結構合理，歷經數百年的風雨侵襲及多次地震衝擊，至今保存無損。樓上懸挂"聲聞四達""威鎮三關""雁門第一樓"三塊巨匾。

鎮海樓

位於廣東廣州越秀山頂，建於明洪武十三年（1380）。樓名寓雄鎮海疆之意。高 28 米，分五層，樓頂及各層挑檐均琉璃瓦蓋，下面兩層圍墻用紅石砌建，矗立山巔，氣勢雄偉，登樓遠眺，廣州景物歷歷在目。"鎮海層樓"爲清代羊城八景之一。

清遠樓

位於河北張家口市宣化區城內正中，始建於明成化十八年（1482）。樓三層，高 17 米，建於 7.5 米高的磚砌高臺上，巍峨雄壯。面闊五間，進深七間，平面布局爲“亞”字形。三重檐，一二兩層爲布瓦頂，三層爲琉璃瓦歇山頂，山花帶垂魚。樓的四面皆出抱厦，周圍有游廊。檐角飛翹，翼如鳥飛，俏麗異常。樓懸明嘉靖年間鑄造的銅鐘一口，故又名鐘樓。鐘高 2.5 米，直徑 1.7 米，重萬餘斤。據《宣化縣志》載，此鐘聲音洪亮，四十里内外皆可聞。三層樓上四面懸挂匾額各一塊：南爲“清遠樓”，北爲“聲通天籟”，西爲“震靖邊氛”，東爲“聳峙嚴疆”。樓曾於清代維修，仍保存明代建築風格。

五鳳樓 2

亦稱“法雲閣”。原位於今雲南麗江市城西北的芝山福國寺内，1979 年遷至城北黑龍潭畔。爲三重檐多角木結構建築，高 17 米。一、二、三層分别有八、十二、四個飛檐角，像五隻鳳凰亭亭玉立，故名。樓内天花板彩繪太極圖、龍鳳呈祥等圖案，綫條流暢，造型奇特，結構精巧，是納西、藏、漢等族工匠共同建築。初建於明萬曆二十九年（1601），收有明熹宗所賜藏經一部。清同治年間毁於兵火，光緒八年（1882）重修。

【法雲閣】

即五鳳樓 2。此稱明代已行用。見該文。

玉屏樓

位於今安徽黄山天都、蓮花兩峰間，海拔1680 米，爲温泉區至北海景區必經之道。背靠玉屏峰，前拱文殊臺，左有獅石，右有象石，勢若守門。明萬曆四十二年（1614）普門和尚攀緣至此，見與他在代州時夢文殊菩薩端坐石臺情景恰合，遂闢徑構屋，名文殊院，懸文殊像。院左側下方有文殊池（今名天池），前有一綫天、文殊洞，西有立雪臺，獅石前有迎客松，象石前有送客松。仁立於此，可望天都、蓮花以及東海、黄海、後海諸峰，風光綺麗。《徐霞客游記》稱此是“黄山絶勝處”。民謡曰“不到文殊院，不見黄山面”。1952 年文殊院毁於火，1955 年在舊址上建成 500 平方米的一座賓館，名玉屏樓。文殊菩薩爲釋迦牟尼佛的左脅侍，與司“理”的普賢菩薩相對。

萬仙樓

亦稱“望仙樓”。位於泰山紅門宫北。過樓三間，黄琉璃瓦覆蓋，上原祀王母，配以列仙，中爲元君樓，下爲隱真洞，登山路穿行其間。明萬曆四十八年（1620）建，1954 年重修。樓外四壁鑲嵌明代石刻六十塊，樓北爲桃花峪，原有大片櫻桃緑竹，古詩“冉冉孤生竹，結根泰山阿”當即此。樓東溪流鳴珮，緑樹揺曳，月朗風清之夜，天光水色交相輝映，景色尤爲綺麗，有“仙樓月夜”之稱。

【望仙樓】

即萬仙樓。此稱明代已行用。見該文。

甲秀樓

位於今貴州貴陽南明塘。昔有巨山兀立南明河中，其形似鰲，人稱鰲磯。明萬曆年間巡撫江東之於此築堤連接南岸，并建一樓以培風水，名曰“甲秀”。取科甲秀拔之意。天啓元年（1621）焚毁，總督朱燮元重建，更名來鳳閣，復毁。清康熙二十八年（1689）巡撫田雯重建，仍舊名。有阿閣三重，高約 20 米。雕梁畫柱，飛甍刻桷。歷乾隆、光緒、宣統三朝，或增建或重修，規制則悉存原貌。樓立江中，右依觀音寺、翠微閣，是雲木蕭疏、琳宫璀璨的“南郭勝景"所在。前有清雍正十年（1732）及嘉慶二年（1797）鑄的圓形大鐵柱兩根，各長 3 米以上，六面有字并加蓋，是鄂爾泰開古州、勒保平南籠的"銘勛"遺迹。下爲浮玉橋，如長虹臥波，橫亘江流。屹立橋上的涵碧亭，現已恢復舊觀，小巧玲瓏，岸柳掩映。樓中聯匾詩碑甚多。1981 年修復主體建築時，俱從夾牆中取出，刷新嵌壁，供游人觀賞。其中尤以清人劉玉山所撰長聯著稱，由王蕚華重書，高懸樓前。其上聯云："五百年穩占鰲磯，獨撐天宇。讓我一層更上，眼界拓開。看東枕衡湘，西襟滇詔，南屏粵嶠，北帶巴夔，迢遞關河。喜雄跨兩游，支持巖疆半壁。應識馬乃碉隳，烏蒙箐掃，艱難締造，裝點成錦綉湖山。漫云築國偏荒，莫與神州爭勝概。"下聯云："數千仞高踞牛渚，永鎮邊隅。問誰雙柱重鎸，頹波挽住。想秦通僰道，漢置牂牁，唐定矩州，宋封羅甸，凄迷風雨。嘆名流幾輩，留得舊迹多端。對此象嶺霞生，螺峰雲涌，緩步登臨，領略些畫閣烟景。悦覺蓬瀛咫尺，擬邀仙侶話行踪。"此聯氣勢磅礴，叙事生動而又持之有故，堪與昆明大觀樓孫髯翁長聯媲美。

祆神樓

位於今山西介休北關順城街，爲三結義廟（舊爲元神廟）前的樂樓，亦爲街心點綴的過街樓。明萬曆年間改建，清康熙、乾隆年間重修，規模不大。另有大殿及獻亭，均爲清代建築。樓平面呈"凸"字形，總深度 20 米，前部面寬三間，街心部分面寬五間。周設迴廊，下層爲廟門，上層爲樂樓，中心爲神龕。樓高二層，約 25 米，腰間設平座勾欄，上部覆蓋重檐，實爲四層。四根通柱直承上層梁架，山門戲臺上下叠構，樓頂十字歇山式，檐下四嚮凸出山花，瓦件脊飾全爲琉璃製品。設計巧妙，構造奇特，雄健穩定，瑰麗壯觀，爲我國建築精品。

承啓樓

亦稱"天助樓"。位於今福建永定高頭村，爲福建現存最古、最大的圓樓之一。建於清康熙年間，土木結構，造型堅固美觀，具有閩西土樓獨特風貌。全樓圓圍 229.34 米，高 12.42 米，土築樓牆，寬達 15 米；外有主圓樓，分四層，每層有房七十二間；主樓內依次向內築建兩圈圓樓，外圈 2 層，每層有房四十間，裏圈單層，房三十二間，中央爲大廳。全樓房間總計四百間，總面積 5376.17 平方米。主樓設大門三，樓內各圈設巷門六，水井兩口。全樓最盛時，曾住八十餘戶，六百餘人。此種土樓具有夏凉冬暖、經濟耐用及防風、防火、防震的優點，顯示了我國古代高度發達的建築科學藝術水平。

【天助樓】

即承啓樓。此稱清代已行用。見該文。

花戲樓

位於今安徽亳州城西北隅大關帝廟內，是專供演戲用的古代建築。建於清康熙年間，乾隆年間施以雕刻、彩繪。大門爲三層牌坊架式，仿木結構，水磨磚牆上鑲滿磚雕，刻有人物、車馬、城池、山林、花卉、禽獸，琳琅滿目。左右爲鐘、鼓二樓，門前列石獅、鐵旗杆，杆高數丈，重 15 噸，上有懸鐘、蟠龍、飛鳳。戲樓內裝大木透雕及彩繪，内容爲三國戲文十八齣，配飾垂蓮、懸獅、鰲魚、藻井圖案；雕刻玲瓏剔透，彩繪堂皇絢麗。有上下場門四。屏風透雕二龍戲珠。戲臺前左右各有六間看樓，戲臺正面對大殿，大殿前廳彩繪富麗，後廳高大宏偉，供奉關羽像；大殿左右有庭院各一，修竹幽徑，清雅宜人，藏有元趙孟頫、清梁巘書刻。此樓對研究清代早期、中期建築藝術及雕刻、彩繪、戲曲藝術有重要價值。

赤嵌樓

亦稱"紅毛樓"。位於臺灣臺南市北。基址原爲 17 世紀荷蘭人侵臺時所建普羅文薩堡。1652 年郭懷一領導大規模反荷起義被鎮壓後，荷人爲加强對臺灣的控制，翌年增建此堡。舊志稱"赤嵌樓"，亦名"紅毛樓"。鄭成功經營臺灣時，曾以此爲承天府。原建築已於清同治元年（1862）被地震所毁。光緒五年（1879）在遺址分建文昌閣及海神廟。1921 年改爲歷史陳列館。臺灣收復後，仍合稱赤嵌樓。是一座具有我國典型民族風格的雙層樓宇，造型偉麗，爲臺南市著名建築物。

【紅毛樓】

即赤嵌樓。此稱明代已行用。見該文。

西洋樓

位於圓明園東北部長春園北端，仿瑞士、法國等宮殿園林建築的歐式宮苑，占地百餘畝。始建於清乾隆十二年（1747），至乾隆二十四年完成。主要景區有諧奇趣、綫法橋、蓄水樓、養雀籠、黄花陣（萬花陣）、方外觀、五竹亭、海晏堂、綫法山、遠瀛觀、方河及阿克蘇十景等。松柏林木及綠籬修剪，噴水池、圍墻、道路鋪飾及銅塑石雕等大多具西洋特色，同時結合我國磚雕、琉璃飾件及叠石技術，體現了歐洲式建築的民族化。咸豐十年（1860）被英法聯軍縱火焚毁，今僅存殘迹。

烟雨樓 [2]

位於今河北承德避暑山莊如意洲之北的青蓮島上。清乾隆帝南巡，見浙江嘉興南湖（鴛鴦湖）之烟雨樓景色秀麗，遂摹其圖，并於山莊内按圖興建。清乾隆四十五年（1780）動工，翌年完成。此樓自南而北，前爲門殿三間，後有樓兩層，面闊五間，進深二間，迴廊環抱。二層中間懸乾隆御書"烟雨樓"匾額。樓東爲青楊書屋，西爲對山齋，均三間。此樓是澄湖視高點，憑欄遠眺，萬樹園、熱河泉、永佑寺諸景歷歷在目。每當夏秋之季，烟雨彌漫，不啻山水畫卷。

閲古樓

位於今北京北海白塔山西坡下，平面作半月形，爲兩層樓宇，上下各二十五楹，左右圍抱。内有蟠龍升天式螺旋樓梯。樓内上層壁間嵌滿《三希堂法帖》（即王羲之《快雪時晴帖》、王獻之《中秋帖》、王珣《伯遠帖》，乾隆帝收得這些珍貴墨迹後，命其堂爲三希堂）等刻石四百九十五方，保留了魏晋以來至明末歷代書法家一百三十四人的墨迹，彙集了我國書法藝術中的精華，是一份珍貴的歷史文物。

侗寨鼓樓

侗族聚居村寨中的塔形建築物。我國貴州黎平、榕江、從江、天柱等地侗族聚居的村寨中，有一種極具特色的塔形建築物，以杉木爲材，不施一釘一卯，柱枋的横穿、斜挂、直撑，一律采取接榫與懸柱結構，牢固且謹嚴。第一層爲正方形，與地平相距約 2 ~ 3 米。以上各層爲多角形，且有飛檐。頂部中央多安琉璃葫蘆，脊棱緩緩翻捲成翹角。頂樓常懸"款鼓"一面，遇事由"款首"擊鼓集衆，決策定奪。底樓多設大廳，樓前有廣場，樓側或聯建戲臺及厢房。遇有喜慶佳節，均以鼓樓爲娱樂中心。由於侗家歷來是同姓聚居，一寨一姓建鼓樓一座；一寨多姓則建多座。因此，鼓樓亦爲族姓的形象標志。黎平縣肇興紀堂鼓樓、從江縣增冲鼓樓，建於清代中葉，巍然矗立，氣勢雄偉。經歷漫長歲月，至今保存完好，充分顯示了古代侗族人民的聰明才智及高度的建築藝術水平。

萬印樓

位於今山東濰坊增福堂街陳介祺故宅東北隅，因儲藏秦漢古印萬餘方而得名。建於清道光三十年（1850），爲陳介祺收藏金石、古陶、鈐印等文物之處。爲一磚木結構民房式二層小樓，坐東朝西，上下各四間。陳介祺字壽卿，號簠齋，清道光二十五年進士，授翰林院編修。後賦閑家居，致力於金石研究。精於鑒別，收藏甚富，其中著名的毛公鼎爲我國青銅器珍品，有銘文四百一十七字。又有商周古鐘十一枚，以其成數名居所爲"十鐘山房"。另有秦漢古印萬餘方，因築此樓儲之。同治十一年將其藏印鈐拓成册，名《十鐘山房印舉》，又稱"萬印樓印譜"。陳歿後，藏印流散。

春秋樓 [1]

位於今山西運城關帝廟後院北部。與午門、御書樓、崇寧殿等垂直排列，并以矮牆相隔，自成格局。總體設計沿襲"前朝後寢"的古制。樓內有關羽讀《春秋》像，故名。現存建築爲清同治九年（1870）重修。通高約30米，闊七間，深六間，二層三滴水，歇山式屋頂，氣勢磅礴，雄偉壯麗。上下兩層皆施迴廊，四周勾欄相連，可供憑依。檐下木雕龍鳳、流雲、花卉、人物、走獸等圖案，雕工精湛，剔透有致。樓頂彩色琉璃覆蓋，光澤奪目。樓內置關羽全身坐像，樓上閣形龕內塑關羽讀《春秋》側身像一尊，右手扶案，左手撚鬚，神態逼真。樓身結構奇巧別致，上層迴廊的廊柱，盡立在下層垂蓮柱上，垂柱懸空，内設搭牽挑承，外觀上給人以樓閣懸空之感。登樓遠眺，鹽池白似銀湖，中條山翠若屏障。廟内古柏參天，藤蔓滿樹，奇花异草，爭芳競艷，風來檐宇鈴齊鳴，極富廟堂之趣。

春秋樓 [2]

位於今河南許昌關帝廟内，面闊五間，進深三間，重檐歇山式，殿頂覆蓋綠色琉璃瓦。樓上樓下均帶迴廊。建築雄偉，金碧輝煌。相傳東漢建安五年（200）曹操東征，俘虜關羽，拜關羽爲偏將軍，并以厚禮相待，賜關羽一府。關羽把一宅分二院，皇嫂住内院，自己住外院。春秋樓即爲關羽秉燭夜讀《春秋》的地方。春秋樓始建於元至元年間，元、明、清屢有修復，建築規模不斷完善。現存建築重修於1995年，整座建築規模宏大，富麗堂皇。

芙蓉樓 [4]

位於今湖南黔陽潕水南岸，爲紀念唐代詩人王昌齡而建。王昌齡（698—756），字少伯，京兆長安（今屬陝西）人。開元進士，歷任汜水尉，再遷江寧丞，晚年貶龍標（今湖南黔陽）尉。樓爲園林中的主體建築，建於清代，純木結構，正面三間，重檐歇山頂。二層有明軒可供遠眺，周圍有玉壺亭、凌波榭、鄉賢祠、覽翠亭等古迹，與自然的山石、江水、林木巧妙布局，構成了"登眺則群山拱翠，俯視則萬木交陰，沅水自北來環其下"的壯麗景象，壁上刻有歷代碑刻六十多塊。王昌齡有《芙蓉樓送辛漸》詩。這裏環境清幽，古木翠竹交相掩映，百花叢中芙蓉獨艷麗，向有"楚南上游第一勝迹"之美譽。

束山雕花樓

位於今江蘇蘇州洞庭東山光明村，原爲金姓私人住宅。1922年動工，歷時三年，耗黄金三千七百四十一兩。樓前銀杏成林，高墻聳立；背後雕刻門磚古樸雅致，有獨步鰲頭、招財利市、八仙上壽、鹿十景，堯王訪舜、姜太公八十遇文王、郭子儀拜壽等藉喻爲"福禄壽"的立體塑像。墻對面的雕刻花樓更似瓊樓玉閣之仙境。其梁、桁、柱、檐等都雕有花卉翎毛，月梁取雙頭鸞鳳形，檐柱刻竹節長竿，梁頭雕桃園結義等三國故事；門窗扇格上刻有彩衣娱親等二十四孝故事及《西厢記》片斷的圖案，人物形象生動逼真。樓北小花園，設計精巧别致。它汲取江南名園精華，以翠竹、石笋寓意春景，荷花、小橋點綴夏景，紫薇、玉桂渲染秋景，天竺、臘梅襯托冬景。園内太湖石假山上，有猢猻、蟾蜍、駱駝、麒麟、老虎、狗熊、水牛、大象、白鵝、獅子等形狀的石獸，巧奪天工，自成一格。雕花樓是蘇州香山幫工匠的杰作。

閣　名

臨春閣

南朝陳後主建，位於光照殿前，共建三閣，此其一也。以檀香木爲之，飾以金玉珠寶，奢靡華麗，近古所未有。隋時盡焚於火。陳後主自居臨春閣。《陳書·皇后傳·張貴妃》："至德二年，乃於光照殿前起臨春、結綺、望仙三閣。閣高數丈，並數十間，其窗牖、壁帶懸楣、欄檻之類，並以沉檀香木爲之，又飾以金玉，間以珠翠，外施珠簾，内有寶床、寶帳，其服玩之屬，瑰奇珍麗，近古所未有。"唐劉禹錫《臺城》詩："臺城六代競豪華，結綺臨春事最奢。"明夏完淳《大哀賦》："柏梁、建章，則讀西京之趙鬼；臨春、結綺，則號學士之孔嬪。"後清初吳偉業作雜劇《臨春閣》，演陳後主、貴妃張麗華及譙國夫人冼氏之事；故事大部出於虚構，以陳後主影射南明弘光帝。

結綺閣

南朝陳後主建，位於光照殿前，共建臨春、結綺、望仙三閣，此其一也。閣高數丈，以沉檀香木爲之，飾以金玉珠寶，奢靡華麗，近古所未有。隋時盡焚於火。《陳書·皇后傳·張貴妃》："至德二年，乃於光照殿前起臨春、結綺、望仙三閣……後主自居臨春閣，張貴妃居結綺閣，龔、孔二貴嬪居望仙閣，並複道交相往來。"唐劉禹錫《臺城》詩："臺城六代競豪華，結綺臨春事最奢。萬户千門成野草，只緣一曲後庭花。"

凌烟閣

封建王朝爲表彰功臣而建築的繪有功臣圖像的高閣。唐太宗貞觀十七年（643）畫功臣像於凌烟閣之事最著名。北周庾信《周柱國大將軍紇干弘神道碑》："天子畫凌烟之閣，言念舊臣；出平樂之宫，實思賢傅。"唐劉肅《大唐新語·褒錫》："貞觀十七年，太宗圖畫太原倡義及秦府功臣趙公長孫無忌……等二十四人於凌烟閣，太宗親爲之贊，褚遂良題閣，閻立本畫。"

唐白居易《題酒甕呈夢得》詩:"凌烟閣上功無分,伏火爐中藥未成。更擬共君何處去,且來同作醉先生。"《水滸傳》第五四回:"且教:功名未上凌烟閣,姓字先標聚義廳。"清孔尚任《桃花扇·迎駕》:"不要取笑,日後畫在凌烟閣上,倒有些神氣的。"

【凌烟】

"凌烟閣"之省稱。唐杜甫《丹青引贈曹將軍霸》詩:"凌烟功臣少顏色,將軍下筆開生面。"明陸采《明珠記·返旆》:"罷干戈,功寫凌烟誰似我,聲名千古壯京都。"

滕王閣

省稱"滕閣"。唐永徽四年(653),太宗李世民之弟、滕王李元嬰爲洪州都督時營建,以其封號命名。其址位於今江西南昌贛江濱。原閣高九丈,共三層,東西長八丈六尺,南北寬四丈五尺,旁有二亭,南曰"壓江",北曰"挹翠"。後增建"迎恩亭",爲接恩詔拜御賜之所。上層前樓額題"西江第一樓"。後樓匾曰"仙人舊館"。有韓愈記:"江南多臨觀之美,而滕王閣獨爲第一,有瑰麗絕特之稱。"閣中,咏閣的詩文、碑拓、圖畫,歷代不絕,豐富多彩。上元二年(675)九月九日,洪州都督閻伯璵在此大宴賓客,席間王勃作《滕王閣序》更是成爲千古傳誦的名篇。其中"飛閣翔丹,下臨無地""披綉闥,俯雕甍,山原曠其盈視,川澤紆其駭矚""落霞與孤鶩齊飛,秋水共長天一色""畫棟朝飛南浦雲,珠簾暮卷西山雨""老當益壯,寧移白首之心;窮且益堅,不墜青雲之志"等名句尤膾炙人口。滕王閣歷時1300多年,屢毀屢建,重建重修約二十八次,平均每隔四十多年修繕一次。1926年,被軍閥鄧如琢

燒毀。現爲重建後的建築。唐杜牧《懷鍾陵舊游》詩:"滕閣仲春綺席開,柘枝蠻鼓殷晴雷。"唐羅隱《鍾陵見楊秀才》詩:"孺亭滕閣少踟蹰,三度南游一事無。"

【滕閣】

"滕王閣"之省稱。此稱唐代已行用。見該文。

經略臺真武閣

位於今廣西容城東。經略臺相傳爲唐代詩人元結任容管經略使時所建。臺上原有建築,經歷代興廢已難考證。現存真武閣爲明萬曆元年(1573)所建。經多次重修,仍保持明代的樣式。木質結構三層樓閣,通高13.2米,面闊13.8米,進深11.2米。全閣以近三千條大小鐵木構建,以杠杆結構原理,串聯吻合,相互制約,彼此扶持,合理協調組成一個優美穩固的統一體。兩層樓四根内柱,承受上層樓板、梁架、配柱及屋瓦、脊飾的沉重荷載,柱脚却懸空不落地,爲全閣結構中最奇特、最精巧部分。真武閣依靠杠杆作用,像天平一樣維持一座建築物的平衡。四百多年來,經過多次風暴襲擊及地震搖撼,安然無恙。建築布局精巧,技術高超,風格特異,爲建築史上罕見。

睡佛閣

位於今廣東廣州光孝寺内,建於唐神龍年間。明萬曆二十一年(1593)被據作館舍,歲久傾頹。住持僧通煦、僧超琪、超珍捐資贖回重修,將風幡閣與睡佛閣合爲一處,亦名風幡堂。寺志稱,六祖慧能自接受五祖弘忍衣鉢後,至唐儀鳳元年(676)來到法性寺(今光孝寺),印宗法師正宣講《涅槃經》,偶見風吹幡揚,二僧對論:一曰風動,一曰幡動,慧能認爲風幡

非動而是心動，滿座震驚。印宗法師契悟詢知是禪宗法嗣，即拜爲師。慧能始公開宣揚南宗宗旨，印宗爲此設風幡閣以紀之。

四香閣

唐閣名。相傳爲楊國忠所建。因以沉香爲閣，檀香爲欄，又以麝香、乳香和土爲泥飾閣壁，故稱。五代王仁裕《開元天寶遺事》卷下："四香閣，國忠又用沉香爲閣，檀香爲欄，以麝香、乳香篩土和爲泥飾閣壁。每於春時，木芍藥盛開之際，聚賓友於此閣上賞花焉。"《山堂肆考》卷一九七："《開元遺事》楊國忠爲四香閣，每于春時，木芍藥盛開之際，聚賓於此閣賞花。"

金閣 [2]

位於今山西五臺山南臺西北巔畔金閣寺內，距臺懷鎮15公里。唐大曆五年（770），代宗李豫詔高僧不空赴五臺山修功德建寺，鑄銅爲瓦，塗金瓦上，因以稱。山門前石獅雄健，庭院內高閣聳立。閣身二層，重檐歇山，寬七間，深六間，四周圍廊。閣內高達17米的觀音銅像，挺身而立，直達閣之上層。後人欲改泥塑，覆蓋泥皮一層，銅像隱入泥內。觀音兩側，二十四諸天環侍，猶如儀仗。閣背後有毗盧殿、彌陀殿、觀音殿、地藏殿、菩薩殿、藥王殿等，塑像滿布，有近千尊之多。最後爲大雄寶殿，供三世佛和十八羅漢，保存完好。

清音閣

亦稱"牛心寺""臥雲寺"。明初改稱今名。位於四川峨眉山牛心嶺下，距山麓報國寺約15公里，爲峨眉山勝景之一。嶺東有白龍江，嶺西有黑龍江，雨水匯於清音閣下，合流處有一石，色黑褐有光澤，高數米，狀若牛

清音閣

心石。石上不遠處，有石拱橋兩座，分跨黑白二水，名雙飛橋。山高谷深，雨水飛瀉，其聲激越。雙橋清音，素爲峨眉山十景之一。《峨眉山志》十景詩云："傑然高閣出清音，仿佛仙人下撫琴。試向雙橋一傾耳，無情雨水漱牛心。"水出橋後，拍擊牛心石，浪花四濺，晶瑩如珠，頗爲壯觀。清音閣西，溯黑水上行1公里，爲黑龍江棧道及"一綫天"。斷崖長數百米，兩山壁立如削，形成夾縫；綠陰蔽日，天光一綫，景色幽奇。按，另有清音閣，位於廣西融水苗族自治縣西南之瀑布巖，因瀑布清音而得名。唐代中期已建，今不存。今之牛心寺非唐物。參閱宋祝穆《方輿勝覽·融州》。

【牛心寺】

即清音閣。此稱唐代已行用，爲始稱。見該文。

【臥雲寺】

即清音閣。此稱唐代已行用。見該文。

大悲閣

亦稱"佛香閣""天寧閣"。爲河北正定隆

興寺主體建築。大悲，佛教語。救人苦難爲慈悲，菩薩慈悲廣大，故稱大悲。因閣中供奉的是我國現存銅鑄大悲菩薩像中最高者之一而得名。北宋開寶二年（969）五月，宋太祖駐蹕正定，因城西大悲寺及寺内銅佛先毀於契丹，繼又毀於後周顯德年間，乃於開寶四年七月在隆興寺銅鑄大悲菩薩像。銅像有四十二臂，又稱千手千眼觀音。像通高20米餘，下有2.2米高的石須彌座。像體纖細頎長，比例匀稱，衣紋流暢，腰部以下尤佳，富有宋代藝術風格。須彌座的上枋，壺門内和隔間櫟柱上刻有紋飾圖案、伎樂、飛天、盤龍等精美宋代雕刻。銅像兩側四十手臂在清末已改爲木製，僅合掌當胸的兩臂爲銅製。大悲菩薩像鑄好後建大悲閣。閣高33米，五檐三層，面闊七間，進深五間，歇山頂，上蓋綠琉璃瓦，外形端重莊嚴。1944年重修時，拆毀了閣兩側御書樓和集慶閣，建築面積較前縮小三分之一，東、西、北三面墙壁上的宋代壁塑已無存。閣内有樓梯直達頂層，可縱覽正定古城風光。歷代對此閣吟咏甚多，元代詩人薩都剌詩云："眼中樓閣見應稀，鐵鳳樓檐勢欲飛。天半寶花飄閣道，月中桂子落僧衣。高擎玉露仙人掌，上礙銀河織女機。全趙堂堂遺物在，山川良是昔人非。"

【佛香閣】[1]

即大悲閣。此稱宋代已行用。見該文。

【天寧閣】

即大悲閣。此稱宋代已行用。見該文。

蓬萊閣

位於今山東蓬萊城北丹崖山巔，創建於北宋嘉祐年間，明萬曆年間增建了吕祖殿、三清殿等，清代重修。殿閣凌空，下臨大海，雲烟繚繞，素有"仙境"之稱。古代傳説蓬萊、方丈、瀛洲爲海上三仙山，上有仙人及長生不老藥。史載秦皇、漢武曾爲求仙覓藥先後來此。方士徐市（又名徐福）受始皇之命求仙，傳即由此乘舟入海。神話八仙過海也發生在這裏。閣高15米，雙層歇山頂，繞以迴廊，上懸"蓬萊閣"金字匾額，爲清代書法家鐵保所書。閣南除三清殿、吕祖殿外，尚有天后宫、龍王宫，高低錯落，渾然一體。登臨閣上，北望長山列島，虛無縹緲；東北海疆，碧波萬里；海市蜃樓奇觀，尤令人心往神馳。宋蘇軾《海市詩》云："東方雲海空復空，群仙出没空明中。蕩摇浮世生萬象，豈有貝闕藏珠宫。"今詩碑猶存。臥碑亭内有清人龔葆琛題刻"海市蜃樓皆幻影，忠臣孝子即神仙"石碑。閣東南建觀瀾亭，可望滄海，觀日出。崖下即古水城，明代民族英雄戚繼光曾率水師備倭於此。閣西避風亭，亦名海市亭，因三面無窗，亭北臨海處又有短垣遮護，縱然海風狂嘯，亭内亦燃燭不滅。蓬萊

蓬萊閣

閣自古爲文人學士雅集之地，今留存觀海述景題刻二百餘石，翰墨流芳，可爲海天增色。歷代皆重視，力予保護。《明史·朱大典傳》："匪人永福寺中，穴城置火藥發之，城崩，官軍入，賊退，保蓬萊閣。"

紅梅閣

亦稱"飛霞樓"。位於今江蘇常州，始建於北宋大中祥符年間，後遭兵火，元代元貞元年（1295）重建，改名飛霞樓，明代復改爲紅梅閣。現閣爲清代建築，高17米，木結構，築於2米高的土臺上，上下兩層飛檐，斗拱翹角，別具風格，結構精巧，造型壯麗。閣四周砌以圍墻，正中建一石坊，額書"天衢要道"四字，其下鋪有石階十四級，整個建築氣勢雄偉。登樓遠眺，園內景色盡收眼底。四周廣植紅梅，冬末春初，梅蕾獨放，萬象更新。

【飛霞樓】

即紅梅閣。此稱元代已行用，爲舊稱。見該文。

大慈閣

位於河北保定市中心，元汝南王張柔所建。大慈，佛教語，佛菩薩對衆生慈善心廣大之意。閣前有磴道，可登臺基入內。閣通高31米，三層檐，歇山布瓦頂。底層面闊五間，進深三間，上二層皆面闊三間，進深一間。閣內藻井、檁枋均繪蘇式彩繪。據《畿輔通志》和《清苑縣志》記載，元汝南王張柔建閣，清乾隆年間被焚後重建，石基增高20米，加漢白玉欄杆，氣勢巍峨。因其地勢高聳，形狀雄偉，數十里外可見。昔人有"燕市珠樓樹梢看，祇園金閣碧雲端"之詩句，列爲畿南上谷八景之一，名"市閣凌霄"。元代文人劉因，清代文人高桂、郭燦、陳正等均有題咏。

晴川閣

遺址位於今湖北武漢龜山東端禹功磯上，與蛇山磯上的黃鶴樓隔江相望，"爲三楚勝地，千古巨觀"。明漢陽太守范子箴創建，取唐崔顥《黃鶴樓》詩中"晴川歷歷漢陽樹，芳草萋萋鸚鵡洲"句之意而命名。清順治、雍正、同治年間多次重修，光緒年間又增修。總督張之洞爲之題額并書對聯。至辛亥革命時，僅存平房三間。原晴川閣，據記"飛閣層軒，規模宏敞"，前人曾有"層臺高閣暮雲平"之贊，它與武昌黃鶴樓兩相輝映。《湖廣通志·古迹志》："晴川閣在城東五里，明建，以崔顥句得名。"

玉皇閣 [1]

明宣德二年（1427）始建，弘治、萬曆及清康熙、光緒年間重修。位於天津舊城東北角。道教稱天帝曰玉皇大帝，簡稱玉帝、玉皇，因以之命名。由山門、配殿、六角亭及清虛閣等建築組成。閣面闊五間，進深四間，分上下兩層，上層檐下出迴廊一周，可憑欄遠眺。此地瀕臨三岔河口，地域開闊，爲重九登高處。清人有詩云："直在雲霄上，蓬瀛望可通。萬帆風匯舞，一鏡水涵空。"閣樓上舊有玉皇銅像。閣頂爲九脊歇山式，中心用黃琉璃瓦，邊側用綠琉璃瓦，采取剪邊做法。在紅色棟額之上，綠衣仙子簇立，龍鳳走獸飛騰，顯得非常宏偉壯麗。《明史·李賢傳》："王有社稷功，位號當復，帝意遂決。帝建玉皇閣于宮北。"

慈光閣

位於黃山南部朱砂峰下，亦稱"硃砂庵"。明嘉靖間，玄陽道士居此，題額"步雲亭"。明萬曆三十四年（1606）普門和尚來此，改"法海禪院"。萬曆皇帝敕封"護國慈光寺"。皇太后賜以佛經、佛像、袈裟、錫杖、鉢盂等物，盛極一時。清新安畫派創始人漸江和尚（弘仁）及國畫大師石濤均曾居此。四周群山環抱，茂林修竹互相掩映，有千僧竈、法眼泉、披雲橋等名勝。

【硃砂庵】

即慈光閣。此稱明代已行用。見該文。

大士閣

亦稱"四牌樓"。位於今廣西北海合浦城東80公里的山口鎮永安村，始建於明萬曆四年（1576），歷代均有修葺。因在閣樓上曾供奉觀音大士而得名，為中國距海最近的古建築之一。其建築特點是兩亭相連，以四柱廳為中心，中間無天井相隔。面闊三間，進深六間，無廊，重檐歇山頂。柱頭斜上出三跳華拱。內部梁架結構多用鐵木，楹柱為梭形，柱礎刻古樸寶相蓮花，角柱側腳升起，梁架上有兩瓣駝峰，有托腳及攀間等，是研究南方古建築的重要實物資料。

【四牌樓】

即大士閣。此稱明代已行用。見該文。

文昌閣[1]

位於今江蘇揚州城北，原為明代揚州府儒學前面的兩座建築之一。建於明萬曆十三年（1585），現存建築是清末遺物。文昌，星座名；亦特指文昌宮六星的第四星，即大熊星座中的f星。舊時傳說主文運，故俗亦稱"文曲星"或"文星"，因以之命名。閣平面八角形，下面有臺基，三層，木結構。第一層外砌磚牆，四面開圓拱形門。二三兩層四周均有木製窗格。閣檐三重，皆圓形，上蓋筒板瓦。頂檐為錐形，

瓦頂分三節，上為葫蘆頂。建築別致，造型優美和諧。

文星閣

亦稱"鐘樓""方塔"。文星，星名，即文昌星，亦名文曲星。相傳主文才。明萬曆十七年（1589）始建，四十年重建，位於今蘇州大學內。清初於其旁建桂香殿、朝元閣、時習堂等，成為名儒講學之所，里人會文之地。咸豐十年（1860）殿宇皆毀，唯文星閣獨存，傳太平軍曾用作望樓。閣四層四面，磚木結構，承以三重石臺基，覆以四角攢尖頂，通高約28米。頂層尚存清代鐵鐘，鑄有《文星寶閣》銘文。是蘇州獨具一格的明清建築。

【鐘樓】

即文星閣。此稱明代已行用。見該文。

【方塔】

即文星閣。此稱明代已行用。見該文。

文昌閣[2]

位於今貴州貴陽東門月城上，始建於明萬曆十七年（1589），清康熙八年（1669）重修。雍正、嘉慶、道光三朝分別進行過維修和改建。文昌，星座名；亦特指文昌宮六星的第四星，即大熊星座中的f星。舊時傳說主文運，故俗亦稱"文曲星"或"文星"，因以之命名。閣為一座九角三層寶塔形建築，兩邊設有配殿，前為連接配殿的齋房，在平面布局上構成一四合院。主樓插拱較多，斗呈曲綫，翹角不高，窗花和枋板施有彩繪，雀替的雕刻與北方古建築迥異。初建時還附設有驛馬殿，主樓上并置銅鼓一面。建築風格頗具地方特色，九角式在國內罕見。閣樓坐落在寬厚高大的月城上，雄偉壯麗。山川城郭奔來眼底，益增登臨覽勝者

的游興。2006 年，文昌閣作爲明代古建築，被國務院公布列爲第六批全國重點文物保護單位。《江南通志·輿地志·安寧府》："和尚灘巡檢署在州西南新店，義倉在儒學文昌閣前。明同知劉垓建。"

紫光閣

位於今北京西苑太液池（今中海）西北岸。原名平臺，爲明武宗朱厚照觀看跑馬射箭之處。臺高數丈，上建黄頂小殿，取名紫光閣。左右各四間，覆蓋黄瓦，接棟稍下，覆以碧瓦，南北垂接斜廊。清代沿襲舊制。乾隆二十五年（1760）重修，并於閣内繪功臣圖，刻御製詩。《清會典事例·工部·宫殿》："二十五年，因西苑内平臺故址，改建紫光閣五間，圖功臣像於閣上。"清代於閣前殿試兵部中式武舉，又爲元旦（正月初一）舉行大朝會的處所。皇帝接受百官及藩屬王公之朝賀，并設宴款待他們。同治年間，清廷在此第一次正式接見外國使臣。

老屋閣

亦稱"吴息之住宅""老屋角"。頗具特色的明代住宅建築，位於今安徽歙縣城西 18.5 公里溪南村。1952 年經鑒定爲明中葉建築。閣爲磚木結構的兩層樓房，坐東北朝西南，五間二進，"口"字形四合院。狹長的天井中央有石板砌成的水池。閣正面爲水平形高墻，側立面采取不對稱方式，與水平形高墻相接合，形成參差錯落的外觀，墻面抹石灰，墻頂蓋蝴蝶瓦。閣内梁架、斗拱裝飾雕刻精美，雙步梁端飾以雲雕，梁架上承受瓜柱用連瓣式平盤斗，山面梁架瓜柱下端收殺做成鷹嘴形式。柱子作梭柱形，從中段開始向上下兩端收小，柱礎石似覆盤形，柱間空檔内有蘆葦編籬。宅内不用天花

板，欄栅外露。梁架木地表面作無光黑色，色調匀净，其他木作均不加髹漆，富有自然美。該閣采用一種曲綫較多的華麗活潑的建築設計，在明代住宅建築中具有代表性。

【吴息之住宅】

即老屋閣。此稱明代已行用。見該文。

【老屋角】

即老屋閣。此稱明代已行用。見該文。

玉皇閣 [2]

位於今寧夏銀川東街，據《朔方新志》記載，始建於明代。道教稱天帝爲玉皇大帝，簡稱玉帝、玉皇，因以之命名。臺基高 19 米，東西長 37.6 米，南北寬 25 米。臺基以土夯築，外表包磚，有寬 4.6 米的南北嚮拱券一道，可以通行。臺基東南角和西南角各建有三重檐的角亭一座，正中有捲棚頂小殿，殿後有重檐二層樓閣，高約 22.1 米。層樓重叠，檐角飛翹，是一座精美的古代建築。1954 年重新修建。

寶綸閣

爲安徽省迄今保留明代彩畫及祠堂最完整的一組家廟建築。位於今安徽歙縣城西北 16 公里呈坎村。明萬曆年間，呈坎人羅應鶴曾任御史、大理寺丞、保定巡撫等職，因政績顯赫，常得皇帝御賜。羅氏爲尊供聖旨及收藏御賜珍品，特建此閣。閣爲羅氏宗祠後堂，臺基比前堂高 2 米，有石臺階拾級而上。通面寬 29 米，進深 10 米，高 7 米，十根方形石柱沿廊并列，形制宏偉寬敞，比北京故宫太和殿僅少兩開間。梁柱、斗柱的做法，頗具特色。石欄上刻鳥獸圖案，檐柱和金柱上的雀替鏤雲捲花浪；金檐下飾以浮雕花帶，彩繪遍布梁棟，圖案爲民間包袱式。構圖大方，色彩鮮艷，寓莊重於雅麗。

閣上有樓，前檐高懸明萬曆歙縣人吳士鴻書"寶綸閣"匾額。

萬佛閣

位於今山西五臺山臺懷鎮塔院寺東南隅五爺廟內，是五爺廟的核心建築，閣內上下兩層塑佛像萬尊，故名。創建於明，清代重修。萬佛閣面寬三間，兩層三滴水，歇山式屋頂，上下兩層塑佛像萬尊。閣身前檐兩層皆施廊柱，設勾欄憑依，外觀壯麗雅致。閣上懸有明代大銅鐘一口，重約3500公斤。按，萬佛閣爲五爺廟興建最早的建築，初亦爲廟名。清時重建并改爲黃廟，曾爲塔院式屬廟。現存建築群融合漢傳佛教與藏傳佛教元素，頗具特色。

天尊閣

位於今天津寧河豐臺鎮南村，爲天津、唐山瀕海地區僅存的古代木結構高層樓閣。天尊，道教對所奉天神中最高貴者之尊稱，故以之命名。1976年唐山地震時，附近民房倒塌甚多，此閣却安然無恙。據記載，清康熙年間曾大修，咸豐八年（1858）彩繪重修。閣建於高大的磚石臺基上，共三層。上爲紫微殿，中爲王母殿，下爲天尊閣，通高17.40米。面闊五間，進深四間，明間和次間共用八根12米多長的大木通柱縱貫三層樓板，直達閣頂五架梁下。通柱外又輔以檐柱、山柱和廊柱，并與三層縱橫梁枋和兩層樓板、龍骨構成一組完整的木框架。此外木架節點的斗拱、榫卯結構及地基中的柏木樁等，亦可加固構件，增強抗震能力。天尊閣現已被公布爲第七批全國重點文物保護單位。《續通志·王欽若列傳》："乃進尚書左僕射，門下侍郎平章事兼太子少師，天尊閣成拜。"

蛟洋文昌閣

位於今福建上杭蛟洋村，建於清乾隆十九年（1754）。閣高32米，以木構爲主，外觀六層。一至四層爲方形，上爲八角形，頂冠以紅色葫蘆，檐角飾鳳尾反翹。內爲三層，底層作廡殿式廳堂，二層爲方形神殿，四周設有迴廊，頂層八面開窗。廳堂、殿、閣組成一體，風格獨特。

佛香閣 [2]

位於今北京頤和園萬壽山前山，爲全園的中心建築，亦爲標志性建築。清乾隆時在此建九層延壽塔，至第八層"奉旨停修"，改建佛香

頤和園佛香閣

閣。咸豐十年（1860）毀於英法聯軍，光緒時在原址依樣重建，供奉佛像。閣八面三層四重檐，高41米，下有20米高的石臺基，氣勢宏偉壯觀。登佛香閣四周游廊，可飽覽園內外風光。清于敏中《日下舊聞考·國朝苑囿》："後爲多寶殿，爲佛香閣，又後爲智慧海。"《畿輔通志·寺觀·正定寺》："曰戒壇，曰慈氏閣，曰法輪藏，曰佛香閣。"

景福閣

位於今北京頤和園萬壽山東部山頂。清乾

隆時爲菊花形的曇花閣，後被英法聯軍毀壞。慈禧改建爲景福閣。景福即洪福、大福之意。閣前部爲寬大敞廳，慈禧曾在此觀雨、賞月、接見外國使節。

寶雲閣 [1]

亦稱"銅亭"。位於今北京頤和園萬壽山佛香閣西側，清乾隆二十年（1755）修建。以銅鑄造而成，號稱"金殿"。高 7.55 米，重 41.4 萬斤。歇山重檐，四面菱花槅扇，造型仿木結構，通體呈蟹青色，坐落在漢白玉須彌座上。殿内佛像供器被英法聯軍搶掠破壞，已蕩然無存，門窗亦散失不全，使其狀如亭子，故俗稱"銅亭"。

【銅亭】 [1]

即寶雲閣。此稱清代已行用。見該文。

天心閣

位於今湖南長沙舊城東南隅，與嶽麓山遥相對峙。建於何時無考，清乾隆年間《長沙府志》與乾隆二十四年（1759）李汪度《重修天心閣記》："城東南隅，地脉隆起，岡形衍迆，上建天心、文昌二閣以振其勢。"據此可定爲乾隆年間所建。頗壯觀，登臨可瞰全城，眺望湘江。咸豐二年（1852）太平天国西王蕭朝貴部在此殲滅清兵甚衆，城垣幾被攻破，蕭於此役殉難。辛亥革命前夕，同盟會分會曾一度設此。1950 年後，闢爲天心公園，廣植花木、興修亭軒。1983 年按原天心閣式樣進行重建，城墻殘缺部分全用青磚補齊，保持了古樸風貌，已成爲長沙市區重要的游覽景點。《湖廣通志·藝文志·碑記》："今宫有三清殿，有饒真人天心閣。"

三清閣

位於今遼寧筆架山主峰，四面環海，甚爲壯觀。1912 年修建。閣身純以花崗巖仿木結構建造，通體六層，高 26.2 米。層樓聳立，上出雲表。一、二層爲樓臺式，面闊五間，拱形石門窗上有浮雕紋飾，四周有迴廊。三至五層爲寶塔式，平面呈八角形，建於二層頂上正中，無塔檐，繞以螺旋形石階梯，可旋轉上登閣頂。頂層形式仿八角亭，單檐八角攢尖頂，飛檐翹角。整座建築設計別致嚴密，集樓臺、寶塔、角亭於一體，風格獨具。閣内共有儒釋道雕像三十七尊，各高 2 米左右，皆爲漢白玉雕坐像，面相端正，衣紋自然流暢，雕工樸實細緻。登閣頂眺望，真有"汪洋三萬六千頃，筆架獨峰浸其間"之慨。按，同名者另有多處，如，宋紹定六年（1233）羽士陳永錫建於杭州者，明代建於今貴州清鎮市者等。參閱《咸淳臨安志·寺觀》《大清一統志·寧順府》

湖光閣

亦稱"湖心亭"。位於今湖北武漢東湖中心狹長的蘆洲上。底徑 14 米，高 19 米，上下兩層，八角攢尖頂，飛檐外展，上覆翠瓦，掩映在緑林之間，更顯挺拔秀麗。閣内裝修精緻，陳設典雅。登臨而上，清爽宜人，四周湖光山色盡收眼底，故名。閣旁襯以玲瓏花壇。蘆洲兩側，水鳥出没，沙鷗隱現，冬季鴻雁翔集。泛舟游湖者，多以到此一睹爲快。

【湖心亭】 [1]

即湖光閣。見該文。

第三節　臺　考

高而上平的建築物謂之臺，是我國古代建築形式之一，在早期建築史上占有較重要地位。

臺，始建於夏商或更早，是人們追求建築物體積高大壯觀的産物。殷有鹿臺，周有靈臺，祇是不知其詳。春秋戰國時期，臺的建築達到高潮，各諸侯國競相建構。魏之文臺，韓之鴻臺，楚之章華臺，齊之路寢臺，都是歷史上著名的臺。今可見燕下都遺存武陽臺。到戰國後期，臺的建築達到極致，它們不再是簡單的夯土爲臺，而是裝飾華麗極爲高大的高標準建築物。臺的興起與發展是在奴隸制社會，奴隸主驅趕無數奴隸去堆土築臺，以臺之高大來彰顯自己的權勢，以至臺愈築愈高。秦漢以後，進入封建社會，人力投入巨大，工程量浩繁，施工周期長的高臺建築已不能適應社會的需求，而以加強木結構技術作爲增加建築的體量的主要手段。秦代以後，臺的記載漸少，宮室的記載漸多。《史記·秦始皇本紀》：“秦每破諸侯，寫放其宮室，作之咸陽北阪上，南臨渭，自雍門以東至涇、渭，殿屋復道周閣相屬。”這裏雖没寫臺，但出現了“宮室”“殿屋”和“閣”。閣即閣道，高架之道路也，它間接地表明當時許多宮室殿閣是建在高臺上的。雖然秦以後的文獻不再稱此類建築爲臺，實質上它是由臺發展而來的新建築類型。秦漢以後臺逐漸衰落，直到東漢時期被淘汰，但其作爲建築形式的内涵，却更加豐富：一方面作爲建築物的基座繼續發展，一方面作爲藉景成爲園林建築的組成部分；或成爲高大華麗建築物的總稱；到近現代甚至將凡是高於地面而上平的建築物均稱作臺，諸如舞臺、月臺、講臺等。

古代的臺，多用於瞭望、祭神、游觀與憩息，後又用於眺望、觀賞及軍事會盟等。《説文·至部》：“臺，觀四方而高者也。从至，从高省，與室屋同意。”《釋名·釋宫室》：“臺，持也。築土堅高，能自勝持也。”梁思成在《敦煌壁畫中所見到的中國古代建築》中將臺的基本特徵概括爲“孤立”“高聳”。夏商的臺多爲積土而成，十分高大，多用於祭祀。《左傳·昭公四年》：“夏啓有鈞臺之享。”李允鉌《華夏意匠》引《歸藏》曰：“昔者夏后啓葬，享神於晋之墟，作爲璿臺，於水之陽。”商周時期的臺，成爲建築的一種結構或構造手段，堆土成臺以取得建築物的高度。《老子》“九層之臺，起於累土”，説明這時的臺可高達九層。《詩·大雅·靈臺》：“經始靈臺，經之營之。庶民攻之，不日成之。”《書·泰誓上》：“惟宮室臺榭，陂池侈服以殘害于爾萬姓。”孔傳：“土高曰臺，有木曰榭。”《爾雅·釋宫》：“闍，謂之臺，有木者謂之榭。”郭璞注：“積土四方（爲臺）”，“臺上起屋（爲榭）”。這時的臺已初具規模，除用於祭祀外，還用於登臨觀望，察辨吉祥禍福。漢劉向《新序·刺奢》云：“紂爲鹿臺，七年而成，其大三里，高千尺，臨望雲雨。”春秋戰國時期築臺之風盛極一時，這時的臺，不但本身單獨成爲一種建築形式，而且崇臺杰構，雕鏤美飾，成爲豪華壯麗建築物的總稱。在這期間，楚築“章華臺”於前，趙建“叢臺”於後，諸侯競相争建，以示豪華。《晏子春秋·内篇·諫下》：“〔齊〕景公登路寢之臺，不能終而息乎陛，忿然而作色，不説曰：‘孰爲高臺，病人之甚也。’”《國語·楚語上》：“〔楚〕靈王爲章華之臺，與伍舉升焉，曰：‘臺美夫！’對曰：‘臣聞國君服寵以爲美，安民以爲樂，聽德以爲聰，致遠以爲明。不聞其以土木之崇高、彤鏤爲美…… 先君莊王爲匏居之臺，高不過望國氛，大不過容宴豆，木不妨守備…… 今君爲此臺也，國民罷焉，財用盡焉，年穀敗焉，百官煩焉，舉國留之，數年乃成…… 故先王之爲臺榭也，榭不過講軍實，臺不過望氛祥。故榭度於大卒之居，臺度於臨觀之高。’”《左傳·昭公七年》：“楚子成章華之臺，願以諸侯落之。”杜預注：“宫室始成，祭之爲落。”《吴越春秋·句踐陰謀外傳》：“吴王起姑蘇之臺，三年聚材，五年乃成，高見三百里。”秦漢時期臺雖逐漸衰落，但在帝王的宫苑中，爲滿足特殊的需要，仍建有高大的臺。秦始皇作琅邪臺，高顯出於衆山之上。漢武帝起柏梁臺，高數十丈。長樂宫中曾建臨華臺、神仙臺。《史記·秦始皇本紀》：“南登琅邪，大樂之，留三月。乃徙黔首三萬户琅邪臺下，復十二歲。作琅邪臺，立石刻，頌秦德，明得意。”《括地志輯校·密州》：“琅邪山在密州諸城縣東南百四十里。始皇立層臺於山上，謂之琅邪臺，孤立衆山之上。”《史記·孝武本紀》：“其後則又作柏梁、銅柱、承露仙人掌之屬矣。”司馬貞索隱：“《三輔故事》云：‘臺高二十丈，用香柏爲殿梁，香聞十里。’”又云：“乃作通天臺，置祠

夯土高臺建築——燕下都“武陽臺”

具其下。"司馬貞索隱:"《漢書》作通天臺於甘泉宫。案《漢書舊儀》:臺高五十丈,去長安二百里。"甚至到漢末至三國時期曹魏在鄴仍建有銅雀、金鳳、冰井三臺,均高六十七丈,中有複道相連通。這些臺實質上是由臺發展出來的一種新的建築類型,是宫室建築的一種新形式。

臺本身是一種先秦時期習慣采用的建築形式,緣於人們對山岳的崇拜。在先民們心目中,山的巨大而凝重的形體,明晰而變幻的綫條,顯示着不可抗拒的力量。他們認爲山是天神在人間的居所,是人與天神聯繫的唯一紐帶,於是就産生了模仿山岳的建築形式——臺。由於先秦時期的臺是一種具有原始宗教意味而又爲統治者所獨據的建築,因此它也就成了帝王權力和尊嚴的象徵,無論在規模、功用還是美學風格上,都達到了極致,給後世雄渾優美的中國古代建築以啓示。隨着建築文化和人們審美意識的發展,東漢以後臺被淘汰,代之而起的是巨大的平面鋪開和空間延伸的木結構建築群。兩漢時期,木結構的樓得到了空前的發展,臺的功用和形制已樓閣化,并最終融入了中國木結構的建築體系之中。其後,臺又成爲一種高大雄偉建築物的統稱。到近現代又出現了廣播電視臺、天文臺、發射臺、歌舞臺等,其形制之繁富、建築之雄偉、裝修之豪華,均非前世可比。

泛　稱

臺

積土高起者爲臺。後亦泛指四方而上平的高大建築物。多以土石爲之,供觀察眺望用。《詩·大雅·靈臺》:"經始靈臺,經之營之,庶民攻之,不日成之。"毛傳:"四方而高曰臺。"《國語·楚語上》:"故先王之爲臺榭也,榭不過講軍實,臺不過望氛祥。故榭度於大卒之居,臺度於臨觀之高。"三國吳韋昭注:"積土爲臺。"漢司馬相如《子虛賦》:"於是楚王乃登雲陽之臺。"唐杜甫《登高》詩:"萬里悲秋常作客,百年多病獨登臺。"

砌臺

亦稱"擦擦臺""擦臺"。古代王侯、貴族、官宦府中供登臨觀賞之用的高臺,多建於宫苑或花園之内,有時還在上面築亭或榭,以供憩息。唐張仲素《春游曲》之二:"騁望登香閣,爭高下砌臺。"唐白居易《宴周皓大夫光福宅》詩:"何處風光最可憐?妓堂階下砌臺前。"宋高承《事物紀原·宫室居處部》:"楊文公《談苑》曰:'今擦擦臺,王公家作之,以爲林觀之景。'"清沈自南《藝林彙考·棟宇篇》:"《談苑》:'砌臺,即今擦臺也。'"

【擦擦臺】

即砌臺。此稱宋代已行用。見該文。

【擦臺】

即砌臺。此稱清代已行用。見該文。

高臺

高大的樓臺。《戰國策·魏策二》："楚王登強臺而望崩山，左江而右湖，以臨彷徨，其樂忘死，遂盟強臺而弗登，曰：'後世必有以高臺陂池亡其國者。'"晋左思《吳都賦》："造姑蘇之高臺，臨四達而特建，帶朝夕之濬池，佩長洲之茂苑。"明王世貞《登岱》詩："軒轅黄帝有高臺，鞭石千秋輦道開。"

【崇臺】

即高臺。《漢書·王褒傳》："雖崇臺五增，延袤百丈，而不溷者工用相得也。"晋盧諶《答魏子悌》詩："崇臺非一幹，珍裘非一腋。多士成大業，群賢濟弘績。"宋沈括《夢溪筆談·象數一》："天文家有渾儀測天之器，設於崇臺。以候垂象者，則古璣衡是也。"

【層臺】 [2]

即高臺。《楚辭·招魂》："高堂邃宇，檻層軒些。層臺累榭，臨高山些。"王逸注："層、累，皆重也。無木謂之臺，有木謂之榭。"北魏酈道元《水經注·河水五》："瀁水又北逕聊城縣故城西……東門側有層臺秀出雲表，魯仲連所謂還高唐之兵，却聊城之衆者也。"南朝宋謝靈運《會吟行》："層臺指中天，高墉積崇雉。"唐許渾《凌歊臺》詩："宋祖凌高樂未回，三千歌舞宿層臺。"《三國演義》第三四回："少子曹植進曰：'若建層臺，必立三座。'"清劉大櫆《縹碧軒記》："則雖高堂邃榱，層臺曲沼，其亦何裨。"

雲臺 [3]

高聳入雲之臺。《淮南子·俶真訓》："雲臺之高，墮者折脊碎腦，而蟁蝱適足以翱翔。"高誘注："臺高際於雲，故曰雲臺。"晋郭璞《客

傲》："豁雲臺之觀者，必闕帶索之歡。"唐王勃《七夕賦》："君王乃馭風殿而長懷，俯雲臺而自矯。"宋張輯《洞仙歌·代壽張辰川》詞："問因何五馬，踏月雲臺。秋色裏，却賞烟霞袖手。"

樓臺 [2]

高樓臺榭的總稱，泛指高大華麗的建築物。《左傳·哀公八年》："邾子又無道，吳子使大宰子餘討之，囚諸樓臺，栫之以棘。"唐杜甫《院中晚晴懷西郭茅舍》詩："復有樓臺銜暮景，不勞鐘鼓報新晴。"唐元稹《以州宅誇於樂天》詩："四面常時對屏障，一家終日在樓臺。"宋辛棄疾《踏莎行·中秋後二夕帶湖篆小酌》詞："夜月樓臺，秋香院宇，笑吟吟地人來去。"《西游記》第六九回："那國王並行者相攙，穿過皇宮到了御花園後，更不見樓臺殿閣。"

亭臺

泛指建造在園林中供人休息的亭閣樓臺。《舊唐書·文苑傳上·楊炯》："又所居府舍多進士，亭臺皆書榜額，爲之美名，大爲遠近所笑。"唐白居易《兩朱閣》詩："第宅亭臺不將去，化爲佛寺在人間。"宋佚名《春恨》詩："去年天氣舊亭臺，夕陽西下幾時回。"

平臺 [1]

平且高的露天臺式建築。供游人休憩、眺望之用。唐杜甫《重過何氏》詩之三："落日平臺上，春風啜茗時。"唐白居易《東坡種花二首》其一："前有長流水，下有小平臺。"宋歐陽修《河南府司録張君墓志銘》："其平臺清池，上下荒墟。"在現代語境中，平臺還特指爲某種專業活動提供的活動場所。

露臺

露天之臺。多建於園林之中，供游觀休憩

之用。《史記·孝文本紀》：“孝文帝從代來即位二十三年，宮室苑囿、狗馬服御無所增益，有不便，輒弛以利民。嘗欲作露臺，召匠計之，直百金。”司馬貞索隱：“顧氏按，新豐南驪山上猶有臺之舊址也。”晉葛洪《抱朴子·君道》：“追有夏之卑宮，識露臺之不果。鑒章華之召災，悟阿房之速禍。”唐駱賓王《兵部奏姚州破賊設蒙儉等露布》：“昭儉防奢，露臺惜中人之産，宣風布政，明堂法上帝之宮。”唐白居易《致和平復雍熙策》：“鑒漢之盛也，則思罷露臺。”宋孟元老《東京夢華録·元宵》：“樓下用枋木壘成露臺一所，彩結欄檻，兩邊皆禁衛排立。”明文震亨《長物志·室廬》：“樓前忌有露臺、捲篷。”

南臺[1]

南面之臺。唐賈島《上谷送客游江湖》詩：“江樓到夜登，還見南臺月。”唐項斯《游頭陀寺上方》詩：“更斯招静者，長嘯上南臺。”參見本卷《堂殿樓臺説·臺考》“南臺[2]”“南臺[3]”文。

珍臺

華美之臺。漢揚雄《甘泉賦并序》：“於是事變物化，目駭耳回，蓋天子穆然，珍臺閑館，璇題玉英，蝹蜎蠖濩之中。”《文選·張衡〈西京賦〉》：“既乃珍臺蹇産以極壯，磴道邐倚以正東。”唐王勃《彭州九隴縣懷寺碑》：“香闕神行，珍臺妙立。”《宋史·樂志十六》：“塗山齊德翊成功，仙魄早賓空。珍臺閑館栖神地，獻饗永無窮。”

瑶臺

用美玉砌築的臺。亦泛指雕飾華麗、用玉石裝飾的樓臺。《楚辭·離騷》：“望瑶臺之偃蹇兮，見有娀之佚女。”注曰：瑶臺：“美玉砌成的樓臺。”《淮南子·本經訓》：“晚世之時，帝有桀紂，爲璇室瑶臺，象廊玉床。”高誘注：“璇、瑶，石之似玉以飾室臺也。”漢張衡《東京賦》：“固不如夏癸之瑶臺，殷辛之瓊室也。”《舊唐書·后妃傳上·太宗賢妃徐氏》：“是以卑宮菲食，聖主之所安；金屋瑶臺，驕主之爲麗。”明李夢陽《去婦詞》：“瑶臺築就猶嫌惡，金屋裝成不論錢。”後世又用以藉指神仙居住的華麗樓閣。晉王嘉《拾遺記·昆侖山》：“傍有瑶臺十二，各廣千步，皆五色玉爲臺基。”南朝宋謝莊《宋孝武宣貴妃誄》：“玄丘烟熅，瑶臺降芬。”宋陳師道《十七日觀潮》詩：“漫漫平沙走白虹，瑶臺失手玉杯空。”明賈仲名《金安壽》第四折：“你如今上丹霄、赴絳闕、步瑶臺，此紅塵中别是一種境界。”

【璜臺】

即瑶臺。用玉石裝飾的樓臺。《楚辭·天問》：“璜臺十成，誰所極焉？”王逸注：“璜，石次玉者也。”洪興祖補注：“璜，美玉也。”南朝梁蕭子範《七誘》：“麗前修之金屋，陋曩日之璜臺。”

壇坫

本指春秋戰國時諸侯會盟之壇臺。後亦指敵我雙方談判之所。《史記·魯仲連鄒陽列傳》：“桓公朝天下，會諸侯，曹子（曹沫）以一劍之任，枝桓公之心於壇坫之上。”明宋濂《燕書》之二十三：“襄公曰：‘人皆相率，約君以禮，子奈何欲興戎乎？壇坫之間，玉帛交錯，而使甲士厠之，人其謂我何？’”

名　類

觀臺

古代觀望天象之臺。《左傳·僖公五年》："公既視朔，遂登觀臺以望。"杜預注："觀臺，臺上構屋可以遠觀者也。朔旦冬至，曆數之所始。治曆者因此則可以明其術數，審別陰陽，叙事訓民。"《文選·謝莊〈宋孝武宣貴妃誄并序〉》："親朔書氛，觀臺告祲。"張銑注："觀臺，觀灾祥氣之臺也。"唐薛存誠《觀南郊回仗》詩："候刻移宸輦，遵時集觀臺。"

看臺

亦稱"子臺"。建築在戲臺或場地旁邊，或周圍，供觀衆觀看戲劇或表演、比賽的臺。有的爲方便觀看，還將看臺建成敞棚或臺榭。現代一些大型體育賽場的看臺爲環繞賽場而建的臺階式看臺。清梁恭辰《廣東火劫記》："粵東酬神演劇，婦女雜遝，列棚以觀，名曰看臺，又曰子臺。"

【子臺】

即看臺。此稱清代已行用。見該文。

琴臺 [1]

供彈琴用的一種高而平的臺。古人把琴當作雅樂，彈琴時往往焚香净手正襟危坐，且多設高出地面的平臺，稱爲琴臺；後世將放琴的木几或條案也稱琴臺。南朝齊謝朓《奉和隨王殿下》："宴私移燭飲，游賞藉琴臺。"梁簡文帝《琴臺》詩："蕪階踐昔徑，復想鳴琴游。音容萬春罷，高名千載留。弱枝生古樹，舊石抗新流。由來遞相嘆，逝川終不收。"清劉鑾《五石瓠·琴磚》："河南北古墓中大甎，其橫上通兩竅，而下開方孔，或謂爲收水氣云。以爲琴臺，則清激之聲自出。"山東、四川、河南、江蘇均有琴臺，參見本卷《堂殿樓臺説·臺考》"琴臺 [2]""琴臺 [3]""琴臺 [4]""琴臺 [4]"文。

靈臺 [1]

古代帝王觀察天文星象、吉祥灾异所建之臺。古人以天地爲萬物之本，人是萬物之靈，故稱。《初學記》卷二四引漢許慎《五經異義》云："天子有三臺，靈臺以觀天文，時臺以觀四時施化，囿臺以觀鳥獸魚鱉。"據傳夏桀、商紂均建有靈臺。據文獻記載，周文王亦建有靈臺。春秋時期衛侯輒也曾建靈臺。《左傳·哀公二十五年》："衛侯爲靈臺于藉圃，與諸大夫飲酒焉。"清昭槤《嘯亭雜録·善天文演算法》："仁皇天縱聰明，夙習演算法，特命靈臺皆以西法爲主，惟置閏用中法，以合《堯典》。"

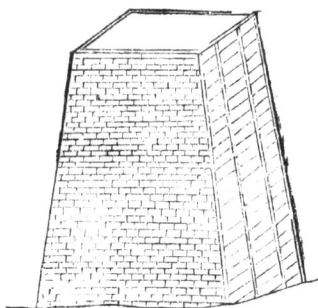

靈　臺
（明王圻等《三才圖會》）

囿臺 [2]

古代帝王觀賞鳥獸蟲魚之臺。古代天子有靈臺、時臺、囿臺，合稱三臺。《初學記》卷二四《居處部·臺六》引漢許慎《五經異義》："天子有三臺，靈臺以觀天文，時臺以觀四時施化，囿臺以觀鳥獸魚鱉。"元劉瑾《詩傳通釋》

卷一六："靈囿臺之下有囿，所以養禽獸也。"

月臺[1]

賞月的露天平臺。至遲到南北朝時就已出現。南朝梁元帝《南嶽衡山九貞館碑》："上月臺而遺愛，登景雲而忘老。"南北朝以後，隨着建築文化的發展，園林建築的興盛，月臺的建築初露頭角。到唐宋時期，文人園林的興起，使月臺建築得到了長足發展。這時往往與大型建築相連接，建構伸向室外而露天的平臺，可供賞月或眺望。唐杜甫《徐九少尹見過》詩："賞靜憐雲竹，忘歸步月臺。"元李文蔚《燕青博魚》第三折："來到這月臺上，將席子展開，待我睡一覺咱。"《警世通言・崔待詔生死冤家》："透透道：'你記得當時在月臺上賞月，把我許你，你兀自拜謝，你記得也不記得？'"清沈復《浮生六記・閑情記趣》："實中有虛者，開門於不通之院，映以竹石，如有實無也；設矮欄杆墻頭，如上有月臺，而實虛也。"自南北朝始，隨着宗教寺廟的發展，人們又往往在正房、正殿的前面，伸出較大的平臺，三面設階級踏凳，一方面增加殿、屋的活動空間，另一方面增加殿、屋的氣勢。這種屋、殿前面高出地面的平臺亦統稱爲月臺。《紅樓夢》第五三回："餘者派出等第，一分一分的堆在月臺底下；命人將族中子姪喚來，分給他們。"注曰："月臺——正房中間連着前階的方臺。"又第六二回："〔寶玉〕出至月臺上，又朝上遙拜過賈母、賈政、王夫人等。一順到尤氏上房，行過禮，坐了一回，方回榮府。"

靈臺[2]

特指古代的學官。始設於漢光武帝時。漢張衡《東京賦》："造舟清池，惟水泱泱。左制辟雍，右立靈臺，因進距衰，表賢簡能。"唐韓愈《縣齋有懷》詩："塵埃紫陌春，風雨靈臺夜。"錢仲聯集釋引陳景雲曰："謂官四門博士也。漢光武立明堂、辟雍、靈臺，號三雍宮。"唐柳宗元《叔父故殿中侍御史柳公墓表》："來游京師，觀藝靈臺。貢文有司，射策合程。"按，《文選・張衡・〈東京賦〉》薛綜注認爲"靈臺"乃觀星象節氣之臺，當誤。參見本書《教育卷・教學機構說・官學考》"三雍"文。

凉臺

供乘凉用的平臺。三國魏應璩《與廣川長岑文瑜書》："處凉臺而有鬱蒸之煩，浴寒水而有灼爛之慘。"《舊唐書・裴度傳》："東都立第於集賢里，築山穿池，竹木叢萃，有風亭水樹，梯橋架閣，島嶼迴環，極都城之勝概。又於午橋創別墅，花木萬株，中起凉臺暑館，名曰綠野堂。"宋曾鞏《思政堂記》："闢而即之，則舊圃之勝，凉臺清池，游息之亭，微步之徑，皆在其前。"

講臺

古代講經說法的高臺。明宋楙澄《真娘墓記》："於是宋生慨然指講臺之東南謂之曰：'此非所爲真娘墓耶？'"到近現代，公學興起，老師講課授業或講演的高出地面的臺，亦稱講臺。因多設在教室的前面，又不甚高大，通常又用"三尺講臺"來形容。

法臺

講經說法之高臺。道教舉行齋醮儀式時所用的臺桌，亦稱法臺。《三俠五義》第四回："李保叫人來拆了法臺，見有個硃砂黄紙字帖，以爲法官留下的鎮壓符咒。"清秦蕙田《五禮通考・吉禮・明堂》："所以應符星而設階，法臺輝以疏陡。"

拜臺

廟裏或墳前放置祭品供人參拜的臺。吳組緗《山洪》二一："東老爹把兩隻茶桶擱在土地廟的拜臺上。"

釣魚臺[1]

設在水邊供人垂釣之臺。唐沈佺期《峽山賦》："烟鎖釣魚臺，往事空追趙子。"《元史·河渠志三》："中爲都江堰，少東爲大小釣魚臺，又東跨二江爲石門。"北京、江蘇揚州均有釣魚臺，參見本卷《堂殿樓臺説·臺考》"釣魚臺[2]""釣魚臺[3]"文。

站臺

亦稱"月臺"。火車站内高於路面的平臺。供乘客上下或裝卸貨物。

【月臺】[2]

即站臺。此稱行用於現當代。見該文。

專　名

闕伯臺

亦稱"火神臺""火星臺"。古臺名。在今河南商丘城西南。現存爲元大德年間（1297—1307）所建，明清均有修葺。闕伯臺形如古墓，高約 35 米，底邊周長約 270 米，全部夯土築成。臺上除闕伯廟外，還有大殿、拜殿、東西禪門、配房、鐘鼓樓等清代建築。臺下有戲樓、大禪門等建築，亦爲明清建築。相傳高辛氏帝嚳爲天子後，封其子闕伯於商丘管理火種，稱爲火正。闕伯死後築臺葬之，是爲"闕伯臺"。又説因其管火有功，後人誤認其爲火神，遂於臺上建闕伯廟，後稱"火神廟"，臺亦稱"火神臺"。因闕伯在商，主辰星之祀，其後許多朝代也在此研究天文，觀察火星（即商星），并於每年正月初七進香奉祀，俗謂之"朝臺"，形成盛大的民間古廟會。到明清時期，又增建了許多紀念性建築，使臺上紅墻碧瓦，飛檐走獸，屋内壁畫呈彩，成了明清民間藝匠展示才能的所在。《元史·郭寶玉傳》："遂渡河，襲金主至歸德，敗其兵于闕伯臺……"清張尚瑗《左傳折諸》卷一九："闕伯封商丘，今歸德西南。有臺世稱闕伯臺，而《河南通志》謂歸德，有闕伯墓與廟。"

【火神臺】

即闕伯臺。此稱元明時期已行用。見該文。

【火星臺】

即闕伯臺。此稱元明時期已行用。見該文。

畫卦臺

亦稱"伏羲卦臺""卦臺山"。在甘肅天水市區西北 75 公里。約建於元明時期。相傳爲伏羲氏畫八卦處，故名。久爲秦州勝迹，歷來是官民紀念伏羲氏的地方，爭相在臺上修廟、立碑，以示敬仰。臺上原建有伏羲廟、午門、牌樓、鐘鼓樓、戲樓、朝房、僧舍等，現僅存碑亭，左爲宋代鎸刻的"秦州成紀縣伏羲廟記"碑，右爲明嘉靖十年（1531）修建的伏羲廟碑。完好地保存着木雕"伏羲六十四卦二十八宿全圖"，正面陽刻八卦圖形及文字。圖直徑 64 厘米。背面陽刻"伏羲六十四卦二十八宿全圖"十二個大字。《明一統志·平凉府》："畫卦臺，在秦州西北三十里，相傳伏羲畫卦於此。"又，河南地區亦有畫卦臺。清沈佳《明儒言行錄》："河南祠伏羲於畫卦臺，以蔡仲始封國，依太公祭爽鳩之義。"

【伏羲卦臺】

即畫卦臺。此稱約行用於元明時期。見該文。

【卦臺山】

即畫卦臺。此稱約行用於元明時期。見該文。

軒轅臺

故址在今河北涿鹿境內。傳爲黃帝擒蚩尤之處。《山海經·大荒西經》："有軒轅之臺，射者不敢西向射，畏軒轅之臺。"《初學記》卷

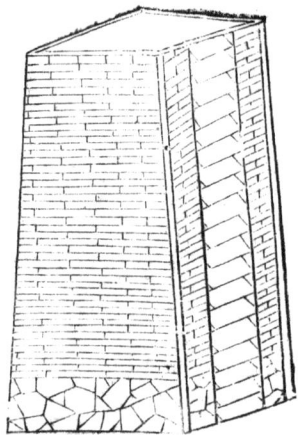

軒轅臺
（明王圻等《三才圖會·宮室》）

二四："按，《山海經》有軒轅臺……"唐李白《北風行》："燕山雪花大如席，片片吹落軒轅臺。"明王圻等《三才圖會·地理》："軒轅臺，在今延慶州境內。相傳黃帝擒蚩尤之處。遺迹尚存。"

夏臺

亦稱"釣臺"。在今河南禹州北門。爲夏

代遺迹。相傳禹治水有功，舜封禹爲夏伯於夏邑，即今之禹州。據《左傳·昭公四年》："夏啓有釣臺之享，商湯有景亳之命。"後人遂稱此爲釣臺。據記載，釣臺原在市南 15 里處，早已毀圮。明嘉靖十年（1531），知州劉魁在縣治北門內建禹、湯廟。清康熙三十八年（1699），知州于國璧在廟前建大門，題名"古釣臺"。清末毀於兵燹，現僅存臺基，高 4.4 米，寬 7.4 米，長 6.15 米，略呈方形。臺南過洞兩側刻有楹聯："得名始於夏，懷古幾登臺。"現已將原古釣臺拆遷，後移 15 米，按原樣復原，上部還增建了四角攢尖頂亭。元趙采《周易程朱傳義折衷》卷一九："成湯始於夏臺，文王興於羑里，正合此爻之義。"

【釣臺】

即夏臺。《左傳·昭公四年》："夏啓有釣臺之享，商湯有景亳之命。"杜預注："河南陽翟縣南有釣臺陂，蓋啓享諸侯於此。"南朝宋顏延之《三月三日曲水詩序》："恨釣臺之未臨，慨酆宮之不縣。"《初學記》卷二四："按，《山海經》有軒轅臺、帝堯臺、帝舜臺。其後夏有璇臺、釣臺。"注曰："《歸藏》曰：'夏后啓筮享神於晉之墟，爲作璇臺'。又曰：'享神於大陵而上釣臺。'"

靈臺 [3]

據文獻記載爲周文王所建。《詩·大雅·靈臺》："經始靈臺，經之營之，庶民攻之，不日成之。"《漢書·揚雄傳上》："奢雲夢，侈孟諸，非章華，是靈臺，罕徂離宮而輟觀游。"唐顏師古注："言以楚靈王章華之臺爲非，而周文王靈臺之制爲是也。"晉潘岳《西征賦》："經始靈臺，成之不日，惟酆及鄗，仍京其室。"

琴臺[2]

在今山東單縣東南之舊城北。相傳爲春秋時單父宰宓子賤彈琴之地。唐岑參《梁園歌》："單父古來稱宓生，衹今爲政有吾兄。軺軒若過梁園道，應傍琴臺聞政聲。"清陳維崧《金菊對芙蓉·訪單縣琴臺》詞題注："邑爲宓子賤、巫馬期舊治，臺有二賢祠。"

古琴臺

在今湖北武漢漢陽城北龜山尾部。據記載北宋時即有之。清嘉慶間（1796—1820）湖廣總督畢沅重建。1949 年後修復。占地 15 畝。前有門廳，單檐琉璃瓦頂，正中懸"古琴臺"匾額。門內爲庭院，有"印心石屋"照壁。東側爲碑廊，内存《漢上琴臺之銘并序》《伯牙事考》《琴臺題壁詩》等石刻。廊西有滄浪亭。最後是主體建築殿堂，單檐歇山頂，前加抱廈，抱廈亦爲單檐歇山頂，檐下懸"高山流水"大字匾額。堂前有漢白玉方形石臺，傳爲春秋時伯牙撫琴的遺址。中立石碑，碑陽爲"琴臺"二字，碑陰刻"重修琴臺記"，周圍設望柱石欄。欄板上刻"伯牙捧琴謝知音"故事浮雕。其右爲新塑伯牙會鍾子期雕像。伯牙是古代傳説人物，相傳生於春秋時代，善彈琴。《列子·湯問》載："伯牙善鼓琴。鍾子期善聽。伯牙鼓琴，志在登高山，鍾子期曰：'善哉，峨峨兮若泰山。'志在流水，鍾子期曰：'善哉，洋洋兮若江河。'"後因以高山流水稱知音或知己。清彭孫遹《嶺外早秋送友人先歸檇李》詩："懷中延露曲，音節有餘哀。願因商飆發，吹上古琴臺。"

古琴臺

古吹臺

亦稱"禹王臺"。在今河南開封市郊東南三里許。傳爲春秋時晉國樂師師曠吹奏樂律之地。漢梁孝王在此增築吹臺。相傳大禹治水時曾居於此。明代末年爲紀念大禹治水之功績，於臺上建禹王廟，故又稱"禹王臺"。禹王廟有大殿五間，殿北壁嵌有《岣嶁碑》。殿前兩側各有廡三間。兩廡與大殿側檐間用圓門相連，分東西兩院。東院爲三賢祠，西院爲水德祠。相傳唐天寶中大詩人李白、杜甫、高適曾相聚吹臺，飲酒賦詩，後人因於臺上建三賢祠。後又增祀李夢陽、何景明，合稱五賢祠。以後又增高子業，稱爲六賢祠。祠內墻壁上嵌有《修禹王廟碑記》《修五賢祠碑記》《修復吹臺三賢祠碑記》等刻石。大殿院門南有御書樓，樓內嵌康有爲禹王臺詩石刻。御書樓南有清代書寫的"古吹臺"匾額的木牌樓。殿後有蓮花池，池南有水榭，現已闢爲禹王臺公園，爲開封名園之一。三國魏阮籍《咏懷詩》之三十一："駕言發魏都，南向望吹臺。簫管有遺音，梁王安在哉？"北魏酈道元《水經注·渠水》："梁王增築以爲吹臺，城隍夷滅略存故迹。"

【禹王臺】

即古吹臺。此稱明代已行用。見該文。

桓公臺

秦漢時稱"環臺"，魏晉間稱"營丘"。在今山東淄博齊國故城小城內西北。係春秋時期齊國宮室建築群中一座高臺建築臺址。唐長慶年間（821—824）在臺上建齊桓公廟和管子廟，故名"桓公臺"。現存臺高14米，地下夯土基址呈長方形，南北長86米，東西寬70米。臺頂有兩層，東、西、北三面陡峭，南坡稍緩，原來建築顯係坐北面南，符合傳統建築方位。經鑽探發掘，已知臺周圍有大面積宮殿建築遺址。臺基底部加修兩層臺階，當時建築顯然巍峨壯觀。齊國故城遺址在今山東淄博舊臨淄縣城西部和北部。約於公元前9世紀中葉，齊國第七代國君齊獻公由薄姑（今山東博興）遷都於此，自春秋戰國至公元前221年被秦所滅，先後歷時六百三十餘年，是當時東方重要的政治、經濟和文化中心，是春秋戰國時期的名都之一。現已探明其分大、小兩城，小城套築在大城西南隅。小城是貴族王族聚居之地，桓公臺就建在小城西北部，傳説是齊桓公會見諸侯、檢閱兵戎之地。齊桓公名小白，是春秋五霸霸主齊國之國君，襄公之弟。公元前685至前643年在位。在位期間任用管仲爲相，進行改革，在"尊王攘夷"的旗幟下，北伐山戎，南抑强楚，勤王平亂，救衛（約在今河南淇縣）存邢（約在今河北邢臺），曾經"九合諸侯"，成爲春秋霸主之一，首開春秋時期大國爭霸之局面。司馬遷在《史記·齊太公世家》中云："以太公之聖，建國本，桓公之盛，修善政，以爲諸侯會盟，稱伯，不亦宜乎？洋洋哉，固大國之風也。"現臺前樹有"桓公臺建築遺址"標志石碑。

【環臺】

即桓公臺。此稱秦漢時期已行用。見該文。

【營丘】

即桓公臺。此稱魏晉時期已行用。見該文。

古盟臺 [1]

在今安徽宿州東北解集鎮南、拖屋河畔。春秋魯哀公十二年（公元前483），魯國遣使臣子貢，吳國遣使臣太宰嚭，分別代表魯、吳兩國在此會盟，雙方共築土臺，舉行會盟儀式，故名盟臺。會盟是指古代諸侯的約會結盟。《左傳·昭公三年》："令諸侯三歲而聘，五歲而朝，有事而會，不協而盟。"又《哀公十二年》："公會吳于橐皋。吳子使大宰嚭請尋盟。公不欲。使子貢對曰：'盟所以周信也，故心以制之……'乃不尋盟。"傳説魯國使臣子貢因留戀此地風光，寓居較久，故附近之山名"子貢山"，俗稱"貢山"。後人曾在此建廟，以紀魯、吳使臣。1949年後成爲淮北地區名勝古迹和游覽區。

琅邪臺

亦作"琅琊臺"。在今山東膠南夏河城東南5公里處。臺因山而得名。春秋時越王勾踐始建，秦始皇再建，臺基三層，層高三丈。現建築已毀，所存遺址狀如小山丘，位臨東海，俯仰萬里。考古調查表明，臺頂向下30米，每6厘米爲一人工層。土中雜有秦磚漢瓦，其中還有珍貴的秦代文字瓦當，上有"千秋萬代"字樣。臺前還發現戰國時期陶製雙管地下管道，直通臺頂。據記載，秦始皇二十八年（公元前219），秦始皇曾南登琅邪山，築臺以觀望東海，并刻石紀功。石高一丈五尺，其文今已漫漶，相傳爲丞相李斯所書。秦二世繼位後，亦曾來此刻石以紀，今刻石尚存，傳亦爲李斯所書，是我國現存秦代石刻中保存小篆字數最多的刻石，也是我國現存最早的石刻之一。現存中國國家博物館内。《山海經·海内東經》：“琅邪臺在渤海間，琅邪之東。”郭璞注：“今琅邪在海邊，有山嶣嶤特起，狀如高臺，此即琅邪臺也。琅邪者，越王句踐入霸中國之所都。”郝懿行箋疏：“《史記·封禪書》索隱及《文選》注謝脁《和王著作八公山》詩引此經并與今本同。《越絶書·外傳記地》云：‘句踐徙琅邪，起觀臺，臺周七里，以望東海。’今詳此經，是地本有臺，句踐特更增築之耳。故《史記》索隱云：是山形如臺也。斯言得之。”又引郝懿行云：“琅邪臺在今沂州府（今山東臨沂）。”《史記·秦始皇本紀》：〔秦始皇二十八年〕南登琅邪，大樂之，留三月。乃徙黔首三萬户琅邪臺下，復十二歲。作琅邪臺，立石刻，頌秦德，明得意。”裴駰集解：“《地理志》：越王句踐嘗治琅邪縣，起臺館。”司馬貞索隱：“《山海經》：琅邪臺在渤海間。蓋海畔有山，形如臺，在琅邪，故曰琅邪臺。”

【琅玡臺】

同“琅邪臺”。見該文。

老君臺

又稱“升仙臺”“拜仙臺”。在今河南鹿邑城内東北隅。臺高13米，磚砌，呈圓柱形，面積706平方米。相傳老子飛升於此。現存爲清代建築。臺上有正殿三間，壁嵌碑碣兩方：左爲“猶龍遺迹”，右爲“道德真源”。東西偏殿各一間。山門前石階三十二級。臺下迎山門而南，蓋有殿閣兩廊，并建有涼亭，周圍遍植花木。臺上古柏參天并有宋初道家陳摶所書“開

張天岸馬，奇逸人中龍”行書碑刻。老君，即老子，姓李名聃。一説姓李，名耳，字伯陽，謚號聃。相傳他是楚國苦縣（今河南鹿邑）人。春秋末年思想家，道家創始者。曾任周守藏室之史，後又爲柱下史，通古今上下之變，晚年隱居沛（今江蘇沛縣）躬耕授徒，講道論德。他的語録在戰國時廣爲流傳。東漢末年，張道陵創立道教，以老子爲始祖，并尊爲太上老君，簡稱老君。歷史上的老子由人成神後，其出身亦被神化，受到歷代道家的廣泛崇拜。到唐代達於極致，被推爲李唐始祖，封爲“玄元皇帝”。老子的傳説和聖迹亦隨處可尋。此處老君臺即傳説他升仙之處。明徐弘祖《徐霞客游記·西南游日記三》：“層臺高叠，懸梯而上曰‘老君臺’。由臺北向，洞若兩界。”《江南通志·輿地志·山川八》：“東華山在州北有老君臺，相傳老子煉丹處。”

【升仙臺】

即老君臺。此稱清代已行用。見該文。

【拜仙臺】

即老君臺。此稱清代已行用。見該文。

弦歌臺

楚臺名。亦稱“弩臺”。在今河南淮陽城外西南隅。傳爲孔子在陳絶糧處。《史記·孔子世家》：“〔孔子〕將適陳，過匡，顏刻爲僕，以其策指之曰：‘昔吾入此，由彼缺也。’匡人聞之，以爲魯之陽虎。陽虎嘗暴匡人，匡人於是遂止孔子。孔子狀類陽虎，拘焉五日。”張守節正義引《琴操》云：“孔子到匡郭外，顏淵舉策指匡穿垣曰：‘往與陽貨正從此入。’匡人聞其言，告君曰：‘往者陽貨今復來。’乃率衆圍孔子數日。乃和琴而歌，音曲甚哀，有暴風擊軍士僵

仆，於是匡人有知孔子聖人，自解也。"故爲弦歌臺。唐李吉甫《元和郡縣圖志》："後漢陳王寵善射，嘗於此教弩。"故又名"弩臺"。明成化六年（1470），知州戴昕建祠，名厄臺。明嘉靖中，巡按御史趙繼本改今名。臺原有後樓五楹，左右廊廡各三楹，齋室三十餘楹，庖厨、盥洗室數楹。屢有修廢。現僅存門兩座，正殿七間，均爲綠琉璃瓦頂。前門内有清康熙五十年（1711）立的"弦歌臺"三字匾額。二門内爲正殿，面闊七間，周有迴廊，置方形石柱二十四根。正門石柱上鎸刻楹聯："堂上弦歌七日不能容大道，庭前俎豆千秋猶自仰高山。"臺三面臨水，祇東面有一羊腸小徑，游人徒步登臺，大有"厄臺四面平湖水，水面平臺臺欲低"之感。

【弩臺】

即弦歌臺。此稱唐代已行用。見該文。

【厄臺】

即弦歌臺。此稱唐代已行用。相傳爲孔子在陳絶糧處，故稱。唐時移孔子廟於臺上。明嘉靖間改爲"弦歌臺。"清顧祖禹《讀史方輿紀要・河南・開封府・陳州》："在州城南，本'弩臺'也……唐開元中，移孔子廟於臺上，俗稱'厄臺'，以孔子在陳絶糧也。"清嘉慶《重修一統志・陳州府・古迹》："厄臺，在淮寧縣南一里許，即孔子絶糧處。"

樓觀臺

亦稱"草樓觀""紫雲樓""說經臺"。在今陝西周至城東的秦嶺山麓。相傳周大夫函谷關令尹喜，曾在此結草爲樓，觀看天體，故初稱"草樓觀""紫雲樓"。後老子入關，在樓南高岡築臺，講授《道德經》，故又稱"說經臺"。自

秦迄清，歷代均有擴建或修葺。唐代因尊崇老子爲始祖，特別優待道教，此臺建築亦達最盛。不僅築有臺、殿、閣、宮、亭、塔、洞、池、泉等五十餘處，還有石牛、石獅、碑、碣以及文人墨客題咏之碑刻等。現存說經臺、煉丹爐、吕祖洞、宗聖宮、栖真亭、劉合崙衣鉢塔、化女泉、仰天池等衆多聖迹。其中以唐代書法家歐陽詢隸書《大唐宗聖觀記》碑、《老子道德經》碑和元代書法家趙孟頫隸書《上善池》碑等最爲珍貴。目前，此臺已闢爲國家森林公園，供游人參觀。

【草樓觀】

即樓觀臺。此稱先秦時期已行用。見該文。

【紫雲樓】

即樓觀臺。此稱先秦時期已行用。見該文。

【說經臺】

即樓觀臺。此稱先秦時期已行用。見該文。

姑蘇臺

亦稱"姑胥臺""胥臺"。古代臺名。在今江蘇蘇州姑蘇山上。臺以山名。相傳爲吳王闔閭（一說夫差）所建。漢袁康《越絶書・外傳記吳地傳》："春夏治姑胥之臺。"又："胥門下有九曲路，闔廬造以游姑胥之臺，以望太湖，中闚百姓。去縣三十里。"唐衛萬《吳宮怨》詩："句踐城中非舊春，姑蘇臺下起黄塵。"清顧祖禹《讀史方輿紀要・江南・蘇州府・長州縣》："姑蘇山，一名胥山，一名姑餘山，姑蘇臺在其上，闔閭所作也，一名胥臺。"

【姑胥臺】

即姑蘇臺。此稱漢代已行用。見該文。

【胥臺】

即姑蘇臺。此稱清代已行用。見該文。

章華臺[1]

在今湖北監利西北。楚靈王七年（公元前534）建。臺高十丈，基廣十五丈。《國語·楚語上》：“靈王爲章華之臺，與伍舉升焉，曰：‘臺美夫！’”《左傳·昭公七年》：“楚子成章華之臺，願以諸侯落之。”杜預注：“宮室始成，祭之爲落。臺今在華容城内。”《史記·楚世家》：“〔楚靈王〕七年，就章華臺，下令内亡人實之。”裴駰集解引杜預曰：“南郡華容縣有臺，在城内。”又：“太史公曰：楚靈王方會諸侯於申，誅齊慶封，作章華臺，求周九鼎之時，志小天下；及餓死於申亥之家，爲天下笑。”清沈自南《藝林彙考·棟宇篇·亭臺類》：“據《左傳》：‘楚靈王七年成章華之臺，與諸侯落之。’杜預注：‘章華臺，在華容城中。’華容即今之湖北監利市，非岳州之華容也。至今有章華臺在城郭中，與杜預之説相符。”據考，章華臺是春秋時期楚國的離宮名。據記載，其故址有四處：其一，在今湖北監利西北，晋杜預以爲春秋時楚靈王所建，稱“華容之章華”，即此臺。其二，在今安徽亳州東南，一説楚靈王所建章華臺在此。但清楊守敬以爲楚靈王可能先建章華臺於華容，後因乾溪的風景秀美而又建離宮於此，仍襲用章華之名，即“城父之章華”。其三，在今河南汝南東，戰國楚襄王爲秦將白起所逼，北保於陳時所建，并襲用舊名，即“汝陽之章華”。其四，在今湖北沙市東北隅太師淵。相傳爲楚靈王所建，即“豫章臺”。清沈自南《藝林彙考·棟宇篇·亭臺類》：“説略楚章華臺，亳州陳父縣、陳州商水縣、荆州江陵、長林監利縣皆有之。乾溪亦有數處。據《左傳》楚靈王七年成章華之臺，與諸侯落之，杜預注：

章華臺在華容城中。華容即今之監利縣，非岳州之華容也。至今有章華臺在縣郭中，與杜預之説相符。亳州陳父縣有溪，其側亦有章華臺故臺，基下往往得人骨，云楚靈王戰死於此。商水縣章華臺之側亦有乾溪，薛綜注張衡《東京賦》引《左氏傳》乃云：楚子成章華之臺於乾溪，皆誤説也。《左傳》實無此文。章華與乾溪元非一處。”

章華臺[2]

楚臺名，稱“城父之章華”。在今安徽亳州城東乾溪溝之側。春秋時楚靈王建。《史記·楚世家》：“〔楚靈王〕十一年，伐徐以恐吴。靈王次於乾溪以待之……十二年春，楚靈王樂乾溪，不能去。”據記載，楚靈王十一年（公元前530）楚伐徐國以威脅吴國，靈王次於乾溪以待之，即此處。當時臺内建築豪華，陳設奢侈，靈王留戀不欲返國，引起國内内亂，倉皇回奔中死於芋尹申亥家中，申亥以其二女從死。今臺東有二女孤墳堆，傳爲二女墓葬。臺上原有靈王廟，已圮。《史記·楚世家》：“太史公曰：楚靈王方會諸侯於申，誅齊慶封，作章華臺，求周九鼎之時，志小天下；及餓死於申亥之家，爲天下笑。”

章華臺[3]

楚臺名。即“豫章臺”。在今湖北沙市東北隅太師淵。相傳爲楚靈王六年（公元前535）所建，原臺高十丈，宮殿臺榭，建築豪華。元泰定年間（1324—1327）在遺址上建章華寺，清代又重修。現存爲清代建築，計有天王殿、韋馱殿、大雄寶殿、藏經樓、方丈堂等建築。寺内藏有清雍正年間頒賜的《藏經》一套和玉佛二尊，及其他珍貴文物。院内尚存章臺老梅，相傳爲楚靈王時遺物。

秦趙會盟臺

在今河南澠池城區西約一里處。相傳爲戰國時期秦趙會盟之處。《史記·廉頗藺相如列傳》載："趙惠文王時，得楚和氏璧。秦昭王聞之，使人遺趙王書，願以十五城請易璧。"但是秦國根本不想以城交換，由於藺相如的機智，得以完璧歸趙。但秦趙兩國却結怨。於是在趙惠文王二十年（公元前 279），秦王使使者告趙王，與趙王會盟於西河外澠池。史稱這次會盟爲"秦趙會盟"，澠池的故址，亦被後人稱爲會盟臺。

楚陽臺

亦稱"楚王臺""陽臺"。古臺名。在今重慶巫山縣城西高都山上。相傳爲楚懷王與巫山神女幽會處。《巫山縣志》："城西北半里許，山名高都，爲陽臺故址，舊有古高唐觀。"楚宋玉《高唐賦并序》："昔者楚襄王與宋玉游於雲夢之臺，望高唐之觀，其上獨有雲氣……王問玉曰：'此何氣也？'玉對曰：'所謂朝雲者也。'王曰：'何謂朝雲？'玉曰：'昔者先王嘗游高唐，怠而晝寢，夢見一婦人曰：妾巫山之女也，爲高唐之客。聞君游高唐，願薦枕席。王因幸之。去而辭曰：妾在巫山之陽，高丘之岨，旦爲朝雲，暮爲行雨。朝朝暮暮，陽臺之下。旦朝視之如言。故爲立廟，號曰朝雲。王曰：朝雲始出，狀若何也？'玉對曰：'其始出也，嘴兮若松榯。'"故"陽臺暮雨"爲"巫山八景"之一。唐杜甫《奉寄李十五秘書文嶷》詩之一："暫留魚復浦，同過楚王臺。"仇兆鰲注引《太平寰宇記》："楚宮，在巫山縣西二百步陽臺古城內，即襄王所游之地。"唐岑參《送江陵泉少府趙任》詩："城邊宋玉宅，峽口楚王臺。"清高咏《歸舟作》詩："江上群山擁髻螺，楚王臺畔榜人歌。"現高唐觀舊址尚存。

【楚王臺】

即楚陽臺。此稱漢代已行用。見該文。

【陽臺】

即楚陽臺。此稱漢代已行用。見該文。

武靈叢臺

亦稱"叢臺"。在今河北邯鄲中華路西側的叢臺公園內。戰國時期趙武靈王爲觀看軍事操演與歌舞娛樂而建，時約公元前 325 年至前 299 年。後經多次修葺和重建，雖未改戰國時期的布局，但現存大部分建築均爲明清時期所重建。1963 年 8 月，邯鄲水災，叢臺東南面坍塌，從斷面處得知叢臺中間分兩層。裏層爲夯土築成，夯層 8～12 厘米，小圓夯窩，與邯鄲地區戰國城墙的築法相同。在夯土中夾雜着戰國時期的陶片，其中有細柄豆、寬沿盆、繩紋罐以及瓦片等，因此可斷定叢臺的臺基仍爲戰國時期的建築。據記載，當時臺上有天橋、雪洞、花苑、妝閣諸景，設計奇特。現存叢臺建築有臺基、如意軒、趙王宮、回瀾亭等。臺基中間爲夯土築成，外面以青磚包砌，臺高 26 米，東西長 59 米，南北寬 22 米，向南凸出長 50 米、寬 10 米的方臺。臺前翠柏夾道，南北兩側有以磚或條石砌成的踏道，拾級而上，可直達一層臺頂。臺東部有如意軒，是爲紀念趙王如意，於漢高祖九年（公元前 198）而建。北部有趙王宮，又名武靈館，清代曾改爲財神廟。西有回瀾亭，東有門樓。門樓坐東面西，面闊、進深均一間，硬山捲棚琉璃瓦頂，三面闢門。進門沿階梯往南盤旋而上，可達臺頂部。

臺頂平坦，呈圓形，高 13 米，直徑 19 米，周圍設凹弧形欄板和望柱，可供憑眺。明嘉靖十三年（1534），於臺上建據勝亭。亭爲二層，重檐攢尖琉璃瓦頂，正南面設捲棚抱厦，面闊、進深均一間，拱門額上題有"武靈叢臺"四個大字。登臺眺望，樓閣園林，湖光山色，盡收眼底。北魏酈道元《水經注·濁漳水》："其水又東逕叢臺南，六國時趙王之臺也。《郡國志》曰：邯鄲有叢臺，故劉劭《趙都賦》曰：結雲閣於南宇，立叢臺於少陽者也，今遺基舊墉尚在。"唐李遠《聽語叢臺》詩："有客新從趙地回，自言曾上古叢臺。"唐楊巨源《辭魏博田尚書出境後感恩戀得因登叢臺》詩："叢臺邯鄲郭，臺上見新月。"宋賀鑄《叢臺歌》："君不聞，叢臺全勝時，綺羅城市游春暉。"金元好問《叢臺二首》詩："千年幾度山河改，空指遺臺是趙家。""後人共指叢臺哭，三尺堯階竟屬誰？"明蔣彬《叢臺懷古》詩："西風吹我上叢臺，臺上烟霏四面開。"

【叢臺】

即武陵叢臺。此稱先秦時期已行用。見該文。

天問臺

亦稱"屈子釣魚臺"。在今湖南桃江城關桃谷山附近，瀕資水而設。此處舊有天問閣，閣下巨石陡峭，俯臨資潭，傳爲屈原作《天問》之處，故名。亦名"屈子釣魚臺"。上刻一老翁垂釣之像。清同治《益陽縣志》載："相傳屈原作《天問》於益陽之桃花江。考原放逐江南，作《九歌》於玉笋山中，山在湘陰，事見《湘中記》《廣輿記》，則《天問》作於此間，不爲無據。"屈原（約公元前340—前278），戰國

時期楚國政治家、文學家，是中國文化史上偉大的愛國主義詩人。《天問》就是他在被放逐後所寫的一篇重要作品。在《天問》中，他對自然現象和社會歷史傳説，提出了一百七十多問，即問所不知和問所不信，表現了他的廣博學識及求知探索精神。《天問》連同他的《離騷》《九歌》《九章》等，對後世的文學發展都具有深遠影響。後世對於屈原的敬仰一直延續至今，與之有關的遺迹，多是人們憑弔的名勝古迹。因此在天問臺南的花園洞又有石鼓數座，傳爲屈原讀書處。

【屈子釣魚臺】

即天問臺。此稱清代已行用。見該文。

黃金臺

亦稱"郭隗臺"。傳在今河北易縣東南。燕昭王曾置千金於臺上，以招天下賢士，故稱。史載，燕國在燕王噲時，因聽信相國子之，最後禪位與子之，使燕國幾乎亡於齊。燕昭王繼位後，時刻想雪先王之耻，以報國恨。《史記·燕昭公世家》："燕昭王於破燕之後即位，卑身厚幣以招賢者。謂郭隗曰：'齊因孤之國亂而襲破燕，孤極知燕小力少，不足以報。然誠得賢士以共國，以雪先王之耻，孤之願也。先生視可者，得身事之。'郭隗曰：'王必欲致士，先從隗始。況賢於隗者，豈遠千里哉！'於是昭王爲隗改築宮而師事之。"并高搭黃金臺，以招天下賢士。於是"樂毅自魏往，鄒衍自齊往，劇辛自趙往，士爭趨燕"。終於燕昭王二十八年（公元前284）以樂毅爲上將軍伐齊，"入至臨淄，盡取齊寶，燒其宮室宗廟"，直下齊七十餘城。《文選·鮑照〈樂府八首·放歌行〉》："一言分珪爵，片善辭草萊。豈伊白璧賜，將起黃

金臺。"李善注引《上谷郡圖經》曰:"黃金臺,易水東南十八里,燕昭王置千金於臺上,以延天下之士。"唐陳子昂《薊丘覽古贈盧居士藏用七首》詩之二:"南登碣石館,遙望黃金臺。"

【郭隗臺】

即黃金臺。此稱先秦時期已行用。見該文。

大澤鄉涉故臺

在今安徽宿州,蘄縣鎮東北四里。涉,初作"射"。臺似覆斗形,長 67.6 米,寬 65.5 米,面積 4427.8 平方米,北高南低。臺下有明萬曆十四年(1586)、清道光二十九年(1849)、光緒、民國年間碑刻數通。其中道光碑刻載:"遂錫嘉名曰射故臺……射者,陳涉也。臺者,陳涉演武擊鼓之臺也。"爲陳勝、吳廣起義舊址也。陳勝(? —公元前 208)字涉,陽城(今河南登封東南)人。秦末農民起義領袖。據記載,秦二世元年(公元前 209),其被徵屯戍漁陽(今北京密雲西南),行至蘄縣大澤鄉(今安徽宿州東南),遇大雨受阻而失期。按秦律失期者當斬,遂與吳廣發動同行戍卒九百餘人揭竿起義,爲我國歷史上首次大規模農民起義,從根本上動搖了秦朝的統治。今涉故臺已經整修,豎立了陳涉、吳廣塑像,并建有房屋數間,陳列有關起義史料,還建了涉故臺小學和鐘樓。

戲馬臺

在今江蘇徐州雲龍區項王路附近。項羽滅秦後,自立爲西楚霸王,定都彭城,於城南山上築臺,以觀戲馬,因以得名。後世帝王常慕而登臨,歷代名流多有吟咏。《宋書·張暢傳》:"魏主既至,登城南亞父冢,於戲馬臺立氈屋。"唐張説《湘州九日城北亭子》詩:"西楚茱萸節,南淮戲馬臺。"《太平御覽》卷三二:"宋武帝爲宋公,在彭城九月九日登項羽戲馬臺,至今相承以爲故事。"宋韓琦《乙巳重九》詩:"招賢敢並翹材館,樂事難追項王臺。"元薩都剌《彭城雜咏呈廉公亮僉事》詩之二:"無人念得登臨意,獨上將軍戲馬臺。"明袁華《送雷太守赴武寧》詩:"理閑引客登高賦,應在重瞳戲馬臺。"按,傳説項羽生而重瞳,因以藉指。

南臺 [2]

在今江蘇徐州銅山區。晋安帝司馬德宗義熙年間(405—418),宋武帝劉裕曾大會群僚吟詩作賦於此處。南朝宋文帝劉義隆元嘉年間(424—452),北魏太武帝拓跋燾南侵至彭城,亦曾登此臺。北魏酈道元《水經注》謂此即項羽掠馬臺,其下有玉鈎斜道。宋蘇軾《次韵吕梁重屯田》詩:"待君筆力追靈運,莫負南臺九日期。"王文誥輯注:"繽曰:'劉裕爲宋公,在彭城,九月九日,出游戲馬臺,送孔靖辭位歸鄉。謝靈運、宣遠等,並從賦詩。'"又《臺頭寺送宋希元》詩:"相從傾蓋只今年,送別南臺便黯然。"查慎行注:"南臺即戲馬臺,以在徐州城南,故名。"

漢臺

在今陝西漢中城內東南隅。相傳築於公元前 206 年,是漢高祖劉邦受封爲漢王時,興建宮廷的基址。臺上原築有亭閣樓館,畫棟連雲。後日漸衰敗。1949 年後曾多次修整,恢復了漢臺風貌。漢中市博物館即建於此。1970 年,將古褒斜道石門及摩崖石刻石門十三品十七方移置此臺,并複製了古棧道和石門模型,陳列於此。

拜將臺 [1]

在陝西漢中城南。傳爲漢韓信拜將之處。

臺爲南北對峙的兩座方形高臺，各高丈許。南臺上豎《漢大將韓信拜將壇》碑；此臺上建有臺亭閣。兩臺周長百餘步，面積 7840 平方米。臺上四周設望柱欄杆，前面有臺級踏道，雄偉壯觀。韓信（？—公元前 196），淮陰（今江蘇淮安）人。經蕭何力薦，始得重用，并設壇拜爲大將軍。在楚漢相争中，立下汗馬功勞。曾定兵法三篇，今佚。《史記·淮陰侯列傳》：“何曰：‘王素慢無禮，今拜大將如呼小兒耳，此乃信所以去也。王必欲拜之，擇良日，齋戒，設壇場，具禮，乃可耳。’王許之。諸將皆喜，人人各自以爲得大將。至拜大將，乃韓信也，一軍皆驚。”據傳，漢高祖拜韓信爲將所設之壇即此臺也。按，一説位於河南。《明一統志·開封府下》：“拜將臺，在芒碭山，世傳漢高拜將處。”《河南通志·古址上》：“拜將臺，在永城縣北八十里芒碭山，世傳漢高祖拜將處。”

通天臺

　　古臺名。故址在今陝西淳化西北甘泉山故甘泉宫中。始建於漢。據記載，漢武帝好神仙，乃作通天之臺以招徠神仙。以其高可通於天而得名。《漢書·武帝紀》：“〔元封〕二年……赦所過徒，賜孤獨高年米，人四石。還，作甘泉通天臺、長安飛廉館。”顔師古注曰：“通天臺者，言此臺高，上通於天也。《漢舊儀》云：高三十丈，望見長安城。”又《郊祀志下》：“乃作通天臺，置祠具其下，將招來神仙之屬。”《三輔黄圖·通天臺》引《漢武故事》曰：“築通天臺於甘泉，去地百餘丈，望雲雨悉在其下，望見長安城。武帝時祭泰乙，上通天臺……上有承露盤，仙人掌擎玉杯，以承雲表之露。元鳳間自毁。”

漸臺

　　古臺名。在今陝西長安。漢武帝作建章宫，太液池中有漸臺，高二十餘丈。漢末王莽被殺於此。《漢書·郊祀志下》：“於是作建章宫，度爲千門萬户……其北治大池，漸臺高二十餘丈。名曰泰液。”顔師古注曰：“漸，浸也。臺在池中，爲水所浸，故曰漸臺。”《文選·張衡〈西京賦〉》：“漸臺立於中央，赫昈昈以弘敞。”李善注曰：“漸臺，高二十餘丈。”《初學記》卷二四注引：《漢武故事》曰：‘漸臺高三十丈，南有壁門三層，内殿階陛，咸以玉爲之。’”

曲臺 2

　　秦漢宫殿名。《漢書·鄒陽傳》：“臣聞秦倚曲臺之宫。”顔師古注引應劭曰：“始皇帝所治處也，若漢家未央宫。”《文選·司馬相如〈長門賦〉》：“撫柱楣以從容兮，覽曲臺之央央。”李善注：《三輔黄圖》曰：未央東有曲臺殿。”《漢書·儒林傳·孟卿》：“〔后〕倉説《禮》數萬言，號曰《后氏曲臺記》。”唐顔師古注引服虔曰：“在曲臺校書著説，因以爲名。”後亦指著述校書。南朝梁沈約《梁武帝集序》：“篤志經術，究淹中之雅音，盡曲臺之奧義。”清鄂爾泰《贈方望溪》詩：“曲臺增删繁就簡，正義參訂蓬扶麻。”

雲臺 4

　　漢代宫中所建之高臺。《後漢書·陰興傳》：“明年夏，帝風眩疾甚，後以興領侍中，受顧命於雲臺廣室。”李賢注：“洛陽南宫有雲臺、廣德殿。”清沈自南《藝林彙考·棟宇篇·亭臺類》：“漢有漸臺、神明臺、八風臺。後漢有雲臺。”

琴臺 3

　　在今四川成都浣花溪畔。相傳爲漢代司馬

相如彈琴之地。北周庾信《爲梁上黄侯世子與婦書》:“龍飛劍匣，鶴别琴臺。”倪璠注曰:“《益州記》曰:‘司馬相如宅，在州西笮橋北百步許。’李膺曰:‘市橋西二百里，得相如舊宅。今按梅安寺南有琴臺。’”唐岑參《司馬相如琴臺》詩:“相如琴臺古，人去臺亦空。”唐杜甫《琴臺》詩:“酒肆人間世，琴臺日暮雲。”《二刻拍案驚奇》卷九:“從來女俠會憐才，到底姻成亦異哉。也有驚分終不偶，獨含幽怨向琴臺。”

鳳臺

古臺名。漢劉向《列仙傳·蕭史》:“蕭史者，秦穆公時人也。善吹蕭，能致孔雀白鶴於庭。穆公有女，字弄玉，好之。公遂以女妻焉……公爲作鳳臺，夫婦止其上。”南朝宋鮑照《升天行》:“鳳臺無還駕，簫管有遺聲。”唐黄滔《催妝》詩:“吹簫不是神仙曲，争引秦娥下鳳臺。”元楊維楨《小游仙》詩之十二:“嬴家樓頭縹緲女，底用蕭郎築鳳臺。”因鳳凰爲古代傳説中的百鳥之王，又是傳統的祥瑞之物，故後又用以泛指華美的空中樓臺。南朝陳張正見《門有車馬客行》:“舞袖飄金舍，歌聲遶鳳臺。”清邵粹夫《京華雜感》詩:“中宵獨坐看銀漢，王氣葱葱起鳳臺。”

【鳳凰臺】[1]

即鳳臺。泛指宫苑中華美的樓臺。唐駱賓王《上吏部侍郎帝京篇》:“複道斜通鳷鵲觀，交衢直指鳳凰臺。”唐沈佺期《壽陽王花燭》詩:“可憐桃李樹，更遶鳳凰臺。”

【嬴臺】

即鳳臺。古代傳説中蕭史、弄玉所居之臺，秦穆公所建。唐陳子昂《館陶郭公姬薛氏墓志銘》:“聞嬴臺有孔雀、鳳凰之事，瑶情悦之。”明陳汝元《金蓮記·小星》:“好遂吹簫願，喜嬴臺乘鸞鳳便。”

宜春臺

在今江西宜春市内山上。始建於漢代。臺坐南面北，高出城區地基約170米。據記載，漢景帝之孫宜春侯劉成在山上建五臺，此臺是最高、最宏偉的一座。南宋建炎年間（1127—1130）被毁，明嘉靖年間（1522—1566）重建，并鑄盛水鼎於臺上，以防火災。明萬曆三年（1575）於臺畔建石坊，十八年又增建種桃亭、峰亭、春風亭、潙山閣等。1932年闢爲公園，又建中山亭。1934年建圖書館於其上。1957年兩次重修。現宜春臺四周緑樹成蔭，登臺可俯瞰市容，眺望可及於十里之外，是宜春市游覽之勝地。宋祝穆《方輿勝覽》卷一九:“宜春臺，在郡城。”《明一統志·瑞州府》:“宜春臺，在府城内東南隅，高五十丈，郡人登覽之地。”

昭君臺

在今湖北興山城南郊寶坪村昭君故里對面的妃臺山上。相傳是昭君幼年拾柴勞動之處。入宫前她曾登山回眺，因以“妃臺”名山。昭君入宫後，鄉人築臺而望，思念昭君。臺基故址至今猶存。據記載，漢代於此處立有昭君祠，唐代建有昭君院，宋代立有昭君故里碑。明永樂十三年（1415），曾重修昭君院。清光緒十年（1884）秋，重立昭君故里碑，現碑文尚存。1949年後，重修昭君亭、昭君坊和昭君故里碑。臺前溪水蜿蜒而過，物俊風清。登臺四顧，山巒重叠。古樸的建築掩映其間，美如畫卷。昭君即王昭君，名嬙，字昭君，人稱明妃或明君。西漢南郡秭歸（今湖北秭歸）人。西漢元帝時被選入宮。據説她不肯賄賂畫工毛延壽，入宮後數載不得見帝顏。竟寧元年（公元前 33）匈奴呼韓邪單于入朝求親，她自願請嫁匈奴。臨別，元帝方知其美。入匈奴後，被立爲寧胡閼氏（皇后）。呼韓邪死後，又爲其子單于閼氏。她的命運受到歷代文人學士的同情與歌頌。宋范成大《吳船録》卷下："王嬙生焉。今有昭君臺，香溪尚存，城南二里有明妃廟。"

平臺 2

亦稱"雪臺"。在今河南商丘東北。漢代梁孝王劉武築。梁孝王是漢文帝劉恒的第四子，很得太后的寵愛。《漢書·文三王傳·梁孝王劉武》："孝王，太后少子，愛之，賞賜不可勝道。於是孝王築東苑，方三百餘里，廣睢陽城七十里，大治宮室，爲複道，自宮連屬於平臺三十餘里。"顏師古注："如淳曰：'平臺在大梁東北，離宮所在也。'師古曰：'今其城東二十里所有故臺基，其處寬博，土俗云平臺也。'"因南朝宋謝惠連在此作《雪賦》，故又名"雪臺"。南朝齊蕭子隆《山居序》："西園多士，平臺盛賓。"唐李白《梁園吟》："天長水闊厭遠涉，訪古始及平臺間。平臺爲客憂思多，對酒遂作《梁園歌》。"

【雪臺】

即平臺 2。此稱南北朝時期已行用。見該文。

靈臺 4

東漢時觀察天文星象、妖祥灾异的建築。在今河南偃師大郊村附近（漢魏洛陽故城的南郊）。始建於東漢光武帝建武中元元年（56）。現存故址方圓 14000 平方米，東西有夯築墙垣，中心建有方形高臺，高臺長寬均 50 米，高 8

米，平面呈正方形。臺頂已坍塌成橢圓形平面，四周有上下兩層平臺，原建有迴廊，現僅存建築遺迹。北面正中有坡道，可通達臺的第二層，兩旁亦爲迴廊。頂部是觀測天象的所在，四周是觀測人員辦事的衙署。

煉丹臺

亦稱"上煉丹臺"。在今安徽潜山天柱山。位於良藥坪左山凸怪石中。與中煉丹臺、下煉丹臺皆傳爲東漢末年左慈煉丹之地。左慈，字元放，廬江（今安徽廬江西南）人。東漢末方士。葛洪《抱朴子·金丹卷》中稱他是其祖父葛玄之師。據記載，他曾於天柱山中精思學道，於石室中得丹經，遂煉丹於此。煉丹是道教的一種法術，源於古代方術。原指置硃砂於爐中煉製。後有内丹、外丹之分。以氣功修煉人體精、氣、神謂之内丹，以爐火燒煉藥石謂之外丹。據傳他頗有神道，曾得到曹操的歡心，常爲座上客。後因在郊宴中以幻術把曹操府中酒悉取來饗客，被曹操追殺，遂隱身遁世。煉丹臺上還有火池，久雨不盈，久旱不涸，每值雨後日朗，常有裊裊炊烟升起，傳爲神仙煉丹之烟氣。"丹竈蒼烟"爲"天柱十景"之一。

【上煉丹臺】

即煉丹臺。此稱多行用於現當代。見該文。

教弩臺

亦稱"曹操點將臺""明教寺""明教臺"。在今安徽合肥東北隅。因曹操曾在此訓練弓箭手，故名。據《合肥縣志》記載，臺爲東漢末年曹操修建。東漢建安二十年（215），孫權率十萬大軍攻合肥縣（今安徽合肥北），爲抵禦孫權水師，曹操建此臺，教强弩手五百人。臺高 5 米，占地面積 3700 平方米。臺上有井，因井口高於街道平房屋頂，故稱屋上井，井水甘美，四季不竭。井口石欄現出 23 道提水繩溝，欄上刻"晋泰始四年殿中司馬夏侯勝造"。"夏侯"是曹操父親的本姓，故井欄應爲曹氏後人於西晋泰始四年所補造。臺中原有始建於南朝梁時的佛寺，初名鐵佛寺。據府志載，唐大曆年間（776—779），刺史裴緝奏請將臺改建爲寺，更名"明教寺"。現存寺廟係太平天國遺民袁宏謨削髮爲僧後所建。臺上廣植松樹，故又建聽松亭。"教弩松蔭"爲古"廬州八景"之一。宋祝穆《方輿勝覽》卷四八："教弩臺，在懷德坊，明教寺。舊經云：'昔魏武帝築臺教强弩，五百人以禦孫權棹船。大曆間，因得鐵佛高一丈八尺，刺史裴緝奏請爲明教寺。'"《明一統志·廬州府》："教弩臺，在府城懷德坊，魏曹操所築，教强弩以禦吳舟師，後呼爲明教臺。"

【曹操點將臺】

即教弩臺。此稱約行用於南北朝時期。見該文。

教弩臺

【明教寺】

即教弩臺。此稱唐代已行用。見該文。

【明教臺】

即教弩臺。此稱明代已行用。見該文。

鄴城三臺

亦稱"三臺"。即銅雀臺、冰井臺、金鳳臺的合稱。漢曹操創建。故址在今河北臨漳西南三臺村。東漢末年，曹操破袁紹後，占據冀州治所鄴，并以鄴爲陪都，開始了統一北方的霸業。曹氏父子對鄴城的修建，使鄴城成爲三國時期的名都，開創了我國都城建設東西對稱、前朝後寢的先河。他們把鄴城分爲南北兩區，北區較高，爲内城，内城又分前朝、内朝和後宫。前朝是曹氏父子舉行朝會、大典、理政和宴飲的地方。内朝是處理日常事務的地方。後宫是休息和娱樂之所。在後宫建有鳴鶴臺、文石室、楸樟枋、木蘭枋等。爲了娱樂和觀看軍事操演，曹操於建安十五年（210）在鄴城西城墻北修建了銅雀臺，此後又相繼修建了金鳳臺和冰井臺，號稱"三臺"。三臺均以城墻爲基礎，在城上起高臺。銅雀臺居中，南爲金鳳臺（又稱"金虎臺"），北爲冰井臺。三臺相距各六十步（合 72 米），之間用浮橋式閣道相連接，可隨時收放，成爲蔚爲壯觀的魏晋名臺。晋陸翽《鄴中記》："魏武於鄴城西北立三臺。中臺名銅雀臺，南名金獸臺，北名冰井臺。"《文選·左思〈魏都賦〉》："飛陛方輦而徑西，三臺列峙以崢嶸。亢陽臺於陰基，擬華山之削成。上累棟而重霤，下冰室而沍冥。"李善注："銅爵園西有三臺，中央有銅爵臺，南則金虎臺，北則冰井臺，有屋一百一間。金虎臺有屋一百九間。冰井臺有屋百四十五間，上有冰室。三臺與法殿皆閣道相通，直行爲徑，周行爲營。建安十五年作銅雀臺。"北魏酈道元《水經注·濁漳水》："城之西北有三臺，皆因城爲之基，巍然崇舉，其高若山，建安十五年，魏武所起。"《初學記》卷二四："魏有銅雀臺、金臺、冰井臺……銅雀、金鳳，《魏志》曰：建安十五年冬，太祖乃於鄴作銅雀臺。"并引陳思王曹植《登臺賦》曰："從明后而嬉游，聊登臺以娛情。見天府之廣開，觀聖德之所營。建高殿之嵯峨，浮雙闕乎泰清。立衝天之華觀，連飛閣乎西城。臨漳川之長流，望衆果之滋榮。仰春風之和穆，聽百鳥之悲鳴。天功恒其既立，家願得而雙呈。揚仁化於宇宙，盡肅恭於上京。雖桓文之爲盛，豈足方乎聖明。休矣美矣，惠澤遠揚。翼佐皇家，寧彼四方。同天地之矩量，齊日月之暉光。"《三國演義》第三四回："却説曹操於金光處，掘出一銅雀……操大喜，遂命作高臺以慶之。乃即日破土斷木，燒瓦磨磚，築銅雀臺於漳河之上。約計一年而工畢。少子曹植進曰：'若建層臺，必立三座：中間高者，名爲銅雀；左邊一座，名爲玉龍；右邊一座，名爲金鳳。更作兩條飛橋，橫空而上，乃爲壯觀。'操曰：'吾兒所言甚善。他日臺成，足可娛吾老矣。'"北齊文宣帝高洋天保年間發民工和工匠三十萬人，大修三臺。《北齊書·文宣帝紀》："發丁匠三十餘萬營三臺於鄴下，因其舊基而高博之，大起宮室及游豫園。至是，三臺成，改銅爵（雀）曰金鳳，金獸曰聖應，冰井曰崇光。"到明代末年，三臺被漳河水沖毀，現僅存臺址。

【三臺】

即鄴城三臺。此稱漢代已行用。見該文。

銅雀臺

亦作"銅爵臺"，省稱"雀臺""銅臺""銅雀"。曹魏鄴城三臺之一。在今河北臨漳三臺村。漢建安十五年（210）曹操創建。在古鄴城西城牆北部，居三臺中間，南爲金鳳臺，北爲冰井臺。臺以城牆爲基，高十丈（24米），有屋百餘間，兩側有飛橋式閣道與金鳳、冰井二臺相連。臺下有轉兵暗道，與西城講武城兵營相通，現暗道口尚存。爲鄴城攻防要地。臺成後曹操命其子曹植登臺作賦，其賦有"飛閣崛其特起，層樓儼以承天"之句，美絶當世。曹操接待并宴請從匈奴歸來的蔡文姬，即在此臺。蔡文姬即席演唱了《胡笳十八拍》。335年，後趙石虎遷都於鄴城，又在臺上建五層樓閣，并於樓頂置高5米的銅雀，使臺通高達到50米。北齊文宣帝高洋天保年間（550—559）又發民工和工匠三十萬人大修三臺，并改銅雀臺爲金鳳臺。元末又築永寧寺於臺上。明末被漳河水沖毀，現僅存臺基，南北長60米，東西寬20米，高5米。周圍曾出土磚瓦、蓮花紋瓦當、文字瓦當和石雕螭首。歷代名人題咏甚多。《三國志·魏書·武帝紀》："〔建安〕十五年……冬，作銅雀臺。"晋陸翙《鄴中記》："銅爵臺高一十丈，有屋一百二十間。"北魏酈道元《水經注·濁漳水》："其中曰銅臺，高十丈，有屋百餘間。臺成，命諸子登之，並使爲賦。陳思王下筆成章，美捷當時。"又："石虎更增二丈，立一屋，連棟接檐，彌覆其上，盤迴隔之，名曰命子窟。又於屋上起五層樓，高十五丈，去地二十七丈。又作銅雀於樓巔，舒翼若飛。"唐張説《鄴都引》詩："試上銅臺歌舞處，惟有秋風愁殺人。"唐杜牧《赤壁》詩："東風不與周郎便，銅雀春深鎖二喬。"《三國演義》第三四回：
"却説曹操於金光處掘出一銅雀。……操大喜，
遂命作高臺以慶之。……築銅雀臺於漳河之上。"
清凌如焕《題隆中草廬次韵》："漳水銅臺雄鄴
下，石城金鎖壯勾吳。"

【銅爵臺】

同"銅雀臺"。此體晋代已行用。見該文。

【雀臺】

"銅雀臺"之省稱。此稱漢代已行用。見該文。

【銅臺】

"銅雀臺"之省稱。此稱南北朝時期已行
用。見該文。

【銅雀】

"銅雀臺"之省稱。此稱唐代已行用。見該文。

金鳳臺

亦稱"金虎臺""金獸臺""聖應臺"。鄴城
三臺之一。在今河北臨漳三臺村。漢建安十五
年至二十五年（210—220）間曹操建。在銅雀
臺南六十步（72米），原有浮橋式閣道相連，
臺高八丈（19.2米），有殿宇一百三十五間。
335年，後趙建武帝石虎大修三臺時置金鳳於
臺頂，改名金鳳臺。北齊文宣帝高洋天保七年
（556）改名聖應臺。元代在臺上建洞霄宫。明
末被漳河水冲毁，現存遺址南北長122米，東
西寬70米，最高處達12米。臺南有清順治八
年（1651）所建文昌閣，閣上嵌"金鳳臺"匾
額一方。晋陸翽《鄴中記》："魏武於鄴城西北
立三臺。中臺曰銅雀臺，南名金獸臺，北名冰
井臺。"北魏酈道元《水經注·濁漳水》："南則
金雀〔鳳〕臺，高八丈，有屋一百九間。"唐元
稹《酬樂天八月十五夜禁中獨直玩月見寄》詩：
"金鳳臺前波漾漾，玉鈎簾下影沈沈。"

【金虎臺】

即金鳳臺。此稱漢代已行用。見該文。

【金獸臺】

即金鳳臺。此稱漢代已行用。見該文。

【聖應臺】

即金鳳臺。此稱南北朝時期已行用。見該
文。

冰井臺

亦稱"崇光臺"。鄴城三臺之一。在今河北
臨漳三臺村。漢建安十五年至二十五年（210—
220）曹操建。在銅雀臺北六十步（72米），因
臺上有藏冰之井而得名。臺高八丈（19.2米），
上有冰室，室内有井數口，井深十五丈，内藏
冰及石炭，内設粟窖、鹽窖。後趙石虎曾以井
藏冰，夏日分賜群臣。後趙、東魏、後燕都曾
大加修葺。北齊文宣帝高洋改名爲崇光臺。北
魏酈道元《水經注·濁漳水》："北曰冰井臺，亦
高八丈，有屋一百四十間，上有冰室，室有數
井，井深十五丈，藏冰及石墨焉。"元許有壬
《三臺賦》："客乃指顧而告曰：子亦見夫三臺
乎？冰井峙北，金鳳居南，銅雀中立而三。"明
末被漳河水冲毁。

【崇光臺】

即冰井臺。此稱南北朝時期已行用。見該文。

古盟臺 [2]

亦稱"盟蠻臺"。在今雲南嵩明城區南原火
神廟後。是古代漢夷會盟之處。臺爲一圓形平
臺，高2米，面積約150平方米，以石砌築而
成。臺上原有明萬曆三十九年（1611）州守孫
汝正所立的"古盟臺碑"一通，現已失。現存
之碑爲1979年重立，正中刻"古盟臺"三字，
右刻"諸葛武侯七縱孟獲與蠻盟於此"等字。

明謝肇淛《滇略·版略》曰："嵩明州，古烏蠻枳氏居之，曰枳磴，漢曰長州，因築臺盟蠻，曰嵩盟。"嵩明縣之名即源於此。《三國演義》第九〇回："孟獲垂淚言曰：'七擒七縱，自古未嘗有也。吾雖化外之人，頗知禮義，直如此無羞恥乎？'遂同兄弟妻子宗党人等，皆匍匐跪於帳下，肉袒謝罪曰：'丞相天威，南人不復反矣！'孔明曰：'公今服乎？'獲泣謝曰：'某子子孫孫皆感覆載生成之恩，安得不服！'孔明乃請孟獲上帳，設宴慶賀，就令永爲洞主。所奪之地，盡皆退還。"

【盟蠻臺】

即古盟臺。此稱明代已行用，爲原稱。見該文。

拜風臺

亦稱"武侯宫"。在今湖北赤壁市區西北赤壁遺址的南屏山頂。傳説是三國時諸葛亮借東風的七星壇遺迹。後人築臺建宫，以資紀念。屢有修廢。現存建築爲 1935 年重建。臺上建築有前後相連的兩殿一廳，并襯以新建的亭臺。前殿有"赤壁之戰"的各種圖片介紹，抱廳陳列着珍貴的出土文物。後殿塑有諸葛亮、劉備、關羽、張飛坐像，并置雕有五龍八仙的古代木製神龕。《三國演義》第四九回："孔明曰：'亮雖不才，曾遇異人，傳授奇門遁甲天書，可以呼風唤雨。都督若要東南風時，可於南屏山建一臺，名曰七星壇：高九尺，作三層，用一百二十人，手執旗旛圍繞。亮於臺上作法，借三日三夜東南大風助都督用兵，何如？'"清《湖廣通志·山川志·武昌府》："赤壁山縣西南八十里，大江濱西界烏林有諸葛亮拜風臺古址。"又《名宦志·武昌府》："葛仲選，字澹淵，

河西舉人。萬曆間任嘉魚，修築諸隄，保障黄湖口水不爲灾。復建岳公樓，修鐵橋亭、拜風臺……"

【武侯宫】

即拜風臺。此稱清代已行用。見該文。

漢張飛擂鼓臺

在今湖北巴東與宜昌的西陵峽中，西陵山南側江邊石臺上。相傳東漢赤壁大戰後，張飛爲宜都太守，曾在此擂鼓督練大軍，故名。今故址猶存。臺廣約 20 平方米，頂呈橢圓形，周置青石欄杆。臺的中央立有高 4 米、寬 0.2 米的方形石柱，上書"漢張飛擂鼓臺"六個大字。1984 年又在石柱的左側較高處新塑張飛擂鼓督軍像。像高 6.5 米，寬 4 米餘，昂首挺胸，身披披風，豹頭環眼，闊口直眉。左手握劍，右手執錘於鼓上。像雖爲鋼筋水泥灌製，但表面飾以相應彩色細石，如以自然山石雕塑而成，威武而雄壯。

點將臺

在今江西廬山市城内。相傳是漢末東吴大都督周瑜操練水軍的點將指揮臺。臺高約 7 米，係花崗巖石砌成。臺下有拱門通道，臺上建有重檐歇山頂木構城樓，周圍置望柱欄杆，可登臺眺望。

爾雅臺

在今四川樂山烏尤寺羅漢堂側。相傳爲西漢犍爲郭舍人注釋《爾雅》之處。明成化時（1465—1487），嘉州太守魏瀚將爾雅臺改建爲"曠怡亭"。萬曆三十二年（1604），嘉州太守袁子讓復改名爲"爾雅臺"。此後年久失修而圮。1921 年，住持傳度和尚重建。臺内正後壁刻有"漢犍爲郭舍人注爾雅處"十字，字下嵌有近人

趙熙《爾雅臺記》碑。臺側有明袁子讓重修爾雅臺記碑。《爾雅》是中國古代第一部按照詞義系統與事物性質分類而編纂的詞典。原爲二十篇，現存十九篇。它首創按意義分類編排的體例和多種釋詞的方法，對後代詞書的發展影響很大。在中國語言學史和世界文化史上均有很大影響。最早爲其作注的傳爲西漢犍爲郡的文人郭舍人。現傳世有晋郭璞的《爾雅注》、宋邢昺的《爾雅疏》、清郝懿行的《爾雅義疏》及當代南開大學徐朝華的《爾雅今注》等。

織錦臺

在今甘肅天水西關原二郎巷內。傳爲晋安南將軍竇滔之妻蘇蕙織回文錦處。蘇蕙，字若蘭，前秦苻堅時秦州刺史竇滔之妻。竇由秦州調守襄陽時，祇帶了愛妾趙陽召赴任，把年僅二十三歲的蘇蕙留在秦州。她滿腹憂傷，織成了手帕大的五彩回文錦，上有回文29行，每行29字，凡841字，且無論從左至右、從右至左，還是從裏至外，從外至裏，均能讀成不同內容的詩文。後竇滔讀了回文詩，很受感動，便辭去趙陽召，接蘇蕙到任所。自此，夫妻更加恩愛。唐武則天稱她"才情之妙，超古邁今"。《鏡花緣》第二四回："太后因見蘇蕙織錦回文璇璣圖，甚爲喜愛，即親自作了一篇序文……太后自見此圖，十分喜愛。因思如今天下之大，人物之廣，其深閨綉閣能文之女，固不能如蘇蕙超今邁古之妙，但多才多藝如史幽探、哀萃芳之類，自復不少。"又，一說在河南。明《河南通志·古址下·河南府》："織錦臺，在登封縣西少室山東北。"

初陽臺

在今浙江杭州寶石山西面的葛嶺頂巔，是觀看日出的所在。葛嶺相傳是東晋道教理論家、醫學家、煉丹術家葛洪結廬煉丹的地方，故名。山上除初陽臺外，還有煉丹臺、煉丹井、抱朴廬、葛仙庵等遺址。"葛嶺朝暾"爲"錢塘十景"之一。明田汝成《西湖游覽志·山川勝址》："初陽臺在山巔，葛仙翁修真時吸日月精華於此。"清《浙江通志·古址二·杭州府下》："《遂昌雜錄》：'葛嶺直上爲初陽臺，相傳葛仙翁登此吸日精月華。'"

講經臺

在今湖北荊門西郊象山東坡。相傳東晋名僧慧遠（334—416）於東晋建武元年（317）曾在此設壇講經，故名。現存講經臺長13米，寬8米，其上緑草茵茵，常有學子於此吟詩作賦。南宋紹熙二年（1191），陸九淵知荊門軍時，亦曾於此築臺構亭，宣講理學。清初亭臺荒廢。乾隆十九年（1754）州牧舒成龍在此臺地上拓基建亭，并親書"欽福錫民"四字匾額，又在亭後崖壁上刻"講經臺"三字。同年夏，太守張世芳經荊門游此，又題亭額曰"仰止"。原亭已毀，現存之亭爲1981年重建。

芳塵臺

在今河北邢臺。晋王嘉《拾遺記·晋時事》："石虎於太極殿前起樓，高四十丈……時亢旱，春雜寶異香爲屑，使數百人於樓上吹散之，名曰'芳塵'。臺上有銅龍，腹容數百斛酒，使胡人於樓上嗽酒，風至望之如露，名曰'粘雨臺'，用以灑塵。"後魏崔鴻《十六國春秋》卷一五："集諸羌氏於樓上，或時亢旱，春雜寶異香爲屑，使數百人於樓上吹散之，名曰芳塵臺。"

讀書臺

在今江蘇常熟西北虞山東南麓書臺公園内。是一座明代補建的方亭。相傳南朝梁昭明太子蕭統曾讀書於此，故名。亭内正壁嵌石碑三塊。中間一塊草書"讀書臺"三字，係清代覺羅雅爾哈善所書。右邊一塊是明嘉靖十五年（1536）鄧韍撰文，上半部刻蕭統像，下半部刻銘序。左邊一塊爲"重建昭明讀書臺亭記"，亦爲明代碑刻。蕭統（501—531），字德施，小字維摩，南蘭陵（今江蘇常州西北）人。梁武帝蕭衍之子，天監元年（502）立爲皇太子。少時遍讀儒家經典，善詩賦。曾招集才學之士，廣集古今書籍三萬多卷，編輯而成《文選》三十卷，是我國現存最早的文章總集，對後世文學創作有很大影響。宋祝穆《方輿勝覽》卷一四："梁昭明讀書臺，在蔣山定林寺後山北高峰上。"

鳳凰臺 [2]

在今江蘇南京南面。唐李白《登金陵鳳凰臺》詩："鳳凰臺上鳳凰游，鳳去臺空江自流。"王琦注："《江南通志》：'鳳凰臺，在江寧府城内之西南隅，猶有陂陀，尚可登覽。宋元嘉十六年，有三鳥翔集山間，文彩五色，狀如孔雀，音聲諧如，衆鳥群附，時人謂之鳳凰。起臺於山，謂之鳳凰臺。'"宋劉過《題潤州多景樓》詩："一朝放浪金陵去，鳳凰臺上望長安。"

韓文公釣魚臺

又稱"韓公釣磯"。在今廣東陽山陽城鎮。唐代文學家韓愈垂釣處。明嘉靖二年（1523），在其垂釣處建臺以資紀念。隆慶年間題名爲"韓公釣磯"。釣魚臺原有亭一座、釣磯石一塊，磯石上題"韓公釣磯"，其周圍還有歷代名人的題刻，今已無存。現存釣磯亭，立於高 2.5 米、

長 4.5 米、寬 1 米的石臺上，亭爲硬山琉璃瓦頂，平面呈長方形，係民國時重建。據記載，唐德宗貞元十九年（803），韓愈升任監察御史。其年關中大旱，韓愈上《御史臺上論天旱人饑狀》，反對官吏橫徵暴斂，請求朝廷寬免徭賦，結果被貶爲陽山縣令。在任期間常約朋友到江邊坐磯垂釣，於是留下了後人憑吊的勝迹。

【韓公釣磯】

即韓文公釣魚臺。此稱明代已行用。見該文。

祭鰐臺

在今廣東潮州湘橋區城北河堤中段。相傳唐代文學家韓愈在此設壇祭鰐。他用一豬一羊投入水口，并宣讀自己作的討鰐檄文，限期鰐魚徙歸大海，故稱鰐渡。後人在堤上以石築亭，亭爲重檐四角攢尖頂，中竪鰐魚座巨碑，碑陽鎸《重修鰐渡亭碑記》，碑陰刻《祭鰐魚文》。亭前建祭鰐臺。據記載，唐憲宗元和十二年（817），韓愈因從裴度參加平定藩鎮吳元濟的"淮西之役"有功，升任刑部侍郎。元和十四年（819），因反對佞佛，上《論佛骨表》，觸怒了憲宗，貶官潮州刺史。到任後即聽説潮州常有鰐魚傷人，故親作《祭鰐》檄文。《新唐書·韓愈傳》："表入，帝大怒，持示宰相，將抵以死……於是中外駭懼，雖戚里諸貴，亦爲愈言，乃貶潮州刺史。"又："初，愈至潮，問民疾苦，皆曰：'惡溪有鰐魚，食民畜産且盡，民以是窮。'數日，愈自往視之，令其屬秦濟以一羊一豚投溪水而祝之曰：……潮之州，大海在其南，鯨鰐之大，蝦蟹之細，無不容歸，以生以食，鰐魚朝發而夕至也。今與鰐魚約：'盡三日，其率醜類南徙於海，以避天子之命吏。

三日不能，至五日；五日不能，至七日。七日不能，是終不肯徙也，是不有刺史，聽從其言也……夫傲天子之命吏，不聽其言，不徙以避之，與頑不靈而爲民物害者，皆可殺……必盡殺乃止，其無悔！'祝之夕，暴風震電起溪中，數日水盡涸，西徙六十里，自是潮無鱷魚患。"因此祭鱷臺成了後人紀念這位好官的信物。登臺遠眺，船幡帆影，真乃"一面風馳三面帆，載向西來復往東"。

燕喜臺

亦稱"宴喜臺"。在今安徽碭山城郊。清《碭山縣志》載："燕喜臺，在舊城東里許，有臺，又有亭池，臺下有池名華池。唐李白與邑令劉碭山秋夜泛舟燕喜亭池，飲酒賦詩於此。"據記載唐天寶三載（744），李白與杜甫、高適游碭山，縣令劉某於燕喜臺設宴招待。李白有《秋夜於劉碭山泛宴喜亭池》詩："明宰試舟楫，張燈宴華池。文招梁苑客，歌動鄴中兒。月色望不盡，空天交相宜。令人欲泛海，只待長風吹。"《江南通志》："臺上有石刻'宴喜臺'三大字，相傳李白筆。"現臺上還存北宋政和三年（1113）真州知府李釜手書碑刻。

【宴喜臺】

即燕喜臺。此稱唐代已行用。見該文。

太白書臺

在今安徽宿松城南 1.5 公里的南臺山。原臺已圮，現存爲 1949 年後重建。臺高 2.2 米，周長 8 米。臺上豎清同治九年（1870）所立石碑"太白書臺"。臺周置長條石坐凳，供人休息。附近還有餞客嶺、南臺寺、對酌亭等建築遺迹。據記載，安史之亂爆發時，李白正在安徽宣城。故相傳唐至德二年（757）秋，李白曾來宿松縣，住在南臺山上的南臺寺養病，宿松縣令閭丘慕其才，特築此臺供其讀書。臺依山傍水，古木葱鬱，向有十里桃源之稱。據説李白在此停住三月之久并曾寫下《贈閭丘宿松》《贈閭丘處士》等詩篇。一説位於四川。明曹學佺《蜀中廣記》卷一二："五曰太白書臺，有石刻。太白留題云……"

鬱孤臺

在今江西贛州西北隅田螺嶺。建於唐廣德至大曆年間（763—779）。臺高 14.1 米，占地面積 275 平方米。古稱"冠冕一郡之形勢，而襟帶千里之江山"，因隆阜鬱然孤峙而得名。唐李勉爲刺史時，曾登臺北望，慨然曰："予雖不及子牟，心在魏闕一也，鬱孤臺豈令名乎！"遂易匾爲望闕。後屢有修葺。南宋紹興十七年（1147），增建二臺，南曰鬱孤，北曰望闕。明洪武年間（1369—1398），即此臺址建嶺北道署，後徙爲察院行署。明正德間，署遷於城西，修復鬱孤臺。後臺廢，建亭於其上。清同治十年（1871）重建。1959 年又重建，保持原貌。宋蘇軾《虔州八景圖》詩："烟雲縹緲鬱孤臺，積翠浮空兩半開。"宋辛棄疾《菩薩蠻·書江西造口壁》詞："鬱孤臺下清江水，中間多少行人淚。西北望長安，可憐無數山。青山遮不住，畢竟東流去。江晚正愁予，山深聞鷓鴣。"

琴臺 [4]

臺名。在今河南魯山城北。唐元德秀建。金元好問《元魯縣琴臺》詩："荒城草木合，破屋風雨侵。千年一琴臺，睠焉涕盈襟。"

八境臺

在今江西贛州北，贛江上源章水、貢水匯合處。建於北宋。臺高三層，原爲木構，故屢修屢毀。今存臺爲 1934 年重建，并易爲磚木結構。臺旁贛江奔騰直下，臺内建有贛州市博物館。臺下已闢爲八境公園。登臺可眺望“贛州八景”，是贛州市和江西省内著名古迹之一。《明一統志·贛州府》：“八境臺，在府治東北。蘇軾詩：‘八境見圖畫鬱孤，如舊游山爲翠浪。’”《大清一統志·贛州府二》：“八境臺，在府東北城上。”

文游臺

在今江蘇高郵市區東北泰山廟後的東山上。始建於北宋，歷代多有修茸，現存大部分建築爲清嘉慶十九年（1814）重建。因宋代大文學家蘇軾路過高郵時，曾和孫覺、王鞏、秦觀等文人名士在此飲酒論文而得名。後人又將其詩文刻石嵌於壁上，遂成名勝之地。臺築於山頂，山南坡有三個平臺和石階。臺頂建有二層樓廳一座，面闊五間，進深四間，重檐歇山布瓦頂。下有殿堂一座，面闊進深各五間，單檐歇山布瓦頂。上二層平臺的前側爲花壇，下二層平臺爲緑化臺。臺内現存石刻有蘇軾生日祝壽圖、蘇軾畫像，秦觀、黄庭堅、米芾、阮元等文人的詩文和陳深、龔璛、陳有宗、宋濂等歷代名人的題字。其中大部分爲後代摹刻品。宋祝穆《方輿勝覽》卷四六：“文游臺，在城東二里。舊傳東坡與王、鞏、孫、秦諸公及李伯時同游，論文飲酒，因以名之。”《明一統志·揚州府》：“文游臺，在高郵州東二里。舊傳宋蘇軾、孫覺、秦觀、李公麟同游，飲酒論文於此。”

告天臺

亦稱“望衢亭”。在今浙江蘭溪市解放南路天福山南麓。是北宋趙抃焚香告天之處。現存建築爲清代復建。臺高 9 米，四十四級石階盤旋而上可達臺頂，三面迴廊，欄板和望柱上浮雕和透雕花卉，透露着明代風格。臺中建歇山頂大殿，檐柱、角柱爲石柱，金柱爲木柱。臺前有建於清同治年間（1862—1874）的趙景祐公祠，左邊爲附屬建築，後面有趙氏書院和民居。告天臺是“蘭溪八景”之一，登臺可俯瞰全城。趙抃（1008—1084），字閲道，衢州西安（今浙江衢州）人，景祐進士。任殿中侍御史時，彈劾不避權貴，京師目爲“鐵面御史”。後知睦州（今浙江建德東）、虔州（今江西贛州）及成都。神宗初升參知政事。反對王安石變法，改知杭州、青州等地。《宋史·趙抃傳》載：“抃長厚清修，人不見其喜愠……施德惸貧，蓋不可勝數。日所爲事，入夜必衣冠露香以於告天，不可告，則不敢爲也。”所以這裏有他的告天臺。明胡應麟《蘭江竹枝詞十二首》之一：“城南回望告天臺，衢婺悠悠二水來。”

【望衢亭】

即告天臺。此稱宋代已行用。見該文。

舒王臺

亦稱“天寧寨”。在今安徽潛山城内。臺高十餘丈，方圓數十畝，傳宋代王安石曾讀書於此。據記載，王安石曾於宋皇祐（1049—1054）中任舒州通判，後入朝爲相，曾封爲舒國公，故名。臺東南臨雪湖、學湖、南湖，夏季月夜登臺，山色朦朧，湖光縹緲，垂柳拂面，蓮灑清香，“舒臺夜月”被稱爲“潛山十景”之一。宋代曾在此建天寧寺。抗清名將史可法曾在此屯兵，故此臺又稱天寧寨。《江南通志·輿地志·古址五》：“舒王臺在潛山縣治南，宋王安石讀書處。安石後封舒王，因以名臺。”

【天寧寨】

即舒王臺。此稱明代已行用。見該文。

金人臺

在今山西太原西南晉祠中軸綫會仙橋正西。因臺上四隅各鑄鐵人一軀，故亦稱"鐵太尉臺"。臺爲正方形，四周置欄板、望柱，正中有高約 4 米的琉璃焚帛爐。臺上四尊金人，鑄造年代各異。其中西南隅一尊鑄於北宋紹聖四年（1097），形象和鑄造品質最好，其胸前鑄有"北宋紹聖四年"銘文。西北隅的一尊鑄於北宋紹聖五年（1098），頭爲明永樂二十一年（1423）補造。東南隅一尊爲北宋元祐四年（1089）造。東北隅的一尊爲 1913 年補鑄。據《太原縣志》載，因爲祠爲晉水源頭，故鑄金神鎮之，以防水患。

【鐵太尉臺】

即金人臺。此稱元明時期已行用。見該文。

雷臺

在今甘肅武威北門外 1 公里雷臺湖。高 8.5 米，南北長 106 米，東西寬 60 米，黃土壘築。相傳前涼張茂作靈均臺，上築宮殿，明改建爲雷祖廟，以供雷神，故名。雷神是專司打雷之神，是古代先民在與自然界做鬥爭中，想象出來的自然神，最早見於《山海經·大荒東經》中，稱爲雷獸，并說黃帝用雷獸之骨擊鼓，其文曰："其上有獸，狀如牛，蒼身而無角……黃帝得之，以其皮爲鼓，橛以雷獸之骨，聲聞五百里，以威天下。"郭璞注："雷獸即雷神也。"此雷臺上還有清代所建雷祖廟，周圍多泉，匯成湖泊。臺上古柏巨槐，遮天蔽日。1969 年 10 月於臺下發現東漢晚期大型磚室墓一座，出土了大量珍貴文物。

觀象臺

我國古代觀測天象的高臺。元代天文學家、水利學家和數學家郭守敬（1231—1316）於至元十三年（1276）與王恂、許衡等負責修新曆，提出"曆之本在於測驗，而測驗之器莫先於儀表"的主張，創製及改製簡儀、仰儀、圭表、景符等天文儀器，又在全國各地設二十七個測景所進行實測。在測景所建觀象臺、量天尺等以觀測天象。明顧起元《客座贅語·銅儀龍》："欽天山有觀象臺，上皮銅渾儀，四隅柱各一龍蟠繞拱之，而龍各以一銅銀鐺繫之。"《清史稿·時憲志一》："八月丙辰朔午時，日食二分四十八秒，大學士馮銓同若望赴觀象臺測驗覆奏。"徐珂《清稗類鈔·物品·觀象臺儀器》："康熙己酉六月，聖祖詔令改造觀象臺儀器。"明清時期觀象臺有很大發展，到近現代被天文臺替代。

觀星臺

在今河南登封東南告成鎮。始建於元代初年，是我國規模最大的古代天文觀測建築。臺爲磚石結構，下大上小，平面呈方形，高 9.46 米，連同臺頂明代增建的小室，通高 12.62 米。臺北設有兩個對稱的踏道口，可直達臺頂。臺頂北部有瓦房二間，北壁中央砌成一個上下直通的凹形直槽，用作測量日影的"景表"的表身。石圭（又稱量天尺）從凹槽下方自南向北由三十六方青石相接砌成，長 31.196 米。其方位與現在測子午方嚮相符。圭面刻有雙股水道，水道南端有注水池，北端有泄水池，并刻有尺度，用以測量水平。據記載，元代天文學家、水利學家郭守敬，曾與王恂、許衡等主持在全國各地設立二十七個測景所，進行天象觀測和天體測量，此臺是觀測中心。郭守敬曾在此測過暑景。此臺北可望中嶽嵩山，南依臨箕山，地理位置極好。此臺現爲國家重點文物保護單位，并將按照其原來規模和形制及設施，進行大規模復原興建，恢復其昔日面貌。另，歷代中央政府設欽天監類官署，其内亦設觀星臺。清《聖祖仁皇帝聖訓》卷五：“今如暢春園，距京城觀星臺地形便微有不同。”

居庸關雲臺

在今北京昌平居庸關關城内。始建於元至正五年（1345）。臺爲漢白玉石砌成，高9.5米，下基東西長26.84米，南北長17.57米。臺頂四周有石雕護欄和排水龍頭。臺座南北兩面中間對開券門一座，券洞爲五邊折角形拱券，下可通行車馬。券門及券洞内雕有迦樓羅（金翅鳥）、大象、猛龍、大蟒神、捲葉花等。券洞内兩壁刻四大天王，壁間有用梵、藏、八思巴、維吾爾、漢、西夏六種文字刻寫的《陀羅尼經咒》和《造塔功德記》。券頂上正面雕曼陀羅紋飾五攢，兩側斜面雕坐佛十尊，坐佛之間遍雕小佛，號稱千佛。券洞邊上雕飾各種花草圖案，是現存罕見的元代雕刻精品。據記載，雲臺實爲一座過街塔的基座，在臺上原有三座喇叭塔，又稱過街塔。元末明初，塔先後被毀。明正統四年（1439）在臺上重建泰安寺，寺又於清康熙四十一年（1702）被焚，至今僅存臺座，因雕刻華貴被定爲全國重點文物保護單位。

明王臺

在今安徽亳州古城北關。爲紅巾軍領袖韓林兒的宮殿遺址。元末劉福通於元至正十五年（1355）迎韓山童之子韓林兒至亳州（今安徽亳州），建立宋政權，改元龍鳳，以韓林兒爲帝，號小明王，以杜遵道、盛文郁爲丞相，劉福通和羅文素爲平章。後又殺杜遵道，自任丞相，在亳州興修宮殿。現僅存臺基。

觀耕臺

在今北京永定門大街西先農壇太歲殿東南。始建於明，是明清兩代帝王每年三月祭祀先農時觀看耕田的高臺。臺爲方形，高1.5米，每邊寬約16米，坐北面南，東西南三面各出踏跺九級。臺面明代爲木築，清代改爲方磚鋪墁，四圍砌黃綠琉璃磚。臺周置白石護欄。臺前爲藉田一畝三分，是每年三月上亥日皇帝親耕的地方，三公九卿亦從耕。皇帝耕完後即到觀耕臺休息和觀耕。臺北面有具服殿五間，是皇帝親耕和祭祀先農時更衣之處，1927年改爲誦幽堂。臺東北是圓形的神倉，爲收藏藉田穀物之處。倉前有收穀亭，後爲祭器庫。藉田，是古代帝王親耕的典藉之田，意思是親自耕田給百姓作榜樣，鼓勵農耕。這種藉田躬耕之禮儀大概始於周朝，後歷代沿襲此制。《禮記·月令》：“〔孟春之月〕是月也，天子乃以元日祈穀於上帝。乃擇元辰，天子親載耒耜，措之於參保介之御間。帥三公九卿、諸侯、大夫，躬耕帝藉。天子三推，三公五推，卿諸侯九推。”《漢書·文帝紀》：“春正月丁亥，詔曰：‘夫農，天下之本也，其開藉田，朕親率耕，以給宗廟粢盛。’”顏師古注引應劭曰：“古者天子耕藉田千畝，爲天下先。藉者，帝王典藉之常也。”《明史·禮志三》：“行其御門，觀耕地，位卑，下議建觀耕臺。”清于敏中《日下舊聞考》卷五五：“南爲具服殿，殿前爲觀耕臺。臺用木，方五丈，高五尺。”

鎮北臺

在今陝西榆林市城北約 7.5 公里處。是明代長城上的一個烽火臺。建於明萬曆五年（1577）。臺高四層，外砌磚石。第四層南面有萬曆時巡撫涂宗濬所書"向明"二字。遇敵來犯時，守城士卒即在臺樓上點燃烽火，調集附近駐軍，前來應戰。臺西是明代蒙古、漢民族進行牲畜交易的易馬城。鎮北臺是西北地方的要塞之一。1983—1987 年，對炮臺進行了全面加固維修。清畢沅《關中勝迹圖志》卷二四："在榆林縣北紅山上，中有鎮北臺、易馬臺，俱萬曆五年築。"

古觀象臺

明代稱"觀星臺"，清代稱"觀象臺"。在今北京建國門立交橋西南。始建於明英宗正統七年（1442），是一座磚砌的高臺建築。當時不僅製造了大型銅製天文儀器，還在臺下建了紫微殿庭院。正統十一年（1446）又造了晷影堂，觀象臺已初具規模。臺上陳列着體型巨大、造型美觀的天文儀器，臺下是以紫微殿、晷影堂爲主的附屬建築群。《明實錄》："正統七年三月壬子，造會同館和觀星臺。"清代除增加天文儀器外，又向東擴建 3 米，是明清兩代天文觀測的中心。辛亥革命後改稱中央觀象臺。1929 年改爲"國立天文陳列館"，結束了近五百年連續觀測的歷史。"九一八"事變後，原有明代的天文儀器渾儀、簡儀、圭表、漏壺等七件運往南京，現分別陳列在南京紫金山天文臺和南京博物院。此臺尚存赤道經緯儀、天體儀、象限儀、璣衡撫辰儀等八件清初天文儀器。1955 年交由北京天文館修復管理，1956 年以"北京古代天文儀器陳列館"之名，公開開放。1983 年再度對外開放。現爲全國重點文物保護單位。

瀛臺 [2]

在今北京西城區南海中。清順治、康熙年間兩次修建，是帝王、后妃避暑游玩的地方。其三面臨水，巧布亭臺樓閣，像海中仙島，故名瀛。正門爲翔鸞閣。南是涵元門，門內西爲慶元殿，東爲景星殿，南爲涵元殿。涵元殿右有綺思樓，殿左有藻韵樓。戊戌變法失敗後，光緒皇帝曾被慈禧太后幽禁於此，并於 1908 年死於此，得年三十八歲。瀛臺南面還有蓬萊閣，又名香扆殿，閣前有一木化石，外形似木，質地爲石。木化石南面臨池有迎薰亭，亭內有柏梁體詩石刻十方。

【南臺】 [3]

即瀛臺。亦稱"趯臺坡"。係瀛臺之舊稱。清吳偉業《即事》詩之三："從游西苑花初放，侍宴南臺酒半醒。"清高士奇《金鰲退食筆記》卷上："瀛臺，舊爲南臺，一曰趯臺坡。本朝順治年間，別建宮室，爲避暑之處。"

【趯臺坡】

即南臺 [3]。此稱清代已行用。見該文。

釣魚臺 [2]

亦稱"吹臺"。在今江蘇揚州西郊瘦西湖小金山西，架於一條伸入湖中的東西嚮短堤的西端。三面臨水，重檐四角攢尖頂，平面呈方形，西面方門，東、南、北三面爲磚砌圓洞。清乾隆帝巡游揚州時曾於此臺釣魚，改名釣魚臺至今。臺前是廣闊的湖面，對岸是蓮性寺白塔和五亭橋，三者鼎足而立各成畫卷。南面還有徐園，西面是凫莊，西北土丘上有方廳和大桂花廳等，臺居瘦西湖中心地帶，是垂釣、賞景的好去處。

【吹臺】

即釣魚臺[2]。此稱明代已行用。見該文。

釣魚臺[3]

北京著名的亭臺苑囿之一。在今北京海淀區三里河路南。清乾隆三十八年（1773）建。相傳這裏曾是金章宗釣魚的地方，後人稱"金章宗釣魚古臺"。因這裏泉水匯集，林青水秀，元代稱爲"玉淵潭"，是元大都西郊盛極一時的游覽勝地。後幾經興廢。清乾隆三十八年（1773）疏浚玉淵潭成湖泊，湖邊修建了行宮，重修釣魚臺。行宮的主體建築爲養源齋，現存清乾隆帝御書"釣魚臺""澄漪亭""瀟碧軒""養源齋"等處建築和匾額，園林布局保持清代原貌。1949 年後在這裏新建了國賓館。清富察敦崇《燕京歲時記·釣魚臺》："釣魚臺在阜成門外三里許，有行宮一所，南向。每届重陽，長安少年多於此處賽馬，俗稱曰望海樓。"

琴臺[5]

在今江蘇蘇州靈巖山上。清汪懋麟《雨中重游靈巖》詩："取經直造琴臺顛，白雲一氣杳難破。"

旭光臺

在今浙江德清西部莫干山饅頭山頂，是一處自然觀光臺。臺爲四方形石臺，四周置欄杆防護，臺上築亭，在此可朝觀日出迎旭光，夕看落日收餘暉。站在臺上，極目四望，仰觀陰山之諸峰，俯視庾村之炊烟，自然風情，澄懷逸志。

觀魚臺

在今湖北武漢武昌東郊東湖屈原紀念館北側虎嶺東麓湖中。以放養觀賞魚類、供人游覽而得名。臺上有亭閣式建築六座，其中有四角攢尖、八角攢尖或捲棚歇山頂，均爲朱紅楹柱、琉璃瓦頂，臺階欄杆雕砌精美，迴廊環繞，池水碧綠，曲橋廊道串聯其中，形成如詩如畫的亭臺美景。

拜將臺[2]

在今湖北武漢武昌城内蛇山南麓閲馬場南端。中國同盟會領導人之一黃興受命任辛亥革命軍戰時總司令之處。原爲臨時搭建臺，1928 年正式建亭立碑，作爲永久紀念。黃興（1874—1916），我國近代資産階級革命家。原名軫，字廑午。後改名興，字克强。湖南善化（今湖南長沙）人。1902 年春，被湖廣總督張之洞選派去日本東京弘文學院留學。1905 年與孫中山創建中國同盟會，擔任同盟會庶務長。1911 年10 月，辛亥革命在武昌起義後，清廷調動大軍南下武漢。當時黃興是中國同盟會領導人之一，自滬來鄂主持軍事，革命軍政府遂於1911 年 11 月 3 日任命他爲戰時總司令，在此築臺授印，因名拜將臺。中華人民共和國成立前夕，亭毀碑損。1955 年，武昌區人民政府又在原址重建一高大紅色水磨石紀念碑，并復原其上所有鑄刻。碑高 5 米餘，碑座方形，碑呈錐體，基設石臺，環以鐵欄。碑陽爲"拜將臺"三個大字，其下爲"辛亥首義鄂軍都督黎任黃興爲總司令在此授印"小字兩行。碑陰爲"中華民國十七年十月十日辛亥首義同志會立"款識。

第八章 亭榭廊廡説

第一節 亭 考

亭，特指一種有頂無墙的小型建築物，是供行人停留宿食的處所。《説文·高部》："亭，民所安定也。亭有樓。"《釋名·釋宫室》："亭，停也。人所停集也。"《風俗通義·佚文六》："謹按，《春秋》《國語》有寓望，謂今亭也，民所安定也……漢家因秦，大率十里一亭。亭，留也。今語有亭留、亭待，蓋行旅宿食之所館也。"作爲一種建築物，亭的出現可上溯至商周，此稱則始於春秋戰國前後。據考古資料，在甲骨文和金文中雖尚無"亭"字出現，但已見諸先秦時期的古陶文和璽文。漢代畫像石、磚上已有清晰的圖樣。隨着社會的發展，亭的功能和形式都有了很大變化。大致以魏晉南北朝爲界，先秦至秦漢之亭，注重實用價值；魏晉尤其是隋唐以後，則注重其觀賞價值。先秦時期，其基本形制尚未十分成熟；秦漢以後則十分普遍，且發展成爲一種多用途、實用性很强的建築形象的統稱。就其功能而

画像石上的亭
（《文物春秋》1999 年第 3 期）

言，秦漢時期：有城市中的街亭、市亭、都亭、旗亭等，有作爲行政治所的亭，有設在官道驛路上的驛亭、郵亭，有設在邊防城墻、要塞上的崗亭、亭候、亭障、亭燧等。劉致平《中國建築類型及結構·亭》："但是在早年秦漢前後的亭却不是觀賞用的建築，它有許多種房的意義。建築式樣也不是後來亭子的式樣……古代的亭大約可分三類：①邸驛鄉鎮用旅舍堡壘之亭。秦制十里一亭，十亭一鄉，這就是現在所説的區鄉公所之類，不過這種亭裏有住處，有圍墻，或有樓房，行旅們可以在這裏集聚停留及宿食，所以叫亭。《漢書》注應劭曰：'亭有兩卒，一爲亭父，掌開閉掃除；一爲求盜，掌逐捕盜賊。'漢高祖劉邦曾做過泗上亭長，就是主持泗上亭的官吏。所謂都亭、郵亭均是這類建築。②旗亭。蔡質《漢舊儀》'雒陽二十四街，街一亭，十二城門，門一亭，人謂之旗亭'。王莽曾將城門改名亭。……所以旗亭是市門樓或城門樓的建築。③國防用亭隧、亭障之亭。……勞貞一《居延漢簡考》釋謂'燧常就亭而置，相去十里，而城障亦復加築燧臺，以通烽火，統稱之則爲亭障'。……總之古代的亭多半是有許多房間或成組的建築，與後來所説園林裏的亭是大不相同的。"魏晋以來，逐漸出現了供人游覽和觀賞之亭。它們大多建於自然山水和園林建築環境中，用以點綴山川景物。北魏楊衒之《洛陽伽藍記·法雲寺》："於是帝族王侯、外戚公主……爭修園宅，互相誇競。崇門豐室，洞户連房，飛館生風，重樓起霧，高臺芳樹，家家而築；花林曲池，園園而有。"當時造園之盛，可見一斑，園中建亭，又成必然。又《景林寺》："泉西有華林園……殿東有臨澗亭，殿西有臨危臺。"又《法雲寺》："延伯出師於洛陽城西張方橋，即漢之夕陽亭也。"北魏酈道元《水經注·漸江水》云："湖南有天柱山，湖口有亭，號曰蘭亭，亦曰蘭上里，太守王羲之、謝安兄弟數往造焉。吳郡太守謝勖，封蘭亭侯，蓋取此亭以爲封號也。"由是可見，至遲到北魏時期，我國在園林建築中已廣泛采用"亭"的建築形式。南朝的園林建築中，亭更加普遍。

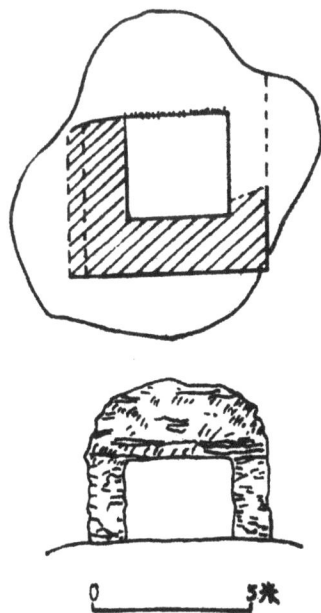

居延瓦因托尼亭平面、正視圖
（《居延漢簡甲乙編》）

　　隋唐以後，亭更成爲園林中不可缺少的建築形式。據史料記載，唐代宮苑中的亭規模很大，且可能是幾個亭成組建構。亭又常與池沼湖水相輝映，成爲苑中主景，既可供帝王嬪妃臨幸游賞，又可供帝王宴賜百僚。據記載，長安城東南隅的曲江池（今曲江公園）內建有曲江亭和彩霞亭，每年的上巳節（農曆三月三日）、重陽節（農曆九月九日）皇帝例必率嬪妃到此游玩，并在曲江亭內賜宴百官。當時的鴻臚亭亦可容百僚宴餞朝集使。劉致平《中國建築類型及結構·亭》："唐代亭在園苑裏是很多的，已成了園林裏必備的建築物。不過有的規模顯然很大，絕不是後來所說的單座亭，而可能是成組的大亭。如重陽等節賜百僚宴會的曲江亭（在長安城東南曲江公園裏），百僚宴餞朝集使的鴻臚亭等，這全是規模很大的亭，可能略似漢亭。像後來的單座亭，在唐代也很多，而且常用在園林裏。"唐代私家園林中的亭，更是十分普遍，而且在造亭技術上有很多創造。《新唐書·王鉷傳》："至以寶鈿爲井幹，引泉激雷，號'自雨亭'。"《唐語林》也載："天寶中，御史大夫王鉷太平坊宅有自雨亭，檐上飛流四注，當夏處之凛若高秋。"在敦煌莫高窟唐代壁畫中，已可看到唐代亭之建築造型有了很大發展：它們的平面已突破了四角方形，出現了六角、八角和圓亭。亭頂也出現了攢尖、廡殿、歇山與重檐多種形式。從唐代有關亭記詩文中，又可發現唐代還出現了以不同材料建造的木亭、石亭、茅亭及竹亭。唐李白《清平調三首》之三："名花傾國兩相歡，常得君王帶笑看。解釋春風無限恨，沉香亭北倚闌干。"此沉香亭，即興慶宮中以沉香木所建之亭。總之，唐代之亭，已漸成熟，且爲宋至明清的發展奠定了完備的基礎。宋元以後的亭，建造技術更加規範，更趨精細和考究。宮苑中的亭常用十字脊、琉璃瓦頂，顯得金碧輝煌。宋元符三年（1100），頒布的將作監李誡奉敕編修的《營造法式》中對亭的建造有了明文規定。《營造法式·大木作制度圖樣》之十五至十八圖，繪出了"殿閣亭榭等鋪作轉角圖"中的四至八鋪作圖。在宋代著名畫家的全景式畫幅上，我們可以看到在崇山峻嶺、茂林溪壑間點綴着的不僅是村居野店，更有許多亭臺樓閣。據《宋史·地理志》載，延福宮中就有碧琅玕亭、雲歸亭、層巘亭、飛華亭等，更有"覆茅爲亭""山亭三峙""跨海爲二亭""湖中作隄以接亭"等，亭在這裏是主景。在艮嶽中有介亭、雁池亭、嘽嘽亭、巢雲亭、跨雲亭、浮陽亭、雪浪亭、極目亭、麗雲亭、半山亭、圍山亭、飛岑亭等，可稱景景有亭，而且還有"亭左復有亭……〔亭〕右復有亭"的組亭建構，乃至"樓臺亭館，雖略如前所記，而月增日益，殆不可以數計"。河南登封現存有宋代崇福宮泛觴亭的遺址。在現存宋畫中所見攢尖頂之亭的舉折均有五六十度。宋代重文輕武，文人的社會地位較高，"文人園林"重意趣講求融詩情畫意於自然，在私家園林中亭的建築更是多彩多姿。宋人李格非《洛陽名園記》記述了他所親歷的名重當時的私家園林十九處。其中"富鄭公園"云："上方流亭，望紫筠堂而還。右旋花木中，有百餘步，走蔭樾亭、賞幽臺，抵重波軒而止。"亦是景景有亭。據《吳縣志》載，宋蘇舜欽的滄浪亭幾經改建，亦是"山堂曰寒光，傍有臺，曰冷風亭，又有翅運堂。池側曰濯纓亭，梅亭曰瑶華境界，竹亭曰翠玲瓏，木犀亭曰清香館，其最勝則滄浪亭也"。至於宋代文人留下的詩文中，亭更是不可勝數。其中有蘇軾《送范景仁游洛中》詩："杖履携兒去，園亭借客看。"歐陽修《豐樂亭游春》詩："游人不管春將老，來往亭前踏落花。"辛棄疾《漢宮春·會稽秋風亭觀雨》詞："亭上秋風，記去年裊裊，曾到吾

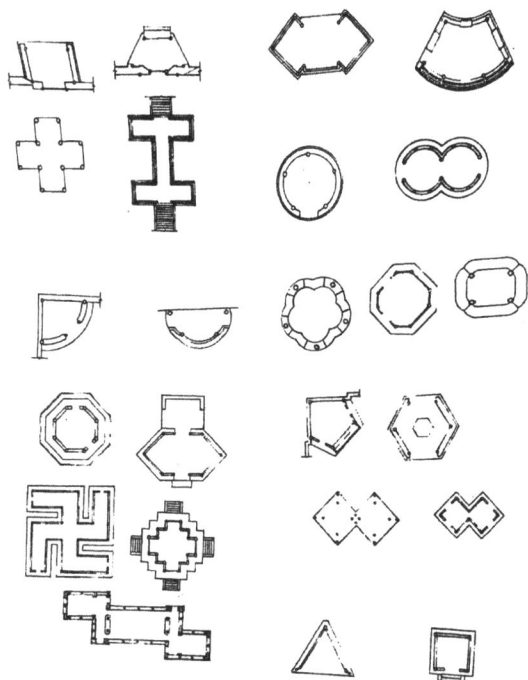

中國古亭平面數種
（中國科學院自然科學史研究所《中國古代建築技術史》）

廬。"元朝統治者起自漠北，征服四方，完成了罕見的統一偉業。但由於國祚不長，其園林建築仍然是宋代的繼續，無論宮苑還是私家園林中，亭的建築仍是主要景觀之一。元陶宗儀《輟耕録·宮闕制度》載："〔元代宮苑中有〕東西水心亭，在歇山殿池中，直東西亭之南，九柱重檐亭之後，各有侍女房三。"日本岡大路著《中國宮苑園林史考》載，元大都禁苑萬歲山中："金露亭在廣寒殿東，其制圓頂，尖上置琉璃珠，崇二十四尺，亭後有銅幡竿一。玉虹亭在廣寒殿西，制度同金露。方壺亭在荷葉殿後，崇三十尺，重屋八面，無梯，由金露前之複道而登，又曰綫珠亭……圓亭凡八面，又曰胭粉亭，在荷葉殿稍西，爲后妃梳妝之所。"此書還記載了元代各地園林中亭的建築："絳守居園池……有五座亭子"；"胡相別墅……營建賓館亭臺，作爲隱居休養之所"；"廉相泉園……在……林泉佳美之處修建廳館亭榭，引泉灌於園内"；"趙氏別墅……修建圓亭"；等等，亦是每園必有亭。

　　明清兩代是我國古典園林成熟期。作爲園林中必備的主景，亭的建構繼宋元之後，更加臻於完美。明清時期的亭，無論是造型、性質與功用諸方面，都較前有了更大的發展。形式上極盡變化之能事，集中了中國古典建築最富民族特色的屋頂精華。在建亭位置的選擇、周圍景觀的配置上都十分講究，常常寓情於物，移景入情。在建築藝術與技術上，均

達最高境界。至此，我國的造亭技術進入了鼎盛時期。此時皇家園林中的亭不僅用料考究、色彩絢麗、造型優雅、結構繁難，更着重突出皇家氣派、宮廷風韵。而私家園林中的亭則着重優雅華貴，突出士大夫意境和藉景陶冶情志的達官意識。此時的亭構不僅文獻記載豐富翔實，現存實物更不可勝數。明代的大內御苑共有六處：紫禁城中軸綫北端有御花園，紫禁城內廷西路有建福宮花園，皇城北部中軸綫上有萬歲山（清初改稱景山），皇城西部有西苑，西苑之西有兔園，皇城東南部有東苑。園園均有亭的杰構妙建。御花園中的御景亭，建於“堆秀山”頂，是紫禁城內便於重陽登高的唯一所在，登此亭可眺望全禁城景色。摛藻堂前長方形水池上有跨橋亭浮碧亭。池南有萬春亭，此亭平面呈“十”字形，上圓下方，四面出厦，基座四面出陛，周圍是漢白玉石欄杆，柱額門窗均飾彩繪，圓形攢尖黃琉璃瓦頂，通體金碧輝煌，一派皇家氣象。它與西路的千秋亭是園內形象最豐富別致的姊妹建築。此外還有澄瑞亭、前出敞軒的八角亭、方形小井亭，均爲黃琉璃瓦頂，氣象非凡。清代的皇家園林，除保留明代舊觀外，皇城內外的園苑亦有增減。隨後，皇家園林建設的重點逐漸轉向行宮御苑和離宮御苑。暢春園、圓明園、避暑山莊是清初三大離宮御苑，其規模之宏大、建構之精美，更遠非明代所比，其中亭的建構更是景中景觀，集中反映了清代建亭的最高水平。康熙帝御製《暢春園記》《避暑山莊記》，雍正帝《圓明園記》，乾隆帝《討源書屋記》，以及李賢、韓雍的《賜游西苑記》，高士奇的《金鰲退食筆記》，竇光鼐、于敏中等的《日下舊聞考》等都有大量園林亭構之記載。明清時期還相繼出現了有關造亭技術的著述，《園冶》《工程做法則例》《營造法原》等，均爲傳世杰作，爲後世所宗。明清兩代的私家園林亦承襲兩宋風格，且更加廣泛地普及於全國各地，有關造園和園林中亭的記載更是不勝枚舉。著名文人畫家文徵明撰《王氏拙政園記》有：“循水西行……中流爲榭，曰‘小滄浪亭’。亭之南……中爲亭，曰‘净深’。循净深而東……亭曰‘待霜’……有亭翼然而臨水上者，‘槐雨亭’也……凡諸亭檻臺榭，皆因水爲面勢。”并有《拙政園圖》傳世。今天，亭作爲一種民族的傳統文化形式，依然是人們日常生活和風景名勝中不可或缺的建築形式：園林中的路亭、花亭、橋亭、凉亭、水中亭，名勝中的鐘鼓亭、獻亭、享亭、碑亭，日常生活中的書亭、報亭、商亭、崗亭、電話亭等卓然而起。建築材料除傳統的木結構外，還增加了現代的鋼筋混凝土與鋁質合金，形制愈加豐富多彩。近年來這一古典建築形式又有新發展，各地建起了頗具地方特色的傳統風格的亭，并大膽地將其融進現代化的建築中去，使它走出國門。1980 年，美國紐約的大都會藝術博物館建造了一座仿蘇州網師園中殿春簃和冷泉亭的“明軒”。1982 年，日本明石市和江蘇無錫市分別建造了“明錫亭”和“錫明亭”。1984 年我國以北京北海静心齋中的沁泉廊和枕巒亭爲依據，仿造的“燕秀園”，在英國利物浦國際園林節上，獲得“大金獎”金質獎章、“最佳藝術造型永久保留獎”和“最佳亭子”獎。中國的古亭，正邁着時代步伐，“半檻雲烟過四海，一亭詩境飄域外”，走出國門，步入世界建築藝術的殿堂。

泛　稱

亭

一種有頂無墻的小型建築物。多建於園林和自然山水風景區内，是中國園林中最常用的建築形式之一。一般以木柱支撑三角、四角、六角、八角或正多角形攢尖頂部，下設欄杆坐凳，空間虛透。有時亦可有墻，但多爲木格門窗或各類透窗。可大可小，置地靈活。多爲木構，亦有石亭、竹亭、草亭。其平面有正方形、長方形、三角形、圓形、扇形及其他正多邊形。明計成《園冶·屋宇·亭》：“《釋名》云：亭者，停也。所以停憩游行也。司空圖有休休亭，本此義。造式無定，自三角、四角、五角、梅花、

亭
（明王圻等《三才圖會·宮室》）

六角、横圭、八角至十字，隨意合宜則制，惟地圖可略式也。”作爲中國古典木構建築中最簡潔又最富表現手段的亭，在魏晉南北朝時期已廣泛建於園林之中。最早見於記載的是今浙江省紹興市西南的蘭亭。晋王羲之《蘭亭集序》：“暮春之初，會於會稽山陰之蘭亭，修禊事也。”當時的蘭亭即爲供人游覽、嬉游的水邊之亭。北魏酈道元《水經注·漸江水》：“湖南有天柱山，湖口有亭，號曰蘭亭，亦曰蘭上里，太守王羲之、謝安兄弟數往造焉……太守王廙之，移亭在水中，晋司空何無忌之臨郡也，起亭於山椒，極高盡眺矣。亭宇雖壞，基陛尚存。”北魏楊衒之《洛陽伽藍記·景林寺》：“泉西有華林園……殿東有臨澗亭，殿西有臨危亭。”《宋書·徐湛之傳》：“城北有陂澤，水物豐盛。湛之更起風亭、月觀、吹臺、琴室，果竹繁茂，花藥成行，招集文士，盡游玩之適，一時之盛也。”《太平御覽》卷一九六記載了梁武帝之弟湘東王蕭繹的湘東苑中就建有“隱士亭”“映月亭”“臨風亭”等。在當時文人的詩賦中，園林中亭的描述，亦不可勝數。南朝宋謝靈運有《游南亭》詩，南朝齊謝朓有《新亭渚別范零陵》詩，南朝梁陰鏗有《晚出新亭》詩。唐權

德輿《和李中丞慈恩寺清上人院牡丹花歌》："曲水亭西杏園北，濃芳深院紅霞色。"唐李白《清平調三首》之三："名花傾國兩相歡，常得君王帶笑看。解釋春風無限恨，沉香亭北倚闌幹。"宋歐陽修《豐樂亭游春》詩："游人不管春將老，來往亭前踏落花。"

凉亭 [2]

建於路旁或園林內，供行人、游客休息、乘凉及避雨的亭舍。中國古代亭的建築起源很早，但凉亭的建造則始於魏晉南北朝。此時的亭，其種類和應用亦廣而泛之，在水邊湖畔，園林衙署，凉亭就應運而生。《新唐書·王鉷傳》載："有司籍第舍，數日不能遍，至以寶鈿爲井幹，引泉激霤，號'自雨亭'，其奢侈類如此。"據載，此亭在暑天炎熱時，可由檐上放水，水下注如雨，使亭內氣溫降低，凉爽備至。此可謂凉亭之極致。凉亭這一建築一直沿用至今。人們不僅在

亭的立面式樣圖
（中國科學院自然科學史研究所《中國古代建築技術史》）

凉亭

公園、山麓、旅游景點廣建凉亭，且在繁華都市之中心花園或路邊建起凉亭，供行人休息乘凉。唐杜牧《醉倒》詩："日晴空樂下仙雲，俱在凉亭送使君。"元薩都剌《清凉亭哀柳》詩："清凉亭上幾株霜，脫葉難遮夕照光。"明陸采《明珠記·由房》："炎威，炙損嬌姿，怎如和我凉亭共戲，醉荷風碧簟相依。"

郊亭

建於郊野之亭舍。《淮南子·氾論訓》："天子處於郊亭，則九卿趨，大夫走，坐者伏，倚者齊。當此之時，明堂太廟，懸冠解劍，緩帶而寢，非郊亭大而廟堂狹小也。"唐歐陽詹《題王明府郊亭》詩："日日郊亭啓竹扉，論桑勸稼是常機。山城要得牛羊下，方與農人分背歸。"

丘亭

空亭。《漢書·息夫躬傳》："躬歸國未有第宅，寄居丘亭。"唐顏師古注引張晏曰："丘亭，野亭名。"師古注曰："此說非也。丘，空也。"宋陸游《夜思》詩："經年寄孤舫，終夜托丘亭。"

子亭

小亭。《新唐書·李白傳》："帝坐沈香子亭，

意有所感，欲得白爲樂章。"又《柳公權傳》："文宗復召侍書，遷中書舍人，充翰林書詔學士。當夜召對子亭，燭窮而語未盡，宫人以蠟液濡紙繼之。"唐李庾《西都賦》："建子亭於屏外，設蘭錡於廡下。"清方以智《通雅·宫室》："子亭，謂别立小亭也。"

溪亭 [1]

亦作"谿亭"。建於溪水之上或溪水之畔的亭。多用於觀景、賞景。魏晉南北朝時期，由於社會動盪，門閥世族斂財聚富，競豪誇富；知識分子中也出現了縱情放蕩、玩世不恭的"名士"之流。他們崇尚隱逸，縱情山水，追慕自然，常常在溪邊水畔建造亭舍，供他們宴飲或歌咏應對，溪亭之建達到高峰。後世亦多在水邊建亭，供游人歇息。今天的風景名勝區仍然在水邊建亭，用以增加景點，供游人憑眺。唐張祜《題上饒亭》詩："溪亭拂一琴，促軫坐披衿。"又許渾《溪亭》詩："溪亭四面山，横柳半溪灣。"宋李清照《如夢令》詞："常記溪亭日暮，沉醉不知歸路。"

【溪亭】 [2]

同"谿亭"。此體唐代已行用。見該文。

風亭

供游人避風的亭子，多建於路口或風景區，也用作送别把盞之所。唐朱慶餘《秋宵宴别盧侍御》詩："風亭弦管絶，玉漏一聲新。"宋王安石《與微之同賦梅花得香字》之一："風亭把盞酬孤艷，雪徑回輿認暗香。"宋孟元老《東京夢華録·是月巷陌雜賣》："都人最重三伏，蓋六月中别無時節，往往風亭水榭，峻宇高樓……遠邇笙歌，通夕而罷。"清黄景仁《感舊雜詩》："風亭月榭記綢繆，夢裏聽歌醉裏愁。"

亭榭

亭閣臺榭的總稱。南朝齊謝朓《三日侍宴曲水代人應詔》詩："極望天淵，曲阻亭榭。"唐馮贄《雲仙雜記》卷四："霍定與友生游曲江，以千金募人竊貴族亭榭中蘭花插帽。"清龔自珍詞《調笑四首》詞之一："花下，花下，金碧朝陽亭榭。"

亭閣

亭臺樓閣的總稱。《新唐書·諸帝公主傳·中宗八女·長寧公主》："至是，主丐得之，亭閣華詭埒西京。"清李漁《閑情偶寄·器玩·屏軸》："峭壁懸崖之下，長松古木之旁，亭閣之中，墻垣之隙，皆可留題作字者也。"

名 類

長亭

古代常於城外官道旁五里處設亭，謂短亭；十里處設亭，謂長亭。長亭、短亭均係供行人停息之處，而長亭又常常是親友送别之處，故又稱"十里長亭""離亭""灑淚亭"。長亭、短亭之稱始於魏晉南北朝之後，唐宋以後更成爲送别餞行之處。與秦漢時期的"十里一亭，十亭一鄉"不同，秦漢的"亭""里"，是鄉官制度中的基層組織，相當於現在的鄉、村公所。劉廣生《中國古代郵驛史·漢代的郵驛》："不能把後代的長亭、短亭及其'里'套用到漢代。因爲什伍之法與鄉亭，從魏晉以後逐漸衰亡，後代的亭已無秦漢時的亭那樣的功能，這時的十里長亭、五里短亭是供送別親友、迎送官長的場所，一般都在城外不遠的官道上，距城鎮五里者稱短亭，十里者稱長亭，而不是指交通幹綫上每隔五里、十里都有亭。而漢代交通綫上的郵亭，間隔距離要遠遠超過五里、十里的長度。"北周庾信《哀江南賦》："水毒秦涇，山高趙陘；十里五里，長亭短亭。"瞿蛻園注："長亭短亭，古時沿路有亭，供行人食宿休息。十里一長亭，五里一短亭。"唐李白《菩薩蠻》詞："何處是歸程，長亭更短亭。"宋柳永《雨霖鈴》詞："寒蟬凄切，對長亭晚，驟雨初歇。"宋辛棄疾《滿江紅》詞："白石路，長亭側，千樹柳，千絲結。"元鄭德輝《迷青瑣倩女離魂》雜劇："似長亭折柳贈柔條。哥哥，你休有上梢没下梢！"清龔自珍《摸魚兒》詞："朝朝送客長亭岸，身似蘆溝柳樹。"又《唐多令·道中書懷》詞："二十五長亭，垂楊照眼青。"

【十里長亭】

即長亭。見該文。

【離亭】

即長亭。近城的十里長亭常爲親友送別之處，故稱。南朝陳陰鏗《江津送別劉光禄不及》詩："泊處空餘鳥，離亭已散人。林寒正下葉，晚釣欲收綸。"唐李商隱《離亭賦得折楊柳》詩之一："暫憑尊酒送無憀，莫損愁眉與細腰。"宋徐昌圖《臨江仙》詞："飲散離亭西去，浮生長恨飄蓬。"清吳偉業《別丁飛濤兄弟》詩："把君詩卷過扁舟，置酒離亭感舊游。"

短亭

古代於城外大道旁五里處設短亭，十里處設長亭，係供行旅休息，或送別餞行之所。唐白居易輯，宋孔傳續輯《白孔六帖》卷九："十里一長亭，五里一短亭。"唐李白《菩薩蠻》詞："何處是歸程，長亭更短亭。"宋周邦彥《瑞鶴仙》詞："過短亭，何用素約？"明楊慎《三岔驛》詩："今古銷沉名利中，短亭流水長亭樹。"清蔣春霖《垂楊·送陳百生北游》詞："偷彈老淚。向短亭話別，蘭舟重艤。"

鄉亭

建於鄉中供行人止宿、休息之亭舍。漢制，百户爲一里，十里一亭，十亭一鄉，每亭設公舍一間，供行人止宿或休息。鄉亭始於秦漢時期。徐樂堯《居延漢簡所見的邊亭》："據漢簡所見，居延邊塞除縣城城廓附近設有都亭外，在鄉村尚有鄉亭之設置。"又："鄉亭也是漢代爲官吏、使者備宿之亭舍。但較之傳舍、都亭，其設備要更簡陋些，級別也低。……可見，漢代在驛館亭舍方面當有嚴格的定制。"唐宋以後，往往於村頭鄉邊建小亭，供親友送別及行人停息，亦稱"鄉亭"，但其功用與秦漢時期已大不相同，僅祇供停息而已。到近現代，由於交通的發達，汽車站、火車站興起，鄉亭已不存。《漢書·趙充國傳》："冰解漕下，繕鄉亭，浚溝渠。"又："《循吏傳·召信臣》：信臣爲人勤力有方略，好爲民興利，務在富之。躬耕勸農，出入阡陌，止舍離鄉亭，稀有安居時。"《隋書·食貨志》："宮觀鞠爲茂草，鄉亭絶其烟火，人相啖食，十而四五。"

泛觴亭

亦稱"流杯亭""流觴亭"。即在亭內鑿石爲渠引水入亭，大家坐在曲水邊上，將酒杯放在流水上，酒杯順水流動，流到誰面前即可端杯而飲。這種專供流杯觴咏之亭成爲魏晉至宋文人雅士的風雅活動的所在。泛觴亭起因於古代的修禊活動。修禊是古代的一種迷信習俗，即每年的農曆三月上旬的巳日（魏以後始固定爲三月三日），到水邊嬉游，以消除不祥。到魏晋時期，修禊演變爲群衆性的野游活動，文人雅士更把流杯觴咏作爲儒雅之舉。最早記載此舉的是東晋王羲之的《蘭亭集序》，記載了他和謝安等人於東晋永和九年（353）三月三日在蘭亭修禊的盛況，其中有："又有清流激湍，映帶左右，引以爲流觴曲水，列坐其次。"蘭亭，在今浙江紹興西南蘭渚山下，有小溪流經此處，臨溪有流觴亭。北周庾信《春賦》："樹下流杯客，沙頭渡水人。"唐杜牧《和嚴惲秀才落花》詩："共惜流年流不得，且環流水醉流杯。"唐元稹《代曲江老人》詩："曲水流觴日，倡優醉度旬。"宋蘇軾《和王勝之》詩之二："流觴曲水無多日，更作新詩繼永和。"宋歐陽修《三日赴宴口占》："共喜流觴修故事，自憐霜鬢惜年華。"劉致平《中國建築類型及結構·亭》："現在河南登封還有宋代崇福宮泛觴亭遺址。"中國科學院自然科學史研究所《中國古代建築技術史·園林建築技術》："還有亭中引水鑿石爲管道，專供流杯觴咏之用的流杯亭等。"

【流杯亭】[1]

　　即泛觴亭。此稱晋代已行用。見該文。

【流觴亭】

　　即泛觴亭。此稱晋代已行用。見該文。

碑亭

　　爲保護碑刻所建之亭。其形制大小不一，或爲亭式，四面無壁；或爲樓閣式，高大華麗；或就碑之兩側壘壁加頂以防風雨。碑，是中國特有的録文記事的文化形式，其名始見於東周，刻文記事之碑，最早見於西漢。東漢時期碑碣雲起，是我國碑刻藝術蓬勃發展之重要時期。漢碑之波磔奇古，魏碑之瑰麗雄奇，唐碑之秀麗高雅，被稱爲中國碑刻發展史上的三大階段。爲了保護碑刻不受風雨侵蝕，碑亭就應運而生。碑亭的建構始於漢代，唐代有所發展。宋代已有大量碑亭修建。到清代，由於大量帝王御製、御賜碑的出現，碑亭的建築達到極致。皇家陵寢中傲岸肅穆的神道碑亭，承德離宮外八廟中雄偉恢宏的歷史記事碑亭和功德碑亭以及各地的皇帝御賜碑亭，無不偉岸豪華。民間寺廟中的清代豐碑，亦多有碑亭。今天，爲了保護文物及新建重要碑石，仍然沿用碑亭的形式。元高文秀《黑旋風》第一折："他見我這威凜凜的身似碑亭，他可慣聽我這莽壯聲！"清孔尚任《桃花扇·閒話》："從新修造亭殿、碑亭、門墻、橋道。"清王士禎《居易録談》卷中："工部相地、諏吉庀材鳩工，建立碑亭，礱石鎸刻。"于善浦《順治皇帝的孝陵·神道碑亭》："走過神路橋向北，建有一座四角如飛的重檐歇山式的神道碑亭，與神功聖德大碑樓相對而言，又稱做小碑樓。"又："碑亭四面各設一門，亭内贔屓頭向正南，背馱一統青花石碑。"石永士等《河北金石輯録·普陀宗乘之廟碑記》："碑亭爲方形，面闊三間，進深三間，重檐歇山頂，上覆黃色琉璃瓦，四面開拱門，下有白色石基，圍以白色欄杆。亭内置巨型石碑三通。"

石亭

　　以石料建造之亭。多建於路旁或園林中，以供行人及游客休息、停坐，規模較小。唐白居易《寒亭留客》詩："今朝閑坐石亭中，爐火銷殘樽又空。"宋陳克《好事近》詞："尋遍石亭春，點點暮山明威。” 明豐道生《真賞齋賦》：“石亭留夜坐之圖，林屋灑鷄鳴之墨。”

幔亭

　　用帳幕圍成的亭子。宋張君房《雲笈七籤》卷九六：“武夷君，地官也，相傳每於八月十五日大會村人於武夷山上，置幔亭，化虹橋通山下。”《明史·輿服志一》：“帷幔亭外青綺綠，邊紅簾十扇輅頂……”清吳玉搢《別雅》卷五：“古記魏子騫會鄉人於幔亭。”

形　制

三角亭

　　平面呈三角形之亭。有等腰正三角形和直角三角形兩種。此類亭最少見。其做法是先以石砌好三角形臺基，於三個角上立柱，然後結頂拼檐。此類亭明代即有。明計成《園冶·屋宇·亭》：“〔亭〕造式無定，自三角、四角、五角、梅花、六角、橫圭、八角至十字，隨意合宜則制，惟地圖可略式也。”劉致平《中國建築類型及結構·亭》：“園林裏除了方亭之外要以八角及六角亭最多，三角亭最少（筆者僅見杭州西湖一例）。”參閱中國科學院自然科學史研究所《中國古代建築技術史》。

六角亭

　　平面呈正六角形之亭。其做法是將亭頂各檁彼此距離定好，等距離置柱，承托頂部構築。梁思成《清式營造則例·六角亭》：“〔出檐〕無斗栱按硬山法，有斗栱按歇山法。〔柱〕高按面尺寸十分之十五，徑同方亭法（徑按高十一分之一）。”劉致平《中國建築類型及結構·亭》：“方圓、八角、六角等亭有的看來很不易做，其實很簡單，就是先將亭頂各檁彼此距離定好，然後當着承托檁枋的童墩地位，用井口扒梁將童墩托起。因爲要遷就檁枋的相等距離，所以長扒梁的兩端不一定落在下面的柱頭上（最好不要讓扒梁落在柱頭上以免榫卯過於複雜），而是常落在柱的額枋上，這是很簡便的做法。這種攢尖頂又叫做‘傘把頂’，因同傘把一樣。在頂尖下用垂柱或爪柱名雷公柱。”中國科學院自然科學史研究所《中國古代建築技術史·園林建築技術》：“六角亭柱高按面闊十分之十五，柱徑爲高十一分之一的比例。梁架用長短扒梁，由戧上交雷公柱與四角亭相同。”

八角亭

　　平面呈八角之亭。其做法同六角亭。見“六角亭”文。

長方亭

　　亦稱“四角亭”。平面呈長方形之亭。劉致平《中國建築類型及結構·亭》：“長方形亭在南方是很多的，常做三間：中間特大，左右二間小。在山旁橋側以及園林裏是常用的，很是質樸可取。在北方做的園林裏雖然也可以見到，但是用的較少。”中國科學院自然科學史研究所《中國古代建築技術史·園林建築技術》：“南方私家園林中亭子做法并不統一，比例大小變化較多，沒有則例的限制，不似北方千篇一律，如蘇州拙政園建於扁平小山上的雪香雲蔚亭，采用了長方形矮比例造型更能配合環境。”

【四角亭】

即長方亭。見該文。

方亭

亦稱"四方亭"。平面呈正方形之亭。下面四柱等距離設置，頂部爲四角攢尖作傘把形，頂尖下用垂柱或爪柱稱雷公柱。此種亭簡單大方，常建在園林内。劉致平《中國建築類型及結構·亭》："方亭最常用，因爲它簡單大方、又容易做。"中國科學院自然科學史研究所《中國古代建築技術史·園林建築技術》："北京景山公園的萬春亭，就是平面正方形的五開間大體量亭子……清代北京帝王宫苑中的亭子，大都按清工部《工程做法》構築，如四脊攢尖方亭，柱高按面闊十分之八。梁架結構有的用抹角梁，也有用長短扒梁，架起用戧集中支撐中間懸空的雷公柱，柱上套以寶頂，下端做成垂蓮柱。"

【四方亭】

即方亭。見該文。

圓亭

平面呈圓形之亭。園林中的圓亭結構比較複雜，多爲瓦頂木架，其木架爲多根木柱沿圓等距離列置，用斜枋形成傘狀結構，其額、枋、檁、挂等均須做成圓形。其瓦頂多爲攢尖形，且愈到頂尖瓦壟愈細小，需用特製的竹子瓦、兀扇瓦等。圓亭秀麗、簡潔，常被園林建築選用。在南方鄉間的水車、井旁多建有草頂的圓亭，此類圓亭結構則很簡單，衹需用八根或六根木柱支承傘頂邊緣，省料又實用。劉致平《中國建築類型及結構·亭》："圓亭。用草頂的倒很多也很便當，尤其是鄉間水車用圓形草頂的最多。在園林裏如果用瓦頂圓亭大木構，倒有許多麻煩，衹是因爲它形制不無可取，所以不能不用。圓亭在結構上的麻煩即是額枋檁挂等要用圓的，而瓦頂攢尖愈到頂尖瓦壟愈細小，要用特製的竹子瓦、兀扇瓦等。所以圓亭雖然很秀麗，但是却不易做。"中國科學院自然科學史研究所《中國古代建築技術史·園林建築技術》："園林中的亭有很多形式，平面有正方形、長方形、圓形……圓亭雖柱間比例與六角、八角相仿，但屋頂做法更爲複雜，枋梁桁條要隨圓製造，屋面瓦件也隨攢尖形式而要求上小下大。"又："〔北京景山公園的〕觀妙亭與輯芳亭是重檐圓形的形式。"

十字亭

平面呈"十"字形之亭。明清時期的園林裏常用。明計成《園冶·地圖式·十字亭地圖式》云："諸亭不式，惟梅花、十字，自古未造者。"可見十字亭始於明代，沿至清以後常用。這裏的"地圖"，即今所言之建築平面圖。十字亭的特點是中間用長脊，前後做抱厦，拼成"十"字形平面。或中間高起，四面做抱厦。計成《園冶·地圖式·十字亭地圖式》："十二柱四分而立，頂結方尖，周檐亦成十字。"這裏的"四分而立"，即按四面相等的方形平面立柱子，

十字亭
（《水殿納涼圖》）

這樣看十字亭的平面圖爲五個正方形組成的十字，其四面爲四個方形。其構架頂部結合成方尖形屋頂，但不能稱四角攢尖，因每邊均有凸出的方形部分。且文中亦未明確做成兩坡頂山花向外，所以可能爲一坡而下，祗在中間方形四十五度角交結成脊。《宋史·地理志》：“內園有長春殿、淑景亭、十字亭……”

扇面亭

平面呈扇面形之亭。此類亭做法與梅花亭相類，即先以石砌成扇形臺基，於各角及弧形面上立柱，然後結頂接檐，常爲平頂單檐。劉致平《中國建築類型及結構·亭》：“降至明清所見益多，在形制上大約可歸納爲數類如圓、方、長方……扇面、梅花……等式。”參閱中國科學院自然科學史研究所《中國古代建築技術史》。

半山亭

將方亭、六角亭或八角亭做成半個附在其他建築的牆面上之亭。劉致平《中國建築類型及結構·亭》：“以上諸亭，尤其是方形、六角、八角等常有做半個附在其他建築的牆面上的（即半山亭），這常有很好的風趣，可供游覽。”

梅花亭

平面呈梅花形之亭。始創於明代，明清時期的園林中常用，沿用至今。明計成《園冶·地圖式·梅花亭地圖式》：“先以石砌成梅花基，立柱於瓣，結頂合檐，亦如梅花也。”這裏的“基”，是指按設計的梅花形平面，砌築好臺基。然後在花瓣尖端立柱，每面坡頂結合到頂部形成攢尖頂，其檐口因爲拱弧狀，所以要拼合纔能成完整的梅花形。此類亭與十字亭因頂部複雜，所以計成在《園冶·地圖式·十字亭地圖式》中告誡：“斯二亭，只可蓋草。”張

家驥譯文：“造梅花式亭子，要先用石砌成梅花形臺基，再將柱子立在臺基的花瓣上，構架結頂（攢尖）檐口拼合，頂也像梅花一樣。”周維權《中國古典園林史·皇家園林實例·寧壽宮花園》：“閣南屛列叠石假山一區，主峰之上建碧螺亭。亭之平面呈五瓣梅花形，五柱五脊，紫琉璃剪邊藍琉璃攢尖屋頂。”

雙亭

亦稱“鴛鴦亭”。一亭雙頂或雙亭相連之亭。多爲雙亭相連而建。有雙圓、雙方、雙六角、雙八角等形式。《江南通志·職官志·名宦》：“丁覲去攀留者數萬人建雙亭於府署，號‘一文亭’。”劉致平《中國建築類型及結構·亭》：“此外如扇面亭、雙圓（套環）、雙方（方勝）、雙六角、雙八角等亭，也是要臨時酌定。”

【鴛鴦亭】

即雙亭。此稱多行用於現當代。見該文。

雙六角亭

兩個六角亭相連而建之雙亭。其平面爲兩個六角形相連。見“雙亭”“六角亭”文。

雙八角亭

兩個八角亭相連而建之雙亭。其平面爲兩個八角形相連。見“雙亭”“八角亭”文。

雙方亭

亦稱“方勝亭”。平面爲兩個方形相連之亭，即兩個方亭相連而建的雙亭。見“雙亭”“方亭”文。

【方勝亭】

即雙方亭。此稱多行用於現當代。見該文。

雙圓亭

亦稱“雙套環”“套環亭”。兩個圓亭相連而建之亭，其平面爲兩圓相套，或兩個圓亭頂

部檐邊相連，或一亭上部做雙頂，增加亭子的觀賞性和藝術性。見"雙亭""圓亭"文。

【雙套環】

即雙圓亭。此稱多行用於現當代。見該文。

【套環亭】

即雙圓亭。此稱多行用於現當代。見該文。

專 名

蘭亭

在今浙江紹興西南12.5公里的蘭渚山下。始建年代應早於東晉永和九年（353）。東晉王羲之《蘭亭集序》："暮春之初，會於會稽山陰之蘭亭，修禊事也。"所記乃王羲之與謝安、孫綽等四十一人於永和九年農曆三月三日在蘭亭"修禊"時所寫的詩序草稿，當時的蘭亭業已存在，并且是供人游覽、嬉游的所在。北魏酈道元《水經注·漸江水》："湖南有天柱山，湖口有亭，號曰蘭亭，亦曰蘭上里，太守王羲之、謝安兄弟數往造焉……太守王廙之，移亭在水中，晉司空何無忌之臨郡也，起亭於山椒，極高盡眺矣。亭宇雖壞，基陛尚存。"據此而知，原建蘭亭至北魏時已毀，祇存臺基。現存係明嘉靖二十七年（1548）後移此重建之亭。1980年全面維修。此亭臨曲水而建，溪畔還建有流觴亭，亭西有王右軍（王羲之）祠，祠中正殿奉羲之像，殿前有墨華池，池中建墨華亭。流觴亭後有御碑亭，内立清康熙、乾隆二帝御碑。亭前30米處有鵝池，池畔有石碑亭，亭中有"鵝池"石碑一通，傳爲羲之手筆。

蘭 亭
（清《南巡盛典》）

自雨亭

唐代御史大夫王鉷私家園宅中所建的供夏日乘凉用的亭，可以引水自亭檐上放水，下注如雨，夏日處之可消熱避暑。《新唐書·王鉷傳》："鉷封太原縣公，兼殿中監……有司籍第舍，數日不能遍，至以寶鈿爲井幹，引泉激雷，號'自雨亭'。其奢侈類如此。"《唐語林》："天寶中，御史大夫王鉷太平坊宅有自雨亭，檐上飛流四注，當夏處之凜若高秋。"劉致平《中國建築類型及結構·亭》："〔唐代〕王鉷的自雨亭在暑天炎熱的時候，可以由檐上放水，下注如落雨，因之亭内氣温降低，非常凉爽，所以叫作自雨亭。"

蘭亭碑亭

在今北京中山公園唐花塢西。蘭亭碑亭是爲放置清代所刻蘭亭碑而建的碑亭，原建於圓明園文源閣，是圓明園四十景之一。蘭亭碑碑陽刻有"蘭亭修禊曲水流觴"圖樣，碑陰刻乾隆帝所書蘭亭詩。碑亭爲清式建築，重檐八角攢尖頂覆藍瓦。額書匾額"景自天成"四字。亭中八根石柱上分別刻有歷代書法家摹寫的王羲之的《蘭亭序》和柳公權的《蘭亭詩》。圓明園被焚後，1917年將蘭亭碑及碑亭石柱移今址，碑放亭中。

五龍亭

在今北京北海北岸西部。始建於明萬曆三十年（1602），清乾隆年間重修後，仍保存明代風貌。五座亭臨水而建，中曰龍澤，重檐八角攢尖頂；東曰澄祥、滋香，西曰涌瑞、浮翠，均爲重檐四角攢尖頂，合稱五龍亭。五亭均覆綠琉璃瓦剪黃邊，檐下梁枋施小點金鏇子彩繪，正面檐下懸華帶匾額一方。亭與亭之間用S形平橋相連。龍澤、滋香、浮翠三亭石岸下有單孔石拱橋通向北岸。《明宮史·宮殿規制》："左曰滋香，右曰浮翠，總謂之曰五龍亭也。"《畿輔通志·京師》："臺之正北爲五龍亭，中曰龍澤，左曰澄祥，孝莊文皇后曾避暑於此。"

景山五亭

在今北京景山頂上。始建於清乾隆十六年（1751）。中峰上的名萬春亭，三重檐四角攢尖頂，覆黃琉璃瓦；亭東西兩峰各建一亭，東曰周賞亭，西曰富覽亭，均爲重檐八角攢尖頂，覆綠琉璃瓦；兩亭外側兩峰又各建一亭，東名觀妙亭，西名輯芳亭，均爲重檐圓形攢尖頂，覆藍琉璃瓦。五亭內均供銅佛像。1900年八國聯軍入侵，萬春亭中毗盧舍那佛被毀，其餘四尊被劫去。

沁秋亭

在今北京市西城區原恭王府萃錦園東南部。清代官式建築，單檐六角攢尖頂覆黃琉璃瓦。是一座效法晉人修禊"曲水流觴"之典故而建

的流杯亭。亭內有流杯渠，從山上注井水入渠內，供流杯宴樂。"曲水流觴"之典，見"泛觴亭"文。

陶然亭

亦稱"江亭"。在今北京右安門內東北今北京市南二環陶然橋西北的陶然亭公園內。原在遼金古寺慈悲庵內。清康熙三十四年（1695）工部郎中江藻在慈悲庵西部建小亭一座，初名"江亭"，後取唐白居易《與夢得沽酒閑飲且約後期》詩句"更待菊黃家釀熟，共君一醉一陶然"之意，名陶然亭。康熙四十三年，江藻與兄江蘩、族兄江皋，會同好友合力集資，"晚撤其亭而軒之"（江皋《陶然亭》），將小亭擴建爲敞軒三間。竣工後江藻作《陶然吟》長詩并《引》，江蘩爲之作《跋》，江皋於康熙四十六年作《陶然亭記》，并請人將詩文鎸刻於石，嵌於亭壁（石刻現仍存亭內）。有清一代，慕陶然亭之名來游覽的名人，留下了大量詩篇，以至後人有"一萬首題詩，三百年餘韵"之評説。1949年後，疏浚池塘爲東、西兩湖，堆積假山，廣植花木，1952年闢爲陶然亭公園。全園總面積59公頃，其中水域面積17公頃。1979年公布爲北京市重點文物保護單位，其後又開設了"陶然亭出土文物陳列室""陶然亭園史陳列室""陶然亭石刻陳列室"，成爲游覽和教育之勝地。

【江亭】

即陶然亭。此稱行用於康熙三十四年（1695）初建時。見該文。

知春亭

在北京海淀區頤和園昆明湖東岸、玉瀾堂前的小島上，重檐四角攢尖頂。亭畔遍植垂柳，

春來柳絲吐緑，因取"見柳而知春"之説，命名爲知春亭。也有説是因宋蘇軾《惠崇春江晚景》詩"竹外桃花三兩枝，春江水暖鴨先知"之句而命名。登臨此亭，倚柱可縱覽全園景色。清乾隆《知春亭》詩："借問知春何處知，人情物色總熙怡。虚亭却以無言會，一部羲經注畢時。"

銅亭 [2]

亦稱"金闕"。在今山東泰安岱廟後院東側。明萬曆四十三年（1615）建於泰山頂的碧霞元君祠内，内奉碧霞元君像。清代移置於泰安城内岱廟西南靈應宫，1972 年遷於今址，與鐵塔東西對峙。亭爲銅範鑄件，仿木結構，面闊 4.4 米，進深 3.4 米，高 5 米餘。造型端莊渾重，工藝精巧，是我國僅存的四大銅亭之一。

【金闕】 [2]

即銅亭 [2]。此稱明代已行用。見該文。

銅亭 [3]

亦稱"寶雲閣"。在今北京海淀區頤和園萬壽山佛香閣西側。清乾隆二十年（1755）建，是一座銅鑄仿木結構的佛殿，號稱"金殿"。高 7.55 米，重 207 噸。重檐歇山頂，四面菱花隔扇，梁柱、斗拱、椽瓦、寶頂乃至匾額、楹聯等均爲銅製仿木構造。通體呈蟹青冷古銅色，下爲漢白玉須彌座。内供銅佛。英法聯軍火燒清漪園時，將殿内佛像供器全部掠去，祇剩一張銅供桌，門窗亦散失不全。銅鑄佛殿猶如亭子一般，故稱銅亭。

【寶雲閣】 [2]

即銅亭 [3]。此稱清代已行用。見該文。

退翁亭

在今北京櫻桃溝隆教寺偏西。清初學者孫承澤建。櫻桃溝原名"退谷"，蓋因南起翠微山、杏子口，北起紅石山，此兩條山脉恰似半輪明月之狀向内環逐漸退縮，再退南至香山，北至金山，再退南至龍首峪，北至壽安山，這南北兩條山脉伸向北再折而西，形成一條峽谷，名曰"退谷"。歷代封建王朝多在此修建廟宇。名人隱士也多喜於此著書立説。清初學者孫承澤號曰"退谷"，曾在這裏隱居，著有《春明夢餘録》和《天府廣記》，并在此修建了退翁亭。清代《畿輔通志·山川》："至水源頭，一澗最深，退谷在焉，谷中小亭翼然，曰'退翁亭'。"

猗玕亭

亦稱"流杯亭"。在今北京門頭溝區潭柘寺東院。建於清乾隆年間。亭平面呈方形，四角攢尖緑琉璃瓦頂，四周有坐凳欄杆。亭内懸乾隆帝御筆横匾"猗玕亭"。亭内用漢白玉石鋪砌地面，中心用漢白玉石鑿成一條蟠龍形水渠，引山泉之水入渠，以耳杯（羽觴）盛酒，放於水渠入口處，文人雅士於春日列坐渠旁，在任何一處均可取杯飲酒。這是效仿晋代王羲之蘭亭修禊曲水流觴的習俗而建的流杯亭。據傳乾隆帝常於此吟詩作賦。亭柱上有五言詩楹聯："秋雨待游客，流杯亭中樂。當年乾隆帝，飲酒把詩作。"

【流杯亭】 [2]

即猗玕亭。此稱清代已行用。見該文。

鷹角亭

在今河北秦皇島北戴河海濱東北端的高峰之上，是北戴河海濱二十四景之一。亭爲捲棚歇山琉璃瓦頂，平面呈四方形，雕梁畫棟，四面虚敞，柱間設坐凳欄杆。亭因鷹角石而得名。鷹角石是一種從海中凸起、兀立海岸邊的巨型礁石，色澤斑黃，石骨嶙峋，峭壁如削，因形似雄鷹屹立而得名。又因礁石經年風化雨蝕，石縫遍布，成爲鴿群飛集和栖息之所，又名鴿子窩，與鷹角亭組成一組壯麗的景色。登上鷹角亭，極目海天，白浪翻滾於脚下，如置身海波之上，是看日出的最佳選擇。

濠濮間想亭

在今河北承德避暑山莊澄湖北岸。建於清康熙年間，爲康熙三十六景之第十七景。重檐六角攢尖布瓦頂，四面虛敞，柱間設坐凳欄杆，取“亭前水木明瑟，魚鳥因依於濠梁之間”之意。亭内原設有御座并挂康熙、乾隆二帝的詩詞。

甫田叢樾亭

在今河北承德避暑山莊澄湖北岸、蘋香沜以西，始建於清康熙年間，是“康熙三十六景”之第三十五景。亭爲單檐四角攢尖布瓦頂，平面呈四方形，四面虛敞，柱間置坐凳欄杆。因地處平原與湖區相接點，而平原區的繁茂叢林中，曾經是麋、鹿、獐、麂的聚居地，是帝王們狩獵之地，因此亭内原挂有康、乾二帝書寫的橫批，亭内亦曾陳設御座，四面挂遮光竹簾。亭與其西面的“鶯囀喬木”“濠濮間想”“水流雲在”三亭沿湖而設，成爲觀賞湖光山色的大好去處。

鶯囀喬木亭

在今河北承德避暑山莊澄湖北岸，建於清康熙年間，爲康熙三十六景之第二十二景。單檐八角捲棚布瓦頂，四面虛敞，柱間設坐凳欄杆，四面設臺階踏口。西北有灌木聳蔚，是聆聽林中鶯囀鳥語的所在。

水流雲在亭

在今河北承德避暑山莊澄湖北岸，建於清康熙年間，爲康熙三十六景之最後一景。重檐四角攢尖布瓦頂，四面出捲棚歇山頂抱厦，四面虛敞，柱間設坐凳欄杆，四面出臺級踏口。於亭内面湖賞景，遠處雲峰層叠，碧波千頃，湖波流雲天水一綫，盡收眼底。清《熱河志·行宮十·臨芳墅》：“水流雲在亭之隔岸西折而南，臨芳墅在焉，殿五楹。”

冷香亭

在今河北承德避暑山莊月色江聲島上。平面呈正方形，歇山捲棚布瓦頂，建於清乾隆年間，爲乾隆三十六景之第十二景，乾隆帝親題匾額“冷香亭”，取山莊内荷花深秋未謝與晚菊、寒梅同韵之意。亭前湖内荷花綻放，芳香襲人，大有“亭枕蓮塘玩水芳，十分花草五分凉”之意。

不如亭

在今河北保定古蓮花池紅棗坡上六幢亭之西。通高5.98米，平面呈六角形。單檐六角攢尖布瓦頂，檐下用六柱，柱間置木欄杆，三面設踏口，可通出入。始建於清光緒七年（1881），1984年重修。亭檐下懸挂清直隸總督楊士驤所書“不如亭”匾額。據清代文人郭雲豐《蓮池臺樹記》載，亭原名“如意亭”，而且當時“亭邊一井泉甘冽，亭南爲蔬園”，向南可觀農夫耕種，向北可賞一園碧蓮，是達官顯貴納凉小憩之所。傳後曾有一些落榜弟子或失意文人登臨亭中，看到農夫耕耘穫果，不覺聯想仕途坎坷，頓生歸田遁世之想，遂提筆改爲“不如亭”。

瀟然亭

在今河北保定古蓮花池北岸、響琴榭東面，通高 6.80 米，單檐四角攢尖布瓦頂，平面呈正方形，南面懸挂"瀟然亭"匾額，四根檐柱間置木製坐凳欄杆，亭内置石桌、石凳。這裏可觀西池白蓮，風柔氣爽。現代作家袁静、劉流曾在這裏辛勤著書。1971 年曾經維修。明黄佐《肇慶李東渠中丞邀游瀟然亭次韻二首》之一："朔雲拖雨勞相問，猶記萍踪自瀟然。"

六幢亭

在今河北保定古蓮花池南塘南岸的紅棗坡巔。通高 6.9 米，平面呈正方形。單檐四角攢尖布瓦頂，檐下四柱，柱間置坐凳欄杆，三面虚敞，一面爲壁，壁上嵌有黄彭年、黄國煊父子關於修建六幢亭的碑記，亭内布列六幢遼、金、西夏時期的八棱陀羅尼石經柱。據記載，清光緒七年（1881），清代著名考據學家、蓮池書院院長黄彭年因收集到六幢經石（遼二、金一、元三），遂在蓮花池北岸的高芬軒後建"六幢亭"，1900 年毀於兵燹。1907 年，清苑知縣黄國煊在今址重建"六幢亭"，并撰寫碑記，連同其父初建六幢亭時所刻碑記，一并鑲嵌於亭之東壁，後又移進兩座考古所得西夏文經幢。惜今僅存三幢。

觀瀾亭

在今河北保定古蓮花池北塘東南假山上，爲清同治十二景之一。通高 5.95 米，平面呈正方形。單檐四角攢尖布瓦頂，頂尖爲荷葉托桃。檐下四柱，柱間設木欄杆坐凳，兩面設踏口，可通出入。亭下有弧形管道環繞，可聽流水潺潺；山間蒼松翠柏，四面怪石嶙峋。坐立亭中，可望蓮池内碧荷連天，似波濤滚滚，使人有臨海觀瀾之感而得名。據記載，這裏原爲香茅覆頂的小亭，名曰"樂育亭"，係文人官宦賞荷觀波，吟詩作賦之所。1900 年，草亭被毀，修復蓮花池時改建爲今貌。1972 年又重修。

臨漪亭

亦稱"水中亭"，現名"水心亭"。在今河北保定古蓮花池北塘中心。文獻記載最早見於金代。元代經學家郝經撰有《臨漪亭記略》，但元代的臨漪亭并不在池中心，而是靠池的北岸，三面環水。清初在水中奠基建亭。1921 年重修後，始具現狀。1976 年進行維修。亭通高 10.65 米，分上下兩層，重檐八角攢尖布瓦頂，頂尖爲荷葉托桃。亭内八角有朱紅檐柱八根，柱間置坐凳欄杆。亭建在一個高出水面約 2 米的石砌八角形臺基上，沿臺基邊緣置扶欄望柱，形成一個環形月臺，供游人雲集和憑眺。亭内有旋轉式木梯可達頂層。頂層四周八面均設格窗，倚窗極目，可觀蓮池全景。《金史·宦者傳·宋珪》："官奴自亳還，哀宗御臨漪亭，詔參政。"清乾隆帝曾有"臨漪古名迹，清苑稱佳構。源分一畝泉，石閘飛瓊漱。行宫雖數宇，水木清華富。曲折步朱欄，波心宛相就"之詩句流傳。

【水中亭】

即臨漪亭。此稱清代已行用。見該文。

【水心亭】

即臨漪亭。此稱多行用於現當代。見該文。

濯錦亭

在今河北保定古蓮花池北塘的東北角，瀕池建在一個石砌平臺上。通高 8.78 米，重檐四角攢尖布瓦頂，頂尖爲荷葉托桃。亭有十二根紅柱，每面四根，柱間設坐凳欄杆，四周圍以望柱和欄板，形成迴廊。四面設踏口可通出入，南面有石級可接水面。相傳這裏是元代張柔府婢女洗衣浣紗之所，因唐代大詩人杜甫有"濯錦江邊未滿園"之詩句而得名，後爲游人息憩之所。

征虜亭

在今江蘇南京東。爲晉代征虜將軍謝安所立，故稱。南朝宋劉義慶《世說新語·雅量》："支道林還東，時賢並送於征虜亭。"劉孝標注引《丹陽記》曰："太安中，征虜將軍謝安立此亭，因以爲名。"唐劉禹錫《金陵懷古》詩："潮滿冶城渚，日斜征虜亭。"宋徐鉉《送吳郎中爲宣州推官知涇縣》詩："征虜亭邊月，鷄鳴伴客行。"

大鐘亭

在今江蘇南京鼓樓廣場東北。原爲明代鐘樓，初有鐘三口，懸鐘一口，大鐘兩口一立一臥。清康熙初年，鐘樓倒塌，懸鐘和立鐘於清咸豐年間（1851—1861）被毀。清光緒年間（1875—1908）建亭，用以懸挂所餘臥鐘，故名大鐘亭。亭爲重檐六角攢尖頂，高 14.5 米，平面呈六角形，建在一個石砌臺基上。亭內用鐵柱六根，柱間設木製欄杆。鐵柱上刻有"金陵機器局造"和"江寧布政使許建"等字。鐘銅鑄呈紫色，通高（包括鐘鈕）4.27 米，口徑 2.29 米，底邊厚 0.17 米，重約 23 噸。舞部（鐘頂）飾有荷瓣花紋，鈕上飾雲紋和波浪式捲角。鐘上鐫有銘文："洪武二十一年九月吉日鑄。"

四望亭

在今江蘇揚州西門街。原爲江都縣學的文奎樓，後改魁星樓。明嘉靖三十八年（1559）建爲亭。或曰南宋嘉定年間建爲亭。亭爲三層八角攢尖布瓦頂，平面呈八角形。底層中央四柱直通第三層（即通柱），柱間連以橫枋，頂部木構爲斗八形。底層四面均有拱門，兩面對穿，四面通連，拱門與街道直對銜接，使亭成爲過街亭。二、三層八面均置木槅扇窗。清咸豐三年（1853）太平軍攻入揚州後，曾以此亭爲瞭望臺。一說，江西武寧亦有亭名曰"四望"。《明一統志·江西布政司》："四望亭，在武寧縣治西。宋李綱嘗經此，酷喜山川之秀，命立亭，名四望。"

艤舟亭

亦稱"萬壽亭"。在今江蘇常州市東郊。始建於南宋時期，清末太平天國戰爭中被毀。現存爲清光緒三十四年（1908）重建、宣統二年（1910）重修之亭。亭原爲紀念北宋文豪

艤舟亭
（清高晉等《江南省行宮座落并各名勝圖》）

蘇軾十一次來常州，且終老於此而建，清代擴建爲乾隆皇帝南巡的萬壽行宮。乾隆二十六年（1761），爲慶祝乾隆五十壽辰，常州地方官吏、士紳和文人學士在此舉行祝壽活動，因此艤舟亭又稱"萬壽亭"。1954 年闢爲公園，園內有艤舟亭、東坡洗硯池、乾隆御碑亭等。

【萬壽亭】[1]

即艤舟亭。此稱清代已行用。見該文。

滄浪亭 [2]

在今江蘇蘇州南、三元坊附近。是一座以亭爲名的私家園林，也是江南現存歷史最久的園林之一。北宋慶曆年間（1041—1048）詩人蘇舜欽購得此園林，臨水築亭。亭爲單檐六角攢尖頂，柱間置坐凳欄杆，亭接廊廡，環水接岸。滄浪，本古之水名，有漢水、漢水之別流、漢水之下流、夏水諸説。《書·禹貢》："嶓冢導漾，東流爲漢，又東爲滄浪之水。"孔傳："別流在荆州。"北魏酈道元《水經注·夏水》："劉澄之著《永初山川記》云：'夏水，古文以爲滄浪，漁父所歌也。'"宋姜夔《清波引》詞序："余久客古沔，滄浪之烟雨。"亭因名"滄浪亭"。又因滄浪亭而名滄浪亭園。據蘇舜欽《滄浪亭記》載，北宋慶曆年間，其因獲罪罷官，旅居蘇州，購得城南廢園，據説是吳越國中吳軍節度使孫承佑別墅廢址，"縱廣合五六十尋，三向皆水也。杠之南，其地益闊，旁無民居，左右皆林木相虧蔽"。廢園的山池地貌依然保留原狀，乃在北邊的小山上構築一亭，名滄浪亭。"前竹後水，水之陽又竹，無窮極，澄川翠幹，光影會合於軒户之間，猶與風月爲相宜。"南宋時又爲韓世忠所有，大加擴建，稱爲"韓王園"。元代園廢，改爲僧庵。明代復建滄浪亭，歸有光曾作記。清康熙年間大修，布局爲現亭主要基礎。道光、同治年間又經修葺、重建，遂成現狀。元陳孚《平江》詩有"滄浪亭下望姑蘇，千尺飛橋接太湖"之頌。

勞勞亭

亦稱"新亭"。故址在今江蘇南京市西南。始建於三國吳。晉安帝隆安中（397—401）丹陽尹司馬恢之重建。爲古代送別之所在。唐李白《勞勞亭歌》："金陵勞勞送客堂，蔓草離離生道旁。古情不盡東流水，此地悲風愁白楊。"又《勞勞亭》詩："天下傷心處，勞勞送客亭。春風知別苦，不遣柳條青。"宋汪元量《鶯啼序·重遇金陵》詞："回首新亭，風景今如此！"嘉慶《新修江寧府志》："勞勞亭，舊説本吳時建，在勞勞山上。"清孫枝蔚《楊柳枝》詩之五："勞勞亭上淚沾巾，弱柳絲邊錯怨春。"

【新亭】

即勞勞亭。此稱晉代已行用。見該文。

放鶴亭 [1]

在今江蘇徐州市雲龍山頂。宋熙寧年間（1068—1077）文人張天驥建。張天驥號雲龍山人，博學而不仕，隱居雲龍山下黄茅岡上，養二鶴，朝放暮歸，并在山上築一亭名放鶴亭，用以招鶴。曾作《放鶴招鶴歌》，其中有"黄冠草履，葛衣而鼓琴。躬耕而食兮，其餘以汝飽"之句。其友蘇軾在北宋元豐元年（1078）十一月特爲其作《放鶴亭記》曰："熙寧十年秋，彭城大水。雲龍山人張君之草堂，水及其半扉。明年春，水落，遷於故居之東，東山之麓。升高而望，得異境焉，作於亭其上。……山人有二鶴，甚馴而善飛，旦則望西山之缺而放焉，縱其所如，或立於陂田，或翔於雲表，暮則傃東山而歸，故名之曰放鶴亭。"清趙宏恩等《江南通志·徐州》："放鶴亭，在雲龍山西麓，宋人張天驥築。山人有二鶴，旦放暮歸，蘇軾爲記。"放鶴亭歷經改建和修葺，原貌依稀。亭南有井一口，原名石佛井，深七丈多，因靠近放鶴亭，明天啓年間（1621—1627）更名飲鶴泉，并於井南邊竪碑曰"飲鶴泉碑"。

放鶴亭 [2]

在今浙江杭州西湖孤山北麓。北宋林逋有廬於此，放鶴植梅。元至元年間（1271—1294）余謙爲紀念林逋，修葺其基，植梅數百株，并建梅亭。明嘉靖年間（1522—1566），錢塘令王釴建放鶴亭。清康熙年間重建，康熙御書"放鶴"匾額，并書《舞鶴賦》。此亭於近年又重修。林逋，又名林和靖（967—1028），字君復，錢塘（今浙江杭州）人，北宋詩人。居孤山二十年，種梅養鶴，有"梅妻鶴子"之傳說。曾有"疏影橫斜水清淺，暗香浮動月黃昏"之咏梅名句。現亭壁仍有清康熙帝臨明董其昌書、南朝宋鮑照《舞鶴賦》刻石。亭外植梅，爲湖上賞梅觀勝之地。

湖心亭 [2]

在今廣東惠州市西湖之豐湖一小渚之上，因建於湖心而得名。清康熙六十一年（1722），由郡守吳騫倡議，惠城文武官員捐俸修建。亭高 3.5 米，石木結構，六角攢尖綠琉璃瓦頂，平面呈六角形。六根木柱支撐亭頂，柱間置坐凳欄杆，上置額枋與雀替。於亭中可望蘇堤橫卧於湖面，玉塔屹立於西山之巔，波光瀲灧，景象萬千。清代文人廖鳴球有詩云："翼然獨立似神工，四望湖光面面空。耳目拓開聲色外，形骸恍入畫圖中。"《廣東通志·古址志·雷州府》："湖心亭，在西湖中。明嘉靖十八年同知孟雷建，參議張岳改名信芳，僉事翁溥書，張岳有記。"

望江亭

原名"望野亭"。在今廣東惠州市中山公園內。始建於清同治十一年（1872），1959 年大修。亭臨江而建，掩映在參天古榕與鳳凰樹蔭。

1925 年 10 月時任黃埔軍校總政治主任的周恩來率領國民革命軍第二次東征討伐軍閥陳炯明，攻剋惠州古城後，曾以此亭爲主席臺，召開軍民聯歡大會和攻克惠州陣亡將士追悼大會，古亭又成了今天人們悼念革命前賢之地。

【望野亭】

即望江亭。此稱清代已行用。見該文。

翠微亭

在今浙江杭州西湖西北靈隱寺前飛來峰半山腰。南宋抗金名將韓世忠爲紀念岳飛而建，近年又重修。相傳韓世忠偶登飛來峰，因懷念含冤而死的故友岳飛特建此亭，并摘取岳飛《登池州翠微亭》一詩中的"翠微"二字命名。在亭側石壁上還有其子韓彥直所書的摩崖刻石。《明一統志·浙江布政司》："翠微亭，在飛來峰上。宋秦檜主和，韓世忠抗疏言其誤國，因乞解樞密柄遂奉朝請，杜門謝客，口不言兵。時跨驢携酒，從一二奚童縱游西湖以自樂，因建此亭。"

落帆亭

在今浙江嘉興北門端平橋西北側。因蘇州等地進入嘉興的帆船至此必須落帆而得名。始建於北宋，明天啓末年重建，清光緒元年（1875）再重修，并增建太白亭等建築。亭爲三間四柱，單檐歇山捲棚頂，朱欄彩繪，四面虛敞。坐北面南，前面亘卧湖石假山，北側有蘭香如意軒，東連磴道接帆影亭。亭三面環水，一面靠陸，登亭遠眺，河帆舟影，綠樹婆娑，爲江南園林之佳景。《浙江通志·古址三·嘉興府》："落帆亭，《秀水縣志》：'秀水縣北杉青堰，宋建。舊有宋秀王諸公送鄉人陳確持節江東留題。'"

冷仙亭

在今浙江嘉興秀州路冷仙弄。始建於明崇禎八年（1635），爲紀念元末明初的傳奇人物冷謙而建。清道光二十八年（1848）重建。亭爲四柱三間單檐歇山頂。冷謙，字起敬，號龍陽子，元末明初錢塘（今浙江杭州）人。洪武初年爲協律郎，以博學多才聞名。後學道，被神化。他貫於戲弄富貴、拯世濟貧，其俚俗故事在民間廣爲流傳，深得民間喜愛。《浙江通志·古址三·嘉興府》："冷仙亭，《秀水縣志》：'在天星湖去縣治東北三里，有冷協律祠。'"

曝書亭

在今浙江嘉興王店鎮。清康熙三十五年（1696）著名學者朱彝尊建。嘉慶以後多次重修。亭爲木構建築，單檐歇山布瓦頂。亭北有荷花池，池上建九曲橋。池南原爲朱氏故居，曾建有竹垞、桂之樹軒、煮茶廳、雪之亭等建築，今已無存。1949年後闢爲公園，栽竹種樹，廣種花草。朱彝尊（1629—1709），清初學者、詞人。字錫鬯，號竹垞，秀水（今浙江嘉興）人。青少年時，即以詩詞散文聞名江南。康熙十八年（1679），應博學鴻儒科試，曾任翰林院檢討，日講起居注，入值南書房，預修《明史》，備受寵遇。博學多才，尤工於詞，爲清代大家。曾纂輯《詞綜》，著《經義考》，有《曝書亭集》。

步雲亭

在今浙江永康東方巖山半腰。面闊一間，寬3.3米，進深3.5米，平面近於方形。内立四方柱爲丹漆石柱，兩側有八字牆。柱間穿枋并有雀替、天花彩繪八仙過海故事。亭下百步峻，石級70多級，陡如升梯。從步雲亭俯瞰山下，險峻動魄。自步雲亭而上爲"飛橋"，是一條在峭壁上鑿洞壘石修成的栈道，全長約50米，険峻异常。宋韋驤《步雲亭》詩："官居瀟灑並城壖，城上危亭勢屹然。"

慰農亭

在今安徽鳳臺縣城西南七公里硤山口西硤石頂上。清光緒三年（1877），由鳳臺知縣顏海颺所建。亭名意爲以亭與農民共甘苦。亭爲木石結構，單檐四角攢尖布瓦頂，平面呈四方形。亭横額石條上刻"慰農亭"三個大字。前面兩根石柱上刻有對聯："選勝值公餘看淮水安瀾硤石拱秀，縈懷在民隱願春耕恒足秋稼豐登。"亭以四根石柱支托木構架，飛檐翼角。亭内設石桌一張，石凳四個。置身亭中，可遥望全國歷史文化名城壽縣的古樸風貌，又可側觀鳳臺縣的新容，還可欣賞古老的淮河風光。

綠繞亭

在今安徽黄山徽州區溪南村。始建於元天順元年（1328），明景泰七年（1456）重建，清代曾三次重修，現存之亭仍保存着明代風貌。亭通高5.9米，通面闊4米，進深4.36米，平面近於正方形。梁枋上刻有"景泰七年歲次丙子十一月十八日甲申吉辰重建綠繞亭，以便休憩。吳斯和樂建"。梁上有包袱形圖案彩繪。亭東南是池塘，臨水設飛來椅，供人休息。亭兩面對穿，跨於街中，實爲過街亭構。

謝公亭

省稱"謝亭"。故址在今安徽宣城北。南朝齊謝朓任宣城太守時，曾於此亭送别友人范雲。後因以"謝公"名之。南朝梁元帝《玄覽賦》："經謝亭而帳飲，想彦伯之高風。"唐李白《謝公亭·蓋謝朓范雲之所游》詩："謝亭離别處，風景每生愁。客散青天月，山空碧水流。池花春映日，窗竹夜鳴秋。今古一相接，長歌懷舊游。"嘉慶《重修一統志·寧國府·謝公亭》引《方輿勝覽》："在宣城縣北二里。即謝朓送范雲赴零陵之地。"

【謝亭】

即謝公亭。此稱南北朝時期已行用。見該文。

扶疏亭

在今安徽宿州市區內，原古城北城牆上。始建於宋，元末毀於兵燹，明弘治年間（1488—1505）重建。據記載，宋代大文學家蘇軾爲徐州知州時，曾畫墨竹一本，贈與宿州知州，并附畫竹詩："寄卧虛寂堂，月明浸疏竹。泠然洗我心，欲飲不可掬。"蘇軾去世後，宿州知州將畫和詩鐫刻於石，并建亭以存之，取"竹影扶疏"之意，名曰"扶疏亭"。明代宿州知州曾顯見亭毀壞，於是重新建亭，并將墨竹二段殘碑嵌於亭壁。明清兩代屢有修葺，并在亭內增加了許多贊頌蘇軾及其詩畫的碑刻，成爲皖北一大名勝。清末以後屢經戰亂，亭毀碑損，現亭已修復，仍保持明代風貌，墨竹刻石也重新嵌入亭壁。修復後的刻石長約 1 米，寬約 0.7 米。并在亭外種植竹林。

醉翁亭

在今安徽滁州西南琅琊山中，始建於宋慶曆年間（1041—1048），明嘉靖年間曾增建爲高樓，後幾度興廢，始成今貌。亭爲單檐歇山捲棚頂，平面近於方形，柱間置坐凳欄杆，正面有踏口。據記載，北宋慶曆六年（1046），歐陽修爲滁州知州時，山僧智仙曾建亭於釀泉旁，以供游人憩息。時歐陽修嘗宴飲於此，且"飲少輒醉"，年僅四十的他，又自號爲"醉翁"，故亭亦名爲"醉翁亭"。歐陽修還作《醉翁亭記》："峰迴路轉，有亭翼然臨於泉上者，醉翁亭也。作亭者誰？山之僧智仙也；名之者誰，太守自謂也；太守與客來飲於此，飲少輒醉，而年又最高，故自號曰醉翁也。"從此，醉翁亭便名聞遐邇。屢經修葺，布局日新，并在亭周圍增建了二賢堂、馮公祠、古梅亭、恰亭、意在亭、九曲流觴亭、醒園等名勝，亭內還置有蘇軾手書的大字《醉翁亭記》碑。

豐樂亭

在今安徽滁州西豐山下紫微泉旁（一説在琅琊山幽谷泉上）。北宋慶曆六年（1046），著名文學家歐陽修創建。據記載，北宋慶曆六年，歐陽修爲滁州知州，因有感於太平日久，物阜年豐，人民安居樂業，於是在紫微泉旁闢地建亭，名曰"豐樂亭"。常與友人游樂其上，并作《豐樂亭記》。蘇軾手書的《豐樂亭記》碑立於亭中，與《醉翁亭記》碑齊名。歐陽修還作《豐樂亭游春》詩："紅樹青山日欲斜，長郊草色綠無涯。游人不管春將老，來往亭前踏落花。"記述了豐樂亭當時游人如雲的盛況。亭一面依山，三面竹嶺，回抱泉上，美景天成。當年歐陽修所植銀杏樹和松柏樹蒼翠成蔭，更是游覽之勝地。亭現已全面修葺，恢復昔日之風貌。

止渴亭

又稱"望梅亭""梅山亭""黃梅亭"。在今安徽含山縣梅山烏龜坡上。始建年代不詳，明嘉靖十八年（1539）重修。當時和州知州（含山縣屬和州管轄）胡永成曾作《止渴亭碑記》，叙述建亭緣由及重修始末。據碑文記載，此亭是爲了紀念漢時曹操行軍至此，"望梅止渴"故事而建，故名"止渴亭"。在烏龜坡一側石壁上，有《游梅山亭走筆示僧子》摩崖石刻，刻文中也有"曹操行師至此，望梅止渴"等大字；今石刻尚完好。附近尚有水藏洞、石簾洞、梅花庵等名勝。

【望梅亭】

即止渴亭。此稱宋代已行用。見該文。

【梅山亭】

即止渴亭。此稱明代已行用。見該文。

【黄梅亭】

即止渴亭。此稱多行用於現當代。見該文。

嵇康亭

在今安徽蒙城城東北隅嵇山上。清乾隆三十一年（1766）建，是爲紀念三國時魏國文學家嵇康而建。亭爲木構架，通高4米，六角攢尖布瓦頂，亭内置石凳。嵇康（224—263），三國時魏名士，字叔夜，譙郡銍（今安徽宿州西南）人。"竹林七賢"之一，與阮籍齊名。風姿俊逸，博學多通，雅好莊、老，善鼓琴，工書畫。政治上憤世嫉俗，鋒芒畢露，因與魏宗室有姻戚關係，不願與司馬氏合作，常藉酒醉逃避現實，放浪形骸，官至中散大夫，後被司馬昭殺害。據說他曾隱居於嵇山著書立說。昔日的嵇山，高不過數十丈，有土無石，綠柳成蔭，山明水秀，"嵇山夜月"爲"蒙城八景"之一。亭内名人題咏頗多，爲安徽名勝之一。現存之亭爲1962年重建。

歷下亭

亦稱"古歷亭""客亭"。在今山東濟南大明湖中的小島上。現存之亭，建於清康熙三十二年（1693），面積4000多平方米，重檐八角綠琉璃瓦頂，紅柱間置坐凳欄杆，平面呈八角形。歷下亭之名，最早見於唐代杜甫《陪李北海宴歷下亭》詩。唐天寶三載（744）杜甫與李白、高適到濟南訪北海太守李邕後，天寶四載（745），杜甫再次離開洛陽，重游濟南，拜訪齊州司馬李之芳。李邕聞訊，由青州趕到濟南，約杜甫重游大明湖。在古亭下，李邕乘興設宴，招待杜甫及濟南名流。在宴飲中，杜甫乘興作《陪李北海宴歷下亭》詩，留下了"海右此亭古，濟南名士多"的名句。李邕亦賦《登歷下古城員外孫新亭》詩。此亭因在歷山（今千佛山）之下，故杜甫稱之爲歷下亭。據北魏酈道元《水經注·濟水二》："濟水又東北，濼水出焉。濼水出歷縣故城西南，泉源上奮，水涌若輪……其水北爲大明湖，西即大明寺，寺東北兩面側湖，此水便成净池也。池上有客亭，左右楸桐，負日俯仰，目對魚鳥極望，水木明瑟，可謂濠梁之性，物我無違矣。"這裏的"池上客亭"，即杜甫詩中的"歷下亭"，可見古歷下亭應建於北魏以前。據記載，亭於明嘉靖間重建。清康熙三十二年在大明湖湖心重建歷下亭後，書法家何紹基引杜甫詩中"海右此亭古，濟南名士多"之句，書於亭南門兩側，名亭、名詩、名書法譽爲"三絕"。亭中懸乾隆帝御書"歷下亭"匾額。亭後有"名士軒"，面闊五間，廳内西壁上嵌有杜甫、李邕石刻畫像；東壁有大書法家何紹基所書《重修歷下亭記》刻石，門前抱柱上有著名史學家郭沫若於1958年所書的楹聯："楊柳春風萬方極樂，芙蕖秋月一片大明。"亭前迴廊面水，周圍碧波一片。亭前高大的石碑是乾隆十三年（1748）乾隆帝東巡濟南時，御書之詩碑，留下了"應接無暇有餘樂，水亭清雅陳筆硯”的手迹。

【古歷亭】

即歷下亭。此稱多行用於現當代。見該文。

【客亭】

即歷下亭。此稱南北朝時期已行用。見該文。

十三御碑亭

在今山東曲阜舊城内孔廟大成門前，共十三座，是金、元、清三代帝王爲保護唐宋以來歷代祭孔、修廟碑刻而建的碑亭，共收各類御碑五十三通。南面中央兩座建於元代，左右兩座建於金明昌六年（1195），餘爲清代建築。十三亭均爲木結構，平面呈正方形，重檐歇山黄琉璃瓦頂，斗拱、梁枋施彩繪。亭中御碑均爲贔屭馱碑，以唐高宗總章元年（668）的《唐贈太師魯國孔宣公碑》和唐玄宗開元七年（719）的《重修孔子廟碑》爲最早，與宋太宗太平興國八年（983）的《重修兗州文宣王廟碑》，收於金代所建的兩座碑亭内。中央的元代碑亭内，收有元成宗大德十一年（1307）加封孔子爲“大成至聖文宣王”的八思巴文碑（譯有漢文）。其中清康熙二十五年（1686）的御碑最大，其石采自北京西山，重約65噸，其碑亭亦最高大輝煌。

范公亭

在今山東青州西門外陽河畔。北宋慶曆年間（1041—1048）政治家、文學家青州知府范仲淹建。亭爲木結構，六角攢尖布瓦頂，朱柱飛檐，古樸大方。范仲淹任青州知府時，居官清廉，勤政愛民，造福百姓。相傳當時陽河邊忽涌醴泉，范仲淹遂建亭泉上，後人因紀念范公，稱之爲范公亭。明代又在亭後建三賢祠，

以奉宋代青州三任名知府：范仲淹、歐陽修、富弼。祠後又建亭，取范仲淹《岳陽樓記》中名句“先天下之憂而憂，後天下之樂而樂”之意，名爲“後樂亭”。《明一統志·廣德州》：“范公亭，在州舊司理廳東南。宋范仲淹嘗爲廣德司理，治獄廉平，作亭於此。時引囚訪問，皆得其情，後人因以范公名之。”

南浦亭

在今江西南昌沿江路撫河橋附近。據《豫章記》載，亭與勝王閣興建略有先後，即唐永徽四年至顯慶四年（653—659）前後。唐王勃作《滕王閣序》時，“南浦飛雲”已蔚爲一景，故詩中有“畫棟朝飛南浦雲”之句。南浦亭始爲迎送客人休息之用。唐白居易在《南浦别》詩中有“南浦淒淒别，西風裊裊秋。一看腸一斷，好去莫回頭”之句。後改爲館驛，專爲接待官員之用。南宋文天祥《登南浦亭》詩云：“半生幾度此登臨，流落而今雪滿簪。南浦不知春已晚，西山但覺日初陰。誰憐龜鶴千年語，空負鵬鷗萬里心。無限故人簾外雨，夜深如有廣陵音。”現已納入滕王閣公園。

龍沙亭

在今江西南昌德勝門外的龍崗上，北壇沿江處。唐代名清風亭，始建年代不詳。明萬曆年間（1573—1620），江西布政使吳獻臺、陸長庚移地重建。據《太平寰宇記》載，該地“洲北七里一帶，江沙甚白而高峻，左右居人時見龍迹”，故稱龍沙，亭亦名龍沙亭。每當陽光照射在蜿蜒起伏的沙丘上，沙泛銀光，氣影游動，若游龍起伏。每當夜晚，月照沙龍，朦朧神秘，景色益佳。“龍沙夕照”爲“豫章十景”之一。有詩曰：“曉風度疏松，琳琅動仙闕。迴波滚明

沙，錯認地上月。""自是江南多勝概，此中風景世應稀。"

吏隱亭

亦稱"梅仙亭"。在今江西南昌西湖西南，與孺子亭對峙。建於明萬曆三十五年（1607）。爲紀念西漢南昌尉梅福，明代南昌知府盧廷選創建此亭。梅福，字子真，西漢人，官至南昌尉。尉是西漢時期的地方官職，負責地方治安。後弃官，先後在梅嶺、岱山（今青雲浦）等地隱居。南宋紹興二年（1132），被封爲"吏隱真人"，因此亭名"吏隱亭"。後人有詩贊曰："疏草孤忠扶赤漢，湖雲千載擁丹青。"因東漢高士徐孺子（徐稚）追慕梅福之高節，故後人於梅福宅、吏隱亭側修建了孺子宅和孺子亭。明萬時華《吏隱亭》詩："橋水東西孺子鄰，當年任隱各全身。"

【梅仙亭】

即吏隱亭。此稱明代已行用。見該文。

孺子亭

又稱"高士亭"。在今江西南昌西湖南岸。明嘉靖年間（1522—1566），徐樟爲奉祀其祖先徐稚，於高士祠北建孺子亭。萬曆年間，知府盧廷選於湖中四周壘石，環護亭基。1930年重修。徐稚（79—168），字孺子，豫章南昌（今江西南昌）人，東漢隱士。家境貧窮，常親自耕稼。官府多次徵召，皆不仕。陳蕃、胡廣等上疏舉薦，桓帝備厚禮徵召，終不出仕，時有"南州高士"之稱。王勃《滕王閣序》中有"人傑地靈，徐孺下陳蕃之榻"句，寫的是東漢豫章太守陳蕃，不接待賓客，唯敬徐稚高風，且專爲徐稚設一榻，表示隨時歡迎他來作客。"徐亭烟樹"（又稱"徐亭烟柳"）向爲"豫章十景"

之一。1930年重修時建有碑亭。亭旁有孺子宅。1982年改建爲孺子亭公園

【高士亭】

即孺子亭。此稱明代已行用。見該文。

烟水亭

原稱"浸月亭"。在今江西九江甘棠湖中。始建於唐元和十一至十三年（816—818）。相傳這裏爲漢末東吳都督周瑜的點將臺舊址，唐代詩人白居易貶爲江州司馬時，建亭其上，并因其《琵琶行》詩中有"別時茫茫江浸月"之句，亭亦稱"浸月亭"。北宋熙寧年間（1068—1077），理學家周敦頤來九江講學，其子在甘棠湖堤上建樓築亭，取"山頭水色薄籠烟"之意，名爲"烟水亭"。明嘉靖前，兩亭俱毀。明末在浸月亭舊址上重建，并名之爲烟水亭，二亭合一，稱至今。清咸豐三年（1853）又毀，清末重修。現存亭附近尚有石劍匣兩座，純陽殿、翠照軒、五賢閣、亦亭、鏡波樓等。1972年全面整修，并建曲橋一座，自湖畔蜿蜒接於亭上，以便游人觀賞。

【浸月亭】

即烟水亭。此稱唐代已行用。見該文。

琵琶亭

在今江西九江區西北長江之濱。唐李渤因白居易《琵琶行》名詩而創建。唐元和十年（815）白居易左遷九江郡司馬。司馬是唐代在州或郡下設置的幕僚官職，專以安排貶謫或閑散人員，并無實權。這次貶謫，在白居易的政治生活和創作生活中，是一個較大的轉折點。這之後，他早年政治生活中的銳氣已大爲減退，祇想爲任一方，不願在朝，竭力避開當時的政争，希圖遠禍而自保。在他的詩作

中，那種極言直諫的靜臣風采逐漸消失，"樂天知命"消極感傷的情緒油然而生，由元和諫官一變而爲"香山居士"和"醉吟先生"。《琵琶行》就是他被貶江州司馬的次年，送客湓浦口，因聽到鄰舟琵琶聲而引發的故事與感慨。琵琶亭自唐代創建以來，幾經興廢，到清乾隆年間（1736—1795）重修後，咸豐年間（1851—1861）又遭兵毀。1989年又重建，亭在九江長江大橋東側，背依長江，與潯陽樓、鎖江樓連成一綫，占地 3300 平方米，成爲一處仿唐代園林式建築。

御碑亭

又稱"白鹿升仙臺"。在今江西九江南廬山仙人洞西北的錦綉峰上。明太祖朱元璋立碑并蓋碑亭。亭內碑通高 4 米，碑文爲明太祖所書"周顛仙人傳"。石門上刻寫對聯兩副："四壁雲山九江棹，一亭烟雨萬壑松"；"故從此處尋踪迹，更有何人告太平。"相傳，朱元璋與陳友諒大戰鄱陽湖時，有一名爲周顛的和尚在南昌行乞，口唱太平歌，宣傳朱元璋"做皇帝定太平"。朱元璋得知後，便邀周同行。在攻南京渡江時，風雨大作，兵馬不能前。周顛便立於船頭，向天呼叫，遂風平浪静。後僧辭歸，問其住所，答曰："我乃廬山竹林寺僧也。"朱元璋建都南京後，遣使到廬山，不見周顛，傳言其已在此乘白鹿升天。朱元璋即立碑建亭，以紀其事。《江西通志·古址·九江府》："御碑亭，《廬山志》：'在白鹿升仙臺南，桑疏御碑亭以奉安，太祖御製。'"

【白鹿升仙臺】

即御碑亭。此稱明代已行用。見該文。

寶豐寺石亭

在今江西靖安縣寶豐鎮寶珠峰。是唐代馬祖道一道場所在地靖安寶豐寺內遺構。亭爲石構，梁上刻有"聖宋元月，歲次乙丑囗，五月癸巳朔，廿八日庚午，琢玉重新造"。北宋乙丑年共三個，其一是宋太祖乾德三年，爲公元 965 年。其二是宋仁宗天聖三年，爲 1025 年。其三是宋神宗元豐八年，爲 1085 年。因此，石亭應建於北宋乾德三年至元豐八年（965—1085）之間，是研究宋代石建築的寶貴資料。塔亭內藏有馬祖舍利。

龍亭

亦稱"萬壽亭"。在今河南開封西北隅。這裏原爲宋代皇宮後御苑的一部分。亭所居之高臺，是明代周王府花園的土山，因堆放煤炭，故名煤山。清康熙三十一年（1692），在煤山舊址建萬壽亭，每逢皇帝誕辰，文武官員至此朝拜。康熙三十四年（1695），纂修《開封府志》時，稱煤山爲龍亭山，龍亭之名始稱。現已建爲龍亭公園。龍亭景區三面環水，加上每年舉辦一次菊花盛會，龍亭遂成爲開封之象徵。

【萬壽亭】[2]

即龍亭。此稱清代已行用，爲舊稱。見該文。

先月亭

在今湖北武漢武昌東郊東湖西岸南端伸向湖中的長堤上。取宋代蘇麟"近水樓臺先得月，向陽花木易爲春"之意而得名。亭爲鋼筋水泥仿木石結構，係現代仿古建築。建於高 0.9 米的平臺上，高約 10 米，底徑 13.6 米，重檐八角攢尖琉璃瓦頂，紅色柱間置欄杆望柱。三面環水，碧柳倒映，水天相接，上下輝映，壯麗奪目。明王世貞《弇州四部稿》續稿卷一："居一歲死，葬之先月亭後土岡叢條下。"《佩文齋書畫譜》卷八六："中丞築園西廊，先月亭故址有茂林清池，虛亭敞閣以延攬烟月。"

留雲亭

亦稱"達摩亭"。在今湖北武漢江夏區長江南岸的槐山頂部，這裏傳說爲菩提達摩"一葦渡江"處，故初名達摩亭。亭始建年代無考，明代重修。因亭内詩碑刻有"昔有黄鶴在汝南，城遷一去不復返。此處空餘亭春秋，白雲千載留槐山"而易爲今名。1949 年後曾有修葺。亭爲木石結構，二層六角攢尖頂，通高 15 米，底層除正面外，均置護欄。菩提達摩，簡稱達摩，本名菩提多羅，南天竺國國王第三子。幼年拜釋迦牟尼的大弟子迦葉的後裔般若多羅爲師，是天竺高僧。秉承師訓，於南朝梁武帝普通元年（520），來到中國，抵達南海（今廣東廣州）。梁武帝蕭衍派人專程迎達摩至金陵（今江蘇南京）。其因與梁武帝見解不合，遂離開金陵渡江北上。相傳梁武帝見達摩離去，很懊悔，便派人追趕。達摩正走到江邊，忽見一隊人馬趕來，便隨手折蘆葦一枝，擲於江中，脚踏蘆葦渡江北去，這便是著名的"一葦渡江"故事。達摩渡江進入北魏境内，在洛陽、嵩山一帶游歷并傳授禪法。最後止於嵩山少林寺，面壁九年而坐化。他傳法於慧可，成爲中華禪宗之初祖。唐代宗賜謚號"圓覺禪師"。

【達摩亭】

即留雲亭。此稱據傳說當在南北朝時期已行用，爲舊稱。見該文。

雙鳳亭

在今湖北黄陂城東魯臺山上。爲紀念北宋著名理學家程顥、程頤而建。相傳程母曾夢雙鳳投懷而生二程，故名雙鳳亭。亭原在縣城，明天順七年（1463）重建於魯臺山麓之二程祠内。清康熙五年（1666）移建今址。道光二十三年（1843）被大風颳倒，二十八年重建。亭高 10 米，三層重檐六角攢尖頂，覆布瓦。上層梁架兼用楠木和樟木，底層梁柱枋均爲石料。亭中立石砌方形碑閣，四面嵌建亭碑記，碑額刻"雙鳳朝陽"及人物故事。亭正面懸郭沫若手書"雙鳳亭"匾額。程顥（1032—1085），北宋哲學家、教育家，字伯淳，洛陽人。神宗時爲太子中允監察御史。提出"天者理也"，"只心便是天，盡之便知性"的哲學命題，認爲"天"即理，即心，"天人本無二"，"天地之用，皆我之用"。是典型的唯心主義者。程頤（1033—1107），程顥弟，北宋哲學家，字正叔。宋哲宗時曾任崇政殿説書。他認爲"道是形而上，氣是形而下"，其學以"窮理"爲主，認爲"天下之物皆能窮，只是一理"，"一物之理即萬物之理"。兄弟倆哲學思想相近，世稱"二程"，曾就學於周敦頤，同爲北宋理學的奠基者。他們的哲學學説被南宋的大哲學家朱熹集大成而發展，形成我國古代最有影響的哲學學派之一，世稱"程朱理學"，或"程朱學派"。由於封建統治者的大力提倡，"程朱理學"長期保持着思想上的統治地位。程顥兩兄弟也爲歷代學人所尊崇。

九曲亭

亦稱"最樂亭""懷坡亭""懷蘇亭"。在今湖北鄂州西山九曲嶺。據《湖北通志》載：原"爲孫吳遺迹……其旁則元結陂湖也"。宋代蘇軾重建九曲亭，其弟蘇轍作記。元泰定年間（1324—1328）復修，更名"最樂亭"。明嘉靖年間再重修，更名"懷坡亭"。明崇禎年間（1628—1644）又修，更名"懷蘇亭"。清康熙三十年又重修，仍名"九曲亭"。同治十年（1871），提學張之洞重建。1949年後亦有修葺。亭爲四角重檐攢尖琉璃瓦頂，平面呈方形，用柱十二根，額枋飾各種圖案彩繪。亭內壁板書蘇轍《九曲亭記》，正面柱有蘇軾所書楹聯："憶從樊口載春酒，步上西山尋野梅。"宋祝穆《方輿勝覽》卷二八："九曲亭，蘇子由序：'子瞻遷于齊，安無名山，而江之南武昌諸山中有浮屠精舍，西曰西山，東曰寒溪。適西山行于羊腸九曲而獲少平，乃營亭。而西山之勝始具。'"

【最樂亭】

即九曲亭。此稱元代已行用，爲舊稱。見該文。

【懷坡亭】

即九曲亭。此稱明代已行用，爲舊稱。見該文。

【懷蘇亭】

即九曲亭。此稱明代已行用，爲舊稱。見該文。

車蓋亭

亦稱"太白亭"。在今湖北安陸西北15公里的涢水西岸。亭爲石料鑿成，平面近於方形。上下爲"工"字形。頂部邊長約6米，高1.2米。腰周内束約1米，高0.8米。底部邊長8米，高2米。據《安陸縣志》載，魏文帝曹丕曾於此留下"西北有浮雲，亭亭如車蓋"之詩句，故亭名"車蓋亭"。相傳唐代李白常與友人在此下棋，故此亭又名"太白亭"。北宋蔡確曾登此亭并作《夏日登車蓋亭》，引發詩案。《湖北通志》載："蔡持正守安州日，作《車蓋亭》十絶句，後成詩獄。"

【太白亭】

即車蓋亭。見該文。

魯班亭

亦稱"衆生塔"。在今湖北黄梅城西四祖寺西北的破額山腰。全部用石料仿木結構建成。高約8米，六角攢尖頂，每邊寬2米，平面呈六角形。亭内柱作六棱形，南面設門，其餘各面均設球紋斜格眼窗。檐下石雕斗拱，頂部鋪圓和的石板代瓦，頂端置蓮鉢、寶珠刹頂。亭内正中建橢圓球狀小石塔。據傳此亭係春秋末期魯國著名工匠魯班所修，故名。亭整體造型獨特，介於亭與塔之間。用材豐碩，具有宋代早期建築風格。

【衆生塔】

即魯班亭。此稱多行用於現當代。見該文。

秋風亭

在今湖北巴東城中的高岡上。北宋太平興國三年（978），寇準任巴東縣令時創建。南宋乾道五年（1169）後，隨縣城從江北遷於今址。明末及清康熙、嘉慶、同治等均有修葺。亭爲木石結構，高20餘米，兩層，四角攢尖頂。據記載，寇準任巴東縣令時在江北舊縣城曾修建二亭，即白雲亭和秋風亭，白雲亭已毁，僅存此亭。南宋詩人陸游曾兩次來此，并留下詩作："寇公壯歲落巴蠻，得意孤亭縹緲間。常依曲欄貪看水，不安四壁怕遮山。遺民雖盡猶能説，老令初來亦愛閑。正使官清貧至骨，未妨留客聽潺潺。"從中可知當時的秋風亭四壁虚敞，四面均有欄杆可憑，高峻清爽，游人常至。宋祝穆《方輿勝覽》卷六："秋風亭，汪綱柱記秋風亭：'辛幼安曾賦詞膾炙人口，今廢矣！予即舊基面東爲亭，復創數椽於後。'"

愛晚亭

原名"紅葉亭"，又稱"愛楓亭"。在今湖南嶽麓山嶽麓書院後面清風峽的小山上。始建於清乾隆五十七年（1792），嶽麓書院山長羅典創建。清代學者畢沅來院，更名"愛晚亭"，取唐代詩人杜牧《山行》中"停車坐愛楓林晚，霜葉紅於二月花"之句而命名。亭爲二層，重檐四角攢尖頂，平面呈方形，四周有迴廊，柱間置欄杆，額枋飾彩繪，前有石階踏磴可供出入。四周皆爲楓林，春來青翠接荒陌，秋深楓葉紅滿山。清光緒、宣統年間，湖南高等學堂監督程頌萬將張南軒、錢南園游山七律詩刻於亭中方石上，題曰"二南詩刻"。亭前石柱上刻有楹聯："山徑晚紅舒，五百夭桃新種得；峽雲深翠滴，一雙馴鶴待籠來。"亭右有清風橋，橋下爲蘭澗小溪。1952 年重新修葺後，朱欄藻井，煥然一新。毛澤東親題匾額"愛晚亭"。

【紅葉亭】

即愛晚亭。此稱清代已行用。見該文。

【愛楓亭】

即愛晚亭。此稱多行用於現當代。見該文。

雙清亭

亦稱"攬翠亭""登雲閣""江山亭""俯影亭""亭外亭"。在今湖南邵陽北雙清公園內。據《明一統志》載，亭建於宋代。元代稱"攬翠亭"，別名"登雲閣"。明洪武初，鎮撫姚士真題"江山"二字於其上，故又稱"江山亭"。明景泰年間湖南巡撫李賓游此，又題名"俯影亭"，後廢。清初更名"亭外亭"。現存爲清光緒三十四年（1908）寶慶知府潘清主持重建。因資、邵二水匯於其下而得名。歷代均有修葺，但規模無變。亭係木結構，重檐四角歇山布瓦頂，平面呈正方形，面積 54 平方米。亭由八根木柱分內外兩圈支撐亭頂。檐下斗拱承托，柱飾雀替，雕刻華麗。四面虛敞，柱間置欄杆坐凳，游人可憑眺休息，亦可俯瞰水中輕舟。清代魏源有"嶼扼雙流合，江涵一廊烟"的詩句。由於亭與對河之北塔遙遙相對，故又將清末邵陽東山寺書院山長徐小松所題楹聯"雲帶鐘聲穿樹去，月移塔影過江來"懸於亭柱上。亭旁尚有登雲閣，右有攬翠亭，還有明清石碑各一通。

【攬翠亭】

即雙清亭。此稱元代已行用，爲舊稱。見該文。

【登雲閣】

即雙清亭。此稱元代已行用，爲舊稱。見該文。

【江山亭】

即雙清亭。此稱明代已行用，爲舊稱。見該文。

【俯影亭】

即雙清亭。此稱明代已行用，爲舊稱。見該文。

【亭外亭】

即雙清亭。此稱清代已行用，爲舊稱。見該文。

浴日亭

亦稱"拱日亭"。在今廣東廣州黃埔區廟頭村南海神廟西側黃木灣水邊的章丘岡上。單檐歇山布瓦頂，平面呈正方形，每面用柱四根，共十二根木柱承托亭頂。穿斗與抬梁混合式結構。明洪武二年（1369）更名"拱日亭"。根據北宋蘇軾有《登浴日亭觀日出》詩推斷，此亭應建於宋或宋以前。據蘇軾詩中"坐看暘谷浮金暈，遥看錢塘涌雪山"的描繪，北宋時這裏應是水面遼闊，烟波浩渺，登亭可觀日出，遠眺可望山色，海天一色奇觀盡收的地方，故這裏的"扶胥浴日"被稱爲"羊城八景"之一。現亭内尚存清代廣州知府留筠所勒蘇軾詩之石碑和明代學者陳白沙步蘇軾詩韵而題的詩之真迹石刻。《廣東通志·山川志·廣州府》："在南海神廟前，廟西有小丘屹立，上建浴日亭。"

【拱日亭】

即浴日亭。此稱明代已行用。見該文。

遥參亭

亦稱"遥參門"。在今山東泰安岱廟正陽門外，實爲岱廟一道門户。因古代帝王封禪泰山均先在此瞻拜而得名。現存爲明代擴建，丹垣周匝，門前有三門三樓四柱"遥參"石牌坊，左右有石獅、旗杆石各一對。院内正殿五間，歇山黄琉璃瓦頂，殿前有露臺，原有鐵鑄供具。殿東西兩側各有廊廡三間，布局緊凑，與岱廟協調一致。《山東通志·古址志·濟南府》："遥參亭，在岱嶽廟前。"《皇朝文獻通考·玉禮考十四》："慎勿自幹嚴譴也，將此通喻知之。駕至遥參亭。"

【遥參門】

即遥參亭。見該文。

鳳凰亭

原名"菊坡亭"。在今廣東廣州的鳳凰山上。建於南宋，是爲紀念南宋名相崔與之而建。據記載，鳳凰山原名春崗，相傳北宋熙寧七年（1074）有鳳凰集其上，久久不肯離去，故更名鳳凰山。翌年又於山上建鳳凰臺。南宋理宗趙昀將山賜給丞相崔與之，并賜名"菊坡"。《宋史·崔與之傳》："崔與之字正子，廣州人……端平初，帝既親政，召爲吏部尚書，數以御筆起之，皆力辭……繼而授端明殿學士、提舉嵩山崇福宫，亦辭，俄授廣東經略安撫使兼知廣州。"又："嘉熙三年，乃得致仕，以觀文殿大學士提舉洞霄宫。自領鄉郡，不受廩禄之入，凡奉餘皆以均親黨。薨時年八十有二，遺戒不得作佛事。"著有《菊坡集》。因其晚年居於故鄉鳳凰山下，其死後，人們便把鳳凰臺改建爲菊坡亭，遂成爲歷代名流學者游覽、聚會和吟詩作賦的地方。中華人民共和國成立前，菊坡亭因年久失修，破敗不堪。1949年後重建，并定名爲"鳳凰亭"

【菊坡亭】

即鳳凰亭。此稱宋代已行用，爲舊稱。見該文。

遠覽亭

在今廣東陽山城北的賢令山上。明萬曆二十五年（1597）建，崇禎五年（1632）易爲磚柱。此後屢有修茸。亭爲四角歇山頂，平面呈方形，面積約9平方米。相傳唐代大文學家韓愈任陽山縣令時曾於此讀書，并手書"遠覽"二字，亭因此而得名。《新唐書·韓愈傳》："韓愈字退之，鄧州南陽人……愈自知讀書，日記數千百言，比長，盡能通《六經》、百家學。"又："德宗怒，貶陽山令。有愛在民，民生子多以其姓字之。"因此，人們在這裏建亭并有許多勝迹，表達對韓愈的熱愛。明弘治十二年

（1499），連州知州曹鎬等還將韓愈的半身畫像鐫刻於石置於亭内。在亭旁流過的山泉岸邊的巖石上刻有韓愈的《遠覽》詩一首："所樂非吾獨，人人共此情。往來三伏裏，試酌一泓清。"亭後有一巖洞，稱"游息洞"，洞口上方刻"韓文公讀書處"。洞内外巖石上刻滿了歷代游客觀瞻韓愈刻像和讀書臺的抒懷詩文和題記。

燕喜亭

在今廣東連州市區東。唐貞元年間（785—804）創建。亭爲四角攢尖黄琉璃瓦頂，平面呈方形。亭後依巾峰山，前有海陽湖，周圍流泉瀑布，异洞奇石，清水翠木，景色宜人，是育人講學的好所在。唐代文學家韓愈曾爲之作記，勝名傳於後世。唐代文學家元結、劉禹錫及北宋哲學家周敦頤等，均曾游歷至此和講學。亭屢經興廢仍保留原來風貌。《明一統志·廣東布政司》："燕喜亭，在連州城内，唐韓愈記其略……"《廣東通志·名宦志一》："十三年以吏部員外郎謫連州司户參軍，在官如在家，政暇闢北山地爲燕喜亭，韓愈爲之記。"

方飯亭

在今廣東海豐五坡嶺上。明正德十年（1515）建。亭通高9米，重檐八角攢尖頂，平面呈八角形。包括亭、臺基、石階三部分，占地總面積960平方米。亭内後側又置高3.9米的廡殿頂小石亭一坐。亭内有南宋名將文天祥畫像及衣帶銘記碑。亭前竪有"一飯千秋"碑一通。亭柱上鐫刻楹聯："熱血腔中只有宋，孤忠嶺外更何人。"亭前山坡上原還建有表忠祠和忠義牌坊，現已無存。據記載，南宋降元後，文天祥與陸秀夫等擁立益王趙昰於福州，拜右丞相。至江西，收復州縣多處。景炎二年（1277）退入廣東。景炎三年十二月，文天祥從潮陽轉戰到海豐縣以北五坡嶺，軍隊正在吃飯時，遭到元將張弘範騎兵的突襲，不幸被俘。張弘範命其爲書招降張世傑，他遂作《過零丁洋》詩與張，留下了"人生自古誰無死，留取丹心照汗青"的千古絶唱。因誓死不屈，被囚禁四年後，於元至元二十年（1283）十二月在元大都（今北京）柴市口從容就義。方飯亭即爲紀念這位民族英雄而建。《廣東通志·古址志·廣州府》："方飯亭，在五坡祠後，有文天祥、甘公亮記，明知縣張濟時建。"

祭鰐亭

亦稱"鰐渡秋風亭""鰐渡亭"。在今廣東潮州湘橋區城北河堤中段。始建年代不詳，當在韓愈謝世前後。爲紀念唐代大文學家韓愈任潮州刺史時祭鰐之事而建。亭爲石築，重檐四角攢尖頂，周置護欄，亭前建祭鰐臺。亭中竪鰐魚坐巨碑，碑陽鐫《重修鰐渡亭碑記》，碑陰刻《祭鰐魚文》。"鰐渡秋風"爲"潮州八景"之一。參見本卷《堂殿楼説·臺考》"祭鰐臺"文。

【鰐渡秋風亭】

即祭鰐亭。此稱約在唐代之後行用。見該文。

【鰐渡亭】

即祭鰐亭。此稱約在唐代之後行用。見該文。

南海北涌亭

在今廣東廣州南海區里水鎮新聯村。始建於南宋咸淳年間（1265—1274），明弘治十八年（1505）重建。清咸豐六年（1856）、光緒九年（1883）重修。亭通高9米，通面闊7.53

米，通進深 7.13 米，平面近似正方形。重檐歇山頂，覆灰砂磘筒瓦，綠琉璃瓦剪邊，正脊飾灰塑捲草紋和鴟毛吻獸。亭身由金柱四根和檐柱四根支撐，共八柱。金柱爲木柱，粗約 41 厘米。檐柱爲八角石柱，粗約 35 厘米。下檐出檐深廣，檐下用三抄六鋪作斗拱，每面鋪間斗拱三朵。上檐出檐較短，檐下用雙抄一昂（假昂）六鋪作斗拱，每面鋪間斗拱一朵。四角施轉角斗拱。造亭法則除依照宋《營造法式》尺度外，在木構細部處理上，具有鮮明的地方色彩，采用嚴謹的"廣府式"大式木構架。是廣東省内保存較好、罕見的明代古亭。

西湖湖心亭

亦稱"振露亭""清喜閣"。在浙江杭州西湖中央。初名"振露亭"，又稱"清喜閣"。始建於明嘉靖三十一年（1552），明萬曆後始稱湖心亭。現存亭爲 1953 年重建。亭爲重檐四角攢尖黄琉璃瓦頂，平面呈四方形。小於三潭映月，大於阮公墩，三者合稱"湖中三島"。湖心亭稱"蓬萊"，三潭映月爲"瀛州"，阮公墩謂"方丈"。湖心亭是三島中最早營建之島，清代稱"湖心平眺"爲"西湖十八景之一"。宋元時曾建有湖心寺，後傾圮。明代知府孫孟建振露亭，後改"清喜閣"。清乾隆帝在亭上題匾額"靜觀萬類"及楹聯"波涌湖光遠，山催水色深"。島南有石碑。明胡來朝《湖心亭柱銘》："四季笙歌，尚有窮民悲月夜；六橋花柳，渾元隙地種桑麻。"昔人有詩："百遍清游未擬還，孤亭好在水雲間。停闌四面空明裏，一面城頭三面山。"

【振露亭】

即西湖湖心亭。見該文。

【清喜閣】

即西湖湖心亭。見該文。

東坡亭

在今廣西合浦縣城内。始建年代不詳。清乾隆四十一年（1776）重建東清樂軒和西長春亭，不久毁圮。道光二十五年（1845）修復，咸豐元年（1851）增建。1984 年重修。亭分前後兩座，四周迴廊，重檐歇山頂，磚木結構。相傳這裏是北宋元符三年（1100）蘇軾自昌化至廉州的居住遺址。亭内有乾隆年間（1736—1795）關槐摹刻的蘇文忠公圖像、《清樂軒長春亭記》《重修蘇文忠公遺址碑記》等十餘通碑刻。亭左有傳爲蘇軾所鑿的東坡井。清康基田《蘇公遺迹記》："廉人以東坡名其亭與井，愛公猶是也。"

海角亭

在今廣西合浦縣城。始建於北宋景德年間（1004—1007）。因元代海南海北道肅政廉訪使范椁《重修海角亭記》載："欽廉僻在百粤，距中國萬里而遠。郡南皆岸大洋，而廉又居其折，故曰海角也。"故名"海角亭"。現存之亭爲明隆慶年間（1567—1572）重建。分前後兩進，前爲門樓，後爲亭。亭爲磚木結構亭閣式，重檐歇山頂，前後敞開，四周迴廊，平面呈正方形。亭前柱有楹聯："海角雖偏，山輝川媚；亭名可久，漢孟宋蘇。"亭内懸北宋大文學家蘇軾親題"萬里瞻天"匾額。亭内四壁鑲《重修海角亭記》《重修海角亭碑記》以及陶弼、張昭美詩刻等宋、元、明、清碑刻十一通。據記載，此亭是爲紀念漢代合浦郡太守孟嘗而建。亭臨大海，登亭可聽潮汐濤聲，亦可觀百舸争流。《大清一統志·廉州府》："海角亭，舊在合浦縣西南半里，明隆慶中遷于廉江西。"《廣東通志·古址志·廣州府》："海角亭，舊在城西南半里，明成化間僉事林錦移城西，嘉靖間僉事翁溥移府治西南，隆慶間僉事張士純遷廉江西。"

浮金亭

在今廣西藤縣城北流河畔。宋初建於藤縣東山山麓，後遷於今址。亭爲磚木結構，六角攢尖布瓦頂。關於亭名之由來，向有二説。一説是因亭前有北流河，每當月明夜，月光映河水，浮起金鱗無數，故名。二説是因北宋狀元馮京省親，過北流河（或稱綉江）擲金杯於水而不沉，後人建亭以紀其事，曰浮金亭。北宋文學家蘇軾被貶儋州（今海南儋州市），獲免北歸時，從北流河乘木筏至鐔津（今廣西藤縣），曾與知州徐疇父子同游此亭，并作《浮金亭戲作》長詩。

天涯亭

在今廣西欽州市欽州人民公園内。亭爲石柱木構架，六角攢尖琉璃瓦頂。高 5 米，每邊長 2.5 米。亭南北兩面檐下各懸"宋迹三遷"和"天涯亭"木製匾額。亭北面 3 米處，有田漢於 1962 年所題詩石刻一方，詩曰："運河滾滾入湖來，没字危亭草滿階。詞客分明懷故土，欽州何必是天涯。"據傳亭爲北宋慶曆年間知州陶弼創建。因"欽地南臨大洋，西接交趾（今越南），去京師萬里，故以天涯名，與合浦之稱爲海角者一也"，故名"天涯亭"。又因亭初建於城東平南古渡頭，明洪武五年（1372）同知郭傛遷址城内東門口重建。1935 年又遷今址，故又謂"宋迹三遷"。清杜臻《粤閩巡視紀略》卷一："死者四人，兩人屍不可得蓋，爲蛟鱷所噬矣，止欽州，登天涯亭閱州治。"《廣東通志·古址志·廣州府》："天涯亭，在州東門月城上，宋建，明洪武五年同知郭傛修。"

敦篤亭

在今海南海口靈山鎮福同村。清宣統三年（1911）居越南華僑鍾錦泉建，以宣導"布德行慈，博施濟衆"。亭坐東面西，平頂四角十二石柱樓臺式。亭門懸康有爲手書"敦篤亭"匾額。門兩側有對聯一副："布德行慈，福田有種，仁者必壽；博施濟衆，明出月胎，才子克家。"亭門額刻有康有爲的百字撰文，亭内正中四合式石碑上陰刻廣東清末探花商衍鎏的千字贊文。亭内石柱上還有鍾實欽所題對聯。

郭母亭

全稱"郭母李太夫人暨王夫人紀念亭"。在今海南文昌文城公園内。1936 年建，爲紀念李太夫人與王夫人在艱難的環境中把愛國華僑富豪郭巨川、郭鏡川撫養教育成人，稱富南洋，并對國民革命和社會公益事業鼎力資助，作出重大貢獻的功德而建。此亭最突出的是石刻衆多，堪稱近代碑林書叢。其中有馮河清撰文的紀念亭記，國民政府題頒郭、王氏的國民黨元老林森題詞，李宗仁題詞，馮玉祥、張學良二將軍題詞和高級官員、社會名流陳立夫、邵力子、孫科、居正、馬叙倫、蔣廷黻、許崇清等人的題詞。還有國民黨元老孔祥熙、于右任、林森及著名人士覃振、陸桂芬、王國憲、陳樹人等題贈的楹聯碑刻，薈萃了近現代名人的書法藝術珍品。

古甕亭

亦稱"大公亭""觀雨亭"。在今四川邛崍市公園内。始建於唐，現存爲明代重建。清康熙三十五年（1696），知州戚延裔重修浚池，種蓮池中，周植桃柳，更名"大公亭"。乾隆、嘉慶、光緒年間多次修葺。亭通高 8.5 米，八角攢尖布瓦頂，平面呈八角形，每邊長 3.2 米，檐柱和内柱均有側角，留有元明遺風。據記載，亭原爲唐代駐邛州節鎮餞别宴會的水榭。晚唐唐求《邛州水亭夜宴送顧非熊之官》詩對此亭有"寂寞邛城夜，寒塘對庾樓"的描述。據清嘉慶《邛州志·古迹》載："甕亭，州治西。明時池中掘得二甕，大可容五石。色如漆，弇口宏腹，足有籀文，皆貯五銖錢，乃卓氏宅址。州人因建亭以藏之，名甕亭。"1936 年，荷池闢爲公園，修繕古甕亭，改圓柱爲六棱梅花柱，周圍置欄杆。

【大公亭】

即古甕亭。此稱清代已行用。見該文。

【觀雨亭】

即古甕亭。此稱多行用於現當代。見該文。

翼王亭

在今四川石棉城西北隅大渡河南岸的石公山上。1942 年石棉縣各界與在此修築川滇公路石棉段的工程部門，爲紀念太平天國著名將領翼王石達開而建。亭爲木結構，高 4 米，單檐六角攢尖頂。亭後有《翼王亭記碑》，高 1.4米，寬 0.73 米。碑文記述了建亭的始末，追述了石達開的功業及贊頌情懷。亭内外還有紀念石達開的各種碑刻二十餘通。1949 年後亭和碑一度被毀，20 世紀 80 年代初重修亭後，碑刻等也都恢復。

景真八角亭

在今雲南勐海城西 14 公里的景真山上。始建於清康熙四十年（1701），1978 年重修。是一座亭塔結合的磚木建構。高 15.42 米，寬 8.6米。由座、身、頂三部分組成。座爲折角"亞"字形磚砌須彌座。身爲多角的磚砌墙，四面開門，墙面内外抹淺紅色泥皮，鑲各種彩色玻璃，并用金銀粉印出各種花卉、動物、人物圖案。頂爲木結構，呈錐形多層屋檐，面鋪平瓦，如魚鱗覆蓋。屋脊上有各式傳統花鳥、陶器紋飾。檐繫銅鈴，刹杆裝有花卉圖案銀片。是一座華美的傣族建築。

難老泉亭

在山西省太原市晋祠水母樓前，與不繫舟亭、真趣亭等組成一組園林建築群。因建於難老泉上而得名。亭創建於北齊天保年間（550—559）。明嘉靖年間（1522—1566）重建。亭爲八角攢尖深青色琉璃瓦頂，頂端置寶頂，垂脊置垂獸，通高 8 米餘，每面面闊 2.8 米，平面呈八角形。由八根高約 3.2 米、直徑約 0.4 米的圓柱支撑，柱下置下檻，柱頭置斗拱，在柱頭斗拱上又置角梁，角梁後尾上斜，在亭中心頂部插入雷公柱内，柱頭兩側檐枋和平板枋稍有伸出，形成"丁"字形裝飾，每面平板枋上又置補間斗拱二朵，穩重而華麗。紅色圓柱與梁架配上彩畫和多彩琉璃瓦頂，蒼古而華美。

真趣亭

在山西省太原市晋祠不繫舟亭東北方。建於 1919 年，係仿清式古建築。亭高約 6 米，單檐歇山布瓦頂，正脊吻獸相背而置，垂脊置垂獸。平面呈矩形，面闊三間，進深一間，總面闊 4.5 米，明間約 2.5 米，次間約 1 米。

不繫舟亭

在山西省太原市晋祠水母樓前的不繫舟上。不繫舟位於難老泉東面，建於 1930 年，它三面臨水，東西長約 6 米，南北寬約 3.2 米，東端圓中帶尖似花瓣形舟頭，西端爲方形，正中設出入口，其餘部分安裝高約 0.6 米的石欄板，欄板向舟頭方嚮漸漸升高，平面酷似船形。舟頭正中設有石雕龍頭。舟上建有仿清式小亭，即不繫舟亭。亭通高約 4 米，捲棚歇山布瓦頂，由四根圓柱構成矩形平面，東西寬約 2.7 米，南北寬約 2 米，戧脊向下微曲後又慢慢向上翹起，翼角上揚，舒展大方。柱間置花牙子雀替，造型輕盈，色彩淡雅，是晉祠一組突出的景點建築。

第二節　榭　考

建於高臺上的木構敞屋謂之榭，其特徵爲祇有楹柱而無墻壁，是我國古代建築中木構單體建築之一種。最初的榭是建在臺上的木屋，而臺的起源又很早，故而榭的始建應在與臺的同時或稍晚的商周時期。到漢代臺被淘汰後，榭作爲一種獨立的建築形式，隨着園林建築的發展而不斷發展。經過唐宋時期的豐富和完善，到明清時期走向全盛，多用於園林建築的藉景。建於水畔或水上的謂之水榭，用於歌舞的謂之舞榭，用於撫琴的謂之琴榭，一直沿用至今。

商周時期的榭，多爲建於臺上的木構敞屋，其功能是用於講習軍事或習武射箭，也可以登臨遠眺觀吉祥。《書·泰誓上》："惟宮室臺榭，陂池侈服。"孔傳："土高曰臺，有木曰榭。"《禮記·月令》："〔仲夏之月〕是月也，毋用火南方，可以居高明，可以遠眺望，可以升山陵，可以處臺榭。"鄭玄注："順陽在上也。高明，謂樓觀也。闍者，謂之臺，有木者謂之榭。"《爾雅·釋宮》："闍謂之臺，有木者謂之榭。"郭璞注："臺上起屋（謂之榭）。"郝懿行義疏："榭者，謂臺上架木爲屋，名之爲榭。古無'榭'字，僭'謝'爲之。"《説文·木部》："榭，臺有屋也，从木。"《國語·楚語上》："故先王之爲臺榭也，榭不過講軍實，臺不過望氛祥。故榭度於大卒之居，臺度於臨觀之高。"這些都反映了最初的榭祇不過是足以供國王的士卒習武射箭之所，用於講習戎事、觀察吉凶之氣的簡單木構建築，不用"奪稼地""匱財用"，也不用"煩官業""廢時務"。春秋戰國時期，隨着建臺之風盛極一時，建於臺上之榭，亦成爲裝飾華麗的建築，耗資巨大，曠日持久，成爲諸侯競豪誇富的産物，并以"高臺榭，美宮室，以鳴得意"。漢代以後，臺逐漸衰落，但榭作爲一種單獨的建築形式却越來越豐富。南北朝時期，隨着園林建築的發展，作爲園林中的藉景，得到很大發展。唐宋以來，榭又開始用於宮廷園林和官僚重臣的私宅莊園。唐代是我國封建社會鼎盛時期，隨着均田制的破壞，達官豪富占有大量土地。皇帝又常以"賜第""賜田"來賞賜功臣，於是唐代中期以後出現了大莊園、大別墅，王孫公主的莊園尤盛。亭臺樓榭是莊園別墅中不可缺少的建築。《舊唐書·馬璘傳》："及安史大亂之後，法度隳弛，內臣戎帥，競務奢豪，亭館第舍，力窮乃止，時謂'木妖'。"據載王維的輞川莊、李德裕的平泉莊、元載別墅、司空圖莊、安樂公主的定昆池等都是當時名園。《舊唐書·元載傳》："城中開南北二甲第，室宇宏麗，冠絕當時。又於近郊起亭榭，所至之處，帷帳什器，皆於宿設，儲不改供。"又《裴度傳》："度以年及懸輿，王綱版蕩，不復以出處爲意。東都立第於集賢里，築山穿池，竹木叢萃，有風亭水榭，梯橋架閣，島嶼迴環，極都城之勝概。"宋王讜《唐語林·栖逸》記載李德裕的平泉莊："平泉莊在洛城南三十里，卉木臺榭甚佳……莊周圍十餘里、臺榭百餘所，四方奇花異草，與松石靡不置。"宋代的園林較唐代又有很大進步，而且私家園林和帝王園林可以公開游覽，樓臺亭榭的建築也更加豪華。宋陸游《長安道》詩："歌樓舞榭高入雲，複幕重簾畫燒燭。"宋辛棄疾《永遇樂·京口北固亭懷古》詞："舞榭歌臺，風流總被、雨打風吹去。"明清時期榭的建築達到頂峰。在明清園林中稱三面環水、一面接陸，供人游憩、觀賞、眺望的無壁敞屋均爲榭，臨水而建或建於水上者爲水榭。水榭下設有平臺，由水中立柱支撐，頂部多采用歇山捲棚頂，平面多爲方形、長方形，且多爲開敞或設格扇窗，使其與水面景色協調。明計成《園冶》："榭者，藉也；藉景而成者也；或水邊，或花畔，制亦隨態。"《紅樓夢》第三八回："一時進入榭中，祇見欄杆外另放着兩張竹案。"

　　榭類建築形式一直沿用至今，祇是多用於公園、園林及公共游樂場所；機關、民宅偶有興造，不過已爲風尚所不容。

泛　稱

榭 [1]

　　古代無室之廳堂謂之榭。用以藏樂器或講軍習武、檢閱兵事或供帝王狩獵習射。《爾雅·釋宮》："室有東西廂曰廟，無東西廂有室曰寢，無室曰榭。"晋郭璞注："榭，即今堂堭。"宋邢昺疏："室無四壁曰皇，然則無四壁是無

室。"清鄭珍《説文新附考》："榭，在天子諸侯爲講武所居，在六鄉爲州學。講習武事以射爲先……故即名其屋曰射。"《國語·楚語上》："故先王之爲臺榭也，榭不過講軍實，臺不過望氛祥。故榭度於大卒之居，臺度於臨觀之高……夫爲臺榭，將以教民利也，不知其以匱之也。"

三國吳韋昭注：“積土爲臺，無室曰榭。”“講，習也。軍實，戎事也。”“臺，所以望氛祥而備災害；榭，所以講軍實而禦寇亂：皆所以利民者。”《左傳·成公十七年》：“三郤（郤錡、郤犨、郤至）將謀於榭。”晋杜預注：“榭，講武堂。”《漢書·五行志上》：“宣公十六年‘夏，成周宣榭火’。榭者，所以臧樂器，宣其名也……榭者，講武之坐屋。”王國維《觀堂集林》卷三：“且古之宮室，未有有堂而無室者，有之，則惟習射之榭爲然。”

榭[2]

建於高臺上的木構敞屋，用來供士卒習武射箭的所在，是我國古代建築中木構單體建築的一種建築形式。始建於商周，經過唐宋時期的發展演變，到明清走向全盛，榭的最初功用是用於講軍實、習射箭，觀察國家的吉凶之氣脉，南北朝以後開始用於園林景苑之建設，供游人登臨觀覽，一直沿用至今。

【臺榭】

即榭[2]。亦作“臺謝”。亦稱“觀榭”。高大臺基上建築的樓閣。《荀子·王霸》：“其於聲色臺謝園囿也，愈厭而好新，是傷國。”又“臺謝甚高，園囿甚廣。”清王先謙注：“謝與榭同。”《漢書·揚雄傳上》：“以爲昔在二帝三王，宮館、臺榭、沼池、苑囿、林麓、藪澤，財足以奉郊廟。”

【臺謝】

同“臺榭”。此體先秦時期已行用。見該文。

【觀榭】

即臺榭。三國魏曹植《節游賦》：“連雲閣以遠徑，營觀榭於城隅。”北魏酈道元《水經注·灅水》：“魏神瑞三年，又建白樓，樓甚高竦，加觀榭於其上，表裏飾以石粉。”《新唐書·元載傳》：“近郊作觀榭，帳帟什器不徙而供。”

水榭

亦稱“冰榭”。臨水而建或建於水上，供游人休息、眺望、觀賞之用的木構敞屋。始建於商周時期，明清達到全盛，一直沿用至今。明清時期的水榭，其下多設有平臺，由水中立柱支撐，類若干欄式建築物，或臨水而建，類若亭式。其頂部多采用歇山捲棚頂或平頂，平面多爲方形、長方形；四周開敞或設格扇窗，以使其與水面景色協調。《舊唐書·裴度傳》：“東都立第於集賢里，築山穿池，竹木叢萃，有風亭水榭，梯橋架閣，島嶼迴環，極都城之勝概。”宋梅堯臣《依韵和希深游樂園懷主人登封令》詩：“竹映紅蕖水榭開，門閑乳雀下青苔。”清乾隆帝《輝淵榭》詩：“玉壺冰榭枕橫川，峭蒨叢中落石泉。”

【冰榭】

即水榭。此稱清代已行用。見該文。

纍榭

亦稱“層榭”。兩層以上結構的榭。有時也用於形容臺榭之錯落。《楚辭·招魂》：“層臺纍榭，臨高山些。”《淮南子·精神訓》：“高臺層榭，人之所麗也。”

【層榭】

即纍榭。此稱漢代已行用。見該文。

瑶榭

亦稱“玉榭”，用美玉裝飾而華麗之臺榭。南朝宋劉義恭《登景陽樓》詩：“丹墀設金屏，瑶榭陳玉床。”唐陸龜蒙《上真觀》詩：“風餘撼朱草，雲破生瑶榭。”宋葉顒《春雪》詩：

“東君似欲誇富貴，瓊臺玉樹真珠闌。”

【玉樹】

即瑶樹。此稱宋代已行用。見該文。

綺樹

裝飾華麗的臺樹。唐楊巨源《上劉侍中》詩：“舞腰凝綺樹，歌響拂彫梁。”唐温庭筠《謝公墅歌》：“鳩眠高柳日方融，綺樹飄颻紫庭客。”

舞樹

用於歌舞之樹，謂之舞樹。《舊唐書·音樂志三》：“《享龍池樂章十首》：‘歌臺舞樹宜正月，柳岸梅洲勝往年。’”宋辛棄疾《永遇樂·京口北固亭懷古》詞：“舞樹歌臺，風流總被，雨打風吹去。”明俞安期《栖霞篇》：“球場舞樹各經途，旋室傾宮頻改户。”

琴樹

用以撫琴之臺樹謂之琴樹。唐吳融《梅雨》詩：“初從滴瀝妨琴樹，漸到潺湲繞藥畦。”

專 名

宣榭

最晚建於西周，是周代王室講軍習武之所在。《左傳·宣公十六年》：“夏，成周宣榭火。”杜預注曰：“成周，洛陽。宣榭，講武屋，別在洛陽者。《爾雅》曰：無室曰榭，謂屋歇前。”又《成公十七年》：“壬午，胥童、夷羊五帥甲八百，將攻郤氏……三郤將謀於榭。”杜預注：“榭，講武堂。”《公羊傳·宣公十六年》謂宣榭乃“宣宮之榭也”。

濠濮間

在今北京西城區北海東岸。清乾隆二十二年（1757）建。水榭面闊三間，單檐捲棚歇山琉璃瓦頂，周有迴廊。北鄰畫舫齋，東北面有叠砌的假山環繞，還有石坊、曲橋、爬山廊等，迴旋變化，幽深静謐。

水心榭

在今河北承德避暑山莊卷阿勝境殿北，建於下湖和銀湖之間，湖上架石爲橋，橋上并列建水榭三座：南、北二榭爲面闊一間，進深一間，平面呈方形，重檐四角攢尖布瓦頂；中間一榭面闊三間，進深一間，平面呈長方形，重檐捲棚歇山布瓦頂。始建於康熙四十八年（1709），乾隆十九年（1754）列爲“乾隆三十六景”之第八景。這裏是山莊宮殿區與湖區的重要通道，石橋蜿蜒，水榭虛敞，榭在湖中，四望皆能成景，確有“飛桷高騫，虛簷洞朗，上下天光，影落空際”的詩情畫意。清《熱河志·行宮六·水心榭》：“聖祖御題額曰‘水心榭’。憑楹東望，青翠杳然。”

響琴榭

在今河北保定古蓮花池之西岸。建於清末，與響琴澗、響琴橋、聽琴樓組成蓮池“同治十二景”之一。榭面闊三間，東南北三面爲敞軒，明間頂部平直，南北兩次間頂部分別向兩側傾斜，如琴瑟平置。榭下是當年引鷄距泉入池的管道，稱響琴澗，窄口闊底呈幾何圖案，上有響琴橋，流水擊石，聲若琴鳴，是讀書作畫之好去處。

落霞水榭

在今湖北武漢東郊東湖長天樓東北側湖邊水中。因唐代詩人王勃《滕王閣序》中有"落霞與孤鶩齊飛，秋水共長天一色"之名句而得名。建於 1950 年，是鋼筋水泥仿木結構。臺基爲船形，頭尾微翹，寬 12 米，長約 60 餘米。臺上建閣。閣爲上下兩層，底層前後與丁字形廊相接，九脊四坡頂，紅柱碧瓦，設計奇特。

第三節　廊廡考

廊廡，泛指高堂下四周都帶有護頂的通道。細分則有區別。廡是在建築構架之中、屋頂之下；廊是不在建築構架之中，屋頂之下，乃廡之延伸。《説文·广部》曰："廡，堂下周屋。"《楚辭·九歌·湘夫人》云："合百草兮實庭，建芳馨兮廡門。"朱熹集注："廡，堂下周屋也。"《後漢書·靈帝紀》曰："公府駐駕廡自壞。"李賢注："廡，廊屋也。"廊者，房屋四周之敞屋也。前面的謂之前廊；後面的謂之後廊；圍繞四周的謂之迴廊。根據出檐之不同，又分爲單步廊、雙步廊、三步廊。其功用一般是爲方便内部通行、擴大室内活動範圍或存放物品。《廣雅·釋宫》："廊，舍也。"《玉篇·广部》："廊，廡下也。"《廣韻·平唐》："廊，廡也。文穎曰：'廊，殿下外屋也。'"《韓非子·十過》："大風至，大雨隨之，裂帷幕，破俎豆，墮廊瓦，坐者散走。"《漢書·司馬相如傳上》："高廊四注，重坐曲閣。"顔師古注："廊，堂下四周屋也。"由此可知，廊、廡最早皆指堂下周屋。就其形制而言，因廊與廡皆有屋頂（蓋），故可皆稱屋。清段玉裁《説文解字注·尸部》"屋者，室之覆也"，指建築物的頂部覆蓋。然就其功能而言，奴隸制時代的廡，是一種具有防禦性質的設施。在高臺基址上建築中心殿堂，周邊連續建屋，以圍成一個内嚮封閉性空間——院落，其周圍長屋即古文獻中所謂"廡"。後世，宫廷外周更加築宫墻、宫城，然廡作爲一種設置，一直保留下來，作爲建築物内外空間的緩衝及過渡，結構上在建築構架之中與屋頂之下。而廊作爲堂下周屋是連接中心建築物——堂（正房）與其他建築物（如厢房、倒座等）的有屋頂的通道。後世發展爲住宅内溝通房與房之間的檐下通道以及園林中獨立有頂的通道成敞屋，既方便交通，又美觀實用。後世廊廡通稱，不再區分。原始社會後期，建築的基本形式爲單體建築。《周禮·考工記·匠人》載："夏后氏世室，堂修二七，廣四修一。五室三四步、四三尺。九階。四旁兩夾窗。白盛。門堂三之二，室三之一。""夏后氏世室"已是一棟内部分隔爲"堂""屋""旁""夾"等空間的大房子，但仍保持原始社會單體建築的基本形式。至殷商之初，這種結構則開始發生了變化。私有制的確立，奴隸主與奴隸兩大對立階級的矛盾日益尖銳，奴隸主爲保護其財富，必須采取更加安全的措施。於是，作爲防禦設施之廊廡便應運而生，由一座座的單體建築發展爲由門、堂、廡組成的庭院式的建築群體。《園冶》：“廊者，廡出一步也，宜曲宜長則勝。”注曰：“廡，高堂下四周的走廊，亦稱‘廊廡’。廡是建築内外空間的緩衝和過渡，結構上在建築構架之中和屋頂之下。廊是廡走出一步，指出廊與廡的區別，廊在廡以外連接廡，結構上與堂無關。”考古學家在浙江餘姚發現的河姆渡母系氏族聚落遺址的早期干欄式長屋建築中，前檐有寬約 110 厘米的走廊，這説明在公元前 5000 年的河姆渡文化時期，就已經出現了廡廊類建築。考古資料還表明，河南偃師二里頭宮殿宗廟遺址即爲我國目前發現最早的宮殿遺址之一，面積約 10000 平方米，坐北面南，下面有臺基，臺基上面是一個由殿堂和廊廡、門庭等單體建築組成的建築群。中部偏北是殿堂，堂前爲庭院，南面是大門，四周爲相連的廊廡。在殿堂四周原有一組完整的廊廡建築，廊廡的後墻用來隔絶宮廷内外組成一個庭院。在西墻基内側 6 米處以及南、北、東三面墻基内外各 3 米處，均有一排與墻平行的柱洞，推斷兩面爲朝向庭院的單廊，南北兩面爲複廊，東廡北側近主體殿堂的地方可能是在廊廡上連接的廂房。由此而知，到商代早期，廊的建構已不再是單純的檐前走廊，而是更加多樣的單廊、複廊與廊廡等，其功用除便於交通、活動外，亦有分隔庭院内外與加深建築的多層封閉性。陝西岐山鳳雛村發現的西周早期宮殿，是一個由三個庭院及其四周圍繞若干房屋組成的封閉空間。其南端正中是影壁，正對影壁是大門，門内爲前院。前院正北是主體殿堂，其北爲後院。後院中間有過廊。過廊往北通後室。前後院周圍有迴廊，東西兩邊爲廂房。陝西秦都咸陽一號宮殿建築遺址表明其原是一座戰國以來盛行的高臺建築，宮室分布於夯臺臺面及四周，各種不同用途的空間藉複道、走廊、迴廊緊密相連。臺基下部南、西、北三面均有迴廊，室與室之間有走廊相連。在河北安平東漢壁畫墓中室右側室北壁西側的壁畫中，有一幅規模宏大的建築圖，其外圍是用房屋組成的大四合院。在大院内又分隔爲若干小四合院，前設大門兩道。中心院又分前庭後庭，兩側由兩排長房構成，中部爲大廳，即堂。堂左右兩端爲“廂”，兩廂與左右兩側的排房相連，組成院落。這些堂屋周圍的排房時稱“廊”。唐宋以後，廊的形式日趨多樣，房與房之間有過廊，房屋前後有走廊，庭院内部有游廊。到後世，人們更把沿墻而設的敞屋統稱“廊”，又根據其用途稱爲碑廊、畫廊、書畫廊、髮廊等，甚至將空中通道稱爲空中走廊。直到今天，各種樓房的走廊、迴廊、游廊，作爲現代化高樓大廈的重要組成部分，越建越精緻多樣。梁思成《營造法式注釋·總釋下》引《義訓》：“屋垂謂之宇，宇下謂之廡，步檐謂之廊。”李允鉌《華夏意匠》：“假如我們認爲中國建築在立面上是由臺基、屋身和屋頂三個部分組成的話，在平面上，它們也可以説是由‘門’‘堂’‘廊’三種不同性質部分所組成。這三個部分自成其獨立的單座……廊指的是輔助建築，所謂‘堂下周屋’，包括東西兩側的‘厢房’。有時它們不以‘屋’的形式出現，衹作爲封閉空間的‘圍墻’，或者構成内部交通開敞的‘連廊’及游廊。”總之，廊作爲一種建築形式，或獨立或輔助，自公元前5000—前3300年的河姆渡文化時期開始建構，商初廣泛用於宫殿建築，直到今天的現代化建築，越來越豐富多彩，其用途亦更加廣泛。

廡

廡[1]

堂下四周之走廊，亦稱“廊廡”。《説文·广部》：“廡，堂下周屋。”《楚辭·九歌·湘夫人》：“合百草兮實庭，建芳馨兮廡門。”朱熹集注：“廡，堂下周屋也。”《後漢書·靈帝紀》：“公府駐駕廡自壞。”李賢注：“廡，廊屋也。”《南史·隱逸傳下·馬樞》：“有白鵲一雙，巢其庭樹，馴狎檐廡，時至几案。”宋趙彦衛《雲麓漫鈔》卷二：“文潞公作家廟，求得唐杜岐公舊址，止餘一堂四室兩翼，公增置前兩廡及門，東廡以藏祭器，西廡以藏家譜。”清和邦額《夜譚隨録·邵廷銓》曰：“廟中空無所有，唯一墨漆棺，停廡下。”《清史稿·禮志一》：“左右廡各五楹。”

【廊】[1]

即廡。連接廡與堂的開敞性通道。其結構上與堂無關。《廣韻·平唐》：“廊，廡也。文穎曰：‘廊，殿下外屋也。’”《韓非子·十過》：“大風至，大雨隨之，裂帷幕，破俎豆，隳廊瓦，坐者散走。”《漢書·司馬相如傳上》：“高廊四注，重坐曲閣。”顔師古注：“廊，堂下四周屋也。”唐白居易《凶宅》詩：“往往朱門内，房廊相對空。”

【廊廡】

即廡。堂下四周之廊屋。廊，堂下周屋也。廡，門屋也。後泛指建於屋檐下或正房兩側之廊屋。據考古資料，至遲在殷商時已有此建構。漢代宫殿及王公將相府邸均置廊廡。《史記·魏其武安侯列傳》：“所賜金，陳之廊廡下，軍吏過，輒令財取爲用，金無入家者。”《漢書·竇嬰傳》引此文，唐顔師古注曰：“廊，堂下周屋也。廡，門屋也。”《宋史·禮志四》：“宗室親王、近列牧伯洎舊臣、宗室官，爲設彩棚於左右廊廡。”清吴偉業《贈蒼雪》詩：“通泉繞階除，疏巖置廊廡。”

【庌】[1]

即廡。《周禮·夏官·圉師》：“圉師掌教圉人養馬，春除蓐，釁厩，始牧；夏庌馬，冬獻馬。”鄭玄注：“庌，廡也。廡所以庇馬者也。”《説文·广部》：“庌，廡也。”段玉裁注：“廡，所以庇馬涼也。”

【庌廡】

即廡。《周禮・夏官・圉師》：“夏庌馬。”清孫詒讓正義：“庌廡之形，蓋長廣而卑，與‘廊’同。”

巖廊

亦作“巖郎”。高峻之廊廡。漢桓寬《鹽鐵論・憂邊》：“今九州同域，天下一統，陛下優游巖廊，覽群臣極言。”《漢書・董仲舒傳》：“蓋聞虞舜之時，游於巖郎之上，垂拱無爲，而天下太平。”唐顏師古注：“〔漢〕文穎曰：‘巖郎，殿下小屋也。’晉灼曰：‘堂邊廡，巖郎謂巖峻之郎也。’師古曰：‘晉説是也。’”

【巖郎】

同“巖廊”。此稱漢代已行用。見該文。

主廊

亦稱“貯廊”。廳堂後之廊屋，用以貯藏物品。宋袁文《甕牖閑評》卷六：“廳後屋，人多呼爲主廊，其實名貯廊。”宋吳自牧《夢粱錄・酒肆》曰：“燈燭熒煌上下相照，濃妝妓女數十聚於主廊。”元王實甫《西廂記》第一本第二折：“過得主廊，引入洞房，好事從天降。”

【貯廊】

即主廊。此稱宋代已行用。見該文。

廊宇

亦稱“廊第”“厢廊”。正堂四周之房舍。《漢書・天文志》：“宮廟廊第，人民所次。”南朝梁陶弘景《授陸敬游十賫文》曰：“今故賫爾四霤飛軒、厢廊側屋，可以安身靜臥，顯沍遐福。”唐白居易《旅次景空寺宿幽上人院》詩云：“月隱雲樹外，螢飛廊宇間。”唐唐彥廉《游南明山》詩云：“金銀拱梵刹，丹青照廊宇。”

【廊第】

即廊宇。此稱漢代已行用。見該文。

【厢廊】

即廊宇。此稱南北朝時期已行用。見該文。

廊屋

亦稱“廊室”“廊房”。正堂或殿堂周圍的房舍。古代爲了便於居住和增加室內活動範圍，常在正堂或殿堂的四周加建廊厦，統稱“廊屋”或“廊室”“廊房”，其形式雖與正堂或殿堂相連，但在木架結構上却單獨設置。這種廊屋至遲在春秋戰國時期就已見存。《韓非子・十過》：“再奏之，大風至，大雨隨之，裂帷幕，破俎豆，隳廊瓦，坐者散走，平公恐懼，伏於廊室之間。”《史記・樂書》：“再奏之，大風至而雨隨之，飛廊瓦，左右皆奔走。平公恐懼，伏於廊屋之間。”《韓非子・十過》和《史記・樂書》中叙述的爲同一事件，即春秋衛靈公時，靈公到晉國去見晉平公，平公爲之設宴於施惠之臺。席間，靈公使師涓爲平公撫琴。曲終，平公問是否有比此曲還悲者，師曠曰有。平公願聞。之後平公又問是否有比此曲更悲者，師曠曰有，但不能鼓給平公聽。平公堅持要聽，師曠不得已而援琴鼓之，奏了一節，白雲從西北驟起。再奏，大風颷來且雨相隨，廊瓦被掀飛，左右之人皆四散奔逃。晉平公也十分恐懼，匍匐於廊屋之間。以後晉國大旱三年，赤地千里。而《韓非子》曰“伏於廊室之間”，《史記》云“伏於廊屋之間”。漢焦贛《易林・頤之無妄》：“棟橈榱壞，廊屋大敗。”這不僅説明春秋至漢均有廊屋見稱，且廊屋亦稱廊室。唐宋以後仍沿此稱。唐張説《清遠江峽山寺》詩：“簃牖飛花入，廊房激水通。”明成祖永樂十八年（1420）

建都北京後，爲了繁榮經濟，於皇城四門鐘鼓樓等處，修建數千間民房和店鋪，召民、商居住或居貨，謂之廊房。明高明《琵琶記·兩賢相遇》："小人管許多廊房，並没有這個人。"清《再生緣》第一七回："清幽庭院飛春燕，寂静廊房挂绣簾。"

【廊室】

即廊屋。此稱先秦時期已行用。見該文。

【廊房】

即廊屋。此稱唐代已行用。見該文。

廊閣

殿下外屋。晋常璩《華陽國志·後賢志》："入爲尚書郎。每升降趨翔廊閣之下，盛容可觀，中朝偉之。"《舊唐書·職官志三》："中郎將府及折衝府所隷皆總制之，凡宿衛内，廊閣門外分爲五仗。"《山西通志·山川二·平陽府》："辟險而通橋路，鑿崖以爲陶復，亭臺廊閣委曲軒豁。"

内廡

府邸之内堂下周屋。《新唐書·百官志四上》曰："王府執仗親事，執乘親事，每月番上者數千人，宿衛内廡及城門，給禀食。"清谷應泰《明史紀事本末》卷三六："上命所司陳籍，汝言物於大内廡下，召大臣入視。"

堂廡

亦稱"庭廡"，亦作"堂廉"。堂下四周之廊屋。《列子·楊朱》："庖廚之下，不絶烟火；堂廡之上，不絶聲樂。"漢劉向《新序·雜事五》："黄鵠、白鶴一舉千里，使之與燕服翼試之，堂廡之下、廬室之間，其便未必能過燕服翼也。"南朝宋鮑照《傷逝賦》曰："忽若謂其不然，自惆悵而驚疑。循堂廡而下降，歷幃户而升基。"《文選·潘岳〈懷舊賦〉》云："步庭廡以徘徊，涕泫流而霑巾。"李善注引《説文》曰："廡，堂下周屋。"唐袁郊《甘澤謡·紅綫》云："見中軍士卒，步於庭廡，傳呼風生。"宋羅泌《路史·疏仡紀·黄帝紀》曰："廣宫室，壯堂廡，高棟深宇，以避風雨。"

【堂廉】

同"堂廡"。此體南北朝時期已行用。見該文。

【庭廡】

即堂廡。此稱南北朝時期已行用。見該文。

門廡

指與門屋連接的廊屋。此形制多見於宫廷、官署、寺廟、王公貴族之宅邸及富豪士紳之居處。宋李綱《又與李相公書》："竊觀自昔有爲之相，遭時遇主共濟艱難者，必先爲之規模，譬猶大匠之作室，門廡堂奥皆已素定於胸次。"宋劉克莊《辛卯滿散天基節即事》詩之二："門廡無人殿未開，白頭散吏久徘徊。"明徐弘祖《徐霞客游記·粤西游日記一》："對面有東向一洞，與此相向，若門廡對列。"

厢²

東西廊屋。東面的謂東厢，西面的謂西厢。《説文新附·广部》："厢，廊也。"《類篇·广部》："厢，廡也。"《文選·張衡〈東京賦〉》："下雕輦於東厢。"李善注引薛綜曰："殿東西次爲厢。"唐韋應物《擬古詩》之十二："徘徊東西厢，孤妾誰與儔。"

厦¹

廊屋，門廡也。《墨子·迎敵祠》："百姓二三子，尚夜自厦以勤。"元《農桑輯要》卷四："士農必用，修屋宜高廣，勿接捲厦。"

樐廡

亦稱"樐宇"。檜廊，廊屋也。《南史·隱逸傳下·馬樞》曰："常有白鷴一雙，巢其庭樹，馴狎樐廡，時至几案，春來秋去，幾三十年。"宋王安石《招約之職方并示正甫書記》詩云："消搖樐宇新，攬結蹊隧熟。更能適我願，中水開茆屋。"

【樐宇】[1]

即樐廡。此稱宋代已行用，見該文。

廊

廊[2]

屋檜下溝通房與房的通道。中國傳統的建築是封閉式建築，建築體之間用廊連通，形成內部通道，既方便交通，又美觀實用。考古資料表明，這種廊自商周就有建構，漢代日臻完善，至今亦被現代建築廣泛采用，建成高樓大廈內通往各室的走廊，豪華飯店建築內室與室、室與廳、室與游藝場所均用走廊連通。唐李商隱《正月崇讓宅》詩："密鎖重關掩綠苔，廊深閣迴此徘徊。"宋孟元老《東京夢華錄·相國寺內萬姓交易》："大殿兩廊，皆國朝名公筆迹。"《太平廣記》卷三○一引《廣異記》："環廊曲閣，連亘相通。"

廊[3]

園林中獨立有頂的通道或敞屋，以若干柱支撐兩面坡式捲棚式屋頂，形成長廊或游廊，廊內柱間可以設坐凳欄杆，供游人休息。它是連接建築物的脉絡，又是景觀的導游綫，既可劃分空間景區，又可增加風景的深度。它的設置自由靈活，隨形而彎，依勢而曲，蜿蜒逶迤，富於變化。其形式有直廊、曲廊、波形廊、複廊。按其位置又可分爲沿墻走廊、空廊、迴廊、水廊、爬山廊。這種廊是隨着造園的興起而產生的。最遲在漢代，中國已出現了皇家園林。

魏晉南北朝時期營造園林蔚然成風，富商豪賈、莊園地主造園成癖，廊成了造園的主要建築之一。唐宋時期的園林建築中，廊更加普遍。唐李商隱《正月崇讓宅》詩："密鎖重關掩綠苔，廊深閣迴此徘徊。"明末崇禎七年（1634）計成的《園冶》刊行。《園冶·屋宇·廊》："廊者，廡出一步也，宜曲宜長則勝。古之曲廊，俱曲尺曲。今予所構曲廊，之字曲者，隨形而彎，依勢而曲。或蟠山腰，或窮水際，通花渡壑，蜿蜒無盡，斯寤園之'篆雲'也。予見潤之甘露寺數間高下廊，傳說魯班所造。"對此，張家驥釋曰："廊，是廡走出一步，與廡連接的開敞性交通建築，以曲折深長爲勝。古代的曲廊，都像曲尺一樣直角轉折，現在我所造的曲廊，曲折自由如之字形，可以隨地形轉彎，依地勢

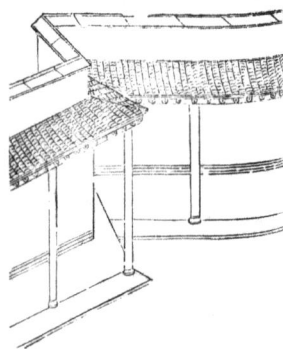

廊
（明王圻等《三才圖會》）

高下曲折。或者繞山腰而迴旋，或者沿水邊而盤曲，或者通過花間，飛渡溪壑，具有空間蜿蜒往復無盡的意趣，就如當年瘤園所建的'篆雲'廊。我曾見鎮江甘露寺有幾間沿山高下的廊，傳說是魯班建造的。"在對計成原文注釋中指出："廡：高堂下四周的走廊，亦稱'廊廡'。廡是建築内外空間的緩衝和過渡，結構上在建築構架之中和屋頂之下。廊是廡走出一步，指出廊與廡的區別，廊在廡以外連接廡，結構上與堂無關。"并指出"甘露寺，在鎮江城外臨長江的北固山上，相傳爲三國時東吳孫皓所建"，説明至遲在三國時期，園林中就已建有隨山勢而高下的獨立曲廊。《紅樓夢》第二七回："原來這亭子四面俱是游廊曲欄，蓋在池中水上。"

走廊

屋檐下溝通房與房的通道，或樓房内連通各室的内部通道。走廊出現較早，考古學家在浙江餘姚河姆渡遺址發現了距今五千年的干闌式長屋，在長屋的前檐下就建有寬約110厘米的走廊。劉致平《中國居住建築簡史·上古至先秦》："在浙江餘姚河姆渡發現了距今6000至7000年前的干闌建築構件……建築面積在1600平方米以上，前面有1.3米寬的走廊。"後世將有屋頂的通道統稱走廊，甚而推而廣之，將溝通地區之間的通道亦稱作某某走廊；將空中的航道稱爲空中走廊。

【行廊】

即走廊。有頂之通道。唐元稹《和友封題開善寺》詩："古匣收遺施，行廊畫本朝。"宋歐陽修《淅川縣興化寺廊記》："興化寺新修行廊四行，總六十四間。"明高啓《夜投西寺》詩："鐘度行廊盡，燈留浴院微。"

欄[1]

檐下走廊。《文選·司馬相如〈上林賦〉》："步欄周流，長途中宿。"唐李善注："步欄，步廊也。"唐儲光羲《昭聖觀》詩："扶橑盡蟠木，步欄多畫繪。"明何景明《七述》："周欄連樓，曲屋層軒。"清王闓運《愁霖賦》："步廣欄而踟躕兮，還空堂而黯默。"

前廊

房屋前面的廊稱前廊。在古代帝王的宗廟内，北爲神室，置已故帝王的神位，其前之廊屋，亦稱前廊。過享日或祭祀時，移諸神位於前廊，依輩分次序排列，進行祭祀活動。考古學資料表明，廊至遲在商代已出現，前廊亦同時出現。在河南二里頭發現的商初宮殿宗廟遺址中部偏北的殿堂前就有前廊建構。《金史·禮志三》："享日並出神主前廊，序列昭穆。"

後廊

房屋後面的廊稱後廊。或稱"後廈"，即屋後的走廊。中國古代建築中，比較考究的堂屋或正房，往往有前廊後廈，即前後走廊，便利内部通行。宋洪遵《翰苑群書》卷一二："舊學士院在樞密院之後，其南廡與密院後廊中分門乃西向玉堂。"《紅樓夢》第三回："王夫人忙携了黛玉出後房門，由後廊往西，出了角門。"

步廊

亦稱"走馬廊""步廡""步欄""步欄"。古代稱一次舉足爲跬，兩次舉足爲步，五尺爲一步。古時因丈量以步，故稱。以廊檐下可騎馬而行，故亦稱"走馬廊"。多指於建築物前後檐下藉出檐構架而形成的走廊。出一步架（約三四尺）謂單步廊，出二步架曰雙步廊。宮殿、住宅多用雙步廊與三步廊，且於廊上另作捲棚，宜於休息。南朝梁元帝《夕出通波閣下觀妓》詩：“胡舞開春閣，鈴盤出步廊。”北魏酈道元《水經注·穀水》：“〔宣武觀〕左右夾列步廊，參差翼跂。”唐元稹《暮秋》詩：“看著牆西日又沈，步廊迴合戟門深。”宋曾鞏《繁昌縣興造記》：“既又自大其治所，爲重門步廊。”清汪汲《事物原會·步廊》引明王三聘《古今事物考》：“〔步廊〕走馬廊，自秦有之，謂房外出簷一楹，可以乘馬而行。”

【走馬廊】

即步廊。此稱明代已行用。見該文。

【步廡】

即步廊。《新唐書·崔鄲傳》曰：“室處庳漏，無步廡，至霖潦，則客蓋而履以就外位。”清孫承澤《春明夢餘錄·祈穀壇》：“正南爲大祀門，六楹，接以步廡，與殿廡通。”

【步檐】

即步廊。亦作“步檐”“步簷”“步櫩”。《楚辭·大招》：“曲屋步檐，宜擾畜只。”王逸注：“步檐，長砌也。檐，一作櫩。”《漢書·司馬相如傳上》：“步檐周流，長途中宿。”顏師古注：“步檐言其下可行步，即今之步廊也。”又《異姓諸侯王表序》：“閭閻偪於戎狄。”顏師古注引漢應劭曰：“閻音簷，門閻外旋下廂，謂之步簷也。”漢陸賈《新語·資質》：“廣者無舟車之通，狹者無步檐之溪。”《文選·左思〈魏都賦〉》：“比滄浪而可濯，方步檐而有迹。”李善注：“步檐，長廊也。”南朝宋謝靈運《傷己賦》：“望步檐而周流，眺幽閨之清陰。”《梁書·蕭恭傳》：“〔恭〕廣營第宅，重齋步檐，模寫宮殿。”唐顏真卿《開府宋公神道碑銘》：“玄宗之在儲闈，

鎮國太平長公主潛謀廢立，嘗於光範門内坐步檐中，諷宰臣以此旨。”《何典》第八回：“活死人道：‘我只爲尋個先生，偶然在此借步檐躲雨。’”

【步檐】

同“步檐”。此體先秦時期已行用。見該文。

【步簷】

同“步檐”。此體漢代已行用。見該文。

【步櫩】

同“步檐”。此體漢代已行用。見該文。

【步欄】

即步廊。南朝宋謝靈運《佛影銘》：“周流步欄，窈窕房櫳。”清劉大櫆《方氏支祠碑記》曰：“步欄周通，四阿垂霤。”

單步廊

建築物前後出一步架的走廊，進深爲五尺。詳見“步廊”文。

雙步廊

建築物前後出二步架的走廊，其上多置捲棚頂，進深爲六至八尺。詳見“步廊”文。

游廊

庭院内或園林内連接兩座或幾座獨立建築物的走廊。在園林内連接各景點的走廊亦稱游廊，它除便利交通外，還有導游之功能。這種游廊多置坐凳欄杆，供游人停坐和休息。《紅樓夢》第一七回：“賈政與衆人進了門，兩邊盡是游廊相接，院中點襯幾塊山石。”又：“賈政因見兩邊俱是超手游廊，便順着游廊步入，只見上面五間清厦，邊着捲棚，四面出廊，綠窗油壁，更比前清雅不同。”

超手游廊

亦稱“抄手游廊”。庭院内自二門起向兩邊

延伸環抱正房的走廊。因其爲迴廊的一種，故又稱"超手迴廊"。《紅樓夢》第三回："黛玉扶着婆子的手進了垂花門：兩邊是超手游廊，正中是穿堂，當地放着一個紫檀架子大理石屏風。"《兒女英雄傳》第二四回："一座垂花二門，進去抄手游廊。"

【抄手游廊】

即超手游廊。此稱清代已行用。見該文。

【超手迴廊】

即超手游廊。此稱多行用於現當代。見該文。

穿山游廊

亦稱"鑽山游廊"。游廊的一種。在中國古代的大庭院建築或園林建築中，爲了便於交通或游覽，往往從房屋的山墻上開門。與山墻門相銜接的游廊，貌似穿山墻而過，故稱"穿山游廊"。這裏的"山"，指山墻，"游廊"即走廊。清曹雪芹《紅樓夢》第三回："正面五間上房，皆是雕梁畫棟，兩邊穿山游廊厢房，挂着各色鸚鵡畫眉等雀鳥。"

【鑽山游廊】

即穿山游廊。此稱多行用於近現代。見該文。

長廊 [1]

長形廊屋或長長的游廊。寬大的庭院或園林內常建有長廊。漢張衡《西京賦》："長廊廣廡，途閣雲曼。"《紅樓夢》第一七回："於是一路行來……或長廊曲洞，或方厦圓亭：賈政皆不及進去。"任常泰等《中國園林史》第六章："符望閣縱橫均爲五間，高三層，帶長廊，氣象宏偉。長廊至遲漢代已有建構，一直延用至今。"

畫廊 [1]

飾以彩繪之廊。這種廊出現較早，古代的官宅庭院或園林内多建此種廊。唐羊士諤《王起居獨游青龍寺玩紅葉因寄》詩："十畝蒼苔繞畫廊，幾株紅樹過清霜。"唐温庭筠《訪知玄上人遇暴雨經因有贈》詩："縹帙無塵滿畫廊，鍾山弟子静焚香。"到近現代，人們常把出售或展覽書畫的廊屋稱畫廊。

水廊

建築在水面上的廊。多建於園囿之中，藉以擴展水面活動空間，增加水源深度和水面之開闊。此種建築隨着園林建築的興起而始建，一直沿用至今。明李流芳《許母陸孺人行狀》："樹藝花竹，水廊山樹，窈窕幽靚，不减輞川。"清湯右曾《水廊絶句》："池枯荷葉井凋桐，柳丁舒黄柿吐紅。水檻自行還自立，作寒一陣撲簾風。"

爬山廊

建於山坡之上的廊。以其隨地勢高低起伏變化，宛若爬山，故稱。其功能爲既可連接山坡上下之建築，亦可豐富園景。任常泰等《中國園林史》第六章："金山在澄湖和如意湖的東側，建於康熙四十二年（1703）。金山爲水中島嶼，全部用石砌築，亦是一座規模宏大的假山，上爲平臺，下爲巖洞。島上建築高低錯落，參差有致……門殿五間，西向，康熙題額金山。過門殿爲鏡水雲嶺殿，兩邊環抱半月形爬山廊。北有芳洲亭。"

裏外廊

兩院共一廊之廊。以其廊分爲裏外兩部分，內半部屬裏院，而外半部屬外院，故稱。劉致平《中國建築類型及結構》第二章《廊》曰：

"裏外廊是絕佳的處理建築的手法……它有兩種：一種是在一道很寬的廊子中沿着脊檁做牆，將廊分爲裏外兩部分——即是裏半部屬於裏院而外半部屬於外院。兩院共一廊在構造上是很經濟的。此外還有一種裏外廊，即同一走廊一面有牆，不過在此院中牆在彼面，到彼院中則牆在此面，同一廊的外牆忽然改變位置，別有天地，是令人很可喜愛的。"

複廊

　　兩廊并建爲一體之廊。其做法是兩廊之間築牆，并在牆上設置漏窗和壼門，兩面均可通行。此種廊多用於園林建築和景苑區，用於分隔景區，增加景深，達到步移景异，引人勝之效，故一直沿用至今。據考古資料，在我國目前所發現的最早的宮殿遺址——河南二里頭宮殿宗廟遺址的殿堂四周有一組完整的廊廡建築，這道廊廡的後牆隔斷宮廷的内外，組成庭院。其西牆基内側 6 米處及南、北、東三面牆基内外各約 3 米處，均發現一排與牆平行的柱洞。專家推斷，兩面爲朝向庭院内的單廊，南北兩面爲複廊。據此，複廊至遲在商初（約當公元前 16 世紀）就已使用，此後的歷代建築中逐步發展變化，又多用於景苑建築中。

涉水廊

　　臨水或跨水而設的廊。它隨岸成形或跨水而過，曲折迂迴，既增加園林景觀，又能使水面層次豐富。此種廊多建於園林風景區，一直沿用至今。

曲廊

　　曲折而迴環的走廊。多建於園林之中。其一部分依牆而建，其他部分則轉折内外，使廊與牆之間構成不同形狀的小院，院中栽花布石，爲園林添加無數小景。明計成《園冶·屋宇·廊》："古之曲廊，俱曲尺曲。今予所構曲廊，之字曲者，隨形而彎，依勢而曲。"任常泰等《中國園林史》第六章曰："寧壽宮花園占地五千九百二十平方米，南北長一百六十米，東西寬三十七米，狹長如帶。園内縱深有四進院落。第一進院落，以古華軒爲主體……古華軒東南，有一座很小的别園，有曲廊圍繞，曲廊中部突出爲矩亭，曲廊北端東轉爲抑齋。抑齋爲兩間，前後出廊與曲廊相接，齋中供佛。齋外，園東南角假山上有擷芳亭。齋北山石上有一露臺，供登高、觀賞與納凉。"周維權《中國古典園林史·静明園》："它的東半部爲甄心齋及湛華堂，曲廊粉垣環抱着一個小庭院的山石水池，環境十分静謐。"

回廊

　　亦作"迴廊"。指曲折而迴環的走廊。多見於園林建築。亦指殿宇、廳堂四周之廊。據考古發現，在西周早期宮殿遺址及戰國以後宮殿遺址中即有回廊遺迹。在大量宋至清代現存古代建築中已廣泛應用。既便利内部交通，又增添恢宏氣勢。《藝文類聚》卷七六引南朝梁簡文帝《善覺寺碑銘》："重欒交峙，迴廊逶迤。"唐杜甫《涪城縣香積寺官閣》詩："小院迴廊春寂寂，浴鳧飛鷺晚悠悠。"清納蘭性德《虞美人》詞："回廊一寸相思地，落月成孤倚。"《儒林外史》第三〇回："一路從回廊内轉去。"任常泰等《中國園林史》第六章："寧壽宮位於紫禁城内東北隅……第四進以符望閣爲中心。符望閣縱橫均爲五間，高三層，帶長廊，氣象宏偉。閣西有廊直通玉粹軒。閣東有曲廊，爲寧壽宮中路景琪閣回廊的一部分。閣北有倦勤齋，面闊五間，齋前及左右均有回廊與閣相通。西回廊西面石山有竹香館，二層，上層南北有斜廊可下，南至玉粹軒、北接倦勤齋西端。東回廊之東，即貞順門，此地有一口水井……後來此井被稱爲珍妃井。"

【迴廊】

同"回廊"。此體南北朝時期已行用。見該文。

卍字廊

形如卍狀之廊。由幾個廊相連，形成"卍"字形的建築組群。多建於水上，利用廊柱的排列變化，使廊的走嚮變換交複，且方嚮頗多變化，可增加美感。劉致平《中國建築類型及結構》第二章《廊》："此外利用廊子本身成一組建築的，即是卍字廊。在北京的中南海、圓明園裏全可見到。將走廊做成卍字，人在廊內可以有許多方向的變化，它充分發揮廊柱的美點。它是做在水中的，所以風景很美麗。我們按照卍字廊的意思尚可以變出許多的花樣。"

雙層廊

建於樓閣建築之間的雙層通廊。《文選·左思〈魏都賦〉》唐李善注："三臺與法殿皆閣道相通，直行爲徑，周行爲營。"作爲建築物的附屬建築今天雖不常見，但在大型橋梁建築和城市立交橋的建築中，雙層廊式的閣道都以新的形式越建越美。

風廊

通風的穿廊。唐韓愈《送侯參謀赴河中幕》詩："雪逕抵樵叟，風廊折談僧。"宋秦觀《元祐三年余被召至京師從翰林蘇先生過興國浴室院始識汶師後二年復來閱諸公詩因次韻》："聊移小榻就風廊，臥久衣巾帶佛香。"清厲鶚《覓

句廊晚步》詩之一："斜陽一抹風廊影，葵寫圓花竹寫梢。"

風軒

有窗檻的長廊或小室。宋蘇軾《病中游祖塔院》詩："閉門野寺松陰轉，敧枕風軒客夢長。"元倪瓚《二月十五日雨作》詩："風軒紅杏散餘霞，隄草青青桃欲花。"《醒世恒言·盧太學詩酒傲王侯》："水閣遙通竹塢，風軒斜透松寮。"

軒[3]

有窗之長廊。《文選·曹植〈贈徐幹〉詩》："文昌鬱雲興，迎風高中天。春鳩鳴飛棟，流猋激櫺軒。"李善注："軒，長廊之有窗也。"《文選·左思〈魏都賦〉》："上累棟而重霤，下冰室而沍冥。周軒中天，丹墀臨焱。"李善注："軒，長廊之有窗也。"唐柳宗元《永州龍興寺西軒記》："山谷林麓甚衆，於是鑿西墉以爲户，户之外爲軒，以臨群木之杪，無不矚焉。"

【軒廊】

即軒[3]。唐杜寶《大業雜記》："乾陽門東西，亦有軒廊周匝。"又："有玄靖門，門內有玄靖殿，周以軒廊。"唐白居易《東院》詩："松下軒廊竹下房，暖檐晴日滿繩床。"

軒廡

高堂下的迴廊。《晋書·食貨志》："車如流水，馬若飛龍。照映軒廡，光華前載。"南朝梁程鞏《天竹賦》："芸裛湘素，蘭鬱軒廡。琳琅曳風，瓊玫泫雨。"

高軒

堂左右有高大敞亮窗户的長廊。《西京雜記》卷三："〔思賢苑〕中有堂隍六所，客館皆廣廡高軒。"《文選·左思〈蜀都賦〉》："結陽城之

延閣，飛觀榭乎雲中。開高軒以臨山，列綺窗而瞰江。"李善注："高軒，堂左右長廊之有窗者。"唐太宗《元日》詩："高軒暖春色，邃閣媚朝光。"清黃簜來《贈陳省齋》詩之六："衆賓集高軒，玉珮紛成行。"

軨軒

亦作"欄軒"。有雕空花格窗欄之長廊。《文選·揚雄〈甘泉賦〉》云："據軨軒而周流兮，忽軮軋而亡垠。"李善注："軨與欄同。"又《曹植〈贈徐幹〉詩》云："春鳩鳴飛棟，流猋激欄軒。"李善注："《説文》曰：'欄，楯間子也。'徐幹《齊都賦》曰：'窗欄參差景納陽。'軒，長廊之有窗也。"宋王安石《招約之職方并示正甫書記》詩云："欄軒俯北渚，花氣時度谷。"明盧柟《嘉禾樓賦》云："憑軨軒以流覽兮，紛謪佹而殊狀。"

【欄軒】

即軨軒。此稱三國時期已行用。見該文。

謻廊

綿延之游廊。《集韻·平支》曰："謻，宮室相連謂之謻，通作謻。"《新唐書·韋弘機傳》曰："古天子陂池臺榭皆深宮複禁，不欲百姓見之，恐傷其心。而今列岸謻廊亘王城外，豈愛君哉？"

軒楹 [1]

堂周迴廊之廊柱。唐杜甫《同元使君春陵行》："呼兒具紙筆，穩几臨軒楹。"宋蘇舜欽《關都官孤山日照閣》詩："勢壓蒼崖險可驚，攀雲半日到軒楹。"清盛錦《空舲峽》詩："愛此民居壯，凌空駕軒楹。"

廊腰

走廊、迴廊轉折處。唐杜牧《阿房宮賦》云："廊腰縵迴，檐牙高啄。"宋陸游《初夏夜賦》云："廊腰得風遠，樹罅見星疏。"又《午興》詩："漸轉廊腰日，徐來峽口風。"

碑廊

爲保護碑刻所建的廊屋。一般依牆而建，多爲敞棚形。碑廊的興起較晚。據地方文獻記載，清道光二十七年（1847）河北元氏知縣劉寶楠收集縣境內古代碑刻，庋藏於薛文清祠之東厢，這大概是最早形式的碑廊。石永士等《河北金石輯錄》："劉寶楠，字楚楨，江蘇寶應（今江蘇揚州市）人，道光二十六年（1846）曾任元氏縣令，卒於清咸豐五年，享年65歲。著有《漢石刻》。張穆序略載：'吾友寶應劉君楚楨，官元氏，訪獲縣境古碑甚多。'"據其子劉恭冕在碑考中記載，其父曾將《封龍山碑》《祀三公山碑》《三公御語山神碑》等碑石庋置於薛文清祠東厢。中華人民共和國成立後爲了保護古代文物，多於古碑集中地建碑廊。

廊市

作爲貿易市場的長廊。此稱始見於宋代。隨着宋代商品經濟的發展，集市貿易繁榮，爲了便於交易，商家常在集市修建長廊擺放貨物，既方便買賣，又遮風避雨，此種築建一直沿用至今，改革開放以來，各種集貿市場、批發市場，多以廊市的形式出現。《宋史·李允則傳》："始，州民多以草覆屋，允則取材木西山，大爲倉廩營舍。始教民陶瓦甓，標里閈，置廊市、邸舍、水磑。"

長廊 [2]

亦稱"畫廊""千步廊"。清乾隆十五年（1750）始建。位於今北京頤和園游覽區內的湖山之間，循萬壽山南麓沿昆明湖北岸而構。其沿湖背山，東起邀月門，中穿排雲門，西至石丈亭，全長 728 米，凡 273 間。以排雲門爲中心，東有留佳亭、對鷗舫、寄瀾亭，西有秋水亭、魚藻軒、清遙亭。留佳、秋水、寄瀾、清遙四亭，均爲重檐八角攢尖頂。西部魚藻軒北樓接一短廊，連接山色湖光共一樓。其地基與廊身，隨萬壽山南麓地勢之高低而起伏，依昆明湖岸之彎曲而轉折，四座八角亭恰爲高低及變嚮的連接點。因其處理巧妙，利用左右藉景轉移人們視綫，故人在廊中行走游覽之時，地基雖有高低而不覺其不平，走嚮雖有迂迴而不覺其曲折。在長廊的梁枋上，分別繪有一萬四千餘幅蘇式彩畫，内容包括花卉翎毛、人物故事、山水風景等。人物故事多采自《西游記》《三國演義》《水滸傳》《西廂記》《封神演義》等古典文學名著。上層横梁上繪有五百餘隻象徵長壽的仙鶴。參閲任常泰等《中國園林史》。

【畫廊】 [2]

即長廊[2]。此稱多行用於現當代。見該文。

【千步廊】

即長廊[2]。此稱多行用於現當代。見該文。

瀕湖畫廊

在今湖北武漢東湖西沿。1949 年後興建。東湖是武漢市著名風景區，因位居武昌東郊而得名。由東湖風景區管理處規劃整修，總面積 87 平方公里，其中水面 33 平方公里，有"九十九彎"之稱。瀕湖畫廊就建在東湖西岸，自行吟閣向北跨落羽橋即至。全長 85 米，中爲重檐四角攢尖頂方閣，左右爲四長間曲廊，翠瓦朱楹，欄臺精窗，内設桌几，游人可在此對弈作畫，或品茶閑話，是東湖風景區内舉辦各種書畫展覽或供人作書繪畫之佳所。

百泉碑廊

在今河南輝縣市衛源廟東側。始建於 1976 年。百泉在該地城西北 2.5 公里蘇門山南麓，因泉眼衆多而得名。其中珍珠泉、搠刀泉、涌金泉、噴玉泉最著名。其泉水清澈，水涌如珠，匯成百畝巨涵，與蘇門山相輝映。據文獻載，百泉之名起於商周，歷代均有開拓，因泉水注入衛水故又稱"衛源"。隋代在此始建衛廟。此後繼建殿閣亭臺、水榭石橋，形成湖光山色共輝映的旅游勝地，歷代文人學士於此隱居、旅游，吟詩唱和，留下了許多遺迹。其中有晋孫登的"嘯臺"，宋理學家邵雍的"安樂窩"居址，元耶律楚材的"梅溪"，以及邵雍、許衡、孫奇逢等人講學的百泉書院。百泉碑廊，即集此地歷代碑刻而建的廊屋。它共存北魏至清歷代碑刻和詩畫碑三百五十餘通，保存了歷代書法大家的篆、真、行、草不同墨迹。其中刻於北魏景明二年（501）的造像碑，係據一塊完石刻，通高 2.14 米，形似一片碩大的蓮瓣，碑陽爲無量壽佛立像一尊和二脅侍菩薩，背光爲陽紋綫刻火焰，并有化生佛和伎樂飛天，佛像下層爲陰刻供養人，係北朝後期雕刻之力作。唐總章元年（668）造像碑以及北宋畫家崔白所繪布袋僧真儀像等都不失爲造像碑之珍品。

隆堯碑廊

在今河北隆堯文物保管所院内，沿南墙和東墙而建。1986 年隆堯縣文物保管所建。全長 140 米，寬 4 米，建築面積 560 平方米。面闊三十九間，進深一間，捲棚布瓦頂，前沿置坐凳。自北而南轉西，收藏北魏至民國的歷代碑刻五十餘通，墓志十二方。其中北魏延昌元年（512）的《楊翬碑》、唐開元十三年（725）的

《大唐光業寺碑》《大唐帝陵光業寺碑》《安樂寺碑》（674）、《石佛寺碑》（706）、《王璠碑》（746）等，都是碑刻珍品。《大唐光業寺碑》，不僅形制高大，雕刻精美，而且碑文宏麗，書法高超，并且飛白題額，首創碑首題年、月、日的碑風。

《三千佛碑》《孔氏先德之碑》（1297）、《孔氏先塋之碑》（1316）、《光武應靈之碑》（1356）等又均以高大恢宏著名。此碑廊現爲河北省重點文物保護單位。

第四節　閣道考

閣道，即連接樓閣間的跨空閣式通道，因多爲上下兩重，故亦稱"複道"，又稱"飛閣"。閣道可乘輦而行，故亦曰"輦路"。複道最早產生於戰國時代，爲適應戰爭之需要，以複道連接樓堡，便於防守。《墨子·號令》："守宮三難外，環隅爲之樓，內環爲樓，樓入葆宮丈五尺，爲復道。"孫詒讓閒詁引蘇林云："復與複通。上下有道，故曰復。"大規模修建閣道始於秦。戰國後期，各諸侯國大多將宮殿建於高臺之上，以示其宏偉壯觀之氣勢。爲避免上下之煩，故須設置高架道路，閣道隨之而生。據此可知，閣道是隨高臺建築的出現而產生的。秦在吞并六國、統一天下的過程中，"每破諸侯，寫放其宮室，作之咸陽北阪上，南臨渭，自雍門以東至涇渭，殿屋復道周閣相屬"（《史記·秦始皇本紀》）。秦相國呂不韋所居洛陽宮，南北兩宮相距數里，中隔洛水。兩宮之間，以三條複道相連。中道供皇帝行走，兩條邊道排列侍衛、儀仗。秦統一全國以後，建都咸陽，"於是始皇以爲咸陽人多，先王之宮廷小，吾聞周文王都豐，武王都鎬，豐鎬之閒，帝王之都也。乃營作朝宮渭南上林苑中。先作前殿阿房，東西五百步，南北五十丈，上可以坐萬人，下可以建五丈旗，周馳爲閣道，自殿下直抵南山。表南山之顛以爲闕。爲復道，自阿房渡渭，屬之咸陽，以象天極。閣道絕漢抵營室也。"（《史記·秦始皇本紀》）《三輔黃圖·秦宮》云："阿房宮亦曰阿城，惠文王造，宮未成而亡。始皇廣其宮，規恢三百餘里，離宮別館，彌山跨谷，輦道相屬，閣道通驪山八十餘里。人行橋上，車行橋下。秦始皇步行時可走橋上，乘車則因車隊過重，則走天橋之下。"覆壓三百餘里、隔離天日的阿房宮，"五步一樓，十步一閣"（杜牧《阿房宮賦》），均有複道行空。漢孝武之世，經濟繁榮，國力強盛，大興土木，建造桂宮、建章宮，增廣甘泉宮，宮觀樓閣林立櫛比。樓閣之間，複道相連，飛閣凌空。《三輔黃圖·漢宮》云："武帝太初元年，柏梁殿災。粤巫勇之曰：'粤俗有火災，即復起大屋以厭勝之。'帝於是作建章宮，度爲千門萬户。宫在未央宫西，長安城外，帝於未央宫營造日廣，以城中爲小，乃於宫西跨城池作飛閣，通建章宫，構輦道以上下。宫之正門曰閶闔，高二十五丈，亦曰璧門。左鳳闕，高二十五丈。右神明臺，門内北起别風闕，高五十丈，對峙井幹樓，高五十丈。輦道相屬焉，連閣皆有罘罳。前殿下視未央，其西則廣，中殿受萬人。"又："桂宫，漢武帝造，周回四十餘里。《漢書》曰：'桂宫有紫房，復道通未央宫。'"班固《西都賦》、張衡《西京賦》對此多有描述。《文選·張衡〈西京賦〉》云："既乃珍臺蹇産以極壯，墱道邐倚以正東，似閬風之遒阪，橫西汍而絶金墉。"李善注："言閣道似此山之長遠，横越西池而度金城也。"秦漢修建閣道之風盛行一時，其規模之大，數量之多可謂空前絶後。後世其勢漸衰，衹見於少數高層建築以閣道相連，或臨街建築間以天橋相接，然其規模及數量遠不及秦漢。考其緣由，蓋爲木材構建，經不住風與火的考驗，易毁易燃，故漸成衰勢。但至宋代李誠撰《營造法式》時，仍有其名其物。《營造法式·諸作異名·平坐》云："其名有五：一曰閣道，二曰墱道，三曰飛陛，四曰平坐，五曰鼓坐。"説明此建築形式并未絶迹。明清尚存，然衹見於皇家園林、宫廷及旅游名勝之地。唐王維《奉和聖製從蓬萊向興慶閣道中留春雨中春望之作應制》詩："鑾輿迴出仙門柳，閣道迴看上苑花。"宋蘇軾《澄邁驛通潮閣》詩："倦客愁聞歸路遥，眼明飛閣俯長橋。"清王韜《淞濱瑣話·藥娘》："二室遥隔半里許，通以閣道，如亘長虹於半空。"

閣道 [1]

亦稱"飛閣"。連接建築物間的空中通道。《史記·秦始皇本紀》曰："先作前殿阿房，東西五百步，南北五十丈，上可以坐萬人，下可以建五丈旗，周馳爲閣道，自殿下直抵南山，表南山之巔以爲闕。"漢班固《西都賦》云："輦路經營，修除飛閣，自未央而連桂宫。"《三輔黄圖·建章宫》曰："帝於未央宫營建日廣，以城爲中，乃於宫西跨城池作飛閣，通建章宫。"宋李誠《營造法式·諸作異名·平坐》："其名有五：一曰閣道，二曰墱道，三曰飛陛，四曰平坐，五曰鼓坐。"宋蘇軾《澄邁驛通潮閣》詩："倦客愁聞歸路遥，眼明飛閣俯長橋。"

【飛閣】 [2]

即閣道 [1]。此稱漢代已行用。見該文。

【輦閣】 [1]

即閣道 [1]。亦作"輦閤"。漢劉向《列女傳·霍夫人顯》："顯改更光時所造塋而侈大之，築神道爲輦閣，幽閉良人奴婢。"《漢書·霍光傳》："盛飾祠室，輦閣通屬永巷，而幽良人婢妾守之。"顏師古注："晋灼曰：'閣道乃通屬至永巷中也。'師古曰：此亦其冢上作輦閣之道及永巷也。"

【輦閣】

同"輦閣"。此體漢代已行用。見該文。

【墱道】

即閣道[1]。亦作"隥道"。漢班固《西都賦》云:"凌墱道而超西墉,混建章而外屬。"《文選·張衡〈西京賦〉》:"既乃珍臺蹇產以極壯,墱道邐倚以正東,似閬風以遐阪,橫西洫而絶金墉。"李善注:"言閣道似此山之長遠,橫越西池而度金城也。"宋李誡《營造法式·諸作異名》:"其名有五:一曰閣道,二曰墱道,三曰飛陛,四曰平坐,五曰鼓坐。"

【隥道】

同"墱道"。此體漢代已行用。見該文。

閣[4]

樓與樓之間的架空複道,猶空中走廊。《文選·司馬相如〈上林賦〉》:"高廊四注,重坐曲閣。"李善注引司馬彪曰:"曲閣,閣道委曲也。"《三輔黃圖·漢宮》:"於宮西跨城池作飛閣,通建章宫。"

複道

亦作"復道"。樓閣、宮殿或懸崖間架空的通道。以其有上下兩重,故稱。《墨子·號令》:"守宮三難,外環隅爲之樓,内環爲樓,樓入葆宫丈五尺,爲復道。"孫詒讓閒詁引蘇林曰:"復與複通。上下有道,故曰復。"《史記·秦始皇本記》:"自雍門以東至涇渭,殿屋復道周閣相屬。"又《留侯世家》:"上在雒陽南宮,從復道望見諸將往往相與坐沙中語。"裴駰集解引如淳曰:"復,音複。上下有道,故謂之復道。"《漢書·孔光傳》:"北宮有紫房,復道通未央宫,傅太后果從復道朝夕至帝所。"唐杜牧《阿房宮賦》:"長橋卧波,未雲何龍?複道行空,不霽何虹?"《花月痕》第八回:"荷生便一直向後走來,只見寶殿琳宮,迴廊複道,是個香火興旺的古刹。"

【復道】

同"複道"。此體先秦時期已行用。見該文。

棧道[1]

樓閣間相通的複道。《淮南子·本經訓》:"大構駕,興宮室,延樓棧道,雞栖井幹。"高誘注:"棧道,飛閣復道相通"。清秦蕙田《五禮通考·嘉禮七十六》:"出沔縣西門,曲折行亂山中,沔水流經其中略如棧道。"

輦道[1]

亦稱"輦路"。指可乘輦而行的閣道。《史記·孝武本紀》:"乃立神明臺、井幹樓,度五十餘丈,輦道相屬焉。"《漢書·司馬相如傳上》:"華榱璧璫,輦道纚屬。"顏師古注:"輦道,謂閣道可以乘輦而行者也。"《後漢書·班固傳》:"輦路經營,修塗飛閣。"李賢注:"輦路,閣道也。"宋陸游《韓太傅生日》詩:"珥貂中使傳天語,一片驚塵飛輦路。"《通雅·宮室》曰:"輦路,即輦道、樓陛、閣道也。《疑曜》曰:'李周翰注《文選》:輦路,樓陛也。'《上林賦》:'輦道纚屬。'如淳曰:'輦道,閣道也。'世以爲車輦所行之路,非矣。"清沈自南《藝林彙考·棟宇篇》:"輦道即輦路,皆非道路矣。"

【輦路】

即輦道。此稱漢代已行用。見該文。

甬道

亦稱"甬路"。於樓閣之間架設有棚頂的通道。《淮南子·本經訓》:"修爲墙垣,甬道相連。"高誘注:"甬道,飛閣復道也。"漢班固《西都賦》："步甬道以縈紆，又杳窱而不見陽。"明張萱《疑耀·輦路》："又甬路，亦飛閣之複道。"

【甬路】

即甬道。此稱明代已行用。見該文。

騎樓

跨在街道或衚衕上的樓房，下可通行。

棧道 [2]

亦稱"棧閣"。在山巖險絶之處傍山架木而成的道路。《戰國策·齊策六》："〔田單〕爲棧道木閣而迎王與后於城陽山中。"《史記·高祖本紀》："楚與諸侯之慕從者數萬人，從杜南入蝕中。去輒燒絶棧道，以備諸侯盜兵襲之，亦示項羽無東意。"司馬貞索隱引崔浩曰："險絶之處，傍鑿山巖，而施版梁爲閣。"《後漢書·隗囂傳》："白水險阻，棧閣絶敗。"李賢注："棧閣者，山路懸險，棧木爲閣道。"唐趙氏《雜言寄杜羔》詩："梁州秦嶺西，棧道與雲齊。"唐顧非熊《行經褒城寄興元姚從事》詩："棧閣危初盡，褒川路忽平。"清俞正燮《癸巳類稿·黔縣山水記》："鑿石爲門，開一徑，僅通人，石絶處，橫貫木，置板以行，曰棧閣。"

【棧閣】

即棧道 [2]。此稱漢代已行用。見該文。

【閣】 [5]

即棧道 [2]。於險絶之處，傍鑿山巖，施以板

梁爲之，以供人們通行。《戰國策·齊策六》："故爲棧道木閣，而迎王與后於城陽山中，王乃得反，子臨百姓。"《史記·高祖本紀》"去輒燒絶棧道"司馬貞索隱引北魏崔浩曰："險絶之處，傍鑿山巖，而施版梁爲閣。"《三國演義》第一一七回："鑿山開路，搭造橋閣。"

【閣道】 [2]

即棧道 [2]。亦稱"閣路"。漢曹操《假徐晃節令》："此閣道，漢中之險要咽喉也。"《新唐書·牛徽傳》："蔚（牛徽父）避地於梁，道病，徽與子扶籃輿，歷閣路，盜擊其首，血流面，持輿不息。"唐孫樵《興元新路記》："自白雲驛西，並澗皆閣道。"元薩都剌《次韻虞伯生學士入蜀代祀》："閣道蹴雲衣有潤，蜀天漏雨石無泥。"

【閣路】

即閣道 [2]。此稱唐代已行用。見該文。

【木閣】

即閣道 [2]。《戰國策·齊策六》："故爲棧道木閣，而迎王與后於城陽山中，王乃得反，子臨百姓。"南朝陳徐陵《爲貞陽侯與太尉王僧辯書》："雖復棧道木閣，田單之奉舊齊；縮璽將兵，周勃之扶隆漢……非貔非虎之封，同心同德之勞，校彼功庸，曾何髣髴。"

第九章　庭舍墙藩説

第一節　庭院考

庭院，指門屏、圍墻之内，堂階前之空地。《左傳·昭公五年》："以攻諸大庫之庭。"孔穎達疏："庭是堂前地名。"《荀子·儒效》："是君子之所以騁志意於壇宇宫庭也。"王先謙集解："庭，門屏之内也。"《楚辭·劉向〈九嘆·思古〉》："藜棘樹於中庭。"王逸注："堂下謂之庭。"《玉篇·广部》："庭，堂堦前也。"又《阜部》："院，周垣也。"《集韻·去阮》："院，垣中也。"庭院必有墻垣圍繞，形成一個封閉露天空間。而庭院之内必建房屋，故庭院亦指繞以墻垣的宫室建築，如廊院、四合院等。《廣韻·去綫》："院，垣院。"《增韻·去綫》："院，謂庭館有垣墻者曰院。""庭"及"庭院"之記載，始見於周代文獻，然庭院的出現却早在殷商初年。《周禮·天官·閽人》："掌埽門庭。"《儀禮·燕禮》："賓入及庭，公降一等揖之。"

河南偃師二里頭夏代中晚期宗廟遺址是我國目前發現最早的一座庭院實例。它坐落於二里頭遺址中部，面積約10000平方米，坐北向南。下有臺基，臺基上是由一個單體殿堂與廊廡、門庭等單體建築所組成的建築群。中部偏北爲殿堂，堂前即爲平坦而寬闊的庭院，南面有敞亮的大門，四周廊廡彼此相連，圍繞中心殿堂構成了一座十分壯觀的宫室宗廟建築。整個平面布局，基本具備了我國皇室宗廟建築的形制與規模。該遺址以廊廡圍成院落，院落之中爲主體建築，故亦稱“廊院”。庭院的產生，與私有制的出現及階級尖銳對立密切相關。奴隸主從奴隸身上殘酷地榨取財富，然財富愈多，疑慮愈重，擔心奴隸奪取，構築庭院，始感安全。此爲庭院產生的根本原因。另外，庭院是隨“門”“堂”分立建築形制的產生而出現的。門堂之分立與并存，在理論上則出於内外有別、尊卑有別、賓主有別的“禮”的精神，而在功能與技術上則藉此而組成一個庭院，將封閉的露天空間納入房屋設計的内容之中。如上所述，構成一個庭院的實踐要比“禮”的理論出現更早，即殷商初年。而門堂之制的理論則産生於周代。在《周禮》《儀禮》《禮記》中即有門堂分立的記載。漢代學者根據《三禮》研究周代建築情況，撰爲《三禮圖》，成爲我國最早的一部與建築有關的學術著作。門堂分立的形式，一經“禮”在理論上的解釋之後就更爲牢固，并爲後世沿用。漢代宫殿及官僚宅第仍采用廊院制度。從河北安平漢墓墓室中一幅地主莊園的壁畫可看出，漢代大住宅即采用數個廊院組合而成。内蒙古和林格爾漢墓壁畫中所描繪的幕府建築亦采用廊院制度。甘肅敦煌壁畫中所表現的北朝至隋唐的佛教寺院圖像，亦多爲廊院形式。據文獻記載，隋煬帝在洛陽所建西苑，世稱“會通苑”，極其宏偉，周二百里，其内爲海，北有龍鱗渠，緣渠造十六院，院内殿堂樓觀，窮極華麗。《説郛》第一一〇引唐杜寶《大業雜記》曰：“〔大業〕元年夏五月，築西苑，周二百里，其内造十六院，屈曲周繞龍鱗渠。其第一延光院，第二明彩院，第三合香院，第四承華院，第五凝暉院，第六麗景院，第七飛英院，第八流芳院，第九耀儀院，第十結綺院，第十一百福院，第十二萬善院，第十三長春院，第十四永樂院，第十五清暑院，第十六明德院……每院開西、東、南三門，門並臨龍鱗渠。渠面闊二十步，上跨飛橋。過橋百步，即楊柳修竹，四面鬱茂，名花美草，隱映軒陛。其中有逍遥亭，四面合成，結構之麗，冠絕今古。其十六院例相仿效。”西苑十六院，即采用廊院形式建築的大型皇家園林。受我國佛教建築影響而建造的日本奈良法隆寺，亦爲典型的廊院式建築，周有空廊環繞，南廊中間爲中三門，北廊中部爲講堂，院中央并列兩座主體建築，左爲金堂，右爲五重塔。

歷代庭院建築布局形式多種多樣，一般情況將主體建築置於院落中央，如衙署中間爲正廳建築，寺院則爲佛塔。某些小型房屋的庭院（如住宅）則將正房置於北廊中央，廊院中間不置房屋。廊院式庭院之布局方式，即於縱軸綫上安置主要建築及其對面的次要建築，在庭院兩側用迴廊將前後兩座建築連接爲一，故稱廊院。此布局方式，可收到藝術上大小、高低與虛實、明暗的對比效果。同時因迴廊各間裝有直櫺窗，可憑窗遠眺，擴大空間感。其使用範圍，自漢代至宋、金，僅見於宮殿、祀廟、寺觀及較大的住宅。唐宋兩代大型廊院組合更加複雜。唐代後期出現了具有廊廡的四合院。它保留了廊院的部分特點，但使用面積較大，比廊院更切合實用，故從宋代起，宮殿、廟宇等建築采用廊廡者漸多，而廊院日少，至明清兩代幾乎絕迹。爲增加院落中的使用面積，廊院形式漸被四合院房屋所代替。四合院平面布局形式，於周代業已出現。《書・顧命》對西周時期的宮殿建築布局及形制有較爲詳細的描述：前有正門，門之兩側有右塾、左塾，門内有庭，庭内居中有主要建築——堂。堂前有東、西階，堂後有側階，堂上有主室及其左右的東西房。庭之兩側有東、西廂房。正門前有應門，應門前又有皋門。這是一組規模宏大、格局整齊的四合院式群體建築。陝西岐山鳳雛宗廟宮室建築遺址，其布局與《書》記載相差無幾。該遺址爲西周早期宮殿建築，由三個庭院及其四周圍繞的房屋組成。這一組建築形成封閉性空間，頗似我國後來在北方流行的四合院。院落南邊正中有一影壁，正對大門。進門即爲前院，前院北邊爲主體殿堂，再往北是後院，後院中間有過廊，過廊北通後室，前後院周圍有迴廊，東西兩側爲廂房。整個建築保持南北中軸綫，東西兩邊嚴格對稱，符合前堂後室之制。四合院平面布局方式，即先於縱軸綫安置主要建築，再於庭院左右兩側依橫軸綫以兩座體形較小的次要建築相對峙，構成“裸”或“H”形的三合院；或於主要建築對面，再建一座次要建築，構成正方形或長方形庭院，稱爲四合院。其四角通常用走廊、圍墻將四座建築連接起來，成爲封閉性較强的整體。此種布局方式，在中國古代社會宗法禮教制度下，便於安排家庭成員的住所，使尊卑、長幼、男女、主僕之間有明顯區別，亦可保證安全、防風、防沙，或於庭院内種植花木，造成安静舒適的生活環境。祇要將庭院的形狀、大小與木構架建築的體形、式樣、材料、裝飾、色彩等加以變化，即可適應不同地區的氣候條件，并能滿足統治階級對不同性質建築（如宮殿、祀廟、寺觀、衙署、住宅等）在功能及思想性、藝術性方面的要求。故從周代開始，更確切地講，是從殷商後期始，在漫長的中國奴隸社會與封建社會中，在氣候懸殊的遼闊土地上，廣泛使用四合院布局方式。至漢代，四合院式的住宅已發展得十分完善，出土的漢代模型及墓像磚上的圖畫爲此做了證明。明清故宮亦爲四合院布局方式在縱橫方嚮上的重複與延伸。至今北京城内及北方農村仍保留有非常典型的四合院住宅。參閱中國科學院自然科學史研究所《中國古代建築技術史》、李允鉌《華夏意匠》、孫大章《中國古代建築史話》。

泛　稱

庭[3]

門屏之内，堂階之前的庭院；宮室四周圍以廊廡或墻垣的封閉性廣場。可用於通風、采光與供人室外活動。《儀禮·燕禮》："賓入及庭，公降一等揖之。"《左傳·昭公五年》："南遺使國人助豎牛，以攻諸大庫之庭。"孔穎達疏："庭是堂前地名。"漢劉向《九嘆·思古》："甘棠枯於豐草兮，藜棘樹於中庭。"王逸注："堂下謂之庭。"《字彙·广部》："庭，門屏之内。"我國傳統建築，多爲一組或多組地圍繞着一個中心空間（庭）而組織構成的建築群。這個原則一直采用了幾千年，并成爲一種主要的總平面構圖方式，最早可追溯到新石器時代。關於六千年前的陝西西安半坡仰韶文化的房屋遺址，考古學家在調查報告中説："在聚落布局方面，以這一文化類型瞭解得比較清楚。一般可以分爲居住區，燒陶窯場和公共墓地等部分，并各有一定的區域。居住區由單個的房屋組成，房屋的排列都有一定的次序。在小型住宅群的中心有一所供氏族成員公共活動的大房子，各個小屋的門都朝向這座中心建築。半坡遺址居住區大體上成一個規則的圓形，裏面密集地排列着許多房子。"由此可見，這種"向心而構"的建築形式，隨着房屋（宮室）的出現便已產生，并對後世的建築布局產生了巨大影響。根據文獻記載，早在商代或夏代，或更早以前，在建築上則采用"四嚮"之制，即以"中庭"爲空間中心，東西南北用房屋圍繞起來。《書·舜典》有"闢四門，明四目，達四聰"之説，甲骨文中亦有"東室""南室""東寢""西寢"之

稱。李允鉌《華夏意匠》引《董生書》："天子之宮在清廟，左凉室，右明堂，後路寢，四室者，足以避寒暑而不高大也。"據此可知，我們的祖先很早就將房屋分別布置在東西南北四個方位上，其目的就是構成一個封閉的向心内院。1959 年，在河南偃師二里頭發現了一座夏代中晚期宮殿的遺址，經過多年發掘與調查研究，證實了古代文獻的記載與事實大致相符。這是一座中間爲庭院，四周爲房屋環繞的建築物；并且清楚地顯示出，其時房屋形制已有主次之分，坐北朝南的北屋爲主，其餘建築不過是廊廡而已。這座三千多年前的宮殿的平面圖表現出我國古代建築典型的布局方式，至殷商時已産生接近成熟的雛形。"四嚮"與向心的"中庭"的平面布局固然與古代帝王以自我爲中心的政治思想有關，但這種意義并非十分重要。以"庭院"爲中心的建築群組織方式發展爲中國古典建築的主要形式的最重要的原因則是"庭"這種性質的空間爲人類所必需。人類自從生活在人工環境之中以後就開始與自然有了一種分隔。在性質上，"庭"是外界環境與室内環境的一個過渡；在生活上，人的思想感情亦同樣要求有這種過渡性質的環境。因此，"庭院"已成爲古代建築平面組織的一個重要内容。營建房屋的目的是爲了建立兩種不同性質的空間：一種是有屋頂的四周封閉的室内空間；一種則是沒有屋頂的四角同樣是封閉的室外空間（庭院）。這兩種不同的空間分別滿足人在其間不同性質活動的要求。《三輔黃圖》卷一："〔始皇三十五年〕乃營朝宮於渭南上林苑，庭中可

受十萬人，車行酒，騎行炙，千人唱，萬人和。"此庭即指四周有房屋圍繞的露天萬人大會堂，并非空地或校場。清宮午門前城牆所包圍的空間亦爲舉行禮儀活動的露天禮堂。在大型建築群中，以"一院一組"爲基本單元，一直行、一連串的院則稱爲"路"。典型的巨大建築群則以"中路"爲主，左右爲次，發展爲"東路"與"西路"。除了"主路""次路"之外，還可分出"支路"，這時大院則變成小院。無論如何變化，始終堅持"無院不成群"的基本原則。清故宮在建築上的成就并不在於它的單座建築的雄偉壯觀，而是主要在於它所構成的一系列大大小小變化無窮的封閉性空間（院），通過空間的表現而達到它本身所追求的目的及效果。平民百姓所居多爲一列式二三間房屋。稍微富裕者則多住一橫一順或三合院，所居房屋四周或以木柵、竹籬圍繞，或築砌圍牆，圍牆之内皆有庭院。地主豪紳則多住四合院或由許多院落拼成的深宅大院。庭院則爲采光、通風及宅内交通的總樞紐，亦爲户外起居與婚、喪、嫁、娶集會之場所。因房屋平面布置的形式有別，庭院之大小亦各异。分散式布置即正房與厢房不相連接，彼此有一定距離，因之庭院廣大，多納陽光，北方多用此式。一顆印式布置即正房與厢房相接，四合頭房外牆方正如印，故俗稱"一顆印"。因房屋密接，故庭院較小，但可少受烈日，南方多用此式。

【中庭】[2]

即庭[3]。《儀禮·聘禮》："及廟門，公揖入，立於中庭。"又："賓升西楹西東面，擯者退中庭。"又《燕禮》："司正洗角觶，南面坐奠於中庭。"《爾雅·釋宫》："兩階間謂之鄉，中庭之左右謂之位。"郝懿行義疏："中庭者，《聘禮》云'公揖入立於中庭'，又云'擯者退中庭'，皆舉中以表左右也……《聘禮》中庭，謂廟堂下之庭；《燕禮》中庭，謂路寢堂下之庭。"

【院】[2]

即庭[3]。《集韻·去阮》："院，垣中也。"唐李白《之廣陵宿常二南郭幽居》詩："忘憂或假草，滿院羅叢萱。"《兒女英雄傳》第一四回："這十三妹出得院門，先到配殿把驢兒拉上，就一直的奔了馬圈。"

【院子】

即庭[3]。《紅樓夢》第四回："鳳姐坐在當院子的臺階上，命那個丫頭跪下。"《兒女英雄傳》第五回："那天正是八月初旬天氣，一輪皓月漸漸東升，照得院子裏如同白晝。"

【院落】

即庭[3]。唐白居易《宴散》詩："笙歌歸院落，燈火下樓臺。"宋王安石《山陂》詩："山陂院落今按種，城郭樓臺已放燈。"《兒女英雄傳》第五回："東南角上一個隨牆門，裏邊一個拐角牆擋住，看不見院落。"

庭户 [1]

泛指庭院。唐方干《新秋獨夜寄戴叔倫》詩："遙夜獨不卧，寂寥庭户中。"宋柳永《二郎神·七夕》詞："乍露冷風清庭户，爽天如水。"

【庭宇】[2]

即庭户[1]。晋葛洪《抱朴子·外篇序》："荆棘叢於庭宇，蓬莠塞乎階雷。"《資治通鑑·唐僖宗中和二年》："夜擲銅器於階，令鏗然有聲，又密以囊盛彘血，灑於庭宇，如格鬥之狀。"

【庭除】[1]

即庭户[1]。亦稱"庭砌""庭階"。三國魏嵇康《琴賦》："天吳踴躍於重淵，王喬披雲而下墜。舞鸑鷟於庭階，游女飄焉而來萃。"《晋書·謝玄傳》："譬如芝蘭玉樹，欲使生於庭階耳。"唐李咸用《庭竹》詩："嫩緑與老碧，森然庭砌中。"宋陸游《大雨》詩："几席亂黽黿，庭除泳鵝鴨。"

【庭砌】[1]

即庭除[1]。此稱唐代已行用。見該文。

【庭階】[1]

即庭除[1]。此稱三國時期已行用。見該文。

門庭[2]

迎門空闊之地。《易·節》："不出門庭，凶。"《周禮·天官·閽人》："掌埽門庭。"鄭玄注："門庭，門相當之地。"唐韓偓《訪同年虞部李郎中》詩："門庭野水襴褫鷺，鄰里短墻咿喔鷄。"

【庭户】[2]

即門庭[2]。宋辛棄疾《沁園春·叠嶂西馳》詞："相如庭户，車騎雍容。"清蒲松齡《聊齋志異·青娥》："〔霍桓〕以神童入泮，而母過於愛惜，禁不令出庭户。"

【門朝】

即門庭[2]。《管子·霸形》："明日，皆朝於太廟之門朝，定令於百吏。"唐胡曾《車遥遥》詩："自從車馬出門朝，便入空房守寂寥。"

廊院

古代庭院的一種建築形式。以廊圍成院落，院落之中建造主體建築。此布局形式早於四合院式，大約産生於殷商初年。二里頭宮殿遺址爲此建築形式之最早例證。自漢至宋，此形式多見於宮殿、廟宇及官僚大型住宅等宮室建築。至明清時代則完全被四合院式所代替。宋施宿《會稽志》卷一五："令本道移師歸禹迹，聚徒北廊院。"宋孫逢吉《職官分紀》卷一四："國朝鼓在宣德門南街之西，廊院在外門西之北。"

内庭[1]

内院、裏院。宋計有功《唐詩紀事》卷二："終日忘倦，常延學士於内廷，討論經義，較量古今。"又卷三五："至於内廷賜宴，君唱臣和，皆酌六義之英而爲一時之盛。"清劉大櫆《海門鮑君墓志銘》："而尹公太夫人尤重君，常引至内庭相見，飲食之如家人。"

内院[2]

裏院。魯迅《故事新編·奔月一》："剛到内院，他便見嫦娥在圓窗裏探了一探頭。"

後庭[2]

宮廷或房屋之後的庭院。《漢書·郊祀志下》："告祠世宗廟日，有白鶴集後庭。"《警世通言·蔣淑真刎頸鴛鴦會》："俟暮鼓既作，躡足而回，循墻至後庭。"

後院

屋後的院子。唐李白《題東溪公幽居》詩："好鳥迎春歌後院，飛花送酒舞前檐。"宋張先《蝶戀花》詞："移得緑楊栽後院，學舞宮腰，二月青猶短。"

後堂[3]

房室後面的庭院。唐李商隱《燕臺》詩之二："前閣雨簾愁不卷，後堂芳樹陰陰見。"清李鍾倫《周禮纂訓》卷三："朝踐薦腥，後堂上更體其犬豕牛羊。"

後園

屋後庭園。漢司馬相如《子虚賦》："時從

出游，淤於後園。"宋蘇舜欽《游洛中內》詩：
"別殿秋高風淅瀝，後園春老樹婆娑。"

軒庭 [2]

庭院。唐王勃《青苔賦序》："苔之生於林
塘也，爲幽客之賞；苔之生於軒庭也，爲居人
之怨。"宋蘇軾《張寺丞益齋》詩："歸來閉户
坐，八方在軒庭。"清俞蛟《潮嘉風月記·麗
景》："中艙爲款客之年，兩旁垂以湘簾，雖寬
不能旋馬，而明敞若軒庭。"

風庭

指庭院。南朝齊謝朓、江革等《阻雪連句
遙贈和》："風庭舞流霰，冰沼結文漪。"唐白居
易《閑坐看書貽諸少年》詩："雨砌長寒蕪，風
庭落秋果。"元方瀾《早秋夜坐》詩："塵陌聞
鐘靜，風庭灑頂凉。"

玉庭 [2]

庭院之美稱。唐喬知之《定情篇》詩："今
日玉庭梅，朝紅暮成碧。"前蜀韋莊《撫盈歌》：
"玉庭兮春晝，金屋兮秋宵。"

壇 [4]

指庭院。漢東方朔《七諫》："亂曰：鸞皇
孔鳳日以遠兮，畜鳧駕鵝。鷄鶩滿堂壇兮，鼃
黽游乎華池。"王逸注："平場廣坦爲壇。"洪興
祖補注："壇，音善。"《淮南子·説林訓》："腐
鼠在壇，燒薰於宫。"高誘注："楚人謂中庭爲
壇。"

門屏

門與屏之間。《爾雅·釋宫》："門屏之間謂
之宁。"郭璞注："人君視朝所宁立處。"《後漢
書·禮儀志上》："天子迎于門屏，交禮，道自
阼階，三老升自賓階。"南唐劉崇遠《金華子雜
編》卷下："鄭公佇立於階所，目之，候其掩映
門屏，方回步言曰：'大好及第舉人。'"

門首

門口，門前。宋孟元老《東京夢華録·酒
樓》："凡京師酒店門首，皆縛彩樓歡門。"《警
世通言·玉堂春落難逢夫》："金哥在門首經過，
知道公子在内，進來磕頭叫喜。"

院 [3]

有垣墻圍繞的宫室、房舍，如三合房、四
合院。《廣韻·去綫》："院，垣院。"《增韻·綫
韻》："院，謂庭館有垣墻者曰院。"唐杜寶《大
業雜記》："元年夏五月，築西苑，周二百里，
其内造十六院。"前蜀韋莊《應天長》詞："緑
槐陰里黄鶯語，深院無人春晝午。"

【院宇】

即院 [3]。唐薛用弱《集異記·李清》："清
巡視院宇，兼啓東西門，情意飄飄然，自謂永
栖真境。"元王實甫《西廂記》第一本第二折：
"院宇深，枕簟凉，一燈孤影摇書幌。"清蒲松
齡《聊齋志異·西湖主》："過數折曲欄，又是另
一院宇，垂楊數十株，高拂朱檐。"

名　類

四合房 [1]

舊式住宅的主要建築形式之一。其基本特
徵是四周以房屋或墻垣環繞，形成南北稍長、

左右對稱、中庭開闊的矩形封閉院落，是一種
比較規則的庭院建築。正面爲上房，東西爲廂
房，南面爲倒座，四面相對，形如"口"字，

中央爲庭院空地。四合房住宅歷史久遠，早在三千年前殷代故都的宮室遺址上，已發現幾座房屋圍繞庭院的組合方式。在陝西岐山、扶風交界之周原發掘的一個西周宗廟遺址中，周圍廊廡向庭院內部緊縮，形成互相連接的正房與廂房，乃四合房之雛形。四川出土的漢畫像磚上，已清晰表明漢代已使用規則整齊的四合院了。畫像磚上有主院、廳堂，四周以迴廊環繞，左側爲庭院，有厨房、水井與望樓。爲滿足長幼有序、內外有別的宗法禮制，四合院的設計思想逐漸形成“一正兩廂”的格局。“一正”，指正房，亦謂之上房，位於全宅中軸綫上，坐北朝南，開門、進深、高度與裝飾做法均居全宅首位。“兩廂”，即院子兩側之廂房，高度、大小及裝飾做法均次於正房。在建築上主次分明，既有分隔又有聯繫。此形制在漫長的發展過程中逐漸臻於成熟。院落雖有規模大小之別、品質高低之差，但布局方式基本不變。在北京城中，具有我國傳統風格的四合房住宅隨處可見。它具有分區明確、聯繫方便，庭院內安静，有利於采光、遮陽、擋風、防沙與家庭起居生活之功效。其建築密度較高，一般可達百分之五十左右。在木構建築地區，四合院式的住宅遍及農村與城市。無論簡陋的茅屋草舍或豪華宅第，或簡或繁，或大或小，均使用此建築形式。舊北京以宮殿爲中心，幹道以南北爲主，左右對稱。與幹道垂直通往居住區的街道，謂之衚衕。此棋盤式的街坊，最適合布置四合院住宅。北京四合院一般按南北軸綫布置房屋與庭院。全宅分爲前後兩院，大門多設於東南角上，以象徵風水八卦上的“巽門”方位，附會“紫氣東來”。門內設有影壁，入門折西，

則爲前院。前院之倒座通常作客房、書齋或男僕住所。在前院與後院之間有裝飾華麗的垂花門。後院爲全院的核心，中軸綫上的正房住長輩，東西廂房住晚輩，周圍以廊相連。另有耳房、小院作厨房與雜用。庭院不僅是交通、采光、通風之樞紐，且配以綠化或陳設盆景，爲休息與家庭活動的中心。一般中小型四合院比較簡單樸素，色調素雅，門扇多漆成黑色，屋頂爲硬山式，次要房間則用平頂或單坡頂。官僚、貴族、皇親、國戚的住宅，則有幾個四合院縱嚮排列，形成重重院落，或在左右建跨院，或設置花園。建築上則大量采用彩畫、磚雕等豪華裝飾，大門前還有石獅、上馬石等擺設。北京地勢平坦，又是京城，棋盤街坊四合院獨具一格，在我國住宅中頗具典型性。至今在北京尚保存一些完整的四合院。《兒女英雄傳》第一四回：“進了屏門，便是一所四合房，三間正廳，三間側廳，東西廂房，東北角上一個角門，兩間耳房，像是進裏面去的路徑。”參閱喻維國《建築史話》、李允鉌《華夏意匠》。

【四合院】

即四合房。見該文。

【四合頭】

即四合房。見該文。

【合頭房】

即四合房。清蒲松齡《聊齋俚曲集·墻頭記》第四回：“近來白黑常打算，我要蓋個合頭房，上一個監生好游蕩。”《大清會典則例·內務府·會計司》：“除給地外，並予鑿井，六口牛，合頭房三間。”

一顆印 [1]

正房與廂房相連，成爲一個整體的住宅建

築形式。其外墻方正如印，故名。四川、雲南一帶多采用，正房與厢房（南方稱耳房）屋頂連接處多爲懸山叠落，稱“老鷹頭”連接方式。懸山頂與封火墻面配合出許多組合，常有優美的造型，成爲有特色的南方住宅。

三合院

亦稱“三合房”。古代庭院的一種布局形式。在縱中軸綫上安置主要建築，再於院子左右兩側依橫軸綫建兩座形體小的次要建築相對峙，構成“兀”形或“H”形，三面是房屋，中間是院落。

三合院
（廣州漢墓出土明器）

【三合房】[1]

即三合院。見該文。

正房

宅院中位置在正中的房屋。與厢房相對。《明會典・親王府制》：“弘治八年，定王府制，前門五間……書堂一所，正房五間，厢房六間，門三間，左右盝頂房六間。”《兒女英雄傳》第四回：“對着照壁正中，一帶正房，東西兩路配房。”

上房

猶正房。《金瓶梅詞話》第四二回：“話説西門慶，打發喬家去了，走來上房。”《紅樓夢》第三回：“正面五間上房，皆是雕梁畫棟，兩邊穿山游廊厢房，挂着各種鸚鵡、畫眉等雀鳥。”

上屋

上房、正室。《北史・牛弘傳》：“《五行志》曰：‘前堂曰太廟，中央曰太室，屋其上重者也。’服虔亦云：‘太室，太廟之上屋也。’”《紅樓夢》第六四回：“〔賈璉〕自來是不等通報的。於是走至上屋，早有廊下伺候的老婆子打起簾子讓賈璉進去。”《兒女英雄傳》第三〇回：“我同姐姐一會還得在上屋照料照料去纔是。”

北堂[3]

泛指北屋。唐盧照鄰《明月引》：“橫桂枝於西第，繞菱花於北堂。”又《長安古意》詩：“娼家日暮紫羅裙，清歌一囀口氛氳。北堂夜夜人如月，南陌朝朝騎似雲。”宋梅堯臣《留題希深美檜亭》詩：“栽萱北堂近，夢草故池連。乘月時來往，清歌思浩然。”清惲壽平《南田論畫》：“余在北堂閑居，灌花蒔香，涉趣幽艶，玩樂秋容，資我吟嘯。”

厢[3]

正房兩側的房屋，厢房。《廣韵・平陽》：“厢，亦曰東西室。”漢王延壽《魯靈光殿賦》：“西厢踟蹰以閑宴，東序重深而奥秘。”《樂府詩集・相和歌辭九・相逢行》：“音聲何嚌嚌，鶴鳴東西厢。”唐元稹《鶯鶯傳》：“待月西厢下，迎風户半開。”元王實甫《西厢記》第三本第二折：“月暗西厢，鳳去秦樓。”《老殘游記》第一九回：“東厢兩間：一間做厨房，一間就是大門。”

【厢房】

即厢[3]。指東厢房與西厢房。《鏡花緣》第一〇回：“惟剩神殿一座，厢房兩間。”

配房

正房以外，東西兩側厢房。清于敏中《日下舊聞考》卷七一："增廣儲司舊署在西華門内白虎殿東配房。"清《盛京通志》卷二〇："盛京循例舉行祭典，宮後東西配房各三楹。"《兒女英雄傳》第四回："中間也是一個穿堂大門，門裏一座照壁，對着照壁，正中一帶正房，東西兩路配房。"

夕室

側室。因陽光斜照，故稱。《左傳·莊公十九年》："夏六月庚申卒，鬻拳葬諸夕室，亦自殺也，而葬于絰皇。"杜預注："夕室，地名。"孔穎達疏："鬻拳自殺以殉，當是近墓之地。"按，此夕室乃正式下葬前皇墓前之側室也。《吕氏春秋·明理》："是正坐於夕室也，其所謂正，乃不正矣。"高誘注："夕室，以喻悲人也。言其室邪夕不正，徒正其坐也。"

子舍

偏房、側室。亦特指諸子所居房舍。《史記·萬石張叔列傳》："〔石〕建老白首，萬石君尚無恙。建爲郎中令，每五日洗沐歸謁親，入子舍。"司馬貞索引："劉氏謂小房内，非正堂也。小顔（顔師古）以爲諸子之舍，若今諸房也。"宋梅堯臣《送任太博歸省西都》詩："子舍今歸浣裙切，里門重戒下車勤。"

庚

亦稱"廬"。偏屋，下屋。《玉篇·广部》："廬，下屋也。"又："庚，偏舍。"《字彙·广部》："庚，偏屋也。"《集韻·上旱》："廬，偏舍謂之廬。"宋李誡《營造法式·總釋上·宮》："偏舍謂之廬，廬謂之庚。"

【庚】

即庚。此稱南北朝時期已行用。見該文。

厦房

亦稱"厦宇"。厢房，旁屋。清蒲松齡《聊齋志異·屍變》："但求一席厦宇，更不敢有所擇。"何垠注："厦，旁屋也。"《綠野仙踪》第六回："于冰走到裏邊，見有正房三間，東西各有厦房，是衆學生讀書之處。"

【厦宇】

即厦房。此稱清代已行用。見該文。

【耳房】

即厦房。以其東西相對如人之兩耳，故稱。《竹塢聽琴》第二折："這所在不是説話處，向去那耳房裏説話去來。"《水滸傳》第三三回："花榮見劉高不出來，立了一回，喝叫左右去兩邊耳房裏搜人。"《古今小説》卷六："他爲自己家貧未娶，只在府廳耳房内栖止。"《金瓶梅詞話》第七八回："玳安、琴童，下邊耳房放桌兒，自有文嫂兒主張，酒饌點心管待。"《紅樓夢》第三回："儀門内大院落，上面五間大正房，兩邊厢房鹿頂耳房鑽山，四通八達，軒昂壯麗，比賈母處不同。"

下房

厢房、偏屋。與上房相對而言。《史記·孝武本紀》："祠泰一、五帝於明堂上坐，令高皇帝祠坐對之。祠后土於下房，以二十太牢。"宋沈邁《奉祠西太乙宮賦》："趨就乎下房之次，而齋嚴乎其間。"《紅樓夢》第五九回："裏面鴛鴦和玉釧兒將上房關了，自領丫鬟婆子下房去歇。"

倒座

亦作"倒坐"。南房。四合院以北房爲正

房，故稱與其相對之房屋爲倒座。《西游記》第八三回："只見有三間倒坐兒，近後壁却鋪一張龍吞口雕漆供桌。"《紅樓夢》第三回："南邊是倒座三間小小的抱廈廳，北邊立着一個粉油大影壁。"

【倒坐】

同"倒座"。此體明代已行用。見該文。

東宮 5

泛指東側的住室。《儀禮・喪服》："故昆弟之義無分……故有東宮，有西宮，有南宮，有北宮，異居而同財。"賈公彥疏："案，《內則》云：命士以上父子異宮。不命之士父子同宮；縱同宮，亦有隔別，亦爲四方之宮也。"

後房 2

亦稱"後室"。後面的房屋。舊多指姬妾住處。《史記・魏其武安侯列傳》："前堂羅鍾鼓，立曲旃，後房婦女以百數。"漢荀悅《漢紀・武帝紀二》："前堂羅鍾鼓，立曲旃；後室婦女以百數，珍物玩好狗馬不可勝數。"《梁書・夏侯夔傳》："性奢豪，後房伎妾曳羅縠飾金翠者亦有百數。"

【後室】 2

即後房。此稱漢代已行用。見該文。

後罩房

方言。四合院中正房後面與正房平行的一排房屋。

後堂 4

後面的堂屋。《漢書・張禹傳》："禹性習知音聲，內奢淫，身居大第，後堂理絲竹筦弦。"清王士禎《池北偶談・談異四・劍俠》："傳呼令入，至後堂。堂中惟設一榻。"《老殘游記》第一七回："〔剛弼〕早坐不住，退往後堂去了。"

披屋

亦稱"披房""披子"。省稱"披"。正房旁依墻搭建的小屋。《初刻拍案驚奇》卷一五："就是要贖，原價雖只是一百三十兩，如今我們又增造許多披屋，裝修許多材料，值得多了。"《儒林外史》第三回："家裏住着一間草屋，一厦披子，門外是個茅草棚。正屋是母親住着，妻子住在披房裏。"

【披房】

即披屋。此稱清代已行用。見該文。

【披子】

即披屋。此稱清代已行用。見該文。

【披】

"披屋"之省稱。此稱多行用於現當代。見該文。

【厦子】

即披屋。《儒林外史》第二一回："把後面天井內搭了個蘆蓆的厦子做厨房。"

板閣 2

用木板隔成的夾室。宋范成大《吳船錄》卷上："以板閣插石作堂殿，下視丈人峰直堵墻耳。"宋樂史《太平寰宇記》卷一三三："有橋閣二千九百八十九間，險板閣一千九百九十二間。"明謝肇淛《五雜俎・地部一》："閣，夾室也，以板爲之……《內則》：'天子之閣，左達五，右達五。'蓋古人製此，以庋飲食之所，即今房中之板閣。"

第二節　宅舍考

"宅""舍"，亦稱"廬""廛"。人之居息之處。《釋名·釋宮室》曰："宅，擇也，擇吉處而營之也。"又曰："舍，於中舍息也。"《玉篇·宀部》曰："宅，人之居舍曰宅。"《説文·广部》："廬，寄也。秋冬去，春夏居。"又云："廛，二畝半也，一家之尻。"按周代禮制，對不同等級之宅舍占地面積有明確規定：天子之宅千畝，諸侯之宅百畝，大夫以下里舍九畝（見《初學記》卷三四五引《尉繚子》）。而農民之宅，春夏在野所居之廬舍二畝半，秋冬在邑所居之廛舍二畝半，合稱"五畝之宅"。《孟子·梁惠王上》曰："五畝之宅，樹之以桑，五十者可以衣帛矣。"趙岐注："廬井、邑居各二畝半，以爲宅舍。入保城，二畝半，故爲五畝也。"焦循正義："《漢書·食貨志》云：'六尺爲步，步百爲畮，畮百爲夫，夫三爲屋，屋三爲井，井方一里，是爲九夫，八家共之，各受私田百畮，公田十畮，是爲八百八十畮，餘二十畮以爲廬舍。春令民畢出在野，冬則畢入於邑……在野曰廬，則廬井者，井間之廬也；又云在邑曰里，則邑居者，里邑之居也。'《爾雅》：'里，邑也。'鄭康成稱里居，與趙〔岐〕稱邑居並同。蓋廬井二畝半在公田中，一名廬舍。何休云：'一夫受田百畝，又受公田十畝，廬舍二畝半。'謂一夫受田一百十畝，又分受公田之二十畝，各得二畝半作廬居也。此易曉也。至在邑之二畝半，以國城當之，則大謬不然。《管子·内政》云：'四民勿使離處，處工就官府，處商就市井，處農就田野。'而韋昭謂國都城郭之域，唯士、工、商而已，農不與焉。則二畝半在邑，止在井邑，與國邑無涉……則此二畝半當云在井邑，不問有城無城，並得入保。此舉近地井里而言。如四井爲邑，則必邑中有里居可爲保守之地，故其居名里居，又名邑居。倪氏思寬《二初齋讀書記》云：'《晉語》：尹鐸請於趙簡子曰，以爲繭絲乎，抑爲保鄣乎？韋昭注：小城曰保。引《禮記》遇入保者爲證。'然則趙注書亦指井邑中小城言之。若既無城，何云入保？周氏柄中《辨正》云：'季彭山《讀禮疑圖》，言農民所宅，必是平原可居之地，另以五畝爲一處，不占公田，取於便農功，邐饋餉，去田亦不宜遠，其所聚居，或止八家，或倍八家以上，各隨便宜，聚爲一邑，置保以相守望。故舉成數言，則有十室之邑，千室之邑，非必都邑然後爲邑，而都邑亦豈可寓農民哉？農民之宅鄉里也，即制里以導其妻子養老者也。'《詩·小雅》：'中田有廬。'箋云：'中田，田中也。農人作廬焉，以便其農事。'《春秋》宣十五年《公羊傳》注云：'一夫受田百畮，公田十畮，廬舍二畮半，凡爲田一頃十二畮半，八家而九頃，共爲一井。在田曰廬，在邑曰里，春夏出田，秋冬入保城郭。’按，許〔慎〕廬義與下廛義互相足。在野曰廬，在邑曰廛，皆二畝半也。”由此可知，古時農民之宅，有廬舍、廛宅兩處，各占地二畝半，春夏農忙之時居於田野所建之廬舍，秋冬農閑之時則入邑居於廛宅，保守城邑，而此城邑，不指國城，僅指井邑。

國邑中之宅舍，則有國宅與民宅之分。《周禮·地官·載師》曰：“凡任地，國宅無征。”鄭玄注引鄭眾曰：“國宅，城中宅也。無征，無稅也。”鄭玄注：“國宅，凡官所有宮室，吏所治者也。”又曰：“以廛里任國中之地。”鄭玄注：“廛里者，若今云邑里居矣。廛，民居之區域也，里居也。”孫詒讓正義：“通言之，廛里皆居宅之稱；析言之，則庶人、農、工、商等所居謂之廛，士大夫等所居謂之里。”《荀子·王制》云：“順州里，定廛宅。”楊倞注：“廛謂市内百姓之居，宅謂邑内居也。”王先謙集解引郝懿行曰：“廛、宅皆謂邑里之居……此以廛宅並言，則廛在市，宅在邑。”此所謂“廛”，係指都邑、國邑中平民之住宅，與“在野曰廬，在邑曰廛”之“廛”所指非一。井邑之廛所居均爲種植五穀之農民，而國邑、都邑之廛所居有庶人、農、工、商、旅等。而其中之“農”者，則多指菜農而已。隨着商品經濟的發展，市場日益繁榮，故在商末周初即出現了廛市，即商肆集中之處，周代始設“廛人”負責掌斂市肆賦稅，故平民、工、商在市所居謂之“廛”，在邑所居謂之“宅”或“舍”，而士大夫所居則謂之“里”。城市居民按其等級、行業分區劃地而建宅舍。在國邑、都邑之中，按一定品級爲王侯功臣建造的大住宅稱“第”或“宅第”。《史記·孟子荀卿列傳》載曰：“齊王嘉之，自如淳于髡以下，皆命曰列大夫，爲開第康莊之衢，高門大屋，尊寵之。”《字彙·竹部》：“第，第宅，有甲乙次第，故曰第。”《初學記》卷二四引《魏王奏事》云：“出不由里門，面大道者名曰第；爵雖列侯，食邑不滿萬户，不得作第。”《正字通·竹部》：“漢世有東第，相如《喻蜀文》‘爵爲通侯，居列東第’是也；有西第，馬融作《大將軍西第頌》是也；有北第，《夏侯嬰傳》‘惠帝賜嬰北第第一’是也。獨無南第，避天子南面之稱也。”後世王公貴族豪商巨富之宅亦稱“宅第”。宋陸游《題郭太尉金州第中至喜堂》詩云：“第中築堂最宏麗，奎畫炭炭蛟龍纏。”《清史稿·聖祖紀二》載曰：“〔康熙三十七年〕八月癸丑，上奉皇太后臨幸喀拉沁端静公主第，賜金幣及其額駙噶爾臧。”而農民建於田野中之“廬舍”，以其“秋冬去，春夏居”，故建造簡陋。古人取此義，故亦將建於國野之道兩旁，用以迎候賓客的房舍與建於墓旁，用於守喪的小屋均稱爲“廬”。《周禮·地官·遺人》曰：“凡國野之道，十里有廬，廬有飲食。”鄭玄注：“廬，若今野候徙有庌也。"賈公彦疏："此舉漢法以況義，漢時野路候迎賓客之處，皆有庌舍，與廬相似。"又《天官·宮正》曰："大喪，則授廬舍。"鄭玄注："廬，倚廬也。"後世遂將茅屋、草舍及其他建造簡陋的房屋稱爲"廬"。

官　邸

官邸

供高級官吏住宿的房舍。《後漢書·南匈奴傳》："〔元和元年〕北單于乃遣大且渠伊莫訾王等，驅牛馬萬餘頭來與漢賈客交易。諸王大人或前至，所在郡縣，爲設官邸，賞賜待遇之。"《宋史·宋琪傳》："會詔廣宮城，宣徽使柴禹錫有別第在表識內，上言願易官邸，上覽奏不悅。"

【官第】

即官邸。唐白居易《海州刺史裴君夫人墓志銘》："寶曆三年三月一日，疾終於海州官第。"宋王珪《望都縣太君倪氏墓志銘》："何夫人寢疾終於官第，享年八十有五。"《宋史·李用和傳》："初未有居第，詔寓館芳林園，用和固辭，又假以惠寧坊之官第。"

官舍

官吏的住宅。《晉書·陶侃傳》："弘以侃爲江夏太守，加鷹揚將軍。侃備威儀，迎母官舍，鄉里榮之。"《宋史·孝宗紀一》："〔王夫人〕以建炎元年十月戊寅生帝於秀州青杉閘之官舍。"

府

達官貴人所居之宅第。如王府、相府等。《史記·曹相國世家》："〔曹〕參見人之有細過，專掩匿覆蓋之，府中無事。"北周庾信《哀江南賦》："誅茅宋玉之宅，穿徑臨江之府。"《紅樓夢》第二回："街東是寧國府，街西是榮國府，二宅相連，竟將大半條街占了。"

府寺

古代公卿之官舍，亦泛指高級官吏的府邸。自漢始，三公之居爲府，九卿之居爲寺，故稱。《左傳·隱公七年》"戎朝于周，發幣于公卿"晉杜預注："朝而發幣於公卿，如今計獻詣公府、卿寺。"唐孔穎達疏："朝於天子，獻國之所有，亦發陳財幣於公卿之府寺……自漢以來，三公所居謂之府，九卿所居謂之寺。"《東觀漢記·劉般傳》："時五校尉官顯職閑，府寺寬敞，輿服光麗。"北齊顏之推《顏氏家訓·治家》："鄴下風俗，專以婦持門戶，爭訟曲直，造請逢迎，車乘填街衢，綺羅盈府寺。"清顧炎武《京闕篇》詩："山陵東披近，府寺後湖清。"

府第

亦稱"府邸"。指貴族官僚的宅邸。《漢書·王莽傳上》："自四輔三公有事府第，皆用傳。"《宋史·畢士安傳》："王請對，願留府邸，不許。"《紅樓夢》第一〇六回："此時寧國府第入官，所有財産房地等項，並家奴等，俱已造冊收盡。"

【府邸】

即府第。此稱宋代已行用。見該文。

王門 [2]

指王爺的邸第。《文選·陸厥〈奉答內兄

希叔詩〉》："王門所以貴，自古多俊民。"劉良注："王門，謂邵陵王門也。"唐杜甫《行次古城店泛江》詩："王門高德業，幕府盛才賢。"原注："衛伯玉爲江陵節度，時封陽城郡王，故云王門。"元吳萊《望會稽山》詩："猶回剡曲棹，肯鼓王門琴？"王邦采注引《晉中興書》曰："武陵王晞聞其（戴逵）能琴，使人召焉。逵對使者前破琴曰：'戴安道不爲王門伶人。'"

宅第

指達官貴人的住宅。唐盧綸《留別耿湋侯釗馮著》詩："笙鏞新宅第，歧路古山陂。"《新唐書·后妃傳上·楊貴妃》："見宅第有勝者，輒壞復造，務以瓌侈相誇詡，土木工不息。"

邸 [1]

王公貴族的府第，私宅。《宋書·蔡興宗傳》："會土全實，民物殷阜，王公妃主，邸舍相望。"《南史·宋紀·前廢帝》："甲申，以北邸爲建章宮，南第爲長楊宮。"宋李格非《洛陽名園記跋》："公卿貴戚開館列第於東都者，號千有餘邸。"清嚴有禧《漱華隨筆·封本生》："諸公大綬修撰滿考時，本生母與繼母並在邸，於制不得兼封本生。"

國宅

城邑內之官宅。《周禮·地官·載師》："凡任地，國宅無征。"鄭玄注："國宅，凡官所有宮室，吏所治者也。"清顧鎮《虞東學詩》卷一〇："今爲方伯建立國宅，必擇衝要之地，方足以鎮南國而表率之。"

國邸

漢諸侯王爲朝觀而在京城設立的住所。《漢書·毋將隆傳》："古者選諸侯入爲公卿，以褒功德，宜徵定陶王使在國邸，以塡萬方。"又《元后傳》："其後天子疾益有瘳，共王因留國邸，旦夕侍上。"

外邸 [1]

指在京諸王之宅第。《新唐書·后妃傳上·貞順武皇后》："妃生子必秀巘，凡二王一主皆不育，及生壽王，帝命寧王養外邸。"《宋史·鄭雍傳》："神宗末年，二王既長，猶居禁中。雍獻四箴規戒且諷，使求出外邸。"

外邸 [2]

亦稱"外第"。指后妃之家。南朝梁王僧孺《爲南平王妃拜改封表》："改服遞名，事華品貴。恩深外邸，榮照下庭。"《宋史·輿服志六》："初，丞相趙汝愚議以秘書省爲泰寧宮，已而不果行，以慈懿皇后外第爲之。"

【外第】

即外邸 [2]。此稱宋代已行用。見該文。

內邸

王公貴族府第之內宅。唐常衮《故開府儀同三司上柱國贈太傅信王墓志》："乃命中貴人襄事於內邸，宗室屬籍哭於外次。"唐白居易《會王墓志銘》："唐元和五年冬十一月四日，會王寢疾薨于內邸。"

北第 [1]

靠近北闕的宅第。因靠近皇宮，以尊貴別之一般。《漢書·夏侯嬰傳》："惠帝及高后德嬰之脫孝惠、魯元於下邑間也，乃賜嬰北第第一，曰'近我'，以尊異之。"顏師古注："北第者，近北闕之第，嬰最第一也。故張衡《西京賦》云：'北闕甲第，當道直啓。'"

北第 [2]

本指靠近北闕的宅第，據《漢書·夏侯嬰傳》載，孝惠帝贈嬰近北闕之第，以尊貴別於他人，後遂指功臣的宅第。唐劉長卿《奉和杜相公新移長興宅呈元相公》："功高開北第，機静灌中園。"唐劉禹錫《和董中庶古散調詞贈尹果毅》："上將賜北第，門戟不可窺。"

邸宅

亦稱"邸院"。達官貴人的住宅。《舊唐書·吕元膺傳》："初，量〔李〕師道於東都置邸院，兵諜雜以往來，吏不敢辨。"

【邸院】

即邸宅。此稱唐代已行用。見該文。

邸舍

亦稱"邸第"。王公貴族的府第。《史記·荆燕世家》："臣觀諸侯王邸第百餘，皆高祖一切功臣。"漢劉向《説苑·尊賢》："史鰌去衛，靈公邸舍三月琴瑟不御。"《宋書·蔡興宗傳》："民物殷阜，王公妃主，邸舍相望。"清嚴有禧《漱華隨筆·長平公主》："土田邸第，金錢牛車，錫予有加。"

【邸第】

即邸舍。此稱漢代已行用。見該文。

藩邸

亦稱"藩房"。藩王之宅第。《文選·謝朓〈拜中軍記室辭隋王箋〉》："清切藩房，寂寥舊輦。"李善注："藩房，王府。"《北齊書·昭帝紀》："月餘，〔高演〕乃居藩邸，自是詔敕多不關帝。"唐鄭棨《開天傳信記》："上於藩邸時，每戲游城南韋杜之間。"清蒲松齡《聊齋志異·鍾生》："聞藩邸有道士，知人休咎，心嚮往之。"

【藩房】

即藩邸。此稱南北朝時期已行用。見該文。

朱邸 [1]

漢諸侯王宅第，以大紅漆門，故稱。後泛指達官貴人府第。《文選·謝朓〈拜中軍記室辭隋王箋〉》："唯待青江可望，候歸艎於春渚；朱邸方開，效蓬心於秋實。"李善注引《史記》："諸侯朝天子，於天子之所立舍曰邸。諸侯朱户，故曰朱邸。"南朝宋劉義慶《世説新語·言語》"君自見其朱門"劉孝標注引《高逸沙門傳》："司徒會稽王……與法師結殷勤之歡，師雖升履丹墀，出入朱邸，泯然曠達，不異蓬宇也。"唐李白《永王東巡歌》之十："初從雲夢開朱邸，更取金陵作小山。"清龔自珍《己亥雜詩》之二〇九："一騎傳箋朱邸晚，臨風遞與縞衣人。"

玉堂 [5]

豪貴的宅第。南朝宋鮑照《喜雨》詩："驚雷鳴桂渚，迥涓流玉堂。"唐張柬之《東飛伯勞歌》："窈窕玉堂褰翠幌，參差繡户懸珠箔。"清朱彝尊《水仙子·爲毛大可挽姬人曼殊》曲："玉堂傳説小名兒，檀板能歌絶妙詞。"

門第

住宅。清李漁《閑情偶記·聲容·治服》："公卿將相之後，子孫式微，所居門第未嘗稍改，而經其地者覺有冷氣侵入，此家門枯槁之過，潤之無其人也。"清俞樾《茶香室續鈔·郭令公之後》："則汾陽門第，在當時已甚蕭條矣。"

門閥

宅第。清黄軒祖《游梁瑣記·裕州刀匪》："比至，則門閎巍峨，聲勢煊赫。"清陸長春《香飲樓賓談·峨嵋盜》："繚垣高聳，門閎歸然。"

民　宅

宅

住宅，住所。《詩・大雅・崧高》："王命召伯，定申伯之宅。"《孟子・梁惠王上》："五畝之宅，樹之以桑，五十者可以衣帛矣。"漢王充《論衡・詰術》："夫人之在天地之間也，萬物之貴者耳。其有宅也，猶鳥之有巢，獸之有穴也。"《水滸傳》第五二回："不一日，來到高唐州，入城直至柴皇城宅前下馬，留李逵和從人在外面廳房内。"

宅舍

住宅，房舍。《三國志・蜀書・姜維傳》："姜伯約據上將之重，處群臣之右，宅舍弊薄，資財無餘。"唐杜甫《示從孫濟》詩："諸孫貧無事，宅舍如荒村。堂前自生竹，堂後自生萱。"元關漢卿《五侯宴》第二折："憐才得性命逃，速速的離宅舍。"清紀昀《閲微草堂筆記・如是我聞三》："緇徒屬鬼，何以據人家宅舍。"

【宅宇】

即宅舍。《晉書・王祥傳》："又以太保高潔清素，家無宅宇，其權留本府，須所賜第成乃出。"唐馮贄《雲仙雜記・王維居輞川地不容塵》："王維居輞川，宅宇既廣，山林亦遠，而性好温潔，地不容浮塵。"明陳與郊《義犬》第一齣："下官袁燦，字景倩，官拜尚書令儀同三司，即本號開府，宅宇平素，園亭晏如。"

【宅子】

即宅舍。唐封演《封氏聞見記・淳信》："此宅子甚好，但無出水處。"宋蘇軾《與楊濟甫書》："見在西崗賃一宅子居住。"《古今小說・沈小霞相會出師表》："自此沈鍊只在賈石宅子内居住。"

【宅居】

即宅舍。漢揚雄《將作大匠箴》："王有宮殿，民有宅居。"唐柳宗元《潭州東池戴氏堂記》："戴氏以泉池爲宅居，以雲物爲朋徒。"唐李翱《故河南府司録參軍盧君墓志銘》："丈人嘗與先子同官而游，宅居南北鄰，敢請紀石。"

宅屋

住房。漢王充《論衡・率性》："貧劣宅屋，不具墻壁宇闥。"《資治通鑑・唐德宗建中四年》："或有宅屋多而無它資者，出錢動數百緡，敢匿一間杖六十。"

宅院

有院落的住宅。宋張光《蝶戀花》詞："臨水人家深宅院，階下殘花，門外斜陽岸。"《古今小說・葛令公生遣弄珠兒》："葛令公姬妾衆多，嫌宅院狹窄，教人相了地形，在東南角旺地上另創個衙門，極其宏麗。"

廬舍[2]

房舍、住宅。《史記・項羽本紀》："項羽乃悉引兵渡河，皆沉船，破釜甑，燒廬舍，持三日糧，以示士卒必死，無一還心。"宋蘇洵《田制》："塞溪壑，平澗谷，夷丘陵，破墳墓，壞廬舍，徙城郭，易疆壟。"清唐甄《潛書・太子》："親其婦子，知其生養，入其廬舍，知其居處。"

廬宅[2]

亦稱"廬室""廬宇"。房屋、住宅。《墨子・迎敵祠》："城之内，薪蒸廬室，矢之所遝，皆爲之涂菌。"《漢書・蓋寬饒傳》："躬案行士卒廬室，視其飲食居處。”《後漢書·光武帝紀下》：“其口賦逋税而廬宅尤破壞者，勿收責。”《三國志·魏書·文帝紀》：“伊洛溢流，殺人民，壞廬宅。”《宋書·文帝紀》：“頃年岳牧遷回，軍民徒散，廛里廬宇，不逮往日。”

【廬室】²

即廬宅。此稱先秦時期已行用。見該文。

【廬宇】²

即廬宅。此稱漢代已行用。見該文。

廬居²

古代平民的房屋。泛指簡易之民房。宋余靖《宋故光禄寺丞梁君墓表》：“乃築廬居，冢旁朝夕哭泣。”宋黄裳《中散大夫林公墓志銘》：“跣足冒雪霜負土爲墓，廬居其側。”

廬第²

宅第。對自己宅第的謙稱。《後漢書·皇甫規傳》：“實宜增修謙節，輔以儒術，省去游娱不急之務，割减廬第無益之飾。”又《王符傳》：“而今京師貴戚衣服、飲食、車輿、廬第，奢過王制，固亦甚矣。”

廬落²

古代指廬舍，房舍。有時亦指廬帳、氈帳。《後漢書·馮衍傳上》：“元元無聊，飢寒並臻，父子流亡，夫婦離散，廬落丘墟，田疇蕪穢，疾疫大興，灾異蜂起。”又《仇覽傳》：“吾近日過舍，廬落整頓，耕耘以時。此非惡人，當時教化未及至耳。”又《西羌傳·滇良》：“迷吾聞之，徙廬落去。”

廬廡²

房屋。《史記·蘇秦列傳》：“地名雖小，然而田舍廬廡之數，曾無所芻牧。”

寢廬

住房。宋曾鞏《繁昌縣興造記》：“自門至於寢廬，總爲屋凡若干區。”又《菜園院佛殿記》：“寢廬、講堂、重門、齋庖之房，栖客之舍，而合其徒入而居之。”

廡²

泛指房舍。《廣雅·釋宫》：“廡，舍也。”《管子·七臣七主》：“臺榭相望者，亡國之廡也。”《史記·蘇秦列傳》：“地名雖小，然而田舍廬廡之數，曾無所芻牧。”《後漢書·張酺傳》：“其無起祠堂，可作槁蓋廡，施祭其下而已。”李賢注：“廡，屋也。”《新唐書·鄭虔傳》：“久之，雨壞廡舍，有司不復修完，寓治國子館，自是遂廢。”

廛²

古代平民一家在城邑所居之房地曰廛。其面積爲二畝半。後泛指民房、市宅。《説文·广部》：“廛，一畝半，一家之居。”段玉裁改作：“廛，二畝半也，一家之㞐。”注：“先鄭云：‘廛，居也。’後鄭云：‘廛，城邑之居。’”《周禮·地官·遂人》：“上地，夫一廛，田百畮，萊五十畮，餘夫亦如之。”《孟子·滕文公上》：“遠方之人聞君行仁政，願受一廛而爲氓。”又《公孫丑上》：“廛，無夫里之布，則天下之民皆悦，而願爲之氓矣。”清江永《群經補義·孟子》：“此廛謂民居，即《周禮》‘上地夫一廛’‘許行願受一廛’之‘廛’。”漢班固《西都賦》：“闐城溢郭，旁流百廛。”晋陶潛《怨詩楚調示龐主簿鄧治中》：“風雨縱橫至，收斂不盈廛。”宋王安石《次韻舍弟遇子固憶少游》：“歸計何時就一廛，寒城回首意茫然。”清朱彝尊《日下舊聞·郊坰四·山行雜記》：“玉泉山右名瓦窑頭，西向有隆佑菴，僅數廛，有垂柳，内蒔名花，楚楚可觀。”

廛宅[2]

亦稱“廛舍”。指古時城邑平民的住房。《荀子·王制》：“順州里，定廛宅。”楊倞注：“廛謂市內百姓之居，宅謂邑內居也。”王先謙集解引郝懿行曰：“廛宅皆謂邑里之居，在市曰舍，在田曰廬。此以廛宅並言，則廛在市，宅在邑。”《東周列國志》第一一回：“今東郊被宋兵殘破，民居未復，主公明日命司徒修整廛舍。”清劉大櫆《乞同里捐輸以待周急引》：“閭巷無恒產之士貿貿而來，僦廛舍以居。”

【廛舍】[2]

即廛宅[2]。此稱明代已行用。見該文。

廛居[2]

猶廛宅。明劉基《有感》詩之五：“黍穗高低菊有華，廛居恰似野人家。”清和邦額《夜譚隨錄·蘇仲芬》：“王患門户偪側，廛居近市，欲別覓數椽以居子弟。”

里[2]

鄉村之宅院，廬舍。《詩·鄭風·將仲子》：“將仲子兮，無逾我里。”毛傳：“里，居也。”高亨注：“里，廬也，即宅院。”晉張協《雜詩》之十：“里無曲突烟，路無行輪聲。”

廛里

古代城市居民住宅之通稱。亦泛指市肆區域。《周禮·地官·載師》：“以廛里任國中之地，以場圃任園地。”孫詒讓正義：“通言之，廛、里皆居宅之稱；析言之，則庶人、農、工、商等所居謂之廛……士大夫等所居謂之里。”漢張衡《西京賦》：“廛里端直，甍宇齊平。”南朝宋傅亮《爲宋公至洛陽謁五陵表》：“廛里蕭條，鷄犬罕音。”

【廛閈】

即廛里。南朝宋鮑照《蕪城賦》：“廛閈撲地，歌吹沸天。”《新唐書·杜佑傳》：“俄遷嶺南節度使。佑爲開大衢，疏析廛閈，以息火灾。”清顧炎武《長安》詩：“千門舊宮掖，九市新廛閈。”

別　墅

別墅

亦作“別壄”。指官僚貴族富豪巨賈之家於正宅以外另置的游息之所。《晉書·謝安傳》：“安遂命駕出山墅，親朋畢集，方與玄圍棋賭別墅。”唐李頎《裴尹東溪別業》詩：“別墅臨都門，驚湍激前後。”元劉壎《隱居通議·駢儷二》：“既貴顯，移家城內，乃即故基創別墅，號倫魁堂以表之。”

【別壄】

同“別墅”。此體元代已行用。見該文。

【墅】

即別墅。《晉書·謝安傳》：“又於土山營墅，

寒山別墅
（清高晉等《江南省行宫座落并各名勝圖》）

樓館林竹甚盛。"唐韓愈《記宜城驛》:"甄氏於小城北立墅以居。"清梁紹壬《兩般秋雨盦隨筆·陶篁村》:"會稽陶篁村先生買墅於西湖葛嶺之麓,名曰泊鷗山莊。"

【墅舍】[2]

即別墅。《南齊書·周山圖傳》:"山圖於新林立墅舍,晨夜往還。"《梁書·徐勉傳》:"今之所敕,略言此意,正謂爲家已來,不事資産,既立墅舍,以乖舊業,陳其始末,無愧懷抱。"

【家墅】

即別墅。《新唐書·裴休傳》:"休,仲子也,操守嚴正。方兒童時,兄弟偕隱家墅,畫講經,夜著書,終年不出户。"按,《舊唐書》作"別墅"。宋宋庠《送巢邑孫簿兼過江南家墅》詩:"楚客才多不奈秋,長安赴集若淹留。"

【園舍】

即別墅。《宋書·沈慶之傳》:"又有園舍在婁湖,慶之一夜携子孫徙居之,以宅還官。"《魏書·儒林傳·盧景裕》:"惟在注解其叔父同職居顯要,而景裕止於園舍,情均於郊野,謙恭守道。"《舊五代史·周書·太祖紀三》:"唐朝五廟舊在至德宮安置,屬徽陵莊田園舍。"

山　莊

山莊

山中住所,別墅。中國古代建築曾偏向標準化與規範化的路徑發展,使久住其間的人長時間地束縛於規矩準繩之内,遂産生返璞歸真回歸自然之追求。中國最早最大的園林建築是三千年前周文王位於長安以西、方圓七十里的靈臺、靈沼。此後歷代皇家都修築離宫別館、山中別墅。清代最具規模的是始於康熙,完成於乾隆的避暑山莊,亦稱"承德離宫"或"熱河行宫"。總面積達564000平方米,爲我國現存占地面積最大的古代帝王宫苑。山莊背山面湖,隨山勢起伏,草木葱鬱,宫殿亭樹掩映,湖沼洲島錯落。權貴之家亦多建造私家園林,最負盛名的是據五代"金谷園"故址改建而成的環秀山莊。此園面積雖不大,但假山峥嶸峭拔,兀立其間,氣勢雄偉,在蘇州堆叠假山中當推第一。揚州寄嘯山莊風光旖旎,玲瓏剔透,巧奪天工。南朝齊謝朓《賽敬亭山廟喜雨》詩:"胡寧昧千里,解珮拂山莊。"唐劉禹錫《送周使君罷渝州歸郢州別墅》詩:"野戍岸邊留畫舸,綠蘿陰下到山莊。"明祝允明《寄謝雍》詩:"想得山莊長夏裏,石床眠看度牆雲。"《兒女英雄傳》第二一回:"安太太婆媳二人那日念着何玉鳳姑娘,便同褚大娘子都在那青雲山山莊住下。"

【山第】

即山莊。亦稱"山墅"。唐李嶠《奉和初春幸太平公主南莊應制》:"主家山第接雲開,天子春游動地來。"唐沈佺期《奉和春初幸太平公主南莊應制》:"主家山第早春歸,御輦春游繞翠微。"宋楊萬里《西溪先生和陶詩序》:"余山墅遠城邑,復不近虚市。"

【山墅】

即山第。此稱宋代已行用。見該文。

山邸

亦稱"山舍""山府"。山中住宅。《南齊書·高逸傳·杜京產》："京產請遜至山舍講書，傾資供待。"隋煬帝《秦孝王誄》："背離宮而東轉，歷山邸而北度。"唐李商隱《題李上謩壁》詩："江庭猶近別，山舍得幽期。"唐皎然《晚秋宿李軍道所居》詩："永夜依山府，禪心共寂寥。"宋梅堯臣《送樊秀才歸安州》詩："聞聲不得名，將投山舍宿。"

【山舍】

即山邸。此稱南北朝時期已行用。見該文。

【山府】

即山邸。此稱唐代已行用。見該文。

山居

亦稱"山房""山屋"。山中房舍、山中住所。《新唐書·李德裕傳》："又按屬州非經祠者，毀千餘所，撤私邑山房千四百舍，寇無所廋蔽。"唐皎然《冬日山行過薛徵君》詩："菜實縈小園，稻花遶山屋。"宋劉克莊《木蘭花慢·又送鄭伯昌》詞："更築就山房，躬耕谷口。"金趙秉文《赴寧化宿王道》詩："山屋如鷄栅，纔容卸馬鞍。"明李東陽《寄莊定山》詩："山屋到秋驚雨破，野舟經日任潮生。"《二

萬松山房
（清高晉等《江南省行宮座落并各名勝圖》）

刻拍案驚奇》卷一八："貧道也要老丈到我山居中，尋幾味野蔬，少少酬答厚意一番。"清姚鼐《登泰山道里記序》："比有岱宗之游，過訪聶君山居，乃索其書讀之。"

【山房】

即山居。此稱唐代已行用。見該文。

【山屋】

即山居。此稱唐代已行用。見該文。

【山宇】

即山居。亦稱"山寮""山館"。南朝梁任昉《齊竟陵文宣王行狀》："山宇初構，超然獨往。"隋江總《借劉太常說文》詩："幽居服藥餌，山宇生虛白。"元袁桷《送雪竇長老校經回里》詩："塵中白髮誰消得，歸掩山寮聽雪濤。"清顧炎武《攝山》詩："徵君舊宅此山中，山館孱顏往迹空。"清吳敏樹《寬樂廬記》："〔老友郭建林〕亦數來余家山館共朝夕，言笑不倦。"

【山寮】

即山宇。此稱元代已行用。見該文。

【山館】

即山宇。此稱清代已行用。見該文。

【山楹】

即山居。亦稱"山檻"。南朝宋鮑照《登廬山》詩："懸裝亂水區，薄旅次山楹。"錢振倫注引《卓氏藻林》："山楹，山房也。"唐許渾《元處士自洛歸宛陵山居》詩："江城夜別瀟瀟雨，山楹晴歸漠漠烟。"唐寒山《詩》之六十九："有人兮山楹，雲卷兮霞纓。"元馬祖常《姚左司墨竹爲賈仲章尚書賦十韻》："江渚春生雨，山楹夜宿雲。"

【山檻】

即山楹。此稱唐代已行用。見該文。

山庭

亦稱"山院"。山間庭院、山林庭園。南朝宋武帝《拜衡陽文王義季墓》詩："昧旦憑行軾，濡露及山庭。"南朝齊孔稚珪《北山移文》："鍾山之英，草堂之靈，馳烟驛路，勒移山庭。"北周庾信《思舊銘》："嵇叔夜之山庭，尚多楊柳。"唐王勃《仲春郊外》詩："初晴山院裏，何處染囂塵。"明貝瓊《贈王廷威》詩："插架書多須可讀，日長山院杏花紅。"

【山院】

即山庭。此稱唐代已行用。見該文。

山城

依山而築的城市。北周庾信《奉和泛江》："岸社多喬木，山城足迴樓。"唐白居易《郡中》詩："鄉路音信斷，山城日月遲。"宋歐陽修《霽後看雪走筆呈元珍判官》詩之二："山城歲暮驚時節，已作春風料峭寒。"

山郭

亦稱"山邑"。依山而建的城郭。唐杜甫《秋興八首》詩之三："千家山郭静朝暉，日日江樓坐翠微。"唐杜牧《江南春》詩："千里鶯啼綠映紅，水村山郭酒旗風。"宋蘇軾《司竹監燒葦園會獵園下》詩："豈如閑官走山邑，放曠不與趨朝衙。"元王惲《鵜鴂詞》："田間趣起早耕人，秀樾深藏曉無迹，陰陰夏木共山邑。"明楊慎《撥不斷》曲："山郭微風弄酒帘，林坰落日回樵擔。"清褚人穫《堅瓠餘集·鱉逐人》："大理司直陳棟嗜鱉，所居山邑，艱於得，隨得則食。"清王士禛《池北偶談·談藝三·摘句圖》："江橋紅樹外，山郭夕嵐邊。"

【山邑】

即山郭。此稱宋代已行用。見該文。

行窩

宋人爲迎候大儒邵雍，仿其居安樂窩而爲之建造的宮室。《宋史·道學傳一·邵雍》："雍少時自雄其才，慷慨欲樹功名，於書無所不讀，始爲學即堅苦刻厲，寒不爐，暑不扇，夜不就席者數年。已而嘆曰：'昔人尚友於古，而吾獨未及四方！'於是逾河、汾，涉淮、漢，周流齊、魯、宋、鄭之墟，久之幡然來歸曰：'道在是矣。'遂不復出……其居曰安樂窩，因自號安樂先生……出則乘小車，一人挽之，惟意所適。士大夫家，識其車音，爭相迎候。童孺廝隸皆驩，相謂曰：'吾家先生至也。'不復稱其姓字，或留信宿乃去。好事者別作屋如雍所居，以候其至，名曰'行窩'。"宋之名士程顥、程頤、司馬光、張載、呂公著等極崇敬之，程氏兄弟贊嘆邵雍爲"内聖外王之學"。宋熙寧十年（1076）卒。元祐中賜謚"康節"。邵雍之子邵伯温《聞見前錄》卷二〇："十餘家如康節先公所居安樂窩，起屋以待其來，謂之行窩。故康節先公没，鄉人挽詩有云：'春風秋月嬉游處，冷落行窩十二家。'"後因指可以小住的安適之所。元張養浩《新水令·辭官》套曲："有花有酒有行窩，無煩無惱無灾禍。"《明史·隱逸傳·沈周》："居恒厭入城市，於郭外置行窩，有事一造之。"清黄遵憲《人境廬之鄰有屋數間》詩："半世浮槎夢裏遇，歸來隨地覓行窩。"

闕里

亦稱"闕黨"。孔子故居。在今山東曲阜城内闕里街。因有兩石闕，故稱。孔子曾在此講學。後建有孔廟，幾占全城之半。《論語·憲問》："闕党童子將命。"劉寶楠正義："闕党是孔子所居。《漢書·梅福傳》：'今仲尼之廟，不出闕里。'師古曰：'闕里，孔子舊里也。'闕里 即闕黨。"《荀子・儒效》："〔仲尼〕居於闕党，闕黨之子弟罔不分，有親者取多，孝弟以化之也。"《孔子家語・七十二弟子解》："顏由，顏回父，字季路，孔子始教于闕里，而受學，少

孔子六歲。"清顧炎武《日知録・闕里》："《史記・魯世家》：'煬公，築茅闕門。'蓋闕門之下，其里即名闕里，而夫子之宅在焉。"

【闕黨】

即闕里。此稱先秦時期已行用。見該文。

第三節　墙壁考

《釋名・釋宮室》曰："墻，障也。所以自障蔽也。"王先謙疏證補："蘇輿曰：《左昭元年傳》：'人之有墻，以蔽惡也。'"《説文・嗇部》："墻，垣蔽也。"又《土部》："壁，垣也。"《釋名・釋宮室》："壁，辟也，所以辟禦風寒也。"《六書故・地理一》："古者築垣墉周宇以爲宮，後世編葦竹以障楹間，塗以泥曰壁。"由此可知，墻壁的主要功能是障蔽。對自然界而言，可擋禦風、雨、霜、雪，可隔冷、隔熱，可隔斷聲響避免嘈雜，可防火、防水或攔土方。對人而言，可禦盜賊、防止外人侵擾，可遮蔽或控制視綫，以別男女、公私之禮。以審美而言，各種材料的墻壁皆具美妙之處，如木板墻、磚墻、石墻、夾泥墻、粉墻漏窗以及竹籬、氈帳，姿態不同，風格各异。或雄壯，或華麗，或簡素，或幽雅，可起到陶冶性情，愉悦心靈的作用。除障蔽及審美功能外，有的墻壁兼有荷載房屋上部（屋蓋）重量的作用，即所謂"承重墻"。以其功能及位置之不同，名稱亦异。防禦外族入侵、依山脉順地勢而建的長達數百里乃至上萬里者，曰"長城"；用於攻守自衛者，曰"城墻"；在住宅或院落周圍砌築者，曰"圍墻"或"院墻"；宮殿四周者，曰"宮墻"；住宅居室之墻曰"屋墻"；屋墻左右兩端者，曰"山墻"；位於居室前檐者，曰"前檐墻"；位於後檐者，曰"後檐墻"，亦稱"後金墻"；室內分間者，曰"隔斷墻"或"間壁墻"；室內後金柱迎面之墻，曰"扇面墻"；窗下之墻，曰"檻墻"；位於大門裏外，用於遮蔽視綫之屏墻，曰"影壁"，南方稱"照壁"或"照墻"，古稱"蕭墻"。宋李誡《營造法式・壕寨制度・墻》曰："其名有五：一曰墻，二曰墉，三曰垣，四曰墝，五曰壁。"此五種稱謂，亦是據其用途形制、位置而確定的。《説文・土部》："垣，墻也。"段玉裁注："此云垣者，墻也，渾言之；墻下曰垣蔽也，析言之……垣自其大言之，墻自其高言之。"《釋名・釋宮室》："垣，援也。人所依阻以爲援衛也。"《書・梓材》："若作室家，既勤垣墉，惟其塗墍

茨。"陸德明釋文引馬融云："卑曰垣，高曰墉。"《説文·土部》："壁，垣也。"段玉裁注："壁，自其直立言之。"又《土部》："墉，周垣也。"朱駿聲通訓定聲："今謂之圍墻。"《廣雅·釋宫》："墉，垣也。"王念孫疏證："墉之言繚繞也。"砌築墻的材料多以土、坯（土墼）、石、磚、琉璃、木、竹等爲之。依材料劃分，有木骨泥墻、夯土墻、土墼墻、磚墻、石墻、木墻壁、編竹夾泥墻等。在仰韶文化時期，半坡房屋遺址作圓形或方形，内部有柱，四周密排一圈小柱構成木骨泥墻，上部爲圓錐形草頂，完全以木柱承重，墻以土水和泥塗抹之。殷商時期出現了夯土墻，俗稱"土墻"，無論宫室或陵墓均以版築爲之。戰國時代許多城墻也以版築法夯築。夯土墻是采取就地取材的方法，挖出土後，稍加水有潮氣即可使用。墻用夾版築成，每版長 1.33 米，高 0.43 米。這種以版範土，以杵搗土，增加土質密度的築墻方法，不僅材料易得，且隔冷、隔熱，防水、防音性能良好，比仰韶文化時期木骨泥墻更加穩固，故後世一直沿用。殷商後期，雖仍普遍用夯土墻，然土墼墻已開始萌芽。在河北槁城臺西村商代遺址中，考古工作者就發現有版築與土坯壘成的墻。屋面用方椽，草拌泥面層。土墼墻産生於商末周初，但其名始見於漢代。《説文·土部》："墼，未燒也。"《後漢書·周紆傳》："紆廉潔無資，常築墼以自給。"《急就篇》卷三："墼壘廥厩庫東箱。"顔師古注："墼者抑泥土爲之，令其堅激也。墼壘，累墼而爲障蔽也。"現在，雲南仍沿襲此稱。其他地區，或稱坯，或稱土磚。其做法是先用木板作四框，内裏長、寬、高等於所需要的土墼尺寸。木框無底無蓋，將和好的泥裝入框内壓實，然後把木框提起，土墼即留在地上，半乾時再翻轉曝曬，至全乾爲止，即成墼。製作土墼的時間以熱天、晴天爲佳，夏秋均可，氣候寒冷則不易乾透。泥愈細愈好，泥内可加稻草或麥糠。尺寸可隨意決定，通常尺寸大於磚。土墼愈乾透愈好，最好用隔年土墼砌墻。用土墼砌墻不同於磚砌，多將土墼立擺，不易壓斷，以保持墻體堅固。土墼吸水力强，立擺可少用泥巴砌縫，衹在墻體上下用泥，側面不用泥塗縫，則土墼不易被泥水泡軟。土墼墻最怕雨水，故墻外多用灰皮或泥皮。此墻經濟耐用，有的漢代的土墼墻仍保留至今。秦漢之時，基本上是夯土墻，僅見少量土墼墻。唐宋時夯土墻雖仍占很大比例，但土墼墻已普遍應用。直至明代以後，隨着技術的進步，生産與社會財富的發展，磚墻纔漸趨普遍。磚墻的産生始於周代，雖有文獻記載，然實物很少。僅戰國有方磚鋪地及空心磚的發現，但并未大量應用。漢代仍以土木爲主要建築材料。漢磚的使用多在墓内，有空心椁磚、實心磚等，磚面上印有花紋或彩畫人物，可見當時磚之貴重。漢墓内有的以立擺法砌磚，是爲仿土墼墻砌法。

南北朝時用磚有長足進展，有的城牆已用磚砌，另見於大型高塔建築，如嵩山嵩丘寺塔，即爲磚砌建築，至今屹立無恙。然在民用建築中尚未普遍使用磚牆。唐代磚塔更多，磚遂不足珍視。宋代工商業發達，燒陶技術亦有很大發展。這時，已有純用琉璃磚砌築的大塔，如北宋慶曆年間所造的八角十三層鐵色琉璃塔，雖經過多次地震，還中過多枚炮彈，然至今仍聳立在開封市佑國寺。至明代，磚的使用愈來愈廣泛而熟練，故多用磚砌牆及無梁殿、塔廟等。清代亦如是。近代用磚日多，磚築高樓大廈之多遠勝於明清。磚牆分爲實磚牆與包磚牆兩種。牆體裏外均以磚砌爲實磚牆。用整磚與土墼或碎磚合砌，外面用磚，裏面用坯，屋內牆面以草筋泥塗抹之牆，謂之包磚牆。這種牆既經濟又實惠，既能禦寒又能保暖，實用價值較高，故一直流傳至今。磚牆的砌築方法，一種是磨磚對縫砌法，然此法頗費工時，一般祇用於宮殿、寺廟及禮制建築。另一種是斗子牆砌法，將磚立擺在牆兩面，中間空心，內可填碎磚，即空心磚牆。此牆隔音、隔熱性能良好，且省工省料。住宅院內及園林等處常用磚砌成花牆。此牆類似欄杆，祇在同一院落或園內將不同功用部分加以區分。花牆經濟美觀，式樣很多。江浙地區花園牆上常做漏明牆，牆頭則用瓦或琉璃拼成各種花紋，成爲供人欣賞的藝術品。石牆在我國有兩種做法：一種是用亂石堆砌，厚約二尺，視高度而定，或用石灰漿灌築。在園林建築中常用此牆，稱爲虎皮石牆，頗具鄉村天然風味。另一種是條石牆，石塊長短不一，石料不必雕琢裝飾，砌法如砌連磚牆。早在原始氏族社會就出現了亂石砌牆，如內蒙古赤峰之石城。漢代已有用天然塊石築砌的長城。東漢時則將規整石料用於墓室建築。農村以天然石塊砌亂石牆者更是屢見不鮮。石牆多見於山區，尤其是西南少數民族地區，其碉房的牆壁即爲就地取材以亂石砌築的石牆，有的高達十數丈，如烟囱高聳。此驚人妙技乃是我國少數民族勞動人民的一大創造。從漢明器或畫像石、畫像磚上，可看到一種露柱枋的牆壁，即今日南方盛行的編竹夾泥牆壁，在唐宋壁畫上亦常見到。此牆很薄，不甚保溫，故凡是產竹的溫暖地區，均適合使用。其優點是不易折裂，不怕鼠咬，又能防盜（因盜賊挖洞遇竹便響，主人會立刻警醒）。其做法是於房屋牆壁分位豎立枋柱，中間的空檔以三四尺爲宜。在空檔處先用竹篾編好壁體，然後在壁體內外抹泥，候泥稍乾即抹石灰，如是共得壁體厚二寸許。此牆色白體薄，給建築以輕靈之感。宋李誡《營造法式》稱之爲"隔截編道"，即今之編竹夾泥牆。在現代建築，特別是高層建築中，實磚牆最爲普遍，且承重功能愈來愈顯著。由於科學技術的迅猛發展，新型建築材料與日俱增，故砌築牆體的多種材料綜合應用於現代建築之中，比之磚墙更加堅固耐久。參閲劉致平《中國建築類型及結構》、中國科學院自然科學史研究所《中國古代建築技術史》。

泛　稱

墙壁

亦作“牆壁”。房屋或院落的四周圍護部分。多以土築或用磚石砌成。《後漢書·獻帝紀》：“群僚饑乏，尚書郎以下自出採稆，或饑死牆壁間，或爲兵士所殺。”牆，一作“墙”。唐杜甫《通泉縣署壁後薛少保畫鶴》詩：“曝露墙壁外，終嗟風雨頻。”《兒女英雄傳》第一四回：“老爺看那兩間屋子葦席棚頂，白灰墙壁，也挂兩條字畫。”

【牆壁】

同“墙壁”。此體漢代已行用。見該文。

墙

亦作“牆”。房屋、院落、園囿、城邑之四圍界域。多以土築或磚砌而成，起圍護障蔽作用。《詩·鄭風·將仲子》：“將仲子兮，無逾我牆，無折我樹桑。”毛傳：“牆，垣也。”《墨子·耕柱》：“譬若築牆然，能築者築，能實壤者實壤，能欣者欣，然後牆成也。”《管子·君臣下》：“古者有二言：牆有耳，伏寇在側。牆有耳者，微謀外泄之謂也。”石一參今注：“牆有耳者，謂牆外有聞之者。”宋葉紹翁《游小園不值》詩：“春色滿園關不住，一枝紅杏出墻來。”清鳳韶《鳳氏經説·墉墻》：“古者屋下柱間墙曰墉，屋外四周墙曰垣，垣即所謂宮墙也。垣、墉皆得稱墻，而墉不得稱垣，垣不得稱墉。”

【牆】

同“墙”。此體先秦時期已行用。見該文。

【壁】

即墙。或以磚土木石爲之，或編以葦竹而後塗泥爲之。《儀禮·特牲饋食禮》：“饎爨在西壁。”鄭玄注：“西壁，堂之西墙下。”《説文·土部》：“壁，垣也。”段玉裁注：“壁，自其直立言之。”《釋名·釋宮室》：“壁，辟也，所以辟禦風寒也。”《六書故·地理一》：“古者築垣墉周宇以爲宮，後世編葦竹以障楹間，塗之以泥曰壁。”唐杜甫《絶句》之五：“舍下笋穿壁，庭中藤刺檐。”宋李誡《營造法式·壕塞制度·墙》：“〔墙，〕其名有五：一曰墙，二曰墉，三曰垣，四曰㙘，五曰壁。”《水滸傳》第二一回：“唐牛兒捏脚捏手，上到樓上，板壁縫裏張時，見宋江和婆惜兩個都低着頭。”

垣

矮墙。《書·梓材》：“若作室家，既勤垣墉，惟其塗塈茨。”陸德明釋文引馬融注：“卑曰垣，高曰墉。”《説文·土部》：“垣，墙也。”段玉裁注：“此云垣者，墙也，渾言之；‘墙’下曰垣蔽也，析言之……垣自其大言之，墙自其高言之。”《釋名·釋宮室》：“垣，援也。人所依阻以爲援衛也。”宋辛棄疾《美芹十論·防微》：“彼將甘心俯首死守於吾土地乎？抑亦壞垣越柵而求釋於他域乎？是未可知也。”

墙垣

亦作"牆垣"。亦稱"墙墉"。猶墙壁。《左傳·襄公三十一年》："是以令吏人完客所館，高其閉閎，厚其牆垣，以無憂客使。"牆，一作"墙"。唐韓愈《南山詩》："閬閬樹墻垣，巘巘架庫厩。"唐白居易《凶宅》詩："風雨壞檐隙，蛇鼠穿墙墉。"清唐甄《潛書·除黨》："峻墻垣，謹防禦，不與以鑽逾之便。"

【牆垣】

同"墙垣"。此體先秦時期已行用。見該文。

【墙墉】

即墙垣。此稱唐代已行用。見該文。

【垣墙】

即墙垣。亦作"垣牆"。《書·費誓》："無敢寇攘，逾垣牆，竊馬牛，誘臣妾。"《莊子·庚桑楚》："且夫二子（堯舜）者，又何足以稱揚哉？是其於辯也，將妄鑿垣牆而殖蓬蒿也。"唐韓愈《守戒》："宅於都者，知穿窬之爲盜，則必峻其垣牆，而内固扃鐍以防之。"清李斗《揚州畫舫錄·新城北錄中》："中建廳事，周以垣墙。"

【垣牆】

同"垣墙"。此體先秦時期已行用。見該文。

垣墉

泛指墙壁。《書·梓材》："若作室家，既勤垣墉，惟其塗墍茨。"陸德明釋文："馬云：'卑曰垣，高曰墉。'"南朝梁劉勰《文心雕龍·程器》："是以朴斫成而丹臒施，垣墉立而雕杇附。"唐元稹《度門寺》詩："諸巖分院宇，雙嶺抱垣墉。"《明史·萬景傳》："督治九門垣墉，市銅江南，皆勤於其職。"

【墉垣】

即垣墉。三國魏何晏《景福殿賦》："墉垣碭基，其光昭昭。周制白盛，今也惟縹。"《盛世危言·獄囚》："不知泰西犯人，在内執業仍高其墉垣，嚴其約束。"

墉 [1]

猶墙壁。《爾雅·釋宫》："墙謂之墉。"《詩·召南·行露》："誰謂鼠無牙，何以穿我墉？"毛傳："墉，墙也。"《易·解》："上六，公用射隼于高墉之上。"孔穎達疏："墉，墙也。"唐崔融《登東陽沈隱侯八咏樓》："旦登西北樓，樓峻石墉厚。"清謝振定《登太華山記》："道出張超谷，嵐氣潒然，夾岸石壁如鐵墉。"

墉 [2]

特指高墙。《書·梓材》："若作室家，既勤垣墉，惟其塗墍茨。"陸德明釋文："馬云：卑曰垣，高曰墉。"三國魏何晏《景福殿賦》："墉垣碭基，其光昭昭。"

堵 [1]

墙壁。《莊子·盜跖》："爲欲富就利，故滿若堵耳。"成玄英疏："堵，墙也。"《史記·高祖本紀》："諸吏人皆案堵如故。"裴駰集解引應劭曰："堵，墙堵也。"唐柳宗元《梓人傳》："畫其宫於堵，盈尺而曲盡其制。"清王筠《説文句讀》卷二六："堵，《禮記·儒行》曰：'環堵之室。'注云：'面一堵也。'則是一室四堵也。然堵亦遂爲垣之别名。"

堵墙

墙垣。《禮記·射義》："孔子射於矍相之圃，蓋觀者如堵墙。"唐杜甫《莫相疑行》："集賢學士如堵墙，觀我落筆中書堂。"清余懷《板橋雜記·珠市名妓》："水閣外，環列舟航如堵墙。"

壖垣

墙外之矮墙。《史記·五宗世家》:"〔景帝〕四年,坐侵廟壖垣爲宫。"司馬貞索隱:"壖垣,墙外之短垣也。"《梁書·元帝記》:"自紫庭絳闕,胡塵四起;壖垣好時,冀馬雲屯;泣血治兵,嘗膽誓衆。"宋梅堯臣《次韻和永叔原甫致齋集禧》:"緑渠繚繞壖垣水,廣沼清冷漲殿風。"

圬

矮墙,土圍墙。《急就篇》卷三:"頃町界畝畦圬封。"顔師古注:"圬者……一説謂庫垣也。今之圍或爲短墙,蓋圬之謂也。"《説文·土部》:"圬,卑垣也。"徐鍇繫傳:"晋王濟馬圬,謂於外作短垣繞之也。"《儀禮·覲禮》:"爲宫方三百步。"漢鄭玄注:"宫,謂壝土爲圬,以象墙壁也。"南朝宋劉義慶《世説新語·汰侈》:"于時人多地貴,〔王〕濟好馬射,買地作圬,編錢匝地,竟圬,時人號曰金溝。"五代馬縞《中華古今注·封壝》:"畫界者封土爲臺,以表識壝境也。畫界者于二封之間又爲壝圬,以畫界分域也。"明湯顯祖《紫釵記·隴上題詩》:"城頭日出使車來,古戍花深馬圬開。"

院[4]

亦作"寏"。圍墙;在宅舍周圍,繞以垣墙,用以防盗。或以土版築,或以坯、磚、石壘砌。《廣雅·釋宫》:"院,垣也。"《玉篇·阜部》:"院,周垣也。亦作寏。"睡虎地秦墓竹簡《秦律十八種·法律答問》:"巷相直爲院,宇相直者不爲院。"

【寏】

同"院[4]"。此稱南北朝時期已行用。見該文。

【院墙】[1]

即院[4]。亦作"院牆"。《舊唐書·高宗紀上》:"有司奏請造排車七百乘,擬行幸載排城,上以爲勞民,乃於舊頓置院牆焉。"牆,一作"墙"。《兒女英雄傳》第五回:"東首院墙另有一個月光門兒,望著裏面像是個厨房樣子。"

【院牆】

同"院墙"。此體唐代已行用。見該文。

墙匡

亦作"牆匡"。四周圍墙。北魏賈思勰《齊民要術·養鷄》:"别築牆匡,開小門;作小廠,令鷄避雨日。"唐鄭谷《再經南陽》詩:"寥落墙匡春欲暮,燒殘宫樹有花開。"前蜀韋莊《長安舊里》詩:"滿目墙匡春草深,傷時傷事更傷心。"元鄭廷玉《看錢奴》第三折:"遥望那東岱嶽萬丈巔峰,怎不見泰安州四面兒墙匡。"

【牆匡】

同"墙匡"。此體南北朝時期已行用。見該文。

宫[4]

圍墙,院墙。《儀禮·覲禮》曰:"諸侯覲於天子,爲宫方三百步,四門,壇十有二尋,深四尺,加方明於其上。"孔穎達疏:"宫,謂壝土爲圬,以象墙壁也。"《禮記·儒行》曰:"儒有一畝之宫,環堵之室,篳門圭窬,蓬户甕牖。"鄭玄注:"宫謂墙垣也。"唐姚合《病中辱諫議惠甘菊樂苗因以詩贈》云:"蕭蕭一畝宫,種菊十餘叢。"

宫墙

秦漢以前泛指住宅的圍墙。《管子·八觀》:"宫墙毁壞,門户不閉,外内交通,則男女之别毋自正矣。"

宮垣

泛指建築物的圍牆。《管子·八觀》：“宮垣不備，關閉不固，雖有良貨，不能守也。”《史記·孝武本紀》：“明堂圖中有一殿，四面無壁，以茅蓋，通水，圜宮垣爲復道，上有樓，從西南入，命曰昆侖，天子從之入，以拜祠上帝焉。”《宋史·禮志五》：“社以石爲主，形如鍾，長五尺，方二尺，剡其上，培其半。四面宮垣飾以方色，面各一屋。”

墝

周垣，圍牆。《説文·土部》：“墝，周垣也。”朱駿聲通訓定聲：“今謂之圍牆。”《廣雅·釋宮》：“墝，垣也。”王念孫疏證：“墝之言繚繞也。”宋李誡《營造法式·壕寨制度·牆》：“〔牆，〕其名有五：一曰牆，二曰墉，三曰垣，四曰墝，五曰壁。”

墙角

亦作“牆角”。亦稱“牆限”“牆隅”。兩堵牆相接處的凹角或其近處。唐白居易《早寒》詩：“黃葉聚牆角，青苔圍柱根。”唐韓愈《咏雪贈張籍》：“度前鋪瓦隴，發本積牆限。”唐張籍《雨中寄元宗簡》詩：“街徑多墜果，牆隅有蛻蝸。”宋蘇軾《次韻董夷仲茶磨》：“破槽折杵向牆角，亦其遭遇有伸屈。”明徐光啓《農政全

書》卷四五：“牆角闊二尺八寸，先行築實。”

【牆角】

同“墙角”。此體唐代已行用。見該文。

【牆限】

即墙角。此稱唐代已行用。見該文。

【牆隅】

即墙角。此稱唐代已行用。見該文。

墙根

亦稱“墙脚”。牆壁下部以及地面近牆處。宋蘇軾《新泉》詩：“牆根新冽寒泉眼，風廊一股來泠泠。”宋李曾伯《回奏庚遞宣諭》：“幫出牆脚，重新築砌城身。”清阿桂《欽定平定兩金川方略》卷二二：“其藏匿穴中之賊皆出，而潛伏牆根由牆孔放槍抵拒。”

【牆脚】

即墙根。此稱宋代已行用。見該文。

墙垛

亦作“墻垜”。圍牆的上端。爲防雨水侵蝕，常寬於牆壁的厚度。明余繼登《清朝賀疏》：“火箭盡數噴出，炸倒墙垛。”《世宗憲皇帝硃批諭旨》卷一二九：”臣玉紹緒謹奏，見墙垛墙根，共倒七處。”

【墻垜】

同“墙垛”。此體明代已行用。見該文。

名　類

夯土墙

用夯具將土築搗密實的牆體。夯土技術始於原始社會晚期，奴隸社會時期獲得了巨大的發展，春秋時期已達成熟階段。母系氏族時期河南湯陰白營遺址爲目前所知最早的夯土實例，

地面有明顯的夯窩，夯具可能就是木棍。山東龍山文化晚期遺址，亦有夯土做法。在奴隸制社會時期夯土技術進一步發展爲版築，成爲奴隸主階級所占有的城垣、宮殿建築的重要營造手段之一。

版築墙

亦作"板築墙"。亦稱"椿土墙"。其做法：立柱固定木範本，在木範本間填入黄土，分層夯打築實。它是起源早、流傳範圍最廣、使用時間最久的一種墙。《孟子·告子下》即有"傅説舉於版築之間"的記載。傅説爲商王武丁之輔佐。安陽殷墟發掘可知，商代宮室墓葬常以版築構造。範本的發明，是夯築技術的一大進步，爲大型建築向高聳發展提供了必不可少的技術條件。戰國及秦漢時期版築城墙、高臺甚多，燕下都城墙保存至今。後世傳統城墙均爲版築而成的土墙。一直到明清，隨着社會財富的增加與築城技術的提高，始大量用磚砌築城墙。宮殿、廟宇及一般住宅的臺基、墙壁亦多爲版築。版築墙造價低廉，取材方便，如用三合土（石灰、砂石、黄土）夯築。可作荷載墙，使用期限較長。此墙保温、隔音、防火效果頗佳。通常以石塊叠砌墙基，上鋪一兩層青磚以遠離地面，防止潮濕。基上安放好範本，裝入黄土，用木夯反復築打夯實。築好第一板，再將範本向前移築第二板。築好第一層，再築第二層。其墙頭一般覆蓋瓦頂，以免雨水冲刷。墙高與厚之比爲三比一。《周禮·考工記·匠人》："匠人爲溝洫……墙厚三尺崇三之。"宋李誠《營造法式·壕寨制度·墙》："築墙之制，每墙厚三尺則高九尺，其上斜收比厚減半，若高增三尺則厚加一尺，減一如之。"《南齊書·氏傳》："氏於上平地立宮室、果園、倉庫，無貴賤，皆爲板屋土墙。"從歷史沿革看，一脉相承。春秋時期，版築技術采取模具支撐的方法，用立柱、插竿、橛子、草鷸固定範本，以提高工程品質。在施工中分段夯築的基礎上，采用方塊夯築的方法，上下夯塊交錯叠壓，層次分明，擴大了工作面，提高了工效。這些新成就，使版築技術進一步完善，一直爲後世沿用。墙身須加保護，或以白灰塗抹而成潔白的粉墙，或以摻茅草的泥巴塗抹。

【椿土墙】

即版築墙。此稱多行用於現當代。見該文。

【板築墙】

同"版築墙"。見該文。

【版築】[1]

亦作"板築"。亦稱"版"。即版築墙，亦可指版築的砌體，如壇、基、工事等。《孟子·告子下》："舜發於畎畝之中，傅説舉於版築之間。"《左傳·僖公三十年》"且君嘗爲晋君賜矣，許君焦瑕，朝濟而夕設版焉，君之所知也"杜預注："朝濟河而夕設版築以距秦，言背秦之速。"又《定公元年》"孟懿子會城成周，庚寅，栽"晋杜預注："栽，設板築。"唐沈佺期《咸陽覽古》詩："咸陽秦帝居，千載坐盈虚。版築林光盡，壇場蕾聽疏。"唐歐陽詹《二公亭序》："臺煩版築，樹加欄檻。"《宋史·天文志三》："土功吏二星，在壁宿南……主營造宮室。起土之官。動摇，則版築事起。

【板築】[1]

同"版築[1]"。此體晋代已行用。見該文。

【版】[1]

即版築[1]。此稱先秦時期已行用。見該文。

土墙

亦稱"乾打壘"。猶版築墙。一種古老的砌築體。至清代，北京的官式建築已很少使用此做法，但民居及其他地區的建築中，仍有使用。爲使土墙堅固耐久，黄土中可加入拉結料，如稻草、蘆葦、竹子等，以增強拉力。亦可加入骨料，如磚瓦渣，以防縮裂。《南齊書·氐傳》："氐於上平地立宮室、果園、倉庫，無貴賤，皆爲板屋土墙。《明史·梁震傳》："築土墻其上，不復侵犯。"

【乾打壘】

即土墻。此稱多行用於近現代。見該文。

石灰土墙

黃土内摻約四分之一的石灰，夯打版築的土墻。這種墻較普通土質的墻更爲堅固。土内可酌量摻入砂子、石塊或碎磚瓦，以減少縮裂。

三合土墙

以石灰、砂子、鵝卵石混合攪拌夯打樁築的土墻。亦是堅實、可以荷載的土墻。

土墼墻

亦稱"土坯墻"。以土墼砌築而成的墻。土墼，亦稱"土坯"，故亦稱"土坯墻"。土墼是以黏度較大的純净黃土和好後，經反復摔打，入坯模杵實，日曬乾燥而成。其形較磚略大，以隔年乾透的爲好。"墼"字在漢代文獻中已出現，而最早的土墼實物遠在新石器時代龍山文化遺址及河南永城王油坊房屋建築中就已出現。屋内壁用土坯錯縫砌築，土坯間用黃泥漿黏結。西安、敦煌等處至今仍有漢代保留下來的土墼實物，可知其爲經濟實用、應用普遍、使用壽命長久的建築材料。土墼與磚的砌法是不相同的。通常將土墼卧着立擺以防止壓斷，立擺時祇上下用泥，兩側面不用泥，則土墼不致被泥水泡軟。砌築時，通常立擺一層之後再平擺一層，如此循環往復。除整個墻體全部采用土坯砌築外，亦可采用下磚（碱）上坯（身），或外磚裏坯做法。

【土坯墻】

即土墼墻。此稱多行用於近現代。見該文。

夯土城墻

用夯具將土築搗密實的城墻。就防禦性設施而言，先有壕塹，後有城郭。就人類將土運用於建築而言，先會挖掘，後會築壘。夯土城墻爲人類最早的一種城垣建築形式。夯土技術始於原始社會晚期，在奴隸制社會時期獲得了巨大的發展，至春秋時期，已達成熟階段。它集中體現在城垣工程上。據記載，早在氏族社會末期即已出現城郭，以護衛部落的財產。《世本·作》："鯀作城郭。"《淮南子·原道訓》："夏鯀作三仞之城。"《禮記·禮運》："今大道既隱，天下爲家，各親其親，各子其子，貨力爲己，大人世及以爲禮，城郭溝池以爲固。"又據載，夏朝的歷代統治者曾在陽城、安邑、斟鄩等地建立過國都，修築了具有一定規模的城郭。近年發掘的河南登封告成王城崗遺址即爲這一時期修建的夯土城垣。先在地平面向下挖一道口寬底窄兩邊傾斜的梯形基槽，深 2.3 米，口寬 4.4 米，底寬 2.5 米。槽底平坦，然後填土逐層夯打堅實。夯層厚度 10~15 厘米，上部緊固，下部鬆散；夯層中央水平，兩側靠近基槽呈斜坡狀。夯窩形狀有圓形、橢圓形及不規則形，大小不一，夯距不等；夯杵徑多爲 8~10 厘米，深 0.5~1 厘米。反映了當時城市的興建還處於初期階段。商代中期夯土開始采用木範本。範本的發明是夯築技術的一大進步，爲大型建築向高聳發展提供了必不可少的技術條件。

磚墻

亦作"甎墻""磚牆"。以磚砌築的墻體。磚墻硬度大，不怕水火，阻隔冷熱，不傳聲，經久不朽，亦可雕琢花樣。其色多爲青灰，年久呈深褐色，亦有紅色。從已知的實物看，鋪地磚在西周已産生，空心磚及條磚産生於戰國。考古發掘最早的磚砌墙體爲河南新鄭戰國時期的冶煉通氣井井壁及陝西臨潼秦始皇陵陶俑坑中的一段壁體。漢代條磚使用的範圍及數量已大爲增加；唐代已出現用磚包砌城門洞附近的夯土墻的做法；至南宋，南方不少州府城墻已用磚包砌，如臨安城、揚州城、福州城、静江城等；明代製磚技術有了很大的發展，磚的産量劇增，使用方纔普遍。磚墙的砌法多種多樣。漢代立着擺放，顯然仿照土墼砌法。初期砌法磚與磚之間缺乏聯繫，墙體垂直通縫，轉角没有拉結，順砌墙體的内外磚之間也没有聯繫。經過不斷地實踐與總結經驗，磚墙的砌法朝着相互拉結的方嚮發展，取得了較好的整體性。從秦始皇陵出土的曲尺形磚來看，應是一種墙體轉角用磚，表明秦代磚墙體的砌築已考慮到轉角處的拉結問題；曲尺形磚存在着兩個邊長不等的情況，説明此時已采用錯縫砌法。到漢代，墙體的内外磚之間已有各種拉結的砌法，目的是使上下磚層相互錯縫，避免墙的垂直通縫，以加强磚墙的整體性。此後直至明清以前，多數磚墙基本上沿用漢代已奠定的砌法。古建築整磚墙的砌築類型如果以磚料是否經過砍磨加工來分，可歸納爲細磚墙及糙磚墙兩大類。細磚墙可用乾擺做法，也即磨磚對縫的做法；亦可采用絲縫做法，或淌白做法。凡砌築未經砍磨加工的整磚墙都屬糙磚墙類。南方有一種斗子墙砌法，亦稱空斗墙。砌法是將磚立擺在墙兩面，中間空着，亦可填碎磚。此種墙隔音、隔冷熱，亦很經濟。華北等秋冬寒冷地方則很

少用。在豪富人家院内及園林等處常用磚砌成花墙，這種墙在同一院落或園内將不同功用部分略加區分。花墙經濟美觀，式樣繁多。江浙花園的墙常作漏明墙，墙洞部分用磚瓦砌成各種圖案；又有整堵墙用磚砌成透空的花樣，或是將磚燒成預定的花樣，然後拼砌上去。此外，在墙頭上還有用瓦拼成花紋的，亦多精美構圖。現代建築所用磚料，一般不經過二次加工，而古建築所用磚料，往往"塊塊過斧"，經二次加工。這就使得磚與墙面具有棱角規格統一、形狀標準、表面潔净平整、質感細膩的特點。古建築墙面磚與灰縫的感觀作用是十分講究的，縫與磚力求融爲一體，使墙面産生"一塊玉"的感觀效果；或將灰縫做得極細，遠觀"一塊玉"，近觀"縫如絲"。灰縫與磚的顔色，多數情況下，用近似色調，以求得和諧統一；有時亦采用對比色，造成强烈反差，形成對比强烈的感觀效果。北魏酈道元《水經注·温水》："城周圍八里一百步，甎城二丈，上起甎墙一丈。"宋朱熹《朱子語類·中興至今人物下》："急沮其清，只令紹興府應副錢，不得干預磚墙事。"明徐光啓《農政全書》卷四五："如地勢高燥者，四面皆用磚牆。"

【甎墙】

同"磚墙"。此體南北朝時期已行用。見該文。

【磚牆】

同"磚墙"。此體明代已行用。見該文。

板壁[1]

木板墙。唐康駢《劇談録·慈恩寺牡丹》："僧乃自開一房，其間設施幡像，有板壁，遮以舊幕。"《水滸傳》第四五回："石秀心中好生不

快意，只推肚疼，自去睡在板壁後了。"《兒女英雄傳》第七回："把那地窖子周遭一看，西面是板壁門窗，南、北、東三面却是磚墙。"

板障

亦作"板郭"。木板屏障。《南史・梁紀下・簡文帝》："帝自幽縶之後……無復紙，乃書壁及板郭爲文。"宋王讜《唐語林・文學》："今之板障，屏墙也。天子有外屏，人臣將見，至此復思其所對揚，去就避忌也。"

【板郭】

同"板障"。此體南北朝時期已行用。見該文。

步障

亦作"步郭""步帳"。用於遮蔽風塵或視綫的幕布。三國魏曹植《妾薄命》詩之二："華燈步障舒光，皎若日出扶桑。"按障，一本作"帳"。《晉書・石崇傳》："〔崇〕與貴戚王愷、羊琇之徒，以奢靡相尚……愷作紫絲布步障四十里，崇作錦步障五十里以敵之。"又《列女傳・王凝之妻謝氏》："〔謝道韞〕乃施青綾步郭自蔽，申獻之前議，客不能屈。"《南齊書・東昏侯紀》："置射雉場二百九十六處，翳中帷帳及步郭，皆袥以綠紅錦。"唐盧綸《送黎兵曹往陝府結親》詩："步帳歌聲轉，妝臺燭影重。"元楊奐《金谷行》詩："千金買步帳，百金買氍毹。"清李漁《閑情偶寄・居室・窗壁》："天下萬物，以少爲貴，步障非不佳，所貴在偶爾一見。"

【步郭】

同"步障"。此體晉代已行用。見該文。

【步帳】

同"步障"。此體唐代已行用。見該文。

木骨泥墙

以木材爲骨架，莖葉爲填充物，外敷草筋泥的墙體。建築物墙體的最早形式之一。它的出現是人類居室由地下削地爲壁轉入地上關鍵的一步。新石器時代仰韶文化時期，人類尚處於穴居、半穴居狀態。居住空間地下部分爲挖土而成的穴壁，地上部分是利用樹木枝幹作骨架，植物莖葉填充，塗敷草筋泥防水面層構成的圍護結構屋蓋。人們掌握木構杆件架設空間結構的技術逐步達到熟練，以至無須向地下爭取空間時，居住面由地下、半地下升至地上。整個圍護結構呈穹隆狀，其結構爲椽柱捆扎呈錐形，外敷草筋泥，稱爲"屋"。因襲穴壁概念，圍護結構的下部設矮墙，高度如同穴壁，一般在80～120厘米之間。作爲墙體形成的初期，其結構與屋頂完全相同，二者之間交接綫圓滑，無檐或凸棱，也即無明確從結構與功能上進行區分。當穹隆式屋結構向高大發展，達到可以不依賴竪穴而獨立構成足够空間的程度時，圍護結構由曲綫變成折綫，分化爲直立的墙體與傾斜的屋頂兩部分。至此周邊結構出現了構築起來的承重直立部件墙壁。這種墙體是從屋分化出來的，其構造仍因襲屋的構造方法。以木爲構架，莖葉爲填充物，外敷草筋泥面層的木骨泥墙即爲墙體出現之初的最早形態。仰韶文化晚期鄭州大河村遺址保存下來的木骨泥墙可作典型。保存墙體最高處達100厘米，墙內立柱直徑一般在8～12厘米，間距一般在8～22厘米。柱間用葦束填充，固定葦束的橫嚮杆件則爲直徑4～6厘米的葦束枝幹，一般設在外側，上下間距爲10厘米左右。立柱、葦束、橫杆之間，用藤葛或繩索扎結。內外塗草筋泥厚約 30 厘米，表面抹 1.5 ～ 3.5 厘米厚的細砂泥面層。母系氏族社會晚期，長江流域湖北宜都紅花套遺址所見的竹笆抹泥墙，就是類似木骨泥墙的另一方式。屋頂與墙壁結構的進一步發展，墙壁由僅起圍護功能進而發展爲能够較合理地承受屋面荷載，方始明確了屋蓋與墙體的不同分工。進而墙體骨架分化爲較粗的主要承重的立柱，與較細的主要圍護的立柱。木骨泥墙至此在結構、構造上趨於完備。木骨泥墙的出現是建築由地下到地上的關鍵一步。直立的墙壁，傾斜的屋頂，奠定了後世建築的基本形態。在相當長的一段時期内，作爲周邊結構以及内部分隔結構的墙壁，都是采用木骨泥墙的做法。根據考古發掘材料，奴隸制社會初期的宫殿，依然使用木骨泥墙。直到封建社會晚期，民間簡易房屋仍然采用竹笆或荆笆泥墙。

原木墙

亦稱“井幹式木墙”。將樹木刮削勻整，叠摞在一起，兩面墙壁交叉處木料露出端頭的墙壁。我國戰國時代墓中已有此結構，漢武帝造井幹樓，亦以其結構方式命名。世界上有森林的地方大多可以看到這種結構的建築，尤以西伯利亞森林地帶爲多，我國東北及雲南西部亦常見。其缺點是不防火，易透風。原木長度有限，造房以兩間爲最多，超過兩間則須拼凑。除作房屋墙壁外，亦可構築倉房、圍墙等。

【井幹式木墙】

即原木墙。此稱多行用於現當代。見該文。

編竹夾泥墙

亦稱“編壁”。在房屋墙壁部位立方柱，柱間空檔以竹篾條縱橫編織綁緊，壁體内外抹泥，泥上抹石灰的墙壁。此種墙壁漢明器及畫像石上可見，唐宋壁畫上亦可見到，現今南方較爲盛行。因墙體薄，在一至二寸間，不甚保温，在產竹的温暖地區，最爲經濟實用。編壁色白體薄，輕巧靈便。在没有竹子的地區亦可用葦簾或秫秸替代。宋李誠《營造法式》稱之爲“隔截編道”。其編織方法，《營造法式·竹作制度·隔截編道》載：“造隔截壁，桯内竹編道之制，每壁高五尺，分作四格，上下各横用經一道，格内横用經三道，並横經縱緯相交織之。”清陳廷敬《午亭文編·平河橋南》詩二首之一：“千枝萬枝岸邊柳，三家五家川上村。剪茅蓋屋荻編壁，縣吏來時輕打門。

【編壁】

即編竹夾泥墙。此稱清代已行用。見該文。

乾擺磚墙

亦稱“磨磚對縫磚墙”。磚料質地較好，經砍磨加工，每砌一層，先將磚塊試安裝好，棱角有不合縫處，隨時打磨平齊，然後鋪灰坐實的磚墙。此做法從外表看，磚塊之間不露灰縫，故名。用於宫殿、廟宇等尊貴建築物上，天壇皇穹宇的圓圍墙上即此做法，亦可用於較講究的墙體下碱或其他較重要的部位，如梢子、博縫、檐子、廊心墙、看面墙、影壁、檻墙等。用於山墙、後檐墙、院墙等體量較大的墙體時，上身部分一般不采用乾擺砌法。但在極重要的建築中，亦可同時用於上身及下碱，稱“乾擺到頂”。此砌法墙體細膩，磚縫平直，色澤柔美，是磚墙中檔次最高的。

【磨磚對縫磚墙】

即乾擺磚墙。壘砌時，磚經砍磨加工，磚縫須打磨平齊，故稱。天壇皇穹宇的圓圍墙即此做法。見該文。

絲縫磚墙

亦作"撕縫磚墙"。亦稱"細縫磚墙""縫子磚墙"。磚料要求質地緻密、輪廓整齊、磚塊五面經過砍切，墙壁表面經打磨的細加工墙體。用於官僚、王府藩邸要求較高的墙體；大多不用在墙體下碱部分，而作爲上身部分與乾擺下碱相組合；亦常用作磚檐、梢子、影壁心、廊心墙等。磚檐、廊心墙、影壁心常使用方磚。磚塊須用鐵片將前面、上下面、左右面砍切平整，上下左右面須砍削成前大後小的輪廓。壘砌時多用老漿灰，以求得灰磚青縫的效果；地方建築中常使用白色灰膏，以求灰磚白縫的效果。灰縫不可過寬，一般不大於 3 毫米。每用白灰鋪砌一層，即灌漿一次。露明磚表面須用砂石或細磚打磨平光，并用竹板鈎抿灰縫，灰縫平齊程度嚴格。屬細加工之磚墙。

【撕縫磚墙】

同"絲縫磚墙"。此體多行用於現當代。見該文。

【細縫磚墙】

即絲縫磚墙。此稱多行用於現當代。見該文。

【縫子磚墙】

即絲縫磚墙。此稱多行用於現當代。見該文。

淌白磚墙

磚料要求質地緻密、輪廓整齊，兩個小面須砍切平整，然後壘砌的細磚墙。露明磚表面須依次用砂石或細磚打磨平光，并用竹板鈎抿灰縫，墙面灰縫平整程度嚴格。淌白磚墙在下列情況適用：投資有限，但建築物仍要求有細的感覺；爲了造成主次感、變化感，常與乾擺、絲縫墙相組合，如墙體下碱爲乾擺做法，上身四角爲絲縫做法，上身墙心爲淌白做法；追求粗獷、簡樸的風格，如府第、宫殿建築中具有田園風格的建築，邊遠地區的廟宇等。

糙磚墙

凡砌築未經砍磨加工的整磚墙都屬糙磚墙類。如按砌磚的手法可分爲帶刀縫（亦稱"帶刀灰"）與灰砌糙磚兩種做法。帶刀縫做法是一般建築中最常見的一種墙體類型。由於此做法灰縫較小，多用於清水墙。帶刀灰做法除可施用於整個墙面外，亦可作爲下碱、墀頭、墙體四角、磚檐部分，與碎磚抹灰等做法相結合。壘砌時應照顧橫平竪直，灰縫較寬（1 厘米或更大些），每用三七插灰泥砌一層磚之後，即以桃花漿（白灰黄土漿）灌足，以加强墙的整體性。

碎磚墙

采用碎磚壓泥做法砌築的墙體。常用於不甚講究的墙體、基礎等；亦常作爲上身或墙心，與其他做法的下碱或整磚"四角硬"相組合；亦可作爲"外整裏碎"墙的背裏部分。由於磚的規格、種類多，形狀差异大，砌築時要做到速度快、品質好、外觀美并非易事。如爲不抹灰的清水墙做法，應注意每層磚的高度應一致，磚的層次應分明，講究抹出漂亮的泥縫。

虎皮石墙

用花崗巖砌築的墙體，因石料顔色與灰縫紋理似虎皮，故名。用料可經過加工，亦可不經加工，砌角的石料須適當加工。此砌築類型的石墙應用較爲廣泛，如泊岸、護坡、攔土墙、建築物基礎、追求田園風格的建築物（一般用於下碱）、園林建築、具有村野風格的廟宇、民居等。虎皮石的色調多爲單一的黄褐色，園林建築中偶見"十色"虎皮石墻。爲追求墻面色調"五光十色"的效果，石料可不局限於花崗巖。墻體砌完後，須順石料接縫處做出灰縫，一般爲凸形寬縫，以勾勒出虎皮紋理的特徵。虎皮石墻中最講究的做法是虎皮石乾背山。其特點是石料經適當加工，砌築時不鋪灰，灰縫較細，類似磚墻的乾擺砌法。乾背山做法多用於府第或宫殿建築中仿地方手法的墻體。

方正石墻

以經加工的規格石料，即方正石或條石砌築而成的石墻。所用石料可爲花崗巖、青白石、漢白玉等。石料應先加工成規格料（長度可較爲靈活），石料表面可依據要求加工成多種形式，如蘑菇石、砸花錘、打道、剁斧或磨光等。砌築時可以鋪灰，也可以乾砌灌漿。石的後口要墊石片或鐵片（漢白玉宜用鉛鐵片）。石料之間可用鐵活（如扒錭子、鐵銀錠）進行連接。石墻與其他砌體之間可用鐵拉扯進行連接。砌體頂部如没有遮擋，應抹灰壓頂，以免砌體内進水。砌築或灌漿所用材料，現代施工中，可改用水泥砂漿或混合砂漿。方正石與條石要打點勾縫，縫子形式多爲平縫或凹縫。方正石或條石砌築多用於泊岸、攔土墻、地宫、高臺建築、城墻的下碱，以及重要建築的下碱等。

貼砌石板墻

亦稱"碎拼石板墻"。園林建築中以石板拼合的裝飾墻。可分爲青石板墻及五色石板墻。碎拼青石板是將呈不規則形狀的青石板貼砌在磚墻外，五色石板則是用紅、黄、青、白、黑五色石板裝飾於磚墻外。選用石料一般爲長約35厘米的青石板或砂石板，厚度一般不超過8厘米，形狀可不規則，表面應細磨光滑。砌築方法爲先砌一堵磚墻（稱"金剛墻"），隨砌隨將石板貼砌到墻面。石板與金剛墻應適當加鐵活連接。砌好後應灌漿加固，并將石縫勾好。五色石板灰縫要細，顔色搭配要得當。貼砌石板墻多用於極講究的皇家園林中。

【碎拼石板墻】

即貼砌石板墻。見該文。

石陡板墻

將較大的石料立置砌築的墻。適於宫殿廟宇建築，可造成宏大的氣勢。墻體所用石料多爲花崗巖、青白石及其他地方石材，應事先加工成規格料，表面加工多爲剁斧及打道兩種形式。石陡板砌法一般僅砌一層，石板或橫置或豎置，視所需高度而定。陡板石的厚度如小於墻體厚度，背後應砌金剛墻。擺放石陡板時除應鋪灰、墊石片或鐵片外，還應做灌漿處理。石料之間除了可鑿作石榫互相連接以外，還可使用扒錭子、鐵銀錠等鐵活。陡板石與金剛墻之間可用鐵拉扯進行拉結。由於此種砌築類型不適用於高的墻體，故一般多用於石臺基，偶用作石下碱及石檻墻。

卵石墻

用較大的卵形石礫砌築的墻體。用灰或摻灰泥砌築。多用於園林建築及地方建築中的臺基、下碱等。具有强烈的民間風格。

琉璃墻

以琉璃磚砌築的墻體，爲傳統建築中各種砌築類型的最高等級，多用於宫殿廟宇建築，一般官式建築及民居不使用。琉璃磚的使用可分爲兩種情况，一種是在墻的局部使用，與其他砌築類型相合，如檻牆、下鹼、博縫、梢子、小紅山等；另一種是以琉璃爲主，或全部以琉璃爲露明部分的牆體。琉璃砌體的種類很多，砌築方法也不盡相同。琉璃磚砌築前須經"剔鑿順色"，用瓦刀打掉飛翅、釉珠，將磚的顏色調配得當。琉璃磚要與普通磚同時砌築；露明部分全爲琉璃的牆，背後須砌金剛牆。琉璃牆須灌漿加固，可使用白灰漿或桃花漿，重要建築可用糯米漿。

花瓦牆

以瓦擺或透空圖案的牆體。花瓦做法可用於牆體的局部或大部分。其特點爲裝飾性強，具有空透的特點，恰當使用能使建築具有新的功能與形式。用於園林内牆，既能分隔空間，又不妨礙視綫；用於圍牆上部，可增加高度以滿足安全要求，視覺上無森嚴之感，反增添活潑之氣氛；用於平臺屋頂的鋪面房上，可使店鋪更加引人注目，又使屋頂增加了堆放東西的功能。透空圖案常用於牆帽部分，稱花瓦頂。多用於住宅或園林建築之院牆。常見的手法有軲轆錢、砂鍋套、喇叭花、西番蓮、竹節、鎖鏈、長壽字、銀錠等，以及其變化組合。流行於民間的花瓦圖案，形式更加豐富。透空圖案亦可用於牆上身之局部。花瓦做法可一面露明，亦可雙面露明。一面露明的，背後應砌金剛牆并抹飾白灰。

花磚牆

俗稱"燈籠磚"。以花磚擺成各種圖案的牆體。圖案多以條磚直接擺出，講究的做法可將方磚或城磚鑿出透空的圖案，然後擺砌。花磚裝飾可兩面露明，亦可單面露明。單面露明的應在背後砌金剛牆并抹飾白灰。牆帽部分采用花磚做法的，稱花磚頂。多用於宅第或園林建築的院牆。花磚（燈籠磚）樣式繁多。牆體上身部分亦可用條磚組合圖案擺砌，使牆面形式富於變化。

【燈籠磚】

即花磚牆，此稱多行用於現當代。見該文。

什樣錦牆

將門窗洞口（以窗居多）做成各種不同的形狀，用以裝飾牆面的牆體。由於洞口形狀各異，圖案性很強，故稱。透空的牆洞開在窗的分位上，稱什錦窗，亦稱漏窗牆；開在門的分位上，稱什錦門。洞口的形狀，常見的有六方、八方、五方、圓形、扇面形、壽桃形、蝙蝠形、方勝形（菱形）、叠落方勝（雙菱形）、寶瓶形、雙環形、石榴形、海棠花形等。什樣錦門窗的扇活可做成固定扇（死扇），亦可做成活扇。活扇常分爲推拉（推時入牆）及轉軸開啓兩種。窗扇可安玻璃，亦可不安。門扇多做成木板門形式。每個窗洞可做單層窗扇，亦可做成雙層窗扇。如做雙層的，中間可設置燈具，此種什錦窗稱"燈窗"。燈窗的玻璃上，可施以彩繪。什樣錦牆面活潑美觀，常用於園林建築中的内牆、游廊牆、後檐牆上。四合院中亦常采用此種形式，位置多在垂花門兩側、臨街的後檐或花園内牆。

雲牆

牆頂立面作曲綫變化的牆體。用於花園或園林，牆隨山勢之高低、地形之起伏變化而變化，使牆頂至地面的相對高度保持不變。雲牆的形式與周圍的景致及地貌的特點協調一致，給人以輕盈飄逸的感覺。

羅漢墻

剖面呈規律性凹凸變化之墻體。如每隔四層磚砌一層凹入的磚，使墻體在造型上富於變化，給人以敦莊厚重之感。

叠落墻

墻頂立面呈階級狀變化的墻體。墻隨山勢之高低、地形之起伏變化而變化，使墻頂至地面之相對高度保持不變。常用於山區建築的圍墻或園林建築的圍墻。其造型特點給人以參差錯落之感。

複壁

亦稱“複垣”。俗稱“夾壁墻”。雙層墻，中間可作爲暗室、暗道等，用以藏匿人或物。《後漢書·趙岐傳》:“岐遂逃難四方，江淮海岱靡所不歷……遂以俱歸，嵩先入白母曰：‘出行乃得死友。’迎入上堂，饗之極歡，藏岐複壁中數年，岐作《戹屯歌》二十三章。”《隋書·尒朱敞傳》:“敞再拜求哀，長孫氏愍之，藏於複壁。”《舊唐書·王涯傳》:“前代法書名畫，人所保惜者，以厚貨致之，不受貨者，即以官爵致之，厚爲垣，竅而藏之複壁。”又《王鍔傳》:“作複垣洞穴，實金錢於其中。”

【複垣】

即複壁。此稱唐代已行用。見該文。

【夾壁墻】

“複壁”之俗稱。此稱多行用於現當代。見該文。

院墻 2

建築群或宅院的防衛或區域劃分用墻。在中國古建築中，凡有建築群，則由有院墻以界定。建築物越重要，院墻的做法就越細緻，高度與寬度也越大。院墻可分爲四部分：下鹼、上身、磚檐與墻帽。院墻的寬與高没有嚴格的規定，一般以不能徒手翻越爲最低標準。如遇有屋檐，墻帽須低於屋檐。寬度至少應在 24 厘米以上。墻帽可作成寶盒頂、道僧帽、饅頭頂（亦稱泥鰍背）、眉子頂（亦稱真、假硬頂）、蓑衣頂、鷹不落、兀脊頂、瓦頂、琉璃瓦頂、花瓦頂、花磚頂。磚檐的形式取决於墻帽的形式，二者常有較固定的搭配關係。院墻處於院落的最低處，下部應做排水用的“溝眼”。宫廟類建築院墻下的臺基較高，其溝眼常用石頭雕成獸頭形之“噴水器”，或將石頭鑿成筒形的“挑頭溝嘴子”伸出墻外。一般住宅院墻的溝眼可砌一塊石雕或磚雕的“溝門”，或者衹砌成一個方洞。

廊心墻

將上身作墻心裝飾之廊墻，通常指墻體内側部分。廊心部分的裝飾方法可采用方磚心做法、抹灰做法、花瓦做法、琉璃做法。裝飾布局上可采用中心四岔做法。如廊心墻位置在游廊的通道上，稱“廊門桶子”或“悶頭廊子”。墻體做出門框稱“吉門”。游廊中的墻體與廊心墻完全一樣，往往更加細緻和考究，其廊心做法常采用磚雕、琉璃、什樣錦、彩繪及花瓦等。

護身墻

砌於馬道、山路、樓梯等兩側具護身欄杆作用的墻體，其高度不超過成年人體胸部。一般應做實墻，園林中亦可采用花磚做法。墻帽多做磚或石兀脊頂。

金剛墻

古建築中凡隱蔽之墻體，或位於砌體背後，并以直槎相接者。如博縫磚的背後砌體；臺基陡板石的背裏砌體，單面露明的花瓦墻中，花瓦的背後砌體，陵寢中用土掩埋的墙體等。金剛墙的高度及做法差异很大，具體取决於它的使用功能。清翟均廉《海塘録·疆域》："每石閘一座金門，闊八尺，高一丈。四尺兩邊金剛墙，並前後雁，翅各長四丈。"

看面墙

一種裝飾性很强的墙體，常用於垂花門兩側、做法講究的卡子墙及做法講究的門樓兩側的院墙。其下碱部分通常爲乾擺做法，上身做法可與影壁心做法相同，亦可采用落膛做法。

卡子墙

卡在兩個距離較近房屋之間的墙，爲院墙的一部分。墙體上身或墙帽部分可做成花墙形式，以增强裝飾性。

門垛

亦作"門垜"。亦稱"門垛子"。門兩旁向前伸出的墙。清孫錦標《通俗常言疏證·門垛子》："《説文》：'垜，門堂塾也。'段注：'今俗謂門兩邊伸出小墙曰垜頭，其遺語也。'按今俗謂之門垛子。"

【門垛子】

即門垛。此稱清代已行用。見該文。

【門垜】

同"門垛"。見該文。

宇墙

用以劃分區域、界限的墙體。其特點是墙體矮，視綫可以通過。多用於廟宇門前、祭壇四周、陵寢中寶城的區域限定。

軒屏

堂階旁的墙壁。《文選·潘岳〈秋興賦〉》："月曈曨以含光兮，露凄清以凝冷。熠耀粲於階闥兮，蟋蟀鳴乎軒屏。"李善注："《毛詩》曰：'蟋蟀在堂。'"劉良注："秋蟲至秋寒，故就軒屏，鳴軒階陛也。"宋梅堯臣《范紫微見過不遇》詩："版刺留姓名，不遑佇軒屏。"明皇甫濂《悼子乘》詩："清塵布虛室，寒晦凝軒屏。"

市圈

市場的圍墙。《清史稿·清佳砮傳》："明制，凡諸部互市，築墙規市場，謂之'市圈'。"

屋　墙

檐墙

處於檐檁下的圍護墙。前檐位置的爲前檐墙。宮殿府第規格較高的住宅很少用前檐墙，多用門窗等裝修，一般民宅或倉庫等使用前檐墙。後檐位置的爲後檐墙，如有廊子時亦稱"後金墙"。北方多以磚或土墼砌築，南方多用板壁或編竹夾泥壁等薄墙，露出椽子的，稱"老檐出"，或"露檐出"；不使椽桷外露的，稱"封護檐墙"，或"封後檐"。《八旗通志》卷一一四："檐墙高一丈二尺，長六尺。墙根闊七尺，頂闊五尺。"

廊墙

廊下檐柱到金柱間的墙。宋郭若虛《圖畫見聞志卷·紀藝下》："景靈宮北廊墙壁《道經變相》，乃馮清之筆。"

檻墙

前檐木装修窗户槅扇之下的墙體。厚度一般不小於柱徑，高度可按檐柱高十分之三定。書房、花房可適當降低，厠所可加高。檻墙的砌築應使用木建築中最講究的做法，磚縫的排列多爲卧磚十字縫形式，亦可用落腔形式或海棠池形式。宫殿廟宇重要建築常用黄緑色琉璃磚拼砌而成。一般民居北方多以磚、土墼砌築，南方多采用板壁、夾泥壁的形式建造。《畿輔通志·京師》："東、西、南三出陛各十四級，檻墙、欄柱俱用青色琉璃。"

隔斷墙

亦稱"截斷墙"。宫殿廟宇大型建築物中，前後金柱間砌築的與山墙平行的墙。其功能是將室内分隔成不同的使用空間。係室内墙壁，可爲磚墙、板壁墙，亦可設置屏門、隔扇等。

【截斷墙】

即隔斷墙。見該文。

扇面墙

亦稱"金内扇面墙"。宫殿廟宇大型建築物中金柱與金柱之間砌築的與檐墙平行的墙。係室内墙壁，可以是磚墙、板壁墙，亦可設置屏門、隔扇等。

【金内扇面墙】

即扇面墙。此稱多行用於現當代。見該文。

序[2]

堂之東西墙。《禮記·喪服大記》："大夫殯以幬，櫕置於西序。"孔穎達疏："櫕置於西序者，屋堂西頭壁也。"《儀禮·士冠禮》："主人玄端爵韠，立於阼階下，直東序西面。"鄭玄注："堂東西墙謂之序。"《爾雅·釋宫》："東西墙謂之序。"邢昺疏："此謂室前堂上東廂、西廂之

墙也。"《説文·广部》："序，東西墙也。"段玉裁注："堂上以東西墙爲介，《禮經》謂階上序端之南曰序南；謂正堂近序之處曰東序、西序。"

【廂】[4]

即序[1]。《玉篇·广部》："廂，序也，東西序也。"《楚辭·東方朔〈七諫·怨思〉》："蒺藜蔓乎東廂。"洪興祖補注："廂，序也。"

山墙[1]

亦稱"山頭"。省稱"山"。房屋兩側，處於桁檁端頭下方位置的圍護墙。清查慎行《長清山行》："磵道冲沙聚，山墙叠石成。"《西游記》第二三回："正中間設一張退光黑漆的香几，几上放一個古銅獸爐。上有六張交椅，兩山頭挂着四季吊屏。"廡殿、歇山山墙多見於宫殿廟宇建築；唐宋時期民居山墙，以懸山形式居多，以保護土坯墙面免受雨水冲刷；明清時期由於磚的大量生産，墙面以磚砌爲主，材料的變化帶來了形式的變化，山墙以硬山爲主。廡殿、歇山山墙的下碱多帶有石活，上身多用抹灰刷紅漿做法，亦可用整磚露明做法。宫廟懸山建築山墙下碱多帶有石活，上身一般爲抹灰刷紅漿做法，亦可用整磚露明做法。一般懸山建築爲整磚露明做法。懸山山墙的立面造型有三種形式：墙砌至梁底，梁以上山花等空檔處不再砌磚而用木板封擋；墙體沿柱、梁、瓜柱砌成階梯狀，稱"五花山墙"；墙體一直砌至椽子、望板。硬山山墙下碱亦稱"下肩"或"裙肩"，高度可按檐柱高的十分之三定。下碱應使用最好的材料和最細緻的做法，并常帶有石活。上身砌法及用料一般應比下碱稍糙，厚度可稍薄。山尖正中，柁與柁之間的位置上，

應砌一至兩塊透雕花飾的磚，稱"山墜"，亦稱"透風"，以防止木架糟朽。帶琉璃博縫的山墻一般放兩塊透雕花飾的琉璃磚，稱"滿山紅"。山尖的裏皮綫在梁（柁）以上時，瓜柱之間的矩形空檔稱"山花"，瓜柱與椽子之間的三角部分稱"象眼"。山花、象眼如爲露明做法，應采用較細緻的做法；如不露明，裏皮綫可按柱中綫定位。然後應封山下檐熨博縫。

【山頭】

即山墻。此稱明代已行用。見該文。

【山】

"山墻"之省稱。建築物左右兩端，由前後兩屋頂斜夾角形成之三角形部分。形如古體山字，故稱。見該文。

屋山 [1]

亦稱"屋山頭 [1]"。"人"字形屋頂前後斜坡夾角呈三角形，故兩側墻爲"山"字形，故稱。宋周紫芝《竹坡詩話》："頃時有數道人來丐食，拒而不與，乃題詩屋山而去。"《儒林外史》第五五回："望見泰伯祠的大殿，屋山頭倒了半邊。"清紀昀《閱微草堂筆記·槐西雜志四》："夜大風雨，有雷火自屋山穿過，如電光一掣然，墻棟皆搖。"原注："近屋脊之墻謂之屋山，以形似山也。"

【屋山頭】[1]

即屋山 [1]。此稱清代已行用。見該文。

防火山墻

省稱"防火墻"。亦稱"封火墻"。山墻墻頭高出屋面數尺，使得一家着火，火勢不致很快越過山墻禍及鄰家。因其具防火功能，故名。防火山墻多見於南方，因居住密集，一旦發生火災，火勢易連成片，久用遂成定制。北方房屋散落，若互不相連，不必用此形式。防火山墻多以磚砌成，鄉間或少雨地區如雲南亦有用土墼砌的。其上飾綫脚或脊帶。其形式變化多端，花樣繁多，主要類型：一顆印式、五嶽朝天式、人字式、紗帽頭式、觀音兜式、貓拱背式、複合曲綫式等。在防火山墻上還有用磚雕刻花脊的，有用灰皮抹成各種花邊，然後畫彩畫的，或畫大如意頭的。就其風格而言，有的簡潔大方，有的莊嚴華麗。另外一般以磚砌的山墻，墻與屋瓦相交處常用磚砌綫脚，或在磚綫脚上用石灰做梟混等花樣。此種山墻墻頭雖不高出屋面，因其具有防火功能，亦有稱防火山墻的。

【防火墻】

"防火山墻"之省稱。此稱多行用於現當代。見該文。

【封火墻】

即防火山墻。此稱多行用於現當代。見該文。

【風火墻】

即防火山墻。亦稱"風火垜子"。"封火""風火"諧音，民間有此稱呼。元湯式《哨遍·新建鈎欄教坊求贊》套曲："瓦礫披劃蕩的平，風火墻壘砌的疾。"

【風火垜子】

即風火墻。見該文。

五嶽朝天山墻

亦稱"叠落山墻""馬頭墻"。山墻高出屋面，巍然屹立，高低錯落，形如五座大山，故稱。因其隨屋面坡度呈階梯形，叠落有序，故亦稱"叠落山墻"。其狀略似馬頭，亦可稱爲"馬頭墻"。

【叠落山墙】

即五嶽朝天山墙。此稱多行用於現當代。見該文。

【馬頭墙】

即五嶽朝天山墙。見該文。

猫拱背式山墙

亦稱"拉弓式山墙"。山墙頂部呈拱形，狀如拱起的猫背，故名。頂部拱形亦可看作拉開的弓弦，故亦稱"拉弓式山墙"。

【拉弓式山墙】

即猫拱背式山墙。此稱多行用於現當代。見該文。

人字式山墙

頂部呈"人"字形的山墙，廣州一帶使用較多。

複合曲綫式山墙

華中、華南一帶，封火山墙由多種曲綫隨意組合變化而成，因稱。其形態華麗、靈巧，造型多姿多彩。

五花山墙

懸山頂山墙依上部柁梁瓜柱砌成階級形，中央高，兩側順序遞減，因稱。五花山墙直接勾出排山構架的結構，每級頂上都有墙肩斜收在各梁下皮。爲懸山山墙的主要做法之一。

山花

歇山屋頂兩端博風板下的三角形部分，多加以裝飾雕琢，因稱。歷代因建築材料不同，裝飾的形式亦隨之而變化。明代以前多爲木結構，兩側山面透空，梁架露明，自外可見，博風板正中安懸魚，沿邊處安雲紋狀惹草。明代多爲磚結構，以磚疊砌山花，并以磚或琉璃博縫。清代盛行在博風板内掩以山花板，用以封閉透空部分，其上做椀花綬帶等雕飾，博風板在檩之分位釘梅花釘爲飾。較爲華麗的是山花博縫板上緣及垂脊之間宽排山勾滴，即將筒瓦帶圓頭之勾頭，板瓦帶下垂如意之滴水横排着宽上去，甚爲美觀。

山花向前

山花是屋頂側面的三角形部分，如果將這個三角形部分用在建築物的正面，即稱。宋代建築常用此形式。

懸魚

房屋兩端山面的裝飾件。以木板雕成，安於博風板正中，周初始雕作魚形，從山面頂端懸垂而得名。後形態各有變化，有的已完全脱離魚形，祇是稱呼未變。懸魚一詞見於《後漢書·羊續傳》："府丞嘗獻其生魚，續受而懸於庭；丞後又進之，續乃出前所懸者，以杜其意。"故有山面飾懸魚以自示清廉之説。

惹草

安於兩山博風板邊沿的裝飾件。木質，外形如三角形，上刻以雲紋之類的圖形。

椀花綬帶

安於山花板上的雕飾件。椀花，圓形花飾；綬帶，繫官印的絲帶。帶結與椀花相叠，綬帶向左右飄舞。以此裝飾山花板，以示企盼富貴之意。

丹堊

粉刷的墙壁。宋范成大《隱静山》詩："題名記吾曾，醉墨疥丹堊。"

山墙 [2]

亦作"山廇"。古代宫廟中繪有山和雲的墙壁。《逸周書·作雒》："乃位五宫：大廟、宗宫、考宫、路寢、明堂……内階、玄階、堤唐、山廇。"孔晁注："山廇，謂廇畫山雲。"宋陸佃《廟制議》："《周書》曰'太廟山墻'，注謂'墻畫山雲'。"

【山廇】

同"山墻²"。此體先秦時期已行用。見該文。

罘罳¹

亦作"罘思""浮思""桴思"。古代設於宮門外或城角的屏墻。用於守望與防禦。一説臣入見君，於此反復思考，故稱。《釋名·釋宮室》："罘罳，在門外。罘，復也；罳，思也。臣將入請事，於此復重思之也。"《漢書·文帝紀》："未央宮東闕罘罳災。"顏師古注："罘罳，謂連闕曲閣也，以覆重刻垣墉之處。"另《五行志上》作"罘思"。唐杜甫《奉送郭中丞兼太僕卿充隴右節度使》詩："毀廟天飛雨，焚宮火徹明。罘罳朝共落，榆角夜同傾。"《周禮·考工記·匠人》"城隅之制九雉"漢鄭玄注："宮隅、城隅，謂角浮思也。"孫詒讓正義："案浮思、罘罳、覆思並聲近字通。"《禮記·明堂位》"崇坫康圭疏屏"鄭玄注："屏謂之樹，今桴思也。刻之爲雲氣、蟲獸，如今闕上爲之矣。"孔穎達疏："'屏謂之樹，今浮思也'者……漢時謂屏爲浮思，故云。今浮思，解者以爲天子外屏，人臣至屏俯伏思念其事。按，《匠人》注云：'城隅謂角浮思也。'漢時東闕浮思災。以此諸文參之，則浮思小樓也。故城隅、闕上皆有之。然則屏上亦爲屋，以覆屏墻，故稱屏曰浮思。"

【罘思】

同"罘罳¹"。此體漢代已行用。見該文。

【浮思】

同"罘罳¹"。此體漢代已行用。見該文。

【桴思】

同"浮思¹"。此體漢代已行用。見該文。

影　壁

影壁¹

指正對大門但與之有一定距離的墻壁。古制：天子外屏，諸侯內屏。《荀子·大略》："天子外屏，諸侯內屏，禮也。外屏，不欲見外也；內屏，不欲見內也。"秦漢以前，門屏之制極爲嚴格。秦漢之後，禮制漸廢。影壁的位置，或設於大門之內，或設於大門之外。設於門內者，可擋住外人視綫，使之不能對院內一覽無餘。設於門外者，如宮殿、廟宇與豪門富户，則常用大型影壁，多用磚砌或磨磚對縫，頂上鋪瓦，壁上雕繪花紋、龍水、故事之類。門外影壁多與大門及門前空地相呼應，渾然一體。下有墻基或用須彌座，兩邊用磚柱，上用額枋或磚斗拱，頂蓋筒板瓦，四角用磚岔角，壁心施雕飾，頗爲華麗。其功能亦由單一的屏障而兼以裝飾。皇家宮殿影壁，常以琉璃瓦修築，如北京北海九龍壁，即全用琉璃件製作而成。亦有石雕影壁，但少見。此外，還有一種影壁設於大街對面，與大門遥相呼應，謂之"外影壁"。亦有木製影壁，下設底座，可移動。元孫仲章《勘頭巾》第一折："我這裏下階基，轉影壁，親身問。"《西游記》第九六回："門裏邊影壁上挂着一面大牌，書着‘萬僧不阻’四字。”《明史·禮志九》：“三月後，則上堂上門上影壁行。”《紅樓夢》第三回：“〔甬路〕北邊立着一箇粉油大影壁，後有一箇半大門。”

【屏】[1]

即影壁[1]。亦作“庰”。亦稱“樹”“樹垣”。當門小墻。爲影壁古稱。《爾雅·釋宫》云：“屏謂之樹。”郭璞注：“小墻當門中。”《禮記·郊特牲》：“臺門而旅樹。”鄭玄注：“屏謂之樹。樹所以蔽行道。”《荀子·大略》：“天子外屏，諸侯内屏，禮也。外屏，不欲見外也；内屏，不欲見内也。”楊倞注：“屏謂之樹，鄭康成云，若今之浮思也。”《大戴禮記·武王踐阼》：“王端冕，師尚父亦端冕，奉書而入，負屏而立。”盧辯注：“樹謂之屏。”《淮南子·時則訓》：“授車以級，皆正設於屏外。”漢高誘注：“屏，樹垣也。”元戴侗《六書故·工事一》：“屏，門間屏蔽者，所謂塞門也。”

【庰】

同“屏”[1]。此體元代已行用。見該文。

【樹】

即屏[1]。此稱先秦已行用。見該文。

【樹垣】

即屏[1]。此稱漢代已行用。見該文。

【塞門】

即影壁[1]。係古稱。《論語·八佾》：“邦君樹塞門，管氏亦樹塞門。”何晏集解引鄭玄注：“人君別内外於門，樹屏以蔽之。”邢昺疏：“管氏樹塞門，塞猶蔽也。《禮》：天子外屏，諸侯内屏，大夫以簾，士以帷是也。”元戴侗《六書故·工事一》：“屏，門間屏蔽者，所謂塞門也。”清孔尚任《桃花扇·聽稗》：“你每日倚着塞門椿

子使唤俺，今以後叫你聞着俺的風聲腦子疼。”《紅樓夢》第五三回：“寧國府從大門、儀門、大廳、暖閣、内廳、内三門、内儀門並塞門，直到正堂，一路正門大開，兩邊階下一色朱紅大高燭，點的兩條金龍一般。”

【照壁】

即影壁[1]。舊時築於寺廟、廣宅前的墻屏。與正門相對，做遮蔽、裝飾之用，多飾以圖案、文字。唐韓愈《送文暢師北游》詩：“昨來得京官，照壁喜見蠍。”宋王闢之《澠水燕談録·七書畫》：“一小寺殿後照壁舊有畫水，世傳張僧繇筆。”宋李誡《營造法式·小木作制度二》有“殿閣照壁版”及“廊屋照壁版”法式。《金瓶梅詞話》第七回：“坐南朝北一間門樓，粉青照壁。”

【照墻】

即照壁。亦稱“照壁墻”。清周亮工《書影》卷四：“吾梁人家無貴賤，好粘趙州印板水，照墻上無一家不畫水者。”清劉獻廷《廣陽雜記》卷四：“照墻有碧琉璃交龍，壯麗晃耀，墻宇高峻。”《官場現形記》第六回：“照壁墻下，緊對演武廳，支起一架帳篷。”

【照壁墻】

即照墻。此稱清代已行用。見該文。

蕭墻

亦作“蕭廧”。古代宫室内作爲屏障之矮墻。蕭，通“肅”。《説文·艸部》“蕭，艾蒿也。從艸，肅聲”清段玉裁注：“與肅同音通用……蕭墻、蕭斧皆訓肅。”《論語·季氏》：“吾恐季孫之憂，不在顓臾，而在蕭墻之内也。”何晏集解引鄭玄曰：“蕭之言肅也；墻謂屏也。君臣相見之禮，至屏而加肅敬焉，是以謂之蕭墻。”《韓

非子·用人》："不謹蕭墻之患，而固金城於遠境……禍莫大於此。"《釋名·釋宮室》："蕭廧，在門內。蕭，肅也，臣將入，於此自肅敬之處也。"唐白行簡《李娃傳》："乃引至蕭墻間，見一姥垂白上僂，即娃母也。"

【蕭廧】

同"蕭墻"。此體漢代已行用。見該文。

外屏

古代天子的門屏。與內屏相對。《荀子·大略》："天子外屏，諸侯內屏，禮也。"《淮南子·主術訓》："天子外屏，所以自障。"高誘注："屏，樹垣也，門內之垣謂之樹。《論語》曰'國君樹塞門'，諸侯在內，天子在外，故曰所以自障也。"《禮記·郊特牲》："臺門而旅樹。"漢鄭玄注："天子外屏，諸侯內屏，大夫以簾，士以帷。"

內屏

古代諸侯府第內之當門小墻。在大門之內築墻以爲遮罩，故稱。《荀子·大略》："天子外屏，諸侯內屏，禮也。外屏，不欲見外也；內屏，不欲見內也。"唐劉禹錫《令狐相公見示贈竹二十韻仍命繼和》詩："垂梢覆內屏，迸筍侵前阤。"

影壁 [2]

特指飾以浮雕的墻壁。明楊慎《藝林伐山》卷九："楊惠之塑佛壁，爲天下第一。郭熙見之，又出新意，遂令圬者不泥掌，止以手搶泥，或凹或凸，乾則以墨隨其形迹，暈成峰巒林谷，加之樓閣人物，宛然天成，謂之影壁。"

九龍壁

影壁名。因壁面有以琉璃磚拼砌而成的九條形態各异、翻騰於雲濤中的蛟龍浮雕而得名。

建於明清兩代，至今保存完好的有山西大同九龍壁與北京北海九龍壁、故宮九龍壁。大同九龍壁位於山西大同城區東大街路南。建於明洪武二十五年（1392），爲明太祖朱元璋第十三子朱桂代王府前照壁。崇禎末年，代王府邸毀於兵火，唯九龍壁幸存。全壁由須彌座、壁身、斗拱與琉璃瓦頂四部分組成。壁長45.5米，高8米，厚2.02米。下部爲須彌座，束腰部位雕刻獅、虎、象、狻猊、麒麟、飛馬等動物，姿態各异，栩栩如生。頂部爲仿木構建築，廡殿頂脊獸、戧獸、龍獸俱全，正脊上刻有凸雕蓮花及游龍。中部壁面爲九條巨龍翻騰於波濤洶涌的雲海之中，造型古樸，手法簡潔，構圖生動。全壁用黄、綠、赭、紫、藍等色琉璃構件拼砌而成，五彩斑斕，蔚爲壯觀，是我國目前保留下來最早的一座九龍壁。壁前有倒影池，壁龍映於水中，宛然如生。清人方坦有"數仞雕墻飾金碧，萬民膏血塗青紅"的詩句，極言其奢華。北海九龍壁，位於北京市北海北岸天王殿西，是一座彩色琉璃磚影壁。建於清乾隆二十一年（1756）。壁長25.86米，高6.65米，厚1.42米。底座爲青白玉石臺基，上有綠琉璃須彌座，座上的壁面，前後各有九條形態各异，奔騰於雲霧波濤中的蛟龍浮雕，體態矯健，龍爪雄勁，形象生動，栩栩如生。壁東面爲江崖

九龍壁（局部）

海水、旭日東升流雲紋飾，西面爲江崖海水、明日當空流雲圖像。壁頂爲琉璃筒瓦大脊廡殿頂，大脊上飾黃琉璃流雲飛龍紋。整個影壁用424塊預製的七色琉璃磚砌築而成。色彩絢麗，古樸大方，爲清代琉璃結構建築中的杰作。另，在北京故宮内廷東六宮内，亦有一座九龍壁。

鐵影壁

由一塊中性火成巖雕刻而成的影壁，因其顔色質地如鐵，故稱。始建於元朝，高 1.89 米，檐口長 3.56 米，上爲單檐歇山頂，刻有屋脊瓦壟與勾頭，兩面雕飾有雲紋、异獸等，古樸雄健。原建於北京德勝門内鐵影壁衚衕，1947 年移至北海北岸。

第四節　藩籬考

《説文·艸部》：“藩，屏也。”《玉篇·艸部》：“藩，籬也。”《説文·木部》：“杝，落也。”朱駿聲通訓定聲：“杝字亦作欏。《廣雅·釋宫》：‘欏，杝也。’編豎竹爲之，竹曰杝，木曰栅。”莫友芝《唐寫本説文解字木部箋異》：“《説文》無杝字，杝即籬也。”《釋名·釋宫室》：“籬，離也。以柴竹作之。”《玉篇·竹部》：“籬，藩籬。”《廣雅·釋宫》：“据、栫、藩、篁、欏、落，杝也。”據此可知，藩籬即以竹木編製而成，用以遮蔽與防衛的籬笆牆。其功能與墙垣同，但多見於清貧之家。南方多以竹爲之，北方則多以散木爲之。以竹爲之者曰“籬”，以木爲之者曰“栅”。後凡以竹木葦編製而成的均曰“籬笆”。古稱“藩籬”“藩落”“儲胥”，俗稱“柴籬”“栅欄”。南方以竹斜編者則謂“巴飛杝”。《易·大壯》：“羝羊觸藩，羸其角。”孔穎達疏：“藩，藩籬也。”陸德明釋文：“藩，馬（融）云：籬落也。”《詩·大雅·板》：“价人維藩，大師維垣。”毛傳：“藩，屏也；垣，墙也。”《國語·吳語》：“孤用親聽命於藩籬之外。”韋昭注：“藩籬，壁落。”《楚辭·招魂》：“蘭薄户樹，瓊木籬些。”王逸注：“柴落爲籬。言……外以玉木爲其籬落，守禦堅重，又芬香也。”《周禮·夏官·掌固》“用其材器”漢鄭玄注：“民之材器，其所用塹築及爲藩落。”《文選·張衡〈西京賦〉》：“揩枳落，突棘藩。”李善注：“杜預《左氏傳》注曰：藩，籬也。落，亦籬也。”《通雅·宫室》云：“巴飛杝，即笆犁也。或作笆籬，亦呼搶籬，即古之儲胥、柴離也。《長楊賦》‘儲胥’注：以爲‘竹搶纍’。愚按，纍與籬音近，相通。《通俗文》曰：柴垣曰杝，木垣曰栖。南土悉押竹篾爲之，斜織者曰巴飛杝。”見諸歷代文獻之“柴栅”“藩柴”“籬落”“柴椽”皆指籬笆。後仿籬笆之形，以竹木或金屬條製作的門，謂“栅欄門”。藩籬之形與所用材料古今幾無變化。至今在農村與山區農家住宅，仍可見到以竹木葦等材料編製而成的籬笆。

藩籬

亦稱"壁落""籬藩"。編竹木爲垣。《國語·吳語》："孤用親聽命於藩籬之外。"三國韋昭注："藩籬，壁落。"漢賈誼《過秦論下》："楚師深入，戰於鴻門，曾無藩籬之難。"唐元稹《賽神》詩："主人一心好，四面無籬藩。"宋蘇軾《吊徐德占》詩："從來覓棟梁，未省傍籬藩。"明錢秉鐙《田園雜詩》："腰斧伐荆棘，用以衛籬藩。"清唐孫華《治圃》詩之一："折柳作藩籬，狂夫倘知避。"

【壁落】

即藩籬。此稱三國時期已行用。見該文。

【籬藩】

即藩籬。此稱唐代已行用。見該文。

【藩】

即藩籬。《易·大壯》："羝羊觸藩。"孔穎達疏："藩，藩籬也。"漢張衡《西京賦》："揩枳落，突棘藩。"宋范成大《復自姑蘇過宛陵至鄧步出陸》詩："漿家饋食槿爲藩，酒市停驂竹廡門。"

【籬】

即藩籬。《楚辭·招魂》："蘭薄戶樹，瓊木籬些。"王逸注："柴落爲籬。"《三國志·蜀書·先主傳》："舍東南角籬上有桑樹生高五丈餘，遙望見童童如小車蓋。"晋陶潛《飲酒二十首》詩之五："采菊東籬下，悠然見南山。"唐韓愈《題于賓客莊》詩："榆莢車前蓋地皮，薔薇蘸水笋穿籬。"

【籬落】

即藩籬。晋葛洪《〈抱朴子〉自叙》："貧無僮僕，籬落頓决。荆棘叢於庭宇，蓬莠塞乎階霤。"唐柳宗元《田家》詩之二："籬落隔烟火，農談四鄰夕。"元趙孟頫《題耕織圖》詩之十四："列樹遍阡陌，東西各縱橫。豈容籬落間，采葉憚遠行。"清趙翼《野菊》詩："多少秋芳入貴家，獨餘籬落幾寒葩。"

【籬笆】

即藩籬。宋劉克莊《歲晚書事》詩之一："荒苔野蔓上籬笆，客至多疑不在家。"元繆鑑《咏鶴》："青山修竹矮籬笆，仿佛林泉隱者家。"清陳維崧《浣溪沙·偶憇清和庵即事》詞："疊石緣流一逕斜，寺門幽似野人家，西風黄葉響籬笆。"

【巴籬】

即籬笆。亦作"芭籬"。亦稱"搶籬"。《史記·張儀列傳》"苴蜀相攻擊"唐司馬貞索隱："苴音巴……按，芭黎即織木葦爲葦籬也，今江南亦謂葦籬曰芭籬。"唐白居易《買花》詩："上張幄幕庇，傍織巴籬護。"《通雅·宮室》："《説文》：'柴離'，徐鉉曰：'樹豎散木爲區落，今世皆作巴。'唐薛用弱《集異記》：'劉方玄宿巴陵館廳，其西有巴籬。'"《儒林外史》第四二回："老爺明日到水襪巷，看着外科周先生的招牌，對門一個黑搶籬裏，就是他家了。"

【芭籬】

同"巴籬"。此體唐代已行用。見該文。

【搶籬】

即巴籬。此稱清代已行用。見該文。

【笆】

即籬笆。唐柳宗元《同劉二十八院長述舊言懷感時書事》詩："引泉開故竇，護藥插新笆。"元丁復《次夏允中禁體雪六十韵》："朽壓傷頹架，長支惜偃笆。"

【笆箔】

即籬笆。元關漢卿《裴度還帶》第三折："我則見泥脱下些仰托，更和這水浸過這笆箔。"

【籬垣】

即藩籬。亦稱"籬墻"。《晋書·良吏傳·吳隱之》："數畝小宅，籬垣仄陋，内外茅屋六間，不容妻子。"《梁書·儒林傳·范縝》："人之生譬如一樹花，同發一枝，俱開一蒂，隨風而墮，自有拂簾幌墜於茵席之上，自有關籬墻落於溷糞之側。"《宋史·單煦傳》："轉知昌州，時詔城蜀治，煦以蜀地負山帶江，一旦毁籬垣而興板築，其費巨萬，非民力所堪，請但築子城。"清杜岕《葉桐初五十》詩："又知光福梅，修爲籬垣。"

【籬墻】

即籬垣。此稱南北朝時期已行用。見該文。

【藩落】

即藩籬。《周禮·夏官·掌固》"用其材器"漢鄭玄注："民之材器，其所用塹築及爲藩落。"

【藩柴】

即藩籬。三國魏曹植《鰕䱇篇》："燕雀戲藩柴，安識鴻鵠游？"

【藩墻】

即藩籬。《列子·楊朱》："雖殊方偏國，非齊土之所産育者，無不必致之，猶藩墻之物也。"宋葉適《何君墓志銘》："前直掩而較後曲，藩墻擾則堂奥摇矣。"

【墻藩】

即藩墻。亦稱"墻籬"。漢桓寬《鹽鐵論·險固》："然戍卒陳勝，無將帥之任，師旅之衆，奮空拳而破百萬之師，無墻籬之難，故在德不在固。"《文選·揚雄〈甘泉賦〉》："雷鬱律於巖突兮，電儵忽於墻藩。"李善注："藩，籬也。"

【墻籬】

即墻藩。此稱漢代已行用。見該文。

【藩垣】

即藩籬。泛指屏障。語本《詩·大雅·板》："价人維藩，大師維垣，大邦維屏，大宗維翰。"毛傳："藩，屏也；垣，墻也。"南朝梁殷芸《小説》："公（鄭玄）久游南夏，今艱難稍平，儻有歸來之思，無寓人於室，毁傷其藩垣林木，必繕治墻宇以俟還。"清夏燮《中西紀事·通番之始》："迨粤中大府遣兵燬之，澳夷不敢言，而實不便於藩垣之弛也。"

【杝】

即藩籬。唐慧琳等《一切經音義》卷一四引《通俗文》："柴垣曰杝，木垣曰栅。"《廣雅·釋宫》："据、栫、藩、篳、欙、落，杝也。"王念孫疏證："杝，今籬字也。《説文》：'杝，落也。'王逸注《招魂》云：'柴落爲籬。'《衆經音義》卷一四云：'籬、杝同。'"《集韻·平支》："籬，藩也。或作杝。"《廣雅·釋宫》："欙，杝也。"清朱駿聲《説文通訓定聲·木部》："杝字亦作欙……編鑑竹爲之，竹曰杝，木曰栅。"徐珂《清稗類鈔·鑒賞類》："我思李唐全盛日，此庭金滿開藩杝。"

【杝落】

即杝。北魏賈思勰《齊民要術序》："杝落不完，垣牆不牢。"章炳麟《訄書·定版籍》："場圃之所有，杝落樹也。"

巴飛杝

南方以竹斜編而成的籬笆。《通雅·宮室》："巴飛杝，即笆犁也。或作笆籬，亦呼搶籬，即古之儲胥柴離也⋯⋯《通俗文》曰：柴垣曰杝，木桓曰栖。南土悉押竹筴爲之，斜織者曰巴飛杝。"

䈼笓

亦作"藜芘"。形如篦齒相連的竹籬。晉傅咸《奏劾夏侯駿》："令史張濟，案行城東，見有新立屋間䈼笓障二十丈，推問是少府夏侯駿所作，請免駿官。"《三國志·魏書·裴潛傳》"追贈太常，謚曰貞侯"南朝宋裴松之注引《魏略》曰："每之官，不將妻子，妻子貧乏，織藜芘以自供。"《太平御覽·雜物部》引《魏略》作"䈼笓"。清汪汲《事物原會·䈼笓》："《知新錄》：'今之竹籬，古名䈼笓。晉夏侯駿立䈼笓，多傅咸劾，請免駿官。'案，笓與篦通，䈼與籬通，謂竹籬之形如篦齒相連屬也。"

【藜芘】

同"䈼笓"。此體南北朝時期已行用。見該文。

虎落

亦作"虎路"。以竹篾編的籬笆。《漢書·晁錯傳》："要害之處，通川之道，調立城邑，毋下千家，爲中周虎落。"顏師古注："虎落者，以竹篾相連遮落之也。"《文選·揚雄〈羽獵賦〉》："爾乃虎路三嵏，以爲司馬。"李善注：

"晉灼曰：'路音落；落，纍也。'服虔曰：'以竹虎落此山也。'"

【虎路】

同"虎落"。此體漢代已行用。見該文。

儲胥[2]

柵欄、藩籬。《文選·揚雄〈長楊賦〉》："拹熊羆，拖豪豬，木擁槍纍，以爲儲胥。"李善注："蘇林曰：'木擁柵其外，又以竹槍纍爲外儲胥也。'韋昭注：'儲胥，藩落之類也。'"章炳麟《官制索隱》："故秦漢謂天子所居爲禁中，禁從林聲，禁者林也。言禁言㯮，皆山林之儲胥也。"

樊

藩籬。《詩·小雅·青蠅》："營營青蠅，止于樊。"毛傳："樊，藩也。"宋黃庭堅《庚申宿觀音院》詩："僧屋無陶瓦，剪茅蒼竹樊。"清陳夢雷《又與徐健庵書》："今北則插柳爲樊，非有長城之限，屯堡烽燧之嚴也。"

楥

木籬笆。南朝梁庾信《暮游山水應令賦得磧字》詩："細藤初上楥，新流漸涵磧。"唐韓愈《守戒》："今人有宅於山者，知猛獸之爲害，則必高其柴楥，而外施窖穽以待之。"清程穆衡《思樂園記》："編芳爲楥，楥外濬溝。"

枳落

亦稱"枳籬"。以枳木編製的籬笆。漢張衡《西京賦》："揩枳落，突棘藩。"《晉書·成都王穎傳》："穎乃造棺八千餘枚，以成都國秩爲衣服，斂祭，葬於黃橋北，樹枳籬爲之塋域。"唐韓偓《南安寓止》詩："此地三年偶寄家，枳籬茅廠共桑麻。"《資治通鑑·漢靈帝中平六年》："〔董〕卓又發何苗棺，出其尸，支解節斷，棄於道邊，殺苗母舞陽君，棄尸於苑枳落中。”胡三省注：“落，籬落也。

【枳籬】

即枳落。此稱晋代已行用。見該文。

槿籬

亦稱“槿闌”。以木槿製的籬笆。南朝梁沈約《宿東園》詩：“槿籬疏復密，荊扉新且故。”唐王維《春過賀遂員外藥園》詩：“前年槿籬故，今作藥欄成。”趙殿成箋注《通志略》曰：“木槿，從多植庭院間，亦可作籬，故謂之槿籬。”宋孫光憲《風流子》詞：“茅舍槿籬溪曲，鷄犬自南自北。”趙光榮《里湖紀游》詩：“雲障依槿闌，風帆度簾隙。”

【槿闌】

即槿籬。此稱唐代已行用。見該文。

棘籬

用荊棘做成的籬笆。唐盧綸《酬李端長安寓居偶咏見寄》詩：“壞檐藤障密，衰菜棘籬深。”宋蘇軾《浣溪沙》詞：“旋抹紅妝看使君，三三五五棘籬門。相挨踏破蒨羅裙。”

栅欄

用鐵條或木條等做成的類似籬笆而較堅固的遮攔物。《初刻拍案驚奇》卷二六：“元來是一間地窖子，四圍磨磚砌着，又有周圍栅欄，一面門窗，對着石壁天井，乃是人迹不到之所。”《紅樓夢》第一一二回：“那人將妙玉放倒在車上，反打起官衙燈籠，叫開栅欄，急急行到城門，正是開門之時。”

【栅】[1]

即栅欄。以竹、木、鐵條等圍成的遮攔物。《莊子·天地》：“内支盈于柴栅。”《後漢書·段熲傳》：“乃遣千人於西縣。結木爲栅，廣二十

步，長四十里，遮之。”唐王建《寄賀田侍中東平功成》詩：“探知點檢兵應怯，算得新移栅未堅。”《宋史·孟珙傳》：“金人突至，珙躍馬入陣，斬山以徇，軍氣復張，殊死戰，進逼柴潭立栅，俘金人百有二，斬首三百餘級。”

【栅刺】

即栅欄。《水滸傳》第四回：“跳上臺基，把栅刺只一拔，却似攛蔥般拔開了。”

槍櫐

亦作“槍壘”。用尖竹木相壘而成的藩籬、栅欄。《文選·揚雄〈長楊賦〉》：“搤熊羆，拖豪猪，木擁槍櫐，以爲儲胥。”吕延濟注：“槍櫐，作木槍相累爲栅也。”唐杜甫《秋日荆南送石首薛明府三十韵》：“鈎陳摧徼道，槍櫐失儲胥。”《新唐書·吐蕃傳下》：“臧河之北川，贊普之夏牙也。周以槍櫐，率十步植百長槊，中剙大幟爲三門，相距皆百步。”

【槍壘】

同“槍櫐”。此體唐代已行用。見該文。

槍城

四周以削尖的竹木構築的營。以其竹木如槍，形狀如城，故稱。唐王建《古從軍》詩：“槍城圍鼓角，氊帳依山谷。”《資治通鑑·唐肅宗至德元年》：“光弼出兵五千，爲槍城於道南，夾呼沱水而陳。”

木栅

亦稱“木雍”。木製的栅欄，用於戰爭防護或狩獵攔圍。《漢書·揚雄傳下》：“搤熊羆，挖豪猪，木雍槍櫐、、以爲儲胥。”顔師古注引蘇林曰：“木擁栅其外，又以竹槍櫐爲外儲也。”唐于公異《西平王李晟收西京露布》：“土濠雲舒，木栅林植。”《金史·赤盞合喜傳》：“癸卯，

北兵立攻具，沿壕列木柵，以薪草填壕，頃刻平十餘步。”元張憲《富陽行》：“金城木柵大如斗，五百貔貅誇善守。”《三國演義》第一〇四回：“孔明見司馬懿不肯出戰，乃密令馬岱造成木柵，營中掘下深塹，多積乾柴引火之物。”

【木瘫】

即木柵。此稱漢代已行用。見該文。

【柴楂】

即木柵。《管子·山國軌》：“樨以下者爲柴楂，把以上者，爲室奉，三圍以上者爲棺槨之奉。”郭沫若等集校引孫詒讓曰：“‘楂’當爲‘柤’之俗。《説文·木部》‘柤，木閑也’，徐鍇繫傳‘閑，闌也’，‘柴者，棧也’……《淮南子·道應訓》云‘柴箕子之門’，柴、柤皆以細木爲闌閑，故並舉之。”

【柴柵】

即木柵。《莊子·天地》：“内支盈於柴柵，外重纆繳。”明唐順之《禮部郎中李君墓志銘》：“蓋遇濁世而不能去者有矣，未有治朝而必去者也，豈莊生所謂以簪笏爲柴柵者，公固其人歟？”

【柴籬】

即木柵。《説文·木部》“柴”宋徐鉉等注：“師行野次，竪散木爲區落，名曰柴籬。後人語蝶，轉入去聲，又别作寨字，非是。”宋林逋《小圃春日》詩：“岸幘倚微風，柴籬春色中。”

闌[1]

門前柵欄。《説文·門部》：“闌，門遮也。”段玉裁注：“謂門之遮蔽也。俗謂櫳檻爲闌。”《史記·楚世家》：“雖儀之所甚願爲門闌之厮者，亦無先大王。”漢王充《論衡·謝短篇》：“挂蘆索於户上，畫虎於門闌，何故？”唐杜甫《李監宅》：“門闌多喜色，女婿近乘龍。”南唐馮延巳《酒泉子》詞：“階前行，闌外立，欲鷄啼。”宋林逋《孤山寺端上人房寫望》詩：“底處憑闌思眇然？孤山塔後閣西偏。”

門闌

亦作“門欄”。指門框或閘柵欄。漢王充《論衡·亂龍》：“故今縣官斬桃爲人，立之户側；畫虎之形，著之門闌。”清富察敦崇《燕京歲時記·剪彩爲壺蘆》：“又端陽日用彩紙剪成各樣葫蘆，倒粘於門闌之上，以洩毒氣。至初五午後，則取而棄之。”

【門欄】

同“門闌”。此體多行用於現當代。見該文。

校

多指門前禦敵之柵欄。《墨子·備穴》：“爲鐵校，衛穴四。”孫詒讓閒詁：“鐵校，蓋鑄鐵爲闌校。以禦敵。”《資治通鑑·齊明帝建武三年》：“壬午，詔：‘乘輿有金銀飾校者，皆剔除之。’”胡三省注：“校，欄格也。”

捌

猶校。《廣雅·釋宫》：“柵謂之捌。”明佚名《兵部題爲山西固關等處緊急賊情事》：“總兵梁甫並檄行附近倒馬關及定車等營，整捌待援。”

閑[1]

指木欄之類的遮攔物。《周禮·夏官·虎賁氏》：“舍則守王閑。”鄭玄注：“閑，梐枑。”賈公彦疏：“閑與梐枑皆禁衛之物。”孫詒讓正義：“蓋梐枑所以遮闌行人，故亦謂之閑。”《漢書·賈誼傳》：“今民賣僮者，爲之綉衣絲履偏諸緣，内之閑中。”顔師古注引服虔曰：“閑，賣奴婢闌。”

闌²

欄圈、欄架。《玉篇·門部》："闌，牢也。"《墨子·天志下》："與逾人之欄牢，竊人之牛馬者乎？"孫詒讓閒詁："欄，吴鈔本作闌。"《左傳·宣公十二年》"楚人惎之脱局"晋杜預注："局，車上兵闌。"孔穎達疏："杜云兵闌，蓋横木車前，以約車上之兵器，慮其落也。"《三國志·魏書·明帝紀》"諸葛亮圍陳倉"南朝宋裴松之注引三國魏魚豢《魏略》："亮乃更爲井闌百尺以射城中。"《晋書·華廙傳》："與陳勰共造猪闌於宅側。"明徐渭《觀浴象》詩："並是生殊域，同來飼一闌。"

第十章　民居諸說

第一節　民居考

民居，即民間之住宅。它是與宮殿、宗廟、衙署、寺觀相區別的非官方建築，包括平民百姓住宅與達官豪富之私宅。由於我國歷史悠久，地域遼闊，民族衆多，氣候、地理條件複雜，自然資源建築材料各不相同，因而形成民居形式多種多樣、風格迥异的建築特色。就其形式而言，有穴居、半穴居與地上建築。地上建築又分巢居、干闌式建築與梁柱式建築以及蒙古包、碉房等。梁柱式建築又分平房、樓房、閣樓等。就其材料而言，有草房、土坯房、磚瓦房、木屋、石室、竹樓等。

"民居"或"居民"之名最早見於先秦文獻。《周禮·地官·大司徒》載："以土宜之灋，辨十有二土之名物，以相民宅，而知其利害，以阜人民。"賈公彥疏："云以相民宅者，謂既知十二土之所宜，以相視民居，使之得所也。"《禮記·王制》："凡居民，量地以制邑，度地以居民。地邑民居，必參相得也。"

最初的民居，是原始人類所居住的自然洞穴或栖息之樹叢。約當舊石器時代晚期，先民們開始了營造活動，誕生了最原始的民居形式——巢居與穴居。新石器時代晚期，人類開始了定居生活，并畜養家禽，居住空間亟需擴大，於是開始向半穴居演變。陝西西安半坡遺址的發現，表明新石器時代晚期（或稱仰韶文化時期）我國民居建築已完成了從穴居過渡到半穴居與地面建築的發展過程。此時民居聚落規模較大，房屋衆多，有公用的大房子及單居的小房子，總體布局有序，地面建築較少，多爲半穴居。至龍山文化時期，爲適應父系社會家庭生活的需要，大房子變爲小房子，出現了單間小屋及套間。此時地面建築漸多，土木混合結構技術提高，用於居住建築的墻體已多種多樣，"形成了古代以木、土爲主體的結構技術體系。'下爲臺基，中爲墻身，上爲屋頂'的中國傳統建築的正宗形式，可以説在原始社會後期已經形成"（劉致平等《中國居住建築簡史》）。我國民居建築有了突破性進展。

　　至夏商周時期，我國進入奴隸社會，居住建築已開始向兩極分化，出現了等級差別，奴隸主高大的宮殿、宗廟建築與奴隸的穴居、半穴居形成鮮明對照。夏代是我國由氏族社會向奴隸社會轉化的時期，奴隸居處大多仍爲穴居。商代生産力有較大提高，建築技術較前有很大進步，最突出的是出現了大批木構建築與版築土墻，故有專家稱殷商爲版築時代。版築，即用木板做邊框，在框

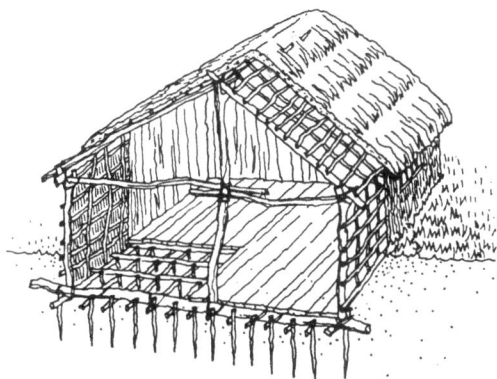

成都十二橋出土商代干闌式建築復原圖
（劉致平等《中國居住建築簡史》）

内填土，以木杵夯實，然後將木板拆除。《孟子·告子下》中有"傅説舉於版築之間"的記載，謂商代賢士傅説版築於傅巖之野，被商王武丁舉爲相。版築技術的應用爲建築提供了築高臺之便。大量考古資料表明，商代住房基址大都有夯土臺基，且均呈矩形。立柱橫竪均成行，且相互平行，排列整齊，已有明確的方位和群體組合概念。商代北方的民居除地上住宅外，仍有部分半地下建築。南方則廣泛使用干闌式建築。四川成都十二橋和雲南劍門口的商代建築基址，均爲商代南方民居之實例。在河北石家莊藁城區臺西村高臺式商代遺址中發現的十四座住房基址，則是商代北方民居的典型實例。在十四座住房基址中，有兩座是半地穴式住房，十二座爲地面建築。在十二座地面建築中，屋頂爲硬山、平頂、斜坡三種形式。平面爲長方形和曲尺形兩種。已有雙室住房。有的屋頂已用草拌泥塗抹。這些房屋分布有序，且有圍墻形成院落，已具三合或四合院之雛形。

西周是我國奴隸社會的鼎盛時期，民居建築除南方繼續發展使用干闌式建築外，北方的一般奴隸仍居於半穴居民宅。在河北磁縣下潘汪村西周住房遺址中，發現的5座房屋均爲半地穴式，平面均爲圓形，室内没有門道，屋頂爲四角攢尖或圓錐形，專家判定，這是地位較低下的奴隸住宅。在河北易縣燕下都遺址中發現的西周時期的房屋遺址亦爲半地穴式，平面呈圓形、長方形、圓角長方形和圓角方形四種。房址一般較大，有的帶有門道，應是西周時期一般平民的住穴。在地位較高的民居建築中，出現了以庭院爲單元的組群布局。在陝西岐山鳳雛村西周早期建築遺址中，發現了迄今爲止已知的我國最早的一座四合院遺址，并在其東南角發現了用陶管或卵石砌成的排水管道。這種在住宅東南隅設排水出口的做法，一直流傳至明清乃至今天。考古資料還表明，西周初期已有瓦的使用。這一時期有些建築在夯土墻的外皮已開始使用包面磚。在陝西扶風周原地區的西周文化遺址中就出土了包面磚，磚的背後四個角，都有乳釘，顯然是爲了附着於墻面而設，這樣可加强墻體對風雨的防護性。我國北方城鎮的民居中，至今流行着土坯墻外包青磚的做法。據有關專家推斷，西周以前民居多布於都邑附近，自周武王東伐滅殷，周公平定武庚叛亂及鎮壓殷商殘餘勢力後，東築成周城以居殷頑民始，民居與宫殿分開而建，且流傳至清。

春秋戰國時期是我國由奴隸社會向封建社會過渡的大變革時期，城邑建築的興起，“高臺榭，美宫室”的追求，使這一時期的建築施工都有周密的計劃和嚴密的組織。版築技術的進一步發展，金屬構件和陶瓦的應用，裝飾手法的豐富多彩，都對民居建築有很大影響。貴族、士大夫之宅，多爲廣室高臺，上棟下宇。主房前堂後室，房屋寬大，地基夯打，高出地面。劉致平等《中國居住建築簡史·上古至先秦》:“〔先秦時期〕大約一般平民奴隸們除了穴居之外，即是些‘白屋之士’‘環堵之室’‘篳門’‘圭窬’‘蓬户甕牖’，根本不能與剥削階級相比。”又:“但是貴族士大夫們則是家人衆多，宅有門、塾、中庭、堂、寢、墻、墉。父兄子弟及婦孺等異宫異室。乃至宫室上‘丹楹刻桷’‘山節藻棁’‘設色施章’‘美侖美奂’，氣象自是高貴軒昂，極盡木構及彩繪之能事，與平民住宅大不相同。”又:“總之，先秦時期我國居住建築的類型已多樣化，平面單元布置已有標準化的居住制度，即最初是圓形平面，及雙圓相套的平面，以後有方形、長方形平面，亞字形平面，田字形平面和‘一堂二内’式的平面等多種。圓形至亞字形平面有的是屬於‘陶覆’式，即半穴居上有屋頂之類的東西作爲覆蓋物。這是很早就有的制度……‘田字’式或‘一堂二内’，則是地面上居住建築，是最經濟住宅的制度，很適合於小家庭之用……是由商至漢最通行的雙開間的一般平民的住宅制度。"

　　秦代是我國第一個封建專制的王朝，作爲千古一帝的秦始皇，不僅統一了華夏，而且采取了一系列統一措施。改郡縣，統一文字度量衡，修馳道車同軌，遷六國豪富十二萬至咸陽，仿造六國宮室大修宮殿等，使建築制度和技術迅速提高。

　　漢代，尤其是東漢，是我國建築史上燦爛發展之期。東漢的木構技術有了很大發展。首先是在結構方法上已明顯形成兩個系統，即梁柱式和穿斗式。它們都具有"牆倒屋不塌"的構架特點，類似現代的"框架"結構，分間靈活，門窗開設自由，適用性廣，一經形成，便歷代相沿，成爲我國古代木構建築的兩種基本結構方式。梁柱式後來成爲官式建築的主要形式，并被北方民間廣爲采用；穿斗式則成爲我國南方建築的普遍形式。

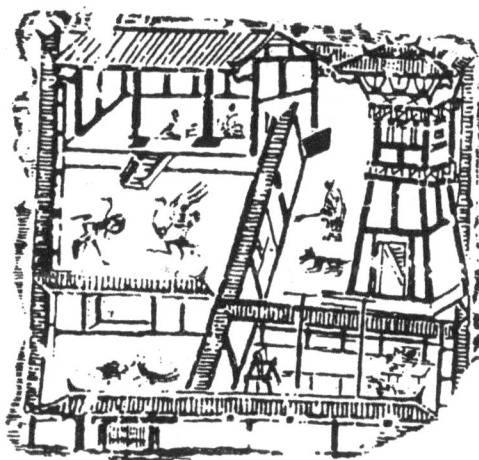

漢代庭院
（劉致平等《中國居住建築簡史》）

　　秦漢時期是我國風水術數形成的階段，到漢代更以《易經》八卦結合陰陽五行之說，形成一種古代關於擇居、營居的學問。又由於董仲舒等儒家大師的推動，漢武帝"罷黜百家，獨尊儒術"，使漢族民居形成嚴格的等級觀念和長幼有序的禮儀制度，立面、布局也非常講求對稱，主次分明，院落有序。自漢代至今變化不大。大量漢代明器陶樓、陶屋、陶宅院以及漢畫像磚、畫像石的出土，爲漢代民居提供了可靠的物證。據專家推定，漢代小型住宅平面爲方形或長方形，多采用木構架、夯土牆，方形、橫矩形或圓形窗，屋頂多懸山或囤頂。稍大住宅平面有"一"字形、曲尺形，內部有院落，多爲三合式或"日"字形，前後兩個院落，中間用一排較大房屋隔開，正中起高樓，其餘次要房屋較低矮，外觀主次分明。大型住宅分左右兩部分，右側設門、堂，是住宅的主要部分。左側爲附屬建築。右側外部設大門，門內又分前後兩院，繞以木構迴廊。左側部分後院中部有方形高樓，四注屋頂，檐下飾斗拱，蓋爲瞭望或儲藏貴重物品之所。貴族的大型宅第，外面有正門，屋頂中央高、兩側低，其旁多設小門。大門內又有中門，可通車馬。門旁建附屬房間，可留待賓客，稱爲門廡。院內以前堂爲主要建築，後堂有屋，是古代前堂後寢的發展。（見陸元鼎等主編《中國美術全集·建築藝術編·民居建築》）漢代樓居風氣很盛，南方多木樓，北方則多見於大地主、富豪的宅院中，甚或每家必有一座，多用作望樓或譙樓，樓頂可供瞭望，若遇有警，即可"登樓擊鼓，警告鄰里"。從明器陶樓中發現，這種樓多爲三層、四層或五層，雙開間或單開間式，每層常是上有屋檐，下有平座欄杆，或施彩繪。漢代，尤其是東漢，除已形成完整的木構體系外，還創造了新的磚拱結構體系和磚石結構方法，民居中出現了石屋和磚房。漢代民居的風格古拙樸實，空間緊湊而開朗，講求充實而嚴密，在藝術造型和風格上都有較高的成就。

北魏住宅圖
（劉致平等《中國居住建築簡史》）

三國魏晉南北朝之一是我國歷史上社會動盪激烈、政權更迭頻繁的時期，也是民族大交流大融合的特殊時期。隨着佛教文化的東漸，崇佛奉教蔚然成風，捨宅爲寺之風日盛。這一時期達官貴族的住宅，多用廡殿式屋頂和鴟尾，圍墻上設成排的直櫺窗，均有較大的廳堂和庭院迴廊。到北魏末期，貴族住宅的後部往往建有園林，這是我國園林式住宅的初創。這一時期的住宅在藝術風格上追求清淡、超俗，具有玄虛、恬靜、清秀、空疏之特點。

　　唐代是我國封建社會的鼎盛時期，建築藝術也空前發達，是民間住宅的全盛時期。對於一般宅第的建築有很嚴格的規定。《唐會要·輿服志》載："又奏准營繕令，王公以下舍屋不得施重拱、藻井。三品以上堂舍不得過五間九架，廳廈兩頭。門屋不得過五間五架。五品以上堂舍不得過五間七架，廳廈兩頭，門屋不得過三間兩架。仍通作烏頭大門。勛官各依本品。六品、七品以下堂舍，不得過三間五架，門屋不得過一間兩架。非常參官不得造軸心舍，及施懸魚、對鳳、瓦獸、通栿、乳梁、裝飾。其祖父舍宅門蔭子孫，雖廢盡，聽依舊居住。其士庶公私第宅皆不得造樓閣，臨視人家。近者或有不守敕文，因循製造，自今以後，伏請禁斷。又遮人所造堂舍，不得過三間四架，門屋一間兩架，仍不得輒施裝飾。"劉致平等《中國居住建築簡史·中期封建社會後段——隋唐一般第宅制度》載："即大宅第主要布置，除園林外，即是前爲大門或有中門，內有中堂、北堂、東西廂房，或纍纍六七堂，有廊迴繞通連各房。庭內寬敞，可植樹木花架，與後世四合院布置似乎沒有什麼差异。展子虔《游春圖》及王維《輞川圖》等所載宅制即是一個比較簡單的一顆印式四合院式三合院。白居易廬山草堂三間兩柱，二室四牖則與後世的一列式鄉村住宅又無大兩樣……一般第宅，如漢代樓閣式的建築，在唐代顯然是日趨衰退了。"現存日本法隆寺後面的傳法堂，可以視爲唐代貴族住宅的實例。由此可知，唐代宅第結構開間寬大，柱高不過間廣，出檐深遠，懸山博縫板有懸魚、惹草，山面柱上用月梁蜀柱，上用坐斗，等等。雖然如此，唐代貴族大官僚們在都城内外常有大宅第園林，許多功臣均有賜第、賜田等。白居易《傷宅》詩云："誰家起甲第，朱門大道邊。豐屋中櫛比，高墻外迴環。累累六七堂，棟宇相連延。一堂費百萬，鬱鬱起青烟。洞房温且清，寒暑不能忓。高堂虛且迴，坐卧見南山。繞廊紫藤架，夾砌紅藥欄。攀枝摘櫻桃，帶花移牡丹。"又《凶宅》詩云："長安多大宅，列在街西東。往往朱門内，房廊相對空。"《舊唐書·馬璘傳》載："天寶中，貴戚勛家，已務奢靡，而垣屋猶存制度。然衛公李靖家廟，已爲嬖臣楊氏馬厩矣。及安史大亂之後，法度隳弛，内臣戎帥，競務奢豪；亭館第舍，力窮乃止，時謂'木妖'。璘之第，經始中堂，費錢二十萬貫，他室降等無幾。"王孫公主的宅第就更加豪華。韓愈《游太平公主莊》詩："公主當年欲占春，故將臺榭壓城闉。欲知前面花多少，直至南山不屬人。"

唐代盛行里坊制度，每個里坊的宅第又各有高大的院墙圍起，一户大的宅院至少有三重墙包圍着，即城墙、坊墙、宅院墙。在院墙之内又不知經幾道院庭門墙，如大門、中門、廳堂等，纔能到寢室部分。墙院的建置，給整個城市增添了許多壯麗嚴肅之氣。《舊唐書·郭子儀傳》載："其宅在親仁里，居其里四分之一，中通永巷，家人三千，相出入者不知其居。前後賜良田美器，名園甲館，聲色珍玩，堆積羨溢，不可勝紀。"晚唐名臣裴度，不僅在洛陽集賢里有大宅第，而且在午橋建有別墅。《舊唐書·裴度傳》載："東都立第於集賢里，築山穿池，竹木叢萃，有風亭水榭，梯橋架閣，島嶼迴環，極都城之勝概。又於午橋創別墅，花木萬株，中起涼臺暑館，名曰綠野堂。引甘水貫其中，釃引脈分，映帶左右。度視事之隙，與詩人白居易、劉禹錫酣晏終日，高歌放言，以詩酒琴書自樂，當時名士，皆從之游。"另外，從

唐代住宅
（劉致平等《中國居住建築簡史》）

唐代住宅
（唐展子虔《游春圖》局部）

敦煌壁畫和其他繪畫中，還可以看到唐代民居的圖畫形象：院落中迴廊曲折環繞，屋面細瓦密縫，抑揚起伏，且大多具有明顯的中軸綫和左右對稱的平面結構，屋面舉折蒼勁道媚，周圍環境綺麗幽靜。從展子虔《游春圖》中，可以見到鄉村住宅的一般面貌，它們不用迴廊而以房屋圍繞構成平面狹長的四合院。還有木籬茅舍、布局緊湊而簡單的三合院住宅，木籬牆空透玲瓏，似可聞松風颯颯，流露着悠然自得之神韵。總之，唐代是我國民間住宅的全面繁榮時期，在藝術上、技術上、規模上都大大超過前代，達到高度成熟。清新、活潑、富麗、豐滿的住宅形式，使人感到自由舒展。

　　宋代仍然是我國封建社會的繁榮時期，科學文化的進步，手工業和商業的發達，對建築業的要求日益提高。有宋一代，我國古代建築的傳統體系——木構體系的基本做法，已經發展完成并日臻完善。一種追求完美、追求統一、講求秩序的理念悄然而興。在形式上講求輕巧和變化，在技術上則朝着標準化、定型化的方嚮發展，使施工簡便快捷。宋代對於一般宅制也有明確規定。《宋史·輿服志六·臣庶室屋制度》：“私居，執政、親王曰府，餘官曰宅，庶民曰家……凡公宇，棟施瓦獸，門設楗桓。諸州正牙門及城門，並施鴟尾，不得施拒鵲。六品以上宅舍，許作烏頭門。父祖舍宅有者，子孫許仍之。凡民庶家，不得施重拱、藻井及五色文彩爲飾，仍不得四鋪飛檐。庶人舍屋，許五架，門一間兩廈而已。”由此而知，宋代除官僚宅邸和寺觀宮殿外，一般平民住宅，不得用斗拱、藻井、門屋及彩繪梁枋。但事實上并不完全遵守。宋代得國於武人支持，但却重用文人儒士，講求舊的禮儀道德。宋初曾屢下詔書，嚴禁父母在而分居，一些大家族達八世、九世，甚至十三世同居，人口多至數千百口，房屋數百區，規模之大，綿亘數十里，有的甚至自成村落或市鎮。《營造法式》的産

宋鄉村住宅
（宋王希孟《千里江山圖》局部）

生，反映了北宋時期大興土木對於工程做法
規範及工料定額的需要，也説明當時建築技
術的成熟水平。由於商業的繁榮，唐代盛行
的里坊制被廢除，使都市民居的建築出現新
面貌。宋代張擇端的《清明上河圖》就是描
繪北宋汴京城内外建築的一幅工筆畫。圖中
有城外簡陋的農舍，也有城市中華美的宅

宋大型住宅
（金張瑀《文姬歸漢圖》局部）

第。農舍中或低墻茅屋，或以茅屋與瓦屋相結合構成一組房屋。城内的小型住宅平面多用
長方形，屋頂多爲懸山或歇山式，除茅茸瓦頂外，正面多用披檐竹棚，房屋轉角處結構十
分精巧細密，往往將房屋兩面正脊延長，構成十字相交的兩個氣窗。稍大的住宅，外建門
屋，内部采取四合院形式。四合院的門屋，常用勾連搭的形式，屋面曲綫如珠走盤，自然
流暢。院内蒔花植樹，流露出閑適恬静之氣。北宋王希孟的《千里江山圖》所繪的鄉村住
宅，一般皆有院落，多用竹籬木柵爲院墙，設有各種形式的大門，并設左、右厢房，而主
要部分是由前廳、穿廊和後寢構成的"工"字屋。這種住宅顯然沿用了漢代以前前堂後寢
的傳統布局原則，但在廳堂與後寢之間，用穿廊連成"工"字形平面，在堂、寢的兩側，
還建有耳房或偏院。由於宋代已改變了席地而坐的傳統方式，桌椅等坐式日用傢具已在民
間普及，民居建築也隨之有所改變：室内地面由干欄地板變爲泥土地面，房屋由原來的低
矮、寬深變得瘦高挺拔，窗檻高度也相應提高。總之，宋代的民居建築，雖然没有唐代的
宏大氣勢，但莊園顯著發展，具有平易隽永、淡泊含蓄又典雅清麗的藝術風格。屋脊由中
間至兩側而逐步升起，屋面自然形成凹形，顯出樸直的造型，减少了繁縟的裝飾。

　　明代是我國封建專制主義中央集權程度最高的時期，屬行集權制度、提高專制權威
是其最顯著的時代特徵。對各階層居住建築的嚴格規定，是其維護封建秩序的要策。《明
史·輿服志四》："明初，禁官民房屋，不許雕刻古帝后、聖賢人物及日月、龍鳳、狻猊、
麒麟、犀象之形。凡官員任滿致仕，與見任同。其父祖有官，身殁，子孫許居父祖房舍。
洪武二十六年定制，官員營造房屋，不許歇山轉角，重檐重栱，及繪藻井，惟樓居重檐不
禁。公侯，前廳七間、兩厦，九架。中堂七間，九架。後堂七間，七架。門三間，五架，
用金漆及獸面錫環。家廟三間，五架。覆以黑板瓦，脊用花樣瓦獸，梁、棟、斗栱、檐桷
彩繪飾。門窗、枋柱金漆飾。廊廡、庖、庫從屋，不得過五間，七架。一品、二品，廳

堂五間，九架，屋脊用瓦獸，梁棟、斗栱、簷桷青碧繪飾。門三間，五架，綠油，獸面
錫環。三品至五品，廳堂五間，七架，屋脊用瓦獸，梁棟、簷桷青碧繪飾。門三間，三
架，黑油，錫環。六品至九品，廳堂三間，七架，梁棟飾以土黃。門一間，三架，黑門，
鐵環。品官房舍，門窗、户牖不得用丹漆。功臣宅舍之後，留空地十丈，左右皆五丈。不
許挪移軍民居止，更不許於宅前後左右多占地，構亭館，開池塘，以資游眺。三十五年申
明禁制，一品、三品廳堂各七間，六品至九品廳堂梁棟祇用粉青飾之。庶民廬舍，洪武
二十六年定制，不過三間，五架，不許用斗栱，飾彩色。三十五年復申禁飭，不許造九五
間數，房屋雖至一二十所，隨其物力，但不許過三間。正統十二年令稍變通之，庶民房屋
架多而間少者，不在禁限。"此外，從明代的一些繪畫中也可見明代民居的一般面貌。明
王圻等《三才圖會》中所載多爲四合院式宅第。從《魯班營造正式》中可見到江南民居的
面貌，其中"五架三間""正七架三間堂屋""正九架五間堂屋"，均有圖式，但均較簡陋。
另外，由於明代宗法制度盛行，大家庭很多，三世同堂、四世同堂較普遍，大規模的宅
第亦較普遍，從現存的明代宅第及有關文獻記載可知，較大宅第一般由門、廳、堂、廡、
院、牆、花園、樓閣等多進四合院組成。一般的明代住宅多爲四合院式，每面各三間，現
存安徽歙縣的一些明代住宅則多爲二層樓式，中有小天井，正房三間，屋頂坡度平緩，并
用斗栱，地盤外形方正，亦屬一顆印系統。有的作三合院，有的作四合院，多用敞口廳。
（見劉致平等《中國居住建築簡史》）現存浙江東陽官僚地主盧氏住宅，經過數代經營，成
爲規模宏大、雕飾華美的巨大建築組群。明代還出現了已知我國最早的單元式樓房。福建
華安沙建鎮上坪村的齊雲樓，是一座橢圓樓，建於明萬曆十八年（1590）。另一座升平樓
營造年代較晚，於萬曆二十九年（1601），圓形。它們均爲大型土樓，中心爲一院落，四
周的環形建築劃分爲十幾個和二十幾個單元，每個住宅單元都有廚房、小天井、廳堂、卧
室、起居室、樓梯，獨立地構成一個生活空間。據宗族譜記載，齊雲樓的歷史可追溯到明
洪武四年（1371），說明我國早在六百多年前就出現了單元式民居樓房。另外，由於明代
製磚業的發展和磚的普遍使用，出現了許多磚木結構的民居建築，它們多用磚砌牆體包住
木柱，立面突出磚結構之美，使明代民居的外部造型發生很大變化（見王其鈞《民居城
鎮》）。現存的明代民居類型主要有窯洞、北方四合院、南方封閉式院落、福建土樓、南方
干欄式樓居和雲南一顆印式住宅等。從藝術風格看，明代民居建築恢宏清麗，造型洗練，
端莊敦厚，素雅豪放。

　　清代是我國封建社會的末期，咸豐以後又逐漸淪爲半殖民地半封建社會，民居的變化較大。孫大章先生將清代民居發展分爲三個階段，即早期清初順治至雍正時期（1644—1735）、中期乾隆至道光時期（1736—1850）、後期咸豐至民國成立（1851—1911）。他認爲清初民居建築基本因襲明代制度，建築體形變化較少，"注意結構的藝術加工，如梭柱、斗拱、月梁、撑拱的美化，附加裝飾少，用材粗大，樓房比例小，屋頂坡度緩，具有古樸的風格"。乾隆至道光時期"平面形式及結構形式向多樣化發展，正房進深加深；部分住房建爲樓房，以增加使用面積；用材尺寸減小；裝飾附加增多，磚木，石雕處理極爲普遍；門窗欞格的圖案紋飾花樣翻新；地方性構造技術與裝飾藝術的刻意發掘，使得各地民居風格特色更爲明顯……是屬於清代民居的成熟期"。咸豐以後民居變化較大，"結構上磚木混合結構及硬山擱檩的廣泛使用，直接影響到民居建築的外觀面貌；同一平面形式的民居成排成組地建造，以供出租的現象，已初具近代里弄住宅的雛形。沿海一帶首先接受西方建築的影響，瓶式欄杆、山花、拱券、柱頭裝飾引入民居之中，清代後期推廣使用玻璃以後，更使内外檐裝修產生質的改變。少數民族地區民居的變化亦十分巨大……總之，清代民居是繼往開來、轉化發展的重要時期，是古典民居的總結，是新式民居的萌動。"（孫大章《清代民居的史學價值》，載《中國傳統民居與文化》第5輯）從大量現存的民居建築中可以看出，清代民居建築的大木結構形式逐步簡單化、定型化，但裝飾意識很重，有的顯得過分繁縟。一般住宅在廊柱、墀頭均有磚雕、木雕裝飾，豪華宅邸從額枋到柱礎都有雕刻。硬山式建築山牆上的山花鏤刻複雜而精美，檐下走廊的兩端一般設有水磨磚牆。南方民居多注重封火山牆的變化裝飾，北方四合院則在垂花門上濃墨重彩，使民居顯得富麗堂皇。

　　中華人民共和國成立以來，尤其是當代的民居建築，發生了巨大變化。在農村，雖然形式上仍以傳統的四合院爲主，但是鋼筋水泥的運用使民居產生了質的變化。磚砌牆壁，鋼筋爲梁，門窗簡潔而敞亮，注重文明和采光。在城鎮中，單元式的二層樓房方興未艾。尤其是南方，富裕起來的農民正以多姿多彩的建築樣式代替昔日的民房，中國的民居建築正在走向輝煌。

泛　稱

民居

即民間之住宅。它是與官衙、宮殿、寺廟相區別的非官方建築，包括平民住宅和達官豪富之私宅。其形式有穴居、半穴居和地面建築。地面建築又分巢居、干闌式建築和梁柱式建築及蒙古包、碉房等。梁柱式建築又有平房、樓房、閣樓等。就建材而言，有草房、土坯房、磚房、木屋、石室、竹樓等。最初的民居是原始人類居住的自然洞穴。約當舊石器時代晚期，出現了最原始的民居——巢居和穴居。《易·繫辭下》："上古穴居而野處，後世聖人易之以宮室，上棟下宇，以待風雨。"《禮記·禮運》："昔者先王未有宮室，冬則居營窟，夏則居橧巢。"到新石器時代晚期出現了半穴居民居，并逐漸完成了從半穴居到地面建築的發展過程。到漢代尤其是東漢，民居建築已形成梁柱式和穿斗式兩大傳統體系并一直沿用至今，祇是形式不斷改變，技術越來越先進。《禮記·王制》："凡居民，量地以制邑，度地以居民。地邑民居，必參相得也。"《管子·小匡》："桓公曰：民居定矣，事已成矣，吾欲從事於天下諸侯，其可乎？"《水經注·泗水》："左右民居，識其將漏，預以木為曲狀，約郭穴口，魚鱉暴鱗，不可勝載矣。"《新唐書·五行志一》："開成二年六月，徐州火，延燒民居三百餘家。"宋陸游《老學庵筆記》卷三："范寥言、魯直至宜州，州無亭驛又無民居可僦。"《明史·五行志一》："〔萬曆〕三十八年四月壬寅，貴州暴雪，形如土磚，民居片瓦無存者。"

民宅

民間百姓所住之房。《周禮·地官·大司徒》："以土宜之灋，辨十有二土之名物，以相民宅，而知其利害，以阜人民。"《魏書·高恭之傳》："〔高〕崇之子貴盛一時，多有非法，逼買民宅，廣興屋宇，皆置鴟尾。"清王士禛《香祖筆記》卷二："隋高祖時，上黨民宅後聞人呼聲，求之得人參一本。"故民宅多指地面上人工所建之民居。始自商周，漢代形成規模。至今人稱平民百姓之房屋爲民宅。

【民室】

即民宅。平民居住之處所。《呂氏春秋·音初》："孔甲迷惑，入於民室，主人方乳。"《漢書·五行志下之上》："文帝二年六月，淮南王都壽春，大風毀民室，殺人。"

【民舍】

即民宅。平民之房舍也。《漢書·五行志上》："成帝建始三年夏，大水，三輔霖雨三十餘日，郡國十九雨，山谷水出，凡殺四千餘人，壞官寺民舍八萬三千餘所。"《後漢書·西南夷傳·哀牢》："哀牢三千餘人攻博南，燔燒民舍。"《新唐書·五行志一》："丁丑晦，揚州市火，燔民舍數千家"。

【民房】

即民宅。《皇清開國方略》卷三一："至於民房稠密之處，不即量而拆毀，布置均匀用止。"

<h1 style="text-align:center">地區民居</h1>

東北民居

主要指東北地區漢族民居，俗稱"暖居"。一般坐北面南嚮陽而建，以木構建築爲主。屋頂多爲平頂或坡度較小的一面坡。有的在屋頂加砌三面女兒墻，前面有一段小斜坡屋頂，如虎頭前伸，稱"虎頭房"。一般爲墻體承檁，檁上置椽，椽上鋪草巴或秫秸，其上鋪碱土、灰土等，然後用灰泥抹平。如爲瓦頂，多采用仰瓦，形成没有瓦壟的平面屋頂。一般爲三開間，明間爲堂屋，起居兼厨房；兩次間向明間開門，爲卧室。房屋低矮，墻體與屋頂厚重。前面開窗，窗大且多設二層甚至三層窗扇。多爲支摘窗，單扇門。普通人家的窗紙糊在窗扇外面，正如人們常説："東北一大怪，窗户紙糊在外。"室内多用火炕、火地、火墻取暖，以火炕較普遍。其炕與竈相連，利用煮飯的餘熱燒炕，烟囱獨立建於房屋兩側。把整個室内地面做成火炕，即爲火地。在室内建較薄的磚砌間壁墻使之與竈相連，烟火從中通過，燒熱墻壁，即爲火墻。在城鎮中多爲三合院或四合院，但房

東北地區平屋頂加砌三面女兒墻的民居

屋配置疏鬆，正房與厢房完全錯開，房屋之外另建高大院墻，形成寬大院落。院内種植蔬菜，設碾棚、磨房等。在鄉村中多爲單座平房（詳見"北方單座平房"文），很少三合院或四合院。陳從周等《中國民居·氈包和暖居》："在我國東北，氣候寒冷，冬天長達六至八個月，住宅必須有效地保暖，這就形成了俗稱'暖居'的建築。暖居一般都嚮陽，以木構建築爲主，基本形式是三開間，中間爲堂屋，兩側爲卧室；墻壁與屋面較厚，屋高較低，平屋頂或坡度小的屋頂；房前有院落，以多納陽光，又可植樹種花曬穀；南窗特别大，用二層甚至三層窗扇，北面很少開窗。"王其鈞《民居城鎮·東北民居》："東北天氣寒冷，所以住宅多喜嚮陽。正房前常用大院庭以便多納陽光……屋頂多爲草頂，瓦頂也多采用仰瓦……東北民居的室内都設有火炕，這樣，民居的兩側常設有火炕烟囱，烟囱的頂端是裝飾的重點。火炕在我國北方民居中的使用是非常普遍的，'七星鍋臺八星炕'，燒鍋竈的餘熱用來暖炕，而且火炕幾年一拆，拆下的土坯就是鉀肥。"汪之力《中國傳統民居概論·中國傳統民居的類型區分》："在東北及北方農村裏，一些富裕農户因經營土地多，備有車馬，需在院内儲藏糧食，飼養較多畜禽，種植蔬菜，設碾房、磨房以便進行糧食加工，而宅地比較寬裕，故房屋配置鬆散，正厢完全錯開，形成寬大院子。"在森林區亦有井幹式民居。

【暖居】

即東北民居。此稱行用於現當代。見該文。

北京四合院

　　建在北京的四合院，多爲明清建築。四合院是北方民居的主要形式之一，在漢畫像磚、漢代壁畫和東漢明器陶宅院中，都有發現。北京四合院是北方四合的典型代表。它是經過明清兩代發展、陶冶與定型的目前我國傳統民居的主要代表類型之一。它是單座的民居建築。通常爲兩進院落，内院正面爲三至五間的正房，兩旁附耳房。東西兩側爲厢房，其高度及進深均小於正房，前沿一般不得壓正房的邊沿綫。對正房設過廳及垂花門或祇設垂花門及花牆，分隔内外兩院，并以迴廊連接正厢房。前院設倒座平房一排，東南角設大門一間。庭院方正而寬敞，四周房屋尺度較小，住宅以院落爲中心。王其鈞《民居城鎮·北京四合院》：“而北京四合院又是四合院住宅中最具有代表性的一種。其布局不僅講究尺度與空間，而且中軸綫東西兩側建築對稱。房舍、院落在整齊中見變化，於簡樸中顯幽雅。”汪之力《中國傳統民居概論（上）》：“北京四合院：單座民居建築，横嚮與縱嚮組合，周邊以牆，内聯以廊，構成三合或四合的庭院，這是中國傳統民居最基本的群體單元形式。”陳從周等《中國民居·四合院》：“北京的四合院是北方住宅的代表，它按南北縱軸綫對稱地布置房屋和院落，暗含一個‘井’字格局。”

北方單座平房

　　北方地區祇有一座平房，没有厢房和倒座的民居。没有院落或祇用木栅欄、土矮墻圍起房前空地，成一簡單小院。平房以平頂、囤頂、一面坡的土頂、土墻爲多，坡頂的草房、磚瓦房較少。平面通常爲横嚮長方形，分三至五間。三間者門中開，明間作起居室，冬季兼作厨房。兩次間向明間開門，多爲卧室。五間者係在三間者兩側加建梢間，通常單獨開門，供子女居住或存放物品。一般中間三間前出廊，夏季做飯和乘涼。簡陋者祇建一間或裏外兩間，裏間向外間開門，多作卧室，外間起居，冬季兼作厨房。其結構多以梁柱承重的抬梁式和以墻體承重的梁檁式爲主。房屋多面南，嚮陽開前窗。室内多做土坯通炕，竈臺的烟道從炕中穿過，做飯兼燒炕取暖。即使冬季在屋内搭建地爐，烟道亦通火炕，同樣燒炕取暖。火炕一般臨窗搭建，以便在炕上做活采光。20世紀八九十年代以後，生活普遍提高，爲節約耕地，北方廣大村鎮多集中成排建造民房，每排三至五間。兩排之間左右建墻圍成院落，側向開門或搭建門房（實爲過棚）。結構形式雖相同，但多爲磚墻，水泥或石灰、砂、土混合做屋頂，屋頂厚重，門窗寬大，安裝玻璃以便采光。室内多設木床，冬季以鐵爐裝烟囱取暖。門也由雙扇板門改爲單扇木格扇門，逐漸向城市單元房過渡。此類民居産生於新石器時代晚期，逐步發展完善，至今仍遍布我國東北、華北、西北廣大地區。汪之力《中國傳統民居概論·中國傳統民居的類型區分》：“北方單座平房：這是遍

北方單座平房
（王其鈞《民居城鎮》）

布東北、華北、西北廣大地區，能初步維持溫飽生活的數口乃至十數口人的農家的主要民居類型……這種平房以平頂、囤頂及一面坡的土頂土牆者爲多，而以坡頂草房、磚瓦房爲少。其平面通常爲橫向長方形，分三至五間，門多爲中開。"1949 年以來，城鎮機關幹部和企事業單位職工，大部分居住於公房，其形式大體相同：五六十年代多爲單元式平房，一排排嚮陽建造，多爲兩室一廳或三室無廳，中間一間爲起居室，兩側爲臥室。祇設厨房，不帶衛生間。七八十年代多爲單元式樓房。一般一至四層，多爲三室、兩室、一室、無廳，祇有較寬的走廊作爲房門與臥室的過渡，有厨房，無衛生間。90 年代多爲單元式樓房，一般一至六層。面積大，開敞明亮，一室一陽臺或三室二陽臺。大客廳小居室是其主要變化，一般爲三室一廳或三室兩廳，兩室一廳、兩室兩廳或一室一廳。對廳的設置比較講究，要求寬敞明亮，多爲 10~20 平方米，大者達 40 多平方米，也是居民着重裝修布置的所在。室內厨房、衛生間設置齊全。筒子樓是較困難且住房緊張單位的臨時住房，多由辦公樓改造或因單身宿舍家屬漸多而形成，大部分多改造爲單元式住房。

晋陝民居

陝西省簡稱陝或秦。地處黄河中游，南部秦嶺、巴山間爲漢江谷地，中部是渭河平原，北部爲陝北高原，黄土廣布，氣候乾燥。山西省簡稱晋，地處華北平原以西、黄河中游以東，舊以在太行山以西而得名，又稱山西高原。兩省共依黄河爲鄰，山西全省和陝西北部均處黄土高原，是海拔較高、地形起伏較小的大片平地，黄土廣布，黄土層較厚，是窑洞建築的最

佳地帶。兩省氣候相近，居民以漢族爲主，故其民居形式亦相似。晋陝的漢族民居形式主要有院落式和窑洞式兩種。院落式主要是四合院和三合院，這也是北方漢族民居的傳統形式之一。晋陝民居中的三合院、四合院多爲二進或三進，住宅房屋密度較大。爲防風沙和日曬，多采用縱深狹長橫嚮較窄的院落，兩側厢房的山牆將正房的兩端次間遮住。庭院內正房和厢房多有廊。城鎮中富商大賈的宅院幾乎均爲灰磚高砌、居室密集的深宅大院，大門臨街而設，建有富麗堂皇的門樓。大門內多爲磚雕砌影壁，二門多爲垂花門。鄉間大宅院中還常建有方形磚樓供守衛和瞭望，稱爲"看家樓"。屋頂多爲單坡式和雙坡式。單坡式又稱一面坡屋頂，屋頂可鋪瓦或抹泥土。普通人家常用此種房屋組成三合院或四合院，甚至大門和倒座也用一面坡屋頂，屋頂前低後高均向內傾斜，幾個不同朝嚮的房屋的高大後牆構成封閉式四合院，既經濟又安全，又可防風沙。雙坡式又稱人字頂，屋面可鋪瓦，可鋪草。前廊的額枋常飾彩畫或雕刻。牆體和屋面厚重，牆面可用磚砌、土坯砌，也可用夯土版築。梁架爲抬梁式梁框結構，

山西平遥平頂磚發券窑洞式民居
（王其鈞《民居城鎮》）

梁柱承重。此類建築自明代興起，清至民國達到高潮，至今仍在使用。窰洞式民居是黃土高原的傳統形式，從建築布局和結構形式可分爲靠崖式、下沉式和獨立式三種。靠崖式窰洞又分靠山式和沿溝式。在山坡高度允許時，可分幾層布置，建成臺梯式窰洞，類似樓房。下沉式窰洞即地下窰洞，主要分布在没有山坡、溝壁可依的黃土平地，其做法是先就地挖一個方形地坑，然後再向四壁挖窰洞，形成四合院。獨立式窰洞是一種掩土的拱形房屋，有土墼土坯拱形窰洞，也有磚拱或石拱窰洞。它無須靠山依崖，能自身獨立，又不失窰洞的優點。富商大户常建平屋頂磚砌券的窰洞住宅，堅壁厚牆，冬暖夏凉，又能防火防盗。普通人家則祇把正房建成獨立式窰洞，厢房仍爲單坡頂房屋，門窗的花格層次分明，亦不失窰洞風采。王其鈞《民居城鎮·晋陝民居》："晋陝民居房屋密度較大，爲防風沙與日曬多采用窄天井，且庭院内正房和厢房多有廊，鄉間大宅常有一座小方形磚樓供瞭望用，即所謂'看家樓'，平時登樓遥望田野的確是很愜意的樂事。"顏紀臣等《山西傳統民居及保護對策》："〔山西民居〕有靈活自由、裝飾精美的磚木，木構架結構的三合院、四合院；也有利用黃土性質的土體窰洞和由此演變的磚石窰洞住宅。"

湘鄂贛民居

湖南省簡稱湘，湖北省簡稱鄂，江西省簡稱贛。湖南、湖北大部地處長江中游，前者在洞庭湖以南，後者在洞庭湖以北。江西省在長江中下游南岸。三省春秋戰國時均爲楚國地。元代至元中同屬湖廣行省。氣候均爲温熱濕潤。湖南省東、西、中爲山（衡山）地，北部爲平原。湖北省西部爲鄂西山地，北部、東南均有高山，中部爲江漢平原。江西省則四面環山，呈盆地狀。地理環境均有山有平原，且共飲長江水，其地域文化屬楚文化。居民除漢族外，還有土家族、苗族、侗族、瑶族、回族等民族。其民居建築多爲木結構、瓦頂，有的還用重檐，房屋高大。大木結構采用横嚮結構承重、縱嚮架設檁條的兩坡水屋面的基本做法。建築材料多爲木、磚、竹、草、石等，就地而取。其單元平面有一至五開間、帶天井或院落的"三合水""四合水"以及縱深多進的大宅院，山區則多建吊腳樓。民居建築的形式大致可分三種主要類型：其一爲皖南民居式住宅。其特點是沿建築外緣上部設封火山牆或女兒牆，遮擋住屋頂，形成方形的建築外觀，在外牆上部處理一些變化形式。建築物沿外牆布置，有平房，也有樓房，圍合成院落，内有小天井，形成所謂"四水歸堂"或"四合水"住宅。還有一種則是在屋面兩側設高封火山牆，屋面前後不設女兒牆，暴露出"人"字形的屋頂。封火牆本身也有多種形式，所以數棟民居組合在一起，其封火牆如白幕重重，蒼茫幽邃。其二爲四川民居式住宅，居民使用有頂無牆的出檐，其懸山結構十分突出，山牆完全暴露出穿斗式木結構，木結構中間往往充填土牆、磚牆或編竹夾泥牆，外面塗以白灰，與深色的木架柱身相配合，顯得簡樸無華。其三爲遍布山區的吊腳樓。張玉坤《湘西民居略識》把湘西各地的吊腳樓民居分爲沿河和坡地兩種類型："前者多位於沿河城鎮，以整體景觀見長；後者多位於鄉村山寨，注重單體形態的塑造。由於處在不同的環境之中，兩者的布局和形態亦有較大的差别。

位於沿河的吊脚樓，一般爲前街後河，前店後宅的形式。其所處基地坡度大，面寬小，進深亦受到河街之間距離的嚴格制約，往往設柱挑梁向河中延伸，向空間發展，充分利用地形高差，爭取居住面積。"又："常見的坡地吊脚樓，樓的部分相當於一般民居中厢房的地位，形成'L'形或'U'形的平面布局，如吉首幸福寨某宅及永順王村某宅。正房和吊脚樓有一次建成的，也有後來加建的；有在結構上一體的，也有僅是屋角相抵，若即若離的。而且，相互連接的角度也並非垂直不可，正房與吊脚樓呈不規則角度的亦多有所見……坡地吊脚樓……將樓的部分置於地勢低窪之處，做成兩層或三層，檐口與正房基本保持平齊。吊脚樓的二層樓板一般高於正房室内地坪 1 米餘，樓梯設於正房或吊脚樓屋檐下。苗族聚居區的吊脚樓，樓梯常設於室内火塘間。底層的高度一般在 2 米以下，低於 1.5 米則一般不派正式用場，僅棄置些雜物。"湘鄂贛民居的平面特點是布局緊湊，建築密度大，尤其在城鎮中，從高處望去，屋頂交錯，亞脊叠檐。清葉調元《漢口竹枝詞》云："華居陋室密如林，寸地相傳値萬金。堂屋高昂天井小，十家陽宅九家陰。"張玉坤《湘西民居略識》認爲："湘西民居在平面布局中皆以堂屋爲核心，組織室内外空間。即使是大型宅院也仍以一系列廳堂爲軸心，進行院落空間的組合。與堂屋聯繫最密切，在家庭生活中最重要、最神聖的部位是火塘間。"黄善言等《湖南湘南民居》對湘南民居進行平面分析，分爲五種類型，即"基本類型甲——一開間式"，爲"一厨房加一卧室則爲一户，四户相連，具備現代集體宿舍的優點，此種形式的構造最簡單"。

此種類型還可"在厨房前面加一走廊"作爲雨天的活動場所。"基本類型乙——二開間式"，是"由一開間的房屋發展而來的，比一開間式房屋多一堂屋……房屋廳堂作爲起居和迎送客人之用，在使用和需要上構成了完整的平面。除此以外，堂屋中還可以堆放大型農具，這種形式可以聯立或單棟建造"。"基本類型丙——三開間式"，它的"堂屋放在房屋主軸之上，兩邊則爲卧室厨房，堂屋後面有雜屋，這種類型農村中最普遍"。此類民居可發展爲"側拼式"，即"在一個三開間房屋側面再拼上幾間房"。"後接式"，即在一個三開間後面再接上一排小房間，廳堂靠大門上花窗采光。"前拼式"，此類做法簡單者可在一個三開間前面加上厢房，形成三合院；複雜者則在正房前再加建同樣的房間，將正房重叠，形成若干進的大屋，它的形式是呈縱嚮排列，各進正廳都在房屋主軸綫上，各進相接處用隔扇分開，自成系統，唯兩進正房用厢房和天井連接。"連立式"幾個三開間式房屋橫嚮連接建造。"基本類型丁——五開間式"和"庭園式"。他還認爲湘南地區民居"無論大小，均不外乎由正屋、橫屋、厢房和院子所組成，正房位於主軸綫上，是房屋組成的重要部分，全家活動中心所在"。

徽派民居

亦稱"皖南民居"。即古徽州民居。古徽州係宋宣和三年（1121）改歙州而置，治所在今安徽歙縣，轄境相當於今安徽省歙縣、績溪、休寧、黟縣、黄山市、祁門及江西婺源等地，元升爲路，明改置府，1912 年廢。其轄境大部分在安徽南部，故稱"皖南民居"。古徽州民居在明代（1368—1644）就已形成自己獨特的建築體系與特色，又習慣稱"徽派民居"。徽派民居坐落於皖南贛東北的山區、丘陵地帶，多依山傍水，藉山勢錯落巧妙布設，形成村鎮。其建築不拘泥於一定模式，形式統一又富於變化，村頭、鎮周圍非常注意襯境，村鎮中亦多置亭榭、小橋、古塔及牌樓等配襯建築，群體布局優美而和諧自然。在集鎮往往以商業街道爲中心，兩側相對列置商店、茶莊和酒肆，街道不寬，房屋多爲二層，且相對向街心挑出，重叠的馬頭山牆和樓閣幾乎相連。徽派民居的個體布局：一般均以天井爲中心，組成方形或矩形，常爲多進院落，總平面呈"日"字形或"目"字形；一般均爲大宅院，以三合院或四合院最爲普遍。明代民居多"五間式"結構，清代民居一般爲"三間四合式"結構，多爲二至四進或更多，院内再用高牆分隔形成小天井。最大的達"三十六個天井，七十二個檻窗，一百多個門庭"（陳從周等《中國民居》）。每進院結構大致相同，房側設偏房跨院。正房一般不南嚮，多爲坐南朝北或坐西朝東。正房兩則爲厢房，正房爲主。厢房爲次，開間較小，進深很淺，一般爲廊屋、樓梯間及儲藏室等性質。天井較窄，采光多爲二次折射光綫。房屋多爲二層，三層較少。前庭有天井，樓下明間爲堂屋。二進以上則爲門廳或客廳，兩側爲卧室。二樓多爲"跑馬樓"形式（二層以上建築帶迴廊），柱子外側周圍裝有華美鏤刻的木欄杆，欄板上置飛來椅（又稱"美人靠"）。明間設祭祖堂，兩側爲卧室。有的在樓上設書房和閨房，故在欄杆之中常隱藏着小窗，供樓上窺視樓下。房屋結構均爲抬梁式磚木結構。其梁架均爲木構，梁柱用料碩大，橫梁多爲月梁，且雕飾華美。

立柱多爲向上收分的梭柱，樓上樓下分間不一致，樓上分間立柱處下層可無立柱支撑，而是立於下層梁上或石製懸臂梁墩上，室内設有壁櫥、閣樓和夾層。屋頂多爲坡頂鋪瓦，均將房屋兩端山牆升高超過屋面及屋脊，并以水平綫條狀的山牆檐收頂，即建成馬頭牆，又稱"封火牆"。徽派民居的門、窗上均加蓋小屋檐，當地稱"短檐"。外牆多以望磚砌成空心牆，大户人家爲了防盗，多在外牆内側加木板裝飾。外牆上除了大門外，祇開少數小窗，小窗通常用水磨磚或黑色青石雕砌成各種形式的漏窗。大門由正門與兩個邊門組成，并建有門樓和門罩，非常講究。除結構的奇巧外，其裝飾藝術也是獨特的風格，主要分木雕、磚雕和石雕。木雕多用於檐口、梁架、門窗、欄板和室内陳設，尤其是梁架，包括梁托、瓜柱、叉手、霸王拳、雀替、斜撑、替木等。凡是木構件，無不進行雕刻加工，裝飾漂亮的花紋和各式人物繪畫。刀工細膩，綫條流暢，留下了許多珍貴的木雕藝術珍品。磚雕主要用於門罩、門樓八字牆、馬頭牆，甚至亭臺屋宇，凡是用磚之部位，無不施以鏤刻加工，其内容諸如神仙聖人、亭臺樓閣、飛禽走獸、花草山水，應有盡有，異常豐富；且采用高浮雕、透雕、半圓雕等手法，極盡雕刻之能事。最突出的爲門樓和門罩。據調查，現存的歙縣城郊的鮑家莊和績溪縣的湖村，均被稱爲門樓街。這裏各式各樣精美的門樓鱗次櫛比，構圖細膩，地方特色鮮明，造型生動，具有較高的藝術水平。石雕多用於廳堂的臺階、柱礎、天井水池的欄杆以及角柱石等。柱礎是比較突出的石雕作品，有鼓形、筒形、瓶形、瓜形、覆鉢、覆斗、覆蓮等形狀，其内容多爲蓮瓣和吉祥物，具有鮮明的地方色彩和高超的藝術性。徽派民居歷史悠久，至今已有兩千多年的歷史，自漢代置歙、黟二縣始，就開始創建。據記載徽州因"地狹人稠，力耕所出，不足以供，往往仰給四方"。徽州人往往利用豐富的自然資源，輸出土產品與手工業產品，換取生活資料。因此，古徽州"俗重貿易，男子成童，即服賈四方"。至遲在唐代，徽州的茶葉已經外銷（參閱胡兆星《徽州專區經濟地理調查報告》）。到南宋遷都臨安（今浙江杭州）後，徽州商人又利用新安江販木至杭州出售，大獲其利。大約至明中葉以後，出外經商之人越衆，其中一部分還成爲巨富，經營鹽業，進而操縱長江中下游的金融，并與山西人成爲當時經濟界兩大壁壘達三四百年之久。明萬曆年間謝肇淛著《五雜俎》載："富室之稱雄者，江南則推新安（即徽州），江北則推山右（即山西）。新安大賈，魚鹽爲業，藏鏹有至百萬者，其他二三十萬則中賈耳。"1936 年重修的《歙縣志》也載："嗣後明清二代經營鹽茶、木材，沿江地區有'無徽不成鎮'之諺……兩淮鹽商八總，歙占其四，彼時鹽業集中淮揚，全國金融幾可操縱，致富較易，故多此起家。"這些致富的巨商大賈，紛紛回原籍徽州興建宅第、祠堂，同時修橋鋪路，創辦書院、文會、詩社等，收集和刻印碑帖、典籍，促進了當地文化藝術的發展。到明清時，皖派書畫、皖派經學、徽派版畫、雕刻，相繼崛起，在文壇獨樹一幟；宣紙徽墨暢銷全國。這種高雅的文化氛圍極大地影響着徽派民居，使其自明代起就形成了獨具風格的建築體系，在全國建築文化中獨樹一幟。據調查，至今古徽州的明清民居建築仍到

處可見，成片保存。如安徽歙縣呈坎村有古建築近 300 幢，其中明代住宅 36 處。黟縣西遞村有明清民居 120 幢。江西婺源尚存 30 餘處數十棟連成一片的明清民居。安徽黄山屯溪尚存一條長 1200 米的明清風格的商業老街。近年來，又按照"原拆原建"和"修舊如舊"的原則，有選擇地將幾處有代表性的民居遷建於潛口，定名爲"潛口明宅"，被譽爲"明清民居的博物館"，定爲全國重點文物保護單位。徽州民居的科學性、藝術性和史學價值，在中國傳統民居中不可磨滅。陳從周等《中國民居·徽派民居》："徽派民居是指古徽州地區的民宅，坐落在皖南贛東北的山區、丘陵之中……徽派民居注重裝飾。門樓上的磚、石雕刻，窗扇、欄杆、欄板、樓廳月梁等處的木雕，漏窗、天井石欄等處的石雕，還有彩畫，都是出色的裝飾。"王其鈞《民居城鎮·皖南民居》："皖南古代爲徽州，明清時期，徽商之巨賈在外賺錢後，紛紛返鄉大興土木，至今皖南城鄉有許多保存完好，別具風格的古建民居。民居多爲二三層樓，日字形或目字形的平面，四周用高牆圍合，頂部以封火牆的形式，如階梯的形狀高出屋面，反靜態爲動態。"王治平《試論徽州傳統民居及其布局》："徽州民居的基本形式爲庭院布置，即由房屋和圍牆組成封閉的空間，院内以南嚮房間爲主，東西兩側爲輔，中爲東西較長的天井，平面組成口字形。"程遠《徽州古建築及其保護和利用》："徽州古民居以天井爲中心的内嚮合院爲封閉空間發揮采光、通風、排水等功能，不僅成爲聯繫導嚮作用的樞紐空間，而且可在天井設置盆景、魚池等，調節裝飾，在室内體現自然美。徽派古民居天井較窄，所采光

緩多爲二次折射光綫，很少天然眩光，所以比較柔和。"

江浙民居

即江蘇、浙江一帶的民居。江浙地處我國東部沿海長江下游，俗有"江南"之稱。確言之，江南指蘇南和浙北長江下游和杭州嘉興、湖州一帶，地處太湖流域，靠近東海，氣候濕潤，水網密布，又稱"江南水鄉"。而江蘇的西南和北部則多爲山地和丘陵，江浙的西部南部亦爲丘陵，故江浙民居包括江南水鄉民居和南方山地民居。江南水鄉民居多采用藉街沿河分布，即前門臨街，後門沿河。一般爲單座樓房，不用大天井。房屋多嚮南或東南。屋脊高，進深大可以縱嚮分隔，也可順勢出檐，增加披屋、曲尺變化。外檐用落地長窗。屋面坡度陡深，一般用硬山或懸山，沿海地區多用四面落水的歇山或廡殿式，以防颱風襲擊。單座樓房一般設有院牆，多利用地形靈活分布，其造型和平面富於變化，不拘一格。住房一般爲三間，

江浙水鄉民居

中間爲堂屋，除生活起居外，也是勞作的場所。宅前場地常作曬穀場。稍大的住宅有曲尺形或三合院。因房屋大多臨水，民居一般都建造私用的小碼頭，俗稱"河埠頭"，用於洗滌衣物或日常淘米、洗菜。富有的達官富商，其住宅多以封閉式院落爲單位，沿一條或兩條并列的縱軸綫對稱布置。中央縱軸綫上一般自前至後建照壁、門廳（中小型住宅爲門屋）、轎廳、院門（即二門）、大廳及樓廳。左右縱軸綫上置客廳、花廳、佛樓、書房等，縱軸綫兩側置住房、厨房、雜屋等，形成中、左、右三組縱列院落群。每個狹長的院落又分隔爲幾進小院落，多爲三至五進，多者可達九進，最後一進樓廳爲住房，有的還在其左右兩側建厢樓，樓上由廊婉轉相通。在縱深的宅院之間，往往設有狹長的弄堂，稱爲"備弄"或"避弄"，其功用在於防火、打更或供內宅婦孺及奴僕行走。江浙民居均爲木構建築，以木架承重。一般用穿斗式木構架，或用穿斗式和抬梁式相結合的結構。還有一種是穿斗樣子的抬梁構架，它不是"柱上架梁，再在梁上重叠多層瓜柱和梁"，而是幾乎每根立柱的頂端均架梁，梁的一端承桁，另一端插入柱中，接近"柱柱落地式"。一般住宅多用三架梁形式，進深淺者、厢房多用三柱五桁。進深大者前後各加檐柱，成五柱七桁。廳堂多用徹上露明造。江浙民居牆體薄，大木結構高瘦，裝飾玲瓏，木刻磚雕精美，屋面輕巧，外觀明秀輕巧。南方山地和丘陵地區的民居多依山藉勢巧妙布局，或如布依族的"半邊樓"，或如苗族的吊脚樓，經濟而又靈活。陳從周等《中國民居·江南水鄉民居》："通常説的江南，指長江下游蘇南和杭（州）嘉（興）湖（州）一帶，

地處太湖流域，靠近東海，氣候濕潤……采用藉街用河，前後披屋，建閣樓或吊脚樓，不用大天井等各種辦法。房屋的朝嚮多朝南或朝東南，并具有屋脊高，進深大，墙身薄，出檐大，外檐用落地長窗等特點，以達到隔熱通風的效果。"王其鈞《民居城鎮·江浙民居》："浙北與蘇南位於太湖流域，這裏氣候濕潤，無嚴寒酷暑……民居都爲木架承重，屋脊高，進深大，防熱通風效果好……江浙民居以不封閉式爲多，平面與立面的處理非常自由靈活。懸山、硬山、歇山、四坡水屋頂皆應用。被稱爲東方威尼斯的蘇州臨河建築，淡雅的水邊景色是那麽柔和幽静，又隱含微微漂浮、潺潺流動的意態。"

上海里弄

上海近現代城市的一種民居形式。里，古代居民聚居的地方。在鄉曰廬舍、宅院，在城邑曰市廛、街坊。今稱"巷弄"。弄，即衖、小巷、衚衕。里弄，即南方城市中民居小巷或弄堂，以上海里弄最具代表性。據調查，中華人民共和國成立初期，上海里弄住宅占全部住宅的65%，共有20萬幢。它的典型式樣是石庫門式的單元樓房，相互毗連成行，在行列之間有狹窄弄堂與外面道路相連。里弄樓房多爲二至三層，由單開間與雙開間房屋共同組成單元結構，兩户或三户共住一個單元，共用一個天井，從中以墙分隔爲兩院，各有大門外通弄堂。各單元結構中間的屋頂有封火墙，正立面常用欄杆、挂落點綴。樓房進深大而行列間距小，僅爲合理間距的一半。樓房底層爲客房、次間及厨房，上層爲卧室。里弄住宅密度大，集中天井，加大進深，主次房間布置充分合理。有的采用盡端折迴式弄堂道路，在弄堂中加弄門

與過街樓，采用高圍墙，用綠化掩蔽以防噪音和改善環境。在里弄中還設有公共活動及交往空間，以利於鄰里往來。20世紀八九十年代，上海民居有了根本性改變，里弄逐漸減少，代之而起的是高大寬敞的單元式樓房。

福建民居

福建是華僑最多的省份之一，僑鄉民居是其傳統民居的主要形式，與廣東僑鄉民居大致相同，被統稱爲"閩粵僑鄉民居"。其主要建築形式是以廳堂爲中心的三合院或四合院。與北方四合院不同的是它房屋較低，庭院狹小，雖以院落爲基本單元，但院内以廳堂爲主，房屋組合主次分明。廳堂高大而開敞，一般爲"徹上露明造"，不做天花板。廳堂左右有廊與厢房或護厝相連。廳堂前後有天井（庭院），一般有廳必有庭，庭院空間曲折多變。大的住宅往往由多個院落單元組合成大型宅院，院内設有大小不同的若干廳堂，按其位置和功用分爲主廳、側廳、書廳、前廳、後廳等。庭院也相應分爲主庭院、側庭院。福建民居亦采用木架結構，普遍使用懸山的人字屋頂，懸山出挑深遠，以增加室内陰涼。在福州等閩北地帶形成了深宅大院、富裕小宅院、聯排柴欄厝、高脚屋、浮屋等五種風格。福州的"三坊七巷"是深宅大院的珍品。在華僑集中的晉江地區，往往厢房

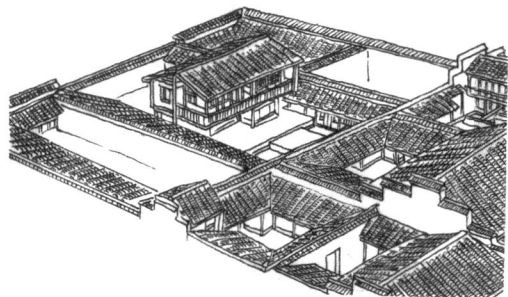

福建民居院落

建成兩層，或在主廳兩側及護厝後部建造閣樓，并設凉亭及屋頂露臺，供夏日乘凉及其他户外活動，稱爲"角脚樓"。這裏很多屋頂還用懸山叠落接連（即"老鷹頭連接"）的方式，外觀明麗靈活。屋頂舉折從明間開始，次間、梢間屋檐逐一升起，屋頂坡度舉折上，每步舉高逐漸升起，形成凹勢圓和的造型，幾乎找不到一條直綫，保留着宋代曲綫屋頂的特徵。福建民居中還有"三堂屋""大夫第""五鳳樓""圍屋"等方形土樓一類的建築形式（詳見"土樓""三堂屋""五鳳樓"等文），表現出濃厚的地方特色。福建僑鄉民居十分注重對民居建築細部的裝飾，凡是可裝飾之處，均巧妙地運用石雕、磚雕、泥雕、木雕、彩繪等進行藝術裝飾。福建古田利用洋花厝墙檐。常在屋脊飛檐上、門樓墀頭上，窗扇門楣上或雕塑或鑲嵌玉魚、鼓板、靈芝等"八寶"或其他吉祥圖案，留下了大量建築藝術珍品。陳從周等《中國民居·閩粤僑鄉民居》："福建民居大量使用懸山的人字屋頂，挑出深遠的懸山，以求室内陰凉。"又："閩粤僑鄉民居，有的就是當地傳統形式，即以廳堂爲活動中心的三合院或四合院；有的則受僑居國建築的影響，有較多外來因素。"王其鈞《民居城鎮·廣東民居》："另外在閩、粤、贛邊境山區，還有一種奇特的城堡式的民居形式——客家圍屋。圍屋與福建土樓不同：一、圍屋的材料多爲磚石；二、圍屋是由許多單體的平房或樓房圍成，是建築群，并不是整體建築。"

福建圓樓

　　亦稱"圓寨"。即圓形土樓，是客家民居之一種。圍繞着中心院落，四周層層建築環形住屋，故亦稱"環形土樓"，當地稱"圓寨"。其平面均爲圓形（少數爲橢圓形），最小的設16個房間，大者可達80餘間。少則一環、二環，多者可達五環。最簡單的爲單層，最高可達五層。其内部布局：一般是水平分層，底層爲厨房、餐廳；二層爲倉廪；三層以上爲卧室。每個房間均爲獨立單元，房間之間用一圈圈的公用走廊相連。公用走廊設在圈内環繞庭院的謂内通廊式圓樓。公用走廊設於房間外側的謂外聯式圓樓。還有一種謂羅溪式圓寨，其形如切開之西瓜，竪嚮分隔；它的周邊墙祇有一個進口，入内是一個圓形庭院，向着庭院開設各房間獨立的大門，進門又是小庭院、厨房、雜屋，樓下爲堂，不設公用祖堂，樓上二至四層或五層均爲獨用房間。也有一種是根據山勢不同而環繞山頭層層建房，内圈高外圈低，也有内圈低而外圈高者。其共同特點是防禦性極强。圓形土樓是由方形土樓發展而來的。它省工料，擴大使用空間又可增加抗風抗震能力。據專家考定，在古代中原地區就有圓樓存在，客家人將其帶入閩西的可能性較大。目前現存最早的圓樓（橢圓形）是福建華安沙建鎮上坪村的齊雲樓，建於明萬曆十八年（1590）。永定高頭村的承啓樓是最大的圓樓之一，建於清康熙年間（1662—1722），直徑73米，外環四層，每

福建永定圓樓
（劉致平《中國居住建築簡史》）

層七十二個房間；共三環，樓中心建祖堂。詔安在田樓則直徑 90 米。圓形土樓深爲閩西南群衆喜愛，近年間仍有新圓樓在建造。陳從周等《中國民居·土樓》："最令人稱奇的是圓樓，即圓寨……圓寨建築，却絕不是那麽簡單。首先，是大小不同，最小的衹有十六個房間，最大的達八十一個房間。第二，是環數不同，少則一環、二環，多者達五環。第三，層數不同，最簡單的單層，最高五層。第四，是布局不同。"王其鈞《民居城鎮··環形土樓》："圓樓是從土堡演變而來……隴東渭源縣的王韶堡等衆多現存土堡遺址，以及甘肅省的武山、隴西、甘谷等縣的縣志中關於古堡的記載，至少使我們相信，圓樓在古代的中原地區，的確存在過。客家人帶入閩西的可能性是完全存在的。"汪之力《中國傳統居民概論》（上）："圓土樓出現在方樓之後，它省工料，消滅方樓死角，既擴大了使用空間又增强抗風抗震的能力。最大的圓土樓如永定承啓樓直徑 62 米，詔安遇田樓 90 米，一座座像城堡般的巨大建築在我國傳統民居中占有獨特的地位。"

【圓寨】

即福建圓樓。此稱多行用於近現代。見該文。

【環形土樓】

即福建圓樓。此稱現當代行用。見該文。王其鈞《民居城鎮·中國民居的類型·環形土樓》："福建環形土樓分爲單元式圓樓和内通廊式圓樓。據目前所知，直徑超過 70 米的圓樓有六坐。其中最大的是平和縣九峰鄉的龍見樓，直徑達 80 米。最小的圓樓是永定縣的如興樓，直徑衹有 11 米。"

閩粤贛圍屋

亦稱"客家圍屋"。客家族民居建築群，多分布在閩、粤、贛邊境山區，形似城堡，防禦性很强。圍屋多爲磚石結構，由許多單體平房或樓房圍成，有橢圓形、弧形和方形，四周築有很高的圍牆。當地人將其分爲圍樓、圍龍屋、走馬樓、五鳳樓、殿堂式、四點金等多種形式。王其鈞《民居城鎮·廣東民居》："在閩、粤、贛邊境山區，還有一種奇特的城堡式的民居形式——客家圍屋。圍屋與福建土樓不同：一、圍屋的材料多爲磚石；二、圍屋是由許多單體的平房或樓房圍成，是建築群，并不是整體的建築。"汪之力《中國傳統民居概論·中國傳統民居的類型區分》："圍屋一般爲單圍，也有雙重及多重圍屋，房間多少，範圍大小，視人口多少而定。"

【客家圍屋】

即閩粤贛圍屋。此稱多行用於現當代。見該文。

廣東民居

廣東是華僑最多的省份之一，僑鄉遍布全省各地，僑鄉民居是其傳統民居的主要形式之一。僑鄉民居的主要形式是以廳堂爲活動中心的三合院或四合院。與北方四合院不同的是這裏的房屋較低，庭院比較狹小。房屋組合主次分明，庭院與廳堂組合分隔的形式多樣，庭院空間曲折多變，有的衹是廳堂空間的延伸，有的則將一處庭院全部闢爲水池，稱爲"水庭"。庭院中以廳堂爲主。廳堂高大開敞，一般爲"徹上露明造"，不做天花板。廳堂左右有廊與厢房或護厝相連。大的住宅往往由多個院落單元組合成大型院落。院内設有大小不同的若干廳堂，按其位置和功用分爲主廳、側廳、書廳、前廳、後廳等。廳堂前後有天井（庭院），所謂“有廳必有庭”，庭院也相應分爲主庭院、側庭院等，有開有合，既相互分隔又相互聯繫。廣東僑鄉民居一般采用木構架，磚木結構。一層爲磚鋪地面，二層以上用木樓板。無論平房或樓房，均用硬山式屋頂。墻上開各式各樣的小窗，多開“南風窗”。有的用琉璃做窗。僑鄉民居大都注重大門的建造和裝飾，門上懸對聯，有的大門前設腰門等，藉以顯示其地位和富有。而且還十分注重對民居細部的裝飾，凡是可裝飾之處，均巧妙地運用石雕、磚雕、泥雕、木雕、彩繪等進行藝術加工。僑鄉村落多沿池、塘、圩而建，在村落整體布局上，往往從前排第二橫排起，每排遞高一尺左右，越往後越高，形成錯落有致的建築群。水井設在村中，有嚴格的防污措施。村中還建有“文帝殿”等廟堂。有的還建有石牌坊，村頭有祀神、祭祖的小屋。僑鄉民居由於受國外建築的影響，不同地方又各不同，很少受固定法式之限：潮汕地區民居平面布局有三間兩廊稱“爬獅”式的三合院、有“四點金”式四合院，天井與廳堂組合與分隔靈活多樣，外部圍墻不高，開窗很少。外封閉，内開敞，介於封閉與開敞之間。立面對稱，主體突出，大門雕飾華麗講究。花

廣東梅州聯立式硬山民居

都村莊圍祠堂而建。澄海民居兩側從屋前開頭，有一條巷道起交通、采光、排水和通風的“冷巷”作用，稱爲“從厝巷”。梅州圍龍屋（詳見“圍龍屋”文）頗具特色。這些民居都是傳統民居的典型形式。中山市的不少華僑住宅則體現了中西結合：柱式的懸臂檐，或在二樓、三樓的柱式通透廊檐到處可見。這種構造已爲廣東現代民居所沿用。此外，廣東民居中還有并列式樓房、竹筒屋、碉樓和圍屋等多種形式：并列式樓房是現代民居之一種，土築墻體，木構框架，房屋較低，往往數户連立爲一棟，以抵禦强勁風雨之侵襲。竹筒屋，亦稱“竹竿厝”。這是廣東城鎮中常見的民居形式。其正立面爲單開間，房屋低進深大，常常是門廳、厨房、廳堂、起居室、書房、臥室，一棟棟的單開間，中間不斷穿插小天井，平面如竹竿一樣瘦長有節。前後均設門。有的兄弟幾個就擁有幾個竹竿厝，且在兩個院落之間，開一橫門貫通。在一個街區内往往有十幾個或更多個竹竿厝并列布建。竹筒屋層次重叠，直綫到底，整齊有序。碉樓即碉房，是廣東省一種民居形式，其主要特色是防護性（詳見“碉房”文）。據調查，僅開平現存碉樓就有一千四百多座，其中赤坎鎮的迎龍樓距今已逾三百年，是開平現存最早的三層碉樓。圍屋是一種由多個單體平房或樓房圍成的磚石結構建築群，以廣東始興最突出，這裏“有村必有圍，無圍不成村”。一般形式爲橢圓形、弧形或方形，四周築有高大的圍墻。當地人把圍屋分爲圍樓、圍龍屋、四點金、走馬樓、五鳳樓、殿堂式等（詳“圍龍屋”“五鳳樓”等文）。隘子鎮滿堂村的清代圍屋是粵北現存圍屋中最大最美的一個。陳從周等《中國民

居·閩粵僑鄉民居》："廣東僑鄉民居，一般用木架結構，一層鋪磚，二層多用木樓板。不論平房或樓房，都用硬山頂。墙上開各式各樣的窗，有的還用琉璃窗。"王其鈞《民居城鎮·廣東民居》："廣東是華僑最多的一個省份，僑鄉遍及全省。僑胞往往保持民族傳統，節衣縮食，積纍一些金錢，返回家鄉置田建屋……廣東民居很少受傳統'法式''則例'的限制，是傳統民居向現代住宅發展的先驅。"

廣東竹筒屋

亦稱"竹竿厝"。是廣東省城鎮中常見的一種民居形式。王其鈞《民居城鎮·廣東民居》："竹筒屋，也稱竹竿厝。這是廣東城鎮常見的一種建築形式，正立面是單開間，而且進深非常大。"詳"廣東民居"文。

【竹竿厝】

即廣東竹筒屋。厝，方言爲房屋之意。此稱多行用於近現代。見該文。

廣東僑鄉民居

廣東歸國華僑所建的民宅。廣東是華僑最多的省份，僑鄉遍布各地，僑鄉民居多爲大宅院，是廣東民居中的主要形式之一。詳"廣東民居"文。

臺灣民居

臺灣是中國第一大島，位於福建省東南，介於東海和南海之間，西臨臺灣海峽，東臨太平洋，面積約36000平方公里，山地占三分之二。臺灣居民主要有漢族和高山族。漢族居多數，主要是明清時期移臺的閩粵人。閩籍以泉州、漳州、汀州、興化四府爲主，粵籍以惠州、潮州、嘉應州三府爲主。因此，臺灣漢族民居幾乎與閩粵民居相同：主要以木構框架爲基本方式，以磚墻承重，采用間架制度，橫嚮以開間、縱嚮以進深表示。一般爲三開間至五開間，進深多爲二至五進或更多。平面布局基本爲閩粵地區的以廳堂爲主體的三合院和四合院，少數山區采用客家圍龍屋和樓閣式三合院，一般采用中軸對稱、左右均衡的布局。李乾朗在《臺灣民居及研究方嚮》中將臺灣民居中常見的平面類型歸納爲七種，即："一條龍式，單伸手式，三合院式，四合院式，多護龍式，多落式，街屋式。"儘管如此，他也認爲"如果與中國大陸閩粵或江南民居相比較，那麼我們可以發現，臺灣民居的形態并沒有獨創別的類型"。

漢民居多爲坐北面南或坐東面西，少數坐西面東或坐南面北。在城鎮中因沿商業街道建民居，其方嚮比較靈活。受氣候影響，多建於近半米的臺基上，以磚鋪地，柱礎較高。屋身較低矮，屋脊曲綫微小。農村住宅多用亭、軒或深出檐來解決暑熱問題。一般爲"徹上露明造"，不做天花板。普遍以木雕、磚雕、石雕、彩繪等裝飾屋内外。這些雕塑也與閩粵一脉相承，甚至更精美。（詳見"廣東民居""福建民居"文）

高山族主要包括泰雅人、賽夏人、布農人、曹人、魯凱人、排灣人、卑南人、阿美人、雅美人等族群。其民居多分布於背山面河

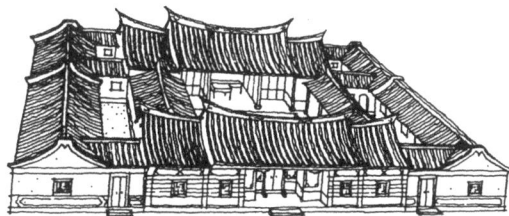

臺灣漢族傳統住宅鳥瞰
（劉致平等《中國居住建築簡史》）

的崎嶇山麓或小型臺地上，聚落村社一般比較龐大，四周密植竹林，村口建成碉樓以供瞭望防守。其民居形式大部分爲地上建築，少量地下住屋和干闌建築形式的椿上住屋及以石板爲主要建築材料的板石住屋。由於各族群分布地區不同，其民居形式亦有差异：泰雅人分布於臺灣中部埔里以北的整個山區。其民居多建於山腰地帶，正面面向低處。建築形式分地上建築和半地上建築兩種。後者是一種屋內凹入地下，屋檐高不過一米半的半穴居式建築。房屋建築大部分以圓木爲椿，以小徑圓木橫疊爲墻壁，檜樹皮蓋頂，建成小型長方木屋。小部分則以粗竹或圓木爲柱，將竹劈作兩半如砌瓦式竪列爲墻，平鋪爲屋頂，建成竹結構住屋。泰雅人從前有弃房習俗。現在舊房既壞，亦不在原地重建，仍保留着另覓新地營建房屋的習俗。賽夏人分布在北部中央山脉西側，其民居多建於較平坦的山地，并無固定方嚮。房屋建築均以粗竹或圓木爲椿，將竹劈爲兩半如砌瓦式竪列爲墻壁，平鋪爲屋頂。屋頂以茅草、檜樹皮或竹爲茸覆蓋，建成長形竹屋。布農人主要聚居於玉山山脉等地區，是高山族中居住地區最高的部分，分布地區之廣僅次於泰雅人。其民居主要分布在險峻的山腰地帶，多爲半地下室式住宅，屋內向下挖出半米至一米的淺室，以圓木爲梁柱，以片石砌墻，或以竹管竪列爲墻，或用木板兼積石爲墻，屋頂多用茅草或檜樹皮覆蓋，建成長方形茅草屋式的住屋。曹人聚居在玉山以西的阿里山一帶的溪谷中，其民居多布於山腰平坦處，門無定嚮，亦屬茅草屋類型。排灣人聚居於臺灣島的最南部，其住房多建於山腰坡麓地帶，一般爲地面上建築，少數室內

低挖半米許。從建築材料分有木屋和石屋兩種。木屋爲大型木結構建築，以方木爲椿，木板爲墻，木板或茅草覆頂，在梁、柱以及屋檐、門、壁上均飾以人或蛇形雕刻。石屋以圓木或立石板爲柱，片石爲壁，在“山”字形屋頂上壘板石爲瓦，形似龜殼；或用大塊板石蓋頂。魯凱人分布在阿里山以南，大武山以北地區。其民居多背坡而建，先將山坡鏟平爲“簸箕形”地基，後墻依坡而建，多爲半地下式住屋，房身較矮，屋內通高 2 米多，室外屋檐僅高約 1 米，入室須彎腰而進。一般以大木爲梁，石片爲壁，石板爲瓦。室內祇有一兩個 2 尺見方的窗口，較暗。地面鋪石板，離地約半尺架石板爲床，人口多者則就地而寢。阿美人主要居住在臺東縱谷地帶的花蓮縣東部和臺東縣東北部，其民居多建於平地上，屋架與干闌式建築完全相同，是椿上屋宇。其朝嚮無定，以方木爲椿，木板爲墻，茅草覆頂，門開在正面。除住房外，村社還建有集會所。集會所高離地面 1 至 2 米，用木板或藤竹搭成，以梯上下，是村社集會和祭祀之地，并且白天是工作場地，夜間爲聚會之處。卑南人分布於卑南溪以南、知本溪以北的海岸區，其居室爲圓形，四周爲沿廊，不設欄杆，周圍以竹籬環圍。居室中央置火爐，火爐四周置床。卑南人的公共建築是“少年會所”，它是一種圓形干闌式建築，全部用竹子縛扎而成，以數十根木柱支撐圓形大空間，上層高約 2 米，用木梯上下。少年男子每年八月至次年元月居於此，是訓練其生存與戰鬥技能之處。雅美人居於臺灣省東南的蘭嶼，其民居多建於背山面海、坡度微小的山坡上。村落中住宅緊密相連。房舍四周用卵石堆砌成石墻，石

墙上面即爲行走之路。主屋沿微傾的山坡而建，其前側是工作房，另一側是凉臺，在適當之處蓋産屋及倉庫。主屋前空庭鋪卵石，石縫間植馬尼拉芝。庭内竪立兩至四塊大石，供休息時倚靠，并搭有曬架。主屋低於前庭，由前庭進入主屋，通常築有兩排卵石臺階以供上下，臺階與主屋之間留有緩衝之空間。主屋按門的多少分爲二門、三門、四門三種。近年來雅美人的民居建築發生很大變化：建築材料和施工方法基本與漢族相同，屋頂也多用鐵皮代替了茅草，産房和倉庫已不再加建，"弃房"的習俗也有所改變。總之，臺灣多雨潮濕的北部，民居多磚石構造，屋頂坡度較陡。南部炎熱乾燥，民居多竹木建造，屋頂出檐較深，坡度較緩。

泉州人擅長經商與漁業，多居於港口海邊。漳州人擅長農業，多居於内陸平原。客家人長於山區墾發，多居於内陸丘陵。故民居不僅受地理氣候之影響，亦反映出各籍移民文化習俗之差异。

自17世紀中葉之後，大量閩粤漢族居民將中國幾千年纍積的農業封建文化帶入臺灣，歷三百年之發展，形成了與大陸一脉相承的臺灣文化。在20世紀之前，臺灣文化幾乎就是閩粤文化的延伸。臺灣的寺廟與富商地主的大宅第，不僅建築材料大都從閩粤運來，工匠尤其是大木匠師與泥瓦匠師亦多聘自大陸，尤其是泉州與漳州，因而上流社會的宅第以及漢族民居幾乎與閩粤相同。但一般平民的住宅則因地制宜，就地取材，逐漸發展起臺灣風格的民居形式，并培養起本地的工匠。

據調查，大約在清嘉慶道光年間，臺灣開始有了本地的民間匠師，到同治光緒年間，臺北、新竹、鹿港及臺南出現了實力較强的匠師，他們不僅修廟建寺，且爲鄉間建造民宅，大部分鄉村民舍皆因地制宜，展現出不同地域的特色。到清末之後，又接受外來建築影響，歷三百多年之演變，在建築材料、防風防震等技術方面，都形成了自己的特色，融合而成近代臺灣民居形態。但無論如何變化，臺灣民居在建築思想、平面布局、造型創意及裝飾意義上，都繼承着中國古老的傳統，是我國傳統民居不可或缺之一部分。陳從周等《中國民居·臺灣民居》："臺灣民居建築，受到三個方面的影響：第一，是福建、廣東沿海漢族遷往臺灣帶過去的南方漢族民居的影響；第二，是當地平埔等高山族聚落的固有傳統；第三，是荷蘭、西班牙、日本先後竊據臺灣後，西歐、日本建築的滲入。三者之中，以閩粤尤其是福建的影響爲最大。"李乾朗《臺灣民居及研究方嚮》："在二十世紀之前，幾乎臺灣的文化即是閩粤社會之延長而已。臺灣的寺廟與富商地主大宅第大都從閩粤運送材料建造起來。并且，工匠亦聘自大陸，泉州的大木匠師與漳州的泥水匠師最多。因而，上流社會的宅第與閩南、粤東民居幾乎相同。"蘇儒光《論高山族建築與雅美人的房舍》："高山族是我國統一的多民族大家庭中不可分割的成員，分布在我國臺灣省的少數民族。"又："高山族多聚落在背山面河的險峻崎嶇山麓地區或小型臺地上，聚落村社一般都比較龐大，較大的村社四周密植竹林，村口建有碉樓以資瞭望防守。"

四川民居

四川省地處長江上游，是我國西南大省。東部是四川盆地，氣候温濕，無霜期長。西部爲川西高原，氣候高寒。全省地形複雜，氣候差异較大。居民有漢、彝、藏、苗、回、羌等多個民族。其民居形式也經歷了天然洞穴、穴居、干闌式、庭院式、四合院式到近現代建築的發展過程。天然洞穴是四川民居中最原始的居住空間。考古資料表明，這裏是舊石器時代（距今約二萬至十萬年前）"資陽人"（晚於"北京人"，早於"山頂洞人"）的栖息之所。穴居是新石器時代四川民居的主要形式，出現了原始聚落。巫山大溪文化遺址反映出這時的巴蜀地區住宅可能多采取南北嚮且有規則布置。地面房屋：商周時期，四川民居已具備地面房屋和干闌式建築兩種形式。廣漢三星堆遺址的發現，提供了可靠依據。專家推測其爲古蜀國之都城，但其年代却比通常所説（古蜀國爲春秋戰國時四川之古國之一）提前近千年，即當商周時代。遺址中發現了古代居民的生活區和大量分布密集的房屋遺址，它們均爲地面建築，平面多呈圓形和正方形，每間面積一般爲 10 餘平方米，最大者達 60 餘平方米，比西安半坡遺址中淺穴居進了一步。其晚期遺址已有長方形建築平面，且分間，房内有窖藏坑，這又與中原地區從仰韶文化（新石器時代中期）到龍山文化（新石器時代晚期）的過渡極爲相似。

庭院式建築。這是一種祇有低矮臺階的不同於後世四合院建築的住宅形式。大量漢代明器陶樓、陶屋及漢代畫像磚、畫像石的出土，説明秦漢時期四川民居已完成了巢居向下、穴居向上的演變過程，形成了不同於後世四合院的庭院式全部地面建築形式。從成都郊區出土的漢代畫像磚，可以看到當時成都一座住宅的全貌。這是一座低級官員或平民商賈的宅第，

既反映出受河南偃師二里頭廊院式建築的影響，又具有四川的地方特色，爲後世四川民居的完善和發展奠定了基礎。

干闌式建築。這是四川傳統民居的主要形式之一。1986 年成都十二橋發現了大面積商周時期的木結構建築遺存。古建築專家考定它們爲干闌式建築，并已具有現代四川民居的雛形。戰國時期秦國李冰父子治水成功後，漢族民居中干闌式建築逐漸減少，但在長江沿岸濕熱地區及苗族住宅中，干闌式住宅一直沿用至今。《北史·獠傳》："獠者蓋南蠻之别種，自漢中達於邛、笮、川洞之間……依樹積木，以居其上，名曰干闌，干闌大小，隨其家口之數。"《舊唐書·西南蠻傳·南平獠》："土氣多瘴癘，山有毒草及沙虱、蝮蛇。人并樓居，登梯而上，號爲'干欄'。"獠，即僚，我國古族名，自三國至清，分布在今廣東、廣西、四川、雲南等地，亦泛指南方各少數民族。這些都説明四川的干闌式民居在漢代已達成熟。

沿街聯排住宅形式。它是城鎮商業街道的民居形式，始自宋代，明清基本定型。宋代出現了商業街道，居住街坊從過去的封閉式變爲沿街設店的商住合一的住宅形式，明清時期逐步形成了沿街聯排式民居的幾種基本形式，即單純供居住用的沿街民居、前店後宅、前店後坊、下店上寢等形式。在現存的宋代發行的紙幣"交子"上，可看到宋代臨街房屋的概況。這種臨街房屋多爲穿斗式木架結構，墻體多用木板、竹笆夾泥、版築土墻，也有磚石砌墻。屋頂一般爲懸山式，亦有歇山式，前坡短，後坡長，出檐及兩山挑出很大。

四合院及三合院。多見於漢族聚居之區。

在漢族聚居的四川盆地，既有北方封閉型四合院，也有南方的天井院，但四川的四合院院落居於南北之間，比北方的開闊院落小，比南方的小天井大，且稱呼也有不同。川西北地方稱四合院爲"四合頭"，三合院爲"三合頭"。川東、川南地區又習慣以"天井"來代其稱。天井的多少，是衡量民居規模的標準。長江沿岸的城市又常將天井加蓋，天井的屋蓋高於四圍房屋的屋檐，利於采光、通風，是納涼、休息之佳地，當地人稱爲"亭子天井"。四川的四合院建築，多爲坐北朝南。受環境制約，不能坐北面南時，匠師們就采用前、後、左、右多種開門的方式，保證住宅主體廳堂具有坐北朝南的條件，因此四川民居的門口往往因地制宜，處理得豐富多彩，且爲重點裝飾之部位。

寺廟式建築。一種以中軸綫爲主左右對稱爲特點的院落式建築。寺廟式建築，自漢代隨着佛教的傳入開始興起，到北魏遍及全國，唐宋時期廣泛用於民居建築。四川民居亦受其影響，利用沿江依山丘陵之地形，靈活地築成高低錯落的臺狀地基，主要房屋建在中軸綫上，左右對稱建次要房屋。如受地形所限，亦可靈活布局，左右房屋不一定對稱，院落大小不拘一格。此類民居多爲穿斗式或抬梁式木架結構，歇山式或懸山式屋頂。在重慶地區的少數達官、富商私宅中，常突破封建等級的規定，建有烏頭門、直櫺窗、影壁、迴廊，用木石雕刻裝飾門庭，建成前堂後寢，平面布局爲"日"字形或"王"字形的深宅大院。

園林式住宅。唐代四川民居中出現了宅園建築，明清兩代私家園林更加發達。據調查，它們大部分建於清末民初，因地制宜，利用自然環境，繼承發揚古代園林建築之傳統，汲取西方建築之長，冠以興建者姓氏，取名"×家花園"。其中亭臺樓閣，有主房，有花圃，有傭人宿舍，也有其他次要建築，其共同特點是因地制宜利用環境，在住宅前庭後院留有足够的空間，叠石爲假山，引水做噴池，曲徑飛梁，重閣釣臺，林徑花圃組成住宅、園林爲一體的建築群。清末民初以來，西式建築元素漸漸滲入民居建築中。

山地和少數民族住宅。在四川的廣大山區和丘陵地帶，少數民族因地制宜，建造了豐富多彩的民居形式。苗族的干闌式竹樓和吊腳樓、彝族的土掌房、藏族的碉樓、羌族的碉房，都是四川民居的傳統形式。王其鈞《民居城鎮·四川民居》："四川民居多爲穿斗式屋架。這裏的人們在建造民居時善於利用地形，因勢修造，不拘成法。常常在同一住宅中，地平有數個等高綫。住宅基地的退臺有橫嚮、有縱嚮，造成屋頂高低的配合。加上屋檐一般不高，綠影婆娑，潤澤可悦，使人感到温適而明快。"莊裕光《巴蜀民居源流初探·明清時期》："四川是一個多民族、多文化的融合區，即使是漢族聚居的盆地，也可看到北方封閉型的四合院和南方住宅中的敞廳、敞廊與造型優美的馬頭墻（四川人稱封火墻）的痕迹。"

特色民居

朝鮮族民居

朝鮮族分布於遼寧、吉林、黑龍江等省，集中聚居於延邊朝鮮族自治州和長白朝鮮族自治縣。其村落分布在沿長白山的平川和地勢高爽之處。没有寺廟和其他公共建築，房屋常沿路建築。住房以單體爲主，一幢房屋即一户。絶大部分没有院落和圍墻，不講求嚮陽。住宅平面多爲長方形，一般不設門墻。屋頂多爲四坡水草房，當地稱"四斜面"。大部分房屋建有前廊，用於脱鞋進屋、夏日乘凉休息和放置雜物。按廊的布置，其住房可分爲中廊房、偏廊房和全廊房三種。房間的門窗合一，多作單扇推拉式直欞。各室用推拉門相隔，一般左端爲居室，右端爲厨房、牛房、壁櫥、草房等。居室白天爲起居室，夜間爲卧室，進屋席地而坐，用大面積火地（亦稱"火炕"）取暖，火地比室外地面高20~50厘米，比前廊木地板面低約20厘米。烟囱均設在房屋外面，用木板或磚砌成方形。房屋多建在用土墊起的臺基上，基礎很淺。外墻以木柱爲骨架做成夾心墻或空心墻，薄而不承重。整個屋架由立柱支承梁木，脊檁

朝鮮族偏廊式民居
（王其鈞《民居城鎮》）

立脊柱支撑，梁上以間爲中心按柱網縱横交錯，與柱下地栿相交構成框架。屋頂有草頂、瓦頂兩種。今天城鎮中的朝鮮族民居有很大變化，由於集體居住，往往成排相連且多有簡單小院，但仍然保留着屋身低矮、屋頂坡緩和内部結構不變，不僅其席地而坐卧是漢唐遺風，且其木構框架也保留着我國古代"房倒屋不塌"的傳統做法。陳從周等《中國民居·氈包和暖居》："朝鮮族住房以單體爲主，絶大部分没有院子和圍墻，也不十分注意嚮陽方嚮。住宅平面爲長方形，面積大小依人口多少而定，以一幢房屋爲一户。屋頂常爲廡殿式，一般不設門墻。"王其鈞《民居城鎮·朝鮮族民居》："朝鮮族民居保持了我國唐代以前民居的風格，日本民居的形式與此相近。屋頂常爲四坡水，實際上就是官式建築中的廡殿頂，衹不過没有正脊上的鴟吻和戧脊上的神獸罷了。朝鮮族民居没有窗子，門的格扇做成落地，都爲抽拉門。房前均有廊，進屋時把鞋靴脱在廊上，赤脚進屋，居室則是白天作起居室，夜間作卧室。"汪之力《中國傳統民居概論·中國傳統民居的類型區分》："朝鮮族……其傳統民居通常爲四間長方形平面，一個邊間爲牛棚草庫，兩間爲滿屋鋪設的火炕，其隔壁間設鍋竈，做飯兼燒炕。門窗多不分……屋頂多爲四坡水草房。"

滿族民居

亦稱"東北滿族大套院"。係"暖居"之一種。滿族主要分布於我國東北三省等地，故東北滿族民居是其主要民居形式。其平面布局以三合院或四合院爲主，一般爲内、外兩院。三

合院以正房爲中心，兩側建厢房。厢房分内院厢房與外院厢房。正房不帶耳房，兩旁并列坐地式烟囪。正房和部分厢房前面出廊。全院由二門腰墙或一字影壁（亦稱“院心影壁”）將院落分爲内外兩院。内院房屋以迴廊連通，用一字影壁遮罩上房，不用迴廊及垂花門。大門、二門均建在中軸綫上。正房與厢房互不相連，祇用拐墙、腰墙連成整體。房屋以間爲單位，一般爲三至五間，多者七間。五間者正中開門，三間者亦可開門於一旁。間寬約 3 米，進深通常爲 7 米。無論三間或五間，均以西端盡頭一間爲上房，由主人居住，也是祭祖之地。正中間爲堂屋，堂屋後面爲暖閣，滿語稱“例闡”，供老人暖衣、暖鞋之用。室内兩間卧室的南北大炕相連，南北大炕又與西面火炕相連，形成“冂”形圈炕。西面的火炕位置最尊，稱“萬字炕”，其上供祖宗牌位或用於接待賓客。南北大炕中間用活動隔扇隔開，炕沿懸挂布幔帳，晚間放下，一家老少可對面憩息。東北滿族民居的内外院都很寬敞，房屋布局疏散。院内設有碾房、磨房、糧草倉房等，還可種植蔬菜、果樹、飼養大牲口等，所以大門特別大，多爲“光棍門”或四腳落地大門樓。近代《白山黑水録》載：“滿洲房屋構造之制，南面設堂，設中庭，左右爲厢廡，前面爲客屋，外設衡門，積磚爲墙，室中有炕。”這是清末滿族房屋的布置情況。其中的“衡門”，陳從周等《中國民居》認爲：“這裏提到的‘衡門’，是滿族固有的光棍大門，無論在城市或在農村，都被廣泛使用。這種門，立二根木柱，上架一檁、一枕，都是圓木。”四腳落地大門，是以圓木柱支承屋上梁架，以合瓦壓邊仰瓦鋪頂蓋成的大門樓，俗

稱“瓦門樓”。東北滿族民居均爲木結構，甚至影壁墙也用木板做成。據有關專家調查，在吉林東部山區至今還保留着一種滿族原始住宅的形式：它全部用木板建成，中間夾以鋸末屑，屋頂苫草，在脊部用木杆壓草，杆頭相接連至坡頂交叉。據專家考定，日本的“天地根元造”式建築，就是受這種滿族原始住宅特點的影響而形成的。陳從周等《中國民居·氈包和暖居》：“滿族住宅平面布局主要有三合院和四合院兩種類型。三合院以正房爲中心，兩側建厢房，厢房由内院厢房與外院厢房組成。由二門腰墙或一字影壁把院子分爲内院和外院兩部分。”王其鈞《民居城鎮·東北民居》：“東北滿族大套院，裏面設有碾房、粉房、糧草倉房，甚至種植果樹，開闢菜地，還飼養大牲口。正因爲如此，院門也特別大，常見的兩根立柱的‘光棍門’和四腳落地、兩邊帶有‘倒閘’房間的大門樓。這樣套大車和牲口可以出入自由。”汪之力《中國傳統民居概論·中國傳統民居的類型區分》：“滿族民居……祇有按照滿族傳統習慣，正房不帶耳房，如爲五間房門開在正中，如爲三間門也可開在一邊，室内多設圈炕。兩間卧室南北大炕相連，而連接南北的西炕位置最尊，上供祖宗牌位，名‘萬字炕’。”

【東北滿族大套院】

即滿族民居。此稱多行用於現當代。見該文。

維吾爾族民居

維吾爾族是我國少數民族之一。古代曾稱袁紇、韋紇、回紇、回鶻、畏兀兒等。公元前 3 世紀，維吾爾族的先民就游牧於我國北方和西方，788 年改稱“回鶻”，并於 840 年西遷後

定居於西域，與當地的漢族和其他民族長期互融，逐步形成今天的維吾爾族，分布於全疆各地，主要聚居在烏魯木齊、喀什、和田、阿克蘇、吐魯番等地。自兩漢魏晋設校尉駐屯高昌故城（今吐魯番東約30公里哈拉和卓堡西南）時起，就建造土坯拱券民居，到清代民居建築的傳統形式已基本定型。以夯土爲牆，土坯起券，木柱包在土牆内，上承矩形木梁，梁上密排半圓木肋，用草泥封抹屋頂的土木結構；土拱平頂；院落組合的内嚮和封閉性；平面布局的自由靈活是其共同特性。各地區的不同民居又各不相同，但主要是土坯平頂房和窰洞式土拱半地穴式樓房。土坯平頂房多分布於以喀什爲中心的南疆地區，大都是一層或兩層木構建築，底層設地窖或地下室。方方正正的土坯平頂房圍成一個院落，大門入口矮小，很少向外開窗，外表無裝飾。住房大都有兩米以上寬的外廊，門窗均開向外廊。兩層平房的樓梯設在庭院内，庭院的一角常有土炕，供家人或客人小憩。夏天則可在庭院頂上搭起涼棚，供户外活動和乘涼。此類住宅早期爲前後室單元式，現在逐步發展爲有專門客室，再配以外廊、廚房、儲藏室、圈房等附屬建築。前室、客室和

吐魯番葡萄溝土坯平頂民居
（王其鈞《民居城鎮》）

外廊既爲户内交通中樞，又可接待賓客，後室爲卧室。較大的住宅還可建成迴廊式。和田一帶的此類民居，院落頂上都封閉起來，四周設天窗，以供院落采光，院落頂高位於四周的屋頂，當地稱爲"阿以旺"。窰洞式土拱樓房主要分布在吐魯番一帶的地區，住宅建在庭院中部，分爲前後院，前院綠化，以起居待客、休息爲主；後院爲雜務飼養之地。住房一般爲"下窰上屋"的二層樓，底層窰洞爲半地下室，牆體很厚，前牆設窗。樓地面（或屋頂）以土坯砌拱，常爲三四跨聯拱。上層樓爲木土結構，平面形式爲并列式加套間，以室外土臺（或磚砌）樓梯上下。有時以土拱作半地下室，拱頂上再建平房。有時一個跨度很大的土拱，上面是院落，可供乘涼和休息，下面是道路可行走。有時還可在房頂上建帶有風眼的晾房。陳從周等《中國民居·土坯平頂民居》："喀什民居大都是一層或兩層木構架的土坯平頂房，底層設有地窖或地下室，大門入口矮小，整幢住宅外表毫無裝飾。爲了防風沙，很少向外開窗。"又："土拱民居以前室和後室相結合，附以廚房、馬厩等，進深一般約四米，多做成封閉式院落，内部布置自由。多數爲半地下室的兩層建築，樓面是土坯砌券的拱，屋面一般用木椽條，鋪葦蓆，用疏鬆乾土作保温層，面上再塗以草泥。"王其鈞《民居城鎮》："維吾爾族的土坯平頂住宅也淹没在這黄色蒼茫之中，這裏除生活富裕的人家用磚修建之外，一般人家就地取材，用土坯修造。以土坯外牆和木架、密肋相結合的結構，依地形組合爲院落式住宅。在布局上，院子周圍以平房和樓房相穿插。維吾爾族建築空間開敞，形體錯落，靈活多變。"汪之力《中

國傳統民居概論·中國傳統民居的類型區分》：
"新疆吐魯番……盛行土拱式樓房民居。施工時
先挖樓房底層地下土打坯，再利用控出的窖地
建半地下的券式土窯。拱券跨度爲 3 ~ 3.5 米，
分三至五開間。這種半地下建築既能抗熱又增
加拱券的堅固性，非常適合當地的需要。"

阿以旺

維吾爾族民居的一種。是一種土坯平頂樓
房圍成的半封閉式庭院建築，以南疆的和田爲
代表。張國良等《維吾爾族民居建築風格及其
保護·維吾爾族民居的地方特色、民族風格》：
"'阿以旺'式民居。以南疆和田爲代表，這是
一種古代即在昆侖山北麓的東部地區盛行的形
式，是一種敞開的室外活動場所，向室內過渡
的半封閉式'庭院'建築。多功能用房圍繞它
自由布置，是接待客人、舉行婚慶宴請和小型
歌舞的主要場所，也是家庭共同的起居室。"王
其鈞《民居城鎮》："和田民居的院落頂上都封
閉起來，院落頂高位於四周的屋頂，這樣院落
頂的四周設以天窗，以供院落采光。這種院落
頂的形式，當地人稱爲'阿以旺'。"

蒙古包

中國蒙古族、哈薩克族、塔吉克族等族適

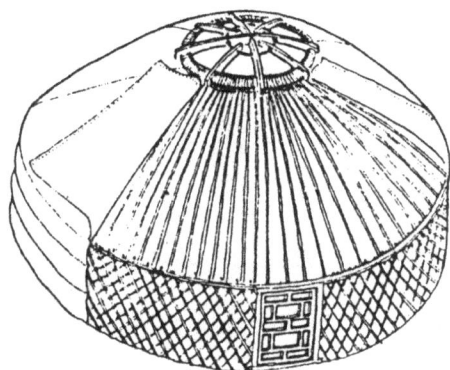

蒙古包
（劉致平等《中國居住建築簡史》）

應游牧生活便於移動的傘頂圓柱形帳篷住宅類
型。平面呈圓形，以木條編爲骨架，外覆羊皮
或毛氈，用毛繩從四面繫住，頂端中央留天窗
采光、通風及排烟。蒙古包即漢代之"穹廬"。
故其至遲於漢代即已出現，到遼代已與今天的
形式極似，至今仍沿用。劉致平等《中國建築
類型及結構·分類論述》："蒙古包——即蒙古游
牧民族常用的活動房子。它可以隨意拆裝，輕
便靈活，極易搬動。每包圓徑可三四米或更大。
正中置火爐（上有出烟口），四周圍爲坐卧處。
牆壁用木條編成如籬笆牆，頂上用木條如傘蓋
可隨意安拆。"汪之力《中國傳統民居概論》
（下）："蒙古包：滿語稱'屋'爲'包'，蒙古
包乃蒙古族適應游牧需要而搭建的氈棚。一般
爲圓形，上爲傘形氈蓋，下爲圓筒氈牆，用毛
繩從四面繫住，頂端中央留天窗采光、通風及
排烟。"陳從周等《中國民居·氈包和暖居》：
"最具代表性的蒙古族氈包是圓筒形帶尖頂的帳
篷。在古漢語裏，把中間隆起而四周下垂的形
狀稱爲'穹'，把居室稱爲'廬'，故古代稱氈
包爲'穹廬'。漢語作'蒙古包'。稱謂始於清
代，現已成爲氈包的代名詞。在蒙語中，蒙古
包被稱爲'蒙古勒格'或'班布克格爾'。"

冬房

蒙古包之一種。即在帳篷外用土塊、石塊
等壘成矮牆，用樹枝雜木搭成屋頂，冬季居住
比較暖和，故名。此種民居於 7 世紀左右出現
在農牧結合地區，至今四川甘孜、阿壩，青海，
西藏那曲、安多一帶牧區仍然采用。陳從周等
《中國民居·氈包和暖居》："在半農半牧區還有
一種固定式蒙古包。它以柳條和泥土爲覆蓋物，
外形與一般氈包毫無差异。"又："把房屋的外

形作成圓平頂，四周土坯牆圍繞，平面雖近方形，屋頂仍用圓形，極似氈包。”

拂廬

藏族人祖先吐蕃人所居之氈帳。《舊唐書·吐蕃傳上》：“其國都城號爲邏些城。屋皆平頭，高者至數十尺。貴人處於大氈帳，名爲拂廬。”又《高宗紀上》：“辛未，吐蕃使人獻馬百匹及大拂廬可高五丈，廣袤各二十七步。”《新唐書·吐蕃傳上》：“其贊普居跋布川，或邏娑川，有城郭廬舍不肯處，聯氎帳以居，號大拂廬，容數百人。其衛候嚴，而牙甚隘。部人處小拂廬，多老壽至百餘歲者。”宋高承《事物紀原·舟車帷幄》：“拂廬，《唐書》：吐蕃處於大氈帳名拂廬，高宗永徽五年獻之，高五丈，廣袤各二十七步。其後豪貴稍以青絹布爲之，其始以拂廬於穹廬爲號也。宋朝每大宴犒，亦設於殿庭，曰拂廬亭。此蓋其始也。”

藏族民居

藏族的民間住房。藏族分布於西藏、青海、甘南、川北、川西等地，其民居隨地區不同而不同。主要有帳篷、碉房和方室三種。碉房主要分布在青、康、藏高原地區（詳見“藏族碉房”文）。方室主要分布在拉薩和較平坦地區。用較厚的石牆或土坯牆承重，牆中包木柱，柱上替木承托大梁，梁上密排小梁（或稱椽），上鋪木板，板上鋪卵石，再以紅土灌漿，最後鋪兩層“阿嘎土”，夯實後上油蠟。平頂四周建女兒牆，嚮陽面開窗。門窗均出挑小檐，在狹長窗上添置上窄下寬的黑色窗套，檐上懸掛紅、藍、白三色條形布幔，女兒牆飾以黑色的腳綫，轉角插“幡”。在城鎮的方室雖爲平頂，大都有院落或天井，樓房圍繞天井而建，用土牆把生活區和牲畜分隔開。現在的集鎮藏族民居門窗都很大，以便做生意。陳從周等《中國民居·石構民居》：“在平坦聚居區或城鎮，藏族住宅大都設有院落或天井，樓房圍繞天井而建造，用土牆把生活區和牲畜分隔開。設有院子的住宅，炕竈一般是突出在院裏的小屋，它唯一的門是朝院子開啓而不是朝室內開啓。”王其鈞《民居城鎮·藏族碉房》：“西藏那曲民居外形是方形略帶曲尺形，中間設一小天井。內部精細雋永，外部風格雄健。”汪之力《中國傳統民居概論·中國傳統民居的類型區分》：“甘青藏居木構土牆有‘內不見土，外不見木’之稱。厚土外牆微有收分，不開窗。建築多1～2層，平頂、密肋，土打牆內包木構框架，屋內牆面、天棚、地板以及壁櫥均用本色木料。院落組成屋有上下院、高低院之分。”又：“拉薩地區普通藏族民居祇是2～3層，均爲平頂，天井或有或無，外觀亦是方形，房屋分間長寬各4米，高僅2.2米，因名‘方室’。”藏族的帳篷是氈包的一種，主要用牦牛皮或氈皮做成，下部是齊膝的泥牆，用木柱支架頂住篷蓋，再用矮泥牆把帳篷分隔成幾個區，中央設祭壇。搬遷時

西藏碉房式住宅
（劉致平等《中國居住建築簡史》）

祇把頂篷和主架帶走。其頂蓋結構和氈包同。

藏族碉房

碉房的一種主要形式。是一種石構民居。主要分布於青、川、藏高原地區，用乳石堆砌或土築厚牆，內部以木架構成樓房，平頂。一般高二三層，少數高五六層。三層較多，底層飼養牲畜、堆放草料及雜物，二層爲廚房、儲藏室和臥室，三層以經房爲主（也有設臥室的），附以曬臺和厠所。無論樓層多少，經堂均設在頂層。也有經堂與臥室共室的。二層以上的碉房均設置地板，各層間用木梯或石梯相通。底層通常不設窗，祇開通氣孔。二層以上嚮陽面開窗。每層木梁均伸出牆外，房屋四角牆上、屋頂、大門上常有嘛呢旗杆，節日裏貼上各式彩紙，表示慶賀。陳從周等《中國民居·石構民居》："藏族碉房一般背山面水（或路），高二三層，有少數高五六層的大型住宅。"汪之力《中國傳統民居概論·中國傳統民居的類型區分》："四川阿壩及西藏一些地區石材豐富，有些藏族及羌族莊園石砌牆體高達 3～4 層，有的雖在外牆開窗，挑出木陽臺，但建築整體外觀有似碉堡，通稱'碉房'。"

康房

四川西部藏族民居的一種。藏族方室和井幹式民居的結合，其基本特徵是土牆或木柱承重，多爲兩層，底層飼養牲畜或存放雜物，二層用圓木、半圓木或方木橫壘，轉角處相交如井口，當地稱"棒殼"式。二層住人。外加土牆圍護，故名。

羌族民居

分兩種，一種是"羌族碉房"。羌族是我國少數民族之一，主要分布在四川阿壩及綿陽北川等地。主要從事農業，兼事畜牧業。其民居爲典型碉房，常建於山坡上，全部用山石壘起。多采用錯層、叠落等手法，呈階梯狀分布。居住房屋主要由牲畜圈、照樓、儲藏室等組成生產用房，竈房、臥房等組成生活用房。一般爲二層、三層樓房，三層較多。底層作飼養牲畜之用。二層是家庭生活中心，設正房、竈房、儲藏間和臥室。頂層靠後處起一排敞廊，稱"照樓"，它與前面的平屋頂構曬臺一樣，是户外活動場地。外牆一般不設窗，祇在屋頂置通氣孔。一般不建圍牆，而於住宅周圍植樹。但在寧夏、甘肅的羌族碉房，也有用土牆建成的碉房，這種土牆是用當地的一種特殊土磚——"法拉"砌成，形式與石築的相同。陳從周等《中國民居·石構民居》："羌族擅長掘井和石砌技術，婦女善於挑花。聚居在四川茂汶、松潘的羌族的民居，是典型的碉房，全用山石壘起，多數爲二層、三層樓房，造型獨特。羌族村寨建在山區及半山區，每個村寨都有高大的碉樓，用來防禦，古時稱'邛籠'。現在他

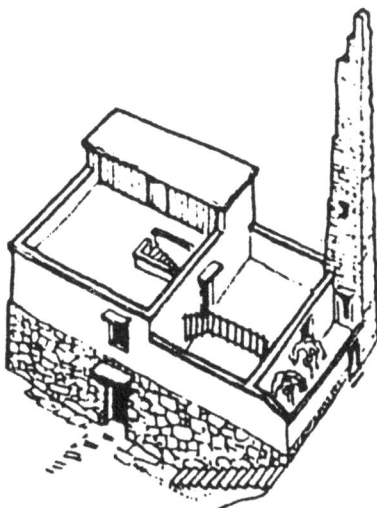

四川羌族民居
（劉致平等《中國居住建築簡史》）

們仍稱碉房爲邛籠。"郁林等《四川茂縣地區羌族傳統民居初探》："羌族民居以 2 ~ 3 層居多，而某些地區利用堡坎跌落的空間層數可達四層之多。"羌族民居的另一種形式是"氈包"，亦稱"氈帳"。陳從周等《中國民居·氈包和暖居》："氈包是一種圓形的活動房屋（也有少數方形的），我國的蒙古族、哈薩克族……羌族等，都采用這種民居。塔吉克族放牧時也住氈房。羌族則住氈帳。"

彝族土掌房

彝族民居形式。一種夯土牆承重、平屋頂，室內用木柱、木棱構成平頂框架，上鋪柴草，再以草泥抹頂的簡單民居。汪之力《中國傳統民居概論·中國傳統民居的類型區分》："雲南彝族土掌房分布地區也比較廣泛，紅河地區帶內院，沅江地區無內院，有局部樓房，平頂、密肋，用料以土爲主，均與藏居相類似。唯土掌房樓下不開窗，平頂衹有邊沿而無女兒牆，比較簡易。"

【土掌房】

即"彝族土掌房"。見該文。

傣族竹樓

亦稱"傣族住宅"。干闌式竹樓。傣族是我國少數民族之一，古代稱撣、金齒、白衣、白夷、擺夷等。主要分布於雲南的德宏、西雙版納、耿馬、孟連等地。傣族竹樓是典型的干闌式建築，以竹木椿（或柱）架空，建成下層無遮攔的樓房，樓上設堂屋、前廊、曬臺，設樓梯上下。歇山屋頂，短脊，坡陡。其規模大小常以底層木柱根數表示。一般民居五至六排、四十至五十根柱，多者可達八十根。竹樓大多由主房一幢，也可附建輔房或干闌式穀倉，組成開放式院落。爲適應一夫一妻、幼子繼承的民俗，規模不大的獨院竹樓，是今天傣族竹樓的主流。陳從周等《中國民居·干闌式民居》："傣族竹樓是干闌式建築的典型……一般由樓上的堂屋、臥室、前廊、曬臺（當地稱'展'）、樓梯及樓下的架空層組成，周圍有竹林果木。屋頂爲歇山式，脊短，坡陡，俗稱'孔明帽'。傳說三國時諸葛亮（字孔明）到達傣族地區，傣家人向他請教怎樣蓋房，諸葛亮在地上插幾根筷子，脱下帽子往上一放，説：'就照這樣子蓋吧！'"王其鈞《民居城鎮·干欄式民居》："〔傣族竹樓〕其實竹樓也是一種干欄式建築……樓上有前廊、曬架、內室三部分。前廊是民居活動之處，內室一般爲一通間。"汪之力《中國傳統民居概論·傣族干欄竹樓》："傣族聚居在雲南南部西雙版納與德宏地區……民居爲干欄式竹樓……竹樓規模由立柱多少決定，通常柱距 1.5 米，前後 5 ~ 6 排，排距 3 米，用柱 40 ~ 80 根。"

客家土樓

客家人創建的一種聚族而居的集體住宅形式。中國傳統民居之一種。其平面布局主要是以縱軸綫的上、中、下三堂爲中心，左右對稱加橫屋或附加建築，其平面有方形、長方形，圓形和前方後圓形。其建築形式分三堂屋（包括大夫第、五鳳樓）、方形土樓、圓樓（包括環形土樓）和圍龍屋。其特點是土牆高厚，出檐大，青瓦木架，院落重疊，具有很強的防護性能。客家，係指客居南方的中原漢人。西晋永嘉年間，黃河流域的一部漢人爲避戰亂南渡至福建的龍巖、漳州和廣東的梅州、潮汕一帶。唐末及南宋末年又有大批漢人南遷至贛閩及粵東、粵北等地，爲區別當地居民，被稱爲客家人。客家人往往聚族而居，創建了客家土樓住宅，引起了國內外建築學家的極大關注。陳從周等《中國民居·土樓》："土樓，通常稱之爲'客家土樓'，認爲是客家人創造的一種民居建築形式……土樓大體上可分爲三類：三堂屋、方樓、圓樓……"汪之力《中國傳統民居概論·中國傳統民居的類型區分》："漢晋代由於中原地區戰禍頻繁，大量漢人幾度南遷到閩粵地區，名爲'客家'。客家人爲了互助及自衛，常聚族群居并建堅固的圍牆。民居形式乃從天井小院演變發展成爲多種的群居大院……總之土樓本身就是嚴密的防衛工事。"

白族民居[1]

白族，我國少數民族之一。係唐宋時期"白蠻"之後裔。元明史籍稱"白人"或"僰人"，明清時期稱"民家"，納西語稱"那馬"。自稱"白子""白尼"。主要聚居於雲南大理地區。其民居的主要形式爲"三坊一照壁"，一色白墻灰瓦，大屋檐磚木庭院，平面布局頗似北京四合院，祇是均爲兩層樓房且比四合院高大。

苗族民居

苗族通常幾十户、百餘户聚居組成村寨，曰"苗寨"。苗寨多處於山坡或隱蔽處，寨內民居以多種方式拼接成群：或以成對房屋組成院落，或單幢住宅間用樓梯連成一排，或單開間拼連。各宅平列沿等綫高折地勢布列，組成三合院或四合院。寨門通常爲"八"字形。寨內一般以一株高大的楓樹爲"保寨樹"。苗族民居屬干闌式建築，即高樓式干闌建築——吊脚樓和低樓式干闌建築——干闌式木樓。苗族吊脚樓多建於山坡上，一般分爲上下兩級，前爲樓房，底層架空；後爲平房，建於地面上。前邊樓下用木板圍築，有時還可分隔成幾間，分別飼養牲畜和堆放物品。樓前常用1米多高的木欄杆圍擋，形成走廊。還可設懸窗，供休息或納凉。樓前不設大門，祇從房後小門出入。樓邊上下兩層之間砌臺階式踏道或小木梯，經屋後進房或上樓。一般樓上設卧室。距住房不遠處建圓倉，儲存糧食。干闌式木樓多爲二至三層，一般爲五柱排架穿斗式結構，三至五開間，三至五架進深。均設前後廊、過廊及大出檐。且多懸空出挑帶披厦。有時還在二、三樓層之間開樓井，以便通風和采光。底層爲半靠崖坡或全部架空，不封閉或半封閉，用以飼養牲畜和堆放物品。樓上中間爲客廳，兩側爲卧室或閨房。從前廊伸出竹架的凉棚，供洗漱及曬衣物之用。房屋木構架均以榫卯連接，普遍運用出挑，空間處理靈活，立面極富變化。建築類型相同，形式却很少相同。陳從周等《中國民居·吊脚樓》："苗族吊脚樓一般分爲上下兩級，前面爲樓房，後面爲平房。兩級高差2~3米。前半間用木立柱支撑在下一級地基上，在立柱上建樓，樓層同後半間在同一水平面上。樓層的木地板與後半間的石鋪地相接在一起，這是吊脚樓室內的特色。"又《干闌式民居》："苗族干闌建築……是低樓式干闌建築。樓上中間爲客廳，兩側爲住房或閨房。底層多放農具雜物，有的豢養牲畜家禽。"汪之力《中國傳統民居概論·中國傳統民居的類型區分》："木構的干欄民居以廣西、湖南、貴州交界的壯族、侗族、苗族爲代表，在我國傳統民居中有突出的成就。"

干闌式住宅

干闌，亦作"干蘭""干欄"。我國南方少

數民族的傳統居住形式之一，亦是我國傳統民居的主要形式之一。以木柱承托架空居住面而建造的房屋。産生於新石器時代早期，距今約一萬年。流行於長江流域及潮濕多水地區。係由原始的巢居演進而成。中國科學院自然科學史研究所主編《中國古代建築技術史·原始社會時期的建築技術》："干闌式建築産生於沼澤地帶，先爲椿式，進一步發展，在稍乾燥的地段或坡地上建築，因其不易打椿，則改爲栽柱架屋的干闌。這在浙江、江蘇一帶的遺址中（河姆渡遺址、草鞋山遺址等），有明確的現象。"考古資料表明，浙江餘姚河姆渡遺址的早期建築——干闌式長屋，是目前所知我國最早的干闌式建築，距今約六千至七千年。在四川廣漢的古建築遺址中，也發現了距今四千至六千年之久的干闌式建築。在雲南祥雲大波那村的戰國墓中也出土了兩個干闌式小銅房子。在廣州漢墓明器中也有干闌式住宅模型出土。另外，在雲南劍川海門口商代文化遺址中，出土了二百多根密集的松木椿柱和四根松木橫梁。橫梁的一面平整，另一面兩端有榫槽，顯然是固定於椿柱之上所用。專家推定其上鋪樓板再建屋，是一種原始形式的干闌式建築。《魏

書·獠傳》："依樹積木，以居其上，名曰'干闌'，干闌大小，隨其家口之數。"《舊唐書·西南蠻傳·南平獠》："土氣多瘴癘，山有毒草及沙虱、蝮蛇。人並樓居，登梯而上，號爲'干欄'。"結合考古資料不難看出，古代的干闌式建築一開始就有兩種：一種爲積木架屋，人居其上；一種爲椿柱承重架屋其上，下部架空，飼養牲畜或堆放雜物，樓上住人。前一種因費料且不適用而逐漸淘汰，後一種流傳下來成爲干闌式建築的主流。今天西藏昌都珞隅地區仍有類似的民居建築。我國的雲南、貴州、廣西、海南的苗族、傣族、德昂族、景頗族、布依族、侗族、壯族以及臺灣的高山族等至今仍以干闌式爲主要居住建築之一。但今天的干闌式建築，乃泛指以竹或木爲柱梁建成的下層無遮攔的樓房，其上層住人，下層飼養牲畜或存放物品。陳從周等《中國民居》甚至認爲："傈僳族的竹篾房（又稱'千腳落地'），哈尼族的'蘑菇房'，黎族的'船形屋'，獨龍族的矮腳樓房，納西族的井幹式民居等，雖各有特點，但

漢代干闌式構造
（江蘇銅山畫像石）

貴州水族干闌式民居
（王其鈞《民居城鎮》）

大體也可以歸入干闌式這一類型。"(《中國民居·干闌式民居》)王其鈞《民居城鎮·干闌式民居》依據干闌式民居下層透空柱梁空間的高度，將其分爲高樓式和低樓式。但其基本特點不變。陳從周等《中國民居·干闌式民居》："干闌式民居就是由原始巢居發展而來的。在中國崎嶇的山林中、大小坝子上，有一種傍山臨溪，用竹木建造的住宅，它下部架空，隨地勢自然錯落，通常稱之爲'干闌'，亦作'干欄'。"王其鈞《民居城鎮·干闌式民居》："干欄式住宅的特點是用竹或木爲柱梁搭成小樓，上層住人，下面作牲畜圈或儲存雜物之用。"汪之力《中國傳統民居概論·中國傳統民居的類型區別》："南方炎熱與濕熱地區，爲安全、防潮與通風，民居多采用下部架空的干欄建築。"

【干蘭式住宅】

同"干闌式住宅"。見該文。

【干欄式住宅】

同"干闌式住宅"。見該文。

吊脚樓

亦稱"高樓式干闌"。是我國西南苗、侗、土家等少數民族的傳統民居形式之一。多建於傍山依水之地，用木柱（椿）支撐於山坡陡崖，與後面坡地形成較大平面，其上建樓，前部架空，後部落地，形同懸吊而得名。有專家認爲它是干闌式建築的特殊類型，亦不爲過。此類建築是爲擴大建築面積，以因地制宜爲要，無固定程式，各地各戶不同。湖南西部武陵山區土家族的吊脚樓，正屋兩邊對稱懸托出二至三間橫屋，橫梁對穿，樓臺凌空而立。繞樓建有用一排懸空廊柱支撐的曲廊。臨水的土家族吊樓，則向江河水面挑出梁柱，接地建樓。苗族

吊脚樓多建於山坡上，一般分爲上下兩級，前爲樓房，後爲平房。前半間用木立柱支撐在下一級地基上，在立柱上建樓，樓層同後半間在同一水平面上。前坎較高，樓前用1米左右高的木欄杆圍成走廊。一般前面不設大門，祇從後面小門出入。一般樓上爲卧室。距住房不遠處建圓倉，儲存糧食。圓倉常凌空建於木架上，古代稱高架圓倉，在漢代明器中曾有發現。陳從周等《中國民居·吊脚樓》："吊脚樓是我國西南傍山依水地區，用木柱（椿）支撐建樓，下層懸空，樓層前面爲樓，後面落地或層層凌高的民居，也有人稱之爲"高樓式干闌"。汪之力《中國傳統民居概論·中國傳統民居的類型區分》："山地民居通常的設計手法是利用山的坡度或分層建築使屋頂逐層升高；或利用不同高度的地面而統一屋頂高度，前兩層而後一層，如布依族的'半邊樓'；或懸挑，或吊脚，如苗族的'吊脚樓'，下存物而上住人。"

【高樓式干闌】

即吊脚樓。此稱多行用於近現代。見該文。

碉房 [1]

藏族、羌族的民居類型之一。多分布於青藏高原及內蒙古部分地區，以塊石或亂石壘砌厚墙，內部以密排木梁構成樓層，平頂。一般高三四層，亦有高十幾層如高塔的，平面方正，厚實穩重，形如碉堡，故稱碉房。三四層的碉房一般底層飼養家畜，上層住人，頂層可作經堂或曬臺。碉房在漢初已見記載。《後漢書·西南夷傳·冉駹》："皆依山居止，累石爲室，高者至十餘丈，爲邛籠。"唐李賢等注："按今彼土夷人呼爲'雕'也。"據此，碉房在漢初就已存在。而碉房之名稱至遲在清乾隆年間就已出

現。高塔式的碉房則多分布於四川的大、小金川地區。劉致平《中國建築類型及結構·分類論述》:"碉房——即常見的喇嘛教式建築。常用在青藏高原地區,以塊石或亂石壘砌,有高三四層的,也有高十幾層如高塔的。因爲它外觀很像碉堡,所以叫碉房。"《明史·李應祥傳》:"是役也,焚碉房千六百有奇。生擒賊魁三十餘人,俘馘以千餘計。"清陸次雲《峒谿纖志·松潘苗》:"松潘,古冉駹地,積雪凝寒,盛夏不解。人居累石爲室,高者至十餘丈,名曰碉房。"清王鳴盛《十七史商榷·後漢書十·雕》:"今四川徼外大金川、小金川諸土司有碉房。"王其鈞《民居城鎮·藏族碉房》:"碉房是青、康、藏高原以及內蒙古部分地區常見的居住建築形式。從《後漢書》的記載來看,在元鼎六年(111)以前就有存在。這是一種用亂石壘砌或土築的房屋,高有三至四屋。因外觀很像碉堡,故稱爲碉房。"陳從周等《中國民居·石構民居》:"碉房是居住在西藏、青海、甘肅、寧夏及四川北部高原地區的藏族、羌族、土族、撒拉族等民族的住宅建築。一般用亂石堆砌厚牆,内部以密排木梁構成樓層,適應當地雨量稀少、氣候乾燥的情况,都用平頂。因外形類似碉堡,故名。"

碉樓

碉房的一種形式。平面多方形,一般爲二至四層,是防禦性建築。碉樓始建於漢代,原係大宅院的望樓或譙樓,供瞭望或報警用,後被廣東僑鄉民居采用。僅廣東開平至今尚存碉樓一千四百多座。考古資料和大量漢代明器陶樓表明,碉樓在漢代多建於北方大地主貴族的大宅院中,甚至每家必有一座。這種碉樓多

甘肅武威雷臺東漢墓出土緑釉陶碉樓
(《文物》1983 年第 4 期)

爲三至五層,雙開間或單開間式,每層常是上有屋檐,下有平座欄杆,有的還施彩繪。自漢代以來,藏族、羌族等少數民族在青藏高原及内蒙古部分地區以塊石或亂石砌築高三四層的碉房爲居住房屋,至今猶存。廣東僑鄉的碉樓就是由碉房發展而來。王其鈞《民居城鎮·廣東民居》:"碉樓是廣東另一種富有特色的住宅式形式,僅開平縣目前還保留了一千四百多幢……碉樓如碉堡一樣有牢固的外墙,但又像炮樓一樣高聳。一旦有强盗來犯或洪水侵襲,房主可以憑樓固守。"

毹帳

亦作"氈帳"。用毛毹製作的帳篷。古代北方游牧民族以之爲居室。詳見本卷《離宮帳幕説·帳幕考》"氈帳"文。北齊顏之推《顏氏家訓·歸心》:"昔在江南,不信有千人毹帳。"唐封演《封氏聞見記·花燭》:"毹帳起自北朝穹廬之制,請皆不設,惟於堂室中置帳,以紫綾幔爲之。"元馬致遠《漢宫秋》楔子:"氈帳秋風迷宿草,穹廬夜月聽悲笳。"清納蘭性德《唆龍與經巖叔夜話》詩:"誰持《花間集》,一燈毹帳裏。"

【氈帳】[2]

同“氊帳”。此體唐代已行用。見該文。

井幹式住宅

亦稱“木棱房”。內外墙體均用木料層層相壓，轉角處十字相交，木縫內塗以泥漿建成的住房。它是我國古代民居之一種。在雲南晋寧石寨山奴隸社會遺址中（它的絕對年代相當於漢代）發現了一批銅造建築模型和銅器上刻畫的建築圖樣，從中得知當時的井幹式建築爲內外墙體均用剝皮之圓木或方木層層垛起，木棱接觸面做成深槽，利於疊緊穩固并防水。因此，井幹式建築最早見於漢代，始於奴隸社會晚期。今天，在我國的東北、新疆、雲南等地的林區仍有此類建築，其屋頂多爲懸山式。王其鈞《民居城鎮·井幹式民居》：“井幹式和干欄式一樣，也是我國古老的建築形式之一……目前我國主要在東北、新疆和雲南等林區有這種建築。屋頂基本爲懸山式。有的爲了防風，有縫處抹泥以防風寒。”中國科學院自然科學史研究所主編《中國古代建築技術史·封建社會時期建築技術的發展概論》：“‘井幹’式在奴隸社會時期初期出現過，封建社會時期在局部地區仍有采用，但沒有得到發展。”又：“井幹是一種早期的結構形式，在雲南晋寧石寨山發掘的奴隸社會遺址（它的絕對年代相當於漢代）出土了大量銅器，其中有一批銅造的建築模型和銅器上刻劃的建築圖，都表現出井幹結構。現時在森林地區仍然使用着這種形式的建築，它大致保持着傳統的形式。在某些特定的建築上也常被應用——如糧倉。”汪之力《中國傳統民居概論·中國傳統民居的類型區別》：“井幹民居：此類民居多在林區，用原木或棱木層層相叠構

成墙圍，狀如井壁，故名井幹。雲南寧蒗納西族用木板樹皮搭成簡單的井幹民居，當地稱爲‘木羅羅’者，通常要求在一日內建成。現在寧蒗永寧地區已將井幹民居組成三合、四合院。如該地區的納西松宅正房高大，中間爲堂屋主婦住所，亦即公共活動中心，堂屋周圍爲庫房、糧倉及厨房。”又“普米族與納西族比鄰，他們居住的‘須利王’也是兩層的木棱房。”陳從周等《中國民居·幹闌式民居》：“雲南麗江地區永勝、寧蒗一帶納西族、彝族井幹式民居（當地稱木棱房、垛木房、“斯魯伊誇”），以及普米族木結構二層樓房（也稱木棱房），傈僳族常住的木壘房，也可以歸入干闌式……納西族木棱房多數爲四座房屋組成大小不同的四合院，也有二幢或三幢組合成的院子。”

【木棱房】

即井幹式住宅。此稱多行用於近現代。見該文。

窰洞式住宅

利用山崖或黃土高原斷崖挖洞築成的窰洞或土屋住房。是我國黃土高原等地區的傳統民居形式。主要分布於陝西、山西、甘肅、河南、

陝北窰洞
（王其鈞《民居城鎮》）

寧夏、内蒙古、青海、河北等省區，是漢族住宅中一個特殊系統。按其分布密度可分爲冀北窯洞區、寧夏窯洞區、豫西窯洞區、晋中南窯洞區、陝西窯洞區和隴東窯洞區等六個地區。通常以陝西延安和河南鞏義的窯洞爲代表。按建築布局和結構形式，又可分靠崖式、下沉式和獨立式三種形式。靠崖式窯洞又有靠山式和沿溝式兩種。人們利用天然山崖或黄土斷崖溝壁壁面開鑿橫洞，常數洞相連，或上下數層。有的在洞内加砌磚券或石券，以防泥土崩塌。有的則在洞外砌磚牆以保護崖面。規模較大的還在崖外建房屋，組成院落，稱爲靠崖窯院。下沉式窯洞是在平坦的崗地上，就地挖掘一個方形或長方平面地坑，然後再沿四壁開挖窯洞，形成一個四合院，稱爲地坑窯式或天井窯。這種窯洞常以各種形式的階道通至地面。大型地坑院有兩個以上相連。在布局上仿照北方四合院正房三間的格局，有厨房和貯存糧食的倉庫、飲水井、滲水井以及飼養牲畜的棚欄。河南鞏義一帶多此類窯洞。獨立式窯洞是一種用土坯或磚石構築的拱式覆土窯洞。此類窯洞常用土坯拱結構。土坯拱用於屋頂，結構與屋面一體，或用於門窗過渡，也有多跨連續拱。拱做成半圓形或抛物綫形。拱頂與夯打牆連接在一起，端部加厚，拱頂用泥漿粉刷，每年更換。拱式窯頗多樓房，稱爲"窯上窯"。窯洞一般寬3米，深5~20米，分爲前後兩室，前室爲堂屋和厨房，後室爲卧室。沿崖式窯洞有的還在窯壁上挖龕洞，砌放炕床，或者凹入牆内設櫥架。甚至還有將龕洞擴大與窯身垂直的拐窯。窯洞之間還可以設通道相連。窯洞式住宅是上古穴居的發展，考古資料表明約當新石器時代晚期就有類似的居室。陳從周等《中國民居·窯洞》："前幾年考古工作者在寧夏回族自治區海原縣西安鄉菜園村的山坡上發現了一座四千多年前新石器時代的窯洞遺址。遺址由居室、門道、場地三部分構成。居室的窯洞頂部四周開裂并已塌落，但仍保持穹窿形。"《隋書·東夷傳·靺鞨》："靺鞨，在高麗之北，邑落俱有酋長……所居多依山水……地卑濕，築土如堤，鑿穴以居，開口嚮上，以梯出入。"這或許是已具窯洞性質的地穴。"窯洞"一詞明代已行用。明楊巍《過青蒿鎮》詩："黍禾將歲暮，窯洞幾人家。"明楊一清《關中奏議·馬政類》中亦有"苑官多僦屋而居，或宿窯洞"之語。其時"窯洞"甚簡陋。真正優越的窯洞住宅還是現代所建，人們不僅追求外觀美，且注重洞内裝飾。近年來還建成了趨於現代化的窯洞住宅，依然是黄土高原地區人們理想的民居。據國内外科學家研究認定，窯洞住宅濕度比較穩定，冬暖夏涼，外界噪音和大氣污染輕，最適宜人們生活。據統計，在陝西榆林和延安地區的新建民房中，有半數以上是窯洞住宅。窯洞建築業已引起世界建築的注意。王其鈞《民居城鎮·窯洞》："但從建築的布局結構形式上劃分可歸納爲靠崖式、下沉式和獨立式三種形式。靠崖式窯洞有靠山式和沿溝式，窯洞常呈現曲綫或折綫型排列，有和諧美觀的建築藝術效果。"陳從周等《中國民居·窯洞》："窯洞是我國祖先開發地下空間的一大創造……是漢族住宅中一個特殊系統，并且占據相當重要的地位。"

錮窯

亦稱"拱式覆土窯洞"。窯洞住宅之一種。它是在地面用土坯或磚石建造的一層或二層拱券式窰洞房屋。用幾座錮窰組成的院落，謂"錮窰院落"。陳從周等《中國民居·窰洞》："拱式覆土窰洞與天井地坑窰一樣，由土窰演變而來。拱式窰不少是樓房，在窰洞上再建窰洞，稱爲"窰上窰"，而建有二坡頂房子的一般稱"窰上房"。

【拱式覆土窰洞】

即錮窰。此稱多行用於現當代。見該文。

窰洞四合院

常見於下沉式窰洞住宅。在平坦的崗地上，就地挖掘一個方形或長方形平面地坑，再沿坑壁四面開鑿窰洞，形成一個四合院，謂"窰洞四合院"。王其鈞《民居城鎮·窰洞》："我們看到有的窰洞設在四方形的凹地裏，形成'窰洞四合院'"。

四合院式住宅

亦稱"四合房"。以正房、厢房、倒座從四面圍成的院落，是中國傳統民居的典型形式。其正面爲上房，東西爲厢房，與正房相對的爲倒座，四面相對，形成"口"字形，中央爲庭院空地。其主要特徵是對稱式的平面和封閉式的外觀。單層四合院的平面布局一般分兩種：其一是大門設於中軸綫上，其二是大門設於東南、西北或東北角上。前者多見於淮河以南諸省及東北地區。後者多見於北京、河北、山東、山西、河南等地（見陳從周等《中國民居》）。考古資料表明，四合院形成於商周時期。在河北石家莊藁城區臺西村高臺式商代遺址中發現了十二座地面建築遺迹，這些房屋分布有序，且有圍墻形成院落，已具三合或四合院之雛形。在陝西岐山縣鳳雛村西周早期建築遺址中，發現了迄今爲止已知的我國最早的一座四合院遺

址，并在其東南角發現了用陶管或卵石砌成的排水管道。專家斷定，西周早期，在地位較高的民居建築中已經形成了以庭院爲單元的組群布局。漢代尤其是東漢大量明器陶樓、陶宅院以及畫像磚、畫像石的出土，表明了漢代小型住宅平面多爲方形或長方形，稍大住宅平面有"一"字形、曲尺形，內部均有院落，多爲三合或"日"字形。大型住宅常分左右兩部分，并已形成多進的三合或四合院。從敦煌壁畫和其他繪畫可以看到貴族宅邸多采用烏頭門，宅內兩座主要房屋之間用帶有直櫺窗的迴廊，連接成四合院。鄉村住宅則用房屋圍繞，構成平面狹長的四合院。宋代《清明上河圖》中所描繪的稍大的住宅就外建門屋，內部爲四合院；而《千里江山圖》卷中所描繪的住宅則大都是有大門、東西厢房的三合或四合院，更加接近明清的規整的四合院。到明清時期，四合院更加規則和完善，現存的北京四合院是經過明清幾百年發展歷史所陶冶定型的中國傳統民居的主要代表類型之一。通常爲兩進的內外院。內院正面（通常以北爲正面）面南爲三至五間正房，兩旁附耳房。東西兩側爲厢房。正對正房設過廳及垂花門及花墻分隔內外院，并設迴廊連接正房。外院倒座爲一排房間，在倒座的東南角設大門一間。外院可建可不建厢房。北京四合院南北縱嚮偏長，橫嚮則要求厢房前沿不超越正房邊綫。各地四合院與北京相比都有不同的變化。如厢房之間的距離，北京以北的地區愈北而漸寬，以南則漸窄，終於變成東北大院及南方天井。再如山西四合院的內院正房多爲住房，底層又多用石發券取拱，砌成窰形，稱爲"窰上房"。整個布局一般爲兩進，中以短垣

隔開，厢房連續，有内五外三之説。當代農家四合院多以圍牆圍成。由於土地的寶貴，又多爲一進院落。陸元鼎等《中國民居建築藝術》："中國民居大部分呈院落式平面布局。一般以三合院或四合院爲一個單元，規模較大時則沿縱嚮或横嚮發展成爲一組院落。"陳從周等《中國民居·四合院》："四合院，是以正房、倒座、東西厢房圍繞中間庭院形成平面布局的傳統住宅的統稱。其歷史之悠久，分布之廣泛，在中國民居中占據首位，因而堪稱我國漢族居民住宅的正宗典型。"

【四合房】 2

即四合院式住宅。此稱多行用於現當代。見該文。

一顆印 2

中國傳統民居之一種。因集中分布於雲南各地，故又稱"雲南一顆印"。陝西、安徽等地亦多見。它是由正房、厢房連成一體組成的四合院，或三合院前加院牆。采用厚土牆、筒瓦屃砌屋頂，平面和外觀均方正如印。典型的一顆印民居爲"三間兩耳"式，即正房三間，東西厢房各兩間（或稱"三間四耳"），形成一個正方形。也有非典型式的一顆印民居，它們或兩間一耳，或三間一耳。兩間一耳者，即正房兩間，東西厢衹具其一，或具左耳，或具右

"一顆印"住宅外觀
（劉致平等《中國居住建築簡史》）

耳，形成曲尺形布局，總平面爲矩形。三間一耳者則是正房三間，東西厢各一間，形成扁長方形平面。一顆印民居一般爲樓房，樓下正房爲堂屋，是起居待客之處；其他爲飼養牲畜及存放雜物之所。樓上堂屋中明堂爲佛堂，左右爲卧室。傳統的一顆印民居爲穿斗式木結構，前後檐柱及中柱均爲貫穿二層的通柱。正房屋面爲前後雙坡，兩厢爲單坡屋頂，且完全嵌在正房前檐之下和腰厦博脊之上，故屋面與屋面雖不相交，但形成嚴密的網格體系，組合平面呈"口"字形。較大的住宅可采用兩三個一顆印排列的形式。較好的住宅則入大門常設倒座。陳從周等《中國民居·"三坊一照壁"與"一顆印"》："'一顆印'民居由正房與厢房組成，瓦頂，土牆，平面和外觀均方正如印，故名。這種形式的民居比較集中分布在昆明大板橋、昭宗箐、桃園阿拉鄉一帶彝族聚居地區，又以昆明市南郊官渡區最爲集中，該區的海子村最爲典型。"王其鈞《民居城鎮·雲南一顆印民居》："一顆印民居因平面方方如印而得名。三間四耳是一顆印當地最常見的宅制。所謂三間四耳，即正房三間，耳房左右各兩間。"朱良文《試論雲南民居的建築創作價值》："對於無漏角天井的'一顆印'民居來説，三坊重檐屋頂本來極易産生屋面相交，可是傳統做法巧妙地調整正坊與耳坊的室内地坪及樓面高差，使屋面相互穿插而不相交，避免了斜溝，簡化了建築技術處理。"

【雲南一顆印】

即一顆印。此稱多行用於近現代。見該文。

三合院式住宅

亦稱"三合房"。以正房、厢房圍繞建成

的院落，是中國傳統民居的典型類型之一。三合院形成於商周時期，與四合院同期。在河北石家莊藁城區臺西村高臺式商代遺址中發現的十二座地面建築遺迹中，可發現這些房屋已具備了三合或四合院之雛形。在大量出土的漢代明器陶宅院中可知漢代的中小型民居建築多爲三合院形式。自漢代以後三合院一直爲北方民居的主要形式之一，直到明清達於完善。在今天的農村民居中仍在沿用。陸元鼎等《中國民居建築藝術》：“中國民居大部分呈院落式平面布局。一般以三合院或四合院爲一個單元。”

【三合房】 [2]

即三合院式住宅。見該文。

三坊一照壁

我國西南地區一種三合院民居形式。它是由正房、厢房組成三合院再加上與正房相對的照壁形成的中軸對稱的封閉式住宅形式。爲白族民居最基本、最常見的形式，故又稱“白族民居”。主要分布在雲南大理白族自治州的大理、喜州及劍川的金華鎮一帶。白族以坊爲建築單位，一坊即一棟三開間二層的房屋。三坊一照壁即一棟正房、兩棟厢房再加一照壁。正房與厢房布局大體相似。底層三間多爲一明兩

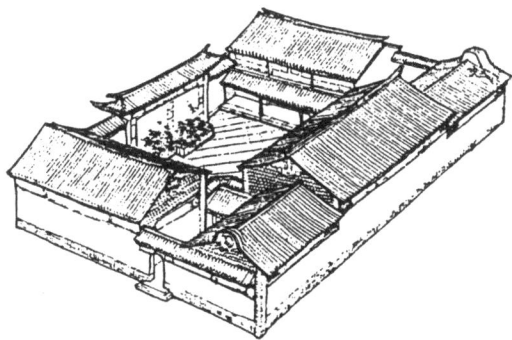

三坊一照壁
（陳從周等《中國民居》）

暗，明間爲堂屋，是待客之處；暗間爲卧室。樓上通常爲三間敞通不分隔。底層與樓層前均有廊，亦稱“廈廊”，是家務活動和憩息之地。正房多數坐西向東，不考慮街道之走嚮。此類民居其屋架多用五架或七架的穿斗式，抗震性强。其照壁和大門則往往是住宅裝飾的重點。大門可分爲有廈門樓和無廈大門兩種。有廈門樓又分“出角”和“平頭”兩種。出角有廈門樓適用於達官富豪之家，平頭有廈門樓常見於農户之家。無廈大門是近年興起，尚無定式。大門一般設於住宅的東北角。照壁尺度比例勻稱，外觀華美，分爲獨脚照壁（又稱“一字平照壁”）和三叠水照壁兩種。前者壁面不分段，整座照壁高度一樣，采用廡殿式壁頂，古代祇用於官宦家庭。後者形似牌坊，最爲常見。三叠水照壁壁面平整，分爲三段，中段高寬，兩端較矮窄，互相對稱。中段寬度是兩邊寬度的二倍半至三倍。中段約與厢房上層檐口同高，兩端高與厢房下重檐間“封火墻”齊。照壁頂部檐下做出垂柱挂枋，額聯部位用磚砌出框檔，框中鑲大理石或題詩詞書畫，亦有塑山水人物等。照壁一般與院落等寬，以白色爲底色，再加以裝飾。尤其是白族的三坊一照壁民居皆爲一色的白墻灰瓦，正方或矩形封閉的庭院内花香日麗，不失爲理想之居。陳從周等《中國民居·“三坊一照壁”與“一顆印”》：“三坊一照壁的典型布局是由正房加兩側厢房組成的三合院，再加正房對面的照壁形成的中軸對稱的封閉式住宅。”王其鈞《民居城鎮·白族民居》：“白族民居……平面布局上典型形式是‘三坊一照壁’及‘四合五天井’。‘三坊一照壁’是由三合院與一個美麗的照壁組成，這種形式數量

較多，是主要形式。"

【白族民居】 [2]

即三坊一照壁。此稱多行用於近現代。見該文。

土屋 [1]

以土坯疊墻或以土版築墻蓋成的簡陋房屋。舊時亦泛指貧民之陋居。中華人民共和國成立前華北大部分農村民居爲土屋。宋梅堯臣《季父知并州》詩："土屋春風峭，氈裘牧騎狂。"《宋史・外國傳六・拂菻》："拂菻國東南至滅力沙，北至海，皆四十程……言其國地甚寒，土屋無瓦。"元袁桷《雲州》詩："天闊雲中郡，剛風起沉寥。氈房聯澗曲，土屋覆山椒。"

草房

以柴草覆蓋屋頂建成的房屋。多見於山區和舊時貧困地區。其做法是用土坯或版築爲墻壁，頂部覆蓋柴草，其上再覆蓋土或泥，是民居中較簡陋的一種。後世亦常將簡陋之房稱草房。明曹學佺《蜀中廣記・邊防紀四》："九種志云：猺獞之人，身體矮小，居山野草房。"《大清會典則例・户部・田賦一》："每壯丁一名，撥給地六十畝，蓋給草房二間。"

磚房

以磚砌墻建成的房屋，是民居中常見的一種。我國的磚萌芽於戰國，磚拱結構在東漢已應用較多，但長期以來并未用於房屋建築。直到明代，出現了許多磚造無梁殿、無梁閣、糧倉等建築。明代後期官僚士大夫開始用磚建造私宅。清代民間亦多用磚砌墻或包坯建房。民國時期鄉間地主亦多用磚建房。1949 年後隨着人民生活水平的提高，磚成了民居的主要建築材料之一，不僅高樓大厦用磚，民間亦多用磚

砌墻建造房屋，稱爲磚房。清《欽定皇輿西域圖志》卷首一："回語謂地位葉爾，寬爲羌，謂各色爲喀什，謂磚房爲噶爾。"

平房

亦稱"平頂房"。祇有一層、房頂爲平頂、囤頂及一面坡的房子，是相對樓房而言的一般民居。河北、河南、山東一帶則專指灰土做頂、土磚爲墻的平頂房屋。西北有少量坡頂草房和磚瓦房，東北亦有木屋平頂房，均屬平房。平房遍布於我國東北、華北、西北、山東等地。中華人民共和國成立前以土墻、土頂者爲多，現在以磚墻，水泥頂、灰土頂爲多，少數亦有以草或瓦蓋頂者。平面通常爲橫嚮長方形，多分三至五間。三間者房門中開，明間爲起居室，冬季兼作厨房。兩次間向明間開門，多爲卧室。五間者明間、次間同三間者，兩梢間通常單獨開門，供子女居住或存放物品。一般中間三間出前廊，夏季做飯和乘凉。簡陋者祇有一間或裏外兩間。兩間者裏間向外間開門，作卧室。外間起居，冬季兼作厨房。其結構以梁柱承重的抬梁式和以墻體承重的梁檁式爲主，前面開窗，門多爲雙扇，室內多以火炕取暖。東北還加設火墻取暖。平房是最經濟的民居形式之一，它是北方四合院或三合院的主要組成單體。平房的應用範圍最廣，可以承担多種功用，是遍及城鎮鄉村的建築形式。約當新石器時代晚期，地面建築形成伊始，一面坡的平房即産生，逐步發展爲平頂、囤頂及兩面坡頂。直至今天，我國東北、華北、西北的廣大農村仍以平房爲重要居住形式，祇是不再以土木爲主而是以鋼筋水泥爲主要建材。一般爲磚砌墻壁，鋼筋水泥預製板或水泥、砂土爲屋頂，玻璃門窗。室

內置木床或沙發床，向城市單元式住房演變。清程趾祥《此中人語‧浦東柴米星》："家居笋里東南五六里，平房數百間。"劉致平《中國建築類型及結構‧分類論述》："在山西、河北、東北、西北等處鄉下多用平頂房，而且許多房不用柱子，祇是在磚石或土坯牆上架檩子做成平頂或一面坡或兩面坡，然後在檩子上鋪椽，椽上鋪板或鋪秫秸、葦箔等作底，然後鋪以泥土、灰土等即可。因爲北方風大雨少，所以平頂房是一種物美、價廉，工省的做法。"

【平頂房】

即平房。此稱多行用於現當代。見該文。

樓房 [2]

兩層及兩層以上的房屋。中國民居之一種。考古資料表明，多層的高架木構建築，戰國時期已有出現。大量明器陶樓和漢畫像磚的出土，說明漢代樓居風氣很盛。據專家推定，漢代民居中南方多木樓，北方則見於大地主富豪的宅院中，甚或每家必有一座，多用於望樓或譙樓。從明器陶樓中還可發現，這種樓多爲三四層或五層。到明代還出現了單元式民居樓房。王其鈞《民居城鎮‧中國民居概述》："明代還出現了已知我國最早的單元式樓房。福建省華安縣沙建鄉上坪村的齊雲樓，是一座橢圓樓，建於明萬曆十八年（1590）；花崗石砌築外牆的圓樓升平樓，建於萬曆二十九年。這兩座樓都是大型土樓，中心爲一院落，四周的環形建築被劃分爲十幾個和二十幾個單元，每個住宅單元都有自己的厨房、小天井、廳堂、卧室、起居室、樓梯，獨立地構成一個生活空間。"在現存的安徽歙縣的明代民居中亦多有二層樓房，被稱爲一顆印式民居。另外還有南方的干闌式樓房和雲南的一顆印式住宅，都説明明代的樓房民居已十分普遍。到當代，在北方的城鎮甚至農村中，單元式的二層樓房方興未艾。南方則不論城鎮或農村，高樓大廈已成爲普遍的民居形式。

方形土樓

省稱"方樓"。其特徵是夯築一圈正方形或近似正方形的高大土圍牆，沿屋牆設置房間，中央爲敞開的天井，天井周圍是迴廊，如此重叠，高達五層，局部可達六層。房屋均爲木結構，歇山青瓦頂，大出檐，内部用木樓梯連通。在此類建築中，天井空曠，不置建築物者謂空井式；周圍是樓，天井内再設置庭院廳堂等大小建築者謂内包式；除天井内設置廳堂外，在土樓之外另設戲樓、學館等大小廳堂建築，構成附屬院落者謂外聯式。方形土樓的規模大小、房間的多少雖有不同，但均設有廳、堂及樓梯間。廳，指門廳，每樓祇有一個進口，門廳亦祇有一間。堂，指祖堂。門廳、祖堂均在中軸綫上，各據一端，遥相對應。樓梯間則一間、二間、三間、四間不等，一般以二間、四間爲多。陳從周等《中國民居‧土樓》："方樓較圓寨爲普及。在福建省龍巖縣適中鎮這個小鎮上，三層以上的大土樓竟有三百六十二座，現存的尚有二百六十二座。"王其鈞《民居城鎮‧方形

福建龍巖縣撫市鎮方形土樓
（王其鈞《民居城鎮》）

土樓》："方形土樓有單體土樓、'五鳳樓'和普通方形土樓三種形式。"

【方樓】

"方形土樓"之省稱。此稱多行用於近現代。見該文。

三堂屋

方形土樓之一種。根據門樓屋頂形式和橫屋的不同又分別稱爲"三堂屋""大夫第"（又稱"府第式""宮殿式"）、"五鳳樓"及"筆架樓"。三堂屋是在中心軸綫上縱嚮置上、中、下三堂（上堂亦稱主樓），兩側加橫屋，或三堂兩橫（又稱"三堂兩落"），或三堂四橫不等。以堂爲中心組成院落，前設門樓，後部一般不加圍屋，祇設涼院或花臺，前設方坪及魚塘。庶民的三堂屋門樓屋頂爲懸山式，不得飛檐起翹。有功名者門樓可有飛檐起翹，故稱"大夫第"，包括恩元第、榮祿第，又稱"府第式"。許多大夫第爲五鳳樓式。五鳳樓一般爲三堂兩橫（或三堂兩落），以主樓爲中心，兩落橫屋拱衛舒展，如鳳凰展翅，故稱"五鳳樓"。小型五鳳樓亦可不帶橫屋，但土墻承重，主樓高三四層；大出檐的歇山九脊頂，院落重叠，亦不失壯觀。陳從周等《中國民居·土樓》："三堂屋是在中心軸綫上沿縱深布置上、中、下三堂，且設兩廂，形成院落……自家無功名，又無功名可借者，門樓屋頂的形式祇能是前後兩坡的懸山式，不得飛檐起翹。有了起翹飛檐，則稱大夫第，包括恩元第、榮祿第等有功名者，故又稱府第式。以主樓爲中心，兩翼樓拱衛舒展，如鳳凰展翅，故又稱五鳳樓。"王其鈞《民居城鎮·方形土樓》："方形土樓有單體土樓、'五鳳樓'和普通方形土樓三種形式。"汪之力《中國傳統民居概

論·中國傳統民居的類型區分》："由前及後，三堂兩橫，逐漸增加層數，使廳堂的屋面與橫屋的山尖，層層升起，相互銜接形成展翅欲飛的生動氣勢，因之通稱爲'五鳳樓'。"

筆架樓

"三堂屋"之一種。陳從周等《中國式民居·土樓》："三堂屋，又稱大夫第、五鳳樓、府第式、宮殿式、筆架樓，本質上都是同一類型，具體形式上有些區別……如從後部觀看，中央主樓突兀，兩側耳房低矮凹下，厢房再度突起，形同筆架，故又名筆架樓。"見"三堂屋"文。

大夫第

亦稱"府第式""宮殿式"。"三堂屋"之一種。此稱至遲近代已行用。見"三堂屋"文。

五鳳樓[3]

"三堂屋"之一種。其主要特徵是三堂兩落，以主樓爲中心，兩落橫屋拱衛舒展，如鳳凰展翅。陳從周等《中國民居·土樓》："以主樓爲中心，兩翼樓拱衛舒展，如鳳凰展翅，故又稱五鳳樓。"王其鈞《民居城鎮·方形土樓》："'五鳳樓'式住宅是許多個單體土樓的院落組合，一般由'三堂兩落'組成，'三堂'是位於中部南北中軸綫上的下堂、中堂和主樓，'兩落'是分別位於兩側的縱長方形建築。當地又稱'橫屋'。"

圍龍屋

省稱"圍壟"。"三堂屋"之一種。無論三堂屋、方樓、圓樓，均爲樓，至少三層以上。而圍龍屋却是單層平面發展的大型住宅。主要分布於廣東梅州一帶。一般以三堂屋爲中心，左右加橫屋，後側加半圓形圍屋，少則一二圍，

多則五六圍。平面前方後圓。圍墙用黄泥、砂及貝殼灰摻成的三合土夯築，厚達1米以上。有的還可建炮臺。圍龍屋多建於山坡上，前低後高，廣植竹林果樹。有的甚至可將兩座乃至更多三堂屋圍成一體，形成多堂大圍屋。陳從周等《中國民居·土樓》："梅縣圍龍屋與福建三堂屋可以説屬於同一體系，主要區別就是一爲單層，一爲樓居。圍龍屋一般以一座三堂屋爲中心，左右加橫屋，後側加半圓形的圍屋，從一圍、二圍最多到六圍，平面上展開成爲龐大的建築群。"汪之力《中國傳統民居概論·中國傳統民居的類型區分》："前面是廳堂與橫屋方形或長方形的組合體，兩側及後面圍以圓形成列的房屋，稱'圍壟'。圍屋一般爲單圍，也有雙重及多重圍屋，房間多少，範圍大小，視人口多少而定。"

【圍壟】

即圍龍屋。此稱多行於近現代。見該文。

四點金

圍屋之一種。多分布於粵北、贛南山區，是客家族的傳統民居形式之一。一般爲全封閉式方形圍屋平面，在聯繫圍屋的四角建有高出屋一層，外墻向外凸出1米左右的方形碉堡（亦稱望樓），或是在頂層對角懸挑出一抹角碉堡。屋頂形式多爲外硬山、内懸山。王其鈞《民居城鎮·廣東民居》："圍屋尤以廣東省始興縣的最爲精彩，這裏是'有村必有圍，無圍不成村'。一般形式爲橢圓形、弧形或方形，四周圍墻築得很高，顯得森嚴壁叠。當地人把圍屋分爲圍樓、圍龍屋、四點金、走馬樓、五鳳樓、殿堂式等多種。"

舟居

活動住宅之一種，即船做的房屋。我國南方沿海及沿山澗溪水處的古越人，因長年從事捕魚活動，以船爲家，把舟作爲活動住宅。福建武夷山、四川等地的春秋戰國墓中，發現了用船做成的棺木，專家推測這種現象應是死者生前住宅的反映，故春秋戰國時期即有舟居。直到今天，爲了工作的方便，沿海漁家亦常以舟爲臨時住房。《明史·莫愚傳》："愚疏言：'兒依其父兄，非爲從比。令全家舟居，將舉家坐耶。'宣宗命釋之。"劉致平《中國建築類型及結構·分類論述》："舟居——廣東沿海等處有疍民，因不得登陸，終年舟居以水上爲家，任情漂泊，亦是活動住宅之一種。"

丁村民居

在山西襄汾縣城南4公里丁村。村内現存明清時期民居建築二十多座，共分南、北、中三個建築組群，多爲坐北面南的四合院布局。早者係明萬曆二十一年至四十年（1593—1612）的建築，晚者爲清康熙、咸豐年間的建築。明代建築院門多置於東南角，清代建築則不拘一格。建築形式多爲由正房、厢房、過廳、門樓，有的還有倒座組成的四合院或三合院。其中三號院建於明萬曆二十一年，二號院建於萬曆四十年，是現存不多見的明代民居。十一號院建於清乾隆十年（1745），原爲兩進院落，皆爲正房五間，厢房三間，前爲大門，中爲過廳，最後一進正房爲兩層樓房。這種布局是晉南一帶的典型實例。無論是明代還是清代民居，均在門樓、斗拱、檐部等建築構件上飾以人物、花卉、歷史故事等磚雕或木刻。丁村民居現已闢爲"丁村民俗博物館"，爲全國重點文物保護單位。

喬家大院

亦稱"喬在中堂住宅"。在山西祁縣城東北10公里喬家堡村。坐西面東，是一座四合院式的建築群，占地面積8724平方米，建築面積3000餘平方米。始建於清乾隆年間，同治、光緒年間及1921年曾兩次增修。全宅共六個大院，十九個小院，三百一十三間房屋，分爲五組住宅，一個花園，外加祠堂一座。四周高墻圍築，入口爲古城堡式門樓，上面懸"古風"大字匾額。院門對面是一座磚雕百壽字照壁，兩側懸挂清末軍機大臣左宗棠的篆書對聯："損人欲以復天理，蓄道德而能文章。"門內甬道直達祠堂。以甬道爲軸綫分南北兩部分：北面建兩組大型住宅和花園，南面是三組中型住宅。每組住宅均爲四合院布局，它們之間緊密相連又各成體系。北面的大型住宅設正院與偏院，正院最後一進正房五間，厢房五間。每組的正房和入口房屋均爲兩層，其餘均爲平房，正房入口均設門罩并配有精美的雕飾。厢房多爲套間，内間作卧室，外間作日常起居。卧室中靠後檐墻設炕。住宅的最後一進爲三開間敞廳，是全宅節日聚會與婚喪嫁娶之所。全宅大木構架爲梁柱式，選材精良，檐部挑梁用整塊紅木，斗拱飛檐、門窗雕刻都很精美。屋頂形式有歇山、懸山、硬山、捲棚及平頂。喬家是清代臣商，在太原、北京、上海均開有商店，因此在住宅建築上極盡豪華，突破了當時的建宅規制。此宅現保存較好，是北方民居中較有名氣的宅第。

【喬在中堂住宅】

即喬家堡大院。此稱清代已行用。見該文。

退思園

在江蘇蘇州同里鎮新填街。是一座清末建造的園林住宅。主人任蘭生，曾任清朝兵備道，因貪污被參，罷官歸里，建此園隱居，自識有"退則思過"之意，故名"退思"。占地面積約九畝八分，園西有轎廳、花廳、大廳和居住部分。園東爲宴飲和待賓客之地，連有坐春望月樓、歲寒居、迎賓館等。東西建築之間以迴廊連通構成一個大庭院。院中有旱船及玉蘭、香樟等古樹。內園與庭院由月洞門相通，内以水池爲中心，配以假山、建築、花草樹木。池北爲主廳"退思堂"，捲棚屋頂，堂内三面有廊。東有琴房、三曲橋、眠雲亭。亭周貼湖石。西有攬勝閣、水香樹、九曲迴廊、鬧紅一舸。南有天橋、辛臺。西南隅隱蔽處建桂花廳。此園池水駁岸低矮，景物襯托緊凑，是太湖北區著名的古園林式私宅。1982年整修後對外開放。

泰寧尚書第

亦稱"五福堂"。在福建泰寧城内勝利二街福堂巷。是明代天啓年間兵部尚書李春燁之宅第。李春燁，明萬曆四十四年（1616）進士，天啓年間任兵部尚書加少保兼太子太師。宅坐西面東，平面呈長方形，通面闊（南北）87米，進深（東西）52米，占地面積6000餘平方米。主體五幢，輔房八棟，分五道門一字排列，共一百二十餘間。宅四周及幢與幢間，廳與廳間，築有高大的斗磚封火墻，其間設廊門相通。墻脊重檐歇山式，用灰瓦或石板壓蓋；屋面鋪特製灰瓦（角溝用缸瓦），檐口懸吊陶質下水槽；屋脊高挑呈紗帽狀。庭院前有甬道，分南北二門出入，北端進門設儀仗廳和接客廳。甬道間設有五重門樓。第二重門樓"四世一品"，全部由條石構築，其匾額、柱枋、梁及須彌座和抱鼓石上鑴刻人物、飛鳥、捲草、團花等圖案。門斗由連續重叠的斗拱構築。宅内"孝友堂"廳内采用減柱樑造法，木柱粗大，與金柱斗拱配合，使上下左右相互呼應，協調統一。宅内每幢均爲三進院落，房屋均爲磚、石、木結構，磚雕、石刻、木作裝飾精美。柱礎石雕刻麒麟、錦象、蓮瓣等圖案。甬道、庭院、走廊、天井，全部用花崗巖石板鋪設，天井内置石雕花柱和水缸。宅第宏偉，布局嚴謹，保存完好，爲全國重點文物保護單位。現闢爲泰寧縣博物館。陳從周等《中國民居·閩粤僑鄉民居》："福建省泰寧縣'尚書第'，亦稱'五福堂'，是保存比較完整的一幢大型明代民居。"

【五福堂】

即泰寧尚書第。此稱約行用於清代。見該文。

林宅

清同治年間舉人林鍾嶠、林鍾華兄弟的住宅，位於浙江寧波海曙區紫金巷。包括内外照壁、門樓、前廳、中樓、後樓、東西厢房及花園等建築，是一座以磚雕、木雕、石雕爲主要特色的私人住宅。現宅内尚存磚雕一百七十餘幅，石雕、木雕五十餘處。尤以磚雕最爲突出，主要分布在照壁、墀頭和花隔墻間，用浮雕、透雕等技法，雕出栩栩如生的人物故事、花草樹木、建築景物、幾何圖案等。内容豐富，工藝精湛，有較高的藝術價值和觀賞價值。

第二節　陋室考

《論語·子罕》："子欲居九夷，或曰：'陋如之何？'子曰：'君子居之，何陋之有？'"劉寶楠正義："陋者，言其地偏陋。"《爾雅·釋言》："陋，隱也。"邢昺疏："幽隱也。"按，"陋"之初義爲幽隱，"陋室"當謂幽隱之處所。漢東方朔《七諫·自悲》："凌恒山其若陋兮，聊愉娱以忘尤。"王逸注："陋，小也。"《韓詩外傳》卷五："彼大儒者，雖隱居窮巷陋室，無置錐之地，而王公不能與之爭名矣。"《廣韵·去候》："跿（陋），疏惡也。"據"陋"字上述義項，後世"陋室"多指狹窄、低小、粗劣、幽隱、偏僻的簡陋居室，多爲貧苦之人或隱士、僧道遠離世俗的居所。或以茅草、蓬草覆之，謂之"茅廬""蓬室"。《列子·力命》："居則蓬室，出則徒行。"三國魏曹植《贈徐幹》詩："顧念蓬室士，貧賤誠足憐。"唐張籍《送韓侍御歸山》詩："新結茆（茅）廬招隱處，獨騎驄馬入深山。"或以竹、木搭建而成，謂之"竹洞""柴棚"。唐韓愈《奉和虢州劉給事三堂二十一咏·竹洞》："竹洞何年有，公初斫竹開。洞門無鎖鑰，俗客不曾來。"前蜀貫休《上馮使君山水障子》詩："柴棚坐逸士，露茗煮紅泉。"或以土夯築而成，謂之"土室""土屋"。《史記·匈奴列傳》："夫力耕桑以求衣食，築城郭以自備，故其民急則不習戰功，緩則罷於作業。嗟土室之人，顧無多辭。"《宋史・外國傳六・拂菻》："其國地甚寒，土屋無瓦。"或依山傍巖而爲之，謂之"石房""石屋"。唐鮑溶《送僧文江》詩："吳王劍池下，禪子石房深。"前蜀貫休《懷白閣道侶》詩："寒思白閣層，石屋兩三僧。"或就土山挖築而成，謂之"窟穴""窰洞"。《晏子春秋・諫下十四》："其不爲橧巢者，以避風也；其不爲窟穴者，以避濕也。"由此可見，就其建築材料而言，凡是因陋就簡，就地取材，或以茅草，或以竹木，或以土石而建造的居室，皆稱"陋室"。就其形制而言，圓頂茅屋謂之"庵"，亦作"菴"。亦稱"團茅""團焦""團瓢"。《釋名・釋宮室》："草圓屋曰蒲，又謂之庵。"《通雅・宮室》："團焦，團標也……標音瓢，今人曰團瓢，謂爲一瓢之地也。"有頂無壁的棚舍謂之"廠"。《廣韻・上養》："廠，露舍。"《集韻・上養》："廠，屋無壁也。"正房之旁依牆搭建的小屋謂之"披廈"。黃侃《蘄春語》："吾鄉謂於正室旁作牆作屋，斜而下，其外更無壁者，曰披廈。"建於地下的簡陋屋室曰"窨"或"窟室"。《説文・穴部》："窨，地室也。"《晋書・隱逸傳・張忠》："其居依崇巖幽谷，鑿地爲窟室。"就其功能而言，農忙之時在田間臨時搭建的棚舍，古時稱"廬"，後稱"寮""窩棚"。《詩・小雅・信南山》："中田有廬。"鄭玄箋："農人作廬焉。"《説文・广部》："廬，寄也。秋冬去，春夏居。"清紀昀《閲微草堂筆記・如是我聞二》："諸城濱海處，有結寮捕魚者。"舊時文人亦常以"草堂""山房""庵""寮""廬"名其所居，以標名操之高雅。然并非均爲陋室，如宋唐藝孫之"瑶翠山房"，宋方士繇之"遠庵"，宋尤概之"緑雲寮"，明楊士奇之"東里草堂"，清朱記榮之"槐廬"等，此風尤其明清時爲甚。

泛　稱

陋室

亦稱"陋宇""陋廬"。偏僻而遠離世俗的隱居處所，多謂簡陋而狹小之屋舍。《韓詩外傳》卷五："彼大儒者，雖隱居窮巷陋室，無置錐之地，而王公不能與之爭名矣。"晋束晢《讀書賦》："抗志雲表，戢形陋廬。"《晋書・文苑傳・趙至》："總轡返路，則有前言之難；懸鞍陋宇，則有後慮之戒。"南朝梁沈約《郊居賦》："時言歸於陋宇，聊暇日以翱翔。"唐劉禹錫《陋室銘》："山不在高，有仙則名；水不在深，有龍則靈。斯是陋室，惟吾德馨。"按，劉禹錫陋室在安徽和縣城内，爲其任和州刺史時所建，有勒石《陋室銘》，唐柳公權書；年久室與碑俱毀。據考，此"陋室"非簡陋狹小之居室，當爲別墅也。清乾隆知州宋思仁重修。今存“陋室”九間及嶺南金保福補書《陋室銘》碑一方。

【陋宇】

即陋室。此稱晉代已行用。見該文。

【陋廬】

即陋室。此稱晉代已行用。見該文。

【陋巷】

即陋室。亦稱“陋閭”。《論語·雍也》：“賢哉，回也！一簞食，一瓢飲，在陋巷，人不堪其憂，回也不改其樂。”劉寶楠正義：“顏子陋巷，即《儒行》所云‘一畝之宮，環堵之室’。解者以爲街巷之巷，非也。”《莊子·讓王》：“顏闔守陋閭，苴布之衣而自飯牛。”成玄英疏：“居疏陋之閭巷。”清唐孫華《連雨》詩：“貧突斷炊烟，陋巷少行迹。”

【陋閭】

即陋巷。此稱先秦時期已行用。見該文。

圭竇

亦作“圭竇”。圭，圭竇，即墻洞。竇，竇門，即柴門。指微賤貧窮之家的住處。《周書·武帝紀下》：“若政績有施，治綱克舉；及行宣圭竇，道著丘園；並須撿審，依名騰奏。”宋蘇軾《次韻孔毅甫久旱已而甚雨》之一：“倒冠落幘謝朋友，獨與蚊雷共圭竇。”明劉基《次韻和石末公七月十五夜月蝕》詩：“丈夫愕視隘街巷，婦女喧呼動圭竇。”

【圭竇】

同“圭竇”。此體南北朝時期已行用。見該文。

席門[1]

以席爲門。語本《史記·陳丞相世家》：“家乃負郭窮巷，以弊席爲門，然門外多有長者車

轍。”後世多以“席門”喻指清貧者或隱士之居。《宋書·袁粲傳》：“所處席門常掩，三逕裁通，雖揚子寂漠，嚴叟沈冥，不是過也。”唐袁郊《甘澤謠·懶殘》：“李公潛往謁焉，望席門通名而拜。”清方文《送王幼公之毘陵》詩：“席門掩窮巷，殘花綻疏籬。”

席門蓬巷

亦稱“席門窮巷”。多指窮僻簡陋之居處。唐王勃《夏日諸公見尋訪詩序》：“席門蓬巷，佇高士之來游；叢桂幽蘭，喜王孫之相對。”唐高適《行路難》詩：“東鄰少年安所知？席門窮巷出無車。”

【席門窮巷】

即席門蓬巷。此稱唐代已行用。見該文。

席屋

以席搭蓋的簡易房屋。《宋史·滕元發傳》：“時淮南京東饑，元發慮流民且至，將蒸爲瘟疫，先度城外廢營地，召諭富室，使出力爲席屋，一夕成二千五百間，井竈器用皆具，民至如歸。”清徐乾學《讀禮通考·國恤四》：“于宮門里東廊止，及絞磚席屋下立。”

蔀屋

以草席覆頂之屋。極言房屋之陰暗簡陋。宋王安石《寄道光大師》詩：“秋雨漫漫夜復朝，可嗟蔀屋望重霄。”宋胡寅《和單普》：“肯臨蔀屋相輝映，自愧常談只老生。”宋張耒《到陳午憩小舍有任王二君子惠牡丹二盤皆絕品也是日風雨大寒明日作此詩呈希古》：“天姝國艷照蔀屋，持供佛像安敢慢。”

衡門

橫木爲門。指簡陋的房屋。亦藉指貧者或隱者所居。《詩·陳風·衡門》：“衡門之下，可

以栖遲。”朱熹集傳：“衡門，橫木爲門也。門之深者，有阿塾堂宇，此惟橫木爲之。”漢蔡邕《郭有道碑文》：“爾乃潛隱衡門，收朋勤誨，童蒙賴焉，用袪其蔽。”《漢書·韋玄成傳》：“聖王貴以禮讓爲國，宜優養玄成，勿枉其志，使得自安衡門之下。”顏師古注：“衡門，謂橫一木於門上，貧者之所居也。”晉陶潛《發卯歲十二月中作》詩：“寢迹衡門下，邈與世相絶。”

【衡宇】

即衡門。晉陶潛《歸去來辭》：“乃瞻衡宇，載欣載奔。”唐李德裕《金松賦》：“我有衡宇，依山岑寂。”宋蘇軾《歸去來集字》詩之一：“相携就衡宇，酌酒話交情。”清朱彝尊《送吴御史還里》詩之二：“瞻衡宇兮欣欣，數鄉樹兮歷歷。”

衡蓽

衡門蓽户，喻簡陋之房屋。多指平民或隱士所居。晉葛洪《抱朴子·安貧》：“時二公之力，不能違衆，遂令斯生沈抑衡蓽，齒漸桑榆，而韋布不改。”《宋書·隱逸傳·戴顒》：“志託丘園，自求衡蓽。恬静之操，久而不渝。”

衡茅

亦作“衡茆”。衡門茅屋，橫木爲門，茅草覆屋之房舍。喻指簡陋的居室。晉陶潛《辛丑歲七月赴假還江陵夜行塗口》詩：“養真衡茅下，庶以善自名。”唐錢起《東皋早春寄郎四校書》詩：“禄微賴學稼，歲起歸衡茆。”宋吴處厚《青箱雜記》卷六：“衡茅改色，猿鳥交驚，夫何至陋之窮居，獲此不朽之奇事。”明袁宗道《壽亭舅贈我宜興瓶茶具酒具喜而作歌》：“世間百事百不能，乍可衡茆甘踽踽。”明陳汝元《金蓮記·彈絲》：“琴操姐久居樂籍，尚少奇逢。妾

身困守衡茅，怎諧佳偶。”清蒲松齡《聊齋志異·夢狼》：“甲曰：‘弟日居衡茅，故不知仕途之關竅耳。’”

【衡茆】

同“衡茅”。此體唐代已行用。見該文。

衡泌

亦稱“衡門泌水”。謂隱士所居之地。語出《詩·陳風·衡門》：“衡門之下，可以栖遲；泌之洋洋，可以樂饑。”朱熹集傳：“此隱居自樂而無求者之詞。言衡門雖淺陋，然亦可以游息；泌水雖不可飽，然亦可以玩樂而忘饑也。”《宋書·隱逸傳·雷次宗》：“汝等年各長成，冠婚已畢，修惜衡泌，吾復何憂。”唐陸龜蒙《自憐賦序》：“余抱病三年於衡泌之下，醫甚庸而氣益盛，藥非良而價倍高，每一把臂，一下杵，未嘗不解衣輟食而後致也。”宋林逋《深居雜興》詩之二：“四壁垣衣釣具腥，已甘衡泌號沉冥。”宋劉放《謍冬二首》之一：“板屋秦時舊，衡門泌水新。”清魏源《默觚下·治篇九》：“以衡泌爲静而城市爲囂，以薖軸爲尊而城邑爲俗，其起于東周之叔世乎！”清王韜《原才》：“亂世而人才亦盛：或躬耕於壟畝之中，或誦讀於草野之内。上雖弗之用，而衡門泌水，固有以自樂其天也。”

【衡門泌水】

即衡泌。此稱宋代已行用。見該文。

衡巷

亦稱“衡閭”“衡閈”。橫木爲門之閭巷。指平民居住之處。晉葛洪《抱朴子·塞難》：“德行積於衡巷，忠貞盡於事君。”《宋書·孝武帝紀》：“自今百辟庶尹，下民賤隸，有懷誠抱志，擁鬱衡閈，失理負謗，未聞朝聽者，皆聽躬自

申奏，小大以聞。"南朝梁丘遲《答舉秀才啓》："覘察衡閭，詢事茅草。"南朝陳徐陵《與王吳郡僧智書》："旌賁丘園，采拾衡巷。"宋歐陽修《乞罷政事第三表》："至於賴天地保全之力，脫風波險陷之危，使臣散髮林丘，幅巾衡巷，以此没地，猶爲幸民。"

【衡閭】

即衡巷。此稱南北朝時期已行用。見該文。

【衡閭】

即衡巷。此稱南北朝時期已行用。見該文。

衡廬

衡門小屋。言其簡陋狹小。多指隱者所居。晋皇甫謐《高士傳·姜岐》："岐少修孝義，栖遲衡廬，鄉里歸仁，名宣州里。"明楊珽《龍膏記·觎媒》："蒙投轄，願執鞭。只是盼衡廬，久縈念。"清王韜《淞濱瑣話·田荔裳》："伊川之東，衡廬在焉，君何不同往耶？"

衡館

橫木爲門的簡陋屋舍。多指士庶或隱士居所。南朝宋謝莊《豫章公主墓志銘》："肅恭在國，掖庭欽其風；恪勤衡館，庶族仰其德。"《文選·王儉〈褚淵碑文〉》："迹屈朱軒，志隆衡館。"李善注："衡館，衡門之館也。"

衡闈

橫木爲闈之簡陋房屋。多指貧士所居。南朝梁范雲《贈張徐州謖》詩："物情棄疵賤，何獨顧衡闈。"唐錢起《落第劉拾遺相送東歸》詩："預愁芳草色，一徑入衡闈。"

衡樊

衡門與樊籬。指簡陋的房屋。《宋書·明帝紀》："其有貞栖隱約，自事衡樊，鑿坯遺榮，負釣辭聘，志恬江海，行高塵俗者，在所精加

搜括，時以名聞。"

廠

棚舍。指有頂無壁的簡易房屋。《廣韻·上養》："廠，露舍。"《集韻·上養》："廠，屋無壁也。"北魏賈思勰《齊民要術·養羊》："開窗向圈，架北墻爲廠。"唐韓偓《南安寓止》詩："此地三年偶寄家，枳籬茅廠共桑麻。"清黄宗羲《大學士機山錢公神道碑銘》："擬不時處決，且令有司設廠於柴市，蓋用夏文愍故事也。"

廠房

亦稱"廠屋"。無隔墻的房屋。《明史·梁永列傳》："景德鎮民變，焚燒廠房。"《官場現形記》第六回："上面一座高臺，幾間廠房，是演武廳。"《老殘游記》第八回："衆人進得房來，是三間廠屋，兩頭各有一間，隔斷了的。"

【廠屋】

即廠房。此稱清代已行用。見該文。

露棚

四壁敞露之棚舍。五代王定保《唐摭言·散序》："俄頃諸公自露棚移樂登鵷首。"明陶宗儀《輟耕録·隱逸》："少頃携魚與酒至，盡歡而散，回至中途夜黑，不良於行，暫憩一露棚下。適主人自外歸，乃嘗識面者。"

廬 [2]

亦稱"廬屋"。古代指庶民一家於郊野所占房地二畝半曰廬。後指季節性臨時寄居或休憩所用的簡陋房舍。《詩·小雅·信南山》："中田有廬，疆場有瓜。"鄭玄注："中田，田中也。農人作廬焉，以便其田事。"《説文·广部》："廬，寄也。秋冬去，春夏居。"段玉裁注："在田曰廬，在邑曰里。春夏出田，秋冬入保城郭……在野曰廬，在邑曰廛，皆二畝半也。"元

迺賢《居庸關》詩："環村頓列墟市，鑿翠構廬屋。"

【廬屋】

即廬[2]。此稱元代已行用。見該文。

廬[3]

泛指簡陋居室。《說文·广部》"廬"段玉裁注："凡寄居之處皆曰廬……《左傳》：'立戴公以廬於曹。'吾儕小人，皆有闌廬，以避燥濕寒暑。"《集韻·平魚》："廬，粗屋總名。"晋陶潛《讀〈山海經〉十三首》詩之一："衆鳥欣有托，吾亦愛吾廬。"唐劉禹錫《陋室銘》："南陽諸葛廬，西蜀子雲亭。"後世文人學士以"廬"命名書齋，如白雲草廬（明陳子龍書齋名）、希蘊廬（清劉椿書齋名）、垂老讀書廬（清黃定齋書齋名）、抱香廬（清黃曾書齋名）等。

窮廬[2]

亦稱"窮櫚"。指貧賤者居住的房屋。《淮南子·脩務訓》："今使人生於辟陋之國，長於窮櫚漏室之下……獨守專室而不出門，使其性雖不愚，然其知者必寡矣。"三國蜀諸葛亮《誡子書》："年與時馳，意與日去，遂成枯落，多不接世，悲歡窮廬，將復何及！"唐牟融《寄周紹州》詩："十年學道困窮廬，空有長才重老儒。"宋曾鞏《學舍記》："予之卑巷窮廬，冗衣糲飯，芭葛之羹，隱約而安者，固予之所以遂其志而有待也。"清吳敏樹《寬樂廬記》："窮櫚卑宇之士，常悵然自恨不得如其志。"

【窮櫚】

即窮廬[2]。此稱漢代已行用。見該文。

窮檐

指茅舍、草房，破屋、陋室。唐韓愈《孟生》詩："顧我多慷慨，窮檐時見臨。"清張岱

《陶庵夢憶·紹興燈》："自莊逵以至窮檐曲巷，無不燈無不棚者。"嚴復《原强》："至於窮檐之子，編户之民，則自繦褓以至成人，未嘗聞有孰教之者也。"

蓬蓽[1]

蓬門蓽户，以柴草、荆條編製而成的門户。藉指簡陋之居室。晋傅咸《贈何劭王濟》詩："歸自蓬蓽廬，樂道以忘饑。進則無云補，退則恤其私。"晋葛洪《抱朴子·内篇自序》："藜藿有八珍之甘，而蓬蓽有藻梲之樂也。"《晋書·皇甫謐傳》："士安好逸，栖心蓬蓽。"唐司空曙《早夏寄元校書》詩："蓬蓽永無車馬到，更當齋夜憶玄暉。"《二刻拍案驚奇》卷六："寒家起自蓬蓽，一向貧薄自甘。"《金瓶梅詞話》第四九回："僕乃一介武官，屬於按臨之下，今日幸蒙清顧，蓬蓽生光。"

【蓬户】[1]

即蓬蓽[1]。柴草織成的門户。藉指貧窮人家。《莊子·讓王》："原憲居魯環堵之室，茨以生草，蓬户不完，桑以爲樞。"《晋書·后妃傳上·左貴嬪》："〔左貴嬪〕因爲《離思賦》曰：'生蓬户之側陋兮，不閑習於文符。不見圖畫之妙像兮，不聞先哲之典謨。'"

蓬户甕牖

以蓬草爲門，以破甕蔽窗。指貧窮者所居陋屋。《禮記·儒行》："篳門圭窬，蓬户甕牖。"《淮南子·原道訓》："蓬户甕牖，揉桑爲樞。"高誘注："編蓬爲户，以破甕蔽牖。"宋蘇轍《黄州快哉亭記》："將蓬户甕牖，無所不快。"

蓽門[1]

以竹荆所編之門。多指簡陋破舊的房屋。《孔叢子·抗志》："巫臨蓽門，其榮多矣。"唐

王維《山居即事》詩："鶴巢松樹遍，人訪蓽門稀。"清錢謙益《投老》詩："投老經年掩蓽門，清齋佛火自晨昏。"

【蓽户】[1]

即蓽門[1]。以竹荆編門的人家。《詩·豳風·七月》："穹窒熏鼠，塞向墐户。"漢毛亨傳："墐，塗也。庶人蓽户。"孔穎達疏："墐，塗荆竹所織之户，使令室無隙。"《翰苑新書》卷六五引唐皮日休文："蓬户不客，草户輕生。"

蓽門圭竇[1]

亦作"蓽門閨竇""篳門圭竇"。亦稱"篳門圭窬""篳門蓬户"。"蓽"同"篳"。荆竹爲門，穿壁爲户，上鋭下方，其狀如圭。指貧窮之家和簡陋居室。《左傳·襄公十年》："篳門閨竇之人，而皆陵其上，其難爲上矣。"杜豫注："篳門，小門。閨竇，小户。穿壁爲户，上鋭下方，壯如圭也。"閨，一作"圭"。《禮記·儒行》："篳門圭窬，蓬户甕牖。"孔穎達疏："篳門，謂以荆竹織門也，杜氏云柴門也。圭窬，門旁窬也，穿墻爲之，如圭矣。"《晋書·向雄傳》："故據上品者，非公侯之子孫，則當塗之昆弟也，二者苟然，則篳門蓬户之後安得不陸沉哉！"《魏書·逸士傳·李謐》："繩樞甕牖之室，蓽門圭竇之堂，尚不然矣。"唐孟棨《本事詩·情感》："韓翃少負才名……所與游皆當時名士，然而蓽門圭竇，室唯四壁。"宋蘇軾《論積欠六事并乞檢會應詔所論四事一處行下狀》："雖有白圭、猗頓，亦化爲篳門圭竇矣。"宋周必大《書稿·與江陰李教授沐書》："篳門閨竇之人，暴登貴任，而公侯子孫，往往降在皁隸，國之興替常於是乎？"宋歐陽守道《定軒記》："於此篳門蓬户，於此築室百堵，未各一居也。"

《二十年目睹之怪現狀》第三四回："不料這蓽門圭竇中，有這等明理女子。"

【篳門圭竇】[1]

同"蓽門圭竇"。此體先秦時期已行用。見該文。

【篳門閨竇】[1]

同"蓽門圭竇"。此體先秦時期已行用。見該文。

【篳門圭窬】[1]

即蓽門圭竇。此稱先秦時期已行用。見該文。

【篳門蓬户】

即蓽門圭竇。此稱晋代已行用。見該文。

蓽門委巷

指貧苦人家所居之處。宋葉適《廷對》："嗟夫！蓽門委巷之士，其勢與力不足以自存矣，可謂微也，而猶不忘於求仁。"

蝸牛廬

省稱"蝸廬"。形似蝸牛殼狹小的簡陋廬舍。《三國志·魏書·管寧傳》："尺牘之迹，動見模楷焉。"南朝宋裴松之注引三國魏魚豢《魏略》："先等作圜舍，形如蝸牛蔽，故謂之蝸牛廬。"《北齊書·蔡儁傳》："高祖客其舍，初居處於蝸牛廬中，蒼鷹母數見廬上赤氣屬天。"唐錢起《玉山東溪題李叟屋壁》詩："野老采薇暇，蝸廬招客幽。"宋黄庭堅《次韻文潛同游王舍人園》："初開蝸牛廬，中置獅子床。"宋陸游《數日不出門偶賦》詩之三："湖上蝸廬僅自容，寸懷無奈百憂攻。"清黄景仁《客齋偶成》詩："到處蝸廬感滯淹，曉涼差喜失朱炎。"

【蝸廬】

"蝸牛廬"之省稱。此稱唐代已行用。見該文。

【蝸牛舍】

即蝸牛廬。省稱"蝸舍"。古人結圓舍，其形如蝸牛之殼，故稱。晋崔豹《古今注·魚蟲》："蝸牛，陵螺也，形如蜗蝓，殼如小螺，熱則自懸於葉下。野人結圓舍，如蝸牛之殼，故曰蝸舍。亦曰蝸牛之舍也。"南朝梁何遜《仰贈從兄興寧寅南》詩："栖息同蝸舍，出入共荊扉。"唐李商隱《自喜》詩："自喜蝸牛舍，兼容燕子巢。"唐薛用弱《集異記·鄧元佐》："既至，見一蝸舍，惟一女子，可年二十許。"清吳嘉紀《顧友惺畫萱花見贈》詩："有客來蝸舍，題名是虎頭。"

【蝸舍】

"蝸牛舍"之省稱。此稱晋代已行用。見該文。

【蝸室】

即蝸牛廬。亦稱"蝸房""蝸居"。南唐陳陶《避世翁》詩："直鉤不營魚，蝸室無妻兒。"元柯丹丘《荊釵記·團圓》："蒙君不棄，蝸居門戶生光彩。"明夏完淳《大哀賦序》："托命牛衣，巢身蝸室。"《清平山堂話本·李元吳江救朱蛇》："蝸居只在咫尺，幸勿見却！"清蒲松齡《聊齋志異·聶小倩》："〔寧生〕祭而祝曰：'憐卿孤魂，葬近蝸居，歌哭相聞，庶不見陵於雄鬼。'"

【蝸居】

即蝸室。此稱元代已行用。見該文。

【蝸房】

即蝸室。此稱多行用於近現代。見該文。

【蝸殼居】

即蝸牛廬。省稱"蝸殼"。唐許渾《灞上逢元九處士東歸》詩："江上蟹螯沙渺渺，塢中蝸殼雪漫漫。"元宋褧《得周子善書問京師事及賤迹以絕句奉答》之四："至公堂下魚鱗屋，麗正門前蝸殼居。"清鄭燮《淮陰邊壽民葦間書屋》詩："邊生結屋類蝸殼，忽開一窗洞寥廓。"

【蝸殼】

"蝸殼居"之省稱。此稱唐代已行用。見該文。

寮 [1]

小屋、小室之通稱。後多指僧舍。《釋氏要覽·住持》："言寮者，《唐韵》云：同官曰寮。今禪居意取多人同居，共司一務，故稱寮也。"宋陸游《貧居》詩："囊空如客路，屋窄似僧寮。"清沈復《浮生六記·浪游記快》："招小艇渡至邵船，但見合幫燈火相對如長廊。寮適無客……遂有伻頭移燭相引，由艙後梯而登，宛如斗室，旁一長榻，几案俱備。"

【寮房】

即寮。亦稱"寮舍""寮子"。金董解元《西廂記諸宮調》卷一："花溪這壁，粉墻掩映，幾間寮舍，半亞朱扉。"又："况敝寺其間多有寮舍，容一儒生又何礙也！"《清史稿·食貨志一》："廣東總督奏稱，撤毀雷廉交界海面之瀾洲及迤東之斜陽地方寮房，遞回原籍，免與洋盜串通滋事，並毀校椅灣等三十二處寮房共百六十二戶，另行撫恤安插。"蘇曼殊《斷鴻零雁記》第二十六章："殿旁有甬道，通一耳室，余意其爲住僧寮房，故止步弗入。"

【寮舍】

即寮房。此稱金代已行用。見該文。

【寮子】

即寮房。此稱多行用於近現代。見該文。

漏星堂

亦稱"漏屋"。破屋。星光可從屋頂透入，故稱。極言其破舊、簡陋。元馬致遠《薦福碑》第一折："我乾受了漏星堂，半世活地獄。"元金仁傑《追韓信》第一折："冰雪堂蘇秦凍倒，漏星堂顏子難熬。"清錢謙益《張葆姑太僕許餉名酒》詩："漏屋書傳君自聖，《囚山》賦就我真耽。"

【漏屋】

即漏星堂。此稱清代已行用。見該文。

蘆扉

以蘆葦編製的門。喻指簡陋的房屋。清方文《夜泊牛渚》詩之一："客來爭貰酒，燈火亂蘆扉。"蘇曼殊《遁迹記》："板橋垂柳，半露蘆扉。"

廑

小屋。《説文·广部》："廑，少劣之居。"《廣韻·去震》："廑，小屋。"宋李誡《營造法式·總釋上·宮》："《義訓》：'小屋謂之廑。'"

杜陵屋

指破舊的房屋。唐詩人杜甫祖籍杜陵，亦曾於杜陵附近居住，故自稱"杜陵野老""杜陵野客""杜陵布衣"。後人亦尊稱其爲"杜陵翁""杜陵叟"。"杜陵"遂爲杜甫之代稱。杜甫有《茅屋爲秋風所破歌》，後因以"杜陵屋"指破舊之房屋。宋楊至質《謝句容王宰斷刺盜柏賊》："武昌門西之柳，童抱杜陵屋上之茅，誰無六根，天亦五賊。"明李東陽《風雨嘆》詩："不然獨破杜陵屋，猶能不廢嘯與歌。"

篷寮

指臨時搭蓋的簡易房屋。清林則徐《燒毀匪船以斷接濟摺》："臣等查此次燒毀運土及濟夷匪船大小共二十三隻，篷寮六處。"清魏源《道光洋艘征撫記》："會六月，香港有風颶之事，祁墳、怡良張皇入奏，謂撞碎洋船無數，漂没洋兵漢奸無數，所以帳房篷寮，新修石路，掃蕩無存。"

雲屋 [2]

亦稱"雲房"。僧道或隱者所居之房屋。以其多在深山雲霧繚繞之處，故稱。唐韋應物《游琅邪山寺》詩："填壑躋花界，叠石構雲房。"唐皮日休《江南道中懷茅山廣文南陽博士》詩之一："鶴雛入夜歸雲屋，乳管逢春落石床。"宋梅堯臣《送馬行之都官》詩："錢塘湖上尋雲屋，巾子峰前種橦籬。"宋陸游《游學射山遇景道人》詩："客來不知處，鷄犬望雲屋。"明高濂《玉簪記·回觀》："此女當初入觀，也非偶然……因此上收入在雲房。"

【雲房】

即雲屋 [2]。此稱唐代已行用。見該文。

窩棚

原始社會時期民居形式之一。後世指極簡陋的小屋。始見於新石器時代晚期。當時長江下游一帶因土質多爲黏土，排水慢，地面潮濕，故多在地面上建造窩棚式住房。考古資料表明，其平面有圓形和方形，牆壁和屋頂可能是用植物秆莖編織成骨架，再在其上敷蓋草和泥土。今天在田間或果園有時也搭臨時居住的窩棚，它是以木料搭成三角形骨架，其上覆蓋草席、油氈等防雨物，形成簡陋而狹小的住處。清乾隆《攻克强虎哨》詩序："一近石卡，即抛擲火彈，燒毀窩棚。"

草　屋

茅屋

亦作"茆屋"。用茅草蓋成的簡陋房屋。《左傳・桓公二年》："是以清廟茅屋，大路越席……昭其儉也。"杜預注："以茅飾屋，著儉也。"《漢書・藝文志》："墨家者流，蓋出於清廟之守。茅屋采椽，是以貴儉。"顏師古注："以茅覆屋，以採爲椽，言其質素也。"唐杜甫《述懷一首》詩："山中漏茅屋，誰復依户牖？"唐劉禹錫《秋日送客至潛水驛》詩："楓林社日鼓，茅屋午時鷄。"唐姚合《將歸山》詩："聞道舊溪茆屋畔，春風新上數枝藤。"《紅樓夢》第一七回："裏面數楹茅屋，外面却是桑、榆、槿、柘，各色樹稚新條，隨其曲折，編就兩溜青籬。"清王士禎《池北偶談・鷄上木》："日午炊烟絶，吟聲出茅屋。"

【茆屋】

同"茅屋"。此稱唐代已行用。見該文。

【茅堂】

即茅屋。亦作"茆堂"。亦稱"草堂"。舊時文人常以"堂"名其所居，以標風雅。語本漢韋孟《在鄒詩》："爰戾于鄒，鬵茅作堂。"南朝齊孔稚珪《北山移文》："鍾山之英，草堂之靈，馳烟驛路，勒移山庭。"北魏楊衒之《洛陽伽藍記・城西・融覺寺》："雖石室之寫金言，草堂之傳真教，不能過也。"唐杜甫《鄭駙馬宅宴洞中》詩："誤疑茅堂過江麓，已入風磴霾雲端。"又《狂夫》詩："萬里橋西一草堂，百花潭水即滄浪。"宋陸游《老學庵筆記》卷一："杜少陵在成都有兩草堂，一在萬里橋之西，一在浣花，皆見於詩中。"清納蘭性德《寄梁汾并茸茅屋以招之》詩："聚首羨麋鹿，爲君構草堂。"《紅樓夢》第一七回："說着引衆人步入茆堂，裏面紙窗木榻，富貴氣象一洗皆盡。"清黄景仁《對月》詩："鍵户謝人事，茅堂夜色虚。"

【茆堂】

同"茅堂"。此體清代已行用。見該文。

【草堂】

即茅堂。此稱南北朝時期已行用。見該文。

【茅廬】

即茅屋。亦作"茆廬"。《太平御覽》卷九九六引漢陸賈《新語》："伊尹居負薪之野，修道德于茅廬之下。"《藝文類聚》卷四六引漢桓麟《劉寬碑》："〔劉寬〕疾雕飾，尚樸素，輕榮利，重謙讓，劣與同好鐫典茅廬。"唐張籍《送韓侍御歸山》詩："新結茆廬招隱逸，獨騎聰馬入深山。"宋梅堯臣《對雪憶往歲錢塘西湖訪林逋》詩之一："折竹壓籬曾礙過，却穿松下到茅廬。"元馬致遠《薦福碑》第一折："我住着半間兒草舍，再誰承望三顧茅廬。"明劉基《崇福寺傳上人看山樓》詩："爲愛山中世事疏，看山終日坐茅廬。"《三國演義》第三七回："農夫曰：'自此山之南，一帶高崗，乃卧龍崗也。崗前疏林内茅廬中，即諸葛先生高卧之地。'"又："詩曰：柴門半掩閉茅廬，中有高人卧不起。"清蒲松齡《聊齋志異・花姑子》："此非安樂鄉。幸老夫來，可從去，茅廬可以下榻。"蘇曼殊《遁迹記》："嗣余忽醒，身卧茅廬。"

【茆廬】

同"茅廬"。此體唐代已行用。見該文。

【茅舍】

即茅屋。亦作"茆舍"。後世亦用作對自己住所的謙稱。《三國志·蜀書·秦宓傳》："宓稱疾，臥在茅舍。"唐白居易《江樓夕望招客》詩："能就江樓銷暑否？比君茅舍較清凉。"宋辛棄疾《念奴嬌·西湖和人韻》詞："茆舍疏籬今在否？松竹已非疇昔。"元曹明《沉醉東風·村居》曲之二："茆舍寬如釣舟，老夫閑似沙鷗。"《紅樓夢》第一七回："於是一路行來，或清堂，或茅舍，或堆石爲垣，或編花爲門。"又六三回："那一面舊詩是：竹籬茅舍自甘心。"《初刻拍案驚奇》卷一七："若得法師降臨茅舍，此乃萬千之幸。"

【茆舍】

同"茅舍"。此體宋代已行用。見該文。

茅庵

即茅屋。亦作"茆菴"。唐胡曾《自嶺下泛鷁到清遠峽作》詩："不爲篋中書未獻，便來兹地結茅庵。"《水滸傳》第一回："自向龍虎山頂結一茅庵，修真養性。"明屠隆《曇花記·郊行卜佛》："久居華屋，轉羨茆菴。"《紅樓夢》第一二〇回："兩人携手而行，小厮驅車隨後，到了一座茅庵。"

【茆菴】

同"茅庵"。此體明代已行用。見該文。

【茅棟】

即茅屋。亦作"茆棟"。亦稱"茅椽"。南朝梁沈約《宿東園》詩："茅棟嘯秋鴟，平岡走寒兔。"唐杜甫《王十五司馬弟出郭相訪遺營草堂資》詩："憂我營茅棟，携錢過野橋。"宋孫覿《春事》詩："茆棟依林出，松扉傍水斜。"宋劉克莊《賀新郎·蒙恩主崇禧再用前韻》詞：

"服蘭佩，結茅棟。"《紅樓夢》第一回："所以蓬牖茅椽，繩床瓦竈，並不足以妨我襟懷。"

【茆棟】

同"茅棟"。此體宋代已行用。見該文。

【茅椽】

即茅棟。此稱清代已行用。見該文。

【茅軒】

即茅屋。唐王績《游北山賦》："結蘿幌而迎宵，敞茅軒而待曙。"唐杜甫《水檻》詩："茅軒駕巨浪，焉得不低垂。"唐杜荀鶴《題江寺禪和》詩："江寺禪僧似悟禪，壞衣芒履住茅軒。"

【茅齋】

即茅屋。亦作"茆齋"。《南齊書·劉善明傳》："〔善明〕質素不好聲色，所居茅齋斧木而已，床榻几案不加刬削。"唐孟浩然《西山尋辛諤》詩："竹嶼見垂釣，茅齋聞讀書。"明李昌祺《剪燈餘話·幔亭遇仙録》："遥知置向茆齋裏，夜夜虹光貫紫虛。"清唐孫華《抱灌軒雜興》詩之一："野岸青蕪合，茅齋白日長。"

【茆齋】

同"茅齋"。此體明代已行用。見該文。

【茅寮】

即茅屋。亦作"茆寮"。亦稱"草寮"。宋劉克莊《送陳霆之官連州》詩："茆寮愁問宿，峽石善驚船。"元戴表元《夢覺》詩："夢覺依然一草寮，浮踪已慣任飄摇。"

【茆寮】

同"茅寮"。此體宋代已行用。見該文。

【草寮】

即茅寮。此稱元代已行用。見該文。

【茅廠】

即茅屋。唐韓偓《南安寓止》詩："此地三

年偶寄家，枳籬茅廠共桑麻。"宋張鎡《震澤戲出鵝鶴》詩："市梢茅廠三兩閒，旁邊數鵝行復還。"

【茅茨】[1]

即茅屋。亦作"茆茨"。以茅草蓋的屋頂。藉指茅屋。《墨子・三辯》："昔者堯舜有茅茨者，且以爲禮，且以爲樂。"《後漢紀・桓帝紀下》："不慕榮宦，身安茅茨。"《韓非子・五蠹》："堯之王天下也，茅茨不翦，采椽不斲。"唐錢起《早渡伊川見舊鄰作》詩："村落通白雲，茆茨隱紅葉。"宋蘇軾《内中御侍以下賀太皇太后年節詞語》："求賢審官，拔士茆茨之下。"清陳田《明詩紀事戊籤・華察》引陳卧子曰："子潛清儉，似茅茨下人。"清侯方域《明東平州太守常公墓志銘》："公歸而無居，乃居余之北村，茆茨數椽，意泊如也。"清蒲松齡《聊齋志異・黃英》："乃於園中築茅茨，擇美婢往侍。"

【茆茨】

同"茅茨[1]"。此體唐代已行用。見該文。

【茨宇】

即茅茨[1]。《説文・艸部》："茨，茅蓋屋。"《釋名・釋宮室》："屋以草蓋曰茨。茨，次也，次比草爲之也。"又："宇，羽也，如鳥羽翼自覆蔽也。"南朝梁任昉《求爲劉瓛立館啓》："薄藝桑麻，粗創茨宇。"

【茨茅】

即茅茨[1]。宋宋祁《萬秀才園齋》詩："仁里樂丘園，茨茅構迴軒。"明王鏊《永嘉巡檢張侍禁廨舍辟洞名黃石》詩："茨茅塗土完且潔，栽花結果盈階阤。"

【茨檐】

即茅茨[1]。亦稱"茅檐"。《晉書・忠義傳・韋忠》："華辟之，辭疾不起。人問其故，忠曰：'我茨檐賤士，本無宦情，且茂先華而不實，裴頠欲而無厭。'"唐王維《偶然作》詩之二："有時農事閑，斗酒呼鄰里。喧聒茅檐下，或坐或復起。"元周權《野趣》詩："雲合茅檐樹，雨添花澗泉。"

【茅檐】[1]

即茨檐。此稱唐代已行用。見該文。

【草室】

即茅屋。用茅草蓋的房室。《後漢書・獨行傳・范冉》："遭黨人禁錮……或寓息客廬，或依宿樹蔭。如此十餘年，乃結草室而居焉。"宋梅堯臣《蠶女》詩："自從蠶蟻生，日日憂蠶冷。草室常自温，雲髻未暇整。"

【草屋】

即草室。《三國志・魏書・華佗傳》："不能善相制御，無跪拜之禮。居處作草屋土室形如冢。"《三國志・魏書・東夷傳》："居處作草屋土室，形如冢，其户在上，舉家共在中，無長幼男女之别。"宋路德章《盱眙旅舍》詩："道旁草屋兩三家，見客擂麻旋點茶。"

【草庵】

即草室。亦作"草菴"。《宋書・沈慶之傳》："營内多幔屋及草菴，火至輒以池水灌滅，諸軍多出弓弩夾射之，蠻散走。"北齊顏之推《顏氏家訓・風操》："梁世被繫劾者，子孫弟侄，皆詣闕三日，露跣陳謝……若配徒隸，諸子並立草庵於所署門，不敢寧宅，動經旬日，官司驅遣，然後始退。"王利器集解引盧文弨曰："庵，烏合切。《廣韵》：'小草舍也。'"

【草菴】

同"草庵"。此體南北朝時期已行用。見

該文。

【草舍】

即草室。《後漢書·馮異傳》："及王郎起，光武自薊東南馳，晨夜草舍。"唐劉長卿《尋龍井楊老》詩："柴門草舍絕風塵，空谷耕田學子真。"宋曾鞏《學舍記》："〔予〕休於家，而即其旁之草舍以學。"清葆光子《物妖志·獸類·虎》："後二十餘日復過妻家，草舍依然，俱不復有人矣。"

【茇】

即草舍。亦作"废"。《詩·召南·甘棠》："召伯所茇。"鄭玄箋："茇，草舍也。"《説文·艸部》："废，舍也。"段玉裁注："茇、废，實古今字也。"《周禮·夏官·大司馬》："中夏教茇舍。"鄭玄注："茇舍，舍草止也，軍有草止之法。"

【废】

同"茇"。此體漢代已行用。見該文。

【草廬】

即草室。《後漢書·周燮傳》："有先人草廬結於岡畔，下有陂田，常肆勤以自給。"三國蜀諸葛亮《前出師表》："先帝不以臣卑鄙，猥自枉屈，三顧臣於草廬之中，咨臣以當世之事。"宋郭彖《睽車志》卷三："〔劉知常〕乃於所居之傍，闢草廬以居，時人謂之'草庵居士'。"《元史·吴澄傳》："澄所居草屋數間，程鉅夫題曰'草廬'，故學者稱之爲'草廬先生'。"明劉基《次韻和王文明絕句》之十七："草廬不枉達官車，長日惟消滿架書。"

茅椒

以茅草苫頂，以椒泥塗壁的茅屋、草舍。常藉指隱士所居。《新唐書·隱逸傳·武攸緒》："盤桓龍門、少室間，冬蔽茅椒，夏居石室。"《資治通鑑·唐則天后萬歲通天元年》："攸緒遂優游巖壑，冬居茅椒，夏居石室，如一山林之士。"

茅殿

草蓋的殿堂。唐王勃《上九成宮頌表》："松軒夜警，杳冥姑射之心；茅殿晨凝，寥廓峒山之駕。"猶茅屋。唐宋之問《謁禹廟》詩："茅殿今文襲，梅梁古制無。"

草墅

亦稱"田墅""墟墅"。指鄉間廬舍。三國魏曹植《梁甫行》："劇哉邊海民，寄身於草墅。"南朝梁沈約《少年新婚爲之咏》："山陰柳家女，薄言出田墅。"宋葉適《懷遠堂》詩："稍復卓墟墅，漸能滿囷倉。"

【田墅】

即草墅。此稱南北朝時期已行用。見該文。

【墟墅】

即草墅。此稱宋代已行用。見該文。

草窠

亦稱"草棚"。草蓋的窩棚。極簡陋住屋。明曹學佺《蜀中廣記·邊防紀》："刀耕火種所收稻穀懸於草棚。"

【草棚】

即草窠。此稱明代已行用。見該文。

草團瓢

亦作"草團標"。圓形茅屋。元馬致遠《任風子》第四折："編四圍竹寨籬，蓋座草團瓢。"元康進之《李逵負荆》第一折："一把火將你那草團瓢燒成腐炭，盛酒甕摔做碎瓷甌。"元馬致遠《黃粱夢》第三折："白茫茫雪迷山拽脚，淡濛濛霧鎖草團標。"《西游記》第五六回："老者即起身，著沙僧到後園裏拿兩個稻草，教他們在園中草團瓢內安歇。"《白雪遺音·八角鼓·游學》："皆因是，壽年高，住深山，草團瓢，不是僧來不是道。"

【草團標】

同"草團瓢"。此體元代已行用。見該文。

【團茅】

即草團瓢。亦稱"團苫"。五代劉知遠《諸宮調·別三娘太原投事》："團苫用草苫著，欲要燒毀全小可。"金元好問《別李周卿》詩之二："懷我同心人，團茅住深竹。"元張可久《紅繡鞋·蔡行甫郊居》曲："白露離離香稻，清風小小團茅。"

【團苫】

即團茅。此稱五代時已行用。見該文。

【團焦】

即草團瓢。《北齊書·神武帝紀上》："後從榮（尒朱榮）徙據并州，抵揚州邑人龐蒼鷹，止團焦中。"清紀昀《閱微草堂筆記·灤陽消夏錄四》："農夫陳四，夏夜在團焦守瓜田。"《通雅·宮室》："團焦，團標也……標音瓢，今人曰團瓢，謂爲一瓢之地也。"

【團瓢】

即草團瓢。亦作"團標"。元汪元亨《折桂令·歸隱》曲："傍烟霞蓋座團標。梅放初花，竹長新梢。"《通雅·宮室》："團焦，團標也……標音瓢，今人曰團瓢，謂爲一瓢之地也。"

【團標】

同"團瓢"。此體元代已行用。見該文。

蓬户 [2]

亦稱"蓬門"。以蓬草編成的門户。指窮人所住之草屋、陋室。《莊子·讓王》："原憲居魯，環堵之室，茨以生草，蓬户不完，桑以爲樞。"《後漢紀·孝順皇帝紀》："〔永建〕四年春正月，丙寅，大赦天下，帝加元服……袁宏曰：'以榮華爲塵埃，以富貴爲厚累，草廬蓬門，藜藿不供。'"《宋書·袁顗傳》："紆金拖玉，改觀蓬門。"唐戴叔倫《新秋夜寄江右友人》詩："遥夜獨不寐，寂寥蓬户中。"《水滸傳》第三九回："只恐蓬門陋質，難以相副。"明何景明《東門賦》："朱棺而葬，不如生處蓬户。"清王闓運《哀江南賦》："余以蓬户寂寥，斗室迴旋。"

【蓬門】[1]

即蓬户 [2]。此稱漢代已行用。見該文。

【蓬廬】

即蓬户 [2]。《淮南子·本經訓》："民之專室蓬廬，無所歸宿。"三國魏曹植《愍志賦》："去君子之清宇，歸小人之蓬廬。"晋陶潛《答龐參軍》詩："朝爲灌園，夕偃蓬廬。"

【蓬室】

即蓬户 [2]。亦稱"蓬屋"。多爲貧窮者所居。《列子·力命》："居則蓬室，出則徒行。"三國魏曹植《贈徐幹》詩："顧念蓬室土，貧賤誠足憐。"晋葛洪《抱朴子·安貧》："潛側武之陋巷，竄繩樞之蓬屋。"唐杜甫《垂老別》詩："棄絕蓬室居，塌然摧肺肝。"又《送李校書二十六韵》："顧我蓬屋姿，謬通金閨籍。"清葆光子《物妖志·獸類·虎》："但蓬室爲陋耳，敢不承命。"清唐孫華《抱灌軒落成》詩之二："射得桑弧曾萬里，歸來蓬屋只三間。"

【蓬屋】

即蓬室。此稱晋代已行用。見該文。

【蓬居】

即蓬户 [2]。南朝宋謝靈運《擬魏太子〈鄴中集〉詩·徐幹》："華屋非蓬居，時髦豈余匹。"唐陳子昂《昭夷子趙氏碑》："故蓬居窮巷，軒冕結轍。"唐盧綸《客居喜崔補闕司空拾遺訪宿》詩："步月訪諸鄰，蓬居宿近臣。"

【蓬茨】[1]

即蓬户[2]。亦稱"蓬茅""蓬茆"。《漢書·王褒傳》："今臣辟在西蜀，生於窮巷之中，長於蓬茨之下。"顏師古注："蓬茨，以蓬蓋屋也。"唐韓愈《送文暢師北游》詩："庇身指蓬茅，逞志縱獧狷。"明葉憲祖《素梅玉蟾》第五折："今朝納聘過門庭，頓使蓬茅喜氣生。"清蒲松齡《聊齋志異·阿寶》："處蓬茆而甘，藜藿不怨也。"

【蓬茅】

即蓬茨。此稱唐代已行用。見該文。

【蓬茆】

同"蓬茅"。此體清代已行用。見該文。

荊室

以荊條搭建的屋舍。藉指貧窮者所居。猶蓬户。三國魏曹植《説疫氣》："人罹此者，悉被褐茹藿之子，荊室蓬户之人耳！若夫殿處鼎食之家，重貂累蓐之門，若是者鮮焉！"宋陳起《次韻陳景齊糾椽題品山齋數石之作》："荊室雖苟完，漢儀亦多偬。"

菴廬

亦稱"菴"。猶蓬户。《後漢書·皇甫規傳》："規親入菴廬，巡視將士，三軍感悦。"《南齊書·竟陵文宣王子良傳》："編草結菴，不違凉暑。"宋范成大《花山村舍》詩："菴廬少來往，門巷濕蒼苔。"

【菴】

即菴廬。此稱南北朝時期已行用。見該文。

茸屋

猶蓬户。《周禮·考工記·匠人》："茸屋參分，瓦屋四分。"賈公彥疏："茸屋，謂草屋。"明栗應宏《龍山別業即事》詩："茸屋空林半翠微，柴門無事柳依依。"

蒿廬

亦作"蓬蒿廬"。猶蓬户。《史記·滑稽列傳》："宮殿中可以避世全身，何必深山之中，蒿廬之下。"漢桓寬《鹽鐵論·毀學》："而包丘子不免於甕牖蒿廬，如潦歲之蛙。"唐王績《薛記室收過莊見尋率古意以贈》詩："故人有深契，過我蓬蒿廬。"宋葛勝仲《讀史二首》詩其一："蒿廬不愛深山臥，避世金門世孰知。"明李夢陽《故人殷進士特使自壽張來兼致懷作僕離群遠遁頗有游陟之志酬美訂約遂有此寄》詩："錦字偕華星，照耀蓬蒿廬。"

【蓬蒿廬】

即蒿廬。此稱唐代已行用。見該文。

薄屋

猶蓬户。漢劉向《説苑·敬慎》："先君薨而不吊贈，是無哀吾喪也……且柩畢尚薄屋，無哀吾喪也興師。"漢仲長統《昌言》："今反謂薄屋者爲高，藿食者爲清。"一説，爲服喪者所居之草屋。

蒲室

亦作"蒲屋"。草庵。多指僧人所居，亦泛指簡陋的蓬户。《釋名·釋宮室》："草圓屋曰蒲。蒲，敷也，總其上而敷下也。又謂之庵。"《新唐書·楊於陵傳》："〔楊於陵〕出爲嶺南節度使……在幕府咨訪得失，教民陶瓦易蒲屋，以絕火患。"元張翥《奉答新仲銘禪師》詩："我識新公老禪衲，一燈蒲室是真傳。"又《寄清遠渭禪師》詩："蒲室千燈誰繼照,渭水一流自分宗。"明李賢《再廣大勝寺間韻三首》之三："香凝蒲室禪心定,雲鎖松庭鶴夢間。"

【蒲屋】

即蒲室。此稱唐代已行用。見該文。

窩鋪

亦作"窩舖"。亦稱"窠棚"。用席、草、樹枝等臨時搭蓋的簡易小屋。元高文秀《澠池會》第三折："肉吃斤半,米吃升半,聽的厮殺,窩鋪裏聲喚。"元佚名《博望燒屯》第二折："你與我先點着糧車,後燒着窩鋪。"《水滸傳》第七八回："近山砍伐木植,人家搬擄門窗,搭蓋窩鋪,十分害民。"

【窩舖】

同"窩鋪"。此體元代已行用。見該文。

【窠棚】

即窩鋪。此稱多行用於現當代。見該文。

庵

小草屋。《釋名・釋宮室》："草圓屋曰蒲。蒲,敷也;總其上而敷下也。又謂之庵。庵,奄也;所以自覆奄也。"《廣韻・平覃》："庵,小草舍也。"《集韻・平覃》："庵,圓屋曰庵。"晋葛洪《神仙傳・焦先》："居河之湄,結草爲庵。"唐胡曾《自嶺下泛鷁到清遠峽作》詩："不爲篋中書未獻,便來兹地結茅庵。"清錢大昕《十駕齋養新錄・庵》："古人名草圓屋爲庵,蓋取奄覆之義,從'广'從'艸',皆後人增加。"舊時文人多用以作字號或書齋名,如晦庵(宋朱熹號)、升庵(明楊慎號)、老學庵(宋陸游書齋名)、影梅庵(清董白書齋名)、頻羅庵(清梁同書書齋名)等。

【广】[1]

同"庵"。元袁桷《次韵瑾子過梁山濼》："土屋危可緣,草广突如峙。"清桂馥《説文義證》："馥謂广即庵字,隸嫌其空,故加奄,變象形爲諧聲。"

店

田間草舍。用於放置農具,看守莊稼。宋梅堯臣《和孫端叟寺丞農具》之一："結廬田野中,其高足以覘……終當收穫畢,寂寞懸山店。"

白屋

古代平民所居之房屋。因以白茅覆蓋而成,故稱。亦指不施彩色、露出本材之房屋。《尸子・君治》："人之言君天下者瑤臺九纍,而堯白屋。"《漢書・吾丘壽王傳》："三公有司,或由窮巷起白屋,裂地而封。"顏師古注："白屋,以白茅覆屋也。"又《王莽傳上》："開門延士,下及白屋。"顏師古注："白屋,謂庶人以白茅覆屋者也。"唐李賀《老夫采玉歌》："村寒白屋念嬌嬰,古臺石磴懸腸草。"宋程大昌《演繁露・白屋》："古者宮室有度,官不及數,則屋室皆露本材,不容僭施采畫,是爲白屋也矣。"元李翀《日聞錄》："白屋者,庶人屋也。《春秋》:'丹桓公楹,非禮也。'在禮:楹,天子丹,諸侯黝堊,大夫蒼,士黈黃色也。按此則屋楹循等級用彩,庶人則不許,是以謂之白屋也。"清李漁《玉搔頭・締盟》："故此把白屋寒儒,都認作青雲貴客了。"

【白室】

即白屋。唐楊炯《常州刺史伯父東平楊公墓志銘》："入踐郎官,含香握蘭;來居白室,直繩明筆。"唐岑參《丘中春臥寄王子》詩:

"田中開白室，林下閉玄關。"

土階茅屋

亦稱"土階茅茨""土茅"。以土爲階，以茅爲屋。極言居室之簡陋。《周書·武帝紀下》："上棟下宇，土階茅屋。"《新唐書·薛收傳》："峻宇彫墻，殷辛以亡；土階茅茨，唐堯以昌。"清唐甄《潛書·太子》："土茅者，殿陛之本；糟糠者，肥甘之本。"

【土階茅茨】

即土階茅屋。此稱唐代已行用。見該文。

【土茅】

即土階茅屋。此稱清代已行用。見該文。

屠蘇

茅庵，平房。《宋書·索虜傳》："〔拓跋〕燾所住屠蘇爲疾雷擊，屠蘇倒，見壓殆死，左右皆號泣。"唐杜甫《槐葉冷淘》詩："願隨金腰裹，走置錦屠蘇。"仇兆鰲注引《杜臆》云：

"錦屠蘇，天子之屋。"

廡

小茅舍。《改併四聲篇海·广部》引《川篇》："廡，小茅舍也。"《字彙補·广部》："廡，茅舍。"

蒿宮[2]

亦稱"蒿室"。指周代以蒿爲柱之宮。《大戴禮記·明堂》："周時德澤洽和，蒿茂大，以爲宮柱，名蒿宮也，此天子之路寢。"《竹書紀年》卷下："周德既隆，草木茂盛，蒿堪爲宮室，因名蒿室。"南朝宋謝莊《宋明堂歌·歌太祖文皇帝》："蒿宮仰蓋，日館希旌。"唐王勃《九成宮頌》："其有斟酌千古，文明一代，蒿宮不陋，茨山可仰。"

【蒿室】

即蒿宮。此稱南北朝時期已行用。見該文。

土 房

土室[2]

以土築成的屋室。言其簡陋。《史記·匈奴列傳》："夫力耕桑以求衣食，築城郭以自備，故其民急則不習戰功，緩則罷於作業。嗟土室之人，顧無多辭，令喋喋而占占，冠固何當？"《後漢書·袁閎傳》："閎遂散髮絕世，欲投迹深林。以母老不宜遠遁，乃築土室，四周於庭，不爲户，自牖納飲食而已。"南朝梁劉孝標《辯命論》："瑤臺夏屋，不能悦其神。土室編蓬，未足憂其慮。"唐杜甫《西枝村尋置草堂地夜宿贊公土室》詩之二："土室延白光，松門耿疏影。"清夏燮《中西紀事·粵民義師》："自相國

去後，英人自恃其積年之狼亢，見後至者，以爲土室懦夫，易而侮之。"

【土屋】[2]

即土室[2]。宋梅堯臣《季父知并州》詩："土屋春風峭，氈裘牧騎狂。"《宋史·外國傳六·拂菻》："其國地甚寒，土屋無瓦。"元袁桷《雲州》詩："氈房聯潤曲，土屋覆山椒。"

【土房】

即土室[2]。元馬祖常《上京翰苑書懷》詩之一："土房通火爲長炕，氈屋疏凉啟小櫳。"

【壤室】

即土室[2]。《孔叢子·論書》："退而窮居河濟

之間，深山之中，作壞室，編蓬户，常於此彈琴以歌先王之道。”

土空

亦稱“土窟”。鑿地而成的土洞或於地上壘土而成的土室。宋魏泰《東軒筆錄》卷一五：“有張師雄者，西京人，好以甘言悦人，晚年尤甚。洛中號曰蜜翁翁。出官在邊郡，一夕賊馬至界上，忽城中失雄所在，至曉方見師雄重衣披裘，伏於土窟中，已癡矣。西人呼土窟爲空。尋爲人改舊詩以嘲曰：‘昨夜陰山吼賊風，帳中驚起蜜翁翁。平明不待全師出，連著皮裘入土空。’”宋范成大《范陽驛》詩：“郵亭偪仄但宜冬，恰似披裘坐土空。”

【土窟】

即土空。此稱宋代已行用。見該文。

穴岫

亦稱“穴嵓”。巖穴；石洞。多指隱士隱居之處。晋陸機《七徵》：“策玄黄於榛險，憑穴嵓而放言。”唐王勃《常州刺史平原郡開國公行狀》：“公鼎門疏照，穴岫翔輝；分岳秀於樊侯，禀辰精於傅説。”

【穴嵓】

即穴岫。此稱晋代已行用。見該文。

窰洞

省稱“窯”“窰”。依土山山崖挖築而成，供人居住的土室山洞。明楊一清《關中奏議》卷一：“陝西苑馬寺各苑多不曾修建衙門城堡，即雖有城堡，年久坍塌，又皆無營房馬厩，苑官多僦屋而居，或宿窰洞，所養官馬夜在野。”清王士禛《香祖筆記》卷一〇：“今人以傳奇有破窰之説，志書亦沿俗論，但言窰而不知有龕，並龍門僧亦湮没不傳，可惜也。”清俞正燮《癸

已存稿·窰窐》：“今西人依山居曰窰。”《萬花樓》第六〇回：“然我生成野性，甘守清貧，伏望聖上賜臣在窰過度光陰足矣。”

【窰】

即窰洞。此稱清代已行用。見該文。

【窯】

即窰洞。窯，同“窰”。此稱清代已行用。見該文。

【土窰】

即窰洞。亦稱“土窰子”。當地人俗稱。

【土窰子】

即土窰。此稱清代已行用。見該文。

寒窰

舊時窮苦之人賴以栖身的陰冷潮濕的破窰洞。川劇《評雪辨踪》：“我想小姐自到寒窰，糧無隔夜，衣無數重。”

營窟

省稱“窟”。壘土而高於地面的窟穴。《孟子·滕文公下》：“當堯之時，水逆行，泛濫於中國，蛇龍居之，民無所定；下者爲巢，上者爲營窟。”《禮記·禮運》：“昔者先王未有宫室，冬則居營窟。”孔穎達疏：“謂於地上累土而爲窟。”宋徐夢莘《三朝北盟會編》卷二二〇：“雖歷九死其未悔……身在營窟，心在周行。”

【窟】[1]

“營窟”之省稱。此稱唐代已行用，見該文。

窟室

亦作“窋室”。亦稱“窟居”。鑿地而修築的地室。《左傳·襄公三十年》：“鄭伯有耆酒，爲窟室，而夜飲酒，擊鍾焉，朝至未已。”杜預注：“窟室，地室。”《史記·刺客列傳》：“〔吴公子〕光伏甲士於窟室中，而具酒請王僚。”漢趙

曄《吳越春秋·王僚使公子光傳》作"窬室"。
《晉書·隱逸傳·張忠》："其居依崇巖幽谷，鑿
地爲窟室。弟子亦以窟居，去忠六十餘步。"清
紀昀《閲微草堂筆記·如是我聞三》："〔女子〕
夜過寺門，被劫閉窟室中。"康有爲《大同書》
辛部第七章："蓋據亂窟居，人多住山；升平堂
構，人多住原。"

【窬室】

同"窟室"。此體漢代已行用。見該文。

【窟居】

即窟室。此稱晋代已行用。見該文。

【窟穴】

即窟室。《晏子春秋·諫下十四》："其不
爲檜巢者，以避風也；其不爲窟穴者，以避濕
也。"《韓非子·説疑》："此十二人者，或伏死
於窟穴，或槁死於草木。"漢荀悦《漢紀·景
帝紀》："士有伏死窟穴巖石之中耳，安肯盡忠
信而趣闕下者哉！"宋王禹偁《放言》詩之四：
"不向世間爭窟穴，蝸牛到處是吾廬。"

巢穴

多藉指隱居之所。《後漢書·周燮傳》："吾
既不能隱處巢穴，追綺季之迹，而猶顯然不遠
父母之國，斯固以滑泥揚波，同其流矣。"宋王
安石《豫章道中次韻答曾子固》："龐公有意安
巢穴，肯問簞瓢與萬鍾！"

窖

亦作"窌"。地窖。貯藏物品的地洞。《周
禮·考工記·匠人》："囷窌倉城。"鄭玄注："穿
地曰窌。"孫詒讓正義："《説文·穴部》云：
'窌，窖也。''窖，地藏也。'……《吕氏春秋·季
春紀》：'發倉窌。'高注亦云：'穿地曰窖。'又
《仲秋紀》注云：'穿窌，所以盛穀也。'義並與

窖
（元王禎《農書》）

鄭同。"《禮記·月令》："〔仲秋之月〕穿竇窖。"
鄭玄注："隋曰竇，方曰窖。"孔穎達疏："竇既
爲隋圓，故以窖爲方。"《荀子·富國》："故田野
縣鄙者，財之本也；垣窌倉廩者，財之末也。"
楊倞注："窌，窖也，掘地藏穀也。"《漢書·蘇
武傳》："單于愈益欲降之，乃幽武置大窖中，
絶不飲食。"《新唐書·田神功傳》："劉展反，鄧
景山引神功助討，自淄青濟淮，衆不整，入揚
州，遂大掠居人貲産，發屋剔窌，殺商胡波斯
數千人。"《沈氏農書·運田地法》："種田地肥壅
最緊，人糞力旺，牛糞力長，不可偏廢，租窖
乃根本之事。"

【窌】

同"窖"。此體先秦時期已行用。見該文。

地窖

亦稱"地窨""地窨子"。指貯藏物品或
住人的地洞及地下室。北魏賈思勰《齊民要
術·造神麴并酒等》："地窖着酒，令酒土氣；唯
連簷草屋中居之爲佳。"元《七國春秋平話後
集》卷上："却説孫子天晚出地窖來憑探，便行
向屏風上，見和詩一首。"元王元禎《農書》卷

二二：“揀一色白苧麻，水潤，分成縷……以發過稀糊調細豆麵，刷過，更用油水刷之，於天氣濕潤時，不透風處或地窖子中，灑地令濕，經織爲佳。”《水滸傳》第二二回：“板底下有條索頭。將索子頭只一拽，銅鈴一聲響，宋江從地窖子裏鑽將出來。”

【地窖】

即地窖。此稱元代已行用。見該文。

【地窖子】

即地窖。此稱元代已行用。見該文。

土階

亦作“土堦”。土臺階。藉指簡陋的居室。《子華子·晏子問黨》：“嬰聞之，堯不以土階爲陋，而有虞氏怵戒於塗墍，其尚儉之謂歟？”漢邊讓《章華賦》：“思夏禹之卑宮，慕有虞之土堦。”唐皇甫曾《春和杜相公移入長興宅奉呈諸宰執》詩：“秦官鼎食貴，堯世土階卑。”

【土堦】

同“土階”。此體漢代已行用。見該文。

木　屋

板屋

用木板搭蓋的房屋。《詩·秦風·小戎》：“在其板屋，亂我心曲。”《漢書·地理志下》：“天水、隴西，山多林木，民以板爲室屋……故《秦詩》曰‘在其板屋’。”唐王維《送李太守赴上洛》詩：“板屋春多雨，山城晝欲陰。”清歸莊《湘雲閣記》：“其尤絶者爲湘雲閣，蓋板屋而鋪以湘妃竹，斑然可愛。”

【板房】

即板屋。《明史·胡惟庸傳》：“精爽溢發不異少壯，朝夕直西苑板房未嘗一歸。”

棚

亦稱“棚子”。以竹、木等材料搭建而成的棚架或簡陋小屋。《說文·木部》：“棚，棧也。”段玉裁注：“《通俗文》曰：‘板閣曰棧，連閣曰棚。’析言之也。許云：‘棚，棧也。’渾言之也。今人謂架上以蔽下者皆曰棚。”《隋書·柳彧傳》：“高棚跨路，廣幕陵雲。”《舊五代史·梁書·李罕之傳》：“先是蒲絳之間有山曰摩雲，邑人立棚於之上，以避寇亂。”明陶宗儀《輟耕錄·隱逸》：“回至中途，夜黑。暫憩一露棚下。”

【棚子】

即棚。此稱多行用於現當代。見該文。

棚户

以木爲構架，以上覆以席板的簡陋屋舍。亦藉指貧苦人家。《世宗憲皇帝硃批諭旨》卷一：“雍正五年七月二十六日江西南昌總兵官臣陳璋謹奏……臣任事至今，地方寧謐，棚户乂安，此皆賴聖天子至德廣運之所至也。”

柴門[1]

亦稱“柴扉”“柴扃”。以柴荆所做之門。言其簡陋。三國魏曹植《梁甫行》：“柴門何蕭條，狐兔翔我宇。”代指貧寒之家，陋室。《晉書·儒林傳論》：“若仲寧之清貞守道，抗志柴門；行齊之居室屢空，栖心陋巷……斯并通儒之高尚者也。”南朝梁范雲《贈張徐州稷》詩：“還聞稚子說，有客款柴扉。”唐杜牧《憶歸》詩：“新城非故里，終日想柴扃。”唐李商隱

《訪隱者不遇成二絶》之二：“城郭休過識者稀，哀猿啼處有柴扉。”唐吳融《西陵夜居》詩：“寒潮落遠汀，暝色入柴扃。”前蜀韋莊《江上村居》詩：“本無踪迹戀柴扃，世亂須教識道情。”宋楊萬里《送蔡定夫提舉正字使廣東》詩：“柴門僵卧三臘雪，魚釜僅續一綫烟。”元張可久《山坡羊·雪夜》曲：“扁舟乘興，讀書相映，不如高卧柴門静。”《西游記》第六七回：“長老欣然促馬，至莊門外下馬，只見那柴扉緊閉。”清吳偉業《和王太常西田雜興韵》：“亂後歸來桑柘稀，牽船補屋就柴扉。”

【柴扉】[1]

即柴門。此稱南北朝時期已行用。見該文。

【柴扃】[1]

即柴門。此稱唐代已行用。見該文。

【柴關】[1]

即柴門。唐李涉《山居送僧》詩：“失意因休便買山，白雲深處寄柴關。”明李東陽《雪不止叠前韵》：“漫將春雪比冰山，日薄風稀漸改顔。怯勢已銷紅獸炭，欣貧猶擁舊柴關。”

【荆扉】[1]

即柴門。藉指陋室。北周庾信《枯樹賦》：“沈淪窮巷，蕪没荆扉。”唐岑參《西掖省即事》詩：“官拙自悲頭白盡，不如巖下偃荆扉。”清黄景仁《步從雲溪歸偶作》詩：“太息歸荆扉，燈火慘不紅。”

篳門

亦作“蓽門”。荆竹編成之門。《子思子全書·全篇·任賢》：“子思對曰：‘臣羈旅於此，而辱君之威尊，亟臨篳門，其榮多矣。’”“篳門”，《孔叢子·抗志》作“蓽門”。唐王維《山居即事》詩：“鶴巢松樹遍，人訪蓽門稀。”宋蘇籀

《休沐日》詩：“瀚垢涼床潔帨帉，煬竈篳門無量燠。”明張以寧《次韵感懷清明並自述》二首之一：“何時步屧青蕪路，月上山童侯篳門。”清吳偉業《贈學易友人吳燕餘》二首詩之一：“注就梁丘早十年，石壕呼怒篳門前。”

【蓽門】[2]

同“篳門”。此體先秦時期已行用。見該文。

【篳户】

即篳門。亦作“蓽户”。藉指簡陋的住所。《詩·國風·七月》：“穹窒熏鼠，塞向墐户。”漢毛亨傳：“墐，塗也。庶人篳户。”篳，一作“蓽”。孔穎達疏：“墐塗荆竹所織之户，使今室無隙孔，寒氣不入。”舊題宋謝枋得《翰苑新出》前集卷六五引唐皮日休文：“蓬户下客，篳户輕生。”宋朱熹《次子有聞捷韻》四首之一：“誰遣捷書來篳户，真同百蟄聽雷聲。”明姜洪《永福縣新城記》：“然城中百姓不滿百，皆舍篳户。”

【蓽户】[2]

同“篳户”。此體漢代已行用。見該文。

柴篳

“柴門篳户”之連稱。多指窮人居所。北齊劉晝《新論·薦賢》：“賢士有脛而不肯至，殆蠹材於幽岫，毁迹於柴篳者，蓋人不能自薦，未有爲人舉也。”

柴荆[1]

亦稱“荆柴”。以茅草、荆柴搭蓋的草屋。極言村舍居室之簡陋。南朝宋謝靈運《初去郡》詩：“恭承古人意，促裝反柴荆。”唐王維《哭殷遥》詩：“故人各有贈，又不及平生。負爾非一途，痛哭返柴荆。”唐温庭筠《秋日旅舍寄義山李侍御》詩：“一水悠悠隔渭城，渭城風物近

柴荆。"明高淑嗣《再調考功作》詩："惟當尋素業，歸臥守荆柴。"

【荆柴】

即柴荆。此稱明代已行用。見該文。

柴棚

以木材搭建的棚舍。前蜀貫休《上馮使君山水障子》詩："柴棚坐隱士，露茗煮紅泉。"元葉蘭《送錢朝陽還河上》十首之一："鵠立沙邊望去程，柳林直下是柴棚。"《江西通志·公署·廣信府》："柴棚巡視司，在縣東四十里，今移駐周溪鎮。"

閣欄

亦稱"閣欄頭"。唐代巴蜀東部居民所建木屋。多依山坡架木爲之，類似巢居。一説即巢居。唐元稹《酬樂天得微之詩知通州事因成》詩之二："平地才應一頃餘，閣欄都大似巢居。"自注："巴人多在山坡架木爲居，自號閣欄頭也。"明曹學佺《蜀中廣記·重慶府二》引宋樂史《太平寰宇記》："狼猛鄉人構屋高樹上，謂之閣欄。"

【閣欄頭】

即閣欄。此稱唐代已行用。見該文。

閣仔

貧苦人家所居住的小木板房。茅盾《劫後拾遺》六："在一個貧民窟的閣仔裏，陳强和小黃計算著他們的存糧。"

竹　屋

竹屋

亦稱"竹所"。以竹搭建的簡陋小屋。多爲貧寒人家或隱逸之士所居。唐黃滔《楊狀頭啓》："土風則竹屋玲瓏，烟水則葉舟蕩漾。"宋梅堯臣《仲春同師直至甕山雪中宿穰亭》詩："與子乘羸馬，夜投山家宿。風雪滿絺裘，燈火深竹屋。"明陳與郊《義犬》第一齣："下官袁燦，字景倩……常著'妙德先生'以自況，不堪混俗，欲飲狂泉，愛爲幽奇，直造竹所，今日閑居無事，不免舉酒花前。"清洪亮吉《乾溝道中書所見》詩："新緑填街馬過遲，幾家竹屋枕陂池。"

【竹所】

即竹屋。此稱明代已行用。見該文。

竹房

以竹爲材所建之房屋。竹房之制歷史悠久，史前遺址中屢有發現，尤以江南"登梯而上"的干闌式住房爲著。迄今雲南、貴州等地干闌式住宅仍有全用竹材者，亦有半竹半木者。唐劉長卿《趙宣州使院夜宴寂上人房留辭前蘇州韋使君》詩："春歸花殿暗，秋傍竹房多。"宋趙彦衛《雲麓漫鈔》卷一〇："予嘗至江上，見竹屋。截大竹，長丈餘，平破開，法其節編之。又以破開竹覆其縫，脊檐則橫竹夾定，下施窗户，與瓦屋無異。"

竹塢

竹舍。唐劉滄《訪友人郊居》詩："登原過水訪相如，竹塢莎庭似故居。"《醒世恒言·盧太學詩酒傲王侯》："水閣遥通竹塢，風軒斜透松寮。"

竹扉

以竹編造之門。藉指陋室。多爲清貧之士

或隱士所居。唐薛用弱《集異記·崔商》："不三四里，忽有人居，石橋竹扉，板屋茅舍，延流詰曲，景象殊迥。"宋王庭珪《題郭秀才釣亭》詩："他年欲訪沙頭路，會自携竿扣竹扉。"明高啓《何隱君小墅》詩："移家營別墅，一逕竹扉開。"

【竹關】

即竹扉。唐張籍《經王處士原居》詩："舊宅誰相近，唯僧近竹關。庭閑雲滿井，窗曉雪通山。"宋徐積《上林殿院次公九首》之四："月將寒影投書幌，菊遣秋香過竹關。"

竹館

以竹子建造的房舍。亦泛指幽居別墅。宋梅堯臣《池州陳生見過》詩："竹館忽枉駕，山樽聊解頤。"又《送胥裴二子回馬上作》詩："念此日暮時，寂寞閉竹館。"宋王質《紹陶録·書陶元亮譜》："在我窩兮，不可驕深陷，溪山花柳毛，松房竹館栖身牢。"

竹棚

以竹搭建的輕便簡易之棚舍。唐杜牧《蠻中醉》詩："瘴塞蠻江入洞流，人家多在竹棚頭。"元馬祖常《錢塘潮》詩："石橋西畔竹棚斜，閑日浮舟閱歲華。"

竹軒

以竹搭建的房屋。多指寒士或隱士所居之陋室。唐趙嘏《憶山陽》詩："家在枚皋舊宅邊，竹軒晴與楚坡連。"五代譚用之《送友人歸青社》詩："好期聖代重相見，莫學袁生老竹軒。"宋邵雍《秋日飲鄭州宋園示管城簿周正叔》詩："飲散竹軒微雨後，凌晨歸路起栖鴉。"

竹樓[3]

用竹子建造的干闌式竹屋，下面架空，上面住人。今雲南傣族多居竹樓。唐劉禹錫《淮陰行》之二："簇簇淮陰市，竹樓緣岸上。"宋王禹偁《黃州新建小竹樓記》："宜圍棋，子聲丁丁然；宜投壺，矢聲錚錚然，皆竹樓之所助也。"

竹蓋

用竹子編作的屋蓋。喻指簡陋的房屋。唐羅隱《送楊煉師却歸貞浩巖》詩："久居竹蓋知勤苦，舊業蓮峰想變更。"元潘伯修《甲午六月卧病柔川呈地主五首》之三："雨分西崦泉鳴屋，風借南鄰竹蓋檐。"

竹籬茅舍

指鄉村因陋就簡的屋舍。宋張昇《離亭燕》詞："蓼嶼荻花洲，掩映竹籬茅舍。"清程麟《此中人語·撫松軒詩稿》："村店青旗賣酒家，竹籬茅舍路三叉。"

石　屋

石屋

用石料建成的房屋。自漢代起就有石屋，至今在山區因石料多而常以石建房。古代多爲僧人或隱士居室。前蜀貫休《懷白閣道侶》詩："寒思白閣道，石屋兩三僧。"宋梅堯臣《送潘士方之建昌》詩："來尋鳥爪人，神光生石屋。"元任士林《不礙雲山堂賦》："石屋無扉，陰雲覆足。"

【石房】

即石屋。唐鮑溶《送僧文江》詩："吳王劍

池上，禪子石房深。"唐孟貫《寄山中高逸人》
詩："猿共摘山果，僧鄰住石房。"

石室

亦稱"石宮"。巖洞。多指僧、道、隱士之
居處。亦指傳說中的神仙洞府。漢劉向《真君
傳》："赤松子者，神農時雨師也……數往崑崙
山中，常止西王母石室中，隨風雨上下。"漢
趙曄《吳越春秋·句踐入臣外傳》："吳王知范
蠡不可得爲臣，謂曰：'子既不移其志，吾復置
子於石室之中。'范蠡曰：'臣請如命。'"三國
魏曹植《苦思行》："鬱鬱西嶽巔，石室青青與
天連。"《晉書·嵇康傳》："康又遇王烈，共入
山……又於石室中見一卷素書，遽呼康往取，
輒不復見。"舊題晉陶潛《搜神後記》卷一：
"始興機山東有兩巖，相向如鴟尾。石室數十
所。經過，皆聞有金石絲竹之響。"唐元結《石
宮四咏》之一："石宮春雲白，白雲宜蒼苔。"
唐于鄴《贈隱者》詩："石室掃無塵，人寰與此
分。"宋蘇軾《游桓山記》："登桓山，入石室。"

【石宮】

即石室。此稱唐代已行用。見該文。

【碉】[1]

即石室。宋李新《答李丞用其韻》："頑雲
垂翼山碉暗，蕎麥饒花雪嶺開。"《宋史·孝宗
紀二》："六年春正月癸丑，雅州沙平蠻寇邊焚
碉門。"清《平定兩金川方略》："遂將各碉卡及
石房占據。"

石房子

位於內蒙古巴林左旗遼祖州城遺址內西北
角。花崗巖大石板砌成，高 3.5 米，寬 6.7 米，
進深 4.8 米，石板厚 45 ~ 60 厘米。全屋祇用
七塊大石板砌成，左、右、後墻各一塊，頂蓋

一塊，地鋪一塊，前面左右各一塊留出門豁。
此種結構爲我國古代建築物中所少有。距今已
有一千餘年歷史，可能與祭祀遼太祖陵有密切
關係。

广[2]

依山崖構築的屋室。《說文·广部》："广，
因广爲屋也，象對刺高屋之形。"徐灝注箋：
"因广爲屋，猶言傍巖架屋。此上古初有宮室之
爲也。"唐韓愈《陪杜侍御游湘西兩寺獨宿有題
因獻楊常侍》詩："剖竹走泉源，開廊架崖广。"
宋李誡《營造法式·總釋上·宮》："因巖成室謂
之广。"

石扉

亦稱"石關"。石門。藉指隱者所居之
石室。石洞之口形似大門敞開，故稱。唐李
白《夢游天姥吟留別》詩："洞天石扉，訇然中
開。"明劉基《次韻退和音上人》："絕頂浮雲鎖
石關，曲途危磴阻躋攀。"

【石關】

即石扉。此稱明代已行用。見該文。

石窟

亦稱"石洞""巖洞"。依山巖鑿成的石
室。多指僧、道、隱士之居。亦泛指山洞。《晉
書·隱逸傳·郭瑀》："鑿石窟而居，服柏實以輕
身。"南朝陳徐陵《天台山館徐則法師碑》："隱
淪巖洞，餐餌芝髓。"北周庾信《明月山銘》：
"風生石洞，雲出山根。"唐段成式《酉陽雜
俎·物異》："儺溪古岸石窟有方鏡，徑丈餘。"
唐曹唐《小游仙詩》之八十三："石洞沙溪二十
年，向明杭日夜朝天。"宋戴復古《光澤溪上》
詩："風林無鳥宿，石窟有龍蟠。"

【石洞】

即石窟。此稱南北朝時期已行用。見該文。

【巖洞】

即石窟。此稱南北朝時期已行用。見該文。

巖

石窟、洞穴。多指僧、道、隱士之居所。《莊子·在宥》："故賢者伏處大山嵁巖之下。"王先謙集解："嵁，當爲'湛'……湛，深也。山以大言，巖以深言。"唐杜甫《西枝村尋置草堂地夜宿贊公土室》詩之一："昨枉霞上作，盛論巖中趣。"五代齊己《贈巖居僧》詩："石如麒麟巖作室，秋苔漫壇净於漆。"

【巖穴】

即巖。亦作"嵒穴"。古時隱士多山居，故多指隱居之處。晉左思《招隱詩》之一："巖穴無結構，丘中有鳴琴。"宋范仲淹《上執政書》："至於嵒穴草澤之士，或節義敦篤，或文章高古，宜崇聘召之禮，以厚澆競之風。"

【嵒穴】

同"巖穴"。此體宋代已行用。見該文。

【巖房】

即巖。亦稱"巖室""巖軒""巖屋"。多爲僧、道、隱士所居。南朝宋謝靈運《山居賦》："陵名山而屢憩，過巖室而披情。"《魏書·釋老志》："顯祖移御北苑崇光宮，覽習玄籍，建鹿野佛圖於苑中之西山，去崇光右十里，巖房禪堂，禪僧居其中焉。"唐盧照鄰《懷仙引》："披澗户，訪巖軒。"唐王翰《古蛾眉怨》詩："琳琅禁闥遥相憶，紫翠巖房晝不開。"唐皮日休《和魯望寄南陽廣文次韻》："春彩融融釋凍塘，日精閑嚥坐巖房。"唐楊衡《游陸先生故巖居》詩："上有一巖屋，相傳靈人宅。"宋梅堯臣《送良玉上人還昆山》詩："水烟晦琴徽，山月上巖屋。"《宋史·韓世忠傳》："賊深據巖屋，爲三窟，諸將莫知所入。"

【巖室】

即巖房。此稱南北朝時期已行用。見該文。

【巖軒】

即巖室。此稱唐代已行用。見該文。

【巖屋】

即巖房。此稱唐代已行用。見該文。

巖扃

山洞之間。多藉指隱士隱居之處。唐杜甫《橋陵詩三十韻因呈縣内諸官》："瑞芝産廟柱，好鳥鳴巖扃。"宋楊萬里《入峽歌》："雲去雲來遮巖扃，忽然褰雲露山脚。"明高啓《蕭煉師鸞窠絶頂丹房》詩："昔有學道侣，并曰遺巖扃。"

巖扉

巖洞之門。藉指隱士居處。宋陸游《開元暮歸》詩："茹芝却粒平生事，回首巖扉一愴神。"明高啓《答衍師見贈》詩："相邀至巖扉，杉竹穿窈窕。"

邛籠

亦稱"碉房""碉""雕"。古部族冉駹人居住的石堡房屋。以其形如碉堡，故稱"碉""碉房"。《後漢書·西南夷傳·冉駹夷》："衆皆依山居止，累石爲室，高者至十餘丈，爲邛籠。"唐李賢注："按，今彼土夷人呼爲'雕'也。"王先謙集解引王鳴盛曰："案，今四川徼外大金川、小金川諸土司有碉房。"清陸次雲《峒溪纖志上·松潘苗》："松潘，古冉駹地，積雪凝寒，盛夏不解。人居累石爲室，高者至十餘丈，名曰碉房。"

【碉】2

即邛籠。此稱明代已行用。見該文。

【雕】

即邛籠。此稱唐代已行用。見"邛籠"文。

【碉房】2

即邛籠。此稱清代已行用。見該文。

廬 堊

廬4

亦稱"廬舍""廬寢""廬冢"。古人爲服喪而建於墓側之小屋。《周禮·天官·宫正》:"大喪則授廬舍,辨其親疏貴賤之居。"《荀子·禮論》:"齊衰、苴杖、居廬、食粥、席薪、枕塊,所以爲至痛飾也。"《後漢書·韋彪傳》:"彪孝行純至,父母卒,哀毁三年,不出廬寢。"晋干寶《搜神記》卷一一:"父儀,爲文帝所殺,哀廬於墓側,旦夕常至墓所拜跪。"宋王安石《游褒禪山記》:"今所謂慧空禪院者,褒之廬冢也。"

【廬舍】3

即廬4。此稱先秦已行用。見該文。

【廬寢】

即廬4。此稱漢代已行用。見該文。

【廬冢】

即廬4。此稱宋代已行用。見該文。

【廬堊】

即廬4。亦稱"廬塋"。《南齊書·禮志下》:"若各自爲祥,廬堊相間,玄素雜糅,未審當有此疑不?"唐方干《哭胡珪》詩:"才高登上第,孝極殁廬塋。"

【廬塋】

即廬堊。此稱唐代已行用。見該文。

堊室

古代居喪者居住的屋舍。因用白色泥土粉刷四壁,故稱。一説壘坯爲室,不塗頂壁。《禮記·喪大記》:"既練,居堊室,不與人居。"《新唐書·禮樂志十》:"廬在殯堂東廊下,近南,設苫凷。齊衰於其南,爲堊室。"清黄宗羲《子劉子行狀》:"丁章太夫人憂,先生於中門之外,創爲堊室,高廣容膝,日哭泣其中。"

【堊廬】

即堊室。清趙翼《秋帆中丞聞余銜恤之信遠致厚賻詩以志感》:"匪莪誰唁堊廬幽,忽拜朱提過五流。"

郵

古代井田間專供田官督耕居住的廬舍。《禮記·郊特牲》:"饗農及郵表畷。"鄭玄注:"郵表畷,謂田畯所以督約百姓於井間之處也。"孔穎達疏:"郵表畷者,是田畯於井間所舍之處。郵若郵亭屋宇處所。表,田畔。畷者,謂井畔相連畷。於此田畔相連畷之所,造此郵舍,田畯處焉。"《集韻·平尤》:"郵,田間舍。"

場屋

曬穀、打穀場上的小屋。清紀昀《閲微草堂筆記·灤陽續録四》:"有人見黑狐醉卧場屋中。"

第三節　閨閣華屋考

　　《爾雅·釋宮》曰：“宮中之門謂之闈，其小者謂之閨，小閨謂之閤。”《説文·門部》：“閨，特立之户，上圜下方，有似圭。”又《門部》：“閤，門旁户也。”段玉裁注：“按，漢人所謂閤者，皆門旁户也，皆於正門之外爲之。”“閨”“閤”二字之本義均指宮中内室之小門，在先秦文獻中多有載述。《左傳·襄公十年》：“篳門閨竇之人，而皆陵其上。”杜預注：“閨竇，小户，穿壁爲户，上鋭下方，狀如圭也。”《公羊傳·宣公六年》：“趙盾已朝而出，與諸大夫立於朝。有人荷畚，自閨而出者。”何休注：“宮中之門謂之闈，其小者謂之閨。”《荀子·解蔽》：“俯而出城門，以爲小之閨也，酒亂其神也。”《墨子·雜守》：“閤通守舍，相錯穿室。”孫詒讓閒詁：“《説文·門部》云：‘閤，門旁户也。’《爾雅·釋宮》云：‘小閨謂之閤。’”閤，同“閣”，閨、閤二字或單用，或連用，其義一也，所指亦爲一物。古時多以此本義藉指内室、小室、卧室。《禮記·樂記》：“在閨門之内，父子兄弟同聽之，則莫不和親。”《晏子春秋·雜下二十三》：“景公謂晏子曰：‘寡人欲朝昔（夕）相見，爲夫子築室于閨内，可乎？’”《史記·汲鄭列傳》：“〔汲〕黯多病，卧閨閤内不出。”《漢書·循吏傳·文翁》：“〔文翁〕每出行縣，益從學官諸生明經飭行者與俱，使傳教令，出入閨閤。”漢枚乘《七發》：“今夫貴人之子，必宮居而閨處。”《淮南子·主術訓》：“志在直道、正邪、決煩、理挐，而乃責之以閨閤之禮，隩窔之間。”《六書故·工事一》：“今人皆以小室爲閤也。”由内室之義進而引申，特指女子所居之綉房。《漢書·張敞傳》：“〔張敞〕又爲婦畫眉，長安中傳張京兆眉嫵。有司以奏敞。上問之，對曰：‘臣聞閨房之内，夫婦之私，有過於畫眉者。’”古時重封建禮教，爲做到男女有别，長幼有序，尊卑有節，多將女子居室置於宮中内室。以其位於宮中深處，故稱“深閨”“幽閨”。閨房一般均設帷幔以作屏障，故亦稱“閨帷”。女子好梳妝，常以香料塗面及全身，或以香水噴灑於卧室，室内氣味芬芳，故亦稱閨房爲“香閨”“蘭閨”“蘭房”“椒閣”等。《後漢書·皇后紀贊》：“班政蘭閨，宣禮椒屋。”又《劉瑜傳》：“今女嬖令色，充積閨帷，皆當盛其玩飾，冗食空宮，勞散精神，生長六疾。此國之費也，生之傷也。”三國魏曹植《雜詩》之三：“妾身守空閨，良人行從軍。自期三年婦，今已歷九春。”南朝梁元帝《烏栖曲》：“蘭房椒閣夜方開，那知步步香風逐。”南朝梁江淹《别賦》：“暫幽閨之琴瑟，晦高臺之流黄。”唐白居易《長恨歌》：“楊家有女初長成，養在深閨人未識。”唐陶翰《柳陌聽早鶯》詩：“乍使香閨静，偏傷遠客情。”

唐喬知己《綠珠篇》詩："君家閨閣不曾難，常將歌舞借人看。"古時，人們還常將具有門義的"闈""闥""閫"等字與"閨"字連用，如"閨闈""閨闥""閨閫"等藉指內室與女子居室。漢班固《白虎通·嫁娶》："婦事夫有四禮焉……閨闥之內，袵席之上，朋友之道也。"《三國志·魏書·中山恭王袞傳》："閨闥之內，奉令於太妃；闈閫之外，受教於沛王。"《樂府詩集·雜曲歌辭二·傷歌行》："微風吹閨闥，羅帳自飄颺。"閨閣之外，母親或主婦的在室"北堂"亦附釋於本節之中。現代，"閨房""閨閣"之稱仍通行於世，其他稱謂則鮮爲人用。隨着社會的進步，思想的解放及科學技術的發展，現代住宅的建築形式發生了很大變化，女子臥室在家庭住宅中的布局亦相應產生了巨大變化，除閨閣用具外，與男性已無甚差別。

與閨閣義相似而又相異的屋舍，有"華屋""金室""玉厢""碧堂""朱邸""軒館""峻宇"等，這些屋舍或秀美或壯闊，多爲權貴雅士所居，無男女之別。秀美壯闊係相對而言，在原始社會爲原始人共有，多爲祭祀或集會所用；自奴隸社會之後，則爲權貴富豪獨設，其目的雖是爲滿足生活所需，但已高出黎民百姓。

閨 [2]

女子臥室。《後漢書·皇后紀贊》："班政蘭閨，宣禮椒屋。"三國魏曹植《雜詩》之三："妾身守空閨，良人行從軍。自期三年歸，今已歷九春。"南朝梁江淹《別賦》："閨中風暖，陌上草薰。"唐白居易《長恨歌》："楊家有女初長成，養在深閨人未識。"

【閣】 [6]

即閨 [2]。亦作"閤"。《墨子·雜守》："閣通守舍，相錯穿室。"《爾雅·釋宮》："小閨謂之閣。"《玉臺新咏·木蘭辭》："開我東閣門，坐我西閣床。"南朝梁元帝《烏栖曲》："蘭房椒閣夜方開，那知步步香風逐。"唐段成式《酉陽雜俎·禮異》："婿拜閣日，婦家親賓婦女畢集，各以杖打聟（婿）爲戲樂。"後蜀毛熙震《木蘭花》詞："對斜暉，臨小閣，前事豈堪重想著。"明佚名《韓朋十義記》第九折："本是繡閣香閨女，今做奸豪獄內人。"

【閤】 [4]

同"閣 [6]"。此體先秦時期已行用。見該文。

妝閣

亦作"妝閤"。亦稱"妝樓"。指婦女的居室。唐王維《班婕妤》詩之三："怪來妝閣閉，朝下不相迎。"唐白居易《兩朱閣》詩："妝閣伎樓何寂靜，柳似舞腰池似鏡。"唐沈佺期《侍宴安樂公主新宅應制》詩："妝樓翠幌教春住，舞閣金鋪借日懸。"宋柳永《少年游》詞："日高花榭懶梳頭，無語倚妝樓。"明高啓《題美人對鏡圖》詩："起開妝閣笑窺奩，月裏分明見娥影。"明陳汝元《金蓮記·就逮》："妝樓曉看荷香十里，猊爐烟爐。”

【妝閤】

同“妝閣”。此體唐代已行用。見該文。

【妝樓】

即妝閣。此稱唐代已行用。見該文。

玉閨

對女子房間的美稱。唐李昂《賦戚夫人楚舞歌》：“玉閨門裏通歸夢，銀燭迎來在戰場。”唐李毅《醉中襲美先月中歸》詩：“休文雖即逃瓊液，阿鶩還須掩玉閨。”清趙殿成《王右丞集箋注·扶南曲歌詞五首》：“立香畏風吹散衣，愁露沾濡濕玉閨。”

青幃

亦稱“青瑣幃”。對女子房間的美稱。因幃幔多以青色爲飾。元石德玉《紫雲庭·正名》：“小秀才琴書青瑣幃，諸宮調風月紫雲庭。”清王闓運《采芬女子墓志銘》：“略修詞于彤管，時寫韵於青幃。”

【青瑣幃】

即青幃。此稱元代已行用。見該文。

【青閨】

即青幃。因多以青色爲飾，故稱。宋郭祥正《雜題古詩·白玉笙》：“朝出青閨里，自汲井華水。”明葉憲祖《鸞鎞記·仗俠》：“矜義俠，敢捐軀，古有黃屋將軍，今屬青閨黛眉。”明阮大鋮《燕子箋·招婚》：“憶青閨嬌小相憐，合紅鸞燈前覷脉。”

深閨

舊時指女子居住的内室。以其位於宮室深處，故稱。唐白居易《長恨歌》：“楊家有女初長成，養在深閨人未識。”宋周謐《武林舊事·御教》：“又有深閨巧娃，剪紙而成，尤爲精

妙。”明陳汝元《金蓮記·媒合》：“欲聘深閨窈窕娘，試商量，文園病渴，可遂求凰？”

【幽閨】

即深閨。亦稱“幽閤”。南朝梁蕭統《錦帶書十二月啓·姑洗三月》：“燕語彫梁，狀對幽閨之語。”唐武平一《妾薄命》詩：“幽閨禽雀噪，閑階草露滋。流景一何速，年華不可追。”唐崔曙《古意》詩：“獨自幽閨裏，夜夜苦更長。”《紅樓夢》第九〇回：“致使幽閨弱質，弄得這般凄涼寂寞！”

【幽閤】

即幽閨。此稱唐代已行用。見該文。

【幽閫】

即幽閨。亦稱“幽闥”。《文選·陸機〈爲顧彦先贈婦〉詩之二》：“東南有思婦，長嘆充幽閫。”呂向注：“幽閫，深閨也。”明王世貞《鳴鳳記·燈前修本》：“良人素秉忠，封事頻頻上。清夜謾勞神，幽閫添悲愴。”

【幽闥】

即幽閫。此稱晋代已行用。見該文。

春閨

亦稱“春閤”。喻指女子居室。南朝梁簡文帝《和湘東王名士悦傾城》：“非憐江浦珮，羞使春閨空。”唐陳陶《隴西行》詩之二：“可憐無定河邊骨，猶是春閨夢裏人。”宋蘇軾《浣溪沙·春情》詞：“道字嬌訛苦未成，未應春閤夢多情，朝來何事綠鬟傾。”元王實甫《西廂記》第三本楔子：“只因午夜調琴手，引起春閨愛月心。”明佚名《鳴鳳記·鄒林會試》：“風光艷冶侵簾幙，辭別春閨啓朱户。”

【春閤】

即春閨。此稱宋代已行用。見該文。

【春闈】 [2]

即春閨。唐楊炯《幽蘭賦》："及夫東山月出，西軒日晚，授燕女於春闈，降陳王於秋阪。"

庭幃 [2]

指女子所居之內室。唐寒山《詩》之十二："美人朝夕弄，出入在庭幃。"清蒲松齡《聊齋志異·鏡聽》："庭幃之中，固非憤激之地。"

閨中 [2]

特指女子居室之內。南朝梁江淹《別賦》："閨中風暖，陌上草薰。"清紀昀《閱微草堂筆記·槐西雜志三》："游士某，在廣陵納一妾，頗嫻文墨，意甚相得，時於閨中倡和。"

閨房

猶閨，強調其爲住處。《文選·班固〈西都賦〉》："閨房周通，門闥洞開。"呂延濟注："閨房，小室也。"《漢書·張敞傳》："〔張敞〕又爲婦畫眉，長安中傳張京兆眉嫵。有司以奏敞。上問之，對曰：'臣聞閨房之內，夫婦之私，有過於畫眉者。'"唐楊炯《原州百泉縣令李君神道碑》："淑問秀於閨房，柔風洽於詩禮。"清袁枚《續新齊諧·露水姻緣之神》："幸而尊夫人所遇庸才也，貪財之心勝於好色之心，如速還家可免閨房之醜。"

璿閨

閨房之美稱。南朝宋鮑照《擬行路難》之三："璿閨玉墀上椒閣，文窗綉户垂羅幕。"唐沈佺期《古歌》："璿閨窈窕秋夜長，綉户徘徊明月光。"明皇甫涍《爲黃勉之悼亡》詩："璿閨翠薄委清塵，逝影流波最愴神。"清龔自珍《水龍吟》詞："便璿閨夜閉，影形相吊，鬘子矮，秋燈碧。"

【瀋房】

即璿閨。晉陸機《日出東南隅行》："高臺多妖麗，瀋房出清顏。"梅三子《鷓鴣天》："鸚鵡殷勤伴茜裙，瀋房鎮日掩重門。"

閨門

藉指女子居室。《釋名·釋親屬》："卿之妃曰内子。子，女子也，在閨門之内治家也。"《漢書·文三王傳·梁孝王武》："是故帝王之意，不窺人閨門之私，聽閨中冓之言。"《北齊書·尉瑾傳》："瑾外雖通顯，内闕風訓，閨門穢雜，爲世所鄙。"宋蘇軾《策別安萬民五》："今者治平之日久，天下之人，驕惰脆弱，如婦人孺子不出於閨門，論戰鬥之事，則縮頸而股慄；聞盜賊之名，則掩耳而不願聽。"清李漁《屬中樓·傳書》："據你説是貴人之女、士人之妻，就不該出閨門。"

閨苑

閨房内苑，女子所居。《敦煌曲子詞·傾杯樂》："憶昔笄年，未省離閣，生長深閨苑。"

閨帷

亦作"閨幃"。婦女居處。以閨房多置帷帳，故稱。《後漢書·劉瑜傳》："今女嬖令色，充積閨帷，皆當盛其玩飾，冗食空宮，勞散精神，生長六疾。此國之費也，生之傷也。"清戴名世《詹烈婦傳》："吾縣在明時號爲禮義之邦，沿至於今，而故家遺風多不復存矣。獨閨帷之中，猶有曩時之風烈。"清平步青《霞外攟屑·格言·鬧房》："乃入閨帷而忘形迹，善戲謔兮！"

【閨幃】

同"閨帷"。此體清代已行用。見該文。

閨壼 [2]

女子所居之内室。《舊唐書·列女傳序》："末代風靡，貞行寂寥，聊播椒蘭，以貽閨壼。"宋文瑩《玉壺清話》卷五："荃執禮事舅姑益謹，閨壼有法。"明劉若愚《酌中志·憂危竑議前紀》："事核言直，理明辭約，真閨壼之箴鑑也。"清和邦額《夜譚隨録·倩兒》："王雖愛女，而事關閨壼，殊深痛恨。"

【壼】

即閨壼。《廣韻·上混》："壼，居也。"宋曾鞏《夫人曾氏墓志銘》："壼有彝則，仔肩以身。"明張居正《壽李母杜夫人七十序》："竊聞太夫人在壼，持範嚴，居處節。"清全祖望《先少師周公告身跋》："爰出綸言，以旌壼範爾。"

【壼闈】

即閨壼。明胡應麟《少室山房筆叢·丹鉛新録八》："藉令婦人纖足善走，然深居壼闈，亦不宜名履遠游。"清沈自南《藝林·服飾卷》："然深居壼闈，亦不易名履遠游。"

閨閣 [3]

亦作"閨閤"。女子卧室。唐喬知己《綠珠篇》："君家閨閣不曾難，常將歌舞借人看。"《敦煌曲子詞·鳳歸雲遍》："幼年生於閨閤，洞房深。"《紅樓夢》第五五回："都想着不過是個未出閨閣的年輕小姐，且素日也最平和恬淡，因此都不在意。"

【閨閤】 [2]

同"閨閣 [3]"。此體唐代已行用。見該文。

【閨閣】 [3]

即閨閤 [3]。漢班固《白虎通·嫁娶》："婦事夫有四禮焉……閨閣之内，袵席之上，朋友之道也。"明方孝孺《題陳節婦傳後》："方其自修於閨閤之内，寧知節義之名爲足慕哉!"《紅樓夢》第八三回："省宮闈賈元妃染恙，鬧閨閤薛寶釵吞聲。"

【閤】 [1]

即閨閤 [3]。《後漢書·皇后紀序》："明帝聿遵先旨，宮教頗修，登建嬪后，必先令德，内無出閤之言，權無私溺之授，可謂矯其敝矣。"元虞集《致樂堂》："翼翼新堂，有閤有房。"

【閨闈】

即閨閤 [3]。《文選·班固〈述成紀〉》："孝成煌煌，臨朝有光，威儀之盛，如圭如璋。閨闈恣趙，朝政在王，炎炎燎火，亦允不陽。"李善注："閨闈，閨門之内也。"《北齊書·神武婁后傳》："神武既有澄清之志，傾産以結英豪，密謀秘策，后恒參預。及拜渤海王妃，閨闈之事悉決焉。"《南史·后妃傳論》："若夫義篤閨闈，政刑邦國，古先哲王有以之致化矣。"

閨闥 [2]

猶閨。特指婦女所居之處。《三國志·魏書·中山恭王袞傳》："閨闥之内，奉令於太妃；閫閾之外，受教於沛王。"唐牛僧孺《玄怪録·郭代公》："多幸爲人，托質血屬，閨闥未出，固無可殺之罪。"明何景明《述歸賦》："侍顔色於閨闥兮，服左右於起居。"清龔自珍《寒月吟》："何期閨闥中，亦荷天眷别。"

【闥】 [3]

即閨闥。《古詩十九首·凛凛歲雲暮》："既來不須臾，又不處重闥。"明姚茂良《精忠記·冥途》："思舊日，香閨錦綉闥。如今被鎖押身狼狽，正是禍福無門人自取。"清全祖望《鮚埼亭外編·諸葛氏義門銘》："溺房闥之言，疏友恭之誼。"

閨閫 [1]

猶閨。指婦女所居之內室。《史記·司馬相如列傳》："奔星更於閨闥，宛虹拖於楯軒。"宋蘇洵《張益州畫像記》："有女娟娟，閨閫閑閑。"明徐渭《吳孝子墓志銘》："父死，侍母寢，足不至閨閫，冬爨衾，幾四十年如一日。"清蒲松齡《聊齋志異·邵女》："柴忿出，獨宿數月，不踐閨閫。"清譚嗣同《仁學》三十七："直於室家施申韓，閨閫爲岸獄，是何不幸而爲婦人，乃爲人申韓之，岸獄之。"

【閫】 [2]

即閨閫。《詩·齊風·東方之日》："彼姝者子，在我闥兮。"毛傳："闥，門內也。"孔穎達疏："'闥，門內者'，以上章'在我室兮'，謂來入其家。'闥'字從門，故知門內也。"明文震亨《長物志·室廬》："樓閣作房闥者，須回環窈窕。"清沈復《浮生六記·閨房記樂》："若品論雲霞，或求之幽閨繡闥，慧心默證者固亦不少。"

閫閾 [1]

亦稱"閫閾"。專指婦女所居之內室。《三國志·魏書·中山恭王袞傳》："閫閾之內，奉命於太妃；閫閾之外，受教於沛王。"宋葉適《惠州姜公墓志銘》："君七子三女，而以盛強之年喪夫人龔氏，閫閾素嚴，戶外絕行迹。"明高明《琵琶記·丞相教女》："閫中言語，不出閫閾之外。"清方文《述哀》詩："兒心憂彷徨，莫敢離閫閾。"清王繼香《小螺庵病榻憶語書後》："若乃纂組綺縞之工，風雲月露之作，詣絕釵輒，譽騰閫閾。"

【閫閾】

即閫閾 [1]。此稱清代已行用。見該文。

翠樓 [2]

青綠色的樓房。特指女子居處。唐王昌齡《閨怨》詩："閨中少婦不知愁，春日凝妝上翠樓。"唐曹松《七夕》詩："更殘便是分襟處，曉箭東來射翠樓。"清龔自珍《瑤華·董雙成畫像》詞："雲英嫁了，弄玉歸來，向翠樓瓊戶。"

綠窗

綠色紗窗。藉指女子居室。唐李紳《鶯鶯歌》："綠窗嬌女字鶯鶯，金雀婭鬟年十七。"前蜀韋莊《菩薩蠻》詞："勸我早歸家，綠窗人似花。"宋張先《賀聖朝》詞："愛來書幌綠窗前，半和嬌笑。"元王實甫《西廂記》第二本第三折："繡簾風細，綠窗人靜。"清納蘭性德《南歌子》詞："百花迢遞玉釵聲，索向綠窗尋夢，寄餘生。"亦藉指貧女之居室。與紅樓相對，紅樓爲富家女子居室。唐白居易《秦中吟·議婚》："紅樓富家女，金縷繡羅襦……綠窗貧家女，寂寞二十餘。"

蘭房

亦稱"蘭室"。芳香高雅的居室。多指婦女之閨房。《文選·張華〈情詩〉》："佳人處遐遠，蘭室無容光。"李善注："古詩曰：盧家蘭室桂爲梁。"又《潘岳〈哀永逝文〉》："委蘭房兮繁華，襲窮泉兮朽壤。"呂延濟注："蘭房，妻嘗所居室也。"南朝齊謝朓《奉和隨王殿下》之九："蕭景游清都，修簪侍蘭室。"南朝梁劉孝綽《淇上戲蕩子婦示行事》詩："日暗人聲靜，微步入蘭房。"唐王績《咏妓》："妖姬飾靚妝，窈窕出蘭房。"唐沈佺期《擬古別離》詩："皓月掩蘭室，光風虛蕙樓。"《舊五代史·唐書·郭崇韜傳》："宦者曰：'見本朝長安大內，六宮嬪御，殆及萬人，椒房蘭室，無不充牣。'"清洪昇《長生殿·定情》："月影過宮墻，褰羅幌，好扶殘醉入蘭房。"

【蘭室】

即蘭房。此稱晉代已行用。見該文。

蘭閨 [2]

漢代后妃宮室。後泛指女子居室。《後漢書·皇后紀贊》："班政蘭閨，宣禮椒屋。"李賢注："班固《西都賦》曰：'后宮則掖庭椒房，后妃之室，蘭林、蕙草、披香、發越。'蘭林，殿名，故言蘭閨。"唐王勃《春思賦》："自有蘭閨數十重，安知榆塞三千里。"元薩都剌《織女圖》詩："蘭閨織錦秦川女，大姬啞啞弄機杼，小姬織倦何所思，簾幙無人燕雙語。"清黄景仁《踏莎行》詞："今夜蘭閨，癡兒嬌女，那知阿母銷魂極。"

綉户

亦作"繡户"。雕飾華美的門户。多指婦女居室。南朝宋鮑照《擬行路難》詩之三："璿閨玉墀上椒閣，文窗繡户垂羅幕。"宋陸游《蝶戀花》詞："不怕銀缸深綉户，只愁風斷青衣渡。"《初刻拍案驚奇》卷一五："綉户朱簾，時露嬌蛾半面。"亦指富户之居。清李漁《閑情偶記·聲容·治服》："凡予所言，皆貴賤咸宜之事，既不詳綉户而略衡門，亦不私貧家而遺富室。"

【繡户】

同"綉户"。此體南北朝時期已行用。見該文。

綉房

亦作"繡房"。雕飾華麗的房舍。多指青年女子居室。以其裝飾華麗如綉，故稱。元喬吉《金錢記》第一折："妾身是王府君的女兒，小字柳眉，正在繡房中做女工。"清李漁《意中緣·誆姻》："我家小姐……如今躲在綉房，連媒人也不許見面。"

【繡房】

同"綉房"。此體元代已行用。見該文。

綉閣

亦作"繡閣"。亦稱"繡閨""繡闥"。指女子所居裝飾華麗的閨房。唐王勃《滕王閣序》："披繡闥，俯雕甍。"唐皮日休《醉中先起李縠戲贈走筆奉酬》詩："麝烟苒苒生銀兔，蠟淚漣漣滴繡闈。"後蜀歐陽炯《菩薩蠻》詞之四："畫屏繡閣三秋雨，香唇膩臉偎人語。"宋汪元量《幽州除夜醉歌》："銀鴨香烘雲母屏，綺窗繡閣流芳馨。"繡，一作"綉"。元關漢卿《四春園》第一折："消寶篆，冷沉檀，珠簾卷，玉鈎彎，紗窗静，繡閨閑。"

【繡閨】

即綉閣。此稱唐代已行用。見該文。

【繡闥】

即綉閣。此稱唐代已行用。見該文。

【繡閣】

同"綉閣"。此體五代時期已行用。見該文。

香閨

亦稱"香房"。指青年女子之内室。唐陶翰《柳陌聽早鶯》詩："乍使香閨静，偏傷遠客情。"前蜀韋莊《贈姬人》詩："請看京與洛，誰在舊香閨。"宋柳永《臨江仙引》詞："香閨別來無信息，雲愁雨恨難忘。"《醒世恒言·黄秀才徼靈玉馬墜》："且説玉娥到了府中，吕用之親自捲簾，看見姿容絶世，喜不自勝。即命丫鬟養娘，扶至香房。"清李漁《風箏誤·閨哄》："小生蒙詹家二小姐多情眷戀，約我一更之後，潛入香閨。"

【香房】

即香閨。此稱明代已行用。見該文。

【香閣】

即香閨。亦作"香閤"。亦稱"香閨繡閣"。唐李白《菩薩蠻》詞："泣歸香閣恨，和淚淹紅粉。"唐謝偃《踏歌詞》之二："逶迤度香閣，顧步出蘭閨。"明張景《飛丸記・芸窗望遇》："我聽說你離香閣，嚇得我魄散分。"《好逑傳》第一六回："內裏有的是香閨繡閣，何不與舍侄女竟成鸞儔鳳侶，便完了一件百年的大事？"《紅樓夢》第五回："警幻便命撤去殘席，送寶玉至一香閨繡閣中。"

【香閤】

同"香閣"。此體唐代已行用。見該文。

【香閨繡閣】

即香閣。此稱清代已行用。見該文。

内宅

住宅之內院。爲女眷所居之處。《新唐書・后妃傳下・郭淑妃》："保衡處內宅，妃以主故，出入娛飲不禁。"《初刻拍案驚奇》卷九："却說內宅女眷，聞得堂上請夫人小姐時，曉得是看中了女婿。"清黃六鴻《福惠全書・蒞任・設內外號簿》："比畢，將簿送內宅，與內簿對同。"

【內舍】

即內宅。古代多指婦女之所居。《史記・李斯列傳》："使者至。發書，扶蘇泣，入內舍，欲自殺。"清蒲松齡《聊齋志異・褚生》："家無婦女，即館客於內舍。"

【內房】

即內宅。《三國志・魏書・齊王芳傳》："迎六宮家人留止內房，毀人倫之叙，亂男女之節。"《紅樓夢》第五一回："要住下，必是另要一兩間內房的。"

【內菁】[2]

即內宅。亦稱"中菁""內屋"。《詩・鄘風・牆有茨》："中菁之言，不可道也。"毛傳："中菁，內菁也。"陳奐傳疏："中菁當爲宮中之室。《説文》：'菁，交積材也。'構，蓋也。應劭注《漢書》云：'中菁，材構在堂之中也。'構與菁同，堂當作室。凡室必積材蓋屋，故室內謂之內菁。"唐李賀《秦宮》詩："桐英永巷騎新馬，內屋深屏生色畫。"

【中菁】[2]

即內菁。此稱先秦時期已行用。見該文。

【內屋】

即內菁。此稱唐代已行用。見該文。

内院[3]

亦稱"內庭""裏院"。指距大門遠而靠裏靠後的庭院。多爲女眷所居。清劉大櫆《海門鮑君墓志銘》："而尹公太夫人尤重君，常引至內庭相見，飲食之如家人。"

【裏院】

即內院[3]。此稱多行用於現當代。見該文。

【內庭】[2]

即內院[3]。此稱清代已行用。見該文。

内閤[2]

古代貴族婦女之居室。《北史・邢邵傳》："與婦甚疏，未嘗內宿。自云嘗晝入內閤，爲狗所吠。"唐劉長卿《觀李湊所畫美人障子》詩："華堂翠幕春風來，內閤金屏曙色開。"

内寢

指正妻之居室。《禮記・内則》："子生三月之末，漱澣夙齊，見於内寢，禮之如始入室。"鄭玄注："内寢，適妻寢也。"亦泛指婦女所居之内室。清周中孚《鄭堂札記》卷一："婦人迎送不出門，内言不出於梱。送之門，謂送之於内寢之門也。"

宮 5

指古代貴族婦女之臥室。《周禮・天官・内宰》曰："以陰禮教六宮。"鄭玄注："六宮，謂后也。婦人稱寢曰宮。宮，隱蔽之，言后象王，立六宮而居之。亦正寢一，燕寢五。"《禮記・曲禮上》："女子許嫁，纓，非有大故，不入其門。"漢鄭玄注曰："女子有宮者，亦謂由命士以上也。"清俞正燮《癸巳類稿・管氏三歸義》曰："《白虎通》云：卿大夫一妻二妾，一妻則一宮。"

洞房 1

幽深的内室。多指臥室、閨房。《楚辭・招魂》云："姱容修態，絚洞房些。"唐沈亞之《賢良方正能直言極諫策》曰："市言唯恐田園陂地之不廣也。簪珥羽鈿之不侈也，洞房綺闥之不邃也。"《老殘游記》第九回："搬來搬去，也很費事，不如竟到你洞房裏去彈罷。"

洞房 2

特指新婚夫婦之臥室。唐朱慶餘《近試上張籍水部》詩："洞房昨夜停紅燭，待曉堂前拜舅姑。"《古今小説・金玉奴棒打薄情郎》曰："雙雙拜了天地，又拜了丈人、丈母，然後交拜禮畢，送歸洞房做花燭筵席。"

北堂 4

指母親居室。《詩・衛風・伯兮》："焉得諼草，言樹之背。"毛傳："背，北堂也。"宋王禹偁《寄金鄉張贊善》詩："年少辭榮自古稀，朝衣不著著斑衣。北堂侍膳侵星起，南畝催耕冒雨歸。"明何景明《白將軍征南兼壽母》詩："玉帳駐南國，金尊開北堂……報主身何壯，猶牽寸草腸。"明陳汝元《金蓮記・偕計》："孤幃冷簟，難辭白髮於北堂；另楚寒巫，更撇紅顔於別闈。"

華屋

亦作"麗宇"。華麗的屋宇。《戰國策・秦策一》："〔蘇秦〕見説趙王於華屋之下。"《古文觀止》注："華，高麗也。"三國魏曹植《箜篌引》："生在華屋處，零落歸山丘。"南朝陳後主《玉樹後庭花》："麗宇芳林對高閣，新妝艷質本傾城。"清朱用純《繪圖增注諸子治家格言》："勿營華屋，勿謀良田。"陸廷燮注："華屋，華麗之屋。"

【麗宇】

即華屋。此稱南北朝時期已行用。見該文。

【金屋】

即華屋。亦稱"金室"。以金喻其華貴。《漢武故事》："若得阿嬌作婦，當作金屋貯之也。"南朝梁柳惲《長門怨》詩："無復金屋念，豈照長門心。"唐于鵠《送宮人入道歸山》詩："自傷白髮辭金屋，許著黃裳向玉峰。"《晋書・摯虞傳》："故作《思游賦》。其辭曰：'……訊碩老於金室兮，采舊聞於前修。'"宋秦觀《劉公幹》詩："弱歲頗徊徨，飄零低金室。"

【金室】

即金屋。此稱晋代已行用。見該文。

玉厢

亦作"玉箱"。厢房之美稱。亦泛指華麗的

房屋。《文選·曹植〈七啓〉》:"綺井含葩,金墀玉箱。"李善注:"玉箱,猶玉房也。"箱,一本作"厢"。南朝梁陸倕《天光寺碑》:"八龍豐殿,四柱高廊,並陳金壁,旁建玉厢。"

【玉箱】

同"玉厢"。此體三國時期已行用。見該文。

玉邸[2]

天子行宫。唐宋之問《太平公主山池賦》:"奕奕濟濟,夜旋玉邸;隱隱崇崇,朝趨帝宫。"舊題宋謝枋得《翰苑新書》續集卷四〇引宋王邁《通徐提舉》:"晚乃立朝,繙帙仙蓬,夜對青藜之杖;横經玉邸,朝吟苜蓿之盤。"《山堂肆考》卷二三四:"天子行宫曰玉邸,又太子妃宫曰銀宫。"

碧堂

金碧輝煌的堂屋。唐崔日用《夜宴安樂公主宅》詩:"銀燭金屏坐碧堂,只言河漢動神光。"唐陳子昂《春臺引》:"朱宫碧堂生青苔,白雲兮歸來。"唐錢起《題嵩陽焦道士石壁》詩:"三峰花畔碧堂懸,錦里真人此得仙。"

綺構

華美的建築物。唐王勃《臨高臺》詩:"瑶軒綺構何崔嵬,鸞歌鳳吹清且哀。"明何景明《大梁行》:"萬馬千乘空雲屯,綺構朱甍不復存。"

綺室

華麗的居室。《後漢書·宦者傳序》:"嬙媛、侍兒、歌童、舞女之玩,充備綺室。"李賢注:"綺室,室之綺麗者。"又《仲長統傳》:"妖童美妾,填乎綺室;倡謳伎樂,列乎深堂。"

朱邸[2]

豪門權貴之居所。以朱紅漆門,故稱。後泛指達官貴人之府第。《文選·謝朓〈拜中軍記室辭隋王箋〉》:"唯待青江可望,候歸艎於春渚;朱邸方開,效蓬心於秋實。"李善注引《史記》:"諸侯朝天子,於天子之所立舍曰邸,諸侯朱户,故曰朱邸。"南朝宋劉義慶《世説新語·言語》"君自見其朱門"劉孝標注引《高逸沙門傳》:"司徒會稽王……與法師結殷勤之歡,師雖升履丹墀,出入朱邸,泯然曠達,不異蓬宇也。"唐李白《永王東巡歌》之十:"初從雲夢開朱邸,更取金陵作小山。"清龔自珍《己亥雜詩》之二〇九:"一騎傳箋朱邸晚,臨風遞與縞衣人。"

【朱屋】

即朱邸。亦稱"丹室"。《宋書·禮志五》:"天子坐漆床,居朱屋。史臣按《左傳》,丹桓宫之楹。何休注《公羊》,亦有朱屋以居。所從來久矣。"南朝梁劉孝標《東陽金華山栖志》:"予生自原野,善畏難狎,心駭雲臺朱屋,望絶高蓋青組。"唐王勃《益州德陽縣善寂寺碑》:"紫房丹室,猶居毁宅之間;朱紱瑶筐,未出塵籠之際。"

【丹室】

即朱屋。此稱唐代已行用。見該文。

朱甍[1]

朱紅色的屋頂。甍,屋脊。亦藉指華麗的房屋建築。唐李白《明堂賦》:"皓壁畫朗,朱甍晴鮮。"宋陸游《歸三山入秋益涼欣然有賦》:"碧瓦朱甍無傑屋,烏篷畫楫有新船。道山頂上雖清絶,萬頃烟波始是仙。"明王錂《春蕪記·瞥見》:"朱甍畫棟繞祇園,看雲外幡風飄亂。"清洪昇《長生殿·疑讖》:"可知他朱甍碧瓦總是血膏塗。"

軒 [4]

以敞朗爲特點的建築物，如亭、閣、棚之類。軒，本指大夫以上乘的一種車。建築學將房屋出廊部分頂上的捲棚稱作"軒"，取軒昂輕靈、高大寬敞之意。明計成《園冶》："軒式類車，取軒軒欲舉之意，宜置高敞以助勝爲佳。"明徐弘祖《徐霞客游記·滇游日記九》："其下新構一軒跨路，貌靈官於中。"清文震亨《長物志》卷二："嘗見人家園林中必以竹爲屏，牽五色薔薇於上，架木爲軒，名木香棚。"《紅樓夢》第一一回："遥望東南，建幾處依山之榭；近觀西北，結三間臨水之軒。"清和邦額《夜譚隨録·吕琪》："署東有小院頗幽静，書舍前一小軒，繞以迴廊。"

軒宇

亦作"軒寓""軒序"。寬敞的屋宇。南朝梁江淹《空青賦》："自非索巇覓危，乘鼇履螭，倦春厭秋，矸異鑄奇，能得厠於軒宇，接君子之光儀。"唐皎然《伏日就湯評事衡湖上避暑》詩："迴溪照軒宇，廣陌臨梧楸。"宋歐陽修《答吳充秀才書》："故愈力愈勤而愈不至，此足下所謂終日不出於軒序，不能縱横高下皆如意者，道未足也。"元單慶《至元嘉禾志》卷三〇載南宋朱之純《題思吳堂并序》："於是增大基址，飛出軒宇，環以虹梁。"

【軒寓】

同"軒宇"。此稱南北朝時期已行用。見該文。

【軒序】[2]

即軒宇。此稱宋代已行用。見該文。

軒庭 [3]

指居室庭院。唐王勃《青苔賦序》："苔之生於林塘也，爲幽客之賞；苔之生於軒庭也，爲居人之怨。"宋蘇軾《張寺丞益齋》詩："歸來閉户坐，八方在軒庭。"清俞蛟《潮嘉風月記·麗景》："中艙爲款客之所，兩旁垂以湘簾，雖寬不能旋馬，而明敞若軒庭。"

軒甍 [1]

指高大的房屋。軒，寬敞高大；甍，屋脊。藉指房屋。南朝宋謝靈運《君子有所思行》："密親麗華苑，軒甍飭通逵。"唐杜寶《大業雜記》："槳拱千構，雲楣綉柱，華榱壁璫，窮軒甍之壯麗。"

軒館

寬敞明亮的精舍。明黄道周《緇衣集傳·體全章》："宣和四年冬，築萬歲山，成名曰'艮嶽山'。周十餘里，池亭軒館，皆窮極巧麗。"《紅樓夢》第三八回："我們家裏如今雖有幾處軒館，我又不住着，借了來也没趣。"又第七六回："這'凸''凹'二字，歷來用的人最少，如今直用作軒館之名，更覺新鮮，不落窠臼。"

高堂

高敞的廳堂，大堂。《楚辭·招魂》："高堂邃宇，檻層軒些。"王逸注："言所造之室，其堂高顯。"《後漢書·馬融傳》："居宇器服多存侈飾，常坐高堂，施絳紗帳，前授生徒，後列女樂。弟子以次相傳，鮮有入其室者。"唐鄭鏦《邯鄲俠少年》詩："執事非無膽，高堂念有親。"清納蘭性德《雜詩》之五："鶴鳴引雙雛，欲集高堂下。"

高館

高敞的館舍。《晋書·華譚傳》："故髦俊聞聲而響赴，殊才望險而雲集，虚高館以俊賢，設重爵以待士。急善過於饑渴，用人疾於應響。"唐岑參《武威送劉單判官赴安西行營便呈高開府》詩："置酒高館夕，邊城月蒼蒼。"宋王安石《飲裴侯家》詩："掃除高館邀我入，自出糴麥憐民窮。"

峻宇

亦稱"高宇"。高大的屋宇。南朝齊王融《法樂辭》詩之十一："峻宇臨層穹，苕苕疏遠風。"《魏書·李彪傳》："費力者，廣宅高宇，壯制麗飾是也。"唐韋應物《慈恩伽藍清會》詩："重門相洞達，高宇亦遲朗。"宋孟元老《東京夢華錄·是月巷陌雜賣》："都人最重三伏，蓋六月中別無時節，往往風亭水榭，峻宇高樓……遠邇笙歌，通夕而罷。"明劉基《吊岳將軍賦》："忘戴天之大恥兮，安峻宇而高居。"

【高宇】

即峻宇。此稱南北朝時期已行用。見該文。

峻宇彫墻

亦作"峻宇雕墻"。高大的屋宇與彩繪的墻壁。形容居處豪華奢侈。《書·五子之歌》："內作色荒，外作禽荒，甘酒嗜音，峻宇彫墻，有一於此，未或不亡。"孔傳："峻，高大；彫，飾畫。"《北史·薛道衡傳》："叔寶峻宇彫墻，酖酒荒色。"唐溫大雅《大唐創業起居注》卷二："峻宇雕墻，亟成壯麗。"宋陸游《讀〈夏書〉》詩："一朝財得居平土，峻宇雕墻已遽興。"元張可久《撥不斷·會稽道中》曲："峻宇雕墻宰相家，夕陽芳草漁樵話，百年之下。"清李漁《閑情偶寄·居室·墻壁》："'峻宇雕墻''家徒壁立'，昔人貧富，皆於墻壁間辨之。"

【峻宇雕墻】

同"峻宇彫墻"。此體宋代已行用。見該文。

厦 [2]

房屋，大屋。《説文新附·广部》："厦，屋也。"《集韻·去禡》："厦，大屋。"漢揚雄《太玄·彊》："大厦微。"范望注："厦，屋也。"唐杜甫《茅屋爲秋風所破歌》："安得廣厦千萬間，大庇天下寒士俱歡顔。" 金元好問《戲題新居二十韵》："胸中廣厦千萬間，天地一身無著處。"清魏源《默觚下·治篇二》："一圍之木持千鈞之厦，五寸之鍵而制闔開者，所居要也。"

【廈】

即厦 [2]。《玉篇·广部》："廈，厦也。"

【廄】

即厦 [2]。《玉篇·广部》："廄，大屋也。"《類篇·广部》："廄，大屋。"

【庌】 [2]

即厦 [2]。《釋名·釋宮室》："大屋曰庌……并冀人謂之庌。庌，正也。屋之正大者也。"唐慧琳等《一切經音義》卷一七："前庌，幽冀之人謂之庌，今言聽庌是也。"《廣韻·上馬》："庌，廳也。"《廣續方言》卷二："今河東人呼廳爲庌也。"《説文·广部》"庌"清王筠句讀："庌，廡也。此本義也。《廣韻》曰'庌，廳也'者，則以庌無前墻，與聽事同也。"《太平御覽》卷一八一引《通俗文》："客堂曰庌。"黃侃《蘄春語》："《御覽》百八十一引《通俗文》：客堂曰庌，五下反。今北京酒肆設座以待客，曰雅座，即此庌字。"

【廡】 [3]

即厦 [2]。《管子·國蓄》："夫以室廡籍，謂之毀成。"尹知章注："小曰室，大曰廡。"晋左思《蜀都賦》："千廡萬室。"《釋名·釋宮室》："大屋曰廡。廡，幠也。幠，覆也。并、冀人謂之庌。庌，正也，屋之正大者也。”

廟[4]

古代指結構完整的成套大屋。《爾雅·釋宮》:“室有東西廂曰廟。”郭璞注:“夾室前堂。”邢昺疏:“凡大室有東西廂、夾室及前堂有序牆者曰廟。”《詩·大雅·綿》:“其繩則直，縮版以載，作廟翼翼。”

第十一章　井庖竈溷溷閑説

第一節　井　考

　　《説文·井部》：“井，八家一井。象構韓形。罋之象也。古者伯益初作井。凡井之屬，皆从井。”段玉裁注：“幹（韓），井上木欄也。其形四角或八角，又謂之銀床。《缶部》曰：罋，汲缾也。”丼，通“井”。高鴻縉《中國字例》：“井當以水井爲本意。幹（韓），井欄也。罋，井口也。至《孟子》述井田之制，八家爲井，井九百畝云云，爲井字之借意。”《易·井》：“改邑不改井。”孔穎達疏：“古者穿地取水，以瓶引汲，謂之爲井。”可知，井之本義即水井。像井之形者，亦稱井，如礦井、鹽井等。水井，是人類生活必備水源之一。無論生活用水，還是生産用水，從古至今，延續不變。人類從營造宮室之始，就特別重視生活用水的開發利用。早在新石器時代，聚落位址多位於河流兩岸靠近水源處。在没有河流的地區，則鑿地爲井，從地下尋找水源。考古發現，浙江餘姚河姆渡遺址上層有井幹式木框架製作的井壁。此爲目前已知最早的井。另外還發現，新石器時代龍山文化時期，河北邯鄲龍山遺址有兩座陶窑，均有分别緊靠住房的水井。可知水井實物在距今四千多年前的新石器時代已經出現，且知水井既用於生活，亦用於製陶。古代文獻中亦有“黄帝穿井”“伯益作井”的記載。伯益爲帝堯之臣，二十官之一。黄帝至帝堯時代與考古學之新石器時代晚期相當，故并非傳説，其有據可稽。《吕氏春秋·任數》：“伯益作井。”《淮南子·本經訓》：“伯益作井，而龍登玄雲，神栖昆侖。”《説文·井部》桂馥義證：“‘古者伯益初作井者’，《易》釋文引《周書》：‘黄帝穿井。’《世本》：‘化益作井。’宋衷云：‘化益，伯益也，堯臣。’”這些記載與考古發現基本相符。穿地爲井，少則幾丈，多則數十丈之深，且爲防止井壁倒塌，最早人們用干欄式木框架支護，河姆渡遺址可作例證。春秋末期湖北銅緑山礦井竪井亦采用此法支護井壁；斜井則用木框架作支架，框外加縱嚮木棍支護，構成巷道。可知礦井吸取了水井井壁的支護方法，靈活運用於采礦生産之中。春秋戰國時期，爲了加固井壁，并保持井水清潔，已采用與現代修建橋墩所用的沉井技術相似的方法，用預製的陶井圈修築水井、陶井。此乃施工技術上的一大發明創造。北京發現的三十六座東周時期的井，多以陶井圈襯井壁。其中最大的陶井圈直徑爲 92 厘米，每節高度 34~64 厘米。至戰國時代，由於製磚技術的提高，生産規模的擴大，始以磚瓦甃井。考古發現的河南新鄭戰國冶煉氣井，井壁以小磚平砌，丁磚錯縫，以油調泥作膠結材料。此磚砌井壁，爲目前已知最早之砌磚壁體。以磚瓦所砌築的井壁謂之甃，既堅固耐久，亦可使井水保持清澈潔净，故自古沿用至今，文獻多有記述。《易·井》：“井甃，無咎，修井也。”孔穎達疏引《子夏傳》：“甃，亦治也。以塼壘井，修井之壞謂之爲甃。”《莊子·秋水》：“吾樂與！出跳梁乎井幹之上，入休乎缺甃之崖。”陸德明釋文引李頤曰：“〔甃〕如闌。以塼爲之，著井底闌也。”《漢書·游俠傳·陳遵》：“爲甃所輠。”顔師古注：“甃，井以甎爲甃者也。”清魏源《聖武記》卷一四：“凡懸孔之磚，先爲彎胚以陶之，既成而甃用之。”

　　井的形制，春秋戰國以前多爲長方形或近正方形，後多爲圓形。考古發現，二里頭文化遺址，有水井兩口，直壁，長方形，東西嚮，長 1.95 米，寬 1.8 米，井壁光滑。春秋戰國時代始用陶井圈襯井壁，故呈圓形。後世則多以磚瓦甃井，井壁多爲圓形。井口凸出地面，其形似甕，即《説文》所謂丼（井）：“象構韓形，𩫖之象也。”正如高鴻縉《中國字例》所説：“甕，井口也。”井口，多以磚砌成高於地面的圓形井臺。古時上架桔槔（杠杆），後世多置轆轤，用以汲水。講究者，臺上架亭；民用水井則無亭。參閲中國科學院自然科學史研究所《中國古代建築技術史》。

泛　稱

井

水井。穿地取水，以瓶引汲謂之井。相傳爲上古時伯益首創。考古發現，已知最早的井之實物，是新石器時代河姆渡遺址上層，有井幹式木框架做的井壁。《易·井》："改邑不改井。"孔穎達疏："古者穿地取水，以瓶引汲，謂之爲井。"《淮南子·本經訓》："伯益作井，而龍登玄雲，神栖昆侖。"高誘注："伯益佐舜初作井，鑿地而求水。"唐白居易《新樂府·井底引銀瓶》："井底引銀瓶，銀瓶欲上絲繩絶。"明文震亨《長物志·鑿井》："鑿井須於竹樹之下，深見泉脉，上置轆轤引汲，不則蓋一小亭覆之。"

井
（元王禎《農書》）

丹井 [1]

煉丹取水之井。亦特指晋葛洪煉丹所用之井。唐顧況《山中》詩："野人愛向山中宿，況在葛洪丹井西。"宋陸游《好事近》其五："且訪葛仙丹井，看巖花開落。"清吳偉業《送楊懷

湄擢臨安令》詩："許掾仙居丹井在，謝公游策碧雲深。"

丹井 [2]

亦稱"丹砂井"。相傳古有丹砂井，人飲其水而延年益壽。晋王嘉《拾遺記·晋時事》："傍有丹井，非人之所鑿，下及漏泉，水常沸涌……續人髮以爲繩，汲丹井之水，久久方得升之水。"《文選·江淹〈雜體詩三十首〉之二十三》："乳竇既滴瀝，丹井復寥泬。"李善注："謝靈運《山居賦》曰：'訪銅乳於洞穴，訊丹砂於經泉。'《抱朴子》曰：'武陵舞陽有丹砂井。'"唐王勃《九成宮頌》："桃溪逸彦，塞丹井而歸風。"

【丹砂井】

即丹井 [2]。此稱晋代已行用。見該文。

陶井

亦稱"瓦井"。以陶製瓦圈將井壁套疊成筒狀的水井。係古代勞動人民生產活動的創造與遺存。其結構是，先於地下挖一土井，然後用陶製瓦圈一節一節地自下而上疊砌套疊成筒狀，土井與外壁之間用土或碎陶片填實。參閱《文物》1972 年第 2 期。

【瓦井】

即陶井。此稱行用於現代。見該文。

浪井 [1]

自然生成，無須人工開鑿的井。南朝梁簡文帝《七勵》："漾醴泉於浪井，拂垂楊於御溝。"南朝陳徐陵《孝義寺碑》："嘉禾自秀，浪井恒清。"吳兆宜注引孫柔之《瑞應圖》："浪井不鑿自成。"唐李商隱《爲汝南公賀元日朝會上

中書狀》："慶雲非烟，浪井不鑿。"

坎井

亦作"埳井"。廢井、淺井。《莊子·秋水》："子獨不聞夫埳井之鼃乎？謂東海之鱉曰：'吾樂與！出跳梁乎井幹之上……且夫擅一壑之水，而跨跱埳井之樂，此亦至矣。夫子奚不時來入觀乎！'"成玄英疏："埳井，猶淺井也。"《荀子·正論》："淺不足與測深，愚不足與謀知，坎井之鼃，不可與語東海之樂，此之謂也。"《後漢書·杜篤傳》："彼埳井之潢污，固不容夫吞舟。"李賢注："埳井喻小也。"清紀昀《閱微草堂筆記·灤陽續錄一》："〔鬼〕或隱入坎井，人過乃徐徐出。"

【埳井】

同"坎井"。此體先秦時期已行用。見該文。

坎兒井

維吾爾語 kariz（源於波斯語 kazrez）的音譯。主要分布於新疆的吐魯番、哈密、庫車地區。坎兒井，屬井穴，是一種特殊的灌溉系統。在高山雪水潛流處，選擇合適地段開挖，每隔二三十米挖一豎井，再把井底連通起來，形成地下暗渠，匯集山上融化的雪水及地下水流，導入澇壩，通過地上明渠分流灌溉、飲用。豎井最深可達 67 米，長度可達 10 公里以上。結構簡單，水量穩定，能防止水分蒸發。其起源，一說源於中原地區（見王國維《西域井渠考》），一說起源於伊朗，一說爲新疆勞動人民創造。

昆侖井

宮井。因昆侖泉水美，故稱。唐溫庭筠《生禖屏風歌》："玉墀暗接昆侖井，井上無人金索冷。"

部　位

井亭

遮蔽水井之亭。多建於宮殿、寺廟及其他貴重建築群內的井上。北魏酈道元《水經注·濟水》："又曰：玉水，又西北，徑獵山東，又西北，枕祝阿縣故城東，野井亭西。"宋葉夢得《避暑錄話》卷上："忿起拆其井亭，共燒以禦寒。"《元史·祭祀志二》："井在神廚之東北，有亭。酒庫三間，在井亭南，西向。"

井床

井口四周之圍欄。多以木材或石料製成。語本《樂府詩集·舞曲歌辭三·淮南王》："後園鑿井銀作床，金瓶素綆汲寒漿。"唐唐彥謙《紅葉》詩："薜荔垂書幌，梧桐墜井床。"宋陸游《秋思》詩："黃落梧桐覆井床，莎根日夜泣寒螿。"元馬祖常《治書再和復次韵》："月移桂樹通階石，芝發銅池謝井床。"

甃[1]

亦稱"井甃"。井壁。《說文·瓦部》："甃，井壁也。"《莊子·秋水》："吾樂與！出跳梁乎井幹之上，入休乎缺甃之崖。"郭慶藩集釋引李頤云："〔甃〕如闌，以塼爲之，著井底闌也。"南朝梁沈約《郊居賦》："決渟洿之汀濚，塞井甃之淪坳。"

【井甃】

即甃。此稱南北朝時期已行用。見該文。

【井欄】

即甃。亦作"井闌"。《晋書·四夷傳·林邑國》："女嫁之時，著迦盤衣，橫幅合縫如井欄，首戴寶花。"《南史·江夏王鋒傳》："時年四歲，性方整，好學書，張家無紙劄，乃倚井欄爲書，書滿則洗之。"唐薛奇童《怨詩》之一："楊葉垂陰砌，梨花入井闌。"唐白居易《渭村退居詩》："井闌排菡萏，檐瓦鬥鴛鴦。"宋張耒《臘月十八日早苦寒與家婦飲》詩："中庭石井欄，晨吸氣如炊。"《西游記》第五三回："那道人伏在井欄上，被大聖喝了一聲。"

【井闌】

同"井欄"。此體唐代已行用。見該文。

【井幹】[3]

即甃。亦作"井榦"。《莊子·秋水》："出跳梁乎井幹之上。"成玄英疏："幹，井欄也。"宋沈括《夢溪筆談·權智》："如此數月，井榦爲之一新，而陵井之利復舊。"又："歲久，井榦摧敗。"明何景明《七述》："上通中霤，下旋井幹。"《古詩箋·古辭·淮南王》"後園鑿井銀作床"聞人倓箋："銀床，即井幹也，皆井上欄也。"

【井榦】

同"井幹[3]"。此體宋代已行用。見該文。

井臺

井口周圍高出地面的部分。孫犁《村歌》："人們在井臺上説着笑着，換班澆着。"

石甃

以石砌築的井壁。唐李白《姑熟十咏·桓公井》："石甃冷蒼苔，寒泉湛孤月。"《金瓶梅詞話》第二七回："但見四面雕欄石甃，周圍翠葉深稠。"清沈紹姬《杭州大火行》："養馬當築黃金埒，庖厨亦用錦石甃。"

銀床

一説甃。一説轆轤架。《通雅·宮室》："井幹……或謂之銀床。"《晋書·樂志下》："後園鑿井銀作床，金瓶素綆汲寒漿。"南朝梁庾肩吾《九日侍宴樂游苑應令》詩："玉醴吹巖菊，銀床落井桐。"唐杜甫《冬日洛城北謁玄元皇帝廟》詩："風筝吹玉柱，露井凍銀床。"仇兆鰲注："朱注：舊以銀床爲井欄。《名義考》：銀床乃轆轤架，非井欄也。"清周宸藻《浪淘沙》詞："眼底青春今去也，花落銀床。"

井鈿

以金銀珠玉貝等鑲嵌、裝飾的井欄。唐聚斂之臣王鉷奢侈無度，宅第不計其數，《新唐書·王鉷傳》："以寶鈿爲井幹，引泉激霤，號'自雨亭'。"清趙翼《感事》詩之三："窖金已錮藏舟壑，井鈿兼裝激溜池。"

專　名

禹王鎖蛟井

古井名。位於今河南禹州城内古鈞臺的左前方。相傳大禹治水，降服興風作浪的水怪蛟龍，將其鎖在都城内的深井中，使之不能再危害人民。井上有亭榭式建築，雕梁畫棟，金碧輝煌。井口左側矗立一石柱，柱身繫一千鈞鐵鏈，一端下垂井底；俯視水中，被鎖之蛟似隱約可見。傳聞鐵鏈不得隨便抽動，動則井内腥風陣陣，水波翻涌，血沫外噴，蛟怪即躍躍欲出。

照面井

古井名。位於今湖北秭歸香爐坪東面伏虎山西坡，相傳爲屈原幼年與其姊女嬃偕同照影梳洗之處。傳説屈原得山神之助，借金鎬親手掘砌成井。井臺傍崖甃砌，井口渾圓，四周圍以石雕欄杆；井水清澈，碧透如鏡，水味甘甜，清洌爽人。井旁古樹二株，枝葉茂密，形如傘蓋，籠罩井臺。樹旁有清咸豐十年（1860）所立石碑，上刻字體遒勁的"照面井"三個大字，并有小字注明："此係屈公遺井……以後切勿荒穢……此株青樹，永世勿得砍伐。三閭閣壇弟子同修。"山中桐林油緑翠亮，柚樹青中透黄，烏桕片片，紅雲冉冉，景色甚爲艷麗。

越王井

古井名。漢諸侯南越王趙佗開鑿，位於南海郡龍川縣（今廣東龍川）。汉高祖時，趙佗自稱"南越武王"，後受漢朝删封。在當地築土城，鑿井取汲。井深40米，直徑1.02米，火磚結構，爲中國南方工程較大的古磚井之一。

浪井 [2]

亦稱"灌嬰井""瑞井"。古井名。位於今江西九江北長江岸邊。西漢名將灌嬰於高祖六年（201）帶兵駐扎時開鑿，故稱"灌嬰井"。後因年久失修，被土湮塞。至東漢建安年間，孫權常駐此城，立標命人挖井，適得故處，發現井壁有銘云："漢高祖六年潁陰侯開井。"權見銘欣悦，以爲祥兆，故名"瑞井"。因井緊靠長江邊，每當大風吹起，江濤洶涌，井中有浪，故亦稱"浪井"。唐李白《下潯陽泛彭蠡寄王判官》詩："浪動灌嬰井，潯陽江上風。"此井在大旱之年，江水下落，井水不枯。

【灌嬰井】

即浪井。此稱漢代已行用。見該文。

【瑞井】

即浪井。此稱漢代已行用。見該文。

文君井

古井名。位於今四川邛崍城内，漢才子司馬相如飲於富豪卓王孫家，卓才貌俱佳的女兒文君新寡，相如以琴曲挑之，文君遂夜奔相如，結爲夫婦。婚後二人設酒店於臨邛（今四川邛崍），"文君當壚，相如滌器"。據傳相如、文君當年汲水於此。唐詩人杜甫流寓成都時作《琴臺》詩，"酒肆人間世，琴臺日暮雲"，即爲憑吊遺迹之作。文君井庭園十餘畝，井旁不遠處有琴臺，臺前有假山月池。"井上疏風竹有韵，臺前月古琴無弦"的對聯，寫出了文君井園内的景色。

昭君井

亦稱"楠木井"。古井名。位於今湖北興山城南昭君故里附近。王昭君一名嬙，晋時因避司馬昭諱改稱明君或明妃。漢元帝時被選入宮，竟寧元年（公元前33），匈奴呼韓邪單于入朝求和親，昭君自願請行。井水四季不竭，冬暖夏涼，清澈澄碧，清甜可口。井臺由甃石築成，中嵌楠木，清晰可見，旁立刻有"楠木井"三字之石碑。相傳此井即昭君當年汲水之處。原先此井水量很少，稍旱即枯，昭君出世後，井水陡增，澄碧清亮。村人傳爲昭君出世驚動了玉帝，令黄龍搬來龍水所致。後昭君之母忽夢黄龍欲逸，井水將涸，村人即從西蜀秀山采來楠木，嵌於井口，鎖住了龍頭，井水因而豐裕，長年不竭，楠木井亦聲名遠揚。此井水温冬季可達30℃，夏凉如冰。用以冲泡當地出産的白鶴茶，清香馥郁，人稱"龍泉茶"。

【楠木井】

即昭君井。相傳昭君出世後始有此稱，恐不確。見該文。

緑珠井

古井名。位於今廣西博白城西北雙角山下緑蘿村，相傳爲晋石崇之愛妾緑珠故居所在地，飲此井水者所生女子容貌美麗。緑珠是歷史上著名的美女，十八歲被交趾采訪使石崇買爲歌伎，帶到洛陽金谷園。她善吹笛，唱"懊惱曲"，跳"昭君舞"。八王之亂初期，趙王司馬倫掌權，將軍孫秀向石崇逼取緑珠，緑珠墜樓而死。《太平廣記》卷三九九引唐劉恂《嶺表録異》："緑珠井在白州雙角山下。昔梁氏之女有容貌，石季倫爲交趾采訪使，以圓珠三斛買之。梁氏之居，舊井存焉。耆老傳云：汲飲此水者，誕女必多美麗。"宋吳曾《能改齋漫録·方物》："自古美色，未必生於中華也。故西施生苧蘿山，昭君生秭歸縣，緑珠生白洲。故今白洲雙角山前，猶存緑珠井。緑珠本梁氏子，今有緑珠水，相傳水旁間産美麗。"清康熙四十八年（1709）知縣程鑛在井旁建祠。緑珠井早已埋滅，遺址尚存。

龍井 [1]

古井名。在今浙江杭州西湖西面風篁嶺上。本名"龍泓"，亦稱"龍湫"。"龍井"，以泉名井。相傳三國東吳赤烏年間已發現。泉水出自山巖之中，四時不絶，水味甘冽，以小棍輕攪井水，水面呈現一蠕動的分水綫，頗饒風趣。

杭州龍井

龍井之西爲龍井村，環山産茶，名西湖龍井茶，因具有色翠、香郁、味醇、形美"四絶"而著稱於世。龍井周圍還有"神運石""滌心沼""一片雲"等諸多勝迹。

冰井

古井名。位於今廣西梧州市第二中學内。井之泉出自大雲山中，甘凉清冽，瑩净可鑑。汲之烹茶，則"碗面雪花映"；取之煮豆漿，則滴水成珠，甘香甜滑。唐代容管經略使元結曾作《冰井銘》，置於井東。其《銘》曰："火山無火，冰井無冰。炎山冰泉，甘寒可凝。鑄金磨石，篆刻此銘。置之泉上，彰厥後生。"宋代梧州太守任通又刻置"雙井碑"樹於井旁。明清游人多有題咏，遺迹猶存。

貢院井

古井名。在今江西南昌八一公園内。八一公園原爲宋明兩朝貢院。清康熙二十年（1681），江西巡撫宋世鼎又將設於進賢門内的清代貢院遷於東湖故址，即今八一公園内。乾隆九年（1744），布政使彭家屏於貢院鑿井，獲得明萬曆九年（1581）鎸有銘文的石碑一通。

銘文曰:"天一地六,涌金瀉玉。金幹四維,丹砂千斛。漱潤涵芳,源深澤渥。用汲王明,立受其福。"

白沙井

古井名。在今湖南長沙天心閣下白沙街東隅。有"長沙第一井"之稱。其歷史悠久,明、清均有石刻記志。《清一統志·長沙府》:"〔井〕在善化縣東南二里,廣僅尺許,最甘冽,汲久不竭。"1950 年以後多次修整,現有井穴四,各二尺見方,甘露從井底涌出,終年不斷。著名的"白沙液"酒,即以此井水釀造而成。

柳毅井 [1]

古井名。在今湖南岳陽君山龍口、龍舌山尾部。據《巴陵縣志》載,此井即柳毅傳書時入洞庭龍宮下水之處,故稱。原井旁有一大橘樹,故又稱"橘井"。其故事源於唐代李朝威所寫《柳毅傳》。唐儀鳳年間,書生柳毅赴京應試落第,歸經涇陽,偶遇滿臉淚痕的牧羊女,毅問知爲龍女,因受涇陽君殘暴虐待至此。毅受龍女之托,送信至君山,找到橘井,直下洞庭龍宮,見龍君,遞上書信并訴龍女之苦。龍君愛弟錢塘君怒作百丈赤龍,徑往涇陽,滅涇陽君,接回龍女,又招柳毅爲婿。此井建築別致,深 10 餘米,相傳深不見底,古人曾用四兩絲綫拴一銅錢往井下放,綫完而銅錢尚不着底。又傳此井與蘇州太湖相通,井壁有一巡海神浮雕,手持寶劍,傳爲柳毅引路者。距井 5 米有一斜道伸向井中水下,傳説柳毅從此下龍宮。斜道兩旁壁上有蝦兵蟹將浮雕,爲迎接柳毅下湖的場面。

【橘井】

即柳毅井。見該文。

柳毅井 [2]

古井名。在今江蘇蘇州東山鎮東北翁巷村。傳爲柳毅傳書的遺迹。附近還有"龍女廟"及"白馬土地廟"。相傳柳毅傳書,曾繫白馬於此。太湖邊有一石壁,傳爲柳毅叩壁問訊處。井邊有明正德五年(1510)大學士王鏊題刻的石碑。井圈苔痕斑駁,陳舊古雅。井水香甜津芳,相傳"旱澇無盈涸,風搖亦不濁",爲東山名泉之一。

磨針井

古井名。在今湖北武當山距玄岳門約 10 公里的登山道旁之小型道院内。相傳净樂國太子入山學道,因心志不堅,欲出山還俗。至此,遇一姥姆,在井邊磨礪鐵杵,因問磨杵何用?答曰欲磨杵成針,并説功到自成。太子感悟,復入山苦修,終成正果。磨針井由此而得名。傳説這位姥姆是道家玉虚聖祖紫玄君所幻化。此道院是一座纖巧玲瓏、布局緊湊的小型建築群,其主體建築爲三開間殿堂,殿内供真武青年時坐像,四壁滿飾"五龍捧聖"之壁畫,殿前樹鐵杵兩根,烏黑光亮,象徵姥姆當年所磨之杵。殿旁有方亭一座,亭中有井,其上龕内置鐵鑄姥姆磨針像。此井亭卓立高臺,重檐雕脊,凌空飛展,輕俏秀雅,別具一格。參閲晋干寶《搜神記》及道家名著《真武本傳神咒妙經》。

古阿井

古井名。在今山東陽谷東北之阿城鎮。名貴藥品"阿膠"即用此井水煮製而成。最早的文獻記載,見於東漢時的《本草》:"真膠產於古齊國之阿地,又以阿井水煮之最佳。"北魏酈道元《水經注·河水》:"東阿城北門内西側皋上，有大井，其巨若輪，深七丈，歲常煮膠入貢。"相傳唐代尉遲恭曾奉詔重修阿井。明天順七年（1463）建井亭。明萬曆、清康熙年間均曾重修。現存爲清光緒五年（1879）重建六角石井，額題"濟世壽人"四字，兩旁石柱鐫刻楹聯："聖代即今多雨露，仙鄉留此好泉源。"亭内石碑篆刻"古阿井"三字。井水經地下巖層砂礫過濾净化，溶入鈣、鎂、鉀、鈉等礦物質，色綠質重，清洌甘美，用以煮膠，易除雜質，增强療效。1949 年後重浚古井，整飾井亭，興建阿膠廠，所產阿膠暢銷國内外。

珍妃井

古井名。位於今北京故宫内之外東路。清光緒二十四年（1898）戊戌變法失敗之後，慈禧對支持變法的光緒帝及其妃子珍妃懷恨在心，將他們分別囚禁在南海瀛臺與冷宫。1900 年八國聯軍侵占北京，慈禧帶光緒帝倉皇出逃。行前，令太監將珍妃推入井内淹死，故稱。

第二節　庖厨考

庖、厨，古亦稱"閣"，即今之厨房，指貯藏、製作食物的房屋。《禮記·内則》云："大夫七十而有閣。天子之閣，左達五，右達五，公侯伯於房中五，大夫於閣三。士於坫一。"鄭玄注："閣，以板爲之，庋食物也……達，夾室。大夫言於閣，與天子同處，天子二五，倍諸侯也。五者，三牲之肉及魚腊也。"賈公彦疏："此經云七十而有閣，故知有秩膳也……宫室之制，中央爲正室，正室左右爲房，房外有序，序外有夾室。天子尊，庖厨遠，故左夾室五閣，右夾室五閣。諸侯卑，庖厨宜稍近，故於房中，減降於天子，唯在一房之中而五閣也。大夫既卑無嫌，故亦於夾室而閣三也。三者，豕、魚、腊也。士卑不得作閣，但於室中爲土坫，庋食也。"閣，本指用木板製作的置放食物的架凳，後亦指設置閣之夾室。故《廣雅·釋宫》云："閣、庖，厨也。"《説文·广部》："庖，厨也……厨，庖室也。"段玉裁注："《王制》：'三爲充君之庖'注曰：'庖，今之厨也。'《周禮·庖人》注曰：'庖之言苞也。苞裹肉曰苞苴。'"桂馥義證曰："《一切經音義》卷一七：'庖之言包也。'《周禮·叙官·庖人》注云：'庖之言苞也，裹肉曰苞苴。'疏云：'庖者，今之厨。轉作包者，欲取庖人主六獸六禽，以借庖厨有裹肉之意也。'"王筠句讀："《孟子》始有厨字。周初名庖，周末名厨也。"《急就篇》卷三曰："厨宰切割給使令。"顏師古注："厨，庖屋也。宰，主烹飪者。臠朕曰切，胖解曰割。給，供也。主供此使役也。"由此可知，庖厨是切割肉食、煮製熟食的房間。周代官制設庖人，"掌共六畜、六獸、六禽，辨其名物。凡其死生鱻薨之物，以共王之膳，與其薦羞之物，及后世子之膳羞"（《周禮·天官·庖人》）。天子之庖厨，六朝後謂之"天厨"，亦稱"御膳房"。南朝宋何承天《重答顔光禄》曰："遣彼天厨，甘此芻豢，曾無拯溺之仁，橫成納隍之酷。"明屠隆《彩毫記·拜官供奉》："可敕中書省，即拜翰林供奉。仍賜天厨御食，朕當親爲調羹，以示隆眷。"《清會典·内務府十·御茶膳房》："膳房，屬下庖長四名，副庖長四名，庖人五十人。"古之庖厨，亦稱"爨室"。《説文·爨部》曰："爨，齊謂之炊爨。"又《火部》曰："炊，爨也。"可知，"爨"爲燒火做飯之義。燒火做飯的屋室，則指厨房。《禮記·檀弓上》曰："曾子之喪，浴於爨室。"《後漢書·李南傳》："晨詣爨室，卒有暴風，婦便上堂從姑求歸，辭其二親。"唐儲光義《樵父詞》："枯枝作采薪，爨室私自知。"按，"閣"具庖厨之義祇見諸周代文獻，而"爨室"之名，宋以後亦未加沿用，然"庖厨"之名則歷代使用，并沿用至今。

庖

亦作"包"。厨房。《説文·广部》："庖，厨也。"王筠句讀："《孟子》始有厨字，是周初名庖，周末名厨也。"《廣韻·平肴》："庖，食厨也。"《易·姤》："包有魚，無咎，不利賓。"陸德明釋文："包，本亦作庖。"《詩·小雅·車攻》："徒御不驚，大庖不盈。"《穀梁傳·桓公四年》："四時之田用三焉，唯其所先得，一爲乾豆，二爲賓客，三爲充君之庖。"范寧注："先宗廟，次賓客，後庖厨。"《孟子·梁惠王上》曰："庖有肥肉，廐有肥馬，民有飢色，野有餓莩，此率獸而食人也。"孫奭疏："言庖厨之間有肥肉……郊野之間又有餓而死者，此乃是王率獸而食人也。"《新唐書·孝友傳·劉君良》曰："深州別駕楊弘業至其居，凡六院共一庖。"宋蘇軾《狄韶州煮蔓菁蘆菔羹》詩云："我昔在田間，寒庖有珍烹。"《鏡花緣》第一回："説不盡天庖盛饌。"

【包】

同"庖"。此體先秦時期已行用。見該文。

【庖屋】

即庖。《急就篇》卷三："厨，庖屋也。"宋張耒《冬日放言》詩之二："寒羊肉如膏，江魚如切玉。肥兔與奔鶉，日夕懸庖屋。"

【厨】

即庖。《説文·广部》曰："厨，庖室也。"王筠句讀："《孟子》始有厨字，是周初名庖，周末名厨也。"《孟子·梁惠王》上："君子之於禽獸也，見其生，不忍見其死；聞其聲，不忍食其肉，是以君子遠庖厨也。"《後漢書·文苑傳下·禰衡》曰："是時，許都新建，賢士大夫四方來集。或問衡曰：'盍從陳長文、司馬伯達乎？'對曰：'吾焉能從屠沽兒耶！'又問：'荀文若、趙稚長云何？'衡曰：'文若可借面吊喪，稚長可使監厨請客。'"《新唐書·刑法志》：

"凡役，男子入於蔬圃，女子入於厨饎。"唐王維《鄭果州相過》詩云："中厨辦粗飯，當恕阮家貧。"《古今圖書集成》卷一三三引《列士傳》曰："孟嘗君食客三千人，厨有三列：上客食肉，中客食魚，下客食菜。市中有乞食人馮諼，經冬無袴，面有飢色，願得上厨。"又引《唐書·百官志》曰："典膳局，典膳郎二人，丞二人，掌進膳嘗食，丞爲之貳，每夕更直於厨。"

厨
（明王圻等《三才圖會》）

【庖厨】

即庖。《禮記·玉藻》曰："君無故不殺牛，大夫無故不殺羊，士無故不殺犬豕。君子遠庖厨，凡有血氣之類，弗身踐也。"漢王充《論衡·是應》曰："儒者言蓂脯生於庖厨者，言厨中自生肉脯，薄如蓂形，搖鼓生風，寒涼食物，使之不臰。夫太平之氣雖和，不能使厨生肉蓂，以爲寒涼。若能如此，則能使五穀自生，不須人爲之也。"唐白居易《歸來二周歲》詩云："時豐實倉廩，春暖葺庖厨。"宋孟元老《〈東京夢華錄〉序》曰："集四海之珍奇，皆歸市易；

會寰區之異味，悉在庖厨。"清李斗《揚州畫舫錄·新城北錄上》曰："旁立隙宇，爲庖厨浴湢之所。"

【厨房】

即庖。《明史·禮志一》："神庫五楹，在外垣北，南向；厨房五楹，在外壇東北，西向。"清厲鶚《遼史拾遺·王正傳》："和尚建庫堂一座，五間六架；厨房一座，五間五架。"《儒林外史》第四回："胡老爹上不得臺盤，只好在厨房裏，或女兒房裏，幫着量白布、秤肉，亂竄。"《紅樓夢》第二二回："惠能在厨房春米。"

【厨下】

即庖。亦稱"厨處"。漢賈誼《新書·匈奴》："陛下必有時有所富，必令此有高堂邃宇，善厨處，大囷京，厩有編馬，庫有陣車。"《晋書·衛恒傳》曰："恒還經厨下，收人正食，因而遇害。"唐王建《新嫁娘詞三首》之三云："三日入厨下，洗手作羹湯。"《水滸傳》第二四回："武大買了些酒肉果品歸來，放在厨下。"

【厨處】

即厨下。此稱漢代已行用。見該文。

【東厨】

即庖。古制，厨房位於正房之東，故稱。《樂府古辭·古歌》："東厨具肴膳，椎牛烹猪羊。"三國魏曹植《當來日大難》詩："日苦短，樂有餘，乃置玉樽辦東厨。"唐顧況《歸陽蕭寺有丁行者能修無生忍擔水施僧况歸命稽首作詩》："蕭寺百餘僧，東厨正揚烟。"宋陸游《送張叔潜編修造朝》詩之二："東厨羊美聊堪飽，北面鈴稀莫強愁。"

【曓下】

即庖。宋徐夢莘《三朝北盟會編·炎興下

帙八十二》："之王言，徽軫爨下之焦桐，青黄溝中之斷木。"《明史·儒林傳·薛瑄》："及當行刑，振蒼頭，忽泣於爨下。問故，泣益悲。"清周亮工《書影》卷五："小人即除馬通，婦括爨下，甘心矣。"

【爨室】

即庖。《禮記·檀弓上》曰："曾子之喪，浴於爨室。"鄭玄注："見曾元之辭易簀，矯之以謙儉也。"孔穎達疏："曾子達禮之人，應須浴於正寢，今乃浴於爨室，明知意有所爲，故云矯之也。"《後漢書·方術傳上·李南》曰："晨詣爨室，卒有暴風，婦便上堂從姑求歸，辭其二親。"唐儲光羲《樵夫詞》云："枯枝作采薪，爨室私自知。"清錢大昕《遣懷集題》詩其二："懊惱疾風吹爨室，從今擬廢五音占。"

【閣】[7]

即庖。《廣雅·釋宫》："閣，厨也。"《禮記·内則》："天子之閣左達五，右達五；公侯伯於房中五；大夫於閣三；士於坫一。"鄭玄注："達，夾室。大夫言'於閣'，與天子同處。"孔穎達疏："大夫既卑無嫌，故亦於夾室而閣三也。"

【厨倉】

即庖。《周禮·春官·家宗人》"凡以神仕者"鄭玄注："或象天酒旗坐星，厨倉具黍稷布席，極敬心也。"漢桓寬《鹽鐵論·西域》曰："金鼓未聞，旌旗未舒，行陣未定，兵以接矣。師無輜重之費，士無乏絶之勞。此所謂食於厨倉，而戰於門郊者也。"《北史·齊傳·陳元康》："楊愔狼狽走出，遺一靴，崔季舒逃匿於厠……監厨倉頭薛豐洛率宰人持薪以赴難。"宋周行己《閑心普安禪寺修造記》："又循西廡，觀僧堂、

登方丈，覽左右軒。復下循東廡而南視厨倉庫院。"

【竈間】

即庖。亦稱"竈屋"。清龔自珍《洞仙歌》詞序曰："青陽尚書（王宗誠）有女公子與内子友善，貽内子漳蘭一盆……俄女公子仙去，蘭亦死，棄盆竈間三年矣。"

【竈屋】

即竈間。此稱多行用於近現代。見該文。

【竈房】

即庖。《英烈傳》第六回："昨日臨睡時空空一個竈房，這柴那得許多？"

【竈堂】

即庖。亦稱"竈火""竈窩"。方言。元楊顯之《瀟湘雨》第二折："張千，著梅香在那竈窩裏拖出小姐來。"元李文蔚《圯橋進履》第一折："等的天色將次晚，趂在人家竈火邊，若是無人撞入去，偷了東西一道烟。"《何典》第四回："只曉得燒茶煮飯，踏殺竈堂泥。"

【竈火】

即竈堂。此稱元代已行用。見該文。

【竈窩】[1]

即竈堂。此稱元代已行用。見該文。

御厨

皇帝之庖厨，即御膳房。唐杜甫《麗人行》曰："黄門飛鞚不動塵，御厨絡繹送八珍。"《舊五代史·唐書·明宗紀二》曰："後宫内職量留一百人……御厨五十人。"《古今圖書集成》卷一三三引《十國春秋》曰："前蜀後主常結綵爲山及宫殿樓觀於其上，又别立二綵亭于前，列諸金銀錡釜之屬，取御厨食料烹煇其中。後主憑綵樓觀之，號曰'當面厨'。爲風雨所敗，則

易新者。"又引《桯史》曰:"余爲扈簿日,瑞慶節隨班上壽紫宸殿。是歲,敵方構兵,北邊賀使不至,百官皆賜廊食,余侍班南廊。日已升,見有老兵持二縴牌至,金書其上,曰:'輙入御厨。'"清俞樾《茶香室叢鈔·張齊賢語》曰:"正如監御厨三十年,臨老,反煮粥不了也。"

【天厨】

即御厨。亦稱"天庖"。南朝宋何承天《重答顏光禄》曰:"遣彼天厨,甘此芻豢,曾無拯溺之仁,橫成納隍之酷。"唐韓溉《清明日賜百僚新火》詩云:"朱騎傳紅燭,天厨賜近臣。"唐蕭至忠《送張亶赴朔方應制》詩:"推食天厨至,投醪御酒傳。"宋蘇軾《次韻曾子開從駕》之一:"雍容已覽天庖賜,俯伏初嘗貢茗新。"宋蘇轍《元祐八年生日謝表》之一:"老逢誕日,泣養親之無從;賜出天厨,愧君恩之莫報。"明沈德符《野獲編·列朝四·賜百官食》:"先朝最盛梵刹,憲、孝、武歷朝法王國師居停者萬人,皆仰給天庖。"

【天庖】

即天厨。此稱宋代已行用。見該文。

堂厨

政事堂之公膳房。《新唐書·李德裕傳》:"俄而,宗閔罷,德裕代爲中書侍郎、集賢殿大學士。始,二省符江淮大賈,使主堂厨食利,因是挾貲行天下,所至州鎮爲右客,富人倚以自高。德裕一切罷之。"《宋史·王次翁傳》:"欲出,則語直省官曰:'姑待岳少保來。'益令堂厨豐其燕具,如此展期以待者六七日。"

內厨

亦稱"內厨房"。舊時官宦家中專用厨房。

《後漢書·臧洪傳》:"主簿啓內厨米三斗,請稍爲饘粥。"《紅樓夢》第六二回:"探春一面遣人去請李紈、寶釵、黛玉,一面遣人去傳柳家的進來,吩咐他內厨房中快收拾兩桌酒席。"《兒女英雄傳》第二八回:"姑娘這才明白,原來是公婆的內厨房。"

【內厨房】

即內厨。此稱清代已行用。見該文。

厨傳

古代供應過客食宿、車馬的處所。《漢書·王莽傳中》:"吏民出入,持布錢以副符傳,不持者,厨傳勿舍,關津苛留。"顏師古注:"厨,行道飲食處;傳,置驛之舍也。"《舊唐書·李憕傳》:"無他才,性纖巧承迎,常飾厨傳以奉往來。"宋蘇軾《到官病倦毛正仲惠茶戲作一詩爲謝》云:"繆爲淮海帥,每愧厨傳缺。"清錢謙益《朱府君墓志銘》曰:"山川登涉,歲時宴賞,畫船游展,周流數百里間,厨傳供張,皆取給於稱貸。"

行庖

亦稱"行厨"。特指旅途中做飲食之處。北周庾信《咏畫屏風詩》之十七:"行厨半路待,載妓一雙迴。"唐李賀《榮華樂》詩:"丹穴取鳳充行庖,玃玃如拳那足食?"唐張謂《春園家宴》詩:"竹裏行厨人不見,花間覓路鳥先知。"宋洪邁《夷堅丁志·韶州東驛》曰:"衆鬼入室……取行庖食物啖嚼。"元吳景奎《過臨平》詩云:"逆旅愁聞雁,行庖只鱠鱸。"清孔尚任《桃花扇·聽稗》云:"乍暖風烟滿江鄉,花裏行厨携着玉缸;笛聲吹亂客中腸,莫過烏衣巷,是別姓人家新畫梁。"

【行厨】

即行庖。此稱南北朝時期已行用。見該文。

中火鋪

供旅客途中用餐處。明徐弘祖《徐霞客游記·滇游日記二》曰："復循東麓北行十五里，復有連岡屬兩界之間，有數家倚其上，是爲中火鋪，有公館焉。"又曰："平行嶺上五里，路左有場，宿火樹間，是爲中火鋪，乃羅平、師宗適中之地。當午，有土人擔具携炊，賣飯於

此。"

厨帳

以帳幕搭製而成的厨房。《晋書·良吏傳·吳隱之》："隱之將嫁女，石知其貧素，遣女必當率薄，乃令移厨帳助其經營。"《南史·劉湛傳》："義真乃使左右人買魚肉珍羞，於齋内别立厨帳。"南朝梁武帝《禁止私利詔》："至於民間誅求萬端，或供厨帳，或供厩庫，或遣使命，或待賓客，皆無自費，取給於民。"

第三節　爨竈考

《釋名·釋宫室》："竈，造也，造創食物也。爨，銓也，銓度甘辛調和之處也。"《説文·爨部》："爨，齊謂炊爨。"段玉裁注："《火部》曰：'炊，爨也。'然則二字互相訓。《孟子》趙注曰：'爨，炊也。'齊謂炊爨者，齊人謂炊曰爨。古言謂則不言曰……《特牲（禮）》《少牢禮》注皆曰：'爨，竈也。'此因爨必於竈，故謂竈爲爨。"由此可知，爨、竈爲生火煮飯之設施。《周禮·天官·亨人》云："亨人掌共鼎鑊，以給水火之齊。職外内饔之爨亨煮，辨膳羞之物。"鄭玄注："爨，今之竈。"賈公彦疏：《周禮》《儀禮》皆言爨。《論語》王孫賈云：'寧媚於竈。'《禮記·祭法》'天子七祀'之中亦言竈。'若然，自孔子已後皆言竈。"爨之稱在前，始於周初；竈之名在後，始於周末，後世歷代沿用至今。然"竈"之起源則在上古之時，可追溯到半穴居時代的原始社會中晚期。《韓非子·五蠹》曰："上古之世……民食果蓏蚌蛤，腥臊惡臭，而傷害腹胃，民多疾病，有聖人作，鑽燧取火，以化腥臊，而民説之，使王天下，號之曰燧人氏。"火的發明，使原始人類擺脱了茹毛飲血的生活，開始用火烤製食物。此乃人類一大進步，亦爲竈産生之起因。即如李尤《竈銘》所云："燧人造火竈能以興。"（清桂馥《説文解字義證》）然而開始祇是在穴洞或地面建築的居住面設置篝火烘烤食物，因此火灾時有發生。後又逐步設置低於居住面的凹形火塘或高於居住面的火臺，用以取暖與燒製食物。關中地區如半坡遺址即發現有瓢形火塘及雙聯式并附有火種罐的火塘。豫西地區如廟底溝、王灣遺址有深坑式火塘，而大河村、趙灣遺址

則爲火臺及帶炊墻式竈陞的火池。處於萌芽狀態的竈，仍存在火災的嚴重威脅，鋪在居住面的茅草、皮毛等不時被火塘飛濺的火星引燃燒毀。在洛陽王灣遺址、廟底溝遺址及餘姚河姆渡遺址出土的移動式陶竈，是竈的一大發展。它雖無烟道，然竈膛攔護較好，防火性能有所增强，且可任意改變位置，冬可置於室内取暖做飯，夏可移至室外燒煮食物。其形狀及功能與今之火爐相類。火源在室，心有餘悸。爲安全計，古人即有塗泥防火的做法。半坡遺址中心柱及木構兩側均塗有草筋泥。該遺址所見墐、墼厚達50餘厘米。商周文獻中亦有屋頂椽木表面塗泥防火之記載。《書‧梓材》云："若作室家，既勤垣墉，惟其塗墍茨。"墍，即仰塗屋頂之義。然塗泥太厚，屋面荷載過重，房屋極易倒塌。故後世對民居竈火不斷改進，出現了承放器物的竈陞，進而發展爲鍋臺，并設有烟道、烟囱。這樣既解決了防火問題，又解決了排烟問題。至商周時代便出現了完整的炊事之竈。竈由竈門、竈肚、竈臺、竈堗四部分組成，多用土坯、磚石或泥土等材料壘砌而成。竈門爲燒火口。竈肚亦稱竈膛、竈窩，俗稱竈火坑或竈坑，爲爐竈内腔，既承放燃料，亦容納灰燼。竈臺亦稱鍋臺，即竈上放置鍋具的平面部分，係由竈陞（竈邊凸出部分）發展而來。竈突（亦作"堗"）亦稱竈額，即竈上烟囱。周人重飲食，故將祀竈列爲"天子七祀"之一。《禮記‧祭法》云："王爲群姓立七祀：曰司命，曰中霤，曰國門，曰國行，曰泰厲，曰户，曰竈。"鄭玄注："竈，主飲食之事。"又《月令》云："〔孟夏之月〕其祀竈。"鄭玄注："祀竈之禮，先於門之奧東面，設主於竈陞。"古時民間把以火德王天下的炎帝與生前擔任火官的祝融等奉爲竈神供奉、祭祀。《淮南子‧氾論訓》云："故炎帝於火而死爲竈。"高誘注："炎帝神農以火德王天下，死託祀於竈神。"漢應劭《風俗通‧祀典‧竈神》："《周禮》説：'顓頊氏有子曰黎，爲祝融，祀以爲竈神。"後世民俗每逢農曆臘月二十三或二十四日爲祭竈日。傳説竈神於臘月二十三日至除夕上天陳報人間善惡，故於神主兩側書寫對聯云："上天言好事，回宫降吉祥。"宋范成大《祭竈詞》："古傳臘月二十四，竈君朝天欲言事……男兒酌獻女兒避，酹酒燒錢竈君喜。"《英烈傳》第四回："今日是臘月二十四，經裏面説，天下的竈君同天下的土地，今夜上天，奏知人間善惡。"清于敏中《日下舊聞考‧風俗》引明劉侗、于奕正《帝京景物略》："十二月二十四日，以糖劑餅、黍糕、棗、栗、胡桃、炒豆祀竈君，以槽草秣竈君馬，謂竈翌日朝天去，白家間一歲事。祝曰：好多説，不好少説。"清潘榮陛《帝京歲時紀勝‧祀竈》："廿三日更盡時，家家祀竈，院内立桿，懸挂天燈。"又《亂歲》曰："廿五至除夕傳爲亂歲日。因竈神已上天，除夕方旋駕，諸凶煞俱不用事，多於此五日内婚嫁，謂之百無禁忌。"關於竃神的傳説，所指非一。《莊子·達生》："竃有髻。"成玄英疏："竃神，其狀如美女，著赤衣，名髻也。"唐段成式《酉陽雜俎·諾皋記上》："竃神名隗，狀如美女。又姓張名單，字子郭。夫人字卿忌……一曰名壤子也。"民以食爲天，故對建竃修竃十分重視。爲求吉利，定於辰巳時取土，癸亥日修之。其做法則廣四修五。清桂馥《説文解字義證》引《雜五行書》云："當辰巳間隙地取土，先握去上五寸，以水、美酒一升，合和泥之，以癸亥日修之。此日安竃自如也。做法廣四尺，長五尺，欲安兩釜長七尺。"竃之稱謂，有方言謂"窯"。《廣雅·釋宮》曰："窯謂之竃。其唇謂之陘，其唇謂之堗。"王念孫疏證："《玉篇》引《倉頡篇》云：'楚人呼竃曰窯……竃陘，謂竃邊承器之物，以土爲之。堗通作突。'"章炳麟《新方言·釋宮》云："浙西謂竃下積薪處爲竃窯。"竃之功能除用以取暖、烹飪外，還可供冶煉、烘焙等。參閲中國科學院自然科學史研究所《中國古代建築技術史》。

竃

供人們烹飪、烘焙、冶煉用的一種設備，多以磚石、土坯砌築或以其他材料製成。《左傳·成公十六年》："塞井夷竃，陳于軍中，而疏行首。"《史記·孫子吳起列傳》："使齊軍入魏地爲十萬竃，明日爲五萬竃，又明日爲三萬竃。"漢王充《論衡·無形》："如使成器入竃更火，牢堅不可復變。"宋何遠《春渚紀聞·買烟印號》："黄山張處厚、高景修皆起竃作煤墨爲世叢。"清劉書年《劉貴陽説經殘稿·室中有竃説》："炊爨之竃，爲上穿以置釜，爲旁

穿以納火。無釜之竃，則宨其上以置火，而不爲旁穿。形卑於竃。以焰室，則四壁皆明；以煖身，則四旁皆可坐人。"

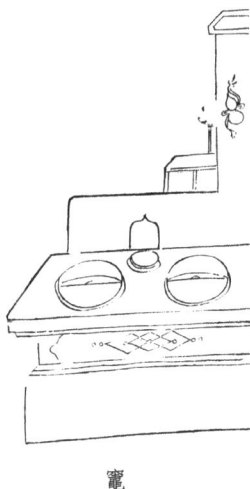

竃

（明王圻等《三才圖會》）

【爨】

即竃。《詩·小雅·楚茨》："執爨踖踖，爲俎孔碩。或燔或炙，君婦莫莫。"毛傳："爨，饔爨，廩爨也。"《周禮·天官·亨人》："職外内饔之爨亨煮，辨膳羞之物。"鄭玄注："爨，今之竃。"《墨子·備城門》："二舍共一井爨。"宋范成大《欒城》詩："頹垣破屋古城邊，客傳蕭寒爨不烟。"元許有壬《即事》詩："土屋平無脊，沙岡遠似重。風爐懸馬爨，木臼響車舂。"明歸有光《項脊軒志》："迨諸父異爨，内外皆置小門墻。"《東周列國志》第五一回："楚軍在橋北晨炊，望見追兵來到，棄其釜爨而遁。"

竃膛

亦稱"竃窩""竃肚""竃火坑""竃坑"。

指爐竈內腔。元劉君錫《來生債》第一折："我如今把這銀子放在竈窩裏……扒上些灰兒蓋著，誰知道竈窩裏有銀子？"《官場現形記》第二〇回："灌了幾桶的水，弄得竈肚裏開了河。"

【竈窩】 ²

即竈膛。此稱元代已行用。見該文。

【竈肚】

即竈膛。此稱清代已行用。見該文。

【竈火坑】

即竈膛。此稱多行用於近現代。見該文。

【竈坑】

即竈膛。此稱多行用於現代。見該文。

竈突

亦稱"竈額""竈甌"。竈上烟囱。《呂氏春秋・諭大》："竈突決則火上焚棟，燕雀顏色不變，是何也？乃不知禍之將及己也。"《後漢書・方術傳上・李南》："疾風卒起，先吹竈突及井，此禍爲婦女主釁者。"唐姚合《酬任疇協律夏中苦雨見寄》詩："濕溼凝竈額，荒草覆墻頭。"《太平御覽》卷一八六引《莊子》："仲尼讀《春秋》，老聃踞竈甌而聽。"原注："甌，竈額也。"宋陸游《長歌行》："竈突無烟今又慣，鼁蟬與我成三友。"《通雅・宮室》："竈額，竈突也。"清黃遵憲《養疴雜詩》之六："老妻日據竈甌聽，鄰有神符治病靈。"

【竈額】

即竈突。此稱唐代已行用。見該文。

【竈甌】

即竈突。此稱宋代已行用。見該文。

竈門

竈的燒火口。《墨子・備梯》："五步一竈，竈門有鑪炭。"宋李誡《營造法式・泥作制度・立竈》："轉烟連二竈門，與突並隔烟後。"宋歐陽修《與尹師魯第一書》："五六十年來，天生此輩，沉默畏慎，布在世間，相師成風，忽見吾輩做此事，下至竈門老婢，亦相驚怪，交口議之。"《山堂肆考》卷一四："以酒糟塗抹竈門曰'醉司命'，夜於竈裏點燈謂之'照虛耗'。"

竈臺

亦稱"鍋臺"。竈上置放炊具食具的平面部分。

【鍋臺】

即竈臺。此稱多行用於現代。見該文。

火塘

亦稱"火池"。設於穴居住所內部的凹形淺坑，用以生火，供炊事兼取暖之用。原始人居住在天然洞穴中，就已經會用火燒煮食物及取暖。人工營造的穴居、半穴居住所，中央設火塘，由籠火式極淺的凹面發展爲圓形淺坑，并有竈陘萌芽。爲避開中央火塘，承載屋蓋的中心柱采取"柱木居中"的方式，以致屋頂形成不甚端正的方錐形結構。爲爭取空間，火塘上方一般采取攢角頂的屋頂形式，并設通風、納光、排烟口，古人謂之"囱"。火塘以北二柱間有防火欄護坎墻。由於居住空間的狹小，火焰燒烤飛濺，火災屢有發生，促使了火塘的改進和室內防火措施的不斷完善。早期火塘幾乎與地平，形同籠火。關中地區稍後有淺坑火塘，進而出現略深的瓢形火塘，并有雙聯式火塘及附有火種罐的火塘。豫西地區，如廟底溝、王灣遺址有深坑式的火塘。大河村、趙灣等遺址則爲火臺及帶坎墻式竈陘的火池。洛陽王灣遺址、廟底溝遺址及餘姚河姆渡遺址，出土有移動式的陶爐，略同於後世之火爐。陶爐雖無烟道，但爐膛攔護較好，安全性提高，可以任意改變位置，夏季可移至室外。居室內部亦采取防範措施，中心柱塗泥防火，挖掘中柱洞周圍尚殘存泥圈即爲明證；居住面防潮鋪墊茅草、蘆葦、薦席，其上抹草筋泥面層以防火；椽木表面塗草筋泥，古文稱"墍"，此種做法延續至商周時期，直至竈火的進一步改進，發展爲鍋臺，出現竈膛及烟道，墍塗才無必要。後世沿用至今。《古今小説·史弘肇龍虎君臣會》："王一太、王二太乃兄弟兩人。獲得一對蘄州出的龍笛材……特地將來兗州奉符縣東峰東岱嶽殿下火池內燒獻。"明沈榜《宛署雜記·經費下》："鐵火池一個，木火踏二個，銅水踏一個，銅絲手籠二個。"

【火池】

即火塘。此稱明代已行用。見該文。

火臺

設於穴居住所內部抬高的土臺，用以生火供炊事兼取暖之用。仰韶文化時期大河村遺址穴居住所內部發現有燒過的土臺，高 2~8 厘米，即爲炊事兼取暖所用的篝火位置。室內篝火火源必須脱離居住面，以避免鋪墊的茅草、皮毛、薦席失火。室內中心柱爲防止火焰的灼烤，其位置偏離中央，稱"柱不居中"，且墍塗泥層以防火。據文獻記載及遺址留存下來的屋蓋殘迹可知，商周時期住房內部椽木表面塗有草筋泥。以上種種做法，均爲多次火災的沉重教訓，促使人們不斷地改進以適應室內用土臺點燃篝火的最原始的用火方式。

壁爐

亦稱"壁龕"。父系氏族社會雙聯半穴居住室穴壁上挖出的用以炊事的爐龕。父系氏族社會前期一般父系家庭住房爲雙聯半穴居住室。內室爲臥室，設中央火塘；外室爲炊事等的起居室，設有壁爐。即在穴壁上挖出洞窟，以供炊事之用；窟底凹下處爲貯藏火種之用。壁爐底部中間存一土埂，可起炊具支架的作用。壁龕經長期火燒呈紅色，表面有烟熏之痕迹。壁爐附近有數個小火塘。小火塘或爲圓形小坑，或在圓坑周圍塗抹厚約 1 厘米的摻砂泥土或摻砂草筋泥。

【壁龕】

即壁爐。此稱唐代已行用。見該文。

第四節　浴室考

浴室，即供人沐浴之房室，古亦稱"湢"或"湢浴"。《禮記·內則》云："外內不共井，不共湢浴。"鄭玄注："湢，浴室也。"後世通稱爲"浴室""浴堂"。《列子·説符》："白公不得已，遂死於浴室。"北魏酈道元《水經注·淯水》："山有石室，甚飾潔，相傳名皇后浴室。"始建於宮廷、佛寺之中，供齋戒沐浴更衣之用，後傳入民間。建於寺院者謂"浴院"；建於宮廷者謂"浴殿"，唐代皇帝多於此召見文人學士；建於市肆供多人同時洗浴者謂之"混堂"或"浴池"。除"浴殿""浴院"外，其他稱謂有時并無嚴格區別。"浴殿"或可稱"浴堂"。《晉書·列女傳·段豐妻慕容氏》："〔慕容氏〕遂於浴堂自縊而死。"宋司馬光《書儀》卷四："凡爲宮室，必辨内外。深宮固門，内外不共井，不共浴堂，不共厠。男治外事，女治内事。"北魏楊衒之《洛陽伽藍記·寶光寺》："〔趙逸〕指園中一處曰：'此是浴堂。前五步，應有一井。'"唐元稹《酬樂天待漏入閣見贈》詩："未勘銀臺契，先排浴殿關。"《舊唐書·柳公權傳》："充翰林書詔學士，每浴堂召對，繼燭見跋，語猶未盡，不欲取燭，宮人以蠟淚揉紙繼之。"宋釋普濟《雲巖晟禪師法嗣》："師入浴院，見僧踏水輪。"明高啓《夜投西寺》詩："鐘度行廊遠，燈留浴院微。"唐宋時代都市商業發展，市井中商家開設專堂以供衆人同時洗浴，俗稱"堂子""香水行"。明清後俗稱"澡堂"。浴室内之浴池，初多以磚石爲之，後又以其他豪華材料裝飾；今多以混凝土爲之并飾以瓷磚等。其形或方或橢圓，屋頂開天窗以通風透氣。室内尚設置氈鋪及櫃櫥，以供沐浴者臨時休息及貯存衣物。宋灌圃耐得翁《都城紀勝·諸行》："又有異名者，如七寶謂之骨董行，浴堂謂之香水行。"元楊顯之《瀟湘雨》第二折："弄的來身兒上精赤條條的，我去那堂子裏把個澡洗。"明郎瑛《七修類稿·義理·混堂》："吳俗甃大石爲池，穿幕以磚，後爲巨釜，令與池通，轆轤引水穴壁而貯焉；一人專執爨，池水相吞，遂成沸湯，名曰混堂。"清李斗《揚州畫舫録·草河録上》："浴池之風，開於邵伯鎮之郭堂，後徐寧門外之張堂效之。並以白石爲池，方丈餘，間爲大小數格，其大者近鑊，水熱，爲大池；次者爲中池；小而水不甚熱者爲娃娃池。"清俞樾《茶香室叢鈔·浴室》："但未知如京師、如蘇州各浴堂又爲誰氏所創始也。"位於陝西驪山之華清宮内，至今保存唐代楊貴妃沐浴之處——楊妃池，爲古代利用地熱資源——溫泉而開闢設置的供皇帝、妃子療養沐浴的溫泉浴室。

湢

亦稱"湢浴"。浴室。《禮記·内則》："外内不共井，不共湢浴。"鄭玄注："湢，浴室也。"宋曾鞏《繁昌縣興造記》："寢廬庖湢，各以序爲。"宋陸游《靈秘院營造記》："閎堂傑閣，房奧廊序，栖鐘之樓，檃經之堂，館客之次，下至庖厨湢浴，無一不備。"《明史·楊嗣昌傳》："翌日，自堂皇至庖湢，遍題：'有斬督師獻者，賚白金三錢。'"清和邦額《夜譚隨録·邱生》："二女挽生入左室。一切甚精潔，中有池，香湯芬馥，知爲湢浴之所。"清馮桂芬《重建張公敏公祠記》："重建饗堂及門廡，亭館、垣墉、池沼、庖湢咸備。"

【湢浴】

即湢。此稱先秦時期已行用。見該文。

【浴室】

即湢。《列子·說符》：“白公不得已，遂死於浴室。”北魏酈道元《水經注·淯水》：“山有石室，甚飾潔，相傳名皇后浴室。”宋陸游《老學庵筆記》卷二：“鄉中前輩胡浚明尤酷好《字說》，嘗因浴出大喜曰：‘吾適在浴室中有所悟。’”

【浴池】

即湢。原指洗澡嬉戲之池堂，後藉指浴室。北魏酈道元《水經注·泗水》：“闕之東北有浴池，方四十許步，池中有釣臺。”唐玄奘《大唐西域記·劫比羅伐窣堵國》：“箭泉東北行八九十里，至臘伐尼林，有釋種浴池。澄清皎鏡，雜華彌漫。”明王鏊《姑蘇志·寺觀下·無礙講寺》：“吳越王嘗浴於此，改名無礙寺，浴池猶存。”清李斗《揚州畫舫錄·草河錄上》：“浴池之風，開於邵伯鎮之郭堂，後徐寧門外之張堂效之。並以白石爲池，方丈餘，間爲大小數格，其大者近鑊，水熱，爲大池，次者爲中池，小而水不甚熱者爲娃娃池。”

【浴院】

即湢。特指寺院所設浴室之地。宋羅濬等《寶慶四明志》：“太平興國八年，改賜‘今額寺’，有子院三：曰浴院，曰經藏院，曰教院。”明高啓《夜投西寺》詩：“鐘度行廊遠，燈留浴院微。”

【浴肆】

即湢。明郎瑛《七修類稿·事物五·浴肆避鬼》：“吾杭八字橋，相傳多邪穢蠱於行客。東有浴肆，夜半即有湯。一人獨行遇雨，驀有避雨傘下者，其人意此必鬼也。至橋上，排之於水。乃急走，見浴肆有燈，入避之。”

【混堂】

即湢。宋周密《癸辛雜識續集·北地賞柳》：“焦達卿云：轄轇地面極寒，並無花木……僅有一處開混堂，得四時陽氣和暖，能種柳一株。”元李好古《張生煮海》第三折：“這秀才不能勾花燭洞房，却生扭做香水混堂，大海將來升斗量。”《二刻拍案驚奇》卷三九：“湢龍說罷，先到混堂把身子洗得潔凈，再來到船邊看相動靜。”明郎瑛《七修類稿·義理·混堂》：“吳俗甃大石爲池，穿幕以磚，後爲巨釜，令與池通，轆轤引水穴壁而貯焉；一人專執爨，池水相吞，遂成沸湯，名曰混堂。”清李斗《揚州畫舫錄·小秦淮錄》：“岩多癬疥，日必入混堂浴。”

【澡堂】

即湢。《儒林外史》第二五回：“他父子兩個，在上河澡堂子裏洗了一個澡。”

【香水行】

即湢。宋灌圃耐得翁《都城紀勝·諸行》：“又有異名者……浴堂謂之香水行是也。”宋吳自牧《夢粱錄·團行》：“開浴堂者，名香水行。”

【堂子】³

即湢。元楊顯之《瀟湘雨》第二折：“我去那堂子裏把個澡洗。”

【浴堂】

即湢。《晉書·列女傳·段豐妻慕容氏》：“若魂魄有知，當歸彼矣。遂於浴堂自縊而死。”北魏楊衒之《洛陽伽藍記·寶光寺》：“〔趙逸〕指園中一處曰：‘此是浴堂。前五步，應有一井。’”唐王建《宮詞》之二十九：“浴堂門外抄名入，公主家人謝面花。”《舊唐書・柳公權傳》：“充翰林書詔學士。每浴堂召對，繼燭見跋，語猶未盡，不欲取燭，宮人以蠟淚揉紙繼之。”宋陳鵠《耆舊續聞》卷七：“簿遂移於寺之浴堂故址，別創廨宇。”清俞樾《茶香室叢鈔・浴室》：“但未知如京師、如蘇州各浴堂又爲誰氏所創始也。”

【浴殿】

即湢。特指宮廷所設。唐元稹《酬樂天待漏入閣見贈》詩：“未勘銀臺契，先排浴殿關。”《舊唐書・天文志下》：“庚申，右軍中尉王守澄宣召鄭注，對於浴殿門。”宋王禹偁《闕下言懷上執政》詩之三：“浴殿失恩成一夢，鼎湖攀駕即千秋。”宋蘇軾《怡然以垂雲新茶見餉》詩：“曉日雲庵暖，春風浴殿寒。”宋程大昌《雍錄・罘罳》：“元微之爲承旨時，詩曰：‘蕊珠深處少人知，網索西臨太液池。浴殿曉聞天語後，步廊騎馬笑相隨。’”

【浴堂殿】

即浴殿。《新唐書・李絳傳》：“帝召〔李〕絳……絳見浴堂殿。”又《裴延齡傳》：“帝謂延齡曰：‘朕所居浴堂殿一棟將壓，念易之，未能也。’”宋程大昌《雍錄》卷四：“唐學士多對浴堂殿，李絳之極論中官，柳公權之濡紙繼燭，皆其地也。”

湯

溫泉浴池。唐封演《封氏聞見記・溫湯》：“海內溫湯甚眾，有新豐驪山湯，藍田石門湯，岐州鳳泉湯，同州北山湯。”《新唐書・逆臣傳上・安祿山》：“爲卿別治一湯，可會十月，朕待卿華清宮。”宋王讜《唐語林・補遺一》：“御湯西南，即妃子湯，湯稍狹。”

【湯池】

即湯。唐鄭處誨《明皇雜錄》卷下：“元宗幸華清宮，新廣湯池，製作宏麗。”《舊唐書・職官志三》：“溫泉監掌湯池宮禁之事。”《新唐書・文藝傳・李適》“冬幸新豐，歷白鹿觀，上驪山，賜浴湯池。”明程本立《晚至安寧》詩：“湯池水底皆陰火，鹽井烟中半夕嵐。”

華清池

唐玄宗李隆基與貴妃楊玉環沐浴之所。在陝西臨潼南驪山北麓的華清宮中。山麓有溫泉，故於此建湯池洗浴。相傳秦始皇在驪山觸怒神女，被唾於面，後即發瘡，始皇求恕，神女用溫泉水給他洗愈，故亦稱“神女湯”。唐貞觀十八年（644）在此建“湯泉宮”，咸亨二年（671）改名“溫泉宮”，天寶六載（747）再行擴建，改名“華清宮”。唐玄宗每年均携楊貴妃到此過冬沐浴。唐白居易《長恨歌》：“春寒賜浴華清池，溫泉水滑洗凝脂。侍兒扶起嬌無力，始是新承恩澤時。”

御湯九龍殿

亦稱“蓮花湯”。唐玄宗李隆基沐浴之所。在華清宮飛霜殿南。《長安志圖・宋游師雄驪山圖記》：“殿曰九龍，以待上浴。”宋張洎《賈氏談錄》：“唐華清宮內湯池凡一十八所，第一御湯，周環數丈，悉砌以白石，瑩澈如玉，而皆隱起魚龍花鳥之狀，四面石坐階級而下，中有雙白石蓮，泉眼自甕口中涌出，噴注白蓮之上。”考古工作者經過發掘，已發現九龍殿遺址，湯池設計奇巧，規模宏大。爲上下兩層臺式，平面呈對稱的蓮花形；池底用青石板平鋪，外呈蓮花狀；內爲八邊幾何形。參閱《文物》1991年第9期《唐華清宮湯池遺址第二期發掘簡報》。

【蓮花湯】

即御湯九龍殿。此稱唐代已行用。見該文。

楊妃池

亦稱"海棠湯"。爲唐玄宗賜浴貴妃楊玉環之所。在華清宮中，位於御湯九龍殿西北。考古發現，在蓮花湯西北有一小巧玲瓏，設計獨具匠心的湯池，平面酷似海棠花狀，北檐墻基石上刻有"楊"字，當即唐玄宗爲楊貴妃所築"海棠湯"。參閱《文物》1991年第9期《唐華清宮湯池遺址第二期發掘簡報》。

【海棠湯】

即楊妃池。此稱唐代已行用。見該文。

第五節　厠溷考

《釋名·釋宮室》云："厠，言人雜厠其上非一也。或曰溷，言溷濁也。或曰圊，至穢之處宜常修治，使潔清也。或曰軒，前有伏似殿軒也。"故厠，亦稱"溷"（亦作"圂"）、清（後作"圊"）、軒，均指便所。有時四字分別組成雙音詞，如厠溷、厠圊、厠軒、溷軒、圊溷、溷厠等，然其義不變。《儀禮·既夕禮》云："甸人築坅坎，隸人涅厠。"《左傳·成公十年》載："〔晋侯〕將食，張，如厠，陷而卒。"《史記·項羽本紀》云："沛公起如厠。"取溷雜、雜厠之義，謂之"厠"，指多人用之而非一也。取溷濁污穢之義，謂之"圂"，或作"溷"。另外，豕在"囗"中，其義不僅指飼養豬用的豬圈，亦指厠所。古時農家厠所與豬圈本爲一體，上爲厠下爲圂，厠圂相通。人之糞便，流入圈中，豕常食之。故圂、圂厠，既指豬圈，亦指厠所。至今農村尚有部分地區仍保留此遺制。楊樹達《積微居小學金石論叢·釋泝》曰："按，豕在囗中得爲厠者，《晋語》云：'小溲於豕牢而得文王。'知古人豕牢本兼厠清之用。故韋昭云：'豕牢，厠也。'是也。今長沙農家厠清豕圂，猶古代之遺制矣。"取"至穢之處宜常修治，便潔清"之義，故謂之"清"，後作"圊"。《説文·广部》云："厠，清也。"段玉裁注："清、圊，古今字。"《荀子·王制》曰："修采清，易道路。"王先謙集解引《玉篇·口部》曰："清溷之處，皆穢惡所積聚，故必以時修治之也。"漢應劭《風俗通·怪神·世間多有精物妖怪百端》曰："女孫年三四歲亡之，求不能得，二三日乃於清中糞下啼。"《新唐書·高駢傳》載："駢匿於圊，求不得。"清和邦額《夜譚隨録·阿鳳》云："衣服履襪，得諸圊中，污穢不可復著。"以其"前有伏似殿軒"，故亦稱"溷軒"。《後漢書·黨錮傳·李膺》載云："時宛陵大姓羊元群罷北海郡，臧罪狼藉，郡舍溷軒有奇巧，乃載之以歸。"李賢注："溷軒，厠屋。"古時厠所多建於隱蔽偏僻之處，故亦稱"屏""屏廁""屏匽"。《戰國策·燕策二》："今宋王射天笞地，鑄諸侯之象，使侍屏匽，展其臂，彈其鼻，此天下之無道不義，而王不伐，王名終不成。"西漢史游《急就篇》卷三曰："屏匽清溷糞土壤。"顏師古注："屏，僻宴之名也；匽之言側也，亦謂僻側也。"唐釋道世《法苑珠林》卷九："彼無威德者，或依不净糞穢而住，或依草木冢墓而止，或依屏廁故堀而居，皆無舍宅，果報劣人。"宋元以後，則別稱"茅廁""毛司""東廁""東司"等，乃異名而一物耳。參閱明宋應星《天工開物·乃服》及清翟灝《通俗編·居處》。

厠[1]

亦稱"厠溷"。便所。《儀禮·既夕禮》："甸人築坅坎，隸人涅廁。"《左傳·成公十年》："〔晋侯〕將食，張，如廁，陷而卒。"《史記·項羽本紀》："沛公起如廁。"《資治通鑑·唐僖宗乾符二年》："突將作亂，大譟突入府廷。〔高〕駢走匿於厠間，突將索之，不獲。"宋歐陽修《歸田錄》卷一："每罷官去後，人至官舍，見厠溷間燭歸在地，往往成堆。"明顧元慶《雲林遺事》曰："其厠溷以高樓爲之。"

【厠溷】

即厠[1]。此稱宋代已行用。見該文。

【厠屋】

即厠[1]。亦稱"行清"。《摩訶僧祇律·明

厠
（明王圻等《三才圖會》）

威儀法之一》："從今已後應作厠屋，厠屋不得在東在北，應在南在西開風道。"《史記·萬石張叔列傳》："取親中羣厠牏。"唐司馬貞索隱孟康曰："厠，行清；牏，行清中受糞函也。"《漢書·萬石君傳》："建老白首，萬石君尚無恙。每五日洗沐歸，謁親，入子舍。竊問侍者，取親中帬厠牏，身自澣洒，復與侍者，不敢令萬石君知之，以爲常。"顏師古注引孟康曰："厠，行清；牏，中受糞函者也，車南人謂鑿木空中如曹謂之牏。"一說，厠牏爲貼身內衣。顏師古注："晋灼曰：'今世謂反門小袖衫爲侯牏。'……厠牏者，近身之小衫，若今汗衫也。"或曰，厠牏指旁室門牆邊的水溝。清王先謙《漢書補注·萬石君傳》："牏，當作窬……窬當是傍室中門牆穿穴入地，空中以出水，建取親中帬，隱身側近窬邊，自澣洗之耳。"《後漢書·黨錮傳·李膺》"郡舍溷軒有奇巧"李賢注："溷軒，厠屋。"《駢雅·釋宮》："械竇，溷軒；行清，糞厠也。"清黃生《義府·溷軒》："溷軒，厠屋也。"清惠士奇《禮說·天官二》："又云，厠，行清。賈逵解《周官》，以牏爲行清。"

【行清】

即厠屋。因其穢污當常清除，故稱。此稱

唐代已行用。見該文。

【圂】[1]

即厠[1]。《墨子·備城門》："五十步一厠，與下同圂。"孫詒讓閒詁："上厠爲城上之厠，圂則城下積不潔之處。"

【溷】

即厠[1]。《釋名·釋宮室》："厠，雜也……或曰溷，言溷濁也。"《急就篇》卷四"依溷污染貪者辱"顏師古注："溷，厠也。"《晉書·文苑傳·左思》："遂構思十年，門庭藩溷皆著筆紙，偶得一句，即便疏之。"《新唐書·忠義傳下·黃碣》曰："抵溷中，夷其家百口，坎鏡湖之南同瘞焉。"清和邦額《夜譚隨録·張五》："汝起點燈，我暫出解手便轉也，乃啓門至衙内，方欲登溷，忽有二人過其前。"

【溷厠】

即厠[1]。亦稱"溷圊"。《急就篇》卷四"依溷污染貪者辱"唐顏師古注曰："言近溷厠者，則被污染，貪賄賂者，必致戮辱。"明謝肇淛《五雜俎·地部一》曰："武帝如厠見衛青，解者必曲爲之説，此殊可笑。史之記此，政甚言帝之慢大臣，以見其敬黯耳。若非溷厠，史何必書？"又《地部二》曰："江南無茅屋，江北無溷圊。"清袁枚《新齊諧·風流具》云："有小婢出手招蔣，且指示宅旁小門，蔣依婢往，乃溷圊所也。"清顧炎武《中憲大夫山西按察使寇公墓志銘》："衆曰：'爾奉魏忠賢之命，焉得稱旨？'直趨上堂擒校尉，群毆之，斃一人，撫按逃入溷厠。"

【溷圊】

即溷厠。此稱明代已行用。見該文。

【毛厠】

即厠[1]。亦稱"毛圊""毛司"。明宋應星《天工開物·乃服》曰："凡蠶，畏香復畏臭，若焚骨灰、淘毛圊者，順風吹來，多致觸死。"《金瓶梅詞話》第二八回："吩咐取刀來，等我把淫婦剁作幾截子，掠到毛司裏去。"《二十年目睹之怪現狀》第四六回："别的刻剥都不説了，這大門裏面的一所毛厠，向來係家丁們包與鄉下人淘去的，每月多少也有幾文好處。"

【毛圊】

即毛厠。此稱明代已行用。見該文。

【毛司】

即毛厠。此稱明代已行用。見該文。

【茅厠】

即厠[1]。亦稱"茅司""茅廝"。元秦簡夫《東堂老·楔子》："你偏不知我的性兒，上茅厠去也騎馬呢！"《紅樓夢》第四一回："别是掉在茅厠裏了？快叫人去瞧瞧。"又第九四回："大家頭宗要脱干係，二宗聽見重賞，不顧命地混找一遍，甚至於茅廝裏都找到。"清翟灝《通俗編·居處》引《傳燈録》："趙州諗謂文遠曰：'東司上不可與汝説佛法。'朱暉《絶倒録》載宋人《擬老饕賦》有'尋東司而上茅'句。案，俚言毛司，據此當爲茅司也。"

【茅司】

即茅厠。此稱宋代已行用。見該文。

【茅廝】

即茅厠。此稱清代已行用。見該文。

【東】

即厠[1]。其位多在房屋東角，故稱。《警世通言·拗相公飲恨半山堂》："荆公見屋旁有個坑厠，討一張手紙，走去登東。"清李漁《巧團圓·全節》：“〔副净〕我肚裏疼痛不過，又要登東去了。”

【東厠】

即厠[1]。亦稱“東司”“東厮”。舊時院落多於堂東角建厠，故稱。宋九山書會才人《張協狀元》第四十五齣：“夫人，生得好時，討來早辰間侍奉我們湯藥，黄昏侍奉我們上東司。”元佚名《殺狗記·喬人算帳》：“便是帶過來，我要騎了馬去上東厠也。”《古今小説·史弘肇龍虎君臣會》：“定眼再看時，却是史大漢彎跧蹲在東司邊。”《初刻拍案驚奇》卷二一：“此必有人家幹甚緊事，帶了來用，因爲上東厠，挂在壁間，丢下了的。”《醒世恒言·李汧公窮邸遇俠客》：“且説支成上了東厮轉來，烹了茶，捧進書室，却不見了李勉。”

【東司】

即東厠。此稱宋代已行用。見該文。

【東厮】

即東厠。此稱明代已行用。見該文。

【東圊】

即厠[1]。亦稱“東净”。《西游記》第六七回：“但颭西風，有一股穢氣，就是淘東圊也不似這般惡臭。”《金瓶梅詞話》第一九回：“西門慶正在後邊東净裏出恭。”又第二五回：“但凡世上養漢的婆娘……正是東净裏磚頭兒，又臭又硬。”

【東净】

即東圊。此稱明代已行用。見該文。

【屏】[2]

即厠[1]。亦作“庰”。亦稱“屏匽”“屏厠”。隱僻之處，指厠。《戰國策·燕策二》：“今宋王射天笞地，鑄諸侯之象，使侍屏匽，展其臂，彈其鼻，此天下之無道不義，而王不伐，王名終不成。”漢史游《急就篇》卷三：“屏厠清溷糞土壤。”顔師古注：“屏，僻宴之名也；厠之言側也。亦謂僻側也。”《廣雅·釋宫》：“庰，厠也。”王念孫疏證：“屏與庰通。”唐釋道世《法苑珠林》卷九：“婆沙論餓鬼有二住處……彼無威德者，或依不净糞穢而住，或依草木塚墓而止，或依屏厠故堰而居，皆無舍宅，果報劣人。”《集韻·去徑》曰：“屏，偃厠。”

【庰】

同“屏”。此體宋代已行用。見該文。

【屏匽】

即屏。此稱先秦時期已行用。見該文。

【屏厠】

即屏。此稱漢代已行用。見該文。

【井屏】

即厠[1]。亦稱“井厠”。《墨子·備城門》：“五十步一井屏。”孫詒讓閒詁：“井屏，即屏厠，非汲井也。”南朝梁宗懍《荆楚歲時記》曰：“正月未日夜，蘆苣火照井厠中。”

【井厠】

即井屏。此稱南北朝時期已行用。見該文。

【井匽】

即厠[1]。《周禮·天官·宫人》：“爲其井匽，除其不蠲，去其惡臭。”鄭玄注：“鄭司農云：‘匽，路厠也。’”按，鄭説誤，匽，隱蔽，入厠所需，非路厠也。井，鑿木中空，其形如井。非市井之“井”。清惠士奇《禮説·天官二》：“匽，即厠也。鑿木空中，如井形，故名井匽。”

【軒】[5]

即厠[1]。亦稱“溷軒”“軒厠”。《釋名·釋宫室》：“〔厠〕或曰溷，言溷濁也；或曰圊，至穢之處宜常修治使潔清也;或曰軒,前有伏似殿軒也。"《後漢書·黨錮傳·李膺》:"時宛陵大姓羊元群罷北海郡,臧罪狼藉,郡舍溷軒有奇巧,乃載之以歸。"李賢注:"溷軒,厠屋。"唐柳宗元《李赤傳》曰:"訖,如厠。久,其友從之,見赤軒厠抱甕詭笑而側視,勢且下。"宋孫光憲《北夢瑣言》卷一〇:"復有一丞郎,馬上內逼,急詣一空宅,徑登溷軒。"清黄生《義府·溷軒》:"溷軒,厠屋也。"

【溷軒】

即軒[5]。此稱漢代已行用。見該文。

【軒厠】

即軒[5]。此稱唐代已行用。見該文。

【屋頭】

即厠[1]。爲俗稱。唐李匡乂《資暇集》卷下曰:"俗命如厠爲屋頭,稱并州人咸鏨土爲室,厠在所居之上故也。一説北齊文宣帝怒其魏郡丞崔叔寶,以溷汁沃頭,後人或食或避親長,不能正言溷,因影爲沃頭焉。"

【偃】

即厠[1]。《莊子·庚桑楚》:"觀室者,周於寢廟,又適其偃焉。"郭象注:"偃,謂屏厠。"宋胡宏《皇王大紀·三王記》:"觀室者周於寢廟,又適其偃焉。"明謝肇淛《五雜俎·地部一》:"古人觀室者,周其寢廟,又適其偃焉。偃者,厠也。厠雖穢濁之所,而古人重之。"

【匽】

即厠[1]。同"偃"。匽,隱蔽也。《周禮·天官·宮人》:"爲其井匽,除其不蠲,去其惡臭"。鄭玄注:"鄭司農曰:'匽,路厠也。'玄謂匽豬,謂雷下之池,受蓄水而流之者。"《新唐書·逆臣傳上·史思明》:"俄如匽,優相謂曰:'胡命盡乎!'少選,〔駱〕悦以兵入,問思明所在,未對,輒殺數人,共指匽。"

【匽厠】

即厠[1]。亦稱"匽溲""匽溷"。《新唐書·百官志三》:"右校署:令二人,正八品下;丞三人,正九品下。掌版築、塗泥、丹堊、匽厠之事。有所須,則審其多少而市之。監作十人。"宋蘇轍《潁州擇勝亭》詩:"江海之民,生托於舟:前炊釜鬻,後鑿匽溲;晝設豆觴,夕張衾裯。"宋文同《西岡僦居》詩:"匽溷及井竈,坏壁皆相連。"

【匽溲】

即匽厠。此稱宋代已行用。見該文。

【匽溷】

即匽厠。此稱宋代已行用。見該文。

【偃溲】

即厠[1]。亦稱"偃溷"。唐柳宗元《天説》曰:"鑿墓以送死,而又穴爲偃溲,築爲墻垣。"明宋濂《諸暨方孝婦石表辭》曰:"有母何氏,孝婦左右就養,唯恐違其志。何病,腑道澀不能親御偃溷,孝婦浸之湯盆中,以指探出之。"

【偃溷】

即偃溲。此稱明代已行用。見該文。

【藩溷】

即厠[1]。亦稱"糞溷""溷藩"。《晋書·文苑傳·左思》:"復欲賦三都……遂構思十年,門庭藩溷皆著筆紙,偶得一句,即便疏之。"《梁書·范縝傳》:"人之生譬如一樹花,同發一枝,俱開一帶,隨風而墮,自有拂簷幌墜於茵席之上,自有關籬墻落於溷糞之側。墜茵席者,殿下是也。落糞溷者,下官是也。"清蒲松齡《聊齋志異·西湖主》:"門堂藩溷,處處皆籠燭。"

清沈起鳳《諧鐸·蜣螂城》曰:"生失足墮溷藩,撐扶起立,懊悶欲死。"

【糞溷】

即藩溷。此稱南北朝時期已行用。見該文。

【溷藩】

即藩溷。此稱清代已行用。見該文。

【圊】

即厠[1]。亦作"清"。《釋名·釋宮室》:"〔厠〕或曰圊,言至穢之處宜常修治使潔清也。"《廣雅·釋宮》:"圊,厠也。"《荀子·王制》:"修采清,易道路。"漢應劭《風俗通·怪神·世間多有精物妖怪百端》:"女孫年三四歲亡之,求不能得,二三日乃於清中糞下啼。"《新唐書·權萬紀傳》:"祐遣弘亮馳轂騎追擊,斬首,殊支體,投圊中。"徐珂《清稗類鈔·盜賊類》:"宮有圊,乃不顧污穢,藏其中。"

【清】

同"圊"。此體漢代已行用。見該文。

【圊厠】

即厠[1]。宋延壽《萬善同歸集》卷中:"我昔於波羅奈國,安設圊厠,緣此功德,世世清净。"明徐元太《喻林·人事門·利人》:"譬如,有人墮墜圊厠糞穢之處,在此厠中云,何得出。"《紅樓夢》第七三回:"從者每人打二十板……攛入圊厠行內。"

【圊溷】

即厠[1]。《三國志·蜀書·諸葛亮傳》裴松之注引《袁子》曰:"所至營壘、井竈、圊溷、藩籬、障塞皆應繩墨。"宋文天祥《正氣歌序》:"或圊溷,或毀屍,或腐鼠,惡氣雜出,時則爲濊氣。"明劉基《杭州實庵和尚福嚴寺記》:"丙戌作新山門、廊廡、鐘樓、軒廳、丈室、塔院、

期堂以及庖湢、圊溷,無不俱備。"

【圊牏】

即厠[1]。清龔自珍《壬癸之際胎觀第七》:"女子十五,避男子於圊牏,恧也。"

【清溷】

即厠[1]。漢史游《急就篇》卷三曰:"屏厠清溷糞土壤。"顔師古注:"清,言其處特異餘所,常當加潔清也;溷者,目其穢濁也。屏厠清溷,其實一耳。"宋張君房《雲笈七籤·三洞經教部·神仙》:"常復有邪鬼精魅至於家,思不祥、里社、水土公、司命、門户、井竈、清溷、太陰水瀆,皆能殺人者。兆汝欲却邪辟鬼,當被符,次服神藥。"

都厠

亦稱"都坑"。大厠,類今之公厠。《三國志·魏書·司馬芝傳》:"遷大理正。有盜官練置都厠上者,吏疑女工,收以付獄。"晋葛洪《神仙傳·劉安》:"〔安〕坐起不恭……於是仙伯主者奏安云不敬,應斥遣去。八公爲之謝過,乃見赦,謫守都厠三年。"宋王安石《八公山》詩:"身與仙人守都厠,可能鷄犬得長生。"宋周密《齊東野語·都厠》:"《劉安別傳》云:'安既上天,坐起不恭,仙伯主者,奏安不敬,應斥。八公爲安謝過,乃赦之,謫守都厠三年。'……然則都厠者,得非今世俗所謂都坑乎?"南宋九山書會才人《張協狀元》第四十一齣云:"净:'亞公,張小娘子跌在深坑裏。'末:'甚麽坑裏?'净:'在都坑裏'。末:'好惹一場臭!'"

【都坑】

即都厠。此稱宋代已行用。見該文。

匽潴

亦作"匽豬"。排泄污水的陰溝。《周禮·天

官·宮人》：“爲其井匽，除其不蠲，去其惡臭。” 漢鄭玄注：“匽猪，謂雷下之池，受畜水而流之者。”賈公彦疏：“謂於宮中爲漏井以受穢，又爲匽猪使四邊流水入焉。”明楊慎《丹鉛總録·地理·漏井匽猪》：“按，漏井，今之滲坑；匽猪，今之陰溝也。”清李斗《揚州畫舫録·小秦淮録》：“龍頭關河道，半爲兩岸匽潴澼池所集，渾濁污穢，五色備具，居人恒苦之。”

【匽猪】

同“匽潴”。此體漢代已行用。見該文。

第六節　厩閑考

《説文·广部》：“廄，馬舍也。”廄，同“厩”。又《門部》：“闌，門遮也……閑，闌也。”段玉裁注：“俗謂欄檻爲闌。”欄，同“櫊”。櫊檻，即古代圈養禽獸之籠檻，當然亦指馬舍，故“閑”“厩”同義。《周禮·夏官·校人》：“天子十有二閑，馬六種。”鄭玄注：“每厩爲一閑。”又：“凡頒良馬而養乘之，乘馬一師四圉。三乘爲皂，皂一趣馬，三皂爲繫，繫一馭夫；六繫爲厩，厩一僕夫；六厩成校，校有左右。駑馬三良馬之數。”鄭玄注：“鄭司農云：‘四匹爲乘，養馬爲圉。’故《春秋傳》曰：‘馬有圉，牛有牧。’玄謂二耦爲乘。師、趣馬、馭夫、僕夫，帥之名也。趣馬，下士；馭夫，中士；則僕夫，上士也。自乘至厩，其數二百一十六匹。《易》：‘乾爲馬。’此應乾之筴也。至校變爲言成者，明六馬各一厩，而王馬小備也。校有左右，則良馬一種者四百三十二匹，五種合二千一百六十四。駑馬三之，則爲千二百九十六匹。五良一駑，凡三千四百五十六匹。然後王馬大備。”周代以農牧興國，以征戰立國，故重視馬的飼養、管理與利用，設置專職官員管理馬匹。故《周禮·夏官·校人》有“校人掌王馬之政”的記載。校人以下有僕夫、馭夫、趣馬、師等專門管理馬匹的人員。天子的馬厩謂之“天閑”“天厩”，亦曰“王閑”“王厩”或“閑厩”。僕夫管一厩之馬，五種良馬一種駑馬，六種各一厩，一種馬又分爲二厩，共十二厩，即所謂“天子十有二閑，馬六種”，由左右校人分別管理。一良一駑，良馬兩千一百六十匹，駑馬一千二百九十六匹，共計三千四百五十六匹。天子十二閑，馬六種，良五駑一，良馬十閑，駑馬二閑，良馬又分爲種馬、戎馬、齊馬、道馬、田馬。根據馬匹之優劣等級各分派其用場：“玉路駕種馬，戎路駕戎馬，金路駕齊馬，象路駕道馬，田路駕田馬，駑馬給宮中之役。”（《周禮·夏官·校人》鄭玄注）除校人、僕夫等主管人員外，還設其他專職人員飼養、管理馬匹。設牧師，“掌牧地”；設巫馬，“掌養疾馬而治之，相醫而藥攻馬疾”；設裍人，"掌十有二閑之政"及祭祀活動；設圉人，"掌養馬芻牧之事"；設圉師，"掌教圉人養馬"。一年四季，舉行祭祀活動：春祭馬祖（天駟），夏祭先牧（始養馬者），秋祭馬社（始乘馬者），冬祭馬步（馬神）（見《周禮·夏官·校人》）。《周禮·夏官·校人》又云："邦國六閑，馬四種；家四閑，馬二種。"據鄭玄注及賈公彥疏可知，諸侯邦國有齊馬、道馬、田馬等良馬三種，駑馬一種，共四種。三種良馬各一閑，駑馬三閑，共六閑。良馬三閑一千二百九十六匹，駑馬三閑一千二百九十六匹，計兩千五百九十二匹。卿大夫采地食邑（家）有田馬、駑馬二種。田馬一閑，駑馬三閑，共四閑。良馬一閑四百三十二匹，駑馬三閑一千二百九十六匹，計一千七百三十八匹。以上所述，皆爲周代國馬之制。後世民間凡豢養馬匹牲口之處均謂之"厩"，或曰"馬厩""馬房""牲口棚"等。然"閑"或"閑厩"，則多指皇家養馬房。

泛　稱

厩閑

亦稱"厩圉"。馬房。《北史·恩幸傳·茹皓》："季賢起於主馬，宣武初好騎乘，因是獲寵。位司藥丞，仍主厩閑。"宋曾鞏《兜率院記》："厩圉囷倉，以固以密，資所以奉養之物，無一而外求。"

【厩圉】

即厩閑。此稱宋代已行用。見該文。

【厩】

即厩閑。亦作"廄"。《説文·广部》："廄，馬舍也。"《詩·小雅·鴛鴦》："乘馬在廄，摧之秣之。"《周禮·夏官·校人》："六繫爲廄，廄一僕夫。"《論語·鄉黨》："廄焚。子退朝，曰：'傷人乎？'不問馬。"《孟子·梁惠王上》："庖有肥肉，厩有肥馬，民有饑色，野有餓莩，此率獸而食人也。"《史記·魯周公世家》："廄無食粟之馬。"

【廄】

同"厩"。此體先秦時期已行用。見該文。

【馬厩】 [1]

即厩閑。亦作"馬廄""馬廄"。《漢書·公孫弘傳》："其後李蔡、嚴青翟、趙周、石慶、公孫賀、劉屈氂繼踵爲丞相。自蔡至慶，丞相府客館丘墟而已，至賀、屈氂時壞以爲馬厩車庫奴婢室矣。"《晋書·王尼傳》："尼時以給府養馬，輔之等入，遂坐馬廄下，與尼炙羊飲酒，醉飽而去。"宋王讜《唐語林·補遺二》："此是分司賓員外宅，所失驢收在馬厩。"清黄義之《李杲堂先生墓志銘》："先生亦驅至定海，縛馬廄中七十日。"

【馬廄】

同"馬厩"。此體晋代已行用。見該文。

【馬厩】 [2]

同"馬厩"。此體多行用於現代。見該文。

【馬圈】

即馬厩。《紅樓夢》第四〇回:"我們這老婆子,越發該住馬圈去了。"《兒女英雄傳》第二四回:"向南有個箭道,由那一路出去便是馬圈、厨房。"

【馬房】

即馬厩。亦稱"馬屋"。《後漢書·李燮傳》:"〔甄〕邵當遷爲郡守,會母亡,邵且埋屍於馬屋,先受封,然後發喪。"《金瓶梅詞話》第二四回:"因他男子漢答應馬房内臣,他在家跟着人走百病兒去了。"《歧路燈》第一二回:"鄧祥在馬房裏哭,兩個爨婦在厨下哭,閻楷在帳房哭。"

【馬屋】

即馬房。此稱漢代已行用。見該文。

【閑厩】

既厩閑。亦作"閑廄"。《南史·張瓌傳》:"陛下御臣等若養馬,無事就閑厩,有事復牽來。"《新唐書·百官志二》:"以殿中丞檢校仗内閑廄……以駝、馬隸閑廄,而尚乘局名存而已。"宋樓鑰《跋盧申之所藏韋偃三馬》詩:"一爲人所羈,寸步不得騁。局促閑厩中,專俟圉人令。"金元好問《宿閑厩》詩:"脱帽卸鞍投逆旅,蕭蕭黄葉水邊村。"清陳啓源《毛詩稽古編·定之方中》:"國馬,君之家馬,牧之閑厩;公馬,田賦所出,散在民間。"

【閑廄】

同"閑厩"。此體唐代已行用。見該文。

【閑】²

即厩閑。《周禮·夏官·校人》:"天子十有二閑,馬六種。"鄭玄注:"每厩爲一閑。"《漢書·百官公卿表》:"又龍馬、閑駒……"顔師古注:"閑,厩養馬之所也,故曰閑駒。"晋陸機《辨亡論上》:"巨象逸駿,擾於外閑。"宋蘇軾《書韓幹〈牧馬圖〉》詩:"歲時剪刷供帝閑,柘袍臨池侍三千。"清納蘭性德《擬古》詩之二十六:"天閑十萬匹,對此皆凡材。"

【馬閑】

即厩閑。《三國志·魏書·東夷傳》"而夫餘王其中"裴松之注引三國魏魚豢《魏略》:"昔北方有橐離之國者,其王者侍婢有身,王欲殺之,婢云:'有氣如鷄子來下,我故有身。'後生子,王捐之於溷中,猪以喙嘘之;徙置馬閑,馬以氣嘘之,不死。"宋趙汝楳《周易輯聞》卷四:"閑,馬閑也。鄭氏注:'廋人云,驖其蹄齧者,閑之。'今厩中每馬以木閑其四旁,使不得蹄齧是也。"

【馬欄】

即厩閑。亦作"馬蘭""馬闌"。漢王充《論衡·吉驗》:"北夷橐離國王侍婢有娠……後産子,捐於猪溷中。猪以口氣嘘之,不死。復徙置馬欄中,欲使馬藉殺之,馬復以口氣嘘之,不死。"《後漢書·東夷傳·夫餘國》:"索離國王出行,其侍兒於後姙身……王囚之,後遂生男。王令置於豕牢。豕以口氣嘘之,不死。復徙於馬蘭,馬亦如之。"李賢注:"蘭即欄也。"《北史·百濟傳》:"後生男,王置之豕牢,豕以口氣嘘之,不死。後徙於馬闌,亦如之。"清屈大均《廣東新語·人語·盗》:"凡山海盗,皆以捉人爲先,勒金取贖,打票爲約期,期過則拷掠燒鉗,備行慘毒,或投入於豕圈馬闌,或盡屠而肝其肉。"

【馬蘭】

同"馬欄"。此體漢代已行用。見該文。

【馬闌】

同“馬欄”。此體南北朝時期已行用。見該文。

【馬庌】

即厩閑。語出《周禮・夏官・圉師》：“夏庌馬。”鄭玄注：“庌，廡也。廡所以庇馬者也。”宋江少虞《事實類苑・德量智識・文潞公》：“文潞公知益州，喜游宴。嘗宴鈐轄廨舍，夜久不罷。從卒輒拆馬庌爲薪，不可禁遏。”清惲敬《與趙石農》：“敬久官南中，腰脚疲軟，又笨車日行百里，單騎隨車，不必善馬，是以不敢拜惠，能於馬庌中擇一中者見賜，最得力也。”

【馬圉】

即厩閑。漢劉向《九嘆・思古》：“烏獲戚而驂乘兮，燕公操於馬圉。”王逸注：“養馬曰圉。言與多力烏獲同車驂乘，令仁賢邵公執役養馬，失其宜也。”明方汝浩《禪真逸史》第二三回：“寨左右二邊，一帶長廊、廠屋、馬圉、倉厫。”

馬棚

養馬用的簡陋房屋。《續資治通鑑長編・宋神宗熙寧三年》：“詔開封府中牟縣，馬棚十七所，可募比近人户三兩名看管。”《紅樓夢》第三九回：“丫環回説，南院馬棚裏走了水，不相干，已經救下去了。”

槽櫪

亦作“槽歷”。喂馬之槽形器具。《後漢書・馬援傳》：“今者歸老，更欲低頭與小兒曹共槽櫪而食，并肩側身於怨家之朝乎？”《漢書・李尋傳》：“馬不伏歷，不可以趨道。”唐顏師古注：“伏歷謂伏槽歷而秣之也。”宋陸游《醉歌》：“戰馬死槽櫪，公卿守和約。”清劉獻廷《廣陽雜記》卷四：“北牖下有槽櫪，馬矢堆積，令人嘆絶。”

【槽歷】

同“槽櫪”。此體漢代已行用。見該文。

官槽

官府之馬槽。唐白居易《想東游五十韻》：“驛舫妝青雀，官槽秣紫騮。”宋龍衮《江南野史・江夢孫傳》：“〔江夢孫〕見官槽有馬，因問之。”清毛奇齡《騎病驛馬有感》詩：“白馬白龍兒，春星皎皎姿。官槽傷玉臆，驛路斷金絲。”

天　閑

天閑

亦稱“王閑”。天子的馬厩。《周禮・夏官・校人》：“天子十有二閑。”鄭玄注：“每厩爲一閑。”宋劉攽《爲馮翰林入院謝對鞍轡馬狀》：“矧其王閑駿足，内帑褚衣，環金在躬，�綬照乘。”宋陸游《感秋》詩：“古來真龍駒，未必置天閑。”元周伯琦《天馬行應制作》詩序：“遂命育於天閑，飼以肉粟酒湩。”清昭槤《嘯亭雜録・海參領》：“國家所以不惜數百萬金錢以爲芻牧費者，良以天閑重務，備緩急之用也。”

【王閑】

即天閑。此稱宋代已行用。見該文。

【天厩】

即天閑。唐杜甫《沙苑行》詩：“王有虎臣

司苑門，入門天厩皆雲屯。"宋蘇軾《送程德林赴真州》詩："政聲直入明光宮，天厩如海養群龍。" 明徐復祚《投梭記·應聘》："遠害朝看麋鹿游，蒙筐筐親相叩，但駑駘豈可充天厩。"亦泛指皇家畜養其他動物處。清屈大均《洗象行》："謂余此象養天厩，當年俸與將軍同。"

【國厩】

即天閑。《孔子家語·曲禮子貢問》："孔子爲大司寇，國厩焚，子退朝而之火所。"明陳士元《論語類考·宮室考·厩》："元按，《家語》《雜記》皆載此事，而《家語》乃云國厩，故許氏據之以爲邦國之厩。夫既爲國厩，則路馬亦重矣。"

【御厩】

即天閑。亦稱"御閑"。唐常袞《春蒐賦》："列武卒於天仗，選龍媒於御厩。"元耶律楚材《扈從羽獵》詩："湛然扈從狼山東，御閑天馬如游龍。"

【御閑】

即御厩。此稱元代已行用。見該文。

内厩

亦作"内廐"。亦稱"内閑"。帝王宮禁謂之内，故稱。《韓非子·十過》："若受我幣而假我道，則是寶猶取之内府而藏之外府也，馬猶取之内厩而著之外厩也。"宋王禹偁《賀畢翰林新入》詩："宮錦細袍宣與著，内閑驕馬賜來騎。"明陳子龍《獻馬行》："詔賜嘉名内廐開，五花從此無人見。"

【内廐】

同"内厩"。此體明代已行用。見該文。

【内閑】

即内厩。此稱宋代已行用。見該文。

外厩

亦作"外廐"。皇宮之外的養馬房。《韓非子·十過》："若受我幣而假我道，則是寶猶取之内府而藏之外府也，馬猶取之内厩而著之外厩也。"《穀梁傳·僖公二年》："如受吾幣而借吾道，則是我取之中府而藏之外府，取之中廐而置之外廐也。"秦李斯《上秦始皇書》："必秦國之生而後可，則夜光之璧，不飾朝廷……駿良駃騠，不實外廐。"漢陳琳《爲曹洪與魏太子書》："夫緑驥重耳于林垌，鴻雀戢翼于污池，藝之者固以爲園囿之凡鳥，外廐之下乘也。"

【外廐】

同"外厩"。此體先秦時期已行用。見該文。

都厩

亦稱"大廐""大厩"。特指漢代皇帝之大馬厩。《史記·酷吏列傳·減宣》："〔減宣〕徵爲大廐丞。"《漢書·惠帝紀》："〔三年〕秋七月，都厩災。"《資治通鑑·漢惠帝三年》引此文，胡三省注曰："都厩，大厩也，屬太僕。"

【大廐】

即都厩。此稱漢代已行用。見該文。

【大厩】

即都厩。此稱宋代已行用。見該文。

龍馬

本指駿馬，漢以之命名馬厩。《周禮·夏官·廋人》："馬八尺以上爲龍。"後因以龍馬指良馬、駿馬。漢代設有著名的五個馬厩，即龍馬、閑駒、橐泉、駒駼、承華五厩。參閱《漢書·百官公卿表上》。

【閑駒】

即龍馬。漢代皇宮馬厩名。《漢書·百官公卿表上》："太僕，秦官，掌輿馬，有兩丞。屬官有……龍馬、閑駒、橐泉、駒騄、承華五監長丞。”顏師古注：“閑，闌，養馬之所也，故曰閑駒。”

【橐泉】

即龍馬。本爲秦宮殿名。漢代於橐泉舊址建宮殿，并置馬厩，故以之爲馬厩名。參閱《漢書·百官公卿表上》。

【駒騄】

即龍馬。本爲良馬名，漢用以命名馬厩、馬監。《逸周書·王會》：“禺氏駒騄。”孔晁注：“駒騄，馬之屬也。”《爾雅·釋畜》：“駒騄，馬。”郭璞注引《山海經》曰：“北海有獸，狀如馬，名駒騄，色青。”《漢書·百官公卿表上》：“〔太僕〕屬官……又龍馬、閑駒、橐泉、駒騄、

承華五監長丞。”

【承華】[2]

即龍馬。漢馬厩、馬監名。《後漢書·順帝紀》：“〔漢安元年〕秋七月，始置承華厩。”李賢注引《東觀記》曰：“時以遠近獻馬衆多，園厩充滿，始置承華厩令，秩六百石。”《文選·張衡〈東京賦〉》：“駙承華之蒲梢，飛流蘇之騷殺。”薛綜注：“駙，副馬也。承華，厩名也。”參閱《漢書·百官公卿表上》。

馬苑

天子養馬的苑囿。《後漢書·百官志二》：“唯漢陽有流馬苑，但以羽林郎監領。”章炳麟《封建考》：“馬苑，猶囿也。《説文》：‘苑，所以養禽獸。囿，苑有垣也。’”

欄　圈

欄圈

亦稱“欄厩”。泛指牲口棚。《墨子·非攻上》：“至入人欄厩，取人馬牛者，其不仁義，又甚攘人犬豕雞豚。”明汪鋐《應詔陳言以弭灾異事》：“盜賊項下二十八條……馬牛駝驢之類，須出欄圈，鷹犬之類，須專制在己，乃成爲盜。”明徐光啓《農政全書》卷四一：“欄圈常要潔凈，一年之内勿餵青草。”

【欄厩】

即欄圈。此稱先秦時期已行用。見該文。

【牢】

即欄圈。亦稱“圈牢”。《詩·大雅·公劉》：“執豕于牢，酌之用匏。”三國魏曹植《求自試表》：“此徒圈牢之養物，非臣之所志也。”《新唐書·文藝傳中·蘇源明》：“不孝不忠，爲苟榮

冒禄，圈牢之物不若也。”明楊士奇《歷代名臣奏議·宗室》：“故曹植自比圈牢之養物，求一效死之地而不得。”

【圈牢】

即牢。此稱三國時期已行用。見該文。

【騶】

即欄圈。漢賈誼《新書·禮》：“騶者，天子之囿也。”《文選·左思〈魏都賦〉》：“顯文武之壯觀，邁梁騶之所著。”李善注引張載曰：“《魯詩傳》曰：‘古有梁騶。梁騶，天子獵之田曲也。’”

【圈】

即欄圈。《莊子·齊物論》：“大木百圍之竅穴，似鼻，似口，似耳，似枅，似圈，似臼，似洼者，似污者。”成玄英疏：“木即百圍，穴

圈
（明王圻等《三才圖會》）

亦奇衆，故或似人之口鼻，或似獸之闌圈。"《漢書·張釋之傳》："〔釋之〕從行，上登虎圈。"顏師古注："圈，養獸之所也。"漢王充《論衡·佚文》："夫富無仁義之行，圈中之鹿，欄中之牛也，安得妄載！"唐韓愈《嘲鼾睡》詩："又如圈中虎，號瘡兼吼餒。"亦指養牲畜與家禽的棚欄。唐寒山《詩》之二百三十五："不自見己過，如猪在圈卧。"清納蘭性德《渌水亭雜識》卷一："樹柵作圈收雞豚。"《紅樓夢》第七回："衆人見他太撒野，只得上來了幾個，揪翻捆倒，拖往馬圈裏去。"

【圈檻】

即欄圈。《淮南子·主術訓》："故夫養虎豹犀象者，爲之圈檻，供其嗜欲，適其饑飽，違其怒恚。"宋蘇洵《兵制》："秦漢以來，諸侯之

患不減於三代，而御卒伍者，乃如蓄虎豹，圈檻一缺，咆勃四出，其故何也？"

【欄】[1]

即欄圈。三國魏稽康《宅無吉凶攝生論》："夫一栖之雞，一欄之羊，賓至而有死者，豈居異哉！"《四庫全書總目提要》卷七七："又謂'猺人住屋作兩層，人居其上，猪圈、牛欄皆在卧榻之下。《説文》家字宀下從豕，可會此義'云云，尤爲附會。"

【欄牢】

即欄圈。《晏子春秋·諫下十九》："今公子之牛馬老於欄牢，不勝服也，車蠹於巨户，不勝乘也。"宋張方平《刑法論》："其情是猶大開欄牢，高張罻羅，舉鳥獸之獲，而歸功於戈獵之師者也。"明徐光啓《農政全書》卷二一："豐其萊牧，潔其欄牢，則無不字育藩息。"

厠[2]

猪圈。《漢書·武五子傳》："厠中豕群出，壞大官竈。"顏師古注："厠，養豕圂也。"

【圂】[2]

即厠[2]。《漢書·五行志中之下》："燕王宮永巷中豕出圂，壞都竈。"顏師古注："圂者，養豕之牢也。"《新唐書·五行志三》："咸通七年，徐州蕭縣民家豕出圂舞。"

第十二章　屋頂屋檐説

第一節　屋頂考

　　大約在舊石器時代晚期，原始人類即開始了營造活動，誕生了最原始的人工居住形式——巢居與穴居。《孟子·滕文公下》"下者爲巢，上者爲營窟"，即於地勢低窪的潮濕地帶構築巢居，在地勢高亢燥爽的黃土地帶營造穴居。巢居的原始形態，據近代民族學資料推測，是在單株大樹上構巢，於開闊的杈間鋪設枝幹、莖葉，形成居住面；其上以枝幹相交，構成遮陽、避雨的棚架，形如鳥巢，即爲屋蓋的原始形態。巢居的發展由獨木檔巢到多木檔巢（如在相鄰近的四棵樹上架屋），進而發展爲干闌建築（居住面架設在椿柱上的房屋）。象形文字所示巢居形象，如農村利用樹木或椿柱搭成的看青窩棚。穴居發展過程中的幾個主要環節，集中而典型地反映了我國宮室建築的産生、發展的全過程。如用簡單的演化圖表示，即橫穴—袋型竪穴—半穴居—原始地面建築—分室建築。橫穴是在陡坡上模仿自然洞穴掏挖的居所，袋型竪穴是在緩坡乃至平地上削地爲壁築成的栖身之所。底大口小的袋穴，其縱剖面爲拱形，是解決遮風避雨的一種空間圍護方式。雨雪之時，原始人以樹木枝幹、草木莖葉做掩蓋。袋型竪穴口部這種采用枝幹、莖葉雜亂鋪蓋的臨時遮掩，便爲"屋蓋（頂）"的胚胎。如逢暴風驟雨，此臨時遮掩每不應急，故逐步改進，扎結成架，以枝幹、莖葉編扎成斗笠狀活動頂蓋。平時擱置一旁，每當颶風下雨之時或夜晚睡眠時則置於穴口上。這種活動頂蓋可謂"屋頂"之萌芽。活動頂蓋須隨天氣陰晴、雨雪以及出入洞穴而經常移動，頗爲不便，進而在穴底挖洞以固定立柱，柱側以橫木固定在穴壁中以加強支撐力，以立柱將屋蓋固定置於穴口處，在頂蓋上留一缺口作爲上下出入袋穴的通道，便形成了固定的棚蓋，即"屋"，亦稱"屋蓋""屋頂"。穴居發展到此時，開始具備了固定的形體，即於地面上可看到一個小小的窩棚。河南偃師湯泉溝袋穴遺址爲這一發展階段的典型實例。隨着棚蓋（屋）製作技術的不斷熟練與提高，其空間體量亦相繼加大，爲豎穴深度空間的縮小、上部空間的擴大創造了條件，故逐漸形成淺袋穴的半穴居形式。半穴居之内部空間，下半部爲挖掘而成，上半部爲人工構築而成。居室建築從地下變爲半地下，開始向地上過渡。這一時期的典型實例爲西安半坡仰韶文化遺址。半坡所見半穴居，其豎穴皆爲直壁，較早的穴深80~100厘米，較晚的深20~40厘米。豎穴的發展由深而淺，直至形成地面建築。地面建築的初期階段，其萌芽狀態的墻體與屋蓋渾然一體，功能與構造完全相同。儘管已有可供開門的墻體代替了豎穴的四壁，然門仍開於屋蓋上，尚未明確區分墻體與屋蓋兩個不同的部件，兩者交接一綫無檐。其形制與武安市出土的圓形陶屋模型頗爲相似。半坡時期的屋蓋，初爲方錐體形，後爲穹廬式，再後呈人字兩面坡形。柱、椽的出現，屋架結構技術的不斷改進與逐步完善，促進了屋蓋與墻體的分化，實現了人類建築從地下到地上的轉變。半坡考古資料表明，柱與椽的出

漢代房屋的屋頂、人形柱、柱頭等形式
（山東濟寧武梁祠畫像石拓片）

現早於墻壁。穴居時代沒有墻壁，圍護結構的"四壁"爲削地而成。半穴居時期，下半部爲挖掘而成，上半部是構築而成，即就地削土形成四壁，利用樹木枝幹與植物莖葉構成屋蓋。從歷史文獻可知，周代將此頂部結構稱爲"屋"，其內部空間名曰"中霤"。從外觀上看，祇見到建於地面上的"屋蓋"，故"屋"同時亦爲這一居住形式的名稱。《詩·豳風·七月》："晝爾于茅，宵爾索綯，亟其乘屋，其始播百穀。"又《小雅·甫田》："曾孫之稼，如茨如梁。"鄭玄箋："茨，屋蓋也。"從結構看，屋是土木混合結構。半坡一類半穴居，可謂土木合構之始。利用樹木枝幹作骨架，以植物莖葉或敷泥土作面層，構成竪穴上部遮陰避雨、防風禦寒的圍護結構，是人類建築史上的一大進步。結構學上説明，當時人們已開始掌握木構杆件架設空間結構的技術，出現了柱、椽。柱、椽的結構方式，亦決定了屋蓋的形制。半坡所見早期做法，中心栽柱，集中承受四周向心架設的長椽，椽木下端抵於地上，故椽的受力情況爲簡支斜梁，各椽之間再施橫嚮杆件（樹木枝條）扎結連繫，從而形成一個錐體構架，故屋蓋呈圓錐形。據遺址挖掘可知，有些居室是毀於火灾的，於是有了"柱不居中"之説，以避開室之中央火塘。爲解决柱基防潮與屋架加固，後經改進，以四柱爲中間支點，向屋心架設四椽交於一點，構成其他諸椽的頂部支點，於是屋架形成端正的錐體，故屋蓋呈圓形，亦稱穹廬形屋頂。此做法雖優於前兩種構架，但因扎結節點剛度較差，故構架容易動摇而引起屋面泥層龜裂、漏雨。爲解决這一矛盾，進而采取二中柱對稱布置，以二柱爲中間支點，先於東西各架一長椽，椽頂相交構成大叉手，這樣便於屋中心形成一個交接諸椽的頂部支點。總結上述發展過程，屋架的結構方法，經過一柱、四柱的探索，晚期方纔找到了較爲合適的二柱方式，屋架多采用大叉手結構方式，故屋蓋呈人字兩坡形，屋剖面則爲長方形。穹廬式屋可視爲由半地下轉到地上的過渡形式。它進一步發展，即産生了飛躍——屋結構的分化。半穴居屋變爲地面上的穹廬式屋説明，屋結構向高大發展已達到可以不依賴竪穴而獨立構成足够空間的程度。在穹廬式屋的縱剖面上，以其曲綫擴大了內部空間。當曲綫變爲折綫（柱椽屋架結構爲大叉手、"人"字形）時，周邊結構即分化爲直立的墻壁與傾斜的屋頂兩部分，爲建築的發展開闢了新的途徑。黃河流域原始建築發展至此，在周邊結構上出現了構築而成的承重直立部件——木骨泥墻。此墻的典型做法，以仰韶文化時期的鄭州大河村遺址爲例。其墻體由屋分化而來，構造仍沿襲屋蓋做法。木骨泥墻的出現，標志着屋蓋與墻體的分化，可謂人類建築由地下到地上的關鍵。直立的墻體，傾斜的屋蓋，奠定了後世建築的基本形體。這一轉變具有重大意義。在墻體上架屋（蓋）的形體，要比原來建於地面上的圓形草屋高大許多。故當時稱之爲"宮"。宮的内部空間謂之"室"。宮指外部圍護結構，室指内部空間；宮與室爲同一事物的兩個側面。故《爾雅·釋宮》曰："宮謂之室，室謂之宮。"大叉手式屋架結構方式，一直爲後世沿用。屋頂形制亦在"人"字形兩面坡的基礎上，進而發展爲四面坡形。所謂"四阿"，即爲殷商時宮殿的屋頂形制。《周禮·考工記·匠人》曰："殷人重屋，堂修七尋，堂崇三尺，四阿重屋。"鄭玄注："四阿，若今四注屋。"賈公彥疏："四阿，四霤者也。"四注、四霤，即四面坡。考古發掘資料證實，二里頭、盤龍城宮殿遺址，及岐山周原殿堂遺址，其宮殿屋頂形制皆如《考工記》所載，爲四面坡型。殷商遺址，安陽婦好王后墓出土"偶方彝"，其蓋外貌即如一座完整的四面坡式屋頂。半圓形的木檐端部外露，排列有序，爲商代"四阿"屋蓋形象提供了佐證。另據岐山鳳雛周原宮室遺址的堆積物，可推測其屋面構造：於屋椽上鋪蘆葦，再以麥秸攪拌的草泥塗抹，厚 7~8 厘米，草泥表面又塗抹一層用細砂、石灰、黄土攪拌的"三合土"做成面層。屋脊、屋檐以瓦覆蓋，以防止雨水冲刷與滲漏。

　　屋蓋"四注"之制，歷代宮殿廟宇建築沿用不改，衹是在結構及裝飾上更加雄偉壯觀、富麗堂皇而已。而一般民居，則多用"人"字形兩面坡之制。兩漢之際，其屋頂、立柱、柱頭已甚考究，屋頂已有鳥獸等裝飾物，柱爲人形，作各種舉重狀，頗具藝術風采。唐宋以後，尤其在明清兩代，隨着磚瓦在建築上的普遍應用，屋頂的瓦作技術亦不斷提高。其形制可分爲兩大類：大式瓦作、小式瓦作。大式瓦作是以筒瓦騎縫，屋脊上用特殊脊瓦，還用吻獸等裝飾瓦件。材料可用琉璃瓦與青瓦。而小式瓦作没有吻獸等飾物，多用板瓦，間或亦用筒瓦。材料衹用青瓦而不用琉璃瓦。宮殿廟宇所用瓦多爲大式，材料則爲琉璃瓦及青瓦。普通民房衹能用小式青瓦。根據文獻記載與存留下來的建築物實例，按其屋頂的外部形態可分爲以下幾種類型：一、廡殿。共有四坡五脊。梁思成《清式營造則例》載，清稱"廡殿"，宋代稱"四阿殿""五脊殿"或"吳殿"。廡殿頂早在殷商時就已出現，即"四阿重屋"。唐宋亦有實物可據。至清代，左右兩坡又有推山的做法，使垂脊呈向外彎曲的形狀。廡殿在宮殿廟宇中屬最高級別，衹有最尊貴的建築物方可使用。二、硬山。衹有前後兩坡，一條大脊，五條垂脊，屬"人"字形屋頂結構。其兩端山墻墻頭齊平，山面裸露而無變化，顯得質樸而剛硬，故稱"硬山"。三、懸山。亦爲"人"字形兩面坡的屋頂結構。有一條正脊，四條垂脊。此形制各桁及檩不像硬山封於兩端山墻之內，而是直伸至山墙之外，以支托懸挑於外的屋面部分。換言之，懸山建築不僅前後有檐，而且兩端亦有檐，并與前後檐尺寸相同。以其兩端有檐，故其兩山部分便處於懸空狀態，故稱"懸山"。以其各條桁及檩挑於山墙之外，故又名"挑山"。硬山、懸山兩種屋頂形式，唐以前重要建築物未見使用，宋李誡《營造法式》亦未有記述。大概明代以後，隨着磚瓦的大量生產及應用，此種形式纔廣泛應用於民間住宅。四、歇山。是廡殿與懸山相交而成的屋頂結構。其上半部爲兩面坡，下半部爲四面坡。宋代稱"厦兩頭造"。以其有一條正脊，四條垂脊，四條戧脊，故亦稱"九脊殿"。此屋頂形式最早見於漢闕石刻，故亦稱"漢殿"。其級別僅次於廡殿，多用於宮殿廟宇及皇家苑囿之類的重要建築。五、攢尖頂。宋稱"斗尖頂"。俗稱"傘把頂"。其屋面較陡，無正脊，數條垂脊交合於頂部，上面覆以寶頂。其形式有圓、方、三角、六角、八角形等多種。此形制多用於亭閣類建築，時或亦用於宮殿建築，如北京天壇祈年殿等。六、穹廬頂。最早見於半坡遺址早期地面建築——圓形草房。我國古代北方少數民族所居之氈帳，今之蒙古包仍沿此制。另外，磚砌的無梁殿，室內頂部呈半圓形，亦謂"穹廬"或"穹窿"。七、平頂。爲我國華北、西北多風少雨地區農村民房常用的屋頂形式。西南少雨地區民房、藏傳佛教寺廟亦多用平頂。平頂房亦時或用一面坡，或中間屋面略有凸出。其做法爲先安檩釘椽，椽上布板或葦箔、秫秸，然後用土及稻草墁成屋頂，或在頂上加灰土，甚至在灰土上用墁石灰打光壓平。最講究的做法是在頂上鋪砌方磚。

　　如以材料分類，屋頂又可分爲草房頂，古稱"茅茨"；樹皮頂，多見於我國南方山區民房；麥秸泥平頂，多見於北方農村民房；堿土平頂房，見於東北吉林土房及內蒙古圓形土屋——固定式蒙古包；瓦頂，大式瓦作多用於宮殿、廟宇及王宮貴族宅邸，小式瓦作多用於平民住房。色彩斑斕之琉璃瓦頂，代表古代建築之最尊貴、最高級別。

　　屋頂是人類由居住在自然洞穴演進到人工營造居室的最初形態，也是後世房屋分化爲屋頂、墻柱、臺基三部分的重要組成部分。屋頂在我國建築物體量上占的比例最大，故有以"大屋頂"來概述傳統建築特點的説法。中國屋頂最具特色的是出檐遠，裝飾性構件多，屋面反曲向上，屋角起翹的飛檐，既是土木建築必要的防護性措施，亦體現着建築設計理念上的美學觀念。在建築形式的演變過程中，最千姿百態、變化無窮的還是屋頂。屋頂最能體現出房屋的規格檔次，對此歷代有明確而具體的規定。傳統的大屋頂在增加房屋體量，製造巍峨宏偉的氣勢，創造優美的造型方面起着舉足輕重的作用。在中西合璧、古今并蓄的现代建築中，充分體現出現代風範與民族傳統的着眼點依然在屋頂。中國式的屋頂在功能形態、用材性能、構造方法上展示着民族的風韵，凝結着民族的智慧，聚集着民族的情思與審美情趣。

泛　稱

屋 [2]

建築物頂部覆蓋的部分，即屋蓋、屋頂。源於新石器時代晚期穴居、半穴居栖身處頂部棚蓋，是人類營造活動最早的産物，也是土木混合結構的開端。在千百年的演變過程中，形成了中國建築最具特色、最優美的結構部分。當人類由坡地挖掘橫穴逐步過渡到在平地挖掘竪穴時，每逢雨雪，穴口須有遮掩的防護設施。最初當是樹木枝幹、草木莖葉雜亂鋪蓋的臨時遮掩，這便是屋蓋的原始形態。每遇疾風驟雨，這種臨時遮掩便不應急，因而逐步改進，扎結成架，即用枝幹、莖葉捆扎成斗笠形的活動頂蓋，平時擱置一旁，當風雨和夜晚時蓋在穴口上。這種活動頂蓋，即屋的萌芽。活動頂蓋常隨晴雨以及出入洞穴而移動，極爲不便，進而在穴底挖洞以固定立柱，柱側以橫木固定在穴壁中以加强支撐力，以立柱將屋蓋固定於穴口處，而在頂蓋上留出一個缺口作爲供采光、通風，上下出入的通道，這便形成了固定的棚蓋——"屋"。穴居發展到此，開始具備了固定的形體，在地面上可以看到的是一個個木構件架設的空間結構，人們把它稱爲"屋"，同時亦作爲這一居住形式的名稱。隨着棚蓋製作技術的熟練和提高，其空間體量不斷加大，爲减小竪穴深度創造了條件，居所從地下變爲半地下，開始了向地上過渡。《説文·尸部》："屋，居也。"段玉裁注："屋者，室之覆也。"《詩·召南·行露》："誰謂雀無角，何以穿我屋。"又《小雅·十月之交》："徹我墻屋，田卒污萊。"又《豳風·七月》："晝爾于茅，宵爾索綯，亟其乘屋，其始播百穀。"《尚書大傳·大戰》："愛人者，兼其屋上之烏。"《穀梁傳·文公十三年》："大室屋壞者，有壞道也。"范寧注："屋者，主於覆蓋，明廟不都壞。"《淮南子·主術訓》："是故十圍之木，持千鈞之屋。"這些早期文獻中的"屋"，均指屋蓋、屋頂，無一例外。穴口利用樹木枝幹作骨架，植物莖葉或敷泥土作面層，構成竪穴上部遮陰避雨、防風禦寒的圍護結構，在建築史上是很重要的一步發展。從結構方式上説，人們已經開始掌握木構杆件架設空間結構的技術，出現了柱和椽。半坡遺址所見到的早期做法，中心栽柱，集中承受四周向心架設的諸椽，椽下端抵於地面，椽間施橫嚮杆件扎結連繫，形成錐體構架。在木骨架上敷泥土，屋面創始了土木混合結構的開端，而土木合構的方式在我國建築史上一直占主導地位。屋頂在我國建築物中體量上占的比重最大，故有以"大屋頂"來概述傳統建築特點的説法。在建築形式的演變過程中，最千姿百態、變化無窮的還是屋頂，房屋的主要裝飾構件大多集中在屋頂上。屋頂最能體現出房屋的規格檔次，對此歷代有明確而具體的規定。中國屋頂最具特色的反曲向上的飛檐，既是土木建築必要的防護性措施，也是建築設計理念上的美學體現。

【屋蓋】

即屋[2]。《詩·小雅·甫田》："曾孫之稼，如茨如梁。"毛傳："茨，積也。"漢鄭玄箋："茨，屋蓋也。"孔穎達疏："《墨子》稱'茅茨不剪'，謂以茅覆屋。故箋以'茨'爲'屋蓋'。傳言'茨，積'，非訓茨爲積也，言其積聚高大如屋茨耳。其意與箋同也。"《文選·何晏〈景福殿賦〉》："爾乃豐層覆之耽耽，建高基之堂堂。"張銑注："層，高也。覆，屋蓋也。"

【屋頂】

即屋[2]。亦稱"房頂"。宋洪炎《嶺雲》詩："俄頃如故常，突兀在屋頂。"梁思成《清式營造則例·大木》："房頂的形式，最普通者約有四種。其不同處全在左右兩端——兩山——的做法。"

【房頂】

即屋頂。此稱近代已行用。見該文。

【屋廡】

即屋[2]。漢王充《論衡·談天》："豈古之天若屋廡之形，去人不遠？故共工得敗之，女媧得補之乎？……人皇之時，天如蓋乎？"《漢書·循吏傳·召信臣》："太官園種冬生葱韭菜茹，覆以屋廡，晝夜㸐蘊火，待溫氣乃生。信臣以爲此皆不時之物，有傷於人，不宜以奉供養。"

【屋極】[1]

即屋[2]。本指屋頂最高之梁，藉指房頂。清方苞《獄中雜記》："屋極有窗以達氣。"

名　類

單檐屋頂

與重檐屋頂相對而言。祇有一層屋面的屋頂，亦爲最常用、最大量的屋頂形式。在此基礎上有重檐屋頂，更有三重檐屋頂，華麗壯觀，氣勢磅礴。但其基礎仍爲單檐屋頂。

重檐屋頂

兩重或兩重以上屋面的屋頂。重檐屋頂是由單檐屋頂進一步發展而來的，殿堂廟宇等大型建築常采用此種建築形式。殿堂面積較大，内部空間亦應較大；檐廊部分較爲狹長，構成的空間不宜過高，於是自成一個屋頂構造，由此分別做出不同的屋頂高度，即形成重檐屋頂。這種處理方式除了可以産生殿堂與檐廊部分不

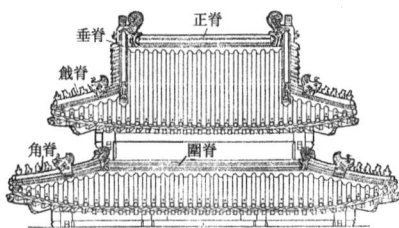

（A）

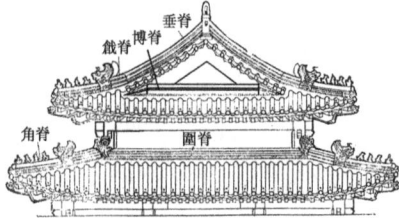

（B）

（A）正立面；（B）側立面
重檐屋頂
（劉大可《中國古建築瓦石營法》）

同的屋頂高度這樣的功能意義外，亦可在設計理念上使屋頂産生更加雄偉壯麗的藝術效果。重檐亦可使用在多層樓閣或塔上，使每一層均有一道飄出的檐。

【兩重檐】

即重檐屋頂。亦稱"重屋"。殿堂部分有一較高大屋頂，周圍檐廊部分自成一個較低屋頂構造而成，即屋蓋頂部合一，檐部上下兩重的屋頂形式。此形制最早見於周代王宫正堂。《周禮·考工記·匠人》："殷人重屋，堂修七尋，堂崇三尺，四阿重屋。"鄭玄注："重屋者，王宫正堂若大寢也……四阿，若今四注屋；重屋，復笮也。"賈公彦疏："云'重屋，復笮也'者，若《明堂位》云'復廟，重檐屋'。"戴震《〈考工記圖〉補注》："世室、重屋，制皆如明堂……姚姬傳曰：'重屋，復屋也。'別設棟以列椽，其棟謂之芠，椽棟既重，軒版垂檐皆重矣。"重檐一般用於等級較高、較莊重的建築物上，多用於廡殿頂、歇山頂建築。下層檐屋面與殿身額枋相交處用圍脊，圍脊首尾相接呈圍合狀，亦俗稱"纏腰脊"，在轉角處用合脊吻獸。下檐四角用角脊，也有垂獸、走獸及仙人等同上檐。《文選·張衡〈東京賦〉》："乃營三宫，布教頒常。復廟重屋，八達九房。"薛綜注："重屋，重棟也。謂明堂廟屋，前後異制。"唐李白《明堂賦》："采殷制，酌夏步。雜以代室重屋之名，括以辰次火木之數。"《宋史·禮志四》："三代之制不相襲，夏曰世室，商曰重屋，周曰明堂，則知皆室也。"

【重屋】[3]

即兩重檐。此稱先秦時期已行用。見該文。

【滴水重檐】

即重檐屋頂。《金瓶梅詞話》第七〇回："這西門慶抬頭，見正面五間皆厰廳，歇山轉角，滴水重檐，珠簾高捲上，周圍都是緑欄杆。"

【重霤】[1]

即重檐屋頂。《文選·左思〈魏都賦〉》："上累棟而重霤，下冰室而沍冥。"張銑注："重霤，重屋檐也。"宋衛湜《禮記集説》卷一九："重霤者，屋承霤也。以木爲之，承於屋霤。入此木中，又從木中而霤於地，故謂此木爲重霤也。"

【重郎】

即重檐屋頂。《逸周書·作雒》："乃位五宫：大廟、宗宫、考宫、路寢、明堂，咸有四阿、反坫、重亢、重郎。"孔晁注："重郎，累屋也。"朱右曾校釋："重郎即重屋也。"

大式屋面

官式做法的一種類型。用於宫殿、廟宇、王府等建築，基本特徵爲騎縫用筒瓦，屋脊上有吻獸、走獸等脊飾。琉璃屋脊無論有無吻獸，均屬大式做法。

小式屋面

官式做法的一種類型。用於普通建築，多見於民宅，也見於大式建築群中的某些次要建築。小式屋面的基本特徵爲騎縫不用筒瓦（不包括十號筒瓦），多用板瓦，屋脊上没有吻獸、走獸。

廡殿頂

亦稱"四阿""五脊殿"。用於宫殿廟宇等最尊貴建築的屋頂形式，即五脊四坡頂。屋頂四面皆有檐，故古稱"四阿"；四面坡形式，兩斜屋面相交構成垂脊，四面坡屋頂共四條垂脊，加正中的平脊共五條脊，故亦稱"五脊殿"。其形制可上溯至殷商。據《周禮・考工記・匠人》："殷人重屋……四阿重屋。"鄭玄注："重屋者，王宮正堂若大寢也……四阿，若今四注屋；重屋，復笮也。"賈公彥疏："則此四阿，四霤者也。云'重屋，復笮'者，若《明堂位》云'復廟，重檐'。"可知殷商王宮正堂的屋頂是有四條垂脊的四面坡重檐形式。自此，其爲歷代宮殿寺廟最高級別建築的屋頂形式成爲定制，一直延續到清代。《北史・牛弘傳》："殷言四阿重屋，周承其後，不言屋制，亦盡同可知也。"孔穎達爲《禮記・檀弓上》作疏曰："殷人以來，始屋四阿；夏家之屋，唯兩下而已。"可知夏后氏之世室，爲兩面坡屋頂；至殷始有五脊四坡頂重檐的形式。周制，天子與諸侯四面坡屋頂，卿以下祇能用兩面坡屋頂。各代都有類似規定。廡殿頂的結構唐以前的無從考據，晚唐至遼宋以降則有實例可據。其形制正中部位稱"正脊"，或"平脊""大脊"，正脊與垂脊交接處用大吻，垂脊前端有垂獸，角脊安走獸、仙人，仔角梁頭安套獸。後世爲使廡殿頂的屋面曲綫更加優美，將正脊加長，使兩山外推，兩

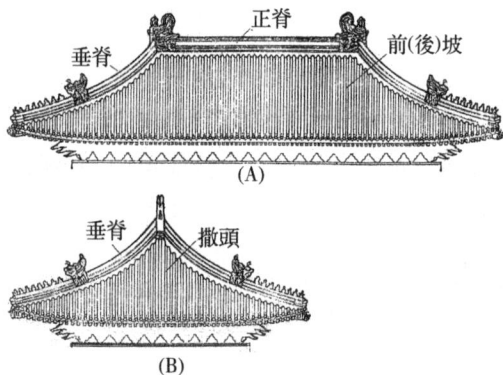

（A）正立面；（B）側立面
廡殿頂
（劉大可《中國古建築瓦石營法》）

側面坡度較前後屋面坡度陡一些，則無論從哪個方嚮看，垂脊都是曲綫。最尊貴建築物常采用殷商"四阿重屋"做法，將廡殿頂做成兩重檐的形式，增加建築物莊嚴雄偉的氣勢。現存故宮外朝三大殿之太和殿、太廟前殿等主體建築均爲重檐廡殿頂。

【四阿】

即廡殿頂。"阿"，本指山之曲處；"四阿"，四面坡屋頂，四面皆有曲檐之屋頂。此稱先秦時期已行用。見該文。

【五脊殿】

即廡殿頂。宋以前稱呼。見該文。

【四注】

即廡殿頂。亦稱"四下""四霤""吳殿"。"注"，指落水。"四注"，即四面皆有檐，四面落水之意。《周禮・考工記・匠人》"四阿重屋"漢鄭玄注："四阿，若今四注屋。"唐賈公彥疏："則此四阿，四霤者也。"《禮記・喪大記》"皆升自東榮"孔穎達疏："榮，屋翼也。天子諸侯四注爲屋，而大夫以下不得四注，但南北二注而爲直頭。頭即屋翼也。"《逸周書・作雒》"乃位五宮：大廟、宗宮、考宮、路寢、明堂咸有四阿"晉孔晁注："宮廟四下曰阿。"朱右曾校釋："四阿，四注屋，四面有霤阿下也。"《文選・〈古詩十九首〉之五》："交疏結綺窗，阿閣三重階。"李善注："閣有四阿，謂之阿閣。鄭玄《周禮》注曰：'四阿，若今四注者也。'"清程瑤田《釋宮小記・中霤義述》："故天子、諸侯屋皆四注，則有東西南北之霤凡四。"宋李誠《營造法式》稱"吳殿"。參閱李允鉌《華夏意匠・立面》。

【四下】

即四注。意爲四面落水之四坡頂。此稱晋代已行用。見該文。

【四霤】[1]

即四注。此稱唐代已行用。見該文。

【吳殿】

即四注。宋式的廡殿頂。此稱宋代已行用。見該文。

歇山頂

亦稱"九脊殿"。廡殿頂與懸山頂結合而成。上半部與懸山同，正中爲正脊，前後兩坡有四條垂脊；下半部與廡殿同，有與垂脊在平面上成 45° 的四條戧脊。以上共九條脊，故亦稱"九脊殿"（見宋李誡《營造法式·小木作制度四·佛道帳》）。正脊兩端安正吻；至山花博縫處用直下之垂脊，垂脊前端安垂獸；戧脊上安戧獸、走獸、仙人、套獸。兩山面山花博縫板上緣及垂脊之間將筒瓦帶圓頭之勾頭、板瓦帶下垂如意之滴水橫排着窏上去，華麗美觀。歇山可做成單檐的，亦可做成重檐的，重檐之下檐脊飾、瓦件與上檐做法相同。在園林

懸魚

惹草

山東濰坊大成殿歇山頂及其飾物

中前後兩坡相交處常做成弧形，稱"捲棚歇山"。此形制最早見於漢闕石刻，爲漢唐宮苑常用的建築形式。早期的歇山頂較小，兩側山面透空，懸山部分博風板正中安懸魚，沿邊博出頭處安惹草。明清官式做法用采步金及草架柱子，從而有了大歇山。明代多用磚疊砌山花，并以磚或琉璃博縫。清代盛行在博風板裏安山花板，其上做椀花綬帶等雕飾；博風板不用懸魚、惹草，而在檁之分位釘梅花釘爲飾。歇山頂在宮殿寺廟建築中用於主體建築，其規格級別僅次於廡殿頂。如故宮外朝三大殿之太和殿用重檐廡殿頂，保和殿則用重檐歇山頂。

【九脊殿】

即歇山頂。當中正脊，兩山四條垂脊，四角四條戧脊，共九條脊，故稱。此稱宋代已行用。見該文。

【四霤】[2]

即歇山頂。亦稱"曹殿""漢殿""廈兩頭造"。霤，即流、溜，指落水的檐；四霤即四

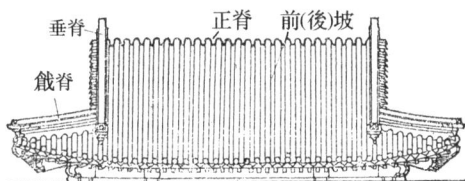
（A）

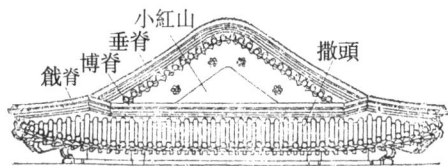
（B）

（A）正立面；（B）側立面
歇山頂
（劉大可《中國古建築瓦石營法》）

面均有落水檐之意。歇山上部爲兩面坡，下部爲四面坡，故稱。李允鉌《華夏意匠·立面》："'四霤'是'四阿'和'兩注'的混合式，或者說變體。'霤'就是'流'或'溜'，也是指落水的檐口，四霤即四面落水之意。"宋李誡《營造法式》稱之爲"曹殿""漢殿""廈兩頭造"。參閱清焦循《群經宮室考》。

【曹殿】

即四霤[2]，此稱宋代已行用。見該文。

【漢殿】

即四霤[2]，此稱宋代已行用。見該文。

【廈兩頭造】

即四霤[2]。其上半部爲兩面坡，下半部爲四面坡。見該文。

歇山轉角

古代歇山頂式建築的翼角。東西兩面無山牆，四面皆有檐的建築物。《明史·輿服志四》："洪武二十六年定制，官員營造房屋，不許歇山轉角，重檐重栱，及繪藻井，惟樓居重檐不禁。"《金瓶梅》第七〇回："這西門慶抬頭，見正面五間皆厰廳，歇山轉角，滴水重檐，珠簾高捲上，周圍都是綠欄杆。"

兩注

亦稱"兩下""兩檐滴水""人字頂"。前後兩面坡在屋脊處相交，呈"人"字形的屋頂形式。既是最早的屋頂形式，也是用得最經常、最大量的一種屋頂形式。所有的屋頂形式皆自"人"字形兩面坡屋頂的變化組合而來。注，落水之意；兩注即俗稱的"兩檐滴水"。古亦稱"兩下"，今稱"人字頂"。爲一般住宅常用的屋頂形式，演變而成的有硬山、懸山和捲棚。遠古夏后氏之世室爲兩面坡屋頂；周代始爲四面

皆有檐，中爲平脊的四面坡屋頂。古代屋頂有禮制性的規定：周制天子諸侯四面坡屋頂，卿以下兩面坡屋頂，即兩下。《禮記·檀弓上》："見若覆夏屋者矣。"唐孔穎達疏："殷人以來，始屋四阿；夏家之屋，唯兩下而已。"《通雅·宮室》："夏屋，屋兩下也……夏后之屋，南北兩下而已。周制天子諸侯，得爲殿屋四注，卿以下兩下，則南北有霤，而東西有榮。"李允鉌《華夏意匠·立面》："'兩注'就是指兩面坡的人字形屋頂。'注'就是落水的意思，兩注就等於俗稱的所謂'兩檐滴水'。由兩注演變而成的有硬山、懸山及捲棚。山牆高出於屋面，屋面停收於山牆之內者稱硬山；山牆退縮於屋面之內，屋面懸伸於山牆之外者稱懸山或挑山；屋頂兩面坡夾角部分改變爲圓形曲綫者稱捲棚。"參閱焦循《群經宮室考》。

【兩下】

即兩注。此稱唐代已行用。見該文。

【兩檐滴水】

即兩注。此稱多行用於近現代。見該文。

【人字頂】

即兩注。此稱多行用於現當代。見該文。

硬山頂

衹有前後兩面坡，與兩側山牆齊平的結構形式的屋頂，爲人字頂的一種形式。源於古代"兩下五架"做法，屋頂前後兩坡停收於山牆之內，檁木不外露。有一條正脊和四條垂脊。南方喜用片瓦疊脊，北方喜用磚砌脊。脊兩端有鰲尖、鼻子等做法，花樣繁多。山牆與屋面接縫處砌方磚博縫，博縫上壓磚綫脚寬瓦。山牆前後兩端墀頭有多種砌法，花樣各地不同。此形制廣泛應用於住宅建築，特別是北方。北方

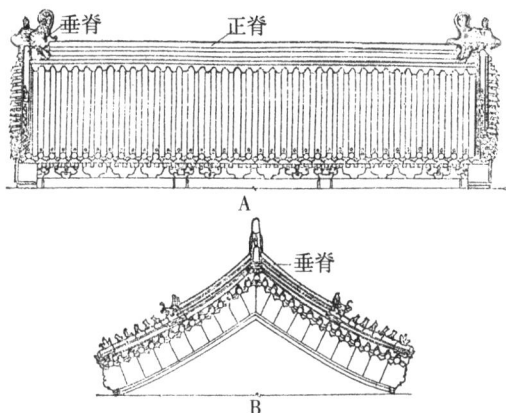

（A）正立面；（B）側立面
硬山頂
（劉大可《中國古建築瓦石營法》）

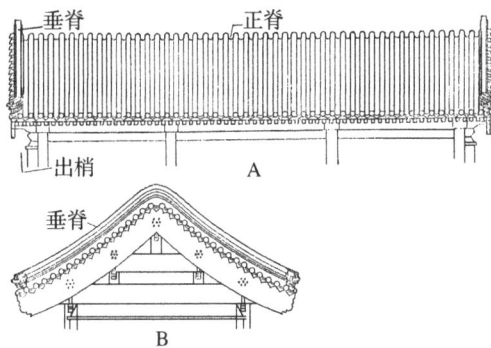

（A）正立面；（B）側立面
懸山頂
（劉大可《中國古建築瓦石營法》）

山墻多磚砌，不怕雨水淋濕，又因風大屋頂厚重，硬山做法更爲適宜。宋李誡《營造法式》及宋畫中未出現過硬山，建築遺物中亦未發現過硬山。此形式産生於明清以來磚大量生産以後，墻面以磚做法爲主，材料的變化帶來了形式的變化。唐宋時期民居屋頂多爲左右兩端延伸到山墻以外，以保護土坯墻面免受雨水冲刷的懸山式。

懸山頂

檁伸到山墻以外，以支托懸挑於外的屋面部分的結構方式的屋頂，爲人字頂的一種形式。其特徵爲不僅前後有檐，兩側亦有與之尺寸相同的檐，使兩山部分處於懸空狀態，因以稱。有一條正脊，四條垂脊。伸出的檁頭釘博風板，宋代稱"搏風板"，爲與風雪雨露搏鬥以保護之意。高大建築物博風板甚寬大，正中安懸魚，邊沿安惹草。木博風板位於檁頭處可釘梅花釘。垂脊前端可用垂獸、走獸、仙人等。此爲北方明清官式做法。北方住宅除垂花門外很少用懸山。東南及西南民居卻大量使用懸山。南方屋頂輕，易挑出；墻壁多爲板壁或編竹夾泥壁，

怕雨水淋濕，兩面山墻也需要有較大的出檐以防護，懸山做法更爲適宜。

【挑山頂】

亦稱"兩山出際"。即懸山頂。因檁（或桁）挑出於山墻之外，故稱。宋李誡《營造法式》稱作"兩山出際"做法。唐宋民居以懸山頂形式居多，以保護土坯墻面免受雨水冲刷。

【兩山出際】

即挑山頂。此稱宋代已行用。見該文。

捲棚頂

亦稱"元寶頂"。前後兩坡屋面相交呈弧形曲面，因稱。其屋頂構架以兩根脊瓜柱承托兩副脊檁，脊檁上使用向上凸起之彎椽，即"羅鍋椽"，上鋪"蝼蟈筒板瓦"，脊部屋面即呈柔

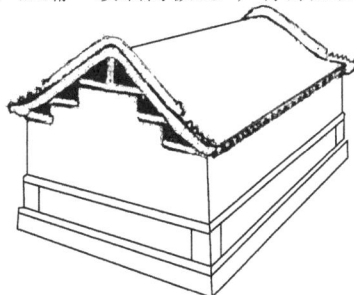

捲棚頂
（李允鉌《華夏意匠》）

順的圓形曲綫。在兩側山牆的處理方式上，亦有硬山與懸山之分。多用於園林建築，使屋頂的形式更爲活潑，更富於變化。

【元寶頂】

即捲棚頂。見該文。

攢尖頂

亦稱"斗尖頂""傘把頂"。無正脊，數條垂脊交合於頂部的屋頂；即平面爲兩軸對稱的幾何圖形，如方形、圓形、三角形、六角形、八角形等，屋面交會的地方就祇有一個點，這個點就是頂，屋面形成錐體，因以稱。因平面形狀的不同分別有方攢尖、圓攢尖、六角攢尖等種類。攢尖的頂點稱"寶頂"，多置於須彌座上，形似皇冠頂上的寶石。多用於亭閣類建築，亦用於宮殿。最早的草廬即圓形攢尖，但其結構簡單。圓形攢尖頂較爲難做，額枋等全要做成彎形；因下端檐口的筒板瓦壟須直達頂端，瓦壟愈來愈狹小，須用特製的上小下大的"竹子瓦"；近頂部用"兀扇瓦"，即燒製大瓦，上置窄壟筒板瓦形狀，以使外表看來仍爲一壟一壟的。頂部砌小須彌座，上置圓形寶頂。琉璃瓦屋面上常用金色寶頂。方形攢尖在四角安抹角梁，梁正中立墩或柱，上安檁條，叠落至頂則安雷公柱。亦有將攢尖頂稱爲"傘把頂"，雷公柱即爲傘把的部位。六角攢尖需先定好檁子

攢尖頂
（李允鉌《華夏意匠》）

的步架，檁的交角處承以柁墩或瓜柱，接着安角梁、雷公柱。八角攢尖亦需先定好檁子的部位，然後以柁墩支承檁墊枋。柁墩可擱在抹角梁或長短扒梁上，長扒梁擱在金柱的正心檁上，躲開柱頭。八角攢尖亭常用斗拱。攢尖頂常用單檐，較重要建築即用重檐，三重檐的較爲少見。至於密檐式塔常至十三檐，乃至十七檐。宋畫上常見有十字歇山的頂上正中部分冠以高峻的四方攢尖頂，甚爲奇特。攢尖頂建築最早見於北魏石窟的石刻，宋代繪畫中常見，明清時實例甚多。

【斗尖頂】

即攢尖頂。其屋面較陡，無正脊，數條垂脊交合於頂部，上面再覆以寶頂的屋頂形式。見該文。

【傘把頂】

即攢尖頂。見該文。

穹窿頂

中間隆起，四周下垂的屋頂。即半圓球狀的屋頂。我國明代磚砌的無梁殿內部有時作半圓球狀頂，外部屋頂仍是中國宮殿式樣，亦可稱穹隆頂。宋方信孺《題龍隱巖》詩："仰窺穹窿頂，宛轉百怪呈。"清姚鼐《謁明孝陵游覽靈谷寺》詩："守吏衛樵蘇，金碧餘穹窿。"

圓券頂

中隆下垂呈弧狀的屋頂。用磚或土坯砌成，可一間，亦可數間相連。山西省較爲常見。

平頂

呈平面的屋頂；亦有略帶斜坡狀，或中部略凸起的屋頂。黃土高原、青藏高原等遼闊區域主要的建築形式之一。平屋頂與斜屋頂是形制風格不同的建築形式。斜屋頂利於排水，但

易被風掀起；而天寒、風大、雨少的地區，平面屋頂更爲適宜。產生年代不易推測，可能上古即有。西藏昌都卡諾石器時代遺址即出土有平屋頂建築。其做法是先安檁釘椽子，椽上布板或葦箔、秫秸等，再加土或灰頂。灰頂用土及稻草墁成，較好的在頂上加灰土，更好的在灰土上墁石灰打光壓平。有時灰中加鹽水，或加青灰。最好的做法是在頂上鋪砌方磚。平屋面施工簡便，經濟省錢，外觀純樸，適於高寒地區。藏傳佛教建築常采用此種形式。

單坡頂

一面坡屋頂。一般附在圍墙或建築物兩側山墙上，多用於輔助性建築。如單面廊、庫、厠等。最早見於河南二里頭宮殿遺址，有使用單坡的單面廊。漢明器中，也有單坡雜屋和單坡廊的實例。至今陝西農村，仍有許多使用單坡的民居。但更大地域更大量使用的還是住宅之外的單坡雜屋。單坡屋頂是斜屋面最基本的單元，一切複雜的斜屋面，都由它組合而成。

十字脊頂

兩個歇山頂十字相交形成的屋頂。十字脊正中安寶瓶，造型華麗。明清的角樓、樂亭常用十字脊屋頂。北京紫禁城角樓采用的就是極爲複雜的三重檐十字脊屋頂，即兩個歇山做十

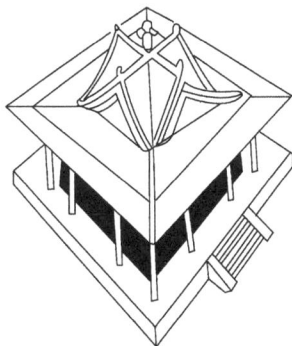

十字脊頂

字組合而成，其下又將這個形式重複一次，產生一種極爲巧妙而又有規律的變化的形狀。因爲它所處的位置要求它在任何角度看起來都產生相同的視覺效果。明陶宗儀《輟耕錄·宮闕制度》："延華閣五間，方七十九尺二寸，重阿，十字脊，白琉璃瓦覆，青琉璃瓦飾其檐。"

盝頂

將廡殿頂上部做成平頂，平頂四周有脊及吻獸的殿頂。盝，古代小型妝具。呈方形，頂蓋四周下斜，多用作藏香器或盛放璽印、珠寶。《宋史·禮志七》："帝省視后，將作監率執事更加盝頂石蓋，然後封固如法。"金元時代常用作宮殿屋頂。《元史·英宗紀一》："丁卯，爲皇后作盝頂殿於上都。"明代故宮欽安殿及清代瀛臺的翔鸞閣亦采用盝頂。盝頂上部平頂四周之脊可稱作"正脊"，因其處於屋頂的最高處；亦可稱作"圍脊"，因其呈圍合狀，在轉角處用合角吻。

推山頂

以加長廡殿爲正脊，并向兩山推出的做法建造的屋頂。此形式使屋頂富有曲綫美。兩山的坡度與前後的坡度如果相同，垂脊祇能是一條筆直的斜綫；而把正脊加長，使兩山向兩端外推，并使它的坡度比前後的陡一些，則無論從哪個方嚮看，垂脊都是曲綫。宋李誡《營造法式》規定："如八椽五間至十椽七間，并兩頭增出脊槫各三尺。"清代推山則不同，將兩山自檐步以上金脊各步架的檔距，自外而內，逐步予以縮小，前後坡檐步以上金脊各步處於梢間的檁木，自內而外逐步予以加長，使四角檁木合縫搭交。經過推山處理，檐宇方角以上，四垂走勢逶迤婉轉，飄然翬飛，使中國屋頂的

柔美曲綫發揮到了極致。推山制適用於廡殿屋頂。

收山頂

用將歇山頂兩側山花自山面檐柱中綫向內收進一段距離的建築的屋頂。宋代規定，自最外一縫梁架向內一椽架；清代則規定自山面檐柱中綫向內收進一檩徑。二者計算方法不同，但從外觀可以看出，收山的尺度由大變小，而正脊的尺度則由短變長。兩山略微收進，坡檐放長，外觀看起來益加峭拔秀麗。收山制適用於歇山屋頂。

盔頂

將攢尖屋頂的屋面曲綫向上拱起，形成狀如頭盔的屋頂。

勾連搭

兩個或三個硬山、懸山屋頂前後連在一起，爲組合型的屋頂。

一殿一頂

兩個屋頂勾連在一起。如後邊的屋頂是硬山，較高大，爲廳堂的頂；前邊與之相連的屋頂是捲棚頂，較矮，爲抱廈的頂。

材　質

草屋頂

以茅草構築的屋頂。茇葉、茅草是屋頂最原始，也是有瓦以前最大量使用的建材。草屋頂是迄今爲止建造最簡易、最經濟的屋頂形式。由文獻中的"清廟茅屋""茅茨土階"可以看到，至唐代，廣州、洪州等地仍未普及燒瓦蓋房。有瓦以後，仍然有許多地方，尤其是鄉村常用草蓋房。草頂的構架以竹或木捆扎堅牢即可，較好的構架則如同瓦房立柱架梁。檩子可用較細的材料做，椽常用細竹竿相距尺許排列而成，然後編篾條，鋪草頂，可用茅草、葦草、禾草。由於排水性能差，坡度要求在45°以上。脊處常做些花樣。草房頂一般每年需修葺。鄉村常有土墼墙草房頂的農舍，看去質樸而素雅。現僅見於邊遠地區或臨時房屋上，但作爲一種具有獨特民間風格的屋面形式，對於當今的仿古園林設計，仍有藉鑒意義。

【茅茨】[2]

即草屋頂。《韓非子・五蠹》："堯之王天下也，茅茨不翦，采椽不斲。"《史記・李斯列傳》："堯之有天下也，堂高三尺，采椽不斲，茅茨不翦。"《資治通鑑・唐肅宗至德元載》："雖茅茨土階，惡衣菲食，不恥其陋。"明唐順之《答廖東雲提學》："山西古帝王之都，其人有茅茨土階之風。"

【茨】

即草屋頂。《穀梁傳・成公二年》："壹戰綿地五百里，焚雍門之茨。"范寧注："茨，蓋也。"《史記・太史公自序》："堂高三尺，土階三等，茅茨不翦。"張守節正義："屋蓋曰茨，以茅覆屋。"章炳麟《四惑論》："若夫啜菽歠漿以愈饑渴，冬氄夏葛以避寒暑，上茨下藉以庇雪霜……人之借資於外物者誠不可乏。"

蓬茨 [2]

以蓬草做的屋蓋。《漢書·王褒傳》:"今臣辟在西蜀,生於窮巷之中,長於蓬茨之下。"顏師古注:"蓬茨,以蓬蓋屋也。"《隋書·經籍志二》:"於是,尸素之儔,盱衡延閣之上;立言之士,揮翰蓬茨之下。"

大式瓦作

屋頂瓦作的兩大形制之一,多用於宮殿廟宇。其特點爲筒瓦騎縫(亦即可使用半圓形的筒瓦及弧形片狀的板瓦),脊上有特製的脊瓦,并有吻獸等裝飾。就材料上而言,除用青瓦之外,亦可使用琉璃瓦。

小式瓦作

屋頂瓦作的兩大形制之一,多用於民宅。它與大式瓦作的區別:騎縫多用板瓦,偶爾使用筒瓦(衹可使用弧形片狀板瓦,不可使用半圓形筒瓦),脊上没有吻獸等飾件,而材料則衹有青瓦。

筒板瓦頂

以板瓦作底瓦,筒瓦作蓋瓦的屋面。爲結構最完備的瓦屋頂。宋代始規定小式建築不用筒瓦,因而衹有宮殿寺廟等較重要的大式建築才能使用筒板瓦。北方殿宇多在望板上用灰泥"苫背",在其上窀砌筒板瓦。其做法是將微彎的板瓦凹面向上,順着屋頂的坡放上去,上一塊壓着下一塊的十分之七,擺成一道溝。溝與溝之間,用筒瓦凹面向下覆蓋,使雨水自筒背落到溝中,順溝流下。每一列成溝的瓦叫作一壠。溝的最下一塊板瓦下端曲下呈如意形,稱"滴水"。覆在壠縫上的筒瓦,最下一塊有圓形的頭,稱"勾頭"或"瓦當"。滴水及瓦當均可保護檐部不被雨水淋濕。南方多不用苫背,直

接在椽上置底瓦,在底瓦上鋪仰板瓦,再在瓦壠上以灰泥鋪筒瓦。而且在檐端椽頭釘寬大整齊的房檐板,不露椽頭,這是南方與北方不同之處。

仰瓦蓋瓦頂

亦稱"仰合瓦頂""合瓦頂"。底瓦與蓋瓦均用板瓦鋪成的屋頂。宋代以來規定,除皇帝特許外,民居不許用筒瓦。因此除上等官房外,均爲此形制。北方先在椽上鋪望板或葦箔,然後以灰泥做苫背。再將微彎的板瓦凹面向上,順着屋頂的坡鋪到苫背上,稱"仰瓦"。仰瓦上一塊要壓着下一塊的七分,露出三分,擺成一道溝。溝與溝之間的縫,則用同樣的板瓦凹面向下覆蓋,稱"蓋瓦",亦可稱"合瓦"。故有"仰瓦蓋瓦頂"之稱,或"仰合瓦頂"之稱。南方不用苫背,常在桷子上鋪溝瓦,即仰瓦。較講究的房子先鋪底瓦然後鋪溝瓦,再在溝瓦上鋪蓋瓦,也即合瓦。滴水勾頭都用微微捲起的花邊瓦。

【仰合瓦頂】

即仰瓦蓋瓦頂。此稱宋代已行用。見該文。

【合瓦頂】

即仰瓦蓋瓦頂。此稱宋代已行用。見該文。

【陰陽瓦頂】

亦稱"蝴蝶瓦頂"。即仰瓦蓋瓦頂。近現代北方的稱謂。其特點爲底瓦、蓋瓦均用板瓦,鋪瓦時按一反一正,即一陰一陽的順序排列,北方稱"陰陽瓦頂",南方稱"蝴蝶瓦頂"。

【蝴蝶瓦頂】

即陰陽瓦頂。此稱多行用於近現代南方。見該文。

仰瓦頂

亦稱"乾叉瓦屋面"。衹用仰瓦而不用蓋瓦的屋頂。做法是在椽上釘望板或葦箔，上鋪灰泥要厚一些，四寸許，其上鋪瓦。所有的瓦都是將凹面向上的板瓦依次鋪來，也即均爲仰瓦；溝與溝之間的縫沒有蓋瓦覆蓋，故瓦的排列要求較高。設中間一壟爲A壟，第二壟爲B壟，第三壟爲C壟，第四壟爲D壟……每壟領頭瓦爲A1、B1、C1、D1……以上依次爲A2、B2……A3、B3等。其規律：一、相鄰瓦壟的瓦翅要互相交錯叠壓。B1壓A1，A2壓B2，B2壓A2，A3壓B3……二、同一橫綫上相隔的瓦架住相鄰上方瓦，同時又被相鄰下方瓦架住。A2與C2架B2，A3與C3架B3……C2被B1與D1架住，C3被B2與D2架住……三、除領頭瓦外，相鄰的瓦要相錯，相隔的瓦要在一條橫直綫上。A2與B2相錯，C2與D2相錯……A2、C2在同一條橫綫上，B2、D2在同一條橫綫上。仰瓦頂的正脊常做成"扁擔脊"，亦稱"脊帽子"。垂脊在與磚檐相接處以筒瓦做一壟"梢壟"，也可在梢壟內側加做一壟"邊壟"（爲板瓦蓋瓦壟）。屋面瓦料在規格上要求嚴格。此種屋面體輕，省料，不易生草，防水性能好，不易漏雨。多見於華北及東北部分地區，是一種獨具風格的民間做法。

【乾叉瓦屋面】

即仰瓦頂。見該文。

仰瓦灰梗頂

將板瓦凹面向上順屋頂坡面依次鋪好，瓦壟接縫處以青灰壒灰梗的屋頂。灰梗應直順，上圓下直，形如筒瓦。屋脊做法簡單，正脊可做成狀如筒瓦過壟脊的形式，亦可做成扁擔脊。垂脊做一壟筒瓦梢壟，亦可在內側再做一壟板瓦蓋瓦邊壟。此做法防雨性能好且省瓦料。

棋盤心屋面

合瓦屋面的中間或下部，改做灰背，形如棋盤，故稱。屋脊、梁架易開裂處用瓦，中間或下部以青灰壒頂。棋盤心屋面的正脊一般做鞍子脊或合瓦過壟脊；垂脊部位僅做邊壟、梢壟和分間壟；上部的合瓦壟叫作"麥穗"。其特點是采取了小面積苫着的方法，灰背不易開裂。民居采取此形式着眼於屋脊、梁架關鍵部位用瓦以保證屋面品質，其餘部位用青灰壒頂較爲經濟。一些官式建築也常在不露明的坡面采取此形式，着眼於減輕木檁的荷重。作爲修繕手段，此做法更具優越性。

琉璃瓦屋面

以琉璃瓦鋪裝的屋頂。在古代，琉璃瓦衹用於宮殿建築，且有嚴格的規定。清代規定唯皇宮及廟宇可用黃色琉璃瓦或黃剪邊；親王、世子、郡王衹能用綠色琉璃瓦或綠剪邊；離宮別館及皇家園林建築可用黑、藍、紫、翡翠等顏色的琉璃瓦或由各色琉璃瓦組成的琉璃集錦屋面。琉璃剪邊做法指用琉璃瓦做檐頭及屋脊，用削割瓦（琉璃瓦坯子素燒成型後燜青成活，而不再施釉的瓦件）或布瓦（黏土燒製成的深灰色的瓦，亦稱"青瓦"）鋪裝成的屋面。也可以一種顏色的琉璃瓦做檐頭及屋脊，以另一種顏色的琉璃瓦鋪裝成屋面，如黃心綠剪邊或綠心黃剪邊。用削割瓦或布瓦做心的剪邊屋面多見於城樓或廟宇，以另一種顏色琉璃瓦做心的剪邊屋面多見於園林建築。琉璃集錦，指以兩色琉璃瓦或多色琉璃瓦拼成圖案的屋面做法。常見圖案如方勝（菱形）、叠落方勝（雙菱形）、囍字等。集錦做法多用於園林建築及地方建築。

灰背頂

屋頂表面不用瓦覆蓋，以"灰背"構成的屋面。此做法可用於平臺屋頂，亦可用於起脊屋頂。用於起脊屋頂時，一般僅用於局部。如棋盤心屋面房頂脊、梁柱以外的部分，盝頂正中的平臺，勾連搭房屋連接處的"天溝"等。起脊房屋全部用灰背頂的，屬地方做法。有時可在平臺灰背的表面撒一層鐵粒，然後將鐵粒拍進灰背裏去。經如此處理的灰背表面具有較高的硬度，不怕硬物（如鐵鍬）碰撞。舊時糧店、煤鋪等需要在屋頂堆曬物品的鋪面房常采用此做法。

焦渣背屋面

以焦渣灰苫背的屋頂。多用於平臺屋面。明清時的鋪面房，尤其是糧店、煤鋪，常采用此做法，以便晾曬或存放物品。焦渣背屋面體輕、造價低，具有較高的强度與剛度，是古代建築施工中廢料利用的範例。此做法流行於山西、河北、陝西等地。

滑秸泥背屋面

以黄土摻入麥秆或稻草做成的屋頂。用較純净的黄土，亦可摻入少量白灰，再摻入麥秆或稻草，加水攪拌調製成漿，將屋頂苫好後用鐵抹子軋實軋光。屋面做好後，每隔幾年需補抹一層。據記載，此做法可上溯至母系氏族時期，彼時即已廣泛流行。黄土拌水成泥，是一種天然的可塑性材料。泥中摻和草筋，可增强其抗拉性能，防止龜裂。此種做法漢唐文獻稱之爲"墐"。當時黄河流域主要作物爲粟、黍，長江流域爲稻。半坡遺址的殘墐中發現有粟粒、黍粒痕迹，可知人們已經進一步懂得用農作物

秸秆作筋和泥。文獻中記載爲泥土中摻和"黍穰"。隨着建築技術的發展，近年來已不多見。參閱中國科學院自然科學史研究所《中國古代建築技術史·原始社會時期的建築技術》。

樹皮頂

將大塊完整的樹皮鋪在木構架上製成的屋頂。將砍伐的杉樹，一段段完整地剝下樹皮，每段長 1 米至 2 米。然後鋪平堆叠，上面用大石壓緊，過一段時間，便是十分平整的"樹皮瓦"。樹皮頂房屋的構架不同於草房，而與山區瓦房相同。一般是版築式土墼墻，木構架。一旦有條件換瓦時，掀掉樹皮，加若干椽子，即可鋪瓦。樹皮屋頂比草頂耐用，修補亦方便。我國南方山區應用較爲普遍。

石板瓦頂

以小塊規格的薄石片有序地排列鋪成的屋頂。將石料加工成小塊規格的薄石片，按一定的順序鋪在屋面上。具體做法有三種：一是以石板瓦作底瓦，板瓦作蓋瓦，配合使用；二是瓦屋面以石板瓦作"棋盤心"；三是整個屋面以石板瓦鋪蓋。以石板瓦作屋頂的房屋稱"石板房"。山區就地取材，使用較多。

木瓦頂

以木片覆蓋的屋頂。通常在整幢房屋全部用木料建造，屋面亦鋪木片爲瓦。將木材加工成長約 2 米，厚 1~2 厘米的木片，直接鋪在檩上而無須加椽。屋頂坡度平緩，木瓦上壓水平嚮木條，與檩捆綁結實以固定木瓦。木瓦向下一面經室内烟熏火燎，乾燥後可防蟲蛀。木瓦每年冬天須翻轉一次，使上下兩面輪換使用。清《益州志》載，滇東北彝族以"茅草、板片、樹皮爲矮屋，中設火炊"。茅草、板片、樹皮

即屋頂覆蓋物。又《永北廳志》:"伯夷(傣族)小寨依山多用板房。"納西族井幹建築亦用木瓦。木瓦質輕,防蟲防腐,經久耐用,使用壽命可達四五十年,取材及加工方便,在木料資源豐富的地區,是優良的屋頂選材。

金瓦頂

以金瓦鋪頂的屋面。金瓦頂有三種。第一種名爲金瓦,實爲銅瓦,多見於皇家園林。第二種是銅胎鎦金瓦。《舊唐書·王縉傳》:"五臺山有金閣寺,鑄銅爲瓦,塗金於上照耀山谷。"這可能是皇家園林或藏傳佛教建築所用的金瓦式樣。第三種是在銅瓦的外面包赤金瓦片,作魚鱗狀,釘在屋頂的木望板上。屋脊也作龍頭、龍身之狀。清代爲了團結信衆,標榜國家之富強,常在藏傳佛教寺廟上使用金瓦,如熱河普陀宗乘,須彌福壽等廟;清宮内的雨花閣也亦用金瓦蓋頂,晴天日光照射時金光耀眼,在大群建築中最爲突出。

鐵瓦頂

以鐵瓦鋪頂的屋面。鐵瓦形同筒板瓦。四川峨眉山的廟宇常有此做法。

明瓦頂

宮殿建築中有用雲母片加工而成的瓦,亦有用蠣、蚌之類的殼磨製成薄片,嵌在窗户或天棚上作瓦,可以取光。《肇慶府志·物產》:"蠣光,出陽江海中,蠣別種,無肉,治其殼,施之窗楄,薄而光明,謂之明瓦。"多用於花房,亦可用於有特殊觀賞需要的園林建築。南方建築常在瓦面中用一至二塊明瓦,以便觀察天氣變化。

屋　脊

屋脊

屋頂兩斜坡相交處隆起的交綫及轉折部位的交綫,用瓦、磚、灰等材料砌築而成,兼有防水及裝飾雙重作用。水平者稱"正脊""平脊""大脊"。傾斜者稱"垂脊""斜脊"。脊最早而可靠的實物是漢代石闕以及石祠。嵩山太室石闕頂是用筒瓦壘起的,山東濟南長清孝堂山郭巨祠則是用筒板瓦壘成的。脊瓦在兩坡接縫處起重要的封護作用。屋頂上的裝飾構件主要集中在屋脊上,稱"脊飾"。脊飾繁多是中國式傳統大屋頂的特色之一,體現了我們民族的建築設計理念,反映了那個時代的思想及宗教觀念。在重要建築物的正脊上用鳳裝點是很早、很流行的做法,其代表作是漢建章宮之鳳闕。南北朝時佛教大盛,佛經上之雨神摩羯魚(即鯨魚)亦隨之傳入中國,并取代鳳凰以禳除火災。鯨魚會噴水,將其尾部的形狀置於屋頂,寓意降水以滅火。宋高承《事物紀原》引《青箱雜記》曰:"海有魚虬,尾似鴟,用以噴浪則降雨。漢柏梁臺灾,越巫上厭勝之法:起建章宮,設鴟魚之像於屋脊,以厭火災,即今世鴟吻是也。"這就是南北朝時迅速興起并大量使用的正脊兩端之鴟尾。此後歷代形態略有變化,名稱有異,折而向上似張口吞脊,因名"鴟吻"。清朝爲"大吻",也即"龍吻"。垂脊前端有獸頭形飾件,稱"垂獸"。垂脊至屋角最前端之角脊上由前至後分立"仙人"及"走獸"。仙人脚下有瓦質飾件"套獸"。脊飾將中國式的大屋頂裝扮得更加多姿多彩,用象徵性的手法寄寓了更加豐富的内涵。追溯脊飾的起源,應該説功能性的需求先於裝飾性的需求。屋脊是整個屋頂防水的薄弱環節。爲了保護脊檁處木結構的節點而把屋脊這一部位的草泥抹厚一些,因襲下來并與裝飾性相結合,逐漸演變爲鴟尾、正吻等脊飾形式。不少漢明器正脊兩端向上隆起,形狀略似後來的鴟尾。北魏石窟所反映的建築形式中,已經出現較正規的鴟尾。唐《營繕令》規定:"宫殿皆四阿,施鴟尾。"唐昭陵獻殿遺址出土的鴟尾實物,已發展爲塗釉的大型瓦件。宋李誡《營造法式》記載,宋代脊飾除鴟尾外尚有嬪伽、蹲獸、滴當、火珠等。明清時則演變爲正吻、鮆獸、仙人、走獸等。民間屋脊雖較簡陋,但却不失生動活潑。脊飾的部位往往正是屋脊結構容易漏水的關鍵之處,體現了屋脊構造節點和造型裝飾的統一。中國建築物裝飾性的部件大都集中在屋頂上,這些

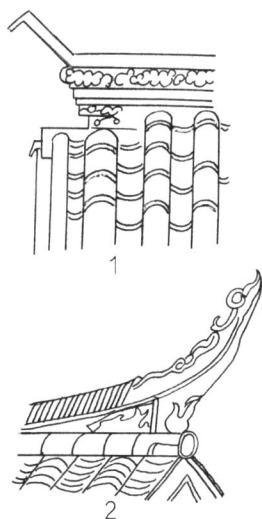

1.北方清水脊;2.南方瓦片脊
民間建築屋脊

裝飾象徵着吉祥、顯貴及平安,對於豐富屋頂的輪廓綫起到了不少美學意義上的作用。

【屋山】[2]

即屋脊。爲房屋最高處,如山之巔。唐韓愈《寄盧仝》詩:"每騎屋山下窺瞰,渾舍驚怕走折趾。"宋陸游《老學庵筆記》卷二:"民有比屋居者,忽作高屋,屋山覆蓋鄰家,鄰家訟之,謂他日且占地。"亦泛指屋頂。宋劉攽《館宿有懷平甫》詩:"日下屋山三面赤,月臨天井四方明。"

【屋山頭】[2]

即屋脊。宋黄庭堅《汴岸置酒贈黄十七》詩:"誰倚柁樓吹玉笛,斗杓寒挂屋山頭。"宋范成大《顔橋道中》詩:"一段農家好風景,稻堆高出屋山頭。"宋辛棄疾《鷓鴣天·戲題村舍》詞:"雞鴨成群晚未收,桑麻長過屋山頭。"

【广】[3]

即屋脊。《説文·广部》:"广,因广爲屋,象對刺高屋之形,凡广之屬皆从广,讀若儼然之儼,魚儉切。"《古今韻會舉要·琰韻》:"广,《增韻》:'棟頭曰广。'"

朱甍 [2]

朱紅色屋脊。亦藉指帝王之宫室。唐李白《明堂賦》:"皓壁晝朗,朱甍晴鮮。"清洪昇《長生殿·疑讖》:"可知他朱甍碧瓦總是血膏塗。"張懷奇《頤和園》詞:"朱甍天際集鳳凰,九成避暑離宫凉。"

軒甍 [2]

高高的屋脊。甍,屋脊。南朝宋謝靈運《君子有所思行》詩:"密親麗華苑,軒甍飾通逵。"南朝梁劉孝標《東陽金華山栖志》:"懸溜瀉於軒甍,激湍迴於階砌。"

正脊

亦稱"平脊"。屋頂前後兩斜坡相交而成之脊，位於屋面最高處。因呈水平狀，故亦稱"平脊"。北方的宮殿寺廟多使用脊筒瓦，製成綫條簡潔之筒子脊。南方常用碎瓷片鑲嵌人物花草，跑龍跑鳳，色彩斑斕。更有做成透空花筒子脊，玲瓏剔透，煞是美觀。正脊兩端漢代以來常用鳳凰裝點，南北朝以後各代常用鴟尾修飾。一般民居正脊也有不同做法。大致説來，北方喜用磚堆砌綫脚，稱"清水脊"，脊兩端做翹起之鼻子；長江流域喜用片瓦脊，即用脊瓦立着排一行，屋面兩端翹起做鰲尖。片瓦脊要用石灰勾勒，以防片瓦鬆動。片瓦脊的使用可追溯到宋代，李誡在《營造法式》中有疊叠瓦屋脊之做法，即用片瓦層層疊叠而成。大殿用二三十層瓦，民居可用六七層瓦。

【平脊】

即正脊。此稱多行用於現當代。見該文。

大脊

特指正脊兩端做吻獸，脊件層次較多，以區別於其他做法之正脊。

垂脊

亦稱"斜脊""廡殿脊""排山脊"。兩斜屋面相交的傾斜交綫。可指廡殿頂正面與側面之交綫，常稱爲"廡殿脊"；亦可指歇山、懸山或硬山前後兩坡自正吻沿博風下垂之屋脊，常稱爲"排山脊"。垂脊以垂獸爲界分成兩大段，垂獸前的部分稱獸前，垂獸後的部分稱獸後。梁思成《清式營造則例·瓦石》："垂脊是四角由戧和角梁上的結構，分爲兩大段——獸前和獸後。"又《緒論》："垂脊下半的走獸仙人，或是斜脊上釘頭經過裝飾以後的變形。"

【斜脊】

即垂脊。此稱多行用於現當代。見該文。

【廡殿脊】

即垂脊。此稱多行用於現當代。見該文。

【排山脊】[1]

即垂脊。此稱多行用於現當代。見該文。

獸前

指垂獸以前之部分。垂脊以安在正心桁中心綫上的垂獸爲界分成兩大部分。飾有瓦質雕飾件仙人、走獸。參閲梁思成《清式營造則例·瓦石·屋頂》。

獸後

指垂獸以後之部分。垂脊以安在正心桁中心綫上的垂獸爲界分成兩大部分。梁思成《清式營造則例·瓦石·屋頂》："垂脊是四角由戧和角梁上的結構，分爲兩大段——獸前和獸後……垂獸以前一段就是所謂獸前，後面就是獸後。"

戧脊

歇山頂下部與垂脊相交的一段屋脊。歇山頂從外觀上看似懸山頂"坐在"廡殿頂上，實際是二者結合而成。共有九條脊，除水平的正脊外，上半是四條垂脊，下半自博風到套獸間即爲戧脊，與垂脊在平面上成45°角。戧脊分前後兩段，前段之角脊安仙人走獸，其後有瓦質雕飾件戧獸。

角脊

亦稱"岔脊"。廡殿或歇山重檐屋面，下檐坡面轉折處，沿角梁方嚮之脊。脊飾同上檐。宋李誡《營造法式·小木作制度三》："角脊長二寸，曲廣四分，厚二分五厘。"

【岔脊】

即角脊。此稱多行用於現當代。見該文。

博脊

歇山頂山花板與下邊與屋面相交處，依前後方嚮平置之屋脊。歇山屋頂山尖部分稱"小紅山"，兩側坡面稱"撒頭"。小紅山與撒頭相交之脊亦即博脊。博脊之功用爲使雨水排出山花板之外。

圍脊

亦稱"纏腰脊""下檐博脊""重檐博脊"。重檐屋頂下層檐屋面與木構架枋、檁等相交之脊。因其首尾相接呈圍合狀，故稱。圍脊在轉折處安合角吻。

【纏腰脊】

即圍脊。此稱多行用於現當代。見該文。

【下檐博脊】

即圍脊。此稱多行用於現當代。見該文。

【重檐博脊】

即圍脊。此稱多行用於現當代。見該文。

鞍子脊

仰合瓦屋面正脊的常見形式，也是仰合瓦房所獨有的屋脊。形似馬鞍，故稱。

過壟脊

亦稱"元寶脊"。爲筒板瓦頂正脊的一種。其主要特點有兩個：一是脊的做法與瓦壟相同，但瓦件爲"羅鍋"狀，形如元寶，故稱"元寶脊"。二是前後坡瓦面的底瓦壟是相通的，故亦稱"過壟脊"。過壟脊既可用在加垂獸的高規格建築物上，亦可用在不加垂獸的一般建築物上。

【元寶脊】

即過壟脊。此稱多行用於近現代。見該文。

合瓦過隴脊

合瓦屋面正脊的一種形式，也即鞍子脊的簡單做法。因前後坡的底瓦壟是相通的，具備"過壟"的特徵，故稱。

捲棚脊

亦稱"羅鍋脊""圓脊""箍頭脊"。歇山頂、硬山頂及懸山頂屋面，當正脊爲圓弧形之過壟脊或鞍子脊時，屋面頂部及兩側排山脊均呈圓弧曲捲狀，故稱。此做法脊件須加工成圓弧狀，當正脊爲大脊時，前後坡面相交構成的排山脊被正脊吻獸隔開；而當正脊爲過壟脊或鞍子脊時，兩側排山脊在屋頂上相連，因而又有形象之稱呼"箍頭脊"。

【羅鍋脊】

即捲棚脊。此稱多行用於近現代。見該文。

【圓脊】

即捲棚脊。此稱多行用於近現代。見該文。

【箍頭脊】

即捲棚脊。此稱多行用於近現代。見該文。

皮條脊

正脊的形式之一。較大脊做法簡單，與大脊陡板以下部分做法相同。與清水脊的區別在於兩端不做"草盤子"及"蠍子屋"。皮條脊兩端可加吻獸，亦可不加吻獸。

清水脊

民居人字頂的形式之一。屋頂祇有兩坡一脊，即使用垂脊，也至多加一壟筒瓦，以別於板瓦部分。正脊做法簡單，北方多以磚堆砌綫腳，兩端用雕刻花草的盤子及翹起的鼻子爲飾，造型質樸而簡潔。"清水"二字意爲清潔、美觀、細緻。爲北方建築藉鑒南方片瓦脊做法的範例。

扁擔脊

一種簡易的正脊。形似扁擔，故稱。用於民居。

墻帽正脊

正脊做法之一，源於琉璃瓦頂的墻帽。此做法坡長較短，正脊不宜太高，脊件須簡化。

排山脊 [2]

歇山、硬山或懸山屋面之垂脊。順山尖而上，故稱。

排山勾滴

亦稱"鈴鐺排山脊"。歇山、硬山或懸山山尖博縫板上的一排勾滴。勾滴是勾頭瓦與滴水瓦之統稱。勾頭，即每壟筒瓦最下方的一塊以圓盤爲頭的瓦當。滴水，排列在壟溝最下方的一塊板瓦，前端有如意形舌片下垂。勾頭、滴水的功用爲保護檐椽不受雨水浸蝕。

【鈴鐺排山脊】

即排山勾滴。勾頭瓦、滴水瓦可稱爲"鈴鐺瓦"，故稱。此稱多行用於近現代。見該文。

披水排山脊

排山脊之一種。將排山勾頭瓦、滴水瓦改作披水磚砌的磚檐。

觚棱

亦作"柧棱""觚稜"。宮闕轉角處之瓦脊。爲方角棱瓣之形，故稱。"觚"通"柧"，"柧""棱"互訓，指多棱角之器物。《文選·班固〈西都賦〉》："設璧門之鳳闕，上觚棱而栖金爵。"呂向注："觚棱，闕角也。"《後漢書·班固傳上》作"柧棱"。李賢注引《説文》："柧棱，殿堂上最高之處也。"唐杜牧《長安雜題長句》之一："觚棱金碧照山高，萬國珪璋捧赭袍。"宋王觀國《學林·觚角》："所謂觚棱者，屋角瓦脊成方角棱瓣之形，故謂之觚棱。"明宋濂《官巖院碑》："陽馬四騫，柧棱高翔。金浮翠流，輝輝煌煌。"清龔自珍《己亥雜詩》之三百："北望觚棱南望雁，七行狂草達京華。"

【柧棱】

同"觚棱"。此體漢代已行用。見該文。

【觚稜】

同"觚棱"。此體漢代已行用。見該文。

寶頂

亦稱"絶脊"。攢尖頂建築物攢尖之頂點，爲各條垂脊的最高會合點。形狀多爲須彌座上加一個球形體，如皇冠頂部之寶石。如爲琉璃瓦屋面則寶頂多爲金色，陽光下金光燦爛，耀眼奪目。清《世宗憲皇帝硃批諭旨》："寶頂因年久風雨，石灰三合土剥落。"

【絶脊】

即寶頂。此稱多行用於近現代。見該文。

邊梢

邊壟與梢壟之統稱。多用於民居的垂脊，做法是與磚檐相接部位宽的第一壟蓋瓦稱"梢壟"，亦可在梢壟裏側再加宽一壟蓋瓦稱"邊壟"。合稱"邊梢"。對於合瓦、仰瓦或棋盤心屋面的邊梢來説，梢壟爲筒瓦壟，邊壟則須用板瓦宽成。

承　霤

承霤

亦作“承溜”。亦稱“重霤”“承落”。屋檐下承接雨水的長槽，多以木或銅爲之，將屋面落下的雨水匯集引入水斗或水落管，以保護墙壁、臺基不被冲澆淋濺。天子所居四面均設承霤，諸侯所居三面設承霤，大夫所居前後兩面設承霤，士所居衹在前面設承霤。《禮記·檀弓上》：“池視重霤。”鄭玄注：“承霤，以木爲之，用行水，亦宮之飾也……今宮中有承霤，云以銅爲之。”孔穎達疏：“重霤者，屋承霤也。以木爲之，承於屋霤，入此木中，又從木中而霤於地，故謂此木爲重霤也。天子則四注，四面爲重霤；諸侯四注重霤則差，降去後餘三；大夫唯餘前後二；士則唯一在前。”宋俞琰《席上腐談》卷上：“古之承霤，以木爲之，用行水，即今之承落也。”明文震亨《長物志》：“簷瓦不可用粉刷，得巨枡欄擘爲承溜，最雅。”清焦循《皇清經解續編·群經宮室圖一》：“重霤，一名承霤，今以銅錫爲之，或用木或用竹，謂之隔漏。”

【承溜】

同“承霤”。此體明代已行用。見該文。

【重霤】[2]

即承霤。此稱先秦時期已行用。見該文。

【承落】

即承霤。此稱宋代已行用。見該文。

【屋霤】[1]

即承霤。《淮南子·本經訓》：“秉太一者，牢籠天地，彈壓山川。”漢高誘注：“牢讀屋霤之霤，楚人謂牢爲霤。”《禮記·檀弓上》：“池視

重霤。”孔穎達疏：“重霤者，屋承霤也。以木爲之，承於屋霤，入此木中，又從木中而霤於地，故謂此木爲重霤也。”

【檐溜】

即承霤。亦稱“檐溝”。用以匯集屋面落下的雨水，引入水斗或水落管，以免淋濕墙壁、門窗。宋范成大《雪後守之家梅未開呈宗偉》詩：“瓦溝凍殘雪，檐溜粘輕冰。”明沈周《落花》詩之一：“帶烟窗扇櫺斜透，夾雨檐溝瓦半漫。”清秦蕙田《五禮通考·吉禮·右祀竈》：“後世易復穴爲宮室，則殿屋四注，四面皆檐溜。”

【檐溝】

即檐溜。此稱明代已行用。見該文。

【檐霤】

即承霤。唐元結《漶陽亭作》詩序：“初得漶泉，則爲亭於泉上，因開檐霤，又得石渠。”宋林希逸《考工記解》卷下：“屋前曰四阿之類，皆有檐霤處也。”宋陸游《南唐書·胡則傳》：“彦賓懼，逃檐霤中，執而殺之。”清陳維崧《摸魚兒·早春雪後束雲臣》詞：“雪初本氣，銀僵玉偃，冰牙猶挂檐霤。”

【霤】[2]

即承霤。《儀禮·鄉飲酒禮》：“磬階間縮霤，北面鼓之。”郝敬節解：“霤，檐間承霤也。”晋陸機《贈尚書郎顧彦先二首》之二：“豐注溢修霤，黄潦浸階除。”明徐弘祖《徐霞客游記·滇游日記八》：“南則嵌槽倒隙，爲懸霤形而勢甚束。”

【霤槽】

即承霤。宋陸游《老學庵筆記》卷七：“臨江蕭氏之祖，五代時仕於湖南，爲將校，坐事

當斬，與其妻亡命焉，王捕之甚急……匿於人家霤槽中。湘湖間謂霤爲笕……乃世世奉祀，謂之笕頭神。"

笕

承霤之一種。用對剖并貫通內節的竹子銜接而成的導水管道。見"霤槽"文。

銅池

屋檐下承接排除雨水的長槽，宮中以銅爲之，故稱。《漢書·宣帝紀》："乃元康四年嘉穀玄稷降于郡國，神爵仍集；金芝九莖產于函德殿銅池中。"顏師古注："銅池，承霤是也，以銅爲之。"《宋書·樂志四》："甘露初二年，芝生銅池中。"南朝陳徐陵《勸進元帝表》："芝房感德，咸出銅池。"明馮時可《月賦》："金垺銅池，擷芳矖麗。"

蟾

古建築屋檐下的排水設施，也即承溜裝置。

形似蟾蜍，故名。唐李賀《李夫人歌》："玉蟾滴水雞人唱，露華蘭葉參差光。"唐杜牧《題壽安縣甘棠館御溝》詩："水殿半傾蟾口澀，爲誰流下蓼花中。"宋陸游《閑中書事》詩："堂上清風生玉麈，澗中寒溜注銅蟾。"清惜秋、旅生等《維新夢·寫本》："看一派冰蟾瀉冷，聽幾番風馬敲凉。"

內霤

大門之內屋檐之下承接雨水的木槽或銅槽。《儀禮·士昏禮》："揖入三揖。"鄭玄注："入三揖者，至內霤，將曲，揖。既曲，北面揖，當碑，揖。"孔穎達疏："內霤，門內霤也。霤，屋檐滴處。"《禮記·檀弓下》："曾子後入，闇人辟之，涉內霤，卿大夫皆辟位，公降一等而揖之。"孫希旦集解："內霤，大門之內霤水處也。"

脊　飾

金爵

宮闕脊飾之銅鳳凰。漢代最重要建築物正脊上常以鳳凰裝飾，漢高頤闕、漢磚以及畫像石上皆可見到。漢建章宮之鳳闕即因用鳳鳥而得名。正脊上用鳳在中國是很早、很流行的做法。鴟尾興起後，鳳凰便逐漸消寂了。《文選·班固〈西都賦〉》："設璧門之鳳闕，上觚棱而栖金爵。"李善注引《三輔故事》："建章宮闕上有銅鳳凰，金爵即銅鳳也。"宋任希夷《德壽宮即事六首》詩之一："金爵觚棱曉色開，三朝喜氣一時回。"清趙翼《芷塘南回喜贈》詩：

"呼嵩禮畢乞身歸，金爵觚棱莽回首。"

【銅鳳凰】

即金爵。《文選·班固〈西都賦〉》："設璧門之鳳闕，上觚棱而栖金爵。"李善注引《三輔故事》："建章宮闕上有銅鳳凰，金爵即銅鳳也。"宋王觀國《學林·觚角》："蓋謂以銅鐵爲鳳雀，安於闕角瓦脊之上。"《天中記·闕》："建章宮東起別風闕，高二十五丈，乘高以望遠。又於宮門北起圓闕，高二十五丈，上有銅鳳凰。"

鐵鳳

亦稱"鐵鳳凰"。古代主體建築物正脊鐵鑄

的鳳形飾物。下有轉樞，可隨風轉動。在我國，正脊以鳳凰，也即朱雀裝飾，興起得很早，至漢已用於重要建築物，遂成制度。漢高頤闕、漢磚以及函谷關畫像石上均可見到。漢建章宮之鳳闕即因此而得名。此風氣亦流傳至日本，鳳凰堂即正脊兩端用鳳的實例。南北朝以後，正脊以鴟尾裝飾的風氣漸起，并迅速推廣開來，成爲重要建築物的定制，鳳凰便逐漸銷聲匿迹了。《文選·張衡〈西京賦〉》："鳳騫翥於甍標，咸溯風而欲翔。"三國吳薛綜注："謂作鐵鳳凰，令張兩翼，舉頭敷尾以函屋上，當棟中央。下有轉樞，常向風如將飛者焉。"南朝梁陸倕《石闕銘》："蒼龍玄武之制，銅雀鐵鳳之工。"唐杜甫《大雲寺贊公房》詩之三："玉繩迴斷絶，鐵鳳森翶翔。"宋蘇軾《送陳睦知潭州》詩："朝元閣上酒醒時，卧聽風鶯鳴鐵鳳。"

【鐵鳳凰】

即鐵鳳。此稱三國時期已行用。見該文。

鴟尾

古代宮殿屋頂正脊兩端之裝飾性構件。我國古代重要建築物正脊兩端最早的流行做法是用鳳凰來裝飾的，漢建章宮之鳳闕即因此而得名。南北朝時隨着佛教的傳入，佛經中之雨神摩羯魚（鯨魚）亦傳到中國。印度紀元前之建築物即飾以摩羯魚，我國南北朝以來大量用尾似鴟之飾物以裝飾屋脊，意欲禳除火灾。《隋書·宇文愷傳》有"晋以前未有鴟尾"的文字。到了南北朝，鴟尾在雲岡、龍門石窟的雕刻中已隨處可見，并有諸多文字記載。北魏酈道元《水經注·温水》："林邑西去廣州二千五百里……其城飛觀鴟尾迎風拂雲。"《北史·高道穆傳》："廣興屋宇，皆置鴟尾。"《格致鏡原》卷一九引《郡國志》："朔方太平城，後魏穆帝治也，太極殿琉璃臺及鴟尾悉以琉璃爲之。"説明鴟尾不爲地域及國界所限，迅速而普遍地使用起來。隋石幢上四面屋頂雕刻之鴟尾已是可考之實物。唐代鴟尾見唐大雁塔門楣石刻。宋代按房屋長短定鴟尾高度。宋李誡《營造法式》卷一三："殿屋八椽九間以上，其下有副階者鴟尾高九尺至一丈（若無副階高八尺），五間至七間（不計椽數）高七尺至七尺五寸，三間高五尺至五尺五寸。"鴟尾的最初形態是尾部向脊中央捲曲，唐宋以來，形體漸變，爲帶短尾之獸頭，張口吞脊，尾漸有向上、向外捲曲之趨勢，謂之"鴟吻"。宋代吻身出現小龍，至明清吻身爲盤曲向上之蟠龍，龍口大開，咬住正脊，尾捲曲向外，實則應稱"龍吻"。清代以柱高四分之一定其高度，形體樣式更趨程式化。《晋書·五行志中》："孝武帝太元十六年六月，鵲巢太極東頭鴟尾。"《陳書·高祖紀下》："戊辰，重雲殿東鴟尾有紫烟屬天。"清孔尚任《桃花扇·截磯》："月升鴟尾城吹角，星散旄頭帳點兵。"鴟尾可以是瓦質雕飾件，亦可采用釉陶或

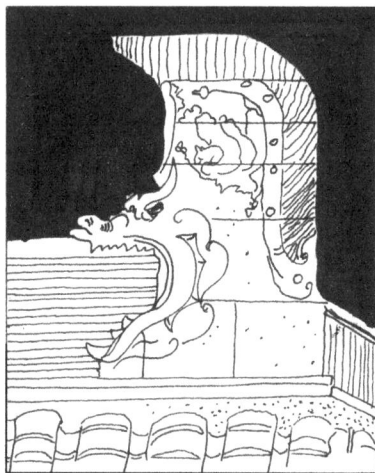

山西五臺山佛光寺大殿的唐代鴟尾

琉璃製成。其位置處於正脊與垂脊交叉之三坡瓦壟易滲透部位，既有封護性能，又有裝飾作用。其形體巍然翹立，增添殿宇雄壯宏偉的氣勢。一說鴟尾是一種尾似鴟的魚，自漢代即用作脊飾，以厭火祥。

【蚩尾】

即鴟尾。亦作"祠尾"。北齊顏之推《顏氏家訓·書證》："或問曰：'《東宮舊事》何以呼鴟尾爲祠尾？'答曰：'張敞者，吳人，不甚稽古，隨宜記注，逐鄉俗訛謬，造作書字耳。吳人呼祠祀爲鴟祀，故以祠代鴟字。'"明宋濂《毗盧寶藏閣碑》："舼棱騫飛，蚩尾衝霄。"一說"蚩尾"，水之精，置殿堂以避火災。唐蘇鶚《蘇氏演義》卷上："蚩者，海獸也。漢武帝作柏梁殿，有上疏者云：'蚩尾，水之精，能辟火災，可置之堂殿。'今人多作鴟字。"

【祠尾】

同"蚩尾"。此體南北朝時期已行用。見該文。

魚尾

唐宋時鴟尾在南方常做成魚形，尾翹捲，故稱。與鴟尾同出一源。宋彭乘《墨客揮犀》卷五："漢以宮殿多災，術者言天上有魚尾星，宜爲其象冠於室以禳之。今自有唐以來，寺觀舊殿宇尚有爲飛魚形尾指上者，不知何時易名爲鴟吻，狀亦不類魚尾。"宋黃朝英《靖康湘素雜記》引《倦游録》有類似記載。參閱《大唐五山圖考》。

【鱗尾】

即魚尾。南方部分地區之稱謂，做法亦有某些不同之處，特點是魚尾部捲曲時不并攏，鏤刻透空，或是在邊緣部分加許多花樣，較北

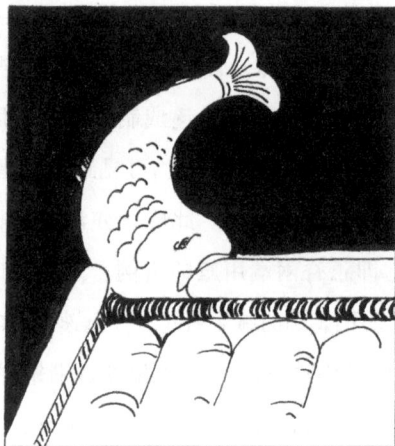

唐宋時屋脊上的魚尾

方更爲玲瓏剔透。

鴟吻

亦作"蚩吻"。由中唐起，殿堂屋頂正脊兩端之裝飾件鴟尾形體漸漸發生變化，爲帶短尾之獸頭，張口吞脊，尾部不再捲向脊中央，折而向上、向外捲曲，因此名稱亦有所變化。此形式一直沿用至元。字亦作"蚩吻"。唐劉餗《隋唐嘉話》卷下："〔王右軍《告誓文》〕開元初年，潤州江寧縣瓦官寺修講堂，匠人於鴟吻內竹筒中得之。"唐蘇鶚《蘇氏演義》卷上："蚩者，海獸也。漢武帝作柏梁殿，有上疏者云：'蚩尾，水之精，能辟火災，可置之堂殿。'今人多作鴟字。見其吻如鴟鳶，遂呼之爲鴟吻，顏之推亦作此鴟。"《續資治通鑑·宋太祖開寶五年》："其餘官稱，多所更定，宮殿悉除去鴟吻。"宋高承《事物紀原》卷八引吳處厚《青箱雜記》："海有魚虬，尾似鴟，用以噴浪則降雨，漢柏梁臺災，越巫上厭勝之法，起建章宮，設鴟魚之像於屋脊，以厭火災，即今世鴟吻是也。"明李東陽《記龍生九子》："龍生九子，不成龍，各有所好……蚩吻平生好吞，今殿脊獸頭是其遺像。"

【蚩吻】

同"鴟吻"。此體明代已行用。見該文。

【鴟甍】

即鴟吻。宋黄休復《茅亭客話·避雷》："世傳乖龍者，苦於行雨而多方竄匿，藏人身中，或在古木楹柱之内及樓閣鴟甍中。"

【螭吻】

即鴟吻。宋龍衮《江南野史·後主》："降諸王爲郡公，初，臺閣殿各有螭吻。自乾德後，天王使至，則去之，使還復用。"《格致鏡原》卷九〇引明陸容《菽園雜記》："螭吻，形似獸，性好望，故立屋角上。"清高士奇《天禄識餘·龍種》："俗傳龍子九種，各有所好……二曰螭吻，形似獸，性好望，今屋上獸頭是也。"清張廷玉等《詞林典故》卷六下："從亭南螭吻中出，水中荇藻交横，文鱗游泳，足嘉賞焉。"參閲清褚人穫《堅瓠十集·龍九子》。

正吻

亦稱"龍吻""大吻"。明清重要建築物屋頂正脊兩端之裝飾性構件，係釉陶或琉璃製品。龍頭形，龍口大開，咬住正脊，龍尾捲曲向外，故亦稱"龍吻"。龍口咬住正脊，正脊亦稱大脊，故亦稱"大吻"。我國古建築的脊飾，最早見於漢代石闕、石祠及明器上，多呈瓦當堆砌而成的翹起形態。重要建築流行以鳳凰裝飾正脊之兩端。至南北朝以後，爲鴟尾所取代。中唐以後，形態發生變化，爲帶短尾之獸頭，張口吞脊，尾不再向脊中央捲曲，折而向上、向外捲，稱鴟吻。宋元時期吻身出現小龍。明代吻身上的小龍，鱗飛爪張，頗爲富麗。清代變化不多，更趨程式化。清中葉以後，龍吻蕭索無生氣。正吻下部有吻座，背部有扇形之劍把，

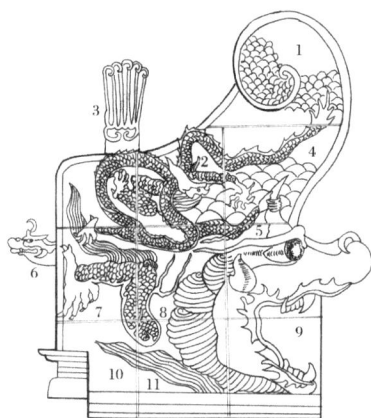

1.券尾　2.龍身　3.劍把　4.脖子　5.前爪　6.背獸
7.後爪　8.中央　9.吻口　10.吻座　11.火焰
明清琉璃正吻

背後有背獸。清代正吻高度是以柱高四分之一來確定的。在較大的建築物上，可達八九尺高，使房屋造型更加宏偉巍峨。其用料常采用釉陶或琉璃。正吻位於正脊與垂脊交叉之三坡瓦壟易滲透部位，既有封護性能，又有裝飾作用。

【大吻】

即正吻。此稱明代已行用。見該文。

【龍吻】

即正吻。此稱明代已行用。見該文。

【龍尾】

即正吻。該詞最早見於宋李誡《營造法式·瓦作制度》，最早的實物見於金代。宋代以後，鴟吻身上出現小龍，至明清時，盤曲之蟠龍已完全代替了鴟吻。龍頭張口吞脊，尾向後捲曲，故稱。明代龍身雕刻細膩，鱗飛爪舞，頗爲生動、富麗。背上劍把已改爲象徵性的，捲瓣向前斜，龍兩目正視前方。清代與明代做法相似，更趨程式化。背部劍把捲瓣多直立正捲，龍二目側視。

背獸

正吻背後獸頭形之雕飾件。起於明代，初

時爲小龍形。梁思成《清式營造則例·瓦石·屋頂》:"吻下山面有吻座,吻背上有扇形的劍把,背後有背獸。"

垂獸

亦稱"角獸"。安於正心桁中心綫或正、側中心桁相交點上的瓦質雕飾件,作獸頭形。也即位於垂脊之前端,緊接走獸之後。因常雕成有角之獸,故亦稱"角獸"。梁思成《清式營造則例·瓦石·屋頂》:"走獸的數目要單數,最後一獸的後面再放一塊筒瓦,接着就是垂獸……〔垂脊〕垂獸以前一段就是所謂獸前,後面就是獸後。"

【角獸】

即垂獸。此稱清代已行用。見該文。

戧獸

安於戧脊走獸之後的較大的裝飾性雕件。戧脊同於垂脊,亦分前後兩段。前段爲角脊,安仙人走獸;走獸之後的一個較大的雕飾件,便是戧獸,其地位類似垂獸。

套獸

位於仙人脚下,套在仔角梁頭套獸榫上的瓦質雕飾件,呈獸頭形。不僅能起裝飾作用,且可避免仔角梁頭被雨水浸蝕。

仙人

垂脊或戧脊最前端之雕飾件。做成仙人形象,故稱。仙人之後便是走獸。從漢明器上已經可以看到垂脊前端雕飾的迹象,南北朝杭州閘口白石塔出檐翼角脊端有仙人的形象。宋畫滕王閣、黃鶴樓垂脊前端有類似的雕飾件。北方官式建築多用仙人、走獸,長江以南浙江、福建、廣東、四川等地角脊前端常用翹起之鰲尖,鰲尖後部祇置一二仙人。

走獸

垂脊前部即角脊上單行縱列之獸形雕飾件。位於仙人之後,垂獸之前。在角脊上裝雕飾件,漢明器已有迹象,南北朝檐翼角脊出現仙人,仙人之後有蹲獸。宋代規定用嬪伽一個,蹲獸一至八個,式樣及次序均無定則。至清官式建築對等級、大小、奇偶、數目、次序等都有嚴格規定。《大清會典》規定的次序爲由仙人後數起:龍、鳳、獅子、天馬、海馬、狻猊、狎魚、獬豸、斗牛、行什。走獸須用單數,多寡依坡身大小及柱子高矮而定,大概每柱高二尺可以用一件。最少祇用一件,多至九件。但地方建築仍按本地習慣,多不從官制。故宮太和殿角脊上即排列十個琉璃坐姿小獸,爲雙數,依清制爲最高等級。走獸多爲傳說中具象徵意義的異獸。龍爲帝王之象徵;鳳爲百鳥之王;獅子爲鎮山之王;天馬、海馬象徵皇家威德通天入海;狻猊爲能食虎豹之异獸,象徵百獸率從;狎魚、斗牛可興雲作雨,鎮火防灾;獬豸善辨是非,説明皇家"正大光明";行什似猴,爲壓尾獸,因排行第十,故名。走獸與脊瓦燒結爲一體,以防漏雨。

合角吻

重檐下檐博脊轉折相交處所安吻獸。以之繞過角金柱,故稱。《大清會典則例·工部·物材》:"合角吻,二樣,銀五兩五錢,鉛二十八兩;三樣,銀五兩三錢,鉛二十四兩;四樣,銀三兩五錢,鉛二十兩。"

劍把

正吻背上扇形雕飾件。合角吻亦有劍把。明代劍把捲瓣向前斜,清代捲瓣多直立正捲。《大清會典則例·工部·物材》:"劍把脊獸,每件銀六分。"

火珠

宮殿、廟宇正脊裝飾用之寶珠。多爲鎏金製成，其外緣形似火焰，故名。唐李白《秋日登揚州西靈塔》詩："水搖金刹影，日動火珠光。"唐封演《封氏聞見記·明堂》："開元中改明堂爲聽政殿，頗毀徹而宏規不改。頂上金火珠迥出空外，望之赫然。"《舊唐書·禮儀志二》："則天尋令依舊規制重造明堂……上施寶鳳，俄以火珠代之。"清紀昀《閱微草堂筆記·灤陽續錄一》："是廟基址與中和殿東西相直，殿上火珠映日回光耳。"

瓦獸

亦稱"獸頭"。瓦製獸形物，古代建築用於屋頂脊飾。瓦獸有別於琉璃仙人、走獸。唐李賀《潞州張大宅病酒過江便寄上十四兄》詩："莎老沙雞泣，松乾瓦獸殘。"《新唐書·車服志》："常參官施懸魚、對鳳、瓦獸、通栿乳梁。"《宋史·輿服志六》："凡公宇，棟施瓦獸，門設桕栢。"明田藝蘅《留青日札·宅》："瓦獸，屋上獸頭及轉角飛仙、海馬之類也。"清孔尚任《桃花扇·賺將》："那樓脊獸頭邊，閃閃綽綽，似有人影。"

【獸頭】

即瓦獸。此稱清代已行用。見該文。

屋獸

古建築屋脊上的獸形裝飾物，瓦器。用於一般人家，以區別於宮殿樓閣之琉璃脊飾仙人走獸。宋陶穀《清異錄·瓦停仙》："鸜多在殿閣鴟尾及人家屋獸結窠，故或有呼瓦亭仙者。"

刻儇

刻有浮首虎頭之脊飾。《淮南子·本經訓》："木巧之飾，盤紆刻儇。"高誘注："刻儇，浮首虎頭之屬，皆屋飾也。"

鼇尖

脊飾的一種。鼇，亦作"鼈"，傳說海中能負山之大鼇或巨龜。屋脊端翹起之鼇尖，形似昂首翹望之巨龜。長江以南及浙江、福建、四川、廣東等地在角脊尖端常用高高翹起之鼇尖，鼇尖後部有時置一二仙人。一般民居正脊做片瓦脊時，兩端亦喜做翹起之鼇尖，花樣繁多。

雀庵

民房正脊兩端常以板瓦疊砌成花瓣形之屋飾，亦即向上起尖角，因麻雀常於此夜宿或孵雛，故名。清蒲松齡《雜著·日用俗字·泥瓦章》："雀庵還須板瓦做，勒杆又使葛條錐。"

風　鐸

風鐸

亦稱"風鈴"。懸於檐下的鈴鐸，風吹發出響聲，故稱。多用於宮殿、廟宇、樓塔等建築。唐元稹《飲致用神麴酒三十韻》："遙城傳漏箭，鄉寺響風鈴。"唐南卓《羯鼓錄》："聞塔上風鐸聲，傾聽久之，朝迴復至寺舍。"宋張耒《宿柳子觀音寺》詩："夜久月高風鐸響，木魚呼覺五更眠。"清李漁《慎鸞交·心歸》："最奇的是橫階塔影,在平地上振響風鈴"。

【風鈴】

即風鐸。此稱唐代已行用。見該文。

【風珮】

即風鐸。亦稱"風綴""風馬"。唐元積《善歌如貫珠賦》:"偏佳朗暢,屢此圓明。度雕梁而暗繞,誤風綴之頻驚。"宋陸游《枕上》詩:"商略明朝當少霽,南檐風珮已鏘然。"自注:"都下新作藥王,風響如古玉珮,玎璜琚瑀悉備。"明湯顯祖《牡丹亭・鬧殤》:"甚飛絲繾的陽神動,弄悠揚風馬叮咚。"明王錂《春蕪記・候約》:"重檐風馬催愁起,影徹孤幃思轉迷。"清惜秋、旅生等《維新夢・寫本》:"看一派冰蟾瀉冷,聽幾番風馬敲凉。"

【風綴】

即風珮。此稱唐代已行用。見該文。

【風馬】

即風珮。此稱明代已行用。見該文。

【風箏】

即風鐸。亦稱"風琴"。懸於屋檐,風吹作聲如箏,故稱。唐李白《登瓦官閣》詩:"兩廊振法鼓,四角吟風箏。"唐李商隱《令狐舍人説昨夜西掖玩月因戲贈》詩:"露索秦宮井,風弦漢殿箏。"劉學鍇、余恕誠集解:"此風箏係懸掛於屋檐下之金屬片,風起作響,故稱風箏。"宋王安石《和崔公度家風琴八首》:"疏鐵檐間挂作琴,清風纔到遽成音。"五代齊已有《白蓮集・風琴引歌行》。明楊慎《升庵詩話・風箏詩》:"古人殿閣檐棱間有風琴、風箏,皆因風動成音,自諧宮商。"

【風琴】

即風箏。此稱五代已行用。見該文。

檐鐸

亦作"簷鐸"。亦稱"檐鈴"。懸於檐下的鈴鐸,風吹發出聲響。唐王勃《白鶴寺碑》:"鏘鏘簷鐸,聲傳桂葉之風;焰焰山爐,氣結松陰之靄。"宋陸游《夏日晝寢夢游絶句》:"桐陰清潤雨餘天,檐鐸搖風破晝眠。"宋朱熹《秀野劉丈寄示南昌諸詩和此》之一:"山榴雨罷珠簾卷,簷鐸風驚玉佩鳴。"宋施樞《檐玉鳴》詩:"曉窗風細響檐鈴,一曲雲璈枕上聞。"明常樓居《嬌鶯兒・秋懷》曲之二:"疏燈寒照,紗籠窗月皎,風露響簷鐸。"清沈初《西清筆記・紀庶品》:"雕鏤工細,窗欄簷鐸,層層周密,内設佛像。"清蔣詩正等《西清古鑑・漢風鈴》:"《周禮》'鳴鈴應鷄人',後人以閣鈴仿之,亦檐鐸類也。"

【簷鐸】

同"檐鐸"。此體唐代已行用。見該文。

【檐鈴】

即檐鐸。此稱宋代已行用。見該文。

【檐鐵】

即檐鐸。亦作"簷鐵"。初多以玉石雕成龍形、馬形,以綫懸於檐下,風吹撞擊有聲。後多以金屬爲之。元謝應芳《和趙朋南春詞》詩:"落梅風急綺疏寒,檐鐵鏘如響八鸞。"清黄遵憲《夜起》詩:"千聲檐鐵百淋鈴,雨橫風狂暫一停。"清丁榕《采桑子》詩:"又倚危闌,雁送西風撲面寒。聲聲碎玉鳴簷鐵,怕説心酸。"清黄景仁《中元僧舍》詩:"緊魚沸夜潮,風馬戛簷鐵。"蔡有守《昨夜》詩:"燈炧窗紗將薄曉,風沈檐鐵有餘聲。"

【簷鐵】

同"檐鐵"。此體清代已行用。見該文。

【檐間鐵】

即檐鐸。亦作"簷間鐵"。亦稱"風鐵"。宋王安石《和崔公度家風琴》之四："風鐵相敲固可鳴，朔兵行夜響行營。"宋辛棄疾《賀新郎·用前韵送杜叔高》詞："夜半狂歌悲風起，聽錚錚，陣馬檐間鐵。南共北，正分裂！"元袁桷《送曾編修》詩："磚花窺日輪，井藻旋風鐵。"元蒲察善長《新水令》套曲："我這裏獨倚定幃屏，簷間鐵好難聽，耶煞我也當當丁丁。"

【風鐵】

即檐間鐵。此稱宋代已行用。見該文。

【簷間鐵】

同"檐間鐵"。此體元代已行用。見該文。

鐵馬

懸於檐下的鈴鐸，風吹發出響聲，如戰馬披甲戰鬥之聲，故稱。初多以玉石爲之，後以鐵爲之。元陳芬《芸窗私志》："元帝時臨池觀竹，既枯，後每思其響，不能寢，帝爲作薄玉龍數十枚，以縷綫懸於檐外，夜中因風相擊，聽之與竹無異。民間效之，不敢用龍，以什駿代，今俗則以燒料謂之鐵馬。以如馬被甲作戰鬥形，且有聲也。"元王實甫《西廂記》第二本第四折："莫不是鐵馬兒檐前驟風？莫不是金鈎雙控，吉丁當敲響簾櫳。"《紅樓夢》第八七回："一會兒，檐下的鐵馬也只管叮叮噹噹的亂敲起來。"後世多以爲鐵馬之制當始於梁元帝時。唐馮贄《南部烟花記·響玉》以爲鐵馬之制當始於隋煬帝時。

【檐馬】

即鐵馬。亦作"簷馬"。宋張半湖《掃花游》詞："又丁東、數聲檐馬。"元曾瑞《醉花陰·元宵憶舊》套曲："恨簷馬玎當，怨塞鴻悽切。"明邢慈静《咏風》："響敲檐馬蝦須颭，花氣輕飄入户清。"清袁枚《隨園詩話》卷二："蔣廷鎔有句云：'自從環佩無消息，簷馬丁東不忍聽。'"

【簷馬】

同"檐馬"。此體元代已行用。見該文。

玉馬

亦稱"玉馬兒"。宮殿寺廟檐下懸挂的玉片，風吹撞擊發聲，以警鳥雀。元白樸《梧桐雨》第四折："驚我的又不是樓頭過雁，砌下寒蛩，檐前玉馬，架上金鷄。"又："吉丁當玉馬兒向檐間鬧。"元劉庭信《一枝花·秋景怨别》套曲："畫檐間玎玎噹噹追魂的玉馬，戍樓上點點滴滴索命銅壺。"

【玉馬兒】

即玉馬。此稱元代已行用。見該文。

【玉龍】

即玉馬。因以玉石片雕成龍形，以綫懸於檐外，夜中因風相擊，聽之與竹無异。

【叢玉】

即玉馬。初多以玉石雕成龍形、馬形，以綫懸於檐下，風吹撞擊有聲。後多以金屬爲之。唐李賀《有所思》詩："鴉鴉向曉鳴森木，風過池塘響叢玉。白日蕭條夢不成，橋南更問仙人卜。"

九子鈴

亦稱"九子金鈴"。古代宫殿寺觀飛檐下或帳幕四角懸挂的裝飾鈴，多以金玉製成。古有"龍生九子"之説，故以九金龍銜九子鈴以示祥瑞。《西京雜記》卷一："〔昭陽殿〕上設九金龍，皆銜九子金鈴。"《南史·齊廢帝東昏侯記》：

"〔神仙、永壽、玉壽三殿〕椽桷之端，悉垂鈴佩……莊嚴寺有玉九子鈴，外國寺佛面有光相，禪靈寺塔諸寶珥，皆剝取以施潘妃殿飾。"南朝梁元帝《金樓子·箴戒》："齊武帝内殿則張帷雜色錦複帳，帳之四角爲金鳳凰，銜九子鈴。"唐李商隱《齊宮詞》："梁臺歌管三更罷，猶自風搖九子鈴。"清吳偉業《讀史有感》詩之六："爲掣瓊窗九子鈴，君王晨起婕好醒。"

【九子金鈴】

即九子鈴。此稱漢代已行用。見該文。

寶鐸

亦稱"寶鈴"。寺廟寶塔檐端懸挂的鈴鐸，因風而動，叮咚作響。南朝梁劉孝綽《酬陸長史倕》詩："月殿曜朱旛，風輪和寶鐸。"南朝梁簡文帝《大愛敬寺刹下銘》："珠幡轉曜，寶鈴韻響。"北魏楊衒之《洛陽伽藍記·永寧寺》："佛事精妙，不可思議。綉柱金鋪，駭人心目，至於高風永夜，寶鐸和鳴，鏗鏘之聲聞及十餘里……金盤炫日，光照雲表；寶鐸含風，響出天外。"《大方便佛報恩經·論議品》："有七寶塔，從地踊出住在空中，無數幢幡而懸其上，百千寶鈴不鼓自鳴，微風吹動出微妙音。"宋張耒《休日詣法雲寺》詩："金猊散香霧，寶鐸韵天風。"明梅鼎祚《玉合記·緣合》："寶鐸聽風吹，珠扉破雲啓。"

【寶鈴】

即寶鐸。此稱南北朝時期已行用。見該文。

第二節　屋檐考

屋檐，或稱"房檐"，又稱"宇"，古代亦單稱"檐"，指屋頂伸出墙外或柱外之部分。伸出前墙的謂前檐，伸出後墙的謂後檐，四面出檐謂周檐。屋頂有一層檐的謂單檐，兩層以上檐的謂重檐。其功用是保護墙體及檐下椽木斗拱等不受雨水侵蝕。《爾雅·釋宮》："檐謂之樀。"郭璞注："〔檐〕屋梠。"邢昺疏："屋檐，一名樀，一名屋梠，又名宇，皆屋之四垂也。"《説文·木部》："檐，楣也。"又："楣，秦名屋檼聯也。齊謂之檐，楚謂之梠。"宋李誡《營造法式·大木作制度二》："檐，其名有十四：一曰宇，二曰檐，三曰樀，四曰楣，五曰屋垂，六曰梠，七曰櫺，八曰聯櫋，九曰檼，十曰房，十一曰庪，十二曰櫋，十三曰楇，十四曰庮。"梁思成《清式營造則例》："檐，屋頂伸出至墙或柱以外之部分。"最初的檐是檐椽伸出墙或柱而形成，自東漢始，挑檐多用挑梁和斗拱承托。

早在新石器時代，仰韶文化早期（約當公元前5000年至前4000年），人類在修建地面建築時，就已經創造了屋檐。隨着居住面的上升，墙體加高，周邊結構由曲綫變爲折綫，也即分化爲直立的墙體與傾斜的屋頂兩部分。其結構進一步改進，使之能够較爲合理地承受屋面載荷，方始明確了屋蓋與墙體的不同分工。屋蓋與墙體分界的一周有塗泥的凸棱。依據功能的需要，凸棱向外伸展的部分漸次加大，伸出墙體的部分即形成屋檐。考古資料表明，西安半坡遺址晚期建築已有屋檐。居住面多接近室外地坪，木骨泥墙高度當在一人左右。這樣出檐較小就不能保護墙身免受雨水冲刷，更不能防止墙基受潮。因而隨着房屋高度的增長，出檐也逐步加大。出檐深遠，檐沿則低壓，阻礙光綫，且雨水順勢急流，檐下易發生濺水。於是采用雙層椽子，上層椽子微曲，使檐沿向上翻成曲綫，稱"飛檐"。屋角更同時向左右抬高，使檐加甚仰翻

新石器時代陶屋模型圖
（楊鴻勛《建築考古學論
文集》）

曲度，稱"翼角翹起"。屋面曲綫來源於梁架逐層加高，使屋頂斜度越上越峻峭，越下越和緩。"則吐水疾而溜遠。"深而遠的屋檐僅憑屋椽懸挑有限，過大則屋椽易被壓折，促使了承檐結構的發展。仰韶文化晚期，創造了檐下立擎檐柱支承的做法。自周代末年，出現了斗拱，以承受屋檐的重量，將其直接或間接地轉到柱子上。斗拱的形制與功能歷代均有發展演變，經久不衰，直至清代。

　　在西安半坡地面房屋建築遺址F$_{25}$中（約當公元前5000至前4000年），發現柱洞出現顯著的大小差別，周邊大柱洞之間還有小柱洞。據此，專家們推測其周邊柱頂杆件用料也有增大，基本形成了"墻體"和"屋蓋"兩部分，墙體與屋蓋交結的一周，形成了檐。江蘇邳州大墩子遺址出土的陶製房屋模型，表現出最初時期屋檐的特徵。在西安半坡遺址F$_{24}$中，由於板椽的使用，屋蓋則已明顯出檐。這種屋檐雖然很小，但已形成檐的基本結構。春秋戰國時期出現了多層及高架木構建築，它們不僅規模大，還設有門樓和重檐。秦和西漢時期，各地爭相建築樓、閣、複道。東漢留下的大量表現建築形象的明器：陶屋、陶樓、畫像石、畫像磚等，都表明到東漢不僅出現了大量多層樓閣，而且它們出檐較大，其挑檐或用挑梁，或用斗拱，甚或在挑梁頭上加斗拱以加大出檐。自此後，挑梁和斗拱便成爲我國古代木建築挑檐結構的兩種普遍形式。關於檐的記載，歷代不絶。《詩·小雅·斯干》："如跂斯翼，如矢斯棘，如鳥斯革，如翬斯飛。"孔穎達疏："其斯革斯翼，言簷（同檐）阿之勢似鳥飛也。翼言其體飛象其勢，各取喻也。"《儀禮·鄉射禮》："賓升，主人阼階上，當楣。北面再拜，賓西階上，當楣。"《禮記·明堂位》："山節藻梲，復廟重檐，刮楹達鄉，反坫出尊，崇坫康圭，疏屏，天子之廟飾也。"孔穎達疏："復廟者，上下重屋也。

重檐者，皇氏云鄭云重檐，重承壁材也。謂就外檐下壁復安板檐，以辟風雨之灑壁，故云重檐重承壁材。"《淮南子・本經訓》："乃至夏屋宮駕，縣聯房植，橑檐榱題，雕琢刻鏤。"高誘注："橑，椽橑也。檐，屋垂也。榱，桷也。題，頭也。"由於挑檐結構的發展，除單檐外，還出現了重檐和多層檐。到南北朝時，已出現了逐層收進、逐層出檐的北魏永寧寺九層木塔。由於木構技術和磚石結構的結合，在多層高塔建築中，不僅塔檐豐富多彩，還出現了起裝飾作用的腰檐。唐代的木構建築規模宏大，技術高超，屋頂結構"舉折"做法已經成型，斗拱挑檐結構充分發展。從現存山西五臺佛光寺的唐代建築看，唐代的木構建築已明確地利用各層梁栿和平槫（檁條）標高的變化，使彎曲的屋面完全定型。由於唐代斗拱之大，幾乎是屋身高度之半，而且斗拱中出現了"昂"，昂的前端支托着屋檐的重量，後尾壓在平槫下起平衡作用，使出檐更爲深遠。宋代出現了許多屋頂山面向前的殿堂和樓閣，產生了"丁"字脊、"十"字脊屋頂和"工"字形、"亞"字形平面殿宇，檐的使用更加多樣。這時的斗拱較之唐代縮小，出檐亦減小。宋元符二年（1100）李誡《營造法式》的刊布，對各種屋檐的尺寸和做法都有了明確的規定，使檐的使用更加程式化。《營造法式・大木作制度二》："造檐之制，皆從橑檐方心出，如椽徑三寸，即檐出三尺五寸；椽徑五寸，即檐出四尺至四尺五寸。檐外別加飛檐，每檐一尺，出飛子六寸。"明清兩代，木構建築漸趨標準化、程式化，斗拱進一步縮小，斗拱中"昂"也退化爲水平木，整個斗拱逐漸失去了承重性，出檐也隨之減短。但在一些皇家宮殿和重要寺廟建築中，檐下斗拱的裝飾更加豐富，眾多密排的多彩斗拱氣勢恢宏，使清代建築檐部結構更加輝煌。檐自創建始，不斷發展，一直沿用至今。一些高樓大廈及店鋪門面建築中亦多以琉璃瓦裝飾屋頂，以增加其藝術魅力。

泛　稱

檐

指屋頂伸出牆外部分。用以保護牆體及椽木、斗拱等不受雨水侵蝕。《爾雅・釋宮》："檐謂之樀。"郭璞注："屋梠。"邢昺疏："屋檐，一名樀，一名屋梠，又名宇，皆屋之四垂也。"《說文・木部》："檐，㮰也。"段玉裁注："在屋邊也……姚氏鼐云，漢時名檐爲承壁材，以其直垂而下，如壁。"《釋名・釋宮室》："檐，接也，接屋前後也。"《禮記・明堂位》："復廟重檐。"鄭玄注："重檐，重承壁材也。"孔穎達疏："謂就外檐下壁復安板檐，以辟風雨之灑壁。"唐吳融《華清宮三首》詩之一："綠樹碧檐相掩映，無人知道外邊寒。”宋李誡《營造法式·大木作制度二》:“造檐之制，皆從橑檐方心出……檐外别加飛檐。每檐一尺，出飛子六寸。”元關漢卿《玉鏡臺》第一折:“休添上畫檐間疏雨滴愁腸。”《紅樓夢》第五回:“但見畫棟雕檐，珠簾綉幕。”

【簷】

同“檐”。《釋名·釋宫室》:“檐，接也，接屋前後也。”王先謙注引畢沅曰:“今本作簷，檐也，接檐屋前後也。”三國魏何晏《景福殿賦》:“飛簷翼以軒翥，反宇𪗍以高驤。”晋陶潛《歸園田居五首》詩之一:“榆柳蔭後簷，桃李羅堂前。”唐韓愈《苦寒》詩:“懸乳零落墮，晨光入前簷。”《舊唐書·白居易傳》:“白石爲橋道，流水周於舍下，飛泉落於簷間，紅榴白蓮，羅生池砌。”宋孫光憲《菩薩蠻》詞:“寒影墮高簷，鈎垂一面簾。”《醒世恒言·兩縣令竟義婚孤女》:“在他矮簷下，怎敢不低頭。”清東軒主人《述異記·筆録不虔之報》:“陳遂登屋至簷，舉步乘之。”

【櫚】[2]

同“檐”。《淮南子·主術訓》:“修者以爲櫚榱，短者以爲朱儒枅櫨。”《陳書·馬樞傳》:“常用白燕一雙，巢其庭樹，馴狎櫚廡，時集几案。”宋陸游《入蜀記》卷二:“有鐘樓高十許丈……櫚桷翬飛，雖木工之良者不能加也。”

【宇】[2]

即檐。《易·繫辭下》:“上古穴居而野處，後世聖人易之以宫室，上棟下宇，以待風雨，蓋取諸大壯。”《詩·豳風·七月》:“七月在野，八月在宇，九月在户，十月蟋蟀入我床下。”鄭玄注:“宇，屋四垂爲宇。《韓詩》云:‘宇，屋霤也。’”《説文·宀部》:“宇，屋邊也。”《釋名·釋宫室》:“宇，羽也。如鳥羽翼自覆蔽也。”王先謙注引葉德炯曰:“《詩·斯干》‘如鳥斯革，如翬斯飛’，正以鳥羽比興屋宇。”《淮南子·覽冥訓》:“而燕雀佼之，以爲不能與之争於宇宙之間。”高誘注:“宇，屋簷也；宙，棟梁也。”晋左思《咏史》詩之五:“列宅紫宫裏，飛宇若雲浮。”《隋書·音樂志上》:“宅屏居中，旁臨外宇。”唐張鷟《游仙窟》:“梅梁桂棟，疑飲澗之長虹；反宇雕甍，若排天之矯鳳。”宋李誡《營造法式·大木作制度二》:“檐，其名有十四：一曰宇，二曰檐，三曰樀，四曰楣……”陳從周《中國民居·導論》:“宇，在這裏是指屋面的下邊緣部分，即通稱的‘檐’。檐部低而棟部高，雨水排泄快。”

【樀】

即檐。《爾雅·釋宫》:“檐謂之樀。”郭璞注:“〔檐〕屋梠。”邢昺疏:“屋檐，一名樀，一名屋梠，又名宇，皆屋之四垂也。”《説文·木部》:“樀，户樀也……《爾雅》曰:‘檐謂之樀。’”宋李誡《營造法式·大木作制度二》:“檐，其名有十四：一曰宇，二曰檐，三曰樀，四曰楣……”

【楣】[1]

即檐。後世多指屋檐口檐端的横板。《説文·木部》:“楣，秦名屋櫋聯也。齊謂之檐，楚謂之梠。”南朝宋謝靈運《山居賦》:“因丹霞以赬楣，附碧雲以翠椽。”唐李賀《五臺山清凉寺》碑:“寒暑隔閡於簷楣，雷風擊薄於軒牖。”宋李誡《營造法式·大木作制度二》:“檐，其名有十四：一曰宇，二曰檐，三曰樀，四曰楣……”宋王禹偁《重修北嶽安天王廟碑》:

"綉栭雲楣，互曜烟霞之色。"明袁宏道《十景園小集》詩："蒼藤蔽檐楣，楚楚干雲勢。"

【屋垂】

即檐。亦稱"垂"。中國古代建築，自墻體和屋頂分開後，爲了保護墻體和梁柱，就形成了出檐。自東漢起就形成了挑梁和斗拱兩種出檐方式。爲了使屋頂形成斜坡或曲面，産生了舉折（清代稱舉架）的做法，即將屋架梁柱層層加高，使屋頂前後或四面下垂如鳥翼展開，故伸出的屋檐亦稱屋垂。《爾雅・釋宮》："檐謂之樀。"宋邢昺疏："屋檐，一名樀，一名屋梠，又名宇，皆屋之四垂也。"《淮南子・主術訓》："大者以爲舟航柱梁，小者以爲楫楔。修者以爲櫩榱，短者以爲朱儒枅櫨。"漢高誘注："簷，屋垂，榱，隱也。"宋李誡《營造法式・大木作制度二》："檐，其名有十四：一曰宇，二曰檐……五曰屋垂……"

【垂】

即屋垂。此稱宋代已行用。見該文。

【梠】

即檐。《説文・木部》："梠，楣也。"又："楣，秦名屋櫓聯也，齊謂之檐，楚謂之梠。"《釋名・釋宮室》："梠，旅也。連旅，旅也。或謂之櫺。"王先謙注曰："畢沅曰：櫺，今本作楹，誤也。據《御覽》引改《説文解字》：梠，楣也。楣，秦名屋櫓聯也。齊謂之檐；楚謂之梠。"宋李誡《營造法式・大木作制度二》："檐，其名有十四：一曰宇，二曰檐……六曰梠……"三國魏何晏《景福殿賦》："鞭梠緣邊，周流四極。"西晉潘岳《馬汧督誄并序》："爨陳焦之麥，柿梠桷之松。"宋王安石《後元豐行》："水秧綿綿復多稌，龍骨長乾挂梁梠。"

【屋梠】[1]

即檐。《方言》第十三："屋梠謂之櫺。"郭璞注："雀梠，即屋檐也，亦呼爲連綿。"《爾雅・釋宮》："檐謂之樀。"郭璞注："〔檐，〕屋梠。"邢昺疏："屋檐，一名樀，一名屋梠，又名宇，皆屋之四垂也。"

【櫺】[1]

即檐。《方言》第十三："屋梠謂之櫺。"郭璞注："雀梠，即屋檐也，亦呼爲連綿，音鈴。"三國魏曹植《贈徐幹》詩："春鳩鳴飛棟，流焱激櫺軒。"宋李誡《營造法式・大木制度二》："檐，其名有十四：一曰宇……七曰櫺……"

【聯櫋】

即檐。亦作"連綿"。單稱"櫋"。亦稱"檷""櫋聯""綿連"。《楚辭・九歌・湘夫人》："罔薜荔兮爲帷，擗蕙櫋兮既張。"蔣天樞校釋："以其齊排於屋檐之邊故曰櫋。張，開張，謂屋檐之狀開張也。"《淮南子・本經訓》："乃至夏屋宮駕，縣聯房植。"漢高誘注："縣聯，聯受雀頭著桷者，一曰辟帶也……"清莊逵吉校訂："縣聯，縣即櫺字。"《釋名・釋宮室》："梠……或謂之櫋。櫋，綿也。綿連榱頭使齊平也。"王先謙注引畢沅曰："櫋，今本作櫋，誤也。據《御覽》引改《説文解字》：梠，楣也。楣，秦名屋櫋聯也，齊謂之檐，楚謂之梠。《説文解字》：櫋，屋櫋聯也。綿連猶櫋聯也。"又引晉郭璞注："雀梠即屋檐也，亦呼爲連綿。連綿即綿連之倒文。雀梠亦即雀頭也。"宋李誡《營造法式・大木作制度二》："檐，其名有十四：一曰宇，二曰檐……八曰聯櫋……"清厲鶚《宋詩紀事》卷五九引宋龔頤正《泰伯廟迎享送神辭》之一："翼翼兮新宮，蘭櫋兮枡桂。"清龔自珍

《破戒草・桐君仙人招隱歌有序》: "乃買黄塵十丈之一鄘，殳書大署庭之樒。"

【樒】

即聯樒。此稱清代已行用。見該文。

【樒】[1]

即"聯樒"。椽子與屋檐相接之帶狀木板。《釋名・釋宫室》: "梠，旅也……或謂之樒。樒，綿也。綿連榱頭使齊平也。"清王先謙集注: "畢沅曰: 《説文》: 樒，屋樒聯也。"《楚辭・九歌・湘夫人》: "罔薜荔兮爲帷，擗蕙樒兮既張。"王逸注: "擗，析也。以析蕙覆樒屋。"清厲鶚《宋詩紀事》卷五九引宋龔頤正《泰伯廟迎享送神辭》之一: "翼翼兮新宫，蘭樒兮枅桂。"清龔自珍《破戒草・桐君仙人招隱歌有序》: "乃買黄塵十丈之一鄘，殳書大署庭之樒。"

【連綿】

同"聯樒"。此體晉代已行用。見該文。

【樒聯】

即聯樒。此稱漢代已行用。見該文。

【綿連】

即聯樒。此稱漢代已行用。見該文。

【縣聯】

即檐。《淮南子・本經訓》: "乃至夏屋宫駕，縣聯房植。"高誘注: "夏屋，大屋也。縣聯，聯受雀頭著梠者，一曰辟帶也。"清莊逵吉按: "縣聯，縣即樒字。"一説，"縣"爲"縣"之誤。王念孫《讀書雜志・淮南子内篇八》: "縣皆當爲綿字之誤也。"

【壁帶】

即樒聯。亦作"辟帶"。《淮南子・本經訓》: "乃至夏屋宫駕，縣聯房植。"漢高誘注: "縣聯，聯受雀頭著梠者，一曰辟帶也。"按，雀頭

指屋檐，梠爲方形椽子。《漢書・外戚傳下・孝成趙皇后》: "壁帶往往爲黄金釭，函藍田璧，明珠、翠羽飾之。"顔師古注: "壁帶，壁之横木露出如帶者也。"《後漢書・琅邪孝王京傳》: "京都莒，好修宫室，窮極伎巧，殿館壁帶皆飾以金銀。"

【辟帶】

同"壁帶"。此體漢代已行用。見該文。

【樿】

即檐。《説文・木部》: "樿，屋梠前也。"宋李誡《營造法式・大木作制度二》: "檐，其名有十四: 一曰宇，二曰檐，三曰楠……九曰樿……"清毛奇齡《古今通韻・琰部》: "樿，屋梠名。"

【庌】[3]

即檐。《周禮・夏官・司馬》賈公彦疏: "辨四時之居治，以聽取夫。居謂牧庌所處。治謂執駒攻特之屬。"《説文・广部》: "庌，廡也。"《釋名・釋宫室》: "廡，憮也。憮，覆也。並、冀人謂之庌。"宋李誡《營造法式・大木作制度二》: "檐，其名有十四: 一曰宇，二曰檐……十曰庌……"

【廡】[4]

即檐。《釋名・釋宫室》: "廡，憮也。憮，覆也。并、冀人謂之庌。"宋李誡《營造法式・大木作制度二》: "檐，其名有十四: 一曰宇，二曰檐……十一曰廡……"

【樓】

即檐。宋李誡《營造法式・大木作制度二》: "檐，其名有十四: 一曰宇，二曰檐……十二曰樓……"

【輓】

即檐。《説文·木部》：“檐，輓也。”宋李誡《營造法式·大木作制度二》：“檐，其名有十四：一曰宇，二曰檐……十三曰輓……”漢張衡《西京賦》：“三階重軒，鏤檻文輓。”李善注：“《聲類》曰：‘輓，屋連綿也。’”宋王易《北嶽大殿增建引檐記》碑：“榑櫨輓橑，窮輪奐之美。”

【庮】

即檐。宋李誡《營造法式·大木作制度二》：“檐，其名有十四：一曰宇，二曰檐……十四曰庮。”

【屋檐】

即檐。亦作“屋簷”。唐韓愈《赴江陵途中寄三學士》詩：“白日屋簷下，雙鳴鬥鶵鶹。”唐白居易《晏起》詩：“鳥鳴庭樹上，日照屋檐時。”

【屋簷】

同“屋檐”。此體唐代已行用。見該文。

【檐宇】

即檐。亦作“櫚宇”。唐白居易《宿東亭曉興》詩：“負暄檐宇下，散步池塘曲。”唐王昌齡《小敷谷龍潭祠作》詩：“沈淫頃多昧，檐宇遂不葺。”宋王安石《招約之職方并示正甫書記》詩：“消摇櫚宇新，攬結蹊隧熟。更能適我願，中水開茆屋。”

【櫚宇】[2]

同“檐宇”。此體宋代已行用。見該文。

【簷宇】

同“檐宇”。北魏楊衒之《洛陽伽藍記·城東·正始寺》：“簷宇清净，美於叢林。”《南史·庾子輿傳》：“初發蜀，有雙鳩巢舟中，及至

又栖廬側，每聞哭泣之聲，必飛翔簷宇，悲鳴激切。”唐高適《苦雨寄房四昆季》詩：“滴瀝簷宇愁，寥寥談笑疏。”

【垂檐】

即檐。亦作“垂簷”。北魏酈道元《水經注·漸江水》：“山中有三精舍，高薨凌虛，垂簷帶空，俯眺平林，烟杳在下。”宋王禹偁《重修北嶽安天王廟碑》：“溪雲拂楹，如絳節以翻空。山溜垂檐，誤鳴珂之振響。”《紅樓夢》第一七回：“甚至垂檐繞柱，縈砌盤階，或如翠帶飄飄。”

【垂簷】

同“垂檐”。此體南北朝時期已行用。見該文。

【軒】[6]

即檐。亦稱“軒簷”。《集韻·平元》：“軒，檐宇之末曰軒，取車象也。”《文選·沈約〈應王中丞思遠咏月〉》詩：“高樓切思婦，西園游上才。網軒映珠綴，應門照綠苔。”張銑注：“軒，屋檐也。以網及珠綴而飾之。”唐劉禹錫《和牛相公南溪醉歌見寄》：“枕伊背洛得勝地，鳴皋少室來軒簷。”

【軒簷】

即軒[6]。此稱唐代已行用。見該文。

【霤】[3]

即檐。霤，本指屋檐向下流的水，藉指屋檐。《禮記·玉藻》：“凡侍於君，紳垂，足如履齊，頤霤，垂拱，視下而聽上。”孔穎達疏：“頤霤者，霤，屋檐，身俯故頭臨前，垂頤如屋霤。”《左傳·定公九年》：“先登，求自門出，死于霤下。”杜預注：“既入城，夷儀人不服，故鬥死於門屋霤下也。”《楚辭·大招》：“夏屋廣

大，沙堂秀只。南房小壇，觀絶霤只。”王逸注：“霤，屋宇也。”南朝梁劉孝綽《酬陸長史倕》詩：“交峰隱玉霤，對澗距金楹。”清焦循《皇清經解續編·群經宮室圖一》：“檐邊流水之處即名爲霤。”

【屋霤】[2]

即檐。宋段昌武《毛詩集解》卷一〇引唐陸德明《經典釋文》：“屋四垂爲宇。《韓詩》云‘宇，屋霤也。’”唐崔融《瓦松賦》：“崇文館瓦松者，產於屋霤之上。”宋沈括《夢溪筆談·辨證一》：“榮者，夏屋東西序之外屋翼也，謂之東榮西榮。四注屋則謂之東霤西霤。”

【宇溜】

即屋霤[2]。亦稱“溜”。宇，屋檐，“溜”通“霤”，屋檐滴水之處也。《左傳·宣公二年》：“三進及溜，而後視之。”孔穎達疏：“溜謂簷下水溜之處。”陸德明釋文：“溜，力救切，屋霤也。”《説文·雨部》：“霤，屋水流也。”《晏子春秋·外篇上十一》：“若此而不得，則臣請輓尸車，而寄之於國門外宇溜之下。”張純一校注：“溜，《説文》：霤，屋水流也。溜通。”

【溜】

即宇溜。此稱先秦時期已行用。見該文。

【簷溜】

即屋霤[2]。宋王安石《示元度》詩：“五楸東都來，剷以遠簷溜。”

【甍】[2]

即檐。《文選·鮑照〈咏史〉》：“京城十二衢，飛甍各鱗次。”李周翰注：“甍，屋簷也。”《南齊書·禮志》：“郊祀氈案，何爲不轉製檐甍？”唐李白《夏日奉陪司馬武公與群賢宴姑熟亭序》：“通驛公館南有水亭焉，四甍齧飛，巉絶

浦嶼。”

【撲水】

即檐。宋陸游《老學庵筆記》卷八：“蔡京賜第……惟撲水少低，間架亦狹，乃即撲水下作臥室。”明李翊《戒庵漫筆》：“今人大廳五間之前重置屋者，俗名五廳三泊署，謂可障蔽炎熱也。《夷堅志》作撲水，撲風板。”

【屋栺】[2]

即檐。《方言》第十三：“屋栺謂之櫺。”郭璞注：“雀栺，即屋檐也，亦呼爲連綿。”《爾雅·釋宮》：“檐謂之楠。”郭璞注：“〔檐，〕屋栺。”邢昺疏：“屋檐，一名楠，一名屋栺，又名宇，皆屋之四垂也。”

【雀栺】

即屋栺。亦稱“雀頭”。因檐多赤黑色，故稱。猶瓦之言雀瓦也。《方言》第十三：“屋栺謂之櫺。”郭璞注：“雀栺，即屋檐也，亦呼爲連綿。”《釋名·釋宮室》：“栺……或謂之檼。”王先謙注引晉郭璞：“雀栺即雀頭也。”

【雀頭】

即雀栺。此稱晉代已行用。見該文。

【宸】[2]

即檐。亦稱“宸宇”。《國語·越語上》：“君若不忘周室而爲弊邑宸宇，亦寡人之願也。”韋昭注：“宸，屋霤；宇，邊也。言越君以周室之故，以屋宇之餘庇覆吳也。”《説文·宀部》：“宸，屋宇也。”段玉裁注：“屋者以宮室上覆言之，宸謂屋邊。故古書言桭振者，即棟宇也……桭即宸字。”朱駿聲通訓定聲：“宸，謂屋檐。”漢張衡《西京賦》：“消雰埃於中宸，集重陽之清澄。”《文選·何晏〈景福殿賦〉》：“芸若充庭，槐楓被宸。”李善注：“《説文》曰：

‘宸，屋宇也，音辰。’”宋王安石《示江公佐外厨遣火》詩：“翛翛短褐方圍火，冉冉青烟已被宸。”

【宸宇】[2]

即宸[2]。此稱先秦時期已行用。見該文。

【桭】

即屋檐。同“宸[2]”。《説文·宀部》：“宸，屋宇也。”段玉裁注：“宸謂屋邊。故古書言柍桭者，即棟宇也。《甘泉賦》：‘日月纔經於柍桭。’服虔曰：‘柍，中央也。桭，屋梠也。’《魏都賦》：‘旅楹閑列，暉鑒柍桭。’張載曰：‘柍，中央也。桭，屋宇檼也。’是知……柍即央字，桭即宸字。”《漢書·揚雄傳》：“列宿乃施於上榮兮，日月纔經於柍桭。”顔師古注引服虔曰：“柍，中央也。桭，屋梠也。”清王念孫《讀書雜志·漢書雜志》：“桭與宸同。”清厲鶚《題新修雲林寺圖》詩：“鏡匳摇綉桷，波底涌華桭。”

【寮檐】

即屋檐。《三美緣》彈詞：“新禧佳節正晴天，户户門庭换彩箋。‘四季康寧’門撻上貼，‘迎祥接福’紙窗邊。也有門神來貼左，芝蘭松柏插寮檐。”

檐口

屋檐安瓦之處。

檐步

從檐檁至金檁的水平距離。宋梅堯臣《袷禮頌聖德詩》：“望帝之顔，穆穆閑閑。檐步廊廊，雪浮陽光。”

堂檐

亦作“堂簷”。廳堂屋頂向旁伸出墻體的邊沿部分。《舊唐書·禮儀志二》：“堂檐，徑二百八十八尺。”唐元稹《紀懷贈李六户曹崔二十功曹五十韵》：“白草堂簷短，黄梅雨氣蒸。”《大清會典·禮部·相見禮》：“賓由中門入，至堂檐下降輿。主人出迎于檐前，揖入。”

【堂簷】

同“堂檐”。此體唐代已行用。見該文。

廊檐

廊頂突出於柱以外部分。宋徐夢莘《三朝北盟會編·炎興下帙一百四十五》：“出館，復循西廊首横過，至東御廊首轉北，循廊檐行，幾二百間。”《儒林外史》第二二回：“把囤米的摺子搬在窗外廊檐下。”《二十年目睹之怪現狀》第二七回：“在廊檐底下站着，專找那些引見的人去嚇唬。”

闔

廟門之檐。亦指宗廟之門。《説文·門部》：“闔，闔謂之樀。樀，廟門也。”徐鍇繫傳：“今俗作檐。”段玉裁注：“今《釋宫》：‘檐謂之樀。’許所據《爾雅》有異本作闔……”又“《吴語》：‘王背檐而立，大夫向檐。’韋云：‘檐謂之樀，樀，門户。’韋注户當作也，《國語》《爾雅》，字皆當作闔。”李富孫《辨字正俗》：“檐爲屋檐，闔爲廟門之檐。”《玉篇·門部》引晋裴啓《語林》：“大夫向闔而立。”

茅檐[2]

以茅草覆蓋屋頂形成的屋檐。後世亦將簡陋的房屋稱爲茅屋，其屋檐爲茅檐。唐顧况《過農家》詩：“板橋人渡泉聲，茅檐日午鷄鳴。”宋辛棄疾《清平樂·村居》詞：“茅檐低小，溪上青青草。”《紅樓夢》第一九回：“只是茅檐草舍，又窄又不乾净，爺怎麽坐呢？”又第四九回：“一帶幾間茅檐土壁，槿籬竹牖。”

磚檐

用磚砌築的墙檐謂磚檐，多用於房屋的檐墙和院墙。磚檐的形式有菱角檐、鷄嗉檐、抽屜檐和冰盤檐等種類。劉大可《中國古建築瓦石營法·磚檐》："磚檐俗稱'檐子'。一層或兩層直檐又可稱爲'拔檐'。"

碧檐

亦作"碧簷"。碧綠色的屋檐。多指用琉璃瓦裝飾的屋檐。唐杜牧《華清宫三十韻》："碧檐斜送日，殷葉半凋霜。"唐吴融《華清官三首》之一："綠樹碧簷相掩映，無人知道外邊寒。"明沈周《落花》詩之一："爲爾徘徊何處邊，赤闌干外碧檐前。"清洪昇《長生殿·聞樂》："環玉砌，繞碧簷，依稀風景漫猜嫌。"

【碧簷】

即碧檐。此體唐代已行用。見該文。

瑶甍

玉飾的屋檐。《文選·顔延之〈車駕幸京口侍游蒜山作〉詩》："陟峰騰輦路，尋雲抗瑶甍。"吕向注："以瑶玉飾屋甍，屋檐也。"宋宋庠《庚午春觀新進士錫宴瓊林苑因書所見》詩："瑶甍軒鳳羽，雲島壓鰲顛。"

畫檐

亦作"畫簷"。飾有彩繪或裝飾華麗的屋檐。唐鄭嵎《津陽門》詩："象床塵凝毡颭被，畫檐蟲網頗梨碑。"唐李渥《秋日登越王樓獻於中丞》詩："畫簷先弄朝陽色，朱檻低臨衆木秋。"宋蘇軾《菩薩蠻》詞："畫檐初挂彎彎月，孤光未滿先憂缺。"宋馬令《南唐書·盧絳傳》："其辭云：'玉京人去秋蕭索，畫檐鵲起梧桐落。'"元馬致遠《漢宫秋》第四折："畫檐間鐵馬響丁丁，寶殿中御榻冷清清。"

【畫簷】

同"畫檐"。此體唐代已行用。見該文。

雕檐

刻飾花紋的屋檐，形容房屋之華美。北魏酈道元《水經注·淯水》："水南道側有二石樓，相去六七丈，雙跱齊竦，高可丈七八，柱圓圍二丈有餘，石質青綠，光可以鑒。其上鑾爐承栱，雕檐四柱，窮巧綺刻，妙絶人工。"宋潘牥《洞仙歌》："雕檐綺户，倚晴空如畫。曾是吴王舊臺榭。"《紅樓夢》第五回："但見畫棟雕檐，珠帘綉幕，仙花馥郁，異草芬芳。"

層　檐

單檐

祇有一層的屋檐。小式建築（不用斗拱的建築）一般爲單檐。大式建築有單檐造、重檐造或重檐三滴水造。單檐出現的最早，大約在仰韶文化早期（約當公元前 5000 年至前 4000 年），原始人類在修建地面建築時就已經創造了屋檐，一直沿用至今。在此基礎上，有了重檐屋頂。

重檐 [2]

亦作"重簷""重橋"。在一層高度内有兩層屋檐謂重檐。《禮記·明堂位》："山節藻棁，復廟重檐。"鄭玄注："重檐，重承壁材也。"孔穎達疏引皇侃曰："鄭〔玄〕云：'重檐，重承壁材也。'謂就外檐下壁復安板檐以辟風雨之灑壁，故云：重檐，重承壁材。"《文選·何晏〈景福殿賦〉》:"雙枚既修,重桴乃飾。"李善注:"雙枚,屋内重檐也……言重檐既長,因達于外而爲重棟,以施采飾也。"南朝梁王僧孺《初夜文》:"出重檐而輕轉,金表含映。"唐駱賓王《四月八日題七級》詩:"複棟侵黃道,重檐架紫烟。"宋楊守道《重修神應侯廟紀碑》:"重欄密廡,森然如翼。"明何景明《待曙樓賦》:"納曲甍之輕暾,散重簷之清旭。"清納蘭性德《渌水亭雜識》卷一:"寺有大悲殿,重檐架之中。"清厲鶚《金壽門有犬名曰小鵲要予賦長歌》:"何人盜取歸重欄,先生得之笑娿妳。"重檐的產生在先秦文獻中已多有記載。《周禮・考工記・匠人》:"殷人重屋,堂修七尋,堂崇三尺,四阿重屋。"賈公彥疏:"云四阿若今四注屋者,《燕禮》云:'設洗當東霤',則此四阿,四霤者也。云'重屋複笮'也者,若《明堂位》云'復廟重檐'。"漢代形制上有較完備的發展。重檐的使用,歷代都有規定,只有宮殿廟宇達到一定規格的建築物方可使用。

【重簷】[2]

同"重檐"。此體唐代已行用。見該文。

【重欄】[2]

同"重檐"。此體宋代已行用。見該文。

【層甍】

即重檐。南朝梁江淹《雜體詩・苦雨》:"水鸛巢層甍,山雲潤柱礎。"北魏酈道元《水經注・濁漳水》:"凡諸宮殿門臺隅雉,皆加觀榭,層甍及宇,飛檐拂雲。"唐柳宗元《法華寺石門精舍三十韻》:"藟葛綿層甍,莓苔侵標榜。"宋朱熹《觀黃德美延平春望兩圖爲賦》詩:"層甍麗西崖,朝旦群峰碧。"明徐弘祖《徐霞客游記・滇游日記八》:"正殿亦南向,八角層甍高十餘丈,址盤數畝。"

三重檐

亦稱"三滴水"。在一層高度内有三層屋檐。羅哲文主編《中國古代建築・附錄》:"檐按建築層數分腰檐、重檐、三重檐(蘇州地區又稱三滴水)。"又《封建後期的斗拱》:"三滴水是上下三檐樓閣的意思。"又《高層建築及其他》:"在其下方,承椽枋與檐檁間鋪釘檐椽

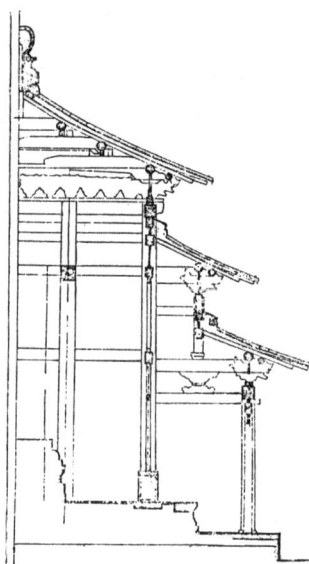

景山清代萬壽亭三重檐斷面圖
(劉致平《中國建築類型及結構》)

以挑出下檐,更加上上部的歇山重檐,共爲三檐。這種做法和北京各門城樓比較,約略相同,外觀上三層檐頭,從下到上逐層内收,富於安定感,所謂三滴水樓閣。"中國科學院自然科學史研究所《中國古代建築技術史・建築著作和匠師》:"屋蓋檐宇做法,大式有單檐造、重檐造或重檐三滴水造。"趙立瀛等《中國宮殿建築・明清北京宮殿》:"城墻四隅有角樓,三檐七十二脊,造型極華美精巧。"

【三滴水】

即三重檐。蘇州地區對三重檐的稱謂。瓦

頂壟溝最下端有似如意形舌片下垂之板瓦，稱作滴水。每層瓦檐祇有一排滴水，三層瓦檐共三排謂之三滴水。

罘罳[2]

張在窗户或屋檐下以防鳥雀飛入的網，以絲綫或銅絲織成。唐李賀《宮娃歌》："寒入罘罳殿影昏，彩鸞簾額著霜痕。"王琦注："蘇鶚《演義》謂罘罳織絲爲之，象羅網交文之狀，蓋宮殿檐户之間。胡三省《通鑑》注：'唐宮殿中罘罳以絲爲之，狀如網，以捍燕雀，非如漢宮闕之罘罳也。'合諸説觀之，漢之罘罳，屏闕之異名；唐之罘罳，網户之別號。此詩所謂罘罳者，是指捍護鳥雀之網户。"清福格《聽雨叢談》卷八："〔罘罳〕蓋用銅絲織成細網，冪於檐楹之下，以防雀鴿栖集。"

飛　檐

飛檐

亦作"飛簷""飛櫩"。亦稱"飛宇"。在大式建築（有斗拱之建築）中，在檐椽外端加釘斷面爲方形的飛椽（或謂飛檐椽），飛椽所承托之屋檐謂飛檐。後世文人亦將鳥展翅欲飛之狀用以形容反曲向上翹起之屋檐。采用飛檐翹起既可防雨水侵蝕椽柱，又可解決室内采光。《文選·張衡〈西京賦〉》："反宇業業，飛檐轍轍。"李善注引薛綜注："凡屋宇皆垂下向，而好大屋飛邊頭瓦皆更微使反上，其形業業然。"三國魏何晏《景福殿賦》："若乃高甍崔嵬，飛宇承霓……飛簷翼以軒翥，反宇轍以高驤。"晋左思《咏史》之五："皓天舒白日，靈景耀神州。列宅紫宮裏，飛宇若雲浮。"晋孫綽《太平山銘》："縣棟翠微，飛宇雲際。"北魏楊衒之《洛陽伽藍記·城南·高陽王寺》："白殿丹檻，窈窕連亘；飛檐反宇，輵轇周通。"宋蘇軾《過木櫪觀》詩："飛簷如劍寺，古柏似仙都。"宋李誡《營造法式·大木作制度二》："造檐之制，皆從橑檐方心出，如椽徑三寸，即檐出三尺五寸；椽徑五寸，即檐出四尺至四尺五寸。檐外別加飛檐。每檐一尺，出飛子六寸。"

【飛簷】

同"飛檐"。此體三國時期已行用。見該文。

【飛櫩】

同"飛簷"。此體三國時期已行用。見該文。

【飛宇】

即飛檐。此稱三國時期已行用。見該文。

【飛甍】[2]

即飛檐。晋左思《吳都賦》："長幹延屬，飛甍舛互。"唐羊士諤《息舟荆溪入陽羨南山游善權寺呈李功曹巨》詩："層閣表精廬，飛甍切雲翔。"《水滸傳》第七二回："〔酒店〕墻塗椒粉，絲絲緑柳拂飛甍。"明楊士奇《歷代名臣奏議·營繕》："臣但以發府庫之財，役生靈之力，崇修佛寺，多積佛緣，畫棟插天，飛甍隱霧，極今古之巧麗，耀金碧之輝光。"清蒲松齡《聊齋志異·山市》："見宮殿數十所，碧瓦飛甍，始悟爲山市。"

【翼】

即飛檐。屋檐兩端上翹的部分，如鳥展翅欲飛之勢，故稱。《文選·班固〈西都賦〉》："列棼橑以布翼，荷棟桴而高驤。"李賢注："翼，屋之四阿也。"又《文選·何晏〈景福殿賦〉》："其西則有左城右平，講肆之場，二六對陳，殿翼相當。"呂延濟注："殿翼相當，謂屋勢如鳥翼。"

反宇

屋頂斜面呈凹曲形，由此產生反曲向上翹起之檐邊與翼角，形成所謂"飛檐"。反，飛翻，仰起。宇，屋檐。反宇爲我國傳統屋頂的基本形式，亦爲區別於世界上任何一個民族屋頂形式的獨特之處。這種形式使屋頂在天空中勾勒出一條條柔和優美的天際綫，給人以飛動之感。我們的祖先在很早的時候就追求屋頂檐邊翹起，像鳥張開翅膀要飛起的姿態。《詩·小雅·斯干》："築室百堵……如跂斯翼，如矢斯棘，如鳥斯革，如翬斯飛。"孔穎達疏："其斯革斯翼，言檐阿之勢似鳥飛也。"詩句表達出的正是周代人們的建築設計理念，或者說人們通過建築形體表現民族建築的神韵風采。《易·繫辭下》："上棟下宇，以待風雨。"遮避風雨是屋頂最主要的功能，特別是對於以土木爲基本建築材料的房屋來說，墻面及地基經不起雨水冲刷浸泡，屋頂的形式必須滿足功能的需要。經過長期實踐，我國古代屋面采用了較陡的坡度與較深的出檐，近屋脊處高聳陡峭，遠屋檐處平緩起翹，屋角抬高，反曲度加大，翼角翹起，形成凹曲綫，以減輕雨水由屋頂流下時的衝擊力。關於屋頂的坡度，西周時已有明確的規定。《周禮·考工記·匠人》："葺屋參分，瓦屋四分。"鄭玄注："各分其修，以其一爲峻。"修，房屋進深的跨度。峻，屋頂斷面所成之三角形的高度。草屋屋面坡度爲房屋進深跨度的三分之一，瓦屋爲四分之一。這一規定在建築實踐中沿襲了兩三千年，至今仍被普遍采用。屋面曲綫的處理在宋代叫作"舉折"。李誡在《營造法式》中對屋面曲綫的定位標準是采用作圖法取得的。在清代叫作"舉架"。清工部《工程做法則例》對屋面曲綫的定位標準是采用資料法取得的。歷代屋頂坡度的變化日漸加大，屋面愈來愈顯得峻峭。從屋面的建築用材來説，通常以竹笆置木楞與木椽上，其上抹泥鋪瓦。竹笆受力之後產生局部變形，在凹曲的屋面中就會形成一個十分平順的殼體。屋面的凹曲形狀與建材的力學性能緊密聯繫。陡峭的屋脊與平緩起翹的屋檐就功能而言，同時，既可以儘快地排除雨水，不致使雨水飛濺冲刷到墻身、門窗、屋基上。"吐水疾而霤遠"，可以最大限度地遮蔽夏季的烈日，又可以最大限度地承受冬季的陽光。翹起的檐邊可以避免深遠的屋檐遮擋光綫，使室内更加明亮。《文選·張衡〈西京賦〉》："反宇業業，飛檐轍轍。"李善注引薛綜："凡屋宇皆垂下向，而好大屋飛邊頭瓦皆更微使反上，其形業業然。"北魏酈道元《水經注·濁漳水》："凡諸宫殿門臺隅雉，皆加觀榭，層甍及宇，飛檐拂雲，圖以丹青，色以輕素。"唐張鷟《游仙窟》："梅梁桂棟，疑飲潤之長虹；反宇雕甍，若排天之矯鳳。"當然，高聳的屋脊和深遠的屋檐亦可加大屋頂的體量，使整幢建築物呈"堂堂高顯貌"，增加宏偉壯觀的氣勢。我國南方建築物屋檐翹起較北方更大，給人以輕快飄逸之感。上海龍華寺與蘇州網師園的亭子以飛動的屋面曲綫而著稱。不同的翹起程度代表着不同的建築風格，表現出不同的氣質。獨特而優美柔和的屋面曲綫體現了傳統的中國式的建築風範及神韵，顯示出中國建築的設計理念與美學觀念。

【虹檐】

亦作"虹簷""虹橝"。即反宇。虹，曲貌。飛檐反曲向上，因稱。南朝梁劉孝威《奉和晚日》詩："虹簷挂珠箔，虹梁捲霜綃。"唐王勃《七夕賦》："虹檐晚静，魚扃夜飾。"宋宋祁《古瓦硯賦》："失虹檐之瑞色，掩銅雷之餘鮮。"明高道素《上元賦》："鰲山對峙乎鳳閣，虹橋直貫乎虹簷。"清朱彝尊《摸魚子》詞："粉墻青，虹檐百尺，一條天色催暮。"

【虹簷】

同"虹檐"。此體南北朝時期已行用。見該文。

【虹橝】

同"虹檐"。

榮

屋檐兩端上翹之部分。後世稱"飛檐"。《儀禮·士冠禮》："夙興，設洗直于東榮。南北以堂深。"鄭玄注："榮，屋翼也。周制，自卿大夫以下其室爲夏屋。"孔穎達疏："云榮，屋翼也者，即今之搏風。云榮者與屋爲榮飾，言翼者與屋爲翅翼也。"《文選·司馬相如〈上林賦〉》："偓佺之倫，暴於南榮。"李善注引郭璞曰："偓佺，仙人也。暴，謂偃卧日中也。榮，屋南檐也。"宋蘇軾《九日袁公濟有詩次其韵》詩："舉酒東榮挹江海，回樽落日勸湖山。"宋沈括《夢溪筆談·辯證一》："榮者，夏屋東西序之外屋翼也。"清李斗《揚州畫舫録·城東録》：

"來薰堂在春波橋東。前湖後浦，左爲榮，右靠山。"

【上榮】

即榮。屋檐兩端翹起的翼角。《文選·揚雄〈甘泉賦〉》："列宿乃施於上榮兮，日月纔經於栱桭。"李善注引韋昭曰："榮，屋翼也。"唐楊炯《梓州惠義寺重閣銘》："土木翔九垓之表，仍不逮於上榮。"唐王勃《乾元殿頌并序》："拖虹梁而四注，星漢虧于上榮；叠雲棟而三休，寒暑隔於中霤。"

南榮

屋南側之飛檐。《史記·司馬相如列傳》："偓佺之倫，暴於南榮，醴泉涌於清室。"司馬貞索隱引應劭云："〔南榮〕屋檐兩頭如翼也。"晋陸機《應嘉賦》："〔傲世公子〕襲三閭之奇服，咏南榮之清歌。"唐李白《登瓦官閣》詩："鍾山對北户，淮水入南榮。"唐白居易《贈吴丹》詩："冬負南榮日，支體甚温柔。"《宋史·朱昂傳》："傲朝曦兮南榮，溯夕飆兮北疏。"宋沈括《夢溪筆談·辨證一》："榮者，夏屋東西序之外屋翼也。"金元好問《學東坡移居》詩之二："南榮坐諸郎，課誦所依於。"清英廉等《日下舊聞考·城市·内城西城四》："原劉茂才園，創三楹北向無南榮，東累層級而降，下作朱欄小徑。"

【陽榮】

即南榮。因南面嚮陽，故稱。《文選·何晏〈景福殿賦〉》："南距陽榮，北極幽崖。任重道遠，厥庸孔多。"李善注引《上林賦》郭璞注："榮，屋南檐也。在南曰陽。"宋劉放《鴻慶宫三聖殿賦》："闢陽榮之敞麗兮，蓋中夜而已旦。"

東榮

屋東側之飛檐。《儀禮·士冠禮》："夙興，設洗直於東榮。"鄭玄注："榮，屋翼也。周制，自卿大夫以下其室爲夏屋。"宋沈括《夢溪筆談·辨證一》："榮者，夏屋東西序之外屋翼也，謂之東榮、西榮。"宋蘇軾《九日袁公濟有詩次其韵》詩："舉酒東榮挹江海，回樽落日勸湖山。"

西榮

屋西側之飛檐。《儀禮·士喪禮》："復者降自後西榮。"宋沈括《夢溪筆談·辨證一》："榮者，夏屋東西序之外屋翼也，謂之東榮、西榮。"

西北榮

屋西北側之飛檐。《儀禮·喪大記》："降自後西北榮。"鄭玄注："榮，屋翼。"

阿

指屋角處翹起的曲檐。《儀禮·士昏禮》："賓升西階，當阿，東面致命。"俞樾平議："阿者蓋即屋宇也。"《莊子·外物》："宋元君夜半而夢人被髮闚阿門。"陸德明釋文引司馬彪曰："阿，屋曲檐也。"《淮南子·本經訓》："喬枝菱阿，夫容芰荷。"高誘注："阿，曲屋。夫容，薉華也。"晋陸機《吳趨行》："重欒承游極，回軒啓曲阿。" 明陶宗儀《輟耕錄·宮闕制度》："延華閣五間，方七十九尺二寸，重阿，十字脊，白琉璃瓦覆，青琉璃瓦飾其檐。"

名　類

外檐

伸出建築物墻外之屋檐。外檐用來保護墻體和椽木不受風雨侵蝕，是安裝斗拱和裝修的重要部位，亦用於體現建築物的豪華等級與風采。

内檐

建築物室内屋頂與墻體相接之處。是安裝内檐斗拱和室内裝修的重要部位。

前檐

建築物正面之屋檐，即伸出前墻之屋檐。

後檐

建築物背面之屋檐，亦即伸出後墻之屋檐。晋陶潛《歸田園居五首》詩之一："方宅十餘畝，草屋八九間。榆柳蔭後檐，桃李羅堂前。"

上檐

重檐建築中的上層之屋檐。

下檐

重檐建築中的下層之屋檐。

雙枚

本指重叠的屋梁，亦指屋内重檐。《文選·何晏〈景福殿賦〉》："雙枚既修，重桴乃飾。"李善注："雙枚，屋内重檐也。重桴，重棟也。在内謂之雙枚，在外謂之重桴。言重檐既長，因達於外而爲重棟，以施采飾也。"宋任廣《書叙指南·棟梁榱桷》："重梁曰雙枚。"

披檐

建於窗子上方的檐。

出檐

屋頂伸出至建築物外墻或外柱的部分。梁

思成《清式營造則例·大木》："最下一步的椽子稱檐椽，一端放在金桁上（若是重檐則放在上檐的承椽枋上），一端伸出檐桁以外，謂之出檐。"井慶升《清式大木作操作工藝》："出檐一般按柱高的十分之三或三分之一，如柱高一丈出檐三尺，故廊步、金步以至脊步架均應爲三尺，或大於三尺。"出檐的功用主要是保護墙體和椽木不受風雨侵蝕。考古資料表明，早在新石器時代，仰韶文化早期（約當公元前5000—前4000）原始人類修建地面建築時，已開始在屋蓋與墙體分界處做凸棱，這是最原始的出檐。這時的出檐簡單而短小。到西周以後，出現了斗拱挑檐，到漢代，使用斗拱挑檐已很普遍。自漢代以後，出檐基本形成兩種形式，即挑梁出檐和斗拱出檐。此時出檐較大，在大式建築中還采用了飛檐。至南北朝時，還出現了叠澀出檐。

挑檐

用斗拱層層出挑或用梁枋直接出挑承托的屋檐。挑檐作爲遮陽蔽雨的構件，是古代建築的重要實用部分。挑檐的應用始於戰國或更早，但真正形成挑檐應在東漢時期。到唐代斗拱挑檐的結構得到充分的發展，使出檐更爲深遠，達到了歷史的高峰。

叠澀出檐

早期密檐塔的一種出檐方式。即上層磚比下層磚向外探出一定的長度，層層探出，挑出檐子。叠澀檐本用於建塔，因其爲短檐。後來民間建房亦采用，并一直沿用至今。

引檐

爲了增加檐下空間，從檐下接引出新的檐宇。

腰檐

在建築物的同一層上下檐之間另加的檐。考古學資料表明，商代就出現了腰檐。漢代出土的大量明器陶樓表明，漢代腰檐已較普遍。到南北朝時期，更將此技術成功地運用於古塔建築，使腰檐建築更廣泛也更成功地被采用。

封護檐

檐墙直上，將檐椽頭包護住，不使出檐，故稱。梁思成《清式營造則例·大木》："〔在硬山式建築中〕至於前後兩坡，尤其是後坡，往往有不出檐的，檐椽只架到檐檩上，而不伸出，外面用磚壘到與檐平，將椽頭完全封起，不令露在外面，叫封護檐。這種封護檐有時還用磚做成假椽頭和假連檐的樣子。"

滴水檐

亦作"滴水簷"。裝有滴水瓦之房檐。元佚名《殺狗勸夫》第三折："前者得過承，是我那滴水簷前受了的冷。"《警世通言·王安石三難蘇學士》："東坡告辭。荆公送下滴水簷前。"一本作"檐"。

【滴水簷】

同"滴水檐"。此稱元代已行用。見該文。

密檐

亦作"密簷"。密集地排列在一起的多層檐，特指中國古塔的一種形式。其內部多爲實心，不可攀登，外部設有層層密檐。從現存古塔看，密檐出現於唐代，遼代極盛，一直沿用至明清。

拔檐

墙上向外壘出少許的直檐。

菱角檐

院墙磚檐之一種。因第二層磚出檐砌成菱

形，故名。

鷄嗉檐

院墻磚檐之一種。因第二層磚砌築像鷄胸而得名。

冰盤檐

院墻磚檐的形式之一。因磚檐形似冰盤而得名。其基本構成形式爲直檐、半混、梟和蓋板（直檐），四者組成最簡單的冰盤檐。此外，還可用爐口、小圓混、連珠混（或稱圓珠混），以及磚椽子（包括方椽、圓椽、飛椽）組成各種形式的冰盤檐。這種冰盤檐有四層、五層、六層、七層之別。五層和六層冰盤檐又可根據有無磚椽子分爲五層帶椽子冰盤檐和六層帶椽子冰盤檐。根據磚的規格，又可分爲方磚冰盤檐、亭泥或開條磚冰盤檐、城磚冰盤檐和琉璃冰盤檐。冰盤檐用於墻帽或平臺屋頂時，不使用磚椽子；用於封後檐墻、小型門樓、影壁及看面墻時，則可使用磚椽子。

抽屜檐

院墻磚檐形式之一。自檐的頭層和二層砌成抽屜狀，第三層爲蓋板。此檐出現於清代末年，多用於普通民房的封後檐墻。

連檐

在檐椽頭上起聯絡作用的木構件。有大連檐和小連檐之別。在清式建築中，檐椽頭上的稱小連檐，飛檐椽頭上的稱大連檐。在宋式建築中則相反，前者稱大連檐，後者稱小連檐。梁思成《清式營造則例·大木》："但到檐椽的下端，則在其上用連檐將各椽頭連住，在檐椽上的稱小連檐，在飛檐椽上的叫大連檐。"

【封檐板】

即連檐。它釘於屋檐外露的椽或椽皮之端部，使檐口齊平并免受風雨侵蝕。

大連檐

用於飛檐椽頭上的連檐的清式稱謂。宋式則稱"小連檐"。梁思成《清式營造則例·大木》："在飛檐椽上的叫大連檐……大連檐上面安瓦口。"井慶升《清式大木作操作工藝·大連檐》："連檐有大連檐和小連檐之分，在檐椽上面的叫小連檐，在飛椽之上的稱爲大連檐。大連檐位於飛檐之上，大連檐的高寬均以一個椽徑尺寸爲依據。"

小連檐

亦稱"眠檐"。用於檐椽頭上的連檐的清式稱謂。宋式則稱"大連檐"。蘇州地區稱"眠檐"。

【眠檐】

即小連檐。此稱清代已行用，蘇州地區之稱謂。見該文。

柍桭

亦作"央桭"。半檐也。《漢書·揚雄傳》："列宿乃施於上榮兮，日月纔經於柍桭。"顏師古注引服虔曰："柍，中央也。桭，屋相也。"王先謙補注引王念孫曰："柍當作央……桭與宸同，《說文》'宸，屋宇也'，即今人所謂屋檐。央桭，謂半檐也。"《文選·左思〈魏都賦〉》："旅楹閑列，暉鑒柍桭。"李善注：《詩》云：柍，中央也。桭，屋宇，櫺也。"

【央桭】

同"柍桭"。此體清代已行用。見該文。

中華博物通考

總主編 張述錚

居處卷

下

本卷主編
王午戌 陳聖安 石磊

上海交通大學出版社

第十三章　基階欄杆説

第一節　基礎考

　　基礎是建築物的基底結構部分，其功能爲直接承受建築物上部荷重，并將其傳遞到基底以維持建築物平均下沉，保證其平穩；亦可隔絶"地氣"（潮濕之氣）上蒸，創造一個較爲乾燥的小環境，保護建築物不致酥碱。古人的具體做法是，地下基礎部分較地上臺基部分寬大，由此可减少對地下的壓强。基礎之好壞，直接關係到建築物的牢固程度，决定建築物的修繕周期。從古至今，基礎建設均爲關係千年大計、萬年大計的重要工程項目。古人對此十分重視。夯土基礎是人類最早采用的築基形式。早在原始社會時期的木結構建築中，我們的祖先已懂得在木柱及墙壁下采取挖槽、填土夯實的辦法來築打基礎。基爲承托墙的地下構件，礎爲置於基之上承托柱的構件，基礎即用於承載墙柱建築物上部荷重的地下結構。西安半坡遺址、洛陽王灣遺址均有發現，這就是基礎的萌芽。奴隸社會初期，出現了整個基座挖掘深入地平綫以下，布土夯實築打的做法，被視爲最早的建築房屋基礎。此做法被廣泛應用於奴隸主宫殿建築之中。春秋時，高臺建築開始興起。奴隸主驅使衆多奴隸，築起大型夯土高臺，此臺亦可視爲地上基礎，其上建造整組建築物。河南偃師二里頭宮殿遺址，距今三千二百餘年，即爲一座略呈正方形的大型夯土高臺，高出當時地面約 80 厘米。臺正中偏北一塊高起的夯土基座，略高於臺基，三面有墙基，被認爲是當時殿堂的基座，除去高出地面部分，至少深入當時地面 2 米以下。此時期地上木構建築早已蕩然無存，而它們的夯土基礎却仍較完整地保存下來。高臺建築上的墙大多不另築基礎，直接在夯土臺上砌疊築打，但木柱均須另築柱基礎。戰國、秦、漢時期大量使用夯土基礎，直到隋唐時期仍用於構築宮殿。

瓦渣基礎是利用黄土及舊建築物的廢磚碎瓦夯築而成的，其強度較夯土基礎高。此種基礎產生的時代尚難確切斷定，已發現的實物，最早一處爲山西五臺山南禪寺大殿，建於 782 年。柱礎石下的基礎深 0.9~1.8 米不等，都是在土内摻碎磚瓦、灰塊等雜物築成。又河北正定隆興寺内主體建築大悲閣，創建於 971 年，據《真定府龍興寺鑄金銅像菩薩并蓋大悲寶閣序》碑文記載，其基礎做法爲"掘地創基至於黄泉，用一重礫石，一重土石，一重石炭，一重土至於地平"。至遲唐代，基礎所用材料已不限於黄土一種了。習慣上所謂瓦渣基礎，是以碎磚瓦、石片與黄土隔層夯築而成的。宋李誡《營造法式·壕寨制度·築基》對此做法有詳細的規定。正定隆興寺轉輪藏殿地下柱基礎深約 1.5 米，長寬約爲礎石的兩倍，基槽内自下而上，一層碎磚一層夯土，隔層築打而成。《營造法式》同一條中又規定了土内摻碎磚瓦不分層的做法，與前文所叙南禪寺大殿基礎做法極爲相似。瓦渣做法直到明代初期修建北京故宫時仍在繼續使用。

灰土基礎是隨着石灰燒製技術的進步而產生的。明代初期已經出現了黄土内摻和白灰後分層夯打的灰土基礎。到了清代，灰土基礎更爲普及并且在技術上發展到成熟階段。雖然我國使用灰土的時期很早，然用於基礎則較晚。

椿基礎，指打椿以加固地基的一種基礎。唐人所撰《法苑珠林》卷五一《故塔部》記載隋代鄭州超化寺塔基礎打椿的情況較爲詳細，可知隋代已有打椿加固地基的做法。宋李誡《營造法式》亦有"凡開臨流岸口修築屋基之制"築打椿基礎的規定。現存木構建築的椿基礎，應以山西太原晉祠中心的一組建築物爲最早，即北宋天聖年間建的聖母殿。至今其基礎未發現不均匀沉陷，亦未發現翻修的迹象，足證椿基礎之牢固。清代工部《工程做法則例》對椿基礎做法有詳細而具體的規定。

就基礎的形式而言，絶大多數是采用獨立的柱基礎、墙基礎；在規格較高的大型建築中，采用在整座建築物底部大開挖夯打築基的方式，但柱子的部位仍需另做獨立的柱基礎。綜上可見，古建築在築造基礎時材料的變化、技術的進步，促使了功能的強化。發展到今天，人們已經采用更新的材料、更新的技術築造基礎，取得了更好的功能效果。

泛　稱

基礎

亦稱"基築"。建築物的地下結構部分。基，墻之根脚；礎，柱下石。其作用是直接承受建築物上部荷重，并將其傳遞到地下去，以保證建築物的平穩；亦可阻隔潮氣上蒸，保護建築物乾爽不致酥碱。古人在具體做法上地下基礎部分較地上臺基部分寬大，可由此減少對地下的壓强。古人根據各地區不同的地質、氣候條件，因地制宜，就地取材，使用了不同的材料以加固地基。北魏酈道元《水經注·渠》："城内有《漢相王君造四縣邸碑》，文字剥缺……今碑之左右，遺墉尚存，基礎猶在。"又《漁水》："號爲長城，即此城之西隅，其間相去六百里，北面雖無基築，皆連山相接，而漢水流其南，故屈完答齊桓公云：'楚國方城以爲城，漢水以爲池。'"明姚士粦《見只編》卷上："聞嘗再修灞橋，多舁古碑以代基築。"

【基築】

即基礎。此稱南北朝時期已行用。見該文。

【地基】

即基礎。《二十年目睹之怪現狀》第九三回："這邊租界上有人造房子，要來墊地基。"某些地域稱"地脚"。

【地脚】

即地基。此稱多行用於現當代。見該文。

基 [1]

墻的地下結構部分，以承托墻的荷重并使之牢固。《説文·土部》："基，墻始也。"段玉裁注："墻始者，本義也。"王筠句讀："今之壘墻者，必埋石地中以爲基。"三國魏曹冏《六代論》："且墻基不可倉卒而成，威名不可一朝而立，皆爲之有漸，建之有素。"北魏酈道元《水經注·濁漳水》："故劉劭《趙都賦》曰：'結雲閣於南宇，立叢臺於少陽者也。'今遺基舊墉尚在。"

基 [2]

本指承托墻的地下結構部分，後泛指建築物的底部。《詩·周頌·絲衣》："自堂徂基，自羊徂牛。"毛傳："基，門塾之基。"《左傳·成公十三年》："敬，身之基也。"孔穎達疏："墻屋以下土爲基。"北魏酈道元《水經注·濁漳水》："石氏于文昌故殿處，造東西太武二殿，於濟北穀城之山，采文石爲基。"宋王安石《金陵懷古》詩之一："東府舊基留佛刹，《後庭》餘唱落船窗。"清孔尚任《桃花扇·聽稗》："城連曉雨枯陵樹，江帶春潮壞殿基。"《清史稿·兵志十一》："廠基深掘五尺，烟筒基深掘八尺，均密釘排椿，上築三合土，蓋以大石板，再砌條石。"

基趾

亦作"基址""基阯"。建築物的地基、基礎。《左傳·宣公十一年》："楚令尹蒍艾獵城沂，使封人慮事，以授司徒。量功命日，分財用，平板幹，稱畚築，程土物，議遠邇，略基趾，具餱糧，度有司，事三旬而成。"杜預注："趾，城足。"北魏酈道元《水經注・灅水》："通城西北大陵而是二墳，基址磐固，猶自高壯，竟不知何王陵也。"《北史・蔣少游傳》："少游乘傳詣洛，量準魏晋基趾。"唐元稹《古社》詩："古社基阯在，人散社不神。"宋朱弁《曲洧舊聞》卷九："舊聞其子〔蔡〕擇言親道之。後見諸郡兵火之後，瓦礫堆積，不能盡去，因葺以爲基址者甚多，因悟蔡氏所見。"清紀昀《閱微草堂筆記・灤陽續録一》："是廟基址與中和殿東西相直，殿上火珠映日回光耳。"

【基址】

同"基趾"。此體南北朝時期已行用。見該文。

【基阯】

同"基趾"。此體唐代已行用。見該文。

【基跱】

即基趾。亦稱"基墟"。南朝梁慧皎《高僧傳・神異下・捷陀勒》："洛東南有槃鵄山，山有古寺廟處，基墟猶存，可共修立。"《梁書・樂藹傳》："嶷嘗問藹風土舊俗，城隍基跱，山川險易。"

【基墟】

即基跱。此稱南北朝時期已行用。見該文。

趾

亦作"址""阯"。建築物之基址，基礎。《說文・𨸏部》："阯，基也。址，阯或从土。"《文選・潘岳〈西征賦〉》："擢百尋之層觀，今數仞之餘趾。"李善注引《說文》曰："趾，基也。"唐劉禹錫《機汲記》："輂石以壯其趾，如建標焉。"宋蘇軾《獎諭敕記》："自城中附城爲長堤，壯其址。"

【址】

同"趾"。此體漢代已行用。見該文。

【阯】

同"趾"。此體漢代已行用。見該文。

墟

基址，地基。《玉篇・土部》："墟，基址也。"南朝梁慧皎《高僧傳・神異下・捷陀勒》："洛東南有槃鵄山，山有古寺廟處，基墟猶存，可共修立。"宋張君房《雲笈七籤》卷一一一："郭四朝者，燕人也。秦時得道，來句曲山南，所住處作塘遏澗水令深。基墟垣墙，今猶有可識處。"明王禕《謁周公廟記》："拜謁畢，出坐外門荒墟上。"

名　類

滿堂紅基礎

亦稱"總基礎""一塊玉兒"。遍及建築物下部之基礎。劉大可《中國古建築瓦石營法・基礎與臺基・灰土》："古建築基礎的開挖形式主要有兩種，一種是挖成溝槽形式，一種是'滿堂紅'大開挖，叫做'一塊玉兒'。"又：

"'一塊玉兒'滿堂紅灰土的壓槽寬度一般爲1.28至1.6米（四至五尺）。壓槽的加放說明了古人對力學的認識，'一塊玉兒'做法說明古人已懂得加大灰土面積可以減少對地下的壓强。"

【總基礎】

即滿堂紅基礎。此稱多行用於近現代。見

該文。

【一塊玉兒】

即滿堂紅基礎。此稱多行用於近現代。見該文。

溝槽基礎

古建築地基開挖形式之一種。衹在柱的位置挖槽築柱下基礎，墻的位置挖槽築墻基。相對遍及整幢建築物的大開挖“滿堂紅”做法，在施工上要簡易得多。用於宫殿的次要建築、一般性建築、民居等。

柱下基礎

亦稱“獨立基礎”。單獨設於柱下之基礎，包括磉墩及其下夯築的灰土層等。柱下基礎亦即磉墩上邊安放柱頂石。

【獨立基礎】

即柱下基礎。此稱多行用於現當代。見該文。

連續基礎

亦稱“條形基礎”“連磉”。將單獨的磉墩連接起來形成的地下帶狀結構。在臺基内按柱的分位用磚砌築磉墩及攔土墻，若柱較多、較密，磉墩則不宜單獨砌築，而是要將其連接成帶狀。條形基礎本身就是一道墻，無須另砌攔土墻。南方穿斗式木構建築，多用此形式。

【條形基礎】

即連續基礎。此稱多行用於近現代。見該文。

【連磉】

即連續基礎。此稱多行用於近現代。見該文。

素土基礎

明代以前建築的常用基礎做法之一。至清代，僅遺存於極少數次要建築、部分民居及臨時性建築物中。素土夯實，用於地面墊層。素土夯實做法的土質黏性或砂性均可，但須較爲純净。

灰土基礎

將潑灰與黄土拌和後經築打做成的基礎。明清以前的建築實例中尚未發現，宋代李誡編撰的《營造法式》亦未記載。灰土築基技術的推廣、普及時期當在明代，成熟完善時期則在清代。灰土墊層應分層夯築。小式建築可爲一至二層，大式建築二至三層，清代陵寢多爲十幾層，紫禁城内的一些宫殿甚至多達三十層。清工部《工程做法則例》規定，每層灰土厚度虚鋪七寸，夯實厚五寸。普通房屋基礎石灰與黄土體積比爲三比七；規格高的重要建築物爲四比六。

灰土米汁基礎

帝王宫殿、陵寢建築將煮好的糯米汁潑灑在打好的灰土上，再通過夯築以强化灰土的密實度。每層打實的灰土約五寸潑糯米汁一層，然後再加灰土層，如是直至達到所需厚度。灌注糯米漿的灰土較之普通灰土，强度提高兩倍。

黏土碎磚基礎

以黏土、碎磚瓦隔層相間築成的基礎。每層布土厚五寸，築實厚三寸；布碎磚瓦、石渣等厚三寸，築實厚一寸五分。北宋都城汴京用此法築基較普遍。宋李誡《營造法式·壕寨制度·築基》：“築基之制：每方一尺，用土二擔；隔層用碎磚瓦及石劄等亦二擔。每次布土厚五寸，先打六杵，次打四杵，次打兩杵。以上並各打平土頭，然後用杵輾躡令平；再攅杵扇撲，重細輾躡。每布土厚五寸，築實厚三寸。每布碎磚瓦及石礉等厚三寸，築實厚一寸五分。”梁思成注釋：“‘石礉’即石碴或碎石。”河北隆興寺轉輪藏殿，北宋時建，其礓墩下黏土、碎磚相間，共四層。山西芮城永樂宮地基黃土、碎磚瓦相間，角柱下達十五層之多。

石料基礎

以石料砌築的基礎。石料就地取材，可用亂石、碎石、鵝卵石。做法大致如下：在柱的部位挖槽，槽底墊三角石，以夯築實，亦即領夯石，其上鋪墊粗糙的石料，以灰泥砌築，直至所需高度。石料基礎堅固耐久，造價低廉。南方多石地區用得較多。

夯土層

采用夯築的做法，形成密實堅硬的土層以之爲建築物的基址。母系氏族時期，往坑中填土已有分層夯實的做法。河南湯陰白營龍山文化遺址圓屋地面有明顯的夯窩，夯具可能爲木棍，夯土層密實堅硬，爲目前所知最早的夯土實例。夯築技術的發明，爲土木混合結構建築的發展創造了條件。進入奴隸制社會以後，進而發展爲版築，成爲城垣、宮殿等大型建築的重要營造手段之一。直至封建社會晚期，版築技術仍被采用。由此言之，發端於氏族公社蛻變階段的夯築技術，在建築史上具有深遠的意義。

夯窩

夯具在夯土面層上留下的凹形印迹。河南湯陰白營龍山文化遺址圓屋地面，爲目前所知最早的夯土實例，地面有明顯的夯窩，據此推測，其夯具可能爲木棍。商代中期夯土開始采用木範本。這一時期的鄭州商城墻夯層每層厚度約爲 8~10 厘米；每層夯土面上，分布有密集的圓形尖底和圓形圜底的夯窩。夯窩口徑爲 2~4 厘米，窩深 1~2 厘米。城墻夯土相當堅硬，從打夯時的壓力看，至少需要兩個人在一起共同協作夯打纔能達到。洛陽東周城墻築城的夯土版築技術較前代更爲進步。立柱、插竿、橛子、草纆的使用，大大提高了建築工效；方塊形的夯土交錯叠砌更加強了城墻的堅固程度。夯土層一般爲 6 厘米左右，土質較純净，密實堅硬。夯窩爲半球面形，直徑爲 1.5~4 厘米，深 1 厘米左右。有的地方可以清楚地看出幾個夯窩挨在一起，深淺大體相同，成爲一組。根據夯窩的痕迹觀察，使用的夯具應是將幾根原木捆在一起的。這一時期的夯土工程技術已經發展到了成熟的程度，一直爲後世築城所沿用。

領夯石

石料基礎鋪墊槽底的一層三角石。須以木夯夯實，故稱。

地釘

亦作“地丁”。亦稱“柏木樁”。打入建築物基礎的木樁，利用木樁與地層的摩擦力來防止建築物沉降。地釘做法至遲在宋代建築中已經使用，多用於土質疏鬆的基礎、人工土山上的建築基礎、臨水建築等。清代陵寢工程除極少數次要建築外，幾乎均下地釘。木樁長度至少應在四尺以上，同一建築物基礎中，柱頂部位的樁子較其餘部位要長一倍。木樁排列方法可用梅花樁、蓮三樁、馬牙樁、棋盤樁等。可用鐵碨直接將木樁砸入地下，亦可豎碨盤架子，以樁錘將樁砸入地下。亦有把地基處打的樁分爲大小，大者稱“樁”，長一丈以上，用鐵碨砸入；小者稱“地丁”，長一丈以下，可用鐵錘砸入。

【地丁】

　　同“地釘”。此稱多行用於現當代。見該文。

【柏木椿】

　　即地釘。此稱多行用於現當代。見該文。

第二節　臺基考

　　臺基是我國傳統建築三個組成部分之一，爲建築物底部的基座。我國遠古時代的房屋，由地下的穴居，到半地下的半穴居，升至地面建築，再由地面升高至臺基之上。這一發展，經過長達幾千年的歷史。此後，無論建於何時何地，何種功用的建築物，無論它的規模多麼精緻奇巧，或雄偉壯麗，莫不建立在寬大舒展的臺基座上。我們民族的建築形式底部之所以采取高臺基，是因爲我們文明的發源地在黄河流域等地。我們的祖先在與洪及澇的鬥争中，很早就懂得房屋的居住面如果不高於地面，一遇大水，頃刻之間便會成爲一個個的水池；居住面升高到比四周地面更高一些的臺基上，愈高亦愈安全。臺基的産生最初是出自這種功能的要求。我們祖先從脱離穴居巢處，“易之以宫室”的時代起，建於黄土地帶的穴居，房屋底部就有了臺基，而建於低窪沼澤地帶的巢居，房屋底部就有了椿柱架高居住面的干闌建築。原始社會晚期，爲改善室内居住面的防潮衛生條件，就已發明了填土分層夯築的方法。加大土壤密度的夯土，不僅提高了耐壓的能力，而且具有了一定的防潮性能。《墨子·辭過》：“室高足以辟潤濕。”臺基愈高大愈安全，外形愈壯觀，戰争中愈有利於防衛。到了生産技術進一步發展的奴隸制社會，奴隸主驅使大量的奴隸從事土木工程，於是臺基便築得愈來愈高大。臺基在制式上，其形式與大小已遠遠超出了防潮功能的需要，更主要的目的在於表現房屋主人的身份及地位。奴隸主貴族建築日益高大的夯土臺基，修造宫殿住宅，促使了商周時期高臺建築的進一步發展。臺基與臺，是兩個不同的概念。臺基較低，是房屋的基座；相反臺則很高，不一定是房屋的基座，可能是一組房屋的基座，也可能是一獨立的建築物而非房屋的附屬物。漢魏以前高臺建築規模之大對於國家經濟是個不小的負擔。《周禮·考工記·匠人》：“殷人重屋，堂修七尋，堂崇三尺……周人明堂……堂崇一筵。”一筵即九尺。安陽殷墟發掘報告載有版築土的基高約 1 米，約合堂高三尺的制度。從商代到周代，臺基的高度提高了三倍。主張建築應當以其功用爲標準，提倡節儉的墨子看到了屬於浪費現象的高大臺基就説“堯舜堂高三尺，土階三等”，意爲作爲帝王模範的堯舜的宮室臺基不過三尺，現在的是否太高了？於是以階級地位爲標準，對臺基大小做出了規定。《禮記·禮器》：“天子之堂九尺，諸侯七尺，大夫五尺，士三尺。”歷代都有類似的規定。清代公侯以下、三品以上房屋臺基高二尺，四品以下至士民房屋臺基高一尺。在實際應用上有一定靈活性。臺基的外觀形制上大體分爲兩類。普通做法多采用方整的平臺形式，有正方、正圓、六角、八角等形式，以長方形最爲常見。六朝之後，重要建築物臺基形式開始采用須彌座形式。須彌座是在佛教大量傳入的背景下在建築形式方面產生的一種變化。臺基高度、廣度，是由房屋間架結構平面布置方式、檐柱高度、出檐深淺程度幾個方面的因素決定的。臺基包括埋置地下部分的“埋深”（亦可寫作“埋身”），及露於地表部分的“臺明”兩部分。“埋深”與“臺明”高度合計即爲臺基通高。臺明高度以檐柱高的 15%~20% 爲標準。埋深以臺明高的一半定分。自檐柱中外延至臺基邊緣爲臺基寬度，亦稱“下檐出”。下檐出以上檐平出 80% 定寬，上檐平出以檐柱高的 1/3 或 30% 定分，亦即臺基外緣須比檐頭滴水綫縮進 20%，以免檐頭滴水濺落臺明。臺基的構造，北方多用黃土分層夯打堅實，或用黃土加石灰的灰土夯實。較好的工程可在每層灰土打實約五寸後，潑糯米汁一層，然後再打灰土，直至達到所需厚度。亦可用灰泥砌碎磚瓦、鵝卵石、亂石爲臺基。宋李誡《營造法式》規定用土與碎磚瓦隔層築實的臺基，當是宋都汴京官式做法。帝王宮殿及重要建築物臺基當用黃土加石灰築實。清工部《工程做法則例》規定有許多種類。圓明園內有許多臺基是用石灰、砂子築成的，據分析內摻糯米，堅硬如石、不易碎裂。臺基四圍可以用石件砌築，亦可采用磚石混合構造。臺基石活的首層，即臺明與埋身的分界爲土襯石；包鑲臺基四壁的爲陡板石；臺基四角用於抱角的爲埋頭角柱；臺基最上面一層爲階條石；柱子下面用於承重的爲柱頂石。臺基在房屋的結構上，可以看作一個“塊狀基礎”。基礎的一部分建築在地面上，即臺明；一部分建築在地面下，即埋深。它保證了房屋不會產生不均勻的下沉。它比房屋較寬較大，從力學上說，也是一種合理的形狀。臺基立面形式除了有普通臺基、須彌座以外，古代尚有以椿柱插入地內，構成平座式臺基。平面形式亦可有多種變化。一座臺基可以同時設置多座建築物，清故宮太和殿、中和殿及保和殿，它們的臺基就連成一體。乾清宮及乾清門之間是由通道形式的臺基連接起來的。午門是在高大的臺基——城牆上建立起的五座堂殿。重大建築物臺基還發展爲多層的形式。清宮太和殿及天壇祈年殿都是三層臺基，總高達二十多尺。臺基的面積較殿堂面積大六倍。臺基除了基身之外，登降的主要走道即爲臺階。臺基的邊緣高出地面很多，須圍護起來，即爲石欄杆。臺基有了欄杆及臺階，便產生極爲豐富的外形，增加了它的立面構圖上的比重。層層臺基，便有了層層欄杆。層層臺階，它們構成的形態便千變萬化、雄偉壯闊起來。臺基亦可獨立發展，自成一體。單獨的臺基就成爲"壇"。天壇、地壇實際上就是一座臺基，而它本身就是獨立存在的一座建築物。在未來建築當中，高樓大廈的基礎部分不采取高於地面的臺基形式，而深入地下，甚而停車場、地下室亦在地平以下；而某些紀念性的建築物，或特別尊貴的建築物上，有精美雕飾的石欄杆、臺階的寬大舒展的臺基，依然是造就雄偉壯觀氣勢的必要手段，亦爲體現民族建築形式風格的必要手段。

泛　稱

臺基

　　我國傳統建築物的底部。由高於室外地面的"臺明"（臺基露出地面的部分）及埋於地下的"埋深"（地基）兩部分組成。將房屋建在高大舒展的基座上，是中國古典建築民族形式的特點之一。產生的時代可以説自從有了宮室建築，就有了臺基。漢司馬談《論六家要指》："墨者亦上堯舜，言其德行，曰堂高三尺，土階三等，茅茨不翦，采椽不斫。"堂即屋基。堯舜的房屋建在三尺高的臺基上，有三級臺階。河南偃師二里頭發現的夏代中晚期至商初都邑遺址，中部有一座面積約 10000 平方米的建築基址，爲我國目前發現的最早的一座宮殿宗廟遺址。這座宮殿宗廟坐落在一大型夯土臺基上，整體略呈正方形，東西長約 108 米，南北長約 100 米，殘存臺面平整，高出當時地面約 0.3~0.8 米。臺基的邊緣呈緩坡狀，斜面上有質地堅硬的土石，或者有路土層，起散水作用。早在原始社會晚期，就已發明了填土分層夯築以抬高居住面的方法，以改善室內防潮衛生條件。進入奴隸制社會以後，奴隸主殿堂的夯土臺基日益高大，遠遠超出防潮功能的需要。據《周禮·考工記》載，從商代到周代，臺基的高度由三尺提高到九尺。隨着生產力的發展，以及夯土技術的進步，臺基築得愈來愈高大；而臺基的大小就體現出房屋主人的權勢與地位。臺基的大小無限制地發展，過於高大就會浪費很多勞動力。從《禮記·禮器》中可知，當時對天子、諸侯、大夫、士臺基的高度，做出了限制性的規定："天子之堂九尺，諸侯七尺，大夫五尺，士三尺。"以後歷代都有類似的規定，直至《大清會典事例》仍有規定。臺基的形體可分爲方正平臺的普通做法及須彌座兩大類型。須彌座爲六朝以後佛教大量傳入，在建築形式上引發的一種變化形式，并成爲尊貴建築物臺基的主要形式之一。臺基的長寬高度，是由檐柱高度、出檐深淺程度及房屋間架結構等綜合因素決定的。臺明高爲檐柱高的 1/5 至 1/7，埋深高爲臺明高的 1/2。臺明高與埋深高合爲臺基通高。臺基外緣應縮進於檐頭滴水綫以內，以免檐頭滴水濺落臺基。臺基的構造從發掘出來的商代建築遺址來看，世代基本沿用下來，歷經三千餘年，依然堅固結實。至宋更加規範嚴格，體現在宋李誠《營造法式·築基》："築基之制，每方一尺，用土二擔；隔層用碎磚瓦及石劄等亦二擔。每次布土厚五寸，先打六杵，次打四杵，次打兩杵。以上並各打平土頭，然後用杵輾躝令平；再攢杵扇撲，重細輾躝。每布土厚五寸，築實厚三寸。每布碎磚瓦及石劄等厚三寸，築實一寸五分。"在築基的實際過程中，除黃土石灰外，多因地制宜選用鵝卵石、亂石、碎磚瓦打地基。古代重要建築物，每層灰土打實後潑糯米粥一層，以增加堅固程度。臺基的基底襯脚，邊緣棱角，通常以石材包鑲加固，抱角支承，既利於加强臺基的强度，亦可使建築物在外觀上更加嚴整美觀。作爲臺明與埋深分界的土襯石應比室外地面高出一至二寸，應比臺基四圍寬出約二寸。鑲砌臺基周緣的稱"陡板石"，位於臺基四角的稱"埋頭角柱"，臺基最表面的一層石活稱"階條石"。位於柱子下面承重的是柱頂石。臺基就其功能而言，是屋身下面的一座整體平座，是整幢建築物的基礎。它可有效地防止房屋沉陷、走閃。臺基就其形式而言，亦有變化形式：幾座建築物同建在一座臺基上，宮門是以宮牆爲臺基的，城門是以城牆爲臺基的。重要宮殿建築的基座，常由普通臺基與須彌座複合而成。極重要的宮殿建築甚至做成三層臺基。臺基距離地面較高，周邊須加以圍護，外緣安裝石欄杆。宮殿、廟宇、府第、園林石欄杆雕鎊精緻，造型秀美。上下臺基的走道爲石臺階。臺階兩側垂帶上亦可安垂帶欄杆。臺階與欄杆是臺基除基身以外

的兩種必備的組成成分，同時也是使建築物形體更加豐富、美觀、富於變化的必要元素。御路石及欄板柱子是建築物石件雕刻最精美的部分。北京明清故宮三大殿的漢白玉石臺基，層叠三重，通高 8 米，25000 多平方米，石欄多達二千九百餘件。欄板柱子下安放挑出的石雕龍頭，精美秀麗，爲明清石作的代表作品。

【基】[3]

即臺基。宮殿廟宇建築由三個基本部分組成：屋頂、墻壁、臺基。整幢建築物建在一座高大寬敞的基座，即臺基之上。三國魏何晏《景福殿賦》："爾乃豐層覆之耽耽，建高基之堂堂。"北魏酈道元《水經注·濁漳水》："漳水自西門豹祠北，逕趙閱馬臺西。基高五丈，列觀其上。"《北史·李諧傳》："又云堂崇一筵，便基高九尺。" 明徐弘祖《徐霞客游記·滇游日記八》："時了凡因殿毁，募閃太史約庵，先鑄銅佛於舊基，以爲興復之倡。"

【堂基】

即臺基。堂，夯築而成的四方形之高出地面的臺基；基，建築物之臺基。《書·大誥》："厥子乃弗肯堂。"孔傳："子乃不肯爲堂基。"宋司馬光《進五規狀·惜時》："夫民者，國之堂基也；禮法者，柱石也；公卿者，棟梁也。"

堂[6]

古代建築房屋時以人工夯土築成的高出地面的方形臺基。古代尊貴建築物多由三部分合成：底部爲寬大的臺基；中部爲墻柱結構；上部爲雄大的屋頂。房屋建於臺基之上。當人類脫離穴居巢處而"易之以宮室"之時，即有臺基。據記載，夏之世室，堂高一尺，東西長十七步半，南北長十四步。殷之重屋，堂高三

尺，東西長七丈二尺（九尋），南北長五丈六尺（七尋）。周之明堂，堂高九尺，東西長八丈一尺（九筵），南北長六丈三尺（七筵）。《周禮・考工記・匠人》載：“夏后氏世室，堂修二七，廣四修一。”鄭玄注：“修，南北之深也。夏度以步令堂修十四步，其廣益以四分修之一，則堂廣十七步半。”又載云：“殷人重屋，堂修七尋，堂崇三尺。”鄭玄注：“其修七尋五丈六尺，放夏周則其廣九尋七丈二尺也。”又：“周人明堂，度九尺之筵，東西九筵，南北七筵，堂崇一筵。”鄭玄注：“周度以筵，亦王者相改，周堂高九尺，殷三尺，則夏一尺矣，相參之數，禹卑宮室謂此一尺之堂，與此三者，或舉宗廟，或舉王寢，或舉明堂，互言之，以明其同制。”《書・大誥》亦載云：“若考作室，既底法，厥子乃弗肯堂，矧肯構？”孔傳：“子乃不肯爲堂基，況肯構立屋乎？”俞樾平議：“古人封土而高之，其形四方，即謂之堂。”《禮記・檀弓上》：“吾見封之若堂者矣。”鄭玄注：“堂，形四方而高。”《漢書・賈誼傳》：“故陛九級上，廉遠地，則堂高；陛亡級，廉近地，則堂卑。”《玉篇・土部》：“堂，土爲屋基也。”唐柳宗元《同劉二十八哭呂衡州》詩：“三畝空留懸磬室，九原猶寄若堂封。”

宅基

住宅的基址，房基地。唐施肩吾《經吳真君舊宅》詩：“古仙煉丹處，不測何歲年。至今空宅基，時有五色烟。”《元史・干文傳傳》：“復募好義者，即其故宅基建祠，俾朱氏世守焉。”清黃六鴻《福惠全書・保甲・建築柵濠》：“其水流聚之處，即其宅基正向。”

壇 [5]

土築成的屋基。《左傳・哀公元年》：“〔子西曰〕昔闔廬食不二味，居不重席，室不崇壇。”杜預注：“平地作室，不起壇也。”又《襄公二十八年》：“子產相鄭伯以如楚，舍不爲壇。外僕言曰：‘昔先大夫相先君，適四國，未嘗不爲壇。自是至今，亦皆循之。今子草舍，無乃不可乎？’”《公羊傳・莊公十三年》：“莊公曰：諾。於是會乎桓。莊公升壇，曹子手劍而從之。”何休注：“土基三尺，土堦三等曰壇。會必有壇者，爲升降揖讓，稱先君以相接，所以長其敬。”《楚辭・九歌・湘夫人》：“蓀壁兮紫壇，匊芳椒兮成堂。”王逸注：“以蓀草飾室壁，累紫貝爲室壇。”

崇基

建築物的高大基座。北魏酈道元《水經注・濁漳水》：“東北逕魯班門西，雙闕昂藏，石壁霞舉，左右結石修防，崇基仍存。”南朝齊王巾《頭陁寺碑文》：“安西將軍郢州刺史江安伯濟陽蔡使君諱興宗，復爲崇基表剎，立禪誦之堂焉。”亦可指高壇。《文選・潘岳〈藉田賦〉》：“青壇蔚其岳立兮，翠幕黕以雲布。結崇基之靈趾兮，啓四塗之廣阼。”李善注：“崇基，謂壇也。於壇四面而爲階也。《說文解字》曰：‘趾，基也。’又曰：‘阼，主階也。’”

柱跗式基座

將柱子插入地下，構成平座以承托建築物。人類脫離穴居巢處“易之以宮室”，有兩種不同的方式。穴居是由地下、半地下升至地面，以土夯實，築成高於地面的方形臺基，作爲房屋的基礎。巢居是於樹上、以椿柱抬高居住面降至以柱子構築平座，作爲房屋的基礎。這種由巢居到干闌建築，到柱跗式基座演變而來的房屋，是地面上最原始也是最流行的建築形式之一，戰國秦漢時沿用。實物可見漢末四川雅安高頤闕臺基部位，前面正中有一柱跗，兩側各有一柱跗，共三根柱跗。柱跗上以斗狀物承托上部建築。在戰國狩獵鈁上所鑄的宮室圖像及漢畫像石上亦可見到此種構造。柱跗式基座是席地而坐時代的必然構造形式。推斷在很長時期內曾大量使用。這種平座式臺基的建築在今日日本隨處可見。中國住宅采用這一形式的建築唐代可能仍有存在。不過因沒有實物，很難確定。參閱劉致平《中國建築類型及結構·各作做法·臺基》、李允鉌《華夏意匠·立面·臺基》。

部　位

礥礅 [1]

砌築建築物臺基時，按柱的位置以磚或石疊築而成的砌體，用於承托柱礎，載負牆柱及屋頂的重荷。礥礅可單獨砌築，亦可連續砌築。單獨砌築時，需做與其同高之攔土牆；連續砌築時，礥礅本身就是一道牆，因而無須另砌。

【礥】 [1]

即礥礅 [1]。《玉篇·石部》：“礥，先襄切，柱下石。”《梁書·諸夷傳·扶南國》：“可深九尺許，方至石礥，礥下有石函，函內有鐵壺，以盛銀钘。”元湯式《哨遍·新建構欄教坊求贊》套曲：“選良材砍盡了南山鐵幹霜皮木，搬巨礥撈遍了東海金星雪浪石，非容易。”

攔土牆

在礥礅與礥礅之間，按面闊或進深砌成的與礥礅同高之牆。其作用是將臺基內部分成若干方格，格內用土填滿，上面墁磚，使礥礅更加穩定牢固。有門窗格扇時，攔土牆就是爲了安放門窗之牆基。

角柱石

臺基四角轉角處立置的石構件，位於角石之下。宋李誡《營造法式》規定：“造角柱之制，其長視階高，每長一尺則方四寸；柱隨加長，至方一尺六寸止。其柱首接角石處合縫，令與角石通平。”清式臺基較矮，角柱接階條石下邊，不用角石。

角石

位於角柱石之上、壓闌石（清稱“階條石”）之下，大於角柱石，略呈正方形之石構件。其正面、側面常雕刻龍鳳、獅子圖紋。宋式臺基所用的構件。清式臺基較矮，角柱石直接位於階條石下，不再使用此構件。

角石（剔地起突獅子）
（宋李誡《營造法式》）

階條石

亦稱“壓面石”“壓闌石”。臺基四周沿邊平鋪之石面，其形多爲長方形，故稱。梁思成

《清式營造則例·瓦石·臺基》："〔臺基〕四周沿邊上面平鋪的石面謂之階條石。"宋代稱之爲"壓闌石"。宋李誡《營造法式》規定其尺寸爲"長三尺，廣二尺，厚六寸"。

【壓面石】

即階條石。此稱多行用於現當代。見該文。

【壓闌石】

即階條石。此稱宋代已行用。見該文。

壓闌石（壓地隱起華）
（宋李誡《營造法式》）

陡板石

亦稱"斗板"。臺基的階條石之下，土襯石之上，左右角柱之間所鋪砌的立面石面。如石料缺乏，亦可以磚代替。

【斗板】

即陡板石。此稱多行用於現當代。見該文。

廉

亦作"礛"。殿堂臺基之側邊。臺基高度有定制，以示人之尊卑。堂，夯築而成的高於地面的四方形臺基。天子之堂高九尺，諸侯之堂高七尺，大夫之堂高五尺，士之堂高三尺。廉寬與堂高相等。廉寬則堂高，廉窄則堂卑。《儀禮·鄉飲酒禮》："設席於堂廉東上。"鄭玄注："側邊曰廉。"《漢書·賈誼傳》："故陛九級上，廉遠地，則堂高；陛亡級，廉近地，則堂卑。"顏師古注："廉，側隅也。"《漢修堯廟碑》："石礛階陛欄楯。"

【礛】

同"廉"。此體漢代已行用。見該文。

【堂廉】 [2]

即廉。《儀禮·鄉飲酒禮》："設席于堂廉，東上。"鄭玄注："側邊曰廉。"《禮記·喪大記》："卿大夫即位于堂廉楹西，北面東上。"孔穎達疏："堂廉，謂堂基南畔，廉棱之上。"宋夏僎《尚書詳解》卷二三："兩階，東西階也。每階堂廉之間各二人衛之。"宋王安石《和平甫舟中望九華山》詩之二："毅然如九官，羅立在堂廉。"清金農《近事》詩："曦光烘紙坐堂廉，書字無緣換束縑。"

金邊

土襯石較之其上部臺基露明部分外側邊沿寬出之部分，通常寬二三寸。梁思成《清式營造則例·清式營造辭解》："金邊，建築物任何立體部分上皮沿邊處，其上立另一立體；上者豎立之側面，較下者之上邊略退入少許而留出狹長之部分。例如土襯石上未被陡板遮蓋之部分。"

臺明

臺基露明部分（亦即高出室外地平以上部分）。臺明的側面爲"臺幫"，上面爲"臺面"。階條石位於臺幫與臺面交接處，故俗稱爲"臺幫石"或"壓面石"。臺幫用陡板石的，可稱爲"陡板"。臺幫用磚砌築的，稱爲"磚砌臺幫"或

"磚砌臺明"。較高大的磚砌臺幫俗稱"泊岸"。

土襯石

平墊於臺明下部的石料，其上皮較地面高出一兩寸。亦可以磚砌築。梁思成《清式營造則例·瓦石·臺基》："臺基露明部分（臺明）之下，先用石平墊在下面，其上皮比地面高出一兩寸，稱土襯石。土襯石的外邊比臺基寬出約二三寸，成爲金邊。"

名　類

普通臺基

長方形或正方形臺基，是普通房屋臺基的通用形式，也是從宮殿廟宇至一般民宅采用得最多的一種臺基形式。樣式簡潔規整、樸素大方。

須彌座臺基

用於尊貴建築物，加以雕飾，由多重叠澀（綫脚）組合而成的臺基。須彌，梵語sumeru之譯音。原爲古印度神話中之山名，後爲佛教所采用，以須彌山作爲佛像之基座，以顯示佛之崇高偉大，建築上亦用來作爲宮殿廟宇之臺基。其材質可以是石、磚、琉璃。最早的實物見於北魏雲岡石窟之塔座。形狀上下出澀，中爲束腰。此形式出現最早，流傳最廣，時間最長久。唐宋須彌座臺基上下澀加多，有蓮瓣等飾物，束腰部分顯著加高，且有束腰柱子。宋代南方部分須彌座不用束腰柱子而用鼓形凸出曲綫，這種凸出的鼓形束腰在長江流域清代遺物上仍常有應用。唐代塔座上可見到用兩層束腰的，宋代便大量應用。正定龍興寺大悲閣便可見到。其做法詳載於宋李誡《營造法式》中。清式須彌座就形式而言，與唐宋有較大變化：清式束腰部分較窄，唐宋較寬大。須彌座臺基就其各部位名稱，由下往上爲圭脚、下枋、下梟、束腰、上梟及上枋。須彌座臺基由於使用在宮殿廟宇中，其亦較爲華美，踏跺中部往往有雕飾雲龍之御路石。宮廟臺基較高大，四周多圍護有石欄杆。帶雕刻精美之石欄杆的高大壯闊的臺基，是宮殿廟宇牢固穩定的基座。參閱梁思成《清式營造則例·瓦石·臺基》、劉致平《中國建築類型及結構·各作做法·須彌座》。

第三節　階級考

我國傳統建築物總是建在臺基之上。臺基是房屋必要的組成部分。由地面上升到臺基，必須有一個攀登的過程，即"登堂"纔能"入室"。上下臺基的通道即爲臺階。

自周代始，殿堂的臺階實行"兩階制"。《儀禮·禮器》："堂有二階，阼階在東，賓階在西。""阼階"亦稱"東階""主階"。天子、諸侯、大夫、士皆以阼階爲主人之位，臨朝觀，揖賓客，承祭祀，升降皆由此。賓階亦稱"西階"，賓升自西階，發展到漢代極爲盛行。《文選·班固〈西都賦〉》：“於是左墄右平，重軒三階。”李善注：“《七略》曰：‘王者宮中，必左墄而右平。’摯虞《決疑要注》曰：‘左墄右平，平者，以文磚相亞次也；墄者，爲陛級也，言階級勒墄然。’”《文選·張衡〈西京賦〉》：“右平左墄，青瑣丹墀。”薛綜注：“墄，限也，謂階齒也。天子殿高九尺，階九齒，各有九級。其側階各中分左右，左有齒，右則滂沱平之，令輦車得上。”唐代尚留存有實物，宋初有記載。宋沈括《夢溪筆談·技藝》引喻皓《木經》云：“階級有峻、平、慢三等。宮中則以御輦爲法，凡自下而登，前竿垂盡臂，後竿展盡臂爲，峻道；前竿平肘，後竿平肩，爲慢道；前竿垂手，後竿平肩，爲平道。”可知宋代的臺階依然分爲階級及斜道（依據坡度大小分成峻道、平道、慢道三種形式）兩部分。階級供人行走，斜道供御輦上下。宋代以後則逐漸消失。至清代，供御輦上下之斜道演變爲雕飾龍雲紋樣裝飾性極强的斜置漢白玉石塊御路。御路左右之踏跺（階級）稱左階、右階。清故宮太和殿前的御路，雕工精湛，圖紋生動。階級就其形式可分爲“垂帶踏跺”“如意踏跺”“御路踏跺”“單踏跺”“連三跺”，“帶垂手的踏跺”“抄手踏跺”“蓮瓣三踏跺”“蓮瓣五踏跺”“雲步踏跺”等形式。參閱李允鉌《華夏意匠·立面·臺基》。

　　至近現代，建築物之臺基制已漸消失，代之者乃是隱於建築物之下的地基；傳統意義上的階級已不復存在，普遍存在的是用於升高的臺階。

泛　稱

階 [1]

　　臺階。指從地面至臺基的階梯式通道。古者臺基中部無階，帷左右設兩階，東曰“阼階”爲主階，西曰“賓階”。《説文·𨸏部》：“階，陛也。”《玉篇·阜部》：“階，登堂道也。”《書·大禹謨》：“帝乃誕敷文德，舞干羽於兩階。”唐李白《菩薩蠻》詞：“玉階空佇立，宿鳥歸飛急。”宋沈括《夢溪筆談·技藝》：“凡屋有三分：自梁以上爲‘上分’，地以上爲‘中分’，階爲‘下分’。”宋高承《事物紀原·階》：“《韓詩外傳》‘鳳蔽日而至，黄帝降於東階’，則階陛之制，自黄帝爲棟宇則設之也。”清汪汲《事物原會·階》：“《墨子》：‘土階三等。’《升菴外集》：‘古者堂之前無階，惟左右設兩階，右爲賓階，左爲阼階，天子之尊，亦惟兩階。’”

【玉墀】 [1]

　　即階。爲美稱。南朝梁沈約《三婦艷》詩：“大婦掃玉墀，中婦結羅帷。”《明史·樂志三》：“君王聖德容降虜，三恪衣冠拜玉墀。”

【陛】 [1]

　　即階。《説文·𨸏部》：“陛，升高階也。”段玉裁注：“自卑而可以登高者謂之陛。”《墨子·備城門》：“陛高二尺五，廣長各三尺，遠廣各六尺。”北魏酈道元《水經注·濁漳水》：“石礎西陛，陟踵修上五里餘。"唐韓愈《祭湘君夫人文》："外無四垣，堂陛穨落。牛羊入室，居民行商不來祭享。"

【除】[1]

即階。宋李誠《營造法式·總釋·階》："除謂之階。"宋葉適《王氏讀書堂》詩："刈今治華室，山翠涌前除。"清納蘭性德《減字木蘭花》詞之四："沒箇音書，盡日東風上綠除。"清王士禛《得陳子文書兼知天章消息》："雁聲初墮地，黃葉已盈除。"

【砌】[1]

即階。《玉篇·石部》："砌，階砌也。"南朝齊謝朓《直中書省》詩："紅藥當階翻，蒼苔依砌上。"唐李朝威《柳毅傳》："柱以白璧，砌以青玉。"五代歐陽炯《清平樂》詞："春來階砌，春雨如絲細。"宋洪邁《夷堅丙志·江世安》："一日，雨初霽，砌下五色光十數道直出檐間。"清錢泳《履園叢話·園林·樸園》："園甚寬廣，梅萼千株，幽花滿砌。"《紅樓夢》第一七回："青松拂檐，玉蘭繞砌；金輝獸面，彩煥螭頭。"

【堿】

即階。《集韻·入德》："堿，階級也。"《文選·班固〈西都賦〉》："於是左堿右平，重軒三階。"李善注引晉摯虞《決疑要注》："平者，以文塼相亞次也；堿者，爲陛級也。"宋司馬光《申本寺乞奏修築皇地祇壇狀》："陛廣三尺五寸，平漫無堿。"清王士禛《池北偶談·談藝三·郭胤伯》："郭性孤僻，所居沚園，在白厓湖上，常構一亭，柱礎堿碣，皆有款識。"

【墀】[1]

即階。《漢書·外戚列傳下·孝成班倢伃》："俯視兮丹墀，思君兮履綦。"《文選·班固〈西都賦〉》："玄墀扣砌，玉階彤庭。"張銑注："玄墀，以漆飾墀；墀，階也。"北魏楊衒之《洛陽伽藍記·昭德里》："玉葉金莖，散滿階墀。"唐韓愈《與鳳翔邢尚書書》："願少立於堦墀之際，望見君子之威儀也。"

【級】

即階。《玉篇·糸部》："級，階級也。"《禮記·曲禮上》："主人先登，客從之。拾級聚足，連步以上。"《呂氏春秋·重言》："乃令賓者延之而上，分級而立。"高誘注："級，階陛。"唐韓愈《衢州徐偃王廟碑》："藩拔級夷，庭木秃缺。"《舊唐書·禮儀志二》："基每面三階，周迴十二階，每階爲二十五級。"《文苑英華》卷一引唐范榮《三無私賦》："傳陽之德，因時行而有階；起予者商，想茲道而無級。"清姚鼐《登泰山記》："由南麓登四十五里，道皆砌石爲磴，其級七千有餘。"

【階級】

即階。《南齊書·劉瓛傳》："先朝使其更自修正，勉屬於階級之次，見其繾綣，或復賜以衣裳，袁、褚諸公咸加勸勵，終不能自反也。"唐陸龜蒙《野廟碑》："升階級，坐堂筵，耳弦匏，口粱肉，載車馬，擁徒隸者，皆是也。"《儒林外史》第一四回："望着幾十層階級，走了上去，橫過來又是幾十層階級。"

【階基】

即階。亦作"堦基"。隋諸葛穎《奉和方山靈巖寺應教》："雷出階基下，雲歸梁棟前。"唐韓愈《病鴟》詩："飽入深竹叢，饑來傍階基。"《舊唐書·德宗紀下》："是日質明，含元殿前階基、欄檻壞損三十餘間，壓死衛士十餘人。"元孫仲章《勘頭巾》第一折："我這裏下堦基，轉影壁，親身問，問一個事從來歷，喝叫緣因。"
元佚名《黃花峪》二折："我若還撞着你，揪住
頭梢，搭住領戲，我將那廝滴溜撲摔下那廝堦
基。"

【堦基】

同"階基"。此體元代已行用。見該文。

【階砌】

即階。三國魏卞蘭《許昌宮賦》："修欄
蔭於階砌，崇棟拂乎旻蒼。"唐白居易《泛春
池》詩："泓澄動階砌，澹濘映户牖。"元喬孟
符《揚州夢》第一折："接前廳，通後閣，馬蹄
階砌。"元趙孟頫《慶壽僧舍即事》詩："夕蟲
鳴階砌，孤螢炯叢薄。輾轉懷故鄉，時聞風鳴
鐸。"

【階除】

即階。漢蔡邕《傷故栗賦》："樹遐方之嘉
木兮，於靈宇之前庭。通二門以征行兮，夾階
除而列生。"《通志·昆蟲草木·蟲魚類》："蛶蟧
與蜩蟬類也，蛬類在階除間及叢薄中，夜鳴日
不鳴。"清蒲松齡《聊齋志異·蕭七》："疑送客
時遺落途間，執燈細照階除，都復烏有，意頗
頹不自得。"

【階陛】

即階。《史記·刺客列傳》："王僚使兵陳
自宫至光之家，門户階陛左右，皆王僚之親戚
也。"北魏酈道元《水經注·泗水》："城内有漢
高祖廟，廟前有三碑，後漢立廟基，以青石爲
之，階陛尚存。"《舊唐書·職官志三》："若大朝
會，率其儀仗以周衛階陛。大駕行幸。則夾道
馳而爲内仗。"宋葉適《羅袁州文集序》："錢穀
之塵污几硯，刑獄之腥臊階陛，官業雖登而文
義耗矣。"宋沈括《夢溪筆談·雜志》："汴渠堤

外，皆是出土，故溝水令相通，時爲一堰節其
水，候水平，其上漸淺涸，則又爲堰，相齒如
階陛。"

【陛級】

即階。亦稱"陛階"。漢賈誼《新書·階
級》："若堂無陛級者，堂高殆不過尺矣。"唐劉
禹錫《問大鈞賦》："抗陛級於重霄兮，異人間
之景光。"《宋史·禮志三》："且郊壇陛級兩邊上
下，皆是神位，中間恐不可行。"宋楊侃《兩漢
博聞》卷一二："墱道，《班固傳》三十上，《西
都賦》云：'彌明光而絙長樂，陵墱道而超西
墉。'注云，墱道，陛級也。"明蔣一葵《長安
客話·黃金臺》："貴築邱禾實詩：'昭王當日有
高臺，陛級原因郭隗開。'"《墨子·備穴》："勿
爲陛與石，以懸陛上下出入。"孫詒讓閒詁引清
蘇時學曰："言穴中勿爲陛階，出入者縋而上下
也。"

【陛階】

即陛級。此稱清代已行用。見該文。

【踏道】

即階。宋龐元英《文昌雜録》卷三："諸軍
將校分入殿庭，北向立；朝堂引贊官、引彈奏
御史二員入殿門内踏道下，當殿向北立。"宋孟
元老《東京夢華録·駕詣郊壇行禮》："壇高三層
七十二級，壇面方圓三丈許，有四踏道。正南

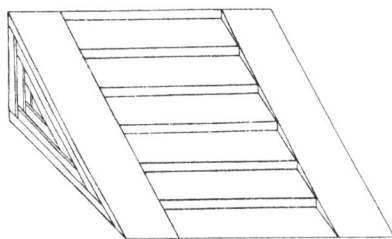

踏　道
（宋李誠《營造法式》）

曰午階，東曰卯階，西曰酉階，北曰子階。"

【踏跺】

即階。梁思成《清式營造則例·瓦石·臺基》："由地面走上臺基須有臺階，以爲上下之道。最通常的做法，在中間安一級一級的階石稱踏跺。"李允鉌《華夏意匠》："皇宫的正殿臺階稱爲'陛'，如清宫太和殿則由兩邊是'踏跺'（階級）中間爲'御路'所組成。"

礓䃰

亦作"餞礤""磋礤"。亦稱"礓䃰子""馬尾礓䃰"。建築物由低處通往高處的斜坡道，剖面呈鋸齒形，既可供人行走，亦便於車輛行駛，故多用於車輛經常出入的地方，如宫門、府門、過街牌樓等處。礓䃰可分爲"單礓䃰""連三礓䃰""抄手礓䃰"等。礓䃰亦可與踏跺混用，如"連三踏跺"中，中間的部分做成礓䃰，兩邊爲踏跺，使其造型富於變化，功能亦多樣化。明劉若愚《酌中志·大内規則記略》："出會極門之東磋礤下，曰佑國殿。"《醒世姻緣傳》第四一回："他在礓䃰子上，朝東站着。"清孫錦標《通俗常言疏證·宫室》："寺院階級曰礓䃰。"《兒女英雄傳》第三六回："忽然見一個胖子兩條腿踹落踹落的跑得滿頭是汗，張着張大嘴，一上礓䃰便叫：'龍媒！龍媒！'"按，孫錦標解釋實誤。階級與礓䃰在形態與功能上實際上都是有差別的。階級亦稱臺階、踏跺，側面呈直角形，僅供人行走。礓䃰側面呈鋸齒形，既可供人行走，亦可供車輛行駛。

【磋礤】

同"礓䃰"。此體明代已行用。見該文。

【餞礤】

同"礓䃰"。此體明代已行用。見該文。

【礓䃰子】

即礓䃰。此稱清代已行用。見該文。

【馬尾礓䃰】

即礓䃰。此稱多行用於現當代。見該文。

澀道

亦作"澁道"。刻有花紋的傾斜石砌，不分階級。澀，急。以其促迫，故稱。《太平廣記》卷一二九引唐唐臨《冥報記·張公瑾妾》："遣使者送嘉運至一小澀道，指令由此路歸。"宋范成大《驂鸞録》："宅傍入圃中，步步可觀梅臺，最有思致。叢植大梅中爲小臺，四面有澀道，梅皆交枝覆之，蓋自梅洞中躡級而登，則又下臨花頂，盡賞梅之致矣。"元孫仲章《勘頭巾》第二折："出司房忙進步，登澀道下堦址。"明湯顯祖《牡丹亭·冥誓》："則没揣的澀道邊兒，閃人一跌。"

【澁道】

同"澀道"。此體元代已行用。見該文。

門階

門前臺階。《宋書·顧覬之傳》："覬之理繁以約，縣用無事，晝日垂簾，門階閑寂。"明吳寬《重修都城隍廟之碑》："凡堂殿、寢室、廊廡、門階缺折者易完，朽腐者易堅，漫漶者易鮮，功既告訖，神靈洋洋。"

堂階

廳堂前的臺階。《宋書·樂志四》："茨草穢堂階，埽截不得生。"唐杜甫《戲簡鄭廣文虔兼呈蘇司業源明》詩："廣文到官舍，繫馬堂階下。"唐孟郊《游子吟》："萱草生堂階，游子行天涯。"清紀昀《閱微草堂筆記·灤陽消夏録三》："前母張太夫人，有婢曰繡鸞，嘗月夜坐堂階。"

庭除 [2]

亦稱"庭砌""庭階"。指堂前臺階。晋曹攄《思友人》詩："密雲翳陽景，霖潦淹庭除。"唐劉兼《對鏡》詩："風送竹聲侵枕簟，月移花影過庭除。"宋秦觀《南歌子·贈陶心兒》詞："玉露沾庭砌，金風動琯灰。"元無名氏《梧桐葉》第二折："搦管下庭除，書作相思字。"清馬其昶《〈濂亭集〉序》："以上溯文正及姚、方、歸氏，又上而至宋唐大家，而至兩漢，猶循庭階入宗廟而禘昭穆也。"

【庭砌】 [2]

即庭除 [2]。此稱宋代已行用。見該文。

【庭階】 [2]

即庭除 [2]。此稱清代已行用。見該文。

丹墀 [1]

指官府或祠廟的臺階。《宋史·樂志二》："今朝會作樂，丹墀之上，巢笙、和笙各二人，其數相敵，非也。"《説岳全傳》第七回："旗牌官領命，將五人傳入，到丹墀跪下。"《儒林外史》第三七回："〔泰伯祠〕三座門。進去一座丹墀。左右兩廊，奉着從祠歷代先賢神位。中間是五間大殿，殿上泰伯神位，面前供桌、香爐、燭臺。殿後又一個丹墀，五間大樓。"

帝　階

陛 [2]

專指帝王宮殿的臺階。《玉篇·阜部》："陛，天子階也。"《戰國策·燕策三》："秦武陽奉地圖匣，以次進至陛。"漢蔡邕《獨斷》卷上："陛，階也，所由升堂也。天子必有近臣執兵陳於陛側，以戒不虞。"明馮惟敏《端正好·徐我亭歸田》套曲："俺這裏隨班行禮，不强如納陛升階。"《清史稿·禮志七》："大臣興，復自右陛升，跪受爵，復跪。"

天階

亦作"天堦"。亦稱"天陛"。宮殿之臺階。天，藉指皇帝。漢張衡《東京賦》："登聖王於天階，章漢祚之有秩。"晋潘尼《贈侍御史王元貺》詩："游鱗萃靈沼，撫翼希天階。"《敦煌變文集·捉季布變文》："季布得官而謝赦，拜舞天堦喜氣新。"宋王庭珪《贈胡紹立》詩："此去飛騰對天陛，不應顦顇困書生。"宋趙汝愚《宋代名臣奏議》載宋田錫《上太宗論軍國要機朝廷大禮》："又，起居郎、起居舍人，得在天階之下，備書王者之言。"明張鳳翼《紅拂記·華夷一統》："聽歌謳歡騰萬方，天階拜祝霞觴。"

【天堦】

同"天階"。此體唐代已行用。見該文。

【天陛】

即天階。此稱宋代已行用。見該文。

【天墀】

即天階。唐韋應物《送宮人入道》詩："舍寵求仙畏色衰，辭天素面立天墀。"明李東陽《校文畢即事》詩："同下天墀奉玉音，南畿多士正如林。"清佚名《十國春秋·陳洪進傳》："洪進因上表言，臣遠辭海嶠，入覲天墀，獲親咫尺之顏，叠被駢蕃之澤。"

【除】 [2]

即天階。《説文·自部》："除，殿陛也。"《玉篇·阜部》："除，殿階也。"《史記·魏公子列傳》："趙王埽除自迎，執主人之禮。"《漢書·王莽傳下》："群臣扶掖莽，自前殿南下椒除。"顏師古注："除，殿陛之道也。"

【坻鄂】

即天階。亦作"坻崿""坻塄"。《文選·張衡〈西京賦〉》："坻崿鱗眴，棧齴巉嶮。"薛綜注："殿基之形勢也。"呂向注："皆殿階高峻之貌。"《文選·何晏〈景福殿賦〉》："羅疏柱之汩越，肅坻鄂之鱗鱗。"李善注："坻，殿基也。"唐王勃《乾元殿頌》："司宮尼職，肅坻塄而神行；掌舍巡方，煥巖廊而洞啓。"

【坻崿】

同"坻鄂"。此體漢代已行用。見該文。

【坻塄】

同"坻鄂"。此體唐代已行用。見該文。

【坻】

即天階。《廣雅·釋室》："坻，除也。"《漢書·梅福傳》"涉赤墀之塗"顏師古注引應劭曰："以丹漆泥塗殿上也。墀與坻通。"《文選·何晏〈景福殿賦〉》："羅疏柱之汩越，肅坻鄂之鱗鱗。"李善注："坻，殿基也。"

【九齒階】

即天階。天子宮殿臺基每側有九層階級，一級謂一齒，故稱。天子殿堂臺基高九尺，每側階級各中分左右。左邊有九層臺階，供人行走；右邊平坦，供輦車上下。《文選·張衡〈西京賦〉》"右平左墄"三國吳薛綜注："墄，限也，謂階齒也。天子殿高九尺，階九齒，各有九級。其側階各中分左右，左有齒，右則滂沱平之，令輦車得上。"

【螭陛】

即天階。亦稱"螭堦"。因雕有螭形的宮殿臺階，故藉指天階。宋龐元英《文昌雜錄》卷一："考功蔡員外超授起居郎，其季卞方爲右史，兄弟並直螭堦，士林竦美焉。"《宋史·禮志十八》："殿中監帥尚舍張設垂拱，文德殿門之內設香案。殿下螭陛間，又爲房於東朵殿。"宋李誡《營造法式·壕寨及石作制度·殿階螭首》："造殿階螭首之制：施之於殿階，對柱；及四角，隨階斜出。"明陸采《明珠記·拒奸》："近侍龍顏，長隨豹尾，朝朝螭陛持戟。"按，到目前尚未見到史書所載"螭陛"實物。

【螭堦】

即螭陛。此稱宋代已行用。見該文。

【螭頭】[1]

即螭陛。亦稱"螭首"。藉指殿前雕有螭頭形的臺階。唐代史官起居郎、起居舍人入朝侍值，秉筆隨宰相入殿，夾香案分立殿下，站立於雕有螭首形之階級前。《新唐書·百官志二》："其後復置起居舍人，分侍左右，秉筆隨宰相入殿。若仗在紫宸內閣，則夾香案分立殿下，直第二螭首，和墨濡筆，皆即坳處，時號螭頭。"螭頭即指螭頭官，爲唐代史官起居郎、起居舍人之別稱。因站立位置而稱。又《鄭朗傳》："開成中，擢起居郎。文宗與宰相議政，適見朗執筆螭頭下，謂曰：'向所論事，亦記之乎？'"唐姚合《寄右史李定言》詩："纔歸龍尾含鷄舌，更立螭頭運兔毫。"宋宋祁《筆記》卷上："會天子排正仗，吏供洞案者，設於前殿兩螭首間，案上設燎香爐。"明王鏊《震澤長語·官制》："我朝翰林皆史官，立班雖近螭頭，亦遠在殿下。"康有爲《游金陵明故宮及孝陵秦淮舊板橋》詩：“虎踞龍蟠猶有夢，摩挲翁仲立螭頭。”梁思成注釋：“現在已知的實例還沒有見到一個‘施之於殿階’的螭首。明清故宮的螭首只用於殿前石階或天壇圜丘之類的壇上。宋代螭首的形象、風格，因無實物可證，尚待進一步研究。”

【螭首】[1]

即螭頭[1]。此稱宋代已行用。見該文。

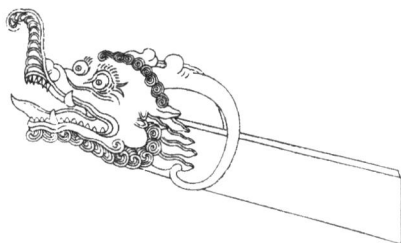

螭　首
（宋李誡《營造法式》）

【椒除】

即天階。《漢書·王莽傳下》：“三日庚戌，晨旦明，群臣扶掖莽，自前殿南下椒除，西出白虎門，和新公王揖奉車待門外。”顏師古注：“除，殿陛之道也。椒，取芬香之名也。”元陳樵《放螢賦》：“皇歡洽，清夜徂，命合宮，侍燕胥，出紫房，背椒除。”

【軒階】[2]

即天階。軒，高也。宮殿臺基高，故階級亦高。多藉指宮掖。《北齊書·上洛王思宗傳》：“遂使刀鋸刑餘，貴溢軒階，商胡醜類，擅權帷幄，剝削生靈，劫掠朝市。”亦藉指達官之華居。唐韓愈《上賈滑州書》：“且有負薪之疾，不得稽首軒階。”

【軒陛】[2]

即天階。唐陸贄《奉天論奏當今所切務狀》：“郡國之志不達於朝廷，朝廷之誠不升於軒陛。上澤闕於下布，下情壅於上聞。”元揭傒斯《全州學記》：“及期而廟成，乃易夫子十哲像，分祠先儒及賢守於講堂之左右翼，門序軒陛以次咸畢。”清秦蕙田《五禮通考·宇宙時享》：“禮匝三獻，樂遍九成。降循軒陛，仰歆皇情。福與仁合，德因孝明。”

【軒砌】

即天階。軒，高也；砌，臺階。唐杜甫《八哀詩·贈秘書監江夏李公邕》：“重叙東都別，朝陰改軒砌。”宋王讜《唐語林·政事上》：“〔牛叢〕後自司勳員外郎爲睦州刺史，入謝，上命至軒砌。”

【軒墀】[2]

即天階。軒，高也；墀，階也。北周庾信《賀新樂表》：“臣等並預鈞天，同觀張樂，軒墀弘敞，欄檻眺聽。”清趙申喬《武功春日謁后稷祠》詩：“詞客古今瞻廟貌，村農伏臘走軒墀。”清葉廷琯《吹網錄·三河縣遼碑》：“因集宣聖廟，見軒墀促窄。”

丹墀 [2]

亦稱“彤墀”。宮殿前多以朱色塗飾的階級，藉指天階。漢張衡《西京賦》：“右平左墄，青瑣丹墀。”宋秦觀《寄孫莘老少監》詩：“一出承明七換麾，君恩復許上彤墀。”清紀昀《閱微草堂筆記·灤陽續錄四》：“太和門丹墀下有石匱，莫知何名，亦莫知所貯何物。”

【彤墀】

即丹墀[2]。此稱宋代已行用。見該文。

【紫墀】

即丹墀[2]。《樂府詩集·郊廟歌辭二·齊南郊樂歌》：“靈正丹帷，月肅紫墀。”唐李元紘《奉和聖製送張説上集賢學士賜宴》："饌玉趨丹禁，篋花降紫墀。"明都穆《金薤琳琅·隋龍藏寺碑》："曜明璫于朱户，殖芳卉於紫墀。"

【丹梯】

即丹墀²。南朝宋謝靈運《擬魏太子鄴中集詩·阮瑀》："躧步陵丹梯，並坐侍君子。"黃節注："丹梯，丹墀也。"唐皇甫冉《袁郎中破賊後經剡中山水》詩："行看佩侯印，豈得訪丹梯。"清唐孫華《次韻酬吳振西》之二："中郎餘慶傳羊傅，暫阻丹梯莫愴然。"

【丹陛】

即丹墀²。亦稱"朱陛"。《北史·樊子蓋傳》："於是賜之口味百餘斛，加右光禄大夫。子蓋曰：'願奉丹陛。'帝曰：'公侍朕則一人而已，委以西方，則萬人之敵，宜識此心。'"《隋書·薛道衡傳》："趨事紫宸，驅馳丹陛。"宋梅堯臣《袷禮頌聖德詩》："大楹爛爛，朱陛煌煌。"明莊㫤《端午食賜粽有感》詩："天恩敕賜下丹陛，瓊筵侑以黃金觴。"清顧炎武《王徵君潢具舟城西同楚二沙門小坐柵洪橋下》詩："曾折帝廷檻，幾死丹陛旁。"

【朱陛】

即丹陛。此稱宋代已行用。見該文。

【丹除】

即丹墀²。唐錢起《奉和中書常舍人晚秋集賢院即事》詩："窗明宜縹帶，地肅近丹除。"

唐盧僎《奉和李令扈從温泉宮賜游驪山韋侍郎別業》詩："承恩來翠嶺，締賞出丹除。"明王章《聖駕閲城》："翠華回輦處，嵩舞遍丹除。"

【丹階】

即丹墀²。《藝文類聚》卷六四引漢張超《靈帝河間舊廬碑》："通樓閑道，丹階紫房。"南朝齊陸厥《李夫人及貴人歌》："臨丹階，泣椒塗。寡鶴羈雌飛且止。"

堂除

正堂之臺階。《文選·潘岳〈懷舊賦〉》："陳荄被於堂除，舊圃化而爲薪。"李善注引《説文·𨸏部》："除，殿陛也。"《五燈會元·六祖大鑒禪師法嗣》："僧禮拜師曰：'苦哉，屈哉！誰人似我上堂除，却日明夜暗，更説甚麼即得珍重。'"清毛奇齡《馮太傅適志堂記》："左則爲重屋，如出樓然。堂除廣氄，皆以文磚相亞次，高敞燥潔，可坐千人。"

輦閣²

可乘輦通行之閣道。漢劉向《列女傳·霍夫人顯》："顯改更光時所造塋而侈大之，築神道爲輦閣，幽閉良人奴婢。"《漢書·霍光傳》："盛飾祠室，輦閣通屬永巷，而幽良人婢妾守之。"顏師古注："晉灼曰：'閣道乃通屬至永巷中也。'……此亦其冢上作輦閣之道及永巷也。"《宋史·天文志四》："閣道六星在王良前飛道也……主輦閣之道，天子游別宮之道也。"

兩　階

阼階

亦稱"阼"。指殿堂前東面的臺階。古時天子、諸侯、大夫、士皆以阼階爲主人之位，臨朝覲、揖賓客、承祭祀，升降皆由此。賓主相

見時，賓升自西階，主人立於阼階。周代有兩
階（東階、西階或云阼階、賓階）之制，盛行
於漢，唐有實物，宋初有記載，爾後則漸趨消
失。《書·顧命》：“大輅在賓階面，綴輅在阼階
面。”孔穎達疏：“大輅玉，綴輅金，面前皆南
向。”《儀禮·士冠禮》：“主人玄端爵韠，立於
阼階下，直東序西面。”鄭玄注：“阼，猶酢也，
東階所以答酢賓客也。”《禮記·冠義》：“故冠
於阼，以著代也。”鄭玄注：“阼，謂主人之北
也。”孔穎達疏：“阼，是主人接賓之處。”漢賈
誼《新書·禮》：“禮，天子適諸侯之宮，諸侯
不敢自阼階。阼階者，主之階也。”《文選·潘
岳〈籍田賦〉》：“結崇基之靈趾兮，啓四塗之廣
阼。”李善注引《説文》：“阼，主階也。”《北
史·周紀下·高祖武帝》：“丁未，齊主至，齊降
至阼階，見以賓主禮。”一説指東序，堂之東
墻。清黃宗羲《答萬季野喪禮雜問》：“若《士
昏禮》，舅席在阼，西面；姑席在房户外之西，
南面。”清俞樾《群經平議·儀禮一》：“‘適子
冠於阼以著代也，醮於客位加有成分’。按注
中‘階’字衍文也。上文行三加之禮皆在東序
少北，不在阼階，此所謂阼者，即是東序。”又
《禮記四》：“凡經單言‘阼’不言‘阼階’者皆
謂東序。”

【阼】[2]

即阼階。此稱先秦時期已行用。見該文。

【東階】

即阼階。亦稱“主階”。《説文·自部》：“阼，
主階也。”段玉裁注：“階之在東者。古者天子
踐阼臨祭祀。”桂馥義證：“古時殿前兩階，無
中間道，故以阼階爲天子之位。”《集韻·鐸韵》：
“阼，東階。”《禮記·曲禮下》“君天下曰天子，

朝諸侯，分職授政任功，曰予一人，踐阼，臨
祭祀。”孔穎達疏：“阼，主人階也。天子祭祀
升阼階。”

【主階】

即東階。此稱漢代已行用。見該文。

賓階

亦稱“西階”。古時賓主相見，賓從西階
上，故稱。《書·顧命》：“大輅在賓階面，綴
輅在阼階面，先輅在左塾之前，次輅在右塾之
前。”《儀禮·鄉飲酒禮》：“主人坐奠爵於序端，
阼階上北面再拜，崇酒。賓西階上答拜。”又
《燕禮》：“主人筵前獻賓，賓西階上拜，筵前受
爵反位。”唐韓愈《送區册序》：“升自賓階，儀
觀甚偉。”

【西階】

即賓階。此稱先秦時期已行用。見該文。

【客階】

即賓階。《逸周書·賞麥》：“宰乃承王中，
升自客階。”《禮記·坊記》：“子云：升自客階，
受吊於賓位，教民追孝也。”

輦道[2]

亦稱“斜道”。宮中由地面升至臺基，坡度
平緩，便於御輦通行之路。古時常與踏跺組合
使用。發展到後世即御路。《史記·孝武本紀》：
“其南有玉堂壁門大鳥之屬，乃立神明臺。井幹
樓度五十餘丈，輦道相屬焉。”《梁書·張率傳》：
“紛高冠以連袿，鏘鳴玉而肩隨。清輦道於上
林，蕭華臺之金座。”《宋史·太祖紀一》：“〔太
祖〕嘗試惡馬，不施銜勒，馬逸上城斜道，額
觸門楣墜地。”清沈自南《藝林彙考·棟宇篇》：
“含元殿南，疏階升殿，凡爲三大層，自下而
上，其下兩層皆培土鋪甎，爲陂陀斜道，不疏

小級。" 輦道依據坡度之大小又分爲峻道、平道、慢道三等。上交 "平" 即 "斜平" 之路，亦即斜道。唐代長安大明宮含元殿遺址，可見此實例。唐宋壁畫中之輦道，已置於左右踏跺之間。後世在輦道上雕飾雲龍紋樣，逐漸演變爲純裝飾性的御路。

【斜道】

即輦道[2]。此稱宋代已行用。見該文。

平道

省稱 "平"。傾斜而不分階級的斜道之一種。斜道依據坡度不同又分爲峻、平、慢三等，分別稱作峻道、平道、慢道。《文選·班固〈西都賦〉》 "於是左城右平，重軒三階。" 李善注引摯虞《決疑要注》："左城右平，平者，以文磚相亞次也；城者，爲陛級也，言階級勒城然。"《文選·張衡〈西京賦〉》："右平左城，青瑣丹墀。" 薛綜注："其側階各中分左右，左有齒，右則滂沲平之，令輦車得上。" 宋喻皓《木經》："階級有峻、平、慢三等，宮中則以御輦爲法，凡由下而登……前竿垂手，後竿平肩，爲平道。" 依據李約瑟對《夢溪筆談》附注的測算，平道坡度比率爲 2.18。參閱宋沈括《夢溪筆談》卷一八。

【平】

"平道" 之省稱。此稱漢代已行用。見該文。

慢道

傾斜而不分階級的斜道之一種。宋代稱謂。宋喻皓《木經》："階級有峻、平、慢三等，宮中則以御輦爲法……前竿平時，後竿平肩，爲慢道。" 依據李約瑟對《夢溪筆談》附注的測算，慢道坡度比率爲 1.38。宋趙彥衛《雲麓漫鈔》卷七："〔邵青等〕掠鄉民三千餘人，沿江采薪叠慢道。"《考古》1961 年第 11 期："斜坡道，宋代稱爲慢道。"

峻道

傾斜而不分階級的斜道之一種。宋喻皓《木經》："階級有峻、平、慢三等，宮中則以御輦爲法，凡由下而登，前竿垂盡臂，後竿展盡臂，爲峻道。" 宋陳耆卿《赤城志·辨誤門》："但云五界峻道各濟，此險阻經峻道而疾行也。" 依據李約瑟對《夢溪筆談》附注的測算，峻道坡度比率爲 3.35。

御路

宮殿廟宇之踏跺，中間部分不砌條石，斜置雕飾龍鳳紋樣漢白玉之斜道。御路雕刻極爲富麗，圖案多爲雲龍、海水龍、龍鳳呈祥等。寺廟御路石多雕刻寶相花紋樣。御路僅供帝王使用。清宮保和殿之臺階即兩邊是踏跺，中間爲御路。御路裝飾性功能已漸大於使用功能。此種 "兩階一路" 之形制是古代 "兩階制" 之遺風。御路是由《七略》"王者宮中必左城而右平" 之 "平"，亦即以文磚相亞次而成（以磚之棱角側砌而成的鋸齒形斜坡路面），供輦車上下之用的斜平之路發展而來的。

內廉

古代宮殿西階之東側。《儀禮·聘禮》："飪一牢，鼎九，設於西階前，陪鼎當內廉，東面北上。" 胡培翬正義引李如圭云："內廉，西階之東廉也。階有東西兩廉，近堂之中者爲內廉。" 元敖繼公《儀禮集說》卷八下："內廉，西階之東廉也。陪鼎當內廉，而不正設於階前者，明其加也。"

闑 [1]

兩階之間。《爾雅·釋宮》："兩階間謂之鄉。"

按，徐鍇《説文繫傳・門部》引《爾雅》“鄉”作“闂”。《玉篇・門部》：“闂，門頭也。”晋左思《魏都賦》：“肅肅階闥，重門再扃。”

螭坳

宮殿雕有螭形的臺階前之坳處。《新唐書・百官志二》：“其後復置起居舍人，分侍左右，秉筆隨宰相入殿。若仗在紫宸内閣，則夾香案分立殿下，直第二螭首，和墨濡筆，皆即坳處，時號螭頭。”因以“螭坳”指宮殿雕有螭形的臺階前之坳處，史官侍值所立之所。明張居正《議處史職疏》：“議史臣侍直。謹案禮儀定式，凡遇常朝，記事官居文武第一班之後，近上，便於觀聽，即古螭頭載筆之意。”指出史官侍值立於此處是爲了接近皇帝，便於觀聽。宋司馬光《奉和始平公喜聞昌言修注》：“曉提麟筆依華蓋，日就螭坳記聖言。”元馬祖常《次韻繼學》之三：“所賴三階正，螭坳記有年。”清王鳴盛《十七史商榷・新舊唐書一・二書不分優劣》：“吳兢、韋述、令狐峘皆金閨上彦，操筆石渠；劉昫等因三人舊文爲書，郎舍相踵，既出螭坳親見，又遇劉司徒之博洽，乃克成書。”

石　階

石階

亦稱“石階級”。石製成的臺階。唐白居易《香爐峰下新卜山居草堂初成偶題東壁》詩：“五架三間新草堂，石階桂柱竹編墻。”金董解元《西廂記諸宮調》卷八：“覷着一丈來高石階級褰衣跳，衙内每又没半箇人扯着，頭扎番身吃一箇大碑落。”

【石階級】

即石階。此稱金代已行用。見該文。

【石級】

即石階。亦稱“石砌”。唐韓愈《題炭谷湫祠堂》詩：“石級皆險滑，顛躋莫牽攀。”唐皮日休《太湖詩・明月灣》：“清泉出石砌，好樹臨柴關。”明徐弘祖《徐霞客游記・游天台山日記》：“初六日天色甚朗，覓導者各携筇上山，過慈光寺，從左上，石峰環夾其中，石級爲積雪所平，一望如玉。”清劉大櫆《游晋祠記》：“累石級而上，望之，墟烟遠樹，映帶田塍如畫。”

【石砌】

即石級。此稱唐代已行用。見該文。

【石梯】

即石階。亦稱“石層”。唐薛能《凌雲寺》詩：“像閣與山齊，何人致石梯？”唐温庭筠《清涼寺》詩：“松飆晚吹撼金鐸，竹蔭寒苔上石梯。”宋趙師秀《巖居僧》詩：“開扉在石層，盡日少人登。”《西游補》第一三回：“兩個竟像相知，一頭笑，一頭走，走過一張石梯，忽見臨水洞天。”

【石層】

即石梯。此稱宋代已行用。見該文。

瑶階

亦稱“瑶陛”“瑶砌”。瑶，似玉之美石。美石砌成的階級，石階之美稱。南朝梁陸倕

《天光寺碑》:"瑤陛凌虛,瓊樓鬱起。"唐王勃《七夕賦》:"羅帳五花懸,瑤砌百枝然。"《清朝野史大觀·清宮遺聞二·胡延〈長安宮詞〉》:"門鎖金蟾夜漏長,中官吹燭倚迴廊。碧闌干畔施茵褥,直把瑤階當玉床。"

【瑤陛】

即瑤階。此稱南北朝時期已行用。見該文。

【瑤砌】

即瑤階。此稱唐代已行用。見該文。

碧磴

青石階。南朝梁江淹《翡翠賦》:"映銅陵之素氣,濯碧磴之紅泉。"元吳鎮《慈里山》詩:"慈里山居林屋西,遠山碧磴接丹梯。"《玉海》卷一七二:"松峰桂壑,紅泉碧磴,金石千聲,雲霞萬色。"

玉階

亦作"玉墀"。以玉石砌成或裝飾的臺階。亦爲石階之美稱。《文選·班固〈西都賦〉》:"玄墀扣砌,玉階彤庭。"張銑注:"玉階,以玉飾階。"漢班婕妤《自悼賦》:"華殿塵兮玉階落,中庭萋兮綠草生。"唐李白《玉階怨》詩:"玉階生白露,夜久侵羅襪。"近代蘇曼殊《飲席贈歌者》詩:"玉階人靜情難訴,悄向星河覓女牛。"亦藉指朝廷。《文選·張衡〈思玄賦〉》:"勔自強而不息兮,蹈玉階之嶢峥。"舊注:"玉階,天子階也。言我雖欲去,猶戀玉階不思去。"唐岑參《和賈至舍人早朝大明宮》詩:"金闕曉鐘開萬户,玉墀仙仗擁千官。"明文徵明《丁巳元日》詩:"萬炬列星仙杖外,千官鳴珮玉階前。"

【玉墀】

同"玉階"。此體唐代已行用。見該文。

【玉砌】

即玉階。漢劉楨《魯都賦》:"金陛玉砌,玄枑雲柯。"《文選·王融〈三月三日曲水詩序〉》:"鏡之虹於綺疏,浸蘭泉於玉砌。"李周翰注:"玉者,美言之也;砌,階也。"南唐李煜《虞美人》詞:"雕欄玉砌應猶在,只是朱顏改。"清蒲松齡《聊齋志異·白於玉》:"見檐外清水白沙,涓涓流溢;玉砌雕闌,殆疑桂闕。"

【瑤階】

即玉階。亦作"瑤堦"。晉王嘉《拾遺記·炎帝神農》:"築圓丘以祀朝日,飾瑤堦以揖夜光。"唐杜牧《秋夕》詩:"瑤階夜色凉如水,坐看牽牛織女星。"明梁辰魚《二郎神·宮怨》:"怕鞋侵荒蘚,瑤堦欲下還旋。"清納蘭性德《緱山曲》詩:"智瓊携手阿環隨,同侍瑤階看舞姬。"

【瑤堦】

同"瑤階"。此體晉代已行用。見該文。

【瑤陛】

即瑤階。亦稱"瑤砌"。南朝梁江淹《蕭驃騎録尚書事到省表》:"誠以設器瑤陛,取監冲滿,懸魄金波,徵驗虧闕。"北周佚名《赤帝歌》:"騫林廕瑤砌,丹鷺踏瓊株。"唐劉得仁《題從伯舍人道正里南園》詩:"直去親瑤陛,朝回在竹林。"南唐馮延巳《醉花間》詞:"桐樹倚雕檐,金井臨瑤砌。"宋王千秋《水調歌頭》詞:"散馬畫閑榆塞,辮髮春趨瑤陛,都出濟川才。"

【瑤砌】

即瑤陛。此稱南北朝時期已行用。見該文。

【玉除】

即玉階。用玉石砌成或裝飾的臺階。亦用

作石階之美稱。《文選·曹植〈贈丁儀〉詩》:"凝霜依玉除,清風飄飛閣。"李善注:"玉除,階也。"南朝梁簡文帝《看摘薔薇》詩:"倡女倦春閨,迎風戲玉除。"明陳第《毛詩古音考》卷二:"凝霜依玉除,清風飄飛閣。"亦藉指朝廷。唐白居易《答馬侍御見贈》詩:"謬入金門侍玉除,煩君問我意何如?"宋楊億《受詔修書述懷感事三十韵》:"紬繹資金匱,規模出玉除。"

【玉墀】[2]

即玉階。漢武帝《落葉哀蟬曲》:"羅袂兮無聲,玉墀兮塵生。"《隋書·音樂志上》:"雕梁繡栱,丹楹玉墀,靈威以降,百福來綏。"唐王維《扶南曲歌詞》之四:"拂曙朝前殿,玉墀多珮聲。"元佚名《醉寫赤壁賦》第二折:"身近玉墀新錦綉,手調金鼎舊鹽梅。"清袁枚《隨園詩話》卷一:"沈椒園御史云:'金閶才子愛袁絲,年少承恩出玉墀。'"

【玉陛】

即玉階。《三國志·魏書·陳思王植傳》:"常願得一奉朝覲,排金門,蹈玉陛……死不恨矣。"唐王昌齡《夏月花萼樓酺宴應制》詩:"玉陛分朝列,文章發聖聰。"宋陸游《十二月二十七日祭風師歸道中作》詩:"束帶敢言趨玉陛,橫戈猶憶戍天山。"

【玉城】

即玉階。宋柳永《看花回》詞:"玉城金階舞舜干,朝野多歡。"《宋史·樂志十四》:"瑤殿閟玉城坦夷,皇后受册寶成安。"明尹臺《送張通政歸吳中》:"牙緋暫罷銀臺入,綉甌誰將玉城陳。"

名 類

垂帶踏跺

兩側做"垂帶"的踏跺,是常見的踏跺形式之一。垂帶爲由臺基至地面的斜置條石,位於踏跺之兩側。

如意踏跺

不帶垂帶的踏跺,從三面都可以上人,是一種簡便的做法。梁思成《清式營造辭解》:"〔如意踏跺〕由正面及左右皆可升降之踏跺。"

御路踏跺

當中部分不置階級,而斜置雕飾龍雲紋樣的漢白玉或大理石做成的御路石之踏跺,僅用於宮殿建築。在臺階的燕窩石前,常再放置一塊與燕窩不同長的如意石。如意石應與室外地面高度相同。

連三踏跺

房屋的三間門前都做踏跺,且連成一體。爲垂帶踏跺中較講究的一種做法。

帶垂手踏跺

三間都做踏跺,但每間分着做的踏跺。中間的稱"正面踏跺",兩側的稱"垂手踏跺"。踏跺階級中部可放置御路石。帶垂手踏跺僅用於宮殿建築。

抄手踏跺

位於臺基兩個側面之踏跺。

雲步踏跺

用未經加工的石料(一般應爲壘叠假山用的石料),仿照自然山石碼成的踏跺。雲步踏跺多用於園林建築,具有質樸自然的風格。

樓　梯

樓梯

架設在樓房兩層之間供人上下的階梯。宋宋祁《集海雲鴻慶院》詩："嶺挾樓梯峻，巖牽殿堞斜。"《金瓶梅詞話》第九三回："須臾，只聽樓梯響，馮金寶上來。"《三俠五義》第二八回："〔展昭〕便手扶欄杆，慢登樓梯。"

【胡梯】

即樓梯。物下垂曰"胡"。宋洪邁《夷堅志補·雍氏女》："若會宴親戚，則椅桌杯盤，悉如有人持携，從胡梯而下。"元秦簡夫《東堂老》第一折："下了那分飯，臨散也你把住那樓胡梯門。"《金瓶梅詞話》第二回："那婦人一手推開酒盞，一直跑下樓來，走到半胡梯上，發話道：'既是你聰明伶俐，恰不道長嫂爲母？'"清陳鼎《東林列傳·石有恒》："象昇遣將李玉華解商州之圍，追擊於胡梯，岔不利。"

【函道】

即樓梯。南朝宋劉義慶《世說新語·容止》："庾太尉在武昌，秋夜氣佳景清。使吏殷浩、王胡之之徒登南樓理詠，音調始遒，聞函道中有屐聲甚厲，定是庾公，俄而率左右十許人步來。"余嘉錫箋疏引宋吴聿《觀林詩話》："函道，今所謂胡梯是也。"《宋書·廬陵孝獻王義真傳》："義真所乘舫單素，不及母孫修儀所乘者……使左右剔母舫函道以施己舫，而取其勝者。"

【除】[3]

即樓梯。《廣雅·釋宮》："除，道也。"王念孫疏證："《九章算術·商功章》：'負土往來七十步，其二十步上下棚除，棚除二當平道五。'〔劉徽〕注云：'棚，閣也；除，邪道也。'"《文選·班固〈西都賦〉》："周廬千列，徼道綺錯，鞏路經營，修除飛閣。"李善注引司馬彪《上林賦》注："除，樓陛也。"

階[2]

上古指乘以升屋的階梯，後世稱"梯"。《釋名·釋宮室》："階，梯也。言有等差也。"《禮記·喪大記》："復有林麓，則虞人設階；無林麓，則狄人設階。"鄭玄注："階，所乘以升屋者。"清朱彝尊《日下舊聞》卷五引明陶宗儀《輟耕錄》："方壺亭在荷葉殿後，高二十丈，重屋八面，重屋無梯，自金露亭前復道登焉。"

【梯】[1]

即階[2]。此稱漢代已行用。見該文。

第四節　欄杆考

欄杆，古作"闌干"。闌干者，縱橫也。縱木爲闌，橫木爲干。《說文·門部》："闌，門遮也。"段玉裁注："謂門之遮蔽也。俗謂襲櫳爲闌。"又《木部》："楯，闌檻也。"段玉裁注："闌檻者，謂凡遮闌之檻，今之闌干是也。王逸《楚辭》注曰：'檻，楯也。從曰檻，橫曰楯。'"《漢書·朱雲傳》："雲攀殿檻，檻折。"顏師古注："檻，軒前欄也。"唐慧琳等

《一切經音義》卷一："《通俗文》：'欄檻謂之楯。'案，欄楯，殿上臨邊之飾也，亦所以防人墜墮也，今言鈎闌是也。"《史記·袁盎晁錯列傳》"百金之子不騎衡"唐司馬貞索隱引《纂要》云："宮殿四面欄，縱者云檻，橫者云楯。"可見欄亦有攔止之義，設置欄杆可起到攔護作用。使居於高層建築者有安全之感，此爲欄杆的第一功能。另外，欄杆作爲中國古代建築主要構件之一，與古代宮室建於臺基之上密切相關，欄杆與臺基通常爲不可分割的整體。換言之，欄杆的産生是隨着臺基的出現而如影隨形應運而生的。戰國時代，築臺之風盛行一時。各諸侯國統治者争相築臺，用以誇耀其權力與財富。"高臺榭，美宮室，以鳴得意。"此之謂也。如魏之文臺、韓之鴻臺、趙之叢臺、楚之章華臺、齊之路寢臺，皆爲史之名臺。戰國後期，建臺之風勢衰，然却將宮室建於高大臺基之上，以顯示雄偉壯觀的氣勢。不論是戰國中期的臺，還是後期的高臺建築，其臺基的形狀及其構圖主要通過欄杆來表現。其次，中國古代建築的一種基本設計意念是力求"空間流通"，即在空間的組織與分隔上，既有一定規限，又不封閉視綫。故在古典建築中，欄杆占有相當顯著的重要地位。我們可以想象，没有欄杆的天壇與祈年殿，没有欄杆的故宫三大殿（太和、中和、保和），這些古代建築的藝術杰作，必將黯然失色。此爲欄杆的第二功能，即在建築設計中的美學功能。故欄杆不僅用於臺基，且可用於室内、室外、走廊、花池、樓閣、亭榭，比目皆是。園林中的欄杆，除通常的圍護、裝飾作用外，還可將各種景觀或分隔開來，或聯繫起來。因使用機會多而範圍廣，且於視覺中占據重要地位，故歷代建築師及工匠對欄杆的設計非常重視，促使它在構造上與形式上均發展到很高水平，成爲中國古代建築一大特色。

　　從出土文物考證，周代銅器、明器之紋飾可知當時即有欄杆設置，漢像磚、石之圖案則説明漢代建築中已普遍應用欄杆，南北朝時已基本具備後世欄杆之形制。古代"闌干"之縱木"闌"亦稱"檻"，而橫木之"干"亦稱"楯"或"枰"。漢魏六朝文獻中描寫欄杆，多用"檻""闌檻""闌楯"等；唐宋後則多用"鈎欄（闌）"或"欄杆"等。

　　欄杆最基本的構成形式始於一個橫嚮矩形框格。稱爲"闌"的縱木其後即成爲"望柱"，稱爲"干"或"楯"的橫木同時用作扶手則名爲"尋杖"，位於下面的橫杆即爲"地栿"。望柱、尋杖、地栿便構成了欄杆的主要邊框。框格中填充裝飾性花紋的欄板名爲"華板"。可見望柱、尋杖、地栿、華板是欄杆的基本構件。欄杆形式之變化則在於框格中圖案的處理。處理方法有三：或全部通花，或全部實心，或半通半實。歷代欄杆以後者爲多。標準形制則爲"上虛下實"的"半虛半實"形式。

最早出現的欄杆是一種以簡單橫綫條爲主構成的"尋杖欄杆"。"闌"與"干"所使用的材料均爲圓形截面木杆，看來十分輕巧、悦目，頗適合用於樓閣。此欄杆爲最早、最合理，亦是最簡單的形式。"尋杖欄杆"之"尋杖"除構造上的作用外，兼作"扶手"之用，爲不可缺少之杆件。隨着欄杆的普遍應用，漢代就出現瞭望柱、尋杖、地栿、華板等構件。南北朝時日臻成熟，已基本具備後世欄杆之形式。隋代欄杆始用盆脣與蜀柱。宋李誡《營造法式》具體規定了單鈎闌與重臺鈎闌的做法。從漢代至唐代，轉角處或不用望柱，而將兩面尋杖搭交出頭；用望柱則加雕飾。從蜀柱式樣看，隋多用斗子捲葉；唐、遼、金多爲斗子蜀柱；宋則用癭項、撮項；明、清多用荷葉浄瓶。宋式石欄杆木構意味很濃，明清時逐漸改變爲更符合石料所應有之形式。清代石鈎闌有較大改變與發展，其突出特點是望柱加多。因石材長度有限，過長則易折，故增加望柱頗爲合理。清式鈎闌，望柱相隔四尺左右，欄板兩端則常用抱鼓石。同時將尋杖、盆脣、華板等用一塊整石做成，也是明清欄杆的一大特色。

欄杆種類繁多。以其使用材料劃分，有木欄杆、石欄杆、磚欄杆、木石欄杆、琉璃欄杆等。我國最早的欄杆均爲木製橫綫結構。這與我國木構建築相一致，而與歐美之石製直綫欄杆迥异。周代與秦漢之欄杆均爲木欄杆。其後，位於室外之欄杆不堪風雨侵蝕，易損

漢代畫像石及明器所見古代欄杆式樣

易爛，故至隋唐時改用石欄杆。起初石欄杆的形式多爲模仿木欄杆的構造，在外形上二者基本統一，并未因材料不同而形狀各异。至宋代石欄杆普遍使用，李誡在《營造法式》中對石欄杆的做法均做出了詳細規定，然以其木構意味過重，故未能做出符合《法式》規定的石欄杆，基本上仍仿木欄杆之形制。直至明清時纔制訂了符合石材特點的營造方法（見梁思成《清式營造則例》）。由此可見，木欄杆先於石欄杆而最早出現。石欄杆出現之後，其使用僅限於户外，而木欄杆并未因石欄杆的産生與發展而消失，二者長期并存并用：石欄用於外，木欄用於内。此外，唐宋以後亦有磚砌欄杆與鐵花欄杆相繼出現，但祇是偶爾爲之的構造，并未發展成爲一種常用的標準形制。以欄杆之形式或功能劃分，有尋杖欄杆、垂帶欄杆、直櫺欄杆、櫬子欄杆、卧棱欄杆、單鈎闌、重臺鈎闌、欄板欄杆、坐凳欄杆、靠背欄杆、花式欄杆、瓶式欄杆等。參閲宋李誡《營造法式》、李允鉌《華夏意匠》、劉大可《中國古建築瓦石營法》等。

泛　稱

欄杆

亦作"欄干"。以竹、木、石料等做成的遮攔物，施於樓閣平座及廊下檐柱之間，用以圍護與裝飾。漢畫像石、陶樓上欄杆種類很多，其形制爲四角或每間安望柱，中置横木或花板。宋李誡《營造法式·石作制度·鈎闌》，按其規格大小與製作繁簡分爲兩種：一曰"重臺鈎闌"，一曰"單鈎闌"。實物以後者居多。其做法：先於近柱處立望柱，望柱之間施尋杖，下用欄極，二者之間餘空，唐、遼、宋等早期建築用癭項雲拱、撮項雲拱與斗子蜀柱；明清則多用荷葉净瓶。欄板上花紋圖案豐富多樣，以勾片紋、字及條環等最爲常見。明清時期欄杆式樣更加豐富，商店、園林、會館及晚期寺廟中的欄杆不用尋杖，整體由規則的幾何圖案或櫺花組成。裝於商店平屋頂上臨街一面的欄杆，純爲裝飾門面，稱爲"朝天欄杆"。在南方園林中近水游廊、亭、榭等處，有一種"靠背欄杆"，即於欄杆上部加做彎曲櫺條的靠背，游人可當作靠椅息坐，同時亦可起到圍護作用。在園林、寺廟或豪門大户的住宅中，廊柱之間安裝一種高 40~50 厘米的低欄杆，祇有普通欄杆的下半部即欄板部分，盆唇寬約 20 厘米，可供人們息坐，故稱"坐凳欄杆"。在北京景山、北海等處均可見到這類欄杆。歷代文學作品對欄杆多有描述。南朝梁王筠《奉和皇太子懺悔應詔》："睿艷似烟霞，欄杆若珠琲。"唐李紳《宿揚州水館》詩："閑憑欄干指星漢，尚疑軒蓋在樓船。"清秦蕙田《五禮通考·朝禮》："殿居中向後高踞，高三纏，白玉石檻杆之上者，云臺門也。"參閲中國科學院自然科學史研究所《中國古代建築技術史》。

【欄干】

同"欄杆"。此體唐代已行用。見該文。

【闌干】

同"欄杆"。亭臺樓閣或水邊、路邊構置的遮攔物。多以竹木、磚石或金屬製作而成。唐李白《清平調》詞之三："解釋春風無限恨，沉香亭北倚闌干。"元關漢卿《翠裙腰》散曲："闌干倚遍空回首，下危樓，一天風物暮傷秋。"明楊基《岳陽樓》詩："春色醉巴陵，闌干落洞庭。"

【闌楯】

即欄杆。南朝梁元帝《攝山栖霞寺碑》："七重闌楯，七寶蓮花，通風承露，含香映日。"唐溫庭筠《雍臺歌》："盤紆闌楯臨高臺，帳殿臨流鸞扇開。"宋孟元老《東京夢華錄・三月一日開金明池瓊林苑》："仙橋南北約數百步，橋面三虹，朱漆闌楯，下排雁柱，中央隆起，謂之'駱乃紅'，若飛虹之狀。"

【闌檻】

即欄杆。《説文・木部》："楯，闌檻也。"段玉裁注："闌檻者，謂凡遮闌之檻，今之闌干是也。"宋歐陽修《朝中措・送劉仲原甫出守維揚》詞："平山闌檻倚晴空，山色有無中。手種

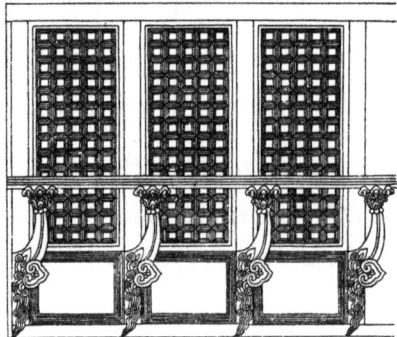

闌檻（闌檻鉤窗）
（宋李誡《營造法式》）

堂前垂柳，別來幾度春風。"

【鉤欄】

即欄杆。亦作"鉤闌"。亦稱"鉤檻"。以其曲折如鉤，故稱。北魏酈道元《水經注・河水二》："吐谷渾河上作橋……施鉤欄，甚嚴飾。"唐李賀《宮娃歌》："啼蛄吊月鉤闌下，屈膝銅鋪鎖阿甄。"王琦彙解："鉤欄，即欄杆。以其隨屋之勢，高下灣曲相鉤帶，故謂之鉤欄。"宋楊萬里《鴉》詩："一鴉飛立鉤欄角，子細看來還有鬚。"明徐弘祖《徐霞客游記・西南游日記二》："初十日僅行舟五里，泊水府廟。十一日二十五里，南上鉤檻灘。"

【鉤闌】

同"鉤欄"。此體唐代已行用。見該文。

【鉤檻】

即鉤欄。此稱明代已行用。見該文。

【欄楯】

即欄杆。《史記・袁盎晁錯列傳》"百金之子不騎衡"裴駰集解引三國魏如淳曰："衡，樓殿邊欄楯也。"司馬貞索隱："《纂要》云：宮殿四面欄，縱者云檻，橫者云楯。"宋蘇軾《興國寺浴室院六祖畫贊》："汝乃作欄楯以護之。"

【欄檻】

即欄杆。《後漢書・爰延傳》："昔朱雲廷折欄檻，今侍中面稱朕違，敬聞闕矣。"唐歐陽詹《二公亭記》："臺煩版築，樹加欄檻。"宋葉適《齊雲樓》詩："闤闠雖散闊，欄檻皆堪記。"

【楯檻】

即欄杆。宋胡次焱《步瀛橋樂章》："檣桷如飛，楯檻似畫，盤旋十頃。"清李斗《揚州畫舫錄・小秦淮錄》："〔夏〕漆工善古漆器，有剔紅填漆兩種……故河房中器皿半剔紅，並飾之

楯檻，爲小秦淮第一朱欄。”

【欞檻】

即欄杆。漢班固《西都賦》：“攀井幹而未半，目眴轉而意迷，舍欞檻而却倚，若顛墜而復稽。”漢張衡《西京賦》：“伏欞檻而頫聽，聞雷霆之相激。”《文選·何晏〈景福殿賦〉》：“欞檻邳張，鈎錯矩成。”李善注引薛綜曰：“欞檻，臺上欄也。”

【欄】[2]

即欄杆。北周庾信《爲梁上黃侯世子與婦書》：“想鏡中看影，當不含啼；欄外將花，居然俱笑。”南唐李煜《虞美人》詞：“雕欄玉砌應猶在，只是朱顏改。”

【櫟】

即欄杆。《史記·滑稽列傳》：“建章宮後閣重櫟中有物出焉，其狀似麋。”司馬貞索隱：“重櫟，欄楯之下有重欄處也。”唐元稹《蟻子》詩之二：“敢憚榱櫟蠹，深藏柱石傾。”

衡[1]

古代樓殿邊上的欄杆。《史記·袁盎晁錯列傳》：“臣聞千金之子坐不垂堂，百金之子不騎衡，聖主不乘危而徼幸。”裴駰集解引如淳曰：“衡，樓殿邊欄楯也。”唐劉禹錫《觀市》：“是日倚衡而閲之，感其盈虛之相尋也速，故著於篇云。”

軒[7]

樓板。《楚辭·招魂》：“高堂邃宇，檻層軒些。”王逸注：“軒，樓板也。言所造之室，其堂高顯，屋甚深邃，下有檻楯，上有樓板，形容異制，且鮮明也。”《文選·王巾〈頭陁寺碑文〉》：“層軒延袤，上出雲霓；飛閣逶迤，下臨無地。”李善注引王逸曰：“軒，樓板也。”又

檻板。唐慧琳等《一切經音義》卷二二引《漢書音義》云：“軒，謂檻正板也。”《文選·揚雄〈甘泉賦〉》：“據軨軒而周流兮，忽軮軋而亡垠。”李善注引韋昭曰：“軨，欄也；軒，檻板也。”《後漢書·張奐傳》：“青蛇見於御座軒前。”李賢注：“軒，殿檻欄板也。”

軒楯

長廊之欄杆。《隋書·明克讓傳》：“軒楯之間，金門旦開。”唐楊系《通天臺賦》：“拂軒楯之宛虹，步檐楹之倒影。”元孛朮魯翀《真定路宣聖廟碑》：“自殿之廡，自廡之門，新其屋楹三十有二，棟宇軒楯，拱挾環合，左右翔峙。”明趙完璧《寒宵賦》：“軒楯沉菽兮朱箔翩，重扉幽扃兮疏房寒，獸火無光兮噓之不燃，蘭燈冷青兮素膏凝盤。”

軒檻

殿前欄杆、欄板。《漢書·史丹傳》：“或置鼙鼓殿下，天子自臨軒檻上，隤銅丸以摘鼓，聲中嚴鼓之節。”《文選·王粲〈登樓賦〉》：“情眷眷而懷歸兮，孰憂思之可任？憑軒檻以遥望兮，向北風而開襟。平原遠而極目兮，蔽荆山之高岑。”李善注引韋昭曰：“軒檻，殿上欄軒上板也。”唐玄宗《鶺鴒頌》詩序：“左清道率府長史魏光乘，才雄白鳳，辯壯碧鷄，以其宏達博識，召至軒檻，預觀其事，以獻其頌。”清平步青《霞外攟屑·里事·夕葵園孟氏》：“梨花數本，高出軒檻。”

楯

欄杆的橫木。《文選·何晏〈景福殿賦〉》：“楯類騰蛇，榱似瓊英。”李善注引應劭《漢書注》：“楯，欄橫也。”《史記·袁盎晁錯列傳》“百金之子不騎衡”唐司馬貞索隱引《纂要》曰：

"宮殿四面欄，縱者云檻，橫者云楯。"亦泛指欄杆。《新唐書·吐蕃傳下》："中有高臺，環以寶楯，贊普坐帳中。"宋黄銖《江神子·晚泊分水》詞："獨上高樓三百尺，憑玉楯，睇層空。"清曹寅《和安節咏軒前竹》："移根欣得所，護楯有同心。"

【柃】

即楯。《龍龕手鑑·木部》："柃，檀階際檻也。"宋李誠《營造法式·鈎闌》："闌楯謂之柃。"

丹檻

亦稱"丹欄"。赤色欄杆。北魏楊衒之《洛陽伽藍記·景林寺》："景林寺，在開陽門内御道東。講殿叠起，房廡連屬，丹檻炫日，綉桷迎風，實爲勝地。"南朝梁任昉《静思堂秋竹應詔》："緑條發丹檻，翠葉映雕梁。"唐羊士諤《資中早春》詩："柳意籠丹檻，梅香覆錦茵。"

【丹欄】

即丹檻。此稱唐代已行用。見該文。

【朱檻】

即丹檻。《西京雜記》卷四："方騰驤而鳴舞，憑朱檻而爲歡。"唐白居易《百花亭》詩："朱檻在空虚，凉風八月初。"明孫仁孺《東郭記·媒妁之言》："我傷心慘澹，竟自許問咱朱檻。"

【朱欄】

即丹檻。亦作"朱闌"。唐李嘉祐《同皇甫冉登重元閣》詩："高閣朱欄不厭游，蒹葭白水遠長洲。"宋王安石《金山寺》詩："攝身凌蒼霞，同憑朱欄語。"《宋史·輿服志》："四面拱斗，外施方鏡，九柱圍以朱闌，中設御坐、曲几、屏風、錦褥。"明高啓《鹿》詩："雲山別却喲芝侶，來向朱闌花下行。"清陳夢雷《西洋貢獅子賦》："觀其倦受金絙，俯入朱欄，既聽樂而率舞，亦仰德而來觀。"

【朱闌】

同"朱欄"。此體宋代已行用。見該文。

碧闌

緑色欄杆。前蜀花蕊夫人《宮詞》之六十："倚遍碧闌忘去住，俄驚宮月照華堂。"元黄庚《池荷》詩："紅藕花多映碧闌，秋風纔起易凋殘。"

榮楯

華美的欄杆。晋左思《吴都賦》："抗神龍之華殿，施榮楯而捷獵。"宋岳珂《桯史·館娃語溪》："榮楯可居，適足華吾廬，胡足以隳吾之都。"

材　質

木欄杆

木製欄杆，是我國產生最早、使用最廣泛的欄杆形式。木欄杆隨着木結構的建築物而出現，多爲橫綫結構，起欄隔圍護作用。在漢代明器及畫像石上，可見到用橫竪板狀物釘成的橫欄，在交接處用大帽釘。這種以簡單的橫綫條爲主構成的欄杆，是產生最早、最簡單、最合理的欄杆形式。歷代欄杆上裝飾性的花紋及圖案有着極多的變化，但在發展過程中逐漸形成了一種基本的構造形式。最上層起結構作用兼作扶手的圓形橫杆稱"尋杖"，通透的尋杖以裝飾性的支座承托起來，支座以下是"盆唇""華板"及"地栿"。這些原爲木構造發展而來的形狀，到了製作石欄杆的時候，就以石材來仿照木材的形式。宋李誡在《營造法式》中所載的石鈎闌，顯然爲木構造的形式：圓形的尋杖，平板形的盆唇。這樣的形式不宜於石材的加工與製作，至今仍然未能發現一如《營造法式》所載的宋式石鈎闌的實例。宋式鈎闌一般在較遠的距離中或轉角處纔使用望柱，這依然是木構性質的表現。明代木欄杆的官式做法以北京智化寺佛香閣的欄杆最爲典型。它用一根尋杖橫亘全間（中間不更立望柱），尋杖距盆唇間的空當很大，而盆唇距地栿則很近，欄杆下部用滴珠板（宋名雁翅板）刻如意頭花紋。明計成《園冶》一書有多種精緻的花欄杆圖樣，可知明代園林中的欄杆樣式是很考究的。清式木尋杖欄杆大體説來尋杖與盆唇間空當不太大，用一層或兩層華板下托一層花牙子之類的東西，仍具"重臺鈎闌"的模式。木欄杆多位於能遮風避雨的部分，而位於室外部分的欄杆因不堪風雨侵蝕，多改用石欄杆。

石欄杆

　　亦稱"欄板柱子""欄板望柱"。以石料建造的欄杆，多用於臺基、石橋、花壇、水池、華表等需要圍護或裝飾的地方。我國古代建築以土木結構爲主，因而產生最早、最常用的是木欄杆。位於室外部分的欄杆因不堪風雨的侵蝕，改用了石欄杆。石欄杆的使用僅限於户外，木欄杆與石欄杆二者并存并用。石欄杆的形制是始於模仿木欄杆的，一種新材料的使用總是從模仿舊有的材料開始的。石欄杆約出現於隋唐時期，發掘所得五代南京栖霞山舍利塔重修的石製單鈎闌，帶着明顯的木構意態。河北趙州大石橋隋唐欄板，已是顯示石材形態的整塊石板雕花。宋代李誡在《營造法式·石作制度》中對石欄杆的兩種主要形式，即"重臺鈎闌"與"單鈎闌"的形式及做法，都有詳細規定。重臺鈎闌較高，爲四尺，每段長七尺；單鈎闌較矮，爲三尺五寸，每段長六尺。盆唇以上支托尋杖的支座重臺鈎闌用雲拱及癭項結合。單鈎闌用雲拱及撮項組合。盆唇之下，重臺鈎闌用束腰分隔大華板及小華板，單鈎闌則祇有一層萬字板，尋杖爲圓形，盆唇爲平板形，顯然爲木構造的形式，不宜於石材的加工與製作。因而一如《營造法式》所載的宋式石鈎闌實例，至今仍然未有發現，可知在應用過程中已做出了改動。清代的石欄杆有了較大的改變與發展。每一個標準段四尺左右都是以望柱來收束的，石材過長易折斷，增加望柱是十分合理的。欄杆的高度不做規定，而以望柱的高度爲基準來決定各部分的尺寸與比例。八角形的望柱變爲方形，柱身簡化，柱頭的裝飾加高。尋杖與欄板粗壯得多，在構造與形式上更合乎石材的性質，已經明顯表現出木構與石構之間材料形狀的不同。清式鈎闌望柱的高度是按臺基的高度而定的，其他各部分的用料尺寸據長身柱子而定。望柱間的構造是一整片的欄板，已經不再是組合式的構件。欄板的高度因臺基的高度而變化，不再是固定適於用作扶手時的尺度。柱頭的形式種類繁多，重要的宮殿建築多用龍鳳柱頭；地壇、天壇等，采用象徵二十四個節氣的二十四柱頭；園林多用石榴頭、蓮花頭、水紋頭；石橋多用獅子頭；地方風格的柱頭更是豐富多變，如各種水果、動物、人物故事等。令欄杆視覺效果產生根本性變化的莫過於柱頭形制的變更。宋制位於覆盆蓮花座上的高僅一尺五寸的獅子，到了清代，這種寫實外形的雕刻轉變成了圖案化的圓柱形的浮雕，柱頭的形式不但加大、加高，更主要的是每四尺一段使用一個望柱，數量的增加在構圖上產生一種十分強烈的節奏感。無論宋式或清式的欄杆，各部部位在構圖上都有一定的比例尺度，失去了這種比例尺度的平衡關係，整段欄杆就會處於不穩定的狀態。欄杆本身在設計上常常也是自成一個整體的藝術創作，在開始及終結的地方，多半附加另外的圖案作爲引導及收束，常見的就是在幾層捲瓣之上放置圓形抱鼓石，亦有以水紋或瑞獸作裝飾主題的。抱鼓石在宋代尚無此構件，可能始於元代，明清石欄杆經常采用。

【欄板柱子】

即石欄杆。此稱行用於近現代。見該文。

【欄板望柱】

即石欄杆。此稱行用於近現代。見該文。

磚欄杆

以磚砌成的欄杆。常用於宮殿寺觀、住宅、園林平臺周緣及池岸等處，具矮牆的性質。比較常見的是用雙字，或球紋砌成面牆；廟宇內用磚砌成低矮的花牆；清故宮及頤和園用黃綠色琉璃磚砌成欄杆；磚塔上以磚砌成仿木的欄杆。磚欄杆不及石欄杆、木欄杆玲瓏剔透，但更具樸實及山野風味。現在見到的出現最早的欄杆磚爲河北易縣燕下都出土的戰國晚期的陶製欄杆磚。可知至遲那時已有了磚欄杆。

木石欄杆

以石材製成望柱，柱間橫施木質圓形尋杖構成的欄杆。此形式最早見於宋畫，一般用於園林的水池或山石外緣。石望柱多爲長腰鼓形，高二尺許，每隔六七尺立一根，其間安裝二條橫鬐木尋杖。此種形式的欄杆輕巧玲瓏，用料少而效果好。

玉欄

用玉石做的欄杆。亦用爲欄杆之美稱。南朝梁費昶《行路難》詩之一："唯聞啞啞城上烏，玉欄金井牽轆轤。"唐韋莊《貴公子》詩："大道青樓御園東，玉欄仙杏壓枝紅。"《宋史·樂志十五》："輕輿小輦，曾宴玉欄秋，慶賞殿宸游。傷心處，獸香散盡，一夜入丹邱。"清博爾都《早朝》詩："洞門曉起接天安，劍佩琳琅擁百官……殘漏聲沉度玉欄，獨愧無才兼歲晚。"

【玉檻】

即玉欄。語出《山海經·海內西經》："崑崙之墟，方八百里……面有九井，以玉爲檻。"南朝梁任昉《述異記》卷上："吳王於宮中作海靈館、館娃閣，銅溝玉檻。"後泛指華美的欄杆。唐羅鄴《鸚鵡咏》："玉檻瑤軒任所依，東風休憶嶺頭歸。"明沈鯨《雙珠記·過淫持正》："只見那石甃一泓清，晃然玉檻玲瓏映。"

琉璃欄杆

以琉璃建造的欄杆。爲宮廷做法，多以黃、綠色琉璃，做法類似磚欄杆。清宮殿、園林、陵墓均有此琉璃欄杆。

名　類

尋杖欄杆

亦作"巡杖欄杆"。亦稱"禪杖欄杆"。由尋杖、望柱、華板、地栿等主要構件組成的欄杆，因其最上層的尋杖而得名。尋杖即欄杆上部橫置的扶手，初爲木質圓形，後石材製作的尋杖則多爲方形、六角形或其他形式。尋杖欄杆是我國欄杆中最常用的一種。其主要組件漢代即已出現；南北朝時期，其形制便已基本具備；從隋代始，欄杆中的盆唇、蜀柱運用逐漸普遍。尋杖欄杆按其雕刻式樣又可分爲透瓶欄板與束蓮欄板。透瓶欄板由尋杖、净瓶與面枋組成。尋杖上要起鼓綫。净瓶一般爲三個，但兩端的衹鑿作一半。垂帶上欄板或拐角處欄板，净瓶可爲兩個，每個都鑿成半個的形象。净瓶部分一般爲净瓶荷葉或净瓶雲子，亦可改爲牡丹、寶相花等。面枋上一般衹"落盤子"，或"做合子"。極講究的，亦可雕刻圖案。

【巡杖欄杆】

同"尋杖欄杆"。此體多行用於近現代。見該文

【禪杖欄杆】

即尋杖欄杆。此稱多行用於近現代。見該文。

尋杖欄杆

單鈎闌

石欄杆的一種，相對重臺鈎欄而言；因用一層華板，故名。單鈎欄高三尺五寸，每段六尺，盆唇以上支托尋杖的支座以雲拱及撮項組合，盆唇以下衹有一層萬字板。萬字板最初用於佛寺建築。宋李誠《營造法式·壕寨及石作制度》："單鈎闌每段高三尺五寸，長六尺。上用尋杖，中用盆唇，下用地栿。其盆唇。地栿之内作萬字，或作壓地隱起諸華。若施之於慢道，皆隨其拽脚，令斜高與正鈎闌身齊。其名件廣厚，皆以鈎闌每尺之高積而爲法。"

宋式單鈎欄

重臺鈎闌

石欄杆的一種，因用兩重華板，故名。重臺鈎闌每段高四尺，長七尺；尋杖下用雲拱、瘦項及盆唇，中用束腰，下安地栿。宋李誠《營造法式·壕寨及石作制度》："重臺鈎闌每段四尺，長七尺。尋杖下用雲栱、瘦項，次用盆唇，中用束腰，下施地栿。其盆唇之下，束腰之上，内作剔地起突華板。束腰之下，地栿之上，亦如之。"一如《營造法式》所載的宋式石鈎闌的實例至今仍未發現。圓形的尋杖，平板形的盆唇，顯然是仿木構造的形式，不適於石

宋式重臺鉤闌

材的加工與製作，在實際應用的過程中已做出了修改或變換。

羅漢欄板

祇有欄板而無望柱的一種石欄杆。欄板兩個盡端有抱鼓石。此形式在園林石橋上常使用，尤其是京郊一帶。其特點是構圖素雅、綫條簡潔。

欄板欄杆

祇有望柱及柱間欄板，而無尋杖等構件的欄杆。適於石料製作，外觀堅實。欄板或透雕花紋捲草，玲瓏華麗；或不透空雕刻，光平無華；亦有在雕花欄板上下加光素橫枋的。隋唐安濟橋石欄板雕滿龍紋，生動有力，爲代表作。

坐凳欄杆

既可坐人，亦可圍護的一種欄杆形式。宮苑、寺廟內的游廊及閣亭榭常采用此形式，園林內應用尤多，以供游人休憩。最早的坐凳欄杆，見於周代的銅器紋飾上。坐凳欄杆由扶手的高度降至坐凳的高度，圓形截面的尋杖變爲

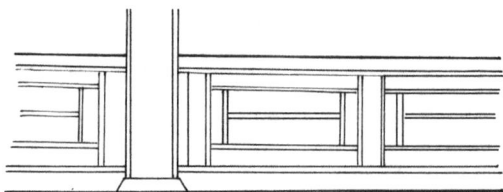

坐凳欄杆

板狀條凳，故此兼有欄杆與凳子二者的功能。

靠背欄杆

在坐凳欄杆條凳外側，安尺餘高的靠背，既可圍護，又可當靠背椅坐的欄杆形式。此種欄杆多用於園林寺廟依山傍水建築物上，以供游人憩息遠眺；亦可用於亭榭樓閣廊柱部分，以增加安全性。靠背的形式或直或曲，頗富裝飾意味。

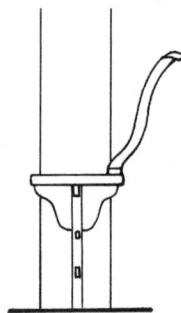

靠背欄杆

直欞欄杆

在欄杆最上層尋杖與最下層地栿之間，不設欄板等構件，而置以直立的木條，故稱。

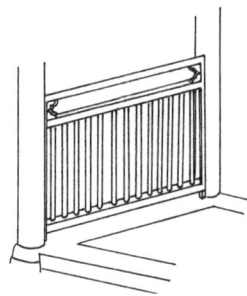

直欞欄杆

花欄杆

整塊欄板做成各種花樣的木欄杆或鐵欄杆的一種。其圖案花型精緻素雅，變化無窮。比較常見的有如下數種：冰裂紋，無論東西南北方，還是宅第、宮殿、廟宇等建築物，均有應用，尤以園林應用最多，以小木條拼合而成，狀如冰裂；筆管式，形式別致的一種欄杆，清代仍有應用；拐子紋欄杆；井字欄杆；回紋欄

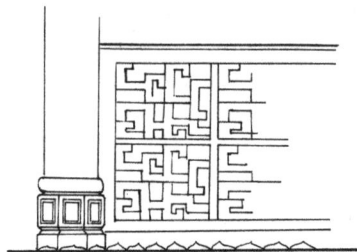

花欄杆

杆；燈籠框欄杆等。明計成《園冶》一書所載多達百餘種花欄杆圖紋，精麗而富於裝飾性。

瓶式欄杆

屬直欞欄杆的一種，直欞以木料鏇成瓶形，亦稱“西洋瓶式欄杆”。出現於清代，受外國建築影響而産生。

【西洋瓶式欄杆】

即瓶式欄杆。此稱清代已行用，見該文。

欞子欄杆

直欞欄杆直立的欞條穿過尋杖伸出其上（尋杖已失去扶手的作用，亦可稱作橫枋），并削成尖形，即爲欞子欄杆。欞子欄杆常用於宮闕、官署、寺廟、權貴之府第大門處，高約七尺，以攔阻車馬通行，防止閑雜人等闖入。其産生可上溯至周代，歷代沿用至今。《周禮》稱“梐枑”，漢代稱“行馬”，宋代稱“拒馬叉子”或“鹿角”。其形制初爲一木橫中，兩木互穿以成四角，後逐漸演變爲後世的形式。宮闕爲大紅色，官府爲黑色。

【梐枑】

即欞子欄杆。係古稱。據明王圻等《三才圖會》載，其形制爲一木橫中，兩木互穿以成四角。最初用於宮闕前，魏晉以後，官至貴品，門前能够設置梐枑，以阻擋車馬行人通行。《周禮·天官·掌舍》：“掌舍掌王之會同之舍，設梐枑再重。”鄭玄注：“杜子春讀爲梐枑，梐枑謂行馬。玄謂行馬再重者，以周衛，有外内列。”唐元稹《夢游春七十韻》：“石壓破欄干，門摧舊梐枑。”宋佚名《六州》：“帷宮宿設，梐枑相差。”元字尤魯翀《真定路宣聖廟碑》：“自廟徂學，門垣梐枑，循序森立，瓦縵締築，堅麗於舊。”章炳麟《訄書·經武》：“夫家有梐枑，而

國有甲兵，非大同之世，則莫是先矣。”

抱鼓石

古建築臺階底部欄杆或橋欄杆盡端之鼓形石件。原起結構加固作用，後亦用作裝飾，使建築物盡端輪廓綫柔和優美。抱鼓石的大鼓内一般僅作簡單的“雲頭素綫”，但如果欄板的合子心内作雕刻者，抱鼓上亦可雕刻相同題材的圖案花飾。抱鼓石的盡端形狀多爲麻葉頭或角背頭形狀。抱鼓石的内側面及底面要鑿作石榫，安裝在柱子及地栿的榫窩内。抱鼓石多見於明清木結構、石結構建築，宋代尚無此物，可能始於元代。參閱劉大可《中國古建築瓦石營法·石作》、劉致平《中國建築類型及結構·各作做法》。

滾墩石

用於垂花門、小型石影壁或木影壁的一種富於裝飾效果的穩定性石構件。滾墩石上應開壺瓶牙子口，以安裝壺瓶牙子（俗稱“站牙”）。垂花門及木製影壁的壺瓶牙子多以木料製成，石影壁的壺瓶牙子多以石料製成。爲了加強對垂花門或影壁的穩定作用，滾墩石上安裝柱子的海眼必須鑿成透眼，以便使柱子從滾墩石的中間穿過。滾墩石下應安裝套頂石及底墊石。滾墩石的大鼓上面可雕獸頭，兩側可雕花卉圖案，小鼓可雕作捲子花或麻葉頭。

螭首 [2]

亦稱“螭頭”。俗稱“噴水獸”。古建築中帶雕欄的須彌座挑出之排水用的石雕龍頭。螭，傳説中無角的龍。在須彌座的上枋部位，轉角處位於角柱下安放挑出的形體較大之龍頭，稱“大龍頭”或“四角龍頭”；雕欄柱子之下，安放挑出的形體較小之龍頭，稱“小龍頭”或

石螭首

"正身龍頭"。最早的出土實物爲南北朝時期河南古鄴城銅雀臺前門樓内之石螭首，綫條簡練而粗獷。唐及五代宮殿廟宇中出土實物較多。明清北京天壇圜丘壇上之螭頭，故宮太和殿三層臺基上一千一百多個螭頭，昂首上舉，造形秀美，雕琢至工。《新唐書·百官志二》："直第二螭首，和墨濡筆。"又《鄭郎傳》："文宗與宰相議政，適見朗執筆螭頭下。"宋趙彦衛《雲麓漫鈔》卷七："所謂螭首者，蓋殿陛間壓階石上鐫鑿之飾，今僧寺佛殿多有之。"《紅樓夢》第一七回："青松拂檐，玉蘭繞砌；金輝獸面，彩焕螭頭。"參閲宋李誠《營造法式·石作圖·螭首》。

【螭頭】[2]

即螭首[2]。此稱唐代已行用。見該文。

【噴水獸】

"螭首[2]"之俗稱。此稱多行用於現當代。見該文。

望柱

欄杆的欄板與欄板之間、立於地栿之上的短柱。其功用除安置欄板固定尋杖外，可供人憑欄眺望，還可起裝飾作用。欄杆上用望柱，至遲起於漢代。在漢代欄杆的應用已很普通，出現瞭望柱、尋杖、華板、地栿等構件。最遲到隋代，欄杆中已開始使用盆唇和蜀柱。從蜀柱的式樣看，隋多用斗子捲葉，唐、遼、金多用斗子蜀柱，宋用癭項、撮項，明清多用荷葉净瓶。唐末至遼初，大多僅在轉角處用望柱。石欄杆則每面均立若干望柱。望柱柱頭多有雕刻，隋至元雕獅子、明珠、蓮花爲主；明清多雕捲雲、龍紋、石榴等，清代皇宮欄杆望柱更加富麗，多雕龍鳳雲日等吉祥圖樣。隨着欄杆在臺基、走廊、花池、橋梁、樓榭的廣泛使用，望柱也廣泛應用，并出現了木望柱、石望柱、磚望柱以及金屬望柱。宋李誠《營造法式·小木作制度三》："單鈎闌高三尺至三尺六寸，若轉角則用望柱。"明夏良勝《東山營先人兆十咏》之五："神道千年留望柱，穹碑萬口識休官。"清梁章鉅《退庵隨筆·家禮二》："按碑碣之制……一品、二品，得用石人、石虎、羊、馬、望柱。"直至今天，橋梁、高樓、商厦等樓梯望臺都普遍使用望柱。

望柱（望柱頭獅子）
（宋李誠《營造法式》）

第五節　地面考

　　地面是房屋内部及周圍地上用某種材料鋪築的表層。遠在新石器時代仰韶文化時期，我們的先人爲防潮、防蟲，即在房屋内地面用石灰拌粗砂抹面。鄭州大河村仰韶房屋遺址則爲最早的實例，證明當時已能從礓石或蚌殼中取得少量石灰。另據考古發現，河南龍山袋穴遺址，穴底多鋪紅燒土塊，上爲白灰面層，可知這時白灰用量很大；河南湯陰白營遺址，室内地面采用夯築做法，此爲目前所見最早之夯土地面；距今約五千年至四千年的新石器文化時代，黑龍江省依蘭縣倭肯哈達洞，洞底鋪大條石，長2米，厚1米左右，這是半天然半人工的洞穴；商湯時期，隞都夯土城墙上有商代房基，有的房基爲三層夯土地面，地面除經過火燒，亦塗白灰粉。經過火燒烤後的泥土，變得比較堅硬。

　　在磚鋪地面出現以前，紅燒土地面是一種較普通的人工地面。在河南新鄭倉城遺址中，發現一種近似磚鋪地面的紅燒土地面。它是將泥土平鋪以後，在平鋪泥地上劃一些不太整齊的方格，再焙燒而成。這種劃格的紅燒土地面，雖然避免了整體紅燒土地面產生不規則裂縫之弊，但對於古代木構建築的施工極爲不便：必須首先做好地坪，然後纔能蓋房；又因紅燒土火候較低，耐磨程度遠不及高溫焙燒的磚。

　　用分塊的磚鋪地，施工方便，亦適應我國早期人們席地而坐習俗的要求。《周禮·考工記·匠人》："堂塗十有二分。"鄭玄注："謂階前，若今令甓裓也。"賈公彦疏："漢時名堂塗爲令甓裓。令甓，則今之磚也；裓，則磚道者也。""令甓裓"，即用磚鋪成的道路，説明在《考工記》之前已有磚鋪地是確定無疑的。目前考古發現最早的鋪地方磚當屬西周時期。今陝西扶風、岐山周原遺址出土的鋪地方磚約50厘米見方，底面四角各有半個乒乓球大的乳突一個，以便將鋪地磚嵌於泥土底層，加固鋪地磚與基層結合。河南新鄭鄭韓故城遺址中，亦發現構造原理相似，形式不同的鋪地磚。底面有四條邊棱，亦用來加固與基層結合。以這種磚鋪地，因墊層泥乾縮，鋪地磚容易翹起，整個地方很難保證平整。在秦咸陽宮遺址中，發掘出一種截面爲鋸齒形的平行綫紋磚，此磚兩長邊，有素面子母榫相接，進一步解決了地面平整問題。然而這些異形磚的製造比較複雜，在高溫焙燒過程中極易出現變形，外輪廓不規整，直接影響鋪地品質，故未能得到發展。

　　秦漢以後异形磚漸被淘汰，普遍使用方磚與條磚鋪地。然爲加固地面，這些方磚及條磚在外形上仍具特點。如陝西臨潼秦俑坑長廊内的鋪地磚、條磚兩端橫斷面略呈楔形，二磚端相連，互相咬結，使磚鋪地面十分牢固。在河北望都一號漢墓中，用扇形磚鋪地，同樣具有使磚互相咬結以加固地面的作用。漢代已出現磨磚技術。考古發現，漢代墓葬鋪地磚的對縫非常嚴密。如望都一號漢墓，以扇形磚鋪地，一正一反，弧綫相接嚴密，可見此鋪地磚必爲磨製加工而成。至唐代鋪砌技術有更大發展。唐大明宮出土的鋪地磚，其製作均上大下小。又從麟德殿被火燒後的地面痕迹看，磚嵌縫的斷面呈三角形，鋪磚地面之表面幾乎不見縫隙，地面磚是靠擠入縫中的泥土與臺層緊密結合的。此鋪砌方法，將過去磚的一面與基層結合擴大到五個面與基層結合，且磚與磚之間亦有共同的膠結層，把分塊的鋪地磚結成一個整體，地表面亦不見灰縫。這種地面既堅實平整，又不易滲水。此法宋代又進一步得到發展。宋李誡《營造法式》卷一五：“鋪砌殿堂等地面磚之制，用方磚，先以兩磚面相合，磨令平，次斫四邊，以曲尺較令方正，其四側斫令下棱收入一分。”可知室內鋪地用方磚，鋪砌之前先磨磚面，使其表面平整，磨磚方法爲兩磚對磨。然後斫磨四邊，用曲尺校正，使各邊互成直角。斫四側以留縫隙，使膠結物擠入磚縫而表面不露縫。鋪砌技術的改進，是我國古代鋪地工程技術上的一大飛躍。至明清一直沿用此法，且已普遍采用白灰作膠結材料。一般地面膠結料用粗灰泥，即白灰、泥土以 1 ：3 的比例調製；而宮廷建築鋪地，則全用白灰膏，其上灌白漿，保證磚縫中膠結料飽滿。石灰硬結後比泥土更加堅固。室內鋪地之防潮處理，是我們的祖先從宮室營造活動開始就非常重視的問題。《墨子·辭過》：“古之民未知爲宮室時，就陵阜而居，穴而處，下潤濕傷民。”説明我們的祖先早就認識到潮濕對人的危害。土壤的潮濕，部分由於毛細現象。夯土地面、草泥地面、三合土地面、紅燒土地面可切斷毛細通道，均能在一定程度上起防潮作用。另外，古代多將房屋建於夯土臺基或磚臺基之上，其目的之一亦爲防潮。爲解決磚鋪地面防潮問題，尅服磚本身仍有一定吸水性這一缺點，又創造了以油類物質處理瓦、石、磚做法。據文獻記載，北齊鄴城“屋瓦皆以胡桃油油之”（《鄴中記》）。唐大明宮出土的大型鋪地方磚，表面光亮瑩潤，呈漆黑色，即用此法處理。宋代則有以墨煤刷磚瓦，以及用黃蠟與桐油油磚瓦之制（見宋李誡《營造法式》卷二六、二七）。明清時將此法稱爲“潑墨（刷墨煤）鑽滲”（浸刷植物油）。其做法：將磚鋪好以後，用調稀的墨煤刷之，待乾後再刷核桃油或生桐油，亦可燙黃蠟。明代宮殿建築中出現了一種極其珍貴而富麗堂皇的金磚地面。明永樂年間在江蘇蘇州建專門燒製金磚的御窑，專供鋪墁紫禁城皇宮內地面的方磚。其規格多爲一尺七寸至二尺見方，製作精良，珍貴如金，敲之有聲，斷之無孔。金磚在鋪地之前要刨磨加工，墁好後要用磨頭蘸水，將地面揉磨平滑，以黑礬水潑灑，待地面乾透後再以桐油浸泡，最後燙蠟。金磚地面不滑不澀，光潤似墨玉。對於民間建築而言，不可能有這樣高級的地面防潮做法，衹能用鋪地磚，或鋪地磚下墊砂或灰渣濾水而已。

　　室内石灰三合土地及方磚鋪地在我國是常用的地面鋪墁做法，而室外地面則多爲土地、石地。然富裕之家常在庭院内用光光的石板或青條磚鋪地。園林内則更加花樣百出地利用碎磚、碎瓦及各種大小不同的石子鋪設多樣圖案，遠看如織錦。如北京頤和園路面，故宮御花園路面，蘇州、杭州園林路面，鋪墁之精，令人如履地毯。明計成《園冶·鋪地》云："大凡砌地鋪街，小異花園住宅，惟廳堂廣厦中，鋪一概磨磚。如路徑盤蹊，長砌多般亂石。中庭或宜叠勝，近砌亦可回文。八角嵌方，選鵝子鋪成蜀錦，層樓出步，就花梢琢擬秦臺，錦綫瓦條，臺全石板，吟花席地，醉月鋪氈。廢瓦片也有行時，當湖石削鋪，波紋洶涌。破方磚可留大用，遶梅花磨斗，冰裂紛紜。路徑尋常，階除脱俗。蓮生襪底，步出個中來。翠拾林深，春從何處是，花環窄路偏宜石，堂迴空庭須用磚，各式方圓，隨宜鋪砌。磨歸瓦作，雜用鈎兒。"又："亂石路：園林砌路，惟小亂石砌如榴子者，堅固而雅致，曲折高卑，從山攝壑，惟斯如一。有用鵝子石間花紋砌路，當且不堅易俗。鵝子地：鵝子石，宜鋪於不常走處，大小間砌者佳，恐匠之不能也。或磚或瓦，嵌成諸錦猶可。如嵌鶴、鹿、獅球，猶類狗者可笑。冰裂地：亂青版石，斗冰裂紋，宜於山堂水坡，臺端亭際。意隨人活，法砌似無拘格。破方磚磨鋪尤佳。諸磚地：諸磚砌地屋内，或磨扁鋪庭下宜仄砌。方勝叠勝，步步勝者，古之常套也。今之人字、席紋、斗紋，量磚長短合宜可也，有式。"至近現代，大型建築地面及民居地面，或以木板，或以大理石、花崗巖、水磨石、地板磚，或以水泥等建築材料鋪砌，膠結材料亦更爲先進，而園林路面的鋪砌則多沿用古法。參閲中國科學院自然科學史研究所《中國古代建築技術史》、劉致平《中國建築類型及結構》。

地　面

地面

　　建築物地之表面。《説文·土部》："地，萬物所陳列也。"《易·乾》："本乎天者親上，本乎地者親下，則各從其類也。"唐李白《静夜思》詩："床前明月光，疑是地上霜。"唐黄滔《白日上昇賦》："不然者，要得從地面升雲頭，當紅塵之午景，爲碧落之良游。”宋朱熹《山陵議狀》：“若其穴中水泉之害，地面浮淺之虞……驚動諸陵。”

【地】

即地面。此稱先秦時期已行用。見該文。

墀[2]

古代殿堂上經過塗飾的地面。宋玉《神女賦》：“宜高殿以廣意兮，翼放縱而綽寬；動霧縠以徐步兮，拂墀聲之珊珊。”《韓非子·十過》：“白壁堊墀，茵席雕文。”《漢書·梅福傳》：“故願壹登文石之陛，涉赤墀之塗。”《說文·土部》：“〔墀〕《禮》：‘天子赤墀。’”段玉裁注：“凡塗地

爲墀，今因謂地爲墀矣。”《文選·左思〈魏都賦〉》：“周軒中天，丹墀臨焱。”張載注：“丹墀，以丹與蔣離合用塗地也。”

丹墀[3]

宮殿的赤色地面。《漢書·外戚傳下·孝成班倢伃》：“俯視兮丹墀，思君兮履綦。”顏師古注引孟康曰：“丹墀，赤地也。”《宋書·百官志上》：“殿以胡粉塗壁，畫古賢烈士。以丹朱色地，謂之丹墀。”唐李嘉祐《送王端赴朝》詩：“君承明主意，日日上丹墀。”清徐乾學《讀禮通考·國恤八》：“由左門入至丹墀内，贊唱執事官各司其事。”

室　内

紅燒土地面

在半穴居時代，半穴居下部空間是挖掘自然土地構成，穴底及四壁皆保持黃土自然結構。由於毛細現象，土壤水分不斷上升，尤其在陰雨季節，豎穴內十分潮濕。我們的先人早就認識到潮濕對人體的危害，長久在穴內居住，輕則致病，重者致殘或死亡。故《墨子·辭過》中有“下潤濕傷民”的追述。從考古材料發現，仰韶文化時期的建築遺址多有燒烤痕迹，穴底形成一個青灰色、白灰色或赭紅色的低度陶質面層，穴面呈均勻的燒烤硬面。半坡遺址居住面，爲多層表面平滑的紅燒土重叠而成，最多處達九層，層一般厚0.8厘米。燒烤地面既是防潮措施，亦爲取暖措施。半坡遺址屋内高起的居住面經過反復燒烤，可能與炙地取暖有關。陶化防潮處理，考古發掘中多有發現。可知在

原始社會晚期，這一做法已成爲廣泛采用的技術。《詩·大雅·綿》所載“古公亶父，陶復陶穴”，即指此種做法。參閱中國科學院自然科學史研究所《中國古代建築技術史》。

石灰拌粗砂抹面

仰韶文化晚期，古代人類已能在礓石或蚌殼中提煉少量石灰用於建築。鄭州大河村仰韶遺址房屋内地面，即用石灰拌粗砂抹面，此爲目前發現最早的實例。安陽鮑家堂村仰韶晚期遺址的居住面，在黃土底層上墊有一層黑色植物灰燼，上面抹有白色光滑堅硬的石灰質面層，厚0.1~0.3厘米，既堅固、衛生、美觀，且具有防潮、防蟲作用。這一做法在龍山文化時期得到廣泛應用。仰韶文化晚期遺址的地面，或先鋪一層紅燒土塊拌泥砂，上以石灰質面層。至龍山文化時期，由於生產石灰能力增強，材料

來源充足，地面已由用灰漿粉刷改進爲以石灰膏塗抹。如河南湯陰白營遺址及永城龍山晚期遺址，以白灰膏面塗層多有發現，灰面厚約 0.3 厘米。

夯土地面

以土鋪勻夯實的地面。可分三合土地面、灰土地面、素土地面、滑秸黄土地面等。三合土爲石灰、砂子、卵石按一定比例攪拌後的混合物。灰土爲白灰、黄土按一定比例拌勻的混合物。素土爲較爲純净的黄土。滑秸黄土爲黄土與麥秆（或稻草）按體積比的摻和物。夯土地面是一種最古老的地面做法，最初以純净的黄土爲材料，後發展爲灰土地面。至清代，由於磚的大量生産，一般建築已很少使用了，衹是在做法簡單的建築中繼續沿用。操作程式：先將地面找平夯實；將鋪地的土過篩，按比例攪拌均勻，虛鋪在地面上，厚度應考慮夯打平實後的厚度，依照比例加大；然後反復夯打，每次夯打夯窩的位置應不相同；落水；再行夯打；以平鍬將地面找平。素土地面可用硪夯築，滑秸黄土地面用石碾碾壓平實。河南湯陰白營龍山文化晚期遺址，圓屋地面已采取夯築做法，夯土密實堅硬，地面有明顯的夯窩。據夯窩形狀分析，夯具即爲粗木棍。此爲目前所知最早的夯土實例。夯土地面堅實，將毛細通道切斷，故能防潮。山東龍山文化晚期遺址，亦發現多處夯土地面。參閲中國科學院自然科學史研究所《中國古代建築技術史》。

木地板

浙江餘姚河姆渡遺址爲六千至七千年前母系氏族繁榮階段的原始聚落遺址。該遺址早期建築爲干闌式長屋。長屋通進深約 700 厘米，

前檐有寬約 110 厘米的走廊，其前沿設直櫺欄杆，地板高出地面 80~100 厘米，用木梯上下。地板厚約 10 厘米，每段長 80~100 厘米，均爲利用廢舊梁柱之類木料截斷、劈裂改製而成，上面留有榫卯殘迹。地板浮擺在地板龍骨上。在遺址中還發現，地板以下堆積一層厚薄不均的稻殼、菱殼、獸骨、獸角等生活垃圾，表明該屋在使用期間可任意掀開地板，從室内投下垃圾。此地板爲迄今爲止所知最早的木地板。自漢以後，隨着木構建築的發展及樓閣的出現，木地板則屢見不鮮。參閲中國科學院自然科學史研究所《中國古代建築技術史》。

磚鋪地面

我國古代建築上用磚，最早見於鋪地工程。目前考古發現最早的鋪地磚爲西周晚期的鋪地方磚。今陝西扶風出土的西周鋪地磚，約 50 厘米見方，底面四角各有乳突一個，以加固與地基層的結合。河南新鄭鄭韓故城遺址亦發現構造原理相似，形式不同的鋪地磚，底面有四條邊棱，表面有米字紋、繩紋、回紋數種。其底面邊棱亦起固定作用。以磚鋪地是受紅燒土地面的啓發而出現的。以高温焙燒的鋪地磚，耐磨程度及防潮能力遠超過紅燒土，且施工方便，堅固、美觀。故自周以後，多用方磚或條磚鋪墁室内地面。

金磚地面

磚料應爲特製的金磚，做法極爲考究，僅用於重要宫殿建築的室内的一種地面。金磚爲明代永樂年間江蘇蘇州陵墓御窑燒製而成，專用以鋪墁紫禁城皇室建築的地磚。其製作精良，珍貴如金，“敲之有聲，斷之無孔”。鋪成的地面，不滑不澀，光潤似墨玉。金磚在鋪地之前，

須刨磨精細。墁地的操作方法與細墁磚地大體相同。墁砌使用乾砂或純白灰。如用乾砂，須用灰把砂封住，不使外流。金磚全部墁好後，要用磨頭蘸水將地面揉磨平滑，以黑礬水潑灑地面，待地面乾透後再以桐油浸泡，最後燙蠟使地面光亮。

方石板地面

將石料做成與方磚形狀、規格相仿的石磚，以石代磚的一種仿方磚地面。此做法多用於重要宮殿的室內或檐廊，偶見於露天祭壇等重要的宮殿建築。用於室內多采用青白石或花石板，用於露天多采用青白石。清白石以顏色與質感接近方磚者爲宜。花石板（俗稱"五音石"）地面表面可做燙蠟處理。如石板的平整度較差，可用磨頭將接縫處磨平。現代施工中常以乾硬性的水泥砂漿替代傳統的灰泥墁石板地面，效果亦佳。方石板地面表面多爲磨光做法。

焦渣地面

以潑灰與焦渣拌合，或以生石灰漿與焦渣拌合鋪墁的地面。北方部分地區流行的做法，是古代利用廢料作爲建築材料的範例。操作程式：以素土或灰土墊層按設計標高找平後夯實；鋪底層焦渣灰厚 8~10 厘米，以木拍子將焦渣拍打堅實，不抹面層的，趁表面漿汁充足時用鐵拍子反復揉軋，再以鐵抹子反復趕軋，直至表面達到堅實、光順、無糙麻現象爲止。現代有在表面撒 1：1 水泥細砂後再揉軋出漿，趕光出亮的。抹面層做法的，抹一層細焦渣灰，一般不超過 1~2 厘米，以木抹子抹一遍，再用平尺板刮一遍，低窪處以灰補平。在焦渣灰乾至七成時進行趕軋。鋪好後需進行養護，地面要經常灑水，保持濕潤。三天之內，地面不能行走，十五天之內不能用硬物磨蹭。

淌白磚地

簡易做法的細墁磚地。磚料的砍磨程度不如細墁磚地那麼精細。磚的表面不做鏟磨，如凸凹不平，可適當磨面；四個肋須鏟磨，互成直角；磚的寬度要求一致。亦有人認爲，磚料祇磨面，不鏟磨肋，墁成的地稱淌白磚地。墁地的操作過程與細墁磚地做法相同，亦可稍簡化。淌白磚地的外觀效果與細墁磚地相似。

糙墁磚地

以未經砍磨加工過的磚料鋪砌而成的地面。地面的光潔平整度、堅固耐磨度較細墁磚地差。多用於一般建築的室外地面，在做法簡單的建築及地方建築中亦可用於室內地面。宮殿廟宇建築中，多用城磚或方磚糙墁，一般建築多用方磚糙墁，民居可用四丁磚、開條磚糙墁。其鋪砌方法與細墁地面大致相同，但不將試鋪的磚揭下來重鋪，不挂油灰，不用磨頭蘸水將地面揉磨一遍，亦不用桐油浸泡地面，祇是用白灰將磚縫守嚴掃净。

細墁磚地

以砍磨加工過的磚料鋪裝的地面，表面經桐油浸泡，故平整、細緻、潔净、美觀，堅固耐用。磚料經打磨加工後規格一致、棱角平直、表面細膩光潔。磚墁地須用純净土或灰土夯打結實平整作爲墊層，然後以灰泥鋪墁磚塊，灰縫要細。細墁磚地多用於建築物的室內，或做法講究的宮殿宅院的室外地面，但一般限於甬路、散水等主要部位，極講究的纔全部采用細墁做法。室內細墁地面一般使用方磚，清代方磚規格有一尺二寸到二尺見方等數種。室外細墁地面多使用方磚，宮殿廟宇等室外細墁地面除使用方磚外，亦可使用城磚。鋪墁磚塊後，須用桐油浸泡地面，經油浸泡後的磚表面光潔美觀，強度大爲增加。磚料應用鉋子剗面并用磨頭磨平，四個肋砍磨後要互成直角。

室　外

海墁地面

除甬路及散水以外的室外地面全部鋪墁謂之"海墁"。四合院中被十字甬路分隔開的四塊海墁地面俗稱"天井"。室外墁地的先後順序應爲砸散水，冲甬路，最後纔做海墁地面。室外地面不處於同一水平綫上，甬路中間高，兩邊低，散水更低，海墁地面最低。做海墁應考慮到全院的排水問題。方磚甬路與海墁地面的關繫有"竪墁甬路橫墁地"之說，即甬路磚的通縫一般應與甬路平行（斜墁者除外），而海墁磚的通縫應與甬路互相垂直，方磚甬路尤其如此。

散水

臺基下四周及甬路兩旁，用以承檐上滴下之水者，或排除甬路淌出的水的部位。房屋周圍的散水，其寬度應根據出檐的遠近或建築物的體量決定，從屋檐流下的水應能砸在散水上。散水的裏口，應與臺明的土襯石找平，外口應與室外海墁地面找平，因此散水的裏外兩條綫不在同一個平面內。御路或甬路兩旁的散水，裏口應與路面外側平，外口應與海墁地面平，形成的斜度使水不致積存，以保護地基及道路不受雨水侵蝕。散水多墁磚，亦可鋪砂石。

條石路面

以條形石料鋪墁的地面。位於甬路位置的稱"甬路石"，因多用於街道，故亦稱"街心石"。甬路石的表面一般應向兩側做泛水，形似魚背，俗稱"魚脊背"。甬路兩側鑲牙子石。甬路以外的地面以規格的條石砌成海墁地面。海墁條石的表面多以鏨子打出平順、深淺均勻的細道，或用花錘在石面上錘打使平整，而不用斧子剁打石面，或磨頭磨光石面以防滑。海墁條石也要考慮排水問題。條石地面鋪墁前須將底層素土夯實，再打一至二步灰土，上鋪 6~8 厘米厚的粗砂墊層，粗砂墊層做出泛水的坡度。條石鋪地抗壓強度大，堅實耐磨，表面平整，雨後不致太滑。

卵石路面

亦稱"鵝子地""石子地"。以細密的卵石鋪成，利用多種石色擺成各種圖案的道路。多用於宮苑及園林。亦有以磚或瓦勾勒出圖案的綫條來，以不同顏色大小的卵石鑲嵌其中組成圖案的。清代江南私家園林更出現了許多色彩豐富、風格精巧的卵石路。揚州園林，使用尤爲突出。

【鵝子地】

即卵石路面。此稱多行用於現當代。見該文。

【石子路】

即卵石路面。此稱多行用於現當代。見該文。

方磚甬路

以方磚鋪裝的庭院中的主要交通綫。趟數

應爲單數，如一、三、五、七、九趟。甬路的寬窄按其所處位置的重要性決定。一般應中間高、兩邊低，以防路面積水。甬路兩側應有散水，以保護道路。除甬路及散水以外的全部室外地面鋪墁的稱"海墁"。四合院中，被十字甬路分開的四塊海墁地面俗稱"天井"。甬路兩旁的散水可鋪砌雕刻花飾的方磚；亦可裝飾爲由瓦片鑲嵌組成圖案，空當處鑲入石子；或用什色石礫擺成各種圖案。

令甓甃

漢代稱堂下階前之磚道。令，通"瓴"；甃，通"陔"。《周禮·考工記·匠人》："堂塗十有二分。"漢鄭玄注："謂階前，若今令甓甃也。"賈公彥疏："'若今令甓甃也'者，漢時名堂塗爲令甓甃；令辟，則今之磚也，甃則磚道者也。"孫詒讓正義引莊述祖云："甃……借作'陔'。《說文》：'陔，階次也。'堂塗繫磚爲階次，故曰令甓甃。"清沈自南《藝林彙考·棟宇篇》："令甓甃，今之磚砌也，'令'與'瓴'同。"

磚雕甬路

兩側散水鋪砌帶有雕刻花飾方磚的甬路；或兩側散水鑲嵌由片瓦組成的圖案，空當處鑲石子的甬路；抑或兩側散水用什色石子擺成各種圖案的甬路。以雕飾過的方磚裝飾散水的做法，先設計好圖案，然後在每塊方磚上分別雕刻，可用淺浮雕或平雕手法，雕刻完畢後按設計要求將磚墁好，然後在花飾空白的地方抹上油灰，油灰上碼放小石礫，最後用生灰粉將表面的油灰揉掃乾净。如花飾空白處塗抹的是水泥砂漿，最後要用水將其刷净。方磚雕刻用於地面應僅限於局部，不宜大面積使用。以瓦條集錦裝飾散水的做法，先將甬路墁好并栽好散水牙子磚，在散水位置上抹一層摻灰泥，然後在抹平了的泥地上按設計要求畫出圖案，將瓦條依照圖案中的綫條磨好，然後用油灰把瓦條粘在圖案綫條的位置上，用瓦條彙集而成圖案。如個別細部不宜用瓦條磨出（如鳥的頭部），可用磚雕代替。瓦條之間的空當擺滿石礫，下面也用油灰粘好。最後用生灰揉擦乾净。以什色石子裝飾散水的做法，在散水位置上抹一層摻灰泥，依照圖案的要求選擇適宜顏色的石子擺成圖案。圖案以外的部分，以其他顏色的石礫碼放。

方磚卵石嵌花路面

中部鋪方磚，兩側散水鑲嵌卵石的道路。多用於北方宮苑。中部方磚的寬度因路面寬度一般爲 2~4 米而相應采用單數趟數，卵石部分寬約 50 厘米。鋪完中間方磚後，將散水兩側栽好牙子石或牙子磚，在路基的灰土上鋪 5~6 厘米的摻灰泥，找平後按設計要求畫出圖案，以選定顏色的卵石擺成圖案，或擺成壽字、如意、銅錢、扇形等，再以分色的卵石填心，拍平。然後灌白灰漿填縫，撒乾白灰收乾，最後用水刷去沾在卵石表面的灰漿，露出卵石本色即可。北京頤和園及故宮御花園即采用此種做法。亦有采用更爲細緻精巧做法的，稱雕花磚卵石嵌花路面。先鋪中部一般方磚，兩旁散水部分兩側栽仄鋪的磚作牙子，散水部位鋪雕花磚，雕空部分敷一層油灰，再將小卵石分色栽入油灰中，拍平并以乾灰收乾，再用毛刷蘸水洗出卵石本色。

石路面

在約五千年至四千年前的新石器文化時

期，在黑龍江依蘭有一半天然半人工洞穴，名曰倭肯哈達洞，位於半山腰。洞穴長 12 米，高 2 米，寬 1.5 米，兩壁一側爲天然石巖，一側外半段用大石塊鋪成。洞底鋪長 2 米、厚 1 米左右的大條石，此爲目前所知最早的石板地面。在夏代中晚期河南偃師二里頭遺址，發現石甬路一條，東西嚮一段長 10.5 米，寬 35~60 厘米，東端呈 90° 折南行，長 2.5 米，南端已被毀掉。甬路西部由石板鋪砌，東部以鵝卵石砌成，路面平整，兩側保存有較硬的路土。此爲目前已知最早的石路面。

冰裂紋地面

以各種不規則的小塊薄石板鋪砌而成的地面。多用於園林中。在鋪砌地面之前，先將底層找平，然後以素土或灰土夯實作爲墊層，找好排水方嚮。小塊石料可先鋪好灰漿再放石料，然後以夯或蹾錘等將石料蹾平、蹾實。較大的石料應先以石碴將石塊墊平、墊穩。鋪好一片地面以後，在適當的地方用灰堆圍成一個漿口，從這裏開始灌漿，所用材料多爲生石灰漿或桃花漿等，近代以來亦有用水泥砂漿填塞的。地面鋪好後可用乾灰將石縫灌嚴，然後將地面打掃乾净。由於這種石材很薄而且底多不平，石縫間需用油灰抿縫，否則雨水自縫中滲入，造成翻漿而致路面破壞。江南多以青板石做冰裂紋地面。

第十四章　構架説

第一節　斗拱（栱）考

斗拱（栱）是中國古代較大木構建築中用於檐下，置於柱與屋頂交接處，由逐漸挑出的橫嚮弓形木——拱，及拱與拱之間的方形木——斗，層層叠置而成的綜合構件。它是我國古代官式木構建築中長期采用的重要構件之一，是傳統木構建築特有的建築形制之一。中國古代抬梁式木構架主要由梁、柱、檩、枋和斗拱組成。斗拱是用於柱頭和内外檐的枋上承托屋頂重量的過渡構件，它是在方形坐斗上用若干方形小斗，與若干弓形橫木，層叠裝配而成的組合構件。斗拱由四大類構件組成，即斗、拱、昂、枋。斗是上大下小的方形木塊，形狀像量米盛酒的斗，在整個斗拱構造中，起着上下承替連接作用，置於拱、昂、枋、柱的交點或端點。不同的位置有不同的稱呼。拱是兩端底面砍削成曲綫，整體微呈弓形的長條形木塊，在斗拱結構中具有伸展挑出的作用，不同的方嚮、位置亦有不同的稱呼。斗拱的稱謂，元代以前的建築以宋代名稱命名；明清時期的建築以清式名稱命名。根據斗拱的不同位置，宋代分别稱爲柱頭鋪作、補間鋪作、轉角鋪作，清代則稱爲柱頭科、平身科、角科。斗拱最初用於承托梁頭、枋頭和外檐支撑出檐的重量，後來纔用於構架

的其他節點上。出檐的深度越大，斗拱的層數就越多。由於
斗拱的出挑，直接影響建築物屋頂的高度和出檐的深度，故
斗拱層數的多少，又標志着建築物的級别與重要性。清代有
斗拱的建築物稱"大式"，無斗拱的則稱"小式"。大式設
計以斗口爲標準，小式設計以柱徑爲標準。梁思成《清式營
造則例・大木》："斗栱是中國系建築所特有的形制，是較大
建築物的柱與屋頂間之過渡部分，其功用在承受上部支出的
屋檐，將其重量或直接集中到柱上，或間接的先納至額枋上
再轉到柱上。凡是重要或帶紀念性的建築物，大半部都有斗
栱。"經過斗拱傳遞屋頂部載荷，以分散橫梁與立柱銜接部
位所受的集中剪力，使梁木不易折損。中國科學院自然科學
史研究所《中國古代建築技術史・建築著作和匠師》："斗栱
在整個構架體系中有着重要的結構作用。《營造法式》把一
朵斗栱稱作'鋪作'。總鋪作次序規定出一跳謂之四鋪作，
出兩跳謂之五鋪作，依次類推直至八鋪作止。鋪作的鋪可以

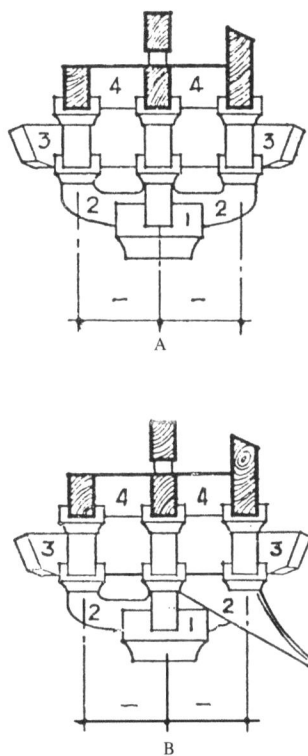

宋式四鋪作斗拱
（梁思成《營造法式注釋》）

理解爲鋪墊或鋪張之意，幾鋪作就是由幾層木鋪墊而成之意，例如四鋪作斗栱就是由櫨
斗、出一跳的栱、耍頭和襯枋頭鋪墊起來的。"

　　考古資料表明，早在新石器時代仰韶文化早期（約當公元前 5000—前 4000），原始
人類在修建地面建築時，就已經創造了屋檐。爲了支持伸出墻外的屋檐，他們采用帶椏杈
的樹枝來支撐。最初的斗拱正是啓靈於這種向外延伸的支撐而逐步發展起來的。考古資料
還表明，早在商代（約當公元前 16 世紀—前 11 世紀），斗拱的雛形已經出現。在河南安
陽殷墟婦好王后墓中出土的"偶方彝"的蓋頂下，就有類似櫨斗的結構。專家推斷它是仿
木斗拱結構的形象。作爲斗拱原始形態的櫨欒，在西周時期已經形成。在西周初年的"令
毁"方形四足短柱上，置有櫨斗，兩柱之間櫨斗斗口内施有橫枋，枋上置二方塊，類似散
斗，和櫨斗一起承托上部板形的座子，其構件形狀和組合方法與後代檐柱上的斗拱結構大
體相同。到春秋戰國至西漢，出現了多層和高架的木構建築，斗拱有了較大的進步。在山
東臨淄郎家莊一號東周墓中出土的漆器圖案上，可以清楚地看到斗拱的形象。在河北平山
中山王譽墓（戰國中晚期）中出土的錯金銀四龍四鳳銅方案中，其下部是由四龍和四鳳蟠

結錯列形成的圓環形底座，在底座的四角伸出高挺的四龍頭，龍頭上承托着一斗二升形式的斗拱，斗拱承托案框。專家認定這是模仿當時木構建築中挑檐結構的一斗二升斗拱形式而製成，反映了戰國中晚期木構建築中轉角斗拱承托四面檐枋的情況（《響墓——戰國中山國國王之墓·出土遺物》）。陳應祺等《戰國中山國建築用陶斗淺析》云："銅方案的上部造型恰似一座四面出檐、挑檐的方形建築，四個角上的龍頭相當於挑出的插栱，以 45° 斜嚮伸出，龍頭頂上立有直徑 1.5 厘米的圓形蜀柱，柱上承櫨斗，斗底下墊厚 0.3 厘米的皿板，櫨斗上承 45° 的抹角栱，栱上兩端各立直徑 1.5 厘米的圓形蜀柱，柱頭托散斗，散斗底也墊厚 0.3 厘米的皿板，散斗上承銅方案邊框檐枋。"并認爲："栱身已做出曲綫，栱頭斜抹，栱和檐枋平行，斗底已墊皿板，斗口爲一字口，斗身的耳、平、欹三部分明顯，欹部出顫。這些都説明中山國已經熟練地掌握了一套斗栱的使用和製作方法，也表明中山國建築上已較多地使用了斗栱組織。"另外，在中山靈壽故城遺址中，還發現了到目前爲止我國保存下來的最早的實用斗，其中有五件保存較完整。雖屬小型陶斗，但仍可分出平盤

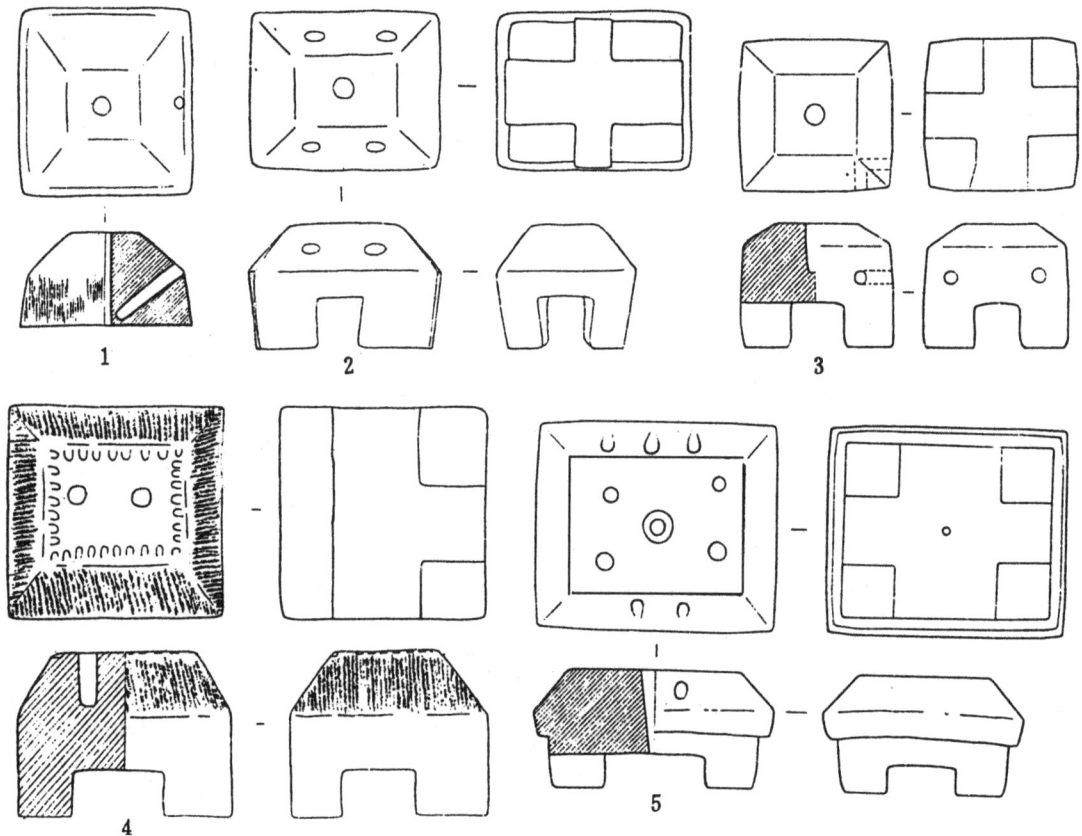

戰國中山國靈寺故城遺址中出土的陶斗拱

（《文物》1989 年第 11 期）

斗、交互斗、櫨斗三種，且皆爲建築上的實用構件。在這批陶斗中還出現了十字開口的交互斗，顯然已有華拱出跳，這就説明戰國時期中山國的斗拱結構已超越了"一斗二升"的局限，有了較大的進步。

東漢是我國古代建築史上輝煌發展的時期，從東漢墓出土的大量表現建築形象的明器陶樓、陶屋等，都表明東漢不僅出現了大量多層樓閣，而且它們出檐較大，挑檐或用挑梁，或用斗拱，甚至在挑梁上加斗拱，以加大出檐的深度。自此挑梁與斗拱便成了我國古代木構建築挑檐結構的兩種普遍形式。從東漢的明器陶樓中，還證明了高層樓閣在東漢的流行和普及，其斗拱的運用不僅相當廣泛，而且已發展到相當成熟的階段，既用於承托屋檐，亦用於承托平座。在那些高達三四層的方形樓閣和望樓中，每層均用斗拱承托腰檐，其上置平座，將樓閣劃成數層，創造了中式樓閣建築獨步世界的特有風格。但這時期斗拱組合簡單，如人字拱，"一斗三升"，完全出於結構的需要，并且大都祇出"一跳"，而挑出一層。屋檐伸出還不大，然而斗拱的形象却十分多樣化，如四川樂山等處崖墓即有六七種樣式，并無後來的程式化現象，説明用斗拱的挑檐結構，在東漢時正處在創造階段。

唐代是我國封建社會中最燦爛的時期，其木構建築也達到了成熟與完美的階段。在不斷探索加强結構整體剛性的同時，屋頂結構的"舉折"做法已經成型，斗拱挑檐結構得到充分發展。斗拱雄大，實用性强是其顯著特點。而且一般柱頭斗拱大，補間斗拱小或不用補間斗拱。從現存唐代建築山西五臺山佛光寺大殿可知，唐代斗拱之大，幾乎等於屋身高度之半。在斗拱組成構件中出現了"昂"，其前端支托屋檐，後尾則壓在平槫下起平衡作用，使出檐更加深遠，而且受力也較爲合理。建築用材的"模數"材分制開始形成。唐代斗拱的發展，從它的尺度及結構形式來説，達到了歷史的高峰。

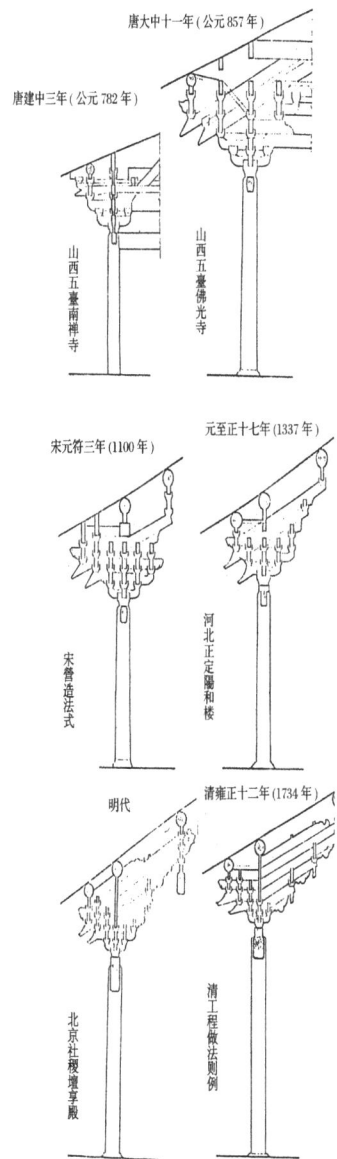

唐、宋、遼、元、明、清斗拱比較圖

宋代是我國古代木構建築成熟定型與科學總結的時代。在唐代已經完成發展過程的基礎上，到宋代產生了兩種新的趨嚮：在形式上，講求輕巧與變化；而在技術上，爲簡便設計與施工的需要，則朝着標準定型的方嚮發展。在宋代建築實物中出現了許多屋頂山面向前的殿堂與樓閣，產生了丁字脊、十字脊屋頂以及"工"字形、"亞"字形平面的殿宇，而斗拱形體則比唐代縮小，斗拱結構在整體木構架中所占的比例則逐步縮小。北宋中期以後，斗拱立面高度多爲檐柱高的30%左右，斗拱的裝飾功能逐漸加強，補間斗拱大都與柱頭斗拱大小一致，并開始使用假昂。山西晉祠聖母殿上檐斗拱中的昂嘴平出，結構上僅是華拱構件的加長，伸出部分上部削彎做成琴面昂的形狀，實際上祇能起到華拱的作用，完全起不到後尾斜挑向上的昂的作用。宋李誠《營造法式》規定了衡量建築物及其構件尺度的基本模數單位：材、栔、分，作爲基礎的材即依據單拱或素枋用料的斷面尺寸作爲標準，從而產生了整幢建築物所有構件的統一比例關係，使建築達到了設計的標準化和定型化。這種"材分"制度的產生在建築技術史上是一個發展的里程碑。《營造法式》對宋代斗拱的定名、規格及用法，都做了詳細的規定。

明清時期在"官式"建築中，逐漸拋弃了傳統的複雜做法和加工，明顯地朝着簡化結構及施工的方嚮發展，將斗拱尺度進一步縮小，内柱升高至檁下不作斗拱，斗拱中的昂退化爲水平木，整個斗拱逐漸失去了在結構上的重要性而加強了梁架的作用，使斗拱的製作及用料都大爲簡化，而出檐也隨之減短。這樣明清時期的斗拱已失去了在結構功能上的作用，而突出地表現出裝飾作用。在清代官式建築中，斗拱排列較密，用材短小，做工煩瑣，成爲純裝飾性的構件。

斗拱是在不大的空間内使用較多的構件層層出跳，上大下小的組合構件，其各構件之間用榫卯及栓木相連接。在斗拱的各個升斗上部開口與拱枋相接處，用榫卯相接，兩個方嚮的拱枋相交時也用方直卯口相接；斗底與拱頭相接時，則用一根不長的小栓木上下勾連以防錯動和歪斜。所以在挑檐深遠的古代建築中，斗拱（尤其是外檐斗拱）不但巧妙地利用杠杆原理，承托着大挑檐的重量，而且作爲梁柱的節點，起着良好的抗震作用。"在有斗栱的房屋中，除柱頭鋪作作成'斗口跳'或'把頭絞項造'以外，橫梁不是直接搭在柱子上，而是搭在一朵斗栱上，由於斗栱本身由許多縱橫相搭木料用榫卯的方式組合起來，當受到地震力作用時，這朵斗栱就相當於一個搖擺支座，可以通過榫卯的錯動力和木料的暫時變形來吸收一些能量。櫨斗底與柱頭之間的摩擦力也可吸收一些能量，同時櫨斗與柱頭的節點是一個斗栓榫卯，套叠不是太嚴緊，可使柱頭在水平方嚮有一定的自由度，在地震荷載作用下，柱頭可以有一定的活動餘地。這樣幾個因素綜合起作用……從而使整個屋蓋受到的影響也大大减弱。"（《中國古代建築技術史·建築著作和匠師》）宋式斗拱，一組稱一朵，出跳多寡次序謂之鋪作。"總鋪作次序之制：凡鋪作自柱頭上櫨枓口内出一栱或一昂，皆謂之一跳；傳至五跳止。""出一跳謂之四鋪作，出二跳謂之五鋪作，出三跳謂之六鋪作，出四跳謂之七鋪作，出五跳謂之八鋪作。""自四鋪作至八鋪作，皆於上跳之上，橫施令栱與耍頭相交，以承橑檐方。"（宋李誡《營造法式·大木作制度一》）在清式建築中，一組斗拱稱"一攢"，前後挑出的拱叫"翹"，每向内或向外挑出一層就叫"出一踩"，出一翹爲三踩，二跳爲五踩，三跳爲七踩，四跳爲九踩。總之，斗拱是我國古代工匠在長期營造實踐中創造出來的木構建築構件的重要組成部分，它對於挑出屋檐和减少梁、檩、枋、椽的剪力和彎矩方面起着實際的作用，也是構成我國木構建築藝術特色的重要因素。隨着建築的發展變化，它由大而小，由雄奇而纖麗，由實用構件而爲裝飾構件，始終是古代建築的重要組成部分。在今天它又是我們認識和判定古代建築年代的重要依據。

泛　稱

斗拱

亦作"斗栱""枓栱"。它是在方形坐斗上用若干方形小斗與若干弓形橫木，層叠裝配而成的組合構件，是中國古代抬梁式木構建築中，用於柱頭和内外檐的枋上承托屋頂重量的過渡構件，主要由斗、拱、昂、枋等構件組成。斗拱的使用肇始於商代，漢代普遍使用，唐代完善，宋代形成定制，一直沿用至明清。由柱頂探出的弓形條木稱拱，拱與拱之間方形墊木稱"斗"。斗與拱縱橫交錯，層叠壘擺而成。其功能是將屋頂，特别是伸出的大屋檐的重量先納至額枋上，再傳到柱上，以分散橫梁與立柱銜接部位所受的力，使梁木不易折損。斗拱的使用使屋檐可以較大程度地外伸，成爲我國傳統建築造型的獨有特點。《禮記·禮器》"山節藻棁"唐孔穎達疏："山節者，謂刻柱頭爲斗拱形如山也；藻棁者，謂畫梁上短柱爲藻文也……鄭注明堂云：山節，刻攜廬爲山也。藻棁者，畫侏儒柱爲藻文也。"《爾雅·釋宫》"大者謂之栱"清郝懿行義疏："栱之言拱，柱上枓栱，所以拱持梁棟。"唐段谷《市中狂吟》："任狂風吹，連檐破碎，枓栱斜欹，看着倒也。"《明史·輿服志四》："庶民廬舍，洪武二十六年定制，不過三間，五架，不許用斗栱，飾彩色。"

【斗栱】

同“斗拱”。此體唐代已行用。見該文。

【枓栱】

同“斗拱”。此體唐代已行用。見該文。

【欂櫨】

即斗拱。亦作“欂盧”“薄櫨”“榑櫨”。《説文·木部》:“欂,欂櫨。柱上枅也。”唐慧林等《一切經音義》卷一四、一七、五二、五九注引《説文》作“薄櫨。”唐李善注《文選·左思〈魏都賦〉》引《説文》作“榑櫨”。《禮記·明堂位》:“山節、藻棁、復廟、重檐、刮楹、達鄉、反坫出尊、崇坫康圭、疏屏,天子之廟飾也。”漢鄭玄注:“山節,刻欂盧爲山也。藻棁,畫侏儒柱爲藻文也。”唐獨孤及《馬退山茅亭記》:“冬十二月作新亭於馬退山之陽,因高邱之阻以面勢,無欂櫨節棁之華。”元王士點《禁扁》卷五:“外門垣西曰闉,門耑欂櫨曰栫,樓上有門曰闉。”清趙翼《八月二日天寧寺旁巽宮樓火》詩:“十層瓴甓落遍地,萬株欂櫨飛滿空。”

【薄盧】

同“欂櫨”。此體唐代已行用。見該文。

【欂盧】

同“欂櫨”。此體漢代已行用。見該文。

【榑櫨】

同“欂櫨”。此體唐代已行用。見該文。

【櫨】[1]

即斗拱。《説文·木部》:“櫨,柱上柎也。”丁福保《詁林》據唐慧琳等《一切經音義》卷一四、一七、五二、五九注引《説文》正作“薄櫨,柱上枅也。”徐鍇繫傳:“即今之斗栱。”朱駿聲通訓定聲:“單言曰櫨,絫言曰欂櫨。”《淮南子·本經訓》:“標株欂櫨,以相支持。”高誘注:“櫨,柱上柎,即梁上短柱也。”南朝陳徐陵《太極殿銘》:“千櫨赫奕,萬栱崚嶒。”

【櫨栱】

即斗拱。《周書·武帝紀下》:“諸宫殿華綺者,皆撤毁之,改爲土階數尺,不施櫨栱。”唐陳子昂《上大周受命頌表》:“文彩構檻,碱砆砌階,櫨栱森鬱以宏合。”

【欒櫨】

即斗拱。《文選·左思〈魏都賦〉》:“枌橑復結,欒櫨叠施。”李善注:“《廣雅》曰:‘曲枅謂之欒。’《説文》曰:‘榑櫨,柱枅也。’然欒、櫨一也,有曲直之殊耳。”唐劉禹錫《武陵觀火詩》:“騰烟透窗户,飛焰生欒櫨。”清吴偉業《松鼠》詩:“欞户既嚴扃,欒櫨若比櫛。”

【枅櫨】

即斗拱。《淮南子·主術訓》:“修者以爲檐榱,短者以爲朱儒枅櫨。無小大修短,各得其所宜。”宋劉安節《論謹擇皇子宫屬》:“柱石以成,不費枅櫨之用;駕驅將駕,復推芻秣之恩。”

【栟】

即斗拱。《淮南子·精神訓》:“而堯樸桷不斫,素題不栟。”高誘注:“不栟者,不施欂櫨。”又《主術訓》:“短者以爲朱儒栟櫨。”栟,一作“枅”。舊題漢武帝《柏梁詩》:“柱枅欂櫨相枝持。”宋蘇軾《自雷適廉宿于興廉村净行院》詩:“荒凉海南北,佛舍如鷄栖。忽此榕林中,跨空飛栱枅。”楊樹達《積微居小學金石論叢·形聲字聲中有義略證》:“屋欂櫨謂之枅。”

【枅】[1]

即斗拱。此稱漢代已行用。見該文。

【栭】

即斗拱。《説文·木部》：“栭，柱上栭也。”徐鍇繋傳：“即今之斗栱。”《文選·王延壽〈魯靈光殿賦〉》：“狡兔跧伏於栭側，猨狖攀椽而相追。”李周翰注：“栭，斗上橫木。”

【欂櫨】

即斗拱。亦稱“欂櫨”。《文選·何晏〈景福殿賦〉》：“欂櫨各落以相承，欒栱夭蟜而交結。”李善注：“欂，即櫨也。櫨，柱上枅也。”又“飛柳鳥踊，雙轅是荷”唐李善注：“飛柳之形，類鳥之飛，又有雙轅任承檐，以荷衆材，今人名屋四阿栱曰欂櫨。”宋任廣《書叙指南·屋室堂宇》：“屋梁曰極，角梁曰陽馬，重梁曰雙枚，曲短梁曰欂櫨。”

【欂櫨】

即欂櫨。此稱唐代已行用。見該文。

櫨欒

斗拱的原始形態。據實物考證，西周初年的“令殷”，四足爲方形短柱，柱上置櫨斗，兩柱間櫨斗口内施橫枋，枋上置二方塊，類似散斗，與櫨斗一起承載上部板形的座子。其構件的形狀及結合方法與後代檐柱上的結構大體相同。由此可知至遲西周時期建築上的斗拱已具雛形。

山節

刻成山形的斗拱。此稱漢代已行用。多用以形容居處豪華奢侈、越等僭禮。《禮記·明堂位》：“山節、藻梲、復廟、重檐……天子之廟飾也。”孔穎達疏：“山節者，謂槉盧刻爲山形，藻梲者，謂侏儒柱畫爲藻文也。”《論語·公冶長》：“臧文仲居蔡，山節藻梲。”何晏集解引包咸曰：“言其奢侈。”漢荀悦《漢紀·文帝紀上》：“及至周室道衰，禮法隳壞，諸侯刻桷丹楹，大夫山節藻梲。”元李翀《日聞録》：“山節藻梲，丹楹刻桷，以諸侯大夫而越等用之，猶見譏誚；則庶人之家，其屋當白屋也。”

山節藻梲

雕飾成山形拱，繪飾水草的梁上短柱，爲古代天子之廟飾。周代以後，諸侯大夫越等級而用之。後用以形容居處豪華奢侈，越等僭禮。節，斗栱。山節，雕成山形之斗拱。梲，梁上短柱。藻梲，梁上畫有藻文之短柱。此稱漢代已行用。《禮記·禮器》：“管仲鏤簋，朱紘，山節藻梲，君子以爲濫矣。”孔穎達疏：“山節者，謂刻柱頭爲斗拱，形如山也。藻梲者，謂畫梁上短柱爲藻文也。此是天子廟飾，而管仲僭爲之也。”《論語·公冶長》：“臧文仲居蔡，山節藻梲，何如其知也。”邢昺疏：“此是天子廟飾，而文仲僭爲之，故言其奢侈。”漢荀悦《漢紀·文帝紀上》：“及至周室道衰，禮法隳壞，諸侯刻桷丹楹，大夫山節藻梲。”南朝梁蕭統《殿賦》：“藻梲鮮華而粲色，山節珍形而曜目。”元李翀《日聞録》：“山節藻梲，丹楹刻桷，以諸侯大夫而越等用之，猶見譏誚；則庶人之家，其屋當白屋也。”

斗

斗

亦作"枓"。斗拱中承托拱昂與翹的方形木塊。上大下小，因狀似量米之斗而得名。斗身上八分爲耳，中四分爲平，下八分爲欹，欹至底向內抹削，抹削成弧綫的稱欹顜，下部爲底。斗置於拱、昂、枋、柱之交接點或頂端，起着上下承接的連接作用，傳遞或分散上部重量之壓力。根據所處位置的不同，有不同的稱謂。不同時代其名稱亦有差別，一般元代以前以宋式命名，明清以後以清式命名。梁思成《營造法式注釋》卷上注曰："枓，其名有五：一曰楶，二曰栭，三曰櫨，四曰楷，五曰枓。"置於柱頭者謂櫨斗，置於華拱出跳之上者謂交互斗，置於拱心之上者謂齊心斗，置於拱之兩頭者謂散斗。其中祇有櫨斗與柱發生直接關係。在清式建築中，用於柱上（包括檐柱和金柱）者稱坐斗或大斗，是一攢斗拱重量集中的地方，尺寸較大。用於翹或昂之兩端承托上一層拱與翹、昂相交點者稱"十八斗"。用於橫拱兩端托着上一層拱或枋者稱"三才升"。在角科，承托兩個方響拱子或者寶瓶的斗形方木，稱"平盤斗"，這種斗通常不帶斗耳。清式斗拱中的斗分作斗耳、斗腰、斗底三段，其高度比例爲 2：1：2。梁思成《清式營造則例·大木》："在栱與翹（或昂）的相交處，在栱的兩端，介於上下兩層的栱間，有斗形立方塊叫作升。在翹（或昂）的兩端，介於上下兩層翹（或昂）間的斗形方塊叫作斗。升與斗的區別在它們的位置和上面開的卯口；升內祇承受一面的拱或枋，所以祇開一面口，稱順身口，斗則承受相交的拱與翹昂，

上面開十字口。"作爲斗拱的原始形態的櫨欒，早在商代就出現了，隨着斗拱的不斷發展，構造越來越完善，分工越來越細緻。《釋名·釋宮室》："櫨在柱端，如都盧，負屋之重也。斗在欒兩頭如斗也，斗負上員櫺也。"《文選·張衡〈西京賦〉》："雕楶玉磶，繡栭雲楣。"李善注："栭，斗也。"羅哲文主編《中國古代建築·古建築的結構與構造》："斗（包括大斗，也包括三才升等）的耳、腰、底三部分比例，從宋到清都依 2：1：2 製作，但是斗底部分，在明代以前有'顜'，'顜'就是做成內凹曲綫的意思，清代斗底則是直綫。"

【枓】

同"斗"。此體宋代已行用。見該文。

【楶】

即斗。亦作"楷"。亦指柱頭斗拱。《説文·木部》："楷，欂櫨也。"又："栭，屋枅上標也……《爾雅》曰：栭謂之楶。"漢揚雄《法言·學行》："吾未見好斧藻其德，若斧藻其楶者也。"李軌注曰："楶，櫨也。"西晉左思《吳都賦》："彫欒鏤楶，青瑣丹楹。圖以雲氣，畫以仙靈。"宋李誡《營造法式·大木作制度一》："枓，其名有五：一曰楶。"清王念孫《讀書雜誌·逸周書二》："然則笮也，楷也，栭也，芝栭也，枅也，欂櫨也，六者一物也。楷爲柱上方木，梲爲梁上短柱，故以'復楷藻梲'連文。"

【楷】

同"楶"。《説文·木部》："楷，欂櫨也。"此體漢代已行用。見該文。

【栭】

即斗。柱頂上支承屋梁的方木。《爾雅・釋宮》：“栭謂之楶。”郭璞注：“即櫨也。”《説文・木部》：“栭，屋枅上標也……《爾雅》曰：栭謂之楶。”《文選・張衡〈西京賦〉》：“雕楹玉碣，綉栭雲楣。”李善注：“栭，斗也。”《文選・何晏〈景福殿賦〉》：“於是蘭栭積重，窶數矩設。”李善注：“蘭，木蘭也。以木蘭爲栭，言蘭栭重疊交互以相承，有似窶數，故借其名焉。”南朝沈約《郊居賦》：“風臺累翼，月榭重栭。”唐元結《演興・初祀》詩：“雲縹爲楣兮愚木栭，洞淵禪兮揭巍巍。”宋李誡《營造法式・大木作制度一》：“枓，其名有五：一曰楶，二曰栭。”

【枘】

即栭。此稱漢代已行用。《説文・木部》：“枘，栭也。”三國吳陸璣《毛詩草木鳥獸蟲魚疏》卷上：“其灌其枘。枘，栭，葉如榆也，木理堅韌而赤，可爲車轅。”

枅 [2]

即斗。《説文・木部》：“枅，屋欂櫨也。”段玉裁注：“有枅，有曲枅。枅者，《倉頡篇》云：‘柱上方木也。’曲枅者，《廣雅》云：‘曲枅謂之欒。’”徐灝箋：“櫨之承欒，層叠而上，與开之名義有合，故通謂之枅。渾而言之，屋櫨者枅也。欒亦枅也，欒之兩端曲而嚮上，故亦謂之曲枅耳。此不可析而爲二者也。”《莊子・齊物論》：“大木百圍之竅穴，似鼻，似口，似耳，似枅，似圈。”成玄英疏：“廠，柱頭木也。今之斗楣是也。”

櫨枓

清式斗拱中稱“坐斗”或“大斗”。指置於柱頭的斗，它是一朵斗拱中的第一鋪作。在斗拱的最下層，直接承托正心的拱與頭翹或頭昂的斗。宋李誡《營造法式・大木作制度一》：“造枓之制有四：一曰櫨枓。施之於柱頭，其長與廣，皆三十二分。若施於角柱之上者，方三十六分……上八分爲耳，中四分爲平，下八分爲欹……底四面各殺四分，枓欹顲一分。”

【櫨】[2]

即櫨枓。亦指“斗拱”。《説文・木部》：“櫨，柱上柎也。”《釋名・釋宮室》：“櫨在柱端如都盧負屋之重也。”《淮南子・本經訓》：“大構駕，興宮室……標林欂櫨，以相支持，木巧之飾，盤紆刻儼。”高誘注：“標林，柱類欂枅也。櫨，柱上柎，即梁上短柱也。”又《主術訓》：“大者以爲舟航柱梁，小者以爲楫楔。修者以爲欐榱，短者以爲朱儒枅櫨。無小大修短，各得其所宜。”高誘注：“朱儒，梁上戴蹲跪人也。”三國魏何晏《景福殿賦》：“櫼櫨各落以相承，欒拱夭蟜而交結。”宋梅堯臣《次韻王平甫見寄》：“幸時構明堂，願爲櫨與欒。”元閻復《曲阜孔子廟碑》：“宋棟櫨角楹礎之屬悉具。”

【楷】

即櫨枓。亦作“沓”。《爾雅・釋宮》：“開謂之槾。”郭璞注：“柱上欂也。亦名枅，又曰楷。”郝懿行義疏：“楷亦沓也。柱頭交處橫小方木令上下合，故謂之沓。作楷亦或體也。”宋李誡《營造法式・大木作制度一》：“枓，其名有五：一曰楶，二曰栭，三曰櫨，四曰楷，五曰枓。”

【沓】

同“楷”。此體清代已行用。見該文。

【坐斗】

即櫨枓。亦稱“大斗”。梁思成《清式營

造則例·大木》："在全攢斗栱之最下一層，在正心瓜栱與頭翹或頭昂之下的叫坐斗，也叫大斗，是全攢重量之集中點。"坐斗之上，有十字的卯口，以承受瓜拱和頭層的翹或昂。這承受翹或昂的口叫"斗口"，是權衡有斗拱的建築各件尺寸的基本單位。井慶升《清式大木作操作工藝·斗栱》："坐斗（亦稱大斗），位於每攢斗栱的最下層，每攢斗栱的荷重集中於此，斗底直接用暗銷與平板枋連接，斗耳從兩個方嚮開十字刻口，用以承接翹，并與正心瓜栱十字相交。"

【大斗】

即坐斗。此稱清代已行用。見該文。

交互科

清式斗拱中稱"十八斗"。亦稱"長開科"。置於華拱出跳之上的斗，即用於翹或昂的内外兩端，承托上一層拱或翹、昂的斗。宋李誠《營造法式·大木作制度一》："造科之制有四：一曰櫨科……二曰交互科（亦謂之長開科），施之於華栱出跳之上（十字開口，四耳。如施之於替木之下者，順身開口，兩耳），其長十八分，廣十六分。（若屋内梁栿下用者，其長二十四分，廣十八分，厚十二分半，謂之交栿科；於梁栿頭橫用之。如梁栿項歸一材之厚者，只用交互科。）"中國科學院自然科學史研究所《中國古代建築技術史·建築著作和匠師》："特別是斗栱，到了唐宋已經發展成由幾十個乃至上百個構件拼裝在一起。經過多年的演變，這些構件已經逐步走向標準化、定型化。例如一朵斗栱，儘管有幾十個構件，工匠們已經把斗歸納成櫨斗、齊心斗、交互斗、散斗四種類型。"

【長開科】

即交互科。此稱宋代已行用。見該文。

【十八斗】

即交互科。清式稱謂。它相當於宋式斗拱中的"交互斗"。其形式與坐斗相同，但小於坐斗。由於其長度爲 1.8 斗口，也就是宋代材分制度的十八分，故稱"十八斗"。梁思成《清式營造則例·大木》："在翹或昂之兩端，托着上一層栱與翹昂相交點的叫十八斗。"

齊心科

亦稱"華心科"。位於令拱之拱心的斗。宋式稱謂。宋李誠《營造法式·大木作制度一》："造科之制有四：一曰櫨科……三曰齊心科（亦謂之華心科），施之於栱心之上（順身開口，兩耳；若施之於平坐出頭木之下，則十字開口，四耳），其長與廣皆十六分。"

【華心科】

即齊心科。此稱宋代已行用。見該文。

散科

亦稱"小科""順桁科""騎互科"。置於橫拱兩端拱頭上的小斗。宋式稱謂。宋李誠《營造法式·大木作制度一》："造科之制有四：一曰櫨科……四曰散科（亦謂之小科，或謂之順桁科，又謂之騎互科），施之於栱兩頭（橫開口，兩耳；以廣爲面。如鋪作偷心，則施之於華栱出跳之上），其長十六分，廣十四分。"

【小科】

即散科。此稱宋代已行用。見該文。

【順桁科】

即散科。此稱宋代已行用。見該文。

【騎互科】

即散科。此稱宋代已行用。見該文。

【升】

即散料。位於拱的兩端，介於上下兩層拱之間、承托上一層枋或拱的小斗。清式稱謂，相當於宋式斗拱中的"散料"。它祇承一面的拱或枋，祇開一面口。主要有三才升和槽升子。梁思成《清式營造則例·大木》："凡是上下二層拱間，或枋子與翹或昂之間，有斗形的方塊，墊在二者之間，叫做斗或升。"

【三才升】

即散料。在單材拱兩端承托上一層拱或枋的升。清式稱謂。它也是一種小斗，相當於宋式斗拱中的"散斗"。梁思成《清式營造則例·大木》："在裏外拽栱之兩端，托着上一層的栱或枋子的叫三才升。"井慶升《清式大木作操作工藝·斗栱》："三才升，位於單材瓜栱、單材萬栱及廂栱兩端之上，斗耳上只開一個順身口，用以托住單材萬栱、裏外拽枋、挑檐枋及井口枋。"

槽升子

在正心栱兩端的升。清式稱謂。由於做出墊拱板槽，比三才升寬 0.4 斗口。在宋式斗拱中，仍屬散斗範圍。梁思成《清式營造則例·大木》："在正心栱之兩端，托着上一層的棋或枋子的叫槽升子。"井慶升《清式大木作操作工藝·斗栱》："槽升，位於正心瓜栱、正心萬栱的兩端之上。正心瓜栱與正心萬栱，或正心萬栱與正心枋之間，斗耳上開順身口，並在順身兩端的斗腰斗底的一個側面上，各開一道槽用以安裝栱墊板。"

平盤科

用於轉角斗拱中承托兩個方響的拱木之斗。通常無斗耳。宋式建築稱謂。宋李誠《營造法式·大木作制度一》："如施由昂及內外轉角出跳之上，則不用耳，謂之平盤科；其高六分。"在清式建築中，用於角科承托兩個方響拱子或寶瓶的斗亦稱平盤科。梁思成《營造法式注釋》（卷上）："由昂上安角神的料一般都是平盤科。"

1.平盤科；2.由昂；3.角昂；4.由棋頭與瓜子栱出跳相列；5.令栱與瓜子栱出跳相列，身內鴛鴦交手；
6.慢栱與切幾頭出跳相列；7.泥道栱與華栱出跳相列；8.瓜子栱；9.角華栱；10.訛角櫨科；11.圓櫨科；12.耍櫨
平盤科
（梁思成《營造法式注釋》）

拱

拱

亦作"栱"。斗拱中起伸展挑出作用的長條形木塊，因兩端底面砍削成曲綫，全體微呈弓形而得名。整個斗拱正是憑藉着拱的層層出挑，形成一個上大下小的支座，完成對出檐的支撐。拱的層數越多，房屋的出檐越大，其級别和規格也就越高。在不同的時代以及拱所處的位置和方嚮不同，其名稱亦不同。一般説來，元代以前的斗拱以宋式命名，明清以後的斗拱以清式命名。在宋式斗拱中，把一朵斗拱稱作"鋪作"，總鋪作次序規定出一跳謂之四鋪作，出兩跳謂之五鋪作，依次類推直至八鋪作止。在一朵斗拱中，根據拱的方嚮和位置的不同，分爲華拱、泥道拱、瓜子拱、慢拱、令拱五種。從櫨斗或交互斗前後出跳於建築物面闊成垂直伸出的拱稱華拱。左右挑出與挑出的華拱十字相交又與建築物立面平行的拱，則分别爲泥道拱、慢拱、瓜子拱，其拱身上的開口寬度相同。宋李誡《營造法式·大木作制度一》："栱，其名有六：一曰開，二曰槉，三曰欘，四曰曲枅，五曰欒，六曰栱。造栱之制有五：一曰華栱……二曰泥道栱……三曰瓜子栱……四曰令栱……五曰慢栱。"在清式斗拱中，一組斗拱稱"一攢"，前後挑出的拱叫"翹"。每向裹或向外挑出一層叫"出一踩"，出一跳爲三踩，出二跳爲出五踩。自一跳三踩始，每增一跳即加二踩。左右伸出的拱稱瓜拱、萬拱、厢拱三種。在柱頭上從大斗左右伸出的叫正心瓜拱，其上再出較長的横拱叫正心萬拱；在翹頭上從十八斗左右伸出的叫瓜拱，其上再出較長的横拱叫萬拱。

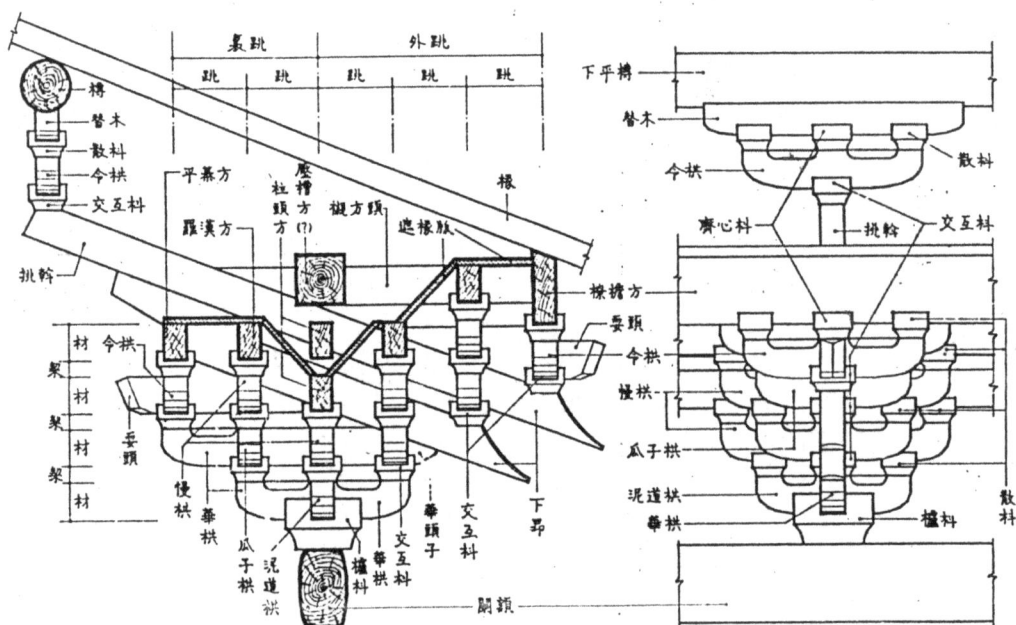

宋式斗拱中各部分名稱
（梁思成《營造法式注釋》）

安在最上層翹（或昂）的最外（或最內）端上的橫拱叫廂拱。另外，瓜拱、萬拱、廂拱除了位置上的區別外，還可以從兩端底面的砍削方法來區別：瓜拱端下皮連續砍成四小段直綫，萬拱砍成三小段直綫，廂拱砍成五小段直綫，俗稱"瓜四、萬三、廂五"。拱上皮的中央部有與昂或翹相交的卯口，其兩端有與升、斗相接的凹槽，二者之間常剜下一薄層，輪廓如香荷包的拱眼。梁思成《清式營造則例·大木》："拱以長短分三等：瓜拱、萬拱、廂拱。瓜拱最短，廂拱次之，萬拱最長。瓜拱和萬拱，除非沒有翹昂不往外出踩的斗拱，每多相疊並用：瓜拱在下，托着萬拱在正心上或裏外拽上。在正心上的叫正心瓜拱、正心萬拱；在裏外拽的叫單材瓜拱，單材萬拱——若更求準確，便叫裏拽瓜拱、外拽瓜拱和裏拽萬拱、外拽萬拱。至於廂拱，却總是安在最上層翹昂之最外或最裏端上，絕沒有放在正心上的時候，所以只分裏外，而無正心單材之別。"

【栱】

同"拱"。此體多行用於古代。見該文。

【開】

即拱。宋式稱謂。《爾雅·釋宮》："開謂之槉。"郭璞注："柱上欂也。亦名枅，又曰楷。"郝懿行義疏："楷，亦沓也。柱頭交處橫小方木令上下合，故謂之沓。作楷亦或體也。"宋李誡《營造法式·大木作制度一》："栱，其名有六：一曰開，二曰槉，三曰欂，四曰曲枅，五曰欒，六曰栱。"

【槉】

即拱。《爾雅·釋宮》："開謂之槉。"郭璞注："柱上欂也。亦名枅，又曰楷。"郝懿行義疏：

"然則欒與槉本一物而兩名。欒言其標，則槉言其本，謂之斗栱者，言方木似斗形而栱承屋棟，故《釋名》云斗在欒兩頭如斗也。"宋李誡《營造法式·大木作制度一》："栱，其名有六：一曰開，二曰槉。"

【欂】

即拱。《爾雅·釋宮》："開謂之槉。"郭璞注："柱上欂也。亦名枅。"宋李誡《營造法式·大木作制度一》："栱，其名有六：一曰開，二曰槉，三曰欂。"

【曲枅】

即拱。《文選·張衡〈西京賦〉》："跱游極於浮柱，結重欒以相承。"唐李善注引薛綜："《廣雅》曰：曲枅曰欒。"宋李誡《營造法式·大木作制度一》："栱，其名有六……四曰曲枅。"

【欒】

即拱。《釋名·釋宮室》："欒，攣也。其體上曲，攣拳然也。"《文選·張衡〈西京賦〉》："跱游極於浮柱，結重欒以相承。"李善注引薛綜曰："欒，柱上曲木，兩頭受櫨者。《廣雅》曰：曲枅曰欒。"《文選·左思〈吳都賦〉》："彫欒鏤楶，青瑣丹楹。"唐李白《明堂賦》："雲楣立岌以橫綺，彩桷攢欒而仰天。"宋梅堯臣《次韻和王平甫見寄》："幸時構明堂，願爲櫨與欒。"宋李誡《營造法式·大木作制度一》："栱，其名有六：一曰開……五曰欒，六曰栱。"

【枅】[3]

猶拱。《說文·木部》："枅，屋欂櫨也。"徐灝箋："櫨之承欒，層疊而上，與开之名義有合，故通謂之枅。渾而言之，屋櫨者枅也。欒亦枅也，欒之兩端曲而嚮上，故亦謂之曲枅耳。"明劉基《魯般》："曲者爲枅，直者爲楹。"

華栱

亦稱"杪栱"。從櫨斗或交互斗前後挑出與建築物面闊成垂直伸出的拱。宋式稱謂。宋李誡《營造法式·大木作制度一》："造栱之制有五：一曰華栱，足材栱也。"梁思成注釋："或謂之杪栱，又謂之卷頭，亦謂之跳頭。若補間鋪作，則用單材。"

【杪栱】

即華拱。此稱多行用於近現代。見該文。

泥道栱 [1]

安於櫨斗口內，與華栱十字相交，與建築立面平行，左右伸出的拱。宋式稱謂。它是斗拱中左右伸出的第一層拱。宋李誡《營造法式·大木作制度一》："造栱之制有五：一曰華栱……二曰泥道栱，其長六十二分。每頭以四瓣卷殺，每瓣長三分半。與華栱相交，安於櫨科口內。"

瓜子栱 [1]

安於交互斗口內，與華栱十字相交，與建築立面平行左右伸出的拱。宋式稱謂。它是泥道栱之外的左右伸出的拱。宋李誡《營造法式·大木作制度一》："三曰瓜子栱，施之於跳頭。若五鋪作以上重栱造，即於令栱內，泥道栱之外用之（四鋪作以下不用）。其長六十二分，每頭以四瓣卷殺，每瓣長四分。"

令拱

亦稱"單栱"。安於交互斗口內，與建築立面平行，與耍頭相交，用於慢栱之外，是斗拱中最外一層左右伸出的拱。宋式稱謂。宋李誡《營造法式·大木作制度一》："四曰令栱（或謂之單栱），施之於裏外跳頭之上，（外在撩檐方之下，內在算桯方之下）與耍頭相交（亦有不

用耍頭者）及屋內槫縫之下。其長七十二分。每頭以五瓣卷殺，每瓣長四分。若裏跳騎栿，則用足材。"

【單栱】

即令栱。此稱宋代已行用。見該文。

慢拱

亦稱"腎栱"。安於交互斗口內，與華栱十字相交，與建築立面平行左右伸出的拱。宋式稱謂。它施於泥道栱、瓜子栱之上，是以上二拱之外左右伸出的拱。宋李誡《營造法式·大木作制度一》："五曰慢栱（或謂之腎栱），施之於泥道栱、瓜子栱之上。其長九十二分；每頭以四瓣卷殺，每瓣長三分。騎栿及至角，則用足材。"

【腎栱】

即慢栱。此稱宋代已行用。見該文。

翹

清式稱謂。相當於宋式斗拱中的華栱，即斗拱中前後伸出、與拱成正角的弓形木。梁思成《清式營造則例·大木》："略似弓形，位置與建築物表面平行的叫做拱；形式與拱相同，而方嚮與拱成正角（即與建築物表面成正角）的叫做翹。"井慶升《清式大木作操作工藝·斗拱》："翹，位於坐斗的中心位置，與正心瓜栱十字相交，上托昂或二翹。"

瓜拱

從十八斗上左右伸出的拱。清式稱謂，相當於宋式的瓜子栱。在斗拱中左右伸出，與建築物立面平行的拱有瓜拱、萬拱、廂拱三種。瓜拱是一攢斗拱中最下層，也是最短的拱。除了不出踩的斗拱外，瓜拱和萬拱一般相叠并用，托着萬拱在正心綫或裏外拽上。根據其在斗拱

中所處的位置，又有不同的稱謂：在柱頭上、從大斗左右伸出的正心瓜拱，其上再出較長的與之平行的横拱稱"正心萬拱"；在翹頭上、從十八斗上左右伸出的謂"瓜拱"，其上與之平行的稱"萬拱"。瓜拱端下皮連續砍成四小段直綫，萬拱、厢拱則分別砍成三小段和五小段直綫，即俗稱的"瓜四、萬三、厢五"。砍削部分謂拱彎。拱的上皮有昂或翹相交的卯口，其兩端有與升、斗相接的凹槽，二者之間剜出一薄層、輪廓如香荷包的槽，稱作"栱眼"。梁思成《清式營造則例·大木》："栱以長短分三等：瓜栱、萬栱、厢栱。瓜栱最短，厢栱次之，萬栱最長。瓜栱和萬栱，除非没有翹昂不往外出踩的斗栱，每多相疊並用：瓜栱在下，托着萬栱在正心上或裏外拽上。在正心上的叫正心瓜栱，正心萬栱；在裏外拽的叫單材瓜栱，單材萬栱。"

正心瓜拱

清式稱謂。在斗拱左右中綫上的瓜拱。在柱頭斗拱中就是從大斗上左右伸出的瓜拱。它是斗拱中最下層也是最短的拱。宋式稱"泥道拱"。梁思成《清式營造則例·大木》："在正心上的叫正心瓜栱。"井慶升《清式大木作操作工藝·斗栱》："正心瓜栱，位於建築物的縱中綫上，上托正心萬栱，下皮與大坐斗相交，並在栱兩端迎頭截面的中綫上開槽，用以安裝栱墊板。"

【泥道拱】[2]

即正心瓜拱。此稱宋代已行用。見該文。

單材瓜拱

清式稱謂，宋式拱中稱"瓜子栱"。不在斗拱左右中綫上，而在裏外拽部分的瓜拱。單材瓜拱又分裏拽瓜拱和外拽瓜拱。在裏拽部位者

稱"裏拽瓜拱"，在外拽部位者稱"外拽瓜拱"。梁思成《清式營造則例·大木》："在正心上的叫正心瓜栱，正心萬栱；在裏外拽的叫單材瓜栱，單材萬栱——若更求準確，便叫裏拽瓜栱，外拽瓜栱。"井慶升《清式大木作操作工藝·斗栱》："單材瓜栱，位於裏外拽的翹或昂上，單材萬栱之下。"

【瓜子拱】[2]

即單材瓜拱。此稱宋代已行用。見該文。

裏拽瓜拱

清式稱謂。屬單材瓜拱。其位置不在斗拱的左右中綫上，自中心綫裏拽的瓜拱叫"裏拽瓜拱"，外拽的叫"外拽瓜拱"。梁思成《清式營造則例·大木》："在檐柱中心綫以外者叫外拽栱，在以裏者叫裏拽栱。"又："在正心上的叫正心瓜栱、正心萬栱，在裏外拽的叫單材瓜栱、單材萬栱——若更求準確，便叫裏拽瓜栱、外拽瓜栱。"

外拽瓜拱

自中心綫外拽的瓜拱。見"裏拽瓜拱"文。

厢拱

清式稱謂。斗拱中最外一踩上承托挑檐枋，或最裏一踩上承托天花枋的拱。它位於最上層的昂或翹之上，長於瓜拱而次於萬拱，且衹有裏外之分，而無正心和單材之別。它相當於宋式斗拱中的令拱。梁思成《清式營造則例·大木》："栱以長短分三等：瓜栱、萬栱、厢栱。瓜栱最短，厢栱次之，萬栱最長……至於厢栱，却總是安在最上層翹昂之最外或最裏端上，絶没有放在正心上的時候，所以只分裏外，而無正心單材之別。"清式斗拱中，無論一攢斗拱共有幾踩，在最裏、最外兩端上衹有一層厢拱。

外拽厢拱之上就是挑檐枋，枋上是挑檐桁。

萬拱

清式稱謂。在瓜拱之上，承托正心枋或拽枋之拱。它是斗拱中最長的拱，除不出踩的斗拱外，萬拱和瓜拱相叠并用，在瓜拱的承托下位於正心縫或裏外拽上。位於正心縫者謂正心萬拱，位於裏、外拽者，謂裏拽、外拽萬拱。萬拱相當於宋式的"慢拱"。梁思成《清式營造則例·大木》："拱以長短分三等：瓜拱、萬拱、厢拱……萬拱最長。瓜拱和萬拱，除非没有翹昂不往外出踩的斗拱，每多相叠並用：瓜拱在下，托着萬拱在正心上或裏外拽上。"

正心萬拱

清式稱謂。在斗拱左右中心縫上，或謂在正心瓜拱之上的萬拱叫正心萬拱。梁思成《清式營造則例·大木》："在正心上的叫正心瓜拱，正心萬拱；在裏外拽的叫單材瓜拱，單材萬拱。"井慶升《清式大木作操作工藝·斗拱》："正心萬拱，位於建築物的縱中縫上，下接正心瓜拱，上托正心枋，並在拱兩端截面的中縫上開槽，用以安裝拱墊板。"

單材萬拱

不在斗拱左右中心縫上，而在裏拽、外拽部位的萬拱或謂在單材瓜拱之上的萬拱。清式稱謂。井慶升《清式大木作操作工藝·斗拱》："單材萬拱，位於裏外拽的單材瓜拱之上，承托裏外拽枋。"

裏拽萬拱

清式稱謂。在瓜拱之上，承托正心枋或拽枋之拱稱萬拱。不在斗拱左右中心縫上，在裏拽部位的萬拱稱裏拽萬拱；在外拽部位的則稱外拽萬拱，均屬單材萬拱。梁思成《清式營造則例·大木》："在正心上的叫正心瓜拱，正心萬拱；在裏外拽的叫單材瓜拱，單材萬拱——若更求準確，便叫裏拽瓜拱，外拽瓜拱和裏拽萬拱，外拽萬拱。"

外拽萬拱

自中心縫外拽的萬拱。見"裏拽萬拱"文。

正心拱

自斗拱的大斗（或坐斗）上左右伸出的拱。清式稱謂。梁思成《清式營造則例·大木》："拱有正心拱和單材拱之别，按位置而定。凡在檐柱中心縫上，與建築物表面平行的，都叫正心拱。正心拱一面向外，一面向裏，在拱的縱中縫上，要加上一道槽，以安拱墊板，所以正心拱之厚要比單材拱之厚多這墊板之厚。"又分正心瓜拱和正心萬拱。

足材拱

在一朵斗拱中，拱、枋之間有栔的拱木。宋式稱謂。羅哲文主編《中國古代建築·北宋及北宋以前的斗拱》："在斗拱的拱、枋之間不放栔時，這塊拱木叫單材拱，在與建築物面寬方嚮平行放置的拱常可以如此處理；反之，拱、枋之間放入栔，這塊拱木叫足材拱，在與建築物面寬方嚮垂直的拱、昂之間，常常遇到這種情況。"

單材拱

在宋式、清式斗拱中均有其名稱，但内容稍有區别。在宋式斗拱中係指在一朵斗拱中拱、枋之間不置栔的拱木。按《營造法式》規定的材分制度，拱的高度和寬度等於材的高度和寬度，即一材高寬之拱，是相對足材拱而言的。宋李誡《營造法式·大木作制度一》："一曰華拱……足材拱也。若補間鋪作，則用單材。"

羅哲文主編《中國古代建築·北宋及北宋以前的斗栱》："在斗栱的栱、枋之間不放絜時，這塊栱木叫單材栱，在與建築物面寬方嚮平行放置的栱常可以如此處理。"在清式斗栱中，凡不在正心綫上，又不需要栱墊板之栱，統稱"單材栱"。梁思成《清式營造則例·大木》："栱有正心栱和單材栱之別，按位置而定。凡在檐柱中心綫上，與建築物表面平行的，都叫正心栱……其餘不在正心綫上的都叫單材栱。"

列栱

在轉角鋪作中，既是橫栱又是出跳的栱。宋式稱謂。宋李誡《營造法式·大木作制度一》："凡栱至角相交出跳，則謂之列栱。"梁思成注："在轉角鋪上，正面出跳的栱，在側面就是橫栱。同樣在側面出跳的栱，正面就是橫栱，像這種一頭是出跳，一頭是橫栱的構件叫作列栱。"

丁頭栱

宋式稱謂。栱之一種。宋李誡《營造法式·大木作制度一》："若丁頭栱，其長三十三分，出卯長五分。"梁思成注："丁頭栱就是半截栱，只有一卷頭。'出卯長五分'，亦即出卯到相交的栱的中綫——心。按此推算，則應長三十一分，纔能與其他華栱取齊。"

影栱

亦稱"扶壁栱"。栱之一種。宋式稱謂。宋李誡《營造法式·大木作制度一》："凡鋪作當柱頭壁栱，謂之影栱（又謂之扶壁栱）。"中國科學院自然科學史研究所《中國古代建築技術史·建築著作和匠師》："室內棋盤板上安裝的，只裝迎面半攢（按整攢做法只做一半，或即《營造法式》的扶壁栱）。"

【扶壁栱】

即影栱。此稱宋代已行用。見該文。

斜栱

宋式稱謂。在平面上或與主軸綫成45°或60°角的栱。有的斜栱內外對稱，依杠杆原理，可起支撐檐部重量的作用。由於支點增加，荷重分布比一般斗栱更均匀。斜栱的使用，使斗栱更華麗。斜栱始見於遼代，金代使用更加普遍，到元代逐漸减少，元代以後被廢止。中國科學院自然科學史研究所《中國古代建築技術史·木結構建築技術》："斜栱：比較普遍地使用斜栱是金代建築一大特點，雖然斜栱在遼代已經出現（例如大同下華嚴寺薄伽教藏殿），但金代比遼代更爲普遍，十三世紀中，金亡元興，斜栱漸少使用。"又："由於斜栱的使用，撩風槫下支點加多，支距變近，這就促使替木相連，形成貫通全間的扁平的挑檐枋。"

昂

昂

亦作"枊""㭼"。宋式稱謂。在一組斗栱中，方嚮與華栱（清式稱翹）相同，即與建築物面闊成正角，前後挑出，向外挑出的一端特別加長幷斜嚮下垂的條形方木。其前端稱昂嘴，嚮裏挑出的一端稱昂尾。昂有上昂、下昂、插昂之分。根據其在斗拱中的位置又有頭昂、二昂、三昂和由昂之別。根據其在斗拱中的承受力的作用又有真昂和假昂。宋李誡《營造法式·大木作制度一》："造昂之制有二：一曰下昂……二曰上昂。"梁思成注："在一組枓栱中，外跳層層出挑的構件有兩種：一種是水平放置的華栱；一種是頭（前）低尾（後）高、斜置的下昂。"梁思成《清式營造則例·大木》："斗栱的結構上有四種重要的分件。略似弓形，位置與建築物表面平行的叫做栱；形式與栱相同，而方嚮與栱成正角的叫做翹；翹之向外一端特別加長，斜嚮下垂的叫做昂；在栱與翹（或昂）的相交處，在栱的兩端，介於上下兩層的栱間，有斗形立方塊叫做升。"又："更有功用與翹相同，而在嚮外一端特別加長，嚮下伸出的，叫做昂。伸出的部分叫做昂嘴。"據文獻記載，至遲在三國時期已出現昂。《文選·何晏〈景福殿賦〉》："飛枊鳥踴，雙轅是荷……欐櫨各落以相承，欒栱夭蟜而交結。"李善注："飛枊之形，類鳥之飛。又有雙轅任承櫼，以荷衆材。今人名屋四阿栱曰欐枊也。"欐，即枊也。以實物形象看，日本所保存的飛鳥時代（相當於我國隋代）的法隆寺金堂及五重塔均有昂。至唐昂已基本定型，宋代已完善并形成定式。中國科學院自然科學史研究所《中國古代建築技術史·封建社會時期建築技術的發展概論》："到了唐代，木結構的主要構件——梁、柱（包括蜀柱、叉手）、斗、栱、昂等的種類和形式（顧、卷殺、比例等項），均已穩定，以後長期變化不大。"到元代開始出現假昂。到明清時期在有的建築中昂進一步退化爲水平木，失去了結構上的承重作用。昂（下昂）是一種懸跳承重的構件，它的力學平衡類似杠杆。最初，它主要用於檐角部位，是角梁的補充，故文獻中稱"屋斜桷謂之飛枊"。昂的主要作用是用於調整檐的高度。在中國古代木構房屋建築中，爲了保護木構件如椽、柱及夯築土牆等，要求有較大的出檐，然而出檐深，斗拱出跳層數就增加，建築的高度亦隨之增加。爲了使斗拱出跳增多而又不增加建築的高度，就創造了昂（下昂）的做法。宋李誡《營造法式·大木作制度一》："造昂之制有二。"梁思成注："有時需要比較深遠的出檐，如果全用華栱挑出，層數多了，檐口就可能太高。由於昂頭向下斜出，所以在取得出跳的長度的同時，却將出跳的高度降低了少許。在需要較大的檐深但不願將檐抬得過高時，就可以用下昂來取得所需的效果。"又："從一組枓栱受力的角度來分析，下昂成爲一條杠杆，巧妙地使挑檐的重量與屋面及榑、梁的重量相平衡。從構造上看，昂還解決了裏跳華栱出跳與斜屋面的矛盾，減少了裏跳華栱出跳的層數。"中國科學院自然科學史研究所《中國古代建築技術史·木結構建築技術》："昂的主要作用，是用於調整檐的高度。"又："這是因爲昂的出跳雖和華栱出跳的水平長度相同，但其高度稍低，因而可以節省屋頂内的空間和屋架用料；同時，下昂後尾壓於草栱下，加強了外檐斗栱與屋頂構架的整體性。這種利用下昂和華栱出跳相等而高度不同的特點以調整屋頂坡度的方法，是唐、遼木構建築中一種常用的處理手法。"又："昂的充分發揮其用途，應是隋唐時期，佛光寺大殿雄健的鋪作用昂便是明證。唐宋以後，昂的功用逐漸轉化爲裝飾成分爲主，昂的本身也就退化了。"宋式及清式斗拱均采用

昂的構件，但北宋及其以前的昂是一個斜置的
直木，前方托在挑檐檩下，後尾壓在金檩下，
以柱頭櫨斗爲支點，起杠杆作用。清式斗拱中
的昂，雖然前端的一個拽架範圍下皮微斜向下，
但整體來説，仍是一個水平構件，而且裝飾性
很强。

【枊】

同“昂”。此體三國時期已行用。見該文。

【棉】

同“昂”。此體宋代已行用。見該文。

【飛昂】

即昂。亦作“飛枊”“飛棉”。三國魏何晏
《景福殿賦》：“飛枊鳥踊，雙轅是荷。”宋李誠
《營造法式·總釋》：“《義訓》：斜角謂之飛棉。”
又，《營造法式·大木作制度一》：“飛昂，其名
有五：一曰櫼，二曰飛昂，三曰英昂，四曰斜
角，五曰下昂。”

【飛枊】

同“飛昂”。此體三國時期已行用。見該文。

【飛棉】

同“飛昂”。此體宋代已行用。見該文。

【下昂】

即昂。宋李誠《營造法式·大木作制度
一》：“飛昂，其名有五：一曰櫼，二曰飛昂，
三曰英昂，四曰斜角，五曰下昂。”又：“造昂
之制有二：一曰下昂，自上一材，垂尖向下，
從枓底心取直，其長二十三分，自枓外斜殺向
下，留厚二分；昂面中顱二分，令顱勢圓和。”
梁思成注：“在一組枓栱中，外跳層層出跳的構
件有兩種：一種是水平放置的華栱，一種是頭
（前）低尾（後）高、斜置的下昂……下昂是很
長的構件。昂頭從跳頭起，還加上昂尖（清式

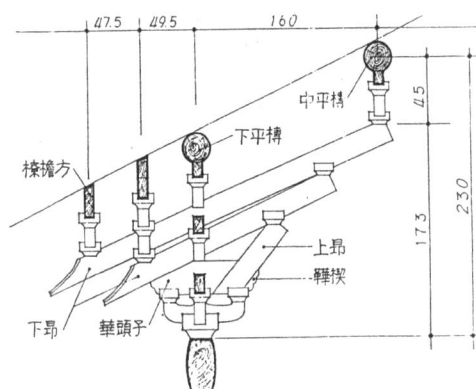

宋式斗拱中的下昂
（梁思成《營造法式注釋》）

稱昂嘴），斜垂向下；昂身後半向上斜伸，亦稱
挑幹。昂尖和挑幹，經過少許藝術加工，都具
有高度裝飾效果。”

上昂

宋式斗拱中的一種昂頭向上外伸，昂尾向
下收，昂身不過柱中心綫的構件。多用於殿堂

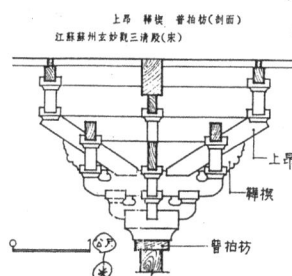

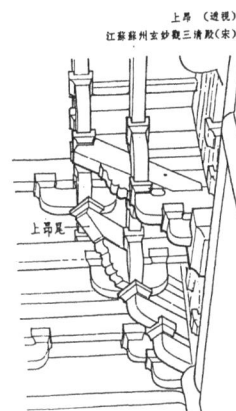

宋式斗拱中的上昂
（梁思成《營造法式注釋》）

内部，置於内檐、外檐斗拱的裏跳或平座斗拱的外跳中，是一種不常見的斗拱形式。宋李誠《營造法式・總釋》："今謂之下昂者，以昂尖下指故也……又有上昂如昂桯挑斡者，施於屋内或平坐之下。"又《大木作制度一》："造昂之制有二：一曰下昂……二曰上昂，頭向外留六分。其昂頭外出，昂身斜收向裏，並通過柱心……上昂施之裏跳之上及平坐鋪作之内；昂背斜尖，皆至下枓底外；昂底於跳頭枓口内出，其枓口外用韡楔。"梁思成注："上昂的作用與下昂相反。在鋪作層數多而高，但挑出須儘量小的要求下，頭低尾高的上昂可以在較短的出跳距離内取得挑得更高的效果。上昂只用於裏跳。實例極少，角直保聖寺大殿、蘇州玄妙觀三清殿都是罕貴的遺例。"中國科學院自然科學史研究所《中國古代建築技術史・木結構建築技術》："'上昂'和'下昂'力學性質完全不同。上昂實質是斜撐，是受壓構件。應該説'上昂'的出現較早，也最簡單。漢代的明器和畫像石（磚）上，早見有斜撐式的出跳結構……上昂的優點是：用一件斜撐代替若干層層叠加的水平構件，肯定可以減少工料。但它的局限是斜角不宜太大，亦即外伸長度不能大。這即是它不見用於外檐的原因。依《營造法式》所載，它主要用於内檐和平座。但是，可能上昂曾經用於外檐，現在還在浙江天台的民間房屋裏見到用於外檐的上昂形狀的斜撐，大概不是没有來歷的。"

由昂

在轉角鋪作（清式稱角科）中，置於45°斜綫上與耍頭齊平的昂。它是轉角斗拱中特有的、最上一層的昂，宋式、清式斗拱中均用。

宋李誠《營造法式・大木作制度一》："角昂之上，別施由昂。"梁思成注："在下昂造的轉角鋪作中，角昂背上的耍頭作成昂的形式，稱爲由昂，有的由昂在構造作用上可以説是柱頭鋪作、補間鋪作中的耍頭的變體。也有的由昂上徹角梁底，與下昂的作用相同。"梁思成《清式營造則例・大木》："在斜角綫上，又有斜昂或斜翹，與各層翹昂平；與耍頭平處則有由昂，上安寶瓶，以承受上部支出的角梁。"

插昂

亦稱"挣昂""矮昂"。宋式稱謂。一種祇有昂頭而無昂尾、昂身很短且不過柱心的短昂頭，也可以説是一種祇有下昂形式的假昂，多用於四鋪作斗拱中。宋李誠《營造法式・大木作制度一》："若四鋪作用插昂（插昂又謂之挣昂，亦謂之矮昂），其長斜隨跳頭。"梁思成注：

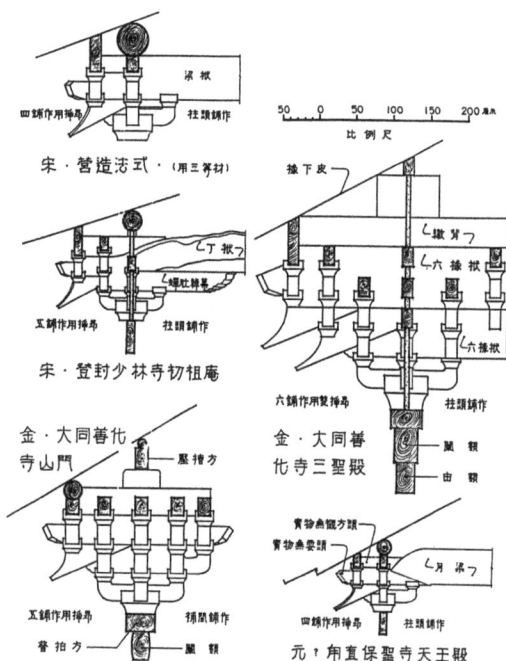

插昂圖
（梁思成《營造法式注釋》）

"昂身不過柱心的一種短昂頭，多用於四鋪作上，亦有用在五鋪作上的或六鋪作上的。"

【挣昂】

即插昂。此稱宋代已行用。見該文。

【矮昂】

即插昂。此稱宋代已行用。見該文。

斜昂

亦稱"角昂"。在轉角鋪作（清式稱角科）中置於 45° 斜角上的昂。梁思成《清式營造則例·大木》："除正側兩面外，在斜角綫上，又有斜昂或斜翹，與各層翹昂平。"

【角昂】

即斜昂。此稱多行用於近現代。見該文。

假昂

將拱的外端砍成昂形，不起承重作用的裝飾性構件。係相對北宋以前有很長的昂尾起杠杆作用的真昂而言。它衹是一種昂的形式，已失去了昂的實際作用，故稱"假昂"。假昂始見於北宋，元代較多，但元代真昂、假昂并用。明初假昂的使用已較廣，明中葉以後漸漸廢弃下昂。到清代已全部使用假昂。中國科學院自然科學史研究所《中國古代建築技術史·木結構建築技術》："木結構發展到元代，以柱、梁爲主幹的結構體系發生了巨大變革，變化最顯著的是斗栱：用材尺度大爲縮小，結構機能減弱。唐、宋以來柱頭斗栱的下昂（真昂），到了元代已變成裝飾性的構件（假昂），而將梁的外端砍成耍頭，伸出柱頭斗栱的外側，用以承托挑檐檩（或挑檐枋），具有更好的剛度和穩定性，在結構上取代過去依賴斗栱承托屋檐的傳統做法。因此，從元代起，外檐斗栱使用'假昂'已成普遍現象，標志着柱頭斗栱的結構機

能較宋金時期大爲退化。"又："其次是北宋建築中開始使用假昂。山西晋祠聖母殿上檐斗栱中的昂嘴平出，結構上僅是華栱構件加長，伸出部分上部削彎做成琴面昂的形狀，實際上衹能起到華栱的作用，完全起不到後尾斜挑向上的那種'真昂'的作用。"

批竹昂

昂面平直，斜殺至尖，如一段竹子被刀斜劈而成的昂，其昂嘴截面爲扁方形。宋式稱謂。批竹昂最早見於唐代斗栱，遼代建築中用的較多，宋初仍然使用，金代以後用的較少。宋李誠《營造法式·大木作制度一》："亦有自枓外，斜殺至尖者，其昂面平直，謂之批竹昂。"梁思成注："在宋代'中顱'而'訑殺至兩棱'的'琴面昂'顯然是最常用的樣式，而'斜殺至尖'且'昂面平直'的'批竹昂'是比較少用的。歷代實例所見，唐、遼都用批竹昂，宋初也有用的，如山西榆次雨花宮。"羅哲文主編《中國古代建築·北宋及北宋以前的斗栱》："下昂在其最前露明部分還有兩種作法，因而有兩

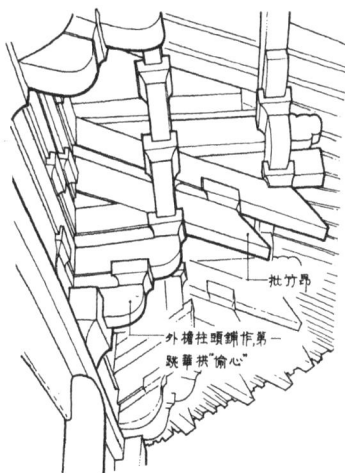

批竹昂
（梁思成《營造法式注釋》）

種稱呼：如果把這部分昂上皮加工成中高邊低的微曲時，叫做琴面昂；如果把這部分昂上皮做成直面時，叫做批竹昂；前者昂嘴近於半圓形，後者昂嘴則是扁方形。宋代下昂的形制到明代中葉纔漸漸廢除不用。"

琴面昂

昂面殺成中間凸出的曲綫或曲面形如琴狀的昂。宋式稱謂。它是宋式斗拱中常見的昂之一，其昂嘴截面呈"◠"形。宋李誡《營造法式・大木作制度一》："亦有於昂面上隨顄加一分，訛殺至兩棱者，謂之琴面昂。"梁思成注："訛殺：殺成凸出的曲綫或曲面。"又："在宋代'中顄'而'訛殺至兩棱'的'琴面昂'顯然是最常用的樣式……宋、金以後多用標準式的琴面昂。"羅哲文主編《中國古代建築・北宋及北宋以前的斗栱》："下昂在其最前露明部分還有兩種做法，……如果把這部分昂上皮加工成中高邊低的微曲時，叫做琴面昂……昂嘴近於半圓形。"

搭角鬧昂

角科上由正面伸出到側面的昂。清式稱謂。梁思成《清式營造則例・大木》："正面的外拽瓜栱萬栱，在側面伸出爲兩層翹昂，而按地位之不同，叫做搭角鬧頭翹或搭角鬧二翹。"

昂嘴

亦稱"昂尖"。昂的前端向下伸出部分。琴面昂昂嘴截面爲"◠"形或"◠"形，批竹昂昂嘴截面爲扁方形▭，清式昂嘴多爲楔狀。宋李誡《營造法式・大木作制度一》注曰："下昂是很長的構件。昂頭從跳頭起，還加上昂尖（清式稱昂嘴），斜垂向下；昂身後半向上斜伸，亦稱挑幹。昂尖和挑幹，經過少許藝術加工，都具有高度裝飾效果。"梁思成《清式營造則例・大木》："……向下伸出的，叫做昂。伸出的部分叫做昂嘴。"井慶升《清式大木作操作工藝・斗栱》："凡是單翹單昂五踩斗栱中施用的昂，一頭做昂嘴，後尾做菊花頭。"

【昂尖】

即昂嘴。此稱宋代已行用。見該文。

昂面

昂尖或嘴的上皮，即昂外伸部分的上皮。昂的上皮做成中高邊低狀，如琴者謂琴面昂，昂的上皮平直如削者謂批竹昂。昂面常是加工裝飾的部位，對昂的稱謂起決定作用。宋李誡《營造法式・大木作制度一》："昂面中顄二分，令顄勢圜和。亦有於昂面上隨顄加一分，訛殺至兩棱者，謂之琴面昂；亦有自料外，斜殺至尖者，其昂面平直，謂之批竹昂。"

昂尾

昂的後端。昂嘴和昂尾常被加工，具有裝飾性的構件。清式斗栱中的昂尾常雕飾爲菊花頭。此稱宋代已行用。宋李誡《營造法式・大木作制度一》："若屋內徹上明造，即用挑幹，或挑一料，或挑一材兩契。如用平棋，自槫安蜀柱以義昂尾。"井慶升《清式大木作操作工藝・斗栱》："昂：平身科斗栱中的昂後代菊花頭，位於坐斗、翹之上，與栱成直角十字相交。"又："五踩以上的斗栱中直接位於螞蚱頭之下的昂，其後尾做成菊花頭。"

枋

枋 [1]

横拱上的聯繫構件，與桁平行，横嚮放置，是穩固斗拱的構件。在古代建築的大小構架中有許多種枋，它們是起聯繫作用的長方形木材。如用於柱頭間的額枋或檐枋。還有隨梁枋、穿插枋等。這裏祇介紹作爲斗拱構件的枋，如挑檐枋、正心枋、拽枋等等，這種枋的大小等於一個單材的大小。羅哲文主編《中國古代建築·封建後期的斗拱》："枋是各攢斗拱之間相聯繫的條形方木，其功能是把分散的斗拱聯成一個整體，在柱頭中綫上叫正心枋，在前後挑出的萬拱上面叫拽枋，在裏拽厢拱之上，承托天花的叫井口枋。"

撩檐枋

亦作"撩檐方""撩簷枋"。宋式稱謂。上承屋檐之方木，用於令拱之上，是斗拱中最外面的方木。宋李誠《營造法式·大木作制度一》："自四鋪作至八鋪作，皆於上跳之上方横施令拱與耍頭相交，以承撩檐枋。"《營造法式·大木作制度二》："凡襯方頭，施之於梁背耍頭之上，其廣厚同材。前至撩檐方，後至昂背或平棋方。"方，一本作"枋"。清時稱謂"挑檐枋"。但二者略有不同，即挑檐枋上都施挑檐桁。宋代的撩檐枋上不用撩檐桁。梁思成《清式營造則例·大木》："無論一攢共有幾踩，在最裏最外兩極端上只有一層厢拱。外拽厢拱之上就是挑檐枋，枋上就是挑檐桁。"中國科學院自然科學史研究所《中國古代建築技術史·木結構建築技術》："〔金代〕由於斜拱的使用，撩風榑下支點加多，支距變近，這就促使替木相連，形成貫通全間的扁平的挑檐枋；金代以後，斜拱之制廢去，而挑檐枋却保留下來，後來逐漸形成 1：2 的狹高斷面。"

【撩檐方】

同"撩檐枋"。此體宋代已行用。見該文。

【撩簷枋】

同"撩檐枋"。見該文。

【挑檐枋】

即撩檐枋。清式稱謂。宋式稱"撩檐枋"。但二者略有不同，即挑檐枋上都施挑檐桁，宋式撩枋檐上不用撩檐桁。見該文。

素枋

亦作"素方"。在斗拱中與横拱平行，起縱嚮聯繫作用的枋子。根據位置的不同，又分爲柱頭枋和羅漢枋等。宋李誠《營造法式·大木作制度一》："凡鋪作逐跳計心，每跳令拱上，只用素方一重，謂之單拱；（素方在泥道拱上者，謂之柱頭方；在跳上者，謂之羅漢方；方上斜安遮椽板），即每跳上安兩材一栔。（令拱、素方爲兩材，令拱上枓爲一栔）"

【素方】

同"素枋"。此稱宋代已行用。見該文。

柱頭枋

亦作"柱頭方"。亦稱"正心枋"。用於泥道拱上的素枋。宋李誠《營造法式·大木作制度一》："素枋在泥道拱上者，謂之柱頭方。"方，一本作"枋"。梁思成《清式營造則例·大木》："其餘各踩都只有兩層拱，瓜拱在下，萬拱在上；萬拱之上就是枋子，在正心的叫正心枋，在裏外拽的叫拽枋。無論踩數多少，正心萬栱以上就層層的用枋子疊上，一直到正心桁之下面。"羅哲文主編《中國古代建築·封建後期的斗栱》："枋是各攢斗栱之間相聯繫的條形方木……在柱頭中綫上叫正心枋，在前後挑出的萬栱上面叫拽枋。"

【柱頭方】

同"柱頭枋"。此體宋代已行用。見該文。

【正心枋】

即柱頭枋。此稱多行用於近現代。見該文。

羅漢枋

亦作"羅漢方"。亦稱"拽枋"。用於跳上之素方。宋李誡《營造法式·大木作制度一》："素方在泥道栱上者，謂之柱頭方；在跳上者，謂之羅漢方；方上斜安遮椽板。"方，一本作"枋"。梁思成《清式營造則例·大木》："其餘各踩都只有兩層栱，瓜栱在下，萬栱在上；萬栱之上就是枋子……在裏外拽的叫拽枋。"

【羅漢方】

同"羅漢枋"。此體宋代已行用。見該文。

【拽枋】

即羅漢枋。此稱多行用於近現代。見該文。

平棋枋

亦作"平棋方"。亦稱"井口枋"。斗拱上向内挑出的拱上之長方木。平棋即後世的天花板，用於安裝平棋的長方木稱平棋方。宋李誡《營造法式·大木作制度二》："凡襯方頭，施之於梁背要頭之上，其廣厚同材。前至橑檐方，後至昂背或平棋方。"方，一本作"枋"。羅哲文主編《中國古代建築·封建後期的斗栱》："在前後挑出的萬栱上面的叫拽枋，在裏拽厢栱之上，承托天花的叫井口枋。"

【平棋方】

同"平棋枋"。此體宋代已行用。見該文。

【井口枋】

清式稱謂。即平棋枋。此稱多行用於近現代。見該文。

耍頭

亦稱"爵頭""胡孫頭""蚨蜙頭""蜉蜙頭"。斗拱前後中綫翹或昂以上，與挑檐桁相交之材。它與翹或昂平行且大小相同。耍頭始見於隋唐時期，式樣較多：有垂直截成不加雕飾者，有砍作批竹昂者，亦有刻為捲瓣的一種變體與翼形拱相似者。清式則雕成龍頭、象鼻之類。宋、清均有標準式樣。但清式為足材，宋式出頭部分為單材，後尾為足材。宋李誡《營造法式·總釋上》："爵頭，《釋名》：'上入曰爵頭，形似爵頭也。'（按，《釋名·釋宮室》見此文。）今俗謂之耍頭，又謂之胡孫頭；朔方人謂之蚨蜙頭。"又《大木制度一》："爵頭，其名有四：一曰爵頭，二曰耍頭，三曰胡孫頭，四曰蚨蜙頭……造耍頭之制：用足材自枓心出，長二十五分°，自上棱斜殺向下六分°，自頭上量五分°。……開口與華栱同，與令栱相交，安於齊心枓下。"梁思成《清式營造則例·大木》："柱頭科的挑尖梁頭位置，在平身科則為耍頭，上面再加撐頭木。耍頭只厚一斗口。"羅哲文主編《中國古代建築·封建後期的斗栱》："在最上層的翹或昂之上，更有兩層與之平行，長短也約略相同的條形方木，下一層叫耍頭，上一層叫撐頭。耍頭前後端露明在外，分別砍做螞蚱頭和六分頭兩種雕飾。"

【爵頭】

即耍頭。此稱漢代已行用。見該文。

【胡孫頭】

即耍頭。此稱宋代已行用。見該文。

【蜉蝣頭】

即耍頭。此稱宋代已行用。見該文。

【蜉蝣頭】

即耍頭。此稱宋代已行用。見該文。

螞蚱頭

清式耍頭或翹昂頭的一種雕飾做法，是一種常見的耍頭形式。梁思成《清式營造則例‧大木》："耍頭的外端往往做成螞蚱頭，裏端做成麻葉頭。"羅哲文主編《中國古代建築‧封建後期的斗栱》："在最上層的翹或昂上，更有兩層與之平行，長短也約略相同的條形方木，下一層叫耍頭，上一層叫撐頭。耍頭前後端露明在外，分別砍做螞蚱頭和六分頭兩種雕飾。撐頭外端不露，祇將挑檐枋撐住，裏後尾雕做麻葉頭。"

撐頭

在斗栱前後中綫上，疊置於耍頭之上并與之大小相同的條木。耍頭前後兩端外露，撐頭則不外露。羅哲文主編《中國古代建築‧封建後期的斗栱》："在最上層的翹或昂上，更有兩層與之平行，長短也約略相同的條形方木，下一層叫耍頭，上一層叫撐頭……撐頭外端不露，祇將挑檐枋撐住，裏後尾雕做麻葉頭。"

麻葉頭

斗栱中耍頭後尾的一種雕飾。其做法俗稱"三彎九轉"。中心之外的三層弧綫爲"三彎"，每兩弧綫相接處叫"轉"，共有九處相接，故稱"九轉"。梁思成《清式營造則例‧大木》："耍頭的外端往往做成螞蚱頭，裏端做成麻葉頭。"井慶升《清式大木作操作工藝‧斗栱》："凡是五踩

平身科斗栱中施用的撐頭木，在十五個斗口長度内，分別定掭架，外加麻葉頭出峰長度按零點五斗口。"

菊花頭

清式斗栱中翹昂後尾的一種雕飾方法，因形似菊花瓣而得名。井慶升《清式大木作操作工藝‧斗栱》："凡是單翹單昂五踩斗栱中施用的昂，一頭做昂嘴，後尾做菊花頭。"又："菊花頭的做法：用挖鋸沿着分瓣曲綫，拉去餘料，挖完後如有差異及時進行修整。做完後的菊花頭要求，做到曲綫分瓣自然美觀，不能有楞或鋸痕。"

六分頭

清式斗栱中對昂尾的一種雕飾，其外形如鋭角狀。梁思成《清式營造則例‧大木》："昂的向裏一端或曲卷如翹或栱，或做成六分頭或霸王拳一類的雕飾。"

霸王拳 [1]

清式斗栱中對昂尾的一種雕飾。由中間三個凸半圓綫和兩端二個凹半圓綫連續而組成的花狀頭。梁思成《清式營造則例‧大木》："昂的向裏一端或曲捲如翹或栱，或做成六分頭或霸王拳一類的雕飾。"

三幅雲

清式稱謂。亦作"三福雲"。雀替或昂尾上斗口内伸出的一種雲形雕飾。梁思成《清式營造則例‧大木》："溜金斗是一種特殊的斗栱……順着舉架的角度向上斜起秤杆，以承受上一架的桁或檁。各層秤杆之間，橫着安栱或三福雲，直着用伏蓮銷，銷成一起。"

【三福雲】

同"三幅雲"。此稱多行用於近現代。見該文。

替木

宋式斗拱之構件。斗拱中最上一層的短枋木，它的功用是承托兩槫或枋的接頭處。它的兩頭帶捲殺，形似拱，其截面高度低於拱。替木最早見於南北朝時期，此後在實用中逐漸加長，到元代發展成爲通長的構件，即檁枋。中國科學院自然科學史研究所《中國古代建築技術史·木結構建築技術》："〔金代〕由於斜栱的使用，撩風槫下支點加多，支距變近，這就促使替木相連，形成貫通全間的扁平的挑檐枋；金代以後，斜栱之制廢去，而挑檐枋却保留下來，後來逐漸形成 1 : 2 的狹高斷面。"

襯方頭

用於耍頭之上的方木。鋪作之一種。宋李

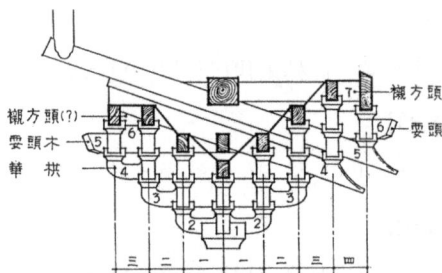

宋式七鋪作斗拱
（梁思成《營造法式注釋》）

誡《營造法式·大木作制度一》："凡襯方頭，施之於梁背耍頭之上。"梁思成注："從櫨枓數起，至襯方頭止，櫨枓爲第一鋪作，耍頭及襯方頭爲最末兩鋪作；其間每一跳爲一鋪作。"又《大木作制度二》："凡襯方頭，施之於梁背耍頭之上，其廣厚同材。前至撩檐方，後至昂背或平棊方。"

名　類

内檐斗拱

用於房屋内部的檁枋梁架間的斗拱。如隔架科、花臺科之類。

外檐斗拱

用於房屋外部檐下的斗拱。它是斗拱的主要形式和主體，包括"翹昂斗拱""溜金斗拱"等。依據所處的位置，分爲柱頭斗拱、補間斗拱、轉角斗拱（清式稱柱頭科、平身科、角科。後世在對古代木構建築的研究中，對斗拱的稱謂形成共識，即元代以前的建築以宋式命名，明清時期以清式名稱命名。井慶升《清式大木作操作工藝·斗栱》："按清代做法斗栱有多種形式，主要是用在外檐屋檐下的稱爲'翹昂斗栱'或'溜金斗栱'。用在平臺下面的稱'品字斗栱。'每種斗栱又按其所在位置，分爲三種：1.位於柱頭之上的，稱爲柱頭科……2.位於兩柱之間，放在額枋和平板枋之上的斗栱謂之平身科……3.角科斗栱位於角柱之上。"

柱頭斗拱

用於柱頭上的斗拱。宋式稱"柱頭鋪作"，清式稱"柱頭科"。中國科學院自然科學史研究所《中國古代建築技術史·木結構建築技術》："〔東漢〕從斗栱的使用位置，可以區別出柱頭、補間、轉角三種形式。"柱頭斗拱是最早出現的斗拱形式，它是承托出檐的主要構件。自漢代起，柱頭斗拱出現了多種式樣，唐代柱頭斗拱非常雄大，自宋代始，柱頭斗拱纔與補間斗拱大小相同，但仍然是承托出檐的主要構件。

【柱頭鋪作】

宋式稱謂。即柱頭斗拱。此稱宋代已行用。
見該文。

補間斗拱

宋式稱謂。亦稱“補間鋪作”。用於兩柱之
間闌額上的斗拱。宋李誠《營造法式·大木作
制度一》：“凡於闌額上坐櫨枓安鋪作者，謂之
補間鋪作。當心間須用補間鋪作兩朵，次間及
梢間各用一朵。其鋪作分布，令遠近皆勻。”陳
彥堂等《斗口跳斗栱及相關問題》認爲，在魏
晋南北朝時就出現了“人”字形補間斗拱，到
唐代又出現了“十”字形補間斗拱，已經形成
了補間斗拱的初步形式。至宋，補間斗拱已經
定型，并有了嚴格規定。其文曰：“至少是在唐
代的官式建築中，仍然沿襲了魏晋時期人字栱
補間的做法，但補間斗栱出現了變異，且人字
栱更加舒展而富於裝飾色彩。這一變化，在北
齊北周即已開始……補間鋪作的式樣在唐代還
是比較豐富的……説明在唐代，當柱頭斗栱使
用斗口跳時，與之相配之補間斗拱是與之相近

的十字栱。”并認爲：“由魏晋至北宋補間斗拱
的形式，並不是早晚一貫的。不同的補間鋪作
與柱頭斗口跳斗栱的組合形式，具有鮮明的時
代特點。”到北宋，“補間斗栱朵數的多寡與用
否，直接受制於開間的大小……因此，是否采
用補間斗栱，在宋代也是等級制度的一個細微
反映”。宋代建築中的補間斗拱大都與柱頭斗拱
的大小一致。到明清時期，補間斗拱不僅和柱
頭斗拱大小一致，而且密度增加，有的增加到
三至五朵。

【補間鋪作】

即補間斗拱。此稱宋代已行用。見該文。

轉角斗拱

亦稱“轉角鋪作”。宋式稱謂。用於角柱上
的斗拱。宋李誠《營造法式·大木作制度一》：
“凡轉角鋪作，須與補間鋪作勿令相犯。”梁思
成注曰：“成組的枓栱稱爲鋪作，並按其位置之
不同，在柱頭上者稱柱頭鋪作，在兩柱頭之間
的闌額上者稱補間鋪作，在角柱上者稱轉角鋪
作。”中國科學院自然科學史研究所《中國古代

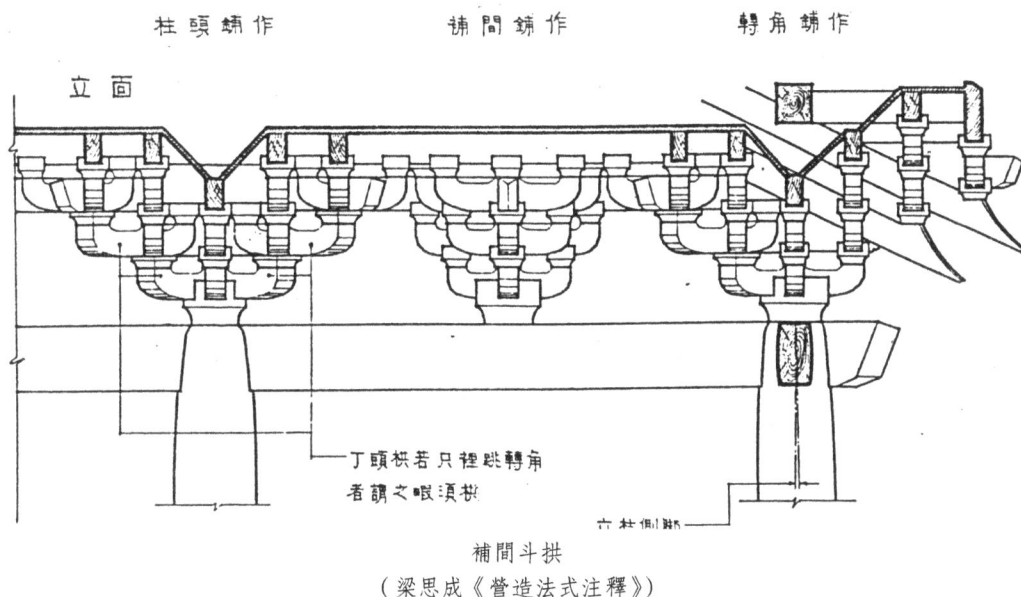

補間斗拱
（梁思成《營造法式注釋》）

建築技術史·木結構建築技術》:"〔東漢〕從斗栱的使用位置,可以區別出柱頭、補間、轉角三種形式,後代斗栱結構中的各種構成部分,在這一時期均已出現。"

【轉角鋪作】

宋式稱謂。即轉角斗拱。後世在對古代木構建築的研究中,對斗拱的稱謂形成共識,即元代以前的建築以宋式命名,明清時期的建築,以清式名稱命名。此稱宋代已行用。見該文。

鴛鴦交手拱

亦稱"連栱交隱"。在轉角鋪作的拱與補間鋪作的拱相接時,將兩拱做成一個長構件,幷在當中刻出原來兩拱的形狀,兩拱相交處施斗,即斗底兩面相交隱出栱頭的拱。宋李誡《營造法式·大木作制度一》:"凡栱至角相連長兩跳者,則當心施枓,枓底兩面相交,隱出栱頭,謂之鴛鴦交手栱。"又:"凡轉角鋪作,須與補間鋪作勿令相犯;或梢間近者,須連栱交隱;或於次角補間近角處,從上減一跳。"梁思成

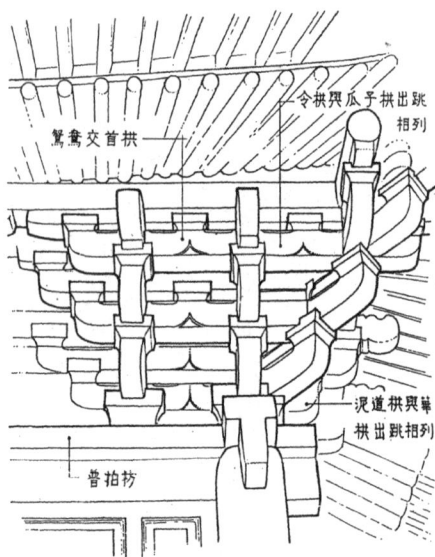

鴛鴦交首拱
(梁思成《營造法式注釋》)

注:"〔連栱交隱〕即鴛鴦交手栱。"中國科學院自然科學史研究所《中國古代建築技術史·建築著作和匠師》:"轉角鋪作的栱有時與補間鋪作的栱相撞時,則兩個構件可以處理成一個長構件,在當中刻出原來兩栱的形狀,這種做法叫作鴛鴦交手栱。"又:"《營造法式》規定'凡轉角鋪作須與補間鋪作勿令相犯',即兩朵鋪作不能太近,以致互相侵犯。但有時梢間很窄,這時期處理成'連栱交隱'(即作成鴛鴦交手栱),幷需注意'補間鋪作不可移遠,恐間內不勻'。"因此,鴛鴦交手拱一般用於建築物面闊、開間較多,且開間尺寸逐漸遞減時,梢間較窄,爲了保持補間鋪作分布均勻,不影響美觀所采取的特殊處理手段。

【連栱交隱】

即鴛鴦交手栱。此稱宋代已行用。見該文。

重拱

跳頭上祇用一層瓜子拱,其上再用一層慢拱,或槽上用泥道拱,其上再用慢拱的斗拱形式。簡言之,斗拱上各跳用兩層拱的即謂重拱造。宋李誡《營造法式·大木作制度一》:"若每跳瓜子栱上(至撩檐方下,用令栱)施慢栱,慢栱上用素方,謂之重栱。"中國科學院自然科學史研究所《中國古代建築技術史·建築著作和匠師》:"計心造者每跳上安的橫栱祇有一重

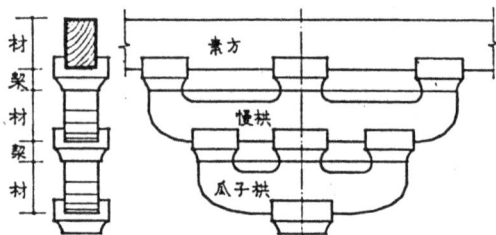

宋式斗栱中的重拱
(梁思成《營造法式注釋》)

的叫單栱造。二層橫栱的叫重栱造。"

單栱

　　宋式稱謂。在一朵斗栱中，跳頭上祇用一層瓜子栱，其上祇用一層令栱，即每跳上安兩材一㮇。令栱、素方爲兩材，令栱上的斗爲一㮇。簡言之，以單層橫栱承托替木或素枋的斗栱，謂單栱造。宋李誡《營造法式‧大木作制度一》："凡鋪作逐跳計心，每跳令栱上只用素方一重，謂之單栱，即每跳上安兩材一㮇。"中國科學院自然科學史研究所《中國古代建築技術史‧建築著作和匠師》："一朵鋪作又有計心造與偷心造之分……計心造者每跳上安的橫栱只有一重的叫單栱造。"

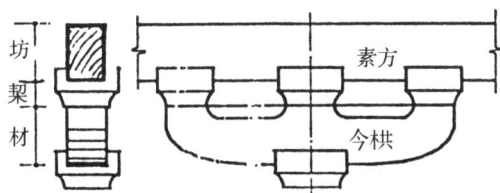

宋式斗栱中的單栱
（梁思成《營造法式注釋》）

偷心造斗栱

　　宋式做法。在一朵斗栱中，不是在每一個出跳的跳頭都安有橫栱，每跳或其中幾跳祇挑出華栱或昂頭不逐一安橫栱的斗栱。宋李誡《營造法式‧大木作制度一》："凡鋪作逐跳上（下昂之上亦同）安栱，謂之計心；若逐跳上不安栱，而再出跳或出昂者，謂偷心。"梁思成注："每跳華栱或昂頭上都用橫栱者爲'計心'；不用者爲偷心。"中國科學院自然科學史研究所《中國古代建築技術史‧建築著作和匠師》："一朵鋪作又有計心造與偷心造之分，在每一個出跳的跳頭都安裝橫栱的叫計心造；若逐跳不安橫栱，祇挑出華栱或昂的叫偷心造。"羅哲文主

編《中國古代建築‧北宋及北宋以前的斗栱》："《營造法式》沒有偷心造的例圖，但遺物實例則很多，試以薊縣獨樂寺觀音閣爲例：各下層外檐柱頭斗栱自櫨斗向外挑出四層，第二層翹頭上放置了兩層栱，第四層翹頭上放置了一層栱，而第一層和第三層沒有出栱，這兩層就叫做偷心做法。"又："遼、宋、金遺物實例中，偷心做法的斗栱相當普遍，但從明代以後，這種做法漸漸消失。"

計心造斗栱

　　宋式做法。在一朵斗栱中，在每一個出跳的跳頭均置有與建築物面闊平行的橫栱的斗栱。宋李誡《營造法式‧大木作制度一》："凡鋪作逐跳上（下昂之上亦同）安栱，謂之計心。"梁思成注："每跳華栱或昂頭上都用橫栱者爲'計心'；不用橫栱者爲'偷心'。"

把頭絞項造斗栱

　　宋式做法。其結構與斗口跳斗栱相似，即是自櫨斗口內伸出耍頭，其上置齊心斗，與泥道栱拱頭上之散斗，共同承托柱頭枋。中國科學院自然科學史研究所《中國古代建築技術史‧建築著作和匠師》："此外，還有把梁頭直接搭在櫨斗上，伸出一跳華栱的稱爲'斗口跳'，伸出一個耍頭的稱爲'把頭絞項造'。"羅哲文主編《中國古代建築‧北宋及北宋以前的斗栱》："在《營造法式》卷第十七大木作功限中有'把頭絞項作每縫用栱斗等數'一段，依其用料名稱數量很接近於清式的一斗三升柱頭科，因而習慣上對宋代以前的一斗三升式樣的斗栱叫做把頭絞項。"

斗口跳斗栱

　　宋式稱謂。多用於柱頭，類似清式的一斗

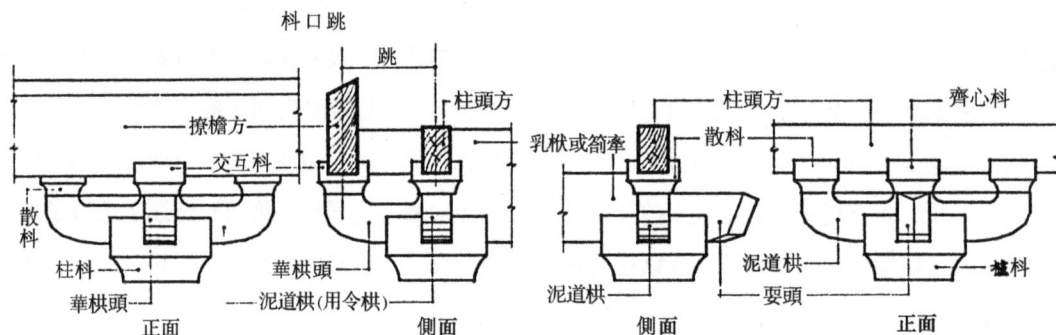

把頭絞項造斗拱
（梁思成《營造法式注釋》）

三升斗拱。其結構是自櫨斗口內向外伸出一跳華拱，并於跳頭上置交互斗以承撩檐枋，華拱在櫨斗口內與泥道拱相交，斗拱拱頭各施一隻散斗和暗契上承方桁（即柱頭枋）。宋李誡《營造法式·大木作制度一》："若枓口跳及鋪作全用單栱造者，只用令栱。"梁思成注："由櫨斗口只出華栱一跳，上施一枓，直接承托撩檐方的做法謂之枓口跳。"陳彥堂等《斗口跳斗栱及相關問題》："斗口跳斗拱的使用範圍，僅限於廳堂類及其以下建築……又可推其可用作外檐柱頭鋪作。"并認爲當外檐柱頭鋪作使用斗口跳斗拱時，該建築物可不使補間斗拱，這種情況在唐宋時期的建築物中均有實例。但從魏晉南北朝石窟建築中看出，這一時期斗口跳作外檐斗拱時，亦可配以人字拱補間鋪作。到唐代，當柱頭斗拱使用斗口跳斗拱時，與之相配的補間斗拱已變爲十字拱。到宋代，斗口跳斗拱已經定型，其結構與一斗三升十分接近。又《斗

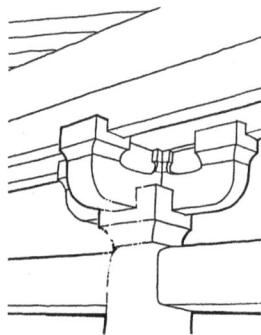

枓口跳斗拱
（梁思成《營造法式注釋》）

口跳斗拱及相關問題》："更重要的是，唐代還出現了與斗口跳斗拱相近的十字拱補間，并由此發展成北宋時斗口跳斗拱的基本組合式樣。但由於結構和功用方面的原因，北宋還存在着斗口跳加替木、斗口跳省略泥道拱等許多形式。這些新形式反映出斗拱發展的兩個既相關聯又相背離的方嚮：一是日臻發展完善并漸趨繁複綺麗（多爲官式），另一方面則是簡化細部構件，顯示出粗獷和草率（多見於民間）。"又："斗口跳作爲檐柱頭鋪作時，是否采用補間鋪作，自始至終，主要是功能上的原因。雖則其中涵括了等級制度的實質，但僅反映出建築之制不逾廳堂類。至於廳堂與餘屋，在此問題上二者並無本質區別。惟早晚之補間鋪作形制及柱頭鋪作之關係，則各有其時代特點。"

平坐斗拱

亦稱"平坐鋪作"。宋式稱謂。用於樓閣、塔、月臺、平臺、城樓等平座之下的斗拱。最早見於漢代明器陶樓中。在元代建築的月臺、平臺和城樓中已不見用，僅在樓閣和塔中仍常使用，其前部多爲帶翹斗拱，後尾多用可延至於柱的枋子。做法與一般斗拱不同，其出跳多少則根據情況而定。宋李誡《營造法式·大木

作制度一》："凡平坐鋪作，若叉柱造，即每角用櫨枓一枚，其柱根叉於櫨枓之上。"梁思成注："宋代和以前的樓、閣、塔等多層建築都以梁、柱、枓、栱完整的構架層層相叠而成……平坐枓栱之上鋪設樓板，並置鈎闌，做成環繞一周的挑臺。"

【平坐鋪作】

即平坐斗栱。此稱宋代已行用。見該文。

柱頭科

清式稱謂，相當於宋式斗栱的"柱頭鋪作"。用於柱頭上（包括檐柱、金柱）的斗栱。它是挑尖梁與柱頭的銜接點，故比其他部位的要加厚一倍。梁思成《清式營造則例·清式營造辭解》："柱頭科，在柱頭上之斗栱。"又《大木》："柱頭科是挑尖梁頭與柱頭間的墊托部分，所以柱頭科的頭翹或頭昂比平身科的頭翹或頭昂厚加一倍（二斗口），並且越往上層越加厚；到最上層就直接承受由内部伸出來的挑尖梁頭；而梁頭之厚，則爲四斗口。"羅哲文主編《中國古代建築·封建後期的斗栱》："柱頭科，位置在柱頭上，前面挑出屋檐，後面承托梁架，荷載較大。"

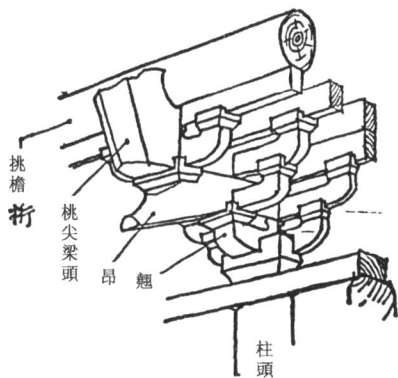

清式柱頭科各部名稱
（梁思成《清式營造則例》）

平身科

清式稱謂。相當於宋式的"補間鋪作"。在柱頭與柱頭之間，立於額枋和平板枋上的斗栱。其支承功用已不重要，裝飾性較强。梁思成《清式營造則例·大木》："兩柱頭之間，放在額枋及平板上的斗栱，謂之平身科；其功用遠不及柱頭科之重要，差不多是一種純粹的裝飾品。結構與柱頭科微有不同，柱頭科的挑尖梁頭位置，在平身科則爲耍頭，上面再加撑頭木。"

角科

清式稱謂，相當於宋式的"轉角鋪作"。用

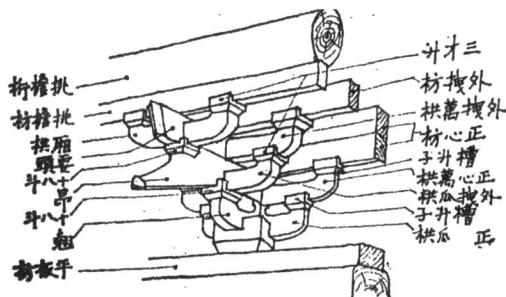

平身科各部名稱
（梁思成《營造法式注釋》）

於角柱上的斗栱。因爲它處於建築物的兩面交角處，因而有兩個正面，左方的正面即爲右方的側面，右方的正面也是左方的側面。梁思成《清式營造則例·大木》："角科，在角柱之上，地位特殊。普通的斗栱只有一個外面一個裏面，角科却同時有兩個外面，而且同時左方的正面就是右方的側面，右方的正面也是左方的側面；於是在正面做栱的轉了角就是昂或翹。不唯正心綫上如此，就是外拽各栱也如此。"羅哲文主編《中國古代建築·封建後期的斗栱》："角科：用在房屋四周轉角的柱頭上，功用和柱頭科相同，但結構則龐大複雜得多。"

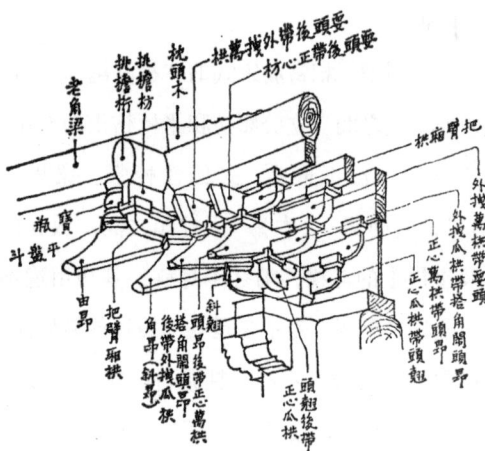

角科各部名稱
（梁思成《清式營造則例》）

隔架科

清式稱謂。用於內檐大梁與隨梁枋之間的斗拱。有"隔架科"和"十字隔架科"之分。其作用是增加大梁的中間支點。如果用於梁頭與檁子、墊板相交處，作爲梁端的支座者，則稱爲"十字隔架科"。中國科學院自然科學史研究所《中國古代建築技術史·建築著作和匠師》："隔架科。用於殿座或門座室內梁架。大梁與跨空隨梁枋空檔之間，一般用一攢（或二攢）坐中安裝。做法是，最下用荷葉墩，當中貼大斗耳，上安瓜栱一件，二槽升，上托雀替，通體形如工字，共高八材分。《營造算例》稱爲一斗二升荷葉雀替隔架科，梁枋空檔高的，瓜栱上另加萬栱，下層高低在雀替上取齊。另有十字荷葉隔架科一種，用於梁架瓜柱分位，習見於明代建築，《工程做法》未載。"

【把臂拱】

清時稱謂。即在角科上特別加上的拱。它與翹或昂相交，由正面伸至側面，如同兩臂相交。故稱把臂拱。

溜金斗拱

亦作"鎦金斗拱"。亦稱"溜金斗科"。清式稱謂。是一種用於外檐、後尾起秤杆作用的特殊斗拱。從檐柱中心綫以外和普通斗拱完全相同，祇是中綫以裏，自耍頭以上，連撐頭和桁椀，都在後面特別加長。因其秤杆是以下金桁自上而下溜到檐部的，故名。始見於元代，到清代成爲做法最複雜，也是最高級的一種斗拱。梁思成《清式營造則例·大木》："溜金斗栱是一種特殊的斗栱……中綫以裏，自耍頭以上，連撐頭和桁椀，都在後面特別加長，順着舉架的角度向上斜起秤杆，以承受上一架的桁或檩。各層秤杆之間，橫着安裝三福雲，直着用伏蓮鎖，鎖成一起。"中國科學院自然科學史研究所《中國古代建築技術史·建築著作和匠師》："挑金、溜金斗科。與翹昂斗科相同，用在房屋檐宇四圍柱木額枋之上，檐柱中綫以外與各種翹昂斗科做法完全一致，柱中以裏、明、次、梢間平身科翹昂裏面仍如外面，但不用栱升，改安麻葉雲、三幅雲……這種斗科在清制斗科做法中，屬於最複雜的一種，當作一種最高等級應用於殿式建築——廡殿、歇山式。所謂挑金、溜金的金是指金步檩縫而言。挑金、溜金斗科後尾自檐柱中（檐步檩縫）隨舉斜起上搭金步檩縫，斜挑檩墊之下即稱爲挑金，在檩墊之下、花臺枋之上（也叫"花臺科"）即爲溜金。"羅哲文主編《中國古代建築·封建後期的斗栱》："鎦金斗栱是一種外檐特殊的斗栱。"

【鎦金斗拱】

同"溜金斗拱"。此體多行用於近現代。見該文。

【溜金斗科】

即溜金斗拱。此稱近現代已行用。見該文。

挑金斗拱

亦稱"挑金斗科"。清式稱謂。用於殿閣檐宇四周的斗拱。其外跳即柱中綫以外與翹昂斗拱相同，有五、七、九踩等規格，中綫以內結構則很複雜。因其不僅懸挑屋檐，且還有懸挑下金桁的作用，故名。中國科學院自然科學史研究所《中國古代建築技術 史·建築著作和匠師》："挑金、溜金斗科後尾自檐柱中（檐步檩縫）隨舉斜起上搭金步檩縫，斜挑檩墊之下即稱爲挑金……歇山挑金懸四柱做法，故宮明建左、右闕門翼門及景山東西門（中柱式門座）都有實例。這種斗科基本同屬一種做法，隨後尾安裝方法位置而有兩種稱呼，用於檐宇四角後尾與角梁身科交的也叫裏挑金。《工程做法則例》沒有明確劃分，後來通稱溜金斗科，挑金之名遂廢。清制斗科做法大都直接沿承明代官工做法而來，挑金、溜金做法最爲明顯。"

【挑金斗科】

即挑金斗拱。此稱清代已行用。見該文。

如意斗拱

在一組斗拱中，除了縱橫四個方嚮各出拱、翹之外，在45°方嚮上還挑出斜拱，且多攢斜栱組成複雜的網絡狀的斗拱。此種斗拱最早見於宋代，清代較多使用。多用於木牌樓上和藻井中。梁思成《清式營造則例·清式營造辭解》："如意斗栱，在平面上除互成正角之翹昂與栱外，在其角內45°綫上，另加翹昂者。"

花臺科

亦稱"花臺枋"。清式稱謂。與溜金斗拱後尾相交的隔架斗拱。明清間使用。

【花臺枋】

即花臺科。此稱清代已行用。見該文。

品字科

清式稱謂。一種衹用翹不用昂，裏外相同，仰視小斗，形同品字的斗拱。中國科學院自然科學史研究所《中國古代建築技術史·建築著作和匠師》："裏外出材衹用翹不用昂，形如品字倒置。室內棋盤板上安裝的，衹裝迎面半攢（按整攢做法衹做一半，或即《營造法式》的扶壁栱）。示例爲五材做法，實例所見有多至七材、九材的。品字科多用於樓房或城樓平座（平臺）之下或裏圍金縫花枋、花穿枋以上，或者天花藻井四圍。"

三滴水品字科

清式稱謂。三滴水即三層樓閣之意。三滴水品字科是指三層樓閣第二層地面平臺下外檐所用的"品"字狀斗拱。屬明清時期的斗拱形制。其做法同"品字科"。中國科學院自然科學史研究所《中國古代建築技術史·建築著作和匠師》："三滴水品字科。裏外出材衹用翹不用昂，形如品倒置，室內棋盤板上安裝的，衹裝迎面半攢（按整攢做法衹做一半，或即《營造法式》的扶壁栱）。"羅哲文主編《中國古代建築·封建後期的斗栱》："三滴水是上下三檐樓閣的意思，三滴水品字科指的是樓閣第二層地面平臺下外檐所用斗栱，品字科意味着斗以上縱向衹能出一層或更多層的翹，不用昂材。"

翹昂斗科

清式稱謂。亦稱"翹昂斗拱"。即由翹和昂做出跳，橫嚮施拱枋，層層叠壓以支承屋檐的斗拱。多用於大殿的檐部，按殿閣等級，有三踩、五踩、七踩、九踩四種規格。翹昂的分配，視出踩多少而定。三踩斗拱翹或昂自大斗斗口向內外各伸出一個拽架，例如，向內伸出一翹，向外伸出一昂者，謂三踩單昂斗拱；五踩斗拱即自大斗斗口向內外各伸出兩個拽架，可采用單翹單昂；七踩斗拱即自大斗斗口向前後各伸出三個拽架，可采用單翹重昂；九踩斗拱即自大斗口前後伸出四個拽架，可采用重翹重昂或單翹三昂。中國科學院自然科學史研究所《中國古代建築技術史·建築著作和匠師》："翹昂斗科。從所用翹昂件數多少區別，又分爲斗口單昂、斗口重昂、單翹單昂、單翹重昂和重翹重昂五種形式。若從用材上區別，斗口單昂又稱爲三材（俗稱三踩或三彩）斗科，斗口重昂與單翹單昂又稱五材斗科，單翹重昂爲七材斗科，重翹重昂爲九材斗科。"

【翹昂斗拱】

即翹昂斗科。此稱多行用於近現代。見該文。

東漢斗拱

東漢時期是我國木構建築中斗拱的創造階段，其中的斗是墊木，拱是挑木。櫨斗、散斗的形狀都已定型，基本上均爲方形，上大下小，下部的"欹"均有"顧"。欹與斗總高的比例多在二分之一至五分之二之間，與後代的比例大體相近。拱的形狀比較自由，祁英濤據沂南漢墓出土陶樓情況分析認爲"當時栱子的長、寬、高三者尚無一定比例。常見的約有三種：第一種是上下齊平，類似橫枋（兩城山畫像石）；第二種可稱直栱，即後代常見的式樣，栱端做成弧綫或砍成抹角，很少見栱端分瓣的實例；第三種可稱曲栱，栱身彎曲，如沈府君闕，此種形制還常見於四川的一些漢代崖墓中。"（祁英

濤《中國早期木結構建築的時代特徵》，《文物》1983年第四期）這一時期的斗拱使用較普遍，斗拱的組合很簡單，多爲人字拱、一斗二升或一斗三升，且多爲一跳（挑出一層），最多亦不超過二跳（挑出二層）。斗拱多用於柱頭，補間斗拱很少見，轉角斗拱尚未見使用。東漢時期斗拱的形象十分多樣，并無後世的程式化現象。考古學界在四川樂山等處崖墓中就發現了六七種樣式的斗拱。祁英濤《中國早期木結構建築的時代特徵》："〔東漢時期的斗栱〕依形制可分爲以下幾種：柱頭鋪作或置於柱頭位置的斗拱，有出跳與不出跳兩種。不出跳的斗栱，常見有實拍栱、一斗二升和一斗三升三種。實拍栱：柱頭上置一短橫木，底邊兩端向上彎起，形似栱。兩端不置散斗，直承檐枋。一斗二升斗栱：最原始的形象見於兩城山畫像石中，柱頭櫨斗上置一橫栱，栱兩端各置一散斗。四川馮煥闕與山東沂南漢墓的形象最爲清楚。有的在栱的正中多加一個小柱，如高頤闕，應是此種斗拱的變體。一斗三升斗栱：形制與一斗二升基本一致，祇是正中多一個小斗（齊心斗）。"（《文物》1983年第4期）又："出一跳的柱頭鋪作，多見於樓閣中，自墻壁上用華栱挑出相當距離承檐，在華栱頭上施一斗三升或一斗二升。例子如河北望都元氏出土的陶樓。"中國科學院自然科學史研究所《中國古代建築

山西雲岡石窟壁龕异形斗拱（北朝）
（《文物》1983年第4期）

技術史·木結構建築技術》：“〔東漢時期〕重要建築物中斗栱的使用已經比較普遍，可以看出各種結構形式和構件是在不同的功能要求下創造出來的。除了繼承自周代就已出現的用大斗做爲梁柱間承托構件外，還利用挑梁和簡單斗栱（大多爲一斗三升或二斗五升）作爲出檐或平座的支撐結構，斗栱作爲懸挑作用，在這一時期已經很明顯的看出來了。從斗栱的使用位

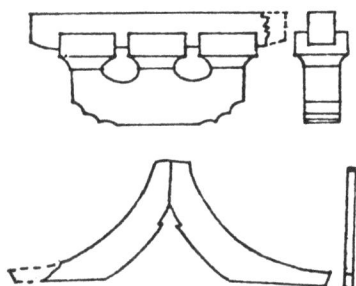

山西壽陽北齊墓斗栱
（《文物》1983 年第 4 期）

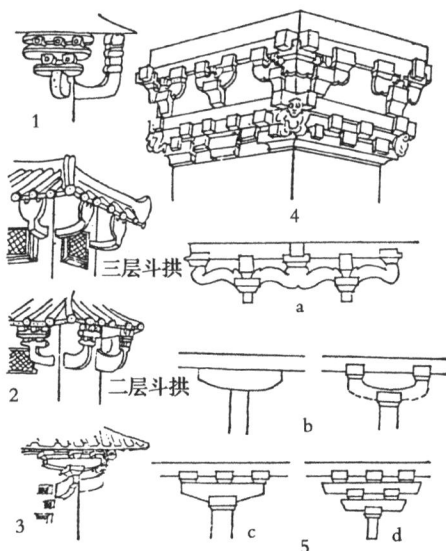

1.河北元氏東漢陶樓斗栱；2.河北望都東漢陶樓斗栱；3.河南三門峽劉家渠東漢陶樓斗栱；4.四川雅安東漢高頤闕斗栱；5.斗栱結構：a.四川渠縣府沈君闕曲拱；b.實拍拱及一斗二升；c.一斗三升；d.一斗五升
東漢斗栱及結構
（《文物》1983 年第 4 期）

置，可以區別出柱頭、補間、轉角三種形式，後代斗栱結構中的各種構成部分，在這一時期均已出現。”

南北朝斗栱

此時期斗栱發展的主流仍以出一跳爲主，以一斗三升式樣爲最常見。補間斗栱開始較多使用，且多爲“人”字栱，拱的外輪廓已由直綫逐步演化爲曲綫。斗和拱的外部輪廓都已注意到藝術效果。同時出現了替木，置於櫨斗上用以承托闌額，或用於令拱上承托上部的槫。這一時期的斗栱，除用於承托屋檐外，還用於承托天花。由於受佛教文化的影響，還出現了像山西雲岡石窟第九至十二窟壁龕中的異形斗拱、麥積山第四十三窟檐柱頭中的花拱。這種式樣出現很短暫，對後世影響很小。祁英濤《中國早期木結構建築的時代特徵》：“〔南北朝時期斗栱〕細部手法明顯的變化有以下兩項。斗：在櫨斗底多喜用皿板，形式有兩端齊截的，也有兩端出峰的。栱：多爲直栱，曲栱已不多見。山西壽陽北齊木槨墓中出土的木質斗栱，栱頭刻三瓣，皆内顧，深 0.5 厘米。”（《文物》1983 年第 4 期）

唐代斗栱

從國内現存的唐代建築遺物和壁畫及書畫遺存中可知，唐代是斗栱的成熟階段，已具備了完整的斗栱體系。柱頭斗栱、補間斗栱、轉角斗栱以及平坐斗栱均已發展完備，其突出特點是斗栱雄大，出檐深遠，受力合理。從尺度和結構作用方面，都達到了歷史的高峰。盛唐之後，斗栱日趨複雜，常常層層叠出，多達七八鋪作，但補間鋪作一般少於柱頭鋪作。中國科學院自然科學史研究所《中國古代建築技

術史・封建社會時期建築技術的發展概論》：“唐代斗栱之大，在這兩座建築中（山西五臺縣佛光寺東大殿和南禪寺大殿）幾乎等於屋身高度之半，並在斗栱組成構件中出現了‘昂’，前端支托着屋檐的重量，其後尾則壓在平槫下起着平衡的作用，使出檐更爲深遠，而受力較爲合理。在唐代，斗栱的發展，從它的尺度和結構作用來説，達到了歷史的高峰。所有這些，都體現了木結構技術的高度水平。”

宋代斗栱

宋代是我國古代木構建築成熟定型和科學總結的時代，在斗栱的製作和使用上，基本上繼承了唐代的式樣，但斗栱結構在整體木構架中所占的比例逐步縮小。到北宋中期以後，斗栱立面的高度多爲檐柱高度的30%左右，斗栱的裝飾功能逐漸加強，補間斗栱大都與柱頭斗栱大小相同，并開始使用假昂。中國科學院自然科學史研究所《中國古代建築技術史・木結構建築技術》：“宋代斗栱的發展，從總體式樣到細部，大體上繼承了唐代的式樣，但也出現了一些新變化，明顯的有以下幾點。（1）斗栱結構在整體木構架中所占比例逐步縮小……北宋中期以後的建築中，這種現象得到了改進。

宋代八鋪作斗栱
（梁思成《營造法式注釋》）

就調查所知，這一時期及其以後建造的三間小殿大多采用五鋪作斗栱，斗栱立面高度多爲檐柱高的30%左右。改變了唐代那種頭大身短的現象。（2）斗栱的裝飾性能逐漸增強。斗栱的功能除了結構上的作用外，不可否認它本身還具有很好的裝飾作用。此種功能在宋代建築中更加強調，首先是改變了唐代那種柱頭斗栱大，補間斗栱小或不用補間的做法。宋代建築中的補間斗栱大都與柱頭斗栱的大小一致。其次是北宋建築中開始使用假昂。”

金代斗栱

金代斗栱在宋代斗栱的基礎上進一步追求華麗，尤其是在官式建築中，特別追求外觀上的壯麗，藉以誇耀并相沿成風。斗栱的形制從四鋪作單昂到七鋪作雙抄雙下昂，至今仍有遺例。在斗栱布置上：一般間較小的佛殿中，補間祇用一朵斗栱，或者在第一層柱頭枋上隱出翼形栱。在開間較大的佛殿中，補間最多可用兩朵，布置比較疏朗。在斗栱的分件雕飾上，下昂上皮，多刻作琴面昂，少數做成批竹昂。耍頭出頭多采取和下昂相同的式樣，櫨斗、散斗的斗欹部分有明顯的內頓。最突出的是斜栱的使用比較普遍。斜栱始見於遼代，盛行於金，元代漸少使用。金代斜栱的排列，在平面上多與主軸綫成45度角，有的則成60度角。有的斜栱內外對稱，依杠杆原理，可起支撐檐部重量的作用。中國科學院自然科學史研究所《中國古代建築技術史・木結構建築技術》：“〔金代〕由於斜栱的使用，撩風槫下支點加多，支距變近，這就促使替木相連，形成貫通全間的扁平的挑檐枋；金代以後，斜栱之制廢去，而挑檐枋却保留下來，後來逐漸形成1：2的狹高斷面。”

元代斗拱

在元代木構建築中，斗拱的變化最明顯：首先是用材尺寸大爲縮小，結構機能減弱。其次是唐、宋以來柱頭斗栱的下昂（真昂），大多變成了裝飾性的構件（假昂），并將梁的外端斫成耍頭，伸出柱頭斗拱的外側，用以承托挑檐檁（或挑檐枋），具有更好的剛度和穩定性，在結構上取代了以前依賴斗拱承托屋檐的傳統做法。因此，從元代起，外檐斗拱已普遍使用“假昂”，柱頭斗拱的承重機能較前大爲減退。祇有在補間斗拱中，有時還使用“真昂”。中國科學院自然科學史研究所《中國古代建築技術史·木結構建築技術》：“唐、宋以來柱頭斗栱的下昂（真昂），到了元代已變成裝飾性的構件（假昂）……祇是在補間鋪作中，有時還繼續使用‘真昂’作挑斡構件，後尾斜伸向上，以支撐平槫，在一定程度上仍起着杠杆作用，但在大木結構全體中祇起輔助作用而已。值得注意的是，如永樂宮重陽殿，補間斗拱出現了‘起秤杆’和‘菊花頭’等新型構件，已開明代‘溜金斗栱’的端倪，正是斗栱自宋代‘真昂’向明代‘假昂’逐漸過渡的有力證據。”

明清斗拱

明清木構建築中的斗拱尺寸進一步縮小，有的昂退化爲水平木，使整個斗拱逐漸失去了結構上的承重作用而成爲裝飾構件。斗拱的用材短小，排列較密，做工煩瑣，色彩艷麗，成了純裝飾性構件。明清始將一組斗拱稱“一攢”，出一跳稱“三踩”，二跳爲“五踩”，依次類推。明清時期還出現了一種如意斗拱，成了房檐下的華麗裝飾。中國科學院自然科學史研究所《中國古代建築技術史·木結構建築技術》：“斗栱是我國工匠在長期的營造實踐中創造出來的木結構中重要的組成部分。它對於挑出屋檐和減少梁、檁、枋、椽的剪力和彎矩方面起着實際的作用，同時也是構成我國木構建築技術的重要因素……結構功能上起着較大的作用。而我們……發現都栱從早期到晚期逐漸縮小，到了明清時期更爲縮小，在結構功能上也隨着大大減減弱，有些建築上的斗栱已成爲純粹的裝飾構件了。斗栱功能的減弱，是明清時期木結構的一個重要的變化，影響到建築的外形。有一種如意斗拱，成了房檐下的華麗裝飾。”

專　名

踩

亦作“彩”。在清式斗拱中，每向外或向裏挑出一層即爲一踩，相當於宋式斗拱中的“鋪作”。梁思成《清式營造則例·大木》：“每支出一層，在裏外兩面各加一排栱，叫做踩。踩與踩中心綫間的平距離叫做一拽架。”又：“以正心栱爲中，每往裏外支出一拽架，就多一踩，謂之出踩。例如正心一踩；裏外各出一踩者謂之三踩，裏外各出兩踩者謂之五踩，以此遞加可以加到九踩乃至十一踩。”又《清式營造辭解》：“彩，斗栱上每出一拽架謂之一彩，正書作踩。”羅哲文主編《中國古代建築·封建後期的斗栱》："前後挑出的栱叫翹，每向裏或向外挑出一層就叫一踩。"井慶升《清式大木作操作工藝·斗栱》："所謂踩指的就是拽架，一拽架長等於三斗口。以此類推，每增加一翹（或昂）即增加兩踩，所以遞加到十一踩。踩數越多，構造越繁。出踩用翹或用昂，可隨意選定。"

【彩】

同"踩"。此稱宋代已行用。見該文。

【鋪作】

亦稱"出跳""抄"。在宋式建築中對一朵斗栱或斗栱出跳層數的稱呼，相當於清式斗栱的踩。在一組斗栱中，每鋪加一層構件，即每一層或出一跳的栱或昂加上它上面的斗、耍頭、襯枋等稱"一鋪作"。第一跳爲栱加斗、耍頭、襯枋爲四鋪作。以此爲基礎，每加一跳即加一鋪作。宋李誡《營造法式·總釋上》："今以枓栱層數相叠出跳多寡次序，謂之鋪作。"又《大木作制度一》："若補間鋪作，則用單抄。"梁思成注："鋪作有兩個含義：（1）成組的枓栱稱爲鋪作，並按其位置之不同，在柱頭上者稱柱頭鋪作，在兩柱頭之間的闌額上者稱補間鋪作，在角柱上者稱轉角鋪作；（2）在一組枓栱之內，每一層或一跳的栱或昂和其上的枓稱一鋪作。"又："總鋪作次序之制：凡鋪作自柱頭上櫨枓口內出一栱或一昂，皆謂之一跳；傳至五跳止。出一跳謂之四鋪作，出二跳謂之五鋪作，出三跳謂之六鋪作，出四跳謂之七鋪作，出五跳謂之八鋪作。自四鋪作至八鋪作，皆於上跳之上，橫施令栱與耍頭相交，以承撩檐方；至角，各於角昂之上，別施一昂，謂之由昂，以坐角神。"梁思成注："'鋪作'這一名詞，在《營造法式》'大木作制度'中是一個用得最多而含義又是多方面的名詞。在《總釋上》中曾解釋爲'今以枓栱層數相叠，出跳多寡次序謂之鋪作'。在'制度'中提出每'出一栱或一昂，皆謂之'一跳'。從四鋪作至八鋪作，每增一跳，就增一鋪作。"中國科學院自然科學史研究所《中國古代建築技術史·建築著作和匠師》："鋪作的鋪可以理解爲鋪墊或鋪張之意，幾鋪作就是由幾層木鋪墊而成之意，例如四鋪作斗栱就是由櫨斗、出一跳的栱、耍頭和襯枋頭鋪墊起來的。"

【出跳】

即鋪作。此稱宋代已行用。見該文。

【抄】

即鋪作。此稱宋代已行用。見該文。

攢

在清式建築中，一組斗栱稱一攢，相當於宋式斗栱的"朵"。梁思成《清式營造則例·清式營造辭解》："攢，斗栱結合成一組之總名稱。"井慶升《清式大木作操作工藝·斗栱》："斗栱主要是由許多弓形木和斗形木層層累叠組成的構造單元，每一單元稱爲一'攢'。"

科

在清式建築中對不同位置斗栱的統稱，如柱頭的斗栱稱"柱頭科"，轉角的斗栱稱"角科"，柱間的斗栱稱"平身科"。梁思成《清式營造則例·大木》："斗栱共有三種不同的位置：（一）在柱之上；（二）在柱間額枋之上；（三）在屋角柱頭上。這三種各有專名，叫做（一）柱頭科；（二）平身科；（三）角科。"它們分別相當於宋式斗栱中的"柱頭鋪作""補間鋪作"和"轉角鋪作"。

第二節　柱　考

柱，亦稱"楹"，建築物中直立的起支撐作用的構件也。《説文·木部》："柱，楹也，从木主聲。"段玉裁注："柱之言主也，屋之主也。"《釋名·釋宮室》："柱，住也。"又："楹，亭也，亭亭然孤立旁無所依也。"宋李誡《營造法式·大木作制度二》："柱，其名有二：一曰楹，二曰柱。"它用於支撐建築物上部（屋頂）重量，使其獨立於地表的重要幹體，是中國傳統木構建築梁架結構的主幹和承重構件。就質地而言，有木柱、石柱，近代又增加了水泥柱。就位置而言，有檐柱、金柱、中柱、山柱、童柱、角柱、廊柱等。就式樣而言，又有圓柱（包括直柱與梭柱）、八角柱（包括正八角柱、小八角柱）、方柱（包括梅花柱）、瓜棱柱、雕龍柱等。根據其構造，又可分單柱、拼合柱和包鑲柱。方柱始於秦。漢代除用方柱外，又增加了八角、束竹、凸棱及人像等柱式。南北朝多用八棱柱或方柱而微殺，四棱圓和，也有圓柱出現。隋唐主要用圓柱和梭柱。宋以圓柱最多，另有八角柱和瓜棱柱。宋李誡《營造法式》中記載了梭柱的做法，但宋之後梭柱已不多見。北宋還出現了在木柱上雕刻蟠龍的蟠龍柱，而小八角柱則很少見。到元以後的重要建築大多用直柱。明清時所用方形擎檐柱，四角内顓，又稱爲梅花柱。

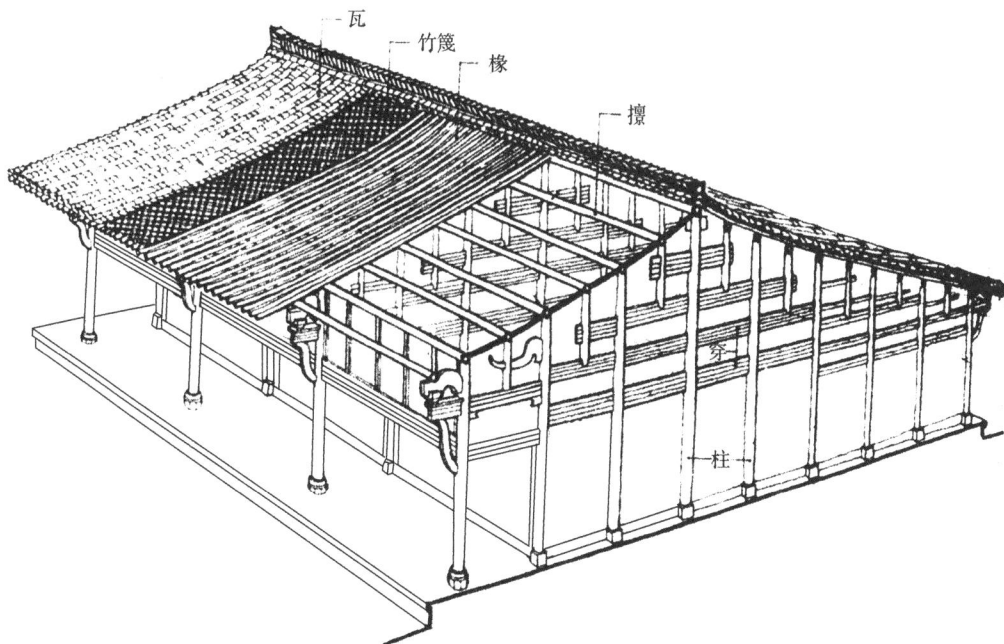

中國建築木構架穿斗式示意圖
（劉敦楨《中國古代建築史》）

柱產生於舊石器時代晚期人類的原始營造活動。考古學家在浙江餘姚河姆渡遺址早期
干闌式長屋建築遺址和江蘇蘇州草鞋山遺址中就發現了改爲柱式的干闌式建築遺迹，其
柱脚還墊有木板以防沉陷。與此同時，考古學家還在河南偃師湯泉溝袋型豎穴 H_6 的穴底，
發現了支柱的痕迹。這些都說明早在公元前 6000—前 5000 年就已經出現了柱和梁枋。到
商代（公元前 16—前 11 世紀），大量高大華麗的宗廟和宮殿建築的出現，使柱更加廣泛地
應用和分工更加精細，不僅出現了擎檐柱，各種承重的木柱和檐柱排列有序，計劃周密，
形成了獨特的風格。考古學家在河南二里頭發現的夏代中晚期宮殿宗廟遺址，是我國目前
最早的一座宮殿宗廟遺址，面積約 10000 平方米，其中心建築是一座呈長方形的殿堂，以
木架爲骨，草泥爲皮，面闊八間，進深三間，南北兩面各有檐柱九根，東西兩側各四根。
在檐柱外側，圍繞一周擎檐柱。在大臺基四面的木骨泥牆基槽中，還發現了中間立有一排
小柱，這是牆中暗柱之始。在其南牆正中的大門遺址中還發現東西嚮排列的八根大柱。考
古學界從各地發現的實物和遺迹也可表明，商周時期的建築大都在基槽內立柱後，再回填
土夯實，牆體內木柱排列不太整齊，殿前及廊廡檐柱有方形、圓形、橢圓形、不規則形
等，柱下均墊有石礎。

在湖北蘄春毛家咀遺址中發現的五座西周木構建築中，出土了大量木柱和木板，柱椿
排列整齊，間距均勻，縱橫成行。西周以後，隨着建築物等級的森嚴，柱子的高度和顏色
亦成了等級的表徵。中國科學院自然科學史研究所主編《中國古代建築技術史·奴隸社會
時期的建築技術（公元前 2100—前 475）》載："在《考工記》裏記載……天子的宮室臺高
九尺，柱子塗紅色；諸侯臺高七尺，柱子塗藍色；大夫臺高五尺，柱子塗青色；士的居室
臺高二尺，柱子塗黃色；不得僭越。"

秦漢時期，在修建棧道和橋梁上，廣泛使用了木柱。據記載，西漢時期通往巴蜀的棧
道就有四條。這些棧道，實際上是依山傍崖用木柱梁架設而成的空中道路。據記載，當時
秦都咸陽渭河上的橫橋就是用成排的柱子組成排架作爲橋墩的，上面用層叠的懸臂梁或單
梁，構成橋身、橋面。中國科學院自然科學史研究所主編《中國古代建築技術史·木結構
建築技術》載："這是當時可能做出的木結構橋的形式。由此又可推測棧道的結構形式大致
也與此相近似。"

東漢開始用石材做梁柱，木構建築也明顯地分出了"穿斗式"和梁柱式兩個系統。在
柱的應用上，不僅形成不同風格，而且形成有規律的柱網，形成以梁柱爲主要承重的"框

架"。梁柱式後來成爲"官式"建築和北方民間建築普遍采用的形式。到南北朝時期，出現了柱頭捲殺以及梭柱、束竹柱。在以木柱爲中心柱的高層建築物中，普遍采用了柱子向内傾斜的側脚方法。

隋唐時期柱（包括蜀柱、叉手）的種類和形式、捲殺比例等，已經成熟和穩定。由於"舉折"做法的成型，侏儒柱的使用，又豐富了柱的内容。柱脚連以地栿，柱子作顯著的"側脚"和"生起"，外柱和内柱柱列形式也已達成熟。隋代《龍藏寺碑》："九重臺柱之殿，三休七寶之宫。"唐韓愈《送僧澄觀》詩："清淮無波平如席，欄柱傾扶半天赤。"

宋代出現了减柱做法，使柱的布置靈活多樣。據宋元符三年（1100）刊布的《營造法式》載，這個時期應用和發展的梁柱式構架主要有兩種：一是内外柱同高或内柱稍高，内外均做斗拱；一是内柱升高至檁下，内柱不做斗拱。這兩種形式具有承前啓後的作用。爲了省材，宋代出現了拼合柱。據《營造法式》卷三〇所繪，有"兩段合"和"三段合"兩種。金代繼續發展减柱和移柱。宋端拱二年（989）《鎮州龍興寺鑄像修閣碑》："千柱重門，洞户壯麗。"

明清時期，在"官式"建築中，將中心柱向四角逐漸"生起"的做法改爲同高，僅角柱略微加高。將唐宋流傳的"梭柱"柱頭捲殺的做法改爲直柱。柱網布置進一步規格化。官式建築不用减柱造，柱子的側脚和生起漸减或消失。拼合柱繼續使用外，還創造了包鑲柱。大規模普遍地使用拼合柱和包鑲柱是明清以來，特別是清代用柱的突出現象。直到今天的現代建築中，仍采用兩拼柱與三拼柱。

柱，自公元前6000—前5000年的開始使用起，一直是中國房屋建築的主幹。在今天的各種高大建築中，仍在使用柱；雖然它們已多采用了鋼筋、水泥之質，其名稱仍爲柱，仍主要爲承重主幹。

泛　稱

柱

亦稱"楹"。建築物中直立的起支撐作用的構件，亦爲我國傳統木結構梁架系統的主幹。宋李誠《營造法式·大木作制度二》："柱其名有二：一曰楹，二曰柱。凡用柱之制：若殿閣，即徑兩材兩栔至三材；若廳堂柱即徑兩材一栔；餘屋即徑一材一栔兩材。若廳堂等屋内柱，皆隨舉勢定其短長，以下檐柱爲則。"梁思成《清式營造則例·大木·構架》："柱有五種位置：（一）檐柱，凡是檐下最外一列的柱子都是。（二）金柱，在檐柱以内的柱子，除在建築物縱中綫上的都是。金柱又有裏外之别，離檐柱近的是外金柱，遠的是裏金柱。重檐大殿裏，在普通金柱的地位上，支着上檐的，是重檐金柱。（三）在建築物縱中綫上，頂着屋脊，而不在山墻裏的是中柱。（四）在山墻的正中，一直頂到屋脊的是山柱。（五）放在横梁上，下端不着地，而上端的功用和位置與檐柱、金柱相同的是童柱。”柱的使用肇始於舊石器時代晚期人類的原始營建活動，經歷代的發展完善，至今仍在使用。《莊子·人間世》：“散木也，以爲舟，則沈……以爲柱，則蠹。是不材之木也。”《史記·刺客列傳》：“秦王環柱而走。”《資治通鑑·唐高宗總章二年》：“其門墻階級，窗櫺楯柱，栒桷枅栱，皆法天地陰陽律曆之數。”《西游記》第二三回：“屏門上，一軸壽山福海的横披畫；兩邊金漆柱上，貼着一幅大紅紙的春聯。”

【樘】

即柱。《説文·木部》：“樘，柱也。”段玉裁注：“各本柱上有衺（同邪）字，今删。《文選·〈靈光殿賦〉、〈長笛賦〉》李注皆引《説文解字》：柱也。《長門賦》李注引《字林》：柱也。皆無‘衺’字。惟‘樘’字，或作‘掌’，或作‘樘’，皆俗字耳。《玉篇》云：樘，柱也。亦無‘衺’。蓋樘本柱名。如《靈光》：‘枝樘杈枒而斜據’，枝樘與層櫨曲枅芝栭爲儷，然則訓爲柱無疑也。樘可借爲堂距，猶柱可借爲支柱。而支柱遂正釋樘。俗間謂撐拄必用衺木，遂沾一衺字矣。”《文選·馬融〈長笛賦〉》：“掌（樘）距劫遌，又足怪也。”李善注引《説文》曰：“掌，柱也。”

【楹】 [1]

即柱。始見於公元前 6000—前 5000 年的原始社會，經過春秋戰國的發展，到東漢已形成了有規律的柱網，形成了以梁柱爲主要承重的“框架”，此後便歷代相沿，成爲中國古代木構建築的兩大基本結構方式，一直沿用至今。《説文·木部》：“楹，柱也，从木盈聲。《春秋傳》曰：丹桓宫楹。”《釋名·釋宫室》：“楹，亭也，亭亭然孤立旁無所依也。齊魯曰輕，輕，勝也，孤立獨處能勝任上重也。”宋李誡《營造法式·大木作制度二》：“柱，其名有二：一曰楹，二曰柱。”商周以後，隨着地上建築的發展，柱的分工精細，廳堂的前柱謂之楹。《詩·小雅·斯干》：“殖殖其庭，有覺其楹。”孔穎達疏：“毛以爲殖殖然平正者，其宫寢之前庭也。有覺然高大者，其宫寢之楹柱也。言宫寢庭既平正楹又高大。”《禮記·明堂位》：“山節藻梲，復廟重檐，刮楹達鄉。”孔穎達疏：“刮楹者，刮摩也。楹，柱也，以密石摩柱。”《左傳·莊公二十三年》：“秋，丹桓宫楹。”杜預注：“楹，柱也。”後世往往稱一列房屋或一間爲一楹。《新唐書·隱逸傳·陸龜蒙》：“有田數百畝，屋三十楹，田苦下，雨潦則與江通，故常苦飢。”宋周密《齊東野語·多藏之戒》：“王黼盛時，庫中黄雀鮓，自地積至棟，凡滿二楹。”《初刻拍案驚奇》卷一：“堂旁有兩楹側屋，屋内三面有櫥。”《紅樓夢》第一七回：“忽抬頭見前面一帶粉垣，數楹修舍，有千百竿翠竹遮映。”

楹 [2]

堂前的柱子。古者堂有東西兩面墻，稱作東序、西序。堂的南面没有墻，祇有兩根柱子，稱作東楹、西楹。以其不與墻體結合，亭亭然獨立無所依恃，故稱。《釋名·釋宮室》：“楹，亭也，亭亭然孤立旁無所依也。齊魯曰輕。輕，勝也，孤立獨處、能勝任上重也。”唐韓愈《食曲河驛》詩：“群鳥巢庭樹，乳雀飛檐楹。”《資治通鑑·漢光武帝建武十九年》：“〔董宣〕即以頭擊楹，流血被面。”清惲敬《重修瑞金縣署記》：“大堂爲楹五，有東西廊爲楹二十有四。”

【楹柱】

即楹[2]。廳堂前部的柱子。始見於商周時期，一直沿用至今。晋王嘉《拾遺記·晋時事》：“石虎於太極殿前起樓，高四十丈，結珠爲簾……屋柱皆隱起爲龍鳳百獸之形，雕樸衆寶，以飾楹柱，夜往往有光明。”宋佚名《分門古今類事·異兆下·琴僧江湖》：“是夕揚子江飂風驟起，鼓浪沃岸……漲高數丈，至寺之中，其下閣楹柱欄楯逐浪而去。”清黄宗炎《周易象辭》卷三：“學者因磬有石擬爲礩礎，因桓有木擬爲楹柱。”《老殘游記》第二回：“看那大門裏面楹柱上有副對聯，寫的是‘四面荷花三面柳，一城山色半城湖’。”

丹楹

塗以朱漆的楹柱。藉指華麗之居。晋葛洪《抱朴子·外篇·嘉遁》：“茅茨艷於丹楹，采椽珍於刻桷。”唐李紳《過吳門》詩：“朱户千家室，丹楹百處樓。”宋張栻《南軒易説》卷二：“四陽在下有棟宇之象，始取其北而已，非取其宮室之美而丹楹刻桷也。”明李昌祺《剪燈餘話·至正妓女行》：“丹楹陡峻栖鳾鵲，華表玲瓏鏤角端。”

軒楹[2]

堂前廊柱。唐杜甫《同元使君春陵行》：

“呼兒具紙筆，隱几臨軒楹。”宋蘇舜欽《關都官孤山四照閣》詩：“勢壓蒼崖險可驚，攀雲半日到軒楹。”清盛錦《空舲峽》詩：“愛此民居壯，凌空駕軒楹。”亦藉指廊間。唐杜甫《畫鷹》詩：“條鏇光堪摘，軒楹勢可呼。”宋沈遘《春日中和堂》詩：“春風迎我笑，宛轉入軒楹。”明朱鼎《玉鏡臺記·議婚》：“簾幕捲東風。翔集遷鶯賀燕；軒楹敞南嶽，争看起鳳騰蛟。”

畫楹

飾有彩繪的楹柱。唐吳融《和嚴諫議蕭山廟十韵》：“老狄尋危棟，秋蛇束畫楹。”唐李洞《龍州韋郎中先夢六赤後因打葉子以詩上》：“紅蠟香烟撲畫楹，梅花落盡庾樓清。”宋楊億《宣曲二十二韻》：“蓮的沉寒水，芝房照畫楹。”

藻梲

飾有藻紋的梁上短柱。《禮記·明堂位》：“山節藻梲，復廟重檐。”孔穎達疏：“藻梲者，謂侏儒柱畫爲藻文也。”《論語·公冶長》：“子曰：臧文仲居蔡，山節藻梲。”何晏集解：“包曰：節者，栭也。刻鏤爲山。梲者，梁上楹，畫爲藻文，言其奢侈。”

丹柱

紅漆柱子。《藝文類聚》卷五七引漢崔駰《七依》：“丹柱雕楹，飛閣曾樓。”唐韓愈《謁衡岳廟遂宿嶽寺題門樓》詩：“粉墻丹柱動光彩，鬼物圖畫填青紅。”明陶宗儀《説郛·漢雜事秘辛》：“造觀風行殿三間兩廈，丹柱素壁，雕梁綺棟，一日之內巋然峙立。”

木柱

以木爲料作成的柱子。據考古資料證明，自舊石器時代晚期，約一萬年前，就已有木柱出現，祇是比較粗糙。在此後我國的傳統木結構、土木結構、磚木結構中，木柱都具有重要的地位。明代北京宮殿建築多以南方特產的楠木爲柱；清朝入關後楠木稀少，大量使用松木爲之。

枝

小木柱也。《史記·項羽本紀》："當是時，諸將皆慴服，莫敢枝梧。"裴駰集解："讚曰：'小柱爲枝，邪柱爲梧，今屋梧，邪柱是也。'"

石柱

用石料製作的柱子。石柱始用於東漢或更早，沿用至今。中國科學院自然科學史研究所《中國古代建築技術史·封建社會時期建築技術發展概論》："東漢在我國建築技術史上是一個燦爛的發展時期。除木結構體系，特別是多層木構技術的發展外，更創造了新的磚拱結構體系及石材做梁柱和拱券的結構方法。"

【玉柱】

即石柱。係美稱。亦指用玉雕成的柱子。《魏書·靈徵志八下》："蕭宗正光三年六月，并州靜林寺僧在陽邑城西橡谷掘藥，得玉璧五，珪十，印一，玉柱五，玉蓋一，並以獻。"唐杜甫《朝享太廟賦》："升降之際，見玉柱生芝。"宋王仲舅《南都賦》："金鋪絢日，玉柱凌烟。"明李夢陽《秋懷》詩："雕闌玉柱留天女，錦石秋花隱御舟。"

銅柱

銅製的柱子。《史記·孝武本紀》："其後則又作柏梁、銅柱、承露仙人掌之屬矣。"又《刺客列傳》："荊軻廢，乃引其匕首以擿秦王，不中，中銅柱。"明何景明《易水行》："手持匕首摘銅柱，事已不成空罵倨。"

名　類

斜柱

在平梁上順着梁身的方嚮斜置的兩條方木。宋李誠《營造法式·總釋上》："斜柱，其名有五：一曰斜柱，二曰梧，三曰迕，四曰枝樘，五曰叉手。"《義訓》："斜柱謂之梧。今俗謂之叉手。"考古資料表明，在仰韶文化早期（約當公元前5000—前4000）就開始使用原始的斜柱。西安半坡遺址的早期半地穴房屋建築中（半坡F37），在其溝狀門道兩旁發現了防雨棚架支柱的遺迹，柱洞南北略有錯位。據有關專家推測這是以短柱頂部支杈爲中間支點架設的大叉手（即斜柱），它構成門道雨棚橫梁前方的支點。這是目前所發現的最早的斜柱雛

形。斜柱一直爲商周奴隸主宮殿建築所沿用。到唐宋時期斜柱已普遍使用於建築物，并一直沿用至今。

【梧】

即斜柱。《釋名·釋宮室》："梧，在梁上，兩頭相觸牾也。"宋李誠《營造法式·總釋上》："斜柱，其名有五：一曰斜柱，二曰梧，三曰迕，四曰枝樘，五曰叉手。"又《義訓》："斜柱謂之梧。"《史記·項羽本紀》："當是時，諸將皆慴服，莫敢枝梧。"裴駰集解："讚曰：'小柱爲枝，邪柱爲梧，今屋梧，邪柱是也。'"《文選·何晏〈景福殿賦〉》："桁梧複叠，勢合形離。"李善注："梧，柱也。"又《司馬相如〈長

門賦〉》：“羅豐茸之游樹兮，離樓梧而相撐《字林》曰：‘撐，柱也。’”李善注引：“豐茸，衆飾貌。游樹，浮柱也。離樓，攢聚衆木貌。《漢書音義》臣瓚曰：‘邪柱爲梧。’”

【迕】

即斜柱。宋李誡《營造法式·總釋上》：“斜柱，其名有五：一曰斜柱，二曰梧，三曰迕，四曰枝樘，五曰叉手。”

【枝樘】

即斜柱。亦作“枝牚”“枝撑”。《文選·王延壽〈魯靈光殿賦〉》：“芝栭欑羅以戢香，枝牚杈枒而斜據。”張載注：“芝栭，山節，方小木爲之。牚，眉梁之上也。……牚或作振。善曰：《説文》曰：栭，枅上梁……牚，柱也……杈枒，參差之貌。”李周翰注：“枝牚，梁上交木也。”唐杜甫《自京赴奉先縣詠懷五百字》：“河梁幸未坼，枝撑聲窸窣。”宋李誡《營造法式·總釋上》：“斜柱，其名有五：一曰斜柱，二曰梧，三曰迕，四曰枝樘，五曰叉手。”

【枝牚】

同“枝樘”。此體漢代已行用。見該文。

【枝撑】

同“枝樘”。此體唐代已行用。見該文。

【叉手】

即斜柱。它是置於平梁上，順着梁身的方嚮斜置的兩條方木，其功用主要爲扶持脊槫的斜撑。此稱宋代已行用。宋李誡《營造法式注釋·大木作制度二》：“造蜀柱之制：於平梁上，長隨舉勢高下……兩面各順平栿，隨舉勢斜安叉手。造叉手之制：若殿閣廣一材一栔；餘屋隨材，或加二分°。至三分°。；厚取廣三分之一。”梁思成注曰：“叉手在平梁上，順着梁身

的方嚮斜置的兩條方木。從南北朝到唐宋的繪畫、雕刻和實物中可以看到曾普遍使用過。”據考古資料表明，在仰韶文化早期（約當公元前5000—前4000）就開始使用叉手。在西安半坡遺址的早期半地穴房屋建築中，在其溝狀門道兩旁發現了防雨棚架支柱的遺迹，柱洞南北略有錯位。據有關專家推測，這是以短柱頂部支杈爲中間支點架設的大叉手，它構成門道雨棚橫梁前方的支點。這是目前所發現的最早的叉手遺迹。中國科學院自然科學史研究所《中國古代建築技術史·原始社會時期的建築技術》：“半坡F37一類構架，中心柱支承四周受力基本相同的長椽，大叉手屋架便是從這種長椽發展出來的……在半坡，這類做法没得到發展，而是在二中柱的做法中明確了大叉手的結構方式……經過了一柱、四柱、無柱的探索，晚期房屋似乎找到了較爲合適的二柱方式，屋架基本上以大叉手的結構方式爲主，這一方式爾後一直爲商周奴隸主宫殿所沿用。”從現存南北朝到唐宋時期的繪畫、雕刻和實物中，可以看出自南北朝至唐宋時期，叉手的做法已普遍使用。金代叉手和托脚的使用更加普遍，據有關專家推斷，唐及唐以前衹用叉手而不用蜀柱，從宋開始，叉手與蜀柱并用。到明清時期，叉手被蜀柱取代而消失。在現代鋼架建築中叉手又被使用。

檐柱

建築物檐下最外面一列支承屋檐的柱子，不論前後均稱檐柱。在帶有廊子的建築中，江蘇蘇州地區稱廊柱，宋式建築中又稱檐柱或副階柱。在重檐的樓閣中又有上檐柱和下檐柱。在帶有廊的建築中，廊柱裏面的一列金柱，又

稱"老檐柱"。羅哲文主編《中國古代建築·古建築的結構與構造》："凡是檐下最外一列的柱子,不論前後或兩側,名爲檐柱。"井慶升《清式大木作操作工藝》："檐柱——位置在建築物的最外側,面向室外,屋檐重量全由檐柱支承。"考古資料表明,在仰韶文化中期(約當公元前4000—前3600),先民們已將居住面升到地面。在西安半坡住房遺址中反映出這時已基本形成了檐檩。半坡遺址晚期建築已有屋檐,它反映了仰韶文化晚期隨着房屋的增高,出檐也逐步加大,僅憑屋椽懸挑出檐已不能滿足建築的需要,促使了承檐結構的發展,出現了檐柱和擎檐柱。到商代(公元前16—前11世紀),在高大華麗的宗廟和宮殿建築中,各種檐柱排列有序,形成了獨特的風格。自此,直到清代,檐柱的應用達到高潮。在今天的民居和高樓大廈中仍沿用着檐柱承重,祇是增加了鋼筋、水泥的成份,形式也更加多樣。

擎檐柱

檐柱之一種。在重檐或樓閣建築中,立於下一層檐上四角、用於支承上層檐的柱子。擎者,支撐、托起也。擎檐柱即支承檐、托起檐子的柱子。梁思成《清式營造則例·清式營造辭解》："擎檐柱,城樓上檐四角下用以支檐角之柱。"羅哲文主編《中國古代建築·附錄·大木作》："擎檐柱,樓閣式建築外檐上四角以支檐角之柱。"井慶升《清式大木作操作工藝·柱》："擎檐柱——一般用在雙層檐的建築上,柱子的下端立在下層檐上的平座上,起到支撐挑檐的作用。"又:"擎檐柱也稱梅花柱,此柱多用於有平座的多層建築,用它來承受外檐和角梁的一部分重量,防止出現角梁及外檐

在受力後出現下垂的現象。"考古資料表明,在仰韶文化晚期(約當公元前3600—前3000),隨着房屋的增高,出檐也逐步加大,僅憑屋椽懸挑出檐已不能解決出檐上的矛盾,於是出現了檐下立擎檐柱支承的做法。河南省洛陽王灣遺址F11中發現的擎檐柱,是目前考古界所發現的使用最早的擎檐柱實例。考古資料還證明,至殷代晚期的大奴隸主宮殿仍然使用擎檐柱。這時的擎檐柱無論在材料上還是柱位的布置上,都有了很大改進和提高。經過唐宋的發展,到明清時期,原始的落地支承的擎檐柱發展成爲立在下層或平座四角支承上層檐的柱子,一直沿用至今。

平柱

"檐柱"的一種。明間左右的檐柱謂平柱。

廊柱

亦稱"副階柱"。在帶有前後廊或周廊的建築中,承托廊檐的柱子。明清時稱廊柱,宋代稱副階柱。羅哲文主編《中國古代建築·附錄·大木作》："副階柱或檐柱(宋式名詞)、檐柱(清式)、廊柱(蘇州地區):柱用於廊下或副階前列,承支屋檐、樓閣,分別爲上、下檐柱。"

【副階柱】

即廊柱。此稱宋代已行用。見該文。

金柱

房屋建築中檐柱以內的柱子,除在建築物縱中綫上的外,均稱金柱。在進深多間的建築物中,可能出現多排金柱。離檐柱遠的金柱稱"裏金柱",近的稱"外金柱"。梁思成《清式營造則例·大木》："金柱,在檐柱以內的柱子,除在建築物縱中綫上的都是。金柱又有裏外之別。

離檐柱近的是外金柱，遠的是裏金柱……支着上檐的，是重檐金柱。"井慶升《清式大木作操作工藝·柱》："金柱——即檐柱以內的柱子，全部在室內，並且不在縱軸綫上。金柱有裏外之分，離檐柱最近的是外金柱，遠的是裏金柱。"

外金柱

亦稱"老檐柱"。高大多進的建築物中往往有數列金柱，其中離檐柱近的一列金柱稱外金柱。在清式建築中稱"老檐柱"。見"金柱"文。

【老檐柱】

即外金柱。此稱清式已行用。見該文。

裏金柱

高大多進的建築物中往往有數列金柱，其中離檐柱遠的一列金柱稱裏金柱。井慶升《清式大木作操作工藝·柱》："金柱有裏外之分，離檐柱最近的是外金柱，遠的是裏金柱。"見"金柱"文。

重檐金柱

在重檐大殿里支撑上檐的金柱。梁思成《清式營造則例·大木》："重檐大殿裏，在普通金柱的地位上，支着上檐的，是重檐金柱。"井慶升《清式大木作操作工藝·柱》："一般情況下，重檐金柱多用於帶斗栱的大式建築，所以重檐金柱在重檐部分以上，要與挑尖梁、挑尖隨梁交接。"

上檐金柱

兩層以上樓閣建築內，二層以上的金柱均稱上檐金柱。梁思成《清式營造則例·清式營造辭解》："上檐金柱，兩層以上樓閣內，上層之金柱。"

中柱

位於建築物縱軸綫上在檐柱以內并頂着屋脊，且不在山墻中的柱子。即在房屋建築縱剖面正中、支承屋脊的金柱。中柱多用於"穿斗式"房屋建築中，在較小型抬梁式建築中亦有運用。梁思成《清式營造則例·大木》："在建

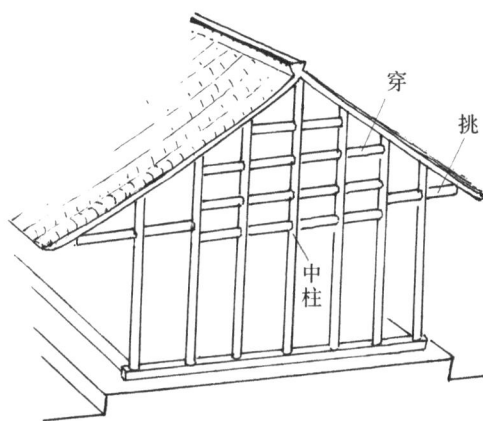

中　柱
（劉致平《中國建築類型及結構》）

築縱中綫上，頂着屋脊，而不在山墻（即建築物狹面的墻）裏的是中柱。"井慶升《清式大木作操作工藝·柱》："中柱——在建築物的縱軸綫上，柱的上端正在屋脊中綫以下，但不在山墻之內。"在清式三間四柱牌樓中，中間的兩根柱子亦稱中柱。在"穿斗式"建築中，中柱是非常重要的承重柱。在梁柱式建築中，中柱也廣泛采用。宋代以後，由於高大建築和寺廟建築的特殊需要，減柱、移柱廣泛采用，除"穿斗式"結構繼續使用中柱外，抬梁式建築中較少使用。但到明清時的各種牌樓中又出現了雙中柱，中柱的使用，又闢蹊徑。在今天的仿古建築中，仍保留着使用中柱的做法。

山柱

建築物的縱中綫上，位於山墻正中直頂到屋脊的柱子。梁思成《清式營造則例·大木》：

"在山墻的正中，一直頂到屋脊的是山柱。"井慶升《清式大木作操作工藝·柱》："山柱——同上（即在建築物的縱軸綫上，柱的上端正在屋脊中綫以下）但在山墻的正中。"與山柱兩邊交接的構件有單步梁、雙步梁。脊桁、扶脊木亦安放在山柱柱頭。山柱柱頭上除挖桁椀外，還要在桁椀內做一個凸起的長方形榫，俗稱"小鼻子"。考古資料表明，在墻內用柱始於商代。考古學家在河南二里頭夏代中晚期宮殿宗廟遺址的大臺基四面木骨泥墻中，發現了墻中小柱。到東漢時期，一般構架的建築物大多采用懸山屋頂，山面構架多加中柱，這種處於山墻內的中柱，即山柱。由此可知，山柱始見於東漢，一直沿用至今。

角柱

山墻兩端角上的柱子。羅哲文主編《中國古代建築·附錄·大木作·柱》："角柱，在建築物角上之柱。"宋李誡《營造法式·大木作制度二》："凡用柱之制：若殿閣，即徑兩材兩栔至三材……至角則隨間數生起角柱。"梁思成注曰："唐宋實例角柱都生起，明代官式建築中就不用了。"另外，在臺基四角土襯之上階條之下的石構件亦稱角柱。又《營造法式·石作制度》："造角柱之制：其長視階高；每長一尺，則方四寸。柱雖加長，至方一尺六寸止。其柱首接角石處，合縫令與角石通平。"角柱的應用一直延續至今。

角檐柱

位於山面外檐與面寬外檐交角處的檐柱。井慶升《清式大木作操作工藝·柱》："角檐柱，位於山面外檐與面寬外檐的交角處。與檐柱所不同的是角檐柱的四面都有升綫，這是因爲山面的外檐柱子同面寬的外檐柱子一樣，都向裏面傾斜。由於角檐柱既有面寬的一面，又有山面的外檐一面，因此兩面的升綫均在角檐柱上表現出來。二面收升的計算方法一樣，但因處在轉角位置上，所以角檐柱的柱頭卯在做法上不同於一般檐柱。"

侏儒柱

亦稱"梲""浮柱""棳""棳儒"。置於兩層梁架之間，高度超過其直徑的短柱。《爾雅·釋宮》："宋廇謂之梁，其上楹謂之梲。"郭璞注："〔梲〕侏儒柱也。"邢昺疏："楹，柱也。其梁上短柱名梲，《禮器》云：藻梲者，謂畫梁上柱爲藻文也，一名侏儒柱，以其短小故也。"《釋名·釋宮室》："棳儒，梁上短柱也。棳儒猶侏儒，短，故以名之也。"宋李誡《營造法式·大木作制度二》："侏儒柱其名有六：一曰梲，二曰侏儒柱，三曰浮柱，四曰棳，五曰楹，六曰蜀柱。"清畢沅曰："《爾雅》梁上楹謂之梲。孫炎注：梁上侏儒柱也。《漢書·東方朔》云：侏儒長三尺餘，則侏儒短人之稱，遂以名短柱也。葉德炯曰：武梁祠石室畫像第三層有殿閣一所，旁有兩柱刻短人承屋桷，左柱直立以二手承之，右柱倒立以一足承之，殆亦因侏儒而取象。"

【梲】[3]

即侏儒柱。此稱漢代已行用。見該文。

【浮柱】

即侏儒柱。《文選·王延壽〈魯靈光殿賦〉》："浮柱岹嵽以星懸，漂嶢巘而枝柱。"李善注："枝柱，言無根而倚立也。善曰：〈甘泉賦〉曰抗浮柱之飛榱漂，輕貌。"宋李誡《營造法式·大木作制度二》："侏儒柱其名有六：一曰梲，二曰侏儒柱，三曰浮柱……"

【棳】

即侏儒柱。此稱宋代已行用。見該文。

【棳儒】

即侏儒柱。此稱漢代已行用。見該文。

【梲】

即侏儒柱。《禮記·明堂位》："山節藻梲，復廟重檐。"孔穎達疏："藻梲者，謂侏儒柱畫爲藻文也。"《爾雅·釋宮》："宋廇謂之梁，其上楹謂之梲。"郭璞注："〔梲〕侏儒柱也。"邢昺疏："梁即屋大梁也。一名宋廇，楹柱也，其梁上短柱名梲。《禮器》云：藻梲者，謂畫梁上柱爲藻文也，一名侏儒柱，以其短小故也。"漢班彪《王命論》："燕雀之疇，不奮六翮之用；楶梲之材，不荷棟梁之任。"《新唐書·西域傳下·拂菻》："以瑟瑟爲殿柱，水精、琉璃爲梲，香木梁，黃金爲地，象牙闔。"宋李誡《營造法式·大木作制度二》："侏儒柱，其名有六：一曰梲，二曰侏儒柱，三曰浮柱，四曰棳，五曰楹，六曰蜀柱。"明徐渭《賦》："微風芬以襲衣，纖月高以映梲。"

【蜀柱】

即侏儒柱。在抬梁式建築中，梁與梁之間的短柱。宋代通稱蜀柱。明清稱瓜柱。宋李誡《營造法式·大木作制度二》"侏儒柱其名有六：一曰梲，二曰侏儒柱，三曰浮柱，四曰棳，五曰楹，六曰蜀柱。"梁思成注："蜀柱是所有矮柱的通稱。例如鉤闌也有支承尋杖的蜀柱。在這裏則專指平梁之上承托脊槫的矮柱。清式稱'脊瓜柱'。"梁思成《清式營造則例·大木》："兩層梁架中間所支短柱高度過其本身之長寬的稱瓜柱，高度減於其本身的長寬者稱柁墩。瓜柱又按地位分爲金瓜柱與脊瓜柱兩種。"蜀柱至

遲到東漢已有使用。據古建專家認定，中國的抬梁式建築至遲到東漢已形成體系。自此，蜀柱便一直爲木構架的主要構件。《營造法式》對蜀柱的製作做了明確規定："造蜀柱之制：於平梁上，長隨舉勢高下。殿閣徑一材半，餘屋量枓厚加減。"蜀柱腳下的支撐木稱爲駝峰或合楂，它們都是蜀柱和橫梁相交處的扶持構件。到金代，在脊槫下的蜀柱柱腳處開始使用合楂，但上下平槫之下，蜀柱與橫梁相交處仍用駝峰。明代以後，合楂就變成了方直的角背。

【瓜柱】

即侏儒柱。置於兩層梁架之間或梁檁之間，且其高度超過直徑的短柱，明清稱瓜柱。梁思成《清式營造則例·大木》："兩層梁架中間所支短柱高度過其本身之長寬的稱瓜柱，高度減於其本身的長寬者稱柁墩。瓜柱又按地位分爲金瓜柱與脊瓜柱兩種。"羅哲文主編《中國古代建築·古建築的結構與構造·柱架細部》："屋架中兩層梁間或檁梁之間須用短木支托填充，如支木高度超過木身寬度時叫做瓜柱，反之叫柁墩。瓜柱按地位的不同可分爲脊瓜柱、金瓜柱等。"瓜柱最早見於漢畫像磚上。現存的宋至清代的大量古代抬梁式建築中存有大量實例。

金瓜柱

位於金桁之下的瓜柱。梁思成《清式營造則例·大木》："兩層梁架中間所支短柱高度過其本身之長寬的稱瓜柱，高度減於其本身的長寬者稱柁墩。瓜柱又按地位分爲金瓜柱與脊瓜柱兩種。"

【槽瓜柱】

即金瓜柱。在瓜柱中除脊瓜柱外，均可稱槽瓜柱。它置於上梁、下梁之間，起着支撐上

梁連接下梁的作用。井慶升《清式大木作操作工藝·梁架》："槽瓜柱是大木梁架的結構中的重要構件，因柱位不同，名稱和作法也有所不同。瓜柱可分爲兩種即槽瓜柱和脊瓜柱。槽瓜柱在上梁、下梁之間起到支撐上梁、連接下梁的作用……槽瓜柱有上金、中金、下金之分，雖然位置稍有差異，但是同在兩梁之間。槽瓜柱的高，以步加舉定高低。"

脊瓜柱

清式稱謂。頂托脊桁的瓜柱。由於舉架關係，脊瓜柱較高，柱脚常有角背支撐，以免傾斜。梁思成《清式營造則例·大木》："瓜柱又按地位分爲金瓜柱與脊瓜柱兩種。"井慶升《清式大木作操作工藝·梁架》："脊瓜柱位於三架梁之上，下脚做管脚榫，榫長及做法同槽瓜柱。……脊瓜柱柱頭上做桁碗，承托脊桁，桁碗以下做脊枋和墊板。"又："凡是脊瓜柱以步架加舉定高低。"

頂瓜柱

清式稱謂。在捲棚式建築中置於月梁上的瓜柱。梁思成《清式營造則例·大木》："捲棚式頂層的梁叫月梁，月梁上的瓜柱叫頂瓜柱。"

交金瓜柱

清式稱謂。置於扒梁或抹角梁上的瓜柱。它上承交角桁，桁的方嚮與扒梁成正角。梁思成《清式營造則例·大木》："順扒梁上，承托山金桁與前後金桁相交點的……瓜柱稱交金瓜柱。"井慶升《清式大木作操作工藝·梁架》："凡是交金瓜柱一般位於扒梁或抹角梁之上，上承交角桁，桁的方嚮與扒梁成正角。"又，"在扒梁或抹角梁上，一般都有交金瓜柱，柱頭之上承托交角桁條"。

童柱

亦稱"燈籠柱"。立於梁或枋上之短柱。在高層建築中，置於橫梁上，下端不着地，而上端的功用和位置與檐柱、金柱相同之柱謂之童柱。梁思成《清式營造則例·大木》："放在橫梁上，下端不着地，而上端的功用和位置與檐柱金柱相同的是童柱。"井慶升《清式大木作操作工藝·柱》："童柱——竪立在橫梁或扒梁之上，下端不接地，與其他柱的作用相同。"又："童柱也稱'燈籠柱'，位於順扒梁之上和四方重檐抹角梁之上，以二步架加舉定高低。"

【燈籠柱】

即童柱。此稱多行用於近現代。見該文。

雷公柱

廡殿頂式建築中推山太平梁上承托桁頭和正吻的短柱，或在攢尖頂寶頂下的懸空短柱。梁思成《清式營造則例·清式營造辭解》："雷公柱：（一）廡殿推山太平梁上承托桁頭並正吻之柱。（二）斗尖亭榭正中之懸柱。"又，"在太平梁之上，加一根雷公柱，以支住脊桁這懸空的一端，和他上面的正吻及其他琉璃瓦"。井慶升《清式大木作操作工藝·梁架》："雷公柱按位置有兩種：一種用於廡殿結構上，另一種用於四方、六方或八方亭子上。用於廡殿上的雷公柱，交於推山的太平梁上，以它承托脊桁和扶脊木挑出的部位。用於亭子上的雷公柱是懸空的，它與由戧相交，即上邊交於由戧，由戧之下做垂頭。由於位置不同，在做法上也有所不同。"

【公柱】

即雷公柱。宋式亦稱"棖杆"，亦稱"燈心木"。羅哲文《中國古代建築·附錄·柱》："公柱（宋稱'棖杆'，蘇州地區稱'燈心木'）

①廡殿推山太平梁上承托桁頭並正吻之柱。②斗尖亭榭正中之懸柱。”

【栀杆】

即公柱。此稱宋代已行用。見該文。

【燈心木】

即公柱。此稱多行用於近現代。見該文。

草架柱

亦稱“草架柱子”。清式歇山建構的踏脚木上，爲支承挑出的桁頭而竪立的柱子。梁思成《清式營造則例·大木》：“〔在歇山結構之中〕因懸山太遠，挑山檁不勝重負，所以在老檐桁上加放扒梁一道，下皮同時也放在兩山檐椽之上，謂之踏脚木。踏脚木之上，在每根桁之下竪立小柱，支住桁頭，稱草架柱子。”井慶升《清式大木作操作工藝·梁架·瓜柱及拽檄梁》：“同在兩山踏脚木上，以它支承挑出的桁頭。除正心桁並第一步金桁之外，其餘各桁下均有草架柱子，寬、厚各按踏脚木折半定尺寸若干。”

【草架柱子】

即草架柱。此稱清代已行用。見該文。

永定柱

二層以上的建築中，從地面立起直接作二層平座的柱子。中國科學院自然科學史研究所《中國古代建築技術史·木結構建築技術》：“永定柱造：它的特點是二層平座柱子直接從地立起，與下層檐柱相距甚近。”又，“到了元明以後的樓閣建築……便取消了叉柱造和暗層改用了‘永定柱’做法（上層柱子直接地從地立起）道理就在這裏”。羅哲文主編《中國古代建築·附録·大木作》：“永定柱：①樓房内通上下二層。②自地面立柱爲平臺平座的柱子。”河北省正定隆興寺慈氏閣是此種結構的唯一實例。

叉柱

亦稱“叉柱造”。高層木構建築中，上層柱根叉於下層斗拱的大斗之上，故稱。中國科學院自然科學史研究所《中國古代建築技術史·木結構建築技術》：“叉柱造：此種結構是自下而上，一層柱框，一層斗栱相重叠，上層柱根叉於下層斗栱的大斗之上。”這種柱子唐代就已出現，宋遼很普遍，明清也有應用。現存的河北正定隆興寺宋代建築轉輪藏殿，就是叉柱造，它是一座兩層樓帶平座的殿閣，其平座外檐柱的柱根叉於下檐柱頭斗拱之上，是叉柱造的典型實例。

【叉柱造】

即叉柱。此稱多行用於現當代。見該文。

通柱

在建築物内柱中從地面直達屋頂的柱子。梁思成《清式營造則例·清式營造辭解》：“通柱，樓房内通上下二層之柱，徑按檐柱徑加二寸。”

暗柱

建築物中夾在墙内的柱子。據考古資料表明，暗柱始於商代，一直沿用至今。考古學家在河南二里頭夏代中晚期宮殿宗廟遺址的大臺基四面的木骨泥墙的基槽中發現了一排小柱的柱洞，這是目前我國發現的最早的墙内暗柱。在我國現存的歷代古建築中，均有墙内暗柱見用。

抱柱[1]

亦稱“立頰”“抱框”“格抱柱”。門框左右竪立的木柱。在外檐裝修中，框檻是不動的部位，左右竪立的部分叫抱框，抱框緊靠的柱子謂格抱柱。宋李誠《營造法式·石作制度》：“兩壁用軸安於兩立頰之内，其立頰自軸至地高三尺，廣三寸，厚二寸。"梁思成《清式營造則例·清式營造辭解》："格抱柱，中檻下檻之間安格扇之抱柱。"又："抱柱，柱旁安裝窗牖用之立框，亦稱抱框。"中國科學院自然科學史研究所《中國古代建築技術史·木結構建築技術》："緊靠柱子的立木叫抱框或抱柱（宋名槫柱或立頰），較大的開間如作分間用的立木叫間柱。"

【立頰】[1]

即抱柱[1]。此稱宋代已行用。見該文。

【格抱柱】

即抱柱[1]。此稱清代已行用。見該文。

【抱框】[1]

即抱柱[1]。此稱清代已行用。見該文。

槏柱

亦稱"間柱""矮柱"。在梁或額及槫下爲安門窗而置的柱。宋李誡《營造法式·總釋下》引《義訓》："牖邊柱謂之槏。"令梁或額及槫之下，施柱以安門窗者。又《營造法式·小木作制度一》："若間遠則立槏柱，其名件廣厚，皆取版帳每尺之廣積而爲法。"羅哲文主編《中國古代建築·附錄·小木作》："槏柱（清式稱間柱，蘇州地區稱矮柱）：在支摘窗的中柱。"

【間柱】

即槏柱。此稱清代已行用。見該文。

【矮柱】

即槏柱。此稱多行用於近現代。見該文。

包鑲柱

亦稱"合柱""繳貼"。中間用一根較大的木料作爲心柱，四周用多塊木料包鑲而成的柱子。中國科學院自然科學史研究所《中國古代建築技術史·木結構建築技術》："包鑲柱子：中間用一根較大的木料，作爲心柱，四周用多塊木料包鑲而成。包鑲木料内部要隨心柱形狀砍刨，外表隨形刨光，用鐵釘把包鑲木料釘在心柱之上，外面加鐵箍箍緊。包鑲柱子大都是圓柱，也有一些方形或多角形的。"包鑲柱始見於宋代，《營造法式》上稱作"合柱""繳貼"，現存宋代建築中亦有個別的例子，不過宋代使用并不普遍。大規模地普遍使用是明清時期。明清時期，特別是清代，山林砍伐破壞較嚴重，而大型宫殿建築又需要粗大木材，大木料非常稀罕。迫於種種困難，工匠們在實踐中發展了小料拼合大料的方法，創造了包鑲柱子。現存故宫太和殿、天壇祈年殿等清代宫殿建築中的粗大柱子，多爲拼合、包鑲、斗接而成。直至今天，仍有采用。

【合柱】

即包鑲柱。此稱宋代已行用。見該文。

【繳貼】

即包鑲柱。此稱宋代已行用。見該文。

拼合柱

用兩塊或兩塊以上的木料拼合而成的柱子。拼合柱各塊木料之間的内部用"暗鼓卯"和"楔"，合縫處用鐵鞠，表面另以"蓋鞠明鼓卯"蓋面。拼合柱始見於宋代，明清時期普遍使用，至今仍有使用。宋李誡《營造法式》卷三〇所繪合柱鼓卯圖中"兩段合""三段合"的圖樣，就是現代所說的兩拼柱與三拼柱。中國科學院自然科學史研究所《中國古代建築技術史·木結構建築技術》："拼合柱：《營造法式》卷三十所繪合柱鼓卯圖中'兩段合''三段合'的圖樣，就是現代所說的兩拼柱與三拼柱，這是宋代以前未見的新做法。依圖中所繪，每根用2~4塊木料合成一根整柱，各塊木料之間的内部用‘暗鼓卯’和‘楔’，合縫用鐵鞠，表面另以‘蓋鞠明鼓卯’蓋面。”

斗接柱

亦稱“斗接柱子”“墩接柱”。用兩段或兩段以上木材接成的柱子。其接頭處用暗榫相接，常用於山墻内部，外表不做處理。中國科學院自然科學史研究所《中國古代建築技術史·木結構建築技術》：“斗接柱子：用兩段或三段以上木材接成一柱。斗接通常稱墩接，接頭處用暗榫，如在山墻内部，外表不作處理。”斗接柱自明代起開始使用，一直沿用至今。

【斗接柱子】

即斗接柱。此稱多行用於現當代。見該文。

【墩接柱】

即斗接柱。此稱多行用於現當代。見該文。

斗接包鑲柱

亦稱“斗接包鑲柱子”。用斗接和包鑲兩種方法製作的柱子，一般用於特别高大的柱子。中國科學院自然科學史研究所《中國古代建築技術史·木結構建築技術》：“斗接包鑲柱子：過於高大的柱子，可用斗接和包鑲兩種方法製做，先用兩根或多根木料斗接做成心柱，然後外做包鑲，包鑲木料也需要斗接。這種斗接加包鑲的拼合構件，抗壓無問題，但抗彎能力很弱，祇適用於柱，不適用於梁。”斗接包鑲柱普遍使用於明清時期。

【斗接包鑲柱子】

即斗接包鑲柱。此稱多行用於現當代。見該文。

梭柱

外形略似織布梭子的柱子，即兩頭略細中間略粗或上段略細的柱子。宋李誠《營造法式·大木作制度二》：“凡殺梭柱之法：隨柱之長，分爲三分，上一分又分爲三分，如栱卷殺，漸收至上徑比櫨枓底四周各出四分；又量柱頭四分，緊殺如覆盆樣，令柱頭與櫨枓底相副。其柱身下一分，殺令徑圍與中一分同。”梁思成注曰：“將柱兩頭卷殺，使柱兩頭較細，中段略粗，略似梭形。明清官式一律不用梭柱，但南方民間建築中一直沿用，實例很多。這裏存在一個問題。所謂‘與中一分同’的‘中一分’，可釋爲‘隨柱之長分爲三分’中的‘中一分’，這樣事實上‘下一分’便與‘中一分’徑圍相同，成了‘下兩分’徑圍完全一樣粗細，只是將‘上一分’卷殺，不成其爲‘梭柱’。我們認爲也可釋爲全柱長之‘上一分’中的‘中一分’，這樣就較近梭形。”但後世一些學者認爲梭柱收分可分兩種，即將柱高分爲三段，上段收殺，中、下段爲直柱，稱爲上梭柱；上、下兩段都梭殺稱爲上下梭柱。羅哲文主編《中國古代建築·附録·大木作》：“梭柱，梭柱有收分之柱可分二種，柱分三段，上段有收殺（收分），中下段爲直柱。另一種上下兩段做有收殺，中段爲直柱，形成‘梭子’形之柱。”梭柱爲早期的一種柱式，始用於南北朝時期，宋代以後很少使用。中國科學院自然科學史研究所《中國古代建築技術史·建築設計與建築施工》：大約南北朝時出現了梭柱。梭柱的特點即是占三分之一的上段柱徑收殺比下段三分之二爲大。”（梁思成《營造法式注釋》

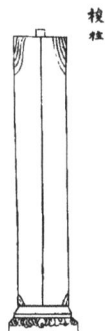

梭　柱

抹角柱

切去四角的方柱。抹角柱多見於明清以後的建築中。

瓜楞柱

亦稱"花瓣柱"。將圓柱的外皮做成多瓣形,形如瓜的紋路,故名。羅哲文主編《中國古代建築·附録·大木作》:"瓜楞柱（花瓣柱）:平面爲半圓拼合成花瓣的柱。"多見於明清建築。

【花瓣柱】

即瓜楞柱。此稱多行用於現當代。見該文。

第三節　柱礎考

宋李誠《營造法式·石作制度》曰:"柱礎。其名有六:一曰礎,二曰礩,三曰碣,四曰磌,五曰䃘,六曰磩。今謂之石碇。"現在,北方一般稱之爲"柱頂石",南方則俗稱"磉墩"。後世歷代學者與李誠一樣,認爲柱礎泛指柱下之石,故將六名當作一物混析之。柱礎之名,最早見於《淮南子》。《淮南子·説林訓》:"山雲蒸,柱礎潤。"高誘注:"礎,柱下石,礩也。"礩,亦作質、櫍、鑕。其名見諸文獻記載要早於礎。《墨子·備穴》曰:"兩柱同質。"質,孫詒讓閒詁引畢沅云:"礩,古字如此。"《韓非子·十過》曰:"公宫公舍之堂,皆以鍊銅爲柱質。"洪誠等注:"質,礎,柱子下面的墊基石。"《廣雅·釋宫》曰:"礎、磌,礩也。"王念孫疏證:"《太平御覽》引《説文解字》云:'礩,柱下石也。古以木,今以石,礩之言質也。'鄭注《曲禮》云:'質,猶本也,礩在柱下,如木之有本,故曰礩,字通作質。'……《書·大傳》:'大夫、士有石材,庶人有石承。'鄭注云:'石材,柱下質也;石承,當柱下而已,不外出外飾。'礎之言且也。且,藉也,所以藉柱也……《衆經音義》卷十八引許慎注云:'楚人謂柱碣曰礎。礎之言藉也,履謂之舄,義與此同也。'"《説文新附·石部》:"礩,柱下石也。"《廣韻·蕩韻》:"磩,柱下石也。"《正字通·石部》:"礩,礎別名。"又:"磩,俗呼礎曰磩。"《文選·張衡〈西京賦〉》:"雕楹玉碣,綉栭雲楣。"李善注:《廣雅》曰:碣,礩也。碣與舄,古字通。"又《文選·班固〈西都賦〉》:"雕玉瑱以居楹,裁金璧以飾璫。"李善注:"言雕刻玉碣以居楹柱也……《廣雅》曰:'磌,碣也。'瑱與磌,古字通。"《玉篇·石部》:"䃘,碢䃘石,次玉也。"由此可知,礎爲柱下之石,磩爲礎之俗稱,礩爲礎之別名,而碣、磌、䃘則皆爲玉碣之名。柱礎乃中國古代建築中的柱下構件,其功能是穩定柱脚以使其牢固,并兼有防潮、防腐、防蟲蛀之作用。

　　現代古建築學家對以上解説持有异議。我國著名建築學家劉致平認爲："柱礎主要有兩種：一是普通柱礎，一是帶櫍的柱礎。"又曰："這種説法將礩與礎並列是不妥當的。爲了便利讀者，我們先談一談礩，將礩弄清之後再談礎。礩是甚麼呢？《説文》上解釋是：'櫍，柎也；柎，闌足也，楮柱砥也，古以木，今以石。'即是器物足。也可以解釋作砧鑕，或椹質的櫍，是一種呈墊狀的東西。至於柎則不是釋作墊狀物。現在南方有很多的柱子，在柱脚底下，柱礎上面加了一層木墊，厚約三數寸不等，筆者在四川成都一帶看見很多厚有二寸的木製柱櫍。劉敦楨先生在《中國營造學社彙刊》三卷三期《大壯室筆記》内曾引蘇州華宅木柱櫍，櫍高約三四寸許。可見我國今日在南方是還在用木櫍的。而《説文解字》謂：'古以木，今以石。'可見不盡然。至於'古以木'，也不全以木，可能有很多例外的。最早的質是在安陽殷墟裏發掘出來的銅質，它是在木柱下做的銅片，銅質底下還有大卵石，這柱的深度是深入臺基内的，所以我們知道這很可能是用的干闌式結構。又安陽殷墟有一些天然柱礎石，排得很整齊，但無臺基，這也可證明當時大量使用干闌式結構。此外在戰國時董安宇治晋陽也是用銅做質的。銅質的應用是不少的。所以質又作鑕，從金。櫍的制度在《營造法式》卷五'大木作制度二'規定着：'凡造柱下櫍，徑周各出柱三分°，厚十分°，下三分° 爲平，其上並爲攲；上徑四周各殺三分，令與柱身通上匀平。'《法式》將櫍歸入大木作内，可識宋代的櫍很多也是用木製造的。至於石礩，當然也不會少。"（劉致平《中國建築類型及結構》）據此可知，質是柱脚之下、柱礎之上的墊狀物，或以木，或以銅，或以石爲之。干闌式結構建築，不帶櫍的普通柱礎，即爲柱脚下排列整齊的圓木或天然石塊，或經過加工雕琢的石墩。帶櫍的柱礎在礎的上面、柱脚下面有墊狀物。而建於臺基上的建築物，其支承柱子的石墩謂之柱礎（亦稱柱頂石），而支承柱礎的獨立的基礎砌體則謂之"�磉墩"，金柱下的曰"金礌墩"，檐柱下的曰"檐礌墩"。如果兩個或四個礌墩相鄰很近，常連在一起，則稱"連二礌墩"或"連四礌墩"（見劉大可《中國古建築瓦石營法》）。由此分析得知，礎、礩、礌三名，雖皆爲柱下之石，然并非一物。帶櫍的柱礎，柱脚下面柱礎上面的墊狀物曰櫍（礩、鑕），櫍下曰"礎"，支承礎者曰"礌"。

　　根據考古發現，安陽小屯殷墟出土銅鑕一塊，呈凸面圓形，直徑約 15 厘米，厚 3 厘米，銅鑕與石礎之間有 20 厘米厚墊土層，銅鑕露於地面之上，柱子直接立於銅鑕之上。此爲目前所知出土唯一的金屬鑕。據《安陽發掘報告》第四期專刊《第七次殷墟發掘E區工作報告》載："這次所見的柱礎都是不加雕琢的天然卵石，大小都差不多，它們的放置，有的是埋在基石以下，有的是露在基面以上。”而在《安陽發掘報告》第二期上已載有雕刻精麗動人的石柱礎。據梁思成《中國雕塑史》：“李濟之博士在殷墟從事發掘，出土有半身石像一軀，無首無足，全身有雲雷紋，蓋紋身之義歟！李先生以爲此石像應爲柱礎，其言亦當。”又據吳澤《中國歷史大系·古代史》，礎刻人像下部抱膝坐形，背有槽，側有卯，可以看出是將柱脚插入礎石上用的。可見殷代柱礎，或以天然卵石爲之，或以人工雕石爲之。半身雕像石礎的出現，是雕刻藝術在石礎上的首次運用，標志着中國古代建築穩定性的構件已逐步走向成熟。

普通柱礎的出現要遠遠早於帶櫍的柱礎。據考古資料得知，早在新石器時代中晚期（公元前 6000—前 3000）城邑房屋遺址柱洞中已發現紅燒土、木炭墊層、牛下顎骨、碎石片、粗砂陶片以及成排分布的河卵石，柱脚側部斜置礫石加固。這就是萌芽時期的柱礎。距今六千年的湖南安鄉劃城崗遺址，1999 年再度發掘時，古代房屋遺址顯露三間，發現柱洞二十餘個，大多以紅燒土塊做柱礎，或以排列整齊的卵石爲柱礎。西安半坡 F37 遺址中，上層發現兩個柱洞，洞内有紅燒土、碎石片、粗砂陶片等。F21a 第三號柱洞，底部墊有 10 厘米厚黏土，柱脚側部斜置兩塊礫石加固，周圍回填黃土 35 厘米，分六層夯實。

新石器晚期至商代晚期（公元前 3000—前 1046）的建築遺址柱洞中發現多爲未經加工的天然礫石柱礎，亦發現以圓木排列爲礎或底部墊有木板礎，發展到後期有經過加工的微露地面的青石礎。此時之柱礎皆爲暗礎，即埋於地下的柱礎。河南三門峽廟底溝 301、302 號遺址，發現中心柱洞内有扁礫石。這是目前所知我國最早的暗礎實例。甘肅秦安大地灣仰韶文化晚期古建築遺址，發現有兩座大型房址 F405、F901 内柱洞爲圓底，倚柱深埋 88 厘米。内柱、倚柱底部發現以圓木排列爲礎的做法。圓木長 96 厘米，直徑約 13 厘米。以排木爲礎，有效地解決了地基、木柱下陷問題。這種柱下墊木板做礎的方法早在公元前 5000—前 4000 年的浙江餘姚河姆渡文化時期的干闌式建築遺址中已有類似做法。干闌式建築產生於低窪的沼澤地帶，先爲椿式，在較高地帶不易打椿時，多采用栽柱式。爲防止木柱下陷，房基柱脚即墊木板爲礎。其木柱入地約 50 厘米，方椿入地約 60 ~ 80 厘米，柱下墊木板或排木。這是目前所知最早之木礎。從以上考古發掘資料可以看出，萌芽時期的柱礎，是在黃土中摻入石灰料、骨料、木炭、紅燒土、粗砂陶片、碎石片等，或在柱脚側支撐礫石加固，然後回填黏土分層夯實的方法，爲防潮、防腐及防柱子下沉起到了積極作用。後期發展到以天然石塊或稍加工的石塊做柱礎。干闌式建築則采用木排或木板爲礎。這一時期，從暗礎出現，直至柱礎微露地面，使柱子從深埋到淺埋，再發展爲平置於地面的承重柱，標明古代建築技術向前邁進了一大步。其意義在於房屋結構的穩定性不再依賴柱子的深埋，爲日後柱礎完全露出地面，由暗礎而成爲明礎，進行裝飾美化創造了條件。故暗礎是柱礎發展的第一次飛躍。

從商代末年至秦漢時期（公元前 1046—220），新石器時代晚期之暗礎已上升到地面，由暗礎完全發展爲明礎，完成了柱礎發展的第二次飛躍。此時柱礎的特徵是礎體較薄，有方形、八面形、圓形、橢圓形、鼓形、覆盆形、覆斗形，上面雕刻虎、四靈動物等圖案。還有動物形礎，如羊形礎、辟邪形礎等。此時柱礎的造型及雕飾完全是中國傳統藝術風格。柱礎完全突出地面，在中國建築史上具有劃時代意義，標志着中國古代建築已進入成熟階段，表明建築結構與建築藝術有了轉折性突破。柱子已不再依靠深埋而保持房屋的穩定性。柱子離開泥土，可防潮、防腐，從而延長木柱的使用時間，同時亦可延長房屋的使用壽命。由此，人們開始對建築結構的穩定性進行各種大膽嘗試與探索，爲唐宋創建規模宏偉的建築物創造了條件，爲中華民族特殊的木結構建築體系風格的形成與發展奠定了基礎，同時亦爲柱礎的發展提出了更新、更高的要求。

三國兩晋南北朝至隋唐五代時期（220—960），由於佛教東漸，南北朝時已盛傳中國，受外來佛教文化的影響，漢代以來傳統的柱礎及其裝飾亦發生了較大變化。晋代初期仍以漢代傳統覆盆形爲主要形式，到南北朝時開始出現蓮瓣形柱礎及蓮花紋飾。唐朝統治者極力崇尚佛教，大規模興建佛寺，開鑿石窟，使佛教文化及雕刻藝術得以迅速傳播與發展。此時柱礎的主要特徵爲覆盆形、蓮瓣形、蓮瓣覆盆形，且蓮瓣較平，蓮花座、須彌座成爲柱礎的主要形式，具有明顯的佛教文化風格。同時，亦出現了一些新的柱礎形式，如龍礎、鳳礎、虎礎、獅礎、花紋礎等。佛教東傳以後，南朝相對封閉穩定，從出土礎石來看，仍承襲兩晋風格。受佛教影響最大的是北朝。出土的實物，雖未發現宮廷建築柱礎，但從墓葬帳礎、石闕神道石柱礎及石窟石雕礎可看出此時之柱礎形式特徵。山西大同司馬金龍北魏墓出土的四件石質帳礎，雕刻精美，堪稱一流。帳座下部呈方形，周圍雕忍冬紋、雲紋；上部覆盆形，頂部正中有一圓孔，孔四周雕以蓮花，蓮花四周雕刻蟠龍。另外，北齊天統五年（569）修建的河北定興義慈惠石柱，其柱礎爲蓮花覆盆形。真正體現佛教文化的柱礎當屬石窟造像及其建築藝術。北魏雲岡石窟有仰蓮柱礎，其中又分仰覆蓮、覆蓮兩種。這時蓮瓣簡單、稍高上瘦。而北齊響山堂石窟有多角棱柱，柱礎多雕爲怪僧，足下平刻蓮花。唐代出現許多宏偉壯觀的著名木結構建築群，如南昌滕王閣、武昌黃鶴樓、開封相國寺等。但唐代最完整的木構建築目前僅發現兩處：五臺山唐德宗建中三年（782）建的南禪寺與唐宣宗大中十一年（857）建的佛光寺大殿。佛光寺原爲五臺山著名大剎之一，原建築已毀，現存爲唐代大中年間重修。柱下石礎雕有水浪龍紋、雲紋鳳紋、雲紋蓮瓣紋、寶裝蓮瓣紋等，雕工精美，刀法流暢，既保持了漢晋以來的形式與風格，又吸收了佛教文化的裝飾特點，實屬十分珍美的唐代藝術品。具有同樣風格的柱礎還有山東濟南長清靈嚴寺大殿，有十一根石柱，柱下石礎以明間檐柱柱礎最爲精美，雕刻龍、鳳、雲紋及海水紋，次間、梢間及殿內柱礎皆雕蓮瓣紋。其柱及柱礎均爲唐代風格，疑爲唐代遺物。這是目前中國僅有的兩處風格相同的雕龍、雕鳳礎，精美絕倫，十分珍貴。唐代木構建築實物保存至今者雖然不多，然唐代柱礎遺物不少。如唐開元年間所建河北易縣開元寺毗盧殿柱下爲覆盆蓮花礎，浙江海寧安國寺大殿柱下爲鋪地蓮花礎，唐朝末年山西平順天臺庵正殿柱礎亦均爲覆盆形蓮花柱礎。唐太和五年（831）所建山西芮城龍泉村五龍廟正殿柱下礎石爲方形石礎，上下二層重叠，埋在基槽中，其上層有淺刻人物畫，綫條簡潔有力。這是目前所發現的唐代僅有之綫刻人物畫石礎（見《文物》1959 年第 11 期）。

　　宋、元、明時期（960—1644）爲柱礎發展的成熟時期。宋代在繼承唐代風格的基礎上，又有創新與發展，品種數量之多，應用範圍之廣，雕刻之精美都是唐代所不能比擬的。據梁思成《營造法式注釋》所載，當時礎形有十一種：一曰海石榴花，二曰寶相花，三曰牡丹花，四曰惠草紋（清式稱“捲草紋”），五曰雲紋，六曰水浪，七曰寶山，八曰寶階，九曰鋪地蓮花，十曰仰覆蓮花，十一曰寶裝蓮花。蓮礎是宋代柱礎的主要代表形式之一。大部分柱礎仍保持覆盆蓮瓣形，然此時之蓮瓣較高，已不同於唐代以前之蓮瓣，在吸收外來文化的基礎上，又加入了中國式花紋，使之更具民族化特色，對傳統柱礎形式有了創新與突破，并出現了大量的龍礎、鳳礎、龍鳳礎、龍紋水紋礎、鳳紋雲紋礎、力士礎等。至元代，則一改過去蓮瓣覆盆形式，又有新的發展，出現了鼓形、八面形、桌几形。柱礎由較薄開始加厚增高。元代蘇州駙馬府柱礎最爲珍貴，百姓稱之爲“九獅墩”，爲元代礎石之珍品。明代柱礎則給人以耳目一新的感覺，出現了方形礎、六面礎及組合礎。尤其是明代宮廷柱礎，雕刻堪稱一流。南京明代宮廷柱礎與山東曲阜孔廟龍雕柱及石礎，代表明代最高雕刻藝術水平。

　　清代至民國初年（1644—1912）是柱礎發展的鼎盛時期。在明代礎的基礎上又有新的發展，不僅數量多，形式豐富多彩，而且在雕刻藝術上也達到了空前絕後的程度，具有鮮明的時代特徵與地方特色。由於我國歷史悠久，地域遼闊，人口衆多，各地區政治、經濟、文化、宗教、地理、氣候及風俗習慣不同，在幾千年歷史發展過程中，形成了具有不同地區特點的區域性文化。而這些區域性文化必然對柱礎的形態、雕刻裝飾産生深遠的影響。因此，這一時期柱礎的地方特色及時代特色非常明顯，按式樣裝飾及形態劃分可分爲五個區域性柱礎文化特徵。

第一，陝、晋、冀、魯、豫地區柱礎。這一地區柱礎所反映的是中華文明的黄河文化。其形體有三種：（一）單體形。以圓鼓形爲主，亦有方形、覆盆形。（二）多層組合形。或方形與圓鼓形、多面形相結合，或几形與圓鼓形、方形相結合，或多面形與几形相結合，或覆盆式與多面形、方形、圓鼓形相結合。（三）動物形。有獅形、象形、朝天吼形等，配以人物、植物、花卉等裝飾圖案，采用淺浮雕、透雕或圓雕技藝，雕製成千姿百態的柱礎形體。風格敦厚、高大、精美，搭配和諧，裝飾華麗，布局精到合理。這些柱礎多用於佛教、道教建築，或關帝廟，或會館、民居，配以柱子，則整個建築顯得更加美觀、協調、高雅，或顯示佛神的威嚴與權威，或代表主人的財富與地位。這些石雕柱礎是中原地區中華石雕藝術的最典型的代表作。最有代表性的寺廟道教建築有山西堯廟、交城天寧寺、運城關帝廟、晋城玉皇廟、五臺山南禪寺、普化寺，河南登封少林寺、周口關帝廟，陝西昭陵等。會館建築，如河南社旗山陝會館、洛陽潞澤會館等。民居建築，如山西靈石王家大院、祁縣喬家大院、襄汾丁村民居，陝西韓城党家村民居等。至於明清北京故宮與圓明園的柱礎，更是精美絶倫，天下第一。

第二，江浙地區的柱礎。江浙地區，人多地少，水網縱橫，阡陌相接，交通便利，文化發達，構成了江南水鄉特有的民風習俗，形成了極具特色的稻田文化，通稱吳越文化。此地物華天寶，人杰地靈，明清時期文人墨客多集中於江浙一帶，更是朝廷命官薈萃之地。從明清名人故居、園林可以看出，其柱礎多爲單體圓鼓形，亦有方形，素面或裝飾人物、動物、植物、花卉圖案，采用淺浮雕與減地隱起等技藝雕刻，使柱礎精巧、秀美，體現了吳越文化的水鄉性格及崇尚俊秀的藝術風格。

第三，閩、贛、臺地區柱礎。由於中原戰亂，中原移民南遷，在中國歷史上出現了中原文化一次次南移，與南方當地文化相交融，形成獨具特色的客家文化。其代表性建築爲客家各種形式的四合院、土樓、土堡、圍壟屋等，以其特殊的建築文化景觀飲響中外，成爲中國五大民居建築之一。客家人文化素質好，然多居住於山區，條件艱苦，養成聰明勤勞的優秀品質，極重視文化教育，重視文廟、書院的創建，規模較大，但由於經濟條件所限，往往裝飾一般，如贛州文廟等。民居代表性建築如景德鎮玉華堂、遂川悠富民居等，則裝飾豪華。該地區柱礎的形體特徵有二：一是單層，多鼓形，素面或雕刻花紋。雕刻圖案有歷史人物、戲劇故事、祥禽瑞獸、神仙佛道、植物、花鳥等。或開窗，或減地隱起，十分素雅精美。二是單層，方形、圓形或多面形。或以淺浮雕、深浮雕、圓雕技巧裝飾人物、花卉、植物圖案，或采用弧綫整體造型。整個柱礎體現敦實、厚重、素雅、精美的藝術風格，既顯示出中原文化厚實的特性，又顯示出贛、閩、臺文化的精巧以及火燒的南國風情與海洋文化的絢麗多彩。

第四，粵、港、澳地區柱礎。由於中國歷史上中原文化、楚文化的南移，對嶺南地區文化傳統的形成產生了深遠影響。兩晋南北朝及兩宋時期，中原地區戰亂頻仍，民不聊生，北方之民大量南移。移民帶來了中原文化及楚文化等先進生產技術，促進了嶺南地區經濟發展，拓寬了廣府文化圈，强化了廣府文化的凝聚力與穩定性。移民帶來了中原地區傳統的儒家文化，極其重視宗族關係，他們落地爲籍，聚族而居，每個家族都建有宗祠，而宗祠之規模大小與裝飾豪華程度則代表了本家族的地位及財富。因而代表嶺南宗法關係的祠堂便成爲聚族而居的中心建築。他們十分重視儒家文化教育，一方面修建孔廟（文廟）祭孔，一方面建設書院教育子弟走科舉仕宦之路。經濟發展促進了文化教育的提高，文化素質的提高又直接影響了經濟發展與商業繁榮，故經濟發達的嶺南地區成爲人才薈萃之地。嶺南地區人民多信鬼神，信仰亦頗多，尤其是與水有關的神多建廟供奉，如龍王廟、海神廟、媽祖廟、關帝廟等。另外或將孔子、北帝、菩薩三神一起建廟供奉，成爲嶺南三教合一的特有現象。在廣東、廣西、香港、澳門等以粵語方言爲主要特徵的廣大嶺南地區，其主要建築形式有孔廟、祠堂、書院、神廟、民居等。因此地氣候潮濕，爲便於空氣流通，其建築結構較高，柱子裝飾講究，多用圓形、八角形、四方形，柱礎雕飾精美，比例較高，一般高度爲 30 ～ 100 厘米。嶺南地區柱礎的主要形體有二：一是多層礎，以幾何形爲主，面上少雕刻，多裝飾仿生果、植物莖杆，如楊桃、竹節等。二是單層高體位。裝飾以仿生爲主，如瓶形、鼓形、柱形、花几形、罐形等，或素面無花。多采用浮雕技巧，綫條簡潔、穩健、含蓄、有力，表現出綫形美與立體美。柱礎整體顯示出素雅、精緻、美觀、大方，既體現了中原文化簡樸、勤儉的文化特徵，又反映出海洋文化的包容特性，充分體現了嶺南人民的實用、實效的務實心理特徵與敢於冒險的探索精神。

　　第五，川、鄂、湘、黔、滇地區的柱礎。四川、湖北、湖南、貴州、雲南等省，地域相接，環境、氣候相似，文化習俗相近，因此柱礎亦具有極爲相似的風格及特徵。明清以來，四川、貴州、雲南成爲移民、屯兵、避難、經商的主要地區。中原、湖廣、閩贛、蘇皖地區移民及商人入住，帶來了先進文化，并與當地少數民族文化融合，形成了不同於其他區域的民居建築，展示出獨特的區域性風格。該地區是我國少數民族居住集中的地區，僅雲南省就居着二十六個民族。許多少數民族與漢族相融，接受了中原文化。自古以來，這些地區就是西南少數民族通往東南亞的陸上通道，故稱爲“西南陸上絲綢之路”。長期的對外經濟、文化的交流，促進了該地區與東南亞經濟與文化的繁榮，因而該地區受外域文化的影響自然較深，尤其是“絲綢之路”的長期作用，使該地區受佛教文化的影響較深，存在較爲濃厚的佛教風情。這是中原、吳越、閩贛、嶺南地區所無的文化特徵。據此可知，中原文化對這個地區具有深遠巨大的影響力，并始終貫穿於歷史發展進程之中，同時又表現出該地區兼融外來文化的博大包容，在特定歷史地理環境、氣候、宗教信仰、文化習俗條件下，形成了豐富多彩的民居建築形式，如井幹式、干欄式、四合院式、吊脚樓式、碉堡式、帳篷式等等，構成五彩繽紛的民居建築百花園。這些民居建築突出表現了秀美中透出粗獷，古樸中隱現詭秘，渾潤中顯露神奇的藝術風格。該地區的柱礎有三種類型：一是單體礎。或鼓形，或扁鼓形，或瓶形、鉢形、方形、柱形、瓜形，或花籃形、井欄形、多面形、燈籠形。裝飾圖案有人物、動植物。采用淺浮雕、深浮雕或開窗等技術。二是動物形。有獅形、象形、猴形、鹿形、麒麟形、朝天吼形、蟾蜍形等，采用圓雕、高浮雕技術，造型生動活潑，栩栩如生。動物形柱礎分單體、多體兩種，大多用來裝飾廟宇、祠堂、會館，置於檐柱入口處。用於寺廟、民居建築則多見於清代，發現有獅、象、麒麟、猴、蟾蜍、朝天吼形柱礎，有鎮宅、辟邪之意。三是多層組合形。或圓形與方形、多面形組合；或圓形與方形、立柱形、斗形多層組合；或圓形、扁圓形與方形、多面形組合；或圓形與方形、立柱形、斗形、彌座形組合，或與動物形象組合。雕飾采用淺浮雕、深浮雕、透雕、圓雕等多種雕刻技術，裝飾圖案有各種宗教內容、圖騰崇拜、歷史故事、神話傳說、動植物、花卉、蟲魚等紋飾，種類繁多，意味深長，體現了巴湘楚文化的機智、聰明、勤勞、奮進的性格及粗獷、神秘、自由奔放的藝術風格。

　　柱礎的雕刻藝術同其他石雕、木雕、磚雕藝術一樣，在漫長的歷史進程中形成了具有中國特色的礎石雕刻藝術體系及風格，成爲中華民族優秀傳統文化的重要組成部分。我國考古工作者現已整理出石礎圖片約兩千五百張，上起新石器時代，下迄清末，縱跨數千年，分布於二十多個省區市的宮苑、官第、民居、祠堂、會館、寺廟、石窟、陵墓、古遺址等。石礎裝飾有人物雕刻，有動物、花卉、山水雕刻，僅動物形雕刻就有龍、鳳、獅、象、馬、鹿、羊、猴、鷄、魚、蟾蜍、麒麟、朝天吼等幾十種。人物雕刻紋飾花樣繁多、内容豐富，有歷史典故、戲劇故事及佛教、道教、儒教人物傳奇，寄托了人們的美好願望。又以明快嫻熟的刀法雕刻祖國的名山大川，充滿熱愛大自然的詩情畫意，可謂千姿百態，形象各异。這些難得的精雕細鏤的柱礎，積澱着豐厚的佛教文化、道教文化及儒家文化之精華，充分展示了中國古代勞動人民的聰明才智與豐富的藝術創造力及想象力。因而深入研究、繼承、保護與發展柱礎藝術，對於豐富與發展中國石刻文化寶庫及建築美學、人類學、考古學皆具深遠歷史意義。

泛　稱

柱礎

　　柱下所墊之石墩也。亦稱“柱頂石”，俗稱“礓墩”。早期爲埋於地下的暗礎，多以天然礫石或圓木、木板爲之。後發展爲露於地面的明礎，多以人工雕石爲之。其主要功用是將柱身中的負荷載布於地上較大面積，同時可防止地面潮濕和損壞柱脚。柱礎最早見於殷商，除天然石塊爲之外，還有雕刻精麗的抱膝而坐的人形柱礎。後世柱礎形狀或圓或方，或多面形，或動物形。有單體、多體之分，亦有多種組合體形。礎石雕有各種圖案紋飾，既是建築構件，又是一種石雕藝術品。其中漢代有圓形及覆斗形柱礎，有的還刻有動物紋樣。南北朝時期出現了帶有宗教色彩的蓮瓣形柱礎。唐代出現了覆盆式柱礎，其雕刻花樣更加繁多。宋代則出現仰覆蓮式柱礎，其雕刻内容更加豐富，

有龍鳳、魚水、獅子、花草等。元代多用不加雕飾的素覆盆式或素平柱礎。明清官式建築多用鼓鏡式，南方則更加繁複多樣。《淮南子·説林訓》：“山雲蒸，柱礎潤。”唐岑參《敬酬李判官使院即事見呈》詩：“草根侵柱礎，苔色上門關。”宋李光《讀易詳説》：“鼎之恃足猶宫室之恃柱礎也，未有柱礎傾折而宫室不摧者。”宋李誡《營造法式·石作制度》：“柱礎。其名有六：一曰礎，二曰礩，三曰碣，四曰磌，五曰礛，六曰磩。今謂之石碇。”清黄景仁《初夏命僕刈階草》詩：“梅雨穿老屋，柱礎苔氣濕。”

【礎】

　　即柱礎。《淮南子·説林訓》：“山雲蒸，柱礎潤。”高誘注：“礎，柱下石，礩也。”南朝宋謝莊《喜雨詩》：“燕起知風舞，礎潤識雲流。”宋李誡《營造法式·石作制度》：“柱礎。其名

有六：一曰礎。”宋吴曾《能改齋漫録·神仙鬼怪》：“沔陰抱殿柱，柱即與礎相離。”明李昌祺《剪燈餘話·月夜彈琴記》：“〔烏斯道〕除吉安永新知縣，到任三日，祇謁先聖於邑庠，顧見殿楹礎邊隱隱有人形，怪而問之。”

【礩】[1]

即柱礎。亦作“質”“櫍”。《説文新附·石部》：“礩，柱下石也。”《正字通·石部》：“礩，礎别名。”《墨子·備穴》：“兩柱同質。”質，孫詒讓閒詁引畢沅：“礩，古字如此。”《韓非子·十過》：“公宫公舍之堂，皆以鍊銅爲柱質。”《説文·木部》：“櫍，柎也；柎，闌足也，楮柱砥也。古以木，今以石。”《淮南子·説林訓》“山雲蒸，柱礎潤”漢高誘注：“礎，柱下石，礩也。”宋李誠《營造法式·石作制度》：“柱礎。其名有六：一曰礎，二曰礩。”

【質】

同“礩”。此稱先秦時期已行用。見該文。

【櫍】

同“礩”。此體漢代已行用。見該文。

【碣】

即柱礎。《玉篇·石部》：“碣，柱礩也。”《廣韵·昔韵》：“碣，柱下石。”《文選·張衡〈西京賦〉》：“雕楹玉碣，綉栭雲楣。”李善注引《廣雅》曰：“碣，礩也。”唐盧照鄰《同崔少監作〈雙槿樹賦〉》：“浮雲興而石碣潤。”唐段成式《酉陽雜俎·壺史》：“〔玄宗〕乃易碣觀之。碣明瑩，見公遠形在其中，長寸餘，因碎爲十數段，悉有公遠形。”明陶宗儀《輟耕録·宫闕制度》：“青石花礎，白玉石圓碣，文石甃地，上藉重茵。”清王士禎《池北偶談·談藝三·郭胤伯》：“所居沚園，在白厓湖上，常構一亭，柱礎城

碣，皆有款識銘贊，手書自鎸之。”

【磌】

即柱礎。亦作“瑱”。《廣雅·釋宫》：“磌，礩也。”《龍龕手鑑·石部》：“磌，音真，柱下石也。”《文選·班固〈西都賦〉》：“雕玉瑱以居楹，裁金璧以飾璫。”李善注：“言雕刻玉磌，以居楹柱也……瑱與磌古字通。”

【瑱】

同“磌”。此體漢代已行用。見該文。

【礆】

即柱礎。《集韵·入屋》：“礆，礎謂之礆。”宋李誠《營造法式·石作制度》：“柱礎。其名有六……五曰礆。”康有爲《戊申秋再游意國咏》：“營構何嚴莊，礎礆堆碑碣。”

【石碇】

即柱礎。宋李誠《營造法式·石作制度》：“柱礎。其名有六：一曰礎，二曰礩，三曰碣，四曰磌，五曰礆，六曰磶。今謂之石碇。”

【柱頂石】

即柱礎。明清時藉“碇”爲“頂”，將柱礎稱爲“柱頂石”。“碇”，本意爲停船時沉入水底用以穩定船身的石塊或繫船的石墩。這裏藉指柱礎是支持柱子的石件。陳從周《柱礎述要》：“由此可見，柱礎有六種不同的名稱，清代稱柱礎爲‘柱頂石’，其‘頂’字大約是‘碇’字的訛音。”又：“明清以後北京主要官式建築，則都用古鏡柱頂石。”梁思成《清式營造則例·清式營造辭解》：“柱頂石，承托柱下之石。”

磉[2]

亦稱“磉盤”“磉石”。俗稱“磉礅”“磉墩”。即柱礎。渾言之礎、磉無别也。析言之礎，柱下石；磉，以磚或石砌築的柱下基礎，

礩上爲柱礎，礎上爲礩，然後立柱。古人常將礩解作礎。《廣韻·上蕩》："礩，柱下石也。"《正字通·石部》："礩，俗呼礎曰礩。"《梁書·諸夷傳·扶南國》："〔穿土〕可深九尺許，方至石礩，礩下有石函，函內有鐵壺，以盛銀坩。"元湯式《哨遍·新建構欄教坊求贊》套曲："選良材砍盡了南山鐵乾霜皮木，搬巨礩撈遍了東海金星雪浪石，非容易。"宋普濟《五燈會元·徑山杲禪師法嗣·東禪思岳禪師》："大小岳上座，口似礩盤。"明袁宏道《場屋後記》："有殿礩石潤潔，疑即范陽白石。"

【礩石】

即礩²。此稱明代已行用。見該文。

【礩盤】

即礩²。此稱宋代已行用。見該文。

【礩礅】²

即礩²。此稱多行用於現當代。見該文。

礩²

混言礩即礎也。析言礎，柱下石；礩，置於柱礎之上，墊於柱脚之下的構件，以銅、石或木料做成。礩是有別於礎的建築構件。最早的柱礩，見於殷商宮殿遺址的青銅製成的出土實物。宋代《營造法式》對礩的形制有具體規定。《太平御覽》卷一八八引《戰國策》："臣聞董安宇之治晋陽也，公宮之室皆以黃銅爲柱礩，請發而用之，則有餘銅矣。"今本《戰國策·趙策一》作"質"。宋李誡《營造法式·大木作制度二》："凡造柱下櫍，徑各出柱三分。"梁思成注："櫍是一塊圓木板，墊在柱脚之下，柱礎之上。

柱櫍¹

亦作"柱質""柱櫍""柱礩""柱鑕"。置於柱礎之上、柱脚之下的構件。由木、石、銅等不同材料製成。其功用在於平穩柱礎、防潮濕，兼有裝飾作用。宋李誡《營造法式·石作制度》："柱礎。其名有六：一曰礩，二曰礩，三曰磶，四曰磌，五曰礆，六曰磩。今謂之石碇。"柱礎和柱櫍可以分開製作，并用於柱下；也可以無櫍，祇用礎。陳從周《柱礎述要》："而礎之與礩不同點，前者是直接承柱下壓地者，而後者則爲柱與礎之間所加的板狀圓盤。用法有二：一是有礎無礩，一是兩者並用。"考古資料表明，目前我國使用最早的柱櫍是在河南安陽殷代遺址中發現的銅櫍。考古學家認爲：在殷代晚期，宮殿建築的擎檐柱已升至地面，礎石仍爲天然石塊埋於地下，上面蓋一青銅盤狀構件，因墊於柱脚之下，如椹質之置於地，故名以質。《韓非子·十過》："臣聞董子之治晋陽也，公宮公舍之堂，皆以鍊銅爲柱質。"商周時期除銅櫍以外，亦有石櫍。《尚書大傳》云："大夫有石材，庶人有石承。"漢鄭玄曰："石材，柱下礩也。""礩"亦作"鑕"。唐宋時期的柱櫍多爲木製，其原因，據陳從周《柱礎述要》云："我們現在以材料的性能來研究，及現存的遺物如江蘇蘇州府文廟的木鼓形櫍，震澤縣洞庭東山楊灣廟的鼓形板形木櫍，都是木紋平置，其目的可以隔潮，防止水分順紋上升，如果柱脚朽腐，既可用櫍補救，櫍本身若朽，又可隨意抽換，辦法實佳。至於後世易木爲石，因石更不腐爛，但辦法不及木製的好。"中國科學院自然科學史研究所《中國古代建築技術史·木結構建築技術》載："殷代的銅柱櫍主要是爲了防潮。石柱櫍實際上是將柱礎升高，防潮作用更好一些。唯有使用木質柱櫍作爲防潮的實際效果并不顯著。在古建築調查中發現，有的古建築在過去修理時，在石柱礎之上，於柱根處墊以木墩或石墩，尺寸與柱徑一致，不注意會被誤認爲柱櫍。實際上它是由於柱根糟朽，在修理過程中用此法墩接根柱，節約了工料，延長了原來舊木柱的使用年代。此種辦法在今天修理木構古建築中，也是經常被采用的措施之一。由此推斷，木柱櫍的使用，最初可能是修理工作中的一種措施，日久在立柱時預加此構件，外表做些藝術加工，逐漸形成一種制度。”由此可知，柱櫍的使用，最初是爲了防潮，隨着木構建築的發達和修補實踐的加多，柱櫍又增加了便於修換和裝飾作用。宋李誠《營造法式·大木作制度二》對柱櫍的製造明確規定：“凡造柱下櫍，徑周各出柱三分；厚十分，下三分爲平，其上並爲欹；上徑四周各殺三分，令與柱身通上勻平。”梁思成注曰：“櫍是一塊圓木板，墊在柱脚之下，柱礎之上。櫍的木紋一般與柱身的木紋方嚮成正角，有利於防阻水分上升。當櫍開始腐朽時，可以抽換，可使柱身不受影響，不致‘感染’而腐朽。現在南方建築中還有這種做法。”根據《營造法式》的規定，木柱櫍本身的高度太低，僅爲十分，即相當於斗拱中一個拱子的厚度，最高不過 20 厘米左右，在施工中選用的木料，無論是橫紋或順紋都不能保持受壓後不變形，因而明清時期改用石柱櫍，一直沿用至今。

【柱質】[2]

　　同“柱櫍”。此體先秦時期已行用。見該文。

【柱礩】

　　即柱櫍。此稱漢代已行用。見該文。

【柱鑕】

　　即柱櫍。此稱漢代已行用。見該文。

【柱櫍】

　　即柱櫍。此稱宋代已行用。見該文。

石礎

　　以石製成的承托柱子的柱礎。晋葛洪《抱朴子自叙》：“受爵即第，爲驃騎營立宅舍於博望里，於今基兆石礎存焉。”元吾丘衍《周秦刻石釋音·石鼓文》：“漢唐後，碑碣石雖精好，然亦易剝缺，又往往爲人取作石礎之類。”清黄遵憲《登巴黎鐵塔》詩：“石礎森開張，露闕屹相向。”

【石碣】

　　即石礎。亦作“石舄”。亦稱“石磶”。《南史·夷貊傳上·扶南國》：“初穿土四尺，得龍窟及昔人所舍金銀環釧釵鑷等諸雜寶物。可深九尺許至石磶，磶下有石函。”唐盧照鄰《雙槿樹賦》：“故疾雷作而蟄蟲飛，浮雲興而石碣潤。”明王志堅《表異録·宮室部二》：“石磶曰瑱，又曰玉舄。”清方以智《通雅·宮室》：“柯古言羅公遠隱形於石碣中。是唐人謂礎爲碣。”

【石磶】

　　即石碣。此稱南北朝時期已行用。見該文。

【石舄】

　　同“石碣”。此體唐代已行用。見該文。

【玉碣】

　　即石礎。亦作“玉舄”“玉舄”。係美稱。《文選·張衡〈西京賦〉》：“雕楹玉碣，綉栭雲楣。”李善注：“《廣雅》曰：‘碣，礩也。碣與舄古字通。’”三國魏何晏《景福殿賦》：“金楹齊列，玉舄承跋。”明王志堅《表異録·宮室一》：“石磶曰瑱，又曰玉舄。”《初刻拍案驚奇》卷七："玄宗愈加怒發，令破柱取他。柱既破，又見他走入玉碣中。"《陝西通志・古迹一》："以木蘭爲棼橑，文杏爲梁柱，金鋪玉户，華榱璧璫，雕楹玉碣。"

【玉舄】

同 "玉碣"。此體三國時期已行用。見該文。

【玉舄】

同 "玉碣"。此體明代已行用。見該文。

礡[3]

爲房屋的基礎部分。可單獨砌築，亦可連續砌築。單獨砌築時，須做攔土墙，與礡礅同高。連續砌築時呈帶狀，礡礅本身就是一堵墙，因而無須另砌。

歷代柱礎

新石器時代柱礎

公元前 6000—前 2500 年爲中國歷史上的新石器時代。這是柱礎的萌芽時期。新石器時代早期，房屋建築多采用挖坑栽柱，以原土回填，木柱自然腐爛，尚未使用柱礎。據考古資料，公元前 6200—前 5800 年的湖南澧縣古城彭頭山聚落遺址，屬新石器時代早期文化遺址，也是目前考古發現長江地區最早的城市遺址。在已經發掘的 400 平方米的南區，發現一個大型建築居住遺址，東西長約 6 米，南北寬 5~6 米。其中大型柱洞五個，直徑 40~60 厘米；小型柱洞四個，直徑 15~35 厘米。洞內填有黃土，無立痕。新石器時代中期，爲防止木柱下陷與腐爛，便在回填黃土中摻入石灰料、骨料、木炭、粗砂陶片或碎石片等，并於柱脚下鋪墊紅燒土塊或河卵石做柱礎。如距今 6500 年前的湖南安鄉劃城崗遺址，1999 年再度發掘時，顯露古代房屋遺址三間，每間南北長 6 米，東西寬 4 米，其中柱洞二十多個，大多以紅燒土塊做柱礎，亦有用河卵石成排分布做柱礎，形狀十分整齊。新石器時代晚期的柱礎除保持紅燒土塊外，已開始使用自然礫石或簡單加工的青石做柱礎。干闌式建築，則采用木排、木板爲柱礎。河南陝州廟底溝 301、302 號房屋遺址，發現中心柱洞內有扁礫石。此爲目前所知中國最早的暗礎實例。浙江餘姚河姆渡干闌式建築遺址中，已發現在柱下墊木板或原木排的做法，這是目前所知最早的木礎萌芽實例。甘肅秦安大地灣仰韶文化晚期古建築遺址，發現兩座大型房址 F405 與 F901。F901 房址在門前三排柱迹中最靠門外的一排，發現了經過簡單加工的微露地面的青石柱礎。處在萌芽時期的柱礎，一般多爲暗礎，或極少量微露地面。祇有在房屋結構的穩定性達到一定程度時，纔有可能不依賴柱子的深埋，最終擺脱柱洞的做法，使暗礎升爲明礎。

三代柱礎

公元前 2027—前 771 年，中國歷史上經歷了夏、商、西周三代。這一時期，隨着原始社會的解體，開始進入奴隸社會。夏禹治水成功及穩定的居住條件，爲農業的發展奠定了基礎。商周時期青銅器的使用與鐵器的出現，促進了農業與建築技術的空前提高。柱礎則隨着土木結合的高臺建築的發展由暗礎向明礎進化，并爲礎石的裝飾創造了條件。根據考古資料得知，商代早期的柱礎仍保留新石器時代晚期的形式，即紅燒土塊與天然石塊等。如河南偃師二里頭夏代中晚期宮殿遺址是我國目前發現最早的一座大型房屋基址，面積約 10000 平方米，下爲臺基，臺基之上是由一個單體殿堂及廊廡、門庭組成的十分壯觀的建築群。石柱礎多爲未經加工不規則的方形石塊，一般長約 50 厘米，寬 45 厘米，厚約 20 厘米，大小不一。大的柱礎上墊一塊或三至五塊石料，高達 40 厘米，立柱後，再分層回填黄土夯實。商代中期，柱洞中均發現帶礩的石柱礎及陶柱礎。鄭州商城、湖北黄陂盤龍商城、陝西岐山鳳雛商宫等遺址均屬商代中期大型建築遺址，立柱時，先挖槽坑，底置礫石或較大石塊做礎，平面向上。同時發現有用直徑 0.5~1.0 厘米碎石塊攪拌石灰，填厚 15~20 厘米做礎，然後立柱填土。商代晚期出現了銅礩與半身雕像石礎，標志中國古代建築穩定性的構件趨於成熟，裝飾藝術開始在礎石上運用。商代晚期最具代表性的建築當屬安陽小屯殷墟宮殿遺址。據《安陽發掘報告》第四期專刊《第七次殷墟發掘 E 區工作報告》載："這次所見的柱礎都是不加雕琢的天然卵石，大小都差不多，它們的放置，有的是埋在基面以下，有的是露在基面以上。"小屯殷墟出土銅礩一塊，凸面圓形，直徑約 15 厘米，厚 3 厘米，銅礩與石礎之間有 20 厘米的墊土層。銅礩露於地面之上，柱子直接立於銅礩之上。這是目前所知出土的唯一金屬礩。另據梁思成《中國雕塑史》載："李濟之博士在殷墟從事發掘，出土有半身石像一軀，無首無足，全身有雲雷紋，蓋紋身之義歟！李先生以爲此石像應爲柱礎，其言亦當。"又據吳澤著《中國歷史大系·古代史》載："礎刻人像下部，抱膝坐形，背部有槽，側有卯。"西周是中國農業社會的發展時期，青銅器工具的大量使用，使農業、手工業有較大發展，并爲建築業的發展開創了美好前景，出現了以庭院爲單位組群布局的大型建築群。岐山鳳雛西周早期宮殿遺址就是一座由三個庭院及四周圍繞若干房屋組成的大型建築群。這一組建築形成封閉的空間，很像我國後來在北方流行的四合院。分前院、後院，前院北邊爲主體殿堂，後院中間有過廊，過廊北通後室，前後院周圍有迴廊，東西兩邊是廂房。大殿是這組建築的主體，大殿立柱南北四排，東西七列，排列整齊，相互對應。柱洞形狀有圓形、方形、半圓形、多邊形，以圓形柱洞最多，柱礎形制多承商代晚期。中國科學院自然科學史研究所《中國古代建築技術史·木結構建築技術》："使用柱礎的時代，至遲可以上溯到奴隸社會。河南二里頭早商時期的宮殿建築中，柱洞下部就墊有一塊或三四塊自然石已承木柱柱根，這些石塊實爲柱礎。在這一時期，使用住礎還不普遍，例如藁城臺西商代中期的建築遺址中，柱洞裏有的墊石質或陶質的柱礎，有的仍保持原始社會的辦法，用碎石夯填加固。"

春秋戰國時代柱礎

春秋戰國時代，高臺建築飛躍發展，城邑建設規模空前。但由於此時期考古發掘的遺址不多，故柱礎實物亦較少。從已經發掘的實物觀察，此時的柱礎主要是繼承商代礎石的形制及風格，尚無突破性進展。春秋戰國時代，邯鄲長期爲趙國故都。趙王城是趙都宮城遺址，從考古發掘得知，現存十處夯土臺，十餘處夯土遺址，其規模之大，存世之完整，在國內古遺址中實屬罕見。龍臺以北的二號土臺原係兩層，下層上半部東西兩側各有兩行南北相對的柱礎石。北將臺亦發現有直徑爲 58 厘米的柱礎石。另在《戰國策》中雖有董安宇治晉陽時，"公宮之室皆以煉銅爲柱"的記載，可見戰國時已有銅柱，然并未見銅礎之記載。

秦漢柱礎

秦漢時期上承三代之盛，下啓六朝之瑞，是中華民族史上的重要時期。秦始皇統一天下，中國由封建割據走向大一統。鐵工具的普遍使用，進一步解放了生產力。社會的重大變革，促進了中國建築技術的發展。秦代出現了高臺木構建築。西漢時期的主要建築形式則爲以單體木構建築與高臺結合而成龐大的建築群。東漢是中國建築史上光輝燦爛的發展時期，梁柱式、穿斗式木結構的運用，形成了牆倒屋不塌的建築框架結構，爲創造出各種形式的斗拱結構奠定了基礎，亦爲石材在木結構建築中的廣泛應用提供了有利條件。這一時期柱礎的發展是中華建築史上的重要時期。秦代柱礎均經過加工，表面平整無雕飾。據《秦始皇陵西側驪山飼宮建築遺址清理簡報》(《文博》1987 年第 6 期)載，該遺址出土了大量柱洞及柱礎。其中有一座建築遺址，發現有四個大型柱石，東西排成一行，間距約 4 米。石柱礎呈長方形，長 72 厘米，寬 36 厘米，高 26 厘米。礎面中間偏外有規整的圓孔，直徑 10 厘米，深 5 厘米，石質較細，青灰色。礎石經過嚴格的加工，表

面光滑。石礎東西側有方孔，邊長 25 厘米，深 60 厘米，孔內有朽木。根據柱礎形狀分析，秦代木柱與礎石已有子母榫。立柱橫斷面爲長方形，礎石兩側方孔即爲固定立柱之用，與後世抱鼓石作用相似。另據林泊《秦始皇帝陵出土方形深鑿書文石礎》(《文博》1988 年第 3 期)載，在內城西區發現一礎，出土時距地面 60 厘米，石礎下部夯築，立柱正方形，通高 62 厘米，邊長 30 厘米，表面無雕刻。礎分上下兩層，上層礎表面打磨光滑，下層帶底，其表面爲錯斜紋綫，上層貼合於下層之上。鑿爲正方形，邊長 13 厘米，深 53.5 厘米。鑿面平直規矩，口高出礎邊 2 厘米。礎上有用白色膏書寫的篆文，此礎爲宮殿專用石礎或城門側面礎。又據廣州文化局所編《廣州秦漢考古三大發現》(廣州出版社 1999 年版)載，秦漢南越國宮苑遺址出土方形石礎兩個，礎爲砂巖質，中間有榫孔，表面經過打製加工。據此可知，秦漢柱礎多爲人工打磨的素面礎；形狀有方形、長方形、方形立柱等；礎中間有子母榫，用於對接，使柱子與礎石之間更加貼切，以保證其穩定性；微露地面部分加工光滑，埋於地下部分打製粗糙。西漢柱礎亦多爲素面礎，然形式較秦代有所發展，有方形、長方形、圓形、長方形與圓形組合四種形式，首次出現組合礎。圓形柱礎面上已分外徑、內徑，與長方形礎組合，爲發展多層柱礎創造了條件。與秦代比較又一大進步是石礎微凸地面，出現了雙柱礎、三柱礎、四柱礎，反映西漢時期木構建築日臻成熟。東漢時期將柱礎的形式及裝飾發展到了一個高峰，不僅形式多樣，如方形、長方形、覆盆形、圓形，而且還出現了多種組合礎，如圓

形與長方形組合，覆盆形、反斗形與方形組合等。同時，還出現了淺浮雕礎、圓雕礎及動物礎，如辟邪礎、綿羊礎、方形礎上淺雕伏虎等。據《山東沂南畫像石墓》（《文物》1954 年第 9 期）載，位於沂南縣北寨村之漢墓，墓内有前、中、後三個主室，五個側室，前室有八角擎天柱，高 1.1 米，礎石分兩層，上部爲圓形，呈覆盆狀，高 13 厘米，上雕奇禽怪獸、飛龍、翔鳳。下部爲正方形，每邊長 48 厘米，高 12 厘米。南京博物院《昌梨水庫漢墓群發掘簡報》（《文物》1957 年第 12 期）載，該墓位於江蘇北部東海之羽山，有一個主室、二個後室、一個側室。柱及柱礎在主室内正中，柱礎高 21.5 厘米，寬 42 厘米，上層覆盆狀，盆唇微露，高 13 厘米，素面無花紋；下層爲正方形，高 8.5 厘米。據北京文物工作隊《北京西郊發現漢代石闕清理簡報》（《文物》1964 年第 10 期）載，該石闕位於北京西郊石景山上莊林東，發現石柱及三個方形石礎，五號礎長 113 厘米，寬 83 厘米，高 26 厘米。礎面中間有一圓形榫口，徑 31 厘米，榫口兩側各雕伏虎一隻。七號礎榫口亦雕有兩隻伏虎，十三號礎礎面四周雕刻三角紋、棱紋。另據考古工作者發現四川德陽許黃東漢墓，有一帶前廊的石室，廊前左右兩根石柱，柱下有辟邪石礎，此爲目前所知以辟邪做礎的最早形式。又據《考古》1980 年第 2 期、1981 年第 3 期載，江蘇徐州青山泉白集、茅村東漢墓分別發現三隻綿羊礎，羊作蹲伏狀，捲角、垂鬚、緊嘴、微露齒，形象十分生動。羊礎下有一長方形石板。羊取陽義，取吉祥之義。這是目前考古發現的僅有的三隻綿羊柱礎，十分珍貴罕見。東漢柱礎雕刻的表現手法多采用

陰綫刻、減地平鈒及圓雕等技巧，尤其是綫刻圖案凸出 1~2 厘米，既反映了綫描特點，也體現了石雕精雕細刻的本質特徵。所刻形象綫條飄逸、動作誇張、氣勢渾厚，既繼承了青銅器寫實紋飾的精髓，又突出了圖案的重複與條理，使整個畫面產生一種十分典雅之神韵，表現出極高的藝術魅力。

三國柱礎

三國時期，由於軍閥混戰，魏、蜀、吳三國鼎立，故重要建築不多，建築遺址亦較少。這個時期的建築結構及柱礎形式與特徵大多承襲漢制。1994 年春，河南許昌張潘鄉李村村民在村西漢魏故城遺址挖坑栽樹時，在距地表 1 米左右土層内發現一青石柱礎，呈近似正方形，長 63.5 厘米，寬 62 厘米，厚 15.5 厘米。礎面正中有凸起的圓形平石，其四周雕刻青龍、白虎、朱雀、玄武 “四靈” 神像。青龍前爪直伸，瞪目巨口，龍首向後，龍尾下垂；白虎虎頭朝後，聞聲而視，四爪揚起，呈騰躍之勢；朱雀伸爪展翅，引頸回首，口銜一翅；玄武，神龜伸頭弓爪，口銜纏繞在龜身上的蛇紋。神蛇緊纏於龜身之上，二者觸身相抵，雙吻緊對。“四靈” 形象生動、逼真，栩栩如生。其雕刻工藝精湛、刀法流暢，是目前我國發現的唯一一件三國時期的四靈柱礎，屬國家一級文物，現存於許昌博物館。《三輔黃圖·未央宮》：“蒼龍、白虎、朱雀、元武，天之四靈，以正四方，王者製宮闕殿閣取法焉。” 漢魏之時以 “四靈” 爲祥瑞之物，多將四神紋飾雕刻於建築物構件上，如柱、礎、瓦當、壁畫上常可發現。另外，還多出現在畫像石、畫像磚、帛畫、銅鏡、印章上。

兩晉柱礎

　　據考古發現，西晉、東晉時期有兩種柱礎：一是建築石柱礎，二是墓葬帳礎。吉林通化集安出土的西晉建築石柱礎形式有八面形、圓形、橢圓形，素面，花崗巖石質。藏於北京大學的後趙方形石礎，屬建築柱礎，礎上刻有銘文。據趙超《中國古代石刻概論》所載，其銘文曰：“趙建武四年造太武殿前猿戲紋柱石孔。”這是我國目前發現最早的銘文柱礎。江蘇宜興周氏家族墓葬中出土的西晉元康七年（297）的祭臺帳礎石質二個、陶質九個，均呈覆盆形，中間有對穿的圓孔，無裝飾。其中一號墓出土石礎二個、陶礎六個，直徑 20 厘米，高 9.5 厘米；二號墓出土三件陶礎，直徑 13.5 厘米，高 6 厘米。這是目前所發現的最早的帳座礎。南京板橋石閘湖墓葬中亦發現西晉太安元年（302）的四個陶質礎，座面雕刻四瓣梅花紋，上下面印有“太平五百”斜紋。東晉時期的墓葬帳礎在南京幕府山、郎家山與遼寧朝陽袁臺子東晉墓均有發現。南京幕府山一號、二號、三號、四號墓皆出土四件陶質帳礎，礎面雕有龍虎紋，龍虎昂首張口纏繞座身。礎爲圓形，直徑21.4~23.2 厘米，高 10.5~14.2 厘米，內空，中間有圓孔。其中四號墓出土的龍虎形帳礎，不同於其他墓出土的造型。該龍虎帳礎不是與座身一次燒製而成，而是後貼塑上去的。龍座貼塑一條盤龍，有雙角、雙耳，昂首張口；虎座貼塑一隻臥虎，虎首低垂，張口吐舌，虎盤繞座身，首尾顧盼，十分生動。郎家山東晉墓出土的亦爲陶質帳礎，爲覆盆形。遼寧朝陽袁臺子東晉墓出土的帳礎爲饅頭形石質礎，然而雕塑簡單，其藝術水平與南京幕府山出土的帳礎相比相差懸殊。

南北朝柱礎

　　南北朝時期，佛教普傳中國，故此時柱礎既繼承發展了兩晉時期墓葬帳礎及漢代石闕的傳統形制與特點，又接受了佛教文化的深刻影響。蓮花座、須彌座便成爲南北朝時期柱礎的主要形式。佛教東傳，受到影響最大的是北朝，南朝則相對封閉穩定，出土之礎石，仍襲兩晉之風。以南京劉宋時期墓葬一號墓爲例，出土的三件墓葬帳礎，呈長方形，石質，座前雕一虎首，虎口微張，雙眼突出上望。而南京甘家巷蕭梁時期的墓葬區，發掘六朝墓葬四十座，出土帳礎二十件。以六號、三十號墓爲例，兩座墓出土的帳礎均爲石質，一種是兩件組合在一起而形成整體礎，上部爲覆盆形，下部爲方形；一種爲近似圓形，中間有一孔。南京蕭梁景墓神道石柱，其柱礎爲覆盆形，基樁上雕刻雙螭，柱上端爲石圓板，上雕石獅，柱上端雕有精麗的蓮蓋頂飾，由此可看到佛教藝術對南朝石刻的影響。北朝北魏時期，正值國家鼎盛、經濟繁榮，宮殿建築雄偉，石窟工程浩大，墓葬規模之大亦前所未見，其精湛的石室

北魏司馬金龍墓三帳礎之一
（李允鉌《華夏意匠》）

建築與高超的石雕藝術標志着北朝時的建築藝術已進入空前生氣蓬勃的發展階段。從山西大同司馬金龍北魏墓出土的四件石質帳礎則可以看出，雕刻精美，堪稱一流。帳座下部呈方形，周圍雕刻忍冬紋、雲紋；上部覆盆形，頂部正中有一圓孔，圓孔四周雕蓮花，蓮花四周雕蟠龍。其中兩件在方座四周各雕一個立體伎樂童子，另兩件在方座四側浮雕四至五個伎樂童子。1989 年山西大同御河東曹福樓沙場出土一件蟠龍、蓮花鷹捉蛇石質柱礎。上部呈鼓狀覆盆形，頂部有一圓孔，孔四周飾一圈連珠紋，外周浮雕蓮花，蓮花外雕二條蟠龍，龍身雕刻鱗斑紋；下部呈正方形，基座四周雕捲草紋，其四角面上分別雕鷹捉蛇、蹲猴、臥獅、伏虎等，造型生動，情趣盎然。礎高 94 厘米，座邊長 189 厘米，礎孔直徑 28 厘米。真正體現佛教文化影響的柱礎當屬石窟建築。中國最著名的有山西大同雲岡石窟、甘肅敦煌莫高窟、河南洛陽龍門三大石窟。其規模之大、雕刻之精均屬上乘。北魏雲岡石窟有仰蓮柱礎，又分爲仰覆蓮、覆蓮兩種。此時蓮瓣簡單、稍高上瘦。北魏龍門石窟則爲凸面寶裝蓮花，瓣末較寬肥，瓣根較瘦，兩葉相接，葉尖端微微起翹，蓮實較大，向外凸出。北齊響山堂石窟柱礎多雕怪僧，足下平刻蓮花。北朝晚期蓮瓣不加寶裝，但花瓣寬肥。南北朝時期廣泛流行忍冬紋，亦稱捲草紋，即荷葉變形紋。原始忍冬紋以單綫爲主，每組五至六瓣，捲一方；早期忍冬紋葉瓣細長，每組三至四瓣，第一瓣尖向上，末瓣花下翻；中期葉瓣漸寬，出現纏枝忍冬紋，且中間多加雕荷葉或蓮花紋，雲岡、龍門、響堂山石窟多見；晚期忍冬紋多在葉瓣背飾小葉瓣，直到後

世隋唐時纔出現寶相花、牡丹花紋飾。

隋唐五代柱礎

隋唐是中國歷史上封建社會統一的強盛時期，經濟繁榮、國力強盛，中國建築藝術出現了一個高度的發展時期。隋代木構建築承襲舊制，沒有留下宮殿建築實物，亦未發現隋代柱礎遺物。唐代木結構組合技術的成熟以及斗拱結構的使用，使唐代木構建築又有新的發展，出現了很多宏偉壯觀的著名木構建築，如南昌滕王閣、武昌黃鶴樓、開封相國寺等。然保存至今的唐代最完整的木構建築目前僅發現兩處：山西五臺山唐德宗建中三年（782）興建的南禪寺及唐宣宗大中十一年（857）重修的佛光寺大殿。佛光寺大殿的柱礎代表了唐代大中年間的形式與風格。柱下石礎雕有水浪、龍紋、雲紋、鳳紋、蓮瓣紋、寶裝蓮瓣紋等。其雕刻精美，刀法流暢，既保持了漢晉以來的形式與風格，又吸收了佛教文化的裝飾特點，實屬唐代十分珍美的石雕藝術品。具有同樣風格的柱礎還有疑爲唐代遺物的山東濟南長清靈巖寺大殿。其柱下石礎以明間檐柱礎最為精美，雕刻龍、海水紋，鳳、雲紋；次間、梢間及殿內柱礎均雕刻蓮瓣紋。唐代木構建築遺物雖然不多，然柱礎遺物却不少。唐代中期之石柱礎，通常形制爲鋪地覆盆式蓮花礎。如河北易縣開元寺毗盧殿、浙江海寧鹽官鎮安國寺大殿之柱下石礎皆爲覆盆形蓮花礎。直到唐朝末年山西平順縣天臺庵正殿之柱礎仍使用此形制。但亦有方形合蓮礎，如行唐封崇寺大殿及山東濟南歷城區四門塔均爲此形制。然目前僅發現兩例，說明此制不是唐代通常的柱礎形制。另外，考古發現唐代目前僅有的綫刻人物畫石礎。山西芮

城龍泉村五龍廟正殿大約爲唐大和五年（831）間建築遺址，其柱下礎石爲方形，上下兩層重疊，埋於基槽之中，其上層有綫刻人物畫，綫條簡潔有力。據《文物》1959年第11期載文稱，這個柱礎是唐代難得的綫刻精品，也是目前發現的唐代唯一一座綫刻人物畫石礎。遼寧朝陽北塔遺址出土柱礎三十四個。礎石爲綠色或褐色砂巖。其中外層四角礎石各一。東南角爲方形覆盆式礎，邊長130厘米，厚53厘米，上部中心直徑55厘米，深8厘米。覆盆部分四周剔底浮雕龍紋、鳳紋、虎紋及四葉紋。其他三個角礎石亦爲方形覆盆式礎，大小、形制均同。其餘柱礎或爲正方形，或爲不規則形，且大小不一，素面無雕飾。五代時南漢王朝廣州南苑宮遺址出土石礎一個，分爲三層，上層環列十六個獅子，二層爲覆盆形，下層爲正方形，保持了漢代風格。《新五代史·南漢世家》載："〔劉龑〕好奢侈，悉聚南海珍寶以爲玉堂珠殿。"又："以金爲仰陽，銀爲地面，槤角皆飾以銀。下設水渠，浸以真珠。琢水晶、琥珀爲明月，分列東西樓上。"據宋陶穀《清異錄》載，劉龑修南薰殿"柱皆通透，刻鏤礎石，各置爐燃香，故有氣無形"，表明五代時南漢國已用水晶石雕刻柱子及柱礎，且將香料置礎內點燃。隋唐五代時期的柱礎，既有繼承兩晉南北朝風格的宮廷、官邸礎，如覆盆形刻字礎、方形綫刻礎、覆斗形刻龍虎紋礎、覆盆形雕龍礎、虎礎、獅礎、龍礎、鳳礎，亦有通透的水晶礎；寺廟、石窟建築還進一步吸收佛教文化，雕製了新式柱礎，如方形合蓮礎、覆盆形蓮瓣礎、鋪地蓮瓣礎、寶裝蓮瓣礎等。唐代中期以後，寺廟幾乎皆用鋪地覆盆式蓮瓣礎。大型石雕人物、祥禽瑞獸，多采用圓雕、透雕技巧；裝飾花紋，如蓮花、寶相花、牡丹花、龍紋、鳳紋、獅紋、捲草紋等則多采用淺浮雕技藝。其形態變化多端、自由奔放，體現了飽滿華麗、舒展大氣、姿態生動的風格，這種柱礎的形制及其裝飾風格，對宋代石礎雕刻產生了深遠影響。

宋元柱礎

宋元時期柱礎在繼承唐代風格的基礎上，又有創新與發展，且更趨於標準化、規範化。柱礎應用範圍之廣，數量之多，雕刻之精美都是唐代不可比擬的。宋李誠《營造法式·石作制度》："其所造華文制度有十一品：一曰海石榴華；二曰寶相華；三曰牡丹華；四曰蕙草；五曰雲文；六曰水浪；七曰寶山；八曰寶階（以上並通用），九曰鋪地蓮華；十曰仰覆蓮花；十一曰寶裝蓮華。（以上並施之於柱礎。）或於華文之內，間以龍鳳獅獸及化生之類者，隨其所宜，分布用之。"保存至今的宋金遼元時期的實物，如河北安平縣聖姑廟柱礎，花心作海石榴形，即爲第一種海石榴花花紋形制。河南登封少林寺碑邊花紋式樣即爲第二種寶相花花紋形制。江蘇蘇州角直保聖寺大殿柱礎所雕花紋即爲第三種牡丹花花紋形制。江蘇蘇州羅漢院大殿柱礎或爲牡丹花，或爲第四種蕙草花紋形制，清代則稱爲捲草。第五種花紋圖案即雲紋，又分吳雲、曹雲，然未有實物證明。江蘇蘇州雙塔羅漢院殘礎所雕雲紋疑爲吳雲；山東濟南長清靈巖寺所雕雲、鳳礎之雲紋疑爲曹雲，尚有待以後論證。清代又分爲流雲、鋪雲，清代河北定州舊考棚柱礎刻有流雲百蝠；鋪雲則見於山東曲阜孔廟大成殿柱礎。第六種水浪紋柱礎見於山東濟南長清靈巖寺大殿。第七種寶山花紋柱礎，形似山狀。河南鞏義宋太祖陵瑞禽礎即爲寶山；今於江蘇蘇州羅漢院發現一塊殘礎，疑似寶山紋。第八種寶階未見實物，目前考古學家亦不知所指爲何。第九種鋪地蓮花礎，這是唐代中期以後流行的紋飾，至宋代應用更爲普遍。如河北易縣開元寺毗盧殿柱礎、江蘇蘇州甪直保聖寺大殿柱礎，皆爲鋪地蓮花礎，綫條簡練，頗具唐風。第十種仰覆蓮花礎，如河南修武文廟、安國寺三聖庵柱礎，天津薊州獨樂寺出土的遼代柱礎，雕飾花紋皆爲仰覆蓮花。第十一種爲寶裝蓮花，蓮瓣上減地平鈒、壓地隱起雕飾紋樣稱作寶裝蓮花。此形制成爲宋代後期的主流。如山西交城天寧寺大殿礎、河南洛陽三清殿遺址礎、山東濟南歷城神通寺遺址皆爲四方形合蓮紋礎。山西靈石資壽寺、晋城冶底岱廟、山東濟南長清靈巖寺五花殿、湖南岳陽文廟大成殿、沅陵龍興寺大雄寶殿、江蘇蘇州甪直保聖寺、雙塔羅漢院、北京景教寺、河南鞏義宋太祖望柱等柱礎均爲蓮瓣形，或寶裝蓮，或鋪地蓮花，或覆蓮，或仰覆蓮，或組合蓮瓣等不同的裝飾花紋。蘇州羅漢院、甪直保聖寺除蓮花礎外，還有牡丹花、寶相花紋柱礎，雕刻技術精巧，綫條流暢，刀工卓絶，堪稱宋代柱礎之精品。蓮礎成爲宋代柱礎的主要代表形式之一。宋初所雕蓮瓣沿襲唐風，蓮瓣豐滿、肥粗，宋代後期其花瓣則變爲瘦細，沒有唐代的艷麗豪華，而追求淡雅祥和的風格，逐漸擺脱佛教的影響，趨向自然寫實，向民族化方嚮發展。因此，宋代柱礎除以蓮礎爲主要形式外，還出現了不少化生（指人物圖案）礎，寫生花紋，如江蘇蘇州甪直保聖寺大殿化生紋柱礎，蘇州甪直保聖寺天王殿、蘇州羅漢院大殿寫生花紋柱礎，蘇州羅漢院大殿覆盆用壓地隱起花紋柱礎，等等。佛教文化的另一種裝飾文化是獅紋、力士紋，最有代表性的柱礎是河南滎陽等慈寺的獅形礎、力神礎以及山西太原晋祠聖母殿的獸形礎，這是宋代寺廟柱礎中的另一種重要形式。遼金建築在承傳唐宋傳統技術的基礎上又有新的創造與發展。如遼代遼寧義縣奉國寺大殿覆盆式柱礎，刻有蕙草紋，非常精美。金代建築如天津薊州獨樂寺觀音閣仰覆蓮柱礎，山西朔州崇福寺礎、大同善化寺大殿柱礎、上下華嚴寺石雕力士八棱礎、花卉覆盆八棱礎、花卉獸面八棱礎、獅子花卉八棱礎、獅子覆盆八棱礎等，一改宋代蓮花形而創新多層式柱礎，形式新穎多樣、生動活潑，給人以耳目一新的感覺。西夏時期的柱礎，其風格與宋遼金迥然不同。在寧夏回族自治區博物館現藏兩個石座礎，分別爲男像礎、女像礎。男像礎出土於銀川西夏陵區八號陵碑遺址，近似正方形，圓雕男性人像，面部深圓，顴骨高突，粗眉上翹，雙目突出，鼻梁短粗，獠牙外露，下顎置於胸前，裸體，肩與頭齊，肘部後屈，雙手托膝，下肢屈跪，背部平直。上部有陰刻西夏文三行，凡十五字，依次爲（譯成漢文）："小蟲曠負，志文支座，贍行通雕寫流行。"背部有陰刻漢文一行六字："砌壘匠高世昌。"女像出土於銀川西夏陵區五號陵碑亭遺址，共四件。出土時排爲一行，紅砂石質，近似正方形，圓角。圓雕女性人像，雙乳下垂，半握雙拳支撐於膝，手腕、足脛各飾雙環，其餘與男像座同。雕像以誇張的手法表現人物的形態特徵，雕工精細，綫條流暢，爲西夏之石雕精品，反映了西夏王朝石雕藝術的獨特風格。

元代建築沿襲宋制，柱礎風格亦承繼宋風。北方多爲覆盆蓮花礎，如山東曲阜洙泗書院，山西汾陽五嶽廟、洪洞廣勝寺、芮城永樂宮三清殿，陝西韓城元代建築群等柱礎均用此制。除山東曲阜洙泗書院爲書院式建築外，其他均爲寺廟古建築。而南方江浙一帶柱礎則多爲素面覆盆式，如江蘇蘇州洞庭東山古建築楊灣廟正殿，上海嘉定真如寺正殿，江蘇蘇州文廟大成殿、玄妙觀三清殿，浙江武義延福寺、金華天寧寺正殿，柱礎皆爲素面覆盆式，且上層爲木鼓形木櫍，略顯肥碩，此爲元代江浙地區流行的一種柱礎形制。元代官邸建築及柱礎以蘇州潘元紹駙馬府爲代表。駙馬府柱礎尤以"九獅墩"最精美。礎上蟠螭六面，下列三獸穿於螭首之下。采用圓雕、高浮雕、透雕之技巧，將動物之機警、嬉戲、跳鬥之形象惟妙惟肖地刻畫出來，顯得十分生動可愛，可謂元代柱礎之精品。

明代柱礎

明代建築技術形式及做法在繼承宋元的基礎上更趨於標準程式。一方面官式建築明顯地朝著簡化結構方嚮發展，另一方面對建築等級制度做了嚴格規定。民居建築結構則沿襲各地傳統而趨於定型。明代宮廷建築以明初南京宮殿建築爲代表，其宮殿遺址存有上百個雕刻柱礎，有方形、圓形、鼓形、五面形、八面形。雕刻裝飾有龍紋、水紋、蓮紋、動物花卉紋、蔓草紋等，整個礎石刻面秀美，綫條流暢，雕飾十分豪華。寺廟柱礎以儒教、道教廟宇爲主要代表。15 世紀初，永樂帝朱棣崇尚道教，崇尚北帝，大興土木，建造道教廟宇，使全國道教蓬勃興起，佛教退居次要地位。如江蘇無錫

泰伯廟柱下爲鼓形礎，素面加木櫍，亦有六角素面柱礎；蘇州有以青石礎料爲質或以花崗巖石料爲質鼓形柱礎，多加木櫍。廣東珠江三角洲的柱礎也以鼓形、覆盆形爲主，江門潮連洪聖殿柱下爲六角形、鼓形、瓜棱形石礎，南海神廟有覆盆蓮花組合形、圓形、鼓形、六角形柱礎，佛山祖廟有覆盆式素面礎。浙江紹興大禹廟有鼓形刻龍鳳礎。湖北隆中有上爲鼓形櫍、下爲六角形礎，四周雕刻人物花卉、動物紋。明代道教廟宇供奉神像多爲平安神、福神，反映明代經濟較宋元時期有更大規模、更大範圍的提高與發展。自漢代以後，儒家學說成爲封建社會的正統文化、統治思想，歷代統治者把孔子奉爲聖人、偶像、萬世師表，故不惜重金修建孔廟、文廟及其裝飾。山東曲阜孔廟是杰出的代表作之一。大成殿四周二十八根雲龍石柱，皆爲整石雕刻，柱高 5.9 米，直徑 0.81 米，柱礎采取寶裝覆蓮礎，爲明弘治十三年（1500）徽州石匠雕刻。它取代了傳統的木構梁柱，采用氣勢逼人的蟠龍柱及雕刻精麗豪華的柱礎，運用高聳地面的石階臺基，更加襯托出大殿的金碧輝煌，巍峨壯觀。明代民居建築的典型代表爲徽商、晋商、粵商之民居及祠堂，雖不及宮殿建築雄偉壯麗，然其布局精巧、裝飾秀美、依山傍水、寧靜優雅却又別具一格。以徽商爲代表的歙縣、黟縣、休寧的民居建築，其柱礎有方形、瓜棱形、鼓形多層礎，以素面礎爲主，亦有雕刻花紋裝飾，十分生動。礎質有木礎、石礎兩種。晋商民居建築的代表是襄汾丁村民居群，其柱礎爲多層，上層爲鼓形，雕刻動物、花卉紋飾，中間有八面形、四周飾以獅子等動物圖案，間飾其他花紋，异常俊美，可謂明代

晋商民居石雕之代表作。粤商民居建築已不多見，但從佛山客家祖廟收集的明代柱礎觀察，多爲紅砂巖石質覆盆形素面礎。明代柱礎雕刻已漸趨簡單化，形象簡練、質樸、敦厚。雕刻手法仍采用混、突、隱、綫雕之技巧，而整體雕刻時，細部仍混作以保持圓石，力求形象、真實，表現自然。

清代柱礎

清代民居建築品質及規模均取得前所未有的成就。其中最突出的有山西襄汾丁村民居、靈石王家大院、祁縣喬家大院，安徽西遞民居、歙縣鮑氏民居、鄭氏民居等柱礎形式及雕刻技術達到了歷史最高水平。清代民居柱礎具有鮮明的時代特徵：一是種類繁多複雜，二是花樣變化莫測，三是區域特點顯著，四是雕飾精美絕倫。有動物形柱礎，如獅礎、麒麟礎、朝天吼礎、象礎、龍礎、猴礎、蛤蟆礎等，有仿生柱礎，如瓶形、燈形、井欄形、花籃形、瓜形、鼓形、几形、桌形、罐形、鉢形等，還有多種組合形柱礎。雕飾圖案亦花樣翻新，有人物、動物、植物、花卉、幾何圖形等。人物圖案有佛教、道教、儒教人物故事，以及傳統神話故事、歷史戲劇故事等；動物圖案有龍、鳳、獅、麒麟、羊、猴、馬、蝦、魚、兔、鷄、蜈蚣等，及各種鳥類或其他動物；植物、花卉圖案有牡丹、蓮花、竹、梅、松、蘭、水仙等；幾何圖案有連珠紋、回紋、雲紋、水浪、字紋、如意紋等。還有佛教、道教、伊斯蘭教紋飾，如力士紋、八寶紋、暗八仙紋等。幾十至幾百種形

式的柱礎配以千變萬化的雕刻裝飾，使清代柱礎發展到中國建築史上的極盛時期，精緻的柱礎形體，雕刻精美的裝飾圖案成爲清代民居建築中最富於趣味的組成部分與不可缺少的裝飾品。由於中國是一個地域遼闊、民族衆多的國家，經過幾千年的文化交融與積澱，形成了風格各异的區域性文化，如黄河（中原）文化、嶺南文化、吳越文化、巴楚湘文化、客家文化、閩贛文化等區域性文化圈。各區域性文化對柱礎的形制、特徵皆具深遠影響。各地的政治、經濟、文化、宗教及風俗習慣、地理氣候環境的不同，形成不同的柱礎形式與雕刻裝飾特徵，反映出鮮明的區域性特色，故按其形態及裝飾式樣可劃分爲五個區域性文化特徵柱礎，即陝、晋、冀、魯、豫地區柱礎，粤、港、澳地區柱礎，閩、贛、臺地區柱礎，江、浙地區柱礎，巴、楚、湘、黔、滇地區柱礎。清代五個地區的民居建築猶如中國建築史上百花園中的奇葩，光彩奪目。清代宮廷建築規模宏大、華麗壯觀，其柱礎多用古鏡式，嚴肅、簡潔、大方。亦有個別柱礎仿蓮瓣形、覆盆形。清代寺廟以道教建築爲主。其實此時道教建築之柱礎與佛教、儒家在柱子及礎石裝飾方面大同小异，多用組合形，以獅礎、鳳礎、龍礎、象礎等動物雕刻最爲突出，表現了寺廟的神秘、威嚴、肅穆。在雕刻技術上或素面，或淺浮雕、透雕、圓雕等，多裝飾歷史故事、神話傳説、各種動植物等，使礎面多姿多彩，千變萬化，精美絕倫。

第四節　梁　考

在中國古代建築的木結構屋架中，順着前後方嚮架在柱子上的長木謂之梁。《爾雅·釋宮》："宋廇謂之梁，其上楹謂之梲。"邢昺疏："梁即屋大梁也。"《釋名·釋宮室》："梁，彊梁也。"王先謙集注："《莊子·山木》篇釋文：彊梁，多力也。《詩·蕩》疏：彊梁，任威使氣之貌，梁在屋上，有居高負重之象，故以彊梁訓之。《説义》：彊，弓有力也。屋梁、橋梁皆以勁直負重爲能，合之可得彊梁二字之誼。"宋李誡《營造法式·大木作制度二》："梁，其名有三：一曰梁，二曰宋廇，三曰欐。"梁的橫斷面一般呈矩形，明清時接近方形，宋制其高寬比爲 3 ∶ 2，南方多使用圓形斷面。梁是承彎曲構件，瓦屋頂的重量通過檁梁傳遞到直立的柱身。梁思成《清式營造則例·大木·構架》："梁的功用是承受由上面桁檁轉下的屋頂的重量，再向下轉到柱上，然後下到地上去。"梁下兩端一般有柱子支承，上面承托屋頂，在較大的建築物中，梁放在斗拱上；在較小的建築物中，梁頭直接放在柱子上。梁的方嚮一般與建築物的橫斷面一致，也有與建築縱嚮一致的稱順扒梁。成 45°方嚮擱置的稱抹角梁、遞角梁。在抬梁式建築物中，梁在不同層次上有不同的名稱，最下層、最長的梁稱大柁，第二層的梁稱二柁，最上層、最短的梁稱三柁。依據梁的長短，宋代稱"幾椽栿"，清代稱"幾架梁"。宋李誡《營造法式·大木作制度二》："造梁之制有五：一曰檐栿。如四椽及五椽栿……二曰乳栿……三曰劄牽……四曰平梁……五曰廳堂梁栿。"梁思成注曰："這裏説造梁之制'有五'，也許説'有四'更符合於下文内容。五種之中，前四種——檐栿，乳栿，劄牽，平梁——都是按梁在建築物中的不同位置，不同的功能和不同的形體而區別的，但第五種——廳堂梁栿—— 却以所用的房屋類型來標志……我國傳統以椽的架數來標志梁栿的長短大小。宋《法式》稱'×椽栿'；清工部《工程做法》稱'×架梁'或'×步梁'。清式以'架'稱者相當於宋式的椽栿；以'步'稱者如雙步梁相當於宋式的乳栿，三步梁相當於三椽栿，單步梁相當於劄牽。"在清式建築中，梁的大小是按架數而定的。架是指梁上所承托桁的多少：承托七根桁者謂七架梁；承托五根桁者謂五架梁；承托三根桁者謂三架梁。依據建築的形式，梁的種類、用途、規格及製作方法，梁具體可歸納爲七架梁、五架梁、三架梁、雙步梁、單步梁、抱頭梁、挑尖梁、太平梁、扒梁（長扒梁、短扒梁）、采步金梁、抹角梁、承重梁、帽梁、月梁等。陳明達《營造法式大木作制度研究》："梁栿有三種性質的分類：一是按其形象分直梁和月梁，二是按其加工精粗分明栿、草栿。三是按受力性質分爲不承屋蓋之重的梁栿及承屋蓋之重的梁栿。"

　　梁産生於人類的原始營造活動。在原始社會晚期的氏族聚落營建過程中，已奠定了木構架建築的雛形。考古學家在浙江餘姚河姆渡遺址早期干闌式長屋建築遺址中發現了利用廢梁柱截斷劈裂改製的地板，地板大梁跨度爲 310~340 厘米，小梁跨度爲 130~190 厘米。這説明至遲在距今 6000—7000 年前，就有梁的使用。在西安半坡早期房屋建築遺址 F37 中，考古學家發現了溝狀門道兩旁防雨棚架的柱洞，依據柱洞推測，其爲以短柱頂部支杈爲中間支點架設大叉手，構成門道雨棚横梁前方支點（梁懸臂至門道前端），梁的後端搭在頂棚上。這是目前所發現的最早的房屋構架中梁的遺迹。在半坡中期房屋建築遺址 F25 中（約當公元前 5000—前 4000），根據柱洞的排列推測，其可能采用中心柱頂架梁（脊檁）以承受四周椽的結構方式。在 F41 中，根據柱洞推測其頂部結構有兩種可能：其一即柱頂架横梁，以交接四周椽木；其二爲以二柱爲中間支點，先建一大叉手，構成諸椽的頂部支點，這種大叉手即斜梁的雛形，一直爲商周宫殿建築所沿用。通過對半坡房屋建築遺址的分析，早在新石器時代中期（約當公元前 5000—前 4000），爲了避雨和居住方便，先民們先以四柱爲中間支點，向屋心架設四椽，交於一點，構成其他諸椽的頂部支點，使屋

1.平梁；2.繳背；3.四椽檐栿
山西五臺山南禪寺大殿横斷面圖（復原前現狀）

架形成端正的錐體。而後經過一柱、四柱、無柱的探索，晚期房屋似乎找到了較爲合適的二柱方式，屋架基本以大叉手（斜梁）的結構方式爲主，并一直爲商周宮殿建築所沿用。在河北武安磁山新石器時代遺址中的半地穴式房屋建築遺址中，也發現了長椽（斜梁）、橫梁等木構遺迹。在河南二里頭夏代中晚期宮殿宗廟遺址中，也發現了大門上架設的橫梁。春秋戰國時期，出現了多層和高架的木構建築，梁的使用進一步發展。到東漢時期，中國的木構技術有了很大發展，明顯地分出了梁柱式和穿斗式兩個系統，創造了重要建築物中的大型廳堂構架，間廣和主梁跨度逐漸加大。在一般房屋的建構中加用橫枋，形成整體框架，在此框架上更放橫嚮的梁架。挑梁和斗拱的使用，更成爲我國古代木構建築挑檐結構的兩種普遍形式。這一時期還創造了石梁和用條磚拱券代替西漢空心板梁的結構。漢司馬相如《長門賦》："刻木蘭以爲榱兮，飾文杏以爲梁。羅丰茸之游樹兮，離樓梧而相撑。施瑰木之博櫨兮，委參差以槺梁。"漢張衡《西京賦》："亘雄虹之長梁，結棼橑以相接。"唐代木構技術更加成熟，屋頂結構的"舉折"做法已成型。"舉折"是宋代之稱，清代謂之"舉架"，其原則是將梁上瓜柱之高度越往上層越加高。由舉折形成梁架，各梁依據其所負托的檩數稱爲"幾架梁"。由於挑檐的發展，出現了挑尖梁、抱頭梁，等等。北魏楊衒之《洛陽伽藍記·建中寺》："屋宇奢侈，梁棟逾制。"又《瑤光寺》："風生户牖，雲起梁棟。"唐杜甫《夢李白二首》詩之一："落月滿屋梁，猶疑照顏色。"唐白居易《上陽人》詩："宮鶯百囀愁厭聞，梁燕雙栖老休妒。"中國古代木構架體系的基本做法，在唐代已完成了它的發展過程。宋代《營造法式》的產生，説明了宋代建築技術的成熟和水平。《營造法式》對梁的製作規定爲"造梁之制有五"，并依據梁不同的位置和形體，詳細規定了其尺寸，各種梁的使用已成定式。元代在梁架的局部做法上使用了抹角梁，加强了結構轉角處的剛度。明清兩代木構技術更加標準化和程式化，由於斗拱逐漸失去了其在結構上的承重性，梁架的作用有所加强，將月梁改爲直梁，梁枋也普遍使用圓木，較少加工，并出現了拼合而成的包鑲梁。清工部《工程做法則例》和有關《算例》的頒行，對建築的等級規定更加嚴格，各種梁的製作和使用也更加定型和程式化。

梁是中國木構建築的主件之一，它決定着建築物的高矮、大小和堅固性，尤其是采用簡支梁和立柱，結合榫卯結構，便於維修，可以抽梁換柱。用梁柱結構技術創造的是一種空間較大、使用靈活，且施工較快、便於維修的房屋，故自人類在原始營建活動中創出後，千年相沿，一直至今。

泛　稱

梁

　　木結構屋架中順着前後方嚮架在墻上或柱子上支撑房頂的長木。係承托由上面桁檁轉下的屋頂重量的重要構件。按其在建築中的不同位置，可分爲檐栿、乳栿、劄牽、平梁、廳堂栿五種。按其建築形式、用途、規格及製作方法，又可分爲七架梁、五架梁、三架梁、單步梁、抱頭梁、挑尖梁、太平梁、扒梁、采步金梁、抹角梁、月梁等。按其形狀，可分爲直梁和月梁。按其加工程度可分爲明栿和草栿。梁産生於人類的原始營造活動，據考古資料表明，早在母系氏族社會，就已有梁的使用，數千年相沿，一直至今。《爾雅·釋宮》：“宋廇謂之梁。”郭璞注：“屋大梁也。”宋李誡《營造法式·大木作制度二》：“梁，其名有三：一曰梁，二曰宋廇，三曰欐。”《商君書·兵守》：“客至，而作土以爲險阻及耕格阱，發梁撤屋……使客無得以助攻備。”《後漢書·陳寔傳》：“時歲荒民儉，有盜夜入其室，止於梁上。”晋張協《七命》：“音朗號鐘，韵清繞梁。”前蜀毛文錫《更漏子》詞：“宵霧散，曉霞輝。梁間雙燕飛。”唐韓愈《合江亭》：“梁棟宏可愛，結構麗匪過。”宋歐陽修《河南府重修净垢院記》：“净垢院在洛北，廢最甚，無刻識，不知誰氏之爲，獨榜其梁曰：長興四年建。”

【宋廇】

　　即梁。亦作“朵廇”。《説文·木部》：“宋，棟也。从木，宀聲。”“朵”即“宋”字。《爾雅·釋宮》：“宋廇謂之梁，其上楹謂之棁。”宋李誡《營造法式·大木作制度二》：“梁，其名有三：一曰梁，二曰朵廇，三曰欐。”清李斗《揚州畫舫録·草河録上》：“甀甒宋廇，屹如山立者，倉房也。”

【朵廇】

　　同“宋廇”。此體宋代已行用。見該文。

【梁麗】

　　即梁。亦作“梁欐”。《莊子·秋水》：“梁麗可以衝城，而不可以窒穴，言殊器也。”王先謙集解：“崔〔譔〕云：梁麗，屋棟也。郭慶藩云：《列子·湯問》篇：雍門鬻歌，餘音繞梁三日不絶。梁即梁麗也。”宋任廣《書叙指南·筵宴席會》：“歌聲善曰繞梁欐，長引聲曰曼聲。”清沈自南《藝林彙考·棟宇篇》：“餘音繞梁欐，三日不絶。‘欐’或作‘麗’。”

【梁欐】

　　同“梁麗”。此體宋代已行用。見該文。

欐

　　指中梁。宋李誡《營造法式·大木作制度二》：“梁，其名有三：一曰梁，二曰朵廇，三曰欐。”《列子·湯問》：“昔韓娥東之齊，匱糧，過雍門，鬻歌假食，既去，而餘音繞梁，三日不絶。”又《力命》：“子衣則文錦，食則梁肉，居則連，出則結駟。”張湛注：“〔欐〕音麗，屋棟。”唐柳宗元《小石城山記》：“有積石橫當其垠，其上爲睥睨梁欐之形。”

棟

　　房屋之正梁謂棟。亦泛指屋梁。《易·繫辭下》：“上古穴居而野處，後世聖人易之以宮室，上棟下宇，以待風雨。”《儀禮·鄉射禮》：“序則物當棟，堂則物當楣。”鄭玄注：“是制五架之屋也，正中曰棟，次曰楣，前曰庪。"《釋名·釋宮室》："棟，中也，居屋之中也。"王先謙集注引王啟原曰："鄭注《鄉射·禮記》'序則物當棟'，云正中曰棟。"《國語·魯語下》："穆子曰：'吾不難爲戮，養吾棟也。夫棟折而榱崩，吾懼壓焉。'"晉左思《魏都賦》："上累棟而重霤，下水室而洹冥。"北齊《趙郡王高叡修寺碑》："連甍接棟，焗氣成虹。"唐韓愈《陪杜侍御游湘西兩寺》詩："大厦棟方隆，巨川楫行剡。"宋李誡《營造法式·大木作制度二》："棟，其名有九：一曰棟，二曰桴，三曰檁，四曰棼，五曰甍，六曰極，七曰槫，八曰檼，九曰櫋。"

【桴】

即棟。特指二梁。《説文·木部》："桴，眉棟也。"漢班固《西都賦》："列棼橑以布翼，荷棟桴而高驤。"李善注引《爾雅》曰："棟謂之桴，音浮。"《文選·何晏〈景福殿賦〉》："雙枚既修，重桴乃飾。"李善注曰："重桴，重棟也。在内謂之雙枚，在外謂之重桴。"宋李誡《營造法式·大木作制度二》："棟，其名有九：一曰棟，二曰桴，三曰檁，四曰棼，五曰甍。"

【檼】

即棟。《釋名·釋宮室》："檼，隱也。所以隱桷也。或謂之望，言高可以望也。或謂之棟。棟，中也，居屋之中也。"《説文·木部》："檼，棼也。"宋李誡《營造法式·大木作制度二》："棟，其名有九：一曰棟，二曰桴，三曰檁。"清任啟運《宫室考》卷下："當脊亘者謂之檼，一謂之桴。"

【棼】[2]

即棟。《説文·林部》："棼，複屋棟也。"漢張衡《西京賦》："楶栢重棼，鍔鍔列列。"

《三國志·吳書·太史慈傳》："嘗從策討麻保賊，賊於屯裏緣樓上行詈，慈引弓射之，矢貫手著棼，圍外萬人莫不稱善。"南朝陳張正見《臨高臺》詩："層臺邐清漢，出迥架重棼。"

【甍】[3]

即棟。《説文·瓦部》："甍，屋棟也。"段玉裁注："棟者，極也，屋之高處也。"宋李誡《營造法式·大木作制度二》："棟，其名有九：一曰棟，二曰桴，三曰檁，四曰棼，五曰甍，六曰極，七曰槫，八曰檼，九曰櫋。"《左傳·襄公二十八年》："猶援廟桷，動於甍。"杜預注："甍，屋棟。"《文選·張衡〈西京賦〉》："鳳騫翥於甍標，咸遡風而欲翔。"李善注："甍，棟也。標，末也。遡，向也。謂作鐵鳳凰，令張兩翼，舉頭敷尾以函屋上，當棟中央，下有轉樞，常向風如將飛者焉。"晉左思《魏都賦》："雲雀蹄甍而矯首，壯翼摛鏤於青霄。"

【極】[1]

即棟。在木結構屋架中，草栿之上的平梁，即梁架上的上下二梁。漢以前特指屋頂部的正梁，因其居中至高，故稱。《説文·木部》："極，棟也。"段玉裁注："李奇注《五行志》、薛綜注《西京賦》皆曰：'《三輔》名梁爲極。'按此正名棟爲極耳。"《文選·張衡〈西京賦〉》："跱遊極於浮柱，結重欒以相承。"李善注："〔輔名〕梁爲極，作遊梁置於浮柱上。"《莊子·則陽》："孔子之楚，舍於蟻丘之漿，其鄰有夫妻臣妾登極者。"王先謙注："司馬云：極，屋棟也，升之以觀。"《漢書·天文志》："後流星下燕萬載宮極，東去。"顏師古注引李奇曰："極，屋梁也，三輔間名爲極。或曰，極，棟也，三輔間名棟爲極。"明陸埘《簪齋雜著·太極存疑》："一氣一物也，會歸所在，正如屋之有極，故名太極。"宋李誡《營造法式·大木作制度二》："棟，其名有九：一棟……二曰桴……六曰極……"

【槫】[1]

即棟。北魏賈思勰《齊民要術·種槐柳楸梓梧柞》："柞，宜於山阜之曲……十年中椽，可雜用。二十歲中屋槫。"宋李誡《營造法式·大木作制度二》："棟，其名有九：一曰棟……七曰槫。"梁思成注："槫，音團。清式稱'檁'，亦稱'桁'。"

【檁】[1]

即棟。唐慧琳等《一切經音義》卷一："脊檁，正言棟，居屋中也，亦言梁，或言極。"宋李誡《營造法式·大木作制度二》："棟，其名有九……八曰檁。"

【橑】[2]

即棟。此稱宋代已行用。《釋名·釋宮室》："橑，縣也。縣連橑頭使齊平也。"《玉篇·木部》："屋橑聯也。"宋李誡《營造法式·大木作制度二》："棟，其名有九……九曰橑。"

庪

亦作"庋"。亦稱"檁條"。楣前接檐之架爲庪，今稱"檁條"。《儀禮·鄉射禮》"序則物當棟，堂則物當楣"鄭玄注："是制五架之屋也，正中曰棟，次曰楣，前曰庪。"

【檁條】

即庪。此稱多行用於現當代。見該文。

柁

亦稱梁。宋式稱謂。在木結構屋架中順着前後方嚮架在牆或柱上的橫木。梁在不同層次上有不同的名稱：在最下層最長的梁叫大柁，

第二層較短的梁叫二柁，最上層最短的梁叫三柁。梁思成《清式營造則例·大木》："各柁也可按本身所負桁或檁子的總數目，稱爲'幾架梁'。"

【栿】

即柁。宋式稱謂。《廣韵·入屋》："栿，梁栿。"北魏酈道元《水經注·穀水》："其一水自千秋門南流，逕神虎門下，東對雲龍門，二門橫栿之上皆刻雲龍風虎之狀。"《新唐書·食貨志三》："〔韋〕堅因使諸舟各揭其郡名，陳其土地所產寶貨諸奇物於栿上。"宋李誡《營造法式·大木作制度二》："造梁之制有五：一曰檐栿。如四椽及五椽栿……二曰乳栿……五曰廳堂梁栿。"

楣[2]

房屋的二梁，或次梁。《儀禮·鄉射禮》："序則物當棟，堂則物當楣。"鄭玄注："是制五架之屋也，正中曰棟，次曰楣，前曰庪。"又《鄉飲酒禮》："賓西階上，當楣北面答拜。"鄭玄注："楣，前梁也。"《釋名·釋宮》："楣謂之梁。"郭璞注："〔楣〕門户上橫梁。"《文選·張衡〈西京賦〉》："飾華榱與璧璫，流景曜之韡曄。雕楹玉磶，綉栭雲楣。"李善注："楣，梁也。"《北史·宇文愷傳》："愷博考群籍，爲明堂圖樣奏之……又引於時議者，或以綺井爲重屋，或以圓楣爲隆棟，將爲臆説，事不經見。"宋李如圭《儀禮釋宮》："堂之屋，南北五架，中脊之架曰棟，次棟之架曰楣。"

棟梁

房屋的大梁。《莊子·人間世》："仰而視其細枝，則拳曲而不可以爲棟梁。"晋葛洪《抱朴子·備闕》："擿齒則松檟不及一寸之筳，挑耳則

棟梁不如鷦鷯之羽。"《舊唐書·趙憬傳》："大廈永固，是棟梁榱桷之全也；聖朝致理，亦庶官群吏之能也。"元胡震《周易衍義》卷一一："故棟梁者，栱柱之積也；聖賢者，片善之積也。"

棟桴

泛指屋梁。棟，正梁。桴，次梁。漢班固《西都賦》："列棼橑以布翼，荷棟桴而高驤。"宋蘇軾《生日王郎以詩見慶次其韻并寄茶二十一片》："不嫌霧谷霾松柏，終恐虹梁荷棟桴。"

棼橑

亦作"枌橑"。樓閣之棟與椽。張衡《西京賦》："亘雄虹之長梁，結棼橑以相接。"《文選·班固〈西都賦〉》："列棼橑以布翼，荷棟桴而高驤。"李善注："《說文》曰：棼，複屋棟也。扶云切。又曰：橑，椽也。"又《左思〈魏都賦〉》："枌橑複結，欒櫨叠施。"吕延濟注："枌，棟；橑，椽也。"晉葛洪《抱朴子·詰鮑》："起土木於凌霄，構丹綠於棼橑。"唐蘇頲《敬和崔尚書大明朝堂雨後望終南山見示之作》："五丈旌旗色，百層枌橑光。"元劉壎《隱居通議·古賦一》引幼安《麗譙賦》："棼橑岋嶪，欄楯堅致。"

【枌橑】[2]

同"棼橑"。此體晉代已行用。見該文。

棼楣

樓閣之棟梁。《後漢書·班固傳上》："虹霓回帶於棼楣。"李賢注："《說文》曰：'棼，棟也。'《爾雅》曰：'楣謂之梁。'"唐劉禹錫《武陵北亭記》："州從事舉白而言曰：'室成於私，古有發焉。刓成於公，庸敢無詞。觀乎棼楣有

嚴，丹腹相宣，象公之文律曄然而光也；望之弘深，即之坦夷，象公之酒德溫然而達也。'"宋王明清《揮麈後録》卷四："彩蟾倒影上浮空，纖雲不點惟光明。四壁垂簾玉非玉，銀缸吐艷相連屬。棼楣橫帶碧玻璃，一朵翠雲承日轂。"

枌栱

閣樓的棟與斗拱。《文選·張協〈七命〉》："楨素炳焕，枌栱嵯峨。"李善注："《說文》曰：'棼，複屋棟也。'棼與枌古字通。"明魏學洢《定志賦》："士簇裘馬之劇觀兮，女飾媮婧之纖制。笙鼓嘈雜而狂防兮，枌栱翁葧以增麗。"清毛奇齡《洞神宫記》："宫在鎮宫左，禹井之陰。秘殿横崖，凌臺而張。枌栱奕奕，鏤其英而追其華。"

甍棟

屋梁。南朝梁劉孝綽《酬陸長史倕》詩："朝猿響甍棟，夜水聲帷薄。"北魏楊衒之《洛陽伽藍記·自叙》："洛陽城門樓皆兩重，去地百尺，惟大夏門甍棟干雲。"《舊唐書·楊國忠傳》："國忠山第在宫東門之南，與虢國相對。韓國、秦國甍棟相接，天子幸其第，必過五家，賞賜宴樂。"宋錢儼《吳越備史·武肅王上》："壬辰，王至東陽，而東陽鎮將王永伏誅。永，東陽人也。在鎮治城壁，置鼓角妝樓，舞榭甍棟相接。"明葉盛《水東日記》卷二三："而縣西北隅適有廢廟，俗老承傳爲湯王行宫……像設都亡，廊廡全隳，獨有正殿巍然中立，雖丹堊已晦，而甍棟頗崇，異乎哉！"

丹極[2]

宫殿中的紅色梁棟。亦泛指用紅色裝飾的梁棟。唐杜甫《别蔡十四著作》詩："流涕灑丹

極，萬乘爲酸辛。"宋朱熹《孝宗皇帝挽歌詞》："遽移丹極仗，便上白雲鄉。"元牟巘《李千秋訪數語代謝》詩："偉抱自卓犖，下國難淹留。同來玉雪郎，外家乃名流。好歌鳳將雛，飛上丹極游。"明危素《寄題大瀛海道院》詩："明州東海角，道院幾年開。寶構通丹極，瓊林閟玉臺。"清彭孫遹《春雲》二十韵其一詩："象呈丹極迥，望入絳河連。旂影雙龍度，珠光九曲穿。"

屋棟

屋之正梁。《易·大過》"棟撓，利有攸往"孔穎達疏："棟撓者，謂屋棟也。"《淮南子·説山訓》："郢人有買屋棟者，求大三圍之木。"高誘注："棟，隱，木材。"《晋書·張華傳》："頃之，徵華爲太常。以太廟屋棟折，免官。"《舊唐書·鄭處誨傳》："忽夢已爲浙東觀察使，經過汴州，而朗爲汴帥，留連飲饌。仰視屋棟，飾以黃土。賓從皆所識，明年朗果自定州鎮宣武。"《宋史·王榮傳》："榮善射，嘗引强注屋棟，矢入木數寸，時人目爲'王硬弓'。"元吳澄《無極太極説》："極，屋棟之名也。屋之脊檁，曰棟。就一屋而言，惟脊檁至高至上無以加之，故曰極。"清施閏章《讀書行贈張黃岳同年》詩："後生空腹喜祖龍，老守帖括如童蒙。亦有聚書連屋棟，塵封還與無書同。"

【屋極】[2]

即屋棟。亦單稱"極"。屋頂正梁，亦即中棟，因其居中至高，故稱。宋李誡《營造法式·總釋下》："《説文》：'極，棟也。棟，屋極也。'"宋楊時《答胡德輝問》："答道止於中而已矣。出乎中則過，未至則不及，故惟中爲至。夫中也者，道之至極，故中又謂之極。屋極亦謂之極，蓋中而高故也。"宋葉適《孟達甫墓志銘》："山潦屢浸屋極，水突扉。"明徐顯卿《皇極殿賦》："居有屋極，群材附而大廈成。"

【極】[2]

"屋極"之單稱。此稱漢代已行用。見該文。

名　類

單步梁

清式建築中位於檐柱和金柱之間，架於雙步梁之上，長一步架的短梁。它相當於宋式建築中的劄牽。步，古代量木料常用的長度單位。古人量木圍大小用尺，丈量木料的長度則常以步爲單位，每步合官尺三尺。步架是架與架（即檁與檁）之間的水平距離，宋代稱椽。一步架通常多用五六尺。梁思成《清式營造則例·大木》："在金柱與檐柱之間，另有次要的短梁，在大式中叫桃尖梁，在小式中叫抱頭梁。這短梁并不承受上面的重量，其功用乃在將金柱與檐柱前後勾搭住。不過廊子太寬時，桃尖梁上還可以再加一根瓜柱，一條梁，和一條桁。在這種情形之下，下層的叫雙步梁，上層的叫單步梁。"井慶升《清式大木作操作工藝·梁架》："單步梁從外形上講均同抱頭梁，但它位於雙步梁之上，梁長一步架，斷面寬與厚的尺寸要比雙步梁各減十分之二，其具體做法均同抱頭梁。"

挑尖梁

亦作"桃尖梁"。在清式帶檐廊的大式建築物（清式檐下施斗拱者，謂大式，不施斗拱者謂小式）中，柱頭科上聯繫金柱與檐柱的短梁。它不承重，祇起拉結聯繫作用。其梁頭通常做成較複雜的形式，似道冠或其他形狀，其作用同小式中的抱頭梁。梁思成《清式營造則例·大木》："在金柱與檐柱之間，另有次要的短梁，在大式中叫桃尖梁，在小式中叫抱頭梁。這短梁並不承受上面的重量，其功用乃在將金柱與檐柱前後勾搭住。"井慶升《清式大木作操作工藝·斗拱》："凡挑尖梁均施於大式建築，位於檐柱柱頭與金柱之間，是連接檐柱與金柱的構件之一。挑尖梁以廊步加半個金柱徑，再加正心桁中至挑檐桁中的外加二拽架，及至梁頭按二拽架定長的挑尖梁頭，再加出金柱徑四分之一的出榫長度，得出挑尖梁的總長若干。"

【桃尖梁】

同"挑尖梁"。此體約行用於清代。見該文。

抱頭梁

在清式小式建築中，架於檐柱與金柱（或老檐柱）之間的短梁。它實際上是架單步梁，相當於宋式的劄牽。它一頭在檐柱之上，一頭插入金柱或老檐柱。在清式建築中，檐下用斗拱者稱爲大式建築，檐下無斗拱者，稱爲小式建築。梁思成《清式營造則例·大木》："在金柱與檐柱之間，另有次要的短梁，在大式中叫桃尖梁，在小式中叫抱頭梁。"井慶升《清式大木作操作工藝·梁架》："凡是抱頭梁，一般使用在小式建築房屋上，若從位置上講，它在金柱與檐柱之間，是一根較短的梁。梁長以出廊定長短，再加梁頭和梁尾的入榫分位，即梁頭按一檁徑，梁尾再加柱徑的四分之三，共得抱頭梁總長若干……由於抱頭梁的位置與以上各架梁的地位不同，其做法也有所不同，即一端作大進小出榫，插入金柱之中；另一端交於檐柱的柱頭上。其做法則與各架梁同。"

劄牽

宋式建築中，架在金柱與檐柱之間的短梁。其長僅一椽，不負重，祇是將金柱與檐柱前後勾搭住。相當於清式建築中的單步梁或抱頭梁。宋李誡《營造法式·大木作制度二》："造梁之制有五：一曰檐栿……二曰乳栿……三曰劄牽……"梁思成注曰："我國傳統以椽的架數來標志梁栿的長短大小。宋《法式》稱'×椽栿'；清工部《工程做法》稱'×架梁'或'×步梁'……單步梁相當於劄牽。"又："劄牽的梁首放在乳栿上的一組枓栱上，梁尾也插入内柱柱身。劄牽長僅一椽，不負重，只起劄牽的作用。梁首的枓栱將它上面所承槫的荷載傳遞到乳栿上。相當於清式的單步梁。"又："劄牽一般用於乳栿之上，長僅一架，不承重，僅起固定槫之位置的作用。牽首（梁首）與乳栿上駝峰上的枓栱相交，牽尾出榫入柱，並用丁頭栱承托。但元代實例中有首尾都不入柱且高度不同的劄牽，如浙江武義延福寺大殿。"

雙步梁

亦稱"太平梁"。清式建築中，位於檐柱和金柱之間，長兩步架，上承單步梁的短梁。在宋式建築中稱乳栿。步，古代量木料長度的單位。古代量木圍大小用尺，量木料長短則常用步爲單位，每步合官尺三尺。架與架（檁與檁）

之間的水平距離謂步架，宋代稱椽。一步架普通長五六尺，兩步架六尺。梁思成《清式營造則例·大木》：“在有廊的建築上，主要的梁多半由前後兩金柱承住；在金柱與檐柱之間，另有次要的短梁，在大式中叫桃尖梁，在小式中叫抱頭梁。這短梁並不承受上面的重量，其功用乃在將金柱與檐柱前後勾搭住。不過廊子太寬時，桃尖梁上還可以再加一根瓜柱，一條梁，和一條桁。在這種情形之下，下層的叫雙步梁，上層的叫單步梁，而雙步梁除勾搭之外，也有載重的機能了。”井慶升《清式大木作操作工藝·梁架》：“廊深兩步架所使用的雙步梁，基本上同抱頭梁，祇是梁長隨廊深而定，比抱頭梁長一步架。斷面尺寸同於抱頭梁……雙步梁的作法，大體上同抱頭梁。”

【太平梁】

即雙步梁。此稱多行用於近現代。見該文。

兩椽栿

亦稱“乳栿”“二椽栿”。宋式建築指梁架中最上一層，其上承兩根椽木，故稱。相當於清式建築的雙步梁。宋李誡《營造法式·大木作制度二》：“造梁之制有五：一曰檐栿……二曰乳栿……三曰劄牽……四曰平梁……”梁思成注曰：“我國傳統以椽的架數來標志梁栿的長短大小。宋《法式》稱‘×椽栿’，清工部《工程做法》稱‘×架梁’或‘×步梁’。清式以‘架’稱者相當於宋式的椽栿；以‘步’稱者如雙步梁相當於宋式的乳栿，三步梁相當於三椽栿，單步梁相當於劄牽。”又：“乳栿即兩椽栿，梁首放在鋪作上，梁尾一般插入內柱柱身，但也有兩頭都放在鋪作上的。”乳栿架在劄牽下面，除勾搭檐柱與金柱外，亦有載重功能。

【乳栿】

即兩椽栿。栿，指梁。乳，言其短小。此稱宋代已行用。見該文。

【過步梁】

即兩椽栿。中國科學院自然科學史研究所《中國古代建築技術史·建築著作和匠師》：“此時用過步梁即乳栿承兩檁；用眉梁即月梁承三檁以上。”

【平梁】

亦稱“平栿”。即兩椽栿。宋式的平梁，相當清式的太平梁。它是梁架中最上一層的梁，其上承兩根椽木，實際上是一道兩椽栿。在宋代建築中，傳統以椽的架數來標志梁栿的長短大小，因此在宋李誡《營造法式》中稱“某椽栿”。平梁就是兩椽栿。在清式建築中，常以梁上架幾根桁（檁條）來標志梁的長短，平梁上往往架三根檁，故又稱三架梁。在廡殿頂的梁架中平梁上不用侏儒柱，故又稱太平梁。平梁始用於東漢。在成都楊子山漢墓畫像磚中的廳堂建築圖中，就發現了四椽栿上用兩個短柱承托着的平梁，表明至遲到東漢，已有平梁使用。宋李誡《營造法式·大木作制度二》：“造梁之制有五：一曰檐栿……二曰乳栿……三曰劄牽……四曰平梁。”梁思成注曰：“平梁事實上是一道兩椽栿，是梁架最上一層的梁。清式稱太平梁。”中國科學院自然科學史研究所《中國古代建築技術史·建築著作和匠師》：“構架體系的主要特徵表現爲，橫嚮采用疊梁式梁架，屋深幾椽該用幾椽栿，以椽的水平投影來計算梁的長度，二椽長的叫平梁，三椽長的叫三椽栿，還有四椽栿、五椽栿……以至十椽栿。”羅哲文主編《中國古代建築·附錄·大木作》：“平梁

（栿），〔清式名詞〕三架梁：兩步架上共承三桁之梁。位於‘山尖’的三架梁，廡殿兩側清式稱‘太平梁’。”

【平栿】

即平梁。宋李誡《營造法式・大木作制度二》：“兩面各順平栿，隨舉勢斜安叉手。”梁思成注曰：“平栿即平梁。”

三架梁

清式建築中其上承托三條檁（桁）的梁（栿），宋式稱平梁。架，特指房架所用的檁子之數，一檁爲一架，三檁爲三架，等等。清代建築中常以梁上所架檁數（桁數）標志梁的長短，三架梁即上承三根檁（桁）的梁，位於五架梁之上。梁思成《清式營造則例・大木》：“主要的梁兩端放在前後兩金柱上，若沒有廊就放在兩檐柱上，梁的長短隨進深定。由這根梁上用兩短柱或短墩又支一根較短的梁，或更再上再支，成爲梁架。最下一層最長一根梁稱大栿，次級較短一根稱二栿。有三層時最上最短一根稱三栿。各栿也可按本身所負桁或檁子的總數目，稱爲‘幾架梁’……栿梁按步架的多少分爲九架梁、七架梁、五架梁或三架梁。”井慶升《清式大木作操作工藝・梁架》：“梁的大小是按架數而定的。架是指梁上所承托桁的多少，如：七架梁承托七根桁，五架梁承托五根桁，三架梁承托三根桁。”又：“凡是三架梁，兩端放在五架梁瓜柱之上，梁長按兩個步架，兩頭各加桁徑一份。”

三椽栿

宋式建築中其上承托三根椽木的梁，與清式建築中的“三步梁”相當。在宋式建築中，傳統以椽的架數來標志梁栿的長短大小，梁上

有幾椽架，就稱幾椽栿，椽架越多，梁越長。在清式建築中，習慣以梁上所架桁（即檁）數或步架來標志梁栿的長短大小，上承幾桁謂幾架梁，架與架（即檁與檁）之間的水平距離謂步架，三步梁即上有三個步架的梁栿，相當於宋式的三椽栿。梁思成《營造法式注釋・大木作制度二》注曰：“我國傳統以椽的架數來標志梁栿的長短大小。宋《法式》稱‘×椽栿’，清工部《工程做法》稱‘×架梁’或‘×步梁’。清式以‘架’稱者相當於宋式的椽栿；以‘步’稱者如雙步梁相當於宋式的乳栿，三步梁相當於三椽栿，單步梁相當於劄牽。”

三步梁

清式建築中長三步架，一端梁頭上有桁，另一端無桁而安在柱上之梁。宋式稱“三椽栿”。見“三椽栿”文。

四椽栿

在宋式建築中上承四個椽架或長四椽架的梁，相當於清式建築中的四步梁或五架梁。宋李誡《營造法式・大木作制度二》：“造梁之制有五：一曰檐栿，如四椽及五椽栿。”

四步梁

清式建築中長四步架之梁。即宋式之四椽栿。見“四椽栿”文。

五架梁

清式建築中其上承托五根桁（檁子）的梁，宋代稱“四椽栿”。位於七架梁之上，長五步架。步架即架與架（即檁與檁）之間的水平距離，宋代稱椽。梁思成《清式營造則例・大木》：“主要的梁兩端放在前後兩金柱上，若沒有廊就放在兩檐柱上，梁的長短隨進深定……最下一層最長一根梁稱大栿，次級較短一根稱

二柁……各柁也可按本身所負桁或檩子的總數目，稱爲‘幾架梁’。如所負共有七檩，則稱七架梁，其上一層則稱五架梁。”井慶升《清式大木作操作工藝·梁架》：“凡五架梁，兩端放在七架梁的瓜柱之上（如不用七架梁而用五架梁的建築結構，五架梁兩端放在柱頭之上），梁頭下皮與柱相交，其梁身上直接負有兩根桁條和兩根瓜柱。梁的規格，長度隨四個步架，兩端各加一桁徑的梁頭長。”

五椽栿

在宋式建築中上承五個椽架或長五椽架的梁，相當於清式建築中的五步梁或六架梁。宋李誡《營造法式·大木作制度二》：“造梁之制有五：一曰檐栿。如四椽及五椽栿。”

五步梁

清式建築中，長五步架之梁，謂五步梁。宋式稱“五椽栿”。見“五椽栿”文。

六架梁

清代建築中其上承托六根桁（檩子）的梁，宋代稱“五椽栿”。梁思成《清式營造則例·大木》：“柁梁按步架的多少分爲九架梁、七架梁、五架梁或三架梁。間或有四架或六架的，這種雙數架的梁多沒有屋脊，脊部做成圓形叫棚式，也叫元寶脊。”見“五椽栿”文。

六椽栿

宋式建築中，上承六個椽架或長六椽架的梁，相當於清式建築中的七架梁或六步梁。

六步梁

清式建築中，長六步架之梁。宋式稱“六椽栿”。梁思成《清式營造則例·大木》：“柁梁按步架的多少分爲九架梁、七架梁、五架梁或三架梁。間或有四架梁或六架的，這種雙數架

的梁多沒有屋脊，脊部做成圓形叫捲棚式，也叫元寶脊。”

七架梁

清式建築中其上承托七根桁（檩子）的梁。宋代稱六椽栿，長六步架。在清式建築中，梁的大小是按架數而定。架，指的是梁上所承托的桁的多少，承托七根桁的謂七架梁，承托五根桁的謂五架梁。架與架（即檩與檩）之間的水平距離，謂步架。桁即檩，是放在梁之上承托椽木的圓木，在大式建築（有斗拱的建築）中稱桁，在小式建築（沒有斗拱的建築）中稱檩。梁思成《清式營造則例·大木》：“梁的長短隨進深定。由這根梁上用兩短柱或短墩又支一根較短的梁，或更再上再支，成爲梁架。最下一層最長一根梁稱大柁，次級較短一根稱二柁……各柁也可按本身所負桁或檩子的總數目，稱爲‘幾架梁’。如所負共有七檩，則稱七架梁，其上一層則稱五架梁。”井慶升《清式大木作操作工藝·梁架》：“凡七架梁，兩端放在柱子之上，梁頭下皮與柱頭相交……七架梁兩端的上面，負有兩根桁條，下面交於柱頭之上，與柱頭上的饅頭榫咬合。”

七椽栿

宋式建築中，上承七個椽架或長七椽架的梁，相當於清式建築中的“七步梁”。

七步梁

清式建築中，長七步架之梁。宋式稱“七椽栿”。見“七椽栿”文。

八椽栿

在宋式建築中，上承八個椽架或長八椽架的梁。相當於清式建築中的“八步梁”或“九架梁”。

八步梁

清式建築中，長八步架之梁。宋式稱"八椽栿"。見"八椽栿"文。

九架梁

清式建築中，上承托九根桁（檩子）的梁。宋代稱八椽栿。長八步架。見"八椽栿"文。

月梁[1]

宋式稱謂。在宋代及其以前的木構架中，形如"新月"（或謂形如弧虹）狀之梁。其肩呈弧形，梁底略上凹，梁兩面向外側微膨稱"琴面"，常施以雕飾，外形美觀秀巧。漢代稱爲虹梁。宋以前大型殿閣建築中露明的梁栿多采用月梁做法。宋李誡《營造法式·大木作制度二》："造月梁之制：明栿，其廣四十二分°。梁首不以大小從……其梁下當中顱六分°。"梁思成注："月梁是經過藝術加工的梁。凡有平棋（清式稱天花或頂棚）的殿堂，月梁都露明用在平棋之下，除負荷平棋的荷載外，別無負荷。平棋以上，另施草栿負荷屋蓋的重量。如徹上明造，則月梁亦負屋蓋之重。"明清以後的官式建築中已不見用，但在江南的民間建築中仍沿用。

月梁[2]

亦稱"頂梁"。清式稱謂。清式建築中，捲棚式屋面（脊部做成圓形者爲捲棚屋面）的木構架中，最上一層的梁。梁思成《清式營造則例·大木》："脊部做成圓形叫捲棚式，也叫元寶脊。捲棚式頂層的梁叫月梁，月梁上的瓜柱叫頂瓜柱。"井慶升《清式大木作操作工藝·梁架》："月梁用於捲棚屋面的梁架（脊部做成圓形叫做卷棚屋面），凡是用雙數檩的梁架，最上用月梁代替三架梁，屋面沒有脊。月梁下用兩根瓜柱，叫做頂瓜柱。"

【頂梁】

即月梁[2]。此稱清代已行用。見該文。

【眉梁】

即月梁[2]。中國科學院自然科學史研究所《中國古代建築技術史·建築著作和匠師》："此時用過步梁即乳栿承兩檩；用眉梁即月梁承三檩以上。"

虹梁

做成新月形的梁。此稱始見於漢代。後世多將高架而拱曲的屋梁形象地稱爲虹梁。《文選·班固〈西都賦〉》："因瓌材而究奇，抗應龍之虹梁。"李善注："應龍虹梁，梁形似龍而曲如虹也。"唐黃滔《水殿賦》："鴛瓦虹梁之岌嶪，坐徹夷門。"宋蘇軾《生日王郎以詩見慶次其韵并寄茶二十一片》："不嫌霧谷霾松柏，終恐虹梁荷棟桴。"明楊慎《齋房春夕》詩："青雲臨鹿苑，焕景入虹梁。"

挑梁

在木構梁架中，爲了出檐的需要，承重梁懸挑出柱外，承托出檐或樓上廊、凉臺等，挑出柱外的梁謂之挑梁。從考古發現的大量漢代明器陶樓可以看出，這些陶樓的屋檐下和少數平座下多使用斗拱承托，而且除少數用華拱外，大多數是在挑梁上用斗拱，有一斗三升斗拱，或一斗三升上加替木，也有重拱上加替木，但都祇有一挑，挑梁都特別碩大。轉角做法多是兩面各出一挑梁。少數閣樓在轉角處還出一個45°挑梁。由此可知，至遲到漢代已使用挑梁。唐宋以後，隨着木結構構架的發展和分工的精細，大型建築出現了抱頭梁、挑尖梁、挑尖隨梁等，承重梁直接承托檐部者漸少，但在民間建築中却一直沿用。中國科學院自然科學史研究所《中國古代建築技術史·木結構建築技術》："穿斗、梁柱兩類構架的縱嚮聯繫依賴檁條和枋，檐部大多使用挑梁，挑梁又有各種做法……在南方濕熱地區室内高度較大……樓房的承重梁也往往懸挑出柱外，擴大樓層面積或做成樓上的走廊。"

挑尖順梁

亦稱"順挑尖梁"。順着正身檁子的方嚮所放的挑尖梁。梁思成《清式營造則例·大木》："將桃（挑）尖梁向後加長至梢間面闊之度，裏端安在金柱之上，成爲桃尖順梁。順梁下面，與額枋在相同的地位的順隨梁枋。桃尖順梁上面，在退入一步架處，上安交金墩，承着采步金梁，與順梁成正角。"中國科學院自然科學史研究所《中國古代建築技術史·木結構建築技術》："在一棟房的兩盡間的左右柱子上，順着正身檁子的方嚮所放的梁爲順梁。如爲挑尖梁頭，這個梁也叫挑尖順梁。"

【順挑尖梁】

即挑尖順梁。此稱多行用於近現代。見該文。

挑尖隨梁

在清式帶檐廊的大型建築物中，置於挑尖梁下，并與挑尖梁平行的小梁。其作用是增加檐柱與金柱的連接，以補大梁之不足。梁思成《清式營造則例·大木》："桃尖梁和抱頭梁的下邊，又有一條較小的梁，與桃尖梁及抱頭梁平行，功用完全在增加檐柱與金柱間勾搭之力，以補大梁之不足，在桃尖梁下的叫桃尖隨梁，在抱頭梁下的叫穿插枋，在角檐柱和角金柱間叫做斜插金枋。"

角梁

在抬梁式木構建築中，正面和側面屋頂斜坡相交處，即垂脊處，最下一架斜置的并伸出柱外的木梁。角梁有兩層，下層者在宋式建築中稱大角梁，在清式建築中稱老角梁。上層者在宋式建築中稱子角梁，在清式建築中稱仔角梁或子角梁。二者之關係如同飛檐椽伏於檐椽之上。宋李誠《營造法式·大木作制度二》："造角梁之制：大角梁，其廣二十八分°。……子角梁廣十八分°。至二十分°。……凡角梁之長，大角梁自下平槫至下架檐頭；子角梁隨飛檐頭外至小連檐下，斜至柱心。（安於大角梁内）"梁思成注："按構造説，子角梁只能安於大角梁之上。"梁思成《清式營造則例·大木》："角梁是向下傾，而在平面投影上也是斜角放置的木梁，與建築物正側面的檐桁各成四十五度角的。角梁共有兩層，上層稱仔角梁，伏在下層老角梁上面，其關係正同飛椽之伏在檐椽上面一樣。"井慶升《清式大木作操作工藝·翼角、轉角》："廡殿、歇山建築屋頂都有四個轉角，其輪廓綫都是曲綫，使轉角部位猶如鳥翼展開的形象，故通稱這一部分叫翼角。翼角由角梁與翼角翹椽（簡稱角椽）及翼角翹椽飛椽（簡稱翹飛椽）組成，角梁是骨幹，椽子是若干分枝。角梁有兩層，上層稱仔角梁，下層稱老角梁，老角梁梁身放在正面、山面檐桁的交點之上。"

【陽馬】

即角梁。《文選·何晏〈景福殿賦〉》："承以陽馬，接以員方。"李善注引馬融《梁將軍西第賦》曰："騰極受檐，陽馬承阿。"宋李誡《營造法式·大木作制度二》："陽馬，其名有五：一曰軸棱，二曰陽馬，三曰闕角，四曰角梁，五曰梁抹。”宋宋祁《復州廣教禪院御書閣碑》：“木摩而匪雕，棟隆而弗撓。嗚鸞斯飛以異狀，陽馬如舞而四承。”清王式丹《和前題》之三：“琳宮陽馬尚崔巍，碑版苔花對夕暉。”另外，在斗尖類型的藻井中的斜梁，亦名陽馬。

仔角梁

上下兩層角梁中居上且較長的木梁，在清式中稱“仔角梁”或“子角梁”，在宋式中亦稱“子角梁”。其長於老角梁之部分近於水平，前端有榫，爲安放套獸之用，後端下皮刻檁椀或桁椀，以蓋住來自正、側兩面的金檁或金桁。梁思成《清式營造則例・大木》：“角梁共有兩層，上層稱仔角梁，伏在下層老角梁上面⋯⋯仔角梁前端長過老角梁，如飛椽之長於檐椽，頭上有套獸榫，做安放套獸的地方。”井慶升《清式大木作操作工藝・翼角、轉角》：“角梁有兩層，上層稱仔角梁，下層稱老角梁⋯⋯仔角梁梁身安放在老角梁上，與老角梁平行，前端伸出老角梁，伸出部分接近水平，梁端有鼻子榫，是安放瓦件套獸的部位。”

【子角梁】

同“仔角梁”。此體宋代已行用。見該文。

嫩戧

長江下游地區，在廡殿或歇山屋面的翼角的角梁亦分上下兩層，上層不稱仔角梁而稱嫩戧。嫩戧雖類似仔角梁，但有顯著不同：一是比仔角梁短，爲飛椽露出部分的三倍；二是前端抬起較陡，而仔角梁前端中心綫接近水平。

老角梁

上下兩層角梁中居下而較短的木梁。清式稱“老角梁”；在宋式建築中稱“大角梁”。其梁身在檐檁或正心桁相交處爲支點，前端伸出，端面做成霸王拳一類的雕飾；後端上皮刻出檁椀或桁椀，托住正、側兩面的金檁或金桁。梁思成《清式營造則例・大木》：“角梁共有兩層，上層稱仔角梁，伏在下層老角梁上面⋯⋯老角梁前端直接放在檐桁上——正面側面兩檐桁成正角相交處——外端更伸出，較檐椽略長，梁頭做成霸王拳一類的雕飾。”井慶升《清式大木作操作工藝・翼角、轉角》：“角梁有兩層，上層稱仔角梁，下層稱老角梁，老角梁梁身放在正面、山面檐桁的交點之上。前端伸出挑檐桁之外，梁端面做霸王拳一類雕飾；後端上面做出桁椀承托正側兩面的金桁。”

【大角梁】

即老角梁。此稱宋代已行用。見該文。

老戧

長江下游地區，在廡殿或歇山屋面的翼角的角梁亦有上下兩層，上層不稱仔角梁而稱嫩戧；下層不稱老角梁而稱老戧。老戧的位置和形狀與老角梁基本相同。

窩角梁

亦稱“裏角梁”。因它用於屋面裏角的角梁而得名。窩角梁是相對外角梁而言，它與外角梁（通稱角梁）形制類似，但做法有所不同：窩角梁亦分兩層，上層稱仔角梁，下層稱老角梁。窩角梁的仔角梁形似大飛頭，且前端不起翹。老角梁後尾與外角梁同。窩角梁的老角梁頭做霸王拳，仔角梁頭做三岔頭，或做成套獸榫。井慶升《清式大木作操作工藝・翼角、轉角》：“凡是窩角梁，位於屋面的裏角，形制上與外角梁類似，但與外角的角梁做法有所不同。仔角梁有兩個特徵：一是形似大飛頭，二是前不起翹，老角梁後尾與外角梁同。"

【裏角梁】

即窩角梁。此稱多行用於現當代。見該文。

隱角梁

宋式稱謂。"角梁"之一種。仔角梁以上，續角梁之間的角梁謂隱角梁。宋李誡《營造法式·大木作制度二》："隱角梁，上下廣十四分。至十六分。……隱角梁隨架之廣，自下平榑至子角梁尾，皆以斜長加之。"梁思成注曰："隱角梁相當於清式小角梁的後半段。在宋《法式》中，由於子角梁的長度只到角柱中心，因此隱角梁從這位置上就開始，而且再上去就叫做續角梁。這和清式做法有不少區別。清式小角梁（子角梁）梁尾和老角梁（大角梁）梁尾同樣長，它已經包括了隱角梁在內。"

由戧

清代廡殿正面與側面屋頂相交處的骨幹構架，即四條垂脊的骨幹。它位於兩山各桁及前後各桁相交之處，是角梁的繼續。梁思成《清式營造則例·大木》："兩山各桁與前後各桁相交處是放由戧的地位。由戧就是角梁的繼續者，是四垂脊的骨幹。由戧在各步架上並不一定須一直綫相銜接，一方面有舉架，一方面還可有推山，使它立面和平面的投影都是曲綫。"井慶升《清式大木作操作工藝·翼角、轉角》："無論單檐或是重檐建築，凡是廡殿式大木結構，均須使用由戧。由戧位於廡殿屋架四角轉角的位置，下接仔角梁上至脊桁，以它承受脊的荷載。由戧有下花架、上花架、脊步之分，如步架增加還有中花架由戧之稱。"

續角梁

清式"由戧"之宋式稱謂。它是角梁的繼續，且是廡殿正面與側面屋頂斜坡相交處，即垂脊處的骨幹構架。位於兩山各桁及前後各桁的相交處，亦可謂四垂脊的骨幹。宋李誡《營造法式·大木作制度二》："隱角梁……上兩面隱廣各三分，深各一椽分。（餘隨逐架接續，隱法皆仿此。）"梁思成注："在宋《法式》中，由於子角梁的長度只到角柱中心，因此隱角梁從這位置上就開始，而且再上去就叫做續角梁。這和清式做法有不少區別……《法式》說'餘隨逐架接續'，亦稱'續角梁'的，在清式中稱'由戧'。"

抹角梁

亦稱"抹角栿"。在建築物轉角處内角内，與斜角綫成正角之梁。抹角梁始於宋代，但極少，金元兩代開始較多運用，明清時期較普遍。宋李誡《營造法式·大木製作二》："凡屋内若施平棋……丁栿之上，別安抹角栿，與草栿相交。"中國科學院自然科學史研究所《中國古代建築技術史·木結構建築技術》："抹角梁法。在屋架的邊角處，斜放一根與面寬或進深成 45° 的斜梁（與角梁成 90°），從屋架平面圖的位置來看，是斜抹屋角的構件，所以叫做抹角梁。一般抹角梁放在額枋、平板枋上或斗栱上。抹角梁上可以放童柱或井口枋等。廡殿頂的抹角梁上常放交金瓜柱以承搭角桁條，也有層層趴在檁子上的抹角梁，梁頭按扒梁做法。"井慶升《清式大木作操作工藝·梁架》："抹角梁位於廡殿或其他形式屋架裏轉角處，與斜角綫成爲正交之梁。"在今天的大型建築中仍見有施用。

【抹角栿】

宋式稱謂。即抹角梁。此稱宋代已行用。

見該文。

抹角隨梁

　　宋式稱謂。抹角梁下與之平行之梁。

簇角梁

　　宋式建構木梁名稱。在四角、六角或八角斗尖亭榭的木構架中，各條角梁的後尾全部集中到中心，取其簇擁一處之意，謂之簇角梁。相當於清式木建構中六角或八角亭上之由戧。用於亭上的屋架，按位置分爲上、中、下三種折簇梁，下折簇梁似蘇式嫩戧、老戧間之斜曲木"菱角木"和"扁擔木"。宋李誡《營造法式·大木作制度二》："若八角或四角鬥尖亭榭，自橑檐方背舉至角梁底，五分中舉一分；至上簇角梁，即兩分中舉一分。簇角梁之法：用三折。先從大角梁背，自橑檐方心量，向上至根杆卯心，取大角梁背一半，立上折簇梁，斜向根杆舉分盡處。（其簇角梁上下並出卯。中、下折簇梁同。）次從上折簇梁盡處量至橑檐方心，取大角梁背一半立中折簇梁，斜向上折簇梁當心之下。又次從橑檐方心立下折簇梁，斜向中折簇梁當心近下（令中折簇梁上一半與上折簇梁一半之長同），其折分並同折屋之制。"梁思成注曰："〔簇角梁〕用於平面是等邊多角形的亭子上。宋代木構實例已沒有存在的。"

扒梁

　　兩端放在梁上或桁上，而不是放在柱上之梁。扒梁在大木結構中使用很廣，無論是廡殿、歇山還是雜式建築中，均有使用。各種扒梁的外形及做法，基本相同。中國科學院自然科學史研究所《中國古代建築技術史·木結構建築技術》："扒梁是梁頭扒在桁條上的一種梁，基本做法是，梁的下皮與其所扒的檩中綫在一條水平綫上，梁頭在檩外皮內（檩與檩外皮之間）並隨舉架（椽子坡度）斜鋸梁頭，挖出椽槽，以儘量減少梁頭斷面……根據扒梁的方向不同，與順梁方嚮一樣的扒梁稱爲順扒梁。"井慶生《清式大木作操作工藝·梁架》："扒梁在大木結構中使用很廣，如廡殿、歇山及一些雜式的建築中。各種扒梁的外形及其作法基本相同。"

上金扒梁

　　亦稱"上金順扒梁"。置於下金桁上之順扒梁。梁思成《清式營造則例·大木》："兩山老檐桁上就安下金順扒梁，在下金順扒梁上退入一步架處安柁墩，以承托兩山下金桁，與前或後下金桁的相交點。再在前後上金桁的中綫上，在它們的下面，安上金順扒梁，伏在兩山下金桁之上。"中國科學院自然科學史研究所《中國古代建築技術史·木結構建築技術》："一端趴在下金桁（或中金桁）上，承托中金桁（或上金桁）的扒梁稱爲中金扒梁（或上金扒梁）。"

【上金順扒梁】

　　宋式稱謂。安在下金桁上之順扒梁。梁思成《清式營造則例·大木》："各層山桁上，在前後每層金桁的中綫上，在它們下面，與之平行的，有各層順扒梁。順扒梁分上下，乃至上中下層，每層都是一頭放在桁上，一頭放在柁上……再在前後上金桁的中綫上，在它們的下面，安上金順扒梁，伏在兩山下金桁之上。"

中金扒梁

　　一端趴在下金桁上，承托中金桁的扒梁。中國科學院自然科學史研究所《中國古代建築技術史·木結構建築技術》："一端趴在下金桁（或中金桁）上，承托中金桁（或上金桁）的扒梁爲中金扒梁（或上金扒梁）。"

下金扒梁

亦稱"下金順扒梁"。位於下金桁下之順扒梁。梁思成《清式營造則例·大木》："順扒梁分上下，乃至上中下層，每層都是一頭放在桁上，一頭放在柁上。例如兩山老檐桁上就安下金順扒梁……在前後上金桁的中綫上，在它們的下面，安上金順扒梁，伏在兩山下金桁之上。"中國科學院自然科學史研究所《中國古代建築技術史·木結構建築技術》："一端趴在檐桁（正心桁）上，一端搭在九架梁上的扒梁，也就是承托下金桁的扒梁稱爲下金扒梁。"

【下金順扒梁】

宋式稱謂。安在老檐桁上之順扒梁。梁思成《清式營造則例·大木·構架》："例如兩山老檐桁上就安下金順扒梁，在下金順扒梁上退入一步架處安柁墩，以承托兩山下金桁與前或後下金桁的相交點。"

順梁

與主要梁架成正角之梁。在清代官式做法中，安置在梢間底層的柱間。中國科學院自然科學史研究所《中國古代建築技術史·木結構建築技術》："順梁法。在一棟房的兩盡間的左右柱子上，順着正身檁子的方嚮所放的梁稱爲順梁。如爲挑尖梁頭（柱頭科上聯繫金柱與檐柱的短梁謂挑尖梁），這個梁也叫挑尖順梁。這種梁的做法與一般正身梁的做法一樣，梁尾多插在金柱上，梁背做卯眼以放交金墩或交金瓜柱。"

順扒梁

與順梁方嚮相同的扒梁。它是兩端或一端放在桁或梁上的順梁。根據其位置又分上下，乃至上中下層。梁思成《清式營造則例·大木》："各層山桁上，在前後每層金桁的中綫上，在它們下面，與之平行的，有各層順扒梁。順扒梁分上下，乃至上中下層，每層都是一頭放在桁上，一頭放在柁上。"中國科學院自然科學史研究所《中國古代建築技術史·木結構建築技術》："根據扒梁的方嚮不同，與順梁方嚮一樣的扒梁稱爲順扒梁，在廡殿構件中往往使用多層順扒梁。一端趴在檐桁（正心桁）上，一端搭在九架梁上的扒梁，也就是承托上金桁的扒梁稱爲下金扒梁；一端趴在下金桁（或中金桁）上，承托中金桁（或上金桁）的扒梁稱爲中金扒梁（或上金扒梁）。"井慶升《清式大木作操作工藝·梁架》："順扒梁用於廡殿頂兩山梁架，有上、中、下之分，都是一端放在桁上，另一端與梁相交。"

穿梁

歇山大木構架中聯絡草架柱子之小梁。因其位於左右兩根草架柱子之間，橫嚮穿過兩柱，故亦稱"穿二眼"。梁思成《清式營造則例·大木》："左右兩根草架柱子之間，在各層同高的桁間，用小梁橫嚮支撐着，謂之穿梁。"井慶升《清式大木作操作工藝·梁架》："穿梁位於草架柱子兩柱之間，橫嚮穿過柱子。除檐桁並第一步金桁外，每一步架都用穿梁一根。由於步架的架數不同，所用穿梁的根數也隨之不同，如九桁建築物衹有金桁，至脊桁各用穿梁。"

【穿二眼】

即穿梁。此稱多行用於近現代。見該文。

明栿

在有天花的建築中，宋式稱天花板以下露

明的梁栿爲明栿。加工精細，砍割捲殺都有一定的做法。我國唐宋時期的木構殿閣，往往因室內有無天花而有明栿、草栿兩種做法。徹上露明造（無天花板）的梁架均采用明栿做法。明栿加工細緻，棱角規整，表面光潔。宋李誠《營造法式·大木制度二》："造月梁之制：明栿，其廣四十二分。"梁思成注曰："明栿是露在外面，由下面可以看見的梁栿；是與草栿（隱藏在平暗、平棋之上未經細加工的梁栿）相對的名稱。"中國科學院自然科學史研究所《中國古代建築技術史·木結構建築技術》："一般徹上露明造的梁架均采用明栿做法……有天花的，則天花以上用草栿，製做都很粗糙，天花以下則采用明栿做法。"

草栿

亦稱"暗栿"。宋式建築中天花板以上部分不露明的梁栿。草栿祇做一般加工，製作粗糙。我國唐宋時期的木構殿閣，往往因室內有無天花而有明栿、草栿兩種做法。一般徹上露明造（無天花）的梁架均采用明栿做法；有天花的，則天花以上用草栿，天花以下仍用明栿。早期木構架中的草栿與明栿的區別很嚴格。到元代，特別是在北方木構建築中，草栿做法已經有很突出的地位。有些殿宇雖爲徹上露明造，也習慣於用草栿。這種草栿用材不講規格，梁架多用原木，製作粗糙，很少加工雕飾。宋李誠《營造法式·大木作制度二》："造梁之制有五：一曰檐栿。如四椽及五椽栿……草栿廣三材。"梁思成注曰："草栿是在平棋（明清稱天花）以上，未經藝術加工的，實際負荷屋蓋重量的梁。"中國科學院自然科學史研究所《中國古代建築技術史·木結構建築技術》："草栿做

法的特點是：省工、省料、施工進度快。利用較短、較省的木料，經過匠師們的精心設計與精心施工，同樣能夠建造規模較大的房屋，具有較高的經濟效果。缺點是：技術規範不嚴格，用材不規整，工藝品質粗糙。"

【暗栿】

即草栿。此稱宋代已行用。見該文。

隱襯角栿

亦稱"草角栿"。宋李誠《營造法式·大木作制度二》："凡角梁之下，又施隱襯角栿。"梁思成注曰："隱襯角栿實際上就是一道'草角栿'。"

【草角栿】

即隱襯角栿。此稱多行用於近現代。見該文。

遞角栿

亦稱"遞角梁"。宋式建築中稱位於角檐柱上至角金柱上之梁。實際上它是一個連接裏外角柱并將屋頂重量傳遞下來的斜梁。中國科學院自然科學史研究所《中國古代建築技術史·木結構建築技術》："遞角梁法。在轉角房中往往利用轉角檐柱與金柱，水平安放45°斜梁。由於其位置很似角梁的水平投影，其作用是將裏外角柱連接在一起，並將屋頂荷重傳遞下來，所以把這種斜梁叫做遞角梁。這種梁的做法與正身梁架做法一樣，祇是在長度上是三角形的弦，故用計算長度術語'方五斜七'（即等於正身梁長乘1.41）。"

【遞角梁】

清式稱謂。即遞角栿。此稱多行用於近現代。見該文。

順栿串

亦稱"隨梁枋"。貫穿前後兩內柱間的起聯絡作用的構件。宋李誡《營造法式·大木作制度二》："凡順栿串，並出柱作丁頭栱，其廣一足材。"梁思成注："順栿串和襻間相似，是固定左右兩縫蜀柱的相互聯繫构件。"中國科學院自然科學史研究所《中國古代建築技術史·建築著作和匠師》："有時柱子之間還加一道順栿串，使柱子不易摇動。"井慶升《清式大木作操作工藝·枋、板、桁》："隨梁枋是位七架梁或五架梁之下，兩柱進深之間的順木，是連接兩柱的構件之一。隨梁枋多用於大式的大木構架，小式構架一般不用。"

【隨梁枋】[1]

即順栿串。宋式稱順栿串，清式稱隨梁枋。此稱多行用於近現代。見該文。

承重梁

承托樓板重量之梁。它是多層建築物的構件，承擔着上一層樓面的荷載，梁的自身承托棱木和樓板，故名。承重梁始於漢代，一直沿用至今。井慶升《清式大木作操作工藝·梁架》："承重梁：是多層建築物的構件，它擔負着上層樓面的荷載。"又："凡承重梁的梁長，按進深定長……古建樓房中一般都在横嚮使用承重梁（間枋），縱嚮安放楞木，上面安裝地板。"

天花梁[1]

在大梁及隨梁枋之下、前後金柱之間，用以安放天花之梁。梁思成《清式營造則例·裝修》："在天花梁或別的梁上，在高度適當處安裝帽兒梁或是貼梁。"井慶升《清式大木作操作工藝·枋、板、桁》："天花梁以金柱中至中的進深尺寸定長，兩端各减半柱徑，得出净長，外加兩端入榫長度各按金柱徑四分之一，得通長若干。以金柱徑的十分之六定梁寬，十分之八定梁厚。"

貼梁

貼在天花梁旁用以安天花之梁。梁思成《清式營造則例·裝修》："在天花梁或別的梁上，在高度適當處安裝帽兒梁或是貼梁，然後將支條安在帽兒梁或貼梁的下面。"井慶升《清式大木作操作工藝·枋、板、桁》："貼梁在大木構件中與天花枋或天花梁緊貼，並在天花梁與天花枋的相交處，做割角榫相交，成爲具有面闊、進深兩方面的交圈整體（在大木構架的做法上，有的用貼梁，有的則不采用）。"

帽兒梁[1]

亦稱"帽梁"。在天花井條之上，安於左右梁架上用以支撑天花之圓木。帽兒梁不在露明處，没有任何榫卯。在做法上不需過細加工。帽兒梁始於明清，沿用至今。梁思成《清式營造則例·裝修》："在天花梁或別的梁上，在高度適當處安裝帽兒梁或是貼梁，然後將支條安在帽兒梁或貼梁的下面。"井慶升《清式大木作操作工藝·梁架》："凡室内有天花的建築物，一般都有帽梁，帽梁在天花之上與天花支條相交。依面闊定長，按四個斗口定直徑。……帽梁大體同圓柱，祇是没有任何榫卯。因爲帽梁不在露明處，在作法上不需要加工過細。"

【帽梁】

即帽兒梁。此稱多行用於近現代。見該文。

闌頭栿

宋式建築中架在歇山頂兩山丁栿背上，爲封閉屋頂山面的梁栿。一般架在梢間的順梁上，與其他梁架平行，與第二層梁同高，承托歇山部分的重量。相當於清式建築中的"采步金梁"。宋李誡《營造法式·大木作制度二》："於丁栿上隨架立夾際柱子，以柱槫梢；或更於丁栿背上，添閣頭栿。"梁思成注曰："閣頭栿，相當於清式的'采步金梁'。"

采步金梁

清式稱謂。相當於宋式建築中的"閣頭栿"。在歇山式建築中置於梢間順梁之上，與順梁成正交，與其他梁架平行，與第二層梁同高，用以承托歇山部分之梁。采步金梁的兩端做假桁頭，與下金桁交，放在交金墩上。其外邊還刻有一排椽窩，以承受兩山的椽子。采步金梁用於明清官式建築中。梁思成《清式營造則例·大木》："〔歇山大木中〕桃尖順梁上面，在退入一步架處，上安交金墩，承着采步金梁，與順梁成正角。采步金上皮與下金桁上皮平，兩頭與桁交，做成桁的樣子稱假桁頭。……采步金之上，各架梁的分配便與其餘梁架完全相同。"井慶升《清式大木作操作工藝·梁架》："歇山頂的兩山梁架，一般將挑尖梁加長延至梢間裏端，交於大梁之上，稱爲'挑尖順梁'。於挑尖梁的上面退入一步架處立交金墩或瓜柱，其上所承托的即爲采步金梁。此梁除具有與正身五架梁相同的作用外，還須承托歇山山面的檐椽。梁長隨五架梁，斷面尺寸同五架梁。"

懸棟

屋下重梁。漢王延壽《魯靈光殿賦》："爾乃懸棟結阿，天窗綺疏。"唐孫樵《龍多山錄》："屹石巉巉……又有似乎飛檐連軒，欒櫨交攢，攲撑兀柱，懸棟危礎，殊狀詭類，愕不得視。"

宋任廣《書叙指南》卷九："樓閣之制曰懸棟飛閣。"又卷一六："屋下重梁曰懸棟。"明彭大翼《山堂肆考》卷二三四："懸棟，屋下重梁也。"

懸楣

亦作"縣楣"。亦稱"挂楣"。前後兩柱間之渡梁。《陳書·後主張貴妃傳》："至德二年，乃於光照殿前起臨春、結綺、望仙三閣。閣高數丈，並數十間，其窗牖、壁帶、懸楣、欄檻之類，並以沈檀香木爲之。"《南史·梁本紀中》："沙門智泉……開講日，有三足烏集殿之東户，自户適於西南縣楣，三飛三集。"《資治通鑑·陳長城公至德二年》："其窗牖、壁帶、縣楣、欄檻皆以沈檀爲之。"胡三省注："施於前後兩楹之間，下不裝構，今人謂之挂楣。"明楊慎《升庵集·壁帶懸楣》："懸楣，橫木施於前後兩楹之間，下不裝構，如偏橋棧道之勢，今人謂之挂楣。"

【縣楣】

同"懸楣"。此體南北朝時期已行用。見該文。

【挂楣】

即懸楣。此稱明代已行用。見該文。

丁栿

亦稱"丁栿梁"。宋式建築中與橫梁呈"丁"字形相交的梁。類似清式建築中的"順扒梁"。宋李誡《營造法式·大木作制度二》："若在兩面，則安丁栿。丁栿之上，別安抹角栿，與草栿相交。"梁思成注曰："丁栿梁首由外檐鋪作承托，梁尾搭在檐栿上，與檐栿（在平面上）構成'丁'字形。"

【丁栿梁】

即丁栿。此稱多行用於近現代。見該文。

美　稱

雕梁

飾有浮雕、彩繪的梁，亦指裝飾華麗的梁。南朝陳江總《雜曲》："珊瑚挂鏡臨網户，芙蓉作帳照雕梁。"唐杜甫《奉觀嚴鄭公廳事岷山沱江畫圖十韵》："白波吹粉壁，清嶂插雕梁。"元馬致遠《漢宫秋》第四折："不比那雕梁燕語，不比那錦樹鶯鳴，漢昭君離鄉背井。"《紅樓夢》第三回："正面五間上房，皆是雕梁畫棟。"

畫梁

飾有彩繪的屋梁。南朝陳陰鏗《和樊晋侯傷妾》："畫梁朝日盡，芳樹落花辭。"唐盧照鄰《長安古意》詩："雙燕雙飛繞畫梁，羅幃翠被鬱金香。"《水滸傳》第一一○回："請觀他春盡歸來，畫梁雙燕。"《紅樓夢》第五回："畫梁春盡落香塵。擅風情，秉月貌，便是敗家的根本。"

畫棟

施有彩繪的棟梁。唐王勃《滕王閣序》詩："畫棟朝飛南浦雲，珠簾暮卷西山雨。"宋曾鞏《岷山亭》詩："馬窟飛雲臨畫棟，鳳林斜日照疏櫺。"明王韋《閣試春陰》詩："小院門閑鶯自語，畫棟泥香燕初乳。"《紅樓夢》第三回："正面五間上房，皆是雕梁畫棟，兩邊穿山游廊厢房，挂着各色鸚鵡畫眉等雀鳥。"又第五回："但見畫棟雕檐，珠簾綉幕，仙花馥郁，異草芬芳。"又第一七回："無知的蠢物，你只知朱樓畫棟、惡賴富麗爲佳，哪裏知道這清幽氣象呢？"

玳瑁梁

亦稱"玳梁"。以玳瑁鑲嵌的屋梁。南朝梁沈約《八咏詩·登臺望秋月》："九華玳瑁梁，華樏與璧璫。"唐沈佺期《古意呈補闕喬知之》詩："盧家少婦鬱金堂，海燕雙栖玳瑁梁。"唐宋之問《宴安樂公主宅》詩："玳梁翻賀燕，金埒依晴虹。"明徐渭《畫鶴賦》："徐展玉輪，高縣玳梁。"清王太岳《憶秦娥》詞："兒家舊住紅樓北，玳梁海燕曾相識。"

【玳梁】

即玳瑁梁。此稱唐代已行用。見該文。

專　名

包鑲梁

當中用一根較大的料，四周用數塊小料包鑲而成，接縫處用榫卯或扒鈎連繫而成的大梁。始於宋代，明清時期開始大量而普遍使用，一直沿用至今。中國科學院自然科學史研究所《中國古代建築技術史·木結構建築技術》："包鑲梁：當中用一根較大的料，四周用數塊小料包鑲而成，接縫處用榫卯或扒鈎聯繫，外加鐵箍。"又："清代時期山林幾乎砍伐殆盡，大料非常稀罕，迫於實際困難，工匠們在實踐中發展了小料拼大料的方法，創造了包鑲柱子、包鑲梁……拼合柱、包鑲梁，宋代已有，《營造法式》上稱作'合柱''繳貼'。實物中也有個別的例子，如浙江寧波保國寺北宋時期的合柱。但如此大規模地、普遍地使用拼合材料，則是明清以來，特別是清代的突出現象。"

拼合梁

兩根或三根木料緊密相貼形成的梁。有兩拼和三拼之做法。在古代大木構架中，爲了補救大梁斷面之不足，在大梁上加"繳背"梁，即在大梁上附加木條，以加大梁之斷面。宋式大木做法，即在梁的材料較小、不夠規定尺寸時，緊貼梁的上皮（或上下皮）加一條（或兩條）木料，使之符合規格，這另加的木料稱繳背。古代建築中的拼合構件，一般認爲是宋代出現的新結構，宋以前不見文獻記載，更無實物例證。宋李誠《營造法式·大木作制度二》："凡方木小，須繳貼令大……若直梁狹，即兩面安槫栿版。如月梁狹，即上加繳背，下貼兩頰；不得刻剝梁面。"梁思成注："在梁栿兩側加貼木板，並開出抱槫口以承槫或替木。"中國科學院自然科學史研究所《中國古代建築技術史·木結構建築技術》："拼合梁：古代常見的拼合梁是在大梁上加'繳背'梁，其目的很明顯是補救大梁斷面不足。兩根構件之間一般用木楔相聯，雖不能完全像現代拼合梁那樣密合牢固，繳背總是分擔了部分荷載、減輕下面大梁的負擔。《營造法式》卷五還記載有以下幾種：梁栿製作時，'凡方木小，須繳貼令大……若直梁狹即兩面安槫栿版'（此即三拼梁）；'如月梁狹即上加繳背，下貼兩頰不得刻剝梁面'（這種式樣也是一根三拼梁）。"又："拼合梁：用兩塊或三塊以上的木料拼合而成。兩塊拼合一般用同樣大小的木料拼合成一根梁，拼縫用魚尾榫（又稱燕尾榫、銀錠榫等）連接，內部用槽溝暗套榫或是落腳榫，防止上下錯動，外用鐵箍加固。三塊拼成的大梁，一般中間一塊木料較大，兩邊幫上較薄的同樣大小的料，也需要榫和鐵箍加固，或用扒鈎加固。"拼合梁始於宋代，宋以前文獻不見記載，更無實物留存。明清時期，拼合料大量使用，形成了這一時期木結構技術的重要特點之一。大規模地、普遍地使用拼合梁、柱，則是清代的突出現象。現存實物例證更多，並由此使建築的外表油飾彩畫工程也發生了重大變化。這種拼合梁一直沿用至今，且技術更加完善。

第五節　額枋考

我國古代宮室建築以木結構爲主流，而木構建築的構架方式主要有梁柱式及穿斗式兩種，以直立的木柱承托上部梁椽及屋頂的重量，然後由柱、柱礎、礤礤將此重荷均勻地傳遞到地面。頂梁柱對房屋構架具有至關重要的作用。爲加固木構架，於是出現了繫連各柱之間的橫嚮木構件——枋。宋及宋代以前稱"闌額"。清代稱"額枋"。現存最早的實物是南北朝時期的石刻闌額，多置於柱頂，其上置大斗及拱。石闌額係仿木構闌額雕刻而成。

北魏酈道元《水經注·沁水》云："夾岸累石結以爲門，用代木門枋。"宋李誡《營造法式·大木作制度二》曰："造闌額之制：廣加材一倍，厚減廣三分之一，長隨間廣，兩頭至柱心。入柱卯減厚之半。"梁思成注釋："闌額是檐柱與檐柱之間左右相聯的構件，兩頭出榫入柱，額背與柱頭平。清式稱額枋。"隋代以前多將枋置於柱頂，隋唐以後多移置於柱側旁，遼後期及宋在闌額上用普拍枋。扁而寬的普拍枋坐在闌額并及柱頭上，柱頭斗拱坐於普拍枋上，使柱與闌額連接更爲堅固。唐代闌額斷面高寬比約爲 2：1，側面略呈曲綫，謂之琴面；轉角處不出頭。遼代沿襲唐制，但至角柱處出頭，且垂直截去。宋金時，其斷面高寬比約爲 3：2，出頭處有出鋒或近似後代的霸王拳式樣。至明清時，其斷面近於方形，出頭部分大多作霸王拳形式。宋代普拍枋較之闌額寬，明代官式做法漸趨同寬，清代普拍枋（即平板枋）較闌額（即額枋）爲窄。梁思成先生在《清式營造則例·大木》中對各種"枋"的使用曾有詳細論述："在每個柱頭（即柱上端）與另一柱頭之間，有連貫兩柱間的橫木叫額枋或檐枋，其長度按面闊。在較大的建築物上，有用上下兩層額枋的，叫做大額枋及小額枋。大小額枋之間有立着的板叫做由額墊板。大額枋的上皮與柱頭平，其上再加上一層平板枋，枋上排列各攢斗栱，斗栱之上放梁，梁上放桁。較小的建築物——小式大木——不用斗栱，梁頭直接放在柱上。梁頭上放檐檁，柱頭間則用檐枋連貫，檐檁與檐枋之間則加墊板，稱檐墊板。按進深連貫兩柱頭間的橫木，地位功用與額枋相同的，叫隨梁枋，但在小式大木，常祇有梁而沒有隨梁枋。若建築物是重檐的，金柱須加高以支上檐。其柱頭之間也有兩層的額枋和墊板，不過大額枋改叫上額枋，小額枋上又加許多的洞以承受下檐的檐椽，叫做承椽枋。"

額枋

亦稱"檐枋"。清式稱謂。宋式稱"闌額"。檐柱間起繫連作用的矩形橫木，其長度同面闊。在較大建築物上，有用上下兩層額枋的，稱大額枋、小額枋。大小額枋之間有立着的由額墊板。宋代及宋以前稱"闌額"，南北朝以前多置於柱頭，隋唐以後則移至柱間。唐代其斷面高寬比約爲 2：1，側面略呈曲綫，謂之琴面；轉角處不出頭。宋、金時其斷面比約爲 3：2，出頭處有出鋒或近似後代的霸王拳式樣。至明清時，額枋斷面近於方形，出頭部分大多作霸王拳形式。宋李誡《營造法式·大木作制度二》："造闌額之制：廣加材一倍，厚減廣三分之一，長隨間廣，兩頭至柱心。"梁思成注："闌額是檐柱與檐柱之間左右相聯的構件，兩頭出榫入柱，額背與柱頭平。清式稱額枋。"梁思成《清式營造則例·大木·構架》：“在每個柱頭（即柱上端）與另一柱頭之間，有連貫兩柱間的橫木叫額枋或檐枋，其長度按面闊。”井慶生《清式大木作操作工藝·額枋》：“額枋有大額枋和小額枋之分，在重檐建築上還有上、下之分，兩枋之間的隔板叫做由額墊板。”

【檐枋】 [1]

即額枋。此稱多行用於現當代。見該文。

【枋】 [2]

即額枋。北魏酈道元《水經注·穀水》：“晉元康二年十一月二十日，改治石巷水門，除竪枋，更爲函枋，立作覆枋。”明宋應星《天工開物·種忌》：“凡竈紙用竹木四條爲方架，高懸透風避日梁枋之上。”

【闌額】

即額枋。宋式稱謂。宋李誡《營造法式·大木作制度二》：“造闌額之制：廣加材一倍，厚減廣三分之一，長隨間廣，兩頭至柱心。”梁思成注：“闌額是檐柱與檐柱之間左右相聯的構件，兩頭出榫入柱，額背與柱頭平。清式稱額枋。”

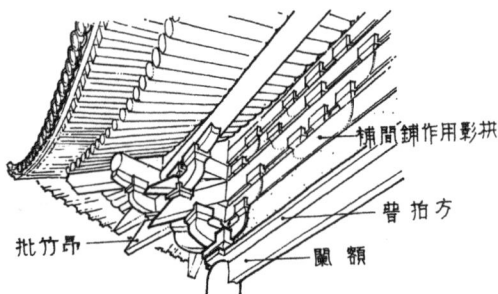

闌額普拍方
（梁思成《營造法式注釋》）

大額枋

在大式建築中，往往有上下兩層額枋，上層較大之額枋謂大額枋。宋式建築中稱“闌額”。梁思成《清式營造則例·大木》：“在較大的建築物上，有用上下兩層額枋的叫做大額枋。……大額枋的上皮與柱頭平，其上再加上一層平板枋，枋上排列各攢斗栱。”又梁思成《營造算例·斗栱大木大式做法·額枋》：“大額枋，長按面闊；其梢間長，外加半個柱頭徑，再加出榫按本身寬折半。高按檐柱徑外加一成。厚按檐柱頭徑九扣。”

小額枋

在有兩層額枋的較大建築中，位於大額枋下部較小之額枋謂小額枋。宋式建築中稱“由額”梁思成《營造算例·斗栱大木大式做法·額枋》：“小額枋，長按面闊；其梢間長，外加半個柱頭徑，再加出榫按本身寬折半。高按檐柱徑八扣。厚按高自一尺二寸收二寸，一尺二寸往上，每高一尺，再收分一寸。”井慶升《清式大木作操作工藝·額枋》：“小額枋位於大額枋及由額墊板之下，以面闊定長，兩端各減柱徑半份，得出净長，外加按柱徑四分之一的兩端入榫長度，得總漲長若干。”

【由額】

即小額枋的宋式稱謂。宋李誡《營造法式·大木作制度二》：“凡由額，施之於闌額之下。廣減闌額二分°至三分°。如有副階，即於峻脚椽下安之。如無副階，即隨宜加減，令高下得中。”

綽幕方

宋式稱謂。位於檐額之下，形狀較其略小，類似清式建築中的小額枋。宋李誡《營造法式·大木作制度二》：“檐額下綽幕方，廣減檐額三分之一；出柱長至補間；相對作楷頭或三瓣頭。"梁思成注："綽幕方，就其位置和相對大小説，略似清式中的小額枋。'出柱'做成'相對'的'楂頭'，可能就是清式'雀替'的先型。"

檐額

宋式稱謂。貫通整幢建築物外檐面闊或進深的額枋。宋李誡《營造法式·大木作制度二》："凡檐額，兩頭並出柱口；其廣兩材一栔至三材；如殿閣即廣三材一栔或加至三材三栔。檐額下綽幕方，廣減檐額三分之一；出柱長至補間；相對作楂頭或三瓣頭。"梁思成注："檐額和闌額在功能上有何區別，'制度'中未指出，只能看出檐額的長度沒有像闌額那樣規定'長隨間廣'，而且'兩頭並出柱口'；檐額下還有綽幕方，那是闌額之下沒有的。"

上額枋

亦稱"重檐上檐大額枋"。清式稱謂。重檐建築中，需加高金柱以支承上檐；其柱頭之間也有兩層額枋及墊板，其中大額枋即改稱上額枋。梁思成《清式營造則例·大木·構架》："若建築物是重檐的，金柱須加高以支上檐。其柱頭之間也有兩層的額枋和墊板，不過大額枋改叫上額枋。"又《營造算例·額枋》稱其爲"重檐上檐大額枋"。

【重檐上檐大額枋】

即上額枋。此稱清代已行用。見該文。

承椽枋

清式稱謂。重檐建築中，加高了的金柱柱頭間有兩層額枋及墊板，其中小額枋即此。梁思成《清式營造則例·大木·構架》："若建築物是重檐的，金柱須加高以支上檐。其柱頭之間也有兩層的額枋和墊板，不過大額枋改叫上額枋，小額枋上又加許多的洞以承受下檐的檐椽，叫做承椽枋。"井慶升《清式大木作操作工藝·枋、板、桁》："承椽枋位於重檐建築的下層，是承托下檐椽子的構件。"

平板枋

清式稱謂。位於大額枋之上，用以承托斗拱的一層枋木。清代平板枋小於額枋。梁思成《清式營造則例·大木·構架》："大額枋的上皮與柱頭平，其上再加上一層平板枋，枋上排列各攢斗栱，斗栱之上放梁，梁上放桁（亦稱檁，大式稱桁，小式稱檁）。"井慶升《清式大木作操作工藝·枋、板、桁》："平板枋位於大額枋之上，斗拱之下。"

普拍枋

宋式稱謂。最早實物見於遼代後期。其形扁寬，位於闌額及柱頭之上，而柱頭斗拱則坐於普拍枋上，因而加固了柱子與闌額的連接。由於補間鋪作的加多，補間不用蜀柱、駝峰、人字拱之類，而用大斗，窄而薄的闌額不宜坐大斗，由此產生了普拍枋。宋以後隨着闌額的加厚，普拍枋亦加厚變窄。至明代其與闌額同寬。至清代其改稱平板枋，已寬於闌額（改稱額枋）。

隨梁枋 [2]

清式稱謂。按進深方嚮連貫兩柱間的橫置枋木。其緊貼大梁之下，位置、功用與額枋相同。僅用於大式建築。小式建築衹用梁而不用隨梁枋。梁思成《清式營造則例·大木構架》："按進深連貫兩柱頭間的橫木，地位功用與額枋同的，叫隨梁枋，但在小式大木，常只有梁而沒有隨梁枋。"井慶升《清式大木作操作工藝·枋、板、桁》："隨梁枋是位於七架梁或五架梁之下，兩柱進深之間的順木，是連接兩柱的構件之一。隨梁枋多用於大式的大木構架，小式構架一般不用。"

金枋

清式稱謂。左右兩架梁頭之下，瓜柱間的聯絡材，統稱爲枋。位於金檁（或金桁）下面，并與之平行，上皮與瓜柱上皮齊平的枋子。梁思成《清式營造則例·大木·構架》："金枋是左右兩架梁頭下瓜柱間的聯絡材，其上皮與瓜柱上皮平。"

上金枋

位於上金檁（或上金桁）下之枋。梁思成《清式營造則例·清式營造辭解》："上金枋，與上金桁平行，在其下，而兩端在左右兩上金瓜柱上之枋。高四斗口，厚減高二寸。"

下金枋

位於下金檁（或下金桁）下之枋。梁思成《清式營造則例·清式營造辭解》："下金枋，在下金桁下，與之平行，而兩端在左右兩下金瓜柱之枋。高四斗口，厚減高二寸。"

脊枋

清式稱謂。脊瓜柱間的聯絡枋材。其位置在脊檁（或脊桁）之下，并與之平行。梁思成《清式營造則例·清式營造辭解》："脊枋，脊桁之下，與之平行，兩端在脊瓜柱上之枋。高四斗口，厚減高二寸。"

檐枋[2]

清式稱謂。在沒有斗拱的清式建築中，檐檁下方之枋材。

穿插枋

位於抱頭梁下并與之平行之枋材。其作用爲輔助大梁連接檐柱與金柱。元代始有此構件，其後僅用於清式帶檐廊的小式建築中。梁思成《清式營造則例·大木·構架》："桃（按，音 tiāo）尖梁和抱頭梁的下邊，又有一條較小的梁，與桃尖梁及抱頭梁平行，功用完全在增加檐柱與金柱間勾搭之力，以補大梁之不足，在桃尖梁下的叫桃尖隨梁，在抱頭梁下的叫穿插枋。"井慶升《清式大木作操作工藝·枋、板、桁》："穿插枋位於檐柱與金柱之間，抱頭梁與挑尖梁之下，是連接兩柱的構件之一。……穿插枋以廊步定長，兩端各減柱徑半份得出净長。再加兩端入榫長，得通長若干。"

燕尾枋

爲了增強懸山結構伸出山墙之外的檁（或桁）的支撐力，在其懸挑部分下邊加上的一道枋。梁思成《清式營造則例·清式營造辭解》："燕尾枋，懸山伸出桁頭下之輔材。厚按柱徑十分之三，寬加厚二寸。"井慶升《清式大木作操作工藝·枋、板、桁》："凡懸山伸出墙外的桁頭之下，均增用燕尾枋。燕尾枋均以桁的伸出部分定長，如伸出部分爲二尺八寸，即得燕尾枋二尺八寸，外加入榫長度按桁徑四分之一，得長若干。"

斜插金枋

位於角檐柱與角金柱之間的挑尖梁或抱頭梁的下邊，并與之平行的小梁。其功用在於輔助大梁，增加檐柱與金柱間的連接力。梁思成《清式營造則例·大木》："挑尖梁和抱頭梁的下邊，又有一條較小的，與挑尖梁及抱頭梁平行，功用完全在增加檐柱與金柱間勾搭之力，以補大梁之不足……在角檐柱和角金柱間叫做斜插金枋。"又梁思成《清式營造則例·清式營造辭解》："斜插金枋，自角檐柱至角金柱間之穿插枋。"

地栿 [1]

宋式稱謂。柱脚間的聯繫構件，起穩固柱的結構作用。宋李誡《營造法式·大木作制度二》："凡地栿，廣加材二分。至三分。；厚取廣三分之二；至角出柱一材。"梁思成注："地栿的作用與闌額、屋内額相似，是柱脚間相互聯繫的構件。宋實例極少。現在南方建築還普遍使用。"

霸王拳 [2]

梁枋頭飾之一種。其形爲中間三個凸半圓綫及兩端兩個凹半圓綫連續而成的花狀頭。梁思成《清式營造則例·清式營造辭解》："霸王拳，梁枋頭飾之一種，由兩凹半圓綫三凸半圓綫，連續而成之花頭。"中國科學院自然科學史研究所《中國古代建築技術史·木結構建築技術》："金代前期的不少結構手法，後期仍在使用，并延續到明清時代，例如橑風槫下通長的挑檐枋，闌額出頭的雕飾（清官式術語叫霞王拳）等。"

第六節　槫檁考

《玉篇·木部》曰："桁，屋桁也。"《集韻·上寢》："檁，屋上橫木。"宋李誡《營造法式·大木作制度二》："棟，其名有九……七曰槫，八曰檁。"梁思成注："槫，音團。清式稱檁，亦稱桁。"又："用槫之制：若殿閣槫，徑一材一栔，或加材一倍；廳堂槫，徑加材三分至一栔；餘屋槫，徑加材一分。至二分。。長隨間廣。凡正屋用槫，若心間及西間者，皆頭東而尾西；如東間者，頭西而尾東。其廊屋面東西者皆頭南而尾北。凡出際之制，槫至兩梢間，兩際各出柱頭。"梁思成《清式營造則例·大木·構架》云："枋上排列各攢斗栱，斗栱之上放梁，梁上放桁（亦稱檁，大式稱桁，小式稱檁）。"又："桁檁放在各梁頭上，上承椽子。"由此可知，在木構架房屋中，架於梁頭與梁頭間，或柱頭科與柱頭科之間，用以承托椽子的圓形橫木謂之"檁"，亦稱"桁"。宋式稱"槫"，清式大木小式建築稱"檁"，大式建築稱"桁"，其功能相同。俗稱"檁條""桁條"。其結構方式爲在四根立柱上端，以兩根橫梁及兩橫枋鈎牽繫連，兩梁之上架起層叠的梁架，以支托桁檁，桁檁方嚮與梁成直角。桁檁通一間屋之左右兩端，從梁架頂部脊瓜柱上逐漸降落，至前後枋上爲止。桁檁上釘椽，排比并列，以承托望板，望板以上始鋪瓦作。這就是屋頂的基本結構。古代房屋所謂間架，"架"不祇是單指梁架、房架，而是特指房架上所用檁子的數目，"如一檁叫一架，五檁則是五架，九檁即九架。架與架（即檁與檁）的水平距離叫步或步架

（宋叫椽）。普通庶民廬舍多爲五架屋，而大殿宇則可至十幾架。"（劉致平《中國建築類型及結構》）根據桁檁的不同位置及其功能，可分爲正心桁、挑檐桁、脊桁、檐檁、金桁等。梁思成《清式營造則例・構架》："在有斗栱的建築，正心枋上的桁叫正心桁，挑檐枋上的叫挑檐桁，挑檐桁徑三斗口，正心桁徑四斗口半。小式大木在正心桁的地位上有檐檁，就無所謂挑檐桁了。在屋脊上的是脊桁（或脊檁）。在重檐金柱上的老檐桁——其實就是上檐的正心桁。在脊桁與老檐桁或正心桁之間的都是金桁，若有多數的金桁，則以上中下別之。"

泛　稱

檁²

亦作"檩"。亦稱"檁子""檁條"。架在房梁之上，托住椽子的橫木。其方嚮與梁成直角。唐慧琳等《一切經音義》卷一："脊檩，正言棟，居屋中也。"《集韻・上寝》："檁，屋上橫木。"梁思成《清式營造則例・大木・構架》："枋上排列各攢斗栱，斗栱之上放梁，梁上放桁（亦稱檁，大式稱桁，小式稱檁）。"清范承謨《屋漏》詩："椽檁稀疏瓦不均，最宜仰卧數星辰。"

【檁子】

即檁²。此稱多行用於近現代。見該文。

【榑】²

即檁²。榑，圓形橫木也稱檁，其形爲圓，故稱。此稱南北朝已行用。北魏賈思勰《齊民要術・種槐柳楸梓梧柞》："柞，宜於山阜之曲……十年中椽，可雜用。二十歲中屋榑。"宋李誡《營造法式・大木作制度二》："棟，其名有九：一曰棟……七曰榑，八曰檁……"明黃佐《乾清宮賦》："其中則綿綿房植，耽耽層覆。梅梁揭宇，藻井承漏。榑櫨欂櫨，修桷曲校。飛梲浮柱，支撐環句。"

【桁】¹

即檁²。亦稱"桁條"。梁上橫木，以承托椽子。《玉篇・木部》："桁，屋桁也。"《文選・何晏〈景福殿賦〉》："桁梧複叠，勢合形離。"李善注："桁，梁上所施也。桁與衡同。"晋王嘉《拾遺記・周靈王》："〔千尋大樹〕大幹爲桁棟，小枝爲栭桷。"北齊劉晝《新論・适才》："夫檉柏之斷也，大者爲之棟梁，小者爲之椽桁。"宋洪邁《夷堅甲志・高俊入冥》："兩廡囚繫幾滿，一女子懸足於桁。"梁思成《清式營造則例・清式營造辭解》："桁，梁頭與梁頭間，或柱頭科與柱頭科間之上，橫斷面作圓形，承椽之木。徑四五斗口，或同檐柱徑。"

【桁條】

即桁。此稱當行用於近現代。見該文。

【桁檁】

即檁²。梁思成《清式營造則例・大木・構架》："桁檁放在各梁頭上，上承椽子。"

【衡】²

即檁²。架於屋梁或門窗上的橫木。《文選・王延壽〈魯靈光殿賦〉》："朱鳥舒翼以峙衡，騰蛇蟉虬而遠檦。"李善注："衡，四阿之長衡也。"北魏酈道元《水經注·沔水》："沔水中有魚梁洲，龐德公所居，士元居漢之陰……

司馬德操洲之陽，望衡對宇，歡情自接。"唐韓愈、孟郊《城南聯句》："紅皺曬檐瓦，黃團繫門衡。"

名　　類

脊檁

亦稱"脊桁""脊槫"。位於屋脊之下，架在木構屋架上面最高的一根橫木。大木小式稱"脊檁"，大木大式稱"脊桁"。唐慧琳等《一切經音義》卷一："脊檁，正言棟，居屋中也，亦言梁，或言極。"宋李誡《營造法式·大木作制度二》："凡造四阿殿閣，若四椽、六椽五間以及八椽七間，或十椽九間以上，其角梁相續，直至脊槫，各以逐架斜長加之。"清蒲松齡《聊齋志異·保住》："住沿樓角而登，頃刻至顛；立脊檁上，疾趨而行，凡三四返。"梁思成《清式營造則例·清式營造辭解》："脊桁，屋脊之主要骨架，在脊瓜柱之上，徑四·五斗口。"

【脊槫】

即脊檁。此稱宋代已行用。見該文。

【脊桁】

即脊檁。在大木大式中稱"脊桁"。此稱多行用於近現代。見該文。

金檁

亦稱"金桁"。清式稱謂。小式建築中位於脊檁與檐檁之間的檁之統稱。有上、中、下之分。梁思成《清式營造則例·清式營造辭解》："金桁，在老檐桁以上，脊桁以下之桁。"又《大木·構架》："在脊桁與老檐桁或正心桁之間的都是金桁，若有多數的金桁，則以上中下別之。"

【金桁】

清式稱謂。在重檐或有檐廊的大式建築中，脊桁以下，老檐桁之上的桁的統稱。即金檁。此稱清代已行用。見該文。

平槫

宋式建築中脊槫以下，牛脊槫以上的各槫之統稱。

上金檁

亦稱"上金桁""上平槫"。小式建築中脊檁下的第一根檁。梁思成《清式營造則例·清式營造辭解》："上金桁，次於脊桁之最高之桁，徑四斗口或五斗口。"

【上金桁】

即上金檁。此稱清代已行用。見該文。

【上平槫】

即上金檁。宋式建築中脊槫下的第一根槫。此稱宋代已行用。見該文。

中金檁

亦稱"中金桁""中平槫"。小式建築中指位於上、下金檁之間的檁條。大式的稱"中金桁"。宋式的稱"中平槫"。

【中金桁】

即中金檁。大式建築中的稱謂。此稱清代已行用。見該文。

【中平槫】

即中金檁。此稱宋代已行用。見該文。

下金檁

亦稱"下金桁""下平槫"。清式稱謂。小式建築檐檁之上的檁。大式建築稱"下金桁"，宋式建築稱"下平槫"。梁思成《清式營造則例・清式營造辭解》："下金桁，亦稱'下金檁'，次於檐桁或正心桁之最低之桁，大式徑四斗口，小式徑同檐柱徑。"

【下平槫】

即下金檁。宋式稱謂。此稱宋代已行用。見該文。

【下金桁】

清式稱謂。即下金檁。此稱清代已行用。見該文。

挑檐桁 [1]

清式稱謂。挑檐枋之上，亦即厢拱之上的桁。梁思成《清式營造則例・大木・構架》："挑檐枋上的叫挑檐桁，挑檐桁徑三斗口。"

正心桁

清式稱謂。在有斗拱的建築中，位於正心枋上，亦即位於斗拱左右中綫上的桁。梁思成《清式營造則例・清式營造辭解》："正心桁，斗栱左右中綫上之桁，徑四・五斗口。"

老檐桁

清式稱謂。重檐或有檐廊的大式建築中，金柱上之桁。梁思成《清式營造則例・大木・構架》："在重檐金柱上的老檐桁——其實就是上檐的正心桁。"又《清式營造則例・清式營造辭解》："老檐桁，金柱上之桁，徑口四斗口。"

挑檐檁

亦稱"挑檐桁"。位於檐柱斗拱外側之檁。挑檐檁在檐檁之下。梁思成《清式營造則例・大木・構架》："挑檐枋上的桁叫挑檐桁，挑檐桁徑三斗口。"

【挑檐桁】 [2]

即挑檐檁。清式稱謂。此稱多行用於近現代。見該文。

挑山檁

清式稱謂。位於懸山或排山建築中，伸出山墻或排山之外的檁。梁思成《清式營造則例・清式營造辭解》："挑山檁，懸山或歇山大木兩山伸出至山墻或排山以外之檁。"

牛脊槫

宋式稱謂。在有斗拱的建築中，壓在最上一跳下昂之上以承托檐櫨之槫。其結構及功能相當於清式之檐檁。宋李誡《營造法式・大木作制度一》："凡下昂作，第一跳心之上用槫承椽（以代承椽方），謂之牛脊槫；安於草栿之上，至角即抱角梁；下用矮柱敦桥。如七鋪作以上，其牛脊槫於前跳內更加一縫。"

第七節　椽　考

椽，俗稱"椽子"。密集地排列於桁（檁）上，并與桁成直角，承托屋頂的望板及瓦的木條謂之椽。其斷面有方形、圓形、荷包形等。根據其架在屋頂桁上的位置，又可分腦椽、頂椽、花架椽、檐椽和飛椽等。《爾雅·釋宮》："桷謂之榱。"郭璞注："〔榱，〕屋椽。"邢昺疏："桷，屋椽也。一名榱。吕沈云：齊魯名椽，周人名榱。《易》曰：鴻漸於木，或得其桷。"《釋名·釋宮室》："桷，確也。其形細而疏確也。或謂之椽。椽，傳也，相傳次而布列也。或謂之榱，在檼旁下列，衰衰然垂也。"《説文·木部》："椽，榱也。《左傳》以大宫之椽歸爲盧門之椽。《釋名》曰：'椽，傳也，相傳次而不列也。'"又："榱，椽也。秦名屋椽也，周謂之椽，齊魯謂之桷。"宋李誡《營造法式·大木作制度二》："椽，其名有四：一曰桷，二曰椽，三曰榱，四曰橑。短椽其名有二：一約棟，二曰禁楄。"梁思成《清式營造則例·大木》："椽子是圓的或方的木條，密密的排列，放在桁與桁之間，每根的方嚮與桁成正角，以承受屋頂的望板和瓦。最上一排與扶脊木接觸的叫腦椽；捲棚式没有脊桁，而在兩根頂金桁間的稱蝼蟈椽或頂椽。在各金桁上的都是花架椽，也因地位而有上下或上中下之别。最下一步的椽子稱檐椽，一端放在金桁上（若是重檐則放在上檐的承椽枋上），一端伸出檐桁以外，謂之出檐。檐椽的外端上，除非是極小的建築，多半加一排飛椽。"椽的功用是承受屋頂的望板和瓦，它對於梁栿的長度和房屋的進深起着重要的作用。梁思成《營造法式注釋》中對椽注釋曰："在宋《法式》中，椽的長度對於梁栿長度和房屋進深起着重要作用。不論房屋大小，每架椽的水平長度都在這規定尺寸之中。梁栿長度則以椽的架數定，所以主要的承重梁栿亦稱椽栿。至於椽徑則以材分定。匠師設計時必須考慮椽長以定進深。因此它也間接地影響到正面間廣和鋪作疏密的安排。"

　　椽的使用始於新石器時代早期（約公元前 5000—前 4000）人類的原始營建活動。考古學家在西安半坡早期半穴居房屋建築遺址中，發現其穴壁四周有明顯構築痕迹，判定其頂蓋應是自四周斜架椽木交於柱頭。爲便於架設周圍長椽，柱頂應留有枝杈。椽柱交接以及椽木與横嚮連繫杆件交接節點，是用藤葛類繩索扎結的。在半坡圖 F21 中，考古學家推測其頂部構架有兩種可能："一是在四柱頂杈上架四横梁，構成周圍椽木的中間支點；另一是以四柱頂杈爲中間支點，先於對角架設四椽，頂部相交構成其餘諸椽的頂部支點。"（中國科學院自然科學史研究所《中國古代建築技術史·原始社會時期的建築技術》）考古資料表明，在西安半坡中晚期（約公元前 4000—前 3600）房屋建築遺址中，都有椽的使用，而且有的是以中柱爲中間支點，先架一椽，懸臂至室中心，形成其餘諸椽的頂部支點，從而形成端正的方錐體屋蓋，這是原始建築的一大進步。在西安半坡地面房屋建築遺址 F24

（約公元前 5000—前 4000）中，還發現了板椽的使用。《左傳·桓公十四年》："宋人以諸侯伐鄭，報宋之戰也。焚渠門，入及大逵。伐東郊，取牛首。以大宮之椽歸，爲盧門之椽。"陸德明釋文曰："椽，榱也；圓曰椽，方曰桷。"《國語·晋語八》："天子之室，斫其椽而礱之，加密石焉。"秦漢時期多層和高架木構建築進一步發展，樓閣、複道屢見於文獻。《漢書·藝文志》："墨家者流，蓋出於清廟之守。茅屋采椽，是以貴儉；養三老五更，是以兼愛。"顏師古注："以茅覆屋，以采爲椽，言其質素也。"從東漢留下的大量明器陶樓、陶屋、陶宅院看，至遲到東漢，已在檐下使用圓形檐椽和飛椽，有的端部還出現捲殺。唐代的木構建築規模宏大，屋頂結構的"舉折"做法已經成型。從現存的唐代建築可以看出，這時已明確地利用各層梁栿和平榑（檁條）標高的變化，椽子構成一定的折綫形輪廓，使彎曲的屋面完全成型。到宋《營造法式》的刊布，椽的製作已完全規範化了。宋李誡《營造法式·大木作制度二》："用椽之制：椽每架平不過六尺。若殿閣，或加五寸至一尺五寸，徑九分。至十分。……凡布椽，令一間當心；若有補間鋪作者，令一間當耍頭心……"無論椽的長度還是椽的排布，都有嚴格的制度。唐韓愈《雜詩》之三："截橑爲槫櫨，斫楹以爲椽。"唐杜甫《彭衙行》："野果充餱糧，卑枝成屋椽。"唐李商隱《行次西郊作一百韵》："行人攇行資，居者挩屋椽。"到明清兩代，椽的使用除有嚴格的規定外，在樣式上則更加多樣，除了方椽、圓椽，還有荷包椽。依據其在桁上位置也分出了腦椽、頂椽、花架椽、檐椽和飛椽等。直到今天，在民間的房屋建築中仍在使用椽。

泛　稱

椽

俗稱"椽子"。架於檁上，承托屋頂望板和瓦的木條，其橫斷面爲圓形的稱"椽"（方形的稱"桷"）。依據其所架位置的不同，可分爲腦椽、頂椽、花架椽、檐椽和飛椽。《說文·木部》"椽，榱也。……《釋名》曰：'椽，傳也，相傳次而布列也。'"又："榱，椽也，秦名屋椽也，周謂之椽，齊魯謂之桷。"宋李誡《營造法式·大木作制度二》："椽，其名有四：一曰桷，二曰椽，三曰榱，四曰橑。"《左傳·桓公十四年》："以大宮之椽歸，爲盧門之椽。"《國語·晋語八》："天子之室，斫其椽而礱之，加密石焉。"《漢書·藝文志》："墨家者流，蓋出於清廟之守。茅屋采椽，是以貴儉。"唐韓愈《雜詩》之三："截橑爲槫櫨，斫楹以爲椽。"清紀昀《閱微草堂筆記·灤陽消夏録二》："迨甫落成，突烈焰四起，頃刻無寸椽。"

【椽子】

即椽。《左傳·桓公十四年》:"以大宮之椽歸,爲盧門之椽。"楊伯峻注:"今謂之椽子,木條用以支持房頂而托灰與瓦者。"《太平廣記》卷一九三引《原化記》:"有於壁上行者,亦有手撮椽子行者,輕捷之戲,各呈數般,狀如飛鳥。"《狄公案》第二三回:"狄公依着他指點的所在,細心向檐口望去,只見那椽子已坍下半截,瓦檐俱已破損。"梁思成《清式營造則例·大木》:"椽子是圓的或方的木條,密密的排列,放在桁與桁之間,每根的方嚮與桁成正角,以承受屋頂的望板和瓦。"井慶生《清式大木作操作工藝·椽》:"椽子爲圓形的木條,密密排列於桁(檁)與桁之間,與桁成正角相交,直接承受屋面重量。按其位置不同,有不同的名稱。"

【椽榑】

即椽。元秦簡夫《東堂老》第一折:"問甚麼東廊西舍是舊椽榑。"

【榱】

即椽。古代周人稱椽爲榱。《説文·木部》:"榱,椽也。秦名屋椽也,周謂之椽,齊魯謂之桷。"《左傳·襄公三十一年》:"子于鄭國,棟也。棟折榱崩,僑將厭焉,敢不盡言。"陸德明釋文:"榱,椽也。"又《桓公十四年》:"以大宮之椽歸,爲盧門之椽。"陸德明注:"椽,榱也;圓曰椽,方曰桷。"《國語·魯語》:"夫棟折而榱崩,吾懼壓焉。"漢張衡《西京賦》:"飾華榱與璧璫,流景曜之韡曄。"宋李誡《營造法式·大木作制度二》:"椽,其名有四:一曰桷,二曰椽,三曰榱,四曰橑。"宋黄庭堅《次韵周法曹游青原山寺》:"我行暝托宿,夜雨滴華榱。"清唐甄《潜書·去奴》:"開國之主,起於貧賤,當其貧賤之時,圍十堵,覆百榱。"

【橑】

即椽。《説文·木部》:"橑,椽也。"《楚辭·九歌·湘夫人》:"桂棟兮蘭橑,辛夷楣兮藥房。"洪興祖補注曰:"橑,音老,即椽。《説文》:'椽也。'"《吕氏春秋·音初》:"子長成人,幕動坏橑,斧斫斬其足,遂爲守門者。"西晋左思《魏都賦》:"粉橑復結,欒櫨叠施。"宋李誡《營造法式·大木作制度二》:"椽,其名有四:一曰桷,二曰椽,三曰榱,四曰橑。"宋《北岳大殿增建引檐記》碑:"榑櫨鞭橑,窮輪奂之美。"明劉基《雙燕離》詩:"脉脉傍珠簾,依依集蘭橑。"

桷

方形的椽子。架於檁上,承托屋頂望板和瓦的木條,其横斷面爲方形的稱"桷"。一説先秦齊魯之地稱椽爲桷。《爾雅·釋宫》:"桷謂之榱。"邢昺疏:"桷,屋椽也。一名榱。吕沈云:齊魯名桷,周人名榱。"《説文·木部》:"桷,榱也。從木,角聲。椽方曰桷。《春秋傳》曰:刻桓宫之桷。椽方曰桷。"《釋名·釋宫室》:"桷,確也。其形細而疏確也。或謂之椽……或謂之榱。"《易·漸》:"鴻漸於木,或得其桷。"王弼注:"鳥而之木,得其宜也。或得其桷,遇安栖也。"孔穎達疏:"桷,榱也。"《詩·魯頌·閟宫》:"松桷有舄,路寢孔碩。"陸德明釋文:"桷,榱也。桷,音角,方曰桷。"《左傳·桓公十四年》:"以大宮之椽歸,爲盧門之椽。"陸德明釋文:"椽,榱也;圓曰椽,方曰桷。"晋王嘉《拾遺記·周靈王》:"二十三年,起'昆昭'之臺,亦名'宣昭'……大幹爲桁棟,小枝爲梮桷。"《新唐書·韓愈傳》："夫大木爲杗，細木爲桷，欂櫨侏儒，椳闑扂楔，各得其宜。"宋李誡《營造法式·大木作制度二》："椽，其名有四：一曰桷，二曰椽，三曰榱，四曰橑。"宋王安石《寄贈胡先生》詩："先收先生作梁柱，以次構架桷與榱。"現在建築中已不用此稱。

椽桷

泛指架於檁上承托屋頂和瓦的木條。橫截面爲圓形者謂椽，方形者曰桷。《西京雜記·昭陽殿》："椽桷皆刻作龍蛇，縈繞其間，鱗甲分明，見者莫不兢慄。"宋王炎《大水行》："权枒老木根株拔下，峻嶒古屋椽桷裂。"明楊榮《賜游東苑詩序》："臣等先至一小殿，梁棟椽桷皆以山木爲之，而覆以草。"

榮椽

經斫飾的椽子。《史記·趙世家》："〔敬侯〕二十年，魏獻榮椽，因以爲檀臺。"司馬貞索隱："榮椽是良材，可爲椽，斫飾有光榮，所以魏獻之，故趙因用之以爲檀臺。"唐李商隱《唐梓州慧義精舍南禪院四證堂碑銘序》："公遂養之宏棟，易以榮椽。"明楊慎《祭參戎石崗沐公文》："欣然交臂，素契若先。班荊華屋，傾蓋榮椽。"

名　類

板椽

用木板做成的椽子。使用較早，據考古資料，在西安半坡地面房屋建築遺址（半坡F24中）發現了板椽的使用。中國科學院自然科學史研究所《中國古代建築技術史·原始社會時期的建築技術》："據發掘記錄，遺址中部偏南一帶，有與南牆平行的草筋泥殘斷直達東墻（西端殘缺）。殘墻兩面塗泥，共厚26厘米，中間有南北嚮扁洞（約7厘米×2厘米），應是板椽遺迹……參考類似民居，其排烟通風口大約設在山尖上。板椽爲同期方、圓建築所通用，它反映了屋蓋與墻體構造已有不同，椽間不再施加草把、葦束之類的填充，而是在密排板椽上直塗草筋泥。"板椽在秦漢以後的大型建築中雖不見用，但形式一直存在至今。在今天民間的小型建築中，仍可見到用木板代替圓椽的做法。

花架椽

亦稱"平椽"。爲兩端均置於金桁之上的椽子。它依據建築物進深步架而定多寡。依據其所在位置而分爲上、中、下。梁思成《清式營造則例·大木》："在各金桁上的都是花架椽，也因地位而有上下或上中下之別。"井慶升《清式大木作操作工藝·椽及連檐等》："〔椽〕按其位置不同，有不同的名稱，最上一步與扶脊木結合的叫腦椽；最下一步椽子稱爲檐椽……在其他各桁之間，都叫花架椽，又因其位置不同而有上、中、下之分。"

【平椽】

即花架椽。此稱清代已行用。見該文。

上花架椽

排在上排的花架椽子。井慶生《清式大木

作操作工藝·椽》："凡是上花架椽均以步架加舉定長短……做法同上（即同簷椽）。"見"花架椽"文。

中花架椽

位於上、下花架椽之間的花架椽子。見"花架椽"文。

下花架椽

排在最下一排的花架椽子。井慶生《清式大木作操作工藝·椽》："凡下花架椽均以步架加舉定長短……椽徑同簷椽，作法均同簷椽。"見"花架椽"文。

腦椽

椽的一種。它是木構架中最上一排并與扶脊木相接的椽子，它位於脊桁和上金桁之間，其一端插入扶脊木内，另一端置於上金桁上。梁思成《清式營造則例·大木》："最上一排與扶脊木接觸的叫腦椽。"井慶升《清式大木作操作工藝·椽及連簷等》："〔椽子〕按其位置不同，有不同的名稱，最上一步與扶脊木（承托腦椽上端之木，脊桁之上，與之平行，斷面呈六角形之木件）結合的叫腦椽。"又"腦椽：凡是腦椽均以步架加舉定長短……腦椽的椽徑均同簷椽。"

頂椽

捲棚式屋頂之椽，位於兩根頂金桁之間。梁思成《清式營造則例·大木》："捲棚式没有脊桁，而在兩根頂金桁間的稱螻蟈椽或頂椽。"頂椽是清式名稱，宋以前無此稱。

【螻蟈椽】

即頂椽。亦稱"羅鍋椽"。清式捲棚式屋頂無脊桁，而在兩根頂金桁之間置彎曲椽子。它既是最上層之椽，又彎曲如鍋頂，故名。梁思成《清式營造則例·大木》："捲棚式没有脊桁，而在兩根頂金桁間的稱螻蟈椽或頂椽。"

【羅鍋椽】

即螻蟈椽。此稱清代已行用，見該文。

楪椽

以柞木爲椽，不加雕飾。"楪"，柞木也。相傳上古帝王宫室多以此木爲椽，後世多以"楪椽"形容儉約。《漢書·司馬遷傳》："墨者亦上堯舜，言其德行曰：'堂高三尺，土階三等，茅茨不翦，楪椽不斫。'"顏師古注曰："楪，柞木也。"又《藝文志》："墨家者流，蓋出於清廟之守。茅屋采椽，是以貴儉；養三老五更，是以兼愛。"顏師古注曰："采，柞木也，字作楪，本從木。以茅覆屋，以楪爲椽，言其質素也。"晋王嘉《拾遺記·後漢》："漢興，至於哀、平、元、成，尚以宫室，崇苑囿，而西京始有弘侈，東都繼其繁奢，既違楪椽不斫之制，尤異靈沼遵儉之風。"《新唐書·魏元忠傳》："古者茅茨楪椽，以儉約遺子孫，所以愛力也。"

長椽

較長的椽子。與短椽相對而言。使用較早，產生於人類的原始營建過程。考古學家在西安半坡早期（約公元前5000—前4000）半穴居房屋建築遺址F37中，發現其穴壁四周無明顯構築痕迹，判定其頂蓋應是自四周斜架長椽交於柱頭。這種長椽在原始社會的營建活動中被普遍使用。又據半坡F41房屋建築遺址，專家推斷其頂部結構存在兩種可能性較大的構架方式：一種是柱頂架橫梁，以交接四周椽木，從而形成"四阿"屋蓋；一種是以二柱爲中間支點，先建一大叉手，構成其餘諸椽的頂部支點。這種大叉手就是於房中東西各架一長椽，椽頂相交而構成，它晚於以二柱爲中間支點的做法。經過了一柱、四柱、無柱的探索，到原始社會晚期，屋架基本上以大叉手的結構爲主，并一直爲商周奴隸主宮殿所沿用。中國科學院自然科學史研究所《中國古代建築技術史·原始社會時期的建築技術》："穴居的發展，至半穴居階段已形成土木混合結構……木結構的構件，出現了柱、長椽（斜梁）、橫梁以及大叉手屋架。"又，"半坡F37一類構架中心柱支承四周受力基本相同的長椽，大叉手屋架便是從這種長椽發展出來的"。

短椽

亦稱"棟"。相對於長椽而言，較短的椽子。《説文·木部》："棟，短椽也。"宋李誡《營造法式·大木作制度二》："短椽，其名有二：一曰棟，二曰禁楄。"清汪琬《留客》："短椽疏牖接修廊，剝啄聲稀清漏長。"

【棟】

即短椽。此稱宋代已行用。見該文。

【禁楄】

即短椽。宮殿建築中之短椽。《文選·何晏〈景福殿賦〉》："爰有禁楄，勒分翼張。"李善注："楄，附陽馬之短桷也。"《欽定日下舊聞考·形勝三》引明桑悅《北都賦》："剡柱乳楣，巨纖創壁；榑櫨禁楄，疏戚劉迣。"

檐椽

亦稱"出檐椽"。位於下金桁至檐桁段之椽（即屋檐部分之椽）。它上端放在老檐桁上，下端搭過正心及挑檐桁。在重檐樓閣中，上層檐椽稱上檐椽或上出檐椽。梁思成《清式營造則例·大木》："最下一步的椽子稱檐椽一端放在金桁上（若是重檐則放在上檐的承椽枋上），一端

伸出檐桁以外，謂之出檐。檐椽的外端上，除非是極小的建築，多半加一排飛椽。"井慶升《清式大木作操作工藝·椽及連檐等》："檐椽以出廊並出檐加舉定長……以檁徑三分之一定椽徑……椽檔隨椽徑一份，即習稱'一椽一檔'，每間椽數俱成雙，檔之寬窄，隨椽數，均勻排齊。"從考古資料和東漢時期遺留的大量明器陶樓、陶屋、陶宅院看，至遲到東漢，已在檐下使用圓形檐椽和飛椽。在今天的民間建築和仿古建築中仍使用檐椽。

【出檐椽】

即檐椽。檐椽的一端放在金桁上，另一端伸出檐桁以外，謂之出檐，故稱。此稱多行用於近現代。見該文。

飛椽

亦稱"飛檐椽""飛子"。在圓形斷面的檐椽外端加釘的方形斷面的椽子，其功用在於增加出檐的深度。飛檐多用於大式（有斗拱的）建築。宋李誡《營造法式·大木作制度二》："造檐之制：皆從撩檐方心出……檐外別加飛檐。每檐一尺，出飛子六寸。其檐自次角補間鋪作心，椽頭皆生出向外，漸至角梁……凡飛子，如椽徑十分，則廣八分，厚七分。"又，"凡飛子須兩條通造；先除去兩頭於飛魁內出者，後量身內，令隨檐長，結角解開。若近角飛子，隨勢上曲，令背與小連檐平"。梁思成《清式營造則例·大木》："檐椽的外端上，除非是極小的建築，多半加一排飛椽。"井慶升《清式大木作操作工藝·椽及連檐等》："檐椽外端又加一排飛椽。"又："飛檐椽，位於老檐椽之上。凡飛檐椽定長，一般按檐椽平出的三分之一定出頭長。……或按三五舉增高加斜爲總長。"

【飛檐椽】

即飛椽。此稱多行用於近現代。見該文。

【飛子】

即飛椽。宋式稱謂。宋李誡《營造法式·大木作制度二》："檐外別加飛檐。每檐一尺，出飛子六寸……凡飛子，如椽徑十分，則廣八分，厚七分。"此稱宋代已行用。見該文。

複水椽

在各椽子的下方，再用重椽做成一個假屋頂，把上部梁架遮住。一般用於室內，起天花作用。

峻脚椽

亦稱"似支條""似複水椽"。宋式名稱。斜置於平棋（或平棊，清式稱天花）與大木梁枋之間。也常用於副階（即廊）與殿身相交的部位，上端由由額承托，下端置於副階的下平槫上。宋李誡《營造法式·大木作制度二》："若用峻脚，即於四闌內安版貼華。如平闇，即安峻脚椽，廣厚並與平闇椽同。"

【似支條】

即峻脚椽。見該文。

【似複水椽】

即峻脚椽。見該文。

【平暗椽】

宋式稱謂。置於明栿背上，用於構成平棊框架的小型方形木條。宋李誡《營造法式·總釋下》："《山海經》：'於明栿背上，架算程方，以方椽施版，謂之平闇；以平版貼華，謂之平棊。'"又《營造法式·大木作制度二》："凡平棊方在梁背上，其廣厚並如材，長隨間廣。每間下安平棊一道。平闇同……如平闇，即安峻脚椽，廣厚並與平闇椽同。"梁思成注："平闇和

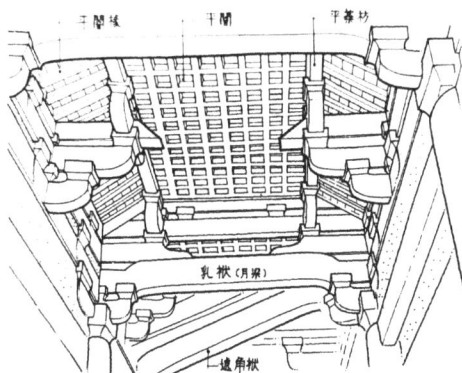

平暗椽
（梁思成《營造法式注釋》）

平棊都屬於小木作範疇。"又："按〈法式〉卷八'小木作制度三''造殿內平棊之制'和宋、遼、金實例所見，平棊分格不一定全是正方形，也有長方格的。'其以方椽施素版者，謂之平闇。'平闇都用很小的方格。"

翼角檐椽

亦稱"角椽"。清式名稱。宋式稱"似轉角布檁椽"。屋角（或屋轉角）部分的檐椽，因其翹起如鳥翼展飛，故謂。梁思成《清式營造則例·大木》："在平面上，這些平行排列的椽子，到了轉角部分，由梢間的角金柱起，便依次加增斜度，直至緊靠角梁一根與角梁平行……這轉角部分從各方嚮看來均像鳥翼的開展；這部分的檐椽竟即稱爲翼角檐椽，飛椽則更因其翹起，稱爲翼角翹飛椽。"

【角椽】

即翼角檐椽。清式名稱。井慶升《清式大木作操作工藝·翼角、轉角》："翼角由角梁與翼角翹椽（簡稱角椽）及翼角翹飛椽（簡稱翹飛椽）組成。"

【似轉角布檁椽】

即翼角檐椽。宋式名稱。宋式名稱南方又

稱"捽網椽"或"戧椽"。

【翼角翹椽】

即翼角檐椽。它是轉角部分的檐椽。井慶升《清式大木作操作工藝·翼角、轉角》:"翼角由角梁與翼角翹椽(簡稱角椽)及翼角翹飛椽(簡稱翹飛椽)組成,角梁是骨幹,椽子是若干分枝。"又:"翼角椽,又謂轉角椽子或屋角起翹的椽子。翼角椽子有圓椽和方椽之分。"

翼角翹飛椽

省稱"翹飛椽"。它是轉角處的飛椽,位於翼角檐椽的外端,共同構成屋角的起翹,使之如鳥翼斯飛。梁思成《清式營造則例·大木》:"在平面上,這些平行排列的椽子,到了轉角部分,由梢間的角金柱起,便依次加增斜度,直至緊靠角梁一根與角梁平行……這轉角部分從各方嚮看來均像鳥翼的開展;這部分的檐椽竟即稱爲翼角檐椽,飛椽則更因其翹起,稱爲翼角翹飛椽。"井慶升《清式大木作操作工藝·翼角椽》:"翼角翹飛椽即翼角部位的飛椽,簡稱'翹飛椽'。"

【翹飛椽】

"翼角翹飛椽"之省稱。此稱多行用於近現代。見該文。

【啞叭椽】

又稱"回頂椽"。清代名稱。在歇山大木構架中,置於采步金(在歇山式建築中,用以承托歇山部分結構的梁)以外叉角木內的椽。

【回頂椽】

即啞叭椽。清式名稱,通用於南方地區。見該文。

桷子

椽之一種。流行於長江流域。它是一種扁形木構件,厚一至二寸,適用於屋頂不覆泥、重量較輕的建築。四川等地用此稱。

椽皮

椽之一種。多用於南方普通民居。它是一種比桷子還薄的長板條椽子,釘於檁上,其上直接鋪瓦。因其較薄,且多用邊皮料製成,故稱。

第八節　裝飾考

彩畫與雕飾是我國古代宮室建築裝飾的主要特色。彩畫具有保護木材及美化建築的雙重功能,雕刻則賦予建築造型以美觀生動的形象。"雕梁畫棟"這一成語是中國古代宮室建築彩畫雕飾發達的明證。

早在奴隸社會時期,硃砂、石青、石綠等彩畫礦物染料即已開始應用,同時亦産生了石雕。從殷墟出土的抱膝人形石礎與盤龍城出土的木板浮雕上彩色印痕可知,當時彩畫與雕飾已初具規模。據文獻記載,至遲在周代就已利用色彩、雕刻裝飾房屋。《禮記·禮器》曰："管仲鏤簋、朱絃、山節、藻梲，君子以爲濫矣。"孔穎達疏："山節者，山節謂刻柱頭爲斗拱，形如山也；藻梲者，謂畫梁上短柱爲藻文也。此是天子廟飾，而管仲僭爲之也。鄭注明堂云：'山節，刻欂盧爲山也；藻梲，畫侏儒柱爲藻文也。'"漢魏六朝時期，以"賦"爲體裁的文學作品中，出現了一些描述京都及宮殿建築面貌的杰作，如班固之《東都賦》《西都賦》，張衡之《東京賦》《西京賦》，王延壽之《魯靈光殿賦》，何晏之《景福殿賦》等，其内容多以極爲華麗而生動的語言對宮殿建築進行刻畫與贊美。漢班固《西都賦》云："樹中天之華闕，豐冠山之朱堂。因環材而究奇，抗應龍之虹梁。列棼橑以布翼，荷棟桴而高驤。雕玉瑱以居楹，裁金璧以飾璫。發五色之渥彩，光焰朗以景彰。"三國魏何晏《景福殿賦》云："爾乃文以朱緑，飾以碧丹，點以銀黄，爍以琅玕，光明熠爚，文彩璘班。"這些如詩如畫的文辭是對當時宮殿建築精美裝飾的真實記録，亦概括説明了這一時期宮殿裝飾的特點。

中國古典建築向來以色彩豐富，設色大膽，用色鮮明，對比强烈而著稱於世。古代宮室建築之所以色彩繽紛，主要原因在於建築物所使用的材料。材料是建築裝飾發展的前驅，我國古代宮室建築中常用的土、木、石、金、磚、瓦等建築材料，本來就各有原色，在常見的"五材并舉"之混合結構形制中，便自然形成多種色彩。古代文獻中所謂"土被緹錦"（土色黄，赤者曰緹）、"中庭彤采"（彤，丹飾也，赤也）、"丹墀夜明"（丹，赤也）所指皆爲紅色地面，其色彩就是由本爲紅色的磚鋪地所形成的。臺基及石欄杆多爲白色，即爲"漢白玉"或"花崗石"等石材之原色。屋面與墙身的顔色主要由磚瓦本身所具之顔色決定，古代之墙磚幾乎皆爲青磚，而屋頂所覆之瓦亦均爲青灰色的板瓦或筒瓦。至於版築之夯土墙，表面均施白石灰以防雨水冲刷。因此，大部分建築材料所形成的顔色均爲大片的中間色調。豐富的彩色主要産生在木材的油漆，金屬的裝飾，以及其後大量出現的琉璃瓦等建築材料之上。宮室建築的色彩與彩畫的起源有材料防護與建築審美的雙重因素。土木爲中國古代建築的主要材料，其表面均需保護，尤以木材爲甚。爲使木材表面免受燥濕、冷熱、風雨以及陽光中紫外綫的侵蝕，亦爲掩蓋木材表面的節疤、斑痕或紋理色澤不匀等缺陷，對其施以適當的顔料塗飾與油漆則十分必要。油漆是防止木材腐壞，延長使用年限的最好、最簡易的方法。因此，塗油漆是木結構必需的表面處理。油漆内可隨意加入任何顔料，在功能上任何顔色的油漆完全相同。於是，以木結構爲主的中國古代建築材料本身就首先提供了一個自由設色的前提條件。因此，中國宮室建築在其發展過程中逐漸形成自己獨特的色彩風格。典型殿堂之"紅墻綠瓦，畫棟雕梁，青瑣丹墀"，其色彩源於古代的繪畫。在古代，房屋油漆與圖畫是同屬於一個範疇的事物。其實繪於房屋上的彩畫的歷史要比獨立的繪畫創作的歷史更加長遠。宋李誡《營造法式·總釋下》曰："今以施之於縑素之類者謂之畫，布彩於梁棟斗栱或素象什物之類者，俗謂之裝鑾，以粉、朱、丹三色爲屋宇門窗之飾者謂之刷染。"這種以油漆作畫的方法是由房屋裝飾及保護木材的實用目的發展而來的。在秦漢時的文學作品中，諸如張衡《西京賦》之"采飾纖縟，裛以藻繡，文以朱綠"，張璠《漢記》之"綺井蓮花，壁柱彩畫"等文句，均説明在當時建築構件上皆滿布"油畫"。由此可知，中國以油漆來作"油畫"的歷史，實在比在紙上或絹帛上作水墨畫、水彩畫要早得多。

　　一座建築外觀的美醜，主要由造型與色彩兩方面因素決定。我國古代匠師早就從實踐中掌握其規律，并隨着社會生產與意識形態的發展，對色彩的運用不斷充實、調整與豐富。《禮記·檀弓上》中就有"夏后氏尚黑""殷人尚白""周人尚赤"的記載，這與當時生產力水平較低且塗料簡單有關。色彩反過來又影響人們的審美乃至思想政治觀念。西周奴隸主利用色彩作爲"隆禮"的手段，以加強其政治統治。規定青、赤、黃、白、黑五色爲"正色"，紅（淡赤）、紫、縹、紺、硫黃等爲"間色"。間色等級低於正色。天子之宮殿建築以及衣冠、旌旗、車輛、武器上必塗正色，不用間色。爲了要求色調純正、強烈、鮮明、不變，就把硃砂、石青等礦物色直接塗於房屋構件或器物之上，而不用染色。以硃砂爲裝飾的做法，一直受到統治者的重視，從戰國楚宮的"朱塵""紅壁沙版"，到元代宮殿的"硃砂塗壁"，説明以"正色爲尊"的禮制觀念影響頗爲深遠。在奴隸社會及封建社會時期，宮室某些木構件的顏色往往爲主人身份的標志。據《禮記》記載，楹柱的顏色即標志主人地位之尊卑："天子丹，諸侯黝堊，大夫蒼，士黈。"天子楹柱用赤色，諸侯用黑色，大夫用青色，士用黃色，顏色各异，等級分明。此規定適用於春秋戰國時代，此後"青瑣丹墀"則成爲重要建築的設色標準。從漢代至唐代，宮殿建築之外露木構部分，均采用刷朱紅同白粉墻相配合的方式。歷代崇尚的顏色雖有變化，然以木構件色彩作爲身份地位標志的制度却一直被後世沿用。如明代官方規定，公主府第正門用"綠油銅環"，公侯用"金漆錫環"，一二品官用"綠油錫環"，三至五品官用"黑油錫環"，六至九品官用"黑門鐵環"。至清代，則正式規定黃色琉璃瓦只限用於宮殿的門、廡、陵、廟，王公府第祇能用綠色琉璃瓦。於是黃色琉璃瓦屋頂建築即表示特有的尊嚴。

在古代宮室建築裝飾中，其顔色調配及彩畫、雕飾圖案常常含有"象徵主義"的特點。以木構爲主的宮室建築容易發生火灾，漢代即彩繪蓮花、水藻等水生植物及水紋圖案來"壓制"火灾。漢魏以後，屋頂正脊兩端出現了鴟尾。據傳，"漢以宫殿多灾，術者言天上有魚尾星，宜爲其象，冠於室以禳之"（《墨客揮犀》）。一説，鴟爲"蚩"的變音，"蚩者，海獸也，漢武帝作柏梁殿，有上疏者云：'蚩尾水之精，能辟火灾。'"（《蘇鶚演義》）明清時改鴟尾爲吻獸，象徵龍能制水之意。故宫清代建造的文淵閣爲儲藏《四庫全書》之用，其建築色調以青、綠冷色爲主，屋脊、欄板雕飾題材多用水獸及浪中游龍，以示壓制火灾之義。雖然任何圖案均不足以防火，但人們往往希望通過這些象徵主義的圖像而避免火灾，以求得心理上的安寧。因此，歷代宫室建築中，屋頂構架上的部件，如梁、枋、天花等顔色均以青、綠色爲基調，從傳統的連續性來看，同早期雕繪水生植物的"厭火"觀念一脈相承。

中國古代建築是古代文化的重要組成部分，古代建築的裝飾也必將受到政治制度及文化思想的影響。漢代興起的"陰陽五行"及"風水星命"之説，對後世建築設計與裝飾頗有影響。五行之中，金爲白，木爲青，水爲黑，火爲紅，土爲黄。朱雀、玄武、青龍、白虎等代表方位的顔色即由此而來。土爲中心，以黄色表示，黄色象徵權力，"以黄爲貴"使得黄色成爲皇帝的專用色彩。清代以黄色琉璃瓦裝飾皇家重要建築的屋頂，即體現"以黄爲貴""以帝爲尊"的意嚮。

古代建築中用於裝飾的彩畫主要分布在藻井、額枋、斗拱、門楣、柱壁以及外檐等露明木構上。配色以朱紅對比石綠爲主，大都采用深地淺花或淺地深花兩種明暗襯托的方法。彩畫圖案題材豐富多彩，裝飾紋樣層出不窮，民族特色十分顯著。早期紋樣以神靈、鬼怪、奇禽、异獸爲最多，反映當時人們對大自然的無知與恐懼，亦爲統治者用以恐嚇、愚昧百姓的手段。除此之外，還有圖寫忠臣孝子、烈士貞婦事迹以及國君之賢愚、政事之成敗等内容，以期達到"惡以誡世，善以示後"的政治目的；還有黄龍、白鳳、芝草、銅雀等粉飾太平的題材；亦有宣揚統治者豪華生活的内容，如車騎、宴樂、狩獵等。南北朝時期，佛教盛行，故彩畫與雕飾中的圖案以蓮花、飛天爲最多，忍冬草亦開始出現。蓮花，古稱"菡萏"，古人譽蓮花出於污泥而一塵不染，故爲佛教所推崇。此時的彩畫或雕刻的天花、藻井中央多以蓮花爲飾，柱中及柱之上下兩端亦常用蓮花爲飾。"飛天"乃佛教護法夜叉之變相，從印度傳來的飛天爲半裸體形象，中國化的飛天變成衣帶飄蕩的凌空美女。"忍冬"是一種植物紋飾，漢代業已出現。據佛經記載，它生長於佛國雪山之中，經冬而不凋。唐代佛教建築裝飾中常用忍冬捲草，呼應連貫，茁壯而秀逸。唐宋之際，牡丹圖案廣泛流行，是當時應用最多的裝飾題材。盛開的牡丹，花輪豐碩，色彩鮮麗，統治者用之代表"榮華富貴"。明清時期，植物紋樣中出現了松、竹、梅"歲寒三友"的圖案。清代統治者爲標榜風雅，在宮苑中的樂壽堂、排雲殿及乾隆花園等處的内部裝修中多用此圖案。明清時代，代表吉祥的圖案愈來愈多，常以蝙蝠、梅花鹿、壽桃代表"福禄壽"；還有"壽山福海""五福慶壽""榴開得子"等吉祥喜慶紋樣。龍鳳乃宮殿建築中重要的裝飾題材。早在周代即以龍代表君位。之後，又將想象中的爬行動物神格化："龍，鱗蟲之長。"（《說文》）"又：角似鹿，頭似駝，眼似鬼，項似蛇，腹似蜃，鱗似魚，爪似鷹，掌似虎，耳似牛。"（《説原》）佛教將龍作爲護法之物，唐宋之際又引爲祥瑞之徵，明清王朝則以龍象徵帝王，稱"真龍天子"。北京故宮太和殿裝飾遍用龍紋，和璽彩畫中有團龍、座龍、跑龍、升降龍等圖案，望柱頭、華表頭、御路、螭頭、吻獸、藻井雕飾，竟無一非龍。龍與鳳并稱，同封建政治緊密配合。鳳原爲鷙鷹與孔雀的混合形象，象徵祥瑞，之後亦予以神格化："鳳，神鳥也，俗呼鳥王，羽蟲三百六十而鳳爲之長。"（《埤雅》）又："鳳，瑞應鳥，鷄頭、燕頷、蛇頸、鴻身、魚尾，駢異五色。"唐宋時貴族婦女常以鳳翹、鳳釵爲頭飾。明清時則用爲后妃之象徵，后妃居處多以鳳爲飾。以彩畫裝飾宮室建築是我國古代建築的一大特色，故有"色彩的建築"之稱。建築彩畫發展到唐宋時期日臻成熟，并形成制度。宋李誡《營造法式》中規定了九種彩畫制度，梁枋兩端多畫角葉，枋心畫蓮荷花、海石榴花、寶相花等花紋圖案，運用較爲自由。元代出現了鏇子彩畫，整個基調由紅、黃暖色轉爲青、綠冷色。明清時鏇子彩畫漸成定制。清代彩畫，梁思成先生分爲兩類：一爲殿式彩畫。其特徵是程式化象徵的畫題，如龍、鳳、錦、鏇子、西番蓮、西番草、夔龍、菱花等，多用於莊嚴的宮殿廟宇。二爲蘇（州）式彩畫，其特徵是運用寫實手法及畫題，題材變化多樣，内容豐富，無刻板規定，選擇自由，多用於離宮別館及宅邸裝飾之中。（梁思成《清式營造則例·彩色》）

我國古代建築所取得的偉大藝術成就，除彩畫外，就是建築上的雕刻裝飾。在中國建築史上，首先出現的是泥塑、木雕，其次是石、磚雕飾。原始社會晚期出現的泥塑，可謂最初之建築裝飾。至殷商纔出現了木雕、石雕。木雕施彩可從安陽及黃陂出土的椁板上看到。石雕，在安陽遺物中亦有發現。東周時期，由於鐵工具的使用，宮殿、宗廟等建築已廣泛采用雕刻手法來裝飾梁、柱、椽、枋等木構件。秦漢以後，統治階級對其宮室建築提出了更高的裝飾美化要求。漢初營建未央宮前殿時，主持此項工程的蕭何提出“天子以四海爲家，非壯麗無以重威”（《三輔黄圖·漢宮》），即謂雄偉的宮殿建築形式必須與華麗的裝飾相結合，所以對天花、藻井、欄檻的製作，無不加以雕刻裝飾。漢代班固《西都賦》與張衡《西京賦》中對其壯麗形象均有描述。魏晋南北朝時期，封建統治階級大力推崇佛教，在大規模興建宮殿的同時，大肆興建、裝修佛寺廟宇，使雕刻工藝得到空前發展。墓葬石雕建築大大減少，繼之而起的是宗教建築的石作雕刻，如石窟、石塔、石幢等。石雕工藝的高度發展，擴大了石雕裝飾的使用範圍，在木構建築的石砌階基上，也增加了石雕裝飾。磚雕工藝伴隨磚的大量使用亦相繼發展起來，東漢以後的磚墓以及南北朝以後興起的磚造佛塔建築，促進了磚雕工藝的發展。隋唐宋元時期，木、石、磚雕飾得以全面發展。宮室建築局部裝飾日增，小木作工藝漸繁，隨之而起的木雕裝飾亦進入高潮。從元代開始，木材使用範圍逐漸縮小，擴大了磚作瓦作範圍，以磚構爲主體建築的興起，在裝飾上亦由窰作製件轉向於成品磚上施雕加工。從此，磚雕更爲廣泛應用，以至於民居建築中亦多施磚雕，作爲重點裝飾。至明清時期，建築雕刻裝飾已形成一整套傳統工藝，使磚雕、木雕、石雕裝飾各具特色。石雕、磚雕主要用於外觀裝飾，集中使用在臺基（如須彌座、石欄杆）、大門、廳堂、山頭、屋脊等處；而木雕則主要用於内檐裝飾，如槅扇、天花、藻井等。參閱中國科學院自然科學史研究所《中國古代建築技術史》、李允鉌《華夏意匠》、中國文物研究所《祁英濤古建論文集》。

彩　畫

彩畫

以各種色彩、油漆對梁枋、斗拱、天花等可見部分進行刷飾，或於其上繪製花紋、圖案及人物等，既是一種裝飾，又能對木構件起防腐防蠹的保護作用。早在春秋時代，就有以丹粉刷飾木結構的記載。秦漢彩飾已很發達，彩畫紋樣有龍紋、雲紋、錦紋。南北朝時期，受佛教藝術的影響，出現了捲草、蓮瓣、寶珠、卍字等圖案。至宋代則形成制度，李誡在《營造法式》中規定了九種彩畫制度。元代出現了鏇子彩畫，明清時形成定制。清代彩畫分爲兩類，一類爲京式彩畫，亦稱“殿式彩畫”；一類爲蘇式彩畫。京式彩畫又分爲和璽彩畫與鏇子彩畫。京式彩畫多用於宮殿廟宇等高等建築，蘇式彩畫則多施於離宮別館及宅邸。梁思成《清式營造則例・彩色》云："彩畫主要的工作都在梁枋上，按畫題之不同，可分兩大式：殿式和蘇式。蘇式是原有的名詞，'殿式'兩字是著者臆造來與'蘇式'對稱的。殿式的特徵是程式化象徵的畫題，如龍、鳳、錦、鏇子、西蕃蓮、西蕃草、夔龍、菱花等。這些都用在最莊嚴的宮殿廟宇上。蘇式的特徵是寫實的筆法和畫題，自然現象如雲冰紋；花卉如葡萄、蓮花、梅、牡丹、芍藥、桃子、佛手等；動物如仙人、仙鶴、蛤蟆（海墁）、蝙蝠（福）、鹿（祿）、蝶等；字如福、壽等；器皿如鼎、硯、書畫等；此外還有山水，近年連西洋景都進入蘇式彩畫裏去了。彩畫布局的方法，將梁枋大略分爲等分的三段，中段稱枋心，左右兩段的外極端稱箍頭，箍頭與枋心之間爲藻頭。藻頭與箍頭間的小尖形稱岔角，多畫菱花……有時在蘇式彩畫裏，檁子、墊板、檐枋三部的枋心聯成一氣成一個大的半圓形，裏面的彩畫也成一個整個的布局，稱搭袱子。枋心爲全梁枋彩畫的中心，但只占全長三分之一。藻頭雖在兩頭，但兩頭共合的總面積比較大於枋心，所以全部主要的色彩，僅以藻頭爲定。藻頭的彩畫大半是有規

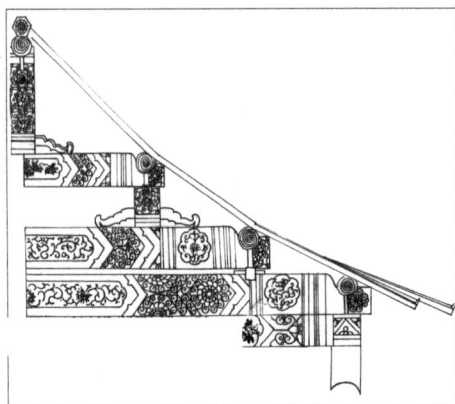

清墨綫小點金鏇子彩畫

則的幾何形，最常見的是鏇子和和璽。"

官式彩畫

宋李誡《營造法式》及清工部《工程做法則例》上規定的彩畫制度。以其爲官署機構制定的式樣，故稱。

京式彩畫

亦稱"殿式彩畫"。因元、明、清三朝皆建都北京，以北京爲中心的建築彩畫不斷發展并形成獨特風格，故稱。又以其多施於宮殿廟宇等莊嚴建築，故梁思成先生稱之爲"殿式彩畫"。其手法是象徵性的圖案化、程式化；其內容爲龍、鳳、錦、夔龍、菱花、鏇子、西蕃蓮、西蕃草等。

【殿式彩畫】

即京式彩畫。此稱多行用於近現代。見該文。

鏇子彩畫

以圖形切綫爲基本綫條，組成有規則的幾何圖案。鏇子，北京畫匠稱"學子"，亦曰"蜈蚣圈"。指一種圓形之旋轉紋，由此若干小圓形紋組成一正團光子圖案。其中心稱"花心"，花心外層之旋紋即稱"鏇子"。它出現於元代，成熟於明清。常繪於藻頭，爲主要彩畫形式之一。旋花造型在明代尚未定型，構圖比較自由，其特點是用金量小，貼金衹限於花心（旋眼）部分，多用最華貴的碾玉裝的叠暈法做成，色調明快大方，枋心內大多不加繪紋草、雲龍圖案，衹用青、綠顏色叠暈。清代鏇子花紋的變化及色彩的使用逐漸趨於統一。清式鏇子彩畫花瓣層次較多，可分爲幾路瓣。外輪廓的大花瓣呈圓形旋渦狀，又稱一路瓣。它是由鳳翅瓣形的旋花簡化而成的圖案，與花心（旋眼）成

爲統一的圓形體，如同一個小花蕾，比明式花心（旋眼）小。其構圖特點是隨藻頭尺度的變化而采取加減旋花的方法進行組合。這樣就能更充分地使整組木構件上的梁枋彩畫取得協調一致的藝術效果。鏇子彩畫的主要顏色爲藍、綠兩色，以墨、白、金三色點綴。因顏色之比例，每種又分若干等級。例如大點金、小點金是以鏇子中心（花心）貼金多少而定名，多者等級高，少者等級低；而大小點金又各有金綫、墨綫之別，金綫高，墨綫低。石碾玉是鏇子中最華貴者，每瓣的藍、綠色皆用同一色由淺至深，謂之"退暈"。其輪廓用金綫者謂之"金琢墨"，用墨綫者稱"烟琢墨"。"雅五墨"不用金，祇是青、綠、黑、白四色，爲鏇子中之最下者。參閱梁思成《清式營造則例》。

和璽彩畫

清代建築彩畫制度中品級最高、最尊的一種彩畫。以連續"人"字形曲綫爲間隔，内繪龍鳳、花飾。枋心畫題純以繪龍爲主者曰"金龍枋心"，以左右兩行龍相向之形式爲多見；間

和璽彩畫

有畫一龍一鳳者曰"龍鳳枋心"。又有畫草鳳、西番蓮、法輪、吉祥草或龍錦寶珠者。其主要綫條均瀝粉貼金，金綫一側襯白粉綫，或同時加暈。花紋亦瀝粉貼金，并以青、綠、紅等地色襯托金色圖案，十分華貴。參閱中國文物研究所《祁英濤古建論文集》。

金龍和璽

以各種姿勢的龍構成整組彩畫圖案，故稱。枋心畫二龍戲珠，青地、綠地皆如是；藻頭部分，青地畫升龍，綠地畫降龍；盒子多畫坐龍；如藻頭較長，則畫升、降二龍戲珠。平板枋青地，由兩端向中間順序畫行龍。各種龍周圍均以雲氣、火焰相襯。

龍鳳和璽

以其在枋心、藻頭、盒子等部分，用龍鳳圖案調換構圖，故稱。多在枋心、藻頭、盒子部位，青地畫龍，綠地畫鳳。亦有在同一間的枋心、盒子均畫龍（或鳳），藻頭皆畫鳳（或龍）。或於同一枋心畫一龍一鳳，名"龍鳳呈祥"；畫雙鳳，則謂"雙鳳昭富"。平板枋及由額墊板則多畫一龍一鳳。

蘇式彩畫

亦稱"蘇州片"。彩畫的一種類型，以其源於蘇州，故稱。多用於園林建築，如亭、臺、廊、榭或四合院住宅以及垂花門的額枋上。其枋心則常同大小額枋、墊板、桁條各枋心連爲一體，構成一個大半圓形，内部圖案自成一局，

蘇式持檐彩畫

名曰"搭袱子"，俗稱"包袱"。依内部畫題内容，亦各有專名：繪翎毛、花卉者曰"花鳥包袱"，繪山水者曰"山水包袱"，繪神仙故事者曰"人物包袱"。又因包袱之輪廓常用數層烟雲叠暈而成，故又稱"烟雲包袱"。藻頭、箍頭部位，亦有多種多樣的圖案。在南方，彩畫一般祇用於内檐，外檐不做彩畫，而以木雕或磚雕裝飾。北方蘇畫多用於四合院、垂花門、亭、臺、廊、榭、平臺建築的檐等小型建築上。參閱中國文物研究所《祁英濤古建論文集》。

【蘇州片】

即蘇州彩畫。見該文。

五彩遍裝彩畫

一種華麗名貴的彩畫。它是在唐代傳統上發展起來的一個新品種，在用色及手法上，既保持了唐代風格，又綜合利用宋代繪畫及工藝美術成就，使圖案形成富麗精緻的色調美。其色彩以石青、石綠、硃砂等礦物色爲主，輔以胭脂、槐花、靛藍等植物色。彩畫中的寫生花則以植物色爲主，或淺或深，千變萬化。

梁枋彩畫

繪於梁枋上的彩畫。古建築彩畫主要繪於梁枋之上。清代規定，其布局是將梁枋大略等分爲三段：中段爲枋心，占三分之一；兩邊各有藻頭（俗稱"找頭"）及箍頭，每邊藻頭與箍頭合爲三分之一，而箍頭小於藻頭。枋心、藻頭、箍頭上的彩畫，各有其制。梁枋彩畫有等級之分，大體以藻頭彩畫用金（點金、金綫）多少而劃分貴賤高低。現存最早的梁枋彩畫爲唐代實物，多以紅土刷飾，繪七朱八白，爲彩畫中最簡單的一種。宋遼時多滿繪幾何圖案或飛天、雲紋。宋《營造法式》則規定，梁之兩端繪角葉，長爲梁高的一倍半；中間繪各種花紋及幾何紋。金元沿用宋制，但角葉加長到梁高的二至二倍半。元代藻頭彩畫大多僅用旋花。明初藻頭、箍頭總長爲梁長的四分之一，枋心爲梁長的二分之一；明末枋心減爲梁長的三分之一，清代則以此爲定制。參閱宋李誡《營造法式》、梁思成《清式營造則例》。

五彩遍裝彩畫（海石榴）

遼寧義縣奉國寺大殿内檐梢間單步梁底面彩畫

枋心彩畫

繪於梁枋枋心的彩畫。其畫題多用龍、鳳及錦紋，而離宮別館亦可繪山水、花卉。依所畫主題定枋心彩畫名稱，如枋心畫龍，則名"金龍枋心"；如枋心畫題以龍及錦紋爲主，則稱"龍錦枋心"；如以一龍一鳳爲枋心畫題者，則曰"龍鳳枋心"。

藻頭彩畫

繪於藻頭部位的彩畫。枋心兩邊藻頭相加，面積小於枋心，故梁枋彩畫的色彩，要依藻頭彩畫的色彩而定。藻頭彩畫的圖案多爲規則的幾何形，最常見者有和璽、鏇子兩種。

斗拱彩畫

繪於斗拱之上的彩畫。唐代多以紅土刷飾，并於拱頭畫白色虁龍。宋代或滿繪花紋，或青綠疊暈，或朱土刷飾。元代亦大多青綠疊暈，繪花紋者少。明清一般爲青綠刷飾；最講究者則在一攢斗拱的每一構件（如斗、拱、翹、昂等）上刷色或繪畫。彩畫可分綫、地、花三部；每構件角邊綫上，勾以金、銀或藍、綠、墨色綫條；在綫條範圍之內，以丹或青、黃、綠爲地色；地色上畫花紋圖案，如西番草、流雲、虁龍等。

天花彩畫

天花由天花板與支條構成，將彩畫繪於其上謂之"天花彩畫"。天花板以藍或綠色爲地，中間的圓光及四角的岔角多色彩鮮明，支條顏色同於地色，燕尾處則與岔角同色。圓光處多繪龍、鳳、壽鶴，岔角及支條上則繪水轆轤等紋飾，其間亦有以文字作紋飾者。

柱子彩畫

繪於柱上的彩畫。唐宋時或於柱上刷朱土爲飾，或於柱頭、柱中畫朱雀、捲草。元以後則一般多油飾。然宮殿廟宇建築仍用彩畫，明代多滿繪番蓮，瀝粉貼金；清代則多用蟠龍。宋及宋以後之木柱雕龍，明清之石柱雕龍，亦屬以雕刻取代彩畫的一種做法。

椽子彩畫

繪於椽子上的彩畫。色多青、綠，與朱紅色望板相映襯。在宮殿廟宇的椽子上遍施彩畫，因方圓不同，花紋圖案亦有區別。圓椽多用龍眼、寶珠、壽字之類，方椽則施菱花、瓣蓮、虁龍及金井玉欄杆。在没有天花的建築中，棟梁如有彩畫，各架椽子多用藍、綠。椽頭如是圓形，多做龍眼寶珠、圓壽字圖案；如是方形，則多畫梔子、壽字、卍字、金井玉欄杆、十字錦及菱花紋等。施於椽頭的彩畫，謂之"椽頭彩畫"。

大點金

鏇子彩畫中點金的一種手法。分爲金綫大點金與墨綫大點金兩種類型。以金綫勾輪廓，花心、菱地皆貼金；枋心多畫龍錦，盒子多畫坐龍、西番蓮等；平板枋降幕雲紋，亦瀝粉貼金，此法謂金綫大點金。以墨綫勾輪廓，枋心

遼寧義縣奉國寺大殿方椽栿底面飛天彩畫

用龍錦或繪一字，花心、菱地皆貼金，此法謂墨綫大點金，即大點金勾以墨綫者。

小點金

鏇子彩畫的一種繪製手法。分爲金綫小點金及墨綫小點金兩類。以金綫勾輪廓者曰“金綫小點金”，以墨綫勾輪廓者曰“墨綫小點金”。

小點金與大點金相對而言，因小點金僅於花心處貼金，他處無金飾，故稱。

圓光 [1]

指清式井口天花彩畫中的正中圓形部分。多以藍爲地色，繪龍、鳳、壽鶴之類。

雕　飾

石雕

在石構建築或木構建築的石構件上雕刻花紋、圖案以作裝飾。綫刻、隱刻、圓雕、浮雕爲通用之雕飾做法。其題材，作爲主體雕飾者多爲人像，作爲補配裝飾者多爲錦紋花卉。在大型建築中，凡壇座、柱礎、角柱、殿階級、地面壓欄以及勾欄等，均可用石雕裝飾。宋李誠《營造法式・石作制度》曰：“其雕鎪制度有四等：一曰剔地起突，二曰壓地隱起華（花），三曰減地平鈒，四曰素平。”梁思成注：“‘剔地起突’，即今所謂浮雕；‘壓地隱起’也是浮雕，但浮雕題材不由石面突出，而在磨琢平整的石面上將圖案的地鑿去，留出與石面平的部分加工雕刻；‘減地平鈒’，是在石面上刻畫綫條圖案花紋，並將花紋以外的石面淺淺剷去一層；‘素平’，是在石面上不作任何雕飾的處理。”又曰：“其所造華文制度有十一品：一曰海石榴花，二曰寶相華，三曰牡丹華，四曰蕙草，五曰雲文，六曰水浪，七曰寶山，八曰寶階，九曰鋪地蓮花，十曰仰覆蓮花，十一曰寶裝蓮華。或於華文之內，間以龍鳳獅獸及化生之類者，隨其所宜，分布用之。”

木雕

雕刻木構以爲裝飾。即在木構建築的部分木構件上雕刻花紋圖案，作爲建築裝飾。混雕（圓雕）、綫雕（實雕）、隱雕、剔雕、透雕爲常用的木雕形式。在古代木構宮室建築中，多於平棋、華板、勾欄櫳面、椽頭盤子、懸魚惹草、搏門蓮花、插花、角神、纏柱龍等部位施以木雕。屬於外檐的雀替、花板、花牙之類的雕刻加工，多采用粗雕形式；而内檐木雕裝飾工藝，作爲間隔區分室内空間的部件，須近觀，故對材料質地及工藝技術之精細程度要求較高。木雕工藝花樣款式均較繁複，在等第上雖無嚴格界限，然就其形式而言，亦有等級差別，如明清時代“采地雕”最爲尋常，一般散見於建築外部裝飾，而透雕、嵌雕，大多用於宮殿、廟宇及豪門貴族之住宅。

磚雕

在磚構建築上模仿石雕做法，雕刻花紋圖案以作裝飾。在建築整體中屬外觀裝飾，多以住宅、府第之門庭及屋頂爲裝飾重點。我國北方門庭部分，兩側肩墻及影壁大多施以磚雕花樣（如中心花、岔角花之類）做點綴；民居宅第則以磚雕組成如意門，表示其門庭富麗。而南方住宅大門部位之雕飾，則是整個立面大面積處理，如蘇州楊灣明善堂磚雕門樓。磚雕之脊飾，多用於寺廟殿堂、府第堂軒，雕飾題材以香草、翻葉花、龍鳳等爲主；民居脊飾皆以透雕、剔地雕刻四季花草、松竹梅、福壽字爲主。磚雕工藝在街頭小巷舉目可見，而用之最精者莫過於蘇州地區畫幅式磚雕。

綫刻

最原始的一種石雕方法。其工藝過程：首先將石面打平，再磨礱加工，然後用金屬工具刻畫放樣，最後施刻。殷商至漢初皆用此法。"綫刻"在木雕技術上稱爲"實雕"，宋李誡《營造法式·小木作制度》謂其雕法爲"就地隨刃壓出花紋者"。

圓雕

亦稱"混雕"。不附着在任何背景上，可四面觀賞、完全立體的一種雕飾。根據文獻記載及考古發現，我國目前已知最早的圓雕實物是西漢武帝太液池畔設置的牛郎、織女雕像及武帝茂陵附近霍去病墓的石馬、石虎等。這些雕像古樸圓渾、加工較少。

【混雕】

即圓雕。見該文。

隱雕

平面"綫刻"向深度發展的第一步。其工藝是將畫像刻畫出形，沿紋路略加剔鑿形象細部，在光平面上呈露出微凸。宋李誡《營造法式》中將"隱雕"歸入"剔地"技法。

透雕

介於圓雕與浮雕之間的一種雕飾。在浮雕基礎上，鏤空其背景部分。或單面雕，或雙面雕。

浮雕

亦稱"突雕"。在平面上雕出凸起的形象。依表面凸出的程度不同，可分爲高浮雕與淺浮雕兩種形式。

【突雕】

即浮雕。見該文。

剔地起突

屬於高浮雕。爲建築雕刻中最複雜的一種形式。其形制特徵是裝飾主題在建築構件表面突起較高，"地"層層凹下，層次較多；雕刻的最高點不在同一平面上，雕刻的各種部位可互相重疊交錯。

壓地隱起

屬於淺浮雕。其各部位的高點均在裝飾面的輪廓綫上；有邊框的雕飾面高點不超過框的高度。裝飾面可爲平面，亦可爲不同形狀的弧面。雕刻各部位依雕刻主體可互相重疊穿插，使畫面有一定的層次與深度，裝飾圖案外緣輪廓圓和，畫面的"地"大體在一個平面上。參見"石雕""木雕"文。

減地平鈒

亦稱"平雕""平浮雕"。即"剪影式"凸雕。其基本特徵：凸起的雕刻面與凹下去的"地"均爲平面。

第九節　匾聯考

在充滿中國風采神韵的傳統建築物中，最能體現中國文化深厚底蘊、最具文學與書法乃至雕刻綜合審美價值、最可揭示建築獨具內涵的，是懸繫於建築物上方的匾額及張於兩側的對聯。它們已經與建築融爲一體，賦予建築以魂魄，成爲珠聯璧合的點睛之作。無論是歷史上帝王宮廷、神祇廟宇，還是今日尋常農家的門户廳堂；無論是官署府第，還是文人雅士的居室書齋；也無論是亭臺樓閣風景名勝，還是公司商鋪琳琅滿目的門面招牌，無不赫然有着千姿百態的匾額、對聯。觀之形體俊逸秀麗，讀之韵律錯落跌宕，品玩體味，更使人興致酣暢，情韵濃烈。

匾額與對聯，是中國文化獨有的文學形式。匾亦稱"匾額""題額"，是懸於建築物上方或閘屏之上的標志性橫牌。一般由硬質材料，如竹、木、瓷、磚、銅、鐵製成。其上書寫或雕繪形體精美之文字。或直書建築名稱，如"黄鶴樓""國子監"，此爲實額；或擬景、狀物、抒情、寓意，如南昌滕王閣之"仙人舊館"、北京頤和園内萬壽山山脚之牌樓"雲輝玉宇"，此爲虚額。聯即對聯，依據其位置不同而分爲門聯、楹聯、堂聯等。對聯將漢字獨具之特色單音獨體四聲分明方塊字形的藝術美發揮到了極致。其首要條件是上下聯左右對稱，其次要求上下聯相應位置上的詞語意義相反、相關、相類，且聲調上平仄相協。這種既屬當量又有差异及變化的對稱，形成高下相傾、低昂互節之效果。對聯作爲一種文學形式，具有篇幅短小、語言凝練、全民參與程度廣、歷千年而不衰、最富民族性的特色。聯額的内容醖釀好了，還須書寫、刻繪出來，與書法、雕刻藝術相結合，纔算完成了創作的全過程。這使得聯額内在美與外在美高度統一，更有名家的難得墨迹，使其成爲鑒賞的珍品。聯額與建築相結合，從總體布局講，形成一橫二縱的格式，更增添其美感。古建築多以中軸布局，左右匀稱，起裝飾作用的匾聯與之相應：匾額位於正中，對聯於兩側烘托；大門居中，門之兩旁，門聯各得其位；堂前東西兩楹，楹聯左右并列；廳堂正面墻壁，中堂畫居中，室内聯分列兩側。聯額的設置，使左右對稱的建築設計理念得到突顯與强化。一幢建築建造完畢，就像一幅静止的畫，一首凝固的詩，尚無生氣，一旦飾以匾聯，便覺生機勃發，神采飛揚，書香墨韵焕發出文化氣息，建築本身的意義昭示無遺。莊重的朱紅大門，配以雕飾精美的漢白玉門枕石，上方、兩側懸着的大紅燈籠與鎦金字體的匾額、門聯，珠輝玉映。廳堂前楹柱上的大幅楹聯，揭示文化内涵，烘托氣氛，使人未入其室，心先觸動，引起思緒聯翩，然後再入其境。廳堂多由紫檀木鏤刻而成，在由玲瓏剔透、層次分明的花紋裝飾成的楅扇、花罩襯托下，廳堂正中墻壁中堂畫上方配以題額，兩側配以堂内聯，好一派濃郁的中國風韵！匾聯爲中國建築所獨有，充分體現了中華民族傳統文化的特色。

對聯的形成與發展，是中華民族幾千年文化積澱的産物，它植根於古代樸素哲學思想的沃土之中。我們的祖先早就通過觀察，認識到宇宙萬物無不處於對立統一之中。天地日月，上下左右，大小高低，東西南北，冬寒夏暑，乃至興亡盛衰，窮通得失，禍福榮辱，都有其相反相對、相輔相成的特性。正是由於人、事、物、理有許多是天然相配的，自從有了語言，也就有了對偶。表現在文學形式上，對聯是對偶修辭長期孕育的結果。《詩》《書》《易》《禮》中，偶句比比皆是。楚辭漢賦，排比鋪陳，則是對偶的發展。六朝駢儷，講究排偶聲律。到了唐代的律詩，頷頸二聯，更是對仗工整妥帖，擷采成聯的詩句，俯拾皆是。當然作爲對聯，還必須能表達出相對獨立、完整的意義。對聯，我國這一獨特的文學形式，與漢字一字一音節、一字一方塊、一字一意義的特點密不可分。正是有了這些特點，方能造出字數相等、詞性相同、結構相稱、節奏相類、平仄相協的上下兩聯。這也就決定了世界上有華人的地方，就有對聯；有對聯的地方，無一不是用漢字寫成的。這是世界上其他種類的語言文字無法企及的。

匾聯産生的時代，見仁見智，迄無定論。據史書載，東漢主管教化的官員在有孝義之行者的門户上題寫表彰的文字，使之作爲效法之楷模，以促進社會風氣的净化，這就是匾的最初由來。匾，字亦作“扁”。《後漢書·百官志五》：“三老掌教化，凡有孝子順孫，貞女義婦，讓財救患，及學士爲民法式者，皆扁表其門，以興善行。”東漢許慎在《説文·册部》云“扁，署門户之文也”，即爲此義。門户上署文亦作爲建築物的標志。另據南朝宋羊欣《筆陣圖》載：“前漢蕭何喜篆籀，爲前殿成，覃思三月，以題其額，觀者如流。”可知西漢時宮殿建成後，匾額由位尊至相的蕭何親自執筆題寫，且斟酌再三，耗費時日，鄭重程度可想而知。另據《淵鑑類函·文學部·文字三》載：“蕭何善篆籀草隸，嘗與張良、陳隱等論筆。謂筆者，意也；書者，胥也；力者，通也；塞者，决也。何作未央宮，覃思三月以題其額，觀者如流水。何便用秃筆書，時謂之蕭籀。”蕭何采用的字體爲籀文，古樸典雅。“蕭（何）籀”可與“鍾（繇）隸”媲美，達爐火純青的境界。這時，匾額表達的内容與書法藝術熔爲一爐。匾額的實物當早於文獻記載許多，在對聯之前便已産生，本與對聯無關，但對聯產生之後，匾額與對聯便進而合爲一體，尤以虛聯關係最爲密切。匾額一經產生，就一直沿用至今。甚至可以說，凡有名勝古迹之處，即有匾額，匾額即爲名勝古建之標志。山海關東城門以渾厚、蒼勁的城樓題額“天下第一關”聞名於世，明進士蕭顯所書巨幅匾額，字高達 1.6 米。我國現存占地面積最大的古代帝王宮苑承德離宮，背山面湖，山巒起伏，湖沼洲島錯落，草木蒼翠葱鬱，宮殿亭榭掩映其中。康熙以四字題名的三十六景及乾隆以三字題名的三十六景散布其間，每景均有御筆題額的牌匾。或隨四時變化，取山川林泉等自然景觀凝練爲名，如康熙“烟波致爽”“萬壑松風”“月色江聲”，以及乾隆“一片雲”“烟雨樓”等；或標識功用，皇帝披閱奏章之“頤和書房”，幼時讀書之“鑒始齋”，皇家藏書之“文津閣”，有頤壽祈年的“松鶴齋”，有書匾明志的“澹泊敬誠”。整座山莊可以稱得上是兩位大手筆皇帝的匾額博覽會展。北宋潭州太守朱洞創建的高等學堂，天禧二年（1018）宋真宗賜以“嶽麓書院”的門額。南宋理學家張栻、朱熹在此講學，從學者達千餘人。書院前廳“道南正脉”的木匾爲清乾隆所賜，表明了帝王對教化的重視。清代鴻儒紀昀“閱微草堂”的匾額，更是概括了其一生的經歷及功績。凡此種種，爲匾聯史加上了濃妝重彩的一筆。匾聯使用的範圍極廣，從象徵皇權至高無上的故宮三大殿，到遍布四野的城樓關隘；從莊嚴肅穆的祠廟刹寺，到威嚴震懾的官府署廨；從墨客騷人的居室書齋，到百年老店的大小字號招牌，無一不作爲萬人矚目的標志。匾額書寫完畢，尚須裝飾加工，或刻於木板、磚石，或燒烤成陶瓷，或以銅、鐵鑄造而成，或鎦金鑲玉成藝術品。匾額懸時多爲橫幅，故有“橫額”之稱，但宮殿廟宇亦偶有懸竪幅的。

　　研究者們普遍認爲對聯起源於五代，由門上懸桃符的古老習俗轉化而來。明李時珍《本草綱目·器二·桃符》引《典術》曰：“桃乃西方之木，五木之精，仙木也。味辛氣惡，故能厭伏邪氣，制百鬼。今人門上用桃符辟邪，以此也。”相傳遠古黃帝時代即有以桃木辟邪之習俗：削桃木爲人形，稱“桃人”，亦稱“桃梗”“桃偶”，并於二桃板上畫能以葦索捆縛鬼怪喂虎的二神人“神荼”“鬱壘”，皆懸於門以驅鬼鎮凶。此桃木板稱“桃板”，亦稱“桃符”。漢王充《論衡·訂鬼》：“《山海經》又曰：‘滄海之中，有度朔之山，上有大桃木，其屈蟠三千里，其枝間東北曰鬼門，萬鬼所出入也。上有二神人，一曰神荼，一曰鬱壘，主閱領萬鬼。惡害之鬼，執以葦索而以食虎。於是黃帝乃作禮以時驅之，立大桃人，門户畫神荼、鬱壘與虎，懸葦索以御。’”桃符之功用，實爲鎮守家門之門神。沿襲成俗，除夕日懸門旁，以祛除鬼魅。漢應劭《風俗通·祀典·桃梗葦茭畫虎》："謹按《黃帝書》：'上古之時，有神荼與郁壘昆弟二人，性能執鬼，度朔山上有桃樹，二人於樹下簡閱百鬼，無道理，妄爲人禍害，神荼與鬱壘縛以葦索，執以食虎。'於是縣官常以臘除夕飾桃人，垂葦茭，畫虎於門，皆追效於前事，冀以禦凶也。"周代不僅立桃人，懸葦索、桃符，且有殺牲祭祀門神的風俗。《禮記·月令》："〔孟冬之月〕天子乃祈來年于天宗，大割祠於公社及門閭，臘先祖五祀。"鄭玄注："此周禮所謂臘祭也。天宗謂日月星辰也。大割，大殺群牲割之也。臘謂以田獵所得禽祭也。五祀，門户中霤竈行也。"亦有將桃木製成桃印，長六寸，方三寸，其上用五色書寫文字，以驅邪止惡。《後漢書·禮儀志中》："仲夏之月，萬物方盛。日夏至，陰氣萌作，恐物不楙。其禮：以朱索連葷菜，彌牟朴蠱鍾，以桃印長六寸，方三寸，五色書文如法，以施門户，代以所尚爲飾。"又"漢兼用之，故以五月五日朱索、五色印爲門户飾，以難止惡氣"，由在桃木板上畫二神人容貌的桃符，到書五色文的桃印，已經完成了由圖像到文字的轉化，爲對聯的産生起了催化作用。有的學者認爲在桃木板上書寫除禍祈福吉祥語的桃符，直到五代後蜀，纔與從律詩中獨立出來，對仗整飭的偶句結合，最終形成了對聯。《宋史·西蜀孟氏世家》："〔孟昶〕每歲除，命學士爲詞題桃符，置寢門左右。末年，學士辛寅遜撰詞，昶以其非工，自命筆題云：'新年納餘慶，嘉節號長春。'以其年正月十一日降，太祖命吕餘慶知成都府，而長春乃聖節名也。"後蜀君主孟昶此聯對仗工整，平仄合律，語意吉祥，通常視爲春聯之肇端。誰知事有偶然，寫於後蜀歸宋前一年（即964）除夕的這副喜慶迎春的聯語，竟成爲亡國之讖兆。新一年（即965）宋太祖趙匡胤滅後蜀，擄孟昶，委派吕餘慶主持後蜀都城成都事宜。而太祖此前即建隆元年（960）將每年農曆二月十六日誕辰日定名爲"長春節"。這關係到國家興亡的巧合，實在是值得在楹聯史上大書特書，難怪自宋以來，人們對此聯津津樂道。相比之下，孟昶以前的春聯便都不值一提了。將有影響的權威人士富有典型意義的行爲作爲某一事物的先聲，使界限明晰，是我們民族傳統的習慣做法，也是人們易於接受的。

五代之前有對聯嗎？福建方東在《霞浦縣志》及《福鼎縣志》上發現了唐代咸通、乾符年間的三副庭宇聯。林嵩未第時，結廬於禮嶴靈山草堂，曾懸一堂聯："大丈夫不食唾餘，時把海濤清肺腑；士君子豈依籬下，敢將臺閣占山巔。"陳蓬亦有題居室二聯，其一爲"竹籬疏見浦，茅屋漏通星"；其二爲"石頭磊落高低結，竹户玲瓏左右開"。這一重大發現得到確證後，不僅推翻了孟昶的"第一聯"之說，而且引發了研究者們更深一層的思考：唐代地處海隅的福建都有了對聯，繁盛的中原以及京都長安又該如何呢？林、陳二人未第時即有此佳作，早登龍榜、名震寰宇的唐代才子們又該如何呢？庭宇聯已普及到百姓之中，群衆最喜愛的春聯還會没有嗎？唐代對聯的發現將會引起連鎖反應，人們有理由期待着新的突破。

宋元是對聯得到推廣的發展階段。除了春聯的普及外，還有了書院聯、府學明倫堂聯、名勝聯等，對聯出現在更多形式的建築物上。從形式上説，擺脱了句式單一，從律詩脱胎而來的濃重痕迹，吸收詞曲語言善於變化的優點，以長短句創作對聯。這期間，由於大文豪蘇軾、真德秀的加盟，名相王安石、寇準的參與，推進了對聯的發展。他們在文集後附載了許多聯語，把對聯作爲文學的一個品類加以重視。真德秀題南浦書院一聯，意境頗爲高古："坐看吳粵兩山色，默契羲文千古心。"一些大楹聯家，同時又是大書法家，他們的題聯使對聯與書法藝術相結合，提升了對聯獨有的審美功能。元代趙孟頫遵元世祖忽必烈之命，書殿上春聯"九天閶闔開宮殿，萬國衣冠拜冕旒"，寫出了不同民族、不同國度的人都來朝拜的盛況。又書應門春聯："日月光天德，山河壯帝居。"大氣磅礴。還爲揚州迎月樓題了精彩的行業聯："春風閬苑三千客，明月揚州第一樓。"

明清對聯發展到了繁盛時期。據清陳尚古《簪雲樓雜記》載，明朝的開國皇帝朱元璋建都金陵（今南京）後，於除夕日傳旨令全城無論公卿士庶，家門上都要貼對聯。他還身着便裝滿城觀賞游樂，偶見一未貼春聯的人家，經詢問方知此爲以閹猪爲業的人家，遂親自揮筆爲其題寫聯語："雙手劈開生死路，一刀割斷是非根。"祇有出身草莽，躍馬沙場，於戰陣中闖出一條登基路的英雄，纔有如此氣魄，纔有如此不拘一格之文墨。此事雖屬傳説，但明太祖雅好聯語却是實在的。明代又有一位善於屬對的大師解縉，使對聯藝術得到了一個大的發展。清代康熙、乾隆等帝，非常重視宮廷春聯。乾隆時，紫禁城內各宮殿門屏、楹扇春聯，"或須更新，但易新絹，分派工楷法之翰林書之，而聯語悉仍其舊"。他們足迹所到之處，留下了許多珍貴的御題匾聯。這些建築因御筆題聯而愈加顯赫，而他們的匾聯又使建築煥發出文化的氣息。珠輝玉映，美奐絕倫。清代亦有一位長於屬對的大師紀昀，促使文人紛紛加入聯語的創作中來。封建時代，帝王之好惡，波及全國，他們用春聯"藻繪升平"，引發民間效仿，客觀上起到推廣普及的作用。明清時期，聯語作家燦若群星，他們有政治家林則徐、魏源、曾國藩、左宗棠、張之洞、康有爲、梁啓超等；文學家祝允明、徐渭、李漁、楊慎、袁枚、俞樾、阮元、王闓運等；書畫家董其昌、鄭燮、趙藩、何紹基、鄧石如等；亦有以擅長楹聯而聞名於世的，如善作巧對的解縉，長於趣聯的紀昀，以及以大觀樓一百八十字長聯震驚儒林、名揚天下的孫髯，"長聯聖手"鍾雲舫等。

當今對聯發展規模之大，範圍之廣，品類之齊備，前所未有，體現了這一文學形式已經普及到我國社會的各個角落，成爲我國人民文化生活的一個重要組成部分。群衆喜聞樂見，參與程度最廣的當屬春聯。過新年，貼春聯，已成爲中華民族特有的年俗的一部分，也是歲首換桃符的習俗演變的自然結果。"爆竹一聲除舊，桃符萬户更新"，是一副傳統春聯，它抓住了年俗中最具代表性的兩個物品——爆竹和桃符，進行了有聲有色、形象鮮明的繪景抒情，凝練生動而又準確地表達了辭舊迎新的主題。春聯獨有的裝飾點綴美化環境的作用，創造烘托歡樂娛悦氣氛的功能，寄寓着人們對新的一年祈福納祥的熱切企盼的深意，這些特定的文化意境恐怕也唯有春聯能够涵蓋承載了。正因爲此，約自唐代始，春聯一經産生，便年年歲歲地出現在宫廷王府、寒門陋室，遍布中華大地。其中山水勝迹、園林寺廟的名勝聯，以其量之多，面之廣，品之精，在各類區聯中最爲引人矚目。因爲它與建築一樣，具有歷時久遠，觀賞吟誦人數衆多的特點，往往是千錘百煉的極品；字體又多爲大家手筆，代表了區聯藝術的最高水平。山東濟南大明湖小滄浪亭鐫刻於園門西側之聯語"四面荷花三面柳，一城山色半城湖"爲歷代游人贊賞。上聯説憑欄俯視所見到的景物，下聯寫登亭四望濟南城的特點，一字千金，不可多得。名勝古建本身是名勝聯的載體，名勝聯又是名勝古迹文化内涵的升華，二者相得益彰，流傳千古，名揚四海。宋元以來，城市經濟處於萌芽狀態，明清時得到較大發展，體現行業特點的商肆聯也就應運而生。刻字店聯："六書傳四海，一刻值千金。"上聯表面意爲文字（六書）傳遍天下（四海），隱含的意思是該店刻出的文字在天下享有盛譽；下聯表面意爲時間最爲寶貴（用了成語"一刻千金"），隱含的意思是該店刻字技藝極高，每刻一下價值千金。含而不露地進行自我推銷，適度的誇張造成的幽默、詼諧，是許多行業聯追求的效果。北京仁和酒廠聯語："蓮比君子，菊咏高士；仁登壽域，和躋春臺。"上聯以蓮、菊爲題，蓮花、菊花爲高雅之花，以此花爲原料釀製的名酒必爲高雅之酒，嗜飲此酒之人當有周敦頤、陶淵明那般的雅情高致吧；下聯講仁德者能達到長壽的境界，和樂之貌如同登上美好的游觀之處。上聯嵌入該廠的著名産品蓮花白、菊花白，是均有滋補健身長壽之功效的藥酒；下聯嵌入廠名，并解釋了廠名藴含的深意，嵌字而無生硬之感，達到了内容與形式的完美統一。行業聯的産生，對經濟大潮的洶涌澎湃起到了良好的推波助瀾作用，同時也爲協調企業内部思想步伐，提升凝聚力起到了很好的宣傳鼓動作用。隨着經濟的發展，營造住宅建築漸起高潮，鄉居民宅也追求文化品味，新建房舍加庭宇聯已成風氣。人們把對幸福美好生活的贊譽，把對未來前景的企盼盡情抒發出來。庭宇聯將隨着民宅建築的發展展現出更加廣闊的前景。

匾額與對聯伴隨着中華民族古老的建築走過了漫長的發展歷史，它那豐富的文化内涵，獨到的裝飾效果，人們喜聞樂見的民族形式，都使它歷千年而不衰，焕發出更加蓬勃的生命力，并且隨着建築的發展永不停止前進的步伐。

匾

匾

亦作"扁"。據史書載，東漢時主管教化的官員在有孝義之行的人的門户上題寫表彰文字，作爲效法之楷模，以促使社會風氣的净化，這就是匾的最初由來。《後漢書·百官志五》："三老掌教化，凡有孝子順孫，貞女義婦，讓財救患，及學士爲民法式者，皆扁表其門，以興善行。"與東漢許慎所解字義正相符合，門户題字曰扁。《説文·册部》："扁，署也。從户册。户册者，署門户之文也。"段玉裁注："秦書八體，六曰署書。蕭子良云：'署書，漢高六年蕭何所定，以題蒼龍、白虎二闕。'"另據《淵鑑類函·文學部·文學三》載："蕭何善篆籀草隸，嘗與張良、陳隱等論筆。謂筆者，意也；書者，胥也；力者，通也；塞者，決也。何作未央宫，覃思三月以題其額，觀者如流水。何便用秃筆書，時謂之蕭籀。"西漢初宫殿建成後，作爲標志性的匾額由位尊至相的蕭何親自執筆題寫，且酙酌再三，耗費時日，鄭重程度可想而知。蕭何采用的是古樸典雅的籀文，將匾額的内容與書法藝術熔爲一爐，達爐火純青

的境界。匾從一産生就作爲建築物的附屬品而存在，依存關係密不可分。後世將懸繫於建築物或門户上方題有文字的牌額稱作"扁"，多寫作"匾"。匾亦稱"匾額""題額"。直書建築名稱的，如"太和殿""文津閣""樂仁堂"，此爲實額；有擬景、狀物、抒情、寓意的，如"萬壑松風""澹泊敬誠"，此爲虚額。宋楊萬里《真州重建壯觀亭記》："米元章嘗官發運司，追暇則裴回其上，爲之賦，且大書其扁。"宋陸九淵《與王謙仲》書："顧視山形，宛然鉅象，遂名以象山，草堂則扁曰'象山精舍'。"元張憲《題竹雪齋》詩："入門見扁已不凡，推窗縱觀清可掬。"清金埴《不下帶編》卷六："予客吴門，偶應飲閣主人之請，爲題扁曰'尋常坐處'。"《紅樓夢》第二六回："上面小小五間抱厦，一色雕鏤新鮮花樣槅扇，上面懸着一個匾，四個大字，題道是：'怡紅快緑。'"《兒女英雄傳》第一四回："那廟門挂一塊'三聖祠'的匾。"

【扁】

同"匾"。此體漢代已行用。見該文。

匾額

亦作"扁額"。懸於建築物或門户上方題有標志或贊揚文字的長方形横牌。宋岳珂《桯史·劉藴古》："吴山有伍員祠，瞰闤闠，都人敬事之。有富民捐貲爲扁額，金碧甚侈。"《醒世恒言·吴衙内鄰舟赴約》："父親夢見鼓樂旗彩，送一狀元扁額進門。"明鄭文康《夏季明墓志銘》："工楷書，又善隸古，與人作齋堂扁額，深有漢刻筆意。"《紅樓夢》第五回："當下隨了仙姑進入二層門内，只见兩邊配殿，皆有匾額對聯，一時看不盡許多，惟見幾處寫的是'癡情司''結怨司''朝啼司''暮哭司''春感司''秋悲司'。"

【扁額】

同"匾額"。此體宋代已行用。見該文。

【扁榜】[1]

即匾額。亦作"扁牓"。宋陸游《今上皇帝賜包道成御書崇道庵額》："於是皇帝聞而異之，故有扁榜之賜。"又《老學庵筆記》卷八："大駕初駐蹕臨安，故都及四方士民商賈輻輳，又創立官府，扁牓一新。"明危素《梅江書院極高明樓記》："樓之扁牓，則丞相信國文公所書。"清曾國藩《先正事略序》云："聖祖嘗自言，年十七八時讀書過勞，至於咯血，而不肯少休。老耄而手不釋卷。臨摹名家手卷多至萬餘，寫寺廟扁牓多至千餘，雖寒畯不能方其專。"

【扁榜】[2]

同"扁榜"。此體宋代已行用。見該文。

【題榜】

即匾額。榜，匾額。宋董更《書録》卷中："江南後主李煜字重光，浮休跋其書云：'江南後主書，雜説數千言及德慶堂題榜，大字如截竹木，小字如聚針丁，似非筆迹所爲者。'"元何中《寄題疏山寺半閑禪房》詩："先師吾鄉白雲寺，卓錫尚令題榜鮮。"

【匾式】

即匾額。清李漁《奈何天·巧怖》："有二位雅人在此，爲何不命一個齋名、題一個匾式？"清王萃元《星周紀事》："予家感公厚德，即恭送'明察秋毫'匾式，嗣於滬城克復後，懸之公館。"

【題額】

即匾額。亦稱"題牌"。《舊唐書·隱逸傳·田游巖》："帝后將營奉天宫於嵩山，游巖舊宅先居宫側，特令不毁，仍親書題額懸其門，曰'隱士田游巖宅'。"《太平廣記》卷四九引前蜀杜光庭《仙傳拾遺》："陳惠虚……至石壁外，微有小徑。稍稍平闊，遂及宫闕。花卉萬叢，不可目識。臺閣連雲十里許。見其門題額曰'會真府'，左門額曰'金庭宫'，右額曰'桐柏'。"清袁枚《新齊諧·長鬼被縛》："〔沈厚餘〕入門悄然，將升堂，見堂上先有一長人端坐，仰面視堂上題額。沈疑非人，戲解腰帶潛縛其兩腿。"清金埴《不下帶編》卷六："一日駕出，見一飲閣，題牌作'者者居'三字。"

【題牌】

即題額。此稱清代已行用。見該文。

【額】

即匾額。南朝宋羊欣《筆陣圖》："前漢蕭何善篆籀，爲前殿成，覃思三月，以題其額。"唐韋絢《劉賓客嘉話録》："〔智永〕住永欣寺，積年學書，後有筆頭十甕，每甕皆數萬。人來覓書兼請題額者如市。"前蜀貫休《寄杭州靈隱寺宋震使君》詩："僧房謝朓語，寺額葛洪書。"

原注："晋道士葛洪與靈隱寺書額了去。至今在。"清阮葵生《茶餘客話》卷八："禮部堂舊有'夙夜匪懈'額，工部節鎮庫舊有'捧日亭'額，皆嚴分宜所書。"清昭槤《嘯亭雜錄・高江村》："又上登金山，欲題額，濡毫久之。江村乃擬'江天一覽'四字於掌中。"

【榜】

即匾額。寫在匾額上的大字稱"榜字"，亦稱"榜書"。書寫匾額的大筆稱"榜筆"。南朝宋劉義慶《世說新語・巧藝》："韋仲將能書，魏明帝起殿，欲安榜，使仲將登梯題之。"宋米芾《海嶽名言》："世人多寫大字時，用力捉筆，字愈無筋骨神氣。作圓筆頭如蒸餅，大可鄙笑。要須如小字，鋒勢備全，都無刻意做作乃佳。自古及今，余不敏，實得之。榜字固已滿，世自有識者知之。"宋范成大《吳船錄》卷上："凡山中巖潭亭院之榜，皆山谷書。"明沈榜《宛署雜記・經費上》："榜筆五十枝，價一兩。"清紀昀《閱微草堂筆記・灤陽消夏錄四》："先外祖居衛河東岸，有樓臨水，榜曰'度帆'。"康有爲《廣藝舟雙楫・榜書》："榜書，古曰署書，蕭何用以題'蒼龍''白虎'二闕者也；今又稱爲擘窠大字。"

【榜額】

即匾額。亦稱"榜題"。《南齊書・禮志上》："至於朝堂榜題，本施至極，既追尊所不及，禮降於在三，晋之京兆，宋之東安，不列榜題。"《舊唐書・文苑傳上・楊炯》："又所居府舍，多進士亭臺，皆書榜額，爲之美名，大爲遠近所笑。"宋彭乘《墨客揮犀》卷三："鍾弱翁所至，好貶剝榜額字畫，必除去之，出新意自立名。令具牌，當爲重書之。"清紀昀《閱微草堂筆記・灤陽消夏錄六》："一夕，夢到一公廨，榜額曰'文儀班'。"章炳麟《訄書・訂文附正名雜義》："夫惟官號地望，箸於榜題，施於傳志譜錄者，必用今名，而他語皆不得代。"

【榜題】

即榜額。此稱南北朝時期已行用。見該文。

【橫額】

即匾額。亦稱"橫扁""橫幅""橫匾"。明費瀛《大書長語・結構》："廳堂用橫扁，如明倫堂三字，晦翁書於婺源縣學。"清曹寅《朱園看梅憶子猷》詩："我行石城東，每擬寫橫幅。"《花月痕》第八回："看那寺院上橫額，是'呂仙閣'三字。"

【橫扁】

即橫額。此稱明代已行用。見該文。

【橫幅】

即橫額。此稱清代已行用。見該文。

【橫匾】

即橫額。此稱清代已行用。見該文。

【額題】

即匾額。明高濂《遵生八箋・四時調攝箋》："要知色身幻影，是即風裏楊花，故余墅額題曰'浮生燕壘'。"《紅樓夢》第二回："隱隱有座廟宇，門巷傾頹，墻垣剝落，有額題曰'智通寺'。門旁又有一副舊破的對聯。"徐珂《清稗類鈔・名勝・京口三山》："金山在西城外五里許，額題爲'江天禪寺'，曰'金山寺'者，俗稱也。"

堂額

亦稱"堂榜"。廳堂上的題額。宋陸游《入蜀記》二："舊有德慶堂，在法堂前，堂榜乃南唐後主撮襟書。"明李東陽《題林吏部像二首》

之二：“天涯不隔春明路，堂額新題畫錦名。”清紀昀《閲微草堂筆記·如是我聞二》：“請題堂額。”

【堂榜】

即堂額。此稱宋代已行用。見該文。

【堂扁】

即堂額。亦稱“堂顔”。宋吴自牧《夢粱録·西湖》：“又有堂扁曰‘挹翠’，蓋‘挹翠’，西北諸山之勝耳。”宋許綸《爲季和弟作溪堂扁榜賦唐律一首紀實》：“今少蓬成今宅相，舊將軍寫舊堂顔。”清江藩《漢學師承記·盧文弨》：“盧文弨，字紹弓……抱經，其堂顔也。人稱‘抱經先生’。”清王闓運《影山草堂銘》：“爰以影山，請題堂扁，草堂之名，五十年矣。”

【堂顔】

即堂扁。此稱宋代已行用。見該文。

門額

亦稱“門榜”“門牌”。門上懸的牌匾。此稱唐代已行用。唐李復言《續玄怪録·張質》：“直北有大府門，門額題曰‘地府’。”唐薛用弱《集異記·永清縣廟》：“見荒廟歸然，土偶羅列，無門榜牌記，莫知誰氏。”宋歐陽修《歸田録》卷二：“明堂額御篆，以金填字，門牌亦御飛白，皆皇祐中所書。”元劉君錫《來生債》第四折：“門額上金字鐫着的是‘靈虚殿’。”《説岳全傳》第七三回：“四邊門牌皆寫着門額：東曰‘風雷之獄’，南曰‘火車之獄’，西曰‘金剛之獄’，北曰‘冷溟之獄’。男女披枷帶鎖，約有千百餘人。”清昭槤《嘯亭續録·侍衛結銜之誤》：“近日武進士改充侍衛者，其門榜皆書‘御前侍衛’，相沿成習，實爲僭妄。”

【門榜】

即門額。此稱唐代已行用。見該文。

【門牌】

即門額。此稱宋代已行用。見該文。

聯

門聯

亦稱“門對”。貼於門兩側之對聯。此稱明代已行用。明闌莊《駒陰冗記·鄭唐恢謔》：“〔鄭唐〕嘗爲州長，書門聯云：‘架有春風筆，門無暮夜金。’”清梁章鉅《楹聯叢話全編·沭陽縣人瑞聯》：“相傳王某爲沭陽令時，因公事赴鄉，忽見一家有門對一聯云：‘一妻十七妾，百子半千孫。’心異其語。”清黄輔辰《戴經堂日鈔》：“〔太平軍到吳城〕居民洗去門對，用黄紙書‘歸順’二字，貼門首。”清阮葵生《茶餘客話》卷四：“〔張延登〕家署門聯云：‘門多將

相文中子，身系安危郭令公。’”李鑒堂《俗語考原》：“門對，新春製吉祥語，爲對聯，黏貼門上，謂之門對。”

【門對】

即門聯。此稱清代已行用。見該文。

【門帖】

即門聯。亦作“門貼”。亦稱“門符”。此稱宋代已行用。宋陳元靚《歲時廣記·撰春帖》：“或用古人詩，或後生擬撰，作爲門帖，亦有用厭勝禱祠之言者。”宋范成大有《代門生作立春書門貼子》詩。明戴冠《濯纓亭筆記·門帖》：

“北京宮闕成，太宗命解縉書門帖。”清阮葵生《茶餘客話》卷一〇：“朱子晚年書門符云：‘佩韋遵考訓，晦木謹師傳。’”清趙翼《陔餘叢考·門帖》：“門帖本古之桃符……然古時用桃梗，後世則易以紅紙，而書吉祥語於其上，不知始自何時。”姚華《論文後編·目錄下》：“其立名也，始仍桃符之稱，今成楹聯之號，中更門帖，亦云堂對，或於春帖爲鄰，亦與青詞相附。”

【門貼】

同“門帖”。此體宋代已行用。見該文。

【門符】

即門帖。此稱清代已行用。見該文。

楹聯

亦稱“楹帖”。懸挂或張貼於廳堂前楹柱上的對聯。明鄒元標《柬東林書院諸同盟》：“後偶得依庸堂二楹聯，其一云：‘坐間談論，人可賢可聖；日用尋常，事即性即天。’又一云：‘光天下做個人，須循着規規矩矩；落地來有場事，要識得嗃嗃巍巍。’”又《柬劉雲嶠太史》：“不孝孤襄事畢，已結茅山中。楹帖云：‘居深山之中，隨俗所便；生聖明之世，與天者游。’其二：‘野興還來群鹿豕，庸才端合老山林。’其三：‘新辟山門徑，躬耕隴上田。’”清吳熾昌《客窗閑話續集·許宗伯》：“每聞僧做法事歸，必聚論人家字畫。有云堂幅好者，有云單條好者，有云橫披更妙者，有云楹聯出色者，爭論不一。”清錢泳《履園叢話·科第·鼎甲》：“潘芝軒尚書未第時……其封翁雲浦參軍索余書楹帖一聯云：‘老蘇文學能傳子，小宋才名不讓兄。’”

【楹帖】

即楹聯。此稱明代已行用。見該文。

堂聯

書寫或雕刻於廳堂楹柱上的對聯。由座右銘發展而來。繼座右銘而爲春帖，繼春帖而爲堂聯。始於宋而盛於明，沿用至今。明沈德符《野獲編·內閣三·宰相對聯》：“先是華亭公罷相歸，其堂聯云：‘庭訓尚存，老去敢忘佩服？國恩未報，歸來猶抱慚惶。’”清阮葵生《茶餘客話》卷一二：“洪武時，賜學士陶安堂聯：‘國朝謀略無雙士，翰苑文章第一家。’……按，堂聯起於宋而盛於明。蓋由座右銘而爲春帖，由春帖而有堂聯。”

【堂對】

即堂聯。此稱明代已行用。明沈德符《野獲編·內閣三·宰相對聯》：“江陵公初賜第於鄉，上御筆親勒堂對曰：‘志秉純忠，正氣垂之萬世；功昭捧日，休光播於百年。’”姚華《論文後編·目錄下》：“其立名也，始仍桃符之稱，今成楹聯之號，中更門帖，亦云堂對。”

匾對

亦作“扁對”。匾額與對聯。此稱清代已行用。清戒顯《現果隨錄·顧秀才化鶴回生尋訪得實》：“崇禎丙子科無錫顧秀才，……偶晝寢，忽夢作白鶴飛翔空中，心甚快樂。飛至雨花臺畔，見一人家堂房嚴麗，扁對精雅，一一悉記。”清袁枚《隨園詩話》卷一：“凡神廟扁對，難其用成語而有味。”《林則徐日記·道光十八年七月二十三日》：“清晨登岸，行十里至萬佛寺看石壙，又三十里詣漢神廟挂匾對。”清陳康祺《郎潛紀聞》卷八：“避暑山莊前後七十二景，匾對皆先朝宸翰。”

【扁對】

同“匾對”。此體清代已行用。見該文。

第十五章　内外檐裝修説

第一節　隔斷考

　　我國最早用於室内空間分隔的設施是不屬於建築構造的活動性的帷帳、簾幕與屏風，即設帳爲屏，以分隔室内空間。這些裝置位置不固定，可隨時變更，可開可合，變化靈活，節省室内空間，在裝飾上亦同時具有很好的效果。將布滿錦綉花紋圖案的巨幅帷幔張開挂起之時，室内環境則顯得富麗堂皇，色彩繽紛。在秦漢前後，"帷帳"二字具有房間的意義，在文獻記載中亦常出現"宮室帷帳"連用的詞句。《史記·陳涉世家》："入宮見殿屋帷帳，客曰：'夥頤！涉之爲王沈沈者。'"又《高祖本紀》："沛公入秦，宮室帷帳、狗馬重寶、婦女以千數。"帷帳始因隔斷而出現，或者説，以絲綢布帛製作的帷帳，是我國居室建築中早期的隔斷，屬"軟隔斷"。唐宋以後，由於内檐裝修技術的提高與發展，隔斷形式花樣翻新，千變萬化，帷帳的隔斷功能逐漸衰退，更强調其修飾作用，被視爲一種裝飾品或室内陳設。代之而起的是木構隔斷，與帷帳相對而言，屬"硬隔斷"。室内不同用途的空間間隔物，統稱爲隔斷。它是居住建築中爲適應實際需要而分隔室内空間的常用構造。除完全隔絶用的墻壁外，在宮殿及富豪宅第，尚有多種裝飾性間隔物。如半隔斷式可隨意開合的槅門，半爲隔斷半爲傢具的博古架、屏風，隔而不斷或僅作區劃標志的各種式樣的罩等。隔斷所用的材料，有磚、泥、竹、木等。但應用最廣、變化最多、成就最大者，莫過於木結構隔斷。如板壁、槅門、花罩、太師壁、博古架、屏風，多用紫檀、紅木、沉香、鐵樑、黃花樑等高級硬木製作，有的還有極爲複雜的雕刻。這些雕鏤精緻、華麗高雅的室內隔斷，是我國古代建築富有民族特色的重要組成部分。參閱中國科學院自然科學史研究所《中國古代建築技術史》。

帷　幔

帷[2]

　　起隔斷作用，且含有裝飾效果，多懸挂於房舍之內的布帛製品。唐玄應《玄應音義》卷三"幃帶"注引《字林》："在旁曰帷，謂張帛障旁也。"《周禮·天官·幕人》："幕人掌帷幕幄帟綬之事。"鄭玄注："在旁曰帷，在上曰幕。"《釋名·釋床帳》："帷，圍也，所以自障圍也。"《新唐書·列女傳·房玄齡妻盧》："盧泣入帷中，剔一目示玄齡，明無它。"明王廷陳《白紵辭五首》之一："高堂邃宇施翠帷，蘭膏明燭散朱輝。"

【帷幔】

　　即帷[2]。漢杜篤《袨襫賦》："王侯公主，暨乎富商，用事伊雒，帷幔玄黃。"南朝梁蕭繹《金樓子·箴戒篇》："齊武帝嘗於內殿環臥，合歌姬舞女奏樂于帷幔之前，爲歡曲則拊几稱佳，起哀聲則引巾拭淚。"《舊唐書·桓彥範傳》："伏見陛下每臨朝聽政，皇后必施帷幔，坐於殿上，預聞政事。"明王恭《擬古》詩："北風卷帷幔，羅襪微有霜。"

【幃幔】

　　即帷[2]。《三國志·魏書·臧洪傳》："紹素親洪，盛施幃幔，大會諸將見洪。"《魏書·皇后傳·宣武靈皇后胡氏》："而太后欲以幃幔自障，觀三公行事。"宋蘇軾《紀行寄子由》詩："輕風幃幔卷，落日鬢鬟愁。"明高濂《遵生八箋·起居安樂箋》："觀雪菴，長九尺，闊八尺，高七尺，以輕木爲格，紙布糊之，以障三面，上以一格覆頂面，前施幃幔，捲舒如帳。"

【帳】[2]

　　即帷[2]。帷幔《文選·班固〈東都賦〉》："供帳置乎雲龍之庭。"李善注引張晏曰："帳，帷幔也。"《後漢書·馬融傳》："常坐高堂，施絳紗帳，前授生徒，後列女樂。"唐李賀《美人梳頭歌》："西施曉夢綃帳寒，香鬟墮髻半沉檀。"清蒲松齡《聊齋志異·嬌娜》："少年細詰行蹤，意憐之，勸設帳授徒。"

【帷帟】[2]

　　即帷[2]。三國魏阮籍《大人先生傳》："美宮室而盛帷帟，擊鐘鼓而揚其章。"《新唐書·李昕傳》："好方書，擇其驗者，題於帷帟。"《資治通鑑·唐高宗乾封元年》："帷帟皆以錦綉爲之。"胡三省注引《周禮注》："在旁曰帷，在上曰帟。"《明史·輿服志一》："車駕之出，有具服幄殿，按周官大小次，木架葦障，上下四旁周以帷帟，以象宫室。”

【帷屏】

即帷[2]。亦作“幃屏”。唐宋後多爲室内陳設性裝飾品。常以絲綢、布帛製作。晋潘岳《悼亡詩三首》之一：“幃屏無彷彿，翰墨有餘迹。”《南史·羊侃傳》：“盛設帷屏，列女樂，乘潮解纜，臨波置酒。”唐元稹《旅眠》詩：“内外都無隔，帷屏不復張。”明劉嵩《劉元善彈琴詩》：“憶爾彈琴天藻亭，秋風颯颯近帷屏。”《金瓶梅詞話》第八回：“誰想你另有了裙釵，氣的奴似醉如癡，斜倚定幃屏。”

【幃屏】

同“帷屏”。此體晋代已行用。見該文。

【帷帳】 [2]

即帷[2]。亦作“幃帳”。《韓詩外傳》卷五：“天子居廣廈之下、帷帳之内、旃茵之上，被躧舄，視不出闑，莽然而知天下者，以其賢左右也。”《史記·孝文本紀》：“上常衣綈衣，所幸慎夫人，令衣不得曳地，幃帳不得文綉，以示敦樸，爲天下先。”唐沈亞之《湘中怨解》：“中爲彩樓，高百餘尺，其上施幃帳，欄籠畫飾。”《舊唐書·元載傳》：“〔元載〕又於近郊起亭榭，所至之處，帷帳什器，皆於宿設，儲不改供。”明胡應麟《二酉山房記》：“湘竹榻一，不設帷帳，一琴一几一博山一蒲團，日夕坐卧其中。”清陸隴其《告長子徵文》：“兩月之内，叠遭變故。房闥如舊，幃帳依然，而物是人非。心非木石，豈能堪此！”

【幃帳】

同“帷帳”。此體漢代已行用。見該文。

【帳帷】

即帷[2]。亦稱“帳幄”。《漢書·外戚列傳》：“上思念李夫人不已，方士齊人少翁言能致其神，乃夜張燈燭，設帳帷，陳酒肉，而令上居他帳。”三國魏曹植《作車帳表》：“欲遣人到鄴，市上黨布五十匹，作車上小帳帷，謁者不聽。”晋葛洪《神仙傳·茅君》：“忽見有青縑帳幄，下敷數重白氈，容數千人，遠近皆神異之。”唐封演《封氏聞見記·羊虎》：“韜軒轂擊，帳帷障天，絲竹之音，聞數十里。”宋邵雍《春游五首》之五：“積翠波光摇帳幄，上陽花氣撲樽罍。”明王紱《牡丹》詩：“簾外日高施帳幄，酒邊風煖醉亭臺。”

【帳幄】

即帳帷。此稱晋代已行用，見該文。

【帷幌】

即帷[2]。南朝梁何遜《七召》：“聞疾雷於階陛，弄奔星於帷幌。”南朝梁任昉《述異記》：“帷幌之間，有紫烟飄颻，風吹近人，其香非常。”唐薛調《無雙傳》：“至於帷幌奩匣，悉爲增飾之。”明曹學佺《夜宿迎仙館》詩：“明月襲其輝，盈盈照帷幌。”

帷墙

亦作“帷牆”。障隔内外的帷幔。如墙，故稱。亦藉指深宫内院。《吕氏春秋·任數》：“十里之間，而耳不能聞；帷墙之外，而目不能見。”《漢書·諸侯王表》：“生於帷墻之中，不爲士民所尊。”三國魏阮籍《達莊論》：“皆盛僕馬，修衣裳，美珠玉，飾帷牆，出媚君上，入欺父兄。”元戴表元《鄰友陳養直請賦山心樓》詩：“諸峰何盤盤，四起如帷墙。”明歸有光《明君恭己而成功》：“人之耳能聽而目能視，其視聽不出帷墻之外，有蔽之矣！"

【帷牆】

同"帷墙"。此體三國時期已行用。見該文。

幬幄 [2]

帳幕。漢桓寬《鹽鐵論·散不足》："今富者黼繡幬幄，塗屏錯跗。"唐白行簡《三夢記》："望其中堂，若設宴張樂，左右廊皆施幬幄。"明王稱《愛日堂爲陳編修全賦》："中堂弦管清，疏房幬幄垂。"

【帷幕】 [2]

即幬幄 [2]。亦作"帷幙"。《管子·問第》："甲兵、兵車、旌旗、鼓鐃、帷幕、帥車之載幾何乘？"《左傳·哀公三年》："夏，五月辛卯，司鐸火。火逾公宮，桓、僖災……濟濡帷幕，鬱攸從之。蒙葺公屋，自大廟始，外內以悛。"漢劉向《説苑·政理》："順針縷者成帷幕，合升斗者實倉廩，並小流而成江海。"南朝宋謝靈運《撰征賦》："對圍圓而不闚，下帷幙而論屬。"唐封演《封氏聞見記·道祭》："元（玄）宗朝，海内殷贍，送葬者或當衢設祭，張施帷幙，有假花假果粉人麪糧之屬。"宋黃庭堅《薛樂道自南陽來入都留宿飲會作詩餞行》詩："霜風獵帷幕，銀燭吐蟠蜧。"明李攀龍《求志園》詩："清風動帷幕，皎月光沉浮。"

【帷幙】 [2]

同"帷幕 [2]"。此體南北朝時期已行用。見該文。

【幬幕】

同"帷幕 [2]"。亦作"幬幙"。《晏子春秋·諫下十七》："合疏縷之綈，以成幬幕。"漢劉向《續列女傳·更始韓夫人》："乃令侍中於幬幕之內，詐爲更始與群臣語。"漢揚雄《答劉歆書》：

"其不勞戎馬高車，令人君坐幬幕之中，知絶遐異俗之語，典流於昆嗣，言列於漢籍，誠雄心之所絶極至精之所想遭也。"《黃庭內景經·治生》："安在紫房幬幕間，立坐室外三五玄。"唐王揆《長沙六快詩》："幬幕皆綺紈，器皿盡金玉。"明佚名《飛丸記·代女捐生》："慢慢步到床北，好好揭他幬幕，將刀枕邊一戳。"

【幬幙】

同"幬幕"。此體漢代已行用。見該文。

【幬簾】

即幬幄 [2]。宋江少虞《事實類苑》："太祖躬履儉約……寢殿設青布緣幬簾。"清唐孫華《恕堂再次前韻見贈復次韻答之》："堂前聲樂滿絲竹，妓衣不待施幬簾。"

【幔幕】

即幬幄 [2]。亦作"幔幙"。亦稱"幔帷""幔帳"。《墨子·非攻下》："幔幕帷蓋，三軍之用。"漢司馬相如《長門賦》："張羅綺之幔帷兮，垂楚組之連綱。"唐顏真卿《崔孝公宅陋室銘記》："〔崔〕薨於位，春秋六十有七。元（玄）宗震悼，贈禮部尚書。葬日，量借手力、幔幙。"宋黃休復《益州名畫錄·妙格上品·陳皓》："相國……因請陳、彭二公各畫天王一堵，各令一客將伴之，以幔幕遮蔽，不令相見，欲驗誰之強弱。"宋蘇軾《清風閣記》："風起於蒼茫之間，彷徨乎山澤，激越乎城郭道路，虛徐演漾，以泛汝之軒窗、欄楯、幔帷而不去也，汝隱几而觀之，其亦有得乎？"元馬致遠《薦福碑》第二折："堂上鋪陳挂幔幙，羅列杯盤置椅卓。"明官修《禮部志稿》卷一六："洪武二十六年定……又令官吏及軍民、僧道人等衣服、幔帳並不許用玄、黃、紫三色並織就龍文，違者罪及染造之人。"《二十年目睹之怪現狀》第六八回："供桌裏面，挂了一堂綉金杏黄幔帳……杏農輕輕的掀起幔帳，招手叫我進去。"

【幔帷】

即幔幕。此稱漢代已行用。見該文。

【幔幙】

同"幔幕"。此體唐代已行用。見該文。

【幔帳】

即幔幕。此稱明代已行用。見該文。

帷薄

亦作"帷箔"。帷幕與簾子。薄通"箔"。《禮記·曲禮上》："帷薄之外不趨。"孔穎達疏："帷，幔也。薄，簾也。"《吕氏春秋·必己》："張毅好恭，門閭、帷薄、聚居衆無不趨。"漢王充《論衡·書虚》："陸賈曰：'離妻之明，不能察帷薄之内；師曠之聰，不能聞百里之外。'"唐李商隱《利州江潭作》詩："河伯軒窗通貝闕，水宫帷箔卷冰綃。"《舊五代史·周書·宣懿符皇后傳》："崇訓自刃其弟妹，次將及后，后時匿於屏處，以帷箔自蔽。"元郝經《秋聲賦》："庭樹翛翛，鴉啼柳斷。帷薄生寒，夢長人遠。此怨婦之爲悲者也。"明柯潛《封孺人楊氏哀辭》："閟閨闥兮憭栗，掩帷箔兮空凉。"亦藉指内室。《北齊書·幼主紀》："然未嘗有帷薄淫穢，唯此事頗優於武成云。"宋朱弁《曲洧舊聞》卷二："專視宰相風旨，以快私意，至無瑕可求，則以帷箔不根之事眩惑衆聽，殊非厚風俗之道也。"

【帷箔】

同"帷薄"。此體唐代已行用。見該文。

幔 [2]

垂直懸挂的大塊帷幕，用於遮擋。《説

文·巾部》："幔，幕也。"朱駿聲通訓定聲："以巾弇蔽，在上曰幔，在旁曰帷。"《南齊書·東昏侯紀》："巷陌懸幔爲高障，置仗人防守。"《通典·刑四》："東晋成帝時，廷尉奏殿中帳施吏邵廣盗官幔二帳，合布三十匹，有司正刑棄市。"宋王安石《五更》詩："青燈隔幔映悠悠，小雨含烟凝不流。"明胡應麟《烏栖曲五首》之三："錦幔銀屏張五采，華堂宿霧籠香靄。"

幕 [3]

室内垂挂的簾幔，窗帷。《周禮·天官·幕人》："幕人掌帷幕幄帟綬之事。"賈公彦疏："幕則帷上張之，像舍屋也。"《説文·巾部》："帷在上曰幕。"隋江總《永陽王齋後山亭銘》："樹影摇窗，池光動幕。"唐韓偓《春恨》詩："平明未捲西樓幕，院静時聞響轆轤。"宋范成大《藻侄比課五言詩因吟〈病中〉十二首示之》之十二："入秋先複幕，過夏亦疏簾。"清薛福成《出使四國日記·光緒十七年二月十二日》："鋪設宏麗，錦幕四遮，亦游人玩憩之所也。"

紗帳

亦稱"紗幔""紗帷"。以紗編織的帳幕。張設於殿堂，以隔内外。《後漢書·馬融傳》："〔馬融〕常坐高堂，施絳紗帳。"《晋書·列女傳·韋逞母宋氏》："〔符堅〕於是就宋氏家立講堂，置生員百二十人，隔絳紗幔而受業。"《南齊書·高帝紀下》："内殿施黄紗帳，宫人著紫皮履。"《北史·盧思道傳》："道虔從弟元明隔紗帷以聽焉。"唐雍陶《和河南白尹》："藤架如紗帳，苔墻似錦屏。"宋王珪《宫詞》："紗幔薄垂金麥穗，簾鈎纖挂玉葱條。"明羅欽順《示允迪允恕二弟》之二："風動青紗帳，茶香白玉甌。"明邊貢《枕上簡獻吉二首》之二："早凉衝曉入紗帷，聽雨聽風睡起遲。

【紗幔】

即紗帳。此稱晉代已行用。見該文。

【紗帷】

即紗帳。此稱南北朝時期已行用。見該文。

紗幮

亦作"紗厨"。室內張施用於隔斷或避蚊。唐司空圖《王官》詩之二："盡日無人只高臥，一雙白鳥隔紗幮。"宋李清照《醉花陰》詞："佳節又重陽，玉枕紗厨，半夜涼初透。"宋周密《武林舊事·禁中納涼》："禁中避暑……紗厨後先皆懸挂伽蘭木、真臘龍涎等香珠百斛。"元張可久《賣花聲·夏》曲："紗幮簟簟，旋篘新釀，樂陶陶淺斟低唱。"清紀昀《閲微草堂筆記·如是我聞三》："書室三楹，東一室隔以紗幮。"《紅樓夢》第四〇回："李紈、鳳姐之几設於三層檻、二層紗厨之外。"

【紗厨】

同"紗幮"。此體宋代已行用。見該文。

壁衣

裝飾墻壁的帷幕，多以織錦或布帛製作。唐岑參《玉門關蓋將軍歌》："暖屋繡簾紅地爐，織成壁衣花氍毹。"《三國演義》第二七回："關公早望見壁衣中有刀斧手。"包公毅《味蓴園賽珍會雜咏》之五："莫把儂身比屋宇，壁衣才罷又窗簾。"

帳額

亦稱"帳眉"。床帳前幅上端所懸之橫幅。上有繪畫或刺綉，周爲床帳的裝飾。以其下垂如檐，故亦俗稱"帳檐"。唐盧照鄰《長安古意》詩："生憎帳額綉孤鸞，好取雙簾貼雙燕。"宋張耒《秋宮》詩："帳額闌斑暗舊金，玉猊香

重暖沈沈。"清彭孫遹《謁金門·春夢》詞："静掩流蘇帳額，還似見伊顏色。"

【帳眉】

即帳額。此稱多行用於近現代。見該文。

丹帷

亦作"丹幬"。赤色帳幕。三國魏曹植《娛賓賦》："遂衍賓而高會兮，丹帷曄以四張。"晉葛洪《抱朴子·博喻》："丹幬接網，組帳重蔭。"北周庾信《謝趙王賚馬并繳啓》："北部丹帷，便須高卷。"倪璠注：《後漢書》：賈琮爲冀州刺史，車垂赤帷而行，及至州，自言曰：'刺史當遠視廣聽，何反垂帷於車以自掩蔽？'乃命御者褰去其帷。"

【丹幬】

同"丹帷"。此體晉代已行用。見該文。

朱帷

亦作"朱幬"。紅色帳幔。漢張衡《南都賦》："朱帷連網，曜野映雲。"晉陶潛《閑情賦》："褰朱幬而正坐，泛清瑟以自欣。"唐上官婉兒《駕幸新豐温泉三首》詩之三："翠幕朱帷敞月營，金罍玉斝泛蘭英。"明康海《折桂令·午坐》曲："晝景長光中玉晷，篆烟微香裊朱幬。"

【朱幬】

同"朱帷"。此體晉代已行用。見該文。

緹帷

亦稱"緹幕"。橘紅色的帳幕。《後漢書·王符傳》："其嫁娶者，車軿數里，緹帷竟道，騎奴侍童，夾轂並引。"漢劉楨《贈五官中郎將》詩之四："明月照緹幕，華燈散炎輝。"南朝齊王融《〈三月三日曲水詩〉序》："緹帷宿置，帟幕宵懸。"南朝梁任昉《齊竟陵文宣王行狀》：

"清猨與壺人争旦，緹幕與素瀨交輝。"唐羅鄴《蠟燭》詩："煖香紅焰一時燃，緹幕初垂月落天。"明張居正《人主保身以保民辛未程論》："深宮曲房，笫簟緹帷，所以養體也。"明楊慎《題唐人〈閨秀熨帛圖〉》詩："廣儲懸月月初臨，緹幕染霜霜已深。"

【緹幕】

即緹帷。此稱漢代已行用。見該文。

【緹幔】

即緹帷。亦作"緹縵"。漢劉楨《贈五官中郎將》詩之四："明月照緹幕，華燈散炎輝。"《後漢書·律曆志上》："候氣之法，爲室三重，户閉，塗釁必周，密布緹縵。"南朝梁元帝《和劉尚書侍五明集詩》："綺錢蔽西觀，緹幔卷南簷。"清毛先舒《長至夜讌集湖西暑同賦》："霜吹緹幔合，燭動絳紗寒。"

【緹縵】

同"緹幔"。此體漢代已行用。見該文。

綺帳

亦稱"綺幕""綺幔"。華美的帷帳，幕幔。三國魏曹植《仲雍哀辭》："今之玄綈文茵，無寒冰之慘；羅幃綺帳，暖於翔鳥之翼。"南朝梁陶弘景《許長史舊館壇碑頌》："瑶宮碧簡，絢采垂文，璃函玉檢，綺幕綉巾。"唐王維《從岐王夜宴衛家山池應教》詩："座客香貂滿，宮娃綺幔張。"唐元稹《月三十韻》："綺幕殘燈斂，妝樓破鏡飛。"元汪珍《秋懷七首》之三："幽蘭生當户，雖香爲人鋤；紫燕巢綺幕，雖美非安居。"明孫蕡《游絲曲》："春花亦笑綺帳空，故遣飛紅入虚幌。"明張元凱《吳趨謡十二首》之八："綺幔碧油航，士女炫新妝。"

【綺幕】

即綺帳。此稱南北朝時期已行用。見該文。

【綺幔】

即綺帳。此稱唐代已行用。見該文。

簾　幌

簾幌

用於門窗處的簾子與帷幕。《南史·范縝傳》："人生如樹花同發，隨風而墮，自有拂簾幌墜于茵席之上，自有關籬墻落於糞溷之中。"金趙秉文《和林卿錦波亭韻》："凉通簾幌風生座，露泛琴樽月滿船。"清蒲松齡《聊齋志異·菱角》："成又泣曰：'無論結髮之盟不可背，且誰以嬌女付萍梗人？'媪不答，但爲治簾幌衾枕，甚周備，亦不識所自來。"

【簾幕】

即簾幌。亦作"簾幙"。唐杜牧《題宣州開元寺水閣》詩："深秋簾幕千家雨，落日樓臺一笛風。"宋劉過《滿江紅·高帥席上》詞："樓閣萬家簾幕捲，江郊十里旌旗駐。"明梁辰魚《浣紗記·捧心》："春已矣，楊花滿徑東風起，東風起，半投簾幙，半隨流水。"

【簾幙】

同"簾幕"。此體明代已行用。見該文。

【簾帷】

即簾幌。亦作“簾幃”。南朝梁何思澄《奉和湘東王教班婕妤詩》：“虛殿簾帷静，閑階花蕊香。”唐孟浩然《春怨》詩：“佳人能畫眉，妝罷出簾帷。”唐李建勛《蝶》詩：“潛被燕驚還散亂，偶因人逐入簾幃。”宋陳亮《天仙子·七月十五日壽内》詞：“西風不放入簾幃，饒永晝，沈烟透，半月十朝秋定否？”清吳偉業《畫蘭曲》：“記得妝成一見時，手撥簾帷便爾汝。”

【簾幃】

同“簾帷”。此體唐代已行用。見該文。

【簾衣】

即簾幌。語本《南史·夏侯亶傳》：“〔亶〕晚年頗好音樂，有妓妾十數人，並無被服姿容，每有客，常隔簾奏之，時謂簾爲夏侯妓衣。”後因謂簾幌爲簾衣。唐陸龜蒙《寄遠》詩：“畫扇紅弦相掩映，獨看斜月下簾衣。”宋周邦彥《浣溪紗》詞：“風約簾衣歸燕急，水摇扇影戲魚驚。”明王醇《集嚴道澈雲松巢》詩：“簾衣香罥春殘絮，屋角青飛雨後山。”清陳維崧《菩薩蠻》詞：“紅日映簾衣，梁間雙剪飛。”

簾

居室中用以遮蔽門窗的軟隔斷，多以竹葦、布帛爲之。《説文·竹部》：“簾，堂廉也。”朱駿聲通訓定聲：“簾，緫竹爲之，施於堂户，所以隔風日而通明者也。”《漢書·外戚傳下·孝成趙皇后》：“嚴持篋書，置飾室簾南去。”南朝齊謝朓《和王主簿怨情》：“花叢亂數蝶，風簾入雙燕。”宋張耒《夏日》詩：“落落疏簾邀月影，嘈嘈虛枕納溪聲。”清孔尚任《桃花扇·選優》：“漢宫如畫，春曉珠簾挂。”

幔[3]

遮蔽門窗的簾子，多以布帛製成。南朝齊謝朓《秋夜》詩：“北窗輕幔垂，西户月光入。”唐沈佺期《酬蘇員外味道夏晚寓直省中見贈》詩：“卷幔天河入，開窗月露微。”宋范成大《雪》詩：“遥想漫天匝地，近聽穿幔鳴窗。”清陳廷敬《南樓夜歌》：“書帷窗幔下已久，天風新寒增暮愁。”

簾櫳

亦作“簾籠”。窗簾與窗牖。亦泛指垂於門窗處之簾幕。南朝宋謝惠連《七月七日夜咏牛女》：“落日隱檐楹，升月照簾櫳。”南朝梁江淹《雜體詩·效張華〈離情〉》：“秋月映簾籠，懸光入丹墀。”宋吳曾《能改齋漫録》卷一七：“熙寧初，公（韓琦）罷相，出鎮安陽，公復作《安陽好》辭十章……其二云：‘……夏夜泉聲來枕簟，春來花氣透簾籠。行樂興何窮。’”宋史達祖《惜黄花·定興道中》詞：“獨自捲簾櫳，誰爲開尊俎。恨不得御風歸去。”明徐元《八義記·宴賞元宵》：“開宫扇，起簾櫳，滿堂笑語與民同。”

【簾籠】

同“簾櫳”。此體南北朝時期已行用。見該文。

簾箔

簾子。多以竹、葦編成。宋陸佃《埤雅·釋草》：“葦，即今之蘆，一名葭。葭，葦之未秀者也。……葭，一名華兼，一名薕。薕高數尺，今人以爲簾箔，因此爲名也。”《三輔黄圖·漢宫》：“未央宫漸臺西有桂宫，中有明光殿，皆金玉珠璣爲簾箔。”唐白居易《北亭》詩：“前楹卷簾箔，北牖施床席。”宋范成大

《初發桂林》詩:"長風蕩籃輿,簾箔飄以翾。"清龔自珍《菩薩蠻》詞:"文廊匼匝屏風曲,輕寒惻惻侵簾箔。"

紗幌

紗製窗簾。晋葛洪《抱朴子·勤求》:"此何異乎在紗幌之外不能察軒房之内,而肆其倨慢,謂人之不見己。"晋陸翽《鄴中記》:"石虎太武殿西有崑華殿,閣上輒開大窗,皆施以絳紗幌。"宋韋驤《宿景德方丈》詩:"清輝滿紗幌,歸夢徒反側。"清紀昀《閱微草堂筆記·灤陽續録四》:"因天暑,移床近窗,隔紗幌視天晴陰。"

朱簾

亦稱"朱箔"。紅色的簾子。南朝梁江淹《靈丘竹賦》:"綺疏蔽而停日,朱簾開而留風。"唐王勃《滕王閣》詩:"畫棟朝飛南浦雲,朱簾暮卷西山雨。"五代李存勗《一葉落》詞:"一葉落,褰朱箔,此時景物正蕭索。"元趙孟頫《秋夜曲》:"雨聲滴夜清漏長,朱簾金幙浮新涼。"明康海《一枝花·壽北山先生》套曲:"畫棟朱簾,仙客皆奇妙。"清吳綺《明月棹孤舟·本意》詞:"畫舫朱簾紅粉露,記昔日、靈槎曾度,一曲清歌、雙鐔劍老,驚起魚龍無數。"

【朱箔】

即朱簾。此稱五代時期已行用。見該文。

玉箔

玉飾的簾。《初學記》卷二五引先秦辛氏《三秦記》:"明光宮在漸臺西,以金玉珠璣爲箔。"《北史·后妃傳下·煬愍皇后蕭氏》:"珠簾玉箔之奇,金屋瑤臺之美,雖時俗之崇麗,蓋哲人之所鄙。"

槅　扇

槅扇[1]

亦作"隔扇"。用以隔斷室内空間的活絡門扇。上部爲鏤空窗格,由各種花紋、圖案組成,并可鑲上玻璃或糊以紗、綾;中爲腰華板;下部稱障水板,大多有木雕或鑲嵌玉石、貝殼、琺瑯等。始於宋代,李誠《營造法式》中,半隔斷的做法有"殿内截間格子""堂閣内截間格子"。"格子"即"格門",亦爲隔扇門。常用於宮廷、府第、大宅等建築物。明清時代廣爲流行,且製作愈加精緻,雕鏤更加巧妙。《金瓶梅詞話》第七七回:"原來裏間槅扇厢着後半間,紙門内又有個小炕兒,籠着旺旺的火。"《紅樓夢》第二六回:"上面小小五間抱厦,一色雕鏤新鮮花樣槅扇。"

【隔扇】[1]

同"槅扇"。此體清代已行用。見該文。

板壁[2]

室内封閉性隔斷。其做法爲通進深先立大框,然後滿裝木板,裏外刨光,施油漆或彩繪。這種做法常因板壁面積過大而發生翹曲、裂縫等弊病。其後或在板壁上裏外均糊紙,或加幾道橫豎木支條分成支格,然後裝板。在寺廟、祠堂、會館及府第的板壁上,常繪有壁畫,題材遍及神佛、花鳥、竹木、山水、人物故事等。

明高濂《遵生八箋·燕閑清賞箋》："挂琴，不可近墙並泥壁之處，恐惹濕潤，則琴不發聲；惟宜近紙格板壁，薰風透氣處挂之。"《紅樓夢》第六三回："寶玉忙説：'林妹妹怕冷，過這邊靠板壁坐。'"

太師壁

我國南方公用建築中常用的室內隔斷。裝置於後金柱之間，在壁的兩側靠墻處，各開一小門，可以出入。壁面用櫺條拼花紋圖案，或飾以團龍飛鳳之類的木雕。

罩

用硬木浮雕、透雕而成的室內隔斷或裝飾，其上滿布幾何圖案或纏交的動植物，或神話故事之類。其式樣有天彎罩、欄杆罩、落地罩、圓光罩、花罩、飛罩、炕罩等。用於宮廷、園林或貴族、富豪宅邸中者，多以紫檀、沉香、鐵樑、紅木等高級硬質木料鏤刻而成。其雕飾精美，使室內形成似隔非隔、似分非分的意趣。罩是一種空間并無阻隔的隔斷，空間仍保持流通，祇不過在視覺上做出區域的劃分而已。利用通透的木雕圖案在高度及寬度上做適當縮小流通空間的封閉，形成一種門洞的形式，從而達到在感覺上產生兩個空間分隔開來的效果。罩由古代帷帳演變而來。古時室內多以帷帳作隔斷，後小木作仿製而爲罩。帷帳上多作富麗堂皇的錦綉，罩之雕刻亦極爲豪華。"落地罩"亦有"落地帳"之稱。由此可看出其演變之痕迹。罩作爲一種室內設計形制的名稱出現較晚，在宋李誡《營造法式》中尚未談及這類構造。在形式上，罩是花牙子的一種發展，唐宋時建築風格較爲粗獷雄渾，在室內設計上即使有此意，亦不會出現這類精細的雕琢。明清時代，罩已發展成爲一種在藝術上最成熟的室內設計項目，亦爲宮殿、園林及貴族、富豪宅第室內設計中必不可少的重要設施，且流行甚廣，甚至在更小的空間分隔上亦用罩，如"炕罩"，亦稱"床罩"。最常見的罩有如下幾種：在梁柱上爲減低净空高度而裝設的罩稱"几腿罩"或"天彎罩"。其形有如兩邊挂起的帷帳，減少净空寬度的稱爲"落地罩"，亦稱"落地帳""地帳"，取意於兩邊拉開的帷帳。其做法即於兩邊各安一道櫺扇，櫺扇頂上裝一條橫披，在橫披與櫺扇轉角處以花牙子之類裝飾，以打破方形門洞形狀之呆板。同一形式的罩，將櫺扇改爲欄杆，則謂之"欄杆罩"。此罩在視覺上的流通更大，因而備感敞亮、清新。形式上最富麗者莫過於"花罩"。整個罩面上滿布通花，在當中開一門洞，或圓或方，視構圖要求而定。花罩是罩在藝術形式上的最高發展，已完全擺脱帷帳之遺意，而盡力追求通透花格子所產生的動人的藝術效果。《紅樓夢》第一七回描寫大觀園室內："四面皆是雕空玲瓏木板，或'流雲百蝠'，或'歲寒三友'，或山水人物，或翎毛花卉，或集錦，或博古，或萬福萬壽，各種花樣，皆是名手雕鏤。"此即指以玲瓏剔透、富麗的鏤空雕刻爲主要特徵的室內裝飾物——罩。參閲李允鉌《華夏意匠》、中國科學院自然科學史研究所《中國古代建築技術史》

几腿罩

室內裝飾性隔斷。上部呈穹窿形，似飛罩，花樣較多，或用櫺條捲曲盤繞成各種紋案，或雕刻花草植物、動物。兩端下垂，但不落地，用小垂柱收住，形如几案之腿，故稱。

天彎罩

罩的頂部呈穹窿形，兩端下垂而不落地。四川一帶謂之天彎罩，以其頂部形狀而名。几腿罩、飛罩均屬此類。

欄杆罩

將開間或進深分爲三段，用兩根立柱間隔，中間較寬的一段人可通行，邊側兩端較窄設欄杆隔截。頂端多用几腿罩，左右段下部作成雕刻精細的欄杆，用於室内，頗具園林風味。

落地罩

亦稱“地帳”。其做法是在開間左右柱上或進深前後柱邊各安一道槅扇，槅扇之上有横披，槅扇與横披轉角處安花牙子。此罩爲我國建築常用的裝修形式，外檐、内檐均可使用。《兒女英雄傳》第五五回：“兩個跟班面向裏，靠着落地罩花牙子站着。”

【地帳】

即落地罩。見該文。

花罩

其形式介於落地罩與几腿罩之間，或稱爲几腿罩落地做法。該罩滿雕華麗的紋案，如“歲寒三友”“子孫萬代”“鼠偷葡萄”等。另有一種花罩將雕飾花紋布滿整個開間，衹在門窗分位開設門洞、窗洞。此罩玲瓏剔透、富麗堂皇，但費工費料，造價昂貴。多用於宫殿及貴族、富豪之宅第。

炕罩

我國北方天寒，習慣於火炕邊沿上製作隔斷物，謂之“炕罩”。其形式與落地罩相似，但有時僅是頂端横披相同。每側用兩塊槅扇，靠邊者爲活動扇，可啓閉通行。罩内可張挂帷幔、蚊帳。南方富豪之家有一種雕花梁床，則將罩與床連爲一體。上有横置槅扇，兩邊扇直連床沿；中有小門，可以啓閉；門與槅扇之間，則連以矮欄杆。木件上雕鏤、鑲嵌豐富華麗，可視爲我國勞動人民創造的精湛的工藝品。

飛罩

其形式爲兩端下垂，但不落地，狀如拱門，用於脊柱或紗槅之間。

落地明罩[1]

亦稱“落地明造”。槅扇整個均用格心，不用裙板，自上至下，全部透雕花紋，給人以玲瓏剔透之感。此罩謂之“落地明罩”。

【落地明造】[1]

即落地明罩[1]。見該文。

碧紗櫥

亦作“碧紗厨”“碧紗幮”。省稱“碧幮”。用於内檐裝修的槅扇，以之分隔室内空間。在分間隔斷上，常滿裝槅扇，或六扇，或八扇，甚至十幾扇，視進深大小而定。槅扇用料輕巧纖細，多以上等硬木做成。有的則以景泰藍、青玉、螺鈿在上面鑲嵌花紋，雕刻製作均極精細。在宫殿及華貴宅第，槅心部分常糊以緑紗，故稱。唐王建《贈王處士》詩：“松樹當軒雪滿池，青山掩障碧紗幮。”元王實甫《西厢記》第四本第一折：“今宵同會碧紗厨，何時重解香羅帶？”元杜仁傑《太常引》詞：“碧幮冰簟午風凉，都是好風光。”明谷子敬《醉花陰·豪俠》套曲：“摇紈扇玉體相挨，有翡翠軒碧紗幮避暑樓臺。”《醒世恒言·鄭節使立功神臂弓》：“這個員外，冬眠紅錦帳，夏卧碧紗厨。”《紅樓夢》第三回：“當下，王嬷嬷與鸚哥陪侍黛玉在碧紗櫥内。”

【碧紗幮】

同"碧紗櫥"。此體唐代已行用。見該文。

【碧紗厨】

同"碧紗櫥"。此體元代已行用。見該文。

【碧幮】

"碧紗櫥"之省稱。此稱元代已行用。見該文。

博古架

亦稱"多寶格"。用於宮殿或富豪宅第室內的豪華裝飾品，具有隔斷與裝飾之功能。其形制寬可一二尺，大則隨意，乃至布滿全間，或一連幾間。用上等木料拼鬥成各種拐子紋樣，形成許多形狀不同、大小各異的空格，格中可擺設珍奇古玩、瓷雕玉器，顯得琳琅滿目，美不勝收。多寶格、博古架之名，由此而來。架之邊緣處，常加飾精巧的花牙子；中間或側邊，可開方形、圓形或瓶形門洞。宮殿或貴族、富豪宅第，常用整間博古架。此架既爲別具一格的室內隔斷，亦是闊綽雅致的裝飾品。參閱中國科學院自然科學史研究所《中國古代建築技術史》。

【多寶格】

即博古架。此稱多行用於近現代。見該文。

壁厨

砌墻時利用墻壁上的地位做成的橱櫃。宋姜特立《火閣創壁厨》詩："壁厨殊易成，制度亦苟簡。二邊各一柱，四齒橫兩板。重重疊書册，造次可抽揀。"《醒世恒言・杜子春三入長安》："〔子春〕急鬆鬆跟着老者逕到西廊下第一間房內，開了壁厨，取出銀子。"清程趾祥《此中人語・某吳》："妻乃藏吳於壁厨間，將厨閉上。"

閣 [8]

庋藏、擱置食物的櫃橱。《禮記・內則》："大夫七十而有閣。"鄭玄注："閣，以板爲之，庋食物也。"宋沈括《夢溪筆談・補筆談・器用》："閣者，板格以庋膳羞者，正是今之'立飯'。今吳人謂立飯爲'厨'者，原起於此。以其貯食物也，故謂之'厨'。"明謝肇淛《五雜組・地部一》："閣，夾室也，以板爲之……《內則》：'天子之閣，左達五，右達五。'蓋古人制此，以庋飲食之所，即今房中之板閣。"

屏　風

屏風

室內隔斷。是我國古建築中最早產生的用以分隔室內空間的設施。它或爲可隨意移動的板壁，或爲精巧可摺叠的傢具，上面飾以字畫。《周禮・天官・掌次》："王大旅上帝，則張氈案，設皇邸。"鄭玄注："鄭司農云：皇，羽覆上；邸，後版也。玄謂後版，屏風與染羽象鳳皇羽色以爲之。"《禮記・曲禮下》："天子當依而立。"

鄭玄注："依，本又作扆……狀如屏風，畫爲黼文，高八尺。"孔穎達疏："天子當依而立者，依狀如屏風，以絳爲質，高八尺，東西當户牖之間，繡爲斧文也，亦曰斧依。"由此可見，屏風最早是室內正面一道背壁。《釋名・釋宮室》："屏風可以障風也。"又："扆，倚也，在後所依倚也。"顧名思義，屏風本來是用於擋風的設施，後來發展成爲禮制上的"扆"，繼而發展成爲一種活動的間壁，漸漸演變成爲精巧的傢具。秦漢前後，屏風是室內不可缺少的設施，在觀念上被視爲與房屋相關的一部分，并以此來稱呼或説明室內各空間。如"屏前屏後"，在這一時期的文獻中多有記載。《史記·孟嘗君列傳》："孟嘗君待客坐語，而屏風後常有侍史，主記君所與客語，問親戚居處。"唐宋以後，屏風逐漸演變爲一種精巧、可摺叠的傢具，作爲室內裝飾性隔斷，多在其上寫字作畫。唐劉餗《隋唐嘉話》卷中："太宗令虞監寫《列女傳》以裝屏風，未及求本，乃暗書之，一字無失。"清李漁《玉搔頭·抗節》："只好算個畫裏鴛鴦，便做他屏風上的侍妾。"

【屏圍】

即屏風。元白樸《墻頭馬上》第一折："倩丹青寫入屏圍，真乃是畫出個蓬萊意。"《西游記》第九六回："但見那簾幕高挂，屏圍四繞。"

【屏】[3]

即屏風。南朝宋劉義慶《世説新語·言語》："北窗作琉璃屏，實密似疏。"唐元稹《春別》詩："雲屏留粉絮，風幌引香蘭。"前蜀韋莊《望遠行》詞："欲別無言倚畫屏，含恨暗傷情。"《三國演義》第三四回："蔡夫人隔屏密語。"清厲鶚《東城雜記·虞宗玫宗瑶》："及卒，中堂門署喪屏，庭設司鼓。"

【屏障】

即屏風。亦作"屏鄣"。《晋書·阮籍傳》："籍乘驢到郡，壞府舍屏鄣，使內外相望，法令清簡。"唐杜甫《韋諷録事宅觀曹將軍畫馬圖歌》："貴戚權門得筆迹，始覺屏障生光輝。"元白樸《墻頭馬上》第一折："小姐，佳人才子爲甚都上屏障，非同容易呵！"明李濂《吳偉傳》："偉有時大醉被召……中官扶掖以見，上大笑，命作《松泉圖》。偉跪翻墨汁，信手塗抹，而風雲慘慘，生屏障間。"清王士禎《香祖筆記》卷三引清陳衎《奇石記》："米仲詔嗜石，有五石最奇……又一靈壁石，非方非圓，周遭如屏鄣，有脉兩道，作殷紅色，如瀑布之射朝日。"

【屏鄣】

同"屏障"。此體晋代已行用。見該文。

【屏幛】

即屏風。《新唐書·魏徵傳》："朕今聞過矣，願改之，以終善道。有違此言，當何施顔面與公相見哉！方以所上疏，列爲屏幛，庶朝夕見之。"元揭傒斯《吳歌送張清夫還吳中》："家家屏幛待新詞，日日王侯置醇醴。"清錢謙益《福建布政使朱彩授中大夫制》："歷島嶼之紆回，瞭如屏幛。"

【邸】[2]

即屏風。《周禮·天官·掌次》："王大旅上帝，則張氈案，設皇邸。"鄭玄注引鄭司農曰："邸，後版也。"賈公彥疏："邸謂以版爲屏風，又以鳳皇羽飾之，此謂王坐所置也。"唐杜甫《有事於南郊賦》："掌次閲氈邸之則，封人考壝宫之旨。"

屏扆[1]

泛指屏風。明陸容《菽園雜記》卷一："陜西布政司，本唐宰相府，前堂屏扆後有方石池，中刻波浪紋，云是宰相冰果之器。"清方文《宋遺民咏·梁隆吉棟》："醉題僧屏扆，宵小爐弗容。"清魏源《白岳西巖》詩："堂皇峻屏扆，結構誰所爲。"

屏山

指屏風。唐溫庭筠《南歌子》詞："撲蕊添黃子，呵花滿翠鬢，鴛枕映屏山。"元薩都剌《偶成三首》之三："默坐焚香點周易，軟紅不到小屏山。"明湯顯祖《牡丹亭·尋夢》："幾曲屏山展，殘眉黛深淺。"清納蘭性德《玉連環影》詞："掩屏山，玉爐寒，誰見兩眉愁聚倚闌干。"

罘罳[3]

指室內屏風。宋程大昌《罘罳考》："罘罳云者，刻鏤物象，著之板上，取其疏通連綴之狀而罘罳然，故曰浮思也。以此刻鏤施於廟屏，則屏爲疏屏；施諸宮禁之門則爲某門罘罳；而其在屏，則爲某屏罘罳；覆諸宮寢闕閣之上，則爲某闕之罘罳。非其別有一物，元無附著而獨名罘罳也。"因爲罘罳可施於屏風，故可用罘罳來代指屏風。宋洪邁《夷堅三志壬·吳仲權郎中》："明日，索浴治具于房，婢以罘罳圍之。吳曰：'何用？'曰：'恐爲隙風所搏。'"元末陶宗儀《雪次陸靜庵韻》："明朝擬向西園賞，四敞罘罳卷氍簾。"

玉屏

玉製或玉飾的屏風。漢鄒陽《酒賦》："君王憑玉几，倚玉屏，舉手一勞，四座之士，皆若鋪粱焉。"宋張耒《謝黃師是惠碧瓷枕》："不如華堂伴玉屏，寶鈿敧斜雲鬢傾。"清袁枚《隨園詩話》卷一："〔姚母〕住花園中，極珠簾玉屏之麗。"

扆[2]

亦作"依"。指置於宮殿門窗之間的屏風，上繪斧形圖案，天子接見大臣，多負扆南嚮。《詩·大雅·公劉》："既登乃依。"鄭玄箋："公

劉既登堂，負扆而立。"《書·顧命》："狄設黼扆綴衣。"孔傳："扆，屏風，畫爲斧文，置戶牖間。"《儀禮·士虞禮》："佐食無事，則出戶負依南面。"漢王充《論衡·書虛》："戶牖之間曰扆，南面之坐位也。負扆南面鄉坐，扆在後也。"《南史·賊臣傳·侯景》："方饗群臣，中會而起，觸扆墜地。"《西游記》第五回："上排着九鳳丹霞扆，八寶紫霓墩。"章炳麟《秦政記》："秦皇負扆以斷天下，而子弟爲庶人。"參閱"斧扆"文。

【依】

同"扆[2]"。此體先秦時期已行用。見該文。

屏扆[2]

古代宮廷內設在戶牖間的屏風。屏高八尺，上畫斧形圖案。《宋史·后妃傳上·仁宗曹皇后》："后亦慈愛天至，或退朝稍晚，必自至屏扆候矚。"章炳麟《訄書·原人》："位蟲獸於屏扆之前，居雖崇，令雖行，其君之實安在？"

斧扆

亦稱"斧依""黼扆""黼依"。古代帝王朝堂戶牖之間的屏風，以絳爲質，高八尺，以其上有斧形圖案，故稱。《逸周書·明堂》："天子之位，負斧扆，南面立。"《周禮·春官·司几筵》："凡大朝覲、大饗射，凡封國命諸侯，王位設黼依。"《儀禮·覲禮》："天子設斧依於戶牖之間。"鄭玄注："依，如今絳素屏風也，有繡斧文，所以示威也。"《禮記·曲禮下》："天子當依而立。"鄭玄注："依，本又作扆……狀如屏風，畫爲黼文，高八尺。"孔穎達疏："天子當依而立者，依，狀如屏風，以絳爲質，高八尺，東西當戶牖之間，繡爲斧文也，亦曰斧依。"《爾雅·釋宮》："牖戶之間謂之扆。"郭

璞注:"窗東戶西也。《禮》云'斧扆'者,以其所在處名之。"郝懿行義疏:"《明堂位》注:'斧依爲斧文屏風,於戶牖之間。'《釋器》云:'斧謂之黼'。是黼與斧、扆與依,並音同字通也。《石經·尚書殘碑》作'黼衣',即扆字之省……然則屏風與扆形制同,但屏風不畫爲異。古者屏風通名爲依。故《詩》:'既登乃依。'鄭箋:'公劉既登堂,負依而立。'《士虞禮》記云:'佐食無事,則出戶負依南面。'是皆屏風稱依,

依即扆也。唯天子畫斧文於上,故獨名'黼扆'耳。"

【斧依】

　　即斧扆。此稱先秦时期已行用。見該文。

【黼扆】

　　即斧扆。此稱先秦时期已行用。見該文。

【黼依】

　　即斧扆。此稱先秦时期已行用。見該文。

第二節　藻井考

宮殿廟宇主體建築内部頂棚向上隆起呈穹隆狀之部分謂之藻井,僅限用於神佛像頂部,或帝王寶座之上方。以其繪有荷菱水草等藻類紋彩圖案,且其做法以木料層層疊叠,轉角相交作絞井口而成,故稱。

人類遠在穴居、半穴居時代,洞穴中部設炊事兼取暖用的火塘,屋頂設排烟、采光、通風及出入的口,古人稱之爲"囪"。因雨雪内侵,故亦稱"中霤"。中霤爲家中祭祀后土之神的處所,故亦指稱土神。《禮記·郊特牲》曰:"家主中霤而國主社。"後世雖依功能而有所分化,中霤不復存在,但因襲古制,霤的結構作爲一種屋頂構造方法却被保留下來。在一個方形或多邊形平面上,底架上以抹角梁層層叠擺,逐層縮小,構成錐形無主柱的屋頂構架,頂心可有用於象徵天窗的明鏡。承祭祀之制,用以烘托象徵神佛、帝王之崇高、尊貴的功能亦被沿襲下來。《新唐書·車服志》云:"非王公之居,不施重栱、藻井。"因其凹進於天花板之上,呈穹隆狀,給人以天宇般偉大、崇高、神聖、肅穆之感。藻井繪飾的圖案多爲藻蕖水草,其形似井,古人認爲可抑制火灾。宋李誡《營造法式·總釋下》引沈約《宋書》云:"殿屋之爲圜泉、方井兼荷華者,以厭火祥。"此對以木結構爲主的我國建築,特別是宮殿廟宇大型建築而言,至關重要。藻井繪飾精美,鏤刻玲瓏,色澤絢麗,造型富於變化,裝飾效果極佳。《文選·張衡〈西京賦〉》:"蒂倒茄於藻井,披紅葩之狎獵。"薛綜注:"茄,藕莖也。以其莖倒殖於藻井,其華下向反披。狎獵,重接貌。藻井,當棟中

交木方爲之，如井幹也。”漢賦中多有描繪藻井之語，足證漢代宮殿寺廟已廣泛采用藻井形式。其時多爲簡單的方井。魏晉南北朝時，其形制亦多爲各式方井。隋唐以後有很大發展變化，其藻井外圈呈方形或多邊形，頂心部位呈圓形。至宋元時，較普遍施用斗拱，以鬬八藻井最爲典型。明清時的藻井，製作精巧細膩，形態異彩紛呈，或雕繪龍鳳雲捲，或鏤刻天宮樓閣，與建築結構渾然一體，多爲別具一格的藝術精品。歷代騷人墨客極盡才能，鋪陳其華美。三國魏何晏《景福殿賦》云：“騈徙增錯，轉縣成郛。茄蔤倒植，吐被芙蕖。繚以藻井，編以綷疏。紅葩豒鞁，丹綺離婁。菡萏艴翕，纖縟紛敷。繁飾累巧，不可勝書。”唐劉禹錫《蘷州始興寺移鐵像記》：“藻井花鬘，葱蘢四垂。”宋沈括《夢溪筆談・器用》：“屋上覆橑，古人謂之綺井，亦曰藻井，又謂之覆海。今令文中謂之鬬八，吳人謂之罳頂。唯宮室祠觀謂之藻井。”明楊慎《新曲古意》：“結網喜蛛垂藻井，營巢睇燕宿梅梁。”歷代注釋多有將天花、藻井混爲一談者。如清沈自南《藝林彙考・棟宇篇・無序類》引《丹鉛錄》曰：“綺井，謂之鬬八，又曰藻井，今俗曰天花板也。”今人辭書亦多沿襲此説。實誤。兩者來源、形制、功用迥異。天花板是室内屋頂或樓板下加置的一層天棚，用以保温防塵，或作爲室内裝潢，從宮廷住房到民居住宅均可應用。而藻井就其形制與功能源於中霤，是天花板向上隆起呈穹隆狀的部分，祇限用於宮殿廟宇中主體建築的神佛像頂部，或帝王寶座之上方，其他建築之頂棚概不得施用。藻井是尊貴建築内部頂棚中最高級的做法，是我國古代建築中一種獨特的形制。它把建築形式與功用，形式與環境氛圍，形式與裝飾效果高度統一起來，反映了民族的創造精神，是中華建築藝術中的又一成功之作。參閱中國科學院自然科學史研究所《中國古代建築技術史》、劉致平《中國建築類型及結構》、李允鉌《華夏意匠》。

藻　井

藻井

古代宮殿寺廟建築内頂部呈穹隆狀的部分，繪有藻菱形紋彩圖案。祇限用於宮殿中“寶座”之上方及寺廟主體建築中有佛（神）像的頂部，用於象徵天宇般的崇高、偉大。是尊貴建築内部頂棚中最高級的做法。其實用功能除隔斷過高的空間，以保持室温及避免灰塵下落外，還力求在室内裝潢上取得富麗堂皇的藝術效果。此做法不得用於一般建築之頂棚。唐代明確規定，非王公之居，不施重拱藻井。其形有四方、八方、圓形等，式樣複雜，各層之間使用斗拱，雕刻精緻，具有很强的裝飾效果。據文獻記載，漢代已有藻井，其式樣多爲較爲簡單的方井。今存六朝石建築的敦煌石窟及雲岡石窟亦多有藻井，其形制多爲各式方井，間有斗四，是仿木構建築雕鐫而成的。唐代木構建築之藻井實物，可從山西五臺山佛光寺大殿看到，其藻井外圈呈方形或多邊形，頂心部位呈圓形，故亦有"明鏡"之稱。清代藻井頂心多雕繪蟠龍形，故亦稱"龍井"。《文選·張衡〈西京賦〉》："蔕倒茄於藻井，披紅葩之狎獵。"李善注："藻井，當棟中，交木方爲之，如井幹也……孔安國《尚書傳》曰：'藻，水草之有文者也。'《風俗通》曰：'今殿作天井。井者，東井之象也。藻，水中之物，皆所以厭火也。'"唐李白《明堂賦》："藻井彩錯以舒蓬，天窗赩翼而銜霓。"唐崔損《凌烟閣圖功臣賦》："名位雍雍，就丹楹而成列；衣冠楚楚，焕藻井而相鮮。"宋陳襄《咸陽宫賦》："藻井燦兮，群葩競芳；觚棱聳兮，金爵交翔。"

【綺井】

即藻井。因其繪飾精美、色彩絢麗，故稱。三國魏曹植《七啓》："彤軒紫柱，文榱華梁。綺井含葩，金墀玉箱。"《文選·左思〈魏都賦〉》："綺井列疏以懸蔕，華蓮重葩而倒披。"李周翰注："屋上綺井，以板爲井形，飾以丹青如綺也。"北魏酈道元《水經注·灅水》："〔明堂〕室外柱内，綺井之下，施機輪，飾縹碧，仰象天狀，畫北道之宿焉，蓋天也。"宋沈括《夢溪筆談·器用》："屋上覆橑，古人謂之綺井，亦曰藻井，又謂之覆海。今令文中謂之鬥八，吳人謂之罳頂。唯宫室祠觀爲之。"

圓淵

亦作"員淵"。亦稱"圜泉"。圓形藻井。藻井的式樣，最初也是最簡單的爲方形，或圓形，分別稱作"方井"及"圓淵""圜泉"。後發展變化爲六角形、八角形，且多由不同的幾何圖形組合成若干層。如山西大同善化寺大殿的藻井，下層是方井，中層是八角井，上層是鬥八，頂心安明鏡。北京隆福寺三寶殿的藻井是外圓内方。《文選·王延壽〈魯靈光殿賦〉》："圓淵方井，反植荷蕖。發秀吐榮，菡萏披敷。綠房紫菂，窋吒垂珠。"晋張載注："《爾雅》曰'荷，美蕖'，種之于員淵方井之中，以爲光輝。綠房，芙蕖之房，刻繪爲之，綠色。紫菂，菂中芍也。"李善注："《爾雅》曰：'荷，其華菡萏。'《説文》曰：'窋，物在穴中貌。'吒亦窋也。"南朝梁劉孝綽《歸沐呈任中丞昉詩》："圓淵倒荷芰，方鏡寫簪裾。"隋薛道衡《老氏碑》："方井員淵，參差交映。"宋李誡《營造法式·小木作制度三》："鬥八藻井，其名有三：一曰藻井，二曰圜泉，三曰方井；今謂之鬥八藻井。"

【員淵】

同"圓淵"。此體晋代已行用。見該文。

【圜泉】

即圓淵。此稱宋代已行用。見該文。

方井

方形藻井。宫殿廟宇頂部天棚梁棟間以木層層壘叠爲井形，故稱。漢王延壽《魯靈光殿賦》："圓淵方井，反植荷蕖。"宋李誡《營造法式·總釋下》："沈約《宋書》：'殿屋之爲圜泉、方井兼荷華者，以厭火祥。'"

【天井】

即方井。漢應劭《風俗通義》："今殿作天井。井者，東井之象也。菱，水中之物，皆所以厭火也。"唐温庭筠《長安寺》詩:"寶題斜翡翠,天井倒芙蓉。"

【倒井】

即方井。藻井隆起於天花板中,交木如井,繪以荷蓮藻紋,綴根於井中,花葉下垂,故云倒也;亦稱"反植"荷蕖。南朝宋顏延之《七繹》:"水寫雲氣,土秘椒芳;既旋天而倒井,又斫圓而鏤方。"唐王勃《九成宮頌》:"紅葩紫蕤,垂倒井而披文;金鎖銀鋪,接重扃而炫色。"

覆橑

亦稱"覆海""罳頂"。猶藻井。因其形如倒井,故稱。《埤雅·釋草·藻》:"今屋上覆橑,謂之藻井,取象於此。亦曰綺井,又謂之覆海,亦或謂之罳頂。"宋沈括《夢溪筆談·器用》:"屋上覆橑,古人謂之綺井,亦曰藻井,又謂之覆海,今令文中謂之鬭八,吳人謂之罳頂。唯宮室祠觀爲之。"明唐寅《金粉福地賦》:"屈曲圍屏,高低覆橑。蜘蛛織三更之雨,蘼蕪咏一庭之草。"

【覆海】

即覆橑。此稱宋代已行用。見該文。

【罳頂】

即覆橑。此稱宋代已行用。見該文。

龍井 [2]

清代流行以龍爲藻井頂心之飾物,因稱。藻井限用於宮殿寺廟主體建築神佛像頂部,或帝王寶座之上方。中國傳統觀念認爲帝王至高無上,是龍之化身,故常以龍爲裝飾主題。明代藻井頂心中央常繪飾雲龍,而以蓮瓣置於頂心周圍。雲龍愈來愈得到强調,到清代就成爲雕刻精巧,形象生動之蟠龍。蟠龍口中懸珠,

自下仰視,有如拐燈,强烈地烘托出帝王、神佛至貴、至尊的氣氛,達到建築形式與裝飾效果的和諧統一。參閱李允鉌《華夏意匠·天花和藻井》。

明鏡

藻井源於中霤,也即古文"囱"。其頂部中心多安明鏡以象徵天窗,呈圓形,周邊置蓮瓣,或雕雲捲,因以稱。

鬭八藻井

省稱"鬭八"。宋遼金時期通行的一種藻井類型。現存天津薊州區獨樂寺觀音閣上層藻井與山西應縣佛宮寺釋伽塔第五層藻井是我國古建築中最早的鬭八藻井實例。宋李誡《營造法式·諸作異名》:"鬭八藻井,其名有三:一曰藻井,二曰圜泉,三曰方井;今謂之鬭八藻井。"又《小木作制度三》:"造鬭八藻井之制:共高五尺三寸。其下曰方井,方八尺,高一尺六寸;其中曰八角井,徑六尺四寸,高二尺二寸;其上曰鬭八,徑四尺二寸,高一尺五寸。于頂心之下施垂蓮,或雕華雲捲,皆内安明鏡。"宋沈括《夢溪筆談·器用》:"屋上覆橑,古人謂之綺井,亦曰藻井,又謂之覆海。今令文中謂之鬭八,吳人謂之罳頂。唯宮室祠觀爲之。"

【鬭八】

"鬭八藻井"之省稱。此稱宋代已行用。見該文。

春常

藻井之彩色繪飾。《逸周書·作雒》:"乃位五宮、大廟、宗宮、考宮、路寢、明堂……設移旅楹,春常畫旅。"陳逢衡注:"春常,謂藻井之飾也。"

天　花

天花

　　宋以前稱"平機""平橑"，宋稱"平棋"，俗謂之"平起"。室内平天棚。清代官式稱謂。既可保温防塵，亦可作爲室内裝飾。按其做法可分爲平暗、平棋、海墁天花三種。平暗即用小方椽十字相交，做成許多小而密的方格，上面覆以木板。山西五臺山佛光寺唐代東大殿與天津薊州區獨樂寺遼代觀音閣均爲施用平暗做法之實例。説明唐代及遼代施用平暗是比較普遍的。平棋是宋式稱謂，清式叫"天花"或"井口天花"。主要用於宮殿、寺廟等大型建築。宋式做法：先用桯即條，做成矩形或方形的格子，上面覆以背板，即天花板，板上裝有盤球、鬪八、叠勝、柿蒂、瑣子、團花等十餘種圖案，根據需要配置。山西洪洞火神廟大殿的天花圖案即爲成功的例證。清式做法是用支條以榫卯結合做成方格，上面置放與方格内口大小相適合的木板，每塊木板上或直接繪以彩畫，或粘貼用紙印好的彩畫。明清天花板同宋式做法有所不同，每一方格便有一塊天花板，優點是安

宋代天花彩畫圖案
（宋李誡《營造法式》）

裝摘取方便，而宋式天花板像平暗那樣，爲較大的木板，且規格不等。在宮廷建築中，有的天花板以楠木製作，上面雕刻花紋圖案，不施彩畫，盡爲木料本色。海墁天花，屬於一般頂棚，其做法：宮廷中的居住房屋及官僚士紳的府第中，多用木條釘成方格網架，上面糊花紙。而北方民居中的頂棚，則先用木方釘成大框，再釘小木條或秫秸（高粱秆），然後糊紙或粉刷。南方一些住宅或祠堂，先於其樓下閣栅上釘木板平頂，或拼作各種花紋，或繪以彩畫。宋李誡《營造法式·諸作異名》："平棋，其名有三：一曰平機，二曰平橑，三曰平棋；俗謂之平起。其以方椽施素板者，謂之平暗。"梁思成《清式營造則例·清式營造辭解》："天花，建築物内上部，用木條交安爲方格，上鋪板，以遮蔽梁以上之部分，亦曰藻井。"劉致平《中國建築類型及結構·内檐裝修》："頂棚，清官式的名稱叫天花，宋也叫平棋、平暗等。它可以用板製或糊紙。有的用向上彎曲的形體叫捲棚。也有的向上凸成穹窿狀的叫藻井……天花在一般住宅内常用紙糊頂棚。先用秫秸扎好架子，然後糊紙二層，先糊粗糙的紙，後糊好紙。較好的府第、宮殿等常做木架子如窗格形，釘到適當的高度，然後再糊紙……紙的顏色花樣等隨意，有的府第天花上糊預先印好的天花板式彩畫。在南方有樓房的，以樓板當天花，或是在樓板底下用薄板釘起做花板，這種薄板可以拼成許多花紋，如人字形或橫條狀。薄板的接縫處需要用木條蓋縫的。宮殿廟宇裏的天花則是先用木框做方格，然後在方格上置木板爲

天花板。天花方格有兩種做法：一是用小而密的方格約一欞二空至一欞三空的大小，這叫平暗。在唐佛光寺大殿及遼的獨樂寺觀音閣上常用，以後即較少用。另一種是大塊方格仰視呈棋盤狀，在早叫做平棋，今日叫做天花。天花方格愈早愈大，如雲岡石窟內，有雕製的天花，它的方格支條是很巨大的，以後的支條愈細天花板也愈縮小。到了清代，天花板顯著的縮小，支條反顯得粗大。在遼宋等時代，天花板不一定是正方形，常有長方形的。明代天花也有帶長方形的，但很少。到了清代則全是正方形的，整個頂棚都用一色一式的正方形天花板，既樸素又莊嚴，又輝煌又壯麗。這顯然是比較進步的做法，不似遼宋殿內天花大小尺寸有時不同。”參閱中國科學院自然科學史研究所《中國古代建築技術史》。

【平機】

即天花。此稱宋代前已行用。見該文。

【平橑】

即天花。此稱宋前已行用。見該文。

【平棋】[1]

即天花。此稱宋代已行用。見該文。

【平起】

即天花。此稱宋代已行用。見該文。

【天花板】

即天花。亦作“天花版”。元蔣子正《山房隨筆》：“〔元好問〕其妹為女冠，文而艷……至則方自手補天花板。”《古今小説·蔣興哥重會珍珠衫》：“老婆平氏心知這衫兒來得蹺蹊，等丈夫睡着，悄悄的偷去，藏在天花板上。”梁思成《清式營造則例·裝修》：“支條按面闊進深排列成方格，每方格就是一井，井內的板叫天

花板。”劉致平《中國建築類型及結構·內檐裝修》：“天花則是先用木框做方格，然後在方格上置木板為天花板。”

【天花版】

同“天花板”。此稱元代已行用。見該文。

承塵

亦稱“受塵”“仰塵”。古時指張設於座位上方或床上方承受塵土的小帳。後亦指天花板。《禮記·檀弓上》“君於士有賜帟”鄭玄注：“帟，幕之小者，所以承塵。”《急就篇》卷三：“承塵戶䉤條縷總。”顏師古注：“承塵，施於床上，以承塵土，因為名也。”《後漢書·雷義傳》：“〔義〕嘗濟人死罪，罪者後以金二斤謝之。義不受金，主伺義不在，默投金於承塵上。後葺理屋宇，乃得之。”晉束皙《貧家賦》：“有漏狹之草屋，無蔽覆之受塵。”唐許渾《經故丁補闕郊居》詩：“鵬上承塵才一日，鶴歸華表已千年。”宋王鞏《聞見近錄》：“丁晉公嘗忌楊文公。文公一日詣晉公，既拜而鬐拂地。晉公曰：‘內翰拜時鬐撇地。’文公起，視其仰塵，曰：‘相公坐處幕漫天。’時人稱其敏而有理。”《醒世姻緣傳》第四二回：“原作臥房的三間是紙糊的墻，磚鋪的地，木頭做的仰塵，方格子的窗牖。”清蒲松齡《聊齋志異·禽俠》：“天津某寺，鸛鳥巢於鴟尾，殿承塵上，藏大蛇如盆。”

【受塵】

即承塵。此稱晉代已行用。見該文。

【仰塵】

即承塵。此稱宋代已行用。見該文。

朱塵

華麗的天花板。《楚辭·招魂》：“經堂入奧，朱塵筵些。”王逸注：“朱，丹也；塵，承

塵也。”南朝梁江淹《別賦》：“鏡朱塵之照爛，襲青氣之烟熅。”宋王安石《上元從駕至集禧觀次仲卿韻》：“寶構中開移玉座，華燈錯出映朱塵。”

捲棚

亦稱“軒”。室内天花的一種。南方園林建築中多用此形式。以其頂棚圓捲，形體向上彎曲，故稱。其做法：先用椽子或桷子彎成木架，然後在桷子上釘薄板。隨桷子的彎曲形狀將薄板釘在木架上，或不用薄木板而用薄薄的望磚擱置在捲桷子上。望磚上塗白灰，與紅褐色的捲桷子相配，十分輕快美觀。捲棚不一定用在廊上，有的廳堂裏或亭内也常用此做法。其可取之處是簡潔素雅，輕靈明快且式樣多變，不似格子天花板那樣莊嚴。參閲劉致平《中國建築類型及結構》。

【軒】[8]

即捲棚。南方稱捲棚爲“軒”。見該文。

平暗

小方格式的天花。宋式稱謂。其做法：用方椽相交成爲小方格，方格距離僅爲椽的兩倍，名爲“一椽二空”，再在木格上蓋板，四周與斗拱相接部分則形成一個斜坡面，稱爲“峻脚”，整個平暗猶如一個方形覆盆。此形式多存於宋遼及以前的建築中。現存宋遼時期天津薊州區獨樂寺觀音閣的上層即可見這種做法，敦煌石窟八十一洞中亦可見到這種天花形式。元代以後，則不多見，其時已演變爲“木頂格”，格子較大，“一櫨六空”，其下糊紙，因而失去了格子的圖案。參閲李允鉌《華夏意匠》。

平棋 [2]

大方格式的天花。宋式稱謂。清式稱“天花”。以其仰視如棋盤，故稱。宋式平棋與清式天花均爲大方格子圖案，雖然可算爲同一原型，但二者構成却有不同。平棋中的格子采取兩度組織層次，先用較大的木條“桯”按“步架”（即檁距）之大小構成較大的邊框框格，在桯上釘上背板（即天花板），然後在背板上用稱爲“貼”及“難子”的木條再劃分方格。而清式天花則減少了桯這個層次，一律用支條代替桯與貼來劃分方格，而且方格尺度與步架無關，按井口大小分塊。支條并不作爲支承天花板重量的骨架，大部分重量用挺鈎挂引到梁架上。參閲李允鉌《華夏意匠》、中國科學院自然科學史研究所《中國古代建築技術史》。

井口天花

清式稱謂。此形式的天花不用框架拼接，而是把橫豎交叉的支條直接搭在貼梁上，組成許多方格，每個格叫作一井，井内鑲進天花板。其露明部分，一般塗繪彩畫。

海墁天花

光面平板天花。在較小的房間，每間衹用一塊框架，或糊紙，或墁板，并直接在板上繪以水草之類的花紋圖案，或將預先印好的花紋圖案貼到頂棚上。參閲中國科學院自然科學史研究所《中國古代建築技術史》、李允鉌《華夏意匠》。

天花梁 [2]

安放天花之梁。天花部件之一。在大梁及隨梁枋之下，前後金柱之間。梁思成《清式營造則例·清式營造辭解》：“天花梁：在大梁及隨梁枋之下，前後金柱間，安放天花之梁，高七五斗口，厚六八斗口。”

天花枋

安放天花之枋。天花部件之一。位於老檐枋之下，與天花梁同高。梁思成《清式營造則例・清式營造辭解》："天花枋：左右金柱間，老檐枋之下，與天花梁同高，安放天花之枋，高四斗口加二寸，厚四斗口。"

帽兒梁 ²

挂天花的圓木。清式建築中天花部件之一。梁思成《清式營造則例・清式營造辭解》："帽兒梁：天花井支條之上，安於左右梁架上以挂天花之圓木。"又《裝修》："在天花梁或別的梁上，在高度適當處安裝帽兒梁或是貼梁，然後將支條安在帽兒梁或貼梁的下面。"

支條

亦作"枝條"。構成天花方格的木條。清式建築中天花部件之一。梁思成《清式營造則例・清式營造辭解》："枝條：構成天花井格之木材。寬厚均按柱徑四分之一。"按，清代多作"支"。又《裝修》："在天花梁或別的梁上，在高度適當處安裝帽兒梁或是貼梁，然後將支條安在帽兒梁或貼梁的下面。支條按面闊進深排列成方格，每方格就是一井，井內的板叫天花板。"

【枝條】

同"支條"。此體清代已行用。見該文。

圓光 ²

天花板彩畫正中圓形部分。梁思成《清式營造則例・彩色》："天花在結構上有支條和天花兩部。天花的彩畫也是在這兩部上。板的中心有圓光，四角是岔角，多用鮮明的色，畫在藍色或綠色的地上。"又《清式營造辭解》："圓光：天花彩畫正中圓形部分。"

方光

天花井口之內，圓光之外之方形部分。梁思成《清式營造則例・清式營造辭解》："方光：天花彩畫，井口之內，圓光之外之方形部分。"

井口

天花板最外一周部分。多以彩畫裝飾。梁思成《清式營造則例・清式營造辭解》："井口：天花彩畫，天花版上最外一周部分。"

第三節　門户考

上古之人，穴居而野處。至新石器時代，居住在黃河流域的人類祖先，利用廣闊而豐厚的黃土層營造了橫穴與袋型豎穴。爲遮蔽風寒雨雪，防止毒蟲猛獸之侵害，采用枝幹、莖葉扎成活動頂蓋，置於穴口，作臨時性遮掩，即爲最早之原始門扉，亦爲屋蓋之萌芽。據考古發現，屬於仰韶文化時期的甘肅秦安邵店村遺址中，即可看到原始社會人們生活的住址。此時洞口上已有用草木編扎而成的方形之物，擋住洞口。可見門的功能，開始時僅爲防止自然災害而已。但此時，"門"字尚未出現，故亦未有"門"之稱謂。伴隨着原始社會之崩潰，私有財產出現與階級分化，門的作用與功能益加重要。它不僅可防止蟲獸、雨雪之侵害，更重要者，乃可防盜、防賊。在結構與功能上，亦有改進與創新。不再是爲擋住洞穴之口，因防風禦寒而挪來挪去，而是固定下來，可關可閉，有了户樞這一發明。户樞之出現，不僅是物理上的一大發明，且説明“户”出現在前，然後纔有雙户，謂之門。《説文·門部》曰：“門，聞也。從二户，象形。”段玉裁注：“聞者，謂外可聞於内，内可聞於外也。”又《户部》曰：“户，護也。半門曰户。”《玉篇·户部》亦云：“户，所以出入也。一扉曰户，兩扉曰門。”至於《吕氏春秋·盡數》所載“流水不腐，户樞不蠹”之格言，乃由“門”發展而來的中華民族文化遺産之一。由“户”進之而爲“門”，是一大進步，亦爲人類社會生産力提高之反映，物質享受增多之體現。然貧富懸殊，兩極分化之現象亦隨之而生。富豪之家財多物盛，貧窮之户一無所有。豪門貴族唯恐窮苦之人闖進家門，搶劫財物，故加固門扉，嚴加防範。漢王符《潛夫論·忠貴》曰：“貴戚懼門之不堅，而爲作鐵樞。”而王宮之門，不僅牢固壯觀，且門有數重。周制：天子五門，諸侯三門。歷代王城、王宮，門禁森嚴。明清北京皇宮，從太和殿至南城外，要經過太和門、午門、端門、天安門、中華門、正陽門、正陽門甕城門、永定門、永定門甕城門等九道宮門與城門。古代早期門户固不可見，但從考古發掘出來的古代遺存復原形狀來看，均爲草編柴扎，尚無木板門。文獻記載與考古資料證實，原始社會晚期，人類居處從半穴居發展到地面建築初期，由於屋蓋與墻從結構及功能上尚未分化，作爲出入口的門仍然開在屋蓋上。直至墻體從屋蓋分化出來，并形成兩個獨立的房屋構件之時，門始開在墻上。早期之門，或方形，或橢圓形，後爲方便出入而逐漸演變爲長方形，門略高於一般人之身高。爲防雨水及沙塵，門限較高，前面有泥土踏跺。此時之門板即爲草編柴扎。門之功能，除防禦之用，尚兼有出入、通風、采光、日照等多種功用，并與窗形成對流，起到排烟的作用。古代人類考慮日照及采光之需要，門之立位一般多爲南嚮，或西南嚮。爲防止雨水進入屋室，人們又於門前搭設簡單的雨棚謂之“門道”，使屋内空間更加隱蔽與安全。門前這一獨立的緩衝空間，即爲“堂”的雛形。據西安半坡仰韶文化時期房屋建築遺址復原圖，當時門的基本形制已經形成，即於長方形門洞左右兩旁立柱，上方以木棍橫嚮連接而形成簡單的門框，再以竹木枝葉或柴草編扎成與門形狀大小相同的門板，固定在門框之上，即爲早期門扉之形制。亦稱“柴門”“荆門”“栅門”。門前所設的防雨門道亦是以竹木搭架，上蓋茅草莖葉而成。這一獨立空間繼而往縱嚮發展，則將室内分隔爲前後兩部分，於是初步形成“前堂後室”之格局。“門堂之制”成爲一種傳統之後，中國古代建築就不曾以單座建築作爲一個建築物的單位而出現。有堂必須另立門，門隨堂相繼而來。門爲建築物之外表，或爲代表性之形式；而堂則爲房屋的内容，具有實際使用功能。於是門成爲中國建築中十分重要的一個組成元素，"門制"成爲平面組織的中心環節。後來又賦予它"禮制"觀念，以達到内外、上下、賓主有別的目的。在功能與技術上藉此而組成一個庭院，將封閉的露天空間納入房屋設計的内容之中，形成内外分立、表面與内涵分離的設計理念。就平面構圖的藝術而言，門擔負着引導與帶領整個建築主體之重任，同時亦代表一種平面組織的段落或層次。雖并未嚴格規定一堂一門之制，但從我國古代建築群實物觀之，大體亦爲"一院一門"。從而使門成爲變換封閉空間的轉接點，每一道門代表了一個以院落爲中心的建築組的開始，亦可謂前面一個建築組的終結。在龐大建築群中，平面布局中的節奏與韵律是靠門而體現的。在具體形制上，以宮城而言，宮城之正門爲皋門（相當北京紫禁城天安門）；繼之爲應門（相當於明清故宮之午門）；進而爲路門，即主體建築物之門（相當於故宮太和殿之太和門）。宮城有宮門之制，城邑有城門之制。至於官署、廟宇、里坊、住宅皆各有其門制。然就其總體而言，可分爲外墙之門與内屋之門兩類。在我國古代建築群中，門之產生始源於防衛意義，但後來除防禦功能外，亦成爲權力、地位之象徵，主體建築物之標志。關於城門、宮門、牌坊門、闕等獨立門之門制，已另撰專文考證（詳本卷《閭里牌坊說·牌坊考》），在此不再贅述。本節僅就作爲建築物構件之門（内屋之門），諸如房門、板門、格門等進行探討。

作爲房屋建築構件之一的門户，雖然產生於人類宮室營造活動之初，然其具體形制尚無實物可考，亦無文獻可稽。根據半坡遺址原狀復原圖，祇能做出推測判斷而已。根據考古發現，湖北棗陽鹿頭鎮北3公里處的河旁臺地發掘的新石器時代房屋基址的推拉門是目前已知最早的門之出土實物。從廣州出土的漢代陶屋、陶樓及畫像石所示，當時通用之門爲雙扇板門與單扇板門，上有門楣（上檻），下有門限（下檻）。雙扇板門大都有鋪首、門環及挂鎖的鐵拉栓。在門兩側或一側施用窗户。秦漢以前，戰國時期，諸侯爭霸，各立國都，大興土木，"高臺榭，美宮室"一時蔚然成風，但其宮殿門扉形制尚無據可考。從秦都咸陽勘察與發掘中，發現有青銅鋪首等門扉飾物。它是宮門乳釘出現前之較早裝飾物。鋪首，亦名"銅蠡"。漢應劭《風俗通義》曰："公輸班見水中蠡，引閉其户，終不可開，遂象之立於門户。"鋪首形式很多，大都以銅製造。《漢書·哀帝紀》曰："孝元廟殿門銅龜蛇鋪首鳴。"可知秦漢時已有置於板門上的鋪首。雖未見板門實物，但可推斷，當時已有雙扇木板門。北魏熙平元年（516）在洛陽建造的永寧寺方形九層木塔，文獻對其構造及門窗設施均有詳細記載。北魏楊衒之《洛陽伽藍記·永寧寺》：“浮圖有四面，面有三户六窗。户皆朱漆。扉上各有五行金釘，合有五千四百枚。復有金環鋪首。布殫土木之功，窮造形之巧，佛事精妙，不可思議。綉柱金鋪，駭人心目。至於高風永夜，寶鐸和鳴，鏗鏘之聲，聞及十餘里。”由此可知，這座木塔每層每面皆安門窗。門爲雙扇板門，門扇上施以門釘、鋪首及門環。此文爲中國建築史上於門扇上施用門釘之最早記載。漢至唐千餘年間，從建築實物，或壁畫，或出土明器，或畫像磚，或文獻記載，均可看出雙扇板門是這一時期最通用之門。山西五臺山佛光寺大殿五間雙扇大板門是與建築物同時期之遺物，此乃迄今爲止已知我國古建築中最早的木雙扇門扉之實例。此類門式樣還見諸陝西乾縣唐太子墓壁畫中。據宋李誡《營造法式·小木作制度一》關於門窗的記述，可知當時門已有板門、烏頭門、軟門及格門四種。板門又分雙扇板門、獨扇板門，軟門有牙頭護縫軟門、合板軟門。（見宋李誡《營造法式·小木作制度一》）唐宋烏頭門亦稱“櫺星門”，其制度唐宋文獻多有記述。《唐會要·輿服》：“五品已上堂舍不得過五間七架，廳厦兩頭，門屋不得三間兩架，仍作做烏頭大門。”《唐六典》：“六品以上通用烏頭大門。”《宋史·輿服志》：“六品以上許做烏頭門。”可見烏頭門并非平民百性之家所用，祇能用於具有一定官職級銜的官宦之宅邸。唐代雖有著録，然并未留下實物。宋李誡《營造法式·小木作制度一》中對烏頭門的做法有詳細記述：“造烏頭門之制（俗謂之櫺星門）高八尺至二丈二尺，廣與高方，若高一丈五尺以上如減廣不過五分之一，用雙腰串……挾門柱方八分（按指門每高一尺方八分而言），其長每門高一尺則加八寸，柱下栽入地内，上施烏頭。”此門制從敦煌唐畫、宋平江府城圖中天慶觀圖、金明池圖中均可看到。按記載與圖畫分析推測，烏頭門應爲裝於院牆中間之大門。明清時孔廟之櫺星門、陵墓前之石坊，乃其遺制。其做法：祇立兩根挾門柱，柱下栽入地内，柱上施烏頭，不用屋蓋；兩柱之間裝兩扇下有障水板、上有成偶數櫺條的門。軟門是四邊做框，“用雙腰串（或用單腰串造）”（宋李誡《營造法式·小木作制度一》），四框與腰串之間均裝木板的一種門。類似近現代建築中用幾道橫頭的木板門。它是板門演變爲格門的一種過渡式樣，雖比板門靈巧，但仍與板門一樣存在不便采光之缺陷，故尚未普遍推廣應用，即爲格門所取代。明清以來，最常見常用之門有板門、格門、屏門、風門、三關六扇、抱廳門、花廳門、圓洞門等數種。板門，亦稱“棋盤門”，即先以邊挺大框做成框架，然後裝板，形似棋盤，故稱。較好的做法爲鏡面板門，將板門表面製作得光平如鏡，不起綫脚。最簡單的板門則以樓板拼成，背後用三根或數根穿帶横嚮釘起。雙扇大門門板常用二寸枋或三寸枋拼在一起，背後用穿帶，或打眼穿捎。用於宫殿、王府之門板於背後釘穿帶外，還於正面施以門釘。清式門釘路數有明確規定，如七路，則每路皆用七釘。而最早出現門釘記載的南北朝時期，乃至隋唐五代時期，於門上施釘之路數與每路之釘數并非相同，與清制有异。板門雖有采光不便之缺陷，然以其堅固耐用，故常用於宫門、城門、廟門。官僚府第及民居入口處亦時或用之。門板多以鐵皮、鐵釘釘護。格門，宋稱"格子門"，清謂之"隔扇"或"格扇"。此種門制以其采光好、裝飾性强等優點，在中國建築上使用極爲廣泛，常在一個房屋的開間上，全部面積皆做成爲格扇門。視開間大小，可做成四扇、六扇、八扇不等。考古發掘資料證明，格門至遲於唐末五代時即始應用。上海博物館館藏之五代白釉建築枕上，四面均裝格門。此爲現在所知最早格門式樣。稍後之實物爲河北淶源縣閣院寺文殊殿之格門，爲遼代時建築。宋李誡《營造法式·小木作制度一》"格子門"項内載曰："每間分做四扇（如梢間狹促者只做二扇），如檐額及梁栿下用者或分做六扇造，用雙腰串造（或單腰串）。"上述文殊殿之格門以及與《營造法式》成書年代上下不過百餘年的幾處實物，如河北涿州市普壽寺遼塔之磚刻格門，山西大同卧虎灣遼墓壁畫中所見之格門，山西朔州市崇福寺彌陀殿之格門，其形制均基本符合《營造法式》之規定。每扇門之體形矮而寬，明顯體現出格門與板門之繼承、發展關係。格門的做法是先用木料做成邊框，然後在邊框之内分爲上下兩段。上段稱"格心"，下段名"裙板"（宋稱"障水板"）。格心以窗櫺拼成，可糊紙、糊紗或鑲嵌玻璃。裙板則以木板爲之。裙板與格心之比，《營造法式》規定爲1∶2，清式規定爲4∶6。然實物測試結果表明，實際上很少完全按規定製作。明清時期的宫殿、寺廟、府第及一般民居中，均普遍應用格扇門，但門扇比遼宋金元時期既高且窄。山西洪洞縣廣勝上寺毗盧殿弘治年代之格門，製作精美，爲明代之代表作。清代官式建築中的格門，其格心以菱花爲主；其他地區的寺廟建築則多用正、斜方格眼，用菱花較少。一般府第民居則自由隨意，多用平櫺組合成各種幾何圖案，或將整個格心滿雕飛龍翔鳳、花鳥及故事人物等，可與優美生動的木雕工藝品相媲美。在山西晋城、高平，雲南大理、劍川及江浙不少民居中均可看到實例。風門，亦叫房門。一般住宅内的居室外門，多做成雙層門，在外的一層門謂之風門。風門不是板門，而是以窗櫺拼鬥格心的單扇格門，寬可三尺許，高六七尺。風門一般朝外開，而格門大多朝内開。屏門，即於門扇木框架正面滿釘木板，以四扇或更多扇拼成一道可開啓的屏壁。講究的屏門，正面做鏡面，而背面做格扇式樣。屏門多用於内檐明間後金柱間，或用於大門與垂花門後檐柱間，以其起屏風作用，故稱。三關六扇門是將堂屋開間用立柱分爲三段，每段均有兩扇門，且皆能開關，故稱爲"三關六扇"。常用於正房或耳房（廂房）之中堂間。中間做成板門，平時出入之用；左右兩側做成格門，平時并不開啓，祇用於采光、通風。此種門制在我國四川地區應用廣泛。抱廳門亦多見於四川地區。在正房中堂間（堂屋）一般不安門，做敞口廳堂，此乃南方氣候温暖且無烈風之故。但在成都一帶常於廳前廊柱上安裝大扇玻璃門窗，即謂之抱廳門；上面不接枋檩，任其空着，形同屏風。舊時大地主宅内多用此門制。花廳門多用於宅第園林裏的獨立小花廳。於開間正中做成帶櫺條花紋的太師壁，左右有小門出入，或做成落地罩式的門，而中置插屏。圓洞門多用於寺廟宅第，即於板屋或磚墙上開一正圓形門洞，故亦稱月亮門。此門洞趣味特殊，必要時略用一二處，確能增加建築物外觀的靈活生動，但不宜多用。

古代門板、門框多以木材製作。隨着社會的進步，科學技術之發展，新型建築材料不斷涌現，現代建築中，除少量門窗仍以木材爲之，大多使用鋼材、鋁合金、塑鋼等製作，其防禦性能更強。以木材爲原料之門幾乎絶迹。門户的采光、通風、日照功能逐漸被窗所代替，其主要功能爲防衛。參閲中國科學院自然科學史研究所《中國古代建築技術史》、王樹村《門與門神》、劉致平《中國建築類型及結構》。

泛　稱

門户[1]

房屋墙院的出入口。《孟子·告子下》："朝不食，夕不食，飢餓不能出門户。"唐杜甫《遣興》詩之二："歸來懸兩狼，門户有旌節。"清孫枝蔚《李屺瞻遠至寓我溉堂悲喜有述》詩："出門乞米去，日中婦彷徨。歸來見駟馬，齊嘶門户傍。"

門[1]

房屋、圍墙等出入口能開關的遮蔽裝置。可分單扇門、雙扇門。按院落布局亦可分爲大門、二門。如房門、宫門、城門等。《左傳·襄公二十五年》："門啓而入，枕尸股而哭。"漢班固《白虎通·五祀》："門，以閉藏自固也。"前蜀李珣《菩薩蠻》詞："回塘風起波紋細，刺桐花里門斜閉。"清孔尚任《桃花扇·聽稗》："門掩青苔長，話舊樵漁來道房。"

門[2]

房屋、圍墙、車船等出入口。《老子》五十二章："閉其門。"河上公注："門，口也。"《左傳·襄公三十一年》："門不容車，而不可逾越。"《三國志·吴書·張昭傳》："昭忿言之不用，稱疾不朝。〔孫〕權恨之，土塞其門。"唐李賀

《高軒過》詩："馬蹄隱耳聲隆隆，入門下馬氣如虹。"《紅樓夢》第二八回："寶玉……一經到了馮紫英家門口，有人報與馮紫英，出來迎接進去。"

户

單扇門。亦泛指房屋之出入口。《說文·户部》："户，護也。半門曰户，象形……戾，古文户从木。"（按，甲骨文"户"字像一扇門的形狀。）《玉篇·户部》："户，所以出入也。一扉曰户，兩扉曰門。"《詩·唐風·綢繆》："綢繆束楚，三星在户。"朱熹集傳："户，室户也。户必南出，昏見之星至此，則夜分矣。"又《小雅·斯干》："築室百堵，西南其户。"《論語·雍也》："誰能出不由户？"劉寶楠正義引唐慧琳等《一切經音義》："一扇曰户，兩扇曰門。"《史記·田敬仲完世家》："須臾，王鼓琴，騶忌子推户入曰：'善哉鼓琴！'"唐韓愈《咏雪贈張籍》："當窗恒凛凛，出户即皚皚。"元王實甫《西廂記》第三本第二折："待月西廂下，迎風户半開。"清張岱《陶庵夢憶·愚公谷》："礧石爲垣，編柴爲户。"

四户

四門。《大戴禮記·盛德》："明堂者，古有之也，凡九室，一室而有四户八牖，三十六户，七十二牖，以茅蓋屋。"南朝宋鮑照《代陳思王京洛篇》："鳳樓十二重，四户八綺窗。"南朝陳後主《獻歲立春光風具美泛舟玄圃各賦六韻》："餘暉斜四户，流風颮八音。"唐盧綸《賦得彭祖樓送楊德宗歸徐州幕》："四户八窗明，玲瓏逼上清。"

闈[4]

門户，出入口。《國語·吳語》："王覺而無見也，乃匍匐將入於棘闈。"韋昭注："闈，門也。"晋陸機《吊魏武帝文》："釐三才之闔典，啓天地之禁闈。"南朝宋謝靈運《君子有所思行》："市鄽無阨室，世族有高闈。"唐韋應物《秋夜一絶》："高閣漸凝露，涼葉稍飄闈。"明何景明《明月篇》："錦幌高褰香霧開，瑣闈斜映輕霞舉。"

關[1]

泛指門户，出入口。《周禮·春官·巾車》："及墓，嘑啓關，陳車。"鄭玄注："關，墓門也。"孫詒讓正義："《說文·門部》云：'關，以木横持門户也。'引申之，凡門皆曰關，故墓門亦稱關也。"三國魏嵇康《與山巨源絶交書》："臥喜晚起，而當關呼之不置，一不堪也。"唐岑參《敬酬李判官使院即事見呈》詩："草根侵柱礎，苔色上門關。"清汪由敦《贈王生》詩："蕭齋掩清關，昕夕祇嚴誨。"

閭[3]

泛指門户。《荀子·大略》："慶者在堂，吊者在閭。"楊倞注："閭，門也。"三國魏應璩《百一詩》："前者隳官去，有人適我閭。"唐韓愈《符讀書城南》詩："由其不能學，所入遂異閭。"清朱鶴齡《送計甫草北游序》："出門閭而揮手，便隔關山；辭親串以晨興，誰同樽酒。"

閌[1]

泛指門。《集韻·平登》："閌，門也。"《左傳·襄公十一年》："乃盟諸僖閌。"杜預注："僖公之門。"孔穎達疏："僖閌是僖公之廟門也。"《漢書·揚雄傳下》："獨不見夫翠虯絳螭之將登虖天，必聳身於倉梧之淵；不階浮雲，翼疾風，虚舉而上升，則不能撠膠葛，騰九閌。"顏師古注："九閌，九天之門。"清蒲松齡《聊齋志異·辛十四娘》:"仰見高閎, 以策撾門。"何垠注:"閎音宏, 門也。"

閶

泛指門。《文選·揚雄〈甘泉賦〉》:"選巫咸兮叫帝閶, 開天庭兮延群神。"劉良注:"帝閶, 天門也。"唐韋莊《小重山》詞:"歌吹隔重閶。"宋徐夢莘《邵宏淵及金人戰於西府橋》:"率親隨軍人入城, 掩閶以拒。"梁啓超《亞洲地理大勢論》:"乃開閶而招之曰:'嘻! 盍歸乎來?'"

閨閤 [2]

室門, 房門。《説文·門部》:"閨, 楚人名門皆曰閨閤。"《文選·潘岳〈寡婦賦〉》:"夢良人兮來游, 若閨閤兮洞開。"李周翰注:"閨閤, 天門, 今以爲室門, 蓋亦通言也。"北魏楊衒之《洛陽伽藍記·龍華寺》:"門巷修整, 閨閤填列。"宋晁載之《續談助·殷芸小説》:"日仄而方丈不御, 夜寢而閨閤不閉。"明金幼孜《元夕觀燈應制》:"閨閤重重夜不扃, 瓊樓十二敞銀屏。"

閾 [1]

門。三國魏曹植《應詔》詩:"仰瞻城閾, 俯惟闕庭, 長懷永慕, 憂心如酲。"《文選·潘岳〈西征賦〉》:"庚飲馬之陽橋, 踐宣平之清閾。"李善注:"長安東出北頭第一城門名宣平門。"宋陸游《傅正議墓志銘》:"公當官至廉, 爲縣時有小吏持官燭入中閾, 公顧見, 立遣出。"清魏源《聖武記》卷一:"我兵先敗其東門外兵, 兵走争入城, 填擁於閾。"

閬

門。《字彙補·門部》:"閬, 門也。"宋李誠《營造法式·大木作制度二·棟》:"于丁栿上隨架立夾際柱子, 以柱槫梢; 或更于丁栿背上, 添閬頭栿。"

閫閾

門户。宋梅堯臣《吊李膺辭》:"嗟異代之有遇兮, 若登履乎閫閾。"元耶律楚材《和董彦才東坡鐵杖詩十二韵》:"一時驚倒野狐禪, 奔走不來予閫閾。"

閫閾 [2]

門限, 門户。南朝梁劉孝標《廣絶交論》:"蹈其閫閾, 若升闕里之堂; 入其隩隅, 謂登龍門之版。"唐李白《明堂賦》:"其閫閾也, 三十六户, 七十二牖, 度筵列位, 南七西九, 白虎列序而躑跙, 青龍承隅而蚴蟉。"清湯斌《潼關樓刻詩記》:"潼關, 古桃林地也……真天造奇險, 爲秦閫閾。"

軒户 [1]

門户。漢王充《論衡·幸偶》:"均之土也, 或基殿堂, 或塗軒户。"唐高適《和竇侍御登涼州七級浮圖之作》:"空色在軒户, 邊聲連鼓鼙。"宋柳永《女冠子》詞:"斷雲殘雨。灑微涼、生軒户。動清籟、蕭蕭庭樹。"明練子寧《水竹居》詩:"高人結宇修篁裏, 軒户玲瓏映流水。"

門構

猶門宇。《新唐書·柳渾傳》:"隋時舊第, 惟田一族耳。討賊自有國計, 豈容不肖子毀門構, 徼一時倖, 損風教哉!"

名　類

大門

建築物主要出入口。安裝於院墻門洞或大型建築的門樓之下，裝修較爲特殊。取材堅固、厚重。因門扇寬度小於大門柱間面闊，故於抱框内還要加裝門框，從而增加了許多構件。大門門扇的結構，亦不同於普通槅扇，有實榻門與棋盤門兩種做法。大門門裏有插關；門外安獸面貼金門鈸，并油漆濃厚的朱紅色，有五路至十一路金色圓形門釘。門釘路數多寡，標志建築物之等級高低。《左傳·成公二年》：“九月，衛穆公卒晋，三子自役吊焉。哭于大門之外。”唐柳宗元《興隆寺記》：“登高殿可以望南極，闢大門可以瞰湘流。”《紅樓夢》第一八回：“賈赦領合族子侄在西街門外，賈母領合族女眷在大門外迎接。”

二門

大門内的一道總門。《警世通言·玉堂春落難尋夫》：“又見二門上有一聯對子：‘不受苦中苦，難爲人上人。’”《儒林外史》第一九回：“超人手執水火棍，跟了一班軍牢夜役，吆喝了進去，排班站在二門口。”《二十年目睹之怪現狀》第八四回：“這天碧蓮到來，一群鴉頭僕婦，早在二門迎着，引到花園裏去。”

外門

大門或外城門。《儀禮·士冠禮》：“賓如主人服，贊者玄端從之，立於外門之外。”《史記·萬石張叔列傳》：“萬石君徙居陵里。内史慶醉歸，入外門不下車。萬石君聞之，不食。慶恐，肉袒請罪，不許。”唐杜牧《唐故范陽盧秀才墓志銘》：“道士憐之，置之外門廡下，席地而處。”宋朱熹《儀禮釋宮》：“宮室之名制，不盡見於經，其可考者，宮必南鄉，廟在寢東，皆有堂有門，其外有大門……寢廟之大門，一曰外門，其門蓋直寢。”明祝允明《游羅浮記》：“下車而前，一道士出迎，導其道院之外門，大題金書曰‘朱明洞天’。”

風門

居住或起居室的建築物外門。北京、大同等地住宅大都安裝此門。門爲單扇，向外開啓。體形矮而寬，寬約三尺，高六七尺，實爲格門之變種，用四抹頭。裙板與格心之高度比約爲一比一。格心亦常做平櫺，做出步步錦、燈籠框等圖案，背面糊紙。夏季，門可摘下換挂竹簾。風門一般衹是外層門，内層大多裝有雙扇小板門。講究的人家，於格門中央兩扇的部位先裝簾架框，再安風門。《紅樓夢》第八九回：“把風門推開一看，只見西北上一層層的黑雲，漸漸往東南撲上來。”《花月痕》第二六回：“次日妝罷，覺得晨熹黯淡，移步簾外，見雲光周匝，雪意溟蒙。因進來閉着風門，向北窗坐下，取出賦稿，修飾一過。”

閣 [5]

大門旁之小門。《説文·門部》：“閣，門旁户也。”段玉裁注：“按漢人所謂閣者，皆門旁户也，皆於正門之外爲之。”《墨子·雜守》：“閣通守舍，相錯穿室。”《漢書·韓延壽傳》：“是日移病不聽事，因入卧傳舍，閉閣思過。”明謝肇淛《五雜俎·地部一》：“韓延壽爲太守，閉閣思過，即如今閉脚門不聽官屬入耳。”亦特指皇宫便殿的角門。《新唐書·百官志二》：“大和九年，詔入閣日，起居郎、舍人具紙筆立螭頭下。”清顧炎武《日知録》卷二四：“〔唐制〕以宣政爲前殿，紫宸爲便殿，前殿謂之正衙，天子不御前殿，而御紫宸，乃自正衙唤仗，繇閣門而入。百官候朝於衙者，因隨以入見，謂之入閣。蓋中門不啓，而開角門也。”

内閣 [2]

安在大門左右的邊門。閣爲門旁小户。唐釋道世《法苑珠林·富貴篇·引證部》：“小復前著，至内閣門，有一童女，顔色端正，皮色瑶悦，甚復可愛。王語樹提：‘是卿女耶？婦耶？’答言：‘是臣守閣之婢。’”清黄六鴻《福惠全書·保甲·栅濠》：“其門左右，兩扇内閣，俱用幹粗木密行打造。”

便門

亦稱“便户”。正門以外之旁門側户。《晋書·王戎傳》：“間乘小馬，從便門而出游，見者不知其三公也。”唐李商隱《日高》詩：“鍍鐶故錦糜輕拖，玉筯不動便門鎖。”宋岳珂《張公洞》詩：“石橋通便户，金鑰鎖殊庭。”明李昌祺《剪燈餘話·長安夜行録》：“少頃，蒼頭自便户出，問客何來，期仁以實告，蒼頭唯唯而去。”《初刻拍案驚奇》卷一二：“只見數十步外有空地丈餘，小小一扇便門也關着在那裏。”《紅樓夢》第九七回：“不必走大門，只從園裏從前開的便門内送去。”

【便户】

即便門。此稱宋代已行用。見該文。

角門

正門兩側之小門。設於整個建築物近角上，故稱。宋王安石《省中沈文通廳事》詩：“竹上秋風吹網絲，角門常閉吏人稀。”元楊載《到京師》詩：“城雪初消薺菜生，角門深巷少人行。”《紅樓夢》第七一回：“且説尤氏一徑來至園中，只見園中正門和各處角門仍未關好。”

後門

亦稱“後户”“後閣”。房屋或院子後面的便門。《漢書·游俠傳·陳遵》：“〔刺史〕突入見遵母，叩頭自白，當對尚書有期會狀，母乃令從後閣出去。”顔師古注：“以其前門關閉，故從後閣出之也。”漢焦贛《易林·升之大有》：“公孫幽遏，跛倚後門。”漢蔡邕《獨斷》卷下：“上但以青緤爲蓋，羽毛，無後户。”《南齊書·高逸傳·褚伯玉》：“年十八，父爲婚，婦入前門，伯玉從後門出。”《魏書·蕭昭業傳》：“昭業獨住西州，每至昏夜，輒開後閣，與諸小人共至諸營署恣淫宴。”唐段成式《酉陽雜俎·玉格》：“欲午，果有人狀如盧所言叩門求糴，怒其不應，因足其户，張重簨捍之，頃聚人數百，張乃自後門率妻孥迴避之，差午，其人乃去。”宋楊萬里《雨後曉登碧落堂》詩：“清晨上碧落，親手啓後户。”明王世貞《游東林天池記》：“寺僧指其傍小巖穴曰：‘此竹林寺後門。’竹林寺者，世所稱有影無形，時時聞天樂云，聖僧居之耳。”清潘天成《劉母楊孺人六十壽序》：“二人乘間，從後户出，至一荒園。”

【後户】

即後門。此稱漢代已行用。見該文。

【後閣】 [2]

即後門。此稱漢代已行用。見該文。

寢門

亦作“寑門”。本爲天子五門最内之門。後泛指内室之門。《儀禮·士喪禮》：“君使人吊，徹帷，主人迎于寢門外，見賓不哭。”鄭玄注：

"寢門，内門也。"《漢書·元后傳》："兄弟宗族所蒙不測，當殺身靡骨死輦轂下，不當以無益之故有離寢門之心。"唐白居易《哭微之二首》之一："八月凉風吹白幕，寢門廊下哭微之。"清李慈銘《越縵堂讀書記·三朝要典》："而以寢門之侍疾，歸獄綸扆；以道聽之傳閽，滅人門户，是誠何心哉！"

【寑門】

同"寢門"。此體漢代已行用。見該文。

閨闈 [2]

婦女所居内室之門户。漢徐幹《情詩》："微風起閨闈，落日照階庭。"宋蘇洵《張益州畫像記》："有女娟娟，閨闈閑閑。"明何景明《擣衣》詩："凉颷吹閨闈，夕露凄錦衾。言念無衣客，歲暮芳寒侵。"

閨 [3]

内門，小門。後泛指門。《詩·齊風·東方之日》："彼姝者子，在我閨兮。"毛傳："閨，門内也。"馬瑞辰通釋："《傳》'門内'當爲'内門'之訛。《文選》古詞《傷歌行》李善注引毛《傳》曰：'閨，内門也。'是其證矣。"王先謙集疏："切言之則閨爲小門，渾言之則門以内皆爲閨，故毛《傳》但云'閨，門内也'。"《史記·樊酈滕灌列傳》："噲乃排闥直入，大臣隨之。"張守節正義："闥，宮中小門。"《白虎通·辟雍》："明堂，上圓下方，八窗四闥。"《新唐書·李石傳》："東省閉閨累月，南臺惟一御史。"宋葉適《宜人鄭氏墓志銘》："民欲解衣宿，忽衝風驟雨，水暴至，閨啓膝没，及雷蕩胸，至門已溺死。"清汪價《三儂贅人廣自序》："海上帥縱兵劫民舍，日呼縛儒冠者，破我閨而入，勦掠靡遺。"

闌 [1]

樓上小門。《説文·門部》："闌，樓上户也。"段玉裁注："許書無闌，闌即今闌字。"按，許説不確。

坊門 [2]

古時街巷之門。此稱始見於南北朝，後世沿用。《魏書·孝静紀》："五月，大旱。勒城門、殿門及省、府、寺、署、坊門澆人，不簡王公，無限日，得雨乃止。"唐白居易《失婢》詩："宅院小墙庳，坊門帖榜遲。"《舊唐書·五行志》："今暫逢霖雨，即閉坊門。"明王世貞《紀戊午正月李公事有感》詩之四："半面坊門識，私庭迹有無。"

【閭】 [4]

即坊門。《書·武成》："式商容閭。"孔穎達疏引《説文·門部》："閭，族居里門也。"《古文苑·揚雄〈蜀都賦〉》："爾乃其都門二九四百餘閭。"章樵注："閭，坊巷門也。"宋蘇軾《遺直坊》詩叙："故太守李公諱師中，榜其閭曰'遺直'。"清朱鶴齡《送計甫草北游序》："出門閭而揮手，便隔關山；辭親串以晨興，誰同樽酒。"

【邑閭】

即坊門。亦稱"邑閈"。《周禮·地官·司稼》："掌巡邦野之稼而辨穜稑之種，周知其名，與其所宜地，以爲灋而縣於邑閭。"南朝陳徐陵《與王吳郡僧智書》："頃歲多難薦臻，邑閈皆空，黔黎將盡。"《新唐書·徐申傳》："徙治故州，未幾，邑閈如初。"明孫繼皋《古柏詞壽虞母》詩之一："古柏森森護邑閭，風霜歷盡影扶疏。"

【邑閈】

即邑閭。此稱南北朝時期已行用。見該文。

【閭閈】[2]

即坊門。《管子·八觀》："大城不可以不完，郭周不可以外通，里域不可以橫通，閭閈不可以毋閉。"亦多藉指里巷、街坊。南朝宋鮑照《河清頌》："閭閈有盈，歌吹無絕。"唐薛用弱《集異記·李清》："因指前後閭閈：'此皆我祖先之故業。'"明葉春及《地理志論》："他若隄防、亭臺、津梁、墟市、閭閈、古迹、丘墓，與夫移風易俗之道，雖人官之能而因地之利，並著之，作《地理志》。"

【閎】[2]

即坊門。《爾雅·釋宮》："衖門謂之閎。"郭璞注："閎，衖頭門。"《左傳·成公十七年》："齊慶克通于聲孟子，與婦人蒙衣乘輦而入于閎。"杜預注："閎，巷門。"楊伯峻注："閎，宮中夾道門，巷門。"《新唐書·隱逸傳·張志和》："以門隘，爲買地，大其閎，號回軒巷。"明王慎中《修天妃宮記》："於是，摶土斫木爲其（神靈）形容；寵之名號，原本氏族；廣衍景迹以附是物，而穹堂、奧室、大庭、高閎以居之，患其不稱也……"

閭[2]

里巷之內的門户。《文選·班固〈西都賦〉》："內則街衢洞達，閭閻且千。"李善注引《字林》曰："閭，里門也。閻，里中門也。"唐孟郊《立德新居》詩："伊雒繞街巷，駕鵞飛閭閻。"清朱彝尊《清風集序》："自采風廢于太師，詩之爲教，世儒鄙爲小技，輒置不錄，故魏晉而降，傳者率多學士大夫從游應詔之作，至窮閭陋室之士，蓋千百而存其十一焉。"

市門

亦稱"市闤""市闠""市闌"。市場之門。古代市場四周圍以垣墻，出入有門，按時啓閉。《韓非子·內儲說上》："因召市吏而誚之曰：'市門之外何多牛屎？'"《魏書·食貨志》："其京邑二市，天下州鎮郡縣之市，各置二稱，懸於市門。"宋蘇軾《崔文學申見過賦一篇示志舉》詩："青衫映白髮，今似梅子真。道存百無害，甘守吳市門。"又《次韻陳海州書懷》："舊聞草木皆仙藥，欲棄妻孥守市門。"元黃溍《題洪崖出游圖》："靈仙飛化事難言，驢背春風度市門。"明程敏政《送陸克深員外知叙州府》詩："棨戟通公廨，茶鹽擁市闌。"明祝允明《悲時命》詩："積囊欲貿，市闤已鍵。"清魏源《武夷九曲詩》之三："曲曲奥不曠，曠即嫌市闤。"

【市闤】

即市門。此稱宋代已行用。見該文。

【市闠】

即市門。此稱宋代已行用。見該文。

【市闌】

即市門。此稱明代已行用。見該文。

闤

市區之門。後亦藉指市區。《說文·門部》："闤，市外門也。"《銀雀山漢墓竹簡·孫子兵法·九地》："敵人開闤，必亟入之。"《文選·張衡〈西京賦〉》："爾乃廓開九市，通闤帶閫。"李善注："薛綜曰：'闤，中隔門也。'晉崔豹《古今注》曰：'市墻曰闤，市門曰閫。'"唐元稹《臺中鞫獄憶開元觀舊事》詩："驅令選科目，若在闤與閫。"明袁宏道《人日自笑》詩："倏而枯寂林，倏而喧囂闤。"

【闠】

即闤。《文選·張衡〈西京賦〉》:"爾乃廓開九市,通闤帶闠。"李善注引《倉頡篇》曰:"闠,市門。"又左思《蜀都賦》:"闤闠之里,伎巧之家。"李善注引劉逵曰:"闠,市巷也。"唐白居易《和櫛沐寄道友》詩:"始出里北閈,稍轉市西闠。"清陶梁《感事》詩:"狎浪皮船增曲港,連雲夷館起通闠。"

帳門

帷帳的出入口。《周書·異域下·突厥傳》:"死者,停屍於帳,子孫及諸親屬男女,各殺羊馬,陳於帳前,祭之。繞帳走馬七匝,一詣帳門,以刀剺面,且哭,血淚俱流,如此者七度,乃止。"唐曹唐《小游仙詩》之二十一:"嬪妃久立帳門外,暗笑夫人推酒聲。"宋葉適《葉路分居思堂二首》詩之二:"淡沱磨水硯,蕭條倚帳門。"

壁門 [2]

軍營之門。《史記·絳侯周勃世家》:"亞夫乃傳言開壁門。"《續資治通鑑·宋太祖開寶二年》:"夜半,忽傳呼壁外云:'北漢主降。'帝令衛士環甲,將開壁門,八作使趙璲曰:'受降如受敵,詎可夜半輕諾乎!'"明高啓《登鳳凰山尋故宮遺址》詩:"烏啼壁門空,落葉滿陰障。"

欞星門 [1]

孔廟之大門,明清時所建。古代傳說欞星為天上主文化之星官,以此名門,有人才輩出之意。清殷元正輯《龍魚河圖》曰:"天鎮星主得士之慶,其精下為欞星之神。"山東曲阜孔廟及各地學宮廟前皆有欞星門,蓋取得士之意。其做法源於唐宋舊制。原為木構,後為石築。門上有龍頭閥閱十二,門中有大型朱欄六扇,大石柱四,下有石鼓夾抱,上飾穿雲板,頂端雕四大天王像。門前立金聲玉振坊,左右兩側各有下馬牌。宋劉燴《鉛山縣修學記》:"吳興章侯謙亨來,……首闢肄業諸齋,更欞星門,繕藏書樓,升從祀於東西廂,祠先賢于某所,鬷內達外,真奐然矣。"元李繼本《淶水縣學記》:"廟前作東西廡各三,先賢從祀之室也。廟旁樹學規石刻,示永久也。廟外曰神門,又其外曰欞星門。以繕以營,悉中儀矩。繚以崇垣,植以名木,嚴廟貌也。"明李東陽《鎮原縣廟學重修記》:"廟有大成殿,徙於舊址西北五丈,為間五,左右有廡,為間各十,聖賢有像,惟廡像皆新設,其數百有九,前有戟門,又前有欞星門,有廚有庫……"

板門

用板材製作的雙扇門或單扇門。始於西漢,歷代通用,沿用至今。板門上有門楣(上檻),下有門限(下檻)。雙扇板門上有鋪首及閛環,有的還裝有挂鎖的鐵拉栓。北魏熙平元年(516)在洛陽建造的永寧寺方形九層木塔,楊衒之《洛陽伽藍記·永寧寺》記述其構造時云:"浮圖有四面,面有三戶六窗。戶皆朱漆。扉上各有五行金釘,其十二門二十四扇,合有五千四百枚,復有金環鋪首。"此為板門上施用門釘最早的記載。從唐至漢,歷經一千餘年,無論是建築實物,或壁畫、出土明器、畫像磚還是文獻記載,均可看出雙扇板門為最通用之門。山西五臺山佛光寺大殿五門雙扇大板門是與建築物同期的遺物,亦是迄今為止已知的我國古建築中最早的木裝修實物。此板門式樣,從陝西乾縣唐懿德太子墓壁畫中亦可看到。板門主要安裝在宮殿、寺廟、府第與民居中的入口處大門上。依做法之异，板門可分爲棋盤門、鏡面門及實榻門三種，均向内開啓。棋盤門是先用木條做成框架，然後裝板，背面用三至五根穿帶，兩端做出榫頭交於門邊挺。門正面，門板與框齊平，背面形成格狀，猶如棋盤，故稱"棋盤門"。把棋盤門的正面加工得光面無縫，平滑如鏡，即爲鏡面門。實榻門是每扇用三至五塊同等厚度的木板拼合，然後用幾根穿帶串聯加固而成。板門的規格，宋李誠《營造法式》有明確規定："造版門之制，高七尺至二丈四尺，廣與高方……如減廣者不得過五分之一。"佛光寺東大殿唐代板門實例高 3.75 米，當心間寬 3.63 米，基本上是 1：1，説明宋代沿用唐制。宋、遼、金建築實物的板門，門寬一般小於門高。早期寺廟方體建築與明清以來的宫門、廟門及府門的板門，除背面用穿帶外，正面還有門釘。門釘路數取决於穿帶根數。清代規定，門釘七路，每路用釘七枚。門釘最初祇是把穿帶及閘心板相連接的鐵釘外露部分鍛打成蘑菇狀；以後爲裝飾的美觀，便將釘帽單獨作爲一個裝飾構件製作，所用材料是鐵、銅或木料。使用時或套釘在門上，或嵌套在門釘露頭上。鐵門釘一般用在早期寺廟的板門上。明清的宫殿、衙署、府第等大門則用銅門釘或木門釘，銅的鎦金，木的漆黃色，門漆成紅色。朱門金釘是造成這些建築威嚴豪華氣派的重要因素。一些門第的大門不施門釘，常繪以門神，以增加不可侵犯的氣氛。在宫殿、衙署、寺廟以及一些府第民居的大門上施用鋪首，以銅或鐵鑄成獸面，口銜門環。也有的將鋪首的式樣做成内圓外八邊形。北方民居大門上隨處可見。參閱喻維國《建築史話》，李允鉌《華夏意匠》，中國科學院自然科學史研究所《中國古代建築技術史》。

推拉式屋門

亦稱"拉門"。位於房屋建築或多間式房屋建築兩屋間出入口，可左右開關的裝置。在湖北棗陽鹿頭鎮北 3 公里處的河旁臺地上，發掘出土一處距今六千年至五千多年的氏族聚落遺址，發現有當時人類居住的房屋建築基址二十多座及其他遺跡、遺物。其中有兩座房屋建築基址保存較好，在其墻體上發現有十四個推拉式房門，平均每間屋有一門。其形式、結構與現代推拉房門基本相同。這是我國首次發現年代最早的推拉式房屋門，將該形式屋門的發明使用年代確切地標志爲原始社會新石器時代。裝置有推拉門的房屋，在建築形式、結構及技術水平上，都達到了相當進步、成熟的程度。推拉門的門框是在建造墻壁時專門留出，與墻壁連成一體，一次性完成的。門框在出入口兩側墻的内壁，呈溝槽狀，下框溝槽内側築有凸棱，高出居住面 5~10 厘米，酷似門檻，與左右門框連成一體。框槽内積留有炭化的朽木，推測當時的屋門是采用木質材料加工製成的。門框寬 1.2 米，而出入口寬祇有半米。與室外相通的門有的有近 1 米長的過道。兩側墻壁内豎立半圓形或方形木柱，可能用以支撑屋檐或門樓，使其既能防雨又美觀。中國原始社會新石器時代的推拉門究竟流行了多長時間，流行的區域如何，均有待進一步研究；其與日本、韓國至今依然流行的推拉門之間的淵源發展，亦有待進一步研究。我國現代房屋建築内部通道也常能見到此門式。

【拉門】

即推拉式屋門。見該文。

烏頭大門

亦稱"欞星門"。裝置於官僚宅第院墙中間的大門。其制度在《唐六典》中已予著録，但未留下實物。宋李誡《營造法式·總釋下》記載："烏頭門。《唐六典》：六品以上，仍通用烏頭大門。唐上官儀《投壺經》：'第一箭入謂之初箭，再入謂之烏頭，取門雙表之義。'《義訓》：'表揭，閥閱也。'（揭音竭，今呼爲欞星門。）"明清時期孔廟的欞星門，陵墓前之石坊，是其遺制。其做法：祇立兩根挾門柱，柱下栽入地內，上施烏頭，不用屋蓋。於兩柱之間裝兩扇下有障水板，上成偶數的欞條，并用承欞串。詳見《營造法式·小木作制度一》。烏頭大門并非一般人家可施用，有一定官階限制。《唐會要·輿服》曰："五品以上堂舍不得過五間七架，廳廈兩頭，門屋不得三間兩架，仍通作烏頭大門。"《宋史·輿服志》曰："六品以上許做烏頭大門。"

【欞星門】[2]

即烏頭大門。此稱唐代已行用。見該文。

實榻大門

安於中柱之間，多用於宮殿、王府建築群入口處的大門。其做法爲門心板與大邊厚度相同，其厚度在二至三寸之間。故厚重而堅實。

棋盤門

板門樣式之一。它的邊框大框做成框架，安上木板，於上下抹頭間，用三數根穿帶，呈方格狀。以其形如棋盤，故稱。將棋盤門正面加工得如同鏡面，光潔無縫，謂之鏡面門，或鏡面板門。

格門

亦稱"格子門""隔扇"。始見於唐末五代。爲宋代以降古建築中通用的門之形制。上海博物館館藏五代白釉建築枕上，四面均裝格門。這是現在最早之格門式樣。稍後之實物爲遼代所建，河北淶源閣院寺文殊殿之格門。其做法在宋李誡《營造法式·小木作制度》"格子門"項內有詳細記載："每間分作四扇（如梢間狹促者只分作二扇），如檐額及梁栿下用者或分作六扇造，用雙腰串（或單腰串）造。"門扇的數量依據開間之大小決定。每開間做二扇、四扇、六扇乃至八扇。其優點是在需要時可隨時摘落。一扇格門的體形，高與寬之比：宋代爲2：1或不足3：1，明清爲3：1或4：1。江浙一帶府第民居亦有5：1或6：1者。格門均向內開。其構造由格心與裙板兩部分組成。用四抹頭的格門於格心與裙板之間加一道條環板（宋名腰華板），五抹頭格門在裙板下再加一道條環板，六抹頭格門則於格心之上再加一道條環板。格心與裙板之高度比：《營造法式》規定爲2：1，清式規定爲3：2，但多數實物并未拘泥於這些規則，而是因時因地，各行其是。最講究的格門，《營造法式》所謂"兩明格子門，其腰華障水版格眼皆用兩重"。清式祇將格心做兩層，名爲夾紗或夾堂，裙板與條環板仍做單層。內外式樣完全相同，外層固定，內層可隨時取下換糊紗或紗。格心爲格門中最富於變化與引人入勝之部位，欞花種類繁多，舉不勝舉。一種是以平直欞條製作一碼三箭、步步錦、燈籠框、拐子紋、龜背紋、冰製紋、盤長、卍字、亞字或回字等幾何圖案，於欞條空檔過大之處，加工字、臥置、方勝、捲草、蝙蝠等卡子；再一種是以曲綫爲主的各種菱花與球紋及其變種；最講究、最高級的做法是用整塊木板精心雕刻成龍鳳、飛鳥、花卉及人物故事，實爲裝於格心内之木雕工藝品。裙板式樣往往隨格心之繁簡及精細程度而做不同處理。最考究之裙板上有龍鳳、花卉及人物故事等鏤空雕刻，一般以如意雲頭、捲草、夔龍等居多，最簡單的裙板上則未有任何綫條與紋樣。

【格子門】

即格門。此稱宋代已行用。見該文。

【隔扇】 [2]

即格門。此稱清代已行用。見該文。

栅門

用木條製成的門。《三國志·魏書·袁紹傳》：“〔審〕配將馮禮開突門，内太祖兵三百餘人，配覺之，從城上以大石擊突中栅門，栅門閉，入者皆没。”《舊唐書·秦叔寶傳》：“叔寶與士信馳至其栅，栅門閉，不得入。”《水滸傳》第三五回：“當下秦明和黄信兩個到栅門外下看時，望見兩路來的軍馬，却好都到。”

落地明造 [2]

亦稱“落地明罩”。一種不用裙板全用格心之格門。格扇上下一整片既無裙板，亦無條環板，全爲格心。其製作精細考究、玲瓏美觀，向爲官僚、士紳府第常用之格門式樣。

【落地明罩】 [2]

即落地明造 [2]。此稱多行用於近現代。見該文。

屏門

一種類似屏風的門。其形式類同格門。其做法：於格門框架上裝置木板，門表面光平如鏡。用於外檐裝修時，將四扇或更多扇拼成一道可開啓的屏壁，置於府第及小庭院前的大門後檐柱之間，形同屏風，故稱。北方民居中之屏門，多油漆綠色，上書“福”“壽”等吉利大字。最考究之屏門則於前面嵌入鏡子，後面做成格門式樣，給人以素雅恬静之感。《姑妄言》卷一六：“屏門後挂了簾子，獨設一席與鐵氏看戲。”《花月痕》第五回：“中間碧油屏門，不成顔色，屏門後甬道，砌磚尚自完好，兩傍一柏一松，蒼翠欲滴。”

垂花門

舊式住宅的二門，位於四合院中軸綫之上。在有廳房的多種院落中，常設於後部，爲後院之門。二門上修建屋頂式的蓋，四角檐柱下垂，懸於中柱穿枋之上，柱的頂端雕花彩繪，故名。此門形制是從“飄檐”的形式發展而來的，它代表“尊貴”之義，故衹見於王公府第與祠廟。依照我國宅第的傳統做法，臨街整齊的磚牆配不加雕飾的大門，給人以質樸大方的感受。内院二門爲雕花彩繪的華貴垂花門，使人感受温馨親切的生活氣息。功能不同，形式不同，感受各異。《紅樓夢》第三回：“林黛玉扶着婆子的手，進了垂花門，兩邊是抄手游廊，正中是穿堂，當地放着一個紫檀架子大理石的大插屏。”清楊懋建《京塵雜録·夢華瑣簿》：“南横街圓通觀大殿後垂花門外，牡丹左右各一本，濃艷凝香，迴非凡品。特其地近市，湫隘囂塵，無過而問焉者。”參閱李允鉌《華夏意匠》、中國科學院自然科學史研究所《中國古代建築技術史》。

【垂花二門】

即垂花門。《兒女英雄傳》第二四回：“過了腰房、穿堂，一座垂花二門，進去抄手游廊，五間正房。"

内垂門

舊時富家宅院内院之院門。因門上蓋有宮殿式小屋頂，並有雕刻的垂花倒懸於門額兩側，故稱。《紅樓夢》第五三回："寧國府從大門、儀門、大廳、暖閣、内廳、内三門、内儀門並内垂門，直到正堂，一路正門大開，兩邊階下一色朱紅大高燭，點得兩條金龍一般。"

抱廳門

南方正房中堂間，一般不安門，做敞口廳，但或於廳前廊柱上安裝大扇玻璃門窗。上面不接枋檁，任其空檔，整個門窗如同屏風。此式樣之門多見於四川。

三關六扇門

此門是將堂屋開間用立柱分爲三段，每段均安兩扇門，且均可啓閉，故稱。多用於正房或耳房之中堂間，中間做板門，供平時出入之用；兩旁爲格扇門，以采光與通風。

軟門

四邊做框，用雙腰串或單腰串，四邊框與腰串之間均裝木板的一種門。類似今新建築用幾道橫頭的木板門。是板門演變爲格門的一種過渡式樣。它雖比板門靈巧，但仍與板門一樣存在不能采光的缺陷。因此，它在尚未普遍推廣應用時，便爲格門所取代。

圭竇

亦作"閨竇"。門旁小户。以其上銳下方，形狀如圭，故稱。《左傳・襄公十年》："篳門閨竇之人，而皆陵其上，其難爲上矣。"杜預注："閨竇，小户，穿壁爲户，上銳下方，狀如圭也。"南朝梁蕭統《七契》："篳門鳥宿，圭竇狐潛。風來室搖，霧下窗霑。"宋蘇轍《喜雪呈李

公擇》詩："孤村掩圭竇，深徑没芒屩。"明田汝成《炎徼紀聞・趙楷、李寶》："乙夜，趙應竊荺玖，穴垣亡，蘇寄枝巡徼驚呼曰：'閨竇何豁也？'"清蒲松齡《聊齋志異・杜翁》："俄見諸女入一圭竇，心識爲王氏賣酒者之家。"

【閨竇】

同"圭竇"，此體先秦時期已行用。見該文。

【圭窬】

即圭竇。墙上小門，其形如圭。藉指貧窮人家的門户。《禮記・儒行》："環堵之室，篳門圭窬，蓬户甕牖。"鄭玄注："圭窬，門旁窬也，穿墙爲之，如圭矣。"南朝梁江淹《四時賦》："空床連流，圭窬淹滯，網絲蔽户，青苔繞梁。"明黃姬水《貧士傳・吳蔡二隱》："蔡會，字休明，陳留人也。……圭窬自守，不與俗交。"

圭門

圓形拱門。宋張方平《寄魯平》："環堵藜爲楊，圭門席挂簾。"明宋應星《天工開物・磚》："圓鞠小橋梁與圭門與窀穸墓穴者，曰刀磚，又曰鞠磚。"《儒林外史》第四〇回："〔沈瓊枝〕便跟着丫頭走到廳背後左邊，一個小圭門裏進去，三間楠木廳，一個大院落，堆滿了太湖石的山子。"

閨 [3]

上圓下方的小門。《説文・門部》："閨，特立之户，上圓下方，有似圭。"《左傳・襄公十年》："篳門閨竇之人，而皆陵其上。"《荀子・解蔽》："俯而出城門，以爲小之閨也，酒亂其神也。"楊倞注："閨，小門也。"唐劉長卿《送張七判官還京觀省》詩："春色長安道，相隨入禁閨。"

門樓

建有牌樓式頂的大門。《京本通俗小説·西山一窟鬼》：“不是來門樓下躲雨，却是：猪羊走入屠宰家，一脚脚來尋死路。”《醒世恒言·赫大卿遺恨鴛鴦條》：“大卿徑望東首行去，見一座雕花門樓，雙扉緊閉。”

闔

亦稱“閌”。高門。《説文·門部》：“闔，門高也。”《廣韻·平唐》：“闔，高門也。”《集韻·平唐》：“高門謂之闔，或从良。”宋李誡《營造法式·總釋下·門》：“高門謂之闔，闔謂之閌。”

【閌】

即闔。此稱漢代已行用。見該文。

朱户

古代帝王賞賜給諸侯或有功大臣的朱紅色大門，爲“九錫”之一種。《韓詩外傳》卷八：“諸侯之有德，天子錫之。一錫車馬，再錫衣服……六錫朱户。”《漢書·王莽傳上》：“於是莽稽首再拜，受緑韍袞冕衣裳……九命青玉珪二，朱户、納陛。”亦泛指朱紅色大門。宋柳永《西江月》詞：“鳳額綉簾高捲，獸鐶朱户頻摇。”明劉基《小重山》詞：“娟娟斜倚鳳凰樓，窺朱户，應自半含羞。”

朱門

紅漆大門。指貴富之家。晋葛洪《抱朴子·嘉遁》：“背朝華於朱門，保恬寂乎蓬户。”唐杜甫《自京赴奉先縣咏懷五百字》：“朱門酒肉臭，路有凍死骨。”明王恭《温陵留別陳四博士》詩：“五陵白馬盡浮雲，甲第朱門共秋草。”清洪昇《長生殿·褉游》：“向朱門綉閣，賣花聲叫的殷勤。”

【朱扃】

即朱門。元貢奎《驪山宫圖》詩：“内殿朱扃萬折分，畫工精似史官文。”明高濂《玉簪記·南侵》：“鶯啼處，畫閣朱扃。”清龔自珍《桂殿秋》詩：“此生欲問光明殿，知隔朱扃幾萬重。”

【丹扉】

即朱門。亦稱“丹扇”。三國魏曹植《五游咏》：“閶闔啓丹扉，雙闕曜朱光。”《初學記》卷一五引南朝陳周弘正《咏歌人偏得日照》詩：“斜光入丹扇，的的最分明。欲持照彫栱，仍作繞梁聲。”唐楊衡《游峽山寺》詩：“寶殿敞丹扉，靈幡垂絳旒。”明鄭真《寄羅信言》詩：“道來不肯扣丹扉，秋水羅江看夕暉。”

【丹扇】

即丹扉。此稱南北朝時期已行用。見該文。

【朱扉】

即朱門。亦稱“朱閌”。晋張載《登成都白菟樓詩》：“高軒啓朱扉，回望暢八隅。”宋梅堯臣《依韻和宋次道答弟中道喜還朝》：“歸來又接同袍會，月下朱閌不用關。”宋柳永《鳳栖梧》詞之三：“玉砌雕闌新月上，朱扉半掩人相望。”清紀昀《閲微草堂筆記·如是我聞一》：“夜過岳廟，朱扉嚴閉。”

【朱閌】

即朱扉。此稱宋代已行用。見該文。

玉門 [2]

飾玉之門。指貴富之家。《晏子春秋·諫下十八》：“及夏之衰也，其王桀背棄德行，爲璿室玉門。”《淮南子·道應訓》：“文王歸，乃爲玉門，築靈臺，相女童，擊鐘鼓，以待紂之失。”

【玉扃】

即玉門[2]。唐白居易《長恨歌》："金闕西廂叩玉扃，轉教小玉報雙成。"元李庾《西都賦》："黃宅緇廬，金篆玉扃，以張帝居，用壯天庭。"

棘門

古代帝王外出，在止宿地插戟爲門，謂之"棘門"。棘，通"戟"。《周禮·天官·掌舍》："爲壇壝宮棘門。"鄭玄注引鄭司農曰："棘門，以戟爲門。"古代宮門插戟，故亦爲宮門之別稱。《戰國策·楚策四》："楚考烈王崩，李園果先入，置死士，止於棘門之內。"清廖騰煃《初入貢院行署》詩："萬舍秋鐙鈴柝靜，三聲畫角棘門開。"

綺户

彩繪雕花的門户，藉指富麗的房門。唐元稹《生春》詩之十七："何處生春早，春生綺户中。"宋蘇軾《水調歌頭·丙辰中秋歡飲達旦大醉作此篇兼懷子由》詞："轉朱閣，低綺户，照無眠。"元張憲《白苧舞詞》："璃窗綺户鎖風色，桃樹日長蝴蝶飛。"明張居正《贈國子馬生行》："不見當年許史家，朱樓綺户青雲逼。一朝寵失門祚衰，堂前一一生荊棘。"

網户

亦稱"網軒"。雕刻有網狀花紋的門窗。藉指富麗的房門。《楚辭·招魂》："網户朱綴，刻方連些。"王逸注："網户，綺文鏤也。"南朝梁沈約《應王中丞思遠咏月詩》："網軒映珠綴，應門照綠苔。"唐李白《明堂賦》："玉女攀星于網户，金娥納月於琁題。"唐韋應物《雨夜宿清都觀》詩："洞户含涼氣，網軒構層陰。"清袁枚《隨園詩話》卷六："其中之洞房曲室，網户罘罳，尚未齊備。"

【網軒】

即網户。此稱南北朝時期已行用。見該文。

材　質

木門

木料製成的門，是從古至今用得最普遍的門之一。《漢書·外戚傳下·孝成趙皇后》："先是有童謠曰：'燕燕，尾涎涎，張公子，時相見。木門倉琅根，燕飛來，啄皇孫。皇孫死，燕啄矢。'"明袁宏道《酒正喧蕭君席上作》詩："東坊西市榜明文，不嚴軍律嚴司閽。木門蒼琅根，日未昏，斷行人。"

蓬門[2]

以蓬草編製的門，多爲貧困人家所用。南朝宋謝莊《懷園引》詩："青苔蕪石路，宿草塵蓬門。"唐杜甫《客至》詩："花徑不曾緣客掃，蓬門今始爲君開。"清查慎行《復愁四章》詩之三："此中無客到，何用掩蓬門？"

【蓬户】[3]

即蓬門[2]。《禮記·儒行》："篳門圭窬，蓬户甕牖。"《莊子·讓王》："原憲居魯，環堵之室，茨以生草，蓬户不完，桑以爲樞。"《淮南子·原道訓》："蓬户甕牖，揉桑爲樞。"高誘注："編蓬爲户，以破甕蔽牖。"唐戴叔倫《新秋夜寄江右友人》詩："遙夜獨不寐，寂寥蓬户中。"明于謙《村舍桃花》詩："野水縈紆石徑斜，篳門蓬户兩三家。"

蓬蓽 [2]

以蓬草、荊條編成的門户，多爲貧苦人家所用。《晋書·葛洪傳》："是以望絶于榮華之塗，而志安乎窮圯之域，藜藿有八珍之甘，蓬蓽有藻梲之樂也。故權貴之家雖咫尺弗從也，知道之士雖艱遠必造也。"唐司空曙《早夏寄元校書》詩："蓬蓽永無車馬到，更當齋夜憶玄暉。"明謝榛《江淮篇贈別董中丞叔化赴南都》詩："漁樵生計任歌謡，耕織人家敞蓬蓽。"

蓽門 [3]

以荊條、竹子編織的門。多爲貧苦人家所用。《左傳·襄公十年》中已有"蓽門閨竇"之語。《孔叢子·抗志》："亟臨蓽門，其榮多矣。"唐王維《山居即事》詩："鶴巢松樹遍，人訪蓽門稀。"清錢謙益《投老》詩："投老經年掩蓽門，清齋佛火自晨昏。"

蓽門圭竇 [2]

亦作"篳門圭竇""篳門閨竇"。"蓽"同"篳"。以荊條、竹木編織的門；穿壁爲户，上鋭下方，其狀如圭，多爲貧苦人家所用。《左傳·襄公十年》："篳門閨竇之人，而皆陵其上，其難爲上矣。"杜預注："篳門，柴門；閨竇，小户，穿壁爲户，上鋭下方，狀如圭也。"《魏書·逸士傳·李謐》："繩樞甕牖之室，蓽門圭竇之堂，尚不然矣。"唐孟棨《本事詩·情感》："韓翃少負才名……所與游皆當時名士，然而蓽門圭竇，室唯四壁。"清錢謙益《陳府君墓志銘》："長身偉衣冠，遇蓽門圭竇，傴僂而入。"梁啓超《新民説》："帝王之瓊樓玉宇，窶民之蓽門圭竇，可以同成一燼。"

【篳門閨竇】 [2]

同"蓽門圭竇 [2]"。此體先秦已行用。見該文。

【篳門圭竇】 [2]

同"蓽門圭竇 [2]"。此體清代已行用。見該文。

【篳門圭窬】 [2]

亦作"篳門閨窬"。即蓽門圭竇。《禮記·儒行》："儒有一畝之宫，環堵之室，篳門圭窬，蓬户甕牖。"孔穎達疏："篳門，謂以荊竹織門也，杜氏云柴門也。圭窬，門旁窬也，穿墻爲之，如圭矣。"晋陸雲《與陸典書書》之五："篳門閨窬之人，敢晞天望之冀。"

【篳門閨窬】

同"篳門圭窬"。此體晋代已行用。見該文。

荊門

荊條編製的門。猶柴門。南朝宋劉義慶《世説新語·品藻》："有人問袁侍中曰：'殷仲堪何如韓康伯？'答曰：'理義所得，優劣乃復未辨；然門庭蕭寂，居然有名士風流，殷不及韓。'故殷作《誄》云：'荊門晝掩，閑庭晏然。'"南朝梁陶弘景《尋山志》："荊門晝掩，蓬户夜開。室迷夏草，徑惑春苔。"宋曾鞏《茅亭閑坐》詩："荊門常晝掩，不必雲山深。"清鄭方坤《全閩詩話·黎士弘》："黎士弘字媿……曾作閩酒麴：……社前宿雨暗荊門，接手東鄰隔短垣。"

【荊扉】 [2]

即荊門。晋陶潛《歸園田居五首》詩之二："白日掩荊扉，虚室絶塵想。"宋陸游《野興》詩："從今謝人事，終日掩荊扉。"明奚濤《舟行即事》詩："蠶月江橋外，荊扉八九家。"

席門 [2]

亦作"蓆門"。以弊席爲門，多爲窮苦人家

所用。席，"蓆"的古字。語本《史記・陳丞相世家》："家乃負郭窮巷，以弊席爲門，然門外多有長者車轍。"《宋書・袁粲傳》："所處席門常掩，三逕裁通，雖揚子寂漠，嚴叟沈冥，不是過也。"唐王勃《夏日諸公見尋訪詩序》："席門蓬巷，佇高士之來游；叢桂幽蘭，喜王孫之相對。"唐袁郊《甘澤謠・懶殘》："李公潛往謁焉，望席門通名而拜。"宋陳著《次韻侄溥偶成》："向上路頭須努力，席門元不困陳平。"清方文《送王幼公之毘陵》詩："席門掩窮巷，殘花綻疏籬。"

【蓆門】

同"席門[2]"。此體宋代已行用。見該文。

【蓆户】

即席門[2]。以蓆爲門扉，多爲貧困人家所用。南朝梁蕭統《錦帶書十二月啓・夾鐘二月》："鸞鳳騰翻，誠萬世之良規，但某蓆户幽人，蓬門下客。"

柴門[2]

用柴木做的門，言其簡陋。亦藉指寒舍、陋室。三國魏曹植《梁甫行》："柴門何蕭條，狐兔翔我宇。"《晉書・儒林傳》："若仲寧之清貞守道，抗志柴門；行齊之居室屢空，栖心陋巷……斯並通儒之高尚者也。"元張可久《山坡羊・雪夜》曲："扁舟乘興，讀書相映，不如高臥柴門靜。"清李漁《憐香伴・書空》："柴門靜夜無關鑰，留與山僧帶月推。"

【柴扉】[2]

即柴門。亦指貧寒之家。南朝梁范雲《贈張徐州稷》詩："還聞稚子説，有客款柴扉。"

唐李商隱《訪隱者不遇成二絶》之二："城郭休過識者稀，哀猿啼處有柴扉。"《西游記》第六七回："長老欣然促馬，至莊門外下馬，只見那柴扉緊閉。"清吳偉業《和王太常西田雜興韵》："亂後歸來桑柘稀，牽船補屋就柴扉。"

【柴關】[2]

即柴門。唐賈島《寄錢庶子》詩："曲江春水滿，北岸掩柴關。"元張可久《水仙子・湖上小隱》曲："歌《白石爛》，賦《行路難》，緊閉柴關。"清姚鼐《雨晴出廬江寄諸同學》詩："邀彼二三子，送我出柴關。"亦藉指寒舍。唐李涉《山居送僧》詩："失意因休便買山，白雲深處寄柴關。"明李東陽《雪不止叠前韻》："漫將春雪比冰山，日薄風稀漸改顔。怯勢已銷紅獸炭，欣貧猶咏舊柴關。"

【柴扃】[2]

即柴門。唐杜牧《憶歸》詩："新城非故里，終日想柴扃。"唐吳融《西陵夜居》詩："寒潮落遠汀，暝色入柴扃。"前蜀韋莊《江上村居》詩："本無蹤迹戀柴扃，世亂須教識道情。"明于慎行《山亭》詩："荷鋤分藥徑，散帙閉柴扃。"

柴荆[2]

用荆柴做的簡陋門户。唐白居易《秋游原上》詩："清晨起巾櫛，徐步出柴荆。"金元好問《杏花》詩："芳樹春融絳蠟凝，春風寂寞掩柴荆。"清白華山人《〈十洲春語〉序》："今晨初霽，予方奮掘擁土，周匝樊槿，啄啄然聞有叩柴荆者。"

構　件

門框

框檻中緊貼左右抱框的兩根立置之材。其作用是減少兩柱間之門闊，使之與闡扇同寬，門扇能緊密安於框内。《兒女英雄傳》第九回："張老見了，一步搶到屋門，雙手叉住門框，説：'姑娘，這可使不得！有話好講！'"

大邊

大門門扇框架中，豎立於兩邊的柱材。如與槅扇框架邊梃相同，二者可通用。

餘塞板

大門抱框與門框間，因用兩根腰枋，故造成三段低於腰枋上皮之空檔。爲隔斷這些空檔，便在其間塞入一層木板，謂之餘塞板。

框檻

房屋裝修中，安裝門窗格扇的框架。分檻與抱框兩部分。檻又有上、中、下之分。一般建築多於上檻與中檻之間安裝橫披，中檻與下檻之間安門檻。矮小房屋無中檻，因而亦無橫披，祇有門窗。

上檻

安裝門窗所用框架上接檐枋或金枋之橫木。宋代稱"額"。俗名"替椿"。《兒女英雄傳》第二九回："一抬頭，先見正南窗户上檻懸着一面大長的匾額。古宣托裱，界畫硃絲，寫着徑寸來大的角四方的顔字。"

中檻

安裝門窗格扇之框架内，位於橫批之下、門窗之上的橫木。亦稱"挂空檻"。南方則謂"照面枋"。

下檻

安裝門窗格扇所用框架，在兩柱之間緊貼地面之橫木。宋名"地栿"。俗稱"門限"。南方謂"地脚枋"。

【地栿】 2

即下檻。此稱宋代已行用。見該文。

【門限】 1

"下檻"之俗稱。見該文。

【地脚枋】

即下檻。見該文。

抱框 2

亦稱"抱柱"。宋代謂"槫柱""立頰"。指框檻中緊靠柱子左右豎立的立木。

【抱柱】 2

即抱框 2。見該文。

【槫柱】

即抱框 2。此稱宋代已行用。見該文。

【立頰】 2

即抱框 2。此稱宋代已行用。見該文。

貼臉

釘於門窗框架與牆壁交合處之木板或木條。其作用爲遮蓋縫隙，且具裝飾效果。

框木

嵌在牆上用於安裝門窗的架子。宋代稱"桯"。清代則稱直立者爲"邊梃"，橫者爲"抹頭"。

【桯】

即框木。此稱宋代已行用。見該文。

邊梃

槅扇兩邊豎立的框木。

抹頭

楅扇邊梃之間的橫木。

楅扇 [2]

可動之框架。兩旁立邊梃，邊梃間橫安抹頭。抹頭可將一楅扇分爲上、中、下三段。上稱"格心"，中謂"絛環板"，下曰"裙板"。格心亦稱"花心"，爲主要部分，占楅扇高度的五分之三，可透光通風。其四周於邊梃抹頭內有仔邊，中間大面積空間爲滿花式欞子，作爲裱糊或安裝玻璃的骨架。此楅扇可爲隔斷，上下兩頭加轉軸亦可做門窗。參閱梁思成《清式營造則例·裝修》。

門楣

亦作"門眉"。門框上端的橫木。古時顯貴之家門楣高大，故以"門楣"喻門第高低。唐白居易《和答詩·和〈陽城驛〉》曰："改爲避賢驛，大署於門楣。"宋陸游《記夢》詩："門楣扁榜作八分，奇勁非復人間迹。"宋賀鑄《題淵明軒》詩："淵明軒榜揭門眉，夫子高情俗不知。"

【門眉】

同"門楣"。此體宋代行用。見該文。

腰枋

大門門框與抱框間之橫木。以加强門框與抱框之連接，或用兩根腰枋。

桁 [2]

梁上或門框、窗框上的橫木。《文選·何晏〈景福殿賦〉》："桁梧複叠，勢合形離。"李善注："桁，梁上所施也。桁與衡同。"北齊劉晝《新論·適才》："夫樲柏之斷也，大者爲之棟梁，小者爲之椽桁。"唐李賀《呂將軍歌》："厩中高桁排蹇蹄，飽食青芻飲白水。"王琦彙解："桁，

音'衡'，屋中橫木所以繫馬者。"宋洪邁《夷堅甲志·高俊入冥》："兩廡囚繫幾滿，一女子懸足於桁。"明徐一夔《敕賜靈谷寺碑》："則以梁架桁而不施叠拱，以枅承橑不出重檐，凡交橡接霤、盤結攢轑如蜂房蟻穴之狀者，悉不用。"

門桄

門前橫木。《舊唐書·薛仁貴傳》："〔仁貴〕遂登門桄叫呼以驚宮內。"《資治通鑑·唐高宗永徽五年》引此文，胡三省注曰："桄，門前橫木也。"

門衡

門上橫木。唐韓愈、孟郊《城南聯句》："紅皺曬檐瓦，黃團繫門衡。"宋范成大《上元紀吳中節物俳諧體三十二韵》："方縑緗史册，圓魄綴門衡。"清汪琬《寄題鮑聲來草庭》詩："梧石羅四周，清陰覆門衡。"

閞 [2]

門上橫梁。宋李誡《營造法式·總釋下·門》："門上梁謂之楣，楣謂之閞。"

門心板

清式棋盤門門扇，由大邊、抹頭組成門扇框架，嵌入或釘於框架中的木板。

走馬板

亦稱"門頭板"。大門之上橫披部分，不用側高窗，而以木板隔斷，此板謂走馬板。

【門頭板】

即走馬板。此稱多行用於近現代。見該文。

榻板

水平安於檻墻上的木板。

格心

亦稱"花心"。楅扇上部的中心部分。格

心之櫺花種類繁多，或做成步步錦、燈籠框、拐子紋、龜背紋、盤長、卍字、亞字、回字等圖案；或在整塊木板上雕以龍鳳、花卉、飛鳥及人物故事，宛若精雕細刻之工藝品，故亦稱"花心"。

【花心】

即格心。見該文。

裙板

格扇下部主要部分的方形心板。宋代稱"障水板"。其上可作彩畫或雕飾。

【障水板】

即裙板。此稱宋代已行用。見該文。

條環板

槅扇裙板上部與下部，各有兩根抹頭；兩抹頭之間的板材謂之條環板。

腰華板

宋式稱謂。框木於花心與裙板間另加的一條腰帶。

風檻

榻板上面之橫木。宋名"腰串"。

【腰串】

即風檻。此稱宋代已行用。見該文。

穿帶

實榻大門上拼合門扇用的橫嚮連接木件。

橫披

位於上檻與中檻之間的槅扇，即形式上的側高窗。

門樞

門扇的轉軸。《漢書·五行志下之上》："視門樞下，當有白髮。"顏師古注："樞，門扇所由開閉者也。"宋范成大《次韻時叙賦樂先生新居》："百年如泡亦如電，剛欲鑄鐵充門樞。"《西游記》第四一回："〔行者〕却又變作一個蒼蠅兒，登在門樞上。"亦藉指門户。《樂府詩集·相和歌辭十二·隴西行》："送客亦不遠，足不過門樞。"明楊士奇《步過田家有述》："旛旛舍下叟，迎客近門樞。"

門枕

在大門之下下檻兩端，各有一石墩或木墩，藉以承托大門轉軸下端，此謂之門枕。石質門枕謂門枕石，可做成各種形式石雕，極富裝飾性。木質荷葉墩亦屬此類。

門鼓

鼓形門枕，係用石料雕製而成。

青瑣 [2]

宮門上的裝飾。《漢書·元后傳》曰："曲陽侯根，驕奢僭上，赤墀青瑣。"《舊唐書·李密傳》："廣立池臺，多營宮觀。金鋪玉户，青瑣彤墀。"明徐熥《帝京篇》："月照彤墀環珮齊，風生青瑣旌旗颺。"

閣 [9]

門開之後插在兩旁用於固定門扇的長木椿。《爾雅·釋宮》："所以止扉謂之閣。"郭璞注："門辟旁長橛也。"郝懿行義疏："《釋文》'閣'作'閡'，云：'本亦作閣。'又云：'郭注本無此字。'蓋陸德明據誤本作'閡'，反以作'閣'爲非。"王引之述聞："辟與闢同（經傳多以'辟'爲'闢'），開也。謂門之既開，其旁有長橛以止之，使不搖動。今時城門既開，插木橛於旁以止之，是其遺法也。"一說指舊式門扇旁用作轉軸的長木柱。《説文·門部》："閣，所以止扉也。"徐鍇繫傳："所以止扉，即今云門頰，扇所附著也。"按，在宋代李誡所著《營造法式·小木作制度·烏頭門》中亦有關於"門頰”的記載:“立頰長視門高。”原注:“上下各別出卯。”亦泛指長木椿。《爾雅·釋宮》:“〔杙〕長者謂之閣。”

閫

古代門中所豎短木。《爾雅·釋宮》:“橜謂之閫。”《儀禮·士冠禮》:“布席於門中,閫西閾外,西面。”鄭玄注:“閫,門橜。”《禮記·曲禮上》:“大夫士出入君門,由闑右,不踐閾。”鄭玄注:“闑,門橜。”陸德明釋文:“門橜,門中木。”唐韓愈《進學解》:“根閫居楔,各得其宜。”明鄭善夫《漳州重新府治記》:“《禮》,匠人營邦五等,其堂際、庭序、廊廡、閎閫各有差,以戒分也。”

門 扇

門扇

亦稱“門扉”。房屋、城牆等出入口能開關的障蔽裝置。《墨子·備城門》:“門扇薄植,皆鑿半尺。”《宋書·符瑞志上》:“西明門地陷,水涌出,毀門扉閾。”唐韓愈《順宗實錄四》:“門外有故門扇橫地,〔陽〕城晝夜坐臥其上。”宋葉適《劉建翁墓志銘》:“余亦笑曰:‘轎雖大不數寸,公門扉無乃太狹乎,而不知變耶?’”

【門扉】

即門扇。此稱南北朝時期已行用。見該文。

【扉】

即門扇。《爾雅·釋宮》:“闔謂之扉。”邢昺疏:“闔,門扇也,一名扉。”《左傳·襄公二十八年》:“子尾抽桷擊扉三。”杜預注:“扉,門闔也。”晉陶潛《癸卯十二月作與從弟敬遠》詩:“顧眄莫誰知,荊扉晝常閉。”明鄭真《寄羅信言》詩:“道來不肯扣丹扉,秋水羅江看夕暉。”

【關】[2]

即門扇。《楚辭·離騷》:“吾令帝閽開關兮,倚閶闔而望予。”南朝梁劉勰《文心雕龍·事類》:“故事得其要,雖小成績,譬寸轄制輪,尺樞運關也。”唐丘爲《尋西山隱者不遇》詩:“扣關無僮僕,窺室唯案几。”清洪昇《長生殿·寄情》:“不免抽取瓊簪輕叩關。”

【門關】[1]

即門扇。唐岑參《敬酬李判官使院即事見呈》詩:“草根侵柱礎,苔色上門關。”清葉觀國《題林丈輪川在峨滁硯圖小像》:“不然詩成拂袖起,收拾殘墨掩門關。”

【闔】

即門扇。亦作“闔”。亦稱“闔扇”。《爾雅·釋宮》:“闔謂之扉。”郝懿行義疏:“《左氏·襄十七〔八〕年傳》云:‘以枚數闔。’《廿八年傳》:‘子尾柚桷擊扉三。’杜預注:‘扉,門闔也。’是闔、扉皆謂門扇。《月令》注云:‘用木曰闔,用竹葦曰扇。’蓋對文則別,散則通也。”《管子·八觀》:“閭閈不可以毋闔,宮垣關閉不可以不修。”尹知章注:“闔,扉也。”《荀子·儒效》:“四海之內,莫不變心易慮以化順之,故外闔不閉,跨天下而無蘄。”楊倞注:“闔,門扇也。”《呂氏春秋·仲春》:“是月也,耕者少舍,乃修闔扇,寢廟必備。”高誘注:“闔扇,門扇也。”唐李賀《仁和里雜叙皇甫湜》詩："洛風送馬入長關，闔扇未開逢猰犬。"清彭績《游西山記》："吳子曰：'上白雲寺後門也。'排闔無人。"

【闔】

同"闔"。此體先秦時期已行用。見該文。

【闔扇】

即闔。此體先秦時期已行用。見該文。

【門闔】

即門扇。《公羊傳·莊公十二年》："齒著乎門闔。"陸德明釋文："門闔，戶臘反，門扇也。"《左傳·襄公二十八年》："子尾柚桷繫扉三。"杜預注："扉，門闔也。"宋周密《齊東野語·汪端明》："時德壽宮建房廊於市廛，董役者不識事體，凡門闔輒題德壽宮字，下至委巷厠溷皆然。"清吳自南《藝林彙考·棟宇篇》："《公羊傳》：'齒著於門闔。'《荀子》：'外闔不閉。'又《月令》：'乃修闔扇。'注：'治門戶用木曰闔，用竹葦曰扇。或謂雙曰闔，闔，門也；單曰扇，扇，戶也。'"

【門戶】[2]

即門扇。《管子·八觀》："宮墻毀壞，門戶不閉，外内交通。"南朝陳徐陵《答諸求官人書》："門戶雖高，官資殊屈。"宋劉攽《新晴》詩："惟有南風舊相識，徑開門戶又翻書。"清許秋垞《聞見異辭·奇門》："今夜門戶不須鎖閉。"

【門閣】

即門扇。亦作"門閣"。《晋書·賈謐傳》："自是〔賈〕充意知女與〔韓〕壽通，而其門閣嚴峻，不知所由得入。"南朝梁何遜《同虞記室登樓望遠歸》詩："無令日光晚，門閣掩重扉。"唐韋應物《寄楊協律》詩："吏散門閣掩，鳥鳴山郡中。"

【門閣】

同"門閣"。此體唐代已行用。見該文。

扇

原指用竹或葦編的門，後泛指門扇。《禮記·月令》："〔仲春之月〕是月也，耕者少舍，乃修闔扇，寢廟畢備。"鄭玄注："用木曰闔，用竹葦曰扇。"亦泛指門扇、門扉。《吕氏春秋·知接》："蒙衣袂而絶乎壽宮，蟲流出於戶，上蓋以楊門之扇。"北魏楊衒之《洛陽伽藍記·法雲寺》："重門啓扇，閣道交通。"唐温庭筠《吴苑行》："小苑有門紅扇開，天絲舞蝶共徘徊。"《資治通鑑·梁武帝太清二年》："賊又以長柯斧斫東掖門，門將開，羊侃鑿扇爲孔，以槊刺殺二人，斫者乃退。"胡三省注："扇，門扇也。"清查慎行《苑東移居與同年汪紫滄同寓紫滄有詩和答三首》之二："草色階除晴不掃，槐陰門扇晝長扃。"

門　限

門限 [2]

門框下部緊挨地面之横木或長石。用於區別房舍之内外，并以其緩行。《東觀漢記·臧宫傳》曰："越人伺候者，聞車聲不絶而門限斷。"唐韓愈《贈張籍》詩："君來好呼出，跟跼越門限。"清查慎行《家二瞻兄八十壽》詩："貴游踏破鐵門限，欲乞尺幅終無緣。"

【限】

即門限。《後漢書·臧宮傳》:"會屬縣送委輸車數百乘至，宮夜使鋸斷城門限。"唐韓愈《贈張籍》詩:"君來好呼出，踉蹌越門限。"清周亮工《復何匡山書》:"弟自被蕉彈，甘心蠖屈，八閱月足未嘗履限外。"

【戶限】

即門限。《淮南子·説林訓》:"拯溺而授之石，欲救之，反爲惡。雖欲謹亡馬，不發戶轔。"漢高誘注:"言馬亡不可發戶限而求。轔，戶限。楚人謂之轔。"《晉書·謝安傳》:"安方對客圍棋，看書既竟……既罷還內，過戶限，心喜甚，不覺屐齒之折，其矯情鎮物如此。"唐張懷瓘《書斷·僧智永》:"人來覓書並請題額者如市，所居戶限爲之穿穴，乃用鐵葉裹之，人謂爲鐵門限。"明陸深《送王君世熙授職南還序》:"日居小樓，讀書自娛，足不履戶限，外客非相知，罕見其面。"

【砌】[2]

即門限。亦作"切"。《漢書·外戚傳下·孝成趙皇后》:"〔趙飛燕女弟〕居昭陽舍，其中庭彤朱而殿上髹漆，切皆銅遝冒黃金塗，白玉階。"顏師古注:"切，門限也。音千結反。遝冒其頭也。塗以金，塗銅上也。"《文選·班固〈西都賦〉》:"於是玄墀扣砌，玉階彤庭。"李善注:"扣砌，以玉飾砌也……《廣雅》曰:'砌，阤也。'"又《張衡〈西京賦〉》:"刊層平堂，設切厓隒。"李善注:"切與砌，古字通。"《紅樓夢》第一八回:"进砌防階水，穿簾礙鼎香。"

【切】

同"砌[2]"。此體漢代已行用。見該文。

【柣】

即門限。《爾雅·釋宮》:"柣謂之閾。"郭璞注:"閾，門限。"邢昺疏:"柣者，孫炎云:'門限也。'經傳諸注皆以閾爲門限，謂門下橫木爲內外之限也。"宋李誡《營造法式·石作制度·門砧限》:"若階斷砌，即臥柣，長二尺，廣一尺，厚六分。"明宋濂《燕書》:"樗，散木也，膚理不密，潘液弗固，嗅之腥，瓜之不知所窮，爲柣爲根且不可，況爲負任器耶？"章炳麟《新方言·釋宮》:"《爾雅》:'柣謂之閾。'郭璞曰:'謂門限也。'柣音切，故《漢書·外戚傳》以切爲柣也。"

【梱】

即門限。亦作"梟"。《説文·木部》:"梱，限也。"段玉裁注:"《自部》'限'下云:'一曰門梱也。'《門部》云:'閾，門梱也。'亦一物三名矣。《釋宮》:'柣謂之閾。'柣，郭千結反。柣即梱字也。漢人多作切。"《玉篇·木部》作"梱"。

【梟】

同"梱"。此體漢代已行用。見該文。

【阰】[1]

亦作"启"。即門限。《廣雅·釋宮》:"阰，砌也。"王念孫疏證:"砌，古通作切。"《漢書·外戚傳》'切皆銅遝（冒）黃金塗'顏師古注云:'切，門限也。'"《集韻·上止》:"启，一曰切也，或書作阰。"漢張衡《西京賦》:"金阰玉階，彤庭煇煇。"《新唐書·董昌傳》:"百倡鼓吹於前，屬兵列護門阰。"

【启】[1]

同"阰[1]"。此體宋代已行用。見該文。

【户檻】

即門限。亦稱"門舊"。《明史·太祖紀一》："移兵兩河，破其藩籬，拔潼關而守之，扼其户檻。"《説文·木部》"梱，限也"桂馥義證："《匡謬正俗》云：'問曰：俗謂門限爲門舊，何也？答曰：案《爾雅》曰："柣謂之閾。"〔晋〕郭景純注曰："門限也，音切。"今言門舊，是柣聲之轉耳。字宜爲柣，而作切音。'"

【門舊】

即户檻。此稱晋代已行用。見該文。

【畿】

即門限。《集韻·平微》："畿，限也。"《詩·邶風·谷風》："不遠伊邇，薄送我畿。"毛傳："畿，門内也。"馬瑞辰通釋："'薄送我畿'，即送不過梱之謂。梱設於門中。"又："畿者，機之假借。《周禮》鄭注：'畿，猶限也。'王畿之限曰畿，門内之限爲機，義正相近。"唐韓愈《譴瘧鬼》："清波爲裳衣，白石爲門畿。"明殷奎《早起》："梳頭坐門畿，聊且樂吾閑。"

【轔】

即門限。亦作"橉"。《廣雅·釋宫》："轔，砌也。"王念孫疏證："砌，古通作切。"《漢書·外戚傳》"切皆銅遝黄金塗"顔師古注云："切，門限也。"《淮南子·説林訓》："雖欲謹亡馬，不發户轔。雖欲豫，就酒不懷蓐。"高誘注："轔，户限也，楚人謂之轔。轔讀似隣，急氣言乃得之也。"《淮南子·氾論訓》："枕户轔而臥者，鬼神蹠其首。"

【橉】

同"轔"。此體漢代已行用。見該文。

【閾】² [2]

即門限。亦作"梱"。《禮記·曲禮上》："外言不入於梱，内言不出於梱。"鄭玄注："梱，門限也。"《史記·張釋之馮唐列傳》："閫以内者，寡人制之。"裴駰集解引韋昭曰："此郭門之閫也。"張守節正義："閫……謂門限也。"又《循吏列傳》："王必欲高車，臣請教閭里，使高其梱。"司馬貞索隱："梱，門限也。"唐柳宗元《與崔連州論石鍾乳書》："山西之冒没輕儳、沓貪而忍者，皆可以鑿凶門，制閫外。"明文震亨《長物志》卷一："〔門〕若用石梱，必須板扉。"按，字書、雅書常省將閫（梱）、閾、橛混爲一談，實誤。閾（梱），横木爲之，即門限、門檻。閫即門橛，竪木爲之。竪木設於門中，其旁曰根，其中曰閫。所以門必設根與閫者，以爲尊卑出入中間及兩旁之節制。清郝懿行《爾雅義疏·釋宫》："《説文》以橛爲門梱，《廣雅》亦云橛闑朱也。朱與梱同。是皆郭注所本。循文考義，胥失之矣。梱是門限，横木爲之；闑是門橛，竪木爲之。説者多誤。唯《禮》鄭注得之。"郝説爲是。

【梱】

同"閾"。此體先秦時期已行用。見該文。

【門閾】

即門限。亦作"門梱"。《詩·鄭風·丰》"子之昌兮，俟我乎堂兮"漢鄭玄箋："堂，當爲根。根，門梱上木近邊者。"《宋書·禮志二論》："今朝士詣三公、尚書丞、郎詣令、僕射、尚書，並門外下車，履，度門閾乃納屐。"唐玄奘《大唐西域記·摩揭陀國下·上茅宫城》："足履門閾，火坑成池，清瀾澄鑒，蓮花彌漫。"《初刻拍案驚奇》卷二八："因是走得路多了，覺得肢體倦怠，暫歇在門閾石上坐著。"

【門梱】

同“門閾”。此體漢代已行用。見該文。

【閾】[2]

即門限。亦稱“閫閾”。《儀禮·士冠禮》："闑西閾外。"賈公彥疏："閾，閫也。"《論語·鄉黨》："立不中門，行不履閾。"何晏集解："孔曰：‘閾，門限也。’"《漢書·王莽傳上》："思不出乎門閾。"《文選·劉峻〈廣絕交論〉》："蹈其閫閾，若升闕里之堂；入其隩隅，謂登龍門之阪。"呂延濟注："閫閾，門限也。"唐賈至《虎牢關銘序》："宜其咽喉九州，閫閾中夏。"清魏象樞《寒松老人年譜》："余就寢，夢有人叩門，啓視之，則高巾青衣儒緻二人，曰：‘先師召汝，當隨我急往。’余肅衣冠從之，……導余至殿門閾內。"

【閫閾】[3]

即閾[2]。此稱南北朝時期已行用。見該文。

門檻

亦稱“門桯”。本指門框下部緊挨地面的橫木，後與門限無別。宋張杲《醫說·治金瘡》："溫州有匠人……脚疿被傷，血如涌出。……有僧道光於門扇上撮得墭塵掩定，血止痛定。兩日便瘥。堅問道光：‘墭塵如何治得金瘡？’曰：‘古人用門桯塵者此也。’"元關漢卿《緋衣夢》第三折："那厮可便舒着腿脡，扠着門桯。"《平妖傳》第八回："正遇見慈長老在廊下門檻上坐着，手中拈個針兒，在那裏縫補那破裰衫。"明湯顯祖《牡丹亭·冥判》："十地宣差，一天封拜。閻浮界，陽世栽埋。又把俺這裏門桯邁。"《明史·李應祥傳》有“楊柳番出攻普安堡，犯歸水崖、石門檻”之語。此“石門檻”雖爲地名，但其得名必源於“門檻”也。此一

“門檻”或即指門限也。清鄭燮《濰縣寄舍弟墨第三書》："又有五言絕句四首，小兒順口好讀，令吾兒且讀且唱，月下坐門檻上，唱與二太太、兩母親、叔叔、嬸娘聽。"《紅樓夢》第二四回："那小紅臊的轉身一跑，却被門檻子絆倒。"

【門桯】

即門檻。此稱宋代已行用。見該文。

鐵門限

浙江吳興永福寺智永禪師當年用鐵葉包裹之門限。唐智永禪師爲晋王羲之後裔，時居吳興永福寺，積年學書，一時爲人推重，人來覓書并請題額者如市，所居戶限爲之穿穴，乃用鐵葉裹之，人謂爲鐵門限。唐張懷瓘《書斷·僧智永》："人來覓書并請題額者如市，所居戶限爲之穿穴，乃用鐵葉裹之，人謂爲鐵門限。"宋蘇軾《贈寫御容妙善師》詩："都人踏破鐵門限，黃金白璧空堆床。"清查慎行《家二瞻兄八十壽》詩："貴游踏破鐵門限，欲乞尺幅終無緣。"參閱唐李綽《尚書故實》。

落時

亦稱“戹”。用以支撐門樞之木。《爾雅·釋宮》："樞達北方謂之落時，落時謂之戹。"郭璞注："門持樞者，或達北檼以爲固也。"郝懿行義疏："樞達北方者，戶在東南，其持樞之木或達於北方者，名落時。落之言絡，連綴之意。郭云達北檼以爲固者，檼，複屋棟也。"陸德明釋文："戹，本或作仺。"邢昺疏："其持樞之木，或達北檼以爲固者，名落時。檼，即棟也。落時又名戹。是持樞一木有此二名也。"

【戹】[2]

即落時。此稱漢代已行用。見該文。

阰 [2]

亦作"启"。臺階兩旁所砌的斜石。《尚書·顧命》："四人綦弁，執戈上刃，夾兩階阰。"孔傳："堂廉曰阰，士所立處。"俞樾平議："凡側邊皆謂之廉。堂有堂之廉，階有階之廉。此云夾兩階，則阰者，階廉也，非堂廉也。"《新唐書·寶臣傳》："諸將已休，獨武俊佩刀立启下。"參閲清程瑶田《釋宫小記·夾兩階启圖説》。

【启】 [3]

同"阰 [2]"。此體唐代已行用。見該文。

門　閂

門閂

亦作"門檔""門栓"。閂門的短横木或鐵棍。《朱子語類》卷一二五："牝只是木孔承笋，能受底物事，如今門檔謂之牡，鐶則謂之牝。"《古今小説·史弘肇龍虎君臣會》："當夜二更三點前後，史弘肇真個來推大門，力氣大，推折了門檔。"《紅樓夢》第三四回："〔薛蟠〕一面嚷，一面找起一根門閂來就跑。"《兒女英雄傳》第二四回："東邊先進來兩個家人，下了屏門的門閂，分左右站着，把定那門。"

【門檔】

同"門閂"。此體宋代已行用。見該文。

【門栓】

同"門閂"。此體清代已行用。見該文。

【門關】 [2]

即門閂。《墨子·非儒下》："季孫與邑人争門關。"孫詒讓閒詁："《説文·門部》云：'關，以木横持門户也。'"《漢書·楊惲傳》："聞前有犇車抵殿門，門關折。"《宋書·徐羨之傳》："帝突走出昌門，追者以門關擊之倒地，然後加害。"宋孔平仲《孔氏談苑·鐵鏡相船法》："造屋主人不恤匠者，則匠者以法厭主人……以皂角木作門關，如是者凶。"

【閂】

即門閂。宋范成大《桂海虞衡志·雜志》："閂，門横關也。"《好逑傳》第二回："門雖閉著，却露條裏縫，内裏不曾上閂。"《紅樓夢》第七一回："只見角門虚掩，猶未上閂。"《儒林外史》第五回："〔王大〕被嚴貢生幾個兒子拿了拴門的閂，趕麵的杖，打了一個臭死。"

【關木】

即門閂。《元史·祭祀志一》："宜令所司添造關木、鎖鑰，祭畢即令關閉，毋使雜人得入。"

【關】 [3]

即門閂。《説文·門部》："關，以木横持門户也。"《左傳·襄公二十三年》："臧紇斬鹿門之關以出奔邾。"楊伯峻注："關爲横木，故可枕，今謂之門栓。"《墨子·備城門》："門植關必環錮。"漢荀悦《漢紀·宣帝紀一》："〔王〕仲翁至光禄大夫給事中，〔蕭〕望之以射策甲科爲郎，署小苑東門候。仲翁出入從倉頭盧兒，下車趨門，傳呼甚寵，顧謂望之曰：'不肯録録，反抱關爲。'望之曰：'各從其志。'"宋梅堯臣《自和》詩："更貧更賤皆能樂，十二重門不上關。"清黃軒祖《游梁瑣記·吳翠鳳》："某夕，母子方餐，有叩門周大均家者，鳳命兒拔關納之。"

【玉關】

即門閂。晋摯虞《思游賦》：“跨烈缺兮闚乾坤，揮玉關兮出天門。”元高明《琵琶記·伯喈辭官辭婚不准》：“只見那建章宮、甘泉宮、未央宮……重重叠叠，萬萬千千，盡開了玉關金鎖。”清彭孫遹《金粟閨詞》：“獸鐶時時扃玉關，怪來春思太疏頑。”

【門鍵】

即門閂。亦作“門楗”。漢徐幹《中論·務本》：“走追駟馬，力折門鍵。”宋葉夢得《石林燕語》卷一〇：“劉舜卿知雄州，虜寇夜竊其關鎖去，吏密以聞。舜卿亦不問，但使易其門鍵大之。”元方回《池亭秋思》詩：“門楗敬通籬，岸閣子美柂。”明申時行《徐母蔣孺人墓志銘》：“門楗重不可舉，孺人素羸弱，力下楗，持之。”清孫枝蔚《客金陵一月將歸維揚留別周雪客兼懷尊公櫟園先生》詩：“日日累主人，未曾施門鍵。明日雨花臺，騎驢興不淺。”清王元榜《庚癸紀略》：“至家，門楗盡去，字紙及零物堆積滿地。”

【門楗】

同“門鍵”。此體宋代已行用。見該文。

【門牡】

即門閂。《漢書·五行志中之上》：“長安章城門門牡自亡。”顔師古注：“牡所以下閉者也，亦以鐵爲之，非出籥也。”《新唐書·酷吏傳·敬羽》：“又卧囚於地，以門關輾其腹。”清劉大櫆《程氏宗祠碑記》：“榱頹柱蠹，瓦飄甓毀，門牡飛亡，階石圮泐。”

【關牡】

即門閂。亦稱“剡移”。漢蔡邕《月令章句》：“鍵，關牡也。所以止扉也。或謂之剡移。”明宋濂《予奉詔總裁〈元史〉故人操公琬實與纂修尋以病歸作詩序舊》：“尋鶴陟欹磴，避人下關牡。”

【剡移】

即關牡。此稱漢代已行用。見該文。

【關閉】

即門閂。《管子·八觀》：“宮垣關閉不可以不修。”《後漢書·董卓傳》“就天子燕飲”李賢注引《魏志》：“乘輿時居棘籬中，門户無關閉。”

【關鍵】

即門閂。亦稱“關闢”。《孝經·五刑》“五刑之屬三千”漢鄭玄注：“壞人垣墻、開人關闢者臏。”《北齊書·竇泰傳》：“其人入數屋，俄頃而去。旦視關鍵不異，方知非人。”明宋濂《〈王君子與文集〉序》：“子與功深力久，必抽其關鍵而入乎閫奥矣。”

【關闢】

即關鍵。此稱漢代已行用。見該文。

【扃鍵】

即門閂。亦稱“扃關”。三國魏曹植《平原懿公主誄》：“扃關一闔，曷其復晰。”《新唐書·后妃上·中宗和思順聖皇后趙氏》：“妃既囚，扃鍵牢謹，日給飼料。”唐白居易《游悟真寺詩一百三十韻》：“龕間長丈餘，門户無扃關。”清蒲松齡《聊齋志異·聶小倩》：“惟南一小舍，扃鍵如新。”

【扃關】

即扃鍵。此稱三國時期已行用。見該文。

【扃】

即門閂。特指從外關閉門户的門閂。《儀禮·曲禮上》：“將入户，視必下，入户奉扃，視瞻毋回。”《文選·張衡〈南都賦〉》：“排揵陷扃。”李善注：“《説文》曰：‘揵，距門也。’又曰：‘扃，外閉之關也。’”清王筠《説文句讀·户部》：“扃與木部揵，蓋内外相對，皆關閉之器。在門内者謂之揵，在門外者謂之扃也。”亦指從内關閉門户的門閂。《韓非子·揚權》：“上固閉内扃，從室視庭。”《花月痕》第四六回：“胭脂已拔扃，招大軍入城了。”

闑

上穿横閂下插地上的直木。《説文·門部》：“闑，關下牡也。”段玉裁注：“關者横物，即今之門檻。關下牡者，謂以直木上貫關，下插地，是與關有牝牡之别。”

扃鐍

亦稱“扃鑰”“扃鐍”。門户鎖鑰。《莊子·胠篋》：“將爲胠篋、探囊、發匱之盗，而爲守備，則必攝緘縢，固扃鐍，此世俗之所謂知也。”成玄英疏：“扃，關鈕也；鐍，鎖鑰也。”《西京雜記》卷六：“初至一户，無扃鑰。”唐韓愈《十二守戒》：“宅於都者，知穿窬之爲盗，則必峻其垣墙，而内固扃鐍以防之。”《新唐書·元德秀傳》：“〔德秀〕愛陸渾佳山水，乃定居，不爲墻垣扃鐍，家無僕妾。”宋朱弁《曲洧舊聞》卷一：“有司將搜捕，主僧悉令登閣，而固其扃鐍。”十六國後秦佛陀耶舍《四分律·受戒揵度之三》：“彼應在房内安鑰壯看，令不高下出房外。”元劉壎《隱居通議·駢儷一》：“既至公闈，則試者畢入，已扃闈絶關矣。”

【扃鑰】

即扃鐍。此稱漢代已行用。見該文。

【扃闈】

同“扃鐍”。此體元代已行用。見該文。

門　飾

門鈸

大門門扇外面的金屬飾物。外六角形，内半圓形。中間帶環或拍葉。或做成獸頭形，稱獸面。

鋪首

亦稱“金鋪”“銅蠡”“浮漚釘”。裝於宫殿、衙署、寺廟及府第、民居大門上的環形飾物。以銅或鐵鑄成動物形，口銜門環，亦或將鋪首式樣做成内圓外八邊形。北方民居大院之門隨時可見。商周時期即已出現，它是宫門乳釘出現前之飾物。初似螺形而銜環，後多做成虎、螭、龜蛇之形，意在鎮凶辟邪，富有裝飾宫門之氣象，以顯示貴族豪門之威嚴。《文選·司馬相如〈長門賦〉》：“擠玉户以撼金鋪兮，聲噌吰而似鍾音。”李善柱：“金鋪，以金爲鋪首也。”唐李賀《河南府試十二月樂詞·九月》：“月綴金鋪光脉脉，凉苑虚庭空澹白。”宋程大昌《演繁露·金鋪》引漢應劭《風俗通義》曰：“‘門户鋪首’，昔公輸班見水中蠡，引閉其户，終不可開，遂象之立於門户。”又：“案，今門上排立而突起者，公輸班所飾之蠡也。《義訓》曰：‘門飾金謂之鋪，鋪謂之鏂。’鏂音歐，今俗謂之浮漚釘也。案，此漚者水上浮漚，狀亦類蠡也。”《漢書·哀帝紀》曰：“孝元廟殿門銅龜蛇鋪首鳴。”顔師古注：“門之鋪首，所以銜環者也。”唐温庭筠《雍臺歌》：“黄金鋪首畫

鋪 首
（明王圻等《三才圖會》）

鉤陳，羽葆停僮拂交戟。”宋高似孫《緯略·金
鋪》云：“《通俗文》曰：‘門首飾謂之鋪首’……
《說文》曰：‘門扇鐶謂之鋪首。’”南朝陳徐陵
《〈玉臺新咏〉序》：“絳鶴晨嚴，銅蠡晝靜。”一
本作“銅鋪”。蠡，同“蠃”。蠃，即螺。漢代
門上鋪首裝飾普遍，但祇限於王公貴戚之門扉，
非平民百姓之家門上所有。後世沿用於民間，
凡官僚富紳之宅院大門皆施用之。現代農村民
居大門上隨時可見。

【金鋪】

即鋪首。此稱漢代已行用。見該文。

【銅蠡】

即鋪首。此稱南北朝時期已行用。見該文。

【浮漚釘】

即鋪首。此稱至遲宋代已行用。見該文。

門釘

亦稱“乳釘”。釘於大門門扇外面圓形突起
的雕飾。以其形狀如乳房，故稱。其路數均成
奇數，有五路、七路、九路以至十一路。最初
之門，祇是將穿帶及閘心板相連接之鐵釘外露

部分鍛打呈蘑菇狀。後世爲裝飾美觀，便將釘
帽單獨作爲一個裝飾構件製作。所用材料爲鐵、
銅或木。鐵門釘一般用於早期寺廟建築的板門
上。明清時期之宮殿、衙署、府第大門，用銅
門釘或木門釘，銅者鎦金，木者漆黃漆，大門
漆爲紅色。朱門金釘是造成這些建築豪華氣派
的重要因素。一般門第之大門不施門釘，常繪
以門神，以增加不可侵犯之氣氛。明汪歷賢
《燈市竹枝詞》：“長安燈市畫連宵，游女爭呈馬
上腰。蹋蹋燈光莫歸去，前門釘子玉河橋。”清
徐釚《詞苑叢談·紀事四》：“京師舊俗，婦人多
以元宵一夜出游，名‘走橋’，摸正陽門釘以被
除不祥，亦名‘走百病’。”

【乳釘】

即門釘。此稱多行用於近現代。見該文。

門環

金鋪所銜的銅環或鐵環。用之敲擊金鋪以
叫門。《金瓶梅詞話》第六九回：“這文嫂輕敲
敲門環兒。”清汪道鼎《坐花志果·梅樹藏根》：
“將寢，忽門環振動。”

【曲須】

即門環。當作“屈膝”，亦誤作“屈戌”“屈
戍”。明周祈《名義考·物部》曰：“曲須爲屈
膝。李賀詩：屈膝銅鋪鎖阿甄。蓋門環雙曰金
鋪，單曰屈膝，言形如膝之屈也。古《烏栖曲》
作‘屈戌’，李商隱作‘屈戍’，皆誤。”按，金
鋪非雙重門環。

【屈戌】

即曲須。此體南北朝時期已行用。見該文。

【屈戍】

即曲須。此體唐代已行用。見該文。

【屈膝】

即曲須。此稱唐代已行用。見該文。

【門瓣】

即門環。明湯顯祖《紫釵記·劍合釵圓》："把雕鞍勒住胡奴喚，亂敲門瓣。"

門吊兒

亦稱"釘鉸"。門上的搭鈎。《金瓶梅詞話》第八三回："見房門倒扣着，推不開，於是伸手出來，拔了門吊兒。"《龍圖耳録》第五〇回："雷洪叫壯丁等皆吃飯去；自己出來將門帶上，扣了釘鉸，同着小童去了。"

【釘鉸】

即門吊兒。此稱清代已行用。見該文。

第四節　窗牖考

作爲人類房屋建築重要結構之一的"窗"，與"門"一樣，在新石器時期業已出現。在穴居、半穴居時代，原始人類所居洞穴內之火塘無烟道，形同篝火，穴內烟熏火燎，無法容身，於是在洞穴頂部或半穴居的屋蓋上開口通風、排烟。仰韶文化半坡建築遺址中部塌落的草筋泥防水凸棱，即可證明頂部設有排烟、通風口。穴口兼備出入、排烟、通風、日照、采光等多種功能，同時具有門與窗的功能，也可以説門窗同源。屋蓋上的通風口，古文作"囱"，同"囟"，即爲"窗"之雛形。商周時屋上的通風口，仍保持半坡形式。其做法是在屋面敷泥時留空即可，可任意調整大小，開口或填塞十分簡便，如遇大風雪可臨時遮掩。這對錐體或兩面坡屋蓋的原始住房而言，已基本滿足排烟、通風、采光之要求。在半坡建築遺址，人類居室由地下逐步上升至半地下，而上部的圍護結構嚮空間發展，逐漸高大，出入的門與排烟通風的囱遂分離開來，此時門亦開在屋蓋上。隨着人們架設木構架能力的提高，居住由地下升至地上，上部圍護結構分化出傾斜的屋頂和直立的墻，門開到墻上，門與囱形成對流，排烟通風效果較前大爲提高。囱的防水功能則取決於屋架結構之改進與發展。兩坡屋架的形成，使排烟通風口保留在屋頂上，即烟囱；而日照采光口有條件設於山面上，即古文所謂"牖"。《説文·片部》："牖，穿壁以木爲交窗也……譚長以爲'甫'上，'日'也，非'戶'也。牖所以見日。"段玉裁注："交窗者，以木橫直爲之，即今之窗也。在墻曰牖，在屋曰窗，此則互明之。必言以木者，字從片也。古者室必有戶有牖，戶東牖西，皆南鄉。"可知穴居洞口根據功能分化成屋頂通風排烟的囱，墻上日照采光的牖，以及出入的門。屋頂排烟、通風、日照采光口稱"窗"，分化後開在墻上稱

“牖”。後世窗牖不再區分。

　　根據歷代文獻記載與墓葬出土文物資料，我們可以看到的窗之實例，最早不過西漢。從漢至唐千餘年歲月中，直櫺窗或破子櫺窗爲這一時期通用之窗。漢代陶屋、陶樓及畫像石中所示，窗的形狀以長方形居多，間或有方形、圓形。窗櫺式樣，多見常見者爲斜方格眼，其次爲直櫺、橫櫺、網紋、十字交叉等。其安裝，多安於牆中。亦有安於外墻皮之櫺窗，即文獻記載中所謂“交窗”，此爲窗洞外安裝的一種風窗。北魏楊衒之《洛陽伽藍記·永寧寺》對寺內九層方形木塔之門窗亦有記載，曰：“浮圖有四面，面有三戶六窗。”山西五臺山佛光寺大殿的兩間直櫺窗，是迄今爲止已知我國古建築中最早窗之實物。此窗式樣還可從陝西乾縣唐懿德太子墓壁畫中見到。宋、遼、金、元時期，仍以破子櫺窗與板櫺窗爲主要形式。雖然宋代李誡在《營造法式·小木作制度》中介紹了破子櫺窗、睒電窗、板櫺窗及欄檻鈎窗四種，然睒電窗並無留下實物。至於欄檻鈎窗，則祗是外施欄檻、內裝格門的檻窗而已，應用尚不普遍。值得重視的是，在這一時期凡用格門者，多施橫披窗。如山西閣院寺文殊殿、朔州崇福寺彌陀殿，河北易縣開元寺（已毀）。此三處建築物的格門之上均施橫披窗。它們在時間上雖先後相距近二百年，但仍爲同時代相互媲美的姊妹作，堪稱我國早期建築外檐裝修之精品，反映出遼金時代小木作技術已達到精細純熟的水平。明清時期的宮殿、廟宇及府第、民居中，破子櫺窗已很少應用，直櫺窗亦僅用於倉庫、磨房等次要建築上。檻窗與支摘窗成爲這一時期的通用形式。窗櫺的紋樣千變萬化，華麗而精巧。概括起來，簡單分類，大約可分爲橫豎櫺子、菱化、拐子紋、雕花等幾種。將此紋樣施於窗上，可產生形象生動的藝術效果。窗牖的產生與變化，經歷了一個由簡單到複雜，由粗糙到精細，由低級到高級的發展過程。歸納起來，按其發展主流觀之，是從直櫺窗發展成爲檻窗的過程。在此兩大基本主流的歷史長河中，又派生出了一些分支，以滿足人們在居住上特殊功能之需要。以其構造、形狀及功能特點，可分爲直櫺窗、檻窗、支摘窗、橫披窗、推窗、風窗、翻天印、天窗等多種類型。其功能亦由開始時所擔負的排烟、通風，進而發展成爲身兼日照、采光、通風、排烟等多種功能。古代門窗多以木材製造。現代建築中，特別是城市建築中，窗的製作則多以鋼、鋁合金、塑鋼等新型建築材料爲之。參閱中國科學院自然科學史研究所《中國古代建築技術史》、劉致平《中國建築類型及結構》。

泛　稱

窗

　　亦作"囱""牕"。開在屋頂或墙壁上，用以通風、采光的洞口。後一般均安窗扇。《説文·囱部》："囱，在墙曰牖，在屋曰囱。"段玉裁注："屋在上者也。"《廣韻·平江》："牕，《説文》作囱，通孔也。"《周禮·考工記·匠人》："四旁兩夾窗。"鄭玄注："窗，助户爲明，每室四户八窗。"漢王充《論衡·别通》："開户内日之光，日光不能照幽，鑿窗啓牖，以助户明也。"《後漢書·何進傳》："尚書盧植執戈，於閣道窗下，仰數段珪。"晋潘岳《悼亡》詩："皎皎窗中月，照我室南端。"唐杜甫《絶句四首》之三："窗含西嶺千秋雪，門泊東吴萬里船。"

【囱】

　　同窗。此體先秦時期已行用。見該文。

【牕】

　　同"窗"。此體先秦時期已行用。見該文。

【窻】

　　同"窗"。亦作"窓""窓"。《龍龕手鑑·穴部》："窻，同'窗'。"《正字通·穴部》："窻，别作窗。"又："窓，俗窗字。"唐白居易《秦中吟·議婚》："緑窻貧家女，寂寞二十餘。"窻，一作"窓"。宋蘇軾《絶句二首》之二："夜來雨後西風急，静向窗前似有聲。"元孟漢卿《魔合羅》第二折："紅油門兒，緑油窗。"清蒲松齡《聊齋志異·聶小倩》："近一更許，窗外隱隱有人影。"

【窓】

　　同"窗"。此體唐代已行用。見該文。

【窓】

　　同"窗"。此體唐代已行用。見該文。

【牕】

　　同"窗"。亦作"牎"。《玉篇·片部》："牕，牕牖也。"《集韻·平江》："囱，或作窗、牕。"《洪武正韻·陽韻》："牕，通孔也。亦作囱。"晋陶潛《歸去來辭》："倚南牕以寄傲，審容膝之易安。"《晋書·魏舒傳》："仍給賜陽燧四望繐牕户皂輪車牛一乘，庶出入觀望，或足散憂也。"唐韓愈《城南聯句》詩："牕綃疑閟艷，妝燭已銷檠。"宋梅堯臣《聞鶯》詩："隔牕燈已暗，卷幔月微明。"元李裕《次宋編修顯夫南陌詩四十韵》："璧月紅牕外，銀河碧樹邊。"明顧大典《青衫記·裴興私嘆》："隔墙須有耳，牕外豈無人。"

【牎】

　　同"牕"。此體晋代已行用。見該文。

【牖】

　　即窗。亦作"牗"。《書·顧命》："牖間南向，敷重篾席。"孔穎達疏："牖，謂窗也。"《詩·豳風·鴟鴞》："迨天之未陰雨，徹彼桑土，綢繆牖户。"朱熹集注："牖，巢之通氣處。"《説文·片部》："牖，穿壁以木爲交窗也……譚長以爲'甫'上，'日'也，非'户'也，牖所以見日。"段玉裁注："交窗者，以木横直爲之，即今之窗也。在墙曰牖，在屋曰窗。"《玉篇·片部》："牖，窗牖也。"唐王維《老將行》詩："茫茫古木連窮巷，寥落寒山對虚牖。"清紀昀《閲微草堂筆記·如是我聞三》："置榻外室南牖下。"

【牖】

同“牖”。此體漢代已行用。見該文。

【闚】[2]

即窗。亦作“鄉”。《廣雅・釋宮》:“窗、牖,闚也。”《禮記・明堂位》:“山節藻梲,復廟重檐,刮楹達鄉,反坫出尊,崇坫康圭,疏屏,天子之廟飾也。”按,《集韻・去漾》引此文時“鄉”作“闚”。清朱彝尊《日下舊聞・宮室五》引《泰泉集》:“冲風颺乎闚幕。”

【鄉】

同“闚[2]”。此體先秦時期已行用。見該文。

【軒】[9]

即窗。三國魏阮籍《詠懷》之十九:“開軒臨四野,登高望所思。”《文選・謝瞻〈答靈運〉》:“開軒滅華燭,月露皓已盈。”李善注:“軒,窗也。”唐杜甫《夏夜嘆》詩:“仲夏苦夜短,開軒納微涼。”明湯顯祖《牡丹亭・鬧殤》:“你爲我開軒一望月色如何？”

【寮】[2]

即窗。唐慧琳等《一切經音義》卷一:“寮,窗也。”《文選・張衡〈西京賦〉》:“何工巧之瑰瑋,交綺豁以疏寮。”李善注:“交結綺文,豁然穿以爲寮也。《倉頡篇》曰:‘寮,小窗也。’”唐溫庭筠《池塘七夕》詩:“月出西南露氣秋,綺寮河漢在針樓。”唐姚合《逸句》:“皎潔鉤高挂,玲瓏影落寮。”明劉侗、于奕正《帝京景物略・嘉禧寺》:“而方丈特壯麗,無寮不松蔭,無户不朱簾也。”《金瓶梅詞話》第一三回:“原來大人家,有兩層窗寮,外面爲窗,裏面爲寮。”清孔尚任《桃花扇・餘韻》:“問秦淮舊日窗寮,破紙迎風,壞檻當潮。”

【軒窗】

即窗。亦作“軒牕”。軒、窗同義。唐孟浩然《同王九題就師山房》詩:“軒窗避炎暑,翰墨動新文。”唐李商隱《利州江潭作》詩:“河伯軒牕通貝闕,水宮帷箔卷水綃。”一本作“軒窗”。宋陸游《游錦屏山謁少陵祠堂》詩:“城中飛閣連危亭,處處軒窗臨錦屏。”《紅樓夢》第七九回:“〔寶玉〕見其軒窗寂寞,屏帳翛然,不過只有幾個該班上夜的老嫗。”清舒大成《當時》詩:“曉日軒窗閑夢少,晚凉庭院别懷多。”

【軒牕】

同“軒窗”。此體唐代已行用。見該文。

【軒窻】

同“軒窗”。亦作“軒牕”。《普曜經・論降神品》:“諸床座具二萬二千,門户軒窻,講堂棚閣,校飾嚴整。”宋陸游《老學庵筆記》卷六:“會稽鏡湖之東,地名東關,有天花寺。吕文靖嘗題詩云:賀家湖上天花寺,一一軒牕向水開。”明孫蕡《湖州樂》詩:“春風垂柳綠軒窗,細雨飛花濕簾幕。”清劉大櫆《漱潤樓記》:“西北諸山若擗琶,金紫飛雁,遠者鶴鳴,牛牯馬鞍,柳風拔茅,皆盡在軒窗欄楯之外,風雨雲烟,晨夕之氣象萬變。”

【軒牕】

同“軒窻”。此體宋代已行用。見該文。

【軒牖】

即軒窗。亦稱“軒楯”。南朝梁任昉《齊竟陵文宣王行狀》:“尚想前良,俾若神對,乃命畫工圖之軒牖。”南朝梁江淹《蕭讓太傅相國齊公十郡九錫表》:“是以覽雲際而懷古,憑軒楯而未寧也。”明李春芳《重建烟雨樓記》:“構樓其上,凡五楹,繚以垣圍,蒔以桃李,軒牖洞豁而一覽嘉禾可盡也。"

【軒梘】

即軒牖。梘，窗櫺。此稱南北朝時期已行用。見該文。

玉窗

亦作"玉窓""玉牕"，亦稱"玉牗"。窗之美稱。南朝宋湯惠休《楚明妃曲》："金閨流耀，玉牗含英。"南朝梁簡文帝《傷美人》詩："何時玉窓裏，夜夜更縫衣。"唐王維《班婕妤三首》詩之一："玉窓螢影度，金殿人聲絕。"唐杜牧《屏風絕句》："斜倚玉窗鸞髮女，拂塵猶自妬嬌嬈。"明王恭《新燕》詩："玉窗繡户春雲外，不忍翻飛過別墻。"

【玉窓】

同"玉窗"。此體南北朝時期已行用。見該文。

【玉牕】

同"玉窗"。此體唐代已行用。見該文。

【玉牗】

即玉窗。此稱南北朝時期已行用。見該文。

玉櫳

精美的窗户。藉指閨閣。唐元稹《雜憶》詩之一："憶得雙文通内裏，玉櫳深處暗聞香。"清毛奇齡《聽流鶯歌》："曙色將開弄曉晴，此時玉櫳猶未啓。"

綺疏

亦作"綺疎"。指雕刻成空心花紋的窗户。《後漢書·梁冀傳》："窗牖皆有綺疏青瑣，圖以雲氣仙靈。"李賢注："綺疏謂鏤爲綺文。"《文選·孫綽〈游天台山賦〉》："彤雲斐亹以翼櫺，曒日炯晃於綺疏。"李善注："薛綜《西京賦》注曰：'疏，刻穿之也。'然刻爲綺文，謂之綺

疏也。"五代張泌《南歌子》詞："綺疏飄雪北風狂。"清趙翼《題嶺南物産圖六十二韻》："紅蕉宜綺疏，幽蘭稱空谷。"

【綺疎】

同"綺疏"。此體漢代已行用。見該文。

綺櫳

雕繪華美的窗户。《文選·張協〈七命〉》："蘭宮秘宇，雕堂綺櫳。"李善注引《說文》："櫳，房室之疏也。"唐李商隱《深宮》詩："金殿銷香閉綺櫳，玉壺傳點咽銅龍。"明何景明《秋夜》詩："暝砌凝寒色，高樓閉綺櫳。"

綺窗

亦作"綺窓"。雕刻精細或繪飾華美的窗户。《文選·左思〈蜀都賦〉》："開高軒以臨山，列綺窗而瞰江。"呂向注："綺窗，彫畫若綺也。"唐李商隱《瑤池》詩："瑤池阿母綺窓開，《黃竹》歌聲動地哀。"宋晏幾道《臨江仙》詞："玉樓深處綺窗前。"清黃景仁《減蘭·中秋夜感舊》詞之二："綺窗人静，露寒今夜無人問。"

【綺窓】

同"綺窗"。此體唐代已行用。見該文。

【綺寮】

即綺窗。《文選·左思〈魏都賦〉》："雷雨窈冥而未半，曒日籠光於綺寮。"呂向注："寮，窗也。"唐李商隱《碧瓦》詩："碧瓦銜珠樹，紅輪結綺寮。"宋葛起耕《記夢》詩："綺寮縹紗敞虛明，鵠峙鷺停護碧城。"清趙翼《陪松崖漕使宴集九峰園作歌》："綺寮砥室交掩映，最玲瓏處集裙屐。"

碧紗窗

裝有綠色薄紗的窗。前蜀李珣《酒泉子》詞之四："秋月嬋娟，皎潔碧紗窗外照。"元孫

慧蘭《綠窗》詩：“碧紗窗外初生月，照見梅花欲斷魂。”明馮夢龍《山歌·無郎》：“姐兒立在碧紗窗，眼觀孤雁好恓惶。”《紅樓夢》第二六回：“〔寶玉〕覺得一縷幽香，從碧紗窗中暗暗透出。”

【碧窗】

“碧紗窗”之省稱。唐李白《寄遠》詩之八：“碧窗紛紛下落花，青樓寂寂空明月。”南唐張泌《南歌子》詞：“驚斷碧窗殘夢，畫屏空。”前蜀尹鶚《滿宮花》詞：“漏清宮樹子規啼，愁鎖碧窗春曉。”清張英《游仙詩二首》之一：“碧窗仙館接蓬瀛，玉蕊雲芽繞坐生。”

櫺²

窗戶或欄杆上雕有花紋的格子。《文選·江淹〈雜體詩·效許詢自序〉》：“曲櫺激鮮飆，石室有幽響。”李善注：“櫺，窗間孔也。”宋葉適《柯君振相別三十餘年爲言親喪不能舉請賦此詩庶幾有哀之者》：“無人爲買南山麓，月戶風櫺作好鄉。”金董解元《西廂記諸宮調》卷三：“早是夢魂成不得，濕風吹雨入疏櫺。”清李昌垣《南鄉子·秋窗獨宿》詞：“風急透疏櫺，翠帳香消夢乍驚。”

軒戶²

門窗。漢王充《論衡·幸偶》：“均之土也，或基殿堂，或塗軒戶；皆之水也，或溉鼎釜，或澡腐臭。”唐高適《和竇侍御登涼州七級浮圖之作》：“空色在軒戶，邊聲連鼓聲。”唐白居易《晚歸香山寺因咏所懷》：“中有古精舍，軒戶無扃關。”明練子寧《水竹居詩》：“高人結宇修篁裏，軒戶玲瓏瞰流水。”

【軒扉】

即軒戶。宋劉子翬《過報德庵》詩：“茶烟日月静，石壁軒扉古。”元倪瓚《畫贈耕雲》詩：“軒扉雨寥落，草木晚離披。”

櫳

窗上櫺木，窗戶。漢班婕妤《自悼賦》：“廣室陰兮帷幄暗，房櫳虛兮風泠泠。”南朝宋謝惠連《七月七日夜咏牛女》：“落日隱檐楹，升月照簾櫳。”宋王安石《送和甫至龍安暮歸》詩：“房櫳半掩無人語，鼓角聲中始欲愁。”明喬卧泉《排歌·秋怨》曲：“鐵馬檐前，終宵驟風，難禁響過簾櫳。”清王士禎《燕子磯阻風寄丁繼之》詩：“十日秦淮水，聞歌敞綺櫳。”

朱櫳

亦稱“朱絡”“朱櫺”。紅漆的窗格子。亦代指窗子。唐李賀《過華清宮》詩：“春月夜啼鴉，宮簾隔御花。雲生朱絡暗，石斷紫錢斜。”葉葱奇注：“《方言》：‘絡謂之格。’朱絡即朱漆的窗格。”唐李商隱《寓目》詩：“新知他日好，錦瑟傍朱櫳。”南唐馮延巳《喜遷鶯》詞：“殘燈和燼閉朱櫳，人語隔屏風。”元吳師道《游西山玉泉遂至書山》詩：“寺前對峙兩飛閣，金鋪射日開朱櫺。”

【朱絡】

即朱櫳。此稱唐代已行用。見該文。

【朱櫺】

即朱櫳。櫺，窗戶上的格子。此稱元代已行用。見該文。

名　類

天窗

亦作"天窓""天牕""天憁"。窗户。以其設於屋頂，可露天、透光、通風，故稱。漢王延壽《魯靈光殿賦》："爾乃懸棟結阿，天窗綺疏。"唐李白《明堂賦》："藻井彩錯以舒蓬，天牕㴞翼而銜霓。"宋范成大《睡覺》詩："尋思斷夢半蕭騰，漸見天窗紙瓦明。"明馬愈《馬氏日抄·奇盗》："一夕，有偷兒自天憁中下，檢其細輭，仍從屋上逸去。"《二十年目睹之怪現狀》第五九回："聽著街上打過五更，一會兒天窗上透出白色來，天色已經黎明了。"

【天窓】

同"天窗"。此體漢代已行用。見該文。

【天牕】

同"天窗"。此體唐代已行用。見該文。

【天憁】

同"天窗"。此體明代已行用。見該文。

中霤 [2]

亦作"中溜"。猶天窗。霤，下流之水。穴居住所上部圍護結構頂部中央開設囱，以通風、納光、排烟，但易漏入雨水，故稱。《公羊傳·哀公六年》："於是使力士舉巨囊，而至於中霤。"徐彥疏引庾蔚之云："復地上累土，穴則穿地也。復穴皆開其上取明，故雨霤之。"宋陸游《寧德縣重修城隍廟記》："凡日用起居所賴者皆祭，祭門、祭竈、祭中霤之類是也。"明張煌言《島居》詩之一："短垣繚却月，中霤貫長庚。"清夏炘《學禮管釋·釋窗牖向》："窗即中霤，古者複穴當中央開孔取明，謂之中霤，後世以交木爲之謂之窗。"清平步青《霞外攟

屑·釋諺·天窗》："中霤複穴，皆開其上取明，故雨霤之，是以因名中室爲中霤也。今俗謂之開天窗，燒片瓦，空其中，俗謂之屋漏，是其遺意也。按：今人以蠣殻或玻璃障之。"

【中溜】

同"中霤 [2]"。此體宋代已行用。見該文。

屋漏 [2]

指囱，即後世之天窗。清平步青《霞外攟屑·釋諺·天窗》："中霤複穴，皆開其上取明，故雨霤之，是以因名中室爲中霤也。今俗謂之開天窗，燒片瓦空其中，俗謂之屋漏，是其遺意也。按，今人以蠣殻或玻璃障之。"

風窗

以其作用爲擋蟲、通風，故稱。此窗多用於南方地區的住宅。其結構較爲簡單，分兩截式、三截式兩種。櫺子多稀疏，做成簡單的花紋；或以藤編，可糊紙或薄紗。其啓閉方式，多用抱框上的豎直凹槽，上下提放。北方之推窗，亦稱風窗。

推窗

在北方寒冷地區，做兩層窗户，外層白天可推出、支起，晚上放下，故稱。但在惡劣氣候下，即使白天亦將外層推窗放下，故亦稱"風窗"。在貴族、富紳宅第施用此窗時，於內層窗內裝置木板，可像門一樣隨意開關。

拉窗

兩扇檻窗以向左右拉動之方式啓閉的，謂之拉窗。古代多以木材製作，現代建築則多用鋁合金或鋼塑等新型建築材料構製而成。

直欞窗

用直欞條豎嚮排列，有如栅欄的窗户。爲漢至唐千餘年歲月中窗之通用式樣。最早見於六朝石刻，山西五臺佛光寺大殿兩間直欞窗，爲我國古建築中現存最早之實物。其做法略有差异，故有破子欞窗、一馬三箭等變體。

欄檻鈎窗

亦稱"地坪窗"。外裝欄檻，内裝格門式的檻窗。此窗始見於宋。多用於臨水建築廳堂次間廊柱之間，欄杆之上，通常爲六扇；式樣與結構同於槅扇（用於園林建築名爲長窗），但長度僅相當於長窗中部條環板下的抹頭至窗頂的尺寸。窗與靠背欄杆連在一起安裝，其花紋均向内，欄杆外裝雨搭板，可裝可卸。開窗後即可坐在靠背欄杆上欣賞山光水色。

【地坪窗】

即欄檻鈎窗。此稱多行用於近現代。見該文。

橫披窗

在高大建築中，中檻之上，上檻之下的扁長空檔如用槅扇，便叫橫披；如用窗則稱"橫披窗"。此窗不同於槅扇，它是在上、中檻之間立若干小柱，把這部分空檔分爲三段。每段做飾有花紋的小窗。此窗式樣最早見於漢明器。遼、金亦施用，宋代晲電窗亦屬此類。凡施用格門之建築，大多用橫披窗。

破子欞窗

漢代至宋代通用的窗之式樣。直欞窗之變體。直欞窗所用欞條，將其方形斷面木料沿對角綫斜破而成，即一根方欞條破爲兩根三角形欞條，故稱破子欞窗。其三角形斷面之平面朝内，以便糊窗紙或窗紗。此種式樣是比直欞窗更爲進步的形制。

一馬三箭窗

直欞窗的一種式樣。明清時多用於宮殿的倉庫、磨房等次要建築上。其不同於破子欞窗之處：所用欞條是方形斷面，同時於縱列的直欞上、下部位各橫置三根橫條，故稱"一馬三箭"。

檻窗

明清時用於宮殿、寺廟等主要建築上的窗户。其做法與格門大致相同，衹是把格門的裙板部分去掉，安於檻墻之上即爲檻窗。此窗常與格門并用。檻墻高矮以與檻窗下部的條環板相對應而定。墻上安厚約 10 厘米、寬與墻厚齊平的榻板，上置風檻，然後裝窗。據開間大小，每間裝二至六扇，均向内開。格心做法及式樣與格門同。其優點是可使建築物外貌整體風格和諧一致；缺點是開關不便，實用功能差。

支摘窗

亦稱"和合窗"。是一種可以支起、摘下的窗子。此種式樣最早見於漢明器。明清時爲住宅建築常用之樣式。北方與南方的做法與稱謂不一。北方稱"支摘窗"，南方稱"和合窗"。其做法：北方於檻墻正中立間柱，分隔爲兩半，每一半再分上下兩段裝窗，上段可支起，下段能摘下。支窗或向外支，或向内支。南方常在立柱兩根間，分三等分安窗；上段支窗長於下段摘窗，多爲 3 ∶ 1。而蘇杭園林之和合窗做成上、中、下三扇，極富裝飾性。支摘窗之格心種類繁多，以燈籠框、步步錦最爲多見，其次有盤長、龜背錦、卍不斷等。清代中葉以後下段摘窗大多安裝玻璃，爲房間光亮的主要光源。上段支窗多糊紙。在山西大同一帶民居的每扇支窗上均貼窗畫。畫的内容有山水、鳥獸蟲魚、博古、人物故事等，應有盡有。每逢春節，匠人畫在連史紙上的水彩窗畫在市場上出售，家家户户在支窗上換貼新窗畫，與窗户兩側檐柱上的春聯相互映襯，更增加了送舊迎新的節日氣氛。

【和合窗】

即支摘窗。此稱多行用於近現代。見該文。

玉女窗

亦稱"玉女扉"。嵩山古迹之一。至宋已不復存。傳説漢武帝於此窗中見到玉女，故稱。唐李白《送王屋山人魏萬還王屋》詩："朝携月光子，暮宿玉女窗。"王琦注引《五色綫》曰："《圖經》云：嵩山有玉女窗，漢武帝于窗中見玉女。"清王士禎《送愚山游嵩山》詩："窈窕玉女窗，投壺或一至。"後亦作窗的昵稱，多與女性相關。唐宋之問《奉和幸大薦福寺》詩："殿飾金人影，窗摇玉女扉。"唐李商隱《對雪二首》詩之一："寒氣先侵玉女扉，清光旋透省郎闈。"清朱彝尊《伎席贈王二》詩："松樓竹館映清輝，半醉重窺玉女扉。"

【玉女扉】

即玉女窗。此稱唐代已行用。見該文。

朱鳥牖

亦稱"朱雀牖""朱鳥窗"。朝南的窗户。朱鳥、朱雀爲二十八宿中南方七宿之總稱。七宿相連成鳥形；朱色象火，南方屬火，故稱。晋張華《博物志》卷三："帝（漢武帝）與母（西王母）對坐，其從者皆不得進。時東方朔竊從殿南厢朱鳥牖中窺母。"南朝陳徐陵《玉臺新咏序》："青牛帳裏，餘曲既終；朱鳥窗前，新妝已竟。"北周庾信《奉和法筵應詔》："星窺朱鳥牖，雲宿鳳凰門。"唐王翰《古蛾眉怨》詩："白日全含朱鳥窗，流雲半入蒼龍闕。"《太平御覽》卷一八八引《漢武故事》："西王母降，東方朔於朱雀牖中窺母，母謂帝曰：'此兒無賴。'"清袁枚《隨園詩話》卷八："梁瑶峰少宰和云：'……石榴消息分明是，朱鳥窗前仔細探。'"

【朱雀牖】

即朱鳥牖。此稱漢代已行用。見該文。

【朱鳥窗】

即朱鳥牖。此稱南北朝時期已行用。見該文。

第十六章　原始居式與歷代故居説

第一節　原始居式考

　　原始人類，從已能製造工具的南方古猿開始，直到此後相當長一段時期内，即原始社會的初級階段，"還住在自己最初居住的地方，即住在熱帶的或亞熱帶的森林中。他們至少是部分地住在樹上，祇有這樣纔可以説明爲什麽他們在大猛獸中間還能生存"（恩格斯《家庭、私有制和國家的起源》）。考古學把原始社會初級階段稱爲"舊石器時代"，古人類學將原始人類劃分爲猿人、古人及新人三個階段。早在猿人階段，由於先民們已能粗製石器，利用天然火，於是他們依靠集體的力量，突破熱帶森林的局限，向温帶地區開拓自己的生活領域。考古發現，在我國，處於這一階段的文化遺迹，最早爲距今一百多萬年的雲南元謀人與六十萬年的藍田猿人化石遺迹；而最早的人類住所是距今約五十萬年的北京周口店龍骨山巖洞。到目前爲止，考古工作者已發現舊石器時代人類居住的巖洞近十所。被原始人選擇作爲栖居之所的居住形式，除天然巖洞外，在森林與沼澤地帶生活的原始人仍依靠樹木作爲栖居之所。當時藉以栖身的條件——巖洞及樹木皆爲自然物，故古人認爲"天地乃人之父母"。但生活的經驗使他們懂得，對樹木、巖洞稍事加工修整，即可改善栖息條件。於是他們基於住在樹上及"厂"（指上部凸出的峭壁）、洞的生活經驗，使用粗製石器采伐枝幹，藉助樹木支撐構築簡陋窩棚；或模擬自然，在黄土斷崖上用木棍、石器或骨器掏挖人工横穴，由此開始了人類的營造活動，誕生了最原始的人工居住形式——巢居與穴居。"巢""穴"是宫室建築萌芽時期的兩種主要形式。其出現時間，約當舊石器時代晚期。在我國古代文獻中，關於上古時代巢居、穴居的傳説亦頗多記述。《易·繫辭下》："上古穴居而野處，後世聖人易之以宫室，上棟下宇，以待風雨。"《禮記·禮運》："昔者先王未有宫室，冬則居營窟，夏則居橧巢。"《墨子·辭過》："子墨子曰：古之民，未知爲宫室時，就陵阜而居，穴而處，下潤濕傷民，故聖王作爲宫室。"《韓非子·五蠹》："上古之世，人民少而禽獸衆，人民不勝禽獸蟲蛇。有聖人作，構木爲巢，以避群害，而民悦之，使王天下，號之曰'有巢氏'。"《孟子·滕文公下》："當堯之時，水逆行，泛濫中國，蛇龍居之，民無所定；下者爲巢，上者爲營窟。"孟子所謂"下者爲巢，上者爲營窟"，即爲在地勢低窪潮濕之地營巢而居，在地勢高亢乾燥之處則挖穴而用。原始建築的發展，以中華民族的主要發祥地——黄河流域與長江流域爲代表。考古資料已然證實，長江流域沼澤地帶的巢居與黄河流域黄土地帶的穴居是我國古代原始建築的最早形式。

《韓非子》記述有巢氏教人"構木爲巢"，是我國古代廣爲流傳的一個傳説，説明遠古時代曾經存在過巢居。長江中下游地區是我國發展較早的地區之一。遠在六千至七千年以前，長江下游濱海一帶即發展了堪與黄河流域仰韶文化媲美的河姆渡文化。因此地河流沼澤密布，地下水位很高，一般不能采取挖穴的方法解決居住問題，主要藉助樹木的支撐構成架空居住面的窩棚，即所謂"巢居"。這種居住形式，既可以防避野獸的侵害，亦可脱離潮濕的地面。巢居的原始形態，據專家推測是在單株大樹上構巢：在開闊的杈間鋪設枝幹莖葉，構成居住面，再用枝幹相交構成遮陰避雨的棚架，覆於居住面之上。看來確實像一個大鳥巢。象形文字所示的巢居形象，如同舊時農村所見利用樹木搭成的看青窩棚，此爲巢居在原始形態基礎上的進一步發展。巢居的產生與發明不是由個人，而是由氏族集體，是世世代代營造經驗積纍的結果。巢居產生的時代，大約在氏族社會早期。巢居的發展，根據考古學家的分析，大約經歷了以下幾個環節：獨木橧巢—多木橧巢—干欄式建築。開始在一棵大樹上構巢，進而發展爲在相鄰多棵樹上架屋，再逐步發展爲居住面架設在樁柱上的房屋，即干欄式建築。由此可知，後世的浙江餘姚河姆渡遺址早期干欄式長屋係由巢居發展而來。巢居的構築，主要取材於樹木。因此，在木結構技術方面，很早就積纍了經驗，爲後來以木構建築爲主體的中國古代建築奠定了基礎。

　　黃河流域中游，其廣闊而豐厚的黃土層，爲穴居的發展提供了有利條件。土質細密，土壤結構呈垂直節理，壁立而不易塌陷，適合橫穴及袋型竪穴的製作。根據考古學家分析，穴居的發展經過了以下幾個主要環節：橫穴—袋型竪穴—半穴居—原始地面建築—分室建築。在黃土斷崖上營造橫穴，祇是對自然厂、洞的簡單模仿。同理，在陡坡上亦可營造橫穴。進一步發展，則在緩坡上營穴，首先需要垂直下挖，然後橫嚮挖掘，便開始了橫穴向竪穴的轉化。由緩坡營穴隨即過渡到平地營穴，這就形成了完全的袋形竪穴。袋穴的形制底大口小，其縱剖面爲拱形，正是能夠解決避風遮雨的一種空間圍護方式。下雨雪時，用樹木枝幹、草本莖葉作遮蓋。竪穴口部的這種枝葉雜亂鋪蓋的臨時遮掩，便是“屋蓋”的胚胎。每逢暴風驟雨，這種臨時性遮掩往往不能應急，於是逐步改進扎結成架，做成一個類似斗笠的活動頂蓋，平時擱置一旁，夜晚或颶風下雨時則蓋在穴口上。這種活動頂蓋，可謂“屋蓋”的萌芽。活動頂蓋常隨氣候變化以及出入洞穴而移動，極爲不便，進而將其固定置於穴口，而在頂蓋上留出一個缺口，作爲上下出入、通風采光的孔道，便形成了固定的棚蓋——“屋”。穴居發展至此，開始具備了固定的形體，即在地面上可以看到一個小小的窩棚。河南偃師湯泉溝袋形竪穴，穴底的篝火等生活遺迹表明其原爲居住建築，可作爲這一發展階段的典型實例。隨着棚蓋製作技術的熟練與提高，其空間體量不斷加大，爲竪穴深度空間的縮小創造了條件，於是便形成淺袋穴的半穴居。淺穴節省了挖土方量，從而提高了營建效率。這種半穴居的內部空間，下半部是挖掘而成，上半部爲構築而成。換言之，人類建築營造活動已從地下變爲半地下，開始了向地上的過渡。洛陽孫旗屯袋形半穴居爲這一發展階段的實例。屬於仰韶文化時期的西安半坡遺址，是半穴居晚期發展以及向地面建築過渡的典型代表。半坡所見半穴居，其竪穴皆爲直壁。較早的穴深80~100厘米，較晚的穴深20~40厘米，竪穴發展由深而淺，直至完全形成地面建築。半坡建築的發展，可分爲早、中、晚三期。早期爲半穴居，下部空間是挖土而成，上部空間爲人工構築而成。其發展概況：平面由方形漸趨長方形，穴由深而淺，中柱布置由不規則到規則；作爲炊事取暖的火塘由篝火式的極淺的凹面發展爲圓形淺坑，并始有竈陘萌芽；頂部排烟通風口由椽柱交接的節點移置前坡頂端，内部椽木開始塗泥防火；卧寢部分的居住面高起，并出現“炙地”的防潮、防寒措施。中期建築居住面已上升到地面，圍護結構皆爲構築而成，完成了由半穴居到地面建築的演變過程。

由此可知，地勢高亢的黄土地帶，營造穴居比較方便，又因地下水位較低，防潮較易處理，故穴居成爲黄土地帶原始居住建築的主要形式。凡是地勢較高，具備土壤層，有條件營造穴居的地帶，不僅黄河流域，即使長江流域、珠江流域以及西南、東北地區，均可采取穴居方式。湖北長江南岸屬於大溪文化的紅花套遺址，江蘇屬於青蓮崗文化的大墩子遺址等，均曾發現穴居系統的建築遺址。然而對於地勢低窪的沼澤地帶來説，巢居則以其特有的優越性而成爲這類地區原始建築的主流。參閲中國科學院自然科學史研究所《中國古代建築技術史》、劉敦楨《中國古代建築史》。

巢　居

巢居

構木爲巢而居，故稱。巢居的發展，大約經歷了以下幾個主要環節：獨木檑巢，其居住面原始形態，推測是在單株大樹上構築，在開闊的杈間鋪設居住面，再用枝幹相交構成遮蔭蔽雨的棚架；多木檑巢，以鄰近的幾棵樹爲柱脚搭置成居住面，上面架設窩棚；干欄式建築，以椿柱架空居住面的房屋。通過農村常見利用樹木搭成的“看青棚子”，及近代民族學資料，可對巢居較爲原始的形態有一個近似的瞭解。《新唐書·南蠻傳下·兩爨蠻傳》：“衆處山，巢居，汲流以飲。”中國科學院自然科學史研究所《中國古代建築技術史·原始社會時期的建築技術》：“巢居的構築，主要取材於樹木。”又：“巢居的發展大約經歷以下幾個主要環節：獨木檑巢（在一棵大樹上構巢）—多木檑巢（例如在相臨的四棵樹上架屋）—干欄式建築（居住面架設在椿柱上的房屋）。”

巢

原始人類藉助樹木的枝幹莖葉支撐鋪設構成居住面，再用枝幹相交構成遮風避雨的棚架，營造而成的栖身之所。因其形同鳥巢，故名。生活在森林或沼澤地帶的原始人，最初栖身於樹木之上，生活經驗使他們懂得去掉一些有礙的枝杈，采集一些枝幹莖葉鋪設在枝杈間，即可改善栖息的條件。這時，原始人類藉以栖身的樹木尚爲自然物。當原始人類已能利用粗製的石器采伐樹木枝幹，藉助樹木開闊的枝杈構成架空居住面的棚架，則開始了營造活動，産生了最原始的人工居住形式巢居。與此同時，生活在有着廣闊而豐厚的黄土層地帶的原始人，則營造了另一種原始的人工居住形式穴居。“巢”與“穴”，是建築萌芽時期，也即舊石器時代晚期，人類居住的兩種主要形式；換言之，“巢”與“穴”是發展至今日的异彩紛呈的現代建築的兩大源泉。古代文獻記載了人類曾經構木爲巢而居的傳説。《韓非子·五蠹》：“上古之世，人民少而禽獸衆，人民不勝禽獸蟲蛇。有聖人作，構木爲巢，以避群害，而民悦之，使王天下，號之曰‘有巢氏’。”《莊子·雜篇·盗跖》："古者禽獸多而人民少，於是民皆巢居以避之。晝拾橡栗，暮栖木上。故命之曰有巢氏之民。"真正發明巢居的不是某一位英雄豪杰，而是氏族集體，是先民們世世代代營造經驗積纍的結果。我國幅員遼闊，地理情況複雜。不同地域，不同地質，采取的建築形式也是不相同的。《孟子·滕文公下》："當堯之時，水逆行，氾濫於中國，蛇龍居之，民無所定；下者爲巢，上者爲營窟。"趙岐注："埤下者於樹上爲巢，猶鳥之巢也；上者，高原之上也，鑿岸而營度之，以爲窟穴而處之。"這是合乎實際的，而且已爲考古發掘所證實。凡地勢高亢燥爽的黃土地帶，地下水位較低，防潮易於處理，總是采取穴居的方式；凡地勢低窪潮濕的湖泊沼澤地段，巢居總是以其特有的優越性，成爲這類地區原始建築的主流。《禮記·禮運》："昔者先王未有宮室，冬則居營窟，夏則居橧巢。"孔穎達疏："冬則居營窟者，營累其土而爲窟。地高則穴於地，地下則窟於地上，謂於地上累土而爲窟。夏則居橧巢者，謂橧聚其薪以爲巢。"推測巢居曾經一度作爲夏季一種居住形式，以避免暑熱潮濕，避免野獸的侵害；冬季采用穴居，可以生火取暖，亦可防潮。待穴居的防潮、通風技術有了進步，則夏季亦可居住，無須另構橧巢了。仰韶文化時期的穴居，大概是冬夏都可使用的。晋張華《博物志》卷三："南越巢居，北朔穴居，避寒暑也。"唐杜甫《五盤》詩："好鳥不妄飛，野人半巢居。"宋陸游《書巢記》："上古有有巢氏，是爲未有宮室之巢。"亦指簡陋的住所。唐李白《憶舊游寄譙郡元參軍》詩："余既還山尋故巢，君亦歸家度渭橋。"西南少數民族居住區曾存在過巢居，這在一些民族傳說中有所記載，文獻中亦有所反映。文獻記載，一直至宋代，西南地區仍有巢居存在，後井幹、干欄建築逐漸推廣，終於完全代替了巢居。

【樔】

同"巢"。原始社會人類在樹上構築的簡陋住處。《禮記·禮運》"夏則居橧巢"陸德明釋文："樔，本又作巢。"漢班昭《東征賦》："諒不登樔而椓蠡兮，得不陳力而相追。"晋左思《魏都賦》："距遠關以闐闇，時高樔而陛制。"李善注："闐闇，望高位也。陛制，亦以高樔之陛，而能約制其民也。"

【橧巢】

即巢。簡稱"橧"。《廣雅·釋宮》："橧，巢也。"《禮記·禮運》："昔者先王未有宮室，冬則居營窟，夏則居橧巢。"孔穎達疏："夏則居橧巢者，謂橧聚其薪以爲巢。"《晏子春秋·諫下十四》："古者嘗有處橧巢窟穴而王天下者，其政而不惡，予而不取。"漢王符《潛夫論·忠貴》："夫鳥以山爲卑而橧巢其上，魚以淵爲淺而穿穴其中，卒所以得之者，餌也。"宋李覯《禮論》第一："夏居橧巢，則有顛墜之憂；冬入營窟，則有陰寒重腿之疾。"清桂馥《札樸·滇游續筆·橧》："永平山中人築室不用甎瓦土墼，但橫木柴，縶爲四壁，上覆木片，謂之苫片，與豕所居無異。馥謂即古之橧也。《家語·問禮篇》：'夏則居橧巢。'注云：'有柴爲橧，在樹曰巢。'"清朱厚章《歲暮雜詩》："信有橧巢師鳥雀，盡拋穭秜豢魚龍。"章炳麟《官制索隱》："上古橧巢，後王宮室，其質文雖世異，而據山立邑則同。"楊樹達《積微居小學金石論叢·釋橧》："聚薪柴人居其上謂之橧。"

【橧】

即橧巢。此稱三國時期已行用。見該文。

干欄

亦作"干蘭""干闌"。由原始巢居發展而來,用樁柱架空地板,以抬高居住面的結構方式建造的房屋。距今六千年至七千年以前新石器時代,在地勢低窪、潮濕、河流沼澤密布的長江下游濱海地帶,由於地下水位高,原始人類主要藉助樹木的支撐構成架空居住面的窩棚,即以"巢居"的方式脱離潮濕的地面,亦可避免野獸的侵襲,進而發展爲以樁柱抬高居住面的干欄式建築的河姆渡文化;而在地勢高亢燥爽的黄河流域,原始人類藉助廣闊而豐厚的黄土層則發展了由地下穴居、半穴居到地面建築的仰韶文化。發掘出土的最早的干欄建築遺迹,爲浙江餘姚河姆渡一處6900年前的母系氏族聚落遺址。其早期建築爲干欄式長屋,長度將近30米,進深約7米,前檐有寬約1.1米的走廊,前沿設直欞木欄杆。地板浮擺在地板龍骨上,厚約10厘米,每段長80~100厘米,均利用廢舊梁柱截斷、劈裂改製而成。地板高出地面80~100厘米,用木梯上下。樁木直徑一般爲8~10厘米,入地60~80厘米。主要承重的大樁,入地150厘米。其結構製作仍采用多杆複雜交結的節點扎結的方法,構件垂直相交的節點則采用卯接。出土木構件有"凸"字形方榫、圓榫,長方形卯眼、圓形卯眼,及企口木板,爲目前所見到的最早的榫卯實物。木構件按不同用途加工成樁、柱、梁、板。加工工具有石斧、石楔、石錛、石鑿、骨鑿、木棒、木槌等。干欄建築產生於沼澤地帶,早期爲樁式,進而在稍乾燥的地段或坡地上建築,因其不易

打樁,改爲栽柱架屋的方式。河姆渡晚期柱脚多墊有木板,以防沉陷。據文獻記載,我國華南、西南地區少數民族居住區域,古代曾經有"構屋於樹"的巢居形式,後發展爲干欄建築。貴州、雲南景頗族、傣族、佤族等民居目前仍采用干欄建築。瀾滄江及怒江下游一帶,植被繁茂,多雨潮濕,屬亞熱帶、熱帶氣候,最適宜干欄式的樓居。樓下層較矮,不封閉或部分封閉,僅供飼養家畜和放置雜物用;上層有牆,住人。樓居可避免蟲獸對人的危害;避離地面,利於通風散濕,亦可避免雨季洪水的侵襲;利於散熱;在坡地上建屋可不必平整地面以減少土方量。干欄建築可以是木結構的,亦可由竹子建造而成。《魏書·獠傳》:"依樹積木,以居其上,名曰干蘭。干蘭大小,隨其家口之數。"《梁書·諸夷傳·林邑國》:"其國俗居處爲閣,名曰干闌。門户皆北向。"《舊唐書·西南蠻傳·南平獠》:"山有毒草及沙虱、蝮蛇。人並樓居,登梯而上,號爲干欄。"明鄺露《赤雅》:"獠俗……深山窮谷,積木以居。名曰干欄。"

【干闌】

同"干欄"。此體南北朝時期已行用。見該文。

【干蘭】

同"干欄"。此體南北朝時期已行用。見該文。

【栅居】

即干欄。亦稱"栅"。立樁柱而架屋,故稱。《新唐書·南蠻傳下·南平獠》:"其東部有嘉良夷,無姓氏。地縱八百里,横四千五百里。無城栅,居川谷,叠石爲巢,高十餘丈,以高下爲差,作狹户,自内以通上。"又《盤盤》:

"其民瀕水居，比木爲柵，石爲矢鏃。"又《兩爨蠻》："大酋儉彌于、鬼主董朴瀕水爲柵，以輕騎逆戰。"《元史·地理志四》："南安州，下。州在路東南，山嶺稠叠，内一峰竦秀，林麓四周，其頂有泉。昔黑爨蠻祖瓦晟吴立柵居其上，子孫漸盛，不隷他部，至高氏封威楚方隷焉。"

【柵】 2

即柵居。此稱唐代已行用。《新唐書·南蠻傳下·南平獠》："地縱八百里，橫四千五百里。無城柵，居川谷，叠石爲巢，高十餘丈……自内以通上。"又《扶南》："王姓古龍。居重觀柵城，楮葉以覆屋。"見該文。

穴　居

穴居

　　亦稱"窟"。人類最原始的人工居住形式之一，挖土築穴而居，故稱。"穴居"與"巢居"爲建築萌芽時期的兩種主要形式。原始人栖身於自然洞穴中。《易·繫辭下》："上古穴居而野處，後世聖人易之以宫室，上棟下宇，以待風雨。"漢班固《白虎通·崩薨》："太古之時，穴居野處，衣皮帶革；故死，衣之以薪，内藏不飾。"生活經驗使他們懂得，清除有礙的石塊，填補地面坑窪，略事修整即可改善栖息條件。繼而模擬自然，在黄土斷崖上用木棍、石器或骨器挖掘出横穴，則開始了最早的營造活動，其時當爲舊石器時代晚期。文獻中記載了關於穴居的傳説。《詩·大雅·綿》："古公亶父，陶復陶穴，未有家室。"鄭玄箋："鑿地曰穴。"《禮記·禮運》："昔者先王未有宫室，冬則居營窟，夏則居橧巢。"孔穎達疏："冬則居營窟者，營累其土而爲窟。地高則穴於地，地下則窟於地上，謂於地上累土而爲窟。"《孟子·滕文公下》："當堯之時，水逆行，氾濫於中國，蛇龍居之，民無所定；下者爲巢，上者爲營窟。"《墨子·辭過》："古之民未知爲宫室時，就陵阜而居，穴而處。"可知穴即通過人工營造，就地挖掘而成的原始居住形式。穴居的發展，經歷了以下幾個主要環節：模仿自然巖洞，在黄土斷崖上營造的横穴；在緩坡乃至平地上挖掘而成，口部以莖葉枝幹作臨時性遮掩，或加粗編活動頂蓋的袋形竪穴；地下部分削地爲壁，逐漸變淺，地上部分架設固定頂蓋向上争取空間的半穴居；構築而成呈穹隆狀的圍護結構，分化爲屋頂與墻體兩大部分的原始地面建築；一棟多室的分室建築。我國黄河中游地勢高亢燥爽，有着廣闊而豐厚的黄土層，土質細密，含有一定的石灰質，土壤結構呈垂直節理，壁立而不易塌陷；而且地下水位較低，防潮較易處理，爲穴居的發展提供了有利的條件。在母系氏族公社進入農耕爲主的經濟時代而需要定居的情形下，穴居這一形式在黄土地帶遂得到迅速的發展，成爲原始居住的主要建築形式之一。不僅黄河流域，而且長江流域、珠江流域以及西南、東北地區，凡地勢較高，具備黄土地帶條件的地方，總是采取穴居的形式。湖北長江南岸屬於大溪文化的紅花套遺址、江蘇屬於青蓮崗文化的大墩子遺址，都曾發現過穴居系統的建築遺迹。資料表明，我國古代穴居在少數民族居住的邊遠地區也有存在。《三國志·魏書·東夷傳》：“挹婁在夫餘東北千餘里……處山林之間，常穴居，大家深九梯，以多爲好。”《隋書·東夷傳·靺鞨》：“靺鞨，在高麗之北……所居多依山水……地卑濕，築土如堤，鑿穴以居，開口向上，以梯出入。”《新唐書·南蠻下》：“白頭者，直扶南西，人皆素首，膚理如脂，居山穴，四面峭絕，人莫得至，與參半國接。”中國科學院自然科學史研究所《中國古代建築技術史·原始社會時期的建築技術》：“穴居的發展，經歷了以下幾個主要環節：橫穴→袋式豎穴→半穴居→原始地面建築→分室建築。”穴居具有經濟易建，冬暖夏涼，隔音等優點。

【窟】[2]

即穴居。此稱先秦時期已行用。見該文。

天然巖穴

原始社會之初，舊石器時代人類的栖身之所。早在猿人階段，人類已能粗製石器，并利用天然火，依靠集體的力量突破熱帶森林的局限，向溫帶地區開拓自己的生活領域。在我國已發現的最早的人類住所是距今約五十萬年的北京周口店龍骨山巖洞。已發現的舊石器時代人類居住的巖洞，主要有以下幾處：遼寧營口金牛山巖洞、湖北大冶石龍頭巖洞、遼寧喀左鴿子洞、貴州桐梓巖灰洞、北京周口店龍骨山巖洞、浙江建德烏龜洞。原始人栖身之所的自然巖洞，其選址和使用要求如下：近水——多在湖濱或河岸階梯狀臺地上，以便飲水、種植及漁獵；防止水淹——洞口一般高出附近水面20~60米；洞內較乾燥——選擇鐘乳石較少的喀斯特溶洞，洞內濕度較低，以利生存。接近洞口部分爲集體生活起居用處；洞深處過分潮濕且缺少新鮮空氣，早期也曾住人，後期改爲埋葬死者之處；洞口背寒風——一般洞口背向冬季主要風嚮，因而很少朝向北方。生活在北京周口店龍骨山自然巖洞的原始人群，居住地選址依山傍水，爲漁獵及采集樹籽果實的天然場所，河灘的礫石與山中出產的燧石、石英是製造石器的好原料。他們在洞中躲避風雨，用火禦寒，燒煮食物及抵禦野獸。他們清除洞內有礙的石塊，填補地面坑窪，進行修整以改善栖息條件。洞內空間高10米，長80米，寬14米。古代文獻中亦有記載。《易·繫辭下》：“上古穴居而野處，後世聖人易之以宮室，上棟下宇，以待風雨。”《墨子·辭過》：“古之民未知爲宮室時，就陵阜而居，穴而處。下潤濕傷民，故聖王作爲宮室。”漢班固《白虎通·崩薨》：“太古之時，穴居野處，衣皮帶革；故死，衣之以薪，內藏不飾。”《史記·司馬相如列傳》：“載勝而穴處兮，亦幸有三足烏爲之使。”晉潘岳《離合》詩：“佃漁始化，人民穴處。”反映了當時穴居野處的生活狀態。

穴

土室。原始初民所居之所。《説文·穴部》：“穴，土室也。”《詩·大雅·綿》：“古公亶父，陶復陶穴，未有家室。”鄭玄箋：“鑿地曰穴。”《墨子·辭過》：“古之民未知爲宮室時，就陵阜而居，穴而處。”唐吳筠《覽古詩十四首》之三：“棟宇代巢穴，其來自三皇。”王國維《明堂廟寢通考》：“宮室惡乎始乎？《易傳》曰：‘上古穴居而野處，後世聖人易之以宮室。’穴居者，穿土而居其中，野處則復土於地而居之，《詩》所謂‘陶復陶穴’者是也。”

橫穴

人類在黃土斷崖上橫嚮挖掘而成的居所。母系氏族公社進入農耕爲主的經濟時期，原始人群定居於河流兩岸的階梯狀臺地，或兩河交匯處比較高亢平坦的地方。他們使用粗製石器、骨器及木棍，模擬天然洞穴，在比較陡峭的地方橫嚮掏挖洞穴，開始了最初的營造活動，創造了最原始的人工居住形式：穴居。橫穴是人類穴居發展過程中最早的一種形式。爲了擴大居住領域，人們進而在緩坡上營穴，首先垂直下挖，然後橫嚮挖掘，開始了橫穴向豎穴的轉化。緩坡營穴隨即過渡到平地營穴，這便形成完全的袋型豎穴。陸元鼎等《中國民居建築藝術》："最早出現的人工洞穴，是直接摹仿天然洞穴，在黃土斷崖下，橫嚮挖掘而成。"中國科學院自然科學史研究所《中國古代建築技術史·原始社會時期的建築技術》："在黃土斷崖上營造橫穴，只是對自然廠、洞的簡單模仿。依同理，在陡坡上也可營造橫穴。"

袋形豎穴

人類在緩坡或平地上向縱深挖掘而成的居所。底大口小，壁爲拱形，狀如口袋，故稱。母系氏族公社時期人類在黃土斷崖及陡坡上營造橫穴，進而在緩坡上先垂直下挖，再橫嚮挖掘，開始向豎穴轉化，隨即過渡到平地營穴，向縱深挖掘而成即爲袋形豎穴。洞穴口部以枝幹莖葉作臨時性遮掩，逢暴風驟雨，這種臨時遮掩每不應急，因而逐步改進爲斗笠形捆扎成架的活動頂蓋。平時將其擱置一旁，風雨及夜晚蓋在穴口上，即屋蓋之原始形態。進一步發展則在穴底挖洞立支柱，將棚蓋固定擱置於穴口，在頂蓋上留出一個缺口作爲上下出入的孔

道。至此，穴居開始具備了固定的形體，即地下部分爲木末、石鏟、骨鏟原始工具挖掘而成的穴壁，深約80~120厘米，呈凹曲形，內部空間狹隘，中央設火臺；地上部分爲構築而成的棚蓋，隨着製作技術的提高，空間體量不斷加大，爲減小豎穴深度創造了條件，便形成半穴居的淺袋穴。對於半穴居來說，袋形豎穴已成爲實用空間的障礙，在進一步發展中，半穴居的穴壁由凹曲形改爲直壁。豎穴發展是由深到淺，直至形成地面建築。河南偃師湯泉溝、洛陽孫旗屯袋形豎穴即爲代表。參閱中國科學院自然科學史研究所《中國古代建築技術史·原始社會時期的建築技術》。

復穴

亦作"覆穴"。居住面由地下升至地上過程中的一種過渡形式，下部空間爲削地而成的四壁，上部空間爲構築而成的圍護結構，也即半穴居的居住形式。《詩·大雅·綿》："古公亶父，陶復陶穴，未有家室。"鄭玄箋："古公據文王本其祖也。諸侯之臣稱君曰公。復者，復於土上，鑿地曰穴，皆如陶然。"孔穎達疏："乃是我文王之先祖，久古之公號爲亶父，於漆沮之傍，其爲宅舍，纔作陶復陶穴而居之。所以然者，以其國土未大，人衆不多，未敢有家室，故且穴復而居之……《說文》云：'穴，土屋也。''覆，地室也。'則覆之與穴，俱土室耳。故箋辯之云：覆者，於地上鑿地曰穴，皆如陶然……覆者，地上爲之，取土於地，復築而堅之，故以土言之。穴者，鑿地爲之，土無所用，直去其息土而已，故以壞言之……古公在豳之時，迫於西戎，國小民少，未有寢廟，故未敢有宮室，以是故覆穴而居也……但豳近西戎，

處山谷，其俗多復穴而居。"（幽，今陝西旬邑西）考古資料表明，其建築平面多爲方形，内轉角爲弧形，亦有圓形。有單室與雙室兩種。穴底挖柱洞立中柱，柱頂留有枝杈，自四周斜架椽木交於柱頭，椽上設有横嚮枝杆。椽柱交接以及椽木與横嚮杆枝交接節點，用藤葛或繩索扎結固定，從而構成一個不甚端正的（爲避開中央火塘，柱不居中）方錐體構架，構架上塗草筋泥防水面層，并已在泥中摻入粟稻等農作物莖葉。出入口有溝狀門道，斜階自室外通至室内地面，上部有"人"字形防雨棚架。門道前方，有防止雨水倒灌的土埝。火塘由篝火式的極淺的凹面發展爲圓形淺坑，位置接近門口，使流入的冷空氣得到加熱。亦有火塘位於室中央，而門内兩側設短墻，引導并限制氣流以保證室内温暖。頂部排烟通風口由椽柱交接節點移至前坡頂端。屋蓋椽木内表面塗有草筋泥，以防止火災的發生。半穴居穴底及四壁，毛細現象使土壤水分不斷上升，穴内潮濕。《墨子·辭過》："古之民，未知爲宫室時，就陵阜而居，穴而處。下潤濕傷民，故聖王作爲宫室。"於是在穴底、穴壁塗細泥面層以隔斷毛細現象。西安半坡遺址則改進爲墁塗，塗層穴底比穴壁稍厚，一般爲 1~4 厘米，厚者可達 10 厘米。卧寢部分的居住面高起，再加茅草、粟穰及蘆席墊層。這一時期，并已出現"炙地"的防潮、防寒措施。穴底呈均匀燒烤的青灰色、白灰色或赭紅色的低度陶質硬面。隨着人們扎結構築屋蓋技術的熟練與提高，其空間體量不斷加大，以至無須向地下挖掘争取空間。復穴地上部分愈來愈高大，地下部分則由深而淺，直至形成地面建築。中國科學院自然科學史研究所

《中國古代建築技術史·原始社會時期的建築技術》："這種半穴居的内部空間，下半部是挖掘出來的，上半部是構建起來的。也就是説，建築從地下變爲半地下，開始了向地上的過渡。處於這一發展階段的實例，如洛陽孫旗屯袋式半穴居。"

【覆穴】

同"復穴"。此體漢代已行用。見該文。

【復】

即復穴。復，同"復"。《説文·穴部》："穴，土室也。"注曰："引伸之凡空竅皆爲穴。"又"復，地室也。"注曰："《大雅》正義引作'覆於地也'四字。按《詩·大雅》：陶復陶穴。箋云：復者，復於土上，鑿地曰穴，皆如陶然。庾蔚之云：複謂地上累土爲之。穴則穿地也。庾蔚之云與許云覆於地合。覆於地者，謂旁穿之，則地覆於上，穴則正穿之，上爲中霤。毛傳云：陶其土而復之，陶其壤而穴之，土謂堅者，堅則不患崩壓，故旁穿之，使上有覆蓋，淘其土旁穿之也。"

竪穴

穴居之一種。多挖於緩坡或平地。先垂直下挖，再横嚮挖掘。產生於新石器時代早期。中國科學院自然科學史研究所《中國古代建築技術史·原始社會時期的建築技術》："依同理，在陡坡上也可營造横穴。進一步發展，則在緩坡上營穴。此時需要首先垂直下挖，然後再横嚮挖掘，這便開始了横穴向竪穴的轉化。"劉致平《中國建築類型及結構》第一章："最早在新石器時代有竪穴作袋狀凵。"陸元鼎等《中國民居藝術》："最早出現的人工洞穴，是直接摹仿天然洞穴……後來發展到在平地上向下挖掘

一個口小膛大的袋形豎穴，再發展成爲較淺的
半穴居，最後發展成地面房屋。"

半穴居

穴居之一種。下半部挖於地下，上半部構
於地上，利用挖下去的坑邊作牆壁，穴底中間
立一根高柱，坑邊上四周立短柱，中柱與短柱
相連，搭成一個斜坡式屋頂。用草拌泥土敷在
其上，形成屋頂，這是我國仰韶文化時期的代
表性居住建築，其平面有圓形和方形兩種，是
中國民居建築由地下向地上過渡的產物，始見
於新石器時代晚期。最初的半穴居建築仍然保
留着袋形深豎穴的痕跡，穴壁爲凹曲形，形成
袋形空間，不利於居住和使用。河南洛陽孫旗
屯袋形半穴居遺址是這類穴居的實例。通過對
它的復原，可以看出它明顯地保留着脫胎於袋
形深豎穴的痕跡，仍保持着穴壁凹曲的形式。
隨着半穴居建築的發展，穴壁逐漸改爲直壁，
以便空間的利用。考古學界在西安半坡遺址中
所見的半穴居，其豎穴均爲直壁，而且豎穴的
發展由深而淺，直至形成地面建築。中國科學
院自然科學史研究所《中國古代建築技術史·原
始社會時期的建築技術》："屬於仰韶文化時期的
西安半坡遺址，反映了半穴居晚期發展以及向
地面建築過渡階段的情況，可以作爲典型代表。
半坡所見半穴居，其豎穴皆爲直壁。較早的穴
深 80~100 厘米，較晚的約 20~40 厘米，豎穴發
展是由深而淺，直至形成地面建築。"

方形住房

原始社會半穴居住房之一種。始見於新石
器時代晚期（約公元前 3600—前 3000）。它與
圓形住房一樣，均爲小型建築，是母系氏族公
社中晚期構成聚落的基本單位。其建造的方法
是在黃土地面上掘成 50~80 厘米的淺穴，穴的
內轉角呈弧形。門口有斜階可出入，階道上部
可搭有簡單的"人"字形頂蓋。淺穴四周緊密
而整齊地排列木柱，用編織和排扎相結合的方
法構成牆體，支承屋頂的邊緣。住房中部以四
柱作構架之骨幹，支撐屋頂。屋頂形狀可能用
四角攢尖或利用內部柱子建成兩面坡屋頂。考
古工作者在西安半坡遺址中發現其早期房屋爲
方形，并逐漸趨於長方形平面。中國科學院自
然科學史研究所《中國古代建築技術史·原始
社會時期的建築技術》："按現有材料，早期僅
見方形……其發展概況是，平面由方形趨於
長方形；穴由深而淺，中柱布置由不規則到規
則。"又："〔半坡 F37〕遺址平面近方形而圓角，
四邊向外略呈弧綫，約 420 厘米×475 厘米，
穴深約 80 厘米，直壁，中央有略凹的火塘……
出入口有門道，略呈踏跺四級。"陸元鼎等《中
國民居建築藝術》："〔半坡遺址〕住房有方形和
圓形兩種。"又："半坡遺址的晚期住房已發展
有長方形，它的木骨泥牆骨架已具備面闊三間、
進深兩間的木構建築雛形，室內地面爲燒烤過
的草筋泥抹面，居住地面並鋪有木板防潮。"這
種平面爲長方形的民居形式一旦形成，就歷代
相沿，并爲今天廣大農村民居所沿用。

圓形住房

原始社會住房之一種。始見於新石器時代
晚期（約公元前 3600—前 3000）。早期的爲半
穴居，晚期的已是地面建築。考古工作者在西
安半坡遺址中發現的此類建築，其平面直徑一
般約 4~6 米，周圍密排較細的木柱，柱與柱之
間用編織方法構成牆體，室內有二至六根較大
的柱子，推測其屋頂可能是在圓錐形木構架之

上再建一個兩面坡的小屋頂。中國科學院自然
科學史研究所《中國古代建築技術史·原始社
會時期的建築技術》："遺址平面爲不甚規則的圓
形，最大直徑約 670 厘米。"陸元鼎等《中國民
居建築藝術》："晚期的圓屋已是地面建築。平面
直徑約 4~6 米，周圍密排較細的木柱，柱與柱之
間用編織方法構成牆體。室內有二至六根較大的
柱子，推測其屋頂可能是在圓錐形之上再建一個
兩面坡的小屋頂。"到父系氏族後期，又出現了
圓屋組群。中國科學院自然科學史研究所《中國
古代建築技術史·原始社會時期的建築技術》：
"在晉南、豫西一帶發現部分遺址，聚落規劃
情況不明。這些住房多作圓形，比較規則，工
程品質較好。其突出特點是，圓屋有二或三棟
入口相呼應，成組布置，應是較富裕的家庭住
所。"圓形房屋至今仍有建築，部分少數民族的
圓屋，帳篷式的圓屋甚至大型糧倉，旋轉舞廳，
體育館等均屬圓形房屋，但已超出民居範圍。

父系家庭住房

　　父系氏族是一個人口較多的血統集團，或
稱父系氏族公社。最初，它是一個父系血緣集
團，後由於人口增加，分化爲若干個父系家庭
公社，又稱家長制家庭或父系大家庭。父權制
確立後，普遍實行了一夫一妻制，家庭住房不
僅出現了新的組合結構，也出現了品質高低的
差別。考古資料表明，父系家庭的住房多爲雙
聯式或三聯式半穴居，或二三棟單體組合的住
房形式，室內設有儲藏窖穴。這時的住房建築
多爲小集體或家庭營建，故出現了品質高低之
差別。較貧困之家的住房較母系氏族公社盛期
有所下降，其平面方圓均不規則，建築形體亦
多不端正，布局雜亂。富有的父系氏族領袖則

不斷提高建築水平和面積。因此父系家庭的住
房，前期多爲雙聯式半穴居，後期出現了圓屋
組群。在陝西省灃西地區客省莊二期遺址發掘
中，在 3000 平方米的範圍內發現了十座住房
遺址，它們均爲半穴居，平面方圓都不規則，
多爲兩個或三個半穴居的組合體，空間、體形
較前複雜，但工程質量低下。專家推斷其爲一
般較貧窮家庭的住房。中國科學院自然科學史
研究所《中國古代建築技術史·原始社會時期
的建築技術》："客省莊二期 H98：遺址平面作
'呂'字形。內室爲方形，穴底較穴口略大，口
部東西 305 厘米，南北 270 厘米；穴底居住面
東西 317 厘米，南北 292 厘米。外室爲不規則
的長方形，穴口東西 529 厘米，南北 185 厘
米；穴底東西 535 厘米，南北 200 厘米。銜接
二室的中間過道，長 70 厘米，寬 62 厘米。兩
室的穴壁深約 154 厘米。內室居住面上，中部
偏北有一柱洞……中央及偏東處各有一凹下的
小火塘……外室……北壁中部有一'壁爐'，附
近有五個小火塘……外室西北隅有一個小型窖
藏，爲袋穴。西南隅爲出入口的坡道……估計
原爲茅茨屋頂。"又："客省莊二期 H174：遺
址平面分內外二室，內室稍大，外室稍小，都
略作方形。"又："客省莊二期 H108：遺址爲
三個相聯的豎穴，北部內室平面爲不端正的圓
形，中部外室爲不規則形，南部爲近似方形的
窖穴——貯藏室……以上三例，約爲關中地區
父系氏族前期一般家庭住房的典型式樣。這種
內外室的布局，從生活遺迹來看，內室爲臥室，
外室爲炊事等使用的起居室。"考古工作者在河
南淅川黃棟樹龍山文化晚期遺址中，發現了三
棟一組的住房。主房爲圓形，門南嚮，門前左

右各有一棟稍小的方形配房，兩門相對，構成三合形式。在河南湯陰白營龍山文化晚期聚落局部遺址和永城王油坊、黑堌堆龍山文化晚期遺址中也有類似住房遺迹發現。這些住房多作圓形，比較規則，工程質量較好，圓屋有二或三棟入口互相呼應，成組布置，應是較富裕之家的住房。

門道雨棚

半穴居住所入口處溝狀門道上方"人"字形防雨棚架，這一相對獨立的建築空間組織形成類似門廳的緩衝空間，可看作"堂"之雛形。它往橫嚮發展即形成後世的"明間"，隔墙左右形成兩"次間"，成爲"一明兩暗"的形式；這一空間往縱嚮發展，則分隔室内爲前後兩部分，形成"前堂後室"的格局。由此看來，"一明兩暗"和"前堂後室"同源於門道雨棚。仰韶文化時期以西安半坡遺址爲代表的半穴居是穴居向地面建築發展的過渡形式，半穴居入口爲溝狀門道，門道兩旁有南北略錯位的柱洞，爲防雨棚架的支柱遺迹。推測以短柱頂部枝杈爲中間支點架設大叉手，構成門道雨棚橫梁前方支點，梁的後端搭在居室頂棚上。橫梁懸臂至門道前端，梁上架椽，椽間空檔以茅草、蘆葦等植物莖葉填充，表面塗草筋泥防水面層。門道前方，爲防止雨水倒灌，有低矮如門限的土埂。門道爲行走方便設有泥土踏跺。半坡早期建築遺址從防水目的出發設置的門道雨棚，亦可防止塵土直接吹入室内，使内部居住空間較爲隱蔽和安全。門前這一小空間内，挖掘出殘破的陶罐、陶甕等生活用品，證明此時這裏已具備暫存雜物的實用功能。中國科學院自然科學史研究所《中國古代建築技術史·原始社會時期的建築技術》："早期從防水出發所設的門道雨蓬，使内部空間較爲隱蔽和安全。門道這一緩衝空間，反映了建築空間組織的發展。"

地面建築

穹廬式屋

穹隆狀之原始地面建築。居住面上升與室外地面平；圍護結構中央隆起，四周下垂，狀似穹窿，其形態與結構渾然一體，未明確區分爲屋蓋、墙體兩個不同部分。其形制因襲穴壁概念，下設矮墙，以構築起來的木骨泥墙代替挖土形成的四壁，墙體高度如竪穴深度，一般爲80～120厘米。矮墙上架設頂蓋，其結構同於墙體，也即椽柱扎結成端正的錐形木構架，椽間施橫嚮杆件，空檔以茅草、蘆葦等植物莖葉填充，外塗草筋泥防水面層。墙體與屋蓋交接處圓滑，無檐或凸棱。儘管已有可供開門的墙體，門仍然開在屋蓋上。門下部分帶有木骨之矮墙即爲門限，門内外有墊土作爲入口踏跺。穹隆式屋進一步發展，由屋頂分化而來的墙體有所增高，已能采用中心柱頂架梁以承受四周椽木的結構方式，周邊結構由曲綫變爲直綫，分化爲直立的墙體與傾斜的屋頂兩部分，交接分界處有塗泥之凸棱。進一步發展，墙體骨架分化爲較粗的主要承重的支柱與較細的圍護支柱，能夠較爲合理地承受屋面載荷。至此，屋蓋與墙體就構造、功能而言有了明確的分工。

直立的墙體，傾斜的屋蓋，奠定了後世建築的基本形體。穹廬式屋完成了建築由半地下到地上的過渡。

大房子

考古發掘報告中的專用名詞。指母系氏族公社聚落中占有重要位置，通常作爲一般對偶住房組群中心的體量最大的建築。它是社會上最受尊重的"外祖母"或氏族首領的住所，同時也是社會被撫養人口，諸如老年、少年、兒童以及病殘人的集體住所。從建築學角度看，"大房子"兼備居住與公共性質。這類遺址在西安半坡、西安姜寨、洛陽王灣、渭南華州泉護村、漢中西鄉李家村均有發現。王灣大房子遺址東西長 20 米，南北長 10 米，是目前所知最大的原始建築。西安半坡大房子遺址是這一聚落的晚期建築。現存平面南北長約 10.8 米，東西殘長 10.5 米。出入口設於東部中間，寬約 1 米。進門是一大空間，後部劃分爲三個小空間，已具"前堂後室"之雛形。大空間爲聚會或舉行儀式的場所，後部三個小空間當爲卧室。半坡"大房子"前部廳堂後部卧室的布局，是迄今所知最早的一個"前堂後室"的實例。"大房子"的出現，使原始聚落的建築群形成一個核心。它反映了團結向心的氏族公社的原則。在原始社會解體，奴隸制確立之初，原始社會留下的建築遺產中，最高水平的"大房子"必然會被奴隸主所霸占，使之發生質的變化，從而出現歷史上第一座統治階級的宮殿。《周禮·考工記·匠人》所載"夏后氏世室"，寓於一棟建築之中的"前朝後寢"之布局，則脫胎於原始社會的大房子。考古發掘出的因襲夏代的商代初期奴隸主宮室遺址可爲佐證。西安半坡"大房子"遺址發掘資料表明，它是全聚落最高大的建築物，是動員整個社會力量建造而成的。此房有直徑 47 厘米的木柱，并築有不用骨架的承重垛泥墙。周圍厚約 100 厘米的墙體，約 80 厘米爲用泥土堆築而成，其中摻有紅燒土碎塊。墙內壁面塗抹厚約 10~20 厘米的摻雜樹葉、枝條之類的草筋泥，經火燒烤十分堅固，表面平滑而呈青灰、白灰色。墙爲平地築起，無基礎。墙內支柱爲支承屋椽之用，不是墙體的骨架。屋椽下端即抵於墙上，因屋椽易移位，故墙內側每有補設的支柱以作加固。從印有椽痕的大量紅燒土塊來看，該建築爲墐塗屋面。從遺址南壁一帶保存的地面來看，其做法爲草筋泥燒烤成紅色低陶層。爲防止火災，屋椽內部均有墐塗。後部三個小室均有火塘設置，作爲取暖、防潮之用。前部大室則設有燒煮食物的中心火塘。門內北側還發現凸曲面黑色燒土殘塊，面上有坑點裝飾，爲囱緣或入口邊框殘段。從這座建築所處的重要地位判斷，應有更多的裝飾。參閱中國科學院自然科學史研究所《中國古代建築技術史·原始社會時期的建築技術》、羅哲文《中國古代建築》第二章。

分室建築

母系氏族公社晚期家庭住所，多爲雙聯或三聯式多室長屋。從建築學角度說，出現了建築物內部空間分隔使用的新形式。由於社會生產力的發展，特別是農業生產要求勞動量的加大，使得體力較强的男性成員在經濟活動中逐漸占據了首要的地位，從而引起了婚姻與家庭形式的變革。原來以母系對偶婚制爲基礎的家族通過鬥爭，轉化爲父系的一夫一妻制的家庭。居住人口結構關係的重大變化，引發了建築結構形式的變化。母系氏族社會早期，住所內部空間狹小，一般 3~5 平方米，一棟房屋居住一個對偶家庭；母系氏族社會晚期，突破了一棟一宅的簡單形式，形成了內部空間用木骨泥墙分隔成幾個空間的分室建築，多爲雙聯式或三聯式住房。雙聯式分隔爲內外室，中間連以狹窄的門道，建築平面呈"呂"字形。內室爲卧室，外室爲起居室。三聯式住房可分爲內室、外室，內室可分出套間或設獨立出入口的房間；亦可三間房屋連接起來成一體，分別用作卧室、起居室、貯藏室。多室建築居住人口結構，係氏族公社內一個包括老少成員的直系血緣關係家族，即夫婦及其子女。分室建築的特點是幾間房屋形狀可以不統一，有方有圓，形體多不端正；大小可以不劃一，有大有小；房間多有分工，卧室內有供取暖用的火塘，起居室設供炊事用的壁爐。火塘已有改進，可爲雙聯式，亦可保存火種。柱基多用礫石加固。室內普遍設置窖穴，説明各家庭之間私有財產的差別，打破了原來同甘共苦的氏族公有制原則，出現了偷盜一類現象，以至有必要將氏族早期設在室外的窖藏改設在空間狹小的室內。多室建築工程質量較母系氏族公社盛期明顯降低，空間形體較前發展，但大都停留在半穴居的狀態上。質量的低下説明是家庭自己營造或小集體互助施工而成，多爲一般貧窮家庭的住所。而少數父系氏族首領住房則是采用新技術、高品質建築夯在土臺基上，即文獻所載"堂崇三尺，茅茨不翦"的住宅。建築開始向貧富兩極分化。建築物內部空間分隔使用的一棟多室建築，較一棟一室建築節省了周邊結構，從而節省了材料和相對簡化了施工；由於減少了外墙面積，從而提高了室內的隔熱保溫效果。這一時期原有的聚落規劃被打亂，陶窯出現在居住區，挨近各個家庭住房，以適應家庭手工業的需要。河南鎮平縣趙灣遺址以及鄭州大河村遺址即爲仰韶文化晚期的分室建築。參閱中國科學院自然科學史研究所《中國古代建築技術史・原始社會時期的建築技術》。

聚落

即村落。人類聚居的某一個地方。《漢書・趙充國傳》："兵至卑地，令軍毋燔聚落芻牧田中。"顏師古曰："不得燔燒人居及於田畝之中刈芻放牧也。"北魏酈道元《水經注・淯水》："其聚落悉爲蠻居，猶名之爲黃郵蠻。"唐薛能《凌雲寺》詩："萬烟生聚落，一崦露招提。"宋沈括《夢溪筆談・雜志二》："甲峒者，交趾大聚落。"隨着考古事業的發展，大批原始社會先民聚落被發現，聚落又成了原始人類聚居之地的專名詞。目前所知，我國最早的原始人類聚落是浙江餘姚河姆渡新石器時代的干欄式建築聚落遺址，距今六七千年；其次是西安半坡聚落遺址與同期的四川廣漢干欄式民居聚落，距今四千年至六千年。中國科學院自然科學史研究所《中國古代建築技術史・原始社會時期的建築技術》："〔中華人民共和國成立以來〕由在黃河流域進行的普遍調查得知，原始聚落的分布相當稠密。"又："目前已發表的仰韶文化聚落遺址，以半坡爲最大。半坡聚落僅西北部殘缺，現存面積約 50000 平方米。"劉致平《中國居住建築簡史・上古至先秦》："現已發現的仰韶文化居住遺址如陝西寶鷄北首嶺、西安半坡、臨潼姜寨、洛陽王灣等表明，居民聚落有相當大的規模，房屋衆多。"

第二節　歷代故居考

　　故居，亦稱"舊居""舊宇""舊宅""故宇""故宅""故屋"等，指從前所居之地或房屋；後世多用於尊稱名人之舊居。爲宣傳古人在政治、科學、文化、軍事或其他方面之業績，弘揚先人之高風亮節，教育後代，後世亦有將前代之名人舊宅闢爲紀念堂館，以供後人憑吊、瞻仰。

　　此做法最早始於春秋時代。魯哀公十六年（公元前 479）夏四月，孔子逝世，魯哀公憂傷萬分，親自作誄以悼，并於翌年於孔子故鄉陬邑（今山東曲阜東南）以其"故所居堂"作爲壽堂，"立廟歸宅，置卒守，歲時奉祀"（《穀梁傳·魯哀公十六年》《史記·孔子世家》）。《史記·孔子世家》曰："孔子年七十三，以魯哀公十六年四月己丑卒。哀公誄之曰：'旻天不吊，不憖遺一老，俾屏余一人以在位，煢煢余在疚。嗚呼哀哉！……孔子葬魯城北泗上，弟子皆服三年。三年心喪畢，相訣而去，則哭，各復盡哀；或復留。唯子貢廬於冢上，凡六年，然後去。弟子及魯人往從冢而家者百有餘室，因命曰孔里。魯世世相傳以歲時奉祠孔子冢……故所居堂、弟子内，後世因廟，藏孔子衣、冠、琴、車、書，至於漢二百餘年不絶。高皇帝過魯，以太牢祠焉。諸侯卿相至，常先謁然後從政。"文中所謂"故所居堂"，即指孔子故居。住宅的出現，應在地面建築出現之後，約當新石器時代晚期，至夏商周時期則有諸侯之宅、大夫之宅，此宅後世即爲某某"舊宅""故居"。如舜宅、孔子宅、老子宅、晏子宅、屈子宅等，皆爲名人故居。《初學記·宅第八》："歷代之宅，引宋戴延之《西征記》曰：蒲坂城外有舜宅。《瀨鄉記》云：譙城西有老子宅。《漢書》云：魯有孔子宅。《水經注》云：齊城北門外有晏嬰宅。《荆州記》云：宛有伍子胥宅。秭歸縣有屈原宅。義陽安昌有漢光武宅。宅亦曰第，言有甲乙之次第也。"據記載，"宅"之名最早見諸《詩》《書》，而"故居"之名最早則見於屈原之《遠游》。《書·盤庚上》曰："我王來，既爰宅於兹。"孔傳："言祖乙已居於此。"《詩·商頌·玄鳥》云："天命玄鳥，降而生商，宅殷土芒芒。"鄭玄箋："自契至湯八遷，始居亳之殷地。"《楚辭·遠游》："春秋忽其不淹兮，奚久留此故居？"王逸注："何必舊鄉，可浮游也。"在屈原其他作品中，亦稱"故宇"，同指"故居""舊宅"。《楚辭·離騷》："何所獨無芳草兮，爾何懷乎故宇？"游國恩纂義引汪瑗曰："故宇，舊居也。"自戰國以後，故居即成爲舊居之雅稱，歷代沿用至今，并成爲對名人舊居的尊稱，且賦予其紀念意義。故居包括平民舊居與達官貴人及名士之舊居，然具有文物保護價值者則多爲名人故居。不同時代的故居必然受到當時建築體系的影響，具有不同的建築風格。如春秋時期，孔子的故居衹是"廟屋三間"，面積很小。到唐代，一些官僚的故居就比較寬敞，不僅門、廳、堂、屋齊備，而且宅内還多建有花園。《舊唐書·裴度傳》："東都立第於集賢里，築山穿池，竹木叢萃，有風亭水榭，梯橋架閣，島嶼回環，極都城之勝概。又於午橋創別墅，花木萬株，中起凉臺暑館，名曰綠野堂。引甘水貫其中，釃引脉分，映帶左右。度視事之隙，與詩人白居易、劉禹錫酣晏終日，高歌放言，以詩酒琴書自樂，當時名士，皆從之游。"宋代以後，尤其是清代，一些官僚豪富的故居中還多建有戲臺。到近代，由於一些革命先驅多出身平民，其故居往往也比較簡陋，多有當時當地民居的一般特色。

　　本節所收故居，均爲名人故居。其收錄範圍，爲卒年在1949年以前，且在某一方面有突出貢獻或對後世有一定影響者。由於建築的遺存受時代影響較大，名人故居得以保存至今者，多爲明清和近現代故居，故在收錄中，對明代以前的名人故居，即使是後世重修者，也予以收錄；但由於數量太多，本書嚴予精選，而對近現代名人的故居，則予放寬；在選收中，儘可能兼顧地區和影響大小這兩大因素。

泛　稱

故居

　　亦稱"舊居""故巢""故家"。指人們從前居住之地或所居之房屋。後多用以尊稱在中國歷史上曾做出貢獻的名人之舊宅。《楚辭·遠游》："春秋忽其不淹兮，奚久留此故居？"王逸注："何必舊鄉，可浮游也。"《史記·殷本紀》："帝盤庚之時，殷已都河北，盤庚渡河南，復居成湯之故居，乃五遷，無定處。"《漢書·郊祀志》："由此言之，則廄梁豐鎬之間周舊居也。固宜有宗廟、壇場、祭祠之臧。"晋陶潛《還舊居》詩："履歷周故居，鄰老罕復遺。"北魏酈道元《水經注·清水》云："縣民故會稽太守杜宣，白令崔瑗曰：'太公本生於汲，舊居

猶存。'"唐杜甫《得家書》詩："今日知消息，他鄉且舊居。"唐李白《憶舊游寄譙郡元參軍》詩："余既還山尋故巢，君亦歸家度渭橋。"唐韋應物《答僩奴重陽二甥》詩："重陽守故家，僩子旅湘沅。"宋米芾《將之苕溪戲作呈諸友》詩之二："朝來還盡簡，便起故巢嗟。"宋曾鞏《救灾議》曰："屋廬構築之費既無所取，而就食於州縣，必相率而去其故居。"元柯丹邱《荆釵記·晤婿》："春深離故家，嘆衰年倦體。"清朱彝尊《晋汲縣齊太公二碑跋》："汲縣，古朝歌地，相傳師尚父舊居也。"清章炳麟《駁康有爲論革命書》："自非躬執大篲，以掃除其故家污俗，而望禹域之自完，豈可得乎？"

【舊居】

即故居。此稱漢代已行用。見該文。

【故巢】

即故居。此稱唐代已行用。見該文。

【故家】

即故居。此稱唐代已行用。見該文。

【故宇】

即故居。亦稱"舊宇"。《楚辭·離騷》:"何所獨無芳草兮，爾何懷乎故宇？"游國恩纂義引汪瑗曰:"故宇，舊居也。"漢王逸《九思·憫上》:"攀天階兮下視，見鄢郢兮舊宇。"《後漢書·馮衍傳下》:"聞至言而曉領兮，還吾反乎故宇。"北魏酈道元《水經注·睢水》:"生民以來，功盛莫崇，今故宇無聞，而單碑介立矣。"唐韋應物《過扶風精舍舊居簡朝宗巨川兄弟》詩:"舊宇多改構，幽篁延本薆。"宋朱熹《分韻得眠意二字賦醉石簡寂各一篇呈同游諸兄》:"永懷仙陸子，久挹浮丘袂。於今知幾載，故宇日荒廢。空餘醮壇石，香火誰復繼？"清彭孫遹《瀛臺賦》:"陟樂成之舊宇，徑涵碧之虛亭。"

【舊宇】

即故宇。此稱漢代已行用。見該文。

【故宅】

即故居。亦稱"舊宅"。《左傳·昭公三年》:"及晏子如晋，公更其宅，反則成矣。既拜，乃毀之而爲里室，皆如其舊，則使宅人反之。且諺曰:非宅是卜，唯鄰是卜。二三子先卜鄰矣，違卜不祥。君子不犯非禮，小人不犯不祥，古之制也。吾敢違諸乎？卒復其舊宅，公弗許。

因陳桓子以請，乃許之。"《書·序》:"至魯共王好治宮室，壞孔子舊宅，以廣其居。於壁中得先人所藏古文虞、夏、商、周之《書》，及《傳》《論語》《孝經》，皆科斗文字。王又升孔子堂，聞金石絲竹之音，乃不壞宅。"唐杜甫《遣興》詩之四:"客子念故宅，三年門巷空。"唐戴叔倫《贈殷亮》詩:"山中舊宅無人住，來往風塵共白頭。"明李曄《送胡季誠北上》詩:"嗚呼耆舊今已無，空餘故宅臨東湖。"清沈復《浮生六記·坎坷記愁》:"余夫婦欣然，仍歸故宅，骨肉重圓。"

【舊宅】

即故宅。此稱先秦時期已行用。見該文。

【舊第】

即故居舊宅。《晋書·山濤傳》:"左長史范晷等上言:'濤舊第屋十間，子孫不相容。'帝爲之立室。"宋錢彦遠《敦儉》:"臣嘗行都下，見先朝宰相若吕端、李沆舊第存焉，窮僻卑陋。"明沈德符《野獲編·曆法·居第吉凶》:"地理吉凶，時亦有驗，如余所知，嚴分宜舊第已三度籍没矣。"

舊墟

昔日之舊居，多含廢弃之意。《文選·班固〈西都賦〉》:"徒觀迹於舊墟，聞之乎故老。"吕延濟注:"舊墟，故居也。"晋陶潛《辛丑歲七月赴假還江陵夜行塗口》詩:"投冠旋舊墟，不爲好爵縈。"明高啓《至蓮村》詩:"孰云墮世網，重到十載餘。喪亂喜獨完，烟火靄舊墟。"

專　名

舜帝故宅

虞舜之故居。傳位於今山西永濟北 15 公里處。南朝宋劉澄之《永初山川記》：“蒲坂城中有舜廟，城外有舜宅及二妃壇。”宋盧襄戴延之《西征記》：“蒲坂城外有舜宅。”《山堂肆考》卷一七二：“《釋名》：‘宅，擇也。’言擇吉處而營之也。其名起於堯舜之時，蒲坂城外有舜宅是也。”

孔子故宅

亦稱“闕里故宅”“五代祠”。位於今山東曲阜市孔廟東路承聖門內。相傳孔子曾居住於此。所居之堂後世以爲廟，歷代祭祀。《後漢書·明帝紀》：“〔永平十五年三月〕幸孔子宅，祠仲尼及七十二弟子，親御講堂，命皇太子、諸王說經。”李賢注：“孔子宅，在今兗州曲阜縣故魯城中歸德門內闕里之中，背洙面泗，矍相圃之東北也。”《玉海》卷一七五引《水經注》云：“夫子故宅大一頃，所居之堂後世以爲廟。漢高祖十三年過魯，以太牢祀孔子。廟屋三間，夫子床前有石硯一枚，甚樸，云平生時物。魯人藏孔子所乘車於廟中，是顏、路所請者也。魏黃初二年令郡國修起孔子舊廟，置百戶吏卒。廟有夫子像，列二弟子執卷立侍。漢魏以來，廟列七碑，二碑無字。”又引《括地志》云：“孔子舊宅在兗州曲阜西南三里，有闕里，中有宅，宅中有廟。”清顧炎武《日知錄·闕里》：“《史記·魯世家》：‘煬公，築茅闕門。’蓋闕門之下，其里即名闕里，而夫子之宅在焉。”現存古迹有故宅井，井周繞以雕花石欄，旁立石碑，碑上雕刻“孔宅故井”。西側建四角黃瓦方亭，亭中立乾隆御書《故宅井贊》碑。另有魯壁、詩禮堂及崇聖祠。祠內祀孔子以上五世祖，故亦稱“五代祠”。祠前東西階下有孔氏世系碑兩塊。東房九間爲禮器庫，存放祭孔禮器。

【闕里故宅】

即孔子故宅。此稱明清時期已行用。以其有二闕，故稱。見該文。

【五代祠】

即孔子故宅。此稱明清時期已行用。以祠內祀孔子以上五代祖，故稱。見該文。

晏子故宅

亦稱“清節里”。春秋時齊國大夫晏嬰之故居。位於今山東高密一帶。晏嬰，字平仲，萊之夷維（今山東高密）人。齊靈公二十六年（公元前 556），其父晏弱死後繼任齊卿，歷仕事靈公、莊公，相景公。其以節儉力行，食不重肉，妾不衣帛，一狐裘三十年，名顯諸侯。故後世稱其故宅爲“清節里”。《晏子春秋·內篇·雜下》：“景公欲更晏子之宅，曰：子之宅近市，湫隘囂塵，不可居，請更諸爽塏者。晏子辭曰：‘君之先臣容焉，臣不足以嗣之（《藝文類聚》作‘代’），於臣侈矣。且小人近事，朝夕得所求，小人之利也，敢煩里旅。’”《括地志》卷三：“齊晏嬰冢在齊子城北門外。晏子云：‘吾生近市，死豈易吾志。’乃葬宅後，人名曰清節里。”

【清節里】

即晏子故宅。以其平生清廉節儉，故稱。此稱唐代已行用。見該文。

漢高祖故宅

漢高祖劉邦（公元前256—前195）故里舊宅。位於今江蘇豐縣一帶。漢衛寵《漢舊儀》曰："高皇帝家在豐中陽里，爲沛泗上亭長。及爲天子，立沛廟，祠豐故宅。"《藝文類聚》卷九四引晉郭緣生《述征記》曰："豐水西九千里有漢高祖宅。"

大禹故宅

位於今四川綿陽市北川羌族自治縣，傳爲古代治水英雄、夏朝創始人大禹出生地。1989年綿陽市政府批准爲市級風景名勝區。景區總面積30平方公里，山川形勝、氣候宜人，民風淳厚，雅趣天成。内有禹穴溝、采藥山、摩巖甘泉、三叉河、誓水柱、禹廟、金鑼巖、剖兒坪、禹州池、一綫天、猿王洞、血石流光等勝境。漢趙曄《吳越春秋·越王無餘外傳》"禹家於西羌，地曰石紐，在蜀西川也"書注曰："在茂州石泉縣，其地有禹廟。相傳禹以六月六日生。"唐蘇鶚《蘇氏演義》曾對禹之生地持有異議。至宋計有功作《大禹廟記》："方册所載，禹生石紐，古汶山郡也。崇伯得有莘氏女，治水行天下，而生禹於此。"至此，禹之生地幾成定論。至明陸深《蜀都雜抄》則力主蘇説，認爲禹當生於塗山，而"塗山有四，皆禹迹也"（引蘇氏語）。未知孰是。

屈原故宅

位於今湖北秭歸新縣城。以屈原祠、江瀆廟爲代表的二十四處峽江地面文物集中搬遷此處，2006年5月被國務院公布爲全國重點文物保護單位。屈原祠原址在秭歸城東五里的屈原沱。唐代始建，宋元豐三年（1080）更名爲"清烈公祠"。1976年7月，因興建葛洲壩水利工程遷至歸州，更名爲"屈原祠"。因三峽大壩建設，該祠矗立於鳳凰山的山梁之上，面向東南，與三峽大壩正面相對，由山門、兩厢配房、碑廊、前殿、正殿、享堂、樂舞樓、屈原墓等組成。屈原（約公元前340—約前278），名平，字原；又有云名正則，字靈均。戰國末期楚國秭歸人，先祖熊繹受封於楚，祖父楚武王熊通，父瑕，又受封於屈，子孫遂以屈爲氏。北魏酈道元《水經注·江水》："縣東北數十里有屈原舊田宅。雖畦堰糜漫，猶保屈田之稱也。縣北一百六十里有屈原故宅，累石爲室基，名其地曰樂平里。宅之東北六十里有女嬃廟，搗衣石猶存。故《宜都記》曰：'秭歸，蓋楚子熊繹之始國，而屈原之鄉里也，原田宅於今具存。'"詳見《史記·屈原賈生列傳》，有《離騷》傳世。

賈誼故宅

原名"賈太傅祠"。在今湖南長沙西區太平街太傅里。現僅存祠屋一間。近年考古工作者在故宅遺址中發現了漢唐時期的建築遺物及石碑，説明故宅漢唐時期就已存在，現存祠屋可能是唐代以後之建築。祠前巷側有井，傳爲賈誼所鑿，下大上小，其狀如壺，稱爲太傅井，又稱長懷井，因杜甫"長懷賈誼井依然"詩句而得名。賈誼（公元前200年—前168），時稱賈生，雒陽（今河南洛陽）人。西漢著名政治家、文學家、政論家。

【賈太傅祠】

即賈誼故宅。見該文。

諸葛亮故宅

三國蜀丞相、著名政治家、軍事家諸葛亮（181—234）的故居舊宅。諸葛亮原籍在今山東臨沂沂南，後定居於今湖北襄陽一帶。《文選·諸葛亮〈出師表〉》："先帝不以臣卑鄙……三顧臣於草廬之中，咨臣以當世之事。"李善注："《漢晋春秋》曰：諸葛亮家於南陽之鄧縣。《荆州圖》副曰：鄧城舊縣西南一里，隔沔有諸葛亮宅，是劉備三顧處。劉歆《七言詩》曰結構野草起室廬，由是感激，遂許先帝以驅馳。"北魏酈道元《水經注·沔水》："沔水又東逕武侯壘南，諸葛武侯所居也。南枕沔水，水南有亮壘，背山向水。"注："歷孔明舊宅北。亮語劉禪云'先帝三顧臣於草廬之中，咨臣以當世之事'，即此宅也。車騎沛國劉季和之鎮襄陽也……命安作《宅銘》云：天子命我，於沔之陽，聽鼓鞞而永思，庶先哲之遺光。後六十餘年，永平五年，習鑿齒又爲宅銘焉。"《荆州記》："襄陽西北十許里名爲隆中，有孔明宅。"

王羲之故宅

在今浙江紹興城北昌安門内蕺山南。本係王羲之別宅，後因王羲之捨宅爲寺，改名"戒珠寺"。寺内原有上方殿、卧佛殿、竹堂、雪軒、宇泰閣等。寺前舊有洗硯池、養鵝池。由此可知故宅原來爲三進院落，面積較大，改建爲寺院後山門上設有佛龕，佛龕内塑有王羲之坐像，後廢圮，近年又重塑。寺内現存的山門、大殿、東厢房均爲清代建築。寺内原存歷代名人的題記、詩詞、楹聯等，明清時期大部已散佚。1983年重修了山門、大殿、墨池等，基本保持了原有的建築格局。王羲之（303—379，或作321—379），字逸少，琅邪臨沂（今山東臨沂）人。東晋書法家。初爲秘書郎，歷任寧遠將軍、江州刺史、右軍將軍、會稽内史，人稱"王右軍"。

劉勰故居

即定林寺。在今山東莒縣城西浮來山。寺始建於南北朝時期。現存定林寺係清同治十三年（1874）重修。寺分前、中、後三院，占地面積5406平方米。主建築爲大佛殿、校經樓、三教堂。校經樓原名毗盧閣，傳爲劉勰校閱藏經處。寺前巨石上鐫刻"象山樹"三篆字，落款爲"隱士慧地題"，傳爲劉勰書寫。中華人民共和國成立後建六角飛檐碑亭保護。劉勰（？—520），字彦和，法名慧地。東莞莒（今山東莒縣）人。南朝梁文學批評家。因定林寺爲劉勰生前撰經居住之處，故亦稱該寺爲劉之故居。1962年爲紀念《文心雕龍》成書1460周年，郭沫若爲"文心亭""校經樓"題名，并署額勒石以志。大佛殿前有古銀杏，高24.7米，徑15.7米，果實纍纍，蔚爲奇觀。相傳春秋時魯公與莒子曾會盟樹下。寺周尚有卧龍泉、怪石峪、清泉峪、朝陽觀、仙書石及莒子陵等古迹。今山林葱鬱、景色清幽，已成爲游覽勝地。

李白故居

位於今四川江油，距成都約150公里。東漢時歸屬德陽縣，隋初分置陰平、昌隆二縣，至南宋又分置江油、彰明二縣，1958年兩縣合爲江彰縣，1959年更名爲江油縣，1988年設立江油市。江油市有以園林爲基調的太白碑林，碑林依李白詩風脉絡，分爲"李白詩精品園""清風明月園""故園山水園""磨針尋夢園""詩仙醉酒園"五大部分。市區西南15公里青蓮場天寶山麓的隴西院，爲李白故宅。院内北宋淳化五年（994）《唐李先生彰明舊宅碑并序》記載："先生舊宅在青蓮鄉，今舊宅已爲浮屠者居之。"（碑今移市紀念館）。元符二年（1099），彰明（今屬江由）縣令楊天惠所著《彰明逸事》曰："清廉（即青蓮）鄉〔李白〕故居遺地尚在，廢爲寺，名隴西院。"宋僧人所建隴西院明末毀於火。現存殿宇爲清乾隆五十三年（1788）重建。光緒二十二年（1896）又增修倉頡、太白、文昌、地母等殿，并祀李白塑像。民國初年，殿堂多殘破，仙山門照壁尚完整。照壁上方所嵌"隴西院"三字猶存。1949年後歷經修葺，規模空前。江油武都鎮北約2公里處涪江左岸有太白洞，是一天然洞穴。相傳李白青少年時常乘舟至此游覽。晚間，對岸燈籠洞內出現一對燈籠，四周一片光明，李白乘興於洞口夜讀，合卷而光失。此地民謠曰："燈籠洞對太白洞，燈照太白把書誦。"洞口高約7米，寬約10米，可乘船入內。洞內泉水清澈，清雅幽静，四壁有歷代游人題刻。李白（701—762），字太白，號青蓮居士。祖籍陝西隴西（今甘肅秦安）。生於綿州昌隆縣青蓮場（今四川江油），在蜀中度過了青少年時代。新舊《唐書》皆有李白本傳，傳世有《李太白集》。關於其籍貫另有他説，可參閲郭沫若《李白與杜甫》。

杜甫故居

位於河南鞏義市南瑶灣村。研究资料表明，杜甫祖籍襄陽（今湖北襄陽一帶），其曾祖父時遷居今河南鞏義南瑶灣村。杜甫出生於此，并在此度過少年時代，是他一生懷念并留有諸多名詩的所在。如"秋風楚竹冷，夜雪鞏梅春""露從今夜白，月是故鄉明"等。清雍正五年（1727），河南府尹張漢重修并立《詩聖故里碑》一通。乾隆、同治及民國年間又多次立碑。杜甫故居坐東向西，宅院長20米，寬10米，

院内有東西嚮瓦房三間，硬山式灰瓦頂，東側有房二間，北側有一窑洞，洞口爲磚砌墻壁，洞高3米，寬2米，深20米。草書《詩聖故里碑》嵌於院內西墻上，并有《唐工部杜文貞公碑記》。1962年成立杜甫故里紀念館，郭沫若書"杜甫誕生窑"和"杜甫故里紀念館"。1963年河南省政府公布爲河南省文物保護單位，并多次撥款進行修葺。唐乾元二年（759），杜甫爲避"安史之亂"，携家入蜀，在成都營建茅屋而居，後世稱"杜甫草堂"。杜甫在此創作了大量詩歌，至今流傳的尚有二百四十餘首。"杜甫草堂"位於今成都西門外浣花溪畔，是經宋、元、明、清多次修復而成。今之"草堂"占地三百餘畝，園内亭臺林立，古木參天，溪流潺潺，甚爲優雅。正門之後，大廨、詩史堂、工部祠三座主要建築依次排列於中軸綫上。工部祠東北是"少陵碑亭"和當年的茅屋舊迹。茅屋以東是盆景園，往南依次是浣花祠、花徑、大雅堂和草堂陳列室。寶應元年（762），杜甫又逢戰亂，由成都茅屋流亡到梓州，再建草堂，并在此困苦之境又創作詩歌一百餘首。今草堂坐落在四川綿陽三臺縣城西中頭山上，是該地最大的公園牛頭山公園景區的主體部分。杜甫（712—770），字子美，世稱杜少陵、杜工部、杜拾遺等，自號少陵野老。生平詳載《舊唐書》本傳，有《杜工部集》傳世。

蘇東坡故居

位於今廣東惠州白鶴峰上。在惠州西湖孤山上的東坡園内有一處"東坡故居"，東坡園於2009年落成，"東坡故居"是東坡園的重要組成部分。因其位置與歷史不符而遭非議。傳合江樓、嘉祐寺和白鶴峰是當年蘇軾在惠州的

三個住所。史載，紹聖元年（1094）十月二日，蘇軾被貶惠州，紹聖四年築屋二十間於白鶴峰上，擬以此爲終老之地。不料因一句"不辭長作嶺南人"被誣，再貶海南。白鶴峰新居則由長子蘇邁携家眷留守。自元符三年（1100）立祠，直至清宣統二年（1910），歷八百一十年，對此祠的重修、擴增配套，不下三十四次。此後，惠人以"先生之眷眷此邦"，2013 年 8 月始決定，將白鶴峰居所改建爲東坡故居，終同歷史相合。另，常州市在蘇軾終老地藤花舊館增建蘇東坡紀念館，并於 2015 年對外開放。蘇軾（1037—1101），字子瞻，又字和仲，號東坡居士。北宋眉州眉山（今四川眉山）人，嘉祐進士。是宋代文學最高成就的代表人物。有《東坡文集》《東坡易傳》《東坡樂府》傳世，《宋史》有傳。

李清照故居

位於今山東章丘明水街道。在章丘百脉泉公園漱玉泉北側建有李清照紀念堂。因其有《漱玉集》傳世，後人依此推定其故居即在漱玉泉畔。紀念堂爲仿宋建築，大門上有郭沫若手書"李清照紀念堂"匾額，堂前還有他題定的楹聯："大明湖畔趵突泉邊故居在垂楊柳深處，漱玉集中金石錄裏文采有後主遺風。"陳列廳裏有李清照畫像和著作，還有其父李格非撰文的碑石拓片及其夫趙明誠登泰山題名刻石圖片，以及當代著名學者作家馮沅君、葉聖陶、臧克家、夏承燾等人的題詞。李清照（1084—1155），字易安，號易安居士。祖籍爲今山東濟南章丘，宋代女詞人，婉約派代表，有"千古第一才女"之稱。又説李清祖籍在今濟南歷城區遙墙鎮四風閘村。章丘之外，青州、金華、

濟南又有李清照紀念館，其中除濟南館外，另兩館皆有李清照居住過的史實。

趙孟頫故居

位於今浙江湖州東南隅的蓮花莊。趙孟頫幼年曾於此讀書，中年又曾隱此創作。明代猶存，清末遭毀。1986 年湖州市政府予以修復，并將毗鄰的潛園劃入其中，總面積達一百一十二畝，其中三分之一爲水域。共三個景區，西區爲大門，門額由趙樸初題寫，左側有趙孟頫手書《吳興賦》石碑，碑前有青卞居，後有集芳園，右側有蓮花池，臨池建松雪齋、鷗波亭，齋與亭以迴廊相連，齋西之蓮花峰爲趙孟頫時代舊物，上刻篆字"蓮花峰"，爲趙氏手迹。峰上之題山樓與松雪齋是故居内最堪紀念的建築，趙氏的諸多杰作皆完成於此。蓮花莊，唐宋時稱"白蘋洲"，風光旖旎，爲一郡之勝。唐白居易曾於此寫下《白蘋洲五記》，其後趙氏在此建別業，始名"蓮花莊"，至清末漸廢圮。1986 年湖州政府重建，形成上述規模。趙孟頫（1254—1322），字子昂，號松雪道人，又號水精宮道人、鷗波。吳興（今浙江湖州）人，故畫史常稱"趙吳興"。趙氏博學多才，能詩善文，書畫絕倫，旁通佛老之旨，開創了元代畫風，在中國書畫史上有很大影響。著有《尚書注》《琴原》《樂原》及《松雪齋文集》，其書畫作品廣傳於世。《元史》有傳。

郭守敬故居

位於今河北邢臺。故居久已廢圮。1984 年邢臺市在本市風景秀麗的達活泉公園内建立郭守敬紀念館，占地 5000 平方米，建築面積 4700 平方米。主要建築有郭守敬銅像、觀景臺、天文觀測臺、四個展廳及青少年科普活動

室，陳列有《郭守敬生平業績展覽》。該展覽分四大部分：巨星耀神州、治水樹豐碑、天文建奇功、偉業照千秋，展品三千餘件。其中複製有郭守敬當年創製或使用過的簡儀、渾儀、赤道式日晷等大型儀器；製作有反映郭守敬觀天測地、邢州治水、大都治水、太空廣場等沙盤、場景。郭守敬紀念館主體建築爲明清園林式風格，整個館區風景幽雅、景色宜人。該館以其完美的設計、陳列，再現了郭守敬的爲官爲人，及其一生的偉大業績，已成爲全國郭守敬研究中心，并被國家有關部委命名爲全國科普教育基地、全國青少年科技教育基地。因郭守敬曾在大都（今北京）治水，大獲成功，造福一方，故今北京西城區德勝門西大街六十號、什刹海西海北岸匯通寺内另建一處郭守敬博物館。匯通寺建於明永樂年間，清乾隆二十六年（1761）重修，1976 年修地鐵時被拆除。1986 年西城區政府決定重建匯通寺，闢爲郭守敬博物館。郭守敬（1231—1316），字若思，邢州龍岡（今河北邢臺）人。元代著名天文學家、數學家、水利專家和儀器製造專家。1981 年，爲紀念郭守敬誕辰 750 周年，國際天文學會以“郭守敬”的名字爲新發現的月球上的一座環形山命名。郭守敬傳世著作有《推步》《立成》《曆議擬稿》《儀象法式》《上中下三曆注式》和《修曆源流》等，《元史》有傳。

吳承恩故居

在今江蘇淮安北河鎮打銅巷内。其故居因後嗣無人，始爲吳慎公“梅花書屋”，後又被解梓園闢作“息影草廬”，明嘉靖二十年（1541）狀元沈坤爲其題“射陽簃”書齋。1949 年後整座建築和匾額均毀。1982 年，爲紀念吳承恩逝世四百周年，淮安市人民政府撥款按故居原樣在原址重建。現故居有門廳、堂屋、書房、客房和生活房、迴廊等建築，占地面積 510 平方米。“射陽簃”書齋前，有假山、流水。房前有吳承恩全身塑像。正廳内陳列據吳承恩頭骨複製的吳承恩半身像、其靈柩前擋板，以及他爲其父菊翁、其好友沈坤父母所撰墓志銘拓片。其他各室内陳列着當今名人題咏的書畫作品二百多幅。故居院南有一池塘，旁植楊柳；東北側闢爲花園，内堆土山，廣植花卉、樹木，且將《西游記》中特徵性場景模擬進去，供游人參觀。吳承恩（約 1510—1582），字汝忠，號射陽山人。山陽（今江蘇淮安）人。明代小説家。現僅存神話小説《西游記》和其外孫丘度搜集刻印的《射陽先生存稿》。

于謙故居

在今浙江杭州河坊街祠堂巷。明弘治元年（1488）改建爲“憐忠祠”，後作他用，近年重新修整。由入口空間、主體院落、内院及附屬用房構成。入口設在西部，進門爲軒敞的門廳，迎面照壁上刻當代著名書法家沙孟海手書的于謙《石灰吟》詩。過小門便是故居主體部分，包括忠肅堂、于氏古井、接待室等。忠肅堂坐北面南，面闊三間，硬山平頂。由主院落向東，穿圓洞門進入内院爲一小園，中部設水池，池邊置湖石，北端臨池構琴臺，作懸山加披形式。東南角置半亭，曰“思賢”。故居内尚存有明弘治元年的《憐忠祠碑記》和清末《明兵部尚書贈太傅謚忠肅于公遺像》碑。故居院落布局靈活多變，體現了明代江南民居建築的風格，是杭州一處重要的名人紀念私宅和人文游覽景點。于謙（1398—1457），字廷益，明浙江錢塘（今浙江杭州）人。明代著名重臣。有《于忠肅集》傳世。

徐渭故居

亦稱"青藤書屋""榴花書屋"。在今浙江紹興前觀巷大乘弄。爲明代文學家、書畫家徐渭之舊宅，以其屋天井栽青藤一株，故又名"青藤書屋"。明末畫家陳洪綬（號老蓮）亦曾寄居於此，手書"青藤書屋"匾。該書屋入門有小竹園及假山一座，山後牆上嵌徐渭手書"自在巖"刻石一方。書屋爲一座石柱磚牆木格花窗平房，共前後兩室。前室南嚮，窗前有小天井，天井西首有青藤一株，原爲徐渭童年時手植，今青藤係近年補栽。窗下有石砌天池，長 2.75 米，闊 2.64 米，中立方石柱，上刻徐渭手書"砥柱中流"四字。室中懸徐渭畫像及其手書"一塵不到"、陳洪綬所題"青藤書屋"匾兩方。東壁嵌有《天池山人自題像贊》刻石，上有徐渭五十歲時小像。內室北嚮，陳列徐、陳二人之書畫作品。徐渭（1521—1593），字文長，號青藤道士、西池山人，浙江山陰（今浙江紹興）人。徐渭天才超逸，詩文書畫皆工。一生著述頗豐，有《路史分釋》《筆元要旨》《徐文長集》等。另於三教及方技書，多有箋注。

【榴花書屋】

即徐渭故居。此稱明清時期已行用。見該文。

【青藤書屋】

即徐渭故居。此稱明代已行用。見該文。

李贄故居

在今福建泉州鯉城區南門萬壽路。始建於明代，清末曾有修葺。故居原爲兩進院落，每進均由正房和厢房組成。正房均爲面闊三間，進深二間。現前一進祇存通道一間，後進兩翼已毀，僅存正房一座，面闊三間，進深二間，硬山平頂，前出一步廊，明間裝有格扇門窗，門楣上懸挂"李贄故居"匾額。清同治間曾經修葺，并清理出李贄石印章兩枚，其中一枚現存中國國家博物館，一枚存泉州海外交通史博物館。李贄（1527—1602），號卓吾，又號宏甫，別號溫陵居士。泉州晋江（今福建泉州）人。明代思想家、文學家。反對復古模擬，主張創作必須抒發己見。他重視小説戲曲在文學上的地位，在當時頗有影響，但爲統治者所不容，遭劾繫獄，自刎而死。其著作有《藏書》《續藏書》《焚書》《續焚書》等。

程大位故居

在今安徽黃山屯溪區屯光鎮前園村。建於明正德年間（1506—1521），坐北面南，磚木結構，二進院落，具有明顯的明代徽州民居的典型特徵。其主樓在二進院內，三開間、兩層樓閣，建築面積約 500 平方米。西側爲祀祖樓，依主樓而建，五開間。故居入口處就勢建庭園一座，名爲"賓園"。園內建有迴廊、草坪、花圃等。故居門前有石砌水渠，流水潺潺。現故居主樓經過修葺，基本恢復昔日風貌。其底層設瞻仰堂，前堂案桌上方立漆刻程氏遺像，其左右壁挂有程氏"師生問難""大量桌車"等十幅生平內容之繪畫。後堂有周恩來等人有關珠算內容的題詞照片，有當代數學家蘇步青等人題詞匾額。近年又在故居內增設"珠算史館"，陳列古今中外算具二百多件。蘇步青還爲故居題寫了"程大位故居"匾額。程大位（1533—1606），字汝思，號賓渠，安徽徽州休寧率口（今安徽黃山屯溪區）人。出身小商人家庭，聰明好學，終生事商。數十年遍訪數學名家和民間珠算能手，於明萬曆二十年（1592）寫成集珠算之大成的《直指算法統宗》一書，確立了珠盤算式，完善了珠算口訣，標志着我國珠算進入了新的發展時期。明末即被譯成日文，傳入日本，後又傳入東南亞和歐洲。程大位被後人稱爲"珠算大師"。

徐光啓故居

俗稱"九間樓"。在今上海喬家路。明嘉靖四十一年（1562）徐光啓誕生於此。原宅爲多進院落，大門在太卿坊，明末毀於火灾。現存九間樓是故宅最後一進的九間房屋。徐光啓（1562—1633），字子先，上海縣徐家匯（今上海）人，明代科學家。徐光啓編著《農政全書》，主持編譯《崇禎曆書》，并譯著很多書籍，其中《幾何原本》最爲著名。在我國科技史上占有重要地位。徐光啓一生儉樸，雖爲高官，亦未翻建新宅。他在其故宅曾從事科學實驗和翻譯西洋科學著作。1983年11月紀念徐光啓逝世三百五十周年時，立"徐光啓故居"石標於宅前。

【九間樓】

即徐光啓故居。此稱多行用於近現代。見該文。

王船山故居

在今湖南衡陽西曲蘭石船山。王船山故居現有三處，即敗葉廬、觀生居和湘西草堂，以草堂最爲重要，是他晚年隱居的地方。草堂始爲草屋，始建於清康熙十四年（1675），後由其子敔改建爲瓦房。整座故居爲磚木結構，二層三間，部分梁架柱飾具有明代建築遺風，在湖南名人故居中，比較突出。王船山曾在此閉門著書十八年，成書數百卷。其中《讀通鑑論》《宋論》等鴻篇巨制，均著成於此。門前蒼松勁柏，傳爲王船山所植。近處一古楓，粗大而彎曲，形若駿馬，王夫之稱之"楓馬"。其墓就建在附近的大羅山上。王船山（1619—1692），名夫之，字而農，號薑齋，別號二壺道人、夕堂、檮杌外史等。湖南衡陽（今湖南衡陽）人。明末舉人，清初思想家、學者。其著名的哲學著作有《周易外傳》《尚書引義》《讀四書大全説》《張子正蒙注》《思問録内外篇》等。後人編有《船山遺書》。

陳元龍故宅

亦稱"陳半城"。在今浙江海寧鹽官鎮古邑路。故宅坐北面南，始建於明末，清康熙五十七年（1718）後進行擴建。擴建後的宅第規模很大，占了鹽官鎮之一半，故俗稱"陳半城"。現故宅尚存四進院落，保存着門廳、寢樓、雙清草堂、筠香館等四座建築。第一進以門廳爲主，形成前院。第二進以寢樓爲主，形成内宅。雙清草堂和筠香館亦單獨組成院落。宅内現存有當年羅漢古松一棵。各個庭院與建築布局合理，典雅秀麗，是典型的官宦私宅。陳元龍（1652—1736），字廣陵，號乾齋，浙江海寧（今浙江海寧鹽官鎮）人。康熙進士。授編修，後遭劾回原籍。清康熙三十年復任，三十五年，隨康熙帝親征噶爾丹。歷仕清康熙、雍正兩朝，官至文淵閣大學士兼禮部尚書。清雍正十一年（1733）以年老請求休職還鄉，居於此宅。

【陳半城】

即陳元龍故宅。此稱清代已行用。見該文。

鄭板橋故居

在今江蘇興化古城東南角下，古板橋西。

初爲茅屋，後改爲瓦房。坐北面南，正房三間，西屋部分在抗日戰爭中爲炮火所毀，東屋一間，爲小書齋。1983 年全面維修并建有鄭板橋紀念館。現正房明間除立有高 1.2 米的古銅色鄭板橋雕像外，還陳列着他的書畫及有關著作，天井内種滿蘭竹花草。正房門楣上嵌板橋手書"聊避風雨"磚刻，室内懸滿當代名人書頌鄭板橋的詩文。現已對外開放。鄭板橋（1693—1765），名燮，字克柔，號板橋。江蘇興化（今江蘇興化）人。清代著名書畫家、文學家。與金農、李鱓、黃慎等七位畫家共稱"揚州八怪"。現存有《板橋全集》。

吳敬梓故居

在今安徽全椒城北河灣街中段。因其曾祖父吳國對曾於清順治十五年（1658）中一甲第三名探花，故名"探花第"。故居始建於清初，面襄水而建，正宅近十進，後建花園名"遺園"。探花第曾經規模宏大，亭臺樓閣錯落，溪水如帶環繞其間，四周茂林修竹掩映生輝。吳敬梓在這裏度過了青少年時代。中年家業敗落，他變賣了祖傳故居"探花第"，會同文友在南京清凉山修建了"泰伯祠"，流寓南京賣文度日。探花第於清咸豐年間毀於兵燹。現僅存耳房三間、門前四座旗杆的夾杆石和石刻二十餘方（刻石存於其伯父的花園薖園内）。1986 年在故居後山走馬崗上，背山面水修建了吳敬梓紀念館。紀念館坐北面南，前接"探花第"後花園，占地面積 5000 多平方米，建有歇山布瓦綠琉璃瓦剪邊的門廳、過廳、正廳以及兩廊、迴廊等。劉海粟、林散之爲紀念館題寫館名，周谷城、臧克家、郭紹虞等著名學者、詩人、書畫名家爲紀念館題詞、作畫并撰寫楹聯。館中還陳列着吳敬梓的塑像、畫像和各種版本的《儒林外史》及有關研究文獻資料。其中有郭沫若關於《儒林外史》的詩作，何香凝的畫作，陳毅和老舍等人的題詞等。吳敬梓（1701—1754），字敏軒，號粒民，晚年自稱文木老人。安徽全椒人。金厚均《吳敬梓故里全椒》："吳敬梓自 1733 年遷居南京秦淮河畔後，祖傳的故居全椒'探花第'便被兩代單傳的主人吳敬梓在其後若干年變賣，鬻資悉數被充作吳敬梓會同文友在南京清凉山修建'泰伯祠'之用。至清咸豐年間（1851—1861），太平天國陳玉成、李秀成部與清軍在全椒縣城進行了數次激烈的爭奪戰，'探花第'便毀於戰火之中，至今僅存耳房二三楹。"

趙翼故居

位於江蘇省常州市天寧區前北岸二號。趙翼原住江蘇常州武進戴溪老宅。乾隆四十八年（1783），因兒女漸長，鄉間所營舊居難容婚娶，遂購得府城（今江蘇常州）中前北岸房屋一所。在此居住達三十一年，嘉慶十九年（1814）卒於此宅。古代的前北岸人杰地靈，名士薈萃，自西至東有宋代蘇軾終老地藤花舊館、清代乾隆間管幹貞探花第、清乾隆間趙翼探花第、明崇禎間楊廷鑑狀元第等。趙翼故居原有頭廳及蹲獅一對，齋廳、火廳、湛貽堂、書房蕭齋、花廳等數十間，歷經兩百年風雨，故居雖大體無恙，然而頭廳、石獅、最後一座三合院，大廳上的"古學津梁"等三塊匾額、王文治手書的"湛貽堂"堂匾、黃石假山以及所藏甌北著作雕版已毀。復又出現外來住户私侵居址亂搭建的混亂情況。趙翼六世孫趙爭徵得市政同意，自籌資金，修葺内七號故居，作爲民間趙翼紀念館。2000 年冬，該館試開，并不定期開放。江蘇省時任副省長李全林爲紀念館題寫了館名，周谷城、章德、謝稚柳、程千帆、錢仲聯、陳從周、蘇淵雷、華夫等著名學者、詩人、書畫家提供了紀念詩文、書畫。今館藏有趙翼造像、著作、手迹、宗譜，以及有關資料。常州市政府現已大規模重修前北岸趙翼故居，故居原貌得以全面展現。趙翼（1727—1814），字耘松、一字雲菘，號甌北，常州府陽湖縣（今江蘇常州）人。清代著名史學家、詩人。乾隆二十六年，授翰林院編修，充方略館纂修官。趙翼性倜儻，才調縱橫，進奏文字，頃刻千言。曉軍事，臺灣之平，有其籌劃之功。通考據，尤精史學，詩則與袁枚、蔣士銓齊名，合稱“江左三大家”。告歸後，主講安定書院。善養生，卒年八十有八。著述甚豐，有《武功紀盛》《廿二史劄記》《陔餘叢考》《甌北詩集》《檐曝雜記》《十家詩話》等。現爲市級文物保護單位。

羅聘故居

宅主自稱“朱草詩林”，在今江蘇揚州彌陀巷内。宅内有大門、花廳、書齋、半亭、長廊、寢室等建築，布局緊湊。現保存完好。羅聘（1733—1799），字遁夫，號兩峰，又號衣雲，別號花之寺僧。安徽歙縣人，寓居江蘇江都（今江蘇揚州）。清代杰出畫家。清代大書畫家金農弟子，是“揚州八怪”畫派中年輩最晚的一個。工詩，好佛學，游踪甚廣。除畫人物、佛像、花果、梅竹、山水自成風格外，還擅畫鬼，所作《鬼趣圖》，乃藉以諷刺當世。袁枚、姚鼐、錢大昕、翁方綱等均爲之題咏，名重於時。又能刻印，著有《廣印人傳》《朱草詩林集》《香葉草堂集》等。其妻方婉儀，號白蓮居士，亦工梅、竹、蘭、石，清代著名女畫家。其子允紹、允纘，均擅畫梅，有“羅家梅派”之稱。

鄧石如故居

亦稱“白麟坂故居”“鄧家大屋”。位於今安徽懷寧城東北 60 公里大龍山下的白麟坂。故居處於群山環抱、清溪環繞之中，故鄧氏自稱“家在龍山鳳水”或“四靈山水間”。現存有瓦屋二十四間，有廳堂、書齋、起居室等多座建築，是鄧石如晚年隱居的住宅。其書齋又稱“鐵硯山房”，是鄧石如研習書法的地方。清嘉慶十年（1805），鄧石如病逝於此宅。其故居於 20 世紀 80 年代末由文物部門修葺一新，恢復了當年風貌。鄧石如（1743—1805），名琰，字頑伯，自號完白山人、笈游道人。安徽省懷寧縣（今安徽懷寧）人。清代著名書法家、篆刻家。精於行、楷、草、隸四體書法。篆刻吸收漢碑及唐篆特點，并能發展創新，自成一家，一洗過去刻板拘謹之風，使篆刻面貌爲之一變，時稱“鄧派”，學術界稱之爲“皖派”。清末書法家康有爲稱其爲“千百年來一人”。鄧石如病逝於故居後，葬於附近的山林中，整個墓地占地面積約 100 平方米，俗稱“烏鴉伏地”。墓前樹有當代書法家啓功重書的新刻墓碑一通。

【白麟坂故居】

即鄧石如故居。見該文。

【鄧家大屋】

即鄧石如故居。見該文。

曾國藩故居

亦稱“富厚堂”。在今湖南雙峰富托村。是

曾氏十堂之一。建成於清同治五年（1866），是一座由門廳、馬厩、廳堂等多座單體建築組成的建築群。它坐西朝東，總平面呈半圓形，建築群坐落在東半部，西半部爲後山，四周建圍牆。門前是半圓形半月塘，後山有亭榭，是游玩和休閑之地。主體建築群平面呈“凸”字形，共分兩進院，中軸綫上的建築一字排開，自東而西，依次爲門廳、正廳、後廳。一進院由門廳、南北馬厩、轎廳、南北迴廊、正廳組成。二進院由正廳、南北中過廳、绣樓、小花廳、後廳組成。南跨院由花廳、求闕齋、歸樸齋組成。北跨院由糧庫、藝芳館組成。各院之間通過門廳和過道相互聯繫。門廳和正廳由寬 4 米多的條石甬路和南北迴廊連接，正廳和後廳之間由南北過廳和中過廳連接，正廳和後廳南端建有花廳和求闕齋，花廳東端隔一去求闕齋過道是歸樸齋，與歸樸齋對稱的是宅北的藝芳館（現已被拆除）。思雲館在宅的西北側，與正廳、後廳相隔一段距離。門廳是富厚堂中軸綫上的第一座建築，也是整個住宅的總門户，面闊五間，進深一間，前後廊，硬山布瓦頂建築。南北馬厩及閘廳相連，是圈養牲畜的地方，面闊三間，進深一間，後出廊，布瓦頂建築。南北轎亭與南北馬厩相連，是存放主人轎子的地方，面闊兩間，進深一間，後出廊，硬山布瓦頂建築。正廳又稱“八本堂”，是富厚堂中軸綫上的第二座建築，面闊十一間，進深一間，前出廊，前檐重檐，後檐單檐布瓦頂。明間木枋上懸挂一塊巨大黑地金字匾，即曾國藩親筆書寫“八本堂”三個楷體大字。下方是其子曾紀澤用隸書寫的“八本”家訓：“讀古書以訓詁爲本，作詩文以聲調爲本，事親以得歡心爲本，養生以

少惱怒爲本，立身以不妄語爲本，居家以不晏起爲本，居官以不要錢爲本，行軍以不擾民爲本。”這“八本”家訓，一直爲曾國藩後裔所效行。後廳是中軸綫上的最後一座建築，坐西朝東，面闊五間，進深一間，後出廊，兩層單檐硬山布瓦頂建築，兩山面出風火牆，以區分後廳和其他建築。求闕齋位於富厚堂最南端，是一座較大的藏書樓，坐南朝北，面闊五間，進深一間，周圍廊，三層重檐歇山布瓦頂建築。歸樸齋是曾國藩之子曾紀澤的書樓，與求闕齋相連，位於其北側，建築形式與求闕齋相同，但體量比求闕齋小，坐北朝南，面闊兩間，進深一間，周圍廊。三層重檐歇山布瓦頂建築。花廳是曾府會餐和接待客人的地方，位於求闕齋北側，和歸樸齋是一排，坐南朝北，面闊六間，進深兩間，單檐歇山布瓦頂建築，梁架結構爲穿斗式和抬梁式并用。綉樓是曾國藩府上女眷做針綫的地方，在花廳北側和正廳最南端兩間房的西側，面闊四間，進深一間，兩層單檐歇山布瓦頂建築。思雲館位於糧庫西北側，是富厚堂内修建最早的藏書樓，建在小山坡上，坐西朝東，面闊五間，進深一間，周圍廊，兩層單檐歇山布瓦頂建築。此外故居内還有過廳、小花廳、糧庫等建築。故居内各單體建築均爲磚木混合結構，灰瓦合瓦屋面。正廳和後廳與一般民房相似，簡樸大方，顯示着故居主人生活簡樸，不尚華美的生活方式。富厚堂建築的精華部分是藏書樓，它是曾府四代人努力建設和四代共同精心維護的結果。藏書樓共四座（現存三座），建築面積約占富厚堂總建築面積的五分之一，共藏書三十餘萬册，其藏書之多，種類之全，可與中國近代四大藏書樓齊名。

藏書樓又是一座家庭私塾，對其子孫的學業發展影響很大，曾氏後代很多成爲中外著名的學者和教育家，都曾在這裏受過啓蒙或良好的教育。曾國藩（1811—1872），初名子城，字伯涵，號滌生，湖南湘鄉（今湖南雙峰）人，清道光十八年（1838）中進士，清咸豐初年任禮部侍郎。清咸豐二年（1852）奉詔在湖南辦團練，創建湘軍，造戰船，建水師，成爲湘軍首領。清同治三年（1864），因鎮壓太平天國被清廷賞加太子太保，賜封毅勇侯，被譽爲“同治中興”第一功臣，晚清第一名臣。1870年任直隸總督，他與李鴻章、左宗棠等從事洋務，舉辦軍事工業，積極向西方探索強國之道。曾國藩在近代史上是一個毀譽參半之人。因其曾鎮壓太平天國而遭世人譴責。曾國藩故居——富厚堂建於清同治初期，這時期正是曾國藩仕途的鼎盛時期，曾國藩在建富厚堂時提出“屋宇不尚華美，却須多種竹柏，多留菜園，即占去田畝，亦自無妨”。富厚堂建築規模雖然較大，但仍不失湘鄉民居的特色。曾國藩一生致力儒學，強調“禮”的重要性。爲學主張剛柔相濟，奇偶并用，開創了湘鄉派。他善藏書，如前所述，富厚堂藏書樓可與中國近代四大藏書樓齊名。因此，富厚堂建築群具有極高的歷史價值，它充分體現了曾國藩勤儉持家、崇尚儒學的思想。

洪秀全故居

在今廣東廣州花都大埔村官禄埔。建於清代。原爲一排六間平房，坐北向南。總面闊16.5米，進深5.5米。石砌墻基，泥磚墻，懸山布瓦頂。最西端一間是洪秀全夫婦當年的居室。故居南面是他幼年讀書和後來教書的本村

私塾書房閣。書房閣亦爲泥墻瓦頂，包括正廳、天井和兩廊屋，面闊12.3米，進深10.9米。清道光十年（1830），洪秀全被聘爲私塾先生，在這裏寫下了《原道救世歌》《原道覺世訓》《原道醒世訓》等重要文章，奠定了太平天國的理論基礎。金田起義後，故居和私塾均被清廷官府燒毀。今故居與書房閣均爲1961年重建，其居室内照當年的布置安放着木床和書桌。故居的西面是洪氏宗祠，它面闊三間，進深二間，前後出廊，硬山布瓦頂。現存宗祠係清宣統三年（1911）重建。1959年重修後闢爲洪秀全故居紀念館的輔助陳列室，陳列着洪秀全的歷史事迹。故居被列爲全國重點文物保護單位。

丁日昌故居

在今廣東揭陽市區北滘柴街。建於清光緒年間（1875—1908）。平面呈“興”字形，成“百鳥朝鳳”格局，占地面積6100平方米。爲二進院落，每進均爲四合院式，分四直巷，中間爲“三進廳”祠堂。主體建築大廳面闊三間，歇山頂，抬梁式建構，梁架布局爲七架梁。大門前有石獅一對，外埕有麒麟照壁和竪旗杆石座。丁日昌（1823—1882），字禹生（或作雨生），號持靜，廣東豐順（今廣東梅州豐順）人。貢生出身，清末大臣。以洋務能員著稱。生平雅好藏書。著有《持静齋書目》《百蘭山館詩集》《牧令書輯要》等著作二十餘種。

薛福成故居

在今江蘇無錫學前街。坐北面南，分三部分。中路爲出使期間所建“欽賜第”。前後共六進：前四進依次爲門造、轎廳、正廳、房廳，面闊均九間，兩側各有一條備弄；後二進爲樓房，方形轉樓，面闊十一間，加兩側厢房爲

十三間。最後爲花園，園西北角有藏書樓。東路有花臺、戲臺、廒間等。西路已毀。此居建築多爲清末所建，其規模爲江蘇省私宅中所罕見。薛福成（1838—1894），字叔耘，號庸盦（盦，同庵）。江蘇無錫（今江蘇無錫）人。清末外交家、資產階級改良主義思想家政論家。其著作有《庸盦全集十種》。

孫詒讓故居

在今浙江瑞安市區道院前街。是一座清式江南民居宅院。它坐北面南，共有三進院落，現存有門廳、花廳、正樓三座單體建築。正樓爲二層，磚木結構，用材比較粗大，不施彩繪，質樸而雅致，是孫詒讓當年居住的地方。經過修整後，屋宇煥然一新，在綠樹掩映下，幽雅古樸。孫詒讓（1848—1908），字仲容，號籀廎，浙江瑞安（今浙江瑞安）人。清代著名經學家和文學家，一生勤奮解經，著述頗豐。他總結諸家衆説，撰《周禮正義》，成爲後人研究《周禮》的重要參考文獻。其《墨子閒詁》，對後世先秦諸子研究的影響較大。而《契文舉例》，則是最早考釋甲骨文的著名著作。還有《名原》《古籀拾遺》《古籀餘論》等，均是研究金文的重要著作。

梁啓超書齋飲冰室

在今天津河北區民族路四十六號。梁啓超於 1915 年舉家遷居天津，其故居尚存書齋，曰"飲冰室"。"飲冰"，源於其號"飲冰室主人"。書齋於 1924 年由意大利人白羅尼奧設計建成，是一幢兩層花園式樓房，占地面積 1000 多平方米，建築面積 900 平方米。樓前設有花壇，坡狀半環甬道直達門口。書齋、資料室外面設半環形走廊，室內硬木書櫥與護牆板融爲一體，

頂層設拱形玻璃"藻井"，使光綫充足柔和，構思新穎。他在這裏完成了幾十篇學術論著，留下了珍貴的文化遺產，直到 1929 年病逝。此書齋現保存完好。梁啓超（1873—1929），字卓如，號任公，又號飲冰室主人。廣東省新會縣（今廣東江門）人。舉人出身，師事康有爲，并與康一起倡導變法維新，人稱"康梁變法"。近代著名思想家、學者，資產階級改良主義者。其著作編爲《飲冰室合集》。

孫中山故居

故居有二：一在廣東中山翠亨村，一在上海香山路七號。翠亨村是他出生成長之居。西爲五桂山脉，東臨珠海，是一座中西結合的赭色二層磚建樓房。左邊部分建成於 1885 年，中間和右邊部分建成於 1892 年。由其兄孫壽屏出資修建。樓房圖樣及庭院中的水井均係他於 1892 年親自設計。庭院左邊的酸子樹，是他在 1885 年親手所栽，種子是他從南洋帶回的。庭院中間還有磚砌花臺。中華人民共和國成立後，復原了故居面貌，并於 1992 年在故居附近按當年富裕、中等、貧困等類型的家居布置復原重建。現在故居内還增建了設施較現代化的陳列館、接待廳、錄影廳、旅客服務部等，對中外游客開放。現已公布爲全國重點文物保護單位。上海香山路七號是一座二層西式樓房。屋前有花園草坪，樓下是餐室、會客室，樓上是卧室和書房。孫中山於 1918 年遷入此居，在此進行了許多重要革命活動，撰寫了《實業計畫》《孫文學説》。1922 年 8 月在這裏會見中國共產黨代表李大釗、瞿秋白、林伯渠，還與蘇聯特使越飛商談，於次年發表《孫文越飛宣言》。同年 9 月，在花園草坪上召開會議，邀請共產黨人

參加，研究國民黨改組方案。1994 年在庭院中央安放了孫中山銅像。現在故居中的陳設，都按生前原樣布置，絕大部分是原物。爲全國重點文物保護單位。

蔡元培故居

在今浙江紹興市越城區筆飛弄。始建於明代晚期，占地面積 1670 平方米。主體建築坐北向南，均爲磚木結構，共三進院落。每進院均爲正房五間、東西厢房各三間，中間有天井相隔，兩側有角門相通。除第一進之門廳、第二進正房、第三進坐樓爲清代中期重建外，其餘仍爲明代建築。第三進正房爲二層樓房，其東次間樓上係蔡元培之居室，自出生至出任清朝翰林院編修之前（1868—1894），他一直生活居住於此。其故居現已闢爲 "蔡元培紀念館"，供後人瞻仰。蔡元培（1868—1940），字鶴卿（另一字子民），號孑農，浙江紹興府（今浙江紹興）人。資産階級民主革命家、教育家、科學家。清光緒進士。其著作編有《蔡元培選集》。

黃興故居

在今湖南長沙黃興鎮黃興新村凉塘組。始建於清同治三年（1864），原爲二進二橫的四合大院，共有房間三十二間，占地面積約 2000 平方米。門前有池塘四口，即大凉塘、小凉塘、樟樹塘和前塘，塘水繞圍墻而連成一片。1903 年，黃興爲革命籌措經費，賣掉部分房屋和田産。故居現存上下兩進，大小房屋十二間，中帶天井。第一進正房面闊五間。第二進正房亦面闊五間，正堂屋上方挂有黃興遺像，像下是黃興手書 "篤實"，兩側有黃興 "三十九歲初度" 及《咏鷹》詩句。黃興生前用過的床、桌、椅以及其父母所居房屋均按當年原貌

陳設。厢房内陳列着黃興的生平事迹照片和資料。故居現爲全國重點文物保護單位。黃興（1874—1916），原名軫，字廑午，後改名興，字克强，湖南善化（今湖南長沙）人。資産階級革命家。早年曾就讀於嶽麓書院。有《黃興文集》傳世。

秋瑾故居

在今浙江紹興城南和暢堂十八號。始建於清嘉慶二十三年（1818），是其祖父秋嘉禾自福建去官返鄉後所建。故居爲傳統的磚木結構瓦房，坐北向南，共有五進院落。第一進爲門廳三間，大門上有何香凝題寫的大字匾額。門廳西次間後來專供外地革命黨人來紹興時居住。第二進由東向西依次爲卧室、餐堂、廳堂、會客室，共四間。這裏是秋瑾生前生活居住的地方，秋瑾曾在這裏進行革命活動。會客室是她與革命黨人開會討論工作的地方。卧室後壁夾墻内的密室，曾用來收藏文件和武器。卧室内現照原樣布置，陳列着秋瑾生前使用過的實物。第三進是秋瑾兄長之住房。第四進是其母之住處，現已闢爲陳列室。第五進爲厨房，前有水井。每進建築之間均有天井相隔。1949 年後，對故居進行了多次修繕，現已闢爲紀念室，國務院已公布爲全國重點文物保護單位。秋瑾（1875—1907），字璿卿，號競雄，自號鑑湖女俠。浙江山陰（今浙江紹興）人，女民主革命家。所作詩詞有《秋瑾集》。

楊阿苗故宅

在今福建泉州鯉城區江南街道亭店村。係清末旅菲僑商楊阿苗住宅。建於清光緒年間，歷時十三年落成，是閩南獨具特色的五開間雙護厝三進四合院大型民居。面積 1338 平方米。

正宅爲五開間三進四合院，前廳兩側各設小院一個。東西兩組住宅爲兩進四合院。廳堂寬敞，其梁架上的月梁、瓜柱、華拱等木構件，均施彩繪雕飾；其內外牆上、檐下、壁間以及門窗均飾以精美的石雕、磚雕、木雕、竹雕、漆雕或灰雕。內容多爲人物、山水、花鳥及歷代名書畫家作品摹刻。大門爲凹斗式，外牆牆面底部石砌，上部紅磚砌築，紅磚面上又用紅磚框邊砌成方形，框心用側磚砌成斜菱紋，正中設石框石櫺小窗。大門壁面飾石雕與磚雕：其基座部分爲麻石淺雕圖案，牆身爲青石淺雕，楣部爲透雕，壁面是幾幅完整的國畫和對聯。其建築工藝對閩南近現代民居建築頗有影響。陳從周等《中國民居·閩粵僑鄉民居》："福建省泉州市楊阿苗宅是閩南典型的民居，建於清光緒年間，爲三屋相連的一座大型民居。"

張氏帥府

亦稱"大帥府"。在遼寧瀋陽瀋河區朝陽街少帥府巷。是奉系軍閥張作霖和其子張學良的官邸。分東西兩院，占地面積 16000 平方米。東院建於 1914 年，初爲青磚瓦房三進四合院建築，1925 年在院東北端增建兩層羅馬式青磚樓房一棟。這裏曾是東北政治活動的中心，"東北易幟"等重大歷史事件均發生於此。西院始建於 1924 年，九一八事變後續建，爲新式樓房。張氏帥府現已修復如初。

【大帥府】

即張氏帥府。見該文。

王國維故居

在今浙江海寧鹽官鎮西門隅建安路四號。坐北面南，爲二進院落。總面積約 290 平方米。第一進正房三間，原有門廳。後進爲二層樓房。

兩進之間有天井和廂房相連，周圍以高約 3 米的圍牆圍成一個完整的院落。王國維在這裏度過了他的青少年時代。王國維（1875—1927），字靜安，號觀堂；另一字伯隅，號永觀。浙江海寧（今浙江海寧）人。著名學者。從事中國戲曲史和詞曲研究。辛亥革命後，專習經學、小學、金石、甲骨和漢晉簡牘考釋。1925 年受聘於北京清華研究院，爲導師。主張以出土文物參訂古籍記載，對史學界有較深的影響。1927 年 4 月，自沉於頤和園昆明湖。主要著作有《宋元戲曲史》《觀堂古金文考釋五種》《古禮器略説》《宋代金文著錄表》《國朝金文著錄表》等。

吳樾故居

在今安徽桐城文昌街道勝利居委會延陵巷。坐北面南，原占地面積較大，分前廳、後廳、廂房、後院等，現僅存廂房五間，面闊 19 米，進深約 10 米，面積 187 平方米。硬山布瓦兩面坡頂，前帶檐廊，撐拱承檐，每間前後均開窗，窗的上部爲開啓式豎窗，下部爲固定式橫窗，寬敞明亮。屋內采用抬梁式木構架。整座建築爲木結構。室內挂有吳樾烈士遺像和吳樾殉義後攝影照片兩幅。現故居經過維修，基本上保持原貌。吳樾（1878—1905），字夢霞，號孟俠（或曰字孟俠，又字夢霞），安徽桐城（今安徽桐城）人。民主革命者。1901 年入直隸省保定高等師範學堂。曾創辦"兩江公學"并主編《直隸白話報》，宣傳革命思想。清光緒三十一年（1905），清廷宣稱預備立憲，派載澤等五大臣出國考察憲政。他改扮爲僕從，在北京車站謀炸五大臣失敗，壯烈犧牲。

李叔同故居

在今天津河北區糧店後街。是李叔同青少年時代生活的地方。故居由四套四合院組成，平面呈“田”字形，占地面積 1400 平方米。宅前有虎座門樓，原有居室、客房、書房等六十餘間，院内設游廊和小花園。青磚瓦頂，裝修木雕槅扇和吊楣花牙，古樸别致。1910 年回國後，在津應聘任教期間，居宅内又新建西式書房，取名“意園”，決意一展宏願，爲祖國文化藝術事業奉獻才智。執教之餘，在此雅室潑墨作畫，爲父刻石，從事書畫創作。其故居已經修復如初，并公布爲天津市文物保護單位。李叔同（1880—1942），祖籍浙江平湖，生於天津市。原名文濤，别號息霜，出家後法名演音，號弘一，素稱弘一大師。我國早期話劇（新劇）活動家、藝術教育家。1918 年在杭州虎跑寺出家，潛心精研佛典。1942 年 10 月 13 日圓寂於福建泉州。

魯迅故居

其故居有三。其一，在今北京西城阜成門内西三條衚衕。1924 年 5 月至 1926 年 8 月寓居於此。故居爲一小型四合院，坐北面南。院内北房三間，倒座三間，東西厢房各二間。南房（倒座）爲客廳，此房東屋後接一個小屋，人稱“老虎尾巴”，魯迅自稱“綠林書屋”，爲工作室和卧室。前院有其親植之丁香樹，後院有井一眼，井旁植刺梅。1949 年後故居重新修繕，并按原樣陳列。故居東側是魯迅博物館，1956 年 10 月 19 日正式開放。館内收藏有關他生平的豐富文獻和他珍藏的圖書七萬餘種。其二，在今上海虹口區山陰路大陸新村九號。1933 年 4 月魯迅遷居於此，直至 1936 年 10 月

19 日逝世。故居是一幢紅色磚墙三層單開間樓房。底樓是會客室和餐室。二樓前間是卧室兼工作室，靠窗放着書桌和籐椅。三樓前房是其子的卧室，後邊是客房，瞿秋白曾在此小住。在此期間，他曾寫下許多戰鬥性雜文，并編輯《譯文》雜志，翻譯《死魂靈》等作品。提倡木刻版畫，還編輯整理瞿秋白遺著《海上述林》。1935 年在此致電祝賀工農紅軍勝利到達陝北，1936 年初積極參加文學界和文化界的抗日民族統一戰綫工作。其三，在今浙江紹興越城區魯迅中路。是周氏家族聚居之地。此居坐北面南，磚木結構，房舍達百餘間，占地面積 4000 平方米。現除部分建築改建外，主要部分保存完好。進門是小天井和廳堂，廳堂北面隔天井是五間樓房，這是他早年的住房，西梢間樓下是其出生的房間。樓上東面一間是他和元配朱安的新房，樓下有他母親魯瑞及祖母蔣氏的房間。再往北是竈間，魯迅在此與閏土（章運水）相識。最後面爲百草園，占地面積 2000 平方米，分大小園兩部分，以此爲素材他寫下了散文《從百草園到三味書屋》。故居現爲全國重點文物保護單位。

李大釗故居

在今河北樂亭城東南 15 公里胡家坨鎮大黑坨村。是典型的冀東民宅。建於 1881 年，坐北面南，建築面積約 1100 平方米。前面是高臺階大門，四周磚墻圍護，爲三進四合院落。前院東厢房三間，西有碾棚；中院北房六間，東西厢房各三間；後院東厢房二間，是李大釗幼年讀書的地方。故居於 1958 年改作李大釗紀念館，并於 7 月 1 日開放。唐山大地震中遭破壞，現已修復如初。紀念館内陳列着有關李大

釗生平偉業的照片、手稿、書刊和遺物。陳列着朱德、何香凝的題詞。現爲全國重點文物保護單位，紀念館也重新開放。李大釗（1889—1927），河北樂亭人。中國共產黨主要創始人之一。其遺著編爲《李大釗選集》。

楊虎城故居

在今陝西蒲城城内東槐院巷二十九號。建於 1934 年。坐北面南，共分東西兩院。東院爲正宅，西院是花園。東院南北長 75 米，東西寬 10 米，自南而北建有前門、門廳、兩側外厢房、大廳、女廳、兩側内厢房、後樓房等建築。西院南北長 50 米，東西寬 10 米，自南而北建有門房、花園、書房、兩側厢房和後上房等。整座故居爲磚木結構，裝飾着花格窗、槅扇門等，木雕和磚雕十分考究，是關中地區傳統民居的典型建築。中華人民共和國成立後此故居已建成"楊虎城將軍紀念館"并對外開放。故居内收藏着楊虎城將軍生前用過的部分桌、椅、床、櫃和生平事迹照片資料，還有其母六十大壽時親朋所贈的部分禮品。故居於 1983 年由文物部門修葺一新，保持着原來風格和陳設。

向警予故居

在今湖南溆浦縣溆浦西路。始建於民國初年，是一座具有湘西民居特點的四合院。坐北面南，共有房間二十四間，占地面積 1444 平方米，建築面積 649 平方米，全部爲木構框架，小毛瓦，共二進院落。最前面是作外八字建構的大門。大門内爲第一進院落，以二層樓房爲主。樓坐西面東，南北面闊三間，重檐歇山頂，二層出跳作檐廊。樓上爲卧室、書齋，樓下是"宇、宙、洪、荒"四穀倉。第二進均爲平房。厢房三間，現爲向警予手迹陳列室。北房明間爲正堂，上方設神龕，供向氏家族列宗牌位。院内各建築以青石甬路相連，間植花草，清幽而樸雅。這裏是向警予出生和少年時代生活的地方。故居一側現闢爲廣場，立有向警予塑像和紀念碑，周植橘樹。故居現爲省級文物保護單位，向警予紀念館就設在故居内，已向游人開放。1915 年，向警予從長沙周南女校畢業後，回故鄉創辦女校，發動組織女界進行反封建禮教鬥爭，曾轟動一時。她所創辦的女校，現已改爲警予學校。向警予（1895—1928），女，湖南溆浦人。中國無產階級革命家，中國共產黨早期著名的婦女運動領導人之一。1928 年在漢口法租界被捕，同年 5 月 1 日英勇就義。

吉鴻昌故居

在今天津和平區花園路四號。是一座磚木結構、紅磚清水墻的三層歐式樓房，素稱"紅樓"。吉鴻昌及其家人 1932 年到 1934 年寓居於此。1984 年吉鴻昌烈士犧牲五十周年前夕，天津市和平區少年兒童集資，爲其舊居捐獻了"吉鴻昌烈士故居"的鎦金紀念匾額。現保存完好。吉鴻昌（1895—1934），字世五，河南扶溝吕潭人。著名的愛國將領、抗日民族英雄。1934 年加入中國共產黨，是年 11 月 9 日在天津被捕，24 日在北平英勇就義。

鄒韜奮故居

在今上海重慶南路萬宜坊五十四號。係磚木結構三層樓房。是鄒韜奮在上海工作、生活的居所。故居於 1958 年恢復原貌，會客室、卧室、寫作室都按其生前原樣布置，并建紀念館，陳列其手稿、著作及生前遺物。目前已對外開放。鄒韜奮（1895—1944），名恩潤，江西餘江

人。我國現代杰出的新聞記者、政論家和出版
家。從 1926 年在上海主編《生活》周刊起，畢
生從事新聞出版工作。1944 年病逝。中共中央

接受其遺書中的申請，追認他爲中共正式黨員。
重要著作編爲《韜奮全集》。

第十七章　材料工具說

第一節　材料考

　　《易·繫辭下》曰："上古穴居而野處，後世聖人易之以宮室，上棟下宇，以待風雨。"《禮記·禮運》曰："昔者先王未有宮室，冬則居營窟，夏則居橧巢。"《墨子·辭過》亦云："古之民未知爲宮室時，就陵阜而居，穴而處。"由此可知，上古之時，人類爲了生存，或尋找近水天然洞穴而居，或在密林地帶構木爲巢，樹居而生。考古資料證實，現在發現最早的人類住所是距今大約五十萬年、舊石器時代晚期的北京周口店龍骨山巖洞。

　　洞内利用火種照明或燒烤食物。也就是說，早期人類居處是利用天然巖洞與樹木，尚不懂宮室建築。直到新石器時代仰韶文化與河姆渡文化時期，我國古代勞動人民纔開始懂得利用自然界現成的土木作爲建築材料，就地取材，挖土爲穴，構木爲巢。後來則進一步利用土木建造房屋。如浙江餘姚河姆渡文化遺址發現木框架結構住房；陝西西安半坡村也發現大面積氏族社會村落遺址，其房屋呈圓形或方形，内部有木柱支承，四周密排一圈小柱構成木骨泥牆，上部爲圓錐形草頂。可見，在大約 7000 年前，我們的祖先已經用木、土、茅草來構築宮室：以木柱作支承房屋的骨架，以土水和泥塗抹牆壁，以茅草苫蓋屋頂。在河南鄭州大河村仰韶文化遺址中還發現，房屋已用石灰拌粗砂抹面，説明這時已能以蚌殼或礓石爲原料燒製少量石灰用於房屋建築。在河南洛陽王灣遺址發現同時期 200 平方米方形房屋遺迹，已在墙下挖基槽，槽内基礎是用填硬燒土塊及卵石的做法，此爲目前發現最早的人工基礎。説明當時人們已經懂得爲了使房屋堅固，持久耐用，燒土塊與卵石做柱礎，可起到穩固房架的作用。在距四千三百年前的河南龍山文化遺址中，袋穴很多，穴底多鋪紅燒土塊，上爲白灰（石灰）面層，土臺亦爲白灰面，可知當時白灰用量很大，能燒製白灰作爲建築材料。紅燒土塊則是由一般泥土燒製而成，有的還在燒土内摻以茅草或植物枝杆作筋骨，其可塑性要强於一般紅燒土。另外，在此遺址中還發現有黑色硬土，其耐火度優於紅燒土。燒製陶器的窑壁用此黑硬土，既耐火又堅固，是當時較爲高級的建築材料。在此期間，河南湯陰白營遺址，房屋室内地面采用夯築做法，此爲目前所見最早的夯土。爲了使房屋的基礎牢固，使室内地面持久耐用，人們又以黏土、石灰、砂三者混合而成爲三合土，用於塗抹地面；或將石灰、碎磚（或卵石）、砂三者混合，用作墙的基礎或地面墊層。考古發掘出的江蘇南京西善橋南朝墓地面，即用三合土築成。這是我國最早的三合土實例。到宋代，三合土已廣泛應用。

　　文獻記載及考古資料證實，我們的祖先從原始社會到奴隸社會、封建社會，使用早、數量多、範圍廣的建築材料有二：一曰土，二曰木。人類從一開始就挖洞穴居，這就是最原始的土工建築。近年考古發掘的大量資料説明，原始社會人類的住處均爲穴居、半穴居。古代居民以土爲穴，曾經歷了漫長的時期。因此，古代建築工程，從未離開過土。以土爲建築材料，主要是由於我國相當廣泛的地區分布着深厚的土層，其中黏性土占有重要比重。此土富有黏結力，適宜於建築工程，且可就地取材，取土方便，容易挖掘，經濟實用，堅固耐久。此外，人們住在土建築中或以土爲建築材料，是古代防寒取暖的好方法。在北方嚴寒季節，對房屋的保暖與防寒，土材起到了較好作用。因此，在奴隸社會、封建社會相當長時期内，我國土工建築技術有了較大發展。由於生產力的低下，建築材料長期以天然土材爲主，故土工建築中的夯土、版築技術在長時間内得到大量運用與發展。在古代，軍事工程、建築工程大都用夯土、版築方法來完成。築城工程要求建築數量多、體型大、品質高，具有較强的防禦性能。我國築城工程從奴隸社會開始，幾乎貫穿了奴隸社會、封建社會歷史的全過程。保存至今的歷代古城遺迹很多，遍布全國各地，多爲夯土與版築建造。我國築城工程，多見於歷代文獻及考古資料。《淮南子·原道訓》曰："昔者夏鯀作三仞之城，諸侯背之，海外有狡心。"《禮記·禮運》中亦有"城郭溝池以爲固"的記載。夏代正是我國原始社會解體，奴隸社會開始之時。此時"大道既隱，天下爲家，各親其親，各子其子，貨力爲己，大人世及以爲禮"（《禮記·禮運》），故"築城以衛君，造郭以守民"（《吳越春秋》）。築城工程始於夏代，見於文獻記載，而考古資料亦進一步證實了文獻記載的真實性。夏禹初都陽城（今河南登封告成鎮附近），始夯土造城。古城遺址平面呈縱長方形，南北長 2000 米，東西長 700 米，城牆殘高 8 米。從登封告成鎮王城遺址看，此城係用夯土築成。其做法是先在地面向下挖一道口寬底窄、兩邊傾斜的梯形基槽，槽底平坦，然後填土，逐層夯打成牆基。夯層厚度不等，厚者 20 厘米，一般爲 10~15 厘米。夯層上部緊固，下部鬆散。夯層中央水平，兩側靠近基槽呈斜坡狀。夯層與夯層之間鋪有細砂。因黃土黏性大，鋪砂便於夯打。夯窩形狀有圓形、橢圓形及不規則形，大小不一，夯距不等。夯杵徑多爲 8~10 厘米，夯層深 0.5~1 厘米。此爲我國最早的夯土城。至商代中期，夯土始采用木範本，以板範土，以杵搗實，即所謂"版築法"。木範本的發明是夯築技術的一大進步，爲大型建築向高聳發展提供了必不可少的技術條件。如鄭州商城與盤龍城商城歷經幾千年而在一些地段仍保存高出地面達 3 米的殘垣，正是采用版築法之效。

高臺建築是我國傳統的一種工程類型，也是我國土工建築中的一個重要方面。築高臺之風始於夏末商周，盛行於春秋戰國時代。此時恰恰處在奴隸社會逐漸解體，封建社會開始的時期。在原始社會晚期，人們爲了改善室內居住面的防潮與衛生條件，於是發明了夯土高臺基。正如《墨子·辭過》所云："室高足以辟潤濕。"進入階級社會之後，隨着奴隸主階級宣示意識形態的需要，其殿堂夯土臺基，日益要求高大，故產生了高臺建築。當時，各諸侯國競相建造高臺。一時間"高臺榭，美宮室"成爲一種時尚與風氣。從春秋戰國時代到秦漢之際，是我國高臺建築盛行之時，築臺工程的品質與規模都達到空前未有的地步。對此，文獻多有載述。《竹書紀年》卷四："帝癸，一名桀……三年築傾宮（按，一名瓊宮）……十四年……于傾宮飾瑤臺居之。"夏代最後一個帝王桀首造高臺建築"傾宮瑤臺"。商代殷紂王建築"鹿臺，其大三里，高千尺"（《史記·殷本紀》裴駰集解）。西周初年文王徵調奴隸在豐邑做"靈臺"。《詩·大雅·靈臺》："經始靈臺，經之營之，庶民攻之，不日成之。"目前考古發現，遺留至今的高臺已不再高，高出地面一般祇有 1 米左右，最高有 10 餘米，有的臺基夯土厚 3 米左右。此大臺基盛行於商代，在二里頭、鄭州、盤龍城、安陽殷墟、岐山周原等地均發現有此實例。西周、春秋戰國時代，高臺建築飛躍發展。各諸侯國君調動大量人力、物力，用幾年時間爲自己造高臺，成爲宮室建築的普遍做法，并把高臺數量的多少、臺基的大小及高低作爲體現奴隸主權威的標志。各國諸侯以高臺爲中心，建築離宮別館，亦爲當時普遍現象。當時比較著名的高臺建築有晋國的虢公臺、吳之姑蘇臺、楚之章華臺、燕之黃金臺、趙國之叢臺等。秦滅六國統一前後修建的咸陽宮殿及阿房宮，以及西漢長安未央宮之前殿均爲高臺建築，基本上沿用春秋戰國時平望高臺的形式。到隋唐時代，由於樓閣的發展，木構建築的興起，高臺建築耗費土工的工程量巨大，且築臺速度緩慢，故逐步減少，但直到封建社會晚期并未完全絶迹。以土爲建築材料的土工建築本身重厚，防禦性能强，防火性能高，還具有隔音、防熱、防寒、承重等特點，故在我國歷史上以其特有的優點作爲主要建築材料之一。後來，由於建築材料的進步，特別是人工建材的出現與發展，純土工建築逐漸減少。然而，古代土工技術至今仍在基礎工程、堤壩、道路、隧道建設中具有重要參考藉鑒價值，仍有一定的生命力。

我國古代建築材料，除土以外，使用最早、最廣泛的就是木，而且木構建築隨着高層建築的出現進而發展成爲我國古代建築的主流。如前所述，在上古時代，我們的祖先就在密林地帶“構木爲巢”，這是最原始的木構居處，到新石器時代則進一步發展爲木框架結構築房。在上古時代，我國森林資源十分豐富，木材最易取得，而且是一種既堅韌又易加工的建築材料。所以從原始社會到奴隸社會時期，就習慣於以木材作爲房屋建築的主要材料。在古代建築發展過程中，高臺建築的盛行恰恰在奴隸社會結束，封建社會開始的春秋戰國時代。高臺建築爲夯土與木結構配合使用的形式，即先夯土爲臺基，再於臺基之上建造木框架殿堂樓觀等。而夯土築臺却需耗費大量勞力及工時，故在漫長的封建社會中，房屋建築逐漸抛弃了大規模夯土做法，而沿着以木構架爲主體的方嚮發展，并成爲我國古代建築的一大特點與主流。木構建築是以木材構成各種形式的梁架，作爲整個建築物的承重結構主體，墻壁祇起圍護作用而不承擔負荷。古代勞動人民用這種方法建造了許多規模宏大、形象舒展、構造堅固且富麗堂皇的偉大建築。如漢武帝時建於建章宮北的井幹樓，就是“築累萬木，轉相交架”而成的，以其形如“井幹”，故稱（見《史記·孝武本紀》司馬貞索隱）。迄今仍保存的歷時千年的宏偉木構建築，顯示出我國木結構技術的高度成就。如遼道宗清寧二年（1056）建於山西應縣佛宮寺的釋伽塔，塔高 63.13 米，爲我國現存最古老、最高的木結構塔式建築，也是世界上最早、最高的木塔。又如北京明清故宮中的太和殿及北京昌平明長陵的祾恩殿，爲全國最大、保存最完好的兩座古代木構殿宇。

　　自古以來，我國地大物博，自然資源極爲豐富，可供建築用的天然材料亦豐富多樣。然而，其他材料，如磚、石等并未形成古代建築的主流，而木材却備受古人的青睞。其實，在封建社會初期就已生產磚，天然石材用於建築亦很早，用石材建造券橋的最早文獻記載是在 3 世紀初。這些都證明，我國磚的製造生產及磚石結構的應用技術很早就已取得高度成就，衹是在房屋建築上，磚最早衹用於鋪地面、踏步，石衹用於柱礎、臺基。雖亦發現漢代以磚砌墙的房屋，然僅爲個別例證。在佛教傳入中國之前，除墓室、橋梁外，房屋建築概不以磚石結構承重。東漢明帝永平十年（67）佛教傳入中國之後，磚石建築亦衹是擴展到宗教建築之塔殿，而大量的宮殿、寺廟、住宅仍然保持着木結構傳統。在我國漫長的歷史所以保持并發揚這種傳統，除材料來源及技術繼承關係外，還有政治、經濟制度方面的原因。我國封建社會的經濟制度具有"自給自足的自然經濟占主要地位"之特點，而木構建築恰與此特點相適應，尤其對農民、手工業者而言，更具有廣泛的適應性。一是便於他們積纍儲備建築材料。梁、柱、椽及門窗等，皆可用自己種植的樹木加工製作。二是易於施工。衹需一兩個木工做技術較高的工作，其他粗糙的木工工作、築墙、壘壁、布瓦及一切雜工，農民均可自己動手；勞力不足時可邀請左鄰右舍互助，或自己分期施工。三是易於擴建。木構架房屋均爲長方形平面結構，以間爲單位，間數可任意增加。可先建兩三間，再擴建成五七間；亦可在三五間房屋前後或兩側增建厢房。四是能適應山區地形。在山坡建造木構架房屋，衹須調整柱之長短而取平室内地面，無須平整土石或砌築大量基礎，這是山地建築最經濟的方式。尤其是我國南方山區常在山坡上建房，甚至在懸崖峭壁間亦能用木構架建起房舍。除此之外，還有很多優點，如易於拆遷，門窗開設自由，分間靈活，有較好的抗震性能等。在自然經濟占主導地位的封建社會，農民不僅要生產農產品，而且生產自己需要的大部分手工業品，同時也要建造房屋。他們的勞動所得，除維持極低的生活水平外，所剩無幾，甚至終年不得温飽，也衹有在上述各種優點的條件下，纔能建造起以木材構架、夯土爲墙的房屋。然而，這就使得在農民與手工業工人中蘊藏着優秀的木結構技術創造才能，具有最普遍、最廣泛的發展基礎。因此，封建統治者所居住的宮殿以及壇廟、寺觀建築，就其製作加工技術而言，是以民間技術爲基礎的，衹不過是體量龐大、結構複雜、形式多樣而已。就建築材料而言，一般人認爲歐美古代建築是磚石的藝術品，而中國建築是木材的藝術品，各具有不同的藝術風格，代表着各自發展的主流。然而從更高的角度來看，在木構的中國古代建築主流中，實際包含"土、木、磚、石并舉"

的用材原則，尤其在大型建築及古代建築群中更爲突出。另外，由於建築活動是一項需要巨大財力及衆多材料的社會活動，故必須注重材料的普遍性與經濟性。我國傳統建築始終貫徹"就地取材、因材致用"的原則，從而保證了中國古代建築傳統悠久的發展歷史。

在古代建築中，除土、木以外，使用較早，又比較普遍的材料還有石材、土墼、磚瓦、石灰、琉璃等。

以石爲材料的石結構建築是我國古代建築的一個組成部分。在遼寧蓋州、瓦房店發現的原始石棚，就已使用打磨過的細花崗石，建造得平直方正。商代早期宮殿遺址，在木構建築柱下使用石礎。周代已將石料作爲建築材料，把石工列爲當時的六工之一。《禮記·曲禮下》云："天子之六工，曰：土工、金工、石工、木工、獸工、草工，典制六材。"春秋戰國之交，我國進入封建社會。鐵工具的普遍使用，爲石材的開采創造了有利條件。秦漢以後，石材普遍應用於各類建築中。古代建築運用石材的主要有四種類型：開鑿山巖的洞窟工程、石構建築物、石建築小品、木構建築中的石構件。洞窟工程爲石構建築的一種特殊類型。西漢武帝元鼎四年（公元前113）前後開鑿的河北滿城一號、二號漢墓，是現存已知最早的洞窟工程。南北朝以後，隨着佛教的傳播開鑿了大量石窟寺，至宋元時期漸趨衰落。全國現存石窟群有百餘所，其中以敦煌莫高窟、大同雲岡石窟與洛陽龍門石窟最爲著名。這些石窟群散布於山崖之上，鱗次櫛比，是古代勞動人民智慧與血汗的結晶，也是洞窟工程最重要的歷史遺迹。石構建築物分爲地下工程——墓室，地面工程——橋梁、石塔、房屋等。

我國古代出於"事死如生"的厚葬思想，十分重視墓室的耐久性。在發展過程中，以磚石逐漸代替了木槨墓。現存最早的實物如東漢遼陽石墓、山東沂南石室墓。東漢中期以後，石室墓盛行，其平面以長方形單室爲最多，壁體以石塊叠砌，上下則用石板鋪蓋。直到隋唐以後，石室墓仍采用石梁、石板蓋成平頂。明代定陵地宮采用筒形拱結構，與明代一般地面石建築結構相同。地面建築中的橋梁是重要的交通工程，它不僅承受負荷大，跨度大，且長期處在露天環境，經受風吹、日曬、雨淋，故石材是建造橋梁的理想材料。秦漢時渭水橋即采用了石柱，長安灞橋、洛陽建春門石橋均爲梁式石橋。東漢畫像磚上所反映的裸拱橋是現知石拱橋的最早資料，而隋大業年間李春建造的趙州安濟橋則爲至隋代爲止我國石橋工程技術的總結。宋代在寬闊水面上出現了多跨梁式石橋，如福建泉州的洛陽橋、安平橋等。金元時期又普遍出現多跨連續石拱橋，以金代明昌三年（1192）始建的北京盧溝橋爲典型實物。塔是佛教傳入中國以後出現的一種新建築類型。起初以木材建造，但木材易朽易燃，壽命短暫，故改用石料修建，以保持其"永久性紀念物"的興建宗旨。《魏書·釋老志》載："皇興中，又構三級石佛圖，榱棟楣楹，上下重結，大小皆石，高十丈，鎮固巧密，爲京華壯觀。"現存最早的石塔是建於隋大業七年（611）的山東濟南神通寺四門塔。全國石塔以福建地區最爲集中，保留下不少五代至宋代之遺構。石結構房屋建築，如石屋、石亭、石室等爲數不多，規模亦小，其外觀多仿木構建築，最早實物爲山東濟南長清郭巨祠。在石構建築中，建築小品占有一定比重，且種類繁多，如石闕、石柱、石華表、石牌坊、經幢、實心小石塔等。它介於建築工程與雕刻藝術之間，具有很高的藝術價值。在木構建築中，凡需防潮、防腐的部位，一般皆采用石柱礎，臺基外沿包磚上有階條石，轉角處施角柱石，正中設有石踏跺。大型建築，如宮殿、寺廟及禮制建築中，多采用須彌座臺基，周圍有石欄杆，在踏跺正中雕有雲龍階石。在南方産石地區，石柱、石墙、石屋面的使用相當普遍。

我國幅員廣大，石材蘊藏量豐富，著名産地遍布大江南北，如江蘇蘇州、浙江紹興、福建泉州、雲南大理、河北曲陽、山東青島、北京房山等地。我國古代匠師經過長期實踐，對巖石的種類與特徵以及開采加工的方法均有一定的認識，積累了豐富的經驗并提高到理論的高度。根據石料的質地及特點可分爲青白石、漢白玉、花崗石、青砂石、花斑石數種。青白石質地較硬，質感細膩，不易風化，多用於宮殿建築，或用於帶雕刻的石活。漢白玉質地較軟，具有潔白晶瑩的質感，石紋細膩，適於雕刻，多用於宮殿建築中帶雕刻的石活，如須彌座、石欄杆等。漢白玉雖然漂亮，但其強度及耐風化、耐腐蝕能力均不如青白石。花崗石質地堅硬，不易風化，適用於做臺基、階條、護岸、地面等，但由於紋理粗糙，不易雕刻，不適用於高級石雕構件。青砂石質地細軟，容易風化，適用於小式建築。花斑石質地較硬，石紋華麗，故多用於重要宮殿，製成方磚規格，磨光燙蠟，用於鋪地。建築中使用的各種石材，都要經過開采與加工的複雜過程，歷代石匠付出了艱巨而辛勤的勞動。原始社會因生産力低下，沒有能力從原生巖脉中取用石材，祇能利用天然石料進行粗加工。至於商初宮殿所用石柱礎，也祇不過是未經雕琢的天然鵝卵石而已。東周山西趙城臺榭建築的柱礎作圓形或圓角四方形，始有一定加工。直至秦代營造秦始皇陵，纔"取大石于渭北諸山"（《史記正義》引《關中記》）。《三輔黃圖·觀》載云："青梧觀在五柞宮之西，觀亦有三梧桐樹，下有石麒麟二枚，刊其脅文字是秦始皇驪山墓上物也，頭

高一丈三尺。"這些是采用大石爲料的最早記録。東漢石建築，如祠堂、墓闕已有磨光的
做法；有些建築全部以石塊砌成，其形式大多模仿木構建築，可見當時石材開采與加工已
具一定水平。我國古代開采石最早使用燒石潑冷水法，即用木材把巖石面燒烤，再往炎熱
的巖面上潑冷水，待炸開裂縫，再用大鐵楔或其他工具劈破。這一方法多用於道路與水利
工程。如戰國時代秦孝王開發四川山區，在險峻地段即用此法開鑿。唐代開元二十九年
（741）李齊物開鑿三門峽之"新門"亦用此法。火藥是我國古代四大發明之一，隋唐以
後，尤其在宋代多用火藥爆破法開采石料，在宋代泉州石橋的石材上仍能看到應用火藥的
痕迹。

　　石料開采後需要經過加工。總結歷代石工對石料加工的手法有十：一曰劈，即用大
錘、楔子將石料劈開；二曰截，即用剁斧、鏨子、大錘等工具將長石料截去一段；三曰
鑿，即用錘子、鏨子將多餘部分打掉；四曰扁光，即用扁子、錘子將石料表面打平剔光；
五曰打道，即用錘子、鏨子在基本鑿平的石面上打出平順、深淺均匀的溝道；六曰刺點，
即鑿的一種手法，操作時用鏨子直立鑿打，適用於花崗巖等堅硬石料；七曰砸花錘，即以
花錘在石面上錘打，使石面更加平整；八曰剁斧，亦稱"占斧"，即用斧子剁打石面，剁
斧遍數應爲二至三遍，兩遍斧爲糙活，三遍斧爲細活；九曰鋸，即用鋸或金剛砂將石料
鋸開，此法適用於製作薄石板；十曰磨光，即用磨頭（砂輪、油石或硬石）蘸水將石磨
光。不同形式的建築以及不同的使用部位，對石料加工亦有不同的要求，到宋代逐漸形成
制度，將石料加工分爲六道工序。宋李誡《營造法式·石作制度》載："造石作次序之制
有六：一曰打剥，用鏨揭剥高處；二曰粗搏，稀布鏨鑿，令深淺齊匀；三曰細漉，密布鏨
鑿，漸令就平；四曰褊棱，用褊鏨鎪棱角，令四邊周正；五曰斫砟，用斧刃斫砟，令面平
正；六曰磨礲，用沙石水磨去其斫文。"以上六道工序與今日南方（蘇州）石匠所爲内容
大略相同。清代石材加工比宋代更爲精細，操作工序各地亦不盡相同。蘇州地區加工工序
有雙細（即宋代之打剥）、出潭雙細、市雙細（即宋之粗搏）、鏨細（即宋之細漉）、勒口
（即宋之褊棱）、督細（即宋之斫砟）。福建傳統加工方法亦有六道工序，即修邊打荒、粗
打、一遍鏨鑿、二遍鏨鑿、一遍剁斧、二遍剁斧，前三道工序爲粗加工，後三道工序爲細
加工。經過細加工的石料可用於建築物的露明部位。

　　在古代建築材料中，石料具有抗壓、耐腐蝕、不易磨損變質的特點。古代勞動人民很
早就認識并掌握了石材的這些優點，普遍應用於各種建築上。如上所述各種石構建築實

例，反映了不同時期的成就。宋李誡《營造法式》就是吸取了前人優秀傳統經驗的總結，對後世石工製作起到了規範作用。元大都宮殿石工精巧，冠於當代。明清北京故宮欽安殿石須彌座、武英殿東側石橋勾欄，圖案優美，雕工精緻，猶具宋元官工風格；保和殿後階當中的御路石，長16.57米，寬3.07米，厚1.7米，重250餘噸，爲明代雕刻、後經清乾隆年間翻新的故宮最大石雕件。明清宮殿建築，石材追求體大質美，先於曲陽設置山場，專采青白玉石、水白玉石，供應宮殿工程使用。明清兩代銜接，一脉相承。在我國古代建築中，石材雖爲最先被利用的建材之一，但因開采與加工不如木材度方便，同時以其自重大、運輸不便等因素，故僅用於紀念性建築、陵墓建築、露天建築或用作木構建築中的石構件。因而，石構建築與木構建築相比，始終處於從屬地位。在現代建築中，亦僅見於地面、臺階、包面及雕刻、裝飾，與鋼筋、水泥、磚瓦等建材相比，更加處於次要地位。

土墼，即今之土坯，爲古代砌造房屋的主要建築材料之一。《急就篇》卷三云："墼壘廥厩庫東箱。"顏師古注："墼者，抑泥土爲之，令其堅激也。"《説文·土部》："墼，令適也；一曰未燒者。"段玉裁注："此一義謂和水土入模範中而成者曰墼……今俗語謂未燒者曰土墼。"從考古發掘實物得知，目前我國最早的土坯在河南永城王油坊龍山文化遺址中。其房屋内壁以土坯砌築，錯縫，用黃泥漿黏結。原始社會人類與土關係極爲密切，當時處理地面用夯實打平的方法，且出現了垛泥墻與夯土墻。因打土墻不夠靈活，故將土製成小塊土坯。以土坯砌墻，施工可運用自如。奴隸社會初期，土坯生產有所發展。

明羅頎《物原》中有"夏禹作土墼"之記載。西周時已運用大塊土坯。據周原發掘資料，土坯規格爲長47厘米，寬17厘米，厚7.5厘米。不過那時衹將土坯運用於砌築臺階與整齊的邊綫部位。在歷史上，土坯與夯土版築的方法同時向前發展。由打土墻到砌築土坯墻既是一項巨大技術進步，亦爲建築材料一大革新，爲以後磚的出現做了準備。春秋戰國時，諸侯間戰事頻繁，紛紛築城以利攻守。除夯土築城外，在城門洞口與個別部位使用土坯，或以土坯建造局部城墻。同時，亦使用土坯砌築房屋。秦咸陽遺址中發現以土坯砌的窯頂，有的房屋中以土坯砌墻。漢代土坯墻謂"土墼墻"。《後漢書·酷吏傳·周紆》載云："紆廉潔無資，常築墼以自給。"西漢土坯塊，河南鞏義有出土實物，塊狀寬厚。漢代河西段長城烽火臺，其中一部分以土坯砌築而成，城墻非常堅硬，土坯完整地保存至今。唐代以土坯築城者更爲多見。唐交河城，北段墻基由約二尺寬之四方形土坯叠壘而成，城中廟宇之墻壁均用長方形土坯砌築。哈拉和卓城墻爲黑砂泥土坯所砌，墻高約 4 米。唐代以土坯築城者亦見諸文獻。清紀昀《閲微草堂筆記·槐西雜志三》載曰：“吉木薩有唐北庭都護府故城，則李衛公所築也。周四十里，皆以土墼壘成；每墼厚一尺，闊一尺五六寸，長二尺七八寸。”遼代土坯墻，山西應縣木塔第一層柱間墻即以土坯壘成。宋代用土坯砌墻，以土坯建塔，敦煌均有實例遺留。新疆地區則以土坯砌築穹窿頂，所留實物最早爲十六國時期石窟以前之建築。元代運用土坯更爲廣泛，北京護國寺土坯殿則爲典型實例。敦煌元代土坯塔説明元代已使用土坯建造各種工程。明清運用土坯隨處可見，山西、河北、陝西一帶明代建築土坯墻之實例不勝枚舉；清代遺物幾乎遍布全國。土坯在建築工程中使用範圍很廣，可以砌各種各樣的砌體，與人們的生活關係極爲密切，如房屋的墻壁、外墻與隔墻、屋內火炕、火墻、火爐、烟囱、小型擱置土臺、院墻、大圍墻、城墻、糧倉以及軍事性防禦工程等。

　　我國幅員遼闊，從平原到山區，土質結構不同，氣候與生活習慣各异，故製作方法亦有別。其製作過程：選土、製泥和土、製木坯模、製坯。製坯方法有四種。一爲手模坯，即於場地中選一平地，將坯模平放，將泥土裝滿坯模，再用手刮泥土使之與坯模高度相等，後將木模提出，用水洗净，再行製造。華北、東北地區均用此法。二爲杵打坯。先於場地中設置具有平面的石塊，將坯模置於石面上，裝土後用石杵搗固夯實，再打開木模取出。三爲水製坯。製坯場地選取低窪的平地，土質適宜之處，先將場地放水引平，當水分蒸發後，泥土處於半乾狀態時即切成坯塊，取出晾曬。此法多用於南方。四爲垡子坯。此爲在濕潤的大草甸子上製坯、取坯之法。先於草甸子上找出平地，當草甸子半乾時，可直接挖取坯塊，進行曝曬成坯。此坯性能較好，坯內夾雜草根，起到固結作用，使土坯堅固耐久。前兩種爲人工製坯，後兩種爲天然取坯，均爲就地取材。爲增强土坯的抗拉、抗剪、抗彎能力，一般均在泥土內加筋，或加草、稻草，或加竹筋、木棍。土坯的製作，均於少雨乾燥季節進行，以便乾燥收藏。當土坯乾燥後，全部收齊，垛在一起，存於防雨棚內。如無棚，則垛成雙坡頂坯垛，上部苫草，以防雨水。土坯在北方具有防寒、防風作用；在南方則有防熱作用。另外還有隔音、防火、防震之性能。土坯就地取材，經濟實惠，是一種物美價廉的建築材料。在農村民居建築中，至今仍可見到磚包皮，即中間爲土坯，外以磚包砌。

　　磚瓦是以土墼爲坯模燒製而成的人工建築材料。據記載，磚瓦約産生於夏代。《史記·龜策列傳》："〔夏〕桀爲瓦室。"《古今圖書集成·考工典·磚部》引《古史考》曰："夏后氏時烏曹作磚。"最早的實物則發現於陝西扶風岐山、鳳雛西周早期周原遺址。而磚僅爲鋪地方磚，瓦片的數量亦很少，説明當時生產能力尚小，故未普遍應用於宮室建築之中。瓦祇用於屋脊及屋檐上，磚亦祇用於鋪設地面。從發現的瓦片觀察，早期之瓦型并無板瓦、筒瓦之分，然瓦的仰面與俯面却有明顯區別。瓦的兩面分別設有陶釘及陶環，背面飾繩紋，青灰色，陶質較脆，顯得比較原始。至西周晚期，瓦的使用範圍開始擴大，但亦僅局限於奴隸主貴族的房屋，一般民居遺址裏未發現有瓦的遺存。直到春秋以後瓦纔應用於部分民居建築。扶風召陳西周晚期遺址，三個房屋周圍都有大量瓦片堆積，有板瓦，亦有筒瓦。條磚與空心磚發現於戰國時代遺址。最早的磚砌墙體實例則有河南新鄭戰國時期的冶煉通氣井井壁及陝西臨潼秦始皇陵陶俑坑中的一段壁體。至漢代，條磚使用的範圍及數量大爲增加，它不僅用於建築宮室、襯井壁、砌下水道，而且在陵墓建築上代替空心磚被大量運用。爲保護城門洞附近的夯土墙，唐代已出現以磚包砌的做法。至南宋時，我國南方不少州府城墙，已有用磚包砌的記載，如臨安城、揚州城、福州城、静江城等。據文獻記載，此時已開始出現全部純用磚砌的建築。宋陸游《入蜀記》云："采訪殿前有鐘樓，高十許丈，三層，累磚所成，不用一木而欄桷翬飛，雖木工之良者不能加也。"後人考證，此鐘樓當在江西廬山宋太平興國宮，陸游至此，時在乾道六年（1170）八月。全部磚砌建築遺存至今的有我國現存最高磚塔——河北定州宋代開元寺料（瞭）敵塔，有元代杭州鳳凰寺，明代的南京靈谷寺、太原永祚寺、五臺山顯通寺、中條山萬固寺、北京皇史宬等，但爲數不多。明代製磚技術有很大發展，其産量劇增，已成爲一種并不昂貴的建築材料，故被普遍運用於民居、宮殿、廟宇、城墙等建築之中。

　　早在新石器時代，我們的祖先就已熟練地掌握了製陶技術；同時代後期，即龍山文化時期又發明了製坯技術，爲燒製磚瓦創造了條件。經人工燒製的磚與土坯相比有質的區別。其强度、耐磨性、耐水性均有很大提高，從而保証了建築物的堅固持久性。而瓦的出現則解決了屋頂防水問題，延長了房屋的使用年限。磚瓦的發明與應用，無疑是在製陶手工業進一步發展的條件下，對建築材料的一項重大改革，對我國古代建築的發展具有重大的影響。磚瓦的製作過程及加工燒製方法，明代宋應星在《天工開物》中均有具體闡述。製磚之法："成坯之後，裝入窑中。所裝百鈞，則火力一晝夜；二百鈞則倍時而足。凡燒磚，有柴薪窑，有煤炭窑。用薪者，出火成青黑色；用煤者，出火成白色。凡柴薪窑，巔上偏側鑿三孔，以出烟。火足止薪之候，泥固塞其孔，然後使水轉銹。凡火候少一兩，則銹色不光；少三兩，則名嫩火磚，本色雜現。他日經霜冒雪，則立成解散，仍還土質。火候多一兩，則磚面有裂紋；多三兩，則磚形縮小，拆裂屈曲不伸，擊之如碎鐵，然不適於用。巧用者以之埋藏土內，爲墻脚，則亦有磚之用也。凡觀火候，從窯門透視內壁，土受火精，形神搖盪若金銀熔化之極，然陶長辨之。凡轉銹之法，窯巔作一平田樣，四圍稍弦起，灌水其上。磚瓦百鈞，用水四十石，水神透入土膜之下，與火意相感而成。水火既濟，其質千秋矣。若煤炭窯，視柴窯深欲倍之，其上圓，鞠漸小，併不封頂，其內以煤造成尺五徑闊餅，每煤一層隔磚一層，葦薪墊地、發火。"製瓦之法："凡埏泥造瓦，掘地二尺餘，擇取無沙粘土而爲之。百里之內，必產合用土色，供人居室之用。凡民居，瓦形皆四合分片，先以圓桶爲模骨，外畫四條界，調踐熟泥，叠成高長方條，然後用鐵綫弦弓，綫上空三分，以尺限定，向泥不平戞一片，似揭紙而起，周包圓桶之上，待其稍乾，脱模而出，自然裂爲四片。凡瓦大小，古無定式，大者縱橫八九寸，小者縮十之三。室宇合溝中則必需其最大者，名曰溝瓦，能承受淫雨不溢漏也。凡坯既成，乾燥之後，則堆積窯中，燃薪舉火，或一晝夜，或二晝夜，視窯中多少爲熄火久暫。澆水轉銹，與造磚同法。其垂於檐端者有滴水，下於脊沿者有雲瓦，瓦掩覆脊者有抱同，鎮脊兩頭者有鳥獸，諸形象皆人工逐一做成，載於窯內，受水火而成器，則一也。"瓦從開始就是青瓦，没有經歷過紅瓦的過程；而磚則先爲紅磚，後爲青磚，工藝技術不斷提高，經歷了一個循序漸進的發展過程。《天工開物》所載是青磚、青瓦的製法。青磚、青瓦比紅磚、紅瓦在堅固耐用及抗腐性方面要強得多。我國古代磚瓦焙燒技術在世界上獨具一格，明顯的特點就是以燒造青磚、青瓦爲主。這也是我國古代焙燒磚瓦工藝的成就之一。直至現代，雖然鋼筋、水泥已成爲現代建築的主要建築材料，然磚瓦亦爲必不可少的建材，且在民居建築中使用非常普遍，具有很強的生命力。

　　石灰是以石灰巖燒製而成的白色石塊，遇水分解，呈白色灰粉狀，故稱"石灰"，亦稱"白灰"，爲重要人工建築材料。在古代建築工程中，用於粉刷墻壁，膠結磚石砌體與配製灰土基礎等。秦咸陽宮殿與漢長安禮制建築的墻面均出現了"白粉刷"，此乃以石灰粉刷墻的早期實物例證。在漢代建築遺址與墓葬建築中，刷以石灰漿或粉，或石灰膠泥，早已多見，且粉飾極爲平整光潔。漢長安禮制建築之墻面粉刷分三個層次，先用麥秸泥打底，分兩次抹成厚 4 厘米左右，再抹一層穀殼細泥，最後在上面罩以石灰漿。河北望都二號漢墓，磚砌，石灰膠結，拱券以石灰漿灌縫，墓內壁、券頂以石灰漿粉刷，墻壁繪製壁畫的基層亦用石灰膠泥粉平，灰工十分精美。石灰生產雖始於秦漢，然產量極少，故未能普遍使用。直到唐代石灰膠結尚未廣泛應用，多數磚石結構仍采用黃土泥漿膠結。宋以後，石灰應用漸增，宮殿內遂以石灰泥粉刷取代黃泥漿塗壁做法。宋李誡《營造法式·泥作制度》云："用石灰等泥塗之制，先用粗泥，搭絡不平處，候稍乾，次用中泥趁平，又候稍乾，次用細泥爲襯，上施石灰泥畢，候水脉定，收壓五遍，令泥面光澤（乾厚一分三厘）。"漢禮制建築，其麥秸泥同《營造法式》"用泥"條之摻有麥麩的粗泥與中泥十分相似；而穀殼泥同《營造法式》之摻有麥麩的細泥相類；漢禮制建築在穀殼細泥面上刷白，則與《營造法式》"次用細泥爲襯，上施石灰泥"相一致。兩相對照，可知古代建築粉飾技術早已創造了豐富的施工經驗，并在發展中有明顯的繼承關係。我國古代粉刷用的石灰膠泥，多摻以"麥鵑"（麥秸）、"麥麩"（麥殼）、"麻擣"（麻刀）及"紙筋"（大連）等纖維性物質，以提高施工的穩定性，防止龜裂。"麥鵑"多用於打底找平的粗泥、中泥之中，而做面層的"破灰泥"與"石灰泥"多用較細的"麥麩"與"麻擣"。在《營造法式·泥作制度》中規定，石灰泥"每石灰三十斤，用麻擣二斤"。按卷二七"料例"的規定，每一方丈石灰石抹面用"石灰六十三斤"，折算需"麻擣"四斤三兩；卷二七"料例"中又規定"破灰泥"每一方丈用"石灰二十斤，白蔑土一擔半（即九十斤，卷一六"總功"條規定重六十斤爲一擔，諸物準此），麥麩一十八斤"。唐代洛陽宮城之墻皮斷面可看到摻物之痕迹。北京元代建築用灰，纖維束更爲明顯，從其實際尺寸看，亦祇能是"麥麩""麻擣"之類纖維遺痕。宋代粉刷用石灰泥的配合比亦達到十分嚴密的程度。如調製宮殿用的紅石灰泥規定："每方一丈，紅石灰：石灰三十斤（非殿閣等加四斤；若用礦灰，減五分之一），赤土二十三斤，土朱一十斤（非殿閣等，減四斤）。"黃色石灰泥的配方爲"石灰四十七斤四兩，黃土一十五斤十二兩"。青石灰泥則用"石灰三十二斤四兩，軟石炭三十二斤四兩"配製。軟石炭與北方使用的"青灰"相似。配製青石灰如不用軟石炭，則規定"每石灰一十斤，用粗墨一斤或墨煤一十一兩，膠七錢"（《營造法式·諸作料例》）。至明代，因使用煤炭燃料，采用煤與石灰分層混裝的竪窯生產石灰，產量大幅度提高。從此，重要的磚石砌體皆采用石灰膠結。然而，對膠結材料的認識上，我國古代看重其黏性，而忽視其強度，故雖從唐代起即相繼創造了桐油石灰、糯米石灰、血料石灰等高黏性之有機物摻和灰漿，但直到後期纔使用摻砂灰漿。以石灰、砂、黏土混製的"三合一"亦隨明代石灰產量的增長而普遍使用。至清代更廣泛流行以石灰與黃土混合的"三七灰土"做臺基、墻基與地面墊層。此經濟堅實的地基做法，一直沿用至今。墻壁用磚砌則使用灰漿，其成分亦不相同。清代尊貴工程用純白灰，如清故宮墻內所見；次則灰加砂；再次如砌虎皮石墻，則用灰砂、黃土混合而成的灰泥。南方好以醋和灰砌磚墻，而北方多用青灰墁屋頂。至如灰漿摻江米（糯米）亦爲常用貴重做法。如石作灌漿每"寬一尺長一丈用白灰六十斤，江米三合，白礬六兩"。而石料勾縫及砌石、假山等更須用油灰即白灰與桐油，每勾抿寬一尺深五分長一丈體積用"白灰二十斤，桐油五斤"（以上俱見清工部《工程做法則例》）。至於室內外地面，除鋪磚石外，常用石灰、瓦渣、碎磚等，或用加砂與黃土混拌而成的三合土打築。直至現在，石灰仍爲不可缺少的建築材料。

　　琉璃是琉璃磚瓦之簡稱，取色彩"流光陸離"之義，亦爲古代人工建築材料，多用於宮殿、寺廟、苑囿中的重要建築之中。在古代文獻記載中，將玻璃質與釉陶質之物品統爲琉璃。琉璃屬於製作玻璃的工藝，而琉璃磚瓦則屬釉陶性質之工藝。1976 年在陝西寶鷄茹家莊地區發掘西周早期遺址，發現四種不同形式的琉璃扁珠與綠色琉璃管狀項鏈，工藝優美，乃奴隸主所佩飾物。在田野考古中還發現過戰國時代琉璃球。秦漢之際，始廣泛應用。《西京雜記》卷一載："漢帝相傳以秦王子嬰所奉白玉璽，高祖斬白蛇劍，劍上有七采珠，九華玉以爲飾，雜厠五色琉璃爲劍匣。"北魏時代，開始在建築上使用琉璃。《北史·西域傳》載云："〔大月氏國〕太武時其國人商販京師，自云能鑄石爲五色瑠璃。於是采礦山中，於京師鑄之。既成，光澤乃美於西方來者。乃詔爲行殿，容百餘人……自此國中瑠璃遂賤，人不復珍之。"琉璃瓦件最早遺物，屬於隋唐時期。當時在屋脊與檐頭上包鑲琉璃。考古發掘中曾在隋唐東都城址發現琉璃瓦片。唐末五代直到宋朝已出現整體建築使用琉璃構件，如河南開封宋代建造的琉璃塔，至今已一千餘年，仍完整無缺。因此塔所用琉璃呈赭黑色，遠看頗似黑鐵，故稱鐵塔。從宋代到元明清三朝，琉璃磚片、琉璃瓦、帶釉桌椅、佛龕、琉璃壁、花飾等，大爲盛行。以宮殿而言，元代大內宮殿均用琉璃瓦，或飾屋檐，或滿鋪屋面，或以五色琉璃鑲嵌，宛如畫圖。顏色有白、黃、碧、青各種，色彩繽紛。元大都城設有琉璃廠。明清故宮是在元大內廢墟上修建而成的，時常在地下發現元大都的各色琉璃瓦片。在河北、山西等地古建築中保存有琉璃桌椅、香爐以及建築上的琉璃裝飾。如山西霍山頂上有一座絢麗的琉璃塔，名曰飛虹塔，亦創建於元代，明代重修，包括佛像、佛龕、櫺窗、花朵、流雲，皆以各色琉璃燒製而成。南京大報恩寺塔，琉璃磚板，形象生動，則是明代琉璃中重要實例。明清琉璃照壁獨具特色，山西大同、平遥，北京故宮、北海的琉璃九龍壁，色彩豐富，造型美觀，栩栩如生。此外，在北京郊區以及承德外八廟亦有很多琉璃建築。明清時代，在京城與地方均建有生產琉璃的窰廠。現存北京琉璃窰廠創建於明代，原址在正陽門外，清末遷至西郊門頭溝，至今已有五百餘年的歷史。明代除住北京的坐班匠外，每年來京的輪班匠多至兩千人。直到清末，琉璃生產十分興盛。關於製造琉璃的工藝，古代文獻早有記載。唐顏師古注《漢書》"璧琉璃"云："今俗所用皆銷治石汁，加以眾藥灌而爲之。"文中之"銷"即指"硝"，硝能溶解礦石。宋李誡《營造法式》載："凡造琉璃瓦等之制，藥以黃丹、洛河石和銅末，用水調勻。"這裏所説用三種配料製作綠色琉璃瓦，完全符合宋人喜用綠色琉璃的習俗。

琉璃瓦的製作，分爲兩步：一製胎，二挂釉。陶胎製好後放入窰中焙燒，然後在燒成的陶胎上挂釉，再放入燒色窰中進行第二次焙燒。早期的胎土大多爲黏土摻以細砂。因黏土含鐵量多，故呈紅色。明代初年，胎土使用有了明顯變化，或黏土摻砂，或頁巖，或高嶺土白泥。自宋元以來，燒窰多用草柴、荊蒿一類棒柴，其優點是火柔而勻，柴烟少，對胎與釉色可減少烟熏污染。燒窰的火候要求初入窰時低，中期高，後期居中。釉料塗在胎上要厚薄均勻，一色的釉如筒、板瓦之類釉料厚度 1 厘米左右，吻、花厚 2 厘米左右。

綜上所述，我國古代宮室建築中所使用的建築材料，隨着生產力的發展，科學技術的不斷進步而逐漸變化并豐富多樣起來，由原始的土、木、石材，進而發展爲人工建築材料，如石灰、土坯及磚瓦、陶管、琉璃等。今天，由於科學技術的發展，很多新型建築材料不斷涌現，如鋼筋、水泥等，就連使用多年的紅磚、青磚也要逐漸爲煤矸石磚等代替。參閱中國科學院自然科學史研究所《中國古代建築技術史》、劉大可《中國古建築瓦石營法》、劉致平《中國建築類型及結構》。

土

土

生長植物等之地表。古代基本建築材料之一。《説文·土部》："土，地之吐生萬物者也。"《詩·大雅·綿》"陶復陶穴，未有家室"毛傳："陶其土而復之，陶其壤而穴之。"《書·金縢》"爲壇於南方北面，周公立焉"孔傳："壇，築土。"《國語·楚語上》"故先王之爲臺榭也，榭不過講軍實，臺不過望氛祥"三國吳韋昭注："積土爲臺。"《急就篇》卷二"墼壘廥厩庫東箱"唐顏師古注："墼者，抑泥土爲之，令其堅激也。"《文選·東方朔〈非有先生論〉》:"遂居深山之間,積土爲室,編蓬爲户。"李善注:"作壤室,編蓬户。"《説文·穴部》"復,地室也"段玉裁注引庾蔚之云:"復謂地上累土爲之,穴則穿地也。"

壤

特指鬆軟之土。《説文·土部》:"壤,柔土也。"《書·禹貢》:"厥土惟壤,下土墳壚。"孔傳:"高者壤,下者壚。"《孟子·滕文公下》:"夫蚓,上食槁壤,下飲黄泉。"南朝宋謝惠連《祭古冢文》:"窮泉爲壑,聚壤成基。"唐韓愈《祭河南張員外文》:"銘君之績,納石壤中。爰及祖考,紀德事功。外著後世,鬼神與通。"

泥

建築材料。以水、土和之以成。用於壘砌墙體或塗飾墙壁。《易·需》:"需於泥,致寇至。"《書·禹貢》:"厥土惟塗泥。"南朝宋劉義慶《世説新語·汰侈》:"石〔崇〕以椒爲泥。"清孔尚任《桃花扇·餘韻》:"横白玉八根柱倒,墮紅泥半堵墙高。"

石泥

石粉與泥土的混合物。古代封禪時用作封泥。漢班固《白虎通·封禪》:"或曰:封者金泥銀繩。或曰:石泥金繩,封之以印璽。"《舊唐書·禮儀志三》:"又爲金繩以纏石礦,各五周,徑三分。爲石泥以泥石礦。其泥,末石和方色土爲之。"

堊

白土。塗飾墙壁的白色泥土。先秦墙體多用土或土坯築造,爲防水、防潮,常以堊調水塗抹墙面。《説文·土部》:"堊,白塗也。"段玉裁注:"《釋名》曰:'堊,亞也。亞,次也。先

泥之,次以白灰飾之也。'按,謂塗白爲堊,因謂白土爲堊。"《禮記·喪服大記》:"既祥,黝堊。"孔穎達疏:"堊,白也。新塗堊墙壁令白。"《韓非子·十過》:"四壁堊墀。"漢司馬相如《子虚賦》:"其土則丹、青、赭、堊。"

黏土

富有黏性的土。以其具較强黏結力,故適宜於建築工程。爲古建築中重要建材之一。黏土大體可分爲紅色、黄色兩大基本類別:我國東北、内蒙古地區以栗色、黑色爲主,西北地方爲黄色,山東、河北爲淺棕色,雲南、江西、湖南、貴州均爲紅色。以土爲建材,經濟實用,堅固耐久,保暖防寒,故在我國歷史上相當長時期内成爲最基本的建築材料。參閲中國科學院自然科學史研究所《中國古代建築技術史》。

麻擣

亦作"麻搗"。拌和泥灰用以塗壁之碎麻。《唐六典·將作監右校署》:"凡修補之料,每歲京北河南及諸州支送麥麲三萬圍,麥麵一百車,麻擣二萬斤。"宋沈括《夢溪筆談·雜志一》:"趙韓王治第,麻搗錢一千二百餘貫,其他可知。"原注:"塗壁以麻搗土,世俗遂謂塗壁麻爲麻搗。"

【麻搗】

同"麻擣"。此體宋代已行用。見該文。

三合土

以石灰、黏土、砂三者混合而成的建築材料。用作磚墙基礎或鋪地材料則以石灰、砂、鵝卵石或碎磚攪拌而成。此材料經過夯實,成爲幾千年來處理室内地面的一種最簡陋的做法。考古發掘出的江蘇南京西善橋南朝墓地面,即用三合土混合築成。這是我國最早的三合土實

例。至宋代，已廣泛應用於陵墓建築、軍事設施與房屋建築。清薛福成《攻戰守具不用之用説》："炮臺則有明式、暗式、泥土、三合土、鐵鑄之分。"《清史稿·兵志十一》："廠基深掘五尺，烟筒基深掘八尺，均密釘排椿，上築三合土，蓋以大石板。"參閱中國科學院自然科學史研究所《中國古代建築技術史》。

紅燒土

以火燒烤的黏土。新石器時代曾用此材料建造居室。室内地面以紅燒土墁地，可以防潮；墙壁與屋頂，以搗碎的紅燒土與草相拌進行塗抹，則既結實且易乾燥；以紅燒土塊填房基槽，可穩固房架，使房屋堅固，持久耐用。在河南洛陽王灣考古發現的仰韶文化遺址 200 平方米方形房屋，其地基基槽即采取填紅燒土塊及卵石做法。此爲目前發現最早的人工基礎。另據考古發現，距今 4300 年前河南龍山袋穴穴底多鋪紅燒土。同時期的房屋則以紅燒土摻以茅草塗抹墙壁、屋頂。參閱中國科學院自然科學史研究所《中國古代建築技術史》。

土豚

亦作"土犹"。以麻袋或草袋裝泥土，形如小猪，故稱。多用於築堤或築城。《三國志·魏書·蔣濟傳》："豫作土豚，遏斷湖水。"《南史·蔡道恭傳》："魏圍司州……潛作伏道，以决塹水，道恭載土犹塞之。"

【土犹】

同"土豚"。此體南北朝時期已行用。見該文。

木

木

泛指樹幹、樹枝。古代基本建築材料之一。《周禮·考工記序》："攻木之工：輪、輿、弓、廬、匠、車、梓。"《孟子·梁惠王下》："爲巨室，則必使工師求大木。"《淮南子·主術訓》："是故賢主之用人也，猶巧工之製木也。"唐韓愈《進學解》："夫大木爲宋，細木爲桷，欂櫨侏儒，椳闑扂楔，各得其宜，施以成室者，匠氏之工也。"

材

待用之木料。《孟子·梁惠王上》："斧斤以時入山林，材木不可勝用也。"《國語·鄭語》："祝融亦能昭顯天地之光明，以生柔嘉材者也。"晋潘尼《贈侍御史王元貺詩》："崑山積瓊玉，廣廈構衆材。"宋李誡《營造法式》卷一："傅子構大廈者先擇匠而後簡材。"

木材

亦稱"木料""木植"。樹木砍伐後經粗加工，具有一定規格形狀的建築用材。《周禮·地官·委人》："喪紀共其薪蒸木材，軍旅共其委積薪芻。"唐寒山《詩》之一八二："墙壁分散盡，木植亂差橫。"宋蘇軾《同椿管錢氏地利房錢修表忠觀及墳廟狀》："此時差官檢計到錢塘臨安縣所管錢氏墳廟，委是造來年深，木植朽損。"《水滸傳》第一一回："山場水泊，木植廣有，便要蓋千間房屋，却也無妨。"《西游記》

第四四回："那車子裝的都是磚瓦、木植、土坯之類。"清王士禛《池北偶談·談獻三·沈文瑞公家書》："既有自備木料，官木料不必用之。"《二十年目睹之怪現狀》第八二回："至於這裏的貨物，只有木料、藥材是辦得的。"

【木料】

即木材。此稱清代已行用。見該文。

【木植】

即木材。此稱唐代已行用。見該文。

材朴

亦作"材樸"。未經加工的木材。《楚辭·九章·懷沙》："文質疏内兮，衆不知余之異采。材朴委積兮，莫知余之所有。"朱熹集注："材，木中用者也。朴，未斫之質也。"《史記·屈原賈生列傳》作"材樸"。唐王勃《梓州郪縣兜率寺浮圖碑》："則知威容下麗，群生鮮瞻仰之因；材朴重瑂，黎人有子來之地。"

【材樸】

同"材朴"。此體漢代已行用。見該文。

板 [1]

木板。經過加工後的片狀木材。多用於宮室建築及橋梁建築。《墨子·備城門》："樓出於堞四尺，廣三尺，廣四尺，板周三面，密傳之。"《禮記·内則》："大夫七十而有閣。"漢鄭玄注："閣以板爲之。"唐杜甫《過斜斯校書莊》詩之二："斷橋無復板，卧柳自生枝。"清黄宗羲《王征南墓志銘》："然精微所在，則亦深自秘惜，掩關而理，學子皆不得見。征南從樓上穴板窺之，得梗概。"

屋材

建造房屋之木材。《宋史·趙普傳》："時官禁私販秦隴大木，普嘗遣親吏詣市屋材，聯巨筏，至京師治第。吏因之竊貨大木，冒稱普市，貨鬻都下。"又《李允則傳》："久之，榆滿塞下。顧謂僚佐曰：'此步兵之地，不利騎戰，豈獨資屋材耶？'"

室奉

建房用材。《管子·山國軌》："宮室械器，非山無所仰。然後君立三等之租於山曰：'握以下者爲柴楂，把以上者爲室奉，三圍以上爲棺椁之奉。柴楂之租若干，室奉之租若干，棺椁之租若干。'"

木瓦

用以覆屋頂之木片。在木資源豐富的林區，房屋全部以木結構建造，屋面亦鋪木片爲瓦。屋頂坡度平緩，檁上無椽，直接鋪木瓦。將木材加工成長約 2 米，厚 1~2 厘米的木板，順紋安排水坡，自上而下鋪在檁上，其上壓石頭以固定即可；或壓水平嚮木條，與檁綁扎以固定木瓦。木瓦向下一面經室内烟熏火烤，乾燥且可防蟲蛀，每年冬天須翻轉一次，使上下兩面輪換使用。木瓦的使用可達四五十年之久。《急就篇》卷三"板柞所産谷口斜"唐顏師古注："板，謂木瓦也。"宋朱勝非《紺珠集·木瓦》："虢國夫人恩傾一時，奪韋嗣立宅，以廣其居。堂成，以金盆貯瑟瑟三斗，因以賞匠者。後復歸韋氏。因大風折木墜堂上不損，視之瓦皆堅木也。"清《沾益州志》載，滇東北，彝族以"茅草、板片、樹皮爲矮屋，中設火炊"。茅草、板片、樹皮即屋頂覆蓋物。又《永北廳志》："伯夷小寨依山多用板屋。"永北即今永勝，位於滇西北。伯夷即百夷，傣族之别稱。現四川彝族、雲南傣族亦多用木瓦。最爲典型的是雲南納西族井幹建築使用的木瓦，使整幢建築物全部以木構成。木瓦質輕，防蟲防腐，經久耐用，取材及加工方便。

丁

亦作"釘"。建築材料之一。多以竹木製作，後則以金屬爲之。《晋書・陶侃傳》："及桓温伐蜀，又以侃所貯竹頭作丁裝船，其綜理微密皆此類也。"南朝宋劉義慶《世說新語・政事》："官用竹，皆令錄厚頭，積之如山。後桓宣武伐蜀裝船。悉以作釘。"宋沈括《夢溪筆談》："《雷公炮炙論》云：'以桂爲丁，以釘木中，其木即死。'一丁至微，未必能螯大木，自其性相制耳。"《西游記》第五五回："女怪鋼叉丁對丁。"

【釘】

同"丁"。此體南北朝時期已行用。見該文。

石

石材

亦稱"石料"。可做柱下石礎、雕刻欄杆、鋪設御路或殿階的建築材料。亦指製作其他器具的石質材料。《尚書大傳》卷四："大夫有石材。"鄭玄注："石材，柱下礩也"。宋蘇軾《龍尾硯歌》："君看龍尾豈石材，玉德金聲寓於石。"

【石料】

即石材。見該文。

青白石

石材之一。其質地較硬，質感細膩，不易風化。多用於宮殿建築以及帶雕刻的石活。以其顏色及花紋相差很大，故名稱亦异：或名青石、白石，或名青石白礩，或名磚礩石，或名豆瓣綠、艾葉青。

漢白玉

石材之一。其質地較軟，紋理細膩，潔白晶瑩，適用於雕刻。故多用於宮殿建築中帶雕刻的石活。如北京故宮三大殿，天壇祈年殿、圜丘均使用三層漢白玉須彌座，是臺基中最華貴的石構件。宮殿、禮制建築的石欄杆亦多采用漢白玉雕製而成。依據其質感與紋理、顏色，可分爲水白、旱白、青白、雪花白四種。與青白石相比，雖然更爲雅致、美觀，然强度及耐風化、耐腐蝕能力較差。

花崗石

石材之一。其質地堅硬，不易風化，紋理粗糙。多用於臺基、階條、護岸、地面等，不適用於高級石雕製品。以其產地與質感不同，名稱種類很多。產於南方者稱麻石、金山石及焦山石。北方出產的，呈黃褐色者多稱虎皮石，其餘統稱豆渣石。

青砂石

亦稱"砂石"。石材之一。其質地細軟，較易風化，多呈青綠色。多用於小式建築中。以其產地不同，品質相差懸殊。帶有片狀層理者品質最差，一般不能使用。

【砂石】

即青砂石。見該文。

花斑石

亦稱"五音石""花石板"。其質地堅硬，斑紋華麗，多呈紫紅色或黃褐色。多用於重要宮殿，製成方磚規格，磨光打蠟，用以鋪墁地面。

【五音石】

即花斑石。見該文。

【花石板】

即花斑石。見該文。

大理石

石材之一。大理巖的通稱。以其盛産於雲南大理，故稱。多呈白色或帶有黑、灰、褐等色花紋，巖面有光澤。一般用作裝飾品、建築雕刻材料，或用作包柱、鋪墁地面等。

卵石

巖石經自然風化、水流冲擊和摩擦所形成的卵形、圓形或橢圓形的石塊。爲天然建築材料。多用於鋪路、墊地基、製混凝土等。

墼

墼 [1]

以木範土，以夯杵實，日曬乾燥而成的建築材料。漢代文獻中稱“墼”。新石器時代龍山文化遺址河南永城王油坊圓屋建築中已有土坯砌築的牆壁，爲目前所見最早的土坯牆。其形邊齊面平，長 40~42 厘米，寬 16~20 厘米，厚8~10 厘米，褐色，密度較大。築牆時陡砌錯縫，土坯間以黄泥漿黏結，泥漿厚約 1 厘米。墼的發明對建築的發展有着重大而深遠的意義。《説文·土部》：“墼，令適也；一曰未燒者。”段玉裁注：“上文一義謂已燒之專（磚）曰墼，此一義謂和水土入模範中而成者曰墼。”《急就篇》卷三：“墼壘廥厩庫東箱。”顔師古注：“墼者，抑泥土爲之，令其堅激也。”《後漢書·周紆傳》：“紆廉潔無資，常築墼以自給。”《舊唐書·李光弼傳》：“躬率士卒百姓外城掘壕以自固，作墼數十萬。”將其燒製後，即爲後世一直使用至今的建築基礎材料磚，也可以説墼是未經燒製的磚。用於製墼的黄土應純净，黏度較大，含水量較少，經反復捧打後裝入坯模中，杵搗密實，經日曬乾燥而成。其形較磚略大，以隔年乾透的爲好。砌築時通常卧着立擺以防被壓斷，立擺時衹上下用泥，兩側面不用泥，使其不致被泥水泡軟。一層立擺後，一層平砌，如此迴圈。土坯牆下部應做防潮處理，如鋪一層石礫或鋪數層蘆葦。頂部及立面做防水保護，如檐口挑出或表面抹灰、抹泥等。除整個牆體全部采用土坯砌築外，亦可下碱部分以磚砌，上身部分以土坯砌；或外皮以磚砌，裏面以土坯砌。西安、敦煌等處至今仍有漢代留存下來的土墼實物，可知其爲經濟實用、應用普遍、使用壽命長久的建築材料。現代民居，特別是堆放雜物的偏屋或院牆，多有應用。糧倉、城牆，軍事工程，亦多應用。土墼具有防火、防風、隔冷熱、隔音、抗震性能好的特點。

【土墼】

即墼 [1]。亦稱“土磚”。宋陳師道《後山談叢》卷二：“唐末岐梁爭長，東院主者知其將亂，日以菽粟與泥爲土墼，附而墁之，增其屋木，一院笑以爲狂。”明楊慎《丹鉛續録拾遺·周紆築墼》：《字林》：‘磚未燒曰墼。’《埤蒼》：‘形土爲方曰墼。’今之土磚也，以木爲模，實土其中。"清紀昀《閱微草堂筆記·槐西雜志三》："吉木薩有唐北庭都護府故城，則李衛公所築也，周四十里，皆以土墼壘成；每墼厚一尺，闊一尺五六寸，長二尺七八寸。"清桂馥《札樸·滇游續筆·檔》："永平山中人築室不用甎瓦土墼，但橫木柴，絫爲四壁，上覆木片，謂之苫片，與豕所居無異。馥謂即古之檔也。"

【土磚】

即土墼。此稱明代已行用。見該文。

【坯】

即墼[1]。亦稱"土坯""磚坯子"。砌築房屋的主要建築材料之一。土坯的發明是古代建築材料的一大革新，對建築的發展具有重大而深遠的意義。後世將坯燒製成磚，成爲迄今爲止應用最廣泛的建築材料之一。唐呂巖《墦頭坯歌》："墦頭坯，隨雨破，祇是未曾經水火。若經水火燒成磚，留向世間住萬年。"《西游記》第四四回："那車子裝的都是磚瓦、木植、土坯之類。"《兒女英雄傳》第二三回："還是從此就撒手不管，由他作個上山的姑子背土坯去罷？"

【土坯】

即坯。此稱明代已行用。見該文。

【磚坯子】

即坯。此稱現代已行用。見該文。

甋

瓦坯。即未燒之瓦。《玉篇·瓦部》："甋，坯。"《廣韻·入屋》："甋，瓦壞（坯）。"

磚

磚

亦作"甎""塼"。以黏土燒製而成的人工建築材料。據《史記·龜策列傳》諸書記載，夏代已有其物。戰國時已有磚、空心磚、方形凹槽磚，秦漢時以文字磚、花磚、畫像磚最爲著名，漢以後歷朝盛燒不衰，南朝時即曾出現過彩色畫像磚，唐宋後畫像磚的題材益加豐富。其主要類型爲青磚、紅磚。《廣韻·平仙》："甎，甎瓦。《古史考》曰：'烏曹作甎。'"《篇海類編·器用類·瓦部》："甎，俗作磚。"唐韓愈《張中丞傳後叙》："抽矢射佛寺浮圖，矢著其上甎半箭。"元秦簡夫《東堂老》第一折："只守着那奈風霜破頂的甎窰。"明李業嗣《贈浯溪曹黃門歌》："安得燒甎千萬堆，盡掩人間義士骸。"《清史稿·世祖紀二》："八年春正月……己未，罷臨清歲造城甎。"

【甎】

同"磚"。此體晉代已行用。見該文。

【塼】

同"磚"。此體明代已行用。見該文。

【瓴甋】

即磚。《爾雅·釋宮》："瓴甋謂之甓。"郭璞注："甋磚也。今江東呼瓴甓。"漢蔡邕《吊屈原文》："啄碎琬琰，寶其瓴甋。"晉張協《雜詩》："瓴甋誇瑀瑤，魚目笑明月。"清顧炎武《與歸莊手劄》："弟詩不足觀，以比兄作則瓴甋之於寶鼎。

【甎墼】

即磚。墼亦磚也。唐玄奘《大唐西域記·印度總述》："室宇臺觀，板屋平頭，泥以石

灰，覆以甎塹。"清錢謙益《淮屋》詩："淮人
作蘆屋，縛蘆爲桷橡。甎塹省塗塈，榑櫨無刻
鎪。"

【塹】[2]

即磚。亦稱"令甓""令適""瓴適"。《説
文·土部》："塹，令適也。"清王筠釋例："瓴適
今謂之塼。《隸辨》載'永初官塹'……所收塼
文七，其銘不言爲何物，獨此文自名爲塹也。
此乃已燒者也。"段玉裁注："《瓦部》甓下曰：
'令，甓也。'按令甓即令適也，甓、適、塹三
字同韵……〔甎〕亦曰塹。"

【令甓】

即塹[2]。此稱清代已行用。見該文。

【令適】

即塹[2]。此稱漢代已行用。見該文。

【瓴適】

即塹[2]。此稱清代已行用。見該文。

【甓】

即磚。《詩·陳風·防有鵲巢》："中唐有甓，
邛有旨鷊。"馬瑞辰通釋："甓爲磚。"《爾雅·釋
宫》："瓴甋謂之甓。"《晋書·陶侃傳》："侃在州
無事，輒朝運百甓於齋外，暮運於齋内。"宋陸
游《群兒》詩："野行遇群兒，呼笑運甓忙。共
爲小浮圖，嶙峋當道旁。"清周亮工《因樹屋書
影》卷四："陶侃運甓，今人類疑是甕，不知甎
也。吳人謂甓曰瓴甋，見《爾雅》。"

【甋】

即磚。亦作"瓵"。《廣雅·釋器》："甋，甎
也。"明馮夢龍《古今譚概·微詞·夏言》："修
九廟，瓵、甋、瓿、瓵不堪者，皆運積東長安
街側。"

【瓵】

同"甋"。此體明代已行用。見該文。

【瓿】

即磚。《廣雅·釋宫》："瓿、瓵、瓵，甎
也。"王念孫疏證："《集韻》《類篇》'瓿'字注
引《廣雅》：'瓵、瓿，甎也。'又有'瓵'字，
注亦云：'瓵、瓿，甎也。'蓋俗書'瓿'字作
'瓵'，故訛而爲'瓵'。"

【毹】[2]

即磚。唐崔融《嵩山啓母廟碑》："赤玉爲
階毹，黄金作門闕。"《資治通鑑·唐僖宗廣明
元年》："〔鄭〕畋曰：'諸君勸畋臣賊乎！'因
悶絶仆地，毹傷其面，自午至明旦，尚未能
言。"胡三省注："毹，甓也。"明方以智《物理
小識·天類》："乃以甕爲毹，累而墻之，其口向
内，則外過者不聞其聲。"清魏源《聖武記》卷
五："其達賴所居，因山勢邐迤，叠毹而成樓，
十有三重。"

【甄】

即磚。《廣雅·釋宫》："甄，甎也。"王闓運
《衡州西禪寺碑》："磨甄作鏡，本自定心。"

【瓬】

即磚。《廣雅·釋宫》："瓬，甎也。"

【治】

即磚。《晏子春秋·諫下四》："景公令兵搏
治。"清王念孫《讀書雜志·晏子春秋一》："案，
治者，甎也，搏治，謂搏土爲甎。《廣雅》曰：
'治，甎也。'"

瓴甓

亦作"令辟"。長方形磚塊，古代建築材
料。《文選·司馬相如〈長門賦〉》："緻錯石之瓴
甓兮，象瑇瑁之文章。"李周翰注："瓴甓，甎

也。言累甎石似瑇瑁之文。"《漢書·酷吏傳·尹賞》:"賞至，修治長安獄，穿地方深各數丈，致令辟爲郭，以大石覆其口，名爲'虎穴'。"顏師古注:"令辟，甋甎也。"晋傅玄《馬鈞傳》:"嘗試以車輪縣瓴甓數十，飛之數百步矣。"《困學紀聞·考史六》引《皇覽》:"〔孔氏冢〕冢前以瓴甓爲祠壇，方六尺，與地平。"陳直《漢書新證·酷吏傳》"致令辟爲郭":"令辟爲瓴甓省文，謂甎也。有逕用瓴甓本字者，見於司馬相如《長門賦》。或有作靈壁者……皆瓴甓之假借字。又本年六月，韓城芝川鎮扶荔宮遺址，發現方磚，兼有令辟、靈壁兩種寫法。"

【令辟】

同"瓴甓"。此體漢代已行用。見該文。

甋甎

即瓴甓。唐慧琳等《一切經音義》卷一五引《通俗文》曰:"狹長者謂之甋甎也。"《三國志·魏書·胡昭傳》"尺牘之迹，動見模楷焉"裴松之注引三國魏魚豢《魏略》云:"〔扈累〕獨居道側，以甋甎爲障，施一厨床，食宿其中。"《漢書·酷吏傳·尹賞》"〔賞〕修治長安獄……致令辟爲郭"唐顏師古注:"令辟，甋甎也。"

條磚

古代建築中使用最多的一種磚。實物最早見於秦始皇陵。然秦代尚未普遍使用。整齊劃一的條磚出現於漢武帝時期。漢宣帝以後中原地區普遍應用。南方廣泛應用則始自東漢。漢代條磚大小雖不相同，但其長、寬、厚的比例已近4∶2∶1。可分爲大、小二類。小條磚之尺寸已與現代磚接近。唐代以前的條磚多壓印有車馬紋、植物紋及多種幾何形紋樣。唐以

後花紋條磚基本消失。早期條磚較厚重，宋以後條磚較輕薄。唐以前之條磚多用於襯井壁，砌下水道及陵墓建築。唐宋以後普遍用於城墙及宮室建築。參閱中國科學院自然科學史研究所《中國古代建築技術史》。

方磚

用來鋪墁地面或裝飾墙壁的正方形或長方形薄磚。其功能與現代裝飾房屋的地板磚、瓷磚相類。古代鋪地方磚多素面無紋，而鑲壁方磚則帶有圖案。《詩·陳風·防有鵲巢》:"中唐有甓。"馬瑞辰通釋:"甓爲磚。"此句意爲中庭的走道（古稱"唐"）用磚（古稱"甓"）鋪成。這説明在春秋後期，鋪地方磚已應用於奴隸主貴族重要建築中。但考古材料目前祇發現戰國時期的方磚。燕下都遺址出土的方磚有兩種:一是雙面均有模壓或刻畫紋飾的欄杆華板，二是飾面薄磚。此薄磚祇一面有模壓紋飾，即爲鋪地或鑲墙用的方磚。秦都咸陽及秦始皇陵遺址出土的方磚，形式多樣，製作精美。其紋飾以模壓爲主兼有刻畫，抛弃了繁雜的附貼堆紋。秦都咸陽一號宮殿遺址出土的鋪地方磚，其品質及形式差异很大。可知爲適應不同地面的需要，方磚之規格、品質亦迥异。如素面方磚（38.5×36×3.8厘米）大約用於次要房間地面，火候較低，坯泥未經淘洗，裝飾效果差。平行綫紋磚（53×38×4厘米）與方格紋磚（50×33×5厘米），其紋飾用梳篦形工具趁濕劃出，起防滑作用，磚側邊有企口，使砌縫嚴密，此磚鋪在井邊或洗沐房間等地面上。模壓壁紋磚（38×38×3厘米，44×37.5×4厘米），紋飾圖案嚴謹美觀，坯泥經過淘洗，磚的質地細密，隔潮性能好，此種高品質的方磚則

用來鋪墁重要建築之地面，包鑲其墙壁。以方磚鋪地包墙，歷代沿用不變。宋李誡《營造法式》對鋪地方磚規格則做出明確規定：十一間以上殿閣鋪地用 2×2×0.3（宋尺）方磚，七間以上殿閣鋪地用 1.7×1.7×0.28（宋尺），五間以上殿閣鋪地用 1.5×1.5×0.27（宋尺）方磚，殿閣（五間以下）、廳堂、亭榭鋪地用 1.3×1.3×0.25（宋尺）方磚，行廊、小亭榭、散屋鋪地用 1.2×1.2×0.2（宋尺）方磚。砌墙壁畫與廳堂鋪地磚規格同，砌墙墩井與小亭榭鋪地磚規格同。明清宫殿則專用蘇州燒製的"金磚"墁地。參閲中國科學院自然科學史研究所《中國古代建築技術史》。

金磚

亦稱"金磚"。專供皇家工程使用的精製地磚。北京故宫的殿堂裏，地面鋪着光潤似墨玉，踏上去不滑不澀的方磚。因其製作精良，珍貴如金，敲起來有金石之聲，故稱。據載，明永樂年間建造紫禁城皇宫，此種方磚主要由江蘇蘇州陸墓御窑燒製。陸墓位於婁門外，因三國時吴國名將陸遜葬於此而得名。陸墓鎮西側土質細膩，爲製作磚瓦的上好泥料，當地還形成了獨到的製磚工藝，精製而成的磚被指定爲宫室專用品，出産地被命名爲御窑村。明代在蘇州主持製磚的工部郎中張之撰寫的《造磚圖説》中，即有關於陸墓御窑燒製金磚過程的記載。據説入窑後需以糠草熏一月，片柴燒一月，棵柴燒一月，松枝柴燒四十天，凡百三十日而窨水出窑。張氏之記載或許有誇張，但從技術上看則是不惜工本的做法。所成之磚具有"敲之有聲，斷之無孔"的特色，因其密實細膩，可用木工鉋子刨削，亦可雕琢加工，爲鋪墁地面、建築門樓及磚雕藝術裝飾的極佳材料。此種金磚如今已難以重製。1989 年，陸墓御窑磚瓦廠根據老年窑工挖掘的製作工藝，恢復了已熄滅近百年的金磚生産。1990 年 4 月燒成第一窑金磚四百塊，其品質雖難以與古製金磚媲美，但在一定程度上解決了故宫等古建築修繕的需要。金磚的尺寸，多爲一尺七寸至二尺見方。鋪墁前要刨磨加工，墁地一般使用乾砂或純白灰。如用乾砂鋪墁，應用灰把砂層封住，不使外流。金磚全部墁好後，需以磨頭蘸水磨平。然後再潑灑黑礬水，乾透後再以桐油浸泡，使滲入磚内。最後再熨蠟使光亮。亦可不浸桐油而直接熨蠟。

【京磚】

即金磚。以其産於蘇州，運至京城，爲皇家宫殿建築之專用品，故稱。

甋瓳

大磚。《廣雅·釋宫》："甋瓳，大甎也。"王念孫疏證："《衆經音義》卷十三引《埤蒼》云：'甋瓳，大甎也。'卷四引《通俗文》云：'甎方大謂之甋瓳。'"宋李誡《營造法式·總釋下》引晉顧夷《義訓》曰："大塼謂之甋瓳。"《明史·高名衡傳》："開封故宋汴都，金帝南遷所重築也。厚數丈，内堅緻而疏外。賊用火藥放進，火發即外擊，甋瓳飛鳴，賊騎皆糜亂。"

空心磚

中心空的磚。其實物最早發現於戰國時期。秦咸陽宫殿遺址及秦始皇陵附近出土過用於建築的大型空心磚，河南鄭州也出土過戰國空心磚墓。西漢時大型空心磚比較流行，地面建築主要用於鋪建階沿或踏步，地下建築則用來砌造墓室。大型空心磚長達 1.5 米，其尺寸與形狀決定於它所處建築物中的部位，實爲經過焙燒的建築預製構件。長達 1.5 米之大磚，祇有製成空心方可燒透，亦可減輕重量，便於搬動。大型空心磚的製作，需要有高度技巧。從出土遺物可以看出，其製坯方法主要有兩種：一爲“片作”法，二爲一次成型法。所謂“片作”法，是將坯泥拍打成片，再將泥片黏合成空心磚坯。泥片厚約 2 厘米，是鋪地與磚坯同大的刻有紋飾的範本上拍打成的。經拍打的一面素平光滑，而覆於範本上的一面却印有精美的紋飾。以四塊泥片彌合成方筒，再以小塊泥片堵住一端，接縫處以軟泥抹合，當磚坯陰乾後，再將紋飾作局部修整複刻。秦都咸陽一號宮殿遺址出土的模壓幾何紋空心磚（136×38×18 厘米，100×38×16.5 厘米）均以“片作”法製成。秦咸陽宮殿遺址出土的鳳壁紋空心磚反映了一次成型的製坯方法，與“片作”法明顯不同。其壁殼較厚，約 5～6 厘米。內表面保留着用坯泥堆摔疊叠的痕迹，兩面交接處渾然一體。磚面紋飾是在坯成之後刻畫而成的。祇有龍紋上的鱗甲（半圓圈）及壁紋上的乳釘（小圓圈）等小塊重複圖形是用小戳在濕坯上反復壓印而成的。這種一次成型製作的空心磚在秦宮殿遺址中并不多見。但到西漢却大爲發展，成爲製作空心磚的主要方法。在西漢晚期，承重條磚逐漸代替了大型空心磚，其結構技術在東漢得到迅速發展，成爲磚的主要類型。至東漢中葉，大型空心磚逐漸絕迹。參閱中國科學院自然科學史研究所《中國古代建築技術史》。

沙滾子磚

亦稱“沙板磚”。指清代北京東北郊磚窑所産之磚。以其土質砂粒較大，故稱。糙砌時其長寬厚爲 1×0.5×0.22 尺，加工後則爲 0.90×0.43×0.18 尺（均爲營造尺）。參閱中國科學院自然科學史研究所《中國古代建築技術史》。

【沙板磚】

即沙滾子磚。見該文。

臨清磚

山東臨清官窑所産的磚。專供朝廷修建宮殿、城墻、陵墓等建築使用。臨清磚官窑建於明永樂初年，清代延續燒造，至清末停燒。官窑有嚴格的操作規程，較高的生產技術。磚坯棱角分明，六面光滑平整。明代官窑磚有兩種規格：一種長 1.5 尺，寬 0.75 尺，厚 0.36 尺；另一種長 1.3 尺，寬 0.65 尺，厚 0.32 尺。參閱中國科學院自然科學史研究所《中國古代建築技術史》。

郭公磚

亦作“郭公塼”。空心，以長而大者爲貴。相傳古代常用作琴几，琴聲清泠可愛。明王佐《新增格古要論・古琴論》：“卓面用郭公磚最佳……嘗見郭公磚，灰白色，中空，面上有象眼花紋。相傳云出河南鄭州泥水中者絕佳。多有僞作者，要當辨之。磚長僅五尺，闊一尺有餘，此磚駕琴撫之，有清聲泠泠可愛。”清周亮工《因樹屋書影》卷二：“余鄉多郭公塼，體制不一，以長而大者爲貴。江南人愛之，以爲琴几。滎澤、滎陽尤多。郭公不知何時人。聞嘉靖元年，會城撫軍命亓百戶修月堤，偶發一古冢，塼上有朱書……家大人語小子曰：‘此磚昔但以空心名，後以爲宜於琴也，遂以琴名。’既修堤後，遂競呼爲郭公磚矣！”

【郭公塼】

同“郭公磚”。此體清代已行用。見該文。

瓦

瓦

用黏土燒製而成的陶質器物之總稱。亦指古代泥土燒製成的紡錘。用以專指覆蓋屋面的建築材料，謂之"屋瓦"，亦省稱"瓦"。《詩‧小雅‧斯干》："乃生女子，載寢之地，載衣之裼，載弄之瓦。"毛傳："瓦，紡塼也。"馬瑞辰通釋："古之撚綫者，以專爲錘。《説苑‧雜言》篇曰：'子不聞和氏之璧乎？價重千金，然以之間紡，曾不如瓦磚。'此紡用瓦磚之證。"《周禮‧春官‧大卜》："大卜掌三兆之法：一曰玉兆，二曰瓦兆，三曰原兆。"鄭玄注："其象似玉、瓦、原之釁罅，是用名之爲。"賈公彦疏："或解以爲玉、瓦、原之色。"《荀子‧性惡》："夫陶人埏埴而生瓦。"《説文‧瓦部》："瓦，土器已燒之總名。"段玉裁注："凡土器，未燒之素皆謂之壞〔坯〕，已燒皆謂之瓦。"唐韓愈《元和聖德詩》："皇帝勤儉，盥濯陶瓦。"爲解決屋頂防水，延長房屋使用年限，大約在夏代就發明了燒製屋瓦的技術，至周代已將屋瓦鋪於屋脊及屋檐上。《字彙‧瓦部》："瓦，屋瓦。"屋瓦多以黏土爲坯燒製而成。後亦有以木或金屬爲之者。《莊子‧達生》："雖有忮心者，不怨飄瓦。"郭象注："飄落之瓦，雖復中人，人莫之怨者，由其無情。"成玄英疏："飄落之瓦，偶爾傷人，雖忮逆褊心之夫終不怨恨。"《漢武故事》："庭中皆墼以文石，率以銅爲瓦。"唐鄭處誨《明皇雜録》卷下："因大風折屋墜於堂上，略無所損，撤瓦以觀，皆承以木瓦。"明宋應星《天工開物‧瓦》："凡埏泥造瓦，堀地二尺餘，擇取無沙黏土而爲之。"

板瓦

亦作"版瓦""瓪瓦"。覆蓋屋頂的一種大瓦。瓦面較寬，彎曲度小於半圓之弧形瓦。據考古發現，陝西岐山鳳雛建築遺址中出土了西周早期瓦塊。洛陽王灣、西安客莊、扶風上康村出土了西周晚期瓦塊。從類別及形制分析，西周宮室建築中大多使用板瓦。西周板瓦已具備弧面形、大小頭的基本形狀。尺寸較大，一般皆帶有瓦釘、瓦環。瓦環做於板瓦凸面的爲仰瓦，做於凹面的爲合瓦。春秋時期瓦的使用尚不普遍，戰國時則有顯著增加，至秦漢時瓦的使用發展到興盛期。東漢時達官貴人住宅已普遍使用瓦頂，一般民用住宅亦有個別使用。《漢書‧昌邑哀王劉髆傳》："後王夢青蠅之矢，積西階東可五六石，以屋版瓦覆。"顏師古注："版瓦，大瓦也。"晋陸翽《鄴中記》："北高起鄴……筒瓦長二尺，闊一尺；版瓦之長亦如之，而其闊倍之。"宋李誡《營造法式》卷一三："瓪瓦，施之于廳堂及常行屋舍等。"又卷二六："仰瓪瓦，一尺四寸，三斤。每增減一等，各加減一斤。"《明史‧輿服志四》："公侯……家廟三間，五架。覆以黑板瓦，脊用花樣瓦獸，梁、棟、斗拱、檐桷彩繪飾。"西周之板瓦長56厘米，寬28厘米；而清代板瓦長20厘米，寬18厘米。板瓦尺寸逐漸縮小，其目的爲便於施工，破裂時易更換。

【版瓦】

同"板瓦"。此體漢代已行用。見該文。

【瓪瓦】

同"板瓦"。此體宋代已行用。見該文。

筒瓦

亦作"瓾瓦""瓸瓦""桶瓦"。横斷面爲半圓形的瓦。以其形呈半圓筒狀，故稱。據考古資料，筒瓦、板瓦始見於西周。今於陝西扶風召陳村西周宮殿遺址，已見有帶瓦釘、瓦環之筒、板瓦，係以圓竹、木筒爲模骨剖分而成瓦坯。四剖或六剖爲板瓦，對剖爲筒瓦。將瓦坯裝窯焙燒而成瓦。板瓦仰鋪於屋頂之上，筒瓦覆於兩行板瓦之上。古時筒瓦祇能用於宮殿、寺廟及其他上等官房，除朝廷特准者外，一般民宅不得用筒瓦。晋陸翽《鄴中記》："北高起鄴……筒瓦長尺一，闊尺二；版瓦之長亦如之，而其闊倍之。"宋曾鞏《本朝政要策・任將》："帝嘗命有司爲洺州防禦使郭進治第，凡庭堂悉用瓾瓦。有司言：'惟親王、公主始得用此。'"宋吴曾《能改齋漫録・記事一》："其所憩之地在城中，爲邸舍，以瓸瓦覆之，號爲御殿。"宋李誡《營造法式・瓦作制度》："結瓦屋宇之制：一曰瓾瓦，施之於殿閣廳堂亭榭等。其結瓦之法……將瓾瓦造畢，於圈内試過謂之擷窠，下鋪瓯瓦。"《紅樓夢》第一七回："只見正門五間，上面桶瓦泥鰍脊。"

【瓾瓦】

同"筒瓦"。此體宋代已行用。見該文。

【瓸瓦】

同"筒瓦"。此體宋代已行用。見該文。

【桶瓦】

同"筒瓦"。此體清代已行用。見該文。

【瓦筒】

即筒瓦。明楊慎《蚶子贊》："蚶子，蚌屬，形如瓦筒。"

脊筒子

屋脊最上層之筒狀瓦件。隋唐至宋代，各種屋脊均用瓦條壘砌；元代始出現此種瓦件，然仍刻出瓦條相疊的式樣。明清後普遍應用於屋脊之上。或雕花鏤空，十分華麗，多用於宮殿建築。參閱中國科學院自然科學史研究所《中國古代建築技術史》。

瓯

亦稱"庉""牝瓦"。屋面仰蓋之瓦。凡瓦下載者曰牝，上覆者曰牡，故亦稱"牝瓦"，俗稱"陰瓦"。《說文・广部》："庉，屋牝瓦下。"《玉篇・瓦部》："瓯，牝瓦也。"宋李誡《營造法式・總釋下》引晋顧夷《義訓》曰："牝瓦謂之瓯，瓯謂之庉。"清李斗《揚州畫舫録・工段營造録》："安瓯加瓾，壓七露三，以得露明，俗謂陰陽瓦。"

【庉】

即瓯。此稱漢代已行用。見該文。

【牝瓦】

即瓯。此稱漢代已行用。見該文。

【仰瓦】

即瓯。元戴侗《六書故・工事四》："瓴，牝瓦仰蓋者也，仰瓦受覆瓦之流，所謂瓦溝也。"明謝肇淛《五雜俎・天部二》："月如仰瓦，不求自下；月如彎弓，少雨多風。"

瓴

亦稱"瓦溝"。房屋仰蓋的瓦。亦泛指用磚瓦砌的通水溝。《管子・度地》："夫水之性，以高走下則疾，至於瀨石，而下向高，即留而不行。故高其上，領瓴之尺有十分之三，里滿四十九者，水可走也。"尹知章注："瓴，謂瓴瓾也。"郭沫若等集校引宋翔鳳曰："言使下向高，而以瓴甋引水，則滿四十九里而水仍走下矣。”宋戴侗《六書故·工事四》：“瓵，牝瓦仰蓋者也，仰瓦受覆瓦之流，所謂瓦溝也。”

【瓦溝】

即瓵。此稱元代已行用。見該文。

甋

亦稱“瓪”“牡瓦”。俯蓋之瓦。俗稱“陽瓦”。《玉篇·瓦部》：“甋，牡瓦也。”宋李誡引晋顧夷《義訓》曰：“牡瓦謂之甋，甋謂之瓪。”元姚燧《興元行省瓜爾佳公神道碑》：“高榱巨棟，重窠牡瓦，宏壯奇麗。”明馮夢龍《古今譚記·微詞·夏言》：“夏日夕望入閣，修九廟，甎、瓪、瓴、甋不堪者，皆運積東長安街側。”

【瓪】

即甋。此稱晋代已行用。見該文。

【牡瓦】

即甋。此稱南北朝時期已行用。見該文。

陰陽瓦

仰瓦與俯瓦之合稱。仰瓦俗稱陰瓦，俯瓦俗稱陽瓦。陰瓦仰蓋於屋頂，陽瓦覆於陰瓦之上，故稱。清李斗《揚州畫舫録·工段營造録》：“安瓪加瓴，壓七露三，以得露明，俗謂陰陽瓦。”《三俠五義》第八回：“用紅棉一張，陰陽瓦焙了，無灰老酒冲服，最是安胎活血的。”

鴛鴦瓦

屋頂之上成雙成對排列之瓦。仰瓦蓋於屋頂，俯瓦覆於其上，相互成偶，如鴛鴦比翼，故名。唐王建《宮詞》：“鴛鴦瓦上瞥然聲，畫寝宮娥夢裏驚。”唐白居易《長恨歌》：“鴛鴦瓦冷霜華重，翡翠衾寒誰與共？”清吳景旭《歷代詩話》卷六五引《鄴中記》：“鄴都銅雀臺，皆鴛鴦瓦。”

滴水

瓦溝最下面一塊特製的瓦，用以引導屋面上的雨水流入地面。瓦當則是覆蓋在瓦壟上的最下邊一塊筒瓦，前邊有半圓形或圓形的頭，以遮掩椽子不受風雨的特製瓦。宮殿廟宇大式瓦作的滴水向下曲成如意形，雨水順着如意尖頭滴到地下；一般建築物小式瓦作的滴水則用略有捲邊的花邊瓦。最早的滴水見於唐代的繪畫與石刻上。遼宋滴水多用重扎板瓦，宋李誡《營造法式·瓦作制度》有用垂尖華頭板瓦的規定，至明、清演變爲如意形滴水。滴水紋樣亦甚豐富。

瓦當

覆蓋於壟縫上的筒瓦，最下一塊之頭部謂之瓦當。其形爲半圓與圓形兩種，作用是保護椽子不受雨淋。瓦當始見於西周晚期。戰國時燕下都遺址瓦當作半圓形，有動植物之類花紋。秦漢瓦當多作圓形，紋樣更爲豐富。或寫“延年益壽”“萬壽無疆”“長樂未央”“長生無極”等文字紋，或作龍、鹿、魚、獸等動物紋，或刻植物紋、如意紋等。南北朝瓦當主要花紋有兩類：一爲文字紋，如“傳祚無窮”“萬歲富貴”之類，字體多用小篆，隨勢詘曲，間有方整者。二爲蓮花紋，與當時佛教盛行密切相關。唐代瓦當多爲蓮花紋，較南北朝更爲華麗。宋遼時，龍鳳、花草、蓮瓣、獸頭爲瓦當之常用紋飾，文字瓦當則少見。明清瓦當花紋更爲豐富多樣。

璫

玉製瓦當。用以裝飾屋椽頭。《史記·司馬相如列傳》：“華榱璧璫，輦道纚屬。”司馬貞索隱：“韋昭曰：‘裁玉爲璧，以當椽頭。’司馬彪曰：'以璧爲瓦制當也。'"漢班固《西都賦》：
"雕玉瑱以居楹，裁金璧以飾璫。"晋張協《玄
武館賦》："華瑱四垂，接棟連阿。"《太平廣記》
卷三一〇引《傳奇》曰："無頗又經數重戶，至
一小殿，廊宇皆綴明璣，翠瑱楹楣。"

甋

小瓦。《廣韻·平庚》："甋，瓦也。"《集
韻·平庚》："甋，小瓦謂之甋。"宋李誡《營造
法式·總釋下》引晋顧夷《義訓》曰："小瓦謂
之甋。"

瓲

亦稱"瓪""半瓦"。未燒透之瓦。《玉篇·瓦
部》："瓲，半瓦也。"宋李誡《營造法式·總釋
下》引晋顧夷《義訓》曰："半瓦謂之瓲，瓲謂
之瓪。"清藍浦《景德鎮陶録》卷四："火不溝
疏，則中後左右不能燒透，而生瓲所不免矣。"

【半瓦】

即瓲。此稱晋代已行用。見該文。

【瓪】

即瓲。此稱晋代已行用。見該文。

青瓦

亦稱"片瓦""布瓦"。以泥土燒製而成
不上釉的青灰色普通瓦。據考古發現之實物，
戰國時期燕下都已有燒製很好的青筒瓦。《史
記·廉頗藺相如列傳》："秦軍鼓噪勒兵，武安屋
瓦盡振。"此文獻記載亦説明，戰國時瓦的應用
已較普遍。青瓦可做成筒瓦或板瓦形式。封建
社會等級森嚴，規定祇有上等官房方可使用筒
瓦，普遍民居祇能用板瓦而不准用筒瓦。參閲
中國科學院自然科學史研究所《中國古代建築
技術史》。

【片瓦】

即青瓦。見該文。

【布瓦】

即青瓦。見該文。

金瓦 [1]

於銅片上包以赤金的瓦片，魚鱗狀，釘於
屋頂望板上。《舊唐書·王縉傳》："五臺山有金
閣寺，鑄銅爲瓦，塗金於上，照曜山谷。"清代
金瓦亦常用於藏傳佛教寺廟。

銅瓦

亦稱"金瓦 [2]"。以銅片爲瓦，外不包金，
色與金同。古建築之精者多用之。《太平御覽》
卷一八八引《漢武故事》："上起神屋，以銅爲
瓦。"明陳耀文《天中記·樓》："西域泥婆羅宫
中有七重樓，覆銅瓦。"《格致鏡原》卷二〇引
《王縉傳》："五臺山祠鑄銅爲瓦，金塗之。"

【金瓦】 [2]

即銅瓦。見該文。

鐵瓦

以薄鐵片做成，形如筒、板瓦，峨眉山廟宇
多見。或以木做成瓦形，塗以黑漆，其色如鐵。

石　灰

石灰

亦稱"白灰"。以石灰石煅燒而成白色硬
塊，遇水分解，呈白色粉末狀，故稱。用於粉
刷墙壁，可抵禦濕氣，亦可除蟲，爲常用建築
材料之一。《後漢書·楊璿傳》："璿乃特製馬
車數十乘，以排囊盛石灰于車上，繫布索于馬

尾……乃令馬車居前，順風鼓灰，賊不得視。"
明宋應星《天工開物·石灰》："凡石灰，經火焚
煉爲用。成質之後，入水永劫不壞。億萬舟楫，
億萬垣墻，窒隙防淫，是必由之。"《廣東通志》
卷五六："楮藤依樹蔓生，如通草藤也……以其
液和細土、石灰、塗罅糖釜，其堅如鐵，雖猛
火不裂。"《兒女英雄傳》第一四回："那兩間屋
子，葦席棚頂，白灰墻壁。"

【白灰】

　　即石灰。此稱清代已行用。見該文。

【堊灰】

　　即石灰。亦稱"石堊""希灰""鍛石""石
鍛""白虎""礦灰"。明李時珍《本草綱目·石
部·石灰》："〔釋名〕石堊、堊灰、希灰、鍛石、
白虎、礦灰。"〔集解〕引《別録》曰："石灰
生中州川谷。"又引南朝齊陶弘景曰："近山生
石，青白色，作竈燒，竟，以水沃之，即熱蒸
而解。俗名石堊。"又引宋蘇頌曰："所在近山
處皆有之，燒青石爲灰也，又名石鍛。有風化、
水化二種。"清蒲松齡《聊齋志異·諭鬼》："未
幾，公（石茂華）至，甲以狀告，公以堊灰題
壁……自此鬼患遂絶，淵亦尋乾。"

【石堊】

　　即堊灰。此稱南北朝時期已行用。見該文。

【希灰】

　　即堊灰。此稱明代已行用。見該文。

【石鍛】

　　即堊灰。此稱宋代已行用。見該文。

【鍛石】

　　即堊灰。此稱明代已行用。見該文。

【白虎】

　　即堊灰。此稱明代已行用。見該文。

【礦灰】

　　即堊灰。此稱明代已行用。見該文。

蜃灰

　　亦稱"蜃炭""叉灰"。以蛤殼燒製而成的
灰。古代重要人工建築材料之一。其作用與石
灰同。我國從周代始生產蜃灰，塗墻以防潮兼
驅蟲。《周禮·秋官·赤友氏》："掌除墻屋，以
蜃炭攻之。"鄭玄注："除墻屋者，除蟲豸藏逃
其中者。蜃，大蛤也，擣其炭以坋之則走。"
賈公彥疏："蜃炭者，謂蜃灰是也。"孫詒讓正
義："《掌蜃》注謂蜃炭可以禦濕，蓋兼可以殺
蟲，故擣其炭爲灰，以被墻屋而攻之，則蟲豸
畏其氣而走壁也。"又《地官·掌蜃》"共白盛
之蜃"漢鄭玄注："謂飾墻使白之蜃也，今東萊
用蛤謂之叉灰云。"賈公彥疏："今東萊用蛤謂
之叉灰云者，蜃蛤在泥水之中，東萊人叉取以
爲灰，故以蛤灰爲叉灰云也。"《爾雅·釋宮》
"地謂之黝，墻謂之堊"清郝懿行義疏："《一切
經音義》十一引《倉頡篇》云：'堊，白土也。'
按，飾墻古用白土或用白灰，宗廟用蜃灰。"春
秋之時，蜃灰亦用於陵墓建築，爲統治者墓葬
防潮之用。《左傳·成公二年》："八月，宋文公
卒，始厚葬，用蜃炭，益車馬，始用殉。"杜預
注："燒蛤爲炭以瘞壙，多埋車馬，用人從葬。"
至東漢時，已有少數墓室采用蜃灰做砌築與粉
刷的膠結材料，然因產量極少，未能廣泛應用。
唐宋以後，隨着石灰的普遍使用，蜃灰遂被取
而代之。

【蜃炭】

　　即蜃灰。此稱先秦時期已行用。見該文。

【叉灰】

　　即蜃灰。此稱漢代已行用。見該文。

琉 璃

琉璃瓦

其内層用較好的黏土，表面用琉璃燒製而成的瓦。形狀與普通瓦相似而略長，外呈金黃、碧綠、紫、白、黑等色。色彩繽紛，光亮耀人。古時以黃色爲尊，爲帝王宮殿所用；綠色次之，爲王公所用。此瓦祇能用於宮殿廟宇建築，一般民居不得使用。後蜀歐陽炯《題景煥畫應天寺壁天王歌》："我聞天王分理四天下，水晶宮殿琉璃瓦。"明宋應星《天工開物·瓦》："其制爲琉璃瓦者，或爲板片，或爲宛筒，以圓竹與斫木爲模，逐片成造，其土必取于太平府造成，先裝入琉璃窑内，每柴五千斤燒瓦百片。取出，成色以無名果、棕櫚毛等煎汁塗染成綠黛；赭石、松香、蒲草等染成黃。再入別窑，減殺薪火，逼成琉璃寶色。"

【縹碧瓦】

即琉璃瓦。省稱"縹瓦"。宋王子韶《鷄跖集》："琉璃瓦，一名縹瓦。劉陶詩云：'縹碧以爲瓦。'"清蒲松齡《聊齋志異·酒狂》："移時，至一府署，縹碧爲瓦，世間無其壯麗。"

【縹瓦】

"縹碧瓦"之省稱。此稱宋代已行用。見該文。

五色泥

亦稱"五色瑠璃""瑠璃""琉璃"。塗飾釉料的建築材料。泛指彩瓦。以其五彩斑斕，色澤絢麗，故稱。《魏書·西域傳·大月氏》："世祖時其國人商販京師，自云能鑄石爲五色瑠璃，於是采礦山中，于京師鑄之。既成，光澤乃美於西方來者，乃詔爲行殿，容百餘人。光色映徹，觀者見之，莫不驚駭，以爲神明所作。自此中國瑠璃遂賤，人不復珍之。"《隋書·何稠傳》："稠博覽古圖，多識舊物……時中國久絶琉璃之作，匠人無敢厝意，稠以綠瓷爲之，與真不異。"唐崔融《嵩山啓母廟碑》："周施瑇瑁之椽，遍覆琉璃之瓦。"宋司馬光《碧樓》詩："烟瓦叠琉璃，危樓半空倚。"清吳偉業《讀史偶述》詩之一八："琉璃舊厰虎房西，月斧修成五色泥。"參閱《格致鏡原》卷二〇、中國科學院自然科學史研究所《中國古代建築技術史》。

【五色瑠璃】

即五色泥。此稱南北朝時期已行用。見該文。

【瑠璃】

即五色泥。此稱南北朝時期已行用。見該文。

【琉璃】

即五色泥。此稱隋代已行用。見該文。

碧瓦

碧綠色琉璃瓦。唐杜甫《越王樓歌》："孤城西北起高樓，碧瓦朱甍照城郭。"宋范成大《碧瓦》詩："碧瓦樓前綉幕遮，赤欄橋外綠溪斜。"《醒世恒言·盧太學詩酒傲主侯》："中間顯出一座八角亭子，朱甍碧瓦，畫棟雕梁。"《古今小說·史弘肇龍虎君臣會》："九間大殿，瑞光罩碧瓦凝烟。"清洪昇《長生殿·疑讖》："可知他朱甍碧瓦，總是血膏塗！"清唐孫華《同宋藥州太史登滕王閣》詩："畫棟朱欄照城郭，丹樓碧瓦縵虹霓。"

丹艧

塗飾宮室的紅色顏料。後亦指塗以丹艧的

建築物。《書·梓材》:"若作梓材,既勤樸斫,惟其塗丹臒。"孔穎達疏:"臒是彩色之名,有青色者,有朱色者……此經知是朱者,與丹連文故也。"南朝梁江淹《思北歸賦》:"愧金碧之琳琅,慚丹臒之照耀。"因字形相近,古常誤作"丹艭"。宋孟元老《東京夢華録·河道》:"從東水門外七里,曰虹橋。其橋無柱,皆以巨木虛架,飾以丹艭,宛如飛虹。"《花月痕》第五回:"黄蘆匝地,悲風吹《蒿里》之音;丹艭孔塗,落日下桂旗之影。"

【丹艭】

同"丹臒"。此體宋代已行用。見該文。

第二節　工具考

生產工具是社會生產力的重要組成部分。生產工具的產生、改進與創新,對生產力水平的提高,對促進人類社會的發展與進步,具有至關重要的作用。我國歷史上生產工具經歷了石器、銅器、鐵器三個發展階段。建築工具爲生產工具之一,亦沿此三個階段發展至今。按建築工具的功能可分爲八種類型:一爲木作工具,二爲土工工具,三爲瓦作工具,四爲石作工具,五爲測量工具,六爲登高工具,七爲起重工具,八爲運載工具。建築工具是伴隨人類營造活動的出現而產生的。

大約在舊石器時代晚期,原始人類即開始了營造活動:構木爲巢,取材於木;挖土爲穴,取材於土。利用粗製石器采伐樹木枝幹,以木棍、石器或骨器在黄土斷崖上掏挖人工橫穴。這些粗製石器、骨器及未經加工的木棍即爲最原始的建築工具。新石器時代,人們已普遍使用經過磨製的石斧、石楔、石鏟等工具。石斧的使用,給木材的采伐提供了條件。石鏃、骨鏟、蚌刀、磨棒等比較鋒鋭工具的應用,則促進了木材加工技術的提高。浙江餘姚河姆渡新石器時代遺址中發掘的干欄建築,有木柱、木樁、木梁,并采用了木樓板。木板的出現是木材加工技術的巨大進步。在没有金屬工具的條件下,將木材加工成板,極其不易。據雲南怒族現存以直紋木劈析成板的事例分析,推測該遺址木樓板可能同樣是以密楔劈板而成的。木架連接,主要做法爲綁扎,但亦出現用穿透榫卯。而榫卯之製作則使用了石鑿、骨鑿。這是迄今爲止,發現最早的榫卯技術。換言之,亦爲最早使用石鑿、骨鑿等開卯工具的實例。河姆渡新石器文化時期所使用的均爲石製、木製及骨製工具。從出土實物看,當時伐木主要使用石斧。江蘇吴江出土的完整石斧,其木柄安装未用扎結而爲榫接。石斧伐木的截端略呈椿尖狀;所遺留的樹椿截端,略呈一毛礎平面。横截木料，使用石斧。方木、板材的加工，則用石斧、石楔、石錛等，其中以楔具爲主。所謂石楔，即石斧頭。斧不安柄即可作爲楔具使用。榫卯加工，則以石斧、石錛製作榫，卯口則用石鑿、骨鑿及木棒、木槌等工具打擊而成。

原始社會解體，奴隸社會開始，人類社會進入青銅器時代。青銅器時代恰與奴隸社會的産生、發展與瓦解相始終。在經歷夏、商、西周、春秋長達一千六百多年的奴隸社會時期，奴隸們以其智慧與勞動創造了豐富的物質財富及精神文化。其中偉大貢獻之一，就是青銅器的發明與青銅工具的生産及使用。這亦爲青銅器時代的主要特徵。青銅工具的出現，推動了當時農業與手工業的進步，對建築技術的發展，同樣起到了巨大的推動作用。青銅工具的出現最晚在夏代。目前發現最早的實物爲山西夏縣東下馮的銅鑿石範。鄭州商城外發現兩處青銅鑄造作坊：城南一處，以鑄造銅鑿爲主；城北一處，以鑄造刀、鏃爲主。説明青銅工具的生産已有明確分工，應用亦有較大發展。安陽殷墟發掘出大量青銅工具，僅婦好王后墓即出土四十四件。傳世青銅工具，多出於殷墟。盤龍城出土的青銅工具及安陽大司空村出土的青銅鏟，皆可用於建築施工。春秋時期，青銅工具的生産規模更大，專業分工更細，生産數量遠遠超過奴隸主自身需要。山西侯馬牛村古城南鑄銅遺址，範圍大，分工明顯，或出土工具範，或出土帶鈎範，或出土鐘鼎範。其中工具範出土一萬兩千塊，可合成近四千件器具。工具範多爲錛、鑿。可見當時青銅工具的使用已相當普遍。古代工具的用途，雖因形制不同而有所差異，但并無絶對的界限。有些工具，既是工具，又是武器；既用於砍伐，亦用於挖掘。從商周遺址及墓葬出土的建築類青銅工具有斧、錛、鑿、鑿、鑽、鋸、刀、鏟、鍤等。其中斧、錛、鑿三種工具形制相似，出土數量亦最多。有單斜面與雙斜面兩種，均爲長方銎，銎接方木，木上安柄，柄的方嚮與刃垂直，呈“十”字形。長大而厚鈍者爲鑿，可用於挖土、刨土。單面刃爲錛，用於平木。二者尚可通用。商周時期的房屋、窖穴、井及墓葬遺迹，其壁面上常可見到以此工具掘土之痕迹。斧之柄與刃方嚮一致，多用於砍伐木材。鑿爲穿孔工具，用於竹木加工。有單斜面刃與雙斜面刃，刃寬約 1.4 厘米，上半中空成銎，安裝木柄。安陽大司空村，北京昌平、白浮等地均發現有木柄遺迹，形狀與大小，因功用不同稍異，與近代鑿相似。自殷商至戰國末期均有發現，數量僅次於斧、錛、鑿。鑽爲穿圓孔工具，數量發現不多。青銅鋸爲剖截竹、木、骨、角材料的工具，鋸齒密而直。安陽殷墟、黄陂盤龍城、歷城大辛莊等商代遺址均有發現。刀、削爲削刻竹木的工具，出土數量多，形制小，有直刃、弧刃兩種。刻鏤刀可雕刻竹木器，形式與近代刻字刀、雕花刀基本相同。鄭州、安陽商代遺址均有出土。刻鏤刀具的出現，說明商代對木構件之加工，不僅具有熟練的木工技巧，且可進行細加工。如河南鄭州商墓發現棺木表面雕有以虎爲題材的浮雕。漢代劉向對商紂宮殿亦有"宮墻文畫，雕琢刻鏤"（見《説苑·反質》）的記述。另外，還出土大量挖地起土的工具：鏟與鍤。鍤有"凹"字形（蘄春出土）、"回"字形（盤龍城出土）兩種。這兩種工具既可用於農業生產，亦可用於土方工程。春秋晚期，在農業生產、手工業生產中開始使用鐵製生產工具，在長江流域、黃河中游地區均有發現，其中包括鋤、鏟、削、斧、錛、钁、鑿、鋸、曲刀等。從湖南長沙楚墓發掘來看，當時的榫卯構造已達到很高水平；還發現一種稱爲"抬簀""笭床"的雕花板，花紋細緻，綫條流暢。尤其是條環一式，猶如今之窗棱條環，技術頗爲精湛，絕非平頭鑿所爲，必以圓鑿、削、錐加工而成。另據文獻記載，春秋戰國時代已廣泛使用鐵製工具。《詩·豳風·伐柯》《周禮·考工記·車人》中已有"柯斧"之記載，《管子·小匡》有斧钁類建築工具"欘"的記載，《考工記·築氏》《禮記·少儀》業已有"削"的記載。《考工記》把木工分爲輪人、輿人、弓人、廬人、匠人、車人、梓人等七種。他們使用的工具有鐵製斧、鋸、錛、鑿、錐、鑽等。《管子·海王》云："行服連軺輂者，必有一斤、一鋸、一錐、一鑿。"又《輕重乙》："一車必有一斤、一鋸、一釭、一鑽、一鑿、一銶、一軻，然後成爲車。"

　　鐵製工具的出現是人類社會生產力的大變革之一。正如列寧所説："〔鐵〕給手工業工人提供了一種其堅固和銳利非石頭或當時所知道的其他金屬所能抵擋的工具。"（《列寧全集》第三卷）從戰國到秦漢，鐵製工具的推廣與普遍使用，對木材的采伐，石料的開采，土方的挖掘，木構件成材加工及榫卯製作等，均具有巨大作用。這就是戰國、秦漢時代土木結合的宮室建築獲得飛速發展的重要原因。秦漢時期，鐵製工具的使用更加廣泛，形制亦有所改進，種類亦有所增加。除戰國時期常用的工具之外，又出現了"曲刀""曲鑿"等刻鏤工具。《説文·刀部》："剞，剞剧（劂），曲刀也。"《楚辭·嚴忌〈哀時命〉》："握剞劂而不用兮，操規榘而無所施。"王逸注："剞劂，刻鏤刀也。"洪興祖補注引應劭曰："剞，曲刀；劂，曲鑿。"刻鏤刀具的出現，給木構件細加工提供了條件。據廣州秦漢建築遺址存留下來的枋木表面狀況，與西安漢代建築遺址存留下來的圓形木柱推測，此時已使用了曲刀、圓（曲）鑿等工具加工木材。宋李誡《營造法式》中對木材加工有十分明確的要求，有大木作、小木作、雕作、旋作、鋸作等。至明代，由於城鄉資本主義開始萌芽，木工營造手工業專業隊伍擴大，出現了私人經營的木廠，使木材加工進一步專業化。流水作業的木工程式亦開始產生。據明宋應星《天工開物》所載，明代木作工具更爲多樣，更爲精細；斤斧有嵌鋼與包鋼兩種；鑽有蛇頭鑽、雞心鑽、旋鑽及打鑽；鋸有剖開木料用的長鋸與截斷木料的短鋸，且已出現弓鋸；刨有製圓桶的椎刨，有做精細加工的起綫刨，有將表面刮得平整光滑的蜈蚣刨；鑿亦有平頭鑿及鑿孔的剜鑿。從木作工具的改進與發明創造，可知當時木工加工技術已有很大提高、發展。我國古代建築以木構爲主，故在古代建築工具中木作工具所占比例亦最大。

如前所述，我們的祖先從營造活動開始就與土木打交道。穴居，即爲最早的原始的土工建築。古代居民以土爲穴，經歷了漫長的時期。古代建築工程從未離開過土，故古人營造宮室，先講“動土”，再講“興工”。動土需要工具。原始社會的橫穴、袋穴以木棍、木板、石鑿、石鑵挖掘。到奴隸社會時期，奴隸主貴族爲滿足其階級意識形態的需要，以顯示其地位之尊崇，便大興土木，修建高臺建築，夯築城牆，故需要大量土作工具。商湯時都城亳（現河南偃師）已發現 10000 平方米夯土臺基，爲我國最早的一項巨大夯土工程。鄭州商代城牆遺址，是目前所知我國最早的夯土城垣。商代不僅在築城、修建宮殿時使用夯土，且將夯土版築技術用於住房建築。如鄭州商代房屋基址，地面做法爲填土夯實，房屋牆壁則用版築。西周、春秋時期，夯土、版築技術使用已很普遍，版築已使用插杆、夾板做法。如陝西華州周代遺址與山東滕州薛城遺址，全部爲夯土版築而成。我國封建社會的夯土、版築技術的使用，主要表現爲大量築城工程。如著名的萬里長城，絕大部分以夯土、版築建成。此外，高臺建築，均以人工夯築大型土臺，再於臺上建造宮殿樓觀，從奴隸社會，一直延續到明清，不斷興建。夯土使用的主要工具爲杵、硪。早在新石器時代，原始人類就利用石材發明創造了石杵。開始祇用作穀物去殼的工具，後始用於土工建築中。仰韶文化與龍山文化遺址中多有發現。其使用地區十分廣泛，陝西、河南、河北、內蒙古、新疆、東北等地均有出土。陝西西安鄠邑一例，石杵平直而短，杵身粗壯。內蒙古清水河一例，杵身長 40 厘米，上徑 4 厘米，下徑 17 厘米，以花崗巖製成。張家口地區一例，下部杵頭粗而圓，可加大搗擊面積。商代石杵已用於夯土牆中。春秋戰國時代仍使用石杵夯築地基、土臺與城牆。戰國時代已出現鐵夯，長沙出土的鐵夯頭即爲楚國遺物。秦漢時夯土版築技術有了新的發展，夯杵亦有較大改進。陝西櫟陽秦代遺址大石夯杵頭三件，體形爲圓錐體，夯體經鐫鑿而成，底部不另外磨光，所用石料爲細砂巖。秦阿房宮出土的石夯頭，上小下大，安裝杵柄的孔眼非常明顯。漢代與秦大同小异。宋代實物雖未大量出土，但在宋李誡《營造法式》中有明確記載。於河南舞陽謝古洞發現的宋代鐵杵頭，呈正圓形，杵高 20 厘米，直徑 15 厘米，頂部中心有一孔，爲安裝杵柄之用。明清兩代夯杵種類更多，分石杵、木杵、鐵杵三種。木杵材料多爲棗、槐、榆、柏等硬木。杵長 1.7米，直徑 20 厘米，上下直圓，底部削平，故謂之 "平底木夯"。一般常用鐵夯頭直徑爲 15厘米，高 15 厘米。至清代出現了夯碼。夯土工程施工的一般規律爲打夯先打碼，後發展成爲碯。碯分石碯與鐵碯，按重量又可分爲八人碯、十六人碯及廿四人碯，常用於大面積夯土工程。版築工具有打墻板、椽子、插杆、立柱、橫杆、繩、大緪、抬筐、扁擔、簸箕等。這些工具早在兩千年前就已出現。1971 年考古工作者在調查鄭韓故城時，於夯層間見到一個圓筐及一條繩子的印痕。清代以來，民間對版築方法的稱謂：用板者爲 "板打墻"，用杆、椽者爲 "椽打墻"。此外，土作常用工具還有鐵鍬（古稱 "鍤"）、鎬、篩子、摟耙、鐵拍子、拐子等。

　　磚結構建築是我國古代建築發展到一定階段而產生的一種類型。由於經過人工燒製後的磚之强度、耐磨性、耐水性均超過土墼，故很早就被廣泛運用於古代建築的防水及易磨損部位。最早的磚砌墻體產生於戰國時代。漢代條磚使用範圍及數量大爲增加。唐代始出現以磚包砌夯土城墻做法，宋代南方不少州、府城普遍以磚包砌，并已出現全部以磚砌築的建築物。明清時期，製磚技術有很大發展，磚的產量劇增，已成爲并不昂貴的建材，因而被普遍運用於民居、宮殿、廟宇、城墻等建築之中。磚結構建築施工中使用的工具稱爲 "瓦作工具"，有瓦刀、灰板、抹子、鴨嘴（尖嘴抹子）、鉋子、斧子、扁子、木劍、木敲手、煞刀、蹾桲、鑿子、制子、磨頭、包灰尺、矩尺、平尺、方尺、活尺、扒尺等，或以功能命名，或以形狀命名。

　　石建築亦爲我國古代建築的一個組成部分。早在遼寧蓋州所發現的新石器時代晚期的原始石棚，已使用經過打磨的細花崗巖，建造得平直方正。商代早期宮殿遺址，在木構建築的柱下使用了石礎。《禮記·曲禮》曰："天子之六工，曰土工、金工、石工、木工、獸工、草工。" 説明石工爲古代六工之一。春秋戰國之交，我國進入封建社會，鐵製工具普遍使用，爲石材的開采與加工創造了有利條件。秦漢以後，石材廣泛應用於各類建築上。古代石建築主要有四種類型：一爲開鑿山的巖洞窟工程。如河北滿城一號、二號漢墓，敦煌莫高窟，大同雲岡石窟及洛陽龍門石窟等。二爲石構建築物。可分爲地下工程——墓室，地面建築——塔、房屋、橋梁等。三爲石建築小品。如石闕、經幢、華表等。四爲木構建築中的石構件。如石柱礎、角柱石、石踏跺、石須彌座臺基、石欄杆、石檐柱等。石料開采、加工的傳統工具謂之"石作工具"，主要有鏨子、楔子、扁子、斧子、刀子、錘子、剁子、哈子（特製斧子）、剁斧、無齒鋸、磨頭。另外還有彎尺、平尺、大錘、畫簽、綫墜等。

　　無論土工建築、木結構建築、磚結構建築，還是石建築，從古至今，在工程施工中均離不開測量儀器、升高工具以及搬運工具。《周禮·考工記·輿人》曰："圜者中規，方者中矩，立者中縣，衡者中水。"《吕氏春秋·分職》亦云："巧匠爲宫室，爲圓必以規，爲方必以矩，爲平直必以準繩。"在早期建築施工中，正是應用了規、矩、懸、水（準）、繩等測量器具，方使高大的宫殿建築群在形體與組合上得以保持端正的幾何關係，梁、枋、榫卯方得以吻合無誤。規是畫圓工具，矩爲求直角、做方形的工具，水（準）用以定平直，繩用以量長短，懸用以測定垂直。另外。還有畫綫用的"墨斗"，古稱"赫繩"，亦爲木工、石工常用工具。校正或確定南北方嚮的"水池景表"，相當於後世之羅盤、今之指南針，亦爲工匠常用測量工具。

　　升高工具主要用於築城及宫殿樓閣高塔等建築工程。一般民用房屋建築施工中，常用高凳、梯子。高大建築工程則常用脚手架。古代築城多用插杆立柱脚手架，高層樓閣建築亦常用。建造方形高層建築物則用方形單排脚手架，如唐代建方塔均用此物。宋代、明代建塔，平面多爲六角形，故施工中多采用六角形脚手架。一般部位較低的墻壁壁體施工則采用結構簡單的二人凳脚手架。

　　起重工具主要用於大木、巨石及其他大體重物的起吊。古代建築施工中最早使用的是杠杆起重機，古稱"桔槔"。其構造簡單，使用方便，然起吊高度與範圍局限性較大。在西周初期始用"轆轤"起吊重物或體型大的部件。古代所見類型有單轆轤、雙轆轤、花轆轤及複式轆轤。在"轆轤"基礎上發展而來的是"絞車"，亦稱"絞盤"，可由數人同時作業，起重能力大爲加强。建築中特大構件的安裝，如大型石料，佛塔上的巨大塔刹，宫殿的大梁、大柱，城門的門板等，多以絞車起吊。明代始出現螺旋式"千斤頂"，起重能力又有較大提高。

　　古代建築中所需各種建築材料的運輸，主要有四種方式：一爲漕運，二爲水運，三爲畜力牽引，四爲人拉滚動。如明代南京城、明清北京城之營造，建築材料從全國各地運至京師，其運輸方法亦不外乎以上四種。常用的運載工具有船、筏、輄車、獨輪車、滾棍、撬棍、滑板、滑架、馬道、冰道、雪橇等。參閱中國科學院自然科學史研究所《中國古代建築技術史》、劉大可《中國古建築瓦石營法》。

木　作

斧

古代砍削木材等的工具。斧頭呈楔形，裝有木柄斧頭分爲兩種：單斜面斧與雙斜面斧。單斜面斧一面平，一面斜，適合於砍削木料，而不適合於劈，木工多用此斧。而雙斜面斧則適用於砍劈。在鋸未發明之前，建築中所用木板、木方等均爲以斧砍削而成。原始社會人們使用石斧，奴隸社會有青銅斧。戰國時代鑄造的鐵斧爲方形直褲式，平刃，體作板楔狀，上有安裝木柄之扁方直褲。漢代鐵斧，斧頭爲長方形，刃部外拱，兩角向外延伸，背部平整，斧身中部有一長方形銎，以安木柄之用。已接近現代斧形。《詩·齊風·南山》："析薪如之何？匪斧不克。"《説文·斤部》："斧，所以斫也。"段玉裁注："'所以'二字，今補。斧之爲用廣矣，斤則不見於他用也。"宋陸游《老學庵筆記》卷一："蜀人爨薪皆短而粗……不可遽燒，必以斧破之。"

斧

（明王圻等《三才圖會》）

【斧子】[1]

即斧。《新唐書·五行志二》："鎌柯不鑿孔，斧子不施柯。"《二十年目睹之怪現狀》第一二回："當時巡丁、扡子手，七手八脚的，拿斧子、劈柴刀，把棺材劈開了。"

【斧頭】

即斧。《二十年目睹之怪現狀》第四五回："畫了一個人，拿了一雙斧頭砍一棵桃樹。"

斤

古代專用於砍削木材的工具。形似小斧而刃橫，斧則大而刃縱。《説文·斤部》："斤，斫木斧也。"段玉裁注："此依小徐本。凡用斫物者皆曰斧，斫木之斧則謂之斤。"《逸周書·文傳》："山林非時不升斤，以成草木之長。"《左傳·哀公二十五年》："皆執利兵，無者執斤。"杜預注："斤，工匠所執。"《宋書·臧質傳》："執藥隨親，非情謬於甘苦；揮斤斬毒，豈忘痛於肌膚。"元揭傒斯《與尚書右丞相書》："牛之肯綮，逢庖丁之刃則解；木之盤錯，遇匠石之斤則離。"清蒲松齡《聊齋志異·香玉》："道士將建屋，有一耐冬，礙其營造，工師將縱斤矣。"

斤斧

亦稱"斧斤""斧斨"。泛指各種斧子。《管子·乘馬》："其木可以爲棺，可以爲車，斤斧得入焉。"《孟子·梁惠王上》："斧斤以時入山林，材木不可勝用也。"晋葛洪《抱朴子·廣譬》："凡木結根於靈山，而匠石爲之寢斤斧。"北齊劉晝《新論·言苑》："倕無斧斨，不能善斫。"

唐杜甫《枯棕》詩："交橫集斧斤,凋喪先蒲柳。"宋蘇軾《築高麗亭館一絕》："檜楹飛舞垣墻外,桑柘蕭條斤斧餘。"清紀昀《閱微草堂筆記・槐西雜志三》："不需梁柱之材,故斧斤不至。"

【斧斤】

即斤斧。此稱先秦時期已作用。見該文。

【斧釿】

即斤斧。此稱南北朝時期已行用。見該文。

斤欘

斧頭與斧柄。《管子・小稱》："匠人有以感斤欘,故繩可得料也;羿有以感弓矢,故穀可得中也;造父有以感轡筴,故遬獸可及。"清儲大文《送陳有章之潁州序》："美金以鑄劍戟,惡金以鑄鉏夷斤木屬生。"

斤墨

斧頭與墨斗。泛指木匠之工具。唐白居易《寓意詩》之一："天子建明堂,此材獨中規。匠人執斤墨,采度將有期。"唐白居易《寓意詩五首》之一："匠人執斤墨,採度將有期。"

斤鑿

斧頭與鑿子。泛指木匠工具。唐段成式《酉陽雜俎・天咫》："見一人布衣甚潔白,枕一襆物……因開襆,有斤鑿數事,玉屑飯兩裹,授與二人。"唐吳融《沃焦山賦》："上無灌木誘良工之斤鑿,下無靈鰲招巨人之釣索。"

斧柯

斧柄。《逸周書・和寤》："毫末不掇,將成斧柯。"漢賈誼《新書・審微》："焰焰弗滅,炎炎奈何。萌芽不伐,且折斧柯。"唐陳子昂《感遇》詩之一二："誰見枯城蘖,青青成斧柯。"

柯斧

安裝木柄之斧。柯,斧柄。周制,柯長三尺。《詩・豳風・伐柯》："伐柯如何,匪斧不克。"毛傳："柯,斧柄。"鄭玄箋："伐柯者必用柯,其大小長短,近取法于柯。"《周禮・考工記・車人》："車人爲車,柯長三尺,博三寸,厚一寸有半……轂長半柯,其圍一柯有半,輻長一柯有半。"鄭玄注引鄭司農云："柯長三尺,謂斧柯,因以爲度。"賈公彥疏："凡造作皆用斧,因以量物。"晉葛洪《抱朴子・百里》："而秉斤兩者,或舍銓衡而任情;掌柯斧者,或曲繩墨於附己。"《水滸傳》第九七回："忽見崖畔樹林中,走出一個樵者,腰插柯斧。"《西游記》第五九回："那樵子撇了柯斧,答禮道:'長老何往?'"

剞劂[1]

泛指斤斧。《文選・左思〈魏都賦〉》："剞劂網掇,匠斫積習。"李周翰注："奇劂,斤斧也。"宋司馬光《謝王道濟惠古詩古石器》詩:"工倕創規摹,般輸施剞劂。"

刨

亦稱"鉋子"。刨平木料的工具。由刨身、刨刀、刨柄、木楔等組成。刨刀以熟鐵製成,刃口嵌鋼。將磨礪鋒利的刨刀斜裝進以硬木製成的長方形刨身(亦有以鐵架構成者)內,微露刃口。雙手把住刨柄,用力在木件上推動找平。明清時木匠使用的有推刨、拉刨、起綫刨、蜈蚣刨等。明宋應星《天工開物・刨》:"凡刨,磨礪嵌鋼寸鐵,露刃秒忽,斜出木口之面,所以平木。"

【鉋子】[1]

即刨。此稱多行用於近現代。見該文。

剞

刻鏤用的曲刀。《説文·刀部》："剞，剞剧，曲刀也。"《淮南子·俶真訓》："百圍之木，斬而爲犧尊，鏤之以剞剧，雜之以青黃。"高誘注："欹，巧工鉤刀也。"

剧

刻鏤用的曲鑿。《楚辭·莊忌〈哀時命〉》："握剞剧而不用兮。"洪興祖補注引應劭曰："剧，曲鑿。"唐玄莊《大唐西域記·十七國》："上多精舍、靈廟，頗極劖剧之功。"

剞剧[2]

亦作"剞剧"。古代刻鏤刀具。指曲刀、曲鑿。《楚辭·莊忌〈哀時命〉》："握剞剧而不用兮，操規榘而無所施。"王逸注："剞剧，刻鏤刀也。"洪興祖補注引應劭曰："剞，曲刀；剧，曲鑿。"《淮南子·俶真訓》："鏤之以剞剧，雜之以青黃。"高誘注："剞，巧工鉤刀也；剧者，規度刺畫墨邊箋也。"《廣雅·釋器》："剞剧，刀也。"王念孫疏證："剞之言阿曲，剧之言屈折也。《説文解字》：'剞剧，曲刀也。'剧與剧同。"《文選·左思〈魏都賦〉》："剞剧網接，匠斫積習。"李善注引許慎《淮南子》注曰："剞剧，曲刀也。"

【剞剧】

同"剞剧[2]"。此體漢代已行用。見該文。

削

有柄而微彎的兩刃小刀。古代刻鏤刀具。漢代多用以刮削簡牘上的文字。《周禮·考工記·築氏》："築氏爲削，長尺，博寸，合六而成規。"鄭玄注："今之書刃。"賈公彥疏："鄭云'今之書刃'者，漢時蔡倫造紙，蒙恬造筆，古者未有紙筆，則以削刻字，至漢雖有紙筆，

仍有書刀，是古之遺法也。"《禮記·少儀》："刀却刃授穎，削授柎。"孔穎達疏："削，謂曲刀。"《淮南子·本經訓》："公輸王爾無所錯其剞剧削鋸。"高誘注："削，兩刃句刀也。"宋張世南《游宦紀聞》卷七："見一刀長可七八寸，微彎，背之中有細齒如鋸，末有環。予退而考諸傳記，乃知其爲削。"河南信陽一號楚墓發現有實物。

削
（明王圻等《三才圖會》）

銼

亦稱"銼刀""銼子"。手工銼削工具。條形，多齒刃。主要用來對金屬、木料、皮革等工件表層做微量加工。按其橫斷面形狀可分爲扁銼、圓銼、方銼、三角銼等。木工所用謂之"木銼"，用以銼削木、竹製品不規則的表面及孔眼。古代木銼多爲平銼，後端安有木柄。明代開鋸齒先用三角銼，後用半圓銼，加工木器則用"香銼"。香銼沒有成排的斜齒，衹是錐上有許多圓眼，其功用爲對堅硬木料加工銼平。明金鉉《除戎記》卷三："復以鐵銼細爲磋琢，銹將去八九矣。"

【銼刀】

即銼。此稱多行用於現當代。見該文。

【銼子】

即銼。此稱多行用於現當代。見該文。

錛

亦稱"錛子""錛鋤"。古代木匠對木料進

行粗加工的工具。其功能與斧不同，斧爲立砍，錛爲平砍，用以削平木料。錛裝鈎狀長柄，柄與刃具相垂直呈“丁”字形，刃具扁而寬，匠人站立使用，用時向下向裏用力，與刨土的钁用法相似。原始社會使用石錛，商代已有青銅製造的錛。春秋時期的銅錛，刃爲單斜面，上面斜，下面平，形制與現代木工所用之錛相像。戰國時代出現了鐵錛。至漢代，鐵錛式樣增多，既有單斜面，亦有雙斜面。錛身呈楔狀，空首，刃部很薄，多爲直刃，亦有弧刃。鐵錛以生鐵鑄造，再經過退火處理，減少脆性，增加韌性。南北朝以後，則多用熟鐵或鋼製造。後世沿用至今。明李實《蜀語》：“斫木器曰錛鋤。錛音奔。”參閱中國科學院自然科學史研究所《中國古代建築技術史》。

【錛子】

即錛。此稱多行用於現當代。見該文。

【錛鋤】

即錛。此稱明代已行用。見該文。

鋸

割解木料、石料、鋼材的工具。其主要構成部分是具有許多尖齒的薄鋼片，即鋸條。或以熟鐵，或以鋼鍛造而成。木匠早期使用的鋸爲刀鋸，由鋸刃與鋸柄組成。鋸刃或一邊有齒，或兩邊有齒，鋸片較短，用來截斷木料。後來的鋸片較長，并有架弓（架梁），謂之架鋸。還有一種專門解剖木

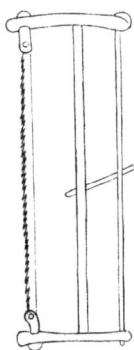

鋸
（明王圻等《三才圖會》）

料的大鋸，鋸條較長，鋸齒較大，兩頭安把，使用時由兩人操作，一上一下，互相配合。《墨子·備城門》：“門者，皆無得挾斧斤鑿鋸椎。”明宋應星《天工開物·鋸》：“凡鋸，熟鐵鍛成薄條，不鋼，亦不淬健。”參閱中國科學院自然科學史研究所《中國古代建築技術史》。

鑽

穿圓孔的工具。蓋由錐發展而來。商代早期就發現有銅鑽，漢代已使用鐵鑽。其形狀有圓柱形與菱形兩種。菱形鑽之使用方法爲，將鑽頭縛於木棒下端，用一塊凹石或木頂住木棒上部，然後用一弓狀物拉動。與今之牽鑽相近。《管子·輕重乙》：“一車必有一斤、一鋸、一釭、一鑽、一鑿、一銶、一軻，然後成爲車。”宋蘇軾《白鶴山新居鑿井四十尺遇磐石石盡乃得泉》詩：“豐我粢與醪，利汝椎與鑽。”明羅頎《物原·器原》：“神農作斧，軒轅作鋸、鑿，般作刨、鑽、墨括。”

鑿[1]

亦作“鏨”。亦稱“鑿子”。木工打眼、剔槽的工具。以鐵鑿頭與硬木柄構成。長條形，前端有刃，刃口嵌鋼。使用時，以錘或斧頭敲砸其木柄後端。我國古代有平刃鑿與斜刃鑿兩種，鑿刃亦有寬窄之分，根據不同用途而製造。據明宋應星《天工開物·鑿》記載，刃寬者一寸有餘，窄者僅三分。《莊子·天道》：“桓公讀書於堂上，輪扁斲輪於堂下，釋椎鑿而上。”漢王充《論衡·效力》：“鑿所以入木者，槌叩之也。”《急就篇》卷三：“鈐錘鈎鉼斧鑿鉏。”顏師古注：“鑿，所以穿木也。”明宋應星《天工開物·鑿》：“凡鑿，熟鐵鍛成，嵌鋼於口，其本空圓，以受木柄。”

【鏨】 [2]

同"鑿"。此體漢代已行用。見該文。

【鏨子】

即鑿。此稱多行用於現當代。見該文。

錯 [1]

銼刀。以鋼鐵爲之,用以開鋸齒。漢劉向《列女傳·魯臧孫母》:"錯者所以治鋸,鋸者所以治木也。"宋岳珂《桯史·番禺海獠》:"予栖梁上,三宿而至塔,裹鈔糧,隱於顛,晝伏夜緣,以剛鐵爲錯,斷而懷之。"清王韜《淞濱瑣話·金玉蟾》:"填海補天還易事,只愁鑄鐵錯難成。"

砥礪

亦作"砥厲"。泛指磨石。《荀子·性惡》:"闔閭之幹將、莫邪、鉅闕、辟閭,此皆古之良劍也,然而不加砥厲,則不能利。"《山海經·西山經》:"西南三百六十里,曰崦嵫之山……苕水出焉,而西流注於海,其中多砥礪。"郭璞注:"磨石也。精爲砥,粗爲礪。"三國魏曹丕《以鄭稱爲武德傅令》:"礱之以砥礪,錯之以他山。"唐柳宗元《與崔連州論石鐘乳書》:"雍之塊璞,皆可以備砥礪。"

【砥厲】

同"砥礪"。"厲"爲"礪"之古字。此體先秦時期已行用。見該文。

砥

質地細的磨石。《書·禹貢》:"礪砥砮丹。"孔傳:"砥細於礪,皆磨石也。"《淮南子·棄務訓》:"劍待砥而後能利。"高誘注:"砥,厲石也。"又《說山訓》:"砥石不利,而可以利金。"漢王充《論衡·明雩》:"砥石劘厲,欲求銛也。"

礪

質地粗的磨石。《國語·楚語上》:"若金,用女作礪。若津水,用女作舟。"漢劉向《說苑·建本》:"學所以益才也,礪所以致刃也。"《山海經·中山經》:"又北三十五里,曰陰山,多礪石、文石。"郭璞注:"礪石,石中磨者。"

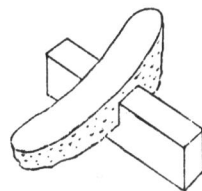

礪
（元王禎《農書》）

土　作

杵

夯土用的槌狀器具。其形一頭粗一頭細。《易·繫辭下》:"斷木爲杵,掘地爲臼。"唐張籍《築城詞》:"築城處,千人萬人齊把杵。"宋蘇洵《上韓樞密書》:"杵聲未絕,城輒隨壞。"

墻杵

夯土工具。長約四尺六寸,兩端有錘狀物,一端圓形徑約四寸,一端扁寬形約二寸半。墻杵兩端全有重量,施力時力的軸心方嚮不易變更。

築

夯土用的杵。《廣雅·釋器》:"築謂之杵。"王念孫疏證:《周官·鄉師》注引《司馬法》云:'輦:一斧,一斤,一鑿,一梩,一鉏。周輦，加二版、二築。'《六韜·軍用篇》云：'銅築，長五尺以上。'"《左傳·宣公十一年》："稱畚築，程土物。"孔穎達疏："畚者，盛土之器；築者，築土之杵。"《史記·黥布列傳》："項王伐齊，身負板築，以爲士卒先。"裴駰集解引李奇曰："板，墻板也；築，杵也。"漢陳琳《飲馬長城窟行》："官作自有程，舉築諧汝聲。"唐盧肇《漢堤詩》："披峴斫楚，飛石輥土，舉築殷雷，駭汗霈雨。"

夯

夯土工具，多用於築墻或地基。其形上細下粗，下端夯頭呈圓形。夯的使用始於原始社會晚期，初多爲硬木製作；後木柄石夯頭，且夯頭增大；戰國、秦漢時，夯頭已爲鐵製；明清時代以整塊榆木掏空，製成手執的四柱形。始單人操作，後數人合作夯打。母系氏族時期，河南湯陰白營遺址，圓屋地面已采用夯築的做法，夯土密實堅硬，夯具可能就是木棍，爲目前所知最早的夯土實例。山東龍山文化晚期遺址，亦有此做法。河南登封告成王城崗夯土城墻遺址，夯窩形狀有圓形、橢圓形及不規則形，大小不一；夯杵徑多爲 8~10 厘米，深 0.5~1 厘米。奴隸社會時期夯土技術護得了巨大的發展，進一步發展爲版築；至春秋時期，已達成熟階段。清李斗《揚州畫舫錄·工段營造錄》："平基惟土作是任，土作有大小夯碌、灰土、黄土、素土之分。"

木夯

一種木製打夯工具。使用時一般由一至二人掌握，四至八人拉繩，反復提起并向下撞擊。明王在晉《三朝遺事實錄》卷十一："鐵鑊、牆拽子、鋸、牆板、木夯等各具數目。"清傅澤

洪編修《行水金鑑》卷四六："鐵簸箕、五齒鐵扒、杵、木夯、石硪、雲梯等項，儲備不預，徒手莫施，一弊也。"

硪盤

亦稱"石硪"。以石頭或生鐵鑄成的圓盤形打樁工具。亦可用於夯打地基。按重量可分爲八人硪（八十四斤）、十六人硪（一百五十斤）、廿四人硪（二百七十四斤）三種。廿四人硪俗稱"座山雕"。以十六人硪爲例，直徑約一尺二寸，厚三寸，重約一百五十斤。周有三十二孔，以十六條麻繩穿牢其中。十六人每人一手抓住麻繩，一手拋硪擊樁或夯土。清傅澤洪編修《行水金鑑》卷四六："鐵簸箕、五齒鐵扒、杵、木夯、石硪、雲梯等項，儲備不預，徒手莫施，一弊也。"

【石硪】

即硪盤。此稱清代已行用。見該文。

石　硪
（清李鋪燿《海寧念汛大口門二限三限石塘圖説》）

鐵拍子

土作工具。用於掖邊，或散水灰土墊層施工中代替鐵硪操作。

版 [2]

亦作"板"。夯築城墻時，裏外兩側之木夾板。商代中期夯工開始采用木範本，將夯土技術向前推進一大步。版築法爲將兩側壁及一

側橫頭用木板相堵，在這一段内分層夯築，然後拆除橫堵板及兩側壁板，以此逐段前進。夯土版築的城牆堅固程度高，保存歷史久遠。鄭州商城及盤龍城商城經歷了幾千年的風雨侵蝕，一些地段仍留存高於現地面 3 米左右的牆體。城牆主體兩側采用木模型板，中間填土夯打。每塊木板長爲 2.5~3.3 米，寬爲 0.15~0.3 米。《爾雅·釋器》："大版謂之業。"郭璞注："築牆版也。"邢昺疏引孫炎曰："郭必以爲築牆版者，以此文與'縮之'相連……縮既築牆所用之繩，則業是築牆之版明矣。"《詩·大雅·綿》："其繩則直，縮版以載，作廟翼翼。"鄭玄箋："既正則以索縮其築版，上下相承而起。"《左傳·襄公二十三年》："夏，屈建從陳侯圍陳，陳人城，板隊而殺人。"杜預注："治城以距君。"《文選·鮑照〈蕪城賦〉》："是以板築雉堞之殷，井幹烽櫓之勤。"李善注引郭璞："《三蒼解詁》曰：'板，築牆上下板。'"宋周密《浩然齋意鈔·栽》："《左傳》'水昏正而栽'，今築牆之板也。"亦指版築的土牆。《左傳·僖公三十年》："且君嘗爲晉君賜矣，許君焦瑕，朝濟而夕設版焉，君之所知也。"杜預注："朝濟河而夕設版築以距秦，言背秦之速。"

【板】[2]

同"版"。此體先秦時期已行用。見該文。

【栽】

即版。《説文·木部》："栽，築牆長版也。"《左傳·莊公二十九年》："凡土功……水昏正而栽。"杜預注："謂今十月，定星昏而中，於是樹板幹而興作。"宋周密《浩然齋意抄·栽》："《左傳》'水昏正而栽'，今築牆之板也。"

【業】

即版。此稱漢代已行用。見該文。

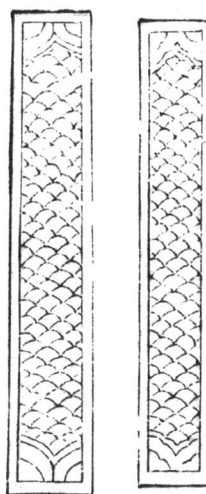

業
（明王圻等《三才圖會》）

版築 [2]

亦作"板築"。版築技術中使用的工具。版，築牆之木範本；築，用以搗土的杵。在夯土技術的基礎上，商代中期開始采用木範本，版築的發明爲大型建築向高聳發展提供了必不可少的技術條件，并且成爲流傳範圍最廣、使用時間最久的一種建築技術。《管子·度地》："與三老里有司伍長行里，因父母案行閲具備水之器，以冬無事之時，籠臿板築各什六。"君知章注："謂什人共貯六具。"《漢書·英布傳》："項王伐齊，身負版築，以爲士卒先。"顏師古注引李奇曰："版，牆版也；築，杵也。"《文選·鮑照〈蕪城賦〉》："是以板築雉堞之殷，井幹烽櫓之勤，格高五嶽，袤廣三墳。"李善注引郭璞曰：《三蒼解詁》曰："板，築牆上下板；築，杵頭鐵遝也。'"

【板築】[2]

同"版築 [2]"。此體先秦時期已行用。見該文。

楨榦

亦作"楨幹"。版築法築牆時所用之立柱。竪在牆兩端以固定端頭堵板者謂之"楨";竪在牆兩側以固定兩側夾板者謂之"榦"。《書·費誓》:"魯人三郊三遂,峙乃楨榦。"孔安國傳:"題曰楨,旁曰榦。"孔穎達疏:"題曰楨,謂當牆兩端者也;旁曰榦,謂在牆兩邊者也。"《史記·魯周公世家》:"魯人三郊三隧,峙爾芻茭、糗糧、楨榦,無敢不逮。"清惲敬《三代因革論五》:"三代以上,十而稅一,用之力役,用之田獵,用之兵戎。車馬牛、楨幹、芻糧、器甲,皆民供之。"章炳麟《訄書·明農》:"蔬中之豐,園圃毓之;楨幹之富,虞衡作之。"

【楨幹】

同"楨榦"。此體清代已行用。見該文。

【幹楨】

即楨榦。漢揚雄《法言·五百》:"經營然後知幹楨之克立也。"汪榮寶意疏:"幹,《説文》作榦。李云:'幹楨,築牆版之屬也。'按,《書·費誓》云:'峙乃楨幹。'《史記·魯世家》《集解》引馬注云:'楨幹,皆築具:楨在前,幹在兩旁。'"《隸釋·漢山陽太守祝睦碑》:"當享繁祿,爲帝幹楨。"

板榦

古代版築的工具。板,兩側夾板;榦,夾板兩旁支撐的木柱。《左傳·宣公十一年》:"令尹蒍艾獵城沂,使封人慮事,以授司徒。量功命日,分財用,平板榦,稱畚築,程土物,議遠邇,略基趾,具餱糧,度有司,事三旬而成,不愆于素。"晋張華《博物志·異聞》:"代城始築,立板榦,一旦亡,西南四五十板于澤中自立。"唐柳宗元《終南山祠堂碑序》:"乃徵土工、木工、石土,備器執用,來會祠下,斬板榦,礱柱礎,陶瓴甓,築垣墉。"《資治通鑑·唐玄宗開元十五年》:"板榦裁立,吐蕃猝至,城中相顧失色,莫有鬥志。"清錢謙益《故叔父山東按察司副使春池府君行狀》:"公蒐軍實,繕板榦,具舟車,偫糗糧。"

楨

版築法築牆時用以固定端頭之堵板的立柱。《説文·木部》:"榦,築牆耑木也。"段玉裁注:"《柴誓》注曰:'題曰楨,旁曰榦。'"正義云:"題曰楨,謂當牆兩端者;旁曰榦,謂在牆兩邊者也。"《書·費誓》:"魯人三郊三遂,峙乃楨榦,甲戌,我惟築。"孔穎達疏:"題曰楨,謂當牆兩端者也;旁曰榦,謂在牆兩邊者也。"漢揚雄《太玄·廓》:"次二,金榦玉楨,廓於城。"《周禮·夏官·大司馬》"屬其植"漢鄭玄注:"植,築城楨也。"

榦

古代築牆時竪於夾板兩側起固定作用的木柱。《急就篇》第三章:"榦楨板裁度圜方。"《説文·木部》:"榦,築牆耑木也。"徐鍇繫傳:"築牆兩旁木也,所以製版者。"段玉裁注:"榦所以當牆之兩邊障土者也。《柴誓》注曰:'題曰楨,旁曰榦。'正義云:'題曰楨,謂當牆兩端者;旁曰榦,謂在牆兩邊者也。'然則舊説皆謂楨爲兩耑木,榦爲夾版兩邊木,許不尒者,舊説析言之,《爾雅》與許皆渾言之也。"《書·費誓》:"魯人三郊三遂,峙乃楨榦,甲戌,我惟築。"孔穎達疏:"題曰楨,謂當牆兩端者也;旁曰榦,謂在牆兩邊者也。"

【幹】

同"榦"。《説文·木部》:"榦,築牆耑木也。”段玉裁注：“榦，俗作幹。”漢揚雄《法言·五百》：“經營然後知幹楨之克立也。”汪榮寶意疏：“幹，《説文解字》作榦。李〔軌〕云：‘幹楨，築墻版之屬也，’按：《尚書·費誓》云：‘峙乃楨幹。’《史記·魯世家》《集解》引馬注云：‘楨幹者，皆築具：楨在前，幹在兩傍。’”《詩·衛風·淇澳》“倚重較兮”陸德明釋文：“較，車兩傍上出軾者。”清馬瑞辰通釋胡承珙曰：“凡物在兩旁者皆名幹，故兩脅謂之幹，築墻兩邊障土謂之幹，皆與較謂之幹意相近。”

牏

版築法築墻時用於端頭之堵板。《説文·片部》：“牏，築墻短版也。”徐鍇繫傳：“墻兩頭版也。”桂馥義證：“栽爲長版，築墻兩面；牏爲短版，築墻兩頭。”《睡虎地秦墓竹簡·秦律·司空》：“縣、都官用貞、栽爲偽牏，及載縣鐘虡〔虞〕用輻。”

鍤

亦稱“鍬”“臿”“鏵”。在土方工程中常用的掘地起土的工具。《釋名·釋用器》：“鍤，插也。插地起土也。”《爾雅·釋器》“斛謂之疀”晉郭璞注：“皆古鍫鍤字。”郝懿行義疏：“《文選·祭古冢文》注引《爾雅》作‘鍫謂之鍤’矣。鍫蓋俗字，鍤亦借聲。”鍤鍫之功能即爲掘地起土。在浚河、造臺、築墻、挖房基等土方工程中，鍤爲必不可少的常用工具。春秋時期出現了嵌刃式鐵口鍤，有“一”字形與“凹”字形兩種。在木鍤頭上加一個鐵製刃口，使之鋒利，容易入土。戰國、秦漢時期，在土方工程與農業生産中廣泛使用鐵口木鍤，此爲木鍤向鐵鍫發展的過渡形式。《漢書·王莽傳上》：“父子兄弟負籠荷鍤，馳之南陽。”唐顔師古注：

“鍤，臿也。”北魏賈思勰《齊民要術·種桃柰》：“栽法，以鍬合土掘移之。”唐章孝標《和顧校書新開井》：“霜鍤破桐陰，青絲試淺深。”《元史·董俊傳附董文蔚傳》：“治板幹，具畚鍤，儲餱糧。”《水滸傳》第一回：“汝等從人與我多唤幾個火工人等，將鋤頭鐵鍬來掘開。”明魏大中《浚濠工竣疏》：“鍫鑺以歸監督。”

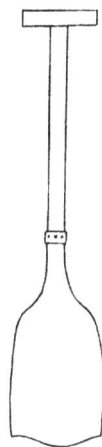

鍤
（元王禎《農書》）

【臿】

即鍤。此稱唐代已行用。見該文。

【鍫】

即鍤。此稱南北朝時期已行用。見該文。

【鏵】

即鍤。此稱明代已行用。見該文。

摟耙

土作工具。用於虚鋪灰土時之找平或落水時將水推散。

欘

古代钁一類的工具。《管子·小匡》：“美金以鑄戈劍矛戟，試諸狗馬；惡金以鑄斤斧鉏夷鋸欘，試諸木土。”

鐵搭

刨土和泥的工具。有三齒、四齒、五齒、六齒等數種，多爲四、六齒。其形似耙，故亦稱“四齒耙”。上部有一圓銎，以安柄之用。在建築施工中來攪拌泥漿，或用來刨土，打碎泥塊。其實物最早見於戰國時期，是歷代土方工程中常用的工具。元王禎《農書》卷一三："鐵搭，四齒或六齒，其齒銳而微鉤，似耙非耙，劚土如搭，是名鐵搭。"

鐵　搭
（清蔣廷錫等《古今圖書集成》）

雉

古代計算城牆面積的單位。長三丈，高一丈爲一雉。《禮記・坊記》："故制國不過千乘，都城不過百雉。"鄭玄注："雉，度名也。高一丈，長三丈爲雉。百雉爲長三百丈。"《左傳・隱公元年》："祭仲曰：'都城過百雉，國之害也。'"杜預注："方丈曰堵，三堵曰雉。一雉之牆，長三丈，高一丈。"明楊慎《秋林伐山・尋常丈尺》："《禽經》云：'雛上無尋，鷃上無常，雉上有丈，鷃上有

赤。'上，言飛而上也……雉上能丈，故計丈曰雉，《左傳》'都城百雉'是也。"

堵 [2]

古代築牆計量牆壁的面積單位名。古代以版築法築土牆，一版之長，五版之高爲堵。換言之，五版爲一堵，版的長度即爲堵的長度，五層版的高則爲堵的高度。《詩・小雅・鴻雁》："之子于垣，百堵皆作。"鄭玄箋："《春秋傳》曰：'五版爲堵，五堵爲雉。'雉長三丈，則版六尺。"《公羊傳・定公十二年》："五板而堵，五堵而雉，百雉而城。"《禮記・儒行》："儒有一畝之宮，環堵之室。"鄭玄注："環堵，面一堵也。"《說文・土部》："堵，垣也。五版爲一堵。"王筠句讀："垣曰堵，猶竹曰箇、木曰枚。"《睡虎地秦墓竹簡・秦律・徭律》："卒歲而或陜（決）壞，過三堵以上，縣葆者補繕之；三堵以下，及雖未盈卒歲而或雜陜（決）道出入，令苑輒自補繕之。"

瓦　作

瓦刀

瓦工用於砍削磚瓦，塗抹泥灰的一種工具。多以薄鐵板製成，其形似刀，故稱。早在殷商之時就使用瓦刀和泥砌牆。漢代瓦刀呈扁平方形，細把，構造簡單，輕便靈活，一器多用，爲瓦匠之得力工具。唐馬總《意林》卷五："雖歐陽百煉，猶不如瓦刀。"明周履靖《占驗錄》附《禳祓事類》："〔砌竈〕或有以瓦刀朝其寢，或向廳堂，使有刀兵相殺。"

木敲手

現代磚加工工具。指便於手執的短枋木。其作用與錘子相同，但比鐵錘輕便，敲擊力度輕柔。材料多爲硬木，以棗木爲佳。使用時以木敲手敲擊扁子，剔鑿磚料。

斧子 [2]

近代磚加工主要工具。用於磚表面的鏟平及砍去側面多餘部分。斧子由斧棍與斧刃組成。斧棍中間開有關口，可楔斧刃。斧以鐵夾鋼鍛造而成，呈長方形，兩頭爲刃鋒。兩旁用鐵卡

子卡住後放入斧棍關口內，兩邊再加墊料塞緊即可使用。

扁子 [1]

近代磚加工工具。以短而寬的扁鐵製成，前端磨出鋒刃。使用時以木敲手敲擊扁子，用來打掉磚上多餘部分。

煞刀

近代磚加工工具。以鐵皮做成，鐵皮一側剪出一排小口，用於切割磚料。

磨頭 [1]

近代磚加工工具之一。以糙磚、砂輪、油石爲之。用於砍磚或砌乾擺牆時的磨磚。

鏨子 [1]

近代磚加工工具。以薄型扁鐵製成，前端磨出鋒刃。

鉋子 [2]

近代磚加工工具之一。與木工刨相仿。用於磚表面的刨平。瓦作鉋子是 20 世紀三四十年代由北京工匠受木工刨之啓示而發明製成的。以其比瓦刀、斧子鏟平更順手、更便利，故頗受工匠歡迎。

包灰尺

近代磚加工工具之一。形同方尺，但角度略小於九十度。砍磚時用於度量磚的包灰口是否符合標準。

灰抹子

亦稱"抹子"。近代瓦工用以塗抹牆面與地面的工具，以熟鐵鍛製。抹面爲長方形薄鐵板，頭圓尾方，或頭尖圓尾橢圓。以扁鐵條製成的把手，鍛合在抹子背面。其規格約爲長 26 厘米，寬 7 厘米。灰抹子的使用始於秦漢。河南鶴壁漢代冶鐵遺址中曾發現出土實物。參閱中國科學院自然科學史研究所《中國古代建築技術史》。

【抹子】[1]

即灰抹子。此稱多行用於近代。見該文。

抹子 [2]

亦稱"雙爪抹子"。近代瓦作工具。用於牆面抹灰、屋頂苫背、筒瓦裏壟。古代抹子比現代抹子小，前端窄而尖，且多一連接點，故亦稱"雙爪抹子"。

【雙爪抹子】

即抹子 [2]。此稱多行用於近代。見該文。

杇

亦作"圬"。泥抹子，塗抹牆的工具。《爾雅·釋宮》："鏝謂之杇。"邢昺疏："鏝者泥鏝也，一名杇，塗工之作具也。"《集韻·平模》："杇，《説文》：'所以塗也。'或作圬。"南朝梁劉勰《文心雕龍·程器》："是以樸斲成而丹臒施，垣墉立而雕杇附。"

【圬】

同"杇"。此體宋代已行用。見該文。

【杅刀】

即杇。亦作"杇刀"。杅，同"杇"。章炳麟《徐錫麟陳伯平馬宗漢秋瑾等哀辭》："韓良狙擊乃中副車，豫讓漆身杅刀割虛。"一本作"杇刀"。

【杇刀】

同"杅刀"。此體多行用於近現代。見該文。

鴨嘴

近代抹灰工具之一。一種小型尖嘴抹子。以其狀如鴨嘴，故稱。多用來勾抹普通抹子不便操作的窄小處。亦用於堆抹花飾。

灰板

亦稱"托泥板"。近代木製抹灰工具之一。前端用於盛放灰漿，後尾帶柄，便於手執。爲抹灰操作時的托灰泥工具。

【托泥板】

即灰板。此稱多行用於近代。見該文。

木寶劍

亦稱"木劍"。近代瓦作工具之一。以短而薄的木板或竹片製成。用於墁地時磚棱的挂灰。以其一端修成便於手執的劍把狀，故稱。

【木劍】

即木寶劍。此稱多行用於近代。見該文。

蹾錘

近代磚墁地的工具。用於將磚蹾平、蹾實。多以城磚加工成圓臺體，中間的孔眼穿入一木棍。使用時以木棍在磚面上連續戳動將磚找平找實。近代多以皮錘代替。

方尺

近代瓦作工具之一。一種木製直角拐尺。用於磚加工時直角的畫綫與檢查，亦用於抹灰及其他需找方之處。

平尺

近代瓦作工具之一。以薄木板製成，小面要求平直。短平尺用於砍磚的畫綫，檢查磚棱之平直等。長平尺亦名"平尺板"。用於砌牆、墁地時檢查磚的平整度，以及抹灰時的找平、抹角。

扒尺

近代瓦作工具之一。木製丁字尺。丁字尺上附有斜嚮拉杆。拉杆既可固定丁字尺的直角，本身亦可形成一定角度。主要用於小型建築施工放綫時的角度定位。

石　作

卡扁

亦稱"扁子""扁鏨"。近代用於石料齊邊或雕刻時的扁光。寬度大於 1.5 厘米的爲大卡扁，小的爲小卡扁。用錘子錘打卡扁，將石料表面打平剔光，使之平整光順，沒有斧迹鑿痕。

【扁子】[2]

即卡扁。此稱多行用於近代。見該文。

【扁鏨】

即卡扁。見該文。

刀子

近代用於石料雕刻的工具，用於雕刻曲綫的稱圓頭刀子。

錯 [2]

磨刀石，琢玉之礦石。《書·禹貢》："錫貢磬錯。"孔傳："治玉石曰錯，治磬錯。"孔穎達疏："磬有以玉爲之者，故云'治玉石曰錯'，謂'治磬錯'也。"《詩·小雅·鶴鳴》："他山之石，可以爲錯。"鄭玄箋："錯，石也，可以琢玉。"清方文《贈張長仁職方》詩："石亦可爲錯，嫭亦可爲姝。"

錘

亦作"鎚"。用來敲打物體的工具。舊石器時代以石錘敲砸物體，後使用木錘與銅錘，戰國時代出現了鐵錘。在石材加工中常用的手錘，兩端平齊，短柄，約重 2 千克。對石材表面找平及打粗坯用的花錘，錘一端做成幾排小齒，另一端安裝木柄，用此錘敲打石材不平之處。漢王充《論衡·辯祟》："夫使食口十人居一宅之中，不動钁錘，不更居處，祠祀嫁娶，皆擇吉日，從春至冬，不犯忌諱，則夫十人比至百年，能不死乎？"宋蘇軾《答呂梁仲屯田》詩："付君萬指伐頑石，千鎚雷動蒼山根。"

【鎚】

同"錘"。此體宋代已行用。見該文。

【錘子】

即錘。用於打擊鑿子或扁子等。可分爲普通錘子、花錘、雙面錘與兩用錘。花錘錘頂帶有網格狀尖棱，主要用於敲打不平的石料，使其平整。這一工序名稱謂之"砸花錘"。雙面錘一面爲花錘，另一面爲普通錘。兩用錘則爲一面是普通錘，另一面安刃，既可當錘，亦可當斧。

花錘

近代錘頂帶有網格狀尖棱，用於敲打不平的石料，使其平整的工具。此做法是在經鑿打已基本平整的石面上，用花錘將石面進一步砸平。需磨光的石料不宜砸花錘，以免留下印影。砸花錘可作爲剁斧前的一道工序，剁出密勻起直順、深淺一致的斧印；亦可作爲石面的最後一道工序。經砸花錘處理的石料大多用於鋪墁地面。

鋼釺

開鑿巖石用的鑿眼工具。以硬度强、韌性好的鋼材製作而成。有圓形、棱柱形兩種。棱柱形鋼釺，又分六角、八角等。長短則依需要而定。釺呈斧狀，或凹刃，或月牙刃，以便於鑿眼之用。亦有扁刃，呈扁鑿狀。漢代已經使用此種工具。河北滿城中山靖王劉勝夫婦兩座石墓，即用鋼釺、鐵錘開鑿而成。

鏨

亦稱"鏨子"。用於石材的分割和粗坯加工的工具。普通鏨子直徑爲 0.8~1 厘米。分割石材時先用鏨子鏨出若干楔窩，在楔窩處安好楔子，再用大錘輪番擊打，直至劈開。南北朝以來石窟的開鑿，石刻藝術的發展，與鋼鏨的應用是分不開的。《太平御覽》卷七六三引漢服虔《通俗文》："石鑿曰鏨。"宋李誡《營造法式·石作制度·造作次序》："用鏨揭剝高處。"明焦竑《俗書刊誤·俗用雜字》："斬金之小鑿曰鏨。"明茅元儀《武備志·軍資乘·器械》："鎚成板子，就以鋼鏨鏨縱橫深紋於其上。"

【鏨子】[2]

即鏨。此稱多行用於現當代。見該文。

鏨　子
（清李輔燿《海寧念汛大口門二限三限石塘圖説》）

鐵楔

近代分割石材的工具。其形近似方錐體，錐頭鈍而短，有兩個相對稱的斜面，夾角越小，用同樣大的力所發的力就越大。先用鏨子在大塊石料上鏨出間距 8~12 厘米，窩深 4~5 厘米的楔窩。然後在楔窩處安好楔子，用大錘輪番擊打，第一次擊打時要較輕，以後逐漸加重，直至劈開。分割前須仔細分辨石料紋理走嚮，順着紋理分割可將石材劈裂得很規整。

磨頭 [2]

近代用於石料磨光的工具，一般爲砂輪、粗金剛石、細金剛石等。磨光應在剁斧的基礎上進行。要求磨光的石料，荒料找平時不宜刺點、砸花錘，刷道時，應避免石面受力過重，留下鑿影及印痕，使磨光時無法去除。磨光時先用粗糙的金剛石蘸水磨幾遍，磨時可在石面撒些金剛砂，然後用細金剛石蘸水再磨數遍。石面磨光後可做擦酸及打蠟處理。

剁子

近代用於截取石料的鑿子。早期形狀，其下端爲一方柱體。後抑或將其下端做成直角三角形。

斧子 [3]

用以剁打石面，使其精細光潔的工具。剁斧的遍數應爲二至三遍，兩遍斧完成的爲糙活，三遍斧完成的爲細活。第一遍斧主要目的是找平，第二遍斧既可作爲最後一遍工序，亦可作爲打細道或磨光的準備工作。石料表面以剁斧爲最後工序的，最後一遍斧應輕細、直順、勻密。剁斧是官式建築石活中最常使用的做法之一，亦爲較講究的做法之一。剁斧應在砸花錘後進行。剁出的斧印應密勻直順，深淺應基本一致，不應留有鑿點、鑿影及上遍斧印。刮邊寬度應一致。

剁斧

近代用於截斷石料的工具，形狀與錘子相仿，但下端帶有平頭斧刃。截取石料的方法有兩種。傳統方法是將剁斧對準石料上彈出的墨綫放好，然後用大錘猛砸斧頂。沿墨綫逐漸推進，反復進行，直至將石料截斷。由於剁斧的刃是平的，石料上又沒打出道溝，不會對石料造成内傷。但此法對少數石料難以奏效。近代亦有使用下述方法的：先用鑿子沿石料上的墨綫打出道溝，然後以大錘砸剁子，沿道溝逐漸推進，直至將石料截斷。此法效率較高，但可能會對部分石料造成内傷。

哈子

近代專門用於加工花崗巖表面的剁斧。它與普通斧子的形制與構造方法有别：其一，斧子斧刃與斧柄方嚮一致，而哈子斧刃與斧柄互爲橫竪方嚮；其二，普通斧子的倉眼（安裝斧柄的孔洞）與斧刃平尾，而哈子上的倉眼却前低後高，安裝斧柄後，哈子下端微向外張。這種特殊形制、特殊結構的斧子可使剁出的石碴濺向外側，而不致傷人面部。

無齒鋸

近代用於薄石板的製作加工的工具。

楔子

近代石料加工工具之一。主要用於劈開石料。

測　量

曲尺

亦稱"商尺""車工尺""大尺""今尺""營造尺"。古代木工、土工用於測量角度與長度的計量工具。亦用於畫方形或直角。相傳爲春秋時魯國杰出建築工匠魯般所發明，歷代沿用至今。曲尺以三根木杆相交構成，兩根長杆呈

曲　尺

（清李輔燿《海寧念汛大口門二限三限石塘圖説》）

直角，另一根短杆斜嚮固定。用它求直角，量長短，畫直綫或平行綫，其功用較多。木工所用者小，土工所用者大。此工具早在春秋時即在建築工程中使用，漢畫伏羲手執之物即爲曲尺。唐白居易《雨夜贈元十八》詩：“把酒循環飲，移床曲尺眠。”此言兩床相接成直角，如曲尺。明午榮《魯班經》卷一：“九天玄女裝門路，以玄女尺算之，每尺止得九寸有零。”明趙宧光《説文長箋》卷九五：“歷代尺制不定……有魯班尺、玄女尺。”《明會典·斛斗秤尺》：“工部各給鐵斛一張，銅尺、木尺各一把。”明朱載堉《樂律全書》卷二二：“商尺者，即今木匠所用曲尺，蓋自魯般傳至於唐，唐人謂之大尺。由唐至今用之，名曰今尺，又名營造尺，古所謂車工尺。”《清續文獻通考·樂八》同朱書。清唐甄《潛書·審知》：“大匠不能徒直，定於墨繩；不能徒方，準於曲尺。”

【商尺】

即曲尺。商，計量之意。此稱先秦時期已行用。見該文。

【車工尺】

即曲尺。此稱唐代已行用。見該文。

【大尺】

即曲尺。此稱唐代已行用。見該文。

【今尺】

即曲尺。此稱唐代已行用。見該文。

【營造尺】[1]

即曲尺。此稱唐代已行用。見該文。

【矩】

即曲尺。古稱。《墨子·法儀》：“百工爲方以矩。”《荀子·不苟》：“五寸之矩，盡天下之方也。”楊倞注：“矩，正方之器也。”《史記·禮書》：“規矩誠錯，則不可欺以方員。”司馬貞索隱：“矩，曲尺也。”《宣和書譜·宮室叙論》：“故宮室有量，臺門有制，而山節藻梲雖文仲不得以濫也。畫者取此而備之形容……雖一點一筆必求諸繩矩。”清程瑶田《考工創物小記·宣櫨柯磬折句度法述》：“百工皆持矩以起度，而倨句之度法遂生於矩焉。”亦稱“矩尺”。明李之藻等《同文算指》通編卷六：“以矩尺測遠，欲於甲測地平。”劉東瑞《矩和矩尺》：“矩尺又叫曲尺，是測量角度與長度的綜合計量器具，它的前身是矩。”

【矩尺】[1]

即矩。此稱明代已行用。見該文。

營造尺 [2]

亦稱“車工尺”。唐以來歷代營造工程所用的曲尺。一營造尺合 0.32 米。《金史·食貨志二》：“量田以營造尺。五尺爲步；闊一步，長二百四十步爲畝；百畝爲頃。”《續文獻通考·樂考八》：“商尺者，即今木匠所用曲尺。蓋自魯般傳至於唐，唐人謂之大尺。由唐至今用之，名曰今尺，又名營造尺，古所謂車工尺。”

矩尺 [2]

磚加工畫綫工具。將兩根前端磨尖的鐵條鉸接呈剪刀叉狀。以此工具既可畫出圓弧，亦可運用兩根鐵條平行移動形狀相同的原理，把任意圖形平移至磚面。

工

測量工具。指古代一種曲尺。《說文·工部》："工，巧飾也，象人有規榘也。"楊樹達《積微居小學述林·釋工》："許君謂工象人有規榘，說頗難通，以巧飾訓工，殆非朔義。以愚觀之，工蓋器物之名也。知音：《工部》巨下云：'規巨也，從工，象手持之。'按工爲器物，故人能以手持之，若工第爲巧飾，安能手持乎……以字形考之，'工'象曲尺之形，蓋即曲尺也。"

活尺

亦稱"活彎尺""角度尺"。近現代可任意變化角度的木製拐尺。可用于"六方"或"八方"角度的畫綫與施工放綫等。

【活彎尺】

即活尺。此稱多行用於近現代。見該文。

【角度尺】

即活尺。此稱多行用於近現代。見該文。

規

古代營建房屋及其他建築物使用的測量器具，即圓規。這是修造高大宮殿必不可少的畫圓工具。至遲在建築仰韶文化時期的圓形住房時即已使用。它是一條繩索（木工所用較短，土工所用較長），一端繫有錐，可固定以爲圓心；另一端執以放綫。古畫像中，女媧手中所執即爲此物。漢時木工已用做畫圓工具。《韓非子·飾邪》："懸衡而知平，設規而知圓。"《吕氏春秋·分職》："巧匠爲宮室，爲圓必以規，爲方必以矩，爲平直必以準繩。"三國魏曹丕《車渠碗賦》："方者如矩，圓者如規。"

準

亦作"准"。古代測量水平的儀器，即後世所謂"水平"，現代之水平儀。《韓非子·有度》："故繩直而枉木斫，準夷而高科削。"《漢書·律曆志上》："準者，所以揆平取正也。"《新唐書·天文志一》："至七年〔渾〕儀成。表裏三重，下據準基，壯如十字。"明何景明《進舟賦》："泥軌度而局促兮，放準墨而外求。"

【准】

同"準"。此體先秦時期已行用。見該文。

準繩

亦作"准繩"。亦稱"准直"。古代測定平直的器具。準，測定平面的水平器；繩，量直綫的墨綫。《禮記·月令》："〔孟春之月〕田事既飭，先定準直，農乃不惑。"鄭玄注："準直，謂封疆徑遂也。"孔穎達疏："準謂輕重平均，直謂繩墨得中也。封疆有界限，徑遂有闊狹，皆先平均正直之，故云'準直，謂封疆徑遂'。"《管子·乘馬》："因天材，就地利，故城郭不必中規矩，道路不必中準繩。"《吕氏春秋·分職》："巧匠爲宮室，爲圓必以規，爲方必以矩，爲平直必以準繩。"畢沅校注："李本作准，別本作

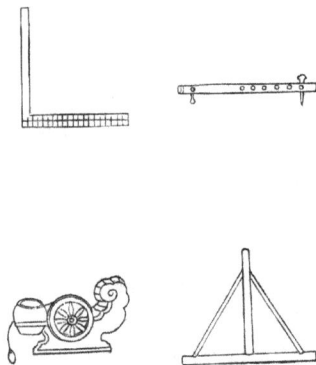

規矩準繩圖
（清蔣廷錫等《古今圖書集成》）

準。”漢陸賈《新語·道基》：“故聖人防亂以經藝，工正曲以準繩。”《史記·夏本紀》：“左準繩，右規矩，載四時，以開九州，通九道，陂九澤，度九山。”

【准繩】

同“準繩”。此體先秦時期已行用。見該文。

【准直】

即準繩。此稱先秦時期已行用。見該文。

繩

古代木工用以測定直綫的墨綫。《書·説命上》：“惟木從繩則正，後從諫則聖。”《荀子·勸學》：“木直中繩，輮以爲輪。”《漢書·律曆志上》：“衡權者，衡，平也；權，重也，衡所以任權而均物平輕重也。其道如底，以見準之正，繩之直，左旋見規，右折見矩。”

水臬

亦稱“水平”。古代測定水平面的器具。《文選·何晏〈景福殿賦〉》：“制無細而不協于規景，作無微而不達于水臬。”李善注：“《周禮》：‘匠人建國，水地以縣，置槷以縣，眡以景，爲規，識日出之景與日入之景。’鄭玄注：‘於四角立植，而縣以水，望其高下；高下既定，乃爲位而平地。槷古文臬，假借字也。于所平之地中央，樹八尺之臬，以縣正之，眡之以其景，將以正四方也。”唐張銑注：“水臬，水平也。”唐李白《明堂賦》：“乃準水臬，攢雲梁。”唐李靖《衛公兵法》卷下：“水槽，長二尺四寸，兩頭及中間鑿爲三池……以水注之，三池浮木齊起，眇目視之，三齒齊平，則爲高下准……計其尺寸，則高下丈尺分寸可知，謂之水平。”宋蘇軾《論八丈溝不可開狀》：“三縣官吏文狀稱羅適、崔公度當初相度八丈溝時，只是經馬行過，不

曾差壕寨用水平打量地面高下。”參見本書《科技卷·天文學説·渾儀考》“臬”文。

【水平】

即水臬。此稱唐代已行用。見該文。

土圭

古代測日影、正四時及測度土地的器具。其長度一尺五寸。《周禮·地官·大司徒》：“以土圭之灋，測土深，正日景，以求地中。”賈公彦疏：“土圭尺有五寸，周公攝政四年，欲求土中而營王城，故以土圭度日景之法測度也。度土之深，深謂日景長短之深也。”《文選·張衡〈東京賦〉》：“土圭測景，不縮不盈。”李善注引鄭玄曰：“土，度也；縮，短也；盈，長也。謂圭長一尺五寸，夏至之日，竪八尺表，日中而度之，圭影正等，天當中也。”《南史·宋紀上》：“長安豐稔，帑藏盈積，帝先收其彝器、渾儀、土圭、記里鼓、指南車及秦始皇玉璽送之都。”明張煌言《至夜傳王師出東粤志喜》詩：“土圭才見影初長，忽報天聲出五羊。”參見本書《科技卷·天問學説·渾儀考》“土圭”文。

圭表

古代測日影、正方位的儀器。石座上平卧的橫尺曰圭，南北兩端直立的標杆曰表，圭與表呈垂直。《宋史·律曆志九》：“觀天地陰陽之體，以正位辨方、定時考閏，莫近乎圭表。”明張煌言《鄉薦經義·權然後知輕重，度然後知長短》：“乃稽其贏縮，斯圭表修而算數永。”

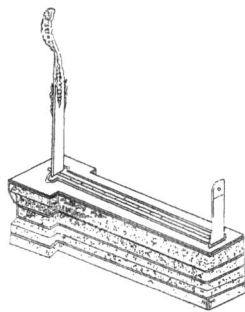

圭　表
（清允禄等《皇朝禮器圖》）

參見本書《科技卷·天問學説·渾儀考》"圭表"
文。

圭臬

土圭與水臬。古代測日影、正四時、定方
位、度土地的儀器。唐杜甫《八哀詩·故著作
郎貶台州司户滎陽鄭公虔》："圭臬星經奧，蟲
篆丹青廣。"明黄佐《乾清宮賦》："揆日晷，驗
星文，陳圭臬，絜廣輪。"

墨斗

亦作"墨斗"。亦稱"赭繩"。古代木工畫
直綫的工具。由圓筒、摇把、綫輪等結構組成。
圓筒内裝有飽含墨汁的絲綿，綫輪上繞有綫繩，
綫頭一端拴一小木鈎，畫綫時將木鈎挂在木料
一端，將墨斗拉到另
一端，繃緊綫繩，用
手將綫拉起，然後放
手回彈，即可在木料
上彈出一條直墨綫。
相傳爲魯般所發明。

墨　斗
（清李輔燿《海寧念汛大
口門二限三限石塘圖説》）

墨斗上小木鈎謂之
"班母"，據説是爲
紀念魯般（班）之母而命名。宋沈括《夢溪筆
談·技藝》："術專文象形，如繩木所用墨斗也。"
元李冶《敬齋古今黈》卷八："又聞墨斗謎云：
'我有一張琴，一弦藏在腹，莫笑墨如鴉，正盡
人間曲。'"明楊慎《秋林伐山·赭繩》："《商君
書》：'赭繩束枉木。'古之匠人用赭繩，即今之
墨斗也。"

【墨斗】

同"墨斗"。此體宋代已行用。見該文。

【赭繩】

即墨斗。此稱先秦時期已行用。見該文。

懸

亦作"縣"。亦稱"懸錘""綫錘""綫墜"。
古代建築使用的一種測量器具。其製作簡單，
以一段綫，下繫重物即成。其功能爲用來校正
建築物是否垂直於水平面，重心是否偏離中心
綫。砌築牆體時常以懸校正，使其垂直，以防
倒塌。建造高大殿堂、樓閣、宮觀及佛塔時，
更需用懸錘校正。《周禮·考工記·輿人》："圜
者中規，方者中矩，立者中縣，衡者中水。"
《墨子·法儀》："百工爲方以矩，爲圓以規，直
以繩，正以縣。"

【縣】

同"懸"。此體先秦時期已行用。見該文。

【懸錘】

即懸。見該文。

【綫錘】

即懸。見該文。

【綫墜】

即懸。見該文。

畫綫筆

古代木工用的畫綫工具。多用牛角製作，
富有韌性與彈性，堅固耐用。亦有以竹片爲之。
此筆下部扁平，呈梳齒狀。參閲中國科學院自
然科學史研究所《中國古代建築技術史》。

制子

度量工具。多以小木片製成。往往比尺子
準確、簡便。

登　高

高凳

古代建築施工中常用的登高工具。人站在高凳上施工，是古代常用的方法之一。或於兩個高凳上搭鋪木板，使工匠活動餘地更大。敦煌二九六窟北周壁畫所畫的人物，即爲工匠站在高凳上操作。《古今秘苑》卷四："凡有大營造者，高燒香凳及長梯宜多做，並宜多備排板，以備水作砌高頭用。"可知高凳在古代施工中是必備常用工具之一。

梯²

亦稱"梯子"。古代建築施工中登高操作時常用的簡單工具。此登高工具出現的時間較早，春秋末年，公輸般（班）爲楚攻宋所創製的雲梯，即將普通梯子加以改進，裝上滑輪等，使之成爲專門的攻城工具。敦煌四四五窟唐壁畫所畫人物到梁架屋面施工，即登梯而上。木梯具有寬度小、坡度陡之特點。古代一般梯子高寬比爲 1：1.1，甚至更小。與今天建築中常用梯子 1：1.5 乃至 1：2 的高寬比例不同。古代建築施工中常用者有兩種：一爲硬梯，多以木、竹製成；二爲軟梯，亦稱"蜈蚣梯"，以繩索及木條做成。梯子是一種輕便靈活的脚手架，從古至今，兩千餘年一直沿用。《孫子·九地》："帥與之期，如登高而去其梯。"《三國志·蜀書·諸葛亮傳》："琦乃將亮游觀後園，共上高樓，飲宴之間，令人去梯。"元薩都剌《過嶺至崇安方命棹之建溪》詩："石梯架仙巖，往往遺骨在。"亦稱"梯子"。《五燈會元》卷一四："召侍者與老僧牢扶梯子，遂點之。"宋曾公亮等《武經總要》前集卷一七有"石梯子"諸語。

【梯子】

即梯。此稱宋代已行用。見該文。

脚手架

建築施工中供登高操作的支架。其種類很多，依施工需要而製作。常用的有"二人凳脚手架""土墻脚手架""插杆立柱脚手架""六角形脚手架"及"方形單排脚手架"等。"二人凳"本爲一種古代傢具，後用於建築施工，上放跳板，成爲簡易脚手架，多在部位較低的壁體施工中采用。築土墻的脚手架，一般采用雙排架方法。在一段墻面留有六至八個洞孔，孔距在 50~70 厘米，洞內插杆，按段立杆，立杆裏面側立墻板，用以擋住墻體夯土。此謂之土墻脚手架。插杆立柱脚手架，是將插杆、立柱綁扎在一起，於立柱之旁側施木板，作爲木夾板，施工時逐步提升。六角形脚手架及方形單排脚手架主要爲建造方塔與六角形塔而搭製。唐代方塔施工中皆用方形單排脚手架。而宋明兩代建塔，平面多六角形。施工時，按照塔的形體，每層每面搭架，周圍交結而成爲六角形脚手架。現代民用樓房建築及古建築維修施工中仍使用脚手架裝置。

起　重

杠杆起重機

亦稱"桔槔""桔皋"。本爲井上汲水工具，後在建築施工中用來起重。其構造爲采用杠杆原理，利用支架把一根杠杆由中間懸吊起來，一端吊物，另一端由人扳動，力點至支點的距離大於重物至支點的距離，故以較小的力就可吊起很重的物體。其支架或祇埋一根立柱，或用三根木杆構成三腳架，構造簡單，應用方便。《莊子・天運》："且子獨不見夫桔槔者乎？引之則俯，舍之則仰。"《淮南子・氾論訓》："斧柯而樵，桔槔而汲。"《紅樓夢》第一七回："籬外山坡之下，有一土井，旁有桔槔轆轤之屬。"

【桔槔】

即杠杆起重機。此稱先秦時期已行用。見該文。

【桔皋】

即杠杆起重機。此稱漢代已行用。見該文。

轆轤

輪軸類起重裝置。以其曲柄之回轉半徑大於轆轤頭之半徑，故用小力即可提升重物。此裝置可置於井上汲水，亦可在建築施工中起吊重物或體形大的部件及建築材料。據文獻記載，此物始見於西周初期，古代轆轤種類有四：單轆轤、雙轆轤、花轆轤、複式轆轤。《六韜・軍用》："渡溝塹，飛橋一間，廣一丈五尺，長二丈以上，著轉關轆轤八具，以環利通索張之。"南朝宋劉義慶《世說新語・排調》："顧曰：'井上轆轤臥嬰兒。'"北魏賈思勰《齊民要術・種葵》："井別作桔槔、轆轤。"原注："井深用轆轤，井淺用桔槔。"唐張淮深《修功德記》："曳

其枕檁，憑八股之轆轤；上壑運泥，斡雙輪於霞際。"宋朱敦儒《念奴嬌・中秋月》詞："參橫斗轉，轆轤聲斷金井。"元趙明道《鬥鵪鶉・題情》套曲："秋聲和轆轤砧韵敲，淅零零細雨灑芭蕉，初凋。"清黃宗羲《餘姚至省下路程沿革記》："南堰挽舟設轆轤，北堰則徒手舉之，故其舟尤小也。"

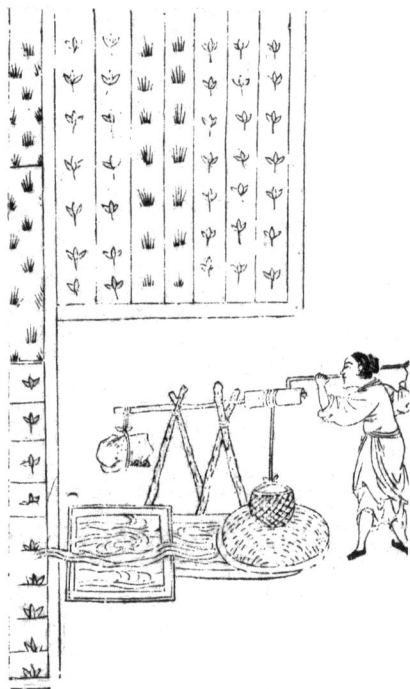

轆轤
（明王圻等《三才圖會》）

下磿車

亦稱"抱磿""磿下車""下磨車"。裝有轆轤以吊運重物之車。《周禮・地官・遂師》："大喪，使帥其屬以幄帟先，道野役及窆，抱磿，共丘籠，及磿車之役。"鄭玄注引漢鄭重曰："抱磿，磿下車也。"《墨子・備蛾傅》："備蛾傅爲縣脾（按清畢沅疑爲'陴'字），以木板厚二

寸，前後三尺，旁廣五尺，高五尺，而折爲下
磨車。"孫詒讓間詁："磨當爲歷。《周禮·遂師》
鄭注云：'抱歷，歷下車也。'當即此下歷車，
亦即《備高臨》篇之歷鹿。蓋縣重物，爲機以
利其上下，皆用此車。故《周禮》王葬以下棺。
此下縣碑亦用之。"按，《周禮·遂師》"歷"，
一作"歷"。抱歷謂抱持名版，查點執紼人數。
歷，古代送葬時記執紼人姓名之版。

【抱歷】

即下歷車。此稱先秦時期已行用。見該文。

【歷下車】

即下歷車。此稱漢代已行用。見該文。

【下磨車】

即下歷車。此稱先秦時期已行用。見該文。

飛來剪

古代向高處運送重物的工具，作用與今起
重機相似。今南京市朝天宮、靈谷寺各存一具，
其形似剪，重千斤以上，相傳自天外飛來，故
名。據今人考證，乃古代向高處運送建築材料
之用。目前尚未見古籍記載。唯見藉以詠史之
作，如近代朱錫梁《白門懷古》詩："鍾山與盋
山，兩箇飛來剪。"

絞車

係由轆轤發展而來，爲古代建築施工中使
用的起重裝置。應用範圍很廣。可由數人同時
作業，起重能力大大增強。分臥置與豎置兩種，
視需求而定。建築中需要的特大構件，如大型
石塊，佛塔上的巨大塔刹，宮殿之大梁、大
柱，城門之門板等，多利用絞車起吊安裝。《六
韜·軍用》："武翼大櫓矛戟扶胥七十二具，材

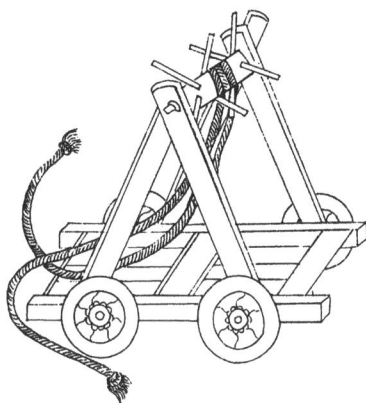

絞　車
（宋曾公亮等《武經總要前集》）

士强弩矛戟爲翼，以五尺車輪絞車運弩自副。"
《晉書·石季龍載記下》："邯鄲城西石子堈上有
趙簡子墓，至是季龍令發之……乃及泉，其水
清冷非常，作絞車以牛皮囊汲之，月餘而水不
盡，不可發而止。"宋曾公亮等《武經總要》前
集卷一三："絞車，合大木爲床，前建二叉手
柱，上爲絞車，下施四卑輪，皆極壯大，力可
挽二千斤。"清魏源《聖武記》卷一四："或作
絞車，鈎索四輪，俟進舉竿，一挽入闈，則制
木驢之法也。"

【絞盤】

即絞車。見該文。

千斤頂

建築施工中使用的起重工具。通常用螺旋
或液壓之法頂起重物。明清時期，因受西方科
學技術的影響，出現了螺旋式千斤頂。現代則
多用液壓式千斤頂。參閱明茅元儀《武備志》、
明王徵《遠西奇器圖說錄最》、清方以智《物理
小識》。

運　載

冰道

古有其物，而無此稱。於嚴冬季節，以澆水法建起一條冰道，將施工所需木材、石料等沿冰道運往工地。

滑板

古有其物，而無此稱。以數塊木板連接而成的運載工具。長3~4尺，寬2尺，上面平整，底部四周成弧形，以利溜滑。運石料時，可將石料直接放在滑板上；運土時，則將盛滿土的筐置於滑板之上。人用繩牽引滑板沿專用石板路或專修的運輸道路滑行。

滑架

古有其物，而無此稱。以兩根弧形木條與兩根橫置方木釘製而成的運載工具。於上面放一大土箕，將土、石料裝於箕內，然後人拉滑架滑行。在一定坡度的地段運輸，甚爲靈活。

馬道

亦作"馺橋"。古有其物，而無此稱。古代多指可跑馬的路。舊時福建、浙南等地指碼頭。古代建築施工中運輸建材之坡道。亦爲施工人員上下脚手架之道，其坡度較小，實爲脚手架的一部分。其結構方法與脚手架同，但所用立柱要粗，密度亦大，坡道兩邊搭安全欄杆，以保施工人員安全。清李斗《揚州畫舫録》卷十七有"搭馺橋"之語。此即馬道。

【馺橋】

即馬道。此稱清代已行用。見該文。

車

建築施工中一種重要運輸工具。殷商時已較完善。春秋戰國時期，出現了以金屬製作的釭（軸承），并用動物油作潤滑劑，使之更加輕便。常以馬、牛等畜力馭引。漢代以後爲雙轅，應用更加普遍，成爲陸地運輸的主要工具。甲骨文中已出現單轅兩桅車，鐘鼎文中亦有其形。《詩·小雅·何草不黃》："有棧之車，行彼周道。"漢王充《論衡·效力》："重任之車，彊力之牛，乃能輓之。是任車上阪，彊牛引前，力人推後乃能升逾。"

輜車

古代載重車。爲多輪大型車，與近代農村大車相似。漢代已出現穩定性好、載重量大的四輪車，或運載建築材料，或運載物資，上加帷蓋，可供臥車使用。南北朝時期，出現了用十二條牛拉引的大型多輪載重車。明代爲運輸大木、巨石，設計製造了十六輪車，用十幾匹甚至幾十匹騾子拉引。《史記·穰侯列傳》："穰侯出關，輜車千乘有多餘。"《後漢書·桓榮傳》："即拜佚爲太子太傅，而以榮爲少傅，賜以輜車、乘馬。"唐楊炯《唐同州長史宇文公神道碑》："輜車就列，化洽於二州。"宋文瑩《玉壺清話》卷七："朝廷亟遣大將李繼隆，發鎮定卒萬餘，護送芻糧數千輜車，將實其廩。"參閱明賀仲軾《冬官記事》。

獨輪車

運載時須以人力推挽的輕便工具。適用於平原，亦適用於山區。以其爲獨輪，故道路寬窄皆可通行。其載重量雖小，然適應性極強，爲漢及漢以後南北各地常用的人力小車。四川成都楊子山漢墓出土的畫像石、四川渠縣燕家村、蒲家灣漢代石闕上，皆摹刻有類似後世獨輪車的形象，時間約在西漢末、東漢初。其物爲鹿車的一種，古常混稱"鹿車"。時至南北朝始見今名。北齊盧詢祖《中婦織流黃》詩曰："支機一片石，緩轉獨輪車。"唐陳琡《別僧》詩："若行獨輪車，常畏大道覆。"（《別僧》，一作《留別蘭若僧》）亦稱"獨轅車"。宋陸游《山行》詩："老翁七十亦何來，尚賴山行散百憂。搣耳帽寬新小疾，獨轅車穩正聞游。"《大明會典·工部二十》："洪武五年合造獨轅車，山西、河南八百輛。"明周鑒等輯校《金湯借箸·營陣部》："今世有獨輪車者，民間用以搬運，一人前挽，一人後推，其制輕便。"《清經世文編·兵政二》："五寨讁大同立功，創獨輪車，用人推挽。"可知明清時期的獨輪車必須兩人操作，一人推，一人挽，而明清之後多爲一人推行的雙轅小車。

【獨轅車】

即獨輪車。此稱宋代已行用。見該文。

雪橇

古有其物，而無此名。在雪地或冰上滑行，沒有輪子的運載工具。多以狗、鹿、馬等畜力拖引。其構造爲於兩條前端翹起的木質護板上安裝木架，用於載運木材、石料、磚瓦等。

滾棍

古代搬運大木、巨石，多在下面置木棍或鐵棍。以滾棍對地面的滾動，代替重物對地面的摩擦，大大減少了摩擦力，節省了人力。古時建造宮殿所用大木、巨石，多用滾動人拉之法運輸。唐吳兢《貞觀政要》卷一："隋室初造此殿（洛陽乾元殿），楹棟宏壯，大木非近道所有，多自豫章采來，二千人拽一柱，其下施轂，皆以生鐵爲之。"明賀仲軾《冬官記事》："三殿

中道階級，大石長三丈，闊一丈，厚五尺，派順天等八府民夫兩萬，造旱舡拽運。"旱舡即以"大木爲車"的運石工具。亦稱"木橇"，即爲墊有滾棍的運石工具。

撬棍

亦稱"杠杆""土千斤"。古有其物，而無此名。是移動、起重笨重物體的工具。或爲木製，或爲鐵棍。使用時，於撬棍前置一支架，或墊一物體作支點，後部較長，用不大的木棍即可將笨重的物體撬動。若前後各用兩根撬棍同時撬，可將巨大的石料撬起，故有"土千斤"之稱。

【杠杆】

即撬棍。此稱多行用近現代。見該文。

【土千斤】

即撬棍。此稱多行用近現代。見該文。

筏

亦稱"筏子"。古代水運工具。以竹木編排而成。有木筏、竹筏兩種。建築材料中，木、竹占很大比例，多產於山區。以其體輕，在水中有浮力，故多從水道運輸。將幾根樹幹或竹用繩索捆綁成筏，可運送重要建材。使用最多的方法爲將竹、木連接成筏，然後一排排前後銜接，長達數里。《方言》第九："汧謂之簰，簰謂之筏。筏，秦晋之通語也。"錢繹箋疏："馬融注《論語·公冶長篇》云：'編竹木大者曰筏，小者曰桴。'桴、筏一聲之轉。"唐杜甫《奉送崔都水翁下峽》詩："無數涪江筏，鳴橈總發時。"唐韓愈《送文暢師北游》詩："開張篋中寶，自可得津筏。"清陳錦《結筏順河記》："接運曲阜廟工木，值六萬本，以纜結筏爲三十，有七簰，簰四節，節四丈，廣半之，厚當其廣

什之二。"以筏爲工具從水道運輸木材的記載，可參閱漢陸賈《新語・資埶》。其載曰："夫楩、枬、豫章，天下之名木，生於深山之中，産于溪谷之傍。立則爲太山衆木之宗，仆則爲萬世之用。浮於山水之流，出於冥冥之野，因江河之道，而達于京師之下。"由此可知，京城中宮殿樓閣等高大雄偉的建築物所用木材，是以筏爲水運工具，從山區順江河水道運送至京師。此水運之法一直沿用至今。

【筏子】

即筏。元佚名《元朝秘史》卷三："咱每可用猪鬃草拴作筏子，徑直渡過勒豁河。"《紅樓夢》第六〇回："如今三姑娘正要拿人做筏子呢！"

漕船

水上運輸工具。以船運輸建材，爲最經濟便利之法。明南京城、明清北京城的營造，所用木、石、磚瓦等皆以船由水道從全國各地運至京師。當時使用的運輸船有沙船、漕船、划船等，另外還有雙體船、連環舟。《漢書・溝洫志》："謁者二人發河南以東漕船五百艘，徙民避水居丘陵，九萬七千餘口。"《新唐書・張萬福傳》："萬福因馳至渦口，駐馬於岸，悉發漕船相銜進，賊兵倚岸熟視不敢動。"

索 引

一、本索引爲詞條索引，凡正文詞條欄目出現的主詞條均用"*"標示，副詞條則無特殊標識。

二、本索引諸詞條收錄順序以漢語拼音音序爲基礎，兼顧古音、方言等差异，然爲方便檢索，又與音序排列法則有异，原則如下：

首先，以詞條首字所對應的拼音字母爲序排列，詞條首字相同（讀音亦同）者爲同一單元；詞條首字不同但讀音相同的各個單元，一般按照各單元詞條首字的筆畫，由簡至繁依次排列。例如以 huáng 爲首字的詞條，則按首字筆畫依次分作"皇""黄"等不同單元；又如以 diāo 爲首字的詞條，則按首字筆畫依次分作"刟""蛁""貂"等不同單元。此外，爲方便查閲和比較，在對幾個同音且各衹有一個詞條的單元排序時，一般將兩個或幾個含義相同或相近的單元鄰近排列。如"埋頭蛇""狸蟲""貓頭蛇"都屬於 mái 爲首字的單元，且"埋頭蛇"與"貓頭蛇"含義相同，因此這三個單元的排列順序是"狸蟲""埋頭蛇""貓頭蛇"。

其次，同一單元内按各詞條第二字讀音之音序排列，第二字讀音相同者則按第三字讀音之音序排列，以此類推。例如以"皇"爲首字的單元各詞條的排列依次爲"皇戒、皇帝鹵簿金節……皇貴妃儀仗金節……皇史宬……皇太后儀駕卧瓜……皇庭"。

三、本索引中詞條右側的數字爲該詞條在正文位置的起始頁碼。

四、本索引所收詞條僅限於正文、附錄中明確按主、副詞條格式撰寫的詞條，而在其他行文中涉及的詞條不收錄。

五、多音字、古音字或方言字詞條按其讀音分屬相應的序列或單元，如"大常"古音爲 tàicháng，因此歸入音序 T 序列；又如"葛上亭長"，"葛"是多音字，此處讀 gé，因此歸入音序 G 序列之 ge 的二聲單元；互爲通假的詞條，字雖异然而讀音同者，如"解食""解倉"皆爲芍藥別稱，因"食"與"倉"通，故"解食"讀音與"解倉"同；等等。

六、某些詞條多次出現，在正文中以詞條右上標記數字爲標志，如"朝[1]""朝[2]""百足[1]""百足[2]"等，索引中亦按照其右上標記數字的順序排列。詞條相同但讀音不同的則按照其讀音分屬相應的音序序列和單元。如"蟒[1]"（měng）、"蟒[2]"（mǎng），"蟒[1]"歸入音序 M 序列之 meng 的三聲單元，"蟒[2]"則歸入音序 M 序列之 mang 的三聲單元。

七、某些特殊詞條，如數字詞條、外文字母詞條等，則收入《索引附錄》。

A

阿以旺 * 579

矮昂 789

矮柱 820

愛楓亭 469

愛晚亭 * 469

广 ¹ 612

庵 * 612

菴 611

菴廬 * 611

鞍子脊 * 691

暗栿 862

暗柱 * 819

昂 * 785

昂尖 790

昂面 * 790

昂尾 * 790

昂嘴 * 790

枊 787

棩 787

鰲尖 * 699

奧 * 114

B

八步梁 * 856

八椽栿 * 855

八角亭 * 450

八脚牌樓 307

八境臺 * 434

八咏樓 386

扒尺 * 1052

扒梁 * 860

巴飛杙 * 544

巴籬 542

芭籬 543

笆 543

笆箔 543

拔檐 * 717

茇 609

废 609

把臂拱 800

把頭絞項造斗拱 * 797

霸王祠 * 250

霸王拳 ¹* 793

霸王拳 ²* 871

白虎 1033

白虎觀 * 339

白灰 1033

白居易廬山草堂 * 187

白麟坂故居 995

白鹿升仙臺 466

白沙井 * 643

白室 612

白屋 * 612

白雪樓 * 389

白雲樓 393

白族民居 ¹* 583

白族民居 ² 592

百尺樓 * 374

百福殿 * 348

百泉碑廊 * 491

百孫院 * 152

柏木椿 725

拜殿 334

拜風臺 * 431

拜將臺 ¹* 424

拜將臺 ²* 439

拜臺 * 415

拜仙臺 419

板 ¹* 1021

板 ²* 1047

板壁 ¹* 527

板壁 ²* 913

板椽 * 878

板房 616

板榦 * 1048

板閣 ¹* 377

板閣 ²* 506

板門 * 938

板瓦 * 1029

板屋 * 616

板郭 528

板障 * 528

板築 ¹ 525

板築 ² 1047

板築墙 525

版 ¹ 525

版 ² 1046

版瓦 1029

版築 ¹ 525

版築 ²* 1047

版築墙 * 525

瓪 * 1030

瓪瓦 1029

半山亭 * 452

半瓦 1032

半穴居 * 978

榜 902

榜額 902

榜題 902

包 645

包公祠 * 254

包灰尺 * 1051

包鑲梁 * 865

包鑲柱 * 820

保和殿 * 363

保障河 206

寶殿 317

寶頂 * 692

寶鐸 * 702

寶豐寺石亭 * 466

寶晋齋 255

寶鈴 702

寶綸閣 * 405

寶雲閣 ¹* 407

寶雲閣 ² 455

刨 * 1042

抱冰堂 * 334

抱鼓石 * 757

抱框 ¹ 820

抱框 ²* 947

抱厦 1061

抱廳門 * 942

抱頭梁 * 852

抱柱 ¹* 819

抱柱 ² 947

鉋子 ¹ 1042

鉋子 ²* 1051

碑 * 306

碑廊 * 490

碑亭 * 449

北第 ¹* 510

北第 ²* 510

北方單座平房 * 560

北房 * 111

北宮 * 142

北海 * 180

北郊 * 228

北京四合院 * 560

北京天壇 * 225

北樓 252

北齊石柱 308

北闕 * 383

北室 111

北宋四園苑 * 177

北壇 * 232

北堂 ¹* 105

北堂 ²* 111

北堂 ³* 504

北堂 ⁴* 631

北苑 173

背獸 * 697

鋪 * 1043

鋪鋤 1044

鋪子 1044

閟 * 243

筆飛樓 * 385

筆架樓 * 594

陛 ¹ 733

陛 ²* 737

陛級 735

陛階 735

椑柶 757
湢 * 654
湢浴 655
蓽户 [1] 603
蓽户 [2] 617
蓽門 [1]* 602
蓽門 [2] 617
蓽門 [3]* 945
蓽門圭竇 [1]* 603
蓽門圭竇 [2]* 945
蓽門委巷 * 603
辟帶 707
碧幬 916
碧窗 964
碧磴 * 744
碧殿 * 317
碧鷄坊 * 300
碧闌 * 752
碧紗厨 916
碧紗櫥 * 915
碧紗幬 916
碧紗窗 * 963
碧室 * 326
碧堂 * 632
碧瓦 * 1034
碧檐 * 711
碧簷 711
碧油 289

碧油幢 * 289
罼圭靈琨苑 * 167
罼圭苑 167
壁 521
壁厨 * 916
壁帶 707
壁龕 653
壁爐 * 653
壁落 542
壁門 [1] 290
壁門 [2]* 938
壁衣 * 910
壁綖 327
篳户 617
篳門 * 617
篳門圭竇 [1] 603
篳門圭竇 [2] 945
篳門閨竇 [1] 603
篳門閨竇 [2] 945
篳門圭竇 [1] 603
篳門圭竇 [2] 945
篳門閨竇 945
篳門蓬户 603
避暑宫 278
避暑山莊 * 180
編壁 529
編竹夾泥墙 * 529
邊靖樓 * 394

邊梢 * 692
邊梃 * 947
扁 900
扁榜 [1] 901
扁榜 [2] 901
扁擔脊 * 692
扁對 904
扁額 901
扁鑿 1052
扁子 [1]* 1051
扁子 [2] 1052
匾 * 900
匾對 * 904
匾額 * 901
匾式 901
便殿 * 319
便户 935
便門 * 935
便幕 * 286
便室 * 112
閞 781
表木 303
別殿 263
別宫 319
別館 262
別寢 * 319
別墅 * 514
別墅 514

賓階 * 741

瀕湖畫廊 * 491

冰道 * 1062

冰井 * 642

冰井臺 * 430

冰裂紋地面 * 767

冰盤檐 * 718

冰榭 477

栟 774

丙舍 * 339

庰 660

博古架 916

博脊 * 691

博望苑 * 165

薄盧 774

薄屋 * 611

欂 781

欂盧 774

欂櫨 774

欂櫨 774

蜉蝣頭 793

補間斗拱 * 795

補間鋪作 795

不如亭 * 456

不繫舟亭 * 474

布瓦 1032

步欄 486

步廊 * 485

步壽宮 * 336

步廡 486

步檐 486

步壃 486

步簷 486

步櫩 486

步雲亭 * 461

步鄣 528

步帳 528

步障 * 528

蔀屋 * 599

C

擦臺 410

擦擦臺 410

材 * 1020

材朴 * 1021

材樸 1021

采步金梁 * 864

彩 806

彩畫 * 887

彩幄 * 284

採椽 * 879

踩 * 805

蔡元培故居 * 999

倉頡廟 * 246

滄池 * 166

滄浪亭 1 * 189

滄浪亭 2 * 459

糙墁磚地 * 764

糙磚牆 * 530

曹操點將臺 428

曹殿 680

漕船 * 1064

槽瓜柱 817

槽歷 666

槽櫪 * 666

槽升子 * 779

草庵 608

草菴 608

草房 * 592

草栿 * 862

草架柱 * 819

草架柱子 819

草角栿 862

草寨 * 609

草寮 607

草樓觀 420

草廬 609

草棚 609

草舍 609

草室 608

草墅 * 609

草堂 606

草團標 610

草團瓢 * 609

草屋 608

草屋頂 * 684

厠 ¹* 658

厠 ²* 669

厠溷 658

厠屋 658

城 734

岑樓 * 374

層棟 375

層閣 376

層構 * 375

層觀 376

層樓 * 375

層甍 712

層臺 ¹ 376

層臺 ² 411

層榭 477

層軒 * 374

層楹 * 375

叉灰 1033

叉手 813

叉柱 * 819

叉柱造 819

插昂 * 788

鍤 * 1049

岔脊 691

柴蓽 * 617

柴扉 ¹ 617

柴扉 ² 946

柴關 ¹ 617

柴關 ² 946

柴荆 ¹* 617

柴荆 ²* 946

柴扃 ¹ 617

柴扃 ² 946

柴門 ¹* 616

柴門 ²* 946

柴棚 * 618

廛 ¹* 97

廛 ²* 513

廛閈 514

廛居 ¹ 97

廛居 ²* 514

廛里 * 514

廛舍 ¹ 97

廛舍 ² 514

廛宅 ¹ 97

廛宅 ²* 514

禪杖欄杆 755

蟾 * 694

纏腰脊 691

閶闔 ¹ 319

閶闔 ²* 933

長池宮 163

長橡 * 879

長春 274

長春殿 360

長春宮 * 274

長春園 183

長方亭 * 450

長開枓 778

長廊 ¹* 487

長廊 ²* 490

長樂宮 * 336

長平館 274

長平觀 * 273

長生殿 ¹* 356

長生殿 ²* 356

長生院 356

長亭 * 447

長夜宮 * 334

場屋 * 622

廠 * 601

廠房 * 601

廠屋 601

暢春園 * 184

抄 806

抄手踏跺 * 745

抄手游廊 487

超手迴廊 487

超手游廊* 486

巢* 971

巢居* 971

巢穴* 615

朝鮮族民居* 576

朝元殿 359

櫟 972

車* 1062

車蓋亭* 468

車工尺 1055

宸¹ 131

宸² 709

宸居 131

宸軒 132

宸掖 144

宸宇¹ 131

宸宇² 710

陳白沙祠* 256

陳半城 993

陳元龍故宅* 993

柣 710

襯方頭* 794

撑頭* 793

承塵* 924

承椽枋* 869

承德離宮 181

承德圍場* 279

承華¹ 151

承華² 668

承溜 693

承雷* 693

承落 693

承明¹* 122

承明² 339

承明廬* 339

承啓樓* 396

承重梁* 863

程大位故居* 992

澂觀堂* 333

蚩尾 696

蚩吻 697

螭坳* 743

螭陛 738

螭堦 738

螭首¹ 739

螭首²* 757

螭頭¹ 738

螭頭² 758

螭吻 697

鴟甍 697

鴟尾* 695

鴟吻* 696

坻 738

坻鄂 738

坻塄 738

坻崿 738

墀¹ 734

墀²* 762

赤嵌樓* 397

崇德殿 360

崇光臺 430

崇華殿 341

崇基* 729

崇臺 411

崇元殿 359

崇政殿* 359

重拱* 796

重華宮* 365

重郎 677

重橑* 375

重轑 375

重霤¹ 677

重霤² 693

重樓 375

重臺鈎闌* 755

重屋¹ 323

重屋²* 375

重屋³ 677

重軒* 374

重檐¹* 375

重檐²* 711

重檐博脊 691

重檐金柱* 815

重檐上檐大額枋 869

重檐屋頂 * 676

重簷 [1] 375

重簷 [2] 712

重欄 [1] 375

重欄 [2] 712

重宇 375

抽屜檐 * 718

籌邊樓 * 391

籌兵樓 393

出跳 806

出檐 * 716

出檐椽 880

初陽臺 * 432

除 [1] 734

除 [2] 737

除 [3] 746

厨 645

厨倉 647

厨處 646

厨房 646

厨下 646

厨帳 * 649

厨傳 * 648

杵 * 1045

楚王臺 422

楚陽臺 * 422

儲宮 151

儲闈 151

儲胥 [1]* 268

儲胥 [2]* 544

礎 830

川堂 102

穿插枋 * 870

穿帶 * 949

穿二眼 861

穿梁 * 861

穿山游廊 * 487

穿堂 * 102

椽 * 876

椽栿 877

椽桷 * 878

椽皮 * 882

椽子 877

椽子彩畫 * 891

囱 961

窗 961

窻 * 961

窓 961

牕 961

牎 961

窗 961

窗 961

吹臺 439

垂 706

垂帶踏跺 * 745

垂拱殿 * 359

垂花二門 941

垂花門 * 941

垂脊 * 690

垂獸 * 698

垂檐 708

垂簷 708

錘 * 1052

錘子 1053

鎚 1053

春常 * 922

春坊 151

春閣 625

春宮 150

春闈 * 625

春禁 151

春秋樓 [1]* 398

春秋樓 [2]* 398

春秋戰國時代柱礎 * 835

春闈 [1] 151

春闈 [2] 626

綽幕方 * 868

綽削 305

綽楔 * 305

綽屑 305

祠 244

祠廟 * 244

祠室 244

祠壇 217

祠堂[1]*............................. 243
祠堂[2]............................. 245
祠尾............................. 696
祠屋............................. 245
祠宇............................. 245
茨............................. 684
茨茅............................. 608
茨檐............................. 608
茨宇............................. 608
慈光閣*............................. 403
康*............................. 505
叢臺............................. 423
叢玉............................. 701
簇角梁*............................. 860
攢*............................. 806
攢尖頂*............................. 682
爨............................. 651
爨室............................. 647
爨下............................. 646
榱............................. 877
毳殿*............................. 293
毳幔............................. 292
毳幕............................. 292
毳幙............................. 292
毳帳............................. 292
翠樓[1]*............................. 379
翠樓[2]*............................. 628
翠微殿*............................. 345
翠微宮............................. 345
翠微亭*............................. 460
銼*............................. 1043
銼刀............................. 1043
銼子............................. 1043
錯[1]*............................. 1045
錯[2]*............................. 1052

D

搭角鬧昂*............................. 790
達摩亭............................. 467
大安宫............................. 344
大悲閣*............................. 401
大邊*............................. 947
大尺............................. 1055
大慈閣*............................. 403
大次*............................. 285
大點金*............................. 891
大斗............................. 778
大額枋*............................. 868
大房子*............................. 981
大夫第*............................. 594
大公亭............................. 474
大脊*............................. 690
大角梁............................. 858
大厩............................. 667
大廏............................. 667
大理石*............................. 1023
大連檐*............................. 718
大林門............................. 307
大門*............................. 934
大明殿[1]............................. 351
大明殿[2]............................. 361
大明殿[3]*............................. 362
大明宫*............................. 348
大内............................. 124
大寢............................. 122
大慶殿*............................. 358
大士閣*............................. 404
大式瓦作*............................. 685
大式屋面*............................. 677
大帥府............................. 1000
大堂*............................. 102
大吻............................. 697
大興殿............................. 348
大禹故宅*............................. 987
大澤鄉涉故臺*............................. 424
大鐘亭*............................. 458
傣族竹樓*............................. 582
玳梁............................. 865
玳瑁梁*............................. 865

帶垂手踏跺* ……745
袋形豎穴* ……976
丹陛 ……740
丹宸 ……318
丹墀[1]* ……737
丹墀[2]* ……739
丹墀[3]* ……762
丹除 ……740
丹殿 ……317
丹堊* ……537
丹扉 ……943
丹宫 ……318
丹雘* ……1034
丹艧 ……1035
丹極[1] ……318
丹極[2]* ……850
丹檻* ……752
丹階 ……740
丹禁 ……318
丹井[1]* ……638
丹井[2]* ……638
丹居 ……318
丹欄 ……752
丹樓* ……378
丹闕 ……318
丹砂井 ……638
丹扇 ……943
丹室 ……632
丹梯 ……740
丹帷* ……910
丹幃 ……910
丹掖 ……318
丹楹* ……811
丹柱* ……811
單步廊* ……486
單步梁* ……851
單材拱* ……784
單材瓜拱* ……783
單材萬拱* ……784
單拱* ……797
單栱 ……782
單鉤闌* ……755
單坡頂* ……683
單檐* ……711
單檐屋頂* ……676
璫* ……1031
刀子* ……1052
倒井 ……922
倒坐 ……506
倒座* ……505
登雲閣 ……469
燈籠柱 ……818
燈籠磚 ……532
燈樓* ……390
燈心木 ……819
鄧家大屋 ……995
鄧石如故居* ……995
磴道 ……494
墱道 ……494
滴水* ……1031
滴水重檐 ……677
滴水檐* ……717
滴水簷 ……717
樀 ……705
邸[1]* ……510
邸[2] ……917
邸第 ……511
邸舍* ……511
邸院 ……511
邸宅* ……511
砥* ……1045
砥厲 ……1045
砥礪* ……1045
地 ……762
地丁 ……725
地釘* ……724
地栿[1]* ……871
地栿[2] ……947
地基 ……721
地脚 ……721
地脚枋 ……947
地窖* ……615
地面* ……761
地坪窗 ……966

地壇 * 226

地窖 616

地窖子 616

地帳 915

帝宸 131

帝居 131

帝社 * 220

帝所 131

帝廷 * 132

帝庭 132

帝掖 143

帝宇 * 131

帝宅 131

遞角栿 * 862

遞角梁 862

點春堂 * 333

點將臺 * 431

站 * 117

店 * 612

殿 * 315

殿寢 315

殿闕 315

殿舍 316

殿式彩畫 888

殿堂 * 315

殿廷 315

殿庭 315

殿宇 316

檁 707

碉 ¹ 620

碉 ² 622

碉房 ¹* 585

碉房 ²............................ 622

碉樓 * 586

雕 622

雕梁 * 865

雕檐 * 711

吊腳樓 * 585

釣魚臺 ¹* 415

釣魚臺 ²* 438

釣魚臺 ³* 439

疊落墻 * 533

疊落山墻 537

疊澀出檐 * 717

疊嶂樓 252

丁 * 1022

丁村民居 * 595

丁栿 * 864

丁栿梁 864

丁日昌故居 * 997

丁頭拱 * 785

釘 1022

頂椽 * 879

頂瓜柱 * 818

頂梁 856

鼎中觀 * 340

冬房 * 579

東 659

東北滿族大套院 577

東北民居 * 559

東廁 660

東昌樓 394

東朝 ¹ 146

東朝 ² 150

東廚 646

東都 355

東都苑 * 175

東房 * 111

東宮 ¹* 146

東宮 ²* 146

東宮 ³* 150

東宮 ⁴ 337

東宮 ⁵* 506

東觀 * 339

東漢斗拱 * 802

東夾 104

東階 741

東京 355

東京大內 * 358

東淨 660

東門石坊 * 307

東內 350

東內苑 * 173

東坡書院 331

東坡亭 * 472
東圃 660
東榮 * 716
東山雕花樓 * 399
東司 660
東廝 660
東堂 * 105
東闈 150
東廂 104
東箱 * 104
東序 * 103
東掖 150
東苑 185
侗寨鼓樓 * 397
洞房 ¹* 631
洞房 ²* 631
棟 * 847
棟桴 * 850
棟梁 * 849
都厠 * 662
都厩 * 667

都坑 662
都堂 328
斗 * 776
斗板 731
斗拱 773
斗拱彩畫 * 891
斗栱 774
斗尖頂 682
斗接包鑲柱 * 821
斗接包鑲柱子 821
斗接柱 * 821
斗接柱子 821
枓 776
枓栱 774
枓口跳斗拱 * 797
陡板石 * 731
鬬八 922
鬬八藻井 * 922
獨樂園 * 190
獨立基礎 723
獨輪車 * 1062

獨轅車 1063
讀書臺 * 433
堵 ¹* 522
堵 ²* 1050
堵墙 * 522
杜甫草堂 * 328
杜甫故居 * 989
杜公祠 * 254
杜陵屋 * 605
端明殿 360
短椽 * 880
短亭 * 448
鍛石 1033
敦篤亭 * 473
墩接柱 821
蹾錘 * 1052
多寶格 916
朵殿 * 318
朵樓 * 378
剁斧 * 1054
剁子 * 1054

E

阿 * 716
阿城 336
阿房 336
阿房殿 267
阿房宮 ¹* 267

阿房宮 ²* 336
阿閣 * 376
額 901
額枋 * 867
額題 902

鵝子地 765
厄臺 420
垩 * 1019
垩灰 1033
垩廬 622

壄室 * 622

鱷渡秋風亭 471

鱷渡亭 471

栭 777

耳房 505

爾雅臺 * 431

二門 * 934

F

伐閱 305

筏 * 1063

筏子 1064

閥閱 * 305

法宮 * 122

法臺 * 414

法雲閣 395

藩 542

藩邸 * 511

藩房 511

藩溷 661

藩籬 * 542

藩落 543

藩墙 543

藩垣 543

藩柴 543

樊 * 544

反宇 * 714

泛觴亭 * 448

范公亭 * 464

方尺 * 1052

方飯亭 * 471

方光 * 926

方井 * 921

方樓 594

方勝亭 452

方石板地面 * 764

方塔 404

方亭 * 451

方形土樓 * 593

方形住房 * 978

方澤 * 227

方正石墙 * 531

方磚 * 1026

方磚卵石嵌花路面 * 766

方磚甬路 * 765

坊 ¹ * 299

坊 ² 304

坊門 ¹ * 300

坊門 ² * 936

坊曲 * 299

坊市 * 299

坊厢 299

坊巷 299

芳塵臺 * 432

芳桂宮 278

芳林園 * 167

枋 ¹ * 791

枋 ² 868

枋心彩畫 * 891

防火墙 536

防火山墙 * 536

房 ¹ * 93

房 ² * 110

房頂 676

房舍 93

房室 93

房帷 144

房臥 108

房幄 144

房屋 94

房掖 144

房子 94

放鶴亭 ¹ * 459

放鶴亭 ² * 460

飛昂 787

飛枊 787

飛栭 787

飛椽 * 880

飛閣 [1]*......380
飛閣 [2]......493
飛來翼*......1061
飛廉......271
飛廉館......271
飛廉觀*......271
飛樓......380
飛甍 [1]*......380
飛甍 [2]......713
飛霜殿*......354
飛霞樓......403
飛檐*......713
飛檐椽......881
飛簷......713
飛櫩......713
飛宇......713
飛雲閣......390
飛雲樓*......387
飛罩*......915
飛子......881
扉......950
誹謗之木......304
分室建築*......981
枌栱*......850
枌橑 [1]*......374
枌橑 [2]......850
棻 [1]*......374
棻 [2]......848

棼橑*......850
棼楣*......850
糞涵......662
封護檐*......717
封火墻......536
封祀壇......217
封檐板......718
風窗*......965
風鐸*......699
風火垛子......536
風火墻......536
風檻*......949
風廊*......489
風鈴......700
風馬......700
風門*......934
風珮......700
風琴......700
風壇*......230
風鐵......701
風亭*......447
風庭*......502
風軒*......489
風箏......700
風綴......700
楓宸......133
豐樂亭*......462
豐澤園*......366

鄸宮*......335
奉天殿......363
奉天宮*......276
奉先殿*......365
鳳閣*......380
鳳谷行窩別業......193
鳳凰臺 [1]......426
鳳凰臺 [2]*......433
鳳凰亭*......470
鳳樓......382
鳳臺*......426
鳳掖......151
縫子磚墻......530
佛香閣 [1]......402
佛香閣 [2]*......406
柎......775
伏羲卦臺......416
扶壁拱......785
扶荔宮*......270
扶疏亭*......462
芙蓉樓 [1]*......385
芙蓉樓 [2]......385
芙蓉樓 [3]*......386
芙蓉樓 [4]*......398
拂廬*......580
罘思......538
罘罳 [1]*......538
罘罳 [2]*......713

罘罳[3]* 918

枎 849

浮雕* 893

浮金亭* 473

浮漚釘 958

浮思 538

浮柱 816

桴 848

桴思 538

福建民居* 567

福建圓樓* 568

蜉蝣頭 793

甫田叢樾亭* 456

府* 509

府邸 509

府第* 509

府寺* 509

斧* 1041

斧斤 1042

斧釿 1042

斧柯* 1042

斧頭 1041

斧依 919

斧扆* 918

斧子[1] 1041

斧子[2]* 1050

斧子[3]* 1054

俯影亭 469

黼依 919

黼扆 919

父系家庭住房* 979

副階柱 814

復道 494

復聖廟 248

復穴* 976

覆 977

複壁* 533

複道* 494

複棟 376

複閣* 376

複合曲綫式山墻* 537

複廊* 488

複室 376

複水椽* 881

複屋* 376

複垣 533

覆海 922

覆橑* 922

覆穴 977

G

干闌 973

干蘭 973

干欄* 973

干闌式住宅* 583

干蘭式住宅 585

干欄式住宅 585

甘泉宮* 268

甘泉苑* 164

乾擺磚墻* 529

乾叉瓦屋面 686

乾打壘 526

幹 1048

幹楨 1048

榦* 1048

鋼釬* 1053

杠杆 1063

杠杆起重機* 1060

皋陶祠* 246

高凳* 1059

高館* 633

高光* 338

高歡宮* 274

高樓式干闌 585

高廟 240

高寢* 123

高士亭 465

高臺* 411

高堂 * 633

高唐 266

高唐觀 * 266

高軒 * 489

高宇 634

告天臺 * 435

格抱柱 820

格門 * 940

格心 * 948

格子門 941

隔斷墻 * 535

隔架科 * 800

隔扇 1 913

隔扇 2 941

槅扇 1* 913

槅扇 2* 948

閣 1* 109

閣 2* 319

閣 3 381

閣 4 624

閣 5* 934

閤 1* 319

閤 2* 381

閤 3* 382

閤 4* 494

閤 5 495

閤 6 624

閤 7 647

閣 8* 916

閣 9* 949

閣道 1* 493

閣道 2 495

閣欄 * 618

閣欄頭 618

閣路 495

閣齋 * 382

閣仔 * 618

个 104

个園 * 200

艮嶽 179

工 * 1056

公寢 122

公社 * 228

公幄 * 289

公柱 818

宮 1 91

宮 2* 127

宮 3 239

宮 4* 523

宮 5* 631

宮陛 * 128

宮池 * 161

宮殿 * 129

宮房 128

宮棼 130

宮閣 129

宮閣 * 129

宮觀 1* 241

宮觀 2* 264

宮館 1 241

宮館 2 265

宮極 129

宮禁 * 129

宮居 128

宮闈 143

宮廟 239

宮墻 * 523

宮寢 1 123

宮寢 2 142

宮闕 130

宮室 1* 91

宮室 2* 128

宮所 128

宮壇 * 265

宮堂 129

宮廷 128

宮庭 128

宮帷 130

宮闌 143

宮屋 128

宮掖 143

宮宇 129

宮垣 * 524

恭王府花園 * 202

拱* ……………………… 780

拱日亭 …………………… 470

拱式覆土窰洞 …………… 589

栱 ……………………… 781

貢院井* ………………… 642

勾連搭* ………………… 684

鈎檻 …………………… 750

鈎闌 …………………… 750

鈎欄 …………………… 750

溝槽基礎* ……………… 723

姑蘇臺* ………………… 420

姑胥臺 …………………… 420

柧稜 …………………… 692

觚稜* …………………… 692

觚稜 …………………… 692

箍頭脊 …………………… 691

古吹臺* ………………… 417

古阿井* ………………… 643

古佛堂* ………………… 329

古觀象臺* ……………… 438

古歷亭 …………………… 464

古盟臺¹* ………………… 418

古盟臺²* ………………… 430

古琴臺* ………………… 417

古甕亭* ………………… 473

谷林堂* ………………… 330

故巢 …………………… 985

故家 …………………… 985

故居* …………………… 984

故宇 …………………… 985

故宅 …………………… 985

錮窰* …………………… 588

瓜拱* …………………… 782

瓜楞柱* ………………… 822

瓜柱 …………………… 817

瓜子拱¹* ………………… 782

瓜子拱² ………………… 783

卦臺山 …………………… 416

挂楣 …………………… 864

官槽* …………………… 666

官邸* …………………… 509

官第 …………………… 509

官閣* …………………… 381

官稷* …………………… 223

官舍* …………………… 509

官社* …………………… 223

官式彩畫* ……………… 888

關¹* …………………… 932

關² …………………… 950

關³ …………………… 955

關閉 …………………… 956

關鍵 …………………… 956

關牡 …………………… 956

關木 …………………… 955

關闔 …………………… 956

觀德殿* ………………… 348

觀耕臺* ………………… 437

觀瀾亭* ………………… 457

觀臺* …………………… 413

觀象臺* ………………… 436

觀榭 …………………… 477

觀星臺* ………………… 436

觀魚臺* ………………… 439

觀雨亭 …………………… 474

管鮑祠 …………………… 248

管子祠* ………………… 248

館娃 …………………… 266

館娃宮* ………………… 266

灌嬰井 …………………… 641

鸛雀樓* ………………… 388

光嶽樓* ………………… 394

廣東民居* ……………… 569

廣東僑鄉民居* ………… 571

廣東竹筒屋* …………… 571

圭華 …………………… 599

圭窠* …………………… 599

圭表* …………………… 1057

圭竇* …………………… 942

圭門* …………………… 942

圭臬* …………………… 1058

圭竇 …………………… 942

規* …………………… 1056

閨¹* …………………… 137

閨²* …………………… 624

閨³* 942
閨寶 942
閨房* 626
閨閣¹ 109
閨閣² 627
閨閣¹* 108
閨閣² 137
閨閣³* 627
閨禁 145
閨壼¹ 145
閨壼²* 627
閨闈¹ 137
閨闈² 145
閨闈³ 627
閨門* 626

閨闥¹* 628
閨闥²* 936
閨帷* 626
閨幃* 626
閨閫* 627
閨闥 145
閨苑* 626
閨中¹ 137
閨中²* 626
塊 117
庋* 849
桂殿* 146
桂宮* 274
桂序* 317
滾墩石* 757

滾棍* 1063
郭公塼 1028
郭公磚* 1028
郭母亭* 473
郭守敬故居* 990
郭隗臺 424
鍋臺 652
國邸* 510
國廐 667
國社* 231
國宅* 510
過步梁 853
過壟脊* 691

H

哈子* 1054
海角亭* 472
海墁地面* 765
海墁天花* 925
海棠湯 657
含元殿* 350
含元宮 350
函道 746
涵虛堂* 333
寒窰* 614
韓公釣磯 433

韓文公釣魚臺* 433
漢白玉* 1022
漢殿 680
漢甘泉四觀* 268
漢高祖故宅* 987
漢明堂* 324
漢臺* 424
漢張飛擂鼓臺* 431
夯* 1046
夯土層* 724
夯土城墙* 526

夯土地面* 763
夯土墙* 524
夯窩* 724
蒿宮¹* 335
蒿宮²* 613
蒿廬* 611
蒿室 613
濠濮間* 478
濠濮間想亭* 456
鎬池* 166
合宮* 322

合角吻 * 698

合頭房 503

合瓦頂 685

合瓦過隴脊 * 691

合柱 820

何園 200

和表 304

和合窗 967

和璽彩畫 * 889

闍 951

闔 950

闔廬 * 97

闔扇 951

桁 ¹ 872

桁 ²* 948

桁檁 872

桁條 872

橫扁 902

橫匾 902

橫額 902

橫幅 902

橫披 * 949

橫披窗 * 966

橫穴 * 976

衡 ¹* 751

衡 ² 872

衡泌 * 600

衡華 * 600

衡樊 * 601

衡館 * 601

衡廬 * 601

衡閭 601

衡茅 * 600

衡茆 600

衡門 * 599

衡門泌水 600

衡闌 * 601

衡巷 * 600

衡閻 601

衡宇 600

甀 * 1032

弘義宮 * 344

洪秀全故居 * 997

紅毛樓 397

紅梅閣 * 403

紅燒土 * 1020

紅燒土地面 * 762

紅葉亭 469

虹梁 * 856

閎 ¹* 932

閎 ² 937

侯社 * 231

餱礎 736

後殿 143

後房 ¹ 143

後房 ²* 506

後閣 ¹ 138

後閣 ² 935

後閤 * 138

後宮 * 142

後户 935

後廊 * 485

後門 * 935

後室 ¹ 143

後室 ² 506

後堂 ¹* 108

後堂 ² 143

後堂 ³* 501

後堂 ⁴* 506

後廷 143

後庭 ¹ 142

後庭 ²* 501

後檐 * 716

後園 * 501

後院 * 501

後罩房 * 506

胡孫頭 793

胡梯 746

湖光閣 * 407

湖心亭 ¹ 407

湖心亭 ²* 460

湖園 * 187

蝴蝶瓦頂 685

甈 * 1024

虎路.............544

虎落 *.............544

虎皮石墻 *.............530

户 *.............932

户樞.............953

户限.............952

護身墻 *.............533

花斑石 *.............1022

花瓣柱.............822

花錘 *.............1053

花萼.............389

花萼樓 *.............389

花崗石 *.............1022

花架椽 *.............878

花欄杆 *.............756

花石板.............1023

花臺枋.............801

花臺科 *.............801

花糖公墅.............333

花瓦墻 *.............532

花戲樓 *.............396

花心.............949

花罩 *.............915

花磚墻 *.............532

華表 *.............303

華表木.............303

華蓋殿.............363

華拱 *.............782

華林園 ¹.............168

華林園 ²*.............170

華清.............278

華清池 *.............656

華清宮 *.............277

華屋 *.............631

華心科.............778

滑板 *.............1062

滑架 *.............1062

滑秸泥背屋面 *.............687

畫棟 *.............865

畫閣 *.............379

畫卦臺 *.............415

畫廊 ¹*.............487

畫廊 ².............491

畫梁 *.............865

畫樓.............379

畫堂 *.............327

畫綫筆 *.............1058

畫檐 *.............711

畫簷.............711

畫檻 *.............811

淮瀆廟 *.............250

懷坡亭.............468

懷蘇亭.............468

庋.............1030

桓表.............304

桓公臺 *.............418

桓楹.............303

環臺.............418

環形土樓.............569

闤.............938

闤闠 *.............299

闤闠.............299

皇宮 *.............130

皇極殿.............363

皇居.............130

皇室 *.............130

皇闈.............130

皇闥.............130

皇屋.............130

黃帝陵 *.............246

黃鶴樓 *.............384

黃金臺 *.............423

黃樓 *.............392

黃梅亭.............463

黃門.............132

黃閣.............132

黃闥.............133

黃屋.............132

黃興故居 *.............999

璜臺.............412

灰板 *.............1052

灰背頂 *.............687

灰抹子 *.............1051

灰土基礎 *.............723

灰土米汁基礎* 723

徽派民居* 563

回頂椽 882

回廊* 488

迴廊 489

闠* 937

闍* 933

圂¹ 659

圂² 669

混雕 893

混堂 655

溷 659

溷厠 659

溷藩 662

溷圊 659

溷軒 661

活尺* 1056

活彎尺 1056

火池 653

火神臺 415

火臺* 653

火塘* 652

火星臺 415

火珠* 699

J

几腿罩* 914

枅¹ 775

枅²* 777

枅³ 781

枅櫨 774

刉* 1043

刉剧 1043

刉㢆¹* 1042

刉㢆²* 1043

基¹* 721

基²* 721

基³ 728

基礎* 721

基墌 722

基阯 722

基址 722

基趾* 721

基跱 722

基築 721

嵇康亭* 463

畿 953

墼¹* 1023

墼² 1025

鷄嗉簷* 718

吉鴻昌故居* 1002

級 734

棘籬* 545

棘門* 944

極¹ 848

極² 851

極廟¹ 242

極廟²* 267

集靈臺 357

集仙殿* 356

集賢殿 356

集英殿* 361

㮤 781

藉田壇 220

脊枋* 870

脊瓜柱* 818

脊桁 873

脊檁* 873

脊筒子* 1030

脊榑 873

計心造斗拱* 797

寄暢園* 193

寄嘯山莊* 199

祭鱷臺* 433

祭鱷亭* 471

祭臺 217

祭壇 217

濟瀆廟* 252

家¹* 95

家²* 108

家祠 …………………… 244

家廟* …………………… 244

家室 …………………… 95

家墅 …………………… 515

夾* …………………… 103

夾壁墻 …………………… 533

夾漈草堂* …………………… 331

夾室 …………………… 104

甲館 …………………… 152

甲觀 …………………… 151

甲秀樓* …………………… 395

甲帳* …………………… 285

賈太傅祠 …………………… 987

賈誼故宅* …………………… 987

假昂* …………………… 789

間柱 …………………… 820

檻柳 …………………… 775

檻櫨 …………………… 775

檻子欄杆* …………………… 757

減地平鈒* …………………… 893

筧* …………………… 694

簡賢講武 …………………… 359

繭館* …………………… 271

繭觀 …………………… 271

建極殿 …………………… 364

建章宮* …………………… 269

間館 …………………… 264

閒館* …………………… 264

漸臺* …………………… 425

劍把* …………………… 698

檻窗* …………………… 966

檻墻* …………………… 535

江山亭 …………………… 469

江亭 …………………… 454

江浙民居* …………………… 566

磋礦 …………………… 736

礓礤* …………………… 736

礓礤子 …………………… 736

講經臺* …………………… 432

講臺* …………………… 414

絳闕 …………………… 133

絳州大堂* …………………… 332

絳州三樓* …………………… 391

交互科* …………………… 778

交金瓜柱* …………………… 818

交泰殿* …………………… 364

交午 …………………… 303

交午柱 …………………… 304

郊亭* …………………… 446

椒除 …………………… 739

椒殿 …………………… 147

椒殿院 …………………… 148

椒房 …………………… 146

椒房殿* …………………… 146

椒風* …………………… 148

椒閣 …………………… 147

椒閣 …………………… 147

椒宮 …………………… 147

椒閨 …………………… 147

椒蘭院 …………………… 148

椒闥 …………………… 147

椒庭 …………………… 147

椒圍 …………………… 147

椒闈 …………………… 147

椒屋 …………………… 147

椒掖 …………………… 147

焦渣背屋面* …………………… 687

焦渣地面* …………………… 764

蛟洋文昌閣* …………………… 406

角昂 …………………… 789

角椽 …………………… 881

角度尺 …………………… 1056

角脊* …………………… 690

角科* …………………… 799

角梁* …………………… 857

角門* …………………… 935

角石* …………………… 730

角獸 …………………… 698

角檐柱* …………………… 816

角柱* …………………… 816

角柱石* …………………… 730

腳手架* …………………… 1059

絞車* …………………… 1061

絞盤 …………………… 1061

繳貼 820	斤墨 * 1042	金闕 ¹ 317
窌 615	斤鑿 * 1042	金闕 ² 455
校 * 546	斤欘 * 1042	金人臺 * 436
校經樓 * 386	金邊 * 731	金室 631
教弩臺 * 427	金代斗拱 * 804	金獸臺 430
窖 * 615	金殿 * 317	金絲堂 * 331
階 ¹* 733	金枋 * 870	金瓦 ¹* 1032
階 ²* 746	金鳳臺 * 430	金瓦 ² 1032
階陛 735	金剛墻 * 533	金瓦頂 * 688
階除 735	金閣 ¹* 378	金屋 631
階基 734	金閣 ²* 401	金柱 * 814
階級 734	金谷園 * 185	金磚 * 1027
階砌 735	金瓜柱 * 817	金磚地面 * 763
階條石 * 730	金桁 873	廑 * 605
堦基 735	金虎臺 430	槿闌 545
甄 * 1031	金爵 * 694	槿籬 * 545
桔皋 1060	金檁 * 873	謹身殿 364
桔橰 1060	金龍和璽 * 889	晋祠 * 246
榕 776	金鑾 * 317	晋陜民居 * 561
烱 * 1032	金鑾寶殿 317	晋王祠 247
傑閣 380	金鑾殿 ¹* 316	晋陽宮 * 357
傑觀 * 380	金鑾殿 ²* 352	浸月亭 465
結綺閣 * 399	金鑾殿 ³ 363	禁 316
窠 776	金鑾宮 * 317	禁殿 * 316
截斷墙 535	金鸞 317	禁宮 129
今尺 1055	金鸞殿 317	禁内 135
斤 * 1041	金内扇面墙 535	禁楄 880
斤斧 * 1041	金鋪 958	禁省 135

禁闥	136	井幹式住宅*	587	九重城*	125
禁廷	135	井幹臺	383	九華宮*	357
禁庭	135	井幹	640	九脊殿	679
禁闈	135	井韓	383	九架梁*	856
禁掖	135	井翰	383	九間樓	993
禁御	160	井口*	926	九老堂*	329
禁籞 [1]	136	井口枋	792	九龍*	334
禁籞 [2]	160	井口天花*	925	九龍壁*	540
禁苑*	172	井闌	640	九龍殿*	341
禁中*	134	井欄	640	九門	125
京式彩畫*	888	井屏	660	九曲亭*	467
京磚	1027	井臺*	640	九日臺	274
荊柴	618	井亭*	639	九子金鈴	702
荊扉 [1]	617	井匽	660	九子鈴*	701
荊扉 [2]	945	井甃	639	厪	664
荊門*	945	景德堂	329	厪閑*	664
荊室*	611	景福殿*	340	厪圊	664
旌門*	289	景福閣*	406	廑	664
經略臺真武閣*	400	景山五亭*	454	舊第	985
井*	638	景真八角亭*	474	舊居	985
井厠	660	扃	956	舊墟*	985
井床*	639	扃關	956	舊宇	985
井鈿*	640	扃鍵	956	舊宅	985
井幹 [1]*	374	扃鐍*	957	居*	94
井幹 [2]	383	扃鑰	957	居處	95
井幹 [3]	640	扃闔	957	居室	94
井幹樓*	383	九成宮*	275	居庸關雲臺*	437
井幹式木墻	529	九齒階	738	屈	94

菊花頭 * 793

菊坡亭 470

橘井 643

矩 1055

矩尺 [1] 1055

矩尺 [2]* 1055

聚落 * 982

鋸 * 1044

捲棚 * 925

捲棚頂 * 681

捲棚脊 * 691

圈 668

圈檻 669

圈牢 668

桷 * 877

桷子 * 882

絕脊 692

厥 * 1043

爵頭 792

軍門 * 290

鈞臺 416

峻道 * 742

峻脚椽 * 881

峻宇 * 634

峻宇彫墻 * 634

峻宇雕墻 634

濬房 626

K

卡扁 * 1052

開襟閣 384

開襟樓 * 384

坎兒井 * 639

坎井 * 639

坎壇 * 229

埳井 639

看街樓 * 382

看樓 * 381

看面墙 * 534

看臺 * 413

康房 * 581

炕罩 * 915

靠背欄杆 * 756

柯斧 * 1042

科 * 806

窠棚 612

刻石 306

刻儼 * 699

客次 102

客家土樓 * 582

客家圍屋 569

客階 741

客堂 102

客亭 464

客位 102

空心磚 * 1027

孔廟 * 247

孔子故宅 * 986

窟室 615

窟 [1] 614

窟 [2] 975

窟居 615

窟室 * 614

窟穴 615

況公祠 * 256

框檻 * 947

框木 * 947

礦灰 1033

盔頂 * 684

坤寧宮 * 364

昆侖井 * 639

昆明池 * 166

昆明觀 272

梱 953

壼 627

壼閣 627

壼闈 145

閫 [1] 627

閫 [2] 953

閫奧 * 109

閫闌 * 933
閫室 109
閫闌 [1] 144

閫闌 [2] 627
閫幄 289
閫閾 [1]* 628

閫閾 [2]* 933
閫閾 [3] 954

L

拉窗 * 965
拉弓式山墻 537
拉門 940
闌 [1]* 546
闌 [2]* 547
闌額 868
闌干 750
闌檻 750
闌楯 750
攔土墻 * 730
蘭池宮 * 163
蘭房 * 628
蘭闈 [1] 144
蘭闈 [2]* 629
蘭室 629
蘭亭 * 453
蘭亭碑亭 * 453
蘭掖 144
欄 [1] 669
欄 [2] 751
欄板欄杆 * 756
欄板望柱 754
欄板柱子 754

欄干 750
欄杆 * 749
欄杆罩 * 915
欄檻 750
欄檻鉤窗 * 966
欄厩 668
欄圈 * 668
欄牢 669
欄楯 750
攬翠亭 469
廊 [1] 481
廊 [2]* 484
廊 [3]* 484
廊第 482
廊房 483
廊閣 * 483
廊墻 * 534
廊市 * 490
廊室 483
廊屋 * 482
廊廡 481
廊心墻 * 533
廊檐 * 710

廊腰 * 490
廊宇 * 482
廊院 * 501
廊柱 * 814
琅邪臺 * 418
琅琊臺 419
閬 943
閬苑 * 177
浪井 [1]* 638
浪井 [2]* 641
牢 668
勞勞亭 * 459
老角梁 * 858
老君臺 * 419
老戧 * 858
老屋閣 * 405
老屋角 405
老檐桁 * 874
老檐柱 815
橑 877
樂圃 * 192
樂壽堂 * 333
樂游原 165

樂游苑 ¹* 165

樂游苑 ²* 171

雷公柱 * 818

雷臺 * 436

甒 * 1031

欙榭 * 477

甌 1025

甎 1025

冷仙亭 * 461

冷香亭 * 456

蒚茷 * 544

蔾芘 544

離宮 * 262

離宮別館 262

離宮別觀 262

離宮別窟 262

離觀 262

離亭 448

籬 542

籬笆 542

籬藩 542

籬落 542

籬墻 * 543

籬垣 543

廲 634

李白故居 988

李長沙別業 * 196

李大釗故居 * 1001

李綱祠 * 255

李清照故居 * 990

李叔同故居 * 1001

李贄故居 * 992

李忠定公祠 255

里 ¹ 297

里 ²* 514

里鄜 297

里端 * 298

里閈 298

里閎 297

里闤 297

里門 * 298

里社 232

里巷 * 297

里衖 297

里閭 297

里團 297

裏角梁 859

裏金柱 * 815

裏外廊 * 487

裏院 630

裏拽瓜拱 * 783

裏拽萬拱 * 784

立頰 ¹ 820

立頰 ²* 947

立石 306

吏隱亭 * 465

枥 777

歷下亭 * 463

歷下車 1061

櫟 751

礪 * 1045

麗嶕 379

麗樵 379

麗譙 * 379

麗宇 631

櫪 * 847

連拱交隱 796

連綿 707

連三踏跺 * 745

連礎 723

連續基礎 * 723

連檐 * 718

廉 * 731

蓮花湯 657

聯橑 706

磏 731

簾 * 912

簾箔 * 912

簾幌 * 911

簾櫳 * 912

簾籠 912

簾幕 911

簾幙 911

簾帷 912

簾幃 912

簾衣 912

煉丹臺 * 427

凉臺 * 414

凉亭 ¹* 279

凉亭 ²* 446

梁 * 847

梁枋彩畫 * 890

梁冀園 * 185

梁麗 847

梁欐 847

梁啟超書齋飲冰室 * 998

兩重檐 677

兩椽栿 * 853

兩晉柱礎 * 838

兩山出際 681

兩下 680

兩檐滴水 680

兩儀殿 * 346

兩注 * 680

撩檐枋 * 791

橑檐方 791

橑簷枋 791

寮 ¹* 604

寮 ² 962

寮房 604

寮舍 604

寮檐 710

寮子 604

橑 * 524

釘鉊 959

列拱 * 785

埒 * 523

林光 * 267

林光宮 268

林文忠公祠堂 257

林則徐祠堂 * 257

林宅 * 597

臨春閣 * 399

臨清磚 * 1028

臨漪亭 * 457

轔 953

麟德殿 * 352

鱗尾 696

檁 ¹ 849

檁 ²* 872

檁條 849

檁子 872

橉 953

柃 752

瓴 * 1030

瓴適 1025

瓴甋 1024

瓴甓 * 1025

凌烟 400

凌烟閣 * 399

凌烟樓 * 386

菱角檐 * 717

輘軒 * 490

鈴鐺排山脊 692

欞軒 490

靈臺 ¹* 413

靈臺 ²* 414

靈臺 ³* 416

靈臺 ⁴* 427

靈囿 * 162

靈沼 * 162

靈芝園 * 169

櫺 ¹ 706

櫺 ²* 964

櫺檻 751

櫺星門 ¹* 938

櫺星門 ² 940

領夯石 * 724

嶺南第一樓 * 394

令適 1025

令拱 * 782

令辟 1026

令甓 1025

令甓祴 * 766

溜 709

溜金斗拱 * 800

溜金斗科 801

流杯亭 ¹ 449

流杯亭 ² 455

流觴亭 449

留園 * 196

留雲亭 * 467

琉璃 1034

琉璃欄杆 * 754

琉璃牌坊 * 306

琉璃墻 * 531

琉璃瓦 * 1034

琉璃瓦屋面 * 686

榴花書屋 992

瑠璃 1034

劉勰故居 * 988

鎦金斗拱 800

柳侯祠 * 252

柳毅井 ¹* 643

柳毅井 ²* 643

柳子廟 253

六步梁 * 855

六椽栿 * 855

六幢亭 * 457

六分頭 * 793

六宮 * 141

六架梁 * 855

六角亭 * 450

六寢 * 121

六王宅 * 152

六院 * 141

廇 114

霤 ¹ 114

霤 ² 693

霤 ³ 708

霤槽 693

隆堯碑廊 * 491

龍鳳祠 251

龍鳳和璽 * 889

龍井 ¹* 642

龍井 ²* 922

龍馬 * 667

龍沙亭 * 464

龍臺 273

龍臺觀 * 273

龍騰苑 * 170

龍亭 * 466

龍尾 697

龍吻 697

龍躍宮 * 344

櫳 * 964

摟耙 * 1049

樓 * 372

樓房 ¹ 373

樓房 ²* 593

樓閣 * 373

樓觀臺 * 420

樓觀 * 373

樓居 373

樓闕 * 373

樓舍 372

樓臺 ¹ 373

樓臺 ²* 411

樓梯 * 746

樓屋 373

樓榭 373

樓子 372

螻蟈椽 879

陋廬 599

陋閭 599

陋室 * 598

陋巷 599

陋宇 599

漏屋 605

漏星堂 * 605

露寒 * 269

露棚 * 601

露臺 * 411

廬 ¹ 284

廬 ²* 601

廬 ³* 602

廬 ⁴* 622

廬第 ¹ 97

廬第 ²* 513

廬室 622

廬居 ¹ 96

廬居 ²* 513

廬落 ¹ 97
廬落 ²* 513
廬寢 622
廬舍 ¹* 96
廬舍 ²* 512
廬舍 ³ 622
廬室 ¹ 96
廬室 ² 513
廬屋 602
廬廡 ¹ 97
廬廡 ² 513
廬坐 622
廬宇 ¹ 96
廬宇 ² 513
廬宅 ¹ 96
廬宅 ²* 512
廬帳 293
廬冢 622
蘆扉 * 605
櫨 ¹ 774
櫨 ² 777
櫨枓 * 777
櫨栱 774
櫨欒 * 775
魯班亭 * 468

魯迅故居 * 1001
陸秀夫祠 * 256
盝頂 * 683
路殿 122
路寢 * 121
轆轤 * 1060
甂甊 * 1026
梠 706
閭 ¹ 297
閭 ²* 300
閭 ³* 932
閭 ⁴ 936
閭閈 ¹ 298
閭閈 ² 937
閭里 * 296
閭陌 297
閭舍 * 98
閭伍 * 298
閭巷 297
閭閻 * 298
閭閭 298

緑珠樓 * 385
欒 781
欒櫨 774
卵石 * 1023
卵石路面 * 765
卵石墙 * 531
羅池廟 253
羅鍋椽 879
羅鍋脊 691
羅漢方 792
羅漢枋 * 792
羅漢欄板 * 756
羅漢墙 * 533
羅聘故居 * 995
裸游館 * 274
洛陽宮 * 354
落地明造 ¹ 915
落地明造 ²* 941
落地明罩 ¹* 915
落地明罩 ² 941
落地罩 * 915
落帆亭 * 460
落時 * 954
落霞水榭 * 479
落星樓 * 384

緑窗 * 628
緑繞亭 * 461
緑野堂 * 329
緑珠井 * 642

M

麻搗 1019

麻擣 * 1019

麻葉頭 * 793

馬道 * 1062

馬房 665

馬厩 [1] 664

馬厩 [2] 664

馬廄 664

馬圈 665

馬闌 666

馬蘭 665

馬欄 665

馬棚 * 666

馬社 * 232

馬頭墻 537

馬尾礓礤 736

馬屋 665

馬閑 665

馬庌 666

馬圍 666

馬苑 * 668

螞蚱頭 * 793

滿堂紅基礎 * 722

滿族民居 * 576

慢道 * 742

慢拱 * 782

幔 [1]* 282

幔 [2]* 909

幔 [3]* 912

幔城 * 283

幔幕 908

幔幪 909

幔室 * 283

幔亭 * 450

幔帷 909

幔屋 * 283

幔帳 909

樠 707

宷廇 847

朵廇 847

猫拱背式山墻 * 537

毛厠 659

毛圊 659

毛司 659

茅庵 * 607

茅厠 659

茅廠 607

茅椽 607

茅茨 [1] 608

茅茨 [2] 684

茅茨堂 * 327

茅殿 * 609

茅棟 607

茅栿 * 609

茅寮 607

茅廬 606

茅舍 607

茅司 659

茅厮 659

茅堂 606

茅屋 * 606

茅軒 607

茅檐 [1] 608

茅檐 [2]* 710

茅齋 607

茆菴 607

茆茨 608

茆棟 607

茆寮 607

茆廬 606

茆舍 607

茆堂 606

茆屋 606

茆齋 607

帽兒梁 [1]* 863

帽兒梁 [2]* 926

帽梁 863

眉梁 856

梅花亭 * 452

梅梁殿 343

梅山亭 463

梅仙亭 465
塓塎 218
楣 [1] 705
楣 [2]* 849
門 [1]* 931
門 [2]* 931
門瓣 959
門榜 903
門鈸* 957
門朝 501
門道雨棚* 980
門第* 511
門吊兒* 959
門釘* 958
門對 903
門垛 534
門垛* 534
門垛子 534
門額* 903
門閥* 511
門扉 950
門符 904
門閣 951
門閤 951
門構* 933
門鼓* 949
門關 [1] 950
門關 [2] 955

門館* 127
門桄* 948
門闔 951
門衡* 948
門户 [1]* 931
門户 [2] 951
門環* 958
門楗 956
門鍵 956
門階* 736
門檻* 954
門框* 947
門梱 954
門闌 953
門關* 546
門欄 546
門聯* 903
門樓* 943
門眉 948
門楣* 948
門牡 956
門牌 903
門屏* 502
門蒨 953
門扇* 950
門首* 502
門樞* 949
門閂* 955

門栓 955
門櫃 955
門堂* 98
門貼 904
門帖 903
門桯 954
門庭 [1]* 127
門庭 [2]* 501
門頭板 948
門廡* 483
門限 [1] 947
門限 [2]* 951
門心板* 948
門枕* 949
夢溪園* 190
盟蠻臺 431
甍 [1]* 97
甍 [2] 709
甍 [3] 848
甍棟* 850
甍宇 97
蒙古包* 579
孟廟* 249
迷樓* 386
米公祠* 255
密檐* 717
眠檐 718
綿連 707

橧 707
櫞¹ 707
櫞² 849
櫞聯 707
苗族民居* 583
杪栱 782
廟¹ 239
廟²* 243
廟³* 314
廟⁴* 635
廟堂¹* 243
廟堂²* 314
廟祧* 241
廟廷¹ 243
廟廷²* 314
廟庭¹ 243
廟庭² 314
民房 558
民居* 558
民舍 558
民室 558
民宅* 558
瑉陞 744
瑉階* 743
瑉砌 744
閩粵贛圍屋* 569
明代柱礎* 842
明德殿 354

明栿* 861
明教寺 428
明教臺 428
明鏡* 922
明清斗拱* 805
明聖湖 205
明堂¹* 320
明堂² 355
明瓦頂* 688
明王臺* 437
鳴厴廊 267
磨頭¹* 1051
磨頭²* 1054
磨針井* 643
磨磚對縫磚墻 529
抹角栿 859
抹角梁* 859
抹角隨梁* 860
抹角柱* 822
抹頭* 948
抹子¹ 1051
抹子²* 1051
墨斗* 1058
墨卦 1058
牡瓦 1031
木* 1020
木寶劍* 1052
木材* 1020

木地板* 763
木雕* 892
木閣 495
木骨泥墻* 528
木夯* 1046
木劍 1052
木欄杆* 752
木棱房 587
木料 1021
木門* 944
木敲手* 1050
木石欄杆* 754
木瓦* 1021
木瓦頂* 687
木雍 546
木柵* 545
木植 1021
木柱* 811
牧宮* 334
幕¹* 282
幕² 288
幕³* 909
幕次* 283
幕殿* 285
幕府* 287
幕梁* 283
穆* 240

N

内 ¹ 107

内 ²* 124

内朝 * 145

内厨 * 648

内厨房 648

内垂門 * 942

内邸 * 510

内殿 ¹* 124

内殿 ²* 316

内坊 * 152

内房 630

内閣 ¹* 373

内閣 ²* 935

内閤 ¹ 374

内閤 ²* 630

内宫 * 145

内冓 ¹ 107

内冓 ² 630

内家 124

内厩 * 667

内廄 667

内廉 * 742

内霤 * 694

内屏 * 540

内寢 * 631

内舍 630

内室 107

内廳 101

内庭 ¹* 501

内庭 ² 630

内屋 630

内廡 * 483

内閑 667

内衙 351

内檐 * 716

内檐斗拱 * 794

内籞 160

内園 160

内苑 * 160

内院 ¹ 145

内院 ²* 501

内院 ³* 630

内宅 * 630

南北朝斗拱 * 803

南北朝柱礎 * 838

南房 * 111

南海 * 180

南海北涌亭 * 471

南樓 ¹ 385

南樓 ²* 388

南樓 ³* 388

南樓 ⁴* 393

南内 354

南内苑 * 174

南浦亭 * 464

南榮 * 715

南臺 ¹* 412

南臺 ²* 424

南臺 ³ 438

楠木井 642

難老泉亭 * 474

腦椽 * 879

嫩戧 * 858

泥 * 1019

泥道拱 ¹* 782

泥道拱 ² 783

黏土 * 1019

黏土碎磚基礎 * 723

輦道 ¹* 494

輦道 ²* 741

輦閣 494

輦閣 ¹ 493

輦閣 ²* 740

輦路 494

闑 * 950

凝閑堂 * 328

牛脊榑 * 874

牛心寺 401

弩臺 420

暖居 559

O

歐陽修祠* 254

P

爬山廊* 487

排山勾滴* 692

排山脊¹ 690

排山脊²* 692

牌坊* 304

牌樓* 304

甋瓴* 1027

泮宮* 327

頖宮 327

龐統祠* 251

庖* 645

庖厨 646

庖屋 645

砲山河 206

配房* 505

噴水獸 758

棚* 616

棚户* 616

棚子 616

蓬蓽¹* 602

蓬蓽²* 945

蓬茨¹ 611

蓬茨²* 685

蓬蒿廬 611

蓬户¹ 602

蓬户²* 610

蓬户³ 944

蓬户甕牖* 602

蓬居 610

蓬萊閣* 402

蓬萊宮 350

蓬廬 610

蓬茅 611

蓬茆 611

蓬門¹ 610

蓬門²* 944

蓬室 610

蓬屋 610

蓬寮* 605

篷帳* 283

批竹昂* 789

坯 1024

披 506

披房 506

披水排山脊* 692

披屋* 506

披檐* 716

披子 506

皮條脊* 691

毗盧閣 386

琵琶亭* 465

鞾 708

辟雍* 326

辟廱 327

甓 1025

片瓦 1032

縹碧瓦 1034

縹瓦 1034

拼合梁* 866

拼合柱* 820

品字科* 801

牝瓦 1030

平 742

平暗* 925

平暗椽 881

平板枋* 869

平尺* 1052

平椽 878

平道* 742

平頂* 682

平頂房 593

平房* 592

平枕...................854
平機...................924
平脊...................690
平橑...................924
平樂觀 *...................271
平樂館...................272
平梁...................853
平盤科 *...................779
平棋 ¹...................924
平棋 ²*...................925
平棋方...................792
平棋枋 *...................792
平起...................924
平山堂 *...................330
平身科 *...................799
平臺 ¹*...................411

平臺 ²*...................427
平槫 *...................873
平柱 *...................814
平坐斗拱 *...................798
平坐鋪作...................799
屏...................539
屏 ¹...................539
屏 ²...................660
屏 ³...................917
屏厠...................660
屏風 *...................916
屏門 *...................941
屏山 *...................918
屏圍...................917
屏匽...................660
屏扆 ¹*...................917

屏扆 ²*...................918
屏鄣...................917
屏障...................917
屏幛...................917
瓶式欄杆 *...................757
破子櫺窗 *...................966
撲水...................709
鋪首 *...................957
鋪作...................806
蒲室 *...................611
蒲屋...................612
普拍枋 *...................869
普通臺基 *...................732
曝書亭 *...................461

Q

七步梁 *...................855
七椽栿 *...................855
七架梁 *...................855
七廟 *...................242
栖霞樓 *...................393
戚繼光父子總督坊...........308
戚家牌坊 *...................307
祁年宮...................335
耆英堂 *...................329
棋盤門 *...................940

棋盤心屋面 *...................686
旗門 *...................291
齊心科 *...................778
齊雲樓 ¹*...................390
齊雲樓 ²*...................390
騎互科...................778
騎樓 *...................495
蘄年宮 *...................335
起樓 *...................374
綺窗 *...................963

綺窓...................963
綺春園...................183
綺閣 *...................378
綺構 *...................632
綺户 *...................944
綺井...................921
綺寮...................963
綺櫳 *...................963
綺樓...................379
綺幔...................911

綺幕 911

綺室 * 632

綺疎 963

綺疏 * 963

綺榭 * 478

綺帳 * 911

砌 ¹ 734

砌 ² 952

砌臺 * 410

葺屋 * 611

闐 * 933

闐頭栿 * 863

卡子墻 * 534

千步廊 491

千斤頂 * 1061

前廊 * 485

前檐 * 716

乾清宮 * 364

乾陽殿 355

乾元殿 ¹* 355

乾元殿 ² 359

錢塘湖 205

槏柱 * 820

羌族民居 * 581

搶籬 543

戧脊 * 690

戧橋 1062

戧獸 * 698

檜城 * 545

檜櫐 545

檜櫐 * 545

墻 * 521

墻壁 * 521

墻杵 * 1045

墻垛 * 524

墻垛 524

墻藩 543

墻根 524

墻角 * 524

墻匡 * 523

墻籬 543

墻帽正脊 * 692

墻限 524

墻堵 522

墻隅 524

墻垣 * 522

牆 521

牆壁 521

牆角 524

牆脚 524

牆匡 523

牆垣 522

鍫 1049

鍬 1049

喬家大院 * 596

喬在中堂住宅 596

撬棍 * 1063

翹 * 782

翹昂斗拱 802

翹昂斗科 * 801

翹飛椽 882

切 952

秦漢柱礎 * 836

秦樓 * 382

秦趙會盟臺 * 422

琴面昂 * 790

琴臺 ¹* 413

琴臺 ²* 417

琴臺 ³* 425

琴臺 ⁴* 434

琴臺 ⁵* 439

琴榭 * 478

勤政殿 360

勤政樓 * 389

寢 109

寢宮 ¹ 123

寢宮 ² 142

寢門 936

寢 * 109

寢殿 ¹* 243

寢殿 ²* 318

寢宮 ¹* 123

寢宮 ²* 141

寢廬 * 513

寢門 * 935

寢堂 * 96

寢庭 * 137

寢齋 109

沁秋亭 * 454

青白石 * 1022

青陛 150

青墀 127

青殿 150

青閣 378

青宮 150

青闈 625

青禁 * 127

青蓮祠 * 253

青樓 * 378

青廬 * 284

青闕 127

青砂石 * 1022

青瑣 ¹ 127

青瑣 ² * 949

青瑣闥 127

青瑣幃 625

青瑣闈 127

青鎖闈 127

青闥 127

青壇 * 222

青藤書屋 992

青瓦 * 1032

青幃 * 625

青闌 150

青梧觀 * 273

圊 662

圊厠 662

圊溷 662

圊牏 662

清 662

清代柱礎 * 843

清風園 * 170

清華園 * 197

清溷 662

清節里 986

清廟 241

清水脊 * 691

清喜閣 472

清漪園 183

清音閣 * 401

清遠樓 * 394

晴川閣 * 403

擎檐柱 * 814

慶善宮 * 344

邛籠 * 621

穹窿頂 * 682

穹廬 292

穹廬式屋 * 980

窮廬 ¹ 293

窮廬 ² * 602

窮閭 293

窮檐 * 602

窮櫩 602

瓊殿 137

瓊宮 138

瓊室 ¹ 137

瓊室 ² * 334

瓊宇 * 137

丘亭 * 446

秋風亭 * 468

秋瑾故居 * 999

虬檐 715

虬簷 715

虬櫩 715

曲尺 * 1054

曲房 98

曲枅 781

曲江池 ¹ 165

曲江池 ² * 175

曲江樓 388

曲廊 * 488

曲室 * 98

屈戍 958

曲臺 ¹ * 335

曲臺 ² * 425

曲屋 * 377

曲須 958

屈膝 959

屈戌 958

屈原故宅 * 987

屈子祠 * 249

屈子釣魚臺 423

瞿園 193

蘧園 193

雀栢 709

雀臺 430

雀頭 709

雀庵 * 699

闕黨 518

闕里 * 517

闕里故宅 986

裙板 * 949

R

壤 * 1019

壤室 613

惹草 * 537

熱河行宮 181

人字頂 680

人字式山墻 * 537

仁壽宮 * 274

仁智宮 * 275

日壇 * 228

榮 * 715

榮橑 * 878

榮楯 * 752

如意斗拱 * 801

如意踏跺 * 745

孺子亭 * 465

乳釘 958

乳栿 853

壖垣 * 523

軟門 * 942

瑞井 641

S

灑然亭 * 457

塞門 539

三步梁 * 854

三才升 779

三重檐 * 712

三椽栿 * 854

三代柱礎 * 834

三滴水 712

三滴水品字科 * 801

三殿 353

三坊一照壁 * 591

三幅雲 * 793

三福雲 793

三宮 ¹ * 141

三宮 ² 320

三關六扇門 * 942

三國柱礎 * 837

三合房 ¹ 504

三合房 ² 591

三合土 * 1019

三合土墻 * 526

三合院 * 504

三合院式住宅 * 590

三槐堂 * 331

三架梁 * 854

三角亭 * 450

三清閣 * 407

三十六苑 * 164

三蘇祠 * 254

三臺 429

三堂屋 * 594

三天 * 153

三陽宮 * 277

三雍 * 319

三雍宮 320

傘把頂 682

散枓 * 778
散水 * 765
桑梓苑 * 170
礫 ¹ 730
礫 ²* 831
礫 ³* 834
礫礅 ¹* 730
礫礅 ² 832
礫盤 832
礫石 832
澁道 736
澀道 * 736
沙板磚 1028
沙滾子磚 * 1028
沙丘圈 * 162
砂石 1022
紗厨 910
紗幮 * 910
紗幌 * 913
紗幔 910
紗帷 910
紗帳 * 909
煞刀 * 1051
山 536
山城 * 517
山邸 * 516
山第 515
山房 516

山府 516
山閣 * 377
山館 516
山郭 * 517
山花 * 537
山花向前 * 537
山檻 516
山節 * 775
山節藻梲 * 775
山居 * 516
山寮 516
山樓 ¹ 377
山樓 ²* 377
山棚 378
山墻 ¹* 535
山墻 ²* 537
山廧 538
山舍 516
山墅 515
山庭 * 517
山頭 536
山屋 516
山邑 517
山楹 516
山宇 516
山院 517
山柱 * 815
山莊 * 515

扇 * 951
扇面墙 * 535
扇面亭 * 452
商飆館 * 274
商飆觀 274
商尺 1055
上昂 * 787
上禪堂 * 329
上額枋 * 869
上房 * 504
上閤 351
上閣 351
上宮 ¹* 240
上宮 ²* 373
上海里弄 * 567
上花架椽 * 878
上檻 * 947
上金枋 * 870
上金桁 873
上金檁 * 873
上金扒梁 * 860
上金順扒梁 860
上蘭 272
上蘭觀 * 272
上煉丹臺 427
上林苑 ¹* 162
上林苑 ²* 163
上林苑 ³* 167

上林苑⁴* 170
上平槫 873
上榮 715
上書房* 153
上堂 100
上屋* 504
上檐* 716
上檐金柱* 815
上陽宮* 355
上苑 180
勺園* 198
邵夫子祠 255
邵雍祠* 255
舍 93
社* 222
社宮* 223
社稷 220
社稷壇* 218
社廟* 223
社壇* 222
射熊館* 267
射熊觀 268
涉水廊* 488
深閨* 625
神祠 245
神都 355
神宮* 245
神廬 245

神廟* 241
神壇* 217
神堂 245
神庭 245
神屋 245
蜃灰* 1033
蜃炭 1033
升 779
升仙臺 419
聲遠樓* 393
繩* 1057
省 136
省內 136
省中 136
勝棋樓* 394
聖壽堂* 328
聖應臺 430
獅子林* 193
詩話樓* 393
十八斗 778
十二層 382
十二樓* 382
十里長亭 448
十六王宅* 152
十三間樓 392
十三陵石牌坊* 307
十三樓* 392
十三御碑亭* 464

十王宅* 152
十字脊頂* 683
十字亭* 451
什樣錦墻* 532
石板瓦頂* 687
石材* 1022
石層 743
石礎* 833
石雕* 892
石碇 831
石洞 621
石陡板墻* 531
石鍛 1033
石㕎 1033
石房 619
石房子* 620
石扉* 620
石宮 620
石關 620
石灰* 1032
石灰拌粗砂抹面* 762
石灰土墻* 526
石級 743
石階* 743
石階級 743
石窟* 620
石欄杆* 753
石料 1022

石料基礎 * 724	市圈 * 534	壽嶽 179
石樓 [1] 306	市闤 937	瘦西湖 * 205
石樓 [2]* 377	阤 [1] 952	獸後 * 690
石路面 * 766	阤 [2]* 955	獸前 * 690
石泥 * 1019	启 [1] 952	獸頭 699
石牌坊 * 305	启 [2] 954	舒王臺 * 435
石牌樓 306	启 [3] 955	蜀柱 817
石砌 743	室 [1] 91	豎穴 * 977
石磉 833	室 [2]* 107	墅 514
石室 * 620	室奧 108	墅舍 [1] 264
石壇 * 218	室隩 * 107	墅舍 [2] 515
石梯 743	室第 92	樹 539
石亭 * 449	室奉 * 1021	樹皮頂 * 687
石碬 1046	室家 96	樹垣 539
石屋 * 619	室居 95	耍頭 * 792
石舄 833	室闈 92	帥正堂 332
石碼 833	室舍 92	閂 955
石瓺 * 640	室堂 92	雙八角亭 * 452
石柱 * 812	室廡 92	雙步廊 * 486
石子路 765	室宇 92	雙步梁 * 852
實榻大門 * 940	室宅 * 92	雙層廊 * 489
史公祠 257	收山頂 * 684	雙方亭 * 452
史可法墓祠 * 256	受塵 924	雙鳳亭 * 467
世室 * 323	壽成室 337	雙六角亭 * 452
市坊 299	壽宮 245	雙枚 * 716
市闤 937	壽皇殿 * 365	雙清亭 * 469
市闠 937	壽山 179	雙套環 453
市門 * 937	壽山艮嶽 * 178	雙亭 * 452

雙圓亭*..................... 452

雙爪抹子..................... 1051

瓶..................... 1032

水旱壇..................... 230

水廊*..................... 487

水流雲在亭*..................... 456

水臬*..................... 1057

水平..................... 1057

水榭*..................... 477

水心亭..................... 457

水心榭*..................... 478

水中亭..................... 457

睡佛閣*..................... 400

楯*..................... 751

楯檻..................... 750

舜帝故宅*..................... 986

順栿串*..................... 863

順桁科..................... 778

順梁*..................... 861

順扒梁*..................... 861

順挑尖梁..................... 857

説經臺..................... 420

搦*..................... 546

司馬遷祠*..................... 250

思賢苑*..................... 165

虒祁宮*..................... 335

虒臺..................... 335

絲縫磚墻*..................... 530

罳頂..................... 922

撕縫磚墻..................... 530

四阿..................... 678

四阿重屋..................... 323

四步梁*..................... 854

四川民居*..................... 573

四椽栿*..................... 854

四點金*..................... 595

四方亭..................... 451

四合房¹*..................... 502

四合房²..................... 590

四合頭..................... 503

四合院..................... 503

四合院式住宅*..................... 589

四户*..................... 932

四角亭..................... 451

四霤¹..................... 679

四霤²..................... 679

四門*..................... 326

四廟*..................... 242

四牌樓..................... 404

四望亭*..................... 458

四下..................... 679

四香閣*..................... 401

四注..................... 678

似複水椽..................... 881

似支條..................... 881

似轉角布檩椽..................... 881

祀場*..................... 223

祀舍..................... 246

祀壇..................... 217

松堂*..................... 332

嵩陽觀..................... 277

宋代斗拱*..................... 804

宋璟碑*..................... 308

宋元柱礎*..................... 840

蘇東坡故居*..................... 989

蘇鄰小築..................... 193

蘇式彩畫*..................... 889

蘇州片..................... 890

素方..................... 791

素枋*..................... 791

素土基礎*..................... 723

棟..................... 880

隋唐五代柱礎*..................... 839

隨梁枋¹..................... 863

隨梁枋²*..................... 869

碎拼石板墻..................... 531

碎磚墻*..................... 530

孫公祠..................... 249

孫叔敖祠*..................... 248

孫詒讓故居*..................... 998

孫中山故居*..................... 998

梭柱*..................... 821

T

杳 777

楷 777

榻板 * 948

踏道 735

踏跺 736

闥 ¹* 936

闥 ²* 948

闈 ¹* 109

闈 ² 628

闈 ³* 936

臺 * 410

臺基 * 727

臺明 * 731

臺灣民居 * 571

臺榭 477

臺謝 477

大室 ¹ 243

大室 ² 326

太白祠 253

太白樓 ¹ 253

太白樓 ²* 253

太白樓 ³* 253

太白書臺 * 434

太白亭 468

太初宮 * 341

太宮 241

太和殿 * 362

太和宮 * 345

太極殿 ¹* 341

太極殿 ²* 342

太極殿 ³* 343

太極殿 ⁴* 343

太極殿 ⁵* 347

太極宮 * 346

太廟 * 240

太平梁 853

太寢 241

太社 222

太師壁 * 914

太室 ¹* 242

太室 ² 326

太壇 226

太武殿 * 357

太液池 ¹* 166

太液池 ²* 177

太元新宮 * 342

泰寧尚書第 * 596

泰折 * 227

泰社 * 222

泰壇 * 226

泰昭 * 230

壇 ¹* 103

壇 ²* 161

壇 ³* 216

壇 ⁴* 502

壇 ⁵* 729

壇場 215

壇坫 * 412

壇坎 217

壇墠 217

壇壝 * 215

壇宇 217

湯 * 656

湯池 656

湯泉宮 278

唐代斗拱 * 803

唐三內 * 346

唐叔虞祠 247

堂 ¹* 96

堂 ²* 100

堂 ³* 103

堂 ⁴* 313

堂 ⁵ 322

堂 ⁶* 728

堂榜 903

堂扁 903

堂除 * 740

堂厨 * 648

堂對 904

堂額 * 902

堂个 104

堂構* 96

堂皇* 313

堂隍 314

堂基 728

堂階* 736

堂廉¹* 102

堂廉² 731

堂聯* 904

堂壇* 314

堂屋 100

堂廡* 483

堂廡 483

堂序¹ 100

堂序²* 315

堂顔 903

堂檐* 710

堂簷 710

堂宇* 313

堂子¹* 231

堂子²* 246

堂子³ 655

樘 810

闛* 943

淌白磚地* 764

淌白磚牆* 530

絛環板* 949

桃尖梁 852

陶井* 638

陶靖節祠 251

陶然亭* 454

陶淵明祠* 251

騊駼 668

套環亭 453

套間* 111

套獸* 698

滕閣 400

滕王閣* 400

剔地起突* 893

梯¹ 746

梯²* 1059

梯子 1059

緹幔 911

緹縵 911

緹幕 911

緹帷* 910

題榜 901

題額 901

題牌 901

替木* 794

趯臺 280

趯臺坡 438

天安殿 359

天陛 737

天墀 737

天厨 648

天窗* 965

天窻 965

天牕 965

天牎 965

天關 125

天閨 142

天花* 923

天花板 924

天花版 924

天花彩畫* 891

天花枋* 926

天花梁¹* 863

天花梁²* 925

天階* 737

天墌 737

天井 921

天厠 666

天門* 125

天寧閣 402

天寧寨 436

天庖 648

天闕 125

天然巖穴* 975

天樞* 308

天壇* 223

天堂* 325

天彎罩* 915

天闈 125

天問臺* 423

天閑 * 666

天心閣 * 407

天涯亭 * 473

天助樓 396

天尊閣 * 406

田墅 609

磌 831

稹 831

祧 ¹* 241

祧 ²* 241

祧廟 ¹ 241

祧廟 ² 242

條石路面 * 765

條形基礎 723

條磚 * 1026

挑尖梁 * 852

挑尖順梁 * 857

挑尖隨梁 * 857

挑金斗拱 * 801

挑金斗科 801

挑梁 * 856

挑山頂 681

挑山檁 * 874

挑檐 * 717

挑檐枋 791

挑檐桁 ¹* 874

挑檐桁 ² 874

挑檐檁 * 874

貼臉 * 947

貼梁 * 863

貼砌石板牆 * 531

鐵搭 * 1049

鐵鳳 * 694

鐵鳳凰 695

鐵馬 * 701

鐵門限 * 954

鐵拍子 * 1046

鐵太尉臺 436

鐵瓦 * 1032

鐵瓦頂 * 688

鐵楔 * 1053

鐵影壁 * 541

桯 947

聽事 101

廳 101

廳事 101

廳堂 101

廳屋 101

廳宇 101

廳齋 101

聽政殿 * 340

亭 * 445

亭閣 * 447

亭臺 * 411

亭外亭 469

亭榭 * 447

頂 1025

庭 ¹ 101

庭 ² 114

庭 ³* 499

庭除 ¹ 501

庭除 ²* 737

庭户 ¹* 500

庭户 ² 501

庭階 ¹ 501

庭階 ² 737

庭砌 ¹ 501

庭砌 ² 737

庭幃 ¹ 108

庭幃 ²* 626

庭闈 * 108

庭廡 483

庭宇 ¹ 94

庭宇 ² 500

通天宮 * 325

通天臺 * 425

通義宮 * 344

通柱 * 819

彤墀 739

彤廷 126

彤庭 * 126

童柱 * 818

銅池 * 694

銅鳳凰 694

銅蠧 958

銅雀 430

銅爵臺 430

銅雀臺 * 429

銅雀園 * 169

銅臺 430

銅亭 ¹ 407

銅亭 ²* 455

銅亭 ³* 455

銅瓦 * 1032

銅柱 * 812

桶瓦 1030

筒板瓦頂 * 685

筒瓦 * 1030

瓾瓦 1030

甋瓦 1030

偷心造斗拱 * 797

透雕 * 893

突雕 893

屠蘇 * 613

塗巷 * 300

土 * 1018

土襯石 * 732

土房 613

土圭 * 1057

土墼 1023

土墼墻 * 526

土堦 616

土階 * 616

土階茅茨 613

土階茅屋 * 613

土空 * 614

土窟 614

土茅 613

土坯 1024

土坯墻 526

土千斤 1063

土墙 * 525

土室 ¹* 326

土室 ²* 613

土狍 1020

土豚 * 1020

土屋 ¹* 592

土屋 ² 613

土窑 614

土窑子 614

土掌房 582

土磚 1024

兔園 * 185

團苞 610

團標 610

團焦 610

團茅 610

團瓢 610

榑 ¹ 849

榑 ² 872

榑柱 947

推窗 * 965

推拉式屋門 * 939

推山頂 * 683

退思園 * 596

退翁亭 * 455

托泥板 1052

柁 * 849

橐泉 668

橐泉宮 335

W

媧宮 266

瓦 * 1029

瓦當 * 1031

瓦刀 * 1050

瓦溝 1031

瓦井 638

瓦獸 * 699

瓦筒 1030

外八廟 * 181

外邸 ¹* 510

外邸 ²* 510

外第 510

外坊 * 152
外宮 264
外觀 * 263
外金柱 * 815
外厩 * 667
外廊 667
外羅院 * 319
外門 * 934
外屏 * 540
外寢 122
外壝 218
外檐 * 716
外檐斗拱 * 794
外拽瓜拱 * 783
外拽萬拱 * 784
玩月樓 385
椀花綬帶 * 537
卍字廊 * 489
萬佛閣 * 406
萬拱 * 784
萬古長春坊 * 307
萬年宮 275
萬全宮 * 278
萬泉宮 278
萬壽亭 ¹ 458
萬壽亭 ² 466
萬歲樓 * 386
萬歲山 179

萬仙樓 * 395
萬象神宮 * 325
萬印樓 * 398
王船山故居 * 993
王宮 ¹* 124
王宮 ² 229
王國維故居 * 1000
王家山 197
王居 124
王路堂 * 327
王門 ¹ 124
王門 ²* 509
王舍 263
王社 220
王所 ¹ 123
王所 ² 263
王屋 124
王羲之故宅 * 988
王閑 666
王宇 124
網户 * 944
網師園 * 193
網軒 944
輞川別業 * 186
望春宮 * 276
望海樓 * 388
望江樓 * 391
望江亭 * 460

望梅亭 463
望衢亭 435
望仙樓 395
望野亭 460
望夷 336
望夷宮 * 336
望雲樓 * 388
望柱 * 758
帷 ¹* 282
帷 ²* 906
帷箔 909
帷薄 * 909
帷殿 285
帷房 * 108
帷宮 * 285
帷户 284
帷幌 907
帷幔 906
帷門 * 284
帷幕 ¹ 287
帷幕 ² 908
帷幬 ¹ 287
帷幬 ² 908
帷屏 907
帷墻 * 907
帷牆 908
帷幄 ¹ 133
帷幄 ²* 287

帷帟 ¹ 287

帷帟 ² 906

帷帳 ¹ 287

帷帳 ² 907

圍脊 * 691

圍龍屋 * 594

圍壟 595

幃 * 282

幃次 286

幃簾 908

幃幔 906

幃幕 908

幃幬 908

幃屏 907

幃室 109

幃幄 ¹ 133

幃幄 ²* 908

幃帟 * 283

幃帳 907

維吾爾族民居 * 577

闈 ¹* 108

闈 ² 145

闈 ³ 627

闈 ⁴* 932

闈閾 137

壝 ¹* 218

壝 ²* 218

壝宮 * 265

壝堮 218

壝墻 218

壝壇 217

未央 337

未央宮 * 337

位 * 117

慰農亭 * 461

溫泉宮 278

文昌殿 * 340

文昌閣 ¹* 404

文昌閣 ²* 404

文德殿 * 360

文華殿 * 365

文君井 * 641

文明殿 361

文天祥祠 * 255

文星閣 * 404

文游臺 * 435

窩角梁 * 858

窩棚 * 605

窩鋪 * 612

窩鋪 612

蝸房 604

蝸居 604

蝸殼 604

蝸殼居 604

蝸廬 603

蝸牛廬 * 603

蝸牛舍 604

蝸舍 604

蝸室 604

臥房 * 108

臥内 108

臥雲寺 401

幄 * 282

幄次 * 286

幄殿 284

幄幕 * 288

幄帟 * 283

幄帳 287

碝盤 * 1046

圬 1051

杇 * 1051

杇刀 1051

杅刀 1051

屋 ¹* 92

屋 ²* 675

屋材 * 1021

屋垂 706

屋頂 676

屋棟 * 851

屋蓋 676

屋極 ¹ 676

屋極 ² 851

屋脊 * 688

屋架 * 94

屋間架 94

屋罶 ¹ 693

屋罶 ² 709

屋漏 ¹* 116

屋漏 ²* 965

屋梠 ¹ 706

屋梠 ² 709

屋山 ¹* 536

屋山 ² 689

屋山頭 ¹ 536

屋山頭 ² 689

屋舍 93

屋室 93

屋獸 * 699

屋頭 661

屋廉 676

屋檐 708

屋簷 708

屋宇 93

屋宅 93

屋子 93

烏頭大門 * 940

烏頭閥閱 305

吳承恩故居 * 991

吳殿 679

吳敬梓故居 * 994

吳息之住宅 405

吳樾故居 * 1000

梧 812

無齒鋸 * 1054

五步梁 * 855

五彩遍裝彩畫 * 890

五椽栿 * 855

五代祠 986

五鳳樓 ¹* 389

五鳳樓 ²* 395

五鳳樓 ³* 594

五福堂 597

五花山墙 * 537

五脊殿 678

五架梁 * 854

五龍亭 * 454

五門牌坊 307

五廟 * 242

五色瑠璃 1034

五色泥 * 1034

五音石 1023

五嶽朝天山墙 * 536

五柞宮 * 273

迕 813

武德殿 * 348

武功宮 345

武侯祠 * 251

武侯宮 431

武林水 205

武靈叢臺 * 422

武帷 287

武英殿 * 365

武帳 * 287

舞榭 * 478

廡 ¹* 481

廡 ²* 513

廡 ³ 634

廡 ⁴ 707

廡殿頂 * 677

廡殿脊 690

X

夕室 * 505

夕陽樓 * 389

夕月壇 * 229

西北榮 * 716

西楚霸王祠 250

西楚霸王靈祠 250

西房 * 111

西湖 * 203

西湖湖心亭 * 472

西夾 105

西郊苑 * 165

西階 741

西京大内* 361
西内 346
西内苑* 173
西清 105
西榮* 716
西堂* 105
西廂 105
西箱* 105
西序* 103
西洋樓* 397
西洋瓶式欄杆 757
西游園* 169
西園 167
西苑¹* 167
西苑²* 171
西苑³ 180
西子湖* 205
希灰 1033
溪亭* 447
谿亭 447
席門¹* 599
席門²* 945
席門蓬巷* 599
席門窮巷 599
席屋* 599
蓆户 946
蓆門 946
細縫磚墻 530

細柳 273
細柳觀* 272
細墁磚地* 764
戲馬臺* 424
礓 831
下昂 787
下房* 505
下宫* 240
下花架椽* 879
下檻* 947
下金枋* 870
下金桁 874
下金檩* 874
下金扒梁* 861
下金順扒梁 861
下歷車* 1060
下馬碑 306
下馬坊 306
下馬牌* 306
下磨車 1061
下平槫 874
下舍* 96
下室 107
下檐* 716
下檐博脊 691
下苑 165
夏臺* 416
厦¹* 483

厦²* 634
厦房* 505
厦兩頭造 680
厦宇 505
厦子 506
仙都苑 168
仙人* 698
先蠶壇* 230
先農壇¹ 220
先農壇²* 220
先月亭* 466
袄神樓* 396
鍬 1049
弦歌臺* 419
咸和新宫* 342
閑¹* 546
閑² 665
閑厩 665
閑廊 665
閑駒 667
臂栱 782
顯德殿* 354
顯明宫 342
顯陽殿* 358
限 952
綫錘 1058
綫刻* 893
綫墜 1058

香房.................................630

香閣.................................630

香閣.................................630

香閨*...............................629

香閨綉閣.........................630

香水行.............................655

厢¹.................................104

厢²*...............................483

厢³*...............................504

厢⁴.................................535

厢房.................................504

厢拱*...............................783

厢廊.................................482

鄉.................................962

鄉亭*...............................448

湘東苑*.............................171

湘鄂贛民居*.......................562

箱.................................104

響琴榭*.............................478

響屧廊*.............................266

向警予故居*.....................1002

項王祠.............................250

項羽廟.............................250

闤¹*...............................742

闤².................................962

削*.................................1043

蕭墻*...............................539

蕭廧.................................540

小次*...............................285

小點金*.............................892

小科.................................778

小額枋*.............................868

小連檐*.............................718

小寢.................................123

小式瓦作*.........................685

小式屋面*.........................677

楔子*...............................1054

歇山頂*.............................679

歇山轉角*.........................680

斜昂*...............................789

斜插金枋*.........................870

斜道.................................742

斜拱*...............................785

斜脊.................................690

斜柱*...............................812

解店樓.............................387

枭.................................952

楣.................................952

榭¹*...............................476

榭²*...............................477

屧廊.................................267

謝公樓.............................252

謝公亭*.............................461

謝樓.................................252

謝朓樓*.............................252

謝亭.................................462

新石器時代柱礎.............834

新亭.................................459

信宮.................................267

星門.................................290

星壇.................................230

興慶宮*.............................353

興泰宮*.............................277

行廚.................................649

行殿.................................263

行宮*...............................263

行過宮.............................263

行廊.................................485

行廟*...............................242

行幕*...............................286

行庖*...............................648

行清.................................658

行所.................................264

行窩*...............................517

行幄*...............................286

行營*...............................288

行在*...............................264

行在所.............................264

行帳*...............................288

杏壇*...............................232

修文殿*.............................344

綉房*...............................629

綉閣*...............................629

綉戶*...............................629

繡房 629

繡閣 629

繡闈 629

繡户 629

繡闥 629

胥臺 420

須彌座臺基 * 732

墟墅 609

徐光啓故居 * 993

徐渭故居 * 992

許國石坊 * 307

旭光臺 * 439

序 ¹* 103

序 ²* 535

續角梁 * 859

宣防 338

宣房 * 338

宣和殿 * 362

宣明 * 338

宣曲 273

宣曲宮 * 273

宣室 ¹* 131

宣室 ²* 334

宣室 ³* 338

宣榭 * 478

宣政殿 * 353

軒 ¹* 95

軒 ²* 315

軒 ³* 489

軒 ⁴* 633

軒 ⁵ 660

軒 ⁶ 708

軒 ⁷* 751

軒 ⁸ 925

軒 ⁹ 962

軒陛 ¹* 314

軒陛 ² 739

軒厠 661

軒墀 ¹* 102

軒墀 ² 739

軒除 95

軒窓 962

軒窗 962

軒牕 962

軒窻 962

軒殿 314

軒房 95

軒扉 964

軒宮 ¹ 132

軒宮 ²* 318

軒館 * 633

軒户 ¹* 933

軒户 ²* 964

軒楗 963

軒檻 * 751

軒階 ¹ 102

軒階 ² 739

軒禁 136

軒居 95

軒廊 489

軒甍 ¹* 633

軒甍 ²* 689

軒屏 * 534

軒砌 739

軒室 ¹ 132

軒室 ² 318

軒楯 * 751

軒闥 132

軒堂 * 314

軒庭 ¹ 132

軒庭 ²* 502

軒庭 ³* 633

軒廡 * 489

軒序 ¹* 95

軒序 ² 633

軒簷 708

軒掖 ¹ 132

軒掖 ² 143

軒檻 ¹* 490

軒檻 ²* 811

軒牖 962

軒宇 * 633

軒寓 633

軒轅臺 * 416

軒子 95
玄武苑＊ 169
縣 1058
縣聯 707
縣楣 864
璿闈＊ 626
懸＊ 1058
懸錘 1058

懸棟＊ 864
懸楣＊ 864
懸山頂＊ 681
懸魚＊ 537
鏇子彩畫＊ 888
薛福成故居＊ 997
薛家花園＊ 203
穴＊ 975

穴居＊ 974
穴岫＊ 614
穴崟 614
雪橇＊ 1063
雪臺 427
雪堂＊ 330
巡杖欄杆 755
尋杖欄杆＊ 755

Y

鴨嘴＊ 1051
壓地隱起＊ 893
壓闌石 731
壓面石 731
牙門 291
衙＊ 125
衙門＊ 290
厓¹ 481
厓² 634
厓³ 707
厓廡 482
啞叭椽 882
亞聖廟 249
烟水亭＊ 465
烟雨樓¹＊ 391
烟雨樓²＊ 397
延福宮＊ 278
延英殿＊ 351

研山園＊ 191
崦穴 621
閻¹ 298
閻²＊ 937
閻閭 298
閻術 299
檐＊ 704
檐步＊ 710
檐椽＊ 880
檐鐸＊ 700
檐額＊ 869
檐枋¹ 868
檐枋²＊ 870
檐溝 693
檐間鐵 701
檐口＊ 710
檐鈴 700
檐溜 693

檐霤 693
檐馬 701
檐墻＊ 534
檐鐵 700
檐宇 708
檐柱＊ 813
顏廟＊ 248
簷 705
簷鐸 700
簷間鐵 701
簷溜 709
簷馬 701
簷鐵 700
簷宇 708
櫩¹＊ 485
櫩² 705
櫩廡＊ 484
櫩宇¹ 484

櫩宇 ² 708

巌 * 621

巌洞 621

巌房 621

巌扉 * 621

巌肩 * 621

巌郎 482

巌廊 * 482

巌室 621

巌屋 621

巌軒 621

巌穴 621

閻 299

闇 * 710

弇山園 * 197

广 ²* 620

广 ³ 689

偃 661

偃溷 661

偃溲 661

偃武殿 * 344

剡移 956

匽 661

匽厠 661

匽溷 661

匽溲 661

匽猪 663

匽渚 * 662

宴殿 123

宴寢 109

宴室 * 148

宴喜臺 434

晏子故宅 * 986

雁山園 * 201

燕殿 123

燕寢 ¹ 109

燕寢 ²* 122

燕尾枋 * 870

燕喜臺 * 434

燕喜亭 * 471

燕子樓 * 390

央桭 718

柍桭 * 718

陽館 * 323

陽馬 857

陽榮 715

陽臺 422

陽武石坊 308

楊阿苗故宅 * 999

楊妃池 * 657

楊虎城故居 * 1002

楊家祠堂 * 254

仰塵 924

仰合瓦頂 685

仰瓦 1030

仰瓦頂 * 686

仰瓦蓋瓦頂 * 685

仰瓦灰梗頂 * 686

腰串 949

腰枋 * 948

腰華板 * 949

腰檐 * 717

爻闥 * 286

窯 614

窯洞 * 614

窯洞式住宅 * 587

窯洞四合院 * 589

遥參門 470

遥參亭 * 470

瑶陛 744

瑶階 744

瑶墄 744

瑶薨 * 711

瑶砌 744

瑶臺 * 412

瑶榭 * 477

突 115

窔 * 115

窰 614

冶春園 * 199

野舍 * 264

拽枋 792

夜明 229

掖殿 144

掖廷 144
掖庭 144
液廷 144
業 1047
鄴城三臺 * 428
一殿一頂 * 684
一顆印 ¹* 503
一顆印 ²* 590
一塊玉兒 723
一馬三箭窗 * 966
猗玕亭 * 455
漪瀾堂 * 332
醫聖祠 * 251
杝 543
杝落 544
宜春臺 * 426
宜春下苑 * 165
宧 * 115
甌 1025
頤和園 * 183
彝族土掌房 * 582
謻廊 * 490
乙帳 * 285
依 918
扆 ¹* 117
扆 ²* 918
艤舟亭 * 458
邑閈 937

邑閭 936
帟 ¹* 282
帟 ²* 282
帟幕 * 283
逸園 193
義慈惠石柱 * 308
翼 714
翼角翹椽 882
翼角翹飛椽 * 882
翼角檐椽 * 881
翼室 * 122
翼王亭 * 474
議殿 * 316
議堂 * 314
陰陽瓦 * 1031
陰陽瓦頂 685
闉闍 * 299
銀床 * 640
引檐 * 717
隱襯角栿 * 862
隱雕 * 893
隱角梁 * 859
廠 634
檼 848
鶯囀喬木亭 * 456
鷹角亭 * 455
迎風 269
迎風宮 269

迎風館 269
迎風觀 * 269
楹 ¹ 810
楹 ²* 810
楹 ³ 816
楹聯 * 904
楹帖 904
楹柱 811
嬴臺 426
營部 * 289
營窟 * 614
營門 290
營幕 289
營丘 418
營造尺 ¹ 1055
營造尺 ²* 1055
營帳 * 289
瀛臺 ¹* 279
瀛臺 ²* 438
影壁 ¹* 538
影壁 ²* 540
影拱 * 785
硬山頂 * 680
雍和宮 * 366
墉 ¹* 522
墉 ²* 522
墉垣 522
永安宮 350

永定柱 * 819

甬道 * 494

甬路 495

幽閣 625

幽閨 625

幽闈 625

幽闥 625

幽禜 * 230

幽宗 230

由昂 * 788

由額 868

由戧 * 859

郵 * 622

游館 * 264

游廊 * 486

游豫園 * 170

庮 708

牖 961

牖 962

右个 105

囿 * 159

囿臺 ¹* 160

囿臺 ²* 413

囿游 * 160

于謙故居 * 991

隅 * 116

雩臺 230

雩壇 230

雩禜 * 230

雩宗 230

魚尾 * 696

庾公樓 ¹* 251

庾公樓 ²* 385

庾樓 252

牏 * 1049

餘塞板 * 947

宇 ¹ 94

宇 ² 705

宇溜 709

宇墻 * 534

禹王鎖蛟井 * 640

禹王臺 417

寓 94

玉陛 745

玉箔 * 913

玉城 745

玉宸 126

玉墀 ¹ 733

玉墀 ² 745

玉除 744

玉窗 963

玉窻 963

玉窓 * 963

玉邸 ¹ 263

玉邸 ²* 632

玉殿 * 317

玉關 956

玉館 126

玉觀 126

玉閨 * 625

玉華宮 * 276

玉皇閣 ¹* 403

玉皇閣 ²* 405

玉檻 754

玉階 * 744

玉堦 744

玉禁 * 126

玉扃 944

玉欄 * 754

玉瀾堂 * 332

玉龍 701

玉櫳 * 963

玉樓 * 379

玉馬 * 701

玉馬兒 701

玉門 ¹* 125

玉門 ²* 943

玉茗堂 * 332

玉女窗 * 967

玉女扉 967

玉屏 * 918

玉屏樓 * 395

玉砌 744

玉闕 126

玉闌 126
玉堂 ¹* 126
玉堂 ²* 145
玉堂 ³* 314
玉堂 ⁴* 338
玉堂 ⁵* 511
玉庭 ¹ 125
玉庭 ²* 502
玉舄 834
玉鳥 834
玉碣 833
玉厢 * 631
玉箱 632
玉榭 478
玉牖 963
玉宇 * 125
玉苑 161
玉帳 * 288
玉柱 812
浴池 655
浴殿 656
浴日亭 * 469
浴室 655
浴肆 655
浴堂 655
浴堂殿 656
浴院 655
御碑亭 * 466

御厨 * 647
御花園 161
御廐 667
御路 * 742
御路踏跺 * 745
御宿苑 * 165
御湯九龍殿 * 656
御閑 667
御營 * 286
御園 161
御苑 * 161
御帳 286
棫陽宮 * 335
豫園 * 194
豫章 272
豫章觀 * 272
闑 ¹* 933
闑 ² 954
闒闒 628
閼伯臺 * 415
籥 159
籞 * 159
籞闌 160
籞囿 160
鬱孤臺 * 434
鴛鴦交手拱 * 796
鴛鴦亭 452
鴛鴦瓦 * 1031

元寶頂 682
元寶脊 691
元暢樓 * 386
元大都苑囿 * 179
元代斗拱 * 805
垣 * 521
垣宮 327
垣墻 522
垣牆 522
垣墉 * 522
原木墻 * 529
員淵 921
袁廣漢園 * 184
楥 * 544
園池 * 161
園舍 515
園囿 * 161
園苑 * 161
圓雕 * 893
圓光 ¹* 892
圓光 ²* 926
圓脊 691
圓明園 * 181
圓丘 225
圓券頂 * 682
圓亭 * 451
圓形住房 * 978
圓淵 * 921

圓寨 569

圜丘 225

圜泉 921

轅門 * 289

黿頭渚 * 206

遠覽亭 * 470

苑 * 159

苑囿 * 159

院 ¹* 98

院 ² 500

院 ³* 502

院 ⁴* 523

院落 500

院墙 ¹ 523

院墙 ²* 533

院牆 523

院宇 502

院子 500

窔 523

月波樓 ¹* 392

月波樓 ²* 392

月宮 274

月華樓 390

月梁 ¹* 856

月梁 ²* 856

月臺 ¹* 414

月臺 ² 415

月壇 229

岳王廟 * 256

岳陽樓 * 387

越王井 * 641

閱古樓 * 397

閱古堂 * 331

闉 * 957

雲步踏跺 * 745

雲房 605

雲閣 ¹* 380

雲閣 ²* 383

雲閣 ³* 383

雲構 * 381

雲觀 * 381

雲樓 380

雲甍 * 381

雲南一顆印 590

雲墙 * 532

雲臺 ¹ 381

雲臺 ² 383

雲臺 ³* 411

雲臺 ⁴* 425

雲屋 ¹* 380

雲屋 ²* 605

雲榭 * 381

雲陽宮 268

Z

栽 1047

載酒堂 * 331

鏨 * 1053

鏨子 ¹* 1051

鏨子 ² 1053

鑿 ¹* 1044

鑿 ² 1045

鑿子 1045

澡堂 655

藻井 * 920

藻頭彩畫 * 891

藻梲 * 811

竈 * 651

竈肚 652

竈額 652

竈房 647

竈觚 652

竈火 647

竈火坑 652

竈間 647

竈坑 652

竈門 * 652

竈臺 * 652

竈堂 647

竈膛 * 651
竈突 * 652
竈窩 ¹ 647
竈窩 ² 652
竈屋 647
藏族碉房 * 581
藏族民居 * 580
曾國藩故居 * 995
櫓 973
櫓巢 972
劄牽 * 852
柵 ¹ 545
柵 ²* 974
柵居 973
柵刺 545
柵欄 * 545
柵門 * 941
廧 * 613
宅 * 512
宅第 * 510
宅基 * 729
宅居 512
宅舍 * 512
宅屋 * 512
宅宇 512
宅院 * 512
宅子 512
柴楂 546

柴籬 546
柴柵 546
旃帳 291
氈城 * 293
氈房 291
氈廬 292
氈幕 291
氈堂 * 293
氈幄 * 293
氈屋 292
氈帳 * 586
氈帳 ¹* 291
氈帳 ² 587
站臺 * 415
棧道 ¹* 494
棧道 ²* 495
棧閣 495
張氏帥府 * 1000
章華宮 * 266
章華臺 ¹* 421
章華臺 ²* 421
章華臺 ³* 421
帳 ¹ 288
帳 ² 906
帳殿 ¹* 265
帳殿 ²* 284
帳額 * 910
帳房 ¹ 288

帳房 ² 292
帳眉 910
帳門 * 938
帳幕 * 282
帳帷 907
帳幄 907
帳帘 * 283
障水板 949
昭 * 240
昭君井 * 641
昭君臺 * 426
昭明宮 * 341
昭陽殿 ¹* 341
昭陽殿 ²* 343
朝日壇 229
照壁 539
照壁墻 539
照面井 * 641
照墻 539
罩 * 914
趙孟頫故居 * 990
趙翼故居 * 994
謫仙樓 253
赭繩 1058
柘館 * 272
柘觀 272
珍妃井 * 644
珍臺 * 412

貞節賈母碑* 309

真趣亭* 474

楨* 1048

楨幹 1048

楨榦* 1048

甄 1025

振露亭 472

桭杆 819

震宮 151

震位 151

鎮北臺* 438

鎮海樓* 394

征虜亭* 458

挣昂 789

正殿 122

正房* 504

正脊* 690

正寢 122

正廳 122

正吻* 697

正心枋 792

正心拱* 784

正心瓜拱* 783

正心桁* 874

正心萬拱* 784

正衙¹ 122

正衙²* 353

政府 328

政事堂* 328

鄭板橋故居* 993

支宮 335

支條* 926

支摘窗* 966

枝* 812

枝掌 813

枝撑 813

枝樘 813

枝鵲 269

枝鵲觀* 269

枝條 926

知春亭* 454

祇宮* 334

鳲鵲 269

鳲鵲觀 269

織錦臺* 432

直櫺窗* 966

直櫺欄杆* 756

墌* 722

止渴亭* 462

阯 722

址 722

枳籬 545

枳落* 544

趾* 722

至聖林坊* 307

制子* 1058

治 1025

株 952

置社* 232

雉* 1050

質 831

櫍 831

碩¹ 831

碩²* 832

中宮 142

中蕫¹ 107

中蕫² 630

中海* 180

中和殿* 363

中花架椽* 879

中華殿 347

中火鋪* 649

中極殿 363

中金桁 873

中金檁* 873

中金扒梁* 860

中禁 135

中檻* 947

中壼 142

中闈 142

中溜 965

中廇 114

中霤¹ 114

中霤²* 965

中南海 * 180

中平榑 874

中山堂 * 334

中堂 101

中庭 ¹* 113

中庭 ² 500

中闌 142

中屋 101

中宇 100

中柱 * 815

鐘樓 404

仲宣樓 * 383

衆生塔 468

舟居 * 595

周明堂 * 323

甃 ¹* 639

甃 ² 1025

朱陛 740

朱箔 913

朱塵 * 924

朱城 126

朱邸 ¹* 511

朱邸 ²* 632

朱殿 317

朱扉 943

朱閣 * 378

朱宮 * 317

朱閣 943

朱户 * 943

朱極 127

朱檻 752

朱扃 943

朱闌 752

朱欄 752

朱簾 * 913

朱櫺 964

朱櫳 * 964

朱樓 * 378

朱絡 964

朱門 * 943

朱甍 ¹* 632

朱甍 ²* 689

朱鳥 339

朱鳥窗 967

朱鳥殿 * 339

朱鳥堂 339

朱鳥牖 * 967

朱闕 133

朱雀牖 967

朱氏牌樓 * 308

朱堂 ¹ 126

朱堂 ²* 314

朱帷 * 910

朱幛 910

朱屋 632

侏儒柱 * 816

硃砂庵 404

諸葛亮故宅 * 987

竹房 * 618

竹扉 * 618

竹蓋 * 619

竹竿厝 571

竹關 619

竹館 * 619

竹籬茅舍 * 619

竹樓 ¹* 377

竹樓 ²* 392

竹樓 ³* 619

竹棚 * 619

竹所 618

竹屋 * 618

竹塢 * 618

竹軒 * 619

櫺 * 1049

礆 831

主階 741

主廊 * 482

屬玉觀 * 273

宁 * 116

柱 * 809

柱礎 * 830

柱頂石 831

柱跗式基座 * 729

柱頭斗拱 * 794

柱頭方 792

柱頭枋 * 791

柱頭科 * 799

柱頭鋪作 795

柱下基礎 * 723

柱質 833

柱櫍 ¹* 832

柱櫍 ² 833

柱礩 833

柱鑕 833

柱子彩畫 * 891

貯廊 482

築 * 1045

甄 1024

甄墼 1024

甄墙 527

磚 * 1024

磚雕 * 892

磚雕甬路 * 766

磚房 * 592

磚欄杆 * 754

磚坯子 1024

磚鋪地面 * 763

磚墙 * 526

磚牆 527

磚檐 * 711

瓶 1024

轉角斗拱 * 795

轉角鋪作 796

妝殿 146

妝閣 625

妝閣 * 624

妝樓 625

椿土墙 525

准 1056

准繩 1057

准直 1057

準 * 1056

準繩 * 1056

拙政園 * 188

梲 817

棳 817

棳儒 817

棳楔 305

濯錦亭 * 457

輜車 * 1062

子角梁 858

子舍 * 505

子臺 413

子亭 * 446

仔角梁 * 858

紫宸殿 ¹* 351

紫宸殿 ²* 360

紫墀 739

紫殿 134

紫房 * 146

紫閣 ¹ 134

紫閣 ²* 379

紫宫 ¹ 134

紫宫 ² 338

紫光閣 * 405

紫桂宮 * 278

紫極 134

紫禁 133

紫闕 134

紫闈 134

紫臺 134

紫檀殿 * 362

紫庭 ¹ 134

紫庭 ² 338

紫微 134

紫微殿 * 354

紫微宮 337

紫闥 134

紫垣 134

紫雲樓 420

自雨亭 * 453

宗 239

宗祊 * 241

宗祠 243

宗廟 * 238

宗祧 239

總基礎 722

總章 * 323

總章觀 * 340

鄒韜奮故居 * 1002

驕 668

走廊 * 485

走樓 377

走馬板 * 948

走馬廊 486

走馬樓 ¹* 377

走馬樓 ²* 388

走獸 * 698

足材拱 * 784

鑽 * 1044

鑽山游廊 487

最樂亭 468

醉白堂 * 330

醉翁亭 * 462

左个 104

坐凳欄杆 * 756

坐斗 777

阼 ¹* 117

阼 ² 741

阼階 * 740